三国志

文白对照珍藏版

〔西晋〕陈寿◎著
〔南朝宋〕裴松之◎注
三读国学馆◎编

魏书

1

北京燕山出版社

图书在版编目（CIP）数据

三国志 : 文白对照珍藏版 / (西晋) 陈寿著 ; (南朝宋) 裴松之注 ; 三读国学馆编 . -- 北京 : 北京燕山出版社 , 2020.8

ISBN 978-7-5402-5785-9

Ⅰ . ①三… Ⅱ . ①陈… ②裴… ③三… Ⅲ . ①中国历史–三国时代–纪传体②《三国志》–译文 Ⅳ . ① K236.042

中国版本图书馆 CIP 数据核字 (2020) 第 147326 号

书　　名：三国志（文白对照珍藏版）
作　　者：［西晋］陈寿（著）；［南朝宋］裴松之（注）
编　　者：三读国学馆
责任编辑：贾　勇　王　迪
责任校对：岳　欣
出版发行：北京燕山出版社有限公司
地　　址：北京市丰台区东铁营苇子坑路 138 号
电　　话：010–65243837
印　　制：北京洲际印刷有限责任公司
开　　本：710mm × 1000mm　1/16
字　　数：1741 千字
印　　张：84
版　　次：2020 年 8 月第 1 版
印　　次：2020 年 9 月第 1 次印刷
书　　号：ISBN 978-7-5402-5785-9
总 定 价：990.00 元（全 6 册）

前　言

《三国志》是我国历史上一部纪传体国别断代史书，主要记载了魏、蜀、吴三国鼎立时期的历史。全书共六十五卷，由西晋史学家陈寿编撰。

陈寿（233—297），字承祚，安汉（今四川南充市北）人。少时勤奋好学，曾师从史学家谯周（约201—270，字允南，博通经史，善书札），研习《尚书》、“春秋三传”（《春秋左氏传》《春秋公羊传》《春秋穀梁传》），并精研《史记》《汉书》等史家典籍，擅长撰述，备受时人称赞。254年之后，陈寿进入他的仕途生涯，先后任秘书郎、黄门侍郎、散骑侍郎等职。当时，宦官黄皓专权，陈寿因不愿屈事于他而屡遭谴黜。

263年，蜀国灭亡。265年，西晋王朝建立，晋武帝司马炎（236—290）广泛搜罗人才，陈寿被赏识提拔，入京都洛阳，任佐著作郎。他历时数年，编成《诸葛氏集》（共二十四篇，凡十万四千一百一十二字，保存了诸葛亮治国安民、治军振旅的成功经验）。273年，晋武帝阅览此书之后大加赞赏，陈寿因此正式升任为著作郎，后任治书侍御史之职。279年，晋武帝得陈寿所著《益部耆旧传》（记录了上起先汉，下讫当世，前后三四百年间益部上百人的事迹），再次大为赞许，惊叹其史学之才。280年，西晋灭掉东吴，实现了大一统，陈寿兼任中书侍郎之职，担起了编撰三国历史的重任，而《诸葛氏集》《益部耆旧传》为陈寿接下来的工作奠定了坚实的基础。

陈寿开始大量搜集三国时期的历史文献、逸闻轶事，为自己的编撰工作做准备——当时，魏、吴两国已有史，即官修著作《魏书》（三国时期曹魏王沈撰）、《吴书》（三国时期东吴韦昭撰），私修著作《魏略》（三国时期曹魏鱼豢撰），陈寿以这三部史书为编撰《魏》《吴》两书的主要依据。蜀国因为“国不置史，注记无官，是以行事多遗”（《三国志》卷三十三），但是，陈寿是蜀国人，并且曾师事史学家谯周，在蜀国未亡时就留心史事，为《蜀书》的撰写积累了一定的条件。

大约在289年，陈寿完成了《魏》《蜀》《吴》三书，并总其名为《三国志》。297年，陈寿因病去世，享年65岁。梁州大中正、尚书郎范頵等上表晋惠帝：“故治书侍御史陈寿作《三国志》，辞多劝诫，明乎得失，有益风化，虽文艳不若相如，而质直过之。愿垂采录。”晋惠帝于是诏令河南尹、洛阳令前往陈寿家抄写其书，《三国志》因此取得了正统史书的地位。

《三国志》的记事起于东汉灵帝光和末年（184年）黄巾军起义，止于西晋灭亡吴国（280年）。从三国鼎立局面的形成、三国之间的征战到魏国灭亡蜀国、魏国被西晋取代、西晋又灭亡吴国……千头万绪，纷纭复杂，这众多历史事件在陈寿笔下变得条理分明。此部著作因为取材严谨、叙事简约、史实准确的优点，受到了人们的交口称赞。

《三国志》尊重魏、蜀、吴三国分立的史实，将《魏》《蜀》《吴》三书并列，在纪传体发展史上实为首创，意义重大。

在陈寿去世一百三十余年之后，南朝宋史学家裴松之（372—451，字世期）奉宋文帝之命为《三国志》作注。裴松之博采群书一百四十余种，对《三国志》进行补缺、备异、惩妄、论辩，于元嘉六年（429年）完成并上奏，宋文帝称其“不朽矣”。

此注本完全不同于以往以音义训诂为主的史书注释体例，而把重点集中于事件的增补及考订，开创了一种注释新例；并且注文丰富，多于原文数倍，保存了大量古籍佚文，与《三国志》紧密相连，已成为《三国志》不可分割的一部分。

出版说明

本套《三国志》完整收录了《魏》《蜀》《吴》三书的全部内容，并且保留了裴松之所作全部注解，另辑有附录，收录了《陈寿传》《裴松之传》《上〈三国志注〉表》等文。本套书以《四部丛刊·史部·三国志》（上海涵芬楼据宋绍熙刊本、宋绍兴刊本影印）为底本，以《三国志》（清乾隆四年武英殿校刊本）为参校本，并参考其他优秀版本详加校对，并做了以下具体工作：

一、采用简体横排、文白对照的排版形式，以原文、裴注、译文的方式排列。因大多篇目篇幅很长，故进行简要分节，并且区分字体，避免了大篇幅原文、译文堆砌的问题；书中每卷末特有的史论部分——“评曰”也另设字体以区别于正文部分，简洁直观，方便阅读。裴注部分，注释同一事件时，注者往往引用多部典籍，所以在所引用的不同典籍之间用“◎”符号进行分隔；对于特别长的内容适当分段；注者评论性文字则另起一段。译文以直译为主，必要时则采用意译。

二、《三国志》的“传”部分除记载主要人物和事迹之外，还附带介绍其他相关人物，为便于检索，现特于正传人物标题后，列出附传之人，如《卷六·董二袁刘传第六》中，作者在为董卓作传的同时，记载了李傕、郭汜二人的事迹，所以标题以“董卓　李傕、郭汜”的形式标明，并进行了字号区分。

三、文中的异体字全部统一为现行规范字。因作者搜集使用的资料繁复，文中的许多地名、官名等，多有不统一的情况（如“洛”与“雒”，“丹阳”与“丹杨”等），现予以保留，未作更改。

以上，我们将这一巨著整理出版，希望读者们能从中体味历史的厚重，领略治学治家的精髓，提炼出与己有益的内容，也当不负此书的价值了。

三读国学馆

2020年1月

目　录

卷五十一　吴书六　宗室传第六

卷五十二　吴书七　张顾诸葛步传第七

卷五十三　吴书八　张严程阚薛传第八

卷五十四　吴书九　周瑜鲁肃吕蒙传第九

卷五十五　吴书十　程黄韩蒋周陈董甘凌徐潘丁传第十

卷一　魏书一

武帝纪第一

武帝曹操

【原文】太祖武皇帝，沛国谯人也。姓曹，讳操，字孟德，汉相国参之后。① 桓帝世，曹腾为中常侍、大长秋，封费亭侯。② 养子嵩嗣，官至太尉，莫能审其生出本末。③ 嵩生太祖。

①《曹瞒传》曰：太祖，一名吉利，小字阿瞒。◎王沈《魏书》曰：其先出于黄帝。当高阳世，陆终之子曰安，是为曹姓。周武王克殷，存先世之后，封曹侠于邾。春秋之世，与于盟会，逮至战国，为楚所灭。子孙分流，或家于沛。汉高祖之起，曹参以功封平阳侯，世袭爵土，绝而复绍，至今适嗣国于容城。

② 司马彪《续汉书》曰：腾父节，字元伟，素以仁厚称。邻人有亡豕者，与节豕相类，诣门认之，节不与争。后所亡豕自还其家，豕主人大惭，送所认豕，并辞谢节，节笑而受之，由是乡党贵叹焉。长子伯兴，次子仲兴，次子叔兴。腾，字季兴，少除黄门从官。永宁元年，邓太后诏黄门，令选中黄门从官年少温谨者配皇太子书，腾应其选。太子特亲爱腾，饮食赏赐与众有异。顺帝即位，为小黄门，迁至中常侍、大长秋。在省闼三十余年，历事四帝，未尝有过。好进达贤能，终无所毁伤。其所称荐，若陈留虞放、边韶、南阳延固、张温、弘农张奂、颍川堂溪典等，皆致位公卿，而不伐其善。蜀郡太守因计吏修敬于腾，益州刺史种暠于函谷关搜得其笺，上太守，并奏腾内臣外交，所不当为，请免官治罪。帝曰："笺自外来，腾书不出，非其罪也。"乃寝暠奏。腾不以介意，常称叹暠，以为暠得事上之节。暠后为司徒，语人曰："今日为公，乃曹常侍恩也。"腾之行事，皆此类也。桓帝即位，以腾先帝旧臣，忠孝彰著，封费亭侯，加位特进。太和三年，追尊腾曰高皇帝。

③《续汉书》曰：嵩，字巨高。质性敦慎，所在忠孝。为司隶校尉，灵帝擢拜大司农、大鸿胪，代崔烈为太尉。黄初元年，追尊嵩曰太皇帝。◎吴人作《曹瞒传》及郭颁《世语》并云：嵩，夏侯氏之子，夏侯惇之叔父。太祖于惇为从父兄弟。

太祖少机警，有权数，而任侠放荡，不治行业，故世人未之奇也，① 惟梁国桥玄、南阳何颙异焉。玄谓太祖曰："天下将乱，非命世之才不能济也，能安之者，其在君乎！"② 年二十，举孝廉为郎，除洛阳北部尉，迁顿丘令，③ 征拜议郎。④

①《曹瞒传》云：太祖少好飞鹰走狗，游荡无度，其叔父数言之于嵩。太祖患之，后逢叔父于路，乃阳败面㖞口，叔父怪而问其故，太祖曰："卒中恶风。"叔父以告嵩。嵩惊愕，呼太祖，太祖口貌如故。嵩问曰："叔父言汝中风，已差乎？"太祖曰："初不中风，但失爱于叔父，故见罔耳。"嵩乃疑焉。自后叔父有所告，嵩终不复信，太祖于是益得肆意矣。

②《魏书》曰：太尉桥玄，世名知人，睹太祖而异之，曰："吾见天下名士多矣，未有若君者也！君善自持。吾老矣！愿以妻子为托。"由是声名益重。◎《续汉书》曰：玄，字公祖，严明有才略，长于人物。◎张璠《汉纪》曰：玄历位中外，以刚断称，谦俭下士，不以王爵私亲。光和中为太尉，以久病策罢，拜太中大夫。卒，家贫乏产业，柩无所殡。当世以此称为名臣。◎《世语》曰：玄谓太祖曰："君未有名，可交许子将。"太祖乃造子将，子将纳焉，由是知名。◎孙盛《异同杂语》云：太祖尝私入中常侍张让室，让觉之；乃舞手戟于庭，逾垣而出。才武绝人，莫之能害。博览群书，特好兵法，抄集诸家兵法，名曰《接要》，又注《孙武》十三篇，皆传于世。尝问许子将："我何如人？"子将不答。固问之，子将曰："子治世之能臣，乱世之奸雄。"太祖大笑。

③《曹瞒传》曰：太祖初入尉廨，缮治四门。造五色棒，县门左右各十余枚，有犯禁者，不避豪强，皆棒杀之。后数月，灵帝爱幸小黄门蹇硕叔父夜行，即杀之。京师敛迹，莫敢犯者。近习宠臣咸疾之，然不能伤，于是共称荐之，故迁为顿丘令。

④《魏书》曰：太祖从妹夫濦强侯宋奇被诛，从坐免官。后以能明古学，复征拜议郎。先是大将军窦武、太傅陈蕃谋诛阉官，反为所害。太祖上书陈武等正直而见陷害，奸邪盈朝，善人壅塞，其言甚切，灵帝不能用。是后诏书敕三府：举奏州县政理无效，民为作谣言者免罢之。三公倾邪，皆希世见用，货赂并行。强者为怨，不见举奏；弱者守道，多被陷毁。太祖疾之。是岁，以灾异博问得失，因此复上书切谏，说三公所举奏专回避贵戚之意。奏上，天子感悟，以示三府，责让之，诸以谣言征者皆拜议郎。是后政教日乱，豪猾益炽，多所摧毁。太祖知不可匡正，遂不复献言。

光和末，黄巾起。拜骑都尉，讨颍川贼。迁为济南相，国有十余县，长吏多阿附贵戚，赃污狼藉，于是奏免其八。禁断淫祀，奸宄逃窜，郡界肃然。[①]久之，征还为东郡太守，不就，称疾归乡里。[②]

①《魏书》曰：长吏受取贪饕，依倚贵势，历前相不见举。闻太祖至，咸皆举免，小大震怖，奸宄遁逃，窜入他郡。政教大行，一郡清平。初，城阳景王刘章以有功于汉，故其国为立祠，青州诸郡，转相仿效，济南尤盛，至六百余祠。贾人或假二千石舆服导从作倡乐，奢侈日甚，民坐贫穷，历世长吏无敢禁绝者。太祖到，皆毁坏祠屋，止绝官吏民不得祠祀。及至秉政，遂除奸邪鬼神之事，世之淫祀由此遂绝。

②《魏书》曰：于是权臣专朝，贵戚横恣。太祖不能违道取容，数数干忤，恐为家祸，遂乞留宿卫。拜议郎，常托疾病，辄告归乡里。筑室城外，春夏习读书传，秋冬弋猎，以自娱乐。

顷之，冀州刺史王芬、南阳许攸、沛国周旌等连结豪杰，谋废灵帝，立合肥侯，以告太祖，太祖拒之。芬等遂败。[①]

① 司马彪《九州春秋》曰：于是陈蕃子逸与术士平原襄楷会于芬坐，楷曰："天文不利宦者，黄门、常侍真族灭矣。"逸喜。芬曰："若然者，芬愿驱除。"于是与攸等结谋。灵帝欲北巡河间旧宅，芬等谋因此作难，上书言黑山贼攻劫郡县，求得起兵。会北方有赤气，东西竟天，太史上言"当有阴谋，不宜北行"，帝乃止。敕芬罢兵，俄而征之。芬惧，

自杀。◎《魏书》载太祖拒芬辞曰："夫废立之事，天下之至不祥也。古人有权成败、计轻重而行之者，伊尹、霍光是也。伊尹怀至忠之诚，据宰臣之势，处官司之上，故进退废置，计从事立。及至霍光受托国之任，藉宗臣之位，内因太后秉政之重，外有群卿同欲之势，昌邑即位日浅，未有贵宠，朝乏谠臣，议出密近，故计行如转圜，事成如摧朽。今诸君徒见曩者之易，未睹当今之难。诸君自度，结众连党，何若七国？合肥之贵，孰若吴、楚？而造作非常，欲望必克，不亦危乎！"

金城边章、韩遂杀刺史、郡守以叛，众十余万，天下骚动。征太祖为典军校尉。会灵帝崩，太子即位，太后临朝。大将军何进与袁绍谋诛宦官，太后不听。进乃召董卓，欲以胁太后，① 卓未至而进见杀。卓到，废帝为弘农王而立献帝，京都大乱。卓表太祖为骁骑校尉，欲与计事。太祖乃变易姓名，间行东归。② 出关，过中牟，为亭长所疑，执诣县。邑中或窃识之，为请，得解。③ 卓遂杀太后及弘农王。太祖至陈留，散家财，合义兵，将以诛卓。冬十二月，始起兵于己吾，④ 是岁中平六年也。

①《魏书》曰：太祖闻而笑之曰："阉竖之官，古今宜有，但世主不当假之权宠，使至于此。既治其罪，当诛元恶，一狱吏足矣，何必纷纷召外将乎？欲尽诛之，事必宣露，吾见其败也。"

②《魏书》曰：太祖以卓终必覆败，遂不就拜，逃归乡里。从数骑过故人成皋吕伯奢。伯奢不在，其子与宾客共劫太祖，取马及物，太祖手刃击杀数人。◎《世语》曰：太祖过伯奢。伯奢出行，五子皆在，备宾主礼。太祖自以背卓命，疑其图己，手剑夜杀八人而去。◎孙盛《杂记》曰：太祖闻其食器声，以为图己，遂夜杀之。既而凄怆曰："宁我负人，毋人负我！"遂行。

③《世语》曰：中牟疑是亡人，见拘于县。时掾亦已被卓书。唯功曹心知是太祖，以世方乱，不宜拘天下雄俊，因白令释之。

④《世语》曰：陈留孝廉卫兹以家财资太祖，使起兵，众有五千人。

【译文】太祖武皇帝，是沛国谯县人。姓曹名操，字孟德，是西汉时期的相国曹参的后代。汉桓帝时期，曹腾担任中常侍、大长秋，被任命为费亭侯。曹腾去世后，养子曹嵩继承爵位，官至太尉，但没有人知道曹嵩出生前后的详细情况。曹嵩就是太祖的亲生父亲。

太祖幼时聪明伶俐，有应变智谋，但负气仗义，任性放纵，不注重品行修养与学业精进，因此，当时的人并没有觉得他有什么过人之处，只有梁国人桥玄、南阳人何颙认为他不平凡。桥玄对太祖说："天下将要大乱，没有经邦济世的才能是无法扭转局面的，能够安定天下的人，看来就是您吧！"太祖二十岁时，被举荐为孝廉，担任郎官，后被提拔为洛阳县北部尉，又升职为顿丘县令，后被征入朝，担任议郎。

汉灵帝光和末年，爆发黄巾起义。太祖被任命为骑都尉，征讨颍川的贼寇。后被提拔为济南国相，济南国管辖十几个县，县官大都逢迎或依附皇亲贵族，贪赃受贿，声名狼藉，因此太祖上奏罢黜了其中的八人。太祖又禁止不合礼制的祭祀活动，犯法的人逃窜他乡，郡国日益安定。过了很长时间，太祖被召回朝廷担任东郡太守，但他不愿就职，称病返回家乡。

不久，冀州刺史王芬、南阳人许攸、沛国人周旌等，联络当地豪杰，意图废掉汉灵帝，另拥立合肥侯为帝，并将这件事告诉了太祖，太祖拒绝了他们。王芬等人最终以失败告终。

金城人边章、韩遂杀死刺史、郡守，发动叛乱，拥兵十多万，天下人惶恐不安。朝廷急召太祖为典军校尉。恰逢汉灵帝去世，太子登临帝位，太后临朝听政。大将军何进和袁绍策谋诛杀宦官，太后没有同意。于是，何进召董卓入京，想用武力胁迫太后，董卓还未到，何进便被宦官谋害了。董卓进入京师，废掉少帝，封他为弘农王，另拥立汉献帝，京城洛阳一时大乱。董卓上表推举太祖为骁骑校尉，打算与太祖共议朝事。太祖改名换姓，从小路向东回家乡。出了虎牢关，路过中牟县境的时候，被一个亭长怀疑，抓起来送往了县城。县里有人私下里认出了他，为他说情，太祖才得以被释放。这时董卓已经杀死了太后与弘农王。太祖返回陈留，变卖家产，招集义兵，预备讨伐董卓。冬十二月，太祖在己吾起兵，这一年为汉灵帝中平六年。

【原文】初平元年春正月，后将军袁术、冀州牧韩馥①、豫州刺史孔伷②、兖州刺史刘岱③、河内太守王匡④、勃海太守袁绍、陈留太守张邈、东郡太守桥瑁⑤、山阳太守袁遗⑥、济北相鲍信⑦同时俱起兵，众各数万，推绍为盟主。太祖行奋武将军。

①《英雄记》曰：馥，字文节，颍川人。为御史中丞。董卓举为冀州牧。于时冀州民人殷盛，兵粮优足。袁绍之在勃海，馥恐其兴兵，遣数部从事守之，不得动摇。东郡太守桥瑁诈作京师三公移书与州郡，陈卓罪恶，云："见逼迫，无以自救，企望义兵，解国患难。"馥得移，请诸从事问曰："今当助袁氏邪？助董卓邪？"治中从事刘子惠曰："今兴兵为国，何谓袁、董！"馥自知言短而有惭色。子惠复言："兵者凶事，不可为首。今宜往视他州，有发动者，然后和之。冀州于他州不为弱也，他人功未有在冀州之右者也。"馥然之。馥乃作书与绍，道卓之恶，听其举兵。

②《英雄记》曰：伷，字公绪，陈留人。◎张璠《汉纪》载郑泰说卓云："孔公绪能清谈高论，嘘枯吹生。"

③ 岱，刘繇之兄，事见《吴志》。

④《英雄记》曰：匡，字公节，泰山人。轻财好施，以任侠闻。辟大将军何进府进符使，匡于徐州发强弩五百西诣京师。会进败，匡还乡里。起家，拜河内太守。◎谢承《后汉书》曰：匡少与蔡邕善。其年为卓军所败，走还泰山，收集劲勇得数千人，欲与张邈合。匡先杀执金吾胡母班，班亲属不胜愤怒，与太祖并势，共杀匡。

⑤《英雄记》曰：瑁，字元伟，玄族子。先为兖州刺史，甚有威惠。

⑥遗，字伯业，绍从兄。为长安令。河间张超尝荐遗于太尉朱俊，称遗"有冠世之懿，干时之量。其忠允亮直，固天所纵。若乃包罗载籍，管综百氏，登高能赋，睹物知名，求之今日，邈焉靡俦"。事在《超集》。◎《英雄记》曰：绍后用遗为扬州刺史，为袁术所败。太祖称"长大而能勤学者，惟吾与袁伯业耳"。语在文帝《典论》。

⑦ 信事见子勋传。

二月，卓闻兵起，乃徙天子都长安。卓留屯洛阳，遂焚宫室。是时绍屯河内，邈、岱、瑁、遗屯酸枣，术屯南阳，伷屯颍川，馥在邺。卓兵强，绍等莫敢先进。太祖曰："举义兵以诛暴乱，大众已合，诸君何疑？向使董卓闻山东兵起，倚王室之重，据二周之险，东向以临天下，虽以无道行之，犹足为患。今焚烧宫室，劫迁天子，海内震动，不知所归，此天亡之时也。一战而天下定矣，不可失也！"遂引兵西，将据成皋。邈遣将卫兹分兵随太祖。到荥阳汴水，遇卓将徐荣，与战不利，士卒死伤甚多。太祖为流矢所中，所乘马被创，从弟洪以马与太祖，得夜遁去。荣见太祖所将兵少，力战尽日，谓酸枣未易攻也，亦引兵还。

太祖到酸枣，诸军兵十余万，日置酒高会，不图进取。太祖责让之，因为谋曰："诸君听吾计。使勃海引河内之众临孟津；酸枣诸将守成皋，据敖仓，塞轘辕、太谷，全制其险；使袁将军率南阳之军军丹、析，入武关，以震三辅。皆高垒深壁，勿与战，益为疑兵，示天下形势，以顺诛逆，可立定也。今兵以义动，持疑而不进，失天下之望，窃为诸君耻之！"邈等不能用。

太祖兵少，乃与夏侯惇等诣扬州募兵，刺史陈温、丹杨太守周昕与兵四千余人。还到龙亢，士卒多叛。[①] 至铚、建平，复收兵得千余人，进屯河内。

①《魏书》曰：兵谋叛，夜烧太祖帐，太祖手剑杀数十人，余皆披靡，乃得出营，其不叛者五百余人。

刘岱与桥瑁相恶，岱杀瑁，以王肱领东郡太守。

袁绍与韩馥谋立幽州牧刘虞为帝，太祖拒之。[①] 绍又尝得一玉印，于太祖坐中举向其肘，太祖由是笑而恶焉。[②]

①《魏书》载太祖答绍曰："董卓之罪，暴于四海，吾等合大众、兴义兵而远近莫不响应，此以义动故也。今幼主微弱，制于奸臣，未有昌邑亡国之衅，而一旦改易，天下其孰安之？诸君北面，我自西向。"

②《魏书》曰：太祖大笑曰："吾不听汝也。"绍复使人说太祖曰："今袁公势盛兵强，二子已长，天下群英，孰逾于此？"太祖不应。由是益不直绍，图诛灭之。

【译文】初平元年春正月，后将军袁术、冀州牧韩馥、豫州刺史孔伷、兖州刺史刘岱、河内太守王匡、勃海太守袁绍、陈留太守张邈、东郡太守桥瑁、山阳太守袁遗以及济北相鲍信同时起兵，各自拥兵数万，推选袁绍为盟主。太祖兼任奋武将军。

二月，董卓听说各地起兵，于是胁迫汉献帝迁都长安。他自己留守洛阳，焚烧了汉家宫殿。这时，袁绍大军驻扎在河内，张邈、刘岱、桥瑁、袁遗驻扎在酸枣，袁术驻扎在南阳，孔伷驻扎在颍川，韩馥驻扎在邺县。董卓兵力强盛，袁绍等无人敢首先发兵。太祖说："兴起义兵讨伐暴乱，大军都已经汇集起来，诸位还有什么可迟疑的呢？如果当初董卓听到山东起兵，依靠朝廷的威望，据守二周之地的险要地区，向东出兵以控制天下，即使他用不合道义的手段做这些事，也足以造成非常大的忧患。而如今，他焚烧宫室，劫持皇帝迁都，全国震惊，人们不知将要去往哪里，这正是上天让他灭亡的时机。一战便可安定天下，可不能丧失如此良机啊！"于是，率领大军西进，去攻打成皋。张邈派遣将领卫兹率领部分军队跟随太祖。行军到荥阳汴水岸边，遇到董卓部将徐荣，与之交战失败，士兵死伤惨重。太祖被流矢射中，坐骑也受了伤，太祖堂弟曹洪将自己的坐骑让给太祖，太祖才得以在深夜里逃脱。徐荣看到太祖带领的军队人数不多，却竭力奋战一整天，认为酸枣攻打不易，也率领大军返回了。

太祖回到酸枣的时候，各路义军已经有十多万人，每天摆酒设宴，从未考虑进兵的事。太祖指责他们，并趁机为他们出谋划策说："请诸位听我的计划。让勃海太守袁绍率领河内的军队赶往孟津；酸枣的各位将领驻守成皋，占据敖仓，封锁轘辕、太谷二关，将这些险要之地控制住；再让袁术将军率领南阳的部队进驻丹水县与析县，挺进武关，让关中惊恐。各路大军都高筑城墙，深挖堑壕，不要与敌军进行正面交锋，多设疑兵，表明天下形势，以正义之师讨伐叛逆，天下很快就能够平定。如今军队已经高举义旗行动起来，如果还迟疑不敢进兵，就会让天下人失望，我私下替诸位感到耻辱！"张邈等人不愿意采纳太祖的意见。

太祖手下兵将太少，就与夏侯惇等人到扬州招募军队，扬州刺史陈温、丹杨太守周昕拨给他四千多人。回到龙亢县的时候，新招士兵大多数都已叛逃。到铚县、建平县时，又招收新兵一千多名，于是进驻河内。

刘岱与桥瑁之间有仇怨，刘岱杀了桥瑁，命王肱兼任东郡太守。

袁绍与韩馥谋划立幽州牧刘虞做皇帝，太祖拒绝了他们。袁绍又曾得到一块玉印，从太祖座位举向他的肘旁，太祖因此嘲笑且讨厌袁绍。

【原文】二年春，绍、馥遂立虞为帝，虞终不敢当。夏四月，卓还长安。秋七月，袁绍胁韩馥，取冀州。黑山贼于毒、白绕、眭[①]固等十余万众略魏郡、东郡，王肱不能御，太祖引兵入东郡，击白绕于濮阳，破之。袁绍因表太祖为东郡太守，治东武阳。

①眭，申随反。

三年春，太祖军顿丘，毒等攻东武阳。太祖乃引兵西入山，攻毒等本屯。[①]毒闻之，弃武阳还。太祖要击眭固，又击匈奴於夫罗于内黄，皆大破之。[②]

①《魏书》曰：诸将皆以为当还自救。太祖曰："孙膑救赵而攻魏，耿弇欲走西安攻临菑。使贼闻我西而还，武阳自解也；不还，我能败其本屯，虏不能拔武阳必矣。"遂乃行。

②《魏书》曰：於夫罗者，南单于子也。中平中，发匈奴兵，於夫罗率以助汉。会本国反，杀南单于，於夫罗遂将其众留中国。因天下挠乱，与西河白波贼合，破太原、河内，抄略诸郡为寇。

夏四月，司徒王允与吕布共杀卓。卓将李傕、郭汜等杀允攻布，布败，东出武关。傕等擅朝政。

青州黄巾众百万入兖州，杀任城相郑遂，转入东平。刘岱欲击之，鲍信谏曰："今贼众百万，百姓皆震恐，士卒无斗志，不可敌也。观贼众群辈相随，军无辎重，唯以抄略为资。今不若畜士众之力，先为固守。彼欲战不得，攻又不能，其势必离散。后选精锐，据其要害，击之可破也。"岱不从，遂与战，果为所杀。[①]信乃与州吏万潜等至东郡，迎太祖领兖州牧。遂进兵击黄巾于寿张东。信力战斗死，仅而破之。② 购求信丧不得，众乃刻木如信形状，祭而哭焉。追黄巾至济北。乞降。冬，受降卒三十余万，男女百余万口，收其精锐者，号为“青州兵”。

①《世语》曰：岱既死，陈宫谓太祖曰：“州今无主，而王命断绝，宫请说州中，明府寻往牧之，资之以收天下，此霸王之业也。”宫说别驾、治中曰：“今天下分裂而州无主，曹东郡，命世之才也，若迎以牧州，必宁生民。”鲍信等亦谓之然。

②《魏书》曰：太祖将步骑千余人，行视战地，卒抵贼营，战不利，死者数百人，引还。贼寻前进。黄巾为贼久，数乘胜，兵皆精悍。太祖旧兵少，新兵不习练，举军皆惧。太祖披甲婴胄，亲巡将士，明劝赏罚，众乃复奋，承间讨击，贼稍折退。贼乃移书太祖曰：“昔在济南，毁坏神坛，其道乃与中黄太乙同，似若知道，今更迷惑。汉行已尽，黄家当立。天之大运，非君才力所能存也。”太祖见檄书，呵骂之，数开示降路。遂设奇伏，昼夜会战，战辄禽获，贼乃退走。

袁术与绍有隙，术求援于公孙瓒。瓒使刘备屯高唐，单经屯平原，陶谦屯发干，以逼绍。太祖与绍会击，皆破之。

【译文】初平二年春，袁绍、韩馥开始拥立刘虞做皇帝，但是刘虞始终不愿意。夏四月，董卓返回长安。秋七月，袁绍胁迫韩馥，攻占了冀州。黑山一带的贼寇于毒、白绕、眭固等十多万人来到魏郡与东郡进行抢掠，王肱没办法抵挡，太祖亲自率领大军进入东郡，在濮阳攻击白绕，打败了他。袁绍因此表奏朝廷，推举太祖为东郡太守，管辖东武阳县。

初平三年春，太祖率军驻扎在顿丘，于毒等人进攻东武阳。于是，太祖率兵西进黑山，攻打于毒等人的大本营。于毒听说以后，只好放弃东武阳回兵。太祖在半路上拦截眭固，接着又在内黄县进攻匈奴於夫罗，全部打败了他们。

夏四月，司徒王允与吕布一起杀死了董卓。董卓的部将李傕、郭汜等人又杀死王允并攻打吕布，吕布战败，向东逃出武关。李傕等人开始把持朝政。

青州百万黄巾军攻进兖州地界，将任城国相郑遂杀死，又转入东平国境内。兖州刺史刘岱打算进攻黄巾军，济北国相鲍信进言劝诫说：“如今黄巾贼有上百万人，百姓都很震惊恐惧，我们的兵士缺乏斗志，不能抵挡。我看黄巾中有成群结队的老少相随，而且军队缺乏后备的兵器、粮草，只能凭借强取掠夺当作给养，眼下我们的部队不如养精蓄锐，坚持固守。如此一来，他们想打打不成，想攻攻不下，势必军心涣散，之后我们挑选精锐，占据险要，就可以将他们一举拿下。”刘岱不听，于是和黄巾军交战，果然被杀害。鲍信就和州吏万潜等人去往东郡，迎接太祖任兖州牧。于是太祖攻打寿张县东面的黄巾军。鲍信奋战到死，才勉强打败了黄巾军。太祖悬赏寻找鲍信的尸体，没能找到，大家只好拿块木头刻出鲍信的形象，哭着祭奠他。太祖追击黄巾军一直追到济北。黄巾军被迫投降。这年冬天，太祖获得降兵三十余万、人口百余万，收编了其中的精锐，号称“青州兵”。

袁术与袁绍之间有嫌隙，袁术向公孙瓒请求援助。公孙瓒派遣刘备驻兵高唐，单经驻兵平原，陶谦驻兵发干，来威胁袁绍。太祖和袁绍共同出兵，将他们全部打败了。

【原文】四年春，军鄄城。荆州牧刘表断术粮道，术引军入陈留，屯封丘，黑山余贼及於夫罗等佐之。术使将刘详屯匡亭。太祖击详，术救之，与战，大破之。术退保封丘，遂围之，未合，术走襄邑。追到太寿，决渠水灌城。走宁陵，又追之，走九江。夏，太祖还军定陶。

下邳阙宣聚众数千人，自称天子。徐州牧陶谦与共举兵，取泰山华、费，略任城。秋，太祖征陶谦，下十余城，谦守城不敢出。

是岁，孙策受袁术使渡江，数年间遂有江东。

兴平元年春，太祖自徐州还。初，太祖父嵩去官后还谯。董卓之乱，避难琅邪，为陶谦所害，故太祖志在复仇东伐。① 夏，使荀彧、程昱守鄄城，复征陶谦。拔五城，遂略地至东海。还过郯，谦将曹豹与刘备屯郯东，要太祖。太祖击破之，遂攻拔襄贲，所过多所残戮。②

①《世语》曰：嵩在泰山华县。太祖令泰山太守应劭送家诣兖州，劭兵未至，陶谦密遣数千骑掩捕。嵩家以为劭迎，不设备。谦兵至，杀太祖弟德于门中。嵩惧，穿后垣，先出其妾，妾肥，不时得出。嵩逃于厕，与妾俱被害，阖门皆死。劭惧，弃官赴袁绍。后太祖定冀州，劭时已死。◎韦曜《吴书》曰：太祖迎嵩，辎重百余两。陶谦遣都尉张闿将骑二百卫送，闿于泰山华、费间杀嵩，取财物，因奔淮南。太祖归咎于陶谦，故伐之。

② 孙盛曰：夫伐罪吊民，古之令轨。罪谦之由，而残其属部，过矣。

会张邈与陈宫叛迎吕布，郡县皆应。荀彧、程昱保鄄城，范、东阿二县固守，太祖乃引军还。布到，攻鄄城不能下，西屯濮阳。太祖曰："布一旦得一州，不能据东平，断亢父、泰山之道乘险要我，而乃屯濮阳，吾知其无能为也。"遂进军攻之。布出兵战，先以骑犯青州兵。青州兵奔，太祖阵乱，驰突火出，坠马，烧左手掌。司马楼异扶太祖上马，遂引去。① 未至营，止。诸将未与太祖相见，皆怖。太祖乃自力劳军，令军中促为攻具，进，复攻之。与布相守百余日。蝗虫起，百姓大饿，布粮食亦尽，各引去。

① 袁時《献帝春秋》曰：太祖围濮阳，濮阳大姓田氏为反间，太祖得入城。烧其东门，示无反意。及战，军败。布骑得太祖而不知是，问曰："曹操何在？"太祖曰："乘黄马走者是也。"布骑乃释太祖而追黄马者。门火犹盛，太祖突火而出。

秋九月，太祖还鄄城。布到乘氏，为其县人李进所破，东屯山阳。于是绍使人说太祖，欲连和。太祖新失兖州，军食尽，将许之。程昱止太祖，太祖从之。冬十月，太祖至东阿。

是岁，谷一斛五十余万钱，人相食，乃罢吏兵新募者。陶谦死，刘备代之。

【译文】初平四年春，太祖在鄄城驻军。荆州牧刘表将袁术的粮道切断，袁术率领军队进入陈留，驻兵封丘，黑山残存贼寇与於夫罗等协助他。袁术派遣部将刘详驻守匡亭。太祖攻打刘详，袁术前去救援，与太祖交战，太祖大败袁术。袁术退守封丘，太祖准备包围他，还未等到合围，袁术就趁机逃往襄邑。太祖追到太寿，挖开渠水浇灌城池。袁术逃往宁陵，太祖继续追击，袁术接着逃往九江。夏天，太祖回军定陶。

下邳人阙宣聚集几千人，自称天子。徐州牧陶谦与阙宣一同起兵，攻占了泰山郡的华县与费县，夺取任城。秋天，太祖征讨陶谦，攻下了十几座城池，陶谦坚守，不敢应战。

这一年，孙策受袁术派遣渡过长江，数年之间便占据了江东。

兴平元年春天，太祖从徐州回兵。当初，太祖的父亲曹嵩卸任后返回谯县。董卓犯上作乱，他避难逃往琅邪，被陶谦杀害身亡，因此太祖立志为父报仇，向东讨伐陶谦。这年夏天，太祖派荀彧、程昱驻守鄄城，自己再次征讨陶谦。又攻下五座城，一直攻占到东海郡地界。回军经过郯县的时候，陶谦部将曹豹与刘备驻扎在郯县东面，截击太祖。太祖打败了他们，接着攻克了襄贲，经过的地方大多被破坏，人们大多遭受屠戮。

这时刚好张邈与陈宫叛变，迎请吕布，兖州郡县纷纷响应。荀彧与程昱保住鄄城，范县与东阿同样坚守，太祖率领军队返回。吕布军到，久攻鄄城不下，于是只好驻守在西面的濮阳。太祖说："吕布忽然之间获得一个州，但没有占据东平，切断亢父、泰山的通道，凭借险要地形截击我们，反而驻守濮阳，我断定他成不了大事。"于是进军攻打吕布。吕布出兵迎战，首先用骑兵侵袭青州兵。青州兵败逃，太祖阵势大乱，他骑马急速冲出火阵，落马，左手掌被烧伤。司马楼异急忙扶太祖上马，太祖这才成功撤出。还没有返回营寨，就停了下来。将士们没有看见太祖，都极为惊慌。于是，太祖勉强支撑着去慰劳将士，下令军中赶快制作攻城器械，再次进军攻打吕布。太祖与吕布对峙一百多天，这时起了蝗灾，老百姓饥饿难耐，吕布军粮也吃光了，双方各自退兵。

秋九月，太祖返回鄄城。吕布去往乘氏县，被当地人李进打败，于是往东驻扎山阳。这时，袁绍派人劝说太祖，想联合作战。太祖因刚刚失去兖州，军粮也用尽了，打算答应他。程昱急忙劝阻，太祖听从了他的意见。冬十月，太祖来到东阿县。

这一年，米谷一斛值五十多万钱，到了人吃人的悲惨境地，于是官府遣散了新招募的士兵。陶谦去世，刘备接替他继任徐州牧。

【原文】二年春，袭定陶。济阴太守吴资保南城，未拔。会吕布至，又击破之。夏，布将薛兰、李封屯钜野，太祖攻之。布救兰，兰败，布走，遂斩兰等。布复从东缗与陈宫将万余人来战，时太祖兵少，设伏，纵奇兵击，大破之。[①]布夜走，太祖复攻，拔定陶，分兵平诸县。布东奔刘备，张邈从布，使其弟超将家属保雍丘。秋八月，围雍丘。冬十月，天子拜太祖兖州牧。十二月，雍丘溃，超自杀，夷邈三族。邈诣袁术请救，为其众所杀。兖州平，遂东略陈地。

①《魏书》曰：于是兵皆出取麦，在者不能千人，屯营不固。太祖乃令妇人守陴，悉兵拒之。屯西有大堤，其南树木幽深。布疑有伏，乃相谓曰："曹操多谲，勿入伏中。"引军屯南十余里。明日复来，太祖隐兵堤里，出半兵堤外。布益进，乃令轻兵挑战，既合，伏兵乃悉乘堤，步骑并进，大破之，获其鼓车，追至其营而还。

是岁，长安乱，天子东迁，败于曹阳，渡河幸安邑。

建安元年春正月，太祖军临武平，袁术所置陈相袁嗣降。

太祖将迎天子，诸将或疑。荀彧、程昱劝之，乃遣曹洪将兵西迎。卫将军董承与袁术将苌奴拒险，洪不得进。

汝南、颍川黄巾何仪、刘辟、黄邵、何曼等，众各数万，初应袁术，又附孙坚。二月，太祖进军讨破之，斩辟、邵等，仪及其众皆降。天子拜太祖建德将军。夏六月，迁镇东将军，封费亭侯。秋七月，杨奉、韩暹以天子还洛阳，[1]奉别屯梁。太祖遂至洛阳，卫京都，暹遁走。天子假太祖节钺，录尚书事。[2]洛阳残破，董昭等劝太祖都许。九月，车驾出轘辕而东，以太祖为大将军，封武平侯。自天子西迁，朝廷日乱，至是宗庙社稷制度始立。[3]

①《献帝春秋》曰：天子初至洛阳，幸城西故中常侍赵忠宅。使张杨缮治宫室，名殿曰扬安殿。八月，帝乃迁居。

②《献帝纪》曰：又领司隶校尉。

③张璠《汉纪》曰：初，天子败于曹阳，欲浮河东下。侍中太史令王立曰："自去春太白犯镇星于牛斗，过天津，荧惑又逆行守北河，不可犯也。"由是天子遂不北渡河，将自轵关东出。立又谓宗正刘艾曰："前太白守天关，与荧惑会。金火交会，革命之象也。汉祚终矣，晋、魏必有兴者。"立后数言于帝曰："天命有去就，五行不常盛。代火者土也，承汉者魏也，能安天下者，曹姓也，唯委任曹氏而已。"公闻之，使人语立曰："知公忠于朝廷，然天道深远，幸勿多言。"

天子之东也，奉自梁欲要之，不及。冬十月，公征奉，奉南奔袁术。遂攻其梁屯，拔之。于是以袁绍为太尉，绍耻班在公下，不肯受。公乃固辞，以大将军让绍。天子拜公司空，行车骑将军。是岁，用枣祗、韩浩等议，始兴屯田。[1]

①《魏书》曰：自遭荒乱，率乏粮谷。诸军并起，无终岁之计。饥则寇略，饱则弃余，瓦解流离，无敌自破者不可胜数。袁绍之在河北，军人仰食桑椹。袁术在江、淮，取给蒲蠃。民人相食，州里萧条。公曰："夫定国之术，在于强兵足食。秦人以急农兼天下，孝武以屯田定西域，此先代之良式也。"是岁乃募民屯田许下，得谷百万斛。于是州郡例置田官，所在积谷。征伐四方，无运粮之劳，遂兼灭群贼，克平天下。

吕布袭刘备，取下邳。备来奔。程昱说公曰："观刘备有雄才，而甚得众心，终不为人下，不如早图之。"公曰："方今收英雄时也，杀一人而失天下之心，不可。"

张济自关中走南阳。济死，从子绣领其众。二年春正月，公到宛。张绣降，既而悔之，复反。公与战，军败，为流矢所中，长子昂、弟子安民遇害。[1]公乃引兵还舞阴，绣将骑来抄，公击破之。绣奔穰，与刘表合。公谓诸将曰："吾降张绣等，失不便取其质，以至于此。吾知所以败。诸卿观之，自今已后不复败矣。"遂还许。[2]

①《魏书》曰：公所乘马名绝影，为流矢所中，伤颊及足，并中公右臂。◎《世语》曰：昂不能骑，进马于公，公故免，而昂遇害。

②《世语》曰：旧制，三公领兵入见，皆交戟叉颈而前。初，公将讨张绣，入觐天子，时始复此制。公自此不复朝见。

袁术欲称帝于淮南,使人告吕布。布收其使,上其书。术怒,攻布,为布所破。秋九月,术侵陈,公东征之。术闻公自来,弃军走,留其将桥蕤、李丰、梁纲、乐就。公到,击破蕤等,皆斩之。术走渡淮,公还许。

公之自舞阴还也,南阳章陵诸县复叛为绣。公遣曹洪击之,不利,还屯叶,数为绣、表所侵。冬十一月,公自南征,至宛。①表将邓济据湖阳。攻拔之,生擒济,湖阳降。攻舞阴,下之。

①《魏书》曰:临淯水,祠亡将士,歔欷流涕,众皆感恸。

【译文】兴平二年春天,太祖袭击定陶。济阴太守吴资固守定陶南城,没能攻破。恰好吕布来了,太祖又打败了他。这年夏天,吕布部将薛兰、李封驻守钜野,太祖进攻他们。吕布援救薛兰,薛兰兵败,吕布趁乱逃走,于是太祖将薛兰等人杀死。吕布又从东缗和陈宫率领一万多人来参战,这时太祖兵少,于是设下埋伏,用奇兵偷袭,把吕布打得惨败。吕布连夜败逃,太祖再次发兵攻打,占领定陶,分兵平定周围各县。吕布东逃投奔刘备,张邈跟着吕布,让弟弟张超携带家属守住雍丘。秋八月,太祖围攻雍丘。冬十月,献帝任命太祖为兖州牧。十二月,雍丘溃败,张超自杀,太祖诛灭张邈三族。张邈去往袁术那里请求援助,被袁术部下杀死。兖州平定后,太祖接着向东攻打陈国一带。

这年,长安发生动乱,献帝东迁,在曹阳遭遇溃败,渡过黄河逃到了安邑。

建安元年春正月,太祖率领军队到达武平,袁术任命的陈国相袁嗣投降。

太祖要迎接献帝,将领中有人抱有疑虑。但荀彧、程昱劝说太祖,于是太祖就派曹洪率军向西去迎接。卫将军董承与袁术的部将苌奴凭险抗拒,曹洪没办法前进。

汝南、颍川二郡的黄巾军何仪、刘辟、黄邵、何曼等,各自持兵数万,起初追随袁术,后来又依附孙坚。这年二月,太祖进军讨伐击败了他们,杀死刘辟、黄邵等人,何仪及其部众全部投降。献帝提拔太祖为建德将军。夏六月,又晋升太祖为镇东将军,封费亭侯。秋七月,杨奉、韩暹将献帝送回洛阳,杨奉驻守在梁县。太祖随即赶到洛阳,守卫京城,韩暹逃走。献帝授予太祖节钺,并录尚书事,总领朝纲。洛阳残破,董昭等劝说太祖迁都许县。九月,献帝出镮辕关东行,封太祖为大将军,担任武平侯。自从献帝西迁,朝廷一天比一天混乱,直到这时,宗庙社稷与各种礼仪制度才再次建立起来。

献帝东迁时,杨奉打算由梁县出兵阻截,但没赶上。冬十月,曹公讨伐杨奉,杨奉向南逃走,投奔袁术。于是曹公便攻打他在梁县的营垒,一举攻克。这时朝廷任命袁绍担任太尉,袁绍因位列曹公之后而感到羞耻,不愿接受。于是曹公坚决辞谢,将大将军一职让给袁绍。献帝令曹公担任司空,代行车骑将军一职。这一年,曹公采纳了枣祇、韩浩等人的建议,开始实行屯田制度。

吕布偷袭刘备,夺取下邳。刘备被迫投奔曹公。程昱劝诫曹公:“我观刘备有雄才大略,而且很得人心,最终不会甘居人下,不如趁早杀掉他。”曹公说:“如今正是招揽英雄的时候,杀掉一个人而失去天下人的心,不可以这样做。”

张济从关中逃到南阳。张济去世后，他的侄儿张绣统领他的部队。建安二年春正月，曹公来到宛城。张绣投降，不久又反悔了，再次反叛。曹公与之交战，兵败，被乱箭射中，大儿子曹昂、侄子曹安民身亡。于是曹公领兵退守舞阴，张绣率领骑兵来进攻，曹公打败了他。张绣逃去穰县，与刘表联合。曹公对将领们说："我接受张绣等人的投降，错在没有马上取得他们的人质，才弄到这种地步。我已经明白了失败的原因。诸位看着吧，从今以后再也不会失败了。"于是率军返回许都。

袁术想在淮南自立为皇帝，派人通知吕布。吕布私自扣留了前来通知他的使者，将他的书信上报朝廷。袁术怒不可遏，下令攻打吕布，被吕布打败。秋九月，袁术进犯陈国，曹公往东去讨伐他。袁术听说曹公亲自前来，丢下军队独自逃跑，仅仅留下部将桥蕤、李丰、梁纲、乐就防守。曹公率兵来到，打败了桥蕤等人，将他们都杀了。袁术逃过淮河，曹公便返回许都。

曹公从舞阴返回的时候，南阳章陵等县又反叛归属张绣。曹公派曹洪前去攻打，交战不利。曹洪退兵驻守叶县，又多次被张绣、刘表偷袭。冬十一月，曹公亲自南征，来到宛城。刘表部将邓济据守湖阳。曹公攻破湖阳城，活捉邓济，湖阳投降。接着又攻占了舞阴。

【原文】三年春正月，公还许，初置军师祭酒。三月，公围张绣于穰。夏五月，刘表遣兵救绣，以绝军后。[①]公将引还，绣兵来追，公军不得进，连营稍前。公与荀彧书曰："贼来追吾，虽日行数里，吾策之，到安众，破绣必矣。"到安众，绣与表兵合守险，公军前后受敌。公乃夜凿险为地道，悉过辎重，设奇兵。会明，贼谓公为遁也，悉军来追。乃纵奇兵步骑夹攻，大破之。秋七月，公还许。荀彧问公："前以策贼必破，何也？"公曰："虏遏吾归师，而与吾死地战，吾是以知胜矣。"

①《献帝春秋》曰：袁绍叛卒诣公云："田丰使绍早袭许，若挟天子以令诸侯，四海可指麾而定。"公乃解绣围。

吕布复为袁术使高顺攻刘备，公遣夏侯惇救之，不利。备为顺所败。九月，公东征布。冬十月，屠彭城，获其相侯谐。进至下邳，布自将骑逆击。大破之，获其骁将成廉，追至城下。布恐，欲降。陈宫等沮其计，求救于术，劝布出战。战又败，乃还固守。攻之不下。时公连战，士卒罢，欲还，用荀攸、郭嘉计，遂决泗、沂水以灌城。月余，布将宋宪、魏续等执陈宫，举城降。生禽布、宫，皆杀之。太山臧霸、孙观、吴敦、尹礼、昌豨各聚众。布之破刘备也，霸等悉从布。布败，获霸等，公厚纳待，遂割青、徐二州附于海以委焉，分琅邪、东海、北海为城阳、利城、昌虑郡。

初，公为兖州，以东平毕谌为别驾。张邈之叛也，邈劫谌母弟妻子。公谢遣之，曰："卿老母在彼，可去。"谌顿首无二心，公嘉之，为之流涕。既出，遂亡归。及布破，谌生得，众为谌惧，公曰："夫人孝于其亲者，岂不亦忠于君乎？吾所求也。"以为鲁相。[①]

①《魏书》曰：袁绍宿与故太尉杨彪、大长秋梁绍、少府孔融有隙，欲使公以他过诛之。公曰："当今天下土崩瓦解，雄豪并起，辅相君长，人怀怏怏，各有自为之心，此上下相疑之秋也。虽以无嫌待之，犹惧未信；如有所除，则谁不自危？且夫起布衣，在尘垢

之间，为庸人之所陵陷，可胜怨乎！高祖赦雍齿之仇而群情以安，如何忘之？”绍以为公外托公义，内实离异，深怀怨望。

臣松之以为：杨彪亦曾为魏武所困，几至于死，孔融竟不免于诛灭，岂所谓“先行其言而后从之”哉！非知之难，其在行之，信矣。

【译文】建安三年春正月，曹公回到许都，第一次设置军师祭酒的官职。三月，曹公在穰县包围了张绣。夏五月，刘表派兵援助张绣，截断曹军后路。曹公想撤退，张绣军队追来，曹军进退维谷，于是摆开连营阵势逐渐推进。曹公给荀彧去信说：“敌军来追赶我，即使我每天只行进数里，但我估计，走到安众县，一定能打败张绣。”到了安众，张绣与刘表的军队合在一起据守险要，曹军前后受敌。曹公连夜在险要的地方开凿地下通道，运走所有辎重，埋伏下奇兵。这时刚好天亮了，敌军以为曹公已经逃离，于是全军来追。曹公出动伏兵与步兵骑兵夹攻，把张绣打得落花流水。秋七月，曹公返回许都。荀彧问曹公：“战前就知道敌军一定会失败，这是什么原因？”曹公说：“敌人阻挡我们返回的军队，同我置于死地的军队进行决战，我因此知道一定会获得胜利。”

吕布又帮助袁术，派高顺进攻刘备，曹公派夏侯惇援救刘备，交战不利。刘备被高顺打败。九月，曹公东征吕布。冬十月，曹公屠杀彭城，俘获了国相侯谐。进军到下邳，吕布亲自率领骑兵迎战。曹公将吕布打得大败，俘虏了他的勇将成廉，一直追击到城下。吕布害怕，想要投降。陈宫等人劝阻了他，向袁术请求援助，并劝吕布出战。吕布出战再次失败，回城固守。曹军攻城很长时间也没有攻下。曹公因连续征战，士兵疲惫不堪，打算退兵，后采用荀攸、郭嘉的计策，决开泗水与沂水灌下邳城。一个多月后，吕布的部将宋宪、魏续等人捉拿陈宫，献城投降。曹公活捉吕布、陈宫，将他们都杀了。当初，泰山郡的臧霸、孙观、吴敦、尹礼、昌豨各自拉起队伍。在吕布打败刘备的时候，臧霸等人全部归附了吕布。这次吕布战败，曹公俘获了臧霸等人，宽厚地接纳并款待他们，又划出青州、徐州沿海的地方让他们去管理，从琅邪郡、东海郡以及北海国中分出一部分，设立城阳郡、利城郡和昌虑郡。

当初，曹公担任兖州牧的时候，曾经任命东平人毕谌为别驾。张邈叛变的时候，扣押了毕谌的母亲、弟弟及妻子儿女。曹公向他道歉，让他走，说：“老母亲在那边，您可以离开这儿。”毕谌叩头表示没有异心，曹公称赞他，还感动得流下了眼泪。毕谌出来后，就逃跑去归附张邈。这次吕布兵败，毕谌被捉拿，大家都为毕谌感到忧虑，曹公却说：“孝顺父母的人，难道会对君主不忠吗？这正是我们所要寻找的人啊。”于是任命毕谌为鲁国相。

【原文】四年春二月，公还至昌邑。张杨将杨丑杀杨，眭固又杀丑，以其众属袁绍，屯射犬。夏四月，进军临河，使史涣、曹仁渡河击之。固使杨故长史薛洪、河内太守缪尚留守，自将兵北迎绍求救，与涣、仁相遇犬城。交战，大破之，斩固。公遂济河，围射犬。洪、尚率众降，封为列侯。还军敖仓，以魏种为河内太守，属以河北事。

初，公举种孝廉。兖州叛，公曰：“唯魏种且不弃孤也。”及闻种走，公怒曰：“种不南走越、北走胡，不置汝也！”既下射犬，生禽种，公曰：“唯其才也！”释其缚而用之。

是时袁绍既并公孙瓒，兼四州之地，众十余万，将进军攻许。诸将以为不可敌，公曰：“吾知绍之为人，志大而智小，色厉而胆薄，忌克而少威。兵多而分画不明，将骄而政令不一。土地虽广，粮食虽丰，适足以为吾奉也。”秋八月，公进军黎阳，使臧霸等入青州，破齐、北海、东安，留于禁屯河上。九月，公还许，分兵守官渡。冬十一月，张绣率众降，封列侯。十二月，公军官渡。

袁术自败于陈，稍困，袁谭自青州遣迎之。术欲从下邳北过，公遣刘备、朱灵要之。会术病死。程昱、郭嘉闻公遣备，言于公曰：“刘备不可纵。”公悔，追之不及。备之未东也，阴与董承等谋反。至下邳，遂杀徐州刺史车胄，举兵屯沛。遣刘岱、王忠击之，不克。①

①《献帝春秋》曰：备谓岱等曰：“使汝百人来，其无如我何。曹公自来，未可知耳！”◎《魏武故事》曰：岱，字公山，沛国人。以司空长史从征伐有功，封列侯。◎《魏略》曰：王忠，扶风人，少为亭长。三辅乱，忠饥乏啖人，随辈南向武关。值娄子伯为荆州遣迎北方客人，忠不欲去，因率等仵逆击之，夺其兵，聚众千余人以归公。拜忠中郎将，从征讨。五官将知忠尝啖人，因从驾出行，令俳取冢间髑髅系著忠马鞍，以为欢笑。

庐江太守刘勋率众降，封为列侯。

【译文】四年春二月，曹公返回昌邑。张杨的部将杨丑杀掉张杨，眭固又杀掉杨丑，带领他的部队归附了袁绍，驻扎在射犬。夏四月，曹公进军到黄河边，派史涣、曹仁渡河进攻眭固。眭固派遣原先担任张杨长史的薛洪、河内太守缪尚留守射犬，自己率领大军北去迎接袁绍，寻求援救，与史涣、曹仁在犬城相遇。两军交战，曹军将眭固打得大败，杀死眭固。曹公接着渡过黄河，包围射犬。薛洪、缪尚率领部队投降，被封为列侯。曹军返回驻守敖仓，曹公任命魏种为河内太守，将黄河以北的事全部交给他管理。

当初，曹公曾举荐魏种为孝廉。兖州叛乱的时候，曹公说：“只有魏种不会背弃我。”但听说魏种也已经逃跑的时候，曹公怒气冲冲地说：“只要你魏种不是南逃到越，北逃到胡，我一定不会放过你！”等到攻下射犬，活捉了魏种，曹公却说：“他是个身负才能的人啊！”为他松绑并任用他。

这时袁绍已经吞并了公孙瓒的领地，兼有四州之地，有十几万军队，想要进攻许都。曹军将领们认为抵挡不了。曹公说：“我对袁绍的为人非常熟悉，志大才低，外表严厉，内心怯懦，为人善妒，威信全无。士兵虽多，但部署不当，将领骄横而政令不统一。因此即使土地广大，粮食丰富，却正好奉送给我。”秋八月，曹公进军黎阳，派遣臧霸等人进入青州，攻破齐、北海、东安等地，留于禁驻防黄河岸边。九月，曹公回到许都，分出部分兵力固守官渡。冬十一月，张绣率领部队投降，被封为列侯。十二月，曹公驻军官渡。

袁术自从在陈国被打败后，逐渐困窘，袁谭从青州派人迎接他。袁术打算经过下邳北上，曹公派遣刘备、朱灵截击他。刚好在这时袁术病死。程昱、郭嘉听到曹公派刘备出去，于是对曹公说：“不能放走刘备！”曹公后悔，派人追赶刘备，但已经来不及了。刘备向东行进之前，暗中与董承等人图谋反叛。到了下邳，就杀了徐州刺史车胄，拉出人马驻扎在沛县。曹公派遣刘岱、王忠去攻打他，但没能取胜。

庐江太守刘勋率领部下投降曹公，被封为列侯。

【原文】五年春正月，董承等谋泄，皆伏诛。公将自东征备，诸将皆曰："与公争天下者，袁绍也。今绍方来而弃之东，绍乘人后，若何？"公曰："夫刘备，人杰也。今不击，必为后患。[①] 袁绍虽有大志，而见事迟，必不动也。"郭嘉亦劝公。遂东击备，破之，生禽其将夏侯博。备走奔绍，获其妻子。备将关羽屯下邳，复进攻之，羽降。昌豨叛为备，又攻破之。公还官渡，绍卒不出。

① 孙盛《魏氏春秋》云：答诸将曰："刘备，人杰也，将生忧寡人。"

臣松之以为：史之记言，既多润色，故前载所述有非实者矣，后之作者又生意改之，于失实也，不亦弥远乎！凡孙盛制书，多用《左氏》以易旧文，如此者非一。嗟乎！后之学者将何取信哉？且魏武方以天下励志，而用夫差分死之言，尤非其类。

二月，绍遣郭图、淳于琼、颜良攻东郡太守刘延于白马。绍引兵至黎阳，将渡河。夏四月，公北救延。荀攸说公曰："今兵少不敌，分其势乃可。公到延津，若将渡兵向其后者，绍必西应之，然后轻兵袭白马，掩其不备，颜良可禽也。"公从之。绍闻兵渡，即分兵西应之。公乃引军兼行趣白马，未至十余里，良大惊，来逆战。使张辽、关羽前登，击破，斩良。遂解白马围，徙其民，循河而西。绍于是渡河追公军，至延津南。公勒兵驻营南阪下，使登垒望之，曰："可五六百骑。"有顷，复白："骑稍多，步兵不可胜数。"公曰："勿复白。"乃令骑解鞍放马。是时，白马辎重就道，诸将以为敌骑多，不如还保营。荀攸曰："此所以饵敌，如何去之！"绍骑将文丑与刘备将五六千骑前后至，诸将复白："可上马。"公曰："未也。"有顷，骑至稍多，或分趣辎重。公曰："可矣。"乃皆上马。时骑不满六百，遂纵兵击，大破之，斩丑。良、丑皆绍名将也，再战，悉禽，绍军大震。公还军官渡。绍进保阳武。关羽亡归刘备。

八月，绍连营稍前，依沙塠为屯，东西数十里。公亦分营与相当，合战不利。[①] 时公兵不满万，伤者十二三。[②] 绍复进临官渡，起土山地道。公亦于内作之，以相应。绍射营中，矢如雨下，行者皆蒙楯，众大惧。时公粮少，与荀彧书，议欲还许。彧以为："绍悉众聚官渡，欲与公决胜败。公以至弱当至强，若不能制，必为所乘，是天下之大机也。且绍布衣之雄耳，能聚人而不能用。夫以公之神武明哲而辅以大顺，何向而不济！"公从之。

① 习凿齿《汉晋春秋》曰：许攸说绍曰："公无与操相攻也。急分诸军持之，而径从他道迎天子，则事立济矣。"绍不从，曰："吾要当先围取之。"攸怒。

② 臣松之以为：魏武初起兵，已有众五千，自后百战百胜，败者十二三而已矣。但一破黄巾，受降卒三十余万，余所吞并，不可悉纪。虽征战损伤，未应如此之少也。夫结营相守，异于摧锋决战。本纪云："绍众十余万，屯营东西数十里。"魏太祖虽机变无方，略不世出，安有以数千之兵，而得逾时相抗者哉？以理而言，窃谓不然。绍为屯数十里，公能分营与相当，此兵不得甚少，一也。绍若有十倍之众，理应当悉力围守，使

出入断绝。而公使徐晃等击其运车，公又自出击淳于琼等，扬旌往还，曾无抵阂，明绍力不能制，是不得甚少，二也。诸书皆云公坑绍众八万，或云七万。夫八万人奔散，非八千人所能缚，而绍之大众皆拱手就戮，何缘力能制之？是不得甚少，三也。将记述者欲以少见奇，非其实录也。按《钟繇传》云："公与绍相持，繇为司隶，送马二千余匹以给军。"本纪及《世语》并云公时有骑六百余匹，繇马为安在哉？

孙策闻公与绍相持，乃谋袭许，未发，为刺客所杀。汝南降贼刘辟等叛应绍，略许下。绍使刘备助辟，公使曹仁击破之。备走，遂破辟屯。

袁绍运谷车数千乘至，公用荀攸计，遣徐晃、史涣邀击，大破之，尽烧其车。公与绍相拒连月，虽比战斩将，然众少粮尽，士卒疲乏。公谓运者曰："却十五日为汝破绍，不复劳汝矣。"冬十月，绍遣车运谷，使淳于琼等五人将兵万余人送之，宿绍营北四十里。绍谋臣许攸贪财，绍不能足，来奔，因说公击琼等。左右疑之，荀攸、贾诩劝公。公乃留曹洪守，自将步骑五千人夜往，会明至。琼等望见公兵少，出阵门外。公急击之，琼退保营，遂攻之。绍遣骑救琼。左右或言："贼骑稍近，请分兵拒之。"公怒曰："贼在背后，乃白！"士卒皆殊死战，大破琼等，皆斩之。①绍初闻公之击琼，谓长子谭曰："就彼破琼等，吾攻拔其营，彼固无所归矣！"乃使张郃、高览攻曹洪。郃等闻琼破，遂来降。绍众大溃，绍及谭弃军走，渡河。追之不及，尽收其辎重图书珍宝，虏其众。②公收绍书中，得许下及军中人书，皆焚之。③冀州诸郡多举城邑降者。

①《曹瞒传》曰：公闻攸来，跣出迎之，抚掌笑曰："子远，卿来，吾事济矣！"既入坐，谓公曰："袁氏军盛，何以待之？今有几粮乎？"公曰："尚可支一岁。"攸曰："无是，更言之！"又曰："可支半岁。"攸曰："足下不欲破袁氏邪，何言之不实也！"公曰："向言戏之耳，其实可一月，为之奈何？"攸曰："公孤军独守，外无救援而粮谷已尽，此危急之日也。今袁氏辎重有万余乘在故市、乌巢，屯军无严备。今以轻兵袭之，不意而至，燔其积聚，不过三日，袁氏自败也。"公大喜。乃选精锐步骑，皆用袁军旗帜，衔枚缚马口，夜从间道出，人抱束薪，所历道有问者，语之曰："袁公恐曹操抄略后军，遣兵以益备。"闻者信以为然，皆自若。既至，围屯，大放火，营中惊乱。大破之，尽燔其粮谷宝货，斩督将眭元进、骑督韩莒子、吕威璜、赵叡等首，割得将军淳于仲简鼻，未死。杀士卒千余人，皆取鼻，牛马割唇舌，以示绍军。将士皆怛惧。时有夜得仲简，将以诣麾下，公谓曰："何为如是？"仲简曰："胜负自天，何用为问乎！"公意欲不杀。许攸曰："明旦鉴于镜，此益不忘人。"乃杀之。

②《献帝起居注》曰：公上言："大将军邺侯袁绍前与冀州牧韩馥立故大司马刘虞，刻作金玺，遣故任长毕瑜诣虞，为说命录之数。又，绍与臣书云：'可都鄄城，当有所立。'擅铸金银印，孝廉、计吏皆往诣绍。从弟济阴太守叙与绍书云：'今海内丧败，天意实在我家，神应有征，当在尊兄。南兄臣下欲使即位，南兄言，以年则北兄长，以位则北兄重。便欲送玺，会曹操断道。'绍宗族累世受国重恩，而凶逆无道，乃至于此。辄勒兵马，与战官渡，乘圣朝之威，得斩绍大将淳于琼等八人首，遂大破溃，绍与子谭轻身迸走。凡斩首七万余级，辎重财物巨亿。"

③《魏氏春秋》曰：公云："当绍之强，孤犹不能自保，而况众人乎！"

初，桓帝时有黄星见于楚、宋之分。辽东殷馗[①]善天文，言后五十岁当有真人起于梁、沛之间，其锋不可当。至是凡五十年，而公破绍，天下莫敌矣。

①馗，古逵字，见《三苍》。

【译文】五年春正月，董承等人的阴谋败露了，全都被处死。曹公想亲自东征刘备，将领们纷纷劝阻说："与您争夺天下的人是袁绍。如今袁绍正率兵前来，而您却撇开他东征刘备，如果袁绍抄了我们的后路，怎么办？"曹公说："刘备是人中的豪杰啊。现在不趁机打败他，将来定会后患无穷。袁绍虽有大志，但遇事迟疑寡断，一定不会怎么样。"郭嘉也支持曹公。因而曹公向东进攻刘备，打败了他，活捉他的部将夏侯博。刘备逃奔袁绍，曹公俘虏了刘备的妻儿。刘备的部将关羽驻军下邳，曹公接着攻打他，关羽投降。昌豨反叛投靠刘备，曹公也将他打败了。到曹公回到官渡，袁绍一直没有出兵。

二月，袁绍派遣郭图、淳于琼、颜良进攻驻守在白马的东郡太守刘延。袁绍率领大军来到黎阳，将要渡过黄河。夏四月，曹公往北支援刘延。荀攸劝曹公说："如今我们兵力少，打不过袁绍，只有让他的兵力分散才可取胜。您到延津，做出将要进军渡河攻打其后方的样子，袁绍一定会分兵向西来应战，之后我们用轻装部队攻打白马，乘其不备，颜良就可以捉住。"曹公采纳了他的意见。袁绍听说曹军将要渡河，马上分兵西去应战曹军。于是，曹公率军日夜兼程奔向白马，距离白马还有十多里时，颜良大惊，慌忙迎战。曹公派张辽、关羽首先出战，打败袁军，杀了颜良。因此解了白马之围，并迁徙当地百姓，沿黄河向西撤退。袁绍这时渡过黄河追赶曹军，来至延津南边。曹公收住部队在南阪下扎营，派人登上壁垒瞭望袁军，瞭望的人说："大约有五六百骑兵。"过了一会儿，又报告说："骑兵逐渐增多，步兵多得数不清。"曹公说："不用再报了。"于是命令骑兵解下马鞍把马放开。这时，从白马所缴获的辎重正被运上大路，将领们认为敌人骑兵多，不如撤回保护营寨。荀攸说："这是用来引诱敌人的，如何能撤走！"袁绍的骑兵将领文丑与刘备带领的五六千骑兵先后追到。曹军将领们又说："可以上马了。"曹公说："还不到时候。"过了一会儿，袁绍的骑兵越来越多，有的纷纷奔向辎重。曹公说："可以了。"于是全部上马。当时曹军骑兵不足六百，出兵进击，大破袁军，杀掉了文丑。颜良、文丑都是袁绍的名将，只打了两仗，就都被杀死，袁军震惊不已。曹公回军官渡。袁绍进军保卫阳武。关羽趁机逃归刘备。

八月，袁绍前后结营步步推进，依靠沙堆扎营，东西数十里。曹公也分兵扎营与他对抗，但交战不利。这时曹公的军队人数不到一万，受伤的就多达十分之二三。袁绍的军队又进逼官渡，堆土山挖地道。曹公也在营内做土山地道应战。袁军向曹营射击，箭如雨下，营内行走的人都用盾掩护身体，大家十分恐慌。这时曹军粮食日益减少，曹公给荀彧写信，商议准备撤回许都。荀彧认为："袁绍全部人马集结在官渡，想要与您决一胜负。您以极弱的兵力去抵挡极强的敌军，假如不能制服他，他就一定会有机可乘，这是天下成败的关键时刻。何况袁绍不过是一个平庸的首领罢了，能聚集人才，却不懂得任用。凭您非凡的勇武与智慧，再加上代天子讨伐奸贼名正言顺，无往而不胜！”曹公听从了他的意见。

孙策听说曹公和袁绍双方对峙，于是策划袭击许都，还未行动，便被刺客杀死。汝南投降的刘辟等人叛变曹公，纷纷响应袁绍，抢掠许都城郊。袁绍派遣刘备去支援刘辟，曹公派出曹仁击败刘备。刘备逃跑，曹军于是攻下刘辟的营寨。

袁绍的运粮车来了好几千辆，曹公运用荀攸的计策，派遣徐晃、史涣截击，大败袁军，把粮车全部烧光。曹公与袁绍相持数月，虽然屡次战斗斩杀敌将，但苦于兵少粮尽，士兵疲乏。曹公对运粮的人说：“再过十五天等打败袁绍，就不再让你们劳累了。”冬十月，袁绍又派车运粮，命令淳于琼等五名将领带兵一万多人护送，驻扎在袁绍的大营北面四十里。袁绍的谋臣许攸贪财，袁绍无法满足许攸，许攸转而投奔曹公，趁机劝说曹公攻打淳于琼等人。曹公身边的人有些怀疑许攸，只有荀攸、贾诩二人劝曹公采纳。于是，曹公留曹洪守营，自己率领步兵、骑兵五千人连夜出动，刚好天明到达。淳于琼等看到曹军人少，出门外摆开阵势。曹公突然进攻敌军，淳于琼退守营寨，曹公于是挥军攻击营垒。袁绍派骑兵来救援淳于琼。曹公身边有人说：“贼军骑兵慢慢靠近了，请分兵抵挡他们。”曹公发怒说：“贼军到了身后，再来报告！”士兵们都拼命作战，大败淳于琼等人，将他们都杀了。袁绍刚听闻曹公攻打淳于琼等人的消息时，对大儿子袁谭说：“趁他攻打淳于琼等人的时机，我去攻占他的大营，他便无路可退了！”于是派张郃、高览攻打曹洪。张郃等人听到淳于琼战败，于是来投降了曹公。袁军溃败，袁绍与袁谭丢下军队逃跑，渡过黄河。曹军追赶不及，缴获了他们的全部辎重、地图、书籍以及珍宝，俘虏了袁军将士。曹公在所缴获的袁绍信件中，获得了不少许都与自己军队中人与袁绍相互来往的信件，他全部烧了，不加追究。接着，冀州很多郡都献城投降了曹公。

当初，汉桓帝时期在楚、宋上空出现一颗黄星。辽东郡人殷馗精于天文，预言五十年后将会有真命天子兴起于梁、沛之间，其锋锐不可当。到这时共五十年，刚好曹公打败了袁绍，天下再也无人能敌得过曹公了。

【原文】六年夏四月，扬兵河上，击绍仓亭军，破之。绍归，复收散卒，攻定诸叛郡县。九月，公还许。绍之未破也，使刘备略汝南，汝南贼共都等应之。遣蔡扬击都，不利，为都所破。公南征备。备闻公自行，走奔刘表，都等皆散。

七年春正月，公军谯，令曰：“吾起义兵，为天下除暴乱。旧土人民，死丧略尽。国中终日行，不见所识，使吾凄怆伤怀。其举义兵已来，将士绝无后者，求其亲戚以后之，授土田，官给耕牛，置学师以教之。为存者立庙，使祀其先人。魂而有灵，吾百年之后何恨哉！”遂至浚仪，治睢阳渠，遣使以太牢祀桥玄。[1] 进军官渡。

①褒赏令载公祀文曰：“故太尉桥公，诞敷明德，泛爱博容。国念明训，士思令谟。灵幽体翳，邈哉晞矣！吾以幼年，逮升堂室，特以顽鄙之姿，为大君子所纳。增荣益观，皆由奖助。犹仲尼称不如颜渊，李生之厚叹贾复。士死知己，怀此无忘。又承从容约誓之言：‘殂逝之后，路有经由，不以斗酒只鸡过相沃酹，车过三步，腹痛勿怪！’虽临

时戏笑之言,非至亲之笃好,胡肯为此辞乎?匪谓灵忿能诒己疾,怀旧惟顾,念之凄怆。奉命东征,屯次乡里。北望贵土,乃心陵墓。裁致薄奠,公其尚飨!"

绍自军破后,发病欧血,夏五月死。小子尚代,谭自号车骑将军,屯黎阳。秋九月,公征之。连战,谭、尚数败退,固守。

八年春三月,攻其郭,乃出战。击,大破之,谭、尚夜遁。夏四月,进军邺。五月还许,留贾信屯黎阳。己酉,令曰:"《司马法》'将军死绥',① 故赵括之母乞不坐括。是古之将者,军破于外,而家受罪于内也。自命将征行,但赏功而不罚罪,非国典也。其令诸将出征,败军者抵罪,失利者免官爵。"②

①《魏书》曰:绥,却也。有前一尺,无却一寸。

②《魏书》载庚申令曰:"议者或以军吏虽有功能,德行不足堪任郡国之选,所谓'可与适道,未可与权'。管仲曰:'使贤者食于能则上尊,斗士食于功则卒轻于死,二者设于国则天下治。'未闻无能之人,不斗之士,并受禄赏,而可以立功兴国者也。故明君不官无功之臣,不赏不战之士。治平尚德行,有事赏功能。论者之言,一似管窥虎欤!"

秋七月,令曰:"丧乱已来,十有五年。后生者不见仁义礼让之风,吾甚伤之。其令郡国各修文学,县满五百户置校官,选其乡之俊造而教学之。庶几先王之道不废,而有以益于天下。"

八月,公征刘表,军西平。公之去邺而南也,谭、尚争冀州,谭为尚所败,走保平原。尚攻之急,谭遣辛毗乞降请救。诸将皆疑,荀攸劝公许之,① 公乃引军还。冬十月,到黎阳,为子整与谭结婚。② 尚闻公北,乃释平原还邺。东平吕旷、吕翔叛尚,屯阳平,率其众降,封为列侯。③

①《魏书》曰:公云:"我攻吕布,表不为寇,官渡之役,不救袁绍,此自守之贼也,宜为后图。谭、尚狡猾,当乘其乱。纵谭挟诈,不终束手。使我破尚,偏收其地,利自多矣。"乃许之。

② 臣松之案:绍死至此,过周五月耳。谭虽出后其伯,不为绍服三年,而于再期之内以行吉礼,悖矣。魏武或以权宜与之约言,今云结婚,未必便以此年成礼。

③《魏书》曰:谭之围解,阴以将军印绶假旷。旷受印送之,公曰:"我固知谭之有小计也。欲使我攻尚,得以其间略民聚众。比尚之破,可得自强以乘我弊也。尚破我盛,何弊之乘乎?"

九年春正月,济河,遏淇水入白沟以通粮道。二月,尚复攻谭,留苏由、审配守邺。公进军到洹水,由降。既至,攻邺,为土山、地道。武安长尹楷屯毛城,通上党粮道。夏四月,留曹洪攻邺,公自将击楷,破之而还。尚将沮鹄守邯郸,① 又击拔之。易阳令韩范、涉长梁岐举县降,赐爵关内侯。五月,毁土山、地道,作围堑,决漳水灌城,城中饿死者过半。秋七月,尚还救邺,诸将皆以为:"此归师,人自为战,不如避之。"公曰:"尚从大道来,当避之;若循西山来者,此成禽耳。"尚果循西山来,临滏水为营。② 夜遣兵犯围,公逆击,破走之,遂围其营。未合,尚惧,遣故豫州刺史阴夔及陈琳乞降。公不许,为围益急。尚夜遁,保祁山,追击之。其将马延、张颉等临阵降,众大溃,尚走中山。

尽获其辎重，得尚印绶节钺，使尚降人示其家，城中崩沮。八月，审配兄子荣夜开所守城东门内兵。配逆战，败，生禽配，斩之，邺定。公临祀绍墓，哭之流涕。慰劳绍妻，还其家人、宝物，赐杂缯絮，廪食之。③

①沮，音菹，河朔间今犹有此姓。鹄，沮授子也。

②《曹瞒传》曰：遣候者数部前后参之，皆曰："定从西道，已在邯郸。"公大喜，会诸将曰："孤已得冀州，诸君知之乎？"皆曰："不知。"公曰："诸君方见不久也。"

③孙盛云：昔者先王之为诛赏也，将以惩恶劝善，永彰鉴戒。绍因世艰危，遂怀逆谋，上议神器，下干国纪。荐社污宅，古之制也，而乃尽哀于逆臣之家，加恩于饕餮之室，为政之道，于斯踬矣。夫匿怨友人，前哲所耻，税骖旧馆，义无虚涕，苟道乖好绝，何哭之有！昔汉高失之于项氏，魏武遵谬于此举，岂非百虑之一失也。

初，绍与公共起兵。绍问公曰："若事不辑，则方面何所可据？"公曰："足下意以为何如？"绍曰："吾南据河，北阻燕、代，兼戎狄之众，南向以争天下，庶可以济乎？"公曰："吾任天下之智力，以道御之，无所不可。"①

①《傅子》曰：太祖又云："汤、武之王，岂同土哉？若以险固为资，则不能应机而变化也。"

九月，令曰："河北罹袁氏之难，其令无出今年租赋。"重豪强兼并之法，百姓喜悦。①天子以公领冀州牧，公让还兖州。

①《魏书》载公令曰："有国有家者，不患寡而患不均，不患贫而患不安。袁氏之治也，使豪强擅恣，亲戚兼并，下民贫弱，代出租赋，炫鬻家财，不足应命。审配宗族，至乃藏匿罪人，为逋逃主。欲望百姓亲附，甲兵强盛，岂可得邪！其收田租亩四升，户出绢二匹、绵二斤而已，他不得擅兴发。郡国守相明检察之，无令强民有所隐藏，而弱民兼赋也。"

公之围邺也，谭略取甘陵、安平、勃海、河间。尚败，还中山。谭攻之，尚奔故安，遂并其众。公遗谭书，责以负约，与之绝婚，女还，然后进军。谭惧，拔平原，走保南皮。十二月，公入平原，略定诸县。

【译文】建安六年夏四月，曹公在黄河岸边排兵布阵，攻打袁绍仓亭的守军，打败了他们。袁绍逃回冀州后，又收罗许多溃兵，平定了反叛的郡县。九月，曹公回到许都。袁绍还没被打败之时，曾派刘备攻取汝南郡，汝南黄巾军共都等人纷纷响应刘备。曹公派蔡扬去攻打共都，交战不利，被共都击败。曹公又南征刘备。刘备听说曹公亲自出征，逃跑前去投奔刘表，共都等人也就全部溃散了。

建安七年春正月，曹公驻守谯县，下令说："我起义兵，为天下铲除暴乱。故乡人民，差不多都死了。在县境内走上一整天，看不见一个认识的人，使我悲痛伤心。自我起义兵以来，凡将士绝后的，就找他们的亲戚延续他们的香火，分给田地，由官府配给耕牛，设立学校、安排老师教育他们。为活着的人建立宗庙，让他们可以祭祀自己的祖先。这样，如果死者的游魂还能显灵的话，我死后还有什么可遗憾的呢！"接着曹公到浚仪县，治理睢阳渠，又派人用太牢祭祀桥玄。自此以后便进军官渡。

袁绍自从军队溃败后，发病吐血，夏五月去世。小儿子袁尚接替他的职位，袁谭自称车骑将军，在黎阳驻扎。秋九月，曹公讨伐他们。接连打了几仗，袁谭、袁尚屡次战败，退兵固守。

建安八年春三月，曹公攻打黎阳外城，袁军迎战。曹公攻击袁军，袁军大败，袁谭、袁尚连夜出逃。夏四月，曹公攻打邺城。五月间返回许都，留贾信驻守黎阳。五月二十五日，曹公下令说："《司马法》规定'将军临阵退缩要处以死刑'，所以赵括的母亲请求不要因赵括打了败仗而被连坐治罪。这表明古代将领，在外面打了败仗，在家的亲属也要被连带治罪。自我派遣将领出征以来，只奖赏有功之人而没有处罚有罪之人，这不符合国家制度。现在我命令诸将出征时，打败仗的人要依法治罪，失败者免除官职与爵位。"

秋七月，曹公下令说："战乱以来，已经持续了十五年。年轻人没见过仁义礼让的风尚，我感到十分忧伤。现在命令各郡都要提倡与重视文献典籍的研究并加强学校的建设，满五百户的县要设置学官，选出本地的优秀子弟给予他们教育，这样或许使先王之道不致断绝，从而对天下百姓更有好处。"

八月，曹公讨伐刘表，在西平县驻军。当曹公离开邺城南下的时候，袁谭、袁尚争夺冀州，袁谭被袁尚打败，逃跑到平原县固守。袁尚加紧攻打平原城，袁谭派遣辛毗向曹公乞降并请求援救。诸将都怀疑，而荀攸劝曹公应允他，曹公于是带领军队返回。冬十月，曹公来到黎阳，为儿子曹整与袁谭的女儿约为婚姻。袁尚听到曹军北去，只好放弃对平原的进攻，回到邺城。东平人吕旷、吕翔背叛袁尚，在阳平驻扎，率领自己的人马投奔曹公，被封为列侯。

九年春正月，曹军渡过黄河，堵截淇水引入白沟以便方便漕运。二月，袁尚再次攻打袁谭，留苏由、审配守邺城。曹公进军到洹水的时候，苏由投降。曹军到达后，攻打邺城，修土山，挖地道。武安县长尹楷驻守在毛城，使通往上党的粮道保持畅通。夏四月，曹公留曹洪攻打邺城，亲自率领军队攻打尹楷，击溃后回师。袁尚的将领沮鹄守邯郸，曹军又攻占了邯郸。易阳县令韩范、涉县县长梁岐献城投降，曹公赐给他们关内侯的爵位。五月，曹军毁掉土山、地道，挖围城壕沟，掘开漳水灌城，大多数城里人被饿死。秋七月，袁尚回来援救邺城，曹军将领们都认为："这是返回的军队，每个人都会主动奋战，不如避开他们。"曹公说："袁尚如果从大路来，应该避开他；如果沿西山而来，就一定会被我活捉了。"袁尚果真沿西山而来，靠着滏水扎下营寨。夜里袁尚派兵进攻围城的曹军，曹公迎击，将袁军打得大败，又趁势包围袁尚的营寨。还未交战，袁尚就害怕了，派前豫州刺史阴夔与陈琳求降。曹公不答应，围攻得更加紧迫。袁尚趁夜逃走，据守祁山，曹军趁机追击。袁尚部将马延、张颤等人临阵投降，袁军溃散，袁尚逃往中山。曹军缴获袁尚的全部辎重，并获得了袁尚的印章、绶带、符节、斧钺，又派已经投降的袁尚将士把这些东西拿给他们在城里的家属们看，于是城中人心快速被瓦解。八月，审配的侄子审荣夜里打开他所守卫的东城门引曹兵进城。审配迎战失利，曹公活捉审配，将他杀死，邺城平定。曹公亲自来到袁绍墓前祭奠，为他痛哭流涕。曹公慰劳袁绍的妻子,送还他家里的仆人与珍宝物品,赐给他各种丝绸丝绵,并由官府供给粮食。

当初,袁绍和曹公共同起兵。袁绍问曹公说:“假如大事不能成功,那么什么地方可以依附呢?”曹公说:“您的意见呢?”袁绍说:“我南面据守黄河,北面凭仗燕、代,兼有戎狄士众,向南争夺天下,这样大概能成功了吧?”曹公说:“我依靠天下人士的才智与力量,用王道加以治理,这就能无往而不胜。”

九月,曹公下令说:“黄河以北遭受了袁氏家族导致的大灾难,特令不交今年的田租和赋税。”他还加重了关于豪强兼并土地的惩治法令,老百姓十分高兴。献帝命曹操任冀州牧,曹公辞去原兖州牧的官职。

曹公围攻邺城时,袁谭夺取了甘陵县、安平县、勃海国以及河间国。袁尚战败后,回到中山国。袁谭又进攻袁尚,袁尚逃往故安县,袁谭便趁机吞并了袁尚的军队。曹公写信给袁谭,指责他违反约定,就与他断绝了联姻关系,让女儿返回娘家,之后进军讨伐。袁谭很害怕,被迫离开平原县,逃到南皮据守。十二月,曹公进入平原县,又平定了附近几个县。

【原文】十年春正月,攻谭,破之,斩谭,诛其妻子,冀州平。[①]下令曰:“其与袁氏同恶者,与之更始。”令民不得复私仇,禁厚葬,皆一之于法。是月,袁熙大将焦触、张南等叛攻熙、尚,熙、尚奔三郡乌丸。触等举其县降,封为列侯。初讨谭时,民亡椎冰,[②]令不得降。顷之,亡民有诣门首者,公谓曰:“听汝则违令,杀汝则诛首,归深自藏,无为吏所获。”民垂泣而去,后竟捕得。

①《魏书》曰:公攻谭,旦及日中不决。公乃自执桴鼓,士卒咸奋,应时破陷。

② 臣松之以为:讨谭时,川渠水冻,使民椎冰以通船,民惮役而亡。

夏四月,黑山贼张燕率其众十余万降,封为列侯。故安赵犊、霍奴等杀幽州刺史、涿郡太守。三郡乌丸攻鲜于辅于犷平。[①]秋八月,公征之,斩犊等,乃渡潞河救犷平,乌丸奔走出塞。

①《续汉书·郡国志》曰:犷平,县名,属渔阳郡。

九月,令曰:“阿党比周,先圣所疾也。闻冀州俗,父子异部,更相毁誉。昔直不疑无兄,世人谓之盗嫂;第五伯鱼三娶孤女,谓之挝妇翁;王凤擅权,谷永比之申伯;王商忠议,张匡谓之左道。此皆以白为黑,欺天罔君者也。吾欲整齐风俗,四者不除,吾以为羞。”冬十月,公还邺。

初,袁绍以甥高幹领并州牧,公之拔邺,幹降,遂以为刺史。幹闻公讨乌丸,乃以州叛,执上党太守,举兵守壶关口。遣乐进、李典击之,幹还守壶关城。十一年春正月,公征幹。幹闻之,乃留其别将守城,走入匈奴,求救于单于,单于不受。公围壶关,三月,拔之。幹遂走荆州,上洛都尉王琰捕斩之。

秋八月,公东征海贼管承,至淳于,遣乐进、李典击破之,承走入海岛。割东海之襄贲、郯、戚以益琅邪,省昌虑郡。[①]

①《魏书》载十月乙亥令曰:“夫治世御众,建立辅弼,诚在面从,《诗》称‘听用我

谋，庶无大悔'，斯实君臣恳恳之求也。吾充重任，每惧失中，频年已来，不闻嘉谋，岂吾开延不勤之咎邪？自今以后，诸掾属治中、别驾，常以月旦各言其失，吾将览焉。"

三郡乌丸承天下乱，破幽州，略有汉民合十余万户。袁绍皆立其酋豪为单于，以家人子为己女，妻焉。辽西单于蹋顿尤强，为绍所厚，故尚兄弟归之，数入塞为害。公将征之，凿渠，自呼沲入泒水，[1]名平虏渠。又从泃河口凿入潞河，[2]名泉州渠，以通海。

① 泒，音孤。

② 泃，音句。

【译文】建安十年春正月，曹公攻打袁谭，打败袁军，杀了袁谭与他的妻子儿女，冀州因而得以平定。曹公下令说："与袁氏一起作恶的人，我愿意给他们一次改过自新的机会。"又命令百姓不得报私仇，禁止铺张的丧葬，违者一概依法处置。这月，袁熙的大将焦触、张南等反叛并攻打袁熙、袁尚，袁熙与袁尚投奔三郡乌丸族。焦触等人献城投降，曹公封他们为列侯。当初讨伐袁谭的时候，不愿服椎冰通航之役的人都逃跑了，曹公曾经下令不接受这些人归降。不久，逃亡的百姓有人前往军门自首认罪，曹公对他说："接受你投降，就会违反命令。假如杀掉你，又是杀了自首认罪的人。回去以后躲起来，不要被官吏们再次抓获。"这人流泪离去，但后来还是被捕获了。

夏四月，黑山一带的贼寇张燕率领他的十多万部众归降，曹公封他为列侯。故安人赵犊、霍奴等人杀害了幽州刺史、涿郡太守。三郡乌丸族在犷平县攻打鲜于辅。秋八月，曹公征讨他们，将赵犊等人杀掉，并渡过潞河救援犷平，乌丸逃往塞外。

这年九月，曹公下令说："袒护同党，结伙营私，是古代圣贤所憎恶的。听说冀州地方的风俗，哪怕是父子也各结一帮，互相诽谤。从前，直不疑没有哥哥，而世人却说他和嫂子私通；第五伯鱼三次迎娶的都是孤女，而人们却诽谤他殴打岳父；王凤独断朝政，谷永将他奉为申伯；王商忠诚公正，张匡却攻击他搞歪门邪道。这些都是颠倒黑白，欺天骗君的案例。我想要整顿社会风气，上述四种弊端不革除，我感到很羞耻。"冬十月，曹公回到邺城。

当初，袁绍用他外甥高幹担任并州牧。曹公攻下邺城后，高幹投降，曹公仍让他担任并州刺史。高幹听到曹公讨伐乌丸，于是在并州发动叛乱，劫持上党太守，发兵去守壶关口。曹公派乐进与李典前去进攻他，高幹退回固守壶关城。建安十一年春正月，曹公征讨高幹。高幹听到这一消息，就留下其他的将领守城，自己逃跑到匈奴那儿，向单于求救，但单于并未答应他。曹公军队包围壶关城，三月，攻下了它。高幹逃往荆州，被上洛都尉王琰抓住杀掉了。

秋八月，曹公东征海贼管承，来到淳于，派乐进、李典打败了管承，管承逃入海岛。曹公划出原本东海郡的襄贲、郯、戚三县扩充琅邪郡，撤销了昌虑郡。

三郡乌丸人趁着天下大乱，攻破幽州，掳掠汉民十多万户。从前袁绍将他们的部落首领都封为单于，以本族姑娘当作自己的女儿，嫁给他们。辽西单于蹋顿势力尤其强大，被袁绍优待，因此袁尚、袁熙兄弟选择投奔了他们，他们多次侵入边塞进行骚扰破坏。曹公想要征伐他们，因此开凿河渠，从呼沲河入泒水，起名平虏渠。又从泃河口挖到潞河，起名泉州渠，与大海连接。

【原文】十二年春二月，公自淳于还邺。丁酉，令曰："吾起义兵诛暴乱，于今十九年，所征必克，岂吾功哉？乃贤士大夫之力也。天下虽未悉定，吾当要与贤士大夫共定之。而专飨其劳，吾何以安焉！其促定功行封。"于是大封功臣二十余人，皆为列侯，其余各以次受封，及复死事之孤，轻重各有差。①

①《魏书》载公令曰："昔赵奢、窦婴之为将也，受赐千金，一朝散之，故能济成大功，永世流声。吾读其文，未尝不慕其为人也。与诸将士大夫共从戎事，幸赖贤人不爱其谋，群士不遗其力，是以夷险平乱，而吾得窃大赏，户邑三万。追思窦婴散金之义，今分所受租与诸将掾属及故戍于陈、蔡者，庶以畴答众劳，不擅大惠也。宜差死事之孤，以租谷及之。若年殷用足，租奉毕入，将大与众人悉共飨之。"

将北征三郡乌丸，诸将皆曰："袁尚，亡虏耳，夷狄贪而无亲，岂能为尚用？今深入征之，刘备必说刘表以袭许。万一为变，事不可悔。"惟郭嘉策表必不能任备，劝公行。夏五月，至无终。秋七月，大水，傍海道不通。田畴请为乡导，公从之。引军出卢龙塞，塞外道绝不通，乃堑山堙谷五百余里，经白檀，历平冈，涉鲜卑庭，东指柳城。未至二百里，虏乃知之。尚、熙与蹋顿、辽西单于楼班、右北平单于能臣抵之等将数万骑逆军。八月，登白狼山，卒与虏遇，众甚盛。公车重在后，被甲者少，左右皆惧。公登高，望虏陈不整，乃纵兵击之，使张辽为先锋，虏众大崩，斩蹋顿及名王已下，胡、汉降者二十余万口。辽东单于速仆丸及辽西、北平诸豪，弃其种人，与尚、熙奔辽东，众尚有数千骑。初，辽东太守公孙康恃远不服。及公破乌丸，或说公遂征之，尚兄弟可禽也。公曰："吾方使康斩送尚、熙首，不烦兵矣。"九月，公引兵自柳城还，①康即斩尚、熙及速仆丸等，传其首。诸将或问："公还而康斩送尚、熙，何也？"公曰："彼素畏尚等，吾急之则并力，缓之则自相图，其势然也。"十一月至易水，代郡乌丸行单于普富卢、上郡乌丸行单于那楼将其名王来贺。

①《曹瞒传》曰：时寒且旱，二百里无复水，军又乏食，杀马数千匹以为粮，凿地入三十余丈乃得水。既还，科问前谏者，众莫知其故，人人皆惧。公皆厚赏之，曰："孤前行，乘危以徼倖，虽得之，天所佐也，故不可以为常。诸君之谏，万安之计，是以相赏，后勿难言之。"

十三年春正月，公还邺，作玄武池以肄舟师。①汉罢三公官，置丞相、御史大夫。夏六月，以公为丞相。②

①肄，以四反。《三苍》曰："肄，习也。"

②《献帝起居注》曰：使太常徐璆即授印绶。御史大夫不领中丞，置长史一人。◎《先贤行状》曰：璆，字孟玉，广陵人。少履清爽，立朝正色。历任城、汝南、东海三郡，所在化行。被征当还，为袁术所劫。术僭号，欲授以上公之位，璆终不为屈。术死后，璆得术玺，致之汉朝，拜卫尉太常。公为丞相，以位让璆焉。

秋七月，公南征刘表。八月，表卒，其子琮代，屯襄阳，刘备屯樊。九月，公到新野，琮遂降，备走夏口。公进军江陵，下令荆州吏民，与之更始。乃论荆州服从之功，侯者十五人，以刘表大将文聘为江夏太守，使统本兵，引用荆州名士韩嵩、邓义等。[①] 益州牧刘璋始受征役，遣兵给军。十二月，孙权为备攻合肥。公自江陵征备，至巴丘，遣张憙救合肥。权闻憙至，乃走。公至赤壁，与备战，不利。于是大疫，吏士多死者，乃引军还。备遂有荆州、江南诸郡。[②]

①卫恒《四体书势·序》曰：上谷王次仲善隶书，始为楷法。至灵帝好书，世多能者。而师宜官为最，甚矜其能，每书，辄削焚其札。梁鹄乃益为版而饮之酒，候其醉而窃其札，鹄卒以攻书至选部尚书。于是公欲为洛阳令，鹄以为北部尉。鹄后依刘表。及荆州平，公募求鹄，鹄惧，自缚诣门，署军假司马，使在秘书，以勒书自效。公尝悬著帐中，及以钉壁玩之，谓胜宜官。鹄字孟黄，安定人。魏宫殿题署，皆鹄书也。◎皇甫谧《逸士传》曰：汝南王俊，字子文，少为范滂、许章所识，与南阳岑晊善。公之为布衣，特爱俊，俊亦称公有治世之具。及袁绍与弟术丧母，归葬汝南，俊与公会之，会者三万人。公于外密语俊曰："天下将乱，为乱魁者必此二人也。欲济天下，为百姓请命，不先诛此二子，乱今作矣。"俊曰："如卿之言，济天下者，舍卿复谁？"相对而笑。俊为人外静而内明，不应州郡、三府之命。公车征，不到。避地居武陵，归俊者一百余家。帝之都许，复征为尚书，又不就。刘表见绍强，阴与绍通，俊谓表曰："曹公，天下之雄也，必能兴霸道，继桓、文之功者也。今乃释近而就远，如有一朝之急，遥望漠北之救，不亦难乎！"表不从。俊年六十四，以寿终于武陵，公闻而哀伤。及平荆州，自临江迎丧，改葬于江陵，表为先贤也。

②《山阳公载记》曰：公船舰为备所烧，引军从华容道步归，遇泥泞，道不通，天又大风，悉使羸兵负草填之，骑乃得过。羸兵为人马所蹈藉，陷泥中，死者甚众。军既得出，公大喜，诸将问之，公曰："刘备，吾俦也。但得计少晚，向使早放火，吾徒无类矣。"备寻亦放火而无所及。◎孙盛《异同评》曰：按《吴志》，刘备先破公军，然后权攻合肥，而此记云权先攻合肥，后有赤壁之事。二者不同，《吴志》为是。

【译文】建安十二年春二月，曹公从淳于返回邺城。二月初五日，下令说："从我起兵讨伐叛乱，到如今已经十九年了，每战必胜，难道是我一个人的功劳吗？都是贤能的文武官员共同献策出力的结果啊！虽然天下还未完全平定，我应当与各位文武官员一起去平定它。独自揽着这些功劳，我如何能心安呢！如今要赶快给大家评定功劳，进行封赏。"于是对二十多个有功之臣大加封赏，他们都封为列侯，其余的人也按照功劳大小依次受封，还免除了死者子女的赋税徭役，轻重各有等差。

曹公将要北征三郡乌丸，将领们都说："袁尚仅仅是一个逃敌罢了，夷狄贪婪而不讲人情，怎么可能被袁尚利用呢？现在深入乌丸境内征讨乌丸，刘备定会劝说刘表前来偷袭许都。万一出了事，后悔也来不及了。"只有郭嘉料定刘表一定不会信任刘备，劝说曹公出征。夏五月，曹公来到无终县。秋七月，发了大水，沿海道路不通。田畴请求担任向导，曹操答应了他。田畴带领大军出了卢龙塞，塞外路断无法通行，就开山填谷五百多里，经白檀，过平冈，跋涉到鲜卑首领的驻地，向东直逼柳城。距离柳城只有二百里了，敌人才获知消息。袁尚、袁熙与蹋顿、辽西单于楼班、右北平单于能臣抵之等人率领几万骑兵前来迎战。八月，曹公率领大军登上白狼山，突然与乌丸军队遭遇,敌兵很多。当时曹公的辎重都在后方,只有少量士兵身穿铠甲,随从都感到非常害怕。曹公登高,远望乌丸阵容不齐,于是挥兵出击,以张辽为先锋,乌丸军很快就崩溃了,斩了蹋顿及许多乌丸首领,胡、汉二十余万人投降。辽东单于速仆丸和辽西、北平的许多乌丸酋帅,丢下他们本族人,与袁尚、袁熙一同逃奔辽东,仅仅剩下几千名骑兵。当初,辽东太守公孙康倚仗居地甚远,不服从曹公。直到曹公大破乌丸,有人劝曹公乘胜征讨公孙康,如此一来,袁尚兄弟就可以抓到。曹公说:"我将命公孙康斩送袁尚、袁熙的头来,不用再动兵了。"九月,曹公率领大军从柳城回来,公孙康斩了二袁及速仆丸等人,送来了他们的首级。有的将领问曹公:"您一回师,公孙康便斩了袁尚、袁熙的头送来,这是为何?"曹公说:"公孙康平常就害怕袁尚等人,我逼急了,他们就会合力抵抗,我暂缓进攻,他们便会互相残杀,这是大势所趋的事。"十一月,曹公到达易水,代郡乌丸行单于普富卢、上郡乌丸行单于那楼率领乌丸首领们前来朝贺。

十三年春正月,曹公返回邺城,开凿玄武池训练水军。汉朝廷废除三公官职,设置丞相、御史大夫这两个职位。夏六月,封曹公为丞相。

秋七月,曹公南征刘表。八月,刘表病逝,他的儿子刘琮代立,驻扎在襄阳,刘备在樊城驻军。九月,曹公来到新野,刘琮投降,刘备逃往夏口。曹公进军江陵,下令让荆州的官吏与百姓一起除旧革新。于是评定荆州降服的功劳,封侯的有十五人,任命刘表的大将文聘担任江夏太守,让他统领原来的军队,又起用荆州名士韩嵩、邓义等人。益州牧刘璋开始接受征调服役,派兵去增补曹公的军队。十二月,孙权为了援救刘备而进攻合肥。曹公率领大军从江陵出发去征讨刘备,到了巴丘,派遣张憙去救合肥。孙权听说张憙来到,只好退兵。曹公来到赤壁,和刘备交战,失利。这时军中瘟疫流行,官兵死亡众多,曹公不得不收兵回来。于是刘备占据荆州、江南的各个郡。

【原文】十四年春三月,军至谯,作轻舟,治水军。秋七月,自涡入淮,出肥水,军合肥。辛未,令曰:"自顷已来,军数征行,或遇疫气,吏士死亡不归,家室怨旷,百姓流离,而仁者岂乐之哉?不得已也。其令死者家无基业、不能自存者,县官勿绝廪,长吏存恤抚循,以称吾意。"置扬州郡县长吏,开芍陂屯田。十二月,军还谯。

十五年春,下令曰:"自古受命及中兴之君,曷尝不得贤人君子与之共治天下者乎?及其得贤也,曾不出闾巷,岂幸相遇哉?上之人不求之耳。今天下尚未定,此特求贤之急时也。孟公绰为赵、魏老则优,不可以为滕、薛大夫。若必廉士而后可用,则齐桓其何以霸世?今天下得无有被褐怀玉而钓于渭滨者乎?又得无盗嫂受金而未遇无知者乎?二三子其佐我明扬仄陋,唯才是举,吾得而用之。"冬,作铜雀台。①

①《魏武故事》载公十二月己亥令曰:"孤始举孝廉,年少,自以本非岩穴知名之士,恐为海内人之所见凡愚,欲为一郡守,好作政教,以建立名誉,使世士明知之。故在济南,始除残去秽,平心选举,违迕诸常侍。以为强豪所忿,恐致家祸,故以病还。去官之后,年纪尚少,顾视同岁中,年有五十,未名为老,内自图之,从此却去二十年,待天下清,乃与同岁中始举者等耳。故以四时归乡里,于谯东五十里筑精舍,欲秋夏读书,冬

春射猎，求底下之地，欲以泥水自蔽，绝宾客往来之望，然不能得如意。后征为都尉，迁典军校尉，意遂更欲为国家讨贼立功，欲望封侯作征西将军，然后题墓道言'汉故征西将军曹侯之墓'，此其志也。而遭值董卓之难，兴举义兵。是时合兵能多得耳，然常自损，不欲多之。所以然者，多兵意盛，与强敌争，倘更为祸始。故汴水之战数千，后还到扬州更募，亦复不过三千人，此其本志有限也。后领兖州，破降黄巾三十万众。又，袁术僭号于九江，下皆称臣，名门曰建号门，衣被皆为天子之制，两妇预争为皇后。志计已定，人有劝术使遂即帝位，露布天下，答言'曹公尚在，未可也'。后孤讨禽其四将，获其人众，遂使术穷亡解沮，发病而死。及至袁绍据河北，兵势强盛，孤自度势，实不敌之，但计投死为国，以义灭身，足垂于后。幸而破绍，枭其二子。又，刘表自以为宗室，包藏奸心，乍前乍却，以观世事，据有当州，孤复定之，遂平天下。身为宰相，人臣之贵已极，意望已过矣。今孤言此，若为自大，欲人言尽，故无讳耳。设使国家无有孤，不知当几人称帝，几人称王。或者人见孤强盛，又性不信天命之事，恐私心相评，言有不逊之志，妄相忖度，每用耿耿。齐桓、晋文所以垂称至今日者，以其兵势广大，犹能奉事周室也。《论语》云'三分天下有其二，以服事殷，周之德可谓至德矣'，夫能以大事小也。昔乐毅走赵，赵王欲与之图燕，乐毅伏而垂泣，对曰：'臣事昭王，犹事大王。臣若获戾，放在他国，没世然后已，不忍谋赵之徒隶，况燕后嗣乎！'胡亥之杀蒙恬也，恬曰：'自吾先人及至子孙，积信于秦三世矣。今臣将兵三十余万，其势足以背叛，然自知必死而守义者，不敢辱先人之教以忘先王也。'孤每读此二人书，未尝不怆然流涕也。孤祖父以至孤身，皆当亲重之任，可谓见信者矣，以及子桓兄弟，过于三世矣。孤非徒对诸君说此也，常以语妻妾，皆令深知此意。孤谓之言：'顾我万年之后，汝曹皆当出嫁，欲令传道我心，使他人皆知之。'孤此言皆肝鬲之要也。所以勤勤恳恳叙心腹者，见周公有《金縢》之书以自明，恐人不信之故。然欲孤便尔委捐所典兵众以还执事，归就武平侯国，实不可也。何者？诚恐己离兵为人所祸也。既为子孙计，又己败则国家倾危，是以不得慕虚名而处实祸，此所不得为也。前朝恩封三子为侯，固辞不受，今更欲受之，非欲复以为荣，欲以为外援，为万安计。孤闻介之推避晋封，申胥之逃楚赏，未尝不舍书而叹，有以自省也。奉国威灵，仗钺征伐，推弱以克强，处小而禽大，意之所图，动无违事，心之所虑，何向不济？遂荡平天下，不辱主命，可谓天助汉室，非人力也。然封兼四县，食户三万，何德堪之！江湖未静，不可让位；至于邑土，可得而辞。今上还阳夏、柘、苦三县户二万，但食武平万户，且以分损谤议，少减孤之责也。"

十六年春正月，[①] 天子命公世子丕为五官中郎将，置官属，为丞相副。太原商曜等以大陵叛，遣夏侯渊、徐晃围破之。张鲁据汉中，三月，遣钟繇讨之。公使渊等出河东与繇会。

①《魏书》曰：庚辰，天子报：减户五千，分所让三县万五千封三子，植为平原侯，据为范阳侯，豹为饶阳侯，食邑各五千户。

是时关中诸将疑繇欲自袭，马超遂与韩遂、杨秋、李堪、成宜等叛。遣曹仁讨之。超等屯潼关，公敕诸将："关西兵精悍，坚壁勿与战。"秋七月，公西征，[①] 与超等夹关而军。公急持之，而潜遣徐晃、朱灵等夜渡蒲阪津，据河西为营。公自潼关北渡，未济，超赴船急战。校尉丁斐因放牛马以饵贼，贼乱取牛马，公乃得渡，[②]循河为甬道而南。贼退，拒渭口，公乃多设疑兵，潜以舟载兵入渭，为浮桥。夜，分兵结营于渭南。贼夜攻营，伏兵击破之。超等屯渭南，遣信求割河以西请和，公不许。九月，进军渡渭。[③]超等数挑战，又不许。固请割地，求送任子，公用贾诩计，伪许之。韩遂请与公相见。公与遂父同岁孝廉，又与遂同时侪辈，于是交马语移时，不及军事，但说京都旧故，拊手欢笑。既罢，超等问遂："公何言？"遂曰："无所言也。"超等疑之。[④]他日，公又与遂书，多所点窜，如遂改定者，超等愈疑遂。公乃与克日会战。先以轻兵挑之，战良久，乃纵虎骑夹击，大破之，斩成宜、李堪等。遂、超等走凉州，杨秋奔安定，关中平。

①《魏书》曰：议者多言"关西兵强，习长矛，非精选前锋，则不可以当也"。公谓诸将曰："战在我，非在贼也。贼虽习长矛，将使不得以刺，诸君但观之耳。"

②《曹瞒传》曰：公将过河，前队适渡，超等奄至，公犹坐胡床不起。张郃等见事急，共引公入船。河水急，比渡，流四五里，超等骑追射之，矢下如雨。诸将见军败，不知公所在，皆惶惧，至见，乃悲喜，或流涕。公大笑曰："今日几为小贼所困乎！"

③《曹瞒传》曰：时公军每渡渭，辄为超骑所冲突，营不得立，地又多沙，不可筑垒。娄子伯说公曰："今天寒，可起沙为城，以水灌之，可一夜而成。"公从之，乃多作缣囊以运水，夜渡兵作城。比明，城立，由是公军尽得渡渭。

或疑于时九月，水未应冻。臣松之按《魏书》：公军八月至潼关，闰月北渡河，则其年闰八月也，至此容可大寒邪！

④《魏书》曰：公后日复与遂等会语，诸将曰："公与虏交语，不宜轻脱，可为木行马以为防遏。"公然之。贼将见公，悉于马上拜，秦、胡观者，前后重沓，公笑谓贼曰："汝欲观曹公邪？亦犹人也，非有四目两口，但多智耳！"胡前后大观。又列铁骑五千为十重陈，精光耀日，贼益震惧。

诸将或问公曰："初，贼守潼关，渭北道缺，不从河东击冯翊而反守潼关，引日而后北渡，何也？"公曰："贼守潼关，若吾入河东，贼必引守诸津，则西河未可渡。吾故盛兵向潼关，贼悉众南守，西河之备虚，故二将得擅取西河。然后引军北渡，贼不能与吾争西河者，以有二将之军也。连车树栅，为甬道而南，[①]既为不可胜，且以示弱。渡渭为坚垒，虏至不出，所以骄之也，故贼不为营垒而求割地。吾顺言许之，所以从其意，使自安而不为备，因畜士卒之力，一旦击之，所谓疾雷不及掩耳，兵之变化，固非一道也。"始，贼每一部到，公辄有喜色。贼破之后，诸将问其故，公答曰："关中长远，若贼各依险阻，征之，不一二年不可定也。今皆来集，其众虽多，莫相归服，军无适主，一举可灭，为功差易，吾是以喜。"

①臣松之案：汉高祖二年，与楚战荥阳京、索之间，筑甬道属河以取敖仓粟。应劭曰："恐敌抄辎重，故筑垣墙如街巷也。"今魏武不筑垣墙，但连车树栅以扞两面。

冬十月，军自长安北征杨秋，围安定。秋降，复其爵位，使留抚其民人。[①]十二月，自安定还，留夏侯渊屯长安。

①《魏略》曰：杨秋，黄初中迁讨寇将军，位特进，封临泾侯，以寿终。

【译文】建安十四年春三月，曹公军队来到谯县，修建快船，训练水军。秋七月，大军从涡水进入淮河，经过肥水，驻军合肥。八月二十四日，曹公下令说："近年以来，军队多次出征，有时遭遇瘟疫，官兵死亡，不能回家，夫妻无法团聚，青年男女不能婚配，百姓流离失所，仁爱之人难道乐意看到这样的事情发生吗？实在是不得已啊！现命令战死者家中缺乏产业、家属没能力养活自己的，政府不可停止口粮供应，地方官吏要对他们抚恤慰问，如此才满足我的意愿。"安排任命了扬州各郡县的长官，开芍陂，实行屯田制。十二月，曹军返回谯县。

建安十五年春天，曹公下令说："自古以来开国及中兴的君主，哪个不是得到有才能的人与他一起治理天下的呢？而君主得到那些有才能的人，往往不出里巷，难道是碰巧遇上的吗？是当政的人不去求访而已。如今天下还没有完全平定，这正是求贤的时候。孟公绰做赵、魏两家的家臣是才力有余的，却无法胜任滕、薛那样小国的大夫。假如一定要廉洁之士才能任用，那么齐桓公怎么能称霸天下？如今天下难道找不到像吕尚那样身披布衣，怀抱高才，在渭水旁垂钓的人吗？又是否有像陈平那样蒙受'盗嫂受金'的恶名，还没有遇到魏无知的推荐的人呢？你们要协助我举荐任用那些地位卑贱的贤能之士，唯才是举，使我可以任用他们。"这年冬天，修建了铜雀台。

建安十六年春正月，汉献帝封曹公的世子曹丕为五官中郎将，设置官属，担任丞相的副手。太原人商曜等据守大陵发动叛乱，曹公派遣夏侯渊、徐晃围攻并打败了商曜。张鲁占据汉中，三月，曹公派钟繇前去征讨。曹公又派夏侯渊等人从河东郡出兵，与钟繇会合。

这时，关中诸将纷纷怀疑钟繇要攻打他们，于是马超与韩遂、杨秋、李堪、成宜等人反叛，曹公派遣曹仁去征讨他们。马超等人驻守潼关，曹公告诫诸将说："关西兵精锐强悍，你们坚守壁垒不要与敌人进行正面交锋。"秋七月，曹公西征，与马超军隔着潼关驻扎下来。曹公从正面紧逼牵制马超，同时暗中派徐晃、朱灵等趁夜渡过蒲阪津，据黄河西岸安营扎寨。曹公从潼关北渡黄河，还没完全渡过，马超军急忙攻打曹军的渡船。校尉丁斐放出牛马引诱敌人，敌人乱哄哄地去抢夺牛马，曹公才得以顺利渡过黄河，又沿河修建了通道向南推进。敌人后退，占据渭河口抵抗，曹公于是设置了许多疑兵，暗中用船将士兵送入渭河，架设浮桥。夜里，分兵在渭水南岸扎营。敌人连夜攻打营寨，曹公伏兵打败了他们。马超的军队移驻渭水南岸，派使者请求割让黄河以西来求和，曹公不答应。九月，曹军渡过渭河。马超等人多次挑战，曹公都不加理睬。马超一再请求割地，请求送子弟作人质，曹公采用贾诩的计策，假装允诺他们。韩遂请求与曹公相见。曹公与韩遂的父亲同一年举孝廉，又与韩遂年纪相仿，辈分相等，于是交马相会，晤谈多时，没有涉及军事，只聊些京城老友旧事，直谈得拍手欢笑。谈完了，马超等人询问韩遂："曹公讲了些什么？"韩遂说："没有讲什么。"马超等人生起疑心。过了几天，曹公又给韩遂来信，将信中文字作了许多涂改，像是韩遂自己修改的样子。马超等人更加怀疑韩遂。于是，曹公与他们约定时间会战。先用轻装部队来挑战，打了良久，才出动勇猛的骑兵前后夹击，大破敌军，斩了成宜、李堪等人。韩遂、马超等逃往凉州，杨秋逃到安定，关中得以平定。

将领中有人问曹公说："当初，敌人把守潼关，渭水北岸防守空虚，我军不从河东攻打冯翊，反而固守潼关，拖延好些天才北渡黄河，这是什么原因呢？"曹公说："敌方把守潼关，如果我军进入河东，敌人必会引兵守住河上的渡口，那就无法渡过西河。我故意带领大队人马进逼潼关，敌人尽全力地来把守南边，西河的守备空虚，徐晃、朱灵二将才能专心攻占西河。然后，我再率领大军北渡，敌人无法与我争夺，因为那儿已经有徐晃、朱灵的军队了。我军以兵车相连，树立栅栏，修筑通道向南推进，既作了不可战胜的实际准备，又示弱于敌人，麻痹他们。渡过渭水修筑了坚固的营垒，敌人来了不与他们交战，以此使敌人产生骄傲轻敌的麻痹心理，所以他们没有修筑营垒而请求割地讲和。于是，我顺着他们的话假装答应，这样顺从他们的意思，使他们安下心不作任何防备，趁此时机我们的士卒养精蓄锐，一旦攻打他们，就会形成迅雷不及掩耳之势，用兵之道变化多端，原本就没有固定的途径啊。"开始的时候，敌人每有一支军队到来，曹公就表露出高兴的样子。敌军被打败后，将领们问他最初高兴的缘故，曹公回答说："关中地域辽阔，如果他们各自凭险而守，那要讨伐他们，没有一两年的工夫是无法平定的。如今他们都集中到一起来了，尽管人数众多，却彼此不服，没有有权威的统帅指挥，一举便可歼灭，成功较为容易，我因此感到高兴。"

冬十月，曹军从长安北征杨秋，围攻安定。杨秋投降，曹公恢复了他原先的爵位，让他留在本地安抚当地百姓。十二月，曹公从安定回来，留下夏侯渊屯驻长安。

【原文】十七年春正月，公还邺。天子命公赞拜不名，入朝不趋，剑履上殿，如萧何故事。马超余众梁兴等屯蓝田，使夏侯渊击平之。割河内之荡阴、朝歌、林虑，东郡之卫国、顿丘、东武阳、发干，钜鹿之廮陶、曲周、南和，广平之任城，赵之襄国、邯郸、易阳，以益魏郡。冬十月，公征孙权。

十八年春正月，进军濡须口，攻破权江西营，获权都督公孙阳，乃引军还。诏书并十四州，复为九州。夏四月，至邺。

五月丙申，天子使御史大夫郗虑持节策命公为魏公①曰：

朕以不德，少遭愍凶，越在西土，迁于唐、卫。当此之时，若缀旒然。②宗庙乏祀，社稷无位。群凶觊觎，分裂诸夏，率土之民，朕无获焉，即我高祖之命将坠于地。朕用夙兴假寐，震悼于厥心，曰："惟祖惟父，股肱先正，③其孰能恤朕躬？"乃诱天衷，诞育丞相，保乂我皇家，弘济于艰难，朕实赖之。今将授君典礼，其敬听朕命。

昔者董卓初兴国难，群后释位以谋王室。④君则摄进，首启戎行，此君之忠于本朝也。后及黄巾反易天常，侵我三州，延及平民，君又翦之以宁东夏，此又君之功也。韩暹、杨奉专用威命，君则致讨，克黜其难。遂迁许都，造我京畿，设官兆祀，不失旧物，天地鬼神于是获乂，此又君之功也。袁术僭逆，肆于淮南，慑惮君灵。用丕显谋，蕲阳之役，桥蕤授首，棱威南迈，术以陨溃，此又君之功也。回戈东征，吕布就戮，乘辕将返，张杨殂毙，眭固伏罪，张绣稽服，此又君之功也。袁绍逆乱天常，谋危社稷，凭恃其众，称兵内侮。当此之时，王师寡弱，天下寒心，莫有固志，君执大节，精贯白日，奋其武怒，运其神策，致届官渡，大歼丑类，⑤俾我国家拯于危坠，此又君之功也。济师洪河，拓定四州，袁谭、高幹，咸枭其首，海盗奔迸，黑山顺轨，此又君之功也。乌丸三种，崇乱二世，袁尚因之，逼据塞北，束马县车，一征而灭，此又君之功也。刘表背诞，不供贡职，王师首路，威风先逝，百城八郡，交臂屈膝，此又君之功也。马超、成宜，同恶相济，滨据河、潼，求逞所欲，殄之渭南，献馘万计，遂定边境，抚和戎狄，此又君之功也。鲜卑、丁零，重译而至，箄于、白屋，请吏率职，此又君之功也。君有定天下之功，重之以明德，班叙海内，宣美风俗，旁施勤教，恤慎刑狱，吏无苛政，民无怀慝。敦崇帝族，表继绝世，旧德前功，罔不咸秩。虽伊尹格于皇天，周公光于四海，方之蔑如也。

朕闻先王并建明德，胙之以土，分之以民，崇其宠章，备其礼物，所以藩卫王室，左右厥世也。其在周成，管、蔡不静，惩难念功，乃使邵康公赐齐太公履，东至于海，西至于河，南至于穆陵，北至于无棣，五侯九伯，实得征之，世祚太师，以表东海。爰及襄王，亦有楚人不供王职，又命晋文登为侯伯，锡以二辂、虎贲、鈇钺、秬鬯、弓矢，大启南阳，世作盟主。故周室之不坏，繄二国是赖。今君称丕显德，明保朕躬，奉答天命，导扬弘烈，绥爰九域，莫不率俾，⑥功高于伊、周，而赏卑于齐、晋，朕甚恧焉。朕以眇眇之身，托于兆民之上，永思厥艰，若涉渊水，非君攸济，朕无任焉。今以冀州之河东、河内、魏郡、赵国、中山、常山、钜鹿、安平、甘陵、平原凡十郡，封君为魏公。锡君玄土，苴以白茅，爰契尔龟，用建冢社。昔在周室，毕公、毛公入为卿佐，周、邵师保，出为二伯，外内之任，君实宜之，其以丞相领冀州牧如故。又加君九锡，其敬听朕命。以君经纬礼律，为民轨仪，使安职业，无或迁志，是用锡君大辂、戎辂各一，玄牡二驷。君劝分务本，穑人昏作，⑦粟帛滞积，大业惟兴，是用锡君衮冕之服，赤舄副焉。君敦尚谦让，俾民兴行，少长有礼，上下咸和，是用锡君轩县之乐、六佾之舞。君翼宣风化，爰发四方，远人革面，华夏充实，是用锡君朱户以居。君研其明哲，思帝所难，官才任贤，群善必举，是用锡君纳陛以登。君秉国之钧，正色处中，纤毫之恶，靡不抑退，是用锡君虎贲之士三百人。君纠虔天刑，章厥有罪，⑧犯关干纪，莫不诛殛，是用锡君鈇钺各一。君龙骧虎视，旁眺八维，掩讨逆节，折冲四海，是用锡君彤弓一、彤矢百、玈弓十、玈矢千。君以温恭为基，孝友为德，明允笃诚，感于朕思，是用锡君秬鬯一卣，珪瓒副焉。魏国置丞相已下群卿百寮，皆如汉初诸侯王之制。往钦哉，敬服朕命！简恤尔众，时亮庶功，用终尔显德，对扬我高祖之休命！⑨

①《续汉书》曰：虑，字鸿豫，山阳高平人。少受业于郑玄，建安初为侍中。◎虞溥《江表传》曰：献帝尝特见虑及少府孔融，问融曰："鸿豫何所优长？"融曰："可与适道，未可与权。"虑举笏曰："融昔宰北海，政散民流，其权安在也！"遂与融互相长短，以至不睦，公以书和解之。虑从光禄勋迁为大夫。

②《公羊传》曰："君若赘旒然。"何休云："赘犹缀也。旒，旂旒也。以旒譬者，言为下所执持东西也。"

③《文侯之命》曰："亦惟先正。"郑玄云："先正，先臣，谓公卿大夫也。"

④《左氏传》曰："诸侯释位以间王政。"服虔曰："言诸侯释其私政而佐王室。"

⑤《诗》曰："致天之届，于牧之野。"郑玄云："届，极也。"《鸿范》曰："鲧则殛死。"

⑥《盘庚》曰："绥爰有众。"郑玄曰："爰，于也，安隐于其众也。"◎《君奭》曰："海隅出日，罔不率俾。"率，循也。俾，使也。四海之隅，日出所照，无不循度而可使也。

⑦《盘庚》曰："堕农自安，不昏作劳。"郑玄云："昏，勉也。"

⑧"纠虔天刑"语出《国语》，韦昭注曰："纠，察也。虔，敬也。刑，法也。"

⑨后汉尚书左丞潘勖之辞也。勖，字元茂，陈留中牟人。《魏书》载公令曰："夫受九锡，广开土宇，周公其人也。汉之异姓八王者，与高祖俱起布衣，创定王业，其功至大，吾何可比之？"前后三让。于是中军师陵树亭侯荀攸、前军师东武亭侯钟繇、左军师凉茂、右军师毛玠、平虏将军华乡侯刘勋、建武将军清苑亭侯刘若、伏波将军高安侯夏侯惇、扬武将军都亭侯王忠、奋威将军乐乡侯邓展、建忠将军昌乡亭侯鲜于辅、奋武将军安国亭侯程昱、太中大夫都乡侯贾诩、军师祭酒千秋亭侯董昭、都亭侯薛洪、南乡亭侯董蒙、关内侯王粲、傅巽、祭酒王选、袁涣、王朗、张承、任藩、杜袭、中护军国明亭侯曹洪、中领军万岁亭侯韩浩、行骁骑将军安平亭侯曹仁、领护军将军王图、长史万潜、谢奂、袁霸等劝进曰："自古三代，胙臣以土，受命中兴，封秩辅佐，皆所以褒功赏德，为国藩卫也。往者天下崩乱，群凶豪起，颠越跋扈之险，不可忍言。明公奋身出命以徇其难，诛二袁篡盗之逆，灭黄巾贼乱之类，殄夷首逆，芟拨荒秽，沐浴霜露二十余年，书契已来，未有若此功者。昔周公承文、武之迹，受已成之业，高枕墨笔，拱揖群后，商、奄之勤，不过二年，吕望因三分有二之形，据八百诸侯之势，暂把旄钺，一时指麾，然皆大启土宇，跨州兼国。周公八子，并为侯伯，白牡骍刚，郊祀天地，典策备物，拟则王室，荣章宠盛如此之弘也。逮至汉兴，佐命之臣张耳、吴芮，其功至薄，亦连城开地，南面称孤。此皆明君达主行之于上，贤臣圣宰受之于下，三代令典，汉帝明制。今比劳则周、吕逸，计功则张、吴微，论制则齐、鲁重，言地则长沙多。然则魏国之封，九锡之荣，况于旧赏，犹怀玉而被褐也。且列侯诸将，幸攀龙骥，得窃微劳，佩紫怀黄，盖以百数，亦将因此传之万世，而明公独辞赏于上，将使其下怀不自安，上违圣朝欢心，下失冠带至望，忘辅弼之大业，信匹夫之细行，攸等所大惧也。"于是公敕外为章，但受魏郡。攸等复曰："伏见魏国初封，圣朝发虑，稽谋群寮，然后策命。而明公久违上指，不即大礼。今既虔奉诏命，副顺众望，又欲辞多当少，让九受一，是犹汉朝之赏不行，而攸等之请未许也。昔齐、鲁之封，奄有东海，疆域井赋，四百万家，基隆业广，易以立功，故能成翼戴之勋，立一匡之绩。今魏国虽有十郡之名，犹减于曲阜，计其户数，不能参半，以藩卫王室，立垣树屏，犹未足也。且圣上览亡秦无辅之祸，惩曩日震荡之艰，托建忠贤，废坠是为，愿明公恭承帝命，无或拒违。"公乃受命。

《魏略》载公上书谢曰："臣蒙先帝厚恩，致位郎署，受性疲怠，意望毕足，非敢希望高位，庶几显达。会董卓作乱，义当死难，故敢奋身出命，摧锋率众，遂值千载之运，奉役目下。当二袁炎沸侵侮之际，陛下与臣寒心同忧，顾瞻京师，进受猛敌，常恐君臣俱陷虎口，诚不自意能全首领。赖祖宗灵祐，丑类夷灭，得使微臣窃名其间。陛下加恩，授以上相，封爵宠禄，丰大弘厚，生平之愿，实不望也。口与心计，幸且待罪，保持列侯，遗付子孙，自托圣世，永无忧责。不意陛下乃发盛意，开国备锡，以贶愚臣，地比齐、鲁，礼同藩王，非臣无功所宜膺据。归情上闻，不蒙听许，严诏切至，诚使臣心俯仰逼迫。伏自惟省，列在大臣，命制王室，身非己有，岂敢自私，遂其愚意，亦将黜退，令就初服。今奉疆土，备数藩翰，非敢远期，虑有后世。至于父子相誓终身，灰躯尽命，报塞厚恩。天威在颜，悚惧受诏。"

秋七月，始建魏社稷宗庙。天子聘公三女为贵人，少者待年于国。① 九月，作金虎台，凿渠引漳水入白沟以通河。冬十月，分魏郡为东西部，置都尉。十一月，初置尚书、侍中、六卿。② 马超在汉阳，复因羌、胡为害，氐王千万叛应超，屯兴国。使夏侯渊讨之。

①《献帝起居注》曰：使使持节行太常大司农安阳亭侯王邑，赍璧、帛、玄纁、绢五万匹之邺纳聘，介者五人，皆以议郎行大夫事，副介一人。

②《魏氏春秋》曰：以荀攸为尚书令，凉茂为仆射，毛玠、崔琰、常林、徐奕、何夔为尚书，王粲、杜袭、卫觊、和洽为侍中。

【译文】建安十七年春正月，曹公返回邺城。汉献帝特许曹公朝拜的时候赞礼不称姓名，入朝时不用疾步前行，还可以穿朝靴、佩带宝剑上殿，就如同当年萧何那样。马超的残余力量梁兴等盘踞蓝田，曹公派遣夏侯渊征讨了他们。又划出河内郡的荡阴、朝歌、林虑等县，东郡的卫国、顿丘、东武阳、发干等县，钜鹿郡的廮陶、曲周、南和等县，广平郡的任城县，赵郡的襄国、邯郸、易阳等县，来扩充魏郡。冬十月，曹公征讨孙权。

建安十八年春正月，曹公率领大军来到濡须口，攻破孙权长江西岸的营地，俘获了孙权的都督公孙阳，之后回军。汉献帝下诏书合并十四个州，仍作九州。夏四月，曹公回到邺城。

五月丙申日，汉献帝派遣御史大夫郗虑手拿皇帝的符节册封曹公为魏公。策文说：

我因为不修德行，自小就遭受祸难，先被劫持搬迁到长安，后又逃难于唐、卫。那时，我好似连接在旗帜上的飘带一样动荡不定。宗庙无人去祭祀，社稷无处安置。许多坏人野心勃勃，让天下分裂，整个国家的人民，我都没办法管理，高祖开创的基业眼看就要毁于一旦了。我因此不能安眠，内心十分哀痛，经常默念说："我祖我父，能干的先臣啊，谁能帮助我呢？"于是感动了上天，诞生了丞相，保佑我们皇室平安，把我从艰难困苦的环境中拯救出来，我从此有了依靠。如今授给您典则礼仪，望您敬听我的命令。

从前董卓刚开始作乱，诸侯纷纷离开自己的辖地前来保卫王室。您督促他们，并首先攻打贼军，这彰显了您对我朝的忠诚。后来黄巾军犯上作乱，侵占三州，祸乱波及到平民百姓，您又铲除了他们，平定东方，这又是您的功劳。韩暹与杨奉专权乱政，您便加以讨伐，平定了他们造成的祸乱。于是迁都到许昌，重建我们的京师，重新设置百官，修建宗庙社稷，恢复原有的典章文物，天地鬼神因此都得到安宁，这也是您的功劳。袁术伪称帝号，在淮南横行，但还是畏惧您的神威。您施展宏谋大略，蕲阳一战，桥蕤被斩首，声威南驰，袁术丧命，其众溃散，这又是您的功劳。回师东征，吕布被诛戮，班师回朝，又让张杨送了命，眭固受诛，张绣叩头降服，这同样是您的功劳。袁绍谋逆，混乱天常，图谋危害国家，凭借兵将众多，举兵进犯朝廷。这时国家的军队力量非常弱小，天下人畏惧不已，缺乏坚定的意志，而您却坚持大节，精诚感动上天，振作您的英武精神，运用您的奇妙策略，亲临官渡，大歼逆贼，从危亡中拯救了汉室江山，这又是您的功劳。率军渡过黄河，平定四州，袁谭、高幹都被斩首示众，海盗奔窜，黑山军投顺朝廷，这也是您的功劳。三郡乌丸，两代作乱，袁尚倚仗他们，盘踞塞北，您率军在险途中束马悬车，一举歼灭了他们，这又是您的功劳。刘表背叛，不向朝廷进贡纳赋，您率军出征，神威远播，荆州的八郡百城，纷纷交臂屈膝投降，这又是您的功劳。马超、成宜，狼狈为奸，据守黄河、潼关，想要实现他们的狂妄野心，您将他们歼灭于渭南，割耳献功数以万计，平定边境，与戎狄和睦，这又是您的功劳。鲜卑、丁零等族，通过翻译来到京城朝贡，箄于、白屋诸民，请派官吏去治理并纳贡，这还是您的功劳。您有平定天下的功勋，加上高尚的操守，整顿天下秩序，宣扬并改善不良风俗，普遍而勤奋地施行教化，小心谨慎地量刑定罪，官吏不再有苛酷的政令，老百姓不怀狡诈的心思。您厚重真诚地尊崇皇帝宗族，上表使绝了代的王族能得到继承，对于过去功高至伟的人，无不给予合理的安排。尽管伊尹的功德感动上天，周公的政绩光耀四海，但与您相比，都不够看了。

我听说先代的帝王分封功德至伟的人，赏赐给他们土地，划分给他们人民，让他们得到最优厚的礼遇，配给他们礼仪制度用品，目的是让他们捍卫王室，辅佐当代君主。在周成王的时候，管叔、蔡叔作乱，惩治叛乱之后，评定功臣，于是派邵康公将齐国土地赐给姜太公，东到东海边，西到黄河，南到穆陵，北到无棣，五侯九伯，齐太公都可以讨伐，世代担任太师之职，显耀于东海。到了周襄王时，又有楚国不愿意纳贡，不述职，于是又任命晋文公为诸侯盟主，赐给他二辂、勇士、铁钺、香酒以及弓箭，在南阳开辟大片土地，世代继承盟主一职。周朝之所以不亡，全部倚仗了齐、晋二国。如今您的功大德高，保卫我的安全，以顺应天意，发扬宏大的功绩，安定九州，使全天下的百姓都奉公守法，论功业您比伊尹、周公还大，论赏赐却比不上齐太公、晋文公，因而我感到非常惭愧。我是一个极为渺小的人，身居亿万民众之上，经常思考执政的艰难，真是如临深渊，如履薄冰，如若不是您的辅助，我是无法胜任的。如今我把冀州的河东、河内、魏郡、赵国、中山、常山、钜鹿、安平、甘陵、平原共十郡分给您，赐封您为魏公。赐给您黑土，用白茅草包上,您就可以去灼龟占卜,建立魏国的宗庙社稷。以前的周朝,毕公、毛公进入朝廷担任公卿,周公、邵公在朝廷里担任太师太保,在外为燕、鲁方伯,外镇与内辅的重任,由您担任是非常合适的,如今命您仍以丞相职位兼任冀州牧。另外,加赐您九锡,望您敬听我的命令。因为您把礼制与法律结合在一起,作为老百姓遵行的规范与准则,使他们各安其业,无人怀有二心,因此赐给您金车、兵车各一辆,黑马八匹。您教导百姓有无相济,崇本务农,使农民努力耕作,粮食与布帛大量储备,国家大业兴旺发达,因此赐给您衮冕礼服与礼帽,并配上红色的鞋子。您切实地提倡谦让,使老百姓仿效实行,因而使少长之间言谈举止都很有礼貌,上下之间都极为和睦,所以赐给您三面悬挂的乐器、六佾的舞蹈方阵。您用教令感化人,并且启发全国四方。使边远地区的人洗心革面,中原本土更加富裕充实,因此赐给您朱户之居。您研习先王智慧,为帝王分担沉重的事务,授官给有才能的人,任用贤能的人,凡是优秀的人才一定能得到推荐,所以赐给您纳陛以便上殿。您掌管国家大权,庄严地处于不偏不倚的地位,哪怕有一点恶习的人,也没有不加以抑制斥退的,所以赐给您出行护卫的勇士三百人。您谨慎地监督朝廷的刑罚,揭露与宣布那些罪犯,凡是触犯国家法纪的人,无一不被诛杀,所以赐给您铁与钺各一件。您如同龙马高昂着头,如同老虎注视着攫取的对象一样,眼观八方,征讨逆臣贼子,捍卫四海,因此赐给您红色的弓一张、红色的箭一百支、黑色的弓十张、黑色的箭一千支。您用温良恭俭当作根本,以孝顺父母、友爱兄弟为美德,聪明、守信、笃实、忠诚,感动我心,因此赐给您香酒一樽,并配上玉制酒勺。魏国可以设置自丞相以下各高级官职及一般官职,全部按照汉朝初年封王的制度。希望您返回魏国之后,恭敬地执行我的命令!选拔、勉励您的部下,随时作好各种事情,用来完成您的伟大功德,来还报与称扬我高祖的美好遗愿!

秋七月,曹操开始创建魏国的社稷宗庙。汉献帝聘娶了曹公的三个女儿作贵人,最小的暂时留在魏国等待成年。九月,修金虎台,开挖渠道引漳水入白沟流入黄河。冬十月,把魏郡划分为东西两部,设置都尉。十一月,开始设置尚书、侍中、六卿等官职。马超在汉阳,再次依仗羌族、胡人兴兵作乱,氐王千万也叛变响应马超,在兴国驻扎。曹公派夏侯渊前去讨伐。

【原文】十九年春正月,始耕籍田。南安赵衢、汉阳尹奉等讨超,枭其妻子,超奔汉中。韩遂徙金城,入氐王千万部,率羌、胡万余骑与夏侯渊战,击,大破之,遂走西平。渊与诸将攻兴国,屠之。省安东、永阳郡。

安定太守毌丘兴将之官,公戒之曰:“羌、胡欲与中国通,自当遣人来,慎勿遣人往。善人难得,必将教羌、胡妄有所请求,因欲以自利。不从便为失异俗意,从之则无益事。”兴至,遣校尉范陵至羌中,陵果教羌,使自请为属国都尉。公曰:“吾预知当尔,非圣也,但更事多耳。”①

①《献帝起居注》曰:使行太常事大司农安阳亭侯王邑与宗正刘艾,皆持节,介者

五人，赍束帛驷马，及给事黄门侍郎、掖庭丞、中常侍二人，迎二贵人于魏公国。二月癸亥，又于魏公宗庙授二贵人印绶。甲子，诣魏公宫延秋门，迎贵人升车。魏遣郎中令、少府、博士、御府乘黄厩令、丞相掾属侍送贵人。癸酉，二贵人至洧仓中，遣侍中丹将冗从虎贲前后骆驿往迎之。乙亥，二贵人入宫，御史大夫、中二千石将大夫、议郎会殿中，魏国二卿及侍中、中郎二人，与汉公卿并升殿宴。

三月，天子使魏公位在诸侯王上，改授金玺、赤绂、远游冠。①

①《献帝起居注》曰：使左中郎将杨宣、亭侯裴茂持节印授之。

秋七月，公征孙权。①

①《九州春秋》曰：参军傅幹谏曰："治天下之大具有二，文与武也。用武则先威，用文则先德，威德足以相济，而后王道备矣。往者天下大乱，上下失序，明公用武攘之，十平其九。今未承王命者，吴与蜀也，吴有长江之险，蜀有崇山之阻，难以威服，易以德怀。愚以为可且按甲寝兵，息军养士，分土定封，论功行赏，若此则内外之心固，有功者劝，而天下知制矣。然后渐兴学校，以导其善性而长其义节。公神武震于四海，若修文以济之，则普天之下，无思不服矣。今举十万之众，顿之长江之滨，若贼负固深藏，则士马不能逞其能，奇变无所用其权，则大威有屈而敌心未能服矣。唯明公思虞舜舞干戚之义，全威养德，以道制胜。"公不从，军遂无功。幹，字彦材，北地人，终于丞相仓曹属。有子曰玄。

初，陇西宋建自称河首平汉王，聚众枹罕，改元，置百官，三十余年。遣夏侯渊自兴国讨之。冬十月，屠枹罕，斩建，凉州平。公自合肥还。

十一月，汉皇后伏氏坐昔与父故屯骑校尉完书，云帝以董承被诛怨恨公，辞甚丑恶，发闻，后废黜死，兄弟皆伏法。①

①《曹瞒传》曰：公遣华歆勒兵入宫收后，后闭户匿壁中。歆坏户发壁，牵后出。帝时与御史大夫郗虑坐，后被发徒跣过，执帝手曰："不能复相活邪？"帝曰："我亦不自知命在何时也。"帝谓虑曰："郗公，天下宁有是乎？"遂将后杀之，完及宗族死者数百人。

十二月，公至孟津。天子命公置旄头，宫殿设钟虡。乙未，令曰："夫有行之士未必能进取，进取之士未必能有行也。陈平岂笃行，苏秦岂守信邪？而陈平定汉业，苏秦济弱燕。由此言之，士有偏短，庸可废乎！有司明思此义，则士无遗滞，官无废业矣。"又曰："夫刑，百姓之命也。而军中典狱者或非其人，而任以三军死生之事，吾甚惧之。其选明达法理者，使持典刑。"于是置理曹掾属。

【译文】建安十九年春正月，曹公首次举行了"耕籍田"仪式。南安郡赵衢、汉阳郡尹奉等人讨伐马超，杀了马超的妻儿，马超逃去汉中。韩遂逃往金城，进入氐王千万的部落，率领羌、胡的一万多骑兵与夏侯渊交战，夏侯渊迎击，将他们打得落花流水，韩遂逃往西平郡。夏侯渊和其他将领占领了兴国并屠城，裁去了安东、永阳两郡。

安定太守毌丘兴将要赴任，曹公告诫他说："羌族、胡人打算与中原交往，应该让他们派人来，千万不可派人去。好人很难找到，派去的人一定会教导羌族、胡人提出非分要求，方便自己从中谋利。如若不答应，就会失掉羌人的心，要是答应了，又对国家不利。”毌丘兴来到安定郡后，派校尉范陵到了羌人那里，范陵果然唆使羌人头子，请求让自己担任属国都尉。曹公说：“我事先预料到会有这样的结果，并不是我是圣人，只不过经历太多事情罢了。”

三月，汉献帝把曹公的地位提拔到诸侯王之上，改授他金质印玺、红色绶带以及称作远游冠的帽子。

秋七月，曹公征讨孙权。

当初，陇西人宋建自称河首平汉王，在枹罕集结兵众，改年号，设置百官，割据已经长达三十多年。曹公派夏侯渊从兴国去讨伐他。冬十月，屠灭枹罕城，杀死宋建，平定凉州。曹公从合肥返回邺城。

十一月，汉献帝的皇后伏氏因为过去曾写给她父亲原屯骑校尉伏完一封信，说汉献帝因为董承被诛而埋怨曹公，言辞恶毒，被发觉后，伏后被废而死，她的兄弟也全部被处死。

十二月，曹公来到孟津。汉献帝特许曹公配置旄头的仪仗，宫殿中摆设钟虡。十二月十九日，曹公下令说：“有德行的人，不一定会上进，能够上进的人，不一定具备优良的德行。陈平难道具备淳厚的德行？苏秦又哪里恪守信用呢？但陈平却奠定了汉朝的帝业，苏秦却辅助了弱小的燕国。由此说来，一个人总有各种各样的缺点，怎能废置不用呢！有关部门好好考虑这个道理，那么有才能的人就不会被遗漏，官府也就不会有荒废的事了。”又说：“刑法是关系众人性命的。但是军队里主管刑狱的有些人并不称职，把三军将士的生死命运交给他们，我很担心。应该选用通法明理的人，让他们来掌管刑法。”于是专门设置了管理刑狱的理曹掾属。

【原文】二十年春正月，天子立公中女为皇后。省云中、定襄、五原、朔方郡，郡置一县领其民，合以为新兴郡。

三月，公西征张鲁，至陈仓，将自武都入氐。氐人塞道，先遣张郃、朱灵等攻破之。夏四月，公自陈仓以出散关，至河池。氐王窦茂众万余人，恃险不服。五月，公攻屠之。西平、金城诸将麹演、蒋石等共斩送韩遂首。① 秋七月，公至阳平。张鲁使弟卫与将杨昂等据阳平关，横山筑城十余里，攻之不能拔，乃引军还。贼见大军退，其守备解散。公乃密遣解慓、高祚等乘险夜袭，大破之，斩其将杨任，进攻卫，卫等夜遁，鲁溃奔巴中。公军入南郑，尽得鲁府库珍宝。② 巴、汉皆降。复汉宁郡为汉中，分汉中之安阳、西城为西城郡，置太守。分锡、上庸郡，置都尉。

①《典略》曰：遂，字文约，始与同郡边章俱著名西州，章为督军从事。遂奉计诣京师，何进宿闻其名，特与相见。遂说进使诛诸阉人，进不从，乃求归。会凉州宋扬、北宫玉等反，举章、遂为主，章寻病卒，遂为扬等所劫，不得已，遂阻兵为乱，积三十二年，至是乃死，年七十余矣。◎刘艾《灵帝纪》曰：章，一名允。

②《魏书》曰：军自武都山行千里，升降险阻，军人劳苦，公于是大飨，莫不忘其劳。

八月，孙权围合肥，张辽、李典击破之。

九月，巴七姓夷王朴胡、賨邑侯杜濩举巴夷、賨民来附。① 于是分巴郡，以胡为巴东太守，濩为巴西太守，皆封列侯。天子命公承制封拜诸侯守相。[②]

①孙盛曰：朴，音浮。濩，音户。

②孔衍《汉魏春秋》曰：天子以公典任于外，临事之赏，或宜速疾，乃命公得承制封拜诸侯守相，诏曰："夫军之大事，在兹赏罚，劝善惩恶，宜不旋时，故《司马法》曰'赏不逾日'者，欲民速睹为善之利也。昔在中兴，邓禹入关，承制拜军祭酒李文为河东太守，来歙又承制拜高峻为通路将军，察其本传，皆非先请，明临事刻印也，斯则世祖神明，权达损益，盖所用速示威怀而著鸿勋也。其《春秋》之义，大夫出疆，有专命之事，苟所以利社稷安国家而已。况君秉任二伯，师尹九有，实征夷夏，军行藩甸之外，失得在于斯须之间，停赏俟诏以滞世务，固非朕之所图也。自今已后，临事所甄，当加宠号者，其便刻印章假授，咸使忠义得相奖励，勿有疑焉。"

冬十月，始置名号侯至五大夫，与旧列侯、关内侯凡六等，以赏军功。[①]

①《魏书》曰：置名号侯爵十八级，关中侯爵十七级，皆金印紫绶；又置关内外侯十六级，铜印龟纽墨绶；五大夫十五级，铜印环纽，亦墨绶，皆不食租，与旧列侯、关内侯凡六等。

臣松之以为：今之虚封盖自此始。

十一月，鲁自巴中将其余众降，封鲁及五子皆为列侯。刘备袭刘璋，取益州，遂据巴中，遣张郃击之。

十二月，公自南郑还，留夏侯渊屯汉中。[①]

①是行也，侍中王粲作五言诗以美其事曰："从军有苦乐，但问所从谁。所从神且武，安得久劳师？相公征关右，赫怒振天威。一举灭獯虏，再举服羌夷。西收边地贼，忽若俯拾遗。陈赏越山岳，酒肉逾川坻。军中多饶饫，人马皆溢肥。徒行兼乘还，空出有余资。拓土三千里，往反速如飞。歌舞入邺城，所愿获无违。"

二十一年春二月，公还邺。[①]三月壬寅，公亲耕籍田。[②]夏五月，天子进公爵为魏王。[③]代郡乌丸行单于普富卢与其侯王来朝。天子命王女为公主，食汤沐邑。秋七月，匈奴南单于呼厨泉将其名王来朝，待以客礼，遂留魏，使右贤王去卑监其国。八月，以大理钟繇为相国。[④]冬十月，治兵，[⑤]遂征孙权。十一月至谯。

①《魏书》曰：辛未，有司以太牢告至，策勋于庙，甲午始春祠，令曰："议者以为祠庙上殿当解履，吾受锡命，带剑不解履上殿。今有事于庙而解履，是尊先公而替王命，敬父祖而简君主，故吾不敢解履上殿也。又临祭就洗，以手拟水而不盥。夫盥以洁为敬，未闻拟而不盥之礼，且'祭神如神在'，故吾亲受水而盥也。又降神礼讫，下阶就幕而立，须奏乐毕竟，似若不衎烈祖，迟祭速讫也，故吾坐俟乐阕送神乃起也。受胙纳袖，以授侍中，此为敬恭不终实也，古者亲执祭事，故吾亲纳于袖，终抱而归也。仲尼曰：'虽违众，吾从下。'诚哉，斯言也！"

②《魏书》曰：有司奏："四时讲武于农隙。汉承秦制，三时不讲，唯十月都试车马，幸长水南门，会五营士为八陈进退，名曰乘之。今金革未偃，士民素习，自今已后，可无四时讲武，但以立秋择吉日大朝车骑，号曰治兵，上合礼名，下承汉制。"奏可。

③《献帝传》载诏曰："自古帝王，虽号称相变，爵等不同，至乎褒崇元勋，建立功德，光启氏姓，延于子孙，庶姓之与亲，岂有殊焉。昔我圣祖受命，创业肇基，造我区夏，鉴古今之制，通爵等之差，尽封山川以立藩屏，使异姓亲戚，并列土地，据国而王，所以保乂天命，安固万嗣。历世承平，臣主无事。世祖中兴而时有难易，是以旷年数百，无异姓诸侯王之位。朕以不德，继序弘业，遭率土分崩，群凶纵毒，自西徂东，辛苦卑约。当此之际，唯恐溺入于难，以羞先帝之圣德。赖皇天之灵，俾君秉义奋身，震迅神武，捍朕于艰难，获保宗庙，华夏遗民，含气之伦，莫不蒙焉。君勤过稷、禹，忠侔伊、周，而掩之以谦让，守之以弥恭，是以往者初开魏国，锡君土宇，惧君之违命，虑君之固辞，故且怀志屈意，封君为上公，欲以钦顺高义，须俟勋绩。韩遂、宋建，南结巴、蜀，群逆合从，图危社稷，君复命将，龙骧虎奋，枭其元首，屠其窟栖。暨至西征，阳平之役，亲擐甲胄，深入险阻，芟夷蝥贼，殄其凶丑，荡定西陲，悬旌万里，声教远振，宁我区夏。盖唐、虞之盛，三后树功；文、武之兴，旦、奭作辅；二祖成业，英豪佐命。夫以圣哲之君，事为己任，犹锡土班瑞以报功臣，岂有如朕寡德，仗君以济，而赏典不丰，将何以答神祇慰万方哉？今进君爵为魏王，使使持节行御史大夫、宗正刘艾奉策玺玄土之社，苴以白茅，金虎符第一至第五，竹使符第一至十。君其正王位，以丞相领冀州牧如故。其上魏公玺绶符策。敬服朕命，简恤尔众，克绥庶绩，以扬我祖宗之休命。"魏王上书三辞，诏三报不许。又手诏曰："大圣以功德为高美，以忠和为典训，故创业垂名，使百世可希，行道制义，使力行可效，是以勋烈无穷，休光茂著。稷、契载元首之聪明，周、邵因文、武之智用，虽经营庶官，仰叹俯思，其对岂有若君者哉？朕惟古人之功，美之如彼，思君忠勤之绩，茂之如此，是以每将镂符析瑞，陈礼命册，寤寐慨然，自忘守文之不德焉。今君重违朕命，固辞恳切，非所以称朕心而训后世也。其抑志撙节，勿复固辞。"◎《四体书势·序》曰：梁鹄以公为北部尉。◎《曹瞒传》曰：为尚书右丞司马建公所举。及公为王，召建公到邺，与欢饮，谓建公曰："孤今日可复作尉否？"建公曰："昔举大王时，适可作尉耳。"王大笑。建公名防，司马宣王之父。

臣松之案：司马彪《序传》，建公不为右丞，疑此不然，而王隐《晋书》云："赵王篡位，欲尊祖为帝，博士马平议称京兆府君昔举魏武帝为北部尉，贼不犯界。"如此则为有征。

④《魏书》曰：始置奉常、宗正官。

⑤《魏书》曰：王亲执金鼓以令进退。

二十二年春正月，王军居巢。二月，进军屯江西郝溪。权在濡须口筑城拒守，遂逼攻之，权退走。三月，王引军还，留夏侯惇、曹仁、张辽等屯居巢。夏四月，天子命王设天子旌旗，出入称警跸。五月，作泮宫。六月，以军师华歆为御史大夫。① 冬十月，天子命王冕十有二旒，乘金根车，驾六马，设五时副车，以五官中郎将丕为魏太子。刘备遣张飞、马超、吴兰等屯下辩，遣曹洪拒之。

①《魏书》曰：初置卫尉官。秋八月，令曰："昔伊挚、傅说出于贱人，管仲，桓公贼也，皆用之以兴。萧何、曹参，县吏也，韩信、陈平负污辱之名，有见笑之耻，卒能成就王

业，声著千载。吴起贪将，杀妻自信，散金求官，母死不归，然在魏，秦人不敢东向，在楚则三晋不敢南谋。今天下得无有至德之人放在民间，及果勇不顾，临敌力战；若文俗之吏，高才异质，或堪为将守；负污辱之名，见笑之行，或不仁不孝而有治国用兵之术。其各举所知，勿有所遗。”

【译文】建安二十年春正月，汉献帝策立曹公的二女儿为皇后。撤销了云中、定襄、五原、朔方四郡，四地各设立一个县，管辖当地百姓，并将这四县合并为新兴郡。

三月，曹公西征张鲁，来到陈仓，准备从武都进入氐人地区。氐人阻塞断绝道路，曹公首先派遣张郃、朱灵等人打败他们。夏四月，曹公从陈仓出散关，到了河池。氐王窦茂率领一万多人，凭借险要地势，拒不投降。五月，曹公率兵进攻并屠灭河池城。西平、金城将领麹演、蒋石等一起杀死了韩遂，献上头颅。秋七月，曹公来到阳平。张鲁派他弟弟张卫与他的将领杨昂等人据守阳平关，并在山腰修筑起十多里长的城墙，曹军一时攻不下来，只好撤军。敌人看到大军撤退，防守于是跟着松懈了下来。于是，曹公暗中派遣解懔、高祚等人凭借险要地区夜袭，打败了敌人，斩杀敌人大将杨任，接着又进攻张卫，张卫等人趁夜逃走，张鲁溃败，逃往巴中。曹公军队进入南郑，获得了张鲁府库中的所有珍宝。巴郡、汉中郡都投降了。曹公把汉宁郡改作汉中郡，又将汉中的安阳、西城划出来设立西城郡，设置郡太守。又分锡郡与上庸郡，设置了都尉。

八月，孙权围攻合肥，张辽、李典击败了他。

九月，巴郡的七姓夷王朴胡和賨邑侯杜濩率领巴郡夷人与賨民前来依附。曹公便划分巴郡为东西两郡，让朴胡担任巴东郡太守，杜濩担任巴西郡太守，两人都封为列侯。汉献帝授给曹公分封诸侯、任命太守及国相的权力。

冬十月，曹公设置名号侯到五大夫的爵位，与旧封的列侯、关内侯共有六等，用来奖励有军功的人。

十一月，张鲁从巴中率领残部来投降，曹公封张鲁及他的五个儿子都为列侯。刘备袭击刘璋，夺取益州，进而占据了巴中，曹公派张郃去攻打他。

十二月，曹公从南郑回来，留夏侯渊镇守汉中。

建安二十一年春二月，曹公返回邺城。三月壬寅，曹公亲自耕种籍田。夏五月，汉献帝晋封曹公为魏王。代郡乌丸的行单于普富卢及他的侯王前来朝贺。汉献帝赐封魏王的女儿为公主，赐给汤沐邑。秋七月，匈奴的南单于呼厨泉率领他那有名望的酋长前来朝贺，魏王用宾客礼招待他们，呼厨泉留在魏国，让右贤王去卑监掌管匈奴国事。八月，魏王任命大理钟繇担任相国。冬十月，魏王训练军队，征讨孙权。十一月到了谯县。

建安二十二年春正月，魏王的军队驻扎在居巢。二月，又进驻长江西岸的郝溪。孙权在濡须口修筑城墙拒守，魏军逼攻，孙权撤退。三月，魏王率军返回邺城，留夏侯惇、曹仁、张辽等人屯守居巢。夏四月，汉献帝赏赐魏王可以使用天子用的旌旗，出入时如同皇帝那样，警戒清道。五月，修建泮宫。六月，让军师华歆担任魏国的御史大夫。冬十月，汉献帝命令魏王戴十二旒的冕，坐金根车，套六马拉车，并设置五时副车，立五官中郎将曹丕担任魏国太子。刘备派张飞、马超、吴兰等人驻兵下辩，魏王派曹洪前去抵抗他们。

【原文】二十三年春正月，汉太医令吉本与少府耿纪、司直韦晃等反，攻许，烧丞相长史王必营，① 必与颍川典农中郎将严匡讨斩之。② 曹洪破吴兰，斩其将任夔等。三月，张飞、马超走汉中，阴平氐强端斩吴兰，传其首。

①《魏武故事》载令曰："领长史王必，是吾披荆棘时吏也。忠能勤事，心如铁石，国之良吏也。蹉跌久未辟之，舍骐骥而弗乘，焉遑遑而更求哉？故教辟之，已署所宜，便以领长史统事如故。"

②《三辅决录注》曰：时有京兆金祎，字德祎，自以世为汉臣，自日磾讨莽何罗，忠诚显著，名节累叶。睹汉祚将移，谓可季兴，乃喟然发愤，遂与耿纪、韦晃、吉本、本子邈、邈弟穆等结谋。纪字季行，少有美名，为丞相掾，王甚敬异之，迁侍中，守少府。邈字文然，穆字思然，以祎慷慨有日磾之风，又与王必善，因以间之，若杀必，欲挟天子以攻魏，南援刘备。时关羽强盛，而王在邺，留必典兵督许中事。文然等率杂人及家僮千余人夜烧门攻必，祎遣人为内应，射必中肩。必不知攻者为谁，以素与祎善，走投祎，夜唤德祎，祎家不知是必，谓为文然等，错应曰："王长史已死乎？卿曹事立矣！"必乃更他路奔。一曰：必欲投祎，其帐下督谓必曰："今日事竟知谁门而投入乎？"扶必奔南城。会天明，必犹在，文然等众散，故败。后十余日，必竟以创死。◎《献帝春秋》曰：收纪、晃等，将斩之，纪呼魏王名曰："恨吾不自生意，竟为群儿所误耳！"晃顿首搏颊，以至于死。◎《山阳公载记》曰：王闻王必死，盛怒，召汉百官诣邺，令救火者左，不救火者右。众人以为救火者必无罪，皆附左。王以为"不救火者非助乱，救火乃实贼也"，皆杀之。

夏四月，代郡、上谷乌丸无臣氐等叛，遣鄢陵侯彰讨破之。①

①《魏书》载王令曰："去冬天降疫疠，民有凋伤，军兴于外，垦田损少，吾甚忧之。其令吏民男女：女年七十已上无夫子，若年十二已下无父母兄弟，及目无所见，手不能作，足不能行，而无妻子父兄产业者，廪食终身。幼者至十二止，贫穷不能自赡者，随口给贷。老耄须待养者，年九十已上，复不事，家一人。"

六月，令曰："古之葬者，必居瘠薄之地。其规西门豹祠西原上为寿陵，因高为基，不封不树。《周礼》冢人掌公墓之地，凡诸侯居左右以前，卿大夫居后，汉制亦谓之陪陵。其公卿大臣列将有功者，宜陪寿陵。其广为兆域，使足相容。"

秋七月，治兵，遂西征刘备。九月，至长安。

冬十月，宛守将侯音等反，执南阳太守，劫略吏民，保宛。初，曹仁讨关羽，屯樊城。是月，使仁围宛。

二十四年春正月，仁屠宛，斩音。① 夏侯渊与刘备战于阳平，为备所杀。三月，王自长安出斜谷，军遮要以临汉中，遂至阳平。备因险拒守。② 夏五月，引军还长安。

①《曹瞒传》曰：是时南阳间苦繇役，音于是执太守东里衮，与吏民共反，与关羽连和。南阳功曹宗子卿往说音曰："足下顺民心，举大事，远近莫不望风。然执郡将，逆而

无益，何不遣之？吾与子共戮力，比曹公军来，关羽兵亦至矣。”音从之，即释遣太守。子卿因夜逾城亡出，遂与太守收余民围音，会曹仁军至，共灭之。

②《九州春秋》曰：时王欲还，出令曰“鸡肋”，官属不知所谓。主簿杨修便自严装，人惊问修：“何以知之？”修曰：“夫鸡肋，弃之如可惜，食之无所得，以比汉中，知王欲还也。”

秋七月，以夫人卞氏为王后。遣于禁助曹仁击关羽。八月，汉水溢，灌禁军，军没。羽获禁，遂围仁。使徐晃救之。九月，相国钟繇坐西曹掾魏讽反免。[①]

①《世语》曰：讽，字子京，沛人，有惑众才，倾动邺都，钟繇由是辟焉。大军未反，讽潜结徒党，又与长乐卫尉陈祎谋袭邺。未及期，祎惧，告之太子，诛讽，坐死者数十人。◎王昶《家诫》曰“济阴魏讽”，而此云“沛人”，未详。

冬十月，军还洛阳。[①]孙权遣使上书，以讨关羽自效。王自洛阳南征羽，未至，晃攻羽，破之。羽走，仁围解。王军摩陂。[②]

①《曹瞒传》曰：王更修治北部尉廨，令过于旧。

②《魏略》曰：孙权上书称臣，称说天命。王以权书示外曰：“是儿欲踞吾著炉火上邪！”侍中陈群、尚书桓阶奏曰：“汉自安帝已来，政去公室，国统数绝，至于今者，唯有名号，尺土一民，皆非汉有，期运久已尽，历数久已终，非适今日也。是以桓、灵之间，诸明图纬者，皆言：‘汉行气尽，黄家当兴。’殿下应期，十分天下而有其九，以服事汉，群生注望，遐迩怨叹，是故孙权在远称臣，此天人之应，异气齐声。臣愚以为虞、夏不以谦辞，殷、周不吝诛放，畏天知命，无所与让也。”◎《魏氏春秋》曰：夏侯惇谓王曰：“天下咸知汉祚已尽，异代方起。自古已来，能除民害为百姓所归者，即民主也。今殿下即戎三十余年，功德著于黎庶，为天下所依归，应天顺民，复何疑哉！”王曰：“‘施于有政，是亦为政’，若天命在吾，吾为周文王矣。”◎《曹瞒传》及《世语》并云桓阶劝王正位，夏侯惇以为宜先灭蜀，蜀亡则吴服，二方既定，然后遵舜、禹之轨，王从之。及至王薨，惇追恨前言，发病卒。◎孙盛《评》曰：夏侯惇耻为汉官，求受魏印，桓阶方惇，有义直之节。考其传记，《世语》为妄矣。

二十五年春正月，至洛阳。权击斩羽，传其首。庚子，王崩于洛阳，年六十六。[①]遗令曰：“天下尚未安定，未得遵古也。葬毕，皆除服。其将兵屯戍者，皆不得离屯部。有司各率乃职。敛以时服，无藏金玉珍宝。”谥曰武王。二月丁卯，葬高陵。[②]

①《世语》曰：太祖自汉中至洛阳，起建始殿，伐濯龙祠而树血出。◎《曹瞒传》曰：王使工苏越徙美梨，掘之，根伤尽出血。越白状，王躬自视而恶之，以为不祥，还遂寝疾。

②《魏书》曰：太祖自统御海内，芟夷群丑，其行军用师，大较依孙、吴之法，而因事设奇，谲敌制胜，变化如神。自作兵书十万余言，诸将征伐，皆以新书从事。临事又手为节度，从令者克捷，违教者负败。与虏对阵，意思安闲，如不欲战，然及至决机乘胜，气势盈溢，故每战必克，军无幸胜。知人善察，难眩以伪，拔于禁、乐进于行阵之间，取张辽、徐晃于亡虏之内，皆佐命立功，列为名将。其余拔出细微，登为牧守者，不可胜数。是以创造大业，文武并施，御军三十余年，手不舍书，昼则讲武策，夜则思经传，登

高必赋，及造新诗，被之管弦，皆成乐章。才力绝人，手射飞鸟，躬禽猛兽，尝于南皮一日射雉获六十三头。及造作宫室，缮治器械，无不为之法则，皆尽其意。雅性节俭，不好华丽，后宫衣不锦绣，侍御履不二采，帷帐屏风，坏则补纳，茵蓐取温，无有缘饰。攻城拔邑，得靡丽之物，则悉以赐有功，勋劳宜赏，不吝千金，无功望施，分毫不与，四方献御，与群下共之。常以送终之制，袭称之数，繁而无益，俗又过之，故预自制终亡衣服，四箧而已。◎《傅子》曰：太祖愍嫁娶之奢僭，公女适人，皆以皂帐，从婢不过十人。◎张华《博物志》曰：汉世，安平崔瑗、瑗子寔、弘农张芝、芝弟昶并善草书，而太祖亚之。桓谭、蔡邕善音乐，冯翊山子道、王九真、郭凯等善围棋，太祖皆与埒能。又好养性法，亦解方药，招引方术之士，庐江左慈、谯郡华佗、甘陵甘始、阳城郄俭无不毕至。又习啖野葛至一尺，亦得少多饮鸩酒。◎《傅子》曰：汉末王公，多委王服，以幅巾为雅，是以袁绍、崔钧之徒，虽为将帅，皆著缣巾。魏太祖以天下凶荒，资财乏匮，拟古皮弁，裁缣帛以为帢，合于简易随时之义，以色别其贵贱，于今施行，可谓军容，非国容也。◎《曹瞒传》曰：太祖为人佻易无威重，好音乐，倡优在侧，常以日达夕。被服轻绡，身自佩小鞶囊，以盛手巾细物，时或冠帢帽以见宾客。每与人谈论，戏弄言诵，尽无所隐，及欢悦大笑，至以头没杯案中，肴膳皆沾污巾帻，其轻易如此。然持法峻刻，诸将有计画胜出己者，随以法诛之，及故人旧怨，亦皆无余。其所刑杀，辄对之垂涕嗟痛之，终无所活。初，袁忠为沛相，尝欲以法治太祖，沛国桓邵亦轻之，及在兖州，陈留边让言议颇侵太祖，太祖杀让，族其家，忠、邵俱避难交州，太祖遣使就太守士燮尽族之。桓邵得出首，拜谢于庭中，太祖谓曰："跪可解死邪？"遂杀之。尝出军，行经麦中，令士卒："无败麦，犯者死。"骑士皆下马，持麦以相付，于是太祖马腾入麦中，敕主簿议罪。主簿对以"《春秋》之义，罚不加于尊"。太祖曰："制法而自犯之，何以帅下？然孤为军帅，不可自杀，请自刑。"因援剑割发以置地。又有幸姬常从昼寝，枕之卧，告之曰："须臾觉我。"姬见太祖卧安，未即寤，及自觉，棒杀之。常讨贼，廪谷不足，私谓主者曰："如何？"主者曰："可以小斛以足之。"太祖曰："善。"后军中言太祖欺众，太祖谓主者曰："特当借君死以厌众，不然事不解。"乃斩之，取首题徇曰："行小斛，盗官谷，斩之军门。"其酷虐变诈，皆此类也。

【译文】建安二十三年春正月，汉朝的太医令吉本与少府耿纪、司直韦晃等犯上作乱，攻打许都，烧毁丞相长史王必的兵营，王必与颍川郡典农中郎将严匡出兵讨伐，杀死了他们。曹洪打败吴兰，杀掉吴兰的将领任夔等人。这年三月，张飞与马超逃到汉中，阴平氐人强端杀死吴兰，将他的头颅送到魏国来。

夏四月，代郡、上谷的乌丸无臣氐叛乱，魏王派遣鄢陵侯曹彰讨伐，打败了他们。

六月，魏王下令说："古代墓葬，必定是安置在瘠薄的土地上。如今划出西门豹祠西边的高地作为我的陵地，就按照原来的高度作为圹基，不堆土，也不种树。《周礼》规定，冢人掌管国家的墓地，所有诸侯都需要葬在王墓的左右两旁，诸侯在前，卿大夫在后，汉朝制度也叫作陪陵。凡是公卿大夫与诸将有功的，死后可以陪葬寿陵。要扩大墓地范围，使它可以容纳得下。"

秋七月,魏王整训军队,西征刘备。九月,魏王来到长安。

冬十月,宛城守将侯音等犯上作乱,捉住了南阳太守,并劫持官吏及百姓,据守宛城。早先曹仁因征讨关羽,在樊城驻扎。这个月,魏王派遣曹仁去围攻宛城。

建安二十四年春正月,曹仁屠杀宛城,斩杀侯音。夏侯渊与刘备在阳平交战,被刘备杀死。三月,魏王率领大军从长安出斜谷,一路派兵扼守险要,进军汉中,到达阳平。刘备凭借险要地势固守抵抗。夏五月,魏王率军退回长安。

秋七月,魏王立夫人卞氏当王后。派于禁协助曹仁攻打关羽。八月,汉水大涨,淹了于禁军营,以致全军覆没。关羽活捉于禁,接着去包围曹仁。魏王派徐晃前去援救。九月,魏相国钟繇因为西曹掾魏讽谋反被牵连而被罢免官职。

冬十月,大军返回洛阳。孙权派遣使者向魏王上书,愿意征讨关羽为他效力。魏王从洛阳南征关羽,还没到战场,徐晃进攻并打败了关羽。关羽逃走,曹仁得以解围。魏王将军队驻扎在摩陂。

建安二十五年春正月,魏王返回洛阳。孙权攻打关羽,并斩了他,将他的头送到洛阳。正月二十三日,魏王在洛阳去世,享年六十六岁。遗令说:“天下还未安定,不可遵守古代丧葬的制度。安葬完毕,大家需全部脱掉丧服。带兵驻防的将领,都不可离开驻地。各级官吏,都要各尽职守。入殓时穿平常所穿的衣服,不要在墓穴里埋葬金玉珠宝。”谥号“武王”。二月二十一日,葬于高陵。

【原文】评曰:汉末,天下大乱,雄豪并起。而袁绍虎视四州,强盛莫敌。太祖运筹演谋,鞭挞宇内,揽申、商之法术,该韩、白之奇策,官方授材,各因其器,矫情任算,不念旧恶,终能总御皇机,克成洪业者,惟其明略最优也。抑可谓非常之人,超世之杰矣。

【译文】评论说:汉朝末年,天下大乱,豪强群雄四起。袁绍虎视眈眈,占据四州,极为强盛。魏太祖运用雄才伟略,以武力征伐四方,采用申不害、商鞅的治国方法,兼用韩信、白起的出奇制胜的策略,依照不同的才能授予不同的官职,发挥特长,克制情感,讲求策略,不计私仇,最终能够完全掌握国家大事,完成建国大业,就因为他具备非凡卓越的聪明谋略。因此可以说他是个非同寻常的人,是个超出世人的杰出人物,盖世之豪杰!

卷二　魏书二

文帝纪第二

文帝曹丕

【原文】文皇帝讳丕，字子桓，武帝太子也。中平四年冬，生于谯。[①]建安十六年，为五官中郎将、副丞相。二十二年，立为魏太子。[②]太祖崩，嗣位为丞相、魏王。[③]尊王后曰王太后。改建安二十五年为延康元年。

①《魏书》曰：帝生时，有云气青色而圜如车盖当其上，终日。望气者以为至贵之证，非人臣之气。年八岁，能属文。有逸才，遂博贯古今经传诸子百家之书。善骑射，好击剑。举茂才，不行。◎《献帝起居注》曰：建安十三年，为司徒赵温所辟。太祖表"温辟臣子弟，选举故不以实"，使侍中守光禄勋郗虑持节奉策免温官。

②《魏略》曰：太祖不时立太子，太子自疑。是时有高元吕者，善相人，乃呼问之，对曰："其贵乃不可言。"问："寿几何？"元吕曰："其寿至四十当有小苦，过是无忧也。"后无几而立为王太子，至年四十而薨。

③袁宏《汉纪》载汉帝诏曰："魏太子丕：昔皇天授乃显考以翼我皇家，遂攘除群凶，拓定九州，弘功茂绩，光于宇宙，朕用垂拱负扆二十有余载。天不憖遗一老，永保余一人，早世潜神，哀悼伤切。丕奕世宣明，宜秉文武，绍熙前绪。今使使持节御史大夫华歆奉策诏授丕丞相印绶、魏王玺绂，领冀州牧。方今外有遗虏，遐夷未宾，旗鼓犹在边境，干戈不得韬刃，斯乃播扬洪烈，立功垂名之秋也。岂得修谅闇之礼，究曾、闵之志哉？其敬服朕命，抑弭忧怀，旁祗厥绪，时亮庶功，以称朕意。於戏，可不勉与！"

元年二月[①]壬戌，以大中大夫贾诩为太尉，御史大夫华歆为相国，大理王朗为御史大夫，置散骑常侍、侍郎各四人。其宦人为官者不得过诸署令，为金策著令，藏之石室。

①《魏书》载庚戌令曰："关津所以通商旅，池苑所以御灾荒，设禁重税，非所以便民。其除池籞之禁，轻关津之税，皆复什一。"辛亥，赐诸侯王将相已下大将粟万斛，帛千匹，金银各有差等。遣使者循行郡国，有违理掊克暴虐者，举其罪。

初，汉熹平五年，黄龙见谯，光禄大夫桥玄问太史令单飏："此何祥也？"飏曰："其国后当有王者兴，不及五十年，亦当复见。天事恒象，此其应也。"内黄殷登默而记之。至四十五年，登尚在。三月，黄龙见谯，登闻之曰："单飏之言，其验兹乎！"[①]

①《魏书》曰：王召见登，谓之曰："昔成风闻楚丘之繇而敬事季友，邓晨信少公之言而自纳光武。登以笃老，服膺占术，记识天道，岂有是乎！"赐登各二百斛，遣归家。

己卯，以前将军夏侯惇为大将军。濊貊、扶余单于、焉耆、于阗王皆各遣使奉献。[①]

①《魏书》曰：丙戌，令史官奏修重、黎、羲、和之职，钦若昊天，历象日月星辰以奉天时。

臣松之案：《魏书》有是言而不闻其职也。丁亥令曰："故尚书仆射毛玠、奉常王修、凉茂、郎中令袁涣、少府谢奂、万潜、中尉徐奕、国渊等，皆忠直在朝，履蹈仁义，并早即世，而子孙陵迟，恻然愍之，其皆拜子男为郎中。"

夏四月丁巳，饶安县言白雉见。[①] 庚午，大将军夏侯惇薨。[②]

①《魏书》曰：赐饶安田租，勃海郡百户牛酒，大酺三日。太常以太牢祠宗庙。

②《魏书》曰：王素服幸邺东城门发哀。◎孙盛曰：在礼，天子哭同姓于宗庙门之外。哭于城门，失其所也。

五月戊寅，天子命王追尊皇祖太尉曰太王，夫人丁氏曰太王后，封王子叡为武德侯。[①] 是月，冯翊山贼郑甘、王照率众降，皆封列侯。[②] 酒泉黄华、张掖张进等各执太守以叛。金城太守苏则讨进，斩之。华降。[③]

①《魏略》曰：以侍中郑称为武德侯傅，令曰："龙渊、太阿出昆吾之金，和氏之璧由井里之田。砻之以砥砺，错之以他山，故能致连城之价，为命世之宝。学亦人之砥砺也，称笃学大儒，勉以经学辅侯，宜旦夕入侍，曜明其志。"

②《魏书》曰：初，郑甘、王照及卢水胡率其属来降，王得降书，以示朝曰："前欲有令吾讨鲜卑者，吾不从而降。又有欲使吾及今秋讨卢水胡者，吾不听，今又降。昔魏武侯一谋而当，有自得之色，见讥李悝。吾今说此，非自是也，徒以为坐而降之，其功大于动兵革也。"

③ 华后为兖州刺史，见《王凌传》。

六月辛亥，治兵于东郊。[①] 庚午，遂南征。[②]

①《魏书》曰：公卿相仪，王御华盖，视金鼓之节。

②《魏略》曰：王将出征，度支中郎将新平霍性上疏谏曰："臣闻文王与纣之事，是时天下括囊无咎，凡百君子，莫肯用讯。今大王体则乾坤，广开四聪，使贤愚各建所规。伏惟先王功无与比，而今能言之类，不称为德。故圣人曰：'得百姓之欢心。'兵书曰：'战，危事也。'是以六国力战，强秦承弊，豳王不争，周道用兴。愚谓大王且当委重本朝而守其雌，抗威虎卧，功业可成。而今创基，便复起兵，兵者凶器，必有凶扰，扰则思乱，乱出不意。臣谓此危，危于累卵。昔夏启隐神三年，《易》有'不远而复'，《论》有'不惮改'。诚愿大王揆古察今，深谋远虑，与三事大夫算其长短。臣沐浴先王之遇，又初改政，复受重任，虽知言触龙鳞，阿谀近福，窃感所诵'危而不持'。"奏通，帝怒，遣刺奸就考，竟杀之。既而悔之，追原不及。

秋七月庚辰，令曰："轩辕有明台之议，放勋有衢室之问，皆所以广询于下也。[①] 百官有司，其务以职尽规谏，将率陈军法，朝士明制度，牧守申政事，缙绅考六艺，吾将兼览焉。"

①《管子》曰：黄帝立明台之议者，上观于兵也；尧有衢室之问者，下听于民也；舜有告善之旌，而主不蔽也；禹立建鼓于朝，而备诉讼也；汤有总街之廷，以观民非也；武

王有灵台之囿，而贤者进也：此古圣帝明王所以有而勿失，得而勿忘也。

孙权遣使奉献。蜀将孟达率众降。武都氐王杨仆率种人内附，居汉阳郡。①甲午，军次于谯，大飨六军及谯父老百姓于邑东。②八月，石邑县言凤皇集。

①《魏略》载王自手笔令曰："日前遣使宣国威灵，而达即来。吾惟《春秋》褒仪父，即封拜达，使还领新城太守。近复有扶老携幼首向王化者。吾闻夙沙之民自缚其君以归神农，豳国之众襁负其子而入丰、镐，斯岂驱略迫胁之所致哉？乃风化动其情而仁义感其衷，欢心内发使之然也。以此而推，西南将万里无外，权、备将与谁守死乎？"

②《魏书》曰：设伎乐百戏，令曰："先王皆乐其所生，礼不忘其本。谯，霸王之邦，真人本出，其复谯租税二年。"三老吏民上寿，日夕而罢。丙申，亲祠谯陵。◎孙盛曰：昔者先王之以孝治天下也，内节天性，外施四海，存尽其敬，亡极其哀，思慕谅闇，寄政冢宰，故曰"三年之丧，自天子达于庶人"。夫然，故在三之义惇，臣子之恩笃，雍熙之化隆，经国之道固，圣人之所以通天地，厚人伦，显至教，敦风俗，斯万世不易之典，百王服膺之制也。是故丧礼素冠，郐人著庶见之讥，宰予降期，仲尼发不仁之叹，子颓忘戚，君子以为乐祸，鲁侯易服，《春秋》知其不终，岂不以坠至痛之诚心，丧哀乐之大节者哉？故虽三季之末，七雄之弊，犹未有废缞斩于旬朔之间，释麻杖于反哭之日者也。逮于汉文，变易古制，人道之纪，一旦而废，缞素夺于至尊，四海散其遏密，义感阙于群后，大化坠于君亲。虽心存贬约，虑在经纶，至于树德垂声，崇化变俗，固以道薄于当年，风颓于百代矣。且武王载主而牧野不阵，晋襄墨缞而三帅为俘，应务济功，服其焉害？魏王既追汉制，替其大礼，处莫重之哀而设飨宴之乐，居贻厥之始而堕王化之基，及至受禅，显纳二女，忘其至恤以诬先圣之典，天心丧矣，将何以终！是以知王龄之不遐，卜世之期促也。

冬十月癸卯，令曰："诸将征伐，士卒死亡者或未收敛，吾甚哀之。其告郡国给槥椟殡敛，送致其家，官为设祭。"①丙午，行至曲蠡。

①槥，音卫。《汉书》高祖八月令曰："士卒从军死，为槥。"应劭曰："槥，小棺也，今谓之椟。"应璩《百一诗》曰："槥车在道路，征夫不得休。"陆机《大墓赋》曰："观细木而闷迟，睹洪椟而念槥。"

汉帝以众望在魏，乃召群公卿士，①告祠高庙。使兼御史大夫张音持节奉玺绶禅位，册曰："咨尔魏王，昔者帝尧禅位于虞舜，舜亦以命禹，天命不于常，惟归有德。汉道陵迟，世失其序，降及朕躬，大乱兹昏，群凶肆逆，宇内颠覆。赖武王神武，拯兹难于四方，惟清区夏，以保绥我宗庙，岂予一人获乂，俾九服实受其赐。今王钦承前绪，光于乃德，恢文武之大业，昭尔考之弘烈。皇灵降瑞，人神告征，诞惟亮采，师锡朕命，佥曰尔度克协于虞舜，用率我唐典，敬逊尔位。於戏！天之历数在尔躬，允执其中，天禄永终。君其祗顺大礼，飨兹万国，以肃承天命。②"乃为坛于繁阳。庚午，王升坛即阼，百官陪位。事讫，降坛，视燎成礼而反。改延康为黄初，大赦。③

①袁宏《汉纪》载汉帝诏曰："朕在位三十有二载，遭天下荡覆，幸赖祖宗之灵，危而复存。然仰瞻天文，俯察民心，炎精之数既终，行运在乎曹氏。是以前王既树神武之

绩，今王又光曜明德以应其期，是历数昭明，信可知矣。夫大道之行，天下为公，选贤与能，故唐尧不私于厥子，而名播于无穷。朕羡而慕焉，今其追踵尧典，禅位于魏王。”

②《献帝传》载禅代众事曰：左中郎将李伏表魏王曰：“昔先王初建魏国，在境外者闻之未审，皆以为拜王。武都李庶、姜合羁旅汉中，谓臣曰：‘必为魏公，未便王也。定天下者，魏公子桓，神之所命，当合符谶，以应天人之位。’臣以合辞语镇南将军张鲁，鲁亦问合知书所出，合曰：‘孔子《玉版》也。天子历数，虽百世可知。’是后月余，有亡人来，写得册文，卒如合辞。合长于内学，关右知名。鲁虽有怀国之心，沈溺异道变化，不果寤合之言。后密与臣议策质，国人不协，或欲西通，鲁即怒曰：‘宁为魏公奴，不为刘备上客也。’言发恻痛，诚有由然。合先迎王师，往岁病亡于邺。自臣在朝，每为所亲宣说此意，时未有宜，弗敢显言。殿下即位初年，祯祥众瑞，日月而至，有命自天，昭然著见。然圣德洞达，符表豫明，实乾坤挺庆，万国作孚。臣每庆贺，欲言合验。事君尽礼，人以为谄。况臣名行秽贱，入朝日浅，言为罪尤，自抑而已。今洪泽被四表，灵恩格天地，海内翕习，殊方归服，兆应并集，以扬休命，始终允臧。臣不胜喜舞，谨具表通。”王令曰：“以示外。薄德之人，何能致此，未敢当也。斯诚先王至德通于神明，固非人力也。”

魏王侍中刘廙、辛毗、刘晔、尚书令桓阶、尚书陈矫、陈群、给事黄门侍郎王毖、董遇等言：“臣伏读左中郎将李伏上事，考图纬之言，以效神明之应，稽之古代，未有不然者也。故尧称历数在躬，璇玑以明天道；周武未战而赤乌衔书；汉祖未兆而神母告符；孝宣仄微，字成木叶；光武布衣，名已勒谶。是天之所命以著圣哲，非有言语之声，芬芳之臭，可得而知也。徒县象以示人，微物以效意耳。自汉德之衰，渐染数世，桓、灵之末，皇极不建，暨于大乱，二十余年。天之不泯，诞生明圣，以济其难，是以符谶先著，以彰至德。殿下践阼未期，而灵象变于上，群瑞应于下，四方不羁之民，归心向义，唯惧在后，虽典籍所传，未若今之盛也。臣妾远近，莫不凫藻。”王令曰：“犁牛之驳似虎，莠之幼似禾，事有似是而非者，今日是矣。睹斯言事，良重吾不德。”于是尚书仆射宣告官寮，咸使闻知。

辛亥，太史丞许芝条魏代汉见谶纬于魏王曰：“《易传》曰：‘圣人受命而王，黄龙以戊己日见。’七月四日戊寅，黄龙见，此帝王受命之符瑞最著明者也。又曰：‘初六，履霜，阴始凝也。’又有：‘积虫大穴天子之宫，厥咎然。’今蝗虫见，应之也。又曰：‘圣人以德亲比天下，仁恩洽普，厥应麒麟以戊己日至，厥应圣人受命。’又曰：‘圣人清净行中正，贤人福至民从命，厥应麒麟来。’《春秋汉含孳》曰：‘汉以魏，魏以征。’《春秋玉版谶》曰：‘代赤者魏公子。’《春秋佐助期》曰：‘汉以许昌失天下。’故白马令李云上事曰：‘许昌气见于当涂高，当涂高者当昌于许。’当涂高者，魏也；象魏者，两观阙是也；当道而高大者魏，魏当代汉。今魏基昌于许，汉征绝于许，乃今效见，如李云之言，许昌相应也。《佐助期》又曰：‘汉以蒙孙亡。’说者以蒙孙汉二十四帝，童蒙愚昏，以弱亡。或以杂文为蒙其孙当失天下，以为汉帝非正嗣，少时为董侯，名不正，蒙乱之荒惑，其子孙以弱亡。《孝经中黄谶》曰：‘日载东，绝火光。不横一，圣聪明。四百之外，易姓而王。天下归功，致太平，居八甲。共礼乐，正万民，嘉乐家和杂。’此魏王之姓讳，著见图谶。《易运期谶》曰：‘言居东，西有午，两日并光日居下。其为主，反为辅。五八四十，黄气受，真人出。’言午，许字。两日，昌字。汉当以许亡，魏当以许昌。今际会之期在许，是其大效也。《易运期》又曰：‘鬼在山，禾女连，王天下。’臣闻帝王者，五行之精，易姓之符，代兴之会，以七百二十年为一轨。有德者过之，至于八百，无德者不及，至四百载。是以周家八百六十七年，夏家四百数十年，汉行夏正，迄今四百二十六岁。又高祖受命，数虽起乙未，然其兆征始于获麟。获麟以来七百余年，天之历数将以尽终。帝王之兴，不常一姓。太微中，黄帝坐常明，而赤帝坐常不见，以为黄家兴而赤家衰，凶亡之渐。自是以来四十余年，又荧惑失色不明十有余年。建安十年，彗星先除紫微，二十三年，复扫太微。新天子气见东南以来，二十三年，白虹贯日，月蚀荧惑，比年己亥、壬子、丙午日蚀，皆水灭火之象也。殿下即位，初践阼，德配天地，行合神明，恩泽盈溢，广被四表，格于上下。是以黄龙数见，凤皇仍翔，麒麟皆臻，白虎效仁，前后献见于郊甸。甘露醴泉，奇兽神物，众瑞并出。斯皆帝王受命易姓之符也。昔黄帝受命，风后受《河图》；舜、禹有天下，凤皇翔，洛出《书》；汤之王，白鸟为符；文王为西伯，赤鸟衔丹书；武王伐殷，白鱼升舟；高祖始起，白蛇为征。巨迹瑞应，皆为圣人兴。观汉前后之大灾，今兹之符瑞，察图谶之期运，揆河洛之所甄，未若今大魏之最美也。夫得岁星者，道始兴。昔武王伐殷，岁在鹑火，有周之分野也。高祖入秦，五星聚东井，有汉之分野也。今兹岁星在大梁，有魏之分野也。而天之瑞应，并集来臻，四方归附，襁负而至，兆民欣戴，咸乐嘉庆。《春秋大传》曰：‘周公何以不之鲁？盖以为虽有继体守文之君，不害圣人受命而王。’周公反政，《尸子》以为孔子非之，以为周公不圣，不为兆民也。京房作《易传》曰：‘凡为王者，恶者去之，弱者夺之。易姓改代，天命应常，人谋鬼谋，百姓与能。’伏惟殿下体尧、舜之盛明，膺七百之禅代，当汤、武之期运，值天命之移授，河洛所表，图谶所载，昭然明白，天下学士所共见也。臣职在史官，考符察征，图谶效见，际会之期，谨以上闻。”王令曰：“昔周文三分天下有其二，以服事殷，仲尼叹其至德；公旦履天子之籍，听天下之断，终然复子明辟，《书》美其人。吾虽德不及二圣，敢忘高山景行之义哉？若夫唐尧、舜、禹之迹，皆以圣质茂德处之，故能上和灵祇，下宁万姓，流称今日。今吾德至薄也，人至鄙也，遭遇际会，幸承先王余业，恩未被四海，泽未及天下，虽倾仓竭府以振魏国百姓，犹寒者未尽暖，饥者未尽饱。夙夜忧惧，弗敢遑宁，庶欲保全发齿，长守今日，以没于地，以全魏国，下见先王，以塞负荷之责。望狭志局，守此而已。虽屡蒙祥瑞，当之战惶，五色无主。若芝之言，岂所闻乎？心栗手悼，书不成字，辞不宣心。吾间作诗曰：‘丧乱悠悠过纪，白骨纵横万里，哀哀下民靡恃，吾将佐时整理，复子明辟致仕。’庶欲守此辞以自终，卒不虚言也。宜宣示远近，使昭赤心。”于是侍中辛毗、刘晔，散骑常侍傅巽、卫臻，尚书令桓阶，尚书陈矫、陈群，给事中博士骑都尉苏林、董巴等奏曰：“伏见太史丞许芝上魏国受命之符，令书恳切，允执谦让，虽舜、禹、汤、文，义无以过。然古先哲王所以受天命而不辞者，诚急遵皇天之意，副兆民之望，弗得已也。且《易》曰：‘观乎天文以察时变，观乎人文以化成天下。’又曰：‘天垂象，见吉凶，圣人则之；河出图，洛出书，圣人效之。’以为天文因人而变，至于河、洛之书，著于《洪范》，则殷、周效而用之矣。斯言诚帝王之明符，天道之大要也。是以由德应录者代兴于前，失道数尽者迭废于后，传讥苌弘欲支天之所坏，而说蔡墨'雷乘乾'之说，明神器之存亡，非人力所能逮也。今汉室衰替，帝纲堕坠，天子之诏，歇灭无闻，皇天将舍旧而命新，百姓既去汉而为魏，昭然著明，是可知也。先王拨乱平世，将建洪基。至于殿下，以至德当历数之运，即位以来，天应人事，粲然大备，神灵图籍，兼仍往古，休征嘉兆，跨越前代。是芝所取《中黄》《运期》姓讳之谶，斯文乃著于前世，与汉并见。由是言之，天命久矣，非殿下所得而拒之也。神明之意，候望禋享，兆民颙颙，咸注嘉愿，惟殿下览图籍之明文，急天下之公义，辄宣令外内，布告州郡，使知符命著明而殿下谦虚之意。"令曰："下四方以明孤款心，是也。至于览余辞，岂余所谓哉？宁所堪哉？诸卿指论，未若孤自料之审也。夫虚谈谬称，鄙薄所弗当也。且闻比来东征，经郡县，历屯田，百姓面有饥色，衣或裋褐不完，罪皆在孤。是以上惭众瑞，下愧士民。由斯言之，德尚未堪偏王，何言帝者也！宜止息此议，无重吾不德，使逝之后，不愧后之君子。"

癸丑，宣告群寮。督军御史中丞司马懿、侍御史郑浑、羊祕、鲍勋、武周等言："令如左。伏读太史丞许芝上符命事，臣等闻有唐世衰，天命在虞，虞氏世衰，天命在夏。然则天地之灵，历数之运，去就之符，惟德所在。故孔子曰：'凤鸟不至，河不出图，吾已矣夫！'今汉室衰，自安、和、冲、质以来，国统屡绝，桓、灵荒淫，禄去公室，此乃天命去就，非一朝一夕，其所由来久矣。殿下践阼，至德广被，格于上下，天人感应，符瑞并臻，考之旧史，未有若今日之盛。夫大人者，先天而天弗违，后天而奉天时，天时已至而犹谦让者，舜、禹所不为也，故生民蒙救济之惠，群类受育长之施。今八方颙颙，大小注望，皇天乃眷，神人同谋，十分而九以委质，义过周文，所谓过恭也。臣妾上下，伏所不安。"令曰："世之所不足者道义也，所有余者苟妄也。常人之性，贱所不足，贵所有余，故曰'不患无位，患所以立'。孤虽寡德，庶自免于常人之贵。夫'石可破而不可夺坚，丹可磨而不可夺赤'。丹石微物，尚保斯质，况吾托士人之末列，曾受教于君子哉？且於陵仲子以仁为富，柏成子高以义为贵，鲍焦感子贡之言，弃其蔬而槁死，薪者讥季札失辞，皆委重而弗视。吾独何人？昔周武，大圣也，使叔旦盟胶鬲于四内，使召公约微子于共头，故伯夷、叔齐相与笑之曰：'昔神农氏之有天下，不以人之坏自成，不以人之卑自高。'以为周之伐殷以暴也。吾德非周武而义惭夷、齐，庶欲远苟妄之失道，立丹石之不夺，迈於陵之所富，蹈柏成之所贵，执鲍焦之贞至，遵薪者之清节。故曰：'三军可夺帅，匹夫不可夺志。'吾之斯志，岂可夺哉？"

乙卯，册诏魏王禅代天下曰："惟延康元年十月乙卯，皇帝曰，咨尔魏王：夫命运否泰，依德升降，三代卜年，著于《春秋》，是以天命不于常，帝王不一姓，由来尚矣。汉道陵迟，为日已久，安、顺已降，世失其序，冲、质短祚，三世无嗣，皇纲肇亏，帝典颓沮。暨于朕躬，天降之灾，遭无妄厄运之会，值炎精幽昧之期。变兴辇毂，祸由阉宦。董卓乘衅，恶甚浇、豷，劫迁省御，火扑宫庙，遂使九州幅裂，强敌虎争，华夏鼎沸，蝮蛇塞路。当斯之时，尺土非复汉有，一夫岂复朕民？幸赖武王德膺符运，奋扬神武，芟夷凶暴，清定区夏，保乂皇家。今王缵承前绪，至德光昭，御衡不迷，布德优远，声教被四海，仁风扇鬼区，是以四方效珍，人神响应，天之历数实在尔躬。昔虞舜有大功二十，而放勋禅以天下；大禹有疏导之绩，而重华禅以帝位。汉承尧运，有传圣之义，加顺灵祇，绍天明命，厘降二女，以嫔于魏。使使持节行御史大夫事太常音，奉皇帝玺绶，王其永君万国，敬御天威，允执其中，天禄永终，敬之哉！”于是尚书令桓阶等奏曰：“汉氏以天子位禅之陛下，陛下以圣明之德，历数之序，承汉之禅，允当天心。夫天命弗可得辞，兆民之望弗可得违，臣请会列侯诸将、群臣陪隶，发玺书，顺天命，具礼仪列奏。”令曰：“当议孤终不当承之意而已。犹猎，还方有令。”尚书令等又奏曰：“昔尧、舜禅于文祖，至汉氏，以师征受命，畏天之威，不敢怠遑，便即位行在所之地。今当受禅代之命，宜会百寮群司，六军之士，皆在行位，使咸睹天命。营中促狭，可于平敞之处设坛场，奉答休命。臣辄与侍中常侍会议礼仪，太史官择吉日讫，复奏。”令曰：“吾殊不敢当之，外亦何豫事也！”侍中刘廙、常侍卫臻等奏议曰：“汉氏遵唐尧公天下之议，陛下以圣德膺历数之运，天人同忻，靡不得所，宜顺灵符，速践皇阼。问太史丞许芝，今月十七日己未直成，可受禅命，辄治坛场之处，所当施行别奏。”令曰：“属出见外便设坛场，斯何谓乎？今当辞让不受诏也。但于帐前发玺书，威仪如常，且天寒，罢作坛士使归。”既发玺书，王令曰：“当奉还玺绶为让章。吾岂奉此诏承此贶邪？昔尧让天下于许由、子州支甫，舜亦让于善卷、石户之农、北人无择，或退而耕颍之阳，或辞以幽忧之疾，或远入山林，莫知其处，或携子入海，终身不反，或以为辱，自投深渊。且颜阖惧太朴之不完，守知足之明分，王子搜乐丹穴之潜处，被熏而不出，柳下惠不以三公之贵易其介，曾参不以晋、楚之富易其仁。斯九士者，咸高节而尚义，轻富而贱贵，故书名千载，于今称焉。求仁得仁，仁岂在远？孤独何为不如哉？义有蹈东海而逝，不奉汉朝之诏也。亟为上章还玺绶，宣之天下，使咸闻焉。”己未，宣告群僚，下魏，又下天下。

辅国将军清苑侯刘若等百二十人上书曰：“伏读令书，深执克让，圣意恳恻，至诚外昭，臣等有所不安。何者？石户、北人，匹夫狂狷，行不合义，事不经见者，是以史迁谓之不然，诚非圣明所当希慕。且有虞不逆放勋之禅，夏禹亦无辞位之语，故传曰：‘舜陟帝位，若固有之。’斯诚圣人知天命不可逆，历数弗可辞也。伏惟陛下应乾符运，至德发闻，升昭于天，是三灵降瑞，人神以和，休征杂沓，万国响应，虽欲勿用，将焉避之？而固执谦虚，违天逆众，慕匹夫之微分，背上圣之所蹈，违经谶之明文，信百氏之穿凿，非所以奉答天命，光慰众望也。臣等昧死以请，辄整顿坛场，至吉日受命，如前奏，分别写令宣下。”王令曰：“昔柏成子高辞夏禹而匿野，颜阖辞鲁币而远迹，夫以王者之重，诸侯之贵，而二子忽之，何则？其节高也。故烈士徇荣名，义夫高贞介，虽蔬食瓢饮，乐在其中。是以仲尼师王骀，而子产嘉申徒。今诸卿皆孤股肱腹心，足以明孤，而今咸若斯，则诸卿游于形骸之内，而孤求为形骸之外，其不相知，未足多怪。亟为上章还玺绶，勿复纷纷也。”

辅国将军等一百二十人又奏曰：“臣闻符命不虚见，众心弗可违，故孔子曰：‘周公其为不圣乎？以天下让。是天地日月轻去万物也。’是以舜向天下，不拜而受命。今火德气尽，炎上数终，帝迁明德，祚隆大魏。符瑞昭晰，受命既固，光天之下，神人同应，虽有虞仪凤，成周跃鱼，方今之事，未足以喻。而陛下违天命以饰小行，逆人心以守私志，上忤皇穹眷命之旨，中忘圣人达节之数，下孤人臣翘首之望，非所以扬圣道之高衢，乘无穷之懿勋也。臣等闻事君有献可替否之道，奉上有逆鳞固争之义，臣等敢以死请。”令曰：“夫古圣王之治也，至德合乾坤，惠泽均造化，礼教优乎昆虫，仁恩洽乎草木，日月所照，戴天履地含气有生之类，靡不被服清风，沐浴玄德。是以金革不起，苛慝不作，风雨应节，祯祥触类而见。今百姓寒者未暖，饥者未饱，鳏者未室，寡者未嫁。权、备尚存，未可舞以干戚，方将整以齐斧。戎役未息于外，士民未安于内，耳未闻康哉之歌，目未睹击壤之戏，婴儿未可托于高巢，余粮未可以宿于田亩。人事未备，至如此也。夜未曜景星，治未通真人，河未出龙马，山未出象车，蓂荚未植阶庭，萐莆未生庖厨，王母未献白环，渠搜未见珍裘。灵瑞未效，又如彼也。昔东户季子、容成、大庭、轩辕、赫胥之君，咸得以此就功勒名。今诸卿独不可少假孤精心竭虑，以和天人，以格至理，使彼众事备，群瑞效，然后安乃议此乎？何遽相愧相迫之如是也？速为让章，上还玺绶，无重吾不德也。”侍中刘廙等奏曰：“伏惟陛下以大圣之纯懿，当天命之历数，观天象则符瑞著明，考图纬则文义焕炳，察人事则四海齐心，稽前代则异世同归，而固拒禅命，未践尊位。圣意恳恻，臣等敢不奉诏？辄具章遣使者。”奉令曰：“泰伯三以天下让，人无得而称焉，仲尼叹其至德，孤独何人？”

庚申，魏王上书曰：“皇帝陛下：奉被今月乙卯玺书，伏听册命，五内惊震，精爽散越，不知所处。臣前上还相位，退守藩国，圣恩听许。臣虽无古人量德度身自定之志，保己存性，实其私愿。不寤陛下猥损过谬之命，发不世之诏，以加无德之臣。且闻尧禅重华，举其克谐之德，舜授文命，采其齐圣之美，犹下咨四岳，上观璇玑。今臣德非虞、夏，行非二君，而承历数之咨，应选授之命，内自揆抚，无德以称。且许由匹夫，犹拒帝位，善卷布衣，而逆虞诏。臣虽鄙蔽，敢忘守节以当大命，不胜至愿。谨拜章陈情，使行相国永寿少府粪土臣毛宗奏，并上玺绶。”

辛酉，给事中博士苏林、董巴上表曰：“天有十二次以为分野，王公之国，各有所属。周在鹑火，魏在大梁。岁星行历十二次国，天子受命，诸侯以封。周文王始受命，岁在鹑火，至武王伐纣十三年，岁星复在鹑火，故《春秋传》曰：‘武王伐纣，岁在鹑火。岁之所在，即我有周之分野也。’昔光和七年，岁在大梁，武王始受命，于时将讨黄巾。是岁改年为中平元年。建安元年，岁复在大梁，始拜大将军。十三年复在大梁，始拜丞相。今二十五年，岁复在大梁，陛下受命。此魏得岁与周文王受命相应。今年青龙在庚子，《诗推度灾》曰：‘庚者更也，子者滋也，圣命天下治。’又曰：‘王者布德于子，治成于丑。’此言今年天更命圣人制治天下，布德于民也。魏以改制天下，与诗协矣。颛顼受命，岁在豕韦，卫居其地，亦在豕韦，故《春秋传》曰：‘卫，颛顼之墟也。’今十月斗之建，则颛顼受命之分也，始魏以十月受禅，此同符始祖受命之验也。魏之氏族，出自颛顼，与舜同祖，见于《春秋》世家。舜以土德承尧之火，今魏亦以土德承汉之火，于行运，会于尧舜授受之次。臣闻天之去就，固有常分，圣人当之，昭然不疑，故尧捐骨肉而禅有虞，终无吝色，舜发陇亩而君天下，若固有之，其相受授，间不替漏。天下已传矣，所以急天命，天下不可一日无君也。今汉期运已终，妖异绝之已审，陛下受天之命，符瑞告征，丁宁详悉，反复备至，虽言语相喻，无以代此。今既发诏书，玺绶未御，固执谦让，上逆天命，下违民望。臣谨按古之典籍，参以图纬，魏之行运及天道所在，即尊之验，在于今年此月，昭晰分明。唯陛下迁思易虑，以时即位，显告天帝而告天下，然后改正朔，易服色，正大号，天下幸甚。"令曰："凡斯皆宜圣德，故曰：'苟非其人，道不虚行。'天瑞虽彰，须德而光。吾德薄之人，胡足以当之？今让，冀见听许，外内咸使闻知。"壬戌，册诏曰："皇帝问魏王言：遣宗奉庚申书到，所称引，闻之。朕惟汉家世逾二十，年过四百，运周数终，行祚已讫，天心已移，兆民望绝，天之所废，有自来矣。今大命有所底止，神器当归圣德，违天不顺，逆众不祥。王其体有虞之盛德，应历数之嘉会，是以祯祥告符，图谶表录，神人同应，受命咸宜。朕畏上帝，致位于王。天不可违，众不可拒。且重华不逆尧命，大禹不辞舜位，若夫由、卷匹夫，不载圣籍，固非皇材帝器所当称慕。今使音奉皇帝玺绶，王其陟帝位，无逆朕命，以祗奉天心焉。"

于是尚书令桓阶等奏曰："今汉使音奉玺书到，臣等以为天命不可稽，神器不可渎。周武中流有白鱼之应，不待师期而大号已建，舜受大麓，桑荫未移而已陟帝位，皆所以祗承天命，若此之速也。故无固让之义，不以守节为贵，必道信于神灵，符合于天地而已。《易》曰：'其受命如响，无有远近幽深，遂知来物，非天下之至精，其孰能与于此？'今陛下应期运之数，为皇天所子，而复稽滞于辞让，低回于大号，非所以则天地之道，副万国之望。臣等敢以死请，辄敕有司修治坛场，择吉日，受禅命，发玺绶。"令曰："冀三让而不见听，何汲汲于斯乎？"甲子，魏王上书曰："奉今月壬戌玺书，重被圣命，伏听册告，肝胆战悸，不知所措。天下神器，禅代重事，故尧将禅舜，纳于大麓，舜之命禹，玄圭告功。烈风不迷，九州攸平，询事考言，然后乃命，而犹执谦让于德不嗣。况臣顽固，质非二圣，乃应天统，受终明诏，敢守微节，归志箕山，不胜大愿。谨拜表陈情，使并奉上玺绶。"侍中刘廙等奏曰："臣等闻圣帝不违时，明主不逆人，故《易》称'通天下之志，断天下之疑'。伏惟陛下体有虞之上圣，承土德之行运，当亢阳明夷之会，应汉氏祚终之数，合契皇极，同符两仪。是以圣瑞表征，天下同应，历运去就，深切著明。论之天命，无所与议，比之时宜，无所与争。故受命之期，时清日晏，曜灵施光，休气云蒸。是乃天道悦怿，民心欣戴，而仍见闭拒，于礼何居？且群生不可以一日无主，神器不可以斯须无统，故臣有违君以成业，下有矫上以立事，臣等敢不重以死请。"王令曰："天下重器，王者正统，以圣德当之，犹有惧心，吾何人哉？且公卿未至乏主，斯岂小事？且宜以待固让之后，乃当更议其可耳。"

丁卯，册诏魏王曰："天讫汉祚，辰象著明，朕祗天命，致位于王，仍陈历数于诏册，喻符运于翰墨。神器不可以辞拒，皇位不可以谦让。稽于天命，至于再三。且四海不可以一日旷主，万机不可以斯须乏统，故建大业者不拘小节，知天命者不系细物，是以舜受大业之命而无逊让之辞，圣人达节，不亦远乎！今使音奉皇帝玺绶，王其钦承，以答天下向应之望焉。"

相国华歆、太尉贾诩、御史大夫王朗及九卿上言曰："臣等被召到，伏见太史丞许芝、左中郎将李伏所上图谶、符命，侍中刘廙等宣叙众心，人灵同谋。又汉朝知陛下圣化通于神明，圣德参于虞、夏，因瑞应之备至，听历数之所在，遂献玺绶，固让尊号。能言之伦，莫不抃舞，《河图》《洛书》，天命瑞应，人事协于天时，民言协于天叙。而陛下性秉劳谦，体尚克让，明诏恳切，未肯听许，臣妾小人，莫不伊邑。臣等闻自古及今，有天下者不常在乎一姓。考以德势，则盛衰在乎强弱；论以终始，则废兴在乎期运。唐、虞历数，不在厥子而在舜、禹。舜、禹虽怀克让之意迫，群后执玉帛而朝之，兆民怀欣戴而归之，率土扬歌谣而咏之，故其守节之拘，不可得而常处，达节之权，不可得而久避。是以或逊位而不吝，或受禅而不辞，不吝者未必厌皇宠，不辞者未必渴帝祚，各迫天命而不得以已。既禅之后，则唐氏之子为宾于有虞，虞氏之胄为客于夏代，然则禅代之义，非独受之者实应天福，授之者亦与有余庆焉。汉自章、和之后，世多变故，稍以陵迟，洎乎孝灵，不恒其心，虐贤害仁，聚敛无度，政在嬖竖，视民如仇，遂令上天震怒，百姓从风如归。当时则四海鼎沸，既没则祸发宫庭，宠势并竭，帝室遂卑，若在帝舜之末节，犹择圣代而授之，荆人抱玉璞，犹思良工而刊之，况汉国既往，莫之能匡，推器移君，委之圣哲，固其宜也。汉朝委质，既愿禅礼之速定也，天祚率土，必将有主，主率土者，非陛下其孰能任之？所谓论德无与为比，考功无推让矣。天命不可久稽，民望不可久违，臣等偻偻，不胜大愿。伏请陛下割㧑谦之志，修受禅之礼，副人神之意，慰外内之愿。”令曰："以德则孤不足，以时则戎虏未灭。若以群贤之灵，得保首领，终君魏国，于孤足矣。若孤者，胡足以辱四海？至乎天瑞人事，皆先王圣德遗庆，孤何有焉？是以未敢闻命。”己巳，魏王上书曰："臣闻舜有宾于四门之勋，乃受禅于陶唐，禹有存国七百之功，乃承禄于有虞。臣以蒙蔽，德非二圣，猥当天统，不敢闻命。敢屡抗疏，略陈私愿，庶章通紫庭，得全微节，情达宸极，永守本志。而音重复衔命，申制诏臣，臣实战惕，不发玺书，而音迫于严诏，不敢复命。愿陛下驰传骋驿，召音还台。不胜至诚，谨使宗奉书。”

相国歆、太尉诩、御史大夫朗及九卿奏曰："臣等伏读诏书，於邑益甚。臣等闻《易》称圣人奉天时，《论语》云君子畏天命，天命有去就，然后帝者有禅代。是以唐之禅虞，命在尔躬，虞之顺唐，谓之受终。尧知天命去已，故不得不禅舜，舜知历数在躬，故不敢不受。不得不禅，奉天时也，不敢不受，畏天命也。汉朝虽承季末陵迟之余，犹务奉天命以则尧之道，是以愿禅帝位而归二女。而陛下正于大魏受命之初，抑虞、夏之达节，尚延陵之让退，而所枉者大，所直者小，所详者轻，所略者重，中人凡士犹为陛下陋之。没者有灵，则重华必忿愤于苍梧之神墓，大禹必郁悒于会稽之山阴，武王必不悦于高陵之玄宫矣。是以臣等敢以死请。且汉政在阉宦，禄去帝室七世矣，遂集矢石于其宫殿，而二京为之丘墟。当是之时，四海荡覆，天下分崩，武王亲衣甲而冠胄，沐雨而栉风，为民请命，则活万国，为世拨乱，则致升平。鸠民而立长，筑宫而置吏，元元无过，罔于前业，而始有造于华夏。陛下即位，光昭文德，以翊武功，勤恤民隐，视之如伤，惧者宁之，劳者息之，寒者以暖，饥者以充，远人以德服，寇敌以恩降。迈恩种德，光被四表，稽古笃睦，茂于放勋，网漏吞舟，弘乎周文。是以布政未期，人神并和，皇天则降甘露而臻四灵，后土则挺芝草而吐醴泉，虎豹鹿兔，皆素其色，雉鸠燕雀，亦白其羽，连理之木，同心之瓜，五采之鱼，珍祥瑞物，杂沓于其间者，无不毕备。古人有言：'微禹，吾其鱼乎！'微大魏，则臣等之白骨交横于旷野矣。伏省群臣外内前后章奏，所以陈叙陛下之符命者，莫不条河洛之图书，据天地之瑞应，因汉朝之款诚，宣万方之景附，可谓信矣著矣。三王无以及，五帝无以加。民命之悬于魏邦，民心之系于魏政，三十有余年矣，此乃千世时至之会，万载一遇之秋。达节广度，宜昭于斯际，拘牵小节，不施于此时。久稽天命，罪在臣等。辄营坛场，具礼仪，择吉日，昭告昊天上帝，秩群神之礼，须禋祭毕，会群寮于朝堂，议年号、正朔、服色当施行，上。"复令曰："昔者大舜饭糗茹草，将终身焉，斯则孤之前志也。及至承尧禅，被袗衮，妻二女，若固有之，斯则顺天命也。群公卿士诚以天命不可拒，民望不可违，孤亦曷以辞焉？"

庚午，册诏魏王曰："昔尧以配天之德，秉六合之重，犹睹历运之数，移于有虞，委让帝位，忽如遗迹。今天既讫我汉命，乃眷北顾，帝皇之业，实在大魏。朕守空名以窃古义，顾视前事，犹有惭德，而王逊让至于三四，朕用惧焉。夫不辞万乘之位者，知命达节之数也，虞、夏之君，处之不疑，故勋烈垂于万载，美名传于无穷。今遣守尚书令侍中觊喻，王其速陟帝位，以顺天人之心，副朕之大愿。"于是尚书令桓阶等奏曰："今汉氏之命已四至，而陛下前后固辞，臣等伏以为上帝之临圣德，期运之隆大魏，斯岂数载？《传》称周之有天下，非甲子之朝，殷之去帝位，非牧野之日也，故《诗》序商汤，追本玄王之至，述姬周，上录后稷之生，是以受命既固，厥德不回。汉氏衰废，行次已绝，三辰垂其征，史官著其验，耆老记先古之占，百姓协歌谣之声。陛下应天受禅，当速即坛场，柴燎上帝，诚不宜久停神器，拒亿兆之愿。臣辄下太史令择元辰，今月二十九日，可登坛受命，请诏王公群卿，具条礼仪别奏。"令曰："可。"

③《献帝传》曰：辛未，魏王登坛受禅，公卿、列侯、诸将、匈奴单于、四夷朝者数万人陪位，燎祭天地、五岳、四渎，曰："皇帝臣丕敢用玄牡昭告于皇皇后帝：汉历世二十有四，践年四百二十有六，四海困穷，王纲不立，五纬错行，灵祥并见，推术数者，虑之古道，咸以为天之历数，运终兹世，凡诸嘉祥民神之意，比昭有汉数终之极，魏家受命之符。汉主以神器宜授于臣，宪章有虞，致位于丕。丕震畏天命，虽休勿休。群公庶尹六事之人，外及将士，洎于蛮夷君长，佥曰：'天命不可以辞拒，神器不可以久旷，群臣不可以无主，万几不可以无统。'丕祗承皇象，敢不钦承。卜之守龟，兆有大横，筮之三易，兆有革兆。谨择元日，与群寮登坛受帝玺绶，告类于尔大神，唯尔有神，尚飨永吉，兆民之望，祚于有魏世享。"遂制诏三公："上古之始有君也，必崇恩化以美风俗，然百姓顺教而刑辟厝焉。今朕承帝王之绪，其以延康元年为黄初元年，议改正朔，易服色，殊徽号，同律度量，承土行，大赦天下，自殊死以下诸不当得赦，皆赦除之。"◎《魏氏春秋》曰：帝升坛礼毕，顾谓群臣曰："舜、禹之事，吾知之矣。"◎干宝《搜神记》曰：宋大夫邢史子臣明于天道，周敬王之三十七年，景公问曰："天道其何祥？"对曰："后五年五月丁亥，臣将死；死后五年五月丁卯，吴将亡；亡后五年，君将终；终后四百年，邾王天下。"俄而皆如其言。所云邾王天下者，谓魏之兴也。邾，曹姓，魏亦曹姓，皆邾之后。其年数则错，未知邢史失其数邪？将年代久远，注记者传而有谬也？

黄初元年十一月癸酉，以河内之山阳邑万户奉汉帝为山阳公，行汉正朔，以天子之礼郊祭，上书不称臣，京都有事于太庙，致胙，封公之四子为列侯。追尊皇祖太王曰太皇帝，考武王曰武皇帝，尊王太后曰皇太后。赐男子爵人一级，为父后及孝悌力田人二级。以汉诸侯王为崇德侯，列侯为关中侯。以颍阴之繁阳亭为繁昌县。封爵增位各有差。改相国为司徒，御史大夫为司空，奉常为太常，郎中令为光禄勋，大理为廷尉，大农为大司农。郡国县邑，多所改易。更授匈奴南单于呼厨泉魏玺绶，赐青盖车、乘舆、宝剑、玉玦。十二月，初营洛阳宫，戊午幸洛阳。[①]

① 臣松之案：诸书记，是时帝居北宫，以建始殿朝群臣，门曰承明，陈思王植诗曰“谒帝承明庐”是也。至明帝时，始于汉南宫崇德殿处起太极、昭阳诸殿。◎《魏书》曰：以夏数为得天，故即用夏正，而服色尚黄。◎《魏略》曰：诏以汉火行也，火忌水，故“洛”去“水”而加“隹”。魏于行次为土，土，水之牡也，水得土而乃流，土得水而柔，故除“隹”加“水”，变“雒”为“洛”。

是岁，长水校尉戴陵谏不宜数行弋猎，帝大怒，陵减死罪一等。

【译文】魏文帝曹丕，字子桓，是武帝曹操的太子。东汉灵帝中平四年冬季，生于谯县。汉献帝建安十六年，被任命为五官中郎将，作为丞相曹操处理军国事务的副手。建安二十二年，被立为魏王太子。曹操逝世后，他继位为丞相、魏王。他把自己的母亲魏王后卞氏尊为王太后。同时，把建安二十五年改为延康元年。

延康元年二月壬戌，任命大中大夫贾诩为太尉，御史大夫华歆为相国，大理王朗为御史大夫，设置散骑常侍、散骑侍郎各四人。规定后宫宦官担任官职，不得超过诸署的署令，把这命令用黄金做成的简策记录下来，收藏在石室中。

起初，东汉灵帝熹平五年，有黄龙出现在谯县，光禄大夫桥玄为此询问太史令单飏说：“这是什么祥瑞呢？”单飏回答说：“在这个地方以后会有王者兴起，不到五十年，黄龙还会再度出现。上天安排的事情都会有预兆的，这就是与天意相对应的。”内黄人殷登暗自把这件事记下来。过了四十五年，殷登还活着。这年三月，又有黄龙出现在谯县，殷登听到后说：“单飏的预言，大概就应验在这里了！”

三月己卯，任命前将军夏侯惇为大将军。涉貊单于、扶余单于、焉耆王、于阗王等都分别派遣使者前来进奉贡品。

夏季，四月丁巳，饶安县上书报告说有白雉出现。庚午，大将军夏侯惇逝世。

五月戊寅，东汉献帝命令魏王曹丕为祖父太尉曹嵩追加尊号，称太王，称曹嵩夫人丁氏为太王后，封曹丕的儿子曹叡为武德侯。本月，冯翊山贼郑甘、王照率领部众归降朝廷，都被封为列侯。酒泉人黄华、张掖人张进各自捉住本郡太守，背叛朝廷。金城郡太守苏则讨伐张进，将张进杀死。黄华投降。

六月辛亥，在邺城东郊操练军队。庚午，曹丕率大军出发，向南征伐吴国。

秋季，七月庚辰，曹丕下令说：“黄帝在明台听取贤人的议论，尧在道路旁修建房屋，以便听到百姓的谈话，他们都是去广泛征询下面的意见。朝廷各部分的官员，都要尽到进行规谏的职责，将帅们可以谈论军务、军纪，朝士们议论制度，地方长官报告政务，士大夫们考察六艺，我都要详细审看。”

孙权派遣使者前来进奉贡品。蜀国大将孟达率领部众归降魏国。氐人武都部落首领杨仆率领部族归附魏国，内迁到汉阳郡居住。七月甲午，曹丕统帅大军抵达故乡谯县，在东郊为随行军队及谯县的父老百姓举行盛宴。八月，石邑县上书报告，说有凤凰聚集。

冬季，十月癸卯，曹丕下令说：“诸位将领在进行征伐时，战死的士兵有的还没有被埋葬，我对此感到很哀伤。命令各郡、国预备棺材，把战死士兵装入棺内，送回他的家中，由官府为他安排祭礼。”丙午，曹丕率军抵达曲蠡。

汉献帝因为群臣都已依附魏王曹丕，于是召集朝中大小官员，在宗庙祭告祖先。献帝命令兼任御史大夫张音持符节把皇帝的御玺、绶带进献给曹丕，表示把皇帝的位置让给曹丕。诏书说：“告诉魏王，从前帝尧让位给虞舜，舜又让位给大禹，上天的意旨并不固定不变，只是由有德望的人来进行统治。汉朝的统治衰败已久，天下失去正常的秩序，等到我这一代，战乱更加严重，许多凶暴之人横行肆虐，汉朝的统治已经被颠覆。幸亏武王曹操英明神武，把天下从这场灾难中拯救出来，使天下重新安定，保护了汉朝的宗庙、社稷，不仅是我一个人享受太平，实在是天下都受到他的恩德。现在魏王曹丕继承父亲的事业，加以发扬光大，恢复周文王、周武王的大业，发展您父亲的宏图大计。上天降下祥瑞，人、神都提出预兆，建立了显赫的业绩，大家献言，让我下达命令，都指出您的品德才干与虞舜相同，因此，我遵循尧的做法，把皇帝的位置恭敬地让给您。呜呼！上天已把使命交付给您，运用得当，就能永保天禄。请您恭顺大礼，治理天下万国，以上承天命。”于是，为曹丕在繁阳修筑举行即位仪式的高坛。庚午，魏王曹丕登上高坛，正式接受皇帝称号，朝廷大臣都参加了即位仪式。仪式完毕后，曹丕下坛，燃火祭祀天地山川，然后返回宫殿。改延康元年为黄初元年，大赦天下。

黄初元年十一月癸酉，曹丕封汉献帝刘协为山阳公，把河内郡山阳县一万户百姓封予刘协，在封地内，仍实行汉朝的年号，刘协可以用天子的规格祭祀天地，向皇帝上书时可以不称臣，当皇帝在京城祭祀太庙时，要赐予刘协祭肉，封刘协的四个儿子为列侯。曹丕追尊祖父太王曹嵩为太皇帝，父亲武王曹操为武皇帝，尊称母亲王太后卞氏为皇太后。赐予天下的男人每人晋爵一级，继承父亲成为家长的和被举荐为孝悌力田的，每人晋爵二级。把汉朝的诸侯王降封为崇德侯，列侯降封为关中侯。把颍阴的繁阳亭改为繁昌县。朝廷大臣分别受到增加爵位和晋升官职的赏赐。改动官职名称：相国改为司徒，御史大夫改为司空，奉常改为太常，郎中令改为光禄勋，大理改为廷尉，大农改为大司农。郡、国、县及城镇的名称，也有很多改动。重新授予匈奴南单于呼厨泉魏国的玺印、绶带，赐给他青盖车、帝王用的乘舆、宝剑、玉玦。十二月，开始修建洛阳宫，戊午，曹丕到达洛阳。

这一年，长水校尉戴陵劝阻曹丕，不要经常出去打猎，曹丕大怒，戴陵被判处比死罪轻一等的处分。

【原文】二年春正月，郊祀天地、明堂。甲戌，校猎至原陵，遣使者以太牢祠汉世祖。

乙亥,朝日于东郊。[1]初令郡国口满十万者,岁察孝廉一人,其有秀异,无拘户口。辛巳,分三公户邑,封子弟各一人为列侯。壬午,复颍川郡一年田租。[2]改许县为许昌县。以魏郡东部为阳平郡,西部为广平郡。[3]

①臣松之以为:礼,天子以春分朝日,秋分夕月。寻此年正月郊祀,有月无日,乙亥朝日,则有日无月,盖文之脱也。案明帝朝日夕月,皆如礼文,故知此纪为误者也。

②《魏书》载诏曰:"颍川,先帝所由起兵征伐也。官渡之役,四方瓦解,远近顾望,而此郡守义,丁壮荷戈,老弱负粮。昔汉祖以秦中为国本,光武恃河内为王基,今朕复于此登坛受禅,天以此郡翼成大魏。"

③《魏略》曰:改长安、谯、许昌、邺、洛阳为五都,立石表,西界宜阳,北循太行,东北界阳平,南循鲁阳,东界郯,为中都之地。令天下听内徙,复五年,后又增其复。

诏曰:"昔仲尼资大圣之才,怀帝王之器,当衰周之末,无受命之运。在鲁、卫之朝,教化乎洙、泗之上,凄凄焉,遑遑焉,欲屈己以存道,贬身以救世。于时王公终莫能用之,乃退考五代之礼,修素王之事,因鲁史而制《春秋》,就太师而正《雅》《颂》,俾千载之后,莫不宗其文以述作,仰其圣以成谋。咨!可谓命世之大圣,亿载之师表者也。遭天下大乱,百祀堕坏,旧居之庙,毁而不修。褒成之后,绝而莫继。阙里不闻讲颂之声,四时不睹蒸尝之位,斯岂所谓崇礼报功,盛德百世必祀者哉!其以议郎孔羡为宗圣侯,邑百户,奉孔子祀。"令鲁郡修起旧庙,置百户吏卒以守卫之,又于其外广为室屋以居学者。

三月,加辽东太守公孙恭为车骑将军。初复五铢钱。夏四月,以车骑将军曹仁为大将军。五月,郑甘复叛,遣曹仁讨斩之。六月庚子,初祀五岳四渎,咸秩群祀。[1]丁卯,夫人甄氏卒。戊辰晦,日有食之,有司奏免太尉,诏曰:"灾异之作,以谴元首,而归过股肱,岂禹、汤罪己之义乎?其令百官各虔厥职,后有天地之眚,勿复劾三公。"

①《魏书》:甲辰,以京师宗庙未成,帝亲祠武皇帝于建始殿,躬执馈奠,如家人之礼。

秋八月,孙权遣使奉章,并遣于禁等还。丁巳,使太常邢贞持节拜权为大将军,封吴王,加九锡。冬十月,授杨彪光禄大夫。[1]以谷贵,罢五铢钱。[2]己卯,以大将军曹仁为大司马。十二月,行东巡。是岁,筑陵云台。

①《魏书》曰:己亥,公卿朝朔旦,并引故汉太尉杨彪,待以客礼,诏曰:"夫先王制几杖之赐,所以宾礼黄耇褒崇元老也。昔孔光、卓茂皆以淑德高年,受兹嘉锡。公故汉宰臣,乃祖已来,世著名节,年过七十,行不逾矩,可谓老成人矣,所宜宠异以章旧德。其赐公延年杖及冯几,谒请之日,便使杖入,又可使著鹿皮冠。"彪辞让不听,竟著布单衣、皮弁以见。◎《续汉书》曰:彪见汉祚将终,自以累世为三公,耻为魏臣,遂称足挛,不复行。积十余年,帝即王位,欲以为太尉,令近臣宣旨。彪辞曰:"尝以汉朝为三公,值世衰乱,不能立尺寸之益,若复为魏臣,于国之选,亦不为荣也。"帝不夺其意。黄初四年,诏拜光禄大夫,秩中二千石,朝见位次三公,如孔光故事。彪上章固让,帝不听,又为门施行马,致吏卒,以优崇之。年八十四,以六年薨。子修,事见《陈思王传》。

②《魏书》曰：十一月辛未，镇西将军曹真命众将及州郡兵讨破叛胡治元多、卢水、封赏等，斩首五万余级，获生口十万，羊一百一十一万口，牛八万，河西遂平。帝初闻胡决水灌显美，谓左右诸将曰："昔隗嚣灌略阳，而光武因其疲弊，进兵灭之。今胡决水灌显美，其事正相似，破胡事今至不久。"旬日，破胡告檄到，上大笑曰："吾策之于帷幕之内，诸将奋击于万里之外，其相应若合符契。前后战克获虏，未有如此也。"

【译文】黄初二年春季，正月，曹丕到郊外祭祀天地、明堂。甲戌，曹丕到原陵打猎，派遣使者用太牢的规格祭祀东汉光武帝刘秀。乙亥，在东郊举行朝日仪式。开始命令各郡、国户口在十万以上的，每年推荐孝廉一名，还有特别优秀的人才，不受名额限制。辛巳，从三公的封地中各划分出一块，各封他们的子弟一人为列侯。壬午，免除颍川郡一年的田租。改许县为许昌县。把魏郡的东部改为阳平郡，西部改为广平郡。

曹丕下诏说："从前，孔子有大圣人的才干，怀有帝王的气度，但他生于衰败的周朝末期，没有受天命的机缘。他在鲁国、卫国朝堂，在洙水和泗水流域施行教化，栖栖惶惶，想要委屈自己以保护自己的政治主张和思想，贬低自己的身份去拯救世人。当时，各国的王、公终究无人任用他，于是他就隐退去考证五代的礼仪制度，代替帝王立法，在鲁国史书的基础上编撰《春秋》，到乐官那里去正《雅》《颂》，使得千年以后，人们全都按照他的文章进行写作，依靠他的圣明制定谋略。啊！真可称之为绝世的大圣人，可以作为万代的师表了。现在天下遭到大乱，各种祭祀活动都受到毁坏，他的旧居祭庙，也毁坏而无人修理。他的后裔在汉朝曾被封为褒成侯，但这个爵位现在也没有人继承。在他故乡阙里听不到讲解和诵读经书的声音，每年的四季也没有人进行祭祀，这怎么能称为尊崇礼敬，报答他对世人的恩德，怎么符合百代以后，也要祭祀对天下有大恩德的人的制度呢！现在，任命议郎孔羡为宗圣侯，享有一百户的封地，作为孔子的后裔，负责按时祭祀。"命令鲁郡把孔子的旧祭庙重新修好，设置一百户官吏和士兵专门守卫祭庙，又在祭庙的外面大修房屋，供学者在那里居住、学习。

三月，晋升辽东太守公孙恭为车骑将军。开始恢复五铢钱，可以作为货币在市上流通。夏季，四月，任命车骑将军曹仁为大将军。五月，郑甘再次反叛，曹丕派遣曹仁进行讨伐，曹仁杀死郑甘。六月庚子，开始祭祀五岳、四河，规定各种祭祀的规格。丁卯，曹丕的夫人甄氏逝世。戊辰日，出现日食，有关部门提出应该罢免太尉，曹丕下诏说："上天降下灾异，是对元首进行谴责，把过错都推给辅政的大臣，怎么符合大禹、商汤归罪于自己的本意呢？现在，命令文、武百官各尽职守，以后天地出现灾异，不要再弹劾三公。"

秋季，八月，孙权派遣使者进奉表章，并送于禁等人回来。丁巳，曹丕命令太常邢贞持符节到江东拜孙权为大将军，封吴王，并赐予九锡(使用九种帝王御用器物的特权)。冬季，十月，任命杨彪为光禄大夫。因为粮食价格过高，废止五铢钱的使用。己卯，任命大将军曹仁为大司马。十二月，曹丕向东方出巡。这一年，修筑陵云台。

【原文】三年春正月丙寅朔，日有蚀之。庚午，行幸许昌宫。诏曰："今之计、孝，古之贡士也。十室之邑，必有忠信，若限年然后取士，是吕尚、周晋不显于前世也。其令郡国所选，勿拘老幼，儒通经术，吏达文法，到皆试用。有司纠故不以实者。”[①]

①《魏书》曰：癸亥，孙权上书说：“刘备支党四万人，马二三千匹，出秭归，请往扫扑，以克捷为效。”帝报曰：“昔隗嚣之弊，祸发栒邑，子阳之禽，变起扞关，将军其亢厉威武，勉蹈奇功，以称吾意。”

二月，鄯善、龟兹、于阗王各遣使奉献，诏曰：“西戎即叙，氐、羌来王，《诗》《书》美之。顷者西域外夷并款塞内附，[①]其遣使者抚劳之。”是后西域遂通，置戊己校尉。

①应劭《汉书注》曰：款，叩也。皆叩塞门来服从。

三月乙丑，立齐公叡为平原王，帝弟鄢陵公彰等十一人皆为王。初制封王之庶子为乡公，嗣王之庶子为亭侯，公之庶子为亭伯。甲戌，立皇子霖为河东王。甲午，行幸襄邑。夏四月戊申，立鄄城侯植为鄄城王。癸亥，行还许昌宫。五月，以荆、扬江表八郡为荆州，孙权领牧故也。荆州江北诸郡为郢州。闰月，孙权破刘备于夷陵。初，帝闻备兵东下，与权交战，树栅连营七百余里，谓群臣曰：“备不晓兵，岂有七百里营可以拒敌者乎！‘苞原隰险阻而为军者为敌所禽’，此兵忌也。孙权上事今至矣。”后七日，破备书到。

秋七月，冀州大蝗，民饥，使尚书杜畿持节开仓廪以振之。八月，蜀大将黄权率众降。[①]九月甲午，诏曰：“夫妇人与政，乱之本也。自今以后，群臣不得奏事太后，后族之家不得当辅政之任，又不得横受茅土之爵。以此诏传后世，若有背违，天下共诛之。”[②]庚子，立皇后郭氏。赐天下男子爵人二级，鳏寡笃癃及贫不能自存者赐谷。

①《魏书》曰：权及领南郡太守史郃等三百一十八人诣荆州刺史，奉上所假印绶、棨戟、幢麾、牙门、鼓车。权等诣行在所，帝置酒设乐，引见于承光殿。权、郃等人人前自陈，帝为论说军旅成败去就之分，诸将无不喜悦。赐权金帛、车马、衣裘、帷帐、妻妾，下及偏裨皆有差。拜权为侍中、镇南将军，封列侯，即日召使骖乘。及封史郃等四十二人皆为列侯，为将军、郎将百余人。

②孙盛曰：夫经国营治，必凭俊哲之辅，贤达令德，必居参乱之任，故虽周室之盛，有妇人与焉。然则坤道承天，南面罔二，三从之礼，谓之至顺，至于号令自天子出，奏事专行，非古义也。昔在申、吕，实匡有周。苟以天下为心，惟德是杖，则亲疏之授，至公一也，何至后族而必斥远之哉？二汉之季世，王道陵迟，故令外戚凭宠，职为乱阶。此自时昏道丧，运祚将移，纵无王、吕之难，岂乏田、赵之祸乎？而后世观其若此，深怀鸩毒之戒也。至于魏文，遂发一概之诏，可谓有识之爽言，非帝者之宏议。

冬十月甲子，表首阳山东为寿陵，作终制曰：“礼，国君即位为椑，[①]存不忘亡也。昔尧葬穀林，通树之，禹葬会稽，农不易亩，[②]故葬于山林，则合乎山林。封树之制，非上古也，吾无取焉。寿陵因山为体，无为封树，无立寝殿、造园邑、通神道。夫葬也者，藏也，欲人之不得见也。骨无痛痒之知，冢非栖神之宅。礼不墓祭，欲存亡之不黩也，为棺椁足以朽骨，衣衾足以朽肉而已。故吾营此丘墟不食之地，欲使易代之后不知其处。无施苇炭，无藏金银铜铁，一以瓦器，合古涂车、刍灵之义。棺但漆际会三过，饭含无以珠玉，无施珠襦玉匣，诸愚俗所为也。季孙以玙璠敛，孔子历级而救之，譬之暴骸中原。宋公厚葬，君子谓华元、乐莒不臣，以为弃君于恶。汉文帝之不发，霸陵无求也。光武之掘，原陵封树也。霸陵之完，功在释之。原陵之掘，罪在明帝。是释之忠以利君，明帝爱以害亲也。忠臣孝子，宜思仲尼、丘明、释之之言，鉴华元、乐莒、明帝之戒，存于所以安君定亲，使魂灵万载无危，斯则贤圣之忠孝矣。自古及今，未有不亡之国，亦无不掘之墓也。丧乱以来，汉氏诸陵无不发掘，至乃烧取玉匣金缕，骸骨并尽，是焚如之刑也，岂不重痛哉！祸由乎厚葬封树。'桑、霍为我戒'，不亦明乎？其皇后及贵人以下，不随王之国者，有终没皆葬涧西，前又以表其处矣。盖舜葬苍梧，二妃不从，延陵葬子，远在嬴、博。魂而有灵，无不之也，一涧之间，不足为远。若违今诏，妄有所变改造施，吾为戮尸地下，戮而重戮，死而重死。臣子为蔑死君父，不忠不孝，使死者有知，将不福汝。其以此诏藏之宗庙，副在尚书、秘书、三府。"是月，孙权复叛。复郢州为荆州。帝自许昌南征，诸军兵并进，权临江拒守。十一月辛丑，行幸宛。庚申晦，日有食之。是岁，穿灵芝池。

①椑，音扶历反。臣松之按：礼，天子诸侯之棺，各有重数。棺之亲身者曰椑。

②《吕氏春秋》：尧葬于穀林，通树之；舜葬于纪，市廛不变其肆；禹葬会稽，不变人徒。

四年春正月，诏曰："丧乱以来，兵革未戢，天下之人，互相残杀。今海内初定，敢有私复仇者皆族之。"筑南巡台于宛。三月丙申，行自宛还洛阳宫。癸卯，月犯心中央大星。[①] 丁未，大司马曹仁薨。是月大疫。

①《魏书》载丙午诏曰："孙权残害民物，朕以寇不可长，故分命猛将三道并征。今征东诸军与权党吕范等水战，则斩首四万，获船万艘。大司马据守濡须，其所禽获亦以万数。中军、征南，攻围江陵，左将军张郃等舳舻直渡，击其南渚，贼赴水溺死者数千人。又为地道攻城，城中外雀鼠不得出入，此几上肉耳！而贼中疠气疾病，夹江涂地，恐相染污。昔周武伐殷，旋师孟津，汉祖征隗嚣，还军高平，皆知天时而度贼情也。且成汤解三面之网，天下归仁。今开江陵之围，以缓成死之禽。且休力役，罢省繇戍，畜养士民，咸使安息。"

夏五月，有鹈鹕鸟集灵芝池，诏曰："此诗人所谓污泽也。《曹诗》'刺恭公远君子而近小人'，今岂有贤智之士处于下位乎？否则斯鸟何为而至？其博举天下俊德茂才、独行君子，以答曹人之刺。"[①]

①《魏书》曰：辛酉，有司奏造二庙，立太皇帝庙，大长秋特进侯与高祖合祭，亲尽以次毁。特立武皇帝庙，四时享祀，为魏太祖，万载不毁也。

六月甲戌，任城王彰薨于京都。甲申，太尉贾诩薨。太白昼见。是月大雨，伊、洛溢流，杀人民，坏庐宅。[①] 秋八月丁卯，以廷尉钟繇为太尉。[②] 辛未，校猎于荥阳，遂东巡。论征孙权功，诸将已下进爵增户各有差。九月甲辰，行幸许昌宫。[③]

①《魏书》曰：七月乙未，大军当出，使太常以特牛一告祠于郊。

臣松之按：魏郊祀奏中，尚书卢毓议祀厉殃事云："具牺牲祭器，如前后师出告郊之礼。"如此，则魏氏出师，皆告郊也。

②《魏书》曰：有司奏改汉氏宗庙《安世乐》曰《正世乐》,《嘉至乐》曰《迎灵乐》,《武德乐》曰《武颂乐》,《昭容乐》曰《昭业乐》,《云翘舞》曰《凤翔舞》,《育命舞》曰《灵应舞》,《武德舞》曰《武颂舞》,《文始舞》曰《大韶舞》,《五行舞》曰《大武舞》。

③《魏书》曰：十二月丙寅，赐山阳公夫人汤沐邑，公女曼为长乐郡公主，食邑各五百户。是冬，甘露降芳林园。

臣松之按：芳林园即今华林园，齐王芳即位，改为华林。

【译文】黄初三年春季，正月丙寅是初一日，出现日食。庚午，曹丕到达许昌宫。下诏说：“现在的计吏、孝廉，就是古代的贡士。十户人家的村镇，必定会有忠信之人，如果限制年龄然后选取人才，那么，姜子牙、周太子晋就不会在前代有显赫的业绩了。现在，命令各郡、国在选取人才时，不要限制老幼，只要儒士精通经术，吏士通晓文法，一到就可以试用。由有关部门来检举推荐不实的人。”

二月，鄯善、龟兹、于阗等国的国王各自派遣使者前来进献贡品，曹丕下诏说：“西戎归附大禹，氐人、羌人服从周朝的统治，《诗经》《尚书》中都大为赞美。最近，西域各国的少数民族统治者纷纷都来到边塞，请求归附，派遣使者去安抚、慰劳他们。”此后，与西域的联系再度恢复，设置戊己校尉。

三月乙丑，曹丕封儿子齐公曹叡为平原王，同时，封自己的弟弟鄢陵公曹彰等十一人都为王。开始制定封王的庶子为乡公，嗣王的庶子为亭侯，嗣公的庶子为亭伯的制度。甲戌，曹丕封儿子曹霖为河东王。甲午，曹丕出巡，到达襄邑。夏季，四月戊申，封鄄城侯曹植为鄄城王。癸亥，曹丕回到许昌宫。五月，把荆州、扬州在江南的八个郡称为荆州，是因为由孙权兼任荆州牧的原因。把荆州在长江以北的各郡改设为郢州。闰六月，孙权在夷陵大败刘备统率的蜀军。起初，曹丕听说刘备统军东下，与孙权交战，建立营寨，绵延不断，有七百余里，就告诉大臣们说：“刘备不懂得军事，哪里有七百里连营可以进攻敌人的！‘在大片低洼和险要地区驻扎军队的，容易被敌人击败’，这是兵法中的大忌。孙权报告战况的奏书就要到了。”过了七天，孙权击败刘备的奏书果然送到了。

秋季，七月，冀州蝗灾严重，百姓饥饿，派尚书杜畿持符节打开官府粮库赈济饥民。八月，蜀军大将黄权率领部下投降魏国。九月甲午，曹丕下诏说：“妇人干预政治，是祸乱的原因。从此以后，大臣们不得向太后奏报政事，外戚不能担任辅政的职务，也不能无故接受封爵。把这个诏书传到后世，如果有人违背，天下共诛之。”庚子，立郭氏为皇后。赐天下男子每人晋爵二级，对鳏夫、寡妇、病重、有残疾以及贫困无法生活的人赐给粮食。

冬季，十月甲子，曹丕把首阳山东划定为自己的陵墓，事先安排自己的丧葬事宜，说：“依按礼制，国君在即位后就安排制作棺材，表示存不忘亡。从前，尧葬在穀林，都种上树，大禹葬在会稽，农民没有改变耕地的方向，所以埋葬在山林，就要合乎山林自然。修造坟墓，植树作为标志的制度，不是上古的制度，我不采用。我的陵墓依仗山势作为主体，不要再堆土做成高丘，四面种植树木，不要建立寝殿、园林，不要修筑神道。安葬的目的就是把人体埋葬起来,想要不再被别人看到。尸骨已没有痛痒的知觉,坟墓也不是神灵存身的地方。依照礼制,不在坟墓处设祭,为了不轻慢死者,制作的棺椁能够装殓尸骨,衣服被褥能够遮尸体就行了。所以我选择在这丘陵不生长庄稼的地方修建陵墓,希望改朝换代之后,世人不再知道陵墓的位置。在墓内不要改置苇草木炭,不要收藏金、银、铜、铁器物,全部使用陶器,以符合古代用泥作的涂车,用茅草扎成的人、马来送葬的制度。棺材只要在应该油漆的时候漆三遍,死后不要把珠玉含在我的嘴里,不要给我穿上珠子做成的衣服,盛放在玉匣中,不要搞这些庸俗愚昧之人所做的事情。从前,当季孙要以君王佩戴的美玉殉葬时,孔子赶紧登上台阶去劝阻,把这个举动比喻作将死者的尸骨暴露在原野中。宋国的国君厚葬后,当时的君子都说华元、乐莒没有尽到臣子的职责,因为他们眼看君王犯了错误而不加阻止。汉文帝的霸陵在战乱中没有被发掘,是因为其中没有收藏值得挖掘的宝物。光武帝的原陵被挖掘,是因为修筑了高丘,并四面植树,作为标记,墓中也有大批陪葬的器物。霸陵保存完整的功劳在于张释之,原陵被发掘的过错在于汉明帝。因此,是张释之的忠心有利于君主,而明帝对父亲的爱反而损害了亲人。忠臣孝子,应该考虑孔子、左丘明、张释之的议论,借鉴华元、乐莒、明帝的错误教训,心里存有怎样能使君主、亲人的遗骨安定不动,使死者的魂灵万年不危的想法,这就是圣贤的忠孝了。从古至今,没有不灭亡的国家,也没有不被挖掘的坟墓。战乱以来,汉朝皇帝的陵墓都遭到挖掘,甚至放火焚烧,以取得盛放尸骨的玉匣和死者身上穿的金缕衣,使得死者的尸骨也被烧尽,这犹如在受焚刑,怎能不深为痛苦呢!受祸的原因都在于修坟厚葬。前人已说'要以桑弘羊和霍显因骄奢而招祸为戒',这不是很明显的道理吗?将来,皇后以及贵人以下的妃嫔,凡不随她儿子到封国去的,死后都埋葬在涧西,以前我已划定那里作为墓地。之所以这样做,是因为舜死后安葬在苍梧,他的两个妃子都没有与他葬在一起,延陵季子则把儿子远葬在嬴邑、博邑一带。魂魄如果有灵验,就没有不能到的地方,一涧的距离,不能算远。如果违背我这个诏书,妄加改动,修筑陵墓或厚葬,我死后在地下还将被戮尸,戮后还会再戮,真是死了一遍还要再死一遍。身为臣子的要是那样做,就是轻蔑死去的君父,不忠不孝,假如死者有知,将不会给你降福。把这个诏书收藏在宗庙,副本存在尚书、秘书和三府。"这个月,孙权再次背叛魏国。恢复郢州为荆州。曹丕从许昌出军南征孙权,各路兵马齐头并进,孙权沿长江部署军队,抵抗魏军。十一月辛丑,曹丕到达宛城。庚申晦,出现日食。这一年,修凿灵芝池。

黄初四年春季,正月,曹丕下诏说:"自从丧乱以来,战事不断,天下的人都互相残杀。现在,四海之内已经初步安定,以后,有敢于私自报仇,杀害别人的,要处死他的全族。"在宛城修筑南巡台。三月丙申,曹丕从宛城返回洛阳宫。癸卯,月亮运行到心宿中间那一颗大星附近。丁未,大司马曹仁逝世,这一个月,瘟疫流行。

夏季,五月,有鹈鹕鸟聚集在灵芝池。曹丕下诏说:"这就是诗中所称的污泽。《诗经·曹风》'这是讽刺曹恭公疏远君子而亲近小人',如今,是否有贤能才智之士还被困留在下位?否则,这鸟为什么会来呢?现在,要广泛推举天下品德出众、才能过人、操行高尚的人，以答复曹人的讽刺。”

六月甲戌，任城王曹彰在京城洛阳逝世。甲申，太尉贾诩逝世。太白星在白天出现。这个月大雨不停，伊水、洛水泛滥成灾，淹死百姓，冲坏房屋。秋季，八月丁卯，任命廷尉钟繇为太尉。辛未，曹丕在荥阳打猎，并乘势巡视东方。评定征伐孙权的战功，各军将领以下分别受到晋升爵位、增加封地的赏赐。九月甲辰，曹丕到达许昌宫。

【原文】五年春正月，初令谋反大逆乃得相告，其余皆勿听治。敢妄相告，以其罪罪之。三月，行自许昌还洛阳宫。夏四月，立太学，制五经课试之法，置《春秋穀梁》博士。五月，有司以公卿朝朔望日，因奏疑事，听断大政，论辨得失。秋七月，行东巡，幸许昌宫。八月，为水军，亲御龙舟，循蔡、颍，浮淮，幸寿春。扬州界将吏士民，犯五岁刑已下，皆原除之。九月，遂至广陵，赦青、徐二州，改易诸将守。冬十月乙卯，太白昼见。行还许昌宫。① 十一月庚寅，以冀州饥，遣使者开仓廪振之。戊申晦，日有食之。十二月，诏曰：“先王制礼，所以昭孝事祖。大则郊社，其次宗庙，三辰五行，名山大川，非此族也，不在祀典。叔世衰乱，崇信巫史，至乃宫殿之内，户牖之间，无不沃酹，甚矣，其惑也！自今其敢设非祀之祭，巫祝之言，皆以执左道论，著于令典。”是岁，穿天渊池。

①《魏书》载癸酉诏曰：“近之不绥，何远之怀？今事多而民少，上下相弊以文法，百姓无所措其手足。昔太山之哭者，以为苛政甚于猛虎，吾备儒者之风，服圣人之遗教，岂可以目玩其辞，行违其诫者哉？广议轻刑，以惠百姓。”

六年春二月，遣使者循行许昌以东尽沛郡，问民所疾苦，贫者振贷之。① 三月，行幸召陵，通讨虏渠。乙巳，还许昌宫。并州刺史梁习讨鲜卑轲比能，大破之。辛未，帝为舟师东征。五月戊申，幸谯。壬戌，荧惑入太微。六月，利成郡兵蔡方等以郡反，杀太守徐质。遣屯骑校尉任福、步兵校尉段昭与青州刺史讨平之。其见胁略及亡命者，皆赦其罪。

①《魏略》载诏曰：“昔轩辕建四面之号，周武称‘予有乱臣十人’，斯盖先圣所以体国君民，亮成天工，多贤为贵也。今内有公卿以镇京师，外设牧伯以监四方，至于元戎出征，则军中宜有柱石之贤帅，辎重所在，又宜有镇守之重臣，然后车驾可以周行天下，无内外之虑。吾今当征贼，欲守之积年。其以尚书令颍乡侯陈群为镇军大将军，尚书仆射西乡侯司马懿为抚军大将军。若吾临江授诸将方略，则抚军当留许昌，督后诸军，录后台文书事。镇军随车驾，当董督众军，录行尚书事。皆假节鼓吹，给中军兵骑六百人。吾欲去江数里，筑宫室，往来其中，见贼可击之形，便出奇兵击之。若或未可，则当舒六军以游猎，飨赐军士。”

秋七月，立皇子鉴为东武阳王。八月，帝遂以舟师自谯循涡入淮，从陆道幸徐。九月，筑东巡台。冬十月，行幸广陵故城，临江观兵。戎卒十余万，旌旗数百里。① 是岁大寒，水道冰，舟不得入江，乃引还。十一月，东武阳王鉴薨。十二月，行自谯过梁，遣使以太牢祀故汉太尉桥玄。

①《魏书》载帝于马上为诗曰：“观兵临江水，水流何汤汤！戈矛成山林，玄甲耀日

光。猛将怀暴怒，胆气正从横。谁云江水广？一苇可以航！不战屈敌虏，戢兵称贤良。古公宅岐邑，实始翦殷商。孟献营虎牢，郑人惧稽颡。充国务耕植，先零自破亡。兴农淮泗间，筑室都徐方。量宜运权略，六军咸悦康。岂如《东山》诗，悠悠多忧伤。"

七年春正月，将幸许昌，许昌城南门无故自崩，帝心恶之，遂不入。壬子，行还洛阳宫。三月，筑九华台。夏五月丙辰，帝疾笃，召中军大将军曹真、镇军大将军陈群、征东大将军曹休、抚军大将军司马宣王，并受遗诏辅嗣主。遣后宫淑媛、昭仪已下归其家。丁巳，帝崩于嘉福殿，时年四十。① 六月戊寅，葬首阳陵。自殡及葬，皆以终制从事。②

①《魏书》曰：殡于崇华前殿。

②《魏氏春秋》曰：明帝将送葬，曹真、陈群、王朗等以暑热固谏，乃止。◎孙盛曰：夫窀穸之事，孝子之极痛也，人伦之道，于斯莫重。故天子七月而葬，同轨毕至。夫以义感之情，犹尽临隧之哀，况乎天性发中，敦礼者重之哉！魏氏之德，仍世不基矣。昔华元厚葬，君子以为弃君于恶，群等之谏，弃孰甚焉！◎鄄城侯植为诔曰："惟黄初七年五月七日，大行皇帝崩，呜呼哀哉！于时天震地骇，崩山陨霜，阳精薄景，五纬错行，百姓呼嗟，万国悲伤，若丧考妣，思慕过唐，擗踊郊野，仰想穹苍，佥曰何辜。早世殒丧，呜呼哀哉！悲夫大行，忽焉光灭，永弃万国，云往雨绝。承问荒忽，惛懵哽咽，袖锋抽刃，叹自僵毙，追慕三良，甘心同穴。感惟南风，惟以郁滞，终于偕没，指景自誓。考诸先记，寻之哲言，生若浮寄，唯德可论，朝闻夕逝，孔志所存。皇虽一没，天禄永延，何以述德？表之素旃。何以咏功？宣之管弦。乃作诔曰：皓皓太素，两仪始分，中和产物，肇有人伦，爰暨三皇，实秉道真，降逮五帝，继以懿纯，三代制作，踵武立勋。季嗣不维，网漏于秦，崩乐灭学，儒坑礼焚，二世而歼，汉氏乃因，弗求古训，嬴政是遵，王纲帝典，阒尔无闻。末光幽昧，道究运迁，乾坤回历，简圣授贤，乃眷大行，属以黎元。龙飞启祚，合契上玄，五行定纪，改号革年，明明赫赫，受命于天。仁风偃物，德以礼宣；祥惟圣质，嶷在幼妍。庶几六典，学不过庭，潜心无罔，亢志青冥。才秀藻朗，如玉之莹，听察无向，瞻睹未形。其刚如金，其贞如琼，如冰之洁，如砥之平。爵公无私，戮违无轻，心镜万机，揽照下情。思良股肱，嘉昔伊、吕，搜扬侧陋，举汤代禹；拔才岩穴，取士蓬户，唯德是萦，弗拘祢祖。宅土之表，道义是图，弗营厥险，六合是虞。齐契共遵，下以纯民，恢拓规矩，克绍前人。科条品制，褒贬以因。乘殷之辂，行夏之辰。金根黄屋，翠葆龙鳞，绋冕崇丽，衡紞维新，尊肃礼容，瞩之若神。方牧妙举，钦于恤民，虎将荷节，镇彼四邻；朱旗所剿，九壤被震，畴克不若？孰敢不臣？县旌海表，万里无尘。虏备凶彻，鸟殪江岷，权若涸鱼，干腊矫鳞，肃慎纳贡，越裳效珍，条支绝域，侍子内宾。德侪先皇，功侔太古。上灵降瑞，黄初叔祜：河龙洛龟，凌波游下；平钧应绳，神鸾翔舞；数荚阶除，系风扇暑；皓兽素禽，飞走郊野；神钟宝鼎，形自旧土；云英甘露，瀸涂被宇；灵芝冒沼，朱华荫渚。回回凯风，祁祁甘雨，稼穑丰登，我稷我黍。家佩惠君，户蒙慈父。图致太和，洽德全义。将登介山，先皇作俪。镌石纪勋，兼录众瑞，方隆封禅，归功天地，宾礼百灵，勋命视规，望祭四岳，燎封奉柴，肃于南郊，宗祀上帝。三牲既供，夏禘秋尝，元侯佐祭，献璧奉璋。鸾舆幽蔼，

龙旂太常，爰迄太庙，钟鼓锽锽，颂德咏功，八佾锵锵。皇祖既飨，烈考来享，神具醉止，降兹福祥。天地震荡，大行康之；三辰暗昧，大行光之；皇纮绝维，大行纲之；神器莫统，大行当之；礼乐废弛，大行张之；仁义陆沉，大行扬之；潜龙隐凤，大行翔之；疏狄遐康，大行匡之。在位七载，元功仍举，将永太和，绝迹三五，宜作物师，长为神主，寿终金石，等算东父，如何奄忽，摧身后土，俾我茕茕，靡瞻靡顾。嗟嗟皇穹，胡宁忍务？呜呼哀哉！明监吉凶，体达存亡，深垂典制，申之嗣皇。圣上虔奉，是顺是将，乃创玄宇，基为首阳，拟迹榖林，追尧慕唐，合山同陵，不树不疆，涂车刍灵，珠玉靡藏。百神警侍，来宾幽堂，耕禽田兽，望魂之翔。于是，俟大隧之致功兮，练元辰之淑祯，潜华体于梓宫兮，冯正殿以居灵。顾望嗣之号咷兮，存临者之悲声，悼晏驾之既修兮，感容车之速征。浮飞魂于轻霄兮，就黄墟以灭形，背三光之昭晰兮，归玄宅之冥冥。嗟一往之不反兮，痛闷闼之长扃。咨远臣之眇眇兮，感凶讳以怛惊，心孤绝而靡告兮，纷流涕而交颈。思恩荣以横奔兮，阂阙塞之峣峥，顾衰绖以轻举兮，迫关防之我婴。欲高飞而遥憩兮，惮天网之远经，遥投骨于山足兮，报恩养于下庭。慨拊心而自悼兮，惧施重而命轻，嗟微躯之是效兮，甘九死而忘生，几司命之役籍兮，先黄发而陨零，天盖高而察卑兮，冀神明之我听。独郁伊而莫诉兮，追顾景而怜形，奏斯文以写思兮，结翰墨以敷诚。呜呼哀哉！”

初，帝好文学，以著述为务，自所勒成垂百篇。又使诸儒撰集经传，随类相从，凡千余篇，号曰《皇览》。①

①《魏书》曰：帝初在东宫，疫疠大起，时人雕伤，帝深感叹，与素所敬者大理王朗书曰：“生有七尺之形，死惟一棺之土，唯立德扬名，可以不朽，其次莫如著篇籍。疫疠数起，士人雕落，余独何人，能全其寿？”故论撰所著《典论》、诗赋，盖百余篇，集诸儒于肃城门内，讲论大义，侃侃无倦。常嘉汉文帝之为君，宽仁玄默，务欲以德化民，有贤圣之风。时文学诸儒，或以为孝文虽贤，其于聪明通达国体，不如贾谊。帝由是著《太宗论》曰：“昔有苗不宾，重华舞以干戚，尉佗称帝，孝文抚以恩德，吴王不朝，锡之几杖以抚其意，而天下赖安。乃弘三章之教，恺悌之化，欲使曩时累息之民，得阔步高谈，无危惧之心。若贾谊之才敏，筹画国政，特贤臣之器，管、晏之姿，岂若孝文大人之量哉？”三年之中，以孙权不服，复颁《太宗论》于天下，明示不愿征伐也。他日又从容言曰：“顾我亦有所不取于汉文帝者三：杀薄昭；幸邓通；慎夫人衣不曳地，集上书囊为帐帷。”以为汉文俭而无法，舅后之家，但当养育以恩而不当假借以权，既触罪法，又不得不害矣。其欲秉持中道，以为帝王仪表者如此。◎胡冲《吴历》曰：帝以素书所著《典论》及诗赋饷孙权，又以纸写一通与张昭。

【译文】黄初五年春季，正月，开始下令只有犯下谋反和大逆不道的罪过，才允许互相揭发，其余的罪名不再受理。如果有人诬告别人，就以他揭发的罪名来判处他。三月，曹丕从许昌返回洛阳宫。夏季，四月，建立太学，制定五经考试的方法，设置讲授《春秋穀梁传》的博士。五月，有关部门制订在每月初一、十五大臣朝见皇帝的制度，朝见皇帝时，上奏有疑问的事情，听取决断大的施政方针，议论朝政的得失。秋季，七月，曹丕巡视东方，到达许昌宫。八月，曹丕调集水军，自己亲自乘坐龙舟，顺蔡水、颍水进入淮河，直达寿春。扬州界内的将领、官吏、士人和一般百姓，凡犯有判处五年刑期以下轻罪的人，都得到赦免。九月，曹丕到达广陵，下令在青州、徐州境内实行大赦，改换这一地区的统兵将领和官吏。冬季，十月乙卯，太白星在白天出现。曹丕返回许昌宫。十一月庚寅，因为冀州百姓缺粮，曹丕派遣使者打开官仓赈济饥民。十一月戊申，出现日食。十二月，曹丕下诏说："从前，先王制定礼仪制度，是为了奉事祖先，显示孝道。最重要的是在郊外祭祀天地，其次是在宗庙祭祀祖先，然后是祭祀日、月、星三辰，金、木、水、火、土五行以及各地的名山大川，在这范围以外的，都不是经典所记载应该祭祀的。到了末代，有的人信仰巫史，甚至在宫殿以内，门窗之间，到处都要把酒洒在地上祭祀鬼神，这是太过于困惑了！从此以后，有敢于进行这种经典所不记载的祭祀，相信巫史的话，都以信奉旁门邪道论处，把这点写入法律条文中。"这一年，修凿天渊池。

黄初六年春季，二月，派遣使者在许昌以东巡视，直到沛郡，慰问百姓的疾苦，对贫困者发放赈济。三月，曹丕出行到达召陵，派人打通讨虏渠。乙巳，曹丕返回许昌宫。并州刺史梁习率军讨伐鲜卑人首领轲比能，大破鲜卑军。辛未，曹丕统率水军东征孙权。五月戊申，曹丕到达谯县。壬戌，火星运行到天空中被称作"太微"的区域中。六月，利城郡士兵蔡方等造反，占领郡城，杀死太守徐质。曹丕派遣屯骑校尉任福、步兵校尉段昭与青州刺史讨伐蔡方，平定了这次叛乱。凡被胁迫叛乱以及逃亡在外的人，都赦免了他们的罪过。

秋季，七月，曹丕封儿子曹鉴为东武阳王。八月，曹丕率水军从谯县顺涡水进入淮河，从陆路到达徐州。九月，修筑东巡台。冬季，十月，曹丕到达广陵旧城，在长江边进行阅兵仪式，显示军威。魏军十余万人，旌旗招展，绵延数百里。这一年天气严寒，河流全部结冰，船不能进入长江，于是曹丕率军退回北方。十一月，东武阳王曹鉴逝世。十二月，曹丕从谯县经过梁国，派遣使者以太牢的规格祭祀已故汉朝太尉桥玄。

黄初七年春季，正月，曹丕将要到达许昌，许昌城的南门无缘无故自己崩坏，曹丕心中对此很不愉快，就没有进入许昌。壬子，曹丕返回洛阳宫。三月，修筑九华台。夏季，五月丙辰，曹丕病势垂危，召见中军大将军曹真、镇军大将军陈群、征东大将军曹休、抚军大将军司马懿，让他们一起领受遗诏，辅佐将要继承皇位的幼主曹叡。曹丕让后宫自淑媛、昭仪以下的妃嫔都出宫回到各自家中。丁巳，曹丕在嘉福殿逝世，终年四十岁。六月戊寅，把曹丕安葬在首阳陵。从殡敛到下葬，都是按照他生前的安排进行的。

起初，曹丕喜好文学，致力于撰写诗、赋、文、论，自己写成的作品有将近一百篇。又让儒士们编撰前人所著的经书以及注释等，按类编排在一起，共有一千余篇，称作《皇览》。

【原文】评曰：文帝天资文藻，下笔成章，博闻强识，才艺兼该。[①] 若加之旷大之度，励以公平之诚，迈志存道，克广德心，则古之贤主，何远之有哉！

①《典论》帝《自叙》曰：初平之元，董卓杀主鸩后，荡覆王室。是时四海既困中平之政，兼恶卓之凶逆，家家思乱，人人自危。山东牧守，咸以《春秋》之义，“卫人讨州吁于濮”，言人人皆得讨贼。于是大兴义兵，名豪大侠，富室强族，飘扬云会，万里相赴。兖、豫之师战于荥阳，河内之甲军于孟津。卓遂迁大驾，西都长安。而山东大者连郡国，中者婴城邑，小者聚阡陌，以还相吞灭。会黄巾盛于海、岱，山寇暴于并、冀，乘胜转攻，席卷而南，乡邑望烟而奔，城郭睹尘而溃，百姓死亡，暴骨如莽。余时年五岁，上以世方扰乱，教余学射，六岁而知射，又教余骑马，八岁而能骑射矣。以时之多故，每征，余常从。建安初，上南征荆州，至宛，张绣降。旬日而反，亡兄孝廉子修、从兄安民遇害。时余年十岁，乘马得脱。夫文武之道，各随时而用，生于中平之季，长于戎旅之间，是以少好弓马，于今不衰，逐禽辄十里，驰射常百步，日多体健，心每不厌。建安十年，始定冀州，濊、貊贡良弓，燕、代献名马。时岁之暮春，勾芒司节，和风扇物，弓燥手柔，草浅兽肥，与族兄子丹猎于邺西终日，手获獐鹿九，雉兔三十。后军南征次曲蠡，尚书令荀彧奉使犒军，见余，谈论之末，彧言：“闻君善左右射，此实难能。”余言：“执事未睹夫项发口纵，俯马蹄而仰月支也。”彧喜笑曰：“乃尔！”余曰：“埒有常径，的有常所，虽每发辄中，非至妙也。若驰平原，赴丰草，要狡兽，截轻禽，使弓不虚弯，所中必洞，斯则妙矣。”时军祭酒张京在坐，顾彧拊手曰：“善。”余又学击剑，阅师多矣，四方之法各异，唯京师为善。桓、灵之间，有虎贲王越善斯术，称于京师。河南史阿言昔与越游，具得其法，余从阿学之精熟。尝与平虏将军刘勋、奋威将军邓展等共饮，宿闻展善有手臂，晓五兵，又称其能空手入白刃。余与论剑良久，谓言：“将军法非也，余顾尝好之，又得善术。”因求与余对。时酒酣耳热，方食竿蔗，便以为杖，下殿数交，三中其臂，左右大笑。展意不平，求更为之。余言：“吾法急属，难相中面，故齐臂耳。”展言：“愿复一交。”余知其欲突以取交中也，因伪深进，展果寻前，余却脚鄛，正截其颡，坐中惊视。余还坐，笑曰：“昔阳庆使淳于意去其故方，更授以秘术，今余亦愿邓将军捐弃故伎，更受要道也。”一坐尽欢。夫事不可自谓己长，余少晓持复，自谓无对。俗名双戟为坐铁室，镶楯为蔽木户。后从陈国袁敏学，以单攻复，每为若神，对家不知所出，先日若逢敏于狭路，直决耳！余于他戏弄之事少所喜，唯弹棋略尽其巧，少为之赋。昔京师先工有马合乡侯、东方安世、张公子，常恨不得与彼数子者对。上雅好诗书文籍，虽在军旅，手不释卷，每每定省从容，常言：“人少好学则思专，长则善忘。长大而能勤学者，唯吾与袁伯业耳。”余是以少诵《诗》《论》，及长而备历五经、四部，《史》、《汉》、诸子百家之言，靡不毕览。◎《博物志》曰：帝善弹棋，能用手巾角。时有一书生，又能低头以所冠著葛巾角撇棋。

【译文】评论说：曹丕拥有上天赐给他的文采，下笔成章，博闻多识，兼通才艺。如果他的气度能更大一些，以诚心待人，处事公平，勤勉地维护道义，增加对下属的恩德，那么，与古代贤能的君王，也就相距不远了！

卷三　魏书三

明帝纪第三

明帝曹叡

【原文】明皇帝讳叡，字元仲，文帝太子也。生而太祖爱之，常令在左右。[①]年十五，封武德侯，黄初二年为齐公，三年为平原王。以其母诛，故未建为嗣。[②]七年夏五月，帝病笃，乃立为皇太子。丁巳，即皇帝位，大赦。尊皇太后曰太皇太后，皇后曰皇太后，诸臣封爵各有差。[③]癸未，追谥母甄夫人曰文昭皇后。壬辰，立皇弟蕤为阳平王。

①《魏书》曰：帝生数岁而有岐嶷之姿，武皇帝异之，曰："我基于尔三世矣。"每朝宴会同，与侍中近臣并列帷幄。好学多识，特留意于法理。

②《魏略》曰：文帝以郭后无子，诏使子养帝。帝以母不以道终，意甚不平。后不获已，乃敬事郭后，旦夕因长御问起居。郭后亦自以无子，遂加慈爱。文帝始以帝不悦，有意欲以他姬子京兆王为嗣，故久不拜太子。◎《魏末传》曰：帝常从文帝猎，见子母鹿。文帝射杀鹿母，使帝射鹿子，帝不从，曰："陛下已杀其母，臣不忍复杀其子。"因涕泣。文帝即放弓箭，以此深奇之，而树立之意定。

③《世语》曰：帝与朝士素不接，即位之后，群下想闻风采。居数日，独见侍中刘晔，语尽日。众人侧听，晔既出，问："何如？"晔曰："秦始皇、汉孝武之俦，才具微不及耳。"

八月，孙权攻江夏郡，太守文聘坚守。朝议欲发兵救之，帝曰："权习水战，所以敢下船陆攻者，几掩不备也。今已与聘相持，夫攻守势倍，终不敢久也。"先时遣治书侍御史荀禹慰劳边方，禹到，于江夏发所经县兵及所从步骑千人乘山举火，权退走。辛巳，立皇子冏为清河王。吴将诸葛瑾、张霸等寇襄阳，抚军大将军司马宣王讨破之，斩霸，征东大将军曹休又破其别将于寻阳。论功行赏各有差。冬十月，清河王冏薨。十二月，以太尉钟繇为太傅，征东大将军曹休为大司马，中军大将军曹真为大将军，司徒华歆为太尉，司空王朗为司徒，镇军大将军陈群为司空，抚军大将军司马宣王为骠骑大将军。

太和元年春正月，郊祀武皇帝以配天，宗祀文皇帝于明堂以配上帝。分江夏南部，置江夏南部都尉。西平麹英反，杀临羌令、西都长，遣将军郝昭、鹿磐讨斩之。二月辛未，帝耕于籍田。辛巳，立文昭皇后寝庙于邺。丁亥，朝日于东郊。夏四月乙亥，行五铢钱。甲申，初营宗庙。秋八月，夕月于西郊。冬十月丙寅，治兵于东郊。焉耆王遣子入侍。十一月，立皇后毛氏。赐天下男子爵人二级，鳏寡孤独不能自存者赐谷。十二月，封后父毛嘉为列侯。新城太守孟达反，诏骠骑将军司马宣王讨之。[①]

①《三辅决录》曰：伯郎，凉州人，名不令休。其注曰：伯郎姓孟，名他，扶风人。灵帝时，中常侍张让专朝政，让监奴典护家事。他仕不遂，乃尽以家财赂监奴，与共结亲，积年家业为之破尽。众奴皆惭，问他所欲，他曰："欲得卿曹拜耳。"奴被恩久，皆许诺。时宾客求见让者，门下车常数百乘，或累日不得通。他最后到，众奴伺其至，皆迎车而拜，径将他车独入。众人悉惊，谓他与让善，争以珍物遗他。他得之，尽以赂让，让大喜。他又以蒲桃酒一斛遗让，即拜凉州刺史。他生达，少入蜀。其处蜀事迹在《刘封传》。◎《魏略》曰：达以延康元年率部曲四千余家归魏。文帝时初即王位，既宿知有达，闻其来，甚悦，令贵臣有识察者往观之，还曰："将帅之才也。"或曰："卿相之器也。"王益钦达。逆与达书曰："近日有命，未足达旨，何者？昔伊挚背商而归周，百里去虞而入秦，乐毅感鸱夷以蝉蜕，王遵识逆顺以去就，皆审兴废之符效，知成败之必然，故丹青画其形容，良史载其功勋。闻卿姿度纯茂，器量优绝，当骋能明时，收名传记。今者翻然濯鳞清流，甚相嘉乐，虚心西望，依依若旧，下笔属辞，欢心从之。昔虞卿入赵，再见取相，陈平就汉，一觐参乘，孤今于卿，情过于往，故致所御马物以昭忠爱。"又曰："今者海内清定，万里一统，三垂无边尘之警，中夏无狗吠之虞，以是弛罔阔禁，与世无疑，保官空虚，初无质任。卿来相就，当明孤意，慎勿令家人缤纷道路，以亲骇疏也。若卿欲来相见，且当先安部曲，有所保固，然后徐徐轻骑来东。"达既至谯，进见闲雅，才辩过人，众莫不属目。又，王近出，乘小辇，执达手，抚其背戏之曰："卿得无为刘备刺客邪？"遂与同载。又加拜散骑常侍，领新城太守，委以西南之任。时众臣或以为待之太猥，又不宜委以方任。王闻之曰："吾保其无他，亦譬以蒿箭射蒿中耳。"达既为文帝所宠，又与桓阶、夏侯尚亲善，及文帝崩，时桓、尚皆卒，达自以羁旅久在疆埸，心不自安。诸葛亮闻之，阴欲诱达，数书招之，达与相报答。魏兴太守申仪与达有隙，密表达与蜀潜通，帝未之信也。司马宣王遣参军梁几察之，又劝其入朝。达惊惧，遂反。◎干宝《晋纪》曰：达初入新城，登白马塞，叹曰："刘封、申耽，据金城千里而失之乎！"

【译文】明皇帝，名叡，字元仲，是文帝曹丕的太子。一出生就深受太祖的喜爱，常被太祖带在身边。十五岁那年，封为武德侯，文帝黄初二年晋爵齐公，次年晋封为平原王。由于生母甄皇后被文帝赐死的缘故，一直未被册立为储君。黄初七年夏五月，文帝病危，这才将他立为皇太子。十七日，太子即皇帝位，大赦天下。尊皇太后为太皇太后，文帝郭皇后为皇太后，群臣晋爵各有等级。六月十四日，追谥生母甄夫人为文昭皇后。二十三日，封皇弟曹蕤为阳平王。

八月，孙权进攻江夏郡，太守文聘坚守郡城。朝臣都认为应当发兵救援，明帝对他们说："孙权军队的优势在于水上作战，这次之所以敢于下船上岸实施攻击，不过是想抓住文聘不备的时机，打他一个措手不及罢了。可眼下已跟文聘形成相持之势，而攻方与守方的力量对比是成倍的，他终究不敢做太长时间的相持。"在这之前，明帝曾派治书侍御史荀禹慰劳戍边将士，荀禹到江夏，便集中所经各县征集的兵马，以及随行步、骑兵千余人，凭借山势举火虚张声势，孙权率兵退走。十二日，明帝立皇子曹冏为清河王。东吴大将诸葛瑾、张霸等进攻襄阳，抚军大将军司马懿大破吴军，斩吴将张霸，征东大将军曹休又在寻阳打败了另外的东吴将领。朝廷论功行赏，各有等级。冬十月，清河王曹冏去世。十二月，升迁太尉钟繇为太傅，征东大将军曹休为大司马，中军大将军曹真为大将军，司徒华歆为太尉，司空王朗为司徒，镇军大将军陈群为司空，抚军大将军司马懿为骠骑大将军。

太和元年春正月，明帝举行郊祭，祭祀武皇帝，以太祖武皇帝配享上天，又在明堂举行宗祀，祭祀文皇帝，以文皇帝配享上帝。分出江夏郡南部地区，设江夏南部都尉。西平郡麴英反叛，杀害临羌令、西都长，朝廷派将军郝昭、鹿磐率兵平叛，斩杀麴英。二月五日，明帝亲耕籍田。十五日，在邺城建文昭皇后寝庙。二十一日，明帝到东郊祭祀太阳。夏四月初十，颁行五铢钱。十九日，开始营建宗庙。秋八月，明帝又在西郊举行祭祀月亮的礼仪。冬十月四日，明帝在东郊视察军队。西域焉耆国国王派儿子来明帝身边侍奉。十一月，立毛氏为皇后。赐天下男子每人两级爵位，对孤寡老弱不能维持生计者由官府赐给粮食。十二月，封毛皇后的父亲毛嘉为列侯。新城太守孟达反叛，诏令骠骑将军司马懿率兵讨伐。

【原文】二年春正月，宣王攻破新城，斩达，传其首。① 分新城之上庸、武陵、巫县为上庸郡，锡县为锡郡。蜀大将诸葛亮寇边，天水、南安、安定三郡吏民叛应亮。② 遣大将军曹真都督关右，并进兵。右将军张郃击亮于街亭，大破之。亮败走，三郡平。丁未，行幸长安。③ 夏四月丁酉，还洛阳宫。④ 赦系囚非殊死以下。乙巳，论讨亮功，封爵增邑各有差。五月，大旱。六月，诏曰："尊儒贵学，王教之本也。自顷儒官或非其人，将何以宣明圣道？其高选博士，才任侍中、常侍者。申敕郡国，贡士以经学为先。"秋九月，曹休率诸军至皖，与吴将陆议战于石亭，败绩。乙酉，立皇子穆为繁阳王。庚子，大司马曹休薨。冬十月，诏公卿近臣举良将各一人。十一月，司徒王朗薨。十二月，诸葛亮围陈仓，曹真遣将军费曜等拒之。⑤ 辽东太守公孙恭兄子渊，劫夺恭位，遂以渊领辽东太守。

①《魏略》曰：宣王诱达将李辅及达甥邓贤，贤等开门纳军。达被围旬有六日而败，焚其首于洛阳四达之衢。

②《魏书》曰：是时朝臣未知计所出，帝曰："亮阻山为固，今者自来，既合兵书致人之术。且亮贪三郡，知进而不知退，今因此时，破亮必也。"乃部勒兵马步骑五万拒亮。

③《魏略》载帝露布天下并班告益州曰："刘备背恩，自窜巴蜀。诸葛亮弃父母之国，阿残贼之党，神人被毒，恶积身灭。亮外慕立孤之名，而内贪专擅之实。刘升之兄弟守空城而已。亮又侮易益土，虐用其民，是以利狼、宕渠、高定、青羌莫不瓦解，为亮仇敌。而亮反裘负薪，里尽毛殚，刖趾适屦，刻肌伤骨，反更称说，自以为能。行兵于井底，游步于牛蹄。自朕即位，三边无事，犹哀怜天下数遭兵革，且欲养四海之耆老，长后生之孤幼，先移风于礼乐，次讲武于农隙，置亮画外，未以为虞。而亮怀李熊愚勇之志，不思荆邯度德之戒，驱略吏民，盗利祁山。王师方振，胆破气夺，马谡、高祥，望旗奔败。虎臣逐北，蹈尸涉血，亮也小子，震惊朕师。猛锐踊跃，咸思长驱。朕惟率土莫非王臣，师之所处，荆棘生焉，不欲使千室之邑忠信贞良，与夫淫昏之党，共受涂炭。故先开示，

以昭国诫,勉思变化,无滞乱邦。巴蜀将吏士民诸为亮所劫迫,公卿已下皆听束手。"

④《魏略》曰:是时讹言云帝已崩,从驾群臣迎立雍丘王植。京师自下太后群公尽惧。及帝还,皆私察颜色。卞太后悲喜,欲推始言者,帝曰:"天下皆言,将何所推?"

⑤《魏略》曰:先是,使将军郝昭筑陈仓城。会亮至,围昭,不能拔。昭字伯道,太原人,为人雄壮,少入军为部曲督,数有战功,为杂号将军,遂镇守河西十余年,民夷畏服。亮围陈仓,使昭乡人靳详于城外遥说之,昭于楼上应详曰:"魏家科法,卿所练也。我之为人,卿所知也。我受国恩多而门户重,卿无可言者,但有必死耳。卿还谢诸葛,便可攻也。"详以昭语告亮,亮又使详重说昭,言"人兵不敌,无为空自破灭"。昭谓详曰:"前言已定矣。我识卿耳,箭不识也。"详乃去。亮自以有众数万,而昭兵才千余人,又度东救未能便到,乃进兵攻昭,起云梯冲车以临城。昭于是以火箭逆射其云梯,梯然,梯上人皆烧死。昭又以绳连石磨压其冲车,冲车折。亮乃更为井阑百尺以射城中,以土丸填堑,欲直攀城,昭又于内筑重墙。亮又为地突,欲踊出于城里,昭又于城内穿地横截之。昼夜相攻拒二十余日,亮无计,救至,引退。诏嘉昭善守,赐爵列侯。及还,帝引见慰劳之,顾谓中书令孙资曰:"卿乡里乃有尔曹快人,为将灼如此,朕复何忧乎?"仍欲大用之。会病亡,遗令戒其子凯曰:"吾为将,知将不可为也。吾数发冢,取其木以为攻战具,又知厚葬无益于死者也。汝必敛以时服。且人生有处所耳,死复何在耶?今去本墓远,东西南北,在汝而已。"

三年夏四月,元城王礼薨。六月癸卯,繁阳王穆薨。戊申,追尊高祖大长秋曰高皇帝,夫人吴氏曰高皇后。

秋七月,诏曰:"礼,王后无嗣,择建支子以继大宗,则当纂正统而奉公义,何得复顾私亲哉?汉宣继昭帝后,加悼考以皇号。哀帝以外藩援立,而董宏等称引亡秦,惑误时朝,既尊恭皇,立庙京都,又宠藩妾,使比长信,叙昭穆于前殿,并四位于东宫,僭差无度,人神弗祐,而非罪师丹忠正之谏,用致丁、傅焚如之祸。自是之后,相踵行之。昔鲁文逆祀,罪由夏父。宋国非度,讥在华元。其令公卿有司,深以前世行事为戒,后嗣万一有由诸侯入奉大统,则当明为人后之义。敢为佞邪导谀时君,妄建非正之号以干正统,谓考为皇,称妣为后,则股肱大臣诛之无赦。其书之金策,藏之宗庙,著于令典。"

冬十月,改平望观曰听讼观。帝常言"狱者,天下之性命也",每断大狱,常幸观临听之。初,洛阳宗庙未成,神主在邺庙。十一月,庙始成,使太常韩暨持节迎高皇帝、太皇帝、武帝、文帝神主于邺。十二月己丑至,奉安神主于庙。[①] 癸卯,大月氏王波调遣使奉献,以调为亲魏大月氏王。

① 臣松之按:黄初四年,有司奏立二庙,太皇帝大长秋与文帝之高祖共一庙,特立武帝庙,百世不毁。今此无高祖神主,盖以亲尽毁也。此则魏初唯立亲庙,祀四室而已。至景初元年,始定七庙之制。孙盛曰:事亡犹存,祭如神在,迎迁神主,正斯宜矣。

【译文】太和二年春正月,司马懿攻破新城,擒斩孟达,将其首级传送京都洛阳。朝廷分出新城郡的上庸、武陵、巫县为上庸郡,锡县为锡郡。蜀国大将诸葛亮指挥军队侵犯边境,天水、南安、安定三郡的官吏和百姓都叛魏响应诸葛亮。明帝派大将军曹真督师关右,同时率兵反击。街亭一战,右将军张郃攻诸葛亮,大破蜀军。诸葛亮败退,三郡得以平定。三月十八日,明帝亲临长安。夏四月十五日,回到京都洛阳。下诏赦免罪不容赦者以外的所有囚犯。十六日,对讨伐诸葛亮胜利一战论功行赏,有功将士封爵增邑各有等级。五月,大旱。六月,明帝下诏说:"尊奉儒家学说,崇尚学术研讨,是王者教化的根本所在。但近来发现有些儒官并不称职,这样又如何能够有效地传播圣王之道?特令严格考核制度,选拔那些博学多识的人,选拔才能足以担任侍中、常侍一类官职的人才。敕令各郡国,今后向朝廷举荐的人才应以精通儒家经典者优先。"秋九月,大司马曹休率诸军开赴皖地,与东吴将军陆议战于石亭,魏军大败。二十九日,明帝立皇子曹穆为繁阳王。十月十四日,大司马曹休去世。冬十月,明帝下令朝中公卿近臣各自荐举良将一人。十一月,司徒王朗去世。十二月,诸葛亮挥军包围陈仓,大将军曹真派将军费曜等人带兵抗击。辽东太守公孙恭兄长之子公孙渊,劫夺了公孙恭的官位,朝廷于是任命公孙渊担任辽东太守。

太和三年夏四月,元城王曹礼去世。六月二十一日,繁阳王曹穆去世。二十六日,明帝追尊在东汉桓帝时当过大长秋的高祖曹腾为高皇帝,高祖母吴氏为高皇后。

秋七月,明帝下诏说:"按照礼法,君王如果没有继位的亲生儿子,可选择支系王子以承嗣大宗,既然如此,承嗣者理当继承嫡系血脉并且坚持奉公行义之心,又怎么能凭借皇帝的特权而专顾自己的亲旧呢?从前,汉宣帝以旁支承嗣昭帝登上皇位,就给自己的父亲加上皇号。汉哀帝也是从藩王中选立的,董宏等人也援引亡秦先例,惑乱当朝礼法,不仅尊奉其父为恭皇帝,在京都为之立庙,而且连他父亲的四位王妃也同享恩宠,与皇太后相提并论,以至于出现了父子在前殿同时称皇,四位皇太后并立后宫的荒唐现象,这种僭礼越制毫无节制的行为,是无论人神都不肯给予庇佑的,何况最终还公然降罪一片忠心进言力谏的大臣师丹,致使丁、傅二后遭到掘冢焚尸的惨祸。自此以后,有着类似出身的帝王纷纷效仿。当年鲁文公颠倒祀典,罪咎在于夏父。宋国君主厚葬无度,讥刺集中于华元一身。现在特令众公卿和各级官吏,一定要以前代的深刻教训作为鉴戒,今后我朝万一出现即位嗣君产生于同姓藩王情况,那他务必明白自己确是作为先帝后人这一道理。有谁胆敢以奸邪言论阿谀迷惑当朝皇帝,随意加封皇号扰乱皇室正统,称新君的父亲为皇、母亲为后,那么朝廷的辅佐大臣可将他诛杀,决无赦免。将此诏令书刻在金策之上,藏在宗庙,并写进国家法典。"

冬十月,把平望观改为听讼观。明帝常说"审案断狱,事关天下人的性命啊",因此每逢审断重大案件,他常常亲临现场,听讼观审。当初,因洛阳宗庙尚未建成,先帝们的神位都安放在邺城宗庙。十一月,洛阳宗庙落成,即派太常韩暨持皇帝符节去邺城奉迎高皇帝、太皇帝、武帝、文帝的神位。十二月十日,将各位先帝神位安放到洛阳宗庙。二十四日,大月氏王波调派使者前来进贡,明帝封波调为亲魏大月氏王。

【原文】四年春二月壬午,诏曰:"世之质文,随教而变。兵乱以来,经学废绝,后生进趣,不由典谟。岂训导未洽,将进用者不以德显乎?其郎吏学通一经,才任牧民,博士课试,擢其高第者,亟用。其浮华不务道本者,皆罢退之。"戊子,诏太傅三公,以文帝《典论》刻石，立于庙门之外。癸巳，以大将军曹真为大司马，骠骑将军司马宣王为大将军，辽东太守公孙渊为车骑将军。夏四月，太傅钟繇薨。六月戊子，太皇太后崩。丙申，省上庸郡。秋七月，武宣卞后祔葬于高陵。诏大司马曹真、大将军司马宣王伐蜀。八月辛巳，行东巡，遣使者以特牛祠中岳。① 乙未，幸许昌宫。九月，大雨，伊、洛、河、汉水溢，诏真等班师。冬十月乙卯，行还洛阳宫。庚申，令："罪非殊死，听赎各有差。"十一月，太白犯岁星。十二月辛未，改葬文昭甄后于朝阳陵。丙寅，诏公卿举贤良。

①《魏书》曰：行过繁昌，使执金吾臧霸行太尉事，以特牛祠受禅坛。

臣松之按：《汉纪》章帝元和三年，诏高邑县祠即位坛，五成陌比腊祠门户。此虽前代已行故事，然为坛以祀天，而坛非神也，今无事于上帝，而致祀于虚坛，求之义典，未详所据。

五年春正月，帝耕于籍田。三月，大司马曹真薨。诸葛亮寇天水，诏大将军司马宣王拒之。自去冬十月至此月不雨，辛巳，大雩。夏四月，鲜卑附义王轲比能率其种人及丁零大人兒禅诣幽州贡名马。复置护匈奴中郎将。秋七月丙子，以亮退走，封爵增位各有差。① 乙酉，皇子殷生，大赦。八月，诏曰："古者诸侯朝聘，所以敦睦亲亲，协和万国也。先帝著令，不欲使诸王在京都者，谓幼主在位，母后摄政，防微以渐，关诸盛衰也。朕惟不见诸王十有二载，悠悠之怀，能不兴思！其令诸王及宗室公侯各将适子一人朝。后有少主、母后在宫者，自如先帝令。申明著于令。"冬十一月乙酉，月犯轩辕大星。戊戌晦，日有蚀之。十二月甲辰，月犯镇星。戊午，太尉华歆薨。

①《魏书》曰：初，亮出，议者以为亮军无辎重，粮必不继，不击自破，无为劳兵。或欲自芟上邽左右生麦以夺贼食，帝皆不从。前后遣兵增宣王军，又敕使护麦。宣王与亮相持，赖得此麦以为军粮。

【译文】太和四年春二月四日，明帝下诏说："世上朴实有用的文章，都是追随王者的教化而不断改变的。自汉末兵乱以来，儒家经典废绝不用，年轻人的进取，并非经由钻研经典的途径。难道是朕的训导未曾得到贯彻，对官员的选拔任用还并不是唯德是举吗？特令官吏只要真正学通了一部经典，才能足以担当管理百姓的重任，并经由博士考核，成绩拔尖的人，立即给予任用。对于那些华而不实不能信守立身行道及经世致用之根本的人，则一律予以斥退。"十日，明帝又下诏给三公，将文帝所著《典论》刻成石碑，立在宗庙正门之外。十五日，任命大将军曹真为大司马，骠骑将军司马懿为大将军，辽东太守公孙渊为车骑将军。夏四月，太傅钟繇去世。六月十一日，太皇太后去世。十九日，撤销上庸郡。秋七月，将太皇太后灵柩与武帝合葬高陵。诏令大司马曹真、大将军司马懿率兵伐蜀。八月五日，明帝东巡，派使者以一头公牛的牲礼祭祀中岳。十九日，驾临许昌宫。九月，天降大雨，伊水、洛水、黄河、汉水都涨水泛滥，于是诏令曹真等人班师。冬十月十一日，明帝返回洛阳宫。十六日，明帝下令："在押囚犯除那些罪不容赦的死囚之外，其余人等根据其罪过大小听凭其家人用相应的赎金予以赎回。"十一月，太白侵犯岁星。十二月辛未，将文昭甄皇后改葬到朝阳陵。二十三日，诏令众公卿为朝廷举荐贤良人才。

太和五年春正月，明帝亲耕籍田。三月，大司马曹真去世。诸葛亮率军进犯天水，明帝诏令大将军司马懿统兵反击。自去年十月到本月一直没有下雨，九日，朝廷举行盛大的祭祀求雨仪式。夏四月，鲜卑族附义王轲比能率族人及丁零族酋长兒禅赴幽州进贡名马。为此，明帝重新设置了护匈奴中郎将。秋七月六日，因诸葛亮率军退走，朝廷对抗击蜀军的有功将士分别按等级封爵增位。十五日，皇子曹殷出生，宣布大赦天下。八月，明帝下诏说："古代诸侯按期朝见天子，目的是促使大家亲厚和睦，让各国之间情谊不断，彼此和睦相处。先帝曾立下法令，不想让藩封诸王住在京都的原因，是因为幼主在位，母后代为处理国政，有必要防微杜渐，这是关系到国家盛衰的大事。为此，我已有十二年没有见到各位诸侯王了，悠悠情怀，血脉相系，怎能不让我格外思念！今特令诸王及宗室公侯各派嫡子一人来京朝见。以后出现少主、母后在宫中的情况，就仍照先帝的法令办理。将此规定申明天下并载入法典。"这年冬十一月十七日，月犯轩辕大星。这个月的最后一天，发生日食。十二月六日，月犯镇星。二十日，太尉华歆去世。

【原文】六年春二月，诏曰："古之帝王，封建诸侯，所以藩屏王室也。《诗》不云乎：'怀德维宁，宗子维城。'秦、汉继周，或强或弱，俱失厥中。大魏创业，诸王开国，随时之宜，未有定制，非所以永为后法也。其改封诸侯王，皆以郡为国。"三月癸酉，行东巡，所过存问高年鳏寡孤独，赐谷帛。乙亥，月犯轩辕大星。夏四月壬寅，行幸许昌宫。甲子，初进新果于庙。五月，皇子殷薨，追封谥安平哀王。秋七月，以卫尉董昭为司徒。九月，行幸摩陂，治许昌宫，起景福、承光殿。冬十月，殄夷将军田豫帅众讨吴将周贺于成山，杀贺。十一月丙寅，太白昼见。有星孛于翼，近太微上将星。庚寅，陈思王植薨。十二月，行还许昌宫。

青龙元年春正月甲申，青龙见郏之摩陂井中。二月丁酉，幸摩陂观龙，于是改年，改摩陂为龙陂，赐男子爵人二级，鳏寡孤独无出今年租赋。三月甲子，诏公卿举贤良笃行之士各一人。夏五月壬申，诏祀故大将军夏侯惇、大司马曹仁、车骑将军程昱于太祖庙庭。[①] 戊寅，北海王蕤薨。闰月庚寅朔，日有蚀之。丁酉，改封宗室女非诸王女皆为邑主。诏诸郡国山川不在祠典者勿祠。六月，洛阳宫鞠室灾。

①《魏书》载诏曰："昔先王之礼，于功臣存则显其爵禄，没则祭于大蒸，故汉氏功臣，祀于庙庭。大魏元功之臣功勋优著，终始休明者，其皆依礼祀之。"于是以惇等配飨之。

保塞鲜卑大人步度根与叛鲜卑大人轲比能私通，并州刺史毕轨表，辄出军，以外威比能，内镇步度根。帝省表曰："步度根以为比能所诱，有自疑心。今轨出军，适使二部惊合为一，何所威镇乎？促敕轨，以出军者慎勿越塞过句注也。"比诏书到，轨以进军屯阴馆，遣将军苏尚、董弼追鲜卑。比能遣子将千余骑迎步度根部落，与尚、弼相遇，战于楼烦，二将败没。步度根部落皆叛出塞，与比能合寇边。遣骁骑将军秦朗将中军讨之，虏乃走漠北。

秋九月，安定保塞匈奴大人胡薄居姿职等叛，司马宣王遣将军胡遵等追讨，破降之。冬十月，步度根部落大人戴胡阿狼泥等诣并州降，朗引军还。[①]

①《魏氏春秋》曰：朗，字元明，新兴人。◎《献帝传》曰：朗父名宜禄，为吕布使诣袁术，术妻以汉宗室女。其前妻杜氏留下邳。布之被围，关羽屡请于太祖，求以杜氏为妻，太祖疑其有色，及城陷，太祖见之，乃自纳之。宜禄归降，以为铚长。及刘备走小沛，张飞随之，过谓宜禄曰："人取汝妻，而为之长，乃蚩蚩若是邪！随我去乎？"宜禄从之数里，悔欲还，飞杀之。朗随母氏畜于公宫，太祖甚爱之，每坐席，谓宾客曰："世有人爱假子如孤者乎？"◎《魏略》曰：朗游遨诸侯间，历武、文之世而无尤也。及明帝即位，授以内官，为骁骑将军、给事中，每车驾出入，朗常随从。时明帝喜发举，数有以轻微而致大辟者，朗终不能有所谏止，又未尝进一善人，帝亦以是亲爱。每顾问之，多呼其小字阿稣，数加赏赐，为起大第于京城中。四方虽知朗无能为益，犹以附近至尊，多赂遗之，富均公侯。◎《世语》曰：朗子秀，劲厉能直言，为晋武帝博士。◎《魏略》以朗与孔桂俱在《佞幸篇》。桂，字叔林，天水人也。建安初，数为将军杨秋使诣太祖，太祖表拜骑都尉。桂性便辟，晓博弈、蹹鞠，故太祖爱之，每在左右，出入随从。桂察太祖意，喜乐之时，因言次曲有所陈，事多见从，数得赏赐，人多馈遗，桂由此侯服玉食。太祖既爱桂，五官将及诸侯亦皆亲之。其后桂见太祖久不立太子，而有意于临菑侯，因更亲附临菑侯而简于五官将，将甚衔之。及太祖薨，文帝即王位，未及致其罪。黄初元年，随例转拜驸马都尉。而桂私受西域货赂，许为人事。事发，有诏收问，遂杀之。鱼豢曰：为上者不虚授，处下者不虚受，然后外无伐檀之叹，内无尸素之刺，雍熙之美著，太平之律显矣。而佞幸之徒，但姑息人主，至乃无德而荣，无功而禄，如是焉得不使中正日朘，倾邪滋多乎！以武皇帝之慎赏，明皇帝之持法，而犹有若此等人，而况下斯者乎？

十二月，公孙渊斩送孙权所遣使张弥、许晏首，以渊为大司马、乐浪公。①

①《世语》曰：并州刺史毕轨送汉故度辽将军范明友鲜卑奴，年三百五十岁，言语饮食如常人。奴云："霍显，光后小妻。明友妻，光前妻女。"◎《博物志》曰：时京邑有一人，失其姓名，食啖兼十许人，遂肥不能动。其父曾作远方长吏，官徙送彼县，令故义传供食之。一二年中，一乡中辄为之俭。◎《傅子》曰：时太原发冢破棺，棺中有一生妇人，将出与语，生人也。送之京师，问其本事，不知也。视其冢上树木可三十岁，不知此妇人三十岁常生于地中邪？将一朝欻生，偶与发冢者会也？

【译文】太和六年春二月，明帝诏令说："古代的帝王裂土赐爵，分封诸侯，是让他们作为王室的外围屏障。《诗经》上不是说过：'君王广施恩德，心系国家安宁，宗子同心协力，胜于天堑金城。'周朝以后，秦、汉相继，其国势或强或弱，都是对此规则缺乏正确把握的缘故。我魏朝创业之初，诸王封邦建国都是因时制宜，并未形成确定的制度，也没有想过要作为后世永远遵循的法则。现在决定改封诸侯王，都以各自的郡为国。"三月七日，明帝东巡，所经之处，慰问高龄老人及鳏寡孤独百姓，并赐给粮食布帛。九日，月犯轩辕大星。夏四月六日，明帝巡幸到达许昌宫。二十八日，携时鲜水果到宗庙祭祀。五月，皇子曹殷夭折，追谥为安平哀王。秋七月，任命卫尉董昭为司徒。九月，明帝巡幸摩陂，命令大修许昌宫，兴建景福、承光二殿。冬十月，殄夷将军田豫率部与东吴将领周贺战于成山，并击杀周贺。十一月四日，太白星白昼出现。翼宿附近出现彗星，趋近太微上将星。二十七日，陈思王曹植去世。十二月，明帝车驾返回许昌宫。

青龙元年春正月二十三日，北邙山摩陂井中有青龙出没。二月六日，明帝亲临摩陂观龙，并在这时将年号改为青龙，改摩陂为龙陂，赐天下男子每人爵位二级，鳏寡孤独的人免除当年租赋。三月三日，又下诏让公卿荐举品德贤良、行为淳厚之士各一人。夏五月十二日，诏令将已故大将军夏侯惇、大司马曹仁、车骑将军程昱的灵位安放到太祖庙庭，配享祭祀。十八日，北海王曹蕤去世。闰五月初一，出现日食，发生了日食。八日，诸王女以外的各宗室女都获得改封为邑主的封赏。诏令诸郡国不得祭祀未被列入国家祀典的山川。六月，洛阳宫内的鞠室发生火灾。

接受魏国封授的保塞鲜卑首领步度根与不服管辖的鲜卑首领轲比能私自串通，并州刺史毕轨上表，并立即出兵，试图达到对外向轲比能示威，对内可以压服步度根的双重效果。明帝看了毕轨的奏表说："步度根因受轲比能的引诱，本来还有些犹疑不定。如今毕轨出兵，恰好使两支鲜卑部落在惊慌之下合兵一起，还能威镇谁呢？赶紧敦促毕轨，已经派出去的部队万万不可跨越边塞开过句注。"但等到诏书到来，毕轨早就进军驻扎在阴馆，并派将军苏尚、董弼二人追击保塞鲜卑。轲比能派他儿子率领一千多骑兵前来迎接步度根的部落，与苏尚、董弼二将相遇，战于楼烦，二将全军覆没。步度根部落全部反出塞外，与轲比能合兵一处侵扰边境。明帝遣骁骑将军秦朗统帅中军前去讨伐，鲜卑人这才远遁大漠之北。

秋九月，屯驻安定地区的保塞匈奴首领胡薄居姿职等人又率部反叛，大将军司马懿派部将胡遵带兵追击，叛逃匈奴人战败投降。十月，步度根部落的首领戴胡阿狼泥等人来到并州向魏军投降，秦朗率军返回。

十二月，车骑将军公孙渊斩杀孙权派遣的使节张弥、许晏，并送上二人首级，朝廷任命公孙渊为大司马、乐浪公。

【原文】二年春二月乙未，太白犯荧惑。癸酉，诏曰："鞭作官刑，所以纠慢怠也，而顷多以无辜死。其减鞭杖之制，著于令。"三月庚寅，山阳公薨，帝素服发哀，遣使持节典护丧事。己酉，大赦。夏四月，大疫。崇华殿灾。丙寅，诏有司以太牢告祠文帝庙。追谥山阳公为汉孝献皇帝，葬以汉礼。①

①《献帝传》曰：帝变服，率群臣哭之，使使持节行司徒太常和洽吊祭，又使持节行大司空大司农崔林监护丧事。诏曰："盖五帝之事尚矣，仲尼盛称尧、舜巍巍荡荡之功者，以为禅代乃大圣之懿事也。山阳公深识天禄永终之运，禅位文皇帝以顺天命。先帝命公行汉正朔，郊天祀祖以天子之礼，言事不称臣，此舜事尧之义也。昔放勋殂落，四海如丧考妣，遏密八音，明丧葬之礼同于王者也。今有司奏丧礼比诸侯王，此岂古之遗制而先帝之至意哉？今谥公汉孝献皇帝。"使太尉具以一太牢告祠文帝庙，曰："叡闻夫礼也者，反本修古，不忘厥初，是以先代之君，尊尊亲亲，咸有尚焉。今山阳公寝疾弃国，有司建言丧纪之礼视诸侯王。叡惟山阳公昔知天命永终于己，深观历数允在圣

躬，传祚禅位，尊我民主，斯乃陶唐懿德之事也。黄初受终，命公于国行汉正朔，郊天祀祖礼乐制度率乃汉旧，斯亦舜、禹明堂之义也。上考遂初，皇极攸建，允熙克让，莫朗于兹。盖子以继志嗣训为孝，臣以配命钦述为忠，故《诗》称‘匪棘其犹，聿追来孝’，《书》曰‘前人受命，兹不忘大功’。叡敢不奉承徽典，以昭皇考之神灵。今追谥山阳公曰孝献皇帝，册赠玺绂。命司徒、司空持节吊祭护丧，光禄、大鸿胪为副，将作大匠、复土将军营成陵墓，及置百官群吏，车旗服章丧葬礼仪，一如汉氏故事。丧葬所供群官之费，皆仰大司农。立其后嗣为山阳公，以通三统，永为魏宾。”于是赠册曰：“呜呼，昔皇天降戾于汉，俾逆臣董卓，播厥凶虐，焚灭京都，劫迁大驾。于时六合云扰，奸雄熛起。帝自西京，徂唯求定，臻兹洛邑。畴咨圣贤，聿改乘辕，又迁许昌，武皇帝是依。岁在玄枵，皇师肇征，迄于鹑尾，十有八载，群寇歼殄，九域咸乂。惟帝念功，祚兹魏国，大启土宇。爰及文皇帝，齐圣广渊，仁声旁流，柔远能迩，殊俗向义，乾精承祚，坤灵吐曜，稽极玉衡，允膺历数，度于轨仪，克厌帝心。乃仰钦七政，俯察五典，弗采四岳之谋，不俟师锡之举，幽赞神明，承天禅位。祚逮朕躬，统承洪业。盖闻昔帝尧，元、恺既举，凶族未流，登舜百揆，然后百揆时序，内平外成，授位明堂，退终天禄，故能冠德百王，表功嵩岳。自往迄今，弥历七代，岁暨三千，而大运来复，庸命底绩，纂我民主，作建皇极。念重光，绍咸池，继韶夏，超群后之遐踪，邈商、周之惭德，可谓高朗令终，昭明洪烈之懿盛者矣。非夫汉、魏与天地合德，与四时合信，动和民神，格于上下，其孰能至于此乎？朕惟孝献享年不永，钦若顾命，考之典谟，恭述皇考先灵遗意，阐崇弘谥，奉成圣美，以章希世同符之隆，以传亿载不朽之荣。魂而有灵，嘉兹弘休。呜呼哀哉！”八月壬申，葬于山阳国，陵曰禅陵，置园邑。葬之日，帝制锡衰弁绖，哭之恸。适孙桂氏乡侯康，嗣立为山阳公。

是月，诸葛亮出斜谷，屯渭南，司马宣王率诸军拒之。诏宣王：“但坚壁拒守以挫其锋，彼进不得志，退无与战，久停则粮尽，虏略无所获，则必走矣。走而追之，以逸待劳，全胜之道也。”①

①《魏氏春秋》曰：亮既屡遣使交书，又致巾帼妇人之饰，以怒宣王。宣王将出战，辛毗杖节奉诏，勒宣王及军吏已下，乃止。宣王见亮使，唯问其寝食及其事之烦简，不问戎事。使对曰：“诸葛公夙兴夜寐，罚二十已上，皆亲览焉，所啖食不过数升。”宣王曰：“亮体毙矣，其能久乎？”

五月，太白昼见。孙权入居巢湖口，向合肥新城，又遣将陆议、孙韶各将万余人入淮、沔。六月，征东将军满宠进军拒之。宠欲拔新城守，致贼寿春，帝不听，曰：“昔汉光武遣兵县据略阳，终以破隗嚣。先帝东置合肥，南守襄阳，西固祁山，贼来辄破于三城之下者，地有所必争也。纵权攻新城，必不能拔。敕诸将坚守，吾将自往征之，比至，恐权走也。”秋七月壬寅，帝亲御龙舟东征。权攻新城，将军张颖等拒守力战，帝军未至数百里，权遁走，议、韶等亦退。群臣以为大将军方与诸葛亮相持未解，车驾可西幸长安。帝曰：“权走，亮胆破，大将军以制之，吾无忧矣。”遂进军。幸寿春，录诸将功，封赏各有差。八月己未，大曜兵，飨六军，遣使者持节犒劳合肥、寿春诸军。辛巳，行还许昌宫。司马宣王与亮相持，连围积日，亮数挑战，宣王坚垒不应。会亮卒，其军退还。

冬十月乙丑，月犯镇星及轩辕。戊寅，月犯太白。十一月，京都地震，从东南来，隐隐有声，摇动屋瓦。十二月，诏有司删定大辟，减死罪。

【译文】青龙二年春二月十日，太白侵犯火星。十八日，明帝下诏说："以鞭笞作为官员的刑罚，为的是纠正轻忽怠惰的行为，而近年却有不少人无辜惨死在鞭杖之下。特令取消鞭刑，并载入法令。"三月六日，山阳公刘协去世，明帝身着素服表示哀悼，并派使者持皇帝符节督办丧事。二十五日，下诏大赦天下。夏四月，瘟疫盛行。崇华殿也遭遇火灾。十二日，明帝诏令有关官员备下牛羊猪三牲祭品，到文帝庙中祷告祭献。追谥山阳公为汉孝献皇帝，按照汉代礼仪安葬。

当月，诸葛亮兵出斜谷，驻军渭南，司马懿统帅诸军迎击。明帝诏令司马懿："我军只需坚壁拒守，消耗其锐气，诸葛亮必将陷于想进军难如愿，撤退又不甘心的境地，长时间对峙必然粮草耗尽，原地抄掠却一无所获，那个时候他就只能自动退兵了。等蜀军撤退之时再大举追击，以逸待劳，这就是我军大获全胜的法门。"

五月，太白星白昼出现。孙权率军北上到达居巢湖口，进逼合肥新城，又派将军陆议、孙韶各带万余人马分别进入淮河和沔水。六月，征东将军满宠进军迎击。满宠建议弃守新城，把东吴兵放到寿春城再打，明帝不予采纳，他说："从前汉光武帝派兵坚守遥远的略阳城，最终据此击败隗嚣。先帝东面屯兵合肥，南面守御襄阳，西面固守祁山，敌军来犯每每在这三座城下折戟而回，可见它们都是兵家必争之地。这次就算是孙权亲自进攻新城，也必定不能攻陷。现敕令诸将坚守勿怠，我将亲自督师前来征讨吴军，不过，等我到达那里的时候，只怕孙权闻风而动，先就撤兵躲回自己老巢去了呢。"秋七月十九日，明帝乘坐龙舟亲自东征。孙权率军围攻新城，守将张颖等坚守力战，明帝所率大军距新城还有数百里之遥，孙权就闻讯撤兵了，陆议、孙韶也随即退走。朝臣认为大将军正与诸葛亮相持不下，可在此时西巡长安。明帝听后说："孙权一撤兵，诸葛亮已然闻风丧胆，西边有大将军就足可对付，我不必再为那边的战事忧心了。"于是继续进军。驾临寿春，登录诸将战功，封赏各有等级。八月七日，明帝举行盛大的阅兵仪式，并犒劳三军将士，同时派出专门使者持皇帝符节前往合肥、寿春慰问当地驻军。二十八日，明帝返驾许昌宫。司马懿与诸葛亮进行了旷日持久的对峙，诸葛亮多次挑战，司马懿都只是紧闭营垒坚守不出。恰逢诸葛亮去世，蜀军也就撤兵退走了。

这年冬十月十四日，月犯镇星及轩辕星。二十七日，月犯太白星。十一月，京都发生地震，震波从东南方向来，隐隐有声，房屋为之摇动。十二月，明帝诏令有关官员删定有关死刑的法律条文，以减少死囚的数量。

【原文】三年春正月戊子，以大将军司马宣王为太尉。己亥，复置朔方郡。京都大疫。丁巳，皇太后崩。乙亥，陨石于寿光县。三月庚寅，葬文德郭后，营陵于首阳陵涧西，如终制。① 是时，大治洛阳宫，起昭阳、太极殿，筑总章观。百姓失农时，直臣杨阜、高堂隆等各数切谏，虽不能听，常优容之。②

①顾恺之《启蒙注》曰：魏时人有开周王冢者，得殉葬女子，经数日而有气，数月而能语，年可二十。送诣京师，郭太后爱养之。十余年，太后崩，哀思哭泣，一年余而死。

②《魏略》曰：是年起太极诸殿，筑总章观，高十余丈，建翔凤于其上。又于芳林园中起陂池，楫棹越歌。又于列殿之北，立八坊，诸才人以次序处其中，贵人、夫人以上，转南附焉，其秩石拟百官之数。帝常游宴在内，乃选女子知书可付信者六人，以为女尚书，使典省外奏事，处当画可，自贵人以下至尚、保，及给掖庭洒扫，习伎歌者，各有千数。通引穀水过九龙殿前，为玉井绮栏，蟾蜍含受，神龙吐出。使博士马均作司南车，水转百戏。岁首建巨兽，鱼龙曼延，弄马倒骑，备如汉西京之制，筑阊阖诸门阙外罘罳。太子舍人张茂以吴、蜀数动，诸将出征，而帝盛兴宫室，留意于玩饰，赐与无度，帑藏空竭，又录夺士女前已嫁为吏民妻者，还以配士，既听以生口自赎，又简选其有姿色者，内之掖庭，乃上书谏曰："臣伏见诏书，诸士女嫁非士者，一切录夺，以配战士，斯诚权时之宜，然非大化之善者也，臣请论之。陛下，天之子也，百姓吏民，亦陛下之子也。礼，赐君子小人不同日，所以殊贵贱也。吏属君子，士为小人，今夺彼以与此，亦无以异于夺兄之妻妻弟也，于父母之恩偏矣。又诏书听得以生口年纪、颜色与妻相当者自代，故富者则倾家尽产，贫者举假贷贳，贵买生口以赎其妻。县官以配士为名而实内之掖庭，其丑恶者乃出与士。得妇者未必有欢心，而失妻者必有忧色，或穷或愁，皆不得志。夫君有天下而不得万姓之欢心者，鲜不危殆。且军师在外数十万人，一日之费非徒千金，举天下之赋以奉此役，犹将不给，况复有宫庭非员无录之女，椒房母后之家，赏赐横兴，内外交引，其费半军。昔汉武帝好神仙，信方士，掘地为海，封土为山，赖是时天下为一，莫敢与争者耳。自衰乱以来，四五十载，马不舍鞍，士不释甲，每一交战，血流丹野，创痍号痛之声，于今未已。犹强寇在疆，图危魏室。陛下不兢兢业业，念崇节约，思所以安天下者，而乃奢靡是务，中尚方纯作玩弄之物，炫耀后园，建承露之盘，斯诚快耳目之观，然亦足以骋寇仇之心矣。惜乎！舍尧舜之节俭，而为汉武之侈事，臣窃为陛下不取也。愿陛下沛然下诏，万几之事有无益而有损者悉除去之，以所除无益之费，厚赐将士父母妻子之饥寒者，问民所疾而除其所恶，实仓廪，缮甲兵，恪恭以临天下。如是，吴贼面缚，蜀虏舆榇，不待诛而自服，太平之路可计日而待也。陛下可无劳神思于海表，军师高枕，战士备员。今群公皆结舌，而臣所以不敢不献瞽言者，臣昔上《要言》，散骑奏臣书，以《听谏篇》为善，诏曰'是也'，擢臣为太子舍人。且臣作书讥为人臣不能谏诤，今有可谏之事而臣不谏，此为作书虚妄而不能言也。臣年五十，常恐至死无以报国，是以投躯没命，冒昧以闻，惟陛下裁察。"书通，上顾左右曰："张茂恃乡里故也。"以事付散骑而已。茂字彦林，沛人。

秋七月，洛阳崇华殿灾。八月庚午，立皇子芳为齐王，询为秦王。丁巳，行还洛阳宫。命有司复崇华，改名九龙殿。冬十月己酉，中山王衮薨。壬申，太白昼见。十一月丁酉，行幸许昌宫。①

①《魏氏春秋》曰：是岁张掖郡删丹县金山玄川溢涌，宝石负图，状象灵龟，广一丈六尺，长一丈七尺一寸，围五丈八寸，立于川西。有石马七，其一仙人骑之，其一羁绊，

其五有形而不善成。有玉匣关盖于前,上有玉字,玉玦二,璜一。麒麟在东,凤鸟在南,白虎在西,牺牛在北,马自中布列四面,色皆苍白。其南有五字,曰"上上三天王",又曰"述大金,大讨曹,金但取之,金立中,大金马一匹在中,大吉开寿,此马甲寅述水"。凡"中"字六,"金"字十,又有若八卦及列宿孛彗之象焉。◎《世语》曰:又有一鸡象。◎《搜神记》曰:初,汉元、成之世,先识之士有言曰,魏年有和,当有开石于西三千余里,系五马,文曰"大讨曹"。及魏之初兴也,张掖之柳谷,有开石焉,始见于建安,形成于黄初,文备于太和,周围七寻,中高一仞,苍质素章,龙马、麟鹿、凤皇、仙人之象,粲然咸著,此一事者,魏、晋代兴之符也。至晋泰始三年,张掖太守焦胜上言,以留郡本国图校今石文,文字多少不同,谨具图上。按其文有五马象,其一有人平上帻,执戟而乘之,其一有若马形而不成,其字有"金",有"中",有"大司马",有"王",有"大吉",有"正",有"开寿",其一成行,曰"金当取之"。◎《汉晋春秋》曰:氐池县大柳谷口夜激波涌溢,其声如雷,晓而有苍石立水中,长一丈六尺,高八尺,白石画之,为十三马,一牛,一鸟,八卦玉玦之象,皆隆起,其文曰"大讨曹,适水中,甲寅"。帝恶其"讨"也,使凿去为"计",以苍石窒之,宿昔而白石满焉。至晋初,其文愈明,马象皆焕彻如玉焉。

四年春二月,太白复昼见,月犯太白,又犯轩辕一星,入太微而出。夏四月,置崇文观,征善属文者以充之。五月乙卯,司徒董昭薨。丁巳,肃慎氏献楛矢。

六月壬申,诏曰:"有虞氏画象而民弗犯,周人刑错而不用。朕从百王之末,追望上世之风,邈乎何相去之远?法令滋章,犯者弥多,刑罚愈众,而奸不可止。往者按大辟之条,多所蠲除,思济生民之命,此朕之至意也。而郡国蔽狱,一岁之中尚过数百,岂朕训导不醇,俾民轻罪,将苛法犹存,为之陷阱乎?有司其议狱缓死,务从宽简,及乞恩者,或辞未出而狱以报断,非所以究理尽情也。其令廷尉及天下狱官,诸有死罪具狱以定,非谋反及手杀人,亟语其亲治,有乞恩者,使与奏当文书俱上,朕将思所以全之。其布告天下,使明朕意。"

秋七月,高句骊王宫斩送孙权使胡卫等首,诣幽州。甲寅,太白犯轩辕大星。冬十月己卯,行还洛阳宫。甲申,有星孛于大辰,乙酉,又孛于东方。十一月己亥,彗星见,犯宦者天纪星。十二月癸巳,司空陈群薨。乙未,行幸许昌宫。

景初元年春正月壬辰,山茌县言黄龙见。① 于是有司奏,以为魏得地统,宜以建丑之月为正。三月,定历改年为孟夏四月,② 服色尚黄,牺牲用白,戎事乘黑首白马,建大赤之旂,朝会建大白之旗,③ 改太和历曰景初历。其春夏秋冬孟仲季月虽与正岁不同,至于郊祀迎气、礿祠蒸尝、巡狩蒐田、分至启闭、班宣时令、中气早晚、敬授民事,皆以正岁斗建为历数之序。

① 茌,音仕狸反。

② 《魏书》曰:初,文皇帝即位,以受禅于汉,因循汉正朔弗改。帝在东宫著论,以为五帝三王虽同气共祖,礼不相袭,正朔自宜改变,以明受命之运。及即位,优游者久之,史官复著言宜改,乃诏三公、特进、九卿、中郎将、大夫、博士、议郎、千石、六百石博议,议者或不同。帝据古典,甲子诏曰:"夫太极运三辰五星于上,元气转三统五行于下,

登降周旋，终则又始。故仲尼作《春秋》，于三微之月，每月称王，以明三正迭相为首。今推三统之次，魏得地统，当以建丑之月为正月。考之群艺，厥义章矣。其改青龙五年三月为景初元年四月。”

③ 臣松之按：魏为土行，故服色尚黄。行殷之时，以建丑为正，故牺牲旂旗一用殷礼。《礼记》云：“夏后氏尚黑，故戎事乘骊，牲用玄；殷人尚白，戎事乘翰，牲用白；周人尚赤，戎事乘騵，牲用骍。”郑玄云：“夏后氏以建寅为正，物生色黑；殷以建丑为正，物牙色白；周以建子为正，物萌色赤。翰，白色马也，《易》曰‘白马翰如’。”《周礼·巾车职》“建大赤以朝”，“大白以即戎”，此则周以正色之旗以朝，先代之旗即戎。今魏用殷礼，变周之制，故建大白以朝，大赤即戎。

五月己巳，行还洛阳宫。己丑，大赦。六月戊申，京都地震。己亥，以尚书令陈矫为司徒，尚书右仆射卫臻为司空。丁未，分魏兴之魏阳、锡郡之安富、上庸为上庸郡。省锡郡，以锡县属魏兴郡。

有司奏：武皇帝拨乱反正，为魏太祖，乐用《武始之舞》。文皇帝应天受命，为魏高祖，乐用《咸熙之舞》。帝制作兴治，为魏烈祖，乐用《章斌之舞》。三祖之庙，万世不毁。其余四庙，亲尽迭毁，如周后稷、文、武庙祧之制。①

① 孙盛曰：夫谥以表行，庙以存容，皆于既没然后著焉，所以原始要终，以示百世也。未有当年而逆制祖宗，未终而豫自尊显。昔华乐以厚敛致讥，周人以豫凶违礼，魏之群司，于是乎失正。

秋七月丁卯，司徒陈矫薨。孙权遣将朱然等二万人围江夏郡，荆州刺史胡质等击之，然退走。初，权遣使浮海与高句骊通，欲袭辽东。遣幽州刺史毌丘俭率诸军及鲜卑、乌丸屯辽东南界，玺书征公孙渊。渊发兵反，俭进军讨之，会连雨十日，辽水大涨，诏俭引军还。右北平乌丸单于寇娄敦、辽西乌丸都督王护留等居辽东，率部众随俭内附。己卯，诏辽东将吏士民为渊所胁略不得降者，一切赦之。辛卯，太白昼见。渊自俭还，遂自立为燕王，置百官，称绍汉元年。

诏青、兖、幽、冀四州大作海船。九月，冀、兖、徐、豫四州民遇水，遣侍御史循行，没溺死亡及失财产者，在所开仓振救之。庚辰，皇后毛氏卒。冬十月丁未，月犯荧惑。癸丑，葬悼毛后于愍陵。乙卯，营洛阳南委粟山为圜丘。① 十二月壬子冬至，始祀。丁巳，分襄阳临沮、宜城、旍阳、邔② 四县，置襄阳南部都尉。己未，有司奏文昭皇后立庙京都。分襄阳郡之鄀叶县属义阳郡。③

①《魏书》载诏曰：“盖帝王受命，莫不恭承天地以章神明，尊祀世统以昭功德，故先代之典既著，则禘郊祖宗之制备也。昔汉氏之初，承秦灭学之后，采摭残缺，以备郊祀，自甘泉后土、雍宫五畤，神祇兆位，多不见经，是以制度无常，一彼一此，四百余年，废无禘祀。古代之所更立者，遂有阙焉。曹氏系世，出自有虞氏，今祀圜丘，以始祖帝舜配，号圜丘曰皇皇帝天；方丘所祭曰皇皇后地，以舜妃伊氏配；天郊所祭曰皇天之神，以太祖武皇帝配；地郊所祭曰皇地之祇，以武宣后配；宗祀皇考高祖文皇帝于明堂，以配上帝。”至晋泰始二年，并圜丘、方丘二至之祀于南北郊。

② 邔，音其己反。

③《魏略》曰：是岁，徙长安诸钟簴、骆驼、铜人、承露盘。盘折，铜人重不可致，留于霸城。大发铜，铸作铜人二，号曰翁仲，列坐于司马门外。又铸黄龙、凤皇各一，龙高四丈，凤高三丈余，置内殿前。起土山于芳林园西北陬，使公卿群僚皆负土成山，树松竹杂木善草于其上，捕山禽杂兽置其中。◎《汉晋春秋》曰：帝徙盘，盘折，声闻数十里，金狄或泣，因留霸城。◎《魏略》载司徒军议掾河东董寻上书谏曰："臣闻古之直士，尽言于国，不避死亡。故周昌比高祖于桀、纣，刘辅譬赵后于人婢。天生忠直，虽白刃沸汤，往而不顾者，诚为时主爱惜天下也。建安以来，野战死亡，或门殚户尽，虽有存者，遗孤老弱。若今宫室狭小，当广大之，犹宜随时，不妨农务，况乃作无益之物，黄龙、凤皇、九龙、承露盘、土山、渊池，此皆圣明之所不兴也，其功参倍于殿舍。三公九卿侍中尚书，天下至德，皆知非道而不敢言者，以陛下春秋方刚，心畏雷霆。今陛下既尊群臣，显以冠冕，被以文绣，载以华舆，所以异于小人。而使穿方举土，面目垢黑，沾体涂足，衣冠了鸟，毁国之光以崇无益，甚非谓也。孔子曰：'君使臣以礼，臣事君以忠。'无忠无礼，国何以立？故有君不君，臣不臣，上下不通，心怀郁结，使阴阳不和，灾害屡降，凶恶之徒，因间而起，谁当为陛下尽言是者乎？又谁当干万乘以死为戏乎？臣知言出必死，而臣自比于牛之一毛，生既无益，死亦何损？秉笔流涕，心与世辞。臣有八子，臣死之后，累陛下矣！"将奏，沐浴。既通，帝曰："董寻不畏死邪？"主者奏收寻，有诏勿问。后为贝丘令，清省得民心。

【译文】青龙三年春正月八日，任命大将军司马懿为太尉。十九日，重新设置朔方郡。此时，京都又爆发了严重的瘟疫。二月八日，皇太后驾崩。二十六日，天降陨石于寿光县境。三月十一日，按文帝颁布的丧葬制度为皇太后郭氏营建了陵墓，隔涧东望文帝首阳陵。此时，明帝正大修洛阳宫，新建了昭阳殿和太极殿，筑造了总章观。这使得百姓们严重贻误了农时，秉性耿直的朝臣如杨阜、高堂隆等人多次恳切进谏，明帝尽管不肯采纳，但对这些谏臣还是采取了优容宽待的态度。

秋七月，洛阳崇华殿发生重大火灾。八月二十四日，册立皇子曹芳为齐王，曹询为秦王。九月二日，明帝返回洛阳宫。命有关官员修复崇华殿，殿名改为九龙殿。冬十月三日，中山王曹衮去世。二十六日，太白星白昼出现。十一月二十二日，明帝临幸许昌宫。

青龙四年春二月，太白星再度白昼出现，月犯太白，又侵犯轩辕星座中一星，入太微星宿而出。夏四月，设置崇文观，征召天下善写文章的人进观。五月十三日，司徒董昭去世。十五日，北方肃慎国进献用楛木制成的弓箭。

六月初一，明帝诏令说："从前有虞氏把五刑之状画成图像昭示天下，广大百姓就不再触犯法律，周朝置刑而不用。我追随历代帝王之后，有心重现上古以来民不犯法而无所置刑的美好景象，但结果怎么就跟愿望相差得这么远呢？法令昭示得越是明确，违法的人越是增多，刑罚实行得越是普遍，而种种作奸犯科的行为就越是不能禁止。以往也曾按照制定死刑的条款，免除了不少罪犯的死刑，这也是救百姓们的性命，是朕的一片真诚心愿。但听说各郡国审断的案件,每年仍有数百之多,这难道是我的训导不够淳厚质朴,使得百姓们对违法犯罪抱着掉以轻心的态度,或者是苛法犹存,反而成为激发民众触犯法律的陷阱吗?有关执法者应在议定案件时宽赦死罪,务必本着宽大为怀的原则,如果有乞求施恩的人,有来不及将申诉文状递交御览而案子早已判决的情况,就不符合力求案件清楚,仔细分辨其中一切情理细节的审理方法。现特令执掌最高司法权力的廷尉以及各郡国的司法官吏,以后所有死罪人犯一旦备文定案,凡是不属于谋反及亲手杀人的死刑犯,都应尽快通知其亲属,若有乞求施恩的犯人,有关官员应将犯人的陈请书信和有关案情文书一起呈送给朕,朕将考虑怎样才能保全他们的性命。特此布告天下,以便让大家都能明白朕的意愿。"

秋七月,辽东高句丽国王宫斩了吴国孙权所派使者胡卫等人,把他们的首级送到幽州。十三日,太白侵犯轩辕大星。冬十月十日,明帝返回洛阳宫。十五日,有彗星出现于大辰星附近,十六日,彗星再现东方。十一月六日,又见彗星,侵犯宦者天纪星。十二月十五日,司空陈群去世。十七日,明帝驾临许昌宫。

景初元年春正月二十四日,山茌县奏报境内出现黄龙。这时有关官员进奏,认为魏朝占有三统五行中的地统,应该以殷历的建丑之月作为正月。三月,议定历法并改年为孟夏四月,服色以黄为正,祭祀所用牺牲选用白色,逢战事则乘黑首白马,树大红之旗,朝会则立大白旗,将太和历改为景初历。如此一来,春、夏、秋、冬四季之中,孟、仲、季月的交替尽管有别于正岁,但诸如郊祀迎气、礿祠蒸尝、巡狩蒐田、分至启闭、班宣时令、中气早晚、敬授民事之类活动的日期,仍以正岁农历的月建作为历数的序次。

五月二日,明帝车驾回到洛阳宫。二十二日,下诏大赦天下。六月一日,京城洛阳发生地震。四日,任命尚书令陈矫为司徒,尚书右仆射卫臻为司空。十一日,分出魏兴郡的魏阳、锡郡的安富、上庸三县为上庸郡。撤销锡郡建制,把锡县划归魏兴郡。

有关官员进奏:武皇帝身当汉末乱世,拨乱反正,有大功大德于世,为魏太祖,所以乐舞用《武始之舞》。文皇帝应天受命,改朝换代,为魏高祖,所以乐舞用《咸熙之舞》。当今皇上致力于典章制度的完善,使国家得以大治,为魏烈祖,乐舞当用《章斌之舞》。三祖庙庭,万世不毁。其余四座宗庙,则随着后世帝王及其嫡系亲缘的变更而相应地变更归属,制度上如周朝后稷、文王、武王的三座祖庙与其他宗庙的关系。

秋七月二日,司徒陈矫逝世。东吴孙权派朱然率兵二万围攻江夏郡,荆州刺史胡质等人挥军反击,朱然退走。在此之前,孙权曾派使者走海路到高句丽国进行联络,图谋奔袭辽东。明帝便派遣幽州刺史毌丘俭率诸军以及归顺的鲜卑、乌丸部族开赴辽东的南部地区,同时下诏征召公孙渊。公孙渊发兵反叛,毌丘俭进军先行讨伐,适逢大雨连绵十余日,辽水暴涨,明帝便传诏毌丘俭暂行撤军。右北平乌丸单于寇娄敦、辽西乌丸都督王护留等部本居辽东,这时也各率部属跟随毌丘俭来到内地归附魏国。十四日,明帝下诏宣布,辽东的将士、官吏及黎民百姓凡为公孙渊胁迫而不能向朝廷投降的,朝廷均可以从宽赦免他们的罪行。二十六日,太白星白昼出现。公孙渊从毌丘俭退兵的那一刻起,立即自封为燕王,设置百官,定年号为绍汉元年。

明帝诏令青、兖、幽、冀四州大规模制造海船。九月，冀、兖、徐、豫四州发生水灾，朝廷派侍御史到灾区巡视，对于那些洪水中不幸淹死的灾民家庭及因水灾失去财产无法生活的难民，其所到之处皆打开官仓放粮加以赈济。九月十六日，皇后毛氏去世。冬十月十三日，月犯火星。十九日，将毛皇后安葬在愍陵。二十一日，在洛阳南郊的委粟山营造祭天的圜丘。十二月十九日首次在圜丘举行祭天大典。二十四日，从襄阳郡分出临沮、宜城、旍阳、邔县等四县，设立襄阳南部都尉。二十六日，有关官员奏请在京都为明帝生母文昭皇后建立祀庙。朝廷又分出襄阳郡的鄀叶县归属义阳郡。

【原文】二年春正月，诏太尉司马宣王帅众讨辽东。[①]二月癸卯，以大中大夫韩暨为司徒。癸丑，月犯心距星，又犯心中央大星。夏四月庚子，司徒韩暨薨。壬寅，分沛国萧、相、竹邑、符离、蕲、铚、龙亢、山桑、洨、虹[②]十县为汝阴郡。宋县、陈郡苦县皆属谯郡。以沛、杼秋、公丘、彭城丰国、广戚，并五县为沛王国。庚戌，大赦。五月乙亥，月犯心距星，又犯中央大星。[③]六月，省渔阳郡之狐奴县，复置安乐县。

① 干宝《晋纪》曰：帝问宣王："度公孙渊将何计以待君？"宣王对曰："渊弃城预走，上计也；据辽水拒大军，其次也；坐守襄平，此为成禽耳。"帝曰："然则三者何出？"对曰："唯明智审量彼我，乃预有所割弃，此既非渊所及；又谓今往县远，不能持久，必先拒辽水，后守也。"帝曰："往还几日？"对曰："往百日，攻百日，还百日，以六十日为休息，如此，一年足矣。"◎《魏名臣奏》载散骑常侍何曾表曰："臣闻先王制法，必于全慎，故建官授任，则置假辅，陈师命将，则立监贰，宣命遣使，则设介副，临敌交刃，则参御右，盖以尽谋思之功，防安危之变也。是以在险当难，则权足相济，陨缺不预，则才足相代，其为固防，至深至远。及至汉氏，亦循旧章。韩信伐赵，张耳为贰。马援讨越，刘隆副军。前世之迹，著在篇志。今懿奉辞诛罪，步骑数万，道路回阻，四千余里，虽假天威，有征无战，寇或潜遁，消散日月，命无常期，人非金石，远虑详备，诚宜有副。今北边诸将及懿所督，皆为僚属，名位不殊，素无定分，卒有变急，不相镇摄。存不忘亡，圣达所戒，宜选大臣名将威重宿著者，盛其礼秩，遣诣懿军，进同谋略，退为副佐。虽有万一不虞之灾，军主有储，则无患矣。"《毌丘俭志记》云，时以俭为宣王副也。

② 洨，音胡交反。虹，音绛。

③《魏书》载戊子诏曰："昔汉高祖创业，光武中兴，谋除残暴，功昭四海，而坟陵崩颓，童儿牧竖践蹈其上，非大魏尊崇所承代之意也。其表高祖、光武陵四面百步，不得使民耕牧樵采。"

秋八月，烧当羌王芒中、注诣等叛，凉州刺史率诸郡攻讨，斩注诣首。癸丑，有彗星见张宿。[①]

①《汉晋春秋》曰：史官言于帝曰："此周之分野也，洛邑恶之。"于是大修禳祷之术以厌焉。◎《魏书》曰：九月，蜀阴平太守廖惇反，攻守善羌侯宕蕈营。雍州刺史郭淮遣广魏太守王赟、南安太守游奕将兵讨惇。淮上书："赟、奕等分兵夹山东西，围落贼表，破在旦夕。"帝曰："兵势恶离。"促诏淮敕奕诸别营非要处者，还令据便地。诏敕未到，奕军为惇所破，赟为流矢所中死。

丙寅，司马宣王围公孙渊于襄平，大破之，传渊首于京都，海东诸郡平。冬十一月，录讨渊功，太尉宣王以下增邑封爵各有差。初，帝议遣宣王讨渊，发卒四万人。议臣皆以为四万兵多，役费难供。帝曰："四千里征伐，虽云用奇，亦当任力，不当稍计役费。"遂以四万人行。及宣王至辽东，霖雨不得时攻，群臣或以为渊未可卒破，宜诏宣王还。帝曰："司马懿临危制变，擒渊可计日待也。"卒皆如所策。

壬午，以司空卫臻为司徒，司隶校尉崔林为司空。闰月，月犯心中央大星。十二月乙丑，帝寝疾不豫。辛巳，立皇后。赐天下男子爵人二级，鳏寡孤独谷。以燕王宇为大将军，甲申免，以武卫将军曹爽代之。①

①《汉晋春秋》曰：帝以燕王宇为大将军，使与领军将军夏侯献、武卫将军曹爽、屯骑校尉曹肇、骁骑将军秦朗等对辅政。中书监刘放、令孙资久专权宠，为朗等素所不善，惧有后害，阴图间之，而宇常在帝侧，故未得有言。甲申，帝气微，宇下殿呼曹肇有所议，未还，而帝少间，惟曹爽独在。放知之，呼资与谋。资曰："不可动也。"放曰："俱入鼎镬，何不可之有？"乃突前见帝，垂泣曰："陛下气微，若有不讳，将以天下付谁？"帝曰："卿不闻用燕王耶？"放曰："陛下忘先帝诏敕，藩王不得辅政。且陛下方病，而曹肇、秦朗等便与才人侍疾者言戏。燕王拥兵南面，不听臣等入，此即竖刁、赵高也。今皇太子幼弱，未能统政，外有强暴之寇，内有劳怨之民，陛下不远虑存亡，而近系恩旧。委祖宗之业，付二三凡士，寝疾数日，外内壅隔，社稷危殆，而己不知，此臣等所以痛心也。"帝得放言，大怒曰："谁可任者？"放、资乃举爽代宇，又白"宜诏司马宣王使相参"，帝从之。放、资出，曹肇入，泣涕固谏，帝使肇敕停。肇出户，放、资趋而往，复说止帝，帝又从其言。放曰："宜为手诏。"帝曰："我困笃，不能。"放即上床，执帝手强作之，遂赍出，大言曰："有诏免燕王宇等官，不得停省中。"于是宇、肇、献、朗相与泣而归第。

初，青龙三年中，寿春农民妻自言为天神所下，命为登女，当营卫帝室，蠲邪纳福。饮人以水，及以洗疮，或多愈者。于是立馆后宫，下诏称扬，甚见优宠。及帝疾，饮水无验，于是杀焉。

三年春正月丁亥，太尉宣王还至河内，帝驿马召到，引入卧内，执其手谓曰："吾疾甚，以后事属君，君其与爽辅少子。吾得见君，无所恨！"宣王顿首流涕。①即日，帝崩于嘉福殿，②时年三十六。③癸丑，葬高平陵。④

①《魏略》曰：帝既从刘放计，召司马宣王，自力为诏，既封，顾呼宫中常所给使者曰："辟邪来！汝持我此诏授太尉也。"辟邪驰去。先是，燕王为帝画计，以为关中事重，宜便道遣宣王从河内西还，事以施行。宣王得前诏，斯须复得后手笔，疑京师有变，乃驰到，入见帝。劳问讫，乃召齐、秦二王以示宣王，别指齐王谓宣王曰："此是也，君谛视之，勿误也！"又教齐王令前抱宣王颈。◎《魏氏春秋》曰："时太子芳年八岁，秦王九岁，在于御侧。帝执宣王手，目太子曰："死乃复可忍，朕忍死待君，君其与爽辅此。"宣王曰："陛下不见先帝属臣以陛下乎？"

②《魏书》曰：殡于九龙前殿。

③臣松之按：魏武以建安九年八月定邺，文帝始纳甄后，明帝应以十年生，计至此

年正月，整三十四年耳。时改正朔，以故年十二月为今年正月，可强名三十五年，不得三十六也。

④《魏书》曰：帝容止可观，望之俨然。自在东宫，不交朝臣，不问政事，唯潜思书籍而已。即位之后，褒礼大臣，料简功能，真伪不得相贸，务绝浮华谮毁之端，行师动众，论决大事，谋臣将相，咸服帝之大略。性特强识，虽左右小臣官簿性行，名迹所履，及其父兄子弟，一经耳目，终不遗忘。含垢藏疾，容受直言，听受吏民士庶上书，一月之中至数十百封，虽文辞鄙陋，犹览省究竟，意无厌倦。

孙盛曰：闻之长老，魏明帝天姿秀出，立发垂地，口吃少言，而沉毅好断。初，诸公受遗辅导，帝皆以方任处之，政自己出。而优礼大臣，开容善直，虽犯颜极谏，无所摧戮，其君人之量如此之伟也。然不思建德垂风，不固维城之基，至使大权偏据，社稷无卫，悲夫！

【译文】景初二年春正月，明帝下诏命太尉司马懿统帅大军征讨辽东。二月十一日，任命大中大夫韩暨为司徒。二十一日，月犯心距星，又犯心宿中央大星。夏四月九日，司徒韩暨逝世。十一日，朝廷划出沛国的萧、相、竹邑、符离、蕲、铚、龙亢、山桑、洨、虹十县设置汝阴郡。宋县和原属陈郡的苦县都划归谯郡。合并沛、杼秋、公丘、彭城丰国、广戚五县作为沛王国封地。十九日，大赦天下。五月十五日，月犯心距星，又犯心宿中央大星。六月，撤销渔阳郡的狐奴县，重新设置安乐县。

秋八月，烧当羌族的大王芒中、注诣等人反叛，凉州刺史率诸郡兵马前往征讨，将注诣斩首。二十四日，有彗星出现在张宿附近。

九月七日，司马懿挥师将公孙渊围困在襄平，彻底打垮了叛军，并将公孙渊的首级传送京都，辽东叛乱被荡平，诸郡重新归属朝廷。冬十一月，朝廷评议诸将士讨伐公孙渊的功劳，自太尉司马懿以下都获得不同程度的增邑封爵。当初，明帝主持朝会商议派司马懿统兵讨伐公孙渊，准备发兵四万。群臣都以为四万兵马太多，军费开支及后勤粮草都难以保障。明帝坚持说："行程长达四千里的军事征伐，虽说可以运用出奇制胜的谋略，同时还必须要有强大的军事实力，不应该过于计较军费开支的多少。"于是仍以四万大军出征辽东。当司马懿率师抵达辽东之后，又赶上连绵大雨，没能取得攻打公孙渊的合适时机，朝臣中又有人认为公孙渊不是短时间内可以攻破的，应当传诏让司马懿回兵。明帝说："司马懿统兵善于随机应变，活捉公孙渊一定指日可待。"后来的战事发展果然都不出明帝的预料。

九月二十四日，任命司空卫臻为司徒，司隶校尉崔林为司空。闰月，月犯心宿中央大星。十二月八日，明帝生病未愈。二十四日，册立皇后。诏赐天下男子爵位各进二级，鳏夫寡妇孤独无靠者由官府赐给粮谷。又下诏任命燕王曹宇为大将军，二十七日，免去曹宇大将军职务，另以武卫将军曹爽代替。

当初在青龙三年的时候，寿春一位农民的妻子自称是天神下凡，名为登女，应当护卫帝室，为帝王去邪荐福。她取水给有病的人喝，用水给人清洗疮口，有不少人因此痊愈。明帝于是专门为她在后宫修建了住处，下诏褒扬她的才能，极受明帝优宠。

等到现在明帝病重，饮她的神水却不起任何作用，明帝一怒之下将她杀了。

景初三年春正月初一，太尉司马懿班师刚刚到达河内，明帝特派驿马将他召入寝宫，拉着他的手嘱咐说："我的病是越来越严重了，现在我把后事托付给您，您就和大将军曹爽共同辅佐太子吧。我在死前能见到您，没什么可遗憾的了！"司马懿痛哭流涕连连磕头。当天，明帝在嘉福殿驾崩，终年三十六岁。正月二十七日，安葬在高平陵。

【原文】评曰：明帝沉毅断识，任心而行，盖有君人之至概焉。于时百姓凋弊，四海分崩，不先聿修显祖，阐拓洪基，而遽追秦皇、汉武，宫馆是营，格之远猷，其殆疾乎！

【译文】评论说：明帝沉着刚毅，机谋决断，识见不凡，行事任随心意，不受他人意见左右，确有作为一代帝王的宏大气概。当他在位之时，天下百姓尚且穷愁不堪，国家也还是分崩离析的局面，他不是首先致力于继承发扬先祖披荆斩棘的创业精神，进一步开拓帝国基业，反而忙着效法秦皇、汉武，大肆营建宫馆楼阁，用深谋远虑的标准来衡量他，恐怕就要显示出他的缺点和不足了！

卷四 魏书四

三少帝纪第四

齐王曹芳

【原文】齐王讳芳，字兰卿。明帝无子，养王及秦王询。宫省事秘，莫有知其所由来者。[①] 青龙三年，立为齐王。景初三年正月丁亥朔，帝病甚，乃立为皇太子。是日，即皇帝位，大赦，尊皇后曰皇太后。大将军曹爽、太尉司马宣王辅政。诏曰："朕以眇身，继承鸿业，茕茕在疚，靡所控告。大将军、太尉奉受末命，夹辅朕躬，司徒、司空、冢宰、元辅总率百寮，以宁社稷，其与群卿大夫勉勖乃心，称朕意焉。诸所兴作宫室之役，皆以遗诏罢之。官奴婢六十已上，免为良人。"

①《魏氏春秋》曰：或云任城王楷子。

二月，西域重译献火浣布，诏大将军、太尉临试以示百寮。[①]

①《异物志》曰：斯调国有火州，在南海中。其上有野火，春夏自生，秋冬自死。有木生于其中而不消也，枝皮更活，秋冬火死则皆枯瘁。其俗常冬采其皮以为布，色小青黑。若尘垢污之，便投火中，则更鲜明也。◎《傅子》曰：汉桓帝时，大将军梁冀以火浣布为单衣，常大会宾客，冀阳争酒，失杯而污之，伪怒，解衣曰："烧之。"布得火，炜晔赫然，如烧凡布，垢尽火灭，粲然洁白，若用灰水焉。◎《搜神记》曰：昆仑之墟，有炎火之山，山上有鸟兽草木，皆生于炎火之中，故有火浣布，非此山草木之皮枲，则其鸟兽之毛也。汉世西域旧献此布，中间久绝，至魏初，时人疑其无有。文帝以为火性酷烈，无含生之气，著之《典论》，明其不然之事，绝智者之听。及明帝立，诏三公曰："先帝昔著《典论》，不朽之格言，其刊石于庙门之外及太学，与石经并，以永示来世。"至是西域使至而献火浣布焉，于是刊灭此论，而天下笑之。

臣松之昔从征西至洛阳，历观旧物，见《典论》石在太学者尚存，而庙门外无之，问诸长老，云晋初受禅，即用魏庙，移此石于太学，非两处立也。窃谓此言为不然。

又，东方朔《神异经》曰：南荒之外有火山，长三十里，广五十里，其中皆生不烬之木，昼夜火烧，得暴风不猛，猛雨不灭。火中有鼠，重百斤，毛长二尺余，细如丝，可以作布。常居火中，色洞赤，时时出外而色白，以水逐而沃之即死，续其毛，织以为布。

丁丑诏曰："太尉体道正直，尽忠三世。南擒孟达，西破蜀虏，东灭公孙渊，功盖海内。昔周成建保傅之官，近汉显宗崇宠邓禹，所以优隆隽乂，必有尊也。其以太尉为太傅，持节统兵都督诸军事如故。"三月，以征东将军满宠为太尉。夏六月，以辽东东沓县吏民渡海居齐郡界，以故纵城为新沓县，以居徙民。秋七月，上始亲临朝，听公卿奏事。八月，大赦。冬十月，以镇南将军黄权为车骑将军。

十二月，诏曰："烈祖明皇帝以正月弃背天下，臣子永惟忌日之哀。其复用夏正，虽违先帝通三统之义，斯亦礼制所由变改也。又，夏正于数为得天正，其以建寅之月为正始元年正月，以建丑月为后十二月。"

【译文】齐王曹芳，字兰卿。明帝曹叡没有儿子，抱养曹芳及秦王曹询。宫禁里面对此事十分保密，没有人知道他们是从哪里来的。青龙三年，被立为齐王。景初三年正月丁亥朔，明帝病势垂危，于是立曹芳为皇太子。当天，明帝逝世，曹芳即位为皇帝，大赦天下，尊皇后郭氏为皇太后。大将军曹爽、太尉司马懿辅政。曹芳下诏说："我以微薄之身，继承鸿业，孤单而且悲痛，没有地方去诉说。大将军、太尉奉受先帝遗命，辅佐于我，司徒、司空、冢宰、元辅率领百官，安定社稷，与群卿、大夫们相互勉励，忠心王室，以实现我的意愿。所有修筑宫殿的工程，都以遗诏的名义停止。官奴婢年龄在六十岁以上的，放免为平民。"

二月，西域地区的国家，献上火浣布，下诏命令大将军、太尉亲自试验给百官看。

丁丑，下诏说："太尉司马懿遵行道义，为人正直，尽忠于朝廷，已经历三代。南擒孟达，西破蜀军，东灭公孙渊，功盖天下。以前，周成王设立太保、太傅的官职，近代，汉显宗尊宠邓禹，所以要优待特殊的人才，必然要授以尊位。现在，任命太尉为太傅，仍旧持符节统率军队及都督诸军事务。"三月，任命征东将军满宠为太尉。夏季，六月，因为辽东郡东沓县的官吏和百姓渡海后居住在齐郡境内，把原来的纵城改为新沓县，供这些迁徙过来的百姓居住。秋季，七月，曹芳开始亲自临朝，听取公卿官员奏报政事。八月，大赦天下。冬季，十月，任命镇南将军黄权为车骑将军。

十二月，下诏说："烈祖明皇帝是在正月离开天下臣民的，臣子们长久因忌日而哀痛。现在恢复使用夏历，虽然违背先帝关于天、地、人三统的论述，但这也是礼制改变的缘由。另外，夏历在历数上属天正，现以建寅之月为正始元年正月，以建丑月为后十二月。"

【原文】正始元年春，二月乙丑，加侍中中书监刘放、侍中中书令孙资为左右光禄大夫。丙戌，以辽东汶、北丰县民流徙渡海，规齐郡之西安、临菑、昌国县界为新汶、南丰县，以居流民。自去冬十二月至此月不雨。丙寅，诏令狱官亟平冤枉，理出轻微。群公卿士谠言嘉谋，各悉乃心。夏四月，车骑将军黄权薨。秋七月，诏曰："《易》称'损上益下'，'节以制度，不伤财，不害民'。方今百姓不足，而御府多作金银杂物，将奚以为？今出黄金银物百五十种，千八百余斤，销冶以供军用。"八月，车驾巡省洛阳界秋稼，赐高年力田各有差。

二年春二月，帝初通《论语》，使太常以太牢祭孔子于辟雍，以颜渊配。夏五月，吴将朱然等围襄阳之樊城，太傅司马宣王率众拒之。[①] 六月辛丑，退。己卯，以征东将军王凌为车骑将军。冬十二月，南安郡地震。

① 干宝《晋纪》曰：吴将全琮寇芍陂，朱然、孙伦五万人围樊城，诸葛瑾、步骘寇柤中。琮已破走而樊围急。宣王曰："柤中民夷十万，隔在水南，流离无主，樊城被攻，历月不解，此危事也，请自讨之。"议者咸言："贼远围樊城不可拔，挫于坚城之下，有自破

之势，宜长策以御之。”宣王曰：“《军志》有之：‘将能而御之，此为縻军；不能而任之，此为覆军。’今疆埸骚动，民心疑惑，是社稷之大忧也。”六月，督诸军南征，车驾送津阳城门外。宣王以南方暑湿，不宜持久，使轻骑挑之，然不敢动。于是乃令诸军休息洗沐，简精锐，募先登，申号令，示必攻之势。然等闻之，乃夜遁。追至三州口，大杀获。

三年春正月，东平王徽薨。三月，太尉满宠薨。秋七月甲申，南安郡地震。乙酉，以领军将军蒋济为太尉。冬十二月，魏郡地震。

四年春正月，帝加元服，赐群臣各有差。夏四月乙卯，立皇后甄氏，大赦。五月朔，日有蚀之，既。秋七月，诏祀故大司马曹真、曹休、征南大将军夏侯尚、太常桓阶、司空陈群、太傅钟繇、车骑将军张郃、左将军徐晃、前将军张辽、右将军乐进、太尉华歆、司徒王朗、骠骑将军曹洪、征西将军夏侯渊、后将军朱灵、文聘、执金吾臧霸、破虏将军李典、立义将军庞德、武猛校尉典韦于太祖庙庭。冬十二月，倭国女王俾弥呼遣使奉献。

五年春二月，诏大将军曹爽率众征蜀。夏四月朔，日有蚀之。五月癸巳，讲《尚书》经通，使太常以太牢祀孔子于辟雍，以颜渊配，赐太傅、大将军及侍讲者各有差。丙午，大将军曹爽引军还。秋八月，秦王询薨。九月，鲜卑内附，置辽东属国，立昌黎县以居之。冬十一月癸卯，诏祀故尚书令荀攸于太祖庙庭。① 己酉，复秦国为京兆郡。十二月，司空崔林薨。

① 臣松之以为：故魏氏配飨不及荀彧，盖以其末年异议，又位非魏臣故也。至于升程昱而遗郭嘉，先钟繇而后荀攸，则未详厥趣也。徐他谋逆而许褚心动，忠诚之至远同于日磾，且潼关之危，非褚不济，褚之功烈有过典韦，今祀韦而不及褚，又所未达也。

六年春二月丁卯，南安郡地震。丙子，以骠骑将军赵俨为司空。夏六月，俨薨。八月丁卯，以太常高柔为司空。癸巳，以左光禄大夫刘放为骠骑将军，右光禄大夫孙资为卫将军。冬十一月，祫祭太祖庙，始祀前所论佐命臣二十一人。十二月辛亥，诏故司徒王朗所作《易传》，令学者得以课试。乙亥，诏曰：“明日大会群臣，其令太傅乘舆上殿。”

七年春二月，幽州刺史毌丘俭讨高句骊，夏五月，讨涉貊，皆破之。韩那奚等数十国各率种落降。秋八月戊申，诏曰：“属到市，观见所斥卖官奴婢，年皆七十，或癃疾残病，所谓天民之穷者也。且官以其力竭而复鬻之，进退无谓，其悉遣为良民。若有不能自存者，郡县振给之。”①

① 臣松之案：帝初即位，有诏“官奴婢六十以上免为良人”。既有此诏，则宜遂为永制。七八年间，而复货年七十者，且七十奴婢及癃疾残病，并非可售之物，而鬻之于市，此皆事之难解。

己酉，诏曰：“吾乃当以十九日亲祠，而昨出已见治道，得雨当复更治，徒弃功夫。每念百姓力少役多，夙夜存心。道路但当期于通利，闻乃挝捶老小，务崇修饰，疲困流离，以至哀叹，吾岂安乘此而行，致馨德于宗庙邪？自今已后，明申敕之。”冬十二月，讲《礼记》通，使太常以太牢祀孔子于辟雍，以颜渊配。①

① 习凿齿《汉晋春秋》曰：是年，吴将朱然入柤中，斩获数千，柤中民吏万余家渡沔。司马宣王谓曹爽曰："若便令还，必复致寇，宜权留之。"爽曰："今不修守沔南，留民沔北，非长策也。"宣王曰："不然。凡物置之安地则安，危地则危，故兵书曰：'成败，形也，安危，势也。'形势，御众之要，不可不审。设令贼二万人断沔水，三万人与沔南诸军相持，万人陆抄柤中，君将何以救之？"爽不听，卒令还。然后袭破之。袁淮言于爽曰："吴楚之民脆弱寡能，英才大贤不出其土，比技量力，不足与中国相抗，然自上世以来常为中国患者，盖以江汉为池，舟楫为用，利则陆抄，不利则入水，攻之道远，中国之长技无所用之也。孙权自十数年以来，大畋江北，缮治甲兵，精其守御，数出盗窃，敢远其水，陆次平土，此中国所愿闻也。夫用兵者，贵以饱待饥，以逸击劳，师不欲久，行不欲远，守少则固，力专则强。当今宜捐淮、汉以南，退却避之。若贼能入居中央，来侵边境，则随其所短，中国之长技得用矣。若不敢来，则边境得安，无抄盗之忧矣。使我国富兵强，政修民一，陵其国不足为远矣。今襄阳孤在汉南，贼循汉而上，则断而不通，一战而胜，则不攻而自服，故置之无益于国，亡之不足为辱。自江夏已东，淮南诸郡，三后已来，其所亡几何以近贼疆界易抄掠之故哉！若徙之淮北，远绝其间，则民人安乐，何鸣吠之惊乎？"遂不徙。

八年春二月朔，日有蚀之。夏五月，分河东之汾北十县为平阳郡。

秋七月，尚书何晏奏曰："善为国者必先治其身，治其身者慎其所习。所习正则其身正，其身正则不令而行。所习不正则其身不正，其身不正则虽令不从。是故为人君者，所与游必择正人，所观览必察正象，放郑声而弗听，远佞人而弗近，然后邪心不生而正道可弘也。季末暗主，不知损益，斥远君子，引近小人，忠良疏远，便辟亵狎，乱生近昵，譬之社鼠。考其昏明，所积以然，故圣贤谆谆以为至虑。舜戒禹曰'邻哉邻哉'，言慎所近也。周公戒成王曰'其朋其朋'，言慎所与也。《书》云：'一人有庆，兆民赖之。'可自今以后，御幸式乾殿及游豫后园，皆大臣侍从，因从容戏宴，兼省文书，询谋政事，讲论经义，为万世法。"

冬十二月，散骑常侍、谏议大夫孔乂奏曰："礼，天子之宫，有斫砻之制，无朱丹之饰，宜循礼复古。今天下已平，君臣之分明，陛下但当不懈于位，平公正之心，审赏罚以使之。可绝后园习骑乘马，出必御辇乘车，天下之福，臣子之愿也。"晏、乂咸因阙以进规谏。

九年春二月，卫将军、中书令孙资，癸巳，骠骑将军、中书监刘放，三月甲午，司徒卫臻，各逊位，以侯就第，位特进。四月，以司空高柔为司徒，光禄大夫徐邈为司空，固辞不受。秋九月，以车骑将军王凌为司空。冬十月，大风发屋折树。

【译文】正始元年春，二月乙丑，加侍中、中书监刘放为左光禄大夫，侍中、中书令孙资为右光禄大夫。丙戌，因为辽东郡汶县、北丰县的百姓渡海流徙到齐郡境内，从齐郡的西安、临菑、昌国三县界内划出一块地盘，设立新汶、南丰两县，以居住辽东来的流民。自从去年十二月到这个月一直没有下雨。丙寅，下诏命令司法官员立即平反冤案，理出犯小罪的人员。朝廷官员们要各进良谋，议论公正，以表示对朝廷的忠诚。夏季,四月,车骑将军黄权逝世。秋七月,下诏说:“《易经》上讲‘损上益下’,‘用制度来调节,可以不伤财,不害民’。如今,百姓衣食不足,而御府大量用金银制作日用杂物,要用来作什么?现在,拿出金银器物一百五十种,共有一千八百余斤,销铸以供军用。”八月,曹芳巡视洛阳境内的秋种,对老年及努力耕田的人分别给予赏赐。

正始二年春,二月,曹芳开始读通《论语》,命令太常在辟雍以太牢的规格祭祀孔子,以颜渊配享。夏季,五月,东吴大将朱然等包围襄阳的樊城,太傅司马懿率军前去抵挡。六月辛丑,吴军退走。己卯,任命征东将军王凌为车骑将军。冬季,十二月,南安郡发生地震。

正始三年春季,正月,东平王曹徽逝世。三月,太尉满宠逝世。秋季,七月甲申,南安郡发生地震。乙酉,任命领军将军蒋济为太尉。冬季,十二月,魏郡发生地震。

正始四年春季,正月,曹芳举行加冠仪式,对朝中大臣分别给予赏赐。夏季,四月乙卯,立甄氏为皇后,大赦天下。五月朔,出现日全食,不久日食消失了。秋季,七月,下诏在太祖曹操祭庙的前庭祭祀已故大司马曹真、大司马曹休、征南大将军夏侯尚、太常桓阶、司空陈群、太傅钟繇、车骑将军张郃、左将军徐晃、前将军张辽、右将军乐进、太尉华歆、司徒王朗、骠骑将军曹洪、征西将军夏侯渊、后将军朱灵、后将军文聘、执金吾臧霸、破虏将军李典、立义将军庞德、武猛校尉典韦。冬季,十二月,倭国女王俾弥呼派遣使者前来进献贡品。

正始五年春季,二月,下诏命令大将军曹爽率军征讨蜀国。夏季,四月朔,出现日食。五月癸巳,讲《尚书》经通,命令太常在辟雍以太牢的规格祭祀孔子,以颜渊配享,分别以不同的标准赏赐太傅、大将军以及侍讲的官员。丙午,大将军曹爽率军撤回。秋季,八月,秦王曹询逝世。九月,鲜卑人归降,向内地迁徙,朝廷设置辽东属国,建立昌黎县让鲜卑人居住。冬季,十一月癸卯,下诏在太祖曹操祭庙的前庭祭祀已故尚书令荀攸。己酉,恢复秦国为京兆郡。十二月,司空崔林逝世。

正始六年春季,二月丁卯,南安郡发生地震。丙子,任命骠骑将军赵俨为司空。夏季,六月,赵俨逝世。八月丁卯,任命太常高柔为司空。癸巳,任命左光禄大夫刘放为骠骑将军,右光禄大夫孙资为卫将军。冬季,十一月,在太祖曹操的祭庙举行祫祭仪式,开始祭祀前面所提到的佐命功臣二十一人。十二月辛亥,下诏命令学者用已故司徒王朗所作的《易传》考试。乙亥,下诏说:“明日大会群臣,命令太傅司马懿乘舆上殿。”

正始七年春季,二月,幽州刺史毌丘俭讨伐高句丽,夏季,五月,又讨伐涉貊,都攻破敌军。韩那奚等数十国各自率领本部落来投降。秋季,八月戊申,下诏说:“我到集市上,恰好看到拍卖官奴婢,年龄都已到七十,或者衰弱残病,他们可称为天下百姓中最穷困的。而且官府因为他们的气力衰竭,不堪使用,却又去拍卖他们,进退都不合情理,现在,把他们全部放免为平民。如果有无法生存的,由郡、县加以赈济。”

己酉,下诏说:“我应当在十九日亲自去主持祭祀,但昨天出去已见到在修治道路,如果下雨,还要重新修治,徒然浪费功夫。经常想到百姓力少而徭役繁多,我为此而日夜忧虑。道路的修治只是为了通畅便利，但听说官吏们鞭打老幼，一定要修饰得很漂亮，使得百姓疲惫不堪，流离失所，甚至哀叹不已，我怎能安心地在道上乘车而行，到宗庙去表达流芳久远的德业呢？从此以后，要明确告知各级官员。”冬季，十二月，曹芳通晓了《礼记》，命令太常在辟雍以太牢的规格祭祀孔子，以颜渊配享。

正始八年的春季，二月朔，出现日食。夏季，五月，把河东郡在汾水以北的十个县划分出来，设立平阳郡。

秋季，七月，尚书何晏上奏说：“善于管理国家的人，必先治理好自身；治理自身则要谨慎选择自己亲信的人。亲信的人正直则自身公正，自身公正则不令而行。亲信的人不正直则自身也难于公正，自身不公正则虽令不从。所以作为君王，交游必须选择正人君子，观览必须选看端正形象，抛弃淫荡的郑声而不听，疏远佞人而不去接近，然后可以不生邪心，弘扬正道。末代昏庸的帝王，不知利弊，排斥君子，亲近小人，疏远忠良，宠信佞邪，随意亲昵奸人，前人把这种帝王身边仗势作恶的小人，比作社庙中的老鼠。考察帝王的昏庸与圣明，就是把这些事情积累起来看，所以圣贤对此谆谆教诲，认为这是最大的忧虑。舜告诫大禹说‘邻哉邻哉’，是说要谨慎选择所接近的臣子。周公告戒成王说‘其朋其朋’，是说交游时要慎重，切忌朋党。《尚书》中说：‘天子一人做善事，亿兆百姓都受到好处。’从现在以后，陛下驾幸乾殿以及到后园游玩，都由大臣侍从，趁着游戏、宴饮，可以阅览文书，商议政事，讲解讨论儒家经义，可以把这定为万代的法度。”

冬季，十二月，散骑常侍、谏议大夫孔乂上奏说：“依照礼制，天子的宫殿里，屋椽加以雕饰，并加磨制，但不用朱红色的彩饰，应该遵循礼典，恢复古制。如今，天下已经太平，君臣的名分已定，陛下在位应该毫不懈怠，用公正之心，审慎地行使赏罚的权力。可以停止在后园学习骑马，外出时一定要乘坐车、辇，这是天下的福分，也是臣子们的愿望。”何晏、孔乂都是针对曹芳的缺点来进行规劝的。

正始九年春季，二月，卫将军、中书令孙资，癸巳，骠骑将军、中书监刘放，三月甲午，司徒卫臻各自退位，以侯爵的身份回到府第，都被任命为特进。四月，任命司空高柔为司徒，任命光禄大夫徐邈为司空，徐邈坚决辞让，拒不接受。秋季，九月，任命车骑将军王凌为司空。冬季，十月，大风毁坏房屋，刮断大树。

【原文】嘉平元年春正月甲午，车驾谒高平陵。①太傅司马宣王奏免大将军曹爽、爽弟中领军羲、武卫将军训、散骑常侍彦官，以侯就第。戊戌，有司奏收黄门张当付廷尉，考实其辞，爽与谋不轨。又尚书丁谧、邓飏、何晏、司隶校尉毕轨、荆州刺史李胜、大司农桓范皆与爽通奸谋，夷三族，语在《爽传》。丙午，大赦。丁未，以太傅司马宣王为丞相，固让乃止。②夏四月乙丑，改年。丙子，太尉蒋济薨。冬十二月辛卯，以司空王凌为太尉。庚子，以司隶校尉孙礼为司空。

① 孙盛《魏世谱》曰：高平陵在洛水南大石山，去洛城九十里。

② 孔衍《汉魏春秋》曰：诏使太常王肃册命太傅为丞相，增邑万户，群臣奏事不得称名，如汉霍光故事。太傅上书辞让曰：“臣亲受顾命，忧深责重，凭赖天威，摧弊奸凶，

赎罪为幸，功不足论。又，三公之官，圣王所制，著之典礼。至于丞相，始自秦政。汉氏因之，无复变改。今三公之官皆备，横复宠臣，违越先典，革圣明之经，袭秦汉之路，虽在异人，臣所宜正，况当臣身而不固争，四方议者将谓臣何！”书十余上，诏乃许之，复加九锡之礼。太傅又言：“太祖有大功大德，汉氏崇重，故加九锡，此乃历代异事，非后代之君臣所得议也。”又辞不受。

二年夏五月，以征西将军郭淮为车骑将军。冬十月，以特进孙资为骠骑将军。十一月，司空孙礼薨。十二月甲辰，东海王霖薨。乙未，征南将军王昶渡江，掩攻吴，破之。

三年春正月，荆州刺史王基、新城太守州泰攻吴，破之，降者数千口。二月，置南郡之夷陵县以居降附。三月，以尚书令司马孚为司空。四月甲申，以征南将军王昶为征南大将军。壬辰，大赦。丙午，闻太尉王凌谋废帝，立楚王彪，太傅司马宣王东征凌。五月甲寅，凌自杀。六月，彪赐死。秋七月壬戌，皇后甄氏崩。辛未，以司空司马孚为太尉。戊寅，太傅司马宣王薨，以卫将军司马景王为抚军大将军，录尚书事。乙未，葬怀甄后于太清陵。庚子，骠骑将军孙资薨。十一月，有司奏诸功臣应飨食于太祖庙者，更以官为次，太傅司马宣王功高爵尊，最在上。十二月，以光禄勋郑冲为司空。

四年春正月癸卯，以抚军大将军司马景王为大将军。二月，立皇后张氏，大赦。夏五月，鱼二，见于武库屋上。[①] 冬十一月，诏征南大将军王昶、征东将军胡遵、镇南将军毌丘俭等征吴。十二月，吴大将军诸葛恪拒战，大破众军于东关，不利而还。[②]

①《汉晋春秋》曰：初，孙权筑东兴堤以遏巢湖。后征淮南，坏不复修。是岁诸葛恪帅军更于堤左右结山挟筑两城，使全端、留略守之，引军而还。诸葛诞言于司马景王曰：“致人而不致于人者，此之谓也。今因其内侵，使文舒逼江陵，仲恭向武昌，以羁吴之上流，然后简精卒攻两城，比救至，可大获也。”景王从之。

②《汉晋春秋》曰：毌丘俭、王昶闻东军败，各烧屯走。朝议欲贬黜诸将，景王曰：“我不听公休，以至于此。此我过也，诸将何罪？”悉原之。时司马文王为监军，统诸军，唯削文王爵而已。是岁，雍州刺史陈泰求敕并州并力讨胡，景王从之。未集，而雁门、新兴二郡以为将远役，遂惊反。景王又谢朝士曰：“此我过也，非玄伯之责。”于是魏人愧悦，人思其报。

习凿齿曰：司马大将军引二败以为己过，过消而业隆，可谓智矣。夫民忘其败，而下思其报，虽欲不康，其可得邪？若乃讳败推过，归咎万物，常执其功而隐其丧，上下离心，贤愚解体，是楚再败而晋再克也，谬之甚矣！君人者，苟统斯理而以御国，则朝无秕政，身靡留愆，行失而名扬，兵挫而战胜，虽百败可也，况于再乎！

五年夏四月，大赦。五月，吴太傅诸葛恪围合肥新城，诏太尉司马孚拒之。[①] 秋七月，恪退还。[②]

①《汉晋春秋》曰：是时姜维亦出围狄道。司马景王问虞松曰：“今东西有事，二方皆急，而诸将意沮，若之何？”松曰：“昔周亚夫坚壁昌邑而吴楚自败，事有似弱而强，或似强而弱，不可不察也。今恪悉其锐众，足以肆暴，而坐守新城，欲以致一战耳。

若攻城不拔，请战不得，师老众疲，势将自走，诸将之不径进，乃公之利也。姜维有重兵而县军应恪，投食我麦，非深根之寇也。且谓我并力于东，西方必虚，是以径进。今若使关中诸军倍道急赴，出其不意，殆将走矣。”景王曰：“善！”乃使郭淮、陈泰悉关中之众，解狄道之围。敕毌丘俭等案兵自守，以新城委吴。姜维闻淮进兵，军食少，乃退屯陇西界。

②是时，张特守新城。《魏略》曰：特，字子产，涿郡人。先时领牙门，给事镇东诸葛诞，诞不以为能也，欲遣还护军。会毌丘俭代诞，遂使特屯守合肥新城。及诸葛恪围城，特与将军乐方等三军众合有三千人，吏兵疾病及战死者过半，而恪起土山急攻，城将陷，不可护。特乃谓吴人曰：“今我无心复战也。然魏法，被攻过百日而救不至者，虽降，家不坐也。自受敌以来，已九十余日矣。此城中本有四千余人，而战死者已过半，城虽陷，尚有半人不欲降，我当还为相语之，条名别善恶，明日早送名，且持我印绶去以为信。”乃投其印绶以与之，吴人听其辞而不取印绶，不攻。顷之，特还，乃夜彻诸屋材栅，补其缺为二重。明日，谓吴人曰：“我但有斗死耳！”吴人大怒，进攻之，不能拔，遂引去。朝廷嘉之，加杂号将军，封列侯，又迁安丰太守。

八月，诏曰：“故中郎西平郭修，砥节厉行，秉心不回。乃者蜀将姜维寇抄修郡，为所执略。往岁伪大将军费祎驱率群众，阴图窥窬，道经汉寿，请会众宾，修于广坐之中手刃击祎，勇过聂政，功逾介子，可谓杀身成仁，释生取义者矣。夫追加褒宠，所以表扬忠义。祚及后胤，所以奖劝将来。其追封修为长乐乡侯，食邑千户，谥曰威侯。子袭爵，加拜奉车都尉，赐银千饼，绢千匹，以光宠存亡，永垂来世焉。”①

①《魏氏春秋》曰：修，字孝先，素有业行，著名西州。姜维劫之，修不为屈。刘禅以为左将军，修欲刺禅而不得亲近，每因庆贺，且拜且前，为禅左右所遏，事辄不克，故杀祎焉。

臣松之以为：古之舍生取义者，必有理存焉，或感恩怀德，投命无悔，或利害有机，奋发以应会，诏所称聂政、介子是也。事非斯类，则陷乎妄作矣。魏之与蜀，虽为敌国，非有赵襄灭智之仇，燕丹危亡之急。且刘禅凡下之主，费祎中才之相，二人存亡，固无关于兴丧。郭修在魏，西州之男子耳，始获于蜀，既不能抗节不辱，于魏又无食禄之责，不为时主所使，而无故规规然糜身于非所，义无所加，功无所立，可谓“折柳樊圃”，其狂也且，此之谓也。

自帝即位至于是岁，郡国县道多所置省，俄或还复，不可胜纪。

六年春二月己丑，镇东将军毌丘俭上言：“昔诸葛恪围合肥新城，城中遣士刘整出围传消息，为贼所得，考问所传，语整曰：‘诸葛公欲活汝，汝可具服。’整骂曰：‘死狗，此何言也！我当必死为魏国鬼，不苟求活，逐汝去也。欲杀我者，便速杀之。’终无他辞。又遣士郑像出城传消息，或以语恪，恪遣马骑寻围迹索，得像还。四五人靮头面缚，将绕城表，敕语像，使大呼，言：‘大军已还洛，不如早降。’像不从其言，更大呼城中曰：‘大军近在围外，壮士努力！’贼以刀筑其口，使不得言，像遂大呼，令城中闻知。整、像为兵，能守义执节，子弟宜有差异。”诏曰：“夫显爵所以褒元功，重赏所以宠烈士。整、像召募通使，越蹈重围，冒突白刃，轻身守信。不幸见获，抗节弥厉，扬六军之大势，安城守之惧心，临难不顾，毕志传命。昔解杨执楚，有陨无贰，齐路中大夫以死成命，方之整、像，所不能加。今追赐整、像爵关中侯，各除士名，使子袭爵，如部曲将死事科。"

庚戌，中书令李丰与皇后父光禄大夫张缉等谋废易大臣，以太常夏侯玄为大将军。事觉，诸所连及者皆伏诛。辛亥，大赦。三月，废皇后张氏。夏四月，立皇后王氏，大赦。五月，封后父奉车都尉王夔为广明乡侯、光禄大夫，位特进，妻田氏为宣阳乡君。秋九月，大将军司马景王将谋废帝，以闻皇太后。① 甲戌，太后令曰："皇帝芳春秋已长，不亲万机，耽淫内宠，沈漫女德，日延倡优，纵其丑谑。迎六宫家人留止内房，毁人伦之叙，乱男女之节。恭孝日亏，悖傲滋甚，不可以承天绪，奉宗庙。使兼太尉高柔奉策，用一元大武告于宗庙，遣芳归藩于齐，以避皇位。"② 是日迁居别宫，年二十三。使者持节送卫，营齐王宫于河内之重门，制度皆如藩国之礼。③

①《世语》及《魏氏春秋》并云：此秋，姜维寇陇右。时安东将军司马文王镇许昌，征还击维，至京师，帝于平乐观以临军过。中领军许允与左右小臣谋，因文王辞，杀之，勒其众以退大将军。已书诏于前。文王入，帝方食栗，优人云午等唱曰："青头鸡，青头鸡。"青头鸡者，鸭也。帝惧不敢发。文王引兵入城，景王因是谋废帝。

臣松之案《夏侯玄传》及《魏略》，许允此年春与李丰事相连。丰既诛，即出允为镇北将军，未发，以放散官物收付廷尉，徙乐浪，追杀之。允此秋不得故为领军而建此谋。

②《魏书》曰：是日，景王承皇太后令，诏公卿中朝大臣会议，群臣失色。景王流涕曰："皇太后令如是，诸君其若王室何！"咸曰："昔伊尹放太甲以宁殷，霍光废昌邑以安汉。夫权定社稷以济四海，二代行之于古，明公当之于今。今日之事，亦唯公命。"景王曰："诸君所以望师者重，师安所避之？"于是乃与群臣共为奏永宁宫曰："守尚书令太尉长社侯臣孚、大将军武阳侯臣师、司徒万岁亭侯臣柔、司空文阳亭侯臣冲、行征西安东将军新城侯臣昭、光禄大夫关内侯臣邕、太常臣晏、卫尉昌邑侯臣伟、太仆臣嶷、廷尉定陵侯臣毓、大鸿胪臣芝、大司农臣祥、少府臣袤、永宁卫尉臣桢、永宁太仆臣阁、大长秋臣模、司隶校尉颍昌侯臣曾、河南尹兰陵侯臣肃、城门校尉臣虑、中护军永安亭侯臣望、武卫将军安寿亭侯臣演、中坚将军平原侯臣德、中垒将军昌武亭侯臣廙、屯骑校尉关内侯臣陔、步兵校尉临晋侯臣建、射声校尉安阳乡侯臣温、越骑校尉睢阳侯臣初、长水校尉关内侯臣超、侍中臣小同、臣顗、臣酆、博平侯臣表、侍中中书监安阳亭侯臣诞、散骑常侍臣瑰、臣仪、关内侯臣芝、尚书仆射光禄大夫高乐亭侯臣毓、尚书关内侯臣观、臣嘏、长合乡侯臣亮、臣赞、臣骞、中书令臣康、御史中丞臣铃、博士臣范、臣峻等稽首言：臣等闻天子者，所以济育群生，永安万国，三祖勋烈，光被六合。皇帝即位，纂继洪业，春秋已长，未亲万机，耽淫内宠，沈漫女色，废捐讲学，弃辱儒士，日延小优郭怀、袁信等于建始芙蓉殿前裸袒游戏，使与保林、女尚等为乱，亲将后宫瞻观。又于广望观上，使怀、信等于观下作辽东妖妇，嬉亵过度，道路行人掩目，帝于观上以为宴笑。于陵云台曲中施帷，见九亲妇女，帝临宣曲观，呼怀、信使入帷共饮酒。怀、信等更行酒，妇女皆醉，戏侮

无别。使保林李华、刘勋等与怀、信等戏，清商令令狐景呵华、勋曰：'诸女，上左右人，各有官职，何以得尔？'华、勋数谗毁景。帝常喜以弹弹人，以此恚景，弹景不避首目。景语帝曰：'先帝持门户急，今陛下日将妃后游戏无度，至乃共观倡优，裸袒为乱，不可令皇太后闻。景不爱死，为陛下计耳。'帝言：'我作天子，不得自在邪？太后何与我事！'使人烧铁灼景，身体皆烂。甄后崩后，帝欲立王贵人为皇后。太后更欲外求，帝恚语景等：'魏家前后立皇后，皆从所爱耳，太后必违我意，知我当往不也？'后卒待张皇后疏薄。太后遭郃阳君丧，帝日在后园，倡优音乐自若，不数往定省。清商丞庞熙谏帝：'皇太后至孝，今遭重忧，水浆不入口，陛下当数往宽慰，不可但在此作乐。'帝言：'我自尔，谁能奈我何？'皇太后还北宫，杀张美人及禺婉，帝恚望，语景等：'太后横杀我所宠爱，此无复母子恩。'数往至故处啼哭，私使暴室厚殡棺，不令太后知也。每见九亲妇女有美色，或留以付清商。帝至后园竹间戏，或与从官携手共行。熙白：'从官不宜与至尊相提挈。'帝怒，复以弹弹熙。日游后园，每有外文书入，帝不省，左右曰'出'，帝亦不索视。太后令帝常在式乾殿上讲学，不欲，使行来，帝径去。太后来问，辄诈令黄门答言'在'耳。景、熙等畏恐，不敢复止，更共谄媚。帝肆行昏淫，败人伦之叙，乱男女之节，恭孝弥颓，凶德寖盛。臣等忧惧倾覆天下，危坠社稷，虽杀身毙命不足以塞责。今帝不可以承天绪，臣请依汉霍光故事，收帝玺绶。帝本以齐王践祚，宜归藩于齐。使司徒臣柔持节，与有司以太牢告祀宗庙。臣谨昧死以闻。"奏可。

③《魏略》曰：景王将废帝，遣郭芝入白太后，太后与帝对坐。芝谓帝曰："大将军欲废陛下，立彭城王据。"帝乃起去，太后不悦。芝曰："太后有子不能教，今大将军意已成，又勒兵于外以备非常，但当顺旨，将复何言！"太后曰："我欲见大将军，口有所说。"芝曰："何可见邪？但当速取玺绶。"太后意折，乃遣傍侍御取玺绶著坐侧。芝出报景王，景王甚欢。又遣使者授齐王印绶，当出就西宫。帝受命，遂载王车，与太后别，垂涕，始从太极殿南出，群臣送者数十人，太尉司马孚悲不自胜，余多流涕。王出后，景王又使使者请玺绶。太后曰："彭城王，我之季叔也，今来立，我当何之？且明皇帝当绝嗣乎？吾以为高贵乡公者，文皇帝之长孙，明皇帝之弟子，于礼，小宗有后大宗之义，其详议之。"景王乃更召群臣，以皇太后令示之，乃定迎高贵乡公。是时太常已发二日，待玺绶于温。事定，又请玺绶。太后令曰："我见高贵乡公，小时识之，明日我自欲以玺绶手授之也。"

丁丑，令曰："东海王霖，高祖文皇帝之子。霖之诸子，与国至亲，高贵乡公髦有大成之量，其以为明皇帝嗣。"①

①《魏书》曰：景王复与群臣共奏永宁宫曰："臣等闻人道亲亲故尊祖，尊祖故敬宗。礼，大宗无嗣，则择支子之贤者，为人后者，为之子也。东海定王子高贵乡公，文皇帝之孙，宜承正统，以嗣烈祖明皇帝后。率土有赖，万邦幸甚，臣请征公诣洛阳宫。"奏可。使中护军望、兼太常河南尹肃持节，与少府袤、尚书亮、侍中表等奉法驾，迎公于元城。◎《魏世谱》曰：晋受禅，封齐王为邵陵县公。年四十三，泰始十年薨，谥曰厉公。

【译文】嘉平元年春季，正月甲午，曹芳拜谒高平陵。太傅司马懿上奏罢免大将军曹爽、曹爽的弟弟中领军曹羲、武卫将军曹训、散骑常侍曹彦的官职，他们以侯爵的身份回到府第。戊戌，有关部门上奏逮捕黄门张当交付廷尉，考问后取得他的口供，供认与曹爽等同谋不轨。另外，尚书丁谧、邓飏、何晏、司隶校尉毕轨、荆州刺史李胜、大司农桓范都与曹爽通谋，他们及其三族全部遭到杀戮，具体记载在《曹爽传》里。丙午，大赦天下。丁未，任命太傅司马懿为丞相，司马懿坚决辞让，才停止任命。夏季，四月乙丑，改年号。丙子，太尉蒋济逝世。冬季，十二月辛卯，任命司空王凌为太尉。庚子，任命司隶校尉孙礼为司空。

嘉平二年夏季，五月，任命征西将军郭淮为车骑将军。冬季，十月，任命特进孙资为骠骑将军。十一月，司空孙礼逝世。十二月甲辰，东海王曹霖逝世。乙未，征南将军王昶率军渡过长江，袭击吴国，攻破吴军。

嘉平三年春季，正月，荆州刺史王基、新城太守州泰率军进攻吴国，获胜，有数千人归降。二月，设置南郡夷陵县，以供降附的人居住。三月，任命尚书令司马孚为司空。四月甲申，任命征南将军王昶为征南大将军。壬辰，大赦天下。丙午，听说太尉王凌阴谋废掉皇帝曹芳，改立楚王曹彪为皇帝，太傅司马懿率军东征王凌。五月甲寅，王凌自杀。六月，曹彪被赐死。秋季，七月壬戌，皇后甄氏逝世。辛未，任命司空司马孚为太尉。戊寅，太傅司马懿逝世，任命卫将军司马师为抚军大将军，总领尚书事务。乙未，安葬皇后甄氏于太清陵。庚子，骠骑将军孙资逝世。十一月，有关部门上奏，有资格在太祖曹操祭庙中享受祭祀的诸位功臣，以官位大小为次序重新排列，太傅司马懿功高爵尊，排在最上。十二月，任命光禄勋郑冲为司空。

嘉平四年春季，正月癸卯，任命抚军大将军司马师为大将军。二月，立张氏为皇后，大赦天下。夏季，五月，有两条鱼出现在武库的房顶上。冬季，十一月，下诏命令征南大将军王昶、征东将军胡遵、镇南将军毌丘俭等征伐吴国。十二月，吴国大将军诸葛恪迎战，在东关大破魏军，魏军失利而还。

嘉平五年夏季，四月，大赦天下。五月，吴国太傅诸葛恪包围合肥新城，曹芳下诏命令太尉司马孚率军抵抗。秋季，七月，诸葛恪退还吴国境内。

八月，下诏说："已故中郎西平人郭修，砥励节行，保持忠心，坚贞不屈。以前，蜀国大将姜维进犯郭修所在的郡，把郭修捉回蜀国。去年，伪大将军费祎驱率兵众，阴谋侵犯我国边境，途经汉寿时，大宴宾客，郭修在大庭广众之中，亲手刺死费祎，勇猛超过聂政，功劳高于傅介子，可把他称作杀身成仁，舍生取义的人。追加荣宠，是为了表扬忠义的行为。赐福给他的子孙，是为了奖励和劝导将来的人仿效他的行为。现在，追封郭修为长乐乡侯，享受一千户的封地，赐谥号为威侯。由他的儿子承袭爵位，并加拜为奉车都尉，赐给白银一千饼，绢一千匹，以作为死者与生者的荣耀，永垂后世。"

自从曹芳即位以来，直到本年，不断新设或撤销郡、国、县、道，有的不久又加以恢复，这类情况不可胜纪。

嘉平六年春季，二月己丑，镇东将军毌丘俭上书说："以前诸葛恪包围合肥新城时，城中派遣兵士刘整冲出包围去传递消息，被贼军捉住，考问他所传递的消息，对刘整说：'诸葛公打算饶你一命，你可全部说出来。'刘整大骂说：'死狗，这是什么话！我必定要死为魏国之鬼，决不苟且求活，随你们而去。想杀死我，就快来杀！'刘整至死没有说其他的话。城中又派遣兵士郑像出城传递消息，有人告诉诸葛恪，诸葛恪派骑兵沿包围圈追寻踪迹，把郑像捉回。四五个人用马韁把郑像捆住，带着他沿城边绕行，告诉他，让他向城内大喊，说：'大军已返回洛阳，不如趁早投降。'郑像没有听他们的话，反而向城内大喊：'大军已近在包围圈外，壮士们努力！'贼军用刀砍他的嘴，使他无法说话，郑像于是大声喊叫，让城中的人听到。刘整、郑像身为兵士，能固守道义，坚持节操，他们的子弟应该受到与一般人不同的待遇。"曹芳下诏说："显赫的爵位是为了褒扬功臣，丰厚的赏赐是为了宠待烈士。刘整、郑像响应召募，出城送信，冲破重围，不避刀枪，不顾自身，坚守信义。不幸被擒后，更加坚持节操，宣扬六军的大势，安定守城人的畏惧之心，临危不顾，一心传达命令。从前，解杨被楚国人捉住，有死无贰，西汉时齐国的路中大夫以死完成使命，与刘整、郑像相比，也不能再超过他们。现在，追赐刘整、郑像爵关中侯，分别除去他们的兵士名藉，让他们的儿子承袭爵位，后事按照部曲将死于国事的规格办理。"

庚戌，中书令李丰与皇后的父亲光禄大夫张缉等密谋废除并更换辅政大臣，任命太常夏侯玄为大将军。事情败露后，所有参与者全部被杀死。辛亥，大赦天下。三月，皇后张氏被废黜。夏季，四月，立皇后王氏，大赦天下。五月，封皇后的父亲奉车都尉王夔为广明乡侯、光禄大夫，位特进，王夔的妻子田氏为宣阳乡君。秋季，九月，大将军司马师策划废黜皇帝曹芳，把计划告诉皇太后。甲戌，太后下诏："皇帝曹芳年龄已大，但不亲自处理国家政务，沉溺内宠，流连女色，每日召引倡优，放纵他们丑言戏谑。迎接六宫的家人停留内房，毁坏人伦之叙，败乱男女之节。恭顺孝敬之心日减，悖逆傲慢之态日甚，不可以上承天绪，供奉宗庙。命令兼太尉高柔亲奉简策，用礼牛祭告于宗庙，让曹芳回到齐国去依旧担任藩王，以避让皇位。"当天，曹芳被迁到别宫居住，当时他二十三岁。使者持符节护送警卫，在河内郡的重门修建齐王宫，制度都依照藩国的规格。

丁丑，郭太后下令说："东海王曹霖，是高祖文皇帝的儿子。曹霖的儿子们，与国家关系最为亲近，高贵乡公曹髦有大成的度量，现在以他作为明皇帝的嗣子。"

高贵乡公曹髦

【原文】高贵乡公讳髦，字彦士，文帝孙，东海定王霖子也。正始五年，封郯县高贵乡公。少好学，夙成。齐王废，公卿议迎立公。十月己丑，公至于玄武馆，群臣奏请舍前殿，公以先帝旧处，避止西厢。群臣又请以法驾迎，公不听。庚寅，公入于洛阳，群臣迎拜西掖门南，公下舆将答拜，傧者请曰："仪不拜。"公曰："吾人臣也。"遂答拜。至止车门下舆，左右曰："旧乘舆入。"公曰："吾被皇太后征，未知所为。"遂步至太极东堂，见于太后。其日即皇帝位于太极前殿，百僚陪位者欣欣焉。[①]诏曰："昔三祖神武圣德，应天受祚。齐王嗣位，肆行非度，颠覆厥德。皇太后深惟社稷之重，延纳宰辅之谋，用替厥位，集大命于余一人。以眇眇之身，托于王公之上，夙夜祗畏，惧不能嗣守祖宗之大训，恢中兴之弘业，战战兢兢，如临于谷。今群公卿士股肱之辅，四方征镇宣力之佐，皆积德累功，忠勤帝室。庶凭先祖先父有德之臣，左右小子，用保乂皇家，俾朕蒙暗，垂拱而治。盖闻人君之道，德厚侔天地，润泽施四海，先之以慈爱，示之以好恶，然后教化行于上，兆民听于下。朕虽不德，昧于大道，思与宇内共臻兹路。《书》不云乎：'安民则惠，黎民怀之。'"大赦，改元。减乘舆服御、后宫用度，及罢尚方、御府百工技巧靡丽无益之物。

①《魏氏春秋》曰：公神明爽俊，德音宣朗。罢朝，景王私曰："上何如主也？"钟会对曰："才同陈思，武类太祖。"景王曰："若如卿言，社稷之福也。"

正元元年冬十月壬辰，遣侍中持节分适四方，观风俗，劳士民，察冤枉失职者。癸巳，假大将军司马景王黄钺，入朝不趋，奏事不名，剑履上殿。戊戌，黄龙见于邺井中。甲辰，命有司论废立定策之功，封爵、增邑、进位、班赐各有差。

二年春正月乙丑，镇东将军毌丘俭、扬州刺史文钦反。戊寅，大将军司马景王征之。癸未，车骑将军郭淮薨。闰月己亥，破钦于乐嘉。钦遁走，遂奔吴。甲辰，安风津都尉斩俭，传首京都。[①] 壬子，复特赦淮南士民诸为俭、钦所诖误者。以镇南将军诸葛诞为镇东大将军。司马景王薨于许昌。二月丁巳，以卫将军司马文王为大将军，录尚书事。甲子，吴大将孙峻等众号十万至寿春，诸葛诞拒击破之，斩吴左将军留赞，献捷于京都。三月，立皇后卞氏，大赦。夏四月甲寅，封后父卞隆为列侯。甲戌，以征南大将军王昶为骠骑将军。秋七月，以征东大将军胡遵为卫将军，镇东大将军诸葛诞为征东大将军。

①《世语》曰：大将军奉天子征俭，至项。俭既破，天子先还。

臣松之检诸书，都无此事。至诸葛诞反，司马文王始挟太后及帝与俱行耳。故发诏引汉二祖及明帝亲征以为前比，知明帝已后始有此行也。案：张璠、虞溥、郭颁皆晋之令史，璠、颁出为官长，溥，鄱阳内史。璠撰《后汉纪》，虽似未成，辞藻可观。溥著《江表传》，亦粗有条贯。惟颁撰《魏晋世语》，蹇乏全无宫商，最为鄙劣，以时有异事，故颇行于世。干宝、孙盛等多采其言以为《晋书》，其中虚错如此者，往往而有之。

八月辛亥，蜀大将军姜维寇狄道，雍州刺史王经与战洮西，经大败，还保狄道城。辛未，以长水校尉邓艾行安西将军，与征西将军陈泰并力拒维。戊辰，复遣太尉司马孚为后继。九月庚子，讲《尚书》业终，赐执经亲授者司空郑冲、侍中郑小同等各有差。甲辰，姜维退还。冬十月，诏曰："朕以寡德，不能式遏寇虐，乃令蜀贼陆梁边陲。洮西之战，至取负败，将士死亡计以千数，或没命战场，冤魂不反，或牵掣虏手，流离异域，吾深痛愍，为之悼心。其令所在郡典农及安、抚夷二护军各部大吏慰恤其门户，无差赋役一年。其力战死事者，皆如旧科，勿有所漏。"

十一月甲午，以陇右四郡及金城连年受敌，或亡叛投贼，其亲戚留在本土者不安，皆特赦之。癸丑，诏曰："往者洮西之战，将吏士民或临陈战亡，或沈溺洮水，骸骨不收，弃于原野，吾常痛之。其告征西、安西将军，各令部人于战处及水次钩求尸丧，收敛藏埋，以慰存亡。”

【译文】高贵乡公曹髦，字彦士，是文帝曹丕的孙子，东海定王曹霖的儿子。正始五年，被封为郯县高贵乡公。他自幼好学，少年早成。齐王曹芳被废黜，公卿商议迎立曹髦继承皇位。十月己丑，曹髦到达玄武馆，大臣们上奏请求他住在前殿，曹髦因为那是先帝住过的地方，避开前殿，住在西厢房。大臣们又请用法驾迎接他，曹髦也不接受。庚寅，曹髦进入洛阳，大臣们在西掖门南面迎拜，曹髦下舆将要答拜，傧者在旁告诉他说：“按照礼仪，不必答拜。”曹髦说：“我是人臣。”于是答拜。到止车门，曹髦下舆，左右的人说：“按照礼制，可乘舆入宫。”曹髦说：“我受到皇太后的征召，还不知道要做什么。”于是，他步行走到太极东堂，拜见太后。当天，曹髦在太极前殿正式登上皇帝宝座，参加即位仪式的百官都很高兴。曹髦下诏说：“从前，三祖神武圣德，上应天命，接受皇位。齐王继位后，违反法度，肆意胡行，颠覆其德。皇太后以社稷为重，采纳辅政大臣的谋略，废黜齐王，把治理天下的重任交付给我。我以微薄之身，位于王公之上，日夜敬畏，深怕不能继承祖宗的大训，恢复中兴的弘业，战战兢兢，如临深谷。如今，朝中的辅政大臣和四方的统兵将领，都积累功德，忠于帝室。凭着这些先祖、先父的有德之臣，左右臣僚，辅佐于我，来安定国家，使我虽然暗昧，却可以垂拱而治。听说作为君王的大道，恩德要与天地一样厚，惠泽要遍施于四海，对民以慈爱为先，并且示民以好恶，然后可以使教化流行于上，百姓听命于下。我虽然德业不够，距君王的大道尚远，但愿与天下共循此道而行。《尚书》上不是说：‘使百姓安定就是恩惠，百姓会怀念的。’”大赦天下，更改年号。减少皇帝御用的车马、衣服和后宫的开支，并停止尚方、御府所生产的各种奢华而没有实际用途的器物。

正元元年冬季，十月壬辰，派遣侍中持符节分别到四方去巡视，观察民间风俗，慰问士大夫和百姓，考察造成冤枉、失于职守的人。癸巳，授予大将军司马师有权随意处置高级官员的黄金大斧，准许司马师入朝拜见皇帝时不必迈小步向前急走，在拜见皇帝时，司仪官只称他的官职，而不称名字，并准许他可佩剑穿鞋上殿。戊戌，有黄龙出现在郏县井中。甲辰，命令有关部门评定废立皇帝的功劳，分别给予晋爵、增加封地以及加官、赏赐，有功之人各有不同。

正元二年春季，正月乙丑，镇东将军毌丘俭、扬州刺史文钦造反。戊寅，大将军司马师率军前去征讨。癸未，车骑将军郭淮逝世。闰正月己亥，在乐嘉攻破文钦，文钦逃走，投奔了吴国。甲辰，安风津都尉杀死毌丘俭，把他的头颅传送到京城洛阳。壬子，又特别赦免淮南士大夫和百姓中被毌丘俭、文钦所欺骗的人。任命镇南将军诸葛诞为镇东大将军。司马师在许昌逝世。二月丁巳，任命卫将军司马昭为大将军，总领尚书事务。甲子，吴国大将孙峻等率领号称十万人的军队到达寿春，诸葛诞迎战，大败吴军，杀死吴国左将军留赞，把捷报及一些缴获物资送到京城洛阳。三月，立卞氏为皇后，大赦天下。夏季，四月甲寅，封皇后的父亲卞隆为列侯。甲戌，任命征南大将军王昶为骠骑将军。秋季，七月，任命征东大将军胡遵为卫将军，镇东大将军诸葛诞为征东大将军。

八月辛亥，蜀国大将军姜维进犯狄道，雍州刺史王经在洮西与姜维大战，王经大败，退守狄道城。辛未，任命长水校尉邓艾代理安西将军，与征西将军陈泰合力抵抗姜维。戊辰，又派遣太尉司马孚统率大军作为后继部队。九月庚子，讲解《尚书》完毕，给亲自执经讲授的司空郑冲、侍中郑小同等人不同的赏赐。甲辰，姜维退还蜀国境内。冬季，十月，下诏说："我因德业不足，不能遏制敌寇肆虐，使得蜀国贼军侵犯边境。洮西一战，我军失利，死亡的将士数以千计，有人战死疆场，冤魂不得归来，有人被贼军俘虏，流落异域，我为之哀悼，深加怜悯。现在，命令所在郡的典农以及安夷、抚夷二护军等各部的主要官吏分别慰问、抚恤死亡人员家属，一年不要差发赋役。凡拼命作战而死的，都依照旧的制度处理，不要有所遗漏。"

十一月甲午，因为陇西四个郡县以及金城郡连年受到敌军侵袭，有的人叛变投贼，他留在国内的亲属心中不安，所以特别下诏全部赦免。癸丑，下诏说："先前的洮西之战，将士与官吏、百姓有的临阵战死，有的淹死在洮水，尸骨无人收埋，都堆积在原野上，我常为之痛心。现在告知征西、安西将军，各令部下在战场及河边搜集打捞尸骨，收敛埋葬，以告慰死者及其家属。"

【原文】甘露元年春正月辛丑，青龙见轵县井中。乙巳，沛王林薨。①

①《魏氏春秋》曰：二月丙辰，帝宴群臣于太极东堂，与侍中荀颉、尚书崔赞、袁亮、钟毓、给事中中书令虞松等并讲述礼典，遂言帝王优劣之差。帝慕夏少康，因问颉等曰："有夏既衰，后相殆灭，少康收集夏众，复禹之绩，高祖拔起陇亩，驱帅豪俊，芟夷秦、项，包举寓内，斯二主可谓殊才异略，命世大贤者也。考其功德，谁宜为先？"颉等对曰："夫天下重器，王者天授，圣德应期，然后能受命创业。至于阶缘前绪，兴复旧绩，造之与因，难易不同。少康功德虽美，犹为中兴之君，与世祖同流可也。至如高祖，臣等以为优。"帝曰："自古帝王，功德言行，互有高下，未必创业者皆优，绍继者咸劣也。汤、武、高祖虽俱受命，贤圣之分，所觉县殊。少康、殷宗中兴之美，夏启、周成守文之盛，论德较实，方诸汉祖，吾见其优，未闻其劣。顾所遇之时殊，故所名之功异耳。少康生于灭亡之后，降为诸侯之隶，崎岖逃难，仅以身免，能布其德而兆其谋，卒灭过、戈，克复禹绩，祀夏配天，不失旧物，非至德弘仁，岂济斯勋？汉祖因土崩之势，仗一时之权，专任智力以成功业，行事动静，多违圣检。为人子则数危其亲，为人君则囚系贤相，为人父则不能卫子。身没之后，社稷几倾，若与少康易时而处，或未能复大禹之绩也。推此言之，宜高夏康而下汉祖矣，诸卿具论详之。"翌日丁巳，讲业既毕，颉、亮等议曰："三代建国，列土而治，当其衰弊，无土崩之势，可怀以德，难屈以力。逮至战国，强弱相兼，去道德而任智力，故秦之弊可以力争。少康布德，仁者之英也；高祖任力，智者之俊也。仁智不同，二帝殊矣。《诗》《书》述殷中宗、高宗，皆列《大雅》，少康功美过于二宗，其为《大雅》明矣。少康为优，宜如诏旨。"赞、毓、松等议曰："少康虽积德累仁，然上承大禹遗泽余庆，内有虞、仍之援，外有靡、艾之助，寒浞谗慝，不德于民，浇、豷无亲，外内弃之，以此有国，盖有所因。至于汉祖，起自布衣，率乌合之士，以成帝者之业。论德则少康优，课功则高祖多，语资则少康易，校时则高祖难。"帝曰："诸卿论少康因资，高祖创造，诚有之矣。

然未知三代之世，任德济勋如彼之难，秦、项之际，任力成功如此之易。且太上立德，其次立功，汉祖功高，未若少康盛德之茂也。且夫仁者必有勇，诛暴必用武，少康武烈之威，岂必降于高祖哉？但夏书沦亡，旧文残缺，故勋美阙而罔载，唯有伍员粗述大略，其言复禹之绩，不失旧物，祖述圣业，旧章不愆，自非大雅兼才，孰能与于此？向令坟、典具存，行事详备，亦岂有异同之论哉？”于是群臣咸悦服。中书令松进曰：“少康之事，去世久远，其文昧如，是以自古及今，议论之士莫有言者，德美隐而不宣。陛下既垂心远鉴，考详古昔，又发德音，赞明少康之美，使显于千载之上，宜录以成篇，永垂于后。”帝曰：“吾学不博，所闻浅狭，惧于所论未获其宜。纵有可采，亿则屡中，又不足贵，无乃致笑后贤，彰吾暗昧乎！”于是侍郎钟会退论次焉。

夏四月庚戌，赐大将军司马文王衮冕之服，赤舄副焉。

丙辰，帝幸太学，问诸儒曰：“圣人幽赞神明，仰观俯察，始作八卦，后圣重之为六十四，立爻以极数，凡斯大义，罔有不备。而夏有《连山》，殷有《归藏》，周曰《周易》，《易》之书，其故何也？”《易》博士淳于俊对曰：“包羲因燧皇之图而制八卦，神农演之为六十四，黄帝、尧、舜通其变，三代随时，质文各繇其事。故《易》者，变易也。名曰《连山》，似山出内云气连天地也。《归藏》者，万事莫不归藏于其中也。”帝又曰：“若使包羲因燧皇而作《易》，孔子何以不云燧人氏没包羲氏作乎？”俊不能答。帝又问曰：“孔子作《彖》《象》，郑玄作注，虽圣贤不同，其所释经义一也。今《彖》《象》不与经文相连，而注连之，何也？”俊对曰：“郑玄合《彖》《象》于经者，欲使学者寻省易了也。”帝曰：“若郑玄合之，于学诚便，则孔子曷为不合以了学者乎？”俊对曰：“孔子恐其与文王相乱，是以不合，此圣人以不合为谦。”帝曰：“若圣人以不合为谦，则郑玄何独不谦邪？”俊对曰：“古义弘深，圣问奥远，非臣所能详尽。”帝又问曰：“《系辞》云‘黄帝、尧、舜垂衣裳而天下治’，此包羲、神农之世为无衣裳。但圣人化天下，何殊异尔邪？”俊对曰：“三皇之时，人寡而禽兽众，故取其羽皮而天下用足，及至黄帝，人众而禽兽寡，是以作为衣裳以济时变也。”帝又问：“乾为天，而复为金，为玉，为老马，与细物并邪？”俊对曰：“圣人取象，或远或近，近取诸物，远则天地。”

讲《易》毕，复命讲《尚书》。帝问曰：“郑玄曰‘稽古同天，言尧同于天也’，王肃云‘尧顺考古道而行之’。二义不同，何者为是？”博士庾峻对曰：“先儒所执，各有乖异，臣不足以定之。然《洪范》称‘三人占，从二人之言’。贾、马及肃皆以为‘顺考古道’。以《洪范》言之，肃义为长。”帝曰：“仲尼言‘唯天为大，唯尧则之’。尧之大美，在乎则天。顺考古道，非其至也。今发篇开义以明圣德，而舍其大，更称其细，岂作者之意邪？”峻对曰：“臣奉遵师说，未喻大义，至于折中，裁之圣思。”次及四岳举鲧，帝又问曰：“夫大人者，与天地合其德，与日月合其明，思无不周，明无不照，今王肃云‘尧意不能明鲧，是以试用’。如此，圣人之明有所未尽邪？”峻对曰：“虽圣人之弘，犹有所未尽，故禹曰‘知人则哲，惟帝难之’，然卒能改授圣贤，缉熙庶绩，亦所以成圣也。”帝曰：“夫有始有卒，其唯圣人。若不能始，何以为圣？其言‘惟帝难之’，然卒能改授，盖谓知人，圣人所难，非不尽之言也。《经》云：‘知人则哲，能官人。’若尧疑鲧，试之九年，官人失叙，何得谓之圣哲？”峻对曰：“臣窃观经传，圣人行事不能无失，是以尧失之四凶，周公失之二叔，仲尼失之宰予。”帝曰：“尧之任鲧，九载无成，汩陈五行，民用昏垫。至于仲尼失之宰予，言行之间，轻重不同也。至于周公、管、蔡之事，亦《尚书》所载，皆博士所当通也。”峻对曰：“此皆先贤所疑，非臣寡见所能究论。”次及“有鳏在下曰虞舜”，帝问曰：“当尧之时，洪水为害，四凶在朝，宜速登贤圣济斯民之时也。舜年在既立，圣德光明，而久不进用，何也？”峻对曰：“尧咨嗟求贤，欲逊己位，岳曰‘否德忝帝位’。尧复使岳扬举仄陋，然后荐舜。荐舜之本，实由于尧，此盖圣人欲尽众心也。”帝曰：“尧既闻舜而不登用，又时忠臣亦不进达，乃使岳扬仄陋而后荐举，非急于用圣恤民之谓也。”峻对曰：“非臣愚见所能逮及。”

于是复命讲《礼记》。帝问曰：“‘太上立德，其次务施报’。为治何由而教化各异，皆修何政而能致于立德，施而不报乎？”博士马照对曰：“太上立德，谓三皇五帝之世以德化民。其次报施，谓三王之世以礼为治也。”帝曰：“二者致化薄厚不同，将主有优劣邪？时使之然乎？”照对曰：“诚由时有朴文，故化有薄厚也。”①

①《帝集》载帝自叙始生祯祥曰：“昔帝王之生，或有祯祥，盖所以彰显神异也。惟予小子，支胤末流，谬为灵祇之所相祐也，岂敢自比于前哲，聊记录以示后世焉。其辞曰：惟正始三年九月辛未朔，二十五日乙未直成，予生。于时也，天气清明，日月辉光，爰有黄气，烟熅于堂，照曜室宅，其色煌煌。相而论之曰：未者为土，魏之行也；厥日直成，应嘉名也；烟熅之气，神之精也；无灾无害，蒙神灵也。齐王不吊，颠覆厥度，群公受予，绍继皇祚。以眇眇之身，质性顽固，未能涉道，而遵大路，临深履冰，涕泗忧惧。古人有云，惧则不亡。伊予小子，曷敢怠荒？庶不忝辱，永奉烝尝。”◎傅畅《晋诸公赞》曰：帝常与中护军司马望、侍中王沈、散骑常侍裴秀、黄门侍郎钟会等讲宴于东堂，并属文论。名秀为儒林丈人，沈为文籍先生，望、会亦各有名号。帝性急，请召欲速。秀等在内职，到得及时，以望在外，特给追锋车、虎贲卒五人，每有集会，望辄奔驰而至。

五月，邺及上洛并言甘露降。夏六月丙午，改元为甘露。乙丑，青龙见元城县界井中。秋七月己卯，卫将军胡遵薨。癸未，安西将军邓艾大破蜀大将姜维于上邽。诏曰：“兵未极武，丑虏摧破，斩首获生，动以万计。自顷战克，无如此者。今遣使者犒赐将士，大会临飨，饮宴终日，称朕意焉。”八月庚午，命大将军司马文王加号大都督，奏事不名，假黄钺。癸酉，以太尉司马孚为太傅。九月，以司徒高柔为太尉。冬十月，以司空郑冲为司徒，尚书左仆射卢毓为司空。

【译文】甘露元年春季，正月辛丑，青龙出现在轵县的井中。乙巳，沛王曹林逝世。

夏季，四月庚戌，赐给大将军司马昭上公礼服并配以红色的礼鞋。

丙辰，曹髦视察太学，询问儒生们说：“圣人深明神明之道，仰观天象，俯察地理，为使幽深的事理能为人所见，开始创作八卦，后来的圣人又将其发展为六十四卦，依极数立爻，就大义而言，已包罗万象。而夏代有《连山》，殷代有《归藏》，周代称《周易》，这是什么缘故？”易博士淳于俊回答说：“包羲在燧皇之图的基础上作八卦，神农氏将其发展为六十四卦，黄帝、尧、舜都通其变化，三代随时制宜，繁简各由其事。所以称

《易》,就是变易。称作《连山》,是好比高山出纳云气,连接天地。《归藏》是指万事全部归藏在其中。”曹髦又说:“假如是包羲因燧皇而作《易》,那么,孔子为什么不说是燧人氏死后包羲氏作呢?”淳于俊不能回答。曹髦又问:“孔子作《彖》《象》,郑玄作注,虽然圣贤不同,但所解释的经义是相同的。如今,《彖》《象》不与经文要连,而注与经文连在一起,是为什么?”淳于俊回答说:“郑玄把《彖》《象》与经合在一起,是想让学者在翻检时较为省事。”曹髦说:“如果郑玄合起来的做法,对学者很方便,则孔子为什么不合起来以方便学者?”淳于俊回答说:“孔子恐怕他的解释与周文王的混在一起,所以不合,这是圣人因谦虚而不合。”曹髦说:“假如圣人以不合在一起为谦虚,那为什么郑玄却不谦虚呢?”淳于俊回答说:“古典经义宏大深邃,圣上所问的高深奥妙,不是臣所能详尽答复的。”曹髦又问:“《系辞》说‘黄帝、尧、舜垂衣裳而天下治’,这是说在包羲、神农的时代没有衣裳。但圣人教化天下,为什么有这么大的区别?”淳于俊回答说:“三皇的时代,人少而禽兽多,所以取禽兽的羽毛、兽皮,天下人就够用了。到黄帝时,人多而禽兽少,所以制作衣裳来适应时代变化。”曹髦又问:“乾代表天,但又可代表金,代表玉,代表老马,怎么能与这些琐细的事物并提呢?”淳于俊回答说:“圣人在进行比喻时,或远或近,近时取身边诸物,远则比拟天地。”

讲完《易经》后,曹髦又命令讲《尚书》。曹髦问道:“郑玄说‘稽古同天,言尧同于天也’,王肃说‘尧顺考古道而行之’。这两个人的注释不同,哪一个对?”博士庾峻回答说:“先儒的解释,各有不同,臣不足以决定孰是孰非。但《洪范》中讲‘三人占卜,要听从意见一致的二人的看法’。贾逵、马融及王肃都认为‘顺考古道’。按《洪范》的讲法,王肃的讲法较为准确。”曹髦说:“孔子说‘天是世间最大的,尧以天为法’。尧最大的美德,在于他法天行事。顺考古道,并不是最重要的。如今,在全篇开始介绍圣人的德行时,舍弃大德,而称颂细微,这怎么会是作者的本意?”庾峻回答说:“臣遵奉老师的说法,未能明了大义,至于如何折中各家学说,请陛下圣断。”其次谈到四岳举荐鲧的问题,曹髦又问道:“古代的大人,德合天地,明并日月,思无不周,明无不照。如今,王肃说‘尧不能完全了解鲧,所以要试用他’。那么,圣人的贤明也有所不足吗?”庾峻回答说:“即使是圣人的宏大,也会有所不足,所以大禹说:‘能知人则是明智,连尧也以知人为难’。但他最终能改授圣贤,取得功绩,所以也就能成为圣人了。”曹髦说:“有始有终,只有圣人能做到。如果不能有良好的开始,怎么能称为圣人?大禹说‘惟帝难之’,然而最终能改授圣贤,是指知人是圣人也感觉困难的事情,而不是说圣人有不足之处。《尚书》的经文说:‘能知人则是明智,就可以任用人担任官职。’如果尧怀疑鲧,试用了他九年,这是任人失职,怎么能称为圣哲?”庾峻回答说:“我在阅览经传时看到,圣人做事也不会不出差错,所以尧对于四凶,周公对于管、蔡二叔,孔仲尼对于宰予的认识,都犯过错误。”曹髦说:“尧任用鲧,九年没有取得成效,水害泛滥,百姓受灾,流离失所。至于孔子在宰予问题上的过失,是在言行之间,与尧相比,轻重不同。至于周公与管、蔡二叔的事情,也是《尚书》中所记载的,都是博士应当通晓的。”庾峻回答说:“这些问题都是先贤就有疑问的,不是臣的微薄见识所能说清的。”向下又谈到《尚书》“有一个鳏夫，在下民之中，名叫虞舜”一段。曹髦问道：“在尧统治的时期，洪水为害，四凶在朝，是应当赶快选用圣贤，拯救百姓的时候。舜年龄已大，圣德光明，而久未得到任用，是因为什么？”庾峻回答说：“尧叹息着渴求贤才，打算让位，四岳说‘我们没有德行，不能使帝位蒙辱’。尧又让他们举荐在僻隐鄙陋之处的贤才，然后他们才举荐虞舜。举荐虞舜的根本原因，还是在于尧，这是圣人想要满足众人心愿的做法。”曹髦说：“尧已经听说虞舜而不能及时任用，另外，当时的忠臣也不推荐他，直到让四岳举荐在僻隐鄙陋之处的贤才之后才加以举荐，这不能说是急于任用圣贤，抚恤百姓。”庾峻回答说：“这真不是臣的愚见所能解释的。”

于是，曹髦又命令讲《礼记》。曹髦问道：“‘太上立德，其次务施报’。治国使用什么方法而能使教化不同，实行什么政治措施而能达到建立德行，施而不报的境界？”博士马照回答说：“太上立德，是指三皇五帝时期以德行教化百姓。其次务施报，是指夏、商、周三代以礼教治理国家。”曹髦说：“这两者达到教化的境界薄厚不同，是君主有优劣之分呢？还是时势将事情变成这个样子的呢？”马照回答说：“确实是因时代有淳朴与文教之分，所以教化有薄厚的不同。”

五月，邺城以及上洛都上书报告降下甘露。夏季，六月丙午，改年号为甘露元年。乙丑，有青龙出现在元城县界内的井中。秋季，七月己卯，卫将军胡遵逝世。癸未，安西将军邓艾在上邽大破蜀国大将姜维。曹髦下诏说：“我军尚未全力出击，丑恶的敌军就已被打垮，生擒与杀死的敌寇，数以万计。最近的胜利，没有像这么大的。现在，派遣使者犒赏将士，为他们举行盛大的宴会，让他们整天欢乐地饮酒，来表达我的心意。”八月庚午，命令大将军司马昭加号大都督，入朝奏事时，司仪官只称官职，而不再称他的名字，以示尊重，并赐予他象征着有权随意处置高级官员的黄金大斧。癸酉，任命太尉司马孚为太傅。九月，任命司徒高柔为太尉。冬季，十月，任命司空郑冲为司徒，尚书左仆射卢毓为司空。

【原文】二年春二月，青龙见温县井中。三月，司空卢毓薨。

夏四月癸卯，诏曰：“玄菟郡高显县吏民反叛，长郑熙为贼所杀。民王简负担熙丧，晨夜星行，远致本州，忠节可嘉。其特拜简为忠义都尉，以旌殊行。”甲子，以征东大将军诸葛诞为司空。

五月辛未，帝幸辟雍，会命群臣赋诗。侍中和逌、尚书陈骞等作诗稽留，有司奏免官。诏曰：“吾以暗昧，爱好文雅，广延诗赋，以知得失，而乃尔纷纭，良用反仄。其原逌等。主者宜敕自今以后，群臣皆当玩习古义，修明经典，称朕意焉。”

乙亥，诸葛诞不就征，发兵反，杀扬州刺史乐綝。丙子，赦淮南将吏士民为诞所诖误者。丁丑，诏曰：“诸葛诞造为凶乱，荡覆扬州。昔黥布逆叛，汉祖亲戎。隗嚣违戾，光武西伐。及烈祖明皇帝躬征吴、蜀。皆所以奋扬赫斯，震耀威武也。今宜皇太后与朕暂共临戎，速定丑虏，时宁东夏。”己卯，诏曰：“诸葛诞造构逆乱，迫胁忠义，平寇将军、临渭亭侯庞会，骑督偏将军路蕃，各将左右，斩门突出，忠壮勇烈，所宜嘉异。其进会爵乡侯，蕃封亭侯。”

六月乙巳，诏："吴使持节都督夏口诸军事镇军将军沙羡侯孙壹，贼之枝属，位为上将，畏天知命，深鉴祸福，翻然举众，远归大国。虽微子去殷，乐毅遁燕，无以加之。其以壹为侍中车骑将军、假节、交州牧、吴侯，开府辟召仪同三司，依古侯伯八命之礼，衮冕赤舄，事从丰厚。"① 甲子，诏曰："今车驾驻项，大将军恭行天罚，前临淮浦。昔相国、大司马征讨，皆与尚书俱行，今宜如旧。"乃令散骑常侍裴秀、给事黄门侍郎钟会咸与大将军俱行。

①臣松之以为：壹畏逼归命，事无可嘉，格以古义，欲盖而名彰者也。当时之宜，未得远遵式典，固应量才受赏，足以酬其来情而已。至乃光锡八命，礼同台鼎，不亦过乎？于招携致远，又无取焉。何者？若使彼之将守，与时无嫌，终不悦于殊宠，坐生叛心，以叛而愧，辱孰甚焉？如其忧危将及，非奔不免，则必逃死苟存，无希荣利矣，然则高位厚禄何为者哉？魏初有孟达、黄权，在晋有孙秀、孙楷。达、权爵赏，比壹为轻，秀、楷礼秩，优异尤甚。及至吴平，而降黜数等，不承权舆，岂不缘在始失中乎？

秋八月，诏曰："昔燕剌王谋反，韩谊等谏而死，汉朝显登其子。诸葛诞创造凶乱，主簿宣隆、部曲督秦絜秉节守义，临事固争，为诞所杀，所谓无比干之亲而受其戮者。其以隆、絜子为骑都尉，加以赠赐，光示远近，以殊忠义。"九月，大赦。冬十二月，吴大将全端、全怿等率众降。

三年春二月，大将军司马文王陷寿春城，斩诸葛诞。三月，诏曰："古者克敌，收其尸以为京观，所以惩昏逆而章武功也。汉孝武元鼎中，改桐乡为闻喜，新乡为获嘉，以著南越之亡。大将军亲总六戎，营据丘头，内夷群凶，外殄寇虏，功济兆民，声振四海。克敌之地，宜有令名，其改丘头为武丘，明以武平乱，后世不忘，亦京观二邑之义也。"

夏五月，命大将军司马文王为相国，封晋公，食邑八郡，加之九锡，文王前后九让乃止。六月丙子，诏曰："昔南阳郡山贼扰攘，欲劫质故太守东里衮，功曹应余独身捍衮，遂免于难。余颠沛殒毙，杀身济君。其下司徒，署余孙伦吏，使蒙伏节之报。"① 辛卯，大论淮南之功，封爵行赏各有差。

①《楚国先贤传》曰：余，字子正，天姿方毅，志尚仁义，建安二十三年为郡功曹。是时吴、蜀不宾，疆埸多虞。宛将侯音扇动山民，保城以叛。余与太守东里衮当扰攘之际，迸窜得出。音即遣骑追逐，去城十里相及，贼便射衮，飞矢交流。余前以身当箭，被七创，因谓追贼曰："侯音狂狡，造为凶逆，大军寻至，诛夷在近。谓卿曹本是善人，素无恶心，当思反善，何为受其指挥？我以身代君，以被重创，若身死君全，陨没无恨。"因仰天号哭泣涕，血泪俱下。贼见其义烈，释衮不害。贼去之后，余亦命绝。征南将军曹仁讨平音，表余行状，并修祭醊。太祖闻之，嗟叹良久，下荆州复表门闾，赐各千斛。衮后为于禁司马，见《魏略·游说传》。

秋八月甲戌，以骠骑将军王昶为司空。丙寅，诏曰："夫养老兴教，三代所以树风化垂不朽也。必有三老、五更以崇至敬，乞言纳诲，著在惇史，然后六合承流，下观而化。宜妙简德行，以充其选。关内侯王祥，履仁秉义，雅志淳固。关内侯郑小同，温恭孝友，帅礼不忒。其以祥为三老，小同为五更。"车驾亲率群司，躬行古礼焉。①

①《汉晋春秋》曰：帝乞言于祥，祥对曰："昔者明王礼乐既备，加之以忠诚，忠诚之发，形于言行。夫大人者，行动乎天地。天且弗违，况于人乎？"祥事别见《吕虔传》。

小同，郑玄孙也。《玄别传》曰："玄有子，为孔融吏，举孝廉。融之被围，往赴，为贼所害。有遗腹子，以丁卯日生，而玄以丁卯岁生，故名曰小同。"◎《魏名臣奏》载太尉华歆表曰："臣闻励俗宣化，莫先于表善。班禄叙爵，莫美于显能。是以楚人思子文之治，复命其胤。汉室嘉江公之德，用显其世。伏见故汉大司农北海郑玄，当时之学，名冠华夏，为世儒宗。文皇帝旌录先贤，拜玄适孙小同以为郎中，长假在家。小同年逾三十，少有令质，学综六经，行著乡邑。海、岱之人莫不嘉其自然，美其气量。迹其所履，有质直不渝之性，然而恪恭静默，色养其亲，不治可见之美，不竞人间之名，斯诚清时所宜式叙，前后明诏所斟酌而求也。臣老病委顿，无益视听，谨具以闻。"◎《魏氏春秋》曰：小同诣司马文王，文王有密疏，未之屏也。如厕还，谓之曰："卿见吾疏乎？"对曰："否。"文王犹疑而鸩之，卒。

郑玄注《文王世子》曰："三老、五更各一人，皆年老更事致仕者也。"注《乐记》曰："皆老人更知三德五事者也。"蔡邕《明堂论》云："更"应作"叟"。叟，长老之称，字与"更"相似，书者遂误以为"更"。"嫂"字"女"傍"叟"，今亦以为"更"，以此验知应为"叟"也。

臣松之以为：邕谓"更"为"叟"，诚为有似，而诸儒莫之从，未知孰是。

是岁，青龙、黄龙仍见顿丘、冠军、阳夏县界井中。

四年春正月，黄龙二，见宁陵县界井中。①夏六月，司空王昶薨。秋七月，陈留王峻薨。冬十月丙寅，分新城郡，复置上庸郡。十一月癸卯，车骑将军孙壹为婢所杀。

①《汉晋春秋》曰：是时龙仍见，咸以为吉祥。帝曰："龙者，君德也。上不在天，下不在田，而数屈于井，非嘉兆也。"仍作《潜龙》之诗以自讽，司马文王见而恶之。

【译文】甘露二年春季，二月，有青龙出现在温县的井中。三月，司空卢毓逝世。

夏季，四月癸卯，下诏说："玄菟郡高显县的官吏和百姓起来造反，县长郑熙被叛贼杀死。百姓王简护送他的遗体，星夜奔驰，远送到州里，王简的忠义节操，值得嘉奖。现在特别任命王简为忠义都尉，以表彰他的突出行为。"甲子，任命征东大将军诸葛诞为司空。

五月辛未，曹髦前往辟雍，在集会中命令大臣们当场作诗。侍中和逌、尚书陈骞等作诗超过时间限制，有关部门提出罢免他们的官职。曹髦下诏说："我为人愚钝，但喜欢文雅之事，广收诗赋，以知得失，而竟如此杂乱，使人转侧不安。现在，赦免和逌等人。负责的官员应当告知大臣们，自今以后，都要学习经典，通晓古义，以满足我的期望。"

乙亥，诸葛诞不服从征召，发兵造反，杀死扬州刺史乐綝。丙子，朝廷赦免淮南地区被诸葛诞所胁迫的将士、官吏、士大夫和百姓。丁丑，下诏说："诸葛诞犯上作乱，使扬州动荡，凶暴一时。从前，黥布反叛，汉高祖刘邦亲自讨伐。隗嚣违抗朝廷，光武帝刘秀西征。本朝烈祖明皇帝曹叡也曾亲征吴、蜀。他们都是为奋扬军威，维护朝廷尊严。如今，皇太后与我应当亲自征讨叛军，迅速平定丑恶的叛虏，安定扬州。"己卯，下诏说："诸葛诞造反叛逆，胁迫忠义，平寇将军、临渭亭侯庞会，骑督偏将军路蕃，各自率领部下，冲出扬州，复归朝廷，忠勇壮烈，应当予以嘉奖。现在，进封庞会为乡侯，路蕃为亭侯。"

六月乙巳，下诏说："吴国的使持节、都督夏口诸军事、镇军将军、沙羡侯孙壹，是逆贼的亲属，又位为上将，但他敬畏天命，深知祸福，率领部众幡然悔悟，远道归顺大国。即使是微子离开殷朝，乐毅逃出燕国，也不过是这样了。现在，任命孙壹为侍中、车骑将军、假节、交州牧、吴侯，并允许他开设府署，聘用僚属，享受三公的待遇，依照古代侯伯州牧的礼制，赐给龙袍、冕冠和红色礼鞋，各种待遇都要优厚。"甲子，下诏说："现在，我暂时驻在项县，大将军司马昭亲自代天讨伐叛逆，前临淮浦。从前，相国、大司马司马师出征时，都带尚书一同前往，如今，应当沿用旧制。"于是，命令散骑常侍裴秀、给事黄门侍郎钟会都与大将军司马昭一起到前线去。

秋季，八月，下诏说："从前，燕刺王刘旦谋反，韩谊等人因劝阻而被杀，汉朝授予他们儿子显赫的官职。诸葛诞发动凶乱，主簿宣隆、部曲督秦絜坚守忠义，当时坚决劝阻，被诸葛诞杀死，他们与诸葛诞没有殷代比干与纣王那样亲近的关系，却与比干同样因忠谏而死。现在，任命宣隆、秦絜的儿子为骑都尉，加以馈赠和赏赐，并广泛宣传，以表彰他们的忠义行为。"九月，大赦天下。冬季，十二月，吴国大将全端、全怿等率领部下投降。

甘露三年春季，二月，大将军司马昭攻陷寿春城，杀死诸葛诞。三月，下诏说："古代杀敌获胜，把敌军尸体堆积起来，称为京观，来惩罚昏逆，表彰武功。汉武帝元鼎中，改桐乡为闻喜，改新乡为获嘉，是因汉攻灭南越。大将军亲统六军，扎营在丘头，内平群凶，外灭贼寇，拯救万民，声震四海。攻克敌人的地方，应当有一个好地名，现在改丘头为武丘，表明以武力平定叛乱，使后世不忘，这与京观和汉朝改二邑之名意思一样。"

夏季，五月，任命大将军司马昭为相国，封晋公，封地有八个郡，并加九锡，司马昭前后辞让九次，才得到曹髦允许。六月丙子，下诏说："从前，南阳郡山贼作乱，想要劫持之前的太守东里衮作为人质，功曹应余独自挺身捍卫东里衮，使他幸免于难。应余在颠沛流离之中，以身捍卫长官，因此而丧命。现在，命令司徒，任命他的孙子应伦为官吏，使应余坚持节义的行为得到报答。"辛卯，大规模评定淮南的战功，分别给予将士封爵和赏赐。

秋季，八月甲戌，任命骠骑将军王昶为司空。丙寅，下诏说："尊养老人，大兴教化，是三代所以能建树风化，以垂不朽的原因。一定要尊崇三老、五更，聆听他们的教诲，并记载下来，然后天下以此为法则，民间风气自会改善。应当好好选择德行高尚的人来充任此职。关内侯王祥，素行仁义，作风淳朴，志趣专一。关内侯郑小同，温良恭顺，孝敬友爱，坚持礼法，没有差错。现在，任命王祥为三老，郑小同为五更。"曹髦率领有关大臣，亲自按照古代礼仪来尊奉三老、五更。

这一年，青龙、黄龙还出现在顿丘、冠军、阳夏县界内的井中。

甘露四年春季，正月，有两条黄龙出现在宁陵县境内的井中。夏季，六月，司空王昶逝世。秋季，七月，陈留王曹峻逝世。冬季，十月丙寅，分新城郡，又设立上庸郡。十一月癸卯，车骑将军孙壹被侍婢杀死。

【原文】五年春正月朔，日有蚀之。夏四月，诏有司率遵前命，复进大将军司马文王位为相国，封晋公，加九锡。

五月己丑，高贵乡公卒，年二十。① 皇太后令曰："吾以不德，遭家不造。昔援立东海王子髦以为明帝嗣，见其好书疏文章，冀可成济，而情性暴戾，日月滋甚。吾数呵责，遂更忿恚，造作丑逆不道之言以诬谤吾，遂隔绝两宫。其所言道，不可忍听，非天地所覆载。吾即密有令语大将军，不可以奉宗庙，恐颠覆社稷，死无面目以见先帝。大将军以其尚幼，谓当改心为善，殷勤执据。而此儿忿戾，所行益甚，举弩遥射吾宫，祝当令中吾项，箭亲堕吾前。吾语大将军，不可不废之，前后数十。此儿具闻，自知罪重，便图为弑逆，赂遗吾左右人，令因吾服药，密行鸩毒，重相设计。事已觉露，直欲因际会举兵入西宫杀吾，出取大将军。呼侍中王沈、散骑常侍王业、② 尚书王经，出怀中黄素诏示之，言今日便当施行。吾之危殆，过于累卵。吾老寡，岂复多惜余命邪？但伤先帝遗意不遂，社稷颠覆为痛耳。赖宗庙之灵，沈、业即驰语大将军，得先严警。而此儿便将左右出云龙门，雷战鼓，躬自拔刃，与左右杂卫共入兵陈间，为前锋所害。此儿既行悖逆不道，而又自陷大祸，重令吾悼心不可言。昔汉昌邑王以罪废为庶人，此儿亦宜以民礼葬之，当令内外咸知此儿所行。又尚书王经，凶逆无状，其收经及家属皆诣廷尉。"

①《汉晋春秋》曰：帝见威权日去，不胜其忿。乃召侍中王沈、尚书王经、散骑常侍王业，谓曰："司马昭之心，路人所知也。吾不能坐受废辱，今日当与卿等自出讨之。"王经曰："昔鲁昭公不忍季氏，败走失国，为天下笑。今权在其门，为日久矣，朝廷四方皆为之致死，不顾逆顺之理，非一日也。且宿卫空阙，兵甲寡弱，陛下何所资用？而一旦如此，无乃欲除疾而更深之邪！祸殆不测，宜见重详。"帝乃出怀中版令投地，曰："行之决矣。正使死，何所惧？况不必死邪！"于是入白太后。沈、业奔走告文王，文王为之备。帝遂帅僮仆数百，鼓噪而出。文王弟屯骑校尉伷入，遇帝于东止车门，左右呵之，伷众奔走。中护军贾充又逆帝战于南阙下，帝自用剑。众欲退，太子舍人成济问充曰："事急矣！当云何？"充曰："畜养汝等，正谓今日。今日之事，无所问也。"济即前刺帝，刃出于背。文王闻，大惊，自投于地曰："天下其谓我何！"太傅孚奔往，枕帝股而哭，哀甚，曰："杀陛下者，臣之罪也。"

臣松之以为：习凿齿书，虽最后出，然述此事差有次第。故先载习语，以其余所言微异者次其后。◎《世语》曰：王沈、王业驰告文王，尚书王经以正直不出，因沈、业申意。◎《晋诸公赞》曰：沈、业将出，呼王经。经不从，曰："吾子行矣！"◎干宝《晋纪》曰：成济问贾充曰："事急矣！若之何？"充曰："公畜养汝等，为今日之事也。夫何疑！"济曰："然。"乃抽戈犯跸。◎《魏氏春秋》曰：戊子夜，帝自将冗从仆射李昭、黄门从官焦伯等下陵云台，铠仗授兵，欲因际会，自出讨文王。会雨，有司奏却日，遂见王经等，出黄素诏于怀曰："是可忍也，孰不可忍也！今日便当决行此事。"入白太后，遂拔剑升辇，帅殿中宿卫苍头官僮击战鼓，出云龙门。贾充自外而入，帝师溃散，犹称天子，手剑奋击，众莫敢逼。充帅厉将士，骑督成倅弟成济以矛进，帝崩于师。时暴雨雷霆，晦冥。◎《魏末传》曰：贾充呼帐下督成济谓曰："司马家事若败，汝等岂复有种乎？何不出击！"倅兄弟二人乃帅帐下人出，顾曰："当杀邪？执邪？"充曰："杀之。"兵交，帝曰："放仗！"大将军士皆放仗。济兄弟因前刺帝，帝倒车下。

②《世语》曰：业，武陵人，后为晋中护军。

庚寅，太傅孚、大将军文王、太尉柔、司徒冲稽首言："伏见中令，故高贵乡公悖逆不道，自陷大祸，依汉昌邑王罪废故事，以民礼葬。臣等备位，不能匡救祸乱，式遏奸逆，奉令震悚，肝心悼栗。《春秋》之义，王者无外，而书'襄王出居于郑'，不能事母，故绝之于位也。今高贵乡公肆行不轨，几危社稷，自取倾覆，人神所绝，葬以民礼，诚当旧典。然臣等伏惟殿下仁慈过隆，虽存大义，犹垂哀矜，臣等之心实有不忍，以为可加恩以王礼葬之。"太后从之。①

①《汉晋春秋》曰：丁卯，葬高贵乡公于洛阳西北三十里瀍涧之滨。下车数乘，不设旌旐，百姓相聚而观之，曰："是前日所杀天子也。"或掩面而泣，悲不自胜。

臣松之以为：若但下车数乘，不设旌旐，何以为王礼葬乎？斯盖恶之过言，所谓"不如是之甚"者。

使使持节行中护军中垒将军司马炎北迎常道乡公璜嗣明帝后。辛卯，群公奏太后曰："殿下圣德光隆，宁济六合，而犹称令，与藩国同。请自今殿下令书，皆称诏制，如先代故事。"

癸卯，大将军固让相国、晋公、九锡之宠。太后诏曰："夫有功不德，《周易》大义。成人之美，古贤所尚。今听所执，出表示外，以章公之谦光焉。"

戊申，大将军文王上言："高贵乡公率将从驾人兵，拔刃鸣金鼓向臣所止。惧兵刃相接，即敕将士不得有所伤害，违令以军法从事。骑督成倅弟太子舍人济，横入兵阵伤公，遂至陨命，辄收济行军法。臣闻人臣之节，有死无二，事上之义，不敢逃难。前者变故卒至，祸同发机，诚欲委身守死，唯命所裁。然惟本谋乃欲上危皇太后，倾覆宗庙。臣忝当大任，义在安国，惧虽身死，罪责弥重。欲遵伊、周之权，以安社稷之难。即骆驿申敕，不得迫近辇舆，而济遽入阵间，以致大变。哀怛痛恨，五内摧裂，不知何地可以陨坠？科律大逆无道，父母妻子同产皆斩。济凶戾悖逆，干国乱纪，罪不容诛。辄敕侍御史收济家属，付廷尉，结正其罪。①"太后诏曰："夫五刑之罪，莫大于不孝。夫人有子不孝，尚告治之。此儿岂复成人主邪？吾妇人不达大义，以谓济不得便为大逆也。然大将军志意恳切，发言恻怆，故听如所奏。当班下远近，使知本末也。"②

①《魏氏春秋》曰：成济兄弟不即伏罪，袒而升屋，丑言悖慢。自下射之，乃殪。

②《世语》曰：初，青龙中，石苞鬻铁于长安，得见司马宣王，宣王知焉。后擢为尚书郎，历青州刺史、镇东将军。甘露中入朝，当还，辞高贵乡公，留中尽日。文王遣人要令过。文王问苞："何淹留也？"苞曰："非常人也。"明日，发至荥阳。数日而难作。

六月癸丑，诏曰："古者人君之为名字，难犯而易讳。今常道乡公讳字甚难避，其朝臣博议改易，列奏。"

【译文】甘露五年春季，正月朔，出现日食。夏季，四月，下诏命令有关部门遵奉以前的命令，再次任命大将军司马昭为相国，封晋公，加九锡。

五月己丑，高贵乡公曹髦逝世，终年二十岁。皇太后郭氏下令说："我以不德之身，遭遇家庭不幸。从前，援立东海王曹霖的儿子曹髦，让他作为明帝的嗣子，我看他喜欢书疏文章，希望他能担当起这副重任，但他性情暴戾，而且日益严重。我数次进行责备，他反更忿恨，制造丑逆不道的言论来诬蔑、诽谤我，隔绝了两宫间的联系。他所说的话，让人不忍听，简直无法存于世上。我当即秘密告诉大将军，不能让曹髦担当承奉宗庙的重任，恐怕他会颠覆社稷，使我死后也没有面目去见先帝。大将军以他年龄尚幼，说他会逐渐改心向善，坚持为他说情。而这个小儿忿恨不已，行为更加过分，曾举弩远远向我宫中射去，祝愿弩箭能射中我的脖子，我亲眼见到箭落在我的面前。我对大将军讲，不可不废黜曹髦，前后讲过几十次。这个孩子都听到了，他自知罪行深重，就阴谋策划弑逆我，贿赂我的左右侍从，命令利用我吃药的机会，秘密下毒，曾几次计划下手。事情败露后，他就打算乘机直接率兵冲入西宫杀我，再出外害大将军。他召唤侍中王沈、散骑常侍王业、尚书王经，拿出怀里的诏书给他们看，说今天就要施行。我的危险程度，过于累卵。我年老寡居，不会再可惜自己剩下的年月，只是伤心先帝的遗意未能实现，为社稷要遭到颠覆而悲痛。幸亏宗庙祖宗神灵保佑，王沈、王业立即报告大将军，得以先作警戒。而这个孩子就率领左右冲出云龙门，擂动战鼓，亲自拔刀，与左右侍卫等进入兵阵中，被前锋杀死。这个孩子既然做出这种悖逆不道的事情，而又使自己陷入大祸，这使我心中哀悼，无可言说。从前，汉朝昌邑王刘贺因罪被废为庶人，这个孩子也应当以平民的礼节埋葬，还要让朝廷内外都知道他所做的事情。另外，尚书王经，凶逆无礼，现在，逮捕王经及其家属，送交廷尉。"

庚寅，太傅司马孚、大将军司马昭、太尉高柔、司徒郑冲跪在地上，叩头上奏说："臣等谨见中令：已故高贵乡公悖逆不道，自陷大祸，依照汉代废除昌邑王刘贺的先例，用庶民的礼节来安葬。臣等身居大臣之位，不能匡救祸乱，遏制奸逆，奉令震恐，心中惶惧。依照《春秋》大义，王者以天下为家，但文中又写道'周襄王出去到郑国居住'，是因为他不能奉事母亲，故没有沿用天子的体例来写他。如今高贵乡公肆意胡为，阴谋不轨，几乎危害社稷，自取灭亡，人神共弃，用庶民的礼仪安葬，确实是符合旧制的。但臣等考虑殿下以仁慈为怀，虽然心存大义，却犹有哀痛怜悯之情，臣等心中实在有所不忍，认为可以加恩用藩王的礼仪安葬。"太后听从了他们。

郭太后命令使持节、代理中护军、中垒将军司马炎到北方迎接常道乡公曹奂（本名曹璜）作为明帝曹叡的继承人，承即皇位。辛卯，群公上奏太后说："殿下圣德广大，安定天下，而下书仍称令，与藩国一样。请从今以后，殿下的令书都称诏制，如前代的旧例。"

癸卯，大将军司马昭坚决辞让相国、晋公、九锡的特别恩宠。太后下诏说："有功不隐,是《周易》的大义。成人之美,是古代贤人所崇尚的。如今,听从大将军的辞让,把他的表章宣示朝廷内外,以显示他的谦虚礼让风度。”

戊申,大将军司马昭上言:“高贵乡公率领侍从兵马,拔出刀剑,擂动战鼓向臣的住处冲去。我害怕交锋时有意外,当即下令将士不许有所伤害,违命者以军法从事。骑督成倅的弟弟,太子舍人成济,冲入兵阵刺伤高贵乡公,使他因此丧命,已逮捕成济,按军法处置。臣听说作为人臣的节操,即使是去死也不敢怀有二心,奉事君主的道义,是不能逃避危难。之前,变故突然发生,大祸如同扣发弩机一样迅速降临,我确实打算弃身守职而死,唯皇帝所定。然而,他的根本打算是准备向上危害皇太后,并颠覆宗庙社稷。臣忝居辅政之位,应当以安定国家为原则,害怕在听命身死之后,罪过和责任会更重。因此,打算遵循伊尹、周公的措施,以安定社稷的危难。不断派人宣告命令,不能迫近皇帝所在的车辇,而成济突然冲入阵中,以致发生大变。闻讯后,臣惊痛哀伤,心中如绞,不知该死于何地?依照法律,犯下大逆不道之罪,父母、妻子、儿女及兄弟都要判处斩刑。成济凶暴悖逆,触犯国法,罪不容诛。已下令让侍御史逮捕成济的家属,交付廷尉,判决他们的罪行。”太后下诏说:“在应当受到五刑惩罚的罪行中,最大的就是不孝顺父母。一般人的儿子不孝,还要到官府去告他,并加以惩处。这个孩子的行为,怎么还能算是君主呢?我是个妇人,不通晓大义,但也认为不能把成济列为大逆不道。然而大将军态度恳切,出言哀痛,所以听从他的上奏。把这件事传达到远近各地,让人们知道它的来龙去脉。”

六月癸丑,下诏说:“古代君王的名字,容易避讳,不容易触犯。如今,常道乡公的名字很难避开,现在,由朝中大臣广泛商议怎么改合适,分别奏上来。”

陈留王曹奂

【原文】陈留王,讳奂,字景明,武帝孙,燕王宇子也。甘露三年,封安次县常道乡公。高贵乡公卒,公卿议迎立公。六月甲寅,入于洛阳,见皇太后,是日即皇帝位于太极前殿,大赦,改年,赐民爵及谷帛各有差。

景元元年夏六月丙辰,进大将军司马文王位为相国,封晋公,增封二郡,并前满十,加九锡之礼,一如前诏。诸群从子弟,其未有侯者皆封亭侯,赐钱千万,帛万匹,文王固让,乃止。己未,故汉献帝夫人节薨,帝临于华林园,使使持节追谥夫人为献穆皇后。及葬,车服制度皆如汉氏故事。癸亥,以尚书右仆射王观为司空。冬十月,观薨。

十一月,燕王上表贺冬至,称臣。诏曰:“古之王者,或有所不臣,王将宜依此义。表不称臣乎!又当为报。夫后大宗者,降其私亲,况所继者重邪!若便同之臣妾,亦情所未安。其皆依礼典处,当务尽其宜。”有司奏,以为:“礼莫崇于尊祖,制莫大于正典。陛下稽德期运,抚临万国,绍大宗之重,隆三祖之基。伏惟燕王体尊戚属,正位藩服,躬秉虔肃,率蹈恭德以先万国,其于正典,阐济大顺,所不得制。圣朝诚宜崇以非常之制,奉以不臣之礼。臣等平议,以为燕王章表可听如旧式。中诏所施,或存好问,准之义类,则‘燕觌之敬’也,可少顺圣敬,加崇仪称,示不敢斥,宜曰‘皇帝敬问大王侍御’。至于制书,国之正典,朝廷所以辨章公制,宣昭轨仪于天下者也,宜循法,故曰‘制诏燕王’。凡诏命、制书、奏事、上书诸称燕王者,可皆上平。其非宗庙助祭之事,皆不得称王名,奏事、上书、文书及吏民皆不得触王讳,以彰殊礼,加于群后。上遵王典尊祖之制,俯顺圣敬烝烝之心,二者不愆,礼实宜之,可普告施行。”

十二月甲申,黄龙见华阴县井中。甲午,以司隶校尉王祥为司空。

二年夏五月朔,日有食之。秋七月,乐浪外夷韩、涉貊各率其属来朝贡。八月戊寅,赵王幹薨。甲寅,复命大将军进爵晋公,加位相国,备礼崇锡,一如前诏。又固辞,乃止。

【译文】陈留王曹奂,字景明,是武帝曹操的孙子,燕王曹宇的儿子。甘露三年,被封为安次县常道乡公。高贵乡公曹髦逝世后,朝中大臣共同商议迎接曹奂继承皇位。六月甲寅,他进入洛阳,拜见皇太后,当天在太极前殿登临皇帝位,大赦天下,改年号,赐天下百姓晋爵,并赏给不同数量的粮食和布帛。

景元元年夏季,六月丙辰,晋升大将军司马昭为相国,封晋公,增加二郡的封地,加上以前的,一共有十个郡,加九锡,一切都与以前的诏书相同。凡司马昭的从兄弟及侄子,未封侯的一律封为亭侯,赐给钱一千万,布帛一万匹,司马昭坚决辞让,才停止封授。己未,已故汉献帝的夫人曹节逝世,曹奂在华林园举行哀悼仪式,命令使者持符节追谥曹节为献穆皇后。在下葬时,车辆、服饰以及其他制度都依照汉代的旧例。癸亥,任命尚书右仆射王观为司空。冬季,十月,王观逝世。

十一月,燕王曹宇上表贺冬至,在表上称臣。曹奂下诏说:“古代的君王,对有的人不用臣下的礼仪来相待,对燕王就应依照这种情况。这次上表燕王已经称臣,但是我还要作答复。凡作为大宗后嗣的人,对自己的生身父母的礼节就要稍微予以降格,何况是继承帝位这样的重任!但如果就把父母视作臣仆,也于情不安。现在,应当都依照礼法来处理,使国家法度与私人情感都能适宜地体现。”有关部门上奏,认为:“礼制最高的就是尊敬祖宗,制度中最大的是国家正式仪典。陛下稽考德行,上应天数,君临万国,承袭大宗的重任,发扬三祖的基业。燕王是宗室中的尊长,被封为藩王,自己虔恭肃敬,首先表示谦逊之德,以为万国的表率,这符合国家正典,不能加以改动。圣朝确实应该给予燕王特殊待遇,使他不使用臣子的礼仪。臣等商议后,认为燕王上奏的章表,可以听任他依从旧例。陛下的诏书,可以加以尊敬,比照条例,可以算是‘在亲属宴会上按辈分施行的私人礼敬’,稍微表示陛下的尊敬之意,加以敬称,表示不敢忘怀,应当说‘皇帝敬问大王侍御’。至于制书,是国家正典,是朝廷办理公事,宣告仪典于天下的方式,应当遵循法度,所以用‘制诏燕王’。所有诏命、制书、奏事、上书中称到燕王的地方,应写在本行的开头。凡不是在宗庙助理祭祀的活动,都不得称呼燕王的名字,奏书、上书、文书以及官吏、百姓都不得触犯燕王的名讳,以显示对他的特殊礼遇,在诸侯之上。这样,上遵王典和尊祖的制度,下顺陛下的孝敬之心,二者并行,礼制与情感都适合,可以宣告天下施行。”

十二月甲申,有黄龙出现在华阴县井中。甲午,任命司隶校尉王祥为司空。

景元二年夏季,五月朔,出现日食。秋季,七月,乐浪郡境外的夷人韩和涉貊部落首领各自率领部属前来朝贡。八月戊寅，赵王曹幹逝世。甲寅，再次下诏命进大将军司马昭为晋公，任命他为相国，加九锡，一如前诏。司马昭再次坚决辞让，没有就任。

【原文】三年春二月，青龙见于轵县井中。夏四月，辽东郡言肃慎国遣使重译入贡，献其国弓三十张，长三尺五寸，楛矢长一尺八寸，石砮三百枚，皮骨铁杂铠二十领，貂皮四百枚。冬十月，蜀大将姜维寇洮阳，镇西将军邓艾拒之，破维于侯和，维遁走。是岁，诏祀故军祭酒郭嘉于太祖庙庭。

四年春二月，复命大将军进位爵赐，一如前诏，又固辞，乃止。

夏五月，诏曰："蜀，蕞尔小国，土狭民寡，而姜维虐用其众，曾无废志。往岁破败之后，犹复耕种沓中，刻剥众羌，劳役无已，民不堪命。夫兼弱攻昧，武之善经。致人而不致于人，兵家之上略。蜀所恃赖，唯维而已，因其远离巢窟，用力为易。今使征西将军邓艾督帅诸军，趣甘松、沓中以罗取维，雍州刺史诸葛绪督诸军趣武都、高楼，首尾蹴讨。若擒维，便当东西并进，扫灭巴蜀也。"又命镇西将军钟会由骆谷伐蜀。

秋九月，太尉高柔薨。冬十月甲寅，复命大将军进位爵赐，一如前诏。癸卯，立皇后卞氏。十一月，大赦。自邓艾、钟会率众伐蜀，所至辄克。是月，蜀主刘禅诣艾降，巴蜀皆平。十二月庚戌，以司徒郑冲为太保。壬子，分益州为梁州。癸丑，特赦益州士民，复除租赋之半五年。乙卯，以征西将军邓艾为太尉，镇西将军钟会为司徒。皇太后崩。

【译文】景元三年春季，二月，有青龙出现在轵县井中。夏季，四月，辽东郡报告说，肃慎国派遣使者，经过辗转翻译前来进贡，献上他们国家的弓三十张，长三尺五寸，楛矢长一尺八寸，石弩三百枚，皮骨铁杂铠二十领，貂皮四百张。冬季，十月，蜀国大将姜维进犯洮阳，镇西将军邓艾迎战，在侯和大败姜维，姜维逃走。本年，下诏在太祖曹操祭庙的前庭祭祀已故军祭酒郭嘉。

景元四年春季，二月，又命令大将军司马昭晋爵、加官及接受赏赐，一如前诏，又因司马昭坚决辞让而停止。

夏季，五月，下诏说："蜀是个小国，土地狭窄，百姓稀少，而姜维暴虐地役使百姓，一直没有停息。去年他战败之后，还在沓中屯田耕种，剥削羌人，劳役不休，百姓已不堪忍受。兼并弱小，攻击愚昧，是用兵之道。攻击敌人，而不为敌人所攻击，是兵家的上策。蜀国所倚仗的，只是姜维，乘他远离巢窟发动进攻，可以事半功倍。如今，命令征西将军邓艾统率诸军，直奔甘松、沓中去包围、捉获姜维，雍州刺史诸葛绪统率诸军进取武都、高楼，首尾夹攻。如果捉住姜维，就可以东西并进，一举扫灭巴蜀。"又命令镇西将军钟会由骆谷征伐蜀国。

秋季，九月，太尉高柔逝世。冬季，十月甲寅，又下令给大将军司马昭晋爵、加官及赏赐，与以前的诏书相同。癸卯，立卞氏为皇后。十一月，大赦天下。自从邓艾、钟会率领大军讨伐蜀国，攻无不克。本月，蜀国君主刘禅向邓艾投降，巴蜀全部平定。十二月庚戌，任命司徒郑冲为太保。壬子，分出益州的一部分，设置梁州。癸丑，特别赦免益州的士大夫与百姓，免除他们一半的租赋，免除期限为五年。乙卯，任命征西将军邓艾为太尉，镇西将军钟会为司徒。皇太后郭氏逝世。

【原文】咸熙元年春正月壬戌，槛车征邓艾。甲子，行幸长安。壬申，使使者以璧币祀华山。是月，钟会反于蜀，为众所讨，邓艾亦见杀。二月辛卯，特赦诸在益土者。庚申，葬明元郭后。三月丁丑，以司空王祥为太尉，征北将军何曾为司徒，尚书左仆射荀顗为司空。己卯，进晋公爵为王，封十郡，并前二十。① 丁亥，封刘禅为安乐公。夏五月庚申，相国晋王奏复五等爵。甲戌，改年。癸未，追命舞阳宣文侯为晋宣王，舞阳忠武侯为晋景王。六月，镇西将军卫瓘上雍州兵于成都县获璧、玉印各一，印文似"成信"字，依周成王归禾之义，宣示百官，藏于相国府。②

①《汉晋春秋》曰：晋公既进爵为王，太尉王祥、司徒何曾、司空荀顗并诣王。顗曰："相王尊重，何侯与一朝之臣皆已尽敬，今日便当相率而拜，无所疑也。"祥曰："相国位势，诚为尊贵，然要是魏之宰相，吾等魏之三公。公、王相去，一阶而已，班列大同，安有天子三公可辄拜人者！损魏朝之望，亏晋王之德，君子爱人以礼，吾不为也。"及入，顗遂拜，而祥独长揖。王谓祥曰："今日然后知君见顾之重！"

② 孙盛曰：昔公孙述自以起成都，号曰成。二玉之文，殆述所作也。

初，自平蜀之后，吴寇屯逼永安，遣荆、豫诸军掎角赴救。七月，贼皆遁退。八月庚寅，命中抚军司马炎副贰相国事，以同鲁公拜后之义。

癸巳，诏曰："前逆臣钟会构造反乱，聚集征行将士，劫以兵威，始吐奸谋，发言桀逆，逼胁众人，皆使下议，仓卒之际，莫不惊慑。相国左司马夏侯和、骑士曹属朱抚时使在成都，中领军司马贾辅、郎中羊琇各参会军事。和、琇、抚皆抗节不挠，拒会凶言，临危不顾，词指正烈。辅语散将王起，说'会奸逆凶暴，欲尽杀将士'，又云'相国已率三十万众西行讨会'，欲以称张形势，感激众心。起出，以辅言宣语诸军，遂使将士益怀奋励。宜加显宠，以彰忠义。其进和、辅爵为乡侯，琇、抚爵关内侯。起宣传辅言，告令将士，所宜赏异，其以起为部曲将。"癸卯，以卫将军司马望为骠骑将军。九月戊午，以中抚军司马炎为抚军大将军。

辛未，诏曰："吴贼政刑暴虐，赋敛无极。孙休遣使邓句，敕交阯太守锁送其民，发以为兵。吴将吕兴因民心愤怒，又承王师平定巴蜀，即纠合豪杰，诛除句等，驱逐太守长吏，抚和吏民，以待国命。九真、日南郡闻兴去逆即顺，亦齐心响应，与兴协同。兴移书日南州郡，开示大计，兵临合浦，告以祸福。遣都尉唐谱等诣进乘县，因南中都督护军霍弋上表自陈。又交阯将吏各上表，言'兴创造事业，大小承命。郡有山寇，入连诸郡，惧其计异，各有携贰。权时之宜，以兴为督交阯诸军事、上大将军、定安县侯，乞赐褒奖，以慰边荒'。乃心款诚，形于辞旨。昔仪父朝鲁，《春秋》所美；窦融归汉，待以殊礼。今国威远震，抚怀六合，方包举殊裔，混一四表。兴首向王化，举众稽服，万里驰义，请吏帅职，宜加宠遇，崇其爵位。既使兴等怀忠感悦，远人闻之，必皆竞劝。其以兴为使持节、都督交州诸军事、南中大将军，封定安县侯，得以便宜从事，先行后上。"策命未至，兴为下人所杀。

冬十月丁亥，诏曰："昔圣帝明王，静乱济世，保大定功，文武殊涂，勋烈同归。是故或舞干戚以训不庭，或陈师旅以威暴慢。至于爱民全国，康惠庶类，必先修文教，示之轨仪，不得已然后用兵，此盛德之所同也。往者季汉分崩，九土颠覆，刘备、孙权乘间作祸。三祖绥宁中夏，日不暇给，遂使遗寇僭逆历世。幸赖宗庙威灵，宰辅忠武，爰发四方，拓定庸、蜀，役不浃时，一征而克。自顷江表衰弊，政刑荒暗，巴、汉平定，孤危无援，交、荆、扬、越，靡然向风。今交阯伪将吕兴已帅三郡，万里归命；武陵邑侯相严等纠合五县，请为臣妾；豫章、庐陵山民举众叛吴，以助北将军为号。又孙休病死，主帅改易，国内乖违，人各有心。伪将施绩，贼之名臣，怀疑自猜，深见忌恶。众叛亲离，莫有固志，自古及今，未有亡征若此之甚。若六军震曜，南临江、汉，吴会之域必扶老携幼以迎王师，必然之理也。然兴动大众，犹有劳费，宜告喻威德，开示仁信，使知顺附和同之利。相国参军事徐绍、水曹掾孙彧，昔在寿春，并见虏获。绍本伪南陵督，才质开壮。彧，孙权支属，忠良见事。其遣绍南还，以彧为副，宣扬国命，告喻吴人，诸所示语，皆以事实，若其觉悟，不损征伐之计，盖庙胜长算，自古之道也。其以绍兼散骑常侍，加奉车都尉，封都亭侯。彧兼给事黄门侍郎，赐爵关内侯。绍等所赐妾及男女家人在此者，悉听自随，以明国恩，不必使还，以开广大信。”

丙午，命抚军大将军、新昌乡侯炎为晋世子。是岁，罢屯田官以均政役，诸典农皆为太守，都尉皆为令、长。劝募蜀人能内移者，给廪二年，复除二十岁。安弥、福禄县各言嘉禾生。

【译文】咸熙元年春季，正月壬戌，用囚车征召邓艾入朝。甲子，曹奂出巡，到达长安。壬申，派使者用玉璧及布帛祭祀华山。本月，钟会在蜀国造反，被军中众将士讨平，邓艾也被杀死。二月辛卯，特赦在益州境内的人。庚申，为皇太后郭氏封谥号为明元，给她举行安葬仪式。三月丁丑，任命司空王祥为太尉，征北将军何曾为司徒，尚书左仆射荀顗为司空。己卯，进晋公司马昭的爵位为王，增封十郡，与以前的加在一起，封地共有二十个郡。丁亥，封刘禅为安乐公。夏季，五月庚申，相国晋王司马昭上奏，恢复五等爵。甲戌，改年号。癸未，下诏追命舞阳宣文侯司马懿为晋宣王，舞阳忠武侯司马师为晋景王。六月，镇西将军卫瓘献上雍州兵士在成都县获得的玉璧和玉印各一块，印文好像是“成信”字样，依照周成王归禾于周公的旧例，展示给百官后，收藏在相国府。

起初，自平蜀之后，吴国敌寇进逼永安，派荆州、豫州诸军一同出兵援救，成掎角之势。七月，贼军全部退走。八月庚寅，命令中抚军司马炎作为相国司马昭处理国务的副手，与鲁公拜后的意义相同。

癸巳，下诏说：“前逆臣钟会造反作乱，聚集征蜀的随行将士，用武力相胁迫，才说出自己的奸谋及大逆不道的打算，同时逼迫众人都要表态，仓促之间，将士无不惊骇畏惧。相国左司马夏侯和、骑士曹属朱抚当时正奉命出使在成都，中领军司马贾辅、郎中羊琇都受命参谋钟会的军事。夏侯和、羊琇、朱抚都坚持节义，毫不屈挠，拒绝钟会的凶恶打算，临危不怯，言辞正烈。贾辅告诉散将王起，说‘钟会奸逆凶暴，打算把将士全部杀死’，又说‘相国已率领三十万大军向西来讨伐钟会’，打算宣传形势，激动将士之心。王起出来后，把贾辅的话宣告诸军，使得将士们更加奋励。应该给他们加以明显的宠任，以表彰他们的忠义行为。现在，晋升夏侯和、贾辅的爵位为乡侯，封羊琇、朱抚为关内侯。王起宣传贾辅的话，告令将士，应该得到特殊赏赐，现任命王起为部曲将。”癸卯，任命卫将军司马望为骠骑将军。九月戊午，任命中抚军司马炎为抚军大将军。

辛未，下诏说：“吴贼政治与司法都十分残暴凶虐，催逼租赋，没有极限。孙休派遣使臣邓句，下令交阯太守用锁链押送属下的百姓，征为兵士。吴国大将吕兴利用民心愤怒，又乘王师平定巴蜀的机会，纠合豪杰，杀死邓句等，驱逐太守及主要官吏，安抚官吏和百姓，以等待国家命令。九真、日南郡听说吕兴背弃逆贼，归顺朝廷，也齐心响应，与吕兴联合。吕兴发公文给日南州郡官员，告知大计，又率兵到达合浦，示以祸福。派遣都尉唐谱等到进乘县，通过南中都督护军霍弋上表禀报。另外，交阯的将士、官吏各自上表，说‘吕兴创造事业，大小官吏都秉承他的命令。郡中有山贼，势力连接诸郡，恐怕他们意见不同，怀有二心。作为暂时措施，以吕兴为都督交阯诸军事、上大将军、安定县侯，请求朝廷赐以褒奖，以安慰边境荒凉之地’。他们的忠心诚意，形之于言辞之中。从前，春秋时期邾国国君仪父尊奉大国，与鲁国结盟，受到《春秋》的称赞；窦融归顺汉朝，受到特殊的礼遇。如今，国威远震，安抚六合，正要包举天下，统一海内。吕兴首先投向朝廷，率众归顺，在万里外举起义旗，请派官吏，以管理政务，应当加以优厚待遇，授以高官显爵。吕兴等人心怀忠义，感动欣悦，之后边远地区的百姓听到，也必然会竞相仿效。现在任命吕兴为使持节、都督交州诸军事、南中大将军，封安定县侯，可以因地制宜，随机行事先采取措施，再向上奏报。”册封吕兴的诏书还未到，吕兴已被部下杀死。

冬季，十月丁亥，下诏说：“从前的圣明帝王，平定祸乱，拯救世人，保全大局，以建立功业，虽然所用方式不同，但取得的勋绩是一样的。所以有的通过干戚之舞来教训不遵奉号令的人，有的以大军压境来威服凶暴轻慢之人。至于爱护百姓，保全国家，施恩惠于庶民，必然要先修文教，告民法则，不得已而后用兵，这是历代圣明君主所共同的。过去，汉末天下分裂，九州颠覆，刘备、孙权乘机作乱。三祖安定中原，日夜操劳仍未及平定，使得留下的贼寇僭越叛逆，已经历数代。幸亏依仗宗庙威灵，辅政大臣忠诚勇武，于是征发四方，平定巴蜀，未经多时，一战而克。近来，吴国衰弱，统治荒乱，蜀国被平定后，已经是孤立无援，属下的交、荆、扬、越四州的百姓，纷纷想投靠朝廷。如今，交阯的伪将吕兴已率领三郡，在万里外归顺朝廷；武陵邑侯相严等纠合五县，请朝廷接纳；豫章、庐陵的山民聚集起来反叛吴国，用助北将军作为他们首领的称号。另外，孙休病死，主帅换人，国中不稳，人心浮动。伪将施绩是贼中名臣，怀疑自猜，深受忌恨。众叛亲离，国人有离心，从古至今，没有像这样明显的灭亡征兆。如果大军出动，南临长江、汉水，江南的百姓一定会扶老携幼来迎接王师，这是必然的道理。然而出动大军，还会有劳役、费用，最好是宣告朝廷的威信德望，显示皇帝的仁义信用，使吴国上下知道归顺依附的利益。相国参军事徐绍、水曹掾孙彧都是从前在寿春被我军俘获的。徐绍本来是伪南陵督，才干不凡。孙彧是孙权的旁支子孙，忠义贤良。现在，派遣徐绍回到江南，以孙彧作为他的副手，去宣扬朝廷命令，告喻吴人，朝廷所说的话，都有事实作根据，如果他们能觉悟，则不必进行征伐，这是朝廷制定的克敌制胜的策略，也是自古为政之道。现在，命徐绍兼任散骑常侍，加授奉车都尉，封都亭侯。命孙彧兼任给事黄门侍郎，赐爵关内侯。赐给徐绍等人的侍妾以及徐绍等人的男女家人在这里的，都听任他们带走，以表明国家的恩义，不必再使他们回来，以推广朝廷的大信。"

丙午，命令抚军大将军、新昌乡侯司马炎为晋王司马昭的世子。这一年，废除管理屯田的官员，以使政治和徭役能均衡一致，各典农中郎将都改为太守，典农都尉改为县令、长。劝募蜀国百姓能内迁中原地区的，供应粮食二年，免除徭役二十年。安弥、福禄县分别上报，说有嘉禾生长。

【原文】二年春二月甲辰，朐䏰县获灵龟以献，归之于相国府。庚戌，以虎贲张修昔于成都驰马至诸营言钟会反逆，以至没身，赐修弟倚爵关内侯。夏四月，南深泽县言甘露降。吴遣使纪陟、弘璆请和。

五月，诏曰："相国晋王诞敷神虑，光被四海，震耀武功，则威盖殊荒。流风迈化，则旁洽无外。愍恤江表，务存济育，戢武崇仁，示以威德。文告所加，承风向慕，遣使纳献，以明委顺，方宝纤珍，欢以效意。而王谦让之至，一皆簿送，非所以慰副初附，从其款愿也。孙皓诸所献致，其皆还送，归之于王，以协古义。"王固辞，乃止。又命晋王冕十有二旒，建天子旌旗，出警入跸，乘金根车、六马，备五时副车，置旄头云罕，乐舞八佾，设钟虡宫县。进王妃为王后，世子为太子，王子、王女、王孙，爵命之号如旧仪。癸未，大赦。

秋八月辛卯，相国晋王薨。壬辰，晋太子炎绍封袭位，总摄百揆，备物典册，一皆如前。是月，襄武县言有大人见，长三丈余，迹长三尺二寸，白发，著黄单衣，黄巾，柱杖，呼民王始语云："今当太平。"九月乙未，大赦。戊午，司徒何曾为晋丞相。癸亥，以骠骑将军司马望为司徒，征东大将军石苞为骠骑将军，征南大将军陈骞为车骑将军。乙亥，葬晋文王。闰月庚辰，康居、大宛献名马，归于相国府，以显怀万国致远之勋。

十二月壬戌，天禄永终，历数在晋。诏群公卿士具仪设坛于南郊，使使者奉皇帝玺绶册，禅位于晋嗣王，如汉、魏故事。甲子，使使者奉策。遂改次于金墉城，而终馆于邺，时年二十。①

①《魏世谱》曰：封帝为陈留王。年五十八，太安元年崩，谥曰"元皇帝"。

【译文】咸熙二年春季，二月甲辰，朐䏰县捉获灵龟，献给朝廷，皇帝命令收藏到相国府。庚戌，因为虎贲士张修从前在成都骑马到各营去通知钟会叛逆的消息，并为此而死，所以赐张修的弟弟张倚爵关内侯。夏季，四月，南深泽县上书，报告有甘露降下。吴国派遣使者纪陟、弘璆向朝廷请和。

五月，下诏说："相国晋王广施神虑，光被天下，炫显武功，则威加边荒，推行教化，则流遍天下。怜惜江南地区的百姓，以拯救、抚育为先，抑制武力，崇尚仁教，显示朝廷的威德。文告一到,吴国就立即回应,派遣使者进奉贡献,以表明委顺之心,异方珍宝,纤巧之物,纷纷献上,用以致意。而晋王过于谦让,把所有物品都登记在册,上交朝廷,这不是安慰才归附的吴国,遵从他们进奉诚意的做法。孙皓所奉献的各种器物,全部送还给晋王,以符合古义。”晋王坚决辞让,才停止。又命令晋王的冕冠上加有十二旒,建立天子的旌旗,出入的警卫及名称都与天子相同,乘坐金根车,用六匹马驾车,置备五时副车,设置旄头云罕,八佾乐舞以及四面悬挂的宫廷钟乐。晋王妃称为王后,晋王世子称为太子,王子、王女、王孙的爵位封号都按照以前的礼仪。癸未,大赦天下。

秋季,八月辛卯,相国晋王司马昭逝世。壬辰,晋太子司马炎承袭王位与官职,总统全国政务,所有待遇,都与前一样。这个月,襄武县上书报告,说有一个高大的人出现,高三丈余,脚印有三尺二寸长,白头发,穿黄色单衣,戴黄色头巾,拄着杖,召呼百姓王始,并对他说:“如今应当太平了。”九月乙未,大赦天下。戊午,任命司徒何曾为晋国丞相。癸亥,任命骠骑将军司马望为司徒,征东大将军石苞为骠骑将军,征南大将军陈骞为车骑将军。乙亥,安葬晋文王司马昭。闰月庚辰,康居、大宛进献名马,下诏命令送到相国府,以显示相国招怀万国,致送远物的勋劳。

十二月壬戌,魏国的天命已终,历数已移在晋国。曹奂下诏命令朝中大臣具备仪式,在洛阳南郊建坛,派使者奉上皇帝的玺印、绶带与册书,禅位于晋王司马炎,与汉魏禅让的旧例相同。甲子,派使者奉上策书。于是,曹奂移出宫殿,搬到金墉城,后来就一直居住在邺城馆舍,当时他二十岁。

【原文】评曰:古者以天下为公,唯贤是与。后代世位,立子以适。若适嗣不继,则宜取旁亲明德,若汉之文、宣者,斯不易之常准也。明帝既不能然,情系私爱,抚养婴孩,传以大器,托付不专,必参枝族,终于曹爽诛夷,齐王替位。高贵公才慧夙成,好问尚辞,盖亦文帝之风流也。然轻躁忿肆,自蹈大祸。陈留王恭己南面,宰辅统政,仰遵前式,揖让而禅,遂飨封大国,作宾于晋,比之山阳,班宠有加焉。

【译文】评论说:古代君王以天下为公,选择贤能治理天下。后代世袭皇位,选立嫡子。如果没有嫡子嗣位,则应当选取有德行的旁系亲属,如汉代的文帝、宣帝,这是不能改变的常规。明帝则没有这样做,以私爱为重,抚养婴孩,传以皇位,又没能托付合适的人,一定要加上宗室旁支,终于使曹爽被杀,齐王曹芳也被废黜。高贵乡公曹髦才干聪慧,少年早成,喜欢思考发问,爱好辞章,大致也有文帝的风度。但他为人轻躁,忿怨后肆意行动,终于自蹈大祸。陈留王曹奂不问政事,大权旁落,由宰辅统掌政权,并仰遵汉魏前例,禅位于晋,于是受封大国,成为晋代的宾客,比之山阳公,所受的宠信与赏赐还要多一些。

卷五　魏书五

后妃传第五

【原文】《易》称："男正位乎外，女正位乎内，男女正，天地之大义也。"古先哲王，莫不明后妃之制，顺天地之德。故二妃嫔妫，虞道克隆，任、姒配姬，周室用熙，废兴存亡，恒此之由。《春秋说》云天子十二女，诸侯九女，考之情理，不易之典也。而末世奢纵，肆其侈欲，至使男女怨旷，感动和气，惟色是崇，不本淑懿，故风教陵迟而大纲毁泯，岂不惜哉！呜呼，有国有家者，其可以永鉴矣！

汉制，帝祖母曰太皇太后，帝母曰皇太后，帝妃曰皇后，其余内官十有四等。魏因汉法，母后之号，皆如旧制，自夫人以下，世有增损。太祖建国，始命王后，其下五等：有夫人，有昭仪，有婕伃，有容华，有美人。文帝增贵嫔、淑媛、修容、顺成、良人。明帝增淑妃、昭华、修仪，除顺成官。太和中始复命夫人，登其位于淑妃之上。自夫人以下爵凡十二等：贵嫔、夫人，位次皇后，爵无所视；淑妃位视相国，爵比诸侯王；淑媛位视御史大夫，爵比县公；昭仪比县侯；昭华比乡侯；修容比亭侯；修仪比关内侯；婕伃视中二千石；容华视真二千石；美人视比二千石；良人视千石。

【译文】《易经》中说："男子守正道于外，女子守正道于内，男女各守正道，就是天地间的正道了。"凡属古代贤明的君主，无不明定后妃制度，以顺应天地的道德规范。因此娥皇、女英二妃下嫁虞舜，虞舜的事业得以昌盛兴隆，太任、太姒二女先后嫁给姬氏，周室基业由此蒸蒸日上，一个王朝的兴废存亡，总跟它的后妃制度有着莫大的关系。《春秋说》上说天子可以拥有十二个妻妾，诸侯为九个，从情理上加以考察，这确实是一个不容变更的规定。而每个王朝末叶，当朝君主往往穷奢极欲，荒淫无度，致使比翼折翅，鸳鸯失偶，怨男旷女人数激增，阴阳和谐遭到严重破坏，而且只重色相，善良美好的品行反而弃之不顾，因此造成整个社会的风俗教化江河日下，全国上下的政法体系败坏殆尽，难道不令人深为痛惜吗！呜呼，齐家也好，治国也罢，都应该永远以此为戒才是啊！

汉代礼制，皇帝的祖母称太皇太后，皇帝的母亲称皇太后，皇帝的正妻称为皇后，其余妃嫔分为十四个等级。魏王朝承袭汉朝制度，母后之类称号全都遵循前代旧例，但从夫人以下，妃嫔的名称却每个时期都有所增损。太祖建立魏国，才册命王后，王后以下又分为夫人、昭仪、婕伃、容华、美人五等。文帝增加了贵嫔、淑媛、修容、顺成和良人。明帝增置淑妃、昭华、修仪，撤销了顺成这一级女官。太和年间开始恢复夫人的册封，将夫人的地位品级列于淑妃之上。自夫人以下，爵位共分十二等：贵嫔、夫人，地位仅次于皇后，爵位体系中没有哪一个等级能与她们相提并论；淑妃地位视同相国，爵级跟诸侯王一样；淑媛地位视同御史大夫，爵级跟县公相同；昭仪爵级等同于县侯；昭华爵级等同于乡侯；修容爵级等同于亭侯；修仪爵级等同于关内侯；倢伃爵级等同于中二千石；容华爵级等同于真二千石；美人爵级等同于比二千石；良人的爵级与千石的官员相同。

武宣卞皇后

【原文】武宣卞皇后，琅邪开阳人，文帝母也。本倡家，[①]年二十，太祖于谯纳后为妾。后随太祖至洛。及董卓为乱，太祖微服东出避难。袁术传太祖凶问，时太祖左右至洛者皆欲归，后止之曰："曹君吉凶未可知，今日还家，明日若在，何面目复相见也？正使祸至，共死何苦！"遂从后言。太祖闻而善之。建安初，丁夫人废，遂以后为继室。诸子无母者，太祖皆令后养之。[②]文帝为太子，左右长御贺后曰："将军拜太子，天下莫不欢喜，后当倾府藏赏赐。"后曰："王自以丕年大，故用为嗣，我但当以免无教导之过为幸耳，亦何为当重赐遗乎！"长御还，具以语太祖。太祖悦曰："怒不变容，喜不失节，故是最为难。"

①《魏书》曰：后以汉延熹三年十二月己巳生齐郡白亭，有黄气满室移日。父敬侯怪之，以问卜者王旦，旦曰："此吉祥也。"

②《魏略》曰：太祖始有丁夫人，又刘夫人生子修及清河长公主。刘早终，丁养子修。子修亡于穰，丁常言："将我儿杀之，都不复念！"遂哭泣无节。太祖忿之，遣归家，欲其意折。后太祖就见之，夫人方织，外人传云"公至"，夫人踞机如故。太祖到，抚其背曰："顾我，共载归乎？"夫人不顾，又不应。太祖却行，立于户外，复云："得无尚可邪！"遂不应，太祖曰："真诀矣。"遂与绝，欲其家嫁之，其家不敢。初，丁夫人既为嫡，加有子修，丁视后母子不足。后为继室，不念旧恶，因太祖出行，常四时使人馈遗，又私迎之，延以正坐而己下之，迎来送去，有如昔日。丁谢曰："废放之人，夫人何能常尔邪！"其后丁亡，后请太祖殡葬，许之，乃葬许城南。后太祖病困，自虑不起，叹曰："我前后行意，于心未曾有所负也。假令死而有灵，子修若问'我母所在'，我将何辞以答？"◎《魏书》曰：后性约俭，不尚华丽，无文绣珠玉，器皆黑漆。太祖常得名珰数具，命后自选一具，后取其中者，太祖问其故，对曰："取其上者为贪，取其下者为伪，故取其中者。"

二十四年，拜为王后，策曰："夫人卞氏，抚养诸子，有母仪之德。今进位王后，太子、诸侯陪位，群卿上寿，减国内死罪一等。"二十五年，太祖崩，文帝即王位，尊后曰王太后。及践阼，尊后曰皇太后，称永寿宫。[①]明帝即位，尊太后曰太皇太后。

①《魏书》曰：后以国用不足，减损御食，诸金银器物皆去之。东阿王植，太后少子，最爱之。后植犯法，为有司所奏，文帝令太后弟子奉车都尉兰持公卿议白太后，太后曰："不意此儿所作如是，汝还语帝，不可以我故坏国法。"及自见帝，不以为言。

臣松之案：文帝梦磨钱，欲使文灭而更愈明，以问周宣。宣答曰："此陛下家事，虽意欲尔，而太后不听。"则太后用意，不得如此书所言也。《魏书》又曰：太后每随军征行，见高年白首，辄住车呼问，赐与绢帛，对之涕泣曰："恨父母不及我时也。"太后每见外亲，不假以颜色，常言："居处当务节俭，不当望赏赐，念自佚也。外舍当怪吾遇之太薄，吾自有常度故也。吾事武帝四五十年，行俭日久，不能自变为奢，有犯科禁者，吾且能加罪一等耳，莫望钱米恩贷也。"帝为太后弟秉起第，第成，太后幸第请诸家外亲，设下厨，无异膳。太后左右，菜食粟饭，无鱼肉，其俭如此。

黄初中，文帝欲追封太后父母，尚书陈群奏曰："陛下以圣德应运受命，创业革制，当永为后式。案典籍之文，无妇人分土命爵之制。在礼典，妇因夫爵。秦违古法，汉氏因之，非先王之令典也。"帝曰："此议是也，其勿施行，以作著诏下藏之台阁，永为后式。"至太和四年春，明帝乃追谥太后祖父广曰开阳恭侯，父远曰敬侯，祖母周封阳都君及恭侯夫人，皆赠印绶。其年五月，后崩。七月，合葬高陵。

初，太后弟秉，以功封都乡侯，黄初七年进封开阳侯，邑千二百户，为昭烈将军。① 秉薨，子兰嗣。少有才学，② 为奉车都尉、游击将军，加散骑常侍。兰薨，子晖嗣。③ 又分秉爵，封兰弟琳为列侯，官至步兵校尉。兰子隆女为高贵乡公皇后，隆以后父为光禄大夫，位特进，封睢阳乡侯，妻王为显阳乡君。追封隆前妻刘为顺阳乡君，后亲母故也。琳女又为陈留王皇后，时琳已没，封琳妻刘为广阳乡君。

①《魏略》曰：初，卞后弟秉，当建安时得为别部司马，后常对太祖怨言，太祖答言："但得与我作妇弟，不为多邪？"后又欲太祖给其钱帛，太祖又曰："但汝盗与，不为足邪？"故讫太祖世，秉官不移，财亦不益。

②《魏略》曰：兰献赋赞述太子德美，太子报曰："赋者，言事类之所附也，颂者，美盛德之形容也，故作者不虚其辞，受者必当其实。兰此赋，岂吾实哉？昔吾丘寿王一陈宝鼎，何武等徒以歌颂，犹受金帛之赐，兰事虽不谅，义足嘉也。今赐牛一头。"由是遂见亲敬。

③《魏略》曰：明帝时，兰见外有二难，而帝留意于宫室，常因侍从，数切谏。帝虽不能从，犹纳其诚款。后兰苦酒消渴，时帝信巫女用水方，使人持水赐兰，兰不肯饮。诏问其意，兰言："治病自当以方药，何信于此？"帝为变色，而兰终不服。后渴稍甚，以至于亡。故时人见兰好直言，谓帝面折之而兰自杀，其实不然。

【译文】武宣卞皇后，琅邪郡开阳人，是文帝的母亲。出身倡家，二十岁那年，太祖在谯郡娶她为妾。后来跟随太祖来到洛阳。董卓祸乱朝廷的时候，太祖改换常服逃出洛阳，去东方避祸。之后袁术传布太祖已经死亡的消息，当时跟随太祖来到洛阳的人都有返回家乡的打算，卞后制止他们说："曹君吉凶现在并未确定，如果大家今天回家，明天却得知他其实毫发无损，日后还有什么面目彼此相见呢？纵使大祸临头，大家同生共死又有何妨！"大家这才听取了卞后的意见。太祖后来听说了这件事，也打从心里赞赏她。建安初年，丁夫人被废，太祖就让卞后做了继室。几个失去母亲的儿子，太祖都交给卞后抚养和照料。文帝曹丕被立为太子，王宫女官们纷纷恭贺卞后说："将军被立为太子，全天下的人都为他高兴呢，王后应当倾尽您的府库宝藏作为赏赐才对。"卞后说："魏王因为曹丕在众兄弟中年纪较大，所以才册立他为太子承嗣王位，我只应以能够免除教子无方的过错作为自己的荣幸罢了，又凭什么为此大肆张扬赏赐馈赠的呢！”女官们返回，把这些话如实转告给太祖。太祖喜悦地赞扬卞后说：“恼怒的时候面不改色，高兴的时候不忘乎所以，这的确是她最难能可贵的地方。”

建安二十四年，册立卞后为王后，策文说：“夫人卞氏，辛勤抚养众王子，具有担当人母仪范的德行。现在命她进位为王后，太子、诸侯负责陪位，众卿给她敬酒贺寿，国内死刑犯都减罪一等。”建安二十五年，太祖驾崩，太子曹丕继承王位，尊王后为王太后。及曹丕代汉登基，尊王太后为皇太后，所居宫室称永寿宫。明帝即位后，尊皇太后为太皇太后。

黄初年间，文帝本打算追封太后的父母，尚书陈群上奏说：“陛下以至高无上的道德奉天承运，您所缔造的帝国大业，以及由您所推行的制度方面的改革，都应当成为后世子孙永远遵照执行的规范。检阅历代典籍的文字记载，从没有因为妇人而裂土封王的做法。根据礼典，妇人只能依附于丈夫的爵位。秦王朝违背了古代礼法，汉王朝因循秦制，都不是经过先王千锤百炼的典章法度。”文帝说：“这个意见很对，此前我所做的决定就不要施行了，而且应该把这个规定写成诏令，收藏于尚书台，作为后世永久的制度。”一直到太和四年春，明帝才追谥太皇太后的祖父卞广为开阳恭侯，父亲卞远为开阳敬侯，祖母周氏为阳都君及恭侯夫人，并都赠予印绶。这年五月，皇太后驾崩。七月，合葬到太祖的高陵。

当初，卞太后的弟弟卞秉，因功封为都乡侯，文帝黄初七年晋封开阳侯，食邑一千二百户，官拜昭烈将军。卞秉去世，他的儿子卞兰继承封爵。卞兰少年时就有很不错的才能和学问，历任奉车都尉、游击将军，加官散骑常侍。卞兰去世，他的儿子卞晖继承爵位。又分卞秉的爵位，封卞兰的弟弟卞琳为列侯，后来卞琳为官最高做到步兵校尉一职。卞兰之子卞隆的女儿后来立为高贵乡公的皇后，卞隆因为身为皇后父亲的缘故而担任光禄大夫，赐位特进，爵封睢阳乡侯，其妻王氏封显阳乡君。高贵乡公又追封卞隆前妻刘氏为顺阳乡君，这是由于刘氏是皇后生母的缘故。再后来，卞琳的女儿又被册立为陈留王的皇后，当时卞琳已经不在人世，朝廷就封卞琳的妻子刘氏为广阳乡君。

文昭甄皇后

【原文】文昭甄皇后，中山无极人，明帝母，汉太保甄邯后也，世吏二千石。父逸，上蔡令。后三岁失父。① 后天下兵乱，加以饥馑，百姓皆卖金银珠玉宝物，时后家大有储谷，颇以买之。后年十余岁，白母曰：“今世乱而多买宝物，‘匹夫无罪，怀璧为罪’。又，左右皆饥乏，不如以谷振给亲族邻里，广为恩惠也。”举家称善，即从后言。②

①《魏书》曰：逸娶常山张氏，生三男五女：长男豫，早终；次俨，举孝廉，大将军掾、曲梁长；次尧，举孝廉；长女姜，次脱，次道，次荣，次即后。后以汉光和五年十二月丁酉生。每寝寐，家中仿佛见如有人持玉衣覆其上者，常共怪之。逸薨，加号慕，内外益奇之。后相者刘良相后及诸子，良指后曰：“此女贵乃不可言。”后自少至长，不好戏弄。年八

岁，外有立骑马戏者，家人诸姊皆上阁观之，后独不行。诸姊怪问之，后答言："此岂女人之所观邪？"年九岁，喜书，视字辄识，数用诸兄笔砚，兄谓后言："汝当习女工。用书为学，当作女博士邪？"后答言："闻古者贤女，未有不学前世成败以为己诫。不知书，何由见之？"

②《魏略》曰：后年十四，丧中兄俨，悲哀过制，事寡嫂谦敬，事处其劳，拊养俨子，慈爱甚笃。后母性严，待诸妇有常，后数谏母："兄不幸早终，嫂年少守节，顾留一子，以大义言之，待之当如妇，爱之宜如女。"母感后言流涕，便令后与嫂共止，寝息坐起常相随，恩爱益密。

建安中，袁绍为中子熙纳之。熙出为幽州，后留养姑。及冀州平，文帝纳后于邺，有宠，生明帝及东乡公主。[①] 延康元年正月，文帝即王位，六月，南征，后留邺。黄初元年十月，帝践阼。践阼之后，山阳公奉二女以嫔于魏，郭后、李、阴贵人并爱幸，后愈失意，有怨言。帝大怒，二年六月，遣使赐死，葬于邺。[②]

①《魏略》曰：熙出在幽州，后留侍姑。及邺城破，绍妻及后共坐皇堂上。文帝入绍舍，见绍妻及后，后怖，以头伏姑膝上，绍妻两手自搏。文帝谓曰："刘夫人云何如此？令新妇举头！"姑乃捧后令仰，文帝就视，见其颜色非凡，称叹之。太祖闻其意，遂为迎取。◎《世语》曰：太祖下邺，文帝先入袁尚府，有妇人被发垢面，垂涕立绍妻刘后，文帝问之，刘答"是熙妻"，顾揽发髻，以巾拭面，姿貌绝伦。既过，刘谓后"不忧死矣！"遂见纳，有宠。◎《魏书》曰：后宠愈隆而弥自挹损，后宫有宠者劝勉之，其无宠者慰诲之，每因闲宴，常劝帝，言："昔黄帝子孙蕃育，盖由妾媵众多，乃获斯祚耳。所愿广求淑媛，以丰继嗣。"帝心嘉焉。其后帝欲遣任氏，后请于帝曰："任既乡党名族，德、色，妾等不及也，如何遣之？"帝曰："任性狷急不婉顺，前后忿吾非一，是以遣之耳。"后流涕固请曰："妾受敬遇之恩，众人所知，必谓任之出，是妾之由。上惧有见私之讥，下受专宠之罪，愿重留意！"帝不听，遂出之。十六年七月，太祖征关中，武宣皇后从，留孟津，帝居守邺。时武宣皇后体小不安，后不得定省，忧怖，昼夜泣涕。左右骤以差问告，后犹不信，曰："夫人在家，故疾每动，辄历时，今疾便差，何速也？此欲慰我意耳！"忧愈甚。后得武宣皇后还书，说疾已平复，后乃欢悦。十七年正月，大军还邺，后朝武宣皇后，望幄座悲喜，感动左右。武宣皇后见后如此，亦泣，且谓之曰："新妇谓吾前病如昔时困邪？吾时小小耳，十余日即差，不当视我颜色乎！"嗟叹曰："此真孝妇也。"二十一年，太祖东征，武宣皇后、文帝及明帝、东乡公主皆从，时后以病留邺。二十二年九月，大军还，武宣皇后左右侍御见后颜色丰盈，怪问之曰："后与二子别久，下流之情，不可为念，而后颜色更盛，何也？"后笑答之曰："叡等自随夫人，我当何忧！"后之贤明以礼自持如此。

②《魏书》曰：有司奏建长秋宫，帝玺书迎后，诣行在所，后上表曰："妾闻先代之兴，所以飨国久长，垂祚后嗣，无不由后妃焉。故必审选其人，以兴内教。今践阼之初，诚宜登进贤淑，统理六宫。妾自省愚陋，不任粢盛之事，加以寝疾，敢守微志。"玺书三至而后三让，言甚恳切。时盛暑，帝欲须秋凉乃更迎后。会后疾遂笃，夏六月丁卯，崩

于邺。帝哀痛咨嗟，策赠皇后玺绶。

臣松之以为：《春秋》之义，内大恶讳，小恶不书。文帝之不立甄氏，及加杀害，事有明审。魏史若以为大恶邪，则宜隐而不言，若谓为小恶邪，则不应假为之辞，而崇饰虚文乃至于是，异乎所闻于旧史。推此而言，其称卞、甄诸后言行之善，皆难以实论。陈氏删落，良有以也。

明帝即位，有司奏请追谥，使司空王朗持节奉策以太牢告祠于陵，又别立寝庙。① 太和元年三月，以中山魏昌之安城乡户千，追封逸，谥曰敬侯，适孙像袭爵。四月，初营宗庙，掘地得玉玺，方一寸九分，其文曰"天子羡思慈亲"，明帝为之改容，以太牢告庙。又尝梦见后，于是差次舅氏亲疏高下，叙用各有差，赏赐累巨万，以像为虎贲中郎将。是月，后母薨，帝制缌服临丧，百僚陪位。四年十一月，以后旧陵庳下，使像兼太尉，持节诣邺，昭告后土，十二月，改葬朝阳陵。像还，迁散骑常侍。青龙二年春，追谥后兄俨曰安城乡穆侯。夏，吴贼寇扬州，以像为伏波将军，持节监诸将东征，还，复为射声校尉。三年薨，追赠卫将军，改封魏昌县，谥曰贞侯，子畅嗣。又封畅弟温、韡、艳皆为列侯。四年，改逸、俨本封皆曰魏昌侯，谥因故。封俨世妇刘为东乡君，又追封逸世妇张为安喜君。

①《魏书》载三公奏曰："盖孝敬之道，笃乎其亲，乃四海所以承化，天地所以明察，是谓生则致其养，殁则光其灵，诵述以尽其美，宣扬以显其名者也。今陛下以圣懿之德，绍承洪业，至孝烝烝，通于神明，遭罹殷忧，每劳谦让。先帝迁神山陵，大礼既备，至于先后，未有显谥。伏惟先后恭让著于幽微，至行显于不言，化流邦国，德侔二南，故能膺神灵嘉祥，为大魏世妃。虽夙年登遐，万载之后，永播融烈，后妃之功莫得而尚也。案谥法：'圣闻周达曰昭。德明有功曰昭。'昭者，光明之至，盛久而不昧者也。宜上尊谥曰文昭皇后。"是月，三公又奏曰："自古周人始祖后稷，又特立庙以祀姜嫄。今文昭皇后之于万嗣，圣德至化，岂有量哉！夫以皇家世妃之尊，而克让允恭，固推盛位，神灵迁化，而无寝庙以承享祀，非所以报显德，昭孝敬也。稽之古制，宜依《周礼》，先妣别立寝庙。"并奏可之。

景初元年夏，有司议定七庙。冬，又奏曰："盖帝王之兴，既有受命之君，又有圣妃协于神灵，然后克昌厥世，以成王业焉。昔高辛氏卜其四妃之子皆有天下，而帝挚、陶唐、商、周代兴。周人上推后稷，以配皇天，追述王初，本之姜嫄，特立宫庙，世世享尝，《周礼》所谓'奏夷则，歌中吕，舞大濩，以享先妣'者也。诗人颂之曰：'厥初生民，时维姜嫄。'言王化之本，生民所由。又曰：'閟宫有侐，实实枚枚，赫赫姜嫄，其德不回。'《诗》《礼》所称姬宗之盛，其美如此。大魏期运，继于有虞，然崇弘帝道，三世弥隆，庙祧之数，实与周同。今武宣皇后、文德皇后各配无穷之祚。至于文昭皇后膺天灵符，诞育明圣，功济生民，德盈宇宙，开诸后嗣，乃道化之所兴也。寝庙特祀，亦姜嫄之閟宫也，而未著不毁之制，惧论功报德之义，万世或阙焉，非所以昭孝示后世也。文昭庙宜世世享祀奏乐，与祖庙同，永著不毁之典，以播圣善之风。"于是与七庙议并勒金策，藏之金匮。

帝思念舅氏不已，畅尚幼。景初末，以畅为射声校尉，加散骑常侍，又特为起大第，车驾亲自临之。又于其后园为像母起观庙，名其里曰渭阳里，以追思母氏也。嘉平三年正月，畅薨，追赠车骑将军，谥曰恭侯，子绍嗣。太和六年，明帝爱女淑薨，追封谥淑为平原懿公主，为之立庙，取后亡从孙黄与合葬，追封黄列侯，以夫人郭氏从弟德为之后，承甄氏姓，封德为平原侯，袭公主爵。①青龙中，又封后从兄子毅及像弟三人，皆为列侯。毅数上疏陈时政，官至越骑校尉。嘉平中，复封畅子二人为列侯。后兄俨孙女为齐王皇后，后父已没，封后母为广乐乡君。

①孙盛曰：于礼，妇人既无封爵之典，况于孩末，而可建以大邑乎？德自异族，援继非类，匪功匪亲，而袭母爵，违情背典，于此为甚。陈群虽抗言，杨阜引事比并，然皆不能极陈先王之礼，明封建继嗣之义，忠至之辞，犹有阙乎！《诗》云："赫赫师尹，民具尔瞻。"宰辅之职，其可略哉！◎《晋诸公赞》曰：德，字彦孙。司马景王辅政，以女妻德。妻早亡，文王复以女继室，即京兆长公主。景、文二王欲自结于郭后，是以频繁为婚。德虽无才学，而恭谨谦顺。甄温字仲舒，与郭建及德等皆后族，以事宜见宠。咸熙初，封郭建为临渭县公，德广安县公，邑皆千八百户。温本国侯，进为辅国大将军，加侍中，领射声校尉，德镇军大将军。泰始元年，晋受禅，加建、德、温三人位特进。德为人贞素，加以世祖姊夫，是以遂贵当世。德暮年官更转为宗正，迁侍中。太康中，大司马齐王攸当之藩，德与左卫将军王济共谏请，时人嘉之。世祖以此望德，由此出德为大鸿胪，加侍中、光禄大夫。寻疾薨，赠中军大将军，开府侍中如故，谥恭公，子喜嗣。喜精粹有器美，历中书郎、右卫将军、侍中，位至辅国大将军，加散骑常侍。喜与国姻亲，而经赵王伦、齐王冏事故，能不豫际会，良由其才短，然亦以退静免之。

【译文】文昭皇后甄氏，中山无极人，是明帝的母亲，汉太保甄邯的后代，家族世世有人出任二千石的大官。甄氏的父亲甄逸，曾任上蔡县令。甄氏三岁时就失去了父亲。其后兵荒马乱，加上灾年饥馑，百姓们为了生存纷纷出卖家里的金银珠宝，当时甄氏家的粮食储备充足，就趁机收购了不少这样的东西。甄氏当时不过十岁出头，她对母亲说："乱世人心不古，这个时候还大肆搜求宝物，就正应了'匹夫无罪，怀璧其罪'那句老话，很可能给自己招来灾祸。再说眼下众多百姓正备受饥饿之苦，还不如将家里多余的粮食拿去赈济亲族乡邻，多施些恩惠给他人，多积点德行给自己呢。"全家人都认为她这番话很有见地，当即照她的意思做了。

建安年间，袁绍为他的次子袁熙聘娶了甄氏。袁熙出任幽州刺史，甄氏留在邺城侍奉婆母。魏太祖平定冀州的时候，文帝曹丕在邺城纳她做自己的妻子，一段时间内颇得文帝宠爱，先后生下明帝和东乡公主。延康元年正月，文帝即位为魏王，六月率军南征，甄后则留在邺城。黄初元年十月，文帝登基做了魏朝皇帝。受禅即位之后，山阳公汉献帝刘协把两个女儿献给文帝做妃子，郭皇后、李贵人和阴贵人也都深得文帝的喜爱宠幸，甄后更为郁郁寡欢，难免有所怨言。文帝听说后龙颜大怒，黄初二年六月，派使者赐命甄氏自杀，并且就将她埋在邺城附近。

明帝即位，有关官员奏请为甄氏追加谥号，明帝便派遣司空王朗持符节奉策命以三牲太牢大礼祭告甄后陵，又专门为她修建了宗庙。太和元年三月，明帝划出中山国魏昌县的安城乡作为封邑，追封甄后的父亲甄逸，谥号敬侯，由甄逸的嫡孙甄像承袭爵位。四月，开始兴工营建甄后宗庙，挖地时得到一方玉玺，大小为一寸九分见方，上有“天子羡思慈亲”六字，明帝捧着玉玺内心大受感动，连忙备下太牢之礼到宗庙祭告。此后明帝又多次梦见甄后，于是分别众母舅的亲疏高下，分别给予了等级不同的任用，赏赐累计达万两之多，又提拔甄像为虎贲中郎将。当月，甄后的母亲因病去世，明帝身穿丧服亲自参加葬礼，还命朝中文武百官陪位致祭。太和四年十一月，明帝觉得甄后现有陵墓所在地势过低容易积水，便委派甄像兼职太尉，持皇帝符节前往邺城，昭告后土，十二月，改葬甄后于朝阳陵。甄像回京，荣升散骑常侍。青龙二年春，明帝下诏追谥甄后之兄甄俨为安城乡穆侯。这年夏天，吴军进犯扬州，明帝任命甄像为伏波将军，持符节监督诸将东征，从战场归来，又升甄像为射声校尉。青龙三年，甄像去世，追赠卫将军，改封魏昌县，谥号为贞侯，其子甄畅继承爵位。又将甄畅的弟弟甄温、甄韡、甄艳都封为列侯。青龙四年，明帝下诏将甄逸、甄俨原本的封号都改为魏昌县侯，各自的谥号维持不变。封甄俨的世妇刘氏为东乡君，又追封甄逸的世妇张氏为安喜君。

景初元年夏，有关官员议定魏朝宗庙所应供奉的四亲、二祧和始祖。当年冬天，他们又奏请明帝说：“大凡帝王的兴起，除了要有承受天命的君王，还要有聪明睿智的佳偶协和神灵，这样才能子孙兴旺，成就王业。远古之时，高辛氏根据卜文预测他的四位佳偶所生的儿子都将拥有天下，结果在他之后，帝挚、陶唐、商、周确实更迭兴起了。周人取得天下后，上溯远祖而举后稷配享上天，又正本溯源，将王业的最初发端追溯到后稷之母姜嫄，因此特为她建立宫庙，让她接受后裔世代不衰的祭祀供奉，《周礼》所谓‘奏夷则，歌中吕，舞大濩，以享先妣’，反映的正是周人祭祀姜嫄的盛况。诗人也有诗颂扬说：‘当初诞育我们周人的，正是可敬的姜嫄。’更为明白地道出了周朝王化的根本和周人的由来。诗人们又如此描述道：‘姜嫄的神庙静谧无声，满是庄严崇高的气氛，周人仰赖您的伟大功勋，姜嫄，您是纯正无瑕的美德的化身。’《诗经》《周礼》所称扬的周朝盛事，竟是如此的和美。我大魏王朝承续有虞氏的天运拥有天下，自太祖开拓宏基以来，已有三世繁荣昌盛的历史，宗庙之数，实在应和周王朝相同。考虑到武宣皇后、文德皇后都已列位于先帝祀庙，享受子孙万代的祭祀香火。而文昭皇后承受上天之灵符，生养了英明的圣上，可谓是功济天下民众，仁德充满宇宙之间，使大魏王朝江山社稷后继有人，王业风化随之兴盛。现在皇上为文昭皇后修建了寝庙，这正如同周人所建的姜嫄神庙一般，但皇上却没有明确发布诏令，宣布文昭皇后的寝庙永远享受祭祀和保护，这样一来只怕论功报德之大义，万世后或许就要缺失不存了，这不是向后世昭示孝道的做法。文昭皇后的寝庙应该世世代代享受祭祀，和祖宗神庙享受同等的待遇，并由朝廷颁布万世不毁的法令，以弘扬文昭皇后圣明贤德的遗风。”于是下诏，宣布文昭皇后寝庙和另外七座宗庙享受同等祭祀礼仪，并将此规定铭刻于金，藏之于金柜，以传示子孙后代。

明帝对他的舅舅们怀念不已，甄畅此时年纪尚小。到景初末年，明帝便任命甄畅为射声校尉，加散骑常侍，还特别为他修建了一座豪华气派的大宅第，落成之日明帝亲自前往验看。传令在府第后园为甄像的母亲建起一座观庙，将所在里巷命名为渭阳里，意在寄托对母亲的思念。嘉平三年正月，甄畅病逝，被追赠为车骑将军，谥号恭侯，其子甄绍承嗣爵位。太和六年，明帝的爱女曹淑逝世，追封为平原懿公主，为她修了祭庙，并将她与甄皇后已死的堂孙甄黄合葬，追封甄黄为列侯，又过继甄黄夫人郭氏的堂弟郭德为他们的后人，郭德改从甄姓，封平原侯，承袭公主的爵位。青龙年间，明帝将甄皇后堂兄的儿子甄毅和甄像的三个弟弟皆封为列侯。甄毅后来不断上疏对朝政提出建议，官做到越骑校尉。嘉平年间，朝廷又封甄畅的两个儿子为列侯。甄皇后哥哥甄俨的孙女后被立为齐王曹芳的皇后，甄皇后的父亲早已作古，母亲被封为广乐乡君。

文德郭皇后

【原文】文德郭皇后，安平广宗人也。祖世长吏。[①] 后少而父永奇之曰：“此乃吾女中王也。”遂以女王为字。早失二亲，丧乱流离，没在铜鞮侯家。太祖为魏公时，得入东宫。后有智数，时时有所献纳。文帝定为嗣，后有谋焉。太子即王位，后为夫人。及践阼，为贵嫔。甄后之死，由后之宠也。黄初三年，将登后位，文帝欲立为后，中郎栈潜上疏曰：“在昔帝王之治天下，不惟外辅，亦有内助。治乱所由，盛衰从之。故西陵配黄，英娥降妫，并以贤明流芳上世。桀奔南巢，祸阶妹喜；纣以炮烙，怡悦妲己。是以圣哲慎立元妃，必取先代世族之家，择其令淑以统六宫，虔奉宗庙，阴教聿修。《易》曰：‘家道正而天下定。’由内及外，先王之令典也。《春秋》书宗人衅夏云‘无以妾为夫人之礼’。齐桓誓命于葵丘，亦曰‘无以妾为妻’。今后宫嬖宠，常亚乘舆。若因爱登后，使贱人暴贵，臣恐后世下陵上替，开张非度，乱自上起也。”文帝不从，遂立为皇后。[②]

①《魏书》曰：父永，官至南郡太守，谥敬侯。母姓董氏，即堂阳君，生三男二女：长男浮，高唐令。次女昱，次即后，后弟都、弟成。后以汉中平元年三月乙卯生，生而有异常。

②《魏书》曰：后上表谢曰：“妾无皇、英厘降之节，又非姜、任思齐之伦，诚不足以假充女君之盛位，处中馈之重任。”后自在东宫，及即尊位，虽有异宠，心愈恭肃，供养永寿宫，以孝闻。是时柴贵人亦有宠，后教训奖导之。后宫诸贵人时有过失，常弥覆之，有谴让，辄为帝言其本末，帝或大有所怒，至为之顿首请罪，是以六宫无怨。性俭约，不好音乐，常慕汉明德马后之为人。

后早丧兄弟，以从兄表继永后，拜奉车都尉。后外亲刘斐与他国为婚，后闻之，敕曰：“诸亲戚嫁娶，自当与乡里门户匹敌者，不得因势强与他方人婚也。”后姊子孟武还乡里，求小妻，后止之。遂敕诸家曰：“今世妇女少，当配将士，不得因缘取以为妾也。宜各自慎，无为罚首。”[①]

①《魏书》曰：后常敕戒表、武等曰："汉氏椒房之家，少能自全者，皆由骄奢，可不慎乎！"

五年，帝东征，后留许昌永始台。时霖雨百余日，城楼多坏。有司奏请移止，后曰："昔楚昭王出游，贞姜留渐台，江水至，使者迎而无符，不去，卒没。今帝在远，吾幸未有是患，而便移止，奈何？"群臣莫敢复言。六年，帝东征吴，至广陵，后留谯宫。时表留宿卫，欲遏水取鱼，后曰："水当通运漕，又少材木，奴客不在目前，当复私取官竹木作梁遏。今奉车所不足者，岂鱼乎？"

明帝即位，尊后为皇太后，称永安宫。太和四年，诏封表安阳亭侯，又进爵乡侯，增邑，并前五百户，迁中垒将军。以表子详为骑都尉。其年，帝追谥太后父永为安阳乡敬侯，母董为都乡君。迁表昭德将军，加金紫，位特进，表第二子训为骑都尉。及孟武母卒，欲厚葬，起祠堂，太后止之曰："自丧乱以来，坟墓无不发掘，皆由厚葬也，首阳陵可以为法。"青龙三年春，后崩于许昌，以终制营陵。三月庚寅，葬首阳陵西。[①]帝进表爵为观津侯，增邑五百，并前千户。迁详为驸马都尉。四年，追改封永为观津敬侯，世妇董为堂阳君。追封谥后兄浮为梁里亭戴侯，都为武城亭孝侯，成为新乐亭定侯。皆使使者奉策，祠以太牢。表薨，子详嗣，又分表爵，封详弟述为列侯。详薨，子钊嗣。

①《魏略》曰：明帝既嗣立，追痛甄后之薨，故太后以忧暴崩。甄后临没，以帝属李夫人。及太后崩，夫人乃说甄后见谮之祸，不获大敛，被发覆面。帝哀恨流涕，命殡葬太后，皆如甄后故事。◎《汉晋春秋》曰：初，甄后之诛，由郭后之宠。及殡，令被发覆面，以糠塞口，遂立郭后，使养明帝。帝知之，心常怀忿，数泣问甄后死状。郭后曰："先帝自杀，何以责问我？且汝为人子，可追仇死父，为前母枉杀后母邪？"明帝怒，遂逼杀之，敕殡者使如甄后故事。◎《魏书》载哀策曰："维青龙三年三月壬申，皇太后梓宫启殡，将葬于首阳之西陵。哀子皇帝叡亲奉册祖载，遂亲遣奠，叩心擗踊，号咷仰诉，痛灵魂之迁幸，悲容车之向路，背三光以潜翳，就黄垆而安厝。呜呼哀哉！昔二女妃虞，帝道以彰，三母嫔周，圣善弥光，既多受祉，享国延长。哀哀慈妣，兴化闺房，龙飞紫极，作合圣皇，不虞中年，暴罹灾殃。愍予小子，茕茕摧伤，魂虽永逝，定省曷望？呜呼哀哉！"

【译文】文德郭皇后，安平广宗人。祖上世代任官吏长。郭后年少时其父郭永就曾称奇说："这孩子是我们家里的女中王呢。"于是以女王为字。她早早就失去了父母双亲，在乱离中漂泊无靠，流落到铜鞮侯家为奴。太祖为魏公时，她被选入太子宫。她有智有谋，经常向曹丕提出一些好的建议，颇受曹丕的赏识。曹丕被确立为太子，郭后起了很大的作用。太祖死后，曹丕以太子身份继承王位，封郭后为夫人。等到曹丕取代汉献帝当了皇帝，又封她为贵嫔。甄皇后被文帝赐死，其中主要原因就是由于文帝对郭后的宠幸。黄初三年，文帝想要立她为皇后，中郎栈潜上书说："古代帝王们治理天下，不仅离不开公卿朝臣的忠心辅佐，也离不开贤惠的后妃鼎力相助。能否处理好这两者的关系，可以说决定着一个王朝的兴衰存亡。故而远古时期黄帝迎娶西陵氏之女，尧帝的两个女儿娥皇和女英嫁给虞舜，他们都以贤明有德而著称，成为流芳千古的美谈。而夏桀亡国逃往南巢，其祸根正由于宠幸妹喜，不修朝政；商纣王以炮烙之刑等惨无人道的手段对待臣下，目的也不过是取悦于妲己。所以历来贤明的君主都格外慎重地对待册立皇后这件大事，总是在世族豪门之家，选择出知书达理的贤惠淑女充任元妃，以统领六宫，虔敬地奉祀宗庙，使女子的教化得到发扬。《易经》中说：'家道正而天下定。'说的是由内及外的道理，这正是先王所规定的法典。《春秋》中记载宗人衅夏的话说'世上没有以妾为夫人的礼法'。齐桓公在葵丘接受爵位时，也说'不能让妾成为妻子'。可如今后宫中有些嫔妃，常常仗着皇上的宠幸而越礼，与皇帝一同乘舆。如果陛下再因为宠幸而册立她为皇后，使卑贱之人骤然富贵，那么我担心后世会出现以下陵上、卑贱者废弃放逐高贵者的局面，朝廷礼法不攻自破，祸乱从上层统治者开始兴起。"文帝不听栈潜的劝谏，照样册立了郭皇后。

郭皇后的哥哥弟弟都早已死去，于是将她的堂兄郭表过继给她的父亲郭永为子，郭表被任命为奉车都尉。郭皇后的外亲刘斐要与外地女子通婚，她听说了此事，专门告诫家人及亲戚："各位亲戚遇婚嫁之事，都应该与乡里门户相当者联姻，不得借权势地位强与其他地方人家通婚。"她姐姐的儿子孟武归还乡里后，求娶小妾，郭后制止了他。她又专门下一道敕文劝阻家人说："当今由于战乱，妇女偏少，应当尽可能地将她们配给前方将士为妻，不得无缘无故纳为妾室。各位亲属在这件事情上都务必小心谨慎，不要做了首先受罚的人。"

黄初五年，文帝率师东征，郭皇后留守许昌永始台。当时大雨泛滥连降百余日，城楼多有倒塌损坏。有关的官员奏请皇后移居别处，郭皇后说："当年楚昭王出游，他的妻子贞姜留在渐台，长江水汹涌而来的时候，使者迎接王后转移，但因身边无昭王的符信，结果贞姜坚持不走，以致在洪水中丧生。如今皇上御驾远征，我在后方还没有遇到贞姜那样的危难，有什么必要迁移住处呢？"群臣闻言无话可说，再也不提请皇后迁居的话。黄初六年文帝再次督师东征吴军，大军开赴广陵，郭皇后留守谯宫。郭表此时留守负责警卫工作，他想拦住河水打鱼，皇后制止他说："这河水是用来运送军粮的，况且筑坝截水又缺少木材，自己的家产不在眼前，只好私自挪用公家的竹木来筑水坝。如今你这位奉车将军所缺少的，难道仅仅是鱼吗？"

明帝即位后，尊郭皇后为皇太后，住处称永安宫。太和四年，明帝下诏封郭表为安阳亭侯，继而又晋爵为乡侯，增加食邑，连同以前所有的共五百户，不久迁升为中垒将军。其子郭详也被任命为骑都尉。同年，明帝追谥皇太后的父亲郭永为安阳乡敬侯，母亲董氏为都乡君。提升郭表为昭德将军，加金章紫绶，赐位特进，郭表的次子郭训也被任命为骑都尉。后来孟武的母亲病故，明帝想予以厚葬，并为她修建祠堂，皇太后制止道："自汉末天下大乱以来，许多陵墓都遭到盗掘，其原因大都在于厚葬，今安葬亡人最好以文帝首阳陵的薄葬为准则。"青龙三年春天，皇太后驾崩于许昌，朝廷按本朝丧葬制度为她营建陵墓。三月十一日，将她安葬在首阳陵的西侧。明帝晋封郭表为观津侯，增加食邑五百户，连同以前所有共千户。又提升郭详为驸马都尉。青龙四年，明帝发布诏令，改封皇太后的父亲郭永为观津敬侯，母亲董氏为堂阳君。追封皇太后的哥哥郭浮谥号为梁里亭戴侯，郭都为武城亭孝侯，郭成为新乐亭定侯。分别派出使节奉朝廷典册，以太牢之礼进行祭祀。郭表死后，长子郭详继承了爵位，又分郭表的食邑，封郭表的第三子郭述为列侯。郭详去世，其子郭钊继承爵位。

明悼毛皇后

【原文】明悼毛皇后，河内人也。黄初中，以选入东宫，明帝时为平原王，进御有宠，出入与同舆辇。及即帝位，以为贵嫔。太和元年，立为皇后。后父嘉，拜骑都尉。后弟曾，郎中。

初，明帝为王，始纳河内虞氏为妃。帝即位，虞氏不得立为后，太皇卞太后慰勉焉。虞氏曰："曹氏自好立贱，未有能以义举者也。然后职内事，君听外政，其道相由而成，苟不能以善始，未有能令终者也。殆必由此亡国丧祀矣！"虞氏遂绌还邺宫。进嘉为奉车都尉，曾骑都尉，宠赐隆渥。顷之，封嘉博平乡侯，迁光禄大夫，曾驸马都尉。嘉本典虞车工，卒暴富贵，明帝令朝臣会其家饮宴，其容止举动甚蚩呆，语辄自谓"侯身"，时人以为笑。[①]后又加嘉位特进，曾迁散骑侍郎。青龙三年，嘉薨，追赠光禄大夫，改封安国侯，增邑五百，并前千户，谥曰节侯。四年，追封后母夏为野王君。

① 孙盛曰：古之王者，必求令淑以对扬至德，恢王化于《关雎》，致淳风于《麟趾》。及臻三季，并乱兹绪，义以情溺，位由宠昏，贵贱无章，下陵上替，兴衰隆废，皆是物也。魏自武王，暨于烈祖，三后之升，起自幽贱，本既卑矣，何以长世？《诗》云："绨兮绤兮，凄其以风。"其此之谓乎！

帝之幸郭元后也，后爱宠日弛。景初元年，帝游后园，召才人以上曲宴极乐。元后曰"宜延皇后"，帝弗许。乃禁左右，使不得宣。后知之。明日，帝见后，后曰："昨日游宴北园，乐乎？"帝以左右泄之，所杀十余人。赐后死，然犹加谥，葬愍陵。迁曾散骑常侍，后徙为羽林虎贲中郎将、原武典农。

【译文】明悼毛皇后，河内人。文帝黄初年间入选东宫，当时明帝还是平原王，对她非常宠爱，进出每每同辇同车。明帝即位做了皇帝，便封她为贵嫔。太和元年，正式册立她为皇后。她的父亲毛嘉，拜为骑都尉。弟弟毛曾，任郎中。

当初明帝还是平原王的时候，曾先聘娶河内虞氏为王妃。及明帝即位，虞氏没能被立为皇后，太皇太后卞氏为此慰勉虞氏。虞氏说："曹氏从来喜欢立卑贱之人为后，没有过以德取人时候。然而皇后管理六宫内部事务，皇帝执掌天下大政，两人的职责本是相辅相成的，假如没有一个好的开端，没听说过会有什么好的结果。也许会因此使国家灭亡，祭祀断绝！"于是，虞氏被废黜送还邺宫。明帝继而擢升毛嘉为奉车都尉，毛曾为骑都尉，优宠恩赐极为优厚。不久，又加封毛嘉为博平乡侯，升迁光禄大夫，毛曾为驸马都尉。毛嘉原是典虞车工出身，就这样突然间大富大贵起来，明帝传令公卿朝臣到毛嘉家中饮宴，毛嘉的举止行为非常粗鲁无知，开口闭口自称"侯身"，一时间被世人传为笑谈。后来明帝又赐毛嘉位列特进，同时提升毛曾为散骑侍郎。青龙三年，毛嘉去世，被追赠为光禄大夫，改封安国侯，增加食邑五百户，连同以前所有共达千户，谥号为节侯。青龙四年，明帝追谥毛皇后的母亲夏氏为野王君。

明帝后来又宠幸郭元后，对毛皇后的恩宠日益淡漠。景初元年，明帝赏游后园，召后宫才人以上的嫔妃参加饮宴娱乐。郭元后说“应该把皇后请来”，明帝不同意。于是下令左右随从，禁止宣请毛皇后。毛皇后知道了这事。第二天，明帝去见毛皇后，毛皇后问道：“昨天游宴北园，很快乐吧？”明帝以为是左右侍从泄露消息，一怒之下诛杀了十几名随身侍从。又下诏赐毛皇后自尽，但仍给予谥号，将她葬在愍陵。毛曾先被提升为散骑常侍，后任羽林虎贲中郎将、原武典农。

明元郭皇后

【原文】明元郭皇后，西平人也，世河右大族。黄初中，本郡反叛，遂没入宫。明帝即位，甚见爱幸，拜为夫人。叔父立为骑都尉，从父芝为虎贲中郎将。帝疾困，遂立为皇后。齐王即位，尊后为皇太后，称永宁宫。追封谥太后父满为西都定侯，以立子建绍其爵。封太后母杜为郃阳君。芝迁散骑常侍、长水校尉，① 立宣德将军，皆封列侯。建兄德，出养甄氏。德及建俱为镇护将军，皆封列侯，并掌宿卫。值三主幼弱，宰辅统政，与夺大事，皆先咨启于太后而后施行。毌丘俭、钟会等作乱，咸假其命而以为辞焉。景元四年十二月崩，五年二月，葬高平陵西。②

①《魏略》曰：诸郭之中，芝最壮直。先时自以他功封侯。

②《晋诸公赞》曰：建，字叔始，有器局而强问，泰始中疾薨。子嘏嗣，为给事中。

【译文】明元郭皇后，西平人，世代为河右大族。黄初年间，所在郡反叛朝廷，郭后在那次事件中被收入宫。明帝即位，郭后极受宠幸，被封为夫人。叔父郭立荣升骑都尉，堂叔郭芝为虎贲中郎将。明帝病重之际，册立郭氏为皇后。齐王即位，尊郭后为皇太后，住处称永宁宫。又追谥她的父亲郭满为西都定侯，让郭立之子郭建承袭爵位。封郭太后之母杜氏为郃阳君。郭芝升任散骑常侍、长水校尉，郭立为宣德将军，都封为列侯。郭建之兄郭德，奉嗣文昭甄皇后已故从孙甄黄血脉。郭德与郭建兄弟二人同为镇护将军，均封列侯，并都执掌皇宫宿卫重任。明帝以后的三位皇帝皆年幼势弱，由宰辅一统朝政，裁决内外大事，总是先向郭太后请示然后实行。毌丘俭、钟会等人的叛乱，都是以太后的命令为借口。元帝景元四年十二月，郭太后驾崩，五年二月，安葬在明帝高平陵的西面。

【原文】评曰：魏后妃之家，虽云富贵，未有若衰汉乘非其据，宰割朝政者也。鉴往易轨，于斯为美。追观陈群之议，栈潜之论，适足以为百王之规典，垂宪范乎后叶矣。

【译文】评论说：有魏一代的后妃家族，虽然也可以用富贵二字加以总结，但却从未出现东汉衰落时期那样，后妃凭借外戚势力作威作福并趁机宰割朝政的现象。借鉴历代得失从而改变某些不合理的制度，魏王朝在这个方面确实做得非常出色。而回顾文帝时期陈群的建言，栈潜的奏议，恰足以成为每位君主的规章典制，像一切优秀的法度规范那样流传后世。

卷六　魏书六

董二袁刘传第六

董卓　李傕、郭汜

【原文】董卓，字仲颖，陇西临洮人也。① 少好侠，尝游羌中，尽与诸豪帅相结。后归耕于野，而豪帅有来从之者，卓与俱还，杀耕牛与相宴乐。诸豪帅感其意，归相敛，得杂畜千余头以赠卓。② 汉桓帝末，以六郡良家子为羽林郎。卓有才武，旅力少比，双带两鞬，左右驰射。为军司马，从中郎将张奂征并州有功，拜郎中，赐缣九千匹，卓悉以分与吏士。迁广武令，蜀郡北部都尉，西域戊己校尉，免。征拜并州刺史、河东太守，③ 迁中郎将，讨黄巾，军败抵罪。韩遂等起凉州，复为中郎将，西拒遂。于望垣硖北，为羌、胡数万人所围，粮食乏绝。卓伪欲捕鱼，堰其还道当所渡水为池，使水渟满数十里，默从堰下过其军而决堰。比羌、胡闻知追逐，水已深，不得渡。时六军上陇西，五军败绩，卓独全众而还，屯住扶风。拜前将军，封斄乡侯，征为并州牧。④

①《英雄记》曰：卓父君雅，由微官为颍川纶氏尉。有三子：长子擢，字孟高，早卒；次即卓；卓弟旻，字叔颖。

②《吴书》曰：郡召卓为吏，使监领盗贼。胡尝出抄，多虏民人，凉州刺史成就辟卓为从事，使领兵骑讨捕，大破之，斩获千计。并州刺史段颎荐卓公府，司徒袁隗辟为掾。

③《英雄记》曰：卓数讨羌、胡，前后百余战。

④《灵帝纪》曰：中平五年，征卓为少府，敕以营吏士属左将军皇甫嵩，诣行在所。卓上言："凉州扰乱，鲸鲵未灭，此臣奋发效命之秋。吏士踊跃，恋恩念报，各遮臣车，辞声恳恻，未得即路也。辄且行前将军事，尽心慰恤，效力行陈。"六年，以卓为并州牧，又敕以吏兵属皇甫嵩。卓复上言："臣掌戎十年，士卒大小，相狎弥久，恋臣畜养之恩，乐为国家奋一旦之命，乞将之州，效力边陲。"卓再违诏敕，会为何进所召。

灵帝崩，少帝即位。大将军何进与司隶校尉袁绍谋诛诸阉官，太后不从。进乃召卓使将兵诣京师，并密令上书曰："中常侍张让等窃幸乘宠，浊乱海内。昔赵鞅兴晋阳之甲，以逐君侧之恶。臣辄鸣钟鼓如洛阳，即讨让等。"欲以胁迫太后。卓未至，进败。① 中常侍段珪等劫帝走小平津，卓遂将其众迎帝于北芒，还宫。② 时进弟车骑将军苗为进众所杀，③ 进、苗部曲无所属，皆诣卓。卓又使吕布杀执金吾丁原，并其众，故京都兵权唯在卓。④

①《续汉书》曰：进，字遂高，南阳人，太后异母兄也。进本屠家子，父曰真。真死后，进以妹倚黄门得入掖庭，有宠，光和三年立为皇后，进由是贵幸。中平元年，黄巾起，拜进大将军。◎《典略》载卓表曰："臣伏惟天下所以有逆不止者，各由黄门常侍张让等

侮慢天常，操擅王命，父子兄弟并据州郡，一书出门，便获千金，京畿诸郡数百万膏腴美田皆属让等，至使怨气上蒸，妖贼蜂起。臣前奉诏讨於扶罗，将士饥乏，不肯渡河，皆言欲诣京师先诛阉竖以除民害，从台阁求乞资直。臣随慰抚，以至新安。臣闻扬汤止沸，不如灭火去薪，溃痈虽痛，胜于养肉，及溺呼船，悔之无及。”

②张璠《汉纪》曰：帝以八月庚午为诸黄门所劫，步出谷门，走至河上。诸黄门既投河死，时帝年十四，陈留王年九岁，兄弟独夜步行欲还宫，暗暝，逐萤火而行，数里，得民家以露车载送。辛未，公卿以下与卓共迎帝于北芒阪下。◎《献帝春秋》曰：先是童谣曰：“侯非侯，王非王，千乘万骑走北芒。”卓时适至，屯显阳苑。闻帝当还，率众迎帝。◎《典略》曰：帝望见卓兵，涕泣。群公谓卓曰：“有诏却兵。”卓曰：“公诸人为国大臣，不能匡正王室，至使国家播荡，何却兵之有！”遂俱入城。◎《献帝纪》曰：卓与帝语，语不可了。乃更与陈留王语，问祸乱由起，王答，自初至终，无所遗失。卓大喜，乃有废立意。◎《英雄记》曰：河南中部掾闵贡扶帝及陈留王上至雒舍止。帝独乘一马，陈留王与贡共乘一马，从雒舍南行。公卿百官奉迎于北芒阪下，故太尉崔烈在前导。卓将步骑数千来迎，烈呵使避，卓骂烈曰：“昼夜三百里来，何云‘避’，我不能断卿头邪？”前见帝曰：“陛下令常侍小黄门作乱乃尔，以取祸败，为负不小邪！”又趋陈留王，曰：“我董卓也，从我抱来！”乃于贡抱中取王。◎《英雄记》曰：一本云王不就卓抱，卓与王并马而行也。

③《英雄记》云：苗，太后之同母兄，先嫁朱氏之子。进部曲将吴匡，素怨苗不与进同心，又疑其与宦官通谋，乃令军中曰：“杀大将军者，车骑也。”遂引兵与卓弟旻共攻杀苗于朱爵阙下。

④《九州春秋》曰：卓初入洛阳，步骑不过三千。自嫌兵少，不为远近所服。率四五日，辄夜遣兵出四城门，明日陈旌鼓而入，宣言云“西兵复入至洛中”。人不觉，谓卓兵不可胜数。

先是，进遣骑都尉太山鲍信所在募兵，适至，信谓绍曰：“卓拥强兵，有异志，今不早图，将为所制。及其初至疲劳，袭之可禽也。”绍畏卓，不敢发，信遂还乡里。

于是以久不雨，策免司空刘弘而卓代之，俄迁太尉，假节钺虎贲。遂废帝为弘农王，寻又杀王及何太后。立灵帝少子陈留王，是为献帝。[①]卓迁相国，封郿侯，赞拜不名，剑履上殿。又封卓母为池阳君，置家令、丞。卓既率精兵来，适值帝室大乱，得专废立，据有武库甲兵，国家珍宝，威震天下。卓性残忍不仁，遂以严刑胁众，睚眦之隙必报，人不自保。[②]尝遣军到阳城，时适二月社，民各在其社下，悉就断其男子头，驾其车牛，载其妇女财物，以所断头系车辕轴，连轸而还洛，云攻贼大获，称万岁。入开阳城门，焚烧其头，以妇女与甲兵为婢妾。至于奸乱宫人公主。其凶逆如此。

①《献帝纪》曰：卓谋废帝，会群臣于朝堂，议曰：“大者天地，次者君臣，所以为治。今皇帝暗弱，不可以奉宗庙，为天下主。欲依伊尹、霍光故事，立陈留王，何如？”尚书卢植曰：“案《尚书》，太甲既立不明，伊尹放之桐宫。昌邑王立二十七日，罪过千余，故霍光废之。今上富于春秋，行未有失，非前事之比也。”卓怒，罢坐，欲诛植，侍中蔡邕劝

之，得免。九月甲戌，卓复大会群臣曰："太后逼迫永乐太后，令以忧死，逆妇姑之礼，无孝顺之节。天子幼质，软弱不君。昔伊尹放太甲，霍光废昌邑，著在典籍，佥以为善。今太后宜如太甲，皇帝宜如昌邑。陈留王仁孝，宜即尊皇祚。"◎《献帝起居注》载策曰："孝灵皇帝不究高宗眉寿之祚，早弃臣子。皇帝承绍，海内侧望，而帝天姿轻佻，威仪不恪，在丧慢惰，衰如故焉。凶德既彰，淫秽发闻，损辱神器，忝污宗庙。皇太后教无母仪，统政荒乱。永乐太后暴崩，众论惑焉。三纲之道，天地之纪，而乃有阙，罪之大者。陈留王协，圣德伟茂，规矩邈然，丰下兑上，有尧图之表；居丧哀戚，言不及邪，岐嶷之性，有周成之懿。休声美称，天下所闻，宜承洪业，为万世统，可以承宗庙。废皇帝为弘农王。皇太后还政。"尚书读册毕，群臣莫有言，尚书丁宫曰："天祸汉室，丧乱弘多。昔祭仲废忽立突，《春秋》大其权。今大臣量宜为社稷计，诚合天人，请称万岁。"卓以太后见废，故公卿以下不布服，会葬，素衣而已。

②《魏书》曰：卓所愿无极，语宾客曰："我相，贵无上也。"◎《英雄记》曰：卓欲震威，侍御史扰龙宗诣卓白事，不解剑，立挝杀之，京师震动。发何苗棺，出其尸，枝解节弃于道边。又收苗母舞阳君杀之，弃尸于苑枳落中，不复收敛。

初，卓信任尚书周毖、城门校尉伍琼等，用其所举韩馥、刘岱、孔伷、张咨、张邈等出宰州郡。而馥等至官，皆合兵将以讨卓。卓闻之，以为毖、琼等通情卖己，皆斩之。①

①《英雄记》曰：毖，字仲远，武威人。琼，字德瑜，汝南人。◎谢承《后汉书》曰：伍孚，字德瑜，少有大节，为郡门下书佐。其本邑长有罪，太守使孚出教，敕曹下督邮收之。孚不肯受教，伏地仰谏曰："君虽不君，臣不可不臣，明府奈何令孚受教，敕外收本邑长乎？更乞授他吏。"太守奇而听之。后大将军何进辟为东曹属，稍迁侍中、河南尹、越骑校尉。董卓作乱，百僚震栗。孚著小铠，于朝服里挟佩刀见卓，欲伺便刺杀之。语阕辞去，卓送至阁中，孚因出刀刺之。卓多力，退却不中，即收孚。卓曰："卿欲反邪？"孚大言曰："汝非吾君，吾非汝臣，何反之有？汝乱国篡主，罪盈恶大，今是吾死日，故来诛奸贼耳，恨不车裂汝于市朝以谢天下。"遂杀孚。

谢承记孚字及本郡，则与琼同，而致死事乃与琼异也，不知孚为琼之别名，为别有伍孚也？盖未详之。

【译文】董卓，字仲颖，陇西临洮人。年轻时喜欢做侠义之事，曾经去羌族游历，结识了羌族各个首领。后来回乡种田，羌族首领有前来跟随他的，董卓带领他们一起回家，杀掉耕牛与他们一起宴饮取乐。那些羌族首领被董卓的诚意所感动，回去一起征集，集得一千多头各类牲畜来送给董卓。汉桓帝末年，董卓作为六郡的良家子弟任羽林郎。董卓很有才能，又十分勇敢，体格强壮，几乎无人能比，携带两只箭袋，左右手都可在马上射箭。董卓担任军司马，跟随中郎将张奂征伐并州立下功劳，被任命为郎中，被赏赐九千匹细绢，董卓将它们全部分给了手下的士兵。董卓升任广武令，后任蜀郡北部都尉，又任西域戊己校尉，后被免职。又征拜为并州刺史、河东太守，升任中郎将，讨伐黄巾军，打了败仗，因罪免去官职。韩遂等人在凉州起事，董卓又担任中郎将，在西边抵抗韩遂。他在望垣硖的北面，被几万名羌、胡人围攻，缺乏粮食。董卓假装去捕鱼，在返回的路上修筑堤坝，把要流经的河流拦成池塘，使得河水几十里内停流涨满，董卓悄悄命军队从坝下过去，又将堤坝掘开。等到羌、胡听说后追来，河水已经非常深，根本无法渡过。当时六支军队上陇西去，五支军队大败，只有董卓军队全部返回，在扶风驻扎下来。董卓被任命为前将军，封为斄乡侯，被征为并州牧。

灵帝去世后，少帝即皇帝位。大将军何进与司隶校尉袁绍策划杀死宦官，太后不愿意听从。于是，何进召董卓，命他率领军队前往京师，并且悄悄命令他上书说："中常侍张让等人骗取皇帝恩幸，利用皇帝的宠幸，扰乱国家制度。过去赵鞅发动晋阳的军队，来赶跑君王身边的坏人。我就到洛阳敲响钟鼓，立即来讨伐张让等人。"想以此来胁迫太后。董卓还未能赶到京师，何进便失败了。中常侍段珪等人劫持皇帝逃到小平津，董卓于是率领自己的军队在北芒迎接皇帝回宫。当时何进的弟弟车骑将军何苗被何进部下杀害，何进、何苗的军队无所依附，都去往董卓那里。董卓又派吕布杀死执金吾丁原，吞并了丁原的军队，因此京都的兵权都在董卓一人手中。

在这以前，何进曾经派骑都尉太山人鲍信在他所在的地方招募士兵，董卓正好也来到，鲍信对袁绍说："董卓拥有强大的军队，有反叛的心思，如果现在不早点图谋除去他，将来一定会被他控制。趁着他刚到，疲惫交加，袭击他，是很容易抓住他的。"袁绍害怕董卓，不敢妄自出兵，鲍信于是回到家乡。

这时因为很长时间没有下雨，少帝下诏免去刘弘司空职务而命董卓代替他，不久董卓升任太尉，授予节钺虎贲。之后，董卓将少帝废为弘农王，很快又杀掉弘农王及何太后。董卓拥立灵帝的小儿子陈留王为皇帝，这就是献帝。董卓升为相国，被赐封为郿侯，朝拜皇帝的时候司仪不直呼他的姓名，允许他带剑穿鞋上殿。献帝又赐封董卓的母亲为池阳君，设置了家令和家丞。董卓率领精锐部队而来，正逢皇室大乱，因此得以独自决定皇帝的废立，占有武器库、戎衣铠甲与各种武器以及国家的珍宝，威震天下。董卓性格残忍无比，不讲究仁道，用严厉的刑罚威胁人，一点小仇也一定会找机会报复，因而人人难以自保。董卓曾派军队到阳城，当时正逢二月社日，百姓各自在自己的社下，董卓军队将他们中男子的头全都砍下，赶着他们的车与牛，装着他们的妇女与财产物品，将砍下的头颅系在车辕和车轴上，车连车地运回洛阳，说是进攻敌人荣获大胜，高呼万岁。军队进入阳城门，军士焚烧那些头颅，妇女被分给士兵当婢女和小妾。董卓甚至于淫乱宫女及公主。他的凶残犯上竟到达如此地步。

当初，董卓非常信任尚书周毖、城门校尉伍琼等人，任用他们荐举的韩馥、刘岱、孔伷、张咨、张邈等人出任州郡长官。但韩馥等人到任后，纷纷联合军队要来攻打董卓。董卓听说此事后，认为是周毖、伍琼等人与他们所举荐之人串通起来，出卖自己，愤怒之下将他们都杀了。

【原文】河内太守王匡，遣泰山兵屯河阳津，将以图卓。卓遣疑兵若将于平阴渡者，潜遣锐众从小平北渡，绕击其后，大破之津北，死者略尽。卓以山东豪杰并起，恐惧不宁。初平元年二月，乃徙天子都长安。焚烧洛阳宫室，悉发掘陵墓，取宝物。[①] 卓至西京，为太师，号曰尚父。乘青盖金华车，爪画两轓，时人号曰“竿摩车”。② 卓弟旻为左将军，封鄠侯；兄子璜为侍中、中军校尉，典兵；宗族内外并列朝廷。③ 公卿见卓，谒拜车下，卓不为礼。召呼三台尚书以下自诣卓府启事。④ 筑郿坞，高与长安城埒，积谷为三十年储，⑤ 云事成，雄据天下，不成，守此足以毕老。

①华峤《汉书》曰：卓欲迁都长安，召公卿以下大议。司徒杨彪曰：“昔盘庚五迁，殷民胥怨，故作三篇以晓天下之民。今海内安稳，无故移都，恐百姓惊动，糜沸蚁聚为乱。”卓曰：“关中肥饶，故秦得并吞六国。今徙西京，设令关东豪强敢有动者，以我强兵蹙之，可使诣沧海。”彪曰：“海内动之甚易，安之甚难。又长安宫室坏败，不可卒复。”卓曰：“武帝时居杜陵南山下，有成瓦窑数千处，引凉州材木东下以作宫室，为功不难。”卓意不得，便作色曰：“公欲沮我计邪？边章、韩约有书来，欲令朝廷必徙都。若大兵东下，我不能复相救，公便可与袁氏西行。”彪曰：“西方自彪道径也，顾未知天下何如耳！”议罢。卓敕司隶校尉宣播以灾异劾奏，因策免彪。◎《续汉书》曰：太尉黄琬、司徒杨彪、司空荀爽俱诣卓，卓言：“昔高祖都关中，十一世后中兴，更都洛阳。从光武至今复十一世，案《石苞室谶》，宜复还都长安。”坐中皆惊愕，无敢应者。彪曰：“迁都改制，天下大事，皆当因民之心，随时之宜。昔盘庚五迁，殷民胥怨，故作三篇以晓之。往者王莽篡逆，变乱五常，更始赤眉之时，焚烧长安，残害百姓，民人流亡，百无一在。光武受命，更都洛邑，此其宜也。今方建立圣主，光隆汉祚，而无故捐宫庙，弃园陵，恐百姓惊愕，不解此意，必糜沸蚁聚以致扰乱。《石苞室谶》，妖邪之书，岂可信用？”卓作色曰：“杨公欲沮国家计邪？关东方乱，所在贼起。崤函险固，国之重防。又陇右取材，功夫不难。杜陵南山下有孝武故陶处，作砖瓦，一朝可办。宫室官府，盖何足言！百姓小民，何足与议！若有前却，我以大兵驱之，岂得自在！”百寮皆恐怖失色。琬谓卓曰：“此大事，杨公之语，得无重思！”卓罢坐，即日令司隶奏彪及琬，皆免官。大驾即西。卓部兵烧洛阳城外面百里。又自将兵烧南北宫及宗庙、府库、民家，城内扫地殄尽。又收诸富室，以罪恶没入其财物，无辜而死者，不可胜计。◎《献帝纪》曰：卓获山东兵，以猪膏涂布十余匹，用缠其身，然后烧之，先从足起。获袁绍豫州从事李延，煮杀之。卓所爱胡，恃宠放纵，为司隶校尉赵谦所杀。卓大怒曰：“我爱狗，尚不欲令人呵之，而况人乎！”乃召司隶都官挞杀之。

②《魏书》曰：言其逼天子也。◎《献帝纪》曰：卓既为太师，复欲称尚父，以问蔡邕。邕曰：“昔武王受命，太公为师，辅佐周室，以伐无道，是以天下尊之，称为尚父。今公之功德诚为巍巍，宜须关东悉定，车驾东还，然后议之。”乃止。京师地震，卓又问邕。邕对曰：“地动阴盛，大臣逾制之所致也。公乘青盖车，远近以为非宜。”卓从之，更乘金华皂盖车也。

③《英雄记》曰：卓侍妾怀抱中子，皆封侯，弄以金紫。孙女名白，时尚未笄，封为渭阳君。于郿城东起坛，纵广二丈余，高五六尺，使白乘轩金华青盖车，都尉、中郎将、刺史、二千石在郿者，各令乘轩簪笔，为白导从，之坛上，使兄子璜为使者授印绶。

④《山阳公载记》曰：初卓为前将军，皇甫嵩为左将军，俱征韩遂，各不相下。后

卓征为少府、并州牧，兵当属嵩，卓大怒。及为太师，嵩为御史中丞，拜于车下。卓问嵩："义真服未乎？"嵩曰："安知明公乃至于是！"卓曰："鸿鹄固有远志，但燕雀自不知耳。"嵩曰："昔与明公俱为鸿鹄，不意今日变为凤皇耳。"卓笑曰："卿早服，今日可不拜也。"◎张璠《汉纪》曰：卓抵其手谓皇甫嵩曰："义真怖未乎？"嵩对曰："明公以德辅朝廷，大庆方至，何怖之有？若淫刑以逞，将天下皆惧，岂独嵩乎？"卓默然，遂与嵩和解。

⑤《英雄记》曰：郿去长安二百六十里。

尝至郿行坞，公卿已下祖道于横门外。[1] 卓豫施帐幔饮，诱降北地反者数百人，于坐中先断其舌，或斩手足，或凿眼，或镬煮之，未死，偃转杯案间。会者皆战栗亡失匕箸，而卓饮食自若。太史望气，言当有大臣戮死者。故太尉张温时为卫尉，素不善卓，卓心怨之，因天有变，欲以塞咎。使人言温与袁术交关，遂笞杀之。[2] 法令苛酷，爱憎淫刑，更相被诬，冤死者千数。百姓嗷嗷，道路以目。[3] 悉椎破铜人、钟虡，及坏五铢钱，更铸为小钱，大五分，无文章，肉好无轮郭，不磨鑢。于是货轻而物贵，谷一斛至数十万。自是后钱货不行。

① 横，音光。

②《傅子》曰：灵帝时榜门卖官，于是太尉段颎、司徒崔烈、太尉樊陵、司空张温之徒，皆入钱上千万下五百万以买三公。颎数征伐有大功，烈有北州重名，温有杰才，陵能偶时。皆一时显士，犹以货取位，而况于刘嚣、唐珍、张颢之党乎！◎《风俗通》曰：司隶刘嚣，以党诸常侍，致位公辅。◎《续汉书》曰：唐珍，中常侍唐衡弟。张颢，中常侍张奉弟。

③《魏书》曰：卓使司隶校尉刘嚣籍吏民有为子不孝，为臣不忠，为吏不清，为弟不顺，有应此者皆身诛，财物没官。于是爱憎互起，民多冤死。

三年四月，司徒王允、尚书仆射士孙瑞、卓将吕布共谋诛卓。是时，天子有疾新愈，大会未央殿。布使同郡骑都尉李肃等将亲兵十余人伪著卫士服守掖门，布怀诏书。卓至，肃等格卓。卓惊呼："布所在？"布曰："有诏！"遂杀卓，夷三族。主簿田景前趋卓尸，布又杀之。凡所杀三人，余莫敢动。[1] 长安士庶咸相庆贺，诸阿附卓者皆下狱死。[2]

①《英雄记》曰：时有谣言曰："千里草，何青青，十日卜，犹不生。"又作《董逃》之歌。又有道士书布为"吕"字以示卓，卓不知其为吕布也。卓当入会，陈列步骑，自营至宫，朝服导引行其中。马踬不前，卓心怪欲止，布劝使行，乃衷甲而入。卓既死，当时日月清净，微风不起。旻、璜等及宗族老弱悉在郿，皆还，为其群下所斫射。卓母年九十，走至坞门曰"乞脱我死"，即斩首。袁氏门生故吏，改殡诸袁死于郿者，敛聚董氏尸于其侧而焚之。暴卓尸于市。卓素肥，膏流浸地，草为之丹。守尸吏暝以为大炷，置卓脐中以为灯，光明达旦，如是积日。后卓故部曲收所烧者灰，并以一棺棺之，葬于郿。卓坞中金有二三万斤，银八九万斤，珠玉锦绮奇玩杂物皆山崇阜积，不可知数。

② 谢承《后汉书》曰：蔡邕在王允坐，闻卓死，有叹惜之音。允责邕曰："卓，国之

大贼，杀主残臣，天地所不祐，人神所同疾。君为王臣，世受汉恩，国主危难，曾不倒戈，卓受天诛，而更嗟痛乎？”便使收付廷尉。邕谢允曰：“虽以不忠，犹识大义，古今安危，耳所厌闻，口所常玩，岂当背国而向卓也？狂瞽之词，谬出患入，愿黥首为刑以继汉史。”公卿惜邕才，咸共谏允。允曰：“昔武帝不杀司马迁，使作谤书，流于后世。方今国祚中衰，戎马在郊，不可令佞臣执笔在幼主左右，后令吾徒并受谤议。”遂杀邕。

臣松之以为：蔡邕虽为卓所亲任，情必不党。宁不知卓之奸凶，为天下所毒，闻其死亡，理无叹惜。纵复令然，不应反言于王允之坐，斯殆谢承之妄记也。史迁纪传，博有奇功于世，而云王允谓孝武应早杀迁，此非识者之言。但迁为不隐孝武之失，直书其事耳，何谤之有乎？王允之忠正，可谓内省不疚者矣，既无惧于谤，且欲杀邕，当论邕应死与不，岂可虑其谤己而枉戮善人哉！此皆诬罔不通之甚者。

张璠《汉纪》曰：初，蔡邕以言事见徙，名闻天下，义动志士。及还，内宠恶之。邕恐，乃亡命海滨，往来依太山羊氏，积十年。卓为太尉，辟为掾，以高第为侍御史治书，三日中遂至尚书。后迁巴东太守，卓上留拜侍中。至长安，为左中郎将。卓重其才，厚遇之，每有朝廷事，常令邕具草。及允将杀邕，时名士多为之言，允悔欲止，而邕已死。

【译文】河内太守王匡派遣泰山兵驻扎在河阳津，想要杀掉董卓。董卓派出一支似乎要在平阴渡过黄河的疑兵，同时暗自派遣精锐部队从小平北渡，绕到敌军后方进攻，在河阳津北面大败泰山军，泰山军差不多全部被杀光。董卓因为东方豪杰纷纷起事，感到恐惧不安。初平元年二月，便劫迁天子移都长安。烧毁洛阳宫殿，把陵墓都挖出来，获取无数珍贵物品。董卓到达西京，当了太师，号称尚父。乘坐用金花装饰、青色顶盖的车子，车盖弓头为爪形，有两个车厢，当时人们将它称作“竿摩车”。董卓弟弟董旻为左将军，被封为鄠侯；哥哥的儿子董璜担任侍中、中军校尉，主管军事；董氏宗族内外的人全部担任朝廷官员。公卿见到董卓，通名跪拜在车下，董卓也不还礼。下令命三台尚书以下官吏自己前往董卓府里汇报事务。董卓修建了郿坞，几乎与长安城一样高，存放了足够三十年的粮食，说事情成功了，便统治天下，假如不成功，就固守在郿坞也足以度过晚年。

董卓曾到郿坞，公卿以下官吏在横门外为他饯行。董卓提前设置了帐幕喝酒，在座位上将几百名被诱降的北地反叛者先割掉他们的舌头，有的砍下手与脚，有的挖去眼睛，有的用大锅蒸煮，没有死掉的人被倒在地上，在酒杯桌案之间滚来滚去。与会的人都战战兢兢地掉下饭勺和筷子，董卓自己却从容地吃吃喝喝。太史观望天象，说将有大臣被杀死。原来的太尉张温当时担任卫尉，向来与董卓关系不好，董卓内心怨恨他，乘着天有异象，打算让他做替罪鬼。董卓派人说张温与袁术相互勾结，于是鞭打死了他。董卓的法令严厉残酷，总是根据自己的心情滥用刑罚，官吏百姓不断被诬告，受冤枉死去的人数不胜数。百姓到处发出愁叹之声，路上遇到都只是谨慎地用眼睛打招呼。董卓把铜人、钟及钟架全部打碎，又毁坏五铢钱，另外铸成小钱，五分大，没有文字与花纹，钱边与钱眼没有轮廓，不经磨治。因此货币贬值，物价飞涨，一斛谷子价值几十万钱。自此以后，钱币便不能流通。

初平三年四月，司徒王允、尚书仆射士孙瑞、董卓部将吕布一起谋划杀死董卓。这时，天子患病刚刚痊愈，在未央殿宴请群臣。吕布派同郡的骑都尉李肃等人，率领十几名亲兵，穿上卫士衣服假装为卫士固守在宫殿侧门，吕布怀揣诏书。董卓一到，李肃等捉住他。董卓惊呼："吕布在哪里？"吕布说："有诏书！"于是杀掉董卓，诛灭了他的三族。主簿田景往前奔向董卓的尸体，吕布又杀掉他。吕布一共斩杀了三个人，剩下的人没有敢动弹的。长安士人平民都互相庆贺，那些阿谀依附董卓的人全都打入监狱被处死。

【原文】初，卓女婿中郎将牛辅典兵别屯陕，分遣校尉李傕、郭汜、张济略陈留、颍川诸县。卓死，吕布使李肃至陕，欲以诏命诛辅。辅等逆与肃战，肃败走弘农，布诛肃。[①]其后辅营兵有夜叛出者，营中惊，辅以为皆叛，乃取金宝，独与素所厚支胡赤儿等五六人相随，逾城北渡河。赤儿等利其金宝，斩首送长安。

①《魏书》曰：辅恇怯失守，不能自安。常把辟兵符，以铁锧致其旁，欲以自强。见客，先使相者相之，知有反气与不，又筮知吉凶，然后乃见之。中郎将董越来就辅，辅使筮之，得兑下离上，筮者曰："火胜金，外谋内之卦也。"即时杀越。◎《献帝纪》云：筮人常为越所鞭，故因此以报之。

比傕等还，辅已败，众无所依，欲各散归。既无赦书，而闻长安中欲尽诛凉州人，忧恐不知所为。用贾诩策，遂将其众而西，所在收兵，比至长安，众十余万，[①]与卓故部曲樊稠、李蒙、王方等合围长安城。十日城陷，与布战城中，布败走。傕等放兵略长安老少，杀之悉尽，死者狼籍。诛杀卓者，尸王允于市。[②]葬卓于郿，大风暴雨震卓墓，水流入藏，漂其棺椁。傕为车骑将军、池阳侯，领司隶校尉、假节。汜为后将军、美阳侯。稠为右将军、万年侯。傕、汜、稠擅朝政。[③]济为骠骑将军、平阳侯，屯弘农。

①《九州春秋》曰：傕等在陕，皆恐怖，急拥兵自守。胡文才、杨整修皆凉州大人，而司徒王允素所不善也。及李傕之叛，允乃呼文才、整修使东解释之，不假借以温颜，谓曰："关东鼠子欲何为邪？卿往呼之。"于是二人往，实召兵而还。

②张璠《汉纪》曰：布兵败，驻马青琐门外，谓允曰："公可以去。"允曰："安国家，吾之上愿也，若不获，则奉身以死。朝廷幼主恃我而已，临难苟免，吾不为也。努力谢关东诸公，以国家为念。"傕、汜入长安城，屯南宫掖门，杀太仆鲁馗、大鸿胪周奂、城门校尉崔烈、越骑校尉王颀。吏民死者不可胜数。司徒王允挟天子上宣平城门避兵，傕等于城门下拜，伏地叩头。帝谓傕等曰："卿无作威福，而乃放兵纵横，欲何为乎？"傕等曰："董卓忠于陛下，而无故为吕布所杀。臣等为卓报仇，弗敢为逆也。请事竟，诣廷尉受罪。"允穷逼出见傕，傕诛允及妻子宗族十余人。长安城中男女大小莫不流涕。允字子师，太原祁人也。少有大节，郭泰见而奇之，曰："王生一日千里，王佐之才也。"泰虽先达，遂与定交。三公并辟，历豫州刺史，辟荀爽、孔融为从事，迁河南尹、尚书令。及为司徒，其所以扶持王室，甚得大臣之节，自天子以下，皆倚赖焉。卓亦推信之，委以朝廷。◎华峤曰：夫士以正立，以谋济，以义成，若王允之推董卓而分其权，伺其间而弊其罪。当此之时，天下之难解矣，本之皆主于忠义也，故推卓不为失正，分权不为不义，

伺间不为狙诈，是以谋济义成，而归于正也。

③《英雄记》曰：傕，北地人。汜，张掖人，一名多。

是岁，韩遂、马腾等降，率众诣长安。以遂为镇西将军，遣还凉州；腾征西将军，屯郿。侍中马宇与谏议大夫种邵、左中郎将刘范等谋，欲使腾袭长安，己为内应，以诛傕等。腾引兵至长平观，宇等谋泄，出奔槐里。稠击腾，腾败走，还凉州。又攻槐里，宇等皆死。时三辅民尚数十万户，傕等放兵劫略，攻剽城邑，人民饥困，二年间相啖食略尽。[①]

①《献帝纪》曰：是时新迁都，宫人多亡衣服，帝欲发御府缯以与之，李傕弗欲，曰："宫中有衣，胡为复作邪？"诏卖厩马百余匹，御府大司农出杂缯二万匹，与所卖厩马直，赐公卿以下及贫民不能自存者。李傕曰："我邸阁储偫少。"乃悉载置其营。贾诩曰："此上意，不可拒。"傕不从之。

诸将争权，遂杀稠，并其众。[①]汜与傕转相疑，战斗长安中。[②]傕质天子于营，烧宫殿城门，略官寺，尽收乘舆服御物置其家。[③]傕使公卿诣汜请和，汜皆执之。[④]相攻击连月，死者万数。[⑤]

①《九州春秋》曰：马腾、韩遂之败，樊稠追至陈仓。遂语稠曰："天地反覆，未可知也。本所争者非私怨，王家事耳。与足下州里人，今虽小违，要当大同，欲相与善语以别。邂逅万一不如意，后可复相见乎！"俱却骑前，接马交臂相加，共语良久而别。傕兄子利随稠，利还告傕："韩、樊交马语，不知所道，意爱甚密。"傕以是疑稠与韩遂私和而有异意。稠欲将兵东出关，从傕索益兵。因请稠会议，便于坐杀稠。

②《典略》曰：傕数设酒请汜，或留汜止宿。汜妻惧傕与汜婢妾而夺己爱，思有以离间之。会傕送馈，妻乃以豉为药，汜将食，妻曰："食从外来，倘或有故。"遂摘药示之，曰："一栖不二雄，我固疑将军之信李公也。"他日傕复请汜，大醉。汜疑傕药之，绞粪汁饮之乃解。于是遂生嫌隙，而治兵相攻。

③《献帝起居注》曰：初，汜谋迎天子幸其营，夜有亡告傕者，傕使兄子暹将数千兵围宫，以车三乘迎天子。杨彪曰："自古帝王无在人臣家者。举事当合天下心，诸君作此，非是也。"暹曰："将军计定矣。"于是天子一乘，贵人伏氏一乘，贾诩、左灵一乘，其余皆步从。是日，傕复移乘舆幸北坞，使校尉监坞门，内外隔绝。诸侍臣皆有饥色，时盛暑热，人尽寒心。帝求米五斛、牛骨五具以赐左右，傕曰："朝餔上饭，何用米为？"乃与腐牛骨，皆臭不可食。帝大怒，欲诘责之。侍中杨琦上封事曰："傕，边鄙之人，习于夷风，今又自知所犯悖逆，常有怏怏之色，欲辅车驾幸黄白城以纾其愤。臣愿陛下忍之，未可显其罪也。"帝纳之。初，傕屯黄白城，故谋欲徙之。傕以司徒赵温不与己同，乃内温坞中。温闻傕欲移乘舆，与傕书曰："公前托为董公报仇，然实屠陷王城，杀戮大臣，天下不可家见而户释也。今争睚眦之隙，以成千钧之仇，民在涂炭，各不聊生，曾不改寤，遂成祸乱。朝廷仍下明诏，欲令和解，诏命不行，恩泽日损，而复欲辅乘舆于黄白城，此诚老夫所不解也。于《易》，一过为过，再为涉，三而弗改，灭其顶，凶。不如早共和解，引兵还屯，上安万乘，下全生民，岂不幸甚！"傕大怒，欲遣人害温。其从弟应，温故掾也，谏之

数日，乃止。帝闻温与傕书，问侍中常洽曰："傕弗知臧否，温言太切，可为寒心。"对曰："李应已解之矣。"帝乃悦。

④ 华峤《汉书》曰：汜飨公卿，议欲攻傕。杨彪曰："群臣共斗，一人劫天子，一人质公卿，此可行乎？"汜怒，欲手刃之，中郎将杨密及左右多谏，汜乃归之。

⑤《献帝起居注》曰：傕性喜鬼怪左道之术，常有道人及女巫歌讴击鼓下神，祠祭六丁，符劾厌胜之具，无所不为。又于朝廷省门外，为董卓作神坐，数以牛羊祠之，讫，过省阁问起居，求入见。傕带二刀，手复与鞭合持一刃。侍中、侍郎见傕带仗，皆惶恐，亦带剑持刀，先入在帝侧。傕对帝，或言"明陛下"，或言"明帝"，为帝说郭汜无状，帝亦随其意答应之。傕喜，出言"明陛下真贤圣主"，意遂自信，自谓良得天子欢心也。虽然，犹不欲令近臣带剑在帝边，谓人言："此曹子将欲图我邪？而皆持刀也。"侍中李祯，傕州里，素与傕通，语傕："所以持刀者，军中不可不尔，此国家故事。"傕意乃解。天子以谒者仆射皇甫郦凉州旧姓，有专对之才，遣令和傕、汜。郦先诣汜，汜受诏命。诣傕，傕不肯，曰："我有讨吕布之功，辅政四年，三辅清静，天下所知也。郭多，盗马虏耳，何敢乃欲与吾等邪？必欲诛之。君为凉州人，观吾方略士众，足办多不？多又劫质公卿，所为如是，而君苟欲利郭多，李傕有胆自知之。"郦答曰："昔有穷后羿恃其善射，不思患难，以至于毙。近董公之强，明将军目所见，内有王公以为内主，外有董旻、承、璜以为鲠毒，吕布受恩而反图之，斯须之间，头县竿端，此有勇而无谋也。今将军身为上将，把钺仗节，子孙握权，宗族荷宠，国家好爵而皆据之。今郭多劫质公卿，将军胁至尊，谁为轻重邪？张济与郭多、杨定有谋，又为冠带所附。杨奉，白波帅耳，犹知将军所为非是，将军虽拜宠之，犹不肯尽力也。"傕不纳郦言，而呵之令出。郦出，诣省门，白傕不肯从诏，辞语不顺。侍中胡邈为傕所幸，呼传诏者令饰其辞。又谓郦曰："李将军于卿不薄。又皇甫公为太尉，李将军力也。"郦答曰："胡敬才，卿为国家常伯，辅弼之臣也，语言如此，宁可用邪？"邈曰："念卿失李将军意，恐不易耳！我与卿何事者？"郦言："我累世受恩，身又常在帏幄，君辱臣死，当坐国家，为李傕所杀，则天命也。"天子闻郦答语切，恐傕闻之，便敕遣郦。郦裁出营门，傕遣虎贲王昌呼之。昌知郦忠直，纵令去，还答傕，言："追之不及。"天子使左中郎将李固持节拜傕为大司马，在三公之右。傕自以为得鬼神之力，乃厚赐诸巫。

傕将杨奉与傕军吏宋果等谋杀傕，事泄，遂将兵叛傕。傕众叛，稍衰弱。张济自陕和解之，天子乃得出，至新丰、霸陵间。① 郭汜复欲胁天子还都郿。天子奔奉营，奉击汜，破之。汜走南山，奉及将军董承以天子还洛阳。傕、汜悔遣天子，复相与和，追及天子于弘农之曹阳。奉急招河东故白波帅韩暹、胡才、李乐等合，与傕、汜大战。奉兵败，傕等纵兵杀公卿百官，略宫人入弘农。② 天子走陕，北渡河，失辎重，步行，唯皇后、贵人从，至大阳，止人家屋中。③ 奉、暹等遂以天子都安邑，御乘牛车。太尉杨彪、太仆韩融近臣从者十余人。以暹为征东、才为征西、乐征北将军，并与奉、承持政。遣融至弘农，与傕、汜等连和，还所略宫人公卿百官，及乘舆车马数乘。是时蝗虫起，岁旱无谷，从官食枣菜。④ 诸将不能相率，上下乱，粮食尽。奉、暹、承乃以天子还洛阳。

出箕关，下轵道，张杨以食迎道路，拜大司马。语在《杨传》。天子入洛阳，宫室烧尽，街陌荒芜，百官披荆棘，依丘墙间。州郡各拥兵自卫，莫有至者。饥穷稍甚，尚书郎以下，自出樵采，或饥死墙壁间。

①《献帝起居注》曰：初，天子出到宣平门，当度桥，汜兵数百人遮桥问："是天子邪？"车不得前。傕兵数百人皆持大戟在乘舆车左右，侍中刘艾大呼云："是天子也。"使侍中杨琦高举车帷。帝言诸兵："汝不却，何敢迫近至尊邪？"汜等兵乃却。既度桥，士众咸呼万岁。

②《献帝纪》曰：时尚书令士孙瑞为乱兵所害。◎《三辅决录注》曰：瑞，字君荣，扶风人，世为学门。瑞少传家业，博达无所不通，仕历显位。卓既诛，迁大司农，为国三老。每三公缺，瑞常在选中。太尉周忠、皇甫嵩，司徒淳于嘉、赵温，司空杨彪、张喜等为公，皆辞拜让瑞。天子都许，追论瑞功，封子萌澹津亭侯。萌字文始，亦有才学，与王粲善。临当就国，粲作诗以赠萌，萌有答，在《粲集》中。

③《献帝纪》曰：初，议者欲令天子浮河东下，太尉杨彪曰："臣弘农人，从此已东，有三十六滩，非万乘所当从也。"刘艾曰："臣前为陕令，知其危险，有师犹有倾覆，况今无师，太尉谋是也。"乃止。及当北渡，使李乐具船。天子步行趋河岸，岸高不得下，董承等谋欲以马羁相续以系帝腰。时中宫仆伏德扶中宫，一手持十匹绢，乃取德绢连续为辇。行军校尉尚弘多力，令弘居前负帝，乃得下登船。其余不得渡者甚众，复遣船收诸不得渡者，皆争攀船，船上人以刃栎断其指，舟中之指可掬。

④《魏书》曰：乘舆时居棘篱中，门户无关闭。天子与群臣会，兵士伏篱上观，互相镇压以为笑。诸将专权，或擅笞杀尚书。司隶校尉出入，民兵抵掷之。诸将或遣婢诣省阁，或自赍酒啖，过天子饮，侍中不通，喧呼骂詈，遂不能止。又竞表拜诸营壁民为部曲，求其礼遗。医师、走卒，皆为校尉，御史刻印不供，乃以锥画，示有文字，或不时得也。

太祖乃迎天子都许。暹、奉不能奉王法，各出奔，寇徐、扬间，为刘备所杀。① 董承从太祖岁余，诛。建安二年，遣谒者仆射裴茂率关西诸将诛傕，夷三族。② 汜为其将五习所袭，死于郿。济饥饿，至南阳寇略，为穰人所杀，从子绣摄其众。才、乐留河东，才为怨家所杀，乐病死。遂、腾自还凉州，更相寇。后腾入为卫尉，子超领其部曲。十六年，超与关中诸将及遂等反，太祖征破之。语在《武纪》。遂奔金城，为其将所杀。超据汉阳，腾坐夷三族。赵衢等举义兵讨超，超走汉中从张鲁，后奔刘备，死于蜀。

①《英雄记》曰：备诱奉与相见，因于坐上执之。暹失奉势孤，时欲走还并州，为杼秋屯帅张宣所邀杀。

②《典略》曰：傕头至，有诏高县。

【译文】当初，董卓的女婿中郎将牛辅率领大军另外在陕驻守，分别派遣校尉李傕、郭汜、张济夺取陈留、颍川各县。董卓过世后，吕布派遣李肃到陕，想用诏书命令杀掉牛辅。牛辅等人与李肃作战，李肃战败，逃往弘农，吕布杀了李肃。后来，牛辅营中有士兵夜晚叛逃，营中惊骇，牛辅以为大家都叛变了，于是拿了金子和珍宝，只与向来交情深厚的胡人赤儿等五六个人一起翻墙出城，往北渡黄河。赤儿等贪图他的金子与珍宝，砍下他的首级送往长安。

等到李傕等人归来，牛辅已经失败，军队无所依附，想要各自解散回家。他们既没有赦书，又听说长安城里想要杀尽凉州人，忧虑害怕不知道该怎么办。李傕采用贾诩的策略，于是率领自己的军队向西，在所到的地方招收士兵，等到了长安，李傕已经拥有十几万的军队，与董卓旧部樊稠、李蒙、王方等人联合包围长安城。十天后长安陷落，军队与吕布在城内战斗，吕布战败出逃。李傕等纵容士兵抢劫长安城的百姓，几乎将他们全杀光了，死人遍地。李傕等处死了杀害董卓的人，把王允的尸体在市上陈列。他们将董卓埋在郿，后来，大风暴雨震开了董卓的坟墓，水流进了墓穴，将董卓的棺椁漂了起来。李傕当上车骑将军、池阳侯，兼司隶校尉，假节。郭汜当上后将军、美阳侯。樊稠是右将军、万年侯。李傕、郭汜、樊稠操纵朝政大权。张济是骠骑将军、平阳侯，驻扎弘农。

这一年，韩遂、马腾等人投降，率领军队回到长安。朝廷命韩遂担任镇西将军，把他派回凉州；马腾被任命为征西将军，驻扎在郿。侍中马宇与谏议大夫种邵、左中郎将刘范等人策划，想让马腾袭击长安，自己担当内应，来杀掉李傕等人。马腾率领军队到了长平观，马宇等人的计划泄露，逃跑到槐里。樊稠进攻马腾，马腾战败逃走，返回凉州。樊稠又进攻槐里，马宇等人都被杀了。当时三辅还有几十万户百姓，李傕等人放纵军队抢劫百姓，攻掠城镇，人民饥饿穷困，两年内发展到人吃人的地步，后来几乎成了一座死城。

各个将领争权夺利，于是樊稠被杀，他的军队被吞并。郭汜与李傕之间开始互相猜疑，在长安城里打仗。李傕将天子扣押在军营里，焚烧宫殿与城门，抢劫官府，把车子、衣服等皇帝的东西全部没收放在自己家里。李傕派遣公卿到郭汜那里请求讲和，郭汜将他们都抓了起来。两人互相攻打了几个月，死亡人数数以万计。

李傕的部将杨奉与军吏宋果等人策划杀死李傕，事情败露，于是率军反叛李傕。李傕因军队叛乱，渐渐衰弱。张济从陕前来为他们和解，天子这才得以从李傕军中出来，来到新丰、霸陵之间。郭汜又想要胁持天子回到郿定都。天子投奔杨奉的军营，杨奉攻打郭汜并打败了他。郭汜逃到南山，杨奉与将军董承带着天子返回洛阳。李傕、郭汜后悔放走天子，又互相修好，在弘农的曹阳追上了天子。杨奉急忙召来河东原来的白波帅韩暹、胡才、李乐等人，联合起来大战李傕、郭汜。杨奉的军队战败了，李傕等人放纵士兵杀害公卿百官，将大量宫人抢入弘农。天子逃到陕，向北渡过黄河，失去了辎重，徒步行走，只有皇后、贵人跟在他的身边，到了大阳，居住在百姓家里。杨奉、韩暹等人就让天子定都安邑，天子乘坐牛车。太尉杨彪、太仆韩融等十几个亲近的臣子跟随着。天子提拔韩暹担任征东将军，胡才担任征西将军，李乐担任征北将军，与杨奉、董承一起执掌朝纲。派遣韩融到弘农，和李傕、郭汜等人讲和，李傕、郭汜归还了抢走的宫人与公卿百官，及几辆皇帝乘坐的马车。这时候国内大闹蝗灾，气候干旱，缺乏粮食，跟随天子的官吏只能吃枣子与野菜。各个将领之间不能互相督率，上下次序混乱，粮食很快吃光了。杨奉、韩暹、董承于是带领天子返回洛阳。他们从箕关出来,到达轵道,张杨带着食物在路上迎接,被拜为大司马。这件事见于《张杨传》。天子进入洛阳,宫中房屋烧毁殆尽,街道荒凉,野草丛生,官员们分开荆棘,在废墟的墙壁之间住下来。州郡各自拥兵自保,没有来到洛阳的。饥饿与穷困变得更厉害了,尚书郎以下的官员不得不自己出去砍柴采野菜,有的就在墙壁之间被活活饿死。

于是,太祖迎接天子,在许昌定都。韩暹、杨奉不能尊奉王法,各自逃跑,在徐、扬之间骚扰百姓,被刘备杀掉。董承跟随太祖一年多,同样被杀。建安二年,派谒者仆射裴茂率领关西各将领杀掉李傕,诛灭他的三族。郭汜遭到他的部将五习偷袭,在郿去世。张济没有饭吃,饥饿难耐,到南阳骚扰掠夺,被穰县人杀死,侄子张绣聚集统率了他的军队。胡才、李乐留守河东,胡才被仇家杀掉,李乐病死。韩遂、马腾自从回到凉州,又相互之间攻打袭击。后来马腾入朝担任卫尉,儿子马超统率他的军队。建安十六年,马超与关中各将领及韩遂纷纷造反,太祖征讨并打败了他们。这件事见于《武帝纪》。韩遂逃往金城,被部将杀掉。马超占据汉阳,他的父亲马腾因此被连坐诛灭三族。赵衢等人率领义兵征讨马超,马超逃到汉中跟随张鲁,后来投奔刘备,在蜀国去世。

袁绍　袁谭、袁尚

【原文】袁绍,字本初,汝南汝阳人也。高祖父安,为汉司徒。自安以下四世居三公位,由是势倾天下。① 绍有姿貌威容,能折节下士,士多附之,太祖少与交焉。以大将军掾为侍御史,② 稍迁中军校尉,至司隶。

①华峤《汉书》曰:安,字邵公,好学有威重。明帝时为楚郡太守,治楚王狱,所申理者四百余家,皆蒙全济,安遂为名臣。章帝时至司徒,生蜀郡太守京。京弟敞为司空。京子汤,太尉。汤四子:长子平,平弟成,左中郎将,并早卒;成弟逢,逢弟隗,皆为公。◎《魏书》曰:自安以下,皆博爱容众,无所拣择;宾客入其门,无贤愚皆得所欲,为天下所归。绍即逢之庶子,术异母兄也,出后成为子。◎《英雄记》曰:成,字文开,壮健有部分,贵戚权豪自大将军梁冀以下皆与结好,言无不从。故京师为作谚曰:"事不谐,问文开。"

②《英雄记》曰:绍生而父死,二公爱之。幼使为郎,弱冠除濮阳长,有清名。遭母丧,服竟,又追行父服,凡在冢庐六年。礼毕,隐居洛阳,不妄通宾客,非海内知名,不得相见。又好游侠,与张孟卓、何伯求、吴子卿、许子远、伍德瑜等皆为奔走之友。不应辟命。中常侍赵忠谓诸黄门曰:"袁本初坐作声价,不应呼召而养死士,不知此儿欲何所为乎?"绍叔父隗闻之,责数绍曰:"汝且破我家!"绍于是乃起应大将军之命。

臣松之案:《魏书》云:"绍,逢之庶子,出后伯父成。"如此记所言,则似实成所生。夫人追服所生,礼无其文,况于所后而可以行之!二书未详孰是。

灵帝崩,太后兄大将军何进与绍谋诛诸阉官,① 太后不从。乃召董卓,欲以胁太后。常侍、黄门闻之,皆诣进谢,唯所错置。时绍劝进便可于此决之,至于再三,而进不许。令绍使洛阳方略武吏检司诸宦者。又令绍弟虎贲中郎将术选温厚虎贲二百人，当入禁中，代持兵黄门陛守门户。中常侍段珪等矫太后命，召进入议，遂杀之，宫中乱。[②]术将虎贲烧南宫嘉德殿青琐门，欲以迫出珪等。珪等不出，劫帝及帝弟陈留王走小平津。绍既斩宦者所署司隶校尉许相，遂勒兵捕诸阉人，无少长皆杀之。或有无须而误死者，至自发露形体而后得免。宦者或有行善自守而犹见及，其滥如此。死者二千余人。急追珪等，珪等悉赴河死。帝得还宫。

①《续汉书》曰：绍使客张津说进曰："黄门、常侍秉权日久。又，永乐太后与诸常侍专通财利。将军宜整顿天下，为海内除患。"进以为然，遂与绍结谋。

②《九州春秋》曰：初，绍说进曰："黄门、常侍累世太盛，威服海内，前窦武欲诛之而反为所害，但坐言语漏泄，以五营士为兵故耳。五营士生长京师，服畏中人，而窦氏反用其锋，遂果叛走归黄门，是以自取破灭。今将军以元舅之尊，二府并领劲兵，其部曲将吏皆英雄名士，乐尽死力，事在掌握，天赞其时也。今为天下诛除贪秽，功勋显著，垂名后世，虽周之申伯，何足道哉？今大行在前殿，将军以诏书领兵卫守，可勿入宫。"进纳其言，后更狐疑。绍惧进之改变，胁进曰："今交构已成，形势已露，将军何为不早决之？事留变生，后机祸至。"进不从，遂败。

董卓呼绍，议欲废帝，立陈留王。是时绍叔父隗为太傅，绍伪许之，曰："此大事，出当与太傅议。"卓曰："刘氏种不足复遗。"绍不应，横刀长揖而去。[①]绍既出，遂亡奔冀州。侍中周毖、城门校尉伍琼、议郎何颙等，皆名士也，卓信之，而阴为绍，乃说卓曰："夫废立大事，非常人所及。绍不达大体，恐惧故出奔，非有他志也。今购之急，势必为变。袁氏树恩四世，门生故吏遍于天下，若收豪杰以聚徒众，英雄因之而起，则山东非公之有也。不如赦之，拜一郡守，则绍喜于免罪，必无患矣。"卓以为然，乃拜绍勃海太守，封邟乡侯。

①《献帝春秋》曰：卓欲废帝，谓绍曰："皇帝冲暗，非万乘之主。陈留王犹胜，今欲立之。人有少智，大或痴，亦知复何如，为当且尔，卿不见灵帝乎？念此令人愤毒！"绍曰："汉家君天下四百许年，恩泽深渥，兆民戴之来久。今帝虽幼冲，未有不善宣闻天下，公欲废适立庶，恐众不从公议也。"卓谓绍曰："竖子！天下事岂不决我？我今为之，谁敢不从？尔谓董卓刀为不利乎！"绍曰："天下健者，岂唯董公？"引佩刀横揖而出。

臣松之以为：绍于时与卓未构嫌隙，故卓与之谘谋。若但以言议不同，便骂为竖子，而有推刃之心，及绍复答，屈强为甚，卓又安能容忍而不加害乎？且如绍此言，进非亮正，退违诡逊，而显其竞爽之旨，以触哮阚之锋，有志功业者，理岂然哉！此语妄之甚矣。

绍遂以勃海起兵，将以诛卓。语在《武纪》。绍自号车骑将军，主盟，与冀州牧韩馥立幽州牧刘虞为帝，遣使奉章诣虞，虞不敢受。后馥军安平，为公孙瓒所败。瓒遂引兵入冀州，以讨卓为名，内欲袭馥。馥怀不自安。[①]会卓西入关，绍还军延津，因馥惶遽，使陈留高幹、颍川荀谌等说馥曰："公孙瓒乘胜来向南，而诸郡应之。袁车骑引军东向，此其意不可知，窃为将军危之。"馥曰："为之奈何？"谌曰："公孙提燕、代之卒，其锋不可当。袁氏一时之杰，必不为将军下。夫冀州，天下之重资也，若两雄并力，兵交于城下，危亡可立而待也。夫袁氏，将军之旧，且同盟也，当今为将军计，莫若举冀州以让袁氏。袁氏得冀州，则瓒不能与之争，必厚德将军。冀州入于亲交，是将军有让贤之名，而身安于泰山也。愿将军勿疑！”馥素恇怯，因然其计。馥长史耿武、别驾闵纯、治中李历谏馥曰：“冀州虽鄙，带甲百万，谷支十年。袁绍孤客穷军，仰我鼻息，譬如婴儿在股掌之上，绝其哺乳，立可饿杀。奈何乃欲以州与之？”馥曰：“吾袁氏故吏，且才不如本初，度德而让，古人所贵，诸君独何病焉？”从事赵浮、程奂请以兵拒之，馥又不听。乃让绍，② 绍遂领冀州牧。

①《英雄记》曰：逢纪说绍曰：“将军举大事而仰人资给，不据一州，无以自全。”绍答云：“冀州兵强，吾士饥乏，设不能办，无所容立。”纪曰：“可与公孙瓒相闻，导使来南，击取冀州。公孙必至而馥惧矣，因使说利害，为陈祸福，馥必逊让。于此之际，可据其位。”绍从其言而瓒果来。

②《九州春秋》曰：馥遣都督从事赵浮、程奂将强弩万张屯河阳。浮等闻馥欲以冀州与绍，自孟津驰东下。时绍尚在朝歌清水口，浮等从后来，船数百艘，众万余人，整兵鼓夜过绍营，绍甚恶之。浮等到，谓馥曰：“袁本初军无斗粮，各已离散，虽有张杨、於扶罗新附，未肯为用，不足敌也。小从事等请自以见兵拒之，旬日之间，必土崩瓦解。明将军但当开阁高枕，何忧何惧！”馥不从，乃避位，出居赵忠故舍。遣子赍冀州印绶于黎阳与绍。

从事沮授① 说绍曰：“将军弱冠登朝，则播名海内；值废立之际，则忠义奋发；单骑出奔，则董卓怀怖；济河而北，则勃海稽首。振一郡之卒，撮冀州之众，威震河朔，名重天下。虽黄巾猾乱，黑山跋扈，举军东向，则青州可定；还讨黑山，则张燕可灭；回众北首，则公孙必丧；震胁戎狄，则匈奴必从。横大河之北，合四州之地，收英雄之才，拥百万之众，迎大驾于西京，复宗庙于洛邑，号令天下，以讨未复，以此争锋，谁能敌之？比及数年，此功不难。”绍喜曰：“此吾心也。”即表授为监军、奋威将军。② 卓遣执金吾胡母班、将作大匠吴修赍诏书喻绍，绍使河内太守王匡杀之。③ 卓闻绍得关东，乃悉诛绍宗族太傅隗等。当是时，豪侠多附绍，皆思为之报，州郡蜂起，莫不假其名。馥怀惧，从绍索去，往依张邈。④ 后绍遣使诣邈，有所计议，与邈耳语。馥在坐上，谓见图构，无何起至溷自杀。⑤

① 沮，音菹。

②《献帝传》曰：沮授，广平人，少有大志，多权略。仕州别驾，举茂才，历二县令，又为韩馥别驾，表拜骑都尉。袁绍得冀州，又辟焉。◎《英雄记》曰：是时年号初平，绍字本初，自以为年与字合，必能克平祸乱。

③《汉末名士录》曰：班，字季皮，太山人，少与山阳度尚、东平张邈等八人并轻财赴义，振济人士，世谓之八厨。◎谢承《后汉书》曰：班，王匡之妹夫，董卓使班奉诏到河内，解释义兵。匡受袁绍旨，收班系狱，欲杀之以徇军。班与匡书云：“自古以来，未有下土诸侯举兵向京师者。《刘向传》曰‘掷鼠忌器’，器犹忌之，况卓今处宫阙之内，以天子为藩屏，幼主在宫，如何可讨？仆与太傅马公、太仆赵岐、少府阴修俱受诏命。

关东诸郡，虽实嫉卓，犹以衔奉王命，不敢玷辱。而足下独囚仆于狱，欲以衅鼓，此悖暴无道之甚者也。仆与董卓有何亲戚，义岂同恶？而足下张虎狼之口，吐长蛇之毒，恚卓迁怒，何甚酷哉！死，人之所难，然耻为狂夫所害。若亡者有灵，当诉足下于皇天。夫婚姻者祸福之机，今日著矣。曩为一体，今为血仇。亡人子二人，则君之甥，身没之后，慎勿令临仆尸骸也。"匡得书，抱班二子而泣。班遂死于狱。班尝见太山府君及河伯，事在《搜神记》，语多不载。

④《英雄记》曰：绍以河内朱汉为都官从事。汉先时为馥所不礼，内怀怨恨，且欲邀迎绍意，擅发城郭兵围守馥第，拔刃登屋。馥走上楼，收得馥大儿，槌折两脚。绍亦立收汉，杀之。馥犹忧怖，故报绍索去。

⑤《英雄记》曰：公孙瓒击青州黄巾贼，大破之，还屯广宗，改易守令，冀州长吏无不望风响应，开门受之。绍自往征瓒，合战于界桥南二十里。瓒步兵三万余人为方陈，骑为两翼，左右各五千余匹，白马义从为中坚，亦分作两校，左射右，右射左，旌旗铠甲，光照天地。绍令麹义以八百兵为先登，强弩千张夹承之，绍自以步兵数万结陈于后。义久在凉州，晓习羌斗，兵皆骁锐。瓒见其兵少，便放骑欲陵蹈之。义兵皆伏楯下不动，未至数十步，乃同时俱起，扬尘大叫，直前冲突，强弩雷发，所中必倒，临陈斩瓒所署冀州刺史严纲甲首千余级。瓒军败绩，步骑奔走，不复还营。义追至界桥。瓒殿兵还战桥上，义复破之，遂到瓒营，拔其牙门，营中余众皆复散走。绍在后，未到桥十数里，下马发鞍，见瓒已破，不为设备，惟帐下强弩数十张，大戟士百余人自随。瓒部迸骑二千余匹卒至，便围绍数重，弓矢雨下。别驾从事田丰扶绍欲却入空垣，绍以兜鍪扑地曰："大丈夫当前斗死，而入墙间，岂可得活乎？"强弩乃乱发，多所杀伤。瓒骑不知是绍，亦稍引却。会麹义来迎，乃散去。瓒每与虏战，常乘白马，追不虚发，数获戎捷，虏相告云："当避白马。"因虏所忌，简其白马数千匹，选骑射之士，号为白马义从。一曰胡夷健者常乘白马，瓒有健骑数千，多乘白马，故以号焉。绍既破瓒，引军南到薄落津，方与宾客诸将共会，闻魏郡兵反，与黑山贼于毒共覆邺城，遂杀太守栗成。贼十余部，众数万人，聚会邺中。坐上诸客有家在邺者，皆忧怖失色，或起啼泣，绍容貌不变，自若也。贼陶升者，故内黄小吏也，有善心，独将部众逾西城入，闭守州门，不内他贼，以车载绍家及诸衣冠在州内者，身自扞卫，送到斥丘乃还。绍到，遂屯斥丘，以陶升为建义中郎将。乃引军入朝歌鹿场山苍岩谷讨于毒，围攻五日，破之，斩毒及长安所署冀州牧壶寿。遂寻山北行，薄击诸贼左髭丈八等，皆斩之。又击刘石、青牛角、黄龙、左校、郭大贤、李大目、于氐根等，皆屠其屯壁，奔走得脱，斩首数万级。绍复还屯邺。初平四年，天子使太傅马日磾、太仆赵岐和解关东。岐别诣河北，绍出迎于百里上，拜奉帝命。岐住绍营，移书告瓒。瓒遣使具与绍书曰："赵太仆以周召之德，衔命来征，宣扬朝恩，示以和睦，旷若开云见日，何喜如之？昔贾复、寇恂亦争士卒，欲相危害，遇光武之宽，亲俱陛见，同舆共出，时人以为荣。自省边鄙，得与将军共同此福，此诚将军之眷而瓒之幸也。"麹义后恃功而骄恣，绍乃杀之。

【译文】袁绍，字本初，是汝南郡汝阳县人。他的高祖父袁安，担任过汉朝的司徒一职。从袁安之后的四代人都位居三公的显赫地位,因此袁家的势力在全国极有影响。袁绍容貌俊秀,仪态威武,能够屈节尊敬地位比自己低的士人,很多士人愿意归附他,曹操年轻的时候也和他有过交往。他从大将军掾做到侍御史,慢慢地又升为中军校尉,一直做到司隶。

汉灵帝去世后,太后的哥哥大将军何进与袁绍策划杀掉所有宦官,太后不同意。于是他们便征召董卓,打算以此威胁强迫太后。常侍和黄门听说此事后,都去往何进那里请罪,任凭何进对他们处置。这时袁绍劝说何进顺便在这里解决了他们,费尽了口舌,然而何进没有同意。何进派遣袁绍出使洛阳指挥武官们监视那些宦官。又命令袁绍的弟弟虎贲中郎将袁术挑选出敦厚的虎贲士兵二百人,立马进入皇宫,接替手拿兵器的黄门夹陛守卫门户。中常侍段珪等人假借太后懿旨,召见何进入宫议事,将他杀了,宫中顿时大乱。袁术率领虎贲兵烧毁了南宫嘉德殿青琐门,打算将段珪等人逼出皇宫。段珪等人非但不出来,反而劫持了皇帝及皇帝的弟弟陈留王逃跑到小平津去了。袁绍杀掉宦官安插的司隶校尉许相以后,接着带兵搜捕那些宦官,不分老幼全部杀死。有的人因没有胡须而被误杀,人们竟要自己裸露身体查验后才有可能幸免于难。宦官中有的人一向行善,坚守节操,也还是因此被连累,袁绍滥杀宦官竟到了如此地步。死的人有两千多。后来又快速追击段珪等人,段珪等人被迫投河自杀了。皇帝才得以返回皇宫。

董卓叫来袁绍,商量废掉皇帝,拥立陈留王为皇帝一事。当时袁绍的叔父袁隗担任皇帝太傅,袁绍假装应允董卓,说:“这是大事,我回去后必定与太傅商量。”董卓说:“刘家的这个种儿不能再留下。”袁绍没回答,横着长刀施过礼便走了。袁绍回去以后,很快逃奔到冀州。侍中周毖、城门校尉伍琼、议郎何颙等人,都是当时很有名望的人,董卓信任他们,然而他们暗中帮助袁绍,就对董卓说:“废立皇帝的大事,不是普通人能够做到的。袁绍不了解局势,因为恐惧才逃走,并不是有其他想法。如今悬赏捉拿他太过着急的话,势必会引发兵变。袁氏一家四代人都有恩德,门人旧部遍布天下,如果他招收豪杰,聚集徒众,天下英雄就会因此起来造反,那么崤山以东就不再归你所有了。倒不如赦免他,封他做一个郡守,那么袁绍乐于被免罪,必定不会有祸患了。”董卓认为他们说得对,于是就封袁绍为勃海太守,又封他为邟乡侯。

于是,袁绍就在勃海发兵,将要征讨董卓。这件事记载在《武帝纪》里。袁绍自称车骑将军,成为盟主,与冀州牧韩馥立幽州牧刘虞为皇帝,派遣使者带着章表送给刘虞,刘虞不敢接受。后来韩馥在安平驻扎,被公孙瓒打败。公孙瓒就带领军队攻打冀州,以讨伐董卓为名,暗中打算袭击韩馥。韩馥内心惶恐不安。正好董卓从西进入函谷关,袁绍回师驻守延津,他利用韩馥的惶恐不安,派遣陈留人高幹、颍川人荀谌等人游说韩馥,说:“公孙瓒乘胜归来,直向南方,很多郡都在响应他。袁绍率领军队向东,他这样行动的意图是无法探知的,我们私下为将军感到危险。”韩馥说:“那么我该怎么办呢?”荀谌说:“公孙瓒带领燕、代两地的军队,他的锐气不可阻挡。袁绍身为一时的豪杰,必定不愿意屈居于将军之下。冀州是天下的军事重地，假如两强一起争夺，在城下交战，冀州的危亡就会在旦夕之间。袁绍是将军的老朋友，而且是同盟，现在我为将军打算，不如将整个冀州让给袁绍。袁绍得到了冀州，那么公孙瓒就不能与他争夺了，袁绍一定会深深地感念将军的恩德。冀州交给亲近故交，这样将军就拥有了让贤的美名，而将军的处境也会稳如泰山。希望将军不要犹豫！”韩馥一向胆小，于是同意了他的计策。韩馥的长史耿武、别驾闵纯、治中李历劝谏韩馥说：“冀州尽管偏僻，可有军队百万，有足够吃十年的粮食。袁绍孤军深入，粮草匮乏，不得不仰仗我们的援助，如同婴儿抱在手心里，断了对他的哺乳，他马上就会饿死。为何却要把冀州交给他？”韩馥说：“我是袁氏的旧部下，而且才能比不上袁绍，根据别人的德才来让贤于人，是古人所推崇的，各位还有什么可担心的呢？”从事赵浮、程奂请求派兵抵抗袁绍，韩馥没有听从。韩馥将冀州让给了袁绍，袁绍因而兼任了冀州牧。

从事沮授劝说袁绍道：“将军刚刚成年就进朝为官，名声天下远扬；正值废立皇帝的动荡时刻，又出于忠义奋起兴兵；单枪匹马外出逃奔，却让董卓心怀恐惧；渡过黄河向北进军，则让勃海叩首臣服。发动一郡士卒，集中冀州的兵众，威势震动河北，名望震慑天下。哪怕黄巾军犯上作乱，黑山贼飞扬跋扈，将军只要率领军队向东进军，那么青州就可平定；回师讨伐黑山，那么张燕就可被消灭；率众返回北方，那么公孙瓒一定会溃丧；威胁戎狄，那么匈奴必然会服从。横扫黄河以北，联合四州地域，网罗天下英才，拥有百万兵众，在西京恭迎皇帝，在洛邑恢复刘氏宗庙，向全国发号施令，来征讨天下不服从的人，凭这样的势力与其他人争锋，谁能抵挡？等到几年以后，建立这个大功就容易了。”袁绍高兴地说：“这正是我想要的。”立马宣布沮授任监军、奋威将军。董卓派遣执金吾胡母班、将作大匠吴修携带诏书劝导袁绍，袁绍派遣河内太守王匡杀死他们。董卓听说袁绍得到关东地区，就将与袁绍同族的太傅袁隗等人杀了。在这时候，英雄豪杰多依附袁绍，都想为他报复董卓，各州郡也蜂拥而起，无一不是借用袁绍名义。韩馥内心恐惧，向袁绍请求离开，去投奔张邈。后来袁绍派遣使者拜见张邈，有事要与张邈协商，就和张邈小声耳语。韩馥同时在座，他以为他们在算计他，过了一会儿便起身到厕所自杀身亡了。

【原文】初，天子之立非绍意，及在河东，绍遣颍川郭图使焉。图还说绍迎天子都邺，绍不从。① 会太祖迎天子都许，收河南地，关中皆附。绍悔，欲令太祖徙天子都鄄城以自密近，太祖拒之。天子以绍为太尉，转为大将军，封邺侯，② 绍让侯不受。顷之，击破瓒于易京，并其众。③ 出长子谭为青州，沮授谏绍：“必为祸始。”绍不听，曰：“孤欲令诸儿各据一州也。”④ 又以中子熙为幽州，甥高幹为并州。众数十万，以审配、逢纪统军事，田丰、荀谌、许攸为谋主，颜良、文丑为将率，简精卒十万，骑万匹，将攻许。⑤

①《献帝传》云：沮授说绍曰：“将军累叶辅弼，世济忠义。今朝廷播越，宗庙毁坏，观诸州郡外托义兵，内图相灭，未有存主恤民者。且今州城粗定，宜迎大驾，安宫邺都，挟天子而令诸侯，畜士马以讨不庭，谁能御之！”绍悦，将从之。郭图、淳于琼曰：“汉室陵迟，为日久矣，今欲兴之，不亦难乎？且今英雄据有州郡，众动万计，所谓秦失其鹿，

先得者王。若迎天子以自近,动辄表闻,从之则权轻,违之则拒命,非计之善者也。”授曰:“今迎朝廷,至义也,又于时宜大计也,若不早图,必有先人者也。夫权不失机,功在速捷,将军其图之!”绍弗能用。案此书称沮授之计,则与本传违也。

②《献帝春秋》曰:绍耻班在太祖下,怒曰:“曹操当死数矣,我辄救存之,今乃背恩,挟天子以令我乎!”太祖闻而以大将军让于绍。

③《典略》曰:自此绍贡御希慢,私使主簿耿苞密白曰:“赤德衰尽,袁为黄胤,宜顺天意。”绍以苞密白事示军府将吏。议者咸以苞为妖妄宜诛,绍乃杀苞以自解。◎《九州春秋》曰:绍延征北海郑玄而不礼,赵融闻之曰:“贤人者,君子之望也。不礼贤,是失君子之望也。夫有为之君,不敢失万民之欢心,况于君子乎?失君子之望,难乎以有为矣。”◎《英雄记》载太祖作《董卓歌》,辞云:“德行不亏缺,变故自难常,郑康成行酒,伏地气绝,郭景图命尽于园桑。”如此之文,则玄无病而卒。余书不见,故载录之。

④《九州春秋》载授谏辞曰:“世称一兔走衢,万人逐之,一人获之,贪者悉止,分定故也。且年均以贤,德均则卜,古之制也。愿上惟先代成败之戒,下思逐兔分定之义。”绍曰:“孤欲令四儿各据一州,以观其能。”授出曰:“祸其始此乎!”谭始至青州,为都督,未为刺史,后太祖拜为刺史。其土自河而西,盖不过平原而已。遂北排田楷,东攻孔融,曜兵海隅,是时百姓无主,欣戴之矣。然信用群小,好受近言,肆志奢淫,不知稼穑之艰难。华彦、孔顺皆奸佞小人也,信以为腹心,王修等备官而已。然能接待宾客,慕名敬士。使妇弟领兵在内,至令草窃市井而外虏掠田野。别使两将募兵下县,有赂者见免,无者见取,贫弱者多,乃至于窜伏丘野之中,放兵捕索,如猎鸟兽。邑有万户者,著籍不盈数百,收赋纳税,参分不入一。招命贤士,不就。不趋赴军期,安居族党,亦不能罪也。

⑤《世语》曰:绍步卒五万,骑八千。孙盛评曰:案魏武谓崔琰曰:“昨案贵州户籍,可得三十万众。”由此推之,但冀州胜兵已如此,况兼幽、并及青州乎?绍之大举,必悉师而起,十万近之矣。◎《献帝传》曰:绍将南师,沮授、田丰谏曰:“师出历年,百姓疲弊,仓庾无积,赋役方殷,此国之深忧也。宜先遣使献捷天子,务农逸民。若不得通,乃表曹氏隔我王路。然后进屯黎阳,渐营河南,益作舟船,缮治器械,分遣精骑,抄其边鄙,令彼不得安,我取其逸。三年之中,事可坐定也。”审配、郭图曰:“兵书之法,十围五攻,敌则能战。今以明公之神武,跨河朔之强众,以伐曹氏,譬若覆手,今不时取,后难图也。”授曰:“盖救乱诛暴,谓之义兵。恃众凭强,谓之骄兵。兵义无敌,骄者先灭。曹氏迎天子安宫许都,今举师南向,于义则违。且庙胜之策,不在强弱。曹氏法令既行,士卒精练,非公孙瓒坐受围者也。今弃万安之术,而兴无名之兵,窃为公惧之!”图等曰:“武王伐纣,不曰不义,况兵加曹氏而云无名!且公师武臣力,将士愤怒,人思自骋,而不及时早定大业,虑之失也。夫天与弗取,反受其咎,此越之所以霸,吴之所以亡也。监军之计,计在持牢,而非见时知机之变也。”绍从之。图等因是谮授:“监统内外,威震三军,若其浸盛,何以制之?夫臣与主不同者昌,主与臣同者亡,此《黄石》之所忌也。且御众于外,不宜知内。”绍疑焉,乃分监军为三都督,使授及郭图、淳于琼各典一军,遂合而南。

先是，太祖遣刘备诣徐州拒袁术。术死，备杀刺史车胄，引军屯沛，绍遣骑佐之。太祖遣刘岱、王忠击之，不克。建安五年，太祖自东征备。田丰说绍袭太祖后，绍辞以子疾，不许。丰举杖击地曰："夫遭难遇之机，而以婴儿之病失其会，惜哉！"太祖至，击破备，备奔绍。①

①《魏氏春秋》载绍檄州郡文曰："盖闻明主图危以制变，忠臣虑难以立权。曩者强秦弱主，赵高执柄，专制朝命，威福由己，终有望夷之祸，污辱至今。及臻吕后，禄、产专政，擅断万机，决事省禁，下陵上替，海内寒心。于是绛侯、朱虚兴威奋怒，诛夷逆乱，尊立太宗，故能道化兴隆，光明显融，此则大臣立权之明表也。司空曹操，祖父腾，故中常侍，与左悺、徐璜并作妖孽，饕餮放横，伤化虐民。父嵩，乞丐携养，因赃假位，舆金辇璧，输货权门，窃盗鼎司，倾覆重器。操赘阉遗丑，本无令德，僄狡锋侠，好乱乐祸。幕府昔统鹰扬，扫夷凶逆。续遇董卓侵官暴国，于是提剑挥鼓，发命东夏。方收罗英雄，弃瑕录用，故遂与操参咨策略，谓其鹰犬之才，爪牙可任。至乃愚佻短虑，轻进易退，伤夷折衄，数丧师徒。幕府辄复分兵命锐，修完补辑，表行东郡太守、兖州刺史，被以虎文，授以偏师，奖蹙威柄，冀获秦师一克之报。而操遂乘资跋扈，肆行酷烈，割剥元元，残贤害善。故九江太守边让，英才俊逸，天下知名，以直言正色，论不阿谄，身首被枭县之戮，妻孥受灰灭之咎。自是士林愤痛，民怨弥重，一夫奋臂，举州同声，故躬破于徐方，地夺于吕布，彷徨东裔，蹈据无所。幕府唯强干弱枝之义，且不登叛人之党，故复援旌擐甲，席卷赴征，金鼓响震，布众破沮，拯其死亡之患，复其方伯之任，是则幕府无德于兖土之民，而有大造于操也。后会銮驾东反，群虏乱政。时冀州方有北鄙之警，匪遑离局，故使从事中郎徐勋就发遣操，使缮修郊庙，翼卫幼主。而便放志专行，胁迁省禁，卑侮王官，败法乱纪，坐召三台，专制朝政，爵赏由心，刑戮在口，所爱光五宗，所恶灭三族，群谈者蒙显诛，腹议者蒙隐戮，道路以目，百寮钳口，尚书记朝会，公卿充员品而已。故太尉杨彪，历典三司，享国极位。操因睚眦，被以非罪，榜楚并兼，五毒俱至，触情放慝，不顾宪章。又，议郎赵彦，忠谏直言，议有可纳，故圣朝含听，改容加锡，操欲迷夺时权，杜绝言路，擅收立杀，不俟报闻。又，梁孝王，先帝母弟，坟陵尊显，松柏桑梓，犹宜恭肃，而操率将校吏士亲临发掘，破棺裸尸，略取金宝，至令圣朝流涕，士民伤怀。又，署发丘中郎将、摸金校尉，所过堕突，无骸不露。身处三公之官，而行桀虏之态，殄国虐民，毒流人鬼。加其细政苛惨，科防互设，缯缴充蹊，坑阱塞路，举手挂网罗，动足蹈机陷，是以兖、豫有无聊之民，帝都有吁嗟之怨。历观古今书籍，所载贪残虐烈无道之臣，于操为甚。幕府方诘外奸，未及整训，加意含覆，冀可弥缝。而操豺狼野心，潜苞祸谋，乃欲挠折栋梁，孤弱汉室，除灭中正，专为枭雄。往岁伐鼓北征，讨公孙瓒，强御桀逆，拒围一年。操因其未破，阴交书命，欲托助王师，以相掩袭，故引兵造河，方舟北济。会其行人发露，瓒亦枭夷，故使锋芒挫缩，厥图不果。屯据敖仓，阻河为固，乃欲以螳螂之斧，御隆车之隧。幕府奉汉威灵，折冲宇宙，长戟百万，胡骑千群，奋中黄、育、获之材，骋良弓劲弩之势，并州越太行，青州涉济、漯，大军泛黄河以角其前，荆州下宛、叶而掎其后，雷震虎步，并集虏庭，若举炎火以焫飞蓬，覆沧海而沃熛炭，有何不消灭者哉？当今汉

道陵迟，纲弛纪绝。操以精兵七百，围守宫阙，外称陪卫，内以拘执，惧其篡逆之祸，因斯而作。乃忠臣肝脑涂地之秋，烈士立功之会也，可不勖哉！”此陈琳之辞。

绍进军黎阳，遣颜良攻刘延于白马。沮授又谏绍：“良性促狭，虽骁勇，不可独任。”绍不听。太祖救延，与良战，破斩良。[①] 绍渡河，壁延津南，使刘备、文丑挑战。太祖击破之，斩丑。再战，禽绍大将，绍军大震。[②] 太祖还官渡。沮授又曰：“北兵数众而果劲不及南，南谷虚少而货财不及北。南利在于急战，北利在于缓搏。宜徐持久，旷以日月。”绍不从。连营稍前，逼官渡，合战，太祖军不利，复壁。绍为高橹，起土山，射营中，营中皆蒙楯，众大惧。太祖乃为发石车，击绍楼，皆破，绍众号曰“霹雳车”。[③] 绍为地道，欲袭太祖营。太祖辄于内为长堑以拒之，又遣奇兵袭击绍运车，大破之，尽焚其谷。太祖与绍相持日久，百姓疲乏，多叛应绍，军食乏。会绍遣淳于琼等将兵万余人北迎运车，沮授说绍：“可遣将蒋奇别为支军于表，以断曹公之抄。”绍复不从。琼宿乌巢，去绍军四十里。太祖乃留曹洪守，自将步骑五千候夜潜往攻琼。绍遣骑救之，败走。破琼等，悉斩之。太祖还，未至营，绍将高览、张郃等率其众降。绍众大溃，绍与谭单骑退渡河。余众伪降，尽坑之。[④] 沮授不及绍渡，为人所执，诣太祖，[⑤] 太祖厚待之。后谋还袁氏，见杀。

①《献帝传》曰：绍临发，沮授会其宗族，散资财以与之曰：“夫势在则威无不加，势亡则不保一身，哀哉！”其弟宗曰：“曹公士马不敌，君何惧焉！”授曰：“以曹兖州之明略，又挟天子以为资，我虽克公孙，众实疲弊，而将骄主忲，军之破败，在此举也。扬雄有言，‘六国蚩蚩，为嬴弱姬’，今之谓也。”

②《献帝传》曰：绍将济河，沮授谏曰：“胜负变化，不可不详。今宜留屯延津，分兵官渡，若其克获，还迎不晚，设其有难，众弗可还。”绍弗从。授临济叹曰：“上盈其志，下务其功，悠悠黄河，吾其不反乎！”遂以疾辞。绍恨之，乃省其所部兵属郭图。

③《魏氏春秋》曰：以古有矢石，又，《传》言“旝动而鼓”，《说文》曰“旝，发石也”，于是造发石车。

④ 张璠《汉纪》云：杀绍卒凡八万人。

⑤《献帝传》云：授大呼曰：“授不降也，为军所执耳！”太祖与之有旧，逆谓授曰：“分野殊异，遂用圮绝，不图今日乃相禽也！”授对曰：“冀州失策，以取奔北。授智力俱困，宜其见禽耳。”太祖曰：“本初无谋，不用君计，今丧乱过纪，国家未定，当相与图之。”授曰：“叔父、母、弟，县命袁氏，若蒙公灵，速死为福。”太祖叹曰：“孤早相得，天下不足虑。”

初，绍之南也，田丰说绍曰：“曹公善用兵，变化无方，众虽少，未可轻也，不如以久持之。将军据山河之固，拥四州之众，外结英雄，内修农战，然后简其精锐，分为奇兵，乘虚迭出，以扰河南。救右则击其左，救左则击其右，使敌疲于奔命，民不得安业。我未劳而彼已困，不及二年，可坐克也。今释庙胜之策，而决成败于一战，若不如志，悔无及也。”绍不从。丰恳谏，绍怒甚，以为沮众，械系之。绍军既败，或谓丰曰：“君必见重。”丰曰：“若军有利，吾必全。今军败，吾其死矣。”绍还，谓左右曰：“吾不用田丰言，果为所笑。”遂杀之。[①] 绍外宽雅，有局度，忧喜不形于色，而内多忌害，皆此类也。

①《先贤行状》曰：丰，字元皓，钜鹿人，或云勃海人。丰天姿瑰杰，权略多奇。少丧亲，居丧尽哀，日月虽过，笑不至矧。博览多识，名重州党。初辟太尉府，举茂才，迁侍御史。阉宦擅朝，英贤被害，丰乃弃官归家。袁绍起义，卑辞厚币以招致丰，丰以王室多难，志存匡救，乃应绍命，以为别驾。劝绍迎天子，绍不纳。绍后用丰谋，以平公孙瓒。逢纪惮丰亮直，数谗之于绍，绍遂忌丰。绍军之败也，土崩奔北，师徒略尽，军皆拊膺而泣曰："向令田丰在此，不至于是也。"绍谓逢纪曰："冀州人闻吾军败，皆当念吾，惟田别驾前谏止吾，与众不同，吾亦惭见之。"纪复曰："丰闻将军之退，拊手大笑，喜其言之中也。"绍于是有害丰之意。初，太祖闻丰不从戎，喜曰："绍必败矣。"及绍奔遁，复曰："向使绍用田别驾计，尚未可知也。"

孙盛曰：观田丰、沮授之谋，虽良、平何以过之？故君贵审才，臣尚量主。君用忠良，则伯王之业隆；臣奉暗后，则覆亡之祸至。存亡荣辱，常必由兹。丰知绍将败，败则己必死，甘冒虎口以尽忠规，烈士之于所事，虑不存己。夫诸侯之臣，义有去就，况丰与绍非纯臣乎！《诗》云"逝将去汝，适彼乐土"，言去乱邦，就有道可也。

冀州城邑多叛，绍复击定之。自军败后发病，七年，忧死。

【译文】最初，天子的确立并非袁绍的主意，等天子来到河东的时候，袁绍派颍川人郭图出使天子所在。郭图回来后就劝说袁绍迎接皇帝在邺县定都，袁绍不同意。正巧碰上曹操迎接皇帝在许昌建都，收复黄河以南地区，关中全部归附曹操。袁绍很懊悔，想使曹操迁徙天子并将帝都迁到鄄城，以便靠近自己，曹操拒绝了他。皇帝赐封袁绍为太尉，又改任大将军，封他为邺侯，袁绍推辞侯爵不接受。不久，他在易京打败了公孙瓒，兼并了公孙瓒的队伍。派出长子袁谭管辖青州，沮授劝谏袁绍说："这样做一定会酿造大灾祸。"袁绍没有听从，说："我想让自己所有的儿子都各自占据一个州。"又派二儿子袁熙管辖幽州，外甥高幹管辖并州。他率领几十万人的军队，任用审配、逢纪管理军事，田丰、荀谌、许攸做谋臣，颜良、文丑担任将军，挑选精兵十万，战马万匹，准备攻打许昌。

在这之前，曹操派刘备前往徐州抗击袁术。袁术去世后，刘备杀了刺史车胄，率领军队驻扎在沛地，袁绍派遣骑兵帮助他。曹操派刘岱、王忠攻打他，没能攻下。建安五年，曹操从东面讨伐刘备。田丰劝说袁绍偷袭曹操的背后，袁绍推辞说儿子生病，没有应允他。田丰拿手杖击打地面说："在遇到千载难逢的好时机时，却因小孩生病失去良机，可惜啊！"曹操到后，打败了刘备，刘备投奔袁绍。

袁绍进军黎阳，派遣颜良在白马攻打刘延。沮授又劝谏袁绍："颜良生性急躁狭隘，尽管为人勇猛，但无法独担重任。"袁绍不听。曹操出兵援救刘延，与颜良交战，打败并杀死颜良。袁绍渡过黄河，驻扎在延津南面，派刘备、文丑前去挑战。曹操打败了他们，杀掉文丑。再次交战，活捉了袁绍大将，袁绍的军队大为震惊。曹操返回官渡。沮授又对袁绍说："北方军队数量虽多，但勇猛果敢不如南方，南方军队粮食不多，货财不如北方。南方军队适合于快速战斗，北方适合于持久战。应当慢慢坚持打持久战，将时间拖得长一些。"袁绍不答应。集中军队日益向前，迫近官渡，与敌人正面交锋，曹操的军队失利，退守军营内。袁绍搭起高高的楼台，堆起土山，用弓箭射曹操的军营，曹操的军营中都蒙上盾牌，大家都十分害怕。于是，曹操制造发石车，攻击袁绍的楼台，将楼台都砸破了，袁绍的部下称它为“霹雳车”。袁绍又挖地道，想要偷袭曹操的军营。曹操立即在里面挖长沟来抵抗他，又派出奇兵偷袭袁绍辎重车，大败他们，将袁绍的粮草全部焚毁了。曹操与袁绍相持了很长时间，老百姓苦不堪言，很多人叛变响应袁绍，军队的粮食非常匮乏。正在这时袁绍派遣淳于琼带兵一万多人迎接北边的辎重车，沮授劝谏袁绍说：“可以派将领蒋奇另外在外面当作援军，以便阻截曹操的掠夺。”袁绍还是没采纳。淳于琼在乌巢过夜，距离袁绍的军队有四十里。曹操就留下曹洪把守军营，自己率领步兵、骑兵五千人等到夜深之时偷偷去攻打淳于琼。袁绍派骑兵去救淳于琼，被曹操打败逃跑。曹操打败淳于琼等人，将他们全部杀了。曹操返回来，还没到军营，袁绍的将领高览、张郃等人率领他们的部下纷纷投降。袁绍的兵马大乱，袁绍与袁谭单枪匹马败退渡过黄河。他的余部诈降，全部被曹操活埋了。沮授没来得及追随袁绍渡黄河，被人捕获，送到曹操那里，曹操十分厚待他。后来他企图返回袁绍那里，被曹操杀了。

起初，袁绍去往南方，田丰劝谏袁绍说：“曹操擅长用兵，变化无常，他的人马尽管不多，但不可轻视，不如用持久战的办法对付他。将军占据山河的险固，拥有四州民众，对外结交英雄，对内修整农业、军事，之后挑选精锐部队，分为各路奇兵，趁着敌人虚弱时不断出击，用来袭扰黄河以南的地区。敌人救援右侧，就攻击他的左侧，援救左侧，就攻击他的右侧，逼迫敌人疲于奔命，百姓不能安居乐业。我们没受劳苦但敌人早已困窘，不到两年，就可以轻易地战胜敌人。如今放弃在庙堂之上筹划的稳操胜券的谋略，却要在一次战役中决定胜负，如果不能如愿得胜，后悔也来不及了。”袁绍不听从。田丰诚恳建议，袁绍非常生气，认为他破坏军队士气，给他带上镣铐关押起来。袁绍被打败后，有人对田丰说：“你将来一定被重用。”田丰说：“如果军队打胜了，我一定可以保全性命。如今军队打败了，我恐怕该死了。”袁绍回来后，对手下的人说：“我不采纳田丰的建议，果然被他耻笑。”于是杀了他。袁绍外表宽宏博雅，看起来很有器量，忧喜不在脸上显露出来，而内心却嫉妒、猜疑他人，都如同处理这件事一样。

冀州城有很多人反叛，袁绍又出兵攻击平定了他们。袁绍自从兵败后得了大病，过了七年，因忧虑死亡。

【原文】绍爱少子尚，貌美，欲以为后而未显。① 审配、逢纪与辛评、郭图争权，配、纪与尚比，评、图与谭比。众以谭长，欲立之。配等恐谭立而评等为己害，缘绍素意，乃奉尚代绍位。谭至，不得立，自号车骑将军。由是谭、尚有隙。太祖北征谭、尚。谭军黎阳，尚少与谭兵，而使逢纪从谭。谭求益兵，配等议不与。谭怒，杀纪。② 太祖渡河攻谭，谭告急于尚。尚欲分兵益谭，恐谭遂夺其众，乃使审配守邺，尚自将兵助谭，与太祖相拒于黎阳。自二月至九月，大战城下，谭、尚败退，入城守。太祖将围之，乃夜遁。追至邺，收其麦，拔阴安，引军还许。太祖南征荆州，军至西平。

①《典论》曰：谭长而惠，尚少而美。绍妻刘氏爱尚，数称其才，绍亦奇其貌，欲以

为后，未显而绍死。刘氏性酷妒，绍死，僵尸未殡，宠妾五人，刘尽杀之。以为死者有知，当复见绍于地下，乃髡头墨面以毁其形。尚又为尽杀死者之家。

②《英雄记》曰：纪，字元图。初，绍去董卓出奔，与许攸及纪俱诣冀州，绍以纪聪达有计策，甚亲信之，与共举事。后审配任用，与纪不睦。或有谗配于绍，绍问纪，纪称"配天性烈直，古人之节，不宜疑之"。绍曰："君不恶之邪？"纪答曰："先日所争者私情，今所陈者国事。"绍善之，卒不废配。配由是更与纪为亲善。

谭、尚遂举兵相攻，谭败奔平原。尚攻之急，谭遣辛毗诣太祖请救。太祖乃还救谭，十月至黎阳。[1]尚闻太祖北，释平原还邺。其将吕旷、吕翔叛尚归太祖，谭复阴刻将军印假旷、翔。太祖知谭诈，与结婚以安之，乃引军还。尚使审配、苏由守邺，复攻谭平原。太祖进军将攻邺，到洹水，去邺五十里。由欲为内应，谋泄，与配战城中，败，出奔太祖。太祖遂进攻之，为地道，配亦于内作堑以当之。配将冯礼开突门，内太祖兵三百余人，配觉之，从城上以大石击突中栅门，栅门闭，入者皆没。太祖遂围之，为堑，周四十里，初令浅，示若可越。配望而笑之，不出争利。太祖一夜掘之，广深二丈，决漳水以灌之，自五月至八月，城中饿死者过半。

①《魏氏春秋》载刘表遗谭书曰："天笃降害，祸难殷流，尊公殂殒，四海悼心。贤胤承统，遐迩属望，咸欲展布旅力，以投盟主，虽亡之日，犹存之愿也。何寤青蝇飞于干旍，无极游于二垒。使股肱分为二体，背膂绝为异身！昔三王五伯，下及战国，父子相残，盖有之矣。然或欲以成王业，或欲以定霸功，或欲以显宗主，或欲以固冢嗣，未有弃亲即异，拔其本根，而能崇业济功，垂祚后世者也。若齐襄复九世之仇，士匄卒荀偃之事，是故《春秋》美其义，君子称其信。夫伯游之恨于齐，未若太公之忿曹；宣子之承业，未若仁君之继统也。且君子之违难不适仇国，岂可忘先君之怨，弃至亲之好，为万世之戒，遗同盟之耻哉！冀州不弟之傲，既已然矣。仁君当降志辱身，以匡国为务。虽见憎于夫人，未若郑庄之于姜氏；兄弟之嫌，未若重华之于象傲也。然庄公有大隧之乐，象受有鼻之封。愿弃捐前忿，远思旧义，复为母子昆弟如初。"又遗尚书曰："知变起辛、郭，祸结同生，追阏伯、实沈之踪，忘《常棣》死丧之义，亲寻干戈，僵尸流血，闻之哽咽，虽存若亡。昔轩辕有涿鹿之战，周武有商、奄之师，皆所以翦除秽害而定王业，非强弱之争，喜怒之忿也。故虽灭亲不为尤，诛兄不伤义。今二君初承洪业，纂继前轨，进有国家倾危之虑，退有先公遗恨之负，当唯义是务，唯国是康。何者？金木水火以刚柔相济，然后克得其和，能为民用。今青州天性峭急，迷于曲直。仁君度数弘广，绰然有余，当以大包小，以优容劣，先除曹操以卒先公之恨，事定之后，乃议曲直之计，不亦善乎！若留神远图，克己复礼，当振旆长驱，共奖王室。若迷而不反，违而无改，则胡夷将有诮让之言，况我同盟，复能戮力为君之役哉？此韩卢、东郭自困于前而遗田父之获者也。愤踊鹤望，冀闻和同之声。若其泰也，则袁族其与汉升降乎！如其否也，则同盟永无望矣。"谭、尚尽不从。◎《汉晋春秋》载审配献书于谭曰："《春秋》之义，国君死社稷，忠臣死王命。苟有图危宗庙，败乱国家，王纲典律，亲疏一也。是以周公垂泣而蔽管、蔡之狱，季友歔欷而行鍼叔之鸩。何则？义重人轻，事不得已也。昔卫灵公废蒯聩而立

辄，蒯聩为不道，入戚以篡，卫师伐之。《春秋传》曰：'以石曼姑之义，为可以拒之。'是以蒯聩终获叛逆之罪，而曼姑永享忠臣之名。父子犹然，岂况兄弟乎！昔先公废绌将军以续贤兄，立我将军以为适嗣，上告祖灵，下书谱牒，先公谓将军为兄子，将军谓先公为叔父，海内远近，谁不备闻？且先公即世之日，我将军斩衰居庐，而将军斋于垩室，出入之分，于斯益明。是时凶臣逢纪，妄画蛇足，曲辞谄媚，交乱懿亲，将军奋赫然之怒，诛不旋时，我将军亦奉命承旨，加以淫刑。自是之后，痈疽破溃，骨肉无丝发之嫌，自疑之臣，皆保生全之福。故悉遣强胡，简命名将，料整器械，选择战士，殚府库之财，竭食土之实，其所以供奉将军，何求而不备？君臣相率，共卫旌麾，战为雁行，赋为币主，虽倾仓覆库，翦剥民物，上下欣戴，莫敢告劳。何则？推恋恋忠赤之情，尽家家肝脑之计，唇齿辅车，不相为赐。谓为将军心合意同，混齐一体，必当并威偶势，御寇宁家。何图凶险谗慝之人，造饰无端，诱导奸利，至令将军翻然改图，忘孝友之仁，听豺狼之谋，诬先公废立之言，违近者在丧之位，悖纪纲之理，不顾逆顺之节，横易冀州之主，欲当先公之继。遂放兵抄拨，屠城杀吏，交尸盈原，裸民满野，或有髡剃发肤，割截支体，冤魂痛于幽冥，创痍号于草棘。又乃图获邺城，许赐秦、胡，财物妇女，豫有分界。或闻告令吏士云：'孤虽有老母，辄使身体完具而已。'闻此言者，莫不惊愕失气，悼心挥涕，使太夫人忧哀愤懑于堂室，我州君臣士友假寐悲叹，无所措其手足。念欲静师拱默以听执事之图，则惧违《春秋》死命之节，贻太夫人不测之患，陨先公高世之业。且三军愤慨，人怀私怒，我将军辞不获已，以及馆陶之役。是时外为御难，内实乞罪，既不见赦，而屠各二三其心，临陈叛戾。我将军进退无功，首尾受敌，引军奔避，不敢告辞。亦谓将军当少垂亲亲之仁，贶以缓追之惠，而乃寻踪蹑轨，无所逃命。困兽必斗，以干严行，而将军师旅土崩瓦解，此非人力，乃天意也。是后又望将军改往修来，克己复礼，追还孔怀如初之爱。而纵情肆怒，趣破家门，企踵鹤立，连结外仇，散锋放火，播增毒螫，烽烟相望，涉血千里，遗城厄民，引领悲怨，虽欲勿救，恶得已哉！故遂引军东辕，保正疆埸，虽近郊垒，未侵境域，然望旌麾，能不永叹？配等备先公家臣，奉废立之命。而图等干国乱家，礼有常刑。故奋敝州之赋，以除将军之疾，若乃天启于心，早行其诛，则我将军匍匐悲号于将军股掌之上，配等亦袒躬布体以待斧钺之刑。若必不悛，有以国毙，图头不县，军不旋踵。愿将军详度事宜，锡以环玦。"◎《典略》曰：谭得书怅然，登城而泣。既劫于郭图，亦以兵锋累交，遂战不解。

尚闻邺急，将兵万余人还救之，依西山来，东至阳平亭，去邺十七里，临滏水，举火以示城中，城中亦举火相应。配出兵城北，欲与尚对决围。太祖逆击之，败还，尚亦破走，依曲漳为营，太祖遂围之。未合，尚惧，遣阴夔、陈琳乞降，不听。尚还走滥口，进复围之急，其将马延等临陈降，众大溃，尚奔中山。尽收其辎重，得尚印绶、节钺及衣物，以示其家，城中崩沮。配兄子荣守东门，夜开门内太祖兵，与配战城中，生禽配。配声气壮烈，终无挠辞，见者莫不叹息，遂斩之。① 高幹以并州降，复以幹为刺史。

①《先贤行状》曰：配，字正南，魏郡人，少忠烈慷慨，有不可犯之节。袁绍领冀州，委以腹心之任，以为治中别驾，并总幕府。初，谭之去，皆呼辛毗、郭图家得出，而辛评

家独被收。及配兄子开城门内兵，时配在城东南角楼上，望见太祖兵入，忿辛、郭坏败冀州，乃遣人驰诣邺狱，指杀仲治家。是时，辛毗在军，闻门开，驰走诣狱，欲解其兄家，兄家已死。是日生缚配，将诣帐下，辛毗等逆以马鞭击其头，骂之曰："奴，汝今日真死矣！"配顾曰："狗辈，正由汝曹破我冀州，恨不得杀汝也！且汝今日能杀生我邪？"有顷，公引见，谓配："知谁开卿城门？"配曰："不知也。"曰："自卿子荣耳。"配曰："小儿不足用乃至此！"公复谓曰："曩日孤之行围，何弩之多也？"配曰："恨其少耳！"公曰："卿忠于袁氏父子，亦自不得不尔也。"有意欲活之。配既无挠辞，而辛毗等号哭不已，乃杀之。初，冀州人张子谦先降，素与配不善，笑谓配曰："正南，卿竟何如我？"配厉声曰："汝为降虏，审配为忠臣，虽死，岂若汝生邪！"临行刑，叱持兵者令北向，曰："我君在北。"◎乐资《山阳公载记》及袁暐《献帝春秋》并云太祖兵入城，审配战于门中，既败，逃于井中，于井获之。

臣松之以为：配一代之烈士，袁氏之死臣，岂当数穷之日，方逃身于井，此之难信，诚为易了。不知资、暐之徒竟为何人，未能识别然否，而轻弄翰墨，妄生异端，以行其书。如此之类，正足以诬罔视听，疑误后生矣。实史籍之罪人，达学之所不取者也。

太祖之围邺也，谭略取甘陵、安平、勃海、河间，攻尚于中山。尚走故安从熙，谭悉收其众。太祖将讨之，谭乃拔平原，并南皮，自屯龙凑。十二月，太祖军其门，谭不出，夜遁奔南皮，临清河而屯。十年正月，攻拔之，斩谭及图等。熙、尚为其将焦触、张南所攻，奔辽西乌丸。触自号幽州刺史，驱率诸郡太守令长，背袁向曹，陈兵数万，杀白马盟，令曰："违命者斩！"众莫敢语，各以次歃。至别驾韩珩，曰："吾受袁公父子厚恩，今其破亡，智不能救，勇不能死，于义阙矣。若乃北面于曹氏，所弗能为也。"一坐为珩失色。触曰："夫兴大事，当立大义，事之济否，不待一人，可卒珩志，以励事君。"高幹叛，执上党太守，举兵守壶口关。遣乐进、李典击之，未拔。十一年，太祖征幹。幹乃留其将夏昭、邓升守城，自诣匈奴单于求救，不得，独与数骑亡，欲南奔荆州，上洛都尉捕斩之。① 十二年，太祖至辽西击乌丸。尚、熙与乌丸逆军战，败走奔辽东，公孙康诱斩之，送其首。② 太祖高韩珩节，屡辟不至，卒于家。③

①《典略》曰：上洛都尉王琰获高幹，以功封侯。其妻哭于室，以为琰富贵将更娶妾媵而夺己爱故也。

②《典略》曰：尚为人有勇力，欲夺取康众，与熙谋曰："今到，康必相见。欲与兄手击之，有辽东犹可以自广也。"康亦心计曰："今不取熙、尚，无以为说于国家。"乃先置其精勇于厩中，然后请熙、尚。熙、尚入，康伏兵出，皆缚之，坐于冻地。尚寒，求席，熙曰："头颅方行万里，何席之为！"遂斩首。谭，字显思。熙，字显奕。尚，字显甫。◎《吴书》曰：尚有弟名买，与尚俱走辽东。《曹瞒传》云，买，尚兄子。未详。

③《先贤行状》曰：珩，字子佩，代郡人，清粹有雅量。少丧父母，奉养兄姊，宗族称孝悌焉。

【译文】袁绍宠爱小儿子袁尚，因袁尚容貌俊美，袁绍想立他作为自己的继承人，却没有表露出来。审配、逢纪与辛评、郭图争夺权力，审配、逢纪和袁尚接近，辛评、郭图与袁谭接近。众人以为袁谭年长，想立他为继承人。审配等人害怕袁谭被拥立以后，辛评等人变成自己的祸害，就按照袁绍平素的意愿，尊奉袁尚接替袁绍的职位。袁谭来到的时候，不能被拥立，就自称车骑将军。从此袁谭与袁尚之间产生了隔阂。曹操向北讨伐袁谭、袁尚。袁谭在黎阳驻扎，袁尚分给袁谭很少的兵力，还派逢纪跟随袁谭。袁谭请求增加兵马，审配等人商议不给增兵。袁谭大怒，因而杀掉逢纪。曹操渡过黄河进攻袁谭，袁谭向袁尚告急。袁尚想要分派军队增援袁谭，又担心袁谭乘机强取这些军队，于是派审配守卫邺县，袁尚自己率领军队援助袁谭，在黎阳与曹操相持。从二月至九月，在城下大战，袁谭、袁尚败退，退到城中据守。曹操将要包围城池的时候，他们就连夜逃跑了。曹操追杀到邺县，抢收了那里的麦子，攻克阴安，率军返回许昌。曹操向南攻打荆州，军队到达西平。

袁谭、袁尚互相攻打起来，袁谭被打败逃奔平原郡。袁尚对他发起猛烈地进攻，袁谭派辛毗去往曹操那儿求救。于是，曹操回来救袁谭，十月到了黎阳。袁尚听说曹操北上，只好放弃平原郡，回到邺县。他的部将吕旷、吕翔背叛他归顺了曹操，袁谭又暗中刻将军印借给吕旷、吕翔。曹操知道袁谭心思狡诈，就与他联姻以稳定他，之后才率军返回。袁尚派审配、苏由守卫邺县，再去平原郡攻打袁谭。曹操进军，准备攻打邺县，来到洹水，距离邺县还有五十里远。苏由想做内应，阴谋败露，与审配在城内交战，失败后逃出来投奔曹操。曹操接着进攻邺县，派人挖掘地道，审配也在城内挖掘壕沟来阻挡曹军。审配的部将冯礼打开城下的小门，放入曹操官兵三百多人，审配发觉，从城上用大石头砸中栅门，栅门封闭了，进来的人全都被杀死了。于是，曹操包围了城池，挖掘壕沟，周长四十里，开始让挖得很浅，看着似乎可以越过。审配见了便嘲笑曹操，不出来争利。曹操夜间继续将壕沟挖下去，宽深有两丈，决开漳河水灌进去，从五月到八月，城中饿死之人过半。

袁尚听说邺县危急，率领一万多人的军队回来援救，靠着西山行进，往东到了阳平亭，距离邺县十七里，面临滏水，举火把向城内示意，城中也举火把回应。审配出兵到城北，想与袁尚面对面攻破包围圈。曹操迎头打击，他被打败退回城内，袁尚也被打败逃跑，靠近曲漳设立军营，曹操于是包围了他。还没交战，袁尚害怕，派遣阴夔、陈琳乞求投降，曹操不答应。袁尚跑回滥口，曹操进军，又包围了他，攻势很猛，袁尚的部将马延等人临阵投降，军队大乱，袁尚逃往中山。曹操收缴了他的辎重，得到了袁尚的印绶、节钺及衣物，将这些东西拿给袁尚的将士看，城内顿时土崩瓦解。审配哥哥的儿子审荣镇守东门，夜间开城门将曹操军队放进来，曹军与审配在城内交战，生擒审配。审配神情壮烈，自始至终没有屈服的言辞，看到的人没有不赞赏叹息的，之后他被杀了。高幹在并州投降，曹操又封高幹为刺史。

曹操围攻邺县的时候，袁谭夺取了甘陵、安平、勃海、河间，在中山攻打袁尚。袁尚逃到故安投奔袁熙，袁谭收编了他的全部人马。曹操将要讨伐他，袁谭于是攻克了平原，兼并了南皮，自己在龙凑地带驻扎。十二月，曹操在他城门下安营，袁谭不敢出来迎战，连夜逃到南皮，面临清河驻扎。建安十年正月，曹操攻占了袁谭的驻地，杀了袁谭与郭图等人。袁熙、袁尚被他们的部将焦触、张南攻击，逃跑到辽西乌丸。焦触自称幽州刺史，率领各郡太守以及令长，背叛袁氏投奔曹操，布兵几万，杀白马盟誓，命令说："违抗命令的人将要被杀头！"众人不敢说话，各自依照次序歃血。轮到别驾韩珩歃血的时候，他说："我蒙受袁公父子的恩情，如今他们败亡了，我的智慧无法救他们，我的胆量不能为他们去死，这是违背仁义道德的。至于向曹氏俯首称臣，这是我无论如何也不能做的。"满座的人都被韩珩一席话说得变了脸色。焦触说："要干大事，应该先建立大义，事情的成功与否，不在一个人，可以满足韩珩的心愿，用以鼓励忠君的人。"高幹反叛，抓捕上党太守，发兵据守壶口关。曹操派乐进、李典攻打他，没有打赢。建安十一年，曹操讨伐高幹。于是，高幹留下他的部将夏昭、邓升镇守城池，自己去往匈奴向单于求救，没有得到援兵，独自与几名骑兵逃亡，想往南逃奔荆州，被上洛都尉抓住杀了。建安十二年，曹操来到辽西攻打乌丸。袁尚、袁熙同乌丸军一起迎战曹军，被打败以后逃奔到辽东，公孙康诱杀了他们，把他们的人头送给曹操。曹操认为韩珩气节高尚，多次征召他，韩珩都拒绝了，最后在家中去世。

袁术

【原文】袁术，字公路，司空逢子，绍之从弟也。以侠气闻，举孝廉，除郎中，历职内外，后为折冲校尉、虎贲中郎将。董卓之将废帝，以术为后将军。术亦畏卓之祸，出奔南阳。会长沙太守孙坚杀南阳太守张咨，术得据其郡。南阳户口数百万，而术奢淫肆欲，征敛无度，百姓苦之。既与绍有隙，又与刘表不平，而北连公孙瓒，绍与瓒不和而南连刘表。其兄弟携贰，舍近交远如此。①引军入陈留。太祖与绍合击，大破术军。术以余众奔九江，杀扬州刺史陈温，领其州。②以张勋、桥蕤等为大将军。李傕入长安，欲结术为援，以术为左将军，封阳翟侯，假节，遣太傅马日磾因循行拜授。术夺日磾节，拘留不遣。③

①《吴书》曰：时议者以灵帝失道，使天下叛乱，少帝幼弱，为贼臣所立，又不识母氏所出。幽州牧刘虞宿有德望，绍等欲立之以安当时，使人报术。术观汉室衰陵，阴怀异志，故外托公义以拒绍。绍复与术书曰："前与韩文节共建永世之道，欲海内见再兴之主。今西名有幼君，无血脉之属，公卿以下皆媚事卓，安可复信！但当使兵往屯关要，皆自蹙死于西。东立圣君，太平可冀，如何有疑！又，室家见戮，不念子胥，可复北面乎？违天不祥，愿详思之。"术答曰："圣主聪睿，有周成之质。贼卓因危乱之际，威服百寮，此乃汉家小厄之会。乱尚未厌，复欲兴之。乃云今主'无血脉之属'，岂不诬乎！先人以来，奕世相承，忠义为先。太傅公仁慈恻隐，虽知贼卓必为祸害，以信徇义，不忍去也。门户灭绝，死亡流漫，幸蒙远近来相赴助，不因此时上讨国贼，下刷家耻，而图于此，非所闻也。又曰'室家见戮，可复北面'，此卓所为，岂国家哉？君命，天也，天不可仇，况非君命乎！悽悽赤心，志在灭卓，不识其他。"

② 臣松之案《英雄记》："陈温，字元悌，汝南人。先为扬州刺史，自病死。袁绍遣袁遗领州，败散，奔沛国，为兵所杀。袁术更用陈瑀为扬州。瑀字公玮，下邳人。瑀既

领州，而术败于封丘，南向寿春，瑀拒术不纳。术退保阴陵，更合军攻瑀，瑀惧，走归下邳。”如此，则温不为术所杀，与本传不同。

③《三辅决录注》曰：日磾，字翁叔，马融之族子。少传融业，以才学进。与杨彪、卢植、蔡邕等典校中书，历位九卿，遂登台辅。◎《献帝春秋》曰：术从日磾借节观之，因夺不还，备军中千余人，使促辟之。日磾谓术曰：“卿家先世诸公，辟士云何，而言促之，谓公府掾可劫得乎？”从术求去，而术留之不遣．既以失节屈辱，忧恚而死。

时沛相下邳陈珪，故太尉球弟子也。术与珪俱公族子孙，少共交流，书与珪曰：“昔秦失其政，天下群雄争而取之，兼智勇者卒受其归。今世事纷扰，复有瓦解之势矣，诚英乂有为之时也。与足下旧交，岂肯左右之乎？若集大事，子实为吾心膂。”珪中子应时在下邳，术并胁质应，图必致珪。珪答书曰：“昔秦末世，肆暴恣情，虐流天下，毒被生民，下不堪命，故遂土崩。今虽季世，未有亡秦苛暴之乱也。曹将军神武应期，兴复典刑，将拨平凶慝，清定海内，信有征矣。以为足下当戮力同心，匡翼汉室，而阴谋不轨，以身试祸，岂不痛哉！若迷而知反，尚可以免。吾备旧知，故陈至情，虽逆于耳，骨肉之惠也。欲吾营私阿附，有犯死不能也。”

兴平二年冬，天子败于曹阳。术会群下谓曰：“今刘氏微弱，海内鼎沸。吾家四世公辅，百姓所归，欲应天顺民，于诸君意如何？”众莫敢对。主簿阎象进曰：“昔周自后稷至于文王，积德累功，三分天下有其二，犹服事殷。明公虽奕世克昌，未若有周之盛，汉室虽微，未若殷纣之暴也。”术嘿然不悦。用河内张炯之符命，遂僭号。① 以九江太守为淮南尹。置公卿，祠南北郊。荒侈滋甚，后宫数百皆服绮縠，余粱肉，② 而士卒冻馁，江淮间空尽，人民相食。术前为吕布所破，后为太祖所败，奔其部典雷薄、陈兰于灊山，复为所拒，忧惧不知所出。将归帝号于绍，欲至青州从袁谭，发病道死。③ 妻子依术故吏庐江太守刘勋，孙策破勋，复见收视。术女入孙权宫，子耀拜郎中，耀女又配于权子奋。

①《典略》曰：术以袁姓出陈，陈，舜之后，以土承火，得应运之次。又见谶文云：“代汉者，当涂高也。”自以名字当之，乃建号称仲氏。

②《九州春秋》曰：司隶冯方女，国色也，避乱扬州，术登城见而悦之，遂纳焉，甚爱幸。诸妇害其宠，语之曰：“将军贵人有志节，当时时涕泣忧愁，必长见敬重。”冯氏以为然。后见术辄垂涕，术以有心志，益哀之。诸妇人因共绞杀，悬之厕梁，术诚以为不得志而死，乃厚加殡敛。

③《魏书》曰：术归帝号于绍曰：“汉之失天下久矣，天子提挈，政在家门，豪雄角逐，分裂疆宇，此与周之末年七国分势无异，卒强者兼之耳。加袁氏受命当王，符瑞炳然。今君拥有四州，民户百万，以强则无与比大，论德则无与比高。曹操欲扶衰拯弱，安能续绝命救已灭乎？”绍阴然之。◎《吴书》曰：术既为雷薄等所拒，留住三日，士众绝粮，乃还至江亭，去寿春八十里。问厨下，尚有麦屑三十斛。时盛暑，欲得蜜浆，又无蜜。坐櫺床上，叹息良久，乃大咤曰：“袁术至于此乎！”因顿伏床下，呕血斗余，遂死。

【**译文**】袁术，字公路，司空袁逢的儿子，袁绍的堂弟。以为人侠胆义气而著称，被推举为孝廉，升为郎中，历任朝廷内外职务，后来担任折冲校尉、虎贲中郎将。董卓想要废掉皇帝的时候，任命袁术担任后将军。袁术也害怕董卓的残害，出逃南阳。正好这时长沙太守孙坚杀掉南阳太守张咨，袁术得以占据张咨的南阳郡。南阳有几百万户人，只不过袁术骄奢淫逸，为所欲为，征敛无度，百姓被他压榨残害得苦恼不已。袁术与袁绍之间产生隔阂以后，又因与刘表不和而联合北方的公孙瓒，袁绍与公孙瓒不和就同南方的刘表联合。他们兄弟俩彼此不和，竟至于像这样舍弃亲人而结交疏远之人。袁术率军杀进陈留。曹操和袁绍联合起来攻打他，大败袁术的军队。袁术带领余下的军队逃奔九江，杀掉扬州刺史陈温，统领他的州府。袁术任命张勋、桥蕤等人为大将军。李傕进入长安，希望结交袁术作为援军，任命袁术为左将军，封为阳翟侯，授予符节，派太傅马日磾依照惯例前去拜授。袁术抢走马日磾的符节，拘留不放他回去。

当时的沛相下邳人陈珪，是过去太尉陈球弟弟的儿子。袁术与陈珪都是王公的后代，小时候一起玩耍过，袁术写信给陈珪说："过去秦朝政治腐败，天下群雄争相夺取秦朝政权，身兼智勇的人最终得到了秦朝归还的天命。如今世上的事务混乱，又有瓦解的趋势，的确是英雄发挥作为的时候。我与你是老朋友，你愿意来辅佐我吗？如果我大事可成，你就是我的心腹。"陈珪的二儿子陈应当时在下邳，袁术同时威胁要用陈应做人质，企图将陈珪引诱过来。陈珪回信说："从前秦朝末世，十分残暴，荒淫无度，罪恶布满天下，毒害天下百姓，下面的人无法活命，因此秦朝便土崩瓦解了。如今虽然是汉朝末世，却没有秦末苛刻残暴的悖乱。曹操将军英明威武，顺应时代机遇，振兴恢复典章法律，将要扫平凶恶的势力，平定全国，确实已经拥有成功的征兆。我认为您应该同心协力，辅佐汉朝，而您却暗自图谋不轨，亲自试祸，怎么不令人痛心呢！如果你迷途知返，尚且可以免除灾祸。我作为您的老朋友，所以向您吐露真情，虽然不顺耳，但这是骨肉般的关爱。如果让我营求私利献媚奉迎您，我即使冒犯死罪也不能这样做。"

兴平二年冬天，天子在曹阳被打败。袁术召集部下对他们说："如今刘氏衰落了，海内大乱。我家四代都是王公大臣，是百姓依附的对象，我想顺应天意迎合民心，各位有什么想法？"众人没有人敢回答。主簿阎象上前说："从前周朝从后稷到周文王，积累仁德屡建功勋，天下如分三份他们已经占去两份，他们尚且服侍商朝。您虽然世代繁荣，但还是比不上周朝的昌盛，汉朝虽然衰微，但不像商纣王那样残暴。"袁术沉默不语，很不开心。袁术利用河内人张炯的符命，僭号自称皇帝。他任命九江太守担任淮南尹。设置公卿，在城北郊、城南郊进行祭祀。荒淫奢侈更加严重，后宫几百人都身穿华丽服饰，浪费许多粮肉食物，而士兵却挨冻受饿，江淮一带极端穷困，百姓到了人吃人的程度。袁术先被吕布打败，后又被曹操打败，来到灊山投奔他的部下雷薄、陈兰，又被他们拒绝，忧虑恐惧不知所从。他准备将帝号让给袁绍，想到青州投奔袁谭，却因疾病发作死在路上。袁术的妻子儿女归依袁术的老部下庐江太守刘勋，孙策打败刘勋后，他们又被孙策收容。袁术的女儿后来被纳入孙权的后宫，儿子袁耀担任郎中，袁耀的女儿又嫁给孙权的儿子孙奋。

刘表

【原文】刘表，字景升，山阳高平人也。少知名，号八俊。[①]长八尺余，姿貌甚伟。以大将军掾为北军中候。灵帝崩，代王叡为荆州刺史。是时山东兵起，表亦合兵军襄阳。[②]袁术之在南阳也，与孙坚合从，欲袭夺表州，使坚攻表。坚为流矢所中死，军败，术遂不能胜表。李傕、郭汜入长安，欲连表为援，乃以表为镇南将军、荆州牧，封成武侯，假节。天子都许，表虽遣使贡献，然北与袁绍相结。治中邓羲谏表，表不听，[③]羲辞疾而退，终表之世。张济引兵入荆州界，攻穰城，为流矢所中死。荆州官属皆贺，表曰："济以穷来，主人无礼，至于交锋，此非牧意，牧受吊，不受贺也。"使人纳其众，众闻之喜，遂服从。长沙太守张羡叛表，[④]表围之，连年不下。羡病死，长沙复立其子怿，表遂攻并怿，南收零、桂，北据汉川，地方数千里，带甲十余万。[⑤]

① 张璠《汉纪》曰：表与同郡人张隐、薛郁、王访、宣靖、公绪恭、刘祇、田林为八交，或谓之八顾。◎《汉末名士录》云：表与汝南陈翔字仲麟、范滂字孟博、鲁国孔昱字世元、勃海苑康字仲真、山阳檀敷字文友、张俭字元节、南阳岑晊字公孝为八友。◎谢承《后汉书》曰：表受学于同郡王畅。畅为南阳太守，行过乎俭。表时年十七，进谏曰："奢不僭上，俭不逼下，盖中庸之道，是故蘧伯玉耻独为君子。府君若不师孔圣之明训，而慕夷齐之末操，无乃皎然自遗于世！"畅答曰："'以约失之者鲜矣'，且以矫俗也。"

② 司马彪《战略》曰：刘表之初为荆州也，江南宗贼盛，袁术屯鲁阳，尽有南阳之众。吴人苏代领长沙太守，贝羽为华容长，各阻兵作乱。表初到，单马入宜城，而延中庐人蒯良、蒯越、襄阳人蔡瑁与谋。表曰："宗贼甚盛，而众不附，袁术因之，祸今至矣！吾欲征兵，恐不集，其策安出？"良曰："众不附者，仁不足也，附而不治者，义不足也。苟仁义之道行，百姓归之如水之趣下，何患所至之不从而问兴兵与策乎？"表顾问越，越曰："治平者先仁义，治乱者先权谋。兵不在多，在得人也。袁术勇而无断，苏代、贝羽皆武人，不足虑。宗贼帅多贪暴，为下所患。越有所素养者，使示之以利，必以众来。君诛其无道，抚而用之。一州之人，有乐存之心，闻君盛德，必襁负而至矣。兵集众附，南据江陵，北守襄阳，荆州八郡可传檄而定。术等虽至，无能为也。"表曰："子柔之言，雍季之论也。异度之计，臼犯之谋也。"遂使越遣人诱宗贼，至者五十五人，皆斩之。袭取其众，或即授部曲。唯江夏贼张虎、陈生拥众据襄阳，表乃使越与庞季单骑往说降之，江南遂悉平。

③《汉晋春秋》曰：表答羲曰："内不失贡职，外不背盟主，此天下之达义也。治中独何怪乎？"

④《英雄记》曰：张羡，南阳人。先作零陵、桂阳长，甚得江、湘间心，然性屈强不顺。表薄其为人，不甚礼也。羡由是怀恨，遂叛表焉。

⑤《英雄记》曰：州界群寇既尽，表乃开立学官，博求儒士，使綦毋闿、宋忠等撰《五经章句》，谓之《后定》。

太祖与袁绍方相持于官渡，绍遣人求助，表许之而不至，亦不佐太祖，欲保江汉间，观天下变。从事中郎韩嵩、别驾刘先说表曰："豪杰并争，两雄相持，天下之重，在于将军。将军若欲有为，起乘其弊可也。若不然，固将择所从。将军拥十万之众，安坐而观望。夫见贤而不能助，请和而不得，此两怨必集于将军，将军不得中立矣。夫以曹公之明哲，天下贤俊皆归之，其势必举袁绍，然后称兵以向江汉，恐将军不能御也。故为将军计者，不若举州以附曹公，曹公必重德将军，长享福祚，垂之后嗣，此万全之策也。"表大将蒯越亦劝表，表狐疑，乃遣嵩诣太祖以观虚实。嵩还，深陈太祖威德，说表遣子入质。表疑嵩反为太祖说，大怒，欲杀嵩，考杀随嵩行者，知嵩无他意，乃止。① 表虽外貌儒雅，而心多疑忌，皆此类也。

①《傅子》曰：初表谓嵩曰："今天下大乱，未知所定，曹公拥天子都许，君为我观其衅。"嵩对曰："圣达节，次守节。嵩，守节者也。夫事君为君，君臣名定，以死守之。今策名委质，唯将军所命，虽赴汤蹈火，死无辞也。以嵩观之，曹公至明，必济天下。将军能上顺天子，下归曹公，必享百世之利，楚国实受其祐，使嵩可也。设计未定，嵩使京师，天子假嵩一官，则天子之臣，而将军之故吏耳。在君为君，则嵩守天子之命，义不得复为将军死也。唯将军重思，无负嵩。"表遂使之，果如所言，天子拜嵩侍中，迁零陵太守，还称朝廷、曹公之德也。表以为怀贰，大会寮属数百人，陈兵见嵩，盛怒，持节将斩之，数曰："韩嵩敢怀贰邪！"众皆恐，欲令嵩谢。嵩不动，谓表曰："将军负嵩，嵩不负将军！"具陈前言。表怒不已，其妻蔡氏谏之曰："韩嵩，楚国之望也。且其言直，诛之无辞。"表乃弗诛而囚之。

刘备奔表，表厚待之，然不能用。① 建安十三年，太祖征表，未至，表病死。

①《汉晋春秋》曰：太祖之始征柳城，刘备说表使袭许，表不从。及太祖还，谓备曰："不用君言，故失此大会也。"备曰："今天下分裂，日寻干戈，事会之来，岂有终极乎？若能应之于后者，则此未足为恨也。"

初，表及妻爱少子琮，欲以为后，而蔡瑁、张允为之支党，乃出长子琦为江夏太守，众遂奉琮为嗣，琦与琮遂为仇隙。① 越、嵩及东曹掾傅巽等说琮归太祖，琮曰："今与诸君据全楚之地，守先君之业，以观天下，何为不可乎？"巽对曰："逆顺有大体，强弱有定势。以人臣而拒人主，逆也；以新造之楚而御国家，其势弗当也；以刘备而敌曹公，又弗当也。三者皆短，欲以抗王兵之锋，必亡之道也。将军自料何与刘备？"琮曰："吾不若也。"巽曰："诚以刘备不足御曹公乎，则虽保楚之地，不足以自存也。诚以刘备足御曹公乎，则备不为将军下也。愿将军勿疑。"太祖军到襄阳，琮举州降。备走奔夏口。②

①《典略》曰：表疾病，琦还省疾。琦性慈孝，瑁、允恐琦见表，父子相感，更有托后之意，谓曰："将军命君抚临江夏，为国东藩，其任至重。今释众而来，必见谴怒，伤亲之欢心以增其疾，非孝敬也。"遂遏于户外，使不得见，琦流涕而去。

②《傅子》曰：巽，字公悌，瑰伟博达，有知人鉴。辟公府，拜尚书郎，后客荆州，以说刘琮之功，赐爵关内侯。文帝时为侍中，太和中卒。巽在荆州，目庞统为半英雄，证

裴潜终以清行显。统遂附刘备,见待次于诸葛亮,潜位至尚书令,并有名德。及在魏朝,魏讽以才智闻,巽谓之必反,卒如其言。巽弟子嘏,别有传。◎《汉晋春秋》曰:王威说刘琮曰:"曹操得将军既降,刘备已走,必懈弛无备,轻行单进。若给威奇兵数千,徼之于险,操可获也。获操即威震天下,坐而虎步,中夏虽广,可传檄而定,非徒收一胜之功,保守今日而已。此难遇之机,不可失也。"琮不纳。◎《搜神记》曰:建安初,荆州童谣曰:"八九年间始欲衰,至十三年无孑遗。"言自中平以来,荆州独全,及刘表为牧,民又丰乐,至建安八年九年当始衰。始衰者,谓刘表妻死,诸将并零落也。十三年无孑遗者,表当又死,因以丧破也。是时,华容有女子忽啼呼云:"荆州将有大丧。"言语过差,县以为妖言,系狱月余,忽于狱中哭曰:"刘荆州今日死。"华容去州数百里,即遣马吏验视,而刘表果死,县乃出之。续又歌吟曰:"不意李立为贵人。"后无几,太祖平荆州,以涿郡李立字建贤为荆州刺史。

太祖以琮为青州刺史,封列侯。① 蒯越等侯者十五人。越为光禄勋;② 嵩,大鸿胪;③ 羲,侍中;④ 先,尚书令,其余多至大官。⑤

①《魏武故事》载令曰:"楚有江、汉山川之险,后服先强,与秦争衡,荆州则其故地,刘镇南久用其民矣。身没之后,诸子鼎峙,虽终难全,犹可引日。青州刺史琮,心高志洁,智深虑广,轻荣重义,薄利厚德,蔑万里之业,忽三军之众,笃中正之体,敦令名之誉,上耀先君之遗尘,下图不朽之余祚。鲍永之弃并州,窦融之离五郡,未足以喻也。虽封列侯一州之位,犹恨此宠未副其人,而比有笺求还州。监史虽尊,秩禄未优。今听所执,表琮为谏议大夫,参同军事。"

②《傅子》曰:越,蒯通之后也,深中足智,魁杰有雄姿。大将军何进闻其名,辟为东曹掾。越劝进诛诸阉官,进犹豫不决。越知进必败,求出为汝阳令,佐刘表平定境内,表得以强大。诏书拜章陵太守,封樊亭侯。荆州平,太祖与荀彧书曰:"不喜得荆州,喜得蒯异度耳。"建安十九年卒。临终,与太祖书,托以门户。太祖报书曰:"死者反生,生者不愧。孤少所举,行之多矣。魂而有灵,亦将闻孤此言也。"

③《先贤行状》曰:嵩,字德高,义阳人。少好学,贫不改操。知世将乱,不应三公之命,与同好数人隐居于郦西山中。黄巾起,嵩避难南方,刘表逼以为别驾,转从事中郎。表郊祀天地,嵩正谏不从,渐见违忤。奉使到许,事在前注。荆州平,嵩疾病,就在所拜授大鸿胪印绶。

④ 羲,章陵人。

⑤《零陵先贤传》曰:先,字始宗,博学强记,尤好黄老言,明习汉家典故。为刘表别驾,奉章诣许,见太祖。时宾客并会,太祖问先:"刘牧如何郊天也?"先对曰:"刘牧托汉室肺腑,处牧伯之位,而遭王道未平,群凶塞路,抱玉帛而无所聘頫,修章表而不获达御,是以郊天祀地,昭告赤诚。"太祖曰:"群凶为谁?"先曰:"举目皆是。"太祖曰:"今孤有熊罴之士,步骑十万,奉辞伐罪,谁敢不服?"先曰:"汉道陵迟,群生憔悴,既无忠义之士,翼戴天子,绥宁海内,使万邦归德,而阻兵安忍,曰莫己若,即蚩尤、智伯复见于今也。"太祖嘿然。拜先武陵太守。荆州平,先始为汉尚书,后为魏国尚书令。

先甥同郡周不疑，字元直，零陵人。《先贤传》称不疑幼有异才，聪明敏达，太祖欲以女妻之，不疑不敢当。太祖爱子仓舒，夙有才智，谓可与不疑为俦。及仓舒卒，太祖心忌不疑，欲除之。文帝谏以为不可，太祖曰："此人非汝所能驾御也。"乃遣刺客杀之。◎挚虞《文章志》曰：不疑死时年十七，著《文论》四首。

《世语》曰：表死后八十余年，至晋太康中，表冢见发。表及妻身形如生，芬香闻数里。

【译文】刘表，字景升，山阳郡高平人。自幼就很出名，号称八俊之一。他身高八尺有余，仪态十分魁伟。从大将军掾升为北军中侯。汉灵帝死后，他接替王叡担任荆州刺史。这时崤山以东的地区义军纷起，刘表也聚集军队在襄阳驻扎。袁术驻扎在南阳的时候，与孙坚联合，想要偷袭夺取刘表占据的荆州，他派遣孙坚进攻刘表。孙坚被流箭射中死了，军队惨遭失败，袁术最终不能战胜刘表。李傕、郭汜进入长安后，想联合刘表作为援军，于是任命刘表担任镇南将军、荆州牧，封他为成武侯，授予符节。天子在许昌建都，刘表尽管派使者进贡，却在北面与袁绍勾结。治中邓羲劝谏刘表，刘表没有听从，邓羲借口有病离开了，一直到刘表去世也没出来担任职务。张济率领军队进入荆州地界，进攻穰城，被流箭射死。荆州的官员互相庆贺，刘表说："张济因走投无路才来，主人对他无礼，以至于宾主交锋，这并非我的本意，我只接受吊唁，不接受祝贺。"派人前去收容张济的军队，张济的军队听说后都十分高兴，于是就服从于刘表。长沙太守张羡背叛刘表，刘表围攻几年都没能攻下。张羡病逝后，长沙又拥立张羡的儿子张怿，刘表于是继续攻打并吞并了张怿，往南收复了零陵、桂阳，往北占据了汉川，控制地区方圆有几千里，军队有十几万。

曹操正与袁绍的军队在官渡相持，袁绍派人前来求援，刘表答应了却并未派兵去，他也没有帮助曹操，只是希望保守长江汉水一带地区，静观天下的变化。从事中郎韩嵩、别驾刘先劝说刘表说："豪杰相争，两雄相持，天下的重任就交给将军了。将军如果想要有所作为，起兵乘着他们的衰微就能够成功。如果不这样，那就一定要选择好您将要追随的人。将军拥有十万大军，安然坐在那里观望。看到贤人不能帮助，人家请求调解又不愿意去做，这两家的怨气一定会集中在将军身上，将军根本不能保持中立。凭借曹操的明哲，天下贤能之士纷纷归依他，看那趋势他一定会攻下袁绍，之后举兵进攻江汉一带，恐怕将军无法抗击。因此替将军打算，不如率领全州归顺曹操，曹操一定会非常感谢将军，将军就会永远享受福祚，并流传给后世，这是万全的策略。"刘表的大将蒯越也劝说刘表，刘表迟疑不定，就派韩嵩去往曹操那里去看看虚实。韩嵩回来，尽力陈述曹操的威望恩德，劝说刘表将自己的儿子作为人质送去曹军。刘表怀疑韩嵩背叛他反替曹操游说，大怒，要杀掉韩嵩，考问杀害了韩嵩的随行人员，知道韩嵩没有其他的意思，才没有杀掉韩嵩。刘表尽管外貌儒雅，可内心多疑嫉妒，处事都如同这件事情一样。

刘备投奔刘表，刘表厚待了他，可是并不重用他。建安十三年，曹操讨伐刘表，还没到达荆州，刘表就病逝了。

起初，刘表及妻子都非常宠爱小儿子刘琮，想立他继位，蔡瑁、张允是支持刘琮的同党，他们派出刘表长子刘琦担任江夏太守，奉刘琮为嗣子，于是，刘琦与刘琮就有了嫌隙。蒯越、韩嵩及东曹掾傅巽等人劝说刘琮归依曹操，刘琮说："如今我与各位占据整个楚地，保守先父的事业，静观天下，为何不可以呢？"傅巽回答说："逆顺有大致的情况，强弱有固定的趋势。凭着臣子的地位抗拒君主，就是背叛；凭借刚刚开辟的楚地去抵抗国家的力量，那情势是无法敌对的；凭借刘备来抵抗曹操，又是无法应对的。三方面都没有满足，想抵抗国家的军队，这是必然走向灭亡的道路。将军自比刘备如何？"刘琮说："我比不上他。"傅巽说："假如凭刘备都无法抵御曹操，那么即使保全了楚地，也不能用来保全自己。假如刘备足以抵御曹操，那么刘备就很难在将军的位置之下了。希望将军不要犹疑。"曹操的军队来到襄阳，刘琮率领全州投降。刘备逃到夏口。

曹操任命刘琮担任青州刺史，封为列侯。蒯越等十五人被封侯。蒯越又做了光禄勋，韩嵩做了大鸿胪，邓羲担任侍中，刘先担任尚书令，其余人也多半谋得高级官职。

【原文】评曰：董卓狼戾贼忍，暴虐不仁，自书契已来，殆未之有也。[①] 袁术奢淫放肆，荣不终己，自取之也。[②] 袁绍、刘表，咸有威容、器观，知名当世。表跨蹈汉南，绍鹰扬河朔，然皆外宽内忌，好谋无决，有才而不能用，闻善而不能纳，废嫡立庶，舍礼崇爱，至于后嗣颠蹶，社稷倾覆，非不幸也。昔项羽背范增之谋，以丧其王业，绍之杀田丰，乃甚于羽远矣！

①《英雄记》曰：昔大人见临洮而铜人铸，临洮生卓而铜人毁；世有卓而大乱作，大乱作而卓身灭，抑有以也。

② 臣松之以为：桀、纣无道，秦、莽纵虐，皆多历年所，然后众恶乃著。董卓自窃权柄，至于陨毙，计其日月，未盈三周，而祸崇山岳，毒流四海。其残贼之性，实豺狼不若。"书契未有"，斯言为当。但评既曰"贼忍"，又云"不仁"，贼忍、不仁，于辞为重。袁术无毫芒之功、纤介之善，而猖狂于时，妄自尊立，固义夫之所扼腕，人鬼之所同疾。虽复恭俭节用，而犹必覆亡不暇，而评但云"奢淫不终"，未足见其大恶。

【译文】评论说：董卓为人乖戾残忍，暴虐不仁，自有文字记载以来，恐怕还未曾出现过。袁术骄奢淫逸，荣耀始终无法归于自己，是他自找的。袁绍、刘表，都拥有威武的容貌，气宇不凡，在当时非常出名。刘表跨越汉水以南，袁绍驰骋黄河以北，然而他们都外表宽宏而内心嫉妒，喜于谋略而不能决断，有人才而不知道如何使用，听良言却不肯采纳，废黜嫡子，推立庶子，抛弃礼仪，崇尚偏爱，以至于后世坍塌，社稷倾覆，这也并不是不幸的事情。从前项羽违背范增的谋略，以至于丧失王业，袁绍杀死田丰，相比项羽而言就更过分了！

卷七　魏书七

吕布臧洪传第七

吕布　张邈、陈登

【原文】吕布，字奉先，五原郡九原人也，以骁武给并州。刺史丁原为骑都尉，屯河内，以布为主簿，大见亲待。灵帝崩，原将兵诣洛阳，[①] 与何进谋诛诸黄门，拜执金吾。进败，董卓入京都，将为乱，欲杀原，并其兵众。卓以布见信于原，诱布令杀原。布斩原首诣卓，卓以布为骑都尉，甚爱信之，誓为父子。

①《英雄记》曰：原，字建阳。本出自寒家，为人粗略，有武勇，善骑射。为南县吏，受使不辞难，有警急，追寇虏，辄在其前。裁知书，少有吏用。

布便弓马，膂力过人，号为飞将。稍迁至中郎将，封都亭侯。卓自以遇人无礼，恐人谋己，行止常以布自卫。然卓性刚而褊，忿不思难，尝小失意，拔手戟掷布。布拳捷避之，[①] 为卓顾谢，卓意亦解。由是阴怨卓。卓常使布守中阁，布与卓侍婢私通，恐事发觉，心不自安。

①《诗》曰："无拳无勇，职为乱阶。"注："拳，力也。"

先是，司徒王允以布州里壮健，厚接纳之。后布诣允，陈卓几见杀状。时允与仆射士孙瑞密谋诛卓，是以告布使为内应。布曰："奈如父子何！"允曰："君自姓吕，本非骨肉。今忧死不暇，何谓父子？"布遂许之，手刃刺卓。语在《卓传》。允以布为奋武将军，假节，仪比三司，进封温侯，共秉朝政。布自杀卓后，畏恶凉州人，凉州人皆怨。由是李傕等遂相结还攻长安城。[①] 布不能拒，傕等遂入长安。卓死后六旬，布亦败。[②] 将数百骑出武关，欲诣袁术。

①《英雄记》曰：郭汜在城北。布开城门，将兵就汜，言："且却兵，但身决胜负。"汜、布乃独共对战，布以矛刺中汜，汜后骑遂前救汜，汜、布遂各两罢。

② 臣松之案：《英雄记》曰：诸书，布以四月二十三日杀卓，六月一日败走，时又无闰，不及六旬。

布自以杀卓为术报仇，欲以德之。术恶其反复，拒而不受。北诣袁绍，绍与布击张燕于常山。燕精兵万余，骑数千。布有良马曰赤兔。[①] 常与其亲近成廉、魏越等陷锋突陈，遂破燕军。而求益兵众，将士抄掠，绍患忌之。布觉其意，从绍求去。绍恐还为己害，遣壮士夜掩杀布，不获。事露，布走河内，[②] 与张杨合。绍令众追之，皆畏布，莫敢逼近者。[③]

①《曹瞒传》曰：时人语曰："人中有吕布，马中有赤兔。"

②《英雄记》曰：布自以有功于袁氏，轻傲绍下诸将，以为擅相署置，不足贵也。布

求还洛，绍假布领司隶校尉。外言当遣，内欲杀布。明日当发，绍遣甲士三十人，辞以送布。布使止于帐侧，伪使人于帐中鼓筝。绍兵卧，布无何出帐去，而兵不觉。夜半兵起，乱斫布床被，谓为已死。明日，绍讯问，知布尚在，乃闭城门，布遂引去。

③《英雄记》曰：杨及部曲诸将，皆受傕、汜购募，共图布。布闻之，谓杨曰："布，卿州里也。卿杀布，于卿弱。不如卖布，可极得汜、傕爵宠。"杨于是外许汜、傕，内实保护布。汜、傕患之，更下大封诏书，以布为颍川太守。

【译文】吕布，字奉先，是五原郡九原人，因为骁勇武猛而调配到并州担任职务。并州刺史丁原为骑都尉屯兵河内的时候，聘用吕布做主簿，吕布很受丁原亲近与善待。汉灵帝逝世以后，丁原统率军兵赶赴洛阳，与国舅何进一起诛杀专断朝政的权宦黄门官，丁原官拜执金吾。何进失败后，董卓进入京都，将要作乱，想要杀掉丁原，收并他的兵丁人众。董卓因为吕布很得丁原信任，于是劝诱吕布去杀丁原。吕布斩掉丁原的首级去见董卓，董卓任用吕布为骑都尉，尤其钟爱和信任他，二人发誓，相约如同父子。

吕布弓马娴熟，体力过人，号称飞将军。后来，他的官职日益升迁，做到了中郎将，被封作都亭侯。董卓因为自己一向待人无礼，害怕有人要谋害自己，出行、居住常让吕布来保护自己。然而董卓生性刚愎自用而偏激任性，一到气头上就不顾有可能引起的严重后果，有一次因一点不如意，伸手就拿手戟掷刺吕布。吕布快速闪开了董卓投来的手戟，因为董卓后又向他道歉，吕布怒气消了，董卓事后也不生气了。但吕布却自此暗暗地怨恨起了董卓。董卓常常使派吕布守卫中阁，吕布便趁机与董卓的侍婢私通，他害怕这事被董卓发觉，因此内心一直很是不安。

在这之前，司徒王允因为吕布是同郡州里雄壮伟健的勇士，因此以重礼结交亲近他。后来吕布求见王允，向王允陈述了董卓差点要杀掉他的情状。当时王允正和仆射士孙瑞密谋要诛杀董卓，所以将这事悄悄告诉吕布并让吕布做内应。吕布说："我与他就如同父子，怎么能这样做呢！"王允说："您原本就姓吕，与他本来就不是什么亲生父子。如今你大祸临头，自顾不暇，还和他论什么父子？"吕布这才答应了王允的请求，亲手刺杀董卓。这些事都一一记载在《董卓传》中。杀掉董卓后，王允任用吕布担任奋武将军，授予符节，仪仗与三司相等，晋封他作温侯，共同执掌朝政。吕布自从杀掉董卓以后，非常畏惧与厌恶董卓带来的那帮凉州人，那些凉州人也都极为怨恨他。因为董卓被杀，凉州人处境危急，董卓手下的凉州故将李傕等人于是相互勾结回师攻打长安城。吕布无法抗拒，李傕等人很快攻入了长安。董卓死了以后六十天，吕布也惨遭失败。他率领数百骑兵闯出了武关，想要去投奔袁术。

吕布自以为他杀掉董卓是为袁术报了仇，想让袁术因此而感激他的恩德。但是袁术对他的反复无常极为厌恶，对他拒而不纳。吕布不得不向北去投奔袁绍，袁绍和吕布一起在常山讨伐张燕。张燕有精兵一万多，骑兵数千人。吕布有一匹好马名为赤兔。吕布常常与他的亲近偏将成廉、魏越等冲锋陷阵，很快就攻破了张燕军。自此以后，吕布不断要求袁绍为他扩充兵员，加上吕布部下的将士到处抄抢劫掠，使得袁绍对他尤其害怕和忌恨。不久，吕布也察觉到了袁绍的不满，到袁绍那儿要求让他离去。袁绍害怕吕布去而复返再来祸害自己，因此派遣壮士乘夜掩杀吕布，然而没能成功。事情败露，吕布夜逃河内，与那里的张杨合兵一处。袁绍命令兵众追击吕布，但大家都十分畏惧他，没有人敢逼近靠前。

【原文】张邈，字孟卓，东平寿张人也。少以侠闻，振穷救急，倾家无爱，士多归之。太祖、袁绍皆与邈友。辟公府，以高第拜骑都尉，迁陈留太守。董卓之乱，太祖与邈首举义兵。汴水之战，邈遣卫兹将兵随太祖。袁绍既为盟主，有骄矜色，邈正议责绍。绍使太祖杀邈，太祖不听，责绍曰："孟卓，亲友也，是非当容之。今天下未定，不宜自相危也。"邈知之，益德太祖。太祖之征陶谦，敕家曰："我若不还，往依孟卓。"后还，见邈，垂泣相对。其亲如此。

吕布之舍袁绍从张杨也，过邈，临别把手共誓。绍闻之，大恨。邈畏太祖终为绍击己也，心不自安。兴平元年，太祖复征谦，邈弟超与太祖将陈宫、从事中郎许汜、王楷共谋叛太祖。宫说邈曰："今雄杰并起，天下分崩，君以千里之众，当四战之地，抚剑顾眄，亦足以为人豪，而反制于人，不以鄙乎！今州军东征，其处空虚，吕布壮士，善战无前，若权迎之，共牧兖州，观天下形势，俟时事之变通，此亦纵横之一时也。"邈从之。太祖初使宫将兵留屯东郡，遂以其众东迎布为兖州牧，据濮阳。郡县皆应，唯鄄城、东阿、范为太祖守。太祖引军还，与布战于濮阳，太祖军不利，相持百余日。是时岁旱、虫蝗、少谷，百姓相食，布东屯山阳。二年间，太祖乃尽复收诸城，击破布于钜野。布东奔刘备。① 邈从布，留超将家属屯雍丘。太祖攻围数月，屠之，斩超及其家。邈诣袁术请救，未至，自为其兵所杀。②

①《英雄记》曰：布见备，甚敬之，谓备曰："我与卿同边地人也。布见关东起兵，欲诛董卓。布杀卓东出，关东诸将无安布者，皆欲杀布耳。"请备于帐中坐妇床上，令妇向拜，酌酒饮食，名备为弟。备见布语言无常，外然之而内不说。

②《献帝春秋》曰：袁术议称尊号，邈谓术曰："汉据火德，绝而复扬，德泽丰流，诞生明公。公居轴处中，入则享于上席，出则为众目之所属，华、霍不能增其高，渊泉不能同其量，可谓巍巍荡荡，无与为贰。何为舍此而欲称制？恐福不盈眦，祸将溢世。庄周之称郊祭牺牛，养饲经年，衣以文绣，宰执鸾刀，以入庙门，当此之时，求为孤犊不可得也！"

按本传，邈诣术，未至而死，而此云谏称尊号，未详孰是。

备东击术，布袭取下邳，备还归布。布遣备屯小沛。布自称徐州刺史。① 术遣将纪灵等步骑三万攻备，备求救于布。布诸将谓布曰："将军常欲杀备，今可假手于术。"布曰："不然。术若破备，则北连太山诸将，吾为在术围中，不得不救也。"便严步兵千、骑二百，驰往赴备。灵等闻布至，皆敛兵不敢复攻。布于沛西南一里安屯，遣铃下请灵等，灵等亦请布共饮食。布谓灵等曰："玄德，布弟也。弟为诸君所困，故来救之。布性不喜合斗，但喜解斗耳。"布令门候于营门中举一只戟，布言："诸君观布射戟小支，一发中者诸君当解去，不中可留决斗。"布举弓射戟，正中小支。诸将皆惊，言："将军天威也！”明日复欢会，然后各罢。

①《英雄记》曰：布初入徐州，书与袁术。术报书曰：“昔董卓作乱，破坏王室，祸害术门户，术举兵关东，未能屠裂卓。将军诛卓，送其头首，为术扫灭仇耻，使术明目于当世，死生不愧，其功一也。昔将金元休向兖州，甫诣封丘，为曹操逆所拒破，流离迸走，几至灭亡。将军破兖州，术复明目于遐迩，其功二也。术生年已来，不闻天下有刘备，备乃举兵与术对战。术凭将军威灵，得以破备，其功三也。将军有三大功在术，术虽不敏，奉以生死。将军连年攻战，军粮苦少，今送米二十万斛，迎逢道路，非直此止，当骆驿复致。若兵器战具，它所乏少，大小唯命。”布得书大喜，遂造下邳。◎《典略》曰：元休名尚，京兆人也。尚与同郡韦休甫、第五文休俱著名，号为三休。尚，献帝初为兖州刺史，东之郡，而太祖已临兖州。尚南依袁术。术僭号，欲以尚为太尉，不敢显言，私使人讽之，尚无屈意，术亦不敢强也。建安初，尚逃还，为术所害。其后尚丧与太傅马日磾丧俱至京师，天子嘉尚忠烈，为之咨嗟，诏百官吊祭，拜子玮郎中，而日磾不与焉。◎《英雄记》曰：布水陆东下，军到下邳西四十里。备中郎将丹杨许耽夜遣司马章诳来诣布，言：“张益德与下邳相曹豹共争，益德杀豹，城中大乱，不相信。丹杨兵有千人屯西白城门内，闻将军来东，大小踊跃，如复更生。将军兵向城西门，丹杨军便开门内将军矣。”布遂夜进，晨到城下。天明，丹杨兵悉开门内布兵。布于门上坐，步骑放火，大破益德兵，获备妻子军资及部曲将吏士家口。建安元年六月夜半时，布将河内郝萌反，将兵入布所治下邳府，诣厅事阁外，同声大呼攻阁，阁坚不得入。布不知反者为谁，直牵妇，科头袒衣，相将从溷上排壁出，诣都督高顺营，直排顺门入。顺问：“将军有所隐不？”布言：“河内儿声。”顺言：“此郝萌也。”顺即严兵入府，弓弩并射萌众。萌众乱走，天明还故营。萌将曹性反萌，与对战，萌刺伤性，性斫萌一臂。顺斫萌首，床舆性，送诣布。布问性，言：“萌受袁术谋。”“谋者悉谁？”性言：“陈宫同谋。”时宫在坐上，面赤，傍人悉觉之。布以宫大将，不问也。性言：“萌常以此问，性言吕将军大将有神，不可击也，不意萌狂惑不止。”布谓性曰：“卿健儿也！”善养视之。创愈，使安抚萌故营，领其众。

术欲结布为援，乃为子索布女，布许之。术遣使韩胤以僭号议告布，并求迎妇。沛相陈珪恐术、布成婚，则徐、扬合纵，将为国难，于是往说布曰：“曹公奉迎天子，辅赞国政，威灵命世，将征四海，将军宜与协同策谋，图太山之安。今与术结婚，受天下不义之名，必有累卵之危。”布亦怨术初不己受也，女已在涂，追还绝婚，械送韩胤，枭首许市。珪欲使子登诣太祖，布不肯遣。会使者至，拜布左将军。布大喜，即听登往，并令奉章谢恩。[①] 登见太祖，因陈布勇而无计，轻于去就，宜早图之。太祖曰：“布，狼子野心，诚难久养，非卿莫能究其情也。”即增珪秩中二千石，拜登广陵太守。临别，太祖执登手曰：“东方之事，便以相付。”令登阴合部众以为内应。

①《英雄记》曰：初，天子在河东，有手笔版书召布来迎。布军无畜积，不能自致，遣使上书。朝廷以布为平东将军，封平陶侯。使人于山阳界亡失文字，太祖又手书厚加慰劳布，说起迎天子，当平定天下意，并诏书购捕公孙瓒、袁术、韩暹、杨奉等。布大喜，复遣使上书于天子曰：“臣本当迎大驾，知曹操忠孝，奉迎都许。臣前与操交兵，今

操保傅陛下，臣为外将，欲以兵自随，恐有嫌疑，是以待罪徐州，进退未敢自宁。”答太祖曰：“布获罪之人，分为诛首，手命慰劳，厚见褒奖。重见购捕袁术等诏书，布当以命为效。”太祖更遣奉车都尉王则为使者，赍诏书，又封平东将军印绶来拜布。太祖又手书与布曰：“山阳屯送将军所失大封，国家无好金，孤自取家好金更相为作印，国家无紫绶，自取所带紫绶以籍心。将军所使不良。袁术称天子，将军止之，而使不通章。朝廷信将军，使复重上，以相明忠诚。”布乃遣登奉章谢恩，并以一好绶答太祖。

【译文】张邈，字孟卓，是东平郡寿张县人。年轻时因侠义闻名，为了救济穷人，救人于危难之中，倾家荡产也在所不惜，许许多多的士人愿意归附他。曹操、袁绍都是张邈的朋友。他被征召到官府，因为工作出色做了骑都尉，又升任陈留太守。董卓乱国的时候，曹操与张邈首先发动义军。汴水战役的时候，张邈派卫兹带兵跟随曹操。袁绍担任盟主以后，日益显露骄傲自大的神色，张邈义正辞严地斥责袁绍。袁绍让曹操杀掉张邈，曹操不听，批评袁绍说：“张邈是我们的好朋友，无论他是正确还是错误，都应当容纳他。如今天下还没有安定，不应该自己人危害自己人。”张邈得知这件事后，对曹操感激有加。曹操讨伐陶谦时，告诫家人说：“我假若回不来，就去归依张邈。”后来他返回，见到张邈，二人面对面流下眼泪。他们的关系就是如此亲密。

吕布舍弃袁绍跟随张杨的时候，前去拜访张邈，临别时两人握手盟誓。袁绍听说后，十分恼恨。张邈担心曹操最终替袁绍杀了自己，内心很是不安。兴平元年，曹操又讨伐陶谦，张邈弟弟张超与曹操的部将陈宫、从事中郎许汜、王楷共同谋划背叛曹操。陈宫劝说张邈道：“当今英雄豪杰一并兴起，天下分崩离析，您拥有方圆千里的广袤土地，处在四面战争的境地，抚剑观望，也足够成为人中豪杰，却反而被人挟制，不也太没出息了吗！如今州里的军队东征，地方空虚，吕布是个壮士，骁勇善战，所向披靡，如果权且迎接他，共同治理兖州，静观天下形势，等待时机灵活行事，这也是驰骋天下的一个好时机。”张邈听从了他的话。曹操刚刚派陈宫带军队留守东郡，陈宫就带领他的部众从东面迎来吕布担任兖州牧，占据濮阳。各个郡县纷纷响应吕布，只有鄄城、东阿、范县为曹操守卫。曹操带军队回来，与吕布在濮阳交战，曹操进攻不利，双方相持一百多天。当时气候干旱，蝗虫成灾，缺少粮食，百姓早已到了人吃人的地步，吕布在东面驻扎在山阳。两年间，曹操就收复了许许多多的城邑，在钜野打败吕布。吕布向东投奔了刘备。张邈跟随吕布，留下张超带领家属在雍丘驻扎。曹操进攻围困几个月后，屠杀了他们，杀掉张超及其全家人。张邈前往袁术那里请求救兵，救兵没有来到，他自己被部下的士兵杀害了。

刘备向东发兵攻击袁术，吕布偷袭下邳，刘备回来后依附吕布。吕布派刘备驻扎在小沛。吕布自封为徐州刺史。袁术派将领纪灵等率步、骑兵三万人攻打刘备，刘备向吕布求救。吕布的几位部将对吕布说：“将军经常想杀掉刘备，如今可借袁术的手杀他。”吕布说：“不能这样。袁术如若打败刘备，就会联合北方的将领，我会陷入袁术的包围中，所以不能不救刘备。”于是整饬步兵一千、骑兵二百，奔赴刘备处。纪灵等人听说吕布来了，都收兵不敢再进攻。吕布在小沛西南一里安营扎寨，派手下人请纪灵等人,纪灵等人也邀请吕布一起喝酒。吕布对纪灵等人说:“刘备是我弟弟。弟弟被各位围困,因此我赶来救他。我生性不喜交战,只喜欢调解纷争。”吕布命令门候官在营门中举起一只戟,吕布说:“各位看我射戟上小支,一发射中,诸位应当和解离去,射不中可以留下决斗。”吕布举弓射戟,正中小支。所有将领都十分惊讶,说:“将军真是天威啊!”第二天又欢宴聚会,之后各自罢兵了。

袁术想要结交吕布充当自己的援军,就为儿子求娶吕布的女儿,吕布答应了。袁术派遣使者韩胤以僭越的皇帝称号议告吕布,并请求迎娶儿媳。沛相陈珪害怕袁术和吕布联姻后,徐州与扬州合并起来,将要成为国家的灾难,因此就去劝诫吕布说:“曹操迎奉天子,辅佐国家朝政,其威势难测,名高于世,将要征服四海,将军应该与他联合谋划,来图谋安稳如泰山。如今与袁术联姻,承受天下不义的坏名声,一定会如同累卵一样的危险。”吕布也怨恨袁术当初没有接纳自己,女儿已经上路了,他就将女儿追回来,断了婚姻,为韩胤带上镣铐,押到许市砍了头。陈珪想派儿子陈登拜会曹操,吕布不愿意派遣。正好这时曹操的使者来了,任命吕布为左将军。吕布很高兴,就听任陈登去面见曹操,并让他拿着奏章去谢恩。陈登拜见曹操,趁机告诉曹操,吕布有勇无谋,轻于背叛或投靠,应该尽快谋取他。曹操说:“吕布是狼子野心,确实很难久养,不是你,我还不能清楚他的情况。”随即增加陈珪的官阶为二千石,封陈登任广陵太守。临别的时候,曹操握着陈登的手说:“东面的事情,就拜托给你了。”让陈登暗中聚合部队做内应。

【原文】始,布因登求徐州牧,登还,布怒,拔戟斫几曰:“卿父劝吾协同曹公,绝婚公路。今吾所求无一获,而卿父子并显重,为卿所卖耳!卿为吾言,其说云何?”登不为动容,徐喻之曰:“登见曹公言:‘待将军譬如养虎,当饱其肉,不饱则将噬人。’公曰:‘不如卿言也。譬如养鹰,饥则为用,饱则扬去。’其言如此。”布意乃解。

术怒,与韩暹、杨奉等连势,遣大将张勋攻布。布谓珪曰:“今致术军,卿之由也,为之奈何?”珪曰:“暹、奉与术,卒合之军耳,策谋不素定,不能相维持,子登策之,比之连鸡,势不俱栖,可解离也。”布用珪策,遣人说暹、奉,使与己并力共击术军,军资所有,悉许暹、奉。于是暹、奉从之,勋大破败。①

①《九州春秋》载布与暹、奉书曰:“二将军拔大驾来东,有元功于国,当书勋竹帛,万世不朽。今袁术造逆,当共诛讨,奈何与贼臣还共伐布?布有杀董卓之功,与二将军俱为功臣,可因今共击破术,建功于天下,此时不可失也。”暹、奉得书,即回计从布。布进军,去勋等营百步,暹、奉兵同时并发,斩十将首,杀伤堕水死者不可胜数。◎《英雄记》曰:布后又与暹、奉二军向寿春,水陆并进,所过虏略。到钟离,大获而还。既渡淮北,留书与术曰:“足下恃军强盛,常言猛将武士,欲相吞灭,每抑止之耳!布虽无勇,虎步淮南,一时之间,足下鼠窜寿春,无出头者。猛将武士,为悉何在?足下喜为大言以诬天下,天下之人安可尽诬?古者兵交,使在其间,造策者非布先唱也。相去不远,可复相闻。”布渡毕,术自将步骑五千扬兵淮上,布骑皆于水北大咍笑之而还。时有东海萧建为琅邪相,治莒,保城自守,不与布通。布与建书曰:“天下举兵,本以诛董卓耳。布

杀卓，来诣关东，欲求兵西迎大驾，光复洛京，诸将自还相攻，莫肯念国。布，五原人也，去徐州五千余里，乃在天西北角，今不来共争天东南之地。莒与下邳相去不远，宜当共通。君如自遂以为郡郡作帝，县县自王也！昔乐毅攻齐，呼吸下齐七十余城，唯莒、即墨二城不下，所以然者，中有田单故也。布虽非乐毅，君亦非田单，可取布书与智者详共议之。"建得书，即遣主簿赍笺上礼，贡良马五匹。建寻为臧霸所袭破，得建资实。布闻之，自将步骑向莒。高顺谏曰："将军躬杀董卓，威震夷狄，端坐顾盼，远近自然畏服，不宜轻自出军，如或不捷，损名非小。"布不从。霸畏布抄暴，果登城拒守。布不能拔，引还下邳。霸后复与布和。

建安三年，布复叛为术，遣高顺攻刘备于沛，破之。太祖遣夏侯惇救备，为顺所败。太祖自征布，至其城下，遗布书，为陈祸福。布欲降，陈宫等自以负罪深，沮其计。① 布遣人求救于术，自将千余骑出战，败走，还保城不敢出。② 术亦不能救。布虽骁猛，然无谋而多猜忌，不能制御其党，但信诸将。诸将各异意自疑，故每战多败。太祖堑围之三月，上下离心，其将侯成、宋宪、魏续缚陈宫，将其众降。③ 布与其麾下登白门楼。兵围急，乃下降。遂生缚布，布曰："缚太急，小缓之。"太祖曰："缚虎不得不急也。"布请曰："明公所患不过于布，今已服矣，天下不足忧。明公将步，令布将骑，则天下不足定也。"太祖有疑色。刘备进曰："明公不见布之事丁建阳及董太师乎？"太祖颔之。布因指备曰："是儿最叵信者。"④ 于是缢杀布。布与宫、顺等皆枭首送许，然后葬之。⑤

①《献帝春秋》曰：太祖军至彭城。陈宫谓布："宜逆击之，以逸击劳，无不克也。"布曰："不如待其来攻，蹙著泗水中。"及太祖军攻之急，布于白门楼上谓军士曰："卿曹无相困，我当自首明公。"陈宫曰："逆贼曹操，何等明公！今日降之，若卵投石，岂可得全也！"

②《英雄记》曰：布遣许汜、王楷告急于术。术曰："布不与我女，理自当败，何为复来相闻邪？"汜、楷曰："明上今不救布，为自败耳！布破，明上亦破也。"术时僭号，故呼为明上。术乃严兵为布作声援。布恐术为女不至，故不遣兵救也，以绵缠女身，缚著马上，夜自送女出与术，与太祖守兵相触，格射不得过，复还城。布欲令陈宫、高顺守城，自将骑断太祖粮道。布妻谓曰："将军自出断曹公粮道是也。宫、顺素不和，将军一出，宫、顺必不同心共城守也，如有蹉跌，将军当于何自立乎？愿将军谛计之，无为宫等所误也。妾昔在长安，已为将军所弃，赖得庞舒私藏妾身耳，今不须顾妾也。"布得妻言，愁闷不能自决。◎《魏氏春秋》曰：陈宫谓布曰："曹公远来，势不能久。若将军以步骑出屯，为势于外，宫将余众闭守于内，若向将军，宫引兵而攻其背，若来攻城，将军为救于外。不过旬日，军食必尽，击之可破。"布然之。布妻曰："昔曹氏待公台如赤子，犹舍而来。今将军厚公台不过于曹公，而欲委全城，捐妻子，孤军远出，若一旦有变，妾岂得为将军妻哉！"布乃止。

③《九州春秋》曰：初，布骑将侯成遣客牧马十五匹，客悉驱马去，向沛城，欲归刘备。成自将骑逐之，悉得马还。诸将合礼贺成，成酿五六斛酒，猎得十余头猪，未饮食，先持半猪五斗酒自入诣布前，跪言："间蒙将军恩，逐得所失马，诸将来相贺，自酿少酒，

猎得猪,未敢饮食,先奉上微意。"布大怒曰:"布禁酒,卿酿酒,诸将共饮食作兄弟,共谋杀布邪?"成大惧而去,弃所酿酒,还诸将礼。由是自疑,会太祖围下邳,成遂领众降。

④《英雄记》曰:布谓太祖曰:"布待诸将厚也,诸将临急皆叛布耳。"太祖曰:"卿背妻,爱诸将妇,何以为厚?"布默然。◎《献帝春秋》曰:布问太祖:"明公何瘦?"太祖曰:"君何以识孤?"布曰:"昔在洛,会温氏园。"太祖曰:"然。孤忘之矣。所以瘦,恨不早相得故也。"布曰:"齐桓舍射钩,使管仲相。今使布竭股肱之力,为公前驱,可乎?"布缚急,谓刘备曰:"玄德,卿为坐客,我为执虏,不能一言以相宽乎?"太祖笑曰:"何不相语,而诉明使君乎?"意欲活之,命使宽缚。主簿王必趋进曰:"布,勍虏也。其众近在外,不可宽也。"太祖曰:"本欲相缓,主簿复不听,如之何?"

⑤《英雄记》曰:顺为人清白有威严,不饮酒,不受馈遗。所将七百余兵,号为千人,铠甲斗具皆精练齐整,每所攻击,无不破者,名为陷陈营。顺每谏布,言:"凡破家亡国,非无忠臣明智者也,但患不见用耳。将军举动,不肯详思,辄喜言误,误不可数也。"布知其忠,然不能用。布从郝萌反后,更疏顺。以魏续有外内之亲,悉夺顺所将兵以与续。及当攻战,故令顺将续所领兵,顺亦终无恨意。

太祖之禽宫也,问宫欲活老母及女不,宫对曰:"宫闻孝治天下者不绝人之亲,仁施四海者不乏人之祀,老母在公,不在宫也。"太祖召养其母终其身,嫁其女。①

① 鱼氏《典略》曰:陈宫,字公台,东郡人也。刚直烈壮,少与海内知名之士皆相连结。及天下乱,始随太祖,后自疑,乃从吕布,为布画策,布每不从其计。下邳败,军士执布及宫,太祖皆见之,与语平生,故布有求活之言。太祖谓宫曰:"公台,卿平常自谓智计有余,今竟何如?"宫顾指布曰:"但坐此人不从宫言,以至于此。若其见从,亦未必为禽也。"太祖笑曰:"今日之事当云何?"宫曰:"为臣不忠,为子不孝,死自分也。"太祖曰:"卿如是,奈卿老母何?"宫曰:"宫闻将以孝治天下者不害人之亲,老母之存否,在明公也。"太祖曰:"若卿妻子何?"宫曰:"宫闻将施仁政于天下者不绝人之祀,妻子之存否,亦在明公也。"太祖未复言。宫曰:"请出就戮,以明军法。"遂趋出,不可止。太祖泣而送之,宫不还顾。宫死后,太祖待其家皆厚于初。

【译文】本来,吕布想利用陈登求取徐州牧的官职,陈登回来后,吕布十分生气,拔出戟砍在桌几上说:"你的父亲曾经劝我协同曹操,拒绝与袁术的联姻。如今我所谋求的事情一无所获,可你们父子倒一起显耀,我被你们出卖了!你给我说说,你究竟去说了些什么?"陈登没有因吕布的话而变色,他缓缓地开导吕布说:"我见到曹操的时候说:'对待将军如同养虎,应该让它吃饱肉,不饱就要吃人。'曹操说:'不是你说的这样。对待吕布如同养鹰,饿的时候能用它,饱了就飞走了。'他的话就是这样。"吕布内心的恼恨才消除。

袁术十分气愤,就和韩暹、杨奉等人一起联合,派大将张勋攻打吕布。吕布对陈珪说:"如今招致袁术的进攻,是因为你的原因,怎么办呢?"陈珪说:"韩暹、杨奉与袁术,不过是仓促联合的军队而已,策谋不是平时精细制定的,不可能长久维持下去,我儿子陈登策划这件事,他认为他们好似连在一起的鸡,势必不会在一起栖息,能够将他们分开。"吕布采用陈珪的计策,派人游说韩暹、杨奉,使他们与自己协力共同攻打袁术的军队,军队所需要的物资,答应全部供给韩暹、杨奉。因此韩暹、杨奉与他联合,张勋被打得惨败。

建安三年,吕布又叛变曹操与袁术联合,派遣高顺进攻刘备的小沛,小沛被攻破。曹操派遣夏侯惇去援助刘备,也被高顺打败。于是,曹操亲自讨伐吕布,到了吕布的城下,给吕布写信,向他陈述利害关系。吕布想要投降,陈宫等人认为自己负罪太深,于是阻止了吕布的打算。吕布派人向袁术求救,并亲自率领一千多人马出战,战败后逃跑,返回固守自己的城池,不敢出城。袁术也不能救助吕布。吕布尽管勇猛,但却缺乏主见,而且多疑好妒,无法驾驭他的部下,只信任几位将领。可几位将领彼此意见不合,互不信任,因此每次战斗多被打败。曹操挖壕沟围困吕布长达三月之久,吕布的军队上下离心离德,他的将领侯成、宋宪、魏续捆绑陈宫,带领他们的部下一起归降了曹操。吕布及其部下登上白门楼。曹兵围攻紧急,吕布只好出城投降。于是曹操生擒吕布,吕布说:"捆得太紧了,稍微放松些。"曹操说:"捆绑老虎不得不紧。"吕布请求说:"您忧虑的不过是我吕布,如今我已经服气了,天下就没什么值得让您担心的了。您带领步兵,派我吕布率领骑兵,那么天下就很容易平定了。"曹操听了面带迟疑之色。刘备上前道:"您没看见过吕布侍奉丁建阳、董太师的教训吗?"曹操点点头。吕布因此指着刘备说:"这个小人最不值得信任。"于是绞杀了吕布。吕布和陈宫、高顺等被砍下头颅送到许昌,之后埋葬了他们。

曹操擒获陈宫的时候,问他是否要他的老母与女儿活命,陈宫回答说:"我听说以孝治理天下的人不会杀害他人的双亲,把仁义广施四海的人不会断绝他人的香火,我老母亲的死活完全取决于您,不是取决于我。"曹操派人接来陈宫的母亲,赡养她并为她送了终,后又嫁出了陈宫的女儿。

【原文】陈登者,字元龙,在广陵有威名。又掎角吕布有功,加伏波将军,年三十九卒。后许汜与刘备并在荆州牧刘表坐,表与备共论天下人,汜曰:"陈元龙湖海之士,豪气不除。"备谓表曰:"许君论是非?"表曰:"欲言非,此君为善士,不宜虚言。欲言是,元龙名重天下。"备问汜:"君言豪,宁有事邪?"汜曰:"昔遭乱过下邳,见元龙。元龙无客主之意,久不相与语,自上大床卧,使客卧下床。"备曰:"君有国士之名,今天下大乱,帝主失所,望君忧国忘家,有救世之意,而君求田问舍,言无可采,是元龙所讳也,何缘当与君语?如小人,欲卧百尺楼上,卧君于地,何但上下床之间邪?"表大笑。备因言曰:"若元龙文武胆志,当求之于古耳,造次难得比也。"①

①《先贤行状》曰:登忠亮高爽,沈深有大略,少有扶世济民之志。博览载籍,雅有文艺,旧典文章,莫不贯综。年二十五,举孝廉,除东阳长,养耆育孤,视民如伤。是时,世荒民饥,州牧陶谦表登为典农校尉,乃巡土田之宜,尽凿溉之利,粳稻丰积。奉使到许,太祖以登为广陵太守,令阴合众以图吕布。登在广陵,明审赏罚,威信宣布。海贼薛州之群万有余户,束手归命。未及期年,功化以就,百姓畏而爱之。登曰:"此可用矣。"太祖到下邳,登率郡兵为军先驱。时登诸弟在下邳城中,布乃质执登三弟,欲求和同。

登执意不挠，进围日急。布刺奸张弘，惧于后累，夜将登三弟出就登。布既伏诛，登以功加拜伏波将军，甚得江、淮间欢心，于是有吞灭江南之志。孙策遣军攻登于匡琦城。贼初到，旌甲覆水，群下咸以今贼众十倍于郡兵，恐不能抗，可引军避之，与其空城。水人居陆，不能久处，必寻引去。登厉声曰："吾受国命，来镇此土。昔马文渊之在斯位，能南平百越，北灭群狄，吾既不能遏除凶慝，何逃寇之为邪！吾其出命以报国，仗义以整乱，天道与顺，克之必矣。"乃闭门自守，示弱不与战，将士衔声，寂若无人。登乘城望形势，知其可击。乃申令将士，宿整兵器，昧爽，开南门，引军诣贼营，步骑抄其后。贼周章，方结陈，不得还船。登手执军鼓，纵兵乘之，贼遂大破，皆弃船迸走。登乘胜追奔，斩虏以万数。贼忿丧军，寻复大兴兵向登。登以兵不敌，使功曹陈矫求救于太祖。登密去城十里治军营处所，令多取柴薪，两束一聚，相去十步，纵横成行，令夜俱起火，火然其聚。城上称庆，若大军到。贼望火惊溃，登勒兵追奔，斩首万级。迁登为东城太守。广陵吏民佩其恩德，共拔郡随登，老弱襁负而追之。登晓语令还，曰："太守在卿郡，频致吴寇，幸而克济。诸卿何患无令君乎？"孙权遂跨有江外。太祖每临大江而叹，恨不早用陈元龙计，而令封豕养其爪牙。文帝追美登功，拜登息肃为郎中。

【译文】陈登，字元龙，在广陵非常有威望。因牵制吕布有功，加官为伏波将军，三十九岁的时候去世。后来许汜与刘备一同在荆州牧刘表那儿做客，刘表与刘备一起谈论天下人物，许汜说："陈元龙不过是个闯湖海的人物，豪强的劲头无法改变。"刘备对刘表说："许君说的对不对？"刘表说："若说不对，这位先生是善士，不会说假话。要说对，陈元龙却名满天下。"刘备问许汜说："您说的豪强，难道还有故事吗？"许汜说："过去惨遭祸乱，我路过下邳，拜见陈登。陈登不讲主客礼仪，久久没有开口和我说话，独自上大床上躺着，让客人到床下休息。"刘备说："您有国士的名望，如今天下大乱，帝王流离失所，期望您能忧国忘家，有救世的意愿，而您只关心自己的田园住所，言谈没有可取的地方，这是陈元龙所忌讳的，他为何要同您说话呢？假如是我，还想躺在百尺高的楼上，让您躺到地上，哪里只是床上床下的分别呢？"刘表大笑。刘备接着说："如同陈元龙那样的文武胆略，只能从古人当中寻求，仓促间很难找到可以与他相媲美的人。"

臧洪　陈容

【原文】臧洪，字子源，广陵射阳人也。父旻，历匈奴中郎将、中山、太原太守，所在有名。[①] 洪体貌魁梧，有异于人，举孝廉，为郎。时选三署郎以补县长，琅邪赵昱为莒长，东莱刘繇下邑长，东海王朗菑丘长，洪即丘长。灵帝末，弃官还家，太守张超请洪为功曹。

① 谢承《后汉书》曰：旻有干事才，达于从政，为汉良吏。初从徐州从事辟司徒府，除卢奴令，冀州举尤异，迁扬州刺史、丹杨太守。是时边方有警，羌、胡出寇，三府举能，迁旻匈奴中郎将。讨贼有功，征拜议郎，还京师。见太尉袁逢，逢问其西域诸国土地、风俗、人物、种数。旻具答言西域本三十六国，后分为五十五，稍散至百余国。其国大

小，道里近远，人数多少，风俗燥湿，山川、草木、鸟兽、异物名种不与中国同者，悉口陈其状，手画地形。逢奇其才，叹息言："虽班固作《西域传》，何以加此？"旻转拜长水校尉，终太原太守。

董卓杀帝，图危社稷，洪说超曰："明府历世受恩，兄弟并据大郡，今王室将危，贼臣未枭，此诚天下义烈报恩效命之秋也。今郡境尚全，吏民殷富，若动枹鼓，可得二万人，以此诛除国贼，为天下倡先，义之大者也。"超然其言，与洪西至陈留，见兄邈计事。邈亦素有心，会于酸枣，邈谓超曰："闻弟为郡守，政教威恩，不由己出，动任臧洪，洪者何人？"超曰："洪才略智数优超，超甚爱之，海内奇士也。"邈即引见洪，与语大异之。致之于刘兖州公山、孔豫州公绪，皆与洪亲善。乃设坛场，方共盟誓，诸州郡更相让，莫敢当，咸共推洪。洪乃升坛操槃歃血而盟曰："汉室不幸，皇纲失统，贼臣董卓乘衅纵害，祸加至尊，虐流百姓，大惧沦丧社稷，翦覆四海。兖州刺史岱、豫州刺史伷、陈留太守邈、东郡太守瑁、广陵太守超等，纠合义兵，并赴国难。凡我同盟，齐心戮力，以致臣节，殒首丧元，必无二志。有渝此盟，俾坠其命，无克遗育。皇天后土，祖宗明灵，实皆鉴之！"洪辞气慷慨，涕泣横下，闻其言者，虽卒伍厮养，莫不激扬，人思致节。① 顷之，诸军莫适先进，而食尽众散。

① 臣松之案：于时此盟止有刘岱等五人而已。《魏氏春秋》横内刘表等数人，皆非事实。表保据江、汉，身未尝出境，何由得与洪同坛而盟乎？

【译文】臧洪，字子源，是广陵郡射阳县人。他的父亲臧旻，历任匈奴中郎将、中山及太原太守，所在之处都极有声望。臧洪身材魁梧，相貌堂堂，与常人很不一样，他被推举为孝廉，担任郎官。当时选拔三署郎来增补县长，琅邪人赵昱担任莒县县长，东莱人刘繇担任下邑县长，东海人王朗担任菑丘县长，臧洪担任即丘县长。汉灵帝末年，臧洪弃官回家，太守张超邀请臧洪做了功曹。

董卓杀掉皇帝，图谋危害国家，臧洪劝导张超说："您家历代蒙受皇恩，兄弟同时占据大郡，如今汉王室将要倾危，乱臣贼子还没有除掉，这正是天下仁义忠烈之士报恩效命之时。如今郡内还能够保全，官民十分富足，如果擂鼓招兵，能够招集两万人，凭借这支军队铲除国贼，为天下倡导先行，这是最大的义了。"张超认同他的说法，就与臧洪往西来到陈留，找他的哥哥张邈商议。张邈本来也有这个想法，张邈与张超在酸枣会面，张邈对张超说："听说弟弟担任郡守，政令教化威势恩惠，都不是你自己的决策，总是任用臧洪，臧洪是何人？"张超说："臧洪才略智谋都比我强，我非常喜欢他，他是海内的奇士。"张邈随即召见臧洪，与他谈话后感到很震惊。把他带到兖州刺史刘公山、豫州刺史孔公绪那里，他们都与臧洪非常友善。于是就设立坛场，要共同盟誓，各州郡都互相推让，没有人敢担任盟主，共同推举臧洪。于是，臧洪登坛拿起盘子歃血，然后宣誓说："汉室不幸，纲纪混乱，乱臣董卓趁机危害国家，加害帝王，虐待百姓，威胁败坏社稷，骚扰颠覆四海。兖州刺史刘岱、豫州刺史孔伷、陈留太守张邈、东郡太守桥瑁、广陵太守张超等人，集合义军，共赴国难。凡是我们共同盟誓的人，应该齐心协力，奉献臣子的气节，哪怕人头落地，也绝无二心。有人违背这个盟约，使他不得好死，不能繁育后代。皇天后土，祖宗神灵，都来作个见证吧！”臧洪言词慷慨，涕泪横流，听他说完这番话的人，即使是士兵杂役，也没有不情绪激昂的，人人都想尽力效命。时隔不久，各路军队没有决定向前挺进，因而粮食吃完后，众人也就各自离去了。

【原文】超遣洪诣大司马刘虞谋，值公孙瓒之难。至河间，遇幽、冀二州交兵，使命不达。而袁绍见洪，又奇重之，与结分合好。会青州刺史焦和卒，绍使洪领青州以抚其众。①洪在州二年，群盗奔走。绍叹其能，徙为东郡太守，治东武阳。

①《九州春秋》曰：初平中，焦和为青州刺史。是时英雄并起，黄巾寇暴，和务及同盟，俱入京畿，不暇为民保障，引军逾河而西。未久而袁、曹二公与卓将战于荥阳，败绩。黄巾遂广，屠裂城邑。和不能御，然军器尚利，战士尚众，而耳目侦逻不设，恐动之言妄至，望寇奔走，未尝接风尘交旗鼓也。欲作陷冰丸沈河，令贼不得渡，祷祈群神，求用兵必利，蓍筮常陈于前，巫祝不去于侧。入见其清谈干云，出则浑乱，命不可知。州遂萧条，悉为丘墟也。

太祖围张超于雍丘，超言：“唯恃臧洪，当来救吾。”众人以为袁、曹方睦，而洪为绍所表用，必不败好招祸，远来赴此。超曰：“子源，天下义士，终不背本者，但恐见禁制，不相及逮耳。”洪闻之，果徒跣号泣，并勒所领兵，又从绍请兵马，求欲救超，而绍终不听许。超遂族灭。洪由是怨绍，绝不与通。绍兴兵围之，历年不下。绍令洪邑人陈琳书与洪，喻以祸福，责以恩义。洪答曰：

隔阔相思，发于寤寐。幸相去步武之间耳，而以趣舍异规，不得相见，其为怆恨，可为心哉！前日不遗，比辱雅贶，述叙祸福，公私切至。所以不即奉答者，既学薄才钝，不足塞诘，亦以吾子携负侧室，息肩主人，家在东州，仆为仇敌。以是事人，虽披中情，堕肝胆，犹身疏有罪，言甘见怪，方首尾不救，何能恤人？且以子之才，穷该典籍，岂将暗于大道，不达余趣哉！然犹复云云者，仆以是知足下之言，信不由衷，将以救祸也。必欲算计长短，辩谘是非，是非之论，言满天下，陈之更不明，不言无所损。又言伤告绝之义，非吾所忍行也，是以捐弃纸笔，一无所答。亦冀遥忖其心，知其计定，不复渝变也。重获来命，援引古今，纷纭六纸，虽欲不言，焉得已哉！

仆小人也，本因行役，寇窃大州，恩深分厚，宁乐今日自还接刃？每登城勒兵，望主人之旗鼓，感故友之周旋，抚弦搦矢，不觉流涕之覆面也。何者？自以辅佐主人，无以为悔。主人相接，过绝等伦。当受任之初，自谓究竟大事，共尊王室。岂悟天子不悦，本州见侵，郡将遘牖里之厄，陈留克创兵之谋，谋计栖迟，丧忠孝之名，杖策携背，亏交友之分。揆此二者，与其不得已，丧忠孝之名与亏交友之道，轻重殊涂，亲疏异画，故便收泪告绝。若使主人少垂故人，住者侧席，去者克己，不汲汲于离友，信刑戮以自辅，则仆抗季札之志，不为今日之战矣。何以效之？昔张景明亲登坛喢血，奉辞奔走，卒使韩牧让印，主人得地。然后但以拜章朝主，赐爵获传之故，旋时之间，不蒙观过之贷，而受夷灭之祸。①吕奉先讨卓来奔，请兵不获，告去何罪？复见斫刺，滨于死亡。刘子璜奉使逾时，辞不获命，畏威怀亲，以诈求归，可谓有志忠孝，无损霸道者也，然辄僵毙麾下，不蒙亏除。[②] 仆虽不敏，又素不能原始见终，睹微知著，窃度主人之心，岂谓三子宜死，罚当刑中哉？实且欲一统山东，增兵讨仇，惧战士狐疑，无以沮劝，故抑废王命以崇承制，慕义者蒙荣，待放者被戮，此乃主人之利，非游士之愿也。故仆鉴戒前人，困穷死战。仆虽下愚，亦尝闻君子之言矣。此实非吾心也，乃主人招焉。凡吾所以背弃国民，用命此城者，正以君子之违，不适敌国故也。是以获罪主人，见攻逾时，而足下更引此义以为吾规，无乃辞同趋异，非吾子所为休戚者哉！

① 臣松之案：《英雄记》云："袁绍使张景明、郭公则、高元才等说韩馥，使让冀州。"然则馥之让位，景明亦有其功。其余之事未详。

② 臣松之案：公孙瓒表列绍罪过云："绍与故虎牙将军刘勋首共造兵，勋仍有效，而以小忿枉害于勋，绍罪七也。"疑此是子璜也。

吾闻之也，义不背亲，忠不违君，故东宗本州以为亲援，中扶郡将以安社稷，一举二得以徼忠孝，何以为非？而足下欲使吾轻本破家，均君主人。主人之于我也，年为吾兄，分为笃友，道乖告去，以安君亲，可谓顺矣。若子之言，则包胥宜致命于伍员，不当号哭于秦庭矣。苟区区于攘患，不知言乖乎道理矣。足下或者见城围不解，救兵未至，感婚姻之义，惟平生之好，以屈节而苟生，胜守义而倾覆也。昔晏婴不降志于白刃，南史不曲笔以求生，故身著图象，名垂后世，况仆据金城之固，驱士民之力，散三年之畜，以为一年之资，匡困补乏，以悦天下，何图筑室反耕哉！但惧秋风扬尘，伯珪马首南向，张杨、飞燕，膂力作难，北鄙将告倒县之急，股肱奏乞归之诚耳。主人当鉴我曹辈，反旌退师，治兵邺垣，何宜久辱盛怒，暴威于吾城下哉？足下讥吾恃黑山以为救，独不念黄巾之合从邪！加飞燕之属悉以受王命矣。昔高祖取彭越于钜野，光武创基兆于绿林，卒能龙飞中兴，以成帝业，苟可辅主兴化，夫何嫌哉！况仆亲奉承玺书，与之从事。

行矣孔璋！足下徼利于境外，臧洪授命于君亲。吾子托身于盟主，臧洪策名于长安。子谓余身死而名灭，仆亦笑子生死而无闻焉，悲哉！本同而末离，努力努力，夫复何言！

绍见洪书，知无降意，增兵急攻。城中粮谷以尽，外无强救，洪自度必不免，呼吏士谓曰："袁氏无道，所图不轨，且不救洪郡将。洪于大义，不得不死，念诸君无事空与此祸！可先城未败，将妻子出。"将吏士民皆垂泣曰："明府与袁氏本无怨隙，今为本朝郡将之故，自致残困，吏民何忍当舍明府去也？"初尚掘鼠煮筋角，后无可复食者。主簿启内厨米三斗，请中分稍以为糜粥，洪叹曰："独食此何为！"使作薄粥，众分歠之，杀其爱妾以食将士。将士咸流涕，无能仰视者。男女七八千人相枕而死，莫有离叛。

城陷，绍生执洪。绍素亲洪，盛施帏幔，大会诸将见洪，谓曰："臧洪，何相负若此！今日服未？"洪据地瞋目曰："诸袁事汉，四世五公，可谓受恩。今王室衰弱，无扶翼之意，欲因际会，希冀非望，多杀忠良以立奸威。洪亲见呼张陈留为兄，则洪府君亦宜为弟，同共戮力，为国除害，何为拥众观人屠灭！惜洪力劣，不能推刃为天下报仇，何谓服乎！”绍本爱洪，意欲令屈服，原之。见洪辞切，知终不为已用，乃杀之。① 洪邑人陈容少为书生，亲慕洪，随洪为东郡丞。城未败，洪遣出。绍令在坐，见洪当死，起谓绍曰：“将军举大事，欲为天下除暴，而专先诛忠义，岂合天意！臧洪发举为郡将，奈何杀之！”绍惭，左右使人牵出，谓曰：“汝非臧洪俦，空复尔为！”容顾曰：“夫仁义岂有常，蹈之则君子，背之则小人。今日宁与臧洪同日而死，不与将军同日而生！”复见杀。在绍坐者无不叹息，窃相谓曰：“如何一日杀二烈士！”先是，洪遣司马二人出，求救于吕布。比还，城已陷，皆赴敌死。

① 徐众《三国评》曰：洪敦天下名义，救旧君之危，其恩足以感人情，义足以励薄俗。然袁亦知己亲友，致位州郡，虽非君臣，且实盟主，既受其命，义不应贰。袁、曹方睦，夹辅皇室，吕布反复无义，志在逆乱，而邈、超擅立布为州牧，其于王法，乃一罪人也。曹公讨之，袁氏弗救，未为非理也。洪本不当就袁请兵，又不当还为怨仇。为洪计者，苟力所不足，可奔他国以求赴救，若谋力未展以待事机，则宜徐更观衅，效死于超。何必誓守穷城而无变通，身死殄民，功名不立，良可哀也！

【译文】张超派遣臧洪到大司马刘虞那里谋事，正好碰上公孙瓒的兵乱。臧洪来到河间，遇到幽州、冀州的军队在交战，使命未能完成。而袁绍见到臧洪，也十分器重他，与他结下情谊、建立友情。正好这时青州刺史焦和死了，袁绍派臧洪兼任青州刺史去安抚那里的部众。臧洪在青州两年，许多强盗纷纷逃窜了。袁绍赞叹他的才能，改任他为东郡太守，郡治在东武阳。

曹操在雍丘包围了张超，张超说：“只有倚仗臧洪了，他一定会来救我。”众人认为袁绍与曹操刚刚交好，而臧洪又为袁绍任用，他一定不会破坏袁、曹友好而招来灾祸，从远处赶赴这里救助张超。张超说：“臧洪是天下著名的义士，是始终不会背叛根本的人，我只担心他被袁绍限制，不能赶到这里罢了。”臧洪听说张超被围后，果然光着脚痛哭，并且部署他的军队，又向袁绍请求兵马，要求搭救张超，而袁绍最终没有答应。张超也最终被灭族。臧洪从此怨恨袁绍，与他断绝来往。袁绍发动军队围攻他，过了一年也没能攻下。袁绍让臧洪的老乡陈琳写信给臧洪，告诉他利害关系，并用恩情义气来责怪他。臧洪给陈琳回信说：

好久不见，很是惦记，甚至梦中也看到您。幸好我们相隔只有几步的距离而已，但因为我们志趣不同，不能相见，这种情况令人悲伤，而这种悲伤不得不藏在心里！前日承蒙您不嫌弃，辱赐芳函，陈述祸福，于公于私都十分切实周到。我之所以没有立即回信奉答，一方面是我学识浅薄，才能鲁钝，没办法应付您的诘问，另一方面也是您携带妾室，在主人所在之地休息，家安在东州，我却成了主人的仇敌。凭着这样的处境侍奉他人，哪怕我倾吐内情，肝胆涂地，也还是会被疏远获罪，说得再好听也要被责怪，自身难保，又如何能体恤别人呢？何况凭着您的才学，穷读经典，怎么能昧于至理，不能理解我的志趣呢！然而你还是反复这样劝说，所以我知道你所说的话，实在是言不由衷，而是想使我免除灾祸而已。

如果一定要算计长短，论辩是非的话，那么有关是非的言论，早已布满天下，谈论它只会更糊涂，不说它也没有损害。另外您说为我宣告绝交而伤心，那并不是我忍心做出的事情，因此我搁置纸笔，没有回答。也希望您在远处思考我的用心，知道我的主意已经拿定，不会再改变了。重新获得您的来信，信中援引古今，洋洋洒洒地写了六页纸，我即使不想答复，又如何能控制得了我的感情呢！

我不过是个卑贱的小老百姓，原本是因为服役的机会，窃据了大州，主人的恩情可谓十分深厚，我怎么能喜欢看到今天亲自回来接刃开战呢？每当我登上城墙部署兵马，看到主人的旗鼓，为故友的凯旋而深受触动，我抚弄着弓箭，不觉泪流满面。什么原因呢？我自以为辅佐主人，没什么值得后悔的。主人对我的厚待，已超过普通的标准。在接受任职的时候，我自以为最终的大事，是可以共同尊奉汉王室。哪里想到天子不高兴，本州被侵犯，郡将遭受如同周文王在牖里那样的厄运，陈留被重兵的阴谋所攻克，我却谋计迟迟，丧失忠孝的名分，执鞭离心，损害了朋友的情谊。考虑这两方面的原因，与其在不得已的情况下，丧失忠孝的名分及交友的情谊，不如依据情谊的轻重分道，依据关系的亲疏划界，因此我就擦干泪水宣布与主人绝交。您如果能使主人稍微垂念故友，对留下的人侧席相待，对离去的人克制私怨，不要急忙地报复离去的朋友，施展刑法来辅佐自己，那么我就发扬季札的精神，不再进行今日这场战争。用什么来证实我的话呢？从前张景明亲自登坛歃血，奉主人的命令往来奔走，最终使韩馥让出了州牧和印绶，使主人得到了土地。后来他只是因为朝拜天子奉献章表而被赐予爵位得到符信，转眼工夫，不曾得到观察改错的宽恕，就遭到灭顶之灾。吕奉先因为讨伐董卓前来投奔，请求援兵，没有获准，他宣告离去，又有哪些罪过？却又被砍杀，几乎死亡。刘子璜奉命出使，超过期限，想告辞返回又得不到批准，他害怕威势，怀念亲人，用欺骗的手段要求返回，可以称得上是有志于忠孝，无损于称霸大业的人，然而他最终倒在帐下，无法得到减免罪过的机会。我虽愚蠢，又一向不能考察事物的开端就预见它的结果，见到事情的苗头就预知到它的发展，私下考虑主人的思想，怎么能说那三个人应该被处死，主人的处罚符合刑律的条文呢？实际主人是要想一统崤山以东的地区，增加兵力讨伐仇敌，又担心战士心存疑惑，没办法劝止他们，因此就废弃三命而推崇皇帝的旨意，仰慕其思想的人就蒙受荣耀，准备离开的人就要惨遭杀戮，这只是主人的利益，并不代表游士们的愿望。因此我借鉴先前几人的教训，走投无路之下只好拼死战斗。我虽然是卑下愚钝之人，也曾听过君子的教诲。这实在不是我内心愿意做的，而是主人造成的后果。总而言之，我之所以背弃国家百姓，在这座孤城拼命，正是根据君子的忌讳，不愿投奔敌国的缘故。因此我得罪了主人，长期遭到主人围攻，而您又援引这些道理企图约束我，恐怕我们虽然言辞相同，但志趣不同，并不是您所谓休戚与共的情况吧！

我听说过，仁义的人不会背离自己的父母，忠诚的人不会违抗君主，因此，我在东面尊崇本州用来作为援军，在内部扶助郡将以便安定社稷，一举两得以尽忠尽孝，为什么认为我是错的？而您却想使我丢掉根本败坏门庭，与您一起效忠于主人。主人对于我而言，年龄上是我的兄长，情分上是我的至交好友，因为道路不同而告辞离去，以安定君主，可以说是顺乎常情。假若按照您的说法，那么包胥就应该与伍员拼命，而不应当在秦国朝廷号哭。您随随便便以攘除内患而自得，却不知您的话早已违背常理。您或许看到城围不解，救兵未到，感念联姻的情谊，想起我们平生的友好，认为屈节可以偷生，胜过守义而灭亡。以前晏婴在屠刀面前没有改变自己的志向，南史不以曲笔寻求活路，因此他们的身影画进图像中，名字流芳后世，何况我拥有金城的坚固，驱使士民的力量，消耗多年积蓄，作为一年的给养，匡补困乏，想要取悦天下，哪里想到主人会筑室于此，分兵归田，长久不愿离去呢！只怕秋风扬起尘土的时候，伯珪马首向南进发，张杨、飞燕共同发难，北部边境传报沦陷的危机，左右辅臣将要上奏表达请求退兵的诚心了。主人应当明白我们这些人的思想，掉转旗帜，撤回军队，在邺城整饬军队，怎么能长期为盛怒而受屈辱，在我的城下施展威风呢？您嘲笑我依赖黑山作为救兵，却不想想黄巾的联合行动！更何况飞燕等已经完全接受王命了。从前汉高祖在钜野收服了彭越，光武帝在绿林中打下基础，最终做到黄龙飞腾，世道中兴，完成了帝业，如果可以辅佐君主兴隆教化，又有什么值得嫌弃的呢？况且我是亲自奉接玺书诏令，与他们谋事的。

您走吧，陈孔璋！你在境外谋求自己的利益，我为君主甘愿献身。您为盟主效力，我在长安挂名为官。您认为我身死名灭，我也嘲笑您一生都将默默无闻，可悲啊！我们的根本相同，却走上不同的道路，希望您努力自勉，我还能说些什么！

袁绍看到臧洪的信，得知他没有投降的意思，增派兵将猛攻。城内的粮食吃完了，外面没有强大的救兵，臧洪知道自己必然不会逃脱灾难，就招呼官兵们说："袁绍不讲道义，图谋不轨，将不会放过我的郡将。我臧洪为了大义，不得不死，只感念各位是无缘无故地白白遭此灾祸！在城池还没有被攻破以前，你们可以携带妻子儿女逃出去。"官兵、百姓全部流着泪说："您与袁绍本来没有隔阂，如今您为朝廷郡将的缘故，自己招致惨败的困境，官民如何能忍心舍弃您离去呢？"起初还挖老鼠煮动物的筋角吃，后来再找不到可以吃的东西了。主簿打开内厨的三斗米，请求分成两份慢慢地熬米粥吃，臧洪叹息道："为何要独自吃呢！"派人做成稀粥，让众人分着喝，杀了他的爱妾分给将士们吃。将士们都流下眼泪，没有人能够抬起头看。男女共七八千人一个压一个地死了，没有背叛的人。

城池被攻破后，袁绍活捉了臧洪。袁绍一向喜欢臧洪，于是隆重地设置帷帐，聚集所有将领来见臧洪，对他说："臧洪，你为何如此背叛我！如今你服气吗？"臧洪站在地上瞪着眼睛说："袁家侍奉汉朝廷，四代五公，可以说受到不少恩惠。如今王室衰弱，你没有扶助的意思，只是想利用这个机会图谋非分之想，拼命杀害忠臣良将来建立你的淫威。我亲眼看见您呼张陈留为兄长，那么我这个府君也应当是弟弟，我们应该共同协力，为国除害，为何统率部众看着别人被杀害呢！只可惜我力量微弱，不能拿刀为天下报仇，什么叫服气呢！”袁绍本来爱惜臧洪，意思是让他屈服后，赦免他的罪行。见臧洪言辞激切，知道他最终不能为自己所用，于是杀了他。臧洪的同乡陈容年轻时是个书生，仰慕臧洪，跟随臧洪做了东郡丞。城池还没有被攻破的时候，臧洪派他出去。袁绍让他也在座，他看到臧洪将要被杀死，站起来对袁绍说：“袁将军做大事，想要为天下除暴，却专门首先杀掉忠义的人，哪里符合天意！臧洪的举动是为了郡将，为何要杀他！”袁绍很惭愧，手下人派人将他拉出去，对他说：“你不是臧洪的同党，要白白再去送死吗！”陈容回头说：“仁义的事情哪里会常常发生，实践仁义就是君子，背离仁义就是小人。今天我宁愿和臧洪同日共死，也不与将军同日而生！”他也被杀害了。在袁绍座席上的人没有不叹息的，私下互相说道：“怎么可以一天杀掉两位忠烈之士呢！”在此之前，臧洪曾经派司马两人出去，向吕布求救。等到回来时，城池已经陷落，他们都奔赴敌阵战死。

【原文】评曰：吕布有虓虎之勇，而无英奇之略，轻狡反覆，唯利是视。自古及今，未有若此不夷灭也。昔汉光武谬于庞萌，近魏太祖亦蔽于张邈。知人则哲，唯帝难之，信矣！陈登、臧洪并有雄气壮节，登降年夙陨，功业未遂，洪以兵弱敌强，烈志不立，惜哉！

【译文】评论说：吕布拥有猛虎般的勇力，却没有英明高超的谋略，为人浅薄、狡诈，反复无常，唯利是图。从古至今，如同这样的人没有不被消灭的。从前汉光武帝被庞萌欺骗，近世曹操同样被张邈蒙蔽。了解别人就是圣哲，只有皇帝很难做到，的确是这样！陈登、臧洪都拥有英雄气概，壮士气节，陈登盛年去世，功业未能完成，臧洪率领弱小的军队抵御强大的敌人，壮志没有实现，可惜啊！

卷八　魏书八

二公孙陶四张传第八

公孙瓒

【原文】公孙瓒，字伯珪，辽西令支人也。[①]为郡门下书佐。有姿仪，大音声，侯太守器之，以女妻焉，[②]遣诣涿郡卢植读经。后复为郡吏。刘太守坐事征诣廷尉，瓒为御车，身执徒养。及刘徙日南，瓒具米肉，于北芒上祭先人，举觞祝曰："昔为人子，今为人臣，当诣日南。日南瘴气，或恐不还，与先人辞于此。"再拜慷慨而起，时见者莫不歔欷。刘道得赦还。瓒以孝廉为郎，除辽东属国长史。尝从数十骑出行塞，见鲜卑数百骑，瓒乃退入空亭中，约其从骑曰："今不冲之，则死尽矣。"瓒乃自持矛，两头施刃，驰出刺胡，杀伤数十人，亦亡其从骑半，遂得免。鲜卑惩艾，后不敢复入塞。迁为涿令。光和中，凉州贼起，发幽州突骑三千人，假瓒都督行事传，使将之。军到蓟中，渔阳张纯诱辽西乌丸丘力居等叛，劫略蓟中，自号将军，[③]略吏民攻右北平、辽西属国诸城，所至残破。瓒将所领，追讨纯等有功，迁骑都尉。属国乌丸贪至王率种人诣瓒降。迁中郎将，封都亭侯，进屯属国，与胡相攻击五六年。丘力居等抄略青、徐、幽、冀，四州被其害，瓒不能御。

①令，音郎定反。支，音其儿反。

②《典略》曰：瓒性辩慧，每白事不肯稍入，常总说数曹事，无有忘误，太守奇其才。

③《九州春秋》曰：纯自号弥天将军、安定王。

朝议以"宗正东海刘伯安既有德义，昔为幽州刺史，恩信流著，戎狄附之，若使镇抚，可不劳众而定"，乃以刘虞为幽州牧。[①]虞到，遣使至胡中，告以利害，责使送纯首。丘力居等闻虞至，喜，各遣译自归。瓒害虞有功，乃阴使人徼杀胡使。胡知其情，间行诣虞。虞上罢诸屯兵，但留瓒将步骑万人屯右北平。纯乃弃妻子，逃入鲜卑，为其客王政所杀，送首诣虞。封政为列侯。虞以功即拜太尉，封襄贲侯。[②]会董卓至洛阳，迁虞大司马，瓒奋武将军，封蓟侯。

①《吴书》曰：虞，东海恭王之后也。遭世衰乱，又与时主疏远，仕县为户曹吏。以能治身奉职，召为郡吏，以孝廉为郎，累迁至幽州刺史，转甘陵相，甚得东土戎狄之心。后以疾归家，常降身隐约，与邑党州闾同乐共恤，等齐有无，不以名位自殊，乡曲咸共宗之。时乡曲有所诉讼，不以诣吏，自投虞平之。虞以情理为之论判，皆大小敬从，不以为恨。尝有失牛者，骨体毛色，与虞牛相似，因以为是，虞便推与之。后主自得本牛，乃还谢罪。会甘陵复乱，吏民思虞治行，复以为甘陵相，甘陵大治。征拜尚书令、光禄勋，以公族有礼，更为宗正。◎《英雄记》曰：虞为博平令，治正推平，高尚纯朴，境内无盗

贼，灾害不生。时邻县接壤，蝗虫为害，至博平界，飞过不入。◎《魏书》曰：虞在幽州，清静俭约，以礼义化民。灵帝时，南宫灾，吏迁补州郡者，皆责助治宫钱，或一千万，或二千万，富者以私财办，或发民钱以备之，贫而清慎者，无以充调，或至自杀。灵帝以虞清贫，特不使出钱。

②《英雄记》曰：虞让太尉，因荐卫尉赵谟、益州牧刘焉、豫州牧黄琬、南阳太守羊续，并任为公。

关东义兵起，卓遂劫帝西迁，征虞为太傅，道路隔塞，信命不得至。袁绍、韩馥议，以为少帝制于奸臣，天下无所归心。虞，宗室知名，民之望也，遂推虞为帝。遣使诣虞，虞终不肯受。绍等复劝虞领尚书事，承制封拜，虞又不听，然犹与绍等连和。①虞子和为侍中，在长安。天子思东归，使和伪逃卓，潜出武关诣虞，令将兵来迎。和道经袁术，为说天子意。术利虞为援，留和不遣，许兵至俱西，令和为书与虞。虞得和书，乃遣数千骑诣和。瓒知术有异志，不欲遣兵，止虞，虞不可。瓒惧术闻而怨之，亦遣其从弟越将千骑诣术以自结，而阴教术执和，夺其兵。由是虞、瓒益有隙。和逃术来北，复为绍所留。

①《九州春秋》曰：绍、馥使故乐浪太守甘陵张岐赍议诣虞，使即尊号。虞厉声呵岐曰："卿敢出此言乎！忠孝之道，既不能济。孤受国恩，天下扰乱，未能竭命以除国耻，望诸州郡烈义之士戮力西面，援迎幼主，而乃妄造逆谋，欲涂污忠臣邪！"◎《吴书》曰：馥以书与袁术，云帝非孝灵子，欲依绛、灌诛废少主，迎立代王故事。称虞功德治行，华夏少二，当今公室枝属，皆莫能及。又云："昔光武去定王五世，以大司马领河北，耿弇、冯异劝即尊号，卒代更始。今刘公自恭王枝别，其数亦五，以大司马领幽州牧，此其与光武同。"是时有四星会于箕尾，馥称《谶》云"神人将在燕分"。又言济阴男子王定得玉印，文曰"虞为天子"。又见两日出于代郡，谓虞当代立。绍又别书报术。是时术阴有不臣之心，不利国家有长主，外托公义以答拒之。绍亦使人私报虞，虞以国有正统，非人臣所宜言，固辞不许。乃欲图奔匈奴以自绝，绍等乃止。虞于是奉职修贡，愈益恭肃。诸外国羌、胡有所贡献，道路不通，皆为传送，致之京师。

是时，术遣孙坚屯阳城拒卓，绍使周昂夺其处。术遣越与坚攻昂，不胜，越为流矢所中死。瓒怒曰："余弟死，祸起于绍。"遂出军屯磐河，将以报绍。绍惧，以所佩勃海太守印绶授瓒从弟范，遣之郡，欲以结援。范遂以勃海兵助瓒，破青、徐黄巾，兵益盛，进军界桥。①以严纲为冀州，田楷为青州，单经为兖州，置诸郡县。绍军广川，令将麹义先登与瓒战，生禽纲。瓒军败走勃海，与范俱还蓟，于大城东南筑小城，与虞相近，稍相恨望。

①《典略》载瓒表绍罪状曰："臣闻皇、羲以来，始有君臣上下之事，张化以导民，刑罚以禁暴。今行车骑将军袁绍，托其先轨，寇窃人爵，既性暴乱，厥行淫秽。昔为司隶校尉，会值国家丧祸之际，太后承摄，何氏辅政，绍专为邪媚，不能举直，至令丁原焚烧孟津，招来董卓，造为乱根，绍罪一也。卓既入雒而主见质，绍不能权谲以济君父，而弃置节传，迸窜逃亡，忝辱爵命，背上不忠，绍罪二也。绍为勃海太守，默选戎马，当攻董

卓，不告父兄，至使太傅门户、太仆母子一旦而毙，不仁不孝，绍罪三也。绍既兴兵，涉历二年，不恤国难，广自封殖，乃多以资粮专为不急，割剥富室，收考责钱，百姓吁嗟，莫不痛怨，绍罪四也。韩馥之迫，窃其虚位，矫命诏恩，刻金印玉玺，每下文书，皂囊施检，文曰'诏书一封，邟乡侯印'。邟，口浪反。昔新室之乱，渐以即真，今绍所施，拟而方之，绍罪五也。绍令崔巨业候视星日，财货赂遗，与共饮食，克期会合，攻抄郡县，此岂大臣所当宜为？绍罪六也。绍与故虎牙都尉刘勋首共造兵，勋仍有效，又降伏张杨，而以小忿枉害于勋，信用谗慝，杀害有功，绍罪七也。绍又上故上谷太守高焉、故甘陵相姚贡，横责其钱，钱不备毕，二人并命，绍罪八也。《春秋》之义，子以母贵。绍母亲为婢使，绍实微贱，不可以为人后，以义不宜，乃据丰隆之重任，忝污王爵，损辱袁宗，绍罪九也。又，长沙太守孙坚，前领豫州刺史，驱走董卓，扫除陵庙，其功莫大。绍令周昂盗居其位，断绝坚粮，令不得入，使卓不被诛，绍罪十也。臣又每得后将军袁术书，云绍非术类也。绍之罪戾，虽南山之竹不能载。昔姬周政弱，王道陵迟，天子迁都，诸侯背叛，于是齐桓立柯亭之盟，晋文为践土之会，伐荆楚以致菁茅，诛曹、卫以彰无礼。臣虽阘茸，名非先贤，蒙被朝恩，当此重任，职在铁钺，奉辞伐罪，辄与诸将州郡兵讨绍等。若事克捷，罪人斯得，庶续桓、文忠诚之效，攻战形状，前后续上。"遂举兵与绍对战，绍不胜。

虞惧瓒为变，遂举兵袭瓒。虞为瓒所败，出奔居庸。瓒攻拔居庸，生获虞，执虞还蓟。会卓死，天子遣使者段训增虞邑，督六州。瓒迁前将军，封易侯。瓒诬虞欲称尊号，胁训斩虞。① 瓒上训为幽州刺史。瓒遂骄矜，记过忘善，多所贼害。② 虞从事渔阳鲜于辅、齐周、骑都尉鲜于银等，率州兵欲报瓒，以燕国阎柔素有恩信，共推柔为乌丸司马。柔招诱乌丸、鲜卑，得胡、汉数万人，与瓒所置渔阳太守邹丹战于潞北，大破之，斩丹。袁绍又遣麹义及虞子和，将兵与辅合击瓒。瓒军数败，乃走还易京固守。③ 为围堑十重，于堑里筑京，皆高五六丈，为楼其上。中堑为京，特高十丈，自居焉，积谷三百万斛。④ 瓒曰："昔谓天下事可指麾而定，今日视之，非我所决，不如休兵，力田畜谷。兵法，百楼不攻。今吾楼橹千重，食尽此谷，足知天下之事矣。"欲以此弊绍。绍遣将攻之，连年不能拔。⑤ 建安四年，绍悉军围之。瓒遣子求救于黑山贼，复欲自将突骑直出，傍西南山，拥黑山之众，陆梁冀州，横断绍后。长史关靖说瓒曰："今将军将士，皆已土崩瓦解，其所以能相守持者，顾恋其居处老小，以将军为主耳。将军坚守旷日，袁绍要当自退。自退之后，四方之众必复可合也。若将军今舍之而去，军无镇重，易京之危，可立待也。将军失本，孤在草野，何所成邪？"瓒遂止不出。⑥ 救至，欲内外击绍。遣人与子书，克期兵至，举火为应。⑦ 绍候者得其书，如期举火。瓒以为救兵至，遂出欲战。绍设伏击，大破之，复还守。绍为地道，突坏其楼，稍至中京。⑧ 瓒自知必败，尽杀其妻子，乃自杀。⑨

①《魏氏春秋》曰：初，刘虞和辑戎狄，瓒以胡夷难御，当因不宾而讨之，今加财赏，必益轻汉，效一时之名，非久长深虑。故虞所赏赐，瓒辄抄夺。虞数请会，称疾不往。至是战败，虞欲讨之，告东曹掾右北平人魏攸。攸曰："今天下引领，以公为归，谋臣爪牙，不可无也。瓒，文武才力足恃，虽有小恶，固宜容忍。"乃止。后一年，攸病死。虞又

与官属议，密令众袭瓒。瓒部曲放散在外，自惧败，掘东城门欲走。虞兵无部伍，不习战，又爱民屋，敕令勿烧。故瓒得放火，因以精锐冲突。虞众大溃，奔居庸城。瓒攻及家属以还，杀害州府，衣冠善士殆尽。◎《典略》曰：瓒曝虞于市而祝曰："若应为天子者，天当降雨救之。"时盛暑热，竟日不雨，遂杀虞。◎《英雄记》曰：虞之见杀，故常山相孙瑾、掾张逸、张瓒等忠义奋发，相与就虞，骂瓒极口，然后同死。

②《英雄记》曰：瓒统内外，衣冠子弟有材秀者，必抑使困在穷苦之地。或问其故，答曰："今取衣冠家子弟及善士富贵之，皆自以为职当得之，不谢人善也。"所宠遇骄恣者，类多庸儿，若故卜数师刘纬台、贩缯李移子、贾人乐何当等三人，与之定兄弟之誓，自号为伯，谓三人者为仲叔季，富皆巨亿，或取其女以配己子，常称古者曲周、灌婴之属以譬也。

③《英雄记》曰：先是有童谣曰："燕南垂，赵北际，中央不合大如砺，惟有此中可避世。"瓒以易当之，乃筑京固守。瓒别将有为敌所围，义不救也。其言曰："救一人，使后将恃救不力战。今不救此，后将当念在自勉。"是以袁绍始北击之时，瓒南界上别营自度守则不能自固，又知必不见救，是以或自杀其将帅，或为绍兵所破，遂令绍军径至其门。

臣松之以为：童谣之言，无不皆验。至如此记，似若无征。谣言之作，盖令瓒终始保易，无事远略。而瓒因破黄巾之威，意志张远，遂置三州刺史，图灭袁氏，所以致败也。

④《英雄记》曰：瓒诸将家家各作高楼，楼以千计。瓒作铁门，居楼上，屏去左右，婢妾侍侧，汲上文书。

⑤《汉晋春秋》曰：袁绍与瓒书曰："孤与足下，既有前盟旧要，申之以讨乱之誓，爱过夷、叔，分著丹青，谓为旅力同轨，足踵齐、晋，故解印释绂，以北带南，分割膏腴，以奉执事，此非孤赤情之明验邪？岂寤足下弃烈士之高义，寻祸亡之险踪，辍而改虑，以好易怨，盗遣士马，犯暴豫州。始闻甲卒在南，亲临战陈，惧于飞矢迸流，狂刃横集，以重足下之祸，徒增孤之咎衅也，故为荐书恳恻，冀可改悔。而足下超然自逸，矜其威诈，谓天罔可吞，豪雄可灭，果令贵弟殒于锋刃之端。斯言犹在于耳，而足下曾不寻讨祸源，克心罪己，苟欲逞其无疆之怒，不顾逆顺之津，匿怨害民，骋于余躬。遂跃马控弦，处我疆土，毒遍生民，辜延白骨。孤辞不获已，以登界桥之役。是时足下兵气霆震，骏马电发。仆师徒肇合，机械不严，强弱殊科，众寡异论，假天之助，小战大克，遂陵蹑奔背，因垒馆谷，此非天威棐谌，福丰有礼之符表乎？足下志犹未厌，乃复纠合余烬，率我蝉贼，以焚爇勃海。孤又不获宁，用及龙河之师。羸兵前诱，大军未济，而足下胆破众散，不鼓而败，兵众扰乱，君臣并奔。此又足下之为，非孤之咎也。自此以后，祸隙弥深，孤之师旅，不胜其忿，遂至积尸为京，头颅满野，愍彼无辜，未尝不慨然失涕也。后比得足下书，辞意婉约，有改往修来之言。仆既欣于旧好克复，且愍兆民之不宁，每辄引师南驾，以顺简书。弗盈一时，而北边羽檄之文，未尝不至。孤是用痛心疾首，靡所错情。夫处三军之帅，当列将之任，宜令怒如严霜，喜如时雨，臧否好恶，坦然可观。而足下二三其德，强弱易谋，急则曲躬，缓则放逸，行无定端，言无质要，为壮士者固若此乎！既乃残杀老弱，幽

士愤怨，众叛亲离，孑然无党。又，乌丸、涉貊，皆足下同州，仆与之殊俗，各奋迅激怒，争为锋锐。又，东西鲜卑，举踵来附，此非孤德所能招，乃足下驱而致之也。夫当荒危之世，处干戈之险，内违同盟之誓，外失戎狄之心，兵兴州壤，祸发萧墙，将以定霸，不亦难乎？前以西山陆梁，出兵平讨，会麹义余残畏诛逃命，故遂住大军，分兵扑荡，此兵孤之前行，乃界桥搴旗拔垒，先登制敌者也。始闻足下镌金纡紫，命以元帅，谓当因兹奋发，以报孟明之耻，是故战夫引领，竦望旌旆，怪遂含光匿影，寂尔无闻，卒臻屠灭，相为惜之。夫有平天下之怒，希长世之功，权御师徒，带养戎马，叛者无讨，服者不收，威怀并丧，何以立名？今旧京克复，天罔云补，罪人斯亡，忠干翼化，华夏俨然，望於穆之作，将戢干戈，放散牛马，足下独何守区区之土，保军内之广，甘恶名以速朽，亡令德之久长？壮而筹之，非良策也。宜释憾除嫌，敦我旧好。若斯言之玷，皇天是闻。”瓒不答，而增修戎备。谓关靖曰：“当今四方虎争，无有能坐吾城下相守经年者明矣。袁本初其若我何！”

⑥《英雄记》曰：关靖，字士起，太原人。本酷吏也，谄而无大谋，特为瓒所信幸。

⑦《典略》曰：瓒遣行人文则赍书告子续曰：“袁氏之攻，似若神鬼，鼓角鸣于地中，梯冲舞吾楼上。日穷月踧，无所聊赖。汝当碎首于张燕，速致轻骑，到者当起烽火于北，吾当从内出。不然，吾亡之后，天下虽广，汝欲求安足之地，其可得乎？”◎《献帝春秋》曰：瓒梦蓟城崩，知必败，乃遣间使与续书。绍候者得之，使陈琳更其书曰：“盖闻在昔衰周之世，僵尸流血，以为不然，岂意今日身当其冲！”其余语与《典略》所载同。

⑧《英雄记》曰：袁绍分部攻者掘地为道，穿穴其楼下，稍稍施木柱之，度足达半，便烧所施之柱，楼辄倾倒。

⑨《汉晋春秋》曰：关靖曰：“吾闻君子陷人于危，必同其难，岂可独生乎！”乃策马赴绍军而死。绍悉送其首于许。

鲜于辅将其众奉王命。以辅为建忠将军，督幽州六郡。太祖与袁绍相拒于官渡，阎柔遣使诣太祖受事，迁护乌丸校尉。而辅身诣太祖，拜左度辽将军，封亭侯，遣还镇抚本州。[①] 太祖破南皮，柔将部曲及鲜卑献名马以奉军，从征三郡乌丸，以功封关内侯。[②] 辅亦率其众从。文帝践阼，拜辅虎牙将军，柔度辽将军，皆进封县侯，位特进。

①《魏略》曰：辅从太祖于官渡。袁绍破走，太祖喜，顾谓辅曰：“如前岁本初送公孙瓒头来，孤自视忽然耳，而今克之。此既天意，亦二三子之力。”

②《魏略》曰：太祖甚爱阎柔，每谓之曰：“我视卿如子，亦欲卿视我如父也。”柔由此自托于五官将，如兄弟。

【译文】公孙瓒，字伯珪，辽西郡令支县人。担任郡门下书佐。他仪表堂堂，嗓音洪亮，侯太守器重他，把女儿嫁给他，又派他到涿郡人卢植那里学习经传。后来他又担任郡吏。刘太守因为犯事被传呼到廷尉，公孙瓒为他赶车，并亲自充当仆役。到了刘太守被流放到日南时，公孙瓒准备了米肉，到北芒山祭祀祖先，他举觞祝祷说：“从前我是别人的儿子，如今我做别人的臣子，我应当到日南去。日南流行瘟疫，或许回不来了，就在这里和祖宗辞别。”他拜了两拜，情绪高昂地站起来，当时看到的人没有不赞叹的。刘太守在途中被赦免而返回。公孙瓒凭着孝廉的身份做了郎官，升为辽东属国长史。他曾经率领几十名骑兵出去巡视要塞，发现几百名鲜卑骑兵，公孙瓒就退进空亭里，告诫随从的骑兵说："如果我们不冲出去，那就会全部死光。"公孙瓒就亲自拿起长矛，两头装上矛刃，驰马冲出去，举矛刺向鲜卑骑兵，杀伤了几十人，他的随从骑兵也损失了一半，终于得以脱身。鲜卑人受到打击，以后不敢再进入要塞。公孙瓒升为涿县县令。汉光和年间，凉州强盗起事，朝廷征发幽州突击骑兵三千人，授予公孙瓒都督行事的印符，让他统率这支骑兵。军队开到蓟中，渔阳人张纯引诱辽西乌丸丘力居等人发动叛乱，在蓟中进行抢掠，自称将军，胁迫官民攻打右北平、辽西属国各城邑，所到之处，都被他们残暴地毁坏。公孙瓒率领他统辖的部队，追剿张纯等人有功，被提拔为骑都尉。属国乌丸贪至王率领其部族人向公孙瓒投降。公孙瓒又升为中郎将，封为都亭侯，进军屯守属国，和鲜卑人互相攻击五六年。丘力居等人抢掠青州、徐州、幽州、冀州，四州蒙受他们的祸害，公孙瓒不能抵御。

朝廷议论认为"宗正东海人刘伯安(即刘虞)既有道德仁义，从前又担任过幽州刺史，他的恩惠信誉广泛流传，非常卓著，戎狄顺附他，如果派他前去镇抚，可以不劳动军队而使那个地区平定"，于是就任命刘虞为幽州牧。刘虞到任后，派使者到鲜卑人中，把利害关系告诉他们，要求他们派人送回张纯的首级。丘力居等人听说刘虞来了，很高兴，各自派遣翻译主动归顺。公孙瓒嫉妒刘虞有功，就暗中派人截杀鲜卑人的使者。鲜卑人得知这个情况，就走小路来拜见刘虞。刘虞进而撤回各路驻军，只留下公孙瓒所率领的步兵骑兵一万人屯守右北平。张纯就抛弃妻子儿女，逃到鲜卑人居住区，被他的门客王政所杀，并把他的首级送给刘虞。王政被封为列侯。刘虞因为有功当下被任命为太尉，封为襄贲侯。正好这时董卓来到洛阳，他提升刘虞为大司马，公孙瓒为奋武将军，封为蓟侯。

关东地区义军纷纷兴起，董卓于是劫持皇帝往西迁移，征召刘虞任太傅，但由于道路壅隔，符信命令不能送到。袁绍和韩馥商议，认为少帝被奸臣控制，天下无所归心。刘虞是宗室里的知名人物，是百姓的希望，于是就推立刘虞做皇帝。他们派使者拜见刘虞，刘虞始终不肯接受。袁绍等人又劝刘虞兼理尚书事务，根据制度封侯拜官，刘虞又没有答应，然而他还是和袁绍等人联合。刘虞的儿子刘和任侍中，在长安。天子想返回东都，让刘和伪装逃出董卓的控制，偷偷溜出武关找到刘虞，命令刘虞率兵前来迎接。刘和途中经过袁术处，就对袁术讲述了天子的意图。袁术想让刘虞作为自己的外援，就扣留刘和不放，答应刘虞的军队来了以后，他和刘虞一同西进，让刘和写信给刘虞。刘虞得到刘和的信，就派几千名骑兵给刘和。公孙瓒知道袁术心怀异志，不想派兵，他阻止刘虞，刘虞不答应。公孙瓒担心袁术知道此事会怨恨他，他派他的堂弟公孙越率领几千名骑兵给袁术来巴结袁术，暗中又教袁术抓起刘和，褫夺刘和的兵权。从此刘虞和公孙瓒越发有了嫌怨。刘和从袁术那里逃出来，奔向北方，又被袁绍扣留。

这时候，袁术派孙坚进驻阳城抗击董卓，袁绍派周昂来争夺这个地方。袁术派公孙越和孙坚攻打周昂,没有取胜,公孙越被流箭射死。公孙瓒恼怒地说:“我弟弟的死,灾祸起于袁绍。”就派出军队驻守磐河,准备报复袁绍。袁绍害怕了,把自己佩戴的勃海太守的印绶授予公孙瓒的堂弟公孙范,并派他到郡中去,想以此同公孙瓒结为援军。公孙范就率领勃海的军队帮助公孙瓒,击溃青州、徐州的黄巾军,军队更加壮大,就向界桥进军。他让严纲治理冀州,田楷治理青州,单经治理兖州,把官员分别安排到郡县。袁绍驻扎在广川,也派部将麴义先进军和公孙瓒开战,活捉了严纲。公孙瓒兵败逃到勃海,和公孙范一起返回蓟州,在大城的东南修筑小城,和刘虞相近,对刘虞逐渐地怨恨起来。

刘虞担心公孙瓒发动战争,就率兵偷袭公孙瓒。刘虞被公孙瓒打败,逃奔居庸。公孙瓒攻克居庸,生擒了刘虞,押解刘虞到蓟州。这时董卓死了,天子派使者段训增加刘虞城邑,督率六个州。公孙瓒升为前将军,封为易侯。公孙瓒诬陷刘虞想称帝,胁迫段训杀了刘虞。公孙瓒推举段训做了幽州刺史。于是,公孙瓒变得十分骄横,只记着别人的过错,却忘了别人的好处,很多人被他杀害。刘虞的从事渔阳人鲜于辅、齐周、骑都尉鲜于银等人,率领州兵想报复公孙瓒,因为燕国人阎柔一向有恩惠信誉,大家共同推举阎柔做乌丸司马。阎柔引诱乌丸、鲜卑,得胡人和汉人共几万人,同公孙瓒安置的渔阳太守邹丹在潞北开战,大败邹丹,并杀死邹丹。袁绍又派麴义和刘虞的儿子刘和,率兵和鲜于辅联合攻击公孙瓒。公孙瓒几次战败,就逃回易京固守。他挖了十道环形的壕沟,在壕沟后堆起高高的土丘,高达五六丈,在土丘上建筑楼台。壕沟围裹的中心堆土丘,高达十丈,他自己住在上面,囤积粮食有三百万斛。公孙瓒说:“过去我认为天下的事情可以用手指一挥而定,今天看起来,不是我所能决定的,不如休战,致力于耕种,积蓄粮食。兵法上说,百重楼台不能进攻。现在我的楼台千重,吃光这些粮食,天下的事情就足以知道分晓了。”他想用这种办法拖垮袁绍。袁绍派部将进攻,接连几年不能攻克。建安四年,袁绍出动全军包围公孙瓒。公孙瓒派儿子向黑山强盗求救,又打算自己率领突击骑兵直接冲出去,依赖西南山,率领黑山的队伍,在冀州四处活动,横断袁绍的后方。长史关靖劝公孙瓒说:“现在将军的将士,都已经土崩瓦解,他们之所以能够坚持守卫,是顾恋他们家里的老小,把将军当作主人罢了。将军长期坚守,袁绍将自行退兵。袁绍自行退兵以后,四方的部众一定又能聚合起来。如果将军现在舍弃这里离去,军队没有镇守的重地,易京的危亡,就在瞬间。将军失去根本,孤独地流落在荒野之中,还会成什么大事呢?”于是,公孙瓒就留下没有出击。救兵到了后,公孙瓒打算内外夹击袁绍。他派人给儿子送信,约定日期,军队一到,举火把呼应。袁绍的探子得到了他的信,如期举出火把。公孙瓒认为救兵到了,就出兵打算开战。袁绍设下伏兵进行伏击,大败公孙瓒,他又退回固守。袁绍挖掘地道,突击破坏楼台,逐渐到了中心的土丘。公孙瓒知道自己必败,把妻子儿女全杀了,他也自杀了。

鲜于辅带领他的部下奉接王命。朝廷任命鲜于辅为建忠将军,管辖幽州的六个郡。曹操和袁绍在官渡相持,阎柔派使者到曹操那里接受指令,他被提升为护乌丸校尉。鲜于辅亲自拜见曹操，被任命为左度辽将军，封为亭侯，派他回去镇抚本州。曹操攻克南皮，阎柔带领部下和鲜卑人奉献名马迎接大军，并参加征讨三郡乌丸的军事活动，因有功被封为关内侯。鲜于辅也率领他的部下跟随曹操作战。魏文帝登基，任命鲜于辅为虎牙将军，阎柔为度辽将军，他们都被晋封为县侯，官位为特进。

陶谦

【原文】陶谦，字恭祖，丹杨人。[①]少好学，为诸生，仕州郡，举茂才，除卢令，[②]迁幽州刺史，征拜议郎，参车骑将军张温军事，西讨韩遂。[③]会徐州黄巾起，以谦为徐州刺史，击黄巾，破走之。董卓之乱，州郡起兵，天子都长安，四方断绝，谦遣使间行致贡献，迁安东将军、徐州牧，封溧阳侯。是时，徐州百姓殷盛，谷米丰赡，流民多归之。而谦背道任情。广陵太守琅邪赵昱，徐方名士也，以忠直见疏。[④]曹宏等，谗慝小人也，谦亲任之。刑政失和，良善多被其害，由是渐乱。下邳阙宣自称天子，谦初与合从寇抄，后遂杀宣，并其众。

①《吴书》曰：谦父，故余姚长。谦少孤，始以不羁闻于县中。年十四，犹缀帛为幡，乘竹马而戏，邑中儿童皆随之。故苍梧太守同县甘公出，遇之涂，见其容貌，异而呼之，住车与语，甚悦，因许妻以女。甘公夫人闻之，怒曰："妾闻陶家儿敖戏无度，如何以女许之？"公曰："彼有奇表，长必大成。"遂妻之。

②《吴书》曰：谦性刚直，有大节，少察孝廉，拜尚书郎，除舒令。郡守张磐，同郡先辈，与谦父友，意殊亲之，而谦耻为之屈。与众还城，因以公事进见，坐罢，磐常私还入，与谦饮宴，或拒不为留。常以舞属谦，谦不为起，固强之，及舞，又不转。磐曰："不当转邪？"曰："不可转，转则胜人。"由是不乐，卒以构隙。谦在官清白，无以纠举，祠灵星，有赢钱五百，欲以臧之。谦委官而去。

③《吴书》曰：会西羌寇边，皇甫嵩为征西将军，表请武将。召拜谦扬武都尉，与嵩征羌，大破之。后边章、韩遂为乱，司空张温衔命征讨，又请谦为参军事，接遇甚厚，而谦轻其行事，心怀不服。及军罢还，百寮高会，温属谦行酒，谦众辱温。温怒，徙谦于边。或说温曰："陶恭祖本以材略见重于公，一朝以醉饮过失，不蒙容贷，远弃不毛，厚德不终，四方人士安所归望！不如释憾除恨，克复初分，于以远闻德美。"温然其言，乃追还谦。谦至，或又谓谦曰："足下轻辱三公，罪自己作，今蒙释宥，德莫厚矣，宜降志卑辞以谢之。"谦曰："诺。"又谓温曰："陶恭祖今深自罪责，思在变革。谢天子礼毕，必诣公门。公宜见之，以慰其意。"时温于宫门见谦，谦仰曰："谦自谢朝廷，岂为公邪？"温曰："恭祖痴病尚未除邪？"遂为之置酒，待之如初。

④谢承《后汉书》曰：昱年十三，母尝病，经涉三月。昱惨戚消瘠，至目不交睫，握粟出卜，祈祷泣血，乡党称其孝。就处士东莞綦毋君受《公羊传》，兼该群业。至历年潜志，不窥园圃，亲疏希见其面。时入定省父母，须臾即还。高洁廉正，抱礼而立，清英俨恪，莫干其志。旌善以兴化，弹邪以矫俗。州郡请召，常称病不应。国相檀谟、陈遵共召，不起，或兴盛怒，终不回意。举孝廉，除莒长，宣扬五教，政为国表。会黄巾作乱，陆

梁五郡，郡县发兵，以为先办。徐州刺史巴祗表功第一，当受迁赏，昱深以为耻，委官还家。徐州牧陶谦初辟别驾从事，辞疾逊遁。谦重令扬州从事会稽吴范宣旨，昱守意不移。欲威以刑罚，然后乃起。举茂才，迁广陵太守。贼笮融从临淮见讨，迸入郡界，昱将兵拒战，败绩见害。

初平四年，太祖征谦，攻拔十余城，至彭城大战。谦兵败走，死者万数，泗水为之不流。谦退守郯，太祖以粮少引军还。[①] 兴平元年，复东征，略定琅邪、东海诸县。谦恐，欲走归丹杨。会张邈叛迎吕布，太祖还击布。是岁，谦病死。[②]

①《吴书》曰：曹公父于泰山被杀，归咎于谦。欲伐谦而畏其强，乃表令州郡一时罢兵。诏曰："今海内扰攘，州郡起兵，征夫劳瘁，寇难未弭，或将吏不良，因缘讨捕，侵侮黎民，离害者众。风声流闻，震荡城邑，丘墙惧于横暴，贞良化为群恶，此何异乎抱薪救焚，扇火止沸哉！今四民流移，托身他方，携白首于山野，弃稚子于沟壑，顾故乡而哀叹，向阡陌而流涕，饥厄困苦，亦已甚矣。虽悔往者之迷谬，思奉教于今日，然兵连众结，锋镝布野，恐一朝解散，夕见系虏，是以阻兵屯据，欲止而不敢散也。诏书到，其各罢遣甲士，还亲农桑，惟留常员吏以供官署，慰示远近，咸使闻知。"谦被诏，乃上书曰："臣闻怀远柔服，非德不集；克难平乱，非兵不济。是以涿鹿、阪泉、三苗之野有五帝之师，有扈、鬼方、商、奄四国有王者之伐，自古在昔，未有不扬威以弭乱，震武以止暴者也。臣前初以黄巾乱治，受策长驱，匪遑启处。虽宪章敕戒，奉宣威灵，敬行天诛，每伐辄克，然妖寇类众，殊不畏死，父兄歼殪，子弟群起，治屯连兵，至今为患。若承命解甲，弱国自虚，释武备以资乱，损官威以益寇，今日兵罢，明日难必至，上忝朝廷宠授之本，下令群凶日月滋蔓，非所以强干弱枝遏恶止乱之务也。臣虽愚蔽，忠恕不昭，抱恩念报，所不忍行。辄勒部曲，申令警备。出芟强寇，惟力是视，入宣德泽，躬奉职事，冀效微劳，以赎罪负。"又曰："华夏沸扰，于今未弭，包茅不入，职贡多阙，寤寐忧叹，无日敢宁。诚思贡献必至，荐羞获通，然后销锋解甲，臣之愿也。臣前调谷百万斛，已在水次，辄敕兵卫送。"曹公得谦上事，知不罢兵。乃进攻彭城，多杀人民。谦引兵击之，青州刺史田楷亦以兵救谦。公引兵还。

臣松之案：此时天子在长安，曹公尚未秉政。罢兵之诏，不得由曹氏出。

②《吴书》曰：谦死时，年六十三，张昭等为之哀辞曰："猗欤使君，君侯将军，膺秉懿德，允武允文，体足刚直，守以温仁。令舒及卢，遗爱于民。牧幽暨徐，甘棠是均。憬憬夷、貊，赖侯以清。蠢蠢妖寇，匪侯不宁。唯帝念绩，爵命以章，既牧且侯，启土溧阳。遂升上将，受号安东，将平世难，社稷是崇。降年不永，奄忽殂薨，丧覆失恃，民知困穷。曾不旬日，五郡溃崩，哀我人斯，将谁仰凭？追思靡及，仰叫皇穹。呜呼哀哉！"谦二子商、应，皆不仕。

【译文】陶谦，字恭祖，丹杨人。年轻时好学，是诸生，在州郡做官，被举荐为茂才，升为卢县县令，提拔为幽州刺史，又被朝廷征召任命为议郎，参与车骑将军张温的军事活动，往西讨伐韩遂。正好这时徐州的黄巾起事，朝廷任命陶谦为徐州刺史，攻打黄巾，陶谦把黄巾打败并赶走。董卓制造动乱时，各州郡起兵征讨，天子迁都长安，同四方断绝了联系，陶谦派使者从小路向天子进贡，被提升为安东将军、徐州牧，封为溧阳侯。这个时期徐州的百姓富足，粮食储备充足，很多流民投奔那里。陶谦却违背道义，感情用事，任人唯亲。广陵太守琅邪人赵昱是徐州的名士，因忠诚正直被疏远。曹宏等人是谄谀邪恶的小人，陶谦偏爱信任他们。刑法政教失调，很多善良的人遭受他们的迫害，因此形势逐渐混乱。下邳人阙宣自称天子，陶谦起初和他联合四处抢掠，后来杀了阙宣，兼并了他的部队。

初平四年，曹操征讨陶谦，攻克了十几座城邑，在彭城和陶谦大战。陶谦的军队失败后逃走，死的人有几万，泗水被尸体堵塞得不流动了。陶谦退守郯城，曹操因粮食缺乏就率兵回师了。兴平元年，曹操再次东征，攻略平定了琅邪、东海几个县。陶谦很害怕，想逃到丹杨。正好这时张邈背叛曹操迎接吕布，曹操回师攻打吕布。这一年，陶谦病死。

张杨

【原文】张杨，字稚叔，云中人也。以武勇给并州，为武猛从事。灵帝末，天下乱，帝以所宠小黄门蹇硕为西园上军校尉，军京都，欲以御四方，征天下豪杰以为偏裨。太祖及袁绍等皆为校尉，属之。①并州刺史丁原遣杨将兵诣硕，为假司马。灵帝崩，硕为何进所杀。杨复为进所遣，归本州募兵，得千余人，因留上党，击山贼。进败，董卓作乱。杨遂以所将攻上党太守于壶关，不下，略诸县，众至数千人。山东兵起，欲诛卓。袁绍至河内，杨与绍合，复与匈奴单于於夫罗屯漳水。单于欲叛，绍、杨不从。单于执杨与俱去，绍使将麹义追击于邺南，破之。单于执杨至黎阳，攻破度辽将军耿祉军，众复振。卓以杨为建义将军、河内太守。天子之在河东，杨将兵控安邑，拜安国将军，封晋阳侯。杨欲迎天子还洛，诸将不听，杨还野王。建安元年，杨奉、董承、韩暹挟天子还旧京，粮乏。杨以粮迎道路，遂至洛阳。谓诸将曰："天子当与天下共之，幸有公卿大臣，杨当捍外难，何事京都？"遂还野王。即拜为大司马。②杨素与吕布善，太祖之围布，杨欲救之，不能。乃出兵东市，遥为之势。其将杨丑，杀杨以应太祖。杨将眭固杀丑，将其众，欲北合袁绍。太祖遣史涣邀击，破之于犬城，斩固，尽收其众也。③

①《灵帝纪》曰：以虎贲中郎将袁绍为中军校尉，屯骑校尉鲍鸿为下军校尉，议郎曹操为典军校尉，赵融、冯芳为助军校尉，夏牟、淳于琼为左右校尉。

②《英雄记》曰：杨性仁和，无威刑。下人谋反，发觉，对之涕泣，辄原不问。

③《典略》曰：固，字白兔，既杀杨丑，军屯射犬。时有巫诫固曰："将军字兔而此邑名犬，兔见犬，其势必惊，宜急移去。"固不从，遂战死。

【译文】张杨，字稚叔，云中人。因为勇武在并州供职，担任武猛从事。汉灵帝末年，天下大乱，皇帝任命自己宠信的小黄门太监蹇硕为西园上军校尉，驻守京都，想用他来抵御四方的骚扰，并征召天下豪杰作为辅助。曹操和袁绍等人都担任校尉，归蹇硕管辖。并州刺史丁原派张杨率领军队到蹇硕那里，担任假司马。汉灵帝去世，蹇硕被何进杀了。张杨又被何进派遣，回到本州招募兵丁，得到一千多人，就留守上党，攻击山越贼寇。何进失败后，董卓制造动乱。张杨就率领他所统辖的军队在壶关进攻上党太守，没有攻克，攻略了许多县，聚众达到几千人。崤山以东义军纷纷兴起，打算诛杀董卓。袁绍到了河内，张杨和袁绍联合，又和匈奴单于於夫罗驻扎在漳水一带。单于打算背叛朝廷，袁绍、张杨没有听从。单于抓住张杨一同离去，袁绍派部将麴义在邺县以南追击单于，打败了他。单于又带张杨到了黎阳，打败度辽将军耿祉的军队，张杨部众又振兴起来。董卓任命张杨为建义将军、河内太守。天子到河东时，张杨率兵到达安邑，被任命为安国将军，封为晋阳侯。张杨想迎接天子返回洛阳，各将领不同意，张杨回到野王。建安元年，杨奉、董承、韩暹挟持天子回旧京城，粮食非常缺乏。张杨带着粮食在路上迎候天子，天子于是到了洛阳。张杨对众将说："天子应当和天下共存亡，幸亏有了公卿大臣，我应该抵御外面的灾难，为什么要在京都谋事呢？"于是他返回野王。随即他被任命为大司马。张杨平时和吕布友善，曹操围攻吕布时，张杨想救他，但无法去。就出兵到东市，在远方为吕布提供帮助。他的部将杨丑，杀了张杨来响应曹操。张杨的部将眭固又杀了杨丑，率领部队想向北联合袁绍。曹操派史涣拦击，在犬城打败了眭固，杀了他，收编了他的全部人马。

公孙度　公孙康、公孙恭、公孙晃、公孙渊

【原文】公孙度，字升济，本辽东襄平人也。度父延，避吏居玄菟，任度为郡吏。时玄菟太守公孙琙，子豹，年十八岁，早死。度少时名豹，又与琙子同年，琙见而亲爱之，遣就师学，为取妻。后举有道，除尚书郎，稍迁冀州刺史，以谣言免。同郡徐荣为董卓中郎将，荐度为辽东太守。度起玄菟小吏，为辽东郡所轻。先时，属国公孙昭守襄平令，召度子康为伍长。度到官，收昭，笞杀于襄平市。郡中名豪大姓田韶等宿遇无恩，皆以法诛，所夷灭百余家，郡中震栗。东伐高句骊，西击乌丸，威行海外。

初平元年，度知中国扰攘，语所亲吏柳毅、阳仪等曰："汉祚将绝，当与诸卿图王耳。"① 时襄平延里社生大石，长丈余，下有三小石为之足。或谓度曰："此汉宣帝冠石之祥，而里名与先君同。社主土地，明当有土地，而三公为辅也。"度益喜。故河内太守李敏，郡中知名，恶度所为，恐为所害，乃将家属入于海。度大怒，掘其父冢，剖棺焚尸，诛其宗族。② 分辽东郡为辽西中辽郡，置太守。越海收东莱诸县，置营州刺史。自立为辽东侯、平州牧，追封父延为建义侯。立汉二祖庙，承制设坛墠于襄平城南，郊祀天地，藉田，治兵，乘鸾路，九旒，旄头羽骑。太祖表度为武威将军，封永宁乡侯，度曰："我王辽东，何永宁也！"藏印绶武库。度死，子康嗣位，以永宁乡侯封弟恭。是岁建安九年也。

①《魏书》曰：度语毅、仪："谶书云'孙登当为天子'，太守姓公孙，字升济，升即登也。"

②《晋阳秋》曰：敏子追求敏，出塞，越二十余年不娶。州里徐邈责之曰："不孝莫大于无后，何可终身不娶乎！"乃娶妻，生子胤而遣妻，常如居丧之礼，不胜忧，数年而卒。胤生不识父母，及有识，蔬食哀戚亦如三年之丧。以祖父不知存亡，设主奉之。由

是知名，仕至司徒。

臣松之案：本传云敏将家入海，而复与子相失，未详其故。

十二年，太祖征三郡乌丸，屠柳城。袁尚等奔辽东，康斩送尚首。语在《武纪》。封康襄平侯，拜左将军。康死，子晃、渊等皆小，众立恭为辽东太守。文帝践阼，遣使即拜恭为车骑将军，假节，封平郭侯，追赠康大司马。

初，恭病阴消为阉人，劣弱不能治国。太和二年，渊胁夺恭位。明帝即拜渊扬烈将军、辽东太守。渊遣使南通孙权，往来赂遗。①权遣使张弥、许晏等，赍金玉珍宝，立渊为燕王。渊亦恐权远不可恃，且贪货物，诱致其使，悉斩送弥、晏等首。②明帝于是拜渊大司马，封乐浪公，持节、领郡如故。③使者至，渊设甲兵为军陈，出见使者，又数对国中宾客出恶言。④景初元年，乃遣幽州刺史毌丘俭等赍玺书征渊。渊遂发兵，逆于辽隧，与俭等战。俭等不利而还。渊遂自立为燕王，置百官有司。遣使者持节，假鲜卑单于玺，封拜边民，诱呼鲜卑，侵扰北方。⑤二年春，遣太尉司马宣王征渊。六月，军至辽东。⑥渊遣将军卑衍、杨祚等步骑数万屯辽隧，围堑二十余里。宣王军至，令衍逆战。宣王遣将军胡遵等击破之。宣王令军穿围，引兵东南向，而急东北，即趋襄平。衍等恐襄平无守，夜走。诸军进至首山，渊复遣衍等迎军殊死战。复击，大破之，遂进军造城下，为围堑。会霖雨三十余日，辽水暴长，运船自辽口径至城下。雨霁，起土山、修橹，为发石连弩射城中，渊窘急。粮尽，人相食，死者甚多。将军杨祚等降。八月丙寅夜，大流星长数十丈，从首山东北坠襄平城东南。壬午，渊众溃，与其子修将数百骑突围东南走，大兵急击之，当流星所坠处，斩渊父子。城破，斩相国以下首级以千数，传渊首洛阳，辽东、带方、乐浪、玄菟悉平。

①《吴书》载渊表权曰："臣伏惟遭天地反易，遇无妄之运，王路未夷，倾侧扰攘。自先人以来，历事汉、魏，阶缘际会，为国效节，继世享任，得守藩表，犹知符命未有攸归。每感厚恩，频辱显使，退念人臣交不越境，是以固守所执，拒违前使。虽义无二信，敢忘大恩？陛下镇抚，长存小国，前后裴校尉、葛都尉等到，奉被敕诫，圣旨弥密，重纨累素，幽明备著，所以申示之事，言提其耳。臣昼则讴吟，宵则发梦，终身诵之，志不知足。季末凶荒，乾坤否塞，兵革未戢，人民荡析。仰此天命将有眷顾，私从一隅永瞻云日。今魏家不能采录忠善，褒功臣之后，乃令谗谄得行其志，听幽州刺史、东莱太守诳误之言，猥兴州兵，图害臣郡。臣不负魏，而魏绝之。盖闻人臣有去就之分，田饶适齐，乐毅走赵，以不得事主，故保有道之君。陈平、耿况，亦睹时变，卒归于汉，勒名帝籍。伏惟陛下德不再出，时不世遇，是以慺慺怀慕自纳，望远视险，有如近易。诚愿神谟蚤定洪业，奋六师之势，收河、洛之地，为圣代宗。天下幸甚！"◎《魏略》曰：国家知渊两端，而恐辽东吏民为渊所误，故公文下辽东，因赦之曰："告辽东、玄菟将校吏民：逆贼孙权遭遇乱阶，因其先人劫略州郡，遂成群凶，自擅江表，含垢藏疾。冀其可化，故割地王权，使南面称孤，位以上将，礼以九命。权亲叉手，北向稽颡。假人臣之宠，受人臣之荣，未有如权者也。狼子野心，告令难移，卒归反复，背恩叛主，滔天逆神，乃敢僭号。恃江湖之险阻，王诛未加。比年已来，复远遣船，越渡大海，多持货物，诳诱边民。边民无知，

与之交关。长吏以下，莫肯禁止。至使周贺浮舟百艘，沈滞津岸，贸迁有无。既不疑拒，赍以名马，又使宿舒随贺通好。十室之邑，犹有忠信，陷君于恶，《春秋》所书也。今辽东、玄菟奉事国朝，纡青拖紫，以千百为数，戴缅垂缨，咸佩印绶，曾无匡正纳善之言。龟玉毁于椟，虎兕出于匣，是谁之过欤？国朝为子大夫羞之！昔狐突有言：'父教子贰，何以事君？策名委质，贰乃辟也。'今乃阿顺邪谋，胁从奸惑，岂独父兄之教不详，子弟之举习非而已哉？若苗秽害田，随风烈火，芝艾俱焚，安能白别乎？且又此事固然易见，不及鉴古成败，书传所载也。江南海北有万里之限，辽东君臣无怵惕之患，利则义所不利，贵则义所不贵，此为厌安乐之居，求危亡之祸，贱忠贞之节，重背叛之名。蛮、貊之长，犹知爱礼，以此事人，亦难为颜！且又宿舒无罪，挤使入吴，奉不义之使，始与家诀，涕泣而行。及至贺死之日，覆众成山，舒虽脱死，魂魄离身。何所逼迫，乃至于此！今忠臣烈将，咸忿辽东反复携贰，皆欲乘桴浮海，期于肆意。朕为天下父母，加念天下新定，既不欲劳动干戈，远涉大川，费役如彼，又悼边陲遗余黎民，迷误如此，故遣郎中卫慎、邵瑁等且先奉诏示意。若股肱忠良，能效节立信以辅时君，反邪就正以建大功，福莫大焉。傥恐自嫌，已为恶逆所见染污，不敢倡言，永怀伊戚。其诸与贼使交通，皆赦除之，与之更始。"

②《魏略》载渊表曰："臣前遣校尉宿舒、郎中令孙综，甘言厚礼，以诱吴贼。幸赖天道福助大魏，使此贼虏暗然迷惑，违戾群下，不从众谏，承信臣言，远遣船使，多将士卒，来致封拜。臣之所执，得如本志，虽忧罪衅，私怀幸甚。贼众本号万人，舒、综伺察，可七八千人，到沓津。伪使者张弥、许晏与中郎将万泰、校尉裴潜将吏兵四百余人，赍文书命服什物，下到臣郡。泰、潜别赍致遗货物，欲因市马。军将贺达、虞咨领余众在船所。臣本欲须凉节乃取弥等，而弥等人兵众多，见臣不便承受吴命，意有猜疑。惧其先作，变态妄生，即进兵围取，斩弥、晏、泰、潜等首级。其吏从兵众，皆士伍小人，给使东西，不得自由，面缚乞降，不忍诛杀，辄听纳受，徙充边城。别遣将韩起等率将三军，驰行至沓。使领长史柳远设宾主礼诱请达、咨，三军潜伏以待其下，又驱群马货物，欲与交市。达、咨怀疑不下，使诸市买者五六百人下，欲交市。起等金鼓始震，锋矢乱发，斩首三百余级，被创赴水没溺者可二百余人，其散走山谷，来归降及藏窜饥饿死者，不在数中。得银印、铜印、兵器、资货，不可胜数。谨遣西曹掾公孙珩奉送贼权所假臣节、印绶、符策、九锡、什物，及弥等伪节、印绶、首级。"又曰："宿舒、孙综前到吴，贼权问臣家内小大，舒、综对臣有三息，修别属亡弟。权敢奸巧，便擅拜命。谨封送印绶、符策。臣虽无昔人洗耳之风，惭为贼权污损所加，既行天诛，犹有余忿。"又曰："臣父康，昔杀权使，结为仇隙。今乃谲欺，遣使诱致，令权倾心，虚国竭禄，远命上卿，宠授极位，震动南土，备尽礼数。又，权待舒、综，契阔委曲，君臣上下，毕欢竭情。而令四使见杀，枭示万里，士众流离，屠戮津渚，惭耻远布，痛辱弥天。权之怨疾，将刻肌骨。若天衰其业，使至丧陨，权将内伤愤激而死。若期运未讫，将播毒螫，必恐长蛇来为寇害。徐州诸屯及城阳诸郡，与相接近，如有船众后年向海门，得其消息，乞速告臣，使得备豫。"又曰："臣门户受恩，实深实重，自臣承摄即事以来，连被荣宠，殊特无量，分当陨越，竭力致

死。而臣狂愚，意计迷暗，不即禽贼，以至见疑。前章表所陈情趣事势，实但欲罢弊此贼，使困自绝，诚不敢背累世之恩，附僭盗之虏也。而后爱憎之人，缘事加诬，伪生节目，卒令明听疑于市虎，移恩改爱，兴动威怒，几至沉没，长为负忝。幸赖慈恩，犹垂三宥，使得补过，解除愆责。如天威远加，不见假借，早当麋碎，辱先废祀，何缘自明，建此微功。臣既喜于事捷，得自申展，悲于畴昔，至此变故，余怖踊跃，未敢便宁。唯陛下既崇春日生全之仁，除忿塞隙，抑弭纤介，推今亮往，察臣本心，长令抱戴，衔分三泉。"又曰："臣被服光荣，恩情未报，而以罪衅，自招谴怒，分当即戮，为众社戒。所以越典诡常，伪通于吴，诚自念穷迫，报效未立，而为天威督罚所加，长恐奄忽不得自洗。故敢自阙替废于一年，遣使诱吴，知其必来。权之求郡，积有年岁，初无倡答一言之应，今权得使，来必不疑。至此一举，果如所规，上卿大众，翕赫丰盛，财货赂遗，倾国极位，到见禽取，流离死亡，千有余人，灭绝不反。此诚暴猾贼之锋，摧矜夸之巧，昭示天下，破损其业，足以惭之矣。臣之倭倭，念效于国，虽有非常之过，亦有非常之功，愿陛下原其逾阙之愆，采其毫毛之善，使得国恩，保全终始矣。"

③《魏名臣奏》载中领军夏侯献表曰："公孙渊昔年敢违王命，废绝计贡者，实挟两端。既恃阻险，又怙孙权。故敢跋扈，恣睢海外。宿舒亲见贼权军众府库，知其弱少不足凭恃，是以决计斩贼之使。又，高句丽、涉貊与渊为仇，并为寇抄。今外失吴援，内有胡寇，心知国家能从陆道，势不得不怀惶惧之心。因斯之时，宜遣使示以祸福。奉车都尉鳆弘，武皇帝时始奉使命，开通道路。文皇帝即位，欲通使命，遣弘将妻子还归乡里，赐其车、牛，绢百匹。弘以受恩，归死国朝，无有还意，乞留妻子，身奉使命。公孙康遂称臣妾。以弘奉使称意，赐爵关内侯。弘性果烈，乃心于国，夙夜拳拳，念自竭效。冠族子孙，少好学问，博通书记，多所关涉，口论速捷，辩而不俗，附依典诰，若出胸臆，加仕本郡，常在人右，彼方士人素所敬服。若当遣使，以为可使弘行。弘乃自旧土，习其国俗，为说利害，辩足以动其意，明足以见其事，才足以行之，辞足以见信。若其计从，虽郦生之降齐王，陆贾之说尉佗，亦无以远过也。欲进远路，不宜释骐骥；将已笃疾，不宜废扁鹊。愿察愚言也。"

④《吴书》曰：魏遣使者傅容、聂夔拜渊为乐浪公。渊计吏从洛阳还，语渊曰："使者左骏伯，使皆择勇力者，非凡人也。"渊由是疑怖。容、夔至，住学馆中。渊先以步骑围之，乃入受拜。容、夔大怖，由是还洛言状。

⑤《魏书》曰：渊知此变非独出俭，遂为备。遣使谢吴，自称燕王，求为与国。然犹令官属上书自直于魏曰："大司马长史臣郭昕、参军臣柳浦等七百八十九人言：奉被今年七月己卯诏书，伏读恳切，精魄散越，不知身命所当投措！昕等伏自惟省，蝼蚁小丑，器非时用，遭值千载，被受公孙渊祖考以来光明之德，惠泽沾渥，滋润荣华，无寸尺之功，有负乘之累。遂蒙褒奖，登名天府，并以驽蹇附龙托骥，纡青拖紫，飞腾云梯，感恩惟报，死不择地。臣等闻明君在上，听政采言，人臣在下，得无隐情，是以因缘诉讼，冒犯诉冤。郡在藩表，密迩不羁，平昔三州，转输费调，以供赏赐，岁用累亿，虚耗中国。然犹跋扈，虔刘边陲，烽火相望，羽檄相逮，城门昼闭，路无行人，州郡兵戈，奔散覆没。

渊祖父度初来临郡,承受荒残,开日月之光,建神武之略,聚乌合之民,扫地为业,威震耀于殊俗,德泽被于群生。辽土之不坏,实度是赖。孔子曰:'微管仲,吾其被发左衽。'向不遭度,则郡早为丘墟,而民系于虏廷矣。遗风余爱,永存不朽。度既薨殂,吏民感慕,欣戴子康,尊而奉之。康践统洪绪,克壮徽猷,文昭武烈,迈德种仁。乃心京辇,翼翼虔恭,佐国平乱,效绩纷纭,功隆事大,勋藏王府。度、康当值武皇帝休明之会,合策名之计,夹辅汉室,降身委质,卑己事魏。匪处小厌大,畏而服焉,乃慕托高风,怀仰盛懿也。武皇帝亦虚心接纳,待以不次,功无巨细,每不见忘。又命之曰:'海北土地,割以付君,世世子孙,实得有之。'皇天后土,实闻德音。臣庶小大,豫在下风,奉以周旋,不敢失坠。渊生有兰石之姿,少含恺悌之训,允文允武,忠惠且直,生民钦仰,莫弗怀爱。渊纂戎祖考,君临万民,为国以礼,淑化流行,独见先睹,罗结遐方,勤王之义,视险如夷,世载忠亮,不陨厥名。孙权慕义,不远万里,连年遣使,欲自结援,虽见绝杀,不念旧怨,纤纤往来,求成恩好。渊执节弥固,不为利回,守志匪石,确乎弥坚。犹惧丹心未见保明,乃卑辞厚币,诱致权使,枭截献馘,以示无二。吴虽在远,水道通利,举帆便至,无所隔限。渊不顾敌仇之深,念存人臣之节,绝强吴之欢,昭事魏之心,灵祇明鉴,普天咸闻。陛下嘉美洪烈,懿兹武功,诞锡休命,宠亚齐、鲁,下及陪臣,普受介福。诚以天覆之恩,当卒终始,得竭股肱,永保禄位,不虞一旦,横被残酷。惟育养之厚,念积累之效,悲思不遂,痛切见弃,举国号咷,拊膺泣血。夫三军所伐,蛮夷戎狄,骄逸不虔,于是致武,不闻义国反受诛讨。盖圣王之制,五服之域,有不供职,则修文德,而又不至,然后征伐。渊小心翼翼,恪恭于位,勤事奉上,可谓勉矣。尽忠竭节,还被患祸。《小弁》之作,《离骚》之兴,皆由此也。就或佞邪,盗言孔甘,犹当清览,憎而知善;谗巧似直,惑乱圣听,尚望文告,使知所由。若信有罪,当垂三宥;若不改寤,计功减降,当在八议。而潜军伺袭,大兵奄至,舞戈长驱,冲击辽土。犬马恶死,况于人类!吏民昧死,挫辱王师。渊虽冤枉,方临危殆,犹恃圣恩,怅然重奔,冀必奸臣矫制,妄肆威虐,乃谓臣等曰:'汉安帝建光元年,辽东属国都尉庞奋,受二月乙未诏书,曰收幽州刺史冯焕、玄菟太守姚光。推案无乙未诏书,遣侍御史幽州牧考奸臣矫制者。今刺史或傥谬承矫制乎?'臣等议,以为刺史兴兵,摇动天下,殆非矫制,必是诏命。渊乃俯仰叹息,自伤无罪。深惟土地所以养人,窃慕古公杖策之岐,乃欲投冠释绂,逝归林麓。臣等维持,誓之以死,屯守府门,不听所执。而七营虎士,五部蛮夷,各怀素饱,不谋同心,奋臂大呼,排门遁出。近郊农民,释其耨镈,伐薪制梃,改案为橹,奔驰赴难,军旅行成,虽蹈汤火,死不顾生。渊虽见孤弃,怨而不怒,比遣敕军,勿得干犯,及手书告语,恳恻至诚。而吏士凶悍,不可解散,期于毕命,投死无悔。渊惧吏士不从教令,乃躬驰骛,自往化解,仅乃止之。一饭之惠,匹夫所死,况渊累叶信结百姓,恩著民心。自先帝初兴,爰暨陛下,荣渊累叶,丰功懿德,策名褒扬,辩著廊庙,胜衣举履,诵咏明文,以为口实。埋而掘之,古人所耻。小白、重耳,衰世诸侯,犹慕著信,以隆霸业。《诗》美文王作孚万邦,《论语》称仲尼去食存信,信之为德,固亦大矣。今吴、蜀共帝,鼎足而居,天下摇荡,无所统一,臣等每为陛下惧此危心。渊据金城之固,仗和睦之民,国殷兵强,可以横行。策名委质,守死善道,忠至义尽,为九州表。方今二敌窥窬，未知孰定，是之不戒，而渊是害。茹柔吐刚，非王者之道也。臣等虽鄙，诚窃耻之。若无天乎，臣一郡吉凶，尚未可知；若云有天，亦何惧焉！臣等闻仕于家者，二世则主之，三世则君之。臣等生于荒裔之土，出于圭窦之中，无大援于魏，世隶于公孙氏，报生与赐，在于死力。昔蒯通言直，汉祖赦其诛；郑詹辞顺，晋文原其死。臣等顽愚，不达大节，苟执一介，披露肝胆，言逆龙鳞，罪当万死。惟陛下恢崇抚育，亮其控告，使疏远之臣，永有保恃。”

⑥《汉晋春秋》曰：公孙渊自立，称绍汉元年。闻魏人将讨，复称臣于吴，乞兵北伐以自救。吴人欲戮其使，羊衜曰：“不可，是肆匹夫之怒而捐霸王之计也。不如因而厚之，遣奇兵潜往以要其成。若魏伐渊不克，而我军远赴，是恩结遐夷，义盖万里；若兵连不解，首尾离隔，则我虏其傍郡，驱略而归，亦足以致天之罚，报雪曩事矣。”权曰：“善。”乃勒兵大出。谓渊使曰：“请俟后问，当从简书，必与弟同休戚，共存亡，虽陨于中原，吾所甘心也。”又曰：“司马懿所向无前，深为弟忧也。”

初，渊家数有怪，犬冠帻绛衣上屋，炊有小儿蒸死甑中。襄平北市生肉，长围各数尺，有头目口喙，无手足而动摇。占曰：“有形不成，有体无声，其国灭亡。”始度以中平六年据辽东，至渊三世，凡五十年而灭。①

①《魏略》曰：始渊兄晃为恭任子，在洛，闻渊劫夺恭位，谓渊终不可保，数自表闻，欲令国家讨渊。帝以渊已秉权，故因而抚之。及渊叛，遂以国法系晃。晃虽有前言，冀不坐，然内以骨肉，知渊破则己从及。渊首到，晃自审必死，与其子相对啼哭。时上亦欲活之，而有司以为不可，遂杀之。

【译文】公孙度，字升济，本来是辽东襄平人。公孙度的父亲公孙延，为了躲避做官住在玄菟，公孙度被任命为郡吏。当时玄菟太守是公孙琙，他的儿子公孙豹，年龄十八岁，却过早死了。公孙度小时候名字也叫豹，又与公孙琙的儿子同岁，公孙琙见到他就非常喜欢，派他就师学习，为他娶了妻子。后来被推举为有道，升为尚书郎，逐渐又被提拔为冀州刺史，因被谣言中伤而罢官。与他同郡的徐荣被董卓任命为中郎将，他推荐公孙度担任辽东太守。公孙度从玄菟的小吏起家，被辽东郡府的官员轻视。在这之前，属国公孙昭担任襄平县令的职务，召公孙度的儿子公孙康担任伍长。公孙度到任后，逮捕了公孙昭，在襄平集市上笞杀了他。郡内的豪门贵族田韶等人长期得到优待却德薄恩寡，他都依法处死了他们，被夷灭的有一百多家，郡内大为震惊。公孙度向东讨伐高句丽，往西攻击乌丸，威势影响到海外。

初平元年，公孙度得知中原混乱，对他亲信的官员柳毅、阳仪等人说：“汉朝的福祚将要结束，我决定和各位谋取王业。”当时襄平县延里社生出了一块大石头，长一丈多，下有三块小石头做它的支脚。有人对公孙度说：“这是汉宣帝冠石的预兆，而且里名和你父亲相同。社是主管土地的神，说明您应当占有土地，而三公做您的辅臣。”公孙度非常高兴。原河内太守李敏，在郡内知名，厌恶公孙度的行为，害怕被他迫害，就带着家属从海上逃走。公孙度大怒，挖开他父亲的坟墓，剖开棺木焚烧了尸体，诛灭他的宗族。他划分辽东郡置辽西中辽郡，设置太守之职。跨海征服了东莱各县，设置营州刺史之职。他自立为辽东侯、平州牧，追封他父亲公孙延为建义侯。建立汉朝的两座祖庙，按照典章制度在襄平城南设置祭坛，在城郊祭祀天地，安排藉田，治理军队，乘坐鸾车，戴九旒冕，使用旄头骑士和羽林军骑兵。曹操任命公孙度为武威将军，封为永宁乡侯，公孙度说："我在辽东称王，为什么要做永宁乡侯呢！"把印绶藏在武库中。公孙度死后，他的儿子公孙康继位，把永宁乡侯封给他弟弟公孙恭。这年是汉建安九年。

建安十二年，曹操征讨三郡乌丸，屠戮柳城。袁尚等人逃奔辽东，公孙康杀了袁尚把首级送给曹操。这件事记载在《武帝纪》里。曹操封公孙康为襄平侯，任命他为左将军。公孙康死后，他儿子公孙晃、公孙渊等人还小，众人推立公孙恭为辽东太守。魏文帝登基后，派使者前去任命公孙恭为车骑将军，授予符节，封他为平郭侯，追赠公孙康为大司马。

起初，公孙恭患生殖器萎缩症成了阉人，身体衰弱不能治理封国。太和二年，公孙渊胁迫夺取了公孙恭的官位。魏明帝即位，任命公孙渊为扬烈将军、辽东太守。公孙渊派使者到南方联络孙权，礼物往来不断。孙权派使者张弥、许晏等人，送来金玉珍宝，推立公孙渊为燕王。公孙渊也担心孙权太远，不能依靠，且又贪财货，就引诱孙权派使者来，把张弥、许晏砍了头，送给魏明帝。魏明帝因此任命公孙渊为大司马，封为乐浪公，授予符节，兼任郡守不变。有使者到来，公孙渊设置甲兵列成军阵，出来会见使者，又多次恶语中伤封国内的宾客。

魏景初元年，天子派幽州刺史毌丘俭等人带着玺书征召公孙渊。于是，公孙渊就发兵，在辽隧迎候，和毌丘俭开战。毌丘俭等作战不利而返回。于是，公孙渊自立为燕王，设置百官和有关机构。派使者手持符节，授予鲜卑单于印玺，给边地百姓授官封地，诱唆鲜卑，侵扰北方。景初二年春，皇帝派太尉司马宣王征讨公孙渊。六月，军队到达辽东。公孙渊派将军卑衍、杨祚等人率步兵骑兵几万人驻扎在辽隧，周围挖了二十多里的壕沟。司马宣王的军队来到后，公孙渊命令卑衍迎战。司马宣王派将军胡遵等人打败了他。司马宣王命令军队穿破壕沟，率领军队奔向东南，又急速转向东北，很快就袭奔襄平。卑衍等人害怕襄平守不住，连夜逃走。司马宣王的各路军队进军到了首山，公孙渊又派卑衍等人与魏军殊死作战。司马宣王再次进攻，大败卑衍，最终进军到达城下，挖掘壕沟。正在这时，下了三十多天的雨，辽水暴涨，运行的船只从辽水口可直达城下。雨停了，司马宣王就堆起土山，修造楼台，用发石连弩射入城内，公孙渊处境艰难。城内粮食吃尽，到了人吃人的程度，死的人非常多。将军杨祚等人投降。八月七日夜里，有大流星长达几十丈，从首山东北坠入襄平城东南。二十三日，公孙渊的军队溃乱，他和儿子公孙修率领几百名骑兵突围，向东南方向逃跑，魏国大军急速追击他，在流星坠落的地方，杀了公孙渊父子。城池被攻破，斩相国以下几千人的首级，把公孙渊的首级送往洛阳，辽东、带方、乐浪、玄菟全都平定。

起初，公孙渊家里多次闹怪，有一只狗头戴冠帻身穿绛衣上了屋顶，做饭时有小孩在锅里被蒸死。襄平北面的集市上长出肉，长和宽各有几尺，有头有眼有口唇，没有手足却能摇动。占卜说："有形不成，有体无声，这个封国要灭亡。"从公孙度在中平六年占据辽东开始，到公孙渊有三代，共五十年而被消灭。

张燕

【原文】张燕，常山真定人也，本姓褚。黄巾起，燕合聚少年为群盗，在山泽间转攻，还真定，众万余人。博陵张牛角亦起众，自号将兵从事，与燕合。燕推牛角为帅，俱攻廮陶。牛角为飞矢所中，被创且死，令众奉燕，告曰："必以燕为帅。"牛角死，众奉燕，故改姓张。燕剽捍捷速过人，故军中号曰"飞燕"。其后人众寖广，常山、赵郡、中山、上党、河内诸山谷皆相通，其小帅孙轻、王当等，各以部众从燕，众至百万，号曰"黑山"。灵帝不能征，河北诸郡被其害。燕遣人至京都乞降，拜燕平难中郎将。[①]是后，董卓迁天子于长安，天下兵数起，燕遂以其众与豪杰相结。袁绍与公孙瓒争冀州，燕遣将杜长等助瓒，与绍战，为绍所败，人众稍散。太祖将定冀州，燕遣使求佐王师，拜平北将军，率众诣邺，封安国亭侯，邑五百户。燕薨，子方嗣。方薨，子融嗣。[②]

①《九州春秋》曰：张角之反也，黑山、白波、黄龙、左校、牛角、五鹿、羝根、苦蝤、刘石、平汉、大洪、司隶、缘城、罗市、雷公、浮云、飞燕、白爵、杨凤、于毒等各起兵，大者二三万，小者不减数千。灵帝不能讨，乃遣使拜杨凤为黑山校尉，领诸山贼，得举孝廉、计吏。后遂弥漫，不可复数。◎《典略》曰：黑山、黄巾诸帅，本非冠盖，自相号字，谓骑白马者为"张白骑"，谓轻捷者为"张飞燕"，谓声大者为"张雷公"，其饶须者则自称"于羝根"，其眼大者自称"李大目"。◎张璠《汉纪》云：又有左校、郭大贤、左髭丈八三部也。

② 陆机《晋惠帝起居注》曰：门下通事令史张林，飞燕之曾孙。林与赵王伦为乱，未及周年，位至尚书令、卫将军，封郡公。寻为伦所杀。

【译文】张燕，常山郡真定县人，本来姓褚。黄巾起事时，张燕纠集年轻人做了强盗，在山林之间转战，回到真定时，已聚众一万多人。博陵张牛角也聚众起事，他自己号称将兵从事，和张燕联合。张燕推举张牛角为统帅，一起攻打瘿陶。张牛角被飞箭射中，身受重伤，将要死去，他命令众人尊奉张燕，告诉大家说："一定要让张燕做统帅。"张牛角死后，众人尊奉张燕，因此他才改姓张。张燕剽悍敏捷，超过常人，因此军中称他为"飞燕"。以后他的兵马逐渐扩充，常山、赵郡、中山、上党、河内各山谷都连通，那些小股强盗的小头目如孙轻、王当等人，各自带领部下跟随张燕，聚众多达百万，号称"黑山"。汉灵帝无法征讨他们，黄河以北各郡都遭受其害。张燕派人到京都乞求投降，朝廷任命张燕为平难中郎将。在这以后，董卓把天子迁到长安，天下战乱频频发生，张燕就率领部下同豪杰联合。袁绍和公孙瓒急夺冀州，张燕派部将杜长等人协助公孙瓒，和袁绍开战，被袁绍打败，人马逐渐离散。曹操将要平定冀州，张燕派使者请求帮助天子的军队，他被任命为平北将军，率领他的部队到了邺县，被封为安国亭侯，食邑五百户。张燕去世后，他的儿子张方继承爵位。张方去世后，他的儿子张融继承爵位。

张绣

【原文】张绣，武威祖厉人，骠骑将军济族子也。边章、韩遂为乱凉州，金城麴胜袭杀祖厉长刘隽。绣为县吏，间伺杀胜，郡内义之。遂招合少年，为邑中豪杰。董卓败，济与李傕等击吕布，为卓报仇。语在《卓传》。绣随济，以军功稍迁至建忠将军，封宣威侯。济屯弘农，士卒饥饿，南攻穰，为流矢所中死。绣领其众，屯宛，与刘表合。太祖南征，军淯水，绣等举众降。太祖纳济妻，绣恨之。太祖闻其不悦，密有杀绣之计。计漏，绣掩袭太祖。太祖军败，二子没。绣还保穰，① 太祖比年攻之，不克。太祖拒袁绍于官渡，绣从贾诩计，复以众降。语在《诩传》。绣至，太祖执其手，与欢宴，为子均取绣女，拜扬武将军。官渡之役，绣力战有功，迁破羌将军。从破袁谭于南皮，复增邑，凡二千户。是时天下户口减耗，十裁一在，诸将封未有满千户者，而绣特多。从征乌丸于柳城，未至，薨，谥曰定侯。② 子泉嗣，坐与魏讽谋反诛，国除。

①《傅子》曰：绣有所亲胡车儿，勇冠其军。太祖爱其骁健，手以金与之。绣闻而疑太祖欲因左右刺之，遂反。◎《吴书》曰：绣降，用贾诩计，乞徙军就高道，道由太祖屯中。绣又曰："车少而重，乞得使兵各被甲。"太祖信绣，皆听之。绣乃严兵入屯，掩太祖。太祖不备，故败。

②《魏略》曰：五官将数因请会，发怒曰："君杀吾兄，何忍持面视人邪！"绣心不自安，乃自杀。

【译文】张绣，武威郡祖厉县人，是骠骑将军张济同族人的儿子。边章和韩遂在凉州制造骚乱时，金城人麴胜偷袭杀害祖厉县长刘隽。张绣担任县吏，他暗中伺机杀了麴胜，郡内人都认为他十分正义。于是他聚集年轻人，成为邑中的豪杰。董卓被打败后，张济同李傕等人攻击吕布，替董卓报仇。这件事情记载在《董卓传》里。张绣跟随张济，因为有战功逐渐升为建忠将军，被封为宣威侯。张济驻扎在弘农，士卒饥饿，就向南攻取穰城，他被流箭射死。张绣带领他的部下，驻扎在宛城，和刘表联合。曹操南征，驻扎淯水，张绣等人率众投降。曹操把张济的妻子纳为他的侍妾，张绣非常恨他。曹操听说他不高兴，秘密思考杀死张绣的计谋。但计谋泄漏，张绣偷袭曹操。曹操军被打败，两个儿子战死。张绣回去据守穰城，曹操连年攻打他，都没有攻克。曹操在官渡同袁绍交战，张绣听从贾诩的计策，又带来部下投降了曹操。这件事记载在《贾诩传》里。张绣到曹营后，曹操握着他的手，为他设宴欢庆，替儿子曹均娶了张绣的女儿为妻，任命张绣为扬武将军。在官渡战役中，张绣奋力作战有功，升为破羌将军。又在南皮参加讨伐袁潭的战斗，再次增加食邑，一共达到两千户。这时天下的户口减少，十户只存一户，所有将领的封邑没有满千户的，而张绣却很多。张绣到柳城参加征讨乌丸的战斗，还没到柳城他就去世了，谥号为定侯。他儿子张泉继承爵位，因参与魏讽的谋反活动被处死，封国被取消。

张鲁

【原文】张鲁，字公祺，沛国丰人也。祖父陵，客蜀，学道鹄鸣山中，造作道书以惑百姓，从受道者出五斗米，故世号“米贼”。陵死，子衡行其道。衡死，鲁复行之。益州牧刘焉以鲁为督义司马，与别部司马张修将兵击汉中太守苏固，鲁遂袭修杀之，夺其众。焉死，子璋代立，以鲁不顺，尽杀鲁母家室。鲁遂据汉中，以鬼道教民，自号“师君”。其来学道者，初皆名“鬼卒”。受本道已信，号“祭酒”。各领部众，多者为治头大祭酒。皆教以诚信不欺诈，有病自首其过，大都与黄巾相似。诸祭酒皆作义舍，如今之亭传。又置义米肉，县于义舍，行路者量腹取足，若过多，鬼道辄病之。犯法者，三原，然后乃行刑。不置长吏，皆以祭酒为治，民夷便乐之。雄据巴、汉垂三十年。①汉末，力不能征，遂就宠鲁为镇民中郎将，领汉宁太守，通贡献而已。民有地中得玉印者，群下欲尊鲁为汉宁王。鲁功曹巴西阎圃谏鲁曰：“汉川之民，户出十万，财富土沃，四面险固。上匡天子，则为桓、文，次及窦融，不失富贵。今承制署置，势足斩断，不烦于王。愿且不称，勿为祸先。”鲁从之。韩遂、马超之乱，关西民从子午谷奔之者数万家。

①《典略》曰：熹平中，妖贼大起，三辅有骆曜。光和中，东方有张角，汉中有张修。骆曜教民缅匿法，角为太平道，修为五斗米道。太平道者，师持九节杖为符祝，教病人叩头思过，因以符水饮之，得病或日浅而愈者，则云此人信道，其或不愈，则云不信道。修法略与角同，加施静室，使病者处其中思过。又使人为奸令祭酒，祭酒主以《老子》五千文，使都习，号为奸令。为鬼吏，主为病者请祷。请祷之法，书病人姓名，说服罪之意。作三通，其一上之天，著山上，其一埋之地，其一沉之水，谓之三官手书。使病者家出米五斗以为常，故号曰“五斗米师”。实无益于治病，但为淫妄，然小人昏愚，竟共事之。后角被诛，修亦亡。及鲁在汉中，因其民信行修业，遂增饰之。教使作义舍，以米肉置其中以止行人；又教使自隐，有小过者，当治道百步，则罪除；又依月令，春夏禁杀；又禁酒。流移寄在其地者，不敢不奉。

臣松之谓张修应是张衡，非《典略》之失，则传写之误。

建安二十年，太祖乃自散关出武都征之，至阳平关。鲁欲举汉中降，其弟卫不肯，率众数万人拒关坚守。太祖攻破之，遂入蜀。①鲁闻阳平已陷，将稽颡归降，圃又曰：“今以迫往，功必轻，不如依杜濩赴朴胡相拒，然后委质，功必多。”于是乃奔南山入巴中。左右欲悉烧宝货仓库，鲁曰：“本欲归命国家，而意未达。今之走，避锐锋，非有恶意。宝货仓库，国家之有。”遂封藏而去。太祖入南郑，甚嘉之。又以鲁本有善意，遣人慰喻。鲁尽将家出，太祖逆拜鲁镇南将军，待以客礼，封阆中侯，邑万户。封鲁五子及阎圃等皆为列侯，②为子彭祖取鲁女。鲁薨，谥之曰原侯。子富嗣。③

①《魏名臣奏》载：董昭表曰：“武皇帝承凉州从事及武都降人之辞，说‘张鲁易攻，阳平城下南北山相远，不可守也’，信以为然。及往临履，不如所闻，乃叹曰：‘他人商度，少如人意。’攻阳平山上诸屯，既不时拔，士卒伤夷者多。武皇帝意沮，便欲拔军截山而还，遣故大将军夏侯惇、将军许褚呼山上兵还。会前军未还，夜迷惑，误入贼营，贼便退

散。侍中辛毗、刘晔等在兵后，语惇、褚，言‘官兵已据得贼要屯，贼已散走’。犹不信之。惇前自见，乃还白武皇帝，进兵定之，幸而克获。此近事，吏士所知。”又，杨暨表曰：“武皇帝始征张鲁，以十万之众，身亲临履，指授方略，因就民麦以为军粮。张卫之守，盖不足言。地险守易，虽有精兵虎将，势不能施。对兵三日，欲抽军还，言：‘作军三十年，一朝持与人，如何？’此计已定，天祚大魏，鲁守自坏，因以定之。”◎《世语》曰：鲁遣五官掾降，弟卫横山筑阳平城以拒，王师不得进。鲁走巴中。军粮尽，太祖将还。西曹掾东郡郭谌曰：“不可。鲁已降，留使既未反，卫虽不同，偏携可攻。县军深入，以进必克，退必不免。”太祖疑之。夜有野麋数千突坏卫营，军大惊。夜，高祚等误与卫众遇，祚等多鸣鼓角会众。卫惧，以为大军见掩，遂降。

② 臣松之以为：张鲁虽有善心，要为败而后降，今乃宠以万户，五子皆封侯，过矣。

习凿齿曰：鲁欲称王，而阎圃谏止之，今封圃为列侯。夫赏罚者，所以惩恶劝善也，苟其可以明轨训于物，无远近幽深矣。今阎圃谏鲁勿王，而太祖追封之，将来之人孰不思顺！塞其本源而末流自止，其此之谓与！若乃不明于此而重燋烂之功，丰爵厚赏止于死战之士，则民利于有乱，俗竞于杀伐，阻兵仗力，干戈不戢矣。太祖之此封，可谓知赏罚之本，虽汤武居之，无以加也。◎《魏略》曰：黄初中，增圃爵邑，在礼请中。后十余岁病死。◎《晋书》云：西戎司马阎缵，圃孙也。

③《魏略》曰：刘雄鸣者，蓝田人也。少以采药射猎为事，常居覆车山下，每晨夜，出行云雾中，以识道不迷，而时人因谓之能为云雾。郭、李之乱，人多就之。建安中，附属州郡，州郡表荐为小将。马超等反，不肯从，超破之。后诣太祖，太祖执其手谓之曰：“孤方入关，梦得一神人，即卿邪！”乃厚礼之，表拜为将军，遣令迎其部党。部党不欲降，遂劫以反，诸亡命皆往依之，有众数千人，据武关道口。太祖遣夏侯渊讨破之，雄鸣南奔汉中。汉中破，穷无所之，乃复归降。太祖捉其须曰：“老贼，真得汝矣！”复其官，徙勃海。时又有程银、侯选、李堪，皆河东人也，兴平之乱，各有众千余家。建安十六年，并与马超合。超破走，堪临陈死。银、选南入汉中，汉中破，诣太祖降，皆复官爵。

【译文】张鲁，字公祺，是沛国丰县人。祖父张陵，客居蜀郡，在鹄鸣山中学道，假造道书来迷惑老百姓，跟他学道的人每人出五斗米，因此当时的人把他称作“米贼”。张陵死后，儿子张衡奉行其道。张衡死后，张鲁又继续奉行其道。益州牧刘焉任用张鲁做督义司马，和别部司马张修一起率军队攻打汉中太守苏固，张鲁袭击张修，把他杀了，夺取了他的军队。刘焉死后，他儿子刘璋代替他当了益州牧，因为张鲁不服从他，把张鲁母亲和他家人全都杀了。于是，张鲁占领汉中，用其鬼道教化百姓，自称为“师君”。那些来学道的人，开始都叫作“鬼卒”。接受本道已无疑惑后，叫作“祭酒”。这些人各自统领部下教民，统领的人数多的是治头大祭酒。祭酒都教育他的教民诚实、有信用、不欺诈，有了病就自己坦白出自己的过失，这大多和黄巾军相类似。各祭酒都建造不收费的旅舍，像现在的驿站一样。又置办了免费的米和肉，悬挂在旅舍里，过路的人按自己的食量拿够为止，如果拿得过多，按照鬼道就会惩罚他。违犯法令的人，宽恕三次，以后如再犯才施行惩罚。不设县官，都是用祭酒治理，汉人和少数民族对此都觉得方便,很高兴。张鲁在巴郡和汉中郡称雄割据了将近三十年。汉朝末年,朝廷无力征服张鲁,于是便拉拢张鲁为镇民中郎将,任汉宁太守,张鲁只是进贡罢了。百姓中有从地里得到玉印的,张鲁的部下就想尊奉张鲁做汉宁王。张鲁的功曹巴西郡人阎圃规劝张鲁说:"汉中地区的百姓,超过十万户,物产丰富,土地肥沃,四周地形险要。您上可辅助天子,就是齐桓公、晋文公一样的人物,其次也比得上窦融,不会丧失财富和显贵。现在秉承皇帝旨意设置官员,势力足以专断一方,不必急于为王。希望您暂且不要称王,不要带头招灾惹祸。"张鲁听从了阎圃的话。韩遂、马超作乱时,关西有几万家百姓从子午谷投奔了张鲁。

建安二十年,太祖从散关出武都征讨张鲁,到了阳平关。张鲁要献出汉中投降,他弟弟张卫不肯,指挥几万人的军队拒关坚守。太祖进攻并打败了他,进入蜀地。张鲁听说阳平关已经陷落,要行跪拜礼投降,阎圃又说:"现在因形势紧迫前往投降,功劳一定不大,不如投奔杜濩或者朴胡来抵抗,然后归顺,功劳一定较多。"因此张鲁就奔向南山进入巴中。手下人想把收藏珍宝物品的仓库都烧了,张鲁说:"我本来要归顺听命朝廷,但意愿未能实现。现在出逃,躲开曹操军队的锐气,并非有恶意。收藏珍宝物品的仓库,是属于国家的。"于是封好仓库离开了。太祖进入南郑,非常赞许张鲁。又因为张鲁本有归顺的意思,便派人去慰问说服。张鲁把家人全带出来,太祖迎接张鲁,拜他为镇南将军,用客礼相待,封他当阆中侯,食邑一万户。封张鲁五个儿子和阎圃等人都当了列侯,替自己儿子曹彭祖娶了张鲁的女儿。张鲁死后,赐他谥号为原侯。他儿子张富继承了爵位。

【原文】评曰:公孙瓒保京,坐待夷灭。度残暴而不节,渊仍业以载凶,只足覆其族也。陶谦昏乱而忧死,张杨授首于臣下,皆拥据州郡,曾匹夫之不若,固无可论者也。燕、绣、鲁舍群盗,列功臣,去危亡,保宗祀,则于彼为愈焉。

【译文】评论说:公孙瓒据守易京自保,坐在那里等待被消灭。公孙度残暴而无节制,公孙渊处危而凶残,只能使他们的宗族覆灭。陶谦昏乱而忧死,张杨被他的臣子杀死,他们都割据州郡,竟不如一个普通百姓,实在没有什么可说的。张燕、张绣、张鲁与盗贼分开,名列功臣,消除了危亡之患,保住了宗族对先人的祭祀,与公孙瓒等人相比,是超过了他们。

三国志

文白对照珍藏版

〔西晋〕陈寿◎著
〔南朝宋〕裴松之◎注
三读国学馆◎编

魏书

2

YSP
北京燕山出版社

卷九　魏书九

诸夏侯曹传第九

夏侯惇　韩浩、史涣

【原文】夏侯惇，字元让，沛国谯人，夏侯婴之后也。年十四，就师学，人有辱其师者，惇杀之，由是以烈气闻。太祖初起，惇常为裨将，从征伐。太祖行奋武将军，以惇为司马，别屯白马，迁折冲校尉，领东郡太守。太祖征陶谦，留惇守濮阳。张邈叛迎吕布，太祖家在鄄城，惇轻军往赴，适与布会，交战。布退还，遂入濮阳，袭得惇军辎重。遣将伪降，共执持惇，责以宝货，惇军中震恐。惇将韩浩乃勒兵屯惇营门，召军吏诸将，皆案甲当部不得动，诸营乃定。遂诣惇所，叱持质者曰："汝等凶逆，乃敢执劫大将军，复欲望生邪！且吾受命讨贼，宁能以一将军之故，而纵汝乎？"因涕泣谓惇曰："当奈国法何！"促召兵击持质者。持质者惶遽叩头言："我但欲乞资用去耳！"浩数责，皆斩之。惇既免，太祖闻之，谓浩曰："卿此可为万世法。"乃著令："自今已后有持质者，皆当并击，勿顾质。"由是劫质者遂绝。①

① 孙盛曰：案《光武纪》，建武九年，盗劫阴贵人母弟，吏以不得拘质迫盗，盗遂杀之也。然则合击者，乃古制也。自安、顺已降，政教陵迟，劫质不避王公，而有司莫能遵奉国宪者，浩始复斩之，故魏武嘉焉。

太祖自徐州还，惇从征吕布，为流矢所中，伤左目。①复领陈留、济阴太守，加建武将军，封高安乡侯。时大旱，蝗虫起，惇乃断太寿水作陂，身自负土，率将士劝种稻，民赖其利。转领河南尹。太祖平河北，为大将军后拒。邺破，迁伏波将军，领尹如故，使得以便宜从事，不拘科制。建安十二年，录惇前后功，增封邑千八百户，并前二千五百户。二十一年，从征孙权，还，使惇都督二十六军，留居巢。赐伎乐名倡，令曰："魏绛以和戎之功，犹受金石之乐，况将军乎！"二十四年，太祖军于摩陂，召惇常与同载，特见亲重，出入卧内，诸将莫得比也。拜前将军，②督诸军还寿春，徙屯召陵。文帝即王位，拜惇大将军，数月薨。

①《魏略》曰：时夏侯渊与惇俱为将军，军中号惇为"盲夏侯"。惇恶之，每照镜恚怒，辄扑镜于地。

②《魏书》曰：时诸将皆受魏官号，惇独汉官，乃上疏自陈不当不臣之礼。太祖曰："吾闻太上师臣，其次友臣。夫臣者，贵德之人也，区区之魏，而臣足以屈君乎？"惇固请，乃拜为前将军。

惇虽在军旅，亲迎师受业。性清俭，有余财辄以分施，不足资之于官，不治产业。谥曰忠侯。子充嗣。帝追思惇功，欲使子孙毕侯，分惇邑千户，赐惇七子二孙爵皆关内侯。惇弟廉及子楙素自封列侯。初，太祖以女妻楙，即清河公主也。楙历位侍中、尚书、安西、镇东将军，假节。[1]充薨，子廙嗣。廙薨，子劭嗣。[2]

①《魏略》曰：楙，字子林，惇中子也。文帝少与楙亲，及即位，以为安西将军、持节，承夏侯渊处都督关中。楙性无武略，而好治生。至太和二年，明帝西征，人有白楙者，遂召还为尚书。楙在西时，多畜伎妾，公主由此与楙不和。其后群弟不遵礼度，楙数切责，弟惧见治，乃共构楙以诽谤，令主奏之，有诏收楙。帝意欲杀之，以问长水校尉京兆段默，默以为："此必清河公主与楙不睦，出于谮构，冀不推实耳。且伏波与先帝有定天下之功，宜加三思。"帝意解，曰："吾亦以为然。"乃发诏推问为公主作表者，果其群弟子臧、子江所构也。

②《晋阳秋》曰：泰始三年，高安乡侯夏侯佐卒，惇之孙也，嗣绝。诏曰："惇，魏之元功，勋书竹帛。昔庭坚不祀，犹或悼之，况朕受禅于魏，而可以忘其功臣哉！宜择惇近属劭封之。"

韩浩者，河内人。沛国史涣与浩俱以忠勇显。浩至中护军，涣至中领军，皆掌禁兵，封列侯。[1]

①《魏书》曰：韩浩，字元嗣。汉末起兵，县近山薮，多寇，浩聚徒众为县藩卫。太守王匡以为从事，将兵拒董卓于盟津。时浩舅杜阳为河阴令，卓执之，使招浩，浩不从。袁术闻而壮之，以为骑都尉。夏侯惇闻其名，请与相见，大奇之，使领兵从征伐。时大议损益，浩以为当急田。太祖善之，迁护军。太祖欲讨柳城，领军史涣以为道远深入，非完计也，欲与浩共谏。浩曰："今兵势强盛，威加四海，战胜攻取，无不如志，不以此时遂除天下之患，将为后忧。且公神武，举无遗策，吾与君为中军主，不宜沮众。"遂从破柳城，改其官为中护军，置长史、司马。从讨张鲁，鲁降。议者以浩智略足以绥边，欲留使都督诸军，镇汉中，太祖曰："吾安可以无护军？"乃与俱还。其见亲任如此。及薨，太祖愍惜之。无子，以养子荣嗣。史涣字公刘。少任侠，有雄气。太祖初起，以客从，行中军校尉，从征伐，常监诸将，见亲信，转拜中领军。十四年薨，子静嗣。

【译文】夏侯惇，字元让，沛国谯县人，夏侯婴的后代。十四岁时，跟随老师学习，有人污辱了他的老师，夏侯惇就将那人杀了，自此以刚烈的气概闻名。太祖曹操刚起兵时，夏侯惇经常做他的副将，跟随太祖南征北战。太祖兼任奋武将军时，以夏侯惇为司马，领兵另外驻扎白马，升折冲校尉，兼东郡太守。太祖出征陶谦，命夏侯惇留守濮阳。张邈背叛太祖奉迎吕布，当时太祖的家小都在鄄城，夏侯惇立即精简人马一路轻装疾行往鄄城赶去，途中恰好遭遇吕布，两军交战。吕布后撤，进入濮阳，偷袭得到了夏侯惇的军需物资。又派将领假意投降，抓住了夏侯惇，要挟他交出宝物，夏侯惇军中一时惊恐不安。夏侯惇的部将韩浩部署兵马把守营门，召集诸将及官吏，命令他们勒甲按兵各司其职，不得贸然行动，各兵营才慢慢安定下来。韩浩这才来到夏侯惇跟前，呵斥挟持夏侯惇的人说："你们这些凶残的叛逆者，居然敢挟持大将军作为人质，你们还想活命吗！况且我既奉命讨伐反贼，难道会因为一个将军的缘故，而放任你们为所欲为吗？"又流着眼泪对夏侯惇说："我能拿国法怎么办啊！"说完立即召集兵士攻打劫持者。劫持者害怕得连连叩头说:“我们只想用这办法搞点钱财费用罢了!”韩浩反复训斥之后,把一干劫持者全都杀了。夏侯惇得到解脱,太祖听说了这事,对韩浩说:“你的做法可以为万世效法。”于是发布命令:“今后如有劫持人质的,都要群起攻击,不必顾忌人质。”从此以后劫持人质的做法就绝迹了。

太祖从徐州回来,夏侯惇跟随太祖去征讨吕布,被流箭射中,伤了左眼。又兼任陈留、济阴太守,加官建武将军,封高安乡侯。当时天大旱,蝗虫四起,夏侯惇于是截断太寿水修建蓄水湖,他亲自担土,率领将士们一起勤勉种植水稻,老百姓颇为获益。后转任河南尹。太祖平定河北,由夏侯惇担负断后重任。攻下邺城后,升为伏波将军,照旧担任河南尹,曹操授权他便宜行事,不受各种规章的限制。建安十二年,统计夏侯惇前前后后的功劳,又给他增加了一千八百户封邑,加上以前历次封赏的共计二千五百户。二十一年,夏侯惇跟随太祖征讨孙权,回来后曹操让他都督二十六军,留守居巢。曹操又赐给夏侯惇歌伎舞女,他说:“魏绛仅因连和西戎的功劳,尚且能得到钟磬之音乐,何况将军你有如此巨大的贡献呢!”二十四年,太祖率军队在摩陂驻扎,召见夏侯惇,常让夏侯惇与自己同乘一辆车,特别给予亲近敬重,夏侯惇也可以出入太祖的卧室,诸将没有人可以跟他相比。又任命他为前将军,指挥各路军队返回寿春,后转移到召陵驻扎。文帝即王位,任命夏侯惇为大将军,数月后夏侯惇去世。

尽管戎事繁忙,夏侯惇仍亲自请师受教。他品行清俭,有多余的财产往往分施给众人,用度不足时从公家取给,对家计产业从不关心。谥号为忠侯。其子夏侯充继承爵位。文帝追思夏侯惇的功绩,想让他的子孙都享受封侯的待遇,便分出夏侯惇的封邑一千户,封赐夏侯惇七子二孙都为关内侯。夏侯惇的弟弟夏侯廉及他的儿子夏侯楙早已封了列侯。早先,太祖将女儿嫁与夏侯楙,她就是清河公主。夏侯楙历任侍中、尚书、安西将军、镇东将军,被授予符节。夏侯充去世,其子夏侯廙继承爵位。夏侯廙去世,其子夏侯劭继承爵位。

韩浩,河内人。他与沛国的史涣都以忠勇显名一时。韩浩位至中护军,史涣位至中领军,两人都执掌禁军,爵封列侯。

夏侯渊

【原文】夏侯渊,字妙才,惇族弟也。太祖居家,曾有县官事,渊代引重罪,太祖营救之,得免。① 太祖起兵,以别部司马、骑都尉从,迁陈留、颍川太守。及与袁绍战于官渡,行督军校尉。绍破,使督兖、豫、徐州军粮。时军食少,渊传馈相继,军以复振。昌狶反,遣于禁击之,未拔,复遣渊与禁并力,遂击狶,降其十余屯,狶诣禁降。渊还,拜典军校尉。② 济南、乐安黄巾徐和、司马俱等攻城,杀长吏,渊将泰山、齐、平原郡兵击,大破之,斩和,平诸县,收其粮谷以给军士。十四年,以渊为行领军。太祖征孙权还,使渊督诸将击庐江叛者雷绪,绪破,又行征西护军,督徐晃击太原贼,攻下二十余屯,斩贼帅商曜,屠其城。从征韩遂等,战于渭南。又督朱灵平隃麋、汧氐。与太祖会安定,降杨秋。

①《魏略》曰：时兖、豫大乱，渊以饥乏，弃其幼子，而活亡弟孤女。

②《魏书》曰：渊为将，赴急疾，常出敌之不意，故军中为之语曰："典军校尉夏侯渊，三日五百，六日一千。"

十七年，太祖乃还邺，以渊行护军将军，督朱灵、路招等屯长安，击破南山贼刘雄，降其众。围遂、超余党梁兴于鄠，拔之，斩兴，封博昌亭侯。马超围凉州刺史韦康于冀，渊救康，未到，康败。去冀二百余里，超来逆战，军不利。汧氐反，渊引军还。十九年，赵衢、尹奉等谋讨超，姜叙起兵卤城以应之。衢等谲说超，使出击叙，于后尽杀超妻子。超奔汉中，还围祁山。叙等急求救，诸将议者欲须太祖节度。渊曰："公在邺，反复四千里，比报，叙等必败，非救急也。"遂行，使张郃督步骑五千在前，从陈仓狭道入，渊自督粮在后。郃至渭水上，超将氐、羌数千逆郃。未战，超走，郃进军收超军器械。渊到，诸县皆已降。

韩遂在显亲，渊欲袭取之，遂走。渊收遂军粮，追至略阳城，去遂二十余里，诸将欲攻之，或言当攻兴国氐。渊以为遂兵精，兴国城固，攻不可卒拔，不如击长离诸羌。长离诸羌多在遂军，必归救其家。若舍羌独守则孤，救长离则官兵得与野战，可必虏也。渊乃留督将守辎重，轻兵步骑到长离，攻烧羌屯，斩获甚众。诸羌在遂军者，各还种落。遂果救长离，与渊军对陈。诸将见遂众，恶之，欲结营作堑乃与战。渊曰："我转斗千里，今复作营堑，则士众罢弊，不可久。贼虽众，易与耳。"乃鼓之，大破遂军，得其旌麾，还略阳，进军围兴国。氐王千万逃奔马超，余众降。转击高平屠各，皆散走，收其粮谷牛马。乃假渊节。

初，枹罕宋建因凉州乱，自号河首平汉王。太祖使渊帅诸将讨建。渊至，围枹罕，月余拔之，斩建及所置丞相已下。渊别遣张郃等平河关，渡河入小湟中，河西诸羌尽降，陇右平。太祖下令曰："宋建造为乱逆三十余年，渊一举灭之，虎步关右，所向无前。仲尼有言：'吾与尔不如也。'"

二十一年，增封三百户，并前八百户。还击武都氐羌下辩，收氐谷十余万斛。太祖西征张鲁，渊等将凉州诸将侯王已下，与太祖会休亭。太祖每引见羌、胡，以渊畏之。会鲁降，汉中平，以渊行都护将军，督张郃、徐晃等平巴郡。太祖还邺，留渊守汉中，即拜渊征西将军。二十三年，刘备军阳平关，渊率诸将拒之，相守连年。二十四年正月，备夜烧围鹿角。渊使张郃护东围，自将轻兵护南围。备挑郃战，郃军不利。渊分所将兵半助郃，为备所袭，渊遂战死。谥曰愍侯。

初，渊虽数战胜，太祖常戒曰："为将当有怯弱时，不可但恃勇也。将当以勇为本，行之以智计，但知任勇，一匹夫敌耳。"

渊妻，太祖内妹。长子衡，尚太祖弟海阳哀侯女，恩宠特隆。衡袭爵，转封安宁亭侯。黄初中，赐中子霸。太和中，赐霸四弟，爵皆关内侯。霸，正始中为讨蜀护军、右将军，进封博昌亭侯，索为曹爽所厚。闻爽诛，自疑，亡入蜀。以渊旧勋赦霸子，徙乐浪郡。[①] 霸弟威，官至兖州刺史。[②] 威弟惠，乐安太守。[③] 惠弟和，河南尹。[④] 衡薨，子绩嗣，为虎贲中郎将。绩薨，子褒嗣。

①《魏略》曰：霸，字仲权。渊为蜀所害，故霸常切齿，欲有报蜀意。黄初中为偏将军。子午之役，霸召为前锋，进至兴势围，安营在曲谷中。蜀人望知其是霸也，指下兵攻之。霸手战鹿角间，赖救至，然后解。后为右将军，屯陇西，其养士和戎，并得其欢心。至正始中，代夏侯儒为征蜀护军，统属征西。时征西将军夏侯玄，于霸为从子，而玄于曹爽为外弟。及司马宣王诛曹爽，遂召玄，玄来东。霸闻曹爽被诛而玄又征，以为祸必转相及，心既内恐。又霸先与雍州刺史郭淮不和，而淮代玄为征西，霸尤不安，故遂奔蜀。南趣阴平而失道，入穷谷中，粮尽，杀马步行，足破，卧岩石下，使人求道，未知何之。蜀闻之，乃使人迎霸。初，建安五年，时霸从妹年十三四，在本郡，出行樵采，为张飞所得。飞知其良家女，遂以为妻，产息女，为刘禅皇后。故渊之初亡，飞妻请而葬之。及霸入蜀，禅与相见，释之曰："卿父自遇害于行间耳，非我先人之手刃也。"指其儿子以示之曰："此夏侯氏之甥也。"厚加爵宠。

②《世语》曰：威，字季权，任侠。贵历荆、兖二州刺史。子骏，并州刺史。次庄，淮南太守。庄子湛，字孝若，以才博文章，至南阳相、散骑常侍。庄，晋景阳皇后姊夫也。由此一门侈盛于时。

③《文章叙录》曰：惠，字稚权，幼以才学见称，善属奏议。历散骑黄门侍郎，与钟毓数有辩驳，事多见从。迁燕相、乐安太守。年三十七卒。

④《世语》曰：和，字义权，清辩有才论。历河南尹、太常。渊第三子称，第五子荣。从孙湛为其序曰："称，字叔权。自孺子而好合聚童儿，为之渠帅，戏必为军旅战陈之事，有违者辄严以鞭捶，众莫敢逆。渊阴奇之，使读《项羽传》及兵书，不肯，曰：'能则自为耳，安能学人？'年十六，渊与之田，见奔虎，称驱马逐之，禁之不可，一箭而倒。名闻太祖，太祖把其手喜曰：'我得汝矣！'与文帝为布衣之交，每宴会，气陵一坐，辩士不能屈。世之高名者多从之游。年十八卒。弟荣，字幼权。幼聪惠，七岁能属文，诵书日千言，经目辄识之。文帝闻而请焉。宾客百余人，人一奏刺，悉书其乡邑名氏，世所谓爵里刺也，客示之，一寓目，使之遍谈，不谬一人，帝深奇之。汉中之败，荣年十三，左右提之走，不肯，曰：'君亲在难，焉所逃死！'乃奋剑而战，遂没陈。"

【译文】夏侯渊，字妙才，是夏侯惇的同族兄弟。太祖在家之时，曾在县衙吃官司，夏侯渊代替他领受重罪，太祖设法营救他，得以免于刑罚。太祖起兵，夏侯渊以别部司马、骑都尉的职务追随于后，升陈留、颍川太守。太祖与袁绍在官渡开战，由夏侯渊兼任督军校尉。袁绍被击败后，太祖又让夏侯渊督办兖州、豫州、徐州的军粮。当时军中粮食稀缺，夏侯渊想尽办法转运粮食从未间断，军队得以重新振奋。昌豨谋反，太祖派于禁去讨伐，没有成功，又派夏侯渊与于禁协同作战，于是击败昌豨，攻下了叛军十余个营寨，昌豨自行到于禁军营投降。夏侯渊返回，官拜典军校尉。济南、乐安的黄巾军首领徐和、司马俱等人，攻打城池，杀害官吏，夏侯渊率领泰山、齐、平原郡的军队进击，大破黄巾军，杀死了徐和，收复了诸县，收缴黄巾军的粮食供给士兵。建安十四年，以夏侯渊为行领军。太祖征讨孙权回来，让夏侯渊指挥诸将剿灭庐江叛首雷绪，雷绪被击败后，夏侯渊又兼任征西护军一职，督领徐晃攻击太原叛贼，连下二十几个营寨，杀死贼帅商曜，血洗该城。又跟随太祖征讨韩遂等人，大战于渭南。又督领朱灵平定隃麋、汧氐。与太祖在安定会合，战降杨秋。

建安十七年，太祖回到邺县，让夏侯渊兼领护军将军，夏侯渊督率朱灵、路招等人驻扎长安，击破了南山的草寇刘雄，迫使他的部下全部投降。在鄠县围攻韩遂、张超的余党梁兴，攻克鄠县后，斩了梁兴，而被封为博昌亭侯。马超在冀州围攻凉州刺史韦康，夏侯渊前去救援，尚未赶到，韦康已被打败。夏侯渊距冀州尚有二百余里，马超前来迎击，夏侯渊交战不利。汧氐又在此时反叛，夏侯渊只得率领部队返回。建安十九年，赵衢、尹奉等人谋划讨伐马超，姜叙在卤城起兵响应。赵衢等人骗马超出击姜叙，他们随后将马超的妻儿子女全部杀光。马超逃奔汉中，又回来围攻祁山。姜叙等人紧急求援，诸将议论说只有太祖才能节制大军行动。夏侯渊说："主公还在邺城，来回四千里路，等到书信往还，姜叙等人已必败无疑了，这不是救急的办法。"于是前去赴援，派张郃督领五千名步、骑兵为前锋，从陈仓狭道直趋汉中，他自己督粮草殿后。张郃进军到渭水，马超带领数千名氐、羌族兵士前来迎击。尚未交战，马超便逃跑了，张郃进军收取了马超军队丢弃的军用器械。等到夏侯渊到来，诸县都已经投降了。

韩遂驻扎在显亲，夏侯渊想要袭击他，韩遂闻风而逃。夏侯渊缴获了韩遂的军粮，追到略阳城，离韩遂营地还有二十多里地，手下将领有的提议首先攻打韩遂，也有的认为应该先攻打兴国的氐族人。夏侯渊认为韩遂兵马精良，而兴国城又很坚固，围攻兴国未必能马上拿下，不如先攻长离的各路羌人。长离的羌人多在韩遂的军队里，闻讯必定回去救家。韩遂如果舍弃羌人独守，就难免孤立无援，如果他去救长离，我们可以在旷野里与他作战，那样一定能将他俘获。于是，夏侯渊留下督将守卫随军物资，派步兵、骑兵轻兵简从奔袭长离，纵火焚烧羌人聚落，杀死了不少羌人。韩遂部队里的那些羌人，各自赶回自己的部落。韩遂果然去救长离，与夏侯渊的军队对阵。诸将见韩遂兵马甚多，心里无底，打算先扎下营地、挖好战壕后再与他交战。夏侯渊说："我们已经转战千里，如果今天扎营地、挖壕沟，士兵们将更加疲惫不堪，难以持久对抗。敌兵人数虽多，其实很容易击破。"于是擂鼓冲锋，大破韩遂的军队，连韩遂的将旗也给夺了过来，回到略阳，再进兵围攻兴国。氐王千万投奔了马超，其余人都向夏侯渊投降。转而进攻高平屠各，那里的守军纷纷逃走，夏侯渊尽收那里的粮草牛马。于是朝廷授予夏侯渊符节。

当初，枹罕人宋建趁凉州动乱，自称为河首平汉王。太祖派夏侯渊统领众将前去讨伐宋建。夏侯渊一到即围攻枹罕，一个多月后攻克了该城，杀了宋建以及他任命的丞相以下等官员。夏侯渊另派张郃等人去平定河关，该部渡过黄河到达小湟中，河西各羌族部落都相继投降，陇西全面平定。太祖下令说："宋建造反作乱三十余年，夏侯渊一举歼灭了他，恰如猛虎般称雄关右，所向无敌。就像仲尼曾说的：'我和你们都比不上他啊！'"

建安二十一年，增封夏侯渊采邑三百户，加上以前历次所封，食邑共八百户。夏侯渊回过头在下辩攻打武都的氐人和羌人，收缴了氐人的粮食十多万斛。太祖西征张鲁,夏侯渊等人带领凉州诸将以及侯王以下官吏,与太祖在休亭会合。太祖每次接见羌人、胡人,都要提出夏侯渊来威慑他们。恰好张鲁投降,汉中就此平定,太祖就命夏侯渊兼都护将军,督领张郃、徐晃等人击平巴郡。太祖回邺城,留夏侯渊驻守汉中,当即任命他为征西将军。建安二十三年,刘备驻军阳平关,夏侯渊率领诸将前去抵御,两军相持将近一年。建安二十四年正月,刘备趁夜偷袭,烧毁了夏侯渊营房四围的障碍物。夏侯渊派张郃护卫东面,自己带一支轻兵护卫南面。刘备向东面发起进攻,张郃军作战不利。夏侯渊分出一半兵力去援助张郃,遭刘备袭击,夏侯渊当场战死。谥号为愍侯。

当初,夏侯渊虽然屡战屡胜,但太祖还是经常告诫他说:"为将也应该有怯弱的时候,不可以仅凭着自身的勇猛。将帅应当以勇猛为本,再凭智慧计谋去行军,只知道一味逞勇斗狠,不过与一个普通人一样罢了。"

夏侯渊的妻子,是太祖的妻妹。夏侯渊的长子夏侯衡,娶了太祖弟弟海阳哀侯的女儿,恩宠特别隆厚。夏侯衡继承父亲爵位,后改封为安宁亭侯。黄初中,赐封中子夏侯霸以爵位。太和中,又赐封夏侯霸的四个弟弟为关内侯。夏侯霸,正始中为讨蜀护军、右将军,晋封博昌亭侯,一向被曹爽厚待。曹爽被杀,他听到消息,唯恐祸及自身,逃入蜀中。因为夏侯渊以前所建功勋,朝廷赦免了夏侯霸的儿子,将他们迁到了乐浪郡。夏侯霸的弟弟夏侯威,官至兖州刺史。夏侯威的弟弟夏侯惠,任乐安太守。夏侯惠的弟弟夏侯和,任河南尹。夏侯衡死后,他的儿子夏侯绩继承爵位,任虎贲中郎将。夏侯绩去世,儿子夏侯褒继承爵位。

曹仁　曹纯

【原文】曹仁,字子孝,太祖从弟也。① 少好弓马弋猎。后豪杰并起,仁亦阴结少年,得千余人,周旋淮、泗之间,遂从太祖为别部司马,行厉锋校尉。太祖之破袁术,仁所斩获颇多。从征徐州,仁常督骑,为军前锋。别攻陶谦将吕由,破之,还与大军合彭城,大破谦军。从攻费、华、即墨、开阳,谦遣别将救诸县,仁以骑击破之。太祖征吕布,仁别攻句阳,拔之,生获布将刘何。太祖平黄巾,迎天子都许,仁数有功,拜广阳太守。太祖器其勇略,不使之郡,以议郎督骑。太祖征张绣,仁别徇旁县,虏其男女三千余人。太祖军还,为绣所追,军不利,士卒丧气,仁率厉将士甚奋,太祖壮之,遂破绣。

①《魏书》曰:仁祖褒,颍川太守。父炽,侍中、长水校尉。

太祖与袁绍久相持于官渡,绍遣刘备徇㶏强诸县,多举众应之。自许以南,吏民不安,太祖以为忧。仁曰:"南方以大军方有目前急,其势不能相救,刘备以强兵临之,其背叛固宜也。备新将绍兵,未能得其用,击之可破也。"太祖善其言,遂使将骑击备,破走之,仁尽复收诸叛县而还。绍遣别将韩荀抄断西道,仁击荀于鸡洛山,大破之。由是绍不敢复分兵出。复与史涣等抄绍运车,烧其粮谷。

河北既定,从围壶关。太祖令曰:"城拔,皆坑之。"连月不下。仁言于太祖曰:"围城必示之活门,所以开其生路也。今公告之必死,将人自为守。且城固而粮多,攻之则士卒伤，守之则引日久。今顿兵坚城之下，以攻必死之虏，非良计也。”太祖从之，城降。于是录仁前后功，封都亭侯。

从平荆州，以仁行征南将军，留屯江陵，拒吴将周瑜。瑜将数万众来攻，前锋数千人始至，仁登城望之，乃募得三百人，遣部曲将牛金逆与挑战。贼多，金众少，遂为所围。长史陈矫俱在城上，望见金等垂没，左右皆失色。仁意气奋怒甚，谓左右：“取马来！”矫等共援持之，谓仁曰：“贼众盛，不可当也。假使弃数百人何苦，而将军以身赴之！”仁不应，遂被甲上马，将其麾下壮士数十骑出城。去贼百余步，迫沟，矫等以为仁当住沟上，为金形势也，仁径渡沟直前，冲入贼围，金等乃得解。余众未尽出，仁复直还突之，拔出金兵，亡其数人，贼众乃退。矫等初见仁出，皆惧，及见仁还，乃叹曰：“将军真天人也！”三军服其勇。太祖益壮之，转封安平亭侯。

太祖讨马超，以仁行安西将军，督诸将拒潼关，破超渭南。苏伯、田银反，以仁行骁骑将军，都督七军讨银等，破之。复以仁行征南将军，假节，屯樊，镇荆州。侯音以宛叛，略傍县，众数千人，仁率诸军攻破音，斩其首，还屯樊，即拜征南将军。关羽攻樊，时汉水暴溢，于禁等七军皆没，禁降羽。仁人马数千人守城，城不没者数板。羽乘船临城，围数重，外内断绝，粮食欲尽，救兵不至。仁激厉将士，示以必死，将士感之皆无二。徐晃救至，水亦稍减，晃从外击羽，仁得溃围出，羽退走。

仁少时不修行检，及长为将，严整奉法令，常置科于左右，案以从事。鄢陵侯彰北征乌丸，文帝在东宫，为书戒彰曰：“为将奉法，不当如征南邪！”及即王位，拜仁车骑将军，都督荆、扬、益州诸军事，进封陈侯，增邑二千，并前三千五百户。追赐仁父炽谥曰陈穆侯，置守冢十家。后召还屯宛。孙权遣将陈邵据襄阳，诏仁讨之。仁与徐晃攻破邵，遂入襄阳，使将军高迁等徙汉南附化民于汉北，文帝遣使即拜仁大将军。又诏仁移屯临颍，迁大司马，复督诸军据乌江，还屯合肥。黄初四年薨，谥曰忠侯。[①]子泰嗣，官至镇东将军，假节，转封宁陵侯。泰薨，子初嗣。又分封泰弟楷、范，皆为列侯，而牛金官至后将军。

①《魏书》曰：仁时年五十六。◎《傅子》曰：曹大司马之勇，贲、育弗加也。张辽其次焉。

仁弟纯，[①]初以议郎参司空军事，督虎豹骑从围南皮。袁谭出战，士卒多死。太祖欲缓之，纯曰：“今千里蹈敌，进不能克，退必丧威。且县师深入，难以持久。彼胜而骄，我败而惧，以惧敌骄，必可克也。”太祖善其言，遂急攻之，谭败。纯麾下骑斩谭首。及北征三郡，纯部骑获单于蹋顿。以前后功封高陵亭侯，邑三百户。从征荆州，追刘备于长坂，获其二女、辎重，收其散卒。进降江陵，从还谯。建安十五年薨。文帝即位，追谥曰威侯。[②]子演嗣，官至领军将军，正元中进封平乐乡侯。演薨，子亮嗣。

①《英雄记》曰：纯，字子和。年十四而丧父，与同产兄仁别居。承父业，富于财，僮仆人客以百数，纯纲纪督御，不失其理，乡里咸以为能。好学问，敬爱学士，学士多归焉，由是为远近所称。年十八，为黄门侍郎。二十，从太祖到襄邑募兵，遂常从征战。

②《魏书》曰：纯所督虎豹骑，皆天下骁锐，或从百人将补之，太祖难其帅。纯以选

为督，抚循甚得人心。及卒，有司白选代，太祖曰：“纯之比，何可复得！吾独不中督邪？”遂不选。

【译文】曹仁，字子孝，是太祖的堂弟。年轻时爱好骑马射猎。后来豪杰四起，曹仁也暗中纠集少年，共有一千多人，周旋于淮、泗一带，追随太祖做了别部司马，任厉锋校尉。太祖击败袁术，曹仁杀敌数量和缴获战利品数量颇为可观。在跟随太祖征讨徐州时，曹仁经常督率骑兵，充当先锋部队。又作为侧翼攻打陶谦的将领吕由，获胜，回头与大军在彭城会合，大破陶谦军。次后随太祖进攻费、华、即墨、开阳等县，陶谦派将领去援救这几个县，曹仁指挥骑兵将敌军援兵击败。太祖征讨吕布，曹仁独自带领一支部队进攻句阳，攻陷敌城，活捉了吕布的部将刘何。太祖铲平黄巾军，迎接天子建都许县，曹仁功劳颇多，为此官拜广阳太守。太祖器重他的胆气和谋略，不让他去广阳就任，而让他以议郎身份统领骑兵。太祖征讨张绣，曹仁单独攻取其他的县城，俘虏男女三千多人。太祖引军返回，遭到张绣穷追猛打，曹军屡战失利，士气低迷不振，曹仁奋力激励将士，太祖也受到这种士气的鼓舞，于是击败了张绣。

太祖与袁绍在官渡相持了很长时间，袁绍派刘备先去攻略濦强诸县，诸县纷纷响应。自许昌以南，官吏和百姓人心惶惶，太祖深为忧虑。曹仁说：“南方诸郡县认为目前大军正处于紧急状态，无力抽身去救助他们，在刘备强兵攻打之下，他们背叛您也是可以理解的。但刘备最近才开始率领袁绍的这支部队，还未能完全发掘出将士的战斗力，我们果决进攻必定可以打垮刘备。”太祖很欣赏曹仁的意见，派他带骑兵前去攻打刘备，果然打得刘备弃甲而逃，曹仁全部收复各叛县而回。袁绍派别将韩荀截断曹军西面的道路，曹仁又在鸡洛山大败韩荀。袁绍从此再不敢分兵出战了。曹仁又与史涣等人偷袭袁绍的运输队，焚烧了袁绍的军粮。

河北平定后，曹仁随太祖围攻壶关。太祖下令说：“城破之日，将里面的人全都活埋。”但连续数月没能攻下。曹仁对太祖说：“围攻城池必须给城里的人一条逃生的出路，这样才能让对方有活下去的余地。而您登出告示说要将城里的人尽数活埋，他们当然人人全力以赴，抱定与城池共存亡的决心了。而且壶关城池坚固，粮食储备充足，我们强攻的话必定造成士卒伤亡惨重，围而不攻又难免旷日持久。今天您陈兵在坚固的城池下，来攻击决死而战的敌人，实在不是个好办法。”太祖采纳了曹仁的意见，撤回了先前不恰当的命令，壶关将士主动投降。于是统计曹仁前后的功劳，封为都亭侯。

曹仁追随太祖征讨荆州，太祖命曹仁代理征南将军，留守江陵，以便抵御吴国将领周瑜。周瑜率领数万士兵前来进攻，其前锋数千名士兵刚到城下，曹仁上城观看之后，便挑选了三百名勇士，派部曲将牛金带领前去挑战。敌兵人多，牛金兵少，于是陷入重围。长史陈矫等人都在城上观战，见牛金等人覆没在即，人人都惊恐失色。曹仁士气激昂，甚为愤怒，吩咐左右：“把我的战马牵来！”陈矫等人都拉住他，对他说：“敌兵人数众多，其势不可阻挡。就算舍弃了几百人又有什么关系，将军您何必以身赴难呢！”曹仁不理睬众人的劝阻，披挂上马，带领手下数十名壮士冲出城门。距敌兵百余步，临近一条河沟，陈矫等人还都以为曹仁会隔沟声援牛金，但曹仁径直越沟向前，冲入敌人的包围圈，牛金等人才得以解围。有一些兵士还被围困在敌军中，曹仁再一次冲入敌围，救出那些兵士，消灭了数名敌人，敌兵才开始后退。陈矫等人起初见曹仁执意冲出去援救，都十分担忧，及至曹仁得胜归来，惊叹说："将军您真是天人啊！"三军都佩服他的勇敢。太祖更是激赏有加，改封曹仁为安平亭侯。

太祖征讨马超，命曹仁代理安西将军，督领诸将扼守潼关，在渭南击破了马超的军队。苏伯、田银反叛，太祖让曹仁代理骁骑将军，都督七军讨伐田银等人，大破叛军。又让曹仁代理征南将军，授予符节，驻扎樊城，镇守荆州。侯音占据宛城反叛，抄略附近郡县，率众数千人，曹仁带诸军攻破叛军，砍了侯音的头，又回屯樊城，太祖即时任命他为征南将军。关羽进攻樊城，当时汉水暴涨，于禁等人率领的七军都被大水淹没，于禁向关羽投降。曹仁率领数千名士兵据守着樊城，城池只剩几板高没被淹没。关羽乘船攻城，围了好几层，城内城外断绝了音信，粮食所剩无几，援兵不知何在。曹仁激励将士，表示了誓死守城的决心，将士们被他的精神感动，都心无二志。徐晃带援兵赶到时，大水也渐渐消退，徐晃从外围进攻关羽，曹仁得以突出重围，关羽撤兵退走。

曹仁年轻时行为举止不修边幅，及至年长为将，却能严格检点遵守法令，经常将条律放在左右，按章办事。鄢陵侯曹彰北征乌丸，文帝当时是太子，写信告诫曹彰说："为将应当奉法，难道不应当像征南将军那样吗！"及至曹丕即位当了魏王，就任命曹仁为车骑将军，都督荆州、扬州、益州的各项军务，晋封为陈侯，增加封邑二千户，加上以前所封的共三千五百户。追赐曹仁父亲曹炽谥号为陈穆侯，设十户人家去守曹炽的墓地。后来又召曹仁回军驻扎宛城。孙权遣将陈邵据守襄阳，朝廷命令曹仁前去讨伐。曹仁与徐晃一起打败了陈邵，于是进驻襄阳，曹仁派将军高迁等人将汉南归附的百姓迁移到汉北，文帝当即派使者传诏任命曹仁为大将军。又命令曹仁移屯到临颍，官升大司马，又督诸军占据乌江，回军驻扎合肥。曹仁在黄初四年去世，谥号为忠侯。其子曹泰继承爵位，官至镇东将军，授予符节，改封为宁陵侯。曹泰去世，儿子曹初继承爵位。又分封曹泰的弟弟曹楷、曹范为列侯，牛金最后官至后将军。

曹仁的弟弟曹纯，起初以议郎的身份参与司空的军事活动，督领虎豹骑兵跟随太祖围攻南皮。袁谭出战，士兵伤亡惨重。太祖打算暂缓进攻，曹纯说："今天我们不远千里来攻打敌人，前进不能取胜，后退必定损丧士兵的信心。而且孤军深入，难以持久。袁谭得胜后必定骄傲，我们失败时已存戒惧，以心怀戒惧的军队攻打骄傲的敌兵，一定能攻克。"太祖认为他的意见很好，于是向袁谭发起猛攻，将袁谭打了个落花流水。曹纯手下骑兵还斩下了袁谭的首级。及至北征三郡乌丸，曹纯的骑兵又俘虏了单于蹋顿。他因为前后的功劳，被封为高陵亭侯，封邑三百户。跟随太祖征讨荆州，追击刘备直到长坂，俘虏了刘备的两个女儿，缴获了刘军辎重，收罗了那些散兵游勇。进军攻降江陵，随太祖返回谯郡。建安十五年去世。文帝即王位，追谥威侯。曹纯之子曹演继承爵位，官至领军将军，正元年间晋封平乐乡侯。曹演去世，其子曹亮继承爵位。

曹洪

【原文】曹洪，字子廉，太祖从弟也。①太祖起义兵讨董卓，至荥阳，为卓将徐荣所败。太祖失马，贼追甚急，洪下，以马授太祖，太祖辞让，洪曰："天下可无洪，不可无君。"遂步从到汴水，水深不得渡，洪循水得船，与太祖俱济，还奔谯。扬州刺史陈温素与洪善，洪将家兵千余人，就温募兵，得庐江上甲二千人，东到丹杨复得数千人，与太祖会龙亢。太祖征徐州，张邈举兖州叛迎吕布。时大饥荒，洪将兵在前，先据东平、范，聚粮谷以继军。太祖讨邈、布于濮阳，布破走，遂据东阿，转击济阴、山阳、中牟、阳武、京、密十余县，皆拔之。以前后功拜鹰扬校尉，迁扬武中郎将。天子都许，拜洪谏议大夫。别征刘表，破表别将于舞阳、阴叶、堵阳、博望，有功，迁厉锋将军，封国明亭侯。累从征伐，拜都护将军。文帝即位，为卫将军，迁骠骑将军，进封野王侯，益邑千户，并前二千一百户，位特进，后徙封都阳侯。

①《魏书》曰：洪伯父鼎为尚书令，任洪为蕲春长。

始，洪家富而性吝啬，文帝少时假求不称，常恨之，遂以舍客犯法，下狱当死。群臣并救莫能得。卞太后谓郭后曰："令曹洪今日死，吾明日敕帝废后矣。"于是泣涕屡请，乃得免官削爵土。①洪先帝功臣，时人多为觖望。明帝即位，拜后将军，更封乐城侯，邑千户，位特进，复拜骠骑将军。太和六年薨，谥曰恭侯。子馥，嗣侯。初，太祖分洪户封子震列侯。洪族父瑜，修慎笃敬，官至卫将军，封列侯。

①《魏略》曰：文帝收洪，时曹真在左右，请之曰："今诛洪，洪必以真为谮也。"帝曰："我自治之，卿何豫也？"会卞太后责怒帝，言："梁、沛之间，非子廉无有今日。"诏乃释之，犹尚没入其财产。太后又以为言，后乃还之。初，太祖为司空时，以己率下，每岁发调，使本县平赀。于时谯令平洪赀财与公家等，太祖曰："我家赀那得如子廉耶！"文帝在东宫，尝从洪贷绢百匹，洪不称意。及洪犯法，自分必死，既得原，喜，上书谢曰："臣少不由道，过在人伦，长窃非任，遂蒙含贷。性无检度知足之分，而有豺狼无厌之质，老惛倍贪，触突国网，罪迫三千，不在赦宥，当就辜诛，弃诸市朝，犹蒙天恩，骨肉更生。臣仰视天日，愧负灵神，俯惟愆阙，惭愧怖悸，不能雉经以自裁割，谨涂颜阙门，拜章陈情。"

【译文】曹洪，字子廉，是太祖的堂弟。太祖起义兵讨伐董卓，兵到荥阳，被董卓的将领徐荣击败。太祖失去了坐骑，而敌兵在后追赶甚急，曹洪下马，要把坐骑让给太祖，太祖推辞不肯接受，曹洪说："天下可以没有我曹洪，不可以没有您啊。"于是步行跟随太祖到了汴水旁，水深流急，不能涉水过河，曹洪沿河寻找，终于找到一条渡船，与太祖一起渡过汴水，逃回了谯县。扬州刺史陈温与曹洪一直关系要好，曹洪率领家兵千余人，去陈温那里招募士兵，募得庐江带甲士兵二千人，东到丹杨，又募得数千人，与太祖在龙亢会合。太祖征讨徐州，张邈以兖州之地叛迎吕布。当时正值饥荒严重，曹洪在前面开路，先占据了东平、范县，收集粮食以供给部队。太祖在濮阳征讨张邈、吕布，吕布大败后逃走，于是占领了东阿，转而又攻克了济阴、山阳、中牟、阳武、京、密等十余个县城。统计曹洪前后的功劳，任命他为鹰扬校尉，不久升为扬武中郎将。天子迁都许县，任命曹洪为谏议大夫。又作为别部征讨刘表，击败刘表的将领于舞阳、阴叶、堵阳、博望等地，曹洪作战有功，升厉锋将军，封国明亭侯。屡次追随太祖征伐，被任命为都护将军。文帝即王位，任命他为卫将军，升骠骑将军，进封野王侯，增加食邑一千户，加上以前分封的，共二千一百户，赐位特进，后改封为都阳侯。

当初，曹洪家境十分富裕却生性吝啬，文帝年轻时曾向他借贷没有借到，常常怀恨在心，于是借曹洪的门客犯法一事，将曹洪打入大牢并要处死。群臣共同说情也没能改变决定。卞太后对郭皇后说："假如曹洪今天死，明天我就下令皇帝废除皇后。"于是，郭皇后痛哭着屡次请求赦免曹洪，曹洪才得以免于一死，但官职被罢免，并被削去封爵食邑。曹洪是太祖的功臣，文帝如此对待他，让当时不少人颇感寒心。明帝即位，重新任命曹洪为后将军，改封为乐城侯，食邑千户，赐位特进，又被任命为骠骑将军。太和六年曹洪去世，谥号为恭侯。其子曹馥继承爵位。当初，太祖曾分出曹洪封邑封他的儿子曹震为列侯。曹洪的同族叔父曹瑜，品行谨慎忠厚，恭敬对上，官至卫将军，爵封列侯。

曹休　曹肇

【原文】曹休，字文烈，太祖族子也。天下乱，宗族各散去乡里。休年十余岁，丧父，独与一客担丧假葬，携将老母，渡江至吴。[①] 以太祖举义兵，易姓名转至荆州，间行北归，见太祖。太祖谓左右曰："此吾家千里驹也。"使与文帝同止，见待如子。常从征伐，使领虎豹骑宿卫。刘备遣将吴兰屯下辩，太祖遣曹洪征之，以休为骑都尉，参洪军事。太祖谓休曰："汝虽参军，其实帅也。"洪闻此令，亦委事于休。备遣张飞屯固山，欲断军后。众议狐疑，休曰："贼实断道者，当伏兵潜行。今乃先张声势，此其不能也。宜及其未集，促击兰，兰破则飞自走矣。"洪从之，进兵击兰，大破之，飞果走。太祖拔汉中诸军还长安，拜休中领军。文帝即王位，为领军将军，录前后功，封东阳亭侯。夏侯惇薨，以休为镇南将军，假节，都督诸军事，车驾临送，上乃下舆执手而别。孙权遣将屯历阳，休到，击破之，又别遣兵渡江，烧贼芜湖营数千家。迁征东将军，领扬州刺史，进封安阳乡侯。[②] 帝征孙权，以休为征东大将军，假黄钺，督张辽等及诸州郡二十余军，击权大将吕范等于洞浦，破之。拜扬州牧。明帝即位，进封长平侯。吴将审德屯皖，休击破之，斩德首，吴将韩综、翟丹等前后率众诣休降。增邑四百，并前二千五百户，迁大司马，都督扬州如故。太和二年，帝为二道征吴，遣司马宣王从汉水下，休督诸军向寻阳。贼将伪降，休深入，战不利，退还宿石亭。军夜惊，士卒乱，弃甲兵辎重甚多。休上书谢罪，帝遣屯骑校尉杨暨慰谕，礼赐益隆。休因此痈发背薨，谥曰壮侯。子肇嗣。[③]

①《魏书》曰：休祖父尝为吴郡太守。休于太守舍见壁上祖父画像，下榻拜涕泣，同坐者皆嘉叹焉。

②《魏书》曰：休丧母，至孝。帝使侍中夺丧服，使饮酒食肉，休受诏而形体益憔悴。乞归谯葬母，帝复遣越骑校尉薛乔奉诏节其忧哀，使归家治丧，一宿便葬，葬讫诣行在所。帝见，亲自宽慰之。其见爱重如此。

③《世语》曰：肇，字长思。

肇有当世才度，为散骑常侍、屯骑校尉。明帝寝疾，方与燕王宇等属以后事，帝意寻变，诏肇以侯归第。正始中薨，追赠卫将军。子兴嗣。初，文帝分休户三百封肇弟纂为列侯，后为殄吴将军，薨，追赠前将军。①

① 张隐《文士传》曰：肇孙摅，字颜远，少厉志操，博学有才藻。仕晋，辟公府，历洛阳令，有能名。大司马齐王冏辅政，摅与齐人左思俱为记室督。从中郎出为襄阳太守、征南司马。值天下乱，摅讨贼向吴，战败死。

【译文】曹休，字文烈，是太祖的同族侄子。天下大乱，族人纷纷逃离家乡。曹休十多岁时丧父，他自己单独与一个客人把父亲暂时安葬了，带着老母，渡江到了吴国。因为太祖起义兵，他改名换姓辗转到了荆州，从小路北上，去见太祖。太祖对部下说："这是我们家的千里马。"让他与文帝住在一起，待他如亲骨肉。曹休经常跟随太祖去征伐，由他统领虎豹骑兵担任警卫。刘备派将领吴兰屯兵下辩，太祖派遣曹洪去征讨，命曹休为骑都尉，参与曹洪的军事活动。太祖对曹休说："虽然只让你参与军事，其实你跟将帅没有什么区别啊。"曹洪耳闻这句话，也就委任曹休参与各项军务。刘备派张飞驻扎在固山，想要截断曹军后路。众人议论纷纷，犹疑不定，曹休说："贼兵如果果真要断我们的后路，他们理应悄无声息地直奔目的地才对。像现在这样兵马未动即大造声势，说明他们实力有所不及。我们应该赶在他们尚未集结之前，迅速攻打吴兰，吴兰一败，张飞也就会不战而退了。"曹洪听取了曹休的意见，进兵攻打吴兰，吴兰兵大败，张飞果然撤兵退走。太祖攻克汉中各路叛军回到长安，任命曹休为中领军。文帝即王位，任命曹休为领军将军，统计他前后的功劳，封为东阳亭侯。夏侯惇去世，曹休受命担任镇南将军，假以符节，都督诸军，在他起程赴驻地之时，文帝亲自为他送行，下车拉着他的手与他告别。孙权派将领驻扎在历阳，曹休一到，即大破这支东吴军，又另派部队渡过长江，烧毁了孙权设在芜湖的几千座营寨。曹休升为征东将军，兼扬州刺史，晋封安阳乡侯。文帝征讨孙权，委任曹休为征东大将军，授予黄钺，负责督领张辽等将及各郡县的二十余军，在洞浦攻打孙权的大将吕范等人，把他们打得大败。官拜扬州牧。明帝即位，晋封曹休为长平侯。吴国将领审德驻扎在皖城，曹休击败他的部队并杀了他，吴国将领韩综、翟丹率领部下先后向曹休投降。增加食邑四百户，加上以前分封的共二千五百户，升为大司马，照旧都督扬州。太和二年，明帝兵分两路征伐吴国，派司马宣王从汉水顺流而下，曹休督诸军直攻寻阳。吴军诈降，曹休孤军深入，交战不利，只得带兵退守石亭。到夜晚部队突然受惊，士兵慌乱，丢弃了不少盔甲及其他军用物资。曹休上书谢罪，明帝派屯骑校尉杨暨前来给予安慰开导，礼遇和赏赐有增无减。曹休因这一仗的失利，背上毒疮发作而死，谥为壮侯。其子曹肇继承了爵位。

曹肇有从政治世的才干，任散骑常侍、屯骑校尉。明帝重病不起，才向燕王曹宇等人吩咐后事，不久他便改变了主意，诏令曹肇以列侯的身份归第。正始年间曹肇去世，追赠为卫将军。其子曹兴继承爵位。当初文帝曾分出曹休封邑三百户，封曹肇的弟弟曹纂为列侯，曹纂后来担任殄吴将军，去世后追赠为前将军。

曹真　曹爽、曹羲、曹训、何晏、邓飏、丁谧、毕轨、李胜、桓范

【原文】曹真，字子丹，太祖族子也。太祖起兵，真父邵募徒众，为州郡所杀。① 太祖哀真少孤，收养与诸子同，使与文帝共止。常猎，为虎所逐，顾射虎，应声而倒。太祖壮其鸷勇，使将虎豹骑。讨灵丘贼，拔之，封灵寿亭侯。以偏将军将兵击刘备别将于下辩，破之，拜中坚将军。从至长安，领中领军。是时，夏侯渊没于阳平，太祖忧之。以真为征蜀护军，督徐晃等破刘备别将高详于阳平。太祖自至汉中，拔出诸军，使真至武都迎曹洪等还屯陈仓。文帝即王位，以真为镇西将军，假节，都督雍、凉州诸军事。录前后功，进封东乡侯。张进等反于酒泉，真遣费曜讨破之，斩进等。黄初三年还京都，以真为上军大将军，都督中外诸军事，假节钺。与夏侯尚等征孙权，击牛渚屯，破之。转拜中军大将军，加给事中。七年，文帝寝疾，真与陈群、司马宣王等受遗诏辅政。明帝即位，进封邵陵侯，② 迁大将军。

①《魏略》曰：真，本姓秦，养曹氏。或云其父伯南夙与太祖善。兴平末，袁术部党与太祖攻劫，太祖出，为寇所追，走入秦氏，伯南开门受之。寇问太祖所在，答云："我是也。"遂害之。由此太祖思其功，故变其姓。◎《魏书》曰：邵以忠笃有才智，为太祖所亲信。初平中，太祖兴义兵，邵募徒众，从太祖周旋。时豫州刺史黄琬欲害太祖，太祖避之，而邵独遇害。

② 臣松之案：真父名邵，封邵陵侯，若非书误，则事不可论。

诸葛亮围祁山，南安、天水、安定三郡反应亮。帝遣真督诸军军郿，遣张郃击亮将马谡，大破之。安定民杨条等略吏民保月支城，真进军围之。条谓其众曰："大将军自来，吾愿早降耳。"遂自缚出，三郡皆平。真以亮惩于祁山，后出必从陈仓，乃使将军郝昭、王生守陈仓，治其城。明年春，亮果围陈仓，已有备而不能克。增邑，并前二千九百户。四年，朝洛阳，迁大司马，赐剑履上殿，入朝不趋。真以："蜀连出侵边境，宜遂伐之，数道并入，可大克也。"帝从其计。真当发西讨，帝亲临送。真以八月发长安，从子午道南入。司马宣王溯汉水，当会南郑。诸军或从斜谷道，或从武威入。会大霖雨三十余日，或栈道断绝，诏真还军。

真少与宗人曹遵、乡人朱赞并事太祖。遵、赞早亡，真愍之，乞分所食邑封遵、赞子。诏曰："大司马有叔向抚孤之仁，笃晏平久要之分。君子成人之美，听分真邑赐遵、赞子爵关内侯，各百户。"真每征行，与将士同劳苦，军赏不足，辄以家财班赐，士卒皆愿为用。真病还洛阳，帝自幸其第省疾。真薨，谥曰元侯。子爽嗣。帝追思真功，诏曰："大司马蹈履忠节，佐命二祖，内不恃亲戚之宠，外不骄白屋之士，可谓能持盈守位，劳谦其德者也。其悉封真五子羲、训、则、彦、皑皆为列侯。"初，文帝分真邑二百户，封

真弟彬为列侯。

【译文】曹真,字子丹,是太祖的同族侄子。太祖起兵,曹真的父亲曹邵负责招募兵士,被州郡官员杀死。太祖怜惜曹真从小失去了父亲,收养了他,视同亲骨肉,让他与文帝生活在一起。曹真曾外出打猎,遭到一只猛虎的追逐,他回头向猛虎射去一箭,虎应声而倒。太祖赞扬他勇敢、刚毅,让他率领虎豹骑兵。曹真讨伐灵丘的草寇,获胜,被封为灵寿亭侯。以偏将军的身份带兵去下辩攻打刘备的别将,又破敌立功,官拜中坚将军。跟随太祖入长安,兼任中领军。此时,夏侯渊在阳平阵亡,太祖很是忧虑。太祖任命曹真为征蜀护军,督领徐晃等将在阳平击败刘备的别将高详。太祖亲自到汉中调度驻军撤退,让曹真去武都迎接曹洪等人回军驻守陈仓。文帝即魏王位,任命曹真为镇西将军,授予符节,都督雍州、凉州的军事。统计他前后的功劳,晋封为东乡侯。张进等人在酒泉发动叛乱,曹真派费曜前去击败叛军,并斩杀了张进等人。黄初三年,曹真返回京都,被任命为上军大将军,都督中外各项军事行动,假以符节、斧钺。与夏侯尚等一起征讨孙权,袭击牛渚的东吴驻兵,获胜。改任中军大将军,加官给事中。黄初七年,文帝病危,曹真与陈群、司马宣王等人接受遗诏辅佐朝政。明帝即位,晋封他为邵陵侯,迁升为大将军。

诸葛亮围攻祁山,南安、天水、安定三郡叛魏响应诸葛亮。明帝派曹真都督诸军屯兵郿县,遣张郃攻击诸葛亮的将领马谡,大破马谡军。定安城的百姓杨条等人强迫驱使官员和百姓保守月支城,曹真进军包围了他们。杨条对众人说道:“大将军亲自到来,我也愿意早些投降啊。”于是自行捆绑出城投降,叛投诸葛亮的三郡相继平定。曹真估计诸葛亮这次兵败祁山,以后出师必定要经由陈仓,于是派将军郝昭、王生守卫陈仓,并加固城池。第二年春天,诸葛亮果然围攻陈仓,因陈仓早已有了准备而没能攻克。朝廷给曹真增加封邑,加上以前所封达二千九百户。太和四年,曹真回洛阳朝见天子,官升大司马,受赐拥有佩剑穿履上殿、入朝参见时不必小步快走的特权。曹真认为:“蜀军经常出兵骚扰边境,应当立即前去征伐,遣诸将数路并进,必定能获大胜。”明帝采纳了他的计策。当曹真带兵西征刘蜀政权之时,明帝亲自前去送行。曹真八月份兵发长安,从子午道南进入蜀。司马宣王逆汉水而上,两军约定在南郑会合。其他几路大军或从斜谷道,或者从武威开向蜀中。适逢大雨连绵三十多天,有的栈道断绝不通,明帝下诏令曹真等人班师。

曹真年轻时与同族的曹遵、同乡朱赞一同投靠太祖。曹遵、朱赞早已去世,曹真怜悯他们的家人,请求皇上将分封给他的食邑分一部分给曹遵、朱赞的儿子。明帝下诏说:“大司马有叔向抚养孤儿的仁义之心,笃守着晏平不忘旧约的美德。君子成人之美,朕同意分出曹真的封邑,赐曹遵、朱赞之子皆为关内侯,封邑各百户。”曹真每次出征,总是与将士们同甘共苦,军资赏赐不够,往往将家产拿出来颁赐将士,士卒都愿意为他效命。曹真因病回到洛阳,明帝亲自去他府邸探视病情。曹真去世,谥为元侯。其子曹爽继承爵位。明帝追念曹真的功绩,下诏说:“大司马一生忠孝节义,辅佐二祖,对内不仗恃皇亲贵戚的宠信,对外不傲视普通人士,可谓是守盈持泰、勤于王业、道德高尚的人了。特此分封曹真的五个儿子：羲、训、则、彦、皑，都为列侯。”当初，文帝曾分出曹真食邑二百户，封曹真的弟弟曹彬为列侯。

【原文】爽，字昭伯，少以宗室谨重，明帝在东宫，甚亲爱之。及即位，为散骑侍郎，累迁城门校尉，加散骑常侍，转武卫将军，宠待有殊。帝寝疾，乃引爽入卧内，拜大将军，假节钺，都督中外诸军事，录尚书事，与太尉司马宣王并受遗诏辅少主。明帝崩，齐王即位，加爽侍中，改封武安侯，邑万二千户，赐剑履上殿，入朝不趋，赞拜不名。丁谧画策，使爽白天子，发诏转宣王为太傅，外以名号尊之，内欲令尚书奏事先来由己，得制其轻重也。①爽弟羲为中领军，训武卫将军，彦散骑常侍侍讲，其余诸弟皆以列侯侍从，出入禁闼，贵宠莫盛焉。南阳何晏、邓飏、李胜、沛国丁谧、东平毕轨咸有声名，进趣于时，明帝以其浮华，皆抑黜之。及爽秉政，乃复进叙，任为腹心。飏等欲令爽立威名于天下，劝使伐蜀，爽从其言，宣王止之不能禁。正始五年，爽乃西至长安，大发卒六七万人，从骆谷入。是时，关中及氐、羌转输不能供，牛马骡驴多死，民夷号泣道路。入谷行数百里，贼因山为固，兵不得进。爽参军杨伟为爽陈形势，宜急还，不然将败。②飏与伟争于爽前，伟曰：“飏、胜将败国家事，可斩也。”爽不悦，乃引军还。③

①《魏书》曰：爽使弟羲为表曰：“臣亡父真，奉事三朝，入备冢宰，出为上将。先帝以臣肺腑遗绪，奖饬拔擢，典兵禁省，进无忠恪积累之行，退无羔羊自公之节。先帝圣体不豫，臣虽奔走，侍疾尝药，曾无精诚翼日之应，猥与太尉懿俱受遗诏，且惭且惧，靡所厎告。臣闻虞舜序贤，以稷、契为先，成汤褒功，以伊、吕为首，审选博举，优劣得所，斯诚辅世长民之大经，录勋报功之令典，自古以来，未之或阙。今臣虚暗，位冠朝首，顾惟越次，中心愧惕，敢竭愚情，陈写至实。夫天下之达道者三，谓德、爵、齿也。懿本以高明中正，处上司之位，名足镇众，义足率下，一也。包怀大略，允文允武，仍立征伐之勋，遐迩归功，二也。万里旋旆，亲受遗诏，翼亮皇家，内外所向，三也。加之耆艾，纪纲邦国，体练朝政。论德则过于吉甫、樊仲，课功则逾于方叔、召虎。凡此数者，懿实兼之。臣抱空名而处其右，天下之人将谓臣以宗室见私，知进而不知退。陛下岐嶷，克明克类，如有以察臣之言，臣以为宜以懿为太傅、大司马，上昭陛下进贤之明，中显懿身文武之实，下使愚臣免于谤诮。”于是帝使中书监刘放、令孙资为诏曰：“昔吴汉佐光武，有征定四方之功，为大司马，名称于今。太尉体履正直，功盖海内，先帝本以前后欲更其位者辄不弥久，是以迟迟不施行耳。今大将军荐太尉宜为大司马，既合先帝本旨，又放推让，进德尚勋，乃欲明贤良、辩等列、顺长少也。虽旦、奭之属，宗师吕望，念在引领以处其下，何以过哉！朕甚嘉焉。朕惟先帝固知君子乐天知命，纤芥细疑，不足为忌，当顾柏人、彭亡之文，故用低回，有意未遂耳！斯亦先帝敬重大臣，恩爱深厚之至也。昔成王建保傅之官，近汉显宗以邓禹为太傅，皆所以优崇俊乂，必有尊也。其以太尉为太傅。”

②《世语》曰：伟，字世英，冯翊人。明帝治宫室，伟谏曰：“今作宫室，斩伐生民墓上松柏，毁坏碑兽石柱，辜及亡人，伤孝子心，不可以为后世之法则。”

③《汉晋春秋》曰：司马宣王谓夏侯玄曰：“《春秋》责大德重，昔武皇帝再入汉中，几至大败，君所知也。今兴平路势至险，蜀已先据。若进不获战，退见徼绝，覆军必矣。

将何以任其责!"玄惧,言于爽,引军退。费袆进兵据三岭以截爽,爽争崄苦战,仅乃得过。所发牛马运转者,死失略尽,羌、胡怨叹,而关右悉虚耗矣。

初,爽以宣王年德并高,恒父事之,不敢专行。及晏等进用,咸共推戴,说爽以权重不宜委之于人。乃以晏、飏、谧为尚书,晏典选举,轨司隶校尉,胜河南尹,诸事希复由宣王。宣王遂称疾避爽。① 晏等专政,共分割洛阳、野王典农部桑田数百顷,及坏汤沐地以为产业,承势窃取官物,因缘求欲州郡。有司望风,莫敢忤旨。晏等与廷尉卢毓素有不平,因毓吏微过,深文致毓法,使主者先收毓印绶,然后奏闻。其作威如此。爽饮食车服,拟于乘舆。尚方珍玩,充牣其家。妻妾盈后庭,又私取先帝才人七八人,及将吏、师工、鼓吹、良家子女三十三人,皆以为伎乐。诈作诏书,发才人五十七人送邺台,使先帝倢伃教习为伎。擅取太乐乐器、武库禁兵。作窟室,绮疏四周,数与晏等会其中,纵酒作乐。羲深以为大忧,数谏止之。又著书三篇,陈骄淫盈溢之致祸败,辞旨甚切,不敢斥爽,托戒诸弟以示爽。爽知其为己发也,甚不悦。羲或时以谏喻不纳,涕泣而起。宣王密为之备。九年冬,李胜出为荆州刺史,往诣宣王。宣王称疾困笃,示以羸形。胜不能觉,谓之信然。②

① 初,宣王以爽魏之肺腑,每推先之,爽以宣王名重,亦引身卑下,当时称焉。丁谧、毕轨等既进用,数言于爽曰:"宣王有大志而甚得民心,不可以推诚委之。"由是爽恒猜防焉。礼貌虽存,而诸所兴造,皆不复由宣王。宣王力不能争,且惧其祸,故避之。

②《魏末传》曰:爽等令胜辞宣王,并伺察焉。宣王见胜,胜自陈无他功劳,横蒙特恩,当为本州,诣阁拜辞,不悟加恩,得蒙引见。宣王令两婢侍边,持衣,衣落。复上指口,言渴求饮,婢进粥,宣王持杯饮粥,粥皆流出沾胸。胜愍然,为之涕泣,谓宣王曰:"今主上尚幼,天下恃赖明公。然众情谓明公方旧风疾发,何意尊体乃尔!"宣王徐更宽言,才令气息相属,说:"年老沉疾,死在旦夕。君当屈并州,并州近胡,好善为之,恐不复相见,如何!"胜曰:"当还忝本州,非并州也。"宣王仍复阳为昏谬,曰:"君方到并州,努力自爱!"错乱其辞,状如荒语。胜复曰:"当忝荆州,非并州也。"宣王乃若微悟者,谓胜曰:"懿年老,意荒忽,不解君言。今还为本州刺史,盛德烈壮,好建功勋。今当与君别,自顾气力转微,后必不更会,因欲自力,设薄主人,生死共别。令师、昭兄弟结君为友,不可相舍去,副懿区区之心。"因流涕哽咽。胜亦长叹,答曰:"辄当承教,须待敕命。"胜辞出,与爽等相见,说:"太傅语言错误,口不摄杯,指南为北。又云吾当作并州,吾答言当还为荆州,非并州也。徐徐与语,有识人时,乃知当还为荆州耳。又欲设主人祖送,不可舍去,宜须待之。"更向爽等垂泪云:"太傅患不可复济,令人怆然。"

十年正月,车驾朝高平陵,爽兄弟皆从。① 宣王部勒兵马,先据武库,遂出屯洛水浮桥。奏爽曰:"臣昔从辽东还,先帝诏陛下、秦王及臣升御床,把臣臂,深以后事为念。臣言:'二祖亦属臣以后事,此自陛下所见,无所忧苦。万一有不如意,臣当以死奉明诏。'黄门令董箕等,才人侍疾者,皆所闻知。今大将军爽背弃顾命,败乱国典,内则僭拟,外专威权。破坏诸营,尽据禁兵;群官要职,皆置所亲;殿中宿卫,历世旧人皆复斥出,欲置新人以树私计;根据槃牙,纵恣日甚。外既如此,又以黄门张当为都监,专共交关，看察至尊，候伺神器，离间二宫，伤害骨肉。天下汹汹，人怀危惧，陛下但为寄坐，岂得久安！此非先帝诏陛下及臣升御床之本意也。臣虽朽迈，敢忘往言？昔赵高极意，秦氏以灭。吕、霍早断，汉祚永世。此乃陛下之大鉴，臣受命之时也。太尉臣济、尚书令臣孚等，皆以爽为有无君之心，兄弟不宜典兵宿卫，奏永宁宫。皇太后令敕臣如奏施行。臣辄敕主者及黄门令罢爽、羲、训吏兵，以侯就第，不得逗留以稽车驾，敢有稽留，便以军法从事。臣辄力疾，将兵屯洛水浮桥，伺察非常。[②]”

①《世语》曰：爽兄弟先是数俱出游，桓范谓曰：“总万机，典禁兵，不宜并出，若有闭城门，谁复内入者？”爽曰：“谁敢尔邪！”由此不复并行。至是乃尽出也。

②《世语》曰：初，宣王勒兵从阙下趣武库，当爽门，人逼车住。爽妻刘怖，出至厅事，谓帐下守督曰：“公在外，今兵起，如何？”督曰：“夫人勿忧。”乃上门楼，引弩注箭欲发。将孙谦在后牵止之曰：“天下事未可知！”如此者三，宣王遂得过去。

爽得宣王奏事，不通，迫窘不知所为。[①]大司农沛国桓范闻兵起，不应太后召，矫诏开平昌门，拔取剑戟，略将门候，南奔爽。宣王知，曰：“范画策，爽必不能用范计。”范说爽使车驾幸许昌，招外兵。爽兄弟犹豫未决，范重谓羲曰：“当今日，卿门户求贫贱复可得乎？且匹夫持质一人，尚欲望活，今卿与天子相随，令于天下，谁敢不应者？”羲犹不能纳。侍中许允、尚书陈泰说爽，使早自归罪。爽于是遣允、泰诣宣王，归罪请死，乃通宣王奏事。[②]遂免爽兄弟，以侯还第。[③]

① 干宝《晋纪》曰：爽留车驾宿伊水南，伐木为鹿角，发屯甲兵数千人以为卫。◎《魏末传》曰：宣王语弟孚：“陛下在外，不可露宿。促送帐幔、太官食具诣行在所。”

② 干宝《晋纪》曰：桓范出赴爽，宣王谓蒋济曰：“智囊往矣。”济曰：“范则智矣，驽马恋栈豆，爽必不能用也。”◎《世语》曰：宣王使许允、陈泰解语爽，蒋济亦与书达宣王之旨，又使爽所信殿中校尉尹大目谓爽，唯免官而已，以洛水为誓。爽信之，罢兵。◎《魏氏春秋》曰：爽既罢兵，曰：“我不失作富家翁。”范哭曰：“曹子丹佳人，生汝兄弟，犊耳！何图今日坐汝等族灭矣！”

③《魏末传》曰：爽兄弟归家。敕洛阳县发民八百人，使尉部围爽第四角，角作高楼，令人在上望视爽兄弟举动。爽计穷愁闷，持弹到后园中，楼上人便唱言：“故大将军东南行！”爽还厅事上，与兄弟共议，未知宣王意深浅，作书与宣王曰：“贱子爽哀惶恐怖，无状招祸，分受屠灭。前遣家人迎粮，于今未反，数日乏匮，当烦见饷，以继旦夕。”宣王得书大惊，即答书曰：“初不知乏粮，甚怀踧踖。令致米一百斛，并肉脯、盐豉、大豆。”寻送。爽兄弟不达变数，即便喜欢，自谓不死。

初，张当私以所择才人张、何等与爽。疑其有奸，收当治罪。当陈爽与晏等阴谋反逆，并先习兵，须三月中欲发，于是收晏等下狱。会公卿朝臣廷议，以为：“《春秋》之义，‘君亲无将，将而必诛’。爽以支属，世蒙殊宠，亲受先帝握手遗诏，托以天下，而包藏祸心，蔑弃顾命，乃与晏、飏及当等谋图神器，范党同罪人，皆为大逆不道。”于是收爽、羲、训、晏、飏、谧、轨、胜、范、当等，皆伏诛，夷三族。[①]嘉平中，绍功臣世，封真族孙熙为新昌亭侯，邑三百户，以奉真后。[②]

①《魏略》曰：邓飏，字玄茂，邓禹后也。少得士名于京师。明帝时为尚书郎，除洛阳令，坐事免，拜中郎，又入兼中书郎。初，飏与李胜等为浮华友，及在中书，浮华事发，被斥出，遂不复用。正始初，乃出为颍川太守，转大将军长史，迁侍中、尚书。飏为人好货，前在内职，许臧艾授以显官，艾以父妾与飏，故京师为之语曰："以官易妇邓玄茂。"每所荐达，多如此比。故何晏选举不得人，颇由飏之不公忠，遂同其罪，盖由交友非其才。

丁谧，字彦靖。父斐，字文侯。初，斐随太祖，太祖以斐乡里，特饶爱之。斐性好货，数请求犯法，辄得原宥。为典军校尉，总摄内外，每所陈说，多见从之。建安末，从太祖征吴。斐随行，自以家牛羸困，乃私易官牛，为人所白，被收送狱，夺官。其后太祖问斐曰："文侯，印绶所在？"斐亦知见戏，对曰："以易饼耳。"太祖笑，顾谓左右曰："东曹毛掾数白此家，欲令我重治，我非不知此人不清，良有以也。我之有斐，譬如人家有盗狗而善捕鼠，盗虽有小损，而完我囊贮。"遂复斐官，听用如初。后数岁，病亡。谧少不肯交游，但博观书传。为人沈毅，颇有才略。太和中，常住邺，借人空屋，居其中。而诸王亦欲借之，不知谧已得，直开门入。谧望见王，交脚卧而不起，而呼其奴客曰："此何等人？促呵使去。"王怒其无礼，还具上言。明帝收谧，系邺狱，以其功臣子，原出。后帝闻其有父风，召拜度支郎中。曹爽宿与相亲，时爽为武卫将军，数为帝称其可大用。会帝崩，爽辅政，乃拔谧为散骑常侍，遂转尚书。谧为人外似疏略而内多忌。其在台阁，数有所弹驳，台中患之，事不得行。又其意轻贵，多所忽略，虽与何晏、邓飏等同位，而皆少之，唯以势屈于爽。爽亦敬之，言无不从。故于时谤书，谓："台中有三狗，二狗崖柴不可当，一狗凭默作疽囊。"三狗，谓何、邓、丁也。默者，爽小字也。其意言三狗皆欲啮人，而谧尤甚也。奏使郭太后出居别宫，及遣乐安王使北诣邺，又遣文钦令还淮南，皆谧之计。司马宣王由是特深恨之。

毕轨，字昭先。父字子礼，建安中为典农校尉。轨以才能，少有名声。明帝在东宫时，轨在文学中。黄初末，出为长史。明帝即位，入为黄门郎，子尚公主，居处殷富。迁并州刺史。其在并州，名为骄豪。时杂虏数为暴，害吏民，轨辄出军击鲜卑轲比能，失利。中护军蒋济表曰："毕轨前失，既往不咎，但恐是后难可以再。凡人材有长短，不可强成。轨文雅智意，自为美器。今失并州，换置他州，若入居显职，不毁其德，于国事实善。此安危之要，唯圣恩察之。"至正始中，入为中护军，转侍中、尚书，迁司隶校尉。素与曹爽善，每言于爽，多见从之。

李胜，字公昭。父休，字子朗，有智略。张鲁前为镇北将军，休为司马，家南郑。时汉中有甘露降，子朗见张鲁精兵数万人，有四塞之固，遂建言赤气久衰，黄家当兴，欲鲁举号，鲁不听。会鲁破，太祖以其劝鲁内附，赐爵关内侯，署散官骑从，诣邺。至黄初中，仕历上党、钜鹿二郡太守，后以年老还，拜议郎。胜少游京师，雅有才智，与曹爽善。明帝禁浮华，而人白胜堂有四窗八达，各有主名。用是被收，以其所连引者多，故得原，禁锢数岁。帝崩，曹爽辅政，胜为洛阳令。夏侯玄为征西将军，以胜为长史。玄亦宿与胜厚。骆谷之役，议从胜出，由是司马宣王不悦于胜。累迁荥阳太守、河南尹。胜前后所宰守，未尝不称职，为尹岁余，厅事前屠苏坏，令人更治之，小材一枚激堕，正挝受符吏石虎头，断之。后旬日，迁为荆州刺史，未及之官而败也。

桓范，字元则，世为冠族。建安末，入丞相府。延康中，为羽林左监。以有文学，与王象等典集《皇览》。明帝时为中领军、尚书，迁征虏将军、东中郎将，使持节都督青、徐诸军事，治下邳。与徐州刺史郑岐争屋，引节欲斩岐，为岐所奏，不直，坐免还。复为兖州刺史，怏怏不得意。又闻当转为冀州牧。是时冀州统属镇北，而镇北将军吕昭才实仕进，本在范后。范谓其妻仲长曰："我宁作诸卿，向三公长跪耳，不能为吕子展屈也。"其妻曰："君前在东，坐欲擅斩徐州刺史，众人谓君难为作下，今复羞为吕屈，是复难为作上也。"范忿其言触实，乃以刀环撞其腹。妻时怀孕，遂堕胎死。范亦竟称疾，不赴冀州。正始中拜大司农。范前在台阁，号为晓事，及为司农，又以清省称。范尝抄撮《汉书》中诸杂事，自以意斟酌之，名曰《世要论》。蒋济为太尉，尝与范会社下，群卿列坐有数人，范怀其所撰，欲以示济，谓济当虚心观之。范出其书以示左右，左右传之示济，济不肯视，范心恨之。因论他事，乃发怒谓济曰："我祖薄德，公辈何似邪？"济性虽强毅，亦知范刚毅，睨而不应，各罢。范于沛郡，仕次在曹真后。于时曹爽辅政，以范乡里老宿，于九卿中特敬之，然不甚亲也。及宣王起兵，闭城门，以范为晓事，乃指召之，欲使领中领军。范欲应召，而其子谏之，以为车驾在外，不如南出。范疑，有顷，儿又促之。范欲去，而司农丞吏皆止范。范不从，乃突出至平昌城门，城门已闭。门候司蕃，故范举吏也，范呼之，举手中版以示之，矫曰："有诏召我，卿促开门！"蕃欲求见诏书，范呵之，言："卿非我故吏邪，何以敢尔？"乃开之。范出城，顾谓蕃曰："太傅图逆，卿从我去！"蕃徒行不能及，遂避侧。范南见爽，劝爽兄弟以天子诣许昌，征四方以自辅。爽疑，羲又无言。范自谓羲曰："事昭然，卿用读书何为邪！于今日卿等门户倒矣！"俱不言。范又谓羲曰："卿别营近在阙南，洛阳典农治在城外，呼召如意。今诣许昌，不过中宿，许昌别库，足相被假，所忧当在谷食，而大司农印章在我身。"羲兄弟默然不从，中夜至五鼓，爽乃投刀于地，谓诸从驾群臣曰："我度太傅意，亦不过欲令我兄弟向己也。我独有以不合于远近耳！"遂进谓帝曰："陛下作诏免臣官，报皇太后令。"范知爽首免而己必坐唱义也。范乃曰："老子今兹坐卿兄弟族矣！"爽等既免，帝还宫，遂令范随从。到洛水浮桥北，望见宣王，下车叩头而无言。宣王呼范姓曰："桓大夫何为尔邪？"车驾入宫，有诏范还复位。范诣阙拜章谢，待报。会司蕃诣鸿胪自首，具说范前临出所道。宣王乃忿然曰："诬人以反，于法何应？"主者曰："科律，反受其罪。"乃收范于阙下。时人持范甚急，范谓部官曰："徐之，我亦义士耳。"遂送廷尉。

《世语》曰：初，爽梦二虎衔雷公，雷公若二升碗，放著庭中。爽恶之，以问占者，灵台丞马训曰："忧兵。"训退，告其妻曰："爽将以兵亡，不出旬日。"◎《汉晋春秋》曰：安定皇甫谧以九年冬梦至洛阳，自庙出，见车骑甚众，以物呈庙云："诛大将军曹爽。"寤而以告其邑人，邑人曰："君欲作曹人之梦乎？朝无公孙强如何？且爽兄弟典重兵，又权尚书事，谁敢谋之？"谧曰："爽无叔振铎之请，苟失天机则离矣，何恃于强？昔汉之阎显，倚母后之尊，权国威命，可谓至重矣，阉人十九人一旦尸之，况爽兄弟乎？"◎《世语》曰：初，爽出，司马鲁芝留在府，闻有事，将营骑斫津门出赴爽。爽诛，擢为御史中丞。

及爽解印绶，将出，主簿杨综止之曰："公挟主握权，舍此以至东市乎？"爽不从。有司奏综导爽反，宣王曰："各为其主也。"宥之，以为尚书郎。芝字世英，扶风人也。以后仕进至特进光禄大夫。综字初伯，后为安东将军司马文王长史。

臣松之案：夏侯湛为芝铭及干宝《晋纪》并云爽既诛，宣王即擢芝为并州刺史，以综为安东参军。与《世语》不同。

② 干宝《晋纪》曰：蒋济以曹真之勋力，不宜绝祀，故以熙为后。济又病其言之失信于爽，发病卒。

晏，何进孙也。母尹氏，为太祖夫人。晏长于宫省，又尚公主。少以才秀知名，好老庄言，作《道德论》及诸文赋著述凡数十篇。①

① 晏，字平叔。《魏略》曰：太祖为司空时，纳晏母并收养晏，其时秦宜禄儿阿苏亦随母在公家，并见宠如公子。苏即朗也。苏性谨慎，而晏无所顾惮，服饰拟于太子，故文帝特憎之，每不呼其姓字，常谓之为"假子"。晏尚主，又好色，故黄初时无所事任。及明帝立，颇为冗官。至正始初，曲合于曹爽，亦以才能，故爽用为散骑侍郎，迁侍中、尚书。晏前以尚主得赐爵为列侯，又其母在内，晏性自喜，动静粉白不去手，行步顾影。晏为尚书，主选举，其宿与之有旧者，多被拔擢。◎《魏末传》曰：晏妇金乡公主，即晏同母妹。公主贤，谓其母沛王太妃曰："晏为恶日甚，将何保身？"母笑曰："汝得无妒晏邪？"俄而晏死。有一男，年五六岁，宣王遣人录之。晏母归藏其子王宫中，向使者搏颊，乞白活之，使者具以白宣王。宣王亦闻晏妇有先见之言，心常嘉之，且为沛王故，特原不杀。◎《魏氏春秋》曰：初，夏侯玄、何晏等名盛于时，司马景王亦预焉。晏尝曰："'唯深也，能通天下之志'，夏侯泰初是也。'唯几也，故能成天下之务'，司马子元是也。'惟神也，不疾而速，不行而至'，吾闻其语，未见其人。"盖欲以神况诸己也。初，宣王使晏与治爽等狱。晏穷治党与，冀以获宥。宣王曰："凡有八族。"晏疏丁、邓等七姓。宣王曰："未也。"晏穷急，乃曰："岂谓晏乎！"宣王曰："是也。"乃收晏。

臣松之案：《魏末传》云晏取其同母妹为妻，此搢绅所不忍言，虽楚王之妻媦，不是甚也已。设令此言出于旧史，犹将莫之或信，况底下之书乎！案《诸王公传》，沛王出自杜夫人所生。晏母姓尹，公主若与沛王同生，焉得言与晏同母？

皇甫谧《列女传》曰：爽从弟文叔，妻谯郡夏侯文宁之女，名令女。文叔早死，服阕，自以年少无子，恐家必嫁己，乃断发以为信。其后，家果欲嫁之，令女闻，即复以刀截两耳，居止常依爽。及爽被诛，曹氏尽死。令女叔父上书与曹氏绝婚，强迎令女归。时文宁为梁相，怜其少，执义，又曹氏无遗类，冀其意沮，乃微使人讽之。令女叹且泣曰："吾亦惟之，许之是也。"家以为信，防之少懈。令女于是窃入寝室，以刀断鼻，蒙被而卧。其母呼与语，不应，发被视之，血流满床席。举家惊惶，奔往视之，莫不酸鼻。或谓之曰："人生世间，如轻尘栖弱草耳，何至辛苦乃尔！且夫家夷灭已尽，守此欲谁为哉？"令女曰："闻仁者不以盛衰改节，义者不以存亡易心，曹氏前盛之时，尚欲保终，况今衰亡，何忍弃之！禽兽不行，吾岂为乎？"司马宣王闻而嘉之，听使乞子字养，为曹氏后，名显于世。

【译文】曹爽，字昭伯，年轻时就因为自己是皇室子弟而谨慎持重，明帝还是皇太子时，就对他很是友爱。明帝即位，任命曹爽为散骑侍郎，渐次提升至城门校尉，加散骑常侍，再升为武卫将军，对他优宠厚待特别不同。明帝病危之时，将曹爽叫进卧房，任命他为大将军，授予符节、斧钺，都督中外各项军事，兼领尚书事，与太尉司马懿一起接受遗诏辅助小皇帝。明帝驾崩，齐王即位，加授曹爽侍中之职，改封武安侯，封邑一万二千户，特赐佩剑、穿履上殿、入朝无需小步快走、朝见时赞礼官只呼官职不呼姓名的特权。丁谧出谋划策，让曹爽出面劝说天子，下诏命司马懿改任太傅，表面上以名号表示对他的尊重，实则是想让尚书奏事时先从自己这里通过，牢牢把握朝政大权的轻重缓急。曹爽的弟弟曹羲为中领军，曹真的次子曹训为武卫将军，四子曹彦为散骑常侍侍讲，其余几个弟弟都以列侯的身份充当皇帝侍从，出入皇宫禁地，富贵宠幸无人能及。南阳的何晏、邓飏、李胜、沛国的丁谧、东平的毕轨都有声望名气，不过都喜欢趋炎附势，明帝认为这几个人一味讲究表面上的华丽而不务实际，故统统予以贬斥不用。及至曹爽执掌朝政，便又一齐任用他们，作为自己的心腹亲信。邓飏等人想让曹爽的威名传遍天下，就劝曹爽讨伐蜀国，曹爽听取了他们的意见，司马懿有心阻止却无济于事。正始五年，曹爽西赴长安，在那里集合了六七万大军，从骆谷入蜀。当时，关中及氐人、羌人的供给供应不上，无数牛驴骡马死于运输途中，被征发的胡汉百姓沿途号哭。入骆谷行走了数百里，蜀军依山设防，魏军无法前进。曹爽的参军杨伟为曹爽分析了形势，认为当务之急应该引军撤退，否则必败无疑。邓飏与杨伟在曹爽面前争执得不可开交，杨伟说："邓飏、李胜这样做，只会败坏国家大事，该斩。"曹爽很不愉快，怏怏地撤回了军队。

起初，曹爽因为司马懿资历老、德行高，经常像对待父亲那样敬重他，不敢任意专行。及至何晏等人进用，他们都一起拥戴曹爽，劝他不要将大权委任他人。于是任命何晏、邓飏、丁谧为尚书，何晏主管选举，毕轨为司隶校尉，李胜为河南尹，之后各项人事任命很少再经由司马懿裁决了。于是，司马懿称病回避曹爽。何晏等人滥用职权，擅自将洛阳、野王二地的几百顷屯田瓜分，侵蚀朝廷赐给大臣的汤沐邑并据为己有，依仗势力攫取公物，还寻找机会勒索各州郡。官府看风使舵，没有一个敢违抗的。何晏等人与廷尉卢毓向来不和，便抓住卢毓手下官吏的一点小错误，援用苛刻的法律条文将卢毓绳之以法，命令主管者先没收了卢毓的印绶，然后才上书奏告皇帝。他们作威作福的行径大抵都这样。曹爽的饮食住行，都跟皇上攀比。皇宫里才有的珍玩，也摆满了他的家宅。后院本就妻妾成群，还私自收取先帝的才人七八人，以及将吏、师工、鼓吹、良家女子共三十三人作为他私人的艺伎。又伪作诏书，征发五十七名才人前往邺台，让先帝的倢伃教习成艺伎。擅自将皇家乐器、武库兵器据为己有。又开造一座地下室，用漂亮的丝绸装饰四壁，经常与何晏等人在里面聚会，饮酒作乐。曹羲对此深以为忧，屡次劝止他。他稍后更写了三篇文章，力陈骄奢淫逸的祸害，措辞明白深切，只是不敢直接斥责曹爽，便以告诫众弟为名将文章拿给曹爽看。曹爽知道他的这几篇文章是针对自己的行为而写，很不高兴。曹羲时时因劝说告白不被采纳，不得不哭着离去。司马懿秘密地做着准备。正始九年冬，李胜出任荆州刺史，临行前去与司马懿话别。司马懿声称自己已病入膏肓,并装出极为虚弱衰颓的样子。李胜没能看出破绽,自认为司马懿的病况确实如此。

正始十年正月,皇帝朝谒高平陵,曹爽兄弟都跟随前往。司马懿部署兵马,首先占据了武器库,再出兵把守住洛水浮桥。于是向皇帝奏告曹爽罪状说:“从前我从辽东回来时,先帝召陛下、秦王和微臣同登御榻,他拉住我的手臂,对身后的事情深以为忧。我说:‘太祖、高祖也曾将后事托付给我,陛下你是亲眼看见的,没什么值得悲苦、不放心的。万一事有不测,我会以死报答您对我的信任。’黄门令董箕等人,以及侍候皇上疾病的才人,他们都是听见了的。如今大将军曹爽背弃先帝遗命,毁败国家的法典,在内模仿皇上的饮食起居,在外擅用威权。破坏军营,全面控制皇家禁兵;各部门要职,都任用他的亲信;将负责殿中宿卫的历世旧人悉数贬斥出宫,安插新人为个人图谋做打算;亲戚裙带关系盘根错节,为非作歹日盛一日。对外既已如此,他又任黄门张当为都监,专门互相勾结,整天盯着皇上,等待机会谋取皇位,又离间太后和皇后的关系,伤害皇上的骨肉感情。天下因此动荡不堪,人人自危,陛下只是寄居于宝座之上,又岂能长保社稷安稳!这不是先帝宣召陛下和我共登御床的本意啊。臣虽老朽年迈,哪里敢忘记当年的诺言?昔日赵高恣意横行,秦朝政权因此灭亡。诸吕、霍之祸因及时铲除,汉代江山才得以世代延续并固若金汤。这是陛下最好的借鉴,也是我受命的时刻。太尉蒋济、尚书令司马孚等人,都认为曹爽有犯上作乱的行为,他的兄弟不应该典领军队、守卫皇宫,于是奏明了永宁宫的皇太后。皇太后敕令我们按照奏折上所请行事。我已命令主管者及黄门令罢去曹爽、曹羲、曹训的官职和兵权,命令他们以侯爵身份归家,不得逗留而耽误陛下返宫,如敢有拖延,便以军法从事。我则支撑着病体,将部队带到洛水浮桥驻扎,以监视突发情况。”

曹爽接到司马宣王的奏章,不敢禀明皇帝,自己则窘迫得手足无措。大司农沛国人桓范听说司马宣王起兵,不听太后的传召,谎称有诏出了平昌门,拔出剑戟,劫走管城门的门候,向南投奔曹爽。司马懿得知这事,说道:“桓范是去出谋划策的,但曹爽肯定不会听取桓范的计谋。”桓范劝曹爽让皇帝到许昌,召集外地兵马应变。曹爽兄弟犹豫不决,桓范又对曹羲说:“时至今日,你们一家就算想做回到贫贱百姓又怎么可以如愿呢?况且平民百姓抓到一个人质,尚且希求活命,今天你们与天子相随,号令天下,有谁敢不响应?”曹羲还是不用他的计策。侍中许允、尚书陈泰劝说曹爽,要他早些主动认罪。于是曹爽派许允、陈泰去见司马懿,表示愿意回去接受处罚,然后又将司马懿的奏章交给皇帝。于是免去了曹爽兄弟的官职,让他们以侯爵身份回自己家中。

当初,张当私下选择才人张、何等送与曹爽。司马懿怀疑其中大有奸情,将张当抓起来治罪。张当供出曹爽与何晏等人企图谋反的情状,称他们先事练兵,定于三月中起事,于是将何晏等人也抓起来关进监狱。朝廷会集在京的公卿大臣议事,认为:“《春秋》所申明的大义,在于‘对于君亲不能有丝毫叛逆的念头,否则必定招致诛杀’。曹爽本是皇帝宗族,世代蒙受朝廷的殊恩优宠,亲手接下先帝握手托付的遗诏,先帝将天下大事托付给他，但他却包藏祸心，蔑弃先帝临终的嘱托，与何晏、邓飏及张当等人阴谋篡夺帝位，桓范与这些罪人串通一气，都属于大逆不道。”于是收押曹爽、曹羲、曹训、何晏、邓飏、丁谧、毕轨、李胜、桓范、张当等人，全部处死，诛灭他们三族。嘉平年间，为使功臣后继有人，册封曹真的族孙曹熙为新昌亭侯，食邑三百户，以延续曹真的后嗣。

何晏，是何进的孙子。母亲尹氏，为太祖的夫人。何晏生长在宫廷里，又娶了公主为妻。从小就以才能优秀闻名，喜好老子、庄子之言，写了《道德论》及各种文章和辞赋共几十篇。

夏侯尚　夏侯玄

【原文】夏侯尚，字伯仁，渊从子也。文帝与之亲友。[①] 太祖定冀州，尚为军司马，将骑从征伐，后为五官将文学。魏国初建，迁黄门侍郎。代郡胡叛，遣鄢陵侯彰征讨之，以尚参彰军事，定代地，还。太祖崩于洛阳，尚持节，奉梓宫还邺。并录前功，封平陵亭侯，拜散骑常侍，迁中领军。文帝践阼，更封平陵乡侯，迁征南将军，领荆州刺史，假节，都督南方诸军事。尚奏："刘备别军在上庸，山道险难，彼不我虞，若以奇兵潜行，出其不意，则独克之势也。"遂勒诸军击破上庸，平三郡九县，迁征南大将军。孙权虽称藩，尚益修攻讨之备，权后果有贰心。黄初三年，车驾幸宛，使尚率诸军与曹真共围江陵。权将诸葛瑾与尚军对江，瑾渡入江中渚，而分水军于江中。尚夜多持油船，将步骑万余人，于下流潜渡，攻瑾诸军，夹江烧其舟船，水陆并攻，破之。城未拔，会大疫，诏敕尚引诸军还。益封六百户，并前千九百户，假钺，进为牧。荆州残荒，外接蛮夷，而与吴阻汉水为境，旧民多居江南。尚自上庸通道，西行七百余里，山民蛮夷多服从者，五六年间，降附数千家。五年，徙封昌陵乡侯。尚有爱妾嬖幸，宠夺适室。适室，曹氏女也，故文帝遣人绞杀之。尚悲感，发病恍惚，既葬埋妾，不胜思见，复出视之。文帝闻而恚之曰："杜袭之轻薄尚，良有以也。"然以旧臣，恩宠不衰。六年，尚疾笃，还京都，帝数临幸，执手涕泣。尚薨，谥曰悼侯。[②] 子玄嗣。又分尚户三百，赐尚弟子奉爵关内侯。

①《魏书》曰：尚有筹画智略，文帝器之，与为布衣之交。

②《魏书》载诏曰："尚自少侍从，尽诚竭节，虽云异姓，其犹骨肉，是以入为腹心，出当爪牙。智略深敏，谋谟过人，不幸早殒，命也奈何！赠征南大将军、昌陵侯印绶。"

【译文】夏侯尚，字伯仁，夏侯渊的侄子。文帝与他亲近友好。太祖平定冀州，夏侯尚为军司马，率领骑兵跟随太祖征伐，后任五官将文学。魏国初建之时，升为黄门侍郎。代郡胡人叛乱，太祖派鄢陵侯曹彰前去征剿，令夏侯尚参与鄢陵侯的军事活动，平定了代郡，奏凯班师。太祖在洛阳驾崩，夏侯尚持节护送太祖的灵柩回到邺城。加上夏侯尚以前的功绩，封他为平陵亭侯，拜散骑常侍，升职为中领军。文帝受禅登基，改封他为平陵乡侯，升征南将军，兼任荆州刺史，授予符节，都督南方诸军事。夏侯尚上奏说："刘备另有军队屯驻上庸，那里山高路险，他们肯定不会想到我们会去攻袭，如果我们派奇兵悄悄前去，出其不意，一定是取得胜利的大好机会。”于是率诸军一举攻克上庸，平定了周围的三郡九县，升为征南大将军。孙权虽然自称藩国，但夏侯尚更加抓紧攻讨东吴的准备工作，孙权后来果有二心。黄初三年，皇帝驾临宛城，派夏侯尚率领诸军，与曹真一起共同围攻江陵。孙权派诸葛瑾与夏侯尚隔江对峙，诸葛瑾带队渡河到了江中小洲，而将水兵分遣在附近江面上。夏侯尚趁夜放出许多油船，率领一万多名步、骑兵，从下游悄悄地渡河，攻打诸葛瑾的各路军队，沿江烧毁了他们的船只，水陆两道合力进攻，击垮了诸葛瑾的军队。江陵城尚未攻下，因瘟疫大起，文帝下诏令夏侯尚率诸军返回。增加夏侯尚食邑六百户，加上以前所封一共是一千九百户，又授予斧钺，升任州牧。荆州地界内荒凉残破，西南与蛮夷接壤，东面与吴国隔汉水为邻，最初的居民大都居住在江南。夏侯尚从上庸开辟一条通道，向西开发七百余里，山民及蛮夷大多服从他的管辖，在五六年的时间里，前后降服者达数千家之多。黄初五年，改封夏侯尚为昌陵乡侯。夏侯尚有一爱妾，深受夏侯尚的宠幸，这使他的正室夫人受到冷落。而夏侯尚的原配夫人，是曹家的公主，所以文帝派人绞死了夏侯尚的宠妾。夏侯尚悲哀感伤不已，生了一场大病，神情恍惚，爱妾已经下葬了，他还不胜思念，又挖开墓穴，开棺看她。文帝听说后很是恼怒，说：“杜袭看不起夏侯尚，确实是有道理的。”然而因为夏侯尚是前朝旧臣，文帝对他的恩宠依旧不衰。黄初六年，夏侯尚病重，回到了京都，文帝亲去探望多次，拉着他的手流下了眼泪。夏侯尚去世，谥号为悼侯。其子夏侯玄继承爵位。文帝又分夏侯尚封邑三百户，赐给夏侯尚弟弟的儿子夏侯奉，并封以关内侯的爵位。

【原文】玄，字太初。少知名，弱冠为散骑黄门侍郎。尝进见，与皇后弟毛曾并坐，玄耻之，不悦形之于色。明帝恨之，左迁为羽林监。正始初，曹爽辅政。玄，爽之姑子也。累迁散骑常侍、中护军。①

①《世语》曰：玄世名知人，为中护军，拔用武官，参戟牙门，无非俊杰，多牧州典郡。立法垂教，于今皆为后式。

太傅司马宣王问以时事，玄议以为：“夫官才用人，国之柄也，故铨衡专于台阁，上之分也；孝行存乎闾巷，优劣任之乡人，下之叙也。夫欲清教审选，在明其分叙，不使相涉而已。何者？上过其分，则恐所由之不本，而干势驰骛之路开；下逾其叙，则恐天爵之外通，而机权之门多矣。夫天爵下通，是庶人议柄也；机权多门，是纷乱之原也。自州郡中正品度官才之来，有年载矣，缅缅纷纷，未闻整齐，岂非分叙参错，各失其要之所由哉！若令中正但考行伦辈，伦辈当行均，斯可官矣。何者？夫孝行著于家门，岂不忠恪于在官乎？仁恕称于九族，岂不达于为政乎？义断行于乡党，岂不堪于事任乎？三者之类，取于中正，虽不处其官名，斯任官可知矣。行有大小，比有高下，则所任之流，亦焕然明别矣。奚必使中正干铨衡之机于下，而执机柄者有所委仗于上，上下交侵，以生纷错哉？且台阁临下，考功校否，众职之属，各有官长，旦夕相考，莫究于此。闾阎之议，以意裁处，而使匠宰失位，众人驱骇。欲风俗清静，其可得乎？天台县远，众所绝意。所得至者，更在侧近，孰不修饰以要所求？所求有路，则修己家门者，已不如自达于乡党矣。自达乡党者，已不如自求之于州邦矣。苟开之有路，而患其饰真离本，虽复严责中正，督以刑罚，犹无益也。岂若使各帅其分，官长则各以其属能否献之台阁，台阁则据官长能否之第，参以乡闾德行之次，拟其伦比，勿使偏颇。中正则唯考其行迹，别其高下，审定辈类，勿使升降。台阁总之，如其所简，或有参错，则其责负自在有司。官长所第，中正辈拟，比随次率而用之，如其不称，责负在外。然则内外相参，得失有所，互相形检，孰能相饰？斯则人心定而事理得，庶可以静风俗而审官才矣。"

又以为："古之建官，所以济育群生，统理民物也，故为之君长以司牧之。司牧之主，欲一而专，一则官任定而上下安，专则职业修而事不烦。夫事简业修，上下相安而不治者，未之有也。先王建万国，虽其详未可得而究，然分疆画界，各守土境，则非重累羁绊之体也。下考殷、周五等之叙，徒有小大贵贱之差，亦无君官臣民而有二统互相牵制者也。夫官统不一，则职业不修。职业不修，则事何得而简？事之不简，则民何得而静？民之不静，则邪恶并兴，而奸伪滋长矣。先王达其如此，故专其职司而一其统业。始自秦世，不师圣道，私以御职，奸以待下。惧宰官之不修，立监牧以董之；畏督监之容曲，设司察以纠之。宰牧相累，监察相司，人怀异心，上下殊务。汉承其绪，莫能匡改。魏室之隆，日不暇及，五等之典，虽难卒复，可粗立仪准以一治制。今之长吏，皆君吏民，横重以郡守，累以刺史。若郡所摄，唯在大较，则与州同，无为再重。宜省郡守，但任刺史。刺史职存则监察不废，郡吏万数，还亲农业，以省烦费，丰财殖谷，一也。大县之才，皆堪郡守，是非之讼，每生意异，顺从则安，直己则争。夫和羹之美，在于合异，上下之益，在能相济，顺从乃安，此琴瑟一声也，荡而除之，则官省事简，二也。又，干郡之吏，职监诸县，营护党亲，乡邑旧故，如有不副，而因公掣顿，民之困弊，咎生于此，若皆并合，则乱原自塞，三也。今承衰弊，民人雕落，贤才鲜少，任事者寡。郡县良吏，往往非一，郡受县成，其剧在下，而吏之上选，郡当先足，此为亲民之吏，专得底下。吏者民命，而常顽鄙。今如并之，吏多选清良者造职，大化宣流，民物获宁，四也。制使万户之县，名之郡守；五千以上，名之都尉；千户以下，令、长如故。自长以上，考课迁用，转以能升，所牧亦增，此进才效功之叙也。若经制一定，则官才有次，治功齐明，五也。若省郡守，县皆径达，事不拥隔，官无留滞，三代之风，虽未可必，简一之化，庶几可致，便民省费，在于此矣。"

又以为："文质之更用，犹四时之迭兴也。王者体天理物，必因弊而济通之。时弥质则文之以礼，时泰侈则救之以质。今承百王之末，秦汉余流，世俗弥文，宜大改之以易民望。今科制自公、列侯以下，位从大将军以上，皆得服绫锦、罗绮、纨素、金银饰镂之物，自是以下，杂彩之服，通于贱人，虽上下等级，各示有差，然朝臣之制，已得侔至尊矣，玄黄之采，已得通于下矣。欲使市不鬻华丽之色，商不通难得之货，工不作雕刻之物，不可得也。是故宜大理其本，准度古法，文质之宜，取其中则，以为礼度。车舆服章，皆从质朴，禁除末俗华丽之事，使干朝之家，有位之室，不复有锦绮之饰，无兼采之服，纤巧之物，自上以下，至于朴素之差，示有等级而已，勿使过一二之觉。若夫功德之赐，上恩所特加，皆表之有司，然后服用之。夫上之化下，犹风之靡草。朴素之教兴于本朝，则弥侈之心自消于下矣。”

宣王报书曰：“审官择人，除重官，改服制，皆大善。礼乡闾本行，朝廷考事，大指如所示。而中间一相承习，卒不能改。秦时无刺史，但有郡守长吏。汉家虽有刺史，奉六条而已，故刺史称传车，其吏言从事，居无常治，吏不成臣，其后转更为官司耳。昔贾谊亦患服制，汉文虽身服弋绨，犹不能使上下如意。恐此三事，当待贤能然后了耳。”玄又书曰：“汉文虽身衣弋绨，而不革正法度，内外有僭拟之服，宠臣受无限之赐。由是观之，似指立在身之名，非笃齐治制之意也。今公侯命世作宰，追踪上古，将隆至治，抑末正本，若制定于上，则化行于众矣。夫当宜改之时，留殷勤之心，令发之日，下之应也犹响寻声耳。犹垂谦谦，曰‘待贤能’，此伊周不正殷姬之典也。窃未喻焉。”

顷之，为征西将军，假节，都督雍、凉州诸军事。①与曹爽共兴骆谷之役，时人讥之。爽诛，征玄为大鸿胪，数年徙太常。玄以爽抑绌，内不得意。中书令李丰虽宿为大将军司马景王所亲待，然私心在玄，遂结皇后父光禄大夫张缉，谋欲以玄辅政。丰既内握权柄，子尚公主，又与缉俱冯翊人，故缉信之。丰阴令弟兖州刺史翼求入朝，欲使将兵入，并力起。会翼求朝，不听。嘉平六年二月，当拜贵人，丰等欲因御临轩，诸门有陛兵，诛大将军，以玄代之，以缉为骠骑将军。丰密语黄门监苏铄、永宁署令乐敦、冗从仆射刘贤等曰：“卿诸人居内，多有不法，大将军严毅，累以为言，张当可以为诫。”铄等皆许以从命。②大将军微闻其谋，请丰相见，丰不知而往，即杀之。③事下有司，收玄、缉、铄、敦、贤等送廷尉。④廷尉钟毓奏：“丰等谋迫胁至尊，擅诛冢宰，大逆无道，请论如法。”于是会公卿朝臣廷尉议，咸以为：“丰等各受殊宠，典综机密，缉承外戚椒房之尊，玄备世臣，并居列位，而包藏祸心，构图凶逆，交关阉竖，授以奸计。畏惮天威，不敢显谋，乃欲要君胁上，肆其诈虐，谋诛良辅，擅相建立，将以倾覆京室，颠危社稷。毓所正皆如科律，报毓施行。”诏书：“齐长公主，先帝遗爱，原其三子死命。”于是丰、玄、缉、敦、贤等皆夷三族，⑤其余亲属徙乐浪郡。玄格量弘济，临斩东市，颜色不变，举动自若，时年四十六。⑥正元中，绍功臣世，封尚从孙本为昌陵亭侯，邑三百户，以奉尚后。

①《魏略》曰：玄既迁，司马景王代为护军。护军总统诸将，任主武官选举，前后当此官者，不能止货赂。故蒋济为护军时，有谣言“欲求牙门，当得千匹；百人督，五百匹”。宣王与济善，间以问济，济无以解之，因戏曰：“洛中市买，一钱不足则不行。”遂相对欢笑。玄代济，故不能止绝人事。及景王之代玄，整顿法令，人莫犯者。

②《魏书》曰：玄素贵，以爽故废黜，居常怏怏不得意。中书令李丰与玄及后父光禄大夫张缉阴谋为乱，缉与丰同郡，倾巧人也，以东莞太守召，为后家，亦不得意，故皆同谋。初，丰自以身处机密，息韬又以列侯给事中，尚齐长公主，有内外之重，心不自安。密谓韬曰：“玄既为海内重人，加以当大任，年时方壮而永见废，又亲曹爽外弟，于大将军有嫌。吾得玄书，深以为忧。缉有才用，弃兵马大郡，还坐家巷。各不得志，欲使汝以密计告之。”缉尝病创卧，丰遣韬省病，韬屏人语缉曰：“韬尚公主，父子在机近，大将

军秉事，常恐不见明信，太常亦怀深忧。君侯虽有后父之尊，安危未可知，皆与韬家同虑者也，韬父欲与君侯谋之。”缉默然良久曰：“同舟之难，吾焉所逃？此大事，不捷即祸及宗族。”韬于是往报丰。密语黄门监苏铄等，苏铄等答丰：“惟君侯计。”丰言曰：“今拜贵人，诸营兵皆屯门。陛下临轩，因此便共迫胁，将群寮人兵，就诛大将军。卿等当共密白此意。”铄等曰：“陛下傥不从人，奈何？”丰等曰：“事有权宜，临时若不信听，便当劫将去耳。那得不从？”铄等许诺。丰曰：“此族灭事，卿等密之。事成，卿等皆当封侯常侍也。”丰复密以告玄、缉。缉遣子邈与丰相结，同谋起事。◎《世语》曰：丰遣子韬以谋报玄，玄曰：“宜详之耳。”而不以告也。

③《世语》曰：大将军闻丰谋，舍人王羕请以命请丰：“丰若无备，情屈势迫，必来。若不来，羕一人足以制之。若知谋泄，以众挟轮，长戟自卫，径入云龙门，挟天子登凌云台，台上有三千人仗，鸣鼓会众，如此，羕所不及也。”大将军乃遣羕以车迎之。丰见劫迫，随羕而至。◎《魏氏春秋》曰：大将军责丰，丰知祸及，遂正色曰：“卿父子怀奸，将倾社稷，惜吾力劣，不能相禽灭耳！”大将军怒，使勇士以刀环筑丰腰，杀之。◎《魏略》曰：丰，字安国，故卫尉李义子也。黄初中，以父任召随军。始为白衣时，年十七八，在邺下名为清白，识别人物，海内翕然，莫不注意。后随军在许昌，声称日隆。其父不愿其然，遂令闭门，敕使断客。初，明帝在东宫，丰在文学中。及即尊位，得吴降人，问江东闻中国名士为谁，降人云：“闻有李安国者。”是时丰为黄门郎，明帝问左右安国所在，左右以丰对。帝曰：“丰名乃被于吴越邪？”后转骑都尉、给事中。帝崩后，为永宁太仆，以名过其实，能用少也。正始中，迁侍中、尚书仆射。丰在台省，常多托疾，时台制，疾满百日当解禄，丰疾未满数十日，辄暂起，已复卧，如是数岁。初，丰子韬以选尚公主，丰虽外辞之，内不甚惮也。丰弟翼及伟，仕数岁间，并历郡守。丰尝于人中显诫二弟，言当用荣位为□。及司马宣王久病，伟为二千石，荒于酒，乱新平、扶风二郡，而丰不召，众人以为恃宠。曹爽专政，丰依违二公间，无有适莫，故于时有谤书曰：“曹爽之势热如汤，太傅父子冷如浆，李丰兄弟如游光。”其意以为丰虽外示清净，而内图事，有似于游光也。及宣王奏诛爽，住车阙下，与丰相闻，丰怖，遽气索，足委地不能起。至嘉平四年宣王终后，中书令缺，大将军谘问朝臣：“谁可补者？”或指向丰。丰虽知此非显选，而自以连婚国家，思附至尊，因伏不辞，遂奏用之。丰为中书二岁，帝比每独召与语，不知所说。景王知其议己，请丰，丰不以实告，乃杀之。其事秘。丰前后仕历二朝，不以家计为意，仰俸廪而已。韬虽尚公主，丰常约敕不得有所侵取，时得赐钱帛，辄以外施亲族。及得赐宫人，多与子弟，而丰皆以与诸外甥。及死后，有司籍其家，家无余积。◎《魏氏春秋》曰：夜送丰尸付廷尉，廷尉钟毓不受，曰：“非法官所治也。”以其状告，且敕之，乃受。帝怒，将问丰死意，太后惧，呼帝入，乃止。遣使收翼。◎《世语》曰：翼后妻，散骑常侍荀廙姊，谓翼曰：“中书事发，可及书未至赴吴，何为坐取死亡！左右可共同赴水火者谁？”翼思未答，妻曰：“君在大州，不知可与同死生者，去亦不免。”翼曰：“二儿小，吾不去。今但从坐，身死，二儿必免。”果如翼言。翼子斌，杨骏外甥也。晋惠帝初，为河南尹，与骏俱死，见《晋书》。

④《世语》曰：玄至廷尉，不肯下辞。廷尉钟毓自临治玄。玄正色责毓曰："吾当何辞？卿为令史责人也，卿便为吾作。"毓以其名士，节高不可屈，而狱当竟，夜为作辞，令与事相附，流涕以示玄。玄视，颔之而已。毓弟会，年少于玄，玄不与交，是日于毓坐狎玄，玄不受。◎孙盛《杂语》曰：玄在囹圄，会因欲狎而友玄，玄正色曰："钟君何相逼如此也！"

⑤《魏书》曰：丰子韬，以尚主，赐死狱中。

⑥《魏略》曰：玄自从西还，不交人事，不蓄华妍。◎《魏氏春秋》曰：初，夏侯霸将奔蜀，呼玄欲与之俱。玄曰："吾岂苟存自客于寇虏乎？"遂还京师。太傅薨，许允谓玄曰："无复忧矣。"玄叹曰："士宗，卿何不见事乎？此人犹能以通家年少遇我，子元、子上不吾容也。"玄尝著《乐毅》《张良》及《本无肉刑论》，辞旨通远，咸传于世。玄之执也，卫将军司马文王流涕请之，大将军曰："卿忘会赵司空葬乎？"先是，司空赵俨薨，大将军兄弟会葬，宾客以百数，玄时后至，众宾客咸越席而迎，大将军由是恶之。

臣松之案：曹爽以正始五年伐蜀，时玄已为关中都督，至十年，爽诛灭后，方还洛耳。案《少帝纪》，司空赵俨以六年亡，玄则无由得会俨葬，若云玄入朝，纪、传又无其事。斯近妄不实。

初，中领军高阳许允与丰、玄亲善。先是有诈作尺一诏书，以玄为大将军，允为太尉，共录尚书事。有何人天未明乘马以诏版付允门吏，曰："有诏。"因便驰走。允即投书烧之，不以开呈司马景王。后丰等事觉，徙允为镇北将军，假节，督河北诸军事。未发，以放散官物，收付廷尉，徙乐浪，道死。[①]

①《魏略》曰：允，字士宗，世冠族。父据，仕历典农校尉、郡守。允少与同郡崔赞俱发名于冀州，召入军。明帝时为尚书选曹郎，与陈国袁侃对，同坐职事，皆收送狱，诏旨严切，当有死者，正直者为重。允谓侃曰："卿，功臣之子，法应八议，不忧死也。"侃知其指，乃为受重。允刑竟复吏，出为郡守，稍迁为侍中、尚书、中领军。允闻李丰等被收，欲往见大将军，已出门，回遑不定，中道还取裈，丰等已收讫。大将军闻允前遽，怪之曰："我自收丰等，不知士大夫何为匆匆乎？"是时朝臣遽者多耳，而众人咸以为意在允也。会镇北将军刘静卒，朝廷以允代静。已受节传，出止外舍。大将军与允书曰："镇北虽少事，而都典一方，念足下震华鼓，建朱节，历本州，此所谓著绣昼行也。"允心甚悦，与台中相闻，欲易其鼓吹旌旗。其兄子素颇闻众人说允前见嫌意，戒允："但当趣耳，用是为邪！"允曰："卿俗士不解，我以荣国耳，故求之。"帝以允当出，乃诏会群臣，群臣皆集，帝特引允以自近。允前为侍中，顾当与帝别，涕泣歔欷。会讫，罢出，诏促允令去。会有司奏允前擅以厨钱谷乞诸俳及其官属，故遂收送廷尉，考问竟，减死徙边。允以嘉平六年秋徙，妻子不得自随，行道未到，以其年冬死。◎《魏氏春秋》曰：允为吏部郎，选郡守。明帝疑其所用非次，召入，将加罪。允妻阮氏跣出，谓曰："明主可以理夺，难以情求。"允颔之而入。帝怒诘之，允对曰："某郡太守虽限满文书先至，年限在后，某守虽后，日限在前。"帝前取事视之，乃释遣出。望其衣败，曰："清吏也。"赐之。允之出为镇北也，喜谓其妻曰："吾知免矣！"妻曰："祸见于此，何免之有？"允善相印，

将拜，以印不善，使更刻之，如此者三。允曰："印虽始成，而已被辱。"问送印者，果怀之而坠于厕。《相印书》曰："相印法本出陈长文，长文以语韦仲将，印工杨利从仲将受法，以语许士宗。利以法术占吉凶，十可中八九。仲将问长文：'从谁得法？'长文曰：'本出汉世，有《相印》《相笏经》，又有《鹰经》《牛经》《马经》。印工宗养以法语程申伯，是故有一十三家相法传于世。'"允妻阮氏贤明而丑，允始见愕然，交礼毕，无复入意。妻遣婢觇之，云："有客姓桓。"妻曰："是必桓范，将劝使入也。"既而范果劝之。允入，须臾便起，妻捉裾留之。允顾谓妇曰："妇有四德，卿有其几？"妇曰："新妇所乏唯容。士有百行，君有其几？"允曰："皆备。"妇曰："士有百行，以德为首，君好色不好德，何谓皆备？"允有惭色，知其非凡，遂雅相亲重。生二子：奇、猛，少有令闻。允后为景王所诛，门生走入告其妇，妇正在机，神色不变，曰："早知尔耳。"门生欲藏其子，妇曰："无预诸儿事。"后移居墓所，景王遣钟会看之，若才艺德能及父，当收。儿以语母，母答："汝等虽佳，才具不多，率胸怀与会语，便自无忧，不须极哀，会止便止。又可多少问朝事。"儿从之。会反命，具以状对，卒免其祸，皆母之教也。虽会之识鉴，而输贤妇之智也。果庆及后嗣，追封子孙而已。◎《世语》曰：允二子：奇，字子泰，猛，字子豹，并有治理才学。晋元康中，奇为司隶校尉，猛幽州刺史。◎傅畅《晋诸公赞》曰：猛礼乐儒雅，当时最优。奇子遐，字思祖，以清尚称，位至侍中。猛子式，字仪祖，有才干，至濮阳内史、平原太守。

清河王经亦与允俱称冀州名士。甘露中为尚书，坐高贵乡公事诛。始经为郡守，经母谓经曰："汝田家子，今仕至二千石，物太过不祥，可以止矣。"经不能从，历二州刺史、司隶校尉，终以致败。[①] 允友人同郡崔赞，亦尝以处世太盛戒允云。[②]

①《世语》曰：经，字彦纬，初为江夏太守。大将军曹爽附绢二十匹令交市于吴，经不发书，弃官归。母问归状，经以实对。母以经典兵马而擅去，对送吏杖经五十，爽闻，不复罪。经为司隶校尉，辟河内向雄为都官从事，王业之出，不申经意以及难。经刑于东市，雄哭之，感动一市。刑及经母，雍州故吏皇甫晏以家财收葬焉。《汉晋春秋》曰：经被收，辞母。母颜色不变，笑而应曰："人谁不死？往所以不止汝者，恐不得其所也。以此并命，何恨之有哉？"晋武帝泰始元年诏曰："故尚书王经，虽身陷法辟，然守志可嘉。门户堙没，意常愍之，其赐经孙郎中。"

② 荀绰《冀州记》曰：赞子洪，字良伯，清恪有匪躬之志，为晋吏部尚书、大司农。

【译文】夏侯玄，字太初。年少时就名气不小，二十岁时先后担任散骑黄门侍郎。有一次，他觐见皇上，与毛皇后的弟弟毛曾坐在一起，夏侯玄深以为耻，不高兴的心情表现在脸上。明帝对此很气愤，将他降职为羽林监。正始初年，曹爽辅政。夏侯玄是曹爽姑姑的儿子。其后他历任散骑常侍、中护军。

太傅司马懿与他谈及当前要事，夏侯玄认为："根据才干选官授职，是国家的权柄，因此，量才录用官吏由尚书台专管，这是上层机构的职分；孝行存在于闾巷之中，优劣高下亦有乡邻的公论，这是下层的评价。要想使社会教化清明，选派官吏审慎得当，在于明确上级评判和下层评价的界限，不使它们相互干涉而已。这是什么原因呢？假如上级的评判过度，恐怕人才的选拔途径就脱离了根本，从而投机钻营、溜须拍马之类的行径就会乘虚而入；假如下层的评价过分，恐怕道德优劣的评价就会由外界插手，而机巧权变的门道就多了。道德优劣的评价受外界制约，这是平民百姓议政的权利；机巧权变的道路增多，则是产生混乱的根源。自从州郡以中正官品评衡量才干和官职以来，已经有好几年了，但这种制度仍混沌不明，从没听说有过秩序化、条理清楚的时候，这难道不是上级的评判和下层的评价混杂相涉，各自失去了自身侧重所造成的吗！如果令中正只考察品行的高低等第，等第恰当品行端正，这样的人就可以为官。为什么呢？如果他在家里显示出孝行，难道还会在做官时不尽忠尽责吗？仁爱宽容被九族称道，难道不会贯彻在政务处理之中吗？在乡党之中决然行义，难道还会有不胜任职务的现象吗？这三者都取决于中正，虽然他们没有居于官位，但能胜任官职是不用怀疑的。德行有大小，评议有上下，那么他们所能担任的官职级别次序，也就区别清楚、一目了然了。何必一定让中正干预下层选派的职权，而下层掌握选派权力的人又对中正有所倚仗，上级和下层相互干扰，生出纷乱错杂的局面呢？况且尚书台会到下层去考核官吏的政绩，检查是否失职，各种职司原有自己的官长，时时刻刻的考察，没有比这更详尽的了。而街头巷尾的议论，掺杂主观判断的成分，弄得主管官员失去了本来的位置，众官吏手足无措。要使风俗清静，这能办得到吗？天台遥远，断绝了众人上进的意愿。能够到达目的的人，尽在旁边近处，谁又不伪装修饰以实现自己的愿望？假如请托有门，那在家里修养自己，不如自己去请求乡党。而自己去请求乡党，又不如自己到州郡谋求门路。假如听任请托之门大开，而又担心他们掩饰真情、背离根本，那么就算再怎么严厉地要求中正官，甚至以刑罚来监督，也是无济于事的。怎么能比得上让上下各自行使自己的职权，做官长的，就各以他的属下能力大小、胜任与否，汇报尚书台阁，尚书台阁便依据官长所汇报能力大小、胜任与否的排列，参考其在乡党中德行评价的次序，拟定其类属和等级，不使有所偏颇。中正则仅仅考察其品行事迹，区分出高下，判定属于哪一等级，不使偏高偏低。由尚书台阁总揽，如果尚书台阁的选派有什么差错失当，那责任便在于其主管部门。根据长官所作能力大小、胜任与否的排列、中正对被考察的人所评类别等级的意见，按照相应的职级来任派，如果任职不相称，责任便在尚书台阁之外。如此内外相互考察，正确与否都有相应的人员承担责任，相互对照检查，还有谁能粉饰伪装呢？这样一来人心也就自然安定，事情也办得合乎道理，或许可以使风俗清静，审才论官就变得允当了。”

夏侯玄又认为：“古时候设立官府，是用来养育百姓、总管民事的，因此设立君长，以职权来辖治诸事。掌管职事的长官，应该要有统一而专门的规范，统一则官职明确而上下安定，专门则业务精明而办事不乱。职掌简明而业务精通，上下相安却不能治理民物，那是从来没有过的。先王建立万国，虽然当时的详细情况现在不能尽明，但划分各国疆界，使他们各自保守土地边境，并不是以上下牵制互相束缚为重。考察商周以来五等爵位的次第，只有大小贵贱的差别，也没有君主与官僚、大臣与民众的两个系统的互相牵制。官吏的统属不一，业务便不精通。业务不精通，政务怎么能够简明？政务不简明，人民怎么能够安宁？人民不安宁，邪门歪道的东西便会四处兴起，奸诈巧伪之流也就会越来越多。先王知道会有这样的问题，所以统一各官的职责范围，划分各自的业务系统。从秦开始，不师法圣人之道，以私心来掌管职务，以奸诈对待下属。害怕主宰官员不修明，于是设立监察部门来监督他们；又害怕监督官曲意包容，于是设立司察部门予以纠察。这使得官员相互牵制，监督与司察彼此掣肘，人人各怀异心，上下政务无从统一。汉代承继秦朝的传统，没有谁来纠正变改它。到魏国兴起，没有时间来顾及这些方面，官分五等的典制，尽管难以一下恢复，还是可以粗略订立章程规则来整齐政治体制的。现今委派的长吏，都是代君主来管理人民，中间再加设郡守以及刺史之职。如果郡守所掌理的事务，只是在大的方面，那么便和刺史相同，就大可不必重复设置。应该省略郡守这一层，只派任刺史。有刺史一职存在，对下面的监察便不会荒废，郡一级数以万计的官员，遣放下去亲自务农，以节省繁多的费用，扩充财力，增加粮食收入，这是第一点好处。大县县令的才干，都比得上郡守，于是，他们之间争讼是非，常常产生不同的意见，县令顺从对方便相安无事，坚持自己的意见便不免产生争执。调和肉羹的美，在于调和不同的佐料，上下级和谐相处，在于能相互帮助，顺从才能相安，这如同琴与瑟同奏一声一样，剔除郡守这一层，便能精简官职，使政务不繁，这是第二点好处。再者，主管一郡的官员，职责往往是监督几个县，他们照顾、维护朋党亲戚和乡邑的旧交故友，如果有谁不合自己的心意，便借着公家的由头予以打击，民生困苦凋敝，祸害的根源就在这里，如若把郡县合并，造成动乱的根源便会自然堵住，这是第三点好处。如今上承前时的衰败局面，人口减少，贤良有才干的人更加少见，能办事的人实在不多。郡县两级贤能的官吏，倒也不在少数，但郡官在上坐享县官的成就，繁难的工作却由下面担当，而官吏的提升，郡官却可以捷足先登，这样做就使与民相亲的官吏，往往被留在下层。官吏是百姓的命之所寄，而贪鄙顽劣之徒反倒常居高官。假如现在合并郡县，多选拔清廉优良的官吏去任职，教化得以广泛宣扬流传，百姓也就可以安宁了，这是第四点好处。可以这么规定，有一万户人口的县，长官可以称为郡守；五千户人口以上的县，长官称为都尉；一千户人口以下的县，长官可照旧称为令、长。长吏以上的官员，应通过考核才可任用，提升要看各自的能力政绩，所掌握的人口、权力也随之增加，这是促使官吏施展才干、建功效力的有效办法。如果这种制度统一规定下来，官职与才干就有了等级，治理和政绩也渐渐明朗，这是第五点好处。假如省略了郡守这一层，县里的事情便都可以直接通达上层，不致在中间遭到壅塞堵滞，有才干的官员便不会长久羁留底层，夏商周三代的风化，虽然未必能完全实现，但简明统一的官制精神，差不多可以达到了，方便百姓、节省开支，就在于这里了。”

夏侯玄又认为：“文与质的交替使用，就好比四季的交互更替。君王体察自然规律来治理天下，就一定会针对它的弊端来疏通救治。时俗过分质朴，便以礼仪来加以文饰；时俗过分奢华，便当以质朴来予以匡救。现在，承继先古百王的后绪，紧接着秦、汉的余波，世俗风气极为虚华，应发大力气以改变下民的仰慕方向。今天的等级规定，从三公、列侯以下，大将军以上，都可以穿戴华丽的绫罗绸缎，佩戴金银饰物，从他们以下，普通的官吏甚至于平民百姓，也将五彩缤纷的服饰堂皇地穿在身上，尽管上下等级各有差别，但朝臣的服制，已经能够比得上君王了，玄、黄两种颜色，也已经能够通用于臣下了。想使市面上不卖颜色华丽的东西，商人不贩运珍贵稀罕的货物，工匠不去做雕琢刻镂的东西，是办不到的。因此，应该大力治理它的根本，以古代的法规为衡量标准，文和质必须恰当适宜，折中择取，以此为礼法制度。车轿服饰都应遵行质朴，禁止并消除媚俗浮华的事物，使朝臣和有爵位的人家，不再有锦绣绮罗的装饰，没有两种以上颜色的衣服和纤巧的玩物，自上到下，只有朴素的差别，只是表示出有等级区分罢了，不要有丝毫的过分之感。假如是因为功勋所得的赏赐，是由君王特颁的恩宠，也要书面报告专管部门，然后才能够穿戴。君主感化下民的风俗习惯，就像风吹草低一样。朴素的教化从朝廷兴起，那么奢侈之心也就自然在下面消除了。”

司马懿给夏侯玄复信说：“审核官职，选择人才，省除重复的官职，改定车马服饰制度，几项建议都非常好。依礼分类评价在乡里的行为，朝廷考核职任，大致也应当如你所说。然而，这中间有着习惯上的承继，仓促之际还难以彻底改变。秦朝没有设立刺史，只有郡守县官。汉朝虽有刺史之职，也只是奉行六条问事，所以当时的刺史又称作传车，他属下的官吏则称从事，刺史没有固定的办事衙门，官属也不是正式的臣下，以后才转变为专署长官罢了。过去，贾谊也担忧过服制紊乱的问题，汉文帝虽然亲自穿着黑色的粗绢，却还是不能使上上下下按他的意愿行事。恐怕这三桩事情，要等贤能的人来了才能解决。”夏侯玄又写信说：“汉文帝虽然亲自穿黑色粗绢，却没有修正法规制度，使得朝廷内外有僭越职位的服饰，宠臣得到没有限制的赏赐。由此看来，大概他的宗旨只是在于修立自己的声名，并非属意于使政治教化整齐纯厚。现在，公侯作为本朝的宰辅，完全有能力追赶上古优良传统，实现天下极大的安治，排抑末细，端正根本，如果朝廷制定了好的礼仪制度，下层民众便会化而行之。现在正是适宜改革陈旧弊端的时候，只要尽忠竭诚，那么在命令发布的时候，下面的反应也就会像回音追随声响一样的迅速了。如果一味只学习谦谦君子的作风，说什么‘等待贤能’，这就如同伊尹、周公不肯端正商、周的制度。我私下对此是很不理解的。”

不久，夏侯玄担任征西将军，被授予符节，都督雍、凉二州的各种军务。因为和曹爽共同发动了骆谷口战役，为当时的人所嘲笑。曹爽被诛杀后，朝廷征召夏侯玄为大鸿胪，几年后改任太常。由于曹爽的缘故，夏侯玄受到压抑，心里很不得志。中书令李丰尽管一直被大将军司马懿当亲信厚待，然而私下里却向夏侯玄靠拢，于是他结交皇后的父亲光禄大夫张缉，计划让夏侯玄来代替司马懿辅政。李丰既在内把持国家权柄，儿子李韬又与公主为婚，又和张缉都是陕西冯翊人，所以张缉很相信李丰。李丰暗地命令他的弟弟兖州刺史李翼请求入朝，想使他率兵进来，合力发动政变。李翼请求朝见时，却未获朝廷批准。嘉平六年二月，应当册封贵人，李丰等人打算趁皇帝亲登前殿，各门都有卫兵把守之机，诛杀大将军司马懿，以夏侯玄取而代之，以张缉为骠骑将军。李丰秘密地威胁黄门监苏铄、永宁署令乐敦、冗从仆射刘贤等说：“你们几个人在内廷，做了许多不法的事，大将军严厉刚毅，常常说起这些，张当的下场你们应该引以为戒啊。”苏铄等人都许诺听从他的命令。大将军司马懿稍稍听到了一点风声，于是请李丰来相见，李丰不知就里，欣然而去，立即就被杀了。这件事下交给主管部门，逮捕了夏侯玄、张缉、苏铄、乐敦、刘贤等人，押送给廷尉监管。廷尉钟毓启奏说：“李丰等人阴谋要挟皇帝，然后专权诛杀丞相，大逆不道，请依法论处。”于是会集公卿朝臣和廷尉合议，都认为：“李丰等人各受朝廷特殊的恩宠，掌管机要，张缉还拥有外戚的尊宠，夏侯玄家族累世为朝廷大臣，他们都位居列卿，然而却包藏祸心，谋划叛逆，勾结宦官，授以奸计。由于畏惧皇帝天威，不敢明目张胆公开造反，便想要胁君王，施展机诈阴谋，图谋诛杀出色的辅政丞相，擅自封官许愿，将要颠覆国家社稷。钟毓所判处的都符合刑法条律，批复钟毓按律处置。”皇帝的诏书说：“齐长公主，是先帝留在人间的骨肉，赦免她所生三个儿子的死刑。”于是，李丰、夏侯玄、张缉、乐敦、刘贤等，都被诛灭三族，旁系亲属远徙乐浪郡。夏侯玄胸襟开阔，度量宏大，在东市临刑时，面不改色，举止自如，时年四十六岁。正元年间，朝廷封赏功臣后代，封夏侯尚的堂孙夏侯本为昌陵亭侯，食邑三百户，以奉续夏侯尚的后嗣。

当初，中领军高阳人许允和李丰、夏侯玄友善。在那件事之前，有人伪造了一尺一寸长的诏书，委任夏侯玄为大将军，许允为太尉，共同统领朝政。有一个身份不明的人在天没亮时骑着马来把诏书交给许允家看门的人，说声：“有诏。”随即驰马而去。许允随即把它撕掉烧毁，没有打开呈报给司马师。后来，李丰等人的事情败露，朝廷便调他为镇北将军，授予符节，都督黄河以北军事。许允还未启程，又以放散官物的罪名，被抓进廷尉大牢，发配乐浪郡，死于发配途中。

清河郡的王经，也和许允一样俱称冀州名士。甘露年间担任尚书，因受高贵乡公一案的牵连被杀。起初，王经任郡守，他的母亲对他说：“你是农家之子，今天已做到了二千石的官，事物发展太过了不祥，可以到此为止了。”王经不能听从，历任二州刺史、司隶校尉，终于因此败亡。许允的同乡朋友崔赞，也曾经以处世太招摇劝告过许允。

【原文】评曰：夏侯、曹氏，世为婚姻，故惇、渊、仁、洪、休、尚、真等并以亲旧肺腑，贵重于时，左右勋业，咸有效劳。爽德薄位尊，沈溺盈溢，此固《大易》所著，道家所忌也。玄以规格局度，世称其名，然与曹爽中外缱绻。荣位如斯，曾未闻匡弼其非，援致良才。举兹以论，焉能免之乎！

【译文】评论说：夏侯氏、曹氏两家，世代通婚，因此夏侯惇、夏侯渊、曹仁、曹洪、曹休、夏侯尚、曹真等，都由于是亲戚旧好、心腹之人，显贵一时，勋业随身，有功于国。曹爽德行浅薄，却地位尊显，又过分沉溺声色服玩，这本来就是《周易》早已著明的危害，是道家所忌讳的。夏侯玄卓有才能，气度杰出，名盛一时，然而和曹爽内外纠缠不解。地位如此尊崇荣显，却从未听说他曾匡正补救曹爽的错误，引荐良才。举这件事而论，他又怎能避免这最终的结局呢！

卷十　魏书十

荀彧荀攸贾诩传第十

荀彧　荀恽、荀甝、荀霬

【原文】荀彧，字文若，颍川颍阴人也。祖父淑，字季和，朗陵令。当汉顺、桓之间，知名当世。有子八人，号曰“八龙”。彧父绲，济南相。叔父爽，司空。[①]

①《续汉书》曰：淑有高才，王畅、李膺皆以为师，为朗陵侯相，号称神君。◎张璠《汉纪》曰：淑博学有高行，与李固、李膺同志友善，拔李昭于小吏，友黄叔度于幼童。以贤良方正征，对策讥切梁氏，出补朗陵侯相，卒官。八子：俭、绲、靖、焘、诜、爽、肃、旉。旉，音敷。爽，字慈明，幼好学，年十二，通《春秋》《论语》，耽思经典，不应征命，积十数年。董卓秉政，复征爽，爽欲遁去，吏持之急。诏下郡，即拜平原相。行至苑陵，又追拜光禄勋。视事三日，策拜司空。爽起自布衣，九十五日而至三公。淑旧居西豪里，县令苑康曰昔高阳氏有才子八人，署其里为高阳里。靖字叔慈，亦有至德，名几亚爽，隐居终身。◎皇甫谧《逸士传》：或问许子将，靖与爽孰贤？子将曰：“二人皆玉也，慈明外朗，叔慈内润。”

彧年少时，南阳何颙异之，曰：“王佐才也。”[①]永汉元年，举孝廉，拜守宫令。董卓之乱，求出补吏。除亢父令，遂弃官归，谓父老曰：“颍川，四战之地也。天下有变，常为兵冲，宜亟去之，无久留。”乡人多怀土犹豫，会冀州牧同郡韩馥遣骑迎之，莫有随者，彧独将宗族至冀州。而袁绍已夺馥位，待彧以上宾之礼。彧弟谌及同郡辛评、郭图，皆为绍所任。彧度绍终不能成大事，时太祖为奋武将军，在东郡。初平二年，彧去绍从太祖。太祖大悦曰：“吾之子房也。”以为司马，时年二十九。是时，董卓威陵天下，太祖以问彧，彧曰：“卓暴虐已甚，必以乱终，无能为也。”卓遣李傕等出关东，所过虏略，至颍川、陈留而还。乡人留者多见杀略。明年，太祖领兖州牧，后为镇东将军，彧常以司马从。

①《典略》曰：中常侍唐衡欲以女妻汝南傅公明，公明不娶，转以与彧。父绲慕衡势，为彧娶之。彧为论者所讥。

臣松之案：《汉纪》云唐衡以桓帝延熹七年死，计彧于时年始二岁，则彧婚之日，衡之没久矣，慕势之言为不然也。臣松之又以为绲八龙之一，必非苟得者也，将有逼而然，何云慕势哉？昔郑忽以违齐致讥，隽生以拒霍见美，致讥在于失援，见美嘉其虑远，并无交至之害，故得各全其志耳。至于阉竖用事，四海屏气；左悺、唐衡，杀生在口。故于时谚云“左回天，唐独坐”，言威权莫二也。顺之则六亲以安，忤违则大祸立至。斯诚以存易亡，蒙耻期全之日。昔蒋诩姻于王氏，无损清高之操，绲之此婚，庸何伤乎！

兴平元年，太祖征陶谦，任彧留事。会张邈、陈宫以兖州反，潜迎吕布。布既至，邈乃使刘翊告彧曰："吕将军来助曹使君击陶谦，宜亟供其军食。"众疑惑。彧知邈为乱，即勒兵设备，驰召东郡太守夏侯惇，而兖州诸城皆应布矣。时太祖悉军攻谦，留守兵少，而督将大吏多与邈、宫通谋。惇至，其夜诛谋叛者数十人，众乃定。豫州刺史郭贡帅众数万来至城下，或言与吕布同谋，众甚惧。贡求见彧，彧将往，惇等曰："君，一州镇也，往必危，不可。"彧曰："贡与邈等，分非素结也，今来速，计必未定。及其未定说之，纵不为用，可使中立。若先疑之，彼将怒而成计。"贡见彧无惧意，谓鄄城未易攻，遂引兵去。又与程昱计，使说范、东阿，卒全三城，以待太祖。太祖自徐州还击布濮阳，布东走。二年夏，太祖军乘氏，大饥，人相食。

陶谦死，太祖欲遂取徐州，还乃定布。彧曰："昔高祖保关中，光武据河内，皆深根固本以制天下。进足以胜敌，退足以坚守，故虽有困败而终济大业。将军本以兖州首事，平山东之难，百姓无不归心悦服。且河、济，天下之要地也。今虽残坏，犹易以自保，是亦将军之关中、河内也，不可以不先定。今以破李封、薛兰，若分兵东击陈宫，宫必不敢西顾。以其间勒兵收熟麦，约食畜谷，一举而布可破也。破布，然后南结扬州，共讨袁术，以临淮、泗。若舍布而东，多留兵则不足用，少留兵则民皆保城，不得樵采。布乘虚寇暴，民心益危，唯鄄城、范、卫可全，其余非己之有，是无兖州也。若徐州不定，将军当安所归乎？且陶谦虽死，徐州未易亡也。彼惩往年之败，将惧而结亲，相为表里。今东方皆以收麦，必坚壁清野以待将军。将军攻之不拔，略之无获，不出十日，则十万之众未战而自困耳。①前讨徐州，威罚实行，②其子弟念父兄之耻，必人自为守，无降心，就能破之，尚不可有也。夫事固有弃此取彼者。以大易小可也，以安易危可也，权一时之势，不患本之不固可也。今三者莫利，愿将军熟虑之。"太祖乃止。大收麦，复与布战，分兵平诸县。布败走，兖州遂平。

①臣松之以为：于时徐州未平，兖州又叛，而云"十万之众"，虽是抑抗之言，要非寡弱之称。益知官渡之役，不得云"兵不满万"也。

②《曹瞒传》云：自京师遭董卓之乱，人民流移东出，多依彭城间。遇太祖至，坑杀男女数万口于泗水，水为不流。陶谦帅其众军武原，太祖不得进。引军从泗南攻取虑、睢陵、夏丘诸县，皆屠之，鸡犬亦尽，墟邑无复行人。

【译文】荀彧，字文若，颍川郡颍阴县人。他的祖父荀淑，字季和，曾经担任朗陵令，生于东汉的顺帝和桓帝之间，当世著名。荀淑有八个儿子，号称"八龙"。荀彧的父亲荀绲，曾经担任过济南相。他的叔父荀爽，曾经做过司空。

荀彧还是少年的时候，南阳的何颙看到他感到十分惊异。何颙说："这孩子长大后，必定是辅佐帝王的贤才。"永汉元年，荀彧被举荐为孝廉，拜为守宫令。董卓作乱的时候，他要求外出担任官吏。他被任命为亢父县令，不久，就弃官归里了。归里后，他对家乡父老们说："颍川，是四面迎战的险要地带。天下形势一有变化，这里就常常是兵家的必争战场，应该赶紧离开这里，千万不要长久逗留。"乡人大多数因为怀恋故土而犹豫不决，恰遇和荀彧同郡的冀州牧韩馥派遣车马来迎接他，邻里中没有人愿随荀彧去冀州，荀彧只好独自把他家的宗族领往冀州去了。然而抵达冀州的时候，袁绍已经夺取了韩馥的官位，袁绍用上宾的礼节接待了荀彧。荀彧的弟弟荀谌及同郡的辛评、郭图，也都被袁绍重用。荀彧估计袁绍最终不能成大事，而当时魏太祖曹操刚好为奋武将军，在东郡创业。初平二年，荀彧离开袁绍跟从太祖曹操。太祖对荀彧的到来非常高兴，说："你就是我的张子房。"于是任用荀彧为司马，当时他年仅二十九岁。那时，董卓的淫威凌迫天下，太祖就这件事询问荀彧的看法，荀彧说："董卓暴虐太过，他必定以乱亡终结，不会有什么作为。"董卓派遣李傕等人出关东，李傕等掳掠抢夺他们所经过的每一处地方，一直深入到颍川、陈留而还。荀彧故乡留下的乡人，大多数都惨遭杀戮和抢掠。第二年，魏太祖曹操担任兖州牧，后来又被封为镇东将军，荀彧常常以司马的职位随从太祖。

兴平元年，太祖征讨陶谦，命荀彧留守主事。恰逢张邈、陈宫以兖州作据点反叛曹操，暗中接纳吕布。吕布到兖州后，张邈派刘翊告诉荀彧说："吕将军特来帮助曹使君进攻陶谦，你应当赶快供应吕将军所部军队的军粮。"众人听了都疑惑不定。只有荀彧早已知道这是张邈在作乱，马上命令军队预作防备，派人急驰去召命东郡太守夏侯惇，夏侯惇还没有赶到，兖州所属诸城就都已经背叛曹操而响应吕布了。当时太祖将军兵悉数调去攻打陶谦了，留守的士兵很少，而督兵的将领官吏又大多与张邈、陈宫通同合谋。夏侯惇到达后，连夜诛杀了数十名图谋反叛的人，众人的情绪才趋于稳定。豫州刺史郭贡率领兵众数万人来到城下，有人说他们或许与吕布同谋，城中人众听了都非常惧怕。郭贡求见荀彧，荀彧将要前往会见，这时夏侯惇等人说："您作为一州的统领，前往必定有危险，不能去。"荀彧说："郭贡与张邈等，从情分上讲并不是平时就有勾结，如今来得这么快，主意肯定还没有确定。我赶在他主意未定的时候去劝说他，纵然不能使他为我所用，也可尽量劝他保持中立。如果我们现在先怀疑他，他因为恼怒必将倒向张邈。"郭贡见荀彧没有任何惧怕的意思，认为鄄城不是那么容易攻克的，于是领兵离去了。荀彧又和程昱定计，派程昱去劝说范县与东阿县的守将，最终保全了这三座城池，以此静待太祖的归来。太祖从徐州回军后，在濮阳迎击吕布，迫使吕布向东败走。兴平二年的夏天，太祖驻扎乘氏，年逢大饥，不少地方发生人吃人的惨况。

陶谦去世后，太祖想要趁机夺取徐州，回过头来再攻打吕布。荀彧说："以前汉高祖保有关中，汉光武占据河内，都是先深根固本以为基础从而制服天下。这样一来，前进足可战胜敌人，后退足可坚守，所以虽然屡有困难和失败，最终却能成就大业。将军您原本以兖州为根本首倡义事，在您平定山东祸乱以后，百姓们没有不归心悦服的。况且黄河、济水之间是天下的要地。而今虽然有些残破，但仍然较为容易自保，这也是将军您的关中与河内，这块地方不可不首先平定。如今已经击破李封、薛兰，如果再分兵东击陈宫，陈宫必然不敢向西进军。再利用这一间隙命令兵丁赶紧进行麦收，同时节约军粮，省用库粮，养精蓄锐，吕布可以一举而击破。击破吕布以后，然后再向南与扬州结好，一起讨伐袁术，继而进兵淮、泗地区。如今若抛开吕布东征徐州,多留兵驻守,前方的兵员就会不够用,少留兵驻守,后方的民众就要都被征集来镇守城池,连打柴之人也没有了。吕布再乘虚寇掳施暴,民心就会更加危惧,只有鄄城、范县、卫邑三城到时也许能够保全,其余就不是我们自己所能保全的了,这样,兖州也就丢了。如果徐州再没有平定,请问将军,到那时您又能到哪里去呢?况且,陶谦虽然说已经死了,徐州也不是那么容易就破亡的。他们鉴于往年的失败,将出于恐惧而更加团结亲近起来,互为表里。如今东方各地都已经收完麦子了,那里必然坚壁清野来等待将军。将军攻城攻不下,掳掠没有所获,不超出十天,您的十万之众就将不战自困了。前些时讨伐徐州,您威罚必行,说杀就杀,如今那里的子弟怀恨他们父兄上次遭受到的耻辱,必然人自为守,绝对不会有投降的心意,将来就是勉强能攻破,但因为结仇太深,也还是不可能完全占有它。事情原本有在这里放弃了,却能从那里捞取回来的道理。但只有在弃小得大时才可行,在用危险换来安全的时候才可行,权衡一时的形势,在用不着担心根本不牢固的时候才可行。如今参照这三者,对我们都不利,请将军深思熟虑这个问题。"太祖听完荀彧这番劝告,才中止了首先攻取徐州的计划。改令兵众先大举收麦,然后再和吕布交战,分兵平定了诸县。最终吕布败走,兖州随之也很快得到了平定。

【原文】建安元年,太祖击破黄巾。汉献帝自河东还洛阳。太祖议奉迎都许,或以山东未平,韩暹、杨奉新将天子到洛阳,北连张杨,未可卒制。彧劝太祖曰:"昔晋文纳周襄王而诸侯景从,高祖东伐为义帝缟素而天下归心。自天子播越,将军首唱义兵,徒以山东扰乱,未能远赴关右,然犹分遣将帅,蒙险通使,虽御难于外,乃心无不在王室,是将军匡天下之素志也。今车驾旋轸,东京榛芜,义士有存本之思,百姓感旧而增哀。诚因此时,奉主上以从民望,大顺也;秉至公以服雄杰,大略也;扶弘义以致英俊,大德也。天下虽有逆节,必不能为累,明矣。韩暹、杨奉其敢为害!若不时定,四方生心,后虽虑之,无及。"太祖遂至洛阳,奉迎天子都许。天子拜太祖大将军,进彧为汉侍中,守尚书令。常居中持重,① 太祖虽征伐在外,军国事皆与彧筹焉。② 太祖问彧:"谁能代卿为我谋者?"彧言:"荀攸、钟繇。"先是,彧言策谋士,进戏志才。志才卒,又进郭嘉。太祖以彧为知人,诸所进达皆称职,唯严象为扬州,韦康为凉州,后败亡。③

①《典略》曰:彧折节下士,坐不累席。其在台阁,不以私欲挠意。彧有群从一人,才行实薄,或谓彧:"以君当事,不可以某为议郎邪?"彧笑曰:"官者所以表才也,若如来言,众人其谓我何邪!"其持心平正,皆类此。

②《典略》曰:彧为人伟美。◎又,《平原祢衡传》曰:衡,字正平,建安初,自荆州北游许都,恃才傲逸,臧否过差,见不如己者不与语,人皆以是憎之。唯少府孔融高贵其才,上书荐之曰:"淑质贞亮,英才卓荦。初涉艺文,升堂睹奥。目所一见,辄诵于口,耳所暂闻,不忘于心。性与道合,思若有神。弘羊心计,安世默识,以衡准之,诚不足怪。"衡时年二十四。是时许都虽新建,尚饶人士。衡尝书一刺怀之,字漫灭而无所适。或问之曰:"何不从陈长文、司马伯达乎?"衡曰:"卿欲使我从屠沽儿辈也!"又问曰:"当今许中,谁最可者?"衡曰:"大儿有孔文举,小儿有杨德祖。"又问:"曹公、荀令君、赵

荡寇皆足盖世乎?”衡称曹公不甚多,又见荀有仪容,赵有腹尺,因答曰:“文若可借面吊丧,稚长可使监厨请客。”其意以为荀但有貌,赵健啖肉也。于是众人皆切齿。衡知众不悦,将南还荆州。装束临发,众人为祖道,先设供帐于城南,自共相诫曰:“衡数不逊,今因其后到,以不起报之。”及衡至,众人皆坐不起,衡乃号咷大哭。众人问其故,衡曰:“行尸柩之间,能不悲乎?”衡南见刘表,表甚礼之。将军黄祖屯夏口,祖子射与衡善,随到夏口。祖嘉其才,每在坐,席有异宾,介使与衡谈。后衡骄蹇,答祖言俳优饶言,祖以为骂己也,大怒,顾伍伯捉头出。左右遂扶以去,拉而杀之。

臣松之以本传不称彧容貌,故载《典略》与《衡传》以见之。又,潘勖为彧碑文,称彧“瑰姿奇表”。张衡《文士传》曰:孔融数荐衡于太祖,欲与相见,而衡疾恶之,意常愤懑。因狂疾不肯往,而数有言论。太祖闻其名,图欲辱之,乃录为鼓史。后至八月朝,大宴,宾客并会。时鼓史击鼓过,皆当脱其故服,易着新衣。次衡,衡击为《渔阳参挝》,容态不常,音节殊妙。坐上宾客听之,莫不慷慨。过不易衣,吏呵之,衡乃当太祖前,以次脱衣,裸身而立,徐徐乃著裈帽毕,复击鼓参挝,而颜色不怍。太祖大笑,告四坐曰:“本欲辱衡,衡反辱孤。”至今有《渔阳参挝》,自衡造也。融深责数衡,并宣太祖意,欲令与太祖相见。衡许之,曰:“当为卿往。”至十月朝,融先见太祖,说“衡欲求见”。至日晏,衡著布单衣、练布履,坐太祖营门外,以杖捶地,数骂太祖。太祖敕外厩急具精马三匹,并骑二人,谓融曰:“祢衡竖子,乃敢尔!孤杀之无异于雀鼠,顾此人素有虚名,远近所闻,今日杀之,人将谓孤不能容。今送与刘表,视卒当何如?”乃令骑以衡置马上,两骑扶送至南阳。

《傅子》曰:衡辩于言而克于论,见荆州牧刘表日,所以自结于表者甚至,表悦之,以为上宾。衡称表之美盈口,而论表左右不废绳墨。于是左右因形而谮之,曰:“衡称将军之仁,西伯不过也,唯以为不能断。终不济者,必由此也。”是言实指表智短,而非衡所言也。表不详察,遂疏衡而逐之。衡以交绝于刘表,智穷于黄祖,身死名灭,为天下笑者,谮之者有形也。

③《三辅决录注》曰:象,字文则,京兆人。少聪博,有胆智。以督军御史中丞诣扬州讨袁术,会术病卒,因以为扬州刺史。建安五年,为孙策庐江太守李术所杀,时年三十八。象同郡赵岐作《三辅决录》,恐时人不尽其意,故隐其书,唯以示象。

康,字元将,亦京兆人。孔融与康父端书曰:“前日元将来,渊才亮茂,雅度弘毅,伟世之器也。昨日仲将又来,懿性贞实,文敏笃诚,保家之主也。不意双珠,近出老蚌,甚珍贵之。”端从凉州牧征为太仆,康代为凉州刺史,时人荣之。后为马超所围,坚守历时,救军不至,遂为超所杀。仲将,名诞,见《刘劭传》。

自太祖之迎天子也,袁绍内怀不服。绍既并河朔,天下畏其强。太祖方东忧吕布,南拒张绣,而绣败太祖军于宛。绍益骄,与太祖书,其辞悖慢。太祖大怒,出入动静变于常,众皆谓以失利于张绣故也。钟繇以问彧,彧曰:“公之聪明,必不追咎往事,殆有他虑。”则见太祖问之,太祖乃以绍书示彧,曰:“今将讨不义,而力不敌,何如?”彧曰:

古之成败者,诚有其才,虽弱必强,苟非其人,虽强易弱,刘、项之存亡,足以观矣。今与公争天下者，唯袁绍尔。绍貌外宽而内忌，任人而疑其心，公明达不拘，唯才所宜，此度胜也。绍迟重少决，失在后机，公能断大事，应变无方，此谋胜也。绍御军宽缓，法令不立，士卒虽众，其实难用，公法令既明，赏罚必行，士卒虽寡，皆争致死，此武胜也。绍凭世资，从容饰智，以收名誉，故士之寡能好问者多归之，公以至仁待人，推诚心不为虚美，行己谨俭，而与有功者无所吝惜，故天下忠正效实之士咸愿为用，此德胜也。夫以四胜辅天子，扶义征伐，谁敢不从？绍之强其何能为！

太祖悦。彧曰："不先取吕布，河北亦未易图也。"太祖曰："然。吾所惑者，又恐绍侵扰关中，乱羌、胡，南诱蜀汉，是我独以兖、豫抗天下六分之五也。为将奈何？"彧曰："关中将帅以十数，莫能相一，唯韩遂、马超最强。彼见山东方争，必各拥众自保。今若抚以恩德，遣使连和，相持虽不能久安，比公安定山东，足以不动。钟繇可属以西事。则公无忧矣。"

三年，太祖既破张绣，东禽吕布，定徐州，遂与袁绍相拒。孔融谓彧曰："绍地广兵强。田丰、许攸，智计之士也，为之谋。审配、逢纪，尽忠之臣也，任其事。颜良、文丑，勇冠三军，统其兵。殆难克乎！"彧曰："绍兵虽多而法不整。田丰刚而犯上，许攸贪而不治。审配专而无谋，逢纪果而自用，此二人留知后事，若攸家犯其法，必不能纵也，不纵，攸必为变。颜良、文丑，一夫之勇耳，可一战而禽也。"

五年，与绍连战。太祖保官渡，绍围之。太祖军粮方尽，书与彧，议欲还许以引绍。彧曰："今军食虽少，未若楚、汉在荥阳、成皋间也。是时刘、项莫肯先退，先退者势屈也。公以十分居一之众，画地而守之，扼其喉而不得进，已半年矣。情见势竭，必将有变，此用奇之时，不可失也。"太祖乃住。遂以奇兵袭绍别屯，斩其将淳于琼等，绍退走。审配以许攸家不法，收其妻子，攸怒叛绍。颜良、文丑临阵授首。田丰以谏见诛。皆如彧所策。

六年，太祖就谷东平之安民，粮少，不足与河北相支，欲因绍新破，以其间击讨刘表。彧曰："今绍败，其众离心，宜乘其困，遂定之。而背兖、豫，远师江、汉，若绍收其余烬，承虚以出人后，则公事去矣。"太祖复次于河上。绍病死。太祖渡河，击绍子谭、尚，而高幹、郭援侵略河东，关右震动，钟繇帅马腾等击破之。语在《繇传》。

八年，太祖录彧前后功，表封彧为万岁亭侯。①

①《彧别传》载太祖表曰："臣闻虑为功首，谋为赏本，野绩不越庙堂，战多不逾国勋。是故曲阜之锡，不后营丘，萧何之土，先于平阳。珍策重计，古今所尚。侍中守尚书令彧，积德累行，少长无悔，遭世纷扰，怀忠念治。臣自始举义兵，周游征伐，与彧戮力同心，左右王略，发言授策，无施不效。彧之功业，臣由以济，用披浮云，显光日月。陛下幸许，彧左右机近，忠恪祗顺，如履薄冰，研精极锐，以抚庶事。天下之定，彧之功也。宜享高爵，以彰元勋。"彧固辞无野战之劳，不通太祖表。太祖与彧书曰："与君共事已来，立朝廷，君之相为匡弼，君之相为举人，君之相为建计，君之相为密谋，亦以多矣。夫功未必皆野战也，愿君勿让。"彧乃受。

九年，太祖拨邺，领冀州牧。或说太祖："宜复古置九州，则冀州所制者广大，天下服矣。"太祖将从之，彧言曰："若是，则冀州当得河东、冯翊、扶风、西河、幽、并之地，所夺者众。前日公破袁尚，禽审配，海内震骇，必人人自恐不得保其土地，守其兵众也。今使分属冀州，将皆动心。且人多说关右诸将以闭关之计，今闻此，以为必以次见夺。一旦生变，虽有守善者，转相胁为非，则袁尚得宽其死，而袁谭怀贰，刘表遂保江、汉之间，天下未易图也。愿公急引兵先定河北，然后修复旧京，南临荆州，责贡之不入，则天下咸知公意，人人自安。天下大定，乃议古制，此社稷长久之利也。"太祖遂寝九州议。

是时荀攸常为谋主。彧兄衍以监军校尉守邺，都督河北事。太祖之征袁尚也，高幹密遣兵谋袭邺，衍逆觉，尽诛之，以功封列侯。① 太祖以女妻彧长子恽，后称安阳公主。彧及攸并贵重，皆谦冲节俭，禄赐散之宗族知旧，家无余财。十二年，复增彧邑千户，合二千户。②

①《荀氏家传》曰：衍，字休若，彧第三兄。彧第四兄谌，字友若，事见《袁绍传》。陈群与孔融论汝、颍人物，群曰："荀文若、公达、休若、友若、仲豫，当今并无对。"衍子绍，位至太仆。绍子融，字伯雅，与王弼、钟会俱知名，为洛阳令，参大将军军事，与弼、会论《易》《老》义，传于世。谌子闳，字仲茂，为太子文学掾。时有甲乙疑论，闳与钟繇、王朗、袁涣议各不同。文帝与繇书曰："袁、王国士，更为唇齿，荀闳劲悍，往来锐师，真君侯之勍敌，左右之深忧也。"终黄门侍郎。闳从孙辉，字景文，太子中庶子，亦知名。与贾充共定音律，又作《易集解》。仲豫名悦，朗陵长俭之少子，彧从父兄也。◎张璠《汉纪》称悦清虚沉静，善于著述。建安初为秘书监、侍中，被诏删《汉书》作《汉纪》三十篇，因事以明臧否，致有典要，其书大行于世。

②《彧别传》曰：太祖又表曰："昔袁绍侵入郊甸，战于官渡。时兵少粮尽，图欲还许，书与彧议，彧不听臣。建宜住之便，恢进讨之规，更起臣心，易其愚虑，遂摧大逆，覆取其众。此彧睹胜败之机，略不世出也。及绍破败，臣粮亦尽，以为河北未易图也，欲南讨刘表。彧复止臣，陈其得失，臣用反旆，遂吞凶族，克平四州。向使臣退于官渡，绍必鼓行而前，有倾覆之形，无克捷之势。后若南征，委弃兖、豫，利既难要，将失本据。彧之二策，以亡为存，以祸致福，谋殊功异，臣所不及也。是以先帝贵指踪之功，薄搏获之赏。古人尚帷幄之规，下攻拔之捷。前所赏录，未副彧巍巍之勋，乞重平议，畴其户邑。"彧深辞让，太祖报之曰："君之策谋，非但所表二事。前后谦冲，欲慕鲁连先生乎？此圣人达节者所不贵也。昔介子推有言'窃人之财，犹谓之盗'。况君密谋安众，光显于孤者以百数乎！以二事相还而复辞之，何取谦亮之多邪！"太祖欲表彧为三公，彧使荀攸深让，至于十数，太祖乃止。

太祖将伐刘表，问彧策安出，彧曰："今华夏已平，南土知困矣。可显出宛、叶而间行轻进，以掩其不意。"太祖遂行。会表病死，太祖直趋宛、叶如彧计，表子琮以州逆降。

十七年，董昭等谓太祖宜进爵国公，九锡备物，以彰殊勋，密以咨彧。彧以为太祖本兴义兵以匡朝宁国，秉忠贞之诚，守退让之实。君子爱人以德，不宜如此。太祖由是心不能平。会征孙权，表请彧劳军于谯，因辄留彧，以侍中光禄大夫、持节，参丞相军事。太祖军至濡须，彧疾留寿春，以忧薨，时年五十。谥曰敬侯。明年，太祖遂为魏公矣。①

①《魏氏春秋》曰：太祖馈彧食，发之乃空器也，于是饮药而卒。咸熙二年，赠彧太尉。◎《彧别传》曰：彧自为尚书令，常以书陈事，临薨，皆焚毁之，故奇策密谋不得尽闻也。是时征役草创，制度多所兴复，彧尝言于太祖曰："昔舜分命禹、稷、契、皋陶以揆庶绩，教化征伐，并时而用。及高祖之初，金革方殷，犹举民能善教训者，叔孙通习礼仪于戎旅之间，世祖有投戈讲艺、息马论道之事，君子无终食之间违仁。今公外定武功，内兴文学，使干戈戢睦，大道流行，国难方弭，六礼俱治，此姬旦宰周之所以速平也。既立德立功，而又兼立言，诚仲尼述作之意，显制度于当时，扬名于后世，岂不盛哉！若须武事毕而后制作，以稽治化，于事未敏。宜集天下大才通儒，考论六经，刊定传记，存古今之学，除其烦重，以一圣真，并隆礼学，渐敦教化，则王道两济。"彧从容与太祖论治道，如此之类甚众，太祖常嘉纳之。彧德行周备，非正道不用心，名重天下，莫不以为仪表，海内英隽咸宗焉。司马宣王常称："书传远事，吾自耳目所从闻见，逮百数十年间，贤才未有及荀令君者也。"前后所举者，命世大才，邦邑则荀攸、钟繇、陈群，海内则司马宣王，及引致当世知名郗虑、华歆、王朗、荀悦、杜袭、辛毗、赵俨之俦，终为卿相，以十数人。取士不以一揆，戏志才、郭嘉等有负俗之讥，杜畿简傲少文，皆以智策举之，终各显名。荀攸后为魏尚书令，亦推贤进士。太祖曰："二荀令之论人，久而益信，吾没世不忘。"钟繇以为颜子既没，能备九德，不贰其过，唯荀彧然。或问繇曰："君雅重荀君，比之颜子，自以不及，可得闻乎？"曰："夫明君师臣，其次友之。以太祖之聪明，每有大事，常先谘之荀君，是则古师友之义也。吾等受命而行，犹或不尽，相去顾不远邪！"◎《献帝春秋》曰：董承之诛，伏后与父完书，言司空杀董承，帝方为报怨。完得书以示彧，彧恶之，久隐而不言。完以示妻弟樊普，普封以呈太祖，太祖阴为之备。彧后恐事觉，欲自发之，因求使至邺，劝太祖以女配帝。太祖曰："今朝廷有伏后，吾女何得以配上，吾以微功见录，位为宰相，岂复赖女宠乎！"彧曰："伏后无子，性又凶邪，往常与父书，言辞丑恶，可因此废也。"太祖曰："卿昔何不道之？"彧阳惊曰："昔已尝为公言也。"太祖曰："此岂小事而吾忘之！"彧又惊曰："诚未语公邪！昔公在官渡与袁绍相持，恐增内顾之念，故不言尔。"太祖曰："官渡事后何以不言？"彧无对，谢阙而已。太祖以此恨彧，而外含容之，故世莫得知。至董昭建立魏公之议，彧意不同，欲言之于太祖。及赍玺书犒军，饮飨礼毕，彧留请间。太祖知彧欲言封事，揖而遣之，彧遂不得言。彧卒于寿春，寿春亡者告孙权，言太祖使彧杀伏后，彧不从，故自杀。权以露布于蜀，刘备闻之，曰："老贼不死，祸乱未已。"

臣松之案《献帝春秋》云彧欲发伏后事而求使至邺，而方诬太祖云"昔已尝言"。言既无征，回托以官渡之虞，俯仰之间，辞情顿屈，虽在庸人，犹不至此，何以玷累贤哲哉！凡诸云云，皆出自鄙俚，可谓以吾侪之言而厚诬君子者矣。袁晔虚罔之类，此最为甚也。

子恽，嗣侯，官至虎贲中郎将。初，文帝与平原侯植并有拟论，文帝曲礼事彧。及彧卒，恽又与植善，而与夏侯尚不穆，文帝深恨恽。恽早卒，子甝、霬，[①]以外甥故犹宠待。恽弟俣，御史中丞，俣弟诜，大将军从事中郎，皆知名，早卒。[②]诜弟颉，咸熙中为司空。[③]恽子甝，嗣为散骑常侍，进爵广阳乡侯，年三十薨。子頵嗣。[④]霬官至中领军，薨，谥曰贞侯，追赠骠骑将军。子恺嗣。霬妻，司马景王、文王之妹也，二王皆与亲善。咸熙中，开建五等，霬以著勋前朝，改封恺南顿子。[⑤]

①霬，音翼。

②《荀氏家传》曰：恽，字长倩；俣，字叔倩；诜，字曼倩；俣子寓，字景伯。◎《世语》曰：寓少与裴楷、王戎、杜默俱有名京邑。仕晋，位至尚书，名见显著。子羽嗣，位至尚书。

③《晋阳秋》曰：颉，字景倩，幼为姊夫陈群所异。博学洽闻，意思慎密。司马宣王见颉，奇之，曰："荀令君之子也。近见袁侃，亦曜卿之子也。"擢拜散骑侍郎。颉佐命晋室，位至太尉，封临淮康公。尝难钟会"《易》无互体"，见称于世。颉弟粲，字奉倩。何劭为粲传曰，粲，字奉倩。粲诸兄并以儒术论议，而粲独好言道，常以为子贡称"夫子之言性与天道，不可得闻"，然则六籍虽存，固圣人之糠秕。粲兄俣难曰："《易》亦云'圣人立象以尽意，系辞焉以尽言'，则微言胡为不可得而闻见哉？"粲答曰："盖理之微者，非物象之所举也。今称'立象以尽意'，此非通于意外者也；'系辞焉以尽言'，此非言乎系表者也。斯则象外之意，系表之言，固蕴而不出矣。"及当时能言者不能屈也。又论父彧不如从兄攸。彧立德高整，轨仪以训物，而攸不治外形，慎密自居而已。粲以此言善攸，诸兄怒而不能回也。太和初，到京邑与傅嘏谈。嘏善名理而粲尚玄远，宗致虽同，仓卒时或有格而不相得意。裴徽通彼我之怀，为二家骑驿，顷之，粲与嘏善。夏侯玄亦亲。常谓嘏、玄曰："子等在世涂间，功名必胜我，但识劣我耳。"嘏难曰："能盛功名者，识也。天下孰有本不足而末有余者邪？"粲曰："功名者，志局之所奖也。然则志局自一物耳，固非识之所独济也。我以能使子等为贵，然未必齐子等所为也。"粲常以妇人者，才智不足论，自宜以色为主。骠骑将军曹洪女有美色，粲于是娉焉，容服帷帐甚丽，专房欢宴。历年后，妇病亡，未殡，傅嘏往喭粲，粲不哭而神伤。嘏问曰："妇人才色并茂为难。子之娶也，遗才而好色。此自易遇，今何哀之甚？"粲曰："佳人难再得！顾逝者不能有倾国之色，然未可谓之易遇。"痛悼不能已，岁余亦亡，时年二十九。粲简贵，不能与常人交接，所交皆一时俊杰。至葬夕，赴者裁十余人，皆同时知名士也。哭之，感恸路人。

④《荀氏家传》曰：頵，字温伯，为羽林右监，早卒。頵子崧，字景猷。《晋阳秋》称崧少有志操，雅好文学，孝义和爱，在朝恪勤，位至左右光禄大夫、开府仪同三司。崧子羡，字令则，清和有才。尚公主，少历显位，年二十八为北中郎将，徐、兖二州刺史，假节，都督徐、兖、青三州诸军事。在任十年，遇疾解职，卒于家，追赠骠骑将军。羡孙伯子，今御史中丞也。

⑤《荀氏家传》曰：恺，晋武帝时为侍中。◎干宝《晋纪》曰：武帝使侍中荀颉、和峤俱至东宫，观察太子。颉还称太子德识进茂，而峤云圣质如初。孙盛曰"遣荀勖"，

其余语则同。

臣松之案：和峤为侍中，荀觊亡没久矣。荀勖位亚台司，不与峤同班，无缘方称侍中。二书所云，皆为非也。考其时位，恺实当之。恺位至征西大将军。恺兄憺，少府。弟悝，护军将军，追赠车骑大将军。

【译文】建安元年，魏太祖击破了黄巾军。汉献帝也从河东返回洛阳。太祖与谋士们商议有关奉迎献帝定都许昌的问题。有的人认为，山东还没有完全平定，韩暹、杨奉新近刚领着天子到洛阳，他们北与张杨联络，恐怕不是很快就能制服的。荀彧这时劝告太祖说："以前晋文公迎接周襄王到洛都，诸侯就如日影追身般相从。汉高祖东伐项羽，为被项羽残杀的义帝缟素戴孝，天下人心相继归附。近年来，天子四处逃亡，将军您曾经首次倡导讨伐乱贼董卓的义军，只是因为山东连年战乱，没能远远地奔赴关右，回到天子身边，然而您仍然不断地派遣将帅，冒着重重危险与天子互通使节，将军尽管在外边替天子平定战乱，但您的心却无时无刻不放在王室，这说明匡救天下正是将军您一直以来的志向。如今皇上的车驾刚从西京东返，东京洛阳荆棘丛生，破败荒芜，忠臣义士都有保存国本的忧思，黎民百姓也纷纷怀念旧都故主，睹物伤情，悲哀倍增。如果能利用这一时机，迎接主上，以此顺应民众的愿望，这是大顺；用秉承至公的行动来感服英雄豪杰，这是大略；用匡扶大义来网罗英俊，这是大德。天下或许还有少数抵制反对的人，但他们一定不会成为多大障碍，这也是明白无误的。韩暹、杨奉两人如何敢为害！这一计划如果不及时确定，让四方外人生了此心，再生变故，以后就是想要这么做，也来不及了。"于是，太祖曹操便赶至洛阳，奉迎天子迁都到了许昌。天子封太祖为大将军，晋升荀彧为汉朝的侍中，兼任尚书令。荀彧经常居心中正、为人持重，太祖尽管带兵征伐在外，但每有军国大事仍然都要与荀彧筹算商量。魏太祖曹操曾问过荀彧："谁可以代替您为我谋划呢？"荀彧说："荀攸与钟繇可以。"在这之前，荀彧谈到能人谋士，向太祖进荐了戏志才。后来戏志才亡故，荀彧又推荐了郭嘉。太祖认为荀彧很能做到知人，由荀彧所进荐提拔的人都非常称职，只有严象做扬州刺史、韦康做凉州刺史，后来败亡了。

自从太祖曹操迎接天子之后，袁绍内心一直不服。袁绍既已兼并河北，天下都畏惧他的强大。太祖曹操那时正东面忧心吕布，南面又要抵挡张绣，而张绣恰好在宛城击败了魏太祖的大军。这时的袁绍更加骄横，他写给曹操一封书信，信中的言辞非常狂悖傲慢。曹操读罢怒不可遏，出入行动变得十分反常，众人都说这是因为和张绣作战失利的缘故。钟繇就此询问荀彧，荀彧说："以曹公的聪明，一定不会总是追究往事，恐怕是另有其他的忧虑吧。"于是荀彧就求见太祖曹操，向他询问详情。太祖就将袁绍的书信给荀彧看，并对他说："如今我想要兴师讨伐不义，但是力量不够，怎么办？"荀彧说：

纵观古代的成功者与失败者，果真有才略，尽管弱小也必然会变得强大，如果不是合适的人选，哪怕强大也极易变得弱小，刘邦和项羽的存亡，就足以见到这一点。如今和明公您争天下的，只剩下袁绍了。袁绍外貌宽厚而内心险恶，任用他人又怀疑他是否忠心，曹公您贤明豁达不拘一格，用人唯才，各得其宜，这是从气度上就已经胜了。袁绍遇事迟疑，顾虑重重，缺乏决断，失误就在于他往往迟于时机，明公您能决断大事，随机应变，从没有固定死板的方略，这是从谋略上就已经胜了。袁绍统驭军队宽柔弛缓，法令威权不能确立，士卒虽然众多，其实很难正确使用，明公您法令既已明确，赏罚必定施行，士卒虽然寡少，但人人争着去赴死，这是从武备上胜了。袁绍凭借祖先累世的资历，悠闲从容，矫饰智计，沽名钓誉，所以士人中那些缺乏真实能力而爱好发问自炫的人大多数都选择归向他，明公您用至高的仁德待人，推崇诚心而不愿做虚伪美饰的事，自己的行为谨慎而俭朴，赏赐有功的人丝毫不吝啬，所以天下忠诚正直、注重实效的士人都愿意为您所用，这是从道德上胜了。明公您有这四个先胜条件，再加上辅弼天子、扶持正义、征伐叛逆的优势，哪个敢不顺从？袁绍他再强又有何作为！

太祖听罢大喜。荀彧又说："如果不先攻取吕布，黄河以北也还是很不易图谋的。"太祖曹操说："是啊。我有点疑惑不定，是害怕袁绍派人侵扰关中，搅乱羌、胡，往南诱反巴蜀汉中，如此一来，就成了我单独用兖、豫二州之地，与天下的六分之五相对抗了。对此该怎么办才好呢？"荀彧说："关中将帅十多人，谁也不能统一号令他们，其中只有韩遂、马腾最为强盛。他们一见山东诸侯正在纷争，必定各自拥众自保。如今若暂用恩德去安抚他们，派遣使节与他们联合，我们与他们虽不能长期和平共处，但在明公安定山东诸侯之前，足以使他们按兵不动。西方的事您可以嘱托给钟繇，明公您就可以高枕无忧了。"

建安三年，太祖曹操击破张绣，又在东面擒住了吕布，平定徐州，就和袁绍两军相拒。孔融对荀彧说："袁绍地广兵强。田丰、许攸，是很有智谋的奇士，在为袁绍出谋划策。审配、逢纪，是尽忠的良臣，在为袁绍任职办事。颜良、文丑，勇冠三军，在为袁绍统领军兵。袁绍大概很难攻克吧！"荀彧说："袁绍的兵尽管很多，但法令不严整。田丰刚强而好犯上，许攸贪婪而不能自我约束。审配专断而没有谋略，逢纪果断而刚愎自用，这二人被袁绍留在冀州管理后方大事，如果许攸家人触犯了法令，这二人必然不能宽纵，他们不宽纵，许攸就要叛变。颜良、文丑，匹夫之勇罢了，一战就可擒获他们。"

建安五年，曹操和袁绍连连交战。曹操退保官渡，袁绍包围了他。曹操的军粮将要用尽，寄了一封书信给荀彧，商议想要暂时退还许昌来引诱袁绍。荀彧回信说："如今军中粮食尽管日益减少，但还没有楚、汉在荥阳、成皋之间时那样紧张。那时刘邦、项羽谁也不愿意先退，就是因为先退的人必然要屈居劣势。明公用十分之一的兵众，画地而守，扼住袁绍的咽喉，使他寸步难行，已经有半年了。眼见袁绍已经势竭力尽，情况一定会发生剧变，这正是用奇制胜的好机会，万万不可坐失良机啊！"曹操这才决定坚持住不退让。于是，就派奇兵袭击了袁绍屯住在别处的军队，杀了那里的将军淳于琼等人，袁绍只好退走。审配因为许攸的家人犯法，于是收捕了他的妻儿，许攸因此大怒而背叛袁绍。颜良、文丑临阵被斩。田丰因为进谏而被袁绍诛杀。事情的发展,完全像荀彧事先所筹划的那样。

建安六年,太祖曹操率领大军在东平的安民筹措粮食,但那里的粮食太少,不足以和河北袁绍的军众相抗拒,因而曹操希望借袁绍新败的机会,用这个空隙挥师向南,攻打刘表。荀彧劝阻曹操说:“如今袁绍已经失败,他的部众离心,应当趁着他目前困穷,进而打败他。而您现在要背向兖、豫,远道劳师江、汉,如果袁绍收集他的残余兵将,乘虚而出现在您的身后,到那时明公您的大事可就要完了!”于是太祖又率军驻扎到了黄河边上。不久,袁绍因病去世。曹操渡河,攻打袁绍的儿子袁谭、袁尚,但是高幹、郭援却乘虚侵略河东,关右各地都为之震动,钟繇率领马腾等将领击破了他们,与此有关的事迹言语都记录在《钟繇传》中。

建安八年,太祖曹操记录了荀彧的功劳,上书请封荀彧为万岁亭侯。

建安九年,太祖攻下邺城,自己兼任冀州牧。有人劝说太祖曹操道:“明公应当恢复上古制度,重新建置九州,上古九州中冀州所统治的地域就最为广大,您如今恰好兼任冀州牧,今后天下人就顺服您了。”太祖听后就要采纳这一意见,荀彧劝阻说:“如果是这样,那么冀州还应该包括河东、冯翊、扶风、西河、幽、并这数州的土地,这样被您侵夺土地的人就太多了。前些日子明公击破了袁尚,擒获了审配,四海之内惧怕震动,一定会人人自危,害怕不能再确保他们的土地,守有他们的兵众。如今使这些地方归属冀州,将会惹起众人骚动。何况人们都说关右地区诸将实行的是闭关自守的策略,如今听说要吞并他们的地盘,他们必然一一前来争夺。一旦激出事变,虽然有坚持守善的人,也架不住有人来威胁,逼迫他们为非作歹,如此一来,袁尚就有可能逃过一死,而袁谭也会萌怀二心、图谋叛逆,刘表乘机就会占有江、汉之间的广袤土地,天下就更不易图谋了。我希望明公您急速引兵先彻底平定黄河以北,然后再修复洛阳旧京,接着出师南临荆州,痛责刘表不向朝廷贡纳的罪行,这样,天下人就都知道了明公您为国家着想的诚意,人人心中也就安定了。等天下大定之后,再议论是否恢复九州古制,这才是对社稷国家长久有利的战略部署。”于是,曹操就将恢复九州古制的打算搁置了起来。

这时荀攸已经是太祖主要的谋士。荀彧的哥哥荀衍任监军校尉驻守邺城,统领河北军事。太祖征讨袁尚时,高幹暗地派士兵偷袭邺城,荀衍事先察觉,将叛逆全部诛杀,因功被封为列侯。太祖将女儿嫁给荀彧的长子荀恽,后称安阳公主。荀彧、荀攸均权重显贵,但都谦虚节俭,得到的赏赐、俸禄都分给宗族故里,自家并无余财。建安十二年,又增加荀彧的封邑一千户,合计二千户。

太祖曹操将要攻打刘表,问荀彧用什么计策,荀彧说:“现在中原已经平定,南方已经知道自己前途渺茫了。我军可以表面上出兵宛、叶,暗中轻装速进,来掩饰我们的真实意图,出奇制胜。”曹操就按照他的计策进行部署。恰逢刘表病死,曹操按照荀彧的计策率兵直赴宛、叶,刘表的儿子刘琮举州投降。

建安十七年,董昭等人说曹操应该晋爵为国公,得到九锡的最高赏赐,以表彰他特殊的功勋,他们就此事秘密征求荀彧的意见。荀彧认为太祖本是起兵以匡正朝廷,安定国家，怀着忠诚之心，坚守谦让的行为。君子以德爱人，不应该这样做。曹操从此内心对荀彧感到不满。恰逢要征讨孙权，曹操上表请朝廷派遣荀彧到谯县慰劳士兵，乘机就将荀彧留在了军中，以侍中光禄大夫的身份，授予符节，参赞丞相的军事。曹操进军到濡须口的时候，荀彧因病留在了寿春，因为忧惧而逝世，享年五十岁。赐谥号敬侯。第二年，太祖曹操便晋爵为魏公了。

荀彧的儿子荀恽，嗣位为侯，官职做到虎贲中郎将。起初，魏文帝曹丕和平原侯曹植同时都曾有被拟选为嗣子的议论，曹丕谦卑地敬事荀彧。等到荀彧亡故，荀彧的儿子荀恽却和曹植友善，而和曹丕的同党夏侯尚发生不和，曹丕由此深恨荀恽。荀恽很早就去世了，他的儿子荀甝、荀霬因为是曹丕的外甥仍得到宠爱与优待。荀恽的弟弟荀俣，官任御史中丞，荀俣的弟弟荀诜，官为大将军从事中郎，他们都非常出名，也早就亡故了。荀诜的弟弟荀觊，咸熙年间曾经担任司空一职。荀恽的儿子荀甝，承嗣荀恽担任了散骑常侍，被晋爵为广阳乡侯，三十岁就去世了。他的儿子荀頵承嗣。荀霬为官做到中领军，逝世后赐谥号贞侯，被追赠为骠骑将军。他的儿子荀恺承嗣。荀霬的妻子，为景王司马师、文王司马昭的妹妹，这两位王爷同荀霬都十分亲近友善。咸熙年间，设立公、侯、伯、子、男五等爵，因为荀霬在前朝立有卓著的功勋，因此改封他的儿子荀恺为南顿子。

荀攸

【原文】荀攸，字公达，彧从子也。祖父昙，广陵太守。① 攸少孤。及昙卒，故吏张权求守昙墓。攸年十三，疑之，谓叔父衢曰："此吏有非常之色，殆将有奸！"衢寤，乃推问，果杀人亡命。由是异之。② 何进秉政，征海内名士攸等二十余人。攸到，拜黄门侍郎。董卓之乱，关东兵起，卓徙都长安。攸与议郎郑泰、何颙、侍中种辑、越骑校尉伍琼等谋曰："董卓无道，甚于桀、纣，天下皆怨之，虽资强兵，实一匹夫耳。今直刺杀之以谢百姓，然后据殽、函，辅王命，以号令天下，此桓、文之举也。"事垂就而觉，收颙、攸系狱，颙忧惧自杀，③ 攸言语饮食自若，会卓死，得免。④ 弃官归，复辟公府，举高第，迁任城相，不行。攸以蜀汉险固，人民殷盛，乃求为蜀郡太守，道绝不得至，驻荆州。

①《荀氏家传》曰：昙，字元智。兄昱，字伯修。张璠《汉纪》称昱、昙并杰俊有殊才。昱与李膺、王畅、杜密等号为八俊，位至沛相。攸父彝，州从事。彝于彧为从祖兄弟。

②《魏书》曰：攸年七八岁，衢曾醉，误伤攸耳，而攸出入游戏，常避护不欲令衢见。衢后闻之，乃惊其夙智如此。◎《荀氏家传》曰：衢子祈，字伯旗，与族父愔俱著名。祈与孔融论肉刑，愔与孔融论圣人优劣，并在《融集》。祈位至济阴太守。愔后征有道，至丞相祭酒。

③ 张璠《汉纪》曰：颙，字伯求，少与郭泰、贾彪等游学洛阳，泰等与同风好。颙显名太学，于是中朝名臣太傅陈蕃、司隶李膺等皆深接之。及党事起，颙亦名在其中，乃变名姓亡匿汝南间，所至皆交结其豪桀。颙既奇太祖而知荀彧，袁绍慕之，与为奔走之

友。是时天下士大夫多遇党难，颙常岁再三私入洛阳，从绍计议，为诸穷窘之士解释患祸。而袁术亦豪侠，与绍争名。颙未常造术，术深恨之。◎《汉末名士录》曰：术尝于众坐数颙三罪，曰："王德弥先觉儁老，名德高亮，而伯求疏之，是一罪也。许子远凶淫之人，性行不纯，而伯求亲之，是二罪也。郭、贾寒窭，无他资业，而伯求肥马轻裘，光曜道路，是三罪也。"陶丘洪曰："王德弥大贤而短于济时，许子远虽不纯而赴难不惮濡足。伯求举善则以德弥为首，济难则以子远为宗。且伯求尝为虞伟高手刃复仇，义名奋发。其怨家积财巨万，文马百驷，而欲使伯求羸牛疲马，顿伏道路，此为披其胸而假仇敌之刃也。"术意犹不平。后与南阳宗承会于阙下，术发怒曰："何伯求，凶德也，吾当杀之。"承曰："何生英俊之士，足下善遇之，使延令名于天下。"术乃止。后党禁除解，辟司空府。每三府掾属会议，颙策谋有余，议者皆自以为不及。迁北军中候，董卓以为长史。后荀彧为尚书令，遣人迎叔父司空爽丧，使并置颙尸，而葬之于爽冢傍。

④《魏书》云攸使人说卓得免，与此不同。

太祖迎天子都许，遗攸书曰："方今天下大乱，智士劳心之时也，而顾观变蜀汉，不已久乎！"于是征攸为汝南太守，入为尚书。太祖素闻攸名，与语大悦，谓荀彧、钟繇曰："公达，非常人也，吾得与之计事，天下当何忧哉！"以为军师。建安三年，从征张绣。攸言于太祖曰："绣与刘表相恃为强，然绣以游军仰食于表，表不能供也，势必离。不如缓军以待之，可诱而致也。若急之，其势必相救。"太祖不从，遂进军之穰，与战。绣急，表果救之，军不利。太祖谓攸曰："不用君言至是。"乃设奇兵复战，大破之。

是岁，太祖自宛征吕布。①至下邳，布败退固守，攻之不拔，连战，士卒疲，太祖欲还。攸与郭嘉说曰："吕布勇而无谋，今三战皆北，其锐气衰矣。三军以将为主，主衰则军无奋意。夫陈宫有智而迟，今及布气之未复，宫谋之未定，进急攻之，布可拔也。"乃引沂、泗灌城，城溃，生禽布。

①《魏书》曰：议者云："表、绣在后而远袭吕布，其危必也。"攸以为："表、绣新破，势不敢动。布骁猛，又恃袁术，若纵横淮、泗间，豪杰必应之。今乘其初叛，众心未一，往可破也。"太祖曰："善。"比行，布以败刘备，而臧霸等应之。

后从救刘延于白马，攸画策斩颜良。语在《武纪》。太祖拔白马还，遣辎重循河而西。袁绍渡河追，卒与太祖遇。诸将皆恐，说太祖还保营，攸曰："此所以禽敌，奈何去之！"太祖目攸而笑。遂以辎重饵贼，贼竞奔之，陈乱。乃纵步骑击，大破之，斩其骑将文丑，太祖遂与绍相拒于官渡。军食方尽，攸言于太祖曰："绍运车旦暮至，其将韩莫锐而轻敌，击可破也。"①太祖曰："谁可使？"攸曰："徐晃可。"乃遣晃及史涣邀击，破走之，烧其辎重。会许攸来降，言绍遣淳于琼等将万余兵迎运粮，将骄卒惰，可要击也。众皆疑，唯攸与贾诩劝太祖。太祖乃留攸及曹洪守。太祖自将攻破之，尽斩琼等。绍将张郃、高览烧攻橹降，绍遂弃军走。郃之来，洪疑不敢受，攸谓洪曰："郃计不用，怒而来，君何疑？"乃受之。

① 臣松之案：诸书，韩莫或作韩猛，或云韩若，未详孰是。

七年，从讨袁谭、尚于黎阳。明年，太祖方征刘表，谭、尚争冀州。谭遣辛毗乞降请救，太祖将许之，以问群下。群下多以为表强，宜先平之，谭、尚不足忧也。攸曰："天下方有事，而刘表坐保江、汉之间，其无四方志可知矣。袁氏据四州之地，带甲十万，绍以宽厚得众，借使二子和睦以守其成业，则天下之难未息也。今兄弟遘恶，其势不两全。若有所并则力专，力专则难图也。及其乱而取之，天下定矣，此时不可失也。"太祖曰："善。"乃许谭和亲，遂还击破尚。其后谭叛，从斩谭于南皮。冀州平，太祖表封攸曰："军师荀攸，自初佐臣，无征不从，前后克敌，皆攸之谋也。"于是封陵树亭侯。十二年，下令大论功行封，太祖曰："忠正密谋，抚宁内外，文若是也。公达其次也。"增邑四百，并前七百户，[①] 转为中军师。魏国初建，为尚书令。

①《魏书》曰：太祖自柳城还，过攸舍，称述攸前后谋谟劳勋，曰："今天下事略已定矣，孤愿与贤士大夫共飨其劳。昔高祖使张子房自择邑三万户，今孤亦欲君自择所封焉。"

攸深密有智防，自从太祖征伐，常谋谟帷幄，时人及子弟莫知其所言。[①] 太祖每称曰："公达外愚内智，外怯内勇，外弱内强，不伐善，无施劳，智可及，愚不可及，虽颜子、宁武不能过也。"文帝在东宫，太祖谓曰："荀公达，人之师表也，汝当尽礼敬之。"攸曾病，世子问病，独拜床下，其见尊异如此。攸与钟繇善，繇言："我每有所行，反复思惟，自谓无以易，以咨公达，辄复过人意。"公达前后凡画奇策十二，唯繇知之。繇撰集未就，会薨，故世不得尽闻也。[②] 攸从征孙权，道薨。太祖言则流涕。[③]

①《魏书》曰：攸姑子辛韬曾问攸说太祖取冀州时事。攸曰："佐治为袁谭乞降，王师自往平之，吾何知焉？"自是韬及内外莫敢复问军国事也。

② 臣松之案：攸亡后十六年，钟繇乃卒，撰攸奇策，亦有何难？而年造八十，犹云未就，遂使攸从征机策之谋不传于世，惜哉！

③《魏书》曰：时建安十九年，攸年五十八。计其年大彧六岁。◎《魏书》载太祖令曰："孤与荀公达周游二十余年，无毫毛可非者。"又曰："荀公达真贤人也，所谓'温良恭俭让以得之'。孔子称'晏平仲善与人交，久而敬之'，公达即其人也。"◎《傅子》曰：或问近世大贤君子，答曰："荀令君之仁，荀军师之智，斯可谓近世大贤君子矣。荀令君仁以立德，明以举贤，行无谄黩，谋能应机。孟轲称'五百年而有王者兴，其间必有命世者'，其荀令君乎！太祖称'荀令君之进善，不进不休，荀军师之去恶，不去不止'也。"

长子缉，有攸风，早没。次子適嗣，无子，绝。黄初中，绍封攸孙彪为陵树亭侯，邑三百户，后转封丘阳亭侯。正始中，追谥攸曰敬侯。

【译文】荀攸，字公达，是荀彧的侄子。他的祖父荀昙，曾经担任过东汉的广陵太守。荀攸少年时期便成了孤儿。荀昙去世的时候，荀昙的旧吏张权要求为他守墓。荀攸当年年仅十三，有点怀疑张权，他对叔父荀衢说："这个佐吏脸上的神色不正常，恐怕他做过什么不好的事！"荀衢顿时醒悟，就势推问，果然张权是个杀了人的亡命之徒。自此以后，大家对荀攸就感到十分惊异。何进执政后，征召海内的名士包括荀攸等二十多人。荀攸到朝廷后，被封为黄门侍郎。董卓作乱的时候，关东兴起了兵乱，董卓将都城迁徙到了长安。荀攸与议郎郑泰、何颙、侍中种辑、越骑校尉伍琼等人谋划说："董卓残暴无道，比桀、纣更可怕，天下人都怨恨他，尽管他有强兵作资本，事实上不过是一个匹夫罢了。而今如果我们直接把他杀了来安慰百姓，之后再据守崤山、函谷关，辅佐王命，以此来号令天下，这可是像齐桓公、晋文公那样的王霸壮举呀！"这事在即将成功时被董卓察觉了，董卓将何颙、荀攸收捕后关押在牢狱中，何颙因为担忧害怕自杀身亡，荀攸却言语饮食都泰然自若，恰逢董卓被杀，荀攸也得以幸免被释放。荀攸弃官归家后不久，又再被公府征召，举荐为高第，升为任城相，但他没去。荀攸认为蜀汉形势险固，人民殷实富盛，就请求要去担任蜀郡太守，因为道路阻绝不能到达，中途滞留在了荆州。

曹操奉迎天子在许昌定都后，送给荀攸一封书信说："如今天下大乱，这正是智谋之士费心劳神的大好时机，然而足下却停留在荆州顾盼观望蜀汉的变乱，耽搁的时间是不是太久了！"于是征召荀攸担任汝南太守，入朝做尚书。魏太祖平常就听说过荀攸的大名，与荀攸初次交谈后十分喜悦，他高兴地对荀彧、钟繇说："荀公达，可不是一般人，我能够与他在一起谋划事情，天下还有什么值得忧虑的呢！"于是任命荀攸担任军师。建安三年，荀攸跟随曹操征讨张绣。他对太祖曹操说："张绣和刘表相互依恃为豪强，然而张绣以一支无立足根基的游军仰赖乞食于刘表，刘表一定不能保障对张绣军粮的长期供给，这种形势决定了他们将来肯定要分离。我看不如慢慢进军，来等待他们之间分离，如此一来，通过诱降就可以将张绣招致麾下。如果逼他们太急，在紧急形势下他们必然相互救援。"曹操没有听从荀攸的建议，直接进军到了穰城，与张绣军交战。张绣军在危急时分，刘表果然派兵来救援他，曹军形势非常不利。这时曹操对荀攸说："不采用您的建议才弄到如今这般田地。"然后设置奇兵与张绣军再战，最终大破张绣军。

这一年，曹操又从宛城出发前去征讨吕布。曹军来到下邳，吕布败退后固守，曹军久攻不下，经过连续征战，士卒都十分疲惫，曹操想要回军。荀攸与郭嘉劝说道："吕布有勇无谋，如今他三次作战相继失败了，他的锐气早已大减。三军以大将为主，主将如果锐气大减，三军也就失去奋斗的意志了。陈宫尽管有智谋但他设谋迟慢，如今我军应当赶在吕布的锐气还没来得及恢复，陈宫的谋略还没有确定之前，抓紧时间攻击他们，这样，吕布就可以被攻破。"于是，曹操就引沂水、泗水灌下邳城，城墙被大水冲溃，吕布也被曹军生擒活捉了。

后来，荀攸又跟随曹操去往白马营救刘延，荀攸为曹操出谋划策，斩杀袁绍部下勇将颜良。这事都详记在《武帝纪》中。太祖曹操攻下白马回师的时候，派遣辎重沿着黄河岸向西行。袁绍得知这一消息后便派兵渡河追击，猝然与曹操相遇。左右诸将都十分恐慌，纷纷劝说曹操扔掉辎重车辆回军保守营寨，当时荀攸在旁忙说："这些辎重就是要拿来为擒敌所用，怎么能撤退呢！"曹操看着荀攸露出会心的微笑。于是，就用这些辎重为钓饵引诱贼兵，贼兵为夺辎重竞相奔走，军阵瞬间大乱。于是，曹操出动步兵、骑兵痛击，大破袁军，斩杀了袁军的骑兵大将文丑，曹操就势回头，和袁绍在官渡相互对峙拒守。在军中粮食快要吃完的时候，荀攸对太祖曹操进言道："袁绍的运粮车早晚之间就将到来,领兵的韩莫虽勇敢但轻敌,派兵袭击便可以攻破他。"曹操说:"派谁去合适呢?"荀攸说:"徐晃就可以。"于是,就派徐晃与史涣率军在半路上截击并攻破了韩莫军,烧掉了他们押运的粮草辎重。正好赶上许攸来归降,许攸说袁绍派遣淳于琼等人率领万余士兵运送粮草,他们将领骄傲、士卒懈惰,完全可以派兵截击。曹营的将领谋士们听后都很怀疑,只有荀攸与贾诩力劝曹操采纳许攸的计谋。于是,曹操就留下荀攸和曹洪固守大营,亲自率军攻破这支袁军,把淳于琼等人全部斩首。袁绍部将张郃、高览烧毁了进攻敌军的前哨堡垒来降,袁绍不得不弃军逃走了。张郃等人的突然来降,使得曹洪心中狐疑不敢收纳,荀攸对曹洪说:"张郃是因为他的计谋没有被袁绍采用,恼怒而来,您还怀疑什么?"曹洪才接受了他们的归降。

建安七年,荀攸随军讨伐袁谭、袁尚来到黎阳。第二年,正当曹操征讨刘表的时候,袁谭、袁尚兄弟二人争夺冀州。袁谭派遣辛毗来乞求归降,请求曹操的援救,曹操想要应允他,拿这件事来咨询部下。部下谋士众将大多认为刘表太过于强大,应当先讨伐他,袁谭、袁尚不值得忧虑。荀攸说:"现在正值天下混乱的年头,但刘表却稳坐留守在江、汉之间,由此可知,他缺乏征服四方的雄心壮志。袁氏曾经占据四州的地盘,拥有十万带甲的精兵,袁绍用他的宽厚赢得了士众,假使他的两个儿子能和睦相处来继承固守袁绍创成的基业,那样天下的苦难就不能平息了。如今他们两兄弟关系恶化,这就使他们很难两全。如果其中有一人被兼并,那么他们的力量就会统一合并起来,他们统一起来,我们就很难图谋他们了。趁着他们战乱的时候攻取他们,天下就平定了,这个好时机可不能错失呀!"曹操说:"好。"于是答应了袁谭的要求并与袁谭和亲,回军击破袁尚。此后袁谭又反叛,荀攸又跟随大军在南皮杀了袁谭。冀州平定后,太祖曹操在请封荀攸的奏章中说:"军师荀攸,自从最初辅佐臣起,所有征战他都跟随在我的身边,臣前后可以攻克那么多强敌,都是荀攸为我出谋划策。"于是,朝廷准奏封荀攸为陵树亭侯。建安十二年,朝廷下令大行论功行赏,太祖曹操说:"忠心正直、秘密谋划,安抚宁静内外大势的人,是荀彧,仅次于他的是荀公达。"于是给荀攸增封食邑四百户,合并从前的共七百户,转迁荀攸为中军师。曹操初建魏国的时候,荀攸被封为尚书令。

荀攸城府深沉,办事周密,颇有智慧与警觉,自从跟随太祖曹操征伐,他就常常在帐幕中出谋划策,当时的人及他的子弟没有人知晓他说了些什么。曹操经常称赞他说:"荀公达外表愚钝而内心机智,外表怯懦而内心果敢,外表孱弱而内心刚强,不矜伐自己的特长,不居恃自己的功劳,他的机智他人可以达到,但他外表的愚拙他人却无法达到,哪怕是颜子、宁武这样大智若愚的圣贤也无法超过他。"当时,魏文帝曹丕还在东宫做世子,曹操对他说:"荀公达,是人们应该学习的表率,你应当对他恭敬有礼,用心敬重他。"荀攸曾有一次病了,世子曹丕去问候他的病情,拜倒在他的床下,荀攸获得的曹氏父子的尊重就是如此超乎寻常。荀攸和钟繇特别友善,钟繇说:"我每要有所行动的时候,都要反复进行思考,自以为没有什么值得更改的了,可是拿去一向荀公达咨询,就又能发现一些不尽如人意的地方。"荀公达前后共谋划过十二条奇妙的计策，只有钟繇知道内情。钟繇撰述搜集这些奇策还没有完成，就过世了，故而世人对此已不可能详细知道了。荀攸跟随曹操征伐孙权，在路途中去世了。曹操一谈起荀攸就忍不住痛哭流涕。

荀攸的大儿子荀缉，颇得荀攸风度，可惜很早就夭亡了。他的次子荀適承嗣了他的爵封，荀適没有儿子，爵嗣就跟着中断了。黄初年间，魏室续封荀攸的孙子荀彪为陵树亭侯，食邑三百户，后来又转封为丘阳亭侯。正始年间，追赐荀攸敬侯的谥号。

贾诩

【原文】贾诩，字文和，武威姑臧人也。少时人莫知，唯汉阳阎忠异之，谓诩有良、平之奇。[①]察孝廉，为郎，疾病去官，西还至汧，道遇叛氐，同行数十人皆为所执。诩曰："我段公外孙也，汝别埋我，我家必厚赎之。"时太尉段颎，昔久为边将，威震西土，故诩假以惧氐。氐果不敢害，与盟而送之，其余悉死。诩实非段甥，权以济事，咸此类也。

①《九州春秋》曰：中平元年，车骑将军皇甫嵩既破黄巾，威震天下。阎忠时罢信都令，说嵩曰："夫难得而易失者时也，时至而不旋踵者机也，故圣人常顺时而动，智者必因机以发。今将军遭难得之运，蹈易解之机，而践运不抚，临机不发，将何以享大名乎？"嵩曰："何谓也？"忠曰："天道无亲，百姓与能，故有高人之功者，不受庸主之赏。今将军授钺于初春，收功于末冬，兵动若神，谋不再计，旬月之间，神兵电扫，攻坚易于折枯，摧敌甚于汤雪，七州席卷，屠三十六方，夷黄巾之师，除邪害之患，或封户刻石，南向以报德，威震本朝，风驰海外。是以群雄回首，百姓企踵，虽汤武之举，未有高于将军者。身建高人之功，北面以事庸主，将何以图安？"嵩曰："心不忘忠，何为不安？"忠曰："不然。昔韩信不忍一餐之遇，而弃三分之利，拒蒯通之忠，忽鼎跱之势，利剑已揣其喉，乃叹息而悔，所以见烹于儿女也。今主势弱于刘、项，将军权重于淮阴，指麾可以振风云，叱咤足以兴雷电。赫然奋发，因危抵颓，崇恩以绥前附，振武以临后服。征冀方之士，动七州之众，羽檄先驰于前，大军震响于后，蹈迹漳河，饮马孟津，举天网以网罗京都，诛阉宦之罪，除群怨之积忿，解久危之倒悬。如此则攻守无坚城，不招必影从，虽儿童可使奋空拳以致力，女子可使其褰裳以用命，况厉智能之士，因迅风之势，则大功不足合，八方不足同也。功业已就，天下已顺，乃燎于上帝，告以天命，混齐六合，南面以制，移神器于己家，推亡汉以定祚，实神机之至决，风发之良时也。夫木朽不雕，世衰难佐，将军虽欲委忠难佐之朝，雕画朽败之木，犹逆坂而走丸，必不可也。方今权宦群居，同恶如市，主上不自由，诏命出左右。如有至聪不察，机事不先，必婴后悔，亦无及矣。"嵩不从，忠乃亡去。◎《英雄记》曰：凉州贼王国等起兵，共劫忠为主，统三十六部，号车骑将军。忠感慨发病而死。

董卓之入洛阳，诩以太尉掾为平津都尉，迁讨虏校尉。卓婿中郎将牛辅屯陕，诩在辅军。卓败，辅又死，众恐惧，校尉李傕、郭汜、张济等欲解散，间行归乡里。诩曰："闻长安中议欲尽诛凉州人，而诸君弃众单行，即一亭长能束君矣。不如率众而西，所在收兵，以攻长安，为董公报仇。幸而事济，奉国家以征天下，若不济，走未后也。"众以为然。傕乃西攻长安。语在《卓传》。[①] 后诩为左冯翊，傕等欲以功侯之，诩曰："此救命之计，何功之有？"固辞不受。又以为尚书仆射，诩曰："尚书仆射，官之师长，天下所望，诩名不素重，非所以服人也。纵诩昧于荣利，奈国朝何？"乃更拜诩尚书，典选举，多所匡济，傕等亲而惮之。[②] 会母丧去官，拜光禄大夫。傕、汜等斗长安中，[③] 傕复请诩为宣义将军。[④] 傕等和，出天子，祐护大臣，诩有力焉。[⑤] 天子既出，诩上还印绶。是时将军段煨屯华阴，[⑥] 与诩同郡，遂去傕托煨。诩素知名，为煨军所望。煨内恐其见夺，而外奉诩礼甚备，诩愈不自安。

①臣松之以为：《传》称"仁人之言，其利溥哉！"然则不仁之言，理必反是。夫仁功难著，而乱源易成，是故有祸机一发而殃流百世者矣。当是时，元恶既枭，天地始开，致使厉阶重结，大梗殷流，邦国遘殄悴之哀，黎民婴周余之酷，岂不由贾诩片言乎？诩之罪也，一何大哉！自古兆乱，未有如此之甚。

②《献帝纪》曰：郭汜、樊稠与傕互相违戾，欲斗者数矣。诩辄以道理责之，颇受诩言。◎《魏书》曰：诩典选举，多选旧名以为令仆，论者以此多诩。

③《献帝纪》曰：傕等与诩议迎天子置其营中，诩曰："不可。胁天子，非义也。"傕不听。张绣谓诩曰："此中不可久处，君胡不去？"诩曰："吾受国恩，义不可背。卿自行，我不能也。"

④《献帝纪》曰：傕时召羌、胡数千人，先以御物缯彩与之，又许以宫人妇女，欲令攻郭汜。羌、胡数来窥省门，曰："天子在中邪！李将军许我宫人美女，今皆安在？"帝患之，使诩为之方计。诩乃密呼羌、胡大帅饮食之，许以封爵重宝，于是皆引去。傕由此衰弱。

⑤《献帝纪》曰：天子既东，而李傕来追，王师败绩。司徒赵温、太常王伟、卫尉周忠、司隶荣邵皆为傕所嫌，欲杀之。诩谓傕曰："此皆天子大臣，卿奈何害之？"傕乃止。

⑥《典略》称煨在华阴时，修农事，不虏略。天子东还，煨迎道贡遗周急。◎《献帝纪》曰：后以煨为大鸿胪、光禄大夫，建安十四年，以寿终。

张绣在南阳，诩阴结绣，绣遣人迎诩。诩将行，或谓诩曰："煨待君厚矣，君安去之？"诩曰："煨性多疑，有忌诩意，礼虽厚，不可恃，久将为所图。我去必喜，又望吾结大援于外，必厚吾妻子。绣无谋主，亦愿得诩，则家与身必俱全矣。"诩遂往。绣执子孙礼，煨果善视其家。诩说绣与刘表连和。[①] 太祖比征之，一朝引军退，绣自追之。诩谓绣曰："不可追也，追必败。"绣不从，进兵交战，大败而还。诩谓绣曰："促更追之，更战必胜。"绣谢曰："不用公言，以至于此。今已败，奈何复追？"诩曰："兵势有变，亟往必利。"绣信之，遂收散卒赴追，大战，果以胜还。问诩曰："绣以精兵追退军，而公曰必败；退以败卒击胜兵，而公曰必克。悉如公言，何其反而皆验也？"诩曰："此易知耳。将军虽善用兵，非曹公敌也。军虽新退，曹公必自断后；追兵虽精，将既不敌，彼士亦锐，故知必败。曹公攻将军无失策，力未尽而退，必国内有故。已破将军，必轻军速进，纵留诸将断后，诸将虽勇，亦非将军敌，故虽用败兵而战必胜也。"绣乃服。是后，太祖拒袁绍于官渡，绍遣人招绣，并与诩书结援。绣欲许之，诩显于绣坐上谓绍使曰："归谢袁本初，兄弟不能相容，而能容天下国士乎？"绣惊惧曰："何至于此！"窃谓诩曰："若此，当何归？"诩曰："不如从曹公。"绣曰："袁强曹弱，又与曹为雠，从之如何？"诩曰："此乃所以宜从也。夫曹公奉天子以令天下，其宜从一也。绍强盛，我以少众从之，必不以我为重。曹公众弱，其得我必喜，其宜从二也。夫有霸王之志者，固将释私怨以明德于四海，其宜从三也。愿将军无疑！"绣从之，率众归太祖。太祖见之，喜，执诩手曰："使我信重于天下者，子也！"表诩为执金吾，封都亭侯，迁冀州牧。冀州未平，留参司空军事。袁绍围太祖于官渡，太祖粮方尽，问诩计焉出，诩曰："公明胜绍，勇胜绍，用人胜绍，决机胜绍。有此四胜而半年不定者，但顾万全故也。必决其机，须臾可定也。"太祖曰："善。"乃并兵出，围击绍三十余里营，破之。绍军大溃，河北平。太祖领冀州牧，徙诩为太中大夫。建安十三年，太祖破荆州，欲顺江东下。诩谏曰："明公昔破袁氏，今收汉南，威名远著，军势既大。若乘旧楚之饶，以飨吏士，抚安百姓，使安土乐业，则可不劳众而江东稽服矣。"太祖不从，军遂无利。[②]太祖后与韩遂、马超战于渭南，超等索割地以和，并求任子。诩以为可伪许之。又问诩计策，诩曰："离之而已。"太祖曰："解。"一承用诩谋。语在《武纪》。卒破遂、超，诩本谋也。

①《傅子》曰：诩南见刘表，表以客礼待之。诩曰："表，平世三公才也。不见事变，多疑无决，无能为也。"

② 臣松之以为：诩之此谋，未合当时之宜。于时韩、马之徒尚狼顾关右，魏武不得安坐郢都以威怀吴会，亦已明矣。彼荆州者，孙、刘之所必争也。荆人服刘主之雄姿，惮孙权之武略，为日既久，诚非曹氏诸将所能抗御。故曹仁守江陵，败不旋踵，何抚安之得行，稽服之可期？将此既新平江、汉，威慑扬、越，资刘表水战之具，藉荆楚楫棹之手，实震荡之良会，廓定之大机。不乘此取吴，将安俟哉？至于赤壁之败，盖有运数。实由疾疫大兴，以损凌厉之锋，凯风自南，用成焚如之势。天实为之，岂人事哉？然则魏武之东下，非失算也。诩之此规，为无当矣。魏武后克平张鲁，蜀中一日数十惊，刘备虽斩之而不能止，由不用刘晔之计，以失席卷之会，斤石既差，悔无所及，即亦此事之类也。世咸谓刘计为是，即愈见贾言之非也。

是时，文帝为五官将，而临菑侯植才名方盛，各有党与，有夺宗之议。文帝使人问诩自固之术，诩曰："愿将军恢崇德度，躬素士之业，朝夕孜孜，不违子道，如此而已。"文帝从之，深自砥砺。太祖又尝屏除左右问诩，诩嘿然不对。太祖曰："与卿言而不答，何也？"诩曰："属适有所思，故不即对耳。"太祖曰："何思？"诩曰："思袁本初、刘景升父子也。"太祖大笑，于是太子遂定。诩自以非太祖旧臣，而策谋深长，惧见猜嫌。阖门自守，退无私交，男女嫁娶，不结高门。天下之论智计者归之。

文帝即位，以诩为太尉，[①]进爵魏寿乡侯，增邑三百，并前八百户。又分邑二百，封小子访为列侯，以长子穆为驸马都尉。帝问诩曰："吾欲伐不从命以一天下，吴、蜀何先？"对曰："攻取者先兵权，建本者尚德化。陛下应期受禅，抚临率土，若绥之以文德而俟其变，则平之不难矣。吴、蜀虽蕞尔小国，依阻山水，刘备有雄才，诸葛亮善治国，孙权识虚实，陆议见兵势，据险守要，泛舟江湖，皆难卒谋也。用兵之道，先胜后战，量敌论将，故举无遗策。臣窃料群臣，无备、权对，虽以天威临之，未见万全之势也。昔舜舞干戚而有苗服，臣以为当今宜先文后武。”文帝不纳。后兴江陵之役，士卒多死。诩年七十七，薨，谥曰肃侯。子穆嗣，历位郡守。穆薨，子模嗣。[②]

①《魏略》曰：文帝得诩之对太祖，故即位首登上司。◎《荀勖别传》曰：晋司徒阙，武帝问其人于勖。答曰：“三公具瞻所归，不可用非其人。昔魏文帝用贾诩为三公，孙权笑之。”

②《世语》曰：模，晋惠帝时为散骑常侍、护军将军。模子胤，胤弟龛，从弟疋，皆至大官，并显于晋也。

【译文】贾诩，字文和，是武威郡姑臧县人。少年时期人们都不认识他，只有汉阳的阎忠对他感到惊异，说贾诩胸有张良、陈平那样的神奇谋略。他曾被州郡举荐为孝廉，担任过郎官，后因为有病离开官位，西行还乡走到汧县的时候，遇到反叛的氐人，同行的数十人都被他们捉住了。贾诩说：“我是段公的外孙，你们不要把我埋了，我家一定会拿厚礼来赎我。”当时太尉段颎，以前曾经长期为边关大将，威震西部疆土，所以贾诩借他来吓唬他们。氐人果然不敢加害于他，反而和他结为盟友送走了他，其余的人全部被处死了。贾诩其实并非段颎的外甥，他应急从权，以机变成大事，都与这件事情相类。

董卓进入洛阳城的时候，贾诩以太尉掾的身份担任平津都尉，后来又升为讨虏校尉。董卓的女婿中郎将牛辅屯兵陕地，贾诩在牛辅军中。董卓败亡后，牛辅又去世了，原董卓的部众都感到十分恐惧，校尉李傕、郭汜、张济等人想要解散兵众，从小道各自逃归乡里。贾诩说：“听说长安城中的人议论，说要将董卓手下的凉州人诛杀殆尽，诸君却要舍弃兵众单独行走，如此一来，即使只是一个亭长就能将你们一一捆绑起来。我看不如率领兵众向西去，一路上再不断扩充队伍，攻进长安，为董公报仇。如果侥幸能成功，再奉持国家来征服天下；如果不能成事，再走也不迟。”众人听了，都认为他说的很有道理。于是，李傕就向西攻打长安。这段事情都记在《董卓传》中。后来，贾诩为左冯翊太守，李傕等人想要根据他的功劳封他做侯，贾诩说：“我那不过是一条救命的计策，哪里有什么功劳呢？”坚决辞让不肯接受。他们又要任用贾诩为尚书仆射，贾诩说：“尚书仆射，是众官的师长，为天下人所仰望，我一向名望就不太重，这样做恐怕无法服人吧。纵使我为荣禄名利弄昏头脑，可是这么做怎么对得起国家与朝廷呢？”于是，李傕等人拜贾诩做了尚书，管理官吏的选举，贾诩匡正补救了很多事，李傕等人既亲近他，又害怕他。因为遭逢母丧，贾诩离开官位，后被拜为光禄大夫。李傕、郭汜等人在长安城中争斗不休，李傕又邀请贾诩担任宣义将军。李傕、郭汜等人言和，护送天子出京，保护大臣，贾诩是出了不少力的。天子既已出京，贾诩就交还了自己为官的印绶。这时正值将军段煨兵屯华阴，段煨和贾诩是同郡的乡亲，贾诩就离开李傕去投靠段煨。贾诩一向为世人所知名，被段煨的军众们仰望。段煨内心害怕自己的军众被贾诩夺走，但外表对待贾诩的礼节却尤其周到完备，这使贾诩内心愈加感到不安。

这时张绣正在南阳，贾诩便偷偷地交结张绣，张绣于是派人来迎接贾诩。在贾诩即将起程的时候，有人对贾诩说："段煨对待您足够优厚了，您为什么要离开他呢？"贾诩说："段煨生性多疑，已经有了嫉妒我的心思，他对我的礼遇尽管优厚，但却不足以依赖，时间一长我可能被他谋害。现在我离他而去，他必定喜悦，他又希望我为他到外面联结强大的支援，必定会厚待我的妻室子女。张绣正愁无人为他设谋做主，也愿意得到我的投奔，如此一来，我的家室与我自身就一定可以两相俱全了。"贾诩就去往张绣那里。张绣见到贾诩自执子孙的礼数，段煨果然更加善待贾诩的家室。贾诩劝说张绣和刘表联合。魏太祖曹操刚去征伐张绣不久，在一天早晨，主动领军退走，张绣要亲自带兵去追击曹操。贾诩对张绣说："不能追，追了一定会失败。"张绣没有听从，进兵与曹军交战，结果大败而还。这时，贾诩又对张绣说："赶紧再追击曹军，再战必胜。"张绣向贾诩认错说："先前没有听从您的话，才落到这步田地。如今已经败了，为何还要追击呢？"贾诩说："战争的形势随时会产生变化，您赶紧去追必定有利。"张绣信了他的话，于是收拾散败的兵卒赶去追击，大战曹军，果然胜利而还。回来后他问贾诩说："刚才我用精锐兵卒追击撤退的曹军，而贾公您说一定会失败；我败退后用残兵败卒追击刚刚获胜的曹军，而贾公却说一定会战胜曹兵。结果却都如同您所说的那样，您的这些好像违背常理的预言，为何反而都能应验呢？"贾诩说："这是很容易知晓的。将军您虽然擅长用兵，但并不是曹公的敌手。曹操大军虽然刚刚撤退，但曹公一定会亲自率精兵断后；您的追兵尽管精锐，但在将领方面您已比不上曹公，加上他们的士卒也十分精锐，所以我预知您必定失败。曹公起初攻打将军的时候并没有什么失策，他力量还未能完全显示出来就撤退了，这一定是国内另有变故。曹公既然已经击破将军的追兵，必定要让军卒轻装快速前进，纵然他会部署诸将断后，部将纵然也十分勇猛，但也不是将军您的敌手，因此，后来您尽管用败兵去交战，也必定胜利。"张绣听完，心悦诚服。在此以后，曹操在官渡抗拒袁绍，袁绍派人招降张绣，并且还给贾诩写了一封书信，想要与贾诩结为外援。张绣刚想要响应袁绍，贾诩却公然在张绣面前对袁绍的使者说："回去替我谢谢袁绍，就说他们自家兄弟都无法相容，难道却可以容纳天下的国士吗？"张绣顿时惊惧地说："您为什么要把话说成这样呢！"私下又悄悄地对贾诩说："像这样的情况，我们应当去往什么地方呢？"贾诩说："不如归顺曹公。"张绣说："袁绍强大但曹操弱小，我们又曾与曹操结仇，跟随曹公又会如何？"贾诩说："这正是我们最应该跟随曹公的理由。曹公奉事天子并以此来号令天下，这是我们应跟随他的首条理由。袁绍强盛，我们用如此少的兵众跟随他，他必定会看轻我们。曹公兵众弱少，他如果能得到我们，必定欢喜，这是我们应该跟随曹公的第二条理由。大凡要成就霸业王图的人，本来就应当摒弃私怨，来在四海之内彰显他的威德，这是我们应该跟随曹公的第三条理由。希望将军不要再有任何疑虑！"张绣听从了他，率领全部部下归顺曹操。曹操看到他们，非常欢喜，握着贾诩的手说："让我的信义在天下获得显重的，就是您哪！"曹操很快表荐贾诩为执金吾，封他担任都亭侯，迁冀州牧。在冀州还没有平定的时候，贾诩暂留军中参谋司空军事。袁绍将曹操围困在官渡时，曹操军粮几近吃光，他向贾诩询问计策，贾诩说："明公您的贤明远胜袁绍，武勇远胜袁绍，用人远胜袁绍，临战决断军机也远胜袁绍。您有这四点强过他，然而却半年多也没有能平定他的原因，是由于您只是顾虑万全。如果必要时能果敢地决断战机，袁绍在短时间内就能平定。"曹操说："好。"于是派兵同时出动，围击袁绍三十余里的连营，击败了他们。袁绍军惨遭失败，黄河以北平定。冀州牧由曹操兼任，改任贾诩为太中大夫。建安十三年，曹操大破荆州后，想要顺江东下，进攻江东孙权。贾诩劝谏曹操说："明公之前攻破了袁氏，如今又收服了汉南，您的威名早已远播，您的军势也已经大涨。现在如果您能利用旧楚之地的富饶，来犒赏吏士，安抚百姓，使他们都能安于乡土，乐于产业，那么就能不劳动兵众而让江东稽首拜服了。"曹操未能听从贾诩的劝告，曹军东下也没能获利。曹操后来与韩遂、马超在渭南决战，马超等人要求割地言和，并要求任用他们的儿子做官。贾诩认为可以假装允诺他们。曹操又询问贾诩有什么计策，贾诩说："离间他们就可以了。"太祖曹操说："我懂了。"于是，他就一一采用贾诩的计谋。这些事情全部记录在《武帝纪》中。最后曹操可以迅速击破韩遂、马超，都是由于贾诩的良谋。

这时，魏文帝曹丕担任五官将，而临菑侯曹植当时的才气、名望正处于鼎盛时期，两人各有党羽，世人颇有二人想要争夺太子之位的讨论。文帝曹丕派人请教贾诩巩固自己地位的办法，贾诩说："我希望将军能崇尚发扬仁德气度，亲身力行平常士人的学业，每日不倦，不违背人子的正道常礼，我所能告诉您的，也只是像这些罢了。"曹丕听从了贾诩的教诲，自身深刻地进行砥砺、磨炼。曹操又曾经屏退左右侍从私下就立嗣的问题询问贾诩，贾诩沉默不答。曹操说："我与您说话您却不回答，这是什么原因？"贾诩说："属下刚才正好有个问题在思索，因此没有顾上马上对答。"曹操说："您在想什么？"贾诩说："我在思索袁本初与刘景升父子呢。"曹操听罢会心大笑，于是太子的人选也就最终确定了。贾诩自认为他原本不是曹操的旧臣，但是计策谋略却过于出众，担心被人猜忌怀疑。于是他常常闭门自守，回到家中也不与人私交，子弟中的男女嫁娶，也从不结交权贵高门。天下谈论有智谋的能人都首推贾诩。

曹丕继承帝位后，命贾诩担任太尉一职，给他的封爵为魏寿乡侯，增加食邑三百户，合并从前的一共有八百户。又分出他的食邑二百户，加封贾诩的小儿子贾访为列侯，封贾诩的长子贾穆做驸马都尉。魏文帝曹丕询问贾诩说："我想要征伐不听从我命令的人以求一统天下，您看吴、蜀两国应当首先讨伐谁呢？"贾诩回答说："攻城略地，应该优先考虑兵机权谋，建本立业，则应崇尚德义与教化。陛下您在恰当的时期，受禅即位，统领群臣，称帝四方，如果能用文德安抚抗命的敌国而静待其变化，那么平定他们就比较容易了。吴、蜀虽然都是小国，却凭借山水的阻隔，刘备本人具备雄才大略，诸葛亮又擅长治国，孙权有识别虚实的能力，陆逊有洞见兵机战势的才能，他们据扼守险、固守要冲，泛舟于江湖之上，两国都是很难瞬间图谋的。用兵之道，需要先有胜算然后再投入战斗，要充分评估敌国，考查他的主将，所以才能做到一举一动都没有失算的时候。臣私下评估陛下群臣，还不见有人是刘备、孙权的对手，哪怕就是陛下用天威亲临，我也没有看出来有万全必胜的趋势。以前帝舜舞干戚，苗人一见就臣服了，臣以为当今之事，应该先以文德感化而后用武力征服。”魏文帝没能采纳贾诩的建议。后来在江陵打了一仗，士卒伤亡惨重。贾诩七十七岁那年去世，赐谥号为肃侯。他的儿子贾穆继承爵位，贾穆曾经历任郡守。贾穆去世后，爵位由他的儿子贾模继承。

【原文】评曰：荀彧清秀通雅，有王佐之风，然机鉴先识，未能充其志也。① 荀攸、贾诩，庶乎算无遗策，经达权变，其良、平之亚欤！②

① 世之论者，多讥彧协规魏氏，以倾汉祚，君臣易位，实彧之由。虽晚节立异，无救运移。功既违义，识亦疚焉。陈氏此评，盖亦同乎世识。

臣松之以为：斯言之作，诚未得其远大者也。彧岂不知魏武之志气，非衰汉之贞臣哉？良以于时王道既微，横流已极，雄豪虎视，人怀异心，不有拨乱之资，仗顺之略，则汉室之亡忽诸，黔首之类殄矣。夫欲翼赞时英，一匡屯运，非斯人之与而谁与哉？是故经纶急病，若救身首，用能动于崄中，至于大亨，苍生蒙舟航之接，刘宗延二纪之祚，岂非荀生之本图，仁恕之远致乎？及至霸业既隆，翦汉迹著，然后亡身殉节，以申素情，全大正于当年，布诚心于百代，可谓任重道远，志行义立。谓之未充，其殆诬欤！

② 臣松之以为：列传之体，以事类相从。张子房青云之士，诚非陈平之伦。然汉之谋臣，良、平而已。若不共列，则余无所附，故前史合之，盖其宜也。魏氏如诩之俦，其比幸多。诩不编程、郭之篇，而与二荀并列，失其类矣。且攸、诩之为人，其犹夜光之与蒸烛乎！其照虽均，质则异焉。今荀、贾之评，共同一称，尤失区别之宜也。

【译文】评论说：荀彧品格清正文秀，学识渊博，有辅弼王者的优秀风范，然而在机敏地鉴别与预先推断事物的发展方面，还不能说已达到实现志向的完美程度。荀攸、贾诩，差不多可以说是算无遗漏，这两人的经纬权谋，通达机变，大概只在张良、陈平之下吧！

卷十一　魏书十一

袁张凉国田王邴管传第十一

袁涣

【原文】袁涣，字曜卿，陈郡扶乐人也。父滂，为汉司徒。[①]当时诸公子多越法度，而涣清静，举动必以礼。郡命为功曹，郡中奸吏皆自引去。后辟公府，举高第，迁侍御史。除谯令，不就。刘备之为豫州，举涣茂才。后避地江、淮间，为袁术所命。术每有所咨访，涣常正议，术不能抗，然敬之不敢不礼也。顷之，吕布击术于阜陵，涣往从之，遂复为布所拘留。布初与刘备和亲，后离隙。布欲使涣作书詈辱备，涣不可，再三强之，不许。布大怒，以兵胁涣曰："为之则生，不为则死。"涣颜色不变，笑而应之曰："涣闻唯德可以辱人，不闻以骂。使彼固君子邪，且不耻将军之言。彼诚小人邪，将复将军之意，则辱在此不在于彼。且涣他日之事刘将军，犹今日之事将军也，如一旦去此，复骂将军，可乎？"布惭而止。

①袁宏《汉纪》曰：滂，字公熙，纯素寡欲，终不言人之短。当权宠之盛，或以同异致祸，滂独中立于朝，故爱憎不及焉。

布诛，乃得归太祖。[①]涣言曰："夫兵者，凶器也，不得已而用之。鼓之以道德，征之以仁义，兼抚其民而除其害。夫然，故可与之死而可与之生。自大乱以来十数年矣，民之欲安，甚于倒悬，然而暴乱未息者，何也？意者政失其道欤！涣闻明君善于救世，故世乱则齐之以义，时伪则镇之以朴。世异事变，治国不同，不可不察也。夫制度损益，此古今之不必同者也。若夫兼爱天下而反之于正，虽以武平乱而济之以德，诚百王不易之道也。公明哲超世，古之所以得其民者，公既勤之矣，今之所以失其民者，公既戒之矣，海内赖公，得免于危亡之祸，然而民未知义，其惟公所以训之，则天下幸甚！"太祖深纳焉。拜为沛南部都尉。

①《袁氏世纪》曰：布之破也，陈群父子时亦在布之军，见太祖皆拜。涣独高揖不为礼，太祖甚严惮之。时太祖又给众官车各数乘，使取布军中物，唯其所欲。众人皆重载，唯涣取书数百卷，资粮而已。众人闻之，大惭。涣谓所亲曰："脱我以行陈，令军发足以为行粮而已，不以此为我有。由是厉名也，大悔恨之。"太祖益以此重焉。

是时新募民开屯田，民不乐，多逃亡。涣白太祖曰："夫民安土重迁，不可卒变，易以顺行，难以逆动，宜顺其意，乐之者乃取，不欲者勿强。"太祖从之，百姓大悦。迁为梁相。涣每敕诸县："务存鳏寡高年，表异孝子贞妇。常谈曰'世治则礼详，世乱则礼简'，全在斟酌之间耳。方今虽扰攘，难以礼化，然在吾所以为之。"为政崇教训，恕思而后行，外温柔而内能断。[①]以病去官，百姓思之。后征为谏议大夫、丞相军祭酒。

前后得赐甚多，皆散尽之，家无所储，终不问产业，乏则取之于人，不为皦察之行，然时人服其清。

①《魏书》曰：穀熟长吕岐善朱渊、爰津，遣使行学，还，召用之，与相见，出署渊师友祭酒，津决疑祭酒。渊等因各归家，不受署。岐大怒，将吏民收渊等，皆杖杀之，议者多非焉。涣教勿劾，主簿孙徽等以为："渊等罪不足死，长吏无专杀之义，孔子称'唯器与名，不可以假人'，谓之师友而加大戮，刑名相伐，不可以训。"涣教曰："主簿以不请为罪，此则然矣。谓'渊等罪不足死'，则非也。夫师友之名，古今有之。然有君之师友，有士大夫之师友。夫君置师友之官者，所以敬其臣也；有罪加于刑焉，国之法也。今不论其罪而谓之戮师友，斯失之矣。主簿取弟子戮师之名，而加君诛臣之实，非其类也。夫圣哲之治，观时而动，故不必循常，将有权也。间者世乱，民陵其上，虽务尊君卑臣，犹或未也，而反长世之过，不亦谬乎！"遂不劾。

魏国初建，为郎中令，行御史大夫事。涣言于太祖曰："今天下大难已除，文武并用，长久之道也。以为可大收篇籍，明先圣之教，以易民视听，使海内斐然向风，则远人不服，可以文德来之。"太祖善其言。时有传刘备死者，群臣皆贺。涣以尝为备举吏，独不贺。居官数年卒，太祖为之流涕，赐谷二千斛，一教"以太仓谷千斛赐郎中令之家"，一教"以垣下谷千斛与曜卿家"，外不解其意。教曰："以太仓谷者，官法也；以垣下谷者，亲旧也。"文帝闻涣昔拒吕布之事，问涣从弟敏："涣勇怯何如？"敏对曰："涣貌似和柔，然其临大节，处危难，虽贲、育不过也。"涣子侃，亦清粹闲素，有父风，历位郡守、尚书。①

①《袁氏世纪》曰：涣有四子，侃、寓、奥、准。侃，字公然，论议清当，柔而不犯，善与人交。在废兴之间，人之所趣务者，常谦退不为也。时人以是称之。历位黄门选部郎，号为清平。稍迁至尚书，早卒。寓，字宣厚，精辩有机理，好道家之言，少被病，未官而卒。奥，字公荣，行足以厉俗，言约而理当，终于光禄勋。准，字孝尼，忠信公正，不耻下问，唯恐人之不胜己。以世事多险，故常恬退而不敢求进。著书十余万言，论治世之务，为《易》《周官》《诗》传，及论五经滞义，圣人之微言，以传于世。此准之自序也。◎荀绰《九州记》称准有俊才，泰始中为给事中。袁氏子孙世有名位，贵达至今。

初，涣从弟霸，公恪有功干，魏初为大司农，及同郡何夔并知名于时。而霸子亮，夔子曾，与侃复齐声友善。亮贞固有学行，疾何晏、邓飏等，著论以讥切之，位至河南尹、尚书。① 霸弟徽，以儒素称，遭天下乱，避难交州。司徒辟，不至。② 徽弟敏，有武艺而好水功，官至河堤谒者。

①《晋诸公赞》曰：亮子粲，字仪祖，文学博识，累为儒官，至尚书。

② 袁宏《汉纪》曰：初，天下将乱，涣慨然叹曰："汉室陵迟，乱无日矣。苟天下扰攘，逃将安之？若天未丧道，民以义存，唯强而有礼，可以庇身乎！"徽曰："古人有言，'知机其神乎'，见机而作，君子所以元吉也。天理盛衰，汉其亡矣。夫有大功必有大事，此又君子之所深识，退藏于密者也。且兵革既兴，外患必众，徽将远迹山海，以求免身。"及乱作，各行其志。

【译文】袁涣，字曜卿，陈郡扶乐县人。父亲袁滂，曾任汉朝司徒。当时各家公子大多逾越法制，而袁涣始终清雅宁静，一举一动必定合乎礼节。郡守命袁涣任功曹，郡里的奸吏都自动辞职离去。后来袁涣被征召到官府，考绩名列优等，升迁为侍御史。被任命为谯县县令，没有就任。刘备任职豫州时，举荐袁涣为秀才。后来袁涣迁到江、淮之间避祸，被袁术任用。袁术每次咨议询问，袁涣往往有严正的议论，袁术不能提出相反的意见，但也不敢对他无礼。不久，吕布在阜陵攻打袁术，袁涣追随袁术，于是又被吕布拘留。吕布当初与刘备交好，后来有了嫌隙。吕布想要让袁涣写信辱骂刘备，袁涣不答应，吕布再三强迫，袁涣仍然无动于衷。吕布大怒，用兵器威胁他说："写就活命，不写就死。"袁涣面不改色，笑着回答说："我听说只有德行缺失才能使人蒙受耻辱，没听说过有用辱骂达到目的的。假使他本来就是个君子，那他将不以将军的话为耻辱。假使他本来是个小人，那他将像将军一样写信回骂将军，那样耻辱将在将军这一方而不在他那一方。况且过去我曾跟随过刘将军，就像现在侍奉将军您一样，如果我一旦离开这里，也回过头来辱骂您，可以吗？"吕布感到羞惭而不再逼他。

吕布被杀，袁涣得以归附太祖。袁涣进言说："兵器，实即凶器，要到不得已的时候才使用它。以道德征服对手，以仁义讨伐敌国，加上安抚民众，为他们兴利除害。这样，就可以与民众同生共死。自从天下大乱以来，已有十几年了，民众渴望安定，如同倒悬时希望获得解脱一样，然而暴乱远未止息，是为什么呢？想来大概是政治没走上正道吧！我听说圣明的君王善于拯救时世，所以世道纷乱时就用仁义来治理，世道虚伪时就用质朴来克制。世道不同，时势变易，治国的手段就有所不同，这一点不可不细察。制度的兴革增减，古今不一定相同。至于兼爱天下，拨乱反正，即使以武力平定动乱也应兼之以道德相助，这确实是百代君王不可改变的原则。曹公您明哲超出世人，古代那些用来罗致民心的措施，您已经努力去做了，当今那些丧失民心的做法，您已经引以为戒了，海内全仰仗您才得以免除危亡的灾祸，然而民众还不知道这其中的道理，希望您用这些道理来教诲他们，那样就是天下的大幸了！"太祖完全接受了这个意见。任命袁涣为沛郡南部都尉。

这时太祖刚开始招募民众开办屯田，百姓不乐意，有很多逃亡的。袁涣对太祖说："民众安于故土，把迁徙当作大事，不可以仓促改变他们的习惯，顺遂他们心愿行事就容易，违逆他们心愿的举动就难达目的，应该顺从他们的心意，他们乐意干的就招收，不愿干的也不勉强。"太祖欣然采纳，百姓十分高兴。升袁涣为梁国相。袁涣每每告诫各县："务必要抚恤鳏夫、寡妇、高龄老人，表彰孝子和贞节妇女。常言说'世道安定礼仪就周详，社会动乱礼仪就简略'，这个分寸全在于临事斟酌。现今虽然很不太平，难以推广礼仪教化百姓，然而这也要看我们是如何去做的。"袁涣治理政务崇尚教化训育，凡事都宽容思虑以后才行动，外表温和柔顺而内心果断。袁涣因病辞职，百姓很感念他。后来被征召为谏议大夫、丞相军祭酒。他先后得到的赏赐很多，都分发给了别人，家里没有积蓄，也始终不过问家计产业，困乏了就从别人那里去取，没有什么假装清白的举动，然而当时的人都佩服他的清廉。

魏国刚建立时，袁涣任郎中令，代行御史大夫的职权。袁涣对太祖说："现今天下大难已除，文治武功必须同时并举，这是长治久安的途径。我认为可以大量地收集文章典籍，宣扬先代圣人的教诲，用来改变民众的视听言行，使全国百姓闻风仰慕，自觉效仿，那么远方的人如果不服从，就可以用文德使他们主动前来。"太祖认为他的话正确。当时传闻刘备已死，众大臣都表示庆贺。袁涣因为曾经被刘备举荐为吏，只有他不去庆贺。袁涣在职几年以后去世，太祖为他流泪，赏赐谷物两千斛，一令"用太仓谷一千斛赐给郎中令家"，一令"用垣下谷一千斛送给曜卿家"，外人不明白他的意思。太祖的教令说："用太仓谷，是依据官法；用垣下谷，是因为他是我的亲交故旧。"魏文帝听说袁涣过去拒绝吕布的事情，问袁涣的堂弟袁敏："袁涣是勇敢呢？还是怯懦呢？"袁敏回答说："袁涣外表平和柔顺，可是当他面临大节，身处危难之时，即使是孟贲、夏育也比不过他。"袁涣的儿子袁侃，也清纯娴雅，有其父遗风，历任郡守、尚书。

起初，袁涣的堂弟袁霸，公正谨慎，有功业才干，魏国初年任大司农，与同郡人何夔同时闻名于世。而袁霸的儿子袁亮，何夔的儿子何曾，又与袁侃同样知名，彼此都很友善。袁亮坚守正道，有学问和德行，厌恶何晏、邓飏等人，曾著文立论嘲讽指责他们，他的官位后来做到河南尹、尚书。袁霸的弟弟袁徽，以儒雅朴素著称，因遭遇天下大乱，在交州避难。司徒征召他，不愿就职。袁徽的弟弟袁敏，有武艺，且专意于发展水利事业，官做到河堤谒者。

张范　张承

【原文】张范，字公仪，河内修武人也。祖父歆，为汉司徒。父延，为太尉。太傅袁隗欲以女妻范，范辞不受。性恬静乐道，忽于荣利，征命无所就。弟承，字公先，亦知名，以方正征，拜议郎，迁伊阙都尉。董卓作乱，承欲合徒众与天下共诛卓。承弟昭时为议郎，适从长安来，谓承曰："今欲诛卓，众寡不敌，且起一朝之谋，战阡陌之民，士不素抚，兵不练习，难以成功。卓阻兵而无义，固不能久。不若择所归附，待时而动，然后可以如志。"承然之，乃解印绶间行归家，与范避地扬州。袁术备礼招请，范称疾不往，术不强屈也。遣承与相见，术问曰："昔周室陵迟，则有桓、文之霸。秦失其政，汉接而用之。今孤以土地之广、士民之众，欲徼福齐桓，拟迹高祖，何如？"承对曰："在德不在强。夫能用德以同天下之欲，虽由匹夫之资，而兴霸王之功，不足为难。若苟僭拟，干时而动，众之所弃，谁能兴之？"术不悦。是时，太祖将征冀州，术复问曰："今曹公欲以弊兵数千，敌十万之众，可谓不量力矣！子以为何如？"承乃曰："汉德虽衰，天命未改，今曹公挟天子以令天下，虽敌百万之众可也。"术作色不怿，承去之。

太祖平冀州，遣使迎范。范以疾留彭城，遣承诣太祖，太祖表以为谏议大夫。范子陵及承子戬为山东贼所得，范直诣贼请二子，贼以陵还范。范谢曰："诸君相还儿厚矣。夫人情虽爱其子，然吾怜戬之小，请以陵易之。"贼义其言，悉以还范。太祖自荆州还，范得见于陈，以为议郎，参丞相军事，甚见敬重。太祖征伐，常令范及邴原留，与世子居守。太祖谓文帝："举动必谘此二人。"世子执子孙礼。救恤穷乏，家无所余，中外孤寡皆归焉。赠遗无所逆，亦终不用，及去，皆以还之。建安十七年卒。魏国初建，承以丞相参军祭酒领赵郡太守，政化大行。太祖将西征，征承参军事，至长安，病卒。[①]

①《魏书》曰：文帝即位，以范子参为郎中。承孙邵，晋中护军，与舅杨骏俱被诛。事见《晋书》。

【译文】张范，字公仪，河内郡修武县人。祖父张歆，曾任汉朝司徒。父亲张延，任太尉。太傅袁隗想让女儿做张范的妻子，张范推辞没有接受。张范性情恬淡平静，乐于圣贤之道，不重视功名利禄，征召任命全不接受。张范的弟弟张承，字公先，也知名于世，因为行为端正被征召，官拜议郎，升任伊阙县都尉。董卓作乱，张承想要聚合徒众与天下豪杰一起讨伐董卓。张承的弟弟张昭当时任议郎，正好从长安来，对张承说："现在想要诛杀董卓，众寡悬殊，我们敌不过他，况且一时间想出的计划，凭仗的又都是一帮乡农，士人平素没有得到抚慰，兵士很少经过训练，难以成功。董卓倚仗兵力，不守道义，本来就不能持久。不如慎重选择归附一方，等时机成熟再行动，这样才可以达成夙愿。"张承同意了，于是解下官印绶带辞职，从小路返回家乡，与张范来到扬州避乱。袁术备好礼物前去招请，张范自称有病不肯前往，袁术也不好勉强他。张范派张承与袁术相见，袁术问道："过去周王室衰颓，成就了齐桓公、晋文公的霸业。秦朝丧失政权，汉朝接替了它。如今我凭借土地广阔、士民众多的优势，想要求取齐桓公那样的福分，追随汉高祖的足迹，你看怎么样？"张承回答说："成就大业在于德行而不在于军事强大。能推行德政来统一天下，即使只凭借普通百姓，要建立霸王功业，也是不难的。假若僭越界限妄加比拟，背离时机而动，那就成了众人抛弃的对象，谁还能达到目的呢？"袁术很不高兴。这个时候，太祖将要征讨冀州，袁术又问道："现在曹公想要以几千人的疲惫士兵，与冀州十万大军抗衡，这真叫不自量力啊！你认为怎么样？"张承就说道："汉朝的德政虽然衰颓了，但天命还没改换，现在曹公挟天子号令天下，即使与百万大军对抗也是可以的。"袁术脸色一变，很不愉快，张承于是离开了他。

太祖平定了冀州，派遣使者迎接张范。张范因病羁留彭城，派张承去见太祖，太祖上表荐举张承为谏议大夫。张范的儿子张陵以及张承的儿子张戬被山东盗贼掳去，张范直接来到盗贼巢穴，请他们放了两个孩子，盗贼把张陵还给张范。张范道谢说："诸位把我的孩子还给我，够宽厚的了。人们都爱自己的孩子，这是人之常情，但我怜惜张戬年龄更小，请允许我用张陵换回张戬。"贼人为张范的仁义之言所感动，把两个孩子都还给了张范。太祖从荆州返回，张范得以在陈县与他见面，太祖任他做议郎，参与丞相军事，他很受敬重。太祖出兵征战时，常常留张范和邴原与世子曹丕一同留守。太祖嘱咐曹丕："若有所行动必须向这两个人咨询。"世子对他二人行子孙之礼。张范救济抚恤贫穷困乏的人，自己家里没有余财，各地的孤寡之人都来投靠他。对于别人给他的馈赠，他不退回去，但也始终不使用，到他离开的时候，就都拿来退还原主。建安十七年去世。魏国刚建立时，张承以丞相参军祭酒的身份兼任赵郡太守，政治教化得到普遍施行。太祖准备西征，征聘张承参与军事，到达长安后，张承因病去世。

凉茂

【原文】凉茂，字伯方，山阳昌邑人也。少好学，论议常据经典，以处是非。太祖辟为司空掾，举高第，补侍御史。时泰山多盗贼，以茂为泰山太守，旬月之间，襁负而至者千余家。①转为乐浪太守。公孙度在辽东，擅留茂，不遣之官，然茂终不为屈。度谓茂及诸将曰："闻曹公远征，邺无守备，今吾欲以步卒三万，骑万匹，直指邺，谁能御之？"诸将皆曰："然。"②又顾谓茂曰："于君意何如？"茂答曰："比者海内大乱，社稷将倾，将军拥十万之众，安坐而观成败，夫为人臣者，固若是邪？曹公忧国家之危败，愍百姓之苦毒，率义兵为天下诛残贼，功高而德广，可谓无二矣。以海内初定，民始安集，故未责将军之罪耳！而将军乃欲称兵西向，则存亡之效，不崇朝而决。将军其勉之！"诸将闻茂言，皆震动。良久，度曰："凉君言是也。"后征还为魏郡太守、甘陵相，所在有绩。文帝为五官将，茂以选为长史，迁左军师。魏国初建，迁尚书仆射，后为中尉、奉常。文帝在东宫，茂复为太子太傅，甚见敬礼。卒官。③

①《博物记》曰：襁，织缕为之，广八寸，长尺二，以约小儿于背上，负之而行。

②臣松之案：此传云公孙度"闻曹公远征，邺无守备"，则太祖定邺后也。案《度传》，度以建安九年卒，太祖亦以此年定邺，自后远征，唯有北征柳城耳。征柳城之年，度已不复在矣。

③《英雄记》曰：茂名在八友中。

【译文】凉茂，字伯方，山阳郡昌邑人。少时好学，议论事情常常引经据典，以此判断是非。太祖征召他担任司空掾，考核结果列为优等，补任侍御史。当时泰山郡盗贼众多，任命凉茂为泰山郡太守，一个月之内，拖儿带女前来投降的山寇达一千多户。调任乐浪太守。公孙度在辽东，擅自扣留凉茂，不让他赴任，然而凉茂始终不肯屈服于他。公孙度对凉茂及众将领说："听说曹公远征，邺城没有人防守，现在我想要用三万步兵、一万骑兵，直攻邺城，谁能抵挡得住呢？"众将领都说："对。"公孙度又看着凉茂说："在您看来怎么样呢？"凉茂回答说："近来海内大乱，国家将要倾覆，将军您拥有十万大军，居然安闲地坐观成败，作为臣下，难道就应该这样吗？曹公忧虑国家的危亡，怜悯百姓的疾苦祸患，率领正义之师为天下人诛杀凶残之人，功高德广，可以说是独一无二的了。由于国内刚刚平定，百姓刚刚安定和顺，所以还没来责问将军的罪过罢了！而将军您却想要兴兵向西进攻，那么生死存亡，用不着一个早晨的时间就可见分晓。将军您好自为之吧！"众将领听到凉茂的话，都十分震惊。过了许久，公孙度说："凉君的话是对的。"后来凉茂担任魏郡太守、甘陵相，在他任职过的地方都有政绩。文帝任五官将时，凉茂被选任长史，升左军师。魏国建立初期，升任尚书仆射，后任中尉、奉常。文帝在东宫时，凉茂又担任太子太傅，很受文帝的尊敬和礼遇。凉茂死于职任之上。

国渊

【原文】国渊，字子尼，乐安盖人也。师事郑玄。①后与邴原、管宁等避乱辽东。②

既还旧土，太祖辟为司空掾属，每于公朝论议，常直言正色，退无私焉。太祖欲广置屯田，使渊典其事。渊屡陈损益，相土处民，计民置吏，明功课之法，五年中仓廪丰实，百姓竞劝乐业。太祖征关中，以渊为居府长史，统留事。田银、苏伯反河间，银等既破，后有余党，皆应伏法。渊以为非首恶，请不行刑。太祖从之，赖渊得生者千余人。破贼文书，旧以一为十，及渊上首级，如其实数。太祖问其故，渊曰："夫征讨外寇，多其斩获之数者，欲以大武功，且示民听也。河间在封域之内，银等叛逆，虽克捷有功，渊窃耻之。"太祖大悦，迁魏郡太守。

①《玄别传》曰：渊始未知名，玄称之曰："国子尼，美才也，吾观其人，必为国器。"

②《魏书》曰：渊笃学好古，在辽东，常讲学于山岩，士人多推慕之，由此知名。

时有投书诽谤者，太祖疾之，欲必知其主。渊请留其本书，而不宣露。其书多引《二京赋》，渊敕功曹曰："此郡既大，今在都辇，而少学问者。其简开解年少，欲遣就师。"功曹差三人，临遣引见，训以"所学未及，《二京赋》，博物之书也，世人忽略，少有其师，可求能读者从受之"。又密喻旨。旬日得能读者，遂往受业。吏因请使作笺，比方其书，与投书人同手。收摄案问，具得情理。迁太仆。居列卿位，布衣蔬食，禄赐散之旧故宗族，以恭俭自守，卒官。[①]

①《魏书》曰：太祖以其子泰为郎。

【译文】国渊，字子尼，乐安盖县人。曾拜郑玄为师。后来与邴原、管宁等人到辽东郡躲避兵乱。返回故乡以后，受太祖征召任司空掾属，每次在曹公府上议论政事，常常正色直言，离开后再无私议。太祖想要推广屯田制，就让国渊主管这项事务。国渊屡次陈述应当减损增益的项目，考察土地安置民众，计算百姓数量设置官吏，明确考核的办法，五年时间里，就使粮仓丰实，百姓竞相勉励，乐于从事自己的事业。太祖征讨关中，让国渊任居府长史，总管留守事宜。田银、苏伯在河间谋反，田银等人被打败后，其余党按律都当处以死刑。国渊认为这些人不是首恶分子，请求不对他们实行死刑。太祖听从了他的意见，依赖国渊这个建议得以活命的有一千多人。写战胜贼兵的文书，旧例往往以一当十，到了国渊上报斩杀首级数量时，实有多少就报多少。太祖询问其中原因，国渊说："征讨境外敌寇时，多报斩首及捕获数量，无非是要夸大战绩，并且向百姓显示威势。而河间在我国境之内，田银等人叛逆，虽然制胜有功，但我私下里为这事感到耻辱。"太祖很高兴，提升国渊为魏郡太守。

那时有人写匿名信讥刺朝政，太祖痛恨这种举动，一定要弄清写信人是谁。国渊请示把原信留下，而不把它宣传泄露出去。那封信很多地方引用了《二京赋》的内容，国渊敕令功曹说："这个郡本来很大，现在虽是都城，而有学问的人却很少。选择聪明的年轻人，我想派他们去拜师学习。"功曹选派了三个人，国渊在派遣前先召见了他们，教诲说："你们学习的东西还不够广泛，《二京赋》是博学之书，世人忽略了它，很少有能讲解它的老师，你们可以去找寻能读懂它的人，向他请教。"又秘密地告诉他们自己的真实意图。用了十来天时间就找到了能读《二京赋》的人，三人就去拜师。官吏趁机请那个人写了一纸笺书，与那封信一比较，明显出自一人之手。随即把那人拘捕审问，得到了全部事实真相。升国渊为太仆。国渊虽然位居列卿，但是仍穿布衣吃素食，把俸禄赏赐都分给亲朋故旧，自己保持谦恭节俭，最后在任上去世。

田畴

【原文】田畴，字子泰，右北平无终人也。好读书，善击剑。初平元年，义兵起，董卓迁帝于长安。幽州牧刘虞叹曰："贼臣作乱，朝廷播荡，四海俄然，莫有固志。身备宗室遗老，不得自同于众。今欲奉使展效臣节，安得不辱命之士乎？"众议咸曰："田畴虽年少，多称其奇。"畴时年二十二矣。虞乃备礼请与相见，大悦之，遂署为从事，具其车骑。将行，畴曰："今道路阻绝，寇虏纵横，称官奉使，为众所指名。愿以私行，期于得达而已。"虞从之。畴乃归，自选其家客与年少之勇壮慕从者二十骑俱往。虞自出祖而遣之。①既取道，畴乃更上西关，出塞，傍北山，直趣朔方，循间径去，遂至长安致命。诏拜骑都尉。畴以为天子方蒙尘未安，不可以荷佩荣宠，固辞不受，朝廷高其义。三府并辟，皆不就。得报，驰还，未至，虞已为公孙瓒所害。畴至，谒祭虞墓，陈发章表，哭泣而去。瓒闻之大怒，购求获畴，谓曰："汝何自哭刘虞墓，而不送章报于我也？"畴答曰："汉室衰颓，人怀异心，唯刘公不失忠节。章报所言，于将军未美，恐非所乐闻，故不进也。且将军方举大事以求所欲，既灭无罪之君，又仇守义之臣，诚行此事，则燕、赵之士将皆蹈东海而死耳，岂忍有从将军者乎？"瓒壮其对，释不诛也。拘之军下，禁其故人莫得与通。或说瓒曰："田畴义士，君弗能礼，而又囚之，恐失众心。"瓒乃纵遣畴。

①《先贤行状》曰：畴将行，引虞密与议。畴因说虞曰："今帝主幼弱，奸臣擅命，表上须报，惧失事机。且公孙瓒阻兵安忍，不早图之，必有后悔。"虞不听。

畴得北归，率举宗族他附从数百人，扫地而盟曰："君仇不报，吾不可以立于世！"遂入徐无山中，营深险平敞地而居，躬耕以养父母。百姓归之，数年间至五千余家。畴谓其父老曰："诸君不以畴不肖，远来相就。众成都邑，而莫相统一，恐非久安之道，愿推择其贤长者以为之主。"皆曰："善。"同佥推畴。畴曰："今来在此，非苟安而已，将图大事，复怨雪耻。窃恐未得其志，而轻薄之徒自相侵侮，偷快一时，无深计远虑。畴有愚计，愿与诸君共施之，可乎？"皆曰："可。"畴乃为约束相杀伤、犯盗、诤讼之法，法重者至死，其次抵罪，二十余条。又制为婚姻嫁娶之礼，兴举学校讲授之业。班行其众，众皆便之，至道不拾遗。北边翕然服其威信，乌丸、鲜卑并各遣译使致贡遗，畴悉抚纳，令不为寇。袁绍数遣使招命，又即授将军印，因安辑所统，畴皆拒不受。绍死，其子尚又辟焉，畴终不行。

畴常忿乌丸昔多贼杀其郡冠盖，有欲讨之意而力未能。建安十二年，太祖北征乌丸，未至，先遣使辟畴，又命田豫喻指。畴戒其门下趣治严。门人谓曰："昔袁公慕君，礼命五至，君义不屈。今曹公使一来而君若恐弗及者，何也？"畴笑而应之曰："此非君所识也。"遂随使者到军，署司空户曹掾，引见谘议。明日出令曰："田子泰非吾所宜吏者。"即举茂才，拜为蓨令，不之官，随军次无终。时方夏水雨，而滨海洿下，泞滞不通，虏亦遮守蹊要，军不得进。太祖患之，以问畴。畴曰："此道，秋夏每常有水，浅不通车马，深不载舟船，为难久矣。旧北平郡治在平冈，道出卢龙，达于柳城。自建武以来，陷坏断绝，垂二百载，而尚有微径可从。今虏将以大军当由无终，不得进而退，懈弛无备。若嘿回军，从卢龙口越白檀之险，出空虚之地，路近而便，掩其不备，蹋顿之首可不战而禽也。”太祖曰：“善。”乃引军还，而署大木表于水侧路傍曰：“方今暑夏，道路不通，且俟秋冬，乃复进军。”虏候骑见之，诚以为大军去也。太祖令畴将其众为乡导，上徐无山，出卢龙，历平冈，登白狼堆，去柳城二百余里，虏乃惊觉。单于身自临陈，太祖与交战，遂大斩获，追奔逐北，至柳城。军还入塞，论功行封，封畴亭侯，邑五百户。①畴自以始为居难，率众遁逃，志义不立，反以为利，非本意也，固让。太祖知其至心，许而不夺。②

①《先贤行状》载太祖表论畴功曰：“文雅优备，忠武又著，和于抚下，慎于事上，量时度理，进退合义。幽州始扰，胡、汉交萃，荡析离居，靡所依怀。畴率宗人避难于无终山，北拒卢龙，南守要害，清静隐约，耕而后食，人民化从，咸共资奉。及袁绍父子威力加于朔野，远结乌丸，与为首尾，前后召畴，终不陷挠。后臣奉命，军次易县，畴长驱自到，陈讨胡之势，犹广武之建燕策，薛公之度淮南。又使部曲持臣露布，出诱胡众，汉民或因亡来，乌丸闻之震荡。王旅出塞，涂由山中九百余里，畴帅兵五百，启导山谷，遂灭乌丸，荡平塞表。畴文武有效，节义可嘉，诚应宠赏，以旌其美。”

②《魏书》载太祖令曰：“昔伯成弃国，夏后不夺，将欲使高尚之士，优贤之主，不止于一世也。其听畴所执。”

辽东斩送袁尚首，令：“三军敢有哭之者，斩。”畴以尝为尚所辟，乃往吊祭，太祖亦不问。①畴尽将其家属及宗人三百余家居邺，太祖赐畴车马谷帛，皆散之宗族知旧。从征荆州还，太祖追念畴功殊美，恨前听畴之让，曰：“是成一人之志，而亏王法大制也。”于是乃复以前爵封畴。②畴上疏陈诚，以死自誓。太祖不听，欲引拜之，至于数四，终不受。有司劾畴狷介违道，苟立小节，宜免官加刑。太祖重其事，依违者久之。乃下世子及大臣博议，世子以畴同于子文辞禄、申胥逃赏，宜勿夺以优其节。尚书令荀彧、司隶校尉钟繇亦以为可听，③太祖犹欲侯之。畴素与夏侯惇善，太祖语惇曰：“且往以情喻之，自从君所言，无告吾意也。”惇就畴宿，如太祖所戒。畴揣知其指，不复发言。惇临去，乃拊畴背曰：“田君，主意殷勤，曾不能顾乎？”畴答曰：“是何言之过也！畴，负义逃窜之人耳，蒙恩全活，为幸多矣。岂可卖卢龙之塞，以易赏禄哉？纵国私畴，畴独不愧于心乎？将军雅知畴者，犹复如此，若必不得已，请愿效死刎首于前。”言未卒，涕泣横流。惇具答太祖，太祖喟然知不可屈，乃拜为议郎。年四十六卒。子又早死。文帝践阼，高畴德义，赐畴从孙续爵关内侯，以奉其嗣。

①臣松之以为：田畴不应袁绍父子之命，以其非正也。故尽规魏祖，建卢龙之策。致使袁尚奔迸，授首辽东，皆畴之由也。既以明其为贼，胡为复吊祭其首乎？若以尝被辟命，义在其中，则不应为人设谋，使其至此也。畴此举止，良为进退无当，与王修哭袁谭，貌同而心异也。

②《先贤行状》载太祖令曰：“蓨令田畴，至节高尚，遭值州里戎夏交乱，引身深山，

研精味道，百姓从之，以成都邑。袁贼之盛，命召不屈，慷慨守志，以徼真主。及孤奉诏征定河北，遂服幽都，将定胡寇，时加礼命，畴即受署。陈建攻胡蹊路所由，率齐山民，一时向化，开塞导道，供承使役，路近而便，令虏不意。斩蹋顿于白狼，遂长驱于柳城，畴有力焉。及军入塞，将图其功，表封亭侯，食邑五百，而畴恳恻，前后辞赏。出入三载，历年未赐。此为成一人之高，甚违王典，失之多矣。宜从表封，无久留吾过。”

③《魏书》载世子议曰：“昔薳敖逃禄，传载其美，所以激浊世，励贪夫，贤于尸禄素餐之人也。故可得而小，不可得而毁。至于田畴，方斯近矣。免官加刑，于法为重。”◎《魏略》载教曰：“昔夷、齐弃爵而讥武王，可谓愚暗，孔子犹以为‘求仁得仁’。畴之所守，虽不合道，但欲清高耳。使天下悉如畴志，即墨翟兼爱尚同之事，而老聃使民结绳之道也。外议虽善，为复使令司隶以决之。”◎《魏书》载荀彧议，以为：“君子之道，或出或处，期于为善而已。故匹夫守志，圣人各因而成之。”钟繇以为：“原思辞粟，仲尼不与，子路拒牛，谓之止善，虽可以激清励浊，犹不足多也。畴虽不合大义，有益推让之风，宜如世子议。”

臣松之案《吕氏春秋》：“鲁国之法，鲁人有为臣妾于诸侯，有能赎之者取其金于府。子贡赎人而辞不取金，孔子曰：‘赐失之矣。自今以来鲁人不赎矣。’子路拯溺者，其人拜之以牛，子路受之。孔子曰：‘鲁人必拯溺矣。’”案此语不与繇所引者相应，未详为繇之事误邪，而事将别有所出耳？

【译文】田畴，字子泰，右北平郡无终县人。喜好读书，擅长击剑。初平元年，关东兴义兵讨伐董卓，董卓胁迫汉献帝迁都长安。幽州牧刘虞叹息说：“贼臣叛乱，朝廷流离动荡，海内嚣扰，谁也没有坚定的信念。我身为宗室遗老，自然不能与众人相同。现在我想请一使臣去见天子以表达臣下尽忠的节操，从哪里找不辜负这一使命的人士呢？”众人议论，都说：“田畴虽然年轻，但很多人称赞他是个奇人。”田畴这时二十二岁。刘虞随即备礼邀请田畴相见，对田畴十分满意，于是暂时任命田畴担任从事，为他准备车马。将要起程时，田畴说：“现在道路阻塞断绝，贼寇纵横劫掠，如果以官员身份奉命出使，将会引众人注意。我希望暗自上路，只望能顺利到达就行。”刘虞听从了他的意见。于是，田畴回到家里，自己挑选家客和年轻勇敢壮健且仰慕他的随从共二十多人，骑马一同前往。刘虞亲自出来祭祀路神，为田畴饯行。上路以后，田畴改上西关，出塞，沿着阴山直接奔赴朔方郡，顺着小路直行，终于到达长安，完成了使命。朝廷下诏任命田畴为骑都尉。田畴认为天子正流亡在外，未得安宁，自己不可以承受这样的尊荣宠幸，所以坚持辞让不受，朝廷赞赏他的义节。三公官府同时召用田畴，田畴都没有应召。得到答复后，田畴快马加鞭赶回，还没到达，刘虞已被公孙瓒害死。田畴回来后，到刘虞坟墓前拜谒祭扫，陈述朝廷的章表，痛哭一场后离去。公孙瓒听说后大怒，用重金悬赏通缉，捕获了田畴，对他说：“你为什么自己到刘虞的墓上去哭，却不把朝廷章表报送给我呢？”田畴回答说：“汉室衰落颓败，人人怀有异心，只有刘公没有失掉忠信的节操。朝廷章报中所说的，对于将军恐怕不是什么好话，恐怕不是您乐意听的，所以就没有送给您。并且将军正在兴办大事以满足自己的私欲，已经杀了无罪的官长，又仇视坚守忠义的臣下，果真这么做了，那么燕、赵地区的士人都将自投东海而死，哪里还有能容忍而跟从将军的人呢？”公孙瓒因为田畴的回答理直气壮，为他松绑没有杀他。把他拘留在军营中，禁止他的亲朋故友与他往来。有人劝说公孙瓒说：“田畴是个义士，您不能以礼相待，反而把他囚禁起来，恐怕会失去民心。”于是，公孙瓒释放了田畴。

田畴得以北归，率领宗族和从别处前来依附的几百人，扫地盟誓说：“主公的大仇不报，我就不再立足于人世！”于是进入徐无山中，营造了一块深远险峻又很平敞的空地居住，亲自耕种来供养父母。百姓都来归附，几年之中就达到五千多户。田畴对父老们说：“诸位不认为我田畴不肖，从远处前来依附。人多就成了城镇，但没有人统领，恐怕不是长久安定的办法，希望大家推举贤能年长者做首领。”大家都说：“好。”共同推举田畴。田畴说：“现在我们来到这里，不是为了苟且偷安，而是要图谋大事，报仇雪耻。我私下担心还没能实现我们的志愿，那些轻佻浅薄的人就先自相侵扰欺侮，苟且痛快一时，没有深谋远虑。我有一条不高明的计策，愿意和诸位共同施行，可以吗？”众人都说：“可以。”田畴就为大家制定了有关杀伤、盗窃、诉讼的法律，规定犯重法的人处以死刑，其次抵罪，一共有二十多条。又制订了婚姻嫁娶的礼仪，兴办学校讲授知识。法令颁布给众人，大家都觉得方便，聚居之处到了路不拾遗的程度。北方边境地区的人服从他的威信，乌丸、鲜卑也都各派通译使者来送贡物，田畴都予以接纳、抚慰，嘱咐他们不可进行侵扰。袁绍几次派使者前来招请，又立即授予将军印，趁机安抚他管辖的部众，田畴都拒不接受。袁绍死后，他的儿子袁尚又来征召，田畴始终没有去。

田畴时常怨恨乌丸过去多次残杀本郡官吏，有讨伐他们的意思，但实力不够。建安十二年，太祖向北征讨乌丸，还没到，先派遣使者征召田畴，又命令田豫晓喻意旨。田畴戒令门客赶快整理行装，收拾行李。门客对他说：“过去袁公倾慕您，备礼征召您的使节来了五次，您大义不屈。现在曹公使者第一次来，您就像恐怕来不及了一样，这是为什么？”田畴笑着回答说：“这就不是您所能明白的了。”于是跟随使者到了太祖军中，暂任司空户曹掾，太祖接见了他并与他谈了很多事情。第二天太祖下令说：“田子泰不是我可以任命为吏的人。”就举荐他为秀才，授官为蓨县县令，田畴没去上任，随着军队驻无终县。当时正当夏季降水，海滨低洼地区，泥泞不能通行，贼兵又把守险要路段，魏军不得前进。太祖很忧虑，拿这事询问田畴。田畴说：“这条道路秋夏季节常常有水，说它浅呢又不能通行车马，说它深呢又不能载动船只，这种糟糕状况已经持续很久了。原先的北平郡治在平冈县，取道卢龙，可直通柳城。从建武年间以来，故道破败断绝，至今已近二百年了，但还有条隐蔽的小路可以找到。现在贼人正以为大军将走无终这一通道，因无路前进只能撤退，其防备肯定松懈。如果我们悄悄回军，从卢龙口越过白檀的险要处，从荒芜无人地带出兵，路又近又便捷，乘其不备去攻打他们，蹋顿的首级可以不用战斗而到手。”太祖说：“好。”于是率领部队返回，并在水边路旁竖立了一块大木牌，题写道：“现在正当暑夏季节，道路不通，姑且等到秋冬，然后再行进军。”贼军骑兵侦探看到了，真的以为魏国大军已经撤走了。太祖命令田畴带领他的部众做向导，登上徐无山，越过卢龙，经过平冈，登上白狼堆，离柳城只有二百余里时，贼军才警觉。单于亲自上阵，太祖与他交战，最终大获全胜，追赶奔逃的敌兵直到柳城。魏军得胜进关，论功行赏，封田畴为亭侯，食邑五百户。田畴自己认为当初是处境艰难，才率领众人遁入深山，现在大志未酬，大义未立，反而受封获利，这不是自己的本意，所以坚持推让。太祖知道他心意至诚，不勉强他接受封赏。

辽东斩了袁尚的首级送来，太祖下令三军："有敢为袁尚而哭的，斩。"田畴因为曾被袁尚征召，就前往吊唁祭奠，太祖也不追究。田畴率领他的家属及族人三百多户全部迁到邺城居住，太祖赐给田畴车马粮食布帛，他又都分送给了族人和知交旧友。田畴随从太祖征讨荆州回来，太祖追念他的功劳特别卓著，后悔上次听从了田畴的辞让，说："这是成全了他一个人的志向，而损害了国家的法律制度啊。"于是就又用上次赐封的爵位封给田畴。田畴上表陈述自己的诚意，以死表示自己的决心。太祖不接受，想要他以礼受封，前后四次，田畴始终不肯接受。官府弹劾田畴行为狷介，违背正道，只知固守小节，应该罢免他的官职，施加刑罚。太祖很慎重地对待此事，犹豫了好久。于是把此事交给世子曹丕及大臣们广泛讨论，世子曹丕认为田畴和过去子文辞让封地、申包胥逃赏相同，不应该勉强他，以成全他的忠节。尚书令荀彧、司隶校尉钟繇也认为可以听从他自己的意愿，太祖仍有给田畴封侯的想法。田畴平素与夏侯惇友善，太祖便对夏侯惇说："你去田畴那里以情打动他，他自然会听你的劝告，不要告诉他这是我的意思。"夏侯惇就到田畴那里借宿，就像太祖告诉他的那样去做。田畴揣测到了他的来意，就什么话也不再说。夏侯惇离开时拍着田畴的后背说："田君，主公的心意这么诚恳周到，你难道不能考虑考虑吗？"田畴回答说："这话说得太过分了！我不过是个负义逃窜的人，蒙受恩惠得以保全活了下来，实在是很幸运了。怎么可以靠出卖卢龙要塞，来换取封赏利禄呢？纵然国家庇护我，我难道就不心中有愧吗？将军素来是了解我的，尚且如此，如果一定不得已的话，我情愿在这里自刎，以死报效朝廷的恩宠。"一语未毕，痛哭流涕。夏侯惇把这情形都报告了太祖，太祖喟然感叹，知道不可以再勉强他了，于是任命田畴为议郎。田畴四十六岁时去世。他的儿子又很早去世。魏文帝受禅登基，敬重田畴的德义，赐田畴的堂孙田续爵为关内侯，以承继田畴的香火。

王修

【原文】王修，字叔治，北海营陵人也。年七岁丧母。母以社日亡，来岁邻里社，修感念母，哀甚。邻里闻之，为之罢社。年二十，游学南阳，止张奉舍。奉举家得疾病，无相视者，修亲隐恤之，病愈乃去。初平中，北海相孔融召以为主簿，守高密令。高密孙氏素豪侠，人客数犯法。民有相劫者，贼入孙氏，吏不能执。修将吏民围之，孙氏拒守，吏民畏惮不敢近。修令吏民："敢有不攻者，与同罪！"孙氏惧，乃出贼。由是豪强慑服。举孝廉，修让邴原，融不听。[①]时天下乱，遂不行。顷之，郡中有反者。修闻融有难，夜往奔融。贼初发，融谓左右曰："能冒难来，唯王修耳！"言终而修至。复署功曹。时胶东多贼寇，复令修守胶东令。胶东人公沙卢宗强，自为营堑，不肯应发调。修独将数骑径入其门，斩卢兄弟，公沙氏惊愕莫敢动。修抚慰其余，由是寇少止。融每有难，修虽休归在家，无不至。融常赖修以免。

①《融集》有融答修教曰："原之贤也，吾已知之矣。昔高阳氏有才子八人，尧不能用，舜实举之。原可谓不患无位之士。以遗后贤，不亦可乎！"修重辞，融答曰："掾清身洁己，历试诸难，谋而鲜过，惠训不倦。余嘉乃勋，应乃懿德，用升尔于王庭，其可辞乎！"

袁谭在青州，辟修为治中从事，别驾刘献数毁短修。后献以事当死，修理之，得免。时人益以此多焉。袁绍又辟修，除即墨令，后复为谭别驾。绍死，谭、尚有隙。尚攻谭，谭军败，修率吏民往救谭。谭喜曰："成吾军者，王别驾也。"谭之败，刘询起兵漯阴，诸城皆应。谭叹息曰："今举州背叛，岂孤之不德邪？"修曰："东莱太守管统虽在海表，此人不反，必来。"后十余日，统果弃其妻子来赴谭，妻子为贼所杀，谭更以统为乐安太守。谭复欲攻尚，修谏曰："兄弟还相攻击，是败亡之道也。"谭不悦，然知其忠节。后又问修："计安出？"修曰："夫兄弟者，左右手也。譬人将斗而断其右手，而曰'我必胜'，若是者可乎？夫弃兄弟而不亲，天下其谁亲之？属有谗人，固将交斗其间，以求一朝之利，愿明使君塞耳勿听也。若斩佞臣数人，复相亲睦，以御四方，可以横行天下。"谭不听，遂与尚相攻击，请救于太祖。

太祖既破冀州，谭又叛。太祖遂引军攻谭于南皮。修时运粮在乐安，闻谭急，将所领兵及诸从事数十人往赴谭。至高密，闻谭死，下马号哭曰："无君焉归？"遂诣太祖，乞收葬谭尸。太祖欲观修意，默然不应。修复曰："受袁氏厚恩，若得收敛谭尸，然后就戮，无所恨。"太祖嘉其义，听之。[①] 以修为督军粮，还乐安。谭之破，诸城皆服，唯管统以乐安不从命。太祖命修取统首，修以统亡国之忠臣，因解其缚，使诣太祖，太祖悦而赦之。袁氏政宽，在职势者多畜聚。太祖破邺，籍没审配等家财物赀以万数。及破南皮，阅修家，谷不满十斛，有书数百卷。太祖叹曰："士不妄有名。"乃礼辟为司空掾，行司金中郎将，迁魏郡太守。为治，抑强扶弱，明赏罚，百姓称之。[②] 魏国既建，为大司农郎中令。太祖议行肉刑，修以为时未可行，太祖采其议。徙为奉常。其后严才反，与其徒属数十人攻掖门。修闻变，召车马，未至，便将官属步至宫门。太祖在铜爵台望见之，曰："彼来者必王叔治也。"相国钟繇谓修："旧，京城有变，九卿各居其府。"修曰："食其禄，焉避其难？居府虽旧，非赴难之义。"顷之，病卒官。子忠，官至东莱太守、散骑常侍。初，修识高柔于弱冠，异王基于幼童，终皆远至，世称其知人。[③]

①《傅子》曰：太祖既诛袁谭，枭其首，令曰："敢哭之者，戮及妻子！"于是王叔治、田子泰相谓曰："生受辟命，亡而不哭，非义也。畏死忘义，何以立世？"遂造其首而哭之，哀动三军。军正白行其戮，太祖曰："义士也。"赦之。

臣松之案《田畴传》，畴为袁尚所辟，不被谭命。《傅子》合而言之，有违事实。

②《魏略》曰：修为司金中郎将，陈黄白异议，因奏记曰："修闻枳棘之林，无梁柱之质；涓流之水，无洪波之势。是以在职七年，忠谠不昭于时，功业不见于事，欣于所受，俯惭不报，未尝不长夜起坐，中饭释餐。何者？力少任重，不堪而惧也。谨贡所议如左。"太祖甚然之，乃与修书曰："君澡身浴德，流声本州，忠能成绩，为世美谈，名实相副，过人甚远。孤以心知君，至深至熟，非徒耳目而已也。察观先贤之论，多以盐铁之利，足

赡军国之用。昔孤初立司金之官，念非屈君，余无可者。故与君教曰：‘昔遏父陶正，民赖其器用，及子妫满，建侯于陈，近桑弘羊，位至三公。’此君元龟之兆先告者也，是孤用君之本言也，或恐众人未晓此意。自是以来，在朝之士，每得一显选，常举君为首，及闻袁军师众贤之议，以为不宜越君。然孤执心将有所底，以军师之职，闲于司金，至于建功，重于军师。孤之精诚，足以达君；君之察孤，足以不疑。但恐傍人浅见，以蠡测海，为蛇画足，将言前后百选，辄不用之，而使此君沉滞冶官。张甲李乙，尚犹先之，此主人意待之不优之效也。孤惧有此空声冒实，淫蛙乱耳。假有斯事，亦庶钟期不失听也。若其无也，过备何害？昔宣帝察少府萧望之才任宰相，故复出之，令为冯翊。从正卿往，似于左迁。上使侍中宣意曰：‘君守平原日浅，故复试君三辅，非有所间也。’孤揆先主中宗之意，诚备此事。既君崇勋业以副孤意。公叔文子与臣俱升，独何人哉！”后无几而迁魏郡太守。

③王隐《晋书》曰：修一子名仪，字朱表，高亮雅直。司马文王为安东，仪为司马。东关之败，文王曰：“近日之事，谁任其咎？”仪曰：“责在军帅。”文王怒曰：“司马欲委罪于孤邪？”遂杀之。子褒，字伟元。少立操尚，非礼不动。身长八尺四寸，容貌绝异。痛父不以命终，绝世不仕。立屋墓侧，以教授为务。旦夕常至墓前拜，辄悲号断绝。墓前有一柏树，褒常所攀援，涕泣所著，树色与凡树不同。读《诗》至“哀哀父母，生我劳悴”，未尝不反复流涕，泣下沾襟。家贫躬耕，计口而田，度身而蚕。诸生有密为褒刈麦者，褒遂弃之，自是莫敢复佐刈者。褒门人为本县所役，求褒为属，褒曰：“卿学不足以庇身，吾德薄不足以荫卿，属之何益？且吾不捉笔已四十年。”乃步担干饭，儿负盐豉，门徒从者千余人。安丘令以为见己，整衣出迎之于门。褒乃下道至土牛，磬折而立。云：“门生为县所役，故来送别。”执手涕泣而去。令即放遣诸生，一县以为耻。同县管彦，少有才力，未知名，褒独以为当自达，常友爱之。男女各始生，共许为婚。彦果为西夷校尉。褒后更以女嫁人，彦弟馥问褒，褒曰：“吾薄志毕，愿山薮自处，姊妹皆远，吉凶断绝，以此自誓。贤兄子葬父于帝都，此则洛阳之人也，岂吾欲婚之本指邪？”馥曰：“嫂，齐人也。当还临淄。”褒曰：“安有葬父河南，随母还齐！用意如此，何婚之有？”遂不婚。

邴春者，根矩之后也。少立志操，寒苦自居，负笈游学，身不停家，乡邑翕然，以为能系其先也。褒以为春性险狭，慕名意多，终必不成，及后春果无学业，流离远外，有识以此归之。褒常以为人所行，其当归于善道，不可以己所能而责人所不能也。有致遗者，皆不受。及洛都倾覆，寇贼蜂起，褒宗亲悉欲移江东，褒恋坟垅。贼大盛，乃南达泰山郡。褒思土不肯去，贼害之。

《汉晋春秋》曰：褒与济南刘兆字延世，俱以不仕显名。褒以父为文王所滥杀，终身不应征聘，未尝西向坐，以示不臣于晋也。

《魏略·纯固传》以脂习、王修、庞淯、文聘、成公英、郭宪、单固七人为一传。其修、淯、聘三人自各有传，成公英别见《张既传》，单固见《王凌传》，余习、宪二人列于《修传》后也。

脂习，字元升，京兆人也。中平中仕郡，公府辟，举高第，除太医令。天子西迁及东诣许昌，习常随从。与少府孔融亲善。太祖为司空，威德日盛，而融故以旧意，书疏倨傲。习常责融，欲令改节，融不从。会融被诛，当时许中百官先与融亲善者，莫敢收恤，而习独往抚而哭之曰："文举，卿舍我死，我当复与谁语者？"哀叹无已。太祖闻之，收习，欲理之，寻以其事直见原，徙许东土桥下。习后见太祖，陈谢前愆。太祖呼其字曰："元升，卿故慷慨！"因问其居处，以新移徙，赐谷百斛。至黄初，诏欲用之，以其年老，然嘉其敦旧，有栾布之节，赐拜中散大夫。还家，年八十余卒。

郭宪，字幼简，西平人，为其郡右姓。建安中为郡功曹，州辟不就，以仁笃为一郡所归。至十七年，韩约失众，从羌中还，依宪。众人多欲取约以徼功，而宪皆责怒之，言："人穷来归我，云何欲危之？"遂拥护厚遇之。其后约病死，而田乐、阳逵等就斩约头，当送之。逵等欲条疏宪名，宪不肯在名中，言："我尚不忍生图之，岂忍取死人以要功乎？"逵等乃止。时太祖方攻汉中，在武都，而逵等送约首到。太祖宿闻宪名，及视条疏，怪不在中，以问逵等，逵具以情对。太祖叹其志义，乃并表列与逵等并赐爵关内侯，由是名震陇右。黄初元年病亡。正始初，国家追嘉其事，复赐其子爵关内侯。

【译文】王修，字叔治，北海郡营陵县人。七岁丧母。他的母亲是在社日那天去世的，来年邻里举行社日活动，王修感念母亲，极为哀痛。邻里知道了，为他停止了社日活动。二十岁那年，王修游学南阳郡，住在张奉的家里。张奉全家人生病，没有人照顾他们，王修不忍，精心照顾他们，直到他们病好了才离开。初平年间，北海国相孔融召王修为主簿，任高密县令。高密人孙氏向来强横任侠，门客屡次触犯法律。百姓有被抢劫的，盗贼逃入孙氏门下，衙役不敢前去搜捕。王修率官吏百姓包围了孙氏大宅，孙氏抗拒坚守，官吏百姓害怕不敢靠近。王修命令他们："谁敢不向前进攻，与孙氏一同治罪！"孙氏害怕了，终于交出贼人。从此，豪强们大多畏服他。荐举孝廉时，王修推让给邴原，孔融不同意。当时天下大乱，王修没能到任。不久，郡中有人反叛。王修听说孔融有难，连夜赶往孔融那里。反贼开始发难时，孔融对左右人说："能冒着危难赶来的，只有王修了！"话刚说完，王修就到了。又令王修担任功曹。当时胶东贼寇横行，又命令王修任胶东县令。胶东人公沙卢宗族强盛，自己设置营寨壕堑，不服从官府的的征调。王修独自带领几个人骑马径直闯进公沙卢家，斩杀了公沙卢兄弟，公沙氏族人震动惊愕，无人敢动。王修安抚了其余的人，自此贼寇逐渐止息。孔融每次有了危难，王修即使是在家里休息，也没有不马上赶到的时候。孔融常常依仗王修得以免除祸患。

袁谭在青州时，征召王修任治中从事，别驾刘献几次诽谤贬低王修。后来刘献因为犯了事应当判死罪，王修审理这件案子，刘献得以免于一死。当时人因此更加称赞王修。袁绍又征召王修任即墨县令，后来王修又回到袁谭手下担任别驾。袁绍死后，袁谭、袁尚之间产生仇隙。袁尚攻打袁谭，袁谭战败，王修率领官吏百姓前往营救袁谭。袁谭高兴地说："保全我部队的人，就是王别驾啊！"袁谭失败时，刘询在漯阴起兵，各个城邑都起来响应。袁谭叹息说："现在全州都背叛了我，难道是因为我没有德行吗？"王修说："东莱太守管统虽然远在海边，但这人不会反叛，他一定会来。"十几天后，管统果然抛下妻子儿女赶来袁谭这里，而他的妻子儿女都被叛贼杀害，袁谭让管统改任乐安太守。袁谭又想要进攻袁尚,王修劝谏说:“兄弟之间往复攻击,这是走向败亡的道路。”袁谭不高兴,但他明白这是王修忠贞而有节操的体现。后来袁谭又问王修:“还有什么办法吗?”王修说:“所谓兄弟,就像一个人的左右手。这正像一个人即将与别人决斗,却先砍断了自己的右手,并且说‘我一定胜利’,这样能行吗?抛弃兄弟情谊彼此不相亲近,天下人还有谁可以亲近?那些进谗言的人,本来就是要在你们兄弟之间挑起争斗,以求取一时的利益,希望您这样英明的人塞住耳朵不要去听。如能斩杀几个奸诈巧媚的官吏,兄弟重新亲近和睦,共同抵御四方的侵害,就足以横行天下。”袁谭不听,于是与袁尚互相攻击,又向太祖曹操请求援助。

太祖攻破冀州之后,袁谭又背叛太祖。于是,太祖带领军队在南皮进攻袁谭。王修这时正在乐安运送粮草,听说袁谭危急,就立即带着押粮士兵和属下从事几十人赶往南皮救援袁谭。到高密县时,听到袁谭已死的消息,王修下马放声大哭,说:“没有您我归附谁呢?”于是去见太祖,请求让他收葬袁谭的尸体。太祖想要观察王修的心意,沉默着一言不发。王修又说:“我曾受过袁氏的厚恩,如果能让我收敛袁谭尸体,再让我死,我就没有什么遗憾了。”太祖赞赏他的义气,顺从了他的意愿。太祖任命王修为督运军粮的官员,让他返回乐安。袁谭战败后,全州各城都降服了太祖,唯独管统据守乐安城不愿服从。太祖命令王修去取管统首级,王修认为管统是亡国的忠臣,于是给他松绑,让他去见太祖,太祖很高兴,就赦免了管统。袁氏政令宽纵,有职权者大多聚敛财物。太祖攻破邺城,查抄没收审配等人的家财物资数以万计。待到攻破南皮,察看王修家,粮谷不满十斛,另有书籍几百卷。太祖叹息说:“士人不是虚有其名。”于是礼聘王修为司空掾,代理司金中郎将,升为魏郡太守。王修处理政务,抑制豪强,扶助弱小,赏罚严明,受百姓称道。魏国建立以后,王修任大司农郎中令。太祖计议实行肉刑,王修认为时机还不允许实行,太祖采纳了他的建议。调王修为奉常。后来严才反叛,与他的属下几十人攻打宫门两侧边门。王修听说兵变,立即召唤车马,车马没到,就率领属下官吏步行赶到宫门。太祖在铜爵台看到他们,说:“那赶来的人一定是王叔治。”相国钟繇对王修说:“旧例,京城发生事变,九卿居守各自府衙。”王修说:“吃国家的俸禄,怎么可以逃避国家的危难?居守府衙虽是旧制,但不符合奔赴危难的大义。”不久,王修病死在任上。王修的儿子王忠,官做到东莱太守、散骑常侍。当初,王修在高柔二十岁时就赏识他,在王基还是幼童之时,王修就认为他与众不同,这两人最终都成了大器,世人因此称赞王修有知人之明。

邴原

【原文】邴原,字根矩,北海朱虚人也。少与管宁俱以操尚称,州府辟命皆不就。黄巾起,原将家属入海,住郁洲山中。时孔融为北海相,举原有道。原以黄巾方盛,遂至辽东,与同郡刘政俱有勇略雄气。辽东太守公孙度畏恶欲杀之,尽收捕其家,政得脱。度告诸县:“敢有藏政者与同罪。”政窘急,往投原,[①]原匿之月余,时东莱太史慈当归,原因以政付之。既而谓度曰:“将军前日欲杀刘政,以其为己害。今政已去,君之害岂不除哉！”度曰：“然。”原曰：“君之畏政者，以其有智也。今政已免，智将用矣，尚奚拘政之家？不若赦之，无重怨。”度乃出之。原又资送政家，皆得归故郡。原在辽东，一年中往归原居者数百家，游学之士、教授之声不绝。

①《魏氏春秋》曰：政投原曰：“穷鸟入怀。”原曰：“安知斯怀之可入邪？”

后得归，太祖辟为司空掾。原女早亡，时太祖爱子仓舒亦没，太祖欲求合葬，原辞曰：“合葬，非礼也。原之所以自容于明公，公之所以待原者，以能守训典而不易也。若听明公之命，则是凡庸也，明公焉以为哉？”太祖乃止，徙署丞相征事。①崔琰为东曹掾，记让曰：“征事邴原、议郎张范，皆秉德纯懿，志行忠方，清静足以厉俗，贞固足以干事，所谓龙翰凤翼，国之重宝。举而用之，不仁者远。”代凉茂为五官将长史，闭门自守，非公事不出。太祖征吴，原从行，卒。②

①《献帝起居注》曰：建安十五年，初置征事二人，原与平原王烈俱以选补。

②《原别传》曰：原十一而丧父，家贫，早孤。邻有书舍，原过其旁而泣。师问曰：“童子何悲？”原曰：“孤者易伤，贫者易感。夫书者，必皆具有父兄者，一则羡其不孤，二则羡其得学，心中恻然而为涕零也。”师亦哀原之言而为之泣曰：“欲书可耳！”答曰：“无钱资。”师曰：“童子苟有志，我徒相教，不求资也。”于是遂就书。一冬之间，诵《孝经》《论语》，自在童龀之中，嶷然有异。及长，金玉其行。欲远游学，诣安丘孙崧。崧辞曰：“君乡里郑君，君知之乎？”原答曰：“然。”崧曰：“郑君学览古今，博闻强识，钩深致远，诚学者之师模也。君乃舍之，蹑屣千里，所谓以郑为东家丘者也。君似不知，而曰‘然’者何？”原曰：“先生之说，诚可谓苦药良针矣，然犹未达仆之微趣也。人各有志，所规不同，故乃有登山而采玉者，有入海而采珠者，岂可谓登山者不知海之深，入海者不知山之高哉！君谓仆以郑为东家丘，君以仆为西家愚夫邪？”崧辞谢焉。又曰：“兖、豫之士，吾多所识，未有若君者，当以书相分。”原重其意，难辞之，持书而别。原心以为求师启学，志高者通，非若交游待分而成也。书何为哉？乃藏书于家而行。原旧能饮酒，自行之后，八九年间，酒不向口。单步负笈，苦身持力，至陈留则师韩子助，颍川则宗陈仲弓，汝南则交范孟博，涿郡则亲卢子幹。临别，师友以原不饮酒，会米肉送原。原曰：“本能饮酒，但以荒思废业，故断之耳。今当远别，因见贶饯，可一饮宴。”于是共坐饮酒，终日不醉。归以书还孙崧，解不致书之意。后为郡所召，署功曹、主簿。时鲁国孔融在郡，教选计当任公卿之才，乃以郑玄为计掾，彭璆为计吏，原为计佐。融有所爱一人，常盛嗟叹之。后恚望，欲杀之，朝吏皆请。时其人亦在坐，叩头流血，而融意不解。原独不为请。融谓原曰：“众皆请而君何独不？”原对曰：“明府于某，本不薄也，常言岁终当举之，此所谓‘吾一子’也。如是，朝吏受恩未有在某前者矣，而今乃欲杀之。明府爱之，则引而方之于子，憎之，则推之欲危其身。原愚，不知明府以何爱之？以何恶之？”融曰：“某生于微门，吾成就其兄弟，拔擢而用之。某今孤负恩施。夫善则进之，恶则诛之，固君道也。往者应仲远为泰山太守，举一孝廉，旬月之间而杀之。夫君人者，厚薄何常之有！”原对曰：“仲远举孝廉，杀之，其义焉在？夫孝廉，国之俊选也。举之若是，则杀之非也；若杀之是，则举之非也。《诗》云‘彼己之子，不遂其媾’，盖讥之也。《语》云‘爱

之欲其生，恶之欲其死。既欲其生，又欲其死，是惑也'，仲远之惑甚矣。明府奚取焉？"融乃大笑曰："吾直戏耳！"原又曰："君子于其言，出乎身，加乎民。言行，君子之枢机也。安有欲杀人而可以为戏者哉？"融无以答。是时汉朝陵迟，政以贿成，原乃将家人入郁洲山中。郡举有道，融书喻原曰："修性保真，清虚守高，危邦不入，久潜乐土。王室多难，西迁镐京。圣朝劳谦，畴咨隽乂。我徂求定，策命恳恻。国之将陨，嫠不恤纬，家之将亡，缇萦跋涉，彼匹妇也，犹执此义。实望根矩，仁为己任，授手援溺，振民于难。乃或晏晏居息，莫我肯顾，谓之君子，固如此乎！根矩，根矩，可以来矣！"原遂到辽东。辽东多虎，原之邑落独无虎患。原尝行而得遗钱，拾以系树枝，此钱既不见取，而系钱者愈多。问其故，答者谓之神树。原恶其由己而成淫祀，乃辨之，于是里中遂敛其钱以为社供。后原欲归乡里，止于三山。孔融书曰："随会在秦，贾季在翟，谘仰靡所，叹息增怀。顷知来至，近在三山。《诗》不云乎，'来归自镐，我行永久'。今遣五官掾，奉问榜人舟楫之劳，祸福动静告慰。乱阶未已，阻兵之雄，若棋弈争枭。"原于是遂复反还。积十余年，后乃遁还。南行已数日，而度甫觉。度知原之不可复追也，因曰："邴君所谓云中白鹤，非鹑鷃之网所能罗矣。又吾自遣之，勿复求也。"遂免危难。自反国土，原于是讲述礼乐，吟咏诗书，门徒数百，服道数十。时郑玄博学洽闻，注解典籍，故儒雅之士集焉。原亦自以高远清白，颐志澹泊，口无择言，身无择行，故英伟之士向焉。是时海内清议，云青州有邴、郑之学。魏太祖为司空，辟原署东阁祭酒。太祖北伐三郡单于，还住昌国，燕士大夫。酒酣，太祖曰："孤反，邺守诸君必将来迎，今日明旦，度皆至矣。其不来者，独有邴祭酒耳！"言讫未久，而原先至。门下通谒，太祖大惊喜，揽履而起，远出迎原曰："贤者诚难测度！孤谓君将不能来，而远自屈，诚副饥虚之心。"谒讫而出，军中士大夫诣原者数百人。太祖怪而问之，时荀文若在坐，对曰："独可省问邴原耳！"太祖曰："此君名重，乃亦倾士大夫心？"文若曰："此一世异人，士之精藻，公宜尽礼以待之。"太祖曰："固孤之宿心也。"自是之后，见敬益重。原虽在军历署，常以病疾，高枕里巷，终不当事，又希会见。河内张范，名公之子也，其志行有与原符，甚相亲敬。令曰："邴原名高德大，清规邈世，魁然而峙，不为孤用。闻张子颇欲学之，吾恐造之者富，随之者贫也。"魏太子为五官中郎将，天下向慕，宾客如云，而原独守道持常，自非公事不妄举动。太祖微使人从容问之，原曰："吾闻国危不事冢宰，君老不奉世子，此典制也。"于是乃转五官长史，令曰："子弱不才，惧其难正，贪欲相屈，以匡励之。虽云利贤，能不恧恧！"太子燕会，众宾百数十人，太子建议曰："君父各有笃疾，有药一丸，可救一人，当救君邪？父邪？"众人纷纭，或父或君。时原在坐，不与此论。太子谘之于原，原悖然对曰："父也。"太子亦不复难之。

是后大鸿胪钜鹿张泰、河南尹扶风庞迪以清贤称，① 永宁太仆东郡张阁以简质闻。②

① 荀绰《冀州记》曰：钜鹿张貔，字邵虎。祖父泰，字伯阳，有名于魏。父邈，字叔辽，辽东太守。著有《自然好学论》，在《嵇康集》。为人弘深有远识，恢恢然，使求之者莫之能测也。官历二宫，元康初为城阳太守，未行而卒。

② 杜恕著《家戒》称阁曰："张子台，视之似鄙朴人，然其心中不知天地间何者为美，

何者为好，敦然似如与阴阳合德者。作人如此，自可不富贵，然而患祸当何从而来？世有高亮如子台者，皆多力慕，体之不如也。”

【译文】邴原，字根矩，北海国朱虚县人。年轻时与管宁都以节操高尚著称，州府征召他们，他们都不去就职。黄巾军兴起，邴原带领家人进入东海，住在郁洲山中。当时孔融任北海国国相，推举邴原为有道。邴原认为黄巾军正在兴盛时期，于是去了辽东郡，与同郡人刘政都富于胆略意气。辽东郡太守公孙度畏惧厌恶刘政，想要杀掉他，便收押了刘政全家，刘政却逃出了罗网。公孙度布告各县：“敢有窝藏刘政的人，与刘政同样治罪。”刘政窘迫危急，前去投奔邴原，邴原将他藏匿了一个多月，这时东莱郡太史慈要返回，邴原趁机把刘政托付给了太史慈。不久后邴原对公孙度说：“将军前些日子要杀刘政，是认为他是您的祸害。现在刘政已经离开，您的祸害不是已经消除了吗！”公孙度说：“确实如此。”邴原说：“您之所以害怕刘政，是因为他有智谋。现在刘政已经脱身，他的智谋将有使用的机会了，为什么还拘押刘政的家属呢？不如赦免了他们，不要加重仇怨。”于是，公孙度放了刘政家属。邴原又出钱资助刘政家人，使他们都得以返回故乡。邴原在辽东郡，一年内前往归附他的人有几百家，游学的士人往来络绎，讲授学业的声音终日绕梁。

后来邴原得以从辽东返回，太祖征召他担任司空掾。邴原的女儿早已去世，这时太祖的爱子仓舒也死了，太祖想将邴原的女儿与自己的儿子合葬，邴原推辞说：“合葬，不符合礼法。邴原之所以自愿追随明公，明公之所以厚待邴原，是因为我们都能遵守先贤教导的礼仪典规而不改变。如果我顺从了明公的意愿，那就是平庸低俗的人，明公您又将怎么看待我呢？”于是，太祖打消了这个念头，调邴原担任丞相征事。崔琰是东曹掾，他在奏事文书中谦让说：“征事邴原、议郎张范，都秉持道德，品行纯正，志向忠诚正直，行为清廉洁净，他们足以激励凡俗，坚贞自守办好事情，正是人们所说的龙的羽毛凤的翅膀，是国家的重器奇珍。推举任用他们，不讲仁德的人就会闻风远走。”邴原接替凉茂担任五官将长史，闭门坚守，若非公事决不迈出家门一步。太祖征讨吴国，邴原随从出征，不幸去世。

这以后大鸿胪钜鹿人张泰、河南尹扶风人庞迪以清廉贤明著称，永宁太仆东郡人张阁以老实质朴闻名。

管宁　王烈、张臶、胡昭

【原文】管宁，字幼安，北海朱虚人也。① 年十六丧父，中表愍其孤贫，咸共赠赗，悉辞不受，称财以送终。长八尺，美须眉。与平原华歆、同县邴原相友，俱游学于异国，并敬善陈仲弓。天下大乱，闻公孙度令行于海外，遂与原及平原王烈等至于辽东。度虚馆以候之。既往见度，乃庐于山谷。时避难者多居郡南，而宁居北，示无迁志，后渐来从之。太祖为司空，辟宁，度子康绝命不宣。②

①《傅子》曰：齐相管仲之后也。昔田氏有齐而管氏去之，或适鲁，或适楚。汉兴，有管少卿为燕令，始家朱虚，世有名节，九世而生宁。

②《傅子》曰：宁往见度，语惟经典，不及世事。还乃因山为庐，凿坏为室。越海避难者，皆来就之而居，旬月而成邑。遂讲《诗》《书》，陈俎豆，饰威仪，明礼让，非学者无见也。由是度安其贤，民化其德。邴原性刚直，清议以格物，度已下心不安之。宁谓原曰："潜龙以不见成德，言非其时，皆招祸之道也。"密遣令西还。度庶子康代，居郡，外以将军太守为号，而内实有王心，卑己崇礼，欲官宁以自镇辅，而终莫敢发言，其敬惮如此。◎皇甫谧《高士传》曰：宁所居屯落，会井汲者，或男女杂错，或争井斗阋。宁患之，乃多买器，分置井傍，汲以待之，又不使知。来者得而怪之，闻知宁所为，乃各相责，不复斗讼。邻有牛暴宁田者，宁为牵牛着凉处，自为饮食，过于牛主。牛主得牛，大惭，若犯严刑。是以左右无斗讼之声，礼让移于海表。

王烈者，字彦方，于时名闻在原、宁之右。辞公孙度长史，商贾自秽。太祖命为丞相掾，征事，未至，卒于海表。①

①《先贤行状》曰：烈通识达道，秉义不回。以颍川陈太丘为师，二子为友。时颍川荀慈明、贾伟节、李元礼、韩元长皆就陈君学，见烈器业过人，叹服所履，亦与相亲。由是英名著于海内。道成德立，还归旧庐，遂遭父丧，泣泪三年。遇岁饥馑，路有饿殍，烈乃分釜庾之储，以救邑里之命。是以宗族称孝，乡党归仁。以典籍娱心，育人为务，遂建学校，敦崇庠序。其诱人也，皆必因其性气，诲之以道，使之从善远恶。益者不自觉，而大化隆行，皆成宝器。门人出入，容止可观，时在市井，行步有异，人皆别之。州闾成风，咸竞为善。时国中有盗牛者，牛主得之。盗者曰："我邂逅迷惑，从今已后将为改过。子既已赦宥，幸无使王烈闻之。"人有以告烈者，烈以布一端遗之。或问："此人既为盗，畏君闻之，反与之布，何也？"烈曰："昔秦穆公，人盗其骏马食之，乃赐之酒。盗者不爱其死，以救穆公之难。今此盗人能悔其过，惧吾闻之，是知耻恶。知耻恶，则善心将生，故与布劝为善也。"间年之中，行路老父担重，人代担行数十里，欲至家，置而去，问姓名，不以告。顷之，老父复行，失剑于路。有人行而遇之，欲置而去，惧后人得之，剑主于是永失，欲取而购募，或恐差错，遂守之。至暮，剑主还，见之，前者代担人也。老父揽其袂，问曰："子前者代吾担，不得姓名，今子复守吾剑于路，未有若子之仁，请子告吾姓名，吾将以告王烈。"乃语之而去。老父以告烈，烈曰："世有仁人，吾未之见。"遂使人推之，乃昔时盗牛人也。烈叹曰："韶乐九成，虞宾以和。人能有感，乃至于斯也！"遂使国人表其闾而异之。时人或讼曲直，将质于烈，或至涂而反，或望庐而还，皆相推以直，不敢使烈闻之。时国主皆亲骖乘适烈私馆，畴谘政令。察孝廉，三府并辟，皆不就。会董卓作乱，避地辽东，躬秉农器，编于四民，布衣蔬食，不改其乐。东域之人，奉之若君。时衰世弊，识真者少，朋党之人，互相谗谤。自避世在东国者，多为人所害，烈居之历年，未尝有患。使辽东强不凌弱，众不暴寡，商贾之人，市不二价。太祖累征召，辽东为解而不遣。以建安二十三年寝疾，年七十八而终。

中国少安，客人皆还，唯宁晏然若将终焉。黄初四年，诏公卿举独行君子，司徒华歆荐宁。文帝即位，征宁，遂将家属浮海还郡，公孙恭送之南郊，加赠服物。自宁之东也，度、康、恭前后所资遗，皆受而藏诸。既已西渡，尽封还之。①诏以宁为太中大夫，固辞不受。② 明帝即位,太尉华歆逊位让宁,③ 遂下诏曰:"太中大夫管宁,耽怀道德,服膺六艺,清虚足以侔古,廉白可以当世。曩遭王道衰缺,浮海遁居,大魏受命,则襁负而至,斯盖应龙潜升之道,圣贤用舍之义。而黄初以来,征命屡下,每辄辞疾,拒违不至。岂朝廷之政与生殊趣,将安乐山林,往而不能反乎?夫以姬公之圣,而耇德不降,则鸣鸟弗闻。④ 以秦穆之贤,犹思询乎黄发。况朕寡德,曷能不愿闻道于子大夫哉!今以宁为光禄勋。礼有大伦,君臣之道,不可废也。望必速至,称朕意焉。"又诏青州刺史曰:"宁抱道怀贞,潜翳海隅,比下征书,违命不至,盘桓利居,高尚其事。虽有素履幽人之贞,而失考父兹恭之义,使朕虚心引领历年,其何谓邪?徒欲怀安,必肆其志,不惟古人亦有翻然改节以隆斯民乎!日逝月除,时方已过,澡身浴德,将以曷为?仲尼有言,'吾非斯人之徒与而谁与哉!'其命别驾从事、郡丞掾,奉诏以礼发遣宁诣行在所,给安车、吏从、茵蓐、道上厨食,上道先奏。"

①《傅子》曰:是时康又已死,嫡子不立而立弟恭,恭懦弱,而康孽子渊有俊才。宁曰:"废嫡立庶,下有异心,乱之所由起也。"乃将家属乘海即受征。宁在辽东,积三十七年乃归。其后渊果袭夺恭位,叛国家而南连吴,僭号称王,明帝使相国宣文侯征灭之。辽东之死者以万计,如宁所筹。宁之归也,海中遇暴风,船皆没,唯宁乘船自若。时夜风晦冥,船人尽惑,莫知所泊。望见有火光,辄趣之,得岛。岛无居人,又无火烬,行人咸异焉,以为神光之祐也。皇甫谧曰:"积善之应也。"

②《傅子》曰:宁上书天子,且以疾辞,曰:"臣闻傅说发梦,以感殷宗,吕尚启兆,以动周文,以通神之才悟于圣主,用能匡佐帝业,克成大勋。臣之器朽,实非其人。虽贪清时,释体蝉蜕。内省顽病,日薄西山。唯陛下听野人山薮之愿,使一老者得尽微命。"书奏,帝亲览焉。

③《傅子》曰:司空陈群又荐宁曰:"臣闻王者显善以消恶,故汤举伊尹,不仁者远。伏见征士北海管宁,行为世表,学任人师,清俭足以激浊,贞正足以矫时。前虽征命,礼未优备。昔司空荀爽,家拜光禄,先儒郑玄,即授司农,若加备礼,庶必可致。至延西序,坐而论道,必能昭明古今,有益大化。"

④《尚书·君奭》曰:"耇造德不降,我则鸣鸟不闻,矧曰其有能格。"郑玄曰:"耇,老也。造,成也。《诗》云:'小子有造。'老成德之人,不降志与我并在位,则鸣鸟之声不得闻,况乃曰有能德格于天者乎!言必无也。鸣鸟谓凤也。"

宁称草莽臣上疏曰:"臣海滨孤微,罢农无伍,禄运幸厚。横蒙陛下纂承洪绪,德侔三皇,化溢有唐。久荷渥泽,积祀一纪,不能仰答陛下恩养之福。沈委笃痾,寝疾弥留,逋违臣隶颠倒之节,夙宵战怖,无地自厝。臣元年十一月被公车司马令所下州郡,八月甲申诏书征臣,更赐安车、衣被、茵蓐,以礼发遣。光宠并臻,优命屡至,怔营竦息,悼心失图。思自陈闻,申展愚情,而明诏抑割,不令稍修章表,是以郁滞,讫于今日。诚谓乾覆,恩有纪极,不意灵润,弥以隆赫。奉今年二月被州郡所下三年十二月辛酉诏书,重赐安车、衣服,别驾从事与郡功曹以礼发遣。又特被玺书,以臣为光禄勋,躬秉劳谦,引喻周、秦,损上益下。受诏之日,精魄飞散,靡所投死。臣重自省揆,德非园、绮而蒙安车之荣，功无窦融而蒙玺封之宠，楶棁驽下，荷栋梁之任，垂没之命，获九棘之位，惧有朱博鼓妖之眚。又年疾日侵，有加无损，不任扶舆进路以塞元责。望慕閶闔，徘徊阙庭，谨拜章陈情，乞蒙哀省，抑恩听放，无令骸骨填于衢路。"

自黄初至于青龙，征命相仍，常以八月赐牛酒。诏书问青州刺史程喜："宁为守节高乎，审老疾尪顿邪？"喜上言："宁有族人管贡为州吏，与宁邻比，臣常使经营消息。贡说：'宁常著皂帽、布襦裤、布裙，随时单复，出入闺庭，能自任杖，不须扶持。四时祠祭，辄自力强，改加衣服，着絮巾，故在辽东所有白布单衣，亲荐馔馈，跪拜成礼。宁少而丧母，不识形象，常特加觞，泫然流涕。又居宅离水七八十步，夏时诣水中澡洒手足，窥于园圃。'臣揆宁前后辞让之意，独自以生长潜逸，耆艾智衰，是以栖迟，每执谦退。此宁志行所欲必全，不为守高。"①

①《高士传》曰：管宁自越海及归，常坐一木榻，积五十余年，未尝箕股，其榻上当膝处皆穿。

正始二年，太仆陶丘一、永宁卫尉孟观、侍中孙邕、中书侍郎王基荐宁曰：

臣闻龙凤隐耀，应德而臻，明哲潜遁，俟时而动。是以鸑鷟鸣岐，周道隆兴，四皓为佐，汉帝用康。伏见太中大夫管宁，应二仪之中和，总九德之纯懿，含章素质，冰洁渊清，玄虚澹泊，与道逍遥。娱心黄老，游志六艺，升堂入室，究其阃奥，韬古今于胸怀，包道德之机要。中平之际，黄巾陆梁，华夏倾荡，王纲弛顿。遂避时难，乘桴越海，羁旅辽东三十余年。在乾之姤，匿景藏光，嘉遁养浩，韬韫儒墨，潜化傍流，畅于殊俗。

黄初四年，高祖文皇帝畴谘群公，思求隽乂，故司徒华歆举宁应选，公车特征，振翼遐裔，翻然来翔。行遇屯厄，遭罹疾病，即拜太中大夫。烈祖明皇帝嘉美其德，登为光禄勋。宁疾弥留，未能进道。今宁旧疾已瘳，行年八十，志无衰倦。环堵筚门，偃息穷巷，饭鬻糊口，并日而食，吟咏《诗》《书》，不改其乐。困而能通，遭难必济，经危蹈险，不易其节，金声玉色，久而弥彰。揆其终始，殆天所祚，当赞大魏，辅亮雍熙。衮职有阙，群下属望。昔高宗刻象，营求贤哲，周文启龟，以卜良佐。况宁前朝所表，名德已著，而久栖迟，未时引致，非所以奉遵明训，继成前志也。陛下践阼，纂承洪绪。圣敬日跻，超越周成。每发德音，动谘师傅。若继二祖招贤故典，宾礼俊迈，以广缉熙，济济之化，侔于前代。

宁清高恬泊，拟迹前轨，德行卓绝，海内无偶。历观前世玉帛所命，申公、枚乘、周党、樊英之俦，测其渊源，览其清浊，未有厉俗独行若宁者也。诚宜束帛加璧，备礼征聘，仍授几杖，延登东序，敷陈坟素，坐而论道，上正璇玑，协和皇极，下阜群生，彝伦攸叙，必有可观，光益大化。若宁固执匪石，守志箕山，追迹洪崖，参踪巢、许，斯亦圣朝同符唐、虞，优贤扬历，垂声千载。①虽出处殊涂，俯仰异体，至于兴治美俗，其揆一也。

于是特具安车蒲轮，束帛加璧聘焉。会宁卒，时年八十四。拜子邈郎中，后为博士。初，宁妻先卒，知故劝更娶，宁曰："每省曾子、王骏之言，意常嘉之，岂自遭之而违本心哉？”②

①《今文尚书》曰“优贤扬历”，谓扬其所历试。左思《魏都赋》曰“优贤著于扬历”也。

②《傅子》曰：宁以衰乱之时，世多妄变氏族者，违圣人之制，非礼命姓之意，故著《氏姓论》以原本世系，文多不载。每所居姻亲、知旧、邻里有困穷者，家储虽不盈担石，必分以赡救之。与人子言，教以孝；与人弟言，训以悌；言及人臣，诲以忠。貌甚恭，言甚顺，观其行，邈然若不可及，即之熙熙然，甚柔而温，因其事而导之于善，是以渐之者无不化焉。宁之亡，天下知与不知，闻之无不嗟叹。醇德之所感若此，不亦至乎！

【译文】管宁，字幼安，北海国朱虚县人。十六岁时父亲去世，中表兄弟们怜悯他孤独贫困，都送钱送物资助他办理丧事，管宁全都推辞不肯接受，衡量家财为父亲送了终。管宁身高八尺，须眉俊美。与平原人华歆、同县人邴原为好友，都在外地游学，都敬重亲善陈仲弓。天下大乱，管宁听说公孙度在海外治理辽东，就与邴原及平原人王烈等到了辽东。公孙度空出馆舍等候他们。见过公孙度之后，管宁随即就寄居在山谷中。当时渡海避难的人大多住在郡南，而管宁却独居郡北，表示自己没有迁动的意思，后来人们便渐渐都来归附他。太祖任司空，下令征召管宁，公孙度的儿子公孙康将征召令藏起没有宣布。

王烈，字彦方，当时的知名度在邴原、管宁之上。他推辞公孙度给予的长史任命，经商以游戏人生。后来太祖任命他为丞相掾，征事，未及上任，死在海外。

中原地区稍稍安定后，逃到辽东的人都返归了，只有管宁安然不动，像要在那里终老。黄初四年，朝廷诏令公卿大臣举荐节操高尚的君子，司徒华歆举荐管宁。文帝即位，征召管宁，管宁带着家眷渡海回到本郡，公孙恭亲自把他送到南郊，加赠给他衣物。自从管宁东渡，公孙度、公孙康、公孙恭前后所赠送的财物，他都接受然后收藏起来。西渡之后，又原封不动地还给了他们。文帝下诏任命管宁为太中大夫，管宁坚持辞让不肯接受。明帝即位，太尉华歆退位让给管宁，明帝于是下诏说：“太中大夫管宁，深怀道德，熟习六艺，其清静超脱足以比美古人，其廉洁清白可以担当重任。过去遭遇王道衰败，渡海隐居，现在大魏受命于天，他携妻带子来到这里，这是顺应神龙升潜的规律，是圣贤用世弃世的准则。但黄初年间以来，征召的命令几次颁布，他每次都称病辞谢，违令拒不应召。难道朝廷的政事，与先生志趣如此不同，先生竟要在山林中安逸享乐，一去不返吗？以姬公的圣明，老成有德之辈不肯降低志向，就无法听到凤鸣之声。以秦穆公的贤明，还想着向老年人咨询。何况我德行肤浅，怎么能不希望从你那里听闻大道呢！现在任命管宁为光禄勋。礼法有大的原则，君臣秩序，不可废弃。望您一定迅速前来，以实现我的心愿。”又诏令青州刺史：“管宁坚守道德操守，潜隐海角，接连颁下诏书，他违抗命令不来就职，逗留在他的居处，认为这是高尚的事情。这样虽然有隐士高人的操守，可是丢弃了考父名位愈高愈恭敬的道理，使我虚心等待已有年余，这该怎样解释才好呢？他只想自安于林泉，一心要满足他的志向，不想想古人也有幡然改变节守以使百姓兴盛的吗！日月流逝，时机将要过去，修身养性，究竟是为了什么呢？

孔子说过,‘我不是这人的同伴又会是谁的呢!’现命令别驾从事、郡丞掾,奉诏按礼节遣送管宁前来京都,供给他安车、随从、褥垫、路上厨司食物,上路之前先行奏闻。”

管宁自称草莽之臣上疏说:“臣下不过是海边孤立无助的卑微之人,是一介农夫,无人肯与为伍,幸好食禄运气不错。承蒙陛下继承洪大的统绪,德行可比三皇,教化超过唐尧。长久以来承受恩泽,一生侍奉皇上也不能报答陛下恩养我的福泽。我身体沉重萎顿,病重弥留,迟延、违背了臣下服从的职责,昼夜惊恐,无地自容。臣于太和元年十一月承蒙公车司马令下达州郡,八月甲申日诏书征召臣下,并赐予安车、衣被、褥垫,按礼遣送。荣耀恩宠一起到来,优厚的命令屡屡下达,使我惶恐忧惧,内心伤悼,不知所措。想要自己上表陈述,但诏书明令不准书写章表上奏,因此郁结迟疑,直到今日。本来以为陛下恩泽已到了极点,不想却更加隆重煊赫。今年二月承蒙州郡颁下三年十二月辛酉日诏书,重行赐予安车、衣服,别驾从事与郡功曹按礼遣送。又特别得到陛下诏书,以臣下为光禄勋,有劳陛下亲自谦虚劝谕,援引周秦事例,自损以益于臣下。受诏之日,臣魂飞魄散,存身无处。臣再三反思,论德行我不是园公、绮里却蒙受赏赐安车的荣耀,论功劳我不是窦融而蒙受赐玺书封官的宠幸,本是短桂,才能低劣,却肩负栋梁的责任,垂死之人,却获取了九卿尊位,恐怕会有朱博鼓妖那样的灾祸。并且我疾病日重,有增无减,无法勉强上路来敷衍皇上的重托。心慕皇宫,徘徊阙下,谨拜奉章奏,陈述愚情,请求皇上哀怜,收抑洪恩,听任臣自放在外,不要让我的骸骨委弃在大路之上。”

从黄初年间直到青龙年间,征召管宁的命令接连不断,常常在八月时赐予牛酒。明帝又下诏书询问青州刺史程喜:“管宁究竟是守节清高呢,还是老病委顿呢?”程喜上报说:“管宁有一个族人叫管贡,现为州吏,与管宁是邻居,臣下常常让他探听消息。管贡说:‘管宁常常戴黑色帽子,穿着布衣布裙,随季节不同或单或夹,出入于内室外庭,能自己依靠手杖走路,不需别人扶持。一年四季的祭祀,总是自己强力支撑,改换衣服,着粗丝棉巾,穿着过去在辽东时就有的白布单衣,亲自敬献祭食,跪拜成礼。管宁年少时就失去了母亲,不记得母亲的形象,祭祀时常常特意在母亲牌位前加设酒觞,泪流满面。他的住宅离河有七八十步远,夏天常到水中洗手洗脚,常到园圃观看。’臣下揣测管宁前后推辞谦让的意思,只在于他认为自己生长于偏远地区,年纪老迈,智力衰退,因此滞留失意,每次都谦逊退让。这是管宁想要保全自己的志向操行,算不得自守清高。”

正始二年,太仆陶丘一、永宁卫尉孟观、侍中孙邕、中书侍郎王基荐举管宁说:

臣下听说龙凤隐藏它们的光彩,只与美德相呼应才显现,明哲的士人潜遁隐逸,是等待时运而行动。因此凤凰在岐山上鸣叫,周朝就道运兴隆,四皓出来辅佐,汉朝王治因此康宁。太中大夫管宁,体现了天地二仪的中正和谐,凝结了各种德行的纯美,富于文采,内质素雅,冰清玉洁,玄虚淡泊,逍遥守道。爱好黄老,熟习六艺,升堂入室,学问精深,胸怀古今韬略,心藏道德机要。中平年间,黄巾作乱,中原动荡,王纲废弛。于是他躲避时乱,乘船渡海,寄居辽东三十多年。这符合乾卦之姤卦的卦象，藏匿身影，隐匿光辉，认为退隐而合于正道，可颐养浩然之气，潜心于儒墨之学，傍通其他学派，情志畅达，不同于流俗。

黄初四年，高祖文皇帝向群臣咨询，征求贤俊，司徒华歆推举管宁应选，朝廷公车特别征召，他在边远之地振翅飞来。途中遭遇困厄疾病，于是授官为太中大夫。烈祖明皇帝赞美他的德行，升他为光禄勋。管宁病重将死，未能成行。现在管宁旧病已除，年将八十，志气并不衰败倦怠。退居陋巷柴门之中，以粥饭糊口，吟咏《诗经》《尚书》，不改其乐。困厄时能够通达，遭遇危难必能渡过，历经危险，不改节操，金声玉色，历久更显。考察他的一贯表现，大概是上天赐福，应当辅佐大魏。现在三公之位空缺，众人瞩望。过去殷高宗刻像，以求贤哲，周文王用龟骨占卜，以求良臣。况且管宁为前朝所表彰，名声德行赫赫于世，而长久耽搁，没有及时引入朝中，这不是遵奉明训，发扬光大前贤意志的道理。陛下即位，承续洪大的统绪。圣明日益精进，超越西周成王。每次发布德音，常常向太师太傅咨询。如能继承二祖招致贤俊的旧例，礼敬贤哲，以广揽才俊，盛大的教化将超越前代。

管宁清高恬淡，可以比拟前贤，德行卓绝，海内无双。纵观前代所任命的贤人，如申公、枚乘、周党、樊英等辈，观测他们的来源，考察他们的清浊，没有拒俗独行像管宁这样的。实在应该以丝帛玉璧，优礼征聘，重新授予几杖，延请他进入东序，由他宣讲典籍，坐而论道，上助朝廷，协和王法，下启群生，匡正天地间的常道顺序，治道一定会成效显著，使国家教化发扬光大。如果管宁固执不出，心坚如石，守志箕山，追迹洪崖，学步巢父、许由，那也是圣朝与唐尧、虞舜时代相同，优待贤士，表扬治绩，这是名扬千古的好事。虽然出仕和隐居完全不同，为民为官确实有异，但说到兴盛政教，美化风俗，道理都是一样的。

于是，特地备好安车，以蒲叶包好车轮，准备束帛璧玉前往礼聘管宁。适逢管宁去世，时年八十四岁。朝廷任命他的儿子管邈为郎中，后任博士。当初，管宁的妻子先死，知心故友劝他再娶，管宁说："每当想起曾子、王骏的话，心里常常表示赞许，怎么能自己遇到了这种事就违反本意呢？"

【原文】时钜鹿张臶，字子明，颍川胡昭，字孔明，亦养志不仕。臶少游太学，学兼内外，后归乡里。袁绍前后辟命，不应，移居上党。并州牧高幹表除乐平令，不就，徙遁常山，门徒且数百人，迁居任县。太祖为丞相，辟，不诣。太和中，诏求隐学之士能消灾复异者，郡累上臶，发遣，老病不行。广平太守卢毓到官三日，纲纪白承前致版谒臶。毓教曰："张先生所谓上不事天子，下不友诸侯者也。岂此版谒所可光饰哉！"但遣主簿奉书致羊酒之礼。

青龙四年辛亥诏书："张掖郡玄川溢涌，激波奋荡，宝石负图，状像灵龟，宅于川西，嶷然磐峙，仓质素章，麟凤龙马，焕炳成形，文字告命，粲然著明。"太史令高堂隆上言："古皇圣帝所未尝蒙，实有魏之祯命，东序之世宝。"[①] 事班天下。任令于绰连赍以问臶，臶密谓绰曰："夫神以知来，不追已往，祯祥先见而后废兴从之。汉已久亡，魏已得之，何所追兴征祥乎？此石，当今之变异而将来之祯瑞也。"

①《尚书·顾命》篇曰："大玉、夷玉、天球、《河图》在东序。"注曰："《河图》，图出于河，帝王圣者之所受。"

正始元年，戴鵀之鸟，巢䆿门阴。䆿告门人曰："夫戴鵀阳鸟，而巢门阴，此凶祥也。"乃援琴歌咏，作诗二篇，旬日而卒，时年一百五岁。是岁，广平太守王肃至官，教下县曰："前在京都，闻张子明，来至问之，会其已亡，致痛惜之。此君笃学隐居，不与时竞，以道乐身。昔绛县老人屈在泥涂，赵孟升之，诸侯用睦。愍其耄勤好道而不蒙荣宠，书到，遣吏劳问其家，显题门户，务加殊异，以慰既往，以劝将来。"

胡昭始避地冀州，亦辞袁绍之命，遁还乡里。太祖为司空丞相，频加礼辟。昭往应命，既至，自陈一介野生，无军国之用，归诚求去。太祖曰："人各有志，出处异趣，勉卒雅尚，义不相屈。"昭乃转居陆浑山中，躬耕乐道，以经籍自娱。闾里敬而爱之。① 建安二十三年，陆浑长张固被书调丁夫，当给汉中。百姓恶惮远役，并怀扰扰。民孙狼等因兴兵杀县主簿，作为叛乱，县邑残破。固率将十余吏卒，依昭住止，招集遗民，安复社稷。狼等遂南附关羽。羽授印给兵，还为寇贼，到陆浑南长乐亭，自相约誓，言："胡居士贤者也，一不得犯其部落。"一川赖昭，咸无怵惕。天下安辑，徙宅宜阳。② 正始中，骠骑将军赵俨，尚书黄休、郭彝，散骑常侍荀𫖮、钟毓，太仆庾嶷，③ 弘农太守何桢等递荐昭曰：④ "天真高洁，老而弥笃。玄虚静素，有夷、皓之节。宜蒙征命，以励风俗。"⑤ 至嘉平二年，公车特征，会卒，年八十九。拜子纂郎中。初，昭善史书，与钟繇、邯郸淳、卫觊、韦诞并有名，尺牍之迹，动见模楷焉。⑥

①《高士传》曰：初，晋宣帝为布衣时，与昭有旧。同郡周生等谋害帝，昭闻而步陟险，邀生于崤、渑之间，止生，生不肯。昭泣与结诚，生感其义，乃止。昭因与斫枣树共盟而别。昭虽有阴德于帝，口终不言，人莫知之。信行著于乡党。建安十六年，百姓闻马超叛，避兵入山者千余家，饥乏，渐相劫略，昭常逊辞以解之，是以寇难消息，众咸宗焉。故其所居部落中，三百里无相侵暴者。

②《高士传》曰：幽州刺史杜恕尝过昭所居草庐之中，言事论理，辞意谦敬，恕甚重焉。太尉蒋济辟，不就。

③ 案《庾氏谱》：嶷，字劭然，颍川人。子𪆰字玄默，晋尚书、阳翟子。嶷弟遁，字德先，太中大夫。遁胤嗣克昌，为世盛门。侍中峻、河南尹纯，皆遁之子，豫州牧长史𫖮，遁之孙，太尉文康公亮、司空冰皆遁之曾孙，贵达至今。

④《文士传》曰：桢，字元幹，庐江人，有文学器干，容貌甚伟。历幽州刺史、廷尉，入晋为尚书、光禄大夫。桢子龛，后将军；勖，车骑将军；恽，豫州刺史；其余多至大官。自后累世昌阜，司空文穆公充，恽之孙也，贵达至今。

⑤《高士传》曰：朝廷以戎车未息，征命之事，且须后之，昭以故不即征。后𫖮、休复与庾嶷荐昭，有诏访于本州评议。侍中韦诞驳曰："礼贤征士，王政之所重也，古者考行于乡。今𫖮等位皆常伯纳言，嶷为卿佐，足以取信。附下罔上，忠臣之所不行也。昭宿德耆艾，遗逸山林，诚宜嘉异。"乃从诞议也。

⑥《傅子》曰：胡征君怡怡，无不爱也，虽仆隶，必加礼焉。外同乎俗，内秉纯洁，心

非其好，王公不能屈，年八十而不倦于书籍者，吾于胡征君见之矣。

时有隐者焦先，河东人也。《魏略》曰：先，字孝然。中平末，白波贼起。时先年二十余，与同郡侯武阳相随。武阳年小，有母，先与相扶接，避白波，东客扬州，取妇。建安初来西还，武阳诣大阳占户，先留陕界。至十六年，关中乱，先失家属，独窜于河渚间，食草饮水，无衣履。时大阳长朱南望见之，谓为亡士，欲遣船捕取。武阳语县："此狂痴人耳！"遂注其籍。给廪，日五升。后有疫病，人多死者，县常使埋藏，童儿竖子皆轻易之。然其行不践邪径，必循阡陌；及其捃拾，不取大穗；饥不苟食，寒不苟衣，结草以为裳，科头徒跣。每出，见妇人则隐翳，须去乃出。自作一瓜牛庐，净扫其中。营木为床，布草蓐其上。至天寒时，构火以自炙，呻吟独语。饥则出为人客作，饱食而已，不取其直。又出于道中，邂逅与人相遇，辄下道藏匿。或问其故，常言："草茅之人，与狐兔同群。"不肯妄语。太和、青龙中，尝持一杖南渡浅河水，辄独云："未可也。"由是人颇疑其不狂。至嘉平中，太守贾穆初之官，故过其庐。先见穆再拜。穆与语，不应；与食，不食。穆谓之曰："国家使我来为卿作君。我食卿，卿不肯食；我与卿语，卿不应我。如是，我不中为卿作君，当去耳！"先乃曰："宁有是邪？"遂不复语。其明年，大发卒将伐吴。有窃问先："今讨吴何如？"先不肯应，而谬歌曰："祝衄祝衄，非鱼非肉，更相追逐，本心为当杀牂羊，更杀其羖䍽邪？"郡人不知其谓。会诸军败，好事者乃推其意，疑牂羊谓吴，羖䍽谓魏，于是后人佥谓之隐者也。议郎河东董经特嘉异节，与先非故人，密往观之。经到，乃奋其白须，为如与之有旧者，谓曰："阿先阔乎！念共避白波时不？"先熟视而不言。经素知其昔受武阳恩，因复曰："念武阳不邪？"先乃曰："已报之矣。"经又复挑欲与语，遂不肯复应。后岁余病亡，时年八十九矣。◎《高士传》曰：世莫知先所出。或言生乎汉末，自陕居大阳，无父母兄弟妻子。见汉室衰，乃自绝不言。及魏受禅，常结草为庐于河之湄，独止其中。冬夏恒不著衣，卧不设席，又无草蓐，以身亲土，其体垢污皆如泥漆，五形尽露，不行人间。或数日一食，欲食则为人赁作，人以衣衣之，乃使限功受直，足得一食辄去，人欲多与，终不肯取，亦有数日不食时。行不由邪径，目不与女子逆视。口未尝言，虽有惊急，不与人语。遗以食物，皆不受。河东太守杜恕尝以衣服迎见，而不与语。司马景王闻而使安定太守董经因事过视，又不肯语，经以为大贤。其后野火烧其庐，先因露寝。遭冬雪大至，先袒卧不移，人以为死，就视如故，不以为病，人莫能审其意。度年可百岁余乃卒。或问皇甫谧曰："焦先何人？"曰："吾不足以知之也。考之于表，可略而言矣。夫世之所常趣者荣味也，形之所不可释者衣裳也，身之所不可离者室宅也，口之所不能已者言语也，心之不可绝者亲戚也。今焦先弃荣味，释衣服，离室宅，绝亲戚，闭口不言，旷然以天地为栋宇，暗然合至道之前，出群形之表，入玄寂之幽，一世之人不足以挂其意，四海之广不能以回其顾，妙乎与夫三皇之先者同矣。结绳已来，未及其至也，岂群言之所能仿佛，常心之所得测量哉？彼行人所不能行，堪人所不能堪，犯寒暑不以伤其性，居旷野不以恐其形，遭惊急不以迫其虑，离荣爱不以累其心，捐视听不以污其耳目，舍足于不损之地，居身于独立之处，延年历百，寿越期颐，虽上识不能尚也。自羲皇已来，一人而已矣！"◎《魏氏春秋》曰：故梁州刺史耿黼以先为仙人也，北地傅玄谓之“性同禽兽”，并为之传，而莫能测之。

《魏略》又载扈累及寒贫者。累，字伯重，京兆人也。初平中，山东人有青牛先生者，字正方，客三辅。晓知星历、风角、鸟情。常食青葙芫华。年似如五六十者，人或亲识之，谓其已百余岁矣。初，累年四十余，随正方游学，人谓之得其术。有妇，无子。建安十六年，三辅乱，又随正方南入汉中。汉中坏，正方入蜀，累与相失，随徙民诣邺，遭疾疫丧其妇。至黄初元年，又徙诣洛阳，遂不复娶妇。独居道侧，以甂砖为障，施一厨床，食宿其中。昼日潜思，夜则仰视星宿，吟咏内书。人或问之，闭口不肯言。至嘉平中，年八九十，裁若四五十者。县官以其孤老，给廪日五升。五升不足食，颇行佣作以裨粮，粮尽复出，人与不取。食不求美，衣弊缊，后一二年病亡。寒贫者，本姓石，字德林，安定人也。建安初，客三辅。是时长安有宿儒栾文博者，门徒数千，德林亦就学，始精《诗》《书》。后好内事，于众辈中最玄默。至十六年，关中乱，南入汉中。初不治产业，不畜妻孥，常读《老子》五千文及诸内书，昼夜吟咏。到二十五年，汉中破，随众还长安，遂痴愚不复识人。食不求味，冬夏常衣弊布连结衣。体如无所胜，目如无所见。独居穷巷小屋，无亲里。人与之衣食，不肯取。郡县以其鳏穷，给廪日五升，食不足，颇行乞，乞不取多。人问其姓字，又不肯言，故因号之曰“寒贫”也。或素有与相知者，往存恤之，辄拜跪，由是人谓其不痴。车骑将军郭淮以意气呼之，问其所欲，亦不肯言。淮因与脯糒及衣，不取其衣，取其脯一朐、糒一升而止。

臣松之案《魏略》云：焦先及杨沛，并作瓜牛庐，止其中。以为瓜当作蜗。蜗牛，螺虫之有角者也，俗或呼为黄犊。先等作圜舍，形如蜗牛蔽，故谓之蜗牛庐。《庄子》曰：“有国于蜗之左角者曰触氏，有国于右角者曰蛮氏，时相与争地而战，伏尸数万，逐北旬有五日而后反。”谓此物也。

【译文】当时，钜鹿人张臶，字子明，颍川人胡昭，字孔明，也都一心养志修行，不愿做官。张臶少年时曾到太学学习，内外兼修，后来返回故乡。袁绍前后几次征召他做官，张臶没有答应，移居上党县。并州牧高幹上表任命张臶为乐平县令，他不肯就职，逃到常山隐居，门徒将近几百人，又迁居任县。太祖担任丞相后，征召张臶，不到任。太和年间，明帝下诏征求能够消除灾祸、解答异象的，隐逸有学问的人士，郡里屡次推荐张臶，遣官护送他去京城时，却因他年老有病不能成行。广平郡太守卢毓上任三天，纲纪禀告说可照以前事例持手版去见张臶。卢毓说：“张先生正是所谓上不事奉天子，下不亲和诸侯的人。对这样的人难道仅用手版请见就可以为他增光美饰吗！”只派了主簿带着信送上羊酒之礼。

明帝青龙四年辛亥诏书说：“张掖郡有玄妙的川流涌溢，波涛翻腾，冲出的奇石上有图形，其状如灵龟屹立于川流的西端，青色的质地，素色的纹路，有麟凤龙马，形象鲜明，文字宣告天命，粲然可观，意义显明。”太史令高堂隆上奏说：“这种宝物是古代圣明皇帝所没有见到过的，实在是大魏的吉祥国运，是值得太学世代相传的罕见之宝。”朝廷将此事颁告天下。任县县令于绰带着诏书及石图向张臶请教，张臶秘密地告诉于绰说：“神明只显示未来，不追究以往，吉祥的征兆先行显现，而兴废的现实随之而来。汉朝已经灭亡很久了，魏已得到了天下，哪还用得着搜寻兴发的祥兆呢？这块石头，应当是当前将发生的变异和将来吉祥命运的预兆。”

正始元年，有戴鵀鸟在张臶家门后筑巢。张臶告诉看门人说：“那戴鵀属于阳鸟，却在门阴作巢，这是凶兆啊。”于是抚琴歌唱吟咏，作诗两篇，十天后去世，享年一百零五岁。这一年，广平太守王肃到任，教令属下县官：“先前我在京都，听说过张子明，来到这里一问，赶上他已经亡故，实在感到痛惜。这位老先生学问深湛，隐居不出，不与时俗同行，以道行愉悦自身。当年绛县老人屈身隐居在泥途，赵孟提升了他，诸侯因此和睦。我怜惜张子明老而勤勉，喜好道行，却不接受荣誉宠幸，信到之时，派官吏慰劳他的家眷，题字光显其门户，务必给以特殊荣誉，借以慰藉已逝的贤人，劝勉将来的人们。”

胡昭起初避乱冀州，也辞谢了袁绍的任命，逃归故乡。太祖任司空丞相后，频频以礼征召。胡昭前往应召，到达以后，说自己本是一个在野书生，无益于军国大事，归心诚恳，请求离去。太祖说：“人各有志，出仕隐居，志趣各异，勉力完成你高雅的喜好吧，按道义我不会勉强你屈就。”于是，胡昭移居陆浑山中，亲自耕种，以求道为乐事，以研读经籍自娱。邻里人尊敬并且喜爱他。建安二十三年，陆浑县长张固被命令调集壮丁到汉中服役。百姓厌恶远道服役，都纷乱不安。平民孙狼等人趁这个机会起兵杀了县主簿，发动叛乱，县镇因此而残破。张固率领十几个吏役士兵，在胡昭住所周围，招集留下的百姓，平定了叛乱。孙狼等人向南归附了关羽。关羽授给他官印，拨给士兵，但他回去后继续做贼寇，到了陆浑南面的长乐亭，主动约誓说：“胡居士是个贤者，一律不得侵犯他的居处一带。”这一代的百姓依赖胡昭，用不着担心害怕了。国内安定后，胡昭迁居到了宜阳县。正始年间，骠骑将军赵俨，尚书黄休、郭彝，散骑常侍荀顗、钟毓，太仆庾嶷，弘农太守何桢等人相继荐举胡昭说：“胡昭心地纯真，品行高洁，越老越笃诚。玄远虚心，静穆朴素，有伯夷、四皓的节操。应该得到征召任命，这样才可以勉励世风世俗。”到了嘉平二年，公车特别征召，适逢胡昭去世，享年八十九岁。任命他儿子胡纂为郎中。当初，胡昭爱好历史书法，与钟繇、邯郸淳、卫觊、韦诞一同有名，他的书信手迹，往往被人作为学习范本。

【原文】评曰：袁涣、邴原、张范躬履清蹈，进退以道，① 盖是贡禹、两龚之匹。凉茂、国渊亦其次也。张承名行亚范，可谓能弟矣。田畴抗节，王修忠贞，足以矫俗。管宁渊雅高尚，确然不拔。张臶、胡昭阖门守静，不营当世。故并录焉。

① 臣松之以为：蹈，犹履也，“躬履清蹈”，近非言乎！

【译文】评论说：袁涣、邴原、张范清纯踏实，出仕退隐都遵从道义，与贡禹、龚胜、龚舍不相上下。凉茂、国渊位列其次。张承的名声和操行都亚于张范，可以说是张范的贤能弟弟。田畴刚正守节，王修忠诚坚贞，足以矫正世俗时弊。管宁学问渊博品德高尚，志节坚定不移。张臶、胡昭闭门守静，不在当时钻营取巧。所以将他们一并记录于此。

卷十二　魏书十二

崔毛徐何邢鲍司马传第十二

崔琰

【原文】崔琰，字季珪，清河东武城人也。少朴讷，好击剑，尚武事。年二十三，乡移为正，始感激，读《论语》《韩诗》。至年二十九，乃结公孙方等就郑玄受学。学未期，徐州黄巾贼攻破北海，玄与门人到不其山避难。时谷籴县乏，玄罢谢诸生。琰既受遣，而寇盗充斥，西道不通，于是周旋青、徐、兖、豫之郊，东下寿春，南望江湖。自去家四年乃归，以琴书自娱。

大将军袁绍闻而辟之。时士卒横暴，掘发丘陇，琰谏曰："昔孙卿有言：'士不素教，甲兵不利，虽汤、武不能以战胜。'今道路暴骨，民未见德，宜敕郡县掩骼埋胔，示憯怛之爱，追文王之仁。"绍以为骑都尉。后绍治兵黎阳，次于延津，琰复谏曰："天子在许，民望助顺，不如守境述职，以宁区宇。"绍不听，遂败于官渡。及绍卒，二子交争，争欲得琰。琰称疾固辞，由是获罪，幽于囹圄，赖阴夔、陈琳营救得免。

太祖破袁氏，领冀州牧，辟琰为别驾从事，谓琰曰："昨案户籍，可得三十万众，故为大州也。"琰对曰："今天下分崩，九州幅裂，二袁兄弟亲寻干戈，冀方蒸庶暴骨原野。未闻王师仁声先路，存问风俗，救其涂炭，而校计甲兵，唯此为先，斯岂鄙州士女所望于明公哉？"太祖改容谢之。于时宾客皆伏失色。

太祖征并州，留琰傅文帝于邺。世子仍出田猎，变易服乘，志在驱逐。琰书谏曰："盖闻盘于游田，《书》之所戒，鲁隐观鱼，《春秋》讥之。此周、孔之格言，二经之明义。殷鉴夏后，《诗》称不远，子卯不乐，《礼》以为忌。此又近者之得失，不可不深察也。袁族富强，公子宽放，盘游滋侈，义声不闻。哲人君子，俄有色斯之志，熊罴壮士，堕于吞噬之用。固所以拥徒百万，跨有河朔，无所容足也。今邦国殄瘁，惠康未洽，士女企踵，所思者德。况公亲御戎马，上下劳惨，世子宜遵大路，慎以行正，思经国之高略，内鉴近戒，外扬远节，深惟储副，以身为宝。而猥袭虞旅之贱服，忽驰骛而陵险，志雉兔之小娱，忘社稷之为重，斯诚有识所以恻心也。唯世子燔翳捐褶，以塞众望，不令老臣获罪于天。"世子报曰："昨奉嘉命，惠示雅教，欲使燔翳捐褶。翳已坏矣，褶亦去焉。后有此比，蒙复诲诸。"

太祖为丞相，琰复为东、西曹掾属征事。初授东曹时，教曰："君有伯夷之风，史鱼之直，贪夫慕名而清，壮士尚称而厉，斯可以率时者已。故授东曹，往践厥职。"魏国初建，拜尚书。时未立太子，临菑侯植有才而爱。太祖狐疑，以函令密访于外。唯琰露板答曰："盖闻《春秋》之义，立子以长，加五官将仁孝聪明，宜承正统。琰以死守之。"植,琰之兄女婿也。太祖贵其公亮,喟然叹息,[1]迁中尉。

①《世语》曰:植妻衣绣,太祖登台见之,以违制命,还家赐死。

琰声姿高畅,眉目疏朗,须长四尺,甚有威重,朝士瞻望,而太祖亦敬惮焉。[1]琰尝荐钜鹿杨训,虽才好不足,而清贞守道,太祖即礼辟之。后太祖为魏王,训发表称赞功伐,褒述盛德。时人或笑训希世浮伪,谓琰为失所举。琰从训取表草视之,与训书曰:"省表,事佳耳!时乎时乎,会当有变时。"琰本意讥论者好谴呵而不寻情理也。有白琰此书傲世怨谤者,太祖怒曰:"谚言'生女耳','耳'非佳语。'会当有变时',意指不逊。"于是罚琰为徒隶,使人视之,辞色不挠。太祖令曰:"琰虽见刑,而通宾客,门若市人,对宾客虬须直视,若有所瞋。"遂赐琰死。[2]

①《先贤行状》曰:琰清忠高亮,雅识经远,推方直道,正色于朝。魏氏初载,委授铨衡,总齐清议,十有余年。文武群才,多所明拔,朝廷归高,天下称平。

②《魏略》曰:人得琰书,以裹帻笼,持其笼行都道中。时有与琰宿不平者,遥见琰名著帻笼,从而视之,遂白之。太祖以为琰腹诽心谤,乃收付狱,髡刑输徒。前所白琰者又复白之云:"琰为徒,虬须直视,心似不平。"时太祖亦以为然,遂欲杀之。乃使清公大吏往经营琰,敕吏曰:"三日期消息。"琰不悟,后数日,吏故白琰平安。公忿然曰:"崔琰必欲使孤行刀锯乎!"吏以是教告琰,琰谢吏曰:"我殊不宜,不知公意至此也!"遂自杀。

始琰与司马朗善,晋宣王方壮,琰谓朗曰:"子之弟,聪哲明允,刚断英跱,殆非子之所及也。"[1]朗以为不然,而琰每秉此论。琰从弟林,少无名望,虽姻族犹多轻之,而琰常曰:"此所谓大器晚成者也,终必远至。"涿郡孙礼、卢毓始入军府,琰又名之曰:"孙疏亮亢烈,刚简能断,卢清警明理,百炼不消,皆公才也。"后林、礼、毓咸至鼎辅。及琰友人公孙方、宋阶早卒,琰抚其遗孤,恩若己子。其鉴识笃义,类皆如此。[2]

① 臣松之案:"跱"或作"特",窃谓"英特"为是也。

②《魏略》曰:明帝时,崔林尝与司空陈群共论冀州人士,称琰为首。群以"智不存身"贬之。林曰:"大丈夫为有邂逅耳,即如卿诸人!良足贵乎!"

初,太祖性忌,有所不堪者,鲁国孔融、[1]南阳许攸、[2]娄圭,皆以恃旧不虔见诛。[3]而琰最为世所痛惜,至今冤之。[4]

① 融,字文举。《续汉书》曰:融,孔子二十世孙也。高祖父尚,钜鹿太守。父宙,太山都尉。融幼有异才。时河南尹李膺有重名,敕门下简通宾客,非当世英贤及通家子孙弗见也。融年十余岁,欲观其为人,遂造膺门,语门者曰:"我,李君通家子孙也。"膺见融,问曰:"高明父祖,尝与仆周旋乎?"融曰:"然。先君孔子与君先人李老君,同德比义而相师友,则融与君累世通家也。"众坐奇之,佥曰:"异童子也。"太中大夫陈炜后至,同坐以告炜,炜曰:"人小时了了者,大亦未必奇也。"融答曰:"即如所言,君之幼时,岂实慧乎!"膺大笑,顾谓曰:"高明长大,必为伟器。"山阳张俭,以中正为中常侍侯览所忿疾,览为刊章下州郡捕俭。俭与融兄褒有旧,亡投褒。遇褒出,时融年十六,俭以其少,不告也。融知俭长者,有窘迫色,谓曰:"吾独不能为君主邪!"因留舍藏之。后事泄,国相以下密就掩捕,俭得脱走,登时收融及褒送狱。融曰:"保纳藏舍者融也,融

当坐之。”褒曰：“彼来求我，罪我之由，非弟之过，我当坐之。”兄弟争死，郡县疑不能决，乃上谳，诏书令褒坐焉。融由是名震远近，与平原陶丘洪、陈留边让，并以俊秀为后进冠盖。融持论经理不及让等，而逸才宏博过之。司徒大司马辟举高第，累迁北军中候、虎贲中郎将、北海相，时年三十八。承黄巾残破之后，修复城邑，崇学校，设庠序，举贤才，显儒士。以彭璆为方正，邴原为有道，王修为孝廉。告高密县为郑玄特立一乡，名为郑公乡。又，国人无后，及四方游士有死亡者，皆为棺木而殡葬之。郡人甄子然孝行知名，早卒，融恨不及之，乃令配食县社。其礼贤如此。在郡六年，刘备表融领青州刺史。建安元年，征还为将作大匠，迁少府。每朝会访对，辄为议主，诸卿大夫寄名而已。◎司马彪《九州春秋》曰：融在北海，自以智能优赡，溢才命世，当时豪俊皆不能及。亦自许大志，且欲举军曜甲，与群贤要功，自于海岱结殖根本，不肯碌碌如平居郡守，事方伯、赴期会而已。然其所任用，好奇取异，皆轻剽之才。至于稽古之士，谬为恭敬，礼之虽备，不与论国政也。高密郑玄，称之郑公，执子孙礼。及高谈教令，盈溢官曹，辞气温雅，可玩而诵。论事考实，难可悉行。但能张磔网罗，其自理甚疏。租赋少稽，一朝杀五部督邮。奸民污吏，猾乱朝市，亦不能治。幽州精兵乱，至徐州，卒到城下，举国皆恐。融直出说之，令无异志。遂与别校谋夜覆幽州，幽州军败，悉有其众。无几时，还复叛亡。黄巾将至，融大饮醇酒，躬自上马，御之涞水之上。寇令上部与融相拒，两翼径涉水，直到所治城。城溃，融不得入，转至南县，左右稍叛。连年倾覆，事无所济，遂不能保障四境，弃郡而去。后徙徐州，以北海相自还领青州刺史，治郡北陲。欲附山东，外接辽东，得戎马之利，建树根本，孤立一隅，不与共也。于时曹、袁、公孙共相首尾，战士不满数百，谷不至万斛。王子法、刘孔慈凶辩小才，信为腹心。左丞祖、刘义逊清隽之士，备在坐席而已，言此民望，不可失也。丞祖劝融自托强国，融不听而杀之，义逊弃去。遂为袁谭所攻，自春至夏，城小寇众，流矢雨集。然融凭几安坐，读书论议自若。城坏众亡，身奔山东，室家为谭所虏。◎张璠《汉纪》曰：融在郡八年，仅以身免。帝初都许，融以为宜略依旧制，定王畿，正司隶所部为千里之封，乃引公卿上书言其义。是时天下草创，曹、袁之权未分，融所建明，不识时务。又天性气爽，颇推平生之意，狎侮太祖。太祖制酒禁，而融书啁之曰：“天有酒旗之星，地列酒泉之郡，人有旨酒之德，故尧不饮千钟，无以成其圣。且桀纣以色亡国，今令不禁婚姻也。”太祖外虽宽容，而内不能平。御史大夫郗虑知旨，以法免融官。岁余，拜太中大夫。虽居家失势，而宾客日满其门，爱才乐酒，常叹曰：“坐上客常满，樽中酒不空，吾无忧矣。”虎贲士有貌似蔡邕者，融每酒酣，辄引与同坐，曰：“虽无老成人，尚有典刑。”其好士如此。◎《续汉书》曰：太尉杨彪与袁术婚姻，术僭号，太祖与彪有隙，因是执彪，将杀焉。融闻之，不及朝服，往见太祖曰：“杨公累世清德，四叶重光，《周书》‘父子兄弟，罪不相及’，况以袁氏之罪乎？《易》称‘积善余庆’，但欺人耳。”太祖曰：“国家之意也。”融曰：“假使成王欲杀召公，则周公可得言不知邪？今天下缨绥搢绅之士所以瞻仰明公者，以明公聪明仁智，辅相汉朝，举直措枉，致之雍熙耳。今横杀无辜，则海内观听，谁不解体？孔融鲁国男子，明日便当褰衣而去，不复朝矣。”太祖意解，遂理出彪。◎《魏氏春秋》曰：袁绍之败也，融与太祖书曰：

"武王伐纣，以妲己赐周公。"太祖以融学博，谓书传所纪。后见，问之，对曰："以今度之，想其当然耳！"十三年，融对孙权使，有讪谤之言，坐弃市。二子年八岁，时方弈棋，融被收，端坐不起。左右曰："而父见执，不起何也？"二子曰："安有巢毁而卵不破者乎！"遂俱见杀。融有高名清才，世多哀之。太祖惧远近之议也，乃令曰："太中大夫孔融既伏其罪矣，然世人多采其虚名，少于核实，见融浮艳，好作变异，眩其诳诈，不复察其乱俗也。此州人说平原祢衡受传融论，以为父母与人无亲，譬若缻器，寄盛其中，又言若遭饥馑，而父不肖，宁赡活余人。融违天反道，败伦乱理，虽肆市朝，犹恨其晚，更以此事列上，宣示诸军将校掾属，皆使闻见。"◎《世语》曰：融二子，皆龆龀。融见收，顾谓二子曰："何以不辞？"二子俱曰："父尚如此，复何所辞！"以为必俱死也。

臣松之以为：《世语》云融二子不辞，知必俱死，犹差可安。如孙盛之言，诚所未譬。八岁小儿，能玄了祸福，聪明特达，卓然既远，则其忧乐之情，宜其有过成人，安有见父收执而曾无变容，弈棋不起，若在暇豫者乎？昔申生就命，言不忘父，不以己身将死而废念父之情也。父安犹尚若兹，而况于颠沛哉？盛以此为美谈，无乃贼夫人之子与！盖由好奇情多，而不知言之伤理。

②《魏略》曰：攸，字子远，少与袁绍及太祖善。初平中随绍在冀州，尝在坐席言议。官渡之役，谏绍勿与太祖相攻，语在《绍传》。绍自以强盛，必欲极其兵势。攸知不可为谋，乃亡诣太祖。绍破走，及后得冀州，攸有功焉。攸自恃勋劳，时与太祖相戏，每在席，不自限齐，至呼太祖小字，曰："某甲，卿不得我，不得冀州也。"太祖笑曰："汝言是也。"然内嫌之。其后从行出邺东门，顾谓左右曰："此家非得我，则不得出入此门也。"人有白者，遂见收之。

③《魏略》曰：娄圭，字子伯，少与太祖有旧。初平中在荆州北界合众，后诣太祖。太祖以为大将，不使典兵，常在坐席言议。及河北平定，随在冀州。其后太祖从诸子出游，子伯时亦随从。子伯顾谓左右曰："此家父子，如今日为乐也。"人有白者，太祖以为有腹诽意，遂收治之。◎《吴书》曰：子伯少有猛志，尝叹息曰："男儿居世，会当得数万兵千匹骑著后耳！"侪辈笑之。后坐藏亡命，被系当死，得逾狱出，捕者追之急，子伯乃变衣服如助捕者，吏不能觉，遂以得免。会天下义兵起，子伯亦合众与刘表相依。后归曹公，遂为所用，军国大计常与焉。刘表亡，曹公向荆州。表子琮降，以节迎曹公，诸将皆疑诈，曹公以问子伯。子伯曰："天下扰攘，各贪王命以自重，今以节来，是必至诚。"曹公曰："大善。"遂进兵。宠秩子伯，家累千金，曰："娄子伯富乐于孤，但势不如孤耳！"从破马超等，子伯功为多。曹公常叹曰："子伯之计，孤不及也。"后与南郡习授同载，见曹公出，授曰："父子如此，何其快耶！"子伯曰："居世间，当自为之，而但观他人乎？"授乃白之，遂见诛。◎鱼豢曰：古人有言曰："得鸟者，罗之一目也，然张一目之罗，终不得鸟矣。鸟能远飞，远飞者，六翮之力也，然无众毛之助，则飞不远矣。"以此推之，大魏之作，虽有功臣，亦未必非兹辈胥附之由也。

④《世语》曰：琰兄孙谅，字士文，以简素称，仕晋为尚书、大鸿胪。荀绰《冀州记》云谅即琰之孙也。

【译文】崔琰，字季珪，清河郡东武城人。年少时为人质朴而言语迟钝，喜好击剑，崇尚武功。二十三岁时，乡里按照规定将他转为正卒承担兵役，他开始感慨发奋，苦读《论语》《韩诗》。到了二十九岁时，与公孙方等人一起到郑玄门下受学。学了不满一年，徐州的黄巾军攻破了北海，郑玄与其弟子到不其山避难。那时粮食十分缺乏，郑玄只好停止授学，遣散学生。崔琰离开后，由于到处都是盗贼，西回故乡的道路不通，从此漂泊于青、徐、兖、豫四州，东下寿春，南望长江。从离开家乡算起，四年后才返回，在家中以弹琴读书自娱。

大将军袁绍听说后征召崔琰做官。当时袁绍的士兵专横暴虐，挖掘坟墓，崔琰规劝袁绍说："过去荀子说过这样的话：'士兵不是训练有素的，铠甲兵器不是坚固锋利的，即使是商汤、周武王那样的人，也不能凭借这样的军队取得胜利。'现今道路上死尸暴露，百姓没有见到您的德政，应该命令各个郡县掩埋尸骨，以显示您为死者伤痛的心情，效法周文王的仁慈。"袁绍让崔琰做了骑都尉。后来袁绍在黎阳县训练军队，驻扎在黄河延津渡口，崔琰又进谏说："天子现今在许县，百姓希望支持顺从朝廷的一方，我们不如坚守辖境，向天子进贡述职，以便安定所辖地区。"袁绍不听从，结果在官渡大败。待到袁绍死后，他的两个儿子互相争斗，都想要得到崔琰。崔琰说自己有病，坚决推辞，因此获罪，被关进了监狱，依靠阴夔、陈琳营救，才免于一死。

太祖曹操打败袁氏后，兼任冀州牧，任命崔琰为别驾从事，对崔琰说："昨天查核冀州户籍，人口大约达到三十万之多，依然称得上是大州啊。"崔琰回答说："现在天下崩溃，国家分裂，袁尚、袁谭兄弟二人大动干戈，冀州地区的百姓尸骨遍野。没有听到您带领的军队首先实施仁政，查问民风民俗，救民于水火之中，反而计算甲兵多少，把这当成头等大事，这难道是我们这个州男女百姓对您的期望吗？"太祖的脸色变得严肃并向他表示歉意。当时在座的宾客都吓得脸色发白拜伏在地。

太祖征讨并州，留下崔琰在邺城辅助文帝曹丕。文帝一再出外打猎，改穿猎装骑上快马，兴趣全放在追逐猎物上面。崔琰上书规劝说："我曾听说周文王不敢以打猎为乐，《尚书》记载此事作为后世的鉴戒；鲁隐公外出看捕鱼，《春秋》因此讽刺他。这是周公、孔子留下的格言，两部经典所阐明的大义。夏桀无道，成为商朝的一面镜子，《诗经》说是'殷鉴不远'，子日和卯日不举行娱乐活动，《礼记》作为忌讳加以记载。这又是比较切近的得失成败的事例，不可以不深思明察啊。袁氏家族富强，而其子弟放纵，作乐游玩，滋长奢侈，没有人作正直的劝诫。明哲君子，看到动物被猎杀而心中不忍，勇武壮士，却被用来猎取鸟兽以满足上司的口腹之欲。因此，袁氏虽然拥有百万民众，地盘跨越整个河北，结果却落得没有立足之地的下场。现今国民困苦，恩惠缺失，男女百姓踮起足跟盼望实施德政。况且您父亲亲自带领人马在外征讨，上上下下之事都要他操劳忧心，世子您应当遵行正道，谨慎地端正行为，思虑治国的妙策，内心记取过往鉴戒，对外发扬高远的节操，深思您作为继承人的责任，爱惜您的身体。而您却降低身份穿起卑贱的山林管理者才穿的打猎服装，驰马越过险路，志向只限于猎获野鸡兔子这类小小的娱乐，忘了国家社稷的重要，这实在使有识者痛心啊。希望世子您烧毁射猎用具，抛弃打猎衣服，以满足众人的愿望，不要让老臣承受天降的罪过。”世子答复说：“昨天奉悉您的谆谆教诲，要我烧毁射猎用具，抛弃打猎服装。现在用具都已焚毁，猎装也已脱去了。以后再有类似的错误，还望您再次给我教诲。”

太祖出任丞相，崔琰先后当过东、西曹掾属征事。最初任命他东曹的职务时，太祖下达指令说：“您具有伯夷的风范，史鱼的耿直，贪夫因敬仰您的大名而变得清廉，壮士因崇尚您的声誉而勉励自己，这样完全可以作为时代的表率。所以授予您东曹之职，前去上任吧。”魏国刚刚建立，任命崔琰为尚书。这时尚未确立谁是太子，临菑侯曹植有才华而且受到太祖的宠爱。太祖犹豫不决，用密封的指示征求外面官员们的意见。只有崔琰用不封口的文书公开答复说：“我听说《春秋》的大义，确立继承人要选年长的嫡子，再说五官中郎将仁孝聪明，应当继承正统为太子。崔琰将用死来坚守这个原则。”曹植，本是崔琰哥哥的女婿。太祖十分赞赏崔琰的公正坦荡，喟然叹息，晋升他为中尉。

崔琰声音洪亮，身材高大，眉清目秀，胡须长达四尺，外表很是威严，朝廷官员都敬仰他，而太祖对他也有几分敬畏。崔琰曾经推荐过钜鹿人杨训，说他虽然才能不足，却清廉耿直遵守正道，太祖于是任用了杨训。后来太祖封魏王，杨训上表称赞太祖功绩，褒扬太祖的盛德。当时有人讥笑杨训虚伪地迎合权势，认为崔琰荐人不当。崔琰从杨训那里取来表文的草稿看后，给杨训写信说：“读了您的表文，事情好啊！时势啊时势，该当有变化的时候。”崔琰的本意是讽刺那些批评者喜欢挑剔指责而不合情理。有人却报告曹操说崔琰这封信是傲世不满怨恨诽谤，太祖发怒说：“谚语说‘生了个女儿啊’，‘啊’不是个好词语。‘该当有变化的时候’，含意很不恭敬。”于是把崔琰处罚为做苦工的囚徒，派人去看他，崔琰言谈表情一点也没有屈服的意思。太祖下达指令说：“崔琰虽然在服刑，却与宾客来往门庭若市，接待宾客时用手卷胡须，双目直视，好像有愤恨。”于是赐崔琰自杀。

早先崔琰与司马朗友善，那时晋宣王司马懿正年轻，崔琰对司马朗说：“您的二弟聪敏明哲诚实，刚强果断杰出，恐怕不是您能比得上的。”司马朗不以为然，而崔琰总是坚持这个看法。崔琰的堂弟崔林，年少时没有名望，即使是亲戚也大多都轻视他，崔琰却常说：“这就是所谓大器晚成的人，最终将大有作为。”涿郡的孙礼、卢毓刚刚进入太祖的军府，崔琰又评论说：“孙礼坦荡刚烈，坚毅果断，卢毓清醒机警，深明事理，百折不挠，都是可以做三公的人才。”后来崔林、孙礼、卢毓三人果然都官至三公。崔琰的朋友公孙方、宋阶死得早，崔琰抚养他们留下的孤儿，那份恩爱就像对待自己的孩子一样。他的明鉴卓识，笃于情义，大都像这个样子。

起初，太祖性格忌刻，凡是他所不能容忍的人，如鲁国的孔融、南阳郡的许攸、娄圭，都因为仗恃自己是太祖的老朋友而言语不恭，惨遭诛杀。而崔琰最受世人痛惜，至今还有人为他感到冤屈。

毛玠

【原文】毛玠,字孝先,陈留平丘人也。少为县吏,以清公称。将避乱荆州,未至,闻刘表政令不明,遂往鲁阳。太祖临兖州,辟为治中从事。玠语太祖曰:“今天下分崩,国主迁移,生民废业,饥馑流亡,公家无经岁之储,百姓无安固之志,难以持久。今袁绍、刘表,虽士民众强,皆无经远之虑,未有树基建本者也。夫兵义者胜,守位以财,宜奉天子以令不臣,修耕植,畜军资,如此则霸王之业可成也。”太祖敬纳其言,转幕府功曹。

太祖为司空、丞相,玠尝为东曹掾,与崔琰并典选举。其所举用,皆清正之士,虽于时有盛名而行不由本者,终莫得进。务以俭率人,由是天下之士莫不以廉节自励,虽贵宠之臣,舆服不敢过度。太祖叹曰:“用人如此,使天下人自治,吾复何为哉?”文帝为五官将,亲自诣玠,属所亲眷。玠答曰:“老臣以能守职,幸得免戾。今所说人非迁次,是以不敢奉命。”大军还邺,议所并省。玠请谒不行,时人惮之,咸欲省东曹。乃共白曰:“旧西曹为上,东曹为次,宜省东曹。”太祖知其情,令曰:“日出于东,月盛于东,凡人言方,亦复先东,何以省东曹?”遂省西曹。初,太祖平柳城,班所获器物,特以素屏风素冯几赐玠,曰:“君有古人之风,故赐君古人之服。”玠居显位,常布衣蔬食,抚育孤兄子甚笃,赏赐以振施贫族,家无所余。迁右军师。魏国初建,为尚书仆射,复典选举。[①] 时太子未定,而临菑侯植有宠,玠密谏曰:“近者袁绍以嫡庶不分,覆宗灭国。废立大事,非所宜闻。”后群僚会,玠起更衣,太祖目指曰:“此古所谓国之司直,我之周昌也。”

①《先贤行状》曰:玠雅亮公正,在官清恪。其典选举,拔贞实,斥华伪,进逊行,抑阿党。诸宰官治民功绩不著而私贮丰足者,皆免黜停废,久不选用。于时四海翕然,莫不励行。至乃长吏还者,垢面羸衣,常乘柴车。军吏入府,朝服徒行。人拟壶飧之洁,家象濯缨之操,贵者无秽欲之累,贱者绝奸货之求。吏洁于上,俗移乎下,民到于今称之。

崔琰既死,玠内不悦。后有白玠者:“出见黥面反者,其妻子没为官奴婢,玠言曰:‘使天不雨者盖此也。’”太祖大怒,收玠付狱。大理钟繇诘玠曰:“自古圣帝明王,罪及妻子。《书》云:‘左不共左,右不共右,予则孥戮女。’司寇之职,男子入于罪隶,女子入于舂槁。汉律,罪人妻子没为奴婢,黥面。汉法所行黥墨之刑,存于古典。今真奴婢祖先有罪,虽历百世,犹有黥面供官,一以宽良民之命,二以宥并罪之辜,此何以负于神明之意,而当致旱?案典谋,急恒寒若,舒恒燠若,宽则亢阳,所以为旱。玠之吐言,以为宽邪?以为急也?急当阴霖,何以反旱?成汤圣世,野无生草,周宣令主,旱魃为虐。亢旱以来,积三十年,归咎黥面,为相值不?卫人伐邢,师兴而雨,罪恶无征,何以应天?玠讥谤之言,流于下民,不悦之声,上闻圣听。玠之吐言,势不独语,时见黥面,凡为几人?黥面奴婢,所识知邪?何缘得见,对之叹言?时以语谁?见答云何?以何日月?于何处所?事已发露,不得隐欺,具以状对。”

玠曰:“臣闻萧生缢死,困于石显;贾子放外,谗在绛、灌;白起赐剑于杜邮;晁错致诛于东市；伍员绝命于吴都。斯数子者，或妒其前，或害其后。臣垂龆执简，累勤取官。职在机近，人事所窜。属臣以私，无势不绝，语臣以冤，无细不理。人情淫利，为法所禁，法禁于利，势能害之。青蝇横生，为臣作谤，谤臣之人，势不在他。昔王叔陈生争正王廷，宣子平理，命举其契，是非有宜，曲直有所，《春秋》嘉焉，是以书之。臣不言此，无有时、人。说臣此言，必有征要。乞蒙宣子之辨，而求王叔之对。若臣以曲闻，即刑之日，方之安驷之赠；赐剑之来，比之重赏之惠。谨以状对。"时桓阶、和洽进言救玠。玠遂免黜，卒于家。① 太祖赐棺器钱帛，拜子机郎中。

① 孙盛曰：魏武于是失政刑矣。《易》称"明折庶狱"，《传》有"举直措枉"，庶狱明则国无怨民，枉直当则民无不服，未有征青蝇之浮声，信浸润之谮诉，可以允厘四海，惟清缉熙者也。昔者汉高狱萧何，出复相之，玠之一责，永见摈放，二主度量，岂不殊哉！

【译文】毛玠，字孝先，陈留郡平丘县人。年轻时为官府官吏，以清廉公正著称。他本想到荆州躲避战乱，尚未到达，听说刘表政令不严明，于是改往鲁阳县。太祖曹操在兖州主持州政，征召他为治中从事。毛玠对太祖说："现今天下分崩，君主流亡，民众失业，饥饿漂泊，公家没有能维持一年的储备，百姓没有安定的心思，这种状况是难以持久的。现今袁绍、刘表虽然兵民众多力量强盛，却都缺乏长远的考虑，没有一个是树立基础建设根本的人。战争要有正当名义才能取胜，保守权位则需要财力作后盾，因此，应当拥戴天子以命令那些不肯臣服的人，大力发展农业，积蓄军用物资，这样，扶助天子安定天下的霸主大业就可以成功了。"太祖恭恭敬敬采纳了他的意见，任命他为府上的功曹。

太祖任司空、丞相，毛玠曾做过府中的东曹掾，与崔琰一起主持选举。他所推荐任用的都是清廉正直的人士，虽然当时有盛名而行为虚浮不务根本的人，始终得不到引荐任用。他力求以俭朴作风为人表率，因此全国士人无不以廉洁的操守自我勉励，即使是地位尊贵、受到宠信的大臣，车马服饰也不敢超越制度。太祖感叹说："用人能做到这样，使天下人自己管束自己，我还有什么事情可干呢？"魏文帝曹丕做五官中郎将时，亲自去见毛玠，托他照顾自己的亲属。毛玠答复说："老臣因为能够恪守职责，才得以不犯罪过。现在您所提到的人不够升迁的资格，因此我不敢奉行您的命令。"大军返回邺城，商议省并官职。由于毛玠对人情请托一概拒绝，当时一些人很害怕他，都想要撤除毛玠的东曹之职。于是他们一起禀告说："按照旧制，西曹为上，东曹为次，应该撤销东曹。"太祖知道其中实情，下指令说："太阳出于东方，月亮明于东方，凡人说到方位，也是先说东方，为什么要废撤东曹？"随即撤销了西曹。起初，太祖平定柳城，分赏所缴获的器物，特意把素色屏风、素色凭几赐给毛玠，说："您有古人的风范，所以赐给您古人的用具。"毛玠居于显要职位，却常常穿布衣吃素菜，尽心尽意抚育已死哥哥的儿子，所得的赏赐都用来救济贫苦的同族人，自己家里没有多余的财物。毛玠后来升任右军师。魏国刚刚建立时，毛玠担任尚书仆射，又主持选举。当时太子还没有确定，而临菑侯曹植受到恩宠，毛玠秘密地劝告太祖说："最近袁绍因为嫡子庶子不分，导致家破国亡。废立太子是件大事，不是我所愿意听到的消息。"后来群臣聚会，毛玠起身去厕所，太祖用眼睛看着他说："这位正是古人所说的国中主持正道的人，是我的周昌啊！"

崔琰被杀之后，毛玠心中不痛快。后来有人向太祖揭发毛玠说："他出门看见脸上刺刻涂墨的造反犯人，他们的妻儿子女变成了官府的奴婢，竟然说：'老天爷不下雨的原因大概就是这吧。'"太祖大怒，逮捕毛玠下狱。大理钟繇审毛玠说："自古圣明帝王惩治犯罪，都连及妻子儿女。《尚书》说：'作战时战车左边的人不尽车左的职责，右边的人不尽车右的职责，我就要杀死你们，或者把你们变为奴隶。'司寇的职分，就是把犯罪的男人没入官府为奴隶，女人没入官府做舂米做饭的苦役。汉朝法律，罪人的妻子儿女没入官府做奴婢，本人脸上刺字涂上墨色后在官府服劳役。汉朝的这种刺面刑罚，在古代的刑法中就存在。现今的奴隶如果祖先有罪，即使下传到一百代子孙，也还有刺面服役的情形，这样做一则可以拯救无辜者的性命，二则怜悯他们受到祖上牵连，这怎么会违背神明的意志而导致旱灾？按照《尚书》的说法，法令峻急，则天气寒冷，法令宽松，则天气炎热，法令宽松使得阳气过盛，所以造成旱灾。毛玠你说这样的话，是认为魏王的法令过宽了呢？还是过严了呢？如果是过严了，应当导致阴雨连绵，怎么会天旱？商汤时代可称圣世，但田野曾经旱得不生寸草，周宣王也是好君主，但当时也曾大旱成灾。眼下的大旱从发生以来，已有三十年之久，归罪于给犯人脸上刺字涂墨，这恰当吗？春秋时卫人征伐邢国，刚出兵天就下雨，邢国并无任何罪恶，卫人出征怎么会感应上天？你毛玠讥刺诽谤的言论，已经流传到百姓当中，心怀不满的声音，魏王已有所闻。毛玠你说出这样的话，肯定不是一个人自言自语，当时你看见的脸上刺字涂墨的人，总共有几个？这些脸上刺刻涂墨的人，你认识吗？你怎么会见到这些人，对他们发出感慨？当时你这些话是对谁说的？他是怎样回答的？是在几月几日？在什么地方？事情已经暴露，不得隐瞒欺骗，要把一切情况交待出来。"

毛玠回答说："我听说萧望自杀，是因为石显的陷害；贾谊被贬到外地，是因为周勃、灌婴谗言中伤；白起被迫自刎于杜邮；晁错被斩首于东市；伍员命断于吴都。这几位的遭遇，或者是有人妒忌，或者是有人暗害。我在少年时就做县吏，长期勤勉工作而取得官职。我的职务处在中枢机要部门，牵涉到复杂的人事关系。如果有人以私情请托，他再有权势我也会加以拒绝，如果有人将冤屈告诉我，再细微的事件我也要申诉。人们贪图私利，受到法律禁止，谁按照法律禁止贪利之人谋取私利，有权势的人就可能陷害他。进谗言的小人就像苍蝇一样无端生事，对我进行诽谤，而诽谤我的，肯定不是其他人。过去王叔陈生与伯舆在朝廷上争辩曲直，范宣子进行评断，他叫双方举出证据，这样是非曲直，表露得清清楚楚，《春秋》称赞此事，所以加以记载。我并没有说过这种诽谤朝廷的话，更谈不上什么时间、对象。说我说过，必定要有证据事实。我请求得到范宣子那样的评判，像王叔陈生那样与诬陷者对质。如果证明是我以谎言相告，那么接受死刑的时候，我会把这死刑当作送给我的安车、驷马；送来让我自杀的宝剑，我会把它视为重赏的恩惠。谨此对答。"当时桓阶、和洽都进言营救毛玠。毛玠最终被免职废黜，后来死在家中。太祖赏赐棺木、钱和绢帛，授予他儿子毛机郎中的官职。

徐奕

【原文】徐奕，字季才，东莞人也。避难江东，孙策礼命之。奕改姓名，微服还本郡。太祖为司空，辟为掾属，从西征马超。超破，军还。时关中新服，未甚安，留奕为丞相长史，镇抚西京，西京称其威信。转为雍州刺史，复还为东曹属。丁仪等见宠于时，并害之，而奕终不为动。[①] 出为魏郡太守。太祖征孙权，徙为留府长史，谓奕曰："君之忠亮，古人不过也，然微太严。昔西门豹佩韦以自缓，夫能以柔弱制刚强者，望之于君也。今使君统留事，孤无复还顾之忧也。"魏国既建，为尚书，复典选举，迁尚书令。

①《魏书》曰：或谓奕曰："夫以史鱼之直，孰与蘧伯玉之智？丁仪方贵重，宜思所以下之。"奕曰："以公明圣，仪岂得久行其伪乎？且奸以事君者，吾所能御也，子宁以他规我！"◎《傅子》曰：武皇帝，至明也。崔琰、徐奕，一时清贤，皆以忠信显于魏朝。丁仪间之，徐奕失位而崔琰被诛。

太祖征汉中，魏讽等谋反，中尉杨俊左迁。太祖叹曰："讽所以敢生乱心，以吾爪牙之臣无遏奸防谋者故也。安得如诸葛丰者，使代俊乎？"桓阶曰："徐奕其人也。"太祖乃以奕为中尉，手令曰："昔楚有子玉，文公为之侧席而坐；汲黯在朝，淮南为之折谋。《诗》称'邦之司直'，君之谓与！"在职数月，疾笃乞退，拜谏议大夫，卒。[①]

①《魏书》曰：文帝每与朝臣会同，未尝不嗟叹，思奕之为人。奕无子，诏以其族子统为郎，以奉奕后。

【译文】徐奕，字季才，东莞县人。曾经到江东避难，孙策礼聘他为下属。他改名换姓，身着平民服装逃回原郡。太祖曹操任司空，任命徐奕为下属，徐奕跟随太祖西征马超。马超被打败，太祖率军返回。当时关中刚刚被征服，还不十分安定，太祖留下徐奕任丞相长史，镇守安抚长安，长安人称颂他的威信。后转任雍州刺史，又回任丞相东曹掾。丁仪等人在当时很受宠信，他们都忌恨徐奕，而徐奕始终不向他们低头。后来徐奕又出任魏郡太守。太祖征讨孙权，调任徐奕为留府长史，太祖对他说："您的忠诚坦荡，即使古人也超不过您，但稍微有些过于严厉了。过去西门豹佩戴软皮带以警醒自己不要性急，能够以柔弱克制刚强，是我对您的期望。现在让您统管留守大事，我就不会有后顾之忧了。"魏国建立之后，徐奕任尚书，又主持官员选任，升任尚书令。

太祖征讨汉中时，魏讽等人反叛，中尉杨俊因此被降职。太祖叹息说："魏讽之所以敢萌生叛乱的心思，是因为充当我爪牙的大臣中，没有能遏制奸恶防备阴谋的人。怎样可以得到像诸葛丰那样的人，让他替代杨俊呢？"桓阶说："徐奕就是这样的人。"于是，太祖任命徐奕为中尉，下达手令说："过去楚国有子玉在，晋文公因此担忧得不能正坐；汉朝有汲黯在，淮南王因此不敢谋反。《诗经》所说的'国家主持正道的人'，说的就是您吧！"徐奕任中尉干了几个月，因病重请求退职，被授为谏议大夫，不久去世。

何夔

【原文】何夔，字叔龙，陈郡阳夏人也。曾祖父熙，汉安帝时官至车骑将军。[①]夔幼丧父，与母兄居，以孝友称。长八尺三寸，容貌矜严。[②]避乱淮南。后袁术至寿春，辟之，夔不应，然遂为术所留。久之，术与桥蕤俱攻围蕲阳，蕲阳为太祖固守。术以夔彼郡人，欲胁令说蕲阳。夔谓术谋臣李业曰："昔柳下惠闻伐国之谋而有忧色，曰：'吾闻伐国不问仁人，斯言何为至于我哉！'"遂遁匿灊山。术知夔终不为己用，乃止。术从兄山阳太守遗母，夔从姑也，是以虽恨夔而不加害。

①华峤《汉书》曰：熙，字孟孙，少有大志，不拘小节。身长八尺五寸，体貌魁梧，善为容仪。举孝廉，为谒者，赞拜殿中，音动左右。和帝伟之，历位司隶校尉、大司农。永初三年，南单于与乌丸俱反，以熙行车骑将军征之，累有功。乌丸请降，单于复称臣如旧。会熙暴疾卒。

②《魏书》曰：汉末阉官用事，夔从父衡为尚书，有直言，由是在党中，诸父兄皆禁锢。夔叹曰："天地闭，贤人隐。"故不应宰司之命。

建安二年，夔将还乡里，度术必急追，乃间行得免，明年到本郡。顷之，太祖辟为司空掾属。时有传袁术军乱者，太祖问夔曰："君以为信不？"夔对曰："天之所助者顺，人之所助者信。术无信顺之实，而望天人之助，此不可以得志于天下。夫失道之主，亲戚叛之，而况于左右乎！以夔观之，其乱必矣。"太祖曰："为国失贤则亡。君不为术所用，乱，不亦宜乎！"太祖性严，掾属公事，往往加杖。夔常畜毒药，誓死无辱，是以终不见及。[①]出为城父令。[②]迁长广太守。郡滨山海，黄巾未平，豪杰多背叛，袁谭就加以官位。长广县人管承，徒众三千余家，为寇害。议者欲举兵攻之。夔曰："承等非生而乐乱也，习于乱，不能自还，未被德教，故不知反善。今兵迫之急，彼恐夷灭，必并力战。攻之既未易拔，虽胜，必伤吏民。不如徐喻以恩德，使容自悔，可不烦兵而定。"乃遣郡丞黄珍往，为陈成败，承等皆请服。夔遣吏成弘领校尉，长广县丞等郊迎奉牛酒，诣郡。牟平贼从钱，众亦数千，夔率郡兵与张辽共讨定之。东牟人王营，众三千余家，胁昌阳县为乱。夔遣吏王钦等，授以计略，使离散之。旬月皆平定。

①孙盛曰：夫君使臣以礼，臣事君以忠，是以上下休嘉，道光化洽。公府掾属，古之造士也，必擢时隽，搜扬英逸，得其人则论道之任隆，非其才则覆餗之患至。苟有疵衅，刑黜可也。加其捶扑之罚，肃以小惩之戒，岂"导之以德，齐之以礼"之谓与！然士之出处，宜度德投趾；可不之节，必审于所蹈。故高尚之徒，抗心于青云之表，岂王侯之所能臣，名器之所羁绁哉！自非此族，委身世涂，否泰荣辱，制之由时，故箕子安于孥戮，柳下夷于三黜，萧何、周勃亦在缧绁，夫岂不辱，君命故也。夔知时制，而甘其宠，挟药要君，以避微耻。《诗》云"唯此褊心"，何夔其有焉。放之，可也；宥之，非也。

②《魏书》曰：自刘备叛后，东南多变。太祖以陈群为酂令，夔为城父令，诸县皆用名士以镇抚之，其后吏民稍定。

是时太祖始制新科下州郡，又收租税绵绢。夔以郡初立，近以师旅之后，不可卒绳以法，乃上言曰："自丧乱已来，民人失所，今虽小安，然服教日浅。所下新科，皆以明罚敕法，齐一大化也。所领六县，疆域初定，加以饥馑，若一切齐以科禁，恐或有不从教者。有不从教者不得不诛，则非观民设教随时之意也。先王辨九服之赋以殊远近，制三典之刑以平治乱。愚以为此郡宜依远域新邦之典，其民间小事，使长吏临时随宜，上不背正法，下以顺百姓之心。比及三年，民安其业，然后齐之以法，则无所不至矣。"太祖从其言。征还，参丞相军事。海贼郭祖寇暴乐安、济南界，州郡苦之。太祖以夔前在长广有威信，拜乐安太守。到官数月，诸城悉平。

入为丞相东曹掾。夔言于太祖曰："自军兴以来，制度草创，用人未详其本，是以各引其类，时忘道德。夔闻以贤制爵，则民慎德；以庸制禄，则民兴功。以为自今所用，必先核之乡闾，使长幼顺叙，无相逾越。显忠直之赏，明公实之报，则贤不肖之分，居然别矣。又可修保举故不以实之令，使有司别受其负。在朝之臣，时受教与曹并选者，各任其责。上以观朝臣之节，下以塞争竞之源，以督群下，以率万民，如是则天下幸甚。"太祖称善。魏国既建，拜尚书仆射。① 文帝为太子，以凉茂为太傅，夔为少傅，特命二傅与尚书东曹并选太子诸侯官属。茂卒，以夔代茂。每月朔，太傅入见太子，太子正法服而礼焉，他日无会仪。夔迁太仆，太子欲与辞，宿戒供，夔无往意。乃与书请之，夔以国有常制，遂不往。其履正如此。然于节俭之世，最为豪汰。文帝践阼，封成阳亭侯，邑三百户。疾病，屡乞逊位。诏报曰："盖礼贤亲旧，帝王之常务也。以亲则君有辅弼之勋焉，以贤则君有醇固之茂焉。夫有阴德者必有阳报，今君疾虽未瘳，神明听之矣。君其即安，以顺朕意。"薨，谥曰靖侯。子曾嗣，咸熙中为司徒。②

①《魏书》曰：时丁仪兄弟方进宠，仪与夔不合。尚书傅巽谓夔曰："仪不相好已甚，子友毛玠，玠等仪已害之矣。子宜少下之！"夔曰："为不义适足害其身，焉能害人？且怀奸佞之心，立于明朝，其得久乎？"夔终不屈志，仪后果以凶伪败。

② 干宝《晋纪》曰：曾，字颖考。正元中为司隶校尉。时毌丘俭孙女适刘氏，以孕系廷尉。女母荀，为武卫将军荀颤所表活，既免，辞诣廷尉，乞为官婢以赎女命。曾使主簿程咸为议，议曰："大魏承秦、汉之弊，未及革制。所以追戮已出之女，诚欲殄丑类之族也。若已产育，则成他家之母。于防则不足惩奸乱之源，于情则伤孝子之思，男不御罪于他族，而女独婴戮于二门，非所以哀矜女弱，均法制之大分也。臣以为在室之女，可从父母之刑，既醮之妇，使从夫家之戮。"朝廷从之，乃定律令。◎《晋诸公赞》曰：曾以高雅称，加性纯孝，位至太宰，封朗陵县公。年八十余薨，谥曰元公。子劭嗣。劭，字敬祖，才识深博，有经国体仪。位亦至太宰，谥康公。子蕤嗣。劭庶兄遵，字思祖，有干能。少经清职，终于太仆。遵子绥，字伯蔚，亦以干事称。永嘉中为尚书，为司马越所杀。《傅子》称曾及荀颤曰："以文王之道事其亲者，其颍昌何侯乎！其荀侯乎！古称曾、闵，今曰荀、何。内尽其心以事其亲，外崇礼让以接天下。孝子，百世之宗；仁人，天下之令也。有能行仁孝之道者，君子之仪表矣。"

【**译文**】何夔，字叔龙，陈郡阳夏县人。他的曾祖父何熙，在汉安帝时官做到车骑将军。何夔幼年失去父亲，与母亲、哥哥一起生活，以孝顺友爱著称。他身高八尺三寸，容貌庄重严肃。曾经到淮南避乱，后来袁术到了寿春，任命他为下属，何夔没有接受，却还是被袁术强迫留下。过了很久，袁术与桥蕤都去攻围蕲阳，蕲阳守军拥护太祖曹操而坚守城池。袁术因为何夔家乡与蕲阳同郡，想胁迫他去游说蕲阳守军。何夔对袁术的谋臣李业说："过去柳下惠听说攻伐别国的计谋而感到忧虑，说：'我听说攻伐别国的事不会向仁者询问，这种话为什么要和我说呢！'"随即悄悄逃走，躲藏在灊山。袁术知道何夔终究不会为自己效力，这才不再追逼。袁术的堂兄山阳太守袁遗的母亲，是何夔的堂姑妈，所以袁术虽然不满意何夔，却没有加害于他。

建安二年，何夔计划回故乡，他估计袁术必定会急追，于是走小路才得脱身，第二年回到陈郡。不久，太祖征召他任司空府的下属。这时有人传言说袁术军队发生动乱，太祖问何夔说："您认为这消息可信吗？"何夔回答说："上天所帮助的是那些顺从天意的人，人民所帮助的是那些能守信义的人。袁术没有守信义顺天意的实际行动，而盼望得到天、人帮助，这就决定了他不可能得志于天下。丧失道义的人，连亲戚都会背叛他，何况他手下的人！在我看来，袁术军中发生动乱是必然的。"太祖说："治理国家如果失去贤才只会走向灭亡。您不愿为袁术效力，他的内部发生动乱不是很自然的吗！"太祖性情严厉，对于掾属所办的公事若不如意，往往用杖责打。何夔常常身藏毒药，誓死不受杖打的屈辱，因此始终没有挨打。后来担任城父县令。又调任长广郡太守。长广郡背山临海，黄巾军尚未平定，当地豪强大多举兵反叛，袁谭派人前去授予他们官位。长广县人管承，率众三千多家，为害一方。议论此事的人建议派军队去镇压他们。何夔说："管承等人并不是生来就喜欢作乱的，他们是习惯了战乱，不能自守，又没能受到道德教育，所以不知改恶从善。现在如果军队逼迫得急，他害怕被朝廷消灭，必定全力死战。攻打既不容易拔除，而且即使胜了，也一定会造成官吏百姓伤亡。不如慢慢地施加恩德而劝导他们，使他们有机会自己悔改，那样可以不劳动兵马而平定叛乱。"随即派遣郡丞黄珍前去，向他们讲述成败利害，管承等人都请求降服。何夔派遣下属成弘兼任校尉，会同长广县丞等到郊外迎接管承，送牛酒慰劳，一同到达郡府。牟平县叛乱者从钱，兵众也有几千，何夔率领郡兵与张辽一起讨伐平定了他们。东牟县人王营，兵众有三千多家，胁迫昌阳县一同作乱。何夔派遣下属王钦等，教授给他们计谋策略，让他们使对方离心分散。只个把月时间，这几起叛乱都被平定了。

这时太祖开始制订新的法规颁发到各州、郡，并且下令征收租税绵绢。何夔认为长广郡刚刚建立，近来正处在战乱之中，不宜猛然间用严厉法规来要求，于是向朝廷上奏说："长广郡自从董卓之乱以来，百姓流离失所，现在虽然稍微安定，但他们接受教化的日子太短。这次所颁布的新法规，都是用来申明惩罚强化法制，使政治整齐划一的。长广所管辖的六县，疆域刚刚划定，又加上饥荒，如果一下子都用法规禁令统一治理，恐怕会有些人不服从指令。不服从指令则不得不予以诛杀，那样就不是观民风而设教化，随时制宜了。先代圣王对远近不同的九等地区分别征收多少不同的赋税，制订轻中重三种不同的刑典分别治理新国、平国和乱国。我认为长广这个郡属于较近的地域和新国，应该用轻的刑典来对待，那里民间发生的小纠纷，就让县级行政长官临时依据不同情况处理好了，这样做对上不违背正式的法典，对下又顺从了百姓的心意。待到三年左右，民众安居乐业，然后再施行统一的法律，就没有行不通的了。”太祖听从了何夔的意见。后来他被召回，在丞相府参谋军事。海贼郭祖侵扰乐安、济南二郡地界，邻近地区深受其害。太祖因为何夔之前在长广郡很有威信，任命他为乐安郡太守。何夔到任几个月后，被郭祖侵占的城邑全部平定。

何夔奉调到丞相府任东曹掾。他对太祖进言说：“自从您起兵以来，各种制度都处于草创阶段，用人时未能详细考察他们的本质，因此各人引荐他们的同党，有时忘记了应该以道德为先。我听说按贤德的高低授予官爵，百姓就重视道德；依功劳大小来制定俸禄，百姓就乐于立功。我认为从现在起在用人时，必须首先在其家乡进行考核，使得长幼有序，不能乱越位置。要对忠诚正直者公开奖赏，对奉公踏实者给以酬报，这样贤者与不肖不徒的区分，就自然清楚了。另外，可以制订惩治官员保举人才时故意弄虚作假的法令，主管官员同时也要承担失职的责任。在朝的大臣，临时接到您的指令有权与丞相府东曹共同选任官员者，必须各负其责。这样，上可以观察朝臣的节操，下可以堵塞追逐名利的根源，借以监督下级，统率民众，如能这样去做，那么天下人就幸运极了。”太祖认为这个建议很好。魏国建立后，何夔被任命为尚书仆射。文帝曹丕为太子时，让凉茂做太傅，何夔做少傅，特别任命二傅和尚书台吏曹、丞相府东曹一起选任太子和诸侯的官属。凉茂去世，让何夔代替凉茂任太傅。每月初一日，太傅进宫见太子，太子端端正正穿好礼服向太傅敬礼，其他日子没有会见的礼仪。何夔升任太仆，太子想要和他辞别，前一天晚上就下令准备酒菜，何夔没有前往赴会的意思。太子于是写信请他，何夔认为国家有一贯的制度，终究没有前往。他的行为之端正就像这样。但是在当时节约俭省的风气下，何夔的生活最为豪华奢侈。文帝即帝位，封何夔为成阳亭侯，封邑三百户。后来何夔患病，屡次请求辞职。文帝下诏答复说：“礼敬贤者亲近老部下，是帝王经常要做的事。说到亲近，我在当太子时，您有辅导的功勋；说到贤明，您有纯洁坚定的美德。暗中积累德行的人一定会得到公开的酬报，现在您的病虽然没有痊愈，神明已经听到我的祝福，将会保佑您。请您安心养病，以顺遂我的心意。”何夔去世，谥为靖侯。何夔的儿子何曾继承爵位，在咸熙年间任司徒。

邢颙

【原文】邢颙，字子昂，河间鄚人也。举孝廉，司徒辟，皆不就。易姓字，适右北平，从田畴游。积五年，而太祖定冀州。颙谓畴曰：“黄巾起来二十余年，海内鼎沸，百姓流离。今闻曹公法令严。民厌乱矣，乱极则平。请以身先。”遂装还乡里。田畴曰：“邢颙，民之先觉也。”乃见太祖，求为乡导以克柳城。

太祖辟颙为冀州从事，时人称之曰：“德行堂堂邢子昂。”除广宗长，以故将丧弃官。有司举正，太祖曰：“颙笃于旧君，有一致之节。”勿问也。更辟司空掾，除行唐令，劝民农桑，风化大行。入为丞相门下督，迁左冯翊，病，去官。是时，太祖诸子高选官属，令曰："侯家吏，宜得渊深法度如邢颙辈。"遂以为平原侯植家丞。颙防闲以礼，无所屈挠，由是不合。庶子刘桢书谏植曰："家丞邢颙，北土之彦，少秉高节，玄静澹泊，言少理多，真雅士也。桢诚不足同贯斯人，并列左右。而桢礼遇殊特，颙反疏简，私惧观者将谓君侯习近不肖，礼贤不足，采庶子之春华，忘家丞之秋实。为上招谤，其罪不小，以此反侧。"后参丞相军事，转东曹掾。初，太子未定，而临菑侯植有宠，丁仪等并赞翼其美。太祖问颙，颙对曰："以庶代宗，先世之戒也。愿殿下深重察之！"太祖识其意，后遂以为太子少傅，迁太傅。文帝践阼，为侍中、尚书仆射，赐爵关内侯，出为司隶校尉，徙太常。黄初四年薨。子友嗣。①

①《晋诸公赞》曰：颙曾孙乔，字曾伯。有体量局干，美于当世。历清职。元康中，与刘涣俱为尚书吏部郎，稍迁至司隶校尉。

【译文】邢颙，字子昂，河间国鄚县人。曾被本郡太守举荐为孝廉，又被司徒任命为下属，他都没有接受。他改变姓名，到了右北平郡，与田畴交往。五年以后，太祖曹操平定了冀州。邢颙对田畴说："黄巾军起事二十多年来，海内动乱不安，百姓流离失所。现在听说曹公法令严明。民众已经厌恶了动乱，动乱到了极点就要平定了。请让我先行一步。"随即收拾行装返回故乡。田畴说："邢颙，是众人当中首先觉悟的人。"于是也来拜见太祖，请求做向导来攻克柳城。

太祖征召邢颙为冀州从事，当时人称赞他说："德行堂堂邢子昂。"朝廷任命他为广宗县长，因为原先举荐他为孝廉的郡太守死去，他弃官为其服丧。有关官员举报弹劾这件事，太祖说："邢颙忠诚于过去的上司，有前后一致的节操。"就没有追究这件事。后来他被太祖任命为司空府下属，又任行唐县令，他勉励百姓从事农桑，社会风气非常好。邢颙入京，任丞相门下督，升任左冯翊，因患病而离职。这时，太祖为各个儿子认真挑选侍从官属，下令说："侯爵的下属，应该是像邢颙那样见识深广而遵守法制的人。"于是任命邢颙为平原侯曹植的家丞。邢颙用礼节来警醒约束曹植，毫不顺从，因此二人关系不很融洽。平原侯庶子刘桢写信劝告曹植说："家丞邢颙，是北方的英才，少时即秉持高尚的节操，性情安静淡泊，言少理多，真是一位雅士。刘桢实在不配当他的同僚，并列在您的左右。现今刘桢受到的礼遇很是优厚，邢颙反而被疏远怠慢，我私下里恐怕旁观的人将会说您习惯于接近不肖之人，而对贤者礼遇不够，喜欢刘桢外露的文才，忽略了邢颙内在的品德，就好似采摘的春天的花朵，忘却了秋天的果实。为上司招来闲话，罪过不小，因此我辗转反侧不能自安。"邢颙后来在丞相府参谋军事，转任丞相东曹掾。当初，太子尚未确定，而临菑侯曹植受到宠幸，丁仪等人一同赞美曹植。太祖就此事询问邢颙，邢颙回答说："以庶子代替嫡子，是前代的禁忌。希望殿下深思熟虑啊！"太祖懂了他的心思，后来就让邢颙做了太子少傅，又升为太傅。文帝即位后，邢颙任侍中、尚书仆射，赐予关内侯爵位，又出任司隶校尉，升任太常。邢颙在黄初四年去世，他的爵位由儿子邢友继承。

鲍勋

【原文】鲍勋，字叔业，泰山平阳人也，汉司隶校尉鲍宣九世孙。宣后嗣有从上党徙泰山者，遂家焉。勋父信，灵帝时为骑都尉，大将军何进遣东募兵。后为济北相，协规太祖，身以遇害。语在《董卓传》《武帝纪》。① 建安十七年，太祖追录信功，表封勋兄邵新都亭侯。② 辟勋丞相掾。③

①《魏书》曰：信父丹，官至少府侍中，世以儒雅显。少有大节，宽厚爱人，沈毅有谋。大将军何进辟，拜骑都尉，遣归募兵，得千余人，还到成皋而进已遇害。信至京师，董卓亦始到。信知卓必为乱，劝袁绍袭卓，绍畏卓不敢发。语在《绍传》。信乃引军还乡里，收徒众二万，骑七百，辎重五千余乘。是岁，太祖始起兵于己吾，信与弟韬以兵应太祖。太祖与袁绍表信行破虏将军，韬裨将军。时绍众最盛，豪杰多向之。信独谓太祖曰："夫略不世出，能总英雄以拨乱反正者，君也。苟非其人，虽强必毙。君殆天之所启！"遂深自结纳，太祖亦亲异焉。汴水之败，信被创，韬在陈战亡。绍劫夺韩馥位，遂据冀州。信言于太祖曰："奸臣乘衅，荡覆王室，英雄奋节，天下向应者，义也。今绍为盟主，因权专利，将自生乱，是复有一卓也。若抑之，则力不能制，只以遘难，又何能济？且可规大河之南，以待其变。"太祖善之。太祖为东郡太守，表信为济北相。会黄巾大众入州界，刘岱欲与战，信止之，岱不从，遂败。语在《武纪》。太祖以贼恃胜而骄，欲设奇兵挑击之于寿张。先与信出行战地，后步军未至，而卒与贼遇，遂接战。信殊死战，以救太祖，太祖仅得溃围出，信遂没，时年四十一。虽遭乱起兵，家本修儒，治身至俭，而厚养将士，居无余财，士以此归之。

②《魏书》曰：邵有父风，太祖嘉之，加拜骑都尉，使持节。邵薨，子融嗣。

③《魏书》曰：勋清白有高节，知名于世。

二十二年，立太子，以勋为中庶子。徙黄门侍郎，出为魏郡西部都尉。太子郭夫人弟为曲周县吏，断盗官布，法应弃市。太祖时在谯，太子留邺，数手书为之请罪。勋不敢擅纵，具列上。勋前在东宫，守正不挠，太子固不能悦，及重此事，恚望滋甚。会郡界休兵有失期者，密敕中尉奏免勋官。久之，拜侍御史。延康元年，太祖崩，太子即王位，勋以驸马都尉兼侍中。

文帝受禅，勋每陈："今之所急，唯在军农，宽惠百姓。台榭苑囿，宜以为后。"文帝将出游猎，勋停车上疏曰："臣闻五帝三王，靡不明本立教，以孝治天下。陛下仁圣恻隐，有同古烈。臣冀当继踪前代，令万世可则也，如何在谅闇之中修驰骋之事乎！臣冒死以闻，唯陛下察焉。"帝手毁其表而竟行猎，中道顿息，问侍臣曰："猎之为乐，何如八音也？"侍中刘晔对曰："猎胜于乐。"勋抗辞曰："夫乐，上通神明，下和人理，隆治致化，万邦咸乂。故移风易俗，莫善于乐。况猎，暴华盖于原野，伤生育之至理，栉风沐雨，不以时隙哉？昔鲁隐观渔于棠，《春秋》讥之。虽陛下以为务，愚臣所不愿也。"因奏："刘晔佞谀不忠，阿顺陛下过戏之言。昔梁丘据取媚于遄台，晔之谓也。请有司议罪，以清皇朝。"帝怒作色，罢还，即出勋为右中郎将。

黄初四年，尚书令陈群、仆射司马宣王并举勋为宫正，宫正即御史中丞也。帝不得已而用之，百寮严惮，罔不肃然。六年秋，帝欲征吴，群臣大议，勋面谏曰："王师屡征而未有所克者，盖以吴、蜀唇齿相依，凭阻山水，有难拔之势故也。往年龙舟飘荡，隔在南岸，圣躬蹈危，臣下破胆。此时宗庙几至倾覆，为百世之戒。今又劳兵袭远，日费千金，中国虚耗，令黠虏玩威，臣窃以为不可。"帝益忿之，左迁勋为治书执法。

帝从寿春还，屯陈留郡界。太守孙邕见，出过勋。时营垒未成，但立标埒，邕邪行不从正道，军营令史刘曜欲推之，勋以堑垒未成，解止不举。大军还洛阳，曜有罪，勋奏绌遣，而曜密表勋私解邕事。诏曰："勋指鹿作马，收付廷尉。"廷尉法议："正刑五岁。"三官驳："依律罚金二斤。"帝大怒曰："勋无活分，而汝等敢纵之！收三官已下付刺奸，当令十鼠同穴！"太尉钟繇、司徒华歆、镇军大将军陈群、侍中辛毗、尚书卫臻、守廷尉高柔等并表勋父信有功于太祖，求请勋罪。帝不许，遂诛勋。勋内行既修，廉而能施，死之日，家无余财。后二旬，文帝亦崩，莫不为勋叹恨。

【译文】鲍勋，字叔业，泰山郡平阳县人，是汉朝司隶校尉鲍宣的第九代孙。鲍宣的后代有人从上党郡迁移到泰山郡，于是就在那里安了家。鲍勋的父亲鲍信，汉灵帝时任骑都尉，大将军何进曾派遣他到东方去招募士兵。后来鲍信任济北国相，协助太祖曹操，受伤阵亡。事情经过记载在本书《董卓传》《武帝纪》中。建安十七年，太祖追记鲍信的功绩，上表请求封鲍勋的哥哥鲍邵为新都亭侯。任命鲍勋为丞相府下属。

建安二十二年，立曹丕为太子，太祖让鲍勋任太子中庶子。后调任黄门侍郎，出任魏郡西部都尉。太子郭夫人的弟弟是曲周县吏，被查实偷盗了官府布匹，按法律应在闹市处死。太祖当时在谯县，太子留在邺县，几次亲自写信给处理此事的鲍勋，为妻弟求情。鲍勋不敢擅自释放，如实上报。鲍勋先前在东宫任太子下属时，刚正不阿，太子本来就不喜欢他，加上现在这件事，对他的恼怒怨恨就更加厉害。碰上魏郡军队中有回家休整的士兵过期不回，太子就秘密示意中尉上奏罢免鲍勋的官职。很长时间以后，鲍勋又任侍御史。延康元年，太祖去世，太子曹丕继承魏王位，鲍勋任驸马都尉，同时兼任侍中。

文帝承受禅让登上帝位之后，鲍勋常常上言说："当今的急务，就在于搞好军事、农业，优待百姓。修建皇家的楼台亭榭园林苑囿，应该放在以后再说。"文帝将要出宫打猎，鲍勋拦住车子上奏说："为臣听说五帝三皇，无不明确根本树立教化，以孝道治理天下。陛下仁慈圣明具有恻隐之心，有如古代的明君。为臣希望您能效法前代的圣王，成为万世楷模，怎么能在居丧期间，迷恋打猎的快乐呢！臣冒着死罪向您进言，希望陛下深思。"文帝亲手撕毁了鲍勋的奏章，竟自出猎而不顾，中途停下休息时，问身边侍臣说："打猎的快乐，比起听音乐怎么样？"侍中刘晔马上回答说："打猎比听音乐快乐。"鲍勋驳斥说："音乐，上能通达神明，下可调和人际关系，使政治兴隆，天下太平，万邦安定。移风易俗，没有比音乐更好的了。然而打猎的事，要在原野中暴露帝王尊贵的身体，要违背生命繁衍的天理，迎风冒雨，就不能在闲时进行吗？过去鲁隐公到棠地去观看捕鱼，《春秋》讽刺了他。即使陛下把打猎当作急事，愚臣却不希望您这样做啊。”接着又上奏说：“刘晔谄媚不忠，阿谀顺从陛下过分的玩笑话。过去梁丘据在遄台向齐侯献媚，刘晔就是这样的人。请主管官员议定他的罪名，以使皇朝清静。”文帝恼怒得变了脸色，停止打猎返回，随即让鲍勋出宫任右中郎将。

黄初四年，尚书令陈群、仆射司马宣王一同举荐鲍勋为宫正，宫正就是御史中丞。文帝不得已而任用了他，百官敬畏，无不规规矩矩。黄初六年秋天，文帝想要征讨孙吴，召集大臣开会讨论，鲍勋当面规劝说：“朝廷大军屡次出征而没能取胜的原因，是因为吴国、蜀国唇齿相依，凭借高山长江的阻隔，有难以攻拔的态势。往年陛下亲征时龙舟漂荡，被隔断在长江南岸，圣体遭遇危险，臣下心惊胆破。那时宗庙几乎倾覆，成为百代的鉴戒。现在又劳动大军袭击遥远的目标，每天耗费千金，朝廷财力空虚，使得狡黠的敌人得以逞弄威风，臣下认为不可。”文帝更加恼恨鲍勋，把他降职为治书执法。

文帝从寿春回还，驻军在陈留郡境内。郡太守孙邕拜见文帝，出来时拜访鲍勋。当时营帐还没有建好，只树立了些许矮墙，孙邕没有走军营大路，军营令史刘曜想要追究他的罪责，鲍勋认为营垒还没建成，让他不要举报。大军返回洛阳，刘曜犯了罪，鲍勋上奏要求将他废黜遣送回家，刘曜心中愤恨，秘密上表揭发鲍勋私下为孙邕开脱一事。文帝立即下诏：“鲍勋指鹿为马，逮捕交给廷尉！”廷尉依法议决：“判处服劳役五年。”负责复议的廷尉三官驳回说：“依照律令只应判处罚交金子二斤。”文帝大怒说：“鲍勋没有活命的可能，你们竟敢宽纵他！逮捕三官以下人员交付刺奸处治，要把你们一起处死！”太尉钟繇、司徒华歆、镇军大将军陈群、侍中辛毗、尚书卫臻、代理廷尉高柔等人都上表认为鲍勋的父亲鲍信对太祖有功劳，请求赦免鲍勋的死罪。文帝不许可，最终杀了鲍勋。鲍勋内在的品行端正，廉洁而能慷慨施舍，死的时候，家里没有多余的财物。他被处死之后才二十天，文帝也去世了，没人不为鲍勋叹息遗憾。

司马芝　司马岐

【原文】司马芝，字子华，河内温人也。少为书生，避乱荆州，于鲁阳山遇贼，同行者皆弃老弱走，芝独坐守老母。贼至，以刃临芝，芝叩头曰：“母老，唯在诸君！”贼曰：“此孝子也，杀之不义。”遂得免害，以鹿车推载母。居南方十余年，躬耕守节。

太祖平荆州，以芝为菅长。时天下草创，多不奉法。郡主簿刘节，旧族豪侠，宾客千余家，出为盗贼，入乱吏治。顷之，芝差节客王同等为兵，掾史据白：“节家前后未尝给繇，若至时藏匿，必为留负。”芝不听，与节书曰：“君为大宗，加股肱郡，而宾客每不与役，既众庶怨望，或流声上闻。今调同等为兵，幸时发遣。”兵已集郡，而节藏同等，因令督邮以军兴诡责县，县掾史穷困，乞代同行。芝乃驰檄济南，具陈节罪。太守郝光素敬信芝，即以节代同行，青州号芝“以郡主簿为兵”。迁广平令。征虏将军刘勋贵宠骄豪，又芝故郡将，宾客子弟在界数犯法。勋与芝书，不著姓名，而多所属托，芝不报其书，一皆如法。后勋以不轨诛，交关者皆获罪，而芝以见称。[1]

①《魏略》曰：勋，字子台，琅邪人。中平末，为沛国建平长，与太祖有旧。后为庐

江太守，为孙策所破，自归太祖，封列侯，遂从在散伍议中。勋兄为豫州刺史，病亡。兄子威，又代从政。勋自恃与太祖有宿，日骄慢，数犯法，又诽谤。为李申成所白，收治，并免威官。

迁大理正。有盗官练置都厕上者，吏疑女工，收以付狱。芝曰："夫刑罪之失，失在苛暴。今赃物先得而后讯其辞，若不胜掠，或至诬服，诬服之情，不可以折狱。且简而易从，大人之化也。不失有罪，庸世之治耳。今宥所疑，以隆易从之义，不亦可乎！"太祖从其议。历甘陵、沛、阳平太守，所在有绩。黄初中，入为河南尹，抑强扶弱，私请不行。会内官欲以事托芝，不敢发言，因芝妻伯父董昭。昭犹惮芝，不为通。芝为教与群下曰："盖君能设教，不能使吏必不犯也。吏能犯教，而不能使君必不闻也。夫设教而犯，君之劣也；犯教而闻，吏之祸也。君劣于上，吏祸于下，此政事所以不理也。可不各勉之哉！"于是下吏莫不自励。门下循行尝疑门干盗簪，干辞不符，曹执为狱。芝教曰："凡物有相似而难分者，自非离娄，鲜能不惑。就其实然，循行何忍重惜一簪，轻伤同类乎！其寝勿问。"

明帝即位，赐爵关内侯。顷之，特进曹洪乳母当，与临汾公主侍者共事无涧神，[1]系狱。卞太后遣黄门诣府传令，芝不通，辄敕洛阳狱考竟，而上疏曰："诸应死罪者，皆当先表须报。前制书禁绝淫祀以正风俗，今当等所犯妖刑，辞语始定，黄门吴达诣臣，传太皇太后令。臣不敢通，惧有救护，速闻圣听，若不得已，以垂宿留。由事不早竟，是臣之罪，是以冒犯常科，辄敕县考竟。擅行刑戮，伏须诛罚。"帝手报曰："省表，明卿至心，欲奉诏书，以权行事，是也。此乃卿奉诏之意，何谢之有？后黄门复往，慎勿通也。"芝居官十一年，数议科条所不便者。其在公卿间，直道而行。会诸王来朝，与京都人交通，坐免。

① 臣松之案：无涧，山名，在洛阳东北。

后为大司农。先是诸典农各部吏民，末作治生，以要利入。芝奏曰："王者之治，崇本抑末，务农重谷。《王制》：'无三年之储，国非其国也。'《管子·区言》以积谷为急。方今二虏未灭，师旅不息，国家之要，惟在谷帛。武皇帝特开屯田之官，专以农桑为业。建安中，天下仓廪充实，百姓殷足。自黄初以来，听诸典农治生，各为部下之计，诚非国家大体所宜也。夫王者以海内为家，故传曰：'百姓不足，君谁与足！'富足之由，在于不失天时而尽地力。今商旅所求，虽有加倍之显利，然于一统之计，已有不赀之损，不如垦田益一亩之收也。夫农民之事田，自正月耕种，耘锄条桑，耕熯种麦，获刈筑场，十月乃毕。治廪系桥，运输租赋，除道理梁，墐涂室屋，以是终岁，无日不为农事也。今诸典农各言：'留者为行者宗田计，课其力，势不得不尔。不有所废，则当素有余力。'臣愚以为不宜复以商事杂乱，专以农桑为务，于国计为便。"明帝从之。

每上官有所召问，常先见掾史，为断其意故，教其所以答塞之状，皆如所度。芝性亮直，不矜廉隅。与宾客谈论，有不可意，便面折其短，退无异言。卒于官，家无余财，自魏迄今为河南尹者莫及芝。

芝亡，子岐嗣，从河南丞转廷尉正，迁陈留相。梁郡有系囚，多所连及，数岁不决。

诏书徙狱于岐属县，县请豫治牢具。岐曰："今囚有数十，既巧诈难符，且已倦楚毒，其情易见。岂当复久处囹圄邪！"及囚至，诘之，皆莫敢匿诈，一朝决竟，遂超为廷尉。是时大将军爽专权，尚书何晏、邓飏等为之辅翼。南阳圭泰尝以言迕指，考系廷尉。飏讯狱，将致泰重刑。岐数飏曰："夫枢机大臣，王室之佐，既不能辅化成德，齐美古人，而乃肆其私忿，枉论无辜。使百姓危心，非此焉在？"飏于是惭怒而退。岐终恐久获罪，以疾去官。居家未期而卒，年三十五。子肇嗣。[①]

① 肇，晋太康中为冀州刺史、尚书，见《百官名》。

【译文】司马芝，字子华，河内郡温县人。少年时是个书生，到荆州躲避战乱时，在鲁阳山遇到贼寇，一起赶路的人都丢弃老弱逃走，只有司马芝坐在那里守着老母亲。贼人来到后，用刀对着他，司马芝磕头说："我母亲年老，就拜托诸位了！"贼人说："这是个孝子，杀了他不义。"最终得以免遭杀害，用车推着母亲南下。司马芝在南方住了十多年，亲自耕种，坚守节操。

太祖曹操平定荆州后，让司马芝担任菅县县长。那时处在初创时期，人们多数都不遵守法纪。菅郡主簿刘节，是个出身于当地土著大族的豪强，有私家门客一千多家，在社会上抢掠百姓，在郡内扰乱吏治。不久，司马芝差遣刘节的门客王同等人服兵役，掾史依据过去的情况报告说："刘节家前后从未承担过兵役，如果到时王同等人藏匿起来，必定会给我们造成兵员滞留的罪责。"司马芝不听这一套，写信给刘节说："您是大族人家，加之在郡政府内任职，但您的门客每次都不服兵役，既会使众百姓怨恨失望，有时也会传给上面知道。现在调派王同等人从军，希望按时派遣他们。"新兵已在郡里集中，而刘节果然藏起了王同等人，还让督邮用战时的法令催促县府派兵上路，县掾史没有办法，只得请求让自己代替王同当兵。司马芝立即派人快马向济南郡的上级政府呈报公文，详细报告了刘节的罪行。太守郝光素来敬重信任他，立即让刘节代替王同服役，青州人称司马芝"以郡主簿当兵"。后来司马芝升任广平县令。征虏将军刘勋，依仗地位尊贵受到太祖信任而骄横霸道，又曾经当过司马芝故乡河内郡的太守，他的宾客子弟在境内多次犯法。刘勋给司马芝寄信，不署姓名，却常有人情请托，司马芝不给回信，把刘勋犯法的宾客子弟一律按刑律治罪。后来刘勋以图谋不轨的罪名被诛杀，与他有交往的人都连带治罪，而司马芝则以有远见而受到称赞。

司马芝后来升任大理正。有人偷盗了官府的丝绢藏在城中的厕所里面，官吏怀疑是一名女工干的，把她逮捕关了起来。司马芝说："惩治犯罪的失误，在于苛刻暴虐。现在赃物先已获得而后审讯取口供，如果犯人经不住拷打，有可能导致无辜者自认犯罪，这种情况下得到的口供是不能用来判决案件的。况且法律简明而易于遵守，是圣明君主的教化原则。不放过有罪的人，是通常政治治理所采用的方法，现在饶恕被怀疑的人，以便建立简明而易遵守的法令，不也是可以的吗！"太祖听从了他的建议。司马芝又历任甘陵、沛、阳平等郡的太守，在他所任职的地方都有政绩。黄初年间，他入京任河南尹，抑制豪强扶助弱小，对私下请托不予理睬。碰巧宫中的妃子想要请托司马芝办事，不敢直接向他开口，于是托司马芝妻子的伯父董昭说情。董昭也畏惧司马芝，不敢捎话。司马芝曾给下属作指示说："主官能设立规矩，却不能做到使下属必定不去违反，这是主官无能；下属违犯规矩而不能不被主官知道，这是下属的大灾祸。上面的主官无能，下面的下属有灾祸，这就是政事所以不能治理的原因。难道各位不应该自勉吗！"于是下属没有人不自我勉励。司马芝府中的门下循行曾经怀疑门干偷盗自己的头簪，门干不承认，有关官员将他拘捕下狱。司马芝说："事物有的外形类似而难以分别，如果不是离娄那样的人，很少有人能不迷惑。就这件事的实际情况而言，循行怎么忍心为了一支簪子，就轻易伤害他的同僚呢！还是压下这事别再追究了。"

明帝即位后，赐给司马芝关内侯的爵位。不久，特进曹洪一个名叫当的奶妈，与临汾公主的侍女共同祭祀无涧神，被拘捕入狱。卞太后派遣宦官到司马芝府中传令要他放人，司马芝不向上报告，自行命令洛阳县监狱的官员将犯人审讯处决，然后上疏说："各种判处死罪的案件，本来都应当先上报等待批复后再行刑。先前陛下曾下诏禁绝各种不合礼制的祭祀以纠正风俗，现在当等触犯了有关妖邪罪行的刑法，供词刚刚确定，黄门吴达来到为臣这里，传达太皇太后的命令。臣下不敢上报，因为怕有人救护她们，急速向陛下求情，陛下不得已，只好下诏指示暂缓处决人犯。如因没有早点处决造成惩治失当的后果，是为臣的罪过，因此才违反常规制度，自行命令县吏审判后先行处决。由于擅自施行死刑，我静候陛下的诛杀惩罚。"明帝写手诏答复说："看了奏表，明白了您的心意，您想要奉行诏令，所以使用权宜的办法，非常正确。这是您遵奉诏书的表现，哪里用得着道歉？以后黄门再去你处，也千万照此办理。"司马芝任大理正十一年，多次对法律条文中不便使用的内容提出意见。他在公卿之间，坚持原则行事。碰上各亲王来京朝见，与京都人交往，司马芝获罪被免职。

后来他任大司农。在这以前，屯田官员各自安排指挥下属和屯田农民，纷纷从事商业和经济活动，获取利润。司马芝上奏说："圣明君主治理天下，重视根本，抑制枝末，以农业为急务，以粮食为重。《礼记》的《王制》说：'没有三年的粮食储备，国家就不成其为国家。'《管子·区言》以积存谷物为急务。现今吴、蜀两个敌国尚未剿灭，军队没有休息，国家的首要大事，在于积存粮谷布帛。武皇帝特意设立屯田官员，专门从事农桑。建安年间，全国仓库充实，百姓富足。从黄初年间以来，听任各处的典农官员从事经济活动，各自为部下打算，实在不是发展国家所应当做的。君主以天下为家，所以经传中说：'百姓不富足，君王又怎么能富足！'富足的由来，在于不错过天时而尽量利用地力。现在各屯田区经商所得，虽有加倍的明显利润，但是对于国家统一的大计，已有不可计算的损失，比不上多开垦一亩地所得到的收成。农民耕种田地，从正月里开始耕地播种，然后锄苗采桑，耕晒土地，播撒麦种，收割打场，到了十月里才结束。又得修仓库架桥梁，运送租赋，清扫道路，整修住房，一年到头，无时不在为农事忙碌。现在各位屯田官员纷纷说：'留下的人代替出外经商的人耕田并缴纳租谷，是情势所逼不得不这样做。既然农业没有荒废，就说明确实有余力。'愚臣认为不应该再让商业搞乱屯田区的秩序，屯田区应专门从事农桑，对国家更有利。"明帝听从了这个意见。

每当有上司召见司马芝的下属问话时，他常常先召集下属，帮助推断上司的意图，教给他们怎样答复解释的办法，事情的进行都像他估计的那样。司马芝性情坦荡正直，不故意显示自己的品行端方。与宾客谈论时，凡有不满意的地方，就当面指出那人的不足，背后却不说别人的坏话。司马芝死在官任上，家里没有多余的钱财，从魏朝到现在，做河南尹的人没有人能比得上司马芝。

司马芝死后，他的儿子司马岐继承了他的爵位，从河南丞转任廷尉正，升任陈留国相。关在梁郡狱中的囚犯，牵连面广，几年不能结案。皇帝下诏要求把这些案件转到司马岐下属的县里办理，县里请求预先制造监牢中用的器具。司马岐说："现在囚犯有几十人，供词难以串通作假，加之已经被拷打够了，案情的真实情况很容易查清。怎么能够再把他们长久关在监狱中呢！"囚犯到了之后，司马岐一一审问，没有人敢于隐瞒欺诈，一下子就判决结案，司马岐因此被提拔为廷尉。这时大将军曹爽专权，尚书何晏、邓飏等人辅佐他。南阳郡人圭泰曾因言论违反了他们的意旨，被廷尉拘捕审问。邓飏亲自参加审讯，将要判圭泰重刑。司马岐几次对邓飏说："中枢机要大臣，是王室的辅佐，你们既不能辅助教化培养道德，与古人比美，竟然还发泄私忿，枉杀无辜。使百姓心中恐惧的，不是你们这种做法又是什么呢？"邓飏羞惭恼怒而离去。司马岐怕时间久了终究会被邓飏等人陷害，托病离职。在家里住了不到一年就死了，终年三十五岁。他的儿子司马肇继承了他的爵位。

【原文】评曰：徐奕、何夔、邢颙贵尚峻厉，为世名人。毛玠清公素履，司马芝忠亮不倾，庶乎不吐刚茹柔。崔琰高格最优，鲍勋秉正无亏，而皆不免其身，惜哉！《大雅》贵"既明且哲"，《虞书》尚"直而能温"，自非兼才，畴克备诸！

【译文】评论说：徐奕、何夔、邢颙高尚正直，是当时的名流。毛玠素来清白公正，司马芝忠贞坦荡，不偏不倚，算得上是不欺软怕硬的人。崔琰品格最为高尚，鲍勋秉持正义，没有过错，但他们都不能免于杀身之祸，可惜啊！《诗经·大雅》的诗句以"既能明白事理，又能适应形势"为贵，《尚书·尧典》推崇"刚直而又能够温和"，如果不是兼有各种优良品质的人才，又有谁能同时具备这些优点呢！

卷十三　魏书十三

钟繇华歆王朗传第十三

钟繇　钟毓

【原文】钟繇，字元常，颍川长社人也。[①] 尝与族父瑜俱至洛阳，道遇相者，曰："此童有贵相，然当厄于水，努力慎之！"行未十里，度桥，马惊，堕水几死。瑜以相者言中，益贵繇，而供给资费，使得专学。举孝廉，[②] 除尚书郎、阳陵令，以疾去。辟三府，为廷尉正、黄门侍郎。是时，汉帝在西京，李傕、郭汜等乱长安中，与关东断绝。太祖领兖州牧，始遣使上书。[③] 傕、汜等以为："关东欲自立天子，今曹操虽有使命，非其至实。"议留太祖使，拒绝其意。繇说傕、汜等曰："方今英雄并起，各矫命专制，唯曹兖州乃心王室，而逆其忠款，非所以副将来之望也。"傕、汜等用繇言，厚加答报，由是太祖使命遂得通。太祖既数听荀彧之称繇，又闻其说傕、汜，益虚心。后傕胁天子，繇与尚书郎韩斌同策谋。天子得出长安，繇有力焉。拜御史中丞，迁侍中、尚书仆射，并录前功，封东武亭侯。

①《先贤行状》曰：钟皓，字季明，温良笃慎，博学诗律，教授门生千有余人，为郡功曹。时太丘长陈寔为西门亭长，皓深独敬异。寔少皓十七岁，常礼待与同分义。会辟公府，临辞，太守问："谁可代君？"皓曰："明府欲必得其人，西门亭长可用。"寔曰："钟君似不察人为意，不知何独识我？"皓为司徒掾，公出，道路泥泞，导从恶其相洒，去公车绝远。公椎轼言："司徒今日为独行耳！"还府向阁，铃下不扶，令揖掾属，公奋手不顾。时举府掾属皆投劾出，皓为西曹掾，即开府门分布晓语已出者，曰："臣下不能得自直于君，若司隶举绳墨，以公失宰相之礼，又不胜任，诸君终身何所任邪？"掾属以故皆止。都官果移西曹掾，问空府去意，皓召都官吏，以见掾属名示之，乃止。前后九辟三府，迁南乡、林虑长，不之官。时郡中先辈为海内所归者，苍梧太守定陵陈稚叔、故黎阳令颍阴荀淑及皓。少府李膺常宗此三人，曰："荀君清识难尚，陈、钟至德可师。"膺之姑为皓兄之妻，生子觐，与膺年齐，并有令名。觐又好学慕古，有退让之行。为童幼时，膺祖太尉修言："觐似我家性，国有道不废，国无道免于刑戮者也。"复以膺妹妻之。觐辟州宰，未尝屈就。膺谓觐曰："孟轲以为人无好恶是非之心，非人也。弟于人何太无皂白邪！"觐尝以膺之言白皓，皓曰："元礼，祖公在位，诸父并盛，韩公之甥，故得然耳。国武子好招人过，以为怨本，今岂其时！保身全家，汝道是也。"觐早亡，膺虽荷功名，位至卿佐，而卒陨身世祸。皓年六十九，终于家。皓二子迪、敷，并以党锢不仕。繇则迪之孙。

② 谢承《后汉书》曰：南阳阴修为颍川太守，以旌贤擢俊为务，举五官掾张仲方正，察功曹钟繇、主簿荀彧、主记掾张礼、贼曹掾杜祐、孝廉荀攸、计吏郭图为吏，以光国朝。

③《世语》曰：太祖遣使从事王必致命天子。

时关中诸将马腾、韩遂等，各拥强兵相与争。太祖方有事山东，以关右为忧。乃表繇以侍中守司隶校尉，持节，督关中诸军，委之以后事，特使不拘科制。繇至长安，移书腾、遂等，为陈祸福，腾、遂各遣子入侍。太祖在官渡，与袁绍相持，繇送马二千余匹给军。太祖与繇书曰："得所送马，甚应其急。关右平定，朝廷无西顾之忧，足下之勋也。昔萧何镇守关中，足食成军，亦适当尔。"其后匈奴单于作乱平阳，繇帅诸军围之，未拔，而袁尚所置河东太守郭援到河东，众甚盛。诸将议欲释之去，繇曰："袁氏方强，援之来，关中阴与之通，所以未悉叛者，顾吾威名故耳。若弃而去，示之以弱，所在之民，谁非寇仇？纵吾欲归，其得至乎！此为未战先自败也。且援刚愎好胜，必易吾军，若渡汾为营，及其未济击之，可大克也。"张既说马腾会击援，腾遣子超将精兵逆之。援至，果轻渡汾，众止之，不从。济水未半，击，大破之，[①]斩援，降单于。语在《既传》。其后河东卫固作乱，与张晟、张琰及高幹等并为寇，繇又率诸将讨破之。[②]自天子西迁，洛阳人民单尽，繇徙关中民，又招纳亡叛以充之，数年间民户稍实。太祖征关中，得以为资，表繇为前军师。

① 司马彪《战略》曰：袁尚遣高幹、郭援将兵数万人，与匈奴单于寇河东，遣使与马腾、韩遂等连和，腾等阴许之。傅幹说腾曰："古人有言：'顺道者昌，逆德者亡。'曹公奉天子诛暴乱，法明国治，上下用命，有义必赏，无义必罚，可谓顺道矣。袁氏背王命，驱胡虏以陵中国，宽而多忌，仁而无断，兵虽强，实失天下心，可谓逆德矣。今将军既事有道，不尽其力，阴怀两端，欲以坐观成败，吾恐成败既定，奉辞责罪，将军先为诛首矣。"于是腾惧。幹曰："智者转祸为福。今曹公与袁氏相持，而高幹、郭援独制河东，曹公虽有万全之计，不能禁河东之不危也。将军诚能引兵讨援，内外击之，其势必举。是将军一举，断袁氏之臂，解一方之急，曹公必重德将军。将军功名，竹帛不能尽载也。唯将军审所择！"腾曰："敬从教。"于是遣子超将精兵万余人，并将遂等兵，与繇会击援等，大破之。

②《魏略》曰：诏征河东太守王邑。邑以天下未定，心不愿征，而吏民亦恋邑，郡掾卫固及中郎将范先等各诣繇求乞邑。而诏已拜杜畿为太守，畿已入界。繇不听先等，促邑交符。邑佩印绶，径从河北诣许自归。繇时治在洛阳，自以威禁失督司之法，乃上书自劾曰："臣前上言故镇北将军领河东太守安阳亭侯王邑巧辟治官，犯突科条，事当推劾，检实奸诈。被诏书当如所纠。以其归罪，故加宽赦。又臣上言吏民大小，各怀顾望，谓邑当还，拒太守杜畿，今皆反悔，共迎畿之官。谨案文书，臣以空虚，被蒙拔擢，入充近侍，兼典机衡，忝膺重任，总统偏方。既无德政以惠民物，又无威刑以检不恪，至使邑违犯诏书，郡掾卫固诳迫吏民，讼诉之言，交驿道路，渐失其礼，不虔王命。今虽反悔，丑声流闻，咎皆由繇威刑不摄。臣又疾病，前后历年，气力日微，尸素重禄，旷废职任，罪明法正。谨按侍中守司隶校尉东武亭侯钟繇，幸得蒙恩，以斗筲之才，仍见拔擢，显从近密，衔命督使。明知诏书深疾长吏政教宽弱，检下无刑，久病淹滞，众职荒顿，法令失张。邑虽违科，当必绳正法，既举文书，操弹失理，至乃使邑远诣阙廷。隳忝使命，挫

伤爪牙。而固诳迫吏民，拒畿连月，今虽反悔，犯顺失正，海内凶赫。罪一由繇威刑暗弱。又繇久病，不任所职，非繇大臣当所宜为。繇轻慢宪度，不畏诏令，不与国同心，为臣不忠，无所畏忌，大为不敬。又不承用诏书，奉诏不谨。又聪明蔽塞，为下所欺，弱不胜任。数罪谨以劾，臣请法车征诣廷尉治繇罪，大鸿胪削爵土。臣久婴笃疾，涉夏盛剧，命县呼吸，不任部官。辄以文书付功曹从事马適议，免冠徒跣，伏须罪诛。"诏不听。

魏国初建，为大理，迁相国。文帝在东宫，赐繇五熟釜，为之铭曰："於赫有魏，作汉藩辅。厥相惟钟，实干心膂。靖恭夙夜，匪遑安处。百寮师师，楷兹度矩。"① 数年，坐西曹掾魏讽谋反，策罢就第。② 文帝即王位，复为大理。及践阼，改为廷尉，进封崇高乡侯。迁太尉，转封平阳乡侯。时司徒华歆、司空王朗，并先世名臣。文帝罢朝，谓左右曰："此三公者，乃一代之伟人也，后世殆难继矣！"③ 明帝即位，进封定陵侯，增邑五百，并前千八百户，迁太傅。繇有膝疾，拜起不便。时华歆亦以高年疾病，朝见皆使载舆车，虎贲舁上殿就坐。是后三公有疾，遂以为故事。

①《魏略》曰：繇为相国，以五熟釜鼎范因太子铸之，釜成，太子与繇书曰："昔有黄三鼎，周之九宝，咸以一体使调一味，岂若斯釜五味时芳？盖鼎之烹饪，以飨上帝，以养圣贤，昭德祈福，莫斯之美。故非大人，莫之能造；故非斯器，莫宜盛德。今之嘉釜，有逾兹美。夫周之尸臣，宋之考父，卫之孔悝，晋之魏颗，彼四臣者，并以功德勒名钟鼎。今执事寅亮大魏，以隆圣化。堂堂之德，于斯为盛。诚太常之所宜铭，彝器之所宜勒。故作斯铭，勒之釜口，庶可赞扬洪美，垂之不朽。"

臣松之按《汉书·郊祀志》，孝宣时，美阳得鼎，京兆尹张敞上议曰："按鼎有刻书曰：'王命尸臣，官此栒邑。赐尔鸾旂，黼黻琱戈。尸臣拜手稽首曰敢对扬天子丕显休命！'此殆周之所以褒赐大臣，大臣子孙刻铭其先功，藏之于宫庙也。"考父铭见《左氏传》，孔悝铭在《礼记》，事显故不载。《国语》曰："昔克潞之役，秦来图败晋功，魏颗以其身追秦师于辅氏，亲止杜回；其勒铭于景钟，至于今不遗类，其子孙不可不兴也。"太子所称四铭者也。

②《魏略》曰：后太祖征汉中，太子在孟津，闻繇有玉玦，欲得之而难公言。密使临菑侯转因人说之，繇即送之。太子与繇书曰："夫玉以比德君子，见美诗人。晋之垂棘，鲁之玙璠，宋之结绿，楚之和璞，价越万金，贵重都城，有称畴昔，流声将来。是以垂棘出晋，虞、虢双禽；和璧入秦，相如抗节。窃见玉书，称美玉白若截肪，黑譬纯漆，赤拟鸡冠，黄侔蒸栗。侧闻斯语，未睹厥状。虽德非君子，义无诗人，高山景行，私所慕仰。然四宝邈焉以远，秦、汉未闻有良匹。是以求之旷年，未遇厥真，私愿不果，饥渴未副。近见南阳宗惠叔称君侯昔有美玦，闻之惊喜，笑与抃俱。当自白书，恐传言未审，是以令舍弟子建因荀仲茂转言鄙旨。乃不忽遗，厚见周称，邺骑既到，宝玦初至，捧跪发匣，烂然满目。猥以蒙鄙之姿，得观希世之宝，不烦一介之使，不损连城之价，既有秦昭章台之观，而无蔺生诡夺之诳。嘉贶益腆，敢不钦承！"繇报书曰："昔忝近任，并得赐玦。尚方耆老，颇识旧物。名其符采，必得处所。以为执事有珍此者，是以鄙之，用未奉贡。幸而纡意，实以悦怿。在昔和氏，殷勤忠笃，而繇待命，是怀愧耻。"

②《魏略》曰：孙权称臣，斩送关羽。太子书报繇，繇答书曰："臣同郡故司空荀爽言：'人当道情，爱我者一何可爱！憎我者一何可憎！'顾念孙权，了更妩媚。"太子又书曰："得报，知喜南方。至于荀公之清谈，孙权之妩媚，执书嗢噱，不能离手。若权复黠，当折以汝南许劭月旦之评。权优游二国，俯仰荀、许，亦已足矣。"

③ 陆氏《异林》曰：繇尝数月不朝会，意性异常，或问其故，云："常有好妇来，美丽非凡。"问者曰："必是鬼物，可杀之。"妇人后往，不即前，止户外。繇问何以，曰："公有相杀意。"繇曰："无此。"乃勤勤呼之，乃入。繇意恨，有不忍之心，然犹斫之，伤髀。妇人即出，以新绵拭血竟路。明日使人寻迹之，至一大冢，木中有好妇人，形体如生人，着白练衫，丹绣裲裆，伤左髀，以裲裆中绵拭血。叔父清河太守说如此。清河，陆云也。

初，太祖下令，使平议死刑可宫割者。繇以为："古之肉刑，更历圣人，宜复施行，以代死刑。"议者以为非悦民之道，遂寝。及文帝临飨群臣，诏谓："大理欲复肉刑，此诚圣王之法。公卿当善共议。"议未定，会有军事，复寝。太和中，繇上疏曰："大魏受命，继踪虞、夏。孝文革法，不合古道。先帝圣德，固天所纵，坟典之业，一以贯之。是以继世，仍发明诏，思复古刑，为一代法。连有军事，遂未施行。陛下远追二祖遗意，惜斩趾可以禁恶，恨入死之无辜，使明习律令，与群臣共议。出本当右趾而入大辟者，复行此刑。《书》云：'皇帝清问下民，鳏寡有辞于苗。'此言尧当除蚩尤、有苗之刑，先审问于下民之有辞者也。若今蔽狱之时，讯问三槐、九棘、群吏、万民，使如孝景之令，其当弃市，欲斩右趾者，许之。其黥、劓、左趾、宫刑者，自如孝文易以髡、笞。能有奸者，率年二十至四五十，虽斩其足，犹任生育。今天下人少于孝文之世，下计所全，岁三千人。张苍除肉刑，所杀岁以万计。臣欲复肉刑，岁生三千人。子贡问能济民可谓仁乎？子曰：'何事于仁，必也圣乎，尧、舜其犹病诸！'又曰：'仁远乎哉？我欲仁，斯仁至矣。'若诚行之，斯民永济。"书奏，诏曰："太傅学优才高，留心政事，又于刑理深远。此大事，公卿群僚善共平议。"

司徒王朗议以为："繇欲轻减大辟之条，以增益刖刑之数，此即起偃为竖，化尸为人矣。然臣之愚，犹有未合微异之意。夫五刑之属，著在科律，自有减死一等之法，不死即为减。施行已久，不待远假斧凿于彼肉刑，然后有罪次也。前世仁者，不忍肉刑之惨酷，是以废而不用。不用已来，历年数百。今复行之，恐所减之文未彰于万民之目，而肉刑之问已宣于寇仇之耳，非所以来远人也。今可按繇所欲轻之死罪，使减死之髡、刖。嫌其轻者，可倍其居作之岁数。内有以生易死不訾之恩，外无以刖易钛骇耳之声。"议者百余人，与朗同者多。帝以吴、蜀未平，且寝。[①]

① 袁宏曰：夫民心乐全而不能常全，盖利用之物县于外，而嗜欲之情动于内也。于是有进取贪竞之行，希求放肆之事。进取不已，不能充其嗜欲，则苟且侥幸之所生也；希求无厌，无以惬其欲，则奸伪忿怒之所兴也。先王知其如此，而欲救其弊，或先德化以陶其心，其心不化，然后加以刑辟。《书》曰："百姓不亲，五品不逊。汝作司徒而敬敷五教。蛮夷猾夏，寇贼奸宄。汝作士，五刑有服。"然则德、刑之设，参而用之者也。三代相因，其义详焉。《周礼》："使墨者守门，劓者守关，宫者守内，刖者守囿。"此肉刑之

制可得而论者也。荀卿亦云:“杀人者死,伤人者刑,百王之所同,未有知其所由来者也。”夫杀人者死,而相杀者不已,是大辟可以惩未杀,不能使天下无杀也。伤人者刑,而害物者不息,是黥、劓可以惧未刑,不能使天下无刑也。故将欲止之,莫若先以德化。夫罪过彰著,然后入于刑辟,是将杀人者不必死,欲伤人者不必刑。纵而弗化,则陷于刑辟。故刑之所制,在于不可移之地。礼教则不然,明其善恶,所以潜劝其情,消之于未杀也;示之耻辱,所以内愧其心,治之于未伤也。故过微而不至于著,罪薄而不及于刑。终入罪辟者,非教化之所得也,故虽残一物之生,刑一人之体,是除天下之害,夫何伤哉!率斯道也,风化可以渐淳,刑罚可以渐少,其理然也。苟不能化其心,而专任刑罚,民失义方,动罹刑网,求世休和,焉可得哉?周之成、康,岂按三千之文而致刑错之美乎?盖德化渐渍,致斯有由也。汉初惩酷刑之弊,务宽厚之论,公卿大夫,相与耻言人过。文帝登朝,加以玄默。张武受赂,赐金以愧其心;吴王不朝,崇礼以训其失。是以吏民乐业,风流笃厚,断狱四百,几致刑措,岂非德刑兼用已然之效哉?世之欲言刑罚之用,不先德教之益,失之远矣。今大辟之罪,与古同制。免死已下,不过五岁,既释钳锁,复得齿于人伦。是以民无耻恶,数为奸盗,故刑徒多而乱不治也。苟教之所去,罚当其罪,一离刀锯,没身不齿,邻里且犹耻之,而况于乡党乎?而况朝廷乎?如此,则夙沙、赵高之俦,无施其恶矣。古者察其言,观其行,而善恶彰焉。然则君子之去刑辟,固已远矣。过误不幸,则八议之所宥也。若夫卞和、史迁之冤,淫刑之所及也。苟失其道,或不免于大辟,而况肉刑哉!《汉书》:“斩右趾及杀人先自言告,吏坐受赇,守官物而即盗之,皆弃市。”此班固所谓当生而令死者也。今不忍刻截之惨,而安剿绝之悲,此最治体之所先,有国所宜改者也。

太和四年,繇薨。帝素服临吊,谥曰成侯。① 子毓嗣。初,文帝分繇户邑,封繇弟演及子劭、孙豫列侯。

①《魏书》曰:有司议谥,以为繇昔为廷尉,辨理刑狱,决嫌明疑,民无怨者,由于、张之在汉也。诏曰:“太傅功高德茂,位为师保,论行赐谥,常先依此,兼叙廷尉于、张之德耳。”乃策谥曰成侯。

【译文】钟繇,字元常,颍川郡长社县人。曾经与同族叔父钟瑜一同去洛阳,路上遇到一个相面的人,那人说:“这个孩子有贵人相貌,但命里有溺水之劫,要尽最大努力避免不幸发生!”他们继续前行不到十里,过桥时马惊了,钟繇掉下水去几乎淹死。钟瑜因为相面的人说中了,更加看重钟繇,就供给他资金费用,使他能够专心求学。后钟繇被举荐为孝廉,任尚书郎、阳陵县令,因病离职。又被三府征召,任廷尉正、黄门侍郎。这时,汉献帝在西京,李傕、郭汜等人大乱长安,与关东地区关系断绝。太祖兼任兖州牧,开始派遣使者向天子上书。李傕、郭汜等人认为:“关东想要自行奉立天子,现在曹操虽然派来使者,料想不是他们的真心实意。”他们商议扣留太祖使者,拒绝他的意图。钟繇劝说李傕、郭汜等人说:“现今英雄并起,各人都假借皇命独断专行,只有曹兖州才心系王室,如果违逆他的忠心诚意,是不符合我们对将来时局发展的希望的。”李傕、郭汜等人采用了钟繇的建议,对太祖给以优厚的回报,从此太祖的使命才得以与朝廷相通。太祖已经几次听到荀彧对钟繇的称赞,又知道他对李傕、郭汜的劝说,更加留心于他。后来李傕胁迫天子,钟繇和尚书郎韩斌一同策划计谋对付他。天子得以离开长安,有钟繇的一份功劳。后官拜御史中丞,升任侍中、尚书仆射,合计他以前功劳,封他为东武亭侯。

这时关中众将马腾、韩遂等人,各自拥有强兵,相互争战。太祖在东方正有战事,忧虑关西的局势。于是上表任命钟繇以侍中的身份兼司隶校尉,授予符节,督察关中各路部队,将后方事务委托给他,特许他不受常规约束。钟繇到达长安后,送书信给马腾、韩遂等人,为他们陈述利弊祸福,马腾、韩遂各派一个儿子入京侍奉天子。太祖在官渡与袁绍对峙,钟繇送去两千余匹战马资助战事。太祖给钟繇写信说:"得到送来的马匹,解决了部队的急需。关西地区能够平定,朝廷从此无西顾之忧,都是足下的功勋。当年萧何镇守关中,以充足的食粮成全了前方的军队,你的功劳也恰好与他相当。"这以后匈奴单于在平阳郡作乱,钟繇率领各路军队包围他们,尚未攻克,而袁尚所安置的河东太守郭援到了河东,人数众多。众将议论想要放弃单于撤军,钟繇说:"袁氏正在强盛的时候,郭援到来,表示关中将领有人暗中与他勾结,之所以还没有全部反叛,不过是顾忌我的威势名声罢了。如果我们放弃此地离去,就是向他们示弱,那么关中的百姓,谁不是我们的仇敌?即使我想要回去,会有这样一条送我们平安回家的通途吗!这是尚未开战先将自己置于必败的境地。况且郭援刚愎自用,争强好胜,必定轻视我军,如果他们渡汾河扎营,我们趁他们将渡未渡之时打击他们,可以大获全胜。"张既劝说马腾来会合攻击郭援,马腾派儿子马超率领精锐部队迎面攻来。郭援到了以后,果然轻率地要渡汾河,众人劝止,他不听从。当他们渡河不到一半时,钟繇发兵攻击,大败郭军,斩杀了郭援,降服了单于。此事记在本书《张既传》中。这以后河东卫固作乱,与张晟、张琰及高幹等人一起攻城掠地,钟繇又率领众将领讨伐并打败了他们。自从天子西迁长安,洛阳百姓人口剧减,钟繇将关中民众迁徙过来,又招纳逃亡叛离的人来充实,几年之内百姓户口逐渐充实。太祖征讨关中时,得以关中人口作为兵士,因此上表任命钟繇为前军师。

魏国建国之初,钟繇任大理卿,升迁相国。文帝在东宫做太子时,赐给钟繇五熟釜,在釜上铭刻文字说:"堂堂魏国,是汉室的藩屏。相国钟繇,是魏国的栋梁。日夜操劳,无暇安居。百官效法,堪称楷模。"几年后,钟繇受西曹掾魏讽谋反一事的牵连,被免职归家。文帝即魏王位,恢复了钟繇的大理卿职务。到文帝受禅登基之后,钟繇改任廷尉,晋封为崇高乡侯。后升迁为太尉,改封平阳乡侯。当时司徒华歆、司空王朗,同是上代名臣。文帝退朝后对身边人说:"这三公,都是一个时代的伟大人物,后世大概难有继承他们的人了!"明帝即位,晋封钟繇为定陵侯,增加封邑五百户,连同以前共一千八百户,升迁为太傅。钟繇膝盖有毛病,下拜起身不方便。当时华歆也因为年老患病,上朝觐见时都让他们乘坐肩舆,由虎贲卫士抬着上殿就座。这以后三公有病,就以此作为惯例。

当初,太祖下令,让大家讨论关于死刑可以改判宫刑的设想。钟繇认为:"古代的肉刑,经过了圣人的设置改定,现在应该再次施行,以代替死刑。"参加讨论的人认为肉刑不是取悦民众的方法，于是终止。到文帝亲以酒食犒劳群臣之际，下诏说："大理卿想要恢复肉刑，这确实是圣王的法度。各位公卿应当好好地共同讨论这个建议。"还未议决，赶上发生战事，于是再次搁置。太和年间，钟繇上疏说："大魏承受天命，继承虞、夏足迹。汉文帝改革刑法，不合古人之道。先代皇帝的圣德，本来就是上天所恩赐的，三坟五典的事业，要一脉相承到底。因此文帝继承前世，接连颁发明智的诏令，打算恢复古刑，作为一代的法典。因为接连发生战争，最终没能施行。陛下追随父祖的遗志，痛惜于斩趾的刑罚可以禁除坏事，遗憾于被判死刑的人无辜受戮，让臣下好好地学习律例法令，与众大臣共同商议。建议将本当斩去右趾而归入死刑范畴的罪犯，恢复对他们执行斩趾的刑罚。《尚书》说：'皇帝详问百姓，鳏夫寡妇都对有苗有怨恨之辞。'这是说尧将要废除蚩尤、有苗的虐刑，先详细询问百姓中那些有怨言的人。如果现在审断官司时，也传讯询问三槐、九棘、众吏役、万民百姓，让他们按照汉景帝法令规定的那样，对那些应当执行死刑的犯人，自己想要改为斩去右趾的肉刑，就准许他们的请求。对那些应当执行黥、劓、斩左趾、宫刑等肉刑的人，仍然依照汉文帝的办法，改为髡、笞等刑罚。犯有男女奸情的人，通常年纪在二十到四五十岁之间，即使斩了他们的右脚，还是能够生育。现今全国人口少于汉文帝时代，估计臣下的建议所能救活的人，每年约有三千。张苍废除肉刑，所杀的人每年数以万计。臣下想要恢复肉刑，每年可以使三千人活命。当年子贡问孔子能够拯救百姓可以称为仁吗？孔子说：'哪里仅仅是仁爱，那一定是圣德了，尧、舜大概也难于做到完美无缺呢！'又说：'仁爱离我们远吗？我想要实行仁爱，仁爱就来了。'如果确实这样做，百姓将能永久地得到好处。"书上奏，明帝下诏说："太傅学优才高，留心政事，又深通刑法义理。这是件大事，公卿群臣要一起好好讨论。"

司徒王朗认为："钟繇想要轻易减少大辟的条款，增加刖刑的数量，这就好像是把尸体转化为活人。但是臣下愚蠢，仍然有与这个建议不完全符合的意见。五刑的条款，都明确记载在法律条文之中，法律条文本来就有减死一等的规定，不执行死刑，就是减刑了。这个规定施行已经很久了，不必凭借斧凿来大兴肉刑，然后才有罪刑的等次。前世仁爱的人，不忍心见到肉刑的惨厉酷毒，因此废弃不用。不用以来，已经过去好几百年了。现在恢复实行，恐怕减轻死刑的文书还没公布到万民眼前，有关我们滥施肉刑的质问已经宣扬到仇敌耳中了，这可不是用来招徕边远人民的做法。现在可以按照钟繇所说，减轻死罪，把死刑减轻为髡、刖的刑罚。这样惩处若还嫌轻的话，可以加倍增添犯人服劳役的年限。这样做，对内可以说有起死回生不可估量的恩德，对外没有用砍足代替脚镣的骇人听闻的名声。"参加讨论的有一百多人，意见与王朗相同的居多。明帝因为吴、蜀尚未平定，暂且搁置了这项讨论。

太和四年，钟繇去世。明帝身穿缟素前往吊唁，谥钟繇为成侯。钟繇之子钟毓继承父爵。当初，文帝曾分出钟繇的部分封邑，赐封钟繇之弟钟演和钟演之子钟劭、钟演之孙钟豫为列侯。

【原文】毓，字稚叔。年十四为散骑侍郎，机捷谈笑，有父风。太和初，蜀相诸葛亮围祁山，明帝欲西征，毓上疏曰："夫策贵庙胜，功尚帷幄，不下殿堂之上，而决胜千里之外。车驾宜镇守中土，以为四方威势之援。今大军西征，虽有百倍之威，于关中之费，所损非一。且盛暑行师，诗人所重，实非至尊动轫之时也。"迁黄门侍郎。时大兴洛阳宫室，车驾便幸许昌，天下当朝正许昌。许昌逼狭，于城南以毡为殿，备设鱼龙曼延，民罢劳役。毓谏，以为："水旱不时，帑藏空虚，凡此之类，可须丰年。"又上："宜复关内开荒地，使民肆力于农。"事遂施行。正始中，为散骑常侍。大将军曹爽盛夏兴军伐蜀，蜀拒守，军不得进。爽方欲增兵，毓与书曰："窃以为庙胜之策，不临矢石；王者之兵，有征无战。诚以干戚可以服有苗，退舍足以纳原寇，不必纵吴汉于江关，骋韩信于井陉也。见可而进，知难而退，盖自古之政。惟公侯详之！"爽无功而还。后以失爽意，徙侍中，出为魏郡太守。爽既诛，入为御史中丞、侍中、廷尉。听君父已没，臣子得为理谤，及士为侯，其妻不复配嫁，毓所创也。

正元中，毌丘俭、文钦反，毓持节至扬、豫州班行赦令，告谕士民，还为尚书。诸葛诞反，大将军司马文王议自诣寿春讨诞。会吴大将孙壹率众降，或以为："吴新有衅，必不能复出军。东兵已多，可须后问。"毓以为："夫论事料敌，当以己度人。今诞举淮南之地以与吴国，孙壹所率，口不至千，兵不过三百。吴之所失，盖为无几。若寿春之围未解，而吴国之内转安，未可必其不出也。"大将军曰："善。"遂将毓行。[①] 淮南既平，为青州刺史，加后将军，迁都督徐州诸军事，假节，又转都督荆州。景元四年薨，追赠车骑将军，谥曰惠侯。子骏嗣。毓弟会，自有传。

① 臣松之以为：诸葛诞举淮南以与吴，孙壹率三百人以归魏，谓吴有衅，本非有理之言。毓之此议，盖何足称耳！

【译文】钟毓，字稚叔。十四岁担任散骑侍郎，机智敏捷，言谈幽默，有父亲钟繇的风范。太和初年，蜀国丞相诸葛亮围攻祁山，明帝想要西征，钟毓上疏说："谋划贵在胜于朝堂之上，战功贵在运筹帷幄之中，不用走出殿堂，而决定胜负于千里之外。皇上应该镇守中原，以作为四方军事威势的后援。现在大军西征，即使有百倍的威力，对于关中的损失也不止一点。并且在盛暑时节出动军队，曾被诗人看得很严重，实在不是至尊车驾行动的时候。"迁升钟毓为黄门侍郎。当时正在洛阳大兴土木，营造宫室，明帝车驾驾临许昌，全国官员都应当来许昌朝见。许昌地方狭促，于是在城南铺上毛毡作为朝会大殿，上演鱼龙曼延的文艺节目，百姓疲于劳役。钟毓进谏，认为："现在水旱灾害无常，国库空虚，这一类事情，应该等待丰收之年再进行。"又上书说："应该恢复在关内地区开垦荒地的措施，使百姓尽力于农耕。"于是，这些事得以施行。正始年间，钟毓任散骑常侍。大将军曹爽在盛夏时节发兵征讨蜀国，蜀国顽强抗击，魏军不能前进。曹爽正准备增加兵力，钟毓给他写信说："我私下认为决胜于朝廷的策略，不应亲冒飞箭滚石的危险；王者之兵，应该是只征讨而无须正面交锋。实当是像舜舞干戚可以征服有苗，晋文公后退三十里就足以取胜于中原，而不必像吴汉那样长驱直入江关，像韩信那样奔战井陉。见可而进，知难而退，是自古以来征战的正道。希望公侯您慎重考虑！"曹爽最终无功而返。后来钟毓因为不合曹爽的心意，改任侍中，出任魏郡太守。曹爽被诛杀后，钟毓又入京担任御史中丞、侍中、廷尉。听到君父已死，臣下可以出面辩诬，以及士人有了侯爵以后，他们的妻子不得再嫁，这些规定都是钟毓所创设的。

正元年间，毌丘俭、文钦反叛，钟毓持符节到扬州、豫州颁行朝廷赦免令，通告士人百姓，回来后他担任尚书。诸葛诞反叛，大将军司马昭打算亲自去寿春讨伐诸葛诞。适逢吴国大将孙壹率领部下前来投降，有人认为："吴国近来有矛盾，必定不能再出兵。我们在东线的兵力已很多，可等以后再说。"钟毓认为："评论事情，估量敌人，应当以己之心，度人之腹。现在诸葛诞将淮南全部土地送给吴国，而孙壹所率领的，人口不到一千，士兵不过三百。吴国所失去的，可以说根本不算什么。如果寿春的重围不能解除，而吴国国内又转为安定，我们是不宜断然料定他们绝不会出兵的。"大将军说："正确。"于是带着钟毓出发了。淮南平定以后，钟毓任青州刺史，加官后将军，升迁为都督徐州诸军事，授予符节，又转为统领荆州。景元四年去世，追赠为车骑将军，谥号为惠侯。儿子钟骏承嗣。钟毓的弟弟钟会，自有一传。

华歆

【原文】华歆，字子鱼，平原高唐人也。高唐为齐名都，衣冠无不游行市里。歆为吏，休沐出府，则归家阖门。议论持平，终不毁伤人。① 同郡陶丘洪亦知名，自以明见过歆。时王芬与豪杰谋废灵帝，语在《武纪》。② 芬阴呼歆、洪共定计，洪欲行，歆止之曰："夫废立大事，伊、霍之所难。芬性疏而不武，此必无成，而祸将及族。子其无往！"洪从歆言而止。后芬果败，洪乃服。举孝廉，除郎中，病，去官。灵帝崩，何进辅政，征河南郑泰、颍川荀攸及歆等。歆到，为尚书郎。董卓迁天子长安，歆求出为下邽令，病不行，遂从蓝田至南阳。③ 时袁术在穰，留歆。歆说术使进军讨卓，术不能用。歆欲弃去，会天子使太傅马日磾安集关东，日磾辟歆为掾。东至徐州，诏即拜歆豫章太守，以为政清静不烦，吏民感而爱之。④ 孙策略地江东，歆知策善用兵，乃幅巾奉迎。策以其长者，待以上宾之礼。⑤

①《魏略》曰：歆与北海邴原、管宁俱游学，三人相善，时人号三人为"一龙"，歆为龙头，原为龙腹，宁为龙尾。

臣松之以为：邴根矩之徽猷懿望，不必有愧华公，管幼安含德高蹈，又恐弗当为尾。《魏略》此言，未可以定其先后也。

②《魏书》称芬有大名于天下。

③ 华峤《谱叙》曰：歆少以高行显名。避西京之乱，与同志郑泰等六七人，间步出武关。道遇一丈夫独行，愿得俱，皆哀欲许之。歆独曰："不可。今已在危险之中，祸福患害，义犹一也。无故受人，不知其义。既以受之，若有进退，可中弃乎！"众不忍，卒与俱行。此丈夫中道堕井，皆欲弃之。歆曰："已与俱矣，弃之不义。"相率共还出之，而后别去。众乃大义之。

④《魏略》曰：扬州刺史刘繇死，其众愿奉歆为主。歆以为因时擅命，非人臣之宜。

众守之连月，卒谢遣之，不从。

⑤胡冲《吴历》曰：孙策击豫章，先遣虞翻说歆。歆答曰："歆久在江表，常欲北归。孙会稽来，吾便去也。"翻还报策，策乃进军。歆葛巾迎策，策谓歆曰："府君年德名望，远近所归。策年幼稚，宜修子弟之礼。"便向歆拜。◎华峤《谱叙》曰：孙策略有扬州，盛兵徇豫章，一郡大恐。官属请出郊迎，教曰："无然。"策稍进，复白发兵，又不听。及策至，一府皆造阁，请出避之。乃笑曰："今将自来，何遽避之？"有顷，门下白曰："孙将军至。"请见，乃前与歆共坐，谈议良久，夜乃别去。义士闻之，皆长叹息而心自服也。策遂亲执子弟之礼，礼为上宾。是时四方贤士大夫避地江南者甚众，皆出其下，人人望风。每策大会，坐上莫敢先发言，歆时起更衣，则论议讙哗。歆能剧饮，至石余不乱，众人微察，常以其整衣冠为异，江南号之曰"华独坐"。◎虞溥《江表传》曰：孙策在椒丘，遣虞翻说歆。翻既去，歆请功曹刘壹入议。壹劝歆住城，遣檄迎军。歆曰："吾虽刘刺史所置，上用，犹是剖符吏也。今从卿计，恐死有余责矣。"壹曰："王景兴既汉朝所用，且尔时会稽人众盛强，犹见原恕，明府何虑？"于是夜逆作檄，明旦出城，遣吏赍迎。策便进军，与歆相见，待以上宾，接以朋友之礼。

孙盛曰：夫大雅之处世也，必先审隐显之期，以定出处之分，否则括囊以保其身，泰则行义以达其道。歆既无夷、皓韬邈之风，又失王臣匪躬之操，故挠心于邪儒之说，交臂于陵肆之徒，位夺于一竖，节堕于当时。昔许、蔡失位，不得列于诸侯；州公实来，鲁人以为贱耻。方之于歆，咎孰大焉！

后策死。太祖在官渡，表天子征歆。孙权欲不遣，歆谓权曰："将军奉王命，始交好曹公，分义未固，使仆得为将军效心，岂不有益乎？今空留仆，是为养无用之物，非将军之良计也。"权悦，乃遣歆。宾客旧人送之者千余人，赠遗数百金。歆皆无所拒，密各题识，至临去，悉聚诸物，谓诸宾客曰："本无拒诸君之心，而所受遂多。念单车远行，将以怀璧为罪，愿宾客为之计。"众乃各留所赠，而服其德。

歆至，拜议郎，参司空军事。入为尚书，转侍中，代荀彧为尚书令。太祖征孙权，表歆为军师。魏国既建，为御史大夫。文帝即王位，拜相国，封安乐乡侯。及践阼，改为司徒。①歆素清贫，禄赐以振施亲戚故人，家无担石之储。公卿尝并赐没入生口，唯歆出而嫁之。帝叹息，②下诏曰："司徒，国之俊老，所与和阴阳理庶事也。今大官重膳，而司徒蔬食，甚无谓也。"特赐御衣，及为其妻子男女皆作衣服。③三府议："举孝廉，本以德行，不复限以试经。"歆以为："丧乱以来，六籍堕废，当务存立，以崇王道。夫制法者，所以经盛衰。今听孝廉不以经试，恐学业遂从此而废。若有秀异，可特征用。患于无其人，何患不得哉？"帝从其言。

①《魏书》曰：文帝受禅，歆登坛相仪，奉皇帝玺授，以成受命之礼。◎华峤《谱叙》曰：文帝受禅，朝臣三公已下并受爵位。歆以形色忤时，徙为司徒，而不进爵。魏文帝久不怿，以问尚书令陈群曰："我应天受禅，百辟群后，莫不人人悦喜，形于声色，而相国及公独有不怡者，何也？"群起离席长跪曰："臣与相国曾臣汉朝，心虽悦喜，义形其色，亦惧陛下实应且憎。"帝大悦，遂重异之。

②孙盛曰：盛闻庆赏威刑，必宗于主，权宜宥恕，出自人君。子路私馈，仲尼毁其食器；田氏盗施，《春秋》著以为讥。斯褒贬之成言，已然之显义也。孥戮之家，国刑所肃，受赐之室，乾施所加，若在哀矜，理无偏宥。歆居股肱之任，同元首之重，则当公言皇朝，以彰天泽，而默受嘉赐，独为君子，既犯作福之嫌，又违必去之义，可谓匹夫之仁，蹈道则未也。◎《魏书》曰：歆性周密，举动详慎，常以为人臣陈事，务以讽谏合道为贵，就有所言，不敢显露。故其事多不见载。◎华峤《谱叙》曰：歆淡于财欲，前后宠赐，诸公莫及，然终不殖产业。陈群常叹曰："若华公，可谓通而不泰，清而不介者矣。"◎《傅子》曰："敢问今之君子？"曰："袁郎中积德行俭，华太尉积德居顺，其智可及也，其清不可及也。事上以忠，济下以仁，晏婴、行父何以加诸？"

③《魏书》曰：又赐奴婢五十人。

黄初中，诏公卿举独行君子，歆举管宁，帝以安车征之。明帝即位，进封博平侯，增邑五百户，并前千三百户，转拜太尉。[①] 歆称病乞退，让位于宁，帝不许。临当大会，乃遣散骑常侍缪袭奉诏喻指曰："朕新莅庶事，一日万几，惧听断之不明。赖有德之臣，左右朕躬，而君屡以疾辞位。夫量主择君，不居其朝，委荣弃禄，不究其位，古人固有之矣，顾以为周公、伊尹则不然。洁身徇节，常人为之，不望之于君。君其力疾就会，以惠予一人。将立席几筵，命百官总己，以须君到，朕然后御坐。"又诏袭："须歆必起，乃还。"歆不得已，乃起。

①《列异传》曰：歆为诸生时，尝宿人门外。主人妇夜产。有顷，两吏诣门，便辟易却，相谓曰："公在此。"踌躇良久，一吏曰："籍当定，奈何得住？"乃前向歆拜，相将入。出并行，共语曰："当与几岁？"一人曰："当三岁。"天明，歆去。后欲验其事，至三岁，故往问儿消息，果已死。歆乃自知当为公。

臣松之按《晋阳秋》说魏舒少时寄宿事，亦如之。以为理无二人俱有此事，将由传者不同。今宁信《列异》。

太和中，遣曹真从子午道伐蜀，车驾东幸许昌。歆上疏曰："兵乱以来，过逾二纪。大魏承天受命，陛下以圣德当成、康之隆，宜弘一代之治，绍三王之迹。虽有二贼负险延命，苟圣化日跻，远人怀德，将襁负而至。夫兵不得已而用之，故戢而时动。臣诚愿陛下先留心于治道，以征伐为后事。且千里运粮，非用兵之利；越险深入，无独克之功。如闻今年征役，颇失农桑之业。为国者以民为基，民以衣食为本。使中国无饥寒之患，百姓无离土之心，则天下幸甚，二贼之衅，可坐而待也。臣备位宰相，老病日笃，犬马之命将尽，恐不复奉望銮盖，不敢不竭臣子之怀，唯陛下裁察！"帝报曰："君深虑国计，朕甚嘉之。贼凭恃山川，二祖劳于前世，犹不克平，朕岂敢自多，谓必灭之哉！诸将以为不一探取，无由自弊，是以观兵以窥其衅。若天时未至，周武还师，乃前事之鉴，朕敬不忘所戒。"时秋大雨，诏真引军还。太和五年，歆薨，谥曰敬侯。[①] 子表嗣。初，文帝分歆户邑，封歆弟缉列侯。表，咸熙中为尚书。[②]

①《魏书》云：歆时年七十五。

②华峤《谱叙》曰：歆有三子。表，字伟容，年二十余，为散骑侍郎。时同僚诸郎

共平尚书事，年少，并兼厉锋气，要召名誉。尚书事至，或有不便，故遗漏不视，及传书者去，即入深文论驳。惟表不然，事来有不便，辄与尚书共论尽其意，主者固执，不得已，然后共奏议。司空陈群等以此称之。仕晋，历太子少傅、太常。称疾致仕，拜光禄大夫。性清淡，常虑天下退理。司徒李胤、司隶王弘等常称曰："若此人者，不可得而贵，不可得而贱，不可得而亲，不可得而疏。"中子博，历三县内史，治有名迹。少子周，黄门侍郎、常山太守，博学有文思，中年遇疾，终于家。表有三子。长子廙，字长骏。◎《晋诸公赞》曰：廙有文翰，历位尚书令、太子少傅，追赠光禄大夫开府。峤，字叔骏，有才学，撰《后汉书》，世称为良史。为秘书监、尚书。澹，字玄骏，最知名，为河南尹。廙三子。昆，字敬伦，清粹有检，为尚书。荟，字敬叔。《世语》称荟贵正。恒，字敬则，以通理称。昆，尚书；荟，河南尹；恒，左光禄大夫开府。澹子轶，字彦夏。有当世才志，为江州刺史。

【译文】华歆，字子鱼，平原郡高唐县人。高唐是齐国有名的都邑，士大夫没有不到市里交游的。华歆做官时，休假离开官府，就回家关门不出。议事论人公正持平，始终也不毁谤别人。同郡人陶丘洪也很知名，自己认为见解智慧超过华歆。当时王芬与一些豪杰人物策划废黜汉灵帝，此事记载在本书《武帝纪》中。王芬暗中招呼华歆、陶丘洪共同确定计策，陶丘洪打算前去，华歆劝阻他说："废立皇帝是一件大事，连伊尹、霍光都感到为难。王芬性情放纵又果决不足，这事必定不能成功，而灾祸将要涉及族人。你别去！"陶丘洪听从了华歆的话没有去。后来王芬果然失败，陶丘洪这才服气。华歆被举荐为孝廉，任郎中，因患病辞去官职。汉灵帝驾崩，何进辅佐朝政，征召河南人郑泰、颍川人荀攸及华歆等人。华歆到京，授任尚书郎。董卓胁迫天子迁都长安，华歆请求出任下邽县令，因病没有到职，于是从蓝田到了南阳。这时袁术在穰城，留住了华歆。华歆劝说袁术进军讨伐董卓，袁术不能采纳。华歆想要离开袁术，适逢天子派太傅马日磾安定关东，马日磾征召华歆为属官。华歆向东到了徐州，朝廷下诏任命他为豫章太守，因为在处理政事上公正廉洁而不烦琐，受到官吏民众的感激爱戴。孙策占领江东，华歆知道孙策善于用兵，就以幅巾束发前往迎奉。孙策因为华歆是年长的人，所以用上宾礼节对待他。

后来孙策死了。太祖在官渡，上表天子征召华歆。孙权不想让他走，华歆对孙权说："将军您奉帝王之命，才与曹公交好，料想情义尚未巩固，让我为将军效劳，岂不是有益的事吗？现在徒然留下我，是养了无用之人，这不是将军的最佳选择啊。"孙权高兴了，这才遣走了华歆。宾客旧友来为华歆送行的有一千多人，赠送的礼金多达数百金。华歆都没有拒收，私下都做好标记，到了临走时，才把各种礼物都聚在一起，对众宾客说："我本来没有拒绝各位的心意，但所接受的实在太多。考虑到我独自乘车远行，将因怀藏美玉而招致灾难，希望各位宾客替我考虑。"于是，众人各自收回了自己的赠品，对华歆的德行表示佩服。

华歆到了太祖那里，拜官为议郎，参司空府军事。又进任尚书，转任侍中，代替荀彧担任尚书令。太祖出征孙权，上表任命华歆为军师。魏国建立后，担任御史大夫。文帝即魏王位，任命华歆为相国，封安乐乡侯。到文帝受禅登基之后，改任司徒。华歆向来清贫自守，俸禄赏赐常用来救济亲戚故旧，家里没有一担粮的储蓄。公卿都曾被赏赐没入官府的仆人，而只有华歆把她们放出嫁人。文帝叹息，下诏说："司徒，是国家才德过人的公卿，为国调和阴阳管理日常事务。现在大官都用丰盛的膳食，而司徒却素菜淡饭，实在不太妥当。"特别赐给华歆御衣，又为他的妻子儿女都制作了衣服。三府建议："荐举孝廉，本来应以德行为标准，不再用考试经典来限制。"华歆认为："天下大乱以来，六经毁坏衰败，应当努力恢复保存，以发扬王道。制订法令，是用来治理衰世。现听说举荐孝廉不用经过经学考试，恐怕学业就要从此废弃。如果有特异优秀的人才，可以特殊征用。我们担忧的是没有人才，哪里需要担忧有人才而不能得到呢？"文帝听从了他的意见。

黄初年间，朝廷下诏命公卿举荐特立独行的君子，华歆举荐了管宁，文帝便用安车征召他。明帝即位后，晋封华歆为博平侯，增加封邑五百户，连同以前的共一千三百户，转任太尉。华歆托病请求退职，把官位让给管宁，明帝不准。临近朝臣大朝会之时，明帝派散骑常侍缪袭奉诏劝告华歆说："朕新近治理各种事务，日理万机，担心处理有不妥之处。想依赖有德行的大臣，出大力辅佐朝政，而您几次称病辞让职位。选择考量君主，不处朝廷，抛弃荣华富贵，不求官位，这样的事例，古人固然已经有过了，回看周公、伊尹却不是这样。洁身自好，坚守贞操，平常人可以那样做，却不希望您也那样。您还是应当勉力来参加朝会，就算是给我一个人提供帮助。我将在餐桌前站立，让百官各统已职，等您到来，然后我再入座。"明帝又命令缪袭："必须等到华歆起行，你再回来。"华歆不得已，才起身赴朝会。

太和年间，明帝派遣曹真从子午谷山道讨伐蜀国，明帝车驾向东到了许昌。华歆上疏说："自从战乱发生以来，已超过了两代人。大魏承受天命，陛下凭借圣德正当周成王、周康王那样的隆盛时期，应该弘扬一个时代的治绩，继承三王的盛事。虽然还有吴、蜀两个敌国依凭险阻苟延残喘，如果圣王教化日益发展，僻远地方的人民感怀德政，也将扶老携幼前来投奔。军队要到不得已的时候才用，所以平时要刀枪入库，停止用兵，时机合适才可以行动。臣下诚恳希望陛下先留心于治理国家的方法，把出兵征伐作为以后的事情。况且千里之外转运军粮，不是用兵的有利条件；穿越重重险阻，深入敌国，难有独力克复的功效。听说今年征调兵役，于农桑事业颇有损失。治国的人以百姓为基础，百姓以穿衣吃饭为根本。假使中原地区没有饥饿寒冷的忧患存在，百姓没有离开故土的心思，那样就是国家最大的幸运，两个敌国要面临的灾祸，可以坐等它自行到来。臣下身任宰相，年已老迈，疾病一天比一天加重，再效犬马之劳的时日不多，恐怕不能再侍奉陛下了，所以不敢不竭尽臣子的忠心，希望陛下裁决明察！"明帝答复说："您深忧国家大计，我很是赞美。贼国凭借山川险阻，武帝、文帝二祖操劳在前，尚且不能攻克平定，我岂敢自我夸耀，认为一定能消灭他们呢！众将认为如果不去试攻一下，无法使他们自行衰败，因此出兵观察以寻找他们的破绽。如果天时还没到来，像周武王那样主动回师，已有前代事例作为借鉴，朕将不会忘记您的告诫。"当时正值秋季大雨，明帝下令曹真带领军队返回。太和五年，华歆去世，谥号为敬侯。其子华表承嗣。当初,文帝曾分出华歆封邑,封华歆的弟弟华缉为列侯。华表在咸熙年间任尚书。

王朗　王肃

【原文】王朗,字景兴,东海郯人也。以通经,拜郎中,除菑丘长。师太尉杨赐,赐薨,弃官行服。举孝廉,辟公府,不应。徐州刺史陶谦察朗茂才。时汉帝在长安,关东兵起,朗为谦治中,与别驾赵昱等说谦曰:"《春秋》之义,求诸侯莫如勤王。今天子越在西京,宜遣使奉承王命。"谦乃遣昱奉章至长安。天子嘉其意,拜谦安东将军。以昱为广陵太守,朗会稽太守。① 孙策渡江略地,朗功曹虞翻以为力不能拒,不如避之。朗自以身为汉吏,宜保城邑,遂举兵与策战,败绩,浮海至东冶。策又追击,大破之。朗乃诣策。策以朗儒雅,诘让而不害。② 虽流移穷困,朝不谋夕,而收恤亲旧,分多割少,行义甚著。

①《朗家传》曰:会稽旧祀秦始皇,刻木为像,与夏禹同庙。朗到官,以为无德之君,不应见祀,于是除之。居郡四年,惠爱在民。

②《献帝春秋》曰:孙策率军如闽、越讨朗。朗泛舟浮海,欲走交州,为兵所逼,遂诣军降。策令使者诘朗曰:"问逆贼故会稽太守王朗:朗受国恩当官,云何不惟报德而阻兵安忍?大军征讨,幸免枭夷。不自扫屏,复聚党众,屯住郡境。远劳王诛,卒不悟顺。捕得云'降',庶以欺诈,用全首领。得尔与不,具以状对。"朗称"禽虏",对使者曰:"朗以琐才,误窃朝私,受爵不让,以遘罪网。前见征讨,畏死苟免。因治人物,寄命须臾。又迫大兵,惶怖北引。从者疾患,死亡略尽。独与老母共乘一槅,流矢始交,便弃槅就俘,稽颡自首于征役之中。朗惶惑不达,自称'降虏',缘前迷谬,被诘惭惧。朗愚浅驽怯,畏威自惊。又无良介,不早自归。于破亡之中,然后委命下隶。身轻罪重,死有余辜。申脰就鞅,蹴足入绊,叱咤听声,东西惟命。"

太祖表征之,朗自曲阿展转江海,积年乃至。① 拜谏议大夫,参司空军事。② 魏国初建,以军祭酒领魏郡太守,迁少府、奉常、大理。务在宽恕,罪疑从轻。钟繇明察当法,俱以治狱见称。③

① 朗被征未至。孔融与朗书曰:"世路隔塞,情问断绝,感怀增思。前见章表,知寻汤武罪己之迹,自投东裔同鲧之罚,览省未周,涕陨潸然。主上宽仁,贵德宥过。曹公辅政,思贤并立。策书屡下,殷勤款至。知棹舟浮海,息驾广陵,不意黄能突出羽渊也。谈笑有期,勉行自爱!"◎《汉晋春秋》曰:孙策之始得朗也,谴让之。使张昭私问朗,朗誓不屈,策忿而不敢害也,留置曲阿。建安三年,太祖表征朗,策遣之。太祖问曰:"孙策何以得至此邪?"朗曰:"策勇冠一世,有俊才大志。张子布,民之望也,北面而相之。周公瑾,江淮之杰,攘臂而为其将。谋而有成,所规不细,终为天下大贼,非徒狗盗而已。"

②《朗家传》曰:朗少与沛国名士刘阳交友。阳为莒令,年未三十而卒,故后世鲜闻。初,阳以汉室渐衰,知太祖有雄才,恐为汉累,意欲除之而事不会。及太祖贵,求其嗣子甚急。其子惶窘,走伏无所。阳亲旧虽多,莫敢藏者。朗乃纳受积年,及从会稽还,

又数开解。太祖久乃赦之,阳门户由是得全。

③《魏略》曰:太祖请同会,啁朗曰:"不能效君昔在会稽折粳米饭也。"朗仰而叹曰:"宜适难值!"太祖问:"云何?"朗曰:"如朗昔者,未可折而折;如明公今日,可折而不折也。"太祖以孙权称臣遣贡谘朗,朗答曰:"孙权前笺,自诡躬讨虏以补前愆,后疏称臣,以明无二。牙兽屈膝,言鸟告欢,明珠、南金,远珍必至。情见乎辞,效著乎功,三江五湖,为沼于魏,西吴东越,化为国民。鄢、郢既拔,荆门自开。席卷巴、蜀,形势已成。重休累庆,杂沓相随。承旨之日,抚掌击节。情之畜者,辞不能宣。"

文帝即王位,迁御史大夫,封安陵亭侯。上疏劝育民省刑曰:"兵起已来三十余年,四海荡覆,万国殄瘁。赖先王芟除寇贼,扶育孤弱,遂令华夏复有纲纪。鸠集兆民,于兹魏土,使封鄙之内,鸡鸣狗吠,达于四境,蒸庶欣欣,喜遇升平。今远方之寇未宾,兵戎之役未息,诚令复除足以怀远人,良宰足以宣德泽,阡陌咸修,四民殷炽,必复过于曩时而富于平日矣。《易》称'敕法',《书》著'祥刑','一人有庆,兆民赖之',慎法狱之谓也。昔曹相国以狱市为寄,路温舒疾治狱之吏。夫治狱者得其情,则无冤死之囚;丁壮者得尽地力,则无饥馑之民;穷老者得仰食仓廪,则无馁饿之殍;嫁娶以时,则男女无怨旷之恨;胎养必全,则孕者无自伤之哀;新生必复,则孩者无不育之累;壮而后役,则幼者无离家之思;二毛不戎,则老者无顿伏之患。医药以疗其疾,宽繇以乐其业,威罚以抑其强,恩仁以济其弱,赈贷以赡其乏。十年之后,既笄者必盈巷。二十年之后,胜兵者必满野矣。"

及文帝践阼,改为司空,进封乐平乡侯。[①] 时帝颇出游猎,或昏夜还宫。朗上疏曰:"夫帝王之居,外则饰周卫,内则重禁门,将行则设兵而后出幄,称警而后践墀,张弧而后登舆,清道而后奉引,遮列而后转毂,静室而后息驾,皆所以显至尊,务戒慎,垂法教也。近日车驾出临捕虎,日昃而行,及昏而反,违警跸之常法,非万乘之至慎也。"帝报曰:"览表,虽魏绛称虞箴以讽晋悼,相如陈猛兽以戒汉武,未足以喻。方今二寇未殄,将帅远征,故时入原野以习戎备。至于夜还之戒,已诏有司施行。"[②]

①《魏名臣奏》载朗节省奏曰:"诏问所宜损益,必谓东京之事也。若夫西京云阳、汾阴之大祭,千有五百之群,祀通天之台,入阿房之宫,斋必百日,养牺五载,牛则三千其重,玉则七千其器;文绮以饰重席,童女以蹈舞缀;酿酎必贯三时而后成,乐人必三千四百而后备;内宫美人数至近千,学官博士弟子七千余人;中厩则骓騄驸马六万余匹,外牧则扈养三万而马十之;执金吾从骑六百,走卒倍焉;太常行陵赤车千乘,太官赐官奴婢六千,长安城内治民为政者三千,中二千石蔽罪断刑者二十有五狱。政充事猥,威仪繁富,隆于三代,近过礼中。夫所以极奢者,大抵多受之于秦余。既违茧栗悫诚之本,扫地简易之指,又失替质而损文,避泰而从约之趣。岂夫当今隆兴盛明之时,祖述尧舜之际,割奢务俭之政,除繁崇省之令,详刑慎罚之教,所宜希慕哉?及夫寝庙日一太牢之祀,郡国并立宗庙之法,丞相御史大夫官属吏从之数,若此之辈,既已屡改于哀、平之前,不行光武之后矣。谨按图牒所改奏,在天地及五帝、六宗、宗庙、社稷,既已因前代之兆域矣。夫天地则扫地而祭,其余则皆坛而埒之矣。明堂所以祀上帝,灵

台所以观天文,辟雍所以修礼乐,太学所以集儒林,高禖所以祈休祥,又所以察时务,扬教化。稽古先民,开诞庆祚,旧时皆在国之阳,并高栋夏屋,足以肄飨射,望云物。七郊虽尊祀尚质,犹皆有门宇便座,足以避风雨。可须军罢年丰,以渐修治。旧时虎贲、羽林、五营兵及卫士并合,虽且万人,或商贾惰游子弟,或农野谨钝之人。虽有乘制之处,不讲戎陈,既不简练,又希更寇,虽名实不副,难以备急。有警而后募兵,军行而后运粮,或乃兵既久屯,而不务营佃,不修器械,无有贮聚,一隅驰羽檄,则三面并荒扰,此亦汉氏近世之失而不可式者也。当今诸夏已安,而巴蜀在画外。虽未得偃武而弢甲,放马而戢兵,宜因年之大丰,遂寄军政于农事。吏士小大,并勤稼穑,止则成井里于广野,动则成校队于六军,省其暴繇,赡其衣食。《易》称'悦以使民,民忘其劳;悦以犯难,民忘其死',今之谓矣。粮蓄于食,勇蓄于势,虽坐曜烈威而众未动,画外之蛮,必复稽颡以求改往而效用矣。若畏威效用,不战而定,则贤于交兵而后威立,接刃而后功成远矣。若奸凶不革,遂迷不反,犹欲以其所虐用之民,待大魏投命报养之士,然后徐以前歌后舞乐征之众,临彼倒戟折矢乐服之群,伐腐摧枯,未足以为喻。"

②《王朗集》载朗为大理时上:"主簿赵郡张登,昔为本县主簿,值黑山贼围郡,登与县长王隽帅吏兵七十二人直往赴救,与贼交战,吏兵散走。隽殆见害,登手格一贼,以全隽命。又,守长夏逸,为督邮所枉,登身受考掠,理逸之罪。义济二君,宜加显异。"太祖以所急者多,未遑擢叙。至黄初初,朗又与太尉钟繇连名表闻,兼称登在职勤劳。诏曰:"登忠义彰著,在职功勤。名位虽卑,直亮宜显。饔膳近任,当得此吏。今以登为太官令。"

初,建安末,孙权始遣使称藩,而与刘备交兵。诏议当兴师与吴并取蜀不。朗议曰:"天子之军,重于华、岱,诚宜坐曜天威,不动若山。假使权亲与蜀贼相持,搏战旷日,智均力敌,兵不速决,当须军兴以成其势者,然后宜选持重之将,承寇贼之要,相时而后动,择地而后行,一举更无余事。今权之师未动,则助吴之军无为先征。且雨水方盛,非行军动众之时。"帝纳其计。黄初中,鹈鹕集灵芝池,诏公卿举独行君子。朗荐光禄大夫杨彪,且称疾,让位于彪。帝乃为彪置吏卒,位次三公。诏曰:"朕求贤于君而未得,君乃翻然称疾,非徒不得贤,更开失贤之路,增玉铉之倾。无乃居其室出其言不善,见违于君子乎!君其勿有后辞。"朗乃起。

孙权欲遣子登入侍,不至,是时车驾徙许昌,大兴屯田,欲举军东征。朗上疏曰:"昔南越守善,婴齐入侍,遂为冢嗣,还君其国。康居骄黠,情不副辞,都护奏议以为宜遣侍子,以黜无礼。且吴濞之祸,萌于子入,隗嚣之叛,亦不顾子。往者闻权有遣子之言而未至,今六军戒严,臣恐舆人未畅圣旨,当谓国家愠于登之逋留,是以为之兴师。设师行而登乃至,则为所动者至大,所致者至细,犹未足以为庆。设其傲狠,殊无入志,惧彼舆论之未畅者,并怀伊邑。臣愚以为宜敕别征诸将,各明奉禁令,以慎守所部。外曜烈威,内广耕稼,使泊然若山,澹然若渊,势不可动,计不可测。"是时,帝以成军遂行,权子不至,车驾临江而还。①

①《魏书》曰:车驾既还,诏三公曰:"三世为将,道家所忌。穷兵黩武,古有成戒。

况连年水旱，士民损耗，而功作倍于前，劳役兼于昔，进不灭贼，退不和民。夫屋漏在上，知之在下，然迷而知反，失道不远，过而能改，谓之不过。今将休息，栖备高山，沉权九渊，割除摈弃，投之画外。车驾当以今月中旬到谯，淮、汉众军亦各还反，不腊西归矣。”

明帝即位，进封兰陵侯，增邑五百，并前千二百户。使至邺省文昭皇后陵，见百姓或有不足。是时方营修宫室，朗上疏曰：“陛下即位已来，恩诏屡布，百姓万民莫不欣欣。臣顷奉使北行，往反道路，闻众徭役，其可得蠲除省减者甚多。愿陛下重留日昃之听，以计制寇。昔大禹将欲拯天下之大患，故乃先卑其宫室，俭其衣食，用能尽有九州，弼成五服。句践欲广其御儿之疆，[1]馘夫差于姑苏，故亦约其身以及家，俭其家以施国，用能囊括五湖，席卷三江，取威中国，定霸华夏。汉之文、景亦欲恢弘祖业，增崇洪绪，故能割意于百金之台，昭俭于弋绨之服，内减太官而不受贡献，外省徭赋而务农桑，用能号称升平，几致刑错。孝武之所以能奋其军势，拓其外境，诚因祖考畜积素足，故能遂成大功。霍去病，中才之将，犹以匈奴未灭，不治第宅。明恤远者略近，事外者简内。自汉之初及其中兴，皆于金革略寝之后，然后凤阙猥阅，德阳并起。今当建始之前足用列朝会，崇华之后足用序内官，华林、天渊足用展游宴。若且先成阊阖之象魏，使足用列远人之朝贡者，修城池，使足用绝逾越，成国险。其余一切，且须丰年。一以勤耕农为务，习戎备为事，则国无怨旷，户口滋息，民充兵强，而寇戎不宾，缉熙不作，未之有也。”转为司徒。

①御儿，吴界边戍之地名。

时屡失皇子，而后宫就馆者少，朗上疏曰：“昔周文十五而有武王，遂享十子之祚，以广诸姬之胤。武王既老而生成王，成王是以鲜于兄弟。此二王者，各树圣德，无以相过，比其子孙之祚，则不相如。盖生育有早晚，所产有众寡也。陛下既德祚兼彼二圣，春秋高于姬文育武之时矣，而子发未举于椒兰之奥房，藩王未繁于掖庭之众室。以成王为喻，虽未为晚，取譬伯邑，则不为夙。《周礼》六宫内官百二十人，而诸经常说，咸以十二为限，至于秦汉之末，或以千百为数矣。然虽弥猥，而就时于吉馆者或甚鲜，明‘百斯男’之本，诚在于一意，不但在于务广也。老臣慺慺，愿国家同祚于轩辕之五五，而未及周文之二五，用为伊邑。且少小常苦被褥泰温，泰温则不能便柔肤弱体，是以难可防护，而易用感慨。若常令少小之缊袍不至于甚厚，则必咸保金石之性，而比寿于南山矣。”帝报曰：“夫忠至者辞笃，爱重者言深。君既劳思虑，又手笔将顺，三复德音，欣然无量。朕继嗣未立，以为君忧，钦纳至言，思闻良规。”朗著《易》《春秋》《孝经》《周官》传，奏议论记，咸传于世。[1]太和二年薨，谥曰成侯。子肃嗣。初，文帝分朗户邑，封一子列侯，朗乞封兄子详。

①《魏略》曰：朗，本名严，后改为朗。◎《魏书》曰：朗高才博雅，而性严整慷慨，多威仪，恭俭节约，自婚姻中表礼贽无所受。常讥世俗有好施之名，而不恤穷贱，故用财以周急为先。

【译文】王朗，字景兴，东海郡郯县人。因为通晓经学，官拜郎中，任菑丘县长。师从太尉杨赐，杨赐去世，他弃官服孝守丧。被荐举为孝廉，公府征召，他不肯上任。徐州刺史陶谦举荐王朗为秀才。当时汉献帝在长安，关东起义兵，王朗任陶谦手下的治中，与别驾赵昱等人劝陶谦说：“《春秋》的义旨，是谋求诸侯地位不如勤王。现在天子远在西京，应该派遣使者去朝见并接受君王的指令。”于是，陶谦派赵昱带着奏章到了长安。天子赞美他的心意，任命陶谦为安东将军。任命赵昱为广陵郡太守，王朗为会稽郡太守。孙策渡过长江攻占江北土地，王朗的功曹虞翻认为现有兵力不足拒敌，不如避敌不战。王朗认为自己身为汉朝官吏，应该保守城镇，于是发兵与孙策作战，战败，渡海到东冶。孙策又来追击，王朗大败。于是，王朗去见孙策。孙策因为王朗风度儒雅，只诘问责难了一番而没有杀害他。王朗虽然陷于颠沛流离的境地，自己穷困潦倒，朝不保夕，但是仍然接收和抚恤亲戚故旧，分多割少，施行仁义，事迹显著。

太祖上表征召王朗，王朗从曲阿出发，辗转江、海之上，奔波了一年多才到。官拜谏议大夫，参司空府军事。魏国刚建立时，王朗以军祭酒的身份兼任魏郡太守，又升迁为少府、奉常、大理卿。他处理案件以宽恕为本，罪行难以决断时则从轻判处。钟繇对刑法有精细透彻的见解，两人都以善理诉讼案件著称于世。

文帝即魏王位，王朗升任御史大夫，封安陵亭侯。王朗上疏劝谏文帝抚育民众减省刑罚，说：“战乱以来三十余年，四海动荡倾覆，万邦劳瘁绝灭。幸赖先王铲除贼寇，扶助育养孤弱百姓，才使中原重新有了秩序和法纪。天下百姓聚集在魏国土地上，疆域内鸡鸣狗吠的声音传到四面八方，百姓快快乐乐，庆幸自己遇上升平世界。现今远方的敌寇还没有归服，征战之事还没有停止，若果真下令免除徭役赋税，就可以使远方民众归附，有才德的宰相足以向天下宣示德行恩泽，田间道路都被修复，四方百姓殷富强盛，必定会超过古代而比过去的日子更好。《周易》称述‘敕法’，《尚书》著录‘祥刑’，‘天子一人有善，亿万人民便得到幸福’，说的就是慎于用法制刑。过去曹参相国把断案托付给后任，路温舒憎恨严酷的狱吏。治理官司的人善于查明真情，那么就没有负冤而死的人犯；壮年男子能够努力耕种土地，那么就没有遭受饥饿的百姓；穷困老人能够依靠国库积蓄接济，那么就不会发现因饥饿而死的尸体；婚娶及时，那么男女就没有长期别离、孤枕难眠的怅恨；对胎儿的保护健全，那么怀孕的妇人就没有受到伤害的哀痛；对新生婴儿免除赋税，那么孕育者就没有无力养活的哀痛；壮年以后才服徭役，那么幼小的人就没有离开家人的愁思；头发斑白的老人不必当兵，那么老年人就没有困顿倒伏的忧虑。有医有药，以治疗那些患了疾病的人，宽减徭赋，以使劳动者安居乐业，有威有罚，以抑制强横之徒，施恩施仁，以帮助弱者，发放赈贷，以赡养那些贫苦困乏的人。十年以后，成年女子必定充满里巷。二十年以后，能服兵役的人必定漫山遍野了。”

文帝受禅登基，王朗改任司空，晋封为乐平乡侯。当时文帝常常外出游猎，有时天黑才回皇宫。王朗上疏说：“帝王的居处，外面设置周密的护卫，里面有重重禁门，将要出行则需布置卫队以后才走出帷幄，布好警卫以后才走下台阶，弓弦拉开以后才登上车驾，清道以后才导引车驾，掩蔽后才发车，房室清理以后才休息，这都是用来突出至尊地位，务必保持警戒慎重，给后人留下效法的典范。近些天来陛下车驾出行捕虎,午后出发,到了黄昏才返回,违背了帝王出入的常规,不是君王极端慎重行动的做法啊。”文帝答复说:“看了您的奏表,即使是魏绛称引虞人的箴言以劝谏晋悼公,司马相如敷陈猛兽形状以告诫汉武帝,都不像您说的这样通透明白。现在吴、蜀二寇尚未歼灭,将帅都在远方征战,所以我要不时走入原野以练习战备。至于夜间回来的警戒,已经诏令有关部门施行了。”

起初,建安末年,孙权曾经派遣使者来自称属国,而与刘备交战。文帝下诏命大臣讨论是否应当出兵和吴国一起攻取蜀。王朗议论说:“天子的军队,重于华山、泰山,应该安坐以显示上天的威严,像大山一样岿然不动。假使孙权亲自与蜀国贼寇相持,双方旷日持久搏战,势均力敌,不能迅速决定胜负,需要我们出兵以促成他们的胜败局势,那时再选派行为持重的将领,集中打击寇贼的要害,观察时机然后采取行动,选择地形然后出兵,便可一战成功不留后患。现在孙权的部队尚未行动,那么我们援助吴国的部队就用不着先行出征。况且现在雨水正盛,不是兴师动众的有利时机。”文帝采纳了他的建议。黄初年间,有鹈鹕聚集在灵芝池上,文帝下诏命令公卿举荐志节行为高尚的君子。王朗推荐了光禄大夫杨彪,并且托病把自己的职位让给杨彪。于是,文帝为杨彪设置吏役士卒,使他的地位与三公相同。文帝诏令说:“我向您求取贤才没有得到,您却反而自称有病,使我不但没有得到贤才,还开启了贤才离去的方便之门,增加了玉铉倾斜的忧虑。莫非我曾经说话不当,违背了您的心意吗!您还是别再推辞了。”王朗这才出任。

孙权想派他的儿子孙登入朝作侍臣,孙登还没有到,这时文帝车驾迁移到许昌,正大兴屯田,想要出兵东征孙权。王朗上疏说:“从前南越奉行善举,派遣太子婴齐入侍汉朝,这才成了王位继承人,回国做了君王。康居骄傲狡猾,情实不符,都护郭舜奏议,认为应该把他入朝作侍臣的儿子遣送回去,以贬斥他的无礼。并且当初吴王刘濞的灾祸,就萌发于他的儿子入侍汉帝朝廷,隗嚣反叛,也不曾担忧他的儿子隗恂会被杀掉。之前听说孙权有过送儿子来朝的话,但却至今不见到来,现在六军戒备森严,臣下恐怕众人没有明白您的旨意,该说国家怨恨孙登拖延入朝,所以为之兴师。假设部队已经出发而孙登突然来了,那么就是所发动的事情极大,而所引发的原因却极小,不足以为之庆贺。假设他傲慢凶狠,一点也没有入侍朝廷的意思,恐怕那些未能明白圣意的舆论,将都充满愤懑抑郁。臣下愚见认为应该命令各路出征的将领,各自明确奉行禁令,谨慎地看守所率领的部队。对外炫耀烈烈声威,内则广泛从事耕稼,使将士们安静如山,恬淡如潭,威势不可动摇,计谋不可预测。”这时,文帝因已集结成军而发兵出征,孙权的儿子没有到来,文帝到了长江边便返回。

明帝即位,晋升王朗为兰陵侯,增加封邑五百户,连同以前的共一千二百户。王朗受命赴邺城察看文昭皇后陵墓,他看到百姓中有一些人不能维持生活。此时明帝正在大修宫室,王朗上疏说:“陛下即位以来,屡次发布施恩诏书,黎民百姓无不欢欣鼓舞。臣下刚刚奉命出使北方,往返途中听说了各种徭役,其中可以免除减轻的有很多。希望陛下重视日中则昃的道理,用计谋制御敌寇。过去大禹将要拯救天下的大灾患,因而先移居到低矮的房子里,节衣缩食,因此能够全部占有九州之地,纠正收服五服四方。越王勾践想要扩大吴界边戍之地御儿的范围,以便将来有机会在姑苏报复夫差,也大力约束自己及其家属,节省家用以供给国用,因此能够囊括五湖,席卷三江,威震中原,在全国确定了他的霸主地位。汉朝的文帝、景帝也想要弘扬祖业,增加崇高洪大的统绪,所以决意不建耗资百金的露台,穿粗布衣服来表明节俭,在朝廷内减少太官,不接受贡献,在外省减徭役税赋,让百姓专务农桑,因此能够实现升平,使刑法几乎搁置不用。汉武帝之所以能发挥军事优势,开拓境外疆土,确实是因为祖上蓄积的实力充足,所以终于能成就大的功业。霍去病,不过是个中等才分的将领,也因为匈奴未灭,不修建居室。这表明忧虑长远事务的人,对近旁的事务务求简略,谋求对外事务的人,对内务应力求简单。从汉朝初建到它的中兴,都是在战事大致停息以后,然后再宫殿并起,宗庙齐建。现在建始殿前面足够用于朝廷大会,崇华殿后面足够用于安排内官,华林园、天渊池足够用于游宴。或者且先建成高大的宫门观阙,使它足够用来排列前来朝贡的远人,修整城池,使它足够用来禁绝攀缘,成为皇宫的险要构筑。至于其余的一切建筑,暂且等到丰年再去考虑。一心一意以致力农耕为急务,以练习军事防备为要务,那么国中就没有怨女旷男,就会人口增长,民富兵盛,这样如果贼寇还不来归顺,百姓还不能和乐,那样的情况是不会有的。”王朗改任司徒。

当时皇子接连病死,后宫中与皇帝同居的妃嫔却不多,王朗上疏说:“过去周文王十五岁生有周武王,于是享有了十个儿子的福祚,增多了姬姓的后代。周武王老了以后才生了周成王,因此成王兄弟很少。这两位周王,各自树立了大德,不相上下,但说到享有子孙的福祚,则大不相同。大概是因为他们生育有早有晚,所生下的子女有多有少的缘故。陛下德行福祚已经兼具两位圣人之美,年龄高于文王生育武王之时,而您像姬发一样的儿子还没有在后宫中出生,藩王们在众嫔妃的居室中也出生不多。拿周成王的出生来说,虽然还不算晚,但如果比于武王的哥哥伯邑的出生时间,就不算早了。《周礼》规定六宫官人为一百二十人,而诸种经典的说法,都以十二人为限度,到了秦朝汉朝末年,有时就数以千百计了。但尽管姬妾很多,及时生育的却极少,说明‘多子’的根本,实在在于一心一意,不只在于贪多务广。老臣诚恳希望国家有像轩辕黄帝生育二十五个儿子那样的福祚,而现今还不及周文王生育了十个儿子,因此感到抑郁。另外幼儿常常苦于被褥太暖和,太暖和了就不适宜于柔弱的体肤,所以难以防护,以至转而令人伤感。如果常常让幼儿的丝棉袍不至于太厚,他们就必能全部拥有金石般坚强的体质,而能寿比南山。”明帝答复说:“忠诚至深的人言辞恳切,爱意深厚的人语言深刻。您既劳心思虑,又手写奏疏,几次三番阐述有德之言,使我无比欣喜。朕的继承人尚未确立,成为您的忧虑,我恭敬地接受您的至诚之言,很高兴地听到您善意的规劝。”王朗著有《易》《春秋》《孝经》《周官》诸传,还有他的奏议论记各类著作,都流传于世。太和二年去世,谥号为成侯。其子王肃继承爵位。当初,文帝分王朗封邑,准备封他的一个儿子为列侯,王朗请求封给他哥哥的儿子王详。

【原文】肃，字子雍。年十八，从宋忠读《太玄》，而更为之解。[①] 黄初中，为散骑黄门侍郎。太和三年，拜散骑常侍。四年，大司马曹真征蜀，肃上疏曰："前志有之：'千里馈粮，士有饥色，樵苏后爨，师不宿饱。'此谓平涂之行军者也。又况于深入阻险，凿路而前，则其为劳必相百也。今又加之以霖雨，山坂峻滑，众逼而不展，粮县而难继，实行军者之大忌也。闻曹真发已逾月而行裁半谷，治道功夫，战士悉作。是贼偏得以逸而待劳，乃兵家之所惮也。言之前代，则武王伐纣，出关而复还；论之近事，则武、文征权，临江而不济。岂非所谓顺天知时，通于权变者哉！兆民知圣上以水雨艰剧之故，休而息之，后日有衅，乘而用之，则所谓'悦以犯难，民忘其死'者矣。"于是遂罢。又上疏："宜遵旧礼，为大臣发哀，荐果宗庙。"事皆施行。

① 肃父朗与许靖书云：肃生于会稽。

又上疏陈政本曰："除无事之位，损不急之禄，止浮食之费，并从容之官。使官必有职，职任其事，事必受禄，禄代其耕，乃往古之常式，当今之所宜也。官寡而禄厚，则公家之费鲜，进仕之志劝。各展才力，莫相倚仗。敷奏以言，明试以功，能之与否，简在帝心。是以唐、虞之设官分职，申命公卿，各以其事，然后惟龙为纳言，犹今尚书也，以出内帝命而已。夏、殷不可得而详。《甘誓》曰'六事之人'，明六卿亦典事者也。《周官》则备矣，五日视朝，公卿大夫并进，而司士辨其位焉。其《记》曰：'坐而论道，谓之王公；作而行之，谓之士大夫。'及汉之初，依拟前代，公卿皆亲以事升朝。故高祖躬追反走之周昌，武帝遥可奉奏之汲黯，宣帝使公卿五日一朝，成帝始置尚书五人。自是陵迟，朝礼遂阙。可复五日视朝之仪，使公卿尚书各以事进。废礼复兴，光宣圣绪，诚所谓名美而实厚者也。"

青龙中，山阳公薨，汉主也。肃上疏曰："昔唐禅虞，虞禅夏，皆终三年之丧，然后践天子之尊。是以帝号无亏，君礼犹存。今山阳公承顺天命，允答民望，进禅大魏，退处宾位。公之奉魏，不敢不尽节。魏之待公，优崇而不臣。既至其薨，榇敛之制，舆徒之饰，皆同之于王者，是故远近归仁，以为盛美。且汉总帝皇之号，号曰皇帝。有别称帝，无别称皇，则皇是其差轻者也。故当高祖之时，土无二王，其父见在而使称皇，明非二王之嫌也。况今以赠终，可使称皇以配其谥。"明帝不从，使称帝，乃追谥曰汉孝献皇帝。[①]

① 孙盛曰：化合神者曰皇，德合天者曰帝。是故三皇创号，五帝次之。然则皇之为称，妙于帝矣。肃谓为轻，不亦谬乎！

臣松之以为：上古谓皇皇后帝，次言三、五，先皇后帝，诚如盛言。然汉氏诸帝，虽尊父为皇，其实则贵而无位，高而无民，比之于帝，得不谓之轻乎？魏因汉礼，名号无改。孝献之崩，岂得远考古义？肃之所云，盖就汉制而为言耳。谓之为谬，乃是讥汉，非难肃也。

后肃以常侍领秘书监，兼崇文观祭酒。景初间，宫室盛兴，民失农业，期信不敦，刑杀仓卒。肃上疏曰：

大魏承百王之极，生民无几，干戈未戢，诚宜息民而惠之以安静遐迩之时也。

夫务畜积而息疲民，在于省徭役而勤稼穑。今宫室未就，功业未讫，运漕调发，转相供奉。是以丁夫疲于力作，农者离其南亩，种谷者寡，食谷者众，旧谷既没，新谷莫继。斯则有国之大患，而非备豫之长策也。今见作者三四万人，九龙可以安圣体，其内足以列六宫，显阳之殿，又向将毕，惟泰极已前，功夫尚大，方向盛寒，疾疢或作。诚愿陛下发德音，下明诏，深愍役夫之疲劳，厚矜兆民之不赡，取常食廪之士，非急要者之用，选其丁壮，择留万人，使一期而更之，咸知息代有日，则莫不悦以即事，劳而不怨矣。计一岁有三百六十万夫，亦不为少。当一岁成者，听且三年。分遣其余，使皆即农，无穷之计也。仓有溢粟，民有余力，以此兴功，何功不立？以此行化，何化不成？夫信之于民，国家大宝也。仲尼曰："自古皆有死，民非信不立。"夫区区之晋国，微微之重耳，欲用其民，先示以信，是故原虽将降，顾信而归，用能一战而霸，于今见称。前车驾当幸洛阳，发民为营，有司命以营成而罢。既成，又利其功力，不以时遣。有司徒营其目前之利，不顾经国之体。

臣愚以为自今以后，傥复使民，宜明其令，使必如期。若有事以次，宁复更发，无或失信。凡陛下临时之所行刑，皆有罪之吏，宜死之人也。然众庶不知，谓为仓卒。故愿陛下下之于吏而暴其罪。钧其死也，无使污于宫掖而为远近所疑。且人命至重，难生易杀，气绝而不续者也，是以圣贤重之。孟轲称杀一无辜以取天下，仁者不为也。汉时有犯跸惊乘舆马者，廷尉张释之奏使罚金，文帝怪其轻，而释之曰："方其时，上使诛之则已。今下廷尉。廷尉，天下之平也，一倾之，天下用法皆为轻重，民安所措其手足？"臣以为大失其义，非忠臣所宜陈也。廷尉者，天子之吏也，犹不可以失平，而天子之身，反可以惑谬乎？斯重于为己，而轻于为君，不忠之甚也。周公曰："天子无戏言，言则史书之，工诵之，士称之。"言犹不戏，而况行之乎？故释之之言不可不察，周公之戒不可不法也。

又陈："诸鸟兽无用之物，而有刍谷人徒之费，皆可蠲除。"

帝尝问曰："汉桓帝时，白马令李云上书言：'帝者，谛也。是帝欲不谛。'当何得不死？"肃对曰："但为言失逆顺之节。原其本意，皆欲尽心，念存补国。且帝者之威，过于雷霆，杀一匹夫，无异蝼蚁。宽而宥之，可以示容受切言，广德宇于天下。故臣以为杀之未必为是也。"帝又问："司马迁以受刑之故，内怀隐切，著《史记》非贬孝武，令人切齿。"对曰："司马迁记事，不虚美，不隐恶。刘向、扬雄服其善叙事，有良史之才，谓之实录。汉武帝闻其述《史记》，取孝景及己本纪览之，于是大怒，削而投之。于今此两纪有录无书。后遭李陵事，遂下迁蚕室。此为隐切在孝武，而不在于史迁也。"

正始元年，出为广平太守。公事征还，拜议郎。顷之，为侍中，迁太常。时大将军曹爽专权，任用何晏、邓飏等。肃与太尉蒋济、司农桓范论及时政，肃正色曰："此辈即弘恭、石显之属，复称说邪！"爽闻之，戒何晏等曰："当共慎之！公卿已比诸君前世恶人矣。"坐宗庙事免。后为光禄勋。时有二鱼长尺，集于武库之屋，有司以为吉祥。肃曰："鱼生于渊而亢于屋，介鳞之物失其所也。边将其殆有弃甲之变乎？"其后果有东关之败。徙为河南尹。嘉平六年，持节兼太常，奉法驾，迎高贵乡公于元城。是岁，白气经天，大将军司马景王问肃其故，肃答曰："此蚩尤之旗也，东南其有乱乎？君若修己以安百姓，则天下乐安者归德，唱乱者先亡矣。"明年春，镇东将军毌丘俭、扬州刺史文钦反，景王谓肃曰："霍光感夏侯胜之言，始重儒学之士，良有以也。安国宁主，其术焉在？"肃曰："昔关羽率荆州之众，降于禁于汉滨，遂有北向争天下之志。后孙权袭取其将士家属，羽士众一旦瓦解。今淮南将士父母妻子皆在内州，但急往御卫，使不得前，必有关羽土崩之势矣。"景王从之，遂破俭、钦。后迁中领军，加散骑常侍，增邑三百，并前二千二百户。甘露元年薨，门生缞经者以百数。追赠卫将军，谥曰景侯。子恽嗣。恽薨，无子，国绝。景元四年，封肃子恂为兰陵侯。咸熙中，开建五等，以肃著勋前朝，改封恂为丞子。①

①《世语》曰：恂，字良夫，有通识，在朝忠正。历河南尹、侍中，所居有称。乃心存公，有匪躬之节。鬲令袁毅馈以骏马，知其贪财，不受。毅竟以黩货而败。建立二学，崇明五经，皆恂所建。卒时年四十余，赠车骑将军。肃女适司马文王，即文明皇后，生晋武帝、齐献王攸。◎《晋诸公赞》曰：恂兄弟八人。其达者，虔，字恭祖，以功干见称，位至尚书。弟恺，字君夫，少有才力而无行检，与卫尉石崇友善，俱以豪侈竞于世，终于后将军。虔子康、隆，仕亦宦达，为后世所重。

初，肃善贾、马之学，而不好郑氏，采会同异，为《尚书》《诗》《论语》《三礼》《左氏》解，及撰定父朗所作《易传》，皆列于学官。其所论驳朝廷典制、郊祀、宗庙、丧纪、轻重，凡百余篇。时乐安孙叔然，①受学郑玄之门，人称东州大儒。征为秘书监，不就。肃集《圣证论》以讥短玄，叔然驳而释之。及作《周易》《春秋例》，《毛诗》《礼记》《春秋三传》《国语》《尔雅》诸注，又著书十余篇。自魏初征士燉煌周生烈、②明帝时大司农弘农董遇等，亦历注经传，颇传于世。③

① 臣松之案：叔然与晋武帝同名，故称其字。

② 臣松之案：此人姓周生，名烈。何晏《论语集解》有烈《义例》，余所著述，见晋武帝《中经簿》。

③《魏略》曰：遇，字季直，性质讷而好学。兴平中，关中扰乱，与兄季中依将军段煨。采稆负贩，而常挟持经书，投闲习读。其兄笑之而遇不改。及建安初，王纲小设，郡举孝廉，稍迁黄门侍郎。是时，汉帝委政太祖，遇旦夕侍讲，为天子所爱信。至二十二年，许中百官矫制，遇虽不与谋，犹被录诣邺，转为冗散。常从太祖西征，道由孟津，过弘农王冢。太祖疑欲谒，顾问左右，左右莫对，遇乃越第进曰："《春秋》之义，国君即位未逾年而卒，未成为君。弘农王即阼既浅，又为暴臣所制，降在藩国，不应谒。"太祖乃过。黄初中，出为郡守。明帝时，入为侍中、大司农。数年，病亡。初，遇善治《老子》，为《老子》作训注。又善《左氏传》，更为作朱墨别异。人有从学者，遇不肯教，而云："必当先读百遍。"言："读书百遍而义自见。"从学者云："苦渴无日。"遇言："当以三余。"或问三余之意，遇言："冬者岁之余，夜者日之余，阴雨者时之余也。"由是诸生少从遇学，无传其朱墨者。◎《世语》曰：遇子绥，位至秘书监，亦有才学。齐王冏功臣董艾，即绥之子也。

《魏略》以遇及贾洪、邯郸淳、薛夏、隗禧、苏林、乐详等七人为儒宗，其序曰："从初平之元，至建安之末，天下分崩，人怀苟且，纲纪既衰，儒道尤甚。至黄初元年之后，新主乃复，始扫除太学之灰炭，补旧石碑之缺坏，备博士之员录，依汉甲乙以考课。申告州郡，有欲学者，皆遣诣太学。太学始开，有弟子数百人。至太和、青龙中，中外多事，人怀避就，虽性非解学，多求诣太学。太学诸生有千数，而诸博士率皆粗疏，无以教弟子。弟子本亦避役，竟无能习学，冬来春去，岁岁如是。又，虽有精者，而台阁举格太高，加不念统其大义，而问字指墨法点注之间，百人同试，度者未十。是以志学之士，遂复陵迟，而末求浮虚者各竞逐也。正始中，有诏议圜丘，普延学士。是时郎官及司徒领吏二万余人，虽复分布，见在京师者尚且万人，而应书与议者略无几人。又是时朝堂公卿以下四百余人，其能操笔者未有十人，多皆相从饱食而退。嗟夫！学业沉陨，乃至于此。是以私心常区区贵乎数公者，各处荒乱之际，而能守志弥敦者也。”

贾洪，字叔业，京兆新丰人也。好学有才，而特精于《春秋左传》。建安初，仕郡，举计掾，应州辟。时州中自参军事以下百余人，唯洪与冯翊、严苞文通才学最高。洪历守三县令，所在辄开除厩舍，亲授诸生。后马超反，超劫洪，将诣华阴，使作露布。洪不获已，为作之。司徒钟繇在东，识其文，曰：“此贾洪作也。”及超破走，太祖召洪署军谋掾。犹以其前为超作露布文，故不即叙。晚乃出为阴泉长。延康中，转为白马王相。善能谈戏。王彪亦雅好文学，常师宗之，过于三卿。数岁病亡，亡时年五十余，时人为之恨仕不至二千石。而严苞亦历守二县，黄初中，以高才入为秘书丞，数奏文赋，文帝异之。出为西平太守，卒官。

薛夏，字宣声，天水人也。博学有才。天水旧有姜、阎、任、赵四姓，常推于郡中，而夏为单家，不为降屈。四姓欲共治之，夏乃游逸，东诣京师。太祖宿闻其名，甚礼遇之。后四姓又使囚遥引夏，关移颍川，收捕系狱。时太祖已在冀州，闻夏为本郡所质，抚掌曰：“夏无罪也。汉阳儿辈直欲杀之耳！”乃告颍川使理出之，召署军谋掾。文帝又嘉其才，黄初中为秘书丞，帝每与夏推论书传，未尝不终日也。每呼之不名，而谓之薛君。夏居甚贫，帝又顾其衣薄，解所御服袍赐之。其后征东将军曹休来朝，时帝方与夏有所咨论，而外启休到，帝引入。坐定，帝顾夏言之于休曰：“此君，秘书丞天水薛宣声也，宜共谈。”其见遇如此。寻欲用之，会文帝崩。至太和中，尝以公事移兰台。兰台自以台也，而秘书署耳，谓夏为不得移也，推使当有坐者。夏报之曰：“兰台为外台，秘书为内阁，台、阁，一也，何不相移之有？”兰台屈无以折。自是之后，遂以为常。后数岁病亡，敕其子无还天水。

隗禧，字子牙，京兆人也。世单家。少好学。初平中，三辅乱，禧南客荆州，不以荒扰，担负经书，每以采稆余日，则诵习之。太祖定荆州，召署军谋掾。黄初中，为谯王郎中。王宿闻其儒者，常虚心从学。禧亦敬恭以授王，由是大得赐遗。以病还，拜郎中。年八十余，以老处家，就之学者甚多。禧既明经，又善星官，常仰瞻天文，叹息谓鱼豢曰：“天下兵戈尚犹未息，如之何？”豢又常从问《左氏传》，禧答曰：“欲知幽微莫若《易》，人伦之纪莫若《礼》，多识山川草木之名莫若《诗》，《左氏》直相斫书耳，不足精意也。”豢因从问《诗》，禧说齐、韩、鲁、毛四家义，不复执文，有如讽诵。又撰作诸经解数十万言，未及缮写而得聋，后数岁病亡也。

其邯郸淳事在《王粲传》，苏林事在《刘邵》《高堂隆传》，乐详事在《杜畿传》。

鱼豢曰：学之资于人也，其犹蓝之染于素乎！故虽仲尼，犹曰："吾非生而知之者。"况凡品哉！且世人所以不贵学者，必见夫有"诵诗三百而不能专对于四方"故也。余以为是则下科耳，不当顾中庸以上，材质适等，而加之以文乎！今此数贤者，略余之所识也。检其事能，诚不多也。但以守学不辍，乃上为帝王所嘉，下为国家名儒，非由学乎？由是观之，学其胡可以已哉！

【译文】王肃，字子雍。十八岁时，师从宋忠研读《太玄》，并能为之重作解析。黄初年间，王肃任散骑、黄门侍郎。太和三年，任散骑常侍。太和四年，大司马曹真征讨蜀国，王肃上疏说："以前有过这样的话：'从千里以外转运粮食，士兵会面有饥色，靠砍柴打草以后烧火做饭，士兵们会得不到休息，吃不上饭。'这说的是在平坦道路上行军的情况。又何况现在是深入险阻地区，靠开山凿路前进，这样行军更要劳苦百倍。现在又加上雨水连绵，山高路滑，众人走在山路上面，拥挤不能前进，粮食悬于千里之外，难以供给，这实在是行军的大忌。听说曹真出发已经超过了一个月，才走了子午谷的一半，这是士兵们把精力都用在开路通行上面了。这使贼寇意外地得以以逸待劳，这是军事指挥员最忌惮的情况。说到以前的朝代，周武王讨伐商纣王，出了关又回去；论到较近的事例，武帝、文帝分别征讨孙权，到了江边却没有渡过。这些难道不是所谓随顺天意、知晓时运、通于权变的举动吗！百姓知道圣上是因为雨水连绵、路途艰险的缘故，才停止出征、与民休息，以后要是有机会，再乘隙而入，这就叫'心悦诚服地去犯难冒险，众百姓都会舍生忘死'的境界了。"于是朝廷终止了这次出征。王肃又上疏说："应该遵行旧时礼仪，为大臣举行哀悼仪式，在宗庙进献果品进行祭祀。"这些事情都施行了。

王肃又上疏陈述处理政事的根本问题说："废除无事可做的职位，减少并不急需的俸禄，停止多余食用的经费，裁并无所事事的官员。使官员必有职责，胜任其事，做事必定接受俸禄，俸禄可以代替耕作的劳役，这是自古以来的常规，也是当今所适用的原则。官位少而俸禄增多，那样公家的开支就少，人们晋升官职的愿望就强烈。每个人各自施展自己的才能，不会相互推托依赖。官员用章奏发表见解建议，朝廷考核检查他们的政绩功劳，这样某个官员贤能与否及可否任用提升，就全在帝王心里了。因此唐尧、虞舜设置官员，分派职位，命令公卿各负其责，然后只让龙一个人担任喉舌之官，像今天的尚书，通过他来向帝王禀报官员动态并向下宣布帝王的命令。夏朝、商朝情况如何不能详知。《甘誓》上说'六事之人'，说明六卿也主管政事。《周官》记载详备，帝王五天一次到朝廷处理公务，公卿大夫一同进朝，由司事辨别他们各自的位置。《考工记》称：'坐而论道，说的是王公；站着做事，说的是士大夫。'到了汉朝初年，参照比拟前代，公卿都亲自到朝廷处理事务。所以汉高祖亲身追赶返身而走的周昌，汉武帝远远许可汲黯的奏事，汉宣帝让公卿五天一朝，汉成帝开始设置尚书五人。从此以后制度废弛，朝会礼仪便不完备。可以恢复五天一次朝议的礼仪，让公卿尚书们各自将要办的事情上奏。把废弛的礼仪复兴起来,光大弘扬圣王的传统,这真是名声好而实效多的措施啊。”

青龙年间,山阳公刘协去世,他原是汉朝的君主。王肃上疏说:“过去唐尧禅位给虞舜,虞舜禅位给夏禹,都是完成了三年的居丧期,然后才即位登基。因此皇帝的称号没有亏损,君主的礼仪仍然存在。现今山阳公顺应天命,应合民众的愿望,将帝位让给大魏,自己退处宾客的位置。山阳公奉事魏朝,不能说不尽礼节。魏朝对待山阳公,优待尊崇而不视为下臣。山阳公去世,棺椁入殓的制式,车子役夫的装饰,都与帝王相同,因此远近肯定魏朝的仁慈,认为这是隆盛美好的做法。汉朝将帝、皇两个称号结合起来,号称皇帝。有分开称帝的,没有单独称皇的,那么皇的称号是稍微低一级的了。因此在汉高祖登基之初,他的父亲还健在,于是称他父亲为太上皇,表明是要避开两个帝王的误解。何况现在是用来赠给已死的人,可以让人称山阳公为皇,以和他的谥号相配。”明帝没有听从,而称山阳公为帝,于是追谥山阳公为汉孝献皇帝。

后来王肃以常侍的身份兼任秘书监,兼崇文观祭酒。景初年间,大兴土木,建造宫室,民众无法从事农业生产,官府不守信用,刑罚处理仓促。王肃上疏说:

大魏承继百王之末,人民所剩无几,战火未熄,实在应该使百姓休养生息,广施恩惠以使远近安宁。想要蓄积财物而使疲倦的百姓得以休息,在于省减徭役而使百姓努力耕种。现今宫室没有修好,功业没有完成,漕运调派粮物,需要层层辗转供应。因此丁壮疲于劳役,农夫离开了他们的田地,种粮的人少,吃粮的人多,旧粮已经吃完,新粮却无法接续。这是一个国家的最大忧患,不是事先有准备的长远策略。现在可以看到服劳役的有三四万人,九龙殿可以供天子安居,里面足以排列六宫,显阳殿也即将完工,只有太极殿的前面工程量还大,正逢酷寒,疾病时有发生。诚恳希望陛下快降福音,颁下贤明的诏令,深深怜悯役夫的疲劳,深切哀怜役夫们的疲惫,体谅广大百姓衣食不足,裁去那些常食官粮的人,取消不急需的费用,选择其中的壮年男子,留下一万人,使他们完成一个工期就得到替换,百姓都知道休息替代有固定的日期,那样就没有人不高兴地做事,即使劳累也不会心怀怨恨。合计下来一年有三百六十万役夫工作,也不算少了。按原计划应当一年完成的,且让它三年完成。分别遣返其余的劳力,使他们都从事农业生产,这是好处无穷的办法。粮仓有多余的粮,民众有多余的劳力,用这些来建立功业,有什么功业不能建立?用这些来推行教化,有什么教化不能成功?取信于民,是一个国家最宝贵的东西。孔仲尼说:“自古以来人都要死,不讲信用民众就不会服从。”一个小小的晋国,微不足道的重耳,想要调发他境内的人民,就先让大家看到他的信用,因此原国虽然将要投降,但晋侯固守信用而退兵回去,因一次战斗就开始称霸,至今仍被人称道。前一段时间,天子车驾将要到洛阳去,征发民众建立大营,官府许诺说大营建成就停止服役。但是建成以后,又利用这些劳力继续为他们谋利,不放他们回去。官府只知谋取眼前的利益,而不顾及治国的根本。

臣下认为从今以后，如果再使用民众服役，应该明确宣布命令，必定遵守规定期限。如果接着还有别的事情需要劳力，宁可再次征发，也不要有一次丧失信用。凡属陛下临时下令执行刑罚的，应该说都是些犯有罪行的官吏，是应该处死的犯人。但是众百姓不知道这种情况，把它说成是仓促行事。所以希望陛下干脆把这种判决交给下面的官吏，让下面的官吏宣布那些犯人的罪行。同样是处死，不要因为他们沾污宫廷而又让远近的人们怀疑。并且人命关天，杀死容易，要让他活过来可就难了，断了气就无法接续了，因此圣贤把这事看得很重。孟轲说过，即使杀一个无辜的人而获得天下，仁者也不做这样的事情。汉朝时有人触犯帝王车驾，惊动了为皇帝驾车的马，廷尉张释之奏请判决犯罪人交纳罚金。汉文帝责备他惩罚过轻，而张释之却说："要是在事情发生的当时，圣上把他杀了也就罢了。现在已下交廷尉。廷尉，是国家的天平，只要有一点倾斜，天下所施用的法律都会跟着或轻或重，百姓不就会手足无措了吗？"臣下认为这些话很没有道理，不是忠臣所应该陈述的。廷尉，是天子的官吏，如果他尚且不可以丧失公平，难道以天子的身份，反而可以出现迷惑和谬误吗？这是重视为己，轻视为君，是最不忠实的行为。周公说："天子没有玩笑话，他的话，史官要记录，乐工要诵唱，士大夫要称引。"说话尚且不同于儿戏，何况是行为呢？所以对张释之的话不可不明察，对周公的告诫不可不效法。

又陈述："各种鸟兽都是没有用的东西，却浪费粮谷人力，都可以屏弃。"

明帝曾经询问说："汉桓帝时，白马县令李云上书说：'帝的意思就是谛。现在的情况是皇帝想要不谛。'应当怎样才能使李云免于死罪？"王肃回答说："李云只不过是说话忘了悖逆顺从的尺度。推究他本意，都是想要尽自己的心意，念念不忘弥补国事的缺失。并且帝王的威势，比雷霆还要厉害，杀死一介匹夫，跟杀死一只蚂蚁没什么两样。宽容并且原宥李云那样的人，可以表明自己能够接受恳切的言论，把德行风化推广到全国。所以臣下认为杀掉李云未必是正确的。"明帝又询问说："司马迁因为受了宫刑的缘故，内怀私怨，写作《史记》指责贬低汉武帝，令人切齿痛恨。"王肃回答说："司马迁记叙事情，不虚伪滥作溢美之词，也不肯隐瞒恶行。刘向、扬雄佩服他善于记事，具有优秀史官的才能，认为那是如实记录。汉武帝听说他在写作《史记》，索取汉景帝和他自己的本纪阅览，于是大怒，削去字迹后把它丢了。到了今天这两篇本纪只有目录，没有文字。司马迁后来遭遇李陵事件，汉武帝竟把他下蚕室处以宫刑。可见，深切的私怨是在汉武帝心中，而不在司马迁。"

正始元年，王肃出任广平郡太守。后因公事被征召回京，授官议郎。不久，任侍中，升太常。当时大将军曹爽专权，任用何晏、邓飏等人。王肃与太尉蒋济、司农桓范谈论到时政，王肃严肃地说："这类人也就是弘恭、石显之流，还提他们干什么！"曹爽听说后，告诫何晏等人说："你们都应当谨慎！公卿们已把各位比作前世恶人了。"王肃因宗庙祭祀事犯了罪，被免官。后任光禄勋。当时有两条一尺长短的鱼，聚集在武器库的屋顶上，官府认为是吉祥的事。王肃说："鱼是生活在深渊里的，现在却在高高的房顶上，表明长有鳞甲的动物丧失了居住的地方。边境上的将领难道将要有弃甲投降的变故吗？”后来果然有东关战役的失败。改任河南尹。嘉平六年，王肃持符节兼太常，敬奉皇帝车驾至元城，迎接高贵乡公。这一年，有白气贯穿天空，大将军司马师询问王肃是什么缘故，王肃回答说：“这叫蚩尤旗，东南方大概有作乱的吧？君主如果能自修其身以安定百姓，那样天下乐于安定的人就会归附于仁德，倡导变乱的人先就灭亡了。”第二年春天，镇东将军毌丘俭、扬州刺史文钦反叛，司马师对王肃说：“霍光有感于夏侯胜所说的话，开始重视儒学人士，实在是有原因的。安定国家，使君主权位稳固的方略在哪里？”王肃说：“当年关羽率领荆州士兵，在汉水边上降服了于禁，于是有了北向争夺天下的志向。后来孙权偷袭并获取了他的将士家属，关羽的士兵一下子就瓦解了。现在淮南将领士兵的父母妻儿都在内地，只要急速赶往那里防御毌丘俭、文钦来犯，阻止他们进军内地州郡，那叛军就一定会出现当年关羽那种土崩瓦解的局势了。”司马师听从了他的计策，于是打败了毌丘俭、文钦。后来王肃升迁为中领军，加散骑常侍，增加封邑三百户，连同以前的共有二千二百户。王肃在甘露元年去世，门生为他服丧的数以百计。追赠他为卫将军，谥号景侯。他的儿子王恽继嗣。王恽去世，因他没有儿子，封国继承断绝。景元四年，又封王肃的另一个儿子王恂为兰陵侯。咸熙年间，开始设置五等爵制，因为王肃在前朝功勋卓著，改封王恂为丞子。

当初，王肃精通贾逵、马融的学问，而不喜好郑玄的学说，采集会通各家异同，为《尚书》《诗经》《论语》《三礼》《春秋左氏传》做了注解，加上他编定的父亲王朗所作的《易传》，都列于学官。他所论述、辩驳有关朝廷典章制度、郊祀、宗庙、丧纪、轻重等问题的文章，共有一百多篇。当时乐安人孙叔然，在郑玄门下受学，人称东州大儒。朝廷征召他为秘书监，不肯上任。王肃撰著《圣证论》来讥刺贬低郑玄，孙叔然进行了反驳和解释。后来作了《周易》《春秋例》，又作了《毛诗》《礼记》《春秋三传》《国语》《尔雅》等各种经书的注解，还著书十余篇。另外，魏国初年征召的士人如敦煌人周生烈、明帝时的大司农弘农人董遇等人，也陆续对经书及其传文作了注解，在当时流传颇广。

【原文】评曰：钟繇开达理干，华歆清纯德素，王朗文博富赡，诚皆一时之俊伟也。魏氏初祚，肇登三司，盛矣夫！王肃亮直多闻，能析薪哉！①

① 刘寔以为肃方于事上而好下佞己，此一反也；性嗜荣贵而不求苟合，此二反也；吝惜财物而治身不秽，此三反也。

【译文】评论说：钟繇开明通达有治国才干，华歆清廉纯洁有朴质德行，王朗文才杰出有渊博学识，确实都是才德超卓、名震一时的俊杰了。魏王朝初受天命，他们也都跻身庙堂，位列三公，也可谓盛况空前啊！王肃诚实正直而博学多闻，治学条分缕析，是能继承父业的人啊！

卷十四　魏书十四

程郭董刘蒋刘传第十四

程昱　程晓

【原文】程昱，字仲德，东郡东阿人也。长八尺三寸，美须髯。黄巾起，县丞王度反应之，烧仓库。县令逾城走，吏民负老幼东奔渠丘山。昱使人侦视度，度等得空城不能守，出城西五六里止屯。昱谓县中大姓薛房等曰："今度等得城郭不能居，其势可知。此不过欲虏掠财物，非有坚甲利兵攻守之志也。今何不相率还城而守之？且城高厚，多谷米，今若还求令，共坚守，度必不能久，攻可破也。"房等以为然，吏民不肯从，曰："贼在西，但有东耳。"昱谓房等："愚民不可计事。"乃密遣数骑举幡于东山上，令房等望见大呼言"贼已至"，便下山趣城。吏民奔走随之。求得县令，遂共城守。度等来攻城，不能下，欲去。昱率吏民开城门急击之，度等破走。东阿由此得全。

初平中，兖州刺史刘岱辟昱，昱不应。是时岱与袁绍、公孙瓒和亲，绍令妻子居岱所，瓒亦遣从事范方将骑助岱。后绍与瓒有隙。瓒击破绍军，乃遣使语岱，令遣绍妻子，使与绍绝。别敕范方："若岱不遣绍家，将骑还。吾定绍，将加兵于岱。"岱议连日不决，别驾王彧白岱："程昱有谋，能断大事。"岱乃召见昱，问计，昱曰："若弃绍近援而求瓒远助，此假人于越以救溺子之说也。夫公孙瓒，非袁绍之敌也。今虽坏绍军，然终为绍所禽。夫趣一朝之权而不虑远计，将军终败。"岱从之。范方将其骑归，未至，瓒大为绍所破。岱表昱为骑都尉，昱辞以疾。

刘岱为黄巾所杀。太祖临兖州，辟昱。昱将行，其乡人谓曰："何前后之相背也！"昱笑而不应。太祖与语，说之，以昱守寿张令。太祖征徐州，使昱与荀彧留守鄄城。张邈等叛迎吕布，郡县响应，唯鄄城、范、东阿不动。布军降者，言陈宫欲自将兵取东阿，又使氾嶷取范，吏民皆恐。彧谓昱曰："今兖州反，唯有此三城。宫等以重兵临之，非有以深结其心，三城必动。君，民之望也，归而说之，殆可！"昱乃归。过范，说其令靳允曰："闻吕布执君母弟妻子，孝子诚不可为心！今天下大乱，英雄并起，必有命世，能息天下之乱者，此智者所详择也。得主者昌，失主者亡。陈宫叛迎吕布而百城皆应，似能有为。然以君观之，布何如人哉！夫布，粗中少亲，刚而无礼，匹夫之雄耳。宫等以势假合，不能相君也。兵虽众，终必无成。曹使君智略不世出，殆天所授！君必固范，我守东阿，则田单之功可立也。孰与违忠从恶而母子俱亡乎？唯君详虑之！"允流涕曰："不敢有二心。"时氾嶷已在县，允乃见嶷，伏兵刺杀之，归勒兵守。[①] 昱又遣别骑绝仓亭津，陈宫至，不得渡。昱至东阿，东阿令枣祗已率厉吏民，拒城坚守。又，兖州从事薛悌与昱协谋，卒完三城，以待太祖。太祖还，执昱手曰："微子之力，吾无所归矣。”乃表昱为东平相，屯范。[②]

①徐众《评》曰：允于曹公，未成君臣。母，至亲也，于义应去。昔王陵母为项羽所拘，母以高祖必得天下，因自杀以固陵志。明心无所系，然后可得成事人尽死之节。卫公子开方仕齐，积年不归，管仲以为不怀其亲，安能爱君，不可以为相。是以求忠臣必于孝子之门，允宜先救至亲。徐庶母为曹公所得，刘备乃遣庶归，欲为天下者恕人子之情也。曹公亦宜遣允。

②《魏书》曰：昱少时常梦上泰山，两手捧日。昱私异之，以语荀彧。及兖州反，赖昱得完三城。于是彧以昱梦白太祖。太祖曰：“卿当终为吾腹心。”昱本名立，太祖乃加其上“日”，更名昱也。

太祖与吕布战于濮阳，数不利。蝗虫起，乃各引去。于是袁绍使人说太祖连和，欲使太祖遣家居邺。太祖新失兖州，军食尽，将许之。时昱使适还，引见，因言曰：“窃闻将军欲遣家，与袁绍连和，诚有之乎？”太祖曰：“然。”昱曰：“意者将军殆临事而惧，不然何虑之不深也！夫袁绍据燕、赵之地，有并天下之心，而智不能济也。将军自度能为之下乎？将军以龙虎之威，可为韩、彭之事邪？今兖州虽残，尚有三城。能战之士，不下万人。以将军之神武，与文若、昱等，收而用之，霸王之业可成也。愿将军更虑之！”太祖乃止。[①]

①《魏略》载昱说太祖曰：“昔田横，齐之世族，兄弟三人更王，据千里之地，拥百万之众，与诸侯并南面称孤。既而高祖得天下，而横顾为降虏。当此之时，横岂可为心哉！”太祖曰：“然。此诚丈夫之至辱也。”昱曰：“昱愚，不识大旨，以为将军之志，不如田横。田横，齐一壮士耳，犹羞为高祖臣。今闻将军欲遣家往邺，将北面而事袁绍。夫以将军之聪明神武，而反不羞为袁绍之下，窃为将军耻之！”其后语与本传略同。

天子都许，以昱为尚书。兖州尚未安集，复以昱为东中郎将，领济阴太守，都督兖州事。刘备失徐州，来归太祖。昱说太祖杀备，太祖不听。语在《武纪》。后又遣备至徐州要击袁术，昱与郭嘉说太祖曰：“公前日不图备，昱等诚不及也。今借之以兵，必有异心。”太祖悔，追之不及。会术病死，备至徐州，遂杀车胄，举兵背太祖。顷之，昱迁振威将军。袁绍在黎阳，将南渡。时昱有七百兵守鄄城，太祖闻之，使人告昱，欲益二千兵。昱不肯，曰：“袁绍拥十万众，自以所向无前。今见昱兵少，必轻易，不来攻。若益昱兵，过则不可不攻，攻之必克，徒两损其势。愿公无疑！”太祖从之。绍闻昱兵少，果不往。太祖谓贾诩曰：“程昱之胆，过于贲、育。”昱收山泽亡命，得精兵数千人，乃引军与太祖会黎阳，讨袁谭、袁尚。谭、尚破走。拜昱奋武将军，封安国亭侯。太祖征荆州，刘备奔吴。论者以为孙权必杀备，昱料之曰：“孙权新在位，未为海内所惮。曹公无敌于天下，初举荆州，威震江表，权虽有谋，不能独当也。刘备有英名，关羽、张飞皆万人敌也，权必资之以御我。难解势分，备资以成，又不可得而杀也。”权果多与备兵以御太祖。是后中夏渐平，太祖拊昱背曰：“兖州之败，不用君言，吾何以至此？”宗人奉牛酒大会，昱曰：“知足不辱，吾可以退矣。”乃自表归兵，阖门不出。[①]

①《魏书》曰：太祖征马超，文帝留守，使昱参军事。田银、苏伯等反河间，遣将军

贯信讨之。贼有千余人请降，议者皆以为宜如旧法，昱曰："诛降者，谓在扰攘之时，天下云起，故围而后降者不赦，以示威天下，开其利路，使不至于围也。今天下略定，且在邦域之中，此必降之贼，杀之无所威惧，非前日诛降之意。臣以为不可诛也，纵诛之，宜先启闻。"众议者曰："军事有专，无请。"昱不答。文帝起入，特引见昱曰："君有所不尽邪？"昱曰："凡专命者，谓有临时之急，呼吸之间者耳。今此贼制在贯信之手，无朝夕之变，故老臣不愿将军行之也。"文帝曰："君虑之善。"即白太祖，太祖果不诛。太祖还，闻之甚悦，谓昱曰："君非徒明于军计，又善处人父子之间。"

昱性刚戾，与人多迕。人有告昱谋反，太祖赐待益厚。魏国既建，为卫尉，与中尉邢贞争威仪，免。文帝践阼，复为卫尉，进封安乡侯，增邑三百户，并前八百户。分封少子延及孙晓列侯。方欲以为公，会薨，帝为流涕，追赠车骑将军，谥曰肃侯。[①] 子武嗣。武薨，子克嗣。克薨，子良嗣。

①《魏书》曰：昱时年八十。◎《世语》曰：初，太祖乏食，昱略其本县，供三日粮，颇杂以人脯，由是失朝望，故位不至公。

【译文】程昱，字仲德，是东郡东阿县人。他身长八尺三寸，须髯修长美丽。黄巾军兴起时，东阿县丞王度造反响应黄巾军，焚烧了仓库。东阿县令翻越城墙逃走了，县城里的佐吏民众扶老携幼，出城向东奔逃到了渠丘山中。程昱派人侦察王度的动静，发现王度等人虽白得了一座空城却不能拒守，已经出城到城西五六里的地方屯驻去了。程昱对县中的大姓族长薛房等人说："如今王度等人夺得了县城的城郭，但却不能拒守，他们的发展趋势也就可想而知了。这说明他们只不过是想要抢掠点财物罢了，并没有依仗坚甲利兵攻占城池的大志向。如今我们为什么不互相提携回到城中去坚守呢？况且城墙高厚，米谷很多，如今倘若能回过头来寻找到县令，与他在一起坚守县城，估计王度这帮人肯定长久不了，稍加进攻就可以击破。"薛房等人都认为他说得对，但普通吏民们却不肯听从，他们嚷嚷说："贼寇现在在西边，我们只有往东逃跑才行！"程昱对薛房等人说："这帮愚民不能与他们合计事情。"于是就秘密地派遣数骑人马到东山上去举起了旗幡，让薛房等人望见旗幡就大声呼喊"贼寇已经来啦"，接着便下山往城里跑。吏民们也就跟着跑回了县城。回城后找到了县令，与他共同守城。王度等人来攻城，没能攻下来，想要离去。程昱率领吏民急忙开城门攻击，王度等人被击破逃走了。东阿县也因此而得以保全。

初平年间，兖州刺史刘岱征召程昱，程昱没去应召。那时刘岱正与袁绍、公孙瓒和亲，袁绍让妻儿居住在刘岱处，公孙瓒也派遣从事范方率领骑兵帮助刘岱。后来袁绍与公孙瓒产生了仇隙。公孙瓒击破袁绍的军队后，就派遣使节对刘岱讲，让刘岱把袁绍的妻儿送回去，并与袁绍绝交。公孙瓒又另外命令范方说："如若刘岱不遣送袁绍的家属，你就把骑兵领回来。等我平定了袁绍以后，就要向刘岱发动攻击。"刘岱议论此事连日不能决断，别驾王彧对刘岱说："程昱有谋略，能决断大事。"于是刘岱就召见了程昱，向他求问计策，程昱回答说："现在，如果放弃了袁绍这样的近援而仰求公孙瓒这样的远助，这种做法其实与到遥远的越国去求告别人来拯救眼前溺水的孩子一样荒谬。公孙瓒这样的人,绝不是袁绍的敌手。而今他虽能小小地击败袁绍的军队,但他最终还是要被袁绍擒获。如果趋赴一时之利,而不考虑久远大计,将军您最终必然失败。”刘岱听从了程昱的劝告。于是,范方率领他带来的骑兵回去了,他还没来得及回到公孙瓒处,公孙瓒就被袁绍彻底地击破了。于是,刘岱表荐程昱为骑都尉。程昱以有病为由辞退了他的表荐。

后来,刘岱被黄巾军杀了。魏太祖曹操兵临兖州,下令征用程昱。程昱即将应召前往时,他的同乡人问他说:“您为什么前后的态度如此截然不同呀!”程昱只是笑笑,并不回答。曹操与程昱一交谈,对他十分满意,就任用程昱做了寿张县的县令。曹操征伐徐州时,令程昱与荀彧共同留守鄄城。张邈等人叛变迎纳吕布时,兖州属下诸郡县都群起响应,唯有鄄城、范、东阿三县没有动乱。吕布军中新降的士卒说,陈宫想要亲自带兵攻取东阿,又让汜嶷去攻取范,吏民们闻听后都很惊恐。荀彧对程昱说:“如今兖州诸县都已反叛,未叛的只有鄄城、范、东阿这三城了。陈宫等人又要以重兵逼临三城,如果没有人让这三城守将加深缔结同盟的心意,这三城军心势必动摇。程君,您是这一带民众仰望的人,请您回去劝说劝说他们,也许还能守得住!”于是,程昱就回东阿故里去了。路过范县时,他劝说范县县令靳允说:“听说吕布拘执了您的母亲、兄弟和妻儿,作为孝子您确实不可能不动于心!如今天下大乱,英雄并起,将来必定会有能掌握当世命运,能平息天下战乱的人出现,这是明智的人必须详加抉择的。选得合适的主公,他的命运将昌盛;没有合适的主公,他将面临覆灭的命运,陈宫一叛变迎纳吕布,兖州近百县城就都响应,这似乎表明他们也许能有所作为。然而,在您看来,吕布又是个什么样的人呢?吕布粗略少谋、缺少亲爱人之心,刚愎而又无礼,是个匹夫式的英雄而已。陈宫等人迫于形势与他假意联合,但最终还是不能以君主之礼对待吕布的。他们目前虽然兵马众多,但最终必然不会成功。曹使君的智谋勇略是天下无双的,大约是上天授予他的吧!您一定要固守范县,我守住东阿,那么像当年田单那样的奇功就可以建立了。这与您违背忠义、顺从邪恶、最后落得个母子共同灭亡相比,哪样好呢?请您详细地考虑这件事!”靳允流着眼泪说:“我不敢有二心。”当时陈宫派出的汜嶷已经来到了县城中,靳允就去会见汜嶷,埋伏兵士杀了他,然后回到军中约束兵士坚守。程昱另外又派遣骑兵断绝了仓亭津的交通,陈宫到来后,不能渡过。程昱到东阿时,东阿县令枣祗已经率领吏民占据城头、坚守待敌了。此外,兖州从事薛悌也与程昱协同谋画,最终硬是保全了这三城,他们坚守等来了曹操大军的归来。曹操回来后,握着程昱的手说:“要不是靠您的力量,我回来就没有地方去了。”于是就表荐程昱为东平郡相,率兵屯驻范县。

魏太祖曹操与吕布在濮阳会战,数次交锋不利。恰逢蝗虫泛起,双方各自引兵退去。在这时袁绍派人来提议与曹操连和,想要让曹操把家搬到袁绍盘踞的邺城去居住。魏太祖曹操刚好新丢失了兖州,军中粮食也吃尽了,即将应许袁绍。这时程昱恰好出使回来,在曹操引见他时,他借机问道:“我私下听说将军想要遣送家属,与袁绍连和,真有这事儿吗?”曹操说:“是啊。”程昱说:“我看将军您大概是事到临头被吓坏了,要不然怎么会考虑得这么不深远呢!像袁绍这人,他据有燕、赵广阔的土地,有吞并天下的雄心,但他的智略却不能使他成功。将军您自己掂量掂量,您能处在他的下面吗?将军您以龙虎一样的声威,能干得了韩信、彭越那样的事吗?而今兖州虽已残破,但还存有三座城池。能征惯战的勇士,也还有不下万人。以将军的神威武略,再加上荀文若与我等人,霸王大业就可以成就了。希望将军您能重新考虑一下!"曹操才终止了这一计划。

后来,曹操迎纳汉天子定都许昌,任用程昱做了尚书。当时兖州尚未完全安定归顺,于是曹操又任用程昱为东中郎将,领济阴郡太守,都督兖州各项事务。刘备失利徐州后,来归顺曹操。程昱劝说曹操赶快杀掉刘备,曹操没有听他的。这段事情记在《武帝纪》中。后来,曹操又派遣刘备到徐州去截击袁术,程昱与郭嘉闻听后劝阻曹操说:"曹公,您前一次不图谋杀掉刘备,我们的见识确实比不上您。如今您借给他兵,让他出征,他必定怀有异心。"曹操听了很后悔,派人去追刘备,但已经追不上了。正逢袁术病死了,刘备到徐州后,就杀了车胄,举兵背叛曹操。不久,曹操把程昱升迁为振威将军。袁绍驻军黎阳,将要挥兵南渡,奔袭曹操的后方。当时程昱只率有七百名兵丁驻守鄄城,曹操听说后,派人把袁军即将南下的消息告诉了程昱,并表示要给程昱加派二千兵丁。程昱不肯接受,他说:"袁绍拥有十万之众,自以为所向无敌。如今一见程昱的兵太少,必定不把我这七百人当回事,不会来攻打。如若现在增益我所统领的军兵,军势稍强,袁军经过时就不可不攻打了,只要袁军一攻打我军就必然被攻克,徒然使曹公和程昱两头的兵势遭损。我这儿不必增兵了,请曹公不要疑虑!"曹操就听从了他的话。袁绍兵路过鄄城时闻听程昱手下兵太少,果然弃而不往。曹操对贾诩说:"程昱的胆量,已经超过了古时著名的勇士孟贲、夏育。"程昱收罗逃避在山泽中的亡命之徒,获得精兵数千人,于是引领这些军兵与曹操会师黎阳,讨伐袁谭、袁尚。袁谭、袁尚被击破败走。曹操就拜程昱做了奋武将军,封他为安国亭侯。曹操征伐荆州时,刘备投奔了孙吴。许多评议此事的人以为孙权必定会诛杀刘备,程昱却预料这件事儿说:"孙权新近刚登位,还没有被海内英雄敬重和惧惮。曹公在天下没有敌手,刚刚攻克了荆州,军威震慑大江两岸,孙权虽然小有谋略,但他自知不能独挡曹公。刘备素有英雄的名声,关羽、张飞又都是可以敌万人的将领,孙权必定会资助刘备部分兵力来抵御我军。形势迫使他们很难分解开来,刘备经孙权的资助,力量已经形成,孙权也不可能得到机会再杀刘备。"孙权果然给了刘备大量军兵,让他来抵御魏太祖曹操。从那以后,中原渐渐平定,魏太祖曹操拍着程昱的后背说:"兖州兵败的时候,要是我不用您的话,我怎么能达到今天这地步呢?"在宗人奉献牛酒的大会上,程昱说:"知足才不会取辱,我可以告退了。"于是就自上表章交回兵权,从此闭门不出。

程昱性格刚烈暴戾,与人交接多有忤逆冒犯。有人曾告程昱谋反,曹操听了,给程昱的赏赐和优待却更加丰厚了。魏国建立以后,他被任命为卫尉,因与中尉邢贞争比侍从的威仪逾制而被免官。魏文帝曹丕即位以后,复用程昱为卫尉,并晋封他为安乡侯,增加他的食邑三百户,加上从前的食邑共八百户。分封他的小儿子程延以及孙子程晓为列侯。正要任命他为公时，他却逝世了，魏文帝痛哭流涕，并追赠他为车骑将军，赐给他谥号叫肃侯。爵位由他儿子程武继承。程武逝世后爵位又由儿子程克继承。程克逝世后，爵位由儿子程良继承。

【原文】晓，嘉平中为黄门侍郎。① 时校事放横，晓上疏曰：

《周礼》云："设官分职，以为民极。"《春秋传》曰："天有十日，人有十等。"愚不得临贤，贱不得临贵。于是并建圣哲，树之风声。明试以功，九载考绩。各修厥业，思不出位。故栾书欲拯晋侯，其子不听；死人横于街路，邴吉不问。上不责非职之功，下不务分外之赏，吏无兼统之势，民无二事之役，斯诚为国要道，治乱所由也。远览典志，近观秦汉，虽官名改易，职司不同，至于崇上抑下，显分明例，其致一也。初无校事之官干与庶政者也。昔武皇帝大业草创，众官未备，而军旅勤苦，民心不安，乃有小罪，不可不察，故置校事，取其一切耳。然检御有方，不至纵恣也。此霸世之权宜，非帝王之正典。其后渐蒙见任，复为疾病，转相因仍，莫正其本。遂令上察宫庙，下摄众司，官无局业，职无分限，随意任情，唯心所适。法造于笔端，不依科诏；狱成于门下，不顾复讯。其选官属，以谨慎为粗疏，以謥詷为贤能。其治事，以刻暴为公严，以循理为怯弱。外则托天威以为声势，内则聚群奸以为腹心。大臣耻与分势，含忍而不言；小人畏其锋芒，郁结而无告。至使尹模公于目下肆其奸慝。罪恶之著，行路皆知，纤恶之过，积年不闻。既非《周礼》设官之意，又非《春秋》十等之义也。

今外有公卿将校总统诸署，内有侍中、尚书综理万机，司隶校尉督察京辇，御史中丞、董摄宫殿，皆高选贤才以充其职，申明科诏以督其违。若此诸贤犹不足任，校事小吏，益不可信。若此诸贤各思尽忠，校事区区，亦复无益。若更高选国士以为校事，则是中丞、司隶重增一官耳。若如旧选，尹模之奸今复发矣。进退推算，无所用之。昔桑弘羊为汉求利，卜式以为独烹弘羊，天乃可雨。若使政治得失必感天地，臣恐水旱之灾，未必非校事之由也。曹恭公远君子，近小人，《国风》托以为刺。卫献公舍大臣，与小臣谋，定姜谓之有罪。纵令校事有益于国，以礼义言之，尚伤大臣之心，况奸回暴露，而复不罢，是衮阙不补，迷而不返也。

于是遂罢校事官。晓迁汝南太守，年四十余薨。②

①《世语》曰：晓，字季明，有通识。

②《晓别传》曰：晓大著文章多亡失，今之存者不能十分之一。

【译文】程昱的孙子程晓，嘉平年间曾为黄门侍郎。当时，由魏武帝曹操昔年创置的专司纠察百官的校事官猖獗横行，于是，程晓上疏说：

《周礼》说过："设置官司，分担职责，用以作为万民的准则。"《春秋传》也说过："天上有十个太阳，地下有十个等级的人。"愚人不得混到贤人中去，贱民也不得混到贵人中去。于是确立圣人贤哲的地位，树立他们崇高的风尚和名声。以各自的功业对他们进行明确的考核，九年就集中进行一次考绩。让他们各自修治他们的职业，思想不越出他们的职位。故而晋国的执政大臣栾书想要拯救晋侯，他的儿子不听他的；死人横在道路上，丞相邴吉以为这种事不在他职责之内，故而弃置不问。上级不责求不是自己职分内的功绩，下级也不希求自己职分之外的赏赐，吏佐没有兼职统管的势力，民众没有从事两种产业的劳役，这就是统治国家的精义要道，天下的治乱兴废就是由此决定的。臣远览先代典志，近观秦汉政迹，历代虽然官名有所改换变易，职务司掌也不尽相同，但崇敬君上、抑制臣下，显著职分、明确律例，这些是完全一致的。当初，并没有校事这个官动不动就出面干预和参与庶事政务。这都是昔年太祖武皇帝草创大业时，由于众官还没有完备，而军旅之事又很辛勤艰苦，民心又不太安定，即使有点小罪过，也不能不纠察，故而暂置校事一职，职其复校、纠查一切事故。然而当时还是检查、审核有方，还不至像今天这样恣意放纵。这是群雄争霸时代的权宜之计，并不是正经的帝王的法典。从那往后，校事官渐渐蒙受到重视和信任，成了一种弊端，辗转相沿，因循下来，无人能为它正本清源。于是就让它上能纠察宫庙掖庭，下能管理各署官员，它没有固定的局署公务，职事没有分工和权限，可以任意随心地处置一切，只要它私心觉得合适。法令在它的笔端可以任意制造，用不着依从科条诏令；案件在它的门下可以随便定就，用不着顾及复案、讯问。它遴选官员属吏，常把谨慎的，误认为粗疏的，把虚夸的，当成贤能的。它们治办事务，常把苛刻暴虐当成公正严格，把循规蹈矩当成怯懦软弱。它对外则假托君国的天威，用来造成声势，对内则聚集一群奸臣，用来作为心腹。大臣们耻于与它们争权夺势，隐含忍耐，不肯多言；小人们畏惧它们的锋芒，悲愤郁结，哭告无门。致使像尹模那样的奸佞，公然在眼前施行奸谋。它们罪恶昭著，行路的人都已知晓了，那些细微的过错，多年也不为世人所闻。这既非《周礼》中设官的本意，又不是《春秋》人有十等的古义。

如今外有公卿将校，总管诸衙曹署，内有侍中、尚书，综理军国万机，司隶校尉负责督察京畿皇辇，御史中丞管理执掌宫殿御禁，这些官职，都是由经过高标准选出来的贤才来充任的，都是用事先已申饬明白的科条诏令，来督责他们可能出现的过失的。如若这样的贤才还不足以信任，校事这样的小吏，更不可轻信。如若上述诸贤能够各自尽忠竭力，区区的校事官，留着也再没有什么益处。如若另外高选国士贤良来作校事官，实则是在御史中丞和司隶校尉之外，又重复增设了一层官罢了。假若还如旧时所选，尹模这样的奸贼如今又要产生了。臣进进退退、反复推算，觉得校事这官职实在没有什么用处。昔日桑弘羊为汉室征求利益，卜式却以为只有把桑弘羊这人烹杀了，久旱不雨的苍天才可能下雨。假使政治上的得失必然会感动天地，臣恐怕水旱的灾害，未必不是由于校事官的胡作非为造成的。曹恭公远离君子而亲近小人，所以《诗经·国风》托言寓意以作讽刺。卫献公舍弃了大臣，却与小臣合谋，定姜说他有罪。纵使校事官对国家有益，但从礼义的角度讲，它还是会伤害大臣们的心，更何况校事官奸诈的本质已经暴露，这时如果还不罢免它，就是看到缺失不但不去弥补，却反而去褒奖，就是执迷不悟，死不回头了。

于是魏国就罢免了校事官。程晓后来迁任为汝南太守，四十多岁就逝世了。

郭嘉

【原文】郭嘉，字奉孝，颍川阳翟人也。[①]初，北见袁绍，谓绍谋臣辛评、郭图曰："夫智者审于量主，故百举百全而功名可立也。袁公徒欲效周公之下士，而未知用人之机。多端寡要，好谋无决，欲与共济天下大难，定霸王之业，难矣！"于是遂去之。先是时，颍川戏志才，筹画士也，太祖甚器之，早卒。太祖与荀彧书曰："自志才亡后，莫可与计事者。汝、颍固多奇士，谁可以继之？"彧荐嘉。召见，论天下事。太祖曰："使孤成大业者，必此人也。"嘉出，亦喜曰："真吾主也。"表为司空军祭酒。[②]

①《傅子》曰：嘉少有远量。汉末天下将乱。自弱冠匿名迹，密交结英俊，不与俗接，故时人多莫知，惟识达者奇之。年二十七，辟司徒府。

②《傅子》曰：太祖谓嘉曰："本初拥冀州之众，青、并从之，地广兵强，而数为不逊。吾欲讨之，力不敌。如何？"对曰："刘、项之不敌，公所知也。汉祖唯智胜，项羽虽强，终为所禽。嘉窃料之，绍有十败，公有十胜，虽兵强，无能为也。绍繁礼多仪，公体任自然，此道胜，一也。绍以逆动，公奉顺以率天下，此义胜，二也。汉末政失于宽，绍以宽济宽，故不摄，公纠之以猛而上下知制，此治胜，三也。绍外宽内忌，用人而疑之，所任唯亲戚子弟，公外易简而内机明，用人无疑，唯才所宜，不间远近，此度胜，四也。绍多谋少决，失在后事，公策得辄行，应变无穷，此谋胜，五也。绍因累世之资，高议揖让以收名誉，士之好言饰外者多归之，公以至心待人，推诚而行，不为虚美，以俭率下，与有功者无所吝，士之忠正远见而有实者皆愿为用，此德胜，六也。绍见人饥寒，恤念之形于颜色，其所不见，虑或不及也，所谓妇人之仁耳，公于目前小事，时有所忽，至于大事，与四海接，恩之所加，皆过其望，虽所不见，虑之所周，无不济也，此仁胜，七也。绍大臣争权，谗言惑乱，公御下以道，浸润不行，此明胜，八也。绍是非不可知，公所是进之以礼，所不是正之以法，此文胜，九也。绍好为虚势，不知兵要，公以少克众，用兵如神，军人恃之，敌人畏之，此武胜，十也。"太祖笑曰："如卿所言，孤何德以堪之也！"嘉又曰："绍方北击公孙瓒，可因其远征，东取吕布。不先取布，若绍为寇，布为之援，此深害也。"太祖曰："然。"

征吕布，三战破之，布退固守。时士卒疲倦，太祖欲引军还。嘉说太祖急攻之，遂禽布。语在《荀攸传》。[①]

①《傅子》曰：太祖欲引军还，嘉曰："昔项籍七十余战，未尝败北，一朝失势而身死国亡者，恃勇无谋故也。今布每战辄破，气衰力尽，内外失守。布之威力不及项籍，而困败过之，若乘胜攻之，此成禽也。"太祖曰："善。"◎《魏书》曰：刘备来奔，以为豫州牧。或谓太祖曰："备有英雄志，今不早图，后必为患。"太祖以问嘉，嘉曰："有是。然公提剑起义兵，为百姓除暴，推诚仗信以招俊杰，犹惧其未也。今备有英雄名，以穷归己而害之，是以害贤为名，则智士将自疑，回心择主，公谁与定天下？夫除一人之患，以沮四海之望，安危之机，不可不察！"太祖笑曰："君得之矣。"◎《傅子》曰：初，刘备来降，太祖以客礼待之，使为豫州牧。嘉言于太祖曰："备有雄才而甚得众心。张飞、关羽者，

皆万人之敌也，为之死用。嘉观之，备终不为人下，其谋未可测也。古人有言：‘一日纵敌，数世之患。’宜早为之所。”是时，太祖奉天子以号令天下，方招怀英雄以明大信，未得从嘉谋。会太祖使备要击袁术，嘉与程昱俱驾而谏太祖曰：“放备，变作矣！”时备已去，遂举兵以叛。太祖恨不用嘉之言。

案，《魏书》所云，与《傅子》正反也。

孙策转斗千里，尽有江东，闻太祖与袁绍相持于官渡，将渡江北袭许。众闻皆惧，嘉料之曰：“策新并江东，所诛皆英豪雄杰，能得人死力者也。然策轻而无备，虽有百万之众，无异于独行中原也。若刺客伏起，一人之敌耳。以吾观之，必死于匹夫之手。”策临江未济，果为许贡客所杀。①

①《傅子》曰：太祖欲速征刘备，议者惧军出，袁绍击其后，进不得战而退失所据。语在《武纪》。太祖疑，以问嘉。嘉劝太祖曰：“绍性迟而多疑，来必不速。备新起，众心未附，急击之必败。此存亡之机，不可失也。”太祖曰：“善。”遂东征备。备败奔绍，绍果不出。

臣松之案《武纪》，决计征备，量绍不出，皆出自太祖。此云用嘉计，则为不同。又本传称嘉料孙策轻佻，必死于匹夫之手，诚为明于见事。然自非上智，无以知其死在何年也。今正以袭许年死，此盖事之偶合。

从破袁绍，绍死，又从讨谭、尚于黎阳，连战数克。诸将欲乘胜遂攻之，嘉曰：“袁绍爱此二子，莫适立也。有郭图、逢纪为之谋臣，必交斗其间，还相离也。急之则相持，缓之而后争心生。不如南向荆州若征刘表者，以待其变。变成而后击之，可一举定也。”太祖曰：“善。”乃南征。军至西平，谭、尚果争冀州。谭为尚军所败，走保平原，遣辛毗乞降。太祖还救之，遂从定邺。又从攻谭于南皮，冀州平。封嘉洧阳亭侯。①

①《傅子》曰：河北既平，太祖多辟召青、冀、幽、并知名之士，渐臣使之，以为省事掾属。皆嘉之谋也。

太祖将征袁尚及三郡乌丸，诸下多惧刘表使刘备袭许以讨太祖。嘉曰：“公虽威震天下，胡恃其远，必不设备。因其无备，卒然击之，可破灭也。且袁绍有恩于民夷，而尚兄弟生存。今四州之民，徒以威附，德施未加，舍而南征，尚因乌丸之资，招其死主之臣，胡人一动，民夷俱应，以生蹋顿之心，成觊觎之计，恐青、冀非己之有也。表，坐谈客耳，自知才不足以御备，重任之则恐不能制，轻任之则备不为用，虽虚国远征，公无忧矣。”太祖遂行。至易，嘉言曰：“兵贵神速。今千里袭人，辎重多，难以趣利，且彼闻之，必为备。不如留辎重，轻兵兼道以出，掩其不意。”太祖乃密出卢龙塞，直指单于庭。虏卒闻太祖至，惶怖合战。大破之，斩蹋顿及名王已下。尚及兄熙走辽东。

嘉深通有算略，达于事情。太祖曰：“唯奉孝为能知孤意。”年三十八，自柳城还，疾笃，太祖问疾者交错。及薨，临其丧，哀甚，谓荀攸等曰：“诸君年皆孤辈也，唯奉孝最少。天下事竟，欲以后事属之，而中年夭折，命也夫！”乃表曰：“军祭酒郭嘉，自从征伐，十有一年。每有大议，临敌制变。臣策未决，嘉辄成之。平定天下，谋功为高。不幸短命，事业未终。追思嘉勋，实不可忘。可增邑八百户，并前千户。”①谥曰贞侯。子奕嗣。[②]

①《魏书》载太祖表曰："臣闻褒忠宠贤，未必当身，念功惟绩，恩隆后嗣。是以楚宗孙叔，显封厥子；岑彭既没，爵及支庶。故军祭酒郭嘉，忠良渊淑，体通性达。每有大议，发言盈庭，执中处理，动无遗策。自在军旅，十有余年，行同骑乘，坐共幄席，东禽吕布，西取眭固，斩袁谭之首，平朔土之众，逾越险塞，荡定乌丸，震威辽东，以枭袁尚。虽假天威，易为指麾，至于临敌，发扬誓命，凶逆克殄，勋实由嘉。方将表显，短命早终。上为朝廷悼惜良臣，下自毒恨丧失奇佐。宜追增嘉封，并前千户，褒亡为存，厚往劝来也。"

②《魏书》称奕通达见理。奕，字伯益，见王昶《家诫》。

后太祖征荆州还，于巴丘遇疾疫，烧船，叹曰："郭奉孝在，不使孤至此。"[①] 初，陈群非嘉不治行检，数廷诉嘉，嘉意自若。太祖愈益重之，然以群能持正，亦悦焉。[②] 奕为太子文学，早薨。子深嗣。深薨，子猎嗣。[③]

①《傅子》曰：太祖又云："哀哉奉孝！痛哉奉孝！惜哉奉孝！"

②《傅子》曰：太祖与荀彧书，追伤嘉曰："郭奉孝年不满四十，相与周旋十一年，阻险艰难，皆共罹之。又以其通达，见世事无所凝滞，欲以后事属之，何意卒尔失之，悲痛伤心。今表增其子满千户，然何益亡者，追念之感深。且奉孝乃知孤者也。天下人相知者少，又以此痛惜。奈何奈何！"又与彧书曰："追惜奉孝，不能去心。其人见时事兵事，过绝于人。又人多畏病，南方有疫，常言'吾往南方，则不生还'。然与共论计，云当先定荆。此为不但见计之忠厚，必欲立功分，弃命定。事人心乃尔，何得使人忘之！"

③《世语》曰：嘉孙敞，字泰中，有才识，位散骑常侍。

【译文】郭嘉，字奉孝，是颍川郡阳翟人。起初，他北上谒见袁绍后，对袁绍的谋臣辛评、郭图说："明智的人对主公的估量都很审慎，故而百次举荐百次都能得到保全，功名也可以适时建立。袁公只想要仿效周公礼贤下士，但他却不知道用人的机巧。他处事头绪过多而缺乏纲要，喜好谋略却没有恰当的决断，想要与他共同度过天下的大灾难，完成霸王的大业，难啊！"于是就离开了袁绍。略早于此时，颍川的戏志才，是个筹策谋画之士，很得魏太祖曹操的器重，可惜很早他就死去了。曹操写书信给荀彧说："自从戏志才死后，就没有可以与我谋划大事的人了。汝南、颍川本来就有很多奇士，您看谁是继戏志才之后又一个谋士呢？"荀彧举荐了郭嘉。曹操不久就召见了他，与他谈论天下大事。谈毕，太祖曹操对众人说："使孤成就大业的，必定是这个人。"郭嘉出来后，也充满喜悦地说："曹公真是我的主公啊！"曹操当即就表荐郭嘉做了司空军祭酒。

曹操征伐吕布，三战就击破了他，吕布只得退回城中固守。当时曹军士卒十分疲倦，曹操想要领军退还。这时，郭嘉劝说曹操发起猛烈攻击，于是就擒获了吕布。这段事记录在《荀攸传》中。

孙策转战千里，江东州郡很快就被他尽数占有，他听说曹操与袁绍正在官渡相持不下，打算渡江北袭许昌。曹营众人闻听以后都很恐惧，只有郭嘉预料此事说："孙策新近刚刚兼并了江东，被他诛杀的都是英雄豪杰，都是能得到别人出死力相助的人。

然而孙策轻忽而没有防备，虽有百万的兵众，也和他个人独行中原没有什么区别。如若有刺客伏地而起，他就只能抵挡一个人。在我看来，他必定要死在匹夫刺客的手里。”孙策兵临大江还没有来得及渡过，果然被许贡的门客暗杀了。

后来，郭嘉随从曹操击破了袁绍，袁绍死后，又随从大军到黎阳征讨袁谭、袁尚，接连交战了数次，都胜利了。诸将都想要乘胜大举攻击他们，郭嘉说：“袁绍喜爱这两个儿子，生前没有确立他们到底谁是继承人。又各有郭图和逄纪做他们的谋臣，郭、逄二人必定要在袁氏兄弟间交相争斗，还要相互离间。我军若攻急了，这二人就会合兵与我军相持，我军对他们若松缓点儿，他们兄弟之间的争斗之心就会萌生。我看，不如假作我军要向南征伐刘表的样子，来静待形势的变化。变化发生后再进击他们，就可以一举平定了。”曹操说：“好。”于是就佯令大军南征。曹军刚走到西平，袁谭、袁尚果然就争夺起了冀州。袁谭被袁尚的军队击败，逃走退保平原，并派遣辛毗到曹营乞求投降。曹操回师驰救袁谭，接着就攻下了邺城。接着又到南皮攻破了袁谭，最终平定了冀州。事后，曹操表封郭嘉为洧阳亭侯。

曹操即将进一步征伐袁尚以及三郡乌丸族人时，部下诸将大多惧怕刘表派刘备袭击许昌，讨伐曹操。这时，郭嘉说：“明公您虽然威震天下，但胡人仗着他们地处僻远，必定对我军不加设防备。我军现在乘他们没有防备，猝然袭击他们，定可击破、平定他们。况且袁绍对乌丸北夷的人民有恩，而袁尚兄弟尚且活着。如今原属袁氏的青冀幽并四州的民众，不过只是因为惧怕明公的兵威而暂时归附，明公对他们的恩德还没有降加到他们身上，如今若舍弃袁尚等而去南征刘表，袁尚要是凭借乌丸的军资，再招回愿为他效死命的臣僚，胡人们再有举动，汉夷民众都群起响应，乌丸单于蹋顿因此而萌生南向中原的野心，形成觊觎窥视帝业的奸计，恐怕到那时青、冀等州就不是我们自己能保有的了。刘表只是一个坐而论道的说客罢了，他自知他的才略不足以驾驭刘备，重用刘备，则恐怕将来刘备不受他节制，轻用呢，刘备又不会甘心为他所用，因此，我方就是国内空虚去远征乌丸，明公您也不必有什么忧虑。”于是，曹操就率大军北行了。大军开进到易县，郭嘉说道：“兵贵神速，如今千里行军、奔袭他人，辎重过多，就难以驱驰赴利，而且如果让他们听到了，必定早作防备。我看不如留下辎重，率轻装精兵日夜兼程迅速出击，在他们意想不到时发动突然袭击。”曹操就秘密率轻兵突出卢龙塞，直指乌丸单于蹋顿的龙庭。番虏的士卒闻说曹操的大军突然到了，在怆惶恐怖中仓促会战。结果，曹军大破乌丸军，斩杀了单于蹋顿及名王以下的乌丸诸将。袁尚以及他的兄长袁熙只得远走去了辽东。

郭嘉渊深通达，极有谋略，对事理人情也很明达。魏太祖曹操说：“唯有郭奉孝才是能知晓孤意向的人。”三十八岁那年，自柳城回来，患病沉重，曹操派去探问病情的人来回交错奔走。及至他去世后，曹操亲临他的丧礼，悲伤极了，曹操对荀攸等人说：“诸君论年岁都是孤的同辈，唯有郭奉孝最年少。平定天下的事完毕了，我还想要把我的后事嘱托给他，没想到他却中年夭折了，这真是命啊！”于是就表奏天子说：“军祭酒郭嘉，自随从臣征伐以来，已有十一年了。他每每发有宏大谋议，在临敌时预作机变。在臣的筹策犹豫未决时，郭嘉总能立即助臣促成妙策。平定天下，郭嘉的谋略功劳是最高的。他不幸短命，事业未能终结。臣追思郭嘉的功勋，实在不可以忘怀。现今可以增加他的食邑八百户，合并上从前的共一千户。”朝廷赠予郭嘉谥号为贞侯，爵位由其子郭奕继承。

后来，魏太祖曹操南征荆州还师，在巴丘，大军遭遇上了疾病时疫，又烧掉了战船，曹操哀叹说：“郭奉孝如在，就不会让孤弄成这个样子。”起初，陈群曾非议郭嘉，说他行为不修治、不检点，好几次在朝数落郭嘉，但郭嘉仍然意气自若。魏太祖曹操愈发敬重郭嘉，然而因为陈群能坚持正道，对他也很有好感。郭嘉的儿子郭奕做过太子文学，很早就逝世了。他的爵位由儿子郭深承嗣。郭深逝世后，爵位由儿子郭猎继承。

董昭

【原文】董昭，字公仁，济阴定陶人也。举孝廉，除廮陶长、柏人令，袁绍以为参军事。绍逆公孙瓒于界桥，钜鹿太守李邵及郡冠盖，以瓒兵强，皆欲属瓒。绍闻之，使昭领钜鹿。问：“御以何术？”对曰：“一人之微，不能消众谋。欲诱致其心，唱与同议，及得其情，乃当权以制之耳。计在临时，未可得言。”时郡右姓孙伉等数十人专为谋主，惊动吏民。昭至郡，伪作绍檄告郡云：“得贼罗候安平张吉辞，当攻钜鹿，贼故孝廉孙伉等为应。檄到，收行军法，恶止其身，妻子勿坐。”昭案檄告令，皆即斩之。一郡惶恐，乃以次安慰，遂皆平集。事讫白绍，绍称善。会魏郡太守栗攀为兵所害，绍以昭领魏郡太守。时郡界大乱，贼以万数，遣使往来，交易市买。昭厚待之，因用为间，乘虚掩讨，辄大克破。二日之中，羽檄三至。

昭弟访，在张邈军中。邈与绍有隙，绍受谗将致罪于昭。昭欲诣汉献帝，至河内，为张杨所留。因杨上还印绶，拜骑都尉。时太祖领兖州，遣使诣杨，欲令假涂西至长安，杨不听。昭说杨曰：“袁、曹虽为一家，势不久群。曹今虽弱，然实天下之英雄也，当故结之。况今有缘，宜通其上事，并表荐之。若事有成，永为深分。”杨于是通太祖上事，表荐太祖。昭为太祖作书与长安诸将李傕、郭汜等，各随轻重致殷勤。杨亦遣使诣太祖，太祖遗杨犬马金帛，遂与西方往来。天子在安邑，昭从河内往，诏拜议郎。

建安元年，太祖定黄巾于许，遣使诣河东。会天子还洛阳，韩暹、杨奉、董承及杨各违戾不和。昭以奉兵马最强而少党援，作太祖书与奉曰：“吾与将军闻名慕义，便推赤心。今将军拔万乘之艰难，反之旧都，翼佐之功，超世无畴，何其休哉！方今群凶猾夏，四海未宁，神器至重，事在维辅。必须众贤以清王轨，诚非一人所能独建。心腹四支，实相恃赖，一物不备，则有阙焉。将军当为内主，吾为外援。今吾有粮，将军有兵，有无相通，足以相济，死生契阔，相与共之。”奉得书喜悦，语诸将军曰：“兖州诸军近在许耳，有兵有粮，国家所当依仰也。”遂共表太祖为镇东将军，袭父爵费亭侯，昭迁符节令。

太祖朝天子于洛阳，引昭并坐，问曰：“今孤来此，当施何计？”昭曰：“将军兴义兵以诛暴乱，入朝天子，辅翼王室，此五伯之功也。此下诸将，人殊意异，未必服从。今留匡弼，事势不便，惟有移驾幸许耳。然朝廷播越，新还旧京，远近跂望，冀一朝获安。今复徙驾，不厌众心。夫行非常之事，乃有非常之功，愿将军算其多者。”太祖曰：“此孤本志也。杨奉近在梁耳，闻其兵精，得无为孤累乎？”昭曰：“奉少党援，将独委质。镇东、费亭之事，皆奉所定，又闻书命申束，足以见信。宜时遣使厚遗答谢，以安其意。说：‘京都无粮，欲车驾暂幸鲁阳，鲁阳近许，转运稍易，可无县乏之忧。’奉为人勇而寡虑，必不见疑，比使往来，足以定计。奉何能为累！”太祖曰：“善。”即遣使诣奉。徙大驾至许。奉由是失望，与韩暹等到定陵抄暴。太祖不应，密往攻其梁营，降诛即定。奉、暹失众，东降袁术。三年，昭迁河南尹。时张杨为其将杨丑所杀，杨长史薛洪、河内太守缪尚城守待绍救。太祖令昭单身入城，告喻洪、尚等，即日举众降。以昭为冀州收。

太祖令刘备拒袁术，昭曰：“备勇而志大，关羽、张飞为之羽翼，恐备之心未可得论也！”太祖曰：“吾已许之矣。”备到下邳，杀徐州刺史车胄，反。太祖自征备，徙昭为徐州牧。袁绍遣将颜良攻东郡，又徙昭为魏郡太守，从讨良。良死后，进围邺城。袁绍同族春卿为魏郡太守，在城中，其父元长在扬州，太祖遣人迎之。昭书与春卿曰：“盖闻孝者不背亲以要利，仁者不忘君以徇私，志士不探乱以徼幸，智者不诡道以自危。足下大君，昔避内难，南游百越。非疏骨肉，乐彼吴会，智者深识，独或宜然。曹公愍其守志清恪，离群寡俦，故特遣使江东，或迎或送，今将至矣。就令足下处偏平之地，依德义之主，居有泰山之固，身为乔松之偶，以义言之，犹宜背彼向此，舍民趣父也。且邾仪父始与隐公盟，鲁人嘉之，而不书爵。然则王所未命，爵尊不成，《春秋》之义也。况足下今日之所托者乃危乱之国，所受者乃矫诬之命乎？苟不逞之与群，而厥父之不恤，不可以言孝。忘祖宗所居之本朝，安非正之奸职，难可以言忠。忠孝并替，难以言智。又足下昔日为曹公所礼辟，夫戚族人而疏所生，内所寓而外王室，怀邪禄而叛知己，远福祚而近危亡，弃明义而收大耻，不亦可惜邪！若能翻然易节，奉帝养父，委身曹公，忠孝不坠，荣名彰矣。宜深留计，早决良图。”邺既定，以昭为谏议大夫。后袁尚依乌丸蹋顿，太祖将征之。患军粮难致，凿平虏、泉州二渠入海通运，昭所建也。太祖表封千秋亭侯，转拜司空军祭酒。

后昭建议：“宜修古建封五等。”太祖曰：“建设五等者，圣人也，又非人臣所制，吾何以堪之？”昭曰：“自古以来，人臣匡世，未有今日之功。有今日之功，未有久处人臣之势者也。今明公耻有惭德而未尽善，乐保名节而无大责，德美过于伊、周，此至德之所极也。然太甲、成王未必可遭，今民难化，甚于殷、周，处大臣之势，使人以大事疑己，诚不可不重虑也。明公虽迈威德，明法术，而不定其基，为万世计，犹未至也。定基之本，在地与人，宜稍建立，以自藩卫。明公忠节颖露，天威在颜，耿弇床下之言，朱英无妄之论，不得过耳。昭受恩非凡，不敢不陈。①”后太祖遂受魏公、魏王之号，皆昭所创。

①《献帝春秋》曰：昭与列侯诸将议，以丞相宜进爵国公，九锡备物，以彰殊勋。书与荀彧曰：“昔周旦、吕望，当姬氏之盛，因二圣之业，辅翼成王之幼，功勋若彼，犹受上爵，锡土开宇。末世田单，驱强齐之众，报弱燕之怨，收城七十，迎复襄王。襄王加赏于单，使东有掖邑之封，西有菑上之虞。前世录功，浓厚如此。今曹公遭海内倾覆，宗庙

焚灭，躬擐甲胄，周旋征伐，栉风沐雨，且三十年，芟夷群凶，为百姓除害，使汉室复存，刘氏奉祀。方之曩者数公，若太山之与丘垤，岂同日而论乎？今徒与列将功臣，并侯一县，此岂天下所望哉！”

及关羽围曹仁于樊，孙权遣使辞以：“遣兵西上，欲掩取羽。江陵、公安累重，羽失二城，必自奔走，樊军之围，不救自解。乞密不漏，令羽有备。”太祖诘群臣，群臣咸言宜当密之。昭曰：“军事尚权，期于合宜。宜应权以密，而内露之。羽闻权上，若还自护，围则速解，便获其利。可使两贼相对衔持，坐待其弊。秘而不露，使权得志，非计之上。又围中将吏不知有救，计粮怖惧，傥有他意，为难不小。露之为便。且羽为人强梁，自恃二城守固，必不速退。”太祖曰：“善。”即敕救将徐晃以权书射著围里及羽屯中，围里闻之，志气百倍。羽果犹豫。权军至，得其二城，羽乃破败。

文帝即王位，拜昭将作大匠。及践阼，迁大鸿胪，进封右乡侯。二年，分邑百户，赐昭弟访爵关内侯，徙昭为侍中。三年，征东大将军曹休临江在洞浦口，自表：“愿将锐卒虎步江南，因敌取资，事必克捷。若其无臣，不须为念。”帝恐休便渡江，驿马诏止。时昭侍侧，因曰：“窃见陛下有忧色，独以休济江故乎？今者渡江，人情所难，就休有此志，势不独行，当须诸将。臧霸等既富且贵，无复他望，但欲终其天年，保守禄祚而已，何肯乘危自投死地，以求徼倖？苟霸等不进，休意自沮。臣恐陛下虽有敕渡之诏，犹必沉吟，未便从命也。”是后无几，暴风吹贼船，悉诣休等营下，斩首获生，贼遂迸散。诏敕诸军促渡。军未时进，贼救船遂至。

大驾幸宛，征南大将军夏侯尚等攻江陵，未拔。时江水浅狭，尚欲乘船将步骑入渚中安屯，作浮桥，南北往来，议者多以为城必可拔。昭上疏曰：“武皇帝智勇过人，而用兵畏敌，不敢轻之若此也。夫兵好进恶退，常然之数。平地无险，犹尚艰难，就当深入，还道宜利，兵有进退，不可如意。今屯渚中，至深也；浮桥而济，至危也；一道而行，至狭也。三者兵家所忌，而今行之。贼频攻桥，误有漏失，渚中精锐，非魏之有，将转化为吴矣。臣私戚之，忘寝与食，而议者怡然不以为忧，岂不惑哉！加江水向长，一旦暴增，何以防御？就不破贼，尚当自完。奈何乘危，不以为惧？事将危矣，惟陛下察之。”帝悟昭言，即诏尚等促出。贼两头并前，官兵一道引去，不时得泄，将军石建、高迁仅得自免。军出旬日，江水暴长。帝曰：“君论此事，何其审也！正使张、陈当之，何以复加！”五年，徙封成都乡侯，拜太常。其年，徙光禄大夫、给事中，从大驾东征，七年还，拜太仆。明帝即位，进爵乐平侯，邑千户，转卫尉。分邑百户，赐一子爵关内侯。

太和四年，行司徒事，六年，拜真。昭上疏陈末流之弊曰：“凡有天下者，莫不贵尚敦朴忠信之士，深疾虚伪不真之人者，以其毁教乱治，败俗伤化也。近魏讽则伏诛建安之末，曹伟则斩戮黄初之始。伏惟前后圣诏，深疾浮伪，欲以破散邪党，常用切齿。而执法之吏皆畏其权势，莫能纠擿，毁坏风俗，侵欲滋甚。窃见当今年少，不复以学问为本，专更以交游为业。国士不以孝悌清修为首，乃以趋势游利为先。合党连群，互相褒叹，以毁訾为罚戮，用党誉为爵赏。附己者则叹之盈言，不附者则为作瑕衅。至乃相谓：‘今世何忧不度邪，但求人道不勤，罗之不博耳。又何患其不知己矣，但当吞之以药而柔调耳。'又闻或有使奴客名作'在职家人'，冒之出入，往来禁奥，交通书疏，有所探问。凡此诸事，皆法之所不取，刑之所不赦，虽讽、伟之罪，无以加也。"帝于是发切诏，斥免诸葛诞、邓飏等。昭年八十一薨，谥曰定侯。子胄嗣。胄历位郡守、九卿。

【译文】董昭，字公仁，是济阴定陶人。曾被举荐为孝廉，出任过廮陶县长和柏人县令。后来，袁绍任用他做了参军事。袁绍在界桥上迎战公孙瓒时，袁绍属下的钜鹿太守李邵以及该郡的冠盖望族，因为觉得公孙瓒的兵势较强，都想要改投公孙瓒。袁绍听说这件事后，让董昭出任钜鹿太守。临行前袁绍问董昭说："你到那儿用什么方法对付他们？"董昭回答说："靠我一个人微薄的力量，是不能打消众人的阴谋的。我想要从内心诱导他们，倡导并与他们共同谋议，等到我得到了他们内情，就会随机应变来制服他们。计谋都要临事时才能设定，现在还不能说出来。"当时该郡的大姓孙伉等数十人是专门为公孙瓒做策反的谋主，恐吓和鼓动当地的吏民。董昭到达钜鹿郡后，伪造了一份袁绍主笔的檄文通告全郡说："现在我已经获得了贼寇罗候安平县张吉的供词，说他本当攻取钜鹿，由贼寇故孝廉孙伉等人作内应。本檄文传到后，把孙伉收捕、执行军法，为恶的只是他本身，他的妻儿不要连坐。"董昭根据檄文通告县令，将孙伉等人全都立刻斩首。顿时一郡惶恐，董昭就依次地安慰，不久全郡就都平定、归附了。事情办完后告诉了袁绍，袁绍连连称好。正好那时魏郡太守栗攀为乱军所害，袁绍又任用董昭做了魏郡太守。当时郡界里大乱，贼兵数以万计，董昭与他们相互遣使往来，在集市做交易、买卖。董昭厚待他们，借用他们为内间，乘虚掩击、讨伐贼兵，马上就大举攻破一批贼寇。两天中，报捷的羽檄就传到了三次。

董昭的兄弟董访，在张邈军中。张邈与袁绍素有仇隙，袁绍受了别人的谗言迷惑，将要加罪于董昭。董昭想要进京求见汉献帝，走到河内，被张杨留住了。董昭通过张杨交还了原魏郡太守的印绶，被朝廷重新拜为骑都尉。当时，魏太祖曹操刚出任兖州牧，他派遣使节求见张杨，想要向张杨借条路，好让使节西到长安探望天子，张杨没有答应。董昭劝说张杨道："袁绍、曹操眼前虽好像是一家，但这二人势必不可能长久合作。曹操现今虽然弱小，然而实质上是天下的英雄，您应当找个理由交结他。今日恰恰有缘故，您应当让他上事天子的使者得以过境，并且还要上表举荐他。如若这件事办成了，就永远成了您对曹操的一次深厚的情分。"于是，张杨让曹操上奏的使者过了境，并上表天子举荐曹操。董昭还替曹操写信给长安诸将李傕、郭汜等人，按照他们的地位轻重，分别殷勤致意。张杨也派遣使节求见曹操，曹操回赠了张杨一批狗马金帛，从此曹操与西方开始了信使往来。天子驻跸在安邑时，董昭从河内取道前往，被汉帝赐诏拜为议郎。

建安元年，魏太祖曹操在许昌平定了黄巾军，并遣使到河东上奏天子。当时天子已驾还洛阳，韩暹、杨奉、董承以及张杨违戾不和。董昭因为杨奉的兵马最为强悍，而党羽和外援又较少，所以替曹操写信给杨奉说："我对将军耳闻大名、心慕高义，就与将军推诚相待了。如今将军把万乘天子从苦难中救出来，让他返回了旧都，将军辅佐羽翼的功勋，超越当世，天下无双，是多么伟大呀！当今正是群凶作乱，四海不宁的时侯，帝王的大位最为重要，而这事情却全在辅弼的大臣。必须有众多的贤良来肃清君王前面的道路，这实在不是哪一个人能独自建立起来的功业。就如人的心腹四肢，实际上是互相依赖的，其中只要有一样不具备，就是一个莫大的缺憾。将军应当做朝内的主辅之臣，我请求作将军的外援。现今我有粮谷，将军有兵卒，我们二人互通有无，就足以互相协助，今后死生离合，愿与将军命运相共。”杨奉得到这封书信后十分喜悦，对属下诸位将军说：“兖州的诸路军马已近在许昌了，他们有兵又有粮，正是国家所应当仰仗的。”于是，共同表荐曹操为镇东将军，让他承袭他父亲费亭侯的爵位，董昭也升迁做了符节令。

曹操到洛阳朝见天子后，把董昭引过来并排而坐，问他说：“如今孤来到了此地，您看应当施行什么计策？”董昭说：“将军兴举义兵来诛灭暴乱，入京朝见天子，辅翼王室，这是春秋五霸一样的功勋。这都城下的将领，各持己见，他们未必会服从您。您如今若留下来匡弼天子，事理与形势都有所不便，唯有把天子的车驾移到许昌去为妙。然而朝廷刚经迁徙流离，新近才返还旧京，远近的人民都踮起脚来盼望，希望能一朝获得安定。如今若再迁徙天子车驾，恐怕众人心中会有不满。只有做不寻常的事情，才能有不寻常的功勋，愿将军估算一下，取利益较多的方案施行。”曹操说：“移天子车驾到许昌，这是孤的本心。杨奉军近在梁地，听说他的兵力强盛，他会不会成为孤的绊累呀？”董昭说：“杨奉的党援很少，他将有可能独自归附于将军。您封为镇东将军、费亭侯这些事，都是杨奉敲定的，我又听说他在来信中嘱命我军要重申约束，足见他对明公的信任和尊重。明公应当及时派遣使节厚赠礼物来答谢他，以便安定他的意向。您可以假说：‘因为京都没有粮食，所以想要让天子的车驾暂时巡幸鲁阳，鲁阳靠近许昌，转运稍为容易一些，到那儿可以没有粮食空乏的忧虑。’杨奉为人粗勇而缺少思虑，必然不会怀疑，等到双方的使节都往来说通了，这条计策就足以确定了。杨奉怎么能成为将军您的绊累呢！”曹操说：“好。”当即派遣使者去见杨奉。曹操迁徙天子大驾到许昌。杨奉十分失望，转而与韩暹等人到定陵去劫掠施暴。曹操不理他们，暗中派兵前往梁地攻打杨奉的军营，杨奉的军士们有的投降，有的被杀，很快就平定了。杨奉、韩暹失去了兵众，就东去投降了袁术。建安三年，董昭升迁为河南尹。当时，张杨被他的部将杨丑杀害了，张杨的长史薛洪和河内太守缪尚还坚守城池等待袁绍来援救。曹操忙派董昭单身入城，告谕薛洪、缪尚等人，这些人当天就率众投降了曹操。于是曹操就任用董昭做了冀州牧。

魏太祖曹操命令刘备去抗拒袁术，董昭说：“刘备英勇而有大志，又有关羽、张飞做他的羽翼，恐怕刘备的心思我们无法确定！”曹操说：“我已经应许他了。”刘备一到下邳，就杀掉了徐州刺史车胄，背叛了曹操。于是，曹操亲自征讨刘备，调任董昭为徐州牧。当袁绍派遣部将颜良攻取东郡时，曹操又徙任董昭为魏郡太守，随从大军征讨颜良。颜良死后，曹操进军包围了邺城。袁绍的同族袁春卿为魏郡太守，正在邺城中，他的父亲袁元长住在扬州，于是，曹操就派人去迎取袁元长。董昭写了封书信给袁春卿说：“据闻，孝顺的人，不以背弃双亲的方式去邀取名利；仁德的人，不会忘掉君主而去徇私；志士，不会试作叛乱以图侥幸；明智的人，不会用虚假诡诈的手段给自己招来危险。足下的父亲昔年为躲避内乱，南下百越。他并不是故意要与骨肉儿女疏远，而是喜欢吴会这个地方，睿智者往往有高深的学识，您的父亲恰恰就是这样。曹公怜悯他独守高志、清静虔诚、离群少伴，故而特地派遣使节到了江东。可以说是去迎取，也可以说是为您送来父亲，如今，他老人家就要到了。即令足下您现在是处在一个平坦的地方，依靠着有德有义的主公，居室如泰山那样稳固，身体像乔松那样挺健，从道义上讲，您仍然应当背离您那里的君主，而向着我们这边，舍弃您的治民，而奔向您的父亲。况且邾仪父刚开始与鲁隐公结盟时，鲁国人虽都嘉许他，但《春秋》中却不记载他的爵位。这样就是说，没有周天子的任命，爵位和尊号是不成立的，这是《春秋》中的精义啊。更何况足下您今日所托付的，是一个危险而逆乱的国家，您的主君所接受的，是一个矫妄虚伪的任命呢？如若您真的与那些不逞狂徒为伍，却不体恤、关心您父亲的安危，您就不能说是孝顺。如若您忘记了祖宗所居住的本朝，而安于不是正统的伪职，您就很难说是忠义。忠孝您都舍弃了，您就很难说是聪明。此外，昔日您是被曹公所礼聘征召的故吏，像您这样，把如族人一般的袁绍当成至爱亲朋，反而疏远像您生身父母一样最初礼召您的曹公，容纳所寄寓的乱国，却独立天子所在的王室，怀揣着邪禄伪俸，背叛自家的知己，远离福祚，接近危亡，舍弃光明、忠义，而去接受奇耻大辱，您这样做，不是太可惜了吗！如若您能幡然悔悟，改弦易节，奉侍汉帝，赡养父亲，将您的有用之身交付、委托给曹公，您的忠和孝都不会坠毁，您的光荣名声将会更加显赫。您应当深思熟虑，早早定好主意。”邺城平定以后，曹操又用董昭为谏议大夫。后来，袁尚北依乌丸单于蹋顿，魏太祖曹操将要去征讨他们。当时恐怕军粮难以运到，就开凿了平虏、泉州两条河渠入海沟通漕运，这项工程，就是董昭所主持修建的。魏太祖曹操表封他为千秋亭侯，转拜他为司空军祭酒。

后来，董昭建议说：“应当重修古制，建封公侯伯子男五等爵位。”魏太祖曹操说：“建设五等爵位的人，是圣人，此外，这也不是为人臣子者所能制定的，您让我这么做，我怎么经受得起呢？”董昭说：“自古以来，为人臣匡世辅君的，从来就没有过像您今日这么大的功勋。有您今日这么大功勋的，也没有像您这样久久地处在人臣的位势上的。如今明公您还耻于自己德行不够，认为它不完善，总认为自己还没有达到尽善尽美的无上境界，您乐于保全自己的名节，使自己不担负什么重大的历史罪责，您品德的善美已经超过了商周的名臣伊尹、周公，这是古今至德贤臣中的极限、顶峰。然而，像商太甲、周成王这样的圣主，未必就能遇到，如今民众的难以教化，比殷、周时还要严重，您处在大臣的位势上，但由于您功劳太大，总让人怀疑您自己要图大事、做帝王，这实在不可不慎重地加以考虑。明公您虽然德迈威尊，洞明法制和权术，但您若不早奠定基业、为万世子孙考虑，您做得就还是不到家。奠定基业最根本的，就在于土地与人民，我看明公您在这两点上应当稍加建树，以来藩卫自己。明公您的忠节锋颖毕露，您的天威总是显现在脸上，耿弇当年在床下对汉光武帝说的话，朱英昔日对春申君讲的‘天妄’的议论，用来说您也是不过分的。我受明公的大恩不比凡常，所以我不敢不把心里话都陈诉出来。”后来魏太祖曹操接受魏公和魏王的显号,都出自董昭的创置。

及至关羽把曹仁围在樊城时,孙权派遣使者带过来这样一段话:“不久我将派遣军兵西上,想要偷袭攻取关羽。江陵、公安要地接连,关羽军如若失掉这二城,必定会自己奔逃,樊城贵军的围困,不用救援将自行解除。乞求您保守这一机密,不要泄漏,以免让关羽有所防备。”魏太祖曹操以此诘问群臣,群臣都说应当让这个消息保持秘密。董昭却说:“军事上崇尚权变,期望能把事处置合宜。应当表面保守机密应对孙权,而内里却披露它。关羽闻听孙权军西上,如若他亲自回军救护,樊城之围就能迅速解除,我军便可从中大获其利。这样就可以让吴、蜀这两国贼寇争斗僵持,我们就坐而待其毙。如若真的秘而不露,让孙权得了志,这不是上策。此外,包围圈中的我军将吏还不知道已经有救,他们每天计算粮谷,很恐惧,倘若他们因情况危急而萌生出其他意向,造成的危难就不会小。还是披露这条消息较为恰当。况且,关羽为人勇武强横,他自恃这两座城池防守坚固,必然不会迅速地撤退。”魏太祖曹操说:“好。”当即就敕令徐晃把孙权的书信射到樊城包围圈里以及关羽的军屯之中,围里的曹军闻知这一消息,志气百倍。关羽闻讯果然心下犹豫,但却并未立即撤走。直到孙权的大军到了,取得了江陵、公安二城,关羽军才溃败逃走。

魏文帝曹丕即魏王位时,拜董昭为将作大匠。等到曹丕登基即帝位时,董昭又升迁为大鸿胪,晋封为右乡侯。魏文帝黄初二年,文帝分出董昭食邑中的一百户,赐封董昭的弟弟董访爵为关内侯,改任董昭为侍中。黄初三年,征东大将军曹休兵临长江驻军在洞浦口,他亲自上表章说:“臣愿率领部下锐卒虎步江南,利用敌方所有取作军资,这次一定要把事情办成,必须使战斗告捷。如若这次臣不在了,请陛下不要挂念。”魏文帝害怕曹休马上渡江,急令驿马火速送去诏令,命曹休停止行动。当时董昭正在近侧侍应,因而劝解说:“臣私下见到陛下脸上有忧惊的神色,恐怕是因为曹休要渡江的缘故吧?而今这时候渡江,在人情方面讲是很困难的,即使曹休有这个志向,他也不可能单独前行,一定还需要诸将陪同。他的副将臧霸等人如今既富又贵,再没有其他指望了,只想要保全生命,以终天年,保守他们的爵禄福祚而已,他们怎么肯冒着危险自投死路,来企求侥幸呢?只要臧霸等人不肯前进,曹休的主意自然也就会被阻遏。臣恐怕那时就是陛下有敕令他渡江的诏命,他也一定会沉吟踌躇,未必就会立即从命。”自那以后没过几天,暴风把吴贼的战船都吹到了曹休等人的营寨下,曹军纷纷斩杀敌首、生擒敌俘,贼军迸裂溃散。文帝急降诏书敕令诸军迅速渡江。曹军还没有及时渡江挺进,吴贼的救兵战船就已经赶到了。

文帝大驾巡幸宛城时,征南大将军夏侯尚等人率军攻取江陵,未能攻下。当时江水浅狭,夏侯尚想要乘船带领步骑众军进入江中沙洲上安营屯驻,造作浮桥,连接南北往来,许多人议论时都认为假如这样做,江陵城必能攻克。董昭上疏说:“太祖武皇帝智慧和勇气过人,但用兵的时候常畏惧敌方,不敢像这样对敌人轻忽大意。用兵喜好前进而厌恶后退,这自然在常情之中。平地上没有险阻,用兵进退中还仍有不少艰难,即使应当深入,撤回的道路也应当比较便利,兵家有进有退,这不可以因人的意愿而转移。如今若屯兵小洲之中,四围环以江水,这是进兵最深入的;通过浮桥济渡,这是最危险的;进出就是浮桥一条路,这是最狭窄的。以上这三条,都是兵家的大忌,然而今天却都施行了。如若贼兵频繁地攻击浮桥,万一作战有误出现漏洞,浮桥有失,江中小洲上的精锐士卒,就不再归我大魏所有,而要转化为吴军了。臣私下很为这事忧愁,寝食难安,而议论这件事的人都怡然自得,丝毫不以为忧,这怎么不让人疑惑呢!加上江水一向在增涨,如若一旦暴增,用什么来防御呢?即使破不了贼寇,也应当保全自己呀。为什么冒着危险,却不觉得畏惧呢?事情将要出危险了,只有靠陛下尽快察觉它了。"魏文帝领悟了董昭的话,当即诏令夏侯尚等人赶紧从江渚中退出来。恰好贼兵正从两边齐头并进,官军们就像潮水一样从一条道退出,一时难以撤退,将军石建、高迁仅得自保。大军刚从江中小洲上撤出十来天,江水就暴涨了。魏文帝说:"您议论此事,说得多么对呀!就是让张良、陈平正好遇上这事,也不会比您说得好到哪儿!"黄初五年,董昭徙封为成都乡侯,拜为太常。那年,又徙任光禄大夫、给事中,随从文帝大驾东征,黄初七年师还,董昭又被拜为太仆。魏明帝即位后,晋封董昭爵位为乐平侯,食邑千户,转任为卫尉。朝廷又从董昭食邑中分出百户,赐封董昭的一个儿子爵为关内侯。

太和四年,朝廷用董昭代行司徒事。太和六年,又正式任命他为司徒。这时董昭上疏陈诉纨绔末流浮伪的弊病说:"凡是拥有天下的人,无不尊贵崇尚敦厚朴实忠义诚信的士人,深恶痛绝那些虚伪不真的人,是因为他们毁坏礼教,淆乱法治,伤风败俗。这类人中,近代有魏讽在建安末年被诛,曹伟则在黄初初年被斩戮。我想陛下前后屡降圣诏,深恶痛绝这帮浮伪的末流,想要击破、拆散他们的邪党,常因为他们而咬牙切齿。然而,执法的官吏却都很畏惧他们的权势,无人能纠察拘执他们,这样,毁坏风俗、侵入淫欲的恶习就滋长得更厉害了。臣私下见到当今的年轻人,不再把学问作为根本,他们改为专以交游为事业。推举国士,他们不用孝悌清廉、修谨严正的君子为首,却以趋炎附势、游逸趋利的小人为先。他们结党成群,互相褒扬、赞叹,用毁谤、辱骂作为刑罚和杀戮,用党羽、称誉作为爵封与赏赐。凡是党附自己的,就大发赞叹的言论,不党附自己的,就给他捏作瑕疵、怨隙。以至于他们互相说:'当今之世还忧愁什么不能办成呢,只是你追求人道还不够勤密,搜罗、交接的人还不广博罢了。你又为何害怕他不能成为你的知己呢,你只要让他吞下药,然后再温柔地与他调情就行了。'又听说有的人还让他的奴婢门客取名叫作'在职家人',冒充他本人出出进进,在内禁堂奥里往来,与宾朋交通书信疏札,传达相互间的探访和存问。大凡这样的事,都是法令所不取,刑罚所不赦的,即使是当年被诛的魏讽、曹伟的罪过,也比不上他们。"于是,魏明帝发布了激切严厉的诏令,斥责罢免了末流的首领诸葛诞、邓飏等人。董昭八十一岁时逝世,赐谥号叫定侯。爵位由儿子董胄继承。董胄曾历任郡守、九卿等职位。

刘晔

【原文】刘晔,字子扬,淮南成悳人,[①]汉光武子阜陵王延后也。父普,母修,产涣及晔。涣九岁，晔七岁，而母病困。临终，戒涣、晔以："普之侍人，有谄害之性，身死之后，惧必乱家。汝长大能除之，则吾无恨矣。"晔年十三，谓兄涣曰："亡母之言，可以行矣。"涣曰："那可尔！"晔即入室杀侍者，径出拜墓。舍内大惊，白普。普怒，遣人追晔。晔还拜谢曰："亡母顾命之言，敢受不请擅行之罚。"普心异之，遂不责也。汝南许劭名知人，避地扬州，称晔有佐世之才。

①悳，音德。

扬士多轻侠狡桀，有郑宝、张多、许乾之属，各拥部曲。宝最骁果，才力过人，一方所惮。欲驱略百姓越赴江表，以晔高族名人，欲强逼晔使唱导此谋。晔时年二十余，心内忧之，而未有缘。会太祖遣使诣州，有所案问。晔往见，为论事势，要将与归，驻止数日。宝果从数百人赍牛酒来候使，晔令家僮将其众坐中门外，为设酒饭，与宝于内宴饮。密勒健儿，令因行觞而斫宝。宝性不甘酒，视候甚明，觞者不敢发。晔因自引取佩刀斫杀宝，斩其首以令其军，云："曹公有令，敢有动者，与宝同罪。"众皆惊怖，走还营。营有督将精兵数千，惧其为乱，晔即乘宝马，将家僮数人，诣宝营门，呼其渠帅，喻以祸福，皆叩头开门内晔。晔抚慰安怀，咸悉悦服，推晔为主。晔睹汉室渐微，已为支属，不欲拥兵，遂委其部曲与庐江太守刘勋。勋怪其故，晔曰："宝无法制，其众素以抄略为利，仆宿无资，而整齐之，必怀怨难久，故相与耳。"时勋兵强于江、淮之间。孙策恶之，遣使卑辞厚币，以书说勋曰："上缭宗民，数欺下国，忿之有年矣。击之，路不便，愿因大国伐之。上缭甚实，得之可以富国，请出兵为外援。"勋信之，又得策珠宝、葛越，喜悦。外内尽贺，而晔独否。勋问其故，对曰："上缭虽小，城坚池深，攻难守易，不可旬日而举，则兵疲于外而国内虚。策乘虚而袭我，则后不能独守。是将军进屈于敌，退无所归。若军必出，祸今至矣。"勋不从，兴兵伐上缭，策果袭其后。勋穷踧，遂奔太祖。

太祖至寿春，时庐江界有山贼陈策，众数万人，临险而守。先时遣偏将致诛，莫能禽克。太祖问群下可伐与不，咸云："山峻高而溪谷深隘，守易攻难。又，无之不足为损，得之不足为益。"晔曰："策等小竖，因乱赴险，遂相依为强耳，非有爵命威信相伏也。往者偏将资轻，而中国未夷，故策敢据险以守。今天下略定，后伏先诛。夫畏死趋赏，愚智所同，故广武君为韩信画策，谓其威名足以先声后实而服邻国也。岂况明公之德，东征西怨，先开赏募，大兵临之，令宣之日，军门启而虏自溃矣。"太祖笑曰："卿言近之！"遂遣猛将在前，大军在后，至则克策，如晔所度。太祖还，辟晔为司空仓曹掾。①

①《傅子》曰：太祖征晔及蒋济、胡质等五人，皆扬州名士。每舍亭传，未曾不讲，所以见重，内论国邑先贤、御贼固守、行军进退之宜，外料敌之变化、彼我虚实、战争之术，夙夜不解。而晔独卧车中，终不一言。济怪而问之，晔答曰："对明主非精神不接，精神可学而得乎？"及见太祖，太祖果问扬州先贤贼之形势，四人争对，待次而言。再见如此，太祖每和悦，而晔终不一言。四人笑之。后一见太祖止无所复问，晔乃设远言以动太祖，太祖适知便止。若是者三。其旨趣以为远言宜征精神，独见以尽其机，不宜于猥坐说也。太祖已探见其心矣，坐罢，寻以四人为令，而授晔以心腹之任。每有疑事，

辄以函问晔，至一夜数十至耳。

太祖征张鲁，转晔为主簿。既至汉中，山峻难登，军食颇乏。太祖曰："此妖妄之国耳，何能为有无？吾军少食，不如速还。"便自引归，令晔督后诸军，使以次出。晔策鲁可克，加粮道不继，虽出，军犹不能皆全，驰白太祖："不如致攻。"遂进兵，多出弩以射其营。鲁奔走，汉中遂平。晔进曰："明公以步卒五千，将诛董卓，北破袁绍，南征刘表，九州百郡，十并其八，威震天下，势慑海外。今举汉中，蜀人望风破胆失守，推此而前，蜀可传檄而定。刘备，人杰也，有度而迟，得蜀日浅，蜀人未恃也。今破汉中，蜀人震恐，其势自倾。以公之神明，因其倾而压之，无不克也。若小缓之，诸葛亮明于治而为相，关羽、张飞勇冠三军而为将，蜀民既定，据险守要，则不可犯矣。今不取，必为后忧。"太祖不从，[①]大军遂还。晔自汉中还，为行军长史，兼领军。延康元年，蜀将孟达率众降。达有容止才观，文帝甚器爱之，使达为新城太守，加散骑常侍。晔以为："达有苟得之心，而恃才好术，必不能感恩怀义。新城与吴、蜀接连，若有变态，为国生患。"文帝竟不易，后达终于叛败。[②]

①《傅子》曰：居七日，蜀降者说："蜀中一日数十惊，备虽斩之而不能安也。"太祖延问晔曰："今尚可击不？"晔曰："今已小定，未可击也。"

②《傅子》曰：初，太祖时，魏讽有重名，自卿相以下皆倾心交之。其后孟达去刘备归文帝，论者多称有乐毅之量。晔一见讽、达而皆云必反，卒如其言。

黄初元年，以晔为侍中，赐爵关内侯。诏问群臣令料刘备当为关羽出报吴不，众议咸云："蜀，小国耳，名将唯羽。羽死军破，国内忧惧，无缘复出。"晔独曰："蜀虽狭弱，而备之谋欲以威武自强，势必用众以示其有余。且关羽与备，义为君臣，恩犹父子。羽死不能为兴军报敌，于终始之分不足。"后备果出兵击吴。吴悉国应之，而遣使称藩。朝臣皆贺，独晔曰："吴绝在江、汉之表，无内臣之心久矣。陛下虽齐德有虞，然丑虏之性，未有所感。因难求臣，必难信也。彼必外迫内困，然后发此使耳，可因其穷，袭而取之。夫一日纵敌，数世之患，不可不察也。"备军败退，吴礼敬转废。帝欲兴众伐之，晔以为："彼新得志，上下齐心，而阻带江湖，必难仓卒。"帝不听。[①]五年，幸广陵泗口，命荆、扬州诸军并进。会群臣，问："权当自来不？"咸曰："陛下亲征，权恐怖，必举国而应。又不敢以大众委之臣下，必自将而来。"晔曰："彼谓陛下欲以万乘之重牵己，而超越江湖者在于别将，必勒兵待事，未有进退也。"大驾停住积日，权果不至，帝乃旋师。云："卿策之是也。当念为吾灭二贼，不可但知其情而已。"

①《傅子》曰：孙权遣使求降，帝以问晔。晔对曰："权无故求降，必内有急。权前袭杀关羽，取荆州四郡，备怒，必大兴师伐之。外有强寇，众心不安，又恐中国承其衅而伐之，故委地求降，一以却中国之兵，二则假中国之援，以强其众而疑敌人。权善用兵，见策知变，其计必出于此。今天下三分，中国十有其八。吴、蜀各保一州，阻山依水，有急相救，此小国之利也。今还自相攻，天亡之也。宜大兴师，径渡江袭其内。蜀攻其外，我袭其内，吴之亡不出旬月矣。吴亡则蜀孤。若割吴半，蜀固不能久存，况蜀得其外，我得其内乎！"帝曰："人称臣降而伐之，疑天下欲来者心，必以为惧，其殆不可！孤何

不且受吴降，而袭蜀之后乎？”对曰：“蜀远吴近，又闻中国伐之，便还军，不能止也。今备已怒，故兴兵击吴，闻我伐吴，知吴必亡，必喜而进与我争割吴地，必不改计抑怒救吴，必然之势也。”帝不听，遂受吴降，即拜权为吴王。晔又进曰：“不可。先帝征伐，天下兼其八，威震海内。陛下受禅即真，德合天地，声暨四远，此实然之势，非卑臣颂言也。权虽有雄才，故汉骠骑将军、南昌侯耳，官轻势卑。士民有畏中国心，不可强迫与成所谋也。不得已受其降，可进其将军号，封十万户侯，不可即以为王也。夫王位，去天子一阶耳，其礼秩服御相乱也。彼直为侯，江南士民未有君臣之义也。我信其伪降，就封殖之，崇其位号，定其君臣，是为虎傅翼也。权既受王位，却蜀兵之后，外尽礼事中国，使其国内皆闻之，内为无礼以怒陛下。陛下赫然发怒，兴兵讨之，乃徐告其民曰：‘我委身事中国，不爱珍货重宝，随时贡献，不敢失臣礼也，无故伐我，必欲残我国家，俘我民人子女以为僮隶仆妾。’吴民无缘不信其言也。信其言而感怒，上下同心，战加十倍矣。”又不从。遂即拜权为吴王。权将陆议大败刘备，杀其兵八万余人，备仅以身免。权外礼愈卑，而内行不顺，果如晔言。

明帝即位，进爵东亭侯，邑三百户。诏曰：“尊严祖考，所以崇孝表行也。追本敬始，所以笃教流化也。是以成汤、文、武，实造商、周，《诗》《书》之义，追尊稷、契，歌颂有娀、姜嫄之事，明盛德之源流，受命所由兴也。自我魏室之承天序，既发迹于高皇、太皇帝，而功隆于武皇、文皇帝。至于高皇之父处士君，潜修德让，行动神明，斯乃乾坤所福飨，光灵所从来也。而精神幽远，号称罔记，非所谓崇孝重本也。其令公卿已下，会议号谥。”晔议曰：“圣帝孝孙之欲褒崇先祖，诚无量已。然亲疏之数，远近之降，盖有礼纪，所以割断私情，克成公法，为万世式也。周王所以上祖后稷者，以其佐唐有功，名在祀典故也。至于汉氏之初，追谥之义，不过其父。上比周室，则大魏发迹自高皇始；下论汉氏，则追谥之礼不及其祖。此诚往代之成法，当今之明义也。陛下孝思中发，诚无已已，然君举必书，所以慎于礼制也。以为追尊之义，宜齐高皇而已。”尚书卫臻与晔议同，事遂施行。

辽东太守公孙渊夺叔父位，擅自立，遣使表状。晔以为：“公孙氏汉时所用，遂世官相承，水则由海，陆则阻山，故胡夷绝远难制，而世权日久。今若不诛，后必生患。若怀贰阻兵，然后致诛，于事为难。不如因其新立，有党有仇，先其不意，以兵临之，开设赏募，可不劳师而定也。”后渊竟反。

晔在朝，略不交接时人。或问其故，晔答曰：“魏室即阼尚新，智者知命，俗或未咸。仆在汉为支叶，于魏备腹心，寡偶少徒，于宜未失也。”太和六年，以疾拜太中大夫。有间，为大鸿胪，在位二年逊位，复为太中大夫，薨。谥曰景侯。子寓嗣。① 少子陶，亦高才而薄行，官至平原太守。②

①《傅子》曰：晔事明皇帝，又大见亲重。帝将伐蜀，朝臣内外皆曰：“不可。”晔入与帝议，因曰：“可伐。”出与朝臣言，因曰：“不可伐。”晔有胆智，言之皆有形。中领军杨暨，帝之亲臣，又重晔，持不可伐蜀之议最坚，每从内出，辄过晔，晔讲不可之意。后暨从驾行天渊池，帝论伐蜀事，暨切谏。帝曰：“卿书生，焉知兵事！”暨谦谢曰：“臣出

自儒生之末，陛下过听，拔臣群萃之中，立之六军之上，臣有微心，不敢不尽言。臣言诚不足采，侍中刘晔先帝谋臣，常曰：‘蜀不可伐。’”帝曰：“晔与吾言蜀可伐。”暨曰：“晔可召质也。”诏召晔至，帝问晔，终不言。后独见，晔责帝曰：“伐国，大谋也，臣得与闻大谋，常恐眯梦漏泄以益臣罪，焉敢向人言之？夫兵，诡道也，军事未发，不厌其密也。陛下显然露之，臣恐敌国已闻之矣。”于是帝谢之。晔见出，责暨曰：“夫钓者中大鱼，则纵而随之，须可制而后牵，则无不得也。人主之威，岂徒大鱼而已！子诚直臣，然计不足采，不可不精思也。”暨亦谢之。晔能应变持两端如此。或恶晔于帝曰：“晔不尽忠，善伺上意所趋而合之。陛下试与晔言，皆反意而问之，若皆与所问反者，是晔常与圣意合也。复每问皆同者，晔之情必无所逃矣。”帝如言以验之，果得其情，从此疏焉。晔遂发狂，出为大鸿胪，以忧死。谚曰：“巧诈不如拙诚。”信矣。以晔之明智权计，若居之以德义，行之以忠信，古之上贤，何以加诸！独任才智，不与世士相经纬，内不推心事上，外困于俗，卒不能自安于天下，岂不惜哉！

②《王弼传》曰：淮南人刘陶，善论纵横，为当时所推。◎《傅子》曰：陶，字季冶，善名称，有大辩。曹爽时为选部郎，邓飏之徒称之以为伊吕。当此之时，其人意陵青云，谓玄曰：“仲尼不圣。何以知其然？智者图国。天下群愚，如弄一丸于掌中，而不能得天下。”玄以其言大惑，不复详难也。谓之曰：“天下之质，变无常也。今见卿穷！”爽之败，退居里舍，乃谢其言之过。◎干宝《晋纪》曰：毌丘俭之起也，大将军以问陶，陶答依违。大将军怒曰：“卿平生与吾论天下事，至于今日而更不尽乎？”乃出为平原太守，又追杀之。

【译文】刘晔，字子扬，淮南成德人，他是东汉光武帝刘秀的儿子阜陵王刘延的后裔。他父亲名刘普，母亲修氏，生有刘涣及刘晔两个儿子。在刘涣九岁、刘晔七岁的时候，他们的母亲就病情沉重了。临终时，母亲告诫刘涣、刘晔兄弟说：“你们父亲刘普的侍婢，有陷害别人的脾性，我身死之后，恐怕她必然要祸乱我家。你们长大了能替母亲除掉她，那我就没有什么遗恨了。”在刘晔十三岁那年，他对他的兄长刘涣说：“亡母的遗言，现在可以执行了。”刘涣忙说：“哪里可以这样呢！”刘晔当即进入内室杀了那个侍婢，径直出家门拜祭他母亲的坟墓。家里面的人们大惊，急忙告诉了刘普。刘普大怒，立即派遣人去追捕刘晔。刘晔自行回家拜谢说：“我执行的是亡母临终的遗言，现在我请求接受父亲大人对我不先请示就擅行诛杀的惩罚。”刘普听了他这番慷慨陈词，感到特别惊异，就没有责罚他。汝南的许劭以能知人著名，他避难来到扬州，称赞刘晔有辅佐世主的英才。

扬州地区的士人，大多轻狂好武、狡猾桀骜。郑宝、张多、许乾这帮人，各自拥有军兵部曲。其中郑宝最为骁勇果敢，才略与勇力都超过别人，为一方人所惧惮。他想要驱使劫略百姓越过长江去江南，因为刘晔是高门大族的名人，就想强迫刘晔替他出面倡导这项行动。刘晔当时年龄仅二十余岁，心内很为此事担忧，想要阻止此事，却没有机缘。正逢魏太祖曹操派遣使者到州治所来，有些事情要审核查问。刘晔前往拜见使者，为他分析了本州当前的时事形势，邀请使者与自己一同回去，住下停留几日。郑宝果然率领数百从人携带着牛肉、美酒来侍候使者,刘晔命令家僮把他带来的人众安排在中门外,为他们摆设了酒饭,刘晔自己则与郑宝在内堂宴饮。刘晔秘密聚集健儿壮士,命令他们乘行觞敬酒的机会斫杀郑宝。郑宝生性不喜饮酒,侍候使者的时候神志很清楚,受命行觞杀人的人不敢下手。刘晔就亲自拔取腰间佩刀斫杀了郑宝,斩下他的首级号令他带来的军队说:"曹公有令,敢有轻举妄动的,与郑宝同罪。"郑宝部众惊怖惶恐,奔逃回了营寨。营中有督将率领着精兵数千人,刘晔担心这帮人作乱,就亲自骑着郑宝的坐骑,只带着家僮数人,来到郑宝的营门,呼来那里的渠帅头领,向他说明祸福,这些人都叩头开门接纳了刘晔。刘晔抚慰关怀了他们一番,他们全都心悦诚服,共推刘晔为他们的主人。刘晔目睹汉室逐渐衰微,自己作为汉室皇族的支属,不想要个人拥兵,就把他新收得的这些部曲将士委托交付给了庐江太守刘勋。刘勋感到很奇怪,询问他这样做的原因,刘晔说:"郑宝目无法制,他的部众素来靠抄抢劫掠来获利,我家中无有余资供养他们,这样如果要整顿收编他们,他们必定会对我心怀仇怨,难以久安,故而我才把他们交给您。"当时,刘勋的兵众在江、淮之间实力最强。孙策对此深感厌恶,他派遣使者带着厚重的钱帛,以卑恭的言辞,写信劝说刘勋道:"上缭地带的宗族民众,多次欺侮我的小国,我怨忿他们多年了。我要攻击他吧,路远断隔,很不方便,我希望能借助您这大国,去讨伐他们。上缭这地方很殷实,得到它就可以富国,我请求出兵作您的外援。"刘勋相信了孙策,又得了孙策的许多珠宝、葛布,很高兴。里里外外的人全都恭贺刘勋,而刘晔却独独不这样。刘勋问他缘故,他回答说:"上缭虽小,但却城坚池深,易守难攻,如果不能在十日左右攻克,那么我们就会在外兵卒疲惫,在内防守空虚。孙策如果乘虚而袭击我,则我们的后方将不可能守得住。这样一来,将军就会变得向前进要在强敌面前失败屈服,向后退又没有地方可作归宿。如果你必定要率军出战,灾祸现今就已经降临了。"刘勋不听从刘晔的话,兴兵讨伐上缭,孙策果然在他背后发动了袭击。刘勋穷迫窘困,就投奔了魏太祖曹操。

魏太祖曹操到达寿春,当时庐江郡界有山贼陈策,拥有兵众数万人,凭临山险设卡防守。前些时曾派遣偏将诛讨,但是没能将他擒获。曹操询问帐下众人可否讨伐,众人都说:"那里山峻岭高,溪谷深隘,易守难攻。此外,没有他不足以构成损失,得到他也不足以形成大利益。"刘晔却说:"陈策等小小的山贼竖子,乘着战乱趋赴险阻,相互依仗成为一股强大势力,他们并不是靠朝廷的威信、爵禄和任命而互相慑服的。以往偏将资历太轻,而中原尚未平定,故而陈策敢于据险自守。如今天下已大略平定,降服迟缓的将先被诛杀。畏惧死亡,趋赴赏赐,愚笨者与聪明人都一样,故而广武君为韩信画策时,说他的威名足以先用名声后用武力去制服邻国。何况以明公的圣德,向东征伐,西边的人就埋怨你怎么不快来,只要您先开赏募之门,招引归降,再以大兵逼临,那么军令宣告之日,军门一旦开启,那帮山贼寇虏就不战自溃了。"曹操笑着说:"刘卿说的还差不多!"于是就派遣猛将在前,大军在后,一到那儿就攻克了陈策,事情的进展一如刘晔的预料。曹操还师时,就召用刘晔做了司空仓曹掾。

曹操征伐张鲁时，转任刘晔为主簿。到达汉中后，山势险峻难以登攀，军中食粮也很缺乏。曹操说："这真是个妖魔鬼怪住的国度，有它和没它，又能有什么关系？我军缺少粮食，不如速速回师。"便自引大军返回，命令刘晔督领后军，让军队按次序撤出。刘晔经筹策认为张鲁可以攻克，加上粮道不通、军粮无继，即使是撤出，军队也不能全部保全，于是就驱马追上曹操说："不如发动进攻。"曹军就又转过头来，向前进兵，多次安排强弩，射张鲁的兵营。张鲁败退逃走，汉中宣告平定。刘晔说："明公当年用步兵五千，诛灭董卓，北破袁绍，南征刘表，九州百郡，您已经十成中兼并八成了，现在您威震天下，势慑海外。如今又拔取汉中，蜀人已望风破胆，魂不守舍，照此来看，蜀地只要通过传布檄文就可以平定。刘备，是人中的雄杰，他虽有度量谋算，但行动较为迟缓，他得到蜀地的日子浅短，蜀人的心还没有完全依靠他。而今新破汉中，蜀地人情震恐，这是一种不攻自倒的形势。以曹公您的神明，乘着蜀中这种倾倒的形势而率大兵压将过去，没有什么攻打不下的。现今如若稍稍松缓一下，诸葛亮对治国很英明又担任丞相，关羽、张飞勇冠三军而充当战将，蜀民之心既已安定，再据守险要，蜀地就不可再侵犯了。如今不攻取，必定会为今后留下忧患。"魏太祖曹操没有听从他的，大军班师还朝。刘晔从汉中回来后，担任行军长史，兼领军之职。延康元年，蜀将孟达率众投降。孟达富有容止风度和才气观瞻，魏文帝曹丕很器重宠爱他，让孟达任新城太守，加散骑常侍。但刘晔却认为："孟达有苟得侥幸的心理，又恃仗才情，喜好权术，必定不能感激恩德，心怀忠义。新城与吴、蜀地界相连，将来势态若有变化，他就会为国家造成祸患。"文帝最终也没有改变态度，后来，孟达叛变，败坏了魏国。

黄初元年，魏文帝任用刘晔作了侍中，赐他爵为关内侯。孙吴诛杀关羽后，文帝下诏让群臣预测一下，刘备是否会为关羽出兵找吴国报仇，众人议论时都说："蜀，不过是个小国罢了，它的名将唯有关羽。如今关羽已死，蜀军已破，蜀中国内忧惧，已没有什么理由再出兵了。"独有刘晔说："蜀地虽然狭小软弱，但刘备却总是谋画想要威武自强，他势必会动用兵众，以表示他尚有余勇余力。而且关羽与刘备名义上是君臣，实际上恩同父子。现在关羽虽已死了，刘备若不能为他兴兵报仇，从二人的情分上来说，就有些不够情义了。"后来，刘备果然出兵攻击吴国。孙吴尽全国之力应付蜀军，同时派遣使者到魏国称藩为臣。朝臣们都向魏文帝祝贺，唯独刘晔说："吴国偏僻隔绝，远在江、汉之外，它没有内服称臣的心，已经很久了。陛下的威德虽可与有虞帝舜相齐，然而吴地丑虏的贼性，从来也没有被感动过。如今它是因为有大难，所以才乞求称臣，这种称臣，必然是难以相信的。它必然是由于国内困窘、强敌外迫，才派出这个使节的，我们可以乘着它穷困，袭取它。一旦放纵敌人，将要留下数世的后患，这可不能不审察。"刘备的军队败退后，吴国对魏的礼敬立刻就作废了。这时魏文帝曹丕想要兴师动众去讨伐它，刘晔却认为："吴新近刚刚得志，君臣吏民上下齐心，又有江湖的阻滞，必然很难仓促攻破。"魏文帝不听。黄初五年，魏文帝大驾亲幸广陵的泗口，命令荆、扬两州诸军齐头并进。文帝大会群臣，问道："你们大家看孙权会亲自来吗？"群臣都说："陛下御驾亲征，孙权震惊恐怖，必定会起举国之师来应付。他又不敢把这么大规模的兵众委托给他的臣下,所以,孙权必然亲自领兵而来。”刘晔说:“孙权会认为陛下是要用您的万乘重躯来牵引他,而真正超越江湖到敌前的统帅,在于别的将领,所以,孙权必然会勒束亲兵留在后方,他本人不会引兵前来。”魏文帝的车驾在泗口停留了数日,孙权果然没有来,魏文帝才旋师回军了。临行前,他说:“刘卿的策算是对的。您应当想着为我消灭吴、蜀二贼,不可以停留在只分析他们的情形上。”

魏明帝即位后,晋爵刘晔为东亭侯,赐食邑三百户。明帝颁诏说:“尊敬崇尚先祖,是为了崇敬孝道,表示义行。追念根本,崇敬原始,是为了笃修礼教,流布王化。所以,成汤、文王、武王,创立商、周,《诗经》《尚书》的大义,追尊后稷、商契,歌颂有娀、姜嫄的事迹,是为了阐明盛德的源流和先王受命所以隆兴的缘由。我魏室承绍皇天之命,发迹于高皇、太皇帝,隆兴于武皇和文皇帝。至于高皇的父亲处士君,他潜修仁德礼让,一举一动皆若有神明在身,这乃是乾坤天地的福祉,是大魏的灵光发源的地方。但是有关他的精神、容貌,追述起来已经幽深久远了,他的谥号和庙称也没有追记,这不符合刚才所说的崇尚孝道、重视根本的宗旨。现在,就命令公卿以下群臣,聚集商议他的庙称和谥号。”刘晔上奏议说:“陛下作为圣帝之孝孙,想要褒扬、崇尚先祖,这实在是无量的孝行。然而亲疏远近,这些都是有礼法纲纪的,目的是割断私情,形成公法,成为千秋万世的楷模。周王所以向上把后稷作为远祖的原因,是因为他辅佐唐尧有功,名字记在古代的祀典上的缘故。至于说到汉初,追祀先祖的礼仪,不得超过汉高祖的父亲。上比周室,那么我大魏的发迹是从高皇开始;下比汉氏,则追谥的礼数也追溯不到开国皇帝的祖父。这些是以往几个朝代的成法,也是适用于当今的圣明礼法。陛下的孝思发于心中,这诚然是不能控制的,然而君王的举动必被书记,这样可以使君主对礼制更加谨慎。臣以为追尊先祖的礼仪,应当到高皇就行了。”尚书卫臻与刘晔的议奏相同,事情就照他们二人说的施行了。

辽东太守公孙渊夺去了他叔父的太守位,擅自立自己为太守,派遣使节上表奏知。刘晔以为:“公孙氏是汉时开始任用的,从那以后就世代为此官,前后相承,从水路去那里要经由大海,从陆路去又有山岭阻隔。因此胡夷阻绝悬远、难以制服,而政权世代授受很久了。今日若不诛杀,以后必定要生出祸患来。如若等到他怀有二心,设兵阻挡,然后才去施行诛讨,这事情就难办了。不如借他新继位时,既有同党也有仇敌,出其不意,率兵逼临辽东,悬赏招募士众,我们可以不用作战就将那里平定。”后来,公孙渊到底还是反了。

刘晔在朝中,一概不交接当时的人。有人问他是什么原因,刘晔答道:“魏室刚刚继承大统,崇尚新人,明智的人知道命运,世俗的人也许还没有都明白。我在汉朝为宗室枝叶,在魏室又备位腹心,像我这样特殊的人,同伴寡乏,徒友稀少,并没有什么失宜的地方。”太和六年,因为有疾病,被拜为太中大夫。不久,又升为大鸿胪,在位二年就逊位,又成了太中大夫。不久就逝世了。朝廷赐他谥号叫景侯。爵位由儿子刘寓继承。刘晔少子刘陶,则是一个才学很高,而品行很轻薄的人,官职曾做到平原太守。

蒋济

【原文】蒋济，字子通，楚国平阿人也。仕郡计吏、州别驾。建安十三年，孙权率众围合肥。时大军征荆州，遇疾疫，唯遣将军张喜单将千骑，过领汝南兵以解围，颇复疾疫。济乃密白刺史，伪得喜书，云步骑四万已到雩娄，遣主簿迎喜。三部使赍书语城中守将，一部得入城，二部为贼所得。权信之，遽烧围走，城用得全。明年使于谯，太祖问济曰："昔孤与袁本初对官渡，徙燕、白马民，民不得走，贼亦不敢抄。今欲徙淮南民，何如？"济对曰："是时兵弱贼强，不徙必失之。自破袁绍，北拔柳城，南向江、汉，荆州交臂，威震天下，民无他志。然百姓怀土，实不乐徙，惧必不安。"太祖不从，而江、淮间十余万众，皆惊走吴。后济使诣邺，太祖迎见，大笑曰："本但欲使避贼，乃更驱尽之。"拜济丹阳太守。大军南征还，以温恢为扬州刺史，济为别驾。令曰："季子为臣，吴宜有君。今君还州，吾无忧矣。"民有诬告济为谋叛主率者，太祖闻之，指前令与左将军于禁、沛相封仁等曰："蒋济宁有此事！有此事，吾为不知人也。此必愚民乐乱，妄引之耳。促理出之。"辟为丞相主簿、西曹属。令曰："舜举皋陶，不仁者远。臧否得中，望于贤属矣。"关羽围樊、襄阳。太祖以汉帝在许，近贼，欲徙都。司马宣王及济说太祖曰："于禁等为水所没，非战攻之失，于国家大计未足有损。刘备、孙权，外亲内疏，关羽得志，权必不愿也。可遣人劝蹑其后，许割江南以封权，则樊围自解。"太祖如其言。权闻之，即引兵西袭公安、江陵。羽遂见禽。

文帝即王位，转为相国长史。及践阼，出为东中郎将。济请留，诏曰："高祖歌曰：'安得猛士守四方！'天下未宁，要须良臣以镇边境。如其无事，乃还鸣玉，未为后也。"济上《万机论》，帝善之。入为散骑常侍。时有诏，诏征南将军夏侯尚曰："卿腹心重将，特当任使。恩施足死，惠爱可怀。作威作福，杀人活人。"尚以示济。济既至，帝问曰："卿所闻见天下风教何如？"济对曰："未有他善，但见亡国之语耳。"帝忿然作色而问其故，济具以答，因曰："夫'作威作福'，《书》之明诫。'天子无戏言'，古人所慎。惟陛下察之！"于是帝意解，遣追取前诏。黄初三年，与大司马曹仁征吴，济别袭羡溪。仁欲攻濡须洲中，济曰："贼据西岸，列船上流，而兵入洲中，是为自内地狱，危亡之道也。"仁不从，果败。仁薨，复以济为东中郎将，代领其兵。诏曰："卿兼资文武，志节慷慨，常有超越江湖吞吴会之志，故复授将率之任。"顷之，征为尚书。车驾幸广陵，济表水道难通，又上《三州论》以讽帝。帝不从，于是战船数千皆滞不得行。议者欲就留兵屯田，济以为："东近湖，北临淮，若水盛时，贼易为寇，不可安屯。"帝从之，车驾即发。还到精湖，水稍尽，尽留船付济。船本历适数百里中，济更凿地作四五道，蹴船令聚。豫作土豚遏断湖水，皆引后船，一时开遏入淮中。帝还洛阳，谓济曰："事不可不晓。吾前决谓分半烧船于山阳池中，卿于后致之，略与吾俱至谯。又每得所陈，实入吾意。自今讨贼计画，善思论之。"

明帝即位，赐爵关内侯。大司马曹休帅军向皖，济表以为："深入虏地，与权精兵对，而朱然等在上流，乘休后，臣未见其利也。"军至皖，吴出兵安陆，济又上疏曰："今贼示形于西，必欲并兵图东，宜急诏诸军往救之。”会休军已败，尽弃器仗辎重退还。吴欲塞夹石，遇救兵至，是以官军得不没。迁为中护军。时中书监、令号为专任，济上疏曰：“大臣太重者国危，左右太亲者身蔽，古之至戒也。往者大臣秉事，外内扇动。陛下卓然自览万机，莫不祗肃。夫大臣非不忠也，然威权在下，则众心慢上，势之常也。陛下既已察之于大臣，愿无忘于左右。左右忠正远虑，未必贤于大臣，至于便辟取合，或能工之。今外所言，辄云中书，虽使恭慎不敢外交，但有此名，犹惑世俗。况实握事要，日在目前，傥因疲倦之间有所割制，众臣见其能推移于事，即亦因时而向之。一有此端，因当内设自完，以此众语，私招所交，为之内援。若此，臧否毁誉，必有所兴。功负赏罚，必有所易。直道而上者或壅，曲附左右者反达。因微而入，缘形而出，意所狎信，不复猜觉。此宜圣智所当早闻，外以经意，则形际自见。或恐朝臣畏言不合而受左右之怨，莫适以闻。臣窃亮陛下潜神默思，公听并观，若事有未尽于理而物有未周于用，将改曲易调，远与黄、唐角功，近昭武、文之迹，岂近习而已哉！然人君犹不可悉天下事以适己明，当有所付。三官任一臣，非周公旦之忠，又非管夷吾之公，则有弄机败官之弊。当今柱石之士虽少，至于行称一州，智效一官，忠信竭命，各奉其职，可并驱策，不使圣明之朝有专吏之名也。”诏曰：“夫骨鲠之臣，人主之所仗也。济才兼文武，服勤尽节，每军国大事，辄有奏议，忠诚奋发，吾甚壮之。”就迁为护军将军，加散骑常侍。①

① 司马彪《战略》曰：太和六年，明帝遣平州刺史田豫乘海渡，幽州刺史王雄陆道，并攻辽东。蒋济谏曰：“凡非相吞之国，不侵叛之臣，不宜轻伐。伐之而不制，是驱使为贼。故曰：‘虎狼当路，不治狐狸。先除大害，小害自已。’今海表之地，累世委质，岁选计考，不乏职贡，议者先之。正使一举便克，得其民不足益国，得其财不足为富。傥不如意，是为结怨失信也。”帝不听，豫行竟无成而还。

景初中，外勤征役，内务宫室，怨旷者多，而年谷饥俭。济上疏曰：“陛下方当恢崇前绪，光济遗业，诚未得高枕而治也。今虽有十二州，至于民数，不过汉时一大郡。二贼未诛，宿兵边陲，且耕且战，怨旷积年。宗庙宫室，百事草创，农桑者少，衣食者多。今其所急，唯当息耗百姓，不至甚弊。弊劾之民，傥有水旱，百万之众，不为国用。凡使民必须农隙，不夺其时。夫欲大兴功之君，先料其民力而燠休之。勾践养胎以待用，昭王恤病以雪仇，故能以弱燕服强齐，羸越灭劲吴。今二敌不攻不灭，不事即侵，当身不除，百世之责也。以陛下圣明神武之略，舍其缓者，专心讨贼，臣以为无难矣。又欢娱之耽，害于精爽。神太用则竭，形太劳则弊。愿大简贤妙，足以充‘百斯男’者。其冗散未齿，且悉分出，务在清静。”诏曰：“微护军，吾弗闻斯言也。”①

①《汉晋春秋》曰：公孙渊闻魏将来讨，复称臣于孙权，乞兵自救。帝问济：“孙权其救辽东乎？”济曰：“彼知官备以固，利不可得，深入则非力所能，浅入则劳而无获。权虽子弟在危，犹将不动，况异域之人，兼以往者之辱乎！今所以外扬此声者，谲其行人疑于我，我之不克，冀折后事已耳。然沓渚之间，去渊尚远。若大军相持，事不速决，则权之浅规，或能轻兵掩袭，未可测也。”

齐王即位，徙为领军将军，进爵昌陵亭侯，① 迁太尉。初，侍中高堂隆论郊祀事，以魏为舜后，推舜配天。济以为舜本姓妫，其苗曰田，非曹之先，著文以追诘隆。② 是时，曹爽专政，丁谧、邓飏等轻改法度。会有日蚀变，诏群臣问其得失，济上疏曰："昔大舜佐治，戒在比周；周公辅政，慎于其朋；齐侯问灾，晏婴对以布惠；鲁君问异，臧孙答以缓役。应天塞变，乃实人事。今二贼未灭，将士暴露已数十年，男女怨旷，百姓贫苦。夫为国法度，惟命世大才，乃能张其纲维以垂于后，岂中下之吏所宜改易哉？终无益于治，适足伤民望。宜使文武之臣各守其职，率以清平，则和气祥瑞可感而致也。"以随太傅司马宣王屯洛水浮桥，诛曹爽等，进封都乡侯，邑七百户。济上疏曰："臣忝宠上司，而爽敢苞藏祸心，此臣之无任也。太傅奋独断之策，陛下明其忠节，罪人伏诛，社稷之福也。夫封宠庆赏，必加有功。今论谋则臣不先知，语战则非臣所率，而上失其制，下受其弊。臣备宰司，民所具瞻，诚恐冒赏之渐自此而兴，推让之风由此而废。"固辞，不许。③ 是岁薨，谥曰景侯。④ 子秀嗣。秀薨，子凯嗣。咸熙中，开建五等，以济著勋前朝，改封凯为下蔡子。

①《列异传》曰：济为领军，其妇梦见亡儿涕泣曰："死生异路，我生时为卿相子孙，今在地下为泰山伍伯，憔悴困辱，不可复言。今太庙西讴士孙阿，今见召为泰山令，愿母为白侯，属阿令转我得乐处。"言讫，母忽然惊寤，明日以白济。济曰："梦为尔耳，不足怪也。"明日暮，复梦曰："我来迎新君，止在庙下。未发之顷，暂得来归。新君明日日中当发，临发多事，不复得归，永辞于此。侯气强，难感悟，故自诉于母，愿重启侯，何惜不一试验之？"遂道阿之形状，言甚备悉。天明，母重启侯："虽云梦不足怪，此何太适适！亦何惜不一验之？"济乃遣人诣太庙下，推问孙阿，果得之，形状证验悉如儿言。济涕泣曰："几负吾儿！"于是乃见孙阿，具语其事。阿不惧当死，而喜得为泰山令，惟恐济言不信也。曰："若如节下言，阿之愿也。不知贤子欲得何职？"济曰："随地下乐者与之。"阿曰："辄当奉教。"乃厚赏之，言讫遣还。济欲速知其验，从领军门至庙下，十步安一人，以传阿消息。辰时传阿心痛，巳时传阿剧，日中传阿亡。济泣曰："虽哀吾儿之不幸，且喜亡者有知。"后月余，儿复来语母曰："已得转为录事矣。"

② 臣松之案：蒋济《立郊议》称《曹腾碑文》云："曹氏族出自邾。"《魏书》述曹氏胤绪亦如之。魏武作《家传》，自云曹叔振铎之后。故陈思王作《武帝诔》曰："於穆武皇，胄稷胤周。"此其不同者也。及至景初，明帝从高堂隆议，谓魏为舜后，后魏为《禅晋文》，称"昔我皇祖有虞"，则其异弥甚。寻济难隆，及与尚书缪袭往反，并有理据，文多不载。济亦未能定氏族所出，但谓"魏非舜后而横祀非族，降黜太祖，不配正天，皆为缪妄"，然于时竟莫能正。济又难：郑玄注《祭法》云："有虞以上尚德，禘郊祖宗，配用有德，自夏已下，稍用其姓氏。"济曰："夫虬龙神于獭，獭自祭其先，不祭虬龙也。骐驎白虎仁于豺，豺自祭其先，不祭骐虎也。如玄之说，有虞已上，豺獭之不若邪？臣以为《祭法》所云，见疑学者久矣，郑玄不考正其违而就通其义。"济豺獭之譬，虽似俳谐，然其义旨，有可求焉。

③ 孙盛曰：蒋济之辞邑，可谓不负心矣。语曰："不为利回，不为义疚。"蒋济其有焉。

④《世语》曰：初，济随司马宣王屯洛水浮桥，济书与曹爽，言宣王旨“惟免官而已”，爽遂诛灭。济病其言之失信，发病卒。

【译文】蒋济，字子通，是楚国平阿人。曾出仕为郡计吏与州别驾。建安十三年，孙权率领军众包围了合肥。当时大军正在征伐荆州，遇上了瘟疫，只能派遣将军张喜率领千名骑兵出发，经过汝南时再统领那里的驻军以解合肥之围，路途中，又有许多人传染上了瘟疫。蒋济就秘密地告诉刺史，让他假装已经得到了张喜的书信，并说张喜率领的步、骑兵共四万人，已经到了雩娄，刺史已经派遣本州主簿去迎接张喜去了。另外，又让三部分人马从城外带着伪造的张喜书信，呼告城中守将，其中一部人马得以冲入城中，另外二部被贼兵擒获。孙权相信了这一情况，急忙烧掉围栅逃走了，合肥城因此而得以保全。第二年，蒋济出使谯城，曹操问蒋济说：“过去孤与袁本初在官渡对峙的时候，迁徙燕与白马的民众，民众奔逃不了，贼兵也不敢劫掠。而今，我想如法迁徙淮南的民众，你看怎么样？”蒋济回答说：“那时朝廷的官兵弱，而袁绍的贼兵强，不把那里的民众迁徙走，就必然会失掉他们。您自从攻破袁绍，北拔柳城，南向江、汉，使荆州降服之后，便威震天下，民众已经没有适从他国的心志。但是百姓们怀恋故土，实在不乐意迁徙，他们惧怕迁徙，心中必定会不安。”曹操不听从蒋济的意见，江、淮之间的十余万民众，都惊慌地逃到了吴国。后来蒋济出使邺城，魏太祖曹操迎上蒋济大笑着说：“本来我是想要让百姓们躲避贼寇，谁知却把他们都驱赶走了。”于是拜蒋济为丹阳太守。曹操大军南征回军后，任用温恢为扬州刺史，蒋济为别驾。曹操在任命蒋济的诏令上说：“季札既然坚持为臣，吴国也应当有君主。如今蒋君您回到了扬州，我对这个地区的大事就没有什么忧虑了。”当地民众中有人诬告蒋济是阴谋叛乱的主帅，曹操听说后，用手指着前令与左将军于禁、沛相封仁等人说：“蒋济哪里有这种事！他要有这种事，我就是不知人了。这必定是那帮顽民乐于捣乱，对他妄加罪责罢了。立即敦促有司赶紧处理此事，把蒋济放出来。”事后，曹操把蒋济召为丞相主簿、西曹属。在任命诏令上说：“虞舜举用了皋陶，不仁德的人就主动远离了。今后对官吏的褒扬和否定，都能恰如其分，这就是我对您的希望了。”关羽围困樊城及襄阳。曹操因为汉献帝在许昌，离蜀汉的贼寇较近，想要迁都。司马懿以及蒋济劝曹操说：“于禁等军是被洪水淹没的，并不是攻战的过失，他们的失败，对国家大计还不足以有重大损失。刘备与孙权两家，外表亲密而内里疏远，关羽得志，孙权必定不会愿意。可以派遣人劝孙权派兵跟踪而上，跟在关羽的后面偷袭他，应许把江南的地方割让出来，封给孙权，这样，樊城之围自然就解了。”曹操就照他们说的去办了。孙权闻听了曹操的话，立即派将领带兵西出，偷袭公安、江陵。关羽被吴兵擒获。

魏文帝曹丕即魏王位后，蒋济转任为相国长史。及至文帝登基即帝位后，又让蒋济出都任东中郎将。蒋济请求留京任职，文帝赐诏答复他说：“当年汉高祖曾作歌说：‘怎么能得到猛士为国镇守四方！’现今天下还没有安宁，必须用贤良的大臣去镇守边境。如果那里将来没有什么事了，我就让您车马的玉珂鸣响，调您回来，那也不算晚呀。”蒋济不久就写了一篇《万机论》上呈，魏文帝很是喜爱。就宣他入京，做了散骑常侍。当时魏文帝有诏赐给征南将军夏侯尚说:“你是我的腹心重将,所以特地任用你做事。我对你所施的恩德,足可让你去死,我对你的惠爱,也值得你记怀。我作威作福,既能杀死一个人,也能救活一个人。”夏侯尚把这份诏书给蒋济看了。蒋济在应诏到达京城后,魏文帝问他说:“你路上所闻所见,当今天下的风俗教化如何呀?”蒋济回答说:“臣没有听到有什么善政,只是听见了一些亡国之语。”魏文帝忿然变色地问他这样说的原因,蒋济一一作了解答,并接着说:“‘作威作福’这种行为,是《书》中明确禁止的。‘天子无戏言’,这是古人所慎重对待的。希望陛下体察!”于是,魏文帝的怒意稍解,立即派人去追取回了先前给夏侯尚的那份诏书。黄初三年,蒋济与大司马曹仁一同征吴,蒋济另率一军,袭击羡溪。曹仁想要攻取濡须口江中的沙洲,蒋济说:“吴国的贼兵占据着西岸,把战船摆列在了上流,而我方军兵却要攻入洲中,这是自己把自己送往地狱,是条通向危险和死亡的绝路。”曹仁不听从他的劝告。后来果然失败了。曹仁逝世后,魏文帝又再次任用蒋济做东中郎将,代替曹仁统领兵众。文帝赐诏给蒋济说:“卿兼有文武的资质,志气与节操慷慨激昂,常常有超越江湖、吞灭吴国的壮志,因此我授给卿将帅的重任。”不久,又征他入京做了尚书。文帝的车驾要巡幸广陵,蒋济上表说明水道难以通行,又上呈《三州论》劝文帝不要出行。文帝不听从,于是,数千艘战船半道都搁浅停滞不能行进。有人提议留下军兵,就地屯田,蒋济认为:“当地东侧与湖水接近,北侧紧临淮河。若到夏秋水盛的时候,吴国贼兵很容易兴师来劫掠,这处地方不能作安兵屯田之所。”魏文帝听从了这番话,车驾即刻就返回了。大军退回到精湖,水势渐渐退尽,文帝就把船全留下交给了蒋济。这些船,本来排列在累计总长数百里的河道中,蒋济命人又在地上开凿了四五条水道,让人推拉着把船聚到了一起。同时,他又命人预先修作了土坝截断湖水,把船都往后停靠。突然间,一下掘开水坝,水把船冲入了淮河之中。魏文帝回到洛阳,对蒋济说:“对事情不可不通晓。我原先以为,您肯定会分兵一半在山阳池中烧掉战船,不料,卿却在后面把船都给弄回来了,大略与我共同到达了谯县。此外,每回得到蒋卿所上的条陈、论议,实在都很称我的心意。自今以后凡有讨贼的计谋、筹策,卿都要好好为我深思详论。”

明帝即位后,赐蒋济爵位为关内侯。不久,大司马曹休率军向皖地进发,蒋济上表认为:“曹休率军深入吴虏之地,与孙权的精兵相对,然而吴将朱然等却率军在上流,若他乘机袭击曹休的身后,臣看不到我军有什么有利形势。”曹休大军到达皖地后,吴国出兵安陆,蒋济又上疏说:“如今贼寇在西方佯示兵力,必然是想要合兵图谋东方的我军,现在应当紧急诏令诸军赶快前往救援。”当时正赶上曹休军败,把器仗辎重全部放弃了,往回撤退。吴军想要塞断夹石口,正遇上魏国救兵赶到,所以魏军才没有不全军覆没。事后,魏明帝迁蒋济为中护军。当时,中书监、中书令号为魏帝专任。蒋济就此上疏说:“大臣威权太重了,国家就会危亡;对左右侍从太亲信了,帝王本身就要被蒙蔽,这是古代最深刻的教训。往日大臣秉事专权,引得内外怨情煽动。陛下初即位时卓然独立,万机百政都要亲自阅览。故而内外群臣,没有不肃然起敬的。

大臣并不是都不忠诚,然而威权如落在陛下左右的下人手中,众人心中就会对帝王轻慢,这本是世事发展的常然之势。陛下既然已经对大臣们加以审察,但愿陛下也不要忘了您的左右侍从。陛下左右侍从的忠正远虑,未必比大臣们更贤良;至于乘便争嬖、逢迎取合,或者可能很精通了。如今外面所说,动辄就把陛下的左右称作中书,虽然陛下让他们恭谦谨慎、不敢与外部交通,但有了这样的称呼,也还是要让世人疑惑。何况他们实际上掌握着国事的枢要,日日在陛下眼前。倘若他们趁着陛下疲倦休息的时候,而私自对国事有什么裁割、定制,众臣们见到这些人对国事能起一定作用,也就会抓住时机向他们求托。一旦有了这种开端,朝臣们就会借机在宫内设置代言人,让这帮人为自己讲话,私自招徕他所结交的侍从,作为他的内援。如若是这样,随意的臧否褒贬和毁誉抑扬,必然要兴起;赏功罚过,必然要混乱颠倒。奉行直道而奉上的人,就有可能被壅塞贬斥;阿曲党附陛下左右的小人,反而有可能腾达。陛下的左右借着微小的情事,就可以造成陛下的先入之见;缘顺着陛下的外形表象,就可以揣度出陛下的圣意,陛下对所狎近亲信之人的虚妄行为,往往不会再有什么猜疑、觉察。这些道理早应该让陛下闻知,只要陛下对外界经心留意,自然就能发现左右的不轨形迹。或者是由于朝臣畏惧言语不合,而遭到陛下左右的怨谤吧,故而至今没有碰到有人能把这些说给陛下您听闻。臣窃见陛下正潜注精神、默然深思,公言和私语都会一并加以观察。如若事情有什么不近情理之处,或者对人、物还有什么运用不周的地方,臣相信陛下一定会改换曲调、改弦更张的。陛下将要远与黄帝、唐尧比较功德,近则昭彰光大武帝、文帝的圣迹。哪里是一个囿于近世习俗而已的庸主呢!然而,为人君也还是不可以把满天下的事情都自己包揽过来,他还是应当有所托付。诸多职务都让一个臣子担任,如果不是像周公旦那样的忠臣,又不是像管夷吾那样大公无私的良辅,就会有玩弄机权、败坏官风的积弊。当今可作国家柱石的贤士确实很少,但是操行能称贤于一州,智力能胜任于一官,忠义诚信能竭力尽命,能各自奉守他们职责的官员,陛下也还是可以一并驱使鞭策,这样就能不使陛下的圣明之朝蒙有专吏这样的丑名了。"明帝答诏说:"骨鲠直臣,是人主君王的依仗。蒋济兼具文武英才,服事勤劳,克尽忠节,每有军国大事,他就有奏议章表,其论议忠诚奋发,我很欣赏他的做法。"当即升迁他为护军将军,加散骑常侍。

景初年间,对外征伐、徭役不断,对内大力兴修宫殿室宇,怨男旷女很多,年成不好,粮谷缺少。蒋济上疏说:"陛下您现在正应该是恢弘前王的统绪,光大先帝遗业的时候,您确实还不能高枕无忧,垂拱而治。如今您虽然已领有十二州,但国内人口的总数,却连汉朝时的一个大郡都超不过。吴、蜀二贼尚未诛灭,军队久宿边陲,他们边耕田,边作战,男旷女怨,多年不得安定。宗庙宫室等各种事务,都在草创时期,天下力农事桑的人少,穿衣吃饭的人多。当今最紧急的,是停息对百姓的损耗,使他们不至于太凋敝。凋敝疲惫的人民,倘若再有水旱灾年,即使聚百万之众,也不能为国家所用。凡要役使民众,必须选在农事闲暇之时,不要夺占了农时。凡想大兴土木建立功业的君王,应当先预料一下他的民力的多寡强弱,并给予民众温暖、休息。越王勾践抚养胎儿，用以等待他们成年时使用；燕昭王体恤病民，用以稳固人心，报仇雪耻，故而羸弱的越国吞灭了雄劲的吴国，弱小的燕国征服了强大的齐国。现今的吴、蜀二敌，你不攻击他，他不会自己灭亡；他们不服从你，就要侵犯你。现在如不能剪除他们，他们就会成为我大魏百世的孽债。以陛下圣明神武的雄才大略，应把不紧急的事情放一放，先专心讨伐吴、蜀二贼，臣以为若能这样，平定他们就不会有什么困难了。此外，沉迷于男欢女娱，会对精神有害。精神用得太过，就会枯竭；身形劳累太过，就会凋敝。愿陛下精心简选后宫的美女，把足以为陛下生养'百斯男'的佳丽留下。把那些余冗闲散、年龄幼小的女子，暂且悉数分遣出宫，务在得一个清静。"魏明帝诏答说："没有蒋护军，我就不能听到这番良言了。"

齐王即魏帝位后，调任蒋济为领军将军，晋封他的爵位为昌陵亭侯，又升迁他做了太尉。当初，侍中高堂隆在论议郊祀的事情时，把魏当成是帝舜的后裔，推举舜来配祀上天。蒋济认为帝舜本姓妫，其苗裔是田氏，帝舜不是曹氏的祖先，并且撰著了文章来追问高堂隆。这时，曹爽专政，丁谧、邓飏等人很轻率地改易法度。正逢天上有日食之变，魏帝下诏问群臣有关天变的得失祸福，蒋济上疏说："昔年大舜辅佐帝尧治国，戒令禁止结党营私；周公为成王辅政，对朋党十分谨慎；齐侯询问灾变，晏婴用布惠施恩为对；鲁君求问灾异，臧孙以缓役宽徭作答。所以，应对天变的方法，实际是进行人事努力。如今吴、蜀二贼还未消灭，将士们暴露在边陲野外已经数十年了，这数十年，男旷女怨，百姓贫苦。作为国家的法度，只有命世绝代的大才方能举纲张目，垂范后世，哪里是中下等才能的小吏们可以轻率改易的呢？这样的改易，最终对治国没有什么益处，只能够伤害民众而已。臣以为，应当让文武众臣谨依成法、各守其职，相率而求得清静平安，那么，和气与祥瑞可以被感召而降临了。"后来，他因为随从太傅司马懿屯兵洛水浮桥诛灭曹爽等人，而被晋封为都乡侯，食邑七百户。蒋济上疏说："臣误蒙圣主宠幸，忝居上司之位，然而曹爽却敢包藏祸心，这正说明是臣未能守职尽责。太傅奋威、奇策独断，陛下深知太傅的忠节，罪人曹爽等最后方能伏诛，这实在是社稷的洪福。凡封赠优宠和庆贺赏赐，必须要加在有功之人的身上。而今论计谋，并不是臣先筹划的；说战斗，则臣也不是统帅或主将。相反，因为臣忝居上位，有失制约，方使曹爽为害，下受其弊。臣位备宰司，为民众所瞻望瞩目，真的害怕冒功邀赏的风气，要从我这儿兴起，推让谦逊的风气，要从我这儿废绝了。"蒋济坚决辞让封赏，魏帝不允许。就在那年，蒋济逝世了。朝廷赐谥号为景侯。爵位由其子蒋秀继承。蒋秀逝世后，爵位由其子蒋凯承继。咸熙年间，开创建立五等爵制，因为蒋济在前朝功勋显著，所以改封蒋凯为下蔡子。

刘放　孙资

【原文】刘放，字子弃，涿郡人，汉广阳顺王子西乡侯宏后也。历郡纲纪，举孝廉。遭世大乱，时渔阳王松据其土，放往依之。太祖克冀州，放说松曰："往者董卓作逆，英雄并起，阻兵擅命，人自封殖。惟曹公能拔拯危乱，翼戴天子，奉辞伐罪，所向必克。

以二袁之强，守则淮南冰消，战则官渡大败。乘胜席卷，将清河朔，威形既合，大势以见。速至者渐福，后服者先亡，此乃不俟终日驰骛之时也。昔黥布弃南面之尊，仗剑归汉，诚识废兴之理，审去就之分也。将军宜投身委命，厚自结纳。”松然之。会太祖讨袁谭于南皮，以书招松，松举雍奴、泉州、安次以附之。放为松答太祖书，其文甚丽。太祖既善之，又闻其说，由是遂辟放。建安十年，与松俱至。太祖大悦，谓放曰：“昔班彪依窦融而有河西之功，今一何相似也！”乃以放参司空军事，历主簿、记室，出为郃阳、祋祤、[①]赞令。

①祋，音都活反。祤，音诩。

魏国既建，与太原孙资俱为秘书郎。先是，资亦历县令，参丞相军事。[①]文帝即位，放、资转为左、右丞。数月，放徙为令。黄初初，改秘书为中书，以放为监，资为令，各加给事中。放赐爵关内侯，资为关中侯，遂掌机密。三年，放进爵魏寿亭侯，资关内侯。明帝即位，尤见宠任，同加散骑常侍，进放爵西乡侯，资乐阳亭侯。[②]太和末，吴遣将周贺浮海诣辽东，招诱公孙渊。帝欲邀讨之，朝议多以为不可，惟资决行策，果大破之，进爵左乡侯。[③]放善为书檄，三祖诏命有所招喻，多放所为。青龙初，孙权与诸葛亮连和，欲俱出为寇。边候得权书，放乃改易其辞，往往换其本文而傅合之，与征东将军满宠，若欲归化，封以示亮。亮腾与吴大将步骘等，骘等以见权。权惧亮自疑，深自解说。是岁，俱加侍中、光禄大夫。[④]景初二年，辽东平定，以参谋之功，各进爵，封本县，放方城侯，资中都侯。

①《资别传》曰：资，字彦龙。幼而岐嶷，三岁丧二亲，长于兄嫂。讲业太学，博览传记，同郡王允一见而奇之。太祖为司空，又辟资。会兄为乡人所害，资手刃报仇，乃将家属避地河东，故遂不应命。寻复为本郡所命，以疾辞。友人河东贾逵谓资曰：“足下抱逸群之才，值旧邦倾覆，主将殷勤，千里延颈，宜崇古贤桑梓之义。而久盘桓，拒违君命，斯犹曜和璧于秦王之庭，而塞以连城之价耳。窃为足下不取也！”资感其言，遂往应之。到署功曹，举计吏。尚书令荀彧见资，叹曰：“北州承丧乱已久，谓其贤智零落，今日乃复见孙计君乎！”表留以为尚书郎。辞以家难，得还河东。

②《资别传》曰：诸葛亮出在南郑，时议者以为可因大发兵，就讨之，帝意亦然，以问资。资曰：“昔武皇帝征南郑，取张鲁，阳平之役，危而后济。又自往拔出夏侯渊军，数言：‘南郑直为天狱，中斜谷道为五百里石穴耳。’言其深险，喜出渊军之辞也。又，武皇帝圣于用兵，察蜀贼栖于山岩，视吴虏窜于江湖，皆挠而避之，不责将士之力，不争一朝之忿，诚所谓见胜而战，知难而退也。今若进军就南郑讨亮，道既险阻，计用精兵、又转运镇守南方四州遏御水贼，凡用十五六万人，必当复更有所发兴。天下骚动，费力广大，此诚陛下所宜深虑。夫守战之力，力役三倍。但以今日见兵，分命大将据诸要险，威足以震摄强寇，镇静疆埸，将士虎睡，百姓无事。数年之间，中国日盛，吴蜀二虏必自罢弊。”帝由是止。时吴人彭绮又举义江南，议者以为因此伐之，必有所克。帝问资，资曰：“鄱阳宗人前后数有举义者，众弱谋浅，旋辄乖散。昔文皇帝尝密论贼形势，言洞浦杀万人，得船千万，数日间船人复会。江陵被围历月，权裁以千数百兵住东门，而其土地无崩解

者。是有法禁，上下相奉持之明验也。以此推绮，惧未能为权腹心大疾也。”绮果寻败亡。

③《魏氏春秋》曰：乌丸校尉田豫帅西部鲜卑泄归尼等出塞，讨轲比能、智郁筑鞬，破之，还至马邑故城，比能帅三万骑围豫。帝闻之，计未有所出，如中书省以问监、令。令孙资对曰：“上谷太守阎志，柔弟也，为比能素所归信。令驰诏使说比能，可不劳师而自解矣。”帝从之，比能果释豫而还。

④《资别传》曰：是时，孙权、诸葛亮号称剧贼，无岁不有军征。而帝总摄群下，内图御寇之计，外规庙胜之画，资皆管之。然自以受腹心，常让事于帝曰：“动大众，举大事，宜与群下共之。既以示明，且于探求为广。”既朝臣会议，资奏当其是非，择其善者推成之，终不显己之德也。若众人有谴过及爱憎之说，辄复为请解，以塞谮润之端。如征东将军满宠、凉州刺史徐邈，并有谮毁之者，资皆盛陈其素行，使卒无纤介。宠、邈得保其功名者，资之力也。初，资在邦邑，名出同类之右。乡人司空掾田豫、梁相宗艳皆妒害之，而杨丰党附豫等，专为资构造谤端，怨隙甚重。资既不以为言，而终无恨意。豫等惭服，求释宿憾，结为婚姻。资谓之曰：“吾无憾心，不知所释。此为卿自薄之，卿自厚之耳！”乃为长子宏取其女。及当显位，而田豫老疾在家。资遇之甚厚，又致其子于本郡，以为孝廉。而杨丰子后为尚方吏，帝以职事谴怒，欲致之法，资请活之。其不念旧恶如此。

其年，帝寝疾，欲以燕王宇为大将军，及领军将军夏侯献、武卫将军曹爽、屯骑校尉曹肇、骁骑将军秦朗共辅政。宇性恭良，陈诚固辞。帝引见放、资，入卧内，问曰：“燕王正尔为？”放、资对曰：“燕王实自知不堪大任故耳。”帝曰：“曹爽可代宇不？”放、资因赞成之，又深陈宜速召太尉司马宣王，以纲维皇室。帝纳其言，即以黄纸授放作诏。放、资既出，帝意复变，诏止宣王勿使来。寻更见放、资曰：“我自召太尉，而曹肇等反使吾止之，几败吾事！”命更为诏。帝独召爽与放、资俱受诏命，遂免宇、献、肇、朗官。太尉亦至，登床受诏，然后帝崩。①齐王即位，以放、资决定大谋，增邑三百，放并前千一百，资千户。封爱子一人亭侯，次子骑都尉，余子皆郎中。正始元年，更加放左光禄大夫，资右光禄大夫，金印紫绶，仪同三司。六年，放转骠骑，资卫将军，领监、令如故。七年，复封子一人亭侯，各年老逊位，以列侯朝朔望，位特进。②曹爽诛后，复以资为侍中，领中书令。嘉平二年，放薨，谥曰敬侯。子正嗣。③资复逊位归第，就拜骠骑将军，转侍中，特进如故。三年薨，谥曰贞侯。子宏嗣。

①《世语》曰：放、资久典机任，献、肇心内不平。殿中有鸡栖树，二人相谓：“此亦久矣，其能复几？”指谓放、资。放、资惧，乃劝帝召宣王。帝作手诏，令给使辟邪至，以授宣王。宣王在汲，献等先诏令于轵关西还长安，辟邪又至，宣王疑有变，呼辟邪具问，乃乘追锋车驰至京师。帝问放、资：“谁可与太尉对者？”放曰：“曹爽。”帝曰：“堪其事不？”爽在左右，流汗不能对。放蹑其足，耳之曰：“臣以死奉社稷。”曹肇弟纂为大将军司马，燕王颇失指。肇出，纂见，惊曰：“上不安，云何悉共出？宜还。”已暮，放、资宣诏宫门，不得复内肇等，罢燕王。肇明日至门，不得入，惧，诣廷尉，以处事失宜免。帝谓献曰：“吾已差，便出。”献流涕而出，亦免。案《世语》所云树置先后，与本传不同。

《资别传》曰：帝诏资曰："吾年稍长，又历观书传中，皆叹息无所不念。图万年后计，莫过使亲人广据职势，兵任又重。今射声校尉缺，久欲得亲人，谁可用者？"资曰："陛下思深虑远，诚非愚臣所及。书传所载，皆圣听所究，向使汉高不知平、勃能安刘氏，孝武不识金、霍付属以事，殆不可言！文皇帝始召曹真还时，亲诏臣以重虑，及至晏驾，陛下即阼，犹有曹休外内之望，赖遭日月，御勒不倾，使各守分职，纤介不间。以此推之，亲臣贵戚，虽当据势握兵，宜使轻重素定。若诸侯典兵，力均衡平，宠齐爱等，则不相为服。不相为服，则意有异同。今五营所领见兵，常不过数百，选授校尉，如其辈类，为有畴匹。至于重大之任，能有所维纲者，宜以圣恩简择，如平、勃、金、霍、刘章等一二人，渐殊其威重，使相镇固，于事为善。"帝曰："然。如卿言，当为吾远虑所图。今日可参平、勃，侔金、霍，双刘章者，其谁哉？"资曰："臣闻'知人则哲，惟帝难之'。唐虞之圣，凡所进用，明试以功。陈平初事汉祖，绛、灌等谤平有受金盗嫂之罪。周勃以吹箫引强，始事高祖，亦未知名也。高祖察其行迹，然后知可付以大事。霍光给事中二十余年，小心谨慎，乃见亲信。日磾夷狄，以至孝质直，特见擢用，左右尚曰：'妄得一胡儿而重贵之。'平、勃虽安汉嗣，其终，勃被反名，平劣自免于吕须之谗。上官桀、桑弘羊与霍光争权，几成祸乱。此诚知人之不易，为臣之难也。又所简择，当得陛下所亲，当得陛下所信，诚非愚臣之所能识别。"

臣松之以为：孙、刘于时号为专任，制断机密，政事无不综。资、放被托付之问，当安危所断，而更依违其对，无有适莫。受人亲任，理岂得然？案本传及诸书并云放、资称赞曹爽，劝召宣王，魏室之亡，祸基于此。资之别传，出自其家，欲以是言掩其大失，然恐负国之玷，终莫能磨也。

②《资别传》曰：大将军爽专事，多变易旧章。资叹曰："吾累世蒙宠，加以豫闻属托，今纵不能匡弼时事，可以坐受素餐之禄邪？"遂固称疾。九年二月，乃赐诏曰："君掌机密三十余年，经营庶事，勋著前朝。暨朕统位，动赖良谋。是以曩者增崇宠章，同之三事，外帅群官，内望谠言。属以年耆疾笃，上还印绶，前后郑重，辞旨恳切。天地以大顺成德，君子以善恕成仁，重以职事，违夺君志。今听所执，赐钱百万，使兼光禄勋少府亲策诏君养疾于第。君其勉进医药，颐神和气，以永无疆之祚。置舍人官骑，加以日秩肴酒之膳焉。"

③ 臣松之案，《头责子羽》曰：士卿刘许，字文生，正之弟也。与张华六人，并称文辞可观，意思详序。晋惠帝世，许为越骑校尉。

放才计优资，而自修不如也。放、资既善承顺主上，又未尝显言得失，抑辛毗而助王思，以是获讥于世。然时因群臣谏诤，扶赞其义，并时密陈损益，不专导谀言云。及咸熙中，开建五等，以放、资著勋前朝，改封正方城子，宏离石子。①

① 案《孙氏谱》：宏为南阳太守。宏子楚，字子荆。《晋阳秋》曰：楚乡人王济，豪俊公子也，为本州大中正。访问关求楚品状，济曰："此人非卿所能名。"自状之曰："天才英博，亮拔不群。"楚位至讨虏护军、冯翊太守。楚子洵，颍川太守。洵子盛，字安国，给事中，秘书监。盛从父弟绰，字兴公，廷尉正。楚及盛、绰，并有文藻，盛又善言名理，

诸所论著，并传于世。

【译文】刘放，字子弃，涿郡人，是汉广阳顺王的儿子西乡侯刘宏的后裔。他曾历任郡的主簿，被举荐为孝廉。遭逢世道大乱，当时渔阳的王松占据刘放的乡土，刘放就前往依从王松。魏太祖曹操攻克冀州后，刘放劝说王松道："往日董卓作逆为乱，四方英雄并起，兴兵阻界守险，州郡擅作威命，人人自占私地。唯有曹公能拔除逆乱，拯救危亡，辅翼拥戴天子，奉尊王命，征伐有罪，所向必克。以当年袁绍、袁术二袁的强盛，讲防守则袁术在淮南冰消瓦解，说抵抗则袁绍在官渡惨遭大败。曹公如今将乘胜席卷天下，肃清河北，他的威权形势既已形成，成败大势也已可以看出。及早迅速投至他那里的，往后会渐渐得福，降服归顺落后迟晚了的，将先被灭亡，这正是需不等一日终了，就要赶紧驱驰飞奔到曹公那里去的时刻。昔日黥布放弃了南面称王的尊位，仗剑归汉，实在是认识到了天下废兴的至理，看准了去就离合的机缘。将军您应当投身曹营，把性命委托给曹公，亲自深厚地结交于他。"王松觉得他说得很对。当时，正逢魏太祖曹操在南皮讨伐袁谭，曹操用书信招降王松，王松就率领雍奴、泉州、安次三县归附了曹操。刘放为王松写了回答曹操的书信，这封信的文辞很华丽。曹操既看好他的文辞，又听到了他的言语、论说，就召用了刘放。建安十年，刘放与王松都来到了曹营。魏太祖曹操一见大为喜悦，他对刘放说："昔年班彪往依窦融，就有了引导河西归附汉光武的功劳，今日刘君之举，与班彪是多么相似啊！"于是，就任用刘放参赞司空军事，历任主簿、记室，又曾出任郃阳、祋祤和赞地的县令。

魏国建立以后，刘放与太原的孙资都做了秘书郎。此前，孙资也曾历任过县令和参丞相军事等职。魏文帝曹丕即位以后，刘放、孙资又转任为左、右丞。数月以后，刘放又被调任为县令。黄初初年，朝廷将秘书改为中书，用刘放为中书监，用孙资为中书令，各加官为给事中。赐刘放爵为关内侯，孙资为关中侯，二人开始执掌朝廷的机密。黄初三年，刘放晋爵为魏寿亭侯，孙资晋爵为关内侯。魏明帝即位后，二人尤其受明帝宠爱、信任，同时被加官做散骑常侍，晋升刘放的爵号为西乡侯，孙资的爵号为阳亭侯。太和末年，孙吴派遣将军周贺飘浮过海，去辽东招抚、诱降公孙渊。魏明帝想要在中途截击、讨伐他，朝臣聚议大多以为这样做不行，唯有孙资作出了此方略可行的决策，结果，魏军果然大破周贺，孙资也因此被晋爵为左乡侯。刘放善于写作书信、檄文，魏室武帝、文帝、明帝三朝的诏命，凡有招降、劝喻的，大多是刘放所作。青龙初年，孙权与诸葛亮连合，想要一起出兵作乱侵犯边境。不久边关的探马侯骑截得了孙权给诸葛亮的书信，刘放就改换了信中的言辞，往往把其中的原文换掉，另撰新文编写附会，改成孙权写给魏征东将军满宠的书信，信中内容显示出孙权似乎将要归于曹魏，并把这封信缄封好了送给诸葛亮看。诸葛亮接信后，立刻把它誊写了一份交给了吴国的大将步骘等人，步骘等人就把这封信给孙权看。孙权惧怕诸葛亮怀疑自己，又向诸葛亮作了深入的解释、说明。那年，刘放、孙资二人都加官为侍中、光禄大夫。景初二年，辽东平定，刘、孙二人因为参谋的功绩，各得晋爵，二人都被晋封为本县的县侯，刘放为方城侯，孙资为中都侯。

那一年,魏明帝病重卧床,他想要用燕王曹宇为大将军,让他和领军将军夏侯献、武卫将军曹爽、屯骑校尉曹肇、骁骑将军秦朗共同辅政。曹宇性情恭俭温良,他向魏明帝诚恳陈辞,坚决辞让封职。魏明帝又引见刘放、孙资入卧室内,问他们二人说:“燕王这是想要干什么?”刘放、孙资回答说:“燕王实在是知道自己不足以担当大任。”魏明帝又说:“曹爽可以代替曹宇吗?”刘放、孙资借此赞成曹爽辅政,二人又深入地陈明,应当迅速召见太尉宣王司马懿,让他与曹爽一起作为皇室的纲维、柱石。魏明帝采纳了二人的进言,就把黄纸授予刘放撰作诏书。刘放、孙资退出后,魏明帝的意思又变了,口诏阻止宣王司马懿,让他不要来了。不一会儿,明帝又召见刘放、孙资说:“我自己要召见太尉,但是曹肇等人却让我阻止他,差点儿败坏了我的大事!”于是,命令重作诏书。明帝单独召见曹爽,让他与刘放、孙资一起接受诏命,于是免去了曹宇、夏侯献、曹肇、秦朗数人的官职。不久,太尉司马懿也到了,登上了明帝的病床接受诏令,然后明帝的大驾崩逝。齐王即位后,因为刘放、孙资参与决定辅政大臣人选的大谋,给二人各增食邑三百户,刘放合并从前的食邑共有一千一百户,孙资为一千户。另各封二人的爱子一人为亭侯,次子为骑都尉,其余的儿子都做了郎中。正始元年,又给刘放加官为左光禄大夫,孙资为右光禄大夫,都授予金印紫绶,仪仗与三公相同。正始六年,刘放转任为骠骑将军,孙资为卫将军,与从前一样各领中书监、中书令的职务。正始七年,又各封他们二人中的一个儿子为亭侯,二人各自都因年老退位辞职,只是每月的朔、望二日以列侯的身份朝见魏帝,进位为特进。曹爽伏诛以后,又以孙资为侍中,领中书令一职。嘉平二年,刘放逝世,赠谥号敬侯。爵位由儿子刘正承继。孙资不久就又退位回了自家宅第,在家中被拜为骠骑将军,转任为侍中,与从前一样位列特进官。嘉平三年,孙资逝世,赠赐他谥号贞侯。爵位由儿子孙宏承继。

刘放的才学、计谋比孙资要优秀一些,但自身修养却不如孙资。刘放、孙资既善于奉承君王主上,又不曾有什么明显的言语得失,但他们二人抑制辛毗而帮助王思,因此而获得了世人的讥讽。然而,这二人也时常乘着群臣谏诤的势头,扶持赞助他们中部分人的论议,并时时秘密地陈述国事的得失、损益,也不是专门用阿谀的言语诱导君上。及至咸熙年中,开建五等封爵制度时,因为刘放、孙资在前朝的功勋显著,故而改封刘正为方城子,孙宏为离石子。

【原文】评曰:程昱、郭嘉、董昭、刘晔、蒋济才策谋略,世之奇士,虽清治德业殊于荀攸,而筹画所料是其伦也。刘放文翰,孙资勤慎,并管喉舌,权闻当时,雅亮非体,是故讥谀之声,每过其实矣。

【译文】评论说:程昱、郭嘉、董昭、刘晔、蒋济五人以才学、筹策、谋略论,都可算是世上的奇士,虽然他们治政的清正、从业的仁德,与荀攸有差距,但筹策、谋画,却与荀攸是类似的。刘放文辞华丽,孙资辛勤、谨慎,二人共同作为帝王的喉舌,威权闻名当时,但是雅正、清亮不足,所以,对二人的讥讽和阿谀的评价,不免有言过其实的地方。

卷十五　魏书十五

刘司马梁张温贾传第十五

刘馥　刘靖

【原文】刘馥，字元颖，沛国相人也。避乱扬州，建安初，说袁术将戚寄、秦翊，使率众与俱诣太祖。太祖悦之，辟为司徒掾。后孙策所置庐江太守李述攻杀扬州刺史严象，庐江梅乾、雷绪、陈兰等聚众数万在江、淮间，郡县残破。太祖方有袁绍之难，谓馥可任以东南之事，遂表为扬州刺史。馥既受命，单马造合肥空城，建立州治，南怀绪等，皆安集之，贡献相继。数年中恩化大行，百姓乐其政，流民越江山而归者以万数。于是聚诸生，立学校，广屯田，兴治芍陂及茄陂、七门、吴塘诸堨以溉稻田，官民有畜。又高为城垒，多积木石，编作草苫数千万枚，益贮鱼膏数千斛，为战守备。

建安十三年卒。孙权率十万众攻围合肥城百余日，时天连雨，城欲崩，于是以苫蓑覆之，夜然脂照城外，视贼所作而为备，贼以破走。扬州士民益追思之，以为虽董安于之守晋阳，不能过也。及陂塘之利，至今为用。

馥子靖，黄初中从黄门侍郎迁庐江太守，诏曰："卿父昔为彼州，今卿复据此郡，可谓克负荷者也。"转在河内，迁尚书，赐爵关内侯，出为河南尹。散骑常侍应璩书与靖曰："入作纳言，出临京任。富民之术，日引月长。藩落高峻，绝穿窬之心。五种别出，远水火之灾。农器必具，无失时之阙。蚕麦有苫备之用，无雨湿之虞。封符指期，无流连之吏。鳏寡孤独，蒙廪振之实。加之以明擿幽微，重之以秉宪不挠，有司供承王命，百里垂拱仰办。虽昔赵、张、三王之治，未足以方也。"靖为政类如此。初虽如碎密，终于百姓便之，有馥遗风。母丧去官，后为大司农、卫尉，进封广陆亭侯，邑三百户。上疏陈儒训之本曰："夫学者，治乱之轨仪，圣人之大教也。自黄初以来，崇立太学二十余年，而寡有成者，盖由博士选轻，诸生避役，高门子弟，耻非其伦，故无学者。虽有其名而无其人，虽设其教而无其功。宜高选博士，取行为人表，经任人师者，掌教国子。依遵古法，使二千石以上子孙，年从十五，皆入太学。明制黜陟荣辱之路，其经明行修者，则进之以崇德；荒教废业者，则退之以惩恶。举善而教，不能则劝，浮华交游，不禁自息矣。阐弘大化，以绥未宾；六合承风，远人来格。此圣人之教，致治之本也。"

后迁镇北将军，假节都督河北诸军事。靖以为："经常之大法，莫善于守防，使民夷有别。"遂开拓边守，屯据险要。又修广戾陵渠大堨，水溉灌蓟南北。三更种稻，边民利之。嘉平六年薨，追赠征北将军，进封建成乡侯，谥曰景侯。子熙嗣。①

①《晋阳秋》曰：刘弘，字叔和，熙之弟也。弘与晋世祖同年，居同里，以旧恩屡登显位。自靖至弘，世不旷名，而有政事才。晋西朝之末，弘为车骑大将军开府，荆州刺史，

假节，都督荆、交、广州诸军事，封新城郡公。其在江、汉，值王室多难，得专命一方，尽其器能。推诚群下，厉以公义，简刑狱，务农桑。每有兴发，手书郡国，丁宁款密，故莫不感悦，颠倒奔赴，咸曰："得刘公一纸书，贤于十部从事也。"时帝在长安，命弘得选用宰守。征士武陵伍朝高尚其事，牙门将皮初有勋江汉，弘上朝为零陵太守，初为襄阳太守。诏书以襄阳显郡，初资名轻浅，以弘婿夏侯陟为襄阳。弘曰："夫统天下者当与天下同心，治一国者当与一国推实。吾统荆州十郡，安得十女婿，然后为治哉！"乃表："陟姻亲，旧制不得相监临事，初勋宜见酬。"报听之，众益服其公当。广汉太守辛冉以天子蒙尘，四方云扰，进从横计于弘。弘怒斩之，时人莫不称善。◎《晋诸公赞》曰：于时天下虽乱，荆州安全。弘有刘景升保有江汉之志，不附太傅司马越。越甚衔之。会弘病卒。子璠，北中郎将。

【译文】刘馥，字元颖，沛郡相县人。为躲避战乱来到扬州，建安初年，游说袁术部将戚寄、秦翊，使他们率领部众同自己一同投奔曹操。曹操很赏识他，征召他为司徒掾吏。后来孙策任命的庐江太守李述引兵攻打扬州，杀死扬州刺史严象，庐江一带的梅乾、雷绪、陈兰等人聚集起几万人马，横行于江淮一带，州县因此残破。当时曹操正被袁绍围攻，认为刘馥有能力管理东南地区的政事，于是便上表朝廷任命刘馥为扬州刺史。刘馥一接到任命，就单人匹马奔赴合肥空城，建立扬州治所，对合肥南部的雷绪等人采取安抚策略，让他们都安定，进贡接连不断。几年时间，这种感化安抚的政策收到了极大的效果，百姓很满意他的治理，当初成千上万流离逃难的人渡江越岭返回故乡。这时候，刘馥开始集中儒生，建立学校，扩大屯田，修治芍陂、茄陂、七门、吴塘等阻水的土堰，以灌溉稻田，官府和百姓都有了积蓄。又加高城上防御工事，大量贮存滚木礌石，编制了数千万张草苫，并储积几千斛鱼膏，充分做好了战争的准备。

建安十三年，刘馥去世。孙权率领十万大军围攻合肥一百多天，当时连降大雨，城墙几乎要坍塌了，于是用草苫蓑席紧密覆盖，夜间点燃鱼脂照亮城外，以便观察敌方的动向而进行防御，吴军终因损失惨重而撤退。扬州地区的官吏百姓更加怀念刘馥，认为刘馥的守御策略比春秋时期守晋国的董安于还要出色。至于他所兴修的水利设施，至今还在发挥作用。

刘馥的儿子刘靖，黄初年间由黄门侍郎升任庐江太守，魏文帝下诏说："你父亲过去在那里任职，现在你又要去管辖这个郡，可以说是能为国家担当重任了。"转而调任河内太守，升尚书，获封关内侯，后出任河南尹。散骑常侍应璩给刘靖写信说："你在京城担任纳言的职务，出京又承担拱卫京都的重任。使百姓富足的办法，一天比一天增多。院墙篱笆要造得又高又陡，以杜绝那些盗贼的企图。搭配种植好不同的作物，可以预防水旱灾害引起的饥荒。农具一定要充足完备，不能因此而耽误农时。养蚕、种麦要有苫盖的准备，那样才能避免遭受雨水的灾患。官吏要按期升迁，不要让他们滞留原位。鳏寡孤独的人，应让他们享受到官仓的赈济。再加上明察秋毫，执法如山，使各级官吏遵奉朝廷的旨意，就能从容治理好辖区内的政务。那么，即使是前朝治理京兆的能臣赵文汉、张敞、王尊、王章、王骏之流，也不能同你相比。"刘靖施政大多做到了应璩所说的那样。起初虽然失于琐碎繁复，但最终还是便利了百姓，行事有其父遗风。母亲去世，刘靖离任奔丧，后来担任大司农、卫尉，晋封广陆亭侯，食邑三百户。刘靖曾上疏陈说儒家教育的根本："儒学，是治乱的法则，是圣人的伟大训诲。自黄初以来，推崇建立太学，到现在已有二十几年，但少有成效，原因大概在于博士的选拔过于轻率，太学生为了逃避兵役才来就学，豪门大族的子弟耻于跟这样的太学生为伍，所以没有真正来求学的。虽有太学之名而无求学之人，虽然设立了教育机构却并无实际功效。应该用高标准来选拔博士，选择那些德行能够为人表率，经学能够胜任人师的人来执掌太学，教导公卿大夫们的子弟。遵照古代的制度，让食邑两千石以上官员的子孙，从十五岁开始，都进入太学学习。明确制定进退奖罚的规则，对那些通晓经书、德行美好的人，要提升他们以发扬盛德；对那些授业三心二意及不思上进者，要斥退他们以示惩罚。推选出素质好的来接受教育，对一般人则加以劝勉，这样一来，那种浮华庸俗的交游，不用禁止也会自行消失了。阐发弘扬儒家思想的根本宗旨，使那些还没有归顺的地区也得到安抚；使九州六合都承受儒家风尚的沐浴，边远地方的人民也会闻风前来归服。这都是圣人的教诲，是达到国家大治的根本所在。"

后来升为镇北将军，授予符节，都督河北地区一应军事。刘靖认为："边防贯穿始终的最重要策略，没有比守御更好，防守能有效划分境内百姓与蛮夷的界限。"于是开拓边疆扩大防线，屯兵据守险要地带。又修凿拓宽戾陵渠大堰，引水灌溉蓟州南北的大片农田。田地自此能够连续种稻三次，边境百姓都得到了实惠。嘉平六年刘靖去世，朝廷追赠他为征北将军，并晋封建成乡侯，谥号为景侯。其子刘熙承袭爵位。

司马朗

【原文】司马朗，字伯达，河内温人也。① 九岁，人有道其父字者，郎曰："慢人亲者，不敬其亲者也。"客谢之。十二，试经为童子郎，监试者以其身体壮大，疑朗匿年，劾问。朗曰："朗之内外，累世长大，朗虽稚弱，无仰高之风，损年以求早成，非志所为也。"监试者异之。后关东兵起，故冀州刺史李邵家居野王，近山险，欲徙居温。朗谓邵曰："唇齿之喻，岂唯虞、虢？温与野王即是也。今去彼而居此，是为避朝亡之期耳。且君，国人之望也，今寇未至而先徙，带山之县必骇，是摇动民之心而开奸宄之原也，窃为郡内忧之。"邵不从。边山之民果乱，内徙，或为寇抄。

① 司马彪《序传》曰：朗祖父俊，字元异，博学好古，倜傥有大度。长八尺三寸，腰带十围，仪状魁岸，与众有异，乡党宗族咸景附焉。位至颍川太守。父防，字建公，性质直公方，虽闲居宴处，威仪不忒。雅好《汉书》名臣列传，所讽诵者数十万言。少仕州郡，历官洛阳令、京兆尹，以年老转拜骑都尉。养志闾巷，阖门自守。诸子虽冠成人，不命曰进不敢进，不命曰坐不敢坐，不指有所问不敢言，父子之间肃如也。年七十一，建安二十四年终。有子八人，朗最长，次即晋宣皇帝也。

是时董卓迁天子都长安，卓因留洛阳。朗父防为治书御史，当徙西，以四方云扰，乃遣朗将家属还本县。或有告朗欲逃亡者，执以诣卓，卓谓朗曰："卿与吾亡儿同岁，几大相负！”朗因曰：“明公以高世之德，遭阳九之会，清除群秽，广举贤士，此诚虚心垂虑，将兴至治也。威德以隆，功业以著，而兵难日起，州郡鼎沸，郊境之内，民不安业，捐弃居产，流亡藏窜，虽四关设禁，重加刑戮，犹不绝息，此朗之所以于邑也。愿明公监观往事，少加三思，即荣名并于日月，伊、周不足侔也。”卓曰：“吾亦悟之，卿言有意！”①

① 臣松之案：朗此对，但为称述卓功德，未相箴诲而已。了不自申释，而卓便云：“吾亦悟之，卿言有意！”客主之辞如为不相酬塞也。

朗知卓必亡，恐见留，即散财物以赂遗卓用事者，求归乡里。到谓父老曰：“董卓悖逆，为天下所仇，此忠臣义士奋发之时也。郡与京都境壤相接，洛东有成皋，北界大河，天下兴义兵者若未得进，其势必停于此。此乃四分五裂战争之地，难以自安，不如及道路尚通，举宗东到黎阳。黎阳有营兵，赵威孙乡里旧婚，为监营谒者，统兵马，足以为主。若后有变，徐复观望未晚也。”父老恋旧，莫有从者，惟同县赵咨，将家属俱与朗往焉。后数月，关东诸州郡起兵，众数十万，皆集荥阳及河内。诸将不能相一，纵兵抄掠，民人死者且半。久之，关东兵散，太祖与吕布相持于濮阳，朗乃将家还温。时岁大饥，人相食，朗收恤宗族，教训诸弟，不为衰世解业。

年二十二，太祖辟为司空掾属，除成皋令，以病去，复为堂阳长。其治务宽惠，不行鞭杖，而民不犯禁。先时，民有徙充都内者，后县调当作船，徙民恐其不办，乃相率私还助之，其见爱如此。迁元城令，入为丞相主簿。朗以为：“天下土崩之势，由秦灭五等之制，而郡国无蒐狩习战之备故也。今虽五等未可复行，可令州郡并置兵，外备四夷，内威不轨，于策为长。”又以为：“宜复井田。往者以民各有累世之业，难中夺之，是以至今。今承大乱之后，民人分散，土业无主，皆为公田，宜及此时复之。”议虽未施行，然州郡领兵，朗本意也。迁兖州刺史，政化大行，百姓称之。虽在军旅，常粗衣恶食，俭以率下。雅好人伦典籍，乡人李觌等盛得名誉，朗常显贬下之。后觌等败，时人服焉。钟繇、王粲著论云：“非圣人不能致太平。”朗以为：“伊、颜之徒虽非圣人，使得数世相承，太平可致。”①建安二十二年，与夏侯惇、臧霸等征吴。到居巢，军士大疫，朗躬巡视，致医药。遇疾卒，时年四十七。遗命布衣幅巾，敛以时服，州人追思之。②明帝即位，封朗子遗昌武亭侯，邑百户。朗弟孚又以子望继朗后。遗薨，望子洪嗣。③

①《魏书》曰：文帝善朗论，命秘书录其文。

孙盛曰：繇既失之，朗亦未为得也。昔汤举伊尹，而不仁者远矣。《易》称：“颜氏之子，其殆庶几乎！有不善未尝不知，知之未尝复行。”由此而言，圣人之与大贤，行藏道一，舒卷斯同，御世垂风，理无降异，升泰之美，岂俟积世哉？“善人为邦百年，亦可以胜残去杀”。又曰：“不践迹，亦不入于室。”数世之论，其在斯乎！方之大贤，固有间矣。

②《魏书》曰：朗临卒，谓将士曰：“刺史蒙国厚恩，督司万里，微功未效，而遭此疫疠，既不能自救，辜负国恩。身没之后，其布衣幅巾，敛以时服，勿违吾志也。”

③《晋诸公赞》曰：望，字子初，孚之长子。有才识，早知名。咸熙中位至司徒，入晋封义阳王，迁太尉、大司马。时孚为太宰，父子居上公位，自中代以来未之有也。洪，

字孔业，封河间王。

初，朗所与俱徙赵咨，官至太常，为世好士。①

①咨，字君初。子酆，字子仲，晋骠骑将军，封东平陵公。并见《百官名》。

【译文】司马朗，字伯达，河内郡温县人。九岁时，有人直呼他父亲的字，司马朗说："不尊重别人的父母，是不敬自己父母的人啊。"那个人向他道了歉。十二岁时，参加经学考试晋级童子郎，监考官因为司马朗长得又高又壮，怀疑他隐瞒实际年龄，便审问他。司马朗说："我家的人，世代都身材高大，我虽然幼小稚嫩，却没有攀高的习气，少报年岁来谋求学业早成，这不符合我的志向。"监考官对他的回答感到惊异。后来关东兴兵，原冀州刺史李邵老家在野王，临近盗寇出入的险恶山地，打算移居温县。司马朗劝李邵："唇亡齿寒的道理，难道只限于春秋时的虞国和虢国吗？温县与野王县也是如此。现在您离开野王而迁居温县，只不过是躲过了一时的危难罢了。而且您被一郡百姓仰望，现在贼寇未到您就先离开，沿山一带的百姓必然恐惧震惊，这等于动摇民心，为那些强盗打开了方便之门，我私下里为全郡百姓担忧。"李邵不听劝告。靠近山区的百姓果然发生动乱，纷纷往内地迁徙，很多人遭到贼寇的洗劫。

这时董卓强迫皇帝迁都长安，他自己留在洛阳。司马朗的父亲司马防官居治书御史，理应随皇帝一同西行，因考虑到四处都不太平，就让司马朗带家眷先回家乡。于是有人举报司马朗要逃亡，抓住他去见董卓，董卓对他说："你与我死去的儿子同岁，可是你却要大大地辜负我。"司马朗回答说："明公您凭着崇高的德行，在这兵荒马乱的年代，为国家清除群凶，广荐贤士，这真可以说是尽心竭力，使国家得到大治的措施。您的威望品德因此更加崇高，功勋业绩也因而更加卓著，但是战乱仍是一天比一天严重，各州各郡人心惶惶，京城境内，百姓不能安居乐业，抛弃了居室产业，流亡藏匿，尽管四边的城门都设置了关卡，用重刑杀戮来惩罚逃亡的人，仍然禁止不住百姓逃亡，这就是我要回家乡的原因。希望明公能洞察往事，稍加深思，那么您就将与日月同辉，即使伊尹、周公也难和您相比。"董卓说："我也想到了这些，你的话很有意义。"

司马朗断定董卓必然灭亡，担心被留在洛阳，就用家中财物贿赂董卓手下管事的官吏，请求放自己回乡。到家乡后对父老乡亲说："董卓谋逆叛乱，普天下的人都把他看作仇敌，这正是忠臣义士奋发有为的时刻。我们这个郡同京城地界相连，洛阳的东边有成皋县，北临黄河，各地兴起义兵讨伐董卓的诸侯如果不能进驻洛阳，就必然要在此处羁留。这里是四分五裂的作战要地，极难安定，不如趁现在道路还通畅，全族人迁往黎阳。黎阳驻有军队，监军的官员赵威孙过去同咱们乡里有姻亲，他现在担任监营谒者，统帅兵马，足以为大家主持大局。以后再有别的变故，慢慢观望也不迟。"父老乡亲都怀恋故土，没有肯听从司马朗的，只有同县人赵咨，带着家属和司马朗一起去了黎阳。几个月之后，关东各州郡纷纷起兵，总数多达数十万人，都驻扎在荥阳和河内一带。诸将不能统一指挥，放纵士兵烧杀抢掠，百姓死了大半。以后，关东的军队纷纷瓦解，曹操和吕布在濮阳相持，司马朗于是携带家眷回到温县。这一年闹饥荒，到了人吃人的地步，司马朗收养抚恤宗族成员，教育训导同宗兄弟，不因为世道衰败就懈怠家业。

司马朗二十二岁时，曹操征召他为司空掾属，命他出任成皋县令，他因病离职，后又任堂阳县长。他治理地方政策宽厚仁惠，不用鞭、杖等刑罚，但百姓也不犯法。以前，有些老百姓被迫迁徙以充实京都，后来朝廷征调堂阳县负责造船，迁走的百姓担心司马朗不能完成任务，就互相联络，私自回来帮他，他受百姓爱戴到了这种程度。后升任元城县令，入朝担任丞相府主簿。司马朗认为："天下四分五裂的局面，是因为秦朝废除了五等爵位制度，而郡国也不再进行战争演习而造成的。现在虽然不可能恢复五等爵位，但可以下令州郡都设置军队，对外防卫异族侵略，对内威慑图谋不轨的人，这是治国的上策。"又认为："应当恢复井田制。过去由于百姓都有历代积累的地产，很难断然收归国有，所以一直拖到今天。现在正赶上大乱之后，百姓四散，地产没有主人，因而都是公田，应该趁这个时机恢复井田制。"他的建议虽然没有实施，但后来州郡属下设置军队，却是采纳了司马朗的主张。升任兖州刺史，政策和教化得到了全面推行，百姓都称赞他。即使在行军打仗的时候，司马朗也总是穿着粗布衣服，吃粗劣的饭食，用俭朴的生活给部下作表率。他非常喜爱有关人伦的典籍，他的同乡李觌等人有很高的名望，可是司马朗却常常当众贬损他们。后来李觌等人果然败亡，人们都佩服司马朗的远见卓识。钟繇、王粲著书立论说："不是圣人治国就不能达到太平盛世。"司马朗却认为："伊尹、颜渊等人虽然不是圣人，但让这样的人几代传承，太平仍然可以达到。"建安二十二年，与夏侯惇、臧霸等人征伐吴国。军到居巢，军中流行传染病，司马朗亲自巡视军营，为士卒请医配药。不幸染病去世，时年四十七岁。他留下遗嘱，只穿粗布衣服，束发不戴冠，用普通服装殡敛，兖州百姓十分怀念他。明帝即位，封司马朗的儿子司马遗为昌武亭侯，食邑百户。司马朗的弟弟司马孚又把自己的儿子司马望过继给司马朗为子嗣。司马遗去世，司马望的儿子司马洪承袭了爵位。

当初同司马朗一起迁往黎阳的同县人赵咨，官做到太常，也是当时的优秀人物。

梁习

【原文】梁习，字子虞，陈郡柘人也，为郡纲纪。太祖为司空，辟召为漳长，累转乘氏、海西、下邳令，所在有治名。还为西曹令史，迁为属。并土新附，习以别部司马领并州刺史。时承高幹荒乱之余，胡狄在界，张雄跋扈，吏民亡叛，入其部落。兵家拥众，作为寇害，更相扇动，往往棋跱。习到官，诱谕招纳，皆礼召其豪右，稍稍荐举，使诣幕府。豪右已尽，乃次发诸丁强以为义从。又因大军出征，分请以为勇力。吏兵已去之后，稍移其家，前后送邺凡数万口。其不从命者，兴兵致讨，斩首千数，降附者万计。单于恭顺，名王稽颡，部曲服事供职，同于编户。边境肃清，百姓布野，勤劝农桑，令行禁止。贡达名士，咸显于世，语在《常林传》。太祖嘉之，赐爵关内侯，更拜为真。长老称咏，以为自所闻识，刺史未有及习者。建安十八年，州并属冀州，更拜议郎、西部都督从事，统属冀州，总故部曲。又使于上党取大材供邺宫室。习表置屯田都尉二人，领客六百夫，于道次耕种菽粟，以给人牛之费。后单于入侍，西北无虞，习之绩也。[1]文帝践阼，复置并州，复为刺史，进封申门亭侯，邑百户，政治常为天下最。太和二年，征拜大司农。

习在州二十余年，而居处贫穷，无方面珍物，明帝异之，礼赐甚厚。四年，薨，子施嗣。

①《魏略》曰：鲜卑大人育延，常为州所畏，而一旦将其部落五千余骑诣习，求互市。习念不听则恐其怨，若听则州下，又恐为所略，于是乃许之往与会空城中交市。遂敕郡县，自将治中以下军往就之。市易未毕，市吏收缚二胡。延骑皆惊，上马弯弓，围习数重，吏民惶怖，不知所施。习乃徐呼市吏，问缚胡意，而胡实侵犯人。习乃使译呼延，延到，习责延曰："汝胡自犯法，吏不侵汝，汝何为使诸骑惊骇邪？"遂斩之，余胡破胆不敢动。是后无寇虏。至二十二年，太祖拔汉中，诸军还到长安，因留骑督太原乌丸王鲁昔，使屯池阳，以备卢水。昔有爱妻，住在晋阳。昔既思之，又恐遂不得归，乃以其部五百骑叛还并州，留其余骑置山谷间，而单骑独入晋阳，盗取其妻。已出城，州郡乃觉。吏民又畏昔善射，不敢追。习乃令从事张景募鲜卑，使逐昔。昔马负其妻，重骑行迟，未及与其众合，而为鲜卑所射死。始太祖闻昔叛，恐其为乱于北边。会闻已杀之，大喜，以习前后有策略，封为关内侯。

初，济阴王思与习俱为西曹令史。思因直日白事，失太祖指。太祖大怒，教召主者，将加重辟。时思近出，习代往对，已被收执矣。思乃驰还，自陈己罪，罪应受死。太祖叹习之不言，思之识分，曰："何意吾军中有二义士乎？"① 后同时擢为刺史，思领豫州。思亦能吏，然苛碎无大体，官至九卿，封列侯。②

① 臣松之以为：习与王思，同寮而已，亲非骨肉，义非刎颈，而以身代思，受不测之祸。以之为义，无乃乖先哲之雅旨乎！史迁云："死有重于太山，有轻于鸿毛。"故君子不为苟存，不为苟亡。若使思不引分，主不加恕，则所谓自经于沟渎而莫之知也。习之死义者，岂其然哉！

②《魏略·苛吏传》曰：思与薛悌、郤嘉俱从微起，官位略等。三人中，悌差挟儒术，所在名为闲省。嘉与思事行相似。文帝诏曰："薛悌驳吏，王思、郤嘉纯吏也，各赐关内侯，以报其勤。"思为人虽烦碎，而晓练文书，敬贤礼士，倾意形势，亦以是显名。正始中，为大司农，年老目瞑，瞋怒无度，下吏嗷然不知何据。性少信，时有吏父病笃，近在外舍，自白求假。思疑其不实，发怒曰："世有思妇病母者，岂此谓乎！"遂不与假。吏父明日死，思无恨意。其为刻薄类如此。思又性急，尝执笔作书，蝇集笔端，驱去复来，如是再三。思恚怒，自起逐蝇不能得，还取笔掷地，蹋坏之。时有丹阳施畏、鲁郡倪颛、南阳胡业亦为刺史、郡守，时人谓之苛暴。又有高阳刘类，历位宰守，苛慝尤甚，以善修人事，不废于世。嘉平中，为弘农太守。吏二百余人，不与休假，专使为不急。过无轻重，辄捽其头，又乱杖挝之，牵出复入，如是数四。乃使人掘地求钱，所在市里，皆有孔穴。又外托简省，每出行，阳敕督邮不得使官属曲修礼敬，而阴识不来者，辄发怒中伤之。性又少信，每遣大吏出，辄使小吏随覆察之，白日常自于墙壁间窥闪，夜使干廉察诸曹，复以干不足信，又遣铃下及奴婢使转相检验。尝案行，宿止民家。民家二狗逐猪，猪惊走，头插栅间，号呼良久。类以为外之吏擅共饮食，不复征察，便使伍伯曳五官掾孙弼入，顿头责之。弼以实对，类自愧不详，因托问以他事。民尹昌，年垂百岁，闻类出行，当经过，谓其儿曰："扶我迎府君，我欲陈恩。"儿扶昌在道左，类望见，呵其儿曰："用是死人，使来见我！"

其视人无礼，皆此类也。旧俗，民谤官长者有三不肯，谓迁、免与死也。类在弘农，吏民患之，乃题其门曰："刘府君有三不肯。"类虽闻之，犹不能自改。其后安东将军司马文王西征，路经弘农，弘农人告类荒耄不任宰郡，乃召入为五官中郎将。

【译文】梁习，字子虞，陈郡柘县人，担任过郡国的主簿。太祖曹操任司空时，被征召为漳县长，继而担任乘氏、海西、下邳县令，所在之处都有善于治理的好名声。后入朝担任西曹令史，又调任为西曹属。并州刚刚归附曹操，梁习以别部司马的身份兼任并州刺史。当时借高幹作乱的余波，南匈奴部落在并州边界活动，骄横势盛，飞扬跋扈，并州的官吏百姓纷纷逃亡，不少人叛入匈奴部落。州中豪强拥兵为寇，危害乡里，互相煽动，与官府形成对抗之势。梁习到任以后，采用诱导、劝谕、招抚的策略，对于那些豪强大户都依礼召请，并稍稍加以荐举，让他们进入幕府担任官职。豪强大户都得到安置以后，紧接着依次征发他们的部下，作为自愿跟随的部队。又借大军出征的机会，分别请求诸将让他们充当勇士。官吏和兵士都离去以后，梁习又让他们的家属作适当的迁移，前后送往邺县的人口达好几万。对那些不肯执行命令的人，梁习派兵前去讨伐，杀死了一千多人，上万人投降归顺。南匈奴的单于恭恭敬敬地服从梁习，各部落的名王也俯首听命，部民都听从梁习的驱使，与入籍的百姓一样。边境自此清平，百姓都安于故土，梁习经常鼓励农桑，令行禁止。州里的儒生、名士经过梁习的推荐，都得到朝廷的任用，有关事迹都记载在本书《常林传》。曹操嘉奖梁习，赐以关内侯的爵位，并正式任命他为并州刺史。州中父老称颂梁习的事迹，认为从他们有所听闻以来，没有哪一任刺史能够赶得上梁习的。建安十八年，并州并入冀州，改授梁习为议郎、西部都督从事，总揽冀州事务，统领原来的部下。又派梁习出使上党，督运高大木材以供修建邺城宫殿。梁习上表请求设置屯田都尉两名，带领六百个民夫，在大道边种粟种豆，满足来往人畜的需要。后来单于入朝称臣，西北边境没有了兵患，那都是梁习的功劳。文帝受禅登基，恢复设置并州，梁习又担任刺史，晋封申门亭侯，食邑百户，他的政绩总是全国最好的。太和二年，朝廷征召他担任大司农。梁习在并州任职二十多年，饮食起居都十分简朴，家里没有一点当地的珍贵财物，明帝对此很是诧异，给予他优厚的礼遇和赏赐。太和四年，梁习去世，其子梁施承袭爵位。

当初，济阴郡的王思与梁习一同担任西曹令史。一次王思趁值日禀告事情，不合曹操的意图。曹操大发雷霆，教传唤主事的官吏，要以重罪论处。当时王思刚刚外出，梁习代替他前往应对，结果被关押了起来。王思急忙赶回，主动承认自己的罪责，认为罪应处死。曹操很赞叹梁习默默地代人受过，也很满意王思能勇于承担责任，他说："谁能想到我的军队中竟然有两位义士呢？"后来他们二人同时被提拔为刺史，王思兼任豫州刺史。王思也是个能干的官员，只是办事苛刻琐碎而不得要领，后来官至九卿，爵封列侯。

张既

【原文】张既，字德容，冯翊高陵人也。年十六，为郡小吏。[1] 后历右职，举孝廉，不行。太祖为司空，辟，未至，举茂才，除新丰令，治为三辅第一。袁尚拒太祖于黎阳，遣所置河东太守郭援、并州刺史高幹及匈奴单于取平阳，发使西与关中诸将合从。司隶校尉钟繇遣既说将军马腾等，既为言利害，腾等从之。腾遣子超将兵万余人，与繇会击幹、援，大破之，斩援首。幹及单于皆降。其后幹复举并州反。河内张晟众万余人无所属，寇崤、渑间，河东卫固、弘农张琰各起兵以应之。太祖以既为议郎，参繇军事，使西征诸将马腾等，皆引兵会击晟等，破之。斩琰、固首，幹奔荆州。封既武始亭侯。太祖将征荆州，而腾等分据关中。太祖复遣既喻腾等，令释部曲求还。腾已许之而更犹豫，既恐为变，乃移诸县促储偫，二千石郊迎。腾不得已，发东。太祖表腾为卫尉，子超为将军，统其众。后超反，既从太祖破超于华阴，西定关右。以既为京兆尹，招怀流民，兴复县邑，百姓怀之。魏国既建，为尚书，出为雍州刺史。太祖谓既曰："还君本州，可谓衣绣昼行矣。"

①《魏略》曰：既世单家，为人有容仪。少小工书疏，为郡门下小吏，而家富。自惟门寒，念无以自达，乃常畜好刀笔及版奏，伺诸大吏有乏者辄给与，以是见识焉。

从征张鲁，别从散关入讨叛氐，收其麦以给军食。鲁降，既说太祖拔汉中民数万户以实长安及三辅。其后与曹洪破吴兰于下辩，又与夏侯渊讨宋建，别攻临洮、狄道，平之。是时，太祖徙民以充河北，陇西、天水、南安民相恐动，扰扰不安，既假三郡人为将吏者休课，使治屋宅，作水碓，民心遂安。太祖将拔汉中守，恐刘备北取武都氐以逼关中，问既。既曰："可劝使北出就谷以避贼，前至者厚其宠赏，则先者知利，后必慕之。"太祖从其策，乃自到汉中引出诸军，令既之武都，徙氐五万余落出居扶风、天水界。①

①《三辅决录注》曰：既为儿童，郡功曹游殷察异之，引既过家，既敬诺。殷先归，敕家具设宾馔。及既至，殷妻笑曰："君其悖乎！张德容童昏小儿，何异客哉！"殷曰："卿勿怪，乃方伯之器也。"殷遂与既论霸王之略。飧讫，以子楚托之。既谦不受，殷固托之。既以殷邦之宿望，难违其旨，乃许之。殷先与司隶校尉胡轸有隙，轸诬构杀殷。殷死月余，轸得疾患，自说但言："伏罪，伏罪，游功曹将鬼来。"于是遂死。于时关中称曰："生有知人之明，死有贵神之灵。"子楚字仲允，为蒲阪令。太祖定关中时，汉兴郡缺，太祖以问既，既称楚才兼文武，遂以为汉兴太守。后转陇西。◎《魏略》曰：楚为人慷慨，历位宰守，所在以恩德为治，不好刑杀。太和中，诸葛亮出陇右，吏民骚动。天水、南安太守各弃郡东下，楚独据陇西，召会吏民，谓之曰："太守无恩德。今蜀兵至，诸郡吏民皆已应之，此亦诸卿富贵之秋也。太守本为国家守郡，义在必死，卿诸人便可取太守头持往。"吏民皆涕泪，言："死生当与明府同，无有二心。"楚复言："卿曹若不愿，我为卿画一计。今东二郡已去，必将寇来，但可共坚守。若国家救到，寇必去，是为一郡守义，人人获爵宠也。若官救不到，蜀攻日急，尔乃取太守以降，未为晚也。"吏民遂城守。而南安果将蜀兵，就攻陇西。楚闻贼到，乃遣长史马颙出门设陈，而自于城上晓谓蜀帅，言："卿能断陇，使东兵不上，一月之中，则陇西吏人不攻自服。卿若不能，虚自疲弊耳。"使颙鸣鼓击之，蜀人乃去。后十余日，诸军上陇，诸葛亮破走。南安、天水皆坐应亮破灭，两郡守各获重刑，而楚以功封列侯，长史掾属皆赐拜。帝嘉其治，诏特听朝，引上殿。

楚为人短小而大声，自为吏，初不朝觐，被诏登阶，不知仪式。帝令侍中赞引，呼“陇西太守前”，楚当言“唯”，而大应称“诺”。帝顾之而笑，遂劳勉之。罢会，自表乞留宿卫，拜驸马都尉。楚不学问，而性好游遨音乐。乃畜歌者，琵琶、筝、箫，每行来将以自随。所在樗蒲、投壶，欢欣自娱。数岁，复出为北地太守，年七十余卒。

是时，武威颜俊、张掖和鸾、酒泉黄华、西平麹演等并举郡反，自号将军，更相攻击。俊遣使送母及子诣太祖为质，求助。太祖问既，既曰：“俊等外假国威，内生傲悖，计定势足，后即反耳。今方事定蜀，且宜两存而斗之，犹卞庄子之刺虎，坐收其毙也。”太祖曰：“善。”岁余，鸾遂杀俊，武威王祕又杀鸾。是时不置凉州，自三辅拒西域，皆属雍州。文帝即王位，初置凉州，以安定太守邹岐为刺史。张掖张进执郡守举兵拒岐，黄华、麹演各逐故太守，举兵以应之。既进兵为护羌校尉苏则声势，故则得以有功。既进爵都乡侯。凉州卢水胡伊健妓妾、治元多等反，河西大扰。帝忧之，曰：“非既莫能安凉州。”乃召邹岐，以既代之。诏曰：“昔贾复请击郾贼，光武笑曰：‘执金吾击郾，吾复何忧？’卿谋略过人，今则其时。以便宜从事，勿复先请。”遣护军夏侯儒、将军费曜等继其后。既至金城，欲渡河，诸将守以为：“兵少道险，未可深入。”既曰：“道虽险，非井陉之隘，夷狄乌合，无左车之计，今武威危急，赴之宜速。”遂渡河。贼七千余骑逆拒军于鹯阴口，既扬声军从鹯阴，乃潜由且次出至武威。胡以为神，引还显美。既已据武威，曜乃至，儒等犹未达。既劳赐将士，欲进军击胡。诸将皆曰：“士卒疲倦，虏众气锐，难与争锋。”既曰：“今军无见粮，当因敌为资。若虏见兵合，退依深山，追之则道险穷饿，兵还则出候寇抄。如此，兵不得解，所谓‘一日纵敌，患在数世’也。”遂前军显美。胡骑数千，因大风欲放火烧营，将士皆恐。既夜藏精卒三千人为伏，使参军成公英督千余骑挑战，敕使阳退。胡果争奔之，因发伏截其后，首尾进击，大破之，斩首获生以万数。① 帝甚悦，诏曰：“卿逾河历险，以劳击逸，以寡胜众，功过南仲，勤逾吉甫。此勋非但破胡，乃永宁河右，使吾长无西顾之念矣。”徙封西乡侯，增邑二百，并前四百户。

①《魏略》曰：成公英，金城人也。中平末，随韩约为腹心。建安中，约从华阴破走，还湟中，部党散去，唯英独从。◎《典略》曰：韩遂在湟中，其婿阎行欲杀遂以降，夜攻遂，不下。遂叹息曰：“丈夫困厄，祸起婚姻乎！”谓英曰：“今亲戚离叛，人众转少，当从羌中西南诣蜀耳。”英曰：“兴军数十年，今虽罢败，何有弃其门而依于人乎？”遂曰：“吾年老矣，子欲何施？”英曰：“曹公不能远来，独夏侯尔。夏侯之众，不足以追我，又不能久留，且息肩于羌中，以须其去。招呼故人，绥会羌、胡，犹可以有为也。”遂从其计，时随从者男女尚数千人。遂宿有恩于羌，羌卫护之。及夏侯渊还，使阎行留后。乃合羌、胡数万将攻行，行欲走，会遂死，英降太祖。太祖见英甚喜，以为军师，封列侯。从行出猎，有三鹿走过前，公命英射之，三发三中，皆应弦而倒。公抵掌谓之曰：“但韩文约可为尽节，而孤独不可乎？”英乃下马而跪曰：“不欺明公。假使英本主人在，实不来在此也。”遂流涕哽咽。公嘉其敦旧，遂亲敬之。延康、黄初之际，河西有逆谋。诏遣英佐凉州平陇右，病卒。◎《魏略》曰：阎行，金城人也，后名艳，字彦明。少有健名，始为小将，随韩约。

建安初，约与马腾相攻击。腾子超亦号为健。行尝刺超，矛折，因以折矛挝超项，几杀之。至十四年，为约所使诣太祖，太祖厚遇之，表拜犍为太守。行因请令其父入宿卫，西还见约，宣太祖教云：“谢文约：卿始起兵时，自有所逼，我所具明也。当早来，共匡辅国朝。”行因谓约曰：“行亦为将军，兴军以来三十余年，民兵疲瘁，所处又狭，宜早自附。是以前在邺，自启当令老父诣京师，诚谓将军亦宜遣一子，以示丹赤。”约曰：“且可复观望数岁中！”后遂遣其子，与行父母俱东。会约西讨张猛，留行守旧营，而马超等结反谋，举约为都督。及约还，超谓约曰：“前钟司隶任超使取将军，关东人不可复信也。今超弃父，以将军为父，将军亦当弃子，以超为子。”行谏约，不欲令与超合。约谓行曰：“今诸将不谋而同，似有天数。”乃东诣华阴。及太祖与约交马语，行在其后，太祖望谓行曰：“当念作孝子。”及超等破走，行随约还金城。太祖闻行前意，故但诛约子孙在京师者。乃手书与行曰：“观文约所为，使人笑来。吾前后与之书，无所不说，如此何可复忍！卿父谏议，自平安也。虽然，牢狱之中，非养亲之处，且又官家亦不能久为人养老也。”约闻行父独在，欲使并遇害，以一其心，乃强以少女妻行，行不获已。太祖果疑行。会约使行别领西平郡，遂勒其部曲，与约相攻击。行不胜，乃将家人东诣太祖。太祖表拜列侯。

酒泉苏衡反，与羌豪邻戴及丁令胡万余骑攻边县。既与夏侯儒击破之，衡及邻戴等皆降。遂上疏请与儒治左城，筑鄣塞，置烽候、邸阁以备胡。① 西羌恐，率众二万余落降。其后西平麹光等杀其郡守，诸将欲击之，既曰：“唯光等造反，郡人未必悉同。若便以军临之，吏民羌胡必谓国家不别是非，更使皆相持著，此为虎傅翼也。光等欲以羌胡为援，今先使羌胡抄击，重其赏募，所虏获者皆以畀之。外沮其势，内离其交，必不战而定。”乃檄告谕诸羌，为光等所诖误者原之，能斩贼帅送首者当加封赏。于是光部党斩送光首，其余咸安堵如故。

①《魏略》曰：儒，字俊林，夏侯尚从弟。初为鄢陵侯彰骁骑司马，宣王为征南将军，都督荆、豫州。正始二年，朱然围樊城，城中守将乙修等求救甚急。儒进屯邓塞。以兵少不敢进，但作鼓吹，设导从，去然六七里，翱翔而还，使修等遥见之，数数如是。月余，及太傅到，乃俱进，然等走。时谓儒为怯，或以为晓以少疑众，得声救之宜。儒犹以此召还，为太仆。

既临二州十余年，政惠著闻，其所礼辟扶风庞延、天水杨阜、安定胡遵、酒泉庞淯、燉煌张恭、周生烈等，终皆有名位。① 黄初四年薨。诏曰：“昔荀桓子立勋翟土，晋侯赏以千室之邑；冯异输力汉朝，光武封其二子。故凉州刺史张既，能容民畜众，使群羌归土，可谓国之良臣。不幸薨陨，朕甚愍之，其赐小子翁归爵关内侯。”明帝即位，追谥曰肃侯。子缉嗣。

①《魏略》曰：初，既为郡小吏，功曹徐英尝自鞭既三十。英，字伯济，冯翊著姓，建安初为蒲阪令。英性刚爽，自见族氏胜既，于乡里名行在前，加以前辱既，虽知既贵显，终不肯求于既。既虽得志，亦不顾计本原，犹欲与英和。尝因醉欲亲狎英，英故抗意不纳。英由此遂不复进用。故时人善既不挟旧怨，而壮英之不挠。

缉以中书郎稍迁东莞太守。嘉平中，女为皇后，征拜光禄大夫，位特进，封妻向为安城乡君。缉与中书令李丰同谋，诛。语在《夏侯玄传》。[①]

①《魏略》曰：缉，字敬仲，太和中为温令，名有治能。会诸葛亮出，缉上便宜，诏以问中书令孙资，资以为有筹略，遂召拜骑都尉，遣参征蜀军。军罢，入为尚书郎，以称职为明帝所识。帝以为缉之才能，多所堪任，试呼相工相之。相者云："不过二千石。"帝曰："何材如是而位止二千石乎？"及在东莞，领兵数千人。缉性吝于财而矜于势，一旦以女征去郡，还坐里舍，悒悒躁扰。数为国家陈击吴、蜀形势，又尝对司马大将军料诸葛恪虽得胜于边土，见诛不久。大将军问其故，缉云："威震其主，功盖一国，欲不死，可得乎？"及恪从合肥还，吴果杀之。大将军闻恪死，谓众人曰："诸葛恪多辈耳！近张敬仲县论恪，以为必见杀，今果然如此。敬仲之智为胜恪也。"缉与李丰通家，又居相侧近。丰时取急出，子藐往见之，有所咨道。丰被收，事与缉连，遂收送廷尉，赐死狱中，其诸子皆并诛。缉孙殷，晋永兴中为梁州刺史，见《晋书》。

【译文】张既，字德容，冯翊郡高陵县人。十六岁时，在郡中担任小吏。后来担任郡中要职，被推举为孝廉，没有就任。曹操任司空的时候，征召他做官，他也没有去，被推荐为秀才，担任新丰县令，治绩在三辅地区名列第一。袁尚在黎阳同曹操的兵马对峙，派他任命的河东郡太守郭援、并州刺史高幹以及匈奴单于攻取平阳，又派使者西行联络关中诸将对抗曹操。曹操部下的司隶校尉钟繇派张既去游说将军马腾等人，张既向他们陈述利害关系，马腾等人都被说服。马腾派儿子马超带领一万多人马，会同钟繇的部队攻击高幹、郭援，大败河北军，斩杀了郭援。高幹和匈奴单于都被迫投降。此后高幹再次凭借并州反叛。河内郡的张晟拥兵一万多人独来独往，在崤山、渑水一带为寇，河东郡的卫固、弘农郡的张琰都起兵响应张晟。曹操任命张既为议郎，参与钟繇军事，让他西去征召马腾等将领，会同钟繇联合攻击张晟等，击败了他们。斩了张琰、卫固，高幹逃奔荆州。封张既为武始亭侯。曹操将要讨伐荆州，但马腾等人分别据守着关中。曹操再次派遣张既告喻马腾等人，让他们离开各自的部队回朝待命。马腾已经答应张既而又犹豫不决，张既担心再生变故，就发文让沿途各县赶快做好准备，派食禄两千石以上的官员到郊外迎接马腾。马腾不得已，启程入朝。曹操表奏马腾为卫尉，封他的儿子马超为将军，统领马腾的兵马。后来马超反叛，张既跟随曹操在华阴县大败马超，平定了关西。任命张既出任京兆尹，招抚流离失散的民众，复建县邑，百姓都很爱戴他。魏国建立以后，张既任尚书，出任雍州刺史。曹操对张既说："您回故乡做州官，可以说是'锦衣昼行'了。"

后来张既又跟随曹操去征讨张鲁，他单独率领一支部队进入散关讨伐叛变的氐族人，收割氐族人的麦子以供给军粮。张鲁投降以后，张既劝说曹操迁出汉中的几万户人家充实长安及三辅。这以后，张既与曹洪在下辩击败了吴兰，又跟夏侯渊一起讨伐宋建，单独领兵平定临洮、狄道两县。这时候，曹操正迁移民众充实河北地区，陇西、天水、南安各郡的百姓恐慌不安，张既借三郡中那些担任将官、吏员的人休假的机会，派人帮助他们盖房修屋，制作水碓，于是民心定下来。曹操将要拔除汉中的守备，又担心刘备向北征服武都的氐族人而威胁关中，便向张既问计。张既说："可以劝说百姓出关到产粮的地方躲避蜀军，先去的予以重赏厚待，这样先去的就会知道有利可图，后面的人一定会羡慕他们。”曹操听从了张既的计策，亲自到汉中率军后撤，命令张既到武都郡，迁移五万多户氐族人到扶风、天水郡界内。

这时，武威人颜俊、张掖人和鸾、酒泉人黄华、西平人麹演等同时率领本郡人造反，自称将军，继而互相攻击。颜俊派人将自己的母亲、儿子送到曹操那儿作人质，请求曹操发兵援助。曹操询问张既，张既说：“颜俊等人对外凭借国威，对内又心存悖逆，他的计谋实现了，势力强大了，随后就要造反。现在我们正在对付蜀国，不妨让他们势力并存而互相争斗，就像卞庄子刺虎一样，坐等他们灭亡。”曹操说：“不错。”一年多时间里，和鸾果然杀了颜俊，武威人王祕又杀了和鸾。当时没有设置凉州，从三辅地区直到西域，都属于雍州。曹丕即王位，才开始设凉州，任命安定太守邹岐为凉州刺史。张掖人张进捉拿郡守率兵抗拒邹岐，黄华、麹演等人也各自赶走了原来的太守，领兵响应张进。张既率兵为护羌校尉苏则壮大声势，所以苏则得以平定凉州。张既晋封为都乡侯。凉州卢水一带的羌族人伊健妓妾、治元多等人反叛，河西大乱。文帝十分担忧，说：“除了张既，没有人能安定凉州。”于是便召回邹岐，让张既接替凉州刺史。文帝诏书说：“昔日贾复请求统兵攻打郾城之敌，光武帝笑着说：‘执金吾攻郾城，我还有什么烦恼呢？’您智谋胆略都胜过常人，现在正是您施展本领的时机。我特许您因利乘便，相机行事，不必先事奏请。”又派护军夏侯儒、将军费曜等人领兵随后接应。张既率军到达金城，要渡过黄河，部下将领、守备都认为：“兵少路险，不可深入敌方腹地。”张既说：“道路虽然险峻，却不像井陉那样狭窄危险，夷狄都是乌合之众，不会有李左车那样的计谋，现在武威危急，应该迅速赶到。”于是下令渡河。七千多胡人骑兵在鹯阴口阻击张既的部队，张既放出风声要由鹯阴口渡河，却悄悄地经过且次县到达武威。胡人都以为神兵天降，退却到显美县。张既已占领武威，费曜的接应部队才赶到，而夏侯儒的部队还在路上。张既犒赏部下，准备进军攻击胡人。诸将都说：“我方士卒疲惫，敌人却保存着锐气，很难同他们一决胜负。”张既说：“军中没有现成的粮草，应当夺取敌人的物资以供给军需。如果敌人发现我方兵力聚集，就会退守深山，若是那时追击他们，道路险峻难走，士兵困乏饥饿，如果撤兵不追，又会遭受敌人的抄袭。这样的话，部队总也得不到解脱，正应了前人所说的‘一日纵敌，患在数世’。”于是进军显美。胡人数千骑兵，想趁大风放火烧毁魏军的营寨，张既部下的将士都很恐惧。张既夜间埋伏下三千精锐士卒，让参军成公英督率一千多骑兵挑战，命令他们假装败退。胡人果然争先恐后前来追赶，这时伏兵四出，截断了胡人的后路，魏军首尾夹击，大获全胜，被斩首、被俘虏的达一万多人。文帝非常高兴，下诏说：“您渡黄河，历险境，以疲劳之军攻击安逸之敌，以少胜多，功劳超过南仲，勤苦超过吉甫。这个功绩不仅仅是打败了胡人，而是使河西一带永远宁静，让我再也不用顾虑西边的国土了。”改封张既为西乡侯，增加食邑二百户，连同以前所封共四百户。

酒泉人苏衡谋反，同羌族豪强邻戴及丁令胡共一万多人马攻打边境各县。张既同夏侯儒前往击败他们，苏衡和邻戴等都投降了。于是，张既上书请求与夏侯儒共同整治左城，修建要塞，设置烽火台，修建军需仓库以防御胡人。西部的羌族首领心怀恐惧，带着两万多户人家前来归顺。后来西平郡的麴光等人杀死郡守，诸将要去攻打他们，张既说："造反的只有麴光等人，同郡百姓不一定全部附和。如果因为这样就兴兵讨伐，当地的官吏百姓、羌人胡人就会说国家不辨是非，更会使得他们联合起来与我们作对，这就等于是为虎添翼。麴光等人想借羌人胡人作为后援，现在我们先让羌人胡人围攻他们，用重金招募奖赏应征者，把俘虏也都送给羌人胡人。从外面遏止他们的势力，从内部离间他们的朋党，就一定会不战而平定这个地方。"于是发布檄文通告各部落的羌人，凡是受麴光等人牵连的一律饶恕，能斩杀叛军首领并送来首级的加倍封赏。于是麴光的部下杀了麴光并送上了他的首级，其余的人都像过去一样安居无事。

张既治理雍、凉二州十多年，政绩和仁惠闻名于世，他依礼聘请的扶风人庞延、天水人杨阜、安定人胡遵、酒泉人庞淯、敦煌人张恭、周生烈等，后来都有名位。黄初四年张既去世。文帝下诏说："往日荀林父在翟土立功，晋侯赏给他千户之国作为他的封地；冯异为东汉贡献自己的力量，光武帝为此赐封他两个儿子。原凉州刺史张既，能收容安抚百姓，使群羌归顺朝廷，可以说是国家的良臣。他不幸逝世，朕非常痛惜，现在赐他小儿子张翁归关内侯的爵位。"明帝即位，追封张既为肃侯。他的儿子张缉承嗣。

张缉由中书侍郎渐升为东莞太守。嘉平年间，张缉女儿为皇后，朝廷征拜张缉为光禄大夫，赐位特进，他的妻子向氏也被封为安城乡君。后来张缉与中书令李丰同谋，被杀。这事记载在本书《夏侯玄传》中。

温恢

【原文】温恢，字曼基，太原祁人也。父恕，为涿郡太守，卒。恢年十五，送丧还归乡里，内足于财。恢曰："世方乱，安以富为？"一朝尽散，振施宗族。州里高之，比之郇越。举孝廉，为廪丘长，鄢陵、广川令，彭城、鲁相，所在见称。入为丞相主簿，出为扬州刺史。太祖曰："甚欲使卿在亲近，顾以为不如此州事大。故《书》云：'股肱良哉！庶事康哉！'得无当得蒋济为治中邪？"时济见为丹杨太守，乃遣济还州。又语张辽、乐进等曰："扬州刺史晓达军事，动静与共咨议。"

建安二十四年，孙权攻合肥，是时诸州皆屯戍。恢谓兖州刺史裴潜曰："此间虽有贼，不足忧，而畏征南方有变。今水生而子孝县军，无有远备。关羽骁锐，乘利而进，必将为患。"于是有樊城之事。诏书召潜及豫州刺史吕贡等，潜等缓之。恢密语潜曰："此必襄阳之急欲赴之也。所以不为急会者，不欲惊动远众。一二日必有密书促卿进道，张辽等又将被召。辽等素知王意，后召前至，卿受其责矣！"潜受其言，置辎重，更为轻装速发，果被促令。辽等寻各见召，如恢所策。

文帝践阼，以恢为侍中，出为魏郡太守。数年，迁凉州刺史，持节，领护羌校尉。道病卒，时年四十五。诏曰："恢有柱石之质，服事先帝，功勤明著。及为朕执事，忠于王室，故授之以万里之任，任之以一方之事。如何不遂，吾甚愍之！"赐恢子生爵关内侯。生早卒，爵绝。

恢卒后，汝南孟建为凉州刺史，有治名，官至征东将军。①

①《魏略》曰：建，字公威，少与诸葛亮俱游学。亮后出祁山，答司马宣王书，使杜子绪宣意于公威也。

【译文】温恢，字曼基，太原郡祁县人。父亲温恕，曾任涿郡太守，在任上去世。温恢十五岁时，送父亲灵柩回到乡里，发现家里积蓄丰足。温恢说："世道正乱，要这么多家财有什么用呢？"一下子把家财全都散尽救济本族的人。州里认为他的做法高尚，拿他同西汉郇越相比。后来温恢被推举为孝廉，担任过廪丘县长，鄢陵、广川县令，彭城、鲁国的国相，在任职的地方都很受好评。入朝担任丞相主簿，又出任扬州刺史。曹操对他说："我很想让您留在我身边，但我身边的事又不如扬州的事情重要。所以《尚书》上说：'股肱之臣优良啊！诸事都将安宁啊！'是不是需要让蒋济来担任治中辅助您呢？"当时蒋济正任丹杨太守，于是便下令让他回到扬州。曹操又对将军张辽、乐进等人说："扬州刺史温恢通晓军事，凡事要和他共同商议。"

建安二十四年，孙权统兵攻打合肥，那时各州都屯兵守卫淮南边境。温恢对兖州刺史裴潜说："这里虽然也有敌军，但还构不成威胁，害怕的是曹仁的征南部队遭遇变故。现在洪水已经来了，而曹仁孤军深入，没有长远防备。关羽骁勇善战，将士精锐，借江水上涨而进攻，一定会造成祸患。"后来果然发生了水淹樊城的事。朝廷诏书征召裴潜以及豫州刺史吕贡等人，裴潜等人拖延慢行。温恢暗中对裴潜说："这一定是襄阳危急，急需援助。之所以没有大张旗鼓急着让你们聚集，是朝廷不愿意惊动州中其他的官吏。一两天内一定会有密信催促你们上路，张辽等人也会被召见。他们一向知道魏王的心思，一定会后召先到，那时您可就要受责备了！"裴潜听从了温恢的话，放弃了辎重，让部下迅速轻装前进，果然接到了催促上路的命令。张辽等人紧接着也分别被征召，如温恢所预料的那样。

文帝受禅登基，任命温恢为侍中，出任魏郡太守。几年后，升凉州刺史，授予符节，兼任护羌校尉。赴任途中病逝，时年四十五岁。文帝诏书说："温恢有栋梁之材，跟随先帝，功劳卓著。为朕办事，尽忠王室，所以授予他凉州刺史，将治理西北的大事交给他。为什么如此不如人意，我非常悲痛！"赐温恢之子温生以关内侯的爵位。温生死得早，爵位断绝。

温恢去世后，汝南人孟建担任凉州刺史，也很有治绩名声，官做到征东将军。

贾逵

【原文】贾逵，字梁道，河东襄陵人也。自为儿童，戏弄常设部伍，祖父习异之，曰："汝大必为将率。"口授兵法数万言。①初为郡吏，守绛邑长。郭援之攻河东，所经城邑皆下，逵坚守，援攻之不拔，乃召单于并军急攻之。城将溃，绛父老与援要，不害逵。绛人既溃，援闻逵名，欲使为将，以兵劫之，逵不动。左右引逵使叩头，逵叱之曰："安有国家长吏为贼叩头！"援怒，将斩之。绛吏民闻将杀逵，皆乘城呼曰："负要杀我贤君，宁俱死耳！"左右义逵，多为请，遂得免。②初，逵过皮氏，曰："争地，先据者胜。"及围急，知不免,乃使人间行送印绶归郡,且曰:“急据皮氏。”援既并绛众,将进兵。逵恐其先得皮氏,乃以他计疑援谋人祝奥,援由是留七日。郡从逵言,故得无败。[3]

①《魏略》曰:逵世为著姓,少孤家贫,冬常无裤,过其妻兄柳孚宿,其明无何,著孚裤去,故时人谓之通健。

②《魏略》曰:援捕得逵,逵不肯拜,谓援曰:“王府君临郡积年,不知足下曷为者也?”援怒曰:“促斩之。”诸将覆护,乃囚于壶关,闭著土窖中,以车轮盖上,使人固守。方将杀之,逵从窖中谓守者曰:“此间无健儿邪,而当使义士死此中乎?”时有祝公道者,与逵非故人,而适闻其言,怜其守正危厄,乃夜盗往引出,折械遣去,不语其姓名。

③《孙资别传》曰:资举河东计吏,到许,荐于相府曰:“逵在绛邑,帅厉吏民,与贼郭援交战,力尽而败,为贼所俘,挺然直志,颜辞不屈。忠言闻于大众,烈节显于当时,虽古之直发据鼎,罔以加也。其才兼文武,诚时之利用。”◎《魏略》曰:郭援破后,逵乃知前出己者为祝公道。公道,河南人也。后坐他事,当伏法。逵救之,力不能解,为之改服焉。

后举茂才,除渑池令。高幹之反,张琰将举兵以应之。逵不知其谋,往见琰。闻变起,欲还,恐见执,乃为琰画计,如与同谋者,琰信之。时县寄治蠡城,城堑不固,逵从琰求兵修城。诸欲为乱者皆不隐其谋,故逵得尽诛之。遂修城拒琰。琰败,逵以丧祖父去官,司徒辟为掾,以议郎参司隶军事。太祖征马超,至弘农,曰:“此西道之要。”以逵领弘农太守。召见计事,大悦之,谓左右曰:“使天下二千石悉如贾逵,吾何忧?”其后发兵,逵疑屯田都尉藏亡民。都尉自以不属郡,言语不顺。逵怒,收之,数以罪,挝折脚,坐免。然太祖心善逵,以为丞相主簿。[1]太祖征刘备,先遣逵至斜谷观形势。道逢水衡载囚人数十车,逵以军事急,辄竟重者一人,皆放其余。太祖善之,拜谏议大夫,与夏侯尚并掌军计。太祖崩洛阳,逵典丧事。[2]时鄢陵侯彰行越骑将军,从长安来赴,问逵先王玺绶所在。逵正色曰:“太子在邺,国有储副。先王玺绶,非君侯所宜问也。”遂奉梓宫还邺。

①《魏略》曰:太祖欲征吴而大霖雨,三军多不愿行。太祖知其然,恐外有谏者,教曰:“今孤戒严,未知所之,有谏者死。”逵受教,谓其同寮三主簿曰:“今实不可出,而教如此,不可不谏也。”乃建谏草以示三人,三人不获已,皆署名,入白事。太祖怒,收逵等。当送狱,取造意者,逵即言:“我造意。”遂走诣狱。狱吏以逵主簿也,不即著械。谓狱吏曰:“促械我。尊者且疑我在近职,求缓于卿,今将遣人来察我。”逵著械适讫,而太祖果遣家中人就狱视逵。既而教曰:“逵无恶意,原复其职。”始,逵为诸生,略览大义,取其可用。最好《春秋左传》,及为牧守,常自课读之,月常一遍。逵前在弘农,与典农校尉争公事,不得理,乃发愤生瘿,后所病稍大,自启愿欲令医割之。太祖惜逵忠,恐其不活,教:“谢主簿,吾闻‘十人割瘿九人死’。”逵犹行其意,而瘿愈大。逵本名衢,后改为逵。

②《魏略》曰:时太子在邺,鄢陵侯未到,士民颇苦劳役,又有疾疠,于是军中骚动。群寮恐天下有变,欲不发丧。逵建议为不可秘,乃发哀,令内外皆入临,临讫,各安叙不得动。而青州军擅击鼓相引去。众人以为宜禁止之,不从者讨之。逵以为方大丧在殡,

嗣王未立，宜因而抚之。乃为作长檄，告所在给其廪食。

文帝即王位，以邺县户数万在都下，多不法，乃以逵为邺令。月余，迁魏郡太守。①大军出征，复为丞相主簿祭酒。逵尝坐人为罪，王曰："叔向犹十世宥之，况逵功德亲在其身乎？"从至黎阳，津渡者乱行，逵斩之，乃整。至谯，以逵为豫州刺史。②是时天下初复，州郡多不摄。逵曰："州本以御史出监诸郡，以六条诏书察长吏二千石已下，故其状皆言严能鹰扬有督察之才，不言安静宽仁有恺悌之德也。今长吏慢法，盗贼公行，州知而不纠，天下复何取正乎？"兵曹从事受前刺史假，逵到官数月，乃还。考竟其二千石以下阿纵不如法者，皆举奏免之。帝曰："逵真刺史矣。布告天下，当以豫州为法。"赐爵关内侯。

①《魏略》曰：初，魏郡官属颇以公事期会有所急切，会闻逵当为郡，举府皆诣县门外。及迁书到，逵出门，而郡官属悉当门，谒逵于车下。逵抵掌曰："诣治所，何宜如是！"

②《魏略》曰：逵为豫州。逵进曰："臣守天门，出入六年，天门始开，而臣在外。唯殿下为兆民计，无违天人之望。"

州南与吴接，逵明斥候，缮甲兵，为守战之备，贼不敢犯。外修军旅，内治民事，遏鄢、汝，造新陂，又断山溜长溪水，造小弋阳陂，又通运渠二百余里，所谓贾侯渠者也。黄初中，与诸将并征吴，破吕范于洞浦，进封阳里亭侯，加建威将军。明帝即位，增邑二百户，并前四百户。时孙权在东关，当豫州南，去江四百余里。每出兵为寇，辄西从江夏，东从庐江。国家征伐，亦由淮、沔。是时州军在项，汝南、弋阳诸郡，守境而已。权无北方之虞，东西有急，并军相救，故常少败。逵以为宜开直道临江，若权自守，则二方无救；若二方无救，则东关可取。乃移屯潦口，陈攻取之计，帝善之。

吴将张婴、王崇率众降。太和二年，帝使逵督前将军满宠、东莞太守胡质等四军，从西阳直向东关，曹休从皖，司马宣王从江陵。逵至五将山，休更表贼有请降者，求深入应之。诏宣王驻军，逵东与休合进。逵度贼无东关之备，必并军于皖。休深入与贼战，必败。乃部署诸将，水陆并进，行二百里，得生贼，言休战败，权遣兵断夹石。诸将不知所出，或欲待后军。逵曰："休兵败于外，路绝于内，进不能战，退不得还，安危之机，不及终日。贼以军无后继，故至此。今疾进，出其不意，此所谓先人以夺其心也，贼见吾兵必走。若待后军，贼已断险，兵虽多何益！"乃兼道进军，多设旗鼓为疑兵，贼见逵军，遂退。逵据夹石，以兵粮给休，休军乃振。初，逵与休不善。黄初中，文帝欲假逵节，休曰："逵性刚，素侮易诸将，不可为督。"帝乃止。及夹石之败，微逵，休军几无救也。①

①《魏略》曰：休怨逵进迟，乃呵责逵，遂使主者敕豫州刺史往拾弃仗。逵恃心直，谓休曰："本为国家作豫州刺史，不来相为拾弃仗也。"乃引军还。遂与休更相表奏，朝廷虽知逵直，犹以休为宗室任重，两无所非也。◎《魏书》云：休犹挟前意，欲以后期罪逵，逵终无言，时人益以此多逵。

习凿齿曰：夫贤人者，外身虚己，内以下物，嫌忌之名，何由而生乎？有嫌忌之名者，必与物为对，存胜负于己身者也。若以其私憾败国殄民，彼虽倾覆，于我何利？我苟无利，乘之曷为？以是称说，臧获之心耳。今忍其私忿而急彼之忧，冒难犯危而免之于害，使功显于明君，惠施于百姓，身登于君子之涂，义愧于敌人之心，虽豺虎犹将不觉所复，而况于曹休乎？然则济彼之危，所以成我之胜，不计宿憾，所以服彼之心，公义既成，私利亦弘，可谓善争矣。在于未能忘胜之流，不由于此而能济胜者，未之有也。

会病笃，谓左右曰："受国厚恩，恨不斩孙权以下见先帝。丧事一不得有所修作。"薨，谥曰肃侯。①子充嗣。豫州吏民追思之，为刻石立祠。青龙中，帝东征，乘辇入逵祠，诏曰："昨过项，见贾逵碑像，念之怆然。古人有言，患名之不立，不患年之不长。逵存有忠勋，没而见思，可谓死而不朽者矣。其布告天下，以劝将来。"②充，咸熙中为中护军。③

①《魏书》曰：逵时年五十五。

②《魏略》曰：甘露二年，车驾东征，屯项，复入逵祠，下诏曰："逵没有遗爱，历世见祀。追闻风烈，朕甚嘉之。昔先帝东征，亦幸于此，亲发德音，褒扬逵美，徘徊之心，益有慨然！夫礼贤之义，或扫其坟墓，或修其门闾，所以崇敬也。其扫除祠堂，有穿漏者补治之。"

③《晋诸公赞》曰：充，字公闾，甘露中为大将军长史。高贵乡公之难，司马文王赖充以免。为晋室元功之臣，位至太宰，封鲁公。谥曰武公。

《魏略》列传以逵及李孚、杨沛三人为一卷，今列孚、沛二人继逵后耳。

孚，字子宪，钜鹿人也。兴平中，本郡人民饥困。孚为诸生，当种薤，欲以成计。有从索者，亦不与一茎，亦不自食，故时人谓能行意。后为吏。建安中，袁尚领冀州，以孚为主簿。后尚与其兄谭争斗，尚出军诣平原，留别驾审配守邺城，孚随尚行。会太祖围邺，尚还欲救邺。行未到，尚疑邺中守备少，复欲令配知外动止，与孚议所遣。孚答尚言："今使小人往，恐不足以知外内，且恐不能自达。孚请自往。"尚问孚："当何所得？"孚曰："闻邺围甚坚，多人则觉，以为直当将三骑足矣。"尚从其计。孚自选温信者三人，不语所之，皆敕使具脯粮，不得持兵仗，各给快马。遂辞尚来南，所在止亭传。及到梁淇，使从者斫问事杖三十枚，系著马边，自著平上帻，将三骑，投暮诣邺下。是时大将军虽有禁令，而刍牧者多。故孚因此夜到，以鼓一中，自称都督，历北围，循表而东，从东围表，又循围而南，步步呵责守围将士，随轻重行其罚。遂历太祖营前，径南过，从南围角西折，当章门，复责怒守围者，收缚之。因开其围，驰到城下，呼城上人，城上人以绳引，孚得入。配等见孚，悲喜，鼓噪称万岁。守围者以状闻，太祖笑曰："此非徒得入也，方且复得出。"孚事讫欲得还，而顾外围必急，不可复冒。谓己使命当速反，乃阴心计，请配曰："今城中谷少，无用老弱为也，不如驱出之以省谷也。"配从其计，乃复夜简别得数千人，皆使持白幡，从三门并出降。又使人人持火，孚乃无何将本所从作降人服，随辈夜出。时守围将士，闻城中悉降，火光照曜。但共观火，不复视围。孚出北门，遂从西北角突围得去。其明，太祖闻孚已得出，抵掌笑曰："果如吾言也。"孚北见尚，尚甚欢喜。会尚不能救邺，破走至中山，而袁谭又追击尚，尚走。孚与尚相失，遂诣谭，复为谭主簿，东还平原。太祖进攻谭，谭战死。孚还城，城中虽必降，尚扰乱未安。孚权宜欲得见太祖，乃骑诣牙门，称冀州主簿李孚欲口白密事。太祖见之，孚叩头谢。太祖问其所白，孚言："今城中强弱相陵，心皆不定，以为宜令新降为内所识信者宣传明教。"公谓孚曰："卿便还宣之。"孚跪请教，公曰："便以卿意宣也。"孚还入城，宣教："各安故业，不得相侵陵。"城中以安，乃还报命，公以孚为良足用也。会为所间，裁署冗散。出守解长，名为严能。稍迁至司隶校尉，时年七十余矣，其于精断无衰，而术略不损于故。终于阳平太守。孚本姓冯，后改为李。

杨沛，字孔渠，冯翊万年人也。初平中，为公府令史，以牒除为新郑长。兴平末，人多饥穷，沛课民益畜干椹，收萱豆，阅其有余以补不足，如此积得千余斛，藏在小仓。会太祖为兖州刺史，西迎天子，所将千余人皆无粮。过新郑，沛谒见，乃皆进干椹。太祖甚喜。及太祖辅政，迁沛为长社令。时曹洪宾客在县界，征调不肯如法，沛先挝折其脚，遂杀之。由此太祖以为能。累迁九江、东平、乐安太守，并有治迹。坐与督军争斗，髡刑五岁。输作未竟，会太祖出征在谯，闻邺下颇不奉科禁，乃发教："选邺令，当得严能如杨沛比。"故沛从徒中起为邺令。已拜，太祖见之，问曰："以何治邺？"沛曰："竭尽心力，奉宣科法。"太祖曰："善。"顾谓坐席曰："诸君，此可畏也。"赐其生口十人，绢百匹，既欲以励之，且以报干椹也。沛辞去，未到邺，而军中豪右曹洪、刘勋等畏沛，各遣家驰骑告子弟，使各自检敕。沛为令数年，以功能转为护羌都尉。十六年，马超反，大军西讨，沛随军，都督孟津渡事。太祖已南过，其余未毕，而中黄门前渡，忘持行轩，私北还取之，从吏求小船，欲独先渡。吏呵不肯，黄门与吏争言。沛问黄门："有疏邪？"黄门云："无疏。"沛怒曰："何知汝不欲逃邪？"遂使人捽其头，与杖欲捶之，而逸得去，衣帻皆裂坏，自诉于太祖。太祖曰："汝不死为幸矣。"由是声名益振。及关中破，代张既领京兆尹。黄初中，儒雅并进，而沛本以事能见用，遂以议郎冗散里巷。沛前后宰历城守，不以私计介意，又不肯以事贵人，故身退之后，家无余积。治疾于家，借舍从儿，无他奴婢。后占河南几阳亭部荒田二顷，起瓜牛庐，居止其中，其妻子冻饿。沛病亡，乡人亲友及故吏民为殡葬也。

【译文】贾逵，字粱道，河东郡襄陵县人。幼年时，玩游戏就常常作阵列兵模拟打仗，祖父贾习感到很惊异，说："你长大后一定会成为将帅。"于是口头传授给他好几万字的兵法。贾逵起初在郡中做小吏，代理绛邑长。郭援攻打河东，所经过的县城都被攻破，只有贾逵据城坚守，郭援久攻不下，就联合单于军一同猛攻。绛邑城眼见要被攻破，绛邑父老同郭援说定，不许杀害贾逵。绛邑溃败以后，郭援听说贾逵的名声，想任用他为将军，用兵器威胁他，贾逵不为所动。郭援的部下押着贾逵让他叩头，贾逵怒叱他们说："哪里有国家的官吏对叛军叩头的道理！"郭援大怒，要将他斩首。绛邑的吏民百姓听说要杀贾逵，都登上城墙高呼："谁要背信弃义杀我们的好官，我们宁愿一起去死！"郭援的部下认为贾逵很有义气，很多人为他求情，于是贾逵幸免于死。起初，贾逵经过皮氏，曾说："这是块兵家必争之地，交战时先占领皮氏的一方必胜。"到郭援包围绛邑，形势危急，贾逵知道绛邑终会沦陷，就派人从小路把他的印绶送回河东郡，并让他通知郡守："赶快占据皮氏。"郭援兼并了绛邑守军，准备继续进军。贾逵怕他先占领皮氏，就用别的计策使郭援的谋士祝奥产生疑惑顾虑，郭援因此在绛县停留了七天。河东郡郡守听从了贾逵的劝告，所以没有失败。

后来贾逵被推举为秀才，任渑池县令。高幹谋反，弘农郡的张琰准备兴兵响应。贾逵起先不知道张琰的图谋，去见张琰。到达以后，听说叛乱已经成形，想回去，又怕被张琰扣留，就替张琰出谋划策，好像要成为他的同谋，张琰对他深信不疑。当时渑池县寄治于蠡城，城墙与围堑都不坚固，贾逵便向张琰借兵修城。那些要谋反叛乱的人都不对贾逵隐瞒他们的谋划，所以贾逵能够把他们一网打尽。而后贾逵修城抗拒张琰。张琰败亡以后，贾逵因为祖父去世离官，后被司徒征召为掾吏，以议郎身份参与司隶军事。曹操征伐马超，到达弘农郡，说："这里是西行道路中的要地。"任命贾逵为弘农太守。又召见贾逵商议国事，曹操十分满意，对左右说："假使天下食禄二千石的官吏都能像贾逵这样，我还有什么可担忧的呢？"后来大军进发，贾逵怀疑屯田都尉藏匿逃亡的百姓。都尉认为自己不属郡守管辖，出言不逊。贾逵大怒，把他扣押起来，列举他的罪行打折了他的脚，贾逵因此被免官。但曹操心里还是喜欢他，任命他为丞相主簿。曹操征讨刘备，先派贾逵去斜谷观察地形。路上遇到水衡押解几十车犯人，贾逵认为军情紧急，正是用人的时候，就让水衡只把一名重罪犯人押走，其余的全放了。曹操很赏识贾逵，任命他为谏议大夫，与夏侯尚共同掌管军事。曹操在洛阳逝世，贾逵主持丧事。这时鄢陵侯曹彰代理越骑将军，从长安赶来奔丧，问贾逵先王的印绶在里。贾逵正颜厉色说："太子在邺县，国家已经有了储君。先王的玺绶，不是您应当问的。"于是护送曹操灵柩回到邺县。

文帝即位，因为邺县的几万户人家都在京城居住，多不守法，文帝便任命贾逵做邺县令。一个多月以后，升魏郡太守。后来大军出征，贾逵再次担任丞相主簿祭酒。贾逵曾因人犯罪而受牵连，曹丕知道后说："晋国大夫叔向因为有功，他的十世子孙还能受到原谅，何况贾逵自己立了不少功勋呢？"贾逵跟随曹丕到黎阳，渡口秩序混乱，贾逵杀了几个人，才有了秩序。到达谯县，曹丕任命他为豫州刺史。那时候国土刚刚收复，州郡大多缺乏管理。贾逵说："各州原来都是用御史中丞负责巡视监督各郡，以六条诏令监察食禄二千石以下的官吏，所以关于御史的报告上都写的是严厉能干威武有督察之才，而不提宽厚仁爱有平易近人的品德。现在各郡的官长轻慢法律，盗贼公然横行，州里知道却不纠正，国家用什么来树立公正呢？"州里一位兵曹从事由前任刺史准假离开职位，贾逵到任几个月后，这位兵曹从事才回来。贾逵将食禄二千石以下官员中偏袒放纵不守法的，都考察清楚，奏报朝廷免去了他们的职务。文帝说："贾逵真不愧是刺史。把他的事迹布告全国，让各州都以豫州为榜样。"赐给贾逵关内侯的爵位。

豫州南面与吴国接壤，贾逵修建哨所，整治军备，为防御进攻做了充分的准备，吴军不敢侵犯。贾逵对外整顿军队，对内治理民事，遏制鄢水和汝水，修造挖掘新陂，又阻断山间的瀑布、溪水，修建小弋阳陂，又修通运河二百多里，这就是后人所说的贾侯渠。黄初年间，贾逵同诸将一同征伐吴国，在洞浦大破吴国大将吕范，晋封为阳里亭侯，加封建威将军。明帝即位，增加贾逵食邑二百户，连同以前所封共四百户。当时孙权在东关，正当豫州南面，距长江四百多里。孙权每次出兵侵犯，总是西从江夏，东从庐江进军。而魏国征伐吴国，也总是从淮河、沔水进军。那时豫州的军队在项郡，汝南、弋阳各郡，只是防守边境。孙权不用顾虑北方，东边或西边一旦危急，可以全军出动去援救，所以很少失败。贾逵认为应该开通一条通道直达江边，如果孙权自守东关，那江夏、庐江就可以攻克；如果江夏、庐江不能实施救援，就可以夺取东关。于是移兵屯驻潦口，向明帝陈述攻取的计策，明帝很是满意。

吴国的将军张婴、王崇率部投降魏国。太和二年，明帝命贾逵总督前将军满宠、东莞太守胡质等四路军队，从西阳直向东关挺进，曹休从皖县、司马懿从江陵发兵共同征伐吴国。贾逵到达五将山，曹休再次上表说吴军又有请求投降的，要求深入接应。明帝下诏，命令司马懿就地驻扎，贾逵向东同曹休会师共同进发。贾逵料定吴军既未在东关严密布防，就一定是在皖县聚集。曹休孤军深入与敌交战，必然失败。于是调兵遣将，水陆并进，走了二百里，捉到一名俘虏，说曹休打了败仗，孙权派兵截断夹石。魏军各将领不知道走出山口的道路，有的人想等待后面的援军。贾逵说："曹休兵败于外，夹石退路又被截断，前进不能同敌作战，后退又回不来，这正是生死存亡的关键时刻，一日都等不得的。敌人认为曹休的部队没有后援，所以才如此部署。现在若是迅速出击，出其不意，这就是所谓行动先于敌人可以挫伤敌人锐气的做法，敌人发现我军突然出现必定逃跑。如果等待后面的援军，天险都被敌人截断了，那时兵再多又能起什么作用！"于是兼程进军，多装备旗帜战鼓设置疑兵，吴军发现贾逵的部队，果然自行退走。贾逵占据了夹石，将军粮补给曹休的部队，曹休的部队才又振作起来。起初，贾逵与曹休不和。黄初年间，文帝打算授予贾逵符节，曹休说："贾逵性情刚烈，一向轻视怠慢诸将，不能让他担任都督。"文帝便打消了原来的想法。但夹石口的败仗，要不是贾逵，曹休的部队就要全军覆没了。

贾逵病重的时候，对左右的人说："我受国家的厚恩，遗憾没能斩杀孙权去见先帝。我的丧事一概不许铺张。"去世以后，追谥为肃侯。其子贾充承袭了他的爵位。豫州的官吏百姓追思贾逵，为他树碑并建立祠堂。青龙年间，明帝东征，乘辇进入贾逵祠，下诏说："昨天过项城，看见贾逵碑像，追思他的功勋，真令人忧伤。古人说过，只忧虑不能树立名声，不担心寿命不长。贾逵活着有忠义功勋，死后还被人们思念，真可以说是死而不朽了。特此告示全国，以勉励后人。"贾充，咸熙年间担任中护军。

【原文】评曰：自汉季以来，刺史总统诸郡，赋政于外，非若曩时司察之而已。太祖创基，迄终魏业，此皆其流称誉有名实者也。咸精达事机，威恩兼著，故能肃齐万里，见述于后也。

【译文】评论说：自从汉末以来，刺史总管各郡，在外掌握军政大权，不像过去只是负责监察而已。太祖创立基业，直到魏国结束，上述六人都是刺史中受到称赞、享有盛誉而又名实相符的人物。他们都精通事物机变，又懂得威恩并施的道理，所以能整肃万里，直到后世仍被称颂。

卷十六　魏书十六

任苏杜郑仓传第十六

任峻

【原文】任峻，字伯达，河南中牟人也。汉末扰乱，关东皆震。中牟令杨原愁恐，欲弃官走。峻说原曰："董卓首乱，天下莫不侧目，然而未有先发者，非无其心也，势未敢耳。明府若能唱之，必有和者。"原曰："为之奈何？"峻曰："今关东有十余县，能胜兵者不减万人。若权行河南尹事，总而用之，无不济矣。"原从其计，以峻为主簿。峻乃为原表行尹事，使诸县坚守，遂发兵。会太祖起关东，入中牟界，众不知所从。峻独与同郡张奋议，举郡以归太祖。峻又别收宗族及宾客家兵数百人，愿从太祖。太祖大悦，表峻为骑都尉，妻以从妹，甚见亲信。太祖每征伐，峻常居守以给军。是时岁饥旱，军食不足，羽林监颍川枣祗建置屯田，太祖以峻为典农中郎将，募百姓屯田于许下，得谷百万斛。郡国列置田官，数年中所在积粟，仓廪皆满。官渡之战，太祖使峻典军器粮运。贼数寇抄绝粮道，乃使千乘为一部，十道方行，为复阵以营卫之，贼不敢近。军国之饶，起于枣祗而成于峻。① 太祖以峻功高，乃表封为都亭侯，邑三百户，迁长水校尉。

①《魏武故事》载令曰："故陈留太守枣祗，天性忠能。始共举义兵，周旋征讨。后袁绍在冀州，亦贪祗，欲得之。祗深附托于孤，使领东阿令。吕布之乱，兖州皆叛，惟范、东阿完在，由祗以兵据城之力也。后大军粮乏，得东阿以继，祗之功也。及破黄巾定许，得贼资业，当兴立屯田，时议者皆言当计牛输谷，佃科以定。施行后，祗白以为僦牛输谷，大收不增谷，有水旱灾除，大不便。反复来说，孤犹以为当如故，大收不可复改易。祗犹执之，孤不知所从，使与荀令君议之。时故军祭酒侯声云：'科取官牛，为官田计。如祗议，于官便，于客不便。'声怀此云云，以疑令君。祗犹自信，据计画还白，执分田之术。孤乃然之，使为屯田都尉，施设田业。其时岁则大收，后遂因此大田，丰足军用，摧灭群逆，克定天下，以隆王室。祗兴其功，不幸早没，追赠以郡，犹未副之。今重思之，祗宜受封，稽留至今，孤之过也。祗子处中，宜加封爵，以祀祗为不朽之事。"◎《文士传》曰：祗本姓棘，先人避难，易为枣。孙据，字道彦，晋冀州刺史。据子嵩，字台产，散骑常侍。并有才名，多所著述。嵩兄腆，字玄方，襄阳太守，亦有文采。

峻宽厚有度而见事理，每有所陈，太祖多善之。于饥荒之际，收恤朋友孤遗，中外贫宗，周急继乏，信义见称。建安九年薨，太祖流涕者久之。子先嗣。先薨，无子，国除。文帝追录功臣，谥峻曰成侯。复以峻中子览为关内侯。

【译文】任峻，字伯达，是河南郡中牟县人。东汉末年天下扰乱，关东地区受到了很大的震动。中牟县令杨原忧愁恐惧，想要抛弃官职私自逃走。任峻劝杨原说："董卓首倡逆乱,天下人无不侧目含怒,然而还没有见到有谁先出来反抗,那不是因为他们没有这颗心,而是慑于大势都不敢啊。明府您如若能首倡此议,必定会有很多人附和您。”杨原问道:“这件事该怎么办呢?”任峻回答道:“如今关东地区有十多个县,这些县中能行兵作战的丁壮就有不下万人。如若您暂时代行河南郡尹的职事,把这些县的丁壮集合起来使用,事情没有不成功的。”杨原听从了他的计策,并用任峻做了河南郡的主簿。任峻就为杨原代写表章申奏代行河南尹的事,让郡属诸县坚守,首先发动义兵。那时,正逢魏太祖曹操在关东起事,率军进入中牟县界,杨原的兵众犹豫彷徨,不知道跟从谁更好。任峻就与同郡的张奋单独商议,率全郡归附曹操。任峻又另外收罗了宗族以及宾客、家丁数百人,愿意跟从曹操。曹操大为喜悦,立即表奏任峻为骑都尉,并把自己的堂妹许配任峻为妻,任峻深得曹操的亲近信任。曹操每有征伐战事,任峻就常居后留守,以便供给军需。那时年岁饥旱,军队的粮食不足,羽林监颍川人枣祗建立并设置了屯田机构,曹操任用任峻做了典农中郎将,招募百姓到许昌郊外屯田,收得了百万余斛粮谷。于是,就在诸郡和各诸侯国设置了田官,数年内粮谷就到处堆积,仓廪都塞满了。官渡之战时,曹操派任峻管理军器和粮食运输。袁绍的贼兵好几次寇掠抄断曹军的粮道,任峻就把粮车每一千辆合成一队,排成十路方整的行列,设置双重军阵护卫粮车,贼兵再也不敢接近了。曹魏军资和国库的富饶,从枣祗屯田开始,到任峻那儿得以实现。曹操因为任峻功高,就表封他为都亭侯,赐给他食邑三百户,升迁他做了长水校尉。

任峻为人宽厚有度量而又甚明事理,每次有所陈述,曹操都觉得很好。他在遭到饥荒时,常常收养抚恤朋友的遗孤,为贫穷的宗人族属里外奔走,周济别人的急难,解决别人的穷乏,素以诚信仁义被人称赞。建安九年任峻逝世,曹操为他流涕痛哭了很久。他的爵位由儿子任先继承。任先逝世后,没有儿子,封国就撤除了。魏文帝追记功臣时,赐给任峻谥号成侯。又封任峻的二儿子任览做了关内侯。

苏则

【原文】苏则,字文师,扶风武功人也。少以学行闻,举孝廉、茂才,辟公府,皆不就。起家为酒泉太守,转安定、武都,①所在有威名。太祖征张鲁,过其郡,见则悦之,使为军导。鲁破,则绥定下辩诸氐,通河西道,徙为金城太守。是时丧乱之后,吏民流散饥穷,户口损耗,则抚循之甚谨。外招怀羌胡,得其牛羊,以养贫老。与民分粮而食,旬月之间,流民皆归,得数千家。乃明为禁令,有干犯者辄戮,其从教者必赏。亲自教民耕种,其岁大丰收,由是归附者日多。李越以陇西反,则率羌胡围越,越即请服。太祖崩,西平麴演叛,称护羌校尉。则勒兵讨之。演恐,乞降。文帝以其功,加则护羌校尉,赐爵关内侯。②

①《魏书》曰:则刚直疾恶,常慕汲黯之为人。◎《魏略》曰:则世为著姓,兴平中,三辅乱,饥穷,避难北地。客安定,依富室师亮。亮待遇不足,则慨然叹曰:“天下会安,当不久尔,必还为此郡守,折庸辈士也。”后与冯翊吉茂等隐于郡南太白山中,以书籍自

娱。及为安定太守，而师亮等皆欲逃走。则闻之，豫使人解语，以礼报之。

②《魏名臣奏》载文帝令问雍州刺史张既曰："试守金城太守苏则，既有绥民平夷之功，闻又出军西定湟中，为河西作声势，吾甚嘉之。则之功效，为可加爵邑未邪？封爵重事，故以问卿。密白意，且勿宣露也。"既答曰："金城郡，昔为韩遂所见屠剥，死丧流亡，或窜戎狄，或陷寇乱，户不满五百。则到官，内抚雕残，外鸠离散，今见户千余。又梁烧杂种羌，昔与遂同恶，遂毙之后，越出障塞。则前后招怀，归就郡者三千余落，皆恤以威恩，为官效用。西平麹演等倡造邪谋，则寻出军，临其项领，演即归命送质，破绝贼粮。则既有恤民之效，又能和戎狄，尽忠效节。遭遇圣明，有功必录。若则加爵邑，诚足以劝忠臣，励风俗也。"

后演复结旁郡为乱，张掖张进执太守杜通，酒泉黄华不受太守辛机，进、华皆自称太守以应之。又武威三种胡并寇抄，道路断绝。武威太守毌丘兴告急于则。时雍、凉诸豪皆驱略羌胡以从进等，郡人咸以为进不可当。又将军郝昭、魏平先是各屯守金城，亦受诏不得西度。则乃见郡中大吏及昭等与羌豪帅谋曰："今贼虽盛，然皆新合，或有胁从，未必同心。因衅击之，善恶必离，离而归我，我增而彼损矣。既获益众之实，且有倍气之势，率以进讨，破之必矣。若待大军，旷日持久，善人无归，必合于恶，善恶既合，势难卒离。虽有诏命，违而合权，专之可也。"于是昭等从之，乃发兵救武威，降其三种胡，与兴击进于张掖。演闻之，将步骑三千迎则，辞来助军，而实欲为变。则诱与相见，因斩之，出以徇军，其党皆散走。则遂与诸军围张掖，破之，斩进及其支党，众皆降。演军败，华惧，出所执乞降，河西平，乃还金城。进封都亭侯，邑三百户。

征拜侍中，与董昭同寮。昭尝枕则膝卧，则推下之，曰："苏则之膝，非佞人之枕也。"初，则及临菑侯植闻魏氏代汉，皆发服悲哭。文帝闻植如此，而不闻则也。帝在洛阳，尝从容言曰："吾应天受禅，而闻有哭者，何也？"则谓为见问，须髯悉张，欲正论以对。侍中傅巽掐[①]则曰："不谓卿也。"于是乃止。[②]文帝问则曰："前破酒泉、张掖，西域通使，燉煌献径寸大珠，可复求市益得不？"则对曰："若陛下化洽中国，德流沙漠，即不求自至。求而得之，不足贵也。"帝默然。后则从行猎，槎桎拔，失鹿，帝大怒，踞胡床拔刀，悉收督吏，将斩之。则稽首曰："臣闻古之圣王不以禽兽害人，今陛下方隆唐尧之化，而以猎戏多杀群吏，愚臣以为不可。敢以死请！"帝曰："卿，直臣也。"遂皆赦之。然以此见惮。黄初四年，左迁东平相。未至，道病薨，谥曰刚侯。子怡嗣。怡薨，无子，弟愉袭封。愉，咸熙中为尚书。[③]

① 掐，音苦洽反。

②《魏略》曰：旧仪，侍中亲省起居，故俗谓之执虎子。始则同郡吉茂者，是时仕甫历县令，迁为冗散。茂见则，嘲之曰："仕进不止执虎子。"则笑曰："我诚不能效汝蹇蹇驱鹿车驰也。"初，则在金城，闻汉帝禅位，以为崩也，乃发丧。后闻其在，自以不审，意颇默然。临菑侯植自伤失先帝意，亦怨激而哭。其后文帝出游，追恨临菑，顾谓左右曰："人心不同，当我登大位之时，天下有哭者。"时从臣知帝此言有为而发也，而则以为为己，欲下马谢。侍中傅巽目之，乃悟。

孙盛曰：夫士不事其所非，不非其所事，趣舍出处，而岂徒哉！则既策名新朝，委质异代，而方怀二心生忿。欲奋爽言，岂大雅君子去就之分哉？《诗》云："士也罔极，二三其德。"士之二三，犹丧妃偶，况人臣乎？

③ 愉，字休豫，历位太常、光禄大夫，见《晋百官名》。山涛《启事》称愉忠笃有智意。

臣松之案：愉子绍，字世嗣，为吴王师。石崇妻，绍之女兄也。绍有诗在《金谷集》。绍弟慎，左卫将军。

【译文】苏则，字文师，是扶风武功人。少年时他就以学识品行闻名乡里，曾被举荐为孝廉和茂才，被公府征用，但他都没有去应召。后来，他离家去做酒泉太守，又转安定、武都太守，所到之处都很有威名。曹操出征张鲁时，经过苏则所在郡，见到苏则后很喜欢他，就让他担任军中的向导。张鲁被攻破后，苏则被派出去安抚下辩地区的氐族诸部，打通河西的通路，并被改任为金城太守。那时，正是丧乱之后，吏民流离失散、饥饿穷困，人口大为损耗，苏则特别勤谨地抚慰安置他们。他对外招抚笼络羌胡诸部，把从那里得到的牛羊用来赡养贫民和老人。他把粮食分与民众食用，不到一个月时间，流民就都归附了他，归附所得的流民有数千家。他颁布严明的禁令，如有破坏、违犯的就加以刑戮，对那些顺从教训的必定予以赏赐。他亲自教流民们耕地种粮，当年就获得了大丰收，从此归附的流民日益增多。在李越以陇西为据地反叛时，苏则率领羌胡诸部围攻李越，迫使李越降服。魏太祖曹操逝世后，西平的麴演叛乱，自称为护羌校尉。苏则率领军兵前去讨伐他。麴演恐惧，乞求投降。魏文帝因他有这样的功勋，就给苏则加官为护羌校尉，赐封他为关内侯。

后来麴演又勾结旁郡的人作乱，张掖的张进拘执了太守杜通，酒泉的黄华不接受朝廷委派的太守辛机入境，张进、黄华都自称太守来响应麴演的反叛。武威的三种胡人又同时寇掠抢劫，造成道路断绝不通。武威太守毌丘兴连忙向苏则告急。当时雍凉二州的诸豪族也都驱使、劫掠羌胡诸部随从张进等人谋反，郡中的人都认为张进等人不可阻挡。此外，将军郝昭、魏平此前已各自率军屯守在金城，这时，他们也接到诏令，不得率军西向增援。于是，苏则就召见郡中的士吏以及郝昭等人与羌族的首领们谋划说："如今贼兵虽然强盛，然而他们都是新近才凑合起来的，其中有的人是受威胁而跟从，未必人人同心。我们如果能抓住他们之间的怨隙而攻击他们，他们中的善人与恶人必然就会分离，分离出来的人若能归降我军，那么我军就会增强，而他们就会遭到损失。这样，我军既能从实际上获得增益，而且从威势上也能勇气倍增，率领这样的军队去进击、讨伐叛军，击破他们就是必然的了。若一味等待大军，旷日持久而没有行动，叛军中的善人没有归宿，就必然要与恶人结合，善恶两种人结合了，势必很难把他们突然分开。朝廷虽有诏命，我们姑且从权，稍稍地违背专断一下，也还是可以的。"于是郝昭等将军听从了他，就发兵去救武威，降服了那里的三种胡人，随后又与毌丘兴到张掖去进击张进。麴演听说这事后，率领步骑兵三千前来迎接苏则，言辞中说的是来援助苏则大军，实质上却是想要借此发动兵变。苏则诱使麴演前来相见，乘机斩杀了他，拿出他的头宣告来军，他的党羽就都四散奔走了。苏则就与诸军围攻张掖，并攻破了它，斩杀了张进及其支属余党，那里的人众全部投降。麴演军的败亡，使黄华害怕了，就献出了他所拘执据守的酒泉，乞求投降，于是，河西诸郡就平定了，苏则也回到了金城。朝廷晋封他为都亭侯，赐给他食邑三百户。

不久，又征召苏则，拜他为侍中，与董昭为同僚。董昭曾把头枕在苏则的膝上睡觉，苏则把他的头推下去，说："我苏则的膝盖，可不是佞人的枕头。"起初，苏则及临菑侯曹植听说曹魏将要取代汉室，二人都取出丧服悲号痛哭。魏文帝只听说曹植是这样，却不曾听说苏则也是这样。魏文帝在洛阳曾从容地问群臣说："我上应天命禅代汉统，然而却听说有人为此而痛哭，这是为什么？"苏则以为魏文帝在问自己，须髯都怒张了起来，正想要用正统的论议答对，侍中傅巽掐了一下苏则说："这不是说您。"于是苏则才停止答对。魏文帝又问苏则说："前一阵子击破了酒泉、张掖的叛军以后，西域的使节不断来朝，敦煌曾献来了直径一寸的大珍珠，现在如再去搜求，还能换得吗？"苏则回答说："如若陛下能以圣道治理中国，德义流布沙漠，大珍珠不用求，自己就来了。经过主动搜求而后才得到的宝物，算不得珍贵。"魏文帝听了默不作声。后来，苏则在随从魏文帝行围射猎时，有一次因为围困鹿的树杈被拔出了一个缺口，鹿走失了，魏文帝于是大怒，坐在胡床上拔出了佩刀，把督领围猎的官吏全部收捕了，要斩杀掉他们。苏则对魏文帝稽首行礼说："臣听说古代的圣王明君不因为禽兽而伤害人，如今陛下正要隆兴唐尧的教化，却因为打猎这样的儿戏小事杀这么多的官吏，愚臣以为不可以这么做，我以死来请求陛下！"魏文帝回答说："苏卿啊，您可真是个忠直的臣子呀。"于是就赦免了那一大批人。然而苏则也因此使魏文帝有点忌惮他。黄初四年，苏则被贬去做东平相。还没到任，在道上他就得病逝世了，朝廷赐给他谥号刚侯。爵位由儿子苏怡承袭。苏怡逝世后，没有儿子，由弟弟苏愉承袭了爵封。苏愉，咸熙年间曾做过尚书。

杜畿　杜恕

【原文】杜畿，字伯侯，京兆杜陵人也。[①] 少孤，继母苦之，以孝闻。年二十，为郡功曹，守郑县令。县囚系数百人，畿亲临狱，裁其轻重，尽决遣之，虽未悉当，郡中奇其年少而有大意也。举孝廉，除汉中府丞。会天下乱，遂弃官客荆州，建安中乃还。荀彧进之太祖，[②] 太祖以畿为司空、司直，迁护羌校尉，使持节，领西平太守。[③]

①《傅子》曰：畿，汉御史大夫杜延年之后。延年父周，自南阳徙茂陵，延年徙杜陵，子孙世居焉。

②《傅子》曰：畿自荆州还，后至许，见侍中耿纪，语终夜。尚书令荀彧与纪比屋，夜闻畿言，异之。旦遣人谓纪曰："有国士而不进，何以居位？"既见畿，知之如旧相识者，遂进畿于朝。

③《魏略》曰：畿少有大志。在荆州数岁，继母亡后，以三辅开通，负其母丧北归。道为贼所劫略，众人奔走，畿独不去。贼射之，畿请贼曰："卿欲得财耳，今我无物，用射我何为邪？"贼乃止。畿到乡里，京兆尹张时，河东人也，与畿有旧，署为功曹。尝嫌

其阔达，不助留意于诸事，言："此家疏诞，不中功曹也。"畿窃云："不中功曹，中河东太守也。"

太祖既定河北，而高幹举并州反。时河东太守王邑被征，河东人卫固、范先外以请邑为名，而内实与幹通谋。太祖谓荀彧曰："关西诸将，恃险与马，征必为乱。张晟寇殽、渑间，南通刘表，固等因之，吾恐其为害深。河东被山带河，四邻多变，当今天下之要地也。君为我举萧何、寇恂以镇之。"彧曰："杜畿其人也。"[①] 于是追拜畿为河东太守。固等使兵数千人绝陕津，畿至不得渡。太祖遣夏侯惇讨之，未至。或谓畿曰："宜须大兵。"畿曰："河东有三万户，非皆欲为乱也。今兵迫之急，欲为善者无主，必惧而听于固。固等势专，必以死战。讨之不胜，四邻应之，天下之变未息也。讨之而胜，是残一郡之民也。且固等未显绝王命，外以请故君为名，必不害新君。吾单车直往，出其不意。固为人多计而无断，必伪受吾。吾得居郡一月，以计縻之，足矣。"遂诡道从郖津度。[②] 范先欲杀畿以威众，[③] 且观畿去就，于门下斩杀主簿已下三十余人，畿举动自若。于是固曰："杀之无损，徒有恶名，且制之在我。"遂奉之。畿谓卫固、范先曰："卫、范，河东之望也，吾仰成而已。然君臣有定义，成败同之，大事当共平议。"以固为都督，行丞事，领功曹。将校吏兵三千余人，皆范先督之。固等喜，虽阳事畿，不以为意。固欲大发兵，畿患之，说固曰："夫欲为非常之事，不可动众心。今大发兵，众必扰，不如徐以赀募兵。"固以为然，从之，遂为赀调发，数十日乃定，诸将贪多应募而少遣兵。又入喻固等曰："人情顾家，诸将掾史，可分遣休息，急缓召之不难。"固等恶逆众心，又从之。于是善人在外，阴为己援。恶人分散，各还其家，则众离矣。会白骑攻东垣，高幹入濩泽，上党诸县杀长吏，弘农执郡守，固等密调兵，未至。畿知诸县附己，因出，单将数十骑，赴张辟拒守。吏民多举城助畿者，比数十日，得四千余人。固等与幹、晟共攻畿，不下，略诸县，无所得。会大兵至，幹、晟败，固等伏诛，其余党与皆赦之，使复其居业。

①《傅子》曰：彧称畿"勇足以当大难，智能应变，其可试之"。

②郖，音豆。《魏略》曰：初，畿与卫固少相侮狎，固尝轻畿。畿尝与固博而争道，畿尝谓固曰："仲坚，我今作河东也。"固褰衣骂之。及畿之官，而固为郡功曹。张时故在京兆。畿迎司隶，与时会华阴，时、畿相见，于仪当各持版。时叹曰："昨日功曹，今为郡将也！"

③《傅子》曰：先云："既欲为虎而恶食人肉，失所以为虎矣。今不杀，必为后患。"

是时天下郡县皆残破，河东最先定，少耗减。畿治之，崇宽惠，与民无为。民尝辞讼，有相告者。畿亲见为陈大义，遣令归谛思之，若意有所不尽，更来诣府。乡邑父老自相责怒曰："有君如此，奈何不从其教？"自是少有辞讼。班下属县，举孝子、贞妇、顺孙，复其繇役，随时慰勉之。渐课民畜牸牛、草马，下逮鸡豚犬豕，皆有章程。百姓勤农，家家丰实。畿乃曰："民富矣，不可不教也。"于是冬月修戎讲武，又开学宫，亲自执经教授，郡中化之。[①]

①《魏略》曰：博士乐详，由畿而升。至今河东特多儒者，则畿之由矣。

韩遂、马超之叛也，弘农、冯翊多举县邑以应之。河东虽与贼接，民无异心。太祖西征至蒲阪，与贼夹渭为军，军食一仰河东。及贼破，余畜二十余万斛。太祖下令曰：“河东太守杜畿，孔子所谓‘禹，吾无间然矣’。增秩中二千石。”太祖征汉中，遣五千人运，运者自率勉曰：“人生有一死，不可负我府君。”终无一人逃亡。其得人心如此。[①]魏国既建，以畿为尚书。事平，更有令曰：“昔萧何定关中，寇恂平河内，卿有其功。间将授卿以纳言之职，顾念河东吾股肱郡，充实之所，足以制天下，故且烦卿卧镇之。”畿在河东十六年，常为天下最。

①《杜氏新书》曰：平虏将军刘勋，为太祖所亲，贵震朝廷。尝从畿求大枣，畿拒以他故。后勋伏法，太祖得其书，叹曰：“杜畿可谓‘不媚于灶’者也。”称畿功美，以下州郡，曰：“昔仲尼之于颜子，每言不能不叹，既情爱发中，又宜率马以骥。今吾亦冀众人仰高山，慕景行也。”

文帝即王位，赐爵关内侯，征为尚书。及践阼，进封丰乐亭侯，邑百户，[①]守司隶校尉。帝征吴，以畿为尚书仆射，统留事。其后帝幸许昌，畿复居守。受诏作御楼船，于陶河试船，遇风没。帝为之流涕，[②]诏曰：“昔冥勤其官而水死，稷勤百谷而山死。[③]故尚书仆射杜畿，于孟津试船，遂至覆没，忠之至也。朕甚愍焉。”追赠太仆，谥曰戴侯。子恕嗣。[④]

①《魏略》曰：初，畿在郡，被书录寡妇。是时他郡或有已自相配嫁，依书皆录夺，啼哭道路。畿但取寡者，故所送少，及赵俨代畿而所送多。文帝问畿：“前君所送何少，今何多也？”畿对曰：“臣前所录皆亡者妻，今俨送生人妇也。”帝及左右顾而失色。

②《魏氏春秋》曰：初，畿尝见童子谓之曰：“司命使我召子。”畿固请之，童子曰：“今将为君求相代者。君其慎勿言！”言卒，忽然不见。至此二十年矣，畿乃言之。其日而卒，时年六十二。

③ 韦昭《国语注》称《毛诗传》曰：“冥，契六世孙也，为夏水官，勤于其职而死于水。稷，周弃也，勤播百谷，死于黑水之山。”

④《傅子》曰：畿与太仆李恢、东安太守郭智有好。恢子丰交结英俊，以才智显于天下。智子冲有内实而无外观，州里弗称也。畿为尚书仆射，二人各修子孙礼见畿。既退，畿叹曰：“孝懿无子，非徒无子，殆将无家。君谋为不死也，其子足继其业。”时人皆以畿为误。恢死后，丰为中书令，父子兄弟皆诛。冲为代郡太守，卒继父业。世乃服畿知人。◎《魏略》曰：李丰父，名义。与此不同，义盖恢之别名也。

【译文】杜畿，字伯侯，是京兆杜陵人。少年时就死了母亲，其后父亲去世，他成了孤儿，继母总苛待他，可他却以孝顺闻名。二十岁那年，他担任郡功曹，代理郑县县令之职。县里囚禁着数百人，杜畿亲临审理案件，裁决他们罪行的轻重，全部判决遣散了他们。他的判决虽不一定全都确当，但郡中的人都惊奇于他年纪虽小却有大人的意气。不久，就举荐他当了孝廉，朝廷任命他做了汉中的府丞。当时正逢天下大乱，杜畿就弃官客居在荆州，直到建安年间才返回故里。回来后荀彧就把他推荐给曹操，曹操任用杜畿做了司空、司直，后又升迁他做了护羌校尉，让他持符节，任西平太守。

魏太祖曹操在平定了河北以后，高幹以并州反叛。当时河东太守王邑受朝廷征召，另有所用，河东人卫固、范先表面以请求王邑留任太守为名，而暗地里偷偷地与高幹通谋谋反。曹操对荀彧说："关西诸将仗恃他们那里形势险要、马匹很多，如加征讨必定会兴兵作乱。张晟眼下正在崤山、渑池之间寇掠，他们已向南与刘表串通，卫固等人如再依恃他们，我恐怕会造成很大的危害。河东这地方被山带河，如今他的四邻叛变的很多，这儿可是当今天下的要地啊。请荀君替我举荐一个像萧何、寇恂一样的贤臣来镇守此地吧。"荀彧说："杜畿就是这样的人。"于是，曹操就任命杜畿为河东太守。卫固等人得知这个消息后就预派了士兵数千人封锁、切断了陕津黄河渡口，杜畿到陕津，不能渡过黄河。曹操派遣夏侯惇征讨卫固，大军没有到达。有人劝杜畿说："应当等到大军来了再说。"杜畿回答说："河东有三万民户，他们并不都想要作乱。如今若让军队逼迫得太急，想要做善人良民的人无所依仗，必然因惧怕而听命于卫固。卫固等人势力专一，必定会以死力战。如果讨伐他们不能得胜，四邻再与叛军呼应，天下的变乱就不会平息了。如果讨伐他们能取胜，这样做会使这一郡的百姓都将遭到残害。况且卫固等人并未明显地拒绝王命，他们对外既用请求留任前太守为名，就必定不会杀害新太守。我现在要出其不意地驾单车直接前往河东郡。卫固为人计谋虽多，但没有决断，他必然会伪装接受我。我能到郡中居住一个多月，用计策拖住他们，就足够了。"于是杜畿就暗中绕道从郖津渡过了黄河。范先想要杀杜畿来威吓民众，暂且观察杜畿的去就虚实，就在门下斩杀了郡主簿以下的官吏三十余人，杜畿见了举动自如。于是卫固说："把他杀了对敌人也没有什么损失，还徒然有一个杀太守的恶名，暂且将他控制在我们手中。"于是就善待杜畿。杜畿对卫固、范先说："卫姓、范姓两家，是河东的豪门望族，我只是仰仗二位的功业而已。然而君臣间的关系本有成法定规，我与二位同享成败，有大事二位也应当与我共同讨论商议。"于是杜畿就用卫固为都督，代行丞事，领功曹职。而郡中的将校吏兵三千余人，都由范先督帅。卫固等人见杜畿这么倚重他们，心中暗喜，他们假装为杜畿办事，心中却毫不在意他。卫固想要大举征发士卒，杜畿很害怕他这样做，就装着劝告卫固说："凡想要做非常大事的人，不可动摇众人的心。现今若大举征发军兵，民众必定惊扰，我看不如慢慢地拿钱财来招募新兵。"卫固认为他说得很对，就听从了他，便决定用钱来招募调发新兵，数十天这事才定下来，诸将贪求钱财，上报应募的人有很多而实际遣送上来的兵员却很少。杜畿又去劝喻卫固等人说："顾家是人之常情，诸将掾吏这些人，可以分别遣散他们回家休息，紧急有事时再召集他们也不难。"卫固等人怕不听他的会违背大众的心意，又听从了他的建议。于是，原先卫固军中有心向善的人都去了郡外，暗中成了杜畿的外援。而那些原先就一心为恶的人也都分散，各自回到了自己家中，卫固的兵众从此也就离散了。正逢白骑攻击东垣，高幹侵入了濩泽，上党诸县的长吏纷纷被杀，弘农郡把太守拘执起来，卫固等秘密调集兵众，还没能调来。杜畿知道各县都会归附自己，因而就闯出郡城，一人仅率数十骑兵，奔赴张辟处拒守。河东的官吏兵民大多数都举城援助杜畿，等过了数十日，杜畿就得到了士兵四千余人。卫固与高幹、张晟共同攻击杜畿，也未能攻下，又去劫掠各县，也没有获得什么东西。恰逢朝廷派来平叛的大军赶到，高幹、张晟兵败，卫固等人被杀，其余的党羽全部赦免，让他们恢复各自所从事的生业。

那时，天下各郡县都残破了，唯有河东最先获得安定，耗费、亏损也比较少。杜畿治理河东，崇尚宽怀仁惠，让百姓休养生息，不兴伤民的行为。民众中曾经有过一次官司辞讼，有人举告另一人。杜畿亲自接见他，为他陈述仁爱宽恕的大道理，遣发他回去，让他到家仔细思考，经过反复思考，如果心中有地方没有完全想通，还可以再到府中来找他。乡邑中的父老自相责备说："有这样的太守府君，我们为什么还不顺从他的教诲呢？"自那以后郡中很少再有人兴讼打官司了。他经常颁布命令，让下属各县举荐孝子、贞妇和顺孙，免除他们的徭役，随时慰勉他们。他还逐渐考查、统计乡民牧养的牲畜，上至母牛母马，下及鸡狗和大小猪，都有管理的章程。百姓勤劳农业，家家日子过得都很殷实。杜畿这时又说："乡民们富了，不能不教育他们。"于是就在冬月里讲习武艺，又开办了学校，由杜畿亲自手执经卷教授百姓，郡中的百姓都被他教导，圣人的教化得以推广。

韩遂、马超叛乱的时候，隔黄河与之相邻的关中弘农、冯翊两郡很多县城都响应他们。河东虽然与贼寇统治区域接近，但民众却没有异心。魏太祖曹操西征韩遂、马超的大军到达蒲阪，与贼人夹渭河列阵，军中的粮草全都仰仗河东。及至贼兵已破，还剩余粮食二十余万斛。曹操下令说："河东太守杜畿，就是孔子所说的'禹啊，我同他是没有隔阂的人'。现在特增加杜畿的俸禄为中二千石。"魏太祖曹操征伐汉中时，杜畿派遣五千人为大军运粮，这些运粮的人都主动相互劝勉说："人生总有一死，可不能有负我们的太守府君。"他们自始至终没有一个人逃亡。杜畿就是这样深得人心。魏国建立以后，任命杜畿为尚书。建国诸事理顺以后，曹操又下了一道命令说："昔日萧何安定关中，寇恂平定河内，杜卿您也有这样的功劳。我曾想授予杜卿您谏官纳言的要职，可是顾念到河东是我的股肱要郡，是国库军食赖以充实的地方，那里的治乱兴衰，足以牵制天下，故而暂且还要烦劳杜卿您留在那里镇守。"杜畿在河东做郡守十六年，那里的政绩经常是天下最好的。

魏文帝即魏王位以后，赐杜畿爵为关内侯，又征召他入京为尚书。及至文帝即皇帝位，又晋封杜畿为丰乐亭侯，赐食邑百户，后又任司隶校尉之职。魏文帝亲征孙吴时，任用杜畿为尚书仆射，统管留守诸事。那以后，文帝又巡幸许昌，杜畿又在洛阳居留守之职。他接受文帝的诏令监造御用的楼船，在陶河试船时，遇大风他随船沉没了。魏文帝为他痛哭流涕，颁布诏令说："昔日商人的先祖冥勤忠于职守而被水淹死，周人的先祖后稷勤于播种百谷而死在荒山中。已故的尚书仆射杜畿，在孟津试坐御船，以至于颠覆沉没，真是忠勇到极致了，我非常怜惜他。"于是，文帝追赠杜畿为太仆，赐给他谥号戴侯。爵位由儿子杜恕承嗣。

【原文】恕，字务伯，太和中为散骑黄门侍郎。[①] 恕推诚以质，不治饰，少无名誉。及在朝，不结交援，专心向公。每政有得失，常引纲维以正言，于是侍中辛毗等器重之。

①《杜氏新书》曰：恕少与冯翊李丰俱为父任，总角相善。及各成人，丰砥砺名行以要世誉，而恕诞节直意，与丰殊趣。丰竟驰名一时，京师之士多为之游说。而当路者或以丰名过其实，而恕被褐怀玉也。由此为丰所不善。恕亦任其自然，不力行以合时。丰以显仕朝廷，恕犹居家自若。明帝以恕大臣子，擢拜散骑侍郎，数月，转补黄门侍郎。

时公卿以下大议损益，恕以为："古之刺史，奉宣六条，以清静为名，威风著称。今可勿令领兵，以专民事。"俄而镇北将军吕昭又领冀州，[①] 乃上疏曰：

帝王之道，莫尚乎安民。安民之术，在于丰财。丰财者，务本而节用也。方今二贼未灭，戎车亟驾，此自熊虎之士展力之秋也。然搢绅之儒，横加荣慕。扼腕抗论，以孙、吴为首，州郡牧守，咸共忽恤民之术，修将率之事。农桑之民，竞干戈之业，不可谓务本。帑藏岁虚而制度岁广，民力岁衰而赋役岁兴，不可谓节用。今大魏奄有十州之地，而承丧乱之弊，计其户口不如往昔一州之民。然而二方僭逆，北虏未宾，三边遘难，绕天略匝。所以统一州之民，经营九州之地，其为艰难，譬策羸马以取道里，岂可不加意爱惜其力哉？以武皇帝之节俭，府藏充实，犹不能十州拥兵，郡且二十也。今荆、扬、青、徐、幽、并、雍、凉缘边诸州皆有兵矣，其所恃内充府库外制四夷者，惟兖、豫、司、冀而已。臣前以州郡典兵，则专心军功，不勤民事，宜别置将守，以尽治理之务，而陛下复以冀州宠秩吕昭。冀州户口最多，田多垦辟，又有桑枣之饶，国家征求之府，诚不当复任以兵事也。若以北方当须镇守，自可专置大将以镇安之。计所置吏士之费，与兼官无异。然昭于人才尚复易。中朝苟乏人，兼才者势不独多。以此推之，知国家以人择官，不为官择人也。官得其人，则政平讼理。政平故民富实，讼理故囹圄虚空。陛下践阼，天下断狱百数十人。岁岁增多，至五百余人矣。民不益多，法不益峻。以此推之，非政教陵迟，牧守不称之明效欤？往年牛死，通率天下十能损二。麦不半收，秋种未下。若二贼游魂于疆埸，飞刍挽粟，千里不及。究此之术，岂在强兵乎？武士劲卒愈多，愈多愈病耳。夫天下犹人之体，腹心充实，四支虽病，终无大患。今兖、豫、司、冀亦天下之腹心也。是以愚臣慺慺，实愿四州之牧守，独修务本之业，以堪四支之重。然孤论难持，犯欲难成，众怨难积，疑似难分，故累载不为明主所察。凡言此者，类皆疏贱。疏贱之言，实未易听。若使善策必出于亲贵，亲贵固不犯四难以求忠爱，此古今之所常患也。

①《世语》曰：昭，字子展，东平人。长子巽，字长悌，为相国掾，有宠于司马文王。次子安，字仲悌，与嵇康善，与康俱被诛。次子粹，字季悌，河南尹。粹子预，字景虞，御史中丞。

时又大议考课之制，以考内外众官。恕以为："用不尽其人，虽才且无益。所存非所务，所务非世要。"上疏曰：

《书》称："明试以功，三考黜陟。"诚帝王之盛制。使有能者当其官，有功者受其禄，譬犹乌获之举千钧，良、乐之选骥足也。虽历六代而考绩之法不著，关七圣而课试之文不垂。臣诚以为其法可粗依，其详难备举故也。语曰："世有乱人而无乱法。”若使法可专任，则唐、虞可不须稷、契之佐，殷、周无贵伊、吕之辅矣。今奏考功者，陈周、汉之法为，缀京房之本旨，可谓明考课之要矣。于以崇揖让之风，兴济济之治，臣以为未尽善也。其欲使州郡考士，必由四科，皆有事效，然后察举，试辟公府，为亲民长吏，转以功次补郡守者，或就增秩赐爵，此最考课之急务也。臣以为便当显其身，用其言，使具为课州郡之法。法具施行，立必信之赏，施必行之罚。至于公卿及内职大臣，亦当俱以其职考课之也。

古之三公，坐而论道，内职大臣，纳言补阙。无善不纪，无过不举。且天下至大，万机至众，诚非一明所能遍照。故君为元首，臣作股肱，明其一体相须而成也。是以古人称廊庙之材，非一木之支；帝王之业，非一士之略。由是言之，焉有大臣守职辨课可以致雍熙者哉！且布衣之交，犹有务信誓而蹈水火，感知己而披肝胆，徇声名而立节义者。况于束带立朝，致位卿相，所务者非特匹夫之信，所感者非徒知己之惠，所徇者岂声名而已乎！

诸蒙宠禄受重任者，不徒欲举明主于唐、虞之上而已，身亦欲厕稷、契之列。是以古人不患于念治之心不尽，患于自任之意不足，此诚人主使之然也。唐、虞之君，委任稷、契、夔、龙而责成功，及其罪也，殛鲧而放四凶。今大臣亲奉明诏，给事目下。其有夙夜在公，恪勤特立。当官不挠贵势，执平不阿所私，危言危行以处朝廷者，自明主所察也。若尸禄以为高，拱默以为智，当官苟在于免负，立朝不忘于容身，洁行逊言以处朝廷者，亦明主所察也。诚使容身保位，无放退之辜，而尽节在公，抱见疑之势，公义不修而私议成俗，虽仲尼为谋，犹不能尽一才，又况于世俗之人乎！今之学者，师商、韩而上法术，竞以儒家为迂阔，不周世用，此最风俗之流弊，创业者之所致慎也。

后考课竟不行。①

①《杜氏新书》曰：时李丰为常侍，黄门郎袁侃见转为吏部郎，荀俣出为东郡太守，三人皆恕之同班友善。

乐安廉昭以才能拔擢，颇好言事。恕上疏极谏曰：

伏见尚书郎廉昭奏左丞曹璠以罚当关不依诏，坐判问。又云：“诸当坐者别奏。”尚书令陈矫自奏不敢辞罚，亦不敢以处重为恭，意至恳恻。臣窃愍然为朝廷惜之。夫圣人不择世而兴，不易民而治。然而生必有贤智之佐者，盖进之以道，率之以礼故也。古之帝王之所以能辅世长民者，莫不远得百姓之欢心，近尽群臣之智力。诚使今朝任职之臣皆天下之选，而不能尽其力，不可谓能使人。若非天下之选，亦不可谓能官人。陛下忧劳万机，或亲灯火，而庶事不康，刑禁日弛，岂非股肱不称之明效欤？原其所由，非独臣有不尽忠，亦主有不能使。百里奚愚于虞而智于秦，豫让苟容中行而著节智伯，斯则古人之明验矣。今臣言一朝皆不忠，是诬一朝也；然其事类，可推而得。陛下感帑藏之不充实，而军事未息，至乃断四时之赋衣，薄御府之私谷。帅由圣意，举朝称明，与闻政事密勿大臣，宁有恳恳忧此者乎？

骑都尉王才幸乐人孟思，所为不法，振动京都。而其罪状发于小吏，公卿大臣初无一言。自陛下践阼以来，司隶校尉、御史中丞宁有举纲维以督奸宄，使朝廷肃然者邪？若陛下以为今世无良才，朝廷乏贤佐，岂可追望稷、契之遐踪，坐待来世之俊乂乎！今之所谓贤者，尽有大官而享厚禄矣，然而奉上之节未立，向公之心不一者，委任之责不专，而俗多忌讳故也。臣以为忠臣不必亲，亲臣不必忠。何者？以其居无嫌之地而事得自尽也。今有疏者毁人不实其所毁，而必曰私报所憎；誉人不实其所誉，而必曰私爱所亲。左右或因之以进憎爱之说，非独毁誉有之，政事损益，亦皆有嫌。陛下当思所以阐广朝臣之心，笃厉有道之节，使之自同古人，望与竹帛耳。反使如廉昭者扰乱其间，臣惧大臣遂将容身保位，坐观得失，为来世戒也！

昔周公戒鲁侯曰："无使大臣怨乎不以。"不言贤愚，明皆当世用也。尧数舜之功，称去四凶。不言大小，有罪则去也。今者朝臣不自以为不能，以陛下为不任也。不自以为不智，以陛下为不问也。陛下何不遵周公之所以用，大舜之所以去？使侍中、尚书坐则侍帷幄，行则从华辇。亲对诏问，所陈必达，则群臣之行，能否皆可得而知。忠能者进，暗劣者退，谁敢依违而不自尽？以陛下之圣明，亲与群臣论议政事，使群臣人得自尽，人自以为亲，人思所以报，贤愚能否，在陛下之所用。以此治事，何事不办？以此建功，何功不成？每有军事，诏书常曰："谁当忧此者邪？吾当自忧耳。"近诏又曰："忧公忘私者必不然，但先公后私即自办也。"伏读明诏，乃知圣思究尽下情，然亦怪陛下不治其本而忧其末也。人之能否，实有本性，虽臣亦以为朝臣不尽称职也。明主之用人也，使能者不敢遗其力，而不能者不得处非其任。选举非其人，未必为有罪也。举朝共容非其人，乃为怪耳。陛下知其不尽力也，而代之忧其职，知其不能也，而教之治其事，岂徒主劳而臣逸哉？虽圣贤并世，终不能以此为治也。

陛下又患台阁禁令之不密，人事请属之不绝，听伊尹作迎客出入之制，选司徒更恶吏以守寺门，威禁由之，实未得为禁之本也。昔汉安帝时，少府窦嘉辟廷尉郭躬无罪之兄子，犹见举奏，章劾纷纷。近司隶校尉孔羡辟大将军狂悖之弟，而有司嘿尔，望风希指，甚于受属。选举不以实，人事之大者也。[①]嘉有亲戚之宠，躬非社稷重臣，犹尚如此。以今况古，陛下自不督必行之罚以绝阿党之原耳。伊尹之制，与恶吏守门，非治世之具也。使臣之言少蒙察纳，何患于奸不削灭，而养若昭等乎？

① 臣松之案：大将军，司马宣王也。《晋书》云"宣王第五弟，名通，为司隶从事"，疑恕所云狂悖者。通子顺，封龙阳亭侯。晋初受禅，以不达天命，守节不移，削爵土，徙武威。

夫纠擿奸宄，忠事也。然而世憎小人行之者，以其不顾道理而苟求容进也。若陛下不复考其终始，必以违众忤世为奉公，密行白人为尽节。焉有通人大才而更不能为此邪？诚顾道理而弗为耳。使天下皆背道而趋利，则人主之所最病者。陛下将何乐焉？胡不绝其萌乎？夫先意承旨以求容美，率皆天下浅薄无行义者，其意务在于适人主之心而已，非欲治天下安百姓也。陛下何不试变业而示之，彼岂执其所守以违圣意哉？夫人臣得人主之心，安业也；处尊显之官，荣事也；食千钟之禄，厚实也。人臣虽愚，未有不乐此而喜干迕者也，迫于道，自强耳。诚以为陛下当怜而佑之，少委任焉。如何反录昭等倾侧之意，而忽若人者乎？今者外有伺隙之寇，内有贫旷之民，陛下当大计天下之损益，政事之得失，诚不可以怠也。

恕在朝八年，其论议亢直，皆此类也。

出为弘农太守，数岁转赵相，[①] 以疾去官。[②] 起家为河东太守，岁余，迁淮北都督护军，复以疾去。恕所在，务存大体而已，其树惠爱，益得百姓欢心，不及于畿。顷之，拜御史中丞。恕在朝廷，以不得当世之和，故屡在外任。复出为幽州刺史，加建威将军，使持节，护乌丸校尉。时征北将军程喜屯蓟，尚书袁侃等戒恕曰："程申伯处先帝之世，倾田国让于青州。足下今俱杖节，使共屯一城，宜深有以待之。"而恕不以为意。至官未期，有鲜卑大人儿，不由关塞，径将数十骑诣州。州斩所从来小子一人，无表言上。喜于是劾奏恕，下廷尉，当死。以父畿勤事水死，免为庶人，徙章武郡，是岁嘉平元年。[③] 恕倜傥任意，而思不防患，终致此败。

①《魏略》曰：恕在弘农，宽和有惠爱。及迁，以孟康代恕为弘农。康，字公休，安平人。黄初中，以于郭后有外属，并受九亲赐拜，遂转为散骑侍郎。是时，散骑皆以高才英儒充其选，而康独缘妃嫱杂在其间，故于时皆共轻之，号为阿九。康既才敏，因在冗官，博读书传，后遂有所弹驳，其文义雅而切要，众人乃更加意。正始中，出为弘农，领典农校尉。康到官，清己奉职，嘉善而矜不能，省息狱讼，缘民所欲，因而利之。郡领吏二百余人，涉春遣休，常四分遣一。事无宿诺，时出案行，皆豫敕督邮平水，不得令属官遣人探候，修设曲敬。又不欲烦损吏民，常豫敕吏卒，行各持镰，所在自刈马草，不止亭传，露宿树下，又所从常不过十余人。郡带道路，其诸过宾客，自非公法无所出给，若知旧造之，自出于家。康之始拜，众人虽知其有志量，以其未尝宰牧，不保其能也。而康恩泽治能乃尔，吏民称歌焉。嘉平末，徙勃海太守，征入为中书令，后转为监。

②《杜氏新书》曰：恕遂去京师，营宜阳一泉坞，因其垒堑之固，小大家焉。明帝崩时，人多为恕言者。

③《杜氏新书》曰：喜欲恕折节谢己，讽司马宋权示之以微意。恕答权书曰："况示委曲。夫法天下事，以善意相待，无不致快也；以不善意相待，无不致嫌隙也。而议者言，凡人天性皆不善，不当待以善意，更堕其调中。仆得此辈，便欲归蹈沧海乘桴耳，不能自谐在其间也。然以年五十二，不见废弃，颇亦遭明达君子亮其本心。若不见亮，使人刳心著地，正与数斤肉相似，何足有所明，故终不自解说。程征北功名宿著，在仆前甚多，有人出征北乎！若令下官事无大小，咨而后行，则非上司弹绳之意；若咨而不从，又非上下相顺之宜。故推一心，任一意，直而行之耳。杀胡之事，天下谓之是邪，是仆谐也。呼为非邪，仆自受之，无所怨咎。程征北明之亦善，不明之亦善，诸君子自共

为其心耳,不在仆言也。”喜于是遂深文劾恕。

初,恕从赵郡还,陈留阮武亦从清河太守征,俱自薄廷尉。谓恕曰:“相观才性可以由公道而持之不厉,器能可以处大官而求之不顺,才学可以述古今而志之不一,此所谓有其才而无其用。今向闲暇,可试潜思,成一家言。”在章武,遂著《体论》八篇,[1]又著《兴性论》一篇,盖兴于为己也。四年,卒于徙所。

①《杜氏新书》曰:以为人伦之大纲,莫重于君臣;立身之基本,莫大于言行;安上理民,莫精于政法;胜残去杀,莫善于用兵。夫礼也者,万物之体也,万物皆得其体,无有不善,故谓之《体论》。

甘露二年,河东乐详年九十余,上书讼畿之遗绩,朝廷感焉。诏封恕子预为丰乐亭侯,邑百户。[1]

①《魏略》曰:乐详,字文载。少好学,建安初,详闻公车司马令南郡谢该善《左氏传》,乃从南阳步涉诣许,从该问疑难诸要,今《左氏乐氏问七十二事》,详所撰也。所问既了而归乡里,时杜畿为太守,亦甚好学,署详文学祭酒,使教后进,于是河东学业大兴。至黄初中,征拜博士。于时太学初立,有博士十余人,学多褊狭,又不熟悉,略不亲教,备员而已。惟详五业并授,其或难教,质而不解,详无愠色,以杖画地,牵譬引类,至忘寝食,以是独擅名于远近。详学既精悉,又善推步三五,别受诏与太史典定律历。太和中,转拜骑都尉。详学优能少,故历三世,竟不出为宰守。至正始中,以年老罢归于舍,本国宗族归之,门徒数千人。

恕奏议论驳皆可观,掇其切世大事著于篇。[1]

①《杜氏新书》曰:恕弟理,字务仲。少而机察精要,畿奇之,故名之曰理。年二十一而卒。弟宽,字务叔。清虚玄静,敏而好古。以名臣门户,少长京师,而笃志博学,绝于世务,其意欲探赜索隐,由此显名,当涂之士多交焉。举孝廉,除郎中。年四十二而卒。经传之义,多所论驳,皆草创未就,惟删集《礼记》及《春秋左氏传》解,今存于世。

预,字元凯,司马宣王女婿。王隐《晋书》称预智谋渊博,明于理乱,常称“德者非所以企及,立功立言,所庶几也”。大观群典,谓《公羊》《穀梁》,诡辩之言。又非先儒说《左氏》未究丘明意,而横以二传乱之。乃错综微言,著《春秋左氏经传集解》,又参考众家,谓之《释例》,又作《盟会图》《春秋长历》,备成一家之学,至老乃成。尚书郎挚虞甚重之,曰:“左丘明本为《春秋》作传,而《左传》遂自孤行;《释例》本为传设,而所发明何但《左传》,故亦孤行。”预有大功名于晋室,位至征南大将军,开府,封当阳侯,食邑八千户。子锡,字世嘏,尚书左丞。

《晋诸公赞》曰:嘏有器局。预从兄斌,字世将,亦有才望,为黄门郎,为赵王伦所枉杀。嘏子乂,字洪治。少有令名,为丹阳丞,早卒。阮武者,亦拓落大才也。案《阮氏谱》:武父谌,字士信,征辟无所就,造《三礼图》传于世。《杜氏新书》曰:武,字文业,阔达博通,渊雅之士。位止清河太守。武弟炳,字叔文,河南尹。精意医术,撰药方一部。炳子坦,字弘舒,晋太子少傅,平东将军。坦弟柯,字士度。荀绰《兖州记》曰:坦出绍伯父,亡,次兄当袭爵,父爱柯,言名传之,遂承封。时幼小,不能让,及长悔恨,遂幅巾而居,后虽

出身，未尝释也。性纯笃闲雅，好礼无违，存心经诰，博学洽闻。选为濮阳王文学，迁领军长史，丧官。王衍时为领军，哭之甚恸。

【译文】杜恕，字务伯，太和年间曾任散骑黄门侍郎。杜恕为人质朴诚实，不修饰伪装，小时没有太大的声名和荣誉。及至在朝为官，他也不结交朋党外援，一心向公。每逢政事有什么得失，他常引用朝纲国法以申明他光明正大的言论，因此侍中辛毗等人特别器重他。

那时，正逢公卿以下群臣大会来议论政府机构增减的事情，杜恕认为："古代的刺史，只是遵奉、宣谕六条，他们都以清静无事为名，但威风却著称于世。如今可以不要再让刺史领兵了，以便让他们专心于民事。"过了不久，镇北将军吕昭又兼领了冀州刺史一职，于是，杜恕就上疏说：

帝王的正道，没有比安定百姓更为重要的了。而安定百姓的主要方法，就在于使百姓们财产丰裕。所谓丰裕财产，就是要勤务农业，节制用度。当今吴蜀二贼尚未消灭，戎马军车亟待驾驭，这正是熊虎一般的猛士展现他们勇力的年头。然而缙绅高门的儒士们，虚荣之心有增无减。他们往往扼腕高论，推崇以孙武、吴起为首，州郡的牧守们，又都忽略了体恤、安抚民众的仁术，却全在那儿进修将帅军功的军事。让务农采桑的乡民，竞相参与军事，这不能叫作务本。国家的仓库年年空虚，而制度法令却年年增加，民众的财力年年衰败，而国家的赋税、徭役却年年繁兴，这也不能叫作节用。如今我大魏虽总有十州的地域，然而因为上承丧乱的积弊，统计这十州的户口还不如从前一州的民众多。然而吴蜀二方仍在僭越作逆，北方胡虏也还没有宾服，三处边境发难为乱，差不多围着天边绕了一周。所以，我大魏现在实际上是统领着一州的民众，经营九州的土地，这样做的艰难就好比是鞭策、驱赶着羸弱的马来取道赶路，怎么可以不更加重视爱惜它的气力呢？以太祖武皇帝那样的节俭，府藏那样的充实，仍然不能使十个州个个都拥有军兵，何况如今郡数将近二十。如今荆、杨、青、徐、幽、并、雍、凉沿边的各州，都已拥有军兵，他们对内充实府库，对外制服四夷的后盾，唯有兖、豫、司、冀四州而已。臣前次上疏认为，由于州郡同时典掌军兵，牧守们就会专心于军事，而不勤于民事，因此，建议陛下应当为州郡另外设置守将，以便尽到治兵理军的职务，然而陛下这次又把冀州的民事军务一同赏赐给了吕昭。目前冀州的百姓是各州中最多的，田地大多也已开辟垦殖了，又有大量的桑木、枣树，那里是国家征收粮谷、索求贡赋的重地，实在不应当让吕昭又担任兵事之职。如若陛下认为北方有必要加以镇守，自然可以专门设置大将去镇守安抚。这样进行安排，设置吏士的费用与由一人兼任二职也没有什么两样。然而，就吕昭的才力而论，这样的人还比较容易寻找。朝中如若真的缺乏人才，可兼任二职的人势必也不会这样多。以此类推，可知国家当前是以人为依据来委派官位，而不是以规定的官职为依据来选择胜任此职的人。官位如果任得其人，政事就会平和，狱讼就会理顺。政事平和了，民众就能富裕，狱讼理顺了，牢狱就会空虚。陛下刚刚即位那年，天下被断案判刑的才百数十人。由于年年增多,如今已经达到五百余人了。民众没有日益增多,法令也没有更加严峻,而刑徒却日渐增加。以此推论下去,这难道不是政教松弛,牧守不称职的鲜明效验吗?去年耕牛死亡的数量,大致说来总共损失了全国耕牛的十分之二。以至于今年夏麦收成还比不上往年的一半,到现在秋种的种子还没有播下。如若现在吴蜀二贼不顾死活,出兵侵犯我们的话,我大魏就是飞马送草料,用车运谷粟,粮草也远在千里之外,来不及运送。考究这方面的谋略,哪里是仅仅在于强兵呢?目前这种状况如不及早改变,那么武士劲卒愈多,国家就愈是如同犯病一样,愈加严重。一个国家,就犹如人的身体一样,人只要腹心充实了,四肢虽然有点病,最终还不会有什么大害。如今的兖、豫、司、冀四州,其实也就好比是国家的腹心。所以我恭恭敬敬,实在是希望这四州的牧守能够特别重视农业生产,以便能胜任支撑国家四肢的重任。然而单一的论议难以坚持,冒犯陛下的意愿难以成功,惹众人埋怨的话难以让人接受,似是而非的道理难以区分,故而臣的建议数年也不能被明主体察。凡是说这种话的人,官位出身大体说来,都比较低下。官位出身比较低下的人的话,委实不容易听到。假使说好的计策必定都出自于亲近尊贵的人,亲近尊贵的人本来就不会冒着触犯四难的危险去追求忠名,这正是古往今来人们所常常忧患的事。

当时大家又讨论考绩、课查的制度,用以考查朝廷内外文武众官。杜恕以为:“用其人而不尽其才,虽然这人有才也还是无益。他胸中所积存的才识,并非他所从事的职务所需,他所从事的职务又并非世间所需要的。”杜恕上疏说:

《尚书》说:“用功绩公开地实行考察,三次考察以后,就要加以罢黜或升迁了。”这确实是帝王们的伟大制度。使有能力的人能当上他应该当的官,有功绩的人能受到他应该受的俸禄,就譬如让乌获去举起千钧重鼎,让王良、伯乐去选择千里马一样。然而自尧舜至今,虽然已经历了六个朝代,但考绩的法令却至今也不见著录,虽然事关七圣,但课试的文典却也没有传于后世。臣以为,这实在是由于有关的法令虽可粗略地依循,但它的详情却很难细说备举的缘故。俗语说:“世上只有作乱的人,却没有乱世的法令。”假使只是需要依靠法令就行了,那么唐尧、虞舜就可以不需后稷、商契去佐助,殷、周也没有必要看重伊尹、吕望这样的辅弼重臣了。如今申奏考察众官绩效、功业这件事,陈述周、汉两代的法令措施,附缀上汉代京房有关官员考课的宗旨,也就可以说得上是明确了有关考课的要领了。至于崇尚互相谦让的古风、兴隆济济融融的德治,臣以为只这样做还不能达到尽善尽美的程度。这次如要让州郡考试众士,必须通过四项科目,若都有功迹、效验,然后再加以考察、举荐,试着由公府征用,先去做治理民众的长吏,然后再把那些有功绩的人,依次升转、递补为郡守,根据事迹增加有些人的官位俸禄,赐予他们爵位,这才是考课当务之急。臣以为,对这些遵循制度的长吏、郡守,应当立即给予表彰,采用他们的言论,使这些典范成为考课州郡官吏的法令条例。法令一经具备就要切实施行,要建立遵守信用必定赏赐,实施不力必定黜罚的规定。至于朝中的公卿和供奉内职的大臣,也都应当根据他们的职责实行相应的考查。

古代的三公,往往坐而论道,内职大臣们,多是向君上进纳忠言、拾遗补阙。他们对君上没有什么善事不予记录,没有什么过错不予进谏。况且天下很大,国家的政事很多,确实不是一人的圣明所能照遍的。故而君主为元首领袖,臣下作股肱辅佐,这表明君臣是一体的,两者是相辅相成的。所以古人说拱架廊庙的柱材,不是一根木料能支撑的;辅成帝王的大业,也不能依靠一位谋士的计略。就此而言,哪里有只靠朝中的大臣谨守职事,勤加考课,就可以把天下治理得雍宁和熙的呢!况且,寻常百姓之间的交往,还有务求信义、恪守誓言而肯赴汤蹈火的人,还有感遇知己而愿披肝沥胆的人,还有为声望名誉舍身树立节义的人。更何况对于那些身束冠带立于朝堂,官居卿相的人,他们所追求的还不仅是寻常百姓的信义,所感戴的也不只是知己的慈惠,所谋求的也不仅是声名而已呢!

诸多蒙受国家宠信爵禄、接受重任的大臣,他们不光是要把明主擎举到唐尧、虞舜以上而已,他们自己也想要置身于后稷、商契这样的名臣良弼的行列中去。因此,古人不担心自己的治国之志不能全部实现,却担心自己任官的愿望不能得到满足,这实在是君主使得他们这样的。唐尧、虞舜这样的圣主明君,委职任命后稷、商契、夔、龙,并责令他们取得成功,及至臣下有过失而获罪,尧、舜就杀掉鲧,流放了四凶。如今大臣们亲自接受了君上圣明的诏令,在明主眼下给事供职。他们中有的人日日夜夜把心放在公事上,忠恪勤劳,特然卓立,身居官位,不因对方的尊贵和权势而屈挠,秉持平正,不会因私请而阿曲,说正直之话,行正直之事,处身于朝堂之上,明主自然会有所察觉。像那些尸位素餐自以为高明、拱手肃立、默然不语自认为机智的人,他们当官,目的就在于不负责和不得罪,立于朝堂,念念不忘的是保存自身,这些用漂亮的行为和恭逊的言辞处于朝廷的谨小慎微的佞臣,也是明主有所察觉的。如果真的使那些只思容身保位的佞臣们没有一点被流放、黜退的罪责,而让那些恪尽忠节、一心为公的直臣们总是处在被怀疑的情况下,使公正的德义得不到发扬,而让那些自私的论议却蔚然成风的话,就是让孔子亲自来出谋划策,也还是不能使一个人才得以善用,又何况对我们这些世俗常人而言呢!如今的学者,师从商鞅、韩非而崇尚法令、权术,竞相把儒家的学说说成是迂腐的和不实用的论议,这是当今风俗流弊最为严重的,也是创业明主要加以审慎对待的问题。

后来,对官吏的考绩、课查,到底没有施行。

乐安的廉昭因为有才能而被提拔,他很喜欢上书言事。杜恕上疏极为郑重地劝谏魏帝说:

臣私下曾见到尚书郎廉昭有疏上奏,弹劾左丞曹璠处罚守关人员时没有依从陛下诏令,认为曹璠当坐罪被判罚。廉昭又说:“对于其他应当连坐问罪的人,将另有奏闻。”尚书令陈矫自己上奏说他不敢推掉惩罚,但也不敢故意重罚表示对陛下的恭敬,情意至为诚恳凄恻。臣窃自悲悯,为朝廷感到惋惜。圣人不会事先选好朝代然后再兴起,也不会改换黎民百姓然后再来治理国家。然而圣人降生后就必然会有贤良智慧的辅佐重臣,这大概是由于圣人按照原则任用他们,按照礼仪督率他们的缘故啊！古代的帝王之所以能统领国家,为民君主,没有一个不是远能得百姓的欢心,近能尽用群臣的智力的。假如当今朝廷上任职的大臣真的都是天下最好的人选,但任用时又不能完全发挥他们的才能,那么就不能说朝廷会使用人。假如他们不是天下最好的人选,也不可以说朝廷能任人为官。陛下近来为国家政事忧心操劳,有时甚至亲自在灯火下连夜忙碌,然而还是有许多事处理得不康泰,刑罚禁令也日益松弛,这难道不是股肱近臣不称职的明显体现吗？追溯这种情况的由来,并不单因为臣下不能尽忠,也是由于主上对臣下不能尽用。百里奚在虞国愚笨,但到秦国却机智,豫让在中行氏那里苟且取容,但在智伯那里却忠节大著,这就是古人能否任用臣下的明确验证了。如今臣要是说一朝的大臣都不忠诚,是我诬蔑了满朝群臣；然而这一类的事情,却可以通过类推而求得。陛下深感国库帑藏不充实,而军事征战又未能平息,以至于断绝并舍弃了四时要用的贡赋衣衫,减少了陛下御府食用的私谷。这些都是由陛下圣心立意要作出表率,满朝都称赞陛下圣明,然而,如果陛下能与大臣们密切地共同商讨政事,哪里会为这些事忧心忡忡呢？

骑都尉王才私下与官中的女乐人孟思通奸,他所干的这件事狂悖不法,震动了整个京城。然而他的这条罪状首先由一个小官吏告发的,而公卿大臣们当初谁都没有对此说过一句话。自陛下即帝位以来,司隶校尉、御史中丞哪里有举用朝纲国法来督劾奸佞猾宄,使得朝廷肃然清正的人呢！如若陛下以为当今之世没有良才,朝廷缺乏贤良的佐辅,您又怎么可以只是追望后稷、商契的遐踪遗影,坐着等待来世的俊杰呢！当今人们所说的那些贤臣,全都是当上大官而享有厚禄的人,然而他们奉侍君上的忠节尚未树立,向着公家的心也还未专一,其原因就是陛下委任给他们的职责不专一,而世俗中忌讳的事情又太多。臣认为,忠臣不必是亲信,亲信的大臣也不一定就是忠臣。为什么？因为忠臣既尚未得到陛下亲信,他们就处在一个不受怀疑的地位上,处理事务也就得以自尽其力了。如今若是有被陛下疏远的人毁谤别人,但他所毁谤的内容却不符合事实,人们必然就会说,他这是私下里对他所憎恶的人实行报复；假如他称誉别人,但称誉的内容却不符合事实,人们也必然会说,他是私下里对他所亲近的人表示喜爱。然而,假如是陛下左右的心腹亲信,要凭借特殊的方便条件来向陛下进献他们或憎或爱的说辞,这就不单单是有关个人的谤毁或称誉了,这对国家政事的损失或补益也会有很大的关系。陛下您现在应当思量着怎样启发、拓宽朝臣们的心胸,对有道的忠节良臣加以表扬勉励,使他们自觉向古代的贤人看齐,盼望着将来能把他们的事迹载入史册。但是,如今陛下却让像廉昭这样的人在大臣们中间搅乱,我惧怕大臣们将会只思考如何容身保位,坐观朝政得失,听任它成为来世人们失败的鉴戒了。

昔日周公告诫他的长子鲁侯伯禽说:“不要让大臣们没完没了地埋怨。”周公并没有特别言明大臣的贤或愚,这就表明,不管大臣是贤是愚,都应为世所用。尧称赞舜的功绩,称赞他能逐去四凶。尧也没有再强调四凶的罪过谁大谁小,这就表明,不管罪责大小,凡是有罪的,就要被逐去。如今,朝臣们都不以为自己不贤能,却以为是陛下不信任他们。不自以为自己不机智,却以为是陛下不询问他们。陛下何不遵循周公的用人标准和大舜逐去臣下的原则呢?您可以让侍中、尚书在您坐着时,就在帷幄中侍奉您,在您行动时,就在华辇乘舆后面跟从着您。让他们亲自应对陛下的诏问,让他们的陈诉都能传达给您,那么,群臣的品行是否端正和他们是否贤能,就都可以知道了。这样,就可以让忠义贤能的人进升,而把那些奸邪恶劣的人黜退。群臣中谁还敢犹豫不决、不尽忠尽力呢?以陛下的圣明,若能亲自与群臣论议政事,使得群臣人人都能自觉尽忠,人人都自以为陛下亲信他们,人人都思量着如何报效陛下,群臣不管是贤是愚,都在陛下的任用和掌握之中。以这样的方式去治理事务,什么事办不了?以这样的方式去建功,什么功建不成?每当有了战事,陛下的诏书中常说:“谁应当为此事而忧虑呢?看来,只有我自己一个人应当忧虑了。”近来陛下在诏令中又说:“忧心公事而忘私利的人,必定不会这样,只有先思公事而后虑私利的,才会自己去这么办。”臣拜读陛下的明诏,知道陛下对下情已经全明白了,然而我也为陛下不从根本上治理,却总为细情末节担忧而感到奇怪。人的贤能与否,实在是一个人的本性,就是臣下,也认为朝臣中并不都是称职的。圣明的君主使用人才,就在于使有才能的人不留气力藏奸,使没有能力的人不得处在不适合他的职位上。选举官吏,人非其选,这不一定就是选举人的罪过。满朝群臣都容忍不称职的人,这才让人感到奇怪。陛下知道这人办事不尽力,却代替他为他职责内的事担忧,知道这人没有能力,却在那儿教他怎样办理他的事务,这岂不是让主上劳禄而使下属闲逸吗?虽然是圣贤都出在今世,他们最终也不能用这种方式来治理好国家。

陛下又担心台阁中枢的禁令不机密,人事的说情、请托这些歪风不能杜绝,就听信了所谓商代伊尹制定的迎客出入的古代制度,选任了司徒,却又让一个凶恶的小吏看守司徒衙署的大门,威权禁令都由这个恶吏掌握,这实在是没有探得古人设立门禁的根本宗旨啊。昔年汉安帝时,少府窦嘉要征用廷尉郭躬一个没有罪过的侄子,还被群臣检举参奏了,弹劾他的奏章沸沸扬扬。近年,司隶校尉孔羡有意要征用大将军的一个生性狂悖的兄弟,而有关部门人员却缄口无言,他们望风承旨,比受了当事人的嘱托还卖力气。选举官员不实事求是,这是人事上的大问题。窦嘉有皇亲的宠幸,郭躬不是社稷重臣,窦嘉要征用郭躬一个无罪的侄子尚且闹得如此严重。以今天的情况比拟古事,可知目前的混乱状况都是由于陛下您不督责臣下施行必行的惩罚,以杜绝阿谀奉承的奸党的缘故啊。伊尹指定的制度，和用恶吏来守门，都不是治理世事的方法。假使我今天说的话能够蒙受陛下的一点体察和采纳，还用担心什么奸邪不能消灭，还用豢养着像廉昭这样的小人吗？

像纠察、揭发犯法乱纪这种事，本是忠于君国的好事。然而世人所以憎恶小人来执行这种任务，就是因为他们往往不顾是非、不讲道理，只是用来求得自己的晋升。如若陛下再不去考查有关事件的终始本末，必定会认为那些违背众意、敌视世人的小人为奉公之人，把那些行踪诡秘、暗告别人的人当成是尽节之臣。通人大才的贤臣哪里就不能做这类事呢？实在是因为他们顾及道理，明辨是非，而不屑这样做罢了。使得普天下的人都背弃道义而趋尚势利，这是做君主的最为疾恶的事情。陛下对此又怎么会感到快乐呢？您为什么不把它灭绝在萌芽之中呢？预先揣摸君主的意向，然后顺承意旨说话办事，以便求得容纳和赞美，这大概都是天下最浅薄而又没有德行道义的人，他们的思想就在于务必要迎合人主的心思而已，而并不是要治理天下，安定百姓。陛下您何不试着改变一下业已打定的主意而向他们示意一下，您看看他们哪里是坚持他们意见而违背圣意的人呢？人臣能得到君主的欢心，这是平安的事情；能处在尊贵显赫的官位上，这是光荣的事情；有廪食千钟的俸禄，这是丰厚的待遇。为人臣子的人即便愚笨，也没有不乐意这样而专喜欢干犯、违抗圣意的人。如果说人臣有时有干犯、违抗圣意之处，那也是因为迫于道义，自己强逼着自己那么做的。臣真诚地认为陛下对这种臣子应当加以怜惜和护佑，对他们稍加委任。陛下怎么会反而赞同廉昭等小人倾轧颠覆他人的私意，而忽视那些应加怜惜和护佑的人呢？如今外部有吴、蜀等伺机待隙的寇贼，内部有贫穷怨旷的民众，陛下应当把国家的损失补益和朝纲政事的得失利害作为大计，对这些真是不可以有丝毫疏忽懈怠。

杜恕在朝中为官八年，他论议的激亢忠直，都与此类似。

后来，他出任为弘农太守，数年后又转任为赵相，不久就因为有疾病而离开了官位。后来，又在家中被起用为河东太守，过了一年多，改任淮北都督护军，又因为疾病，离官而去。杜恕所在之处，务求保存政事大体而已，在施行恩惠，取得百姓欢心方面，不如他的父亲杜畿。不久，他被任为御史中丞。杜恕在朝廷因为与上下左右相处不甚和谐，故而他屡屡被放在外任。不久，他又出京做幽州刺史，加封建威将军、使持节、护乌丸校尉。当时，征北将军程喜屯驻在蓟，尚书袁侃等人告诫杜恕说：“程申伯在先帝时就曾在青州倾轧过田国让。足下今日与他都持有节符，与他共同屯驻在一座城中，你应当深加戒备，对待他要有所留意。”然而杜恕没有把袁侃的这番话放在心上。他到任还不足一年，有位鲜卑大人的儿子，不通过关塞，径自率领数十名骑兵来到了幽州城。幽州有关部门斩杀了随从这位鲜卑大人之子而来的一个少年，杜恕没有将这件事写表章向上司申报。于是，程喜就此上奏弹劾杜恕，朝廷将杜恕送到廷尉问罪，当判他死罪。因为他的父亲杜畿勤劳王事被淹死了，所以只将他免为庶人，并把他流放到章武郡居住，那年是嘉平元年。杜恕生性倜傥潇洒、任意疏放，却又不思预防祸患，终导致了祸败。

起初，杜恕从赵郡还都，陈留的阮武也从清河太守任上被征召进京，二人都亲自到廷尉那里去登记。阮武就对杜恕说："我看您啊，才气品性可以一切秉公，但坚持得却不够严格，器度能力可以处大官之位，但追求得却不够顺利，才能学识可以阐述古今之事，但志趣却不够专一，这就是人们常说的，有这样的才能却没有派上这样的用场。如今您有闲暇时间，倒可以试着凝神潜思，以撰成一家之言。"杜恕退居章武，就撰著了《体论》八篇，又撰著了《兴性论》一篇，这些都是为自己解说而撰著的。嘉平四年，杜恕便在流放地去世了。

甘露二年，河东郡九十余岁高龄的老者乐详，上书争讼当年杜畿所遗留下来的功绩，朝廷被感动了。于是下诏封杜恕的儿子杜预为丰乐亭侯，享有食邑百户。

杜恕的奏议、论、驳诸文都写得粲然可观，本传只是掇拾了一些切中世间大事的内容放在了本篇中。

郑浑

【原文】郑浑，字文公，河南开封人也。高祖父众，众父兴，皆为名儒。① 浑兄泰，与荀攸等谋诛董卓，为扬州刺史，卒。② 浑将泰小子袤避难淮南，袁术宾礼甚厚。浑知术必败，时华歆为豫章太守，素与泰善，浑乃渡江投歆。太祖闻其笃行，召为掾，复迁下蔡长、邵陵令。天下未定，民皆剽轻，不念产殖。其生子无以相活，率皆不举。浑所在夺其渔猎之具，课使耕桑，又兼开稻田，重去子之法。民初畏罪，后稍丰给，无不举赡。所育男女，多以郑为字。辟为丞相掾属，迁左冯翊。

①《续汉书》曰：兴，字少赣，谏议大夫。众字子师，大司农。

② 张璠《汉纪》曰：泰，字公业。少有才略，多谋计，知天下将乱，阴交结豪杰。家富于财，有田四百顷，而食常不足，名闻山东。举孝廉，三府辟，公车征，皆不就。何进辅政，征用名士，以泰为尚书侍郎，加奉车都尉。进将诛黄门，欲召董卓为助，泰谓进曰："董卓强忍寡义，志欲无厌，若借之朝政，授之大事，将肆其心以危朝廷。以明公之威德，据阿衡之重任，秉意独断，诛除有罪，诚不待卓以为资援也。且事留变生，其鉴不远。"又为陈时之要务，进不能用，乃弃官去。谓颍川人荀攸曰："何公未易辅也。"进寻见害，卓果专权，废帝。关东义兵起，卓会议大发兵，群寮咸惮卓，莫敢忤旨。泰恐其强，益将难制，乃曰："夫治在德，不在兵也。"卓不悦曰："如此，兵无益邪？"众人莫不变容，为泰震栗。泰乃诡辞对曰："非以无益，以山东不足加兵也。今山东议欲起兵，州郡相连，人众相动，非不能也。然中国自光武以来，无鸡鸣狗吠之警，百姓忘战日久。仲尼有言：'不教民战，是谓弃之。'虽众不能为害，一也。明公出自西州，少为国将，闲习军事，数践战场，名称当世。以此威民，民怀慑服，二也。袁本初公卿子弟，生处京师，体长妇人；张孟卓东平长者，坐不窥堂；孔公绪能清谈高论，嘘枯吹生，无军帅之才，负霜露之勤。临锋履刃，决敌雌雄，皆非明公敌，三也。察山东之士，力能跨马控弦，勇等孟贲，捷齐庆忌，信有聊城之守，策有良、平之谋，可任以偏师，责以成功，未闻有其人者，四也。就

有其人，王爵不相加，妇姑位不定，各恃众怙力，将人人棋跱，以观成败，不肯同心共胆，率徒旅进，五也。关西诸郡，北接上党、太原、冯翊、扶风、安定，自顷以来，数与胡战，妇女载戟挟矛，弦弓负矢，况其悍夫。以此当山东忘战之民，譬驱群羊向虎狼，其胜可必，六也。且天下之权勇，今见在者不过并、凉、匈奴屠各、湟中义从、八种西羌，皆百姓素所畏服，而明公权以为爪牙，壮夫震栗，况小丑乎！七也。又，明公之将帅，皆中表腹心，周旋日久，自三原、硖口以来，恩信醇著，忠诚可远任，智谋可特使，以此当山东解后之虚诞，实不相若，八也。夫战有三亡：以乱攻治者亡，以邪攻正者亡，以逆攻顺者亡。今明公秉国政平，讨夷凶宦，忠义克立。以三德待于三亡，奉辞伐罪，谁人敢御？九也。东州有郑康成，学该古今，儒生之所以集；北海邴根矩，清高直亮，群士之楷式。彼诸将若询其计画，案典校之强弱，燕、赵、齐、梁非不盛，终见灭于秦，吴、楚七国非不众，而不敢逾荥阳，况今德政之赫赫，股肱之邦良，欲造乱以徼不义者，必不相然赞，成其凶谋，十也。若十事少有可采，无事征兵以惊天下，使患役之民，相聚为非，弃德恃众，以轻威重。”卓乃悦，以泰为将军，统诸军击关东。或谓卓曰：“郑泰智略过人，而结谋山东，今资之士马，使就其党，窃为明公惧之。”卓收其兵马，留拜议郎。后又与王允谋共诛卓，泰脱身自武关走，东归。后将军袁术以为扬州刺史，未至官，道卒，时年四十一。

时梁兴等略吏民五千余家为寇抄，诸县不能御，皆恐惧，寄治郡下。议者悉以为当移就险，浑曰：“兴等破散，窜在山阻。虽有随者，率胁从耳。今当广开降路，宣喻恩信。而保险自守，此示弱也。”乃聚敛吏民，治城郭，为守御之备。遂发民逐贼，明赏罚，与要誓，其所得获，十以七赏。百姓大悦，皆愿捕贼，多得妇女、财物。贼之失妻子者，皆还求降。浑责其得他妇女，然后还其妻子，于是转相寇盗，党与离散。又遣吏民有恩信者，分布山谷告喻，出者相继，乃使诸县长吏各还本治以安集之。兴等惧，将余众聚鄜城。太祖使夏侯渊就助郡击之，浑率吏民前登，斩兴及其支党。又贼靳富等，胁将夏阳长、邵陵令并其吏民入硙山。浑复讨击破富等，获二县长吏，将其所略还。及赵青龙者，杀左内史程休，浑闻，遣壮士就枭其首。前后归附四千余家，由是山贼皆平，民安产业。转为上党太守。

太祖征汉中，以浑为京兆尹。浑以百姓新集，为制移居之法。使兼复者与单轻者相伍，温信者与孤老为比，勤稼穑，明禁令，以发奸者。由是民安于农，而盗贼止息。及大军入汉中，运转军粮为最。又遣民田汉中，无逃亡者。太祖益嘉之，复入为丞相掾。文帝即位，为侍御史，加驸马都尉，迁阳平、沛郡二太守。郡界下湿，患水涝，百姓饥乏。浑于萧、相二县界，兴陂遏，开稻田。郡人皆以为不便，浑曰：“地势洿下，宜溉灌，终有鱼稻经久之利，此丰民之本也。”遂躬率吏民，兴立功夫，一冬间皆成。比年大收，顷亩岁增，租入倍常，民赖其利，刻石颂之，号曰郑陂。转为山阳、魏郡太守，其治放此。又以郡下百姓，苦乏材木，乃课树榆为篱，并益树五果。榆皆成藩，五果丰实。入魏郡界，村落齐整如一，民得财足用饶。明帝闻之，下诏称述，布告天下，迁将作大匠。浑清素在公，妻子不免于饥寒。及卒，以子崇为郎中。①

①《晋阳秋》曰：泰子袤，字林叔。泰与华歆、荀攸善。见袤曰：“郑公业为不亡矣。”

初为临菑侯文学，稍迁至光禄大夫。泰始七年，以袤为司空，固辞不受，终于家。子默，字思玄。◎《晋诸公赞》曰：默遵守家业，以笃素称，位至太常。默弟质、舒、诩，皆为卿。默子球，清直有理识，尚书右仆射、领选。球弟豫，为尚书。

【译文】郑浑，字文公，是河南开封人。他的高祖父郑众，以及郑众的父亲郑兴，都是名儒。郑浑的哥哥郑泰曾与荀攸等人谋划诛灭董卓，做过扬州刺史，早就去世了。那时，郑浑带着郑泰的小儿子郑袤去淮南避难，袁术用宾礼接待郑浑，待遇很优厚。郑浑知道袁术必然要失败，当时华歆正做豫章郡太守，而华歆素来就与郑泰交好，于是郑浑就渡江投奔了华歆。魏太祖曹操听说郑浑行为笃诚，就召请他为掾吏，后来又升迁他做了下蔡县长、邵陵县令。那时候天下还没有安定，民众都剽悍轻忽，不想生产繁殖。他们因为生了孩子没有办法养活，所以大都不肯生养。郑浑在所治之处夺下民众手中捕鱼、打猎的器具，严加课查让他们耕田采桑，同时让他们开垦稻田，并加重了对故意遗弃婴儿的惩罚法令。民众起初是害怕获罪，后来生活渐渐富裕了，所以对所生婴儿没有不抚养的。而且他们所生育的子女，大多用郑浑的姓氏“郑”来作名字。不久，郑浑就被征用为丞相掾属，又升迁为左冯翊。

当时，梁兴等人在左冯翊界内劫掠了吏民五千余家，并胁迫这些人一同做寇贼抢掠地方，诸县令长没有能力防御，大家都很恐惧，纷纷把县衙治所寄屯在郡城下。议及此事的人都以为，应当把郡衙治所也移往有险可守的地方去，郑浑说：“梁兴等寇已破败离散，奔窜在山野险阻之中。虽然也有些跟随的人，但一般都是些胁从者罢了。如今我们应当为这些胁从者广开投降的门路，向他们宣传、告喻朝廷的恩德和威信。你们反而却要寻找险要地方以图自守，这实际上是向寇贼们表示我们的软弱。”于是他就把吏民聚集到一起，修治城郭，作守城御寇的准备。接着就发动民众驱逐贼寇，严明赏罚，与吏民立约盟誓，凡是他们所俘获的东西，十分之七拿出来犒赏杀贼有功的人。百姓闻听大为欢喜，大家都愿意出力捕杀贼寇，多获得妇女和财物。贼寇中丢失了妻子的人，都回来乞求投降。郑浑责成他们也参加捕贼，等他们也俘得其他贼寇的妇女，然后才还给他们妻子，于是，这帮人转过头又去向其他贼人攻击，贼寇党羽很快就离散瓦解了。郑浑又派遣吏民中素有恩威信誉的人，分别到山谷中去通告那些身陷贼寇的吏民赶紧归降，出来归降的人前后相继，络绎不绝，郑浑就让诸县的长吏各自回到本县的治所去安抚召集百姓。梁兴等人一见这形势，十分惧怕，就率领余下的贼众聚守鄜城。魏太祖曹操令夏侯渊就近帮助郡守痛击贼寇，郑浑率领吏民首先登上贼城，杀了梁兴以及他的支属余党。此外还有贼首靳富等人，胁迫夏阳县长、邵陵县令和他们的吏民一并逃入了硙山。郑浑又讨伐击破了靳富等，救出了二县的长吏，把贼寇劫掠的吏民、财物又都归还给了他们。还有一个贼首名叫赵青龙，他杀了左内史程休，郑浑听说后，立即派遣壮士赶去斩了他的首级。前后由贼中出降归附的达四千余家，从此山贼都荡平了，民众也都安居乐业。不久，郑浑又转任为上党太守。

魏太祖曹操征伐汉中时，起用郑浑做了京兆尹。郑浑因为百姓们新近刚得安居，所以为他们制定了有关移家迁居的法令。让男女兼备人口众多的民户与单身独居负担较轻的民户搭配着居住，让温良诚信的人与孤寡老人作伴，号召他们勤务农耕，严明法令，互相监督，揭发奸民。从此以后，民众就都安心于务农了，而盗贼也相应地止息了。及至曹操大军进入汉中时，军粮运转以郑浑所领的京兆地方为最多最好。此后，郑浑又遣送京兆民众到汉中去屯田，他们中也没有人逃亡。魏太祖曹操越发嘉许郑浑，又把他调入京都任丞相掾。魏文帝即位后，又任命郑浑为侍御史，加官为驸马都尉，后又迁任为阳平、沛郡二郡的太守。他所辖郡府地界低下潮湿，水涝为患，百姓们常饥饿困乏。于是，郑浑选定在萧、相二县地界兴筑池堤，开垦稻田。郡中的人都以为这样做不合适，郑浑说："本地的地势低下，正适宜于灌溉，这样做终归会有长远的鱼稻利益，这是使民众富裕的根本措施。"于是就亲自率领吏民，开始动工，仅用了一冬天时间农田水利工程就都建成了。第二年大获丰收，每亩的粮稻产量逐年增加，交纳的租赋是常年的两倍，当地民众世代仰赖着他所带来的福利，大家撰文刻石歌颂他，把那个陂池取名叫作郑陂。后来，郑浑又转任为山阳、魏郡太守，他在那里的治民之术，大体上也是仿效这里。他又因为郡下的百姓苦于木材缺乏，于是就监督每户民众植榆树作篱笆，在篱笆内再加植五棵果树。不久，家家榆树都长成屏藩，五棵果树都果实丰硕。人们只要一进入郑浑治下的魏郡地界，就能见村落整齐如一，民众家家都财源丰足，物用富饶。魏明帝闻听后，下诏予以表扬，布告天下，并把郑浑升迁为将作大匠。郑浑为官清廉朴素，一心在公，以至于他的妻儿时常不免要挨饥受寒。及至他去世以后，朝廷把他的儿子郑崇任命为郎中。

仓慈

【原文】仓慈，字孝仁，淮南人也。始为郡吏。建安中，太祖开募屯田于淮南，以慈为绥集都尉。黄初末，为长安令，清约有方，吏民畏而爱之。太和中，迁燉煌太守。郡在西陲，以丧乱隔绝，旷无太守二十岁，大姓雄张，遂以为俗。前太守尹奉等，循故而已，无所匡革。慈到，抑挫权右，抚恤贫羸，甚得其理。旧大族田地有余，而小民无立锥之土。慈皆随口割赋，稍稍使毕其本直。先是属城狱讼众猥，县不能决，多集治下。慈躬往省阅，料简轻重，自非殊死，但鞭杖遣之，一岁决刑曾不满十人。又常日西域杂胡欲来贡献，而诸豪族多逆断绝。既与贸迁，欺诈侮易，多不得分明。胡常怨望。慈皆劳之，欲诣洛者，为封过所，欲从郡还者，官为平取，辄以府见物与共交市，使吏民护送道路，由是民夷翕然称其德惠。数年卒官，吏民悲感如丧亲戚，图画其形，思其遗像。及西域诸胡闻慈死，悉共会聚于戊己校尉及长吏治下发哀，或有以刀画面，以明血诚，又为立祠，遥共祠之。①

①《魏略》曰：天水王迁，承代慈，虽循其迹，不能及也。金城赵基承迁后，复不如迁。至嘉平中，安定皇甫隆代基为太守。初，燉煌不甚晓田，常灌溉滀水，使极濡洽，然后乃耕。又不晓作耧犁、用水，及种，人牛功力既费，而收谷更少。隆到，教作耧犁，又教衍溉，岁终率计，其所省庸力过半，得谷加五。又，燉煌俗，妇人作裙，挛缩如羊肠，用布一匹。隆又禁改之，所省复不訾。故燉煌人以为隆刚断严毅不及于慈，至于勤恪爱惠，为下兴

利，可以亚之。

自太祖迄于咸熙，魏郡太守陈国吴瓘、清河太守乐安任燠、京兆太守济北颜斐、弘农太守太原令狐邵、济南相鲁国孔乂，或哀矜折狱，或推诚惠爱，或治身清白，或擿奸发伏，咸为良二千石。①

① 瓘、燠事行无所见。《魏略》曰：颜斐，字文林。有才学。丞相召为太子洗马，黄初初转为黄门侍郎，后为京兆太守。始，京兆从马超破后，民人多不专于农殖，又历数四二千石，取解目前，亦不为民作久远计。斐到官，乃令属县整阡陌，树桑果。是时民多无车牛，斐又课民以闲月取车材，使转相教匠作车。又课民无牛者，令畜猪狗，卖以买牛。始者民以为烦，一二年间，家家有丁车、大牛。又起文学，听吏民欲读书者，复其小徭。又于府下起菜园，使吏役闲钼治。又课民当输租时，车牛各因便致薪两束，为冬寒冰炙笔砚。于是风化大行，吏不烦民，民不求吏。京兆与冯翊、扶风接界，二郡道路既秽塞，田畴又荒莱，人民饥冻，而京兆皆整顿开明，丰富常为雍州十郡最。斐又清己，仰奉而已，于是吏民恐其迁转也。至青龙中，司马宣王在长安立军市，而军中吏士多侵侮县民，斐以白宣王。宣王乃发怒召军市候，便于斐前杖一百。时长安典农与斐共坐，以为斐宜谢，乃私推筑斐。斐不肯谢，良久乃曰："斐意观明公受分陕之任，乃欲一齐众庶，必非有所左右也。而典农窃见推筑，欲令斐谢。假令斐谢，是更为不得明公意也。"宣王遂严持吏士。自是之后，军营、郡县各得其分。后数岁，迁为平原太守，吏民啼泣遮道，车不得前，步步稽留，十余日乃出界，东行至崤而疾困。斐素心恋京兆，其家人从者见斐病甚，劝之，言："平原当自勉励作健。"斐曰："我心不愿平原，汝曹等呼我，何不言京兆邪？"遂卒，还平原。京兆闻之，皆为流涕，为立碑，于今称颂之。

令狐邵，字孔叔。父仕汉，为乌丸校尉。建安初，袁氏在冀州，邵去本郡，家居邺。九年，暂出到武安毛城中。会太祖破邺，遂围毛城。城破，执邵等辈十余人，皆当斩。太祖阅见之，疑其衣冠也，问其祖考，而识其父，乃解放，署军谋掾。仍历宰守，后徙丞相主簿，出为弘农太守。所在清如冰雪，妻子希到官省。举善而教，恕以待人，不好狱讼，与下无忌。是时，郡无知经者，乃历问诸吏，有欲远行就师，辄假遣，令诣河东就乐详学经，粗明乃还，因设文学。由是弘农学业转兴。至黄初初，征拜羽林郎，迁虎贲中郎将，三岁，病亡。始，邵族子愚，为白衣时，常有高志，众人谓愚必荣令狐氏，而邵独以为："愚性倜傥，不修德而愿大，必灭我宗。"愚闻邵言，其心不平。及邵为虎贲郎将，而愚仕进已多所更历，所在有名称。愚见邵，因从容言次，微激之曰："先时闻大人谓愚为不继，愚今竟云何邪？"邵熟视而不答也。然私谓其妻子曰："公治性度犹如故也。以吾观之，终当败灭。但不知我久当坐之不邪？将逮汝曹耳！"邵没之后，十余年间，愚为兖州刺史，果与王凌谋废立，家属诛灭。邵子华，时为弘农郡丞，以属疏得不坐。

案《孔氏谱》：孔乂，字元俊，孔子之后。曾祖畴，字元矩，陈相。汉桓帝立老子庙于苦县之赖乡，画孔子像于壁。畴为陈相，立孔子碑于像前，今见存。乂父祖皆二千石，乂为散骑常侍，上疏规谏，语在《三少帝纪》。至大鸿胪。子恂字士信，晋平东将军、卫尉也。

【**译文**】仓慈，字孝仁，是淮南人。他开始时在郡中做府吏。建安年间，魏太祖曹操在淮南召募流民屯田，任用仓慈为绥集都尉。黄初末年，仓慈为长安县令，他清静简约，治民有方，吏民又畏惧他，又爱敬他。太和年间，仓慈迁任做敦煌太守。这个郡远在西方边疆，因为中原丧乱，该郡便与世隔绝，旷缺太守二十年，郡中大姓豪门一贯强雄嚣张，当地就把这当成了习俗。前任太守尹奉等人，只是因循守旧而已，没做什么匡救和改革。仓慈到任后，压制挫辱那些权门豪族，抚恤贫民羸弱，很能掌握治民的道理。旧年大族的田地绰绰有余，而小民却贫无立锥之地。仓慈到任后根据人口割地纳赋，使得贫富之人都能逐渐完成他们本该交纳的赋税。此前所属各县城讼狱之事众多而又烦琐，县里不能判决，大多都集中到了郡下。仓慈到任后亲自前往各县省视查阅，估量审查罪犯罪行的轻重，但凡不是特殊非判死刑的，一般只是鞭笞杖责几下也就释放了，一年中被判决大刑的全郡还不满十人。还有常日里西域的杂居胡族想来中原向朝廷纳贡，往往被郡中的豪族阻断截住了。即使有时与他们进行贸易，也是对他们横加欺诈，大多不能公平交易。胡人常常为此而怨恨怅望。仓慈到任后好言慰劳他们，胡人中凡是要去洛阳的，为他们封盖过境印信，凡是要从郡城中回去的人，官府为他们平价取值，用官府的物品与他们互利交易，并派吏民在道路上护送他们，从此汉民与胡夷都一致称颂他的恩德仁惠。数年后，仓慈在官任上去世，吏民悲痛感伤，就好像死亡的是自己的亲人，大家画了他的形容，思念他的遗容。及至西域的诸胡听说仓慈死了，他们全都会聚在戊己校尉及长吏们的治所下为仓慈发丧致哀，有的人还用刀划破了脸，表明他对仓慈的情意像血一样的真诚，他们又为仓慈立了祠堂，遥拜祭祀他。

自魏太祖时一直到元帝咸熙年间，魏郡太守陈国的吴瓘、清河太守乐安人任燠、京兆太守济北人颜斐、弘农太守太原人令狐邵、济南相鲁国人孔乂，他们中有的人能怜悯百姓，尽心断案，有的人能推诚待人，惠爱黎民，有的人能严治自身，清白廉洁，有的人能揭发奸宄，缉拿逃犯，他们都是贤良的二千石官员。

【原文】评曰：任峻始兴义兵，以归太祖，辟土殖谷，仓庾盈溢，庸绩致矣。苏则威以平乱，既政事之良，又矫矫刚直，风烈足称。杜畿宽猛克济，惠以康民。郑浑、仓慈，恤理有方。抑皆魏代之名守乎！恕屡陈时政，经论治体，盖有可观焉。

【译文】评论说：任峻开始时兴举义兵，来归附魏太祖，继而开辟荒地，种植粮谷，使得粮仓充盈、米囤满溢，他的功绩够大的了。苏则威猛，平息叛乱，政事既属优良，又能威武不屈、刚直不阿，他的高风烈节，值得称道。杜畿能宽猛相济、刚柔并用，以仁惠康宁黎民。郑浑、仓慈二人，体恤民情、治理政事，均有良方。他们都算是魏代有名的郡守吧！杜恕屡屡陈诉当时政令利弊，他经纬议论、研治国体，实在也是很有可观之处的。

三国志

文白对照珍藏版

〔西晋〕陈寿◎著
〔南朝宋〕裴松之◎注
三读国学馆◎编

魏书

3

北京燕山出版社

卷十七　魏书十七

张乐于张徐传第十七

张辽

【原文】张辽，字文远，雁门马邑人也。本聂壹之后，以避怨变姓。少为郡吏。汉末，并州刺史丁原以辽武力过人，召为从事，使将兵诣京都。何进遣诣河北募兵，得千余人。还，进败，以兵属董卓。卓败，以兵属吕布，迁骑都尉。布为李傕所败，从布东奔徐州，领鲁相，时年二十八。太祖破吕布于下邳，辽将其众降，拜中郎将，赐爵关内侯。数有战功，迁裨将军。袁绍破，别遣辽定鲁国诸县。与夏侯渊围昌豨于东海，数月粮尽，议引军还，辽谓渊曰："数日已来，每行诸围，豨辄属目视辽。又其射矢更稀，此必豨计犹豫，故不力战。辽欲挑与语，傥可诱也。"乃使谓豨曰："公有命，使辽传之。"豨果下与辽语，辽为说："太祖神武，方以德怀四方，先附者受大赏。"豨乃许降。辽遂单身上三公山，入豨家，拜妻子。豨欢喜，随诣太祖。太祖遣豨还，责辽曰："此非大将法也。"辽谢曰："以明公威信著于四海，辽奉圣旨，豨必不敢害故也。"从讨袁谭、袁尚于黎阳，有功，行中坚将军。从攻尚于邺，尚坚守不下。太祖还许，使辽与乐进拔阴安，徙其民河南。复从攻邺，邺破，辽别徇赵国、常山，招降缘山诸贼及黑山孙轻等。从攻袁谭，谭破，别将徇海滨，破辽东贼柳毅等。还邺，太祖自出迎辽，引共载，以辽为荡寇将军。复别击荆州，定江夏诸县，还屯临颍，封都亭侯。从征袁尚于柳城，卒与虏遇，辽劝太祖战，气甚奋，太祖壮之，自以所持麾授辽。遂击，大破之，斩单于蹋顿。①

①《傅子》曰：太祖将征柳城，辽谏曰："夫许，天下之会也。今天子在许，公远北征，若刘表遣刘备袭许，据之以号令四方，公之势去矣。"太祖策表必不能任备，遂行也。

时荆州未定，复遣辽屯长社。临发，军中有谋反者，夜惊乱起火，一军尽扰。辽谓左右曰："勿动。是不一营尽反，必有造变者，欲以动乱人耳。"乃令军中："其不反者安坐！"辽将亲兵数十人，中陈而立。有顷定，即得首谋者杀之。陈兰、梅成以氐六县叛，太祖遣于禁、臧霸等讨成，辽督张郃、牛盖等讨兰。成伪降禁，禁还。成遂将其众就兰，转入灊山。灊中有天柱山，高峻二十余里，道险狭，步径裁通，兰等壁其上。辽欲进，诸将曰："兵少道险，难用深入。"辽曰："此所谓一与一，勇者得前耳。"遂进到山下安营，攻之，斩兰、成首，尽虏其众。太祖论诸将功，曰："登天山，履峻险，以取兰、成，荡寇功也。"增邑，假节。

太祖既征孙权还，使辽与乐进、李典等将七千余人屯合肥。太祖征张鲁，教与护军薛悌，署函边曰："贼至乃发。"俄而权率十万众围合肥，乃共发教，教曰："若孙权至者，张、李将军出战，乐将军守，护军勿得与战。"诸将皆疑。辽曰："公远征在外，比救至，彼破我必矣。是以教指及其未合逆击之，折其盛势，以安众心，然后可守也。成败之机，在此一战，诸君何疑？”李典亦与辽同。于是辽夜募敢从之士，得八百人，椎牛飨将士，明日大战。平旦，辽被甲持戟，先登陷陈，杀数十人，斩二将，大呼自名，冲垒入，至权麾下。权大惊，众不知所为，走登高冢，以长戟自守。辽叱权下战，权不敢动，望见辽所将众少，乃聚围辽数重。辽左右麾围，直前急击，围开，辽将麾下数十人得出，余众号呼曰：“将军弃我乎！”辽复还突围，拔出余众。权人马皆披靡，无敢当者。自旦战至日中，吴人夺气，还修守备，众心乃安，诸将咸服。权守合肥十余日，城不可拔，乃引退。辽率诸军追击，几复获权。太祖大壮辽，拜征东将军。[①]建安二十一年，太祖复征孙权。到合肥，循行辽战处，叹息者良久。乃增辽兵，多留诸军，徙屯居巢。

①孙盛曰：夫兵固诡道，奇正相资，若乃命将出征，推毂委权，或赖率然之形，或凭掎角之势，群帅不和，则弃师之道也。至于合肥之守，县弱无援，专任勇者则好战生患，专任怯者则惧心难保。且彼众我寡，必怀贪墯。以致命之兵，击贪墯之卒，其势必胜。胜而后守，守则必固。是以魏武推选方员，参以同异，为之密教，节宣其用。事至而应，若合符契，妙矣夫！

关羽围曹仁于樊，会权称藩，召辽及诸军悉还救仁。辽未至，徐晃已破关羽，仁围解。辽与太祖会摩陂。辽军至，太祖乘辇出劳之，还屯陈郡。文帝即王位，转前将军。[①]分封兄汎及一子列侯。孙权复叛，遣辽还屯合肥，进辽爵都乡侯。给辽母舆车，及兵马送辽家诣屯，敕辽母至，导从出迎。所督诸军将吏皆罗拜道侧，观者荣之。文帝践阼，封晋阳侯，增邑千户，并前二千六百户。黄初二年，辽朝洛阳宫，文帝引辽会建始殿，亲问破吴意状。帝叹息顾左右曰：“此亦古之召虎也。”为起第舍，又特为辽母作殿，以辽所从破吴军应募步卒，皆为虎贲。孙权复称藩。辽还屯雍丘，得疾。帝遣侍中刘晔将太医视疾，虎贲问消息，道路相属。疾未瘳，帝迎辽就行在所，车驾亲临，执其手，赐以御衣，太官日送御食。疾小差，还屯。孙权复叛，帝遣辽乘舟，与曹休至海陵，临江。权甚惮焉，敕诸将：“张辽虽病，不可当也，慎之！”是岁，辽与诸将破权将吕范。辽病笃，遂薨于江都。帝为流涕，谥曰刚侯。子虎嗣。六年，帝追念辽、典在合肥之功，诏曰：“合肥之役，辽、典以步卒八百，破贼十万，自古用兵，未之有也。使贼至今夺气，可谓国之爪牙矣。其分辽、典邑各百户，赐一子爵关内侯。”虎为偏将军，薨。子统嗣。

①《魏书》曰：王赐辽帛千匹，谷万斛。

【译文】张辽，字文远，雁门马邑人。原本是聂壹的后代，为躲避仇人而把自己的姓氏改了。他年轻时曾担任郡吏。东汉末年，因为他勇气体力超过普通人，并州刺史丁原征召他担任兵曹从事，派遣他率军前往京都。何进派遣张辽去河北征兵，他征集了一千多人。返回京都，何进兵败，张辽率领部下归顺了董卓。董卓失败后，他又率领部下归属吕布，升任为骑都尉。吕布后来被李傕打败，张辽跟随吕布东奔徐州，兼任鲁国相，当时二十八岁。曹操在下邳打败吕布，张辽率军归降，被任命为中郎将，赐予关内侯之爵。因为他屡次建立战功，因此被升为裨将军。袁绍战败后，曹操派张辽率军平定鲁国诸县。张辽与夏侯渊一起在东海包围昌豨，几个月之后粮草都吃光了，大家商议想着撤军返回，张辽对夏侯渊说："这几天以来，我每次走到营垒前面，就感到昌豨在注视着我。除此以外，他们的弓箭也一天比一天减少，这一定是昌豨内心产生了犹豫，所以没有全力作战。我想用言语规劝他，也许能够诱使他归降。"于是派使者告诉昌豨："曹公下了命令，派张辽传达给你。"昌豨果真走下来同张辽进行了交谈。张辽劝他说："曹公圣明英武，正在用德行与行动安抚四方，首先归顺的人一定会得到更好的封赏。"于是，昌豨答应投降。于是张辽只身一人去了三公山，来到了昌豨的家里，拜会了他的妻子儿女。昌豨非常高兴，于是跟随张辽去见曹操。曹操让昌豨先返回，批评张辽说："这不是大将应当使用的方法。"张辽致歉道："因为您的威信远播四海，我说奉了您的命令，昌豨一定不敢加害我。"接着张辽跟随曹操在黎阳征伐袁谭、袁尚，立下了许许多多的战功，代任中坚将军。后来又跟随曹操攻打袁尚占据着的邺城，邺城没被攻下。曹操返回许昌，命令张辽和乐进攻占阴安，将阴安县的百姓迁徙到黄河南岸。后又跟随曹操攻邺城，攻下邺城后，张辽又另外率领军队攻占了赵国、常山，招抚降伏了沿山一带的贼人以及黑山贼孙轻等人。后又跟随曹操攻打袁谭，打败袁谭后，另外率领大军攻占了海滨，打败了辽东的柳毅等人。当他返回到邺城的时候，曹操亲自出城迎接他，牵着他的手共乘一辆车，封张辽为荡寇将军。后来张辽又率兵进攻荆州，平定了江夏诸县，撤军回来驻扎在临颍，被封为都亭侯。又跟随曹操前往柳城征讨袁尚，在路上遭到胡兵的突袭，张辽劝曹操和胡兵进行决战，士兵士气振奋，曹操为他的勇气所感染，将自己手里拿着的令旗授予张辽。张辽便率军发起进攻，大败胡兵，斩杀了单于蹋顿。

当时荆州还未能安定下来，曹操再次派遣张辽在长社驻扎。快要出发的时候，军营中有造反之人，夜里四处点火，趁机制造混乱，全军都被惊扰。张辽对身边的人说："不可妄动。这不是全军营的人一起造反，一定是制造叛乱的人，想利用混乱来扰乱人心。"于是在军中下令："凡没有参加谋反之人都可以安心坐下来！"张辽率领数十名身边的卫士，站在军营的中间。不久局势便安定下来了，迅速抓获主谋，将其斩杀。陈兰、梅成在氐六县发动叛乱，曹操派遣于禁、臧霸等将领讨伐梅成，张辽督率张郃、牛盖等将领讨伐陈兰。梅成假装归降于禁，于禁于是撤回军队。梅成就率领他的队伍向陈兰靠拢，转入灊山。灊山中有一座天柱峰，高达二十余里，山势险峻，道路极为崎岖狭窄，小路勉强能够通行，陈兰等人在天柱峰顶上修筑壁垒。张辽想进军，诸将领劝说："我们的兵力太少，道路艰难险阻，很难深入到里面。"张辽说："这恰好是一对一的搏杀，只有勇敢的人才能抢先一步。"于是把队伍开到了山下安营扎寨，并很快发动了攻击，杀掉陈兰、梅成，俘虏了全部兵将。曹操在评价诸将领的功劳时说道："登上天柱，踏着危险的道路，战败陈兰、梅成，这是属于荡寇将军的功劳。"接着增加了张辽的食邑，并且授予他符节。

曹操征讨孙权回来后，派遣张辽与乐进、李典等将领率领七千余人驻扎在合肥。曹操讨伐张鲁，给护军薛悌下达命令，在信件的外面写道："敌军到来后再打开信件。"没过多久，孙权就率领十军大军包围了合肥，他们就一起将密封的信件打开，信函中说："假如孙权来，张辽、李典率军出战，乐进将军固守城池，护军薛悌不能出战。"诸将都极为疑惑。张辽说："曹公远在外面征战，等救兵赶到时，敌军必定已经将我们打败了。所以命令我们趁敌军还未形成包围的阵势时迅速出击，挫伤他们的锐气，来安定军心，然后我们就可以坚守了。这一战关乎成败，大家还有什么疑问吗？"李典也赞同张辽的看法。于是张辽当晚就征召敢跟随他作战的士兵，一共召得八百人，杀牛犒劳这些将士，第二天进行大战。黎明时分，张辽披着盔甲手拿长戟，率先杀入敌人阵营，杀敌数十人，斩杀两名将领，高声呼喊着自己的姓名，冲入敌人的营垒，一直来到孙权的指挥地。孙权极为惊惧，一众将领也不知道怎么办，匆忙登上高高的土堆，用长戟保卫孙权。张辽大声呼喊孙权的名字让他下来决战，孙权不敢动，看见张辽所带的将士少，于是聚集军队把张辽团团包围。张辽左右指挥着数十名勇士突出重围，快速向前方发起猛烈的攻击，包围圈被冲开，张辽带领数十名勇士冲出来，其他士兵大声呼喊："将军想要抛弃我们吗！"张辽再次冲入包围圈，救出剩下的士兵。孙权部下的人马四处逃散，没有胆敢阻挡他的人。战斗从早上一直进行到中午，吴军逐渐丧失士气，张辽返回营地加强修建守备工事，军心安定，诸位将领都很佩服张辽。孙权将合肥包围了十几天，都没有办法攻克，于是只好撤军返回。张辽率领各路人马追击，几乎将孙权俘获。曹操大大地奖赏张辽，任命他为征东将军。建安二十一年，曹操再次征讨孙权，来到合肥，巡视当年张辽作战的地方，感叹不已。于是增加张辽的兵力，多留了一些队伍，移军驻扎居巢。

关羽在樊城包围曹仁，当时孙权向魏国称臣，于是太祖征召张辽及诸军返回搭救曹仁。张辽的军队还没赶到，徐晃已经战胜了关羽，曹仁的包围也被解除。张辽和曹操在摩陂会师。张辽率领大军赶到后，曹操亲自乘车前往军营慰劳，军队调回来在陈郡驻扎。曹丕继承王位，张辽调任前将军，他的哥哥张汎与其中一个儿子被分封为列侯。孙权再次造反，曹丕派遣张辽又一次驻扎在合肥，封他都乡侯的爵位。赏赐给张辽的母亲舆车，派遣兵马护送张辽的家人前往张辽所在的军营，命令张辽母亲到达时，仪仗队出来欢迎。张辽督率的诸军将士都围绕跪拜在道路的两旁，旁观的人都认为这种礼遇极为荣耀。曹丕登上帝位后，晋封张辽为晋阳侯，增加食邑千户，加上原来的一共有两千六百户。黄初二年，张辽前往洛阳宫朝拜，曹丕在建始殿接见了他，亲自询问他有关攻破孙权军队的一些情况。曹丕叹息着对身边的人说："这是如同古代召虎一样的猛将。"曹丕为张辽建造府第，又特别为他的母亲修建了殿宇，原本应招跟随张辽破吴的士卒，全部任命为虎贲。孙权再次向魏国称臣。张辽返回军中在雍丘驻扎，后得病。曹丕派遣侍中刘晔带领太医前去探视疾病，派虎贲前去探望张辽病情消息，探视询问的人有很多。病还没有完全转好，曹丕就将张辽迎到自己的巡行住所，亲自乘车探视他，紧紧握住张辽的手，赐给他御衣，太官每天都为他送御食。病情稍微有好转后，张辽便回到军营。孙权再次反叛，曹丕派遣张辽乘船和曹休一起赶往海陵，沿着长江驻军。孙权十分害怕张辽，命令诸将："张辽虽然患病，仍然不能抵挡，应当谨慎行事！"这一年，张辽与诸将一起击败了孙权的将领吕范。张辽病情加重，在江都病逝。曹丕听说后流下眼泪，赐谥号刚侯。张辽的儿子张虎继承了他的爵位。黄初六年，曹丕追念张辽、李典在合肥立下的战功，下诏书说：“合肥战役，张辽、李典率领八百名步卒，击败十万吴军，自古用兵从未有过这样的战例。使吴军至今仍然丧失士气，真可以说是国家的良将。分张辽、李典每个人一百户封邑，赏赐给他们各自的一个儿子关内侯的爵位。”张虎担任偏将军，去世后，儿子张统继承官位。

乐进

【原文】乐进，字文谦，阳平卫国人也。容貌短小，以胆烈从太祖，为帐下吏。遣还本郡募兵，得千余人，还为军假司马、陷陈都尉。从击吕布于濮阳、张超于雍丘、桥蕤于苦，皆先登有功，封广昌亭侯。从征张绣于安众，围吕布于下邳，破别将，击眭固于射犬，攻刘备于沛，皆破之，拜讨寇校尉。渡河攻获嘉，还，从击袁绍于官渡，力战，斩绍将淳于琼。从击谭、尚于黎阳，斩其大将严敬，行游击将军。别击黄巾，破之，定乐安郡。从围邺，邺定，从击袁谭于南皮，先登，入谭东门，谭败。别攻雍奴，破之。建安十一年，太祖表汉帝，称进及于禁、张辽曰：“武力既弘，计略周备，质忠性一，守执节义，每临战攻，常为督率，奋强突固，无坚不陷，自援枹鼓，手不知倦。又遣别征，统御师旅，抚众则和，奉令无犯，当敌制决，靡有遗失。论功纪用，宜各显宠。”于是禁为虎威；进，折冲；辽，荡寇将军。

进别征高幹，从北道入上党，回出其后。幹等还守壶关，连战斩首。幹坚守未下，会太祖自征之，乃拔。太祖征管承，军淳于，遣进与李典击之。承破走，逃入海岛，海滨平。荆州未服，遣屯阳翟。后从平荆州，留屯襄阳，击关羽、苏非等，皆走之，南郡诸县山谷蛮夷诣进降。又讨刘备临沮长杜普、旌阳长梁大，皆大破之。后从征孙权，假进节。太祖还，留进与张辽、李典屯合肥，增邑五百，并前凡千二百户。以进数有功，分五百户，封一子列侯。进迁右将军。建安二十三年薨，谥曰威侯。子綝嗣。綝果毅有父风，官至扬州刺史。诸葛诞反，掩袭杀綝，诏悼惜之，追赠卫尉，谥曰愍侯。子肇嗣。

【译文】乐进，字文谦，阳平郡卫国人。他的身材十分矮小，凭借胆识与勇气跟随曹操，是曹操帐下的一名军吏。曹操派遣他返回阳平郡招募士兵，征得一千多人，返回后代理军司马，担任陷阵都尉一职。跟随曹操在濮阳进攻吕布，在雍丘向张超发动进攻，在苦县攻打桥蕤，他都领头冲锋陷阵而建立军功，被封为广昌亭侯。后来又跟随曹操在安众征讨张绣，在下邳围攻吕布，击败他们的部下将领，在射犬攻击眭固，在沛国攻打刘备，将他们一一击败，封为讨寇校尉。渡过黄河进攻获嘉，返回后，乐进又跟随曹操在官渡攻打袁绍，奋力作战，斩杀了袁绍的部将淳于琼。后来又跟随曹操在黎阳攻打袁谭、袁尚，杀掉他们的部将严敬，代行游击将军的职务。除此以外，乐进率军讨伐黄巾军，把他们击败，平定了乐安郡。又跟随曹操围攻邺县，平定后又随曹操到南皮进攻袁谭，率先出战，攻破袁谭东门，袁谭战败。又率军攻破雍奴。建安十一年，曹操上书，称赞乐进、于禁及张辽说：“他们不但武力极为强大，而且计谋也极为周到全面，本性忠诚坚定，保持忠节与义信，每当战争进行时，常常率先攻入敌阵，奋发图强，攻破艰难险阻，没有不能攻克的艰难，自己击鼓进军，不知疲倦。此外，派遣他们率军征讨，统率队伍，他们又可以安抚众心，团结上下，遵守军令，不违犯任何纪律，面临大敌，制定决策，很少会出现失误。按照功劳的大小，应该分别予以重任，以彰显对他们的恩宠。”于是，任命于禁为虎威将军；乐进为折冲将军；张辽为荡寇将军。

乐进又另外率领军队讨伐高幹，他从北面的道路进入上党，封住高幹的后路。高幹等人返回坚守壶关，乐进连续发动多次进攻，斩杀他们。高幹坚守壶关，最终不能攻克，一直等到曹操率领大军前来后才攻克。曹操讨伐管承，在淳于驻扎，派遣乐进与李典起兵发起进攻。管承大败逃走，逃到海岛上，海滨才被平定下来。当时荆州还没能归顺，曹操派遣乐进率领大军在阳翟进驻。后来乐进跟随曹操平定了荆州，留守襄阳，向关羽、苏菲等人发起猛攻，他们都败走，南郡各县山谷一代的蛮夷纷纷前来归顺乐进。后来又率领军队征讨刘备任命的临沮长杜普、旌阳长梁大，将他们一一打败。后来乐进又跟随曹操征讨孙权，被授予符节。曹操返回，留下乐进及张辽、李典在合肥驻守，给乐进增加五百户食邑，加上以前受封的食邑总共有一千二百户。又由于乐进屡次建立战功，曹操又封给他五百户，晋封他的一个儿子为列侯；乐进被提拔为右将军。建安二十三年，乐进逝世，谥号威侯。儿子乐綝继承他的爵位。乐綝果敢刚毅具备其父亲的遗风，担任过扬州刺史。诸葛诞造反的时候，偷袭并杀掉乐綝，朝廷下诏哀悼他，追封为卫尉，谥号愍侯。儿子乐肇继承他的爵位。

于禁

【原文】于禁，字文则，泰山钜平人也。黄巾起，鲍信招合徒众，禁附从焉。及太祖领兖州，禁与其党俱诣为都伯，属将军王朗。朗异之，荐禁才任大将军。太祖召见与语，拜军司马，使将兵诣徐州，攻广戚，拔之，拜陷陈都尉。从讨吕布于濮阳，别破布二营于城南，又别将破高雅于须昌。从攻寿张、定陶、离狐，围张超于雍丘，皆拔之。从征黄巾刘辟、黄邵等，屯版梁，邵等夜袭太祖营，禁帅麾下击破之，斩邵等，尽降其众。迁平虏校尉。从围桥蕤于苦，斩蕤等四将。从至宛，降张绣。绣复叛，太祖与战不利，军败，还舞阴。是时军乱，各间行求太祖，禁独勒所将数百人，且战且引，虽有死伤不相离。虏追稍缓，禁徐整行队，鸣鼓而还。未至太祖所，道见十余人被创裸走，禁问其故，曰："为青州兵所劫。"初，黄巾降，号青州兵，太祖宽之，故敢因缘为略。禁怒，令其众曰："青州兵同属曹公，而还为贼乎！"乃讨之，数之以罪，青州兵遽走诣太祖自诉。禁既至，先立营垒，不时谒太祖。或谓禁："青州兵已诉君矣，宜促诣公辨之。"禁曰："今贼在后，追至无时，不先为备，何以待敌？且公聪明，谮诉何缘？"徐凿堑安营讫，乃入谒，具陈其状。太祖悦，谓禁曰："淯水之难，吾其急也，将军在乱能整，讨暴坚垒，有不可动之节，虽古名将，何以加之！"于是录禁前后功，封益寿亭侯。复从攻张绣于穰，禽吕布于下邳，别与史涣、曹仁攻眭固于射犬，破斩之。

太祖初征袁绍，绍兵盛，禁愿为先登。太祖壮之，乃选步骑二千人使禁将，守延津以拒绍，太祖引军还官渡。刘备以徐州叛，太祖东征之。绍攻禁，禁坚守，绍不能拔。

复与乐进等将步骑五千，击绍别营，从延津西南缘河至汲、获嘉二县，焚烧保聚三十余屯，斩首获生各数千，降绍将何茂、王摩等二十余人。太祖复使禁别将屯原武，击绍别营于杜氏津，破之。迁裨将军，后从还官渡。太祖与绍连营，起土山相对。绍射营中，士卒多死伤，军中惧。禁督守土山，力战，气益奋。绍破，迁偏将军。冀州平。昌豨复叛，遣禁征之。禁急进攻豨，豨与禁有旧，诣禁降。诸将皆以为豨已降，当送诣太祖，禁曰："诸君不知公常令乎？围而后降者不赦。夫奉法行令，事上之节也。豨虽旧友，禁可失节乎！"自临与豨决，陨涕而斩之。是时太祖军淳于，闻而叹曰："豨降不诣吾而归禁，岂非命耶？"益重禁。① 东海平，拜禁虎威将军。后与臧霸等攻梅成，张辽、张郃等讨陈兰。禁到，成举众三千余人降。既降复叛，其众奔兰。辽等与兰相持，军食少，禁运粮前后相属，辽遂斩兰、成。增邑二百户，并前千二百户。是时，禁与张辽、乐进、张郃、徐晃俱为名将，太祖每征伐，咸递行为军锋，还为后拒。而禁持军严整，得贼财物，无所私入，由是赏赐特重。然以法御下，不甚得士众心。太祖常恨朱灵，欲夺其营。以禁有威重，遣禁将数十骑，赍令书，径诣灵营夺其军，灵及其部众莫敢动。乃以灵为禁部下督，众皆震服，其见惮如此。迁左将军，假节钺，分邑五百户，封一子列侯。

①臣松之以为：围而后降，法虽不赦，囚而送之，未为违命。禁曾不为旧交希冀万一，而肆其好杀之心，以戾众人之议，所以卒为降虏，死加恶谥，宜哉。

建安二十四年，太祖在长安，使曹仁讨关羽于樊，又遣禁助仁。秋，大霖雨，汉水溢，平地水数丈，禁等七军皆没。禁与诸将登高望水，无所回避，羽乘大船就攻禁等，禁遂降，惟庞德不屈节而死。太祖闻之，哀叹者久之，曰："吾知禁三十年，何意临危处难，反不及庞德邪！"会孙权禽羽，获其众，禁复在吴。文帝践阼，权称藩，遣禁还。帝引见禁，须发皓白，形容憔悴，泣涕顿首。帝慰谕以荀林父、孟明视故事，① 拜为安远将军。欲遣使吴，先令北诣邺谒高陵。帝使豫于陵屋画关羽战克、庞德愤怒、禁降服之状，禁见，惭恚发病薨。子圭嗣，封益寿亭侯。谥禁曰厉侯。

①《魏书》载制曰："昔荀林父败绩于邲，孟明丧师于殽，秦、晋不替，使复其位。其后晋获狄土，秦霸西戎，区区小国，犹尚若斯，而况万乘乎？樊城之败，水灾暴至，非战之咎，其复禁等官。"

【译文】于禁，字文则，泰山郡钜平人。黄巾军起义的时候，鲍信召集众人，于禁归附于他。曹操担任兖州牧时，于禁与他的同伴一起过来投奔他，并且担任了都伯之职，从属于将军王朗。王朗十分惊异于禁的才能，就把于禁推荐上去，认为凭借他的才能有能力出任大将军。曹操召见了于禁并且与他交谈，任命他为军司马，命他率军前往徐州，攻打广戚，广戚攻陷后，任命于禁为陷阵都尉。于禁跟随曹操前往濮阳征讨吕布，在城南攻破吕布的两支部队，另外又率领军队在须昌打败了高雅。跟随曹操进攻寿张、定陶、离狐，在雍丘包围了张超，把这些地方都一一攻破。以后又跟随曹操讨伐黄巾将领刘辟、黄邵等人，在版梁驻扎，黄邵等深夜率军偷袭曹操的大营，于禁指挥手下将士把他们击败，杀掉了黄邵等人，他们的部下全部降服。于是于禁被提拔为平虏校尉。又跟随曹操在苦县包围了桥蕤，于禁奋力斩杀了桥蕤等四位将领。于禁跟随曹操向宛县发起进攻，降服了张绣。不久，张绣又反叛，曹操和他交战，战争失利，军队败退，之后在舞阴驻扎。当时军中十分混乱，各个部队纷纷从小路撤军，回到曹操驻地，只有于禁率领手下的数百名士兵，一边作战一边后退，虽然有伤亡但是依旧没有溃散。等到敌军的追势稍微减弱时，于禁慢慢地整顿队伍，鸣鼓返回。还没有到达曹操的驻地，就在路上遇到十多位士卒带伤裸跑，于禁询问他们原因，士卒说："遭到了青州军的抢劫。"起初，黄巾军投降，号称青州军，曹操对他们十分宽容，所以青州军到处抢劫掠夺。于禁听后十分生气，命令手下："青州兵也属于曹公统率，又回去当强盗了吗？"于是率军征讨，罗列他们的罪行，青州军快速逃走前往曹操的营中控诉于禁。于禁率领队伍赶到后，首先修建营垒，没有立即拜见曹操。有人对于禁说："青州兵已经在曹公面前状告你了，你应当迅速面见曹公为自己辩解。"于禁回答说："目前敌军就在身后，说不定什么时候就追上来了，如果事先没有做好准备的话，拿什么来迎战呢？而且曹公通达英明，诬告又有什么用处呢？"于是从容地挖凿战壕，将手下军队安顿好之后才去拜见曹公，一一陈述了当时的情况。曹操十分高兴，对于禁说："淯水这场灾难，我军战败，形势极为紧急，将军您能在动乱中整治队伍，讨伐暴徒，加固营垒，有坚定的操守，哪怕是古代的名将，又怎么能比得上你！"于是，综合考虑于禁前后的功劳，封他为益寿亭侯。于禁又跟随曹操在穰县向张绣发起进攻，在下邳擒拿吕布，又另外率领大军与史涣、曹仁一起在射犬进攻眭固，将他打败且杀了他。

曹操最初讨伐袁绍的时候，袁绍的兵力十分强大，于禁自愿担任先锋。曹操为此嘉奖他，派遣他率领两千兵士，固守延津来抵御袁绍的进攻，曹操率领大军返回官渡。刘备据守徐州发动叛乱，曹操率军东征。袁绍向于禁发起猛烈进攻，于禁率军固守城池，袁绍一时间无法攻破。于禁又与乐进等将领率领五千步兵与骑兵，向袁绍其他的营垒发起攻击，从延津西南顺着黄河，到达汲县与获嘉县，焚烧袁绍的三十余处营垒，斩杀、俘获各数千人，降服了袁绍的部将何茂、王摩等二十余人。曹操又派于禁另外率军在原武一带驻扎，在杜氏津进攻袁绍的其他营地，于禁攻占了这些营地。于禁被提拔为裨将军，后来跟随曹操回到官渡。曹操与袁绍的军营相连在一起，双方垒砌土堆对峙。袁绍部下向曹操营中射箭，伤亡士兵数不胜数，军中异常惊恐。于禁督守土山，奋力拼战，军中士气逐渐振奋起来。打败袁绍后，于禁升任偏将军。冀州跟着被平定。昌豨再次发生叛乱，曹操派于禁前去征讨。于禁迅速前进，攻打昌豨，昌豨过去与于禁有交情，前往于禁的军营请求归降。诸将都认为昌豨既然已经投降，就应该将他交给曹操处置，于禁说："你们忘记了曹公平时的命令吗？包围后再投降的人是不能被赦免的。遵守法令，是下属服从上级应当具备的气节。昌豨尽管是我旧时的朋友，但是我怎么能失掉气节啊！"于是亲自与昌豨诀别，流泪斩杀了他。这时曹操在淳于驻守，听到这一消息后感叹地说："昌豨不来我这里投降而选择归顺于禁，这难道不是命吗？"于是对于禁更加器重。东海平定以后，任命于禁为虎威将军。后来于禁与臧霸等将领攻打梅成，张辽、张郃等征讨陈兰。于禁的军队到达以后，梅成率领三千人投降。时隔不久梅成又反叛，率领队伍投靠了陈兰。张辽和陈兰对峙，军粮缺少,于禁连续不断地运粮供应张辽的军队,张辽最终斩杀了陈兰、梅成。曹操下令给于禁增加二百户食邑,加上原先的食邑总共有一千二百户。这时,于禁与张辽、乐进、张郃、徐晃都是著名将领,曹操每次出征讨伐时,都交替任命他们为先锋,回来的时候则让他们充当后卫。而且于禁治军非常严整,从敌人那里缴获来的财物,从未私自占有,因此受到的赏赐也很丰厚。然而于禁用法令军纪来统率部下,在士兵当中不是很得人心。曹操平时厌恶朱灵,想要削夺他的兵权。因为于禁很有威严,于是派遣于禁率领数十名骑兵,带着曹操的命令,直接冲进朱灵的军营夺了他的兵权,朱灵及他的部下都不敢动。曹操命朱灵归于禁统率,大家都被他慑服了,于禁竟让人害怕到了如此地步。于禁后升任为左将军,授予他节钺,又分封给他五百户食邑,将他的一个儿子封为列侯。

建安二十四年,太祖在长安,派遣曹仁去往樊城讨伐关羽,又派于禁援助曹仁。当时是秋天,接连几天都有暴雨,汉水猛涨,平地的积水有数丈之深,于禁等七军都惨遭大水的淹没。于禁及将领们登上高处眺望远处的大水,没有能够躲避的地方,关羽乘坐大船逼近攻击于禁等人,于禁只好向关羽投降,只有庞德不愿意屈节投降而被杀掉。曹操听说这一消息后,哀叹很久,说:"我信任于禁三十年,无论如何也不会想到,当他面临危险遇上困难时反倒不如庞德!"孙权抓获关羽时,获得了他的队伍,于禁又到了吴国。曹丕登上帝位后,孙权向他称臣,就将于禁送还魏国。曹丕见到于禁,于禁已经胡须头发全白,身体面容憔悴,哭泣着叩头谢罪。曹丕用荀林父、孟明视的故事来安慰于禁,任命他为安远将军。准备派遣他出使吴国,先命他到邺县拜谒曹操的陵墓。曹丕事先派人在陵屋画好了关羽战胜和庞德发怒及于禁投降的图画,于禁看到后,悲愤交加,进而发病身亡。他的儿子于圭继承了他的官位,封为益寿亭侯。赐于禁谥号为厉侯。

张郃

【原文】张郃,字俊乂,河间鄚人也。汉末应募讨黄巾,为军司马,属韩馥。馥败,以兵归袁绍。绍以郃为校尉,使拒公孙瓒。瓒破,郃功多,迁宁国中郎将。太祖与袁绍相拒于官渡,[①] 绍遣将淳于琼等督运屯乌巢,太祖自将急击之。郃说绍曰:"曹公兵精,往必破琼等。琼等破,则将军事去矣,宜急引兵救之。"郭图曰:"郃计非也。不如攻其本营,势必还,此为不救而自解也。"郃曰:"曹公营固,攻之必不拔,若琼等见禽,吾属尽为虏矣。"绍但遣轻骑救琼,而以重兵攻太祖营,不能下。太祖果破琼等,绍军溃。图惭,又更谮郃曰:"郃快军败,出言不逊。"郃惧,乃归太祖。[②]

①《汉晋春秋》曰:郃说绍曰:"公虽连胜,然勿与曹公战也,密遣轻骑抄绝其南,则兵自败矣。"绍不从之。

② 臣松之案:《武纪》及《袁绍传》并云袁绍使张郃、高览攻太祖营,郃等闻淳于琼破,遂来降,绍众于是大溃。是则缘郃等降而后绍军坏也。至如此传,为绍军先溃,惧郭图之谮,然后归太祖,为参错不同矣。

太祖得郃甚喜，谓曰："昔子胥不早寤，自使身危，岂若微子去殷、韩信归汉邪？"拜郃偏将军，封都亭侯。授以众，从攻邺，拔之。又从击袁谭于渤海，别将军围雍奴，大破之。从讨柳城，与张辽俱为军锋，以功迁平狄将军。别征东莱，讨管承，又与张辽讨陈兰、梅成等，破之。从破马超、韩遂于渭南。围安定，降杨秋。与夏侯渊讨鄜贼梁兴及武都氐。又破马超，平宋建。太祖征张鲁，先遣郃督诸军讨兴和氐王窦茂。太祖从散关入汉中，又先遣郃督步卒五千于前通路。至阳平，鲁降，太祖还，留郃与夏侯渊等守汉中，拒刘备。郃别督诸军，降巴东、巴西二郡，徙其民于汉中。进军宕渠，为备将张飞所拒，引还南郑。拜荡寇将军。刘备屯阳平，郃屯广石。备以精卒万余，分为十部，夜急攻郃。郃率亲兵搏战，备不能克。其后备于走马谷烧都围，渊救火，从他道与备相遇，交战，短兵接刃，渊遂没，郃还阳平。[1]当是时，新失元帅，恐为备所乘，三军皆失色。渊司马郭淮乃令众曰："张将军，国家名将，刘备所惮。今日事急，非张将军不能安也。"遂推郃为军主。郃出，勒兵安陈，诸将皆受郃节度，众心乃定。太祖在长安，遣使假郃节。太祖遂自至汉中，刘备保高山不敢战。太祖乃引出汉中诸军，郃还屯陈仓。

①《魏略》曰：渊虽为都督，刘备惮郃而易渊。及杀渊，备曰："当得其魁，用此何为邪！"

文帝即王位，以郃为左将军，进爵都乡侯。及践阼，进封鄚侯。诏郃与曹真讨安定卢水胡及东羌，召郃与真并朝许宫，遣南与夏侯尚击江陵。郃别督诸军渡江，取洲上屯坞。明帝即位，遣南屯荆州，与司马宣王击孙权别将刘阿等，追至祁口，交战，破之。诸葛亮出祁山，加郃位特进，遣督诸军，拒亮将马谡于街亭。谡依阻南山，不下据城。郃绝其汲道，击，大破之。南安、天水、安定郡反应亮，郃皆破平之。诏曰："贼亮以巴蜀之众，当虓虎之师。将军被坚执锐，所向克定，朕甚嘉之。益邑千户，并前四千三百户。"司马宣王治水军于荆州，欲顺沔入江伐吴，诏郃督关中诸军往受节度。至荆州，会冬水浅，大船不得行，乃还屯方城。诸葛亮复出，急攻陈仓，帝驿马召郃到京都。帝自幸河南城，置酒送郃，遣南北军士三万及分遣武卫、虎贲使卫郃，因问郃曰："迟将军到，亮得无已得陈仓乎？"郃知亮县军无谷，不能久攻，对曰："比臣未到，亮已走矣，屈指计亮粮不至十日。"郃晨夜进，至南郑，亮退。诏郃还京都，拜征西车骑将军。

郃识变数，善处营陈，料战势地形，无不如计，自诸葛亮皆惮之。郃虽武将而爱乐儒士，尝荐同乡卑湛经明行修，诏曰："昔祭遵为将，奏置五经大夫，居军中，与诸生雅歌投壶。今将军外勒戎旅，内存国朝。朕嘉将军之意，今擢湛为博士。"

诸葛亮复出祁山，诏郃督诸将西至略阳，亮还保祁山，郃追至木门，与亮军交战，飞矢中郃右膝，薨，[1]谥曰壮侯。子雄嗣。郃前后征伐有功，明帝分郃户，封郃四子列侯，赐小子爵关内侯。

①《魏略》曰：亮军退，司马宣王使郃追之，郃曰："军法，围城必开出路，归军勿追。"宣王不听。郃不得已，遂进。蜀军乘高布伏，弓弩乱发，矢中郃髀。

【译文】张郃，字儁乂，河间郡鄚县人。东汉末年曾应征征讨黄巾军，担任军司马，归韩馥统率。韩馥战败后，率兵归顺袁绍。袁绍任命张郃为校尉，派他率军抵御公孙瓒。公孙瓒被打败，张郃的功劳颇多，因此被提拔为宁国中郎将。曹操和袁绍在官渡对峙，袁绍派将领淳于琼等督运粮草，在乌巢驻扎，曹操亲自率军快速向乌巢发起进攻。张郃劝说袁绍说："曹公的兵将精锐，发动进攻的话一定能打败淳于琼等人。淳于琼一旦失败，您也会失败，您应该迅速派兵援助淳于琼。"郭图说："张郃的计策不可取。不如攻打曹操的大本营，他们肯定会撤军回救本营，淳于琼等的危险就可以不救自解。"张郃说："曹操的大本营十分坚固，如果进攻的话一定不会取胜，如果淳于琼等将领被捉住，我们也就全部成为俘虏了。"袁绍后来只派了少量兵力去救助淳于琼，而派重兵攻打曹操的大本营，没有攻下。曹操果然打败淳于琼等，袁绍的军队四处溃散。郭图感到十分羞愧，又诬陷张郃说："张郃看到我军失败后很高兴，说的话很不好听。"张郃感到很害怕，于是选择了归顺曹操。

曹操得到张郃十分高兴，他对张郃说："从前伍子胥没有早早醒悟，白白断送自己的性命，怎么能与微子离开殷商、韩信归顺汉朝相比呢？"任命张郃为偏将军，封为都亭侯。授予他兵权，让他跟随自己进攻邺县，一举攻克。张郃又跟随曹操在勃海郡向袁谭发起进攻，他另外率领大军讨伐雍奴，大获全胜。跟随曹操围攻柳城，与张辽一起担任先锋，因为建立功勋而升任为平狄将军。另外又率军出征东莱，征讨管承，又和张辽一起率军讨伐陈兰、梅成等，打败了他们。跟随曹操在渭南打败了马超、韩遂。率军围攻安定，降服杨秋。与夏侯渊一起讨伐鄜县的反贼梁兴以及驻守在武都的氐人。又打败马超，平定宋建叛乱。曹操率军征伐张鲁的时候，首先派张郃督率诸军讨伐兴和氐王窦茂。曹操从散关进驻关中，又派张郃督率五千步卒在前面打通道路。军队开到了阳平，张鲁投降，曹操率军返回，留下张郃及夏侯渊等坚守汉中地区，抵御刘备。张郃另外还督率诸军，降服了巴东、巴西两个郡，将两郡的百姓迁往汉中。率军进军宕渠的时候，被刘备手下的大将张飞拦截，于是撤军回到南郑。后被任命为荡寇将军。刘备在阳平驻扎，张郃在广石驻扎。刘备将一万名精锐士兵，分为十部，深夜对张郃发起猛烈的进攻。张郃率领身边的士卒奋力拼战，刘备无法攻破他。后来刘备在走马谷放火焚烧了曹军的营垒，夏侯渊前去援助，在另一条道路上与刘备相遇，双方展开了战斗，短兵相接，夏侯渊在战斗中不幸战死，张郃率军返回阳平。当时，曹军刚刚失去统帅夏侯渊，担心刘备会趁机攻打，整个军队都惶恐不安。夏侯渊属下的军司马郭淮命令他的部下说："张将军是国内名将，刘备害怕他。如今军情非常紧急，除了张将军再没别人能够稳定局势。"于是便推荐张郃为军队的统帅。张郃任职后，整治军队，部署阵地，诸将纷纷听从张郃的指挥，军心才安定下来。曹操在长安，派遣使者授予张郃符节。不久曹操就亲自来到汉中，刘备据守高山不敢出来应战。曹操率领汉中军队撤军返回，张郃返回来在陈仓驻扎。

曹丕继承王位后，封张郃担任左将军，赏赐他都乡侯的爵位。等到曹丕正式登上帝位后，晋封张郃为鄚侯。又下诏命令张郃及曹真攻讨安定卢水胡族和东羌族，诏令张郃和曹真一起到许昌行宫朝见他，派他去南方与夏侯尚一起攻打江陵。张郃又另外督率诸军渡过长江，攻打并占领了江岛上的土堡。曹叡即位后，派遣张郃去南方在荆州驻扎，与司马懿一起向孙权的部下刘阿等发起进攻，他们一直将刘阿等追赶到祁口，两军交战，刘阿被击败。诸葛亮出兵祁山，曹叡赐张郃位特进，命他督率诸军，在街亭攻打诸葛亮的将领马谡。马谡凭借南山作为险阻，不下山而修筑营垒据守。张郃将蜀军的饮水渠道斩断，出兵进攻，大破马谡。南安、天水、安定郡纷纷起来反叛，响应诸葛亮，张郃分别击败了他们，平定了叛乱。曹叡下诏说："诸葛亮率领巴蜀军队，与我们的咆哮之军对峙，张将军身披盔甲，手拿锐器，凡是他们到达的地方很快就能得到平定，我十分赞赏他。给他增加一千户食邑，加上原来的总共四千三百户。"司马懿在荆州整治水军，想沿着沔水驶入长江攻讨吴国，曹叡下诏命令张郃督率关中诸军前去接受司马懿的指挥。军队到达荆州的时候，正是冬天水浅之时，大船无法航行，于是只好撤军回来在方城驻扎。诸葛亮再次率军出祁山，对陈仓发起了猛烈的进攻，曹叡派遣驿马征召张郃到京都。曹叡亲自去往河南城，设酒宴送别张郃，调遣南北军士三万归张郃指挥，又分别派武卫、虎贲等近卫军守护张郃，并问张郃："等你到达前线时，诸葛亮不会已经将陈仓攻陷了吧？"张郃知道诸葛亮孤军深入，必定缺乏粮草，不能长久地发动进攻，于是回答说："等不及我赶到，诸葛亮就早已退兵了，屈指计算诸葛亮的粮草，还能坚持不到十天。"张郃连夜出发到南郑，诸葛亮果然已撤军。曹叡下诏命令张郃返回京都，任命他为征西车骑将军。

张郃通晓事物发展变化的规律，擅长摆设阵营，能够预测战争形势及地形，没有不合于他的计谋的情况，连诸葛亮都害怕他。张郃虽然是武将，却钟爱儒士，曾经举荐过通晓诗书而且德行出众的同乡卑湛，曹叡下诏书说："当年祭遵为将军的时候，曾上奏请求在军旅中设置五经大夫，在军中和儒生们唱雅诗、投壶。如今将军在外面统率诸军，内心仍然想念着国家。我赞赏将军的忠心，如今提拔卑湛为博士。"

诸葛亮再次率领大军出祁山，曹叡下诏命令张郃督率诸将向西行军到略阳，诸葛亮撤军返回在祁山据守，张郃追击到木门，与诸葛亮在木门交战，飞箭射中了张郃的右膝，张郃很快去世，谥号为壮侯。他的儿子张雄承袭了他的官位。张郃前后征伐立下许多战功，曹叡把张郃的食邑分封给他的儿子，封他的四个儿子为列侯，赐予他的小儿子关内侯的爵位。

徐晃　朱灵

【原文】徐晃，字公明，河东杨人也。为郡吏，从车骑将军杨奉讨贼有功，拜骑都尉。李傕、郭汜之乱长安也，晃说奉，令与天子还洛阳，奉从其计。天子渡河至安邑，封晃都亭侯。及到洛阳，韩暹、董承日争斗，晃说奉令归太祖，奉欲从之，后悔。太祖讨奉于梁，晃遂归太祖。

太祖授晃兵，使击卷[①]、原武贼，破之，拜裨将军。从征吕布，别降布将赵庶、李邹等。与史涣斩眭固于河内。从破刘备，又从破颜良，拔白马，进至延津，破文丑，拜偏将军。与曹洪击㶏强贼祝臂，破之，又与史涣击袁绍运车于故市，功最多，封都亭侯。

太祖既围邺，破邯郸，易阳令韩范伪以城降而拒守，太祖遣晃攻之。晃至，飞矢城中，为陈成败。范悔，晃辄降之。既而言于太祖曰："二袁未破，诸城未下者倾耳而听，今日灭易阳，明日皆以死守，恐河北无定时也。愿公降易阳以示诸城，则莫不望风。"太祖善之。别讨毛城，设伏兵掩击，破三屯。从破袁谭于南皮，讨平原叛贼，克之。从征蹋顿，拜横野将军。从征荆州，别屯樊，讨中庐、临沮、宜城贼。又与满宠讨关羽于汉津，与曹仁击周瑜于江陵。十五年，讨太原反者，围大陵，拔之，斩贼帅商曜。韩遂、马超等反关右，遣晃屯汾阴以抚河东，赐牛酒，令上先人墓。太祖至潼关，恐不得渡，召问晃。晃曰："公盛兵于此，而贼不复别守蒲阪，知其无谋也。今假臣精兵渡蒲阪津，为军先置，以截其里，贼可禽也。"② 太祖曰："善。"使晃以步骑四千人渡津，作堑栅未成，贼梁兴夜将步骑五千余人攻晃，晃击走之，太祖军得渡。遂破超等，使晃与夏侯渊平隃麋、汧诸氐，与太祖会安定。太祖还邺，使晃与夏侯渊平鄜、夏阳余贼，斩梁兴，降三千余户。从征张鲁。别遣晃讨攻椟、仇夷诸山氐，皆降之。迁平寇将军。解将军张顺围。击贼陈福等三十余屯，皆破之。

① 卷，音墟权反。

② 臣松之云：案晃于时未应称臣，传写者误也。

太祖还邺，留晃与夏侯渊拒刘备于阳平。备遣陈式等十余营绝马鸣阁道，晃别征破之，贼自投山谷，多死者。太祖闻，甚喜，假晃节，令曰："此阁道，汉中之险要咽喉也。刘备欲断绝外内，以取汉中。将军一举，克夺贼计，善之善者也。"太祖遂自至阳平，引出汉中诸军。复遣晃助曹仁讨关羽，屯宛。会汉水暴溢，于禁等没。羽围仁于樊，又围将军吕常于襄阳。晃所将多新卒，以羽难与争锋，遂前至阳陵陂屯。太祖复还，遣将军徐商、吕建等诣晃，令曰："须兵马集至，乃俱前。"贼屯偃城，晃到，诡道作都堑，示欲截其后，贼烧屯走。晃得偃城，两面连营，稍前，去贼围三丈所。未攻，太祖前后遣殷署、朱盖等凡十二营诣晃。贼围头有屯，又别屯四冢。晃扬声当攻围头屯，而密攻四冢。羽见四冢欲坏，自将步骑五千出战，晃击之，退走，遂追陷与俱入围，破之，或自投沔水死。太祖令曰："贼围堑鹿角十重，将军致战全胜，遂陷贼围，多斩首虏。吾用兵三十余年，及所闻古之善用兵者，未有长驱径入敌围者也。且樊、襄阳之在围，过于莒、即墨，将军之功，逾孙武、穰苴。"晃振旅还摩陂，太祖迎晃七里，置酒大会。太祖举卮酒劝晃，且劳之曰："全樊、襄阳，将军之功也。"时诸军皆集，太祖案行诸营，士卒咸离陈观，而晃军营整齐，将士驻陈不动。太祖叹曰："徐将军可谓有周亚夫之风矣。"

文帝即王位，以晃为右将军，进封逯乡侯。及践阼，进封杨侯。与夏侯尚讨刘备于上庸，破之。以晃镇阳平，徙封阳平侯。明帝即位，拒吴将诸葛瑾于襄阳，增邑二百，并前三千一百户。病笃，遗令敛以时服。

性俭约畏慎，将军常远斥候，先为不可胜，然后战。追奔争利，士不暇食。常叹曰："古人患不遭明君，今幸遇之，当以功自效，何用私誉为？"终不广交援。太和元年薨，谥曰壮侯。子盖嗣。盖薨，子霸嗣。明帝分晃户，封晃子孙二人列侯。

初，清河朱灵为袁绍将。太祖之征陶谦，绍使灵督三营助太祖，战有功。绍所遣诸将各罢归，灵曰："灵观人多矣，无若曹公者，此乃真明主也。今已遇，复何之？"遂留不去。所将士卒慕之，皆随灵留。灵后遂为好将，名亚晃等，至后将军，封高唐亭侯。①

①《九州春秋》曰：初，清河季雍以鄃叛袁绍而降公孙瓒，瓒遣兵卫之。绍遣灵攻之。灵家在城中，瓒将灵母弟置城上，诱呼灵。灵望城涕泣曰："丈夫一出身与人，岂复顾家耶！"遂力战拔之，生禽雍，而灵家皆死。◎《魏书》曰：灵，字文博。太祖既平冀州，遣灵将新兵五千人骑千匹守许南。太祖戒之曰："冀州新兵，数承宽缓，暂见齐整，意尚怏怏。卿名先有威严，善以道宽之，不然即有变。"灵至阳翟，中郎将程昂等果反，即斩昂，以状闻。太祖手书曰："兵中所以为危险者，外对敌国，内有奸谋不测之变。昔邓禹中分光武军西行，而有宗歆、冯愔之难，后将二十四骑还洛阳，禹岂以是减损哉？来书恳恻，多引咎过，未必如所云也。"文帝即位，封灵鄃侯，增其户邑。诏曰："将军佐命先帝，典兵历年，威过方、邵，功逾绛、灌。图籍所美，何以加焉？朕受天命，帝有海内，元功之将，社稷之臣，皆朕所与同福共庆，传之无穷者也。今封鄃侯。富贵不归故乡，如夜行衣绣。若平常所志，愿勿难言。"灵谢曰："高唐，宿所愿。"于是更封高唐侯，薨，谥曰威侯。子术嗣。

【译文】徐晃，字公明，河东郡杨县人。曾经担任过郡吏，后来跟随车骑将军杨奉讨伐叛贼建立功勋，被提拔为骑都尉。李傕、郭汜在长安发动叛乱之时，徐晃劝说杨奉与汉献帝一起返回洛阳，杨奉采纳了他的建议。汉献帝渡河到了安邑，封徐晃为都亭侯。等他们来到洛阳，韩暹、董承每天都在争斗，徐晃劝说杨奉归顺曹操，杨奉再次听从了他的建议，不久又反悔。曹操率领军队前往梁郡讨伐杨奉，徐晃于是归顺了曹操。

曹操给徐晃兵马，派遣他攻打卷县及原武的反贼，徐晃击败了他们，于是曹操提拔徐晃为裨将军。徐晃又跟随曹操征讨吕布，另外又率军降服了吕布手下的赵庶、李邹等将领。后来和史涣一起在河内杀掉了眭固。接着徐晃又跟随曹操战胜了刘备，随即又击败了袁绍手下的大将颜良，攻占白马城，发兵到延津，打败了袁绍手下的另一名大将文丑，被升任为偏将军。徐晃和曹洪一起打败了㶏强的贼军祝臂，又与史涣一起在故市抄袭了袁绍的粮车，因功劳最大，被封为都亭侯。曹操包围邺城，攻克了邯郸，易阳县令韩范假装举城投降却据城坚守，抗击曹军，曹操派遣徐晃率军攻打。徐晃来到易阳，向城中射箭传送书信，向韩范陈述成败得失。韩范悔悟，徐晃招降了他。后来徐晃向曹操禀告："二袁还没有被消灭，那些没有被我军攻占的城池都在侧着耳朵聆听外面的动静，今天攻占了易阳，明天他们就可能会拼死据守，恐怕河北再没有平定之时了。希望您招降易阳以向其他城池明示，相信他们都会望风投降的。"曹操认为他出的主意不错。徐晃又另外率领军队进攻毛城，在途中埋下伏兵突然进行袭击，攻占了三屯。徐晃跟随曹操在南皮战胜了袁谭，平定了平原诸县的叛乱。接着又跟随曹操进攻乌丸蹋顿，升任横野将军。又跟随曹操向南讨伐荆州，另外率军驻扎在樊城，讨伐中庐、临沮、宜城的贼军。又和满宠一起在汉津讨伐关羽，与曹仁一起在江陵攻打周瑜。建安十五年，徐晃率领大军讨伐太原的叛军，包围并迅速攻占了大陵县，杀掉了叛军首领商曜。韩遂、马超在关右发动叛乱，曹操派遣徐晃驻扎在汾阴以安抚河东地区，赐给他牛酒，让他去祖先的墓地祭祀祖先。曹操率军来到潼关，担心没办法渡过黄河，召见徐晃向他征求意见。徐晃说："您的大兵在这里驻扎，而敌军不再坚守蒲阪，由此可见，敌军智谋不足。现在如果您给我精兵渡过蒲阪津，担任大军的先锋部队，从后面截击敌军，我们就能俘获敌军了。"曹操说："好。"于是徐晃率领步骑四千人渡过蒲阪津，还没有修好工事时，敌将梁兴夜率五千步骑向徐晃发起进攻，徐晃打败了他们，曹操的大军得以顺利渡过黄河。击败了马超等人，曹操又派徐晃与夏侯渊一起率军平定隃麋、汧县各地的氐族，他们与曹操在安定会师。曹操还师返回邺城，派徐晃与夏侯渊继续平定鄜县、夏阳一带的残余敌军，他们斩杀敌军首领梁兴，降服敌军三千余户。徐晃跟随曹操征讨张鲁。曹操另外派徐晃率军讨伐椟、仇夷一带的氐族，他们全部降服。徐晃被升任为平寇将军。徐晃率军解除了将军张顺的困境。徐晃率军进攻陈福等三十余屯，全部攻克。

曹操亲率大军返回邺城，留下徐晃与夏侯渊一起驻守在阳平抵御刘备的进攻。刘备派遣陈式等十几个营的兵力断绝了马鸣阁道，徐晃另外率军打败了他们，蜀军自己跌入山谷，死伤惨重。曹操听到这一消息后，极为高兴，授予徐晃符节，下命令说："这个阁道是汉中地区的关键险要之地。刘备想断绝我军的内外联系，以便占据汉中。将军的这一行动，打破了刘备的如意算盘，真是好极了！"曹操亲自来到阳平，率领汉中诸军返回邺城。又派遣徐晃协助曹仁讨伐关羽，驻扎在宛城。恰巧汉水因雨暴涨，于禁等的军队全军覆没。关羽在樊城围攻曹仁，又将吕常围困在襄阳。徐晃所率领的部队多是新兵，他认为这些新兵很难与关羽抗衡，于是率军前行到阳陵陂驻扎了下来。曹操再次返回邺城，派徐商、吕建前去援助徐晃，传令说："等兵马都赶到后再共同进军。"蜀军在偃城驻扎，徐晃率军赶到后秘密挖掘壕沟，表现出想要截断蜀军后路的样子，蜀军烧了军营撤回。徐晃占领了偃城，两面连营，徐徐前进，离蜀军营地只有三丈左右的距离。徐晃没有进攻，曹操先后派遣殷署、朱盖等十二营军前往徐晃那里援助他。蜀军在围头驻扎着军队，又另外在四冢驻军。徐晃扬言进攻围头屯，但是却秘密攻打四冢。关羽看到四冢很快要被攻占，亲自率领五千步骑迎战，徐晃立马进攻，蜀军退走，徐晃率领军队追击，与关羽一起进入蜀军的军营，后突出了蜀军的包围，大破蜀军，有的蜀军自投沔水而死。曹操下令说："敌军营区的防御工事高达十重，将军进入敌阵而大获全胜，并且攻占敌军营垒，斩杀敌军首级。我用兵三十多年，连同我听说的古代擅长用兵的人，也没人能像将军这样长驱直入敌人包围圈的。何况樊城、襄阳被围困的程度，远超当年的莒县、即墨之围，将军的功劳，也超过了孙武与司马穰苴。"徐晃整顿完军队后返回摩陂，曹操亲自出城七里迎接徐晃，大摆宴席为他庆功。曹操举着酒杯劝勉徐晃，且慰劳他说："保住樊城、襄阳是将军的功劳。"当时诸军都在摩陂集结，曹操巡视各军的军营，士兵们纷纷离开阵地观看，但是徐晃的军营却整齐有序，将士驻守阵地不动。曹操感叹地说："徐将军可以说是有周亚夫的风度啊！"

魏文帝曹丕继承魏王位后，任命徐晃为右将军，加封他为逯乡侯。曹丕正式登上帝位后,又加封徐晃为杨侯。徐晃与夏侯渊一起在上庸征伐刘备,大败蜀军。曹丕任命徐晃镇守阳平,改封他为阳平侯。曹叡即位后,派遣徐晃在襄阳对抗吴国将领诸葛谨,给他加封二百户食邑,加上原来的食邑一共有三千一百户。徐晃病危,留下遗言,让人用符合时令的便服殡殓他。

徐晃生性沉稳谨慎,率军作战时经常远远地派出侦查人员,首先做难以取胜的打算,之后再投入战斗。追击奔跑以争取胜利,士兵们经常找不到空闲时间吃饭。徐晃经常感叹说:“古人都忧虑不能遇上贤明的君主,如今我很幸运地遇上了,应该立功报效君主,为何要在乎个人的荣誉呢?”他一生都不热衷于广交朋党,攀附权贵。徐晃在太和元年去世,谥号为壮侯。他的儿子徐盖继承了他的爵位。徐盖死后,他的儿子徐霸继承爵位。明帝分出徐晃的食邑,将徐晃的儿子、孙子分别封侯。

当初,清河人朱灵是袁绍的部下。曹操征讨陶谦,袁绍派遣朱灵率三个营的兵力前去协助曹操,战斗中建立功勋。袁绍派遣的将领都收兵返回,朱灵说:“我观察过许多人,没有能与曹公相比的人,他才是真正贤明的君主。如今我已经遇上贤主,我还要去哪呢?”于是他就留下不走了。朱灵率领的士兵都十分信任朱灵,全都跟随他留下。朱灵后来也是一名声名远播的将军,名声仅次于徐晃等人,官位至后将军,被封为高唐亭侯。

【原文】评曰:太祖建兹武功,而时之良将,五子为先。于禁最号毅重,然弗克其终。张郃以巧变为称,乐进以骁果显名。而鉴其行事,未副所闻。或注记有遗漏,未如张辽、徐晃之备详也。

【译文】评论说:曹操建立如此显赫的功业,在当时的良将中,这五人应该列在前面。于禁最称得上果敢坚毅,但是没能坚持到底。张郃以机灵善变著称,乐进因骁勇果敢而为世人所称赞。但是,考察所记载的事迹后,发现事迹与两个人的名声不相符。可能是有的记述不完整,存在遗漏,不如张辽、徐晃的事迹全面详细。

卷十八　魏书十八

二李臧文吕许典二庞阎传第十八

李典

【原文】李典，字曼成，山阳钜野人也。典从父乾，有雄气，合宾客数千家在乘氏。初平中，以众随太祖，破黄巾于寿张，又从击袁术，征徐州。吕布之乱，太祖遣乾还乘氏，慰劳诸县。布别驾薛兰、治中李封招乾，欲俱叛，乾不听，遂杀乾。太祖使乾子整将乾兵，与诸将击兰、封。兰、封破，从平兖州诸县有功，稍迁青州刺史。整卒，典徙颍阴令，为中郎将，将整军，[①]迁离狐太守。

①《魏书》曰：典少好学，不乐兵事，乃就师读《春秋左氏传》，博观群书。太祖善之，故试以治民之政。

时太祖与袁绍相拒官渡，典率宗族及部曲输谷帛供军。绍破，以典为裨将军，屯安民。太祖击谭、尚于黎阳，使典与程昱等以船运军粮。会尚遣魏郡太守高蕃将兵屯河上，绝水道，太祖敕典、昱："若船不得过，下从陆道。"典与诸将议曰："蕃军少甲而恃水，有懈怠之心，击之必克。军不内御，苟利国家，专之可也，宜亟击之。"昱亦以为然。遂北渡河，攻蕃，破之，水道得通。刘表使刘备北侵，至叶，太祖遣典从夏侯惇拒之。备一旦烧屯去，惇率诸军追击之，典曰："贼无故退，疑必有伏。南道狭窄，草木深，不可追也。"惇不听，与于禁追之，典留守。惇等果入贼伏里，战不利，典往救，备望见救至，乃散退。从围邺，邺定，与乐进围高幹于壶关，击管承于长广，皆破之。迁捕虏将军，封都亭侯。典宗族部曲三千余家，居乘氏，自请愿徙诣魏郡。太祖笑曰："卿欲慕耿纯邪？"典谢曰："典驽怯功微，而爵宠过厚，诚宜举宗陈力。加以征伐未息，宜实郊遂之内，以制四方。非慕纯也。"遂徙部曲宗族万三千余口居邺。太祖嘉之，迁破虏将军。与张辽、乐进屯合肥，孙权率众围之，辽欲奉教出战。进、典、辽皆素不睦，辽恐其不从，典慨然曰："此国家大事，顾君计何如耳，吾可以私憾而忘公义乎！"乃率众与辽破走权。增邑百户，并前三百户。

典好学问，贵儒雅，不与诸将争功。敬贤士大夫，恂恂若不及，军中称其长者。年三十六薨，子祯嗣。文帝践阼，追念合肥之功，增祯邑百户，赐典一子爵关内侯，邑百户。谥典曰愍侯。

【译文】李典，字曼成，山阳郡钜野县人。李典叔父李乾，威武雄壮，聚集宾客数千家住在乘氏。初平中，率众跟随太祖曹操，在寿张打败黄巾军，又跟随太祖攻击袁术，征伐徐州。吕布叛乱后，太祖派李乾回乘氏，慰劳各县。吕布的别驾薛兰、治中李封招呼李乾，想和他一起反叛太祖，李乾不听从，于是薛兰、李封就将李乾杀了。太祖派李乾的儿子李整指挥李乾的军队，和诸将一起攻打薛兰、李封。薛兰、李封被打败以后，李整跟随太祖平定兖州各县，立有战功，逐渐升至青州刺史。李整死后，李典转任颍阴令，兼任中郎将，统领李整的军队，升离狐太守。

太祖和袁绍在官渡对峙，李典率领宗族和家丁运输粮草布匹供应军队。袁绍失败后，太祖以李典为裨将军，驻守安民县。太祖到黎阳攻打袁谭、袁尚，派李典和程昱等用船运送军粮。恰巧袁尚派魏郡太守高蕃领兵驻守在黄河边，断绝了水道，太祖告诫李典、程昱："如果船不能通过，就改从陆路运输。"李典和众将商议说："高蕃军缺少铠甲，只是凭着水险，有懈怠的意思，我们攻击他们一定能够攻下来。将在外君令有所不受，如果对国家有利，我们独作决断也可以，应当赶快进攻敌人。"程昱也同意他的意见。于是北渡黄河，攻打高蕃，打败了他，水道得以畅通。刘表派刘备带兵向北发展，到叶后，太祖派李典跟随夏侯惇拦截刘备。一天早上，刘备突然烧掉军营撤走，夏侯惇率诸军想要追击刘备，李典说："敌人无故退走，我怀疑他们一定有埋伏。南边道路狭窄，草木茂密，不能追击。"夏侯惇不听他的劝告，和于禁追杀敌人，李典留守军营。夏侯惇等果然进入敌人的埋伏圈，战斗失利，李典去救，刘备看见救兵到了，才撤走。李典跟随太祖围攻邺，邺平定后，和乐进到壶关围攻高幹，到长广攻击管承，都获得了胜利。升捕虏将军，封都亭侯。李典宗族部曲三千多家，住在乘氏，李典请求把家人迁徙到魏郡。太祖笑着说："你想仿效耿纯吗？"李典回答说："我怯懦无能，功劳菲薄，而爵位过高，宠幸过厚，的确应该率领宗族报效您。加上征伐还未停息，应当充实京效地区，来控制四边。我不是仿效耿纯。"于是迁徙部曲宗族一万三千多人到邺居住。太祖嘉奖他，升他为破虏将军。李典和张辽、乐进驻守合肥，孙权率兵包围合肥，张辽想遵照太祖的指示出城迎战。乐进、李典、张辽平常不太和睦，张辽担心他们不跟从他，李典愤慨地说："这是国家大事，只看你的计策对不对，我怎么会因私怨而不顾公义呢！"于是率众和张辽打退孙权。增封邑百户，加上以前封的共三百户。

李典喜好学问，崇尚儒雅，不和诸将争功。他尊敬有才德的士大夫，恭顺谨慎唯恐失礼，军中称他为长者。三十六岁去世，儿子李祯继爵位。文帝即帝位后，追念李典在合肥立的战功，增封李祯邑百户，赐李典一子爵关内侯，邑百户。为李典赐谥号愍侯。

李通

【原文】李通，字文达，江夏平春人也。①以侠闻于江、汝之间。与其郡人陈恭共起兵于朗陵，众多归之。时有周直者，众二千余家，与恭、通外和内违。通欲图杀直而恭难之。通知恭无断，乃独定策，与直克会，酒酣杀直。众人大扰，通率恭诛其党帅，尽并其营。后恭妻弟陈郃，杀恭而据其众。通攻破郃军，斩郃首以祭恭墓。又生禽黄巾大帅吴霸而降其属。遭岁大饥，通倾家振施，与士分糟糠，皆争为用，由是盗贼不敢犯。

①《魏略》曰：通小字万亿。

建安初，通举众诣太祖于许。拜通振威中郎将，屯汝南西界。太祖讨张绣，刘表遣兵以助绣，太祖军不利。通将兵夜诣太祖，太祖得以复战，通为先登，大破绣军。拜裨将军，封建功侯。分汝南二县，以通为阳安都尉。通妻伯父犯法，朗陵长赵俨收治，致之大辟。是时杀生之柄，决于牧守，通妻子号泣以请其命。通曰："方与曹公戮力，义不以私废公。"嘉俨执宪不阿，与为亲交。太祖与袁绍相拒于官渡。绍遣使拜通征南将军，刘表亦阴招之，通皆拒焉。通亲戚部曲流涕曰："今孤危独守，以失大援，亡可立而待也，不如亟从绍。"通按剑以叱之曰："曹公明哲，必定天下。绍虽强盛，而任使无方，终为之虏耳。吾以死不贰。"即斩绍使，送印绶诣太祖。又击郡贼瞿恭、江宫、沈成等，皆破，残其众，送其首。遂定淮、汝之地。改封都亭侯，拜汝南太守。时贼张赤等五千余家聚桃山，通攻破之。刘备与周瑜围曹仁于江陵，别遣关羽绝北道。通率众击之，下马拔鹿角入围，且战且前，以迎仁军，勇冠诸将。通道得病薨，时年四十二。追增邑二百户，并前四百户。文帝践阼，谥曰刚侯。诏曰："昔袁绍之难，自许、蔡以南，人怀异心。通秉义不顾，使携贰率服，朕甚嘉之。不幸早薨，子基虽已袭爵，未足酬其庸勋。基兄绪，前屯樊城，又有功。世笃其劳，其以基为奉义中郎将，绪平虏中郎将，以宠异焉。"①

① 王隐《晋书》曰：绪子秉，字玄胄，有俊才，为时所贵，官至秦州刺史。秉尝答司马文王问，因以为《家诫》曰："昔侍坐于先帝，时有三长吏俱见。临辞出，上曰：'为官长当清，当慎，当勤，修此三者，何患不治乎？'并受诏。既出，上顾谓吾等曰：'相诫敕正当尔不？'侍坐众贤，莫不赞善。上又问曰：'必不得已，于斯三者何先？'或对曰：'清固为本。'次复问吾，对曰：'清慎之道，相须而成，必不得已，慎乃为大。夫清者不必慎，慎者必自清，亦由仁者必有勇，勇者不必有仁，是以《易》称括囊无咎，藉用白茅，皆慎之至也。'上曰：'卿言得之耳。可举近世能慎者谁乎？'诸人各未知所对，吾乃举故太尉荀景倩、尚书董仲连、仆射王公仲并可谓为慎。上曰：'此诸人者，温恭朝夕，执事有恪，亦各其慎也。然天下之至慎，其惟阮嗣宗乎！每与之言，言及玄远，而未曾评论时事，臧否人物，真可谓至慎矣。'吾每思此言，亦足以为明诫。凡人行事，年少立身，不可不慎，勿轻论人，勿轻说事，如此则悔吝何由而生，患祸无从而至矣。"

秉子重，字茂曾。少知名，历位吏部郎、平阳太守。《晋诸公赞》曰：重以清尚称。相国赵王伦以重望取为右司马。重以伦将为乱，辞疾不就。伦逼之不已，重遂不复自活，至于困笃，扶曳受拜，数日卒，赠散骑常侍。重二弟，尚字茂仲，矩字茂约，永嘉中并典郡，矩至江州刺史。重子式，字景则，官至侍中。

【译文】李通，字文达，江夏郡平春县人。因仗义行侠闻名长江、汝水之间。和同郡人陈恭一起在朗陵起兵，许多人都归顺他。当时有一个叫周直的人，有部下二千多家，和陈恭、李通貌合神离。李通想设计杀了周直，但陈恭不同意。李通知道陈恭行事不果断，就独自订下计策，和周直约会，酒兴正浓时杀了周直。众人大乱，李通率陈恭诛杀了周直的其他头目，吞并了他的部队。后来陈恭的妻弟陈郃，杀了陈恭并接管了他的部下。李通打败陈郃军队，砍掉陈郃的脑袋祭奠陈恭。又活捉黄巾军大统帅吴霸并招降了他的部下。遇到饥荒年，李通散尽家产赈济施舍，和士卒一起吃糟糠，士卒都争着为他效劳，因此盗贼不敢侵犯他。

建安初年，李通率领他的部队来到许昌拜见太祖曹操。太祖任命李通为振威中郎将，驻守汝南西界。太祖讨伐张绣，刘表派兵帮助张绣，太祖军战斗失利。李通率兵星夜来援，太祖得到他的部队再次出战，李通任先锋，大败张绣军。授官裨将军，封为建功侯。太祖从汝南郡分出两个县，以李通为阳安都尉。李通妻子的伯父犯法，郎陵县长赵俨逮捕审理，并判其死刑。当时生杀大权，掌握在州牧郡守手中，李通的妻子大哭着请求李通饶恕他的伯父。李通说："我正和曹公努力完成大业，绝不能因私情而废弃公法。"嘉奖赵俨执法不阿，和他结为好友。太祖和袁绍在官渡对峙，袁绍派使者封李通为征南将军，刘表也偷偷招纳李通，李通都拒绝了。李通的亲戚部曲流着泪说："现在您势单力孤、处境危险，独自坚守堡垒，失去强大的援助，无法坚守也无人来救，不如赶快归附袁绍。"李通按剑喝斥他们说："曹公聪明能干，一定会平定天下。袁绍虽然现在强盛，但他不会任用部下，终归要成为曹公的俘虏。我即使死也不对曹公有二心。"当即杀了袁绍使者，把印绶送给太祖。又攻击郡里盗贼瞿恭、江宫、沈成等，打败了他们，打散了他们的部众，把他们的头送到太祖那里。于是平定了淮河、汝水一带。改封都亭侯，授官汝南太守。这时盗贼张赤等五千余家聚集在桃山，李通攻破山寨。刘备和周瑜把曹仁围困在江陵，另外派遣关羽断绝北面的通道。李通率领部队攻打关羽，下马清除了敌人的防卫工事，进入包围圈，边战边进，迎救曹仁，勇冠诸将。李通路上得病去世，年仅四十二岁。追增封邑二百户，加上以前封的共四百户。文帝即帝位后，给李通赐谥号为刚侯。下诏说："过去袁绍发兵作难，从许、蔡以南，人人怀有二心。李通执义不贰，使心怀二心的人都佩服他的忠心，我非常赞赏他。不幸早死，儿子李基虽然已经承袭了爵位，但还不足以酬报他的功勋。李基的哥哥李绪，以前驻守樊城，又立有战功。我都很看重他的功劳，现以李基为奉义中郎将，李绪为平虏中郎将，以宠爱优待他们。"

臧霸　孙观

【原文】臧霸，字宣高，泰山华人也。父戒，为县狱掾，据法不听太守欲所私杀。太守大怒，令收戒诣府，时送者百余人。霸年十八，将客数十人径于费西山中要夺之，送者莫敢动，因与父俱亡命东海，由是以勇壮闻。黄巾起，霸从陶谦击破之，拜骑都尉。遂收兵于徐州，与孙观、吴敦、尹礼等并聚众，霸为帅，屯于开阳。太祖之讨吕布也，霸等将兵助布。既禽布，霸自匿。太祖募索得霸，见而悦之，使霸招吴敦、尹礼、孙观、观兄康等，皆诣太祖。太祖以霸为琅邪相，敦利城、礼东莞、观北海、康城阳太守，割青、徐二州，委之于霸。太祖之在兖州，以徐翕、毛晖为将。兖州乱，翕、晖皆叛。后兖州定，翕、晖亡命投霸。太祖语刘备，令语霸送二人首。霸谓备曰："霸所以能自立者，以不为此也。霸受公生全之恩，不敢违命。然王霸之君可以义告，愿将军为之辞。"备以霸言白太祖，太祖叹息，谓霸曰："此古人之事，而君能行之，孤之愿也。"乃皆以翕、晖为郡守。时太祖方与袁绍相拒，而霸数以精兵入青州，故太祖得专事绍，不以东方为念。太祖破袁谭于南皮，霸等会贺。霸因求遣子弟及诸将父兄家属诣邺，太祖曰："诸君忠孝，岂复在是！昔萧何遣子弟入侍，而高祖不拒。耿纯焚室舆榇以从，而光武不逆。吾将何以易之哉！"东州扰攘，霸等执义征暴，清定海岱，功莫大焉，皆封列侯。霸为都亭侯，加威虏将军。又与于禁讨昌豨，与夏侯渊讨黄巾余贼徐和等，有功，迁徐州刺史。沛国武周为下邳令，霸敬异周，身诣令舍。部从事谗詷不法，周得其罪，便收考竟，霸益以善周。从讨孙权，先登，再入巢湖，攻居巢，破之。张辽之讨陈兰，霸别遣至皖，讨吴将韩当，使权不得救兰。当遣兵逆霸，霸与战于逢龙，当复遣兵邀霸于夹石，与战破之，还屯舒。权遣数万人乘船屯舒口，分兵救兰，闻霸军在舒，遁还。霸夜追之，比明，行百余里，邀贼前后击之。贼窘急，不得上船，赴水者甚众。由是贼不得救兰，辽遂破之。霸从讨孙权于濡须口，与张辽为前锋，行遇霖雨，大军先及，水遂长，贼船稍进，将士皆不安。辽欲去，霸止之曰："公明于利钝，宁肯捐吾等邪？"明日果有令。辽至，以语太祖。太祖善之，拜扬威将军，假节。后权乞降，太祖还，留霸与夏侯惇等屯居巢。

文帝即王位，迁镇东将军，进爵武安乡侯，都督青州诸军事。及践阼，进封开阳侯，徙封良成侯。与曹休讨吴贼，破吕范于洞浦，征为执金吾，位特进。每有军事，帝常咨访焉。[①]明帝即位，增邑五百，并前三千五百户。薨，谥曰威侯。子艾嗣。[②]艾官至青州刺史、少府。艾薨，谥曰恭侯。子权嗣。霸前后有功，封子三人列侯，赐一人爵关内侯。[③]

①《魏略》曰：霸，一名奴寇。孙观，名婴子。吴敦，名黯奴。尹礼，名卢儿。建安二十四年，霸遣别军在洛。会太祖崩，霸所部及青州兵，以为天下将乱，皆鸣鼓擅去。文帝即位，以曹休都督青、徐，霸谓休曰："国家未肯听霸耳！若假霸步骑万人，必能横行江表。"休言之于帝，帝疑霸军前擅去，今意壮乃尔。遂东巡，因霸来朝而夺其兵。

②《魏书》曰：艾少以才理称，为黄门郎，历位郡守。

③ 霸，一子舜，字太伯，晋散骑常侍，见《武帝百官名》。此《百官名》，不知谁所撰也，皆有题目，称舜"才颖条畅，识赞时宜"也。

而孙观亦至青州刺史，假节，从太祖讨孙权，战被创，薨。子毓嗣，亦至青州刺史。[①]

①《魏书》曰：孙观，字仲台，泰山人。与臧霸俱起，讨黄巾，拜骑都尉。太祖破吕布，使霸招观兄弟，皆厚遇之。与霸俱战伐，观常为先登，征定青、徐群贼，功次于霸，封吕都亭侯。康亦以功封列侯。与太祖会南皮，遣子弟入居邺，拜观偏将军，迁青州刺史。从征孙权于濡须口，假节。攻权，为流矢所中，伤左足，力战不顾，太祖劳之曰："将军被创深重，而猛气益奋，不当为国爱身乎？"转振威将军，创甚，遂卒。

【译文】臧霸，字宣高，泰山郡华县人。父亲臧戒，任县狱掾，太守想报私仇杀人，臧戒遵守法律不听太守的命令。太守大怒，命令逮捕臧戒送到郡府，当时负责押送的有一百多人。臧霸当时十八岁，率领宾客数十人抄近道在费西山中拦截抢夺他父亲，押送的人都没敢反抗，于是臧霸和父亲一起逃亡到东海郡，因此以勇敢雄壮出名。黄巾军起义后，臧霸跟随陶谦击败黄巾军，授官骑都尉。后到徐州征兵，和孙观、吴敦、尹礼等一起聚众起兵，臧霸任统帅，驻扎在开阳。太祖曹操讨伐吕布时，臧霸等率兵帮助吕布。太祖擒获吕布以后，臧霸隐藏起来。太祖募众抓获了臧霸，见到臧霸后很喜欢他，让臧霸叫来吴敦、尹礼、孙观、孙观的哥哥孙康等人，一起来见太祖。太祖以臧霸为琅邪相，吴敦为利城太守、尹礼为东莞太守、孙观为北海太守、孙康为城阳太守，又划出青、徐二州，委任臧霸管理。太祖驻扎在兖州的部队，以徐翕、毛晖为统帅。兖州发生骚乱，徐翕、毛晖反叛太祖。后来兖州平定，徐翕、毛晖逃命投奔臧霸。太祖让刘备转告臧霸送来二人的脑袋。臧霸对刘备说："我之所以能够自立，就是因为不做这种事。我受过曹公的救命之恩，不敢违背曹公的命令。但曹公是想成就大业的君主，可以用合乎大义的言辞来回复他，希望将军替我善言转达。"刘备便把臧霸的话告诉太祖，太祖很感慨，对臧霸说："这是古人做的事而你能实行，这也是我的愿望啊。"就任命徐翕、毛晖为郡太守。当时太祖正和袁绍对峙，臧霸几次率精兵攻入青州，所以太祖才能专心对付袁绍，不惦念东方的安危。太祖在南皮打败袁谭，臧霸等聚会祝贺。臧霸乘机请求让自己的子弟和诸将父兄家属到邺来，太祖说："你们很忠孝，何必如此！从前萧何派子弟入京侍卫，汉高祖没有拒绝。耿纯烧掉房舍车辆棺材来追随光武帝，光武帝也不反对。我将怎样才能改变这一做法呢！"东州发生骚乱，臧霸等忠心耿耿征讨残暴的贼人，平定了海滨泰山一带，功劳非常大，参战诸将都封为列侯。臧霸为都亭侯，加封威虏将军。又和于禁讨伐昌豨，和夏侯渊讨伐黄巾军余部徐和等，立了战功，升徐州刺史。沛国武周任下邳县令，臧霸非常尊敬武周，亲自到下邳县府拜访他。臧霸的从事浮夸荒诞，不遵守法纪，武周掌握他的罪行后，便逮捕审判，臧霸对武周更加尊敬。跟随太祖讨伐孙权，冲锋在前，两次进入巢湖，攻打居巢，打败了敌人。张辽讨伐陈兰时，臧霸被派遣到皖，另率军队讨伐吴将韩当，使孙权不能分兵救陈兰。韩当派兵迎战臧霸，臧霸和他们在逢龙交锋，韩当又派兵到夹石截击臧霸，双方交锋，臧霸将韩当打得大败，回师驻守舒县。孙权派数万人乘船驻守舒口，分兵解救陈兰，听说臧霸的军队驻扎在舒县，就赶紧撤兵逃走。臧霸连夜追击敌人，等到天亮，追出一百多里，截住敌人，前后夹击。敌人情况窘迫，来不及上船，很多人慌忙跳水。因此敌人未能去救陈兰，张辽于是打败了陈兰。臧霸跟随太祖到濡须口讨伐孙权，和张辽任先锋，行军路上遇上大雨，先于大军到达，江水暴涨，敌人的船只逐渐靠近，将士都恐惧不安。张辽想撤退，臧霸阻止他说："曹公深明利害，难道会丢弃我们吗？"第二天果然有撤退命令下达。张辽到太祖营后，把情况汇报给太祖。太祖很赞赏臧霸，封臧霸为扬威将军，持节。后来孙权乞求投降，太祖退兵，留下臧霸和夏侯惇等驻守居巢。

文帝即王位后，升臧霸镇东将军，晋爵为武安乡侯，总领青州军事。等到文帝即帝位，晋封臧霸为开阳侯，转封良成侯。和曹休讨伐吴国，在洞浦打败了吕范，征召进京任执金吾，加官位为特进。每遇有军事，文帝常向臧霸咨询情况。明帝即位，增封食邑五百户，加上以前封的共三千五百户。去世后，赐谥号为威侯。儿子臧艾继承爵位。臧艾官至青州刺史、少府。臧艾死，赐谥号为恭侯。儿子臧权继位。臧霸前后立功，封他的三个儿子为列侯，赐给一个儿子关内侯的爵位。

孙观官至青州刺史，授予符节，他跟随太祖征讨孙权，在战争中受伤，去世。他的儿子孙毓继承爵位，也官至青州刺史。

文聘

【原文】文聘，字仲业，南阳宛人也，为刘表大将，使御北方。表死，其子琮立。太祖征荆州，琮举州降，呼聘欲与俱，聘曰："聘不能全州，当待罪而已。"太祖济汉，聘乃诣太祖，太祖问曰："来何迟邪？"聘曰："先日不能辅弼刘荆州以奉国家，荆州虽没，常愿据守汉川，保全土境，生不负于孤弱，死无愧于地下，而计不得已，以至于此。实怀悲惭，无颜早见耳。"遂欷歔流涕。太祖为之怆然，曰："仲业，卿真忠臣也。"厚礼待之。授聘兵，使与曹纯追讨刘备于长阪。太祖先定荆州，江夏与吴接，民心不安，乃以聘为江夏太守，使典北兵，委以边事，赐爵关内侯。① 与乐进讨关羽于寻口，有功，进封延寿亭侯，加讨逆将军。又攻羽辎重于汉津，烧其船于荆城。文帝践阼，进爵长安乡侯，假节。与夏侯尚围江陵，使聘别屯沔口，止石梵，自当一队，御贼有功，迁后将军，封新野侯。孙权以五万众自围聘于石阳，甚急。聘坚守不动，权住二十余日乃解去。聘追击破之。② 增邑五百户，并前千九百户。

① 孙盛曰：资父事君，忠孝道一。臧霸少有孝烈之称，文聘著垂涕之诚，是以魏武一面，委之以二方之任，岂直壮武见知于仓卒之间哉！

②《魏略》曰：孙权尝自将数万众卒至。时大雨，城栅崩坏，人民散在田野，未及补治。聘闻权到，不知所施，乃思惟莫若潜默可以疑之。乃敕城中人使不得见，又自卧舍中不起。权果疑之，语其部党曰："北方以此人忠臣也，故委之以此郡，今我至而不动，此不有密图，必当有外救。"遂不敢攻而去。《魏略》此语，与本传反。

聘在江夏数十年，有威恩，名震敌国，贼不敢侵。分聘户邑封聘子岱为列侯，又赐聘从子厚爵关内侯。聘薨，谥曰壮侯。岱又先亡，聘养子休嗣。卒，子武嗣。

嘉平中，谯郡桓禺为江夏太守，清俭有威惠，名亚于聘。

【译文】文聘，字仲业，南阳郡宛县人，为刘表的大将，刘表派他守御北方。刘表死后，他的儿子刘琮继任荆州牧。太祖征讨荆州，刘琮率领全州投降，呼唤文聘，想让他一起投降，文聘说："文聘不能保全荆州，只能等待被治罪。"太祖渡过汉水，文聘才来见他，太祖问他说："为什么来得这么晚？"文聘说："以前不能辅佐刘荆州来奉事国家，刘荆州虽然死了，我仍希望守住汉川，保全境内，活着不辜负孤弱的刘琮，死了无愧于地下的刘表，但我的愿望未能实现，以至于到了这个地步。我心怀悲痛惭愧，无脸早见您。"说着泪流满面。太祖听了也很感动，说："仲业，你真是个忠臣。"对他礼遇甚厚。给他兵力，让他和曹纯到长坂追击刘备。太祖先平定荆州，江夏郡和吴国接壤，百姓心里不安，太祖就任文聘为江夏太守，让他掌管北方军队，把边防的事委托给他，赐爵关内侯。文聘和乐进到寻口讨伐关羽，立了战功，晋封延寿亭侯，加封讨逆将军。又到汉津攻打关羽运送物资的部队，在荆城烧毁了敌人的船只。文帝即帝位后，晋文聘爵为长安乡侯，持节。和夏侯尚围攻江陵，派文聘单独率兵驻扎在沔口，在石梵安设营垒，独当一队敌人，抵御敌人有功，升为后将军，封新野侯。孙权亲自率五万军队在石阳围攻文聘，情况危急。文聘坚守不动，孙权围攻二十多天后撤离。文聘追击，打败了敌人。增封邑五百户，加上以前封的共一千九百户。

文聘在江夏驻守数十年，很有威信，爱护百姓，名震敌国，敌人不敢侵犯。朝廷从文聘食邑中分出一部分封文聘的儿子文岱为列侯，又赐文聘的侄子文厚爵关内侯。文聘死，赐谥号为壮侯。文岱又早死，文聘的养子文休继爵位。文休死，儿子文武继位。

嘉平年间，谯郡桓禺任江夏太守，清廉仁爱，很有威信，名声仅次于文聘。

吕虔

【原文】吕虔，字子恪，任城人也。太祖在兖州，闻虔有胆策，以为从事，将家兵守湖陆。襄贲校尉杜松部民炅母等作乱，与昌豨通。太祖以虔代松。虔到，招诱炅母渠率及同恶数十人，赐酒食。简壮士伏其侧，虔察炅母等皆醉，使伏兵尽格杀之。抚其余众，群贼乃平。太祖以虔领泰山太守。郡接山海，世乱，闻民人多藏窜。袁绍所置中郎将郭祖、公孙犊等数十辈，保山为寇，百姓苦之。虔将家兵到郡，开恩信，祖等党属皆降服，诸山中亡匿者尽出安土业。简其强者补战士，泰山由是遂有精兵，冠名州郡。济南黄巾徐和等，所在劫长吏，攻城邑。虔引兵与夏侯渊会击之，前后数十战，斩首获生数千人。太祖使督青州诸郡兵以讨东莱群贼李条等，有功。太祖令曰："夫有其志，必成其事，盖烈士之所徇也。卿在郡以来，禽奸讨暴，百姓获安，躬蹈矢石，所征辄克。昔寇恂立名于汝、颍，耿弇建策于青、兖，古今一也。"举茂才，加骑都尉，典郡如故。虔在泰山十数年，甚有威惠。文帝即王位，加裨将军，封益寿亭侯，迁徐州刺史，加威虏将军。请琅邪王祥为别驾，民事一以委之，世多其能任贤。①讨利城叛贼，斩获有功。明帝即位，徙封万年亭侯，增邑二百，并前六百户。虔薨，子翻嗣。翻薨，子桂嗣。

①孙盛《杂语》曰：祥，字休徵。性至孝，后母苛虐，每欲危害祥，祥色养无怠。盛寒之月，后母曰："吾思食生鱼。"祥脱衣，将剖冰求之，少顷，坚冰解，下有鱼跃出，因奉以供，时人以为孝感之所致也。供养三十余年，母终乃仕，以淳诚贞粹见重于时。◎王隐《晋书》曰：祥始出仕，年过五十矣，稍迁至司隶校尉。高贵乡公入学，以祥为三老，迁司空、太尉。司马文王初为晋王，司空荀𫖮要祥尽敬，祥不从。语在《三少帝纪》。

晋武践阼，拜祥为太保，封睢陵公。泰始四年，年八十九薨。祥弟览，字玄通，光禄大夫。《晋诸公赞》称览率素有至行。览子孙繁衍，颇有贤才相系，奕世之盛，古今少比焉。

【译文】吕虔，字子恪，任城人。太祖曹操在兖州时，听说吕虔有勇有谋，任命他为从事，率领家兵守卫湖陆。襄贲校尉杜松统属的百姓炅母等叛乱，和昌豨勾结。太祖让吕虔代替杜松的职务。吕虔上任后，引诱炅母头目及共同谋乱的数十人来，赐给他们酒菜。挑选勇敢的士兵埋伏在旁边，吕虔看到炅母等喝醉了，就让伏兵把他们全部击杀。安抚其余众人，群贼才得以平定。太祖让吕虔兼任泰山太守。泰山郡靠山连海，世事纷乱，百姓很多逃窜隐藏起来。袁绍设置的中郎将郭祖、公孙犊等数十伙人，占山为王进行抢劫，百姓深受其苦。吕虔率领家兵到郡后，宣明仁爱威信，郭祖等人都来投降归顺，逃匿到山里的百姓都从山中出来，安居乐业。又挑选强壮的男丁补充兵士，泰山郡从此就有了精兵，在州郡中很有名。济南郡黄巾军徐和等人，到处劫杀官吏，攻占城邑。吕虔带兵和夏侯渊联合攻击他们，前后经历数十次战斗，斩首俘虏数千人。太祖派他监督青州各郡兵讨伐东莱群贼李条等，立了战功。太祖下令说："有志向的人，就一定会成就他的事业，烈士都为此而献身。你到郡以来，擒奸贼讨暴徒，百姓得到安宁，亲冒箭石，战无不胜。过去寇恂在汝、颍一带立下战功，耿弇在青州、兖州出谋献策，古今一样啊。"察举为茂才，加官骑都尉，仍旧像过去一样统领泰山郡。吕虔在泰山十多年，非常有威信恩惠。文帝即王位后，加官裨将军，封益寿亭侯，升徐州刺史，加官威虏将军。吕虔请琅邪王祥做他的别驾，民事都委托给王祥，世人都称赞他能任用贤人。讨伐利城叛贼，斩首俘虏甚多，立了战功。明帝即位，转封万年亭侯，增封邑二百户，加上以前封的共六百户。吕虔死，儿子吕翻继位。吕翻死，儿子吕桂继位。

许褚

【原文】许褚，字仲康，谯国谯人也。长八尺余，腰大十围，容貌雄毅，勇力绝人。汉末，聚少年及宗族数千家，共坚壁以御寇。时汝南葛陂贼万余人攻褚壁，褚众少不敌，力战疲极。兵矢尽，乃令壁中男女，聚治石如杅斗者置四隅。褚飞石掷之，所值皆摧碎。贼不敢进。粮乏，伪与贼和，以牛与贼易食，贼来取牛，牛辄奔还。褚乃出陈前，一手逆曳牛尾，行百余步。贼众惊，遂不敢取牛而走。由是淮、汝、陈、梁间，闻皆畏惮之。

太祖徇淮、汝，褚以众归太祖。太祖见而壮之曰："此吾樊哙也。"即日拜都尉，引入宿卫。诸从褚侠客，皆以为虎士。从征张绣，先登，斩首万计，迁校尉。从讨袁绍于官渡。时常从士徐他等谋为逆，以褚常侍左右，惮之不敢发。伺褚休下日，他等怀刀入。褚至下舍心动，即还侍。他等不知，入帐见褚，大惊愕。他色变，褚觉之，即击杀他等。太祖益亲信之，出入同行，不离左右。从围邺，力战有功，赐爵关内侯。从讨韩遂、马超于潼关。太祖将北渡，临济河，先渡兵，独与褚及虎士百余人留南岸断后。超将步骑万余人，来奔太祖军，矢下如雨。褚白太祖，贼来多，今兵渡已尽，宜去，乃扶太祖上船。贼战急，军争济，船重欲没。褚斩攀船者，左手举马鞍蔽太祖。船工为流矢所中死，褚右手并溯船，仅乃得渡。是日，微褚几危。其后太祖与遂、超等单马会语，左右皆不得从，唯将褚。超负其力，阴欲前突太祖，素闻褚勇，疑从骑是褚。乃问太祖曰："公有虎侯者安在？"太祖顾指褚，褚瞋目盼之。超不敢动，乃各罢。后数日会战，大破超等，褚身斩首级，迁武卫中郎将。武卫之号，自此始也。军中以褚力如虎而痴，故号曰“虎痴”。是以超问虎侯，至今天下称焉，皆谓其姓名也。

褚性谨慎奉法，质重少言。曹仁自荆州来朝谒，太祖未出，入与褚相见于殿外。仁呼褚入便坐语，褚曰：“王将出。”便还入殿，仁意恨之。或以责褚曰：“征南宗室重臣，降意呼君，君何故辞？”褚曰：“彼虽亲重，外藩也。褚备内臣，众谈足矣，入室何私乎？”太祖闻，愈爱待之，迁中坚将军。太祖崩，褚号泣欧血。文帝践阼，进封万岁亭侯，迁武卫将军，都督中军宿卫禁兵，甚亲近焉。初，褚所将为虎士者从征伐，太祖以为皆壮士也，同日拜为将，其后以功为将军封侯者数十人，都尉、校尉百余人，皆剑客也。明帝即位，进封牟乡侯，邑七百户，赐子爵一人关内侯。褚薨，谥曰壮侯。子仪嗣。褚兄定，亦以军功为振威将军，都督徼道虎贲。太和中，帝思褚忠孝，下诏褒赞，复赐褚子孙二人爵关内侯。仪为钟会所杀。泰始初，子综嗣。

【译文】许褚，字仲康，谯国谯县人。身高八尺多，腰大十围，容貌威武刚毅，勇猛超过常人。东汉末年，聚集青年和宗族数千家，共同加固壁垒抵御入侵者。当时汝南郡葛陂寇贼一万多人攻打许褚的壁垒，许褚人少不能敌，拼命战斗，疲惫已极。他们箭用光了，就命令壁垒中的男女老少，把石头堆成盂斗一样放在壁垒四面。许褚捡石头向敌人掷去，被砸到的敌人都骨头碎裂。敌人不敢再向前。壁垒内粮食快吃光了，许褚假装和敌人讲和，用牛和敌人换粮食，敌人来取牛，牛受惊掉头跑回来。于是，许褚来到阵前，一把拽住牛尾，拖着牛走了一百多步。敌人对他的勇猛非常吃惊，最终连牛也不敢要就撤走了。因此，淮河、汝水、陈、梁一带听说后都畏惧他。

太祖率兵占领淮河、汝水地区，许褚率领部下归顺太祖。太祖见到许褚后夸奖他的威武说：“这是我的樊哙啊。”当天就授官都尉，让他进帐侍卫。那些跟随许褚的侠客，都任作虎士。许褚跟随太祖征伐张绣，冲在前面，杀敌以万计，升校尉。跟随太祖到官渡讨伐袁绍。当时寻常护卫太祖的卫士徐他等人阴谋反叛，因为许褚经常侍候在太祖左右，徐他等害怕他而不敢行动。等到许褚下去休息时，徐他等怀揣尖刀进入太祖帐内。许褚到了下面营帐时心里感到不安，立即回来侍卫。徐他等不知道许褚回来，进帐看见许褚，十分惊愕。徐他脸色大变，许褚发觉了他们的阴谋，立即把他们格杀了。太祖因此更加亲信许褚，出入和他同行，不让他离开左右。跟随太祖围攻邺，奋勇杀敌立功，赐爵关内侯。跟随太祖到潼关讨伐韩遂、马超。太祖要北渡黄河，渡河时，先让军队渡过去，只和许褚及虎士一百多人留在南岸断后。马超率步骑兵一万多人，来追击太祖军，矢如雨下。许褚对太祖说，敌人来得太多，现在我军又都渡过河去了，您应当赶快坐船离开，于是扶着太祖上船。敌人追杀得更急，士兵争着上船，船因超载快沉了。许褚右手挥刀砍杀攀附上船的士兵，左手举着马鞍挡住射向太祖的利箭。船工被流箭射死，许褚用右手撑船，船才得以渡过黄河。这天，如果没有许褚，太祖就危险了。此后太祖和韩遂、马超等单独会谈，左右都不让跟随，只带了许褚一人。马超依仗他的武力，私下里想向前冲杀太祖，平素听说许褚勇猛非凡，怀疑太祖的随从骑兵就是许褚。就问太祖说：“曹公有一个虎侯，现在在哪儿？”太祖回头指着许褚，许褚圆睁双目，怒视着马超。马超吓得不敢乱动，于是各自回营。几天以后，双方交战，太祖大败马超等。许褚亲手杀死了许多敌人，升武卫中郎将。“武卫”的称号，从此开始出现。军中因为许褚力如虎又貌似憨痴，所以都叫他“虎痴”。因此马超有虎侯之问，至今天下都这样称呼他，都说这是他的姓名。

许褚生性谨慎，严守法令，朴实憨厚，不爱说话。曹仁从荆州来朝拜见太祖，太祖还没出来，曹仁进宫后在殿外遇见许褚。曹仁招呼许褚到房中谈谈，许褚说：“魏王就要出来了。”说完就回头进入大殿，曹仁非常恼怒。有的人因此劝许褚说：“征南将军是曹公的宗族，朝廷的重臣，屈尊叫你，你为什么推辞？”许褚说：“他虽然亲近重要，终是外臣。许褚备位内臣，有事当众谈就行了，何必进到房间里神神秘秘的呢？”太祖听说之后，更加喜爱他，升中坚将军。太祖去世，许褚痛哭流涕，口吐鲜血。文帝即帝位，晋封许褚为万岁亭侯，升武卫将军，总领中军侍卫宫禁的部队，十分亲近他。当初，受许褚统领做虎士的人跟随太祖征伐，太祖认为他们都是壮士，同一天都拜为将军，此后因功拜将封侯的有几十人，做都尉、校尉的有一百多人，都是剑客。明帝即位后，晋封许褚为牟乡侯，封邑七百户，赐他一个儿子爵关内侯。许褚去世，赐谥号为壮侯。儿子许仪继位。许褚哥哥许定，也因军功授官振威将军，总领巡查警戒道路的虎贲。太和年间，皇帝思念许褚忠孝，下诏褒奖，又赐许褚子孙二人爵关内侯。许仪被钟会杀害。泰始初年，儿子许综继位。

典韦

【原文】典韦，陈留己吾人也。形貌魁梧，旅力过人，有志节任侠。襄邑刘氏与睢阳李永为仇，韦为报之。永故富春长，备卫甚谨。韦乘车载鸡酒，伪为候者，门开，怀匕首入杀永，并杀其妻，徐出，取车上刀戟，步去。永居近市，一市尽骇。追者数百，莫敢近。行四五里，遇其伴，转战得脱。由是为豪杰所识。初平中，张邈举义兵，韦为士，属司马赵宠。牙门旗长大，人莫能胜，韦一手建之，宠异其才力。后属夏侯惇，数斩首有功，拜司马。太祖讨吕布于濮阳。布有别屯在濮阳西四五十里，太祖夜袭，比明破之。未及还，会布救兵至，三面掉战。时布身自搏战，自旦至日昳数十合，相持急。太祖募陷陈，韦先占，将应募者数十人，皆重衣两铠，弃楯，但持长矛撩戟。时西面又急，韦进当之，贼弓弩乱发，矢至如雨，韦不视，谓等人曰：“虏来十步，乃白之。”等人曰：“十步矣。”又曰：“五步乃白。”等人惧，疾言：“虏至矣！”韦手持十余戟，大呼起，所抵无不应手倒者。布众退。会日暮，太祖乃得引去。拜韦都尉，引置左右，将亲兵数百人，常绕大帐。韦既壮武，其所将皆选卒，每战斗，常先登陷陈。迁为校尉。性忠至谨重，常昼立侍终日，夜宿帐左右，稀归私寝。好酒食，饮啖兼人，每赐食于前，大饮长歠，左右相属，数人益乃供，太祖壮之。韦好持大双戟与长刀等，军中为之语曰：“帐下壮士有典君，提一双戟八十斤。”

太祖征荆州，至宛，张绣迎降。太祖甚悦，延绣及其将帅，置酒高会。太祖行酒，韦持大斧立后，刃径尺，太祖所至之前，韦辄举斧目之。竟酒，绣及其将帅莫敢仰视。

后十余日，绣反，袭太祖营，太祖出战不利，轻骑引去。韦战于门中，贼不得入。兵遂散从他门并入。时韦校尚有十余人，皆殊死战，无不一当十。贼前后至稍多，韦以长戟左右击之，一叉入，辄十余矛摧。左右死伤者略尽。韦被数十创，短兵接战，贼前搏之。韦双挟两贼击杀之，余贼不敢前。韦复前突贼，杀数人，创重发，瞋目大骂而死。贼乃敢前，取其头，传观之，覆军就视其躯。太祖退住舞阴，闻韦死，为流涕，募间取其丧，亲自临哭之，遣归葬襄邑，拜子满为郎中。车驾每过，常祠以中牢。太祖思韦，拜满为司马，引自近。文帝即王位，以满为都尉，赐爵关内侯。

【译文】典韦，陈留郡已吾县人。身材魁梧，体力过人，有志气有操行，好任气行侠。襄邑刘氏和睢阳李永有仇，典韦为刘氏报仇。李永过去曾任富春县长，家里戒备森严。典韦赶车拉着鸡、酒，假装是拜访的人，院门打开后，怀揣匕首进去杀了李永，并杀了他的妻子，然后从容出来，拿上车上的刀戟，步行离去。李永的房子靠近市场，市上的人都十分害怕。追赶他的人有数百，但没有敢靠近他的。走了四五里路，遇见他的伙伴，边战边退得以逃脱。因此被豪杰了解。初平年间，张邈发动起义，典韦为士兵，属司马赵宠统领。牙门旗十分高大，一般人双手都举不起来，典韦一只手就把大旗竖了起来，赵宠很惊异于他的才力。后来归属夏侯惇统领，屡次杀敌立功，授官司马。太祖到濮阳讨伐吕布。吕布有一支部队驻扎在濮阳西面四五十里处，太祖夜里偷袭吕布驻军，等到天亮时攻破了敌人。还未来得及撤兵，恰逢吕布的援兵到了，三面交替攻打太祖的军队。当时吕布亲自参加搏杀，从早上到傍晚共交战数十次，双方对峙，战斗激烈。太祖招募敢冲锋陷阵的士卒，典韦抢先报名，统领应募的几十人，都穿着双层铠甲，不拿盾牌，只拿长矛撩戟。这时西面又告危急，典韦率兵抵挡敌人，敌人弓弩乱发，矢下如雨，典韦根本不把这些放在眼里，对招募来的士兵说："敌人距离十步时就报告我。"士兵说："十步了。"又命令说："距离五步时再报告。"士兵害怕了，着急地喊："敌人到了。"典韦手持十多个长戟，大喊而起，所到的地方敌人无不应手而倒。吕布的军队撤退了。恰逢天色已晚，太祖得以领兵撤离。太祖授典韦为都尉，把他安置在自己左右，统领亲兵数百人，经常环绕大帐巡逻。典韦不仅自己雄壮威武，他所统领的士兵也都是经过精心挑选的，每次战斗，都冲锋陷阵。晋升为校尉。他生性忠诚谨慎稳重，常白天站着侍卫一天，晚上还睡在大帐附近，很少回到住处就寝。他喜欢喝酒吃饭，酒量饭量都比平常人大一倍，每次太祖赏赐饮食放在面前，他就大吃大喝，左右都匀给他酒菜，要几个人给他才够吃，太祖很欣赏他的豪放。曲韦喜欢持大双戟和大刀等兵器，军中为他编歌谣说："帐下壮士有典君，提一双戟八十斤。"

太祖征伐荆州，到宛后，张绣投降。太祖非常高兴，迎接张绣和他的将帅，设酒席举行盛大宴会。太祖巡回敬酒，典韦持大斧站在后面，斧刃直径一尺，太祖每到一人面前，典韦就举着斧子注视着他。直至酒会结束，张绣和他的将帅都没敢抬头看他。十几天后，张绣又反叛，袭击太祖军营，太祖出来迎战失利，率轻骑退走。典韦在军门里迎战，敌人不能进门。于是，敌人分散开，从其他门攻入。当时典韦部下还有十多人，都拼死战斗，无不以一当十。从前后来的敌人越聚越多，典韦用长戟左右格杀，一叉下去，十多个长矛被打毁。他的部下差不多都已死伤。典韦身受数十处创伤，后来短兵相接，敌人要向前抓他。典韦双臂挟住两个敌人，杀了他们，其他人吓得不敢上前。典韦又冲上去搏斗，杀死数人，因伤势加重，圆睁双目，大骂敌人而死。敌人这才敢上前，割下他的头传着观看，全军都来看他的尸首。太祖退守舞阴，听说典韦死了，为他流下眼泪，募人偷偷取来他的尸体，太祖亲自到场为他哭泣，派人送回襄邑安葬，授他的儿子典满为郎中。太祖每次路过襄邑，常用中牢祭祀他。太祖追念典韦，授典满为司马，把他安置在自己左右。文帝即王位后，以典满为都尉，赐爵关内侯。

庞德

【原文】庞德，字令明，南安狟道人也。[①] 少为郡吏、州从事。初平中，从马腾击反羌叛氐，数有功，稍迁至校尉。建安中，太祖讨袁谭、尚于黎阳，谭遣郭援、高幹等略取河东，太祖使钟繇率关中诸将讨之。德随腾子超拒援、幹于平阳，德为军锋，进攻援、幹，大破之，亲斩援首。[②] 拜中郎将，封都亭侯。后张白骑叛于弘农，德复随腾征之，破白骑于两殽间。每战，常陷陈却敌，勇冠腾军。后腾征为卫尉，德留属超。太祖破超于渭南，德随超亡入汉阳，保冀城。后复随超奔汉中，从张鲁。太祖定汉中，德随众降。太祖素闻其骁勇，拜立义将军，封关门亭侯，邑三百户。

①狟，音桓。

②《魏略》曰：德手斩一级，不知是援。战罢之后，众人皆言援死而不得其首。援，钟繇之甥。德晚后于鞬中出一头，繇见之而哭。德谢繇，繇曰："援虽我甥，乃国贼也。卿何谢之？"

侯音、卫开等以宛叛，德将所领与曹仁共攻拔宛，斩音、开，遂南屯樊，讨关羽。樊下诸将以德兄在汉中，颇疑之。[①] 德常曰："我受国恩，义在效死。我欲身自击羽。今年我不杀羽，羽当杀我。"后亲与羽交战，射羽中额。时德常乘白马，羽军谓之白马将军，皆惮之。仁使德屯樊北十里，会天霖雨十余日，汉水暴溢，樊下平地五六丈，德与诸将避水上堤。羽乘船攻之，以大船四面射堤上。德被甲持弓，箭不虚发。将军董衡、部曲将董超等欲降，德皆收斩之。自平旦力战至日过中，羽攻益急，矢尽，短兵接战。德谓督将成何曰："吾闻良将不怯死以苟免，烈士不毁节以求生，今日，我死日也。"战益怒，气愈壮，而水浸盛，吏士皆降。德与麾下将一人，伍伯二人，弯弓傅矢，乘小船欲还仁营。水盛船覆，失弓矢，独抱船覆水中，为羽所得，立而不跪。羽谓曰："卿兄在汉中，我欲以卿为将，不早降何为？"德骂羽曰："竖子，何谓降也！魏王带甲百万，威振天下。汝刘备庸才耳，岂能敌邪！我宁为国家鬼，不为贼将也。"遂为羽所杀。太祖闻而悲之，为之流涕，封其二子为列侯。文帝即王位，乃遣使就德墓赐谥，策曰："昔先轸丧元，王蠋绝脰，陨身徇节，前代美之。惟侯式昭果毅，蹈难成名，声溢当时，义高在昔，寡人愍焉。谥曰壮侯。"又赐子会等四人爵关内侯，邑各百户。会勇烈有父风，官至中卫将军，封列侯。[②]

①《魏略》曰：德从兄名柔，时在蜀。

② 王隐《蜀记》曰：钟会平蜀，前后鼓吹，迎德尸丧还葬邺，冢中身首如生。

臣松之案：德死于樊城，文帝即位，又遣使至德墓所，则其尸丧不应在蜀。此王隐之虚说也。

【译文】庞德，字令明，南安郡狟道人。年轻时做过郡吏、州从事。初平年间，跟随马腾攻打反叛的羌人、氐人，屡建战功，逐渐升至校尉。建安年间，太祖到黎阳讨伐袁谭、袁尚，袁谭派郭援、高幹等攻占河东，太祖派钟繇率领关中诸将讨伐他们。庞德跟随马腾的儿子马超在平阳抵御郭援、高幹，庞德任先锋，攻打郭援、高幹，大败他们，亲手砍下郭援的头。授中郎将，封都亭侯。后来张白骑在弘农反叛，庞德又跟随马腾征伐张白骑，在两殽之间打败了张白骑。每次战斗，庞德都冲锋陷阵，击退敌人，在马腾军中最为勇猛。后来马腾被征召为卫尉，庞德留下归属马超。太祖在渭南打败马超，庞德随马超逃到汉阳，保守冀城。后来又随马超逃奔汉中，跟随张鲁。太祖平定汉中，庞德随众人一起投降。太祖平素听说庞德勇猛威武，授为立义将军，封关门亭侯，食邑三百户。

侯音、卫开等据宛反叛太祖，庞德率领部下和曹仁一起攻拔宛城，斩侯音、卫开，南下驻守樊县，讨伐关羽。樊城诸将因为庞德的堂兄在汉中侍奉刘备，都怀疑庞德的忠诚。庞德常说："我深受国恩，立志为国捐躯。我要亲自带兵攻打关羽。今年不是我杀关羽，就是关羽杀我。"后来亲自和关羽交战，射中关羽的额头。当时庞德常骑白马，关羽军称他为白马将军，都畏惧他。曹仁派庞德驻扎在樊城北十里处，恰逢连降十多天大雨，汉水暴涨，樊城水高出地面五六丈，庞德和诸将躲避大水登上河堤。关羽乘船攻打他们，从大船四面向堤上射箭。庞德身披盔甲手持弓箭，箭不虚发。将军董衡、部曲将董超等想要投降，庞德杀了他们。从天刚亮奋战到日过午，关羽进攻更急，箭用光了，短兵相交。庞德对督将成何说："我听说良将不畏惧死亡而苟且偷生，烈士不毁掉节操以求得生存，今天就是我死的日子。"战斗更加奋勇，气势更加雄壮，而水势也越来越大，吏士都投降了。庞德与所部一员将领、两个伍伯，拉弓上箭，乘小船想回到曹仁大营。水势湍急船被掀翻，弓箭都掉了，他们只能抱着船漂泊在水上，被关羽抓到，他不给关羽下跪。关羽对他说："你哥哥在汉中，我想让你做将帅，为什么不早点投降？"庞德大骂关羽说："小子，说什么投降！魏王带兵百万，威震天下。你们刘备只是个庸才，怎么能和魏王匹敌！我宁肯做国家的鬼，不做敌人的将。"于是被关羽杀害。太祖听说后十分悲痛，为他流下了眼泪，分封他的两个儿子为列侯。文帝即王位后，派使者到庞德墓上赐谥号，文书说："从前先轸被斩首，王蠋被断颈，他们殒身殉节，前代赞美他们。只有你显示了果敢坚毅，投身危难成就功名，声名溢满当时，节义称颂往昔，我非常怜惜你。赐谥号为壮侯。"又赐庞德儿子庞会等四人爵关内侯，邑各一百户。庞会勇猛刚强有他父亲的遗风，官至中卫将军，封为列侯。

庞淯 赵娥

【原文】庞淯，字子异，酒泉表氏人也。初以凉州从事守破羌长，会武威太守张猛反，杀刺史邯郸商，猛令曰："敢有临商丧，死不赦。"淯闻之，弃官，昼夜奔走，号哭丧所，讫，诣猛门，衷匕首，欲因见以杀猛。猛知其义士，敕遣不杀，由是以忠烈闻。[①]太守徐揖请为主簿。后郡人黄昂反，围城。淯弃妻子，夜逾城出围，告急于张掖、燉煌二郡。初疑未肯发兵，淯欲伏剑，二郡感其义，遂为兴兵。军未至而郡城邑已陷，揖死。淯乃收敛揖丧，送还本郡，行服三年乃还。太祖闻之，辟为掾属。文帝践阼，拜驸马都尉，迁西海太守，赐爵关内侯。后征拜中散大夫，薨。子曾嗣。

①《魏略》曰：猛兵欲来缚淯，猛闻之，叹曰："猛以杀刺史为罪。此人以至忠为名，如又杀之，何以劝一州履义之士邪？"遂使行服。◎《典略》曰：张猛，字叔威，本燉煌人也。猛父奂，桓帝时仕历郡守、中郎将、太常，遂居华阴，终因葬焉。建安初，猛仕郡为功曹，是时河西四郡以去凉州治远，隔以河寇，上书求别置州。诏以陈留人邯郸商为雍州刺史，别典四郡。时武威太守缺，诏又以猛父昔在河西有威名，乃以猛补之。商、猛俱西。初，猛与商同岁，每相戏侮，及共之官，行道更相责望。暨到，商欲诛猛。猛觉之，遂勒兵攻商。商治舍与猛侧近，商闻兵至，恐怖登屋，呼猛字曰："叔威，汝欲杀我耶？然我死者有知，汝亦族矣。请和解，尚可乎？"猛因呼曰："来。"商逾屋就猛，猛因责数之，语毕，以商属督邮。督邮录商，闭置传舍。后商欲逃，事觉，遂杀之。是岁建安十四年也。至十五年，将军韩遂自上讨猛，猛发兵遣军东拒。其吏民畏遂，乃反共攻猛。初，奂为武威太守时，猛方在孕。母梦带奂印绶，登楼而歌，旦以告奂。奂讯占梦者，曰："夫人方生男，后当复临此郡，其必死官乎！"及猛被攻，自知必死，曰："使死者无知则已矣，若有知，岂使吾头东过华阴历先君之墓乎？"乃登楼自烧而死。

初，淯外祖父赵安为同县李寿所杀，淯舅兄弟三人同时病死，寿家喜。淯母娥自伤父仇不报，乃帏车袖剑，白日刺寿于都亭前，讫，徐诣县，颜色不变，曰："父仇已报，请受戮。"禄福长尹嘉解印绶纵娥，娥不肯去，遂强载还家。会赦得免，州郡叹贵，刊石表闾。[①]

① 皇甫谧《列女传》曰：酒泉烈女庞娥亲者，表氏庞子夏之妻，禄福赵君安之女也。君安为同县李寿所杀，娥亲有男弟三人，皆欲报仇，寿深以为备。会遭灾疫，三人皆死。寿闻大喜，请会宗族，共相庆贺，云："赵氏强壮已尽，唯有女弱，何足复忧！"防备懈弛。娥亲子淯出行，闻寿此言，还以启娥亲。娥亲既素有报仇之心，及闻寿言，感激愈深，怆然陨涕曰："李寿，汝莫喜也，终不活汝！戴履天地，为吾门户，吾三子之羞也。焉知娥亲不手刃杀汝，而自侥幸邪？"阴市名刀，挟长持短，昼夜哀酸，志在杀寿。寿为人凶豪，闻娥亲之言，更乘马带刀，乡人皆畏惮之。比邻有徐氏妇，忧娥亲不能制，恐逆见中害，每谏止之，曰："李寿，男子也，凶恶有素，加今备卫在身。赵虽有猛烈之志，而强弱不敌。邂逅不制，则为重受祸于寿，绝灭门户，痛辱不轻也。愿详举动，为门户之计。"娥亲曰："父母之仇，不同天地共日月者也。李寿不死，娥亲视息世间，活复何求！今虽三弟早死，门户泯绝，而娥亲犹在，岂可假手于人哉！若以卿心况我，则李寿不可得杀。论我之心，寿必为我所杀明矣。"夜数磨砺所持刀，讫，扼腕切齿，悲涕长叹，家人及邻里咸共笑之。娥亲谓左右曰："卿等笑我，直以我女弱不能杀寿故也。要当以寿颈血污此刀刃，

令汝辈见之。”遂弃家事，乘鹿车伺寿。至光和二年二月上旬，以白日清时，于都亭之前，与寿相遇，便下车扣寿马，叱之。寿惊愕，回马欲走。娥亲奋刀斫之，并伤其马。马惊，寿挤道边沟中。娥亲寻复就地斫之，探中树兰，折所持刀。寿被创未死，娥亲因前欲取寿所佩刀杀寿，寿护刀瞋目大呼，跳梁而起。娥亲乃挺身奋手，左抵其额，右椿其喉，反复盘旋，应手而倒。遂拔其刀以截寿头，持诣都亭，归罪有司，徐步诣狱，辞颜不变。时禄福长汉阳尹嘉不忍论娥亲，即解印绶去官，弛法纵之。娥亲曰：“仇塞身死，妾之明分也。治狱制刑，君之常典也。何敢贪生以枉官法？”乡人闻之，倾城奔往，观者如堵焉，莫不为之悲喜慷慨嗟叹也。守尉不敢公纵，阴语使去，以便宜自匿。娥亲抗声大言曰：“枉法逃死，非妾本心。今仇人已雪，死则妾分，乞得归法以全国体。虽复万死，于娥亲毕足，不敢贪生为明廷负也。”尉故不听所执，娥亲复言曰：“匹妇虽微，犹知宪制。杀人之罪，法所不纵。今既犯之，义无可逃。乞就刑戮，陨身朝市，肃明王法，娥亲之愿也。”辞气愈厉，面无惧色。尉知其难夺，强载还家。凉州刺史周洪、酒泉太守刘班等并共表上，称其烈义，刊石立碑，显其门闾。太常弘农张奂贵尚所履，以束帛二十端礼之。海内闻之者，莫不改容赞善，高大其义。故黄门侍郎安定梁宽追述娥亲，为其作传。玄晏先生以为父母之仇，不与共天地，盖男子之所为也。而娥亲以女弱之微，念父辱之酷痛，感仇党之凶言，奋剑仇颈，人马俱摧，塞亡父之怨魂，雪三弟之永恨，近古以来，未之有也。《诗》云：“修我戈矛，与子同仇。”娥亲之谓也。

【译文】庞淯，字子异，酒泉郡表氏县人。起初任凉州从事，代理破羌县长，恰逢武威太守张猛造反，杀刺史邯郸商，张猛下令说：“敢有为邯郸商奔丧的，处死不赦。”庞淯听说了这件事，丢弃官位，日夜兼程，大哭着为邯郸商奔丧，之后，又来到张猛门前，怀揣匕首，想乘见面时刺杀张猛。张猛知道他是义士，下令放走他，不杀他，庞淯因此以忠义勇敢闻名。太守徐揖请他做主簿。后来郡人黄昂反叛，围攻郡治所。庞淯丢下妻子儿女，夜里跳下城墙冲出包围，向张掖、敦煌两郡告急。两郡开始有些怀疑，不肯出兵，庞淯要伏剑自刎来证实自己的话，两郡被他的义气感动，于是发兵救援。援军还未赶到，郡治所已被攻陷，徐揖被害。庞淯收殓他的尸体，护送到他的家乡安葬，并为他服丧三年才回来。太祖听说他的事迹后，征召他为属吏。文帝即帝位后，授官驸马都尉，升西海太守，赐爵关内侯。后被征召进京授官中散大夫，去世后，儿子庞曾继位。

当初，庞淯的外祖父赵安被同县人李寿杀害，庞淯的三个舅舅同时病死，李寿家非常高兴。庞清的母亲赵娥伤心父仇未报，于是乘着带车篷的车子，袖中藏着利剑，白天在都亭前刺杀了李寿，然后从容地来到县衙，面不改色地说：“父仇已报，请求戮刑。”禄福县长尹嘉宁肯弃官也要放她逃走，赵娥不肯走，尹嘉就强行把她拉到车里送回家。恰逢大赦得以免刑，州郡都赞叹她的高贵品质，在里门刻石表彰她的孝行。

阎温　张恭、张就

【原文】阎温，字伯俭，天水西城人也。以凉州别驾守上邽令。马超走奔上邽，郡人任养等举众迎之。温止之,不能禁,乃驰还州。超复围州所治冀城甚急,州乃遣温密出,告急于夏侯渊。贼围数重,温夜从水中潜出。明日,贼见其迹,遣人追遮之,于显亲界得温,执还诣超。超解其缚,谓曰:"今成败可见,足下为孤城请救而执于人手,义何所施?若从吾言,反谓城中东方无救,此转祸为福之计也。不然,今为戮矣。"温伪许之,超乃载温诣城下。温向城大呼曰:"大军不过三日至,勉之!"城中皆泣,称万岁。超怒数之曰:"足下不为命计邪?"温不应。时超攻城久不下,故徐诱温,冀其改意。复谓温曰:"城中故人,有欲与吾同者不?"温又不应。遂切责之,温曰:"夫事君有死无贰,而卿乃欲令长者出不义之言,吾岂苟生者乎?"超遂杀之。

先是,河右扰乱,隔绝不通,燉煌太守马艾卒官,府又无丞。功曹张恭素有学行,郡人推行长史事,恩信甚著,乃遣子就东诣太祖,请太守。时酒泉黄华、张掖张进各据其郡,欲与恭并势。就至酒泉,为华所拘执,劫以白刃。就终不回,私与恭疏曰:"大人率厉燉煌,忠义显然,岂以就在困厄之中而替之哉?昔乐羊食子,李通覆家,经国之臣,宁怀妻孥邪?今大军垂至,但当促兵以掎之耳。愿不以下流之爱,使就有恨于黄壤也。"恭即遣从弟华攻酒泉沙头、乾齐二县。恭又连兵寻继华后,以为首尾之援。别遣铁骑二百,迎吏官属,东缘酒泉北塞,径出张掖北河,逢迎太守尹奉。于是张进须黄华之助,华欲救进,西顾恭兵,恐急击其后,遂诣金城太守苏则降。就竟平安。奉得之官。黄初二年,下诏褒扬,赐恭爵关内侯,拜西域戊己校尉。数岁征还,将授以侍臣之位,而以子就代焉。恭至燉煌,固辞疾笃。太和中卒,赠执金吾。就后为金城太守,父子著称于西州。①

①《世语》曰:就子敩,字祖文,弘毅有干正,晋武帝世为广汉太守。王濬在益州,受中制募兵讨吴,无虎符,敩收濬从事列上。由此召敩还。帝责敩:"何不密启而便收从事?"敩曰:"蜀汉绝远,刘备尝用之。辄收,臣犹以为轻。"帝善之。官至匈奴中郎将。敩子固,字元安,有敩风,为黄门郎,早卒。敩,一本作勃。

《魏略·勇侠传》载孙宾硕、祝公道、杨阿若、鲍出等四人,宾硕虽汉人,而鱼豢编之魏书,盖以其人接魏,事义相类故也。论其行节,皆庞、阎之流。其祝公道一人,已见《贾逵传》。今列宾硕等三人于后。

孙宾硕者,北海人也,家素贫。当汉桓帝时,常侍左悺、唐衡等权侔人主。延熹中,衡弟为京兆虎牙都尉,秩比二千石,而统属郡。衡弟初之官,不修敬于京兆尹,入门不持版,郡功曹赵息呵廊下曰:"虎牙仪如属城,何得放臂入府门?"促收其主簿。衡弟顾促取版。既入见尹,尹欲修主人,敕外为市买。息又启云:"衡、悺子弟,来为虎牙,非德选,不足为特酤买,宜随中舍菜食而已。"及其到官,遣吏奉笺谢尹,息又敕门,言:"无常见此无阴儿辈子弟邪,用其笺记为通乎?"晚乃通之,又不得即令报。衡弟皆知之,甚恚,欲灭诸赵。因书与衡,求为京兆尹,旬月之间,得为之。息自知前过,乃逃走。时息从父仲台,见为凉州刺史,于是衡为诏征仲台,遣归。遂诏中都官及郡部督邮,捕诸赵尺儿以上及仲台,皆杀之,有藏者与同罪。时息从父岐为皮氏长,闻有家祸,因从官舍逃,走之河间,变姓字,又转诣北海,著絮巾布裤,常于市中贩胡饼。宾硕时年二十余,乘犊车，将骑入市。观见岐，疑其非常人也。因问之曰："自有饼邪？贩之邪？"岐曰："贩之。"宾硕曰："买几钱？卖几钱？"岐曰："买三十，卖亦三十。"宾硕曰："视处士之望，非似卖饼者，殆有故！"乃开车后户，顾所将两骑，令下马扶上之。时岐以为是唐氏耳目也，甚怖，面失色。宾硕闭车后户，下前襜，谓之曰："视处士状貌，既非贩饼者，加今面色变动，即不有重怨，则当亡命。我北海孙宾硕也，阖门百口，又有百岁老母在堂，势能相度者也，终不相负，必语我以实。"岐乃具告之。宾硕遂载岐驱归。住车门外，先入白母，言："今日出，得死友在外，当来入拜。"乃出，延岐入，椎牛钟酒，快相娱乐。一二日，因载著别田舍，藏置复壁中。后数岁，唐衡及弟皆死。岐乃得出，还本郡。三府并辟，展转仕进，至郡守、刺史、太仆，而宾硕亦从此显名于东国，仕至豫州刺史。初平末，宾硕以东方饥荒，南客荆州。至兴平中，赵岐以太仆持节使安慰天下，南诣荆州，乃复与宾硕相遇，相对流涕。岐为刘表陈其本末，由是益礼宾硕。顷之，宾硕病亡，岐在南，为行丧也。

杨阿若，后名丰，字伯阳，酒泉人。少游侠，常以报仇解怨为事，故时人为之号曰："东市相斫杨阿若，西市相斫杨阿若。"至建安年中，太守徐揖诛郡中强族黄氏。时黄昂得脱在外，乃以昂家粟金数斛，募众得千余人以攻揖。揖城守。丰时在外，以昂为不义，乃告揖，揖妻子走诣张掖求救。会张掖又反，杀太守，而昂亦陷城杀揖，二郡合势。昂恚丰不与己同，乃重募取丰，欲令张掖以麻系其头，生致之。丰遂逃走。武威太守张猛假丰为都尉，使赍檄告酒泉，听丰为揖报仇。丰遂单骑入南羌中，合众得千余骑，从乐涫南山中出，指趋郡城。未到三十里，皆令骑下马，曳柴扬尘。酒泉郡人望见尘起，以为东大兵到，遂破散。昂独走出，羌捕得昂，丰谓昂曰："卿前欲生系我颈，今反为我所系，云何？"昂惭谢，丰遂杀之。时黄华在东，又还领郡。丰畏华，复走依敦煌。至黄初中，河西兴复，黄华降，丰乃还郡。郡举孝廉，州表其义勇，诏即拜驸马都尉。后二十余年，病亡。

鲍出，字文才，京兆新丰人也。少游侠。兴平中，三辅乱，出与老母兄弟五人家居本县，以饥饿，留其母守舍，相将行采蓬实，合得数升，使其二兄初、雅及其弟成持归，为母作食，独与小弟在后采蓬。初等到家，而啖人贼数十人已略其母，以绳贯其手掌，驱去。初等怖恐，不敢追逐。须臾，出从后到，知母为贼所略，欲追贼。兄弟皆云："贼众，当如何？"出怒曰："有母而使贼贯其手，将去煮啖之，用活何为？"乃攘臂结衽独追之，行数里，及贼。贼望见出，乃共布列待之。出到，回从一头斫贼四五人。贼走，复合聚围出，出跳越围斫之，又杀十余人。时贼分布，驱出母前去。贼连击出，不胜，乃走与前辈合。出复追击之，还见其母与比舍妪同贯相连，出遂复奋击贼。贼问出曰："卿欲何得？"出责数贼，指其母以示之，贼乃解还出母。比舍妪独不解，遥望出求哀。出复斫贼，贼谓出曰："已还卿母，何为不止？"出又指求哀妪："此我嫂也。"贼复解还之。出得母还，遂相扶侍，客南阳。建安五年，关中始开，出来北归，而其母不能步行，兄弟欲共舆之。出以舆车历山险危，不如负之安稳，乃以笼盛其母，独自负之，到乡里。乡里士大夫嘉其孝烈，欲荐州郡，郡辟召出，出曰："田民不堪冠带。"至青龙中，母年百余岁乃终，出时年七十余，行丧如礼。于今年八九十，才若五六十者。

鱼豢曰：昔孔子叹颜回，以为三月不违仁者，盖观其心耳，孰如孙、祝菜色于市里，颠倒于牢狱，据有实事哉？且夫濮阳周氏不敢匿迹，鲁之朱家不问情实，是何也？惧祸之及，且心不安也。而太史公犹贵其竟脱季布，岂若二贤，厥义多乎？今故远收孙、祝，而近录杨、鲍，既不欲其泯灭，且敦薄俗。至于鲍出，不染礼教，心痛意发，起于自然，迹虽在编户，与笃烈君子何以异乎？若夫杨阿若，少称任侠，长遂蹈义，自西徂东，摧讨逆节，可谓勇而有仁者也。

【译文】阎温，字伯俭，天水郡西城县人。任凉州别驾，代理上邽县令。马超逃奔到上邽，郡民任养等率众迎接他。阎温要制止他们，但制止不了，于是骑马奔驰，回到州治所。马超又围攻州治所冀城，攻势猛烈，州长官于是派阎温秘密出城，向夏侯渊告急。敌人将城重重包围，阎温夜里从水道潜水出城。第二天，敌人发现了他的踪迹，派人追赶他，在显亲县界抓到了阎温，押送回来见马超。马超亲自解开他的绑绳，对他说："现在成败的局势已经很明显了，你为孤城请救兵却被我们抓住，你还向哪里施行道义？如果听我的话，反过来对城里说东方不会有救兵了，就会转祸为福。不然，现在就杀了你。"阎温假意答应了他，马超于是用车拉着阎温来到城下。阎温向城中大喊："大军不过三天就会到了，要努力战斗啊！"城里人都感动地哭了，高呼万岁。马超恼怒地质问他说："你不为你的性命考虑吗？"阎温也不理他。这时马超因长期攻城不下，就慢慢诱降阎温，希望他能改变心意。又对阎温说："你城里的旧交，有没有想跟随我的？"阎温又不回答。马超声色俱厉地斥责他，阎温说："事奉君主即使面对死亡也不生二心，而你想让有德行的人说出不义的言辞，我难道是贪生怕死的人吗？"马超因此杀害了他。

在此之前，河西混乱动荡，与朝廷联系切断，敦煌太守马艾死在任上，郡府又没有郡丞。功曹张恭素来有学问品行，郡民推举他代理郡长史的职责，很有威信，于是张恭派他的儿子张就东去见太祖，请求设置太守。当时酒泉黄华、张掖张进各自盘踞本郡，想和张恭联合。张就到了酒泉，被黄华抓住，用刀威逼他。张就始终不答应，偷偷给张恭写信说："大人领导整顿敦煌，忠义显扬，怎能因为我处境危险就改变忠义之举呢？以前乐羊为国甘愿食子，李通为国甘愿覆没其家，治理国家的臣子，难道还顾虑妻子儿女吗？现在大军很快就要到了，您应当赶快发兵牵制敌人。希望不要因为子孙之爱，使我在黄泉下有遗憾。"张恭当即派他的堂弟张华攻打酒泉沙头、乾齐两县。张恭在张华之后连续发兵，以便首尾相助。另外派精兵二百人，迎接太祖派来的官属，向东沿着酒泉北部边寨，直出张掖北河，迎接太守尹奉。这时张进需要黄华的援助，黄华想去救张进，但西面顾虑张恭的军队，担心他们会猛烈攻击他的背后，于是到金城太守苏则那里投降。张就最终平安无恙。尹奉也平安上任。黄初二年，朝廷下诏表扬张恭，赐张恭爵关内侯，授官西域戊己校尉。几年后征召进京，将要授给他侍臣的官职，并让他的儿子张就代理他过去的职务。张恭到了敦煌，托病推辞。太和年间去世，赠官执金吾。张就后来任金城太守，父子均在西州享有盛名。

【原文】评曰：李典贵尚儒雅，义忘私隙，美矣。李通、臧霸、文聘、吕虔镇卫州郡，并著威惠。许褚、典韦折冲左右，抑亦汉之樊哙也。庞德授命叱敌，有周苛之节。庞淯不惮伏剑，而诚感邻国。阎温向城大呼，齐解、路之烈焉。

【译文】评论说：李典崇尚儒雅，为公不记私仇，品德真美啊！李通、臧霸、文聘、吕虔镇守保卫州郡，都很有威信。许褚、典韦在太祖左右保驾退敌，这也如同汉代的樊哙。庞德拼死战斗，喝斥敌人，有周苛的节操。庞淯不惧怕死亡，伏剑自刎，他的真诚感动了邻国。阎温向城里大呼，与解杨、齐路的忠烈齐名。

卷十九 魏书十九

任城陈萧王传第十九

任城威王曹彰

【原文】任城威王彰，字子文。少善射御，膂力过人，手格猛兽，不避险阻。数从征伐，志意慷慨。太祖尝抑之曰："汝不念读书慕圣道，而好乘汗马击剑，此一夫之用，何足贵也！"课彰读《诗》《书》，彰谓左右曰："丈夫一为卫、霍，将十万骑驰沙漠，驱戎狄，立功建号耳。何能作博士邪？"太祖尝问诸子所好，使各言其志。彰曰："好为将。"太祖曰："为将奈何？"对曰："被坚执锐，临难不顾，为士卒先，赏必行，罚必信。"太祖大笑。建安二十一年，封鄢陵侯。

二十三年，代郡乌丸反，以彰为北中郎将，行骁骑将军。临发，太祖戒彰曰："居家为父子，受事为君臣，动以王法从事，尔其戒之！"彰北征，入涿郡界，叛胡数千骑卒至。时兵马未集，唯有步卒千人，骑数百匹。用田豫计，固守要隙，虏乃退散。彰追之，身自搏战，射胡骑，应弦而倒者前后相属。战过半日，彰铠中数箭，意气益厉，乘胜逐北，至于桑乾，[①] 去代二百余里。长史、诸将皆以为新涉远，士马疲顿，又受节度，不得过代，不可深进，违令轻敌。彰曰："率师而行，唯利所在，何节度乎？胡走未远，追之必破。从令纵敌，非良将也。"遂上马，令军中："后出者斩！"一日一夜与虏相及，击，大破之，斩首获生以千数。彰乃倍常科大赐将士，将士无不悦喜。时鲜卑大人轲比能将数万骑观望强弱，见彰力战，所向皆破，乃请服。北方悉平。时太祖在长安，召彰诣行在所。彰自代过邺，太子谓彰曰："卿新有功，今西见上，宜勿自伐，应对常若不足者。"彰到，如太子言，归功诸将。太祖喜，持彰须曰："黄须儿竟大奇也！"[②]

① 臣松之案：桑乾县属代郡，今北虏居之，号为索干之都。

②《魏略》曰：太祖在汉中，而刘备栖于山头，使刘封下挑战。太祖骂曰："卖履舍儿，长使假子拒汝公乎！待呼我黄须来，令击之。"乃召彰。彰晨夜进道，西到长安而太祖已还，从汉中而归。彰须黄，故以呼之。

太祖东还，以彰行越骑将军，留长安。太祖至洛阳，得疾，驿召彰，未至，太祖崩。[①] 文帝即王位，彰与诸侯就国。[②] 诏曰："先王之道，庸勋亲亲，并建母弟，开国承家，故能藩屏大宗，御侮厌难。彰前受命北伐，清定朔土，厥功茂焉。增邑五千，并前万户。"黄初二年，进爵为公。三年，立为任城王。四年，朝京都，疾薨于邸，谥曰威。[③] 至葬，赐銮辂、龙旂，虎贲百人，如汉东平王故事。子楷嗣，徙封中牟。五年，改封任城县。太和六年，复改封任城国，食五县二千五百户。青龙三年，楷坐私遣官属诣中尚方作禁物，削县二千户。正始七年，徙封济南，三千户。正元、景元初，连增邑，凡四千四百户。④

①《魏略》曰：彰至，谓临菑侯植曰："先王召我者，欲立汝也。"植曰："不可。不见袁氏兄弟乎？"

②《魏略》曰：太子嗣立，既葬，遣彰之国。始彰自以先王见任有功，冀因此遂见授用，而闻当随例，意甚不悦，不待遣而去。时以鄢陵瘠薄，使治中牟。及帝受禅，因封为中牟王。是后大驾幸许昌，北州诸侯上下，皆畏彰之刚严。每过中牟，不敢不速。

③《魏氏春秋》曰：初，彰问玺绶，将有异志，故来朝不即得见。彰忿怒暴薨。

④楷，泰始初为崇化少府，见《百官名》。

【译文】任城威王曹彰，字子文。从小就善于骑射，臂力过人，徒手与猛兽格斗，不避危险。几次随军征战，意气慷慨昂扬。曹操曾经批评他说："你不想读书修习圣贤之道，却喜欢骑马击剑，这只能发挥一个普通人的作用，哪值得珍贵！"督促他学习《诗经》《尚书》，曹彰对身边的人说："大丈夫应当做卫青、霍去病那样的大将军，率领十万人马纵横大漠，驱逐戎狄，立功扬名。怎么能做专精一艺的博士呢？"曹操有一次问几个儿子的爱好，让他们各自说出自己的志向。曹彰说："愿做将军。"曹操说："做将军干什么呢？"曹彰回答："披坚甲，握利器，面临危难不顾自己，身先士卒，有功必赏，有罪必罚。"曹操大笑。建安二十一年，曹彰被封为鄢陵侯。

建安二十三年，代郡的乌丸族反叛，曹操任命曹彰为北中郎将，代行骁骑将军。临出发时，曹操告诫曹彰："在家里我们是父子，接受国命就是君臣了，一举一动都得按王法办事，你可要小心谨慎呀！"曹彰北征，进入涿郡境内，叛军几千骑兵突然攻到。当时曹军尚未集结，只有步兵一千人，战马几百匹。曹彰采纳田豫的计策，坚守要塞，敌军退走。曹彰追击，亲自与敌兵搏斗，箭射敌骑，敌骑应声而倒的前后连成一串。战斗持续了大半天，曹彰的铠甲中了几箭，意气反而更加威猛，乘胜追赶败逃之敌，直到桑乾河，距离代郡有二百多里。军中长史和众将都认为部队刚刚远道而来，人疲马乏，又有指令不得越过代郡，深入敌境，不可违令轻敌。曹彰说："率军出征，只看怎样对作战有利，怎能盲目接受遥控指挥呢？敌人还没跑远，追上去就能击败他们。为服从命令而放纵敌人，就不是什么能征善战的将领。"便上马，下令军中："落后者斩！"一天一夜追上了敌军，双方交战，将敌军杀得丢盔弃甲，斩首及俘获敌兵数以千计。曹彰超常规加倍犒赏将士，将士们无不为此欢欣鼓舞。当时鲜卑族的首领轲比能率领几万人马观望双方强弱，见曹彰奋力冲杀，所向披靡，于是请求臣服。北方地区全部平定。那时曹操在长安，召曹彰前来在所相见。曹彰从代郡经过邺城，太子曹丕对曹彰说："你刚立了功，现在西去面见父王，切记不要骄傲自夸，回答问题要时常显得仍有许多不足之处。"曹彰到了长安，按照太子所说的，把功劳都归于众将。曹操很高兴，握着曹彰的胡子说："黄须儿竟然大出我的意料之外了！"

曹操回京都，命曹彰兼任越骑将军，留守长安。曹操到洛阳，生了病，驿马传召曹彰，曹彰尚未赶到，曹操已经去世。曹丕即王位，曹彰与诸侯各去自己的封国。曹丕颁布诏令说："古代帝王之道，重用功臣爱护亲属，并分封同胞兄弟，建立邦国，继承家业,所以能保卫大宗,抵御外侮,防止灾难。曹彰以前奉命北伐,平定北方,功勋盛大。给他增加食邑五千户,连同以前的共一万户。”黄初二年,晋封公爵。黄初三年,立为任城王。黄初四年,曹彰进京朝见,因病死于京都的官邸,谥号为威。安葬之时,朝廷赐他銮辂、龙旂、虎贲勇士一百人,比照汉朝东平王的旧事。其子曹楷承袭爵位,改封中牟县。黄初五年,改封任城县。太和六年,又改封任城国,食邑为五县二千五百户。明帝青龙三年,曹楷犯了私派官属到中尚方衙门制作禁物的罪名,削减食邑二千户。正始七年,改封济南,食邑三千户。正元、景元初年,连续给他增加食邑,共四千四百户。

陈思王曹植

【原文】陈思王植,字子建。年十余岁,诵读《诗》《论》及辞赋数十万言,善属文。太祖尝视其文,谓植曰:“汝倩人邪?”植跪曰:“言出为论,下笔成章,顾当面试,奈何倩人?”时邺铜爵台新成,太祖悉将诸子登台,使各为赋。植援笔立成,可观,太祖甚异之。① 性简易,不治威仪。舆马服饰,不尚华丽。每进见难问,应声而对,特见宠爱。建安十六年,封平原侯。十九年,徙封临菑侯。太祖征孙权,使植留守邺,戒之曰:“吾昔为顿邱令,年二十三。思此时所行,无悔于今。今汝年亦二十三矣,可不勉与!”植既以才见异,而丁仪、丁廙、杨修等为之羽翼。太祖狐疑,几为太子者数矣。而植任性而行,不自雕励,饮酒不节。文帝御之以术,矫情自饰,宫人左右,并为之说,故遂定为嗣。二十二年,增植邑五千,并前万户。植尝乘车行驰道中,开司马门出。太祖大怒,公车令坐死。由是重诸侯科禁,而植宠日衰。② 太祖既虑终始之变,以杨修颇有才策,而又袁氏之甥也,于是以罪诛修。植益内不自安。③ 二十四年,曹仁为关羽所围。太祖以植为南中郎将,行征虏将军,欲遣救仁,呼有所敕戒,植醉不能受命,于是悔而罢之。④

① 阴澹《魏纪》载植赋曰:“从明后而嬉游兮,登层台以娱情。见太府之广开兮,观圣德之所营。建高门之嵯峨兮,浮双阙乎太清。立中天之华观兮,连飞阁乎西城。临漳水之长流兮,望园果之滋荣。仰春风之和穆兮,听百鸟之悲鸣。天云垣其既立兮,家愿得而获逞。扬仁化于宇内兮,尽肃恭于上京。惟桓文之为盛兮,岂足方乎圣明!休矣美矣!惠泽远扬。翼佐我皇家兮,宁彼四方。同天地之规量兮,齐日月之晖光。永贵尊而无极兮,等年寿于东王”云云。太祖深异之。

②《魏武故事》载令曰:“始者谓子建,儿中最可定大事。”又令曰:“自临菑侯植私出,开司马门至金门,令吾异目视此儿矣。”又令曰:“诸侯长史及帐下吏,知吾出辄将诸侯行意否?从子建私开司马门来,吾都不复信诸侯也。恐吾适出,便复私出,故摄将行。不可恒使吾以谁为心腹也!”

③《典略》曰:杨修,字德祖,太尉彪子也。谦恭才博。建安中,举孝廉,除郎中,丞相请署仓曹属、主簿。是时,军国多事,修总知外内,事皆称意。自魏太子已下,并争与交好。又是时临菑侯植以才捷爱幸,来意投修,数与修书,书曰:“数日不见,思子为劳,

想同之也。仆少好辞赋，迄至于今二十有五年矣。然今世作者，可略而言也。昔仲宣独步于汉南，孔璋鹰扬于河朔，伟长擅名于青土，公幹振藻于海隅，德琏发迹于大魏，足下高视于上京。当此之时，人人自谓握灵蛇之珠，家家自谓抱荆山之玉也。吾王于是设天网以该之，顿八纮以掩之，今尽集兹国矣。然此数子，犹不能飞翰绝迹，一举千里也。以孔璋之才，不闲辞赋，而多自谓与司马长卿同风，譬画虎不成还为狗者也。前为书嘲之，反作论盛道仆赞其文。夫钟期不失听，于今称之。吾亦不敢妄叹者，畏后之嗤余也。世人著述，不能无病。仆常好人讥弹其文，有不善者，应时改定。昔丁敬礼尝作小文，使仆润饰之，仆自以才不能过若人，辞不为也。敬礼云：'卿何所疑难乎！文之佳丽，吾自得之。后世谁相知定吾文者邪？'吾常叹此达言，以为美谈。昔尼父之文辞，与人通流。至于制《春秋》，游、夏之徒不能错一字。过此而言不病者，吾未之见也。盖有南威之容，乃可以论于淑媛；有龙渊之利，乃可以议于割断。刘季绪才不逮于作者，而好诋呵文章，掎摭利病。昔田巴毁五帝，罪三王，呰五伯于稷下，一旦而服千人，鲁连一说，使终身杜口。刘生之辩未若田氏，今之仲连求之不难，可无叹息乎！人各有所好尚。兰茝荪蕙之芳，众人之所好，而海畔有逐臭之夫；《咸池》《六英》之发，众人所乐，而墨翟有非之之论。岂可同哉！今往仆少小所著辞赋一通相与。夫街谈巷说，必有可采，击辕之歌，有应风雅，匹夫之思，未易轻弃也。辞赋小道，固未足以揄扬大义，彰示来世也。昔扬子云，先朝执戟之臣耳，犹称'壮夫不为'也。吾虽薄德，位为藩侯，犹庶几戮力上国，流惠下民，建永世之业，流金石之功，岂徒以翰墨为勋绩，辞颂为君子哉？若吾志不果，吾道不行，亦将采史官之实录，辨时俗之得失，定仁义之衷，成一家之言。虽未能藏之名山，将以传之同好，此要之白首，岂可以今日论乎！其言之不怍，恃惠子之知我也。明早相迎，书不尽怀。"修答曰："不侍数日，若弥年载，岂独爱顾之隆，使系仰之情深邪！损辱来命，蔚矣其文。诵读反复，虽《风》《雅》《颂》不复过也。若仲宣之擅江表，陈氏之跨冀域，徐、刘之显青、豫，应生之发魏国，斯皆然矣。至如修者，听采风声，仰德不暇，目周章于省览，何惶骇于高视哉？伏惟君侯，少长贵盛，体旦、发之质，有圣善之教。远近观者，徒谓能宣昭懿德，光赞大业而已，不谓复能兼览传记，留思文章。今乃含王超陈，度越数子。观者骇视而拭目，听者倾首而竦耳。非夫体通性达，受之自然，其谁能至于此乎？又尝亲见执事握牍持笔，有所造作，若成诵在心，借书于手，曾不斯须少留思虑。仲尼日月，无得逾焉。修之仰望，殆如此矣。是以对鹖而辞，作《暑赋》弥日而不献，见西施之容，归憎其貌者也。伏想执事不知其然，猥受顾赐，教使刊定。《春秋》之成，莫能损益。《吕氏》《淮南》，字直千金。然而弟子钳口，市人拱手者，圣贤卓荦，固所以殊绝凡庸也。今之赋颂，古诗之流，不更孔公，风雅无别耳。修家子云，老不晓事，强著一书，悔其少作。若此，仲山、周旦之徒，则皆有諐乎！君侯忘圣贤之显迹，述鄙宗之过言，窃以为未之思也。若乃不忘经国之大美，流千载之英声，铭功景钟，书名竹帛，此自雅量素所蓄也，岂与文章相妨害哉？辄受所惠，窃备矇瞍诵歌而已。敢忘惠施，以忝庄氏！季绪琐琐，何足以云。"其相往来，如此甚数。植后以骄纵见疏，而植故连缀修不止，修亦不敢自绝。至二十四年秋，公以修前后漏泄言教，交关诸侯，乃收杀之。修临死，谓故人曰："我固自以死之晚也。"其意以为坐曹植也。修死后百余日而太祖薨，太子立，遂有天下。初，修以所得王髦剑奉太子，太子常服之。及即尊位，在洛阳，从容出宫，追思修之过薄也，抚其剑，驻车顾左右曰："此杨德祖昔所说王髦剑也。髦今焉在？"及召见之，赐髦谷帛。

挚虞《文章志》曰：刘季绪，名修，刘表子。官至东安太守。著诗、赋、颂六篇。

臣松之案：《吕氏春秋》曰："人有臭者，其兄弟妻妾皆莫能与居，其人自苦而居海上。海上人有悦其臭者，昼夜随之而不能去。"此植所云"逐臭之夫"也。田巴事出《鲁连子》，亦见《皇览》，文多故不载。

《世语》曰：修年二十五，以名公子有才能，为太祖所器。与丁仪兄弟，皆欲以植为嗣。太子患之，以车载废簏，内朝歌长吴质与谋。修以白太祖，未及推验，太子惧，告质。质曰："何患？明日复以簏受绢车内以惑之，修必复重白，重白必推，而无验，则彼受罪矣。"世子从之，修果白，而无人，太祖由是疑焉。修与贾逵、王凌并为主簿，而为植所友。每当就植，虑事有阙，忖度太祖意，豫作答教十余条，敕门下，教出以次答。教裁出，答已入，太祖怪其捷，推问始泄。太祖遣太子及植各出邺城一门，密敕门不得出，以观其所为。太子至门，不得出而还。修先戒植："若门不出侯，侯受王命，可斩守者。"植从之。故修遂以交构赐死。修子嚣，嚣子准，皆知名于晋世。嚣，泰始初为典军将军，受心膂之任，早卒。准，字始丘，惠帝末为冀州刺史。

荀绰《冀州记》曰：准见王纲不振，遂纵酒，不以官事为意，逍遥卒岁而已。成都王知准不治，犹以其为名士，惜而不责，召以为军谋祭酒。府散停家，关东诸侯议欲以准补三事，以示怀贤尚德之举。事未施行而卒。准子峤字国彦，髦字士彦，并为后出之俊。准与裴頠、乐广善，遣往见之。頠性弘方，爱峤之有高韵，谓准曰："峤当及卿，然髦小减也。"广性清淳，爱髦之有神检，谓准曰："峤自及卿，然髦尤精出。"准叹曰："我二儿之优劣，乃裴、乐之优劣也。"评者以为峤虽有高韵，而神检不逮，广言为得。傅畅云："峤似准而疏。"峤弟俊，字惠彦，最清出。峤、髦皆为二千石。俊，太傅掾。

④《魏氏春秋》曰：植将行，太子饮焉，逼而醉之。王召植，植不能受王命，故王怒也。

文帝即王位，诛丁仪、丁廙并其男口。① 植与诸侯并就国。黄初二年，监国谒者灌均希指，奏植"醉酒悖慢，劫胁使者"。有司请治罪，帝以太后故，贬爵安乡侯。② 其年改封鄄城侯。三年，立为鄄城王，邑二千五百户。

①《魏略》曰：丁仪，字正礼，沛郡人也。父冲，宿与太祖亲善，时随乘舆。见国家未定，乃与太祖书曰："足下平生常喟然有匡佐之志，今其时矣。"是时张杨适还河内，太祖得其书，乃引军迎天子东诣许，以冲为司隶校尉。后数来过诸将饮，酒美不能止，醉烂肠死。太祖以冲前见开导，常德之。闻仪为令士，虽未见，欲以爱女妻之，以问五官将。五官将曰："女人观貌，而正礼目不便，诚恐爱女未必悦也。以为不如与伏波子楙。"太祖从之。寻辟仪为掾，到与论议，嘉其才朗，曰："丁掾，好士也，即使其两目盲，尚当与女，何况但眇？是吾儿误我。"时仪亦恨不得尚公主，而与临菑侯亲善，数称其奇才。

太祖既有意欲立植，而仪又共赞之。及太子立，欲治仪罪，转仪为右刺奸掾，欲仪自裁而仪不能。乃对中领军夏侯尚叩头求哀，尚为涕泣而不能救。后遂因职事收付狱，杀之。

廙，字敬礼，仪之弟也。《文士传》曰：廙少有才姿，博学洽闻。初辟公府，建安中为黄门侍郎。廙尝从容谓太祖曰："临菑侯天性仁孝，发于自然，而聪明智达，其殆庶几。至于博学渊识，文章绝伦。当今天下之贤才君子，不问少长，皆愿从其游而为之死，实天所以钟福于大魏，而永授无穷之祚也。"欲以劝动太祖。太祖答曰："植，吾爱之，安能若卿言！吾欲立之为嗣，何如？"廙曰："此国家之所以兴衰，天下之所以存亡，非愚劣琐贱者所敢与及。廙闻知臣莫若于君，知子莫若于父。至于君不论明暗，父不问贤愚，而能常知其臣子者何？盖由相知非一事一物，相尽非一旦一夕。况明公加之以圣哲，习之以人子。今发明达之命，吐永安之言，可谓上应天命，下合人心，得之于须臾，垂之于万世者也。廙不避斧钺之诛，敢不尽言！"太祖深纳之。

②《魏书》载诏曰："植，朕之同母弟。朕于天下无所不容，而况植乎？骨肉之亲，舍而不诛，其改封植。"

四年，徙封雍丘王。其年，朝京都。上疏曰：

臣自抱衅归藩，刻肌刻骨，追思罪戾，昼分而食，夜分而寝。诚以天罔不可重离，圣恩难可再恃。窃感《相鼠》之篇，无礼遄死之义，形影相吊，五情愧赧。以罪弃生，则违古贤"夕改"之劝；忍活苟全，则犯诗人"胡颜"之讥。伏惟陛下德象天地，恩隆父母，施畅春风，泽如时雨。是以不别荆棘者，庆云之惠也；七子均养者，尸鸠之仁也；舍罪责功者，明君之举也；矜愚爱能者，慈父之恩也。是以愚臣徘徊于恩泽而不能自弃者也。

前奉诏书，臣等绝朝，心离志绝，自分黄耇无复执珪之望。不图圣诏猥垂齿召，至止之日，驰心辇毂。僻处西馆，未奉阙廷，踊跃之怀，瞻望反仄。谨拜表献诗二篇，其辞曰："於穆显考，时惟武皇。受命于天，宁济四方。朱旗所拂，九土披攘。玄化滂流，荒服来王。超商越周，与唐比踪。笃生我皇，奕世载聪。武则肃烈，文则时雍。受禅炎汉，临君万邦。万邦既化，率由旧则。广命懿亲，以藩王国。帝曰尔侯，君兹青土。奄有海滨，方周于鲁。车服有辉，旗章有叙。济济隽乂，我弼我辅。伊予小子，恃宠骄盈。举挂时网，动乱国经。作藩作屏，先轨是堕。傲我皇使，犯我朝仪。国有典刑，我削我绌。将寘于理，元凶是率。明明天子，时笃同类。不忍我刑，暴之朝肆。违彼执宪，哀予小子。改封兖邑，于河之滨。股肱弗置，有君无臣。荒淫之阙，谁弼予身？茕茕仆夫，于彼冀方。嗟予小子，乃罹斯殃。赫赫天子，恩不遗物。冠我玄冕，要我朱绂。朱绂光大，使我荣华。剖符授玉，王爵是加。仰齿金玺，俯执圣策。皇恩过隆，祗承怵惕。咨我小子，顽凶是婴。逝惭陵墓，存愧阙廷。匪敢傲德，实恩是恃。威灵改加，足以没齿。昊天罔极，性命不图。常惧颠沛，抱罪黄垆。愿蒙矢石，建旗东岳。庶立豪氂，微功自赎。危躯授命，知足免戾。甘赴江、湘，奋戈吴、越。天启其衷，得会京畿。迟奉圣颜，如渴如饥。心之云慕，怆矣其悲。天高听卑，皇肯照微！"又曰："肃承明诏，应会皇都。

星陈夙驾，秣马脂车。命彼掌徒，肃我征旅。朝发鸾台，夕宿兰渚。芒芒原隰，祁祁士女。经彼公田，乐我稷黍。爰有樛木，重阴匪息。虽有糇粮，饥不遑食。望城不过，面邑匪游。仆夫警策，平路是由。玄驷蔼蔼，扬镳漂沫。流风翼衡，轻云承盖。涉涧之滨，缘山之隈。遵彼河浒，黄阪是阶。西济关谷，或降或升。騑骖倦路，再寝再兴。将朝圣皇，匪敢晏宁。弭节长骛，指日遄征。前驱举燧，后乘抗旌。轮不辍运，鸾无废声。爰暨帝室，税此西墉。嘉诏未赐，朝觐莫从。仰瞻城阈，俯惟阙廷。长怀永慕，忧心如酲。"

帝嘉其辞义，优诏答勉之。①

①《魏略》曰：初植未到关，自念有过，宜当谢帝。乃留其从官著关东，单将两三人微行，入见清河长公主，欲因主谢。而关吏以闻，帝使人逆之，不得见。太后以为自杀也，对帝泣。会植科头负𫓧锧，徒跣诣阙下，帝及太后乃喜。及见之，帝犹严颜色，不与语，又不使冠履。植伏地泣涕，太后为不乐。诏乃听复王服。◎《魏氏春秋》曰：是时待遇诸国法峻。任城王暴薨，诸王既怀友于之痛。植及白马王彪还国，欲同路东归，以叙隔阔之思，而监国使者不听。植发愤告离而作诗曰："谒帝承明庐，逝将归旧疆。清晨发皇邑，日夕过首阳。伊洛旷且深，欲济川无梁。泛舟越洪涛，怨彼东路长。回顾恋城阙，引领情内伤。大谷何寥廓，山树郁苍苍。霖雨泥我涂，流潦浩从横。中逵绝无轨，改辙登高冈。修阪造云日，我马玄以黄。玄黄犹能进，我思郁以纡。郁纡将何念？亲爱在离居。本图相与偕，中更不克俱。鸱枭鸣衡轭，豺狼当路衢。苍蝇间白黑，谗巧反亲疏。欲还绝无蹊，揽辔止踟蹰。踟蹰亦何留，相思无终极。秋风发微凉，寒蝉鸣我侧。原野何萧条，白日忽西匿。孤兽走索群，衔草不遑食。归鸟赴高林，翩翩厉羽翼。感物伤我怀，抚心长叹息。叹息亦何为，天命与我违。奈何念同生，一往形不归！孤魂翔故域，灵柩寄京师。存者勿复过，亡没身自衰。人生处一世，忽若朝露晞。年在桑榆间，影响不能追。自顾非金石，咄咤令心悲。心悲动我神，弃置莫复陈。丈夫志四海，万里犹比邻。恩爱苟不亏，在远分日亲。何必同衾帱，然后展殷勤。仓卒骨肉情，能不怀苦辛？苦辛何虑思，天命信可疑。虚无求列仙，松子久吾欺。变故在斯须，百年谁能持？离别永无会，执手将何时？王其爱玉体，俱享黄发期。收涕即长涂，援笔从此辞。"

【译文】陈思王曹植，字子建。十几岁就诵读《诗经》《论语》以及辞赋几十万字，擅长作文。曹操有一次看到他的文章，对他说："你请人代笔的吗？"曹植跪下说："出口成论，下笔成章，尽管当面考试，怎么会请人代作呢？"当时邺城铜爵台刚刚建成，曹操带领所有儿子登台，让他们各自作赋。曹植拿起笔来立刻就写成了，文辞很是可观，曹操感到十分惊奇。曹植性情平易随和，不喜欢摆出威严的气派。车马服饰，都不追求华丽。每次进见曹操面对曹操答问辩难，总能应声作答，因此特别受曹操宠爱。建安十六年，被封为平原侯。建安十九年，改封临菑侯。曹操征讨孙权，让曹植留守邺城，告诫他说："我从前任顿邱县令时，才二十三岁。想起那时候所干的事，到今天也没有什么可后悔的。现在你也二十三岁了，能不努力吗！"曹植既因为有才而特别受宠，又有丁仪、丁廙、杨修等人作为他的左膀右臂。曹操有些犹疑，好几次几乎要立曹植为太子。可是曹植行事任性,不注意修饰约束自己,饮酒无节制。曹丕则玩弄手段,掩饰真情以粉饰自己,因此连曹操身边的官人与内官,也都随时替曹丕说话,所以曹操最终册立曹丕为太子。建安二十二年,增加曹植食邑五千户,连同以前的共一万户。曹植有一次驾车在御街上行驶,打开司马门出宫。曹操大怒,负责管理官车的公车令因此被判有罪处死。从那以后强化约束诸侯的法令,曹操对曹植的宠爱也日渐衰减。曹操担心曹植的势力太大会成为后患,因为杨修很有才华和谋略,又是袁术的外甥,于是罗织罪名杀了杨修。曹植心里更加不安。建安二十四年,曹仁被关羽围困。曹操任命曹植为南中郎将,代行征虏将军,准备派他去救曹仁,召他来要告诫他一番话,曹植喝醉了酒不能接受指令,曹操大为失望后悔,罢免了他的军事职务。

曹丕即王位,诛杀丁仪、丁廙和他们家里所有的男子。曹植和诸侯全都回到各自封国。黄初二年,监国谒者灌均迎合曹丕的旨意,奏曹植"醉酒之后行为悖逆荒唐,劫持威胁使者"。有关官员请求治曹植的罪,曹丕因为太后的缘故,将他贬为安乡侯。同年又改封为鄄城侯。黄初三年,立曹植为鄄城王,食邑二千五百户。

黄初四年,改封曹植为雍丘王。当年,曹植进京朝见。上疏说:

臣自从负罪回到藩国,深切入骨地反思所犯的罪过,寝食难安。的确认为国家法纪不可以重犯,圣恩难以反复依赖。私下里有感于《相鼠》所言人不守礼,不如速死的深刻含义,不禁形影相吊,五内如焚,惭愧无比。因罪轻生,那样做是违背古圣先贤"早上有错,傍晚改正"的劝勉;而苟且偷生,又涉嫌诗人"何不速死"的讥刺。我俯首思考陛下德配天地,恩逾父母,施恩像春风时雨一样舒畅温润。因此对荆棘之流不另眼相看,这是五色祥云的恩惠;使七子都得到平等的哺育,那是布谷鸟般的仁爱;允许戴罪立功,那是圣明君王的举动;怜悯愚钝的而爱护有才的,这是慈父般的恩德。这就是我始终逡巡徘徊于君主恩泽之中而不能自我放弃的原因。

上次接到诏书,禁止我等诸侯进京朝见,我当时心灰意冷,自忖到老也难得再有持珪朝见的指望了。没想到圣诏竟然屈尊召唤,人刚到京,心就已经飞到了您的身边。但住在西馆僻静的房间里,一直没有机会朝见,那种迫不及待的心情,使我翘首瞻望,坐卧不宁。谨上此表并献诗二篇,其辞为:"伟大的先父,就是武皇。受命于天,安定四方。红旗所指,九州归降。德化广布,臣服远方。超越商周,功比有唐。诞育我皇,聪明倜傥。武功勇烈,文才辉煌。受禅炎汉,君临万邦。万邦受教,遵循旧章.推广天命,至亲封王。帝曰尔侯,君此青州。统辖海滨,治理一方,譬如鲁君,拱卫周王。车驾耀眼,服饰闪光,显示尊贵,旗帜徽章。惟贤与德,辅弼皇上。无知小子,恃宠骄狂。扰乱国纪,触犯法网。身为藩屏,行为悖妄,怠慢使臣,触犯朝纲。国有刑律,职削爵降。依法论罪,罪无可宽。圣明天子,手足情深。不忍判罚,暴露朝堂。哀怜违宪,小子无恙。改封鄄城,与河为邻。官吏不设,有君无臣。放荡错失,谁为匡正?形影相吊,冀州一角。悲叹小子,活罪难逃。赫赫天子,恩施万物。赠我玄冠,衣赐锦绣。锦裳无语,天子之心。封王赐玺，符节为凭。仰承金玺，俯持策命。春风浩荡，惭愧圣恩。小子可叹，屡触厄运。羞对先祖，抱愧当廷。非敢傲慢，实仗皇恩。改封加级，难忘威灵。昊天无极，人生有限。忧罪无功，抱恨黄泉。愿冒矢石，树旗东岳。希建微功，稍减罪愆。赴汤蹈火，不惧凶险，免罪知足。乐于征战，挥戈满弦，楚越之间。慧灵天启，衷心天鉴，远听天音。近见天颜，如饥似渴，小子夙愿。倾心仰慕，悲怆待命，天高听低，君肯照微！”另又说：“敬受圣主明诏，允许进京朝觐。星夜整治车马，以便清晨启程，车轴加油马吃饱，马疾车轻好驰骋。命令车夫，整肃行旅。晓启鸾台，夜宿兰渚。茫茫原野，纷纷士女。路过公田，乐我稷黍。樛树浓荫，不忍休息。虽有干粮，忍饥不食。望城不过，见邑不游。仆夫挥鞭，驱驰照旧。驷马玄黑，蹄声得得，昂首喷涎，风驰电掣。流风猎猎，绕我车衡，轻云舞蹈，来聚车顶。穿过山阴，顺涧而行。穿山过涧，黄陂近临。西过潼关，或下或上。马困人乏，睡醒再进。将朝圣上，谁敢消停。止节长奔，限日速征。前驱举火，后车持旌。轮不停转，铃不住声。来到帝京，暂住西城。暂未宣召，不可朝觐。瞻望宫阙，遥拜内廷。长怀渴慕，忧心如酲。”

文帝对诗词内容及其文采表示嘉许，下诏书好言回答并予以勉励。

【原文】六年，帝东征，还过雍丘，幸植宫，增户五百。太和元年，徙封浚仪。二年，复还雍丘。植常自愤怨，抱利器而无所施，上疏求自试曰：

臣闻士之生世，入则事父，出则事君。事父尚于荣亲，事君贵于兴国。故慈父不能爱无益之子，仁君不能畜无用之臣。夫论德而授官者，成功之君也；量能而受爵者，毕命之臣也。故君无虚授，臣无虚受。虚授谓之谬举，虚受谓之尸禄，《诗》之“素餐”所由作也。昔二虢不辞两国之任，其德厚也；旦、奭不让燕、鲁之封，其功大也。今臣蒙国重恩，三世于今矣。正值陛下升平之际，沐浴圣泽，潜润德教，可谓厚幸矣。而窃位东藩，爵在上列，身被轻暖，口厌百味，目极华靡，耳倦丝竹者，爵重禄厚之所致也。退念古之授爵禄者，有异于此，皆以功勤济国，辅主惠民。今臣无德可述，无功可纪，若此终年无益国朝，将挂风人“彼其”之讥。是以上惭玄冕，俯愧朱绂。

方今天下一统，九州晏如，而顾西有违命之蜀，东有不臣之吴，使边境未得脱甲，谋士未得高枕者，诚欲混同宇内以致太和也。故启灭有扈而夏功昭，成克商、奄而周德著。今陛下以圣明统世，将欲卒文、武之功，继成、康之隆，简贤授能，以方叔、召虎之臣镇御四境，为国爪牙者，可谓当矣。然而高鸟未挂于轻缴，渊鱼未县于钩饵者，恐钓射之术或未尽也。昔耿弇不俟光武，亟击张步，言不以贼遗于君父。故车右伏剑于鸣毂，雍门刎首于齐境，若此二士，岂恶生而尚死哉？诚忿其慢主而陵君也。[①] 夫君之宠臣，欲以除患兴利；臣之事君，必以杀身靖乱，以功报主也。昔贾谊弱冠，求试属国，请系单于之颈而制其命；终军以妙年使越，欲得长缨缨其王，羁致北阙。此二臣，岂好为夸主而耀世哉？志或郁结，欲逞其才力，输能于明君也。昔汉武为霍去病治第，辞曰：“匈奴未灭，臣无以家为！”夫忧国忘家，捐躯济难，忠臣之志也。今臣居外，非不厚也，而寝不安席，食不遑味者，伏以二方未克为念。

① 刘向《说苑》曰：越甲至齐，雍门狄请死之。齐王曰："鼓铎之声未闻，矢石未交，长兵未接，子何务死？知为人臣之礼邪？"雍门狄对曰："臣闻之，昔者王田于囿，左毂鸣，车右请死之，王曰：'子何为死？'车右曰：'为其鸣吾君也。'王曰：'左毂鸣者，此工师之罪也。子何事之有焉？'车右对曰：'吾不见工师之乘，而见其鸣吾君也。'遂刎颈而死。有是乎？"王曰："有之。"雍门狄曰："今越甲至，其鸣吾君，岂左毂之下哉？车右可以死左毂，而臣独不可以死越甲邪？"遂刎颈而死。是日，越人引军而退七十里，曰："齐王有臣，钧如雍门狄，疑使越社稷不血食。"遂归。齐王葬雍门狄以上卿之礼。

伏见先武皇帝武臣宿将，年耆即世者有闻矣。虽贤不乏世，宿将旧卒，犹习战陈，窃不自量，志在效命，庶立毛发之功，以报所受之恩。若使陛下出不世之诏，效臣锥刀之用，使得西属大将军，当一校之队，若东属大司马，统偏舟之任，必乘危蹈险，骋舟奋骊，突刃触锋，为士卒先。虽未能禽权馘亮，庶将虏其雄率，歼其丑类，必效须臾之捷，以灭终身之愧，使名挂史笔，事列朝策。虽身分蜀境，首县吴阙，犹生之年也。如微才弗试，没世无闻，徒荣其躯而丰其体，生无益于事，死无损于数，虚荷上位而忝重禄，禽息鸟视，终于白首，此徒圈牢之养物，非臣之所志也。流闻东军失备，师徒小衄，辍食弃餐，奋袂攘衽，抚剑东顾，而心已驰于吴会矣。

臣昔从先武皇帝南极赤岸，东临沧海，西望玉门，北出玄塞，伏见所以行军用兵之势，可谓神妙矣。故兵者不可豫言，临难而制变者也。志欲自效于明时，立功于圣世。每览史籍，观古忠臣义士，出一朝之命，以徇国家之难，身虽屠裂，而功铭著于鼎钟，名称垂于竹帛，未尝不拊心而叹息也。臣闻明主使臣，不废有罪。故奔北败军之将用，秦、鲁以成其功；① 绝缨盗马之臣赦，楚、赵以济其难。② 臣窃感先帝早崩，威王弃世，臣独何人，以堪长久！常恐先朝露，填沟壑，坟土未干，而身名并灭。臣闻骐骥长鸣，则伯乐照其能；卢狗悲号，则韩国知其才。是以效之齐、楚之路，以逞千里之任；试之狡兔之捷，以验搏噬之用。今臣志狗马之微功，窃自惟度，终无伯乐、韩国之举，是以于邑而窃自痛者也。

① 臣松之案：秦用败军之将，事显，故不注。鲁连与燕将书曰："曹子为鲁将，三战三北而亡地五百里，向使曹子计不反顾，义不旋踵，刎颈而死，则亦不免为败军之将矣。曹子弃三北之耻，而退与鲁君计。桓公朝天子，会诸侯，曹子以一剑之任，披桓公之心于坛坫之上，颜色不变，辞气不悖。三战之所亡，一朝而复之。天下震动，诸侯惊骇，威加吴、越。"若此二士者，非不能成小廉而行小节也。

② 臣松之案：楚庄掩绝缨之罪，事亦显，故不书。秦穆公有赦盗马事，赵则未闻。盖以秦亦赵姓，故互文以避上"秦"字也。

夫临博而企竦，闻乐而窃抃者，或有赏音而识道也。昔毛遂，赵之陪隶，犹假锥囊之喻以寤主立功，何况巍巍大魏多士之朝，而无慷慨死难之臣乎！夫自炫自媒者，士女之丑行也。干时求进者，道家之明忌也。而臣敢陈闻于陛下者，诚与国分形同气，忧患共之者也。冀以尘雾之微补益山海，荧烛末光增辉日月，是以敢冒其丑而献其忠。①

①《魏略》曰：植虽上此表，犹疑不见用，故曰："夫人贵生者，非贵其养体好服，终竟年寿也，贵在其代天而理物也。夫爵禄者，非虚张者也，有功德然后应之，当矣。无功而爵厚，无德而禄重，或人以为荣，而壮夫以为耻。故太上立德，其次立功，盖功德者所以垂名也。名者不灭，士之所利，故孔子有夕死之论，孟轲有弃生之义。彼一圣一贤，岂不愿久生哉？志或有不展也。是用喟然求试，必立功也。呜呼！言之未用，欲使后之君子知吾意者也。"

三年，徙封东阿。五年，复上疏求存问亲戚，因致其意曰：

臣闻天称其高者，以无不覆；地称其广者，以无不载；日月称其明者，以无不照；江海称其大者，以无不容。故孔子曰："大哉，尧之为君！惟天为大，惟尧则之。"夫天德之于万物，可谓弘广矣。盖尧之为教，先亲后疏，自近及远。其传曰："克明峻德，以亲九族。九族既睦，平章百姓。"及周之文王亦崇厥化，其《诗》曰："刑于寡妻，至于兄弟，以御于家邦。"是以雍雍穆穆，风人咏之。昔周公吊管、蔡之不咸，广封懿亲以藩屏王室，传曰："周之宗盟，异姓为后。"诚骨肉之恩爽而不离，亲亲之义实在敦固，未有义而后其君，仁而遗其亲者也。

伏惟陛下资帝唐钦明之德，体文王翼翼之仁，惠洽椒房，恩昭九族。群后百寮，番休递上，执政不废于公朝，下情得展于私室，亲理之路通，庆吊之情展，诚可谓恕己治人，推惠施恩者矣。至于臣者，人道绝绪，禁锢明时，臣窃自伤也。不敢过望交气类，修人事，叙人伦。近且婚媾不通，兄弟乖绝，吉凶之问塞，庆吊之礼废，恩纪之违，甚于路人，隔阂之异，殊于胡越。今臣以一切之制，永无朝觐之望，至于注心皇极，结情紫闼，神明知之矣。然天实为之，谓之何哉！退唯诸王常有戚戚具尔之心，愿陛下沛然垂诏，使诸国庆问，四节得展，以叙骨肉之欢恩，全怡怡之笃义。妃妾之家，膏沐之遗，岁得再通，齐义于贵宗，等惠于百司，如此，则古人之所叹，风雅之所咏，复存于圣世矣。

臣伏自惟省，无锥刀之用。及观陛下之所拔授，若以臣为异姓，窃自料度，不后于朝士矣。若得辞远游，戴武弁，解朱组，佩青绂，驸马、奉车，趣得一号，安宅京室，执鞭珥笔，出从华盖，入侍辇毂，承答圣问，拾遗左右，乃臣丹诚之至愿，不离于梦想者也。远慕《鹿鸣》君臣之宴，中咏《常棣》匪他之诫，下思《伐木》友生之义，终怀《蓼莪》罔极之哀。每四节之会，块然独处，左右惟仆隶，所对惟妻子，高谈无所与陈，发义无所与展，未尝不闻乐而拊心，临觞而叹息也。臣伏以为犬马之诚不能动人，譬人之诚不能动天。崩城、陨霜，臣初信之，以臣心况，徒虚语耳。若葵藿之倾叶太阳，虽不为之回光，然向之者诚也。窃自比于葵藿，若降天地之施，垂三光之明者，实在陛下。

臣闻《文子》曰："不为福始，不为祸先。"今之否隔，友于同忧，而臣独倡言者，窃不愿于圣世使有不蒙施之物。有不蒙施之物，必有惨毒之怀，故《柏舟》有"天只"之怨，《谷风》有"弃予"之叹。故伊尹耻其君不为尧、舜，孟子曰："不以舜之所以事尧事其君者，不敬其君者也。"臣之愚蔽，固非虞、伊。至于欲使陛下崇光被时雍之美，宣缉熙章明之德者，是臣慺慺之诚，窃所独守，实怀鹤立企伫之心，敢复陈闻者，冀陛下傥发天聪而垂神听也。

诏报曰："盖教化所由，各有隆弊，非皆善始而恶终也，事使之然。故夫忠厚仁及草木，则《行苇》之诗作；恩泽衰薄，不亲九族，则《角弓》之章刺。今令诸国兄弟，情理简怠，妃妾之家，膏沐疏略，朕纵不能敦而睦之，王援古喻义备悉矣，何言精诚不足以感通哉？夫明贵贱，崇亲亲，礼贤良，顺少长，国之纲纪，本无禁固诸国通问之诏也，矫枉过正，下吏惧谴，以至于此耳。已敕有司，如王所诉。"

植复上疏陈审举之义，曰：

臣闻天地协气而万物生，君臣合德而庶政成。五帝之世非皆智，三季之末非皆愚，用与不用，知与不知也。既时有举贤之名，而无得贤之实，必各援其类而进矣。谚曰："相门有相，将门有将。"夫相者，文德昭者也；将者，武功烈者也。文德昭，则可以匡国朝，致雍熙，稷、契、夔、龙是也；武功烈，则可以征不庭，威四夷，南仲、方叔是矣。昔伊尹之为媵臣，至贱也；吕尚之处屠钓，至陋也。及其见举于汤武、周文，诚道合志同，玄谟神通，岂复假近习之荐，因左右之介哉！《书》曰："有不世之君，必能用不世之臣。用不世之臣，必能立不世之功。"殷周二王是矣。若夫龌龊近步，遵常守故，安足为陛下言哉？故阴阳不和，三光不畅，官旷无人，庶政不整者，三司之责也。疆埸骚动，方隅内侵，没军丧众，干戈不息者，边将之忧也。岂可虚荷国宠而不称其任哉？故任益隆者负益重，位益高者责益深，《书》称"无旷庶官"，《诗》有"职思其忧"，此其义也。

陛下体天真之淑圣，登神机以继统，冀闻康哉之歌，偃武行文之美。而数年以来，水旱不时，民困衣食，师徒之发，岁岁增调，加东有覆败之军，西有殪没之将，至使蚌蛤浮翔于淮、泗，鼲鼬讙哗于林木。臣每念之，未尝不辍食而挥餐，临觞而扼腕矣。昔汉文发代，疑朝有变，宋昌曰："内有朱虚、东牟之亲，外有齐、楚、淮南、琅邪，此则磐石之宗，愿王勿疑。"臣伏惟陛下远览姬文二虢之援，中虑周成召、毕之辅，下存宋昌磐石之固。昔骐骥之于吴阪，可谓困矣。及其伯乐相之，孙邮御之，形体不劳而坐取千里。盖伯乐善御马，明君善御臣。伯乐驰千里，明君致太平，诚任贤使能之明效也。若朝司惟良，万机内理，武将行师，方难克弭。陛下可得雍容都城，何事劳动銮驾，暴露于边境哉？

臣闻羊质虎皮，见草则悦，见豺则战，忘其皮之虎也。今置将不良，有似于此。故语曰："患为之者不知，知之者不得为也。"昔乐毅奔赵，心不忘燕；廉颇在楚，思为赵将。臣生乎乱，长乎军，又数承教于武皇帝，伏见行师用兵之要，不必取孙、吴而暗与之合。窃揆之于心，常愿得一奉朝觐，排金门，蹈玉陛，列有职之臣，赐须臾之间，使臣得一散所怀，摅舒蕴积，死不恨矣。

被鸿胪所下发士息书，期会甚急。又闻豹尾已建，戎轩骛驾，陛下将复劳玉躬，扰挂神思。臣诚竦息，不遑宁处。愿得策马执鞭，首当尘露，撮风后之奇，接孙、吴之要，追慕卜商起予左右，效命先驱，毕命轮毂，虽无大益，冀有小补。然天高听远，情不上通，徒独望青云而拊心，仰高天而叹息耳。屈平曰："国有骥而不知乘，焉皇皇而更索！"昔管、蔡放诛，周、召作弼；叔鱼陷刑，叔向匡国。三监之衅，臣自当之；二南之辅，求必不远。华宗贵族，藩王之中，必有应斯举者。故传曰："无周公之亲，不得行周公之事。"唯陛下少留意焉。

近者汉氏广建藩王，丰则连城数十，约则飨食祖祭而已，未若姬周之树国，五等之品制也。若扶苏之谏始皇，淳于越之难周青臣，可谓知时变矣。夫能使天下倾耳注目者，当权者是矣。故谋能移主，威能慑下，豪右执政，不在亲戚。权之所在，虽疏必重；势之所去，虽亲必轻。盖取齐者田族，非吕宗也；分晋者赵、魏，非姬姓也。唯陛下察之。苟吉专其位，凶离其患者，异姓之臣也。欲国之安，祈家之贵，存共其荣，没同其祸者，公族之臣也。今反公族疏而异姓亲，臣窃惑焉。

臣闻孟子曰："君子穷则独善其身，达则兼善天下。"今臣与陛下践冰履炭，登山浮涧，寒温燥湿，高下共之，岂得离陛下哉！不胜愤懑，拜表陈情。若有不合，乞且藏之书府，不便灭弃，臣死之后，事或可思。若有豪厘少挂圣意者，乞出之朝堂，使夫博古之士，纠臣表之不合义者。如是，则臣愿足矣。

帝辄优文答报。①

①《魏略》曰：是后大发士息，及取诸国士。植以近前诸国士息已见发，其遗孤稚弱，在者无几，而复被取，乃上书曰："臣闻古者圣君，与日月齐其明，四时等其信，是以戮凶无重，赏善无轻，怒若惊霆，喜若时雨，恩不中绝，教无二可，以此临朝，则臣下知所死矣。受任在万里之外，审主之所授官，必己之所以投命，虽有构会之徒，泊然不以为惧者，盖君臣相信之明效也。昔章子为齐将，人有告之反者，威王曰：'不然。'左右曰：'王何以明之？'王曰：'闻章子改葬死母，彼尚不欺死父，顾当叛生君乎？'此君之信臣也。昔管仲亲射桓公，后幽囚从鲁槛车载，使少年挽而送齐。管仲知桓公之必用己，惧鲁之悔，谓少年曰：'吾为汝唱，汝为和，声和声，宜走。'于是管仲唱之，少年走而和之，日行数百里，宿昔而至。至则相齐，此臣之信君也。臣初受封，策书曰：'植受兹青社，封于东土，以屏翰皇家，为魏藩辅。'而所得兵百五十人，皆年在耳顺，或不逾矩，虎贲官骑及亲事凡二百余人。正复不老，皆使年壮，备有不虞，检校乘城，顾不足以自救，况皆复耄耋罢曳乎？而名为魏东藩，使屏翰王室，臣窃自羞矣。就之诸国，国有士子，合不过五百人，伏以为三军益损，不复赖此。方外不定，必当须办者，臣愿将部曲倍道奔赴，夫妻负襁，子弟怀粮，蹈锋履刃，以徇国难，何但习业小儿哉？愚诚以挥涕增河，鼷鼠饮海，于朝万无损益，于臣家计甚有废损。又臣士息前后三送，兼人已竭。惟尚有小儿，七八岁已上，十六七已还，三十余人。今部曲皆年者，卧在床席，非糜不食，眼不能视，气息裁属者，凡三十七人。疲瘵风靡，疣盲聋聩者，二十三人。惟正须此小儿，大者可备宿卫，虽不足以御寇，粗可以警小盗。小者未堪大使，为可使耘鉏秽草，驱护鸟雀。

休候人则一事废，一日猎则众业散，不亲自经营则功不摄。常自躬亲，不委下吏而已。陛下圣仁，恩诏三至，士子给国，长不复发。明诏之下，有若皦日，保金石之恩，必明神之信，画然自固，如天如地。定习业者并复见送，晻若昼晦，怅然失图。伏以为陛下既爵臣百寮之右，居藩国之任，为置卿士，屋名为宫，冢名为陵，不使其危居独立，无异于凡庶。若柏成欣于野耕，子仲乐于灌园。蓬户茅牖，原宪之宅也；陋巷箪瓢，颜子之居也。臣才不见效用，常慨然执斯志焉。若陛下听臣悉还部曲，罢官属，省监官，使解玺释绂，追柏成、子仲之业，营颜渊、原宪之事，居子臧之庐，宅延陵之室。如此，虽进无成功，退有可守，身死之日，犹松、乔也。然伏度国朝终未肯听臣之若是，固当羁绊于世绳，维系于禄位，怀屑屑之小忧，执无已之百念，安得荡然肆志，逍遥于宇宙之外哉？此愿未从，陛下必欲崇亲亲，笃骨肉，润白骨而荣枯木者，惟遂仁德以副前恩诏。”皆遂还之。

其年冬，诏诸王朝六年正月。其二月，以陈四县封植为陈王，邑三千五百户。植每欲求别见独谈，论及时政，幸冀试用，终不能得。既还，怅然绝望。时法制，待藩国既自峻迫，寮属皆贾竖下才，兵人给其残老，大数不过二百人。又植以前过，事事复减半，十一年中而三徙都，常汲汲无欢，遂发疾薨，时年四十一。[①] 遗令薄葬。以小子志，保家之主也，欲立之。初，植登鱼山，临东阿，喟然有终焉之心，遂营为墓。子志嗣，徙封济北王。景初中诏曰：“陈思王昔虽有过失，既克己慎行，以补前阙，且自少至终，篇籍不离于手，诚难能也。其收黄初中诸奏植罪状，公卿已下议尚书、中书、祕书三府、大鸿胪者皆削除之。撰录植前后所著赋颂诗铭杂论凡百余篇，副藏内外。”志累增邑，并前九百九十户。[②]

① 植尝为琴瑟调歌，辞曰：“吁嗟此转蓬，居世何独然！长去本根逝，夙夜无休闲。东西经七陌，南北越九阡。卒遇回风起，吹我入云间。自谓终天路，忽焉下沉渊。惊飚接我出，故归彼中田。当南而更北，谓东而反西。宕宕当何依，忽亡而复存。飘飖周八泽，连翩历五山。流转无恒处，谁知吾苦艰？愿为中林草，秋随野火燔。糜灭岂不痛，愿与根荄连。”

孙盛曰：异哉，魏氏之封建也！不度先王之典，不思藩屏之术，违敦睦之风，背维城之义。汉初之封，或权侔人主，虽云不度，时势然也。魏氏诸侯，陋同匹夫，虽惩七国，矫枉过也。且魏之代汉，非积德之由，风泽既微，六合未一，而雕翦枝干，委权异族，势同瘣木，危若巢幕，不嗣忽诸，非天丧也。五等之制，万世不易之典。六代兴亡，曹冏论之详矣。

②《志别传》曰：志，字允恭，好学有才行。晋武帝为中抚军，迎常道乡公于邺，志夜与帝相见，帝与语，从暮至旦，甚器之。及受禅，改封鄄城公。发诏以志为乐平太守，历章武、赵郡，迁散骑常侍、国子博士，后转博士祭酒。及齐王攸当之藩，下礼官议崇锡之典，志叹曰：“安有如此之才，如此之亲，而不得树本助化，而远出海隅者乎？”乃建议以谏，辞旨甚切。帝大怒，免志官。后复为散骑常侍。志遭母忧，居丧尽哀，因得疾病，喜怒失常，太康九年卒，谥曰定公。

【译文】黄初六年，文帝东征，回师时路过雍丘，临幸曹植王宫，给曹植增加食邑五百户。明帝太和元年,改封曹植到浚仪。太和二年,又回雍丘。曹植常常愤恨抱怨,认为自己空有一身才能却无处施展,于是上疏请求试用说:

我听说士人活在世上,在家侍奉父亲,离开家则侍奉君主。侍奉父亲以使亲族荣耀为上,侍奉君主以使国家振兴为贵。所以慈父不爱无益于亲族的儿子,仁君不能容忍无助于国家振兴的臣子。能根据德行授予官职的,就是能成大事的君主;能衡量自己能力接受爵位的,定是可以尽忠于国家的臣子。所以君主没有虚授官职的,臣子也没有虚受职务的。君主虚授被称为谬举,臣子虚受被称为尸禄,《诗经》中的"素餐"就是因此而作的。从前虢仲、虢叔不推辞两国的任命,是因为他们德行深厚的缘故;周公旦、召公奭不推辞燕、鲁的封地,是因为他们的功劳很大的缘故。而臣蒙受国家的大恩,至今已历三朝了。正赶上陛下政治升平的时候,沐浴着陛下的恩泽,默默感受着仁德教化,可以说是非常幸运了。但我被封在东部的藩国,爵位列于上等,身披着轻软暖和的衣服,口中吃厌了各种美味,眼睛看惯了华丽奢侈的装饰,耳朵听腻了丝竹管弦的声音,这都是爵位太高、俸禄太厚所造成的。转念想到古代授赐爵位俸禄的制度,跟我眼下的情况有所区别,那都是授给勤劳为国,辅君惠民的有功之人的。现在我没有德行可以称述,没有功劳可以记录,如果像这样长年无益于国家,那就要应了诗人"他这个人,才德与官服不相称"的讥刺了。所以我上愧头上的玄色王冠,下愧腰间的朱红王服。

当今天下一统,九州和睦,但回眸四顾,西边仍有违抗王命的刘蜀,东边还有不肯臣服的孙吴,这使得守边将士还不能卸甲归田,谋士们也还不能够高枕无忧,确实是要统一天下以达太平了。过去夏启灭了有扈氏而令夏朝的武功昭彰,成王克商灭奄,周朝的威德才得以彰显。现在陛下以圣贤之道治理天下,将要完成文王、武王那样的功业,继承成王、康王的鼎盛局面,选贤任能,用方叔、召虎那样的臣子镇守四方边境,充当国家的爪牙,可以说是再恰当不过的了。然而高飞的鸟没有挂在轻丝箭绳上,深渊中的鱼还没有张嘴吞钩,究其缘由,大概是尚未穷尽钓、射之机巧。从前耿弇不等光武帝到达,就迅速出击张步,说是不能把贼寇留给君王。所以从前齐王的车右卫士因为左轮鸣响而伏剑自刎,雍门狄因为越兵侵入齐境而自杀,像这两个人,难道是厌恶生而喜欢死吗?实在是对怠慢或凌辱君主的行为深恶痛恨的缘故。大凡君主宠爱臣下,是需要他们为国家兴利除害;臣子侍奉君主,一定要全身赴难,立功报答君主。从前贾谊刚刚成年,就要求试用他去整治属国,希望亲手捆住单于的脖子置之于死地;终军十八岁出使南越,也想用长缨牵着南越王来帝京朝拜汉朝天子。这两位大臣,难道是要向皇帝夸口而向世人炫耀自己吗?是因为抱负有时候郁结在心里,他们要施展才力,奉献给英明的君主罢了。从前汉武帝为霍去病营建住宅,霍去病推辞说:"匈奴未灭,为臣不必有家!"忧国忘家,舍身救难,那是忠臣的志向。现在臣身居外藩,并不是俸禄不厚,可是却睡不安稳,饮食无滋无味,是因为臣挂念着吴、蜀二国还没有平定的缘故。

看到先父武皇帝的武臣旧将，年老去世时有所闻。虽然世上不缺贤者，老将旧卒，也还在操练战阵，臣私下不自量力，确有为国效力的志向，希望能建立微小的功劳，报答所受的大恩。倘若陛下能破例下诏，让臣发挥出小小的用处，使我西属大将军曹真，带领一支人马，或者隶属于东边的大司马曹休，统领一部分水兵，我必定赴汤蹈火，骋船催马，冲锋陷阵，身先士卒。尽管不一定能擒住孙权、割下诸葛亮的脑袋，但或许可能俘虏敌人的将帅，歼灭敌军，让我能用须臾的胜利，洗去终身的耻辱，也使自己能够名垂史册，事列丹青。即使在蜀地粉身碎骨，在吴国断头高悬，也如同获得了新生。如果臣微小的才能不能被试用，默默无闻地死去，白白地享受荣誉，养肥身体，活着对国家没用，直到死去还是无声无息，徒然占据很高的爵位享用优厚的待遇，养尊处优，直到白头，就像笼子里的鸟雀一般地活着，实在不是臣的志向。传闻征东大军失于防备，吃了小亏，我饮食不进，摩拳擦掌，抚剑东望，心早已飞驰到吴会了。

臣从前跟随先父武皇帝南到赤岸，东临沧海，西望玉门，北出玄关，看到他行军用兵的策略变化，可以说是神机妙算了。所以战争不能预言，临敌再根据形势采取相应的变化才最关键。我一心想效力于这清明的年月，立功于圣明的朝代。每次阅读史籍，看到那些古代的忠臣义士，刹那间将自己的生命交出，殉身国家的危难，身体虽被宰割分裂，但功绩铭刻在鼎钟之上，名字书写于史册之中，没有哪一次不曾抚心叹息的。臣听说英明的君主用人，不废斥曾经有罪的。所以秦国、鲁国起用打过败仗当过逃兵的将军孟明视、曹沫，最终成就大功；楚国、赵国赦免了绝缨盗马的臣子，结果关键时刻靠他们解救了危难。我私下想到先帝早崩，威烈君王弃世而去，而我是什么人，凭什么能活得这么长久！常常担忧死得太快，坟上的土还没有干，而身和名已经全都泯灭了。臣听说好马长声嘶鸣，伯乐就能辨认出它的能力；卢狗悲声吠叫，韩国人就知道它的本领。因为这个缘故，所以要让好马奔驰于齐、楚大道之上，以验证及表现它日行千里的能量；让名犬追逐敏捷的狡兔，以检验它奔跑、撕咬的本领。现在臣的志向是建立犬马那么微小的功劳，可是私下里忖度，却没有伯乐、韩国人那样的举荐者，所以心情抑郁而私自感伤。

面临博戏而抬起脚跟看得出神的人，听见音乐而私下打拍子的人，也许是知音或懂得博戏之道的。从前的毛遂，不过是赵国诸侯的一名门客，尚且借着锥处囊中的比喻，来启发主人而立下功劳，何况在如此人才济济的伟大魏国的朝堂，竟没有慷慨赴难的大臣吗！自我吹嘘、自找婆家的，那是士女的丑陋行径。干谒求官，这是有道者的显明忌讳。而臣所以敢向陛下陈述这些话，实在是因为和国家同气连枝、忧患与共的缘故。希望能以尘土雾气一般微小的东西来使山海有所增益，以萤火虫、蜡烛那么弱的光来为日月增辉，所以敢冒羞耻献上一颗忠心。

太和三年，曹植被改封为东阿王。太和五年，曹植再次上书请求探问亲戚，因此表达他的意思说：

臣听说天称为高，是因为它有无所不能覆盖的能力；地称为广，是因为它有无所不能承载的能力；日月称为明，是因为它们有无处不能照亮的能力；江海称为大，是因为它们有无所不能包容的能力。所以孔子说：“伟大呀，尧作君主！只有天可以称大，只有尧能效法于天。”天的恩德对于万物来说，可算是宏大广远了。尧施行教化，是先亲后疏，由近及远。书传中有：“彰明大德，以亲近九族。九族和睦，然后辨别彰明百姓。”到周文王时也推崇这种教化，《诗经》说：“首先做妻子的榜样，然后做兄弟的榜样，最后推广到治理整个宗族和国家。”所以能够融洽和睦，引来诗人的歌咏。从前周公伤心管叔、蔡叔不同心同德，大肆分封至亲来做王室的藩屏，典籍上说：“周王举行盟会，异姓诸侯排在同姓诸侯的后面。”的确是骨肉亲情，尽管有小差错也不能分离，尊奉父母的意义其实在于诚朴坚定，没有讲求大义却把君主摆在后面，大谈仁德却遗弃自己父母的道理。

陛下具有唐尧开明的德行，体用文王恭谨仁爱之心，融洽王室，施恩九族。列侯百官，轮番休息，依次入值，执政不废除公开的朝议，下情能够上达到内廷，宗族之间的联系通畅，庆贺吊问的感情能够自由抒发，真可以说是扩充自己的仁爱之心去治理百姓，广泛地实施恩惠了。至于臣，与亲戚的联系已经断绝，被禁锢在这个政治清明的时代，私下常常自悲自怨。不敢过分地希望能与志同道合的朋友相交，讲求与亲人来往，叙一叙亲戚间的人情。近来亲戚无联系，兄弟无来往，吉凶祸福的消息闭塞，庆贺慰问的礼节荒废，亲情的疏绝，比路人还严重，隔绝的程度，比胡、越还要遥远。现在臣下由于这一切的制约，永远也没有朝觐的指望了，至于倾心皇上，情系朝廷，神明是知道的。但这是皇上定下的规矩，我还能说些什么呢！诸王大概都有这种想要亲近的心意，希望陛下尽快下诏，让各封国互相慰问，庆贺四时之节，畅叙骨肉之间的欢乐恩情，成全兄弟间和顺怡人的深厚情谊。让妃妾的家庭，互赠脂膏一类的化妆品，一年两次，与贵戚享有一样的待遇，和百官平等地享受恩惠，这样，古人所赞叹的，古诗所咏唱的情景，就会在今天的圣世重新出现了。

我俯伏着自我反省，连锥刀那么小的用处也没有。及至看到陛下所提拔任命的官员，似乎把我当作异姓了，而我私下里忖度，自己并不比那些朝臣落后。倘若能够摘下远游冠，戴上武弁帽，解下华丽的朱衣，佩上青丝带，或驸马都尉，或奉车都尉，快快地得到一个职务，安宅于京城，手持马鞭，插着毛笔，出门则紧跟着皇上的华盖，入门则侍奉在皇上的身边，承接应答皇上的提问，在皇上左右拾遗补阙，这是我赤诚的愿望，梦寐以求的理想。远远地向往着《鹿鸣》这首诗所描绘的君臣的宴乐之景，吟咏《常棣》诗中“兄弟匪他”的诗句，思忖《伐木》重视“友生”的深远含意，感怀《蓼莪》无法报答父母之恩的悲哀。每当四时节令的聚会，孤独一身，旁边只有仆人奴隶，面对的只有妻子儿女，想高谈阔论却没有对象，想发表见解却没人要听，没有哪次听到音乐不捶胸，面对酒杯不叹气的。我认为狗和马的诚意不能动人，就好比是人的诚意不能感动上天。杞梁妻哭崩长城，邹衍的冤屈使夏天降霜，我以前深信不疑，可用我的心和他们相比，这一切全都是虚假谎言罢了。葵藿转动叶子承受阳光，太阳虽然不为它回转光线，然而向着它的意愿是诚挚的。私下把自己比作葵藿，而像天地一样布施恩泽，像日、月、星辰一样普降光明的，就在于陛下。

我听说《文子》讲过："不做首先享福的，也不做首先惹祸的。"现在的隔绝不通，兄弟们都同样忧虑，可是只有臣一人提出来，是因为私下里不愿意让圣世出现没有蒙受到恩惠的人和事。若有不曾蒙受恩惠的人和事，那一定会引起强烈的怨恨，所以《柏舟》有"母也天只，不谅人只"的怨声，《谷风》有"将安将乐，女转弃予"的嗟叹。所以伊尹对他的君主不效法尧舜感到耻辱，孟子说："不像舜侍奉尧那样侍奉自己君主的人，是不尊敬君主的人。"我很愚笨，固然不是虞舜、伊尹之辈。至于要让陛下推崇和善亲族的美德，弘扬唐尧光明的德行，是我恭谨的诚意，我一直独自保持着不想改变，实在是怀着鹤一样孤立企盼的心情期望着愿望的实现，所以敢一再冒昧地陈述，是希望陛下可以用天生的聪明来听一听臣下的倾诉并予以采纳。

明帝下诏回答说："教化所经由的途径，各有兴隆和衰敝，并不都是开始很好最终变坏了，而是事势使它成了那个样子。所以忠厚施行到草木身上，就有人作出《行苇》的诗篇；恩泽衰薄，不亲九族，就有人作出《角弓》的诗篇讥刺。现在让各诸侯国兄弟之间，情义简慢，妃妾家庭脂膏的互赠也减少了，我即使不能使他们亲厚和睦，你援引古训所讲明的道理也够全面了，为什么说精诚还不能够感通呢？判明贵贱等级，崇尚亲族和睦，礼待贤良人士，理顺少长关系，是国家的根本秩序和法纪，本来就没有禁止各封国之间互通问候的诏令，由于矫枉过正，下级官吏害怕被处罚，所以才弄到今天这种地步罢了。已经着令有关部门，遵照你所陈述的去办。"

曹植又上书陈述明察和选拔官吏的道理，他说：

臣听说天地二气交合才能化生万物，君臣志同道合才能办好政事。五帝时代世上并不是人人都聪明，夏、商、周三代的末年也并不是人人都愚蠢，是用和不用贤人，知与不知贤人的缘故。有了举荐贤人的名义，事实上却没有得到贤人，那一定是大家都各自把自己的同类推荐上来了。谚语说："宰相门里出宰相，将军门里出将军。"宰相，必须文才品德昭著；大将，必须武功显赫。文才品德昭著，才能辅佐朝廷，使国家达到太平和乐，稷、契、夔、龙就是这样的人；武功显赫，才能去征伐那些异端叛逆，威服四夷，南仲、方叔就是这样的人。从前伊尹是陪嫁的奴隶，那是最低贱的地位了；姜子牙处在屠夫渔民的行列，那是最卑下的工作了。可是等到他们被推荐给汤武、周文王的时候，那真是志同道合，神机妙算而心神相通，哪还用得着借助亲近之人的举荐，靠着身边宠臣的介绍呢！《尚书》说："有非常之君，定能用非常之臣。用非常之臣，定能立非常之功。"殷、周的汤王、文王是这样的。至于那些局促保守、停步不前、循规蹈矩、毫无魄力的人，又哪里值得对陛下说呢？所以阴阳不能调和，三光不能普照，官位空旷缺乏适当人选，各种政务得不到治理，这属于三司应承担的责任。战场骚乱，领土被侵犯，败军丧师，战争不断，责任应由守卫边疆的大将来担当。难道能白白享受朝廷的恩宠而不胜任自己的职务吗？所以职务越高其负担也就越重，官位越高其责任也就越大，《尚书》说“不要使不称职的人任官”，《诗经》有“官员思虑他分内的事”的说法，就是这个意思。

陛下具有天生的善良淳厚的品性，登上皇位继承帝业，希望听到康哉之乐，看到偃武修文的升平盛世。可是多年以来，旱涝灾害不时发生，百姓缺衣少食，军队调派的人数一年比一年增加，再加上东边有几乎全军覆没的部队，西边有中箭身亡的大将，以至于蚌蛤在淮河、泗水一带游动，黄鼠鼬在林木上喧哗。我每每想起这些事，总是吃不下饭，对着酒杯扼腕愤激不已。从前汉文帝出巡代郡，顾虑朝中会发生变故，宋昌说：“朝内有朱虚侯、东牟侯那样的亲人，外面有齐、楚、淮南、琅邪四王，这都是磐石一样坚固的宗亲，希望您不必疑虑。”我希望陛下远观虢仲、虢叔对周文王的帮助，其次想想召公、毕公对周成王的辅佐，最后再把宋昌关于宗族坚如磐石的说法记在心中。从前骐骥在吴阪，可说是走投无路了。等到伯乐相中了它，孙邮驾驭着它，形体不曾劳损而轻易地日行千里。伯乐善相马，明智的君主善于驾驭臣子。伯乐奔驰千里，明君达到太平，这实在都是任用贤能所取得的明显功效。如果朝廷各部门都选用好官，繁多的政务都经由文官得到治理，武将率师出征，铲平祸乱，安定国家。陛下就能够在都城无忧无虑，又何必劳动陛下的车驾，让它暴露在边境之上呢？

臣听说羊披着虎皮，看见草就高兴，看见豺狼就发抖，忘了它身上披的是虎皮了。现在设置的将领不适当，也与这个很相似。所以有人说：“怕就怕任事的人不知道如何做，而知道如何做的人又不能任事。”从前乐毅逃到赵国，内心不忘燕国；廉颇身在楚国，却一心想当赵国的大将。臣生于乱世，长在军中，又多次受到武皇帝的教诲，曾看到他行军用兵的要领，不必取孙子、吴起的兵法之书来对照却与兵法暗合。臣私下在心里揣度，总希望能够在朝廷侍奉，进金门，踏玉阶，排列在有职务的臣子之中，赐给我不时陈述愚见的资格，让我施展一下抱负，抒发一下蕴积，就死而无憾了。

看到鸿胪下达的征调士兵之子的通告，集合报到的日期非常急迫。又听说皇帝的车驾已安排了，兵车很快就要出发，陛下又将劳动玉体，费神费心。我实在惶恐不安，不能平静地度日。希望能够扬鞭催马，首先冒着尘土、露水，手握着风后的奇经，执掌着孙子、吴起用兵的要领，追慕卜商以领会陛下的意图，效力先驱，尽忠尽力，虽然不一定有大用，希望能有小补。但上天听觉高远，情意难以通达，只能独自望着青云苍天而拊胸长叹。屈原说：“国家有骐骥却不知道骑乘，去哪里急急忙忙地另寻好马呢！”从前管叔、蔡叔被流放处死，周公、召公担任辅相；叔鱼触犯了刑律，叔向却扶助了国家。三监那样的罪过，由我一人来承当；周公、召公那样的辅弼，去找寻一定不会太远。宗室贵族、藩王当中，一定有合适的人选。所以古书上说：“没有周公与成王的那种亲近关系，不能做周公所做的事。”

希望陛下稍稍留意。

近世汉帝大肆分封藩王，多的食邑几十座城池相连，少的只能供以祭祀祖宗罢了，不如周代用五等爵位的制度分封各国。至于公子扶苏对秦始皇的劝谏，淳于越对周青臣的问难，可以说是懂得应时变化的道理。能让天下人竖起耳朵听，睁大眼睛看的是当权者。所以计策谋略能够改变君主，威权能够震慑下属，豪门大族执政，权力并不在亲戚手里。权力所在的地方，即使关系疏远也一定要重用；形势需要罢免，即使是亲戚也一定要看得很轻。夺取齐国的是姓田的族人，而不是吕尚的宗族；瓜分晋国的是赵、魏，而不是姬姓之人。希望陛下明察。那些在平安时安于官位，困厄时避开祸患的人，都是异姓的臣子。希望国家安定，祈祷家族贵重，生存时共享荣华，危亡时同受祸患的人，都是自家宗族的臣子。现在自己家族的臣子遭到疏远，异姓的臣子反而倍受亲近，我私下实在迷惑不解。

我听说孟子讲过："君子困厄的时候就修养自己的品德，显贵的时候就要改善天下人的处境。"现在我与陛下踏薄冰，踩火炭，登山涉涧，无论寒暖燥湿，高高低低都在一起，难道我能离开陛下吗！不能承受满腔郁闷的压力，拜上这篇奏章陈述隐情。如有不对的地方，请暂时收在书府，不要毁掉，我死之后，所说的话也许还可供追思。如有一丝一毫触动圣意的地方，请求在朝堂上发表，让学问渊博的大臣们，指摘这篇奏章中不合大义的地方。如能那样，我的愿望就满足了。

明帝很客气地写了答报的诏书。

这年冬天，颁布诏令，让诸王在太和六年正月到京师朝见。二月，以陈郡四县封曹植为陈王，食邑三千五百户。曹植总想与明帝单独交谈，讨论时政，希望能够被试用，终究没有得到丝毫机会。回封国以后，心中惆怅而绝望。当时的法律，对待藩国很严苛，部属都是商贾俗人，士兵也都是老弱病残，总数不超过二百人。曹植又因为以前的过失，各方面待遇又减去一半，十一年中竟然三次迁移封国，内心常常郁闷不乐，最终发病去世，时年四十一岁。遗嘱命予以薄葬。他认为小儿子曹志，是个能保存家业的主子，欲立曹志为嗣。以前，曹植登上鱼山，下临东阿县，喟然叹息，便有了在那里终老的心思，于是在那里兴建了坟墓。其子曹志承袭爵位，又改封济北王。景初年间明帝下诏说："陈思王过去虽有过失，但后来能约束自己，谨慎行事，弥补了以前的错误，而且从幼到老，书籍不离手，实在是难能可贵的了。那些黄初年间所有奏报曹植罪状的奏章，公卿以下关于曹植的议论文字，凡收藏在尚书、秘书、中书三府、大鸿胪处的一律销毁。收录曹植前后撰写的赋、颂、诗、铭、杂论共一百多篇，制成副本，收在朝廷内外藏书处。"曹志多次增加食邑，连同从前的共九百九十户。

萧怀王曹熊

【原文】萧怀王熊，早薨。黄初二年追封谥萧怀公。太和三年，又追进爵为王。青龙二年，子哀王炳嗣，食邑二千五百户。六年薨，无子，国除。

【译文】萧怀王曹熊，早逝。黄初二年追封谥号为萧怀公。太和三年，又追封为王。

青龙二年，其子哀王曹炳承嗣，食邑二千五百户。正始六年曹炳去世，没有儿子，封国被取消。

【原文】评曰：任城武艺壮猛，有将领之气。陈思文才富艳，足以自通后叶，然不能克让远防，终致携隙。传曰："楚则失之矣，而齐亦未为得也。"其此之谓欤！①

① 鱼豢曰：谚言"贫不学俭，卑不学恭"，非人性分也，势使然耳。此实然之势，信不虚矣。假令太祖防遏植等，在于畴昔，此贤之心，何缘有窥望乎？彰之挟恨，尚无所至。至于植者，岂能兴难？乃令杨修以倚注遇害，丁仪以希意族灭，哀夫！余每览植之华采，思若有神。以此推之，太祖之动心，亦良有以也。

【译文】评论说：任城王武艺高强，勇猛雄壮，有将领的气概。陈思王文才华丽，足能流传后世，但他不能容让防嫌，终于招致嫌隙。经传上说："楚国是失误了，而齐国也并不正确。"说的大概就是这个道理吧！

卷二十　魏书二十

武文世王公传第二十

武皇帝诸子

【原文】武皇帝二十五男：卞皇后生文皇帝、任城威王彰、陈思王植、萧怀王熊，刘夫人生丰愍王昂、相殇王铄，环夫人生邓哀王冲、彭城王据、燕王宇，杜夫人生沛穆王林、中山恭王衮，秦夫人生济阳怀王玹、陈留恭王峻，尹夫人生范阳闵王矩，王昭仪生赵王幹，孙姬生临邑殇公子上、楚王彪、刚殇公子勤，李姬生谷城殇公子乘、郿戴公子整、灵殇公子京，周姬生樊安公均，刘姬生广宗殇公子棘，宋姬生东平灵王徽，赵姬生乐陵王茂。

丰愍王昂，字子修。弱冠举孝廉。随太祖南征，为张绣所害。无子。黄初二年追封，谥曰丰悼公。三年，以樊安公均子琬奉昂后，封中都公。其年徙封长子公。五年，追加昂号曰丰悼王。太和三年，改昂谥曰愍王。嘉平六年，以琬袭昂爵为丰王。正元、景元中，累增邑，并前二千七百户。琬薨，谥曰恭王。子廉嗣。

相殇王铄，早薨，太和三年追封谥。青龙元年，子愍王潜嗣，其年薨。二年，子怀王偃嗣，邑二千五百户，四年薨。无子，国除。正元二年，以乐陵王茂子阳都乡公竦继铄后。

邓哀王冲，字仓舒。少聪察岐嶷，生五六岁，智意所及，有若成人之智。时孙权曾致巨象，太祖欲知其斤重，访之群下，咸莫能出其理。冲曰："置象大船之上，而刻其水痕所至，称物以载之，则校可知矣。"太祖大悦，即施行焉。时军国多事，用刑严重。太祖马鞍在库，而为鼠所啮，库吏惧必死，议欲面缚首罪，犹惧不免。冲谓曰："待三日中，然后自归。"冲于是以刀穿单衣，如鼠啮者，谬为失意，貌有愁色。太祖问之，冲对曰："世俗以为鼠啮衣者，其主不吉。今单衣见啮，是以忧戚。"太祖曰："此妄言耳，无所苦也。"俄而库吏以啮鞍闻，太祖笑曰："儿衣在侧，尚啮，况鞍县柱乎？"一无所问。冲仁爱识达，皆此类也。凡应罪戮，而为冲微所辨理，赖以济宥者，前后数十。① 太祖数对群臣称述，有欲传后意。年十三，建安十三年疾病，太祖亲为请命。及亡，哀甚。文帝宽喻太祖，太祖曰："此我之不幸，而汝曹之幸也。"② 言则流涕，为聘甄氏亡女与合葬，赠骑都尉印绶，命宛侯据子琮奉冲后。二十二年，封琮为邓侯。黄初二年，追赠谥冲曰邓哀侯，又追加号为公。③ 三年，进琮爵，徙封冠军公。四年，徙封己氏公。太和五年，加冲号曰邓哀王。景初元年，琮坐于中尚方作禁物，削户三百，贬爵为都乡侯。三年，复为己氏公。正始七年，转封平阳公。景初、正元、景元中，累增邑，并前千九百户。

①《魏书》曰：冲每见当刑者，辄探睹其冤枉之情而微理之。及勤劳之吏以过误触罪，常为太祖陈说宜宽宥之。辨察仁爱与性俱生，容貌姿美有殊于众，故特见宠异。

臣松之以"容貌姿美"一类之言，而分以为三，亦叙属之一病也。

② 孙盛曰：《春秋》之义，立嫡以长不以贤。冲虽存也，犹不宜立。况其既没，而发斯言乎？《诗》云："无易由言。"魏武其易之也。

③《魏书》载策曰：惟黄初二年八月丙午，皇帝曰："咨尔邓哀侯冲，昔皇天钟美于尔躬，俾聪哲之才，成于弱年。当永享显祚，克成厥终。如何不禄，早世夭昏！朕承天序，享有四海，并建亲亲，以藩王室，惟尔不逮斯荣，且葬礼未备。追悼之怀，怆然攸伤。今迁葬于高陵，使使持节兼谒者仆射郎中陈承，追赐号曰邓公，祠以太牢。魂而有灵，休兹宠荣。呜呼哀哉！"◎《魏略》曰：文帝常言："家兄孝廉，自其分也。若使仓舒在，我亦无天下。"

彭城王据，建安十六年封范阳侯。二十二年，徙封宛侯。黄初二年，进爵为公。三年，为章陵王，其年徙封义阳。文帝以南方下湿，又以环太妃彭城人，徙封彭城。又徙封济阴。五年，诏曰："先王建国，随时而制。汉祖增秦所置郡，至光武以天下损耗，并省郡县。以今比之，益不及焉。其改封诸王皆为县王。"据改封定陶县。太和六年，改封诸王，皆以郡为国，据复封彭城。景初元年，据坐私遣人诣中尚方作禁物，削县二千户。[①] 三年，复所削户邑。正元、景元中累增邑，并前四千六百户。

①《魏书》载玺书曰："制诏彭城王：有司奏，王遣司马董和，赍珠玉来到京师中尚方，多作禁物，交通工官，出入近署，逾侈非度，慢令违制，绳王以法。朕用怃然，不宁于心。王以懿亲之重，处藩辅之位，典籍日陈于前，勤诵不辍于侧。加雅素奉修，恭肃敬慎，务在蹈道，孜孜不衰，岂忘率意正身，考终厥行哉？若然小疵，或谬于细人，忽不觉悟，以斯为失耳。《书》云：'惟圣罔念作狂，惟狂克念作圣。'古人垂诰，乃至于此，故君子思心无斯须远道焉。常虑所以累德者而去之，则德明矣。开心所以为塞者而通之，则心夷矣；慎行所以为尤者而修之，则行全矣。三者，王之所能备也。今诏有司宥王，削县二千户，以彰八柄与夺之法。昔羲、文作《易》，著休复之语，仲尼论行，既过能改。王其改行，茂昭斯义，率意无怠。"

燕王宇，字彭祖。建安十六年，封都乡侯。二十二年，改封鲁阳侯。黄初二年，进爵为公。三年，为下邳王。五年，改封单父县。太和六年，改封燕王。明帝少与宇同止，常爱异之。及即位，宠赐与诸王殊。青龙三年，征入朝。景初元年，还邺。二年夏，复征诣京都。冬十二月，明帝疾笃，拜宇为大将军，属以后事。受署四日，宇深固让，帝意亦变，遂免宇官。三年夏，还邺。景初、正元、景元中，累增邑，并前五千五百户。常道乡公奂，宇之子，入继大宗。

沛穆王林，建安十六年封饶阳侯。二十二年，徙封谯。黄初二年，进爵为公。三年，为谯王。五年，改封谯县。七年，徙封鄄城。太和六年，改封沛。景初、正元、景元中，累增邑，并前四千七百户。林薨，子纬嗣。[①]

① 案《嵇氏谱》：嵇康妻，林子之女也。

中山恭王衮，建安二十一年封平乡侯。少好学，年十余岁能属文。每读书，文学左右常恐以精力为病，数谏止之，然性所乐，不能废也。二十二年，徙封东乡侯，其年又改封赞侯。黄初二年，进爵为公，官属皆贺，衮曰："夫生深宫之中，不知稼穑之艰难，多骄逸之失。诸贤既庆其休，宜辅其阙。"每兄弟游娱，衮独覃思经典。文学防辅相与言曰："受诏察公举错，有过当奏，及有善，亦宜以闻，不可匿其美也。"遂共表称陈衮美。衮闻之，大惊惧，责让文学曰："修身自守，常人之行耳。而诸君乃以上闻，是适所以增其负累也。且如有善，何患不闻，而遽共如是，是非益我者。"其戒慎如此。三年，为北海王。其年，黄龙见邺西漳水，衮上书赞颂。诏赐黄金十斤，诏曰："昔唐叔归禾，东平献颂，斯皆骨肉赞美，以彰懿亲。王研精坟典，耽味道真，文雅焕炳，朕甚嘉之。王其克慎明德，以终令闻。"四年，改封赞王。七年，徙封濮阳。太和二年就国，尚约俭，教敕妃妾纺绩织纴，习为家人之事。五年冬，入朝。六年，改封中山。

初，衮来朝，犯京都禁。青龙元年，有司奏衮。诏曰："王素敬慎，邂逅至此，其以议亲之典议之。"有司固执。诏削县二，户七百五十。[①] 衮忧惧，戒敕官属愈谨。帝嘉其意，二年，复所削县。三年秋，衮得疾病，诏遣太医视疾，殿中虎贲赍手诏、赐珍膳相属，又遣太妃、沛王林并就省疾。衮疾困，敕令官属曰："吾寡德忝宠，大命将尽。吾既好俭，而圣朝著终诰之制，为天下法。吾气绝之日，自殡及葬，务奉诏书。昔卫大夫蘧瑗葬濮阳，吾望其墓，常想其遗风，愿托贤灵以弊发齿，营吾兆域，必往从之。《礼》：'男子不卒妇人之手。'亟以时成东堂。"堂成，名之曰"遂志之堂"，舆疾往居之，又令世子曰："汝幼少，未闻义方，早为人君，但知乐，不知苦，不知苦，必将以骄奢为失也。接大臣，务以礼。虽非大臣，老者犹宜答拜。事兄以敬，恤弟以慈。兄弟有不良之行，当造膝谏之，谏之不从，流涕喻之；喻之不改，乃白其母。若犹不改，当以奏闻，并辞国土。与其守宠罹祸，不若贫贱全身也，此亦谓大罪恶耳。其微过细故，当掩覆之。嗟尔小子，慎修乃身，奉圣朝以忠贞，事太妃以孝敬。闺闱之内，奉令于太妃。阃阈之外，受教于沛王。无怠乃心，以慰予灵。"其年薨。诏沛王林留讫葬，使大鸿胪持节典护丧事，宗正吊祭，赗赠甚厚。凡所著文章二万余言，才不及陈思王而好与之侔。子孚嗣。景初、正元、景元中，累增邑，并前三千四百户。

①《魏书》载玺书曰："制诏中山王：有司奏，王乃者来朝，犯交通京师之禁。朕惟亲亲之恩，用寝吏议。然法者，所与天下共也，不可得废。今削王县二，户七百五十。夫克己复礼，圣人称仁，朝过夕改，君子与之。王其戒诸，无贰咎悔也。"

济阳怀王玹，建安十六年封西乡侯。早薨，无子。二十年，以沛王林子赞袭玹爵邑，早薨，无子。文帝复以赞弟壹绍玹后。黄初二年，改封济阳侯。四年，进爵为公。太和四年，追进玹爵，谥曰怀公。六年，又进号曰怀王，追谥赞曰西乡哀侯。壹薨，谥曰悼公。子恒嗣。景初、正元、景元中，累增邑，并前千九百户。

陈留恭王峻，字子安，建安二十一年封郿侯。二十二年，徙封襄邑。黄初二年，进爵为公。三年，为陈留王。五年，改封襄邑县。太和六年，又封陈留。甘露四年薨。子澳嗣。景初、正元、景元中，累增邑，并前四千七百户。

范阳闵王矩，早薨，无子。建安二十二年，以樊安公均子敏奉矩后，封临晋侯。黄初三年，追封谥矩为范阳闵公。五年，改封敏范阳王。七年，徙封句阳。太和六年，追进矩号曰范阳闵王，改封敏琅邪王。景初、正元、景元中，累增邑，并前三千四百户。敏薨，谥曰原王。子焜嗣。

赵王幹，建安二十年封高平亭侯。二十二年，徙封赖亭侯。其年改封弘农侯。黄初二年，进爵，徙封燕公。① 三年，为河间王。五年，改封乐城县。七年，徙封钜鹿。太和六年，改封赵王。幹母有宠于太祖。及文帝为嗣，幹母有力。文帝临崩，有遗诏，是以明帝常加恩意。青龙二年，私通宾客，为有司所奏，赐幹玺书诫诲之，曰："《易》称'开国承家，小人勿用'。《诗》著'大车惟尘'之诫。自太祖受命创业，深睹治乱之源，鉴存亡之机，初封诸侯，训以恭慎之至言，辅以天下之端士，常称马援之遗诫，重诸侯宾客交通之禁，乃使与犯妖恶同。夫岂以此薄骨肉哉？徒欲使子弟无过失之愆，士民无伤害之悔耳。高祖践阼，祗慎万机，申著诸侯不朝之令。朕感诗人《常棣》之作，嘉《采菽》之义，亦缘诏文曰'若有诏得诣京都'，故命诸王以朝聘之礼。而楚、中山并犯交通之禁，赵宗、戴捷咸伏其辜。近东平王复使属官殴寿张吏，有司举奏，朕裁削县。今有司以曹纂、王乔等因九族时节，集会王家，或非其时，皆违禁防。朕惟王幼少有恭顺之素，加受先帝顾命，欲崇恩礼，延乎后嗣，况近在王之身乎？且自非圣人，孰能无过？已诏有司宥王之失。古人有言：'戒慎乎其所不睹，恐惧乎其所弗闻，莫见乎隐，莫显乎微，故君子慎其独焉。'叔父兹率先圣之典，以纂乃先帝之遗命，战战兢兢，靖恭厥位，称朕意焉。"景初、正元、景元中，累增邑，并前五千户。

①《魏略》曰：幹，一名良。良本陈妾子，良生而陈氏死，太祖令王夫人养之。良年五岁而太祖疾困，遗令语太子言："此儿三岁亡母，五岁失父，以累汝也。"太子由是亲待，隆于诸弟。良年小，常呼文帝为阿翁，帝谓良曰："我，汝兄耳。"文帝又愍其如是，每为流涕。

臣松之案：此传以母贵贱为次，不计兄弟之年，故楚王彪年虽大，传在幹后。寻《朱建平传》，知彪大幹二十岁。

临邑殇公子上，早薨。太和五年，追封谥。无后。

楚王彪，字朱虎。建安二十一年，封寿春侯。黄初二年，进爵，徙封汝阳公。三年，封弋阳王。其年徙封吴王。五年，改封寿春县。七年，徙封白马。太和五年冬，朝京都。六年，改封楚。初，彪来朝，犯禁，青龙元年，为有司所奏，诏削县三，户千五百。二年，大赦，复所削县。景初三年，增户五百，并前三千户。嘉平元年，兖州刺史令狐愚与太尉王凌谋迎彪都许昌。语在《凌传》。乃遣傅及侍御史就国案验，收治诸相连及者。廷尉请征彪治罪，于是依汉燕王旦故事，使兼廷尉、大鸿胪，持节，赐彪玺书切责之，使自图焉。① 彪乃自杀。妃及诸子皆免为庶人，徙平原。彪之官属以下及监国谒者，坐知情无辅导之义，皆伏诛。国除为淮南郡。正元元年诏曰："故楚王彪，背国附奸，身死嗣替，虽自取之，犹哀矜焉。夫含垢藏疾，亲亲之道也，其封彪世子嘉为常山真定王。"景元元年，增邑，并前二千五百户。②

① 孔衍《汉魏春秋》载玺书曰："夫先王行赏不遗仇雠，用戮不违亲戚，至公之义也。故周公流涕而决二叔之罪，孝武伤怀而断昭平之狱，古今常典也。惟王，国之至亲，作藩于外，不能祗奉王度，表率宗室，而谋于奸邪，乃与太尉王凌、兖州刺史令狐愚构通逆谋，图危社稷，有悖忒之心，无忠孝之意。宗庙有灵，王其何面目以见先帝？朕深痛王自陷罪辜，既得王情，深用怃然。有司奏王当就大理，朕惟公族甸师之义，不忍肆王市朝，故遣使者赐书。王自作孽，匪由于他，燕刺之事，宜足以观。王其自图之！"

② 臣松之案：嘉入晋，封高邑公。元康中，与石崇俱为国子博士。嘉后为东莞太守，崇为征虏将军，监青、徐军事，屯于下邳，嘉以诗遗崇曰："文武应时用，兼才在明哲。嗟嗟我石生，为国之俊杰。入侍于皇闼，出则登九列。威检肃青、徐，风发宣吴裔。畴昔谬同位，情至过鲁、卫。分离逾十载，思远心增结。愿子鉴斯诫，寒暑不逾契。"崇答曰："昔常接羽仪，俱游青云中。敦道训胄子，儒化涣以融。同声无异响，故使恩爱隆。岂惟敦初好，款分在令终。孔不陋九夷，老氏适西戎。逍遥沧海隅，可以保王躬。世事非所务，周公不足梦。玄寂令神王，是以守至冲。"王隐《晋书》载吏部郎李重启云："魏氏宗室屈滞，每圣恩所存。东莞太守曹嘉，才干学义，不及志、翕，而良素修洁，性业逾之，又已历二郡。臣以为优先代之后，可以嘉为员外散骑侍郎。"

刚殇公子勤，早薨。太和五年追封谥。无后。

谷城殇公子乘，早薨。太和五年追封谥。无后。

郿戴公子整，奉从叔父郎中绍后。建安二十二年，封郿侯。二十三年薨。无子。黄初二年追进爵，谥曰戴公。以彭城王据子范奉整后。三年，封平氏侯。四年，徙封成武。太和三年，进爵为公。青龙三年薨。谥曰悼公。无后。四年，诏以范弟东安乡公阐为郿公，奉整后。正元、景元中，累增邑，并前千八百户。

灵殇公子京，早薨。太和五年追封谥。无后。

樊安公均，奉叔父蓟恭公彬后。建安二十二年，封樊侯。二十四年薨。子抗嗣。黄初二年，追进公爵，谥曰安公。三年，徙封抗蓟公。四年，徙封屯留公。景初元年薨，谥曰定公。子谌嗣。景初、正元、景元中，累增邑，并前千九百户。

广宗殇公子棘，早薨。太和五年追封谥。无后。

东平灵王徽，奉叔父朗陵哀侯玉后。建安二十二年，封历城侯。黄初二年，进爵为公。三年，为庐江王。四年，徙封寿张王。五年，改封寿张县。太和六年，改封东平。青龙二年，徽使官属挝寿张县吏，为有司所奏。诏削县一，户五百。其年复所削县。正始三年薨。子翕嗣。景初、正元、景元中，累增邑，并前三千四百户。①

① 臣松之案：翕入晋，封廪丘公。魏宗室之中，名次鄄城公。至泰始二年，翕遣世子琨奉表来朝。诏曰："翕秉德履道，魏宗之良。今琨远至，其假世子印绶，加骑都尉，赐朝服一具，钱十万，随才叙用。"翕撰《解寒食散方》，与皇甫谧所撰并行于世。

乐陵王茂，建安二十二年封万岁亭侯。二十三年，改封平舆侯。黄初三年，进爵，徙封乘氏公。七年，徙封中丘。茂性傲佷，少无宠于太祖。及文帝世，又独不王。太和元年，徙封聊城公，其年为王。诏曰："昔象之为虐至甚，而大舜犹侯之有庳。近汉氏淮南、阜陵，皆为乱臣逆子，而犹或及身而复国，或至子而锡土。有虞建之于上古，汉文、明、章行之乎前代，斯皆敦叙亲亲之厚义也。聊城公茂少不闲礼教，长不务善道。先帝以为古之立诸侯也，皆命贤者，故姬姓有未必侯者，是以独不王茂。太皇太后数以为言。如闻茂顷来少知悔昔之非，欲修善将来。君子与其进，不保其往也。今封茂为聊城王，以慰太皇太后下流之念。”六年，改封曲阳王。正始三年，东平灵王薨，茂称嗌痛，不肯发哀，居处出入自若。有司奏除国土，诏削县一，户五百。五年，徙封乐陵，诏以茂租奉少，诸子多，复所削户，又增户七百。嘉平、正元、景元中，累增邑，并前五千户。

【译文】武皇帝有二十五个儿子：卞皇后生文皇帝、任城威王曹彰、陈思王曹植、萧怀王曹熊，刘夫人生愍王曹昂、相殇王曹铄，环夫人生邓哀王曹冲、彭城王曹据、燕王曹宇，杜夫人生沛穆王曹林、中山恭王曹衮，秦夫人生济阳怀王曹玹、陈留恭王曹峻，尹夫人生范阳闵王曹矩，王昭仪生赵王曹幹，孙姬生临邑殇公子曹上、楚王曹彪、刚殇公子曹勤，李姬生谷城殇公子曹乘、郿戴公子曹整、灵殇公子曹京，周姬生樊安公曹均，刘姬生广宗殇公子曹棘，宋姬生东平灵王曹徽，赵姬生乐陵王曹茂。

丰愍王曹昂，字子修。二十岁被举荐为孝廉。随从太祖南征，被张绣杀害。没有儿子。黄初二年追加封爵和谥号，谥为丰悼公。黄初三年，让樊安公曹均的儿子曹琬承嗣曹昂，封为中都公。当年改封为长子公。黄初五年，追加曹昂封号为丰悼王。太和三年，修改曹昂的谥号为愍王。嘉平六年，让曹琬继承曹昂的爵位为丰王。正元、景元年间，屡次给他增加封邑，连同以前的共有二千七百户。曹琬去世，谥为恭王。曹琬的儿子曹廉继承了他的爵位。

相殇王曹铄，早死，太和三年追加封爵、谥号。青龙元年，曹铄的儿子愍王曹潜继承爵位，于当年去世。青龙二年，曹潜的儿子怀王曹偃继承爵位，封邑二千五百户，青龙四年去世。曹偃没有儿子，封国废除。正元二年，让乐陵王曹茂的儿子阳都乡公曹竦继承曹铄，成为他的后嗣。

邓哀王曹冲，字仓舒。少年时就聪明懂事，五六岁时，智慧思维所达到的水平，就像成年人那样了。当时孙权曾送来一头很大的象，太祖想要知道象的重量，询问各位下属，他们都想不出办法来。曹冲说：“把象放在大船上面，在船体上刻下水痕到达船身的记号，再称量重物装上船，使之到达同样的刻度，那么计算重物的重量以后就可以知道大象的体重了。”太祖大为高兴，马上施行了这个办法。当时军事、国事繁多，施用的刑罚非常重。太祖的马鞍在仓库里被老鼠咬坏了，管理仓库的役吏害怕要被处死，想要自己反绑双手去坦白罪过，但仍然惧怕不能免罪。曹冲对他说：“等待三天，然后你再去自首认罪。”于是，曹冲拿刀戳破自己的单衣，就像老鼠咬坏的一样，然后装出不高兴的样子，愁容满面。太祖问他原因，曹冲回答说：“民间风俗认为老鼠咬破衣服，主人就会不吉利。现在我的单衣被老鼠咬破了，所以发愁。”太祖说：“这是瞎说，用不着难过。”不久管库的役吏把老鼠咬马鞍的事情汇报了，太祖笑着说：“我儿子的衣服就在身旁，尚且被咬，何况是挂在柱子上的马鞍呢？”一点也没有追查。曹冲心地仁慈，识见通达，行事都像这样。本来犯罪应被处死，却因曹冲委婉含蓄的分辨申诉而得到救助宽宥的人，前后有几十人。太祖多次对大臣称赞曹冲，有想要把权位传给他的意思。建安十三年，曹冲十三岁，得了重病，太祖亲自为他向神灵祝祷请求。曹冲死时，太祖极为哀痛。文帝曹丕宽解劝慰太祖，太祖说："这是我的不幸，却是你们的幸运。"一说到曹冲就伤心落泪，还为曹冲聘了甄家已死的女儿与他合葬，追赠他骑都尉的印绶，又命宛侯曹据的儿子曹琮承嗣曹冲。建安二十二年，封曹琮为邓侯。黄初二年，追赠曹冲谥号为邓哀侯，又追加爵号为邓公。黄初三年，晋升曹琮的爵位，改封为冠军公。黄初四年，改封为己氏公。太和五年，追加曹冲爵号为邓哀王。景初元年，曹琮因为在皇宫的中尚方署为自己制作御用器物而犯罪，被削减封邑三百户，贬爵为都乡侯。景初三年，恢复爵位为己氏公。正始七年，转封为平阳公。景初、正元、景元年间，屡次为曹琮增加封邑，连同以前的共有一千九百户。

彭城王曹据，建安十六年封为范阳侯。建安二十二年，改封为宛侯。黄初二年，晋升爵位为公。黄初三年，晋升爵位为章陵王，当年迁移封地到义阳。文帝考虑到南方低下潮湿，又因为曹据的母亲环太妃是彭城人，所以迁移曹据的封地到彭城。后又迁移到济阴。黄初五年，文帝下诏说："前代帝王建立国家，随着时势的变化而修改制度。汉高祖增加了秦朝所设置的郡的数量，到了汉光武帝，因为全国人口减少，又合并减少了郡县。拿目前与过去来比较，郡的数量就更不如那时多了。现在把亲王的封地从郡缩小为县。"曹据改封在定陶县。太和六年，又改封诸王，仍然都以郡为封地，曹据又封为彭城王。景初元年，曹据因为私自派人到皇宫的中尚方署为自己制作御用器物而犯罪，削减封邑两千户。景初三年，恢复了所削减的封邑。正元、景元年间，屡次为曹据增加封邑，连同以前的共四千六百户。

燕王曹宇，字彭祖。建安十六年，封为都乡侯。建安二十二年，改封为鲁阳侯。黄初二年，晋升爵位为公。黄初三年，晋升爵位为下邳王。黄初五年，迁移封地到单父县。太和六年，改封为燕王。明帝少年时和曹宇在一起居住，特别喜爱他。明帝即位以后，对曹宇的恩宠赏赐比其他各王都优厚。青龙三年，征召曹宇入朝。景初元年，返回邺县。景初二年夏天，又征召曹宇到京都。这年的冬十二月，明帝病重，任命曹宇为大将军，把后事托付给他。受到任命四天，曹宇坚决辞让，明帝也改变了主意，于是免去了曹宇的大将军之职。景初三年夏天，曹宇回到邺县。景初、正元、景元年间，屡次为曹宇增加封邑，连同以前的共有五千五百户。常道乡公曹奂，就是曹宇的儿子，后进宫继承了皇位。

沛穆王曹林，建安十六年封为饶阳侯。建安二十二年，迁移封地到谯县。黄初二年，晋升爵位为公。黄初三年，晋升爵位为谯王。黄初五年，封地从谯郡缩小为谯县。黄初七年，迁移封地到鄄城。太和六年，改封为沛王。景初、正元、景元年间，屡次为曹林增加封邑，连同以前的共有四千七百户。曹林去世，他的儿子曹纬继承爵位。

中山恭王曹衮，建安二十一年封为平乡侯。少年时喜好学习，十几岁就能写文章。每次读书，文学辅导官员和左右近侍常常担心他精力损耗过度而得病，屡次劝阻他，但他性情喜欢读书，不能中止。建安二十二年，改封为东乡侯，当年又改封为赞侯。黄初二年，晋升爵位为公，官员下属都向他祝贺，曹衮说："我生长在深宫之中，不知收种庄稼的艰难，有很多骄奢享乐的过失。各位贤者已经庆贺了我晋爵的喜事，也应该帮助我弥补缺陷。"每次兄弟们游玩娱乐时，曹衮总是独自深思经典。文学侍从和监督官员们互相商议说："我们接受诏命监察公爵的举止，有了过失应当上奏，做了好事也应当上报，不能隐瞒他的优点。"于是一同上表称赞陈述曹衮的美德。曹衮知道了，极为惊恐，召见责备这些官员说："提高自身修养，谨守本分，不过是普通人的行为罢了。诸位却报告给上面知道，这恰恰会为我增加负担和拖累。再说如果有优点，何必担心别人不知道，现在却急急忙忙一起这样做，这可不是对我有益的事啊。"他的警惕慎重就像这样。黄初三年，封曹衮为北海王。当年，有黄龙出现在邺县西边的漳水中，曹衮上书赞颂这件事。文帝下诏赏赐给他黄金十斤，诏书说："过去唐叔把祥瑞的谷穗献给周成王，东平王刘苍向光武帝献上颂文，这都是对骨肉亲人奉上的赞美，以表彰亲人的美好。北海王对文献典籍有精深的研究，钻研品味其中的真理，文雅的气质光彩焕发，我很是赞赏他。北海王应该更加谨慎地培养自己的品德，使你美好的名声完美无缺。"黄初四年，改封曹衮为赞王。黄初七年，迁移封地到濮阳。太和二年他到达封地，崇尚节约俭朴，要求妻妾纺线织补，学习做普通家庭妇女所做的事。太和五年冬天，曹衮到京都朝见。太和六年，改封地到中山。

当初，曹衮前来朝见时，违犯京都禁令。青龙元年，有关官员上奏弹劾曹衮。明帝下诏说："中山王素来恭敬谨慎，偶然出现这样的问题，还是从宽处理这事吧。"主管官员坚持要追究。明帝下诏削减曹衮的封邑两县、七百五十户。曹衮忧虑害怕，告诫约束属下官员更加谨慎。明帝赞赏他的心意，在青龙二年，恢复了所削减的封地。青龙三年秋天，曹衮得了病，明帝下诏派遣御医为他看病，不断派出皇宫的警卫武士带着手令和赏赐的珍贵膳食去探望，又派遣曹衮的母亲杜太妃、胞兄沛王曹林一起去他的封地探视病情。曹衮病危时，向属下官员下达指令说："我缺少德行，愧受恩宠，现在我的生命将要走到尽头了。我生性喜好俭朴，朝廷也有关于丧葬问题的制度，作为全国遵行的法典。我去世之后，从入殓到下葬，务必遵奉诏书的规定。过去卫国大夫蘧瑗埋葬在濮阳县，我看到他的坟墓，常常想到他遗留的风范，我希望依托于贤人的灵魂长眠地下，修造我的坟墓时，地址一定要选在他的坟墓近旁。《礼记》上说：'男子不死在妇人手里。'赶快抓紧建成东堂。"东堂建成后，曹衮把它命名为"遂志之堂"，带病让人抬到那里去居住，又命令继承自己王位的儿子说："你还太小，不懂得为人应遵守的原则和规矩，这么早就为人主上，只知道乐，不知道苦。不知道苦，必将会有骄傲奢侈的过失。接待大臣，务必遵照礼仪。对不是大臣的老人，也应该行跪拜礼来答谢。对待哥哥要恭敬，照顾弟弟要慈爱。兄弟有不好的行为，应当亲切交流劝谏他们，不听从劝谏，就流着泪给他们讲道理；讲道理还不改，那就秉告他们的生母。要是仍然不改，就应当上奏给天子知道，除掉他们的封地。与其凭借恩宠而遭到灾祸，不如过贫贱生活以保全生命，当然这是指的是大罪恶了。至于细微的过错，就应当为他们掩盖。你这个孩子啊,要谨慎地修养自身,对朝廷要忠诚坚贞,对太妃要孝顺恭敬。家里的事应听奉太妃的指示,外面的事应接受伯父沛王的教导。你的心不要懈怠,以此来安慰我的灵魂。”当年曹衮去世。明帝下诏让沛王曹林留在那里等丧事办完,又派大鸿胪持符节,前去主持办理丧事,宗正前去吊唁祭奠,赠送的丧葬礼品十分丰厚。曹衮著有文章共两万多字,才华不如陈思王曹植但爱好相同。曹衮的儿子曹孚继承王位。景初、正元、景元年间,屡次为曹孚增加封邑,连同以前的共有三千四百户。

济阳怀王曹玹,建安十六年封为西乡侯。去世得早,没有儿子。建安二十年,以沛王曹林的儿子曹赞继承曹玹的爵位和封邑,曹赞也去世得早,没有儿子。文帝又让曹赞的弟弟曹壹继承曹玹。黄初二年,改封曹壹为济阳侯。黄初四年,晋升曹壹为公爵。太和四年,追加曹玹爵号,谥为怀公。太和六年,又升曹玹的爵号为怀王,追谥曹赞为西乡哀侯。曹壹去世,谥为悼公。他的儿子曹恒继承爵位。景初、正元、景元年间,屡次为曹恒增加封邑,连同以前的共一千九百户。

陈留恭王曹峻,字子安,建安二十一年封为郿侯。建安二十二年,封地改到襄邑县。黄初二年,晋升爵位为公。黄初三年,封为陈留王。黄初五年,改封在襄邑县。太和六年,又封为陈留王。甘露四年曹峻去世。他的儿子曹澳继承爵位。景初、正元、景元年间,屡次为曹澳增加封邑,连同以前的共有四千七百户。

范阳闵王曹矩,早死,没有儿子。建安二十二年,让樊安公曹均的儿子曹敏继承曹矩,封为临晋侯。黄初三年,给曹矩追加封爵,谥号为范阳闵公。黄初五年,改封曹敏为范阳王。黄初七年,封地改到句阳。太和六年,追封曹矩爵为范阳闵王,改封曹敏为琅邪王。景初、正元、景元年间,屡次为曹敏增加封邑,连同以前的共有三千四百户。曹敏去世,谥为原王。他的儿子曹焜继承爵位。

赵王曹幹,建安二十年封为高平亭侯。建安二十二年,改封赖亭侯。当年改封弘农侯。黄初二年,晋升爵位,改封为燕公。黄初三年,封为河间王。黄初五年,改封乐成县。黄初七年,封地改在钜鹿。太和六年,改封为赵王。曹幹的母亲受太祖曹操宠爱。文帝曹丕之所以能成为继承人,曹幹的母亲提供了一定的帮助。文帝临去世时,有遗诏关照曹幹,因此明帝对曹幹常常给以恩宠。青龙二年,曹幹私自交结宾客,被有关官员弹劾,明帝下诏书告诫教诲他,说:“《周易》中说‘创立国家和继承家业时,不要使用小人’。《诗经》也有‘小人就像大车扬起的灰尘,遮人眼目’的诗句。太祖承受天命创建基业,深刻地看到了造成天下治乱的根源和影响国家存亡的关键,刚开始分封诸侯,就用恭敬慎重的至理名言告诫教训他们,用天下正直的人士辅佐他们,常常引用马援对侄儿和部下的告诫,加重禁止诸侯与宾客互相交往的条令,把这与犯有妖恶罪同样看待。他难道是要用这些措施来使亲属关系变得淡薄吗?只不过想使曹氏子弟不犯过失罪责,士人和民众没有受到伤害的悔恨罢了。高祖文皇帝即位后,恭敬慎重地处理天下大事,颁布了诸侯不再留在朝廷而各回自己封国的命令。我有感于《常棣》一诗赞美兄弟之间的友爱感情,赞赏《采菽》一诗讽刺周幽王对前来朝觐的诸侯侮慢无礼,也根据先帝的诏书中有‘如果诏书允许,诸侯也可以来到京都’这一条,所以制定了诸王定期进京朝见天子的礼仪。但是楚王、中山王一同触犯了私自交往宾客的禁令，与他们交往的赵宗、戴捷都因他们的罪过被处死。最近东平王又指使他的下属官员殴打寿张县的官吏，有关官员举报后，我只是给他削减封地的处罚。现今有关官员又举报曹纂、王乔等人乘曹氏家族节日聚会的时机，在赵王家里集会，不合时宜，都违背了禁令。我考虑赵王您年轻时候一直恭敬顺从，加上受到先帝临终关照，总想给您优待，并且延续到后代，何况是您本人呢？只要不是圣人，谁能没有过错呢？所以我已下诏要有关官员宽恕赵王您的过失。古人说过：'真理虽然看不见，你仍然应当警惕谨慎，真理虽然不发声，你仍然应当畏慎小心，再没有比看不见的真理更清晰可见的了，再没有比幽微的真理更明显的了，所以君子在个人独处的时候也要极为谨慎。'请叔父您更加遵守先世圣人的教导，以继承先帝的遗命，战战兢兢，恭恭敬敬保守您的王位，以满足我的心愿。"景初、正元、景元年间，屡次给曹幹增加封邑，连同以前的共有五千户。

临邑殇公子曹上，早死。太和五年，追加爵封和谥号。没有后代。

楚王曹彪，字朱虎。建安二十一年，封寿春侯。黄初二年，晋升爵位并迁移封地，为汝阳公。黄初三年，封为弋阳王。当年改封为吴王。黄初五年，改封在寿春县。黄初七年，改封在白马县。太和五年冬天，到京都朝见天子。太和六年，改封为楚王。当初，曹彪进京朝见时，违犯了禁令，青龙元年，被有关官员弹劾，明帝下诏削减了他的封邑三县，共一千五百户，青龙二年，遇到大赦，恢复了削减的封地。景初三年，增加曹彪封邑五百户，连同以前的共有三千户。嘉平元年，兖州刺史令狐愚和太尉王凌准备迎立曹彪为帝，在许昌建都。事情经过记载在本书《王凌传》中。朝廷派遣傅和侍御史去到他的封地核实验证，把有牵连的人都逮捕治罪。廷尉请求征召曹彪入京受审，于是依照汉朝惩治燕王刘旦的旧例，派人兼任廷尉、大鸿胪，持节，赐给曹彪诏书严厉谴责他，让他自己拿主意。曹彪被迫自杀。他的妻子和几个儿子都被贬为平民，流放到平原郡。曹彪手下的官员以及监国谒者，因为犯了知情而没有辅正教导的过错，都被处死。封国废除，改为淮南郡。正元元年皇帝下诏书说："已故楚王曹彪，背叛国家依附奸人，自己被处死，后代被废弃，虽然是咎由自取，我还是哀怜他。容忍他人的过失，是加深亲属感情的方法，特封曹彪的继承人曹嘉为常山郡真定县王。"景元元年，为曹嘉增加封邑，连同以前的共有二千五百户。

刚殇公子曹勤，早死。太和五年追加爵封、谥号。没有后代。

谷城殇公子曹乘，早死。太和五年追加爵封、谥号。没有后代。

郿戴公子曹整，承嗣他堂叔父郎中曹绍。建安二十二年，封为郿侯。建安二十三年去世。没有儿子。黄初二年追加爵位，谥为戴公。让彭城曹据的儿子曹范承嗣曹整。黄初三年，封曹范为平氏侯。黄初四年，改封成武县。太和三年，晋升曹范的爵位为公。青龙三年曹范去世。谥为悼公。没有后代。青龙四年，明帝下诏以曹范的弟弟东安乡公曹阐为郿公，继承曹整。正元、景元年间，屡次为曹阐增加封邑，连同以前的共有一千八百户。

灵殇公子曹京，早死。太和五年追加爵封、谥号。没有后代。

樊安公曹均，承嗣叔父蓟恭公曹彬。建安二十二年，封为樊侯。建安二十四年去世。儿子曹抗继承爵位。黄初二年，追封曹均为公爵，谥为安公。黄初三年，改封曹抗为蓟公。黄初四年，改封曹抗为屯留公。景初元年曹抗去世，谥为定公。儿子曹谌继承爵位。景初、正元、景元年间，屡次为曹谌增加封邑，连同以前的共有一千九百户。

广宗殇公子曹棘，早死。太和五年追加爵封、谥号。没有后代。

东平灵王曹徽，承嗣叔父朗陵哀侯曹玉。建安二十二年，封为历城侯。黄初二年，晋升爵位为公。黄初三年，封为庐江王。黄初四年，迁移封地，为寿张王。黄初五年，改封寿张县。太和六年，改封为东平王。青龙二年，曹徽指使属下官员殴打寿张县官吏，被有关官员弹劾。明帝下诏削减他的封邑一县，共五百户。当年又恢复所削减封邑。正始三年曹徽去世。他的儿子曹翕继承爵位。景初、正元、景元年间，屡次增加曹翕的封邑，连同以前的共有三千四百户。

乐陵王曹茂，建安二十二年封为万岁亭侯。建安二十三年，改封为平舆侯。黄初三年，晋升爵位并迁移封地，为乘氏公。黄初七年，改封中丘县。曹茂性情傲慢凶横，小时候太祖一点不喜欢他。到了文帝的时候，又只有他没有被封王。太和元年，改封为聊城公，当年封王。明帝的诏书说："过去象这个人为非作歹很厉害，而大舜仍然封他在有庳为侯。近代汉朝的淮南王刘长、阜陵王刘延，都是谋反作乱的人，尚且有的在生前就恢复了爵封，有的到了儿子时又重新赐给封地。这种做法，虞舜创建于上古时代，汉文帝、明帝、章帝实行于汉朝，这都是加深亲属感情的仁厚办法。聊城公曹茂年轻时不习礼教，成年后不务正业。先帝认为古代封立诸侯，任命的都是贤良的人，所以周朝姬姓家族不一定都封侯，因此独独没有封曹茂为王。太皇太后屡次提及此事。听说曹茂近来稍微知道悔改过去的错误，想要在以后学习向善。君子看重别人的进步，不追究以往的过失。现在封曹茂为聊城王，以慰藉太皇太后对子孙的顾念。"太和六年，改封曹茂为曲阳王。正始三年，东平灵王曹徽去世，曹茂自称咽喉疼痛，不肯哭泣哀悼，起居出入像没事一样。有关官员上奏请求削除他的封地，皇帝下诏削减他封地一县，共五百户。正始五年，封地改在乐陵，因为曹茂封地收租少，孩子多，朝廷又下诏恢复他被削减的封邑，并且增加了七百户。嘉平、正元、景元年间，屡次为曹茂增加封邑，连同以前的共有五千户。

文皇帝诸子

【原文】文皇帝九男：甄氏皇后生明帝，李贵人生赞哀王协，潘淑媛生北海悼王蕤，朱淑媛生东武阳怀王鉴，仇昭仪生东海定王霖，徐姬生元城哀王礼，苏姬生邯郸怀王邕，张姬生清河悼王贡，宋姬生广平哀王俨。

赞哀王协，早薨。太和五年追封，谥曰经殇公。青龙二年，更追改号谥。三年，子殇王寻嗣。景初三年，增户五百，并前三千户。正始九年薨。无子。国除。

北海悼王蕤，黄初七年，明帝即位，立为阳平县王。太和六年，改封北海。青龙元年薨。二年,以琅邪王子赞奉蕤后,封昌乡公。景初二年,立为饶安王。正始七年,徙封文安。正元、景元中,累增邑,并前三千五百户。

东武阳怀王鉴,黄初六年立。其年薨。青龙三年赐谥。无子。国除。

东海定王霖,黄初三年立为河东王。六年,改封馆陶县。明帝即位,以先帝遗意,爱宠霖异于诸国。而霖性粗暴,闺门之内,婢妾之间,多所残害。太和六年,改封东海。嘉平元年薨。子启嗣。景初、正元、景元中,累增邑,并前六千二百户。高贵乡公髦,霖之子也,入继大宗。

元城哀王礼,黄初二年封秦公,以京兆郡为国。三年,改为京兆王。六年,改封元城王。太和三年薨。五年,以任城王楷子悌嗣礼后。六年,改封梁王。景初、正元、景元中,累增邑,并前四千五百户。

邯郸怀王邕,黄初二年封淮南公,以九江郡为国。三年,进为淮南王。四年,改封陈。六年,改封邯郸。太和三年薨。五年,以任城王楷子温嗣邕后。六年,改封鲁阳。景初、正元、景元中,累增邑,并前四千四百户。

清河悼王贡,黄初三年封。四年薨。无子。国除。

广平哀王俨,黄初三年封。四年薨。无子。国除。

【译文】文皇帝共有九个儿子:甄氏皇后生明帝,李贵人生赞哀王曹协,潘淑媛生北海悼王曹蕤,朱淑媛生东武阳怀王曹鉴,仇昭仪生东海定王曹霖,徐姬生元城哀王曹礼,苏姬生邯郸怀王曹邕,张姬生清河悼王曹贡,宋姬生广平哀王曹俨。

赞哀王曹协,早死。太和五年追加爵封,谥号为经殇公。青龙二年,又追改谥号。青龙三年,曹协的儿子殇王曹寻继承爵位。景初三年,给曹寻增加封邑五百户,连同以前的共三千户。正始九年曹寻去世。没有儿子。封国废除。

北海悼王曹蕤,黄初七年,明帝即位,立他为阳平县王。太和六年,改封北海王。青龙元年去世。青龙二年,让琅邪王的儿子曹赞承嗣曹蕤,封为昌乡公。景初二年,立曹赞为饶安王。正始七年,改封文安王。正元、景元年间,屡次为曹赞增加封邑,连同以前的共有三千五百户。

东武阳怀王曹鉴,黄初六年立为王。当年去世。青龙三年赐谥号。没有儿子。封国废除。

东海定王曹霖,黄初三年立为河东王。黄初六年,改封馆陶县。明帝即位,因为先帝临死前的关照,因此对曹霖的爱护恩宠不同于其他各王。但曹霖性情粗暴,在家庭内,对婢妾常加残害。太和六年,改封东海王。嘉平元年去世。他的儿子曹启继承爵位。景初、正元、景元年间,屡次给曹启增加封邑,连同以前的共有六千二百户。高贵乡公曹髦,就是曹霖的儿子,后进入皇宫成为帝位继承人。

元城哀王曹礼,黄初二年封为秦公,以京兆郡为封地。黄初三年,改为京兆王。黄初六年,改封为元城王。太和三年去世。太和五年,让任城王曹楷的儿子曹悌承嗣曹礼。太和六年,改封曹悌为梁王。景初、正元、景元年间,屡次给曹悌增加封邑,连同以前的共有四千五百户。

邯郸怀王曹邕，黄初二年封为淮南公，以九江郡为封地。黄初三年，晋升爵位为淮南王。黄初四年，改封陈王。黄初六年，改封邯郸王。太和三年去世。太和五年，让任城王曹楷的儿子曹温承嗣曹邕。太和六年，改封曹温为鲁阳王。景初、正元、景元年间，屡次为曹温增加封邑，连同以前的共有四千四百户。

清河悼王曹贡，黄初三年封为王。黄初四年去世。没有儿子。封国废除。

广平哀王曹俨，黄初三年封为王。黄初四年去世。没有儿子。封国废除。

【原文】评曰：魏氏王公，既徒有国土之名，而无社稷之实。又禁防壅隔，同于囹圄。位号靡定，大小岁易；骨肉之恩乖，《常棣》之义废。为法之弊，一至于此乎！①

①《袁子》曰：魏兴，承大乱之后，民人损减，不可则以古始。于是封建侯王，皆使寄地空名，而无其实。王国使有老兵百余人，以卫其国。虽有王侯之号，而乃侪于匹夫。县隔千里之外，无朝聘之仪，邻国无会同之制。诸侯游猎不得过三十里，又为设防辅监国之官以伺察之。王侯皆思为布衣而不能得。既违宗国藩屏之义，又亏亲戚骨肉之恩。

《魏氏春秋》载宗室曹冏上书曰："臣闻古之王者，必建同姓以明亲亲，必树异姓以明贤贤。故《传》曰：'庸勋亲亲，昵近尊贤。'《书》曰：'克明俊德，以亲九族。'《诗》云：'怀德维宁，宗子维城。'由是观之，非贤无与兴功，非亲无与辅治。夫亲亲之道，专用则其渐也微弱。贤贤之道，偏任则其弊也劫夺。先圣知其然也，故博求亲疏而并用之。近则有宗盟藩卫之固，远则有仁贤辅弼之助，盛则有与共其治，衰则有与守其土，安则有与享其福，危则有与同其祸。夫然，故能有其国家，保其社稷，历纪长久，本枝百世也。今魏尊尊之法虽明，亲亲之道未备。《诗》不云乎，'鹡鸰在原，兄弟急难'。以斯言之，明兄弟相救于丧乱之际，同心于忧祸之间，虽有阋墙之忿，不忘御侮之事。何则？忧患同也。今则不然，或任而不重，或释而不任，一旦疆埸称警，关门反拒，股肱不扶，胸心无卫。臣窃惟此，寝不安席，思献丹诚，贡策朱阙。谨撰合所闻，叙论成败。论曰：昔夏、殷、周历世数十，而秦二世而亡。何则？三代之君，与天下共其民，故天下同其忧。秦王独制其民，故倾危而莫救。夫与民共其乐者，人必忧其忧；与民同其安者，人必拯其危。先王知独治之不能久也，故与人共治之；知独守之不能固也，故与人共守之。兼亲疏而两用，参同异而并建。是以轻重足以相镇，亲疏足以相卫，并兼路塞，逆节不生。及其衰也，桓、文帅礼；苞茅不贡，齐师伐楚；宋不城周，晋戮其宰。王纲弛而复张，诸侯傲而复肃。二霸之后，浸以陵迟。吴、楚凭江，负固方城，虽心希九鼎，而畏迫宗姬，奸情散于胸怀，逆谋消于唇吻。斯岂非信重亲戚，任用贤能，枝叶硕茂，本根赖之与？自此之后，转相攻伐。吴并于越，晋分为三，鲁灭于楚，郑兼于韩。暨于战国，诸姬微矣，惟燕、卫独存，然皆弱小，西迫强秦，南畏齐、楚，忧惧灭亡，匪遑相恤。至于王赧，降为庶人，犹枝干相持，得居虚位，海内无主，四十余年。秦据势胜之地，骋谲诈之术，征伐关东，蚕食九国，至于始皇，乃定天位。旷日若彼，用力若此，岂非深固根蒂不拔之道乎？《易》曰：'其亡其亡，系于苞桑。'周德其可谓当之矣。秦观周之弊，以为小弱见夺，于是废五等之爵，立郡县之官，弃礼乐之教，任苛刻之政。子弟无尺寸之封，功臣无立锥之地，内无宗子以自毗辅，外无诸侯以为藩卫，仁心不加于亲戚，惠泽不流于枝叶。譬犹芟刈股肱，独任胸腹，浮舟江海，捐弃楫棹，观者为之寒心，而始皇晏然自以为关中之固，金城千里，子孙帝王万世之业也，岂不悖哉！是时淳于越谏曰：‘臣闻殷、周之王封子弟功臣，千有余岁。今陛下君有海内而子弟为匹夫，卒有田常六卿之臣，而无辅弼，何以相救？事不师古而能长久者，非所闻也。’始皇听李斯偏说而绌其议，至于身死之日，无所寄付，委天下之重于凡夫之手，托废立之命于奸臣之口，至令赵高之徒，诛钼宗室。胡亥少习刻薄之教，长遵凶父之业，不能改制易法，宠任兄弟，而乃师谭申、商，谘谋赵高。自幽深宫，委政谗贼，身残望夷，求为黔首，岂可得哉？遂乃郡国离心，众庶溃叛，胜、广倡之于前，刘、项弊之于后。向使始皇纳淳于之策，抑李斯之论，割裂州国，分王子弟，封三代之后，报功臣之劳，士有常君，民有定主，枝叶相扶，首尾为用，虽使子孙有失道之行，时人无汤、武之贤，奸谋未发，而身已屠戮，何区区之陈、项而复得措其手足哉？故汉祖奋三尺之剑，驱乌集之众，五年之中，遂成帝业。自开辟以来，其兴立功勋，未有若汉祖之易也。夫伐深根者难为功，摧枯朽者易为力，理势然也。汉监秦之失，封殖子弟。及诸吕擅权，图危刘氏，而天下所以不倾动，百姓所以不易心者，徒以诸侯强大，盘石胶固，东牟、朱虚受命于内，齐、代、吴、楚作卫于外故也。向使高祖踵亡秦之法，忽先王之制，则天下已传，非刘氏有也。然高祖封建，地过古制，大者跨州兼郡，小者连城数十，上下无别，权侔京室，故有吴、楚七国之患。贾谊曰：‘诸侯强盛，长乱起奸。夫欲天下之治安，莫若众建诸侯而少其力，令海内之势，若身之使臂，臂之使指，则下无背叛之心，上无诛伐之事。’文帝不从。至于孝景，猥用晁错之计，削黜诸侯，亲者怨恨，疏者震恐，吴、楚倡谋，五国从风。兆发高帝，衅钟文、景，由宽之过制，急之不渐故也。所谓末大必折，尾大难掉。尾同于体，犹或不从，况乎非体之尾，其可掉哉？武帝从主父之策，下推恩之令，自是之后，齐分为七，赵分为六，淮南三割，梁、代五分，遂以陵迟，子孙微弱，衣食租税，不预政事，或以酎金免削，或以无后国除。至于成帝，王氏擅朝。刘向谏曰：‘臣闻公族者，国之枝叶，枝叶落则本根无所庇荫。方今同姓疏远，母党专政，排摈宗室，孤弱公族，非所以保守社稷，安固国嗣也。’其言深切，多所称引，成帝虽悲伤叹息而不能用。至于哀、平，异姓秉权，假周公之事，而为田常之乱，高拱而窃天位，一朝而臣四海。汉宗室王侯，解印释绂，贡奉社稷，犹惧不得为臣妾，或乃为之符命，颂莽恩德，岂不哀哉！由斯言之，非宗子独忠孝于惠、文之间，而叛逆于哀、平之际也，徒权轻势弱，不能有定耳。赖光武皇帝挺不世之姿，禽王莽于已成，绍汉嗣于既绝，斯岂非宗子之力也？而曾不监秦之失策，袭周之旧制，踵王国之法，而徼幸无疆之期。至于桓、灵，阉竖执衡，朝无死难之臣，外无同忧之国，君孤立于上，臣弄权于下，本末不能相御，身首不能相使。由是天下鼎沸，奸凶并争，宗庙焚为灰烬，宫室变为榛薮，居九州之地，而身无所安处，悲夫！魏太祖武皇帝躬圣明之资，兼神武之略，耻王纲之废绝，愍汉室之倾覆，龙飞谯、沛，凤翔兖、豫，扫除凶逆，翦灭鲸鲵，迎帝西京，定都颍邑，德动天地，义感人神。汉氏奉天，禅位大魏。大魏之兴，于今二十有四年矣，观五代之存亡而不用其长策，睹前车之倾覆而不改于辙迹。子弟王空虚之地，君有不使之民，宗室窜于闾阎，不闻邦国之政，权均匹夫，势齐凡庶。内无深根不拔之固，外无盘石宗盟之助，非所以安社稷，为万世之业也。且今之州牧、郡守，古之方伯、诸侯，皆跨有千里之土，兼军武之任，或比国数人，或兄弟并据，而宗室子弟曾无一人间厕其间，与相维持，非所以强干弱枝，备万一之虞也。今之用贤，或超为名都之主，或为偏师之帅，而宗室有文者必限小县之宰，有武者必置百人之上，使夫廉高之士，毕志于衡轭之内，才能之人，耻与非类为伍，非所以劝进贤能，褒异宗室之礼也。夫泉竭则流涸，根朽则叶枯。枝繁者荫根，条落者本孤。故语曰：'百足之虫，至死不僵。'以扶之者众也。此言虽小，可以譬大。且墉基不可仓卒而成，威名不可一朝而立，皆为之有渐，建之有素。譬之种树，久则深固其本根，茂盛其枝叶，若造次徙于山林之中，植于宫阙之下，虽壅之以黑坟，暖之以春日，犹不救于枯槁，而何暇繁育哉？夫树犹亲戚，土犹士民，建置不久，则轻下慢上，平居犹惧其离叛，危急将若之何？是以圣王安而不逸，以虑危也；存而设备，以惧亡也。故疾风卒至而无摧拔之忧，天下有变而无倾危之患矣。"冏，中常侍兄叔兴之后，少帝族祖也。是时天子幼稚，冏冀以此论感悟曹爽，爽不能纳。

【译文】评论说：魏朝皇族的各个王公，空自享有封地的名义，却没有管理国土的实权。又受到禁令的防备阻隔，就像关在监狱之中的囚犯一般。爵位封号不能确定，封地大小年年改动。骨肉感情被分离，《常棣》一诗中歌颂的兄弟友爱关系遭到废弃。法规制定的弊端，竟然到了这样的地步！

卷二十一　魏书二十一

王卫二刘傅传第二十一

王粲　徐幹、陈琳、阮瑀、应玚、刘桢、应璩、应贞、阮籍、嵇康、桓威、吴质

【原文】王粲，字仲宣，山阳高平人也。曾祖父龚，祖父畅，皆为汉三公。[①] 父谦，为大将军何进长史。进以谦名公之胄，欲与为婚，见其二子，使择焉。谦弗许。以疾免，卒于家。

① 张璠《汉纪》曰：龚，字伯宗，有高名于天下。顺帝时为太尉。初，山阳太守薛勤丧妻不哭，将殡，临之曰："幸不为夭，复何恨哉？"及龚妻卒，龚与诸子并杖行服，时人或两讥焉。畅，字叔茂，名在八俊。灵帝时为司空，以水灾免，而李膺亦免归故郡，二人以直道不容当时。天下以畅、膺为高士，诸危言危行之徒皆推宗之，愿涉其流，惟恐不及。会连有灾异，而言事者皆言三公非其人，宜因其变，以畅、膺代之，则祯祥必至。由是宦竖深怨之。及膺诛死，而畅遂废，终于家。

献帝西迁，粲徙长安，左中郎将蔡邕见而奇之。时邕才学显著，贵重朝廷，常车骑填巷，宾客盈坐。闻粲在门，倒屣迎之。粲至，年既幼弱，容状短小，一坐尽惊。邕曰："此王公孙也，有异才，吾不如也。吾家书籍文章，尽当与之。"年十七，司徒辟，诏除黄门侍郎，以西京扰乱，皆不就。乃之荆州依刘表。表以粲貌寝而体弱通侻，不甚重也。[①] 表卒，粲劝表子琮，令归太祖。[②] 太祖辟为丞相掾，赐爵关内侯。太祖置酒汉滨，粲奉觞贺曰："方今袁绍起河北，仗大众，志兼天下，然好贤而不能用，故奇士去之。刘表雍容荆楚，坐观时变，自以为西伯可规。士之避乱荆州者，皆海内之俊杰也，表不知所任，故国危而无辅。明公定冀州之日，下车即缮其甲卒，收其豪杰而用之，以横行天下。及平江、汉，引其贤俊而置之列位，使海内回心，望风而愿治，文武并用，英雄毕力，此三王之举也。"后迁军谋祭酒。魏国既建，拜侍中。博物多识，问无不对。时旧仪废弛，兴造制度，粲恒典之。[③]

① 臣松之曰：貌寝，谓貌负其实也。通侻者，简易也。

②《文士传》载粲说琮曰："仆有愚计，愿进之于将军，可乎？"琮曰："吾所愿闻也。"粲曰："天下大乱，豪杰并起，在仓卒之际，强弱未分，故人各各有心耳。当此之时，家家欲为帝王，人人欲为公侯。观古今之成败，能先见事机者，则恒受其福。今将军自度，何如曹公邪？"琮不能对。粲复曰："如粲所闻，曹公故人杰也。雄略冠时，智谋出世，摧袁氏于官渡，驱孙权于江外，逐刘备于陇右，破乌丸于白登，其余枭夷荡定者，往往如神，不可胜计。今日之事，去就可知也。将军能听粲计，卷甲倒戈，应天顺命，以归曹公，曹公必重德将军。保己全宗，长享福祚，垂之后嗣，此万全之策也。粲遭乱流离，托命

此州，蒙将军父子重顾，敢不尽言！”琮纳其言。

臣松之案：孙权自此以前，尚与中国和同，未尝交兵，何云“驱权于江外”乎？魏武以十三年征荆州，刘备却后数年方入蜀，备身未尝涉于关、陇。而于征荆州之年，便云“逐备于陇右”，既已乖错。又白登在平城，亦魏武所不经，北征乌丸，与白登永不相豫。以此知张骘假伪之辞，而不觉其虚之自露也。凡骘虚伪妄作，不可覆疏，如此类者，不可胜纪。

③ 挚虞《决疑要注》曰：汉末丧乱，绝无玉珮。魏侍中王粲识旧珮，始复作之。今之玉珮，受法于粲也。

初，粲与人共行，读道边碑，人问曰：“卿能闇诵乎？”曰：“能。”因使背而诵之，不失一字。观人围棋，局坏，粲为覆之。棋者不信，以帊盖局，使更以他局为之。用相比校，不误一道。其强记默识如此。性善算，作算术，略尽其理。善属文，举笔便成，无所改定，时人常以为宿构，然正复精意覃思，亦不能加也。[①] 著诗、赋、论、议垂六十篇。建安二十一年，从征吴。二十二年春，道病卒，时年四十一。粲二子，为魏讽所引，诛。后绝。[②]

①《典略》曰：粲才既高，辩论应机。钟繇、王朗等虽名为魏卿相，至于朝廷奏议，皆阁笔不能措手。

②《文章志》曰：太祖时征汉中，闻粲子死，叹曰：“孤若在，不使仲宣无后。”

始文帝为五官将，及平原侯植皆好文学。粲与北海徐幹字伟长、广陵陈琳字孔璋、陈留阮瑀字元瑜、汝南应玚字德琏、[①] 东平刘桢字公幹并见友善。

① 玚，音徒哽反，一音畅。

幹为司空军谋祭酒掾属，五官将文学。[①]

①《先贤行状》曰：幹清玄体道，六行修备，聪识洽闻，操翰成章，轻官忽禄，不耽世荣。建安中，太祖特加旌命，以疾休息。后除上艾长，又以疾不行。

【译文】王粲，字仲宣，山阳郡高平县人。曾祖父王龚，祖父王畅，都在东汉时位列三公。父亲王谦，担任过大将军何进的长史。因为王谦是名公的后裔，何进想和他结成姻亲，就把两个儿子引见给他，让他从中挑选一个做东床快婿。王谦没有答应。后因病免官，在家里去世。

汉献帝西迁，王粲移居到长安，右中郎将蔡邕一看见他，就觉得他非比寻常。当时蔡邕的才学名满天下，受到举朝敬重，他家门前经常是车骑填巷，家中经常是宾客满堂。那天蔡邕听说王粲在门口求见，急忙出迎，连鞋子都穿倒了。王粲进门，他年纪不大，身材又矮，使满屋子的人都很吃惊。蔡邕说：“这位就是司空王畅的孙子王粲，才华奇异，我比不上他。我家里收藏的书籍文章，应当全部送给他。”十七岁的时候，受司徒征召，朝廷下诏任命他为黄门侍郎，因为西京长安局势混乱，他未曾赴任。于是前往荆州投奔刘表。刘表见王粲其貌不扬，身体孱弱，又不拘小节，不很看重他。刘表死后，王粲力劝刘表的儿子刘琮，让他归附曹操。曹操命王粲为丞相掾，赐爵关内侯。一次，曹操在汉水边上设宴款待百官，王粲举杯祝贺说：“如今袁绍起兵河北，倚仗兵多将广，志在夺取天下，但他喜欢贤才却不能任用，因此杰出之士纷纷离他而去。刘表从容坐镇荆楚，坐观时势变化，自以为可以仿效西伯周文王。那些因乱避居荆州的贤能人士，都是国内的俊杰，可刘表却不懂得任用他们，所以当国家面临危难时无人辅佐他。明公您平定冀州的时候，一下车就忙着整顿冀州的军队，收罗当地的豪杰各尽其用，借此横行天下。等到平定了江、汉，又征召这一带的贤才，把他们放在适当的位置上，使天下归心，望风来附，文武并用，英雄尽力，这些都是夏、商、周三代开国之君才能做到的事。”后来，王粲升迁为军师祭酒。魏国建立以后，官任侍中。他博学多识，面对提问没有不能从容应答的。当时一切旧的礼仪制度废弛殆尽，需要重新制订的东西，常由王粲主持。

当初，王粲与友人同行，诵读路边古碑文字，友人便问他：“你能背诵吗？”王粲回答说：“能。”于是大家让他背对碑文背诵，居然一字不差。看人下围棋，棋局乱了，他帮着人家按原来的布局把棋子重新摆好。下棋的人不信，用手帕盖住棋盘，让他换个棋盘重摆。把两副棋盘互相比较，连一道的误差也没有。王粲过目不忘的能力就像这样。王粲生来就长于计算，作算术，能很简捷地把问题解答出来。擅长写文章，提笔一挥而就，不用修改，当时的人常常以为他是预先写好的，但是即使专意精深，写出来的文章也不可能比他写的更好了。他共撰写了诗、赋、论、议近六十篇。建安二十一年，王粲跟随曹操征伐吴国。二十二年春，病死于途中，时年四十一岁。王粲有两个儿子，因为受到魏讽谋反案的牵连，被诛杀。王粲绝后。

当初文帝曹丕还是五官中郎将的时候，和平原侯曹植都很喜好文学。王粲与北海人徐幹字伟长、广陵人陈琳字孔璋、陈留人阮瑀字元瑜、汝南人应玚字德琏、东平人刘桢字公幹都被曹丕、曹植友善。

徐幹曾任司空军师祭酒、司空掾属及五官将文学之职。

【原文】琳前为何进主簿。进欲诛诸宦官，太后不听，进乃召四方猛将，并使引兵向京城，欲以劫恐太后。琳谏进曰：“《易》称‘即鹿无虞’，谚有‘掩目捕雀’。夫微物尚不可欺以得志，况国之大事，其可以诈立乎？今将军总皇威，握兵要，龙骧虎步，高下在心。以此行事，无异于鼓洪炉以燎毛发。但当速发雷霆，行权立断，违经合道，天人顺之。而反释其利器，更征于他。大兵合聚，强者为雄，所谓倒持干戈，授人以柄，必不成功，只为乱阶。”进不纳其言，竟以取祸。琳避难冀州，袁绍使典文章。袁氏败，琳归太祖。太祖谓曰：“卿昔为本初移书，但可罪状孤而已，恶恶止其身，何乃上及父祖邪？”琳谢罪，太祖爱其才而不咎。

【译文】陈琳先前曾任何进主簿。何进想诛杀所有宦官，太后不同意，何进就召集四方猛将，让他们各自领兵开往京城，想以此要挟太后就范。陈琳劝阻何进说：“《周易》称‘即鹿无虞’，谚语说‘掩目捕雀’。这些弱小动物尚且不能靠欺诈获取，何况是国家大事，怎可以用欺骗手段达到目的呢？如今将军总揽朝政，手握兵权，龙骧虎步，进退裕如。以这样的权威办事，无异于鼓洪炉以燎毛发，触之立尽。只要行动迅速，权宜变通，当机立断，虽有违规矩却合乎道义，上天和百姓都会赞同并支持您的做法。

您反而放弃有利条件,另行征召各地兵马进京。到时候大兵合聚,强者称雄,您这样做正是倒持干戈,授人以柄,事情非但肯定不能成功,反成了祸乱的阶梯。”何进不采纳他的建议,结果自取其祸。陈琳逃到冀州避难,袁绍让他主管文章写作。袁绍失败,陈琳归附曹操。曹操对他说:“你当初为袁绍起草檄文,只数说我一个人的罪状就可以了,所谓憎恨一个人就到他身上为止,为什么还要上及我的父亲和祖父呢?”陈琳谢罪,曹操爱惜他的才学而未加追究。

【原文】瑀少受学于蔡邕。建安中都护曹洪欲使掌书记,瑀终不为屈。太祖并以琳、瑀为司空军谋祭酒,管记室,① 军国书檄,多琳、瑀所作也。② 琳徙门下督,瑀为仓曹掾属。

①《文士传》曰:太祖雅闻瑀名,辟之,不应,连见逼促,乃逃入山中。太祖使人焚山,得瑀,送至,召入。太祖时征长安,大延宾客,怒瑀不与语,使就技人列。瑀善解音,能鼓琴,遂抚弦而歌,因造歌曲曰:“奕奕天门开,大魏应期运。青盖巡九州,在东西人怨。士为知己死,女为悦者玩。恩义苟敷畅,他人焉能乱?”为曲既捷,音声殊妙,当时冠坐,太祖大悦。

臣松之案:鱼氏《典略》、挚虞《文章志》并云瑀建安初辞疾避役,不为曹洪屈。得太祖召,即投杖而起。不得有逃入山中,焚之乃出之事也。又,《典略》载太祖初征荆州,使瑀作书与刘备,及征马超,又使瑀作书与韩遂,此二书今具存。至长安之前,遂等破走,太祖始以十六年得入关耳。而张骘云初得瑀时太祖在长安,此又乖戾。瑀以十七年卒,太祖十八年策为魏公,而云瑀歌舞辞称“大魏应期运”,愈知其妄。又,其辞云“他人焉能乱”,了不成语。瑀之吐属,必不如此。

②《典略》曰:琳作诸书及檄,草成呈太祖。太祖先苦头风,是日疾发,卧读琳所作,翕然而起曰:“此愈我病。”数加厚赐。太祖尝使瑀作书与韩遂,时太祖适近出,瑀随从,因于马上具草,书成呈之。太祖揽笔欲有所定,而竟不能增损。

玚、桢各被太祖辟为丞相掾属。玚转为平原侯庶子,后为五官将文学。① 桢以不敬被刑,刑竟署吏。② 咸著文赋数十篇。

① 华峤《汉书》曰:玚祖奉,字世叔。才敏善讽诵,故世称“应世叔读书,五行俱下”。著《后序》十余篇,为世儒者。延熹中,至司隶校尉。子劭字仲远,亦博学多识,尤好事。诸所撰述《风俗通》等,凡百余篇,辞虽不典,世服其博闻。◎《续汉书》曰:劭又著《中汉辑叙》《汉官仪》及《礼仪故事》,凡十一种,百三十六卷。朝廷制度,百官仪式,所以不亡者,由劭记之。官至泰山太守。劭弟珣,字季瑜,司空掾,即玚之父。

②《文士传》曰:桢父名梁,字曼山,一名恭。少有清才,以文学见贵,终于野王令。◎《典略》曰:文帝尝赐桢廓落带,其后师死,欲借取以为像,因书嘲桢云:“夫物因人为贵。故在贱者之手,不御至尊之侧。今虽取之,勿嫌其不反也。”桢答曰:“桢闻荆山之璞,曜元后之宝;随侯之珠,烛众士之好;南垠之金,登窈窕之首;鼲貂之尾,缀侍臣之帻:此四宝者,伏朽石之下,潜污泥之中,而扬光千载之上,发彩畴昔之外,亦皆未能初自接于至尊也。夫尊者所服,卑者所修也;贵者所御,贱者所先也。故夏屋初成而大匠先立

其下，嘉禾始熟而农夫先尝其粒。恨桢所带，无他妙饰，若实殊异，尚可纳也。”桢辞旨巧妙皆如是，由是特为诸公子所亲爱。其后太子尝请诸文学，酒酣坐欢，命夫人甄氏出拜。坐中众人咸伏，而桢独平视。太祖闻之，乃收桢，减死输作。

瑀以十七年卒。幹、琳、玚、桢二十二年卒。文帝书与元城令吴质曰：“昔年疾疫，亲故多离其灾，徐、陈、应、刘，一时俱逝。观古今文人，类不护细行，鲜能以名节自立。而伟长独怀文抱质，恬淡寡欲，有箕山之志，可谓彬彬君子矣。著《中论》二十余篇，辞义典雅，足传于后。德琏常斐然有述作意，其才学足以著书，美志不遂，良可痛惜！孔璋章表殊健，微为繁富。公幹有逸气，但未遒耳。元瑜书记翩翩，致足乐也。仲宣独自善于辞赋，惜其体弱，不起其文，至于所善，古人无以远过也。昔伯牙绝弦于钟期，仲尼覆醢于子路，痛知音之难遇，伤门人之莫逮也。诸子但为未及古人，自一时之俊也。”①

①《典论》曰：今之文人，鲁国孔融、广陵陈琳、山阳王粲、北海徐干、陈留阮瑀、汝南应玚、东平刘桢，斯七子者，于学无所遗，于辞无所假，咸自以骋骐骥于千里，仰齐足而并驰。粲长于辞赋。幹时有逸气，然非粲匹也。如粲之《初征》《登楼》《槐赋》《征思》，干之《玄猨》《漏卮》《圆扇》《橘赋》，虽张、蔡不过也，然于他文未能称是。琳、瑀之章表书记，今之俊也。应玚和而不壮，刘桢壮而不密。孔融体气高妙，有过人者，然不能持论，理不胜辞，至于杂以嘲戏。及其所善，扬、班之俦也。

自颍川邯郸淳、①繁钦，②陈留路粹，③沛国丁仪、丁廙，弘农杨修，河内荀纬等，亦有文采，而不在此七人之例。④

①《魏略》曰：淳，一名竺，字子叔。博学有才章，又善《苍》、《雅》、虫、篆、许氏字指。初平时，从三辅客荆州。荆州内附，太祖素闻其名，召与相见，甚敬异之。时五官将博延英儒，亦宿闻淳名，因启淳欲使在文学官属中。会临菑侯植亦求淳，太祖遣淳诣植。植初得淳甚喜，延入坐，不先与谈。时天暑热，植因呼常从取水自澡讫，傅粉。遂科头拍袒，胡舞五椎锻，跳丸击剑，诵俳优小说数千言讫，谓淳曰：“邯郸生何如邪？”于是乃更著衣帻，整仪容，与淳评说混元造化之端，品物区别之意，然后论羲皇以来贤圣名臣烈士优劣之差，次颂古今文章赋诔及当官政事宜所先后，又论用武行兵倚伏之势。乃命厨宰，酒炙交至，坐席默然，无与伉者。及暮，淳归，对其所知叹植之材，谓之“天人”。而于时世子未立，太祖俄有意于植，而淳屡称植材，由是五官将颇不悦。及黄初初，以淳为博士给事中。淳作《投壶赋》千余言奏之，文帝以为工，赐帛千匹。

② 繁，音婆。《典略》曰：钦，字休伯，以文才机辩，少得名于汝、颍。钦既长于书记，又善为诗赋。其所与太子书，记喉转意，率皆巧丽。为丞相主簿。建安二十三年卒。

③《典略》曰：粹，字文蔚，少学于蔡邕。初平中，随车驾至三辅。建安初，以高才与京兆严像擢拜尚书郎。像以兼有文武，出为扬州刺史。粹后为军谋祭酒，与陈琳、阮瑀等典记室。及孔融有过，太祖使粹为奏，承指数致融罪，其大略言：“融昔在北海，见王室不宁，招合徒众，欲图不轨，言：‘我大圣之后也，而灭于宋。有天下者何必卯金刀？’”又云：“融为九列，不遵朝仪，秃巾微行，唐突宫掖。又与白衣祢衡言论放荡，衡

与融更相赞扬。衡谓融曰：'仲尼不死也。'融答曰：'颜渊复生。'"凡说融诸如此辈，辞语甚多。融诛之后，人睹粹所作，无不嘉其才而畏其笔也。至十九年，粹转为秘书令，从大军至汉中，坐违禁贱请驴伏法。太子素与粹善，闻其死，为之叹惜。及即帝位，特用其子为长史。

鱼豢曰：寻省往者，鲁连、邹阳之徒，援譬引类，以解缔结，诚彼时文辩之俊也。今览王、繁、阮、陈、路诸人前后文旨，亦何昔不若哉？其所以不论者，时世异耳。余又窃怪其不甚见用，以问大鸿胪卿韦仲将。仲将云："仲宣伤于肥戆，休伯都无格检，元瑜病于体弱，孔璋实自粗疏，文蔚性颇忿鸷，如是彼为，非徒以脂烛自煎糜也，其不高蹈，盖有由矣。然君子不责备于一人，譬之朱漆，虽无桢幹，其为光泽亦壮观也。"

④ 仪、廙、修事，并在《陈思王传》。荀勖《文章叙录》曰：纬，字公高。少喜文学。建安中，召署军谋掾、魏太子庶子，稍迁至散骑常侍、越骑校尉。年四十二，黄初四年卒。

玚弟璩，璩子贞，咸以文章显。璩官至侍中。贞咸熙中参相国军事。①

①《文章叙录》曰：璩，字休琏，博学好属文，善为书记。文、明帝世，历官散骑常侍。齐王即位，稍迁侍中、大将军长史。曹爽秉政，多违法度，璩为诗以讽焉。其言虽颇谐合，多切时要，世共传之。复为侍中，典著作。嘉平四年卒，追赠卫尉。贞字吉甫，少以才闻，能谈论。正始中，夏侯玄盛有名势，贞尝在玄坐作五言诗，玄嘉玩之。举高第，历显位。晋武帝为抚军大将军，以贞参军事。晋室践阼，迁太子中庶子、散骑常侍。又以儒学与太尉荀顗撰定新礼，事未施行。泰始五年卒。贞弟纯。纯子绍，永嘉中为黄门侍郎，为司马越所杀。纯弟秀。秀子詹，镇南大将军、江州刺史。

瑀子籍，才藻艳逸，而倜傥放荡，行己寡欲，以庄周为模则。官至步兵校尉。①

① 籍，字嗣宗。《魏氏春秋》曰：籍旷达不羁，不拘礼俗。性至孝，居丧虽不率常检，而毁几至灭性。兖州刺史王昶请与相见，终日不得与言，昶叹贵之，自以不能测也。太尉蒋济闻而辟之，后为尚书郎、曹爽参军，以疾归田里。岁余，爽诛，太傅及大将军乃以为从事中郎。后朝论以其名高，欲显崇之，籍以世多故，禄仕而已，闻步兵校尉缺，厨多美酒，营人善酿酒，求为校尉，遂纵酒昏酣，遗落世事。尝登广武，观楚、汉战处，乃叹曰："时无英才，使竖子成名乎！"时率意独驾，不由径路，车迹所穷，辄恸哭而反。籍少时尝游苏门山，苏门山有隐者，莫知名姓，有竹实数斛、臼杵而已。籍从之，与谈太古无为之道，及论五帝三王之义，苏门生萧然曾不经听。籍乃对之长啸，清韵响亮，苏门生逌尔而笑。籍既降，苏门生亦啸，若鸾凤之音焉。至是，籍乃假苏门先生之论以寄所怀。其歌曰："日没不周西，月出丹渊中。阳精蔽不见，阴光代为雄。亭亭在须臾，厌厌将复隆。富贵俯仰间，贫贱何必终。"又叹曰："天地解兮六合开，星辰陨兮日月颓，我腾而上将何怀？"籍口不论人过，而自然高迈，故为礼法之士何曾等深所雠疾。大将军司马文王常保持之，卒以寿终。子浑字长成。《世语》曰：浑以闲澹寡欲，知名京邑。为太子庶子。早卒。

时又有谯郡嵇康，文辞壮丽，好言老、庄，而尚奇任侠。至景元中，坐事诛。①

① 康，字叔夜。案《嵇氏谱》：康父昭，字子远，督军粮治书侍御史。兄喜，字公穆，

晋扬州刺史、宗正。喜为康传曰:“家世儒学,少有俊才,旷迈不群,高亮任性,不修名誉,宽简有大量。学不师授,博洽多闻,长而好老、庄之业,恬静无欲。性好服食,尝采御上药。善属文论,弹琴咏诗,自足于怀抱之中。以为神仙者,禀之自然,非积学所致。至于导养得理,以尽性命,若安期、彭祖之伦,可以善求而得也,著《养生篇》。知自厚者所以丧其所生,其求益者必失其性,超然独达,遂放世事,纵意于尘埃之表。撰录上古以来圣贤、隐逸、遁心、遗名者,集为传赞,自混沌至于管宁,凡百一十有九人,盖求之于宇宙之内,而发之乎千载之外者矣。故世人莫得而名焉。”

虞预《晋书》曰:康家本姓奚,会稽人。先自会稽迁于谯之铚县,改为嵇氏,取“稽”字之上,加“山”以为姓,盖以志其本也。一曰铚有嵇山,家于其侧,遂氏焉。

《魏氏春秋》曰:康寓居河内之山阳县,与之游者,未尝见其喜愠之色。与陈留阮籍、河内山涛、河南向秀、籍兄子咸、琅邪王戎、沛人刘伶相与友善,游于竹林,号为七贤。钟会为大将军所昵,闻康名而造之。会,名公子,以才能贵幸,乘肥衣轻,宾从如云。康方箕踞而锻,会至,不为之礼。康问会曰:“何所闻而来?何所见而去?”会曰:“有所闻而来,有所见而去。”会深衔之。大将军尝欲辟康。康既有绝世之言,又从子不善,避之河东,或云避世。及山涛为选曹郎,举康自代,康答书拒绝,因自说不堪流俗,而非薄汤、武。大将军闻而怒焉。初,康与东平吕昭子巽及巽弟安亲善。会巽淫安妻徐氏,而诬安不孝,囚之。安引康为证,康义不负心,保明其事,安亦至烈,有济世志力。钟会劝大将军因此除之,遂杀安及康。康临刑自若,援琴而鼓,既而叹曰:“雅音于是绝矣!”时人莫不哀之。初,康采药于汲郡共北山中,见隐者孙登。康欲与之言,登默然不对。逾时将去,康曰:“先生竟无言乎?”登乃曰:“子才多识寡,难乎免于今之世。”及遭吕安事,为诗自责曰:“欲寡其过,谤议沸腾。性不伤物,频致怨憎。昔惭柳下,今愧孙登。内负宿心,外赧良朋。”康所著诸文论六七万言,皆为世所玩咏。

《康别传》云:孙登谓康曰:“君性烈而才俊,其能免乎?”称康临终之言曰:“袁孝尼尝从吾学《广陵散》,吾每固之不与。《广陵散》于今绝矣!”与盛所记不同。

又,《晋阳秋》云:康见孙登,登对之长啸,逾时不言。康辞还,曰:“先生竟无言乎?”登曰:“惜哉!”此二书皆孙盛所述,而自为殊异如此。

《康集目录》曰:登,字公和,不知何许人,无家属,于汲县北山土窟中得之。夏则编草为裳,冬则被发自覆。好读《易》、鼓琴,见者皆亲乐之。每所止家,辄给其衣服食饮,得无辞让。

《世语》曰:毌丘俭反,康有力,且欲起兵应之,以问山涛,涛曰:“不可。”俭亦已败。

臣松之案:本传云康以景元中坐事诛,而干宝、孙盛、习凿齿诸书皆云正元二年,司马文王反自乐嘉,杀嵇康、吕安。盖缘《世语》云康欲举兵应毌丘俭,故谓破俭便应杀康也。其实不然。山涛为选官,欲举康自代,康书告绝,事之明审者也。案《涛行状》,涛始以景元二年除吏部郎耳。景元与正元相较七八年,以《涛行状》检之,如本传为审。又,《钟会传》亦云会作司隶校尉时诛康,会作司隶,景元中也。干宝云吕安兄巽善于钟会,巽为相国掾,俱有宠于司马文王,故遂抵安罪。寻文王以景元四年钟、邓平蜀后,始授相国位。若巽为相国掾时陷安，焉得以破毌丘俭年杀嵇、吕？此又干宝之疏谬，自相违伐也。

康子绍，字延祖，少知名。山涛启以为秘书郎，称绍平简温敏，有文思，又晓音，当成济者。帝曰："绍如此，便可以为丞，不足复为郎也。"遂历显位。《晋诸公赞》曰：绍与山涛子简、弘农杨准同好友善，而绍最有忠正之情。以侍中从惠帝北伐成都王，王师败绩，百官奔走，惟绍独以身扞卫，遂死于帝侧。故累见褒崇，追赠太尉，谥曰忠穆公。

景初中，下邳桓威出自孤微，年十八而著《浑舆经》，依道以见意。从齐国门下书佐、司徒署吏，后为安成令。

吴质，济阴人，以文才为文帝所善，官至振威将军，假节，都督河北诸军事，封列侯。①

①《魏略》曰：质，字季重，以才学通博，为五官将及诸侯所礼爱。质亦善处其兄弟之间，若前世楼君卿之游五侯矣。及河北平定，五官将为世子，质与刘桢等并在坐席。桢坐谴之际，质出为朝歌长，后迁元城令。其后大军西征，太子南在孟津小城，与质书曰："季重无恙！途路虽局，官守有限，愿言之怀，良不可任。足下所治僻左，书问致简，益用增劳。每念昔日南皮之游，诚不可忘。既妙思六经，逍遥百氏，弹棋间设，终以博弈，高谈娱心，哀筝顺耳，驰骛北场，旅食南馆，浮甘瓜于清泉，沉朱李于寒水。皦日既没，继以朗月，同乘并载，以游后园，舆轮徐动，宾从无声，清风夜起，悲笳微吟，乐往哀来，凄然伤怀。余顾而言，兹乐难常，足下之徒，咸以为然。今果分别，各在一方。元瑜长逝，化为异物，每一念至，何时可言？方今蕤宾纪辰，景风扇物，天气和暖，众果具繁。时驾而游，北遵河曲，从者鸣笳以启路，文学托乘于后车，节同时异，物是人非，我劳如何！今遣骑到邺，故使枉道相过。行矣，自爱！"二十三年，太子又与质书曰："岁月易得，别来行复四年。三年不见，《东山》犹叹其远，况乃过之，思何可支？虽书疏往反，未足解其劳结。昔年疾疫，亲故多离其灾，徐、陈、应、刘，一时俱逝，痛何可言邪！昔日游处，行则同舆，止则接席，何尝须臾相失！每至觞酌流行，丝竹并奏，酒酣耳热，仰而赋诗。当此之时，忽然不自知乐也。谓百年己分，长共相保，何图数年之间，零落略尽，言之伤心。顷撰其遗文，都为一集。观其姓名，已为鬼录，追思昔游，犹在心目，而此诸子化为粪壤，可复道哉！观古今文人，类不护细行，鲜能以名节自立。而伟长独怀文抱质，恬澹寡欲，有箕山之志，可谓彬彬君子矣。著《中论》二十余篇，成一家之业，辞义典雅，足传于后，此子为不朽矣。德琏常斐然有述作意，才学足以著书，美志不遂，良可痛惜。间历观诸子之文，对之抆泪，既痛逝者，行自念也。孔璋章表殊健，微为繁富。公幹有逸气，但未遒耳，至其五言诗，妙绝当时。元瑜书记翩翩，致足乐也。仲宣独自善于辞赋，惜其体弱，不足起其文，至于所善，古人无以远过也。昔伯牙绝弦于钟期，仲尼覆醢于子路，愍知音之难遇，伤门人之莫逮也。诸子但为未及古人，自一时之俊也，今之存者已不逮矣。后生可畏，来者难诬，然吾与足下不及见也。行年已长大，所怀万端，时有所虑，至乃通夕不瞑。何时复类昔日！已成老翁，但未白头耳。光武言'年已三十，在军十年，所更非一'，吾德虽不及，年与之齐。以犬羊之质，服虎豹之文，无众星之明，

假日月之光，动见瞻观，何时易邪？恐永不复得为昔日游也。少壮真当努力，年一过往，何可攀援？古人思秉烛夜游，良有以也。顷何以自娱？颇复有所造述不？东望于邑，裁书叙心。”

臣松之以本传虽略载太子此书，美辞多被删落，今故悉取《魏略》所述以备其文。太子即王位，又与质书曰：“南皮之游，存者三人，烈祖龙飞，或将或侯。今惟吾子，栖迟下仕，从我游处，独不及门。瓶罄罍耻，能无怀愧。路不云远，今复相闻。”初，曹真、曹休亦与质等俱在渤海游处，时休、真亦以宗亲并受爵封，出为列将，而质故为长史。王顾质有望，故称二人以慰之。始质为单家，少游遨贵戚间，盖不与乡里相沉浮。故虽已出官，本国犹不与之士名。及魏有天下，文帝征质，与车驾会洛阳。到，拜北中郎将，封列侯，使持节，督幽、并诸军事，治信都。太和中，入朝。质自以不为本郡所饶，谓司徒董昭曰：“我欲溺乡里耳。”昭曰：“君且止，我年八十，不能老为君溺攒也。”

《世语》曰：魏王尝出征，世子及临菑侯植并送路侧。植称述功德，发言有章，左右属目，王亦悦焉。世子怅然自失，吴质耳曰：“王当行，流涕可也。”及辞，世子泣而拜，王及左右咸歔欷，于是皆以植辞多华，而诚心不及也。

《质别传》曰：帝尝召质及曹休欢会，命郭后出见质等。帝曰：“卿仰谛视之。”其至亲如此。质黄初五年朝京师，诏上将军及特进以下皆会质所，大官给供具。酒酣，质欲尽欢。时上将军曹真性肥，中领军朱铄性瘦，质召优，使说肥瘦。真负贵，耻见戏，怒谓质曰：“卿欲以部曲将遇我邪？”骠骑将军曹洪、轻车将军王忠言：“将军必欲使上将军服肥，即自宜为瘦。”真愈恚，拔刀瞋目，言：“俳敢轻脱，吾斩尔。”遂骂坐。质案剑曰：“曹子丹，汝非屠几上肉，吴质吞尔不摇喉，咀尔不摇牙，何敢恃势骄邪？”铄因起曰：“陛下使吾等来乐卿耳，乃至此邪！”质顾叱之曰：“朱铄，敢坏坐！”诸将军皆还坐。铄性急，愈恚，还拔剑斩地，遂便罢也。及文帝崩，质思慕作诗曰：“怆怆怀殷忧，殷忧不可居。徙倚不能坐，出入步踟蹰。念蒙圣主恩，荣爵与众殊。自谓永终身，志气甫当舒。何意中见弃，弃我归黄垆。茕茕靡所恃，泪下如连珠。随没无所益，身死名不书。慷慨自俛俛，庶几烈丈夫。”太和四年，入为侍中。时司空陈群录尚书事，帝初亲万机，质以辅弼大臣安危之本，对帝盛称：“骠骑将军司马懿，忠智至公，社稷之臣也。陈群从容之士，非国相之才，处重任而不亲事。”帝甚纳之。明日，有切诏以督责群，而天下以司空不如长文，即群，言无实也。质其年夏卒。质先以怙威肆行，谥曰丑侯。质子应仍上书论枉，至正元中乃改谥威侯。应字温舒，晋尚书。应子康，字子仲，知名于时，亦至大位。

【译文】阮瑀年轻时跟随蔡邕学习。建安年间，都护曹洪打算让他主管文书工作，他始终不愿屈从。曹操同时任命陈琳、阮瑀任司空军师祭酒，负责起草文稿，军国的文书公告，大多出自陈琳、阮瑀之手。后来陈琳调任门下督，阮瑀调任仓曹掾属。

应玚、刘桢分别被曹操征召为丞相府属官。应玚转任平原侯侍从官，后来担任五官将文学。刘桢因犯不敬罪被判刑，刑满后当了一名小官。应玚和刘桢都撰有文赋数十篇。

阮瑀死于建安十七年。徐幹、陈琳、应玚、刘桢都死于建安二十二年。文帝曹丕在给元城令吴质的书信中说道："当年疫病流行，亲朋故旧大多罹难，徐幹、陈琳、应玚、刘桢一时间相继去世。纵观古今文人，大都不拘小节，很少有人能以名节自立于世。但是，唯独徐幹能够才学与品德兼备，恬淡寡欲，有隐居志向，真称得上是文质兼备的君子。他著有《中论》二十余篇，辞义典雅，足以流传后世。应玚经常有兴致勃勃的创作欲望，他的才学也足够著书立说，但是他的美好愿望却最终没能实现，实在令人痛惜！陈琳的章表写得相当劲健有力，只是词藻稍嫌繁复。刘桢才气奔放，但遒劲不足。阮瑀的书札、奏记写得轻灵敏捷，读来令人赏心悦目。王粲在辞赋方面独有心得，可惜体势欠弱，提不起散文应有的气势，至于他所擅长的辞赋，就是古人也比他强不了多少。从前俞伯牙为钟子期之死摔断琴弦，孔仲尼为子路之死倒掉肉酱，痛惜知音难遇，哀伤活着的弟子没人能赶上他。他们几位的成就虽赶不上古人，但也无疑都是一代俊杰。"

颍川人邯郸淳、繁钦，陈留人路粹，沛国人丁仪、丁廙，弘农人杨修，河内人荀纬等，也有文学才华，但都不在这七子之列。

应玚的弟弟应璩，应璩的儿子应贞，都以文章名重一时。应璩官至侍中。应贞在魏元帝咸熙年间参与相国府军事。

阮瑀的儿子阮籍，才华超迈，文辞艳丽飘逸，而为人倜傥奔放，恬淡寡欲，以庄周为自己的楷模。官做到步兵校尉。

当时谯郡还有个嵇康，文辞壮丽，好言老庄，而且崇尚奇节，任侠好义。到景元年间，因犯事被杀。

景初年间，下邳县桓威，出身低微贫贱，但十八岁就写成《浑舆经》，依照道家学说阐发自己的见解。任齐国门下书佐、司徒署吏，后来担任安成令。

吴质，济阴郡人，以文才被文帝曹丕看重，官做到振威将军，假以符节，都督河北诸军事，爵封列侯。

卫觊　潘勖、王象

【原文】卫觊，字伯儒，河东安邑人也。少夙成，以才学称。太祖辟为司空掾属，除茂陵令、尚书郎。太祖征袁绍，而刘表为绍援，关中诸将又中立。益州牧刘璋与表有隙，觊以治书侍御史使益州，令璋下兵以缀表军。至长安，道路不通，觊不得进，遂留镇关中。时四方大有还民，关中诸将多引为部曲，觊书与荀彧曰："关中膏腴之地，顷遭荒乱，人民流入荆州者十万余家，闻本土安宁，皆企望思归。而归者无以自业，诸将各竞招怀，以为部曲。郡县贫弱，不能与争，兵家遂强。一旦变动，必有后忧。夫盐，国之大宝也，自乱来放散，宜如旧置使者监卖，以其直益市犁牛。若有归民，以供给之。勤耕积粟，以丰殖关中。远民闻之，必日夜竞还。又使司隶校尉留治关中以为之主，则诸将日削，官民日盛，此强本弱敌之利也。"或以白太祖，太祖从之，始遣谒者仆射监盐官，司隶校尉治弘农。关中服从，乃白召觊还，稍迁尚书。[①]魏国既建，拜侍中，与王粲并典制度。文帝即王位，徙为尚书。顷之，还汉朝为侍郎，劝赞禅代之义，为文诰之诏。文帝践阼，复为尚书，封阳吉亭侯。

①《魏书》曰：初，汉朝迁移，台阁旧事散乱。自都许之后，渐有纲纪，觊以古义多所正定。是时关西诸将，外虽怀附，内未可信。司隶校尉钟繇求以三千兵入关，外托讨张鲁，内以胁取质任。太祖使荀彧问觊，觊以为："西方诸将，皆竖夫屈起，无雄天下意，苟安乐目前而已。今国家厚加爵号，得其所志，非有大故，不忧为变也，宜为后图。若以兵入关中，当讨张鲁，鲁在深山，道径不通，彼必疑之。一相惊动，地险众强，殆难为虑。"彧以觊议呈太祖。太祖初善之，而以繇自典其任，遂从繇议。兵始进而关右大叛，太祖自亲征，仅乃平之，死者万计。太祖悔不从觊议，由是益重觊。

明帝即位，进封阌乡侯，三百户。[①] 觊奏曰："九章之律，自古所传，断定刑罪，其意微妙。百里长吏，皆宜知律。刑法者，国家之所贵重，而私议之所轻贱；狱吏者，百姓之所县命，而选用者之所卑下。王政之弊，未必不由此也。请置律博士，转相教授。"事遂施行。时百姓凋匮而役务方殷，觊上疏曰："夫变情厉性，强所不能，人臣言之既不易，人主受之又艰难。且人之所乐者富贵显荣也，所恶者贫贱死亡也，然此四者，君上之所制也，君爱之则富贵显荣，君恶之则贫贱死亡。顺指者爱所由来，逆意者恶所从至也。故人臣皆争顺指而避逆意，非破家为国，杀身成君者，谁能犯颜色，触忌讳，建一言，开一说哉？陛下留意察之，则臣下之情可见矣。今议者多好悦耳，其言政治则比陛下于尧舜，其言征伐则比二虏于狸鼠。臣以为不然。昔汉文之时，诸侯强大，贾谊累息以为至危。况今四海之内，分而为三，群士陈力，各为其主。其来降者，未肯言舍邪就正，咸称迫于困急，是与六国分治，无以为异也。当今千里无烟，遗民困苦，陛下不善留意，将遂凋弊不可复振。礼，天子之器必有金玉之饰，饮食之肴必有八珍之味，至于凶荒，则彻膳降服。然则奢俭之节，必视世之丰约也。武皇帝之时，后宫食不过一肉，衣不用锦绣，茵蓐不缘饰，器物无丹漆，用能平定天下，遗福子孙。此皆陛下之所亲览也。当今之务，宜君臣上下，并用筹策，计校府库，量入为出。深思句践滋民之术，由恐不及，而尚方所造金银之物，渐更增广，工役不辍，侈靡日崇，帑藏日竭。昔汉武信求神仙之道，谓当得云表之露以餐玉屑，故立仙掌以承高露。陛下通明，每所非笑。汉武有求于露，而由尚见非，陛下无求于露而空设之，不益于好而糜费功夫，诚皆圣虑所宜裁制也。"觊历汉、魏，时献忠言，率如此。

①阌，音闻。

受诏典著作，又为《魏官仪》，凡所撰述数十篇。好古文、鸟篆、隶草，无所不善。建安末，尚书右丞河南潘勖，[①] 黄初时，散骑常侍河内王象，亦与觊并以文章显。[②] 觊薨，谥曰敬侯。子瓘嗣。瓘咸熙中为镇西将军。[③]

①《文章志》曰：勖，字元茂，初名芝，改名勖，后避讳。或曰勖献帝时为尚书郎，迁右丞。诏以勖前在二千石曹，才敏兼通，明习旧事，敕并领本职，数加特赐。二十年，迁东海相。未发，留拜尚书左丞。其年病卒，时年五十余。魏公九锡策命，勖所作也。勖子满，平原太守，亦以学行称。

满子尼，字正叔。《尼别传》曰：尼少有清才，文辞温雅。初应州辟，后以父老归供养。居家十余年，父终，晚乃出仕。尼尝赠陆机诗，机答之，其四句曰："猗欤潘生，世笃其藻。仰仪前文，丕隆祖考。"位终太常。

尼从父岳，字安仁。《岳别传》曰：岳美姿容，夙以才颖发名。其所著述，清绮绝伦。为黄门侍郎，为孙秀所杀。尼、岳文翰，并见重于世。

尼从子滔，字汤仲。《晋诸公赞》：滔以博学才量为名。永嘉末，为河南尹，遇害。

② 王象事别见《杨俊传》。

③《晋阳秋》曰：瓘，字伯玉。清贞有名理，少为傅嘏所知。弱冠为尚书郎，遂历位内外，为晋尚书令、司空、太保。惠帝初辅政，为楚王玮所害。《世语》曰：瓘与扶风内史燉煌索靖并善草书。瓘子恒，字巨山，黄门侍郎。恒子玠，字叔宝，有盛名，为太子洗马，早卒。

【译文】卫觊，字伯儒，河东郡安邑县人。年少早成，以才学著称。曹操征召他为司空掾属，任命为茂陵令、尚书郎。曹操征讨袁绍的时候，刘表为袁绍的后援，关中的各路将领又都保持中立。益州牧刘璋与刘表素有嫌隙，卫觊以治书侍御史的身份出使益州，让刘璋发兵牵制刘表的军队。到长安时，因道路不通，卫觊不能前进，于是就留下来镇守关中。当时各地有很多还乡的老百姓，关中诸将纷纷把他们招纳来做自己的部属，卫觊为此致信荀彧说："关中是个丰腴富饶的地方，前些时兵荒马乱，百姓流亡到荆州的有十余万户，听说老家已经安定下来，都翘首思归。可是回来的人无以自谋生计，各路将领便竞相招纳他们作为自己的部属。各郡县因自己力量不足，无法和他们抗争，所以各路将领的势力就一天强于一天。一旦发生变故，必定成为后患。盐是国家的宝贵财富，自战乱以来也失去管理，应像从前那样设专人监卖，再拿赚到的钱购买农具耕牛。如果有归来的百姓，就拿这些东西供给他们。这样便可鼓励他们辛勤耕作，积累粮食，以使关中重新富足起来。远方的百姓听说了这些事，也一定会日夜兼程，争相赶回。再派司隶校尉留治关中全力主管事务，那么各路将领的势力就将日益削弱，地方官府与百姓的力量就可以日益强盛，这是强本弱敌的好事。"荀彧把卫觊的建议禀告曹操。曹操同意了，开始派谒者仆射监理盐官，由司隶校尉治理弘农，分别予以辖制。关中各地归服之后，曹操就把卫觊召了回来，逐渐升他为尚书。魏国建立以后，卫觊被任命为侍中，和王粲一起主持各项典章制度的修订。曹丕即魏王位，调任尚书。不久，回东汉朝廷任侍郎一职，劝说献帝禅让并称颂禅让替代的好处，为皇帝作文德告谕的诏书。文帝受禅登基，卫觊仍做尚书，受封阳吉亭侯。

明帝即位，卫觊被晋封为阌乡侯，食邑三百户。卫觊上奏说："九章刑律是自古流传下来的，对于断案定罪，作用精微深奥。因此主管一方的官员，都应该明了法律。刑法是国家最重要最宝贵的一项制度，但人们却很轻视它；执掌刑法的官员，是掌握老百姓生死衰荣的重要人物，而选用官吏的人又看不起他们。国家政治的弊端，未必不是由此产生的。因此请您下令设置刑律博士，逐级传授这方面的知识。"于是，这件事得到施行。当时老百姓的生活十分困苦，而劳役繁多且无休无止，卫觊就上疏说："改变常情，伤害本性，强迫人去做不能做的事情，做臣子的说出来已不容易，而做君主的要能接受意见就更难了。况且人们乐于追求的是富贵显荣,厌恶的是贫贱死亡,但是这四种情况,都是由君主控制掌握的,君主喜欢谁,谁就会富贵显荣,君主厌恶谁,谁就会贫贱死亡。喜欢顺从君主的旨意就能赢得君主的喜欢,违背君主的意志就会遭到君主的厌恶。因此做臣子的都争着顺君旨而避免逆君意,除了那些肯破家为国、杀身为君的忠良之臣,有谁敢顶撞君主,触犯忌讳,提一点意见建议,偶尔发发一家之言呢?陛下您留心观察,那么我说的这种情况您就可以看得再清楚不过。如今发议论的大都爱说悦耳的话,他们说起政治教化来就把陛下比作尧舜,说起征战杀伐来就把吴蜀二国比作狸鼠。臣下认为不是这样。过去汉文帝时,诸侯强大,贾谊尚且恐惧得不敢喘息,认为国家到了最危急的时候。何况现在天下三分,群臣各尽其力,各为其主。那些来投降的,也不愿意说是舍邪就正,都自称是迫于急困,这种状况,与从前的六国分治,实在是没什么区别。当今千里之内少见人烟,老百姓饥寒交迫,困苦不堪,陛下要是再不留意,国家就会更加凋敝败落,一蹶而不可复振。依礼,天子所用器具一定要有金玉的装饰,饮食的菜肴一定要有八珍佳味,而遇到荒年或战乱,就应该降低服饰与饮食标准。这说明奢华节俭,一定要看社会丰饶与否。武皇帝在世的时候,后宫里吃饭肉菜不超过一盘,衣服不用锦绣,褥垫不加花边,器物不涂丹漆,因此能够平定天下,造福子孙。这些都是陛下所亲眼目睹的。当前最急迫的事,应是君臣上下,一起筹谋计划,统计核查国库里的物资,量入为出。深刻思考领会勾践使人民繁衍富庶的办法,犹恐不及,而尚方所造的金银器物,数量和品种一天天增加,工人们不停地劳作,奢靡的风气一天比一天强烈,国库里的财物一天比一天枯竭。从前汉武帝真诚寻求神仙之道,说是服食天上降下的甘露就能长生不老,说什么应当获得云层之上的甘霖来吞服玉屑,为此兴建了仙掌承露盘以承接云端甘露。陛下通达圣明,每每嘲笑这事做得毫无道理。汉武帝有求于甘露,尚且被人指责不该兴建承露盘,陛下并不希望得到甘露却空设承露盘,毫无益处而空耗财力,这都是需要陛下好好考虑并慎重裁决的。”卫觊经历过汉、魏两朝,时常向皇帝进献忠言,大都如上面说的那样。

卫觊曾受命主管国史资料及撰述工作,还写作了《魏官仪》,前后著述总有数十篇之多。喜好古文、鸟篆、隶草,每一样都很有水平。建安末年尚书右丞河南人潘勖,黄初年间散骑常侍河内人王象,也和卫觊一同以文章著名。卫觊去世,谥号为敬侯。他的儿子卫瓘继承了他的爵位。卫瓘咸熙年间任镇西将军。

刘廙

【原文】刘廙,字恭嗣,南阳安众人也。年十岁,戏于讲堂上,颍川司马德操拊其头曰:“孺子,孺子,‘黄中通理’,宁自知不?”廙兄望之,有名于世,荆州牧刘表辟为从事。而其友二人,皆以谗毁为表所诛,望之又以正谏不合,投传告归。廙谓望之曰:“赵杀鸣、犊,仲尼回轮。[①]今兄既不能法柳下惠和光同尘于内,则宜模范蠡迁化于外。坐而自绝于时,殆不可也!”望之不从,寻复见害。廙惧,奔扬州,[②]遂归太祖。太祖辟为丞相掾属，转五官将文学。文帝器之，命廙通草书。廙答书曰："初以尊卑有逾，礼之常分也。是以贪守区区之节，不敢修草。必如严命，诚知劳谦之素，不贵殊异若彼之高，而惇白屋如斯之好，苟使郭隗不轻于燕，九九不忽于齐，乐毅自至，霸业以隆。③亏匹夫之节，成巍巍之美，虽愚不敏，何敢以辞？"魏国初建，为黄门侍郎。

① 刘向《新序》曰：赵简子欲专天下，谓其相曰："赵有犊犨，晋有铎鸣，鲁有孔丘，吾杀三人者，天下可王也。"于是乃召犊犨、铎鸣而问政焉，已即杀之。使使者聘孔子于鲁，以胖牛肉迎于河上。使者谓船人曰："孔子即上船，中河必流而杀之。"孔子至，使者致命，进胖牛之肉。孔子仰天而叹曰："美哉水乎，洋洋乎，使丘不济此水者，命也夫！"子路趋而进曰："敢问何谓也？"孔子曰："夫犊犨、铎鸣，晋国之贤大夫也，赵简子未得意之时，须而后从政，及其得意也，杀之。黄龙不反于涸泽，凤皇不离其罻罗。故刳胎焚林，则麒麟不臻；覆巢破卵，则凤皇不翔；竭泽而渔，则龟龙不见。鸟兽之于不仁，犹知避之，况丘乎？故虎啸而谷风起，龙兴而景云见，击庭钟于外，而黄钟应于内。夫物类之相感，精神之相应，若响之应声，影之象形，故君子违伤其类者。今彼已杀吾类矣，何为之此乎？"于是遂回车不渡而还。

②《廙别传》载廙道路为笺谢刘表曰："考匊过蒙分遇荣授之显，未有管、狐、桓、文之烈，孤德陨命，精诚不遂。兄望之见礼在昔，既无堂构昭前之绩，中规不密，用坠祸辟。斯乃明神弗祐，天降之灾。悔吝之负，哀号靡及。廙之愚浅，言行多违，惧有浸润三至之间。考匊之爱已衰，望之之责犹存，必伤天慈既往之分，门户殪灭，取笑明哲。是用迸窜，永涉川路，即日到庐江寻阳。昔钟仪有南音之操，椒举有班荆之思，虽远犹迩，敢忘前施？"◎《傅子》曰：表既杀望之，荆州士人皆自危也。夫表之本心，于望之不轻也，以直迕情，而谗言得入者，以无容直之度也。据全楚之地，不能以成功者，未必不由此也。夷、叔迕武王以成名，丁公顺高祖以受戮，二主之度远也。若不远其度，惟褊心是从，难乎以容民畜众矣。

③《战国策》曰：有以九九求见齐桓公，桓公不纳。其人曰："九九小术，而君纳之，况大于九九者乎？"于是桓公设庭燎之礼而见之。居无几，隰朋自远而至，齐遂以霸。

太祖在长安，欲亲征蜀，廙上疏曰："圣人不以智轻俗，王者不以人废言。故能成功于千载者，必以近察远，智周于独断者，不耻于下问，亦欲博采必尽于众也。且韦弦非能言之物，而圣贤引以自匡。臣才智暗浅，愿自比于韦弦。昔乐毅能以弱燕破大齐，而不能以轻兵定即墨者，夫自为计者虽弱必固，欲自溃者虽强必败也。自殿下起军以来，三十余年，敌无不破，强无不服。今以海内之兵，百胜之威，而孙权负险于吴，刘备不宾于蜀。夫夷狄之臣，不当冀州之卒，权、备之籍，不比袁绍之业，然本初以亡，而二寇未捷，非暗弱于今而智武于昔也。斯自为计者，与欲自溃者异势耳。故文王伐崇，三驾不下，归而修德，然后服之。秦为诸侯，所征必服，及兼天下，东向称帝，匹夫大呼而社稷用隳。是力毙于外，而不恤民于内也。臣恐边寇非六国之敌，而世不乏才，土崩之势，此不可不察也。天下有重得，有重失：势可得而我勤之，此重得也；势不可得而我勤之，此重失也。于今之计，莫若料四方之险，择要害之处而守之，选天下之甲卒，随方面而岁更焉。殿下可高枕于广夏，潜思于治国。广农桑，事从节约，修之旬年，则国富民安矣。"太祖遂进前而报廙曰："非但君当知臣，臣亦当知君。今欲使吾坐行西伯之德，恐非其人也。"

魏讽反，廙弟伟为讽所引，当相坐诛。太祖令曰："叔向不坐弟虎，古之制也。"特原不问，①徙署丞相仓曹属。廙上疏谢曰："臣罪应倾宗，祸应覆族。遭乾坤之灵，值时来之运，扬汤止沸，使不燋烂，起烟于寒灰之上，生华于已枯之木。物不答施于天地，子不谢生于父母，可以死效，难用笔陈。"②廙著书数十篇，及与丁仪共论刑礼，皆传于世。文帝即王位，为侍中，赐爵关内侯。黄初二年卒。③无子。帝以弟子阜嗣。④

①《廙别传》曰：初，廙弟伟与讽善，廙戒之曰："夫交友之美，在于得贤，不可不详。而世之交者，不审择人，务合党众，违先圣人交友之义，此非厚己辅仁之谓也。吾观魏讽，不修德行，而专以鸠合为务，华而不实，此直搅世沽名者也。卿其慎之，勿复与通。"伟不从，故及于难。

②《廙别传》载廙表论治道曰："昔者周有乱臣十人，有妇人焉，九人而已，孔子称：'才难，不其然乎！'明贤者难得也。况乱弊之后，百姓凋尽，士之存者盖亦无几。股肱大职，及州郡督司，边方重任，虽备其官，亦未得人也。此非选者之不用意，盖才匮使之然耳。况于长吏以下，群职小任，能皆简练备得其人也？其计莫如督之以法。不尔而数转易，往来不已，送迎之烦，不可胜计。转易之间，辄有奸巧，既于其事不省，而为政者亦以其不得久安之故，知惠益不得成于己，而苟且之可免于患，皆将不念尽心于恤民，而梦想于声誉，此非所以为政之本意也。今之所以为黜陟者，近颇以州郡之毁誉，听往来之浮言耳，亦皆得其事实而课其能否也。长吏之所以为佳者，奉法也，忧公也，恤民也。此三事者，或州郡有所不便，往来者有所不安。而长吏执之不已，于治虽得计，其声誉未为美；屈而从人，于治虽失计，其声誉必集也。长吏皆知黜陟之在于此也，亦何能不去本而就末哉？以为长吏皆宜使小久，足使自展。岁课之能，三年总计，乃加黜陟。课之皆当以事，不得依名。事者，皆以户口率其垦田之多少及盗贼发兴、民之亡叛者，为得负之计。如此行之，则无能之吏，修名无益；有能之人，无名无损。法之一行，虽无部司之监，奸誉妄毁，可得而尽。"事上，太祖甚善之。

③《廙别传》云：时年四十二。

④案《刘氏谱》：阜，字伯陵，陈留太守。阜子乔，字仲彦。《晋阳秋》曰：乔有赞世志力。惠帝末，为豫州刺史。乔胄胤丕显，贵盛至今。

【译文】刘廙，字恭嗣，南阳郡安众县人。十岁时，在讲堂里游戏，颍川的名士司马德操抚摸着他的头说："小孩子，小孩子，'黄中通理'，你自己知道吗？"刘廙的兄长刘望之，当时很有名气，荆州牧刘表征召他为从事。他有两个朋友，都因受到谗言污蔑而被刘表杀害，刘望之又因直言规劝，与刘表意见不同，弃官回家了。刘廙对他说："从前赵简子杀铎鸣、犊犨，孔子物伤其类，回车而返。如今兄长既然不能仿效柳下惠与世无争于内，就应该学习范蠡迁徙变易于外。坐在那里自绝于时势，大概是不行的！"刘望之不听从他的劝告，不久被杀。刘廙恐惧，逃奔扬州，于是归附了曹操。曹操聘任他为丞相府的属官，转任五官将文学。曹丕很器重他，让他精通草书。刘廙回信说："臣当初以为尊卑有序，是礼的本分。因此固守着一般的礼节，不敢习草书。您叫我习草书的尊严命令，使我深深懂得了辛劳谦和的本意，并不看重有什么特殊的高贵出身，而是倚重清廉的有识之士，假如郭隗不被燕昭王轻视，献九九算术的人不被齐桓公忽略，乐毅自己到来，霸业就兴盛起来了。损失一个普通人的节操，成全宏大深邃的美德，臣下虽然愚钝，又敢用什么理由予以推辞呢？"魏国刚建立时，刘廙任黄门侍郎。

曹操在长安，准备亲征蜀国，刘廙上疏说："圣人不因为自己睿智而轻视普通人，王者不因人而废弃良言。因此，能够功成名就、千载流芳的人，必定能够以近察远，智慧周全、能独自决断大事的人，又必定能够不耻下问，博采众长。皮带和弓弦虽然都是不会说话的物品，但古代的圣贤却能用来警醒纠正自己。臣下虽然才智不足，但是愿意把自己比作皮带和弓弦。从前乐毅能够以弱小的燕国打败强大的齐国，却不能以轻兵平定即墨，原因在于自弱者虽然弱小但是必然坚不可摧，自溃者虽然貌似强大却必然会一败涂地。自从殿下您起兵以来，三十余年之中，您的对手无不被您打败，强敌没有不被您制服的。如今凭着来自全国的军事力量，以及百战百胜的强劲军威，却有孙权凭险抗命于东吴，刘备拒不臣服于蜀中。想那边远地区的大臣，比不上冀州的一个小卒，孙权、刘备的家当，也比不上袁绍当时的基业，但是袁绍已经灭亡，而孙权、刘备却至今逍遥自得，绝不是我国的武力不如从前，或者智力比以前衰弱了。这不过是自强不息者，与自我崩溃者在情势上的截然不同罢了。因此，当年周文王讨伐崇侯虎时，三次没攻下来，于是就罢师退兵，回去习德养性，然后终于把崇侯虎制服了。当初秦国还是诸侯的时候，战无不胜，征无不克，等到一统天下，秦王当上了皇帝，秦国却让百姓们振臂一呼就摧毁了。这就是对外施用强力，对内不爱护体恤百姓的结果。臣下担心吴、蜀边寇不是六国那样的敌人，而世上却不乏出类拔萃的人才，天下有土崩瓦解之势，这是不能不认真思考对待的。天下的事有重大的得益，就会有重大的损失：形势对我有利而我又能认真努力，这样就将有重大收获；形势对我不利而我还要盲目努力，这样就可能导致重大的失败。现在的策略，不如勤察四方的险阻，选择要害之处谨慎据守，再挑选天下的甲士，随着各方的情况变化而不断更换驻守。这样，您就可以高枕在大厦之内，潜心思考安邦治国的大计。推广农桑，厉行节约，整治十年之后，就一定会出现国富民安的局面了。"于是，曹操上前回答刘廙说："不但君主应了解臣下，臣下也应该了解君主。如今你想要让我坐在这儿空行周文王的德政，恐怕我不是那种人啊。"

魏讽反，刘廙的弟弟刘伟受到牵连，刘廙也该株连斩首。曹操下令说："叔向不因其弟羊舌虎犯罪而受牵连，这是古代已有的制度。"特别赦免刘廙不予问罪，调任为丞相仓曹属。刘廙上疏谢罪说："臣下所犯的罪，理应祸灭宗族。幸亏遇到天地之间的英灵，碰上时气带来的好运，承蒙殿下之恩使我全家幸免于焦烂，这就像寒灰之上复燃生烟，已枯之树重新发芽开花一样。万物不知道怎样才能感谢生养它的天地，儿子不知道怎样才能报答生养他的父母，大恩大德只可以用死来报效，却难以用笔墨表述这种肺腑之情。”刘廙共撰写了几十篇文章，此外还和丁仪共同论述过刑礼，这些著作都流传于世。文帝曹丕即魏王位，授任侍中，赐封为关内侯。黄初二年去世。刘廙没有儿子。文帝以他弟弟之子刘阜作为刘廙的继承人。

刘劭　缪袭、仲长统、苏林、韦诞、夏侯惠、孙该、杜挚

【原文】刘劭，字孔才，广平邯郸人也。建安中，为计吏，诣许。太史上言：“正旦当日蚀。”劭时在尚书令荀彧所，坐者数十人，或云当废朝，或云宜却会。劭曰：“梓慎、裨灶，古之良史，犹占水火，错失天时。《礼记》曰诸侯旅见天子，及门不得终礼者四，日蚀在一。然则圣人垂制，不为变异豫废朝礼者，或灾消异伏，或推术谬误也。”彧善其言。敕朝会如旧，日亦不蚀。①

①晋永和中，廷尉王彪之与扬州刺史殷浩书曰：“太史上元日合朔，谈者或有疑，应却会与不？昔建元元年，亦元日合朔，庾车骑写刘孔才所论以示八座。于时朝议有谓孔才所论为不得礼议。荀令从之，是胜人之一失也。何者？《礼》云诸侯旅见天子，入门不得终礼而废者四：太庙火，日蚀，后之丧，雨沾服失容。寻此四事之指，自谓诸侯虽已入门而卒暴有之，则不得终礼。非为先存其事而徼幸史官推术错谬，故不豫废朝礼也。夫三辰有灾，莫大日蚀，史官告谴，而无惧容，不修豫防之礼，而废消救之术，方大飨华夷，君臣相庆，岂是将处天灾罪己之谓？且检之事实，合朔之仪，至尊静躬殿堂，不听政事，冕服御坐门闼之制，与元会礼异。自不得兼行，则当权其事宜。合朔之礼，不轻于元会。元会有可却之准，合朔无可废之义。谓应依建元故事，却元会。”浩从之，竟却会。

御史大夫郗虑辟劭，会虑免，拜太子舍人，迁秘书郎。黄初中，为尚书郎、散骑侍郎。受诏集五经群书，以类相从，作《皇览》。明帝即位，出为陈留太守，敦崇教化，百姓称之。征拜骑都尉，与议郎庾嶷、荀诜等定科令，作《新律》十八篇，著《律略论》。迁散骑常侍。时闻公孙渊受孙权燕王之号，议者欲留渊计吏，遣兵讨之。劭以为：“昔袁尚兄弟归渊父康，康斩送其首，是渊先世之效忠也。又所闻虚实，未可审知。古者要荒未服，修德而不征，重劳民也。宜加宽贷，使有以自新。”后渊果斩送权使张弥等首。劭尝作《赵都赋》，明帝美之，诏劭作《许都》《洛都赋》。时外兴军旅，内营宫室，劭作二赋，皆讽谏焉。

青龙中，吴围合肥，时东方吏士皆分休，征东将军满宠表请中军兵，并召休将士，须集击之。劭议以为：“贼众新至，心专气锐。宠以少人自战其地，若便进击，不必能制。宠求待兵，未有所失也。以为可先遣步兵五千，精骑三千，军前发，扬声进道，震曜形势。骑到合肥，疏其行队，多其旌鼓，曜兵城下，引出贼后，拟其归路，要其粮道。贼闻大军来，骑断其后，必震怖遁走，不战自破贼矣。”帝从之。兵比至合肥，贼果退还。

时诏书博求众贤。散骑侍郎夏侯惠荐劭曰：“伏见常侍刘劭，深忠笃思，体周于数，凡所错综，源流弘远，是以群才大小，咸取所同而斟酌焉。故性实之士服其平和良正，

清静之人慕其玄虚退让，文学之士嘉其推步详密，法理之士明其分数精比，意思之士知其沈深笃固，文章之士爱其著论属辞，制度之士贵其化略较要，策谋之士赞其明思通微，凡此诸论，皆取适己所长而举其支流者也。臣数听其清谈，览其笃论，渐渍历年，服膺弥久，实为朝廷奇其器量。以为若此人者，宜辅翼机事，纳谋帏幄，当与国道俱隆，非世俗所常有也。惟陛下垂优游之听，使劭承清闲之欢，得自尽于前，则德音上通，辉耀日新矣。"①

①臣松之以为：凡相称荐，率多溢美之辞，能不违中者或寡矣。惠之称劭云"玄虚退让"及"明思通微"，近于过也。

景初中，受诏作《都官考课》。劭上疏曰："百官考课，王政之大较，然而历代弗务，是以治典阙而未补，能否混而相蒙。陛下以上圣之宏略，愍王纲之弛颓，神虑内鉴，明诏外发。臣奉恩旷然，得以启蒙，辄作《都官考课》七十二条，又作《说略》一篇。臣学寡识浅，诚不足以宣畅圣旨，著定典制。"又以为宜制礼作乐，以移风俗，著《乐论》十四篇，事成未上。会明帝崩，不施行。正始中，执经讲学，赐爵关内侯。凡所撰述，《法论》《人物志》之类百余篇。卒，追赠光禄勋。子琳嗣。

劭同时东海缪袭亦有才学，多所述叙，官至尚书、光禄勋。①袭友人山阳仲长统，汉末为尚书郎，早卒。著《昌言》，词佳可观省。②

①《先贤行状》曰：缪斐，字文雅。该览经传，事亲色养。征博士，六辟公府。汉帝在长安，公卿博举名儒。时举斐任侍中，并无所就。即袭父也。◎《文章志》曰：袭，字熙伯。辟御史大夫府，历事魏四世。正始六年，年六十卒。子悦字孔怿，晋光禄大夫。袭孙绍、播、征、胤等，并皆显达。

②袭撰统《昌言》表，称统字公理，少好学，博涉书记，赡于文辞。年二十余，游学青、徐、并、冀之间，与交者多异之。并州刺史高幹素贵有名，招致四方游士，多归焉。统过幹，幹善待遇之，访以世事。统谓幹曰："君有雄志而无雄才，好士而不能择人，所以为君深戒也。"幹雅自多，不纳统言。统去之，无几而幹败。并、冀之士，以是识统。大司农常林与统共在上党，为臣道统性倜傥，敢直言，不矜小节，每列郡命召，辄称疾不就。默语无常，时人或谓之狂。汉帝在许，尚书令荀彧领典枢机，好士爱奇，闻统名，启召以为尚书郎。后参太祖军事，复还为郎。延康元年卒，时年四十余。统每论说古今世俗行事，发愤叹息，辄以为论，名曰《昌言》，凡二十四篇。

散骑常侍陈留苏林、①光禄大夫京兆韦诞、②乐安太守谯国夏侯惠、③陈郡太守任城孙该、④郎中令河东杜挚等亦著文赋，颇传于世。⑤

①《魏略》曰：林，字孝友，博学，多通古今字指，凡诸书传文间危疑，林皆释之。建安中，为五官将文学，甚见礼待。黄初中，为博士给事中。文帝作《典论》所称苏林者是也。以老归第，国家每遣人就问之，数加赐遗。年八十余卒。

②《文章叙录》曰：诞，字仲将，太仆端之子。有文才，善属辞章。建安中，为郡上计吏，特拜郎中，稍迁侍中、中书监，以光禄大夫逊位，年七十五卒于家。初，邯郸淳、卫觊及诞并善书，有名。觊孙恒撰《四体书势》，其序古文曰："自秦用篆书，焚烧先典，

而古文绝矣。汉武帝时，鲁恭王坏孔子宅，得《尚书》《春秋》《论语》《孝经》，时人已不复知有古文，谓之科斗书，汉世秘藏，希得见之。魏初传古文者，出于邯郸淳。敬侯写淳《尚书》，后以示淳，而淳不别。至正始中，立三字石经，转失淳法。因科斗之名，遂效其法。太康元年，汲县民盗发魏襄王冢，得策书十余万言。案敬侯所书，犹有仿佛。”敬侯谓觊也。其序篆书曰：“秦时李斯号为工篆，诸山及铜人铭皆斯书也。汉建初中，扶风曹喜少异于斯而亦称善。邯郸淳师焉，略究其妙。韦诞师淳而不及也。太和中，诞为武都太守，以能书留补侍中，魏氏宝器铭题皆诞书云。汉末又有蔡邕采斯、喜之法，为古今杂形，然精密简理不如淳也。”其序录隶书，已略见《武纪》。又曰：“师宜官为大字，邯郸淳为小字。梁鹄谓淳得次仲法，然鹄之用笔尽其势矣。”其序草书曰：“汉兴而有草书，不知作者姓名。至章帝时，齐相杜度号善作篇，后有崔瑗、崔寔亦皆称工。杜氏结字甚安而书体微瘦，崔氏甚得笔势而结字小疏，弘农张伯英者因而转精其巧。凡家之衣帛，必书而后练之，临池学书，池水尽黑。下笔必为楷则，号‘匆匆不暇草’，寸纸不见遗，至今世人尤宝之，韦仲将谓之草圣。伯英弟文舒者，次伯英。又有姜孟颖、梁孔达、田彦和及韦仲将之徒，皆伯英弟子，有名于世，然殊不及文舒也。”

③ 惠，渊子。事在《渊传》。

④《文章叙录》曰：该，字公达。强志好学。年二十，上计掾，召为郎中。著《魏书》。迁博士、司徒右长史，复还入著作。景元二年卒官。

⑤《文章叙录》曰：挚，字德鲁。初上《笳赋》，署司徒军谋吏。后举孝廉，除郎中，转补校书。挚与毌丘俭乡里相亲，故为诗与俭，求仙人药一丸，欲以感切俭求助也。其诗曰：“骐骥马不试，婆娑槽枥间。壮士志未伸，坎轲多辛酸。伊挚为媵臣，吕望身操竿。夷吾困商贩，宁戚对牛叹。食其处监门，淮阴饥不餐。买臣老负薪，妻畔呼不还。释之宦十年，位不增故官。才非八子伦，而与齐其患。无知不在此，袁盎未有言。被此笃病久，荣卫动不安。闻有韩众药，信来给一丸。”俭答曰：“凤鸟翔京邑，哀鸣有所思。才为圣世出，德音何不怡！八子未遭遇，今者遘明时。胡康出垄亩，杨伟无根基。飞腾冲云天，奋迅协光熙。骏骥骨法异，伯乐观知之。但当养羽翮，鸿举必有期。体无纤微疾，安用问良医？联翩轻栖集，还为燕雀嗤。韩众药虽良，或更不能治。悠悠千里情，薄言答嘉诗。信心感诸中，中实不在辞。”挚竟不得迁，卒于秘书。◎《庐江何氏家传》曰：明帝时，有谯人胡康，年十五，以异才见送，又陈损益，求试剧县。诏特引见。众论翕然，号为神童。诏付秘书，使博览典籍。帝以问秘书丞何祯：“康才何如？”祯答曰：“康虽有才，性质不端，必有负败。”后果以过见谴。

臣松之案：魏朝自微而显者，不闻胡康，疑是孟康。康事见《杜恕传》。杨伟见《曹爽传》。

【译文】刘劭，字孔才，广平郡邯郸县人。建安年间，曾任计吏，到许昌。太史报告说：“正月初一将有日食。”刘劭当时正在尚书令荀彧的住所，在座的有几十人，听到这消息后，有的说应该停止岁首的谒庙大礼，也有人说这一天应放弃朝会。刘劭说：“梓慎、裨灶，那都是古代的优秀史官，但是他们在占卜吉凶的时候，尚且有过不能准确推测天时的失误。《礼记》说诸侯们按顺序朝见天子，到了宫门却不能举行完朝觐仪式的原因有四个，日食是其中一种。但是圣人传下来的制度，同样也存在不因变异而预先废止朝礼的做法，理由要么是因为灾祸消除、转移，要么因为太史的推测本来有误。”荀彧觉得此言有理。敕令朝会如期举行，而当天也并没有发生日食。

御史大夫郗虑征召刘劭，正好郗虑此时免官，刘劭就被任命为太子舍人，调任秘书郎。黄初年间，任尚书郎、散骑侍郎。受诏命汇集五经群书，分门别类，编纂成《皇览》。明帝曹叡即位，刘劭出任陈留太守，推崇弘扬教化，受到百姓称颂。征入朝中任命为骑都尉，与议郎庾嶷、荀诜等制订法令条规，编写《新律》十八篇，著《律略论》。升为散骑常侍。当时传闻公孙渊接受了孙权授予他的燕王名号，议论此事的人提出羁押公孙渊手下执掌簿籍负责上计的官员，派兵实施讨伐。刘劭则认为：“当初袁尚弟兄俩投奔公孙渊的父亲公孙康，公孙康将他们斩首传送朝廷，这事表明了公孙渊祖上对朝廷的忠心。再者现在传闻之事真假如何，还没能获得确实的依据作为评判。古代圣贤网罗未开化的地区，只修德政而不事征伐，是担心给老百姓增加负担。应该对公孙渊宽大为怀，使他可以自新。”后来公孙渊果然斩杀了孙权派去的使臣张弥等，并把他们的首级传送给朝廷。刘劭曾经写了一篇《赵都赋》，颇得明帝赞赏，有诏让他再写《许都赋》《洛都赋》。当时魏国对外频兴军事，对内大兴土木以建造宫室，刘劭写这两篇赋，都含有委婉曲折的劝谏之意。

青龙年间，东吴兵马围攻合肥，当时魏军将士都在分批休假，征东将军满宠写来报告请求中军调拨兵马支援，并急召休假将士，等待集中兵力抗击吴军。刘劭在议论军情时认为：“敌军刚刚攻到，用心专一，士气旺盛。满宠带着少数兵将在我方阵地上作战，倘若此时出击，不一定有克敌制胜的把握。满宠请求等待援军，自然没有什么不对。我看可以派五千步兵，三千精锐骑兵，先于大军出发，大张旗鼓，张扬声势。骑兵一到合肥，即拉大行军队伍的距离，多设旗帜和战鼓，耀武扬威地陈兵于城下，之后直扑敌军后阵，做出断其归路，绝其粮道的架势。敌军听说魏国大军杀到，试图以骑兵切断其归路，定会因惊惧恐慌而急于逃走，如此则不战就已击破敌军了。”明帝采纳了他的建议。等援军到合肥，吴军果然退兵回去了。

当时皇帝下诏广求贤才。散骑侍郎夏侯惠推荐刘劭说：“我私下观察常侍刘劭，为人忠诚敦厚，办事周到合乎礼仪，所作所为，都可以找出依据和源流，因此对各种人才的能力大小，都能找出相同之处予以比较评价。也正因为这样，品质诚实的人佩服他的平和端正，不尚名利的人敬慕他的清淡退让，文章博学之士推许他的论议详细周密，研习法律者佩服他法度规制精细，思想深刻的人感于他深沉专一，文才出众的人喜爱他辞采飞扬，熟于典章制度的人称赞他能简明制度，抓住要害，足智多谋的人赞赏他的妙想入微，总观这些评论，都是有才之士取自己所擅长的和他的某些才能相比较的结果。我曾经多次倾听他的清淡，阅读他的著述，时间越久佩服的感觉就越加深长，实在替国家为他的器量感到惊奇。臣下认为像刘劭这样的人，是应该协助处理军国大事，参谋于帷幄之中，堪与国家命运一同兴隆的贤俊，而非世间寻常意义上的人才。恳请陛下垂爱,使刘劭能得到您的欢心和信赖,把自己的才华都展现在您的面前,那么贤德的声音就会经常传送到您的耳边,国家在您的光辉照耀下也会日渐辉煌了。"

景初年间,诏令刘劭负责制订《都官考课》。刘劭上疏说:"考核百官,是国家政治的大事,但是历朝历代都未能实施,因此治官的典章制度缺而未补,官员的好坏和才能的高低互相混淆而无法分辨。现在陛下以圣贤的宏图大略,哀怜国家纲常的弛颓,心忧于内,诏令于外。臣下承蒙皇恩,心境开阔,得以启发愚蒙,就写了《都官考课》七十二条,又写《说略》一篇。臣下才识浅薄,实在不足以弘扬您的旨意,从而把这些典章制度编订得更好更完善。"刘劭还认为应该制订礼乐制度,以移风易俗,于是就写了《乐论》十四篇,写完后未呈奏。正值明帝去世,诸事没能施行。正始年间,刘劭执讲经学,赐爵关内侯。他总共撰写了《法论》《人物志》之类的著作百余篇。死后,追赠光禄勋。其子刘琳承嗣。

与刘劭同时代的东海郡人缪袭也很有才学,著述颇丰,官至尚书、光禄勋。缪袭的好友山阳人仲长统,东汉末年曾任尚书郎,很早就去世了。著有《昌言》,文辞佳美,值得欣赏品味。

散骑常侍陈留人苏林、光禄大夫京兆人韦诞、乐安太守谯国人夏侯惠、陈郡太守任城人孙该、郎中令河东人杜挚等人也著有辞赋,多有传世之作。

傅嘏

【原文】傅嘏,字兰石,北地泥阳人,傅介子之后也。伯父巽,黄初中为侍中、尚书。① 嘏弱冠知名,② 司空陈群辟为掾。时散骑常侍刘劭作考课法,事下三府。嘏难劭论曰:"盖闻帝制宏深,圣道奥远,苟非其才,则道不虚行,神而明之,存乎其人。暨乎王略亏颓而旷载罔缀,微言既没,六籍泯玷。何则?道弘致远而众才莫晞也。案劭考课论,虽欲寻前代黜陟之文,然其制度略以阙亡。礼之存者,惟有周典,外建侯伯,藩屏九服,内立列司,管齐六职,土有恒贡,官有定则,百揆均任,四民殊业,故考绩可理而黜陟易通也。大魏继百王之末,承秦、汉之烈,制度之流,靡所修采。自建安以来,至于青龙,神武拨乱,肇基皇祚,扫除凶逆,芟夷遗寇,旌旗卷舒,日不暇给。及经邦治戎,权法并用,百官群司,军国通任,随时之宜,以应政机。以古施今,事杂义殊,难得而通也。所以然者,制宜经远,或不切近,法应时务,不足垂后。夫建官均职,清理民物,所以立本也;循名考实,纠励成规,所以治末也。本纲未举而造制未呈,国略不崇而考课是先,惧不足以料贤愚之分、精幽明之理也。昔先王之择才,必本行于州闾,讲道于庠序,行具而谓之贤,道修则谓之能。乡老献贤能于王,王拜受之,举其贤者,出使长之,科其能者,入使治之,此先王收才之义也。方今九州之民,爰及京城,未有六乡之举,其选才之职,专任吏部。案品状则实才未必当,任薄伐则德行未为叙,如此则殿最之课,未尽人才。述综王度,敷赞国式,体深义广,难得而详也。"

①《傅子》曰:嘏祖父睿,代郡太守。父充,黄门侍郎。

②《傅子》曰：是时何晏以材辩显于贵戚之间，邓飏好变通，合徒党，鬻声名于闾阎，而夏侯玄以贵臣子少有重名，为之宗主，求交于嘏，而不纳也。嘏友人荀粲，有清识远心，然犹怪之。谓嘏曰："夏侯泰初一时之杰，虚心交子，合则好成，不合则怨至。二贤不睦，非国之利，此蔺相如所以下廉颇也。"嘏答之曰："泰初志大其量，能合虚声而无实才。何平叔言远而情近，好辩而无诚，所谓利口覆邦国之人也。邓玄茂有为而无终，外要名利，内无关钥，贵同恶异，多言而妒前，多言多衅，妒前无亲。以吾观此三人者，皆败德也。远之犹恐祸及，况昵之乎？"

正始初，除尚书郎，迁黄门侍郎。时曹爽秉政，何晏为吏部尚书，嘏谓爽弟羲曰："何平叔外静而内铦巧，好利，不念务本。吾恐必先惑子兄弟，仁人将远，而朝政废矣。"晏等遂与嘏不平，因微事以免嘏官。起家拜荥阳太守，不行。太傅司马宣王请为从事中郎。曹爽诛，为河南尹，[①] 迁尚书。嘏常以为："秦始罢侯置守，设官分职，不与古同。汉、魏因循，以至于今。然儒生学士，咸欲错综以三代之礼，礼弘致远，不应时务，事与制违，名实未附，故历代而不至于治者，盖由是也。欲大改定官制，依古正本，今遇帝室多难，未能革易。"

①《傅子》曰：河南尹内掌帝都，外统京畿，兼古六乡六遂之士。其民异方杂居，多豪门大族，商贾胡貊，天下四会，利之所聚，而奸之所生。前尹司马芝，举其纲而太简，次尹刘静，综其目而太密，后尹李胜，毁常法以收一时之声。嘏立司马氏之纲统，裁刘氏之纲目以经纬之，李氏所毁以渐补之。郡有七百吏，半非旧也。河南俗党五官掾功曹典选职，皆授其本国人，无用异邦人者，嘏各举其良而对用之，官曹分职，而后以次考核之。其治以德教为本，然持法有恒，简而不可犯，见理识情，狱讼不加榎楚而得其实。不为小惠，有所荐达及大有益于民事，皆隐其端迹，若不由己出。故当时无赫赫之名，吏民久而后安之。

时论者议欲自伐吴，三征献策各不同。诏以访嘏，嘏对曰："昔夫差陵齐胜晋，威行中国，终祸姑苏；齐闵兼土拓境，辟地千里，身蹈颠覆。有始不必善终，古之明效也。孙权自破关羽并荆州之后，志盈欲满，凶宄以极，是以宣文侯深建宏图大举之策。今权以死，托孤于诸葛恪。若矫权苛暴，蠲其虐政，民免酷烈，偷安新惠，外内齐虑，有同舟之惧，虽不能终自保完，犹足以延期挺命于深江之外矣。而议者或欲泛舟径济，横行江表；或欲四道并进，攻其城垒；或欲大佃疆埸，观衅而动：诚皆取贼之常计也。然自治兵以来，出入三载，非掩袭之军也。贼之为寇，几六十年矣，君臣伪立，吉凶共患，又丧其元帅，上下忧危，设令列船津要，坚城据险，横行之计，其殆难捷。惟进军大佃，最差完牢。兵出民表，寇抄不犯；坐食积谷，不烦运士；乘衅讨袭，无远劳费：此军之急务也。昔樊哙愿以十万之众，横行匈奴，季布面折其短。今欲越长江，涉虏庭，亦向时之喻也。未若明法练士，错计于全胜之地，振长策以御敌之余烬，斯必然之数也。[①]"

① 司马彪《战略》载嘏此对，详于本传，今悉载之以尽其意。彪曰：嘉平四年四月，孙权死。征南大将军王昶、征东将军胡遵、镇南将军毌丘俭等表请征吴。朝廷以三征计异，诏访尚书傅嘏，嘏对曰："昔夫差胜齐陵晋，威行中国，不能以免姑苏之祸；齐闵辟

土兼国，开地千里，不足以救颠覆之败。有始不必善终，古事之明效也。孙权自破蜀兼平荆州之后，志盈欲满，罪戮忠良，诛及胤嗣，元凶已极。相国宣文侯先识取乱侮亡之义，深建宏图大举之策。今权已死，托孤于诸葛恪。若矫权苛暴，蠲其虐政，民免酷烈，偷安新惠，外内齐虑，有同舟之惧，虽不能终自保完，犹足以延期挺命于深江之表矣。昶等或欲泛舟径渡，横行江表，收民略地，因粮于寇；或欲四道并进，临之以武，诱间携贰，待其崩坏；或欲进军大佃，逼其项领，积谷观衅，相时而动。凡此三者，皆取贼之常计也。然施之当机，则功成名立，苟不应节，必贻后患。自治兵已来，出入三载，非掩袭之军也。贼丧元帅，利存退守，若撰饰舟楫，罗船津要，坚城清野，以防卒攻，横行之计，殆难必施。贼之为寇，几六十年，君臣伪立，吉凶同患，若恪蠲其弊，天去其疾，崩溃之应，不可卒待。今边壤之守，与贼相远，贼设罗落，又持重密，间谍不行，耳目无闻。夫军无耳目，校察未详，而举大众以临巨险，此为希幸徼功，先战而后求胜，非全军之长策也。唯有进军大佃，最差完牢。可诏昶、遵等择地居险，审所错置，及令三方一时前守。夺其肥壤，使还耕塉土，一也；兵出民表，寇抄不犯，二也；招怀近路，降附日至，三也；罗落远设，间构不来，四也；贼退其守，罗落必浅，佃作易之，五也；坐食积谷，士不运输，六也；衅隙时闻，讨袭速决，七也。凡此七者，军事之急务也。不据则贼擅便资，据之则利归于国，不可不察也。夫屯垒相逼，形势已交，智勇得陈，巧拙得用，策之而知得失之计，角之而知有余不足，虏之情伪，将焉所逃？夫以小敌大，则役烦力竭，以贫敌富，则敛重财匮。故敌逸能劳之，饱能饥之，此之谓也。然后盛众厉兵以震之，参惠倍赏以招之，多方广似以疑之。由不虞之道，以间其不戒。比及三年，左提右挈，虏必冰散瓦解，安受其弊，可坐算而得也。昔汉氏历世常患匈奴，朝臣谋士早朝晏罢，介胄之将则陈征伐，搢绅之徒咸言和亲，勇奋之士思展搏噬。故樊哙愿以十万之众横行匈奴，季布面折其短。李信求以二十万独举楚人，而果辱秦军。今诸将有陈越江陵险，独步虏庭，即亦向时之类也。以陛下圣德，辅相忠贤，法明士练，错计于全胜之地，振长策以御之，虏之崩溃，必然之数。故兵法曰：'屈人之兵，而非战也；拔人之城，而非攻也。'若释庙胜必然之理，而行万一不必全之路，诚愚臣之所虑也。故谓大佃而逼之计最长。"时不从嘏言。其年十一月，诏昶等征吴。五年正月，诸葛恪拒战，大破众军于东关。

后吴大将诸葛恪新破东关，乘胜扬声欲向青、徐，朝廷将为之备。嘏议以为："淮海非贼轻行之路，又昔孙权遣兵入海，漂浪沉溺，略无孑遗，恪岂敢倾根竭本，寄命洪流，以徼乾没乎？[①] 恪不过遣偏率小将素习水军者，乘海溯淮，示动青、徐，恪自并兵来向淮南耳。"后恪果图新城，不克而归。

①《汉书·张汤传》曰：汤始为小吏，乾没，与长安富贾田甲、鱼翁叔之属交私。服虔说曰："乾没，射成败也。"如淳曰："得利为乾，失利为没。"

臣松之以虔直以乾没为射成败，而不说乾没之义，于理犹为未畅。淳以得利为乾，又不可了。愚谓乾读宜为干燥之干。盖谓有所徼射，不计干燥之与沉没而为之。

嘏常论才性同异，钟会集而论之。[①] 嘉平末，赐爵关内侯。高贵乡公即尊位，进封武乡亭侯。正元二年春，毌丘俭、文钦作乱。或以司马景王不宜自行，可遣太尉孚往，惟嘏及王肃劝之。景王遂行。[②] 以嘏守尚书仆射，俱东。俭、钦破败，嘏有谋焉。及景王薨，嘏与司马文王径还洛阳，文王遂以辅政。语在《钟会传》。[③] 会由是有自矜色，嘏戒之曰："子志大其量，而勋业难为也，可不慎哉！"嘏以功进封阳乡侯，增邑六百户，并前千二百户。是岁薨，时年四十七，追赠太常，谥曰元侯。[④] 子祗嗣。咸熙中开建五等，以嘏著勋前朝，改封祗泾原子。[⑤]

①《傅子》曰：嘏既达治好正，而有清理识要，好论才性，原本精微，鲜能及之。司隶校尉钟会年甚少，嘏以明智交会。

臣松之案：《傅子》前云嘏了夏侯之必败，不与之交，而此云与钟会善。愚以为夏侯玄以名重致患，衅由外至；钟会以利动取败，祸自己出。然则夏侯之危兆难睹，而钟氏之败形易照也。嘏若了夏侯之必危，而不见钟会之将败，则为识有所蔽，难以言通；若皆知其不终，而情有彼此，是为厚薄由于爱憎，奚豫于成败哉？以爱憎为厚薄，又亏于雅体矣。《傅子》此论，非所以益嘏也。

②《汉晋春秋》曰：嘏固劝景王行，景王未从。嘏重言曰："淮、楚兵劲，而俭等负力远斗，其锋未易当也。若诸将战有利钝，大势一失，则公事败矣。"是时景王新割目瘤，创甚，闻嘏言，蹶然而起曰："我请舆疾而东。"

③《世语》曰：景王疾甚，以朝政授傅嘏，嘏不敢受。及薨，嘏秘不发丧，以景王命召文王于许昌，领公军焉。◎孙盛《评》曰：晋宣、景、文王之相魏也，权重相承，王业基矣。岂蕞尔傅嘏所宜间厕？《世语》所云，斯不然矣。

④《傅子》曰：初，李丰与嘏同州，少有显名，早历大官，内外称之，嘏又不善也。谓同志曰："丰饰伪而多疑，矜小失而昧于权利，若处庸庸者可也，自任机事，遭明者必死。"丰后为中书令，与夏侯玄俱祸，卒如嘏言。嘏自少与冀州刺史裴徽、散骑常侍荀顗善，徽、顗早亡。又与镇北将军何曾、司空陈泰、尚书仆射荀颉、后将军钟毓并善，相与综朝事，俱为名臣。

⑤《晋诸公赞》曰：祗，字子庄，嘏少子也。晋永嘉中至司空。祗子宣，字世弘。《世语》称宣以公正知名，位至御史中丞。宣弟畅，字世道，秘书丞，没在胡中。著《晋诸公赞》及《晋公卿礼秩故事》。

【译文】傅嘏，字兰石，北地郡泥阳县人，傅介子的后代。伯父傅巽，黄初年间担任侍中、尚书。傅嘏二十来岁就已闻名遐迩，司空陈群征召他为属官。当时散骑常侍刘劭正在制订《都官考课》，事情交由三公审议。傅嘏就对刘劭的著述提出异议说："我听说帝王之制宏大广远，圣人之道玄奥深邃，假使不是那种合适的人才，那么大道不会凭空运行，要使它达到既明白又神妙的程度，取决于实际操作的人。等到国家的政治制度有所亏颓而且连年荒废，圣人的精微之言就会被淹没，六典遭淆乱玷污。这是什么道理呢？因为圣人之道义旨宏大意境深远而众人的才能无法获得正确精细的理解。推究刘劭的考课之论，虽然是要寻求前代考核官吏进退升降的条文作为依据，可是这些东西大都已经散亡缺失了。大礼留存于今者，只有周典，讲的是外封侯伯，从而安边卫国，内立各司，以便完善六职，保证各地有常年进贡，官吏有确定的准则，百官各司其职,百姓各安其业,因此考核的成绩便于管理比较,而官员的进退升降也易于贯彻执行。我大魏继百王之末,承秦汉之烈,制度不断流变,无从借鉴采纳。自建安到现在的青龙年间,忙于拨乱反正,奠基开国,扫除凶逆,平定遗寇,军政要事,天天都有。等到开始治理国家时,权力和刑法并用,文武百官,军国通任,因时因事,随机应变。因此要照搬古代的典章制度用在当代,难免受到事务繁多复杂及概念不同的制约,就很难行得通了。所以会这样的原因在于制度的建立应该考虑国家的长治久远,有的并不贴切于近日,法规的建立应依据当时的情况,有些并不足以流传后世。建立官位,调整职务,管辖百姓,治物理财,这是立本;督察考核官员,纠正改善旧的规章制度,这是治末。本未建而末先行,治国大略尚未完备就忙着推行考课,我担心并不足以有效地考评贤愚,精确地区分善恶。从前先王选拔人才,一律先根据他在本地的品质行为,再让他在学校里讲习经典道义,行为端正者即称为贤才,道德高尚者则称为能士。然后由乡里年高德劭的人把贤才、能士推荐给君王,君王接纳他们,挑选其中的贤俊,让他们出任地方长官,考察其中的能人,将他们纳入朝廷治理国家大政,这就是先王招揽人才的规则。当今各地的士民,一直到京城之内,没有乡里年高德劭者出面举荐这一环节,选拔贤才的职能,由吏部专司其责。按照品德任用人则实际才能未必具备,任用有微薄功劳的人又未必和他的德行相符,由此可见这样的考核很难保证人尽其才。综述先王的制度,陈奏国家制定的法则,可以说内容广泛而意义深广,实在很难论说周详。”

正始初年,任命为尚书郎,后调任黄门侍郎。当时曹爽主持国政,何晏为吏部尚书,傅嘏对曹爽的弟弟曹羲说:“何晏外表恬静清淡而内心浮滑取巧,贪图个人利益,不考虑立身行事的根本。我恐怕他一定会先迷惑你们兄弟两个,导致仁人贤士离你们越来越远,而朝政也将败坏衰微。”何晏等人因此便与傅嘏不和,借小事免除了他的官职。后从家中被征召授任荥阳太守,他没去上任。太傅司马懿请他担任从事中郎。曹爽被诛杀后,任河南尹,升为尚书。傅嘏时常认为:“从秦朝开始废除分封,建置郡守,设官分职,不同于古代。汉、魏沿袭秦制,直到今天。但是儒生学士,都想把三代的礼制交错综合起来,然而三代之礼是宏大而久远的,不怎么适合时代的形势,有关制度也常常背离当前的具体事务,以致名实不符,因而历代都不能达到大治,原因都在于此。是有必要大力改定官制,依据古制正本清源,只是眼下正值王室多灾多难,没办法及时革除或改变了。”

针对当时一些议论者自告奋勇要去征伐东吴的事,朝廷多次征求献策却各不相同。齐王下诏让傅嘏谈谈看法,傅嘏回答说:“过去吴王夫差威逼齐国,战胜晋国,威加四方,最终还是引祸姑苏;齐闵兼土拓境,辟地千里,后来竟遭颠覆之祸。有好的开端不一定便有好的结果,这是古代诸多事实证明了的道理。孙权自从击破关羽夺得荆州之后,志得意满,凶恶奸邪达到极点,因此宣文侯极力筹划大举宏图的办法。如今孙权已死,把太子托付给诸葛恪。假如他能够矫正孙权的苛暴,减除吴国的虐政,使老百姓免遭困苦,得到新政策的实惠,又能内外同心,有风雨同舟的戒惧谨慎之心,尽管不能保证东吴的国运长久，仍足以在长江以南延长据守的时间了。现在议论的人，有的说要泛舟径渡，横行于长江以南；有的说要四路并进，攻击吴国的城垒；有的说要大规模的在边界武装屯垦，寻找敌人的破绽伺机而动：这些诚然都是些破敌的常用办法。但是自从治兵以来，攻战进退已有三年，表明魏吴不是凭借掩袭就可以一决雌雄的。吴国作为我们的仇敌，已将近六十年了，他们伪立君臣，患难与共，元首新丧以后，他们上下忧虑戒惧，假如部署战船封锁重要渡口，凭借险要，坚守城池，那么泛舟渡江，横行于长江以南那样的计划，大概是很难奏捷的了。只有在边境上大举屯垦的办法，还勉强算是比较完备的。军队守在百姓的外围，吴军进攻也掠夺不到我方人口和其他资源；坐吃历年积存的粮食，不须烦劳后方兵士长途运送；乘机出击，不劳远征：这些都是军事上的当务之急。从前樊哙愿意带十万大军横行匈奴，季布当面指出他的短处。如今有人想越长江，入险境，攻下敌人的巢穴，这就很像是从前樊哙想做的事了。不如严明法令，训练士卒，制订万无一失的策略，凭借长远计划驾驭敌寇国势衰竭的良机，这才是攻敌取胜的必然之理。”

后来吴国的大将诸葛恪攻破东关之时，乘胜宣称要进军青州、徐州，朝廷为此准备加强守备。傅嘏认为：“淮海并不是敌军敢于轻易通行的路径，从前孙权派兵入海，兵船遇浪沉溺，没有几个人幸存下来，诸葛恪怎敢倾尽国家根本而把众多将士的性命托付给瞬息万变的大海，以图侥幸之成功呢？诸葛恪不过是要派素习水军的偏将，带领小股部队从海路上溯淮水，做出进攻的样子给青州、徐州的守军看，他自己却纠合大军以进攻淮南罢了。”后来诸葛恪果然带兵攻打新城，未能攻克而回。

傅嘏时常谈论才能与性格的同异关系，钟会把它们收集起来并有所评定。嘉平末年，傅嘏被赐予关内侯的爵位。高贵乡公即帝位，晋封他为武乡亭侯。正元二年春，毌丘俭、文钦作乱。有人认为司马师不宜亲自带兵讨伐，可派太尉司马孚前往，只有傅嘏和王肃竭力劝说。于是，司马师亲自出征。以傅嘏代理尚书仆射，一同随军东去。后来毌丘俭、文钦之乱被平定，其间就有傅嘏的谋划之功。等到司马师去世，傅嘏与司马昭直接回到洛阳，司马文王就此获得辅政大权。这事记载在《钟会传》里。钟会自此以后有骄矜之色，傅嘏便劝告他说：“你的志向大于你的器量，而功业成就不易，难道不应该多些谨慎吗！”傅嘏因功晋封为阳乡侯，增加食邑六百户，连同以前所封共一千二百户。当年去世，享年四十七岁，追赠太常，谥号元侯。其子傅祗承嗣。咸熙年间开设五等爵，因为傅嘏在前朝功勋卓著，改封傅祗为泾原子。

【原文】评曰：昔文帝、陈王以公子之尊，博好文采，同声相应，才士并出，惟粲等六人最见名目。而粲特处常伯之官，兴一代之制，然其冲虚德宇，未若徐幹之粹也。卫觊亦以多识典故，相时王之式。刘劭该览学籍，文质周洽。刘廙以清鉴著，傅嘏用才达显云。[1]

① 臣松之以为：傅嘏识量名辈，实当时高流。而此评但云“用才达显”，既于题目为拙，又不足以见嘏之美也。

【译文】评论说：从前魏文帝曹丕、陈思王曹植二人贵为王公，深喜文辞，一时同声相应，才士并出，其中又以王粲等六人最为出类拔萃。王粲独居建安六子之首，兴起一代文章流派，但在气度雅量方面，不如徐幹纯粹。卫觊也因为通晓古代的典制和成例，对当时君主建立起制度规章贡献不俗。刘劭博览群书，文才和品德兼备。刘廙因清鉴著称，傅嘏凭才能显达。

卷二十二　魏书二十二

桓二陈徐卫卢传第二十二

桓阶

【原文】桓阶，字伯绪，长沙临湘人也。[①]仕郡功曹。太守孙坚举阶孝廉，除尚书郎。父丧还乡里。会坚击刘表战死，阶冒难诣表乞坚丧，表义而与之。后太祖与袁绍相拒于官渡，表举州以应绍。阶说其太守张羡曰："夫举事而不本于义，未有不败者也。故齐桓率诸侯以尊周，晋文逐叔带以纳王。今袁氏反此，而刘牧应之，取祸之道也。明府必欲立功明义，全福远祸，不宜与之同也。"羡曰："然则何向而可？"阶曰："曹公虽弱，仗义而起，救朝廷之危，奉王命而讨有罪，孰敢不服？今若举四郡保三江以待其来，而为之内应，不亦可乎？"羡曰："善。"乃举长沙及旁三郡以拒表，遣使诣太祖，太祖大悦。会绍与太祖连战，军未得南。而表急攻羡，羡病死。城陷，阶遂自匿。久之，刘表辟为从事祭酒，欲妻以妻妹蔡氏。阶自陈已结婚，拒而不受，因辞疾告退。

①《魏书》曰：阶祖父超，父胜，皆历典州郡。胜为尚书，著名南方。

太祖定荆州，闻其为张羡谋也，异之，辟为丞相掾主簿，迁赵郡太守。魏国初建，为虎贲中郎将、侍中。时太子未定，而临菑侯植有宠。阶数陈文帝德优齿长，宜为储副，公规密谏，前后恳至。[①]又毛玠、徐奕以刚蹇少党，而为西曹掾丁仪所不善，仪屡言其短，赖阶左右以自全保。其将顺匡救，多此类也。迁尚书，典选举。曹仁为关羽所围，太祖遣徐晃救之，不解。太祖欲自南征，以问群下。群下皆谓："王不亟行，今败矣。"阶独曰："大王以仁等为足以料事势不也？"曰："能。""大王恐二人遗力邪？"曰："不。""然则何为自往？"曰："吾恐虏众多，而晃等势不便耳。"阶曰："今仁等处重围之中而守死无贰者，诚以大王远为之势也。夫居万死之地，必有死争之心。内怀死争，外有强救，大王案六军以示余力，何忧于败而欲自往？"太祖善其言，驻军于摩陂。贼遂退。

①《魏书》称阶谏曰："今太子位冠群子，名昭海内，仁圣达节，天下莫不闻。而大王甫以植而问臣，臣诚惑之。"于是太祖知阶笃于守正，深益重焉。

文帝践阼，迁尚书令，封高乡亭侯，加侍中。阶疾病，帝自临省，谓曰："吾方托六尺之孤，寄天下之命于卿。勉之！"徙封安乐乡侯，邑六百户，又赐阶三子爵关内侯。祐以嗣子不封，病卒，又追赠关内侯。后阶疾笃，遣使者即拜太常，薨，帝为之流涕，谥曰贞侯。子嘉嗣。以阶弟纂为散骑侍郎，赐爵关内侯。嘉尚升迁亭公主，会嘉平中，以乐安太守与吴战于东关，军败，没，谥曰壮侯。子翊嗣。[①]

①《世语》曰：阶孙陵，字元徽，有名于晋武帝世，至荥阳太守，卒。

【译文】桓阶,字伯绪,长沙郡临湘县人。任郡功曹。太守孙坚察举桓阶为孝廉,任命为尚书郎。他父亲死后,他回到家乡奔丧。恰巧这时孙坚因攻击刘表战死,桓阶冒着生命危险去见刘表,求取孙坚的尸体要为他发丧,刘表被他的义气感动,就将孙坚的尸体给了他。后来太祖曹操和袁绍在官渡对峙,刘表率领荆州响应袁绍。桓阶劝说长沙太守张羡说:"举行大事而不从道义出发,没有不失败的。所以齐桓公统率诸侯是为了尊奉周王,晋文公驱逐叔带是为了迎接周王。现在袁绍背道而行,而刘表响应他,这是自取祸患。您如果想立下功劳,申明正义,保全幸福,远离祸害,就不应该和他们联合。"张羡说:"那么我倾向谁才行呢?"桓阶说:"曹公虽然势力较弱,但仗义起兵,解救朝廷的危难,遵奉皇上的命令讨伐有罪的人,谁敢不服从?现在您率领四郡保住三江等待他的到来,并做他的内应,不也可以吗?"张羡说:"好。"于是率领长沙和旁边的三郡抗拒刘表,并派使者去见太祖,太祖非常高兴。恰巧这时袁绍和太祖接连发生战斗,太祖军队不能南进。而刘表加紧攻打张羡,张羡病死。长沙城被攻陷,桓阶便自己躲了起来。过了很长时间,刘表任命他为从事祭酒,并想把妻子的妹妹蔡氏嫁给他。桓阶说自己已结婚,拒绝了刘表,后托病辞去官职。

太祖平定荆州后,听说了桓阶为张羡出谋划策的事,很欣赏他,任命他为丞相掾主簿,升赵郡太守。魏国刚建立时,桓阶任虎贲中郎将、侍中等职。当时太子还未确定,而临菑侯曹植受宠。桓阶屡次陈述文帝德高年长,应当作太子,公开规劝私下劝说,言辞诚恳论述周到。又有毛玠、徐奕因秉性耿直不善结党,得罪了西曹掾丁仪,丁仪屡次对太祖讲他俩的坏话,全靠桓阶帮他们圆场才得以保全。他顺应时势扶正救难,大多都像这样。又升任尚书,掌管官吏选举。曹仁被关羽围困,太祖派徐晃去解救曹仁,但未成功。太祖想亲自率兵南征,向群臣征求意见,群臣都说:"大王如不赶快出发,我军就一定会失败了。"只有桓阶说:"大王认为曹仁等领兵能不能随机应变独当一面?"曹操说:"能。"桓阶又问:"大王担心二人不肯尽力吗?"曹操说:"不。"桓阶又问:"那么您为什么要亲自前往呢?"曹操说:"我只不过担心敌人太多,对徐晃等形势不利罢了。"桓阶说:"现在曹仁等处于敌人的重重包围之中而誓死不背叛大王,实在是因为远方有大王带领重兵做他们的靠山。人处在万分危险的境地,一定会有拼死抗争的决心。内心怀有拼死抗争的决心,外面有强大的救兵,大王率领六军表明自己仍有雄厚的实力,何必担心失败而要亲自前往呢?"太祖很赞赏他的话,率领军队驻扎在摩陂,敌人果然撤走。

文帝曹丕即皇帝位后,桓阶升任尚书令,封高乡亭侯,加官侍中。桓阶得病,文帝亲自去探视,对他说:"我正要托孤给你,把天下的重任委托给你。你要努力养好身体。"改封安乐乡侯,封邑六百户,又赐给桓阶三个儿子爵关内侯。因为桓祐没有被封侯就病死了,又追赠他为关内侯。后来桓阶病危,文帝派使者当即拜桓阶为太常,他死后,文帝为他流下眼泪,赐谥号为贞侯。儿子桓嘉继承爵位。任命桓阶的弟弟桓纂为散骑侍郎,赐爵关内侯。桓嘉娶升迁亭公主,嘉平年间,任乐安太守时与吴国在东关交战,兵败牺牲,谥号壮侯。儿子桓翊继承爵位。

陈群　陈泰

【原文】陈群，字长文，颍川许昌人也。祖父寔，父纪，叔父谌，皆有盛名。① 群为儿时，寔常奇异之，谓宗人父老曰："此儿必兴吾宗。"鲁国孔融高才倨傲，年在纪、群之间，先与纪友，后与群交，更为纪拜，由是显名。刘备临豫州，辟群为别驾。时陶谦病死，徐州迎备，备欲往，群说备曰："袁术尚强，今东，必与之争。吕布若袭将军之后，将军虽得徐州，事必无成。"备遂东，与袁术战。布果袭下邳，遣兵助术，大破备军，备恨不用群言。举茂才，除柘令，不行，随纪避难徐州。属吕布破，太祖辟群为司空西曹掾属。时有荐乐安王模、下邳周逵者，太祖辟之。群封还教，以为模、逵秽德，终必败，太祖不听。后模、逵皆坐奸宄诛，太祖以谢群。群荐广陵陈矫、丹阳戴乾，太祖皆用之。后吴人叛，乾忠义死难，矫遂为名臣，世以群为知人。除萧、赞、长平令，父卒去官。后以司徒掾举高第，为治书侍御史，转参丞相军事。魏国既建，迁为御史中丞。

① 寔，字仲弓；纪，字元方；谌，字季方。《魏书》曰：寔德冠当时，纪、谌并名重于世。寔为太丘长，遭党锢，隐居荆山，远近宗师之。灵帝崩，何进辅政，引用天下名士，征寔，欲以为参军，以老病，遂不屈节。谌为司空掾，早卒。纪历位平原相、侍中、大鸿胪，著书数十篇，世谓之《陈子》。寔之亡也，司空荀爽、太仆令韩融并制缌麻，执子孙礼。四方至者车数千乘，自太原郭泰等无不造门。◎《傅子》曰：寔亡，天下致吊，会其葬者三万人，制缞麻者以百数。◎《先贤行状》曰：大将军何进遣属吊祠，谥曰文范先生。于时，寔、纪高名并著，而谌又配之，世号曰"三君"。每宰府辟命，率皆同时，羔雁成群，丞掾交至。豫州百姓皆图画寔、纪、谌之形像。

时太祖议复肉刑，令曰："安得通理君子达于古今者，使平斯事乎？昔陈鸿胪以为死刑有可加于仁恩者，正谓此也。御史中丞能申其父之论乎？"群对曰："臣父纪以为汉除肉刑而增加笞，本兴仁恻而死者更众，所谓名轻而实重者也。名轻则易犯，实重则伤民。《书》曰：'惟敬五刑，以成三德。'《易》著劓、刖、灭趾之法，所以辅政助教，惩恶息杀也。且杀人偿死，合于古制。至于伤人，或残毁其体而裁剪毛发，非其理也。若用古刑，使淫者下蚕室，盗者刖其足，则永无淫放穿窬之奸矣。夫三千之属，虽未可悉复，若斯数者，时之所患，宜先施用。汉律所杀殊死之罪，仁所不及也，其余逮死者，可以刑杀。如此，则所刑之与所生足以相贸矣。今以笞死之法易不杀之刑，是重人支体而轻人躯命也。"时钟繇与群议同，王朗及议者多以为未可行。太祖深善繇、群言，以军事未罢，顾众议，故且寝。

群转为侍中，领丞相东西曹掾。在朝无适无莫，雅杖名义，不以非道假人。文帝在东宫，深敬器焉，待以交友之礼，常叹曰："自吾有回，门人日以亲。"及即王位，封群昌武亭侯，徙为尚书。制九品官人之法，群所建也。及践阼，迁尚书仆射，加侍中，徙尚书令，进爵颍乡侯。帝征孙权，至广陵，使群领中领军。帝还，假节，都督水军。还许昌，以群为镇军大将军，领中护军，录尚书事。帝寝疾，群与曹真、司马宣王等并受遗诏辅政。明帝即位，进封颍阴侯，增邑五百，并前千三百户，与征东大将军曹休、中军大将军曹真、抚军大将军司马宣王并开府。顷之，为司空，故录尚书事。

是时，帝初莅政，群上疏曰："《诗》称'仪刑文王，万邦作孚'。又曰'刑于寡妻，至于兄弟，以御于家邦'。道自近始，而化洽于天下。自丧乱已来，干戈未戢，百姓不识王教之本，惧其陵迟已甚。陛下当盛魏之隆，荷二祖之业，天下想望至治，唯有以崇德布化，惠恤黎庶，则兆民幸甚。夫臣下雷同，是非相蔽，国之大患也。若不和睦则有仇党，有仇党则毁誉无端，毁誉无端则真伪失实，不可不深防备，有以绝其源流。"太和中，曹真表欲数道伐蜀，从斜谷入。群以为："太祖昔到阳平攻张鲁，多收豆麦以益军粮，鲁未下而食犹乏。今既无所因，且斜谷阻险，难以进退，转运必见抄截，多留兵守要，则损战士，不可不熟虑也。"帝从群议。真复表从子午道。群又陈其不便，并言军事用度之计。诏以群议下真，真据之遂行。会霖雨积日，群又以为宜诏真还，帝从之。

后皇女淑薨，追封谥平原懿公主。群上疏曰："长短有命，存亡有分。故圣人制礼，或抑或致，以求厥中。防墓有不修之俭，嬴、博有不归之魂。夫大人动合天地，垂之无穷，又大德不逾闲，动为师表故也。八岁下殇，礼所不备，况未期月，而以成人礼送之，加为制服，举朝素衣，朝夕哭临，自古已来，未有此比。而乃复自往视陵，亲临祖载。愿陛下抑割无益有损之事，但悉听群臣送葬，乞车驾不行，此万国之至望也。闻车驾欲幸摩陂，实到许昌，二宫上下，皆悉俱东，举朝大小，莫不惊怪。或言欲以避衰，或言欲于便处移殿舍，或不知何故。臣以为吉凶有命，祸福由人，移徙求安，则亦无益。若必当移避，缮治金墉城西宫，及孟津别宫，皆可权时分止，可无举宫暴露野次，废损盛节蚕农之要。又贼地闻之，以为大衰。加所烦费，不可计量。且吉士贤人，当盛衰，处安危，秉道信命，非徙其家以宁，乡邑从其风化，无恐惧之心。况乃帝王万国之主，静则天下安，动则天下扰。行止动静，岂可轻脱哉？"帝不听。

青龙中，营治宫室，百姓失农时。群上疏曰："禹承唐、虞之盛，犹卑宫室而恶衣服。况今丧乱之后，人民至少，比汉文、景之时，不过一大郡。①加边境有事，将士劳苦，若有水旱之患，国家之深忧也。且吴、蜀未灭，社稷不安。宜及其未动，讲武劝农，有以待之。今舍此急而先宫室，臣惧百姓遂困，将何以应敌？昔刘备自成都至白水，多作传舍，兴费人役，太祖知其疲民也。今中国劳力，亦吴、蜀之所愿。此安危之机也，惟陛下虑之。"帝答曰："王者宫室，亦宜并立。灭贼之后，但当罢守耳，岂可复兴役邪？是故君之职，萧何之大略也。"群又曰："昔汉祖唯与项羽争天下，羽已灭，宫室烧焚，是以萧何建武库、太仓，皆是要急，然犹非其壮丽。今二虏未平，诚不宜与古同也。②夫人之所欲，莫不有辞，况乃天王，莫之敢违。前欲坏武库，谓不可不坏也；后欲置之，谓不可不置也。若必作之，固非臣下辞言所屈；若少留神，卓然回意，亦非臣下之所及也。汉明帝欲起德阳殿，钟离意谏，即用其言。后乃复作之，殿成，谓群臣曰：'钟离尚书在，不得成此殿也。'夫王者岂惮一臣，盖为百姓也。今臣曾不能少凝圣听，不及意远矣。"帝于是有所减省。

① 臣松之案：《汉书·地理志》云：元始二年，天下户口最盛，汝南郡为大郡，有三十余万户。则文、景之时不能如是多也。案《晋太康三年地记》，晋户有

三百七十七万，吴、蜀户不能居半。以此言之，魏虽始承丧乱，方晋亦当无乃大殊。长文之言，于是为过。

② 孙盛曰："《周礼》，天子之宫，有斫砻之制。然质文之饰，与时推移。汉承周、秦之弊，宜敦简约之化，而何崇饰宫室，示侈后嗣。此乃武帝千门万户所以大兴，岂无所复增之谓邪？况乃魏氏方有吴、蜀之难，四海罹涂炭之艰，而述萧何之过议，以为令轨，岂不惑于大道而昧得失之辨哉？使百代之君，眩于奢俭之中，何之由矣。《诗》云："斯言之玷，不可为也。"其斯之谓乎！

初，太祖时，刘廙坐弟与魏讽谋反，当诛。群言之太祖，太祖曰："廙，名臣也，吾亦欲赦之。"乃复位。廙深德群，群曰："夫议刑为国，非为私也，且自明主之意，吾何知焉？"其弘博不伐，皆此类也。青龙四年薨，谥曰靖侯。子泰嗣。帝追思群功德，分群户邑，封一子列侯。①

①《魏书》曰：群前后数密陈得失，每上封事，辄削其草，时人及其子弟莫能知也。论者或讥群居位拱默，正始中诏撰群臣上书，以为《名臣奏议》，朝士乃见群谏事，皆叹息焉。◎《袁子》曰：或云："故少府杨阜岂非忠臣哉？见人主之非，则勃然怒而触之，与人言未尝不道也，岂非所谓'王臣謇謇，匪躬之故'者欤？"答曰："然可谓直士，忠则吾不知也。夫仁者爱人，施于君谓之忠，施于亲谓之孝。忠孝者，其本一也。故仁爱之至者，君亲有过，谏而不入，求之反复，不得已而言，不忍宣也。今为人臣，见人主失道，直诋其非而播扬其恶，可谓直士，未为忠臣也。故司空陈群则不然，其谈论终日，未尝言人主之非，书数十上而外人不知。君子谓群于是乎长者矣。"

【译文】陈群，字长文，颍川郡许昌县人。祖父陈寔，父亲陈纪，叔父陈谌，都有很高的声望。陈群还是小孩时，陈寔就常惊叹他的才华，对族人父老说："这孩子一定会振兴我们的家族。"鲁国人孔融自恃才学，傲慢自大，年龄在陈纪、陈群之间，他先和陈纪交友，后来又和陈群结交，就改拜陈纪为长辈，陈群因此出名。刘备任豫州刺史后，任命陈群为别驾。当时陶谦病死，徐州欢迎刘备去做长官，刘备想去，陈群劝阻刘备说："袁术现在势力还很强大，您现在东去徐州，袁术一定会来和您争夺。吕布如果袭击将军的后路，将军即使得到徐州，事情也一定不会成功。"刘备最终还是去了徐州，和袁术发生了冲突。吕布果然袭击了下邳，又派兵帮助袁术，大败刘备的军队，刘备深深后悔没有听从陈群的话。陈群被察举为茂才，授官柘县令，他不去上任，随父亲陈纪到徐州逃难。等到吕布失败，太祖曹操任命陈群为司空西曹掾属。当时有人推荐乐安人王模、下邳人周逵，太祖征召了他们。陈群退回了太祖征召王模、周逵的任命书，认为王模、周逵道德败坏，最终一定会造成祸乱，太祖不听陈群的话。后来王模、周逵都因为非作歹被处死，太祖于是向陈群道歉。陈群推荐广陵人陈矫、丹阳人戴乾，太祖都任用了他们。后来吴人反叛，戴乾忠贞不屈，英勇就义，陈矫后来成为名臣，当时人都认为陈群知人。他历任萧、赞、长平县令，父亲死后离任。后来任司徒掾时被推举为高第，任治书侍御史，转任参丞相军事。魏国建立以后，升为御史中丞。

当时太祖想要恢复肉刑，下令说："怎样才能得到通晓事理的君子和通晓古今的人，让他来判断这一件事呢？从前陈鸿胪认为死刑比笞刑好，说的正是这件事。御史中丞能申明你父亲的理论吗？”陈群回答说：“臣父亲陈纪认为汉代废除肉刑而增加笞刑，本来是出于仁爱恻隐之心，但死的人反而更多，这就是所谓的名义上轻而事实上重。名义上轻就会轻易犯法，事实上重就会伤害百姓。《书》说：‘只有慎重实行五刑，才能成就刚、柔、正直的三德。’《易经》称削鼻、砍足、削趾的刑律，是用来辅佐王政、帮助推广教化、惩罚罪恶、杜绝杀人的措施。况且杀人偿命，合乎古代制度。至于伤害人体，或者打伤他的肉体或者剪掉他的头发，就不合乎道理了。如果施行古代刑律，把淫荡的人施以宫刑下到蚕室，偷盗的人砍掉他的脚，世上就永远不会有淫荡放纵、挖洞翻墙的罪行了。三千条刑律，即使不能全部恢复，但像这几条，是现在人们最害怕的刑律，应当首先施行。汉律规定的必须处死的极大罪行，皇上不能赦免，其他刚及死刑的罪，可以用肉刑来惩罚。这样，被处死的人和受刑后活下来的人就大致相当了。现在用笞人致死的刑法代替不杀人的肉刑，是重视人的肢体而轻视人的生命。”当时钟繇和陈群的议论相同，王朗和参加议论的人大多认为不能恢复肉刑。太祖非常赞同钟繇、陈群的意见，但因为当时军事行动尚未停止，顾虑众人的意见，就暂时将这件事搁置下来。

陈群转任为侍中，兼任丞相东西曹掾。在朝廷里对任何事都不抱成见，平素按职守道义行事，从不做违背道义、假公济私的事。文帝为太子时，非常敬重他，以交友的礼节来对待陈群，常把他比作颜回，并感叹道：“我自从有了颜回，门徒日益亲近我了。”等到文帝曹丕即王位，封陈群昌武亭侯，改任尚书。九品官人法令的制定，是由陈群提议起草的。等到文帝即皇帝位后，陈群升为尚书仆射，加官侍中，后改任尚书令，晋升爵位为颍乡侯。文帝征伐孙权，驾临广陵，派陈群兼任中领军。文帝退兵时，让陈群持符节，总领水军。回到许昌后，以陈群为镇军大将军，兼任中护军，兼掌尚书的事务。文帝病危时，陈群和曹真、司马宣王等一起接受遗诏辅理朝政。明帝即位后，进封陈群为颍阴侯，增加封邑五百户，加上以前封的共一千三百户，和征东大将军曹休、中军大将军曹真、抚军大将军司马宣王都设置官府，自置属吏。不久，任司空，仍掌尚书的事务。

当时，明帝刚亲政，陈群上疏说：“《诗经》称‘效法周文王，天下诸国才能信服’。又说‘先以礼对待妻子，然后以礼对待兄弟，才能统治好家和国’。从近处开始施行道义，就能改变天下的风气。自从东汉末年战乱以来，干戈不息，百姓根本不知道王教的内容，我担心王教沦丧得太严重了。陛下应当振兴魏国的昌盛局面，继承太祖、高祖的事业，天下人都向往美好安定的政治局面，只要崇尚德治施行仁化，体恤百姓，那么百姓就十分幸运了。大臣属下随声附和，是非不分，这是国家的大隐患。如果百官属下不和睦就会结成仇党，有仇党，诋毁和赞誉就会没有根据，诋毁赞誉没有根据，就会真假难辨，这不能不严格加以防备，以断绝这一现象的根源。”太和中期，曹真上表，要数路并进讨伐蜀国，从斜谷攻入蜀国。陈群认为：“太祖从前到阳平攻打张鲁，多收豆子麦子以补充军粮，但张鲁还未攻下，粮食就缺乏了。现在不仅没有准备粮食，而且斜谷地势险要，难以任意进退，运输粮草一定会被敌人劫持，多留士兵把守险要之处，势必减少参战的士兵，这不能不深思熟虑。”明帝听从了陈群的意见。曹真又上表要从子午道进攻蜀国。陈群又上表，说这一计策不便施行，并提出了解决军事开支的建议。明帝诏令把陈群的建议书交给曹真，曹真便按照他的建议进行准备，然后大军才出发了。恰逢连降数日大雨，陈群认为应当诏令曹真退兵，明帝又听从了他的意见。

后来明帝的女儿曹淑病死，追封谥号为平原懿公主。陈群上疏说：“人的寿命长短由命运决定，生死都有定分。所以圣人制定礼制，有的要举行隆重丧礼，有的就不举行丧礼，以求做法允当。孔子父母的坟墓在防，不加装修，非常俭朴。延陵季子在齐，他的儿子却葬在嬴、博之间。圣人的举动合乎天地，永远留传后世，而且有大德的人举动不超越礼制，因此他们的举止可以为人师表。八岁至十一岁的孩子死了，就不必具备礼仪，何况婴儿死时还未满一月，就以成人的礼节为她送终，加制丧服，朝廷上下都穿素衣，朝夕痛哭，自古以来，从未有过这样的事情。而且陛下还要亲自去视察陵墓，参加抬棺上车、行祖祭礼的仪式。希望陛下能去除有损无益的事，一切听行群臣安排，乞求陛下不要前去参加葬礼，这是全国臣民的最大愿望。听说陛下要去摩陂，实际是要到许昌，两宫上下，都一起跟随东去，朝廷上下没有不惊奇的。有的说这是要迁徙避灾，有的说是要在方便的地方迁宫，有的不知是什么原因。臣认为吉凶由天命注定，祸福却由人决定，以迁徙求取平安，却没有什么用。如果一定要移宫避灾，就修缮打扫金墉西宫和孟津别宫，这两处都可以暂时分别居住，也可以避免两宫上下暴露原野，避免耽误农时。还有，敌国听说这件事，以为国家遇上了大丧事。加上迁徙耗费的资金，不可计量。况且善士贤人，遇上盛衰之事，或处于安危之时，都能秉承正道听信天命，不迁徙家室就可以安宁，乡邑人都跟随他们改变了风气，没有恐惧之心。何况您是帝王，是万国的君主，静则天下安定，动则天下纷扰。是行动还是静止，岂能轻易做出决定？”明帝不听。

青龙年间，为营造宫殿，百姓都没有时间进行农业生产。陈群上疏说：“大禹继唐尧、虞舜盛世以后，还住简陋的宫室，穿俭朴的衣服。何况现在是在战乱之后，人口锐减，与汉文帝、汉景帝时期相比，还赶不上那时的一个大郡。加上边境有战事，将士劳苦，如果再发生水旱灾害，国家将面临巨大的忧患。而且吴、蜀还没有被消灭，国家还不安全。应当趁他们还未兴师进犯，操练士兵，鼓励农桑，做好对付敌人进犯的准备。现在放弃当务之急而先来建造宫室，臣担心百姓会因此更贫困，国家将靠什么来对付敌人？从前刘备从成都到白水，建了很多驿站，耗费了大量的人力，太祖认为他这样做是疲劳百姓。现在我们魏国大量劳役百姓，削弱国力，这正是吴、蜀两国所希望的。在这关系国家安危的时刻，希望陛下认真考虑。”明帝回答说：“建立王业，建造宫殿，应该一起来完成。消灭敌国以后，只应全力守护现成的家业，岂能再兴起徭役，劳累百姓？所以你的任务，就是像汉初萧何负责建造未央宫一样。”陈群又说：“从前汉高祖仅与项羽一人争夺天下，项羽已经被灭，宫室被烧，所以萧何才建造了武库和太仓，这些都是国家所急需兴建的，但汉高祖还批评主管人建造得太华丽壮观了。现在吴、蜀两国还未消灭，确实不应该和古代一样。人都有欲望，为了满足欲望，没有找不到借口的，何况您是天子，没有人敢违背您的意愿。以前想要拆毁武库，说是不能不拆；后来又建造武库，又说不能不建。如果您一定要建造宫室，本来就不可能被臣下的言辞难住；如果您稍稍留意察看，并断然回心转意，也不是臣下所能办到的。从前汉明帝想要建造德阳殿，钟离意上疏劝阻，明帝当即采纳了他的建议。后来又要建造德阳殿，大殿建成后，对群臣说：'如果钟离尚书还在位，就建造不成这座宫殿了。'帝王岂能害怕一个大臣，这是为了百姓。现在臣下却不能使陛下听从一点意见，可见我比钟离差远了。"于是，明帝减少了宫殿的建造。

当初，太祖在世时，刘廙因弟弟与魏讽谋反连坐，应当处死。陈群请求太祖赦免了刘廙，太祖说："刘廙是名臣，我也想赦免他。"于是恢复了刘廙的官职。刘廙非常感谢陈群，陈群说："评议刑罚是为了国家，不是为了私情，而且这是出自圣明君主的本意，我又能做些什么呢？"他心胸宽阔，从不居功自傲，处事大概都像这样。青龙四年去世，谥号靖侯。儿子陈泰继承爵位。明帝追忆陈群的功德，从陈群封邑中分出一部分，封他的一个儿子为列侯。

【原文】泰，字玄伯。青龙中，除散骑侍郎。正始中，徙游击将军，为并州刺史，加振威将军，使持节，护匈奴中郎将，怀柔夷民，甚有威惠。京邑贵人多寄宝货，因泰市奴婢，泰皆挂之于壁，不发其封，及征为尚书，悉以还之。嘉平初，代郭淮为雍州刺史，加奋威将军。蜀大将军姜维率众依麹山筑二城，使牙门将句安、李歆等守之，聚羌胡质任等寇逼诸郡。征西将军郭淮与泰谋所以御之，泰曰："麹城虽固，去蜀险远，当须运粮。羌夷患维劳役，必未肯附。今围而取之，可不血刃而拔其城。虽其有救，山道阻险，非行兵之地也。"淮从泰计，使泰率讨蜀护军徐质、南安太守邓艾等进兵围之，断其运道及城外流水。安等挑战，不许，将士困窘，分粮聚雪以稽日月。维果来救，出自牛头山，与泰相对。泰曰："兵法贵在不战而屈人。今绝牛头，维无反道，则我之禽也。"敕诸军各坚垒勿与战，遣使白淮，欲自南渡白水，循水而东，使淮趣牛头，截其还路，可并取维，不惟安等而已。淮善其策，进率诸军军洮水。维惧，遁走，安等孤县，遂皆降。

淮薨，泰代为征西将军，假节，都督雍、凉诸军事。后年，雍州刺史王经白泰，云姜维、夏侯霸欲三道向祁山、石营、金城，求进兵为翅，使凉州军至枹罕，讨蜀护军向祁山。泰量贼势终不能三道，且兵势恶分，凉州未宜越境，报经："审其定问，知所趣向，须东西势合乃进。"时维等将数万人至枹罕，趣狄道。泰敕经进屯狄道，须军到，乃规取之。泰进军陈仓。会经所统诸军于故关与贼战不利，经辄渡洮。泰以经不坚据狄道，必有他变，并遣五营在前，泰率诸军继之。经已与维战，大败，以万余人还保狄道城，余皆奔散。维乘胜围狄道。泰军上邽，分兵守要，晨夜进前。邓艾、胡奋、王祕亦到，即与艾、祕等分为三军，进到陇西。

艾等以为："王经精卒破衄于西，贼众大盛，乘胜之兵既不可当，而将军以乌合之卒,继败军之后,将士失气,陇右倾荡。古人有言:'蝮蛇螫手,壮士解其腕。'《孙子》曰:'兵有所不击,地有所不守。'盖小有所失而大有所全故也。今陇右之害,过于蝮蛇,狄道之地,非徒不守之谓。姜维之兵,是所辟之锋。不如割险自保,观衅待弊,然后进救,此计之得者也。"泰曰:"姜维提轻兵深入,正欲与我争锋原野,求一战之利。王经当高壁深垒,挫其锐气。今乃与战,使贼得计,走破王经,封之狄道。若维以战克之威,进兵东向,据栎阳积谷之实,放兵收降,招纳羌、胡,东争关、陇,传檄四郡,此我之所恶也。而维以乘胜之兵,挫峻城之下,锐气之卒,屈力致命,攻守势殊,客主不同。兵书云:'修橹轒榅,三月乃成,拒堙三月而后已。'诚非轻军远入,维之诡谋仓卒所办。县军远侨,粮谷不继,是我速进破贼之时也,所谓疾雷不及掩耳,自然之势也。洮水带其表,维等在其内,今乘高据势,临其项领,不战必走。寇不可纵,围不可久,君等何言如此?"

遂进军度高城岭,潜行,夜至狄道东南高山上,多举烽火,鸣鼓角。狄道城中将士见救者至,皆愤踊。维始谓官救兵当须众集乃发,而卒闻已至,谓有奇变宿谋,上下震惧。自军之发陇西也,以山道深险,贼必设伏。泰诡从南道,维果三日施伏。①定军潜行,卒出其南。维乃缘山突至,泰与交战,维退还。凉州军从金城南至沃干阪。泰与经共密期,当共向其还路,维等闻之,遂遁,城中将士得出。经叹曰:"粮不至旬,向不应机,举城屠裂,覆丧一州矣。"泰慰劳将士,前后遣还,更差军守,并治城垒,还屯上邽。

① 臣松之案:此传云"谓救兵当须众集,而卒闻已至,谓有奇变,上下震惧",此则救至出于不意。若不知救至,何故伏兵深险乃经三日乎?设伏相伺,非不知之谓。此皆语之不通也。

初,泰闻经见围,以州军将士素皆一心,加得保城,非维所能卒倾。表上进军,晨夜速到还。众议以:"经奔北,城不足自固,维若断凉州之道,兼四郡民夷,据关、陇之险,敢能没经军而屠陇右。宜须大兵四集,乃致攻讨。"大将军司马文王曰:"昔诸葛亮常有此志,卒亦不能。事大谋远,非维所任也。且城非仓卒所拔,而粮少为急,征西速救,得上策矣。"泰每以一方有事,辄以虚声扰动天下,故希简白上事,驿书不过六百里。司马文王语荀顗曰:"玄伯沈勇能断,荷方伯之重,救将陷之城,而不求益兵,又希简上事,必能办贼故也。都督大将,不当尔邪!"

后征泰为尚书右仆射,典选举,加侍中光禄大夫。吴大将孙峻出淮、泗。以泰为镇军将军,假节,都督淮北诸军事,诏徐州监军已下受泰节度。峻退,军还,转为左仆射。诸葛诞作乱寿春,司马文王率六军军丘头,泰总署行台。司马景王、文王皆与泰亲友,及沛国武陔亦与泰善。文王问陔曰:"玄伯何如其父司空也?"陔曰:"通雅博畅,能以天下声教为己任者,不如也。明练简至,立功立事,过之。"泰前后以功增邑二千六百户,赐子弟一人亭侯,二人关内侯。景元元年薨,追赠司空,谥曰穆侯。①子恂嗣。恂薨,无嗣。弟温绍封。咸熙中开建五等,以泰著勋前朝,改封温为慎子。②

① 干宝《晋纪》曰:高贵乡公之杀,司马文王会朝臣谋其故。太常陈泰不至,使其

舅荀颉召之。颉至，告以可否。泰曰："世之论者，以泰方于舅，今舅不如泰也。"子弟内外咸共逼之，垂涕而入。王待之曲室，谓曰："玄伯，卿何以处我？"对曰："诛贾充以谢天下。"文王曰："为吾更思其次。"泰曰："泰言惟有进于此，不知其次。"文王乃不更言。◎《魏氏春秋》曰：帝之崩也，太傅司马孚、尚书右仆射陈泰枕帝尸于股，号哭尽哀。时大将军入于禁中，泰见之悲恸，大将军亦对之泣，谓曰："玄伯，其如我何？"泰曰："独有斩贾充，少可以谢天下耳。"大将军久之曰："卿更思其他。"泰曰："岂可使泰复发后言。"遂呕血薨。

臣松之案：本传，泰不为太常，未详干宝所由知之。孙盛改易泰言，虽为小胜。然检盛言诸所改易，皆非别有异闻，率更自以意制，多不如旧。凡记言之体，当使若出其口。辞胜而违实，固君子所不取，况复不胜而徒长虚妄哉？案《博物记》曰：太丘长陈寔、寔子鸿胪纪、纪子司空群、群子泰四世，于汉、魏二朝并有重名，而其德渐渐小减。时人为其语曰："公惭卿，卿惭长。"

② 案《陈氏谱》：群之后，名位遂微。谌孙佐，官至青州刺史。佐弟坦，廷尉。佐子准，太尉，封广陵郡公。准弟戴、征及从弟堪，并至大位。准孙逵，字林道，有誉江左，为西中郎将，追赠卫将军。

【译文】陈泰，字玄伯。青龙年间，授官散骑侍郎。正始年间，改任游击将军，任并州刺史，加官振威将军，使持节，任护匈奴中郎将，负责招徕安抚匈奴百姓，非常有威信。京师的达官贵人多托人给他捎来宝物，托陈泰购买奴婢，陈泰把这些东西挂在墙上，也不启封，等到被征召任尚书时，又将原物都奉还给他们。嘉平初年，代郭淮任雍州刺史，加官奋威将军。蜀国大将军姜维率兵靠麹山建立二城，并派牙门将句安和李歆等分别守卫二城，又聚集羌胡的人质来侵犯魏国诸郡。征西将军郭淮和陈泰商量着怎样抵御敌人，陈泰说："麹城虽然坚固，但离蜀国太远，路途艰险，必须不断运送粮草。羌民害怕姜维征用他们服徭役，一定不肯归附他们。现在去围攻他们，可以刀不溅血就攻下他们的城池。即使他们会增兵救援，但山道艰险，不便行军作战。"郭淮听从了陈泰的计策，派陈泰率领讨蜀护军徐质、南安太守邓艾等进军围攻麹城，又切断了他们的运输线路和城外的供水渠道。句安等向魏军挑战，魏军也不理睬，城内将士处境窘迫，定量配给粮食、积聚雪水来拖延时间。姜维果然来救援，姜维的援兵到达牛头山，和陈泰对峙。陈泰说："兵法贵在不战而使敌人屈服。现在我们在牛头山堵截，使姜维没有退路，他就要成为我们的俘虏了。"下令诸军坚固营垒，不和敌人交战，又派使者向郭淮请命，想亲自率兵南渡白水，沿水向东，让郭淮赶奔牛头山，截住敌人的退路，这样不仅可以攻击句安的军队，还可以直接进攻姜维。郭淮很赞赏他的计策，率诸军进发到洮水附近。姜维害怕，率军逃走，句安等势单力薄，便都降了魏国。

郭淮去世，陈泰代替郭淮任征西将军，持符节总领雍、凉二州军事。后年，雍州刺史王经禀告陈泰，说姜维、夏侯霸要分三路向祁山、石营和金城进兵，请求进军为侧翼，并派凉州军队到枹罕，以讨伐进兵祁山的蜀国护军。陈泰估计敌人的实力不可能分为三路，而且用兵忌讳分散兵力，凉州不宜越境攻击敌人，于是回报王经说："已探听到敌人的确切消息，知道了他们的动向，等到东西军队汇合后再进军。"当时姜维等率领数万人到枹罕，并急奔狄道而来。陈泰当即下令王经进兵，驻扎在狄道，等魏国大军到后，再商议进攻敌人的计策。陈泰进军陈仓。恰巧王经率领的军队在故关和敌人遭遇，战斗失利，王经便渡过了洮水。陈泰因王经不能坚守狄道，担心会发生意外的变故，又派了五营的兵力立即出发，陈泰率领诸军也随后出发。王经已和姜维交锋，被蜀军打得大败，只率一万多人退守狄道城，其余士兵都四散而逃。姜维乘胜包围了狄道。陈泰驻扎在上邽，分兵把守住险要，并连夜抢占了有利的地形。邓艾、胡奋、王祕也到了，陈泰立即和邓艾、王祕等分兵三路，进兵到陇西。

邓艾等认为："王经率领的精兵在西部惨遭失败，敌人士气更加旺盛，乘胜的军队是不可抵挡的，而将军率乌合之众，又刚刚作战失利，士气衰落，陇右都十分震惊。古人有句话：'毒蛇咬了手，壮士就把手砍掉。'《孙子兵法》上说：'军队有不攻击的敌人，也有不守卫的地方。'这大概是以小的损失来保全大局的缘故。现在陇右的灾难，比毒蛇咬手还要严重，狄道这地方，不仅仅是守不守的问题。对姜维的军队，应当躲避他的锋芒。不如据险坚守，观察敌人的破绽，等待敌人疲敝，然后再进军救援，这才是取胜的办法。"陈泰说："姜维率轻兵深入，正想和我们在原野上较量，希望一战得胜。王经应当坚固壁垒，不和他们交战，以挫伤他们的锐气。如今已和敌人交战，就使敌人计策得逞，打败了王经，围困了狄道。如果姜维乘胜向东进军，又占据了有大量存粮的栎阳，命令士兵四处招降溃散的士卒，结交羌、胡等少数民族，在东面和我们争夺关、陇，并向四郡发布檄文，这是我们最不能容忍的事。而姜维率领得胜的士兵，如在高城下受到挫败，我们的士气就会高涨起来，拼命与敌人战斗，进攻防守的形势不同，主客的形势不同。兵书上说：'制造大盾牌和攻城用的车子，需要三个月时间，建造土山则需要更长的时间。'这确实不是轻军深入的姜维所能仓促办到的。姜维孤军深入到我国境内，粮草接济不上，这是我们迅速进攻敌人的好时机，这就是所渭的以迅雷不及掩耳之势，必能取得胜利。洮水环绕狄道，姜维的军队在其中，现在我们登在高处，占据了有利地形，掐住了敌人的咽喉，不用战斗，敌人就一定会撤走。不能放纵敌人，不能长久围攻敌人，你们这些人为什么要这样说呢？"

于是魏军出发了，越过了高城岭，悄悄行军，黑夜里来到了狄道东南面的高山上，让士兵多点烽火，擂起战鼓，吹起号角。狄道城中将士看见救兵到了，都很振奋。姜维开始认为魏国救兵要等到众兵集合后才能出发，现在突然听说魏国援兵已经到了，认为一定是魏军事先预谋的圈套，蜀军上下都很恐惧。魏国军队从陇西出发时，因山道艰险，预料敌人一定会设下埋伏。陈泰假装要从南道进军，姜维果然连续三天安排伏兵。陈泰军悄悄前进，突然出现在狄道南面。于是，姜维沿山袭击陈泰军，陈泰和他交战，姜维退了回去。凉州军队从金城南来到沃干阪。陈泰和王经秘密约定日期，要共同堵住姜维的退路，姜维等听说魏国的计划后，就逃走了，狄道城中将士才得以出城。王经感叹地说："粮食已不够吃十天的，假如不及时来救，全城人就要被消灭，雍州也会沦亡。”陈泰慰劳将士，将他们分批送回，另外派人来戍守，并修缮城垒，陈泰回师驻扎在上邽。

当初，陈泰听说王经被围困，认为州军将士平素都很团结，让他们守卫城池，姜维一时不能攻破。上表奏知朝廷后即刻发兵日夜赶奔狄道救援。众臣议论这次战役，认为：“王经大败之后，肯定守不住狄道城，姜维如果切断凉州与内地来往的道路，兼并四郡的百姓以及羌、胡等少数民族，再占据关陇地区的险要之地，一定能消灭王经的军队，屠灭陇右。应当等到大兵从四面集合后，才能攻打姜维。”大将军司马文王说：“从前诸葛亮常有这个志向，但最终未能实现。这样的大事业大谋略，不是姜维所能胜任的。而且狄道城不是仓促之间能攻破的，粮食少是当务之急，征西将军迅速救援，这是上策。”陈泰每每看到，一方有了战事，就以此虚张声势扰动天下，他对此颇不以为然，所以他很少向上级举奏，驿站送的加急信件不超过六百里。文王司马昭对荀顗说：“陈玄伯沉着勇敢，有判断力，能担负守卫一方的重任，解救将要攻陷的城池，却不要求增兵，又很少上奏朝廷，是因为他一定有把握战胜敌人。都督大将，难道不应当这样吗！”

后来征召陈泰任尚书右仆射，掌管官吏选举，加官侍中光禄大夫。吴国大将孙峻出兵淮水、泗水地区。魏国以陈泰为镇南将军，授予符节，都督淮北的军事，诏令徐州监军以下都接受陈泰的调遣。孙峻退兵后，陈泰也退兵，转任左仆射。诸葛诞在寿春谋反，司马文王率六军驻扎在丘头，陈泰总领随行的尚书台。景王司马师、文王司马昭都和陈泰亲近友善，沛国武陔也和陈泰友善。司马文王问武陔说：“玄伯和他父亲司空陈群比怎么样？”武陔说：“见解通达，行为雅正，知识广博，能以国家的声威和教化为己任，玄伯不如他父亲。深识大体，务行简易，立功成事，又超过了他父亲。”陈泰前后因功增加封邑二千六百户，赐子弟一人为亭侯，二人为关内侯。景元元年去世，追赠为司空，谥号穆侯。儿子陈恂继承爵位。陈恂死后，没有后嗣。弟弟陈温接续爵位。咸熙中期建立五等爵，因陈泰在前朝功勋卓著，改封陈温为慎子。

陈矫

【原文】陈矫，字季弼，广陵东阳人也。避乱江东及东城，辞孙策、袁术之命，还本郡。太守陈登请为功曹，使矫诣许，谓曰：“许下论议，待吾不足，足下相为观察，还以见诲。”矫还曰：“闻远近之论，颇谓明府骄而自矜。”登曰：“夫闺门雍穆，有德有行，吾敬陈元方兄弟；渊清玉洁，有礼有法，吾敬华子鱼；清修疾恶，有识有义，吾敬赵元达；博闻强记，奇逸卓荦，吾敬孔文举；雄姿杰出，有王霸之略，吾敬刘玄德。所敬如此，何骄之有！余子琐琐，亦焉足录哉？”登雅意如此，而深敬友矫。

郡为孙权所围于匡奇，登令矫求救于太祖。矫说太祖曰：“鄙郡虽小，形便之国也，若蒙救援，使为外藩，则吴人剉谋，徐方永安，武声远震，仁爱滂流，未从之国，望风景附。崇德养威，此王业也。”太祖奇矫，欲留之。矫辞曰：“本国倒悬，本奔走告急，纵无申胥之效，敢忘弘演之义乎？”[①] 太祖乃遣赴救。吴军既退，登多设间伏，勒兵追奔，大破之。

① 刘向《新序》曰：齐桓公求婚于卫，卫不与，而嫁于许。卫为狄所伐，桓公不救，至于国灭君死。懿公尸为狄人所食，惟有肝在。懿公有臣曰弘演，适使反，致命于肝曰："君为其内，臣为其外。"乃刳腹内肝而死。齐桓公曰："卫有臣若此而尚灭，寡人无有，亡无日矣！"乃救卫，定其君。

太祖辟矫为司空掾属，除相令，征南长史，彭城、乐陵太守，魏郡西部都尉。曲周民父病，以牛祷，县结正弃市。矫曰："此孝子也。"表赦之。迁魏郡太守。时系囚千数，至有历年。矫以为："周有三典之制，汉约三章之法，今惜轻重之理，而忽久系之患，可谓谬矣。"悉自览罪状，一时论决。大军东征，入为丞相长史。军还，复为魏郡，转西曹属。从征汉中，还为尚书。行前未到邺，太祖崩洛阳，群臣拘常，以为太子即位，当须诏命。矫曰："王薨于外，天下惶惧。太子宜割哀即位，以系远近之望。且又爱子在侧，彼此生变，则社稷危矣。"即具官备礼，一日皆办。明旦，以王后令，策太子即位，大赦荡然。文帝曰："陈季弼临大节，明略过人，信一时之俊杰也。"帝既践阼，转署吏部，封高陵亭侯，迁尚书令。明帝即位，进爵东乡侯，邑六百户。车驾尝卒至尚书门，矫跪问帝曰："陛下欲何之？"帝曰："欲案行文书耳。"矫曰："此自臣职分，非陛下所宜临也。若臣不称其职，则请就黜退。陛下宜还。"帝惭，回车而反。其亮直如此。[①] 加侍中光禄大夫，迁司徒。景初元年薨，谥曰贞侯。[②]

① 《世语》曰：刘晔以先进见幸，因谮矫专权。矫惧，以问长子本，本不知所出。次子骞曰："主上明圣，大人大臣，今若不合，不过不作公耳。"后数日，帝见矫，矫又问二子，骞曰："陛下意解，故见大人也。"既入，尽日，帝曰："刘晔构君，朕有以迹君，朕心故已了。"以金五饼授之，矫辞。帝曰："岂以为小惠？君已知朕心，顾君妻子未知故也。"帝忧社稷，问矫："司马公忠正，可谓社稷之臣乎？"矫曰："朝廷之望，社稷，未知也。"

② 《魏氏春秋》曰：矫本刘氏子，出嗣舅氏而婚于本族。徐宣每非之，庭议其阙。太祖惜矫才量，欲拥全之，乃下令曰："丧乱已来，风教雕薄，谤议之言，难用褒贬。自建安五年已前，一切勿论。其以断前诽议者，以其罪罪之。"

子本嗣，历位郡守、九卿。所在操纲领，举大体，能使群下自尽。有统御之才，不亲小事，不读法律而得廷尉之称，优于司马岐等，精练文理。迁镇北将军，假节，都督河北诸军事。薨，子粲嗣。本弟骞，咸熙中为车骑将军。[①]

① 案《晋书》曰：骞，字休渊，为晋佐命功臣，至太傅，封高平郡公。

初，矫为郡功曹，使过泰山。泰山太守东郡薛悌异之，结为亲友。戏谓矫曰："以郡吏而交二千石，邻国君屈从陪臣游，不亦可乎！"悌后为魏郡及尚书令，皆承代矫云。[①]

① 《世语》曰：悌，字孝威。年二十二，以兖州从事为泰山太守。初，太祖定冀州，以悌及东平王国为左右长史，后至中领军，并悉忠贞练事，为世吏表。

【译文】陈矫，字季弼，广陵郡东阳县人。在江东和东城躲避战乱时，辞掉了孙策和袁术的征召，回到本郡。太守陈登请他任功曹，并派陈矫到许昌，对他说："许昌人好评论人物,有批评我不足的地方,您替我留意一下,回来转告我。”陈矫回来说:“我听了远近不少人的议论,都说您骄傲自大。”陈登说:“内室清静和睦,德行兼备,我敬佩陈元方兄弟;冰清玉洁,行动有礼有法,我敬佩华子鱼;修身养性,痛恨丑恶,有胆有识,我敬佩赵元达;博学多才,卓尔不群,我敬佩孔文举;雄姿英发,才智出众,有建立王霸事业的谋略,我敬佩刘玄德。我这样敬佩他们,还有什么骄傲自大!那些人絮絮叨叨,怎值得去听信呢?”陈登平常的想法确实如此,而且非常尊敬和友善陈矫。

孙权围攻广陵郡匡奇时,陈登令陈矫去向太祖曹操求救。陈矫劝说太祖说:“我们郡地方虽狭小,但地势险要,如果能得到您的援救,使它成为您的外藩,就能挫败吴国人的阴谋,徐州可以永远安定,您威武的名声震动远方,仁爱之心传播四方,还未归服您的郡县,就会望风来归附您。崇高德惠,培养威严,这样才可以建立王业。”太祖很惊奇陈矫的才智,想留下他在许昌任职。陈矫推辞说:“我们的郡县面临着危亡,我本意是来向您告急求援的,纵然没有楚国申胥搬取救兵的本领,又怎敢忘记卫国弘演的义举呢?”于是,太祖就派兵赴匡奇救援。吴军撤退时,陈登在多处设下埋伏,亲自率兵追击敌人,大败吴国军队。

太祖征召陈矫任司空掾属,任相令,征南将军长史,彭城、乐陵太守,魏郡西部都尉。曲周一男子的父亲病了,这男子杀牛为他父亲祈祷福寿,根据当时保护耕牛的法令,县官判他抛尸街头的死罪。陈矫说:“这是孝子呀!”上表请求赦免了他。后升任魏郡太守。当时魏郡关押的囚犯有一千多人,有的关押了一年多还未判决。陈矫认为:“周代有三典法,汉代有约法三章,现在只重视判罪的轻重,却忽视了长时间关押的恶果,这真是谬误的呀。”他亲自阅读全部罪案,当时就做出了判决。大军东征时,进京任丞相长史。回师后,又任魏郡太守,转任西曹属。跟随太祖征伐汉中,回来后任尚书。太祖未到邺,死在洛阳,群臣拘泥常规,认为太子即位应当有诏书的任命。陈矫说:“大王死在外面,天下惶恐。太子应当节哀,马上即王位,以安定天下的人心。况且太祖宠爱的儿子就在旁边,如果发生争夺王位的灾变,国家就危险了。”当即就召来百官,准备登基仪式,一天就筹办好了。第二天早上,以王后的命令,策太子即位,大赦天下,一切仪式圆满结束。文帝说:“陈季弼面临大事,头脑清醒,谋略过人,确实是一时的俊杰。”文帝即皇帝位后,陈矫转吏部任职,封高陵亭侯,升任尚书令。明帝即位后,晋爵为东乡侯,封邑六百户。明帝有一次突然乘车来到尚书台门前,陈矫跪下问明帝:“陛下想要去哪里?”明帝说:“不过想看看文书罢了。”陈矫说:“这是臣的职责,不是陛下应当亲自做的。如果臣不称职,就请陛下罢免我。陛下应当回去。”明帝很惭愧,掉转车头就回去了。他的诚信正直大都像这样。又加官侍中光禄大夫,升任司徒。景初元年去世,谥号贞侯。

儿子陈本继承爵位,官历郡守、九卿等职。任职期间把握国家的法制,举办大事,能使属下尽量发挥自己的才干。陈本有领导才干,不过问小事,不读法律却得到了廷尉的官职,比司马岐等政绩好,熟习法令制度。又升任镇北将军,持符节都督河北诸军事。陈本死后,儿子陈粲承嗣。陈本的弟弟陈骞,咸熙年间任车骑将军。

当初，陈矫任郡功曹时，出使路过泰山。泰山郡太守东郡人薛悌惊奇他的才能，与陈矫结为亲密的朋友。开玩笑对陈矫说："您是一个郡吏，却结交了一个二千石的郡守，就像是邻国的君主屈尊随陪臣游玩，不也是可以的吗！"薛悌后来任魏郡太守和尚书令，都是接替陈矫的官职。

徐宣

【原文】徐宣，字宝坚，广陵海西人也。避乱江东，又辞孙策之命，还本郡。与陈矫并为纲纪，二人齐名而私好不协，然俱见器于太守陈登，与登并心于太祖。海西、淮浦二县民作乱，都尉卫弥、令梁习夜奔宣家，密送免之。太祖遣督军扈质来讨贼，以兵少不进。宣潜见责之，示以形势，质乃进破贼。太祖辟为司空掾属，除东缗、发干令，迁齐郡太守，入为门下督。从到寿春，会马超作乱，大军西征，太祖见官属曰："今当远征，而此方未定，以为后忧，宜得清公大德以镇统之。"乃以宣为左护军，留统诸军。还，为丞相东曹掾，出为魏郡太守。太祖崩洛阳，群臣入殿中发哀。或言可易诸城守，用谯、沛人。宣厉声曰："今者远近一统，人怀效节，何必谯、沛，而沮宿卫者心。"文帝闻曰："所谓社稷之臣也。"帝既践阼，为御史中丞，赐爵关内侯，徙城门校尉，旬月迁司隶校尉，转散骑常侍。从至广陵，六军乘舟，风浪暴起，帝船回倒，宣病在后，陵波而前，群寮莫先至者。帝壮之，迁尚书。

明帝即位，封津阳亭侯，邑二百户。中领军桓范荐宣曰："臣闻帝王用人，度世授才，争夺之时，以策略为先，分定之后，以忠义为首。故晋文行舅犯之计而赏雍季之言，① 高祖用陈平之智而托后于周勃也。窃见尚书徐宣，体忠厚之行，秉直亮之性，清雅特立，不拘世俗，确然难动，有社稷之节，历位州郡，所在称职。今仆射缺，宣行掌后事，腹心任重，莫宜宣者。"帝遂以宣为左仆射，后加侍中光禄大夫。车驾幸许昌，总统留事。帝还，主者奏呈文书。诏曰："吾省与仆射何异？"竟不视。尚方令坐猥见考竟，宣上疏陈威刑太过，又谏作宫殿穷尽民力，帝皆手诏嘉纳。宣曰："七十有县车之礼，今已六十八，可以去矣。"乃固辞疾逊位，帝终不许。青龙四年薨，遗令布衣疏巾，敛以时服。诏曰："宣体履至实，直内方外，历在三朝，公亮正色，有托孤寄命之节，可谓柱石臣也。常欲倚以台辅，未及登之，惜乎大命不永！其追赠车骑将军，葬如公礼。"谥曰贞侯。子钦嗣。

①《吕氏春秋》曰：昔晋文公将与楚人战于城濮，召咎犯而问曰："楚众我寡，奈何而可？"咎犯对曰："臣闻繁礼之君，不足于文，繁战之君，不足于诈，君亦诈之而已。"文公以咎犯言告雍季，雍季曰："竭泽而渔，岂不得鱼，而明年无鱼。焚薮而田，岂不得兽，而明年无兽。诈伪之道，虽今偷可，后将无复，非长术也。"文公用咎犯之言，而败楚人于城濮。反而为赏，雍季在上。左右谏曰："城濮之功，咎犯之谋也。君用其言而后其身，或者不可乎！"文公曰："雍季之言，百代之利也；咎犯之言，一时之务也。焉有以一时之务，先百代之利乎？"

【译文】徐宣，字宝坚，广陵郡海西县人。到江东躲避战乱，辞去了孙策的聘任，回到本郡。和陈矫都在郡里任要职，两人齐名但爱好不同，都受到太守陈登的器重，又和陈登一起拥护太祖。海西、淮浦二县百姓作乱，都尉卫弥和县令梁习深夜里逃到徐宣家，徐宣秘密将他们护送出境，才免受杀害。太祖曹操派督军扈质来讨伐叛民，扈质因兵少犹豫不前。徐宣暗地里去见扈质并责问他为什么不快点进军，又向他讲清了形势，扈质于是进军打败叛军。太祖征召他任司空掾属，历任东缗和发干县令，升任齐郡太守，进京任门下督。跟随太祖到寿春，恰逢马超叛乱，魏大军征讨马超，太祖召见官属说："现在我要率兵远征，而这一地区还未平定，是我的后顾之忧，应当选一个清廉公正有德行的人在这里镇守。"于是以徐宣为左护军，留下他统领诸军。回京后，任丞相东曹掾，出任魏郡太守。太祖死在洛阳，群臣进殿中吊唁致哀。有人提出应更换各城守卫的长官，要改用曹操的同乡谯人和沛人。徐宣厉声说："现在国家统一，人人忠心报效国家，为什么一定要用谯人和沛人，而让各城的守卫将领寒心。"文帝听了徐宣的话说："这就是平日所说的国家大臣呀！"文帝即皇帝位后，徐宣任御史中丞，赐爵关内侯，改任城门校尉，一个月后升任司隶校尉，又转任散骑常侍。他曾跟随文帝到广陵，六军乘船前进，突然风浪大作，文帝乘的船被刮了回去，徐宣不愿落在后面，顶风破浪前进，第一个到达目的地。文帝非常赞赏他的勇敢，升任尚书。

魏明帝曹叡即位，封徐宣为津阳亭侯，食邑二百户。中领军桓范向明帝推荐徐宣说："臣听说帝王用人，要审时度势，任命有用的人才，争夺天下时，以策略为先，平定天下以后，以忠义为首。所以晋文公使用舅犯的计策却奖赏雍季的正义之言，汉高祖用陈平的计策却把幼主托付给周勃。我私下认为尚书徐宣，为人忠厚，生性正直，高雅卓越，不受世俗的拘束，坚定不移，忠心于国家，历任州郡长官，都很称职。现在仆射空缺，徐宣可以代掌仆射的事务，仆射位处机密，责任重大，没有比徐宣更合适的人选了。"于是，明帝以徐宣为左仆射，后又加官侍中光禄大夫。明帝去许昌时，徐宣总管京师的政务。明帝回京后，尚书主者向皇帝奏呈文书。明帝下诏说："我审阅与徐仆射审阅有什么不同？"最终不看奏折。尚方令因滥造器物被拷打致死，徐宣上疏指出刑法过于残酷，又上疏劝阻兴建宫殿，以免耗费民力，明帝都亲自写诏书嘉奖他，并接受了他的意见。徐宣说："礼制规定七十岁应离官去职，现在我已六十八岁，可以离开官职了。"于是坚持托病让位，明帝始终不答应。青龙四年去世，嘱家人要用布衣粗巾，以当时通行的丧服装殓他。明帝下诏说："徐宣诚实正直，表里如一，历位三朝，清廉公正，有托孤辅佐的节操，可谓是国家柱石般的大臣。我常想让他担任三公的职务，倚重他，还未来得及提拔，可惜他就去世了！追赠他为车骑将军，葬礼按公爵的规格举行。"谥号贞侯。儿子徐钦承嗣。

卫臻

【原文】卫臻，字公振，陈留襄邑人也。父兹，有大节，不应三公之辟。太祖之初至陈留，兹曰："平天下者，必此人也。"太祖亦异之，数诣兹议大事。从讨董卓，战于荥阳而卒。太祖每涉郡境，辄遣使祠焉。[1] 夏侯惇为陈留太守，举臻计吏，命妇出宴，臻以为:“末世之俗,非礼之正。”惇怒,执臻,既而赦之。后为汉黄门侍郎。东郡朱越谋反,引臻。太祖令曰:“孤与卿君同共举事,加钦令问。始闻越言,固自不信。及得荀令君书,具亮忠诚。”会奉诏命,聘贵人于魏,因表留臻参丞相军事。追录臻父旧勋,赐爵关内侯,转为户曹掾。文帝即王位,为散骑常侍。及践阼,封安国亭侯。时群臣并颂魏德,多抑损前朝。臻独明禅授之义,称扬汉美。帝数目臻曰:“天下之珍,当与山阳共之。”迁尚书,转侍中、吏部尚书。帝幸广陵,行中领军,从。征东大将军曹休表得降贼辞“孙权已在濡须口”。臻曰:“权恃长江,未敢抗衡,此必畏怖伪辞耳。”考核降者,果守将诈所作也。

①《先贤行状》曰:兹,字子许。不为激诡之行,不徇流俗之名。明虑渊深,规略宏远。为车骑将军何苗所辟,司徒杨彪再加旌命。董卓作乱,汉室倾荡,太祖到陈留,始与兹相见,遂同盟,计兴武事。兹答曰:“乱生久矣,非兵无以整之。”且言:“兵之兴者,自今始矣。”深见废兴,首赞弘谋。合兵三千人,从太祖入荥阳,力战终日,失利,身殁。◎《郭林宗传》曰:兹弱冠与同郡圈文生俱称盛德。林宗与二人共至市,子许买物,随价雠直,文生訾呵,减价乃取。林宗曰:“子许少欲,文生多情,此二人非徒兄弟,乃父子也。”后文生以秽货见损,兹以烈节垂名。

明帝即位,进封康乡侯,后转为右仆射,典选举如前,加侍中。中护军蒋济遗臻书曰:“汉祖遇亡虏为上将,周武拔渔父为太师。布衣厮养,可登王公,何必守文,试而后用?”臻答曰:“古人遗智慧而任度量,须考绩而加黜陟。今子同牧野于成、康,喻断蛇于文、景,好不经之举,开拔奇之津,将使天下驰骋而起矣。”诸葛亮寇天水,臻奏:“宜遣奇兵入散关,绝其粮道。”乃以臻为征蜀将军,假节,督诸军事,到长安,亮退。还,复职,加光禄大夫。是时,帝方隆意于殿舍,臻数切谏。及殿中监擅收兰台令史,臻奏案之。诏曰:“殿舍不成,吾所留心,卿推之何?”臻上疏曰:“古制侵官之法,非恶其勤事也,诚以所益者小,所堕者大也。臣每察校事,类皆如此,惧群司将遂越职,以至陵迟矣。”亮又出斜谷,征南上:“朱然等军已过荆城。”臻曰:“然,吴之骁将,必下从权,且为势以缀征南耳。”权果召然入居巢,进攻合肥。帝欲自东征,臻曰:“权外示应亮,内实观望。且合肥城固,不足为虑。车驾可无亲征,以省六军之费。”帝到寻阳而权竟退。

幽州刺史毌丘俭上疏曰:“陛下即位已来,未有可书。吴、蜀恃险,未可卒平,聊可以此方无用之士克定辽东。”臻曰:“俭所陈皆战国细术,非王者之事也。吴频岁称兵,寇乱边境,而犹案甲养士,未果寻致讨者,诚以百姓疲劳故也。且渊生长海表,相承三世,外抚戎夷,内修战射,而俭欲以偏军长驱,朝至夕卷,知其妄矣。”俭行,军遂不利。

臻迁为司空,徙司徒。正始中,进爵长垣侯,邑千户,封一子列侯。初,太祖久不立太子,而方奇贵临菑侯。丁仪等为之羽翼,劝臻自结,臻以大义拒之。及文帝即位,东海王霖有宠,帝问臻:“平原侯何如?”臻称明德美而终不言。曹爽辅政,使夏侯玄宣指,欲引臻入守尚书令,及为弟求婚,皆不许。固乞逊位。诏曰:“昔干木偃息,义压强秦;留侯颐神,不忘楚事。谠言嘉谋,望不吝焉。”赐宅一区,位特进,秩如三司。薨,追赠太尉，谥曰敬侯。子烈嗣，咸熙中为光禄勋。[1]

① 臣松之案旧事及《傅咸集》，烈终于光禄勋。烈二弟京、楷，皆二千石。楷子权，字伯舆。晋大司马汝南王亮辅政，以权为尚书郎。傅咸与亮笺曰："卫伯舆贵妃兄子，诚有才章，应作台郎，然未得东宫官属。东宫官属，前患杨骏，亲理塞路，今有伯舆，复越某作郎。一犬吠形，群犬吠声，惧于群吠，遂至回听。"权作左思《吴都赋》叙及注，叙粗有文辞，至于为注，了无所发明，直为尘秽纸墨，不合传写也。

【译文】卫臻，字公振，陈留郡襄邑人。父亲卫兹，有品行识大体，不接受当时三公大臣的征召。太祖曹操刚到陈留，卫兹说："能平定天下的一定是这个人。"太祖对他也感到很惊奇，曾屡次去拜访他，一起商谈国家大事。他跟随太祖讨伐董卓，在荥阳战死。太祖每次一到陈留境内，就派使者去祭祀他。夏侯惇任陈留太守，推荐卫臻任计吏，让妇人出席宴会，卫臻认为："这是没落时代的风俗，不是正礼。"夏侯惇因此大怒，拘捕了卫臻，不久又放了他。后来出任汉朝的黄门侍郎。东郡人朱越谋反，供出卫臻。太祖下令说："我和你父亲共同发动大事，我对他很钦敬。开始听到朱越的口供，本来我就不相信。及至得到荀令君的书信，更证实了你的忠诚正直。"恰巧这时卫臻接到汉皇帝诏书，命令他到魏地去聘娶贵人，太祖乘机上表，要求留下卫臻任参丞相军事。追录卫臻父亲过去功勋，赐卫臻爵关内侯，转任户曹掾。文帝即王位后，任散骑常侍。等到文帝即皇帝位，封卫臻为安国亭侯。当时群臣都称颂魏国的功德，又多贬低前朝。只有卫臻申明汉献帝禅让帝位的义举，称颂汉代的美德。文帝几次注视卫臻说："天下的珍宝，我要和山阳公一起享有。"升任尚书，转任侍中、吏部尚书。文帝驾临广陵，卫臻代理中领军，随从文帝。征东大将军曹休上表，说已得到吴国来投降的人的口供"孙权已在濡须口了"。卫臻说："孙权凭借长江天险，还不敢和我们抗衡，这一定是因害怕而假造的舆论。"仔细询问来降的人，果然是守将编造的。

魏明帝即位，晋封卫臻为康乡侯，后转任右仆射，掌管官吏选举，仍如以前，加官侍中。中护军蒋济给卫臻写信说："汉高祖任用逃亡的罪人为上将，周武王提拔打渔翁为太师。平民和奴仆都可以做王公，何必非得遵守成法，试验后才任用呢？"卫臻回答说："古人不是凭借智慧而是依据制度来选拔官吏，必须考核政绩然后才决定职务的升降。现在你所处的时代，和牧野之战后的周成王、周康王时代相同，和汉高祖平定天下以后的汉文帝、汉景帝时代一样，如果不按制度办事，开了随意任用官吏的先例，将会使天下人因竞相争夺功名以致天下大乱。"诸葛亮入侵天水，卫臻上奏说："应派奇兵进入散关，断绝敌人的粮道。"魏国就以卫臻为征蜀将军，授予符节，总领军事，大军行到长安，诸葛亮已经退兵。卫臻回京后，仍任原职，并加官光禄大夫。这时，明帝正要大兴土木建造宫殿，卫臻曾多次恳切劝谏。后来殿中监擅自逮捕了兰台令史，卫臻上奏朝廷，请求治他的罪。明帝下诏说："宫殿已经不建了，我已留心这件事。关于殿中监你认为该怎么办？"卫臻上疏说："古时制定侵犯官吏的法令，不是嫌他们多事，实在是因为这样做弊大于利。臣每每观察这类事，大致都是如此，我担心各司将因此超越职权，以致政治衰败。"诸葛亮又出兵斜谷，征南将军上表说："朱然等人的军队已过了荆城。”卫臻说：“朱然是吴国的猛将，一定会跟随着孙权作战的，这只是敌人故作姿态，佯攻征南将军罢了。”孙权果然召朱然将军队开入居巢，要进攻合肥。明帝想要亲自去东征，卫臻说：“孙权表面上要响应诸葛亮，其实他的内心持观望态度。况且合肥城防坚固，不必为合肥担忧。陛下也不必去亲征，这样就可以省下六军的费用。”明帝来到寻阳时，孙权就已撤兵了。

幽州刺史毌丘俭上疏说：“陛下即位以来，还没有什么功德可以记载。吴蜀两国仗着天险，也不能立即平定，暂且可用幽州闲着的士兵去攻打辽东。”卫臻说：“毌丘俭提出的策略是战国时代常用的小技巧，不是帝王应做的事情。吴国连年发兵，侵扰边境，而我们仍屯兵养士，没有立即攻打他们，这确实是因为百姓疲劳的缘故。况且公孙渊生长在海边，政权已沿袭三代了，对外招抚戎夷，对内练兵演武，而毌丘俭想以偏军长驱直入，一天就平定那里，这想法十分荒诞。”毌丘俭进军辽东果然失利。

卫臻升任司空，改任司徒。正始年间，晋爵长垣侯，封邑千户，封他的一个儿子为列侯。当初，太祖很长时间不立太子，而且当时非常宠爱临菑侯曹植。丁仪等为曹植的心腹，劝卫臻也结交曹植，卫臻用正义的言辞拒绝了他们。等到魏文帝即位，东海王曹霖受宠，文帝问卫臻：“平原侯怎么样？”卫臻称赞他德行美好，但这些言辞卫臻始终未对别人提起过。曹爽辅政时，派夏侯玄转达他的意思，想引荐卫臻进宫任尚书令，并为他弟弟求婚姻，卫臻都拒绝了他们。他坚持请求离官。明帝下诏说：“从前干木不做官，但他的高尚品质却压服了强大的秦国；留侯张良在家养病，仍不忘楚汉交战的形势。你若有正直的言论好的计谋，希望你不要吝惜。”又赐给他一幢住宅，官位特进，官秩如同三公。卫臻死后，追赠为太尉，谥号敬侯。儿子卫烈承嗣，咸熙年间任光禄勋。

卢毓

【原文】卢毓，字子家，涿郡涿人也。父植，有名于世。① 毓十岁而孤，遇本州乱，二兄死难。当袁绍、公孙瓒交兵，幽、冀饥荒，养寡嫂孤兄子，以学行见称。文帝为五官将，召毓署门下贼曹。崔琰举为冀州主簿。时天下草创，多逋逃，故重士亡法，罪及妻子。亡士妻白等，始适夫家数日，未与夫相见，大理奏弃市。毓驳之曰：“夫女子之情，以接见而恩生，成妇而义重。故《诗》云：‘未见君子，我心伤悲；亦既见止，我心则夷。’又，《礼》：‘未庙见之妇而死，归葬女氏之党，以未成妇也。’今白等生有未见之悲，死有非妇之痛，而吏议欲肆之大辟，则若同牢合卺之后，罪何所加？且《记》曰：‘附从轻。’言附人之罪，以轻者为比也。又，《书》云：‘与其杀不辜，宁失不经。’恐过重也。苟以白等皆受礼聘，已入门庭，刑之为可，杀之为重。”太祖曰：“毓执之是也。又引经典有意，使孤叹息。”由是为丞相法曹议令史，转西曹议令史。

①《续汉书》曰：植，字子干。少事马融，与郑玄同门相友。植刚毅有大节，常喟然有济世之志，不苟合取容，不应州郡命召。建宁中，征博士，出补九江太守，以病去官。作《尚书章句》《礼记解诂》。稍迁侍中、尚书。张角起，以植为北中郎将征角，失利抵罪。

顷之，复以为尚书。张让劫少帝奔小平津，植手剑责数让等，让等皆放兵，垂泣谢罪，遂自杀。董卓议欲废帝，众莫敢对，植独正言，语在《卓传》。植以老病去位，隐居上谷军都山，初平三年卒。太祖北征柳城，过涿郡，令告太守曰："故北中郎将卢植，名著海内，学为儒宗，士之楷模，乃国之桢干也。昔武王入殷，封商容之闾，郑丧子产而仲尼陨涕。孤到此州，嘉其余风。《春秋》之义，贤者之后，有异于人。敬遣丞掾修坟墓，并致薄醊，以彰厥德。"植有四子，毓最小。

魏国既建，为吏部郎。文帝践阼，徙黄门侍郎，出为济阴相，梁、谯二郡太守。帝以谯旧乡，故大徙民充之，以为屯田。而谯土地垸瘠，百姓穷困，毓愍之，上表徙民于梁国就沃衍，失帝意。虽听毓所表，心犹恨之，遂左迁毓，使将徙民为睢阳典农校尉。毓心在利民，躬自临视，择居美田，百姓赖之。迁安平、广平太守，所在有惠化。

青龙二年，入为侍中。先是，散骑常侍刘劭受诏定律，未就。毓上论古今科律之意，以为法宜一正，不宜有两端，使奸吏得容情。及侍中高堂隆数以宫室事切谏，帝不悦，毓进曰："臣闻君明则臣直，古之圣王恐不闻其过，故有敢谏之鼓。近臣尽规，此乃臣等所以不及隆。隆诸生，名为狂直，陛下宜容之。"在职三年，多所驳争。诏曰："官人秩才，圣帝所难，必须良佐，进可替否。侍中毓禀性贞固，心平体正，可谓明试有功，不懈于位者也。其以毓为吏部尚书。"使毓自选代，曰："得如卿者乃可。"毓举常侍郑冲，帝曰："文和，吾自知之，更举吾所未闻者。"乃举阮武、孙邕，帝于是用邕。

前此诸葛诞、邓飏等驰名誉，有四聪八达之诮，帝疾之。时举中书郎，诏曰："得其人与否，在卢生耳。选举莫取有名，名如画地作饼，不可啖也。"毓对曰："名不足以致异人，而可以得常士。常士畏教慕善，然后有名，非所当疾也。愚臣既不足以识异人，又主者正以循名案常为职，但当有以验其后。故古者敷奏以言，明试以功。今考绩之法废，而以毁誉相进退，故真伪浑杂，虚实相蒙。"帝纳其言，即诏作考课法。会司徒缺，毓举处士管宁，帝不能用。更问其次，毓对曰："敦笃至行，则太中大夫韩暨；亮直清方，则司隶校尉崔林；贞固纯粹，则太常常林。"帝乃用暨。毓于人及选举，先举性行，而后言才。黄门李丰尝以问毓，毓曰："才所以为善也，故大才成大善，小才成小善。今称之有才而不能为善，是才不中器也。"丰等服其言。

齐王即位，赐爵关内侯。时曹爽秉权，将树其党，徙毓仆射，以侍中何晏代毓。顷之，出毓为廷尉，司隶毕轨又枉奏免官。众论多讼之，乃以毓为光禄勋。爽等见收，太傅司马宣王使毓行司隶校尉，治其狱。复为吏部尚书，加奉车都尉，封高乐亭侯，转为仆射，故典选举，加光禄大夫。高贵乡公即位，进封大梁乡侯。封一子亭侯。毌丘俭作乱，大将军司马景王出征，毓纲纪后事，加侍中。正元三年，疾病，逊位。迁为司空，固推骠骑将军王昶、光禄大夫王观、司隶校尉王祥。诏使使者即授印绶，进爵封容城侯，邑二千三百户。甘露二年薨，谥曰成侯。孙藩嗣。毓子钦、珽，咸熙中钦为尚书，珽泰山太守。[①]

①《世语》曰：钦，字子若。珽，字子笏。钦泰始中为尚书仆射，领选，咸宁四年卒，追赠卫将军，开府。◎虞预《晋书》曰：钦少居名位，不顾财利，清虚淡泊，动修礼典。

同郡张华，家单少孤，不为乡邑所知，惟钦贵异焉。钦子浮，字子云。◎《晋诸公赞》曰：张华博识多闻，无物不知。浮高朗经博，有美于华，起家太子舍人，病疽，截手，遂废。朝廷器重之，就家以为国子博士，迁祭酒。永平中为秘书监。珽及子皓、志并至尚书。志子谌，字子谅。温峤表称谌清出有文思。◎《谌别传》曰：谌善著文章。洛阳倾覆，北投刘琨，琨以为司空从事中郎。琨败，谌归段末波。元帝之初，累召为散骑中书侍郎，不得南赴。永和六年，卒于胡中，子孙过江。妖贼帅卢循，谌之曾孙。

【译文】卢毓，字子家，涿郡涿县人。父亲卢植，在当时很有名声。卢毓十岁时就成了孤儿，遇上本州动乱，两个哥哥也死于战乱。袁绍和公孙瓒交战时，幽州、冀州发生饥荒，卢毓抚养着守寡的嫂子和侄儿，因学识和品行受到称颂。文帝为五官将时，召卢毓任门下贼曹之职。崔琰举荐他为冀州主簿。当时魏国正在创业时期，很多人都逃亡了，为了控制士兵，就加重了对逃亡士兵的惩罚，判罪还要连及妻子。有一个逃兵的妻子名白等，刚嫁到夫家没几天，还未能和丈夫相见，审案官就要判她弃市的死罪。卢毓驳斥说："女人的感情，和丈夫相见后才能产生，成为夫妇后感情才能加深，所以《诗经》说：'未见到丈夫时，我因想念父母心里伤悲；见到丈夫后，我的心就平静了。'《礼》中也说：'还未到庙里参见祖先的女子死了，就将这女子安葬在她的娘家，认为她还未成为妻子。'现在白等活着有未见到丈夫的伤感，死了有不是他妻子的痛苦，而官吏议论，要判她弃市的死刑，那么对那些已成为夫妻的人，又将怎样加重刑罚呢？而且《记》中也说：'从犯从轻。'意思是说从犯的罪行，要从轻判处。《书经》也说：'与其杀了无辜的人，宁肯犯从轻判罪的过失。'这是担心刑罚过重呀！假如因白等接受了礼聘，已进了她丈夫的家门，可以判她的刑，但要判她死刑就太重了。"太祖说："卢毓所持的意见是正确的。而且他还引经据典，使我为之感叹。"因此任卢毓为丞相法曹议令史，转任西曹议令史。

魏国建立以后，任吏部郎。文帝即皇帝位后，改任黄门侍郎，出任济阴相，又出任梁、谯二郡太守。文帝因为谯郡是自己的故乡，所以大规模迁徙百姓充实那里，并实行屯田。但谯郡土地贫瘠，百姓生活穷困，卢毓怜悯他们，上表请求迁徙百姓到梁国土地肥沃的地方，文帝因此很不高兴。虽然听从了卢毓的建议，但心里还很恨他，于是降了卢毓的职，让他管理迁徙的百姓，任睢阳典农校尉。卢毓一心为民谋利，亲自去视察，为百姓挑选肥沃的良田居住生产，百姓都信赖他。升任安平、广平太守，卢毓不论在哪里做官，都对百姓施行德政。

青龙二年，进京任侍中。在此之前，散骑常侍刘劭受诏制定法律，还未完成。卢毓上书论述古今法律的意义，认为法律只应有一种正确的含义，不应有两种解释，以便使奸吏们趁机营私舞弊。后来，侍中高堂隆屡次为建造宫殿的事恳切地劝阻明帝，明帝很不高兴，卢毓进言说："臣听说明主圣明，大臣才敢直言，古代的圣王唯恐听不到自己的过错，所以设立敢于谏诤的鼓。近臣都应该直言规劝，这就是臣等不如高堂隆的地方。高堂隆等儒生，号为狂妄直爽，陛下应该容忍他们。"任职三年，向明帝提出了许多好意见。明帝下诏说："根据人的才干授给他合适的官职，圣明的帝王也很难做到，还必须有好的辅佐大臣，帮助君主采纳好意见。侍中卢毓禀性坚贞，心地平和，行为端正，经过试用十分称职，在位从不懈怠。任命卢毓为吏部尚书。”明帝让卢毓自己推举一人代替他原来的职务，说：“能像你这样的人就可以。”卢毓举荐常侍郑冲，明帝说：“文和，我已知道他，你另外举荐我还未听说过的人吧。”于是举荐了阮武和孙邕，明帝任用了孙邕。

在此之前，诸葛诞、邓飏等名声很大，有四聪八达的说法，明帝对此很反感。当时选举中书郎，明帝下诏说：“能否选择合适的人，全在卢毓了。选举不要取有名的人，名声如同在地上画的饼，不能充饥。”卢毓回答说：“名声虽不足以招致奇才，却可以得到一般的士人。一般的士人循规蹈矩，一心向善，因此才有名，不应当憎恨他们。愚臣既然没有本事见识奇才，主持这件事的人又是根据名声和平常的品行进行选拔的，因此应当制定法令，检验他任职后的表现。所以古代的人上奏治理国家的意见，都把它放到实际中检验它的功效如何。现在考核成绩的法令废除了，只根据名声的好坏来决定使用与否，以致真假混杂，虚实不分。”明帝采纳了他的意见，当即下诏制定考课法。又值司徒空缺，卢毓就举荐了处士管宁，明帝没有任用管宁。明帝又问卢毓其次还有谁可以任用，卢毓回答说：“为人忠厚，德行高尚，则有太中大夫韩暨；正直清廉，则有司隶校尉崔林；忠贞守正，则有太常常林。”于是，明帝任用了韩暨。卢毓荐举和使用人才，都是先举出他的品行，然后才谈及他的才干。黄门李丰曾经问卢毓为什么要这样做，卢毓说：“才干是用来行善事的，所以大才干能成就大善事，小才干能成就小善事。现在称为有才干的人却不能行善事，这是一种不能任用的才干。”李丰等对他的见解很佩服。

齐王曹芳即位后，赐爵关内侯。当时曹爽掌权，想树立自己的党羽，调卢毓为仆射，以侍中何晏代替卢毓原来的职务。不久，又让卢毓出任廷尉，司隶毕轨又枉加罪名冤枉卢毓，致使卢毓免官。大臣多为他鸣不平，于是以卢毓为光禄勋。曹爽等被捕后，太傅宣王司马懿令卢毓代理司隶校尉，审理曹爽的案子。后又任吏部尚书，加官奉车都尉，封高乐亭侯，转任仆射，仍掌选举，加官光禄大夫。高贵乡公曹髦即位以后，晋封卢毓为大梁乡侯。封卢毓的一个儿子为亭侯。毌丘俭叛乱，大将军司马景王率兵出征，卢毓总领朝中的事务，加官侍中。正元三年，卢毓得病，辞去官位。又升为司空，他坚持推荐骠骑将军王昶、光禄大夫王观、司隶校尉王祥。皇帝下诏派使者当即授予他印绶，并晋升卢毓爵位，封为容城侯，食邑二千三百户。甘露二年去世，谥号成侯。孙子卢藩承嗣。卢毓的儿子卢钦、卢珽，咸熙年间卢钦任尚书，卢珽任泰山太守。

【原文】评曰：桓阶识睹成败，才周当世。陈群动仗名义，有清流雅望。泰弘济简至，允克堂构矣。魏世事统台阁，重内轻外，故八座尚书，即古六卿之任也。陈、徐、卫、卢，久居斯位，矫、宣刚断骨鲠，臻、毓规鉴清理，咸不忝厥职云。

【译文】评论说：桓阶深明成败的趋势，在当时是个全才。陈群做事本着道义，清高雅正，颇有声望。陈泰广泛救助别人，不苛责属下，能圆满地治理好公事。魏朝政事统归尚书台管理，重视内朝轻视外朝，所以八座尚书，就是古代的六卿。陈矫、徐宣、卫臻、卢毓，长时期担任这一职务，陈矫、徐宣刚毅果断正直，卫臻、卢毓善于劝谏，深明事理，他们都无愧于他们的职守。

卷二十三　魏书二十三

和常杨杜赵裴传第二十三

和洽

【原文】和洽，字阳士，汝南西平人也。举孝廉，大将军辟，皆不就。袁绍在冀州，遣使迎汝南士大夫。洽独以："冀州土平民强，英桀所利，四战之地。本初乘资，虽能强大，然雄豪方起，全未可必也。荆州刘表无他远志，爱人乐士，土地险阻，山夷民弱，易依倚也。"遂与亲旧俱南从表，表以上客待之。洽曰："所以不从本初，辟争地也。昏世之主，不可黩近，久而阽危，[①] 必有谗慝间其中者。"遂南度武陵。

① 臣松之案:《汉书·文纪》曰:"阽于死亡。"《食货志》曰:"阽危若是。"注曰:"阽音盐，如屋檐，近边欲堕之意也。"一曰"临危曰阽"。

太祖定荆州，辟为丞相掾属。时毛玠、崔琰并以忠清干事，其选用先尚俭节。洽言曰:"天下大器，在位与人，不可以一节俭也。俭素过中，自以处身则可，以此节格物，所失或多。今朝廷之议，吏有著新衣、乘好车者，谓之不清；长吏过营，形容不饰，衣裘敝坏者，谓之廉洁。至令士大夫故污辱其衣，藏其舆服；朝府大吏，或自挈壶餐以入官寺。夫立教观俗，贵处中庸，为可继也。今崇一概难堪之行以检殊涂，勉而为之，必有疲瘁。古之大教，务在通人情而已。凡激诡之行，则容隐伪矣。"[①]

① 孙盛曰：昔先王御世，观民设教，虽质文因时，损益代用，至于车服礼秩，贵贱等差，其归一揆。魏承汉乱，风俗侈泰，诚宜仰思古制，训以约简，使奢不陵肆，俭足中礼，进无蜉蝣之刺，退免采莫之讥，如此则治道隆而颂声作矣。夫矫枉过正则巧伪滋生，以克训下则民志险隘，非圣王所以陶化民物，闲邪存诚之道。和洽之言，于是允矣。

魏国既建，为侍中。后有白毛玠谤毁太祖，太祖见近臣，怒甚。洽陈玠素行有本，求案实其事。罢朝，太祖令曰："今言事者白玠不但谤吾也，乃复为崔琰觖望。此损君臣恩义，妄为死友怨叹，殆不可忍也。昔萧、曹与高祖并起微贱，致功立勋。高祖每在屈笮，二相恭顺，臣道益彰，所以祚及后世也。和侍中比求实之，所以不听，欲重参之耳。"洽对曰："如言事者言，玠罪过深重，非天地所覆载。臣非敢曲理玠以枉大伦也，以玠出群吏之中，特见拔擢，显在首职，历年荷宠，刚直忠公，为众所惮，不宜有此。然人情难保，要宜考核，两验其实。今圣恩垂含垢之仁，不忍致之于理，更使曲直之分不明，疑自近始。"太祖曰:"所以不考，欲两全玠及言事者耳。"洽对曰:"玠信有谤上之言，当肆之市朝;若玠无此，言事者加诬大臣以误主听。二者不加检核，臣窃不安。"太祖曰:"方有军事，安可受人言便考之邪？狐射姑刺阳处父于朝，此为君之诫也。"

太祖克张鲁，洽陈便宜，以时拔军徙民，可省置守之费。太祖未纳，其后竟徙民弃汉中。出为郎中令。文帝践阼，为光禄勋，封安城亭侯。明帝即位，进封西陵乡侯，邑二百户。

太和中，散骑常侍高堂隆奏："时风不至，而有休废之气，必有司不勤职事以失天常也。"诏书谦虚引咎，博咨异同。洽以为："民稀耕少，浮食者多。国以民为本，民以谷为命。故费一时之农，则失育命之本。是以先王务蠲烦费，以专耕农。自春夏以来，民穷于役，农业有废，百姓嚣然，时风不至，未必不由此也。消复之术，莫大于节俭。太祖建立洪业，奉师徒之费，供军赏之用，吏士丰于资食，仓府衍于谷帛，由不饰无用之宫，绝浮华之费。方今之要，固在息省劳烦之役，损除他余之务，以为军戎之储。三边守御，宜在备豫。料贼虚实，蓄士养众，算庙胜之策，明攻取之谋，详询众庶以求厥中。若谋不素定，轻弱小敌，军人数举，举而无庸，所谓'悦武无震'，古人之诫也。"

转为太常，清贫守约，至卖田宅以自给。明帝闻之，加赐谷帛。薨，谥曰简侯。子禽嗣。离弟逌，才爽开济，官至廷尉、吏部尚书。①

①《晋诸公赞》曰：和峤，字长舆，逌之子也。少知名，以雅重称。常慕其舅夏侯玄之为人，厚自封植，嶷然不群。于黄门郎迁中书令，转尚书。愍怀太子初立，以峤为少保，加散骑常侍。家产丰富，拟于王公，而性至俭吝。峤同母弟郁，素无名，峤轻侮之，以此为损。卒于官，赠光禄大夫。郁以公强当世，致位尚书令。

洽同郡许混者，许劭子也。清醇有鉴识，明帝时为尚书。①

①劭，字子将。《汝南先贤传》曰：召陵谢子微，高才远识，见劭年十八时，乃叹息曰："此则希世出众之伟人也。"劭始发明樊子昭于鬻帻之肆，出虞永贤于牧竖，召李淑才乡闾之间，擢郭子瑜鞍马之吏，援杨孝祖，举和阳士，兹六贤者，皆当世之令懿也。其余中流之士，或举之于淹滞，或显之乎童齿，莫不赖劭顾叹之荣。凡所拔育，显成令德者，不可殚记。其探擿伪行，抑损虚名，则周之单襄，无以尚也。劭宗人许栩，沉没荣利，致位司徒。举宗莫不匍匐栩门，承风而驱，官以贿成，惟劭不过其门。广陵徐孟玉来临汝南，闻劭高名，请为功曹。饕餮放流，洁士盈朝。袁绍公族好名，为濮阳长，弃官来还，有副车从骑，将入郡界，绍乃叹曰："吾之舆服，岂可使许子将见之乎？"遂单车而归。辟公府掾，拜鄢陵令，方正征，皆不就。避乱江南，所历之国，必翔而后集。终于豫章，时年四十六。有子曰混，显名魏世。

【译文】和洽，字阳士，汝南郡西平县人。被举荐为孝廉，后受大将军征召，都不肯就任。袁绍辖制冀州，派使者迎接汝南的士大夫。和洽偏偏认为："冀州土地平坦开阔，百姓富足强悍，是天下英雄豪杰志在必得，战火从四面烧来的要害之地。袁绍凭借着这种优势，即使能够强大起来，但当今天下群雄并起，他能否保全冀州还不一定。荆州的刘表没什么远大的志向，却爱护百姓，喜欢人才，那里地势险恶可为屏障，山平民弱，是个容易依靠的地方。"于是与亲朋故旧一同南下归附了刘表，刘表以上宾之礼对待他。和洽说："之所以不去投奔袁绍，无非是要避开那个是非之地。黑暗腐败时代的主子，不可狎近，时间一长就会临近险境，因为必然会有奸谗小人混杂其中挑拨离间。"于是南渡到了武陵。

曹操平定荆州，征聘和洽为丞相掾属。当时毛玠、崔琰都以忠诚廉正处理职任内事务，选用人才也首先着眼于节俭。和洽说："治理天下的关键，在于根据职位选拔人才，不能以是否节俭做首要的标准。节俭朴素过度，对自己立身处世是没问题，但若以此来规范一切事物，就可能有失偏颇。如今朝廷里议论人的时候，看到有的官员穿件新衣服、坐辆好马车，就说他不清廉；大官们到治所来，衣服破旧，仪容不整，称之为廉洁。致使士大夫们故意弄脏了衣服，把好车子、好穿戴都藏起来；朝廷大臣之中，甚至有自带水壶、食物到官署上班的。要说树立政教，观察流俗，都贵在中庸，才能被人接受和继承。如今却推崇一种死板而又要求人人接受的行为，用这种行为规范去要求不同的人，即使当时勉强推行了，也早晚会出问题。古代大的教化，重在顺通人情罢了。凡是过激过异的办法，就会包藏隐蔽虚伪了。"

魏国建立后，和洽担任侍中。后来有人举报毛玠诽谤曹操，曹操接见身边大臣时，十分恼怒。和洽认为毛玠的行为举止一向很本分，请求查明此事的真相。下朝以后，曹操说："今天报告这事的人说毛玠不但诽谤我，还为崔琰抱屈。这种有损君臣恩义，妄为死友怨叹的行为，几乎是不可忍受的。当年萧何、曹参与高祖刘邦同出身卑微低贱，也都建立了很大的功勋。高祖每次身处逆境，萧、曹二人仍能恭顺相随，为臣之道更加彰显无遗，因此福泽能够延及他们的后代。你要求查实此事，我所以不想采纳，就是想在以后慢慢考验他罢了。"和洽回答说："如果真像举报者所说，毛玠罪过深重，不是天地间所能承载的，当受极刑。臣下并非敢曲意替毛玠辩护而歪曲不管君臣伦理，只是因为毛玠在群臣之中出类拔萃，受到您的特殊提拔，地位显赫且担任着最重要的职位，历年蒙受您的恩宠，又为人刚直忠正，为众人所惧惮，不应该做出这样的事情。然而人情难保，关键在于应当认真调查，验证两方面的事实如何。如今您怀着蒙受污垢的仁德，不忍心将他们按理明察，将使得是非曲直难以分明，怀疑就从此事开始。"曹操说："我不考查的原因，是想使毛玠和举报者双方都得到保全。"和洽说："如果毛玠真有诽谤您的言论，就应当处死并暴尸于闹市之中；如果毛玠没有这回事，举报者就犯了诬陷大臣以误导君主听闻的罪行。二者若不加以核查，臣下心中不安。"曹操说："眼下正在打仗，怎么可以听了几句话就随便考查人？从前狐射姑在朝堂上刺杀阳处父那样的事情，就是对身为君主者的警诫。"

曹操打败张鲁，和洽建议应该及时撤出军队并迁移百姓，以节省守卫管理的费用。曹操没有采纳，最后迁徙百姓而放弃了汉中。和洽后来出任郎中令。曹丕受禅登基，任命和洽为光禄勋，封安城亭侯。明帝即位，晋封他为西陵乡侯，食邑二百户。

太和年间，散骑常侍高堂隆奏告说："应当有风的季节而风不来，而有衰败之气，一定是有关官员不勤于职位而违背了天道常规。"于是，明帝下诏谦虚地引咎自责，并广泛征求意见。和洽认为："现在人民稀少而从事农桑耕植的人更少，不事耕作等着吃饭的人却比比皆是。国家以百姓为根本，百姓以粮食为性命。所以荒废一时的农事，就可能让许多人失去养家活命的根基。因此先王毅然排除其他繁杂事务，专门治理农耕。自春夏以来，百姓们被劳役弄得疲惫困顿，农事荒废，民众忧愁呼号，时风不至的原因，未必不在于此。消灾的办法，莫过于节俭。太祖开创宏图伟业，在确保军队需求及封赏费用充足的同时，官吏士人也资食丰足，仓府之中谷帛充盈，这都是太祖从不修饰无用的宫室，革除浮华享乐费用的缘故。目前的急切大事，本就在于停止或减省繁重的劳役和其他多余的杂务，以补充军队的储备。三边的守卫防御，也应该早做准备。了解推断敌人的虚实，养精蓄锐，筹划好长远胜算，明确攻取策略，详细征询众人意见以选取其当。倘若不早定策略，轻视弱国，小看敌军，屡次兴兵却于事无补，所谓'悦武无震'，这是古人的告诫。"

后转任太常，清贫而自守俭朴，以至于卖田卖宅才能勉强维持一家生活。明帝听到这种情况，就加赐给他一些谷帛。和洽去世，谥号为简侯。其子和禽承嗣。和禽的弟弟和逌，多才多艺而情操志向开明美好，官至廷尉、吏部尚书。

和洽的同郡人许混，是许劭的儿子。清廉醇正，识见不凡，明帝在位时任尚书。

常林

【原文】常林，字伯槐，河内温人也。年七岁，有父党造门，问林："伯先在否？汝何不拜！"林曰："虽当下客，临子字父，何拜之有？"于是咸共嘉之。[1]太守王匡起兵讨董卓，遣诸生于属县微伺吏民罪负，便收之，考责钱谷赎罪，稽迟则夷灭宗族，以崇威严。林叔父挝客，为诸生所白，匡怒收治。举宗惶怖，不知所责多少，惧系者不救。林往见匡同县胡母彪曰："王府君以文武高才，临吾鄙郡。鄙郡表里山河，土广民殷，又多贤能，惟所择用。今主上幼冲，贼臣虎据，华夏震栗，雄才奋用之秋也。若欲诛天下之贼，扶王室之微，智者望风，应之若响，克乱在和，何征不捷。苟无恩德，任失其人，覆亡将至，何暇匡翼朝廷，崇立功名乎？君其藏之！"因说叔父见拘之意。彪即书责匡，匡原林叔父。林乃避地上党，耕种山阿。当时旱蝗，林独丰收，尽呼比邻，升斗分之。依故河间太守陈延壁。陈、冯二姓，旧族冠冕。张杨利其妇女，贪其资货。林率其宗族，为之策谋。见围六十余日，卒全堡壁。

①《魏略》曰：林少单贫。虽贫，自非手力，不取之于人。性好学，汉末为诸生，带经耕锄。其妻常自馈饷之，林虽在田野，其相敬如宾。

并州刺史高幹表为骑都尉，林辞不受。后刺史梁习荐州界名士林及杨俊、王凌、王象、荀纬，太祖皆以为县长。林宰南和，治化有成，超迁博陵太守、幽州刺史，所在有绩。文帝为五官将，林为功曹。太祖西征，田银、苏伯反，幽、冀扇动。文帝欲亲自讨之，林曰："昔忝博陵，又在幽州，贼之形势，可料度也。北方吏民，乐安厌乱，服化已久，守善者多。银、伯犬羊相聚，智小谋大，不能为害。方今大军在远，外有强敌，将军为天下之镇也，轻动远举，虽克不武。"文帝从之，遣将往伐，应时克灭。

出为平原太守、魏郡东部都尉，入为丞相东曹属。魏国既建，拜尚书。文帝践阼，迁少府，封乐阳亭侯，[1]转大司农。明帝即位，进封高阳乡侯，徙光禄勋太常。晋宣王以林乡邑耆德，每为之拜。或谓林曰："司马公贵重，君宜止之。"林曰："司马公自欲敦长幼之叙，为后生之法。贵非吾之所畏，拜非吾之所制也。"言者踧踖而退。[2]时论以林节操清峻，欲致之公辅，而林遂称疾笃。拜光禄大夫。年八十三，薨，追赠骠骑将军，葬如公礼，谥曰贞侯。子旹嗣，为泰山太守，坐法诛。旹弟静绍封。③

①《魏略》曰：林性既清白，当官又严。少府寺与鸿胪对门，时崔林为鸿胪。崔性阔达，不与林同，数数闻林挝吏声，不以为可。林夜挝吏，不胜痛，叫呼敖敖彻曙。明日，崔出门，与林车相遇，乃啁林曰："闻卿为廷尉，尔邪？"林不觉，答曰："不也。"崔曰："卿不为廷尉，昨夜何故考囚乎？"林大惭，然不能自止。

②《魏略》曰：初，林少与司马京兆善。太傅每见林，辄欲跪。林止之曰："公尊贵矣，止也！"及司徒缺，太傅有意欲以林补之。

案《魏略》此语，与本传反。臣松之以为：林之为人，不畏权贵者也。论其然否，谓本传为是。

③ 案《晋书》，诸葛诞反，大将军东征，旹坐称疾，为司马文王所法。

《魏略》以林及吉茂、沐并、时苗四人为《清介传》。

吉茂，字叔畅，冯翊池阳人也，世为著姓。好书，不耻恶衣恶食，而耻一物之不知。建安初，关中始平，茂与扶风苏则共入武功南山，隐处精思数岁。州举茂才，除临汾令，居官清静，吏民不忍欺。转为武德侯庶子。二十二年，坐其宗人吉本等起事被收。先是科禁内学及兵书，而茂皆有，匿不送官。及其被收，不知当坐本等，顾谓其左右曰："我坐书也。"会钟相国证茂、本服第已绝，故得不坐。后以茂为武陵太守，不之官。转酂相，以国省，拜议郎。景初中病亡。自茂修行，从少至长，冬则被裘，夏则裋褐，行则步涉，食则茨藿，臣役妻子，室如悬磬。其或馈遗，一不肯受。虽不以此高人，亦心疾不义而贵且富者。先时国家始制九品，各使诸郡选置中正，差叙自公卿以下，至于郎吏，功德材行所任。茂同郡护羌校尉王琰，前数为郡守，不名为清白。而琰子嘉仕历诸县，亦复为通人。嘉时还为散骑郎，冯翊郡移嘉为中正。嘉叙茂虽在上第，而状甚下，云："德优能少。"茂愠曰："痛乎，我效汝父子冠帻劫人邪！"初，茂同产兄黄，以十二年中从公府掾为长陵令。是时科禁长吏擅去官，而黄闻司徒赵温薨，自以为故吏，违科奔丧，为司隶钟繇所收，遂伏法。茂时为白衣，始有清名于三辅，以为兄坐追义而死，怨怒不肯哭。至岁终，繇举茂。议者以为茂必不就，及举既到而茂就之，故时人或以茂为畏繇，或以茂为髦士也。

沐并，字德信，河间人也。少孤苦，袁绍父子时，始为名吏。有志介，尝过姊，姊为杀鸡炊黍而不留也。然为人公果，不畏强御，丞相召署军谋掾。黄初中，为成皋令。校事刘肇出过县，遣人呼县吏，求索稿谷。是时蝗旱，官无有见。未办之间，肇人从入并之阁下，呴呼骂吏。并怒，因蹋履提刀而出，多从吏卒，欲收肇。肇觉知驱走，具以状闻。有诏："肇为牧司爪牙吏，而并欲收缚，无所忌惮，自恃清名邪？"遂收欲杀之。髡决减死，刑竟复吏，由是放散十余年。至正始中，为三府长史。时吴使朱然、诸葛瑾攻围樊城，遣船兵于岘山东斫材，牂牁人兵作食，有先熟者呼后熟者，言："共食来。"后熟者答言："不也。"呼者曰："汝欲作沐德信邪？"其名流布，播于异域如此。虽自华夏，不知者以为前世人也。为长史八年，晚出为济阴太守，召还，拜议郎。年六十余，自虑身无常，豫作终制,戒其子以俭葬,曰:"告云、仪等:夫礼者,生民之始教,而百世之中庸也。故力行者则为君子,不务者终为小人,然非圣人莫能履其从容也。是以富贵者有骄奢之过,而贫贱者讥于固陋,于是养生送死,苟窃非礼。由斯观之,阳虎玙璠,甚于暴骨,桓魋石椁,不如速朽。此言儒学拨乱反正、鸣鼓矫俗之大义也,未是夫穷理尽性、陶冶变化之实论也。若能原始要终,以天地为一区,万物为刍狗,该览玄通,求形景之宗,同祸福之素,一死生之命,吾有慕于道矣。夫道之为物,惟恍惟忽,寿为欺魄,夭为凫没,身沦有无,与神消息,含悦阴阳,甘梦太极。奚以棺椁为牢,衣裳为缠?尸系地下,长幽桎梏,岂不哀哉!昔庄周闳达,无所适莫;又,杨王孙裸体,贵不久容耳。至夫末世,缘生怨死之徒,乃有含珠鳞柙,玉床象衽,杀人以徇。圹穴之内,锢以纻絮,藉以蜃炭,千载僵燥,托类神仙。于是大教陵迟,竞于厚葬,谓庄子为放荡,以王孙为戮尸,岂复识古有衣薪之鬼,而野有狐狸之啮乎哉?吾以材质滓浊,污于清流。昔忝国恩,历试宰守,所在无效,代匠伤指,狼跋首尾,无以雪耻。如不可求,从吾所好。今年过耳顺,奄忽无常,苟得获没,即以吾身袭于王孙矣。上冀以赎市朝之逋罪,下以亲道化之灵祖。顾尔幼昏,未知臧否,若将逐俗,抑废吾志,私称从令,未必为孝,而犯魏颗听治之贤,尔为弃父之命,谁或矜之!使死而有知,吾将尸视。"至嘉平中,病甚。临困,又敕豫掘坎。戒:"气绝,令二人举尸即坎,绝哭泣之声,止妇女之送,禁吊祭之宾,无设抟治粟米之奠。"又戒:"后亡者不得入藏,不得封树。"妻子皆遵之。

时苗,字德胄,钜鹿人也。少清白,为人疾恶。建安中,入丞相府。出为寿春令,令行风靡。扬州治在其县,时蒋济为治中。苗以初至往谒济,济素嗜酒,适会其醉,不能见苗。苗恚恨还,刻木为人,署曰"酒徒蒋济",置之墙下,旦夕射之。州郡虽知其所为不恪,然以其履行过人,无若之何。又,其始之官,乘薄軬(音饭)车,黄牸牛,布被囊。居官岁余,牛生一犊。及其去,留其犊,谓主簿曰:"令来时本无此犊,犊是淮南所生有也。"群吏曰:"六畜不识父,自当随母。"苗不听,时人皆以为激,然由此名闻天下。还为太官令,领其郡中正,定九品,于叙人才不能宽,然纪人之短,虽在久远,衔之不置。如所忿蒋济者,仕进至太尉,济不以苗前毁己为嫌,苗亦不以济贵更屈意。为令数岁,不肃而治。迁典农中郎将。年七十余,以正始中病亡也。

【译文】常林,字伯槐,河内郡温县人。七岁时,有一个父辈的人登门造访,问常林:"伯先在家否?你怎么不向我跪拜行礼!"常林说:"虽说应该尊敬客人,但是你当着我的面直呼我父亲的名字,哪里还值得我下拜呢?"于是大家都称赞他。太守王匡起兵讨伐董卓时,派众儒生在下属各县窥伺官员和百姓的过失,一旦发现,立即关押,拷问勒索钱粮赎罪,如果延误期限就要灭其宗族,借此树立威严。常林的叔父因拷打佃户,被儒生告发,王匡大怒,就把他关进牢房问罪。整个常氏家族惶恐担忧,不知道究竟责罚多少钱粮作为赎罪的代价,甚或难以救赎。常林去见王匡的同乡胡母彪说:"王府君凭着文武高才,到我们这个郡来当太守。鄙郡外有黄河而内有高山,土地宽广,百姓富足,又有很多贤能的人才,可以任他选用。如今天子年幼,贼臣割据称雄,整个华夏为之震惊害怕,正是英雄豪杰为国奋起出力的时候。若想诛天下之贼,扶助王室走出困境,天下的智者将望风归附,响应者将如同回声一般纷至沓来,讨乱诛暴重在和同,什么样的征伐能不获胜。但是如果对百姓不讲恩德,任用的又不是适当的人才,自己的覆灭都在朝夕之间,哪还顾得上匡扶朝廷,树立功名呢?您还是隐退为妙!”接着常林就把叔父被关押的情况述说了一遍。胡母彪当即写信责请王匡,王匡就把常林的叔父给放了。于是,常林迁到上党避乱,耕种于大山之中。当时天气大旱,蝗虫成灾,常林家偏能获得丰收,于是他叫来周围邻居,把自己的粮食均分给大家。常林住的地方紧挨着原河间太守陈延的坞堡。陈、冯二姓,是当地旧族首领。张杨贪图他们的妇女,窥伺其财产。常林就亲率他们宗族,为陈延出谋划策。虽然被围困了六十多天,但是最终保全了陈氏坞堡。

并州刺史高幹上表举荐常林为骑都尉,常林推辞不受。后刺史梁习又举荐本州知名人士常林以及杨俊、王凌、王象、荀纬,太祖曹操任命他们各为一县之长。常林任职于南和县,治绩教化都卓有成效,被越级提升为博陵太守、幽州刺史,所在之处,政绩斐然。文帝曹丕担任五官中郎将时,常林为属下功曹。曹操西征,田银、苏伯乘机反叛,幽州、冀州动荡不安。曹丕打算亲自带兵去讨伐他们,常林说:“我从前在博陵任过职,后来又主管过幽州,对于贼寇的情况,大略可以推断十之八九。北方的官吏百姓,喜好和平安定,厌恶战乱,受教化已久,安分守己的人占绝大多数。田银、苏伯不过是乌合之众,就像犬羊相聚,阴谋虽大却才智不足,成不了什么大祸患。如今我军主力远离京师,外面又有强敌,将军现在是国家的重心,如轻易出兵远征,即使取胜也不足以显示威武。”曹丕听从了他的劝告,便派将前去讨伐,一到那里就把叛军消灭了。

常林后来出任平原太守、魏郡东部都尉,入朝担任丞相府东曹属。魏国建立以后,任尚书。曹丕称帝,升任少府,封乐阳亭侯,转任大司农。明帝即位,晋封为高阳乡侯,调任光禄勋太常。司马懿因为常林是同乡中德高望重的长辈,每每遇到他也要行拜见礼。有人就对常林说:“司马公地位高,权力大,你应该阻止他行如此大礼。”常林说:“司马公自己愿意诚恳地叙行长幼之礼,以此为年轻人树立榜样。地位高贵并不是我所惧怕的,跪拜也并不是我能制止的。”说话的那人恭敬而局促不安地走了。当时朝臣们都认为常林节操廉洁高尚,想要推举他致位三公,但常林却推说自己重病在身,谢绝了。后担任光禄大夫。八十三岁去世,被追赠为骠骑将军,按三公规格举行葬礼,谥号为贞侯。其子常旹承嗣,官至泰山郡太守,有罪被杀。常旹的弟弟常静继承爵封。

杨俊

【原文】杨俊,字秀才,河内获嘉人也。受学陈留边让,让器异之。俊以兵乱方起,而河内处四达之衢,必为战场,乃扶持老弱诣京、密山间,同行者百余家。俊振济贫乏,通共有无。宗族知故为人所略作奴仆者凡六家,俊皆倾财赎之。司马宣王年十六七,与俊相遇,俊曰:“此非常之人也。”又,司马朗早有声名,其族兄芝,众未之知,惟俊言曰:“芝虽夙望不及朗,实理但有优耳。”俊转避地并州。本郡王象,少孤特,为人仆隶,年十七八，见使牧羊而私读书，因被棰楚。俊嘉其才质，即赎象著家，聘娶立屋，然后与别。

太祖除俊曲梁长，入为丞相掾属，举茂才，安陵令，迁南阳太守。宣德教，立学校，吏民称之。徙为征南军师。魏国既建，迁中尉。太祖征汉中，魏讽反于邺，俊自劾诣行在所。俊以身方罪免，笺辞太子。太子不悦，曰："杨中尉便去，何太高远邪！"遂被书左迁平原太守。文帝践阼，复在南阳。时王象为散骑常侍，荐俊曰："伏见南阳太守杨俊，秉纯粹之茂质，履忠肃之弘量，体仁足以育物，笃实足以动众，克长后进，惠训不倦，外宽内直，仁而有断。自初弹冠，所历垂化，再守南阳，恩德流著，殊邻异党，襁负而至。今境守清静，无所展其智能，宜还本朝，宣力辇毂，熙帝之载。"

俊自少及长，以人伦自任。同郡审固、陈留卫恂本皆出自兵伍，俊资拔奖致，咸作佳士。后固历位郡守，恂御史、县令，其明鉴行义，多此类也。初，临菑侯与俊善，太祖适嗣未定，密访群司。俊虽并论文帝、临菑才分所长，不适有所据当，然称临菑犹美，文帝常以恨之。黄初三年，车驾至宛，以市不丰乐，发怒收俊。尚书仆射司马宣王、常侍王象、荀纬请俊，叩头流血，帝不许。俊曰："吾知罪矣。"遂自杀。众冤痛之。①

①《世语》曰：俊二孙：览，字公质，汝阴太守；猗，字公彦，尚书，晋东海王越舅也。览子沈，字宣弘，散骑常侍。

《魏略》曰：王象，字羲伯。既为俊所知拔，果有才志。建安中，与同郡荀纬等俱为魏太子所礼待。及王粲、陈琳、阮瑀、路粹等亡后，新出之中，惟象才最高。魏有天下，拜象散骑侍郎，迁为常侍，封列侯。受诏撰《皇览》，使象领秘书监。象从延康元年始撰集，数岁成，藏于秘府，合四十余部，部有数十篇，通合八百余万字。象既性器和厚，又文采温雅，用是京师归美，称为儒宗。车驾南巡，未到宛，有诏百官不得干豫郡县。及车驾到，而宛令不解诏旨，闭市门。帝闻之，忿然曰："吾是寇邪？"乃收宛令及太守杨俊。诏问尚书："汉明帝杀几二千石？"时象见诏文，知俊必不免。乃当帝前叩头，流血竟面，请俊减死一等。帝不答，欲释入禁中。象引帝衣，帝顾谓象曰："我知杨俊与卿本末耳。今听卿，是无我也。卿宁无俊邪？无我邪？"象以帝言切，乃缩手。帝遂入，决俊法，然后乃出。象自恨不能济俊，遂发病死。

【译文】杨俊，字季才，河内郡获嘉县人。曾是陈留人边让的门下弟子，边让很器重他，认为他不同凡响。杨俊认为当时兵荒马乱，而河内郡又处于四通八达的要冲，迟早会成为战场，便扶老携幼来到京、密一带的大山里，同去的共有一百多家。杨俊热心救济贫困人家，与他们互通有无。宗族和朋友中有六户人家被掠去做奴仆，杨俊拿出全部家财把他们赎回。司马懿十六七岁时，曾与杨俊相遇，杨俊说："这可不是个平平常常的人。"再有，司马朗很早就有了名声，但他的族兄司马芝，大家却并不了解，独有杨俊说道："司马芝虽平时声望赶不上司马朗，实际上只怕要更优秀一些。"后来杨俊转到并州避乱。该郡王象，少小孤贫，给人家当仆役，十七八岁时，主人让他放羊他却偷偷地读书，因而遭到主人鞭打。杨俊赞赏王象的资质，当即把他赎出来带回家中，替他娶了媳妇盖了房，然后才和他分别。

曹操任命杨俊为曲梁县长，又入朝任丞相掾属，被举荐为秀才，任安陵县令，升南阳郡太守。在任期间，他推广道德教化，兴办学校，受到官员和百姓的称赞。后调任征南军师。魏国建立后，升任中尉。曹操征伐汉中，魏讽在邺城谋反，杨俊自承罪过到曹操的驻所认罪。杨俊因自身方正免罪，写信给太子曹丕辞官。曹丕很生气，说："杨中尉说走就走，怎么能高超深远到如此地步呢！"于是将杨俊降职为平原太守。曹丕受禅登基之后，杨俊又任南阳太守。当时王象任散骑常侍，他举荐杨俊说："臣下认为南阳太守杨俊，秉性特为纯粹，有身体力行忠诚恭敬的雅量，仁恕足以覆育万物，纯厚朴实足以感动众人，孜孜提携后进，施惠赐教不倦，外宽内直，仁而有断。从出仕以来，所到之处均能垂布教化，他两次出任南阳太守，恩德广布，声闻四方，非邻非故及不同乡党的人，都携带家小前来归附。如今南阳境内清静安定，已无处施展他的才智能力，应该让他返回朝廷，在您身边尽心竭力，以弘扬光大帝王的功业。"

杨俊从小到大，始终以鉴识人才为己任。同郡人审固、陈留人卫恂原来都是当兵出身，经过杨俊的提拔奖掖，都成了优秀人才。后来审固历任郡守，卫恂也先后担任御史、县令，杨俊的明鉴仗义，大多像这些事例一样。当初，临菑侯曹植和杨俊的关系很友善，太祖曹操因尚未确立太子，曾经为此秘密地探问各个职司府署。杨俊虽然不分等次地评价了曹丕和曹植各自所长，并坦言不应根据失当而有所偏袒，但对曹植的优点似乎说得更多一些，曹丕为此对他常怀怨恨。黄初三年，曹丕的车驾到了宛城，借口市面不丰盛人民不安乐，发怒将杨俊收监下狱。尚书仆射司马懿、常侍王象、荀纬都为杨俊求情，叩头以至流血，曹丕却始终不肯宽免。杨俊说："我知道自己所犯何罪了。"于是自杀。众人都为杨俊的死感到冤屈和悲痛。

杜袭

【原文】杜袭，字子绪，颍川定陵人也。曾祖父安，祖父根，著名前世。① 袭避乱荆州，刘表待以宾礼。同郡繁钦数见奇于表，袭喻之曰："吾所以与子俱来者，徒欲龙蟠幽薮，待时凤翔。岂谓刘牧当为拨乱之主，而规长者委身哉？子若见能不已，非吾徒也。吾其与子绝矣！"钦慨然曰："请敬受命。"袭遂南适长沙。

①《先贤行状》曰：安年十岁，名称乡党。至十五，入太学，号曰神童。既名知人，清高绝俗。洛阳令周纡数候安，安常逃避不见。时贵戚慕安高行，多有与书者，辄不发，以虑后患，常凿壁藏书。后诸与书者果有大罪，推捕所与交通者，吏至门，安乃发壁出书，印封如故，当时皆嘉其虑远。三府并辟，公车特征，拜宛令。先是宛有报仇者，其令不忍致理，将与俱亡。县中豪强有告其处者，致捕得。安深疾恶之，到官治戮，肆之于市。惧有司绳弹，遂自免。后征拜巴郡太守，率身正下，以礼化俗。以病卒官，时服薄敛，素器不漆，子自将车。州郡贤之，表章坟墓。根举孝廉，除郎中。时和熹邓后临朝，外戚横恣，安帝长大，犹未归政。根乃与同时郎上书直谏，邓后怒，收根等伏诛。诛者皆绢囊盛，于殿上扑地。执法者以根德重事公，默语行事人，使不加力。诛讫，车载城外，根以扑轻得苏息，遂闭目不动摇。经三日，乃密起逃窜，为宜城山中酒家客，积十五年，酒

家知其贤，常厚敬待。邓后崩，安帝谓根久死。以根等忠直，普下天下，录见诛者子孙。根乃自出，征诣公车，拜符节令。或问根："往日遭难，天下同类知故不少，何至自苦历年如此？"根答曰："周旋人间，非绝迹之处。邂逅发露，祸及亲知，故不为也。"迁济阴太守，以德让为政，风移俗改。年七十八，以寿终，棺不加漆，敛以时服。长吏下车，常先诣安、根墓致祠。

建安初，太祖迎天子都许。袭逃还乡里，太祖以为西鄂长。县滨南境，寇贼纵横。时长吏皆敛民保城郭，不得农业。野荒民困，仓庾空虚。袭自知恩结于民，乃遣老弱各分散就田业，留丁强备守，吏民欢悦。会荆州出步骑万人来攻城，袭乃悉召县吏民任拒守者五十余人，与之要誓。其亲戚在外欲自营护者，恣听遣出，皆叩头愿致死。于是身执矢石，率与戮力。吏民感恩，咸为用命。临陈斩数百级，而袭众死者三十余人，其余十八人尽被创，贼得入城。袭帅伤痍吏民决围得出，死丧略尽，而无反背者。遂收散民，徙至摩陂营，吏民慕而从之如归。[①]

①《九州春秋》曰：建安六年，刘表攻西鄂，西鄂长杜子绪帅县男女婴城而守。时南阳功曹柏孝长亦在城中，闻兵攻声，恐惧，入室闭户，牵被覆头。相攻半日，稍敢出面。其明，侧立而听。二日，往出户问消息。至四五日，乃更负楯亲斗，语子绪曰："勇可习也。"

司隶钟繇表拜议郎参军事。荀彧又荐袭，太祖以为丞相军祭酒。魏国既建，为侍中，与王粲、和洽并用。粲强识博闻，故太祖游观出入，多得骖乘，至其见敬不及洽、袭。袭尝独见，至于夜半。粲性躁竞，起坐曰："不知公对杜袭道何等也？"洽笑答曰："天下事岂有尽邪？卿昼侍可矣，悒悒于此，欲兼之乎？"后袭领丞相长史，随太祖到汉中讨张鲁。太祖还，拜袭驸马都尉，留督汉中军事。绥怀开导，百姓自乐出徙洛、邺者八万余口。夏侯渊为刘备所没，军丧元帅，将士失色。袭与张郃、郭淮纠摄诸军事，权宜以郃为督，以一众心，三军遂定。太祖东还，当选留府长史，镇守长安，主者所选多不当，太祖令曰："释骐骥而不乘，焉皇皇而更索？"遂以袭为留府长史，驻关中。

时将军许攸拥部曲，不附太祖而有慢言。太祖大怒，先欲伐之。群臣多谏："可招怀攸，共讨强敌。"太祖横刀于膝，作色不听。袭入欲谏，太祖逆谓之曰："吾计以定，卿勿复言。"袭曰："若殿下计是邪，臣方助殿下成之；若殿下计非邪，虽成宜改之。殿下逆臣，令勿言之，何待下之不阐乎？"太祖曰："许攸慢吾，如何可置乎？"袭曰："殿下谓许攸何如人邪？"太祖曰："凡人也。"袭曰："夫惟贤知贤，惟圣知圣，凡人安能知非凡人邪？方今豺狼当路而狐狸是先，人将谓殿下避强攻弱，进不为勇，退不为仁。臣闻千钧之弩不为鼷鼠发机，万石之钟不以莛撞起音，今区区之许攸，何足以劳神武哉？"太祖曰："善。"遂厚抚攸，攸即归服。时夏侯尚昵于太子，情好至密。袭谓尚非益友，不足殊待，以闻太祖。文帝初甚不悦，后乃追思。语在《尚传》。其柔而不犯，皆此类也。

文帝即王位，赐爵关内侯。及践阼，为督军粮御史，封武平亭侯，更为督军粮执法，入为尚书。明帝即位，进封平阳乡侯。诸葛亮出秦川，大将军曹真督诸军拒亮，徙

袭为大将军军师,分邑百户赐兄基爵关内侯。真薨,司马宣王代之,袭复为军师,增邑三百,并前五百五十户。以疾征还,拜太中大夫。薨,追赠少府,谥曰定侯。子会嗣。

【译文】杜袭,字子绪,颍川郡定陵县人。曾祖父杜安,祖父杜根,在前代都很有名。杜袭到荆州避乱,刘表用上宾的礼节相待。同郡人繁钦多次向刘表显示自己的奇特不凡,杜袭便对繁钦说:“我和你同来荆州投奔刘表的原因,只为能够藏身不显,相机而动。难道是把刘表当作平定乱世的主公,而规劝长者你归附于他吗?你如果定要不断显示自己的才能,和我就不是同类人。我恐怕就要和你绝交了!”繁钦慨然说道:“请让我接受您的教导。”于是,杜袭又南行到了长沙。

建安初年,太祖曹操迎接天子迁都许县。杜袭逃回家乡,曹操任命他为西鄂县长。西鄂靠近南边境,常有敌寇前来骚扰。当时西鄂的长官就把百姓都聚拢起来以保卫城池,百姓不能进行正常的农业生产。于是田园荒芜,百姓穷困,仓库空虚。杜袭知道要为老百姓做些好事才能体现朝廷的恩德,于是派出年老体弱的百姓分散到城外去耕田种地,留下青壮年坚守城池,官员和百姓们都很高兴。不久,荆州派出一万多步兵骑兵前来攻城,杜袭就把承担守备的官民五十多个人全召集在一起,和他们结盟立誓。这些人中如有亲戚要去城外自行保全的,准许放他们出城而去,而这五十多人全都跪在地下叩头,情愿拼死守城。于是杜袭亲自放箭抛石,率领大家戮力抗敌。官员、百姓感恩戴德,都豁出命来参加战斗。临阵斩杀了数百敌兵,杜袭这边也死了三十多人,剩下的十八个人也全都身负重伤,敌兵这才得以入城。杜袭又带领受伤的官员和百姓突围出城,吏民几乎全部战死,却没有一个人反叛投降。杜袭重新聚集杀散的百姓,转移到摩陂扎下营寨,官员和百姓因仰慕他而纷纷跟从,就像回自己的家一样。

司隶钟繇上表推荐杜袭为议郎参军事。荀彧又举荐杜袭,曹操便任命杜袭为丞相军祭酒。魏国建立后,杜袭任侍中,与王粲、和洽同时并用。王粲强识博闻,因此曹操游览出入的时候,大多让他在车右陪乘,至于受敬重的程度则比不上和洽及杜袭。杜袭曾被曹操单独召见,一直谈到夜半时分。王粲生性急躁好动,站起来对和洽说:“真不知道曹公对杜袭说些什么?”和洽笑着回答说:“天下的事怎么谈得完呢?你白天陪侍就可以了,何必如此郁郁不欢,难道你想日夜陪侍不成?”后来杜袭兼任丞相长史,跟随曹操到汉中去讨伐张鲁。曹操返回,任命杜袭为驸马都尉,留他都督汉中军事。经过他的安抚开导,老百姓中自愿从汉中迁往洛阳、邺城的,共有八万多人。夏侯渊被刘备杀死,军队失去主帅,将士们大惊失色。杜袭与张郃、郭淮督察统领各军事务,暂推张郃为都督,以统一军心,三军将士于是安定下来。曹操东还洛阳,准备选拔留府长史以镇守长安,主管官员挑选的人大多不合适,曹操便下令说:“放着千里马不骑,匆匆忙忙到哪里去寻找好马?”于是便任命杜袭为留府长史,驻守关中。

当时将军许攸倚仗宗族势力,不肯归附曹操,而且说了不少轻慢的话。曹操大怒,首先想去讨伐许攸。大臣们多数建议:“可以招抚许攸,共讨强敌。”曹操把刀横放在膝盖上,脸色阴沉,塞耳不闻。杜袭走进来也要提建议,曹操截住话头对他说道:“我的主意已定，你不必再说了。”杜袭说：“假如殿下的主意正确，臣下正可以帮您完成；假如殿下的主意不正确，即使已经确定了也应该修改。殿下截住我的话不许我讲下去，为什么就不能等我把道理说完呢？”曹操说：“许攸怠慢轻侮我，难道要我就这样放过他吗？”杜袭说：“殿下认为许攸是个什么样的人？”曹操说：“普通人。”杜袭说：“正所谓是贤人才可以了解贤人，是圣人才可以了解圣人，普通人怎么能了解非凡的人呢？如今豺狼当道却要先除去狐狸，别人将认为您避强攻弱，往前一步称不上勇，退一步算不上仁。我听说有千钧力量的弓弩不去射杀小小的家鼠，有万石容积的大钟不会被草茎撞响，如今区区一个许攸，哪用得着劳动殿下的神武大驾呢？”曹操说：“有理。”于是派人前去以厚礼招抚许攸，许攸于是归附。当时夏侯尚受到太子曹丕的宠信，两人感情非常亲密。杜袭说夏侯尚不是个有益的朋友，不值得特殊优待，并把这事禀报了曹操。曹丕起初很不高兴，到后来才怀念杜袭的忠告。这件事已经载入《夏侯尚传》。杜袭为人柔顺而不可冒犯，都像这样。

曹丕即魏王位，封杜袭为关内侯。到曹丕受禅登基，又任命杜袭为督军粮御史，封武平亭侯，后改任督军粮执法，入朝担任尚书。明帝即位，晋封杜袭为平阳乡侯。诸葛亮出兵秦川，大将军曹真都督各路人马抵抗蜀军，调任杜袭为大将军军师，又分出杜袭的食邑一百户，赐封其兄杜基为关内侯。曹真去世，司马懿接替了他的职务，杜袭再任军师，增加食邑三百户，连同以前的共五百五十户。后杜袭因病被征召回朝，任命为太中大夫。去世后，追赠为少府，谥号定侯。其子杜会承嗣。

赵俨

【原文】赵俨，字伯然，颍川阳翟人也。避乱荆州，与杜袭、繁钦通财同计，合为一家。太祖始迎献帝都许，俨谓钦曰：“曹镇东应期命世，必能匡济华夏，吾知归矣。”建安二年，年二十七，遂扶持老弱诣太祖，太祖以俨为朗陵长。县多豪猾，无所畏忌。俨取其尤甚者，收缚案验，皆得死罪。俨既囚之，乃表府解放，自是威恩并著。时袁绍举兵南侵，遣使招诱豫州诸郡，诸郡多受其命。惟阳安郡不动，而都尉李通急录户调。俨见通曰：“方今天下未集，诸郡并叛，怀附者复收其绵绢，小人乐乱，能无遗恨！且远近多虞，不可不详也。”通曰：“绍与大将军相持甚急，左右郡县背叛乃尔。若绵绢不调送，观听者必谓我顾望，有所须待也。”俨曰：“诚亦如君虑，然当权其轻重，小缓调，当为君释此患。”乃书与荀彧曰：“今阳安郡当送绵绢，道路艰阻，必致寇害。百姓困穷，邻城并叛，易用倾荡，乃一方安危之机也。且此郡人执守忠节，在险不贰。微善必赏，则为义者劝。善为国者，藏之于民。以为国家宜垂慰抚，所敛绵绢，皆俾还之。”彧报曰：“辄白曹公，公文下郡，绵绢悉以还民。”上下欢喜，郡内遂安。

入为司空掾属主簿。[①] 时于禁屯颍阴，乐进屯阳翟，张辽屯长社，诸将任气，多共不协。使俨并参三军，每事训喻，遂相亲睦。太祖征荆州，以俨领章陵太守，徙都督护军，护于禁、张辽、张郃、朱灵、李典、路招、冯楷七军。复为丞相主簿，迁扶风太守。太祖徙出故韩遂、马超等兵五千余人，使平难将军殷署等督领，以俨为关中护军，尽统诸军。羌虏数来寇害，俨率署等追到新平，大破之。屯田客吕并自称将军，聚党据陈仓，俨复率署等攻之，贼即破灭。

①《魏略》曰：太祖北拒袁绍，时远近无不私遗笺记，通意于绍者。俨与领阳安太守李通同治，通亦欲遣使。俨为陈绍必败意，通乃止。及绍破走，太祖使人搜阅绍记室，惟不见通书疏，阴知俨必为之计，乃曰："此必赵伯然也。"

臣松之案《魏武纪》，破绍后，得许下军中人书，皆焚之。若故使人搜阅，知其有无，则非所以安人情也。疑此语为不然。

时被书差千二百兵往助汉中守，署督送之。行者卒与室家别，皆有忧色。署发后一日，俨虑其有变，乃自追至斜谷口，人人慰劳，又深戒署。还宿雍州刺史张既舍。署军复前四十里，兵果叛乱，未知署吉凶。而俨自随步骑百五十人，皆与叛者同部曲，或婚姻，得此问，各惊，被甲持兵，不复自安。俨欲还，既等以为："今本营党已扰乱，一身赴之无益，可须定问。"俨曰："虽疑本营与叛者同谋，要当闻行者变，乃发之。又有欲善不能自定，宜及犹豫，促抚宁之。且为之元帅，既不能安辑，身受祸难，命也。"遂去。行三十里止，放马息，尽呼所从人，喻以成败，慰励恳切。皆慷慨曰："死生当随护军，不敢有二。"前到诸营，各召料简诸奸结叛者八百余人，散在原野，惟取其造谋魁率治之，余一不问。郡县所收送，皆放遣，乃即相率还降。俨密白："宜遣将诣大营，请旧兵镇守关中。"太祖遣将军刘柱将二千人，当须到乃发遣，而事露，诸营大骇，不可安喻。俨谓诸将曰："旧兵既少，东兵未到，是以诸营图为邪谋。若或成变，为难不测。因其狐疑，当令早决。"遂宣言当差留新兵之温厚者千人镇守关中，其余悉遣东。便见主者，内诸营兵名籍，案累重，立差别之。留者意定，与俨同心。其当去者亦不敢动，俨一日尽遣上道，因使所留千人，分布罗落之。东兵寻至，乃复胁喻，并徙千人，令相及共东，凡所全致二万余口。①

①孙盛曰：盛闻为国以礼，民非信不立。周成不弃桐叶之言，晋文不违伐原之誓，故能隆刑措之道，建一匡之功。俨既诈留千人，使效心力，始虽权也，宜以信终。兵威既集，而又逼徙。信义丧矣，何以临民？

关羽围征南将军曹仁于樊。俨以议郎参仁军事南行，与平寇将军徐晃俱前。既到，羽围仁遂坚，余救兵未到。晃所督不足解围，而诸将呵责晃促救。俨谓诸将曰："今贼围素固，水潦犹盛。我徒卒单少，而仁隔绝不得同力，此举适所以弊内外耳。当今不若前军逼围，遣谍通仁，使知外救，以励将士。计北军不过十日，尚足坚守。然后表里俱发，破贼必矣。如有缓救之戮，余为诸军当之。"诸将皆喜，便作地道，箭飞书与仁，消息数通，北军亦至，并势大战。羽军既退，舟船犹据沔水，襄阳隔绝不通，而孙权袭取羽辎重，羽闻之，即走南还。仁会诸将议，咸曰："今因羽危惧，必可追禽也。"俨曰："权邀羽连兵之难，欲掩制其后，顾羽还救，恐我承其两疲，故顺辞求效，乘衅因变，以观利钝耳。今羽已孤迸，更宜存之以为权害。若深入追北，权则改虞于彼，将生患于我矣。王必以此为深虑。"仁乃解严。太祖闻羽走，恐诸将追之，果疾敕仁，如俨所策。

文帝即王位，为侍中。顷之，拜驸马都尉，领河东太守，典农中郎将。黄初三年，赐爵关内侯。孙权寇边，征东大将军曹休统五州军御之，征俨为军师。权众退，军还，封宜土亭侯，转为度支中郎将，迁尚书。从征吴，到广陵，复留为征东军师。明帝即位，进封都乡侯，邑六百户，监荆州诸军事，假节。会疾，不行，复为尚书，出监豫州诸军事，转大司马军师，入为大司农。齐王即位，以俨监雍、凉诸军事，假节，转征蜀将军，又迁征西将军，都督雍、凉。正始四年，老疾求还，征为骠骑将军，① 迁司空。薨，谥曰穆侯。子亭嗣。初，俨与同郡辛毗、陈群、杜袭并知名，号曰辛、陈、杜、赵云。

①《魏略》曰：旧故四征有官厨财籍，迁转之际，无不因缘。而俨又手上车，发到霸上，忘持其常所服药。雍州闻之，乃追送杂药材数箱，俨笑曰："人言语殊不易，我偶问所服药耳，何用是为邪？"遂不取。

【译文】赵俨，字伯然，颍川郡阳翟县人。因避乱来到荆州，与杜袭、繁钦共同生活，合为一家。曹操当初迎接献帝迁都许县时，赵俨就对繁钦说："曹操应时顺世，一定能匡正救助国家，我知道我的归宿了。"建安二年，赵俨二十七岁，就扶老携幼去投奔曹操，曹操任命他为朗陵县长。县内有许多强横狡诈之徒，一贯横行无忌。赵俨把其中为害最烈的歹徒抓起来关进监牢，立案审查后，都该判死罪。赵俨把他们关押起来，然后又上表郡守释放了这些人，从此恩惠威信都深入人心。当时袁绍大举发兵攻打黄河以南，派使者引诱招纳豫州各郡，诸郡大多接受了袁绍的任命。只有阳安郡不为所动，但都尉李通急于向老百姓征收户口税。赵俨面见李通说："如今天下动荡不安，各郡先后叛变，有心归附朝廷的地方又要征收户税绵绢，万一有小人唯恐天下不乱，所引发的憾事就难以预料！况且远近都有忧患危险，这些都不能不审慎。"李通说："袁绍和大将军曹操相持不下，军情紧急，左右郡县又先后背叛才不得不如此啊。假如我们再不征收户税绵绢输送过去，舆论一定会说我们是在看风头，有什么别的意图。"赵俨说："事情也确如您考虑的那样，然而还是应当权衡轻重，先且放慢征收，我来帮您解除这个忧患。"于是就写信给荀彧说："现在阳安郡应该把征收的绵绢送往朝廷，但是道路艰难，险阻重重，必然遭到拦劫抢掠。眼下百姓穷困，邻近郡县又背叛一尽，我们阳安郡也很容易被倾覆，这可是一方安危的关键。况且本郡百姓执守忠节，虽处险境依然不生二心。对微小的善事必定有所奖赏，那么心怀忠义的人才会受到鼓励。善于治理国家的人，一定要将财富收藏在民间。我们认为朝廷应该垂怜抚慰本郡的百姓，将已经征收的绵绢，全部退还给他们。"荀彧答复说："我即刻将此事禀报给了曹公，公文已下发你郡，将绵绢全部退还给百姓。"于是上下欢喜，郡内人心安定。

后赵俨入朝任司空掾属主簿。当时于禁屯驻颍阴，乐进屯驻阳翟，张辽屯驻长社，各位将军处事纵任意气，经常不能协调一致。于是派赵俨同时担任这三位将领的参军，遇事随时开导劝慰，三位将军于是渐渐互相亲近和睦起来。曹操征讨荆州，派赵俨兼任章陵太守，又调任为都督护军，负责协调于禁、张辽、张郃、朱灵、李典、路招、冯楷七路人马。后又任丞相主簿，升任扶风太守。曹操把原来在韩遂、马超手下当兵的五千多人调出，命平难将军殷署等督领指挥，以赵俨为关中护军，统帅诸军。其间羌人多次前来骚扰,赵俨率殷署等一直追到新平,大破羌兵。有个被招募来屯田的外地人吕并自称将军,聚集党羽攻占了陈仓,赵俨又率领殷署等人攻剿,叛党随即土崩瓦解。

当时朝廷命赵俨派一千二百名士兵前往汉中协助驻守,赵俨让殷署负责督送他们。被选中的士兵一下子要和自己的妻儿老小分别,个个愁容满面。殷署出发后一天,赵俨担心他们路上有变,于是亲自追到斜谷口,挨个慰劳士兵,又再三告诫殷署。返回时借宿在雍州刺史张既的家里。殷署带兵又往前走了四十里,士兵果然叛乱,殷署本人一时间也不知吉凶如何。而跟随赵俨的一百五十名随行步兵和骑兵,又都和叛乱士兵同在一个军营里共过事,有的还是姻亲关系,得到消息后,个个惊慌失色,披上铠甲,拿上兵器,没人自以为能够安定无事。赵俨打算追上去平叛,但张既等人认为:“如今本营士兵也不安稳,你一个人去了也没有用处,还是先探听明白再说。”赵俨说:“我虽然也怀疑本营的士兵和叛乱者同谋,但重要的是一听说远行的士兵叛乱,就应当发兵前去。还是有些人不愿叛乱却又拿不定主意,应该趁他们犹豫不决时,赶快去安抚他们。况且作为他们的主帅,既然不能使他们安心亲睦,就是身受祸难,那也是命该如此。”于是毅然前往。走了三十里后,赵俨让士兵停止前进,放马休息,然后叫齐所有人,向他们论说成败,分析利害,恳切地安慰鼓励他们。士兵们都慷慨激昂地表示:“生死都愿意跟随护军,绝对不敢心怀二志。”赵俨前进到先行的各营,让主将各自召集检束部属,将可能勾结叛乱的八百余人,分开散布在原野里,只捉拿那些制造叛乱的罪魁祸首治罪,其余一概不问。郡县捕捉送来的人,都放了,于是叛兵都互相跟随着回营归降。赵俨秘密地向朝廷报告:“宜派大将前来带他们到大营,请用旧兵镇守关中。”曹操便派将军刘柱带领二千人前来,本应等他们到达后才发送士兵,不料事情暴露,各营士兵大为惊惧震动,再怎么安抚也无济于事。赵俨就对众将说:“这里朝廷的旧兵本来就少,东面的部队又还没赶到,因此各营都有不轨图谋。假如酿成叛乱,灾祸就难以预料了。应该乘他们犹豫不决时,及早解决。”于是当众宣布要留下一千名温良厚道的新兵镇守关中,其余的全部派去东方。赵俨又立即会见有关主管官员,把各营士兵的花名册按家属财产重新分类排列,加以区别对待。批准留下来的士兵放了心,便一心一意听从赵俨的指挥。那些应该离开的也不敢轻举妄动,赵俨在一天之内便把他们全部送走上路,又将留下来的一千多人,分布在各营加以控制。等朝廷援兵十天后从东面赶来,赵俨才又胁迫催逼,让已承诺使之留守关中的千余士兵,也一起前往东方,共完满地送回两万余人。

关羽把征南将军曹仁围困在樊城。赵俨以议郎的身份南行去参与曹仁的军务,与平寇将军徐晃一同领兵前往。到达以后,关羽对曹仁的围困已非常坚固,其余的魏国救兵也尚未赶到。徐晃率领的人马不足以解樊城之围,而众将又催促徐晃赶快出兵救援。赵俨对众将说:“如今敌寇把樊城围困得异常坚固,水势又很大。我军步卒势单力薄,而曹仁又被隔断不能同力破敌,仓促出兵救援对内对外都很不利。目前不如命前军进逼包围圈,暗派间谍通知曹仁,使他知道城外救兵已到,以此来激励将士。

算来北路援军不过十天也会赶到，围城还足以坚守。然后里应外合，一齐发起攻击，敌寇一定会被打退。如果受到救援迟缓的责难，我愿为各军承担责任。”众将都很赞成，于是一面挖掘地道，一面用弓箭把书信射入城中通报曹仁，多次互通消息，北路援军也已赶到，于是合兵大战。关羽的兵马撤围之后，蜀军的舟船仍占据着沔水，往襄阳的水路被隔断不通，而孙权又乘机袭取了关羽的辎重，关羽听到消息后，当即往南退走。曹仁召集众将商议军情，大家都说：“如今关羽处境危急，难免惊慌失措，追上去定能将他活捉。”赵俨说：“孙权趁关羽长线布兵的弱点进攻，是想袭击控制关羽的后方，见关羽回兵救援，怕我军乘他们两军疲惫之机采取行动，因此言辞卑顺，愿为我们效力，而实际上暂在一旁随机应变，坐观胜败，捡现成便宜。如今关羽已经成为孤军，更应该留下他作为孙权的心腹之患。如果我们穷追不舍，孙权就会改变想法，与关羽联合，回过头来对付我们。我想魏王此时也一定在为此事而深深忧虑。”于是，曹仁暂缓追击。曹操听说关羽败走，唯恐众将追赶，果然急忙派人传令给曹仁，就像赵俨预想的那样。

文帝曹丕即魏王位，赵俨担任侍中。不久，任命他为驸马都尉，兼任河东太守，典农中郎将。黄初三年，赐爵关内侯。孙权侵犯边境，征东大将军曹休统领五州大军抵御，征召赵俨为军师。孙权退兵，大军返回，赵俨被封为宜土亭侯，转任度支中郎将，升尚书。后赵俨跟随曹丕征伐东吴，到达广陵，又留任征东将军军师。明帝即位，晋封为都乡侯，食邑六百户，并监荆州各军军事，假以符节。正赶上他身体有病，未能赴任，仍担任尚书，出监豫州各军军事，转任大司马军师，入朝担任大司农。齐王曹芳即位，任命赵俨都督雍州、凉州各军军事，假以符节，转任征蜀将军，又升征西将军，都督雍、凉诸军。正始四年，赵俨因年老多病请求回京，于是被征召为骠骑将军，升为司空。去世后，谥号穆侯。其子赵亭承嗣。当初，赵俨与同郡的辛毗、陈群、杜袭都有名气，人称辛、陈、杜、赵。

裴潜　裴秀

【原文】裴潜，字文行，河东闻喜人也。[①]避乱荆州，刘表待以宾礼。潜私谓所亲王粲、司马芝曰：“刘牧非霸王之才，乃欲西伯自处，其败无日矣。”遂南适长沙。太祖定荆州，以潜参丞相军事，出历三县令，入为仓曹属。太祖问潜曰：“卿前与刘备俱在荆州，卿以备才略何如？”潜曰：“使居中国，能乱人而不能为治也。若乘间守险，足以为一方主。”

①《魏略》曰：潜世为著姓。父茂，仕灵帝时，历县令、郡守、尚书。建安初，以奉使率导关中诸将讨李傕有功，封列侯。潜少不修细行，由此为父所不礼。

时代郡大乱，以潜为代郡太守。乌丸王及其大人，凡三人，各自称单于，专制郡事。前太守莫能治正，太祖欲授潜精兵以镇讨之。潜辞曰：“代郡户口殷众，士马控弦，动有万数。单于自知放横日久，内不自安。今多将兵往，必惧而拒境，少将则不见惮。宜以计谋图之，不可以兵威迫也。”遂单车之郡。单于惊喜，潜抚之以静。单于以下脱帽稽颡，悉还前后所掠妇女、器械、财物。潜案诛郡中大吏与单于为表里者郝温、郭端等十余人，北边大震，百姓归心。在代三年，还为丞相理曹掾，太祖褒称治代之功，潜曰："潜于百姓虽宽，于诸胡为峻。今计者必以潜为理过严，而事加宽惠。彼素骄恣，过宽必弛，既弛又将摄之以法，此讼争所由生也。以势料之，代必复叛。"于是太祖深悔还潜之速。后数十日，三单于反问至，乃遣鄢陵侯彰为骁骑将军征之。

潜出为沛国相，迁兖州刺史。太祖次摩陂，叹其军陈齐整，特加赏赐。文帝践阼，入为散骑常侍。出为魏郡、颍川典农中郎将，奏通贡举，比之郡国，由是农官进仕路泰。迁荆州刺史，赐爵关内侯。明帝即位，入为尚书。出为河南尹，转太尉军师、大司农，封清阳亭侯，邑二百户。入为尚书令，奏正分职，料简名实，出事使断官府者百五十余条。丧父去官，拜光禄大夫。正始五年薨，追赠太常，谥曰贞侯。[①] 子秀嗣。遗令俭葬，墓中惟置一坐，瓦器数枚，其余一无所设。秀，咸熙中为尚书仆射。[②]

①《魏略》曰：时远近皆云当为公，会病亡。始潜自感所生微贱，无舅氏，又为父所不礼，即折节仕进，虽多所更历，清省恪然。每之官，不将妻子。妻子贫乏，织藜芘以自供。又潜为兖州时，尝作一胡床，及其去也，留以挂柱。又以父在京师，出入薄軬车；群弟之田庐，常步行；家人小大或并日而食；其家教上下相奉，事有似于石奋。其履检校度，自魏兴少能及者。潜为人才博，有雅容，然但如此而已，终无所推进，故世归其洁而不宗其余。

②《文章叙录》曰：秀，字季彦。弘通博济，八岁能属文，遂知名。大将军曹爽辟。丧父服终，推财与兄弟。年二十五，迁黄门侍郎。爽诛，以故吏免。迁卫国相，累迁散骑常侍、尚书仆射令、光禄大夫。咸熙中，晋文王始建五等，命秀典为制度，封广川侯。晋室受禅，进左光禄大夫，改封钜鹿公，迁司空。著《易》及《乐》论，又画《地域图》十八篇，传行于世。《盟会图》及《典治官制》皆未成。年四十八，泰始七年薨，谥元公，配食宗庙。少子頠，字逸民，袭封。◎荀绰《冀州记》曰：頠为人弘雅有远识，博学稽古，履行高整，自少知名。历位太子中庶子、侍中、尚书。元康末，为尚书左仆射。赵王伦以其望重，畏而恶之，知其不与贾氏同心，犹被枉害。

臣松之案：陆机《惠帝起居注》称"頠雅有远量，当朝名士也"，又曰"民之望也"。頠理具渊博，赡于论难，著《崇有》《贵无》二论，以矫虚诞之弊，文辞精富，为世名论。子嵩，字道文。荀绰称嵩有父祖风。为中书郎，早卒。頠从父弟邈，字景声，有隽才，为太傅司马越从事中郎，假节监中外营诸军事。

潜少弟徽，字文季，冀州刺史。有高才远度，善言玄妙。事见荀粲、傅嘏、王弼、管辂诸传。徽长子黎，字伯宗，一名演，游击将军。次康，字仲豫，太子左卫率。次楷，字叔则，侍中、中书令、光禄大夫、开府。次绰，字季舒，黄门侍郎，早卒，追赠长水校尉。康、楷、绰皆为名士，而楷才望最重。《晋诸公赞》曰：康有弘量，绰以明达为称，楷少与琅邪王戎俱为掾发名，钟会致之大将军司马文王曰："裴楷清通，王戎简要。"文王即辟为掾，进历显位。谢鲲为《乐广传》，称楷隽朗有识具，当时独步。黎子苞，秦州刺史。康子纯，黄门侍郎。次盾，徐州刺史。次郃，有器望。晋元帝为安东将军，郃为长史，侍中王旷与司马越书曰："裴郃在此，虽不治事，然识量弘淹，此下人士大敬附之。"次廓，中垒将军。楷子瓒，中书郎。次宪，豫州刺史。绰子遐，太傅主簿。瓒、遐并有盛名，早卒。《晋诸公赞》称宪有清识。

《魏略》列传以徐福、严幹、李义、张既、游楚、梁习、赵俨、裴潜、韩宣、黄朗十人共卷，其既、习、俨、潜四人自有传，徐福事在《诸葛亮传》，游楚事在《张既传》。余幹等四人载之于后。

严幹，字公仲；李义，字孝懿，皆冯翊东县人也。冯翊东县旧无冠族，故二人并单家，其器性皆重厚。当中平末，同年二十余，幹好击剑，义好办护丧事。冯翊甲族桓、田、吉、郭及故侍中郑文信等，颇以其各有器实，共纪识之。会三辅乱，人多流宕，而幹、义不去，与诸知故相浮沉，采樵自活。逮建安初，关中始开。诏分冯翊西数县为左内史郡，治高陵；以东数县为本郡，治临晋。义于县分当西属，义谓幹曰："西县儿曹，不可与争坐席，今当共作方床耳。"遂相附结，皆仕东郡为右职。司隶辟幹，不至。岁终，郡举幹孝廉，义上计掾。义留京师，为平陵令，迁冗从仆射，遂历显职。逮魏封十郡，请义以为军祭酒，又为魏尚书左仆射。及文帝即位，拜谏议大夫、执金吾、卫尉，卒官。义子丰，字宣国，见《夏侯玄传》。幹以孝廉拜蒲阪令，病，去官。复举至孝，为公车司马令。为州所请，诏拜议郎，还参州事。会以建策捕高幹，又追录前讨郭援功，封武乡侯，迁弘农太守。及马超反，幹郡近超，民人分散。超破，为汉阳太守。迁益州刺史，以道不通，黄初中，转为五官中郎将。明帝时，迁永安太仆，数岁卒。始李义以直道推诚于人，故于时陈群等与之齐好。虽无他材力，而终仕进不顿踬。幹从破乱之后，更折节学问，特善《春秋公羊》。司隶钟繇不好《公羊》而好《左氏》，谓《左氏》为太官，而谓《公羊》为卖饼家，故数与幹共辩析长短。繇为人机捷，善持论，而幹讷口，临时屈无以应。繇谓幹曰："公羊高竟为左丘明服矣。"幹曰："直故吏为明使君服耳，公羊未肯也。"

韩宣，字景然，勃海人也。为人短小。建安中，丞相召署军谋掾，冗散在邺。尝于邺出入宫，于东掖门内与临菑侯植相遇。时天新雨，地有泥潦。宣欲避之，阂潦不得去。乃以扇自障，住于道边。植嫌宣既不去，又不为礼，乃驻车，使其常从问宣何官，宣云："丞相军谋掾也。"植又问曰："应得唐突列侯否？"宣曰："《春秋》之义，王人虽微，列于诸侯之上，未闻宰士而为下士诸侯礼也。"植又曰："即如所言，为人父吏，见其子应有礼否？"宣又曰："于礼，臣、子一例也，而宣年又长。"植知其枝柱难穷，乃释去，具为太子言，以为辩。黄初中，为尚书郎，尝以职事当受罚于殿前，已缚，束杖未行。文帝辇过，问："此为谁？"左右对曰："尚书郎勃海韩宣也。"帝追念前临菑侯所说，乃寤曰："是子建所道韩宣邪！"特原之，遂解其缚。时天大寒，宣前以当受杖，豫脱裤，缠裈面缚。及其原，裈腰不下，乃趋而去。帝目而送之，笑曰："此家有瞻谛之士也。"后出为清河、东郡太守。明帝时，为尚书、大鸿胪，数岁卒。宣前后当官，在能否之间，然善以己恕人。始南阳韩暨以宿德在宣前为大鸿胪，暨为人贤，及宣在后亦称职，故鸿胪中为之语曰："大鸿胪，小鸿胪，前后治行曷相如！"案本志，宣名都不见，惟《魏略》有此传，而《世语》列于名臣之流。

黄朗，字文达，沛郡人也。为人弘通有性实。父为本县卒，朗感其如此，抗志游学，由是为方国及其郡士大夫所礼异。特与东平右姓王惠阳为硕交，惠阳亲拜朗母于床下。朗始仕黄初中，为长吏，迁长安令，会丧母不赴，复为魏令，迁襄城典农中郎将、涿郡太守。以明帝时疾病卒。始朗为君长，自以父故，常忌不呼铃下伍伯，而呼其姓字，至于忿怒，亦终不言。朗既仕至二千石，而惠阳亦历长安令、酒泉太守。故时人谓惠阳外似粗疏而内坚密，能不顾朗之本末，事朗母如己母，为通度也。

鱼豢曰：世称君子之德其犹龙乎，盖以其善变也。昔长安市侩有刘仲始者，一为市吏所辱，乃感激，蹋其尺折之，遂行学问，经明行修，流名海内。后以有道征，不肯就，众人归其高。余以为前世偶有此耳，而今徐、严复参之，若皆非似龙之志也，其何能至于此哉？李推至道，张工度主，韩见识异，黄能拔萃，各著根于石上，而垂阴乎千里，亦未为易也。游翁慷慨，展布腹心，全躯保郡，见延帝王，又放陆生，优游宴戏，亦一实也。梁、赵及裴，虽张杨不足，至于检己，老而益明，亦难能也。

【译文】裴潜，字文行，河东郡闻喜县人。因避乱来到荆州，刘表以上宾之礼待他。裴潜私下里对关系亲近的王粲、司马芝说：“刘州牧不是霸王之才，却想以周文王自居，不用多久就会失败了。”于是南行来到长沙。曹操平定荆州，命裴潜为参丞相军事，后出京连任三县县令，又回京任丞相府仓曹属。曹操问他说：“从前你和刘备都在荆州，你认为刘备的才略如何？”裴潜说：“如果让他盘踞中原，只能生乱而不能治理。如果让他乘机占据一方险阻，足以成为一方霸主。”

当时代郡大乱，任命裴潜为代郡太守。乌丸王及其部落首领，一共三人，都自称单于，控制了代郡局势。前任太守没有人能治理，曹操便想授权让裴潜带领精兵前去镇守讨伐。裴潜推辞说：“代郡人口众多，稍有行动便能聚集上万兵马。单于自知放肆横行日久，自己心里也不安定。如今多带兵马前去，他们一定会因害怕而在边境抵抗，兵马带少了他们又不放在眼里。应该用计谋解决他们，而不能用军队来威迫。”于是只身乘车前往代郡。单于又惊又喜，裴潜用平静和缓的道理给予安抚。单于以下首领都摘下帽子叩头，全部归还了前后几次掠夺的妇女、器械和财物。裴潜按律诛杀了与单于内外勾结的代郡官员郝温、郭端等十余人，北方边境地区大为震惊，老百姓心归朝廷。裴潜管理代郡三年之后，回朝任丞相理曹掾，曹操称赞他治理代郡的功劳，裴潜说：“我对百姓虽然宽宏，但对胡人却很严峻。如今谋臣们一定认为我治理过严，而认为当施加恩惠。其实胡人一向骄横恣肆，管治过宽必然导致松弛散漫，松弛散漫又只能把他们绳之以法，这就是争斗产生的原因。从现在的形势判断，代郡一定还会发生叛乱。”听完这番话，曹操十分后悔这么快就让裴潜回来。几十天以后，果然又传来三个单于造反的消息，曹操只得派鄢陵侯曹彰为骁骑将军前去征讨他们。

裴潜出京担任沛国相，升任兖州刺史。曹操在摩陂驻军时，对裴潜军阵之严整赞叹不绝，特别加以赏赐。曹丕受禅登基，裴潜入朝担任散骑常侍。又出任魏郡、颍川郡的典农中郎将，上奏陈述意见和选拔推荐人才，相当于郡守与国相，从此农官的仕途逐渐宽广通达起来。后迁任荆州刺史，赐爵关内侯。明帝即位，裴潜入朝担任尚书。

出任河南尹，转任太尉军师、大司农，封清阳亭侯，食邑二百户。后又入朝担任尚书令，奏述纠正各种职位的责任权利，推求考查名位与实际的关系，奏述关于发生事故应由官府评判处置等等条文共一百五十多条。后因父亲去世辞官守孝，授任光禄大夫。正始五年去世，追赠为太常，谥号为贞侯。其子裴秀承嗣。裴潜临死留下遗言，命家人为他办丧事一定要节俭，墓中只置备一座，几件瓦器，其余一概不得置入。咸熙年间，裴秀任尚书仆射。

【原文】评曰：和洽清和干理，常林素业纯固，杨俊人伦行义，杜袭温粹识统，赵俨刚毅有度，裴潜平恒贞干，皆一世之美士也。至林能不系心于三司，以大夫告老，美矣哉！

【译文】评论说：和洽清静平和而治理有序，常林操守清白而纯粹坚定，杨俊善于知人而好行仁义，杜袭温和纯粹而明辨大体，赵俨刚强果决而雅有尺度，裴潜持平稳重而精明干练，他们都堪称一代优秀士子。说到常林不将三公荣禄放在心上，只以大夫的身份告老退休，是多么令人惊叹的品行啊！

卷二十四　魏书二十四

韩崔高孙王传第二十四

韩暨

【原文】韩暨,字公至,南阳堵阳人也。[①] 同县豪右陈茂,谮暨父兄,几至大辟。暨阳不以为言,庸赁积资,阴结死士,遂追呼寻禽茂,以首祭父墓,由是显名。举孝廉,司空辟,皆不就。乃变名姓,隐居避乱鲁阳山中。山民合党,欲行寇掠。暨散家财以供牛酒,请其渠帅,为陈安危。山民化之,终不为害。避袁术命召,徙居山都之山。荆州牧刘表礼辟,遂遁逃,南居孱陵界,所在见敬爱,而表深恨之。暨惧,应命,除宜城长。

①《楚国先贤传》曰:暨,韩王信之后。祖术,河东太守。父纯,南郡太守。

太祖平荆州,辟为丞相士曹属。后迁乐陵太守,徙监冶谒者。旧时冶作马排,[①] 每一熟石用马百匹,更作人排,又费功力。暨乃因长流为水排,计其利益,三倍于前。在职七年,器用充实。制书褒叹,就加司金都尉,班亚九卿。文帝践阼,封宜城亭侯。黄初七年,迁太常,进封南乡亭侯,邑二百户。

① 排,蒲拜反。为排以吹炭。

时新都洛阳,制度未备,而宗庙主祏[①] 皆在邺都。暨奏请迎邺四庙神主,建立洛阳庙,四时蒸尝,亲奉粢盛。崇明正礼,废去淫祀,多所匡正。在官八年,以疾逊位。景初二年春,诏曰:"太中大夫韩暨,澡身浴德,志节高洁,年逾八十,守道弥固,可谓纯笃,老而益劭者也。其以暨为司徒。"夏四月薨,遗令敛以时服,葬为土藏。谥曰恭侯。[②] 子肇嗣。肇薨,子邦嗣。[③]

① 祏,音石。《春秋传》曰:命我先人典司宗祏。注曰:"宗庙所以藏主石室者。"

②《楚国先贤传》曰:暨临终遗言曰:"夫俗奢者,示之以俭,俭则节之以礼。历见前代送终过制,失之甚矣。若尔曹敬听吾言,敛以时服,葬以土藏,穿毕便葬,送以瓦器,慎勿有增益。"又上疏曰:"生有益于民,死犹不害于民。况臣备位台司,在职日浅,未能宣扬圣德以广益黎庶。寝疾弥留,奄即幽冥。方今百姓农务,不宜劳役,乞不令洛阳吏民供设丧具。惧国典有常,使臣私愿不得展从,谨冒以闻,惟蒙哀许。"帝得表嗟叹,乃诏曰:"故司徒韩暨,积德履行,忠以立朝,至于黄发,直亮不亏。既登三事,望获毗辅之助,如何奄忽,天命不永!曾参临没,易箦以礼;晏婴尚俭,遣车降制。今司徒知命,遗言恤民,必欲崇约,可谓善始令终者也。其丧礼所设,皆如故事,勿有所阙。特赐温明秘器、衣一称、五时朝服、玉具剑佩。"

③《楚国先贤传》曰:邦,字长林。少有才学。晋武帝时为野王令,有称绩。为新城太守,坐举野王故吏为新城计吏,武帝大怒,遂杀邦。暨次子繇,高阳太守。繇子洪,

侍御史。洪子寿,字德贞。◎《晋诸公赞》曰:自暨已下,世治素业,寿能敦尚家风,性尤忠厚。早历清职,惠帝践阼,为散骑常侍,迁守河南尹。病卒,赠骠骑将军。寿妻贾充女。充无后,以寿子谧为嗣,弱冠为秘书监、侍中,性骄佚而才出众。少子蔚,亦有器望,并为赵王伦所诛。韩氏遂灭。

【译文】韩暨,字公至,南阳郡堵阳县人。同县豪强陈茂,诬告韩暨的父亲和哥哥,他的父亲和哥哥差点被判为死刑。韩暨表面上不说什么,当雇工积蓄财产,暗地里结交敢死的朋友,终于追杀了陈茂,用他的脑袋在父亲的坟墓前祭奠,他因此出了名。被荐举为孝廉,司空征召他为属吏,他都不去就职。他改名换姓,隐居在鲁阳山中躲避战乱。山里百姓结成团伙,想要进行抢劫。韩暨变卖家产置买了牛肉和美酒,请来他们的首领,向他们讲明利害关系。山民被他说服了,终于没出来为害。为了逃避袁术的征召,迁徙到山都山居住。荆州牧刘表以礼相请,要授官给他,他又南逃到孱陵县居住,他到哪里都受到人们的敬爱,但刘表非常恼恨他不应召。韩暨感到害怕,接受了征召,任宜城县长。

太祖曹操平定荆州后,征召他为丞相士曹属。后来被选任为乐陵太守,又转任监冶谒者。过去冶铁都用马排作动力,每冶炼一炉铁需要用一百匹马,改用人排,又耗费人力。韩暨利用流水作水排,用水排创造的利润,是以前的三倍。任职七年,器具充实。太祖下诏书褒奖他,当即加封司金都尉,地位仅次于九卿。文帝曹丕即皇帝位后,封他为宜城亭侯。黄初七年升任太常,晋封为南乡亭侯,封邑二百户。

当时刚迁都洛阳,制度还不完备,而宗庙神主都在邺都。韩暨上奏,请求迎接邺都四庙神主,建立洛阳庙,四季祭祀,皇帝可以亲自供献祭品。他推崇正当的礼仪,废除过滥的祠祀,进行了很多有益的改革。在任八年,因病让位。景初二年春天,明帝下诏说:"太中大夫韩暨,修身养性,节操高尚,年过八十,遵守正道更加坚定,可谓纯朴忠厚,越老越勤奋。任命韩暨为司徒。"夏四月去世,留下遗嘱要按当时普通人的葬服收殓他,埋葬时不起坟头。谥号恭侯。他儿子韩肇继承爵位。韩肇死后,他儿子韩邦继承爵位。

崔林

【原文】崔林,字德儒,清河东武城人也。少时晚成,宗族莫知,惟从兄琰异之。太祖定冀州,召除邬长,贫无车马,单步之官。太祖征壶关,问长吏德政最者,并州刺史张陟以林对,于是擢为冀州主簿,徙署别驾、丞相掾属。魏国既建,稍迁御史中丞。

文帝践阼,拜尚书,出为幽州刺史。北中郎将吴质统河北军事,涿郡太守王雄谓林别驾曰:"吴中郎将,上所亲重,国之贵臣也。仗节统事,州郡莫不奉笺致敬,而崔使君初不与相闻。若以边塞不修斩卿,使君宁能护卿邪?"别驾具以白林,林曰:"刺史视去此州如脱屣,宁当相累邪?此州与胡虏接,宜镇之以静,扰之则动其逆心,特为国家生北顾忧,以此为寄。"在官一期,寇窃寝息。①犹以不事上司,左迁河间太守,清论多为林怨也。②

① 案《王氏谱》：雄，字元伯，太保祥之宗也。◎《魏名臣奏》载安定太守孟达荐雄曰："臣闻明君以求贤为业，忠臣以进善为效，故《易》称：'拔茅连茹。'《传》曰：'举尔所知。'臣不自量，窃慕其义。臣昔以人乏，谬充备部职。时涿郡太守王雄为西部从事，与臣同僚。雄天性良固，果而有谋。历试三县，政成人和。及在近职，奉宣威恩，怀柔有术，清慎持法。臣往年出使，经过雄郡。自说特受陛下拔擢之恩，常励节精心，思投命为效。言辞激扬，情趣款恻。臣虽愚暗，不识真伪，以谓雄才兼资文武，忠烈之性，逾越伦辈。今涿郡领户三千，孤寡之家，参居其半，北有守兵藩卫之固，诚不足舒雄智力，展其勤干也。臣受恩深厚，无以报国，不胜偻偻浅见之情，谨冒陈闻。"诏曰："昔萧何荐韩信，邓禹进吴汉，惟贤知贤也。雄有胆智技能文武之姿，吾宿知之。今便以参散骑之选，方使少在吾门下知指归，便大用之矣。天下之士，欲使皆先历散骑，然后出据州郡，是吾本意也。"雄后为幽州刺史。子浑，凉州刺史。次乂，平北将军。司徒安丰侯戎，浑之子。太尉武陵侯衍、荆州刺史澄，皆乂之子。

②《魏名臣奏》载侍中辛毗奏曰："昔桓阶为尚书令，以崔林非尚书才，迁以为河间太守。"与本传不同。

迁大鸿胪。龟兹王遣侍子来朝，朝廷嘉其远至，褒赏其王甚厚。余国各遣子来朝，间使连属。林恐所遣或非真的，权取疏属贾胡，因通使命，利得印绶，而道路护送，所损滋多。劳所养之民，资无益之事，为夷狄所笑，此曩时之所患也。乃移书燉煌喻指，并录前世待遇诸国丰约故事，使有恒常。明帝即位，赐爵关内侯，转光禄勋、司隶校尉。属郡皆罢非法除过员吏。林为政推诚，简存大体，是以去后每辄见思。

散骑常侍刘劭作《考课论》，制下百僚。林议曰："案《周官》考课，其文备矣，自康王以下，遂以陵迟，此即考课之法存乎其人也。及汉之季，其失岂在乎佐吏之职不密哉？方今军旅，或猥或卒，备之以科条，申之以内外，增减无常，固难一矣。且万目不张举其纲，众毛不整振其领。皋陶仕虞，伊尹臣殷，不仁者远。五帝三王未必如一，而各以治乱。《易》曰：'易简，而天下之理得矣。'太祖随宜设辟，以遗来今，不患不法古也。以为今之制度，不为疏阔，惟在守一勿失而已。若朝臣能任仲山甫之重，式是百辟，则孰敢不肃？"

景初元年，司徒、司空并缺，散骑侍郎孟康荐林曰："夫宰相者，天下之所瞻效，诚宜得秉忠履正本德仗义之士，足为海内所师表者。窃见司隶校尉崔林，禀自然之正性，体高雅之弘量。论其所长以比古人，忠直不回则史鱼之俦，清俭守约则季文之匹也。牧守州郡，所在而治，及为外司，万里肃齐，诚台辅之妙器，衮职之良才也。"后年遂为司空，封安阳亭侯，邑六百户。三公封列侯，自林始也。[①] 顷之，又进封安阳乡侯。

① 臣松之以为：汉封丞相邑，为荀悦所讥。魏封三公，其失同也。

鲁相上言："汉旧立孔子庙，褒成侯岁时奉祠，辟雍行礼，必祭先师，王家出谷，春秋祭祀。今宗圣侯奉嗣，未有命祭之礼，宜给牲牢，长吏奉祀，尊为贵神。"制三府议，博士傅祗以《春秋传》言立在祀典，则孔子是也，宗圣适足继绝世，章盛德耳。至于显立言，崇明德，则宜如鲁相所上。林议以为："宗圣侯亦以王命祀，不为未有命也。周武王封黄帝、尧、舜之后，及立三恪，禹、汤之世，不列于时，复特命他官祭也。今周公已上，达于三皇，忽焉不祀，而其礼经亦存其言。今独祀孔子者，以世近故也。以大夫之后，特受无疆之祀，礼过古帝，义逾汤、武，可谓崇明报德矣，无复重祀于非族也。”[①]

①臣松之以为：孟轲称宰我之辞曰：“以予观夫子，贤于尧舜远矣。”又曰：“生民以来，未有盛于孔子者也。”斯非通贤之格言，商较之定准乎！虽妙极则同，万圣犹一，然淳薄异时，质文殊用，或当时则荣，没则已焉，是以遗风所被，实有深浅。若乃经纬天人，立言垂制，百王莫之能违，彝伦资之以立，诚一人而已耳。周监二代，斯文为盛。然于六经之道，未能及其精致。加以圣贤不兴，旷年五百，道化陵夷，宪章殆灭，若使时无孔门，则周典几乎息矣。夫能光明先王之道，以成万世之功，齐天地之无穷，等日月之久照，岂不有逾于群圣哉？林曾无史迁洞想之诚，梅真慷慨之志，而守其蓬心以塞明义，可谓多见其不知量也。

明帝又分林邑，封一子列侯。正始五年薨，谥曰孝侯。子述嗣。[①]

①《晋诸公赞》曰：述弟随，晋尚书仆射。为人亮济。赵王伦篡位，随与其事。伦败，随亦废锢而卒。林孙玮，性率而疏，至太子右卫率也。初，林识拔同郡王经于民伍之中，卒为名士，世以此称之。

【译文】崔林，字德儒，清河郡东武城人。年轻时成名较晚，族人都不知道他，只有他的堂兄崔琰欣赏他。太祖曹操平定冀州后，任命他为邬县长，家贫没有车马，就步行上任。太祖征伐壶关时，询问县令长史中谁的政绩最好，并州刺史张陟回答说崔林政绩最好，于是提拔他为冀州主簿，转任别驾、丞相掾属。魏国建立以后，逐渐升至御史中丞。

文帝即皇帝位后，授官尚书，出任幽州刺史。北中郎将吴质总领河北军事，涿郡太守王雄对崔林的别驾说：“吴中郎将是皇上亲近重用的国家贵臣。他持符节总领军事，州郡长官没有人不送信给他表示敬意，而崔使君却从未给他写过信。如果吴中郎将以不修边防的名义要杀你，崔使君难道会保护你吗？”别驾把王雄的话全都转告给崔林，崔林说：“我对离开刺史的官位看得与脱掉鞋子无异，难道会因贪恋官位连累你吗？幽州和胡人接壤，应当用安静少事的策略来治理，政事烦扰就容易激起胡人的反叛之心，给国家带来北部的忧患，我只为国家安危考虑，不在乎其他事。”任职一年，胡寇不敢侵犯。但他还是因不尊敬上司，被降职为河间太守，正义的舆论多为崔林抱不平。

升任大鸿胪。龟兹王派遣儿子来朝觐入侍，朝廷嘉奖他从远方来归顺，赏赐给龟兹王的礼物非常丰厚。其他国家闻讯也纷纷派遣儿子来朝觐，来往使节络绎不绝。崔林担心这些派遣使者的国家有的不是真心归顺，只想暂时取得魏国的庇护以对付胡人，因此才互通使节，求得魏国封的印绶，而朝廷派人护送使者，损失更严重。疲劳百姓，耗费巨资，对国家无益，被夷狄嘲笑，这是过去就担忧的事情。于是文帝下诏给敦煌郡，指示参考前代对待西域各国礼仪的故事，制定常法。明帝即位后，赐爵关内侯，转任光禄勋、司隶校尉。他上任后，属郡都废除了非法行为，裁减冗官。崔林主管政务时，推诚相待，法令简易，只存大体，不苛小节，所以离任后吏民常常思念他。

散骑常侍刘劭作《考课论》，明帝让百官讨论。崔林议论说："考察《周官》考核官吏的法令，已十分详备了，但从康王以后，逐渐废弛，这说明考核官吏的法令因人而存废。到汉末，考课令的废弛难道是因为约束官吏的法令不严密吗？现在军队里，有的法令繁多，有的法令松弛，用法令条文来防范官吏，却内外有别，增减无常，本来就难以统一。况且渔网张不开就提起纲绳，裘毛不整齐就提起衣领。皋陶到虞夏做官，伊尹到殷做大臣后，不仁的人就赶紧逃走了。五帝三王的法令未必相同，但都治理了乱世。《易经》说：'改行简易，天下就能大治。'太祖根据当时的情况设立法令，遗传至今，所以不必为没效法古制担忧。我认为现在的法令不算宽疏，只要能坚持到底就行了。如果朝廷大臣能担负仲山甫那样的重任，即使只有一百条法令，又有谁敢不恭敬从命呢？"

景初元年，司徒、司空都空缺，散骑侍郎孟康推荐崔林说："宰相被天下人敬仰仿效，确实应当选用忠心正直有德仗义的士人，足以成为海内师表的人。我私下看见司隶校尉崔林，禀性自然，为人正派，气质高雅，气度宏大。拿他的长处和古人相比，忠心正直、意志坚定则和史鱼相同，清廉俭约则和季文一样。掌管州郡，他在哪里哪里就得到治理，任大鸿胪后，万里边疆清静整齐，实在是担任台辅的好人选，出任三公的优秀人才。"后年遂任司空，封安阳亭侯，食邑六百户。三公封列侯，从崔林开始。不久，又晋封为安阳乡侯。

鲁相上书说："汉朝过去设立孔子庙，褒成侯每年四季举行祭祀，在辟雍行礼时，一定要祭祀先师，王家出谷子，春秋两季祭祀。现在宗圣侯奉孔子的后嗣，但没有命令祭祀的礼仪，应当给他供祭祀用的牲畜，由县官主持祭祀，尊奉孔子为贵神。"皇帝下令由三公府进行商议，博士傅祗根据《春秋传》说祭祀孔子写在祀典上，宗圣侯正好能继承孔子后嗣，表彰大德。至于显扬孔子创立学说的功绩，尊崇他明亮的道德，则应按鲁相上书的建议去做。崔林议论认为："宗圣侯也是按王命祭祀的，不算没有命令。周武王分封黄帝、尧、舜的后代，还分封三个王朝的后代，夏禹、商汤两代，不列在四季祭祀之列，又特意命令其他官员去祭祀。现在周公以上，上达三皇，都不再祭祀了，《礼经》上也有这些记载。现在只祭祀孔子，是因为时代接近的缘故。作为大夫的后代，孔子一直享受祭祀，从未间断，礼仪已超过古代帝王，尊敬他已超过商汤、周武王，可谓尊崇圣明报答圣德了，不必让不是他后代的人再祭祀他。"

明帝又从崔林封邑中分出一部分，封一子为列侯。正始五年去世，谥号孝侯。儿子崔述继爵位。

高柔

【原文】高柔，字文惠，陈留圉人也。父靖，为蜀郡都尉。[①] 柔留乡里，谓邑中曰："今者英雄并起，陈留四战之地也。曹将军虽据兖州，本有四方之图，未得安坐守也。而张府君先得志于陈留，吾恐变乘间作也，欲与诸君避之。"众人皆以张邈与太祖善，柔又年少，不然其言。柔从兄幹，袁绍甥也，[2] 在河北呼柔，柔举宗从之。会靖卒于西州，时道路艰涩，兵寇纵横，而柔冒艰险诣蜀迎丧，辛苦荼毒，无所不尝，三年乃还。

①《陈留耆旧传》曰：靖高祖父固，不仕王莽世，为淮阳太守所害，以烈节垂名。固子慎，字孝甫。敦厚少华，有沉深之量。抚育孤兄子五人，恩义甚笃。琅邪相何英嘉其行履，以女妻焉。英即车骑将军熙之父也。慎历二县令、东莱太守。老病归家，草屋蓬户，瓮缶无储。其妻谓之曰："君累经宰守，积有年岁，何能不少为储畜以遗子孙乎？"慎曰："我以勤身清名为之基，以二千石遗之，不亦可乎！"子式，至孝，常尽力供养。永初中，螟蝗为害，独不食式麦，圉令周强以表州郡。太守杨舜举式孝子，让不行。后以孝廉为郎。次子昌，昌弟赐，并为刺史、郡守。式子弘，孝廉。弘生靖。

② 谢承《后汉书》曰：幹，字元才。才志弘邈，文武秀出。父躬，蜀郡太守。祖赐，司隶校尉。

案《陈留耆旧传》及谢承书，幹应为柔从父，非从兄也。未知何者为误。

太祖平袁氏，以柔为菅长。县中素闻其名，奸吏数人，皆自引去。柔教曰："昔邴吉临政，吏尝有非，犹尚容之。况此诸吏，于吾未有失乎！其召复之。"咸还皆自励，咸为佳吏。高干既降，顷之以并州叛。柔自归太祖，太祖欲因事诛之，以为刺奸令史。处法允当，狱无留滞，辟为丞相仓曹属。[1] 太祖欲遣钟繇等讨张鲁，柔谏，以为："今猥遣大兵，西有韩遂、马超，谓为己举，将相扇动作逆。宜先招集三辅，三辅苟平，汉中可传檄而定也。"繇入关，遂、超等果反。

①《魏氏春秋》曰：柔既处法平允，又夙夜匪懈，至拥膝抱文书而寝。太祖尝夜微出，观察诸吏，见柔，哀之，徐解裘覆柔而去。自是辟焉。

魏国初建，为尚书郎。转拜丞相理曹掾，令曰："夫治定之化，以礼为首。拨乱之政，以刑为先。是以舜流四凶族，皋陶作士。汉祖除秦苛法，萧何定律。掾清识平当，明于宪典，勉恤之哉！"鼓吹宋金等在合肥亡逃。旧法，军征士亡，考竟其妻子。太祖患犹不息，更重其刑。金有母妻及二弟皆给官，主者奏尽杀之。柔启曰："士卒亡军，诚在可疾，然窃闻其中时有悔者。愚谓乃宜贷其妻子，一可使贼中不信，二可使诱其还心。正如前科，固已绝其意望，而猥复重之，柔恐自今在军之士，见一人亡逃，诛将及己，亦且相随而走，不可复得杀也。此重刑非所以止亡，乃所以益走耳。"太祖曰："善。"即止不杀金母、弟，蒙活者甚众。

迁为颍川太守，复还为法曹掾。时置校事卢洪、赵达等，使察群下。柔谏曰："设官分职，各有所司。今置校事，既非居上信下之旨。又，达等数以憎爱擅作威福，宜检治之。"太祖曰："卿知达等，恐不如吾也。要能刺举而辨众事，使贤人君子为之，则不能也。昔叔孙通用群盗，良有以也。"达等后奸利发，太祖杀之以谢于柔。

文帝践阼，以柔为治书侍御史，赐爵关内侯，转加治书执法。民间数有诽谤妖言，帝疾之，有妖言辄杀，而赏告者。柔上疏曰："今妖言者必戮，告之者辄赏。既使过误无反善之路，又将开凶狡之群相诬罔之渐，诚非所以息奸省讼，缉熙治道也。昔周公作诰，称殷之祖宗，咸不顾小人之怨。在汉太宗，亦除妖言诽谤之令。臣愚以为宜除妖谤赏告之法，以隆天父养物之仁。”帝不即从，而相诬告者滋甚。帝乃下诏：“敢以诽谤相告者，以所告者罪罪之。”于是遂绝。校事刘慈等，自黄初初数年之间，举吏民奸罪以万数，柔皆请惩虚实，其余小小挂法者，不过罚金。四年，迁为廷尉。

魏初，三公无事，又希与朝政。柔上疏曰：“天地以四时成功，元首以辅弼兴治。成汤仗阿衡之佐，文、武凭旦、望之力，逮至汉初，萧、曹之俦并以元勋代作心膂，此皆明王圣主任臣于上，贤相良辅股肱于下也。今公辅之臣，皆国之栋梁，民所具瞻，而置之三事，不使知政，遂各偃息养高，鲜有进纳，诚非朝廷崇用大臣之义，大臣献可替否之谓也。古者刑政有疑，辄议于槐棘之下。自今之后，朝有疑议及刑狱大事，宜数以咨访三公。三公朝朔望之日，又可特延入，讲论得失，博尽事情，庶有裨起天听，弘益大化。”帝嘉纳焉。

帝以宿嫌，欲枉法诛治书执法鲍勋，而柔固执不从诏命。帝怒甚，遂召柔诣台，遣使者承指至廷尉考竟勋，勋死，乃遣柔还寺。

【译文】高柔，字文惠，陈留郡圉县人。父亲高靖，任蜀郡都尉。高柔留在家乡，对邑中人说：“现在英雄纷纷起兵，陈留是一个四面都容易受攻击的地方。曹将军虽然占据兖州，但他有统一天下的志向，不会安闲地坐守兖州。张府君先占据陈留，我担心不久会发生变乱，想和你们一起去躲避。”众人都认为张邈和太祖曹操友好，高柔又年轻，都不相信他的话。高柔的堂兄高干，是袁绍的外甥，他在河北招呼高柔前往，高柔率领全族的人投奔了他。恰巧这时高靖死在西州，当时道路艰险，军队和强盗横行，而高柔冒着艰难险阻去蜀郡迎丧，路上历尽艰辛痛苦，没有什么苦没有尝过，三年才回来。

太祖平定袁绍以后，让高柔任菅地的长官。县里人平常听到过他的名声，几个奸吏，都逃走了。高柔下令说：“从前邴吉任职时，官吏曾经犯过错误，他仍能容忍他们。何况这几个官吏在我手下没有犯过错误！召他们回来官复原职。”于是，官吏都回来了，都表示要重新做人，后来都成为很好的吏员。高干投降以后，不久又在并州反叛。高柔自己逃走归附了太祖，太祖想借故杀了他，让他任刺奸令史。他判案公正得当，没有滞留未判决的案件，太祖又任命他为丞相仓曹属。太祖想派钟繇等讨伐张鲁，高柔劝谏，认为：“现在突然发大兵，西面有韩遂、马超，会误认为是攻打他们，这样他们将会互相煽动叛乱。应当先安抚三辅，三辅如果平定了，汉中可以只送檄文就能平定了。”钟繇进关后，韩遂、马超等果然反叛。

魏国刚建立时，任尚书郎。转任丞相理曹掾，太祖下令说：“在安定社会里颁布教化，要把礼仪放在首位。在乱世里执政，要把刑法放在第一位。因此舜流放四凶的家族，让皋陶担任狱官。汉高祖废除秦的苛刻法律，由萧何制定九章律。理曹掾高柔见识高明，判案公允，深明法律，你要勤勉谨慎任职啊！”鼓吹手宋金等在合肥逃跑。按照过去的法律，士兵临阵脱逃，连他妻子儿女也要被判死刑。太祖担心这样还不能制止士兵逃跑的现象，又加重了刑法。宋金的母亲、妻子及两个弟弟都被官府抓走，主事者上奏要将他们全部杀了。高柔上疏说：“士卒从军中逃跑，实在可恨，但我私下听说其中时常有后悔的人。我认为应当宽大处理他们的妻子儿女，一来可使敌人不信任他们，二来可以诱发他们回来的念头。如果按照过去的法令，本来就已断绝了逃兵悔改的希望，而现在还要加重刑罚，我担心从今以后在军队的士兵，若看见一人逃跑，自己就要被判死刑，也会相随逃跑，到时就会无人可杀了。这样加重刑法不是阻止逃跑的办法，只能让他们逃跑得更多。”太祖说：“好。”于是不杀宋金的母亲、弟弟，因此救活了很多人。

升为颍川太守，又回京任法曹掾。当时设置校事官，由卢洪、赵达等人担任，让他们伺察群官的过失。高柔劝谏说：“设置官吏分配职守，各自主管一摊子事务。现在设置校事，已经不是上司信任下级的做法。而且赵达等人屡次以自己的爱憎进行褒贬，独揽大权，应当检查治理他们才对。”太祖说：“你对赵达等人的了解，恐怕还不如我。刺探检举别人的过失并且审理这些事，让贤人君子去干，肯定不行。从前叔孙通曾推举了一伙强盗，也是因为这个原因。”赵达等人后来以权谋私的案情败露，太祖杀了他们以向高柔道歉。

文帝即皇帝位后，任命高柔为治书侍御史，赐爵关内侯，不久加官治书执法。民间常有诽谤朝廷迷惑人心的言论，文帝非常痛恨，遇有迷惑人心言论的人就杀掉，并奖赏揭发的人。高柔上疏说：“现在对制造妖言的人一定要处死，对告发的人则给予奖赏。这样既使犯错误的人没有改过自新的机会，又将促成凶恶狡猾的人互相诬告的泛滥，确实不是光明正大制止邪恶、减省诉讼的方法。从前周公作诰书，称颂殷代的祖宗，全然不计较小人的怨恨。汉文帝也废除了妖言诽谤法令。臣不才，认为应当废除妖言诽谤奖励告发的法令，以增加上天养育万物的仁德。”文帝没有立即采纳他的意见，致使互相诬告的人越来越多。于是，文帝下诏说：“敢用诽谤来告发别人的人，以被告人应受的惩罚来惩罚他。”从此就无人告发了。校事刘慈等，自黄初初年开始，几年之内，检举犯法吏民数以万计，高柔请求核查虚实，对那些稍微触犯法律的人，不过罚他些金银，以示惩罚。黄初四年，升任廷尉。

魏朝建立初年，三公没有什么事，又很少参与朝政。高柔上疏说：“天地以四季成就万物，君主以辅佐大臣治理国家。商汤凭借伊尹的辅佐，周文王、周武王凭借周公旦、太公望的力量，及至汉初的萧何、曹参之辈，都以国家元勋成为君主心腹，这都是圣明君主善于任用大臣和贤相良辅成为股肱的实例。当今的公辅大臣，都是国家的栋梁，百姓都敬仰他们，但现在虽然设置了三公，却不让他们参与政事，于是他们各自安闲无事修身养性，很少进献忠言，这确实不合朝廷推崇任用大臣的道理，大臣也将无法对朝政的好坏提出意见。古代刑法政治有了疑问，就让三公九卿诸侯进行议论。从今以后，朝廷有疑难问题和刑狱大事，都应反复征求三公的意见。三公除每月朔望日朝觐外，还可以特意召他们进宫，议论政治得失，对政事广泛发表意见，希望能补益启发天子的听闻，有益国家的治理。”文帝高兴地采纳了他的意见。

文帝因为往日的嫌隙，想违背法律杀了治书执法鲍勋，但高柔坚持正义不听从文帝的命令。文帝非常生气，就把高柔叫到尚书台，派使者接受旨令到廷尉府处死了鲍勋，鲍勋死后才让高柔回到廷尉官署。

【原文】明帝即位，封柔延寿亭侯。时博士执经，柔上疏曰："臣闻遵道重学，圣人洪训；褒文崇儒，帝者明义。昔汉末陵迟，礼乐崩坏，雄战虎争，以战陈为务，遂使儒林之群，幽隐而不显。太祖初兴，愍其如此，在于拨乱之际，并使郡县立教学之官。高祖即位，遂阐其业，兴复辟雍，州立课试，于是天下之士，复闻庠序之教，亲俎豆之礼焉。陛下临政，允迪睿哲，敷弘大猷，光济先轨，虽夏启之承基，周成之继业，诚无以加也。然今博士皆经明行修，一国清选，而使迁除限不过长，惧非所以崇显儒术，帅励怠惰也。孔子称：'举善而教不能则劝。'故楚礼申公，学士锐精，汉隆卓茂，搢绅竞慕。臣以为博士者，道之渊薮，六艺所宗，宜随学行优劣，待以不次之位。敦崇道教，以劝学者，于化为弘。"帝纳之。

后大兴殿舍，百姓劳役。广采众女，充盈后宫。后宫皇子连夭，继嗣未育。柔上疏曰："二虏狡猾，潜自讲肄，谋动干戈，未图束手。宜畜养将士，缮治甲兵，以逸待之。而顷兴造殿舍，上下劳扰。若使吴、蜀知人虚实，通谋并势，复俱送死，甚不易也。昔汉文惜十家之资，不营小台之娱；去病虑匈奴之害，不遑治第之事。况今所损者非惟百金之费，所忧者非徒北狄之患乎？可粗成见所营立，以充朝宴之仪。乞罢作者，使得就农。二方平定，复可徐兴。昔轩辕以二十五子，传祚弥远。周室以姬国四十，历年滋多。陛下聪达，穷理尽性，而顷皇子连多夭逝，熊罴之祥又未感应。群下之心，莫不悒戚。周礼，天子后妃以下百二十人，嫔嫱之仪，既以盛矣。窃闻后庭之数，或复过之，圣嗣不昌，殆能由此。臣愚以为可妙简淑媛，以备内宫之数，其余尽遣还家。且以育精养神，专静为宝。如此，则螽斯之征，可庶而致矣。"帝报曰："知卿忠允，乃心王室，辄克昌言，他复以闻。"

时猎法甚峻。宜阳典农刘龟窃于禁内射兔，其功曹张京诣校事言之。帝匿京名，收龟付狱。柔表请告者名，帝大怒曰："刘龟当死，乃敢猎吾禁地。送龟廷尉，廷尉便当考掠，何复请告者主名，吾岂妄收龟邪？"柔曰："廷尉，天下之平也，安得以至尊喜怒而毁法乎？"重复为奏，辞指深切。帝意寤，乃下京名。即还讯，各当其罪。

时制，吏遭大丧者，百日后皆给役。有司徒吏解弘遭父丧，后有军事，受敕当行，以疾病为辞。诏怒曰："汝非曾、闵，何言毁邪？"促收考竟。柔见弘信甚羸劣，奏陈其事，宜加宽贷。帝乃诏曰："孝哉弘也！其原之。"

初，公孙渊兄晃，为叔父恭任内侍，先渊未反，数陈其变。及渊谋逆，帝不忍市斩，欲就狱杀之。柔上疏曰："《书》称：'用罪伐厥死，用德彰厥善。'此王制之明典也。晃及妻子，叛逆之类，诚应枭县，勿使遗育。而臣窃闻晃先数自归，陈渊祸萌，虽为凶族，原心可恕。夫仲尼亮司马牛之忧，祁奚明叔向之过，在昔之美义也。臣以为晃信有言，宜贷其死，苟自无言，便当市斩。今进不赦其命，退不彰其罪，闭著囹圄，使自引分，四方观国，或疑此举也。"帝不听，竟遣使赍金屑饮晃及其妻子，赐以棺、衣，殡敛于宅。①

① 孙盛曰：闻五帝无诰誓之文，三王无盟祝之事。然则盟誓之文，始自三季；质任之作，起于周微。夫贞夫之一，则天地可动；机心内萌，则鸥鸟不下。况信不足焉而

祈物之必附，猜生于我而望彼之必怀，何异挟冰求温，抱炭希凉者哉？且夫要功之伦，陵肆之类，莫不背情任计，昧利忘亲。纵怀慈孝之爱，或虑倾身之祸。是以周、郑交恶，汉高请羹，隗嚣捐子，马超背父，其为酷忍如此之极也，安在其因质委诚，取任永固哉？世主若能远览先王闲邪之至道，近鉴狡肆徇利之凶心，胜之以解网之仁，致之以来苏之惠，耀之以雷霆之威，润之以时雨之施，则不恭可敛衽于一朝，咆哮可屈膝于象魏矣。何必拘厥亲以来其情，逼所爱以制其命乎？苟不能然，而仗夫计术，笼之以权数，检之以一切，虽览一室而庶征于四海，法生鄙局，冀或半之暂益。自不得不有不忍之刑，以遂孥戮之罚，亦犹渎盟由乎一人，而云俾坠其师，无克遗育之言耳。岂得复引四罪不及之典，司马牛获宥之义乎？假令任者皆不保其父兄，辄有二三之言，曲哀其意而悉活之，则长人子危亲自存之悖。子弟虽质，必无刑戮之忧，父兄虽逆，终无剿绝之虑。柔不究明此术非盛王之道，宜开张远义，蠲此近制，而陈法内之刑以申一人之命，可谓心存小善，非王者之体。古者杀人之中，又有仁焉。刑之于狱，未为失也。

臣松之以为：辨章事理，贵得当时之宜，无为虚唱大言而终归无用。浮诞之论，不切于实，犹若画魑魅之象，而踬于犬马之形也。质任之兴，非仿近世，况三方鼎峙，辽东偏远，羁其亲属以防未然，不为非矣。柔谓晃有先言之善，宜蒙原心之宥。而盛责柔不能开张远理，蠲此近制。不达此言竟为何谓？若云猜防为非，质任宜废，是谓应大明先王之道，不预任者生死也。晃之为任，历年已久，岂得于杀活之际，方论至理之本。是何异丛棘既繁，事须判决，空论刑措之美，无闻当不之实哉？其为迂阔，亦已甚矣。汉高事穷理迫，权以济亲，而总之“酷忍”之科，既已大有所诬。且自古以来，未有子弟妄告父兄以图全身者，“自存之悖”，未之或闻。晃以兄告弟，而其事果验。谓晃应杀，将以遏防。若言之亦死，不言亦死，岂不杜归善之心，失正刑之中哉？若赵括之母以先请获免，钟会之兄以密言全子，古今此比，盖为不少。晃之前言，事同斯例，而独遇否闭，良可哀哉！

是时，杀禁地鹿者身死，财产没官，有能觉告者厚加赏赐。柔上疏曰：“圣王之御世，莫不以广农为务，俭用为资。夫农广则谷积，用俭则财畜，畜财积谷而有忧患之虞者，未之有也。古者，一夫不耕，或为之饥；一妇不织，或为之寒。中间已来，百姓供给众役，亲田者既减，加顷复有猎禁，群鹿犯暴，残食生苗，处处为害，所伤不赀。民虽障防，力不能御。至如荥阳左右，周数百里，岁略不收，元元之命，实可矜伤。方今天下生财者甚少，而麋鹿之损者甚多。卒有兵戎之役，凶年之灾，将无以待之。惟陛下览先圣之所念，愍稼穑之艰难，宽放民间，使得捕鹿，遂除其禁，则众庶久济，莫不悦豫矣。”①

①《魏名臣奏》载柔上疏曰：“臣深思陛下所以不早取此鹿者，诚欲使极蕃息，然后大取以为军国之用。然臣窃以为今鹿但有日耗，终无从得多也。何以知之？今禁地广轮且千余里，臣下计无虑其中有虎大小六百头，狼有五百头，狐万头。使大虎一头三日食一鹿，一虎一岁百二十鹿，是为六百头虎一岁食七万二千头鹿也。使十狼日共食一鹿，是为五百头狼一岁共食万八千头鹿。鹿子始生，未能善走，使十狐一日共食一子，

比至健走一月之间，是为万狐一月共食鹿子三万头也。大凡一岁所食十二万头。其鹏鹗所害，臣置不计。以此推之，终无从得多，不如早取之为便也。”

顷之，护军营士窦礼近出不还。营以为亡，表言逐捕，没其妻盈及男女为官奴婢。盈连至州府，称冤自讼，莫有省者。乃辞诣廷尉。柔问曰：“汝何以知夫不亡？”盈垂泣对曰：“夫少单特，养一老妪为母，事甚恭谨，又哀儿女，抚视不离，非是轻狡不顾室家者也。”柔重问曰：“汝夫不与人有怨仇乎？”对曰：“夫良善，与人无仇。”又曰：“汝夫不与人交钱财乎？”对曰：“尝出钱与同营士焦子文，求不得。”时子文适坐小事系狱，柔乃见子文，问所坐。言次，曰：“汝颇曾举人钱不？”子文曰：“自以单贫，初不敢举人钱物也。”柔察子文色动，遂曰：“汝昔举窦礼钱，何言不邪？”子文怪知事露，应对不次。柔曰：“汝已杀礼，便宜早服。”子文于是叩头，具首杀礼本末，埋葬处所。柔便遣吏卒承子文辞往掘礼，即得其尸。诏书复盈母子为平民。班下天下，以礼为戒。

在官二十三年，转为太常，旬日迁司空，后徙司徒。太傅司马宣王奏免曹爽，皇太后诏召柔假节，行大将军事，据爽营。太傅谓柔曰：“君为周勃矣。”爽诛，进封万岁乡侯。高贵乡公即位，进封安国侯，转为太尉。常道乡公即位，增邑并前四千户，前后封二子亭侯。景元四年，年九十薨，谥曰元侯。孙浑嗣。咸熙中，开建五等，以柔等著勋前朝，改封浑昌陆子。①

①《晋诸公赞》曰：柔长子俊，大将军掾，次诞，历三州刺史、太仆。诞放率不伦，而决烈过人。次光，字宣茂，少习家业，明练法理。晋武帝世，为黄沙御史，与中丞同，迁守廷尉，后即真。兄诞与光异操，谓光小节，常轻侮之，而光事诞愈谨。终于尚书令。追赠司空。

【译文】明帝即位后，封高柔为延寿亭侯。当时博士掌管儒家经典，高柔上疏说：“臣听说遵守道德重视学问，是圣人的伟大训示；褒奖文学推崇儒学，是帝王开明的义理。汉代末期政治衰败，礼乐制度废坏，各割据势力互相争权夺利，以战争为首要任务，因此使得众多的儒士不受重视。太祖刚起兵时，痛惜这种情况，在平定乱世的同时，还让郡县建立学官进行教授。高祖即位以后，进一步发展了这一事业，重新建立辟雍，各州实行考试制度，于是天下的儒士，重新在学校受到了教导，重新施行祭祀礼仪。陛下亲政以来，发挥您的聪明才智，推行宏伟的计划，发扬光大先帝的事业，即使夏启承继夏禹的基业，周成王继承文王、武王的事业，也不能超过您的功绩。然而当今的博士都熟习经学，行为端正，是从全国选举出来的优秀人才，但他们升迁的官位不超过县长，我担心这样不是尊崇儒术，带动劝勉懒惰的人的方法。孔子说：‘任用贤能之士而教育能力低下之人，他们就会互相劝勉。’所以楚元王礼待申公，学士都锐意精通经学，汉光武帝尊敬卓茂，把他放在显要的官位上，士大夫争着仿效他。臣认为博士是儒家道统的源泉，是掌握六经的人，应该根据他们学问品行的优劣，特别加以提拔。尊崇儒家的道统教育，以劝勉学习经学的人，这样就能弘扬风化。”明帝采纳了他的意见。

后来明帝大肆兴建宫殿，征发百姓服劳役。又在全国挑选美女，以充实后宫。后宫生下的皇子连连夭折，明帝还没有子嗣。高柔上疏说："吴、蜀两国十分狡猾，悄悄地练兵习武，图谋消灭我们魏国，没有打算收手。我们应当养兵蓄锐，修理制造武器，以逸待劳。但最近大肆建造宫殿，全国上下都被劳役烦扰。如果让吴、蜀两国知道了我们的情况，就会联合起来攻打我们，我们要把他们都打败很不容易。从前汉文帝舍不得耗费十家的财产，不为娱乐建造露台；霍去病忧虑匈奴为害中原，没有时间修建府第。何况现在耗费的不只是一百金的费用，忧虑的不仅仅是匈奴的祸患呢？可以粗略建成现在正在建造的宫殿，满足朝廷宴会礼仪的需要。乞求停止百姓的劳役，让他们回去从事农耕生产。等吴、蜀两国平定以后，再慢慢地建造宫殿。从前轩辕黄帝有二十五个儿子，后代流传很远。周朝有四十个姬姓诸侯国，朝代经历了八百多年。陛下聪明通达，很有理性，但最近皇子连连夭折，至今也没有生皇子的迹象。群臣心里都很忧虑不安。周礼，天子后妃以下有一百二十人，妃嫔侍妾的规模，已经很盛大了。我私下听说陛下后宫的妃嫔却超过了这个数，陛下圣嗣不昌盛，恐怕是由此引起。臣不才，认为可以精选其中贤淑美好的女子，以达到后宫妃嫔的数目，其余的都遣送回家。并且您要注意身体，保养精神，专一清静，这样至关重要。这样或许有希望多生皇子。"明帝回答说："我知道你很忠心，一心为了王室，才能直言不讳，你还有什么建议可以提出来让我听听。"

当时禁止在皇帝的苑囿里打猎的法令十分严峻。宜阳典农都尉刘龟偷偷在禁地射兔子，他的功曹张京到校事那里告发了他。明帝为张京保密，把刘龟逮捕入狱。高柔上表请示检举人的名字，明帝大怒说："刘龟该死，竟敢在我禁地里打猎。把刘龟送交廷尉，廷尉应当马上审判，为什么还要检举人的名字，我难道会随便逮捕刘龟吗？"高柔说："廷尉是天下公正的法官，怎么能以皇上的喜怒来判案从而破坏法律呢？"又重新上奏，言辞恳切，用义深刻。明帝也醒悟了，于是告诉了张京的名字。高柔立即进行审理，各按罪行判处。

当时制度规定，官吏遇上父母丧事，一百天后就要回官府供役。有一个司徒府属吏叫解弘，遇上父亲丧事回去料理，恰逢发生了战事，命令他马上回到司徒府，他托辞有病不能回去。明帝下诏生气地说："你又不是曾参、闵子骞，为什么说因悲伤过度身体病弱？"催促廷尉逮捕处死他。高柔看见解弘的身体确实十分虚弱，上奏陈述了这一情况，认为应当宽大处理。于是，明帝下诏说："解弘真是个孝子啊！释放他吧。"

当初，公孙渊的哥哥公孙晃，被叔父公孙恭派到京城做人质，公孙渊还未反叛以前，公孙晃屡次报告公孙渊图谋造反。等到公孙渊反叛了，明帝不忍心在街市上杀他，想在监狱里把他处死。高柔上疏说："《尚书》上说：'有罪就判处他死刑，有德就表彰他的善行。'这是王制的明确法典。公孙晃和他的妻子儿女，是叛逆的同族，确实应当砍首示众，不能保留后代。但臣私下听说公孙晃以前曾几次向陛下上书，揭发公孙渊反叛的阴谋，虽然他是叛逆的同族，但从他的本心看可以饶恕。司马牛的哥哥十分凶恶，司马牛因此十分忧虑，仲尼谅解了他。叔向的哥哥羊舌虎犯罪被杀，叔向受牵连被捕，祁奚申明叔向无罪。这都是过去原谅罪犯同族的美好义举。臣认为公孙晃的忠心有证可查,应赦免他的死罪,如果无证可查,就应当在街市上将他斩首。现在进不赦免他的生命,退不宣明他的罪行,关在监狱里,让他自杀,四方观察魏朝政治得失的人,或许会对此举产生疑问。”明帝不听,最终派使者把金屑掺在水中送给公孙晃和他妻子儿女饮用,然后赐给他们棺材和衣服,并把他们埋葬在宅院里。

当时法令规定,杀了皇帝苑囿里鹿的人要被处死,财产没收充公,检举揭发的人可以得到丰厚的赏赐。高柔上疏说:“圣王统治天下,无人不以扩大农业生产为要务,以节约开支为资本。农业生产扩大了就可以积蓄粮谷,开支节约了就可以积蓄财产,积蓄财产和粮食的国家还有忧患,自古以来从未有过。在古代,一个男子不耕田,就要有人挨饿;一个妇女不织布,就要有人受冻。自陛下统治天下以来,百姓们要担负繁重的劳役,参加农业生产的人本来就减少了,加上以前又有禁止打猎的法令,群鹿四处横行,糟蹋庄稼,到处祸害,因此造成的损失不计其数。百姓虽然设栅栏防范,但能力有限,防不胜防。至于荥阳一带,周围数百里,耕种一年几乎颗粒无收,百姓们的生活,实在值得可怜。现在天下生财的方法很少,而麋鹿损害的财产却很多。如果突然发生战事,需要征发劳役,遇上饥荒年月,将靠什么来对付。希望陛下看看古代圣人所关心的事,怜惜百姓农耕生产的艰难,对百姓放宽政策,让他们可以捕鹿,废除这一禁令,那么百姓长久得益,将会十分快乐。”

不久,护军所统营的士兵窦礼到近处出差,没有回来。营里的人认为他逃跑了,上表建议进行通缉追捕,并把他的妻子盈和儿女收做官府奴婢。盈接连到州府喊冤上诉,但没有人受理。于是,盈告到廷尉。高柔问她:“你怎么知道你丈夫没有逃跑?”盈哭着回答说:“我丈夫从小失去双亲,抚养一老妇人,认她为母亲,非常恭敬谨慎地侍候她,又疼爱儿女,抚养照顾得非常周到,根本不是那种轻浮凶恶不顾家室的人。”高柔又问她说:“你丈夫和人有没有仇呢?”回答说:“我丈夫很善良,和人没有仇。”又问她:“你丈夫有没有借钱财给别人?”回答说:“曾借钱给同营士卒焦子文,找他要账,他不还。”当时焦子文恰巧因犯小罪关押在监狱,高柔于是召见子文,问他犯了什么罪,说罢,又问:“你曾借过人家钱没有?”焦子文说:“因觉得自己孤单贫穷,一直不敢借别人的钱物。”高柔观察到焦子文的脸色有点不对,就说:“你过去向窦礼借过钱,为什么说没有借过?”焦子文对高柔知道此事感到奇怪,以为事情泄露了,吓得语无伦次。高柔说:“是你杀了窦礼,你最好还是趁早服罪。”焦子文吓得赶紧磕头,供出了他杀害窦礼的始末和埋藏尸体的地方。高柔便派遣吏卒按焦子文的供词去挖掘窦礼的尸体,当即就找到了。明帝下诏书恢复盈母子为平民。布告全国,让人们以窦礼为戒。

任廷尉二十三年,转任太常,十天后升司空,后又改任司徒。太傅司马宣王上奏请求免曹爽的官,皇太后诏令高柔持符节代理大将军,夺下曹爽的军营。太傅司马宣王对高柔说:“你是周勃啊。”曹爽被杀后,晋封高柔为万岁乡侯。高贵乡公即位,晋封安国侯,转任太尉。常道乡公曹奂即位后,增加封邑,加上以前封的共四千户,前后封他两个儿子为亭侯。景元四年,高柔去世,时年九十岁,谥号元侯。孙子高浑继后嗣。咸熙中期,建立五等爵,因高柔等在前朝功勋卓著,改封高浑为昌陆子。

孙礼

【原文】孙礼，字德达，涿郡容城人也。太祖平幽州，召为司空军谋掾。初丧乱时，礼与母相失，同郡马台求得礼母，礼推家财尽以与台。台后坐法当死，礼私导令逾狱自首，既而曰："臣无逃亡之义。"径诣刺奸主簿温恢。恢嘉之，具白太祖，各减死一等。

后除河间郡丞，稍迁荥阳都尉。鲁山中贼数百人，保固险阻，为民作害，乃徙礼为鲁相。礼至官，出俸谷，发吏民，募首级，招纳降附，使还为间，应时平泰。历山阳、平原、平昌、琅邪太守。从大司马曹休征吴于夹石，礼谏以为不可深入，不从而败。迁阳平太守，入为尚书。

明帝方修宫室，而节气不和，天下少谷。礼固争，罢役，诏曰："敬纳谠言，促遣民作。"时李惠监作，复奏留一月，有所成讫。礼径至作所，不复重奏，称诏罢民，帝奇其意而不责也。

帝猎于大石山，虎趋乘舆，礼便投鞭下马，欲奋剑斫虎，诏令礼上马。明帝临崩之时，以曹爽为大将军，宜得良佐，于床下受遗诏，拜礼大将军长史，加散骑常侍。礼亮直不挠，爽弗便也，以为扬州刺史，加伏波将军，赐爵关内侯。吴大将全琮帅数万众来侵寇，时州兵休使，在者无几。礼躬勒卫兵御之，战于芍陂，自旦及暮，将士死伤过半。礼犯蹈白刃，马被数创，手秉枹鼓，奋不顾身，贼众乃退。诏书慰劳，赐绢七百匹。礼为死事者设祀哭临，哀号发心，皆以绢付亡者家，无以入身。

征拜少府，出为荆州刺史，迁冀州牧。太傅司马宣王谓礼曰："今清河、平原争界八年，更二刺史，靡能决之。虞、芮待文王而了，宜善令分明。"礼曰："讼者据墟墓为验，听者以先老为正，而老者不可加以榎楚，又墟墓或迁就高敞，或徙避仇雠。如今所闻，虽皋陶犹将为难。若欲使必也无讼，当以烈祖初封平原时图决之。何必推古问故，以益辞讼？昔成王以桐叶戏叔虞，周公便以封之。今图藏在天府，便可于坐上断也，岂待到州乎？"宣王曰："是也。当别下图。"礼到，案图宜属平原。而曹爽信清河言，下书云："图不可用，当参异同。"礼上疏曰："管仲霸者之佐，其器又小，犹能夺伯氏骈邑，使没齿无怨言。臣受牧伯之任，奉圣朝明图，验地著之界，界实以王翁河为限，而鄃以马丹候为验，诈以鸣犊河为界，假虚讼诉，疑误台阁。窃闻众口铄金，浮石沉木，三人成市虎，慈母投其杼。今二郡争界八年，一朝决之者，缘有解书图画，可得寻案擿校也。平原在两河，向东上，其间有爵堤，爵堤在高唐西南，所争地在高唐西北，相去二十余里，可谓长叹息流涕者也。案解与图奏而鄃不受诏，此臣软弱不胜其任，臣亦何颜尸禄素餐。"辄束带著履，驾车待放。爽见礼奏，大怒。劾礼怨望，结刑五岁。在家期年，众人多以为言，除城门校尉。

时匈奴王刘靖部众强盛，而鲜卑数寇边，乃以礼为并州刺史，加振武将军，使持节，护匈奴中郎将。往见太傅司马宣王，有忿色而无言。宣王曰："卿得并州，少邪？恚理分界失分乎？今当远别，何不欢也？"礼曰："何明公言之乖细也！礼虽不德，岂以官位往事为意邪？本谓明公齐踪伊、吕，匡辅魏室，上报明帝之托，下建万世之勋。

今社稷将危,天下凶凶,此礼之所以不悦也。”因涕泣横流。宣王曰:“且止,忍不可忍。”爽诛后,入为司隶校尉,凡临七郡五州,皆有威信。迁司空,封大利亭侯,邑一百户。礼与卢毓同郡时辈,而情好不睦。为人虽互有长短,然名位略齐云。嘉平二年薨,谥曰景侯。孙元嗣。

【译文】孙礼,字德达,涿郡容城县人。太祖曹操平定幽州后,召他任司空军谋掾。刚发生战乱时,孙礼和母亲走散了,同郡人马台找到了孙礼的母亲,孙礼把家产全部送给了马台。马台后来犯法要被处死,孙礼悄悄指示马台,让他越狱逃走,马台说:“我不能逃走。”直接到刺奸主簿温恢那里自首。温恢佩服他的举动,把这件事告诉了太祖,太祖下令减去孙礼、马台的死刑,按比死刑低一级的刑法处理。

后来任河间郡丞,逐渐升至荥阳都尉。鲁山中有数百名土匪,凭借险阻固守,为害百姓,于是改任孙礼为鲁相。孙礼上任后,拿出自己的俸禄粮谷,分发给属吏和百姓,招募他们去杀土匪,招抚来降土匪,让他们回去做内应,约定时间里应外合平定了土匪。历任山阳、平原、平昌、琅邪太守。跟随大司马曹休到夹石征伐吴国,孙礼劝曹休不能纵兵深入,曹休不听他的意见以致失败。升阳平太守,进京任尚书。

明帝正大建宫殿,而气候失常,百姓粮食收成很少。孙礼坚持规劝,明帝便罢免了徭役,并下诏说:“我恭敬地接受你正直的劝谏,迅速遣回服劳役的百姓。”当时李惠监督工程,又上奏请求留下他们一个月,有的宫殿就能完工。孙礼亲自来到工地以后,没有再上奏请示,就宣布了明帝的诏令,罢免了百姓的徭役,明帝佩服他的举动,没有责怪他。

明帝到大石山打猎,一只老虎跑近明帝乘的车,孙礼立即扔下鞭子飞身下马,想挥剑杀虎,明帝令他赶快上马。明帝临死时,让曹爽任大将军,认为曹爽应有个好的辅佐,于是召来了孙礼,孙礼在床前接受了遗诏,拜他为大将军长史,加官散骑常侍。孙礼清廉正直,不屈不挠,曹爽嫌他妨碍了自己,就任命他为扬州刺史,加官伏波将军,赐爵关内侯。吴国大将军全琮率领数万兵马来攻打扬州,当时扬州的士兵大多在休假,留守的人很少。孙礼亲自率领自己的卫兵抵御敌人,在芍陂和敌人交战,战斗从早上持续到晚上,将士死伤过半。孙礼冒着白刃,亲自参加战斗,他的坐骑受了好几处伤,他手擂战鼓,奋不顾身,敌人终于被打退。明帝下诏书慰劳他们,赏赐他七百匹绢。孙礼为战死的将士设祭哀悼,哭得十分伤心,把绢全部分给牺牲将士的家属,自己一点儿都没留。

征召进京拜少府,后出任荆州刺史,升冀州牧。太傅司马宣王对孙礼说:“清河、平原两郡争夺边界八年了,换了二任州牧,都不能解决。虞、芮两国争夺田地,等到周文王来了就解决了纠纷,你要为他们分明地界。”孙礼说:“上诉的郡把古坟作为凭证,被告的郡以郡里遗老的话为根据,而对老年人不能用棍子拷打,另外有的古坟迁移到地势较高平敞的地方,有的古坟迁徙是为了躲避仇家。现在我们听到的讼词,即使皋陶也会感到为难。如果想让他们不发生争端,就应当根据明帝当初封平原时的地图来判决。何必一定要追究古事查问原因以增加争论呢?从前成王戏称要封叔虞桐叶，周公便真把桐叶封给了他。现在地图收藏在天府里，坐着便可判决，哪里还用等到我上任以后呢？”宣王说：“对，应当按地图区分。”孙礼到任后，根据地图将争地判给平原。但曹爽相信清河郡的话，下书说：“不能用地图判断，应当查验供词的真假。”孙礼上疏说：“管仲只是霸主的辅佐，官位又小，还能夺下伯氏骈邑，让他至死没有怨言。臣受命任州牧，捧着圣朝的地图，查验两郡的地界，地界确实是以王翁河为限，但鄃县以马丹候为证据，谎称鸣犊河是地界，凭借虚假的讼词，欺骗尚书。臣私下听说众人之口可以销毁金石，说得水里的石头能浮起来，木头能沉下去，三个人说市场上有老虎，慈母也会信以为真而扔下机杼。现在两郡争夺边界八年了，想一次就判明，只能根据地图及说明，才能查明验证。平原郡在两河之间，沿东向上走，中间有爵堤，爵堤在高唐西南，争夺的地方在高唐西北，相距二十多里，为此发生数年争斗，实在可叹。按照地图及说明判决而鄃县不接受诏书，这是臣软弱无能不称职，臣又有什么脸面白白接受国家的俸禄呢。”于是穿戴整齐，驾车等待流放。曹爽看到孙礼的奏章大怒，弹劾孙礼心怀不满，判刑五年。回家一年后，因众人都为他说情，又被任命为城门校尉。

当时匈奴王刘靖兵马强盛，而鲜卑人屡次侵犯边境，就让孙礼任并州刺史，加官振武将军，使持节，任护匈奴中郎将。他去见太傅司马宣王，脸色愤怒又不说话。宣王说：“你得到并州，嫌少吗？因划分郡界受到不公正的处理而愤恨吗？现在要告别远征，为什么这样不高兴？”孙礼说：“明公怎么说出这样荒谬的话！我孙礼虽然无德，岂会对官位往事在意？本来认为明公追随伊尹、吕尚，辅佐魏室，上报答明帝的嘱托，下建立流传万世的功勋。现在国家面临危亡，天下骚动不安，这就是我不高兴的原因。”说着泪流满面。宣王说：“不要说了，先忍着吧。”曹爽被杀后，孙礼进京任司隶校尉，他在所统领的七郡五州，都很有威信。升司空，封大利亭侯，食邑一百户。孙礼和卢毓同是涿郡人，年龄相当，但两人关系不好。虽然为人互有长短，但名声官位大致相当。嘉平二年去世，谥号景侯。孙子孙元继后嗣。

王观

【原文】王观，字伟台，东郡廪丘人也。少孤贫励志，太祖召为丞相文学掾，出为高唐、阳泉、酂、任令，所在称治。文帝践阼，入为尚书郎、廷尉监，出为南阳、涿郡太守。涿北接鲜卑，数有寇盗，观令边民十家已上，屯居，筑京候。时或有不愿者，观乃假遣朝吏，使归助子弟，不与期会，但敕事讫各还。于是吏民相率不督自劝，旬日之中，一时俱成。守御有备，寇抄以息。明帝即位，下诏书使郡县条为剧、中、平者。主者欲言郡为中平，观教曰：“此郡滨近外虏，数有寇害，云何不为剧邪？”主者曰：“若郡为外剧，恐于明府有任子。”观曰：“夫君者，所以为民也。今郡在外剧，则于役条当有降差。岂可为太守之私而负一郡之民乎？”遂言为外剧郡，后送任子诣邺。时观但有一子而又幼弱。其公心如此。观治身清素，帅下以俭，僚属承风，莫不自励。

明帝幸许昌，召观为治书侍御史，典行台狱。时多有仓卒喜怒，而观不阿意顺指。

太尉司马宣王请观为从事中郎，迁为尚书，出为河南尹，徙少府。大将军曹爽使材官张达斫家屋材，及诸私用之物，观闻知，皆录夺以没官。少府统三尚方御府内藏玩弄之宝，爽等奢放，多有干求，惮观守法，乃徙为太仆。司马宣王诛爽，使观行中领军，据爽弟羲营，赐爵关内侯，复为尚书，加驸马都尉。高贵乡公即位，封中乡亭侯。顷之，加光禄大夫，转为右仆射。常道乡公即位，进封阳乡侯，增邑千户，并前二千五百户。迁司空，固辞，不许，遣使即第拜授。就官数日，上送印绶，辄自舆归里舍。薨于家，遗令藏足容棺，不设明器，不封不树。谥曰肃侯。子悝嗣。咸熙中，开建五等，以观著勋前朝，改封悝胶东子。

【译文】王观，字伟台，东郡廪丘县人。年轻时孤苦贫穷，但很有志气，太祖召他任丞相文学掾，出任高唐、阳泉、酂、任县令，都有政绩。文帝即皇帝位后，进京任尚书郎、廷尉监，又出任南阳、涿郡太守。涿郡北靠鲜卑，常受侵扰，王观让边境百姓十家以上，聚集在一起居住，建筑瞭望台。当时有人不愿意干，王观就派遣郡吏回去帮助子弟修建，不限定时间，只令他们建好后回府。于是吏民不用督促就互相劝勉，十天就都建好了。因为防御严密，敌人也不来侵犯了。明帝即位后，下诏书让各郡县上报自己郡县的治安状况。主管官吏想报告本郡治安良好，王观对他说："我们郡和鲜卑接壤，屡遭侵害，为什么说治安良好呢？"主管官吏说："如果郡有外寇，恐怕您就得把儿子送到京师做人质。"王观说："官是为民服务的。现在我郡外敌严重，就应当减少郡里百姓的徭役。岂能为了太守的私情，而辜负一郡百姓？"于是上报说本郡外寇严重，后来把儿子送到邺城做人质。当时王观只有一个儿子并且年龄幼小。他一心为公就像这样。王观对自己要求严格，清廉朴素，号召属下节俭，他的属吏在他的影响下都很努力。

明帝巡视许昌时，召王观任治书侍御史，掌管行官刑狱。当时帝常因一时的喜怒要治人以罪，而王观则秉公执法，不曲意奉承。太尉司马宣王请王观任太尉从事中郎，升为尚书，出任河南尹，转任少府。大将军曹爽指使材官张达砍用家里盖房子用的木材，拿出一些私人用的东西，王观听说后，都记录在案，没收充公。少府统领的三尚方御府内收藏着很多珍贵的工艺品，曹爽等生活奢侈贪婪，多想占为己有，但害怕王观守法不给，于是迁他为太仆。司马宣王杀曹爽后，让王观代理中领军，统领曹爽弟弟曹羲的军营，赐爵关内侯，复任尚书，加官驸马都尉。高贵乡公曹髦即位，封中乡亭侯。不久，加官光禄大夫，转任右仆射。常道乡公曹奂即位，晋封阳乡侯，增加封邑一千户，加上以前封的共二千五百户。升司空，王观坚决推辞，皇帝不答应，派使者到他家授给印绶。任官几天后，就上交印绶，自己乘车回到家里。死在家中，遗嘱墓穴只要能容下棺材就行，不放明器，不起坟头不种树。谥号肃侯。儿子王悝继承爵位。咸熙年间，建立五等爵，因王观在前朝功勋卓著，改封王悝为胶东子。

【原文】评曰：韩暨处以静居行化，出以任职流称。崔林简朴知能。高柔明于法理。孙礼刚断伉厉。王观清劲贞白。咸克致公辅。及暨年过八十，起家就列。柔保官二十年，元老终位。比之徐邈、常林,于兹为疚矣。

【译文】评论说:韩暨在家时以自己的高尚品行感化了山民,出来任职后德政被流传称颂。崔林为官清静,生活朴素,很有才干。高柔熟习法律制度。孙礼刚强果断,桀骜不驯。王观清廉正直,品行高洁。他们都是能胜任国家的公辅。但韩暨年过八十,还从家回来任职。高柔任官二十年,在官位上去世。和徐邈、常林相比,他们在这一点上稍逊一等。

卷二十五　魏书二十五

辛毗杨阜高堂隆传第二十五

辛毗

【原文】辛毗,字佐治,颍川阳翟人也。其先建武中自陇西东迁,毗随兄评从袁绍。太祖为司空,辟毗,毗不得应命。及袁尚攻兄谭于平原,谭使毗诣太祖求和。① 太祖将征荆州,次于西平。毗见太祖致谭意,太祖大悦。后数日,更欲先平荆州,使谭、尚自相弊。他日置酒,毗望太祖色,知有变,以语郭嘉,嘉白太祖,太祖谓毗曰:“谭可信?尚必可克不?”毗对曰:

明公无问信与诈也,直当论其势耳。袁氏本兄弟相伐,非谓他人能间其间,乃谓天下可定于己也。今一旦求救于明公,此可知也。显甫见显思困而不能取,此力竭也。兵革败于外,谋臣诛于内,兄弟谗阋,国分为二。连年战伐,而介胄生虮虱,加以旱蝗,饥馑并臻,国无困仓,行无裹粮,天灾应于上,人事困于下,民无愚智,皆知土崩瓦解,此乃天亡尚之时也。兵法称有石城汤池带甲百万而无粟者,不能守也。今往攻邺,尚不还救,即不能自守。还救,即谭踵其后。以明公之威,应困穷之敌,击疲弊之寇,无异迅风之振秋叶矣。天以袁尚与明公,明公不取而伐荆州。荆州丰乐,国未有衅。仲虺有言:“取乱侮亡。”方今二袁不务远略而内相图,可谓乱矣;居者无食,行者无粮,可谓亡矣。朝不谋夕,民命靡继,而不绥之,欲待他年。他年或登,又自知亡而改修厥德,失所以用兵之要矣。今因其请救而抚之,利莫大焉。且四方之寇,莫大于河北。河北平,则六军盛而天下震。

太祖曰:“善。”乃许谭平,次于黎阳。明年攻邺,克之,表毗为议郎。久之,太祖遣都护曹洪平下辩,使毗与曹休参之,令曰:“昔高祖贪财好色,而良、平匡其过失。今佐治、文烈忧不轻矣。”军还,为丞相长史。

①《英雄记》曰:谭、尚战于外门,谭军败奔北。郭图说谭曰:“今将军国小兵少,粮匮势弱,显甫之来,久则不敌。愚以为可呼曹公来击显甫。曹公至,必先攻邺,显甫还救。将军引兵而西,自邺以北皆可虏得。若显甫军破,其兵奔亡,又可敛取以拒曹公。曹公远侨而来,粮饷不继,必自逃去。比此之际,赵国以北皆我之有,亦足与曹公为对矣。不然,不谐。”谭始不纳,后遂从之。问图:“谁可使?”图答:“辛佐治可。”谭遂遣毗诣太祖。

文帝践阼,迁侍中,赐爵关内侯。时议改正朔。毗以:“魏氏遵舜、禹之统,应天顺民。至于汤、武,以战伐定天下,乃改正朔。孔子曰:‘行夏之时。’《左氏传》曰:‘夏数为得天正。’何必期于相反。”帝善而从之。

帝欲徙冀州士家十万户实河南。时连蝗民饥，群司以为不可，而帝意甚盛。毗与朝臣俱求见，帝知其欲谏，作色以见之，皆莫敢言。毗曰："陛下欲徙士家，其计安出？"帝曰："卿谓我徙之非邪？"毗曰："诚以为非也。"帝曰："吾不与卿共议也。"毗曰："陛下不以臣不肖，置之左右，厕之谋议之官，安得不与臣议邪？臣所言非私也，乃社稷之虑也，安得怒臣？"帝不答，起入内。毗随而引其裾，帝遂奋衣不还，良久乃出，曰："佐治，卿持我何太急邪？"毗曰："今徙，既失民心，又无以食也。"帝遂徙其半。尝从帝射雉，帝曰："射雉乐哉！"毗曰："于陛下甚乐，而于群下甚苦。"帝默然，后遂为之稀出。

上军大将军曹真征朱然于江陵，毗行军师。还，封广平亭侯。帝欲大兴军征吴，毗谏曰："吴、楚之民，险而难御，道隆后服，道洿先叛，自古患之，非徒今也。今陛下祚有海内，夫不宾者，其能久乎？昔尉佗称帝，子阳僭号，历年未几，或臣或诛。何则？违逆之道不久全，而大德无所不服也。方今天下新定，土广民稀。夫庙算而后出军，犹临事而惧，况今庙算有阙而欲用之，臣诚未见其利也。先帝屡起锐师，临江而旋。今六军不增于故，而复循之，此未易也。今日之计，莫若修范蠡之养民，法管仲之寄政，则充国之屯田，明仲尼之怀远。十年之中，强壮未老，童龀胜战，兆民知义，将士思奋，然后用之，则役不再举矣。"帝曰："如卿意，更当以虏遗子孙邪？"毗对曰："昔周文王以纣遗武王，唯知时也。苟时未可，容得已乎？"帝竟伐吴，至江而还。

明帝即位，进封颍乡侯，邑三百户。时中书监刘放、令孙资见信于主，制断时政，大臣莫不交好，而毗不与往来。毗子敞谏曰："今刘、孙用事，众皆影附，大人宜小降意，和光同尘，不然必有谤言。"毗正色曰："主上虽未称聪明，不为暗劣。吾之立身，自有本末。就与刘、孙不平，不过令吾不作三公而已，何危害之有？焉有大丈夫欲为公而毁其高节者邪？"冗从仆射毕轨表言："尚书仆射王思精勤旧吏，忠亮计略不如辛毗，毗宜代思。"帝以访放、资，放、资对曰："陛下用思者，诚欲取其效力，不贵虚名也。毗实亮直，然性刚而专，圣虑所当深察也。"遂不用。出为卫尉。

帝方修殿舍，百姓劳役，毗上疏曰："窃闻诸葛亮讲武治兵，而孙权市马辽东，量其意指，似欲相左右。备豫不虞，古之善政，而今者宫室大兴，加连年谷麦不收。诗云：'民亦劳止，迄可小康。惠此中国，以绥四方。'唯陛下为社稷计。"帝报曰："二虏未灭而治宫室，直谏者立名之时也。夫王者之都，当及民劳兼办，使后世无所复增，是萧何为汉规摹之略也。今卿为魏重臣，亦宜解其大归。"帝又欲平北芒，令于其上作台观，则见孟津。毗谏曰："天地之性，高高下下，今而反之，既非其理，加以损费人功，民不堪役。且若九河盈溢，洪水为害，而丘陵皆夷，将何以御之？"帝乃止。①

①《魏略》曰：诸葛亮围祁山，不克，引退。张郃追之，为流矢所中死。帝惜郃，临朝而叹曰："蜀未平而郃死，将若之何！"司空陈群曰："郃诚良将，国所依也。"毗心以为郃虽可惜，然已死，不当内弱主意，而示外以不大也。乃持群曰："陈公，是何言欤！当建安之末，天下不可一日无武皇帝也，及委国祚，而文皇帝受命。黄初之世，亦谓不可无文皇帝也，及委弃天下，而陛下龙兴。今国内所少，岂张郃乎？"陈群曰："亦诚如辛毗言。"帝笑曰："陈公可谓善变矣。"

臣松之以为：拟人必于其伦，取譬宜引其类，故君子于其言，无所苟而已矣。毗欲弘广主意，当举若张辽之畴，安有于一将之死而可以祖宗为譬哉？非所宜言，莫过于兹。进违其类，退似谄佞，佐治刚正之体，不宜有此。《魏略》既已难信，习氏又从而载之，窃谓斯人受诬不少。

青龙二年，诸葛亮率众出渭南。先是，大将军司马宣王数请与亮战，明帝终不听。是岁恐不能禁，乃以毗为大将军军师、使持节，六军皆肃，准毗节度，莫敢犯违。① 亮卒，复还为卫尉。薨，谥曰肃侯。子敞嗣，咸熙中为河内太守。②

①《魏略》曰：宣王数数欲进攻，毗禁不听。宣王虽能行意，而每屈于毗。

②《世语》曰：敞，字泰雍，官至卫尉。毗女宪英，适太常泰山羊耽，外孙夏侯湛为其传曰："宪英聪明有才鉴。初文帝与陈思王争为太子，既而文帝得立，抱毗颈而喜曰：'辛君知我喜不？'毗以告宪英，宪英叹曰：'太子代君主宗庙社稷者也。代君不可以不戚，主国不可以不惧，宜戚而喜，何以能久？魏其不昌乎！'弟敞为大将军曹爽参军。司马宣王将诛爽，因爽出，闭城门。大将军司马鲁芝将爽府兵，犯门斩关，出城门赴爽，来呼敞俱去。敞惧，问宪英曰：'天子在外，太傅闭城门，人云将不利国家，于事可得尔乎？'宪英曰：'天下有不可知，然以吾度之，太傅殆不得不尔！明皇帝临崩，把太傅臂，以后事付之，此言犹在朝士之耳。且曹爽与太傅俱受寄托之任，而独专权势，行以骄奢，于王室不忠，于人道不直，此举不过以诛曹爽耳。'敞曰：'然则事就乎？'宪英曰：'得无殆就！爽之才非太傅之偶也。'敞曰：'然则敞可以无出乎？'宪英曰：'安可以不出？职守，人之大义也。凡人在难，犹或恤之。为人执鞭而弃其事，不祥，不可也。且为人死，为人任，亲昵之职也，从众而已。'敞遂出。宣王果诛爽。事定之后，敞叹曰：'吾不谋于姊，几不获于义。'逮钟会为镇西将军，宪英谓从子羊祜曰：'钟士季何故西出？'祜曰：'将为灭蜀也。'宪英曰：'会在事纵恣，非持久处下之道，吾畏其有他志也。'祜曰：'季母勿多言。'其后会请子琇为参军，宪英忧曰：'他日见钟会之出，吾为国忧之矣。今日难至吾家，此国之大事，必不得止也。'琇固请司马文王，文王不听。宪英语琇曰：'行矣，戒之！古之君子，入则致孝于亲，出则致节于国，在职思其所司，在义思其所立，不遗父母忧患而已。军旅之间，可以济者，其惟仁恕乎！汝其慎之！'琇竟以全身。宪英年至七十有九，泰始五年卒。"

【**译文**】辛毗，字佐治，颍川郡阳翟县人。他的先人于建武年间从陇西东迁，辛毗随哥哥辛评依附袁绍。曹操任司空，征聘辛毗，而辛毗没有从命。到袁尚在平原进攻他的哥哥袁谭之时，袁谭派辛毗去找曹操请求联合。曹操正要征讨荆州，军队驻扎在西平。辛毗见到曹操，转达了袁谭的意图，曹操十分高兴。几天后，曹操改变想法决定还是先平定荆州，让袁谭、袁尚自相残杀相互消耗。隔天曹操设宴款待，辛毗观察曹操脸色，心知定有变故，于是把心中的想法告诉了郭嘉，郭嘉又告诉曹操，曹操问辛毗："袁谭可信吗？袁尚一定能被打败吗？"辛毗回答说：

您不必问可信与不可信的问题，直接讨论双方形势就够了。袁氏本来是兄弟之间相互攻伐，不认为他人可以乘虚而入，只以为天下可由他们自己定夺。现在既然袁谭要向您求救，其势可想而知。袁尚明明看到袁谭困顿却不能攻取，这说明袁尚也已经精疲力尽了。对外进攻有败无胜，谋臣在内你争我斗，兄弟手足自相残杀，大好疆土一分为二。连年无休无止的交战，以至于士兵的铠甲里都生了虱子，加上旱灾蝗灾，饥荒临头，国家粮仓空虚，士兵行军打仗没有可供携带的军粮，真可谓上应天灾，下有人祸，百姓无论愚者智者，都知道他们即将面临土崩瓦解的局面，这正是上天要灭亡袁尚的时机。兵法有言城池固若金汤甲兵超过百万而没有粮食支持，就是一支无法坚守的军队。而今若前往攻打邺城，袁尚不回师救援，邺县不能自守。袁尚若回师救援，那么袁谭就将紧追不舍。凭借您的声威，攻打穷困疲惫的敌人，跟秋风扫落叶又有什么分别。上天把袁尚交给了您，您不趁机消灭他反而要去攻打荆州。荆州物产丰富人民安乐，郡国上下没有空隙可乘。仲虺说过："攻取政治荒乱、行将灭亡的国家。"而今二袁不考虑未来而自相残杀，可以说是乱了；居家的人没有食物，出行的人没有干粮，可以说是亡了。二袁朝不虑夕，百姓的生存也到了无以为继的时候，此时不去安抚，还想等待以后。来年万一收成好了，他们又醒悟认识到灭亡的危险，洗心革面修治美好的德行，您就会失去用兵的机会了。而今顺应袁谭的求救而给予安抚，对您来说没有比这更有利的事了。再说四方的对手，还没有比黄河以北的袁氏更强大的。河北之地平定了，那么您的军威将就此强盛而使得全天下闻风失色。

曹操说："说得有理。"于是同意袁谭的请求，屯兵黎阳。第二年攻打邺城，攻克后，上表荐举辛毗为议郎。过了很长时间，曹操派遣都护曹洪平定下辩，让辛毗和曹休当参谋，下令说："从前汉高祖刘邦贪财好色，张良、陈平纠正他的过失。而今辛佐治、曹文烈的责任不轻啊。"大军返回，辛毗任丞相长史。

文帝曹丕受禅登基，辛毗升为侍中，赐封为关内侯。当时朝议修改正朔。辛毗认为："曹魏遵循的是虞舜、夏禹禅让的传统，顺乎天意民心。至于商汤、周武，靠武力取得天下，因此才改变历法制度。孔子说：'依据夏朝的历法制度。'《左氏传》说：'夏朝的历法与天地气象相适应。'何必要向相反的方向修改。"文帝认为他的话有道理而加以采纳。

文帝打算迁移冀州的十万户人家充实河南。当时连年蝗灾，百姓饥饿困顿，群臣都认为不可移民，而文帝态度极为坚决。辛毗与朝臣们一起求见，文帝知道他们又要劝谏，就带着怒气与群臣相见，群臣中没有人敢说话。辛毗说："陛下要移居士民百姓，这个想法是怎么产生的呢？"文帝说："你认为我迁徙他们有什么不对吗？"辛毗说："确实是不对。"文帝说："我不跟你讨论此事。"辛毗说："陛下不认为我才能低下才把我置于您的身旁，专管出谋划策，又怎么能不跟我共议此事呢？我所说的并非私事，是关系国家社稷忧患的大事，您怎能对臣如此生气？"文帝不吱声，起身要进内室。辛毗跟上去拉住文帝的衣襟，文帝用力甩开辛毗的手不肯回头，过了许久才出来，说："佐治，你为什么这么急切地逼我呢？"辛毗说："现在大举移民，既会失去民心，又没有粮食供给他们。"于是，文帝决定只迁移一半人家。辛毗曾跟文帝射猎山鸡，文帝说：

“射山鸡真是件令人快乐的事啊！”辛毗说：“射山鸡于陛下确实十分快乐，但对于众臣民来说却非常痛苦。”文帝默然不语，以后就很少出来打野鸡了。

上军大将军曹真在江陵征伐朱然，辛毗代理军师。返回后，辛毗被封为广平亭侯。文帝准备调动大军讨伐东吴，辛毗劝谏说：“吴、楚百姓，很难驯服和驾驭，政治兴盛他们也是最后才服从，政治混乱他们就率先叛离，这种忧患自古如此，并非始于今日。而今陛下拥有天下，那些对您不敬的人，能长久地存在下去吗？从前南越尉佗称帝，公孙述号称天子，结果时间不长，一个臣服，一个被杀。为什么呢？违背大道难保长久，如有大德则没有谁能不心悦诚服。而今天下刚刚有所平定，土地空旷，百姓稀少。一般情况下，如果要出军讨伐，朝廷必须事先制定克敌制胜的谋略，尽管这样，到出兵时还是会战战兢兢，深怕考虑不周，何况眼下连长远谋略还有欠缺，却想出兵征讨东吴，我实在看不出利益何在。先帝不止一次兴师动众，但每次只是打到江边就返回。如今我们军队的人数并没有比过去增加多少，而又仿效过去的办法，是不易取胜的。眼下迫切的事情，没有比遵循范蠡的办法让百姓休养生息，效法管仲的方法以充分发挥群臣治国才能，采取赵充国的屯田致富策略，申明孔子的怀远方针更要紧的了。如能这样，十年以内，现在的强壮之人还不太老，现在七八岁的儿童又到了可以参战的年龄，百万民众都心怀正义，将士都只想为国奋战，然后再用兵，就无往而不胜了。”文帝说：“按照你的意思，难道还要把敌人留给我们的子孙去消灭吗？”辛毗回答说：“以前周文王把商纣留给周武王消灭，因为他深知时势。如果时势不成熟，能容得他成功吗？”文帝执意率众伐吴，结果到了长江边就无功而返。

明帝即位，晋封辛毗为颍乡侯，食邑三百户。当时中书监刘放、中书令孙资受明帝宠信，专断朝政，大臣们无一不想方设法跟他们沟通交好，只有辛毗不与这二人往来。辛毗的儿子辛敞劝道：“而今刘、孙当权执政，众人都对二人如影随形，大人您应该稍稍屈尊，不露锋芒，与世无争，要不然必定要有诽谤您的言论出现了。”辛毗神情严肃地说：“当今皇上虽然说不上耳聪目明，可也不是个昏庸顽劣之辈。我立身行道，自然明白主次先后。就算我与刘、孙二人不和，最多不让我做三公而已，对我来说这又算得上什么危害？哪有大丈夫为了三公名位不惜自毁气节的呢？”冗从仆射毕轨上表说：“尚书仆射王思是一位很勤奋敬业的老臣，但在忠诚磊落和谋划策略方面不如辛毗，辛毗理应取代王思的职位。”明帝为这事询问刘放、孙资，刘、孙回答：“陛下任用王思，本来就是看重王思埋头苦干不重虚名的精神。辛毗确实磊落正直，但性格刚强作风专断，这是陛下应当慎重考虑的问题。”于是明帝不用辛毗。随后将辛毗调出担任卫尉。

明帝正在大修宫殿，百姓服役十分劳苦，辛毗上疏劝谏道：“我听说诸葛亮讲武治军，孙权到辽东买马，估量他们的意思，是想从东西两面伺机攻打我们。预防不可预料的变故，这是古来就称道的善政，而今却大举营建宫殿，加上连年粮食歉收。《诗经》上说：‘人民已经极度辛劳，应使他们略为安康。爱护这些中原百姓，以便安抚天下。’深愿陛下多为国家社稷着想。”明帝回答说：“东吴、西蜀还未平定而这里却在大兴土木，正是直言敢谏者立功扬名的大好时机。帝王的都城，理当让老百姓分担劳役共同修筑，使得后世无须再有所兴建，这是萧何为汉朝规划国都的基本策略。而今你身为大魏朝廷的重臣，也应当清楚了解这一策略。”明帝又想削铲平北芒山，令人在山顶上建造高台楼观，以便遥望孟津。辛毗劝谏说：“天地有其本来的品性，该高的让它高，该低的让它低，而今反其道行之，本来就有违自然法则，再加上劳民伤财，百姓们不堪劳役之苦。况且如果大河及其支流涨水决堤，洪水泛滥成灾，而山陵都已夷为平地，我将拿什么来抵御洪水呢？”明帝这才停止。

青龙二年，诸葛亮率军出击渭南。在此之前，大将军司马懿反复请求出兵与诸葛亮作战，明帝始终不予批准。这一次明帝担心不能阻止司马懿，于是任命辛毗为大将军军师，使持节，全军肃然，一切听从辛毗的调度，没有谁敢违抗命令。诸葛亮病死于军中，辛毗回朝仍任卫尉。去世后，谥号为肃侯。其子辛敞承嗣，咸熙年间担任河内太守。

杨阜

【原文】杨阜，字义山，天水冀人也。[①] 以州从事为牧韦端使诣许，拜安定长史。阜还，关右诸将问袁、曹胜败孰在，阜曰：“袁公宽而不断，好谋而少决。不断则无威，少决则失后事，今虽强，终不能成大业。曹公有雄才远略，决机无疑，法一而兵精，能用度外之人，所任各尽其力，必能济大事者也。”长史非其好，遂去官。而端征为太仆，其子康代为刺史，辟阜为别驾。察孝廉，辟丞相府，州表留参军事。

①《魏略》曰：阜少与同郡尹奉次曾、赵昂伟章俱发名，伟章、次曾与阜俱为凉州从事。

马超之战败渭南也，走保诸戎。太祖追至安定，而苏伯反河间，将引军东还。阜时奉使，言于太祖曰：“超有信、布之勇，甚得羌、胡心，西州畏之。若大军还，不严为之备，陇上诸郡非国家之有也。”太祖善之，而军还仓卒，为备不周。超率诸戎渠帅以击陇上郡县，陇上郡县皆应之，惟冀城奉州郡以固守。超尽兼陇右之众，而张鲁又遣大将杨昂以助之，凡万余人，攻城。阜率国士大夫及宗族子弟胜兵者千余人，使从弟岳于城上作偃月营，与超接战，自正月至八月拒守而救兵不至。州遣别驾阎温循水潜出求救，为超所杀，于是刺史、太守失色，始有降超之计。阜流涕谏曰：“阜等率父兄子弟以义相励，有死无二，田单之守，不固于此也。弃垂成之功，陷不义之名，阜以死守之。”遂号哭。刺史、太守卒遣人请和，开城门迎超。超入，拘岳于冀，使杨昂杀刺史、太守。

阜内有报超之志，而未得其便。顷之，阜以丧妻求葬假。阜外兄姜叙屯历城。阜少长叙家，见叙母及叙，说前在冀中时事，歔欷悲甚。叙曰：“何为乃尔？”阜曰：“守城不能完，君亡不能死，亦何面目以视息于天下！马超背父叛君，虐杀州将，岂独阜之忧责，一州士大夫皆蒙其耻。君拥兵专制而无讨贼心，此赵盾所以书弑君也。超强而无义，多衅易图耳。”叙母慨然，敕叙从阜计。计定，外与乡人姜隐、赵昂、尹奉、姚琼、孔信、武都人李俊、王灵结谋，定讨超约，使从弟谟至冀语岳，并结安定梁宽、南安赵衢、庞恭等。约誓既明，十七年九月，与叙起兵于卤城。超闻阜等兵起，自将出。而衢、宽等解岳，闭冀城门，讨超妻子。超袭历城，得叙母。叙母骂之曰："汝背父之逆子，杀君之桀贼，天地岂久容汝，而不早死，敢以面目视人乎！"超怒，杀之。阜与超战，身被五创，宗族昆弟死者七人。超遂南奔张鲁。

陇右平定，太祖封讨超之功，侯者十一人，赐阜爵关内侯。阜让曰："阜君存无扞难之功，君亡无死节之效，于义当绌，于法当诛。超又不死，无宜苟荷爵禄。"太祖报曰："君与群贤共建大功，西土之人以为美谈。子贡辞赏，仲尼谓之止善，君其剖心以顺国命。姜叙之母，劝叙早发，明智乃尔，虽杨敞之妻盖不过此。贤哉！贤哉！良史记录，必不坠于地矣。"①

① 皇甫谧《列女传》曰：姜叙母者，天水姜伯奕之母也。建安中，马超攻冀，害凉州刺史韦康，州人凄然，莫不感愤。叙为抚夷将军，拥兵屯历。叙姑子杨阜，故为康从事，同等十余人，皆略属超，阴相结为康报仇，未有间。会阜妻死，辞超宁归西，因过至历，候叙母，说康被害及冀中之难，相对泣良久。姜叙举室感悲，叙母曰："咄！伯奕，韦使君遇难，岂一州之耻，亦汝之负，岂独义山哉？汝无顾我，事淹变生。人谁不死？死国，忠义之大者。但当速发，我自为汝当之，不以余年累汝也。"因敕叙与阜参议，许诺，分人使语乡里尹奉、赵昂及安定梁宽等，令叙先举兵叛超，超怒，必自来击叙，宽等因从后闭门。约誓以定，叙遂进兵入卤，昂、奉守祁山。超闻，果自出击叙，宽等从后闭冀门。超失据，过卤。叙守卤，超因进至历。历中见超往，以为叙军还。又传闻超以走奔汉中，故历无备。及超入历，执叙母，母怒骂超。超被骂大怒，即杀叙母及其子，烧城而去。阜等以状闻，太祖甚嘉之，手令褒扬。语如本传。

臣松之案：谧称阜为叙姑子，而本传云叙为阜外兄，与今名内外为不同。谧又载赵昂妻曰：赵昂妻异者，故益州刺史天水赵伟璋妻，王氏女也。昂为羌道令，留异在西。会同郡梁双反，攻破西城，害异两男。异女英，年六岁，独与异在城中。异见两男已死，又恐为双所侵，引刀欲自刎，顾英而叹曰："身死尔弃，当谁恃哉！吾闻西施蒙不洁之服，则人掩鼻，况我貌非西施乎？"乃以溷粪涅麻而被之，鲜食瘠形，自春至冬。双与州郡和，异竟以是免难。昂遣吏迎之，未至三十里，止，谓英曰："妇人无符信保傅，则不出房闱。昭姜沉流，伯姬待烧，每读其传，心壮其节。今吾遭乱不能死，将何以复见诸姑？所以偷生不死，惟怜汝耳。今官舍已近，吾去汝死矣。"遂饮毒药而绝。时适有解毒药良汤，撅口灌之，良久乃苏。建安中，昂转参军事，徙居冀。会马超攻冀，异躬著布韝，佐昂守备，又悉脱所佩环、黼黻以赏战士。及超攻急，城中饥困，刺史韦康素仁，愍吏民伤残，欲与超和。昂谏不听，归以语异，异曰："君有争臣，大夫有专利之义，专不为非也。焉知救兵不到关陇哉？当共勉卒高勋，全节致死，不可从也。"比昂还，康与超和。超遂背约害康，又劫昂，质其嫡子月于南郑。欲要昂以为己用，然心未甚信。超妻杨闻异节行，请与宴终日。异欲信昂于超以济其谋，谓杨曰："昔管仲入齐，立九合之功；由余适秦，穆公成霸。方今社稷初定，治乱在于得人，凉州士马，乃可与中夏争锋，不可不详也。"杨深感之，以为忠于己，遂与异重相接结。昂所以得信于超，全功免祸者，异之力也。及昂与杨阜等结谋讨超，告异曰："吾谋如是，事必万全，当奈月何？"异厉声应曰：

“忠义立于身，雪君父之大耻，丧元不足为重，况一子哉？夫项托、颜渊，岂复百年，贵义存耳。”昂曰：“善。”遂共闭门逐超，超奔汉中，从张鲁得兵还。异复与昂保祁山，为超所围，三十日救兵到，乃解。超卒杀异子月。凡自冀城之难，至于祁山，昂出九奇，异辄参焉。

太祖征汉中，以阜为益州刺史。还，拜金城太守，未发，转武都太守。郡滨蜀汉，阜请依龚遂故事，安之而已。会刘备遣张飞、马超等从沮道趣下辩，而氐雷定等七部万余落反应之。太祖遣都护曹洪御超等，超等退还。洪置酒大会，令女倡著罗縠之衣，蹋鼓，一坐皆笑。阜厉声责洪曰：“男女之别，国之大节，何有于广坐之中裸女人形体！虽桀、纣之乱，不甚于此。”遂奋衣辞出。洪立罢女乐，请阜还坐，肃然惮焉。

及刘备取汉中以逼下辩，太祖以武都孤远，欲移之，恐吏民恋土。阜威信素著，前后徙民、氐，使居京兆、扶风、天水界者万余户，徙郡小槐里，百姓襁负而随之。为政举大纲而已，下不忍欺也。文帝问侍中刘晔等：“武都太守何如人也？”皆称阜有公辅之节。未及用，会帝崩。在郡十余年，征拜城门校尉。

阜常见明帝著绣帽，被缥绫半裦，阜问帝曰：“此于礼何法服也？”帝默然不答，自是不法服不以见阜。

迁将作大匠。时初治宫室，发美女以充后庭，数出入弋猎。秋，大雨震电，多杀鸟雀。阜上疏曰：

> 臣闻明主在上，群下尽辞。尧、舜圣德，求非索谏；大禹勤功，务卑宫室；成汤遭旱，归咎责己；周文刑于寡妻，以御家邦；汉文躬行节俭，身衣弋绨。此皆能昭令问，贻厥孙谋者也。伏惟陛下奉武皇帝开拓之大业，守文皇帝克终之元绪，诚宜思齐往古圣贤之善治，总观季世放荡之恶政。所谓善治者，务俭约、重民力也；所谓恶政者，从心恣欲，触情而发也。惟陛下稽古世代之初所以明赫，及季世所以衰弱至于泯灭，近览汉末之变，足以动心诫惧矣。曩使桓、灵不废高祖之法，文、景之恭俭，太祖虽有神武，于何所施其能邪？而陛下何由处斯尊哉？今吴、蜀未定，军旅在外，愿陛下动则三思，虑而后行，重慎出入，以往鉴来，言之若轻，成败甚重。顷者天雨，又多卒暴，雷电非常，至杀鸟雀。天地神明，以王者为子也，政有不当，则见灾谴。克己内讼，圣人所记。惟陛下虑患无形之外，慎萌纤微之初，法汉孝文出惠帝美人，令得自嫁。顷所调送小女，远闻不令，宜为后图。诸所缮治，务从约节。《书》曰：“九族既睦，协和万国。”事思厥宜，以从中道，精心计谋，省息费用。吴、蜀以定，尔乃上安下乐，九亲熙熙。如此以往，祖考心欢，尧、舜其犹病诸。今宜开大信于天下，以安众庶，以示远人。

时雍丘王植怨于不齿，藩国至亲，法禁峻密，故阜又陈九族之义焉。诏报曰：“间得密表，先陈往古明王圣主，以讽暗政，切至之辞，款诚笃实。退思补过，将顺匡救，备至悉矣。览思苦言，吾甚嘉之。”

后迁少府。是时大司马曹真伐蜀，遇雨不进。阜上疏曰：“昔文王有赤乌之符，而犹日昃不暇食；武王白鱼入舟，君臣变色。而动得吉瑞，犹尚忧惧，况有灾异而不战竦者哉？今吴、蜀未平，而天屡降变，陛下宜深有以专精应答，侧席而坐，思示远以德，绥迩以俭。间者诸军始进，便有天雨之患，稽阂山险，以积日矣。转运之劳，担负之苦，所费以多，若有不继，必违本图。《传》曰：'见可而进，知难而退，军之善政也。'徒使六军困于山谷之间，进无所略，退又不得，非主兵之道也。武王还师，殷卒以亡，知天期也。今年凶民饥，宜发明诏损膳减服，技巧珍玩之物，皆可罢之。昔邵信臣为少府于无事之世，而奏罢浮食。今者军用不足，益宜节度。"帝即召诸军还。

后诏大议政治之不便于民者，阜议以为："致治在于任贤，兴国在于务农。若舍贤而任所私，此忘治之甚者也。广开宫馆，高为台榭，以妨民务，此害农之甚者也。百工不敦其器，而竞作奇巧，以合上欲，此伤本之甚者也。孔子曰：'苛政甚于猛虎。'今守功文俗之吏，为政不通治体，苟好烦苛，此乱民之甚者也。当今之急，宜去四甚，并诏公卿郡国，举贤良方正敦朴之士而选用之，此亦求贤之一端也。"

阜又上疏欲省宫人诸不见幸者，乃召御府吏问后宫人数。吏守旧令，对曰："禁密，不得宣露。"阜怒，杖吏一百，数之曰："国家不与九卿为密，反与小吏为密乎？"帝闻而愈敬惮阜。

帝爱女淑，未期而夭，帝痛之甚，追封平原公主，立庙洛阳，葬于南陵。将自临送，阜上疏曰："文皇帝、武宣皇后崩，陛下皆不送葬，所以重社稷、备不虞也。何至孩抱之赤子而可送葬也哉？"帝不从。

帝既新作许宫，又营洛阳宫殿观阁。阜上疏曰：

> 尧尚茅茨而万国安其居，禹卑宫室而天下乐其业。及至殷、周，或堂崇三尺，度以九筵耳。古之圣帝明王，未有极宫室之高丽以雕弊百姓之财力者也。桀作璇室、象廊，纣为倾宫、鹿台，以丧其社稷。楚灵以筑章华而身受其祸，秦始皇作阿房而殃及其子，天下叛之，二世而灭。夫不度万民之力，以从耳目之欲，未有不亡者也。陛下当以尧、舜、禹、汤、文、武为法则，夏桀、殷纣、楚灵、秦皇为深诫。高高在上，实监后德。慎守天位，以承祖考，巍巍大业，犹恐失之。不夙夜敬止，允恭恤民，而乃自暇自逸，惟宫台是侈是饰，必有颠覆危亡之祸。《易》曰："丰其屋，蔀其家，窥其户，阒其无人。"王者以天下为家，言丰屋之祸，至于家无人也。方今二虏合从，谋危宗庙，十万之军，东西奔赴，边境无一日之娱。农夫废业，民有饥色。陛下不以是为忧，而营作宫室，无有已时。使国亡而臣可以独存，臣又不言也。① 君作元首，臣为股肱，存亡一体，得失同之。《孝经》曰："天子有争臣七人，虽无道，不失其天下。"臣虽驽怯，敢忘争臣之义？言不切至，不足以感寤陛下。陛下不察臣言，恐皇祖烈考之祚将坠于地。使臣身死有补万一，则死之日，犹生之年也。谨叩棺沐浴，伏俟重诛。

奏御，天子感其忠言，手笔诏答。每朝廷会议，阜常侃然以天下为己任。数谏争，不听，乃屡乞逊位，未许。会卒，家无余财。孙豹嗣。

① 臣松之以为：忠至之道，以亡己为理。是以匡救其恶，不为身计。而阜表云"使国亡而臣可以独存，臣又不言也"，此则发愤为己，岂为国哉？斯言也，岂不伤谠烈之

义,为一表之病乎!

【译文】杨阜,字义山,天水郡冀县人。以州从事身份受凉州牧韦端委派出使许都,朝廷任命他为安定郡长史。杨阜返回,关西诸将问他袁绍和曹操谁将取得胜利,杨阜说:“袁公处事宽缓而不果断,喜欢计谋而缺乏决断。办事犹豫不定就难以建立威信,迟疑不决就会丧失对后续大事的正确把握,所以尽管眼下势力强大,终究不可能成就大业。曹公具有雄才大略,并且行事果断,法度专一,兵马精练,能任用常人想不到的各种人才,而这些人又各尽其能,所以曹公一定能成就大业。”长史并非杨阜所喜欢的职位,于是他辞去官职。此时韦端被征召为太仆,他的儿子韦康代任刺史,就征召杨阜为别驾。杨阜被举荐为孝廉,征召到丞相府任职,州里上表留下他参谋军事。

马超在渭南战败之后,逃往胡人聚居区谋求自保。曹操追到安定,苏伯又在河间反叛,曹操准备率军东还。杨阜此刻作为使节来到曹营,他对曹操说:“马超有韩信、黥布的勇猛,极得羌、胡等族人的拥戴,西部的人都很敬畏他。如果您的大军回师东去,而不作严密的准备的话,陇上诸郡恐怕就不再是国家所有了。”曹操深表赞同,但是军队撤离得很仓促,缺乏周密的防御部署。马超率各部胡人首领攻打陇上诸郡县,各郡县都纷纷响应,只有冀城率领州郡官兵坚决守卫。马超兼并了陇右的全部兵力,张鲁又派大将杨昂协助马超,总共有万余人,攻打冀城。杨阜率领官员和宗族子弟中能打仗的有一千多人,又让堂弟杨岳在城上修筑偃月式营盘,与马超接战,从正月坚守到八月而救兵不至。州刺史派别驾阎温沿水路逃出求救,阎温被马超杀害,于是刺史、太守都惊慌失色,开始考虑向马超投降。杨阜流泪劝谏说:“我们率领父兄子弟以节义互相激励,宁死而没有二心,当年田单死守即墨,即墨还没有现在的冀城坚固。而今放弃马上就要建立的功名,给自己蒙上不义的罪名,我情愿以死坚守到底。”于是号啕大哭。刺史、太守最终还是派人去求和,打开城门迎接马超。马超进城,把杨岳拘捕在冀城,又让杨昂杀死刺史和太守。

杨阜内心怀着向马超复仇的志向,只是一时找不到机会。不久,杨阜因为妻子亡故请求休假。杨阜的表兄姜叙屯兵历城。杨阜少年时在姜叙家长大,他去见姜叙和他母亲,向他们述说了冀城陷落的经过,哽咽流涕,悲不自胜。姜叙说:“你何苦这样呢?”杨阜说:“守城而不能保全,君长已死而不能追随,我还有什么脸面在世上苟且偷生!马超背逆父亲背叛君王,残杀州将,哪里只是我个人怕受人指责,全州士大夫都要蒙受他的耻辱。您带兵治理一方却没有诛讨叛贼之心,这就是赵盾未曾弑君却被史官大书‘赵盾弑其君’的原因。马超强大但无信义,破绽不少很容易被打败。”姜叙的母亲感慨激昂,敦促姜叙听从杨阜的建议。计议已定,姜叙便联络同乡人姜隐、赵昂、尹奉、姚琼、孔信,以及武都人李俊、王灵等共同谋划,约定讨伐马超的日期,又派堂弟姜谟到冀城告知杨岳,并联络了安定的梁宽、南安的赵衢、庞恭等。盟誓以后,建安十七年九月,杨阜和姜叙在卤城起兵。马超闻讯后亲自率军出击。赵衢、庞恭等解救出杨岳,关闭冀城大门,诛讨马超的妻儿子女。马超袭击历城,抓住了姜叙的母亲。姜母骂马超说:“你这个背叛父亲的逆子,杀害君长的叛贼,天地岂能容你长久作恶,你不早死,还敢在大家面前露面吗!”马超大怒,杀死了姜叙的母亲。杨阜与马超作战,身上五处受伤,宗族兄弟七人战死。于是,马超南逃投奔张鲁。

陇右平定,曹操封赏讨伐马超的功臣,封侯的有十一人,杨阜被赐封为关内侯。杨阜推辞说:“我的君长在世时我没有尽力保全他的功劳,他们被害之际我也没有尽节献身,在道义上该当遭贬斥,在法理上应被诛杀。而且马超又没被杀死,我不应该随便接受爵禄。”曹操回复说:“你与群贤共创大功,被西部百姓传为美谈。子贡辞让封赏,孔子认为那会损害善举,请你放开心胸接受国家的封赏命令吧。姜叙的母亲劝姜叙早日起兵,她的远见卓识达到如此程度,即使是杨敞的妻子也不能超过她。贤德啊,贤德啊!优秀的史官记录历史,必定不会将这一切遗漏。”

曹操征讨汉中,命杨阜为益州刺史。太祖率军返回,又任命他为金城太守,他尚未启程赴任,又命他转任武都太守。武都临近西蜀,杨阜请求按照袭遂的老办法,仅仅采取安抚政策。适逢这时刘备派张飞、马超等从沮道逼近下辩,氐族雷定等七个部落响应张飞、马超等,群起造反。曹操派都护曹洪抗击马超等人,马超等人退回。曹洪大摆酒宴,让歌舞倡优穿着薄可见肉的罗衣,踏行鼓上翩翩起舞,在座者都边看边笑。杨阜厉声责备曹洪说:“男女有别,这是国家的基本纲纪,怎么能在大庭广众面前让女人裸露形体!即使夏桀、商纣的败乱,也不会比这更严重。”于是振衣辞出。曹洪马上撤掉女乐,请杨阜还座,在座的人无不肃然起敬而对杨阜心生畏惧。

刘备攻取汉中逼近下辩时,曹操考虑到武都孤立而遥远,打算迁治移民,但又怕当地官吏百姓眷恋故土。杨阜的威信一向受人称道,他先后将一万多户汉人和氐人,迁往京兆、扶风、天水等郡,把郡治移到小槐里,百姓扶老携幼竞相追随。杨阜治理政务只管大事,下属也没有人忍心欺骗他。文帝曹丕问侍中刘晔等人:“武都太守是个怎样的人?”刘晔等人都一致称赞杨阜有担任三公职位的节操。还未来得及任用,文帝恰好驾崩。杨阜在郡府待了十几年,被召任为城门校尉。

杨阜经常看见明帝戴着绣帽,穿着缥绫做的短袖衣服,杨阜问明帝:“这是礼法所规定的哪种服饰呢?”明帝默然不答,之后不穿不合礼法的礼服见杨阜。

杨阜升任将作大匠。此时明帝开始大建宫殿,并广选美女以充实后宫,还不断出宫到禁囿中巡猎。这年秋天,大雨雷电,很多鸟雀被雷电击毙。杨阜上书说:

> 我听说圣明君主在位,群臣都能直言不讳。唐尧、虞舜都是圣明的君主,他们还主动征求群下对他们的批评劝谏;大禹勤于政事,一心降低宫室的规格;成汤遇上旱灾,当即引咎自责;周文王先给自己的妻子做好榜样,进而治理国家;汉文帝亲行节俭,身穿粗布衣服。他们都是能听取好的建议,为子孙后代殚精竭虑谋划的人。臣下诚愿陛下能遵奉武皇帝开拓的伟业,恪守文皇帝始终如一的传统,您确实应当向历代古圣先贤的善政看齐,总观末代帝王放荡亡国的恶政。所谓善政,就是指崇尚节俭,看重民力;所谓恶政,就是指尽情放纵自己的欲望,根据个人情感、好恶处理政事。诚愿陛下细心考察古代治世之初所以昌明兴盛,乱世之末所以衰弱以至灭亡的原因,近观汉末的变乱,就足以引起内心的震撼和

警惕了。昔日假定汉桓帝和汉灵帝不废弃汉高祖的法度，以及文帝、景帝奉行节俭的举措，那么我朝太祖即使再英明伟大，又能到哪里去施展其才能呢？而陛下又凭借什么有如此尊贵的帝位呢？当今吴、蜀还未平定，大军还在边境作战，愿您行动时要三思而后行，出入亦应特别慎重，将古代的成败作为治理朝政的借鉴，说起来好像轻易，但这涉及成败其实十分重大。近来天降大雨，来势大多急骤猛烈，而且雷电反常，以至于击毙鸟雀。天地神明，视君王为自己的儿子，凡是王政失当，它就会以灾害表示谴责。及时克制反省自己，这是圣人记述的道理。愿陛下在忧患还没有发生以前就早做思考，在事情初露端倪时就谨慎对待，效法汉文帝放出惠帝后宫美人的举措，把不必留在宫里的美女放出宫去听凭她们各自嫁人。不久前征选年幼少女入宫，传到远方，名声很不好，应该做长远打算。修建宫室和制作器物，一定要本着节约的原则。《尚书》说："九族既已敦睦，就能协和万国。"凡事应考虑周全，拿出恰当妥帖的办法，精心筹划，以便节省费用。平定吴、蜀以后，那时皇上安心而百姓也得欢乐，天下祥和如此下去，祖先也会欢心，尧舜恐怕也找不出什么毛病。如今应树立信义于天下，来安抚百姓，昭示边远之人。

当时雍丘王曹植深怨自己地位低贱，认为藩王之间本属至亲，却受到法令的严酷隔绝，所以杨阜又上书称述九族亲睦的要旨。魏明帝下诏回复杨阜说："看过密表，先是陈述古代明王圣主功绩，用以讽刺昏暗的政治，言辞切直，心地坦诚。我退思补过，将有所匡正，会尽可能细致周全。看到你用心良苦的忠言，我特别赞赏。"

后升任少府。这时大司马曹真率兵伐蜀，因遇连续下雨不得前进。杨阜上疏说："从前周文王时有赤乌那样好的征兆出现，他还忧虑到日色西斜时还顾不上吃饭；武王伐纣时，有白鱼跳进船里的吉兆，君臣还都为之变了脸色。行动时有吉祥征兆出现，他们还如此忧虑不已，更何况确实有灾异，谁又怎能不为之战战兢兢呢？而今吴、蜀未平，而天灾不断，陛下应当深刻反省，专精应答，侧席而坐，用德行昭示远方，以节俭安抚内部。最近大军刚刚出发，就遇上大雨，被阻隔停留在艰险的崇山峻岭之中，已经有很多天了。转运粮草的劳顿，肩挑背负的劳苦，耗费已经超过预期，如果不能提供后继物资，一定完成不了原本的计划。《左传》说：'见可而进，知难而退，这是合理的治军之道。'白白使大军困在山谷之中，进退不能，这不是用兵的道理。武王见白鱼入船而还师，殷商最终还是被灭掉，这是武王懂得顺应天意的表现。如今年成歉收，百姓疾苦，应发布圣明诏令，减损宫廷中食物和衣服的花销，技巧珍玩之物，都可以撤销。从前邵信臣在天下太平的世道担任少府，还奏请抑制撤除不事耕作而食的闲人。而今军队用度不足，更应加大节制调控。"明帝立即下诏让各路大军班师返回。

后来皇帝下诏让大臣议论哪些政治措施不便于民，杨阜认为："要取得好的政绩在于任用贤人，使国家振兴的根本在于致力农桑。如果放着贤人不用而只用自己的亲信，这是最严重的失治。大肆修建宫殿，以及高台楼阁，因此妨害百姓们正常的生产活动，这是对农业最大的伤害。各种工匠不务正业，而是竞作奇巧，以迎合皇上的私欲，这是对国家根本大计的最大危害。孔子说：‘苛政猛于虎。’现在那些据守功利墨守陈规的官吏，治理国家却不了解治政的基本规则，一味喜好烦琐和严厉，这是最为祸乱百姓的问题了。当务之急是要根除忘治、害农、伤本、乱民这四大弊端，昭示于公卿百官与各州郡及藩国，推举贤良方正、朴实敦厚的士子并任用他们，这也是求取贤能的途径之一。”

杨阜又上疏想减少后宫没被明帝临幸的宫女，于是召集御府吏问后宫人数。御府吏遵守旧时规定，回答说：“这是宫禁机密，不能泄露。”杨阜大怒，杖责这个官吏一百下，并数落他说：“国家从来都不对九卿保守什么机密，怎么到了一个小小府吏这里反倒有了九卿不能知道的机密？”明帝听说这事之后更加敬畏杨阜了。

明帝的爱女曹淑，未满周岁就夭折了，明帝十分悲痛，追封曹淑为平原公主，在洛阳专为她修庙，把她安葬在南陵。明帝还打算亲自送葬，杨阜上疏说：“文皇帝、武宣皇后驾崩，陛下都不去送葬，原因在于重视国家安危、要随时防备不可预知的事变。而今只是一个小孩的丧事，您为何竟要亲自前去送葬呢？”明帝没有听从。

明帝在许昌建好新宫之后，又动工营建洛阳城的宫殿观阁。杨阜上疏说：

> 尧居茅屋而天下人安居，禹住在低矮的宫室里而百姓乐业。到商代和周代，有的宫室的台阶高仅三尺，空间只可容纳九张竹席而已。古代的圣明帝王，没有谁为了给自己建造高大华丽的宫殿而让百姓们生计凋零财力枯竭。夏桀修筑璇室、象廊，商纣建造倾宫、鹿台，他们都因此而亡国。楚灵王因为修筑章华台而身受其祸，秦始皇营建阿房宫而殃及其子，致使天下背叛，帝位才传到第二代就灭亡了。凡是不估量人民财力，一味放纵声色欲望的人，没有不自取灭亡的。陛下应当效法尧、舜、夏禹、商汤、周文王、周武王，深刻吸取夏桀、殷纣、楚灵王、秦始皇的教训。高高在上，当修德行。谨慎地守护王位，继承祖业，巍巍皇权，还生怕失去。不早晚警惕，抚恤臣民，相反只顾自己安闲享乐，专意于扩建装饰华丽的宫室，一定会有国家颠覆、社稷危亡的灾祸。《周易》上说：“盖起大屋，遮蔽其家，但从窗外往里张望，却寂寂然了无人迹。”君王以天下为家，这里说的盲目修建大屋的灾祸，会造成有其家而无人居住的后果。而今吴、蜀结为同盟，谋划危害我们国家，国家十万大军，忙于东御西挡，边境就没有一天安逸的日子。百姓不能从事农业生产，人民面带饥色。陛下不忧虑这些大事，而是大兴土木建造宫室，无休无止。如果国亡而为臣可以单独活下来，我也就不说什么了。但君王为首领，大臣为肢体，存亡一体，得失与共。《孝经》说：“天子若有七个敢于直谏的大臣，就算是社会纷乱政治黑暗，他也不会失去自己的天下。”我虽然愚笨怯弱，又怎敢忘记做直言劝谏之臣的大义呢？言语不切直尽理，就不足以感动陛下。如果陛下不能认真思量我所说的话，恐怕魏国延续两代的福运会就此而止。假如我一个人的死亡能对国家有万分之一的匡正补益，那么我死去的日子就如同是我的重生之际。我已经准备好棺材并且沐浴完毕，俯伏在地敬候陛下的诛杀。

奏表呈上，明帝为他的忠言而感动，亲笔写诏书作答。每当朝廷会议大事，杨阜总是侃侃而谈，以天下为己任。他反复直言规谏，明帝始终不肯采纳，于是多次乞求退位，明帝也不批准。杨阜去世，家里没有多余的财产。他的孙子杨豹继承封爵。

高堂隆　栈潜

【原文】高堂隆，字升平，泰山平阳人，鲁高堂生后也。少为诸生，泰山太守薛悌命为督邮。郡督军与悌争论，名悌而呵之。隆按剑叱督军曰："昔鲁定见侮，仲尼历阶；赵弹秦筝，相如进缶。临臣名君，义之所讨也。"督军失色，悌惊起止之。后去吏，避地济南。

建安十八年，太祖召为丞相军议掾，后为历城侯徽文学，转为相。徽遭太祖丧，不哀，反游猎驰骋，隆以义正谏，甚得辅导之节。黄初中，为堂阳长，以选为平原王傅。王即尊位，是为明帝。以隆为给事中、博士、驸马都尉。帝初践阼，群臣或以为宜飨会，隆曰："唐、虞有遏密之哀，高宗有不言之思，是以至德雍熙，光于四海。"以为不宜为会，帝敬纳之。迁陈留太守。犊民酉牧，年七十余，有至行，举为计曹掾。帝嘉之，特除郎中以显焉。征隆为散骑常侍，赐爵关内侯。①

①《魏略》曰：太史上汉历不及天时，因更推步弦望朔晦，为太和历。帝以隆学问优深，于天文又精，乃诏使隆与尚书郎杨伟、太史待诏骆禄参共推校。伟、禄是太史，隆故据旧历更相劾奏，纷纭数岁。伟称"禄得日蚀而月晦不尽，隆不得日蚀而月晦尽"，诏从太史。隆所争虽不得，而远近犹知其精微也。

青龙中，大治殿舍，西取长安大钟。隆上疏曰："昔周景王不仪刑文、武之明德，忽公旦之圣制，既铸大钱，又作大钟，单穆公谏而弗听，泠州鸠对而弗从，遂迷不反，周德以衰，良史记焉，以为永鉴。然今之小人，好说秦、汉之奢靡以荡圣心，求取亡国不度之器，劳役费损，以伤德政，非所以兴礼乐之和，保神明之休也。"

是日，帝幸上方，隆与卞兰从。帝以隆表授兰，使难隆曰："兴衰在政，乐何为也？化之不明，岂钟之罪？"隆曰："夫礼乐者，为治之大本也。故箫韶九成，凤皇来仪，雷鼓六变，天神以降，政是以平，刑是以错，和之至也。新声发响，商辛以陨。大钟既铸，周景以弊。存亡之机，恒由斯作，安在废兴之不阶也？君举必书，古之道也，作而不法，何以示后？圣王乐闻其阙，故有箴规之道；忠臣愿竭其节，故有匪躬之义也。"帝称善。

迁侍中，犹领太史令。崇华殿灾，诏问隆："此何咎？于礼，宁有祈禳之义乎？"隆对曰："夫灾变之发，皆所以明教诫也，惟率礼修德，可以胜之。《易传》曰：'上不俭，下不节，孽火烧其室。'又曰：'君高其台，天火为灾。'此人君苟饰宫室，不知百姓空竭，故天应之以旱，火从高殿起也。上天降鉴，故谴告陛下。陛下宜增崇人道，以答天意。昔太戊有桑谷生于朝，武丁有雊雉登于鼎，皆闻灾恐惧，侧身修德，三年之后，远夷朝贡，故号曰中宗、高宗，此则前代之明鉴也。今案旧占，灾火之发，皆以台榭宫室为诫。然今宫室之所以充广者，实由宫人猥多之故。宜简择留其淑懿，如周之制，罢省其余。此则祖己之所以训高宗，高宗之所以享远号也。"

诏问隆："吾闻汉武帝时，柏梁灾，而大起宫殿以厌之，其义云何？"隆对曰："臣闻《西京》:‘柏梁既灾,越巫陈方,建章是经,以厌火祥。’乃夷越之巫所为,非圣贤之明训也。《五行志》曰:‘柏梁灾,其后有江充巫蛊卫太子事。’如《志》之言,越巫建章无所厌也。孔子曰:‘灾者修类应行,精祲相感,以戒人君。’是以圣主睹灾责躬,退而修德,以消复之。今宜罢散民役。宫室之制,务从约节,内足以待风雨,外足以讲礼仪。清扫所灾之处,不敢于此有所立作,萐莆、嘉禾必生此地,以报陛下虔恭之德。岂可疲民之力,竭民之财!实非所以致符瑞而怀远人也。”帝遂复崇华殿,时郡国有九龙见,故改曰九龙殿。

陵霄阙始构,有鹊巢其上,帝以问隆,对曰:“《诗》云:‘维鹊有巢,维鸠居之。’今兴宫室,起陵霄阙,而鹊巢之,此宫室未成身不得居之象也。天意若曰,宫室未成,将有他姓制御之,斯乃上天之戒也。夫天道无亲,惟与善人,不可不深防,不可不深虑。夏、商之季,皆继体也,不钦承上天之明命,惟谗谄是从,废德适欲,故其亡也忽焉。太戊、武丁,睹灾竦惧,祗承天戒,故其兴也勃焉。今若休罢百役,俭以足用,增崇德政,动遵帝则,除普天之所患,兴兆民之所利,三王可四,五帝可六,岂惟殷宗转祸为福而已哉!臣备腹心,苟可以繁祉圣躬,安存社稷,臣虽灰身破族,犹生之年也。岂惮忤逆之灾,而令陛下不闻至言乎?”于是帝改容动色。

【译文】高堂隆,字升平,泰山郡平阳县人,是鲁国高堂生的后代。少年时为儒生,泰山太守薛悌任命他为督邮。郡里的督军和薛悌争论,直呼薛悌的名字来呵责他。高堂隆按剑呵斥督军说:“从前鲁定公受到侮辱,孔子两次登阶陈辞;赵王被要挟弹奏秦筝,蔺相如奉缶让秦王演奏。当着臣下面而直呼君长的名字,是道义所要声讨的行为。”督军顿时脸色大变,薛悌也大惊起身制止他。后来高堂隆辞职,到济南避难。

建安十八年,曹操征召他为丞相军议掾,后任历城侯曹徽的文学,转任历城国相。历城侯遭遇曹操的丧事,并不哀痛,反而策马四处游猎。高堂隆根据礼义给予严正劝谏,尽到了辅佐侯王的职责。黄初年间,任堂阳长,经推选担任平原王曹叡太傅。曹叡即位,就是明帝。明帝命高堂隆担任给事中、博士、驸马都尉。明帝刚登基,群臣中有人提议应大摆筵宴,高堂隆说:“唐尧、虞舜去世时百姓悲哀,三年禁绝音乐,殷高宗考虑兴复殷室而三年不言政事,因此德行深厚,能光照四海。”他认为不宜举办宴会,明帝恭敬地采纳了他的意见。后任陈留太守。犊民酉牧,年纪已七十余岁,德行高尚,高堂隆推举他担任计曹掾。明帝嘉许酉牧,又特别任命他为郎中以表示显宠。明帝征召高堂隆入朝任散骑常侍,赐封关内侯。

青龙年间,明帝大建宫室,派人西行去取长安大钟。高堂隆上疏说:“从前周景王不效法文王和武王的贤明德政,忽视周公旦的圣明法制,既铸造大钱,又建造大钟,不肯采纳单穆公的劝谏,也不理会泠州鸠的劝谏,执迷不悟,周朝国运因此而衰弱,优秀的史官将这些记录在册,作为后人永久的借鉴。但是,今天一些小人,喜欢述说秦、汉奢侈靡丽的生活来迷惑皇上,求取大钟这样不合礼度的亡国之器,辛劳百姓并且耗费财力,损伤德政,这不是兴和礼乐,确保神明美好的途径。”

这天,明帝巡视上方,高堂隆与卞兰随行。明帝把高堂隆的奏章交给卞兰,让卞兰责难高堂隆说："国家兴衰在于政治，跟音乐有什么关系？政教的昏暗不明，怎么会是大钟的罪过呢？"高堂隆说："礼乐，是为政治国的根本大事。所以箫韶九奏，凤凰来朝，雷鼓六变，天神降临，政治得以稳定，刑法得以实施，这是礼乐和乐到极点的明证。新作的乐曲奏响，商纣王一命呜呼。大钟铸成之际，周景王衰败之时。存亡关键，都纠结于此，怎么能说无关乎政治的兴衰呢？君王的一举一动都要载入史书，这是自古以来的规矩，君王的行为不合道义，如何可以表率后人？圣帝明王都乐意听到别人指出自己的缺点错误，所以才有箴言规谏的道义；忠臣愿意尽心竭力以保全节操，所以才有不顾自己安危的义举。"明帝认为他说得有理。

高堂隆迁任侍中，仍兼太史令。崇华殿发生火灾，明帝下诏问高堂隆："这是什么灾祸呢？按礼法，有求福消灾的办法吗？"高堂隆说："凡是灾变的出现，都是上天借此向人们申明教诫，只有遵行礼义端正德行，才可以战胜它。《易传》说：'主上不节俭，臣下纷纷效法，大火将会烧掉其房屋。'又说：'君修高台，天火作灾。'这是因为君王只知道修缮宫室，不知道百姓困苦，所以上天应之以干旱，大火从高殿烧起。上天降下警戒，通过灾异告诉陛下。陛下应该尊崇人道，爱惜民力，以应答天意。从前太戊时有桑嗓谷生在朝廷，武丁时有野鸡飞到鼎上，他们都一听到灾异便心怀恐惧，虚心修炼道德，三年以后，远方的部落也都来朝贡，所以称他们为中宗、高宗，这是前代明鉴。今考查过去的占卜，凡是火灾发生，都是对修建台榭宫室的警诫。然而现在之所以要大修宫室，实际是后宫人数太多的缘故。应当把那些有才德的人留下来，比照周朝的后宫人数制度，将多余的都放出去。这就是祖己之所以要训导高宗，而高宗之所以流誉久远的根本原因。"

明帝又下诏问高堂隆："我听说汉武帝时，柏梁台发生火灾，武帝反而大修宫殿予以镇压，这又是什么道理呢？"高堂隆说："我从《西京赋》上读到：'柏梁既灾，越巫陈方，建章是经，以厌火祥。'兴建建章宫以镇压火灾所显示的不祥，实是夷越巫师蛊惑武帝的结果，决非出于圣贤的训诫。《五行志》说：'柏梁台火灾，其后即有江充巫惑卫太子的祸事发生。'据《五行志》所述，越国巫师劝汉武帝修筑建章宫以压火灾，并没有起到任何作用。孔子说：'灾异按类与人们的行为相感应，人神相感，用以惩戒君主。'因此圣明的君主见有灾异往往就引咎自责，反思自身修养德行，从而消减灾异。当今应免除百姓徭役。宫室规格，应力从俭约，只要内能抵御风雨，外能合乎礼仪就行。清扫灾祸发生的地方，不再在该处兴建宫殿，萐莆、嘉禾一定会从这里生长，用以回报陛下诚信礼敬上天的品德。怎么可以让百姓们为劳役疲惫不堪，并且耗尽人民的资财呢！这实在不是引致祥瑞而招抚远方的措施。"明帝于是修复了崇华殿，当时郡国奏称出现了九条龙，所以改名九龙殿。

开始建造陵霄阙的时候，有喜鹊在上面筑巢，明帝问高堂隆是什么缘故，高堂隆回答说："《诗经》说：'喜鹊筑巢，鸠鸟来住。'现在兴建宫室，盖陵霄阙，而喜鹊在此筑巢，这是宫室未盖成、陛下不能居住的征兆。天意像是说，宫室未成，将会有异姓人来治理它，这是上天的警诫。天道是大公无私的，只与善人相亲，不能不严加提防，不能不深刻思考。夏、商末世，帝王都是承继帝位的，但他们不恭敬地听取上天的明训，只听信谗言，不修德政而放纵私欲，所以很快就亡国了。太戊、武丁，看见灾异而战栗恐惧，赶紧听从上天的劝诫，所以迅速兴盛壮大。当今如果停止各种劳役，崇尚节俭、充足用度，广施德政，行动遵循帝王的规则，为天下百姓兴利除害，那么，您就可以成为继三王五帝之后的伟大帝王，哪里仅止于殷王转祸为福呢！臣下作为朝廷的心腹之臣，如果能辅佐陛下福运绵长，保全国家不受损害，即使身死族灭，也还是像活着一样。我岂能惧怕犯下忤逆大罪，给自己招来灭顶之灾，就让陛下听不到这样深切的直言呢？”于是明帝为之改容。

【原文】是岁，有星孛于大辰。隆上疏曰：

凡帝王徙都立邑，皆先定天地社稷之位，敬恭以奉之。将营宫室，则宗庙为先，厩库为次，居室为后。今圜丘、方泽、南北郊、明堂、社稷，神位未定，宗庙之制又未如礼，而崇饰居室，士民失业。外人咸云宫人之用，与兴戎军国之费，所尽略齐。民不堪命，皆有怨怒。《书》曰：“天聪明自我民聪明，天明畏自我民明威。”舆人作颂，则向以五福，民怒吁嗟，则威以六极，言天之赏罚，随民言，顺民心也。是以临政务在安民为先，然后稽古之化，格于上下，自古及今，未尝不然也。夫采椽卑宫，唐、虞、大禹之所以垂皇风也；玉台琼室，夏癸、商辛之所以犯昊天也。今之宫室，实违礼度，乃更建立九龙，华饰过前。天彗章灼，始起于房心，犯帝坐而干紫微，此乃皇天子爱陛下，是以发教戒之象，始卒皆于尊位，殷勤郑重，欲必觉寤陛下。斯乃慈父恳切之训，宜崇孝子祗耸之礼，以率先天下，以昭示后昆，不宜有忽，以重天怒。

时军国多事，用法深重。隆上疏曰：

夫拓迹垂统，必俟圣明，辅世匡治，亦须良佐，用能庶绩其凝而品物康乂也。夫移风易俗，宣明道化，使四表同风，回首面内，德教光熙，九服慕义，固非俗吏之所能也。今有司务纠刑书，不本大道，是以刑用而不措，俗弊而不敦。宜崇礼乐，班叙明堂，修三雍、大射、养老，营建郊庙，尊儒士，举逸民，表章制度，改正朔，易服色，布恺悌，尚俭素，然后备礼封禅，归功天地，使雅颂之声盈于六合，缉熙之化混于后嗣。斯盖至治之美事，不朽之贵业也。然九域之内，可揖让而治，尚何忧哉！不正其本而救其末，譬犹棼丝，非政理也。可命群公卿士通儒，造具其事，以为典式。

隆又以为改正朔，易服色，殊徽号，异器械，自古帝王所以神明其政，变民耳目，故三春称王，明三统也。于是敷演旧章，奏而改焉。帝从其议，改青龙五年春三月为景初元年孟夏四月，服色尚黄，牺牲用白，从地正也。

迁光禄勋。帝愈增崇宫殿，雕饰观阁，凿太行之石英，采谷城之文石，起景阳山于芳林之园，建昭阳殿于太极之北，铸作黄龙凤皇奇伟之兽，饰金墉、陵云台、陵霄阙。百役繁兴，作者万数，公卿以下至于学生，莫不展力，帝乃躬自掘土以率之。而辽东不朝。悼皇后崩。天作淫雨，冀州水出，漂没民物。隆上疏切谏曰：

盖天地之大德曰生，圣人之大宝曰位。何以守位？曰仁。何以聚人？曰财。然则士民者，乃国家之镇也；谷帛者，乃士民之命也。谷帛非造化不育，非人力不成。是以帝耕以劝农，后桑以成服，所以昭事上帝，告虔报施也。昔在伊唐，世值阳九厄运之会，洪水滔天，使鲧治之，绩用不成，乃举文命，随山刊木，前后历年二十二载。灾眚之甚，莫过于彼，力役之兴，莫久于此，尧、舜君臣，南面而已。禹敷九州，庶士庸勋，各有等差，君子小人，物有服章。今无若时之急，而使公卿大夫并与厮徒共供事役，闻之四夷，非嘉声也，垂之竹帛，非令名也。是以有国有家者，近取诸身，远取诸物，妪煦养育，故称"恺悌君子，民之父母"。今上下劳役，疾病凶荒，耕稼者寡，饥馑荐臻，无以卒岁，宜加愍恤，以救其困。

臣观在昔书籍所载，天人之际，未有不应也。是以古先哲王，畏上天之明命，循阴阳之逆顺，矜矜业业，惟恐有违。然后治道用兴，德与神符，灾异既发，惧而修政，未有不延期流祚者也。爰及末叶，暗君荒主，不崇先王之令轨，不纳正士之直言，以遂其情志，恬忽变戒，未有不寻践祸难，至于颠覆者也。

天道既著，请以人道论之。夫六情五性，同在于人，嗜欲廉贞，各居其一。及其动也，交争于心。欲强质弱，则纵滥不禁；精诚不制，则放溢无极。夫情之所在，非好则美。而美好之集，非人力不成，非谷帛不立。情苟无极，则人不堪其劳，物不充其求。劳求并至，将起祸乱。故不割情，无以相供。仲尼云："人无远虑，必有近忧。"由此观之，礼义之制，非苟拘分，将以远害而兴治也。

今吴、蜀二贼，非徒白地小虏聚邑之寇，乃据险乘流，跨有士众，僭号称帝，欲与中国争衡。今若有人来告："权、禅并修德政，复履清俭，轻省租赋，不治玩好，动咨耆贤，事遵礼度。"陛下闻之，岂不惕然恶其如此，以为难卒讨灭而为国忧乎？若使告者曰："彼二贼并为无道，崇侈无度，役其士民，重其征赋，下不堪命，吁嗟日甚。"陛下闻之，岂不勃然忿其困我无辜之民，而欲速加之诛？其次，岂不幸彼疲弊而取之不难乎？苟如此，则可易心而度，事义之数亦不远矣。

且秦始皇不筑道德之基而筑阿房之宫，不忧萧墙之变而修长城之役，当其君臣为此计也，亦欲立万世之业，使子孙长有天下，岂意一朝匹夫大呼，而天下倾覆哉？故臣以为使先代之君知其所行必将至于败，则弗为之矣。是以亡国之主自谓不亡，然后至于亡；贤圣之君自谓将亡，然后至于不亡。昔汉文帝称为贤主，躬行约俭，惠下养民，而贾谊方之，以为天下倒县，可为痛哭者一，可为流涕者二，可为长叹息者三。况今天下雕弊，民无儋石之储，国无终年之畜，外有强敌，六军暴边，内兴土功，州郡骚动，若有寇警，则臣惧版筑之士不能投命虏庭矣。

又，将吏奉禄稍见折减，方之于昔，五分居一。诸受休者又绝廪赐，不应输者今皆出半。此为官入兼多于旧，其所出与参少于昔。而度支经用，更每不足，牛肉小赋，前后相继。反而推之，凡此诸费，必有所在。且夫禄赐谷帛，人主所以惠养吏民而为之司命者也，若今有废，是夺其命矣。既得之而又失之，此生怨之府也。《周礼》大府掌九赋之财，以给九式之用，入有其分，出有其所，不相干乘而用各足。各足之后，乃以式贡之余，供王玩好。又上用财，必考于司会。[①] 今陛下所与共坐廊庙治天下者，非三司九列，则台阁近臣，皆腹心造膝，宜在无讳。若见丰省而不敢以告，从命奔走，惟恐不胜，是则具臣，非鲠辅也。昔李斯教秦二世曰："为人主而不恣睢，命之曰天下桎梏。"二世用之，秦国以覆，斯亦灭族。是以史迁议其不正谏，而为世诫。

书奏，帝览焉，谓中书监、令曰："观隆此奏，使朕惧哉！"

① 会，音脍。

【译文】这年，有彗星在房心尾三宿间显得特别明亮。高堂隆上疏说：

凡是帝王迁都立城，都要首先确定天地社稷各神的位置，并恭敬地侍奉它们。凡建宫室，首先应是宗庙，其次车马厩和粮仓，最后才是宫室。而今圜丘、方泽、南北郊祀、明堂、社稷，这一切的神位都还未确定下来，宗庙制度也没有按礼仪实施，却急于修缮宫室，让官员百姓丧失了各自的本业。外边的人都说后宫所需费用，与兴兵作战的军费大体相当。民不堪命，都含怨怒。《尚书》说："上天的视听依从民众的视听，上天的赏罚依从臣民的赏罚。"轿夫作颂，上天赐予五种福事，百姓怨怒悲叹，则天降六种凶事威恐，是说上天的奖赏与惩罚，都是依从民言，顺应民心。因此，临朝当政以安抚民众当先，然后遵从古代的教化，使之成为帝王、百官以及广大百姓共同遵从的准则，从古至今，无不如此。以不加斫削的柞木为梁，建造低矮窄小的宫室，唐尧、虞舜、大禹因此能垂范后世；修筑玉台琼室，夏桀、商纣因此冒犯上天。今天的宫室规格，确实有违礼仪法度，而且修复九龙殿，其华丽装饰又大大超过了从前。彗星在房心尾三宿间发光，进犯帝王星宿而旁及紫微星，这是上天宠爱陛下，才向您发出劝诫的征象，始终都停留在尊位，殷勤郑重，想以此使陛下感悟。这是慈父般恳切备至的训诫，您应当尊崇孝子事母般恭敬惶恐的礼仪，身先天下百姓示范施行，昭示后世，不应漠视不理，而加重上天的愤怒。

当时国家与吴、蜀二国之间的战争频繁，刑法严峻苛刻。高堂隆上疏说：

大凡开疆拓土承袭帝业，一定得等圣明君主，夹辅天子匡正朝政，也必须得有贤良之臣，因为只有这样的人才差不多可以继续光大前人的成就而令万物安治。大凡移风易俗，倡明教化，使四海同风，远近臣服，使道德教化趋向光明，让全国各地都仰慕道义，本来就不是那些俗吏所能做到的。如今的官吏只知纠缠刑律条文，不研究治国的根本方略，因此施用刑法而无实效，世风颓弊而难以回归敦厚笃实。当务之急应当是推行礼乐，崇叙明堂，修辟雍、明堂、灵台三雍，推行大射、养老等礼仪，营建郊庙，尊重儒士，推举隐逸名流，制定制度礼仪，修改正朔，改易服色，倡导孝顺友爱，崇尚节俭朴实，然后周备礼仪举行封禅，把功劳归于上天和大地，让雅颂之声传遍四面八方，使光明的教化垂范于后世。这才是最好的政治，也才是不朽的盛事。如此则四海之内，可以在礼乐文明的熏陶下达到大治，那还有什么值得忧虑的呢！不致力于正本清源而只关注些细微末节，这就像把纷杂的丝线揉成一团一样,绝非正确的治政道理。可以命令朝廷官员和大儒,制定切实可行的规则,作为国家治理的法式。

高堂隆还认为,修改正朔,改易服色,改换徽号,变动器械,这是自古以来的帝王为了新人耳目、表明政绩的办法,所以三春称王,以显明天统、地统、人统。又铺陈论述旧的规章制度,上奏相关的改变方略。明帝听从了他的建议,将青龙五年春三月改为景初元年孟夏四月,服饰的颜色崇尚黄色,祭牲用白色的,采用殷代以夏历十二月为正月的历法。

后升迁光禄勋。明帝更加大肆修筑宫殿,雕饰观阁,凿取太行山的石英,开采谷城的文石,在芳林园建造景阳山,在太极殿北筑起昭阳殿,又铸作了黄龙、凤凰等奇特伟岸的脊兽,用以装饰金墉殿、陵云台和陵霄阙。名目多样的劳役频频兴起,为殿阁建设服役的百姓多达万余人,公卿大臣以至于学生,没有谁不为此出力,明帝甚至于亲自挖土作为表率。而就在此时辽东不肯朝贡。悼皇后驾崩。天雨绵绵不绝,冀州大水决堤,冲毁百姓财物。高堂隆上疏恳切劝谏道:

所谓天地最大的品德是生生,圣人最大的宝器是权位。拿什么守住权位?用仁。该怎样聚集万民?用财。人民,是守护国家的宝器;粮食布帛,是人民的生命。没有好的年成谷物不会丰收,没有劳力投入其中,粮食衣物也不可能制造完成。因此帝王亲耕以鼓励农业生产,皇后亲自采桑以促进纺织制造,就是要向上帝表明,子民们将以虔诚的努力报答上天的恩德。从前在唐尧之时,阳九数穷,厄运四起,洪水滔天,尧派鲧去治水,没有成效,于是又推举大禹,大禹随山砍树开辟通道,前后经历了二十二年。灾异之严重,没有能超过那个时候的,百姓劳作勤苦的年月,也没有比那时更长久的了,而尧、舜及其君臣,却只是面南而坐发号施令而已。大禹分设九州,士大夫和普通百姓,功臣与普通官吏都有不同的等级,君子小人,各有服饰。而今并没有大禹时那么危急,却动用了公卿大夫与民众一起从事土木兴建工作,周边邻国若是听说了,这不会是什么美好的声誉,载入史册,也不会是什么流芳后世的好事。因此有国有家的人,近取法于身,远取象于物,致力于养育生民,所以有“和乐平易的君子啊,是人民的父母”的说法。而今上下劳苦,疾病荒灾,没有几个人能够安然地耕耘稼穑,饥荒并至,许多人无法维持一年的生计,应当给予百姓哀怜抚恤,以解救民众的困苦。

我观览古书所载,天人之间,没有不发生感应的。因此古代圣君明王,都敬畏上天的神明,遵循阴阳的逆顺规律,兢兢业业,戒慎自持,唯恐有所违失。然后国家兴旺,德行与神明一致,一旦发生灾异,立即怀着恐惧戒慎之心修改政治弊端,没见过这样做还不能延长国运的。到了王朝末年,君主昏暗荒淫,不遵行先王法度,不采纳忠臣直言苦谏,一味恣意放纵个人私欲;对于灾变和上天的警诫毫不在意,这样的君主没有不大祸临头乃至于颠覆国家的。

天道方面既已清楚明白,请再听听人道方面的内容。七情六欲,人所共有,嗜欲廉贞,各居其中之一。情欲生发时,会先在内心深处争斗不已。欲望很强而意志薄弱,则情欲恣肆泛滥而不能禁止;精诚不足,就将放纵无度。人情所在,不是好的事物就是美的事物。而追求美好的事物,没有人力不行,没有谷物绵帛也不能。如果情欲没有极限,就将出现人民疲困不堪驱使,物质枯竭难以满足欲求的局面。人民劳苦与资财枯竭同时达到极限时,灾祸也就该来临了。因此不割舍情欲,就无法满足无止境的需求。孔子说:"人无远虑,必有近忧。"由此来看,礼仪的制定,不仅是坚守本分而已,而且还将使国家远离灾害而得以振兴。

而今吴、蜀两个敌国,绝不是地小人寡的小贼,而是占据山川天险,拥兵众多,各自僭号称帝,想和中原一争高低的对手。如果现在有人来禀报说:"孙权、刘禅都在推行仁政,又亲行节俭,减省租赋,不习玩好,有行动就询问年高贤德之人,办事则遵守礼仪法度。"陛下听闻之后,难道会不心生警惕并且厌恶他们所做的这一切,担心难以尽快剿灭他们并且为国家大计感到忧虑吗?如果禀报者说:"孙权、刘禅都不行正道,奢侈无度,以无休止的劳役耗竭民力,横征暴敛搜刮民财,人民不堪驱使,怨声载道,日甚一日。"陛下听说后,难道不会因他们让无辜的人民疲困如此而震怒,并且想要立即发兵讨灭他们吗?其次,您难道不会庆幸敌人疲敝而使我们的征伐更加容易吗?假定这样,那么我们也可以站在对方的立场加以揣度,他们的想法也差不多和我们一样。

秦始皇不筑牢德治的根基而是修筑阿房之宫,不忧虑祸起萧墙而是修建万里长城,当时他们君臣这样做,也是想创立万世基业,让子子孙孙长有天下,谁能想到有一天匹夫振臂一呼,大好天下就顿时倾覆了呢?所以臣认为假如前代君主知道自己的所作所为必将导致败亡,他们也就不会这样做了。因此亡国的君主总认为亡不了,但终究还是灭亡了;圣贤的君主总怕亡国,但却终究不会亡国。从前的汉文帝称为贤主,躬行节俭,用实恩惠养育天下百姓,这种情况下贾谊仍上疏喻谏,认为天下有倒悬之危,要为之痛哭的理由有一个,要为之流泪的理由有两个,要为之长叹的理由则有三个。更何况当今天下凋敝,百姓没有一石两石粮食的储备,国家也没有够吃一年的积蓄,而且外有强敌,六军不停息地奔驰于边境,而国内却大兴土木,州郡骚动不安,如果出现敌人入侵的紧急情况,我担心那些修筑宫殿的士民只怕不能为杀敌卫国而舍生忘死了。

再者,将吏的俸禄已逐渐折减,比之于过去,不过是过去的五分之一。凡已离职者不再供给官粮,不应缴纳的财物比过去增加了一半。这说明现时官府的收入是过去的两倍,但是供给正常使用的支出却比过去减少了三分之一。而官府花销用度还是常常不足,征收牛肉这样的小赋,前后不断。反而推之,这些费用,都一定用在其他的某个地方。况且用于俸禄赏赐的谷物和衣物,是君主用以惠养官吏和人民同时掌握他们命运的东西,如果而今有所废减,那跟夺去他们的性命没什么分别。已经得到了而又丧失,这就是产生怨恨的根源。《周礼》说大府掌管九赋之财,以供分配使用,收入有一定的法度,支出有合理的用途,不互相干预而用度都得以满足。各种用度满足之后,才用多余的财产,供君王玩好。而且天子用财，必须要由主管财政经济的官员考察。而今与陛下同在朝廷治理天下的人，不是三公九卿，就是台阁近臣，都是皇上的腹心股肱，应当无所隐讳。如果发现财物的增减而不敢陈述，一味地根据命令左右奔走，唯恐不能执行好命令，这就只是备位充数的臣子，不是耿直可堪辅弼重任的良臣。从前李斯教秦二世说："作为皇帝而不敢从心所欲，天下就好像是您的监狱一样。"二世遵循此言，秦朝因此亡国，李斯也遭灭族之灾。因此司马迁讥讽李斯不能循正道进谏，记载在册来告诫后世。

奏疏呈上，明帝浏览之后，对中书监、中书令说："看高堂隆这份奏疏，使我深感畏惧啊！"

【原文】隆疾笃，口占上疏曰：

曾子有疾，孟敬子问之。曾子曰："鸟之将死，其鸣也哀；人之将死，其言也善。"臣寝疾病，有增无损，常惧奄忽，忠款不昭。臣之丹诚，岂惟曾子？愿陛下少垂省览，涣然改往事之过谬，勃然兴来事之渊塞，使神人向应，殊方慕义，四灵效珍，玉衡曜精，则三王可迈，五帝可越，非徒继体守文而已也。

臣常疾世主莫不思绍尧、舜、汤、武之治，而蹈踵桀、纣、幽、厉之迹，莫不蚩笑季世惑乱亡国之主，而不登践虞、夏、殷、周之轨。悲夫！以若所为，求若所欲，犹缘木求鱼，煎水作冰，其不可得，明矣。寻观三代之有天下也，圣贤相承，历载数百，尺土莫非其有，一民莫非其臣，万国咸宁，九有有截。鹿台之金，钜桥之粟，无所用之，仍旧南面，夫何为哉！然癸、辛之徒，恃其旅力，知足以拒谏，才足以饰非，谄谀是尚，台观是崇，淫乐是好，倡优是说，作靡靡之乐，安濮上之音。上天不蠲，眷然回顾，宗国为墟，下夷于隶，纣县白旗，桀放鸣条。天子之尊，汤、武有之，岂伊异人，皆明王之胄也。且当六国之时，天下殷炽，秦既兼之，不修圣道，乃构阿房之宫，筑长城之守，矜夸中国，威服百蛮，天下震竦，道路以目。自谓本枝百叶，永垂洪晖，岂寤二世而灭，社稷崩圮哉？近汉孝武乘文、景之福，外攘夷狄，内兴宫殿，十余年间，天下嚣然。乃信越巫，怼天迁怒，起建章之宫，千门万户，卒致江充妖蛊之变，至于宫室乖离，父子相残，殃咎之毒，祸流数世。

臣观黄初之际，天兆其戒，异类之鸟，育长燕巢，口爪胸赤，此魏室之大异也，宜防鹰扬之臣于萧墙之内。可选诸王，使君国典兵，往往棋跱，镇抚皇畿，翼亮帝室。昔周之东迁，晋、郑是依，汉吕之乱，实赖朱虚，斯盖前代之明鉴。夫皇天无亲，惟德是辅。民咏德政，则延期过历，下有怨叹，掇录授能。由此观之，天下之天下，非独陛下之天下也。臣百疾所钟，气力稍微，辄自舆出，归还里舍，若遂沉沦，魂而有知，结草以报。

诏曰："生廉侔伯夷，直过史鱼，执心坚白，謇謇匪躬。如何微疾未除，退身里舍？昔邴吉以阴德，疾除而延寿；贡禹以守节，疾笃而济愈。生其强饭专精以自持。"隆卒，遗令薄葬，敛以时服。①

① 习凿齿曰：高堂隆可谓忠臣矣。君侈每思谏其恶，将死不忘忧社稷，正辞动于

昏主，明戒验于身后，謇谔足以励物，德音没而弥彰，可不谓忠且智乎！《诗》云："听用我谋，庶无大悔。"又曰："曾是莫听，大命以倾。"其高堂隆之谓也。

初，太和中，中护军蒋济上疏曰："宜遵古封禅。"诏曰："闻济斯言，使吾汗出流足。"事寝历岁，后遂议修之，使隆撰其礼仪。帝闻隆没，叹息曰："天不欲成吾事，高堂生舍我亡也。"子琛嗣爵。

始，景初中，帝以苏林、秦静等并老，恐无能传业者。乃诏曰："昔先圣既没，而其遗言余教，著于六艺。六艺之文，礼又为急，弗可斯须离者也。末俗背本，所由来久。故闵子讥原伯之不学，荀卿丑秦世之坑儒，儒学既废，则风化曷由兴哉？方今宿生巨儒，并各年高，教训之道，孰为其继？昔伏生将老，汉文帝嗣以晁错；《穀梁》寡畴，宣帝承以十郎。其科郎吏高才解经义者三十人，从光禄勋隆、散骑常侍林、博士静，分受四经三礼，主者具为设课试之法。夏侯胜有言："士病不明经术，经术苟明，其取青紫如俯拾地芥耳。"今学者有能究极经道，则爵禄荣宠，不期而至。可不勉哉！"数年，隆等皆卒，学者遂废。

初，任城栈潜，太祖世历县令，[①]尝督守邺城。时文帝为太子，耽乐田猎，晨出夜还。潜谏曰："王公设险以固其国，都城禁卫用戒不虞。《大雅》云：'宗子维城，无俾城坏。'又曰：'犹之未远，是用大谏。'若逸于游田，晨出昏归，以一日从禽之娱，而忘无垠之衅，愚窃惑之。"太子不悦，然自后游出差简。黄初中，文帝将立郭贵嫔为皇后，潜上疏谏，语在《后妃传》。明帝时，众役并兴，戚属疏斥，潜上疏曰：

天生蒸民而树之君，所以覆焘群生，熙育兆庶，故方制四海匪为天子，裂土分疆匪为诸侯也。始自三皇，爰暨唐、虞，咸以博济加于天下，醇德以洽，黎元赖之。三王既微，降逮于汉，治日益少，丧乱弘多，自时厥后，亦罔克乂。太祖濬哲神武，芟除暴乱，克复王纲，以开帝业。文帝受天明命，廓恢皇基，践阼七载，每事未遑。陛下圣德，纂承洪绪，宜崇晏晏，与民休息。而方隅匪宁，征夫远戍，有事海外，县旌万里，六军骚动，水陆转运，百姓舍业，日费千金。大兴殿舍，功作万计，徂来之松，刊山穷谷，怪石珷玞，浮于河、淮，都圻之内，尽为甸服，当供槁秸铚粟之调，而为苑囿择禽之府，盛林莽之秽，丰鹿兔之薮，伤害农功，地繁茨棘，灾疫流行，民物大溃，上减和气，嘉禾不植。臣闻文王作丰，经始勿亟，百姓子来，不日而成。灵沼、灵囿，与民共之。今宫观崇侈，雕镂极妙，忘有虞之总期，思殷辛之琼室，禁地千里，举足投网，丽拟阿房，役百干溪，臣恐民力雕尽，下不堪命也。昔秦据殽函以制六合，自以德高三皇，功兼五帝，欲号谥至万叶，而二世颠覆，愿为黔首，由枝干既扤，本实先拔也。盖圣王之御世也，克明俊德，庸勋亲亲。俊乂在官，则功业可隆，亲亲显用，则安危同忧。深根固本，并为干翼，虽历盛衰，内外有辅。昔成王幼冲，未能莅政，周、吕、召、毕，并在左右。今既无卫侯、康叔之监，分陕所任，又非旦、奭。东宫未建，天下无副。愿陛下留心关塞，永保无极，则海内幸甚。

后为燕中尉，辞疾不就，卒。

①潜，字彦皇，见应璩《书林》。

【译文】高堂隆病势沉重，口述上疏说：

曾子有病，孟敬子去探望他。曾子说："鸟快死的时候，它的叫声总是悲哀的；人将死的时候，他的言语总是和善的。"臣下卧病，一天比一天严重，常常担心突然死去，而自己的一腔忠言还没有来得及完全倾诉。人臣的赤诚，难道只有曾子一人？希望陛下稍稍听我几句善言，涣然纠正以前的过错谬误，勃然兴起治理谋划将来的大业，让天神与人民交相感应，远方异域慕义同归，则麟、凤、龟、龙等四灵就会为您献上，北斗星就会光芒闪耀以显示吉祥，那么您就连三王五帝都可以超越，不只是继承先君基业遵循先王法度而已了。

我常常痛心世间君主没有谁不想效法尧、舜、汤、武的治绩，结果却重蹈桀、纣、幽、厉的覆辙，他们无不嘲笑末世昏乱亡国的君主，自己却又不肯身体力行以遵循虞、夏、殷、周的正轨。可悲啊！用这样的所作所为，去追求他们内心想要达到的目标，就好像上树捕鱼，烧水制冰，终究会事与愿违，这是再明确不过的道理了。考察三代拥有天下之时，圣贤的君主前后相承，统治历经数百年，普天之下莫非王土，率土之滨莫非王臣，万国安宁，九州整齐划一。鹿台的黄金，钜桥的积粟，多到无处使用，圣帝明王依旧面南而治，这是什么原因呢！夏桀、商纣之徒，靠着武力征伐，他们的智慧足以拒绝忠臣的劝谏，才能足够掩饰自己的过错，崇尚阿谀奉承，高建殿阁楼台，喜好荒淫嬉乐，沉迷于倡优的表演，制作靡靡之音，沉溺于桑间濮上的曲调之中。上天不免除他们的灾祸，回过头来关注世间，国家变为废墟，奴隶激愤反抗，商纣的头颅悬于太白之旗，夏桀败亡被流放到鸣条之地。天子尊位，归于商汤、周武，难道他们是什么非凡之人，他们也都不过是圣明君王的后代。六国之时，天下战乱纷纷，秦国兼并六国之后，不修圣人之道，而修阿房宫室，修筑长城守卫，好大喜功，威服四夷百蛮，天下震恐战栗，人们路上相遇不敢说话只能以目光示意。他们自以为根深叶茂，帝业永存万世，哪里料想到只传了两代就崩溃倾覆了呢？近世汉武帝秉承文帝、景帝的福祉，在境外抗击夷狄，在国内大修宫殿，十余年间，天下一统。后来武帝听信越国巫者胡言，怨恨上天试图转嫁镇压上天的震怒，大修建章宫，千门万户，终于导致江充诬告太子巫蛊的事变，以至于宫室乖离，父子相残，所造成的祸害，影响了后来的好几代嗣君。

臣观察黄初年间，天已降下警诫，有奇怪的飞禽，竟在燕巢里长大，口爪及胸部都是赤红色，这是魏室发生大变异的征兆，应当谨防朝廷内部出现胸怀野心的人物。可精选诸王，让他们掌管国事和兵权，像棋子一样在各地形成力量互相牵制，镇抚皇畿，辅佐王室。从前周平王东迁，依靠晋、郑，吕后作乱，幸赖朱虚侯刘章才得以平定，这些都是前代显著的鉴戒。上天公正无私，只辅助那些有德之人。百姓咏唱国家德政，国运才会久长，若是怨声发自民间，就要赶紧授贤任能以防微杜渐。由此看来，所谓天下是天下人的天下，并非陛下一人的天下。臣下百病缠身，气力日渐衰微，就要坐车离开京都，返回故里，如果就此命归黄泉，灵魂若有知觉，一定结草衔环以报答陛下的知遇之恩。

明帝下诏说："先生的廉洁比肩伯夷，正直超过史鱼，用心坚贞洁白，忠直而不计个人得失。怎么能小病未愈，就退位回归故里呢？从前邴吉因为积有阴德，结果病愈而且长寿；贡禹因信守节义，病危了还得以痊愈。愿先生勉强饮食并专心养病以战胜疾病。"高堂隆去世，遗嘱实行薄葬，入殓只用平时的服装即可。

当初，在太和年间，中护军蒋济上疏说："应照古礼封禅。"皇帝下诏说："听了蒋济这话，使我汗流浃背。"事情搁置了好几年，后来又重提此事，明帝让高堂隆修撰封禅礼仪。明帝得悉高堂隆去世的消息，叹息说："上天不想让我成就封禅大典，高堂隆丢下我先去了。"高堂隆的儿子高堂琛承嗣。

最初，景初年间，明帝认为苏林、秦静等人都已年老，担心没人能够传承他们的学术。于是下诏说："从前先圣去世，他们的遗言和教导，都著述于六艺之中得以保存。六艺内容，礼最重要，是我们一刻也不能离开的。末世风俗违背根本，由来已久。所以闵子讥讽原伯不治学问，荀卿把秦世的焚书坑儒视为最可耻的事，儒学被废弃后，良好的社会风气该怎样恢复呢？而今宿生巨儒，都年事已高，教育大业，谁来继承？从前伏生将老的时候，汉文帝让晁错继承他的学业；《穀梁传》研习的人越来越少，汉宣帝命蔡千秋选十位郎官跟随他学习。现挑选有才能且能理解经义的郎官三十人，随光禄勋高堂隆、散骑常侍苏林、博士秦静学习四经三礼，主管人都为此设置考试的规则。夏侯胜说过：'儒生最担忧的是不通经术，经术若能了解明白，那么得到卿大夫之类的官位就如同弯腰捡起地上的杂草罢了。'当今学者要是有能穷尽经术道义的，那么爵禄荣宠，将自行到来。能不互相勉励吗！"几年时间，高堂隆等相继去世，学习经术者也就荒废了。

起初，任城人栈潜在太祖曹操时代做过县令，曾督守邺城。当时曹丕还是太子，沉溺打猎，早出晚归。栈潜劝谏说："王公设置险阻是为了保卫国家，都城的禁卫制度是用来戒备不测之难的。《大雅》说：'国君的子弟就像京城的墙垣，保护城池不被毁坏。'又说：'王者缺少深谋远虑，要用大道理进行劝谏。'如果过于沉迷游猎，早出晚归，为了一日纵游的快乐，忘记无边无尽的危害，我私下里觉得不可理解。"曹丕不高兴，但自此之后出外游猎的次数有所减少。黄初年间，文帝曹丕想立郭贵嫔为皇后，栈潜又上疏劝谏，这事记载在《后妃传》里。明帝时，劳役繁多，帝王宗亲也都遭到疏远排斥，栈潜上疏说：

> 上天生养众多百姓并设立君王来统治他们，就是要让君王负责保护苍生，化育兆民的，所以仅仅控制四海还不算天子，仅仅受封疆土也算不上诸侯。从三皇开始，到唐尧、虞舜，都以广施恩惠的精神施于天下，厚德广布，百姓都仰赖他们。三王胜迹渐渐衰微，到了两汉，开明政治日益减少，丧乱现象越来越多，从此之后，天下就不安定了。太祖聪明威武，平定暴乱，恢复正统，开创帝业。文帝应天承命，拓展帝王大业，登基七年，常因治国而无暇休息。陛下圣明，继承大业，应当推崇和平，让百姓休养生息。时下吴、蜀二国窃据一隅还未被平定，因此征夫

四出，纷纷远离家国，边境战事纷纭不断，战旗常悬于万里之外，六军奔走穿梭，水陆转运不绝，百姓们为此舍弃家业，而国家每天都要耗费千万钱财。现在又大建殿阁楼台，兴工服役者数以万计，徂来山的上等松树，几乎被砍尽伐光，美石奇石，在黄河、淮水上穿梭运来，京城外方圆千里，都成了要向京师交纳贡赋的属地，要供给马料、粮食等调赋，这些地方也成了皇家苑囿选择禽兽的场所，朝廷有意让这些地带草木繁密秽气冲天，从而大量繁殖野鹿野兔，结果严重危害农民劳作，导致土地荒芜，疫病流行，民物毁败，上天消减和气，庄稼难以下种。我听说文王立丰都，开始动工并不急迫，百姓们自愿前来，没有多少日子就完成了丰都的建设。灵沼、灵囿，与百姓共享。而今宫室极高，雕饰极妙，忘记了有虞虔敬于明堂的宗旨，向往殷纣王的华丽宫室，禁地绵延千里，到处都是罗网，华丽堪与阿房宫比肩，征用的劳力是干溪台的百倍，臣下担心民力枯竭，已不堪承受如此繁重的劳役了。从前秦王依据殽函天险得以一统天下，自以为德高三皇，功盖五帝，想将秦王朝的皇帝名号承传万世，但只传了两代就灭亡了，俯首甘为普通百姓，实在是因为王室枝叶已尽，根基早已拔出。圣王统治天下，都致力于任用贤能之士，嘉奖功臣亲和宗族。朝廷有良臣，功业就可望兴隆，宗亲荣显任用，才会共同居安思危并且同舟共济。用情用心培固根本，让他们远近左右充当王室护卫，即使经历盛衰变化，内外都有大臣辅佐出力。从前周成王年幼，未能亲政，周、吕、召、毕等人并在左右辅弼。如今既无卫侯、康叔那样的监国名臣，又没有周公、召公这样足以分陕而治的封疆大吏。而且东宫还没有太子，国家还缺乏储君。愿陛下留心边关，永保王位，那么天下百姓幸甚！

栈潜后被任命为燕中尉，他以身体有病为由不肯就职，去世。

【原文】评曰：辛毗、杨阜，刚亮公直，正谏匪躬，亚乎汲黯之高风焉。高堂隆学业修明，志存匡君，因变陈戒，发于恳诚，忠矣哉！及至必改正朔，俾魏祖虞，所谓意过其通者欤！

【译文】评论说：辛毗、杨阜，刚直公正，敢言直谏不顾个人安危，高风亮节仅次于汲黯。高堂隆学问高超而清明，一心匡正君主谬误，利用已发生的灾变陈述劝戒，言辞恳切源于内心，是多么的忠诚啊！但当他一定要求修改正朔，让曹魏以虞舜为始祖，大概就是人们所说的意气用事而不知变通了吧！

卷二十六　魏书二十六

满田牵郭传第二十六

满宠

【原文】满宠，字伯宁，山阳昌邑人也。年十八，为郡督邮。时郡内李朔等各拥部曲，害于平民，太守使宠纠焉。朔等请罪，不复抄略。守高平令。县人张苞为郡督邮，贪秽受取，干乱吏政。宠因其来在传舍，率吏卒出收之，诘责所犯，即日考竟，遂弃官归。

太祖临兖州，辟为从事。及为大将军，辟署西曹属，为许令。时曹洪宗室亲贵，有宾客在界，数犯法，宠收治之。洪书报宠，宠不听。洪白太祖，太祖召许主者。宠知将欲原，乃速杀之。太祖喜曰："当事不当尔邪？"故太尉杨彪收付县狱，尚书令荀彧、少府孔融等并属宠："但当受辞，勿加考掠。"宠一无所报，考讯如法。数日，求见太祖，言之曰："杨彪考讯无他辞语。当杀者宜先彰其罪，此人有名海内，若罪不明，必大失民望，窃为明公惜之。"太祖即日赦出彪。初，彧、融闻考掠彪，皆怒，及因此得了，更善宠。①

① 臣松之以为：杨公积德之门，身为名臣，纵有愆负，犹宜保祐，况淫刑所滥，而可加其楚掠乎？若理应考讯，荀、孔二贤岂其妄有相请属哉？宠以此为能，酷吏之用心耳。虽有后善，何解前虐？

时袁绍盛于河朔，而汝南绍之本郡，门生宾客布在诸县，拥兵拒守。太祖忧之，以宠为汝南太守。宠募其服从者五百人，率攻下二十余壁，诱其未降渠帅，于坐上杀十余人，一时皆平。得户二万，兵二千人，令就田业。

建安十三年，从太祖征荆州。大军还，留宠行奋威将军，屯当阳。孙权数扰东陲，复召宠还为汝南太守，赐爵关内侯。关羽围襄阳，宠助征南将军曹仁屯樊城拒之，而左将军于禁等军以霖雨水长为羽所没。羽急攻樊城，樊城得水，往往崩坏，众皆失色。或谓仁曰："今日之危，非力所支。可及羽围未合，乘轻船夜走，虽失城，尚可全身。"宠曰："山水速疾，冀其不久。闻羽遣别将已在郏下，自许以南，百姓扰扰。羽所以不敢遂进者，恐吾军掎其后耳。今若遁去，洪河以南，非复国家有也，君宜待之。"仁曰："善。"宠乃沈白马，与军人盟誓。会徐晃等救至，宠力战有功，羽遂退。进封安昌亭侯。文帝即王位，迁扬武将军。破吴于江陵有功，更拜伏波将军，屯新野。

大军南征，到精湖，宠帅诸军在前，与贼隔水相对。宠敕诸将曰："今夕风甚猛，贼必来烧军，宜为其备。"诸军皆警。夜半，贼果遣十部伏夜来烧，宠掩击破之。进封南乡侯。黄初三年，假宠节钺。五年，拜前将军。明帝即位，进封昌邑侯。太和二年，领豫州刺史。三年春，降人称吴大严，扬声欲诣江北猎，孙权欲自出。宠度其必袭西阳而为之备，权闻之，退还。秋，使曹休从庐江南入合肥，令宠向夏口。宠上疏曰：“曹休虽明果而希用兵，今所从道，背湖旁江，易进难退，此兵之洼地也。若入无强口，宜深为之备。”宠表未报，休遂深入。贼果从无强口断夹石，要休还路。休战不利，退走。会朱灵等从后来断道，与贼相遇。贼惊走，休军乃得还。是岁休薨，宠以前将军代都督扬州诸军事。汝南军民恋慕，大小相率，奔随道路，不可禁止。护军表上，欲杀其为首者。诏使宠将亲兵千人自随，其余一无所问。四年，拜宠征东将军。其冬，孙权扬声欲至合肥，宠表召兖、豫诸军，皆集。贼寻退还，被诏罢兵。宠以为：“今贼大举而还，非本意也，此必欲伪退以罢吾兵，而倒还乘虚，掩不备也。”表不罢兵。后十余日，权果更来，到合肥城，不克而还。

其明年，吴将孙布遣人诣扬州求降，辞云：“道远不能自致，乞兵见迎。”刺史王凌腾布书，请兵马迎之。宠以为必诈，不与兵，而为凌作报书曰：“知识邪正，欲避祸就顺，去暴归道，甚相嘉尚。今欲遣兵相迎，然计兵少则不足相卫，多则事必远闻。且先密计以成本志，临时节度其宜。”宠会被书当入朝，敕留府长史：“若凌欲往迎，勿与兵也。”凌于后索兵不得，乃单遣一督将步骑七百人往迎之。布夜掩击，督将迸走，死伤过半。初，宠与凌共事不平，凌支党毁宠疲老悖谬，故明帝召之。既至，体气康强，见而遣还。① 宠屡表求留，诏报曰：“昔廉颇强食，马援据鞍，今君未老而自谓已老，何与廉、马之相背邪？其思安边境，惠此中国。”

①《世语》曰：王凌表宠年过耽酒，不可居方任。帝将召宠，给事中郭谋曰：“宠为汝南太守、豫州刺史二十余年，有勋方岳。及镇淮南，吴人惮之。若不如所表，将为所窥。可令还朝，问以方事以察之。”帝从之。宠既至，进见，饮酒至一石不乱。帝慰劳之，遣还。

明年，吴将陆逊向庐江，论者以为宜速赴之。宠曰：“庐江虽小，将劲兵精，守则经时。又，贼舍船二百里来，后尾空县，尚欲诱致，今宜听其遂进，但恐走不可及耳。”整军趋杨宜口。贼闻大兵东下，即夜遁。时权岁有来计。青龙元年，宠上疏曰：“合肥城南临江湖，北远寿春，贼攻围之，得据水为势。官兵救之，当先破贼大辈，然后围乃得解。贼往甚易，而兵往救之甚难，宜移城内之兵，其西三十里，有奇险可依，更立城以固守。此为引贼平地而掎其归路，于计为便。”护军将军蒋济议以为：“既示天下以弱，且望贼烟火而坏城，此为未攻而自拔。一至于此，劫略无限，必以淮北为守。”帝未许。宠重表曰：“孙子言：‘兵者，诡道也。故能而示之以弱不能，骄之以利，示之以慑。此为形实不必相应也。’又曰：‘善动敌者形之。’今贼未至而移城却内，此所谓形而诱之也。引贼远水，择利而动，举得于外，则福生于内矣。”尚书赵咨以宠策为长，诏遂报听。

其年，权自出，欲围新城，以其远水，积二十日不敢下船。宠谓诸将曰：“权得吾移城，必于其众中有自大之言，今大举来欲要一切之功，虽不敢至，必当上岸耀兵以示有余。”乃潜遣步骑六千，伏肥城隐处以待之。权果上岸耀兵，宠伏军卒起击之，斩首数百，或有赴水死者。明年，权自将号十万，至合肥新城。宠驰往赴，募壮士数十人，折松为炬，灌以麻油，从上风放火，烧贼攻具，射杀权弟子孙泰。贼于是引退。三年春，权遣兵数千家佃于江北。至八月,宠以为田向收熟,男女布野,其屯卫兵去城远者数百里,可掩击也。遣长吏督三军循江东下,摧破诸屯,焚烧谷物而还。诏美之,因以所获尽为将士赏。

景初二年,以宠年老征还,迁为太尉。宠不治产业,家无余财。诏曰:“君典兵在外,专心忧公,有行父、祭遵之风。赐田十顷,谷五百斛,钱二十万,以明清忠俭约之节焉。”宠前后增邑,凡九千六百户,封子孙二人亭侯。正始三年薨,谥曰景侯。子伟嗣。伟以格度知名,官至卫尉。①

①《世语》曰:伟,字公衡。伟子长武,有宠风,年二十四,为大将军掾。高贵乡公之难,以掾守阊阖掖门,司马文王弟安阳亭侯幹欲入。幹妃,伟妹也。长武谓幹曰:“此门近,公且来,无有入者,可从东掖门。”幹遂从之。文王问幹入何迟,幹言其故。参军王羕亦不得入,恨之。既而羕因王左右启王:“满掾断门不内人,宜推劾。”寿春之役,伟从文王至许,以疾不进。子从,求还省疾,事定乃从归,由此内见恨。收长武考死杖下,伟免为庶人,时人冤之。伟弟子奋,晋元康中至尚书令、司隶校尉。宠、伟、长武、奋,皆长八尺。◎荀绰《冀州记》曰:奋性清平,有识检。◎《晋诸公赞》曰:奋体量通雅,有宠风也。

【译文】满宠,字伯宁,山阳郡昌邑县人。十八岁时,做郡里的督邮。当时郡里的李朔等人,各自拥有私兵仆从,为害平民,太守派满宠去纠察他们。李朔等人向官府认罪,不再去抢夺平民。满宠代理高平县令。高平县人张苞担任郡督邮,贪污收取贿赂,扰乱了吏政。满宠趁他来住在驿馆中时,率领属吏和士兵去抓他,责问他犯的罪恶,当天考察完毕,满宠便弃去官职回家了。

太祖曹操到了兖州,聘请满宠担任从事。等到曹操做了大将军,聘请满宠掌管西曹属下事务,担任许县的县令。当时曹洪因为是曹操的宗族亲戚,地位显贵,受到亲宠。曹洪的宾客中有人在许县境内多次犯法,满宠把他们抓起来治了罪。曹洪写信给满宠为他的宾客说情,满宠不答应。曹洪去告诉了太祖曹操,曹操便召唤了许县主事的官员来。满宠知道曹操将要宽恕那些罪犯,就迅速把他们杀了。太祖高兴地说:“管理政事的人不就应该这样吗?”前任太尉杨彪被捕,交给县监狱,尚书令荀彧、少府孔融等人全都来嘱咐满宠:“你只要录下口供就行了,不要动用刑罚。”满宠一句话也不回答,用刑和法律规定的一样。过了几天,满宠求见太祖,对他说:“杨彪经过刑讯拷问,没有其他口供。应该杀死的人要先把他的罪名明白地宣布出来,这个人在国内很有名气,如果他的罪状不明,一定会使您在民众中的声望受到极大损伤,我私下里替您感到可惜。”太祖当天就把杨彪赦免了。当初,荀彧、孔融听说满宠严刑拷问杨彪,全都十分愤怒,后来,杨彪这件事由满宠得以了结,他们就更加亲近满宠了。

当时袁绍在河北一带十分强大,而汝南地区是袁绍家族的老家,门生、宾客分布在各个县,拥有兵马,各自防守。太祖对此感到忧虑,派满宠任汝南太守。满宠召募了顺从自己的人五百名,领他们攻下了二十多座堡垒,把还没有投降的首领们引诱来聚会,在会场座位上杀了十几个人,一下子就把汝南全部平定了。得人口二万户,士兵二千人,命令他们回到农田去耕作。

建安十三年,满宠跟随太祖征伐荆州。大军返回后,太祖留下满宠代理奋威将军,驻扎在当阳。孙权多次骚扰东部边境,曹操就再次召回满宠去任汝南太守,赐给他关内侯的爵位。关羽围攻襄阳,满宠协助征南将军曹仁驻扎在樊城抵御关羽,而左将军于禁等人的军队由于淫雨不断、洪水暴涨而被关羽消灭了。关羽猛攻樊城,樊城城墙由于浸了水,常常崩坏,众人都害怕得变了脸色。有的人对曹仁说:“现在的危险,不是我们的力量可以抵挡的。可以趁关羽还没有合围,坐着轻快的小船在夜里逃走,虽然丢失了城池,但还可以保全生命。”满宠说:“山洪急速倾泻,想来它不会长久。听说关羽派遣的另一支军队已在郏城城下了,许城以南的地区,老百姓惶惶不安,人心浮动。关羽现在不敢马上向许城进攻的原因,就是怕我们这支军队断绝他的后路。现在如果逃走,黄河以南的地区,就不再是魏国所有了,您应该等一等。”曹仁说:“好。”满宠就把白马沉入水中作祭品,和军人们一起盟誓。正赶上徐晃等人的救兵到了,满宠勇猛作战,立下战功,关羽就退兵了。满宠被晋封为安昌亭侯。魏文帝任魏王后,满宠升为扬武将军。在江陵打败吴国军队有功,又被拜为伏波将军,驻扎在新野。

大军南征,到达精湖,满宠率领各军在前方,与吴国贼军隔河相对。满宠告诫各位将领说:“今天晚上风非常大,贼军一定会来放火烧我军,应该作出防备。”各支军队全保持警戒。半夜里,贼军果然派出十支人马趁夜色潜伏袭击,来烧魏军,满宠设下埋伏,打败了他们。晋封满宠任南乡侯。黄初三年,授予满宠符节和斧钺。五年,拜为前将军。魏明帝登上帝位,晋封满宠为昌邑侯。太和二年,满宠兼任豫州刺史。三年春,投降的人报告说,吴国大戒严,扬言说要攻打到北方,孙权也要亲自出征。满宠估计他们一定会偷袭西阳,便对西阳做了防卫准备,孙权听说后,退了回去。秋天,朝廷派曹休从庐江向南进入合肥,命令满宠向夏口出兵。满宠上奏章说:“曹休虽然明智果断,却很少用兵,现在他行军的道路,背后是湖,旁边是江,容易前进,不易退却,这是兵法上讲的洼地。如果进了无彊口,应该认真做好防备。”满宠的奏章还没有报上去,曹休就带军队深入。贼军果然从无彊口截断了夹石,拦截了曹休退回的道路。曹休作战不利,退了回去。正赶上朱灵等人从后面通过截断的道路进军,和贼军相遇。贼军吃惊逃走,曹休军队才能退回。这一年曹休去世,满宠以前将军之职代理都督扬州诸军事。汝南郡的士兵和民众热爱满宠,大人领着小孩,在路上跑着追随满宠,禁止不住。护军上奏章给皇帝,想要杀死领头的人。皇帝下诏书命令让满宠率领亲兵一千人跟随自己,其余的人一律不追究。太和四年,任命满宠为征东将军。那一年冬天,孙权扬言说要杀到合肥来,满宠上书请求召集兖、豫各地军队,全部集合起来了。贼军很快就退回去了,满宠接受诏书,命令停止军事调动。满宠认为:“这次贼军大举前来,却退了回去,不是他们的本意,这一定是伪装退兵,使我们停止调兵,然后乘虚再次返回进攻,趁我们不防备时偷袭我们。”于是奏请不停止调兵。过十几天后,孙权果然再次前来,到了合肥城,没能攻克,便退回了。

第二年,吴国将军孙布派人到扬州求见,请求投降,信中说:“道路太远,不能自己前来,请求来军队迎接。”刺史王眷复写了孙布的来信给满宠,请求派兵马去迎接孙布。满宠认为一定有诈,不给派兵,却替王凌写了一封回信,说:“您认识到正邪二者的区别,想要躲避祸患,到安顺的地方来,离开暴虐,归回有道德的君主跟前,我们非常赞赏。现在想要派兵去迎接,然而考虑到去的兵少了不足以保卫您,去的兵多了又一定会把事情张扬出去,让众人听到。还是先秘密商议,来达到您本来的志愿,到时根据情况处理,这样比较好。”满宠正好接到诏书应该入朝,便命令留守的府中长史说:“如果王凌想去迎接,不要给他兵马。”王凌之后要不到兵,就只派了一个督将率领步、骑兵七百人去迎接孙布。孙布在夜里埋伏袭击,督将冲出来逃走,死伤的兵马超过一半。当初,满宠和王凌在一起共事,有矛盾。王凌的党徒诋毁满宠年老力疲,昏乱荒谬,所以魏明帝把满宠召回去。回到朝廷后,明帝见他身体康健,气力强壮,见过后就让他回来了。满宠多次上奏章请求留下,诏书回答说:“过去廉颇强加饮食,马援年老还骑在马鞍上征战,您今天还没有老却自称已经老了,怎么和廉颇、马援正相反呢? 您还是要想保证边境完全,给国家带来好处。”

第二年,吴国将领陆逊向庐江进攻,人们议论应该赶快去救援。满宠说:“庐江虽然小,将领能干,军队精锐,可以防守较长时间。而且,贼人丢下船只行军二百里前来侵犯,后面留下了空城,本就想要把他们引过来呢,现在应该任凭他们进犯,只怕到时他们逃走都来不及呢!”整顿军队直奔杨宜口。贼军听说魏国大军东下,就连夜逃走了。当时孙权每年都有来进犯的打算。青龙元年,满宠上奏章说:“合肥城南面临着江湖,北面离寿春很远,贼军围攻它,容易依据水面占据优势。我们的军队去解救它,必须先把贼军的主要部队打败,然后才能够解救包围。贼军去进攻很容易,但我们的军队去救援它很困难,应该把城里的军队移出来,在合肥城西三十里,有奇特的险要之地可以依靠,在那里再建一个城用来固守。这是把贼人引到平地上来再控制他们的退路,是有利而且运用方便的计策。”护军将军蒋济评论这条计策,认为:“这是向天下显示我们软弱,而且只看见贼军的烟火就毁掉城池,这是还没有被攻破城就自己让别人占领了城。一发展到这一步,敌人的抢劫破坏就没有边际了,一定要在淮北防守。”明帝便没有批准满宠的建议。满宠再次上奏章说:“孙子说过:‘用兵,是运用计谋,充满变化的斗争。所以明明有力量却显示出软弱无力,用有利可图使敌人骄傲,把胆小畏惧显示给敌人。这是外形和实质不必要互相一致。’孙子又说:‘善于调动敌人的人,把自己的形迹显露给敌人。’现在贼军没有到就把城池向内地移动,这就是所说的把形迹显露出来引诱敌人。引贼军远离水面,选择有利的时机发兵,在外作战胜利,福祉就能在国内产生了。”尚书赵咨认为满宠的计策有利,魏明帝就下诏书答应采纳。

那一年,孙权亲自出征,想要包围新建的城池,因为它离水太远,过了二十几天都不敢下船进攻。满宠对各位将领说:“孙权占了我们移出的旧城,一定在他的军队中说出自大的话来,现在大举进攻,想要获得所有的战功,虽然不敢到新城来,也一定会上岸显耀他的军队，用来表示他有强大的余力。”就秘密地派出步兵骑共六千人，埋伏在合肥城中隐蔽的地方等待孙权。孙权果然上岸显耀军队，满宠的伏兵突然跳起来攻击他们，砍下了几百颗人头，有的吴兵跳水淹死。第二年，孙权自己领兵，号称十万人，进攻合肥新城。满宠骑马奔去迎战，招募了几十名壮士，砍下松树枝做火炬，灌上麻油，从上风处放火，烧毁贼军攻城的兵器，用箭射死了孙权的侄子孙泰。贼军因此退了回去。三年春天，孙权派遣几千家士兵到江北种田。到了八月，满宠认为田中的庄稼要快成熟，该收割了，男女百姓都分布在田野中，他们驻守军屯的卫兵离城几百里远，可以偷袭他们。就派长吏率领三军沿江东下，攻破了各个军屯，焚烧了谷物，才收兵回来。明帝下诏书赞美他们的作战行动，并把所有的战利品都赏给了军队将士们。

景初二年，由于满宠年老，把他征召回京城，升任太尉。满宠不经营产业，家里没有多余的财产。明帝下诏书说：“您在外边统管军队，一心一意为公务担忧，有中行父和祭遵那样高尚的风格。赏赐给您田地十顷，谷子五百斛，钱二十万，用来表明您具有清白、忠诚、俭朴、节约的节操。”满宠前后几次被增加封邑，一共有九千六百户，又有两个儿孙被封为亭侯。满宠在正始三年去世，赐谥号景侯。他的儿子满伟继承了爵位。满伟以遵守法度出名，官职做到卫尉。

田豫

【原文】田豫，字国让，渔阳雍奴人也。刘备之奔公孙瓒也，豫时年少，自托于备，备甚奇之。备为豫州刺史，豫以母老求归，备涕泣与别，曰：“恨不与君共成大事也。”

公孙瓒使豫守东州令，瓒将王门叛瓒，为袁绍将万余人来攻。众惧欲降。豫登城谓门曰：“卿为公孙所厚而去，意有所不得已也。今还作贼，乃知卿乱人耳。夫挈瓶之智，守不假器。吾既受之矣，何不急攻乎？”门惭而退。瓒虽知豫有权谋而不能任也。瓒败而鲜于辅为国人所推，行太守事，素善豫，以为长史。时雄杰并起，辅莫知所从。豫谓辅曰：“终能定天下者，必曹氏也。宜速归命，无后祸期。”辅从其计，用受封宠。太祖召豫为丞相军谋掾，除颍阴、朗陵令，迁弋阳太守，所在有治。

鄢陵侯彰征代郡，以豫为相。军次易北，虏伏骑击之，军人扰乱，莫知所为。豫因地形，回车结圜陈，弓弩持满于内，疑兵塞其隙。胡不能进，散去。追击，大破之，遂前平代，皆豫策也。

迁南阳太守。先时，郡人侯音反，众数千人在山中为群盗，大为郡患。前太守收其党与五百余人，表奏皆当死。豫悉见诸系囚，慰谕，开其自新之路，一时破械遣之。诸囚皆叩头，愿自效，即相告语，群贼一朝解散，郡内清静。具以状上，太祖善之。

文帝初，北狄强盛，侵扰边塞，乃使豫持节、护乌丸校尉，牵招、解俊并护鲜卑。自高柳以东，涉貊以西，鲜卑数十部，比能、弥加、素利割地统御，各有分界。乃共要誓，皆不得以马与中国市。豫以戎狄为一，非中国之利，乃先构离之，使自为仇敌，互相攻伐。素利违盟，出马千匹与官，为比能所攻，求救于豫。豫恐遂相兼并，为害滋深，宜救善讨恶，示信众狄。单将锐卒，深入虏庭，胡人众多，抄军前后，断截归路。豫乃进军，去虏十余里结屯营，多聚牛马粪然之，从他道引去。胡见烟火不绝，以为尚在，去，行数十里乃知之。追豫到马城，围之十重。豫密严，使司马建旌旗，鸣鼓吹，将步骑从南门出，胡人皆属目往赴之。豫将精锐自北门出，鼓噪而起，两头俱发，出虏不意，虏众散乱，皆弃弓马步走，追讨二十余里，僵尸蔽地。又乌丸王骨进桀黠不恭，豫因出塞案行，单将麾下百余骑入进部。进逆拜，遂使左右斩进，显其罪恶以令众。众皆怖慑不敢动，便以进弟代进。自是胡人破胆，威震沙漠。山贼高艾，众数千人，寇抄，为幽、冀害，豫诱使鲜卑素利部斩艾，传首京都。封豫长乐亭侯。为校尉九年，其御夷狄，恒摧抑兼并，乖散强猾。凡逋亡奸宄，为胡作计不利官者，豫皆构刺搅离，使凶邪之谋不遂，聚居之类不安。事业未究，而幽州刺史王雄支党欲令雄领乌丸校尉，毁豫乱边，为国生事。遂转豫为汝南太守，加殄夷将军。

太和末，公孙渊以辽东叛，帝欲征之而难其人，中领军杨暨举豫应选。[①]乃使豫以本官督青州诸军，假节，往讨之。会吴贼遣使与渊相结，帝以贼众多，又以渡海，诏豫使罢军。豫度贼船垂还，岁晚风急，必畏漂浪，东随无岸，当赴成山。成山无藏船之处，辄便循海，案行地形，及诸山岛，徼截险要，列兵屯守。自入成山，登汉武之观。贼还，果遇恶风，船皆触山沉没，波荡着岸，无所逃窜，尽虏其众。初，诸将皆笑于空地待贼，及贼破，竞欲与谋，求入海钩取浪船。豫惧穷虏死战，皆不听。初，豫以太守督青州，青州刺史程喜内怀不服，军事之际，多相违错。喜知帝宝爱明珠，乃密上："豫虽有战功，而禁令宽弛，所得器仗珠金甚多，放散皆不纳官。"由是功不见列。

①臣松之案：暨，字休先，荥阳人，事见《刘晔传》。暨子肇，晋荆州刺史。山涛《启事》称肇有才能。肇子潭字道元，次歆字公嗣，潭子彧字长文，次经字仲武，皆见《潘岳集》。

后孙权号十万众攻新城，征东将军满宠欲率诸军救之。豫曰："贼悉众大举，非徒投射小利，欲质新城以致大军耳。宜听使攻城，挫其锐气，不当与争锋也。城不可拔，众必罢怠，罢怠然后击之，可大克也。若贼见计，必不攻城，势将自走。若便进兵，适入其计。又大军相向，当使难知，不当使自画也。"豫辄上状，天子从之。会贼遁走。后吴复来寇，豫往拒之，贼即退。诸军夜惊，云："贼复来！"豫卧不起，令众："敢动者斩。"有顷，竟无贼。

景初末，增邑三百，并前五百户。正始初，迁使持节、护匈奴中郎将，加振威将军，领并州刺史。外胡闻其威名，相率来献。州界宁肃，百姓怀之。征为卫尉。屡乞逊位，太傅司马宣王以为豫克壮，书喻未听。豫书答曰："年过七十而以居位，譬犹钟鸣漏尽而夜行不休，是罪人也。"遂固称疾笃。拜太中大夫，食卿禄。年八十二薨。子彭祖嗣。[①]

①《魏略》曰：豫罢官归，居魏县。会汝南遣健步诣征北，感豫宿恩，过拜之。豫为杀鸡炊黍，送诣至陌头，谓之曰："罢老，苦汝来过。无能有益，若何？"健步愍其贫羸，流涕而去，还为故吏民说之。汝南为具资数千匹，遣人饷豫，豫一不受。会病亡，戒其妻子曰："葬我必于西门豹边。"妻子难之，言："西门豹古之神人，那可葬于其边乎？"豫言："豹所履行与我敌等耳，使死而有灵，必与我善。"妻子从之。汝南闻其死也，悲之，

既为画像，又就为立碑铭。

豫清俭约素，赏赐皆散之将士。每胡、狄私遗，悉簿藏官，不入家，家常贫匮。虽殊类，咸高豫节。① 嘉平六年，下诏褒扬，赐其家钱谷。语在《徐邈传》。

①《魏略》曰：鲜卑素利等数来客见，多以牛马遗豫，豫转送官。胡以为前所与豫物显露，不如持金。乃密怀金三十斤，谓豫曰："愿避左右，我欲有所道。"豫从之，胡因跪曰："我见公贫，故前后遗公牛马，公辄送官。今密以此上公，可以为家资。"豫张袖受之，答其厚意。胡去之后，皆悉付外，具以状闻。于是诏褒之曰："昔魏绛开怀以纳戎赂，今卿举袖以受狄金，朕甚嘉焉。"乃即赐绢五百匹。豫得赐，分以其半藏小府，后胡复来，以半与之。

【译文】田豫，字国让，渔阳郡雍奴县人。刘备去投奔公孙瓒的时候，田豫年纪还小，自己去见刘备，请求照顾，刘备觉得他不一般，很看重他。刘备做豫州刺史时，田豫由于母亲年老，请求让他回家，刘备流着眼泪和他告别，说："遗憾的是不能和您一起办成大事业。"

公孙瓒派田豫代理东州县令，公孙瓒的将领王门叛变，替袁绍领着一万多人来进攻。众人都害怕了，想要投降。田豫登上城墙，对王门说："你受到公孙瓒的厚待，却还叛逃，我以为你有不得已的原因，现在回来做贼寇，我才知道你是个反叛的人。那只有持瓶汲水智能的人，还会守住瓶子，不把它借给人。我既然已接受了这个县，就不会放弃，你为什么不赶快攻打呢？"王门惭愧，退兵回去。公孙瓒虽然知道田豫有随机应变的谋略，却不能任用他。公孙瓒失败后，鲜于辅被当地民众推举，代理行使太守的权力，他一直亲近看重田豫，便任命田豫做长史。当时豪杰纷纷起事，鲜于辅不知道该依附谁。田豫对鲜于辅说："最终能平定天下的人，一定是曹氏。应该赶快去归顺他，不要推迟到灾祸来临时。"鲜于辅听了他的计策，因此受到了封赏和宠信。太祖召请田豫做丞相军谋掾，又任颍阴、朗陵县令，升任弋阳太守，所任职的地区他都治理得安定有序。

鄢陵侯曹彰征伐代郡，任用田豫做代相。军队到达易北，敌人埋伏骑兵袭击他们，士兵们骚乱不安，没人知道怎么办。田豫利用地形，把车连环结成圆阵，让士兵拉开弓弩在里边守卫，用流动的士兵堵住军阵的空隙。胡人不能攻进去，就散开退去。田豫派兵追击，把他们打得大败，便向前平定了代郡，这全是田豫的计策。

田豫升任南阳太守。在这以前，南阳郡人侯音造反，聚众数千人，在山里做强盗，成为郡里的大祸害。前任太守逮捕了侯音的党徒五百多人，上奏章说他们全应该被杀死。田豫一一见过关押的囚犯，安慰开导他们，给他们指出自新的道路，把刑具全都打破，放他们回去。囚犯都叩头感谢，愿意效力，当时就互相传告，贼寇们一天中就解散了，郡里清静无事。他把这些全都报告上去，太祖很高兴，认为他办得好。

魏文帝初年，北方的戎狄民族强盛，侵犯骚扰边疆关塞，于是派田豫持有符节，任护乌桓校尉，命令牵招、解俊等人一同护鲜卑。自高柳以东，涉貊以西，有鲜卑几十个部落，比能、弥加、素利等人分别占据一部分地域，统率众人，各自划有疆界。他们共同立誓约定,全都不许用马匹和中国贸易。田豫认为戎狄统一起来,对中国不利,就先设计离间他们,造成矛盾,让他们自相仇视,成为敌人,互相攻打。素利违背盟誓,选出一千匹马给官府,被比能攻击,向田豫求救。田豫害怕戎狄就此互相兼并,造成更严重的危害,认为应该救助善人,讨伐恶人,向各戎狄部落显示出信义。他单身率领精锐士兵深入到胡人的内地,胡人众多,包抄了田豫军队的前后,截断了他们的归路。田豫就向前进军,在离敌军十几里的地方驻屯军营,大量收集牛马粪燃烧起来,然后从别的道路上悄悄离去。胡人看到烟火不绝,以为田豫的军队还在,就离开了,走了几十里才知道田豫已经离开,便追赶到马城,把城围了十层。田豫严密防守,命令司马举着旌旗,击着鼓,率领步骑兵从南门出去,胡人全往那面看,跑到南门去迎战。田豫率领精锐部队从北门出去,突然击鼓叫喊,两头同时发起攻击,出敌不意,敌人军队散落混乱,全都丢弃了弓箭马匹步行逃走,田豫追击了二十多里,杀死的胡人尸体盖满了地面。再有,乌丸王骨进狡猾凶猛,不恭顺,田豫趁着出关塞查巡,单身率领部下一百多名骑兵进入骨进的部落。骨进迎上来拜见,田豫就命令左右士兵杀了骨进,宣布他的罪恶来号令众胡人。众人都害怕了,伏下不敢乱动,田豫就命令骨进的弟弟代替了骨进。从此胡人吓破了胆,田豫威震沙漠。山贼高艾一伙,有几千人,到处抢劫,是幽、冀一带的祸害。田豫诱使鲜卑素利部杀了高艾,把他的头传送到京城。朝廷封田豫做长乐亭侯。田豫做校尉九年,他抵御戎狄异族的方法,经常是摧毁压抑敌人中兼并弱小的强大力量,分离分散敌人中强盛狡猾的势力。凡是逃亡的囚犯、作奸犯科的坏人,替胡人出主意不利于官府的,田豫全想办法在他们中制造矛盾,离间他们,让事情搅乱,让凶恶邪怪的阴谋不能成功,让聚居下来的胡人不安定。他的事业还没完成,幽州刺史王雄的党羽想要让王雄兼任乌丸校尉,诋毁田豫扰乱边境,给国家制造事端。朝廷就改任田豫做汝南太守,加官殄夷将军。

太和末年,公孙渊占据了辽东反动叛乱,魏明帝想要去征讨,却难于确定领兵的人,中领军杨暨推举田豫应选。朝廷就派田豫以本来官职督领青州各军,授予他符节,前往征讨公孙渊。正赶上吴国贼子派使节和公孙渊相联合,明帝因为贼军人多,又因为要渡海作战,下诏书给田豫,让他撤兵。田豫估计贼军的船只将要返回时,已经到了年终,风大,贼军一定害怕在大浪中漂流,向东边走没有海岸,就会到成山去。成山没有可以藏船的地方,就会立即沿着海边走,他巡行考察沿海的地势,到各个山石岛上和险要的地点拦截,安排士兵在那里驻扎守卫。自己上了成山,登上汉武帝修筑的宫殿。贼人回来时,果然遇上暴风,船只全触礁沉没,被波浪推浮到岸边,没有可以隐蔽逃窜的地方,全部被田豫的军队俘虏。当初,各位将军都嘲笑田豫在空地上等待贼军,到打败敌人后,争着来和他商量,请求下海去钩取浪中的敌船。田豫担心敌人到了绝路会拼命死战,全都没有答应。起初,田豫以太守身份督领青州兵时,青州刺史程喜心中不服,在作战用兵的时候,经常和田豫相违抗。程喜知道皇帝珍爱明珠,就秘密报告说:“田豫虽然有战功却对部下宽松,禁令松弛,缴获的兵器、珍珠、金子非常多,都发散给士兵,没有交纳到官府来。”因此田豫的战功不被记载。

后来孙权率军，号称十万人马，来进攻新城，征东将军满宠要率领各军去救援。田豫说："贼军全部人马大举出动，不只是想赢得投壶射箭那样的小利，是想要把新城驻军作为人质，来招引大军。应该听任他们去攻城，挫败他们的锐气，不应当和他们争锋相对。城不能被攻克，军队必然会疲惫，等他们疲惫后再去攻击他们，可以获得大胜。如果贼军认识到中计，必定不再攻城，势必会自己退走。如果马上就进军迎战，正好中了敌人的计策。再说，在大军相对作战时，应该让敌人难以知道我们的行动，不应该让行动符合敌人的计划。"田豫就立刻上书说明意见，魏明帝依从了他。正好贼军逃走了。后来吴国再次来进犯，田豫去抵御敌人，贼兵就退了回去。各支军队夜里被惊动，说："贼军又来了！"田豫躺着不起来，命令众人"敢动的人斩首"。过了一会儿，最终没有贼军来。

景初末年，增加田豫封邑三百户，加上以前的一共五百户。正始初年，田豫被升任使持节、护匈奴中郎将，加封振威将军，兼任并州刺史。境外的胡人听到他的威名，接连来献上贡品。州界内安宁清肃，老百姓们都感念他。朝廷征召他任卫尉。田豫多次乞求辞去职位，太傅司马宣王认为田豫正在壮年，写信劝谕他，不答应他辞职。田豫写信回答说："年纪过了七十还占据官位，打个比方说，就像钟响了，滴漏流完了，还在夜里走个没完，那是罪人啊。"就坚决声称自己病重。朝廷拜请他做太中大夫，享用卿的俸禄。田豫八十二岁时去世。他的儿子彭祖继承爵位。

田豫清廉俭朴，给他的赏赐他全散发给将士们。每次胡人、狄人私自送给他东西，他全部记在簿册上藏入官府，不入自己家门，他家里经常贫困无物。即使是和他不是一类的人，也全都认为田豫的节操高尚。嘉平六年，皇帝下诏书赞扬田豫，赐给他家中钱和谷物，这件事记在《徐邈传》中。

牵招

【原文】牵招，字子经，安平观津人也。年十余岁，诣同县乐隐受学。后隐为车骑将军何苗长史，招随卒业。值京都乱，苗、隐见害，招俱与隐门生史路等触蹈锋刃，共殡敛隐尸，送丧还归。道遇寇抄，路等皆悉散走。贼欲斫棺取钉，招垂泪请赦。贼义之，乃释而去。由此显名。

冀州牧袁绍辟为督军从事，兼领乌丸突骑。绍舍人犯令，招先斩乃白，绍奇其意而不见罪也。绍卒，又事绍子尚。建安九年，太祖围邺。尚遣招至上党，督致军粮。未还，尚破走，到中山。时尚外兄高幹为并州刺史，招以并州左有恒山之险，右有大河之固，带甲五万，北阻强胡，劝幹迎尚，并力观变。幹既不能，而阴欲害招。招闻之，间行而去，道隔不得追尚，遂东诣太祖。太祖领冀州，辟为从事。

太祖将讨袁谭，而柳城乌丸欲出骑助谭。太祖以招尝领乌丸，遣诣柳城。到，值峭王严，以五千骑当遣诣谭。又辽东太守公孙康自称平州牧，遣使韩忠赍单于印绶往假峭王。峭王大会群长，忠亦在坐。峭王问招："昔袁公言受天子之命，假我为单于。今曹公复言当更白天子，假我真单于。辽东复持印绶来。如此，谁当为正？"招答曰：

“昔袁公承制，得有所拜假。中间违错，天子命曹公代之。言当白天子，更假真单于，是也。辽东下郡，何得擅称拜假也？”忠曰：“我辽东在沧海之东，拥兵百万，又有扶余、涉貊之用。当今之势，强者为右，曹操独何得为是也？”招呵忠曰：“曹公允恭明哲，翼戴天子，伐叛柔服，宁静四海。汝君臣顽嚚，今恃险远，背违王命，欲擅拜假，侮弄神器，方当屠戮，何敢慢易咎毁大人？”便捉忠头顿筑，拔刀欲斩之。峭王惊怖，徒跣抱招，以救请忠，左右失色。招乃还坐，为峭王等说成败之效，祸福所归。皆下席跪伏，敬受敕教，便辞辽东之使，罢所严骑。

太祖灭谭于南皮，署招军谋掾，从讨乌丸。至柳城，拜护乌丸校尉。还邺，辽东送袁尚首，县在马市，招睹之悲感，设祭头下。太祖义之，举为茂才。从平汉中，太祖还，留招为中护军。事罢，还邺，拜平虏校尉，将兵督青、徐州郡诸军事，击东莱贼，斩其渠率，东土宁静。

文帝践阼，拜招使持节、护鲜卑校尉，屯昌平。是时，边民流散山泽，又亡叛在鲜卑中者，处有千数。招广布恩信，招诱降附。建义中郎将公孙集等，率将部曲，咸各归命，使还本郡。又怀来鲜卑素利、弥加等十余万落，皆令款塞。

大军欲征吴，召招还，至，值军罢，拜右中郎将，出为雁门太守。郡在边陲，虽有候望之备，而寇抄不断。招既教民战陈，又表复乌丸五百余家租调，使备鞍马，远遣侦候。虏每犯塞，勒兵逆击，来辄摧破，于是吏民胆气日锐，荒野无虞。又构间离散，使虏更相猜疑。鲜卑大人步度根、泄归泥等与轲比能为隙，将部落三万余家诣郡附塞。敕令还击比能，杀比能弟苴罗侯，及叛乌丸归义侯王同、王寄等，大结怨仇。是以招自出，率将归泥等讨比能于云中故郡，大破之。招通河西鲜卑附头等十余万家，缮治陉北故上馆城，置屯戍以镇内外，夷虏大小，莫不归心，诸叛亡虽亲戚不敢藏匿，咸悉收送。于是野居晏闭，寇贼静息。招乃简选有才识者，诣太学受业，还相授教，数年中庠序大兴。郡所治广武，井水咸苦，民皆担辇远汲流水，往返七里。招准望地势，因山陵之宜，凿原开渠，注水城内，民赖其益。

明帝即位，赐爵关内侯。太和二年，护乌丸校尉田豫出塞，为轲比能所围于故马邑城，移招求救。招即整勒兵马，欲赴救豫。并州以常宪禁招，招以为节将见围，不可拘于吏议，自表辄行。又并驰布羽檄，称陈形势，云：“当西北掩取虏家，然后东行，会诛虏身。”檄到，豫军踊跃。又遗一通于虏蹊要，虏即恐怖，种类离散。军到故平城，便皆溃走。比能复大合骑来，到故平州塞北。招潜行扑讨，大斩首级。招以蜀虏诸葛亮数出，而比能狡猾，能相交通，表为防备。议者以为县远，未之信也。会亮时在祁山，果遣使连结比能。比能至故北地石城，与相首尾。帝乃诏招，使从便宜讨之。时比能已还漠南，招与刺史毕轨议曰：“胡虏迁徙无常。若劳师远追，则迟速不相及。若欲潜袭，则山溪艰险，资粮转运，难以密办。可使守新兴、雁门二牙门，出屯陉北，外以镇抚，内令兵田，储畜资粮，秋冬马肥，州郡兵合，乘衅征讨，计必全克。”未及施行，会病卒。招在郡十二年，威风远振。其治边之称，次于田豫，百姓追思之。而渔阳傅容在雁门有名绩，继招后，在辽东又有事功云。

招子嘉嗣。次子弘，亦猛毅有招风，以陇西太守随邓艾伐蜀有功，咸熙中为振威护军。嘉与晋司徒李胤同母，早卒。①

① 按《晋书》：弘后为扬州、凉州刺史，以果烈死事于边。嘉子秀，字成叔。荀绰《冀州记》曰：秀有隽才，性豪侠有气，弱冠得美名。于太康中为卫瓘、崔洪、石崇等所提携，以新安令博士为司空从事中郎。与帝舅黄门侍郎王恺素相轻侮。恺讽司隶荀恺，令都官诬奏秀夜在道中载高平国守士田兴妻。秀即表诉被诬陷之由，论恺秽行，文辞尤厉。于时朝臣虽多证明，秀名誉由是而损。后张华请为长史，稍迁至尚书。河间王以秀为平北将军，假节，在冯翊遇害。世人玩其辞赋，惜其材干。

【译文】牵招，字子经，安平郡观津人。十几岁时，到同县人乐隐家中拜他为师，进行学习。后来乐隐做了车骑将军何苗的长史，牵招一直跟着乐隐把学业完成。正遇上京城里作乱，何苗、乐隐都被杀害，牵招和乐隐门生史路等人一起迎着锋利的刀剑，去收敛乐隐的尸体，把他装殓，送灵柩回家乡。在路上遇到了强盗抢掠，史路等人全都分散开逃走了。贼人要想把棺材砍碎拿走钉子，牵招哭着请求他们手下留情，放过棺材。贼寇们被他的义气感动，就放过他们走了。从此牵招有了名气。

冀州牧袁绍聘请他做督军从事，兼领乌丸突骑。袁绍的舍人违犯了法令，牵招先把他杀了然后才报告袁绍，袁绍感到牵招的意向与众不同，是个奇人，就不怪罪他。袁绍死后，牵招又为袁绍儿子袁尚效力。建安九年，太祖曹操包围了邺城。袁尚派牵招到上党去监督运送军粮。还没有回来，袁尚就被打败逃走，跑到中山。当时袁尚的表兄高幹做并州刺史，牵招认为并州东边有恒山的险要，西边有大河的牢固防护，有五万着甲的士兵，北边阻挡强大的胡人，便劝说高幹迎接袁尚来，把兵力合在一起观察天下的变化。高幹既不能采纳牵招的建议，而且暗地里还想害死牵招。牵招听说了，从小道悄悄离去，由于道路阻隔不能追上袁尚，就到东方来拜见太祖。太祖兼管冀州，聘请牵招做从事。

太祖准备要征讨袁谭，而柳城的乌丸人要派出骑兵帮助袁谭。太祖因为牵招曾经管理过乌丸，派他去柳城。牵招到柳城时，正遇上乌丸峭王戒严，准备派出五千骑兵去见袁谭。又有辽东太守公孙康自称为平州牧，也派使节韩忠带着单于的印绶去私自授给峭王。峭王把各个首领聚集来开大宴会，韩忠也在座。峭王问牵招："过去袁公说承受了天子的命令，封我做单于。现在曹公又说要再次向天子说明，授给我真单于的王位。辽东又拿着印绶来了。这样，谁应该是正统呢？"牵招回答说："过去袁公秉承皇帝的命令，可以有拜请官员，授予印授的权力。中途出现了违背朝廷的错误，天子命令曹公代替他。曹公说要再次向天子说明，授予真单于的称号，这是正统。辽东是天子下面的一个郡，怎么能擅自拜官授官呢？"韩忠说："我们辽东在沧海的东面，拥有百万精兵，又有扶余、涉貊这些民族为我们使用。当今天下的形势，是强大的人居于上位，曹操凭什么独自一人这样发号施令呢？"牵招斥责韩忠说："曹公确实恭敬明智，扶助拥戴天子，讨伐叛乱，用道德使地方归化，让四海之内安宁平静。你们君臣顽固嚣张，现在依仗着地势险要，远离中原，违背王的命令，要想擅自任命官员，侮辱了神圣的朝廷，正应该被屠杀干净，怎么敢轻视侮辱诋毁曹公这样的重臣？”就抓住韩忠的头，向地上撞击，拔出刀来要砍死他。峭王大吃一惊，十分害怕，光着脚跑上来抱住牵招，请求他饶了韩忠，左右的人都吓得变了脸色。牵招回到座位上，给峭王等人讲成功和失败的结果，灾祸和福祉产生的原因。在场的人全都走下座位，跪下伏在地上恭敬地接受他的训导教诲，峭王便辞去辽东的使节，把严整待发的骑兵解散了。

太祖在南皮消灭了袁谭，任牵招做军谋掾，随从征讨乌丸。到柳城后，拜请牵招做护乌丸校尉。回到邺城后，辽东把袁尚的头送来，悬挂在马市上。牵招看见后十分悲伤，在袁尚头下设祭品祭奠他。太祖认为他有义气，推举他为茂才。牵招随从太祖平定了汉中，太祖回来，留下牵招做中护军。事情结束后，牵招回到邺城，被拜做平虏校尉，带着军队督管青、徐州郡各种军事，攻击东莱的贼寇，斩杀了他们的首领，东方的领土平定安宁了。

魏文帝登上帝位后，拜请牵招做使持节、护鲜卑校尉，驻扎在昌平。当时，边疆的人民流亡逃散在山里和草泽中，又逃跑到鲜卑各部落中去，每处都有上千人。牵招广泛地布施恩德，表示信义，招引投降归附的人。建义中郎将公孙集等人，率领自己的私兵仆从，全都来归降效力，牵招让他们各自回到自己本来的郡县。又感化了鲜卑人素利、弥加等十几万部落，牵招让他们全都入关塞安居。

大军准备征伐吴国，召牵招回去，到达后正赶上出兵停止，牵招就被任命做右中郎将，出任雁门太守。雁门郡在边疆，虽然有防守瞭望的边防守卫措施，但敌人的抢掠仍接连不断。牵招既训练百姓结阵作战，又上奏章，请免除五百多家乌丸人的租税，让他们自备鞍马，派他们到远方去侦查。敌人每次进犯关塞，牵招都整顿兵马迎头痛击，敌人一旦来犯就被粉碎，于是官吏百姓的胆量越来越大，士气越来越旺盛，在荒原野地也没有可担心的了。牵招又设计在胡人中制造嫌隙，分散他们的力量，让敌人自相猜疑。鲜卑大人步度根、泄归泥等人和轲比能有矛盾，率领本部落三万多家人到雁门郡归附塞内。牵招奉朝廷命令让他们回去攻击比能，杀死了比能的弟弟苴罗侯，和背叛的乌丸归义侯王同、王寄等人，结下了深深的仇怨。因此牵招亲自出兵，率领归泥等人到云中旧郡去证讨比能，把他打得大败。牵招和河西鲜卑附头等十几万家相联合，修整了陉北旧上馆城，设置了驻屯的戍卫士兵来镇压内外，大小胡人，没有不降顺中国的，各逃亡的叛徒连他们的亲戚也不敢藏起他们，全部被逮起来送交官府。从此野外的居民也能平安无事，强盗贼人消失无迹。牵招就挑选了有才能学识的人到太学去学习，回来后再授教别人，几年之中，学校到处兴起。郡治所在地广武城，井水又咸又苦，百姓们都担担拉车，到远处去取河水，来回要走七里路。牵招看准了地势，就着山陵中的合适地点，凿开原野开出水渠，把水引到城里，使人民享受到利益。

魏明帝即位后，赐给牵招关内侯的爵位。太和二年，护乌丸校尉田豫出关塞，被轲比能包围在旧马邑城，发文书向牵招求救。牵招马上整顿兵马，要奔赴救援田豫。并州以常规宪令禁止牵招出兵，牵招认为持节的将领被包围，不可以受俗吏议论的拘限，自己上奏章，便出发了。他又同时派骑兵向四方发布带羽毛的告急文书，讲明当时形势,说:“应该从西北偷袭敌人的老家,然后向东进军,会合后诛杀敌人。”文书到了后,田豫的军队振奋踊跃。他又派出一支军队到敌人的险要小路上截击,敌人马上害怕了,各个部族纷纷离去。军队一到旧平城,敌人就全都崩溃逃跑了。比能再次聚集了大批骑兵来犯,到了旧日的平州塞北边。牵招悄悄地隐蔽行军,发动攻击,杀死大量敌人,砍下首级。牵招认为蜀国的敌人诸葛亮多次出兵,而比能又狡猾多计,他们可能互相往来联合,便上奏章请预先做出防备。朝廷中议论此事的官员认为双方距离遥远,不相信牵招的话。当时诸葛亮常在祁山,果然派使节去联合比能。比能到旧北地郡的石城,和诸葛亮互相呼应。魏明帝才下诏书命令牵招,让他在合适的时候自行出兵征讨比能。当时比能已经返回大漠南部,牵招和刺史毕轨商议:“胡人迁移没有固定的路线。如果动用军队到远方去追赶,我们迟慢,敌人迅速,不容易追上。如果想去偷袭,又有山岭河流的艰难险阻,要转运物资粮草,很难确保保守住秘密不被发现。可以派守卫新兴、雁门的牙门将,率军出发,屯驻在陉北,对外安抚地方,在内让士兵耕田,储备伙食物资,到秋天、冬天,马长肥了,把州郡的兵力全部汇合起来,乘敌人有矛盾时去讨伐,想来一定会获得全胜。”计策还没有实行,牵招就得病去世了。他在雁门郡十二年,威风远振。他治理边疆的美名,仅次于田豫,老百姓常常怀念他。渔阳郡人傅容在雁门也有名声政绩,继牵招之后,他又在辽东立下了功劳。

牵招的儿子牵嘉继承了爵位。二儿子牵弘,也勇猛刚毅,有牵招的遗风,以陇西太守的身份随从邓艾讨伐蜀国,立有功劳,在咸熙年间做振威护军。牵嘉和晋国司徒李胤是同一个母亲所生,很早就死了。

郭淮

【原文】郭淮,字伯济,太原阳曲人也。①建安中,举孝廉,除平原府丞。文帝为五官将,召淮署为门下贼曹,转为丞相兵曹议令史,从征汉中。太祖还,留征西将军夏侯渊拒刘备,以淮为渊司马。渊与备战,淮时有疾不出。渊遇害,军中扰扰,淮收散卒,推荡寇将军张郃为军主,诸营乃定。其明日,备欲渡汉水来攻。诸将议众寡不敌,备便乘胜,欲依水为陈以拒之。淮曰:“此示弱而不足挫敌,非算也。不如远水为陈,引而致之,半济而后击,备可破也。”既陈,备疑不渡,淮遂坚守,示无还心。以状闻,太祖善之,假郃节,复以淮为司马。文帝即王位,赐爵关内侯,转为镇西长史。又行征羌护军,护左将军张郃、冠军将军杨秋讨山贼郑甘、卢水叛胡,皆破平之。关中始定,民得安业。

①按郭氏谱:淮祖全,大司农;父缊,雁门太守。

黄初元年,奉使贺文帝践阼,而道路得疾,故计远近为稽留。及群臣欢会,帝正色责之曰:“昔禹会诸侯于涂山,防风后至,便行大戮。今溥天同庆而卿最留迟,何也?”淮对曰:“臣闻五帝先教导民以德,夏后政衰,始用刑辟。今臣遭唐虞之世,是以自知免于防风之诛也。”帝悦之,擢领雍州刺史,封射阳亭侯,五年为真。安定羌大帅辟蹏反,讨破降之。每羌、胡来降,淮辄先使人推问其亲理,男女多少,年岁长幼。及见,一二知其款曲，讯问周至，咸称神明。

太和二年，蜀相诸葛亮出祁山，遣将军马谡至街亭，高详屯列柳城。张郃击谡，淮攻详营，皆破之。又破陇西名羌唐蹏于枹罕，加建威将军。五年，蜀出卤城。是时，陇右无谷，议欲关中大运。淮以威恩抚循羌、胡，家使出谷，平其输调，军食用足，转扬武将军。青龙二年，诸葛亮出斜谷，并田于兰坑。是时司马宣王屯渭南。淮策亮必争北原，宜先据之，议者多谓不然。淮曰："若亮跨渭登原，连兵北山，隔绝陇道，摇荡民、夷，此非国之利也。"宣王善之，淮遂屯北原。堑垒未成，蜀兵大至，淮逆击走之。后数日，亮盛兵西行，诸将皆谓欲攻西围，淮独以为此见形于西，欲使官兵重应之，必攻阳遂耳。其夜果攻阳遂，有备不得上。

正始元年，蜀将姜维出陇西。淮遂进军，追至彊中，维退，遂讨羌迷当等，按抚柔氐三千余落，拔徙以实关中。迁左将军。凉州休屠胡梁、元碧等，率种落二千余家附雍州。淮奏请使居安定之高平，为民保障，其后因置西州都尉。转拜前将军，领州如故。

五年，夏侯玄伐蜀，淮督诸军为前锋。淮度势不利，辄拔军出，故不大败。还假淮节。八年，陇西、南安、金城、西平诸羌饿何、烧戈、伐同、蛾遮塞等相结叛乱，攻围城邑，南招蜀兵，凉州名胡治无戴复叛应之。讨蜀护军夏侯霸督诸军屯为翅。淮军始到狄道，议者佥谓宜先讨定枹罕，内平恶羌，外折贼谋。淮策维必来攻霸，遂入沨中，转南迎霸。维果攻为翅，会淮军适至，维遁退。进讨叛羌，斩饿何、烧戈，降服者万余落。九年，遮塞等屯河关、白土故城，据河拒军。淮见形上流，密于下渡兵据白土城，击，大破之。治无戴围武威，家属留在西海。淮进军趋西海，欲掩取其累重，会无戴折还，与战于龙夷之北，破走之。令居恶虏在石头山之西，当大道止，断绝王使。淮还过讨，大破之。姜维出石营，从强川，乃西迎治无戴，留阴平太守廖化于成重山筑城，敛破羌保质。淮欲分兵取之。诸将以维众西接强胡，化以据险，分军两持，兵势转弱，进不制维，退不拔化，非计也，不如合而俱西，及胡、蜀未接，绝其内外，此伐交之兵也。淮曰："今往取化，出贼不意，维必狼顾。比维自致，足以定化，且使维疲于奔命。兵不远西，而胡交自离。此一举而两全之策也。"乃别遣夏侯霸等追维于沓中，淮自率诸军就攻化等。维果驰还救化，皆如淮计。进封都乡侯。

嘉平元年，迁征西将军，都督雍、凉诸军事。是岁，与雍州刺史陈泰协策，降蜀牙门将句安等于翅上。二年，诏曰："昔汉川之役，几至倾覆。淮临危济难，功书王府。在关右三十余年，外征寇虏，内绥民夷。比岁以来，摧破廖化，禽虏句安，功绩显著，朕甚嘉之。今以淮为车骑将军、仪同三司，持节、都督如故。"进封阳曲侯，邑凡二千七百八十户，分三百户，封一子亭侯。① 正元二年薨，追赠大将军，谥曰贞侯。子统嗣。统官至荆州刺史，薨。子正嗣。咸熙中，开建五等，以淮著勋前朝，改封汾阳子。②

①《世语》曰：淮妻，王凌之妹。凌诛，妹当从坐，御史往收。督将及羌、胡渠帅数千人叩头请淮表留妻，淮不从。妻上道，莫不流涕，人人扼腕，欲劫留之。淮五子叩头流血请淮，淮不忍视，乃命左右追妻。于是追者数千骑，数日而还。淮以书白司马宣王曰："五子哀母，不惜其身。若无其母，是无五子。无五子，亦无淮也。今辄追还，若于法未通，

当受罪于主者，觐展在近。”书至，宣王亦宥之。

②《晋诸公赞》曰：淮弟配，字仲南，有重名，位至城阳太守。裴秀、贾充皆配女婿。子展，字泰舒。有器度干用，历职著绩，终于太仆。次弟豫，字泰宁，相国参军，知名，早卒。女适王衍。配弟镇，字季南，谒者仆射。镇子奕，字泰业。《山涛启事》称奕高简有雅量，历位雍州刺史、尚书。

【译文】郭淮，字伯济，太原郡阳曲县人。建安年间，被推举为孝廉，被任命作平原府丞。魏文帝做五官将时，召聘郭淮任门下贼曹，改任丞相兵曹议令史，随着军队去征伐汉中。太祖回来时，留下征西将军夏侯渊抵御刘备，让郭淮做夏侯渊的司马。夏侯渊和刘备作战，郭淮当时有病没有出征。夏侯渊被害，军中人心浮动不安，郭淮收集了打散的士兵，推举荡寇将军张郃做军主，各营将士才平定下来。第二天，刘备想要渡过汉水来进攻。各位将领商议，觉得众寡不敌，刘备乘胜取利，准备依靠水边列战阵来抵挡刘备。郭淮说：“这会表现出我们软弱，力量不能够挫败敌人，不是好的谋略。不如远离水边列阵，把敌人引过来作战，等敌军渡水过一半后发动攻击，就可以打败刘备了。”列好阵势后，刘备有疑心，没有渡江。郭淮就继续坚守，表示他们没有退回的意思。这些情况报告上去后，太祖认为很好，授给张郃符节，又让郭淮做司马。文帝登上魏王位后，赐给郭淮关内侯的爵位，改任他为镇西长史。又代理征羌护军，监领左将军张郃、冠军将军杨秋讨伐山贼郑甘和叛乱的卢水胡人，把他们全部打败，平定了地方。关中地区开始得到安定，人民可以安居乐业了。

黄初元年，郭淮奉命去祝贺魏文帝登基，而在道上得了病，就计算路途远近，停留了几天。到群臣欢乐地聚会时，文帝正颜厉色地责问郭淮说：“过去大禹在涂山聚集诸侯，防风氏来晚了，就把他杀了。现在普天同庆，你却来得最晚，是为什么呢？”郭淮回答说：“臣子听说五帝先用道德去教导人民，夏后时代政治衰败，才开始用刑罚。现在臣子遇到唐尧、虞舜的时候，因此自己知道可以免遭防风氏那样的诛杀。”魏文帝听了他的话很高兴，提升他兼任雍州刺史，封为射阳亭侯，五年后被正式任命做雍州刺史。安定的羌人大帅辟蹏造反，郭淮去讨伐，打败并招降了他们。每当羌人、胡人来投降，郭淮常先派人去探问他们的亲戚关系，有男女多少人口，年纪大小。等到见面时，能一一了解他们的详尽情况，问候得周到细致，羌人、胡人全都把他称作神明。

太和二年，蜀相诸葛亮攻出祁山，派遣将军马谡到街亭，高详驻列柳城。张郃去攻击马谡，郭淮攻击高详的营地，把他们全都打败了。郭淮又在枹罕打败了陇西有名的羌人唐蹏，被加封为建威将军。五年，蜀军攻出卤城。当时，陇西一带没有粮食，商议要从关中大量运输。郭淮用威严和恩义安抚羌人、胡人，让每家拿出粮食，抵消他们的租赋，军用粮食得以充足，改任扬武将军。青龙二年，诸葛亮攻出斜谷，并且在兰坑屯田。当时司马宣王驻屯在渭南。郭淮估计诸葛亮一定会来争夺北原，应该先去占据它，议论的人多数认为不会这样。郭淮说：“诸葛亮如果跨过渭河，登上北原，把军队一直连接到北山，隔绝了通往陇上的道路，使那里的百姓和少数民族动乱不定，这对国家没有好处。”司马宣王认为很好，郭淮就在北原驻兵屯田。堑壕和堡垒还没修好，蜀国的大批军队来进攻，郭淮迎上去攻击他们。过后几天，诸葛亮领大量军队向西进军，各个将军都说诸葛亮想要攻打西围，只有郭淮认为诸葛亮把形迹显露在西边，是想让魏国的军队把重兵放在西边去应敌，实际上一定会攻打阳遂。当天夜里蜀军果然来攻打阳遂，由于魏军有了防备，蜀军没有能攻上城来。

正始元年，蜀将姜维攻出陇西。郭淮就进军迎战，追击到彊中，姜维退军，郭淮就去讨伐羌人迷当等，巡查安抚了氐人三千多个部落，把他们迁移到关中来充实内地。被升任为左将军。凉州休屠胡梁、元碧等人，率领同族部落二千余家归附雍州。郭淮上奏章请求让他们居住在安定郡的高平，作当地人民的保护力量，后来又因休屠胡人归附设置了西州都尉。郭淮改任前将军，管理雍州和以前一样。

正始五年，夏侯玄征伐蜀国，郭淮统领各军作为先锋。郭淮估计形势对己不利，就命令军队出发离开，所以没有大败。回去后，授予郭淮符节。八年，陇西、南安、金城、西平的各支羌人饿何、烧戈，伐同、蛾遮塞等互相勾结叛乱，包围进攻各处城市，联络南方的蜀军，请蜀兵来援，凉州著名的胡人治无戴又叛变来响应他们。讨蜀护军夏侯霸统领各军驻扎在为翅。郭淮的军队刚来到狄道时，议论的人全都说应该先进攻枹罕，把它平定，在内部可以平定凶恶的羌人，对外可以挫败敌人的阴谋。郭淮推算姜维一定会来进攻霸城，就进入沨中，转向南方到霸城迎敌。姜维果然去进攻为翅，正遇上郭淮的军队赶到，姜维悄悄地退去。郭淮进军讨伐叛乱的羌人，杀死了饿何、烧戈，投降归顺的人有一万多个部落。九年，遮塞等人驻扎在河关、白土旧城，占据黄河，抵御魏军。郭淮在河水的上游设疑兵，秘密从下游渡河占据了白土城，攻击并大败敌军。治无戴围攻武威，他的家属还留在西海。郭淮进军直奔西海，想要偷袭夺取羌人的物资储存，贵重物品，正碰上无戴返回来，和郭淮在龙夷的北边交战，无戴被打败逃走。令居这个凶恶的敌人在石头山的西边，切断了交通大路，截断了魏国的使节往来。郭淮返回时过去讨伐，把他们打得大败。姜维从石营出来，经过彊川，就向西去迎接治无戴，留下阴平太守廖化在成重山筑城，收集被打败的羌人，保护人质。郭淮要把军队分开，去夺取他们的城池。各位将领认为姜维的军队西边与强大的胡人接连，廖化已经占据了险要地势，如果分开军队去两边相对峙，军队的力量就变得弱小，进攻不能制服姜维，退回来不能攻下廖化的城池，不是好的计策。不如合并军队全到西边去进攻，趁胡人和蜀军没有会合，断绝他们的内外联系，这叫作攻击汇合的军队。郭淮说："现在去攻击廖化，出于敌人意料之外，姜维必然犹豫回顾。等到姜维自己赶来，我们已足够平定廖化了，而且让姜维疲于奔命。军队不用远道去西方，而胡人和蜀国的结交自然就断开了。这是一举两全的计策。"就另外派夏侯霸等人去到沓中追击姜维，郭淮自己率领各军去攻击廖化等人。姜维果然赶回来救廖化，一切全都像郭淮计算的一样。朝廷晋封郭淮做都乡侯。

嘉平元年，郭淮改任征西将军，都督雍、凉诸军事。这一年，郭淮和雍州刺史陈泰一起定计，在翅上收降了蜀国的牙门将军句安等人。二年，皇帝下诏书说："过去汉川一战中，几乎遭到彻底失败。郭淮在危机面前解救危难，功劳记载在朝廷中。他在关右三十多年，对外征讨贼寇敌人，在内部使百姓和各族人平定安宁。近几年来，打败了廖化，俘虏了句安，功绩显著，朕非常赞赏他。现在任命郭淮做车骑将军、仪同三司，持节、都督的任命和以前一样。”晋封郭淮阳曲侯，封邑一共有二千七百八十户，分出三百户封他的一个儿子做亭侯。正元二年，郭淮去世，被追赠为大将军，赐谥号为贞侯。他的儿子郭统继承了爵位。郭统的官做到荆州刺史，去世后，儿子郭正继承了爵位。晋咸熙年间，建立了五等爵位，因为郭淮在魏朝立下了巨大的功勋，改封他为汾阳子。

【原文】评曰：满宠立志刚毅，勇而有谋。田豫居身清白，规略明练。牵招秉义壮烈，威绩显著。郭淮方策精详，垂问秦、雍。而豫位止小州，招终于郡守，未尽其用也。

【译文】评论说：满宠有刚毅的意志，勇敢又有计谋。田豫自己处世清白，有明达简练的谋略才能。牵招秉持大义，英勇壮烈，战功威武，功绩十分显著。郭淮的方略计策精确详细，在秦、雍一带留下了名望。而田豫的职位只到小州的刺史，牵招死在郡守任上，他们都没能充分发挥他们的能力。

卷二十七　魏书二十七

徐胡二王传第二十七

徐邈

【原文】徐邈，字景山，燕国蓟人也。太祖平河朔，召为丞相军谋掾，试守奉高令，入为东曹议令史。魏国初建，为尚书郎。时科禁酒，而邈私饮至于沈醉。校事赵达问以曹事，邈曰："中圣人。"达白之太祖，太祖甚怒。度辽将军鲜于辅进曰："平日醉客谓酒清者为圣人，浊者为贤人，邈性修慎，偶醉言耳。"竟坐得免刑。后领陇西太守，转为南安。文帝践阼，历谯相，平阳、安平太守，颍川典农中郎将，所在著称，赐爵关内侯。车驾幸许昌，问邈曰："颇复中圣人不？"邈对曰："昔子反毙于谷阳，御叔罚于饮酒，臣嗜同二子，不能自惩，时复中之。然宿瘤以丑见传，而臣以醉见识。"帝大笑，顾左右曰："名不虚立。"迁抚军大将军军师。

明帝以凉州绝远，南接蜀寇，以邈为凉州刺史，使持节；领护羌校尉。至，值诸葛亮出祁山，陇右三郡反，邈辄遣参军及金城太守等击南安贼，破之。河右少雨，常苦乏谷，邈上修武威、酒泉盐池以收虏谷，又广开水田，募贫民佃之，家家丰足，仓库盈溢。乃支度州界军用之余，以市金帛犬马，通供中国之费。以渐收敛民间私仗，藏之府库。然后率以仁义，立学明训，禁厚葬，断淫祀，进善黜恶，风化大行，百姓归心焉。西域流通，荒戎入贡，皆邈勋也。讨叛羌柯吾有功，封都亭侯，邑三百户，加建威将军。邈与羌、胡从事，不问小过，若犯大罪，先告部帅使知应死者，乃斩以徇，是以信服畏威。赏赐皆散与将士，无入家者，妻子衣食不充，天子闻而嘉之，随时供给其家。弹邪绳枉，州界肃清。

正始元年，还为大司农。迁为司隶校尉，百寮敬惮之。公事去官。后为光禄大夫，数岁即拜司空，邈叹曰："三公论道之官，无其人则缺，岂可以老病忝之哉？"遂固辞不受。嘉平元年，年七十八，以大夫薨于家，用公礼葬，谥曰穆侯。子武嗣。六年，朝廷追思清节之士，诏曰："夫显贤表德，圣王所重；举善而教，仲尼所美。故司空徐邈、征东将军胡质、卫尉田豫皆服职前朝，历事四世，出统戎马，入赞庶政，忠清在公，忧国忘私，不营产业，身没之后，家无余财，朕甚嘉之。其赐邈等家谷二千斛，钱三十万，布告天下。"邈同郡韩观曼游，有鉴识器干，与邈齐名，而在孙礼、卢毓先，为豫州刺史，甚有治功，卒官。① 卢钦著书，称邈曰："徐公志高行洁，才博气猛。其施之也，高而不狷，洁而不介，博而守约，猛而能宽。圣人以清为难，而徐公之所易也。"或问钦："徐公当武帝之时，人以为通，自在凉州及还京师，人以为介，何也？"钦答曰："往者毛孝先、崔季珪等用事，贵清素之士，于时皆变易车服以求名高，而徐公不改其常，故人以为通。

比来天下奢靡，转相仿效，而徐公雅尚自若，不与俗同，故前日之通，乃今日之介也。是世人之无常，而徐公之有常也。"

①《魏名臣奏》载黄门侍郎杜恕表，称："韩观、王昶，信有兼才，高官重任，不但三州。"

【译文】徐邈，字景山，燕国蓟县人。曹操平定黄河以北，征召徐邈为丞相军谋掾，试任奉高县令，后来入朝任东曹议令史。魏国建立之初，任尚书郎。当时法令禁酒，但徐邈私下痛饮以至于酩酊大醉。校事赵达询问公事，徐邈说："中圣人。"赵达把这话禀报曹操，曹操大怒。度辽将军鲜于辅劝说道："平常饮酒一醉方休者称清酒为圣人，浊酒为贤人，徐邈生性谨慎，这不过是一时醉话罢了。"结果免于刑罚。后兼任陇西太守，转南安太守。文帝曹丕受禅登基，徐邈历任谯相，平阳、安平郡太守，颍川典农中郎将，所在都有不错的口碑，赐封关内侯。文帝巡视许昌，问徐邈说："还经常中圣人吗？"徐邈回答说："从前子反在縠阳醉酒夜逃，御叔饮酒被罚以重赋，臣的嗜好和这二人相同，不能自禁，所以时常喝酒。宿瘤因为长相丑陋而被载入史册，我则因醉酒而被皇上记得。"文帝大笑，对身边的人说："果然名不虚立。"升任抚军大将军军师。

明帝因凉州距内地过于遥远，南面又和西蜀接壤，就任命徐邈为凉州刺史，使持节，任护羌校尉。到任时，正赶上诸葛亮兵出祁山，陇右三郡相继反叛，徐邈即时派参军以及金城太守等人讨伐南安叛贼，打败了他们。河右地区少雨，常因无粮苦恼，徐邈上书修整武威、酒泉等地盐池以交换胡人的粮食，又广开水田，招募贫民租种土地，使得家家丰足，仓库盈满。又支取州中军费的部分余额，用来购买金帛犬马，运往中原供给朝廷消费。同时逐步收缴民间私人武器，收藏于官方府库。然后以仁义言行作为表率，建立学校申明训诫，禁止厚葬，断绝不合礼制的祭祀，奖善惩恶，风教王化得到大力推行，百姓们心悦诚服。中原与西域交流往来，远方少数民族向朝廷进贡，这些都是徐邈的功绩。后因讨伐反叛的羌人柯吾有功，封都亭侯，食邑三百户，加官建威将军。徐邈和羌、胡打交道，对于小的过失从不过问，如果他们犯了大罪，先通报部帅让他们知道应该处死的理由，然后斩首示众，因此人们都信服和敬畏他。所得朝廷赏赐他都分给将士，从不收入自家，妻子儿女常常衣食不足，天子听说后很是感叹，按时令供给他家用度。徐邈惩治邪恶，纠正不良，一州之内，秩序井然。

正始元年，回朝任大司农。升为司隶校尉，百官都敬畏他。因公事离任。后任光禄大夫，几年后就升为司空，徐邈感叹说："三公是谋虑治国政令的官位，没有合适的人就空着，怎么能让我这又老又病的人虚占这个职位呢？"于是坚持推辞不受。嘉平元年，徐邈七十八岁，以大夫品级在家去世，朝廷特命按三公礼仪安葬，谥号为穆侯。其子徐武承嗣。嘉平六年，朝廷追思节操高洁者，下诏说："大凡彰显贤能显扬德行，是历来圣帝明王所重视的；推荐德才兼优的人以引导后学，则是孔子所赞美的。已故司空徐邈、征东将军胡质、卫尉田豫都在前朝任职，历任四代，出外则统率军队，在朝则处理各种政务，忠心为公，忧国忘私，不营家产，身死之后，家无余财，我特别嘉赏他们。特赐徐邈等人每家粮食二千斛，钱三十万，布告天下。"徐邈同郡的韩观字曼游，有器识和才干，与徐邈齐名，而在孙礼、卢毓之先，任豫州刺史，治绩十分突出，死在官任上。卢钦著书，称赞徐邈说："徐公志气高远，行为高洁，博学多才，气质豪迈。为人行事之时，高雅而不固执，廉洁而不孤僻，博学而能简约，威猛而能宽恕。圣人以清白为难，而徐公以清白为易。"有人问卢钦："徐公在武帝时代，人们认为他通达，自从任凉州刺史以及回京任职之后，人们又认为他固执，这是为什么呢？"卢钦回答说："以前毛孝先、崔季珪等主事，尊崇清素之士，当时士人都改换车服，用来猎取高名。而徐公仍一如既往，所以人们认为他通达。近来天下崇尚奢靡，人们竞相效仿，而徐公风雅高尚淡泊自如，不与世俗同流合污，所以前时的通达，就变成今日的固执了。这是因为世人没有一贯的操守，而徐公却能持之以恒。"

胡质　胡威

【原文】胡质，字文德，楚国寿春人也。少与蒋济、朱绩俱知名于江、淮间，仕州郡。蒋济为别驾，使见太祖。太祖问曰："胡通达，长者也，宁有子孙不？"济曰："有子曰质，规模大略不及于父，至于精良综事过之。"[①]太祖即召质为顿丘令。县民郭政通于从妹，杀其夫程他，郡吏冯谅系狱为证。政与妹皆耐掠隐抵，谅不胜痛，自诬，当反其罪。质至官，察其情色，更详其事，检验具服。

① 案《胡氏谱》：通达名敏，以方正征。

入为丞相东曹议令史，州请为治中。将军张辽与其护军武周有隙。辽见刺史温恢求请质，质辞以疾。辽出谓质曰："仆委意于君，何以相辜如此？"质曰："古人之交也，取多知其不贪，奔北知其不怯，闻流言而不信，故可终也。武伯南身为雅士，往者将军称之不容于口，今以睚眦之恨，乃成嫌隙。[①]况质才薄，岂能终好？是以不愿也。"辽感言，复与周平。[②]

① 睚，五卖反。眦，士卖反。

② 虞预《晋书》曰：周，字伯南，沛国竹邑人。位至光禄大夫。子陔，字元夏。陔及二弟韶、茂，皆总角见称，并有器望，虽乡人诸父，未能觉其多少。时同郡刘公荣，名知人，尝造周。周谓曰："卿有知人之明，欲使三儿见卿，卿为目高下，以效郭、许之听，可乎？"公荣乃自诣陔兄弟，与共言语，观其举动。出语周曰："君三子皆国士也。元夏器量最优，有辅佐之风，展力仕宦，可为亚公。叔夏、季夏，不减常伯、纳言也。"陔少出仕宦，历职内外，泰始初为吏部尚书，迁左仆射、右光禄大夫，开府，仪同三司，卒于官。陔以在魏已为大臣，本非佐命之数，深怀逊让，不得已而居位，故在官职，无所荷任，夙夜思恭而已。终始全洁，当世以为美谈。韶历二官、吏部郎。《山涛启事》称韶清白有诚，终于散骑常侍。茂至侍中、尚书。颍川荀恺，宣帝外孙，世祖姑子，自负贵戚，要与茂交。茂拒而不答，由是见怒。元康元年，杨骏被诛。恺时为尚书仆射，以茂骏之姨弟，陷为骏党，遂枉见杀，众咸冤痛之。

太祖辟为丞相属。黄初中，徙吏部郎，为常山太守，迁任东莞。士卢显为人所杀，质曰："此士无仇而有少妻，所以死乎！"悉见其比居年少，书吏李若见问而色动，遂穷诘情状。若即自首，罪人斯得。每军功赏赐，皆散之于众，无入家者。在郡九年，吏民便安，将士用命。

迁荆州刺史，加振威将军，赐爵关内侯。吴大将朱然围樊城，质轻军赴之。议者皆以为贼盛不可迫，质曰："樊城卑下，兵少，故当进军为之外援，不然，危矣。"遂勒兵临围，城中乃安。迁征东将军，假节，都督青、徐诸军事。广农积谷，有兼年之储，置东征台，且佃且守。又通渠诸郡，利舟楫，严设备以待敌。海边无事。

性沉实内察，不以其节检物，所在见思。嘉平二年薨，家无余财，惟有赐衣书箧而已。军师以闻，追进封阳陵亭侯，邑百户，谥曰贞侯。子威嗣。六年，诏书褒述质清行，赐其家钱谷。语在《徐邈传》。威，咸熙中官至徐州刺史，① 有殊绩，历三郡守，所在有名。卒于安定。

①《晋阳秋》曰：威，字伯虎。少有志尚，厉操清白。质之为荆州也，威自京都省之。家贫，无车马童仆，威自驱驴单行，拜见父。停厩中十余日，告归。临辞，质赐绢一匹，为道路粮。威跪曰："大人清白，不审于何得此绢？"质曰："是吾俸禄之余，故以为汝粮耳。"威受之，辞归。每至客舍，自放驴，取樵炊爨，食毕，复随旅进道，往还如是。质帐下都督，素不相识，先其将归，请假还家，阴资装，百余里要之，因与为伴，每事佐助经营之，又少进饮食，行数百里。威疑之，密诱问，乃知其都督也，因取向所赐绢答谢而遣之。后因他信，具以白质。质杖其都督一百，除吏名。其父子清慎如此。于是名誉著闻，历位宰牧。晋武帝赐见，论边事，语及平生。帝叹其父清，谓威曰："卿清孰与父清？"威对曰："臣不如也。"帝曰："以何为不如？"对曰："臣父清恐人知，臣清恐人不知，是臣不如者远也。"官至前将军、青州刺史。太康元年卒，追赠镇东将军。威弟罴，字季象，征南将军。威子奕，字次孙，平东将军。并以洁行垂名。

【译文】胡质，字文德，楚国寿春县人。少年时即与蒋济、朱绩在江淮一带知名，都曾任职于州郡。蒋济任别驾，作为使者去见曹操。曹操问："胡敏是年长德高的人，该有子孙了吧？"蒋济说："有个儿子叫胡质，思考大问题不如父亲，但处事细密超过父亲。"曹操当即征召胡质为顿丘县令。县民郭政与堂妹通奸，杀死堂妹夫程他，郡吏冯谅被关在监狱作为证人。郭政和堂妹都忍痛抵赖，倒是冯谅耐不住痛打，竟然自认其罪，按律应当用他所告之人的罪惩罚他本人。胡质到任，细致勘察情色，重新追究根底，经考查验证，罪犯终于承认了全部罪行。

后担任丞相东曹议令史，扬州刺史请他任治中。将军张辽与其护军武周有仇隙。张辽去见刺史温恢请求让胡质出任幕僚，胡质托病不去。张辽出来后对胡质说："我有心对你委以重任，你为什么要这样辜负我的厚意呢？"胡质说："古人相交，对方索取虽多但仍相信他不贪，打仗临阵逃脱而仍相信他不怯，听到流言也不怀疑对方本质，这样的交情才可以保持长久。武周身为高雅人士，以前您对他赞不绝口，如今只为一点点小事，就对他心生嫌隙。何况我胡质才能低下，又怎能始终得到您的信任呢？因此我不愿意做您的手下。"张辽因此感悟，重新与武周修好如初。

曹操召任胡质为丞相属。黄初年间，改任吏部郎，任常山太守，又调任东莞太守。

当地士人卢显为人所杀,胡质说:“这个人没有仇人却有一个年轻的妻子,就是因此而丧命的!”于是逐一召见卢显左右邻居中的年轻人,书吏李若被询问时神色异常,于是胡质仔细详尽地盘问他。李若当即自首,就这样罪人被抓到了。每因军功得到赏赐,他都分给众人,从不收入家里。在郡任职九年,官吏百姓便利安适,将士自觉效命。

升任荆州刺史,加官振威将军,赐封关内侯。东吴大将朱然包围樊城,胡质率轻兵赶去救援。议论者都认为敌兵人多势众,不可逼近,胡质说:“樊城地势低下,兵力又少,所以应当进军作为外援,不这样做,樊城就危险了。”于是率兵赶赴樊城外围,城中军队得以安定。升为征东将军,假以符节,都督青州、徐州诸军事。他在那里大力扶植农业增加粮食生产,有几年的粮食储备,又修筑东征台,边耕边守。此外还开挖大渠连通诸郡,建造舟船,严阵以待来犯之敌。沿海地区平安无战事。

胡质性情深沉,善于深思,不以自己的标准衡量他人,因此所在之处都得到人们的爱戴。嘉平二年去世,家无余财,只有皇帝所赐衣物和书籍而已。军师把这些情况禀报朝廷,朝廷追封晋升他为阳陵亭侯,食邑百户,谥号为贞侯。其子胡威承嗣。嘉平六年,齐王曹芳下诏褒扬胡质清廉的品行,赐给他家钱和粮食。这事记载在本书《徐邈传》中。胡威在咸熙年间官至徐州刺史,有突出政绩,历任三郡太守,所在声誉都很不错。病逝于安定郡。

王昶

【原文】王昶,字文舒,太原晋阳人也。① 少与同郡王凌俱知名。凌年长,昶兄事之。文帝在东宫,昶为太子文学,迁中庶子。文帝践阼,徙散骑侍郎,为洛阳典农。时都畿树木成林,昶斫开荒莱,勤劝百姓,垦田特多。迁兖州刺史。明帝即位,加扬烈将军,赐爵关内侯。昶虽在外任,心存朝廷,以为魏承秦、汉之弊,法制苛碎,不大厘改国典以准先王之风,而望治化复兴,不可得也。乃著《治论》,略依古制而合于时务者二十余篇,又著兵书十余篇,言奇正之用,② 青龙中奏之。

① 案《王氏谱》:昶伯父柔,字叔优;父泽,字季道。◎《郭林宗传》曰:叔优、季道幼少之时,闻林宗有知人之鉴,共往候之,请问才行所宜,以自处业。林宗笑曰:“卿二人皆二千石才也,虽然,叔优当以仕宦显,季道宜以经术进,若违才易务,亦不至也。”叔优等从其言。叔优至北中郎将,季道代郡太守。

②《孙子兵法》曰:兵以正合,以奇胜。奇正还相生,若循环之无端。

其为兄子及子作名字,皆依谦实,以见其意,故兄子默字处静,沈字处道,其子浑字玄冲,深字道冲。遂书戒之曰:

夫人为子之道,莫大于宝身全行以显父母。此三者人知其善,而或危身破家,陷于灭亡之祸者,何也?由所祖习非其道也。夫孝敬仁义,百行之首,行之而立,身之本也。孝敬则宗族安之,仁义则乡党重之,此行成于内,名著于外者矣。人若不笃于至行,而背本逐末,以陷浮华焉,以成朋党焉。浮华则有虚伪之累,朋党则有彼此之患。此二者之戒,昭然著明,而循覆车滋众,逐末弥甚,皆由惑当时之誉，昧目前之利故也。夫富贵声名，人情所乐，而君子或得而不处，何也？恶不由其道耳。患人知进而不知退，知欲而不知足，故有困辱之累，悔吝之咎。语曰："如不知足，则失所欲。"故知足之足常足矣。览往事之成败，察将来之吉凶，未有干名要利，欲而不厌，而能保世持家，永全福禄者也。欲使汝曹立身行己，遵儒者之教，履道家之言，故以玄默冲虚为名，欲使汝曹顾名思义，不敢违越也。古者盘杅有铭，几杖有诫，俯仰察焉，用无过行。况在己名，可不戒之哉！夫物速成则疾亡，晚就则善终。朝华之草，夕而零落；松柏之茂，隆寒不衰。是以大雅君子恶速成，戒阙党也。若范匄对秦客而武子击之，折其委笄，恶其掩人也。[①]夫人有善鲜不自伐，有能者寡不自矜。伐则掩人，矜则陵人。掩人者人亦掩之，陵人者人亦陵之。故三郤为戮于晋，王叔负罪于周，不惟矜善自伐好争之咎乎？故君子不自称，非以让人，恶其盖人也。夫能屈以为伸，让以为得，弱以为强，鲜不遂矣。夫毁誉，爱恶之原而祸福之机也，是以圣人慎之。孔子曰："吾之于人，谁毁谁誉。如有所誉，必有所试。"又曰："子贡方人。赐也贤乎哉，我则不暇。"以圣人之德，犹尚如此，况庸庸之徒而轻毁誉哉？

①《国语》曰：范文子暮退于朝，武子曰："何暮也？"对曰："有秦客廋辞于朝，大夫莫之能对也，吾知三焉。"武子怒曰："大夫非不能也，让父兄也。尔童子而三掩人于朝，吾不在，晋国亡无日也。"击之以杖，折其委笄。

臣松之案：对秦客者，范燮也。此云范匄，盖误也。

昔伏波将军马援戒其兄子言："闻人之恶，当如闻父母之名。耳可得而闻，口不可得而言也。"斯戒至矣。[①]人或毁己，当退而求之于身。若己有可毁之行，则彼言当矣；若己无可毁之行，则彼言妄矣。当则无怨于彼，妄则无害于身，又何反报焉？且闻人毁己而忿者，恶丑声之加人也，人报者滋甚，不如默而自修己也。谚曰："救寒莫如重裘，止谤莫如自修。"斯言信矣。若与是非之士，凶险之人，近犹不可，况与对校乎？其害深矣。夫虚伪之人，言不根道，行不顾言，其为浮浅较可识别，而世人惑焉，犹不检之以言行也。近济阴魏讽、山阳曹伟皆以倾邪败没，荧惑当世，挟持奸慝，驱动后生。虽刑于铁钺，大为炯戒，然所污染，固以众矣。可不慎与！[②]

① 臣松之以为：援之此诫，可谓切至之言，不刊之训也。凡道人过失，盖谓居室之愆，人未之知，则由己而发者也。若乃行事，得失已暴于世，因其善恶，即以为诫，方之于彼，则有愈焉。然援诫称龙伯高之美，言杜季良之恶，致使事彻时主，季良以败。言之伤人，孰大于此？与其所诫，自相违伐。

②《世语》曰：黄初中，孙权通章表。伟以白衣登江上，与权交书求赂，欲以交结京师，故诛之。

若夫山林之士，夷、叔之伦，甘长饥于首阳，安赴火于绵山，虽可以激贪励俗，然圣人不可为，吾亦不愿也。今汝先人世有冠冕，惟仁义为名，守慎为称，孝悌于闺门，务学于师友。吾与时人从事，虽出处不同，然各有所取。颍川郭伯益，好尚通达，敏而有知。其为人弘旷不足，轻贵有余。得其人重之如山，不得其人忽之如草。吾以所知亲之昵之，不愿儿子为之。[①]北海徐伟长，不治名高，不求苟得，澹然自守，惟道是务。其有所是非，则托古人以见其意，当时无所褒贬。吾敬之重之，愿儿子师之。东平刘公幹，博学有高才，诚节有大意，然性行不均，少所拘忌，得失足以相补。吾爱之重之，不愿儿子慕之。[②]乐安任昭先，淳粹履道，内敏外恕，推逊恭让，处不避洿，怯而义勇，在朝忘身。吾友之善之，愿儿子遵之。[③]若引而伸之，触类而长之，汝其庶几举一隅耳。及其用财先九族，其施舍务周急，其出入存故老，其论议贵无贬，其进仕尚忠节，其取人务实道，其处世戒骄淫，其贫贱慎无戚，其进退念合宜，其行事加九思，如此而已。吾复何忧哉？

① 伯益，名奕，郭嘉之子。

② 臣松之以为：文舒复拟则文渊，显言人之失。魏讽、曹伟，事陷恶逆，著以为诫，差无可尤。至若郭伯益、刘公幹，虽其人皆往，善恶有定。然既友之于昔，不宜复毁之于今，而乃形于翰墨，永传后叶，于旧交则违久要之义，于子孙则扬人前世之恶。于夫鄙怀，深所不取。善乎东方之诫子也，以首阳为拙，柳下为工，寄旨古人，无伤当时。方之马、王，不亦远哉！

③ 昭先，名嘏。《别传》曰：嘏，乐安博昌人。世为著姓，夙智性成，故乡人为之语曰："蒋氏翁，任氏童。"父旐，字子旂，以至行称。汉末，黄巾贼起，天下饥荒，人民相食。寇到博昌，闻旐姓字，乃相谓曰："宿闻任子旂，天下贤人也。今虽作贼，那可入其乡邪？"遂相帅而去。由是声闻远近，州郡并招，举孝廉，历酸枣、祝阿令。嘏八岁丧母，号泣不绝声，自然之哀，同于成人，故幼以至性见称。年十四始学，疑不再问，三年中诵五经，皆究其义，兼包群言，无不综览，于时学者号之神童。遂遇荒乱，家贫卖鱼，会官税鱼，鱼贵数倍，嘏取直如常。又与人共买生口，各雇八匹。后生口家来赎，时价直六十匹。共买者欲随时价取赎，嘏自取本价八匹。共买者惭，亦还取本价。比居者擅耕嘏地数十亩种之，人以语嘏，嘏曰："我自以借之耳。"耕者闻之，惭谢还地。及邑中争讼，皆诣嘏质之，然后意厌。其子弟有不顺者，父兄窃数之曰："汝所行，岂可令任君知邪！"其礼教所化，率皆如此。会太祖创业，召海内至德，嘏应其举，为临菑侯庶子、相国东曹属、尚书郎。文帝时，为黄门侍郎。每纳忠言，辄手书怀本，自在禁省，归书不封。帝嘉其淑慎，累迁东郡、赵郡、河东太守，所在化行，有遗风余教。嘏为人淳粹恺悌，虚己若不足，恭敬如有畏。其修身履义，皆沉默潜行，不显其美，故时人少得称之。著书三十八篇，凡四万余言。嘏卒后，故吏东郡程威、赵国刘固、河东上官崇等，录其事行及所著书奏之。诏下秘书，以贯群言。

青龙四年，诏："欲得有才智文章，谋虑渊深，料远若近，视昧而察，筹不虚运，策弗徒发，端一小心，清修密静，乾乾不解，志尚在公者，无限年齿，勿拘贵贱，卿校已上各举一人。"太尉司马宣王以昶应选。正始中，转在徐州，封武观亭侯，迁征南将军，假节，都督荆、豫诸军事。昶以为国有常众，战无常胜；地有常险，守无常势。今屯宛，去襄阳三百余里，诸军散屯，船在宣池，有急不足相赴，乃表徙治新野，习水军于二州，广农垦殖，仓谷盈积。

嘉平初，太傅司马宣王既诛曹爽，乃奏博问大臣得失。昶陈治略五事：其一，欲崇道笃学，抑绝浮华，使国子入太学而修庠序；其二，欲用考试，考试犹准绳也，未有舍准绳而意正曲直，废黜陟而空论能否也；其三，欲令居官者久于其职，有治绩则就增位赐爵；其四，欲约官实禄，励以廉耻，不使与百姓争利；其五，欲绝侈靡，务崇节俭，令衣服有章，上下有叙，储谷畜帛，反民于朴。诏书褒赞。因使撰百官考课事，昶以为唐虞虽有黜陟之文，而考课之法不垂。周制冢宰之职，大计群吏之治而诛赏，又无校比之制。由此言之，圣主明于任贤，略举黜陟之体，以委达官之长，而总其统纪，故能否可得而知也。其大指如此。

二年，昶奏："孙权流放良臣，适庶分争，可乘衅而制吴、蜀。白帝、夷陵之间，黔、巫、秭归、房陵皆在江北，民夷与新城郡接，可袭取也。"乃遣新城太守州泰袭巫、秭归、房陵，荆州刺史王基诣夷陵，昶诣江陵，两岸引竹絙为桥，渡水击之。贼奔南岸，凿七道并来攻。于是昶使积弩同时俱发，贼大将施绩夜遁入江陵城，追斩数百级。昶欲引致平地与合战，乃先遣五军案大道发还，使贼望见以喜之，以所获铠马甲首，驰环城以怒之，设伏兵以待之。绩果追军，与战，克之。绩遁走，斩其将钟离茂、许旻，收其甲首旗鼓珍宝器仗，振旅而还。王基、州泰皆有功。于是迁昶征南大将军、仪同三司，进封京陵侯。毌丘俭、文钦作乱，引兵拒俭、钦有功，封二子亭侯、关内侯，进位骠骑将军。诸葛诞反，昶据夹石以逼江陵，持施绩、全熙使不得东。诞既诛，诏曰："昔孙膑佐赵，直凑大梁。西兵骤进，亦所以成东征之势也。"增邑千户，并前四千七百户，迁司空，持节、都督如故。甘露四年薨，谥曰穆侯。子浑嗣，咸熙中为越骑校尉。①

①案《晋书》：浑自越骑入晋，累居方任，平吴有功，封一子江陵侯，位至司徒。浑子济，字武子，有儁才令望，为河南尹、太仆。早卒，追赠骠骑将军。浑弟深，冀州刺史。深弟湛，字处冲，汝南太守。湛子承，字安期，东海内史。承子述，字怀祖，尚书令、卫将军。述子坦之，字文度，北中郎将，徐、兖二州刺史。昶诸子中，湛最有德誉，而承亦自为名士，述及坦之并显重于世，为时盛门云。自湛已下事，见《晋阳秋》也。

【译文】王昶，字文舒，太原郡晋阳县人。少年时与同郡的王凌都有名声。王凌年长，王昶把他当兄长侍奉。文帝曹丕为太子时，王昶担任太子文学，后迁中庶子。曹丕受禅登基，王昶改任散骑侍郎，任洛阳典农。当时洛阳树木成林，王昶倡导开荒种地，勤勤恳恳鼓励劝勉百姓，因此开垦了很多田土。后升任兖州刺史。明帝即位，加官扬烈将军，赐封关内侯。王昶即使身在外地，仍一心关注朝政，认为本朝承袭秦、汉以来的许多弊端，法制苛酷而又琐碎，不对国家典章制度大大改革一番使之合乎先王规范，要想政治局面和社会风气得到根本性好转，是不可能的。于是撰著《治论》，大体依照古代制度，借鉴其间可为当前所用的有关内容，共写了二十多篇，又著兵书十多篇，探讨正面交锋和设伏掩袭的战术运用，青龙年间呈奏给朝廷。

他为兄长的孩子和自己的孩子取名字，都基于谦虚朴实，用以显示他的志趣，所以他兄长的孩子王默字处静，王沈字处道，他自己的孩子王浑字玄冲，王深字道冲。

又写信劝诫他们说：

大凡身为人子的规则，没有比珍惜身体保全名节及让父母得以荣显的事情更重要的。人人都明白这三个方面的好处，可还是有人身败名裂，危及家族，陷于灭亡大祸，原因何在呢？这是因为他们宗奉学习的东西不合正道。尽孝敬老推仁守义，这是各种品行的基础，而且是立身处世的根本。尽孝敬老才会受到宗族成员的喜爱接纳，推仁守义才能得到乡亲邻里的尊重，这就是道行育成于家族之内，好的名声会自然传到外面去。为人如果不能严格修炼卓绝的品行，而是舍本逐末，就会沉溺于表面上的华丽阔气而不务实际，就会为了私利而拉帮结派。讲究华丽阔气而不务实际就会受到虚假不真实的拖累，拉帮结派就有可能彼此互相给对方带来严重的祸患。这二者的鉴戒，昭然若揭，而重蹈覆辙者反而日益众多，舍本逐末的现象日盛一日，这都是因为受到当时虚名的诱惑，对眼前的利益执迷不悟。大凡富贵声名，是人生来就喜欢的东西，但君子有时得到这些之后却并不能安之若素，这又是为什么呢？因为他们厌恶不是通过正道求取的名利。人生最大的祸患是只知进而不知退，只知追求物欲而不知满足，所以才会有困辱的忧患，以及悔恨的不幸。俗语说："如果不懂得知足，得到的也会失去。"所以人要知足，才会永远满足。纵览古今的成败事例，考察现在的人事吉凶，那些追名逐利、欲壑难填的人，没有谁能保持家世不衰，富贵绵延而不毁灭。我希望你们立身处世要严谨，遵从儒家的教义，实行道家的言论，所以给你们取的名字为玄、默、冲、虚，就是想让你们看到自己的名字就顾名思义，不敢违背它们所包含的言行规则。古时盘杅上有铭文，几杖上有诫言，为的是低头抬头都能看见它们，用来节制自己免于言行出轨。更何况现在是自己的名字，难道不该随时警诫自己吗！大凡事物成长得越迅速消亡得也迅速，生长较慢的往往结果也较为理想。清晨开花的草，到傍晚就零落；而松柏的青翠，历严冬而不衰败。因此德高而有大才的君子都厌恶迅速成就功名，这是以孔子的历程作为自己的典范。像范匄三次答对秦客所出的谜语而武子用杖击打范匄，打断了范匄冠上的簪子，那是因为武子厌恶他在突出自己的同时掩盖了别人的优点。一般人有了点长处很少有不自卖自夸的，有了点能耐也很少有不自傲的。自夸就会掩盖别人的优点，自傲就会盛气凌人。掩盖他人优点的人别人也会掩盖他的优点，盛气凌人的人他人也不会给他基本的尊重。所以郤锜、郤犨、郤至三人在晋国被杀，王叔成为周朝罪人，这不都是他们喜欢自夸自傲争强好胜而咎由自取的吗？所以君子不自我称扬，并非是礼让别人，而是厌恶这样做会掩盖别人的优点。凡能以屈为伸，以让为得，以弱为强的人，没有什么是不能称心如意的。诋毁和赞誉，是爱憎的根源和祸福的机缘，因此圣人对此也特别谨慎。孔子说过："我对于别人，少誉少毁。如果有所褒誉，一定要有根据。"又说："子贡喜欢讥评别人。他也真是高明啊，我却没有这闲工夫。"以孔子那样的圣贤，尚且这样，更何况是我们这种平庸之人呢？我们又怎能轻易毁誉别人呢？

从前，伏波将军马援告诫他的侄子说：“听到有关他人的不良传闻，应当如同听到自己父母的名字。耳朵可以听，却不能经由自己的嘴再传出去。”这个告诫真是妙到极点。别人有诋毁自己的言论，自己应当反躬自省。如果自己确有值得别人诋毁的行为，那么别人的诋毁就是恰当的；如果自己没有什么过错让人诋毁，那么别人所说的一切就是虚妄的。批评恰当就不要怨恨别人，批评本就虚妄也就对自己毫无危害，那又何必报复仇怨呢？况且听到别人诋毁自己就发怒的人，通常会将恶名强加于他人身上，那么人家报复你的手段就会更加恶毒，还不如默默无言地提升自己的修养。谚语说：“帮助别人解脱寒冷之苦没有好过又重又厚的皮裘的，停止别人的诽谤不如自己修养道德。”这话是很对的。假定对方本就是搬弄是非的人，甚至于还是特别凶残阴险的人，接近他尚且是不可以的，更何况硬要跟他当面辨明是非呢？这危害是很严重的。凡是虚伪的人，他的言论不需要任何道义为依据，行为也不必跟自己的言论保持一致，其浮浅是比较容易识别的，可惜世人多受到他们的迷惑，还不愿意将这些人的言行相互比较以辨别真伪。近世的人如济阴人魏讽、山阳人曹伟都因为邪僻不正而失败丧身，他们迷惑世人，心怀奸诈，唆使煽动年轻人作乱。尽管他们已被依法诛灭，可以作为非常典型而明显的鉴戒，但是他们的所作所为带给世风的污染，本就已经很严重了。怎可不特别谨慎呢！

至于那些遁迹山林的隐士，像伯夷、叔齐那样，宁可饿死在首阳山也不肯与世俗同流，或者像介子推这样的人物宁可烧死在绵山也不愿出仕，尽管可以警戒贪欲激励世俗，但是圣人绝不可以那样去做，我也不希望你们有所效法。如今你们的先辈累世做官，崇尚仁义，为人谨慎，在家孝顺父母并敬爱兄长，出游则向老师和朋友求经问道。我和时下的人们交往，虽然他们出仕、隐居选择不一，但我都能从他们那里学到一些东西。颍川人郭奕，爱好和崇尚亨通显达，并且聪敏有知。可他为人不够心胸开阔，对轻贱贵重的把握却有些过分。他把自己认定德行深厚的人推崇到高山仰止的地步，而对自认为德行肤浅者则视同于草芥一般。我因为被他引为相知所以和他交往密切，但不希望你们也这样。北海人徐幹，不求高名冠世，无意于苟且获取，淡泊处世，只一心一意地追求道德修养。就算他有所褒贬，也都假托古人以婉转表达自己的本意，对当世则从不评论是非。我特别敬重他，希望你们向他学习。东平人刘祯，博学多识才华横溢，诚信守节胸怀大志，然而他的本性与行为缺乏均衡调节，言行无所顾忌，得和失相互抵消。我很喜欢他并且看重他，但不希望你们对他有所仰慕。乐安人任嘏，淳厚精粹躬行正道，内心敏锐而外表宽恕，谦逊恭让，高洁而不怕身处污泥，胆小却能见义勇为，在朝任职克己忘私。我把他视为好友而推崇他，愿你们以他为榜样。如果你们能引而申之，触类旁通并加以发扬，你们大概就可以从我所推举的人物中得到启发了。至于享用财物应优先亲友，施舍一定要特别注意周济急需者，出门归来要问候年长乡人，议论评价不要有所贬黜，做官时要尽忠尽节，用人交友一定要诚实厚道,处世一定要戒除骄淫,贫贱时不必过于忧愁,进与退要想是否合适,行事要做到三思而后行,如此即可。我对你们还有什么好忧虑的呢?

青龙四年,明帝下诏说:“朝廷想要罗致有才能和智慧,能深谋远虑,料远若近,洞见暗昧心如明镜,精心运筹卓有成效,出谋划策足以实施,庄重专一办事谨慎,操行纯洁缜密沉静,孜孜不倦坚持不懈,立志高洁一心为公的人才,不限年龄,不拘贵贱,卿校以上官员请各荐举一人。”太尉司马懿推举王昶应选。正始年间,转任徐州刺史,封武观亭侯,升征南将军,假以符节,都督荆州、豫州诸军事。王昶认为国家总有基本恒定的军队,却并没有绝对取胜的战争;地势的险要不会轻易改变,却没有一成不变的守备之势。而今屯兵宛城,离襄阳三百多里,诸军分散屯兵,战船远在宣池,有紧急情况根本来不及调动赴敌,于是上表请求移兵屯驻新野,在荆、豫二州操练水兵,大举鼓励农桑垦田种植,积聚了丰足的粮食。

嘉平初年,太傅司马懿诛杀曹爽之后,上奏说应广泛咨询大臣了解政治得失。王昶陈述了五条治国方略:第一,应崇尚道统,鼓励学业,抑制根除浮华不务实际的习俗,让学生们进入太学学习;第二,应设立考试制度,考试如同准绳,没有舍弃准绳而凭感觉修正曲直,废除升降奖惩标准却可以凭空判定官员的贤能与否的;第三,应让官员尽可能比较持久地担当某一个固定的职务,取得政绩则就地加官晋爵;第四,应裁减官员而增加他们的实际收入,用廉耻给予鞭策激励,让他们不得和老百姓争利;第五,应杜绝奢侈糜烂,务必倡导节俭,使各级官员服饰有别,上下有序,储备粮棉,敦促人民返璞归真。齐王曹芳下诏给予褒扬。并让王昶修撰百官考试的条例,王昶认为唐尧、虞舜时代虽然有升、降官吏的制度,但是如何考核官吏的方法没有流传下来。周朝制度里虽设有冢宰一职,全面考察群僚的政绩而实施赏罚,但是又没有考核评定的确定标准可资参考。由此来看,圣主明白如何用贤任能,而后大略提出任贤黜劣的基本要求,以此委任职位显贵的顾命大臣,由他们总揽纲纪,所以官员是否有才能都可以因此获知了。王昶的主要意思就是这些。

嘉平二年,王昶上奏说:“孙权放逐贤良大臣,嫡庶争立矛盾重重,可以乘机制服吴、蜀。从白帝城到夷陵之间,黔、巫、秭归、房陵等地都在长江以北,汉、夷百姓与新城郡接近,可以袭取这些地方。”于是朝廷派新城太守州泰袭击巫、秭归、房陵,荆州刺史王基进攻夷陵,王昶则攻打江陵,他在两岸用竹索做桥,渡水攻打敌军。敌人逃往南岸,又开凿七条通道同时来攻。王昶将连弩一起发射,东吴大将施绩连夜逃进江陵城,魏兵追杀数百人。王昶想把敌人引到平旷的地段交战,于是先派五军列队沿大道撤回,让敌人看见撤兵而感到高兴,又派人披上缴获的铠甲,骑上缴获的战马,提着斩杀的吴兵头颅,在江陵城的四周耀武扬威以激怒吴军,同时设下伏兵等待敌军出城。施绩果然派兵追杀,王昶挥兵迎战,打败了施绩。施绩逃走,王昶斩了他手下大将钟离茂、许旻,缴获了吴军的铠甲、旗、鼓、珍宝和武器,奏凯班师。王基、州泰也都立下了战功。于是提升王昶为征南大将军、仪同三司,晋封京陵侯。毌丘俭、文钦反叛,王昶率兵迎击有功,朝廷赐封他的两个儿子分别为亭侯和关内侯,王昶升为骠骑将军。诸葛诞反叛，王昶占据夹石以逼江陵，牵制住施绩、全熙，使他们不能东进增援诸葛诞。诸葛诞被诛杀以后，皇帝下诏说："从前孙膑救援赵国，率军直逼大梁。王昶挥军西逼江陵，也因此助成了我军东征的胜利形势。"给王昶增邑千户，加上以前所封共四千七百户，升他为司空，持节、都督诸军和以前一样。甘露四年去世，谥号为穆侯。其子王浑承嗣，咸熙年间任越骑校尉。

王基

【原文】王基，字伯舆，东莱曲城人也。少孤，与叔父翁居。翁抚养甚笃，基亦以孝称。年十七，郡召为吏，非其好也，遂去，入琅邪界游学。黄初中，察孝廉，除郎中。是时青土初定，刺史王凌特表请基为别驾，后召为秘书郎，凌复请还。顷之，司徒王朗辟基，凌不遣。朗书劾州曰："凡家臣之良，则升于公辅，公臣之良，则入于王职，是故古者侯伯有贡士之礼。今州取宿卫之臣，留秘阁之吏，所希闻也。"凌犹不遣。凌流称青土，盖亦由基协和之辅也。大将军司马宣王辟基，未至，擢为中书侍郎。

明帝盛修宫室，百姓劳瘁。基上疏曰："臣闻古人以水喻民，曰：'水所以载舟，亦所以覆舟。'故在民上者，不可以不戒惧。夫民逸则虑易，苦则思难，是以先王居之以约俭，俾不至于生患。昔颜渊云东野子之御，马力尽矣而求进不已，是以知其将败。今事役劳苦，男女离旷，愿陛下深察东野之弊，留意舟水之喻，息奔驷于未尽，节力役于未困。昔汉有天下，至孝文时唯有同姓诸侯，而贾谊忧之曰：'置火积薪之下而寝其上，因谓之安也。'今寇贼未殄，猛将拥兵，检之则无以应敌，久之则难以遗后。当盛明之世，不务以除患，若子孙不竞，社稷之忧也。使贾谊复起，必深切于曩时矣。"

散骑常侍王肃著诸经传解及论定朝仪，改易郑玄旧说，而基据持玄义，常与抗衡。迁安平太守，公事去官。大将军曹爽请为从事中郎，出为安丰太守。郡接吴寇，为政清严有威惠，明设防备，敌不敢犯。加讨寇将军。吴尝大发众集建业，扬声欲入攻扬州，刺史诸葛诞使基策之。基曰："昔孙权再至合肥，一至江夏，其后全琮出庐江，朱然寇襄阳，皆无功而还。今陆逊等已死，而权年老，内无贤嗣，中无谋主。权自出则惧内衅卒起，痈疽发溃；遣将则旧将已尽，新将未信。此不过欲补定支党，还自保护耳。"后权竟不能出。时曹爽专柄，风化陵迟，基著《时要论》以切世事。以疾征还，起家为河南尹，未拜，爽伏诛，基尝为爽官属，随例罢。

其年为尚书，出为荆州刺史，加扬烈将军，随征南王昶击吴。基别袭步协于夷陵，协闭门自守。基示以攻形，而实分兵取雄父邸阁，收米三十余万斛，虏安北将军谭正，纳降数千口。于是移其降民，置夷陵县。赐爵关内侯。基又表城上昶，徙江夏治之，以逼夏口，由是贼不敢轻越江。明制度，整军农，兼修学校，南方称之。时朝廷议欲伐吴，诏基量进趣之宜。基对曰："夫兵动而无功，则威名折于外，财用穷于内，故必全而后用也。若不资通川聚粮水战之备，则虽积兵江内，无必渡之势矣。今江陵有沮、漳二水，溉灌膏腴之田以千数。安陆左右，陂池沃衍。若水陆并农，以实军资，然后引兵诣江陵、夷陵，分据夏口，顺沮、漳，资水浮谷而下。贼知官兵有经久之势，则拒天诛者意沮，而向王化者益固。然后率合蛮夷以攻其内，精卒劲兵以讨其外，则夏口以上必拔，而江外之郡不守。如此，吴、蜀之交绝，交绝而吴禽矣。不然，兵出之利，未可必矣。”于是遂止。

司马景王新统政，基书戒之曰：“天下至广，万机至猥，诚不可不矜矜业业，坐而待旦也。夫志正则众邪不生，心静则众事不躁，思虑审定则教令不烦，亲用忠良则远近协服。故知和远在身，定众在心。许允、傅嘏、袁侃、崔赞皆一时正士，有直质而无流心，可与同政事者也。”景王纳其言。

高贵乡公即尊位，进封常乐亭侯。毌丘俭、文钦作乱，以基为行监军，假节，统许昌军，适与景王会于许昌。景王曰：“君筹俭等何如？”基曰：“淮南之逆，非吏民思乱也，俭等诳胁迫惧，畏目下之戮，是以尚群聚耳。若大兵临逼，必土崩瓦解，俭、钦之首，不终朝而县于军门矣。”景王曰：“善。”乃令基居军前。议者咸以俭、钦慓悍，难与争锋。诏基停驻。基以为：“俭等举军足以深入，而久不进者，是其诈伪已露，众心疑沮也。今不张示威形以副民望，而停军高垒，有似畏懦，非用兵之势也。若或虏略民人，又州郡兵家为贼所得者，更怀离心。俭等所迫胁者，自顾罪重，不敢复还，此为错兵无用之地，而成奸宄之源。吴寇因之，则淮南非国家之有，谯、沛、汝、豫危而不安，此计之大失也。军宜速进据南顿，南顿有大邸阁，计足军人四十日粮。保坚城，因积谷，先人有夺人之心，此平贼之要也。”基屡请，乃听，进据濦水。

既至，复言曰：“兵闻拙速，未睹工迟之久。方今外有强寇，内有叛臣，若不时决，则事之深浅未可测也。议者多欲将军持重。将军持重是也，停军不进非也。持重非不行之谓也，进而不可犯耳。今据坚城，保壁垒，以积实资虏，县运军粮，甚非计也。”景王欲须诸军集到，犹尚未许。基曰：“将在军，君令有所不受。彼得则利，我得亦利，是谓争城，南顿是也。”遂辄进据南顿，俭等从项亦争欲往，发十余里，闻基先到，复还保项。时兖州刺史邓艾屯乐嘉，俭使文钦将兵袭艾。基知其势分，进兵逼项，俭众遂败。钦等已平，迁镇南将军，都督豫州诸军事，领豫州刺史，进封安乐乡侯。上疏求分户二百，赐叔父子乔爵关内侯，以报叔父拊育之德。有诏特听。

诸葛诞反，基以本官行镇东将军，都督扬、豫诸军事。时大军在项，以贼兵精，诏基敛军坚垒。基累启求进讨。会吴遣朱异来救诞，军于安城。基又被诏引诸军转据北山，基谓诸将曰：“今围垒转固，兵马向集，但当精修守备以待越逸，而更移兵守险，使得放纵，虽有智者，不能善后矣。”遂守便宜，上疏曰：“今与贼家对敌，当不动如山。若迁移依险，人心摇荡，于势大损。诸军并据深沟高垒，众心皆定，不可倾动，此御兵之要也。”书奏，报听。

大将军司马文王进屯丘头，分部围守，各有所统。基督城东城南二十六军，文王敕军吏：“入镇南部界，一不得有所遣。”城中食尽，昼夜攻垒。基辄拒击，破之。寿春既拔，文王与基书曰：“初议者云云，求移者甚众，时未临履，亦谓宜然。将军深算利害，独秉固志，上违诏命，下拒众议，终至制敌禽贼，虽古人所述，不是过也。”文王欲遣诸将轻兵深入，招迎唐咨等子弟，因衅有荡覆吴之势。基谏曰：“昔诸葛恪乘东关之胜，竭江表之兵以围新城，城既不拔，而众死者太半。姜维因洮上之利，轻兵深入，粮饷不继，军覆上邽。夫大捷之后，上下轻敌，轻敌则虑难不深。今贼新败于外，又内患未弭，是其修备设虑之时也。且兵出逾年，人有归志。今俘馘十万，罪人斯得，自历代征伐，未有全兵独克如今之盛者也。武皇帝克袁绍于官渡，自以所获已多，不复追奔，惧挫威也。"文王乃止。以淮南初定，转基为征东将军，都督扬州诸军事，进封东武侯。基上疏固让，归功参佐，由是长史、司马等七人皆侯。

是岁，基母卒，诏秘其凶问，迎基父豹丧合葬洛阳，追赠豹北海太守。甘露四年，转为征南将军，都督荆州诸军事。常道乡公即尊位，增邑千户，并前五千七百户。前后封子二人亭侯、关内侯。

景元二年，襄阳太守表吴贼邓由等欲来归化，基被诏"当因此震荡江表"。基疑其诈，驰驿陈状，且曰："嘉平以来，累有内难，当今之务，在于镇安社稷，绥宁百姓，未宜动众以求外利。"文王报书曰："凡处事者，多曲相从顺，鲜能确然共尽理实。诚感忠爱，每见规示，辄敬依来指。"后由等竟不降。[①]

① 司马彪《战略》载基此事，详于本传。曰："景元二年春三月，襄阳太守胡烈表上：'吴贼邓由、李光等同谋十八屯，欲来归化，遣将张吴、邓生，并送质任。克期欲令郡军临江迎拔。'大将军司马文王启闻，诏：'征南将军王基部分诸军，使烈督万人径造沮水，荆州、义阳南屯宜城，承书夙发。若由等如期到者，便当因此震荡江表。'基疑贼诈降，诱致官兵，驰驿止文王，说由等可疑之状，'且当清澄，未宜便举重兵深入应之'。又曰：'夷陵东道，当由车御，至赤岸乃得渡沮，西道当出箭溪口，乃趣平土。皆山险狭，竹木丛蔚，卒有要害，弩马不陈。今者筋角弩弱，水潦方降，废盛农之务，徼难必之利，此事之危者也。昔子午之役，兵行数百里而值霖雨，桥阁破坏，后粮腐败，前军县乏。姜维深入，不待辎重，士众饥饿，覆军上邽。文钦、唐咨，举吴重兵，昧利寿春，身没不反。此皆近事之鉴戒也。嘉平以来，累有内难。当今之宜，当镇安社稷，抚宁上下，力农务本，怀柔百姓，未宜动众以求外利也。得之未足为多，失之伤损威重。'文王累得基书，意疑。寻敕诸军已上道者，且权停住所在，须后节度。基又言于文王曰：'昔汉祖纳郦生之说，欲封六国，寤张良之谋，而趣销印。基谋虑浅短，诚不及留侯，亦惧襄阳有食其之谬。'文王于是遂罢军严，后由等果不降。"

是岁基薨，追赠司空，谥曰景侯。子徽嗣，早卒。咸熙中，开建五等，以基著勋前朝，改封基孙廙，而以东武余邑赐一子爵关内侯。晋室践阼，下诏曰："故司空王基既著德立勋，又治身清素，不营产业，久在重任，家无私积，可谓身没行显，足用励俗者也。其以奴婢二人赐其家。"

【译文】王基，字伯舆，东莱郡曲城县人。小时候就失去父亲，与叔父王翁住在一起。王翁精心抚养，王基也以孝顺著称。十七岁那年，郡里征召他为郡小吏，非他所好，于是离去，进入琅邪郡境内游学。黄初年间，各地荐举孝廉，他被任命为郎中。当时青州刚刚平定，刺史王凌特意上奏请求让王基出任手下别驾，后朝廷召王基为秘书郎，王凌再次请求让他回青州任职。不久，司徒王朗征召王基，王凌不放。王朗上书弹劾王凌说："凡是诸侯王公家臣有优秀的，应由三公四辅提拔任用，公辅有优秀臣僚，应举荐为天子的职官，因此古代有侯伯贡士的礼仪。而今州郡取用本应宿卫皇宫的大臣，留滞可充任尚书台的官吏，这样的事情还真是罕有所闻。"王凌仍旧不放王基入朝。王凌所以得到青州士人的普遍称赞，应该说王基的辅佐协助起了不小的作用。大将军司马懿征召王基，人还未到，又将他提升为中书侍郎。

明帝大建宫室，百姓极度劳苦疲惫。王基上疏说："我听说古人用水来比喻人民，说：'水能载舟，亦能覆舟。'因此君临万民的天子，不能不随时戒惧。大凡百姓安逸则思量和平，生活艰难困苦就会想到作难，因此先王都使居处简约朴素，为的是防止祸患从民间发生。从前颜渊观察东野子驾驭马匹，马已用尽气力而东野子仍驱赶不止，因此知道东野子必定出事。而今劳役繁重艰苦，男女长久分离，希望陛下能深思东野子驭马的弊端，留心舟和水的比喻，让那些还未力竭的马匹休息一下，让那些还未困顿到极点的百姓省些劳役。从前汉代得到天下，到汉文帝时只有同姓诸侯，而贾谊尚且深感忧虑地说：'下边堆积着已经点燃的柴草还躺在上面高枕安睡，还将这样的情况称为安宁。'而今敌国并未消灭，猛将拥有重兵，若约束限制他们就难以应敌，长久下去则帝位难以留给后人。在此盛明之世，不专心致志地消除祸患，如果子孙再不争气，国家就危险了。如果让贾谊再生，一定要比过去发表更深刻痛切的感慨了。"

散骑常侍王肃撰著群经传解并论定朝仪，修改郑玄的原有解释，而王基则依据郑玄之说，常常与王肃抗衡。后出任安平太守，因公事去职。大将军曹爽请他担任从事中郎，后出任安丰太守。郡界临接吴国，王基治政清明严谨，甚有威惠，又防备森严，吴兵不敢前来进犯。加官讨寇将军。东吴曾在建业集中大军，扬言要进攻扬州，刺史诸葛诞让王基分析形势。王基说："以前孙权屡次进犯合肥，一度到了江夏，其后全琮出击庐江，朱然进犯襄阳，但是都无功而返。如今陆逊等名将已死，而孙权年老，王室没有贤能的嗣子，朝中又缺乏出谋划策的主要人物。孙权亲自出征又怕内部生乱，各种矛盾一齐爆发而导致局势崩溃；要派将领出征，然而老将都已不在人世，新将还不值得信任。他这样做不过是想修补内部缺漏，回头保护领出征，然而罢了。"后来孙权终究没有领兵出击。当时曹爽专权，风化大坏，王基撰《时要论》来讥讽时事。因为有病离任回乡，后又任河南尹，尚未就职，曹爽被诛，因为王基曾经是曹爽的下属，也照例罢免。

同年为尚书，出任荆州刺史，加官扬烈将军，随征南将军王昶讨伐东吴。王基在夷陵，独自率领一路兵马袭击步协，步协紧闭城门固守。王基假意摆出进攻的架势，暗中却分兵袭取雄父邸阁，缴获粮食三十余万斛，俘虏东吴国安北将军谭正，接纳投降者达数千人。于是迁移投降的东吴百姓，将他们安置到夷陵县。赐封王基为关内侯。王基又上表请求在上昶筑城，把江夏郡治迁到该处，从而逼近夏口，自此吴军就不敢轻易渡江了。他申明礼仪制度，整备军务和农耕，同时兴办学校，南方百姓无不称赞。当时朝廷商议准备大举伐吴，下诏命王基策划考虑进攻的适当时机。王基回答说："如果出兵而不能建功，那么外损威名，内耗财力，因此出兵必须准备周全才行。如果不预先开通河渠,聚积粮食,修造水战设备,那么即使陈兵江北,也不会形成必渡之势。今江陵有沮水、漳水,灌溉良田在千亩以上。安陆附近,也有不少水利设施而且土地肥美平坦。如果水田旱地都以农业生产为主,收获粮食来充实军用,然后率大军攻向江陵、夷陵,分据夏口,沿沮水、漳水运输粮食一同东下。吴军知道我军具备了长期作战的优势,那么抗拒朝廷征讨的人就会丧失斗志,而有意弃暗投明者的人,立场就会越来越坚定。这时再联合蛮夷从其内部攻击,我军精锐在外部征讨,那么夏口以上各据点一定可以攻下来,而吴国的江南州郡也就都守不住了。如此一来,吴、蜀的交通遭到阻断,两国联合相互声援的格局从此不再,东吴也就成为瓮中之鳖了。不这样的话,我军出征能否获胜,就不一定了。"于是朝廷打消了出兵的念头。

司马师刚执掌朝政,王基上书劝诫说:"天下特别辽阔,政事极为繁杂,确实不能不兢兢业业,夜以继日。大凡秉志醇正就没有奸邪滋生的余地,心平气和就不会在面对千头万绪的政事时显得心浮气躁,深思熟虑之后所制定的教令就能简而不繁,亲近重用忠臣贤人就能使远近人心归附。所以知道绥抚远方之人在乎身体力行,安定国内百姓取决于自己的诚心决心。许允、傅嘏、袁侃、崔赞等都是时下的正直人士,有正直朴实的资质而没有游移放纵的心性,是可以共同处理大事的好帮手。"司马师接受了王基的忠告。

高贵乡公即帝位,晋封王基为常乐亭侯。毌丘俭、文钦叛乱,朝廷命王基代理监军,假以符节,统领许昌驻军,行军与司马师在许昌会合。司马师问王基:"您预测毌丘俭等人会采取怎样的动作?"王基说:"淮南叛乱,并不是当地官吏百姓图谋不轨,而是受到毌丘俭等人的欺骗胁迫,害怕眼下即遭到屠杀,所以不得不暂随大流罢了。如果大兵压境,必然土崩瓦解,毌丘俭、文钦的首级不久就会悬挂在辕门之上了。"司马师说:"有道理。"于是派王基为先锋进军。议论者都认为毌丘俭、文钦轻捷勇猛,很难与他们争胜。朝廷下诏让王基停止前进就地驻军。王基认为:"毌丘俭等人既已兴兵就足以长驱直入,但这么长时间仍不进军,说明他们已露出诈伪的马脚,部众已产生恐惧沮丧之心。我们这时还不显示令人生畏的声势以迎合民望,相反停止进军躲在高垒之中,有畏惧怯弱之色,这不是用兵的道理。如果叛军驱使挟持民众,又假如我州郡士兵的家属有被叛军控制的,那些士兵就难免心思不定。为毌丘俭等人所挟持的人,自认为身犯重罪,不敢回返朝廷,这是把兵放在不能发挥作用的地方,却反而会成为奸诈不法者嚣张的源头。如果东吴再趁机出兵,那么淮南大片疆土就不是国家所有的了,谯、沛、汝、豫等地就面临迫切威胁而骚动不安,这是最大的失策。大军应迅速进据南顿,南顿有大粮仓,估计储备的粮食足够我军吃上四十天。坚守森严壁垒,凭借粮仓储备,造成先声夺人之势,这是平定叛贼的关键所在。"王基反复请战,朝廷这才让他进据㶏水。

到了以后,王基又上书说:"用兵只听说有快慢之分,而没见过因持重谨慎造成行动缓慢而得益的例子。而今外有强敌,内有叛臣,如果不能当机立断,那么叛乱之事将演变成什么局面就实在是难以预料了。议论者都希望率兵打仗应该持重。持重进军是对的,而停军不进就错了。持重绝不是按兵不动的意思,而是推进过程中不让敌人有可趁之机罢了。而今占据坚城,坐守壁垒,使敌人的军备粮草充实,而我们却要远道运粮,这是非常不合适的策略。”司马师还想等待各路兵马齐集之后再一同进兵,仍然不批准王基的意见。王基说:“将在军中,君主的命令也有可以不接受的。敌人得到则敌人有利,我得到则我有利,这就是兵法所说的必争之城,而南顿就是这样的地方。”于是自行进军占领南顿,毌丘俭等人也从项县发兵前来争夺南顿,推进了十余里,听说王基已捷足先登,又退保项县。当时兖州刺史邓艾屯兵乐嘉,毌丘俭让文钦率兵袭击邓艾。王基知道他们已兵力分散,就挥兵进逼项县,毌丘俭的部众于是溃败。文钦等人被平定后,王基升任镇南将军,都督豫州诸军事,兼任豫州刺史,晋封安乐乡侯。他上疏请求分出自己的封邑二百户,赐封叔父的儿子王乔为关内侯,来报答叔父抚育的恩德。朝廷下诏特许。

诸葛诞反叛,王基以本官代理镇东将军,都督扬州、豫州诸军事。当时大军在项县,认为叛军兵精卒锐,诏令王基收拢人马就地修筑坚固堡垒。王基多次上书请求讨伐。恰好东吴派朱异前来援救诸葛诞,屯兵安城。王基又接到诏令让他率军转占北山,王基对诸将说:“眼下我军修筑的营垒已经比较坚固了,兵马也刚刚集中,只须精修防守设施,防范敌军逃跑就可以了,这时反而要移兵屯驻险地,使得叛军解除束缚而行动自如,就是再聪明的人也难以收拾这样的局面。”于是采取便宜行事的态度,上疏说:“眼下与敌人对阵相持,应当像大山一样岿然不动。如果转移军队坚守险要,势必造成人心摇荡,这对我军的形势是很大的损害。各路军队都已据守深沟高垒,军心都已安定,不可震动,这是统领军队的基本要领。”奏表报入,朝廷同意了他的请求。

大将军司马昭进兵屯驻丘头,分派部队设围防守,各部都有自己的管辖系统。王基都督城东城南二十六军,司马昭敕令军吏说:“凡入镇南将军管辖区域,一律不得有任何责问。”城中叛军粮食吃尽,昼夜攻打王基营垒。王基随时迎击,将他们打败。攻下寿春后,司马昭写信给王基说:“当初议者议论纷纷,要求移兵的人极多,当时我没有临阵,也认为应如所议。将军深思熟虑分析利弊,独独坚持自己的意见,上违诏命,下拒众议,最终战胜叛军生擒贼首,即使古人所称述的名将,也不会超过将军了。”司马昭又打算派将领率精锐部队深入战区,招迎唐咨等子弟,并想乘此机会造成颠覆东吴的局面。王基劝谏说:“以前诸葛恪乘着东关的胜利,调动江左所有兵力,包围新城,结果城没攻下,自己人马却死伤过半。姜维凭借洮上胜利之势,轻兵深入,军粮供应不上,结果大军在上邽覆没。大凡大捷之后,上下轻敌,轻敌难免对可能面临的灾难考虑不周。而今敌人刚刚在境外吃了败仗,国内忧患又未平息,因此这时正是他们整顿守备精于防范的时候。况且我军连年作战,军士都有回家团聚的想法。如今俘获十万降兵,叛逆者都被擒获,历代征伐以来,还没有过像现在这样自身军队未受损失而全胜敌人的盛况。武皇帝曹操在官渡大败袁绍,自以为所获已多,便不再追击逃奔之敌,也是担心军威受挫。”于是,司马昭罢兵。因为淮南地区刚刚平定,朝廷调任王基为征东将军,都督扬州诸军事,晋封东武侯。王基上疏坚决辞让,把功劳归给参谋和辅佐的下属，于是长史、司马等七人都被封侯。

同年，王基母亲去世，朝廷下诏对丧事秘而不宣，并把王基父亲王豹的灵柩迎到洛阳与王基母亲合葬，追赠王豹为北海太守。甘露四年，王基转任征南将军，都督荆州诸军事。常道乡公即皇帝位，为王基增加食邑千户，加上以前所封共五千七百户。还前后分封王基的两个儿子分别为亭侯、关内侯。

景元二年，襄阳太守上表说东吴人邓由等人要来归顺，王基接到诏令"应趁此良机动摇东吴基业"。王基怀疑其中有诈，于是派驿使快速向朝廷陈述意见，并说："嘉平以来，内乱不断，当务之急，在于安定国家，绥抚百姓，不应兴师动众获取战争利益。"司马昭回信说："官员处理事务，多是曲意逢迎，很少有人能坚守自己意见并和上司共商，达致合理共识的。应是精诚感动神祇，因而出现奇迹，使我们一直得到您的忠诚与仁爱，您但有任何规劝指教，均照着您所说的办理。"后来，邓由等人果然没有来投降。

当年王基去世，追赠司空，谥号为景侯。其子王徽承嗣，去世得早。咸熙年间，开设五等爵，因为王基在前朝功勋卓著，改封王基的孙子王廙，而用东武侯余下的食邑赐封王基的另一个儿子为关内侯。司马氏受禅开国，下诏说："已故司空王基功勋卓著，而且立身清廉朴素，不营私产，长期担任要职，家无私财，可以说是身死之后品行更加彰显无遗，完全可以激励世俗之人。特此赐给他家奴婢二人。"

【原文】评曰：徐邈清尚弘通，胡质素业贞粹，王昶开济识度，王基学行坚白，皆掌统方任，垂称著绩。可谓国之良臣，时之彦士矣。

【译文】评论说：徐邈清洁高尚而宽宏通达，胡质操守清白而坚定纯粹，王昶情怀开通美好而识见气度不凡，王基学问杰出而品行坚贞，他们都肩负封疆重任，并且都以功绩巨大而著称于世。可以说都是国家的良臣，风云一时的才德杰出之人了。

三国志

文白对照珍藏版

〔西晋〕陈寿◎著
〔南朝宋〕裴松之◎注
三读国学馆◎编

4

魏书
蜀书

北京燕山出版社

卷二十八　魏书二十八

王毌丘诸葛邓钟传第二十八

王凌　令狐愚

【原文】王凌，字彦云，太原祁人也。叔父允，为汉司徒，诛董卓。卓将李傕、郭汜等为卓报仇，入长安，杀允，尽害其家。凌及兄晨，时年皆少，逾城得脱，亡命归乡里。凌举孝廉，为发干长，①稍迁至中山太守，所在有治，太祖辟为丞相掾属。

①《魏略》曰：凌为长，遇事，髡刑五岁，当道扫除。时太祖车过，问："此何徒？"左右以状对。太祖曰："此子师兄子也，所坐亦公耳。"于是主者选为骁骑主簿。

文帝践阼，拜散骑常侍，出为兖州刺史，与张辽等至广陵讨孙权。临江，夜大风，吴将吕范等船漂至北岸。凌与诸将逆击，捕斩首虏，获舟船，有功，封宜城亭侯，加建武将军，转在青州。是时海滨乘丧乱之后，法度未整。凌布政施教，赏善罚恶，甚有纲纪，百姓称之，不容于口。后从曹休征吴，与贼遇于夹石，休军失利，凌力战决围，休得免难。仍徙为扬、豫州刺史，咸得军民之欢心。始至豫州，旌先贤之后，求未显之士，各有条教，意义甚美。初，凌与司马朗、贾逵友善，及临兖、豫，继其名迹。正始初，为征东将军，假节，都督扬州诸军事。二年，吴大将全琮数万众寇芍陂，凌率诸军逆讨，与贼争塘，力战连日，贼退走。进封南乡侯，邑千三百五十户，迁车骑将军，仪同三司。

是时，凌外甥令狐愚以才能为兖州刺史，屯平阿。舅甥并典兵，专淮南之重。凌就迁为司空。司马宣王既诛曹爽，进凌为太尉，假节钺。凌、愚密协计，谓齐王不任天位，楚王彪长而才，欲迎立彪都许昌。嘉平元年九月，愚遣将张式至白马，与彪相问往来。凌又遣舍人劳精诣洛阳，语子广。广言："废立大事，勿为祸先。"①其十一月，愚复遣式诣彪，未还，会愚病死。②二年，荧惑守南斗，凌谓："斗中有星，当有暴贵者。"③三年春，吴贼塞涂水。凌欲因此发，大严诸军，表求讨贼，诏报不听。凌阴谋滋甚，遣将军杨弘以废立事告兖州刺史黄华，华、弘连名以白太傅司马宣王。宣王将中军乘水道讨凌，先下赦赦凌罪，又将尚书广东，使为书喻凌，大军掩至百尺逼凌，凌自知势穷，乃乘船单出迎宣王，遣掾王彧谢罪，送印绶、节钺。军到丘头，凌面缚水次。宣王承诏遣主簿解缚反服，见凌，慰劳之，还印绶、节钺，遣步骑六百人送还京都。凌至项，饮药死。④宣王遂至寿春，张式等皆自首，乃穷治其事，彪赐死，诸相连者悉夷三族。⑤朝议咸以为："《春秋》之义，齐崔杼、郑归生皆加追戮，陈尸斫棺，载在方策，凌、愚罪宜如旧典"。乃发凌、愚冢，剖棺，暴尸于所近市三日，烧其印绶、朝服，亲土埋之。⑥进弘、华爵为乡侯。广有志尚学行，死时年四十余。⑦

①《汉晋春秋》曰：凌、愚谋，以帝幼制于强臣，不堪为主，楚王彪长而才，欲迎立之，以兴曹氏。凌使人告广，广曰："凡举大事，应本人情。今曹爽以骄奢失民，何平叔虚而不治，丁、毕、桓、邓虽并有宿望，皆专竞于世。加变易朝典，政令数改，所存虽高而事不下接，民习于旧，众莫之从。故虽势倾四海，声震天下，同日斩戮，名士减半，而百姓安之，莫或之哀，失民故也。今懿情虽难量，事未有逆，而擢用贤能，广树胜己，修先朝之政令，副众心之所求。爽之所以为恶者，彼莫不必改，夙夜匪懈，以恤民为先。父子兄弟，并握兵要，未易亡也。"凌不从。

臣松之以为：如此言之类，皆前史所不载，而独出习氏。且制言法体不似于昔，疑悉凿齿所自造者也。

②《魏书》曰：愚，字公治，本名浚，黄初中，为和戎护军。乌丸校尉田豫讨胡有功，小违节度，愚以法绳之。帝怒，械系愚，免官治罪，诏曰："浚何愚！"遂以名之。正始中，为曹爽长史，后出为兖州刺史。◎《魏略》曰：愚闻楚王彪有智勇。初，东郡有讹言云："白马河出妖马，夜过官牧边鸣呼，众马皆应。明日见其迹，大如斛，行数里，还入河中。"又有谣言："白马素羁西南驰，其谁乘者朱虎骑。"楚王小字朱虎，故愚与王凌阴谋立楚王。乃先使人通意于王，言："使君谢王，天下事不可知，愿王自爱！"彪亦阴知其意，答言："谢使君，知厚意也。"

③《魏略》曰：凌闻东平民浩详知星，呼问详。详疑凌有所挟，欲悦其意，不言吴当有死丧，而言"淮南楚分也，今吴、楚同占，当有王者兴"。故凌计遂定。

④《魏略》载凌与太傅书曰："卒闻神军密发，已在百尺，虽知命穷尽，迟于相见，身首分离，不以为恨，前后遣使，有书未得还报，企踵西望，无物以譬。昨遣书之后，便乘船来相迎，宿丘头，旦发于浦口，奉被露布赦书，又得二十三日况，累纸诲示，闻命惊愕，五内失守，不知何地可以自处。仆久忝朝恩，历试无效，统御戎马，董齐东夏，事有阙废，中心犯义，罪在三百，妻子同县，无所祷矣。不图圣恩天覆地载，横蒙视息，复睹日月。亡甥令狐愚携惑群小之言，仆即时呵抑，使不得竟其语。既人已知，神明所鉴，夫非事无阴，卒至发露，知此枭夷之罪也。生我者父母，活我者子也。"又重曰："身陷刑罪，谬蒙赦宥。今遣掾送印绶，顷至，当如诏书自缚归命。虽足下私之，官法有分。"及到，如书。太傅使人解其缚。凌既蒙赦，加怙旧好，不复自疑，径乘小船自趣太傅。太傅使人逆止之，住船淮中，相去十余丈。凌知见外，乃遥谓太傅曰："卿直以折简召我，我当敢不至邪？而乃引军来乎！"太傅曰："以卿非肯逐折简者故也。"凌曰："卿负我！"太傅曰："我宁负卿，不负国家。"遂使人送来西。凌自知罪重，试索棺钉，以观太傅意，太傅给之。凌行到项，夜呼掾属与决曰："行年八十，身名并灭邪！"遂自杀。◎干宝《晋纪》曰：凌到项，见贾逵祠在水侧，凌呼曰："贾梁道，王凌固忠于魏之社稷者，唯尔有神知之。"其年八月，太傅有疾，梦凌、逵为疠，甚恶之，遂薨。

⑤《魏略》载：山阳单固，字恭夏，为人有器实。正始中，兖州刺史令狐愚与固父伯龙善，辟固，欲以为别驾。固不乐为州吏，辞以疾。愚礼意愈厚，固不欲应。固母夏侯氏谓固曰："使君与汝父久善，故命汝不止，汝亦故当仕进，自可往耳。"固不获已，遂往，

与兼治中从事杨康并为愚腹心。后愚与王凌通谋，康、固皆知其计。会愚病，康应司徒召诣洛阳，固亦以疾解禄。康在京师露其事，太傅乃东取王凌。到寿春，固见太傅，太傅问曰："卿知其事为邪？"固对："不知。"太傅曰："且置近事。问卿，令狐反乎？"固又曰："无。"而杨康白事，事与固连。遂收捕固及家属，皆系廷尉，考实数十，固故云："无有。"太傅录杨康，与固对相诘。固辞穷，乃骂康曰："老庸既负使君，又灭我族，顾汝当活邪！"辞定，事上，须报廷尉，以旧皆听得与其母妻子相见。固见其母，不仰视，其母知其惭也，字谓之曰："恭夏，汝本自不欲应州郡也，我强故耳。汝为人吏，自当尔耳。此自门户衰，我无恨也。汝本意与我语。"固终不仰，又不语，以至于死。初，杨康自以白其事，冀得封拜，后以辞颇参错，亦并斩。临刑，俱出狱，固又骂康曰："老奴，汝死自分耳。若令死者有知，汝何面目以行地下也！"

⑥ 干宝《晋纪》曰：兖州武吏东平马隆，托为愚家客，以私财更殡葬，行服三年，种植松柏。一州之士愧之。

⑦《魏氏春秋》曰：广，字公渊。弟飞枭、金虎，并才武过人。太傅尝从容问蒋济，济曰："凌文武俱赡，当今无双。广等志力，有美于父耳。"退而悔之，告所亲曰："吾此言，灭人门宗矣。"◎《魏末传》曰：凌少子，字明山，最知名。善书，多技艺，人得其书，皆以为法。走向太原，追军及之，时有飞鸟集桑树，随枝低印，举弓射之即倒，追人乃止不复进。明山投亲家食，亲家告吏，乃就执之。

【译文】王凌，字彦云，太原郡祁县人。叔父王允，任汉朝司徒，诛杀了董卓。董卓部将李傕、郭汜等为董卓报仇，攻入长安，杀死王允，诛灭了他的全家。王凌和他的哥哥王晨，当时都还年幼，翻越城墙脱险，四处逃亡后回到家乡。后来他被举荐为孝廉，出任发干县县长，逐渐升到中山郡太守，所到之处都有政绩，太祖曹操任命他为丞相掾吏。

文帝曹丕即位，任命王凌为散骑常侍，出任兖州刺史，和张辽等人一起到广陵讨伐孙权。到达长江后，夜里突然狂风大作，孙吴大将吕范等人的船只被吹到了北岸。王凌和众将官迎头痛击吴军，斩杀敌人将领，缴获敌人船只，立下战功，被封为宜城亭侯，加授建武将军，转任青州刺史。当时青州海滨地区受汉末大乱的影响，法制很不健全。王凌宣布政令实施教化，赏善罚恶，很有条理，老百姓都忍不住交口称赞。后来他随从曹休征伐孙吴，在夹石与敌军遭遇，曹休军队失利，他拼死力战突出重围，使曹休免遭歼灭。又先后转任扬州、豫州的刺史，所任都能得到当地军民的拥护。刚到豫州时，他表彰当地先贤的后代，访求没有出名的人才，下达了一系列指示和命令，昭示他美好的心意。起初，王凌和兖州刺史司马朗、豫州刺史贾逵友善，等他到兖州、豫州当刺史后，继承了他们在任时留下的美好声名和事迹。正始初年，王凌任征东将军，持有节杖，都督扬州诸军事。正始二年，孙吴大将全琮带领数万人马进攻芍陂，王凌率诸军迎战，与敌人争夺芍陂的水塘，连日奋战，敌人终于退走。王凌被晋封为南乡侯，封邑一千三百五十户，又升任车骑将军，仪同三司。

当时，王凌的外甥令狐愚才能出众，担任兖州刺史，驻扎在平阿县。他们舅甥俩都统领兵马，承担守卫淮南边境要地的重任。王凌升任司空。司马懿杀死曹爽后，提升王凌为太尉，授予他节杖、斧钺。王凌、令狐愚秘密商议，认为继承帝位的齐王曹芳不能胜任帝位，楚王曹彪年纪较大又有才能，想另立曹彪为皇帝，建都许昌。嘉平元年九月，令狐愚派部将张式到白马县，探望曹彪并建立联系。王凌又派心腹侍从劳精到洛阳，向儿子王广述说他们的打算。王广说："废黜和拥立皇帝是一件大事，切勿成为祸事的带头人。"这年十一月，令狐愚又派张式去看曹彪，张式还未回来，令狐愚就病死了。嘉平二年，火星出现并停留在二十八宿中斗宿的位置上，王凌说："斗宿中有星，预示要出现一位突然显贵的人物。"嘉平三年春天，孙吴出动大军堵塞涂水。王凌想借此机会开始行动，于是大规模动员军队，上奏朝廷请求讨伐孙吴入侵之敌，皇帝下诏不同意。王凌加紧策划，派部将杨弘把他废立皇帝的打算告诉兖州刺史黄华，黄华、杨弘连名把此事报告给太傅司马懿。司马懿立即出动京城驻军由水路前往讨伐王凌，先下达赦免令，赦免王凌的罪行，又带着王凌的儿子尚书王广一起出发，让王广写信劝告父亲投降，大军突然到达百尺堰紧逼王凌，王凌自知大势已去，于是只身乘船来迎接司马懿，派下属王彧前去认罪，并上交印绶、节杖、斧钺。大军行进到丘头，王凌赤裸上身双手反绑站在河岸边。司马懿秉承皇帝的诏命，派主簿解开王凌的绳索让他回去穿上衣服，他召见王凌，给予慰问，又还给王凌印绶、节杖、斧钺，指派六百步兵和骑兵把王凌送回京城。王凌走到项县，饮毒药自杀。司马懿继续前进到寿春，张式等人自首，他深入追查这一事件，曹彪被赐死，凡与此事有关的人物都被诛灭三族。朝廷大臣议论之后认为："按照《春秋》的大义，齐国的崔杼、郑国的归生都在死后被追加死刑，戮尸劈棺，这都记载在史籍中，王凌、令狐愚的罪行也应按照古代的法典处理。"于是挖开王凌、令狐愚的坟墓，劈开棺材，在邻近街市暴尸三天，又把他们的印绶、官服一起烧掉，然后把裸露的尸体直接丢进墓坑草草掩埋。杨弘、黄华晋爵为乡侯。王凌的儿子王广很有志向，学问和品行都不错，被处死的时候四十多岁。

毌丘俭

【原文】毌丘俭，字仲恭，河东闻喜人也。父兴，黄初中为武威太守，伐叛柔服，开通河右，名次金城太守苏则。讨贼张进及讨叛胡有功，封高阳乡侯。① 入为将作大匠。俭袭父爵，为平原侯文学。明帝即位，为尚书郎，迁羽林监。以东宫之旧，甚见亲待。出为洛阳典农。时取农民以治宫室，俭上疏曰："臣愚以为天下所急除者二贼，所急务者衣食。诚使二贼不灭，士民饥冻，虽崇美宫室，犹无益也。"迁荆州刺史。

①《魏名臣奏》载雍州刺史张既表曰："河右遐远，丧乱弥久，武威当诸郡路道喉辖之要，加民夷杂处，数有兵难。领太守毌丘兴到官，内抚吏民，外怀羌、胡，卒使柔附，为官效用。黄华、张进初图逆乱，扇动左右，兴志气忠烈，临难不顾，为将校民夷陈说祸福，言则涕泣。于时男女万口，咸怀感激，形毁发乱，誓心致命。寻率精兵踧胁张掖，济拔领太守杜通、西海太守张睦。张掖番和、骊靬二县吏民及郡杂胡弃恶诣兴，兴皆安恤，使尽力田。兴每所历，尽竭心力，诚国之良吏。殿下即位，留心万机，苟有毫毛之善，必

有赏录，臣伏缘圣旨，指陈其事。”

青龙中，帝图讨辽东，以俭有干策，徙为幽州刺史，加度辽将军，使持节，护乌丸校尉。率幽州诸军至襄平，屯辽隧。右北平乌丸单于寇娄敦、辽西乌丸都督率众王护留等、昔随袁尚奔辽东者，率众五千余人降。寇娄敦遣弟阿罗槃等诣阙朝贡，封其渠率二十余人为侯、王，赐舆马缯彩各有差。公孙渊逆与俭战，不利，引还。明年，帝遣太尉司马宣王统中军及俭等众数万讨渊，定辽东。俭以功进封安邑侯，食邑三千九百户。

正始中，俭以高句骊数侵叛，督诸军步骑万人出玄菟，从诸道讨之。句骊王宫将步骑二万人，进军沸流水上，大战梁口，[①] 宫连破走。俭遂束马县车，以登丸都，屠句骊所都，斩获首虏以千数。句骊沛者名得来，数谏宫，[②] 宫不从其言。得来叹曰：“立见此地将生蓬蒿。”遂不食而死，举国贤之。俭令诸军不坏其墓，不伐其树，得其妻子，皆放遣之。宫单将妻子逃窜。俭引军还。六年，复征之，宫遂奔买沟。俭遣玄菟太守王颀追之，[③] 过沃沮千有余里，至肃慎氏南界，刻石纪功，刊丸都之山，铭不耐之城。诸所诛纳八千余口，论功受赏，侯者百余人。穿山溉灌，民赖其利。

① 梁，音渴。

② 臣松之案《东夷传》：沛者，句骊国之官名。

③《世语》曰：颀，字孔硕，东莱人。晋永嘉中大贼王弥，颀之孙。

迁左将军，假节，监豫州诸军事，领豫州刺史，转为镇南将军。诸葛诞战于东关，不利，乃令诞、俭对换。诞为镇南，都督豫州。俭为镇东，都督扬州。吴太傅诸葛恪围合肥新城，俭与文钦御之，太尉司马孚督中军东解围，恪退还。

初，俭与夏侯玄、李丰等厚善。扬州刺史、前将军文钦，曹爽之邑人也，骁果粗猛，数有战功，好增虏获，以徼宠赏，多不见许，怨恨日甚。俭以计厚待钦，情好欢洽。钦亦感戴，投心无贰。正元二年正月，有彗星数十丈，西北竟天，起于吴、楚之分，俭、钦喜，以为己祥。遂矫太后诏，罪状大将军司马景王，移诸郡国，举兵反。迫胁淮南将守诸别屯者，及吏民大小，皆入寿春城，为坛于城西，歃血称兵为盟，分老弱守城，俭、钦自将五六万众渡淮，西至项。俭坚守，钦在外为游兵。[①]

① 俭、钦等表曰：“故相国懿，匡辅魏室，历事忠贞，故烈祖明皇帝授以寄托之任。懿戮力尽节，以宁华夏。又以齐王聪明，无有秽德，乃心勤尽，忠以辅上，天下赖之。懿欲讨灭二虏以安宇内，始分军粮，克时同举，未成而薨。齐王以懿有辅己大功，故遂使师承统懿业，委以大事。而师以盛年在职，无疾托病，坐拥强兵，无有臣礼，朝臣非之，义士讥之，天下所闻，其罪一也。懿造计取贼，多舂军粮，克期有日。师为大臣，当除国难，又为人子，当卒父业。哀声未绝而便罢息，为臣不忠，为子不孝，其罪二也。贼退过东关，坐自起众，三征同进，丧众败绩，历年军实，一旦而尽，致使贼来，天下骚动，死伤流离，其罪三也。贼举国悉众，号五十万，来向寿春，图诣洛阳，会太尉孚与臣等建计，乃杜塞要险，不与争锋，还固新城。淮南将士，冲锋履刃，昼夜相守，勤瘁百日，死者涂地，自魏有军已来，为难苦甚，莫过于此。而师遂意自由，不论封赏，权势自在，无所领录，其罪四也。故中书令李丰等，以师无人臣节，欲议退之。师知而请丰，其夕拉杀，载

尸埋棺。丰等为大臣，帝王腹心，擅加酷暴，死无罪名，师有无君之心，其罪五也。懿每叹说齐王自堪人主，君臣之义定。奉事以来十有五载，始欲归政，按行武库，诏问禁兵不得妄出。师自知奸慝，人神所不祐，矫废君主，加之以罪。孚，师之叔父，性甚仁孝，追送齐王，悲不自胜。群臣皆怒，而师怀忍，不顾大义，其罪六也。又，故光禄大夫张缉，无罪而诛，夷其妻子，并及母后，逼恐至尊，强催督遣，临时哀愕，莫不伤痛，而师称庆，反以欢喜，其罪七也。陛下践阼，聪明神武，事经圣心，欲崇省约，天下闻之，莫不欢庆，而师不自改悔，修复臣礼，而方征兵募士，毁坏宫内，列侯自卫。陛下即阼，初不朝觐。陛下欲临幸师舍以省其疾，复拒不通，不奉法度，其罪八也。近者领军许允当为镇北，以厨钱给赐，而师举奏加辟，虽云流徙，道路饿杀，天下闻之，莫不哀伤，其罪九也。三方之守，一朝阙废，多选精兵，以自营卫，五营领兵，阙而不补，多载器杖，充聚本营，天下所闻，人怀愤怨，讹言盈路，以疑海内，其罪十也。多休守兵，以占高第，以空虚四表，欲擅强势，以逞奸心，募取屯田，加其复赏，阻兵安忍，坏乱旧法。合聚诸藩王公以著邺，欲悉诛之，一旦举事废主。天不长恶，使目肿不成，其罪十一也。臣等先人皆随从太祖武皇帝征讨凶暴，获成大功，与高祖文皇帝即受汉禅，开国承家，犹尧舜相传也。臣与安丰护军郑翼、庐江护军吕宣、太守张休、淮南太守丁尊、督守合肥护军王休等议，各以累世受恩，千载风尘，思尽躯命，以完全社稷安主为效。斯义苟立，虽焚妻子，吞炭漆身，死而不恨也。按师之罪，宜加大辟，以彰奸慝。《春秋》之义，一世为善，十世宥之。懿有大功，海内所书，依古典议，废师以侯就第。弟昭，忠肃宽明，乐善好士，有高世君子之度，忠诚为国，不与师同。臣等碎首所保，可以代师辅导圣躬。太尉孚，忠孝小心，所宜亲宠，授以保傅。护军散骑常侍望，忠公亲事，当官称能，奉迎乘舆，有宿卫之功，可为中领军。《春秋》之义，大义灭亲，故周公诛弟，石碏戮子，季友鸩兄，上为国计，下全宗族。殛鲧用禹，圣人明典，古今所称。乞陛下下臣等所奏，朝堂博议。臣言当道，使师逊位避贤者，罢兵去备，如三皇旧法，则天下协同。若师负势恃众不自退者，臣等率将所领，昼夜兼行，惟命是授。臣等今日所奏，惟欲使大魏永存，使陛下得行君意，远绝亡之祸，百姓安全，六合一体，使忠臣义士，不愧于三皇五帝耳。臣恐兵起，天下扰乱，臣辄上事，移三征及州郡国典农，各安慰所部吏民，不得妄动，谨具以状闻。惟陛下爱养精神，明虑危害，以宁海内。师专权用势，赏罚自由，闻臣等举众，必下诏禁绝关津，使驿书不通，擅复征调，有所收捕。此乃师诏，非陛下诏书，在所皆不得复承用。臣等道远，惧文书不得皆通，辄临时赏罚，以便宜从事，须定集上也。”

大将军统中外军讨之，别使诸葛诞督豫州诸军从安风津拟寿春，征东将军胡遵督青、徐诸军出于谯、宋之间，绝其归路。大将军屯汝阳，使监军王基督前锋诸军据南顿以待之。令诸军皆坚壁勿与战。俭、钦进不得斗，退恐寿春见袭，不得归，计穷不知所为。淮南将士，家皆在北，众心沮散，降者相属，惟淮南新附农民为之用。大将军遣兖州刺史邓艾督泰山诸军万余人至乐嘉，示弱以诱之，大将军寻自洙至。钦不知，果夜来欲袭艾等，会明，见大军兵马盛，乃引还。① 大将军纵骁骑追击，大破之，钦遁走。是日，俭闻钦战败，恐惧夜走，众溃。比至慎县，左右人兵稍弃俭去，俭独与小弟秀及孙重藏水边草中。安风津都尉部民张属就射杀俭，传首京都。属封侯。秀、重走入吴。将士诸为俭、钦所迫胁者，悉归降。②

①《魏氏春秋》曰：钦中子俶，小名鸯。年尚幼，勇力绝人，谓钦曰："及其未定，击之可破也。"于是分为二队，夜夹攻军。俶率壮士先至，大呼大将军，军中震扰。钦后期不应。会明，俶退，钦亦引还。◎《魏末传》曰：殿中人姓尹，字大目，小为曹氏家奴，常侍在帝侧，大将军将俱行。大目知大将军一目已突出，启云："文钦本是明公腹心，但为人所误耳，又天子乡里。大目昔为文钦所信，乞得追解语之，令还与公复好。"大将军听遣大目单身往，乘大马，被铠胄，追文钦，遥相与语。大目心实欲曹氏安，谬言："君侯何苦若不可复忍数日中也！"欲使钦解其旨。钦殊不悟，乃更厉声骂大目："汝先帝家人，不念报恩，而反与司马师作逆，不顾上天，天不祐汝！"乃张弓傅矢欲射大目，大目涕泣曰："世事败矣，善自努力也。"

② 钦与郭淮书曰："大将军昭伯与太傅俱受顾命，登床把臂，托付天下，此远近所知。后以势利，乃绝其祀，及其亲党，皆一时之俊，可为痛心，奈何奈何！公侯恃与大司马公恩亲分著，义贯金石，当此之时，想益毒痛，有不可堪也。王太尉嫌其专朝，潜欲举兵，事竟不捷，复受诛夷，害及楚王，想甚追恨。太傅既亡，然其子师继承父业，肆其虐暴，日月滋甚，放主杀后，残戮忠良，包藏祸心，遂至篡弑。此可忍也，孰不可忍？钦以名义大故，事君有节，忠愤内发，忘寝与食，无所吝顾也。会毌丘子邦自与父书，腾说公侯，尽事主之义，欲奋白发，同符太公，惟须东问，影响相应，闻问之日，能不慷慨！是以不顾妻孥之痛，即与毌丘镇东举义兵三万余人，西趋京师，欲扶持王室，扫除奸逆。企踵西望，不得声问，鲁望高子，不足喻急。夫当仁不让，况救君之难，度道远艰，故不果期要耳。然同舟共济，安危势同，祸痛已连，非言饰所解，自公侯所明也。共事曹氏，积信魏朝，行道之人，皆所知见。然在朝之士，冒利偷生，烈士所耻，公侯所贱，贾竖所不忍为也，况当涂之士邪？军屯住项，小人以闰月十六日别进兵，就于乐嘉城讨师，师之徒众，寻时崩溃，其所斩截，不复訾原，但当长驱径至京师，而流言先至，毌丘不复详之，更谓小人为误，诸军便尔瓦解。毌丘还走，追寻释解，无所及。小人还项，复遇王基等十二军追寻毌丘，进兵讨之，即时克破，所向全胜，要那后无继何？孤军梁昌，进退失所，还据寿春，寿春复走，狼狈踬阂，无复他计，惟当归命大吴，借兵乞食，继踵伍员耳。不若仆隶，如何快心！复君之仇，永使曹氏少享血食，此亦大国之所祐念也。想公侯不使程婴、杵臼擅名于前代，而使大魏独无鹰扬之士与？今大吴敦崇大义，深见愍悼。然仆于国大分连接，远同一势，日欲俱举，瓜分中国，不愿偏取以为己有。公侯必欲共忍师胸怀，宜广大势，恐秦川之卒不可孤举。今者之计，宜屈己伸人，托命归汉，东西俱举，尔乃可克定师党耳。深思鄙言，若愚计可从，宜使汉军克制期要，使六合校考，与周、召同封，以托付儿孙。此亦非小事也，大丈夫宁处其落落，是以远呈忠心，时望嘉应。"时郭淮已卒，钦未知，故有此书。

《世语》曰：毌丘俭之诛，党与七百余人，传侍御史杜友治狱，惟举首事十人，余皆奏散。友字季子，东郡人，仕晋冀州刺史、河南尹。子默，字世玄，历吏部郎、卫尉。

俭子甸为治书侍御史，先时知俭谋将发，私出将家属逃走新安灵山上。别攻下之，夷俭三族。[①]

①《世语》曰：甸，字子邦，有名京邑。齐王之废也，甸谓俭曰："大人居方岳重任，国倾覆而晏然自守，将受四海之责。"俭然之。大将军恶其为人也。及俭起兵，问屈頫所在，云："不来，无能为也。"俭初起兵，遣子宗四人入吴。太康中，吴平，宗兄弟皆还中国。宗字子仁，有俭风，至零陵太守。宗子奥，巴东监军、益州刺史。

习凿齿曰：毌丘俭感明帝之顾命，故为此役。君子谓毌丘俭事虽不成，可谓忠臣矣。夫竭节而赴义者我也，成之与败者时也，我苟无时，成何可必乎？忘我而不自必，乃所以为忠也。古人有言："死者复生，生者不愧。"若毌丘俭可谓不愧也。

钦亡入吴，吴以钦为都护，假节，镇北大将军、幽州牧、谯侯。[①]

① 钦降吴表曰："禀命不幸，常隶魏国，两绝于天。虽侧伏隅都，自知无路。司马师滔天作逆，废害二主，辛、癸、高、莽，恶不足喻。钦累世受魏恩，乌鸟之情，窃怀愤踊，在三之义，期于弊仆。前与毌丘俭、郭淮等俱举义兵，当共讨师，扫除凶孽，诚臣偻偻愚管所执。智虑浅薄，微节不骋，进无所依，悲痛切心。退惟不能扶翼本朝，抱愧俯仰，靡所自厝。冒缘古义，固有所归，庶假天威，得展万一，僵仆之日，亦所不恨。辄相率将，归命圣化，惭偷苟生，非辞所陈。谨上还所受魏使持节、前将军、山桑侯印绶。临表惶惑，伏须罪诛。"

《魏书》曰：钦，字仲若，谯郡人。父稷，建安中为骑将，有勇力。钦少以名将子材武见称。魏讽反，钦坐与讽辞语相连，及下狱，掠笞数百，当死，太祖以稷故赦之。太和中，为五营校督，出为牙门将。钦性刚暴无礼，所在倨傲陵上，不奉官法，辄见奏遣，明帝抑之。后复以为淮南牙门将，转为庐江太守、鹰扬将军。王凌奏钦贪残，不宜抚边，求免官治罪，由是征钦还。曹爽以钦乡里，厚养待之，不治钦事。复遣还庐江，加冠军将军，贵宠逾前。钦以故益骄，好自矜伐，以壮勇高人，颇得虚名于三军。曹爽诛后，进钦为前将军以安其心，后代诸葛诞为扬州刺史。自曹爽之诛，钦常内惧，与诸葛诞相恶，无所与谋。会诞去兵，毌丘俭往，乃阴共结谋。战败走，昼夜间行，追者不及，遂得入吴，孙峻厚待之。钦虽在他国，不能屈节下人，自吕据、朱异等诸大将皆憎疾之，惟峻常左右之。

【译文】毌丘俭，字仲恭，河东郡闻喜县人。其父毌丘兴，黄初年间任武威郡太守，讨伐叛逆，安抚顺从的人，开通河西地区，名声仅次于金城郡太守苏则。因为讨伐发动叛乱的张进和少数民族立下军功，他被封为高阳乡侯。又入朝任将作大匠。毌丘兴死后毌丘俭继承父亲的爵位，并担任平原侯文学。曹叡即位为明帝，毌丘俭任尚书郎，升任羽林监。因为他是明帝的老下属，所以很受明帝厚待。出任洛阳典农中郎将。当时明帝下令征调农民修筑宫殿，毌丘俭上奏说："依愚臣看来，天下最需要消灭的是吴、蜀二贼，最需要出力的是让百姓丰衣足食。如果二贼不被消灭，士兵百姓饥寒交迫，即使宫殿再高大华美，也还是没有益处的。"后来他升任荆州刺史。

青龙年间，明帝打算讨伐辽东的公孙渊，因为毌丘俭有才干和策略，调他任幽州刺史，加授度辽将军，使持节，兼任护乌丸校尉。他率领幽州各军到达襄平，在辽隧扎下大营。右北平郡的乌丸族单于寇娄敦、辽西郡的乌丸族首领护留等人，以及从前追随袁尚逃奔辽东的将领，率领五千多人前来投降。寇娄敦派弟弟阿罗槃等到京城朝见天子并进贡，朝廷赐封来归降的首领二十多人为侯、王，又分别赐予他们车马和彩色丝织品等作为奖赏。公孙渊出兵迎战，毌丘俭作战不利，狼狈退回。第二年，皇帝派太尉司马懿统领京城驻军及毌丘俭等共数万人讨伐公孙渊，一举平定了辽东。毌丘俭因功晋封为安邑侯，封邑三千九百户。

齐王曹芳正始年间，毌丘俭因为高句丽国多次入侵边境，于是率领一万步兵和骑兵出兵玄菟郡，兵分几路征讨高句丽。高句丽的国王位宫率兵二万，进军沸流水的上游，两军在梁口展开一场激战，位宫接连被打败，只好逃走。毌丘俭乘胜追击，用布包裹马蹄，抬起车轮，越过险峻的高山，直趋高句丽国的都城丸都，攻破丸都后大肆屠杀，斩首和俘虏的敌军数以千计。当初，高句丽国一个叫得来的官员，多次劝位宫不要与魏国作对，位宫不听劝告。得来感叹说："这里马上就要变成荒草丛生的废墟了。"然后绝食而死，全国都认为他是一个贤人。毌丘俭到丸都后向部队下达命令，不许损坏得来的坟墓，不准砍伐他坟墓周围的树木，又把他被俘虏的妻子儿女，全部释放。位宫带着妻子儿女逃走。毌丘俭领兵返回。正始六年，毌丘俭再度讨伐高句丽，位宫逃到买沟。毌丘俭派玄菟郡太守王颀追位宫，他率军穿过沃沮国行进一千多里，直至肃慎国的南部边界，在石碑上刻下文字记述战功，先后在丸都的山上和不耐城中刻石立碑。总共斩杀和俘虏了八千多人，论功受赏，封侯的有一百多人。毌丘俭又在当地开山修渠引水灌溉，老百姓受益颇多。

毌丘俭升任左将军，被授予节杖，监豫州诸军事，兼任豫州刺史，又转任镇南将军。诸葛诞在东关作战，失利，朝廷命令毌丘俭、诸葛诞二人对换职务。诸葛诞任镇南将军，指挥豫州各路军队。毌丘俭为镇东将军，指挥扬州各路军队。孙吴的太傅诸葛恪包围合肥新城，毌丘俭与文钦合力抵御，太尉司马孚统领京城驻军东下，赶来解围，诸葛恪撤军。

当初，毌丘俭和夏侯玄、李丰等交情深厚。扬州刺史、前将军文钦，是曹爽的老乡，骁勇果断，粗暴凶猛，多次立下战功，喜欢虚报俘虏的人数，以获取奖赏，而朝廷往往不给，因此他日益怨恨朝廷。毌丘俭想方设法笼络文钦，两人关系极为融洽。文钦对毌丘俭感恩戴德，忠心不二。正元二年正月，天空中出现了一颗大彗星，运行的轨迹有几十丈长，朝着西北方向一直移动到天边，彗星开始出现的地方是古代吴、楚两国对应的星区，毌丘俭、文钦十分高兴，认为这是自己的祥瑞征兆。于是他们假传皇太后的旨意，列举罪行声讨大将军司马师，又向各个郡国发布公文，举兵反叛。他们胁迫淮南各营将士，以及官员百姓，都进入寿春城，在城西设坛，歃血为盟，把老弱留下来守城，毌丘俭、文钦亲自统领五六万大军渡淮河，向西推进到项县。毌丘俭在项县城中固守，文钦在城外游动作战。

大将军司马师出动京城内外的驻军讨伐他们，另外派诸葛诞率领豫州各路军队从安风津逼近寿春，征东将军胡遵率领青州、徐州的各路军队出兵谯县、宋县之间，以断绝叛军的退路。大将军司马师自己率兵驻扎在汝阳县，派监军王基统领前锋各军据守南顿县，等待迎击毌丘俭的部队。司马师命令各路军队在壁垒中固守，不要与对方交战。毌丘俭、文钦向前不能战斗，向后退回寿春又怕遭到袭击，进退两难，无计可施。而他们手下的淮南各军将士，家属都在北方，所以军心涣散，纷纷投降，只有淮南新近来归附他们的农民愿意为他们效力。大将军司马师派兖州刺史邓艾指挥泰山郡的各路军队一万多人到乐嘉，装作兵力弱小不堪一击的样子，诱使毌丘俭、文钦出击，而自己则紧跟着带领主力大军从汝阳赶到。文钦不知是计，果然在夜间想出兵袭击邓艾，等到天亮，看见对方兵强马壮，人数众多，连忙撤回军队。司马师派出精锐骑兵追击，大败文钦，文钦落荒而逃。这一天，毌丘俭听说文钦战败，心中害怕，趁黑夜率军，余众溃散。到了慎县，毌丘俭身边的士兵逐渐跑光了，他和小弟毌丘秀、孙儿毌丘重三人藏在水边的草中。安风津都尉的部下张属，射死毌丘俭，把他的头颅用驿车送往京城，张属因此被封侯。毌丘秀、毌丘重二人向南逃到孙吴。凡是被毌丘俭、文钦所胁迫的将士，全都投降。

毌丘俭的儿子毌丘甸在朝中任治书侍御史，他先前得知毌丘俭将要举兵起事，于是悄悄带着家属逃到新安县境内的灵山上据守。后来被朝廷的军队攻克，诛灭了毌丘俭的三族。

文钦逃到孙吴，孙吴任命他为都护，授予节杖，担任镇北大将军、幽州牧，封为谯侯。

诸葛诞　唐咨

【原文】诸葛诞，字公休，琅邪阳都人，诸葛丰后也。初以尚书郎为荥阳令，① 入为吏部郎。人有所属托，辄显其言而承用之，后有当否，则公议其得失以为褒贬，自是群僚莫不慎其所举。累迁御史中丞、尚书，与夏侯玄、邓飏等相善，收名朝廷，京都翕然。言事者以诞、飏等修浮华，合虚誉，渐不可长。明帝恶之，免诞官。② 会帝崩，正始初，玄等并在职，复以诞为御史中丞、尚书，出为扬州刺史，加昭武将军。

①《魏氏春秋》曰：诞为郎，与仆射杜畿试船陶河，遭风覆没，诞亦俱溺。虎贲浮河救诞，诞曰："先救杜侯。"诞飘于岸，绝而复苏。

②《世语》曰：是时，当世俊士散骑常侍夏侯玄、尚书诸葛诞、邓飏之徒，共相题表，以玄、畴四人为四聪，诞、备八人为八达，中书监刘放子熙、孙资子密、吏部尚书卫臻子烈三人，咸不及比，以父居势位，容之为三豫，凡十五人。帝以构长浮华，皆免官废锢。

王凌之阴谋也，太傅司马宣王潜军东伐，以诞为镇东将军，假节，都督扬州诸军事，封山阳亭侯。诸葛恪兴东关，遣诞督诸军讨之，与战，不利。还，徙为镇南将军。

后毌丘俭、文钦反，遣使诣诞，招呼豫州士民。诞斩其使，露布天下，令知俭、钦凶逆。大将军司马景王东征，使诞督豫州诸军，渡安风津向寿春。俭、钦之破也，诞先至寿春。寿春中十余万口，闻俭、钦败，恐诛，悉破城门出，流迸山泽，或散走入吴。以诞久在淮南，乃复以为镇东大将军，仪同三司，都督扬州。吴大将孙峻、吕据、留赞等闻淮南乱，会文钦往，乃帅众将钦径至寿春。时诞诸军已至，城不可攻，乃走。诞遣将军蒋班追击之，斩赞，传首，收其印节。进封高平侯，邑三千五百户，转为征东大将军。

诞既与玄、飏等至亲，又王凌、毌丘俭累见夷灭，惧不自安，倾帑藏振施以结众心，厚养亲附及扬州轻侠者数千人为死士。① 甘露元年冬，吴贼欲向徐堨，计诞所督兵马足以待之，而复请十万众守寿春，又求临淮筑城以备寇，内欲保有淮南。朝廷微知诞有自疑心，以诞旧臣，欲入度之。二年五月，征为司空。诞被诏书，愈恐，遂反。召会诸将，自出攻扬州刺史乐綝，杀之。② 敛淮南及淮北郡县屯田口十余万官兵，扬州新附胜兵者四五万人，聚谷足一年食，闭城自守。遣长史吴纲将小子靓至吴请救。③ 吴人大喜，遣将全怿、全端、唐咨、王祚等，率三万众，密与文钦俱来应诞，以诞为左都护、假节、大司徒、骠骑将军、青州牧、寿春侯。是时镇南将军王基始至，督诸军围寿春，未合。咨、钦等从城东北，因山乘险，得将其众突入城。

①《魏书》曰：诞赏赐过度。有犯死罪者，亏制以活之。

②《世语》曰：司马文王既秉朝政，长史贾充以为宜遣参佐慰劳四征，于是遣充至寿春。充还启文王："诞再在扬州，有威名，民望所归。今征，必不来，祸小事浅；不征，事迟祸大。"乃以为司空。书至，诞曰："我作公当在王文舒后，今便为司空！不遣使者，健步赍书，使以兵付乐綝，此必綝所为。"乃将左右数百人至扬州，扬州人欲闭门，诞叱曰："卿非我故吏邪！"径入，綝逃上楼，就斩之。◎《魏末传》曰：贾充与诞相见，谈说时事，因谓诞曰："洛中诸贤，皆愿禅代，君所知也。君以为云何？"诞厉色曰："卿非贾豫州子？世受魏恩，如何负国，欲以魏室输人乎？非吾所忍闻。若洛中有难，吾当死之。"充默然。诞既被征，请诸牙门置酒饮宴，呼牙门从兵，皆赐酒令醉，谓众人曰："前作千人铠仗始成，欲以击贼，今当还洛，不复得用，欲暂出，将见人游戏，须臾还耳；诸君且止。"乃严鼓将士七百人出。乐綝闻之，闭州门。诞历南门宣言曰："当还洛邑，暂出游戏，扬州何为闭门见备？"前至东门，东门复闭，乃使兵缘城攻门，州人悉走，因风放火，焚其府库，遂杀綝。诞表曰："臣受国重任，统兵在东。扬州刺史乐綝专诈，说臣与吴交通，又言被诏当代臣位，无状日久。臣奉国命，以死自立，终无异端。忿綝不忠，辄将步骑七百人，以今月六日讨綝，即日斩首，函头驿马传送。若圣朝明臣，臣即魏臣；不明臣，臣即吴臣。不胜发愤有日，谨拜表陈愚，悲感泣血，哽咽断绝，不知所如，乞朝廷察臣至诚。"

臣松之以为：《魏末传》所言，率皆鄙陋。疑诞表言曲，不至于此也。

③《世语》曰：黄初末，吴人发长沙王吴芮冢，以其砖于临湘为孙坚立庙。芮容貌如生，衣服不朽。后豫发者见吴纲，曰："君何类长沙王吴芮，但微短耳。"纲瞿然曰："是先祖也，君何由见之？"见者言所由，纲曰："更葬不？"答曰："即更葬矣。"自芮之卒年至冢发，四百余年，纲，芮之十六世孙矣。

六月，车驾东征，至项。大将军司马文王督中外诸军二十六万众，临淮讨之。大将军屯丘头，使基及安东将军陈骞等四面合围，表里再重，堑垒甚峻。又使监军石苞、兖州刺史州泰等，简锐卒为游军，备外寇。钦等数出犯围，逆击走之。吴将朱异再以大众来迎诞等，渡黎浆水，泰等逆与战，每摧其锋。孙綝以异战不进，怒而杀之。城中食转少，外救不至，众无所恃。将军蒋班、焦彝，皆诞爪牙计事者也，弃诞，逾城自归大将军。[①] 大将军乃使反间，以奇变说全怿等，怿等率众数千人开门来出。城中震惧，不知所为。

①《汉晋春秋》曰：蒋班、焦彝言于诸葛诞曰："朱异等以大众来而不能进，孙綝杀异而归江东，外以发兵为名，而内实坐须成败，其归可见矣。今宜及众心尚固，士卒思用，并力决死，攻其一面，虽不能尽克，犹可有全者。"文钦曰："江东乘战胜之威久矣，未有难北方者也。况公今举十余万之众内附，而钦与全端等皆同居死地，父兄子弟尽在江表，就孙綝不欲，主上及其亲戚岂肯听乎？且中国无岁无事，军民并疲，今守我一年，势力已困，异图生心，变故将起，以往准今，可计日而望也。"班、彝固劝之，钦怒，而诞欲杀班。二人惧，且知诞之必败也，十一月，乃相携而降。

三年正月，诞、钦、咨等大为攻具，昼夜五六日攻南围，欲决围而出。[①] 围上诸军，临高以发石车火箭逆烧破其攻具，弩矢及石雨下，死伤者蔽地，血流盈堑。复还入城，城内食转竭，降出者数万口。钦欲尽出北方人，省食，与吴人坚守，诞不听，由是争恨。钦素与诞有隙，徒以计合，事急愈相疑。钦见诞计事，诞遂杀钦。钦子鸯及虎将兵在小城中，闻钦死，勒兵驰赴之，众不为用。鸯、虎单走，逾城出，自归大将军。军吏请诛之，大将军令曰："钦之罪不容诛，其子固应当戮，然鸯、虎以穷归命，且城未拔，杀之是坚其心也。"乃赦鸯、虎，使将兵数百骑驰巡城，呼语城内云："文钦之子犹不见杀，其余何惧？"表鸯、虎为将军，各赐爵关内侯。城内喜且扰，又日饥困，诞、咨等智力穷。大将军乃自临围，四面进兵，同时鼓噪登城，城内无敢动者。诞窘急，单乘马，将其麾下突小城门出。大将军司马胡奋部兵逆击，斩诞，传首，夷三族。诞麾下数百人，坐不降见斩，皆曰："为诸葛公死，不恨。"其得人心如此。[②] 唐咨、王祚及诸裨将皆面缚降，吴兵万众，器仗军实山积。

①《汉晋春秋》曰：文钦曰："蒋班、焦彝谓我不能出而走，全端、全怿又率众逆降，此敌无备之时也，可以战矣。"诞及唐咨等皆以为然，遂共悉众出攻。

② 干宝《晋纪》曰：数百人拱手为列，每斩一人，辄降之，竟不变，至尽，时人比之田横。吴将于诠曰："大丈夫受命其主，以兵救人，既不能克，又束手于敌，吾弗取也。"乃免胄冒阵而死。

初围寿春，议者多欲急攻之，大将军以为："城固而众多，攻之必力屈，若有外寇，表里受敌，此危道也。今三叛相聚于孤城之中，天其或者将使同就戮，吾当以全策縻之，可坐而制也。"诞以二年五月反，三年二月破灭。六军按甲，深沟高垒，而诞自困，竟不烦攻而克。[①] 及破寿春，议者又以为："淮南仍为叛逆，吴兵室家在江南，不可纵，宜悉坑之。"大将军以为："古之用兵，全国为上，戮其元恶而已。吴兵就得亡还，适可以示中国之弘耳。"一无所杀，分布三河近郡以安处之。

① 干宝《晋纪》曰：初，寿春每岁雨潦，淮水溢，常淹城邑。故文王之筑围也，诞笑之曰："是固不攻而自败也。"及大军之攻，亢旱逾年。城既陷，是日大雨，围垒皆毁。

诞子靓，字仲思，吴平还晋。靓子恢，字道明，位至尚书令，追赠左光禄大夫开府。

唐咨本利城人。黄初中，利城郡反，杀太守徐箕，推咨为主。文帝遣诸军讨破之，咨走入海，遂亡至吴，官至左将军，封侯，持节。诞、钦屠戮，咨亦生禽，三叛皆获，天下快焉。[①] 拜咨安远将军，其余裨将咸假号位，吴众悦服。江东感之，皆不诛其家。其淮南将吏士民诸为诞所胁略者，惟诛其首逆，余皆赦之。听鸯、虎收敛钦丧，给其车牛，致葬旧墓。[②]

①《傅子》曰：宋建椎牛祷塞，终自焚灭。文钦日祠祭事天，斩于人手。诸葛诞夫妇聚会神巫，淫祀求福，伏尸淮南，举族诛夷。此天下所共见，足为明鉴也。

② 习凿齿曰：自是天下畏威怀德矣。君子谓司马大将军于是役也，可谓能以德攻矣，夫建业者异矣，各有所尚，而不能兼并也。故穷武之雄毙于不仁，存义之国丧于懦退。今一征而禽三叛，大虏吴众，席卷淮浦，俘馘十万，可谓壮矣。而未及安坐，赏王基之功；种惠吴人，结异类之情；宠鸯葬钦，忘畴昔之隙；不咎诞众，使扬土怀愧。功高而人乐其成，业广而敌怀其德，武昭既敷，文算又洽，推此道也，天下其孰能当之哉？赏王基，语在《基传》。

鸯，一名俶。《晋诸公赞》曰，俶后为将军，破凉州虏，名闻天下。太康中为东夷校尉、假节。当之职，入辞武帝，帝见而恶之，托以他事免俶官。东安公繇，诸葛诞外孙，欲杀俶，因诛杨骏，诬俶谋逆，遂夷三族。

【译文】诸葛诞，字公休，琅邪郡阳都县人，是汉朝名臣诸葛丰的后代。起初任尚书郎，后出朝任荥阳县令，又入朝任吏部郎。他在职时人们常常托人情向他推荐做官人选，他总是把别人嘱托他的话公开说出来，然后才任用被推荐的人，以后这个人当官称不称职，他都在公开场合加以议论给予褒贬，从此官员们向他推荐人时都很谨慎。他逐渐升任御史中丞、尚书，与夏侯玄、邓飏等人关系很好，在朝廷颇有名声，京城人士都对他交口称赞。一些官员认为诸葛诞、邓飏等人相互吹捧拉帮结派，传播虚名，此风不可长。魏明帝对此极为厌恶，罢免了诸葛诞的职务。明帝死，正始初年，夏侯玄等人都在朝任职，朝廷又任命诸葛诞为御史中丞、尚书，出朝任扬州刺史，加授昭武将军。

王凌密谋另立皇帝，太傅司马懿暗中出动大军东下讨伐，任命诸葛诞为镇东将军，授予他节杖，都督扬州诸军事，封他为山阳亭侯。孙吴大将诸葛恪围攻东关，朝廷派诸葛诞统领大军迎战，出兵失利。退还后，改任镇南将军。

后来毌丘俭、文钦反叛，派人来联络诸葛诞，让他召集豫州军民参与反叛。诸葛诞把毌丘俭、文钦派来的使者斩首，并发布公告把毌丘俭、文钦的阴谋公之于世，让人们知道他们凶恶叛逆的行为。大将军司马师出兵平叛，命令诸葛诞指挥豫州各军，渡过安风津逼向寿春。毌丘俭、文钦被打败后，诸葛诞率先抵达寿春。寿春城中有十多万人，听说毌丘俭、文钦失败，害怕被杀，都纷纷突破城门出逃，流亡到山间沼泽，有的逃窜到孙吴。朝廷认为诸葛诞在淮南任职时间长，又任命他为镇东大将军，仪同三司，指挥扬州各路军队。孙吴大将孙峻、吕据、留赞等听说曹魏淮南发生动乱，碰巧文钦又前来投奔，于是出动大军带着文钦直奔寿春。这时诸葛诞已经到达寿春，吴军无法攻下城池，只得退兵。诸葛诞派手下部将蒋班追击，将留赞杀死，将他的头颅砍下，用驿车送往京城，又缴获了留赞的印绶、节杖。诸葛诞因功晋封高平侯，封邑三千五百户，又转任征东大将军。

诸葛诞与夏侯玄、邓飏等人极为友好，又因为王凌、毌丘俭的家族先后被诛灭，恐惧不安，于是把储藏的财物都拿出来赈济百姓以笼络人心，以优厚的待遇供养亲信和扬州的侠客，共计数千人，让他们作为敢死队的勇士。甘露元年冬天，孙吴打算进攻徐堨，当时诸葛诞所统领的兵力足以对付吴军，但他又请求朝廷派十万人马来帮助镇守寿春，又请求沿淮河修筑城池以防备敌人，其实他的内心是想保护淮南自己的地盘。朝廷暗中了解到诸葛诞对朝廷已有疑惧，但考虑到他毕竟是老臣，想征调他入京任职考察他。甘露二年五月，朝廷征召诸葛诞入朝任司空。诸葛诞接到诏书，更加恐慌，于是举兵反叛。他召集各军将领举行会议，然后亲自出兵攻击扬州刺史乐綝，将其杀死。他聚集了淮南淮北各郡县的十多万屯田官兵，又在扬州新近来投奔的百姓中挑选出能够拿起武器作战的四五万人，储备了足够吃一年的粮食，闭城死守。另派长史吴纲领着自己的小儿子诸葛靓到孙吴请求救援。吴人得知后大喜，派将领全怿、全端、唐咨、王祚等人，统兵三万，悄悄与文钦一起接应诸葛诞，任命诸葛诞为左都护，授予节杖，担任大司徒、骠骑将军、青州刺史，封寿春侯。这时，镇南将军王基刚到，正指挥各军包围寿春，包围还没形成，唐咨、文钦等趁机从城东北，凭借险峻的山势，率众冲进城中。

六月，魏帝东征，抵达项县。大将军司马昭指挥京城内外的驻军二十六万，逼近淮河讨伐叛逆。司马昭驻扎在丘头，派王基和安东将军陈骞等四面合围，把寿春城包围了两层，堑壕壁垒又深又高。他又派监军石苞与兖州刺史州泰等人，挑选精锐兵马作为游击部队，防备孙吴进犯。文钦等人多次出兵冲击包围圈，都被迎头击退。吴将朱异又率领大军来接应诸葛诞等，渡过黎浆河，州泰等人与吴军交战，多次打退吴军的进攻。吴军的主帅孙綝因为朱异出战不胜，一怒之下杀了朱异。这时寿春城中粮食日渐减少，外援又等不到，无依无靠。将军蒋班、焦彝，都是为诸葛诞领兵征战并出谋划策的亲信部下，这时也舍弃了诸葛诞，翻越城墙向司马昭投降。司马昭于是利用反间计，以奇计策反了全怿等人，全怿等人率领军队几千人开寿春城门出寿春城。城中人人震恐，不知所措。

甘露三年正月，诸葛诞、文钦、唐咨等大量制造进攻的器械，连续五六天不分昼夜向南强攻，企图突围而出。包围的军队从高处用发石车发射石块，发射带火的箭烧毁他们的攻城器械，石块和弩箭像雨点一般落下来，城中满地都是死伤的人，鲜血流满堑壕。诸葛诞等人又退进城去死守，城内粮食开始紧缺，出城投降的前后有数万人。文钦想把北方人全都驱赶出去，以便节省粮食，与孙吴人一起坚守，诸葛诞不接受这种做法，因此两人产生争执和怨恨。文钦素来与诸葛诞不和，只不过出于权宜之计而联合，事情紧急时就更不相信对方。文钦去见诸葛诞商议军事，诸葛诞趁机杀掉文钦。

文钦的儿子文鸯、文虎领兵在小城中驻扎，听说父亲被杀，指挥部队赶去报仇，而他们的部下却不肯效力。于是文鸯、文虎独自逃走，翻城墙出城，投奔司马昭。魏军的执法官请求处死他们兄弟二人，司马昭下达指令说："文钦罪大恶极，处死也不能抵罪，他的儿子本就该杀，但是文鸯、文虎是在走投无路的情况下投降的，而且现今城池还未攻下，杀了他们俩就会坚定城中官兵死守的决心。"于是赦免文鸯、文虎，又让他们带领几百名骑兵在城外沿城飞驰，同时向城中高喊："文钦的儿子都没有被处死，其他人还怕什么？"司马昭又上奏皇帝任命文鸯、文虎为将军，分别封关内侯。城内的人心中高兴蠢蠢欲动，加上粮草不足日益饥饿困顿，诸葛诞、唐咨等人力竭智穷。司马昭亲自督阵，下令四面进攻，千军万马同时呐喊登城，而城内无人敢于抵抗。诸葛诞窘急万分，只好骑马带着士兵从小城门突围。大将军手下的司马胡奋率兵迎击，斩了诸葛诞，司马昭下令用驿车把诸葛诞的头颅送往京城，诛灭诸葛诞的三族。诸葛诞的侍从有数百人，因为拒不投降被处死，他们都说："为诸葛公而死，死而无憾！"诸葛诞得人心能达到如此程度。唐咨、王祚和各个副将都反绑双手投降，俘虏吴兵一万多人，缴获的武器和军用物资堆积如山。

当初大军包围寿春的时候，很多人都建议赶快强行攻城，司马昭却认为："寿春的城池坚固而守军人马众多，强攻必然费力很大，如果再有外援夹击，内外受敌，这是极其危险的。而今诸葛诞、文钦、唐咨三个叛将一起聚在孤城之中，上天好像要让他们一起接受死刑，我应当用万全之策束缚他们，可以安然坐着制服这些叛贼。"诸葛诞在甘露二年五月反叛，三年二月失败灭亡。大军按兵不动，挖深沟、筑高垒，而诸葛诞困守孤城，最终不用强攻而自破。等到攻破寿春，很多人又认为："淮南地区多次出现反叛，被俘虏的一万多孙吴士兵的家属在江南，不能释放他们，应当将吴兵士全部活埋。"司马昭认为："古来用兵之道，以保全敌国民众为上策，只诛杀罪魁祸首而已。就算是将来孙吴士兵又逃跑回去，也正好可以向孙吴展示中原魏国的宽宏大量啊。"于是他下令吴军降兵一律不杀，把他们分开安置在京城附近的河东、河内、河南三郡居住。

唐咨本来是利城郡人。黄初年间，利城郡出现叛乱，叛军杀死太守徐箕，推举唐咨为首领。魏文帝派兵讨伐，唐咨逃到海上，从海上逃到孙吴，官至左将军，封侯，持节。诸葛诞、文钦被杀，唐咨也被活捉，三个叛将同时落网，天下拍手称快。投降的唐咨被任命为安远将军，其他投降的低级将领都得到官衔职位，吴国兵士心悦诚服。孙吴被魏国的做法感动，也没有诛杀投降魏国的吴军将士家属。淮南的将士官民受到诸葛诞胁迫而参加叛乱的，只杀首恶，其余的全部赦免。还让文鸯、文虎兄弟收殓文钦的尸首，给他们提供车马，让他们运文钦的尸体回老家的祖坟安葬。

邓艾　州泰

【原文】邓艾，字士载，义阳棘阳人也。少孤，太祖破荆州，徙汝南，为农民养犊。年十二，随母至颍川，读故太丘长陈寔碑文，言"文为世范，行为士则"，艾遂自名范，字士则。后宗族有与同者,故改焉。为都尉学士,以口吃,不得作干佐,为稻田守丛草吏。同郡吏父怜其家贫,资给甚厚,艾初不称谢。每见高山大泽,辄规度指画军营处所,时人多笑焉。后为典农纲纪,上计吏,因使见太尉司马宣王。宣王奇之,辟之为掾,[①]迁尚书郎。

①《世语》曰:邓艾少为襄城典农部民,与石苞皆年十二三。谒者阳翟郭玄信,武帝监军郭诞元奕之子。建安中,少府吉本起兵许都,玄信坐被刑在家,从典农司马求人御,以艾、苞与御,行十余里,与语,悦之,谓二人皆当远至为佐相。艾后为典农功曹,奉使诣宣王,由此见知,遂被拔擢。

时欲广田畜谷,为灭贼资,使艾行陈、项已东至寿春。艾以为:"田良水少,不足以尽地利,宜开河渠,可以引水浇溉,大积军粮,又通运漕之道。"乃著《济河论》以喻其指。又以为:"昔破黄巾,因为屯田,积谷于许都以制四方。今三隅已定,事在淮南,每大军征举,运兵过半,功费巨亿,以为大役。陈、蔡之间,土下田良,可省许昌左右诸稻田,并水东下。令淮北屯二万人,淮南三万人,十二分休,常有四万人,且田且守。水丰常收三倍于西,计除众费,岁完五百万斛以为军资。六七年间,可积三千万斛于淮上,此则十万之众五年食也。以此乘吴,无往而不克矣。"宣王善之,事皆施行。正始二年,乃开广漕渠,每东南有事,大军兴众,泛舟而下,达于江、淮,资食有储而无水害,艾所建也。

出参征西军事,迁南安太守。嘉平元年,与征西将军郭淮拒蜀偏将军姜维。维退,淮因西击羌。艾曰:"贼去未远,或能复还,宜分诸军以备不虞。"于是留艾屯白水北。三日,维遣廖化自白水南向艾结营。艾谓诸将曰:"维今卒还,吾军人少,法当来渡而不作桥。此维使化持吾,令不得还,维必自东袭取洮城。"洮城在水北,去艾屯六十里。艾即夜潜军径到,维果来渡,而艾先至据城,得以不败。赐爵关内侯,加讨寇将军,后迁城阳太守。

是时并州右贤王刘豹并为一部,艾上言曰:"戎狄兽心,不以义亲,强则侵暴,弱则内附,故周宣有猃狁之寇,汉祖有平城之困。每匈奴一盛,为前代重患。自单于在外,莫能牵制长卑。诱而致之,使来入侍。由是羌夷失统,合散无主。以单于在内,万里顺轨。今单于之尊日疏,外土之威寖重,则胡虏不可不深备也。闻刘豹部有叛胡,可因叛割为二国,以分其势。去卑功显前朝,而子不继业,宜加其子显号,使居雁门。离国弱寇,追录旧勋,此御边长计也。"又陈:"羌胡与民同处者,宜以渐出之,使居民表崇廉耻之教,塞奸宄之路。"大将军司马景王新辅政,多纳用焉。迁汝南太守,至则寻求昔所厚己吏父,久已死,遣吏祭之,重遗其母,举其子与计吏。艾所在,荒野开辟,军民并丰。

诸葛恪围合肥新城,不克,退归。艾言景王曰:"孙权已没,大臣未附,吴名宗大族,皆有部曲,阻兵仗势,足以建命。恪新秉国政,而内无其主,不念抚恤上下以立根基,竞于外事,虐用其民,悉国之众,顿于坚城,死者万数,载祸而归,此恪获罪之日也。昔子胥、吴起、商鞅、乐毅皆见任时君,主没而败。况恪才非四贤,而不虑大患,其亡可待也。”恪归,果见诛。迁兖州刺史,加振威将军。上言曰:“国之所急,惟农与战。国富则兵强,兵强则战胜。然农者,胜之本也。孔子曰:‘足食足兵。’食在兵前也。上无设爵之劝,则下无财畜之功。今使考绩之赏,在于积粟富民,则交游之路绝,浮华之原塞矣。”

【译文】邓艾,字士载,义阳郡棘阳县人。从小就死了父亲,太祖曹操攻破荆州后,他迁移到汝南郡,为当地农民放牛。十二岁时,邓艾随着母亲来到颍川郡,读到已故太丘县长陈寔墓前的碑文,其中有“文章是世间的典范,品行是士人的准则”两句话,邓艾就自己给自己取名叫范,字士则。后来因为他的宗族中已有叫这个名字的人,所以他又改用现在的名字。任都尉学士,因为有口吃的毛病,不能做官府的办事员,只能担任稻田看守粮草的小吏。同郡一个小吏的父亲怜悯他家贫穷,大力资助他,邓艾完全不表示感谢。每当他看到高山大湖,总是比比画画,考虑如果在这里打仗,该在何处安营扎寨之类的军事问题,当时的人常常嘲笑他。后来他担任典农中郎将的主簿,上计吏,被派遣去拜见太尉司马懿。司马懿认为邓艾很不寻常,于是任命他作为自己的下属,后又升任尚书郎。

当时朝廷想大开荒地积蓄粮食,为消灭孙吴准备物资,于是派遣邓艾到陈、项等县以东地区直到寿春县巡察。邓艾认为:“这一片地区虽然土地肥沃,但是水少,不能够充分发挥土地的效益,应当开挖河渠,既可以引水灌溉,广积军粮,又能够开通漕运的水路。”于是写了一篇《济河论》来阐明自己的意图。他又认为:“从前太祖击破青州黄巾军之后,就推行屯田制度,在许都积聚了许多粮食来征服和控制天下。而今东、北、西三方的局势已定,重大的战事都集中在淮南,每逢大军南征,用于运输物资的兵力就要超过一半,人力和财力耗费巨大,成为百姓承担的一大劳役项目。而陈县、上蔡县之间,地势低平,田地肥沃,我认为可以减省许昌周围的稻田,把河水集中起来向东引到下游的陈县、上蔡县之间来灌溉土地。然后在淮河以北屯兵二万人,淮河以南屯兵三万人,按十分之二的比例轮休,经常保持四万人,一面种田一面戍守边境。收成好的时候,产量将是许都地区的三倍,扣除各种费用,每年可以净余五百万斛粮食作为军事储备。六七年间,就能在淮河一线积蓄三千万斛粮食,足够十万军队吃上五年。凭借这些积蓄进攻孙吴,无往而不胜。”司马懿认为邓艾的建议极好,完全照他所说的那样实施。正始二年,正式开始挖掘和拓宽漕渠,每当东南有战事发生,魏朝大军出动,就可以乘船而下,直达长江、淮河一带,不仅灌溉了农田储积起粮食,而且消除了水害,这都出自邓艾的策略。

后来他出任参征西军事,升任南安郡太守。嘉平元年,他与征西将军郭淮一起抵御蜀汉偏将军姜维的进犯。姜维撤退后,郭淮借势向西袭击羌族人住地。邓艾说:“敌军撤离后走得还不远,可能又杀回来,应当分兵防备,以免不测。”于是郭淮留邓艾驻守在白水的北岸。三天以后,姜维果然派遣廖化从白水的南岸向邓艾营地逼近扎营。邓艾对众将说:“姜维突然反扑回来,我军人少,按照兵法他们应当强渡白水而不会建桥。这是姜维想让廖化来牵制我,使我们不能回撤,姜维本人一定会从东边袭击洮城。"洮城在白水以北,离邓艾的兵营有六十里。邓艾立即在当晚悄悄领兵直奔洮城,姜维果然渡过白水发起偷袭,但邓艾已事先占据了洮城,魏军才得以免遭失败。邓艾因此被赐关内侯爵位,加授讨寇将军,不久又升任城阳郡太守。

当时并州境内的匈奴族右贤王刘豹将分散的匈奴合并为一部,邓艾上奏朝廷说:"那些夷族具有野兽之心,不讲道义,强大时就侵犯边境,衰弱时就归附朝廷,所以周宣王时有猃狁入侵,汉高祖刘邦被匈奴包围在平城。每当匈奴强盛,都会成为从前王朝的大祸患。匈奴族的单于远居塞外,朝廷对匈奴的上上下下无法控制。所以太祖武皇帝才引诱匈奴的单于前来,把他扣留在邺城作为人质。从此之后西部的羌族失去依靠,时合时分群龙无首。这都是因为单于留在内地,才使得辽阔万里的边境上的少数民族都遵从朝廷的法度。而今留在邺城的匈奴单于地位日益降低,在外面的右贤王刘豹声威却逐渐增大,对此我们不能不好生防备。听说刘豹的手下有人背叛他,我们可以趁机将匈奴分割成两部分,以削弱刘豹的势力。过去匈奴的右贤王去卑在汉朝曾保护过献帝立下功劳,但是他的儿子未能继承他的权位,可以赐给他儿子显贵的爵号,让他驻守在雁门郡。分离匈奴的国家,以此削弱他们的势力,又对他们过去的功劳追加奖赏,这正是控制边疆的最好计策啊。"又上奏说:"凡是羌族人在内地与汉民杂居的,应当逐渐把他们迁回边境地区,使内地居民重视礼义廉耻的教化,堵塞犯法作乱的途径。"大将军司马师刚刚辅佐朝政,对邓艾的建议多有采用。后来邓艾升任汝南郡太守,一到那里他就寻找从前接济过自己的那位同郡小吏的父亲,结果老人早就死了,于是他派人到坟前祭祀,赐给那位小吏的老母一批厚礼,又举荐他的儿子给本郡的计吏。邓艾在各地任职期间,荒野得到开垦,军民丰衣足食。

吴将诸葛恪围攻合肥新城,未能得手,只得撤退。邓艾对司马师说:"孙权已死,而文武大臣对新君主并不衷心拥护,吴国的著名世家大族,都拥有私家武装,他们凭借军队依仗势力,足以违抗吴主命令。诸葛恪刚刚主持朝政,但国内缺少有威信的君主,他不考虑如何安抚上下以便稳定基础,却忙着对外打仗,残酷驱使百姓,出动全国的兵力攻打合肥这座坚固的城池,死者数以万计,结果失败带着无穷的祸患狼狈逃回,这正是他承受罪过自取灭亡的时候。从前的伍子胥、吴起、商鞅、乐毅,都曾得到当时自己国家君主的重用,但是君主一死他们也就随之失败了。何况诸葛恪的才能还比不上上述四位贤能之士,不考虑处境之危,他的败亡已是指日可待了。"诸葛恪回去后,果然被杀。邓艾升任兖州刺史,加授振威将军。他上奏说:"现今国家最急迫的事,就是发展农业和加强战备。国家富裕,军队才会强盛;军队强盛,作战才能取胜。可见发展农业,乃是取胜的根本。孔子说:'粮食充足,兵力充足。'把粮食放在兵力前面。如果朝廷不设立爵位之类的奖赏作鼓励,那么下面的官员就不会努力发展农业以积蓄粮食储备。现今如果把对官员的政绩考核,集中在是否能积储粮食使百姓富裕上,这样就能断绝人事请托的途径,堵塞拉帮结派相互吹捧的根源。"

【原文】高贵乡公即尊位,进封方城亭侯。毌丘俭作乱,遣健步赍书,欲疑惑大众,艾斩之,兼道进军,先趣乐嘉城,作浮桥。司马景王至,遂据之。文钦以后大军破败于城下,艾追之至丘头。钦奔吴。吴大将军孙峻等号十万众,将渡江,镇东将军诸葛诞遣艾据肥阳。艾以与贼势相远,非要害之地,辄移屯附亭,遣泰山太守诸葛绪等于黎浆拒战,遂走之。其年征拜长水校尉。以破钦等功,进封方城乡侯,行安西将军。解雍州刺史王经围于狄道,姜维退驻钟提,乃以艾为安西将军,假节,领护东羌校尉。议者多以为维力已竭,未能更出。艾曰:"洮西之败,非小失也。破军杀将,仓廪空虚,百姓流离,几于危亡。今以策言之,彼有乘胜之势,我有虚弱之实,一也。彼上下相习,五兵犀利,我将易兵新,器杖未复,二也。彼以船行,吾以陆军,劳逸不同,三也。狄道、陇西、南安、祁山,各当有守,彼专为一,我分为四,四也。从南安、陇西,因食羌谷,若趣祁山,熟麦千顷,为之县饵,五也。贼有黠数,其来必矣。"顷之,维果向祁山,闻艾已有备,乃回从董亭趣南安,艾据武城山以相持。维与艾争险,不克,其夜,渡渭东行,缘山趣上邽,艾与战于段谷,大破之。

甘露元年诏曰:"逆贼姜维连年狡黠,民夷骚动,西土不宁。艾筹画有方,忠勇奋发,斩将十数,馘首千计,国威震于巴、蜀,武声扬于江、岷。今以艾为镇西将军、都督陇右诸军事,进封邓侯。分五百户封子忠为亭侯。"二年,拒姜维于长城,维退还。迁征西将军,前后增邑凡六千六百户。景元三年,又破维于侯和,维却保沓中。四年秋,诏诸军征蜀,大将军司马文王皆指授节度,使艾与维相缀连,雍州刺史诸葛绪要维,令不得归。艾遣天水太守王颀等直攻维营,陇西太守牵弘等邀其前,金城太守杨欣等诣甘松。维闻钟会诸军已入汉中,引退还。欣等追蹑于强川口,大战,维败走。闻雍州已塞道,屯桥头,从孔函谷入北道,欲出雍州后。诸葛绪闻之,却还三十里。维入北道三十余里,闻绪军却,寻还,从桥头过,绪趣截维,较一日不及。维遂东引,还守剑阁。钟会攻维未能克。艾上言:"今贼摧折,宜遂乘之,从阴平由邪径经汉德阳亭趣涪,出剑阁西百里,去成都三百余里,奇兵冲其腹心。剑阁之守必还赴涪,则会方轨而进。剑阁之军不还,则应涪之兵寡矣。《军志》有之曰:'攻其无备,出其不意。'今掩其空虚,破之必矣。"

冬十月,艾自阴平道行无人之地七百余里,凿山通道,造作桥阁。山高谷深,至为艰险,又粮运将匮,频于危殆。艾以毡自裹,推转而下。将士皆攀木缘崖,鱼贯而进。先登至江由,蜀守将马邈降。蜀卫将军诸葛瞻自涪还绵竹,列陈待艾。艾遣子惠唐亭侯忠等出其右,司马师纂等出其左。忠、纂战不利,并退还,曰:"贼未可击。"艾怒曰:"存亡之分,在此一举,何不可之有?"乃叱忠、纂等,将斩之。忠、纂驰还更战,大破之,斩瞻及尚书张遵等首,进军到雒。刘禅遣使奉皇帝玺绶,为笺诣艾请降。

艾至成都,禅率太子诸王及群臣六十余人面缚舆榇诣军门,艾执节解缚焚榇,受而宥之。检御将士,无所虏略,绥纳降附,使复旧业,蜀人称焉。辄依邓禹故事,承制拜禅行骠骑将军,太子奉车、诸王驸马都尉,蜀群司各随高下拜为王官,或领艾官属。以师纂领益州刺史,陇西太守牵弘等领蜀中诸郡。使于绵竹筑台以为京观,用彰战功。士卒死事者,皆与蜀兵同共埋藏。艾深自矜伐,谓蜀士大夫曰:"诸君赖遭某,故得有今日耳。如遇吴汉之徒,已殄灭矣。"又曰:"姜维自一时雄儿也,与某相值,故穷耳。"

有识者笑之。

十二月，诏曰："艾曜威奋武，深入虏庭，斩将搴旗，枭其鲸鲵，使僭号之主，稽首系颈，历世逋诛，一朝而平。兵不逾时，战不终日，云彻席卷，荡定巴蜀。虽白起破强楚，韩信克劲赵，吴汉禽子阳，亚夫灭七国，计功论美，不足比勋也。其以艾为太尉，增邑二万户，封子二人亭侯，各食邑千户。"[①] 艾言司马文王曰："兵有先声而后实者，今因平蜀之势以乘吴，吴人震恐，席卷之时也。然大举之后，将士疲劳，不可便用，且徐缓之。留陇右兵二万人，蜀兵二万人，煮盐兴冶，为军农要用，并作舟船，豫顺流之事，然后发使告以利害，吴必归化，可不征而定也。今宜厚刘禅以致孙休，安士民以来远人。若便送禅于京都，吴以为流徙，则于向化之心不劝。宜权停留，须来年秋冬，比尔吴亦足平。以为可封禅为扶风王，锡其资财，供其左右。郡有董卓坞，为之宫舍。爵其子为公侯，食郡内县，以显归命之宠。开广陵、城阳以待吴人，则畏威怀德，望风而从矣。"文王使监军卫瓘喻艾："事当须报，不宜辄行。"艾重言曰："衔命征行，奉指授之策，元恶既服。至于承制拜假，以安初附，谓合权宜。今蜀举众归命，地尽南海，东接吴会，宜早镇定。若待国命，往复道途，延引日月。《春秋》之义，大夫出疆，有可以安社稷，利国家，专之可也。今吴未宾，势与蜀连，不可拘常以失事机。兵法，进不求名，退不避罪。艾虽无古人之节，终不自嫌以损于国也。"钟会、胡烈、师纂等皆白艾所作悖逆，变衅以结。诏书槛车征艾。[②]

①《袁子》曰：诸葛亮，重人也，而骤用蜀兵，此知小国弱民难以久存也。今国家一举而灭蜀，自征伐之功，未有如此之速者也。方邓艾以万人入江由之危险，钟会以二十万众留剑阁而不得进，三军之士已饥，艾虽战胜克将，使刘禅数日不降，则二将之军难以反矣。故功业如此之难也。国家前有寿春之役，后有灭蜀之劳，百姓贫而仓廪虚，故小国之虑，在于时立功以自存，大国之虑，在于既胜而力竭。成功之后，戒惧之时也。

②《魏氏春秋》曰：艾仰天叹曰："艾忠臣也，一至此乎！白起之酷，复见于今日矣。"

艾父子既囚，钟会至成都，先送艾，然后作乱。会已死，艾本营将士追出艾槛车，迎还。瓘遣田续等讨艾，遇于绵竹西，斩之。子忠与艾俱死，余子在洛阳者悉诛，徙艾妻子及孙于西城。[①]

①《汉晋春秋》曰：初艾之下江由也，以续不进，欲斩，既而舍之。及瓘遣续，谓曰："可以报江由之辱矣。"杜预言于众曰："伯玉其不免乎！身为名士，位望已高，既无德音，又不御下以正，是小人而乘君子之器，将何以堪其责乎？"瓘闻之，不俟驾而谢。《世语》曰：师纂亦与艾俱死。纂性急少恩，死之日体无完皮。

初，艾当伐蜀，梦坐山上而有流水，以问殄虏护军爰邵，邵曰："按《易》卦，山上有水曰《蹇》。《蹇》繇曰：蹇，利西南，不利东北。'孔子曰：'蹇利西南，往有功也；不利东北，其道穷也。'往必克蜀，殆不还乎！"艾怃然不乐。[①]

① 荀绰《冀州记》曰：邵起自干吏，位至卫尉。长子翰，河东太守。中子敞，大司农。少子倩，字君幼，宽厚有器局，勤于当世，历位冀州刺史、太子右卫率。翰子俞，字世都，清贞贵素，辩于论议，采公孙龙之辞以谈微理。少有能名，辟太尉府，稍历显位，至侍中、

中书令，迁为监。

臣松之按，《蹇》彖辞云"蹇利西南，往得中也"，不云"有功"。下云"利见大人，往有功也"。

泰始元年，晋室践阼，诏曰："昔太尉王凌谋废齐王，而王竟不足以守位。征西将军邓艾，矜功失节，实应大辟。然被书之日，罢遣人众，束手受罪，比于求生遂为恶者，诚复不同。今大赦得还，若无子孙者听使立后，令祭祀不绝。"三年，议郎段灼上疏理艾曰："艾心怀至忠而荷反逆之名，平定巴蜀而受夷灭之诛，臣窃悼之。惜哉，言艾之反也！艾性刚急，轻犯雅俗，不能协同朋类，故莫肯理之。臣敢言艾不反之状。昔姜维有断陇右之志，艾修治备守，积谷强兵。值岁凶旱，艾为区种，身被乌衣，手执耒耜，以率将士。上下相感，莫不尽力。艾持节守边，所统万数，而不难仆虏之劳，士民之役，非执节忠勤，孰能若此？故落门、段谷之战，以少击多，摧破强贼。先帝知其可任，委艾庙胜，授以长策。艾受命忘身，束马县车，自投死地，勇气陵云，士众乘势，使刘禅君臣面缚，叉手屈膝。艾功名以成，当书之竹帛，传祚万世。七十老公，反欲何求？艾诚恃养育之恩，心不自疑，矫命承制，权安社稷。虽违常科，有合古义，原心定罪，本在可论。钟会忌艾威名，构成其事。忠而受诛，信而见疑，头县马市，诸子并斩，见之者垂泣，闻之者叹息。陛下龙兴，阐弘大度，释诸嫌忌，受诛之家，不拘叙用。昔秦民怜白起之无罪，吴人伤子胥之冤酷，皆为立祠。今天下民人为艾悼心痛恨，亦犹是也。臣以为艾身首分离，捐弃草土，宜收尸丧，还其田宅。以平蜀之功，绍封其孙，使阖棺定谥，死无余恨。赦冤魂于黄泉，收信义于后世，葬一人而天下慕其行，理一魂而天下归其义，所为者寡而悦者众矣。"九年，诏曰："艾有功勋，受罪不逃刑，而子孙为民隶，朕常愍之。其以嫡孙朗为郎中。"

艾在西时，修治障塞，筑起城坞。泰始中，羌虏大叛，频杀刺史，凉州道断。吏民安全者，皆保艾所筑坞焉。[①]

①《世语》曰：咸宁中，积射将军樊震为西戎牙门，得见辞，武帝问震所由进，震自陈曾为邓艾伐蜀时帐下将，帝遂寻问艾，震具申艾之忠，言之流涕。先是以艾孙朗为丹水令，由此迁为定陵令。次孙千秋有时望，光禄大夫王戎辟为掾。永嘉中，朗为新都太守，未之官，在襄阳失火，朗及母妻子举室烧死，惟子韬子行得免。千秋先卒，二子亦烧死。

艾州里时辈南阳州泰，亦好立功业，善用兵，官至征虏将军，假节，都督江南诸军事。景元二年薨，追赠卫将军，谥曰壮侯。[①]

①《世语》曰：初，荆州刺史裴潜以泰为从事，司马宣王镇宛，潜数遣诣宣王，由此为宣王所知。及征孟达，泰又导军，遂辟泰。泰频丧考、妣、祖，九年居丧，宣王留缺待之，至三十六日，擢为新城太守。宣王为泰会，使尚书钟繇调泰："君释褐登宰府，三十六日拥麾盖，守兵马郡。乞儿乘小车，一何驶乎？"泰曰："诚有此。君，名公之子，少有文采，故守吏职。猕猴骑土牛，又何迟也！"众宾咸悦。后历兖、豫州刺史，所在有筹算绩效。

【**译文**】高贵乡公曹髦即皇帝位，晋封邓艾为方城亭侯。毌丘俭起兵反叛，他派遣使者给邓艾送去书信，想迷惑大众，邓艾杀死信使，日夜兼程进军，直奔乐嘉城，制造浮桥。随后司马师赶到,得以占据这一军事要冲。文钦因为后来才赶到,所以大军被击败在城下,邓艾乘胜追击到丘头。文钦逃奔到孙吴。孙吴大将军孙峻等人率领号称十万人的大军,将要渡过长江入侵,镇东将军诸葛诞派遣邓艾据守江水北岸。邓艾认为这里距敌军还很远,不是要害之地,于是转移到附亭驻扎,并派遣泰山郡太守诸葛绪等在黎浆阻击敌军,击退了对方。这一年,邓艾被任命为长水校尉。又因为击溃文钦有功,被封为方城乡侯,代理安西将军职务。雍州刺史王经被蜀军围困在狄道,邓艾前往解救,蜀将姜维退守钟提,朝廷任命邓艾为安西将军,授予节杖,兼任护东羌校尉。当时很多人认为姜维的军队已经精疲力竭,不会再发起进攻。邓艾说:"我军新近在洮西的挫败,损失不小。军队溃散,将领被杀,仓库空虚,老百姓流离失所,几乎一败涂地。就现今的形势而言,敌人有乘胜追击的势头,而我方确实虚弱不堪,这是第一点。敌人上上下下相互十分熟悉,各种兵器十分锐利,而我方将领是刚更换的,士兵是新补充的,武器也都未能修复,这是第二点。敌人乘船前来,而我们靠双脚陆上行军,敌逸我劳,这是第三点。狄道、陇西、南安、祁山四处军事要地,我们都要分兵把守,敌人可以集中力量专攻一点,而我方兵力必须一分为四,这是第四点。敌人进攻南安、陇西,可以征调羌族人的粮食,如果向祁山进军,那里上千顷的麦子已经成熟,正好作为军粮补给,这是第五点。敌人一向有狡诈的计谋,必将再度发起进攻。"不久,姜维果然向祁山进犯,听说邓艾已有防备,于是退回来从董亭直取南安郡,邓艾据守武城山与对方相持。姜维出兵与邓艾争夺险要地形,未能得手,当天夜晚,他渡过渭水向东进发,沿着山路推进到上邽县,邓艾在段谷与姜维展开激战,把对方打得大败。

甘露元年皇帝下诏褒奖邓艾说:"逆贼姜维连年入侵,边境各族百姓骚动不安,西部地区不得安宁。邓艾筹划有方,忠诚勇敢,斩杀敌将十多个,消灭敌兵数以千计,使大魏的国威震动了巴、蜀之地,武力强盛之名显扬在长江、岷江。现今任命邓艾为镇西将军、都督陇右诸军事,晋封邓侯。从他的封邑中分出五百户,封他的儿子邓忠为亭侯。"甘露二年,邓艾在长城抵御姜维入侵,姜维退还。邓艾升任征西将军,前后增加封邑总计有六千六百户。景元三年,他在侯和攻破姜维,姜维退到沓中固守。景元四年秋天,皇帝下诏动员各路军队伐蜀,由大将军司马昭部署指挥全军,令邓艾出兵牵制姜维,令雍州刺史诸葛绪截断姜维后路,使姜维无法退回。邓艾派天水郡太守王颀等人直接进攻姜维军营,陇西郡太守牵弘等人拦截姜维前方的道路,金城郡太守杨欣等人赶往甘松。姜维听说魏将钟会统领的各路军队已进入汉中,立即率领全军撤退。杨欣等人追到强川口,发起攻击,姜维败退。姜维听说雍州刺史诸葛绪已经在前面截断去路,屯兵在桥头,于是从孔函谷向北,想从诸葛绪的后面退走。诸葛绪得知消息,立即退回三十里再度堵截。姜维从北面的道路行进了三十多里,听说诸葛绪退回,立即又掉转头走原路,从桥头通过,诸葛绪赶忙又奔桥头拦截,可惜差一天没能追上。姜维向东撤回,扼守剑阁。钟会进攻姜维无法攻克。邓艾上奏说:"现今敌军大受挫折,应乘胜追击,从阴平沿小路经汉代的德阳亭可以直趋涪县,在剑阁西面一百多里处出兵，距成都只有三百多里，可以派一支精兵走这条路出其不意冲击敌方的心脏成都。这样，姜维一定会引兵退守涪县，钟会即可长驱直入。如果姜维死守剑阁不退，那么守在涪县对付我们的敌军就不多了。《军志》上说：‘攻其无备，出其不意。’现今如果由小路进攻其空虚之地，击破敌军是肯定无疑的了。”

冬十月，邓艾从阴平出发，在荒无人烟的山区跋涉七百多里，凿山开路，架设栈道。山高谷深，极为艰险，加上粮食运输断绝，几乎面临灭亡的危险。邓艾用毛毡裹住自己的身体，从山上滚着下来。众将士都攀着树木紧贴悬崖，一个挨一个地前进。军队到达江由时，蜀军守将马邈投降。蜀国卫将军诸葛瞻从涪县退守绵竹，排开阵势等着迎击邓艾。邓艾派自己的儿子惠唐亭侯邓忠等人率兵进攻对方右翼，司马师纂等人率兵进攻对方的左翼。但是邓忠、师纂二人均出师不利，退回来说：“现在还不能发起攻击。”邓艾大怒道：“生死存亡，在此一举，还说什么不能？”他痛骂邓忠和师纂，要把二人斩首示众。二人赶紧又率兵死战，结果大败蜀军，斩了诸葛瞻和蜀国尚书张遵等人，继续向南进军到雒县。刘禅派使者献上皇帝的玉玺绶带，写信向邓艾投降。

邓艾挥兵到达成都，刘禅率太子、亲王和群臣六十余人，反绑双手，抬着棺材来到邓艾军营的大门正式投降，邓艾手持节杖，命令左右的人替刘禅等解开绳索，烧掉棺材，接受他们的投降而不将他们处死。同时他又约束军队将士，不准抢掠百姓，派人安抚投降的士兵，让他们回家重操旧业，蜀国的百姓都交口称赞。他又自行决定依照过去邓禹的事例，以皇帝的名义任命刘禅为代理骠骑将军，刘禅的太子为奉车都尉，刘禅的各个皇子为驸马都尉，蜀国的官员都根据其品级的高下任命为魏国官员，有的兼任邓艾的下属。又委派师纂兼任益州刺史，陇西郡太守牵弘等人兼任蜀国各郡太守。又派人在绵竹堆积敌人的尸首，封土修筑成高台，以显示战功。魏国士兵阵亡者，也与蜀兵一起埋葬。这时的邓艾非常骄傲自夸，他对蜀国的士大夫说：“诸位全靠碰到我，所以才有今天。如果遇上像吴汉一类的人，你们早被杀掉了。”又说：“姜维自然算得上是一时的英雄，只是因为与我相遇，所以陷入困境了。”有见识的人听了无不暗中讥笑他。

十二月，皇帝下诏说：“邓艾显示国威运用武力，深入敌境，斩将拔旗，消灭凶恶的首领，使得冒用皇帝称号的人跪在地上而颈系绳索，多年逃脱诛罚的罪人，一下子就遭到了惩处。出兵还不到三个月，作战也用不到一整天，就席卷敌境，平定巴蜀。即使是白起攻破强大的楚国，韩信击败劲悍的赵国，吴汉擒杀公孙述，周亚夫镇压七国叛乱，论起功勋的大小和成就的辉煌来，都不能与邓艾相比。现在任命邓艾为太尉，增加封邑二万户，封他的两个儿子为亭侯，各赐封邑一千户。”邓艾给司马昭写信说：“用兵有时要张扬声势，然后发动实在的进攻。现今借助平定西蜀的声势进攻孙吴，吴人惊恐，正是横扫江南的大好时机。但是大举用兵之后，将士都已感到十分疲劳，不能马上动兵，暂且歇歇再说。可以在益州留下我们带来的士兵二万人，投降的蜀兵二万人，在这里煮盐炼铁，为军事和农业打基础，同时大量建造舟船，预先作好日后顺长江东下讨伐孙吴的准备，然后派使臣到孙吴告知形势晓以利害，吴人一定会举手投降,这样就不用征讨而可以平定孙吴。而今应当厚待刘禅以便招引吴主孙休来归顺,安抚蜀地的军民以吸引江南百姓。如果立即把刘禅送到京城,孙吴的人将会认为他遭到流放,这对于鼓励他们归顺实在不利。应当暂时留下刘禅,等到明年秋冬,到了那时孙吴也完全可以平定了。我认为可以封刘禅为扶风王,赐给他财物,供养他的左右侍从。扶风郡内有董卓早先修的郿坞,可以作为他的王宫。封他的儿子为公侯,以扶风郡中的县作为封邑,用以显示大魏朝廷对归顺者的恩宠。开放广陵、城阳两郡的海岸,以待吴人乘船来投诚。这样,孙吴畏惧大魏的威力,感念大魏的恩德,必将望风归顺了。"司马昭得信后让监军卫瓘劝告邓艾说:"你所写的建议应当等待批复,不宜擅自实施。"于是邓艾又写信给司马昭说:"我受命征讨,承诏受令,敌军首领已经投降。至于我以皇帝的名义封授蜀人官职,以安抚刚归附的人,我认为是合乎时宜的。而今蜀国全部官兵百姓都已归顺,其疆域的南端已经到达南海,东边则与孙吴接壤,应当早日安定局面。如果等待朝廷的批复,路途往返,耗费时间。《春秋公羊传》曾说过,大夫出使到了国境之外,如果遇到可以安定社稷,有利国家的事,自行决定是可以的。而今孙吴没有降服,地势与蜀国相连,不应当拘守常规而失去时机。兵法上说,前进不是为了谋求名誉,后退也不是为了逃避罪责。我邓艾虽然没有古人的节操,但是不会因为可能招致嫌疑而损害国家的利益。"钟会、胡烈、师纂等都相继报告邓艾的所作所为违抗命令,反叛的征兆已经形成。于是皇帝下诏将邓艾用囚车押送回京城。

邓艾父子被囚禁后,钟会进驻成都,先送走邓艾,然后举兵反叛。钟会不久被杀,邓艾的部下将士追上邓艾的囚车,将他接回。卫瓘派田续等将带兵阻截邓艾,在绵竹县西边与邓艾相遇,将邓艾斩首。邓艾儿子邓忠也同时被杀,其余在洛阳的儿子也被处死,邓艾的妻子和孙儿被流放到西城县。

当初,邓艾将要出兵伐蜀时,梦见自己坐在山上而有流水,他问殄虏护军爰邵是什么预兆,爰邵说:"按《周易》的卦象,山上有水是《蹇》卦。《蹇》卦的爻辞说:'蹇,利于西南,不利于东北。'孔子的解释说:'蹇,利于西南,所以前往西南会立功;不利于东北,所以往东北将面临穷途末路。'此番您前往西南讨伐蜀国必定大胜,然而向东北回转则有可能回不来了!"邓艾茫然失望,闷闷不乐。

泰始元年,晋朝建立,武帝下诏说:"从前太尉王凌密谋废黜齐王曹芳,而齐王最终确实未能保有帝位。征西将军邓艾,夸耀自己的功劳,丧失了臣下的节操,确实应当处以死刑。但是他接到诏书的时候,遵命遣散部下,束手认罪,与那些贪图活命造反的人,确实又不一样。现今王、邓二人的家属得到大赦可以从流放地回转家乡,如果他们没有子孙,可以允许选立继承人,使祭祀不致断绝。"泰始三年,议郎段灼上疏为邓艾申诉说:"邓艾忠心耿耿而至今仍背着反叛的罪名,平定巴蜀却反遭诛灭的灾祸,为臣私下为他悲伤。可惜啊,竟然说邓艾要反叛!邓艾性情刚直急躁,很容易冒犯上司和下级,不能团结朋友,所以没有人肯替他申诉。臣现在斗胆陈述邓艾不是叛臣的理由。从前姜维有攻占陇右的志向,邓艾认真处理政事,加强战备,积蓄粮食,训练军队。碰上大旱,邓艾推行区种的方法,身穿黑色的农民衣服,手拿农具,为将士作表率。上行下效，无不尽力耕田。邓艾持有节杖守卫边疆，统辖的人马数以万计，而能不怕忍受奴仆贱民才会受到的劳苦，从事士兵百姓才承担的工作，如果不是忠勤尽节，谁能这样做呢？所以在落门、段谷的两次战役中，邓艾都能以少胜多，击溃强敌。先帝知道可以委他以重任，所以每次作战前都要他在朝廷制定好克敌制胜的策略，并且要他跨马领兵出征。邓艾一接受任务就忘记了自己的安危，用布把马蹄包裹，把车轮抬起，翻山越岭深入充满死亡危险的蜀国后方，勇敢的气概直冲云天，手下的将士乘胜猛攻，迫使刘禅君臣反绑双手屈膝投降。这时邓艾已经功成名就，本当载入史册，使子孙永享福禄荣宠。他这个七十岁的老翁，谋反又想得到什么呢？邓艾确实仗恃了君主养育的恩德，心中不避嫌疑，假传皇帝的命令，封拜蜀国君主官职，以暂时安定国家秩序。虽然这违背了朝廷的常规，但也与古人所讲的道理相合，推究其本心，还是可以饶恕的。钟会妒忌邓艾的威名，捏造罪名加害邓艾。忠心耿耿反而受诛杀，老老实实反而受怀疑，头颅悬挂在马市，儿子全部丢了性命。看见这种惨状的人无不流涕，听到这场悲剧的人无不叹息。陛下代魏称帝，表现出宽宏的气度，丢开嫌疑和忌讳，连死刑犯的家属，也不拘常规给以任用。从前秦国百姓怜悯白起无罪被杀，吴国人伤悼伍子胥蒙冤而死，都为他们建立祠庙。现今天下的百姓为邓艾伤心遗憾，也就像这种情形。臣认为，邓艾身首分离，丢在荒野，应当为他收敛尸骨，归还他的田产住宅。按平定蜀国的功劳，重新封给他孙儿爵位，并盖棺论定追加邓艾谥号，使他死而无憾。赦免黄泉之下的冤魂，使后世都知道圣朝的信义，埋葬一人而使天下人钦慕陛下的德行，为一个冤魂平反而使天下人佩服陛下的仁义，这样做并不费力却能得到大众的欢心啊。”泰始九年，晋武帝下诏说：“邓艾立有功勋，束手认罪而不逃避刑罚，而他的子孙却沦为平民和奴隶，朕常常怜悯他们。任命他的嫡孙邓朗为郎中。”

邓艾在西部镇守时，大力修筑城墙堡垒，以及居民区周围的防御性设施。泰始年间，羌人大规模叛乱，多次杀死刺史，凉州交通断绝。那些安全活下来的官兵百姓，全都是依靠了邓艾修筑的城堡壁垒才得以幸存。

邓艾的同州老乡南阳郡人州泰，年龄和邓艾相当，也喜欢建功立业，善于用兵打仗，官做到征虏将军，持有节杖，都督江南诸军事。景元二年去世，朝廷追赠他为卫将军，谥号为壮侯。

钟会　王弼

【原文】钟会，字士季，颍川长社人，太傅繇小子也。少敏惠夙成。① 中护军蒋济著论，谓“观其眸子，足以知人”。会年五岁，繇遣见济，济甚异之，曰：“非常人也。”及壮，有才数技艺，而博学精练名理，以夜续昼，由是获声誉。正始中，以为秘书郎，迁尚书、中书侍郎。② 高贵乡公即尊位，赐爵关内侯。

① 会为其母传曰：“夫人张氏，字昌蒲，太原兹氏人，太傅定陵成侯之命妇也。世长吏二千石。夫人少丧父母，充成侯家，修身正行，非礼不动，为上下所称述。贵妾孙氏，摄嫡专家，心害其贤，数谗毁，无所不至。孙氏辨博有智巧，言足以饰非成过，然竟不能

伤也。及妊娠，愈更嫉妒，乃置药食中，夫人中食，觉而吐之，瞑眩者数日。或曰：'何不向公言之？'答曰：'嫡庶相害，破家危国，古今以为鉴诫。假如公信我，众谁能明其事？彼以心度我，谓我必言，固将先我。事由彼发，顾不快耶！'遂称疾不见。孙氏果谓成侯曰：'妾欲其得男，故饮以得男之药，反谓毒之！'成侯曰：'得男药佳事，暗于食中与人，非人情也。'遂讯侍者，具服，孙氏由是得罪出。成侯问夫人何能不言，夫人言其故，成侯大惊，益以此贤之。黄初六年，生会，恩宠愈隆。成侯既出孙氏，更纳正嫡贾氏。"

臣松之按：钟繇于时老矣，而方纳正室。盖《礼》所云"宗子虽七十，无无主妇之义"也。

《魏氏春秋》曰：会母见宠于繇，繇为之出其夫人。卞太后以为言，文帝诏繇复之。繇恚愤，将引鸩，弗获，餐椒致噤，帝乃止。

②《世语》曰：司马景王命中书令虞松作表，再呈辄不可意，命松更定。以经时，松思竭不能改，心苦之，形于颜色。会察其有忧，问松，松以实答。会取视，为定五字。松悦服，以呈景王，王曰："不当尔邪，谁所定也？"松曰："钟会。向亦欲启之，会公见问，不敢饕其能。"王曰："如此，可大用，可令来。"会问松王所能，松曰："博学明识，无所不贯。"会乃绝宾客，精思十日，平旦入见，至鼓二乃出。出后，王独拊手叹息曰："此真王佐材也！"

松，字叔茂，陈留人，九江太守边让外孙。松弱冠有才，从司马宣王征辽东，宣王命作檄，及破贼，作露布。松从还，宣王辟为掾，时年二十四，迁中书郎，遂至太守。松子濬，字显弘，晋廷尉。

臣松之以为：钟会名公之子，声誉夙著，弱冠登朝，已历显位，景王为相，何容不悉，而方于定虞松表然后乃蒙接引乎？设使先不相识，但见五字而便知可大用，虽圣人其犹病诸，而况景王哉？

毌丘俭作乱，大将军司马景王东征，会从，典知密事，卫将军司马文王为大军后继。景王薨于许昌，文王总统六军，会谋谟帷幄。时中诏敕尚书傅嘏，以东南新定，权留卫将军屯许昌为内外之援，令嘏率诸军还。会与嘏谋，使嘏表上，辄与卫将军俱发，还到雒水南屯住。于是朝廷拜文王为大将军，辅政，会迁黄门侍郎，封东武亭侯，邑三百户。

甘露二年，征诸葛诞为司空，时会丧宁在家，策诞必不从命，驰白文王。文王以事已施行，不复追改。① 及诞反，车驾住项，文王至寿春，会复从行。

①会时遭所生母丧。其母传曰："夫人性矜严，明于教训，会虽童稚，勤见规诲。年四岁授《孝经》，七岁诵《论语》，八岁诵《诗》，十岁诵《尚书》，十一诵《易》，十二诵《春秋左氏传》《国语》，十三诵《周礼》《礼记》，十四诵成侯《易记》，十五使入太学问四方奇文异训。谓会曰：'学猥则倦，倦则意怠。吾惧汝之意怠，故以渐训汝，今可以独学矣。'雅好书籍，涉历众书，特好《易》《老子》，每读《易》孔子说'鸣鹤在阴''劳谦君子''籍用白茅''不出户庭'之义，每使会反复读之，曰：'《易》三百余爻，仲尼特说此者，以谦恭慎密，枢机之发，行已至要，荣身所由故也，顺斯术已往，足为君子矣。'

正始八年，会为尚书郎，夫人执会手而诲之曰：'汝弱冠见叙，人情不能不自足，则损在其中矣，勉思其戒！'是时大将军曹爽专朝政，日纵酒沉醉，会兄侍中毓宴还，言其事。夫人曰：'乐则乐矣，然难久也。居上不骄，制节谨度，然后乃无危溢之患。今奢僭若此，非长守富贵之道。'嘉平元年，车驾朝高平陵，会为中书郎，从行。相国宣文侯始举兵，众人恐惧，而夫人自若。中书令刘放、侍郎卫瓘、夏侯和等家皆怪问夫人：'一子在危难之中，何能无忧？'答曰：'大将军奢僭无度，吾常疑其不安。太傅义不危国，必为大将军举耳。吾儿在帝侧何忧？闻且出兵无他重器，其势必不久战。'果如其言，一时称明。会历机密十余年，颇豫政谋。夫人谓曰：'昔范氏少子为赵简子设伐邾之计，事从民悦，可谓功矣。然其母以为乘伪作诈，末业鄙事，必不能久。其识本深远，非近人所言，吾常乐其为人。汝居心正，吾知免矣。但当修所志以辅益时化，不忝先人耳。'常言：'人谁能皆体自然，但力行不倦，抑亦其次。虽接鄙贱，必以言信。取与之间，分画分明。'或问：'此无乃小乎？'答曰：'君子之行，皆积小以致高大，若以小善为无益而弗为，此乃小人之事耳。希通慕大者，吾所不好。'会自幼少，衣不过青绀，亲营家事，自知恭俭。然见得思义，临财必让。会前后赐钱帛数百万计，悉送供公家之用，一无所取。年五十有九，甘露二年二月暴疾薨。比葬，天子有手诏，命大将军高都侯厚加赗赠，丧事无巨细，一皆供给。议者以为'公侯有夫人，有世妇，有妻，有妾，所谓外命妇也。依《春秋》成风、定姒之义，宜崇典礼，不得总称妾名'。于是称成侯命妇。殡葬之事，有取于古制，礼也。"

初，吴大将全琮，孙权之婚亲重臣也，琮子怿、孙静、从子端、翩、缉等，皆将兵来救诞。怿兄子辉、仪留建业，与其家内争讼，携其母将部曲数十家渡江，自归文王。会建策，密为辉、仪作书，使辉、仪所亲信赍入城告怿等，说吴中怒怿等不能拔寿春，欲尽诛诸将家，故逃来归命。怿等恐惧，遂将所领开东城门出降，皆蒙封宠，城中由是乖离。寿春之破，会谋居多，亲待日隆，时人谓之子房。军还，迁为太仆，固辞不就。以中郎在大将军府管记室事，为腹心之任。以讨诸葛诞功，进爵陈侯，屡让不受。诏曰："会典综军事，参同计策，料敌制胜，有谋谟之勋，而推宠固让，辞指款实，前后累重，志不可夺。夫成功不处，古人所重。其听会所执，以成其美。"迁司隶校尉。虽在外司，时政损益，当世与夺，无不综典。嵇康等见诛，皆会谋也。

文王以蜀大将姜维屡扰边陲，料蜀国小民疲，资力单竭，欲大举图蜀。惟会亦以为蜀可取，豫共筹度地形，考论事势。景元三年冬，以会为镇西将军，假节，都督关中诸军事。文王敕青、徐、兖、豫、荆、扬诸州，并使作船，又令唐咨作浮海大船，外为将伐吴者。四年秋，乃下诏使邓艾、诸葛绪各统诸军三万余人，艾趣甘松、沓中连缀维，绪趣武街、桥头绝维归路。会统十余万众，分从斜谷、骆谷入。先命牙门将许仪在前治道，会在后行，而桥穿，马足陷，于是斩仪。仪者，许褚之子，有功王室，犹不原贷。诸军闻之，莫不震竦。蜀令诸围皆不得战，退还汉、乐二城守。魏兴太守刘钦趣子午谷，诸军数道平行，至汉中。蜀监军王含守乐城，护军蒋斌守汉城，兵各五千。会使护军荀恺、前将军李辅各统万人，恺围汉城，辅围乐城。会径过，西出阳安口，遣人祭诸葛亮之墓。使护军胡烈等行前，攻破关城，得库藏积谷。姜维自沓中还，至阴平，合集士众，欲赴关城。未到，闻其已破，退趣白水，与蜀将张翼、廖化等合守剑阁拒会。会移檄蜀将吏士民曰：

往者汉祚衰微，率土分崩，生民之命，几于泯灭。太祖武皇帝神武圣哲，拨乱反正，拯其将坠，造我区夏。高祖文皇帝应天顺民，受命践阼。烈祖明皇帝奕世重光，恢拓洪业。然江山之外，异政殊俗，率土齐民未蒙王化，此三祖所以顾怀遗恨也。今主上圣德钦明，绍隆前绪，宰辅忠肃明允，劬劳王室，布政垂惠而万邦协和，施德百蛮而肃慎致贡。悼彼巴蜀，独为匪民，愍此百姓，劳役未已。是以命授六师，龚行天罚，征西、雍州、镇西诸军，五道并进。古之行军，以仁为本，以义治之。王者之师，有征无战。故虞舜舞干戚而服有苗，周武有散财、发廪、表闾之义。今镇西奉辞衔命，摄统戎重，庶弘文告之训，以济元元之命，非欲穷武极战，以快一朝之政，故略陈安危之要，其敬听话言。

益州先主以命世英才，兴兵朔野，困踬冀、徐之郊，制命绍、布之手，太祖拯而济之，与隆大好。中更背违，弃同即异，诸葛孔明仍规秦川，姜伯约屡出陇右，劳动我边境，侵扰我氐、羌，方国家多故，未遑修九伐之征也。今边境乂清，方内无事，畜力待时，并兵一向。而巴蜀一州之众，分张守备，难以御天下之师。段谷、侯和沮伤之气，难以敌堂堂之陈。比年以来，曾无宁岁，征夫勤瘁，难以当子来之民。此皆诸贤所亲见也。蜀相壮见禽于秦，公孙述授首于汉，九州之险，是非一姓。此皆诸贤所备闻也。明者见危于无形，智者规祸于未萌，是以微子去商，长为周宾，陈平背项，立功于汉。岂晏安鸩毒，怀禄而不变哉？今国朝隆天覆之恩，宰辅弘宽恕之德，先惠后诛，好生恶杀。往者吴将孙壹举众内附，位为上司，宠秩殊异。文钦、唐咨为国大害，叛主仇贼，还为戎首。咨困逼禽获，钦二子还降，皆将军、封侯，咨与闻国事。壹等穷踧归命，犹加盛宠，况巴蜀贤知见机而作者哉！诚能深鉴成败，邈然高蹈，投迹微子之踪，错身陈平之轨，则福同古人，庆流来裔，百姓士民，安堵旧业，农不易亩，市不回肆，去累卵之危，就永安之福，岂不美与！若偷安旦夕，迷而不反，大兵一发，玉石皆碎，虽欲悔之，亦无及已。其详择利害，自求多福。各具宣布，咸使闻知。

邓艾追姜维到阴平，简选精锐，欲从汉德阳入江由、左儋道诣绵竹，趣成都，与诸葛绪共行。绪以本受节度邀姜维，西行非本诏，遂进军前向白水，与会合。会遣将军田章等从剑阁西，径出江由。未至百里，章先破蜀伏兵三校，艾使章先登，遂长驱而前。会与绪军向剑阁，会欲专军势，密白绪畏懦不进，槛车征还。军悉属会，[1] 进攻剑阁，不克，引退，蜀军保险拒守。艾遂至绵竹，大战，斩诸葛瞻。维等闻瞻已破，率其众东入于巴。会乃进军至涪，遣胡烈、田续、庞会等追维。艾进军向成都，刘禅诣艾降，遣使敕维等令降于会。维至广汉郪县，令兵悉放器仗，送节传于胡烈，便从东道诣会降。会上言曰：

贼姜维、张翼、廖化、董厥等逃死遁走，欲趣成都。臣辄遣司马夏侯咸、护军胡烈等，径从剑阁，出新都、大渡截其前，参军爰彭、将军句安等蹑其后，参军皇甫闿、将军王买等从涪南出冲其腹，臣据涪县为东西势援。维等所统步骑四五万人，擐甲厉兵，塞川填谷，数百里中首尾相继，凭恃其众，方轨而西。臣敕咸、闿等令分兵据势，广张罗网，南杜走吴之道，西塞成都之路，北绝越逸之径，四面云集，首尾并进，蹊路断绝，走伏无地。臣又手书申喻，开示生路，群寇困逼，知命穷数尽，解甲投戈，面缚委质，印绶万数，资器山积。昔舜舞干戚，有苗自服；牧野之师，商旅倒戈。有征无战，帝王之盛业。全国为上，破国次之；全军为上，破军次之，用兵之令典。陛下圣德，侔踪前代。翼辅忠明，齐轨公旦。仁育群生，义征不譓，殊俗向化，无思不服。师不逾时，兵不血刃，万里同风，九州共贯。臣辄奉宣诏命，导扬恩化，复其社稷，安其闾伍，舍其赋调，弛其征役，训之德礼以移其风，示之轨仪以易其俗，百姓欣欣，人怀逸豫，后来其苏，义无以过。

会于是禁检士众不得抄略，虚己诱纳，以接蜀之群司，与维情好欢甚。② 十二月诏曰："会所向摧弊，前无强敌，缄制众城，网罗迸逸。蜀之豪帅，面缚归命，谋无遗策，举无废功。凡所降诛，动以万计，全胜独克，有征无战。拓平西夏，方隅清晏。其以会为司徒，进封县侯，增邑万户。封子二人亭侯，邑各千户。"

① 按《百官名》：绪入晋为太常、崇礼卫尉。子冲，廷尉。◎荀绰《兖州记》曰：冲子铨，字德林，玫字仁林，并知名显达。铨，兖州刺史。玫，侍中、御史中丞。

②《世语》曰：夏侯霸奔蜀，蜀朝问："司马公如何德？"霸曰："自当作家门。""京师俊士？"曰："有钟士季，其人管朝政，吴、蜀之忧也。"◎《汉晋春秋》曰：初，夏侯霸降蜀，姜维问之曰："司马懿既得彼政，当复有征伐之志不？"霸曰："彼方营立家门，未遑外事。有钟士季者，其人虽少，终为吴、蜀之忧，然非非常之人亦不能用也。"后十五年而会果灭蜀。

按习凿齿此言，非出他书，故采用《世语》而附益也。

【译文】钟会，字士季，颍川郡长社县人，是太傅钟繇的小儿子。少年时聪敏早成。中护军蒋济曾发表议论说"看了一个人的眼睛，就足以知道他是一个什么样的人"。钟会五岁时，钟繇让他去见蒋济，蒋济很器重他，说："这个孩子很不寻常。"钟会长大后，多才多艺，知识广博而精通名理学，夜以继日钻研学习，因此而著名。正始年间，出任秘书郎，升任尚书侍郎、中书侍郎。高贵乡公曹髦即帝位，封钟会为关内侯。

毌丘俭造反时，大将军司马师率军东征平叛，钟会随从，负责处理机要文书，卫将军司马昭领兵作为大军的后援。司马师在许昌突然病死，司马昭统领全军，钟会帮他出谋划策。当时天子从宫中发布诏书给尚书傅嘏，说是因为东南的叛乱刚刚平定，暂且留下卫将军司马昭屯兵许昌，以便对内拱卫京城对外抵御敌人，命令傅嘏率领各路军队返回洛阳。钟会与傅嘏密谋，由傅嘏上奏天子，说自己与卫将军司马昭一起返回，到达洛阳南郊的洛水南岸时扎营。于是天子任命司马昭为大将军，辅佐朝政，钟会升任黄门侍郎，被封为东武亭侯，封邑三百户。

甘露二年，朝廷征召诸葛诞入朝任司空，当时钟会在家为母亲服丧，他估计诸葛诞一定不会听命,于是驰马报告司马昭。司马昭认为公文已经下达,不便追改。到诸葛诞反叛时,皇帝亲征住在项县,司马昭指挥大军前往包围寿春,钟会再次从行。

起初,孙吴大将全琮,是孙权的女婿和重要官员,全琮的儿子全怿、孙子全静、侄儿全端、全翩、全缉等人,一齐领兵来援救诸葛诞。全怿哥哥的儿子全辉、全仪留在吴国都城建业,因和家里人争吵,两兄弟携带母亲及私兵几十家渡过长江,投降司马昭。钟会提出一条计策,秘密替全辉、全仪写一封信,派遣全辉、全仪的亲信拿着信进入被包围的寿春城中,报告全怿等人,说孙吴朝廷对全怿等不能把诸葛诞及时从寿春解救出来很是愤怒,准备把参战将领的家属全部处死,所以我们才渡江投降魏国。全怿等人看到信后信以为真,非常害怕,带领下属部队打开东门出降,他们都受到优厚的封赏,城中的守军由此开始瓦解分离。在攻破寿春的过程中,钟会出谋最多,因此日益得到司马昭的宠信厚待,当时的人把他比作张良。大军凯旋后,他升为太仆,坚决辞让不受。后以中郎的身份在大将军府任记室,成为司马昭的心腹。因为讨伐诸葛诞的功劳,钟会被晋封为陈侯,他也一再辞让不受。皇帝下诏说:“钟会负责军务,参与策划,克敌制胜,有贡献谋略的功绩,然而不受封赏一再谦让,言辞和心意恳切诚实,前后多次,志向难以改变。不居功自傲,是古人重视的品德。现在听从钟会的志愿,成全他的美德。”不久他升任司隶校尉。虽然在地方为官,但是当时政治的得失,官职爵位的给予和剥夺,钟会无不参与决定。嵇康等人被杀,都是钟会出的计谋。

司马昭因为蜀将姜维多次侵扰西部边境,估计蜀国土地狭小,百姓疲惫,物力和人力都将要枯竭,想大举出兵伐蜀。朝臣中只有钟会也认为蜀国可以攻取,于是预先与司马昭共同研究地形,分析局势。景元三年冬天,朝廷任命钟会为镇西将军,持有节杖,都督关中诸军事。司马昭命令青州、徐州、兖州、豫州、荆州、扬州等地建造战船,又命令唐咨建造航海用的大船,装出将要向南进攻孙吴的样子。景元四年秋天,朝廷下诏派邓艾、诸葛绪各统领三万多人马,邓艾向甘松、沓中等地进军以牵制姜维,诸葛绪向武街、桥头等地进军以截断姜维的退路。钟会统领十多万人,分别从斜谷、骆谷向南进入蜀国辖境。钟会先派牙门将许仪在前面修路,自己率大军在后,过桥时桥板断裂,马蹄陷了下去,钟会于是下令把许仪斩首。许仪是勇将许褚的儿子,许褚曾为朝廷立下过汗马功劳,钟会也不加原谅。各路军队听到消息,无不震恐。蜀国命令各个防守营垒的军队都不要出战,全部退到汉城、乐城两处固守。曹魏的魏兴郡太守刘钦从子午谷进兵,各路军队齐头并进,进入汉中。蜀国的监军王含扼守乐城,护军蒋斌扼守汉城,各领五千人马。钟会派护军荀恺、前将军李辅各自统领一万多人,荀恺围攻汉城,李辅围攻乐城。钟会自己则径直率领大军向前推进,他在西出阳安口时,特别派人去祭扫诸葛亮的坟墓。他派护军胡烈等打前阵,攻破关城,获得其仓库储存的大批粮食。这时姜维从沓中回撤,到达阴平,纠集兵力,想赶往关城扼守。还未到达,听说关城已经陷落,于是向白水方向撤退,与蜀将张翼、廖化等会合后固守剑阁抵御钟会。这时钟会向蜀国的将领、官员、士兵、百姓发出文告,文告说:

过去汉朝国运衰微,天下分崩,活着的人民,几乎全部死光。太祖武皇帝具有非凡的军事才能，英明聪慧，拨乱反正，拯救了行将崩溃的王朝，重新建造国家。高祖文皇帝承受天命顺应民心，受禅称帝。烈祖明皇帝继承先辈再度散发光辉，扩展宏伟的事业。不过在魏国江山之外，还存在着不同的政权和风俗，四海之内的平民百姓，并没有全部受到大魏王朝的教化，这是三位先帝念念不忘和深感遗憾的事。现今的天子具有圣明的品德，继承并光大前辈的事业，而执政大臣又忠诚严肃，明智守信，为王朝大业忘我操劳，宣布政令给予恩惠而使全国各地团结和睦，对少数民族广施仁德而使遥远的肃慎国也来朝见进贡。可怜你们巴蜀的百姓，独独至今还受到非人的对待，承受着没有止境的劳役。因此，朝廷才出动大军，恭敬执行上天的诛罚，征西将军邓艾、雍州刺史诸葛绪、镇西将军钟会等率各支军队，兵分五路齐头并进。古代人用兵，主张以仁慈为根本，以道义治军。圣明君主的军队，虽然出动征伐却避免交战屠杀。所以当有苗族不服从时，虞舜只在殿堂上舞动一下盾牌和长斧，有苗族就归顺了。周武王攻灭殷朝时，也把纣王聚敛的钱财、粮食发放给当地百姓，还在殷朝贤臣商客居住的街巷立牌赐匾，以示表彰。而今我承受朝廷命令，统领征蜀大军，有心遵循先用文德告喻民众的古训，以拯救黎民百姓的生命，并不想滥用武力大肆屠杀，以求获得朝政的稳定，所以才大略向你们分析形势的安危，你们要恭恭敬敬听我的话。

益州的先主刘备，具有非凡的才能，最初在北方起兵，后来在冀州、徐州困窘受挫，受制于袁绍、吕布之手，太祖武皇帝慨然拯救他，和他结盟交好。后来他背叛太祖，抛弃共同的目标另走不同的道路，此后，诸葛亮频繁出兵，打主意占据秦川，姜维接着也多次进攻陇右地区，扰动我边境，侵夺我氐族、羌族百姓，只不过因为国家正多变故，所以没有来得及出动大军进行讨伐。而今边境安定，国内太平，朝廷积蓄力量等待时机，决定会合大军集中讨伐蜀国。而蜀国不过凭借一个州的人力，分兵守卫，显然难以抵御全国的军队。你们的军队在段谷、侯和被打得大败而沮丧悲伤，更难以对抗我军阵势。再说近年以来，你们不断出兵，没有一年安宁，征战的士兵疲劳不堪，难以阻挡你们的百姓如子女奔向父母那样归附我朝。这些情况诸位都是亲眼所见啊。战国时蜀国的国相陈壮被秦国擒杀，后来割据益州的公孙述也被汉朝军队砍下头颅，可见全国最险要的地方，不是某一姓的统治者能永远占据的。这些事例诸位也都非常清楚。明智的人能在危险还未显露的时候看到它，也能在祸患还未萌生的时候预见它，所以微子离开商朝，就能长久充当周朝的宾客，陈平背弃项羽，就能在汉朝建立功业。他们难道是贪恋眼前的安乐，饮鸩止渴，守着那一点俸禄而固执不变吗？现今大魏朝廷施加像天一般广大的恩典，执政大臣表现出宽厚容忍的德行，先施恩德后加诛灭，爱护生命，厌恶屠杀。此前吴将孙壹带领部下前来投诚，被授予高官，得到特别优厚的赏赐。文钦、唐咨本是国家的大祸害，背叛君主，报效贼党，成为敌国领兵将军。唐咨困逼被擒，文钦的两个儿子投降魏国，他们都被封为将军、被封为侯，唐咨现今还参与国家政事。孙壹等人窘迫无奈才来投降，也还得到重赏，何况诸位是贤能明智见机而作的人呢！如果确实能深刻认清成败，断然投奔魏国，追随微子的足迹，模仿陈平的范例，那么就能得到古人那样的福分，福分还能传给后代，蜀国的百姓民众，安居乐业，农民不必逃到别的地方耕种，市场也不需移动位置，没有累卵倾覆的危险，永享平安幸福，难道不好吗！如果偷安一时，迷途不返，大军一旦发起进攻，玉石俱碎，到那时才后悔，也就来不及了。你们要好生比较利害，自己谋求幸福。把这篇文向大众宣布，让人民都知道。

邓艾追赶姜维直至阴平，挑选精锐士兵，想从汉代的德阳亭进入江由、左儋道，到达绵竹，直趋成都，他让诸葛绪与自己一起前行。诸葛绪因为自己本来只受命拦截姜维，朝廷的诏命并没有要自己向西进发，所以进军白水，与钟会会师。钟会派将军田章等人率军从剑阁的西面直出江由。在距江由还有一百里处，田章率先攻破蜀国的三支伏兵，邓艾让田章充当前锋，长驱直入。钟会与诸葛绪的部队抵达剑阁，钟会想独占军权，秘密向朝廷报告，说诸葛绪畏缩不前，朝廷下令把诸葛绪用囚车押运回京城。各路军队都归钟会统领，他率军进攻剑阁，没有攻克，只得往后撤退，蜀军凭借险要地形继续坚守。这时邓艾的军队却迅速推进到绵竹，经过激烈战斗，临阵斩杀了蜀军大将诸葛瞻。姜维等人听说诸葛瞻已被打败，只得放弃剑阁率领部下向东转移到巴郡。钟会才南下到达涪县，派遣胡烈、田续、庞会等将领去追击姜维。邓艾率军逼近成都，刘禅向邓艾投降，又派人指示姜维等人向钟会投降。姜维率军到达广汉郡的郪县，命令手下将士放下武器，把自己的节杖送给胡烈，走东面的道路去向钟会投降。钟会上奏朝廷说：

贼将姜维、张翼、廖化、董厥等侥幸逃脱，想窜回成都。为臣自行决定派遣司马夏侯咸、护军胡烈等部，经由剑阁，赶往新都、大渡等地，拦截敌人的去路，参军爰彭、将军句安等部则在后追击，参军皇甫闿、将军王买等部从涪县以南冲击敌军的中部，我则占据涪县作为东西两路的支援。姜维等人所统领的步兵、骑兵有四五万人，他们身穿铠甲，手持锋利兵器，布满河川和山谷，首尾相接绵延数百里，他们仗恃人多势众，车辆并行着向西撤退。我指示夏侯咸、皇甫闿等人，要他们分兵占据有利地势，张开罗网，南边截断他们逃往孙吴的通道，西边堵塞他们撤回成都的退路，同时防止他们从北边的小路逃走，四面包围，前后并进，使敌军无路可走，无地可藏。为臣又亲自书写文告进行劝说，指出生存之路，敌人处境困顿，知道气数已尽，只得解甲投戈，把自己绑起来请求投降，缴获敌军的官印数以万计，军事物资和武器堆积如山。从前虞舜挥舞盾牌和长斧，有苗氏自动降服；周武王伐纣到达牧野，商朝军队纷纷倒戈投诚。出兵征讨而避免交战屠杀，这是古代帝王的伟大业绩。保全敌国为最好，攻破敌国为其次；保全敌军将士为优，打败敌军将士为其次，这都是用兵的法典。陛下具有圣明的品德，能够与从前的帝王媲美。执政大臣忠诚明智，比得上周朝的周公。以仁德养育百姓，以道义讨伐不义之徒，少数民族也倾慕教化，没有人不想归顺，这次大军出动还不满三月，兵不血刃，就使万里归心，九州一统。为臣宣传诏命，施加恩惠，恢复蜀地秩序，安抚其百姓，免去租赋，减轻劳役，以道德和礼仪教育他们，以法令规章训练他们，从而移风易俗，百姓欢欣鼓舞，人人安居乐业，就是古代人民企盼圣帝明王到来的情景，也超不过现今蜀地的状况。

于是钟会下令禁止将士抢掠，接待蜀地官吏时，虚心劝导，和姜维的关系极为友好。十二月朝廷下诏说："钟会所向披靡，一往无前，钳制各城，包围逃敌。蜀军元帅，束手投降，制定谋略，从无失误，一旦行动，必定成功。总计他歼灭和收降的敌人，数以万计，大获全胜，有征无战，不费刀兵。开拓平定西方，使得边疆从此太平无事。现在任命钟会为司徒，晋封县侯，增加封邑一万户。封他的两个儿子为亭侯，封邑各一千户。"

【原文】会内有异志，因邓艾承制专事，密白艾有反状，[①] 于是诏书槛车征艾。司马文王惧艾或不从命，敕会并进军成都，监军卫瓘在会前行，以文王手笔令宣喻艾军，艾军皆释仗，遂收艾入槛车。会所惮惟艾，艾既禽而会寻至，独统大众，威震西土。自谓功名盖世，不可复为人下，加猛将锐卒皆在己手，遂谋反。欲使姜维等皆将蜀兵出斜谷，会自将大众随其后；既至长安，令骑士从陆道，步兵从水道顺流浮渭入河，以为五日可到孟津，与骑会洛阳，一旦天下可定也。会得文王书云："恐邓艾或不就征，今遣中护军贾充将步骑万人径入斜谷，屯乐城，吾自将十万屯长安，相见在近。"会得书，惊呼所亲，语之曰："但取邓艾，相国知我能独办之。今来大重，必觉我异矣，便当速发。事成，可得天下；不成，退保蜀汉，不失作刘备也。我自淮南以来，画无遗策，四海所共知也。我欲持此安归乎！"

①《世语》曰：会善效人书，于剑阁要艾章表白事，皆易其言，令辞指悖傲，多自矜伐。又毁文王报书，手作以疑之也。

会以五年正月十五日至，其明日，悉请护军、郡守、牙门、骑督以上及蜀之故官，为太后发丧于蜀朝堂。矫太后遗诏，使会起兵废文王，皆班示坐上人，使下议讫，书版署置，更使所亲信代领诸军。所请群官，悉闭著益州诸曹屋中，城门宫门皆闭，严兵围守。会帐下督丘建本属胡烈，烈荐之文王，会请以自随，任爱之。建愍烈独坐，启会，使听内一亲兵出取饮食，诸牙门随例各内一人。烈绐语亲兵及疏与其子曰："丘建密说消息，会已作大坑，白棓[①]数千，欲悉呼外兵入，人赐白㡊，[②]拜为散将，以次棓杀坑中。"诸牙门亲兵亦咸说此语，一夜传相告，皆遍。或谓会："可尽杀牙门、骑督以上。"会犹豫未决。十八日日中，烈军兵与烈儿雷鼓出门，诸军兵不期皆鼓噪出，曾无督促之者，而争先赴城。时方给与姜维铠杖，白外有匈匈声，似失火，有顷，白兵走向城。会惊，谓维曰："兵来似欲作恶，当云何？"维曰："但当击之耳。"会遣兵悉杀所闭诸牙门、郡守，内人共举机以柱门，兵斫门，不能破。斯须，门外倚梯登城，或烧城屋，蚁附乱进，矢下如雨，牙门、郡守各缘屋出，与其卒兵相得。姜维率会左右战，手杀五六人。众既格斩维，争赴杀会。会时年四十，将士死者数百人。[③]

① 棓，与棒同。

② 㡊，苦洽反。

③《晋诸公赞》曰：胡烈儿名渊，字世元，遵之孙也。遵，安定人，以才兼文武，累居

藩镇，至车骑将军。子奋，字玄威，亦历方任。女为晋武帝贵人，有宠。太康中，以奋为尚书仆射，加镇军大将军、开府。弟广，字宣祖，少府。次烈，字玄武，秦州刺史。次岐，字玄嶷，并州刺史。广子喜，凉州刺史。渊小字鹞鸱，时年十八，既杀会救父，名震远近。后赵王伦篡位，三王兴义，伦使渊与张泓将兵御齐王，屡破齐军。会成都战克，渊乃归降伏法。

初，艾为太尉，会为司徒，皆持节、都督诸军如故，咸未受命而毙。会兄毓，以四年冬薨，会竟未知问。会兄子邕，随会与俱死。会所养兄子毅及峻、辿[①]等下狱，当伏诛。司马文王表天子下诏曰："峻等祖父繇，三祖之世，极位台司，佐命立勋，飨食庙庭。父毓，历职内外，干事有绩。昔楚思子文之治，不灭斗氏之祀。晋录成宣之忠，用存赵氏之后。以会、邕之罪而绝繇、毓之类，吾有愍然。峻、辿兄弟特原，有官爵者如故。惟毅及邕息伏法。"或曰，毓曾密启司马文王，言会挟术难保，不可专任，故宥峻等云。[②]

①辿，敕连反。

②《汉晋春秋》曰：文王嘉其忠亮，笑答毓曰："若如卿言，必不以及宗矣。"

初，文王欲遣会伐蜀，西曹属邵悌求见曰："今遣钟会率十余万众伐蜀，愚谓会单身无重任，不若使余人行。"文王笑曰："我宁当复不知此耶？蜀为天下作患，使民不得安息，我今伐之如指掌耳，而众人皆言蜀不可伐。夫人心豫怯则智勇并竭，智勇并竭而强使之，适为敌禽耳。惟钟会与人意同，今遣会伐蜀，必可灭蜀。灭蜀之后，就如卿所虑，当何所能一办耶？凡败军之将不可以语勇，亡国之大夫不可与图存，心胆以破故也。若蜀以破，遗民震恐，不足与图事；中国将士各自思归，不肯与同也。若作恶，只自灭族耳。卿不须忧此，慎莫使人闻也。"

及会白邓艾不轨，文王将西，悌复曰："钟会所统，五六倍于邓艾，但可敕会取艾，不足自行。"文王曰："卿忘前时所言邪？而更云可不须行乎？虽尔，此言不可宣也。我要自当以信义待人，但人不当负我，我岂可先人生心哉？近日贾护军问我，言：'颇疑钟会不？'我答言：'如今遣卿行，宁可复疑卿邪？'贾亦无以易我语也。我到长安，则自了矣。"军至长安，会果已死，咸如所策。[①]

①按《咸熙元年百官名》：邵悌，字元伯，阳平人。◎《汉晋春秋》曰：文王闻钟会功曹向雄之收葬会也，召而责之曰："往者王经之死，卿哭于东市而我不问，今钟会躬为叛逆而又辄收葬，若复相容，其如王法何！"雄曰："昔先王掩骼埋胔，仁流朽骨，当时岂先卜其功罪而后收葬哉？今王诛既加，于法已备，雄感义收葬，教亦无阙。法立于上，教弘于下，以此训物，雄曰可矣！何必使雄背死违生，以立于时。殿下仇对枯骨，捐之中野，百岁之后，为臧获所笑，岂仁贤所掩哉？"王悦，与宴谈而遣之。

习凿齿曰：向伯茂可谓勇于蹈义也，哭王经而哀感市人，葬钟会而义动明主，彼皆忠烈奋劲，知死而往，非存生也。况使经、会处世，或身在急难，而有不赴者乎？故寻其奉死之心，可以见事生之情，览其忠贞之节，足以愧背义之士矣。王加礼而遣，可谓明达。

会尝论《易》无互体、才性同异。及会死后，于会家得书二十篇，名曰《道论》，而实刑名家也，其文似会。初，会弱冠与山阳王弼并知名。弼好论儒道，辞才逸辩，注《易》及《老子》，为尚书郎，年二十余卒。①

① 弼，字辅嗣。何劭为其传曰：弼幼而察惠，年十余，好《老氏》，通辩能言。父业，为尚书郎。时裴徽为吏部郎，弼未弱冠，往造焉。徽一见而异之，问弼曰："夫无者诚万物之所资也，然圣人莫肯致言，而老子申之无已者何？"弼曰："圣人体无，无又不可以训，故不说也。老子是有者也，故恒言无所不足。"寻亦为傅嘏所知。于时何晏为吏部尚书，甚奇弼，叹之曰："仲尼称后生可畏，若斯人者，可与言天人之际乎？"正始中，黄门侍郎累缺。晏既用贾充、裴秀、朱整，又议用弼。时丁谧与晏争衡，致高邑王黎于曹爽，爽用黎。于是以弼补台郎。初除，觐爽，请间，爽为屏左右，而弼与论道，移时无所他及，爽以此嗤之。时爽专朝政，党与共相进用，弼通俊不治名高。寻黎无几时病亡，爽用王沈代黎，弼遂不得在门下，晏为之叹恨。弼在台既浅，事功亦雅非所长，益不留意焉。淮南人刘陶善论纵横，为当时所推。每与弼语，常屈弼。弼天才卓出，当其所得，莫能夺也。性和理，乐游宴，解音律，善投壶。其论道傅会文辞，不如何晏，自然有所拔得，多晏也。颇以所长笑人，故时为士君子所疾。弼与钟会善，会论议以校练为家，然每服弼之高致。何晏以为圣人无喜怒哀乐，其论甚精，钟会等述之。弼与不同，以为圣人茂于人者神明也，同于人者五情也。神明茂故能体冲和以通无，五情同故不能无哀乐以应物，然则圣人之情，应物而无累于物者也。今以其无累，便谓不复应物，失之多矣。弼注《易》，颍川人荀融难弼《大衍义》。弼答其意，白书以戏之曰："夫明足以寻极幽微，而不能去自然之性。颜子之量，孔父之所预在，然遇之不能无乐，丧之不能无哀。又常狭斯人，以为未能以情从理者也，而今乃知自然之不可革。足下之量，虽已定乎胸怀之内，然而隔逾旬朔，何其相思之多乎？故知尼父之于颜子，可以无大过矣。"弼注《老子》，为之指略，致有理统。著《道略论》，注《易》，往往有高丽言。太原王济好谈，病《老》《庄》，常云："见弼《易注》，所悟者多。"然弼为人浅而不识物情，初与王黎、荀融善，黎夺其黄门郎，于是恨黎，与融亦不终。正始十年，曹爽废，以公事免。其秋遇疠疾亡，时年二十四。无子，绝嗣。弼之卒也，晋景王闻之，嗟叹者累日，其为高识所惜如此。

孙盛曰：《易》之为书，穷神知化，非天下之至精，其孰能与于此？世之注解，殆皆妄也。况弼以傅会之辨而欲笼统玄旨者乎？故其叙浮义则丽辞溢目，造阴阳则妙赜无间。至于六爻变化，群象所效，日时岁月，五气相推，弼皆摈落，多所不关。虽有可观者焉，恐将泥夫大道。

《博物记》曰：初，王粲与族兄凯俱避地荆州，刘表欲以女妻粲，而嫌其形陋而用率，以凯有风貌，乃以妻凯。凯生业，业即刘表外孙也。蔡邕有书近万卷，末年载数车与粲，粲亡后，相国掾魏讽谋反，粲子与焉，既被诛，邕所与书悉入业。业字长绪，位至谒者仆射。子宏字正宗，司隶校尉。宏，弼之兄也。◎《魏氏春秋》曰：文帝既诛粲二子，以业嗣粲。

【译文】钟会怀有割据蜀地举兵反叛朝廷的野心，他借邓艾以皇帝名义擅自行事之机，秘密告发邓艾有造反迹象，于是朝廷下令用囚车押送邓艾回京城。司马昭怕邓艾有可能抗命不从，命令钟会等人一同进军成都，监军卫瓘在钟会之前出行，拿着司马昭的手令通告邓艾部下，邓艾的部下都放下武器，于是邓艾关进囚车。钟会所畏惧的只有邓艾，邓艾被捕后钟会紧接着到达成都，独自统领全军，威震蜀国故地。他自以为功名盖世无双，不可以再屈居人下，加之猛将精兵都控制在自己的手中，所以密谋反叛。他想派姜维等人带领原来的蜀军出兵斜谷，自己统率大军随从在后，到了长安以后，再命令骑兵走陆路，步兵走水路顺着渭水东下进入黄河，估计五天就可以抵达孟津，与骑兵会师洛阳，一下子就能取得天下。恰巧在这时他收到司马昭的信，信上说："我担心邓艾有可能不服命令，现今派遣中护军贾充率步兵和骑兵一万余人进入斜谷，屯兵乐城，我亲自率十万大军驻扎长安，我们相见的时间不远了。"钟会看完信后，大吃一惊，赶忙把亲信叫来说："只是抓邓艾，司马昭知道我完全可以独自办到。此番他带来的军队多得异乎寻常，必定是觉察到我有异心，应当迅速行动。大事成功，可以得天下；不成功，退回死守蜀汉，还可以像刘备一样割据一方。我自淮南之战以来，计划从无失误，这是四海皆知的。我带着这么大的功劳和名声，哪能有更好的归宿呢！"

钟会在景元五年正月十五日到达成都，第二天，招请所有护军、郡太守、牙门将、骑督以及更高级别的文武将官，以及蜀国的官员，在蜀国的朝堂为刚死的郭太后举行哀悼仪式。他假传皇太后遗诏，说是太后要他起兵废除司马昭，并把假诏书给在座者传观，逼使他们一一签署意见，同时在专门的木板上书写任命书，委派亲信率领各路军队。他所请来的官员，都被关在原蜀汉朝廷内各个分支机构的房屋中，城门和皇宫门全部关闭，派兵严加看守。钟会的随从武官丘建，原来是胡烈的下属，胡烈把他推荐给司马昭，钟会又请求司马昭让他跟随伐蜀，很是信任喜爱他。丘建可怜胡烈独坐斗室，就报告钟会，说服他同意派一名原来服侍胡烈的亲兵为胡烈送饭送水，其他的牙门将也按例配备了一名亲兵。胡烈哄骗亲兵，并写信给自己的儿子说："丘建告诉我一个秘密消息，说钟会已在这里面挖好大坑，准备了几千根光树棒，想把外面所有的兵士依次叫进来，每人送一顶丝帽，并假意任命他们为散将，然后一个个用棒打死埋在坑中。"其他牙门将的亲兵也传说此事，一夜之间传开，所有兵士都知道了这个消息。有人对钟会说："可把牙门将、骑督以及更高级别的官员全都杀死。"钟会犹豫不决。十八日中午，胡烈的部下与胡烈的儿子敲起军鼓冲出营门，其他各营的士兵不约而同都击鼓跑了出来，并没有任何人督促，他们都争先恐后地涌向关押魏军将官的蜀汉宫城。当时钟会刚刚发给姜维铠甲兵器，有人前来报告说外面有喧嚷之声，好像是失火了，不久，又报告说有士兵向宫城涌来。钟会大惊，对姜维说："这些兵跑来好像是要作乱，怎么办？"姜维说："只有迎头痛击。"钟会立即派兵去把关押在屋内的牙门将、郡太守全部杀死，这时屋内的人奋起反抗，一起抬来几案顶门，外面的士兵用刀砍门，无法砍开。过了片刻，宫城的大门外有人架梯登城，有的放火烧宫城的房屋，哗变的士兵像蚂蚁一样爬上宫墙涌进城内，箭如雨下，那些还没有被杀死的牙门将、郡太守都爬上房顶跑了出来，与各自的部下会合。姜维率领钟会的侍从力战，亲手杀死五六人。乱兵先杀死姜维,然后又一拥而上杀死钟会。钟会死时四十岁,同时死亡的将士有数百人。

起初,朝廷在平定蜀国后任命邓艾为太尉,钟会为司徒,两人都为持节,依旧指挥各路军队,结果都没有接受任命就死于非命。钟会的哥哥钟毓,在景元四年死去,钟会最终不知道消息。钟会的侄儿钟邕,也与钟会一起被杀。钟会收养的侄儿钟毅,以及另外两个侄儿钟峻、钟辿在洛阳被捕入狱,应当处死。司马昭上奏后皇帝下诏说:"钟峻等人的祖父钟繇,在太祖、高祖、烈祖三朝,出任三公,辅佐建立魏朝,功勋卓著,死后在皇家宗庙中享受祭祀。他们的父亲钟毓,历任宫廷内外职务,颇有政绩。从前楚国怀念子文的政治成就,而不灭绝他的子孙。晋国铭记赵衰、赵盾的忠诚,也不使赵家绝后。因为钟会、钟邕的罪孽,断绝钟繇、钟毓的后代,我有所不忍。可以特赦钟峻、钟辿兄弟,有官爵的依旧不变。只是钟毅和钟邕的儿子应当处死。"也有人说,钟毓事前曾向司马昭秘密报告,说钟会具有权术,难以保持臣下的节操,不可单独委以重任,因此朝廷才赦免了钟峻兄弟。

当初,司马昭想派钟会伐蜀,西曹属邵悌求见说:"现今派遣钟会率十多万大军伐蜀,我认为钟会没有家室,没有特别亲近的家属留在京城作人质,不如派其他人去。"司马昭笑着说:"我难道不知道这一点吗?蜀国是一大祸患,使我们百姓不得安息,我现今攻灭它易如反掌,而众人却都说不能出兵。如果人心预先胆怯,则智慧和勇敢都发挥不出来。智慧和勇敢都没有却强迫他们去出征,只能被敌人打得落花流水了。唯独钟会与我意见相同,现今派他伐蜀,必定能够成功。灭蜀之后,即使像您所顾虑的那样,他钟会一下子又能做成什么事呢?凡是败军之将,不可以和他谈论勇敢;亡国的朝臣,不可以和他商量保存国家,因为他们的雄心和胆量已经吓破了。如果蜀国已经击破消灭,活下来的人惊魂未定,无法与他们做成什么大事;至于从中原去的我军将士各自想早日回到家乡,也不肯和钟会一起造反。由此可见钟会要作乱,只会自取灭亡。您不必担忧这件事了,千万不要让别人知道。"

等到钟会秘密报告说邓艾图谋不轨时,司马昭要率大军西行,邵悌又说:"钟会统领的兵力,是邓艾的五六倍,您只消指示钟会去抓邓艾就行了,不必亲自出马。"司马昭说:"您难道忘了前不久对我说过的话了吗?怎么反而说我可以不亲自出马呢?虽然是这样,我们这里所说的话也不可泄露。我自己一定要以信义对待别人,但是别人也没有辜负我,我怎么能比别人更先产生疑心呢?近日中护军贾充问我:'很怀疑钟会吗?'我说:'我如果今天派遣您出征,难道我也怀疑您吗?'他也没法驳倒我的话。等我到了长安,事情自会解决。"司马昭的大军到了长安,钟会果然丧命,完全如他所预料的那样。

钟会曾经论述《周易》的卦形没有互体,又论述才能与品行的相同与不同问题。钟会死后,从他家得到一部书,共有二十篇,名字叫《道论》,实际上这部书的理论属于论述名理的刑名学派,从文章的风格看像是钟会写的。当初,钟会二十岁左右时与山阳郡的王弼都很著名。王弼喜好谈论儒道两家的学问,有文才,长于辩论,注释过《周易》《老子》，曾任尚书郎，二十多岁就死了。

【原文】评曰：王凌风节格尚，毌丘俭才识拔干，诸葛诞严毅威重，钟会精练策数。咸以显名，致兹荣任，而皆心大志迂，不虑祸难，变如发机，宗族涂地，岂不谬惑邪！邓艾矫然强壮，立功立事，然暗于防患，咎败旋至。岂远知乎诸葛恪而不能近自见，此盖古人所谓目论者也。[1]

①《史记》曰：越王无疆与中国争强，当楚威王时，越北伐齐，齐威王使人说越云，越王不纳。齐使者曰："幸也，越之不亡也。吾不贵其用智之如目，目见毫毛而不自见其睫也。今王知晋之失计，不自知越之过，是目论也。"

【译文】评论说：王凌很有品格、节操、气度和志向，毌丘俭的才能见识突出，诸葛诞严厉刚毅，很有威望，钟会精明干练，很有策略心计。他们都以自己的优点显扬声名，荣任高官，然而他们都心比天高、志向不切实际，不考虑祸害灾难，结果变故突然发生，宗族遭到诛灭，岂不糊涂吗！邓艾志气雄壮，建功立业，可惜不懂得防患于未然，结果罪过和失败很快来临。他能准确预料远方的诸葛恪将有灾祸，却看不见自己身边的危险，这大概就像古人对眼睛的评论：可以把远处别人身上的汗毛看得清清楚楚，却瞧不见近旁自己的睫毛。

卷二十九　魏书二十九

方技传第二十九

华佗　吴普、樊阿

【原文】华佗，字元化，沛国谯人也，一名旉。[①] 游学徐土，兼通数经。沛相陈珪举孝廉，太尉黄琬辟，皆不就。晓养性之术，时人以为年且百岁而貌有壮容。又精方药，其疗疾，合汤不过数种，心解分剂，不复称量，煮熟便饮，语其节度，舍去辄愈。若当灸，不过一两处，每处不过七八壮，病亦应除。若当针，亦不过一两处，下针言："当引某许，若至，语人。"病者言"已到"，应便拔针，病亦行差。若病结积在内，针药所不能及，当须刳割者，便饮其麻沸散，须臾便如醉死无所知，因破取。病若在肠中，便断肠湔洗，缝腹膏摩，四五日差，不痛，人亦不自寤，一月之间，即平复矣。

① 臣松之案：古"敷"字与"旉"相似，写书者多不能别。寻佗字元化，其名宜为旉也。

故甘陵相夫人有娠六月，腹痛不安，佗视脉，曰："胎已死矣。"使人手摸知所在，在左则男，在右则女。人云"在左"，于是为汤下之，果下男形，即愈。

县吏尹世苦四支烦，口中干，不欲闻人声，小便不利。佗曰："试作热食，得汗则愈；不汗，后三日死。"即作热食而不汗出，佗曰："藏气已绝于内，当啼泣而绝。"果如佗言。

府吏兒寻、李延共止，俱头痛身热，所苦正同。佗曰："寻当下之，延当发汗。"或难其异，佗曰："寻外实，延内实，故治之宜殊。"即各与药，明旦并起。

盐渎严昕与数人共候佗，适至，佗谓昕曰："君身中佳否？"昕曰："自如常。"佗曰："君有急病见于面，莫多饮酒。"坐毕归，行数里，昕卒头眩堕车，人扶将还，载归家，中宿死。

故督邮顿子献得病已差，诣佗视脉，曰："尚虚，未得复，勿为劳事，御内即死。临死，当吐舌数寸。"其妻闻其病除，从百余里来省之，止宿交接，中间三日发病，一如佗言。

督邮徐毅得病，佗往省之。毅谓佗曰："昨使医曹吏刘租针胃管讫，便苦咳嗽，欲卧不安。"佗曰："刺不得胃管，误中肝也，食当日减，五日不救。"遂如佗言。

东阳陈叔山小男二岁得疾，下利常先啼，日以羸困。问佗，佗曰："其母怀躯，阳气内养，乳中虚冷，儿得母寒，故令不时愈。"佗与四物女宛丸，十日即除。

彭城夫人夜之厕，虿螫其手，呻呼无赖。佗令温汤近热，渍手其中，卒可得寐，但旁人数为易汤，汤令暖之，其旦即愈。

军吏梅平得病，除名还家，家居广陵，未至二百里，止亲人舍。有顷，佗偶至主人许，主人令佗视平，佗谓平曰："君早见我，可不至此。今疾已结，促去可得与家相见，五日卒。"应时归，如佗所刻。

佗行道，见一人病咽塞，嗜食而不得下，家人车载欲往就医。佗闻其呻吟，驻车往视，语之曰："向来道边有卖饼家，蒜齑大酢，从取三升饮之，病自当去。"即如佗言，立吐蛇一枚，县车边，欲造佗。佗尚未还，小儿戏门前，逆见，自相谓曰："似逢我公，车边病是也。"疾者前入坐，见佗北壁县此蛇辈约以十数。

又有一郡守病，佗以为其人盛怒则差，乃多受其货而不加治，无何弃去，留书骂之。郡守果大怒，令人追捉杀佗。郡守子知之，属使勿逐。守瞋恚既甚，吐黑血数升而愈。

又有一士大夫不快，佗云："君病深，当破腹取。然君寿亦不过十年，病不能杀君，忍病十岁，寿俱当尽，不足故自刳裂。"士大夫不耐痛痒，必欲除之。佗遂下手，所患寻差，十年竟死。

广陵太守陈登得病，胸中烦懑，面赤不食。佗脉之曰："府君胃中有虫数升，欲成内疽，食腥物所为也。"即作汤二升，先服一升，斯须尽服之。食顷，吐出三升许虫，赤头皆动，半身是生鱼脍也，所苦便愈。佗曰："此病后三期当发，遇良医乃可济救。"依期果发动，时佗不在，如言而死。

太祖闻而召佗，佗常在左右。太祖苦头风，每发，心乱目眩，佗针鬲，随手而差。①

①《佗别传》曰：有人病两脚躄不能行，舆诣佗，佗望见云："已饱针灸服药矣，不复须看脉。"便使解衣，点背数十处，相去或一寸，或五寸，纵邪不相当。言"灸此各十壮，灸创愈即行"。后灸处夹脊一寸，上下行端直均调如引绳也。

李将军妻病甚，呼佗视脉，曰："伤娠而胎不去。"将军言："闻实伤娠，胎已去矣。"佗曰："案脉，胎未去也。"将军以为不然。佗舍去，妇稍小差。百余日复动，更呼佗，佗曰："此脉故事有胎。前当生两儿，一儿先出，血出甚多，后儿不及生。母不自觉，旁人亦不寤，不复迎，遂不得生。胎死，血脉不复归，必燥著母脊，故使多脊痛。今当与汤，并针一处，此死胎必出。"汤针既加，妇痛急如欲生者。佗曰："此死胎久枯，不能自出，宜使人探之。"果得一死男，手足完具，色黑，长可尺所。

佗之绝技，凡此类也。然本作士人，以医见业，意常自悔。后太祖亲理，得病笃重，使佗专视。佗曰："此近难济，恒事攻治，可延岁月。"佗久远家思归，因曰："当得家书，方欲暂还耳。"到家，辞以妻病，数乞期不反。太祖累书呼，又敕郡县发遣。佗恃能厌食事，犹不上道。太祖大怒，使人往检。若妻信病，赐小豆四十斛，宽假限日；若其虚诈，便收送之。于是传付许狱，考验首服。荀彧请曰："佗术实工，人命所县，宜含宥之。"太祖曰："不忧，天下当无此鼠辈邪？"遂考竟佗。佗临死，出一卷书与狱吏，曰："此可以活人。"吏畏法不受，佗亦不强，索火烧之。佗死后，太祖头风未除。太祖曰："佗能愈此。小人养吾病，欲以自重，然吾不杀此子，亦终当不为我断此根原耳。"及后爱子仓舒病困，太祖叹曰："吾悔杀华佗，令此儿强死也。"

初，军吏李成苦咳嗽，昼夜不寤，时吐脓血，以问佗。佗言："君病肠臃，咳之所吐，非从肺来也。与君散两钱,当吐二升余脓血讫,快自养,一月可小起,好自将爱,一年便健。十八岁当一小发,服此散,亦行复差。若不得此药,故当死。”复与两钱散。成得药,去五六岁,亲中人有病如成者,谓成曰:“卿今强健,我欲死,何忍无急去药以待不祥?[①]先持贷我,我差,为卿从华佗更索。”成与之。已故到谯,适值佗见收,匆匆不忍从求。后十八岁,成病竟发,无药可服,以至于死。[②]

①臣松之案:古语以藏为去。

②《佗别传》曰:人有在青龙中见山阳太守广陵刘景宗,景宗说中平日数见华佗,其治病,手脉之候,其验若神。琅邪刘勋为河内太守,有女年几二十,左脚膝里上有疮,痒而不痛。疮愈数十日复发,如此七八年,迎佗使视,佗曰:“是易治之。当得稻糠黄色犬一头,好马二匹。”以绳系犬颈,使走马牵犬,马极辄易,计马走三十余里,犬不能行,复令步人拖曳,计向五十里。乃以药饮女,女即安卧不知人。因取大刀断犬腹近后脚之前,以所断之处向疮口,令去二三寸。停之须臾,有若蛇者从疮中而出,便以铁椎横贯蛇头。蛇在皮中动摇良久,须臾不动,乃牵出,长三尺许,纯是蛇,但有眼处而无瞳子,又逆鳞耳。以膏散著疮中,七日愈。又有人苦头眩,头不得举,目不得视,积年。佗使悉解衣倒悬,令头去地一二寸,濡布拭身体,令周匝,候视诸脉,尽出五色。佗令弟子数人以铍刀决脉,五色血尽,视赤血,乃下,以膏摩被覆,汗自出周匝,饮以亭历犬血散,立愈。又有妇人长病经年,世谓寒热注病者。冬十一月中,佗令坐石槽中,平旦用寒水汲灌,云“当满百”。始七八灌,会战欲死,灌者惧,欲止。佗令满数。将至八十灌,热气乃蒸出,嚣嚣高二三尺。满百灌,佗乃使然火温床,厚覆,良久汗洽出,著粉,汗燥便愈。又有人病腹中半切痛,十余日中,鬓眉堕落。佗曰:“是脾半腐,可刳腹养治也。”使饮药令卧,破腹就视,脾果半腐坏。以刀断之,刮去恶肉,以膏傅疮,饮之以药,百日平复。

广陵吴普、彭城樊阿皆从佗学。普依准佗治,多所全济。佗语普曰:“人体欲得劳动,但不当使极尔。动摇则谷气得消,血脉流通,病不得生,譬犹户枢不朽是也。是以古之仙者为导引之事,熊颈鸱顾,引挽腰体,动诸关节,以求难老。吾有一术,名五禽之戏,一曰虎,二曰鹿,三曰熊,四曰猿,五曰鸟,亦以除疾,并利蹄足,以当导引。体中不快,起作一禽之戏,沾濡汗出,因上著粉,身体轻便,腹中欲食。”普施行之,年九十余,耳目聪明,齿牙完坚。阿善针术。凡医咸言背及胸藏之间不可妄针,针之不过四分,而阿针背入一二寸,巨阙胸藏针下五六寸,而病辄皆瘳。阿从佗求可服食益于人者,佗授以漆叶青黏散。漆叶屑一升,青黏屑十四两,以是为率,言久服去三虫,利五藏,轻体,使人头不白。阿从其言,寿百余岁。漆叶处所而有,青黏生于丰、沛、彭城及朝歌云。[①]

①《佗别传》曰:青黏者,一名地节,一名黄芝,主理五藏,益精气。本出于迷入山者,见仙人服之,以告佗。佗以为佳,辄语阿,阿又秘之。近者人见阿之寿而气力强盛,怪之,遂责阿所服,因醉乱误道之。法一施,人多服者,皆有大验。

文帝《典论》论郤俭等事曰:“颍川郤俭能辟谷,饵伏苓。甘陵甘始亦善行气,老有少容。庐江左慈知补导之术。并为军吏。初，俭之至，市伏苓价暴数倍。议郎安平李覃学其辟谷，餐伏苓，饮寒水，中泄利，殆至陨命。后始来，众人无不鸱视狼顾，呼吸吐纳。军谋祭酒弘农董芬为之过差，气闭不通，良久乃苏。左慈到，又竞受其补导之术，至寺人严峻，往从问受。阉竖真无事于斯术也，人之逐声，乃至于是。光和中，北海王和平亦好道术，自以当仙。济南孙邕少事之，从至京师。会和平病死，邕因葬之东陶，有书百余卷，药数囊，悉以送之。后弟子夏荣言其尸解。邕至今恨不取其宝书仙药。刘向惑于《鸿宝》之说，君游眩于子政之言，古今愚谬，岂唯一人哉。"

东阿王作《辩道论》曰："世有方士，吾王悉所招致，甘陵有甘始，庐江有左慈，阳城有郤俭。始能行气导引，慈晓房中之术，俭善辟谷，悉号三百岁。卒所以集之于魏国者，诚恐斯人之徒，接奸宄以欺众，行妖慝以惑民，岂复欲观神仙于瀛洲，求安期于海岛，释金辂而履云舆，弃六骥而美飞龙哉？自家王与太子及余兄弟咸以为调笑，不信之矣。然始等知上遇之有恒，奉不过于员吏，赏不加于无功，海岛难得而游，六黻难得而佩，终不敢进虚诞之言，出非常之语。余常试郤俭绝谷百日，躬与之寝处，行步起居自若也。夫人不食七日则死，而俭乃如是。然不必益寿，可以疗疾而不惮饥馑焉。左慈善修房内之术，差可终命，然自非有志至精，莫能行也。甘始者，老而有少容，自诸术士咸共归之。然始辞繁寡实，颇有怪言。余常辟左右，独与之谈，问其所行，温颜以诱之，美辞以导之，始语余：'吾本师姓韩字世雄，尝与师于南海作金，前后数四，投数万斤金于海。'又言：'诸梁时，西域胡来献香罽、腰带、割玉刀，时悔不取也。'又言：'车师之西国。儿生，擘背出脾，欲其食少而努行也。'又言：'取鲤鱼五寸一双，合其一煮药，俱投沸膏中，有药者奋尾鼓鳃，游行沉浮，有若处渊，其一者已熟而可啖。'余时问：'言率可试不？'言：'是药去此逾万里，当出塞，始不自行不能得也。'言不尽于此，颇难悉载，故粗举其巨怪者。始若遭秦始皇、汉武帝，则复为徐市、栾大之徒也。"

【译文】华佗，字元化，沛国谯县人，又名旉。游学于徐州一带，精通多种经书。沛国相陈珪举荐他为孝廉，太尉黄琬征召他，他都没有接受任命。他通晓养生之术，年纪将近百岁了却还是青壮年时的容貌。又精通医方药物，替人治病，配药不过几种，心里十分清楚剂量大小，不必称量，煎好让病人立即服用，交待病人注意事项，病人吃完药就能迅速痊愈。如当用灸，不过灼烧一二处穴位，每处不过七八个灸点，病人的病也就治好了。如需施针，也不过扎一二处穴位，下针时说："针应当刺到某个地方，针已到，就出声告知。"病人说"已到"，他应声拔针，病人的病情也很快好转。如果病积结在体内，针灸汤药之力不能达到，必须进行手术的，就让病人饮用他的麻沸散，片刻间病人就像大醉不醒一样毫无知觉，他当即动刀破腹割取病灶。病因若在肠内，他便切开肠子予以清洗，然后缝好伤口敷上膏药，四五日之后病人开始恢复，没有什么痛楚，病人自己也没什么感觉，一个月左右，就能恢复如初了。

原甘陵相的夫人怀孕已六个月，腹部疼痛，不得安宁，华佗诊脉，说："胎儿已死。"又让人用手触摸胎儿所在位置，在左边则是男胎，在右边则是女胎。摸胎的人说"在左"，于是华佗为孕妇配药并让孕妇服下汤药，果然打下一男胎，孕妇的病很快就好了。

县吏尹世苦于四肢疲劳，口中干渴，不愿听见人声，小便困难。华佗说：“试着做些热食吃下，能够出汗即可痊愈；倘若不能发汗，三天之后人就没救了。”当即做热食给病人吃，但病人吃后没有出汗，华佗说：“元气已在体内耗尽，当哭泣而死。”后果如华佗所言。

府吏兒寻、李延住在一起，都觉头痛和身体发烧，症状完全相同。华佗说：“兒寻应当下泻，李延应当发汗。”有人诘问为何二人病情相同而治法各异，华佗说：“兒寻外实，李延内实，所以治疗方法应有分别。”随即给两人开不同的药，第二天两人就都能起床了。

盐渎县的严昕与几个人一起等候华佗，华佗刚到，即问严昕说：“您身体好吗？”严昕说：“跟平常一样。”华佗说：“您的脸上显示您患有急症，不要多喝酒。”严昕他们坐了一会告辞，走出几里地，严昕突然头晕从车上掉了下来，人们搀扶着他返回，用车送他到家，当天夜半时分就死了。

原督邮顿子献患病已差不多完全治好，去找华佗诊脉，华佗说：“您还虚弱呢，尚未完全恢复，别干过于劳累的事，如和妻子同房就会死。临死的时候，舌头会吐出数寸。”顿子献的妻子听说丈夫的病已根除，从百余里之外赶来探望他，当夜留宿行房，隔三天之后顿子献发病，结果完全像华佗诊断的那样。

督邮徐毅得病，华佗前往探视。徐毅对华佗说：“昨天让医官刘租用针刺胃管后，便苦于咳嗽不止，睡不安宁。”华佗说：“针没刺到胃管，误刺了肝脏，您的饮食会日趋减少，五天之内就没救了。”后来果如华佗所言。

东阳县陈叔山的小男孩两岁得病，下泻时常先哭，日见消瘦无力。请华佗诊病，华佗说：“他母亲怀他之时，阳气内养，乳中虚寒，这孩子得了母寒，所以使他不能及时痊愈而健康生长。”华佗给他四物女宛丸，十天就把病治好了。

彭城夫人夜里去厕所，手被毒虫蜇伤，痛得呻吟呼叫无可奈何。华佗叫人把汤药烧到温热，夫人将手泡在药汤中，终于得以入睡，华佗让旁人反复给她换热汤，保持水温，第二天天明她就好了。

军吏梅平得病，被斥退回家，他家住广陵，离到家还有二百里时，在一个亲戚家过夜。不久，华佗偶然来此人家里，主人求华佗为梅平诊病，华佗对梅平说：“您要是早点见到我，病情不至于发展到这个程度。如今已是病入膏肓了，火速赶回去还来得及和家人相见，五天后就会死。”梅平即时起程回家，他的死亡时间正如华佗预计的那样。

华佗走在路上，见一人有吞食困难的病，想吃东西却难以下咽，其家属正拉着病人要去找大夫。华佗听见他的呻吟声，停车前去探视，对病人说：“我过来的路边有卖饼人家，店里有蒜末大醋，买三升喝下去，此病自当没事。”病人当即按华佗的说法去做，立即吐出一条蛇，他们把蛇悬挂在车边，想去拜谢华佗。华佗尚未回家，只有他家小孩在门前玩，迎面看见来人，自语道：“车边挂着蛇的病人，想必是遇见我父亲的那位。”那位病人进屋坐下，见华佗房内北墙上悬挂着十几条这样的蛇。

又有一个郡守得病，华佗认为这个人只要怒气大发病情即可好转，于是接受他很多财物却不给他诊治，不久之后不辞而别，还留下书信辱骂郡守。郡守果然大怒，令人去追杀华佗。郡守的儿子知道其中原由，嘱咐手下人不得去追。郡守恼怒之极，吐出了几升黑血，之后病也就好了。

又有一个士大夫自感不适，华佗说：“您的病藏得很深，应当开腹取出病灶。不过您的寿命也不会超过十年，此病不至于危及您的生命，忍病十年，病与寿命当同时完结，不值得为了治病而剖开肚腹了。”士大夫不能忍受发病时的痛痒，下决心要去除病根。于是，华佗为他动了手术，这人的病随即好转，十年后死去。

广陵太守陈登得病，心中烦闷，面色发红而全无食欲。华佗诊脉说：“您的胃中有虫数升，将要成为你体内的毒疮，是吃腥物所致。”随即熬制二升汤药，让陈登先服一升，过一会儿再全部喝下。服药后过了片刻，吐出三升多虫子，红头能动，半身还是生鱼肉，陈登的病也就痊愈了。华佗说：“这种病三年后还当复发，遇上良医才能获救。”到期果然复发，当时华佗不在，陈登不治而死。

曹操听说华佗医术高明后征召华佗，让华佗常在自己左右。曹操患有头痛病，每当发病之时，即心烦意乱而目眩神迷，华佗施针于膈俞穴，往往应手即好。

李将军妻子病情危重，请华佗诊脉，华佗说：“伤了孕但死胎仍在。”将军说：“听说确实伤了胎，但胎儿已经掉下来了。”华佗说：“根据脉象，胎儿没掉。”将军认为并非如此。华佗离去后，病妇有所好转。百余天后再度复发，又叫华佗来看，华佗说：“脉象中明明跟上次一样显示胎在腹中。以前应生下两个小孩，一胎儿先生，因出血太多，后一胎儿没能及时生下。孕妇本人没有感觉，旁人也不懂得，没继续接生，于是这个胎儿就没能生下来。胎儿已死，血脉不再滋养胎儿，使胎儿枯死贴连母背，所以使得孕妇后背疼痛。今当给予汤药，并且针扎一处穴道，这个死胎一定出来。”汤药喝过针也扎完，孕妇剧痛得好像快要生小孩一样。华佗说：“这个死胎枯萎的时间太长，不能自行出来，应请旁人助产。”果然生下一个死了的男胎，手脚齐全，但肤色发黑，长一尺左右。

华佗的绝妙医术，大抵都像这样。然而他原本是士人，后来把医术作为自己的职业，内心常常后悔。后来曹操亲自处理朝政，得病愈是严重，让华佗专门诊治。华佗说：“这种病短时间内很难治愈，应持续不停地治疗，可以延寿。”华佗长时间离家，思乡心切，因此说：“我刚收到家书，正想回家待一小段时间。”他回家之后，借口老妻有病多次请求延长假期不愿返回。曹操屡次写信催他，又命郡县官吏敦促。华佗仗着自己医术高超，讨厌受官府役使，仍然不肯上路。曹操大怒，派人前往华佗家里查看。如果华佗的妻子确实有病，赐给他小豆四十斛，并宽限返回时间；如果华佗所言弄虚作假，就将他收捕押送来京。结果华佗被传车押入许都监狱，经拷问自认有罪。荀彧为华佗求情说：“华佗医术实在高明，关系到解救人命，应当宽容赦免他。”曹操说：“不用担心，天下难道就没有像华佗这样的小人了吗？”于是将华佗拷打至死。华佗临死，拿出一卷书递给看管狱吏，说：“这本书有治病救人的方法。”狱吏害怕受到法律制裁而不敢接受，华佗也不勉强，取火把书烧了。华佗死后，曹操的头痛病没有根除。曹操说：“华佗能治好我这个毛病。那个小人故意拖延治疗我的病痛，想借此抬高自己的身价，这样就算我不杀这小子，他最终也不会给我去除病根的。”及至后来爱子仓舒病重，曹操叹息道：“我后悔杀了华佗，使我的爱子枉死。”

起初，军中小吏李成患咳嗽不止之病，昼夜难以安枕，不时口吐脓血，他求华佗诊断。华佗说：“您得了肠臃病，您咳吐出来的东西，不是出自肺部。给您开两钱散剂，将吐出二升左右的脓血就止住了，赶紧调养，一个月就可稍稍好转，然后小心保重，一年就能恢复健康。十八年后会小有复发，服用此药，也就能再次好转。如果不能得到此药，只怕就逃不过一死了。”于是又给了李成两钱散剂。李成拿到药，之后过了五六年，他的亲戚中有人得了跟他一样的病，那人对李成说：“你现在身体强壮，我快要死了，你何必没有急症却守着那些药等着不吉利的事情到来？先把药借我，等我病好，替你到华佗那儿另要。”李成把药给了这个亲戚。亲戚病好之后到谯县，正值华佗被收押，仓促间不忍心追着华佗要药。十八年之后，李成的病终于发作，无药可服，直至病死。

广陵县人吴普、彭城县人樊阿都随华佗学医。吴普严格遵循华佗的方法治病，不少人因为他的医术而得以痊愈。华佗对吴普说：“人体需要劳动，但不能劳累过度罢了。人体运动则胃气得以消除，血脉通畅，不会得病，就好像门枢经常活动而不易腐烂的道理一样。因此古代修仙的人练习导引，模仿熊攀枝悬挂的动作，模仿鸱鸟回顾的样子，曲伸肢体，活动各个关节，从而力保青春不老。我摸索了一套强身健体之术，名叫五禽戏，其一为虎戏，其二为鹿戏，其三为熊戏，其四为猿戏，其五为鸟戏，也可以用来去病，并且利于强健腿脚，以此当作导引。如身体感到不适，站身做做一禽之戏，全身微微出汗，然后敷上粉，身体得以轻捷，食欲也因此大增。”吴普遵照练习，九十余岁时，还耳聪目明，牙齿完整坚固。樊阿擅长扎针。大凡行医者都说后背和前胸不能轻易施针，即使施针也深不过四分，而樊阿在后背施针深入一二寸，而在肚脐以上的巨阙等危险要穴更敢下针深达五六寸，施针后病人往往得以痊愈。樊阿向华佗求问利于人体健康的秘方，华佗传授他炼制漆叶青黏散。漆叶碎屑一升，青黏碎屑十四两，以此为配方标准，说坚持服用能除去三虫，利于五脏六腑，且使人身轻体健，头发不白。樊阿听从华佗的指导，活到一百余岁。漆叶到处都有，青黏生长在丰县、沛县、彭城及朝歌等地。

杜夔

【原文】杜夔，字公良，河南人也。以知音为雅乐郎，中平五年，疾去官。州、郡、司徒礼辟，以世乱奔荆州。荆州牧刘表令与孟曜为汉主合雅乐，乐备，表欲庭观之，夔谏曰：“今将军号为天子合乐，而庭作之，无乃不可乎！”表纳其言而止。后表子琮降太祖，太祖以夔为军谋祭酒，参太乐事，因令创制雅乐。

夔善钟律，聪思过人，丝竹八音，靡所不能，惟歌舞非所长。时散郎邓静、尹齐善咏雅乐，歌师尹胡能歌宗庙郊祀之曲，舞师冯肃、服养晓知先代诸舞，夔总统研精，远考诸经，近采故事，教习讲肄，备作乐器，绍复先代古乐，皆自夔始也。

黄初中，为太乐令、协律都尉。汉铸钟工柴玉巧有意思，形器之中，多所造作，亦为时贵人见知。夔令玉铸铜钟，其声均清浊多不如法，数毁改作。玉甚厌之，谓夔清浊任意，颇拒捍夔。夔、玉更相白于太祖，太祖取所铸钟，杂错更试，然后知夔为精而玉之妄也，于是罪玉及诸子，皆为养马士。文帝爱待玉，又尝令夔与左愿等于宾客之中吹笙鼓琴，夔有难色，由是帝意不悦。后因他事系夔，使愿等就学，夔自谓所习者雅，仕宦有本，意犹不满，遂黜免以卒。

弟子河南邵登、张泰、桑馥，各至太乐丞，下邳陈颃司律中郎将。自左延年等虽妙于音，咸善郑声，其好古存正莫及夔。①

① 时有扶风马钧，巧思绝世。傅玄序之曰：“马先生，天下之名巧也，少而游豫，不自知其为巧也。当此之时，言不及巧，焉可以言知乎？为博士，居贫，乃思绫机之变，不言而世人知其巧矣。旧绫机五十综者五十蹑，六十综者六十蹑。先生患其丧功费日，乃皆易以十二蹑。其奇文异变，因感而作者，犹自然之成形，阴阳之无穷，此轮扁之对不可以言言者，又焉可以言校也。先生为给事中，与常侍高堂隆、骁骑将军秦朗争论于朝，言及指南车，二子谓古无指南车，记言之虚也。先生曰：‘古有之，未之思耳，夫何远之有？’二子哂之曰：‘先生名钧字德衡，钧者器之模，而衡者所以定物之轻重，轻重无准而莫不模哉！’先生曰：‘虚争空言，不如试之易效也。’于是二子遂以白明帝，诏先生作之，而指南车成。此一异也。又不可以言者也，从是天下服其巧矣。居京都，城内有地，可以为园，患无水以灌之，乃作翻车，令童儿转之，而灌水自覆，更入更出，其巧百倍于常。此二异也。其后人有上百戏者，能设而不能动也。帝以问先生：‘可动否？’对曰：‘可动。’帝曰：‘其巧可益否？’对曰：‘可益。’受诏作之。以大木雕构，使其形若轮，平地施之，潜以水发焉。设为女乐舞象，至令木人击鼓吹箫；作山岳，使木人跳丸掷剑，缘絙倒立，出入自在；百官行署，舂磨斗鸡，变巧百端。此三异也。先生见诸葛亮连弩，曰：‘巧则巧矣，未尽善也。’言作之可令加五倍。又患发石车，敌人之于楼边县湿牛皮，中之则堕，石不能连属而至。欲作一轮，县大石数十，以机鼓轮为常，则以断县石飞击敌城，使首尾电至。尝试以车轮县瓴甓数十，飞之数百步矣。有裴子者，上国之士也，精通见理，闻而哂之。乃难先生，先生口屈不对。裴子自以为难得其要，言之不已。傅子谓裴子曰：‘子所长者言也，所短者巧也。马氏所长者巧也，所短者言也。以子所长，击彼所短，则不得不屈。以子所短，难彼所长，则必有所不解者矣。夫巧，天下之微事也，有所不解而难之不已，其相击刺，必已远矣。心乖于内，口屈于外，此马氏所以不对也。’傅子见安乡侯，言及裴子之论，安乡侯又与裴子同。傅子曰：‘圣人具体备物，取人不以一揆也：有以神取之者，有以言取之者，有以事取之者。有以神取之者，不言而诚心先达，德行颜渊之伦是也。以言取之者，以变辩是非，言语宰我、子贡是也。以事取之者，若政事冉有、季路，文学子游、子夏。虽圣人之明尽物，如有所用，必有所试，然

则试冉、季以政，试游、夏以学矣。游、夏犹然，况自此而降者乎！何者？悬言物理，不可以言尽也，施之于事，言之难尽而试之易知也。今若马氏所欲作者，国之精器，军之要用也。费十寻之木，劳二人之力，不经时而是非定。难试易验之事而轻以言抑人异能，此犹以己智任天下之事，不易其道以御难尽之物，此所以多废也。马氏所作，因变而得是，则初所言者不皆是矣。其不皆是，因不用之，是不世之巧无由出也。夫同情者相妒，同事者相害，中人所不能免也。故君子不以人害人，必以考试为衡石。废衡石而不用，此美玉所以见诬为石，荆和所以抱璞而哭之也。'于是安乡侯悟，遂言之武安侯，武安侯忽之，不果试也。此既易试之事，又马氏巧名已定，犹忽而不察，况幽深之才，无名之璞乎？后之君子其鉴之哉！马先生之巧，虽古公输般、墨翟、王尔，近汉世张平子，不能过也。公输般、墨翟皆见用于时，乃有益于世。平子虽为侍中，马先生虽给事省中，俱不典工官，巧无益于世。用人不当其才，闻贤不试以事，良可恨也。"裴子者，裴秀。安乡侯者，曹羲。武安侯者，曹爽也。

【译文】杜夔，字公良，河南郡人。因他通晓音律而担任雅乐郎，中平五年，因病辞官。州、郡、司徒先后以礼征召他，他因为当时社会动乱而逃往荆州。荆州牧刘表让他和孟曜为汉帝郊庙朝会编排雅乐，编排完成后，刘表打算当庭欣赏，杜夔规劝说："而今将军宣称给天子编排雅乐，却要在厅堂内演奏，只怕这样是不可以的吧！"刘表听取杜夔的意见而停止了这场演奏。后来刘表的儿子刘琮投降太祖曹操，曹操让杜夔担任军谋祭酒，参与太乐署职事，并命令杜夔创作雅乐。

杜夔善于音律，聪慧巧思过于常人，各种乐器，无所不能，只有歌舞非其所长。当时散郎邓静、尹齐擅长咏唱雅乐，歌师尹胡能唱宗庙祭祀的乐曲，舞师冯肃、服养知晓前代的各种舞蹈，杜夔总管精研，远考各种古代经典，近采当世人文典故，教授讲习，制作乐器，继承恢复前代古乐，这些事都是从杜夔开始的。

黄初年间，杜夔任太乐令、协律都尉。汉铸钟匠人柴玉心灵手巧且很有主见，各种乐器，多出于他的手，他也为当时达官贵人所赏识。杜夔命柴玉铸造铜钟，但钟的声音清浊大多不合古法，为此多次让柴玉销毁重铸。柴玉极度厌烦，他认为杜夔关于钟声的清浊纯粹任随其意，所以对杜夔的要求很是抗拒。杜夔、柴玉将各自的意见禀报给曹操，曹操让人取来所铸铜钟，交错敲击反复聆听，然后知道杜夔确实精于音律而柴玉平庸无知，于是降罪柴玉及其儿子们，让他们都去养马。文帝曹丕喜欢并厚待柴玉，曾经下令让杜夔和左愿等当着众宾客吹笙弹琴，杜夔面有难色，为此曹丕对杜夔深感不满。后来借其他事由将杜夔关押起来，让左愿等人向他学艺，杜夔声称自己研习的都是雅乐，出仕做官皆基于这一基础，曹丕仍然不满，于是罢黜杜夔的官职，杜夔为此郁结而死。

杜夔的弟子有河南人邵登、张泰、桑馥，这几人都官至太乐丞，下邳县人陈颃任司律中郎将。自汉代左延年等人开始，精于音乐的可谓大有人在，但他们所擅长的都属郑声之类的民间俗乐，说到喜爱古代音乐及保持正统古乐，这些人没有谁能赶得上杜夔。

朱建平

【原文】朱建平，沛国人也。善相术，于闾巷之间，效验非一。太祖为魏公，闻之，召为郎。文帝为五官将，坐上会客三十余人，文帝问己年寿，又令遍相众宾。建平曰："将军当寿八十，至四十时当有小厄，愿谨护之。"谓夏侯威曰："君四十九位为州牧，而当有厄，厄若得过，可年至七十，致位公辅。"谓应璩曰："君六十二位为常伯，而当有厄，先此一年，当独见一白狗，而旁人不见也。"谓曹彪曰："君据藩国，至五十七当厄于兵，宜善防之。"

初，颍川荀攸、钟繇相与亲善。攸先亡，子幼。繇经纪其门户，欲嫁其妾。与人书曰："吾与公达曾共使朱建平相，建平曰：'荀君虽少，然当以后事付钟君。'吾时啁之曰：'惟当嫁卿阿骛耳。'何意此子竟早陨没，戏言遂验乎！今欲嫁阿骛，使得善处。追思建平之妙，虽唐举、许负何以复加也！"

文帝黄初七年，年四十，病困，谓左右曰："建平所言八十，谓昼夜也，吾其决矣。"顷之，果崩。夏侯威为兖州刺史，年四十九，十二月上旬得疾，念建平之言，自分必死，豫作遗令及送丧之备，咸使素办。至下旬转差，垂以平复。三十日日昃，请纪纲大吏设酒，曰："吾所苦渐平，明日鸡鸣，年便五十，建平之戒，真必过矣。"威罢客之后，合瞑疾动，夜半遂卒。璩六十一为侍中，直省内，欻见白狗，问之众人，悉无见者。于是数聚会，并急游观田里，饮宴自娱，过期一年，六十三卒。曹彪封楚王，年五十七，坐与王凌通谋，赐死。凡说此辈，无不如言，不能具详，故粗记数事。惟相司空王昶、征北将军程喜、中领军王肃有蹉跌云。肃年六十二，疾笃，众医并以为不愈。肃夫人问以遗言，肃云："建平相我逾七十，位至三公，今皆未也，将何虑乎！"而肃竟卒。

建平又善相马。文帝将出，取马外入，建平道遇之，语曰："此马之相，今日死矣。"帝将乘马，马恶衣香，惊啮文帝膝，帝大怒，即便杀之。建平黄初中卒。

【译文】朱建平，沛国人。善于相面术，游走于民间替人相面，应验的事情不少。太祖曹操为魏国公时，对朱建平的事迹有所耳闻，就召他担任郎官。文帝曹丕任五官中郎将时，曾宴请三十多位宾客聚会，曹丕问朱建平自己的寿命能有多长，又让朱建平给在座所有宾客相面。朱建平说："将军能活到八十岁，在四十岁的时候会有个小小的困厄，请用心保护自己。"又对夏侯威说："您四十九岁时将担任州牧，同时会遭遇危难，如能度过困厄，可以活到七十，位列宰辅。"又对应璩说："您六十二岁能任常伯，同时会遭遇困厄，之前一年，您会独自见到一条白狗，而旁人谁也见不到。"又对曹彪说："您将贵为藩王，据有藩国，到五十七岁这年当遭遇兵难，应善加提防。"

起初，颍川郡人荀攸和钟繇亲近友善。荀攸先死，儿子年幼。钟繇管理照料荀攸家事，想把荀攸的妾嫁掉。他给人写信说："我和荀攸曾经一起让朱建平看相，朱建平说：'荀攸虽然年轻，但他的后事得托付给钟君。'我当时还调笑荀攸说：'我只要把你的爱妾阿骛嫁出去就好了。'没想到荀攸果真早死，当时的戏言竟应验了！现在我想把阿鹜嫁出去，让她找个好人家。回想朱建平相术的高超神妙，就算是古代唐举、许负之类的相术名家又能在什么地方比他更高一筹呢！"

黄初七年，文帝曹丕年四十，病情危重，他对身边人说："朱建平说我的寿命八十岁，是每个昼夜相加计算的，我将与你们永别了。"没多久，果然驾崩了。夏侯威担任兖州刺史的时候，恰好是四十九岁，当年的十二月上旬患病，想起朱建平先前所说，自己料想必死无疑，于是预先写下遗书并做好了丧葬准备，命人按成规办理。到这月下旬病情好转，眼看着即将完全康复。三十日傍晚，请来主要州吏摆下宴席，说："我的病渐渐好了，明天鸡鸣，我就五十岁了，朱建平预言说我四十九岁有生死之劫，果真就要躲过去了。"夏侯威宴罢客散，闭目入睡时疾病发作，夜半时分就死了。应璩六十一岁任侍中，在宫中轮值，忽然看到一条白狗，他问在旁众人，都说没有看见。于是应璩频频招聚亲朋好友，并且抓紧回乡游览，设宴饮酒自寻乐趣，过了一年，正好是六十三岁去世。曹彪被封为楚王，当年五十七岁，因与王凌通谋反叛获罪，被朝廷赐死。大凡朱建平所相过的这些人，没有一人不像他当年的预言的那样，不能一一列举，所以只大略记述几件事。据说只有给司空王昶、征北将军程喜、中领军王肃相面的预言与结果互有差池。王肃六十二岁这年，病情危重，众多医生都认为不可能治愈。王肃的夫人问王肃有什么遗言，王肃说："朱建平给我看相说我能年过七十，位至三公，如今都还没有应验，这个时候有什么可忧虑的呢！"但王肃终究还是病死了。

朱建平还善于相马。文帝曹丕准备外出，侍从牵马进宫，朱建平在路上遇见说："看这匹马的样子，今天必死。"曹丕正要上马，那马讨厌曹丕衣服上的香气，受惊咬了曹丕的膝盖，曹丕大怒，当即把马杀死。朱建平在黄初年间去世。

周宣

【原文】周宣，字孔和，乐安人也。为郡吏。太守杨沛梦人曰："八月一日曹公当至，必与君杖，饮以药酒。"使宣占之。是时黄巾贼起，宣对曰："夫杖起弱者，药治人病，八月一日，贼必除灭。"至期，贼果破。

后东平刘桢梦蛇生四足，穴居门中，使宣占之，宣曰："此为国梦，非君家之事也。当杀女子而作贼者。"顷之，女贼郑、姜遂俱夷讨，以蛇女子之祥，足非蛇之所宜故也。

文帝问宣曰："吾梦殿屋两瓦堕地，化为双鸳鸯，此何谓也？"宣对曰："后宫当有暴死者。"帝曰："吾诈卿耳！"宣对曰："夫梦者意耳，苟以形言，便占吉凶。"言未毕，而黄门令奏宫人相杀。无几，帝复问曰："我昨夜梦青气自地属天。"宣对曰："天下当有贵女子冤死。"是时，帝已遣使赐甄后玺书，闻宣言而悔之，遣人追使者不及。帝复问曰："吾梦摩钱文，欲令灭而更愈明，此何谓邪？"宣怅然不对。帝重问之，宣对曰："此自陛下家事，虽意欲尔而太后不听，是以文欲灭而明耳。"时帝欲治弟植之罪，逼于太后，但加贬爵。以宣为中郎，属太史。

尝有问宣曰："吾昨夜梦见刍狗，其占何也？"宣答曰："君欲得美食耳！"有顷，出行，果遇丰膳。后又问宣曰："昨夜复梦见刍狗，何也？"宣曰："君欲堕车折脚，宜戒慎之。”顷之,果如宣言。后又问宣:“昨夜复梦见刍狗,何也?”宣曰:“君家欲失火,当善护之。”俄遂火起。语宣曰:“前后三时,皆不梦也。聊试君耳,何以皆验邪?”宣对曰:“此神灵动君使言,故与真梦无异也。”又问宣曰:“三梦刍狗而其占不同,何也?”宣言:“刍狗者,祭神之物。故君始梦,当得饮食也。祭祀既讫,则刍狗为车所轹,故中梦当堕车折脚也。刍狗既车轹之后,必载以为樵,故后梦忧失火也。”宣之叙梦,凡此类也。十中八九,世以比建平之相矣。其余效故不次列。明帝末卒。

【译文】周宣,字孔和,乐安县人。曾为郡吏。太守杨沛梦见有人对他说:“八月一日曹公会来,必定会给您手杖,给您饮用药酒。”杨沛让周宣占梦。当时正是黄巾军纵横之时,周宣回答说:“手杖是为了帮助弱者,药能替人治病,八月一日,黄巾贼一定会被消灭。”到八月一日那天,黄巾军果然一败涂地。

后来东平县人刘桢梦见蛇生四足,在门中打洞盘踞,他让周宣占这个梦,周宣说:“这个梦有关国家大事,跟你的家事毫无关联。朝廷会剿杀那些作贼的女子。”不久,果然有女贼郑、姜等人全都遭到诛杀,这是因为蛇是女子的征兆,而脚不宜为蛇所有。

文帝曹丕问周宣说:“我梦见宫殿上掉下两片瓦来,化为一双鸳鸯,这是什么兆头呢?”周宣说:“后宫必定有人要暴病死亡。”曹丕说:“我只不过骗你而已。”周宣说:“大凡梦出于意念,若能以物态加以表述,便会涉及吉凶。”话未落音,就有黄门令前来禀报说后宫发生了宫人彼此残杀的事故。没过多久,曹丕又问周宣道:“我昨晚梦见一股青气拔地升天。”周宣说:“天下恐怕会有一个显贵女子冤死。”当时,曹丕已派使者赐给甄皇后命她自裁的诏书,听了周宣的话心生悔意,当下派人去追赶使者,但已经追不上了。曹丕又问周宣:“我梦见自己摩擦铜钱上的文字,只想着磨掉它却偏偏更加明亮起来,这意味着什么呢?”周宣怅然不答。曹丕再问,周宣回答说:“这是陛下的家务事,您意有所为而皇太后拒不认可,因此钱文越磨反而越亮。”当时曹丕执意要治弟弟曹植一条重罪,但迫于皇太后的压力,最终给曹植贬爵了事。曹丕任命周宣做中郎,属太史管辖。

曾经有人问周宣:“我昨夜梦见一条小狗,这是什么征兆?”周宣说:“您将要得到一顿美味佳肴了。”不久,这人外出办事,果然遇上一顿丰盛的美餐。这人后来又问周宣:“昨夜我再次梦见小狗,这又有什么意义呢?”周宣说:“你将发生摔下车跌断脚的事故,应当警惕谨慎啊。”不久,周宣的话果然应验了。后来这人再问周宣:“我昨夜又梦见小狗,是什么道理呢?”周宣说:“您家要失火,应小心防范。”不久这人家里果然发生了火灾。事后这人对周宣说:“我前后所说的三个梦,其实全都没有过。仅仅是想试试您的占术罢了,为什么却都应验了呢?”周宣回答说:“这是神灵触动您让您说出来,所以和真梦没什么区别。”这人又问周宣说:“我所说三次梦都是看见小狗,但您预示的事情却各不相同,这又是什么原因?”周宣说:“小狗是祭神之物。所以您第一次梦见它,理当得到饮食。祭祀完毕,则有小狗被车轧过的仪式,所以您的第二个梦预示着您将从车上掉下来摔断脚。小狗在被辗过之后,一定要被焚烧,所以您最后一个梦预示着家里即将失火。”周宣占梦，大都类此。他所占过的梦最终应验的十居八九，当时的人把他和朱建平的相术相提并论。其余效验就不再一一列举。周宣在魏明帝末年去世。

管辂

【原文】管辂，字公明，平原人也。容貌粗丑，无威仪而嗜酒，饮食言戏，不择非类，故人多爱之而不敬也。[①]

①《辂别传》曰：辂年八九岁，便喜仰视星辰，得人辄问其名，夜不肯寐。父母常禁之，犹不可止。自言：“我年虽小，然眼中喜视天文。”常云：“家鸡野鹄，犹尚知时，况于人乎？”与邻比儿共戏土壤中，辄画地作天文及日月星辰。每答言说事，语皆不常，宿学耆人不能折之，皆知其当有大异之才。及成人，果明《周易》，仰观、风角、占、相之道，无不精微。体性宽大，多所含受，憎己不仇，爱己不褒，每欲以德报怨。常谓：“忠孝信义，人之根本，不可不厚；廉介细直，士之浮饰，不足为务也。”自言：“知我者稀，则我贵矣，安能断江、汉之流，为激石之清？乐与季主论道，不欲与渔父同舟，此吾志也。”其事父母孝，笃兄弟，顺爱士友，皆仁和发中，终无所阙。臧否之士，晚亦服焉。父为琅邪即丘长，时年十五，来至官舍读书。始读《诗》《论语》及《易》本，便开渊布笔，辞义斐然。于时黉上有远方及国内诸生四百余人，皆服其才也。琅邪太守单子春雅有材度，闻辂一黉之俊，欲得见，辂父即遣辂造之。大会宾客百余人，坐上有能言之士，辂问子春：“府君名士，加有雄贵之姿，辂既年少，胆未坚刚，若欲相观，惧失精神，请先饮三升清酒，然后言之。”子春大喜，便酌三升清酒，独使饮之。酒尽之后，问子春：“今欲与辂为对者，若府君四座之士邪？”子春曰：“吾欲自与卿旗鼓相当。”辂言：“始读《诗》《论》《易》本，学问微浅，未能上引圣人之道，陈秦、汉之事，但欲论金木水火土鬼神之情耳。”子春言：“此最难者，而卿以为易邪？”于是唱大论之端，遂经于阴阳，文采葩流，枝叶横生，少引圣籍，多发天然。子春及众士互共攻劫，论难锋起，而辂人人答对，言皆有余。至日向暮，酒食不行。子春语众人曰：“此年少盛有才器，听其言论，正似司马犬子游猎之赋，何其磊落雄壮，英神以茂，必能明天文地理变化之数，不徒有言也。”于是发声徐州，号之神童。

父为利漕，利漕民郭恩兄弟三人，皆得躄疾，使辂筮其所由。辂曰：“卦中有君本墓，墓中有女鬼，非君伯母，当叔母也。昔饥荒之世，当有利其数升米者，排著井中，啧啧有声，推一大石，下破其头，孤魂冤痛，自诉于天。”于是恩涕泣服罪。[①]

①《辂别传》曰：利漕民郭恩，字义博，有才学，善《周易》《春秋》，又能仰观。辂就义博读《易》，数十日中，意便开发，言难逾师。于此分蓍下卦，用思精妙，占黉上诸生疾病死亡贫富丧衰，初无差错，莫不惊怪，谓之神人也。又从义博学仰观，三十日中通夜不卧，语义博：“君但相语墟落处所耳，至于推运会，论灾异，自当出吾天分。”学未一年，义博反从辂问《易》及天文事要。义博每听辂语，未尝不推几慷慨。自言：“登闻君至论之时，忘我笃疾，明暗之不相逮，何其远也！”义博设主人，独请辂，具告辛苦，自说：

"兄弟三人俱得躄疾，不知何故？试相为作卦，知其所由。若有咎殃者，天道赦人，当为吾祈福于神明，勿有所爱。兄弟俱行，此为更生。"辂便作卦，思之未详。会日夕，因留宿，至中夜，语义博曰："吾以此得之。"既言其事，义博悲涕沾衣，曰："皇汉之末，实有斯事。君不名主，讳也。我不得言，礼也。兄弟躄来三十余载，脚如棘子，不可复治，但愿不及子孙耳。"辂言："火形不绝，水形无余，不及后也。"

广平刘奉林妇病困，已买棺器。时正月也，使辂占，曰："命在八月辛卯日日中之时。"林谓必不然，而妇渐差，至秋发动，一如辂言。[①]

①《辂别传》曰：鲍子春为列人令，有明思才理，与辂相见，曰："闻君为刘奉林卜妇死亡日，何其详妙！试为论其意义。"辂论爻象之旨，说变化之义，若规圆矩方，无不合也。子春自言："吾少好谭《易》，又喜分蓍，可谓盲者欲视白黑，聋者欲听清浊，苦而无功也。听君语后，自视体中，真为愦愦者也。"

辂往见安平太守王基，基令作卦，辂曰："当有贱妇人，生一男儿，堕地便走入灶中死。又，床上当有一大蛇衔笔，小大共视，须臾去之也。又，乌来入室中，与燕共斗，燕死，乌去。有此三怪。"基大惊，问其吉凶。辂曰："直官舍久远，魑魅魍魉为怪耳。儿生便走，非能自走，直宋无忌之妖将其入灶也。大蛇衔笔，直老书佐耳。乌与燕斗，直老铃下耳。今卦中见象而不见其凶，知非妖咎之征，自无所忧也。"后卒无患。[①]

①《辂别传》曰：基与辂共论《易》，数日中，大以为喜乐，语辂言："俱相闻善卜，定共清论。君一时异才，当上竹帛也。"辂为基出卦，知其无咎，因谓基曰："昔高宗之鼎，非雉所鸲，殷之阶庭，非木所生，而野鸟一鸲，武丁为高宗，桑谷暂生，太戊以兴。焉知三事不为吉祥？愿府君安身养德，从容光大，勿以知神奸污累天真。"

时信都令家妇女惊恐，更互疾病，使辂筮之。辂曰："君北堂西头，有两死男子，一男持矛，一男持弓箭，头在壁内，脚在壁外。持矛者主刺头，故头重痛不得举也。持弓箭者主射胸腹，故心中县痛不得饮食也。昼则浮游，夜来病人，故使惊恐也。"于是掘徙骸骨，家中皆愈。[①]

①《辂别传》曰：王基即遣信都令迁掘其室中，入地八尺，果得二棺，一棺中有矛，一棺中有角弓及箭，箭久远，木皆消烂，但有铁及角完耳。及徙骸骨，去城一十里埋之，无复疾病。基曰："吾少好读《易》，玩之以久，不谓神明之数，其妙如此。"便从辂学《易》，推论天文。辂每开变化之象，演吉凶之兆，未尝不纤微委曲，尽其精神。基曰："始闻君言，如何可得，终以皆乱，此自天授，非人力也。"于是藏《周易》，绝思虑，不复学卜筮之事。辂乡里乃太原问辂："君往者为王府君论怪，云老书佐为蛇，老铃下为乌，此本皆人，何化之微贱乎？为见于爻象，出君意乎？"辂言："苟非性与天道，何由背爻象而任胸心者乎？夫万物之化，无有常形，人之变异，无有常体，或大为小，或小为大，固无优劣。夫万物之化，一例之道也。是以夏鲧，天子之父，赵王如意，汉祖之子，而鲧为黄熊，如意为苍狗，斯亦至尊之位而为黔喙之类也。况蛇者协辰巳之位，乌者栖太阳之精，此乃腾黑之明象，白日之流景，如书佐、铃下，各以微躯化为蛇、乌，不亦过乎！"

清河王经去官还家，辂与相见。经曰："近有一怪，大不喜之，欲烦作卦。"卦成，辂曰："爻吉，不为怪也。君夜在堂户前，有一流光如燕爵者，入君怀中，殷殷有声，内神不安，解衣彷徉，招呼妇人，觅索余光。"经大笑曰："实如君言。"辂曰："吉，迁官之征也，其应行至。"顷之，经为江夏太守。①

①《辂别传》曰：经欲使辂卜，而有疑难之言。辂笑而答之曰："君侯州里达人，何言之鄙！昔司马季主有言，夫卜者必法天地，象四时，顺仁义。伏羲作八卦，周文王三百八十四爻，而天下治。病者或以愈，且死或以生，患或以免，事或以成，嫁女娶妻或以生长，岂直数千钱哉？以此推之，急务也。苟道之明，圣贤不让，况吾小人，敢以为难！"彦纬敛手谢辂："前言戏之耳。"于是辂为作卦，其言皆验。经每论辂，以为得龙云之精，能养和通幽者，非徒合会之才也。

辂又至郭恩家，有飞鸠来在梁头，鸣甚悲。辂曰："当有老公从东方来，携豚一头，酒一壶。主人虽喜，当有小故。"明日果有客，如所占。恩使客节酒、戒肉、慎火，而射鸡作食，箭从树间激中数岁女子手，流血惊怖。①

①《辂别传》曰：义博从辂学鸟鸣之候，辂言："君虽好道，天才既少，又不解音律，恐难为师也。"辂为说八风之变，五音之数，以律吕为众鸟之商，六甲为时日之端，反覆谴曲，出入无穷。义博静然沉思，驰精数日，卒无所得。义博言："才不出位，难以追征于此。"遂止。

辂至安德令刘长仁家，有鸣鹊来在阁屋上，其声甚急。辂曰："鹊言东北有妇昨杀夫，牵引西家人夫离娄，候不过日在虞渊之际，告者至矣。"到时，果有东北同伍民来告邻妇手杀其夫，诈言："西家人与夫有嫌，来杀我婿。"①

①《辂别传》曰：勃海刘长仁有辩才，初虽闻辂能晓鸟鸣，后每见难辂曰："夫生民之音曰言，鸟兽之声曰鸣。故言者则有知之贵灵，鸣者则无知之贱名，何由以鸟鸣为语，乱神明之所异也？孔子曰'吾不与鸟兽同群'，明其贱也。"辂答曰："夫天虽有大象而不能言，故运星精于上，流神明于下，验风云以表异，役鸟兽以通灵。表异者必有浮沉之候，通灵者必有宫商之应。是以宋襄失德，六鹢并退；伯姬将焚，鸟唱其灾；四国未火，融风已发；赤鸟夹日，殃在荆楚。此乃上天之所使，自然之明符。考之律吕则音声有本，求之人事则吉凶不失。昔在秦祖，以功受封，葛卢听音，著在《春秋》，斯皆典谟之实，非圣贤之虚名也。商之将兴，由一燕卵也。文王受命，丹乌衔书，此乃圣人之灵祥，周室之休祚，何贱之有乎？夫鸣鸟之听，精在鹑火，妙在八神，自非斯伦，犹子路之于死生也。"长仁言："君辞虽茂，华而不实，未敢之信。"须臾有鸣鹊之验，长仁乃服。

辂至列人典农王弘直许，有飘风高三尺余，从申上来，在庭中幢幢回转，息以复起，良久乃止。直以问辂，辂曰："东方当有马吏至，恐父哭子，如何！"明日胶东吏到，直子果亡。直问其故，辂曰："其日乙卯，则长子之候也。木落于申，斗建申，申破寅，死丧之候也。日加午而风发，则马之候也。离为文章，则吏之候也。申未为虎，虎为大人，则父之候也。"有雄雉飞来，登直内铃柱头，直大以不安，令辂作卦，辂曰："到五月必迁。"时三月也，至期，直果为勃海太守。①

①《辂别传》曰：辂又曰："夫风以时动，爻以象应，时者神之驱使，象者时之形表，一时其道，不足为难。"王弘直亦大学问，有道术，皆不能精。问辂："风之推变，乃可尔乎？"辂言："此但风之毛发，何足为异？若夫列宿不守，众神乱行，八风横起，怒气电飞，山崩石飞，树木摧倾，扬尘万里，仰不见天，鸟兽藏窜，兆民骇惊，于是使梓慎之徒，登高台，望风气，分灾异，刻期日，然后知神思遐幽，灵风可惧。"

馆陶令诸葛原迁新兴太守，辂往祖饯之，宾客并会。原自起取燕卵、蜂窠、蜘蛛著器中，使射覆。卦成，辂曰："第一物，含气须变，依乎宇堂，雄雌以形，翅翼舒张，此燕卵也。第二物，家室倒悬，门户众多，藏精育毒，得秋乃化，此蜂窠也。第三物，觳觫长足，吐丝成罗，寻网求食，利在昏夜，此蜘蛛也。"举坐惊喜。[①]

①《辂别传》曰：诸葛原，字景春，亦学士。好卜筮，数与辂共射覆，不能穷之。景春与辂有荣辱之分，因辂饯之，大有高谭之客。诸人多闻其善卜、仰观，不知其有大异之才，于是先与辂共论圣人著作之原，又叙五帝、三王受命之符。辂解景春微旨，遂开张战地，示以不固，藏匿孤虚，以待来攻。景春奔北，军师摧衄，自言："吾睹卿旌旗，城池已坏也。"其欲战之士，于此鸣鼓角，举云梯，弓弩大起，牙旗雨集。然后登城曜威，开门受敌。上论五帝，如江如汉，下论三王，如翩如翰。其英者若春华之俱发，其攻者若秋风之落叶。听者眩惑，不达其义，言者收声，莫不心服，虽白起之坑赵卒，项羽之塞濉水，无以尚之。于时客皆欲面缚衔璧，求束手于军鼓之下。辂犹总干山立，未便许之。至明日，离别之际，然后有腹心始终。一时海内俊士，八九人矣。蔡元才在朋友中最有清才，在众人中言："本闻卿作狗，何意为龙？"辂言："潜阳未变，非卿所知，焉有狗耳得闻龙声乎！"景春言："今当远别，后会何期？且复共一射覆。"辂占既皆中。景春大笑："卿为我论此卦意，纾我心怀。"辂为开爻散理，分赋形象，言征辞合，妙不可述。景春及众客莫不言听后论之美，胜于射覆之乐。景春与辂别，戒以二事，言："卿性乐酒，量虽温克，然不可保，宁当节之。卿有水镜之才，所见者妙，仰观虽神，祸如膏火，不可不慎。持卿睿才，游于云汉之间，不忧不富贵也。"辂言："酒不可极，才不可尽，吾欲持酒以礼，持才以愚，何患之有也？"

辂族兄孝国，居在斥丘，辂往从之，与二客会。客去后，辂谓孝国曰："此二人天庭及口耳之间同有凶气，异变俱起，双魂无宅，[①]流魂于海，骨归于家，少许时当并死也。"复数十日，二人饮酒醉，夜共载车，牛惊下道入漳河中，皆即溺死也。

①《辂别传》曰：辂又曰："厚味腊毒，天精幽夕，坎为棺椁，兑为丧车。"

当此之时，辂之邻里，外户不闭，无相偷窃者。清河太守华表，召辂为文学掾。安平赵孔曜荐辂于冀州刺史裴徽曰："辂雅性宽大，与世无忌。仰观天文则同妙甘公、石申，俯览《周易》则齐思季主。今明使君方垂神幽薮，留精九皋，辂宜蒙阴和之应，得及羽仪之时。"徽于是辟为文学从事，引与相见，大善友之。徙部钜鹿，迁治中别驾。

初应州召，与弟季儒共载，至武城西，自卦吉凶，语儒云："当在故城中见三狸，尔者乃显。"前到河西故城角，正见三狸共踞城侧，兄弟并喜。正始九年举秀才。[①]

①《辂别传》曰：辂为华清河所召，为北黉文学，一时士友无不叹慕。安平赵孔曜，

明敏有思识，与辂有管、鲍之分，故从发干来，就郡黉上与辂相见，言："卿腹中汪汪，故时死人半，今生人无双，当去俗腾飞，翱翔昊苍，云何在此？闻卿消息，使吾食不甘味也。冀州裴使君才理清明，能释玄虚，每论《易》及老、庄之道，未尝不注精于严、瞿之徒也。又眷吾意重，能相明信者。今当故往，为卿陈感虎开石之诚。"辂言："吾非四渊之龙，安能使白日昼阴？卿若能动东风，兴朝云，吾志所不让也。"于是遂至冀州见裴使君。使君言："君颜色何以消减于故邪？"孔曜言："体中无药石之疾，然见清河郡内有一骐骥，拘絷后厩历年，去王良、伯乐百八十里，不得骋天骨，起风尘，以此憔悴耳。"使君言："骐骥今何在也？"孔曜言："平原管辂字公明，年三十六，雅性宽大，与世无忌，可谓士雄。仰观天文则能同妙甘公、石申，俯览《周易》则能思齐季主。游步道术，开神无穷，可谓士英。抱荆山之璞，怀夜光之宝，而为清河郡所录北黉文学，可为痛心疾首也。使君方欲流精九皋，垂神幽薮，欲令明主不独治，逸才不久滞，高风遐被，莫不草靡。宜使辂特蒙阴和之应，得及羽仪之时，必能翼宣隆化，扬声九围也。"裴使君闻言，则慷慨曰："何乃尔邪！虽在大州，未见异才可用释人郁闷者，思还京师，得共论道耳，况草间自有清妙之才乎？如此便相为取之，莫使骐骥更为凡马，荆山反成凡石。"即檄召辂为文学从事。一相见，清论终日，不觉罢倦。天时大热，移床在庭前树下，乃至鸡向晨，然后出。再相见，便转为钜鹿从事。三见，转治中。四见，转为别驾。至十月，举为秀才。辂辞裴使君，使君言："何、邓二尚书，有经国才略，于物理无不精也。何尚书神明精微，言皆巧妙，巧妙之志，殆破秋毫，君当慎之！自言不解《易》九事，必当以相问。比至洛，宜善精其理也。"辂言："何若巧妙，以攻难之才，游形之表，未入于神。夫入神者，当步天元，推阴阳，探玄虚，极幽明，然后览道无穷，未暇细言。若欲差次老、庄而参爻、象，爱微辩而兴浮藻，可谓射侯之巧，非能破秋毫之妙也。若九事皆至义者，不足劳思也。若阴阳者，精之以久。辂去之后，岁朝当有时刑大风，风必摧破树木。若发于乾者，必有天威，不足共清谭者。"

十二月二十八日，吏部尚书何晏请之，邓飏在晏许。晏谓辂曰："闻君著爻神妙，试为作一卦，知位当至三公不？"又问："连梦见青蝇数十头，来在鼻上，驱之不肯去，有何意故？"辂曰："夫飞鸮，天下贱鸟，及其在林食椹，则怀我好音，况辂心非草木，敢不尽忠？昔元、凯之弼重华，宣慈惠和；周公之翼成王，坐而待旦，故能流光六合，万国咸宁。此乃履道休应，非卜筮之所明也。今君侯位重山岳，势若雷电，而怀德者鲜，畏威者众，殆非小心翼翼多福之仁。又，鼻者艮，此天中之山，[①]高而不危，所以长守贵也。今青蝇臭恶，而集之焉。位峻者颠，轻豪者亡，不可不思害盈之数，盛衰之期。是故山在地中曰谦，雷在天上曰壮。谦则裒多益寡，壮则非礼不履。未有损己而不光大，行非而不伤败。愿君侯上追文王六爻之旨，下思尼父《彖》《象》之义，然后三公可决，青蝇可驱也。"飏曰："此老生之常谭。"辂答曰："夫老生者见不生，常谭者见不谭。"晏曰："过岁更当相见。"[②]辂还邑舍，具以此言语舅氏，舅氏责辂言太切至。辂曰："与死人语，何所畏邪？"舅大怒，谓辂狂悖。岁朝，西北大风，尘埃蔽天，十余日，闻晏、飏皆诛，然后舅氏乃服。[③]

① 臣松之案：相书谓鼻之所在为天中。鼻有山象，故曰“天中之山”也。

②《辂别传》曰：辂为何晏所请，果共论《易》九事，九事皆明。晏曰：“君论阴阳，此世无双。”时邓飏与晏共坐，飏言：“君见谓善《易》，而语初不及《易》中辞义，何故也？”辂寻声答之曰：“夫善《易》者不论《易》也。”晏含笑而赞之：“可谓要言不烦也。”因请辂为卦。辂既称引鉴戒，晏谢之曰：“知几其神乎，古人以为难；交疏而吐其诚，今人以为难。今君一面而尽二难之道，可谓明德惟馨。《诗》不云乎：‘中心藏之，何日忘之！’”

③《辂别传》曰：舅夏大夫问辂：“前见何、邓之日，为已有凶气未也？”辂言：“与祸人共会，然后知神明交错；与吉人相近，又知圣贤求精之妙。夫邓之行步，则筋不束骨，脉不制肉，起立倾倚，若无手足，谓之鬼躁。何之视候，则魂不守宅，血不华色，精爽烟浮，容若槁木，谓之鬼幽。故鬼躁者为风所收，鬼幽者为火所烧，自然之符，不可以蔽也。”辂后因得休，裴使君问：“何平叔一代才名，其实何如？”辂曰：“其才若盆盎之水，所见者清，所不见者浊。神在广博，志不务学，弗能成才。欲以盆盎之水，求一山之形，形不可得，则智由此惑。故说老、庄则巧而多华，说《易》生义则美而多伪。华则道浮，伪则神虚。得上才则浅而流绝，得中才则游精而独出，辂以为少功之才也。”裴使君曰：“诚如来论。吾数与平叔共说老、庄及《易》，常觉其辞妙于理，不能折之。又时人吸习，皆归服之焉，益令不了。相见得清言，然后灼灼耳。”

始辂过魏郡太守钟毓，共论《易》义，辂因言：“卜可知君生死之日。”毓使筮其生日月，如言无蹉跌。毓大愕然，曰：“君可畏也。死以付天，不以付君。”遂不复筮。毓问辂：“天下当太平否？”辂曰：“方今四九天飞，利见大人，神武升建，王道文明，何忧不平？”毓未解辂言，无几，曹爽等诛，乃觉寤云。[①]

①《辂别传》云：魏郡太守钟毓，清逸有才，难辂《易》二十余事，自以为难之至精也。辂寻声投响，言无留滞，分张爻象，义皆殊妙。毓即谢辂。辂卜知毓生日月，毓愕然曰：“圣人运神通化，连属事物，何聪明乃尔！”辂言：“幽明同化，死生一道，悠悠太极，终而复始。文王损命，不以为忧；仲尼曳杖，不以为惧。绪烦蓍筮，宜尽其意。”毓曰：“生者好事，死者恶事，哀乐之分，吾所不能齐，且以付天，不以付君也。”石苞为邺典农，与辂相见，问曰：“闻君乡里翟文耀能隐形，其事可信乎？”辂言：“此但阴阳蔽匿之数，苟得其数，则四岳可藏，河海可逃。况以七尺之形，游变化之内，散云雾以幽身，布金水以灭迹，术足数成，不足为难。”苞曰：“欲闻其妙，君且善论其数也。”辂言：“夫物不精不为神，数不妙不为术。故精者神之所合，妙者智之所遇，合之几微，可以性通，难以言论。是故鲁班不能说其手，离朱不能说其目。非言之难，孔子曰‘书不尽言’，言之细也；‘言不尽意’，意之微也。斯皆神妙之谓也，请举其大体以验之。夫白日登天，运景万里，无物不照。及其入地，一炭之光，不可得见。三五盈月，清耀烛夜，可以远望，及其在昼，明不如镜。今逃日月者必阴阳之数，阴阳之数通于万类，鸟兽犹化，况于人乎！夫得数者妙，得神者灵，非徒生者有验，死亦有征。是以杜伯乘火气以流精，彭生托水变以立形。是故生者能出亦能入，死者能显亦能幽，此物之精气，化之游魂，

人鬼相感，数使之然也。”芭曰：“目见阴阳之理，不过于君，君何以不隐？”辂曰：“夫陵虚之鸟，爱其清高，不愿江、汉之鱼；渊沼之鱼，乐其濡湿，不易腾风之鸟：由性异而分不同也。仆自欲正身以明道，直己以亲义，见数不以为异，知术不以为奇，夙夜研几，孳孳温故，而素隐行怪，未暇斯务也。”

平原太守刘邠取印囊及山鸡毛著器中，使筮，辂曰：“内方外圆，五色成文，含宝守信，出则有章，此印囊也。高岳岩岩，有鸟朱身，羽翼玄黄，鸣不失晨，此山鸡毛也。”邠曰：“此郡官舍，连有变怪，使人恐怖，其理何由？”辂曰：“或因汉末之乱，兵马扰攘，军尸流血，污染丘山，故因昏夕，多有怪形也。明府道德高妙，自天祐之，愿安百禄，以光休宠。”①

①《辂别传》曰：故郡将刘邠字令元，清和有思理，好《易》而不能精。与辂相见，意甚喜欢，自说：“注《易》向讫也。”辂言：“今明府欲劳不世之神，经纬大道，诚富美之秋。然辂以为注《易》之急，急于水火。水火之难，登时之验，《易》之清浊，延于万代，不可不先定其神而后垂明思也。自旦至今，听采圣论，未有《易》之一分，《易》安可注也！辂不解古之圣人，何以处乾位于西北，坤位于西南。夫乾坤者天地之象，然天地至大，为神明君父，覆载万物，生长无首，何以安处二位与六卦同列？乾之《象》《彖》曰：‘大哉乾元，万物资始，乃统天。’夫统者，属也，尊莫大焉，何由有别位也？”邠依《易·系辞》，诸为之理以为注，不得其要。辂寻声下难，事皆穷析。曰：“夫乾坤者，《易》之祖宗，变化之根源。今明府论清浊者有疑，疑则无神，恐非注《易》之符也。”辂于此为论八卦之道及爻象之精，大论开廓，众化相连。邠所解者，皆以为妙，所不解者，皆以为神。自说：“欲注《易》八年，用思勤苦，历载靡宁，定相得至论，此才不及《易》，不爱久劳，喜承雅言，如此相为高枕偃息矣。”欲从辂学射覆，辂言：“今明府以虚神于注《易》，亦宜绝思于灵蓍。灵蓍者，二仪之明数，阴阳之幽契。施之于道则定天下吉凶，用之于术则收天下毫纤。纤微，未可以为《易》也。”邠曰：“以为术者《易》之近数，欲求其端耳。若如来论，何事于斯？”留辂五日，不遑恤官，但共清谭。邠自言：“数与何平叔论《易》及老、庄之道，至于精神遐流，与化周旋，清若金水，郁若山林，非君侣也。”邠又曰：“此郡官舍，连有变怪，变怪多形，使人怖恐，君似当达此数者，其理何由也？”辂言：“此郡所以名平原者，本有原，山无木石，与地自然。含阴不能吐云，含阳不能激风，阴阳虽弱，犹有微神。微神不真，多聚凶奸，以类相求，魍魉成群。或因汉末兵马扰攘，军尸流血，污染丘岳，强魂相感，变化无常，故因昏夕之时，多有怪形也。昔夏禹文明，不怪于黄龙，周武信时，不惑于暴风。今明府道德高妙，神不惧妖，自天祐之，吉无不利，愿安百禄以光休宠也。”邠曰：“听雅论为近其理，每有变怪，辄闻鼓角声音，或见弓剑形象。夫以土山之精，伯有之魂，实能合会，干犯明灵也。”邠问辂：“《易》言‘刚健笃实，辉光日新’，斯为同不也？”辂曰：“不同之名，朝旦为辉，日中为光。”◎《晋诸公赞》曰：邠，本名炎，犯晋太子讳，改为邠。位至太子仆。子粹，字纯嘏，侍中。次宏，字终嘏，太常。次汉，字仲嘏，光禄大夫。汉清冲有贵识，名亚乐广。宏子咸，徐州刺史。次耽，晋陵内史。耽子恢，字真长，尹丹杨，为中兴名士也。

清河令徐季龙使人行猎，令辂筮其所得。辂曰："当获小兽，复非食禽，虽有爪牙，微而不强，虽有文章，蔚而不明，非虎非雉，其名曰狸。"猎人暮归，果如辂言。季龙取十三种物，著大箧中，使辂射。云："器中藉藉有十三种物。"先说鸡子，后道蚕蛹，遂一一名之，惟以梳为枇耳。①

①《辂别传》曰：清河令徐季龙，字开明，有才机。与辂相见，共论龙动则景云起，虎啸则谷风至，以为："火星者龙，参星者虎，火出则云应，参出则风到，此乃阴阳之感化，非龙虎之所致也。"辂言："夫论难当先审其本，然后求其理，理失则机谬，机谬则荣辱之主。若以参星为虎，则谷风更为寒霜之风，寒霜之风非东风之名。是以龙者阳精，以潜为阴，幽灵上通，和气感神，二物相扶，故能兴云。夫虎者，阴精而居于阳，依木长啸，动于巽林，二气相感，故能运风。若磁石之取铁，不见其神而金自来，有征应以相感也。况龙有潜飞之化，虎有文明之变，招云召风，何足为疑？"季龙言："夫龙之在渊，不过一井之底，虎之悲啸，不过百步之中。形气浅弱，所通者近，何能浏景云而驰东风？"辂言："君不见阴阳燧在掌握之中，形不出手，乃上引太阳之火，下引太阴之水，嘘吸之间，烟景以集。苟精气相感，县象应乎二燧；苟不相感，则二女同居，志不相得。自然之道，无有远近。"季龙言："世有军事，则感鸡雉先鸣，其道何由？复有他占，惟在鸡雉而已？"辂言："贵人有事，其应在天，在天则日月星辰也。兵动民忧，其应在物，在物则山林鸟兽也。夫鸡者兑之畜，金者兵之精，雉者离之鸟，兽者武之神，故太白扬辉则鸡鸣，荧惑流行则雉惊，各感数而动。又，兵之神道，布在六甲，六甲推移，其占无常。是以晋柩牛响，果有西军，鸿嘉石鼓，鸣则有兵，不专近在于鸡雉也。"季龙言："鲁昭公八年，有石言于晋，师旷以为作事不时，怨讟动于民，则有非言之物而言，于理为合不？"辂言："晋平奢泰，崇饰宫室，斩伐林木，残破金石，民力既尽，怨及山泽，神痛人感，二精并作，金石同气，则兑为口舌，口舌之妖，动于灵石。传曰'轻百姓，饰城郭，则金不从革'，此之谓也。"季龙钦嘉，留辂经数日。辂占猎既验，季龙曰："君虽神妙，但不多藏物耳，何能皆得之？"辂言："吾与天地参神，蓍龟通灵，抱日月而游杳冥，极变化而览未然，况兹近物，能蔽聪明？"季龙大笑："君既不谦，又念穷在近矣。"辂言："君尚未识谦言，焉能论道？夫天地者则乾坤之卦，蓍龟者则卜筮之数，日月者离坎之象，变化者阴阳之爻，杳冥者神化之源，未然者则幽冥之先，此皆《周易》之纪纲，何仆之不谦？"季龙于是取十三种物，欲以穷之，辂射之皆中。季龙乃叹曰："作者之谓圣，述者之谓明，岂此之谓乎！"

辂随军西行，过毌丘俭墓下，倚树哀吟，精神不乐。人问其故，辂曰："林木虽茂，无形可久；碑诔虽美，无后可守。玄武藏头，苍龙无足，白虎衔尸，朱雀悲哭，四危以备，法当灭族。不过二载，其应至矣。"卒如其言。后得休，过清河倪太守。时天旱，倪问辂雨期，辂曰："今夕当雨。"是日旸燥，昼无形似，府丞及令在坐，咸谓不然。到鼓一中，星月皆没，风云并起，竟成快雨。于是倪盛修主人礼，共为欢乐。①

①《辂别传》曰：辂与倪清河相见，既刻雨期，倪犹未信。辂曰："夫造化之所以为神，不疾而速，不行而至。十六日壬子，直满，毕星中已有水气，水气之发，动于卯辰，此

必至之应也。又，天昨檄召五星，宣布星符，刺下东井，告命南箕，使召雷公、电父、风伯、雨师，群岳吐阴，众川激精，云汉垂泽，蛟龙含灵，烨烨朱电，吐咀杳冥，殷殷雷声，嘘吸雨灵，习习谷风，六合皆同，咳唾之间，品物流形。天有常期，道有自然，不足为难也。”倪曰：“谭高信寡，相为忧之。”于是便留辂，往请府丞及清河令。若夜雨者当为啖二百斤犊肉，若不雨当住十日。辂曰：“言念费损！”至日向暮，了无云气，众人并嗤辂。辂言：“树上已有少女微风，树间又有阴鸟和鸣。又，少男风起，众鸟和翔，其应至矣。”须臾，果有艮风鸣鸟。日未入，东南有山云楼起。黄昏之后，雷声动天。到鼓一中，星月皆没，风云并兴，玄气四合，大雨河倾。倪调辂言：“误中耳，不为神也。”辂曰：“误中与天期，不亦工乎！”

正元二年，弟辰谓辂曰：“大将军待君意厚，冀当富贵乎？”辂长叹曰：“吾自知有分直耳，然天与我才明，不与我年寿，恐四十七八间，不见女嫁儿娶妇也。若得免此，欲作洛阳令，可使路不拾遗，枹鼓不鸣。但恐至太山治鬼，不得治生人，如何！”辰问其故，辂曰：“吾额上无生骨，眼中无守精，鼻无梁柱，脚无天根，背无三甲，腹无三壬，此皆不寿之验。又，吾本命在寅，加月食夜生。天有常数，不可得讳，但人不知耳。吾前后相当死者过百人，略无错也。”是岁八月，为少府丞。明年二月卒，年四十八。①

①《辂别传》曰：既有明才，遭朱阳之运，于时名势赫奕，若火猛风疾。当涂之士，莫不枝附叶连。宾客如云，无多少皆为设食。宾无贵贱，候之以礼。京城纷纷，非徒归其名势而已，然亦怀其德焉。向不夭命，辂之荣华，非世所测也。弟辰尝欲从辂学卜及仰观事，辂言：“卿不可教耳。夫卜非至精不能见其数，非至妙不能睹其道，《孝经》《诗》《论》，足为三公，无用知之也。”于是遂止。子弟无能传其术者。辰叙曰：“夫晋、魏之士，见辂道术神妙，占候无错，以为有隐书及象甲之数。辰每观辂书传，惟有《易林》《风角》及《鸟鸣》《仰观星书》三十余卷，世所共有。然辂独在少府官舍，无家人子弟随之，其亡没之际，好奇不哀丧者，盗辂书，惟余《易林》《风角》及《鸟鸣书》还耳。夫术数有百数十家，其书有数千卷，书不少也。然而世鲜名人，皆由无才，不由无书也。裴冀州、何、邓二尚书及乡里刘太常、颍川兄弟，以辂禀受天才，明阴阳之道，吉凶之情，一得其源，遂涉其流，亦不为难，常归服之。辂自言：‘与此五君共语，使人精神清发，昏不暇寐。自此以下，殆白日欲寝矣。’又自言：‘当世无所愿，欲得与鲁梓慎、郑裨灶、晋卜偃、宋子韦、楚甘公、魏石申共登灵台，披神图，步三光，明灾异，运蓍龟，决狐疑，无所复恨也。’辰不以暗浅，得因孔怀之亲，数与辂有所咨论。至于辨人物，析臧否，说近义，弹曲直，拙而不工也。若敷皇、羲之典，扬文、孔之辞，周流五曜，经纬三度，口满声溢，微言风集。若仰眺飞鸿，漂漂兮景没，若俯临深溪，杳杳兮精绝。逼以攻难，而失其端，欲受学求道，寻以迷昏，无不扼腕椎指，追响长叹也。昔京房虽善卜及风律之占，卒不免祸，而辂自知四十八当亡，可谓明哲相殊。又，京房目见遘谗之党，耳听青蝇之声，面谏不从，而犹道路纷纭。辂处魏、晋之际，藏智以朴，卷舒有时，妙不见求，愚不见遗，可谓知几相邈也。京房上不量万乘之主，下不避佞谄之徒，欲以天文、洪范利国利身，困不能

用，卒陷大刑，可谓枯龟之余智，膏烛之末景，岂不哀哉！世人多以辂畴之京房，辰不敢许也。至于仰察星辰，俯定吉凶，远期不失年岁，近期不失日月，辰以甘、石之妙不先也。射覆名物，见术流速，东方朔不过也。观骨形而审贵贱，览形色而知生死，许负、唐举不超也。若夫疏风气而探微候，听鸟鸣而识神机，亦一代之奇也。向使辂官达，为宰相大臣，膏腴流于明世，华曜列乎竹帛，使幽验皆举，秘言不遗，千载之后，有道者必信而贵之，无道者必疑而怪之。信者以妙过真，夫妙与神合者，得神则无所惑也。恨辂才长命短，道贵时贱，亲贤遐潜，不宣于良史，而为鄙弟所见追述，既自暗浊，又从来久远，所载卜占事，虽不识本卦，捃拾残余，十得二焉。至于仰观灵曜，说魏、晋兴衰，及五运浮沉，兵革灾异，十不收一。无源何以成河？无根何以垂荣？虽秋菊可采，不及春英，临文慷慨，伏用哀惭。将来君子，幸以高明求其义焉。往孟荆州为列人典农，尝问亡兄：'昔东方朔射覆得何卦，正知守宫、蜥蜴二物者？'亡兄于此为安卦生象，辞喻交错，微义豪起，变化相推，会于辰巳，分别龙蛇，各使有理。言绝之后，孟荆州长叹息曰：'吾闻君论，精神腾跃，殆欲飞散，何其汪汪乃至于斯邪！'"

臣松之案：辰所称乡里刘太常者，谓刘寔也。辰撰《辂传》，寔时为太常，颍川则寔弟智也。寔、智并以儒学为名，无能言之。《世语》称寔博辩，犹不足以并裴、何之流也。又，案辂自说，云"本命在寅"，则建安十五年生也。至正始九年，应三十九，而传云"三十六"，以正元三年卒，应四十七，传云"四十八"，皆为不相应也。近有阎续伯者，名缵，该微通物，有良史风。为天下补缀遗脱，敢以所闻列于篇左。皆从受之于大人先哲，足以取信者，冀免虚诬之讥云尔。尝受辰传所谓刘太常者曰："辂始见闻，由于为邻妇卜亡牛，云'当在西面穷墙中，县头上向'。教妇人令视诸丘冢中，果得牛。妇人因以为藏己牛，告官案验，乃知以术知，故裴冀州遂闻焉。"又云："路中小人失妻者，辂为卜，教使明旦于东阳城门中伺担豚人牵与共斗。具如其言，豚逸走，即共追之。豚入人舍，突破主人瓮，妇从瓮中出。"刘侯云甚多此类，辰所载才十一二耳。刘侯云："辰，孝廉才也。"中书令史纪玄龙，辂乡里人，云："辂在田舍，尝候远邻，主人患数失火。辂卜，教使明日于南陌上伺，当有一角巾诸生驾黑牛故车，必引留，为设宾主，此能消之。即从辂戒。诸生有急求去，不听，遂留。当宿，意大不安，以为图己。主人罢入，生乃把刀出门，倚两薪积间，侧立假寐。欻有一小物直来过前，如兽，手中持火，以口吹之。生惊，举刀斫，正断要，视之则狐。自此主人不复有灾。"前长广太守陈承祐口受城门校尉华长骏语云："昔其父为清河太守时，召辂作吏。骏与少小，后以乡里，遂加恩意，常与同载周旋，具知其事。云诸要验，三倍于传。辰既短才，又年县小，又多在田舍，故益不详。辰仕宦至州主簿、部从事，太康之初物故。"骏又云："辂卜亦不悉中，十得七八，骏问其故，辂云：'理无差错，来卜者或言不足以宣事实，故使尔。'华城门夫人者，魏故司空涿郡卢公女也，得疾，连年不差。华家时居西城下南缠里中，三厩在其东南。辂卜：'当有师从东方来，自言能治，便听使之，必得其力。'后无何，有南征厩驺，当充甲卒，来诣卢公，占能治女郎。公即表请留之，专使其子将诣华氏疗疾，初用散药，后复用丸治，寻有效，即奏除驺名，以补太医。"又云："随辂父在利漕时，有治下屯民捕鹿者，其晨行还，见毛血，人取鹿处来诣厩告辂，辂为卦语云：‘此有盗者，是汝东巷中第三家也。汝径往门前，伺无人时，取一瓦子，密发其碓屋东头第七椽，以瓦著下，不过明日食时，自送还汝。’其夜，盗者父病头痛，壮热烦疼，然亦来诣辂卜。辂为发祟，盗者具服。辂令担皮肉藏还著故处，病当自愈。乃密教鹿主往取。又语使复往如前，举椽弃瓦，盗父亦差。又，都尉治内史有失物者，辂使明晨于寺门外看，当逢一人，使指天画地，举手四向，自当得之。暮果获于故处矣。”

【译文】管辂，字公明，平原郡人。长相粗俗丑陋，毫无威武仪容并且好酒贪杯，饮食与言谈嬉戏，不分对象，因此人们大多喜欢他却并不尊重他。

管辂的父亲是管理利漕的官员，利漕人郭恩兄弟三人，都患有不能走路的足疾，让管辂占卜原因何在。管辂说：“卦象显示您本家先人坟墓，墓里有一女鬼，不是您的伯母，应当是叔母。从前饥馑之年，曾有贪图她家几升米的人，将她推入井中，她在井中呻吟呼救，井上的人又推下一块大石头，砸破了她的头，她的孤魂冤痛，自己向上天控诉。”于是郭恩哭泣着认了罪。

广平刘奉林的妻子病势危重，已买好棺材准备后事。当时是正月，他让管辂占一卦，管辂占毕说：“她将命绝于八月辛卯日的正午时分。”刘奉林认为一定不会这样，而他妻子渐渐好转，到秋天疾病发作，死去的时间正如管辂所说。

管辂去见安平太守王基，王基让他占卦，管辂说：“应该会有一卑贱女子，生下一个男孩，男孩刚落地就自己走入灶里而死。而且床上会有一条大蛇嘴叼毛笔，一家大小全能看到这一幕，而蛇又会很快就离去。又有一只乌鸦飞入室内，与燕子相斗，燕子死，乌鸦飞走。有这么三件怪事。”王基大惊，忙问卦象包含的吉凶。管辂说：“不过是因这官舍年代过久，所以有魑魅魍魉作祟罢了。小儿出生会走，不是他自己能走，是火精宋无忌抓着他走入灶中。大蛇叼笔，只是老书佐成精变化的罢了。乌鸦与燕子相斗，只是老门卫的精魂作怪。现今卦中只显卦象而不见凶咎，可知并非灾异的征兆，不必为此忧虑。”王基家后来终究没事。

当时信都县令家里的女眷们突觉惊惧恐慌，交替患病，县令让管辂占问休咎。管辂说：“您家北面房屋西头，有两个死男子，一男握矛，一男举弓箭，两人头在墙内，脚在墙外。持矛者刺头，所以女眷们头痛得抬不起来。握弓箭者射胸射腹，所以女眷们心痛肚子痛不能饮食。两死者的魂魄白天四处游动，入夜就来害人患病，所以女眷们会惊恐不安。”于是县令派人挖出尸骨迁移到别处，家中女眷们的病就都痊愈了。

清河县人王经辞官回家，管辂去看他。王经说：“近来有一怪事，我很不喜欢它，要麻烦你算上一卦。”算卦完毕，管辂说：“吉卦，不是凶怪。您夜晚在堂屋窗户之前，见到一束流光形如燕雀，飞人您的怀中，还嘤嘤有声，您为此心怀不安，解开衣服徘徊，还叫来您妻子，寻觅这流光的余光。”王经大笑说：“确实和你说的一模一样。”管辂说：“吉祥，这是升官的征兆，会很快应验的。”不久，王经果然升为江夏太守。

管辂又到郭恩家，有只鸠鸟飞来停在他家房梁上，叫声十分悲戚。管辂说：“应当有一老人从东方来,带着一头猪,一壶酒。主人虽然欢喜,但会发生小小的事故。”第二天果然有客到来,一如管辂所占。郭恩让客人少饮酒、不吃肉、小心火烛,但在射野鸡做菜时,箭从树枝上反弹射中一名几岁小女孩的手,鲜血直流,吓得小孩惊恐失色。

管辂去安德县令刘长仁家,有喜鹊一路鸣叫着飞到他家房顶,叫声十分急促。管辂说:“喜鹊说东北方向有个妇人昨晚杀死了自己丈夫,准备牵连家住她家西面的妇女的丈夫离娄涉案,时间不会超过傍晚时分,告状的人就会到了。”到当天黄昏,果然就有东北方向与那杀夫之妇同村的人和那罪妇一起前来告状,说邻居家女人亲手杀死自己丈夫,还诈称:“西头邻居和我丈夫有所过节,为此杀了我的丈夫。”

管辂到列人县典农王弘直家,看到一股旋风高逾三尺,从西面过来,在庭院回旋,消停之后再度剧烈,持续了许久才消失不见。王弘直询问管辂这是什么征兆,管辂说:“东方当有马吏到来,只怕有父亲为儿子痛哭的事情发生,奈何!”第二天胶东官吏到,王弘直的儿子果然死了。王弘直问是什么缘故,管辂说:“那天正当乙卯,属于长子的征候。木叶在申时飘落,北斗斗柄指向申辰,申破寅,这是有噩耗的征候。中午而起风,是马到的征候。风起风息为离,离为文采,是有吏到来的征候。申未为虎,虎为大人,是父亲的征候。”有只野公鸡飞来,飞到王弘直家的铃柱头上,王弘直甚感不安,让管辂算卦。管辂说:“到五月一定升官。”当时还是三月,到了五月,王弘直果然升为勃海太守。

馆陶县令诸葛原升任新兴太守,管辂前往饯行,宾客也都到齐了。诸葛原亲自取出燕子蛋、蜂窝、蜘蛛藏在容器中,让管辂猜物占卜。管辂占卦完毕,说:“第一种东西,含藏元气必然变化,栖身房梁,雄雌相似,翅膀舒展,这是燕子蛋。第二种东西,它的房子倒立悬挂,门户众多,收藏精华孕育毒素,到了秋天才能变化,这是蜂窝。第三种东西,长着令人惊惧的长脚,口吐丝线编织罗网,漫步网上等待美食,喜在黑夜,这是蜘蛛了。”在座的人无不又惊又喜。

管辂的族兄管孝国,家住斥丘,管辂前去跟随他,正好有两个客人在那。客人离去之后,管辂对孝国说:“这两个人的天庭和口耳之间全有凶气,怪异的变化同时出现,意味着魂不守舍,魂魄将顺流入海,尸骨则回归其家,用不了多时这两人会同时丧命。”又过了数十天,二人喝酒大醉,夜里同乘牛车回家,牛受惊后冲入漳河,二人全都淹死于河中。

在那个时候,管辂的邻里,外出不需要关门闭户,没有互相偷盗的现象。清河太守华表,召管辂担任文学掾。安平人赵孔曜向冀州刺史裴徽推荐管辂说:“管辂性情宽厚,与世无争。仰观天文神妙如同古代的甘公、石申一样,俯览《周易》神思与汉代卜筮大师司马季主相同。而今您正注意寻求非同一般的贤士俊才,管辂理应蒙受贤者的邀请,得到足以发挥其才德的待遇。”于是,裴徽征召管辂为文学从事,会面交谈之后,对他特别器重友好。后来刺史府衙迁往钜鹿,管辂升为治中别驾。

当初管辂响应州里的征召,和弟弟季儒同乘一车,到武城西面时,管辂自己占卦以卜吉凶,他对弟弟说:“我们应当在故城中见到三只狸猫,那样的话就显达了。”前行到达河西故城城脚,正好见到三只狸猫蹲坐在城墙下,兄弟二人都十分高兴。正始九年管辂被推举为秀才。

十二月二十八日,吏部尚书何晏邀请管辂,邓飏当时也在何晏那里。何晏对管辂说:“听说您算卦神妙,请替我试卜一卦,看看我能不能位列三公?”又问:“近些日子接连梦见几十只苍蝇,飞来落在鼻子上,怎么赶都赶不走,有什么缘故吗?”管辂说:“大凡飞鸮,是天下的贱鸟,当它们在林间吃到桑葚之时,就会向人们发出悦耳动听的声音,更何况管辂心非草木,怎么敢不尽忠言?从前八元、八凯辅弼虞舜,博爱和顺;周公辅佐成王,夜以继日,所以福泽流布天下,万国都获得安宁。这些都是躬行正道得到的吉兆,不是卜筮所能探究明白的东西。而今您权重位高,势如雷电,但真正能感念您德行的鲜有其人,惧怕您权威的人倒是为数众多,这恐怕不是小心翼翼自求多福的仁德做法。再者,鼻子属艮,这是天庭中的高山,所谓高而不危,因此长守富贵。如今青蝇这种逐臭之物,居然云集其上。权位越高摔得越惨,轻佻骄横的人灭亡得也快,不能不思量满则招损的规律,以及兴盛与衰败的期数。所以《易经》说山在地下称为谦,雷在天上称为壮。谦意为削减有余以补不足,壮表示不合礼仪制度的事情则不为。天下没有损己利人而自身不能得到更大发展的怪事,也没有为非作歹而自己毫发无伤的幸事。愿您前则追步文王六爻关于三才至极的宗旨,后则思量孔子《彖》《象》所言谦则受益的道理,如此三公之位可成定局,青蝇也可从梦里驱走了。”邓飏说:“这真是老生常谈。”管辂回答说:“老生见到了不能生还之人,常谈者见到了不能言谈之人。”何晏说:“来年我将再跟你见面。”管辂回去之后,把自己说过的话原原本本告诉了舅舅,舅舅责怪他说话过于恳切厉害。管辂说:“和死人说话,有什么可怕的呢?”舅舅大怒,骂管辂狂妄无理。这年朝会,西北起大风,沙尘遮天蔽日,过了十几天,就得到何晏、邓飏被诛的消息,舅舅这才服气。

起初管辂拜会魏郡太守钟毓,共论《周易》义理,管辂说:“卜筮可以知道您的生死之日。”钟毓让他占算自己的出生月日,管辂竟说得分毫不差。钟毓大为惊讶,说:“您真的令人敬畏。我的死日托付给天,不能再托付给您了。”于是不再卜算。钟毓问管辂:“天下会太平吗?”管辂说:“而今飞龙在天,有利于大人出现,以仁德神武威服天下而不用刑杀统治天下的风气正在上扬,仁政大行而文德辉煌,还担忧什么天下不能太平呢?”钟毓当时并没有理解管辂的话,没多久,曹爽等人被杀,钟毓这才明白过来。

平原太守刘邠把印囊和山鸡毛装在容器中叫管辂卜算,管辂说:“内方外圆,五色成文,含玉守信,出则有章,这是印囊。巍巍高山,有鸟红身,羽翼上有天玄地黄二色,鸣叫不错过早晨,这是山鸡毛。”刘邠说:“本郡的官舍,接连出现怪事,叫人惊恐不安,这是什么原因造成的呢?”管辂说:“或许因为汉末大乱,兵马纷争,士兵的尸体鲜血,污染了山丘土地,所以在黄昏清晨,会出现许多奇形怪状的东西。您的道德美善之至,自有老天庇佑,愿您安享福禄,以光大您获得的荣耀与恩宠。”

清河县令徐季龙派人打猎,让管辂算算能打到什么猎物。管辂说:“会获小兽,但又不是可食的飞禽,尽管爪牙具备,却并不强悍,尽管皮毛也有光彩,却并不鲜亮,不是老虎也不是山鸡,它的名字叫作狐狸。”猎人傍晚返回,所得猎物果如管辂所言。徐季龙取来十三种东西,装在大箱子里,叫管辂猜测。管辂说:“箱子里胡乱装着十三种东西。”先说出鸡子,后说蚕蛹,然后逐一说出箱子里的其他东西,仅仅误把梳子说成了篦子。

管辂随军西行,路过毌丘俭之父毌丘俭的墓地,靠着树哀吟不已,情绪低沉很不快乐。别人问他是何缘故,管辂说:“林木虽然繁茂,但没有长久的形态;碑文虽然很美,却没有后人可以看守。玄武藏头,苍龙无足,白虎衔尸,朱雀悲哭,四种不祥之兆都一起显示出来,按照卜筮之法当有灭族的大祸。不出两年,就会应验了。”最后果真如他所言。后来得闲,管辂前去探望清河倪太守。当时天旱,倪太守询问管辂什么时候有雨,管辂说:“今晚会下。”当天正是烈日炎炎,白天看不出一丝即将有雨的迹象,府丞和清河县令都在现场,大家都认为无此可能。到夜晚八时许,星月全都无影无踪,风云齐起,最终下了一场好雨。于是倪太守设下盛宴,与宾客一起欢庆。

正元二年,弟弟管辰对管辂说:“大将军对你相当不错,你期望自己会富贵吗?”管辂长叹道:“我自知分际如何,只是上天给我才智,却不给我年寿,只怕我要死在四十七八岁之间,是看不到女儿嫁人儿子娶亲了。如果过得了这一关,我想做洛阳令,一定可以做到使境内路不拾遗,鸣冤之鼓再不会敲响。但恐怕我要到泰山去治鬼,不能够治理活人了,如之奈何!”管辰寻问缘由,管辂说:“我额头上无长寿的骨相,眼睛里无凝聚的神采,鼻无鼻梁骨,脚无足后跟,背无三甲,腹无三壬,这些都是不能长寿的征兆。而且我的本命年是寅年,加上在月食之夜出生。天道有常,不可规避,只是寻常人不能明白罢了。我这一生中已给超过一百多人算过他们的死期,大体上没有什么差错。”这年八月,管辂担任少府丞。第二年二月去世,享年四十八岁。

【原文】评曰:华佗之医诊,杜夔之声乐,朱建平之相术,周宣之相梦,管辂之术筮,诚皆玄妙之殊巧,非常之绝技矣。昔史迁著扁鹊、仓公、日者之传,所以广异闻而表奇事也。故存录云尔。

【译文】评论说:华佗的医术,杜夔的音乐,朱建平的相术,周宣的占梦术,管辂的卜筮术,确实都是深奥微妙不可捉摸的特殊技巧,非同寻常的卓越艺能了。从前司马迁为扁鹊、仓公及占候卜筮者作传,来记述传播新异奇特之事。所以这里也作了一些收录。

卷三十　魏书三十

乌丸鲜卑东夷传第三十

【原文】《书》载“蛮夷猾夏”，《诗》称“猃狁孔炽”，久矣其为中国患也。秦、汉以来，匈奴久为边害。孝武虽外事四夷，东平两越、朝鲜，西讨贰师、大宛，开邛笮、夜郎之道，然皆在荒服之外，不能为中国轻重。而匈奴最逼于诸夏，胡骑南侵则三边受敌，是以屡遣卫、霍之将，深入北伐，穷追单于，夺其饶衍之地。后遂保塞称藩，世以衰弱。建安中，呼厨泉南单于入朝，遂留内侍，使右贤王抚其国，而匈奴折节，过于汉旧。然乌丸、鲜卑稍更强盛，亦因汉末之乱，中国多事，不遑外讨，故得擅漠南之地，寇暴城邑，杀略人民，北边仍受其困。会袁绍兼河北，乃抚有三郡乌丸，宠其名王而收其精骑。其后尚、熙又逃于蹋顿。蹋顿又骁武，边长老皆比之冒顿，恃其阻远，敢受亡命，以雄百蛮。太祖潜师北伐，出其不意，一战而定之，夷狄慑服，威振朔土。遂引乌丸之众服从征讨，而边民得用安息。后鲜卑大人轲比能复制御群狄，尽收匈奴故地，自云中、五原以东抵辽水，皆为鲜卑庭。数犯塞寇边，幽、并苦之。田豫有马城之围，毕轨有陉北之败。青龙中，帝乃听王雄，遣剑客刺之。然后种落离散，互相侵伐，强者远遁，弱者请服。由是边陲差安，漠南少事，虽时颇抄盗，不能复相扇动矣。乌丸、鲜卑即古所谓东胡也。其习俗、前事，撰汉记者已录而载之矣。故但举汉末魏初以来，以备四夷之变云。①

①《魏书》曰：乌丸者，东胡也。汉初，匈奴冒顿灭其国，余类保乌丸山，因以为号焉。俗善骑射，随水草放牧，居无常处，以穹庐为宅，皆东向。日弋猎禽兽，食肉饮酪，以毛毳为衣。贵少贱老，其性悍骜，怒则杀父兄，而终不害其母，以母有族类，父兄以己为种，无复报者故也。常推募勇健能理决斗讼相侵犯者为大人，邑落各有小帅，不世继也。数百千落自为一部，大人有所召呼，刻木为信，邑落传行，无文字，而部众莫敢违犯。氏姓无常，以大人健者名字为姓。大人已下，各自畜牧治产，不相徭役。其嫁娶皆先私通，略将女去，或半岁百日，然后遣媒人送马牛羊以为聘娶之礼。婿随妻归，见妻家无尊卑，旦起皆拜，而不自拜其父母。为妻家仆役二年，妻家乃厚遣送女，居处财物，一出妻家。故其俗从妇人计，至战斗时，乃自决之。父子男女，相对蹲踞，悉髡头以为轻便。妇人至嫁时乃养发，分为髻，著句决，饰以金碧，犹中国有冠步摇也。父兄死，妻后母执嫂，若无执嫂者，则己子以亲之次妻伯叔焉，死则归其故夫。俗识鸟兽孕乳，时以四节，耕种常用布谷鸣为候。地宜青穄、东墙，东墙似蓬草，实如葵子，至十月熟。能作白酒，而不知作麹糵。米常仰中国。大人能作弓矢鞍勒，锻金铁为兵器，能刺韦作文

绣，织缕毡毼。有病，知以艾灸，或烧石自熨，烧地卧上，或随痛病处，以刀决脉出血，及祝天地山川之神，无针药。贵兵死，敛尸有棺，始死则哭，葬则歌舞相送。肥养犬，以采绳婴牵，并取亡者所乘马、衣物、生时服饰，皆烧以送之。特属累犬，使护死者神灵归乎赤山。赤山在辽东西北数千里，如中国人以死之魂神归泰山也。至葬日，夜聚亲旧员坐，牵犬马历位，或歌哭者，掷肉与之，使二人口颂咒文，使死者魂神径至，历险阻，勿令横鬼遮护，达其赤山，然后杀犬马，衣物烧之。敬鬼神，祠天地日月星辰山川，及先大人有健名者，亦同祠以牛羊，祠毕皆烧之。饮食必先祭。其约法，违大人言，死；盗不止，死。其相残杀，令部落自相报，相报不止，诣大人平之，有罪者出其牛羊以赎死命，乃止。自杀其父兄无罪。其亡叛为大人所捕者，诸邑落不肯受，皆逐使至雍狂地。地无山，有沙漠、流水、草木，多蝮蛇，在丁令之西南，乌孙之东北，以穷困之。自其先为匈奴所破之后，人众孤弱，为匈奴臣服，常岁输牛马羊，过时不具，辄虏其妻子。至匈奴壹衍鞮单于时，乌丸转强，发掘匈奴单于冢，将以报冒顿所破之耻。壹衍鞮单于大怒，发二万骑以击乌丸。大将军霍光闻之，遣度辽将军范明友将三万骑出辽东追击匈奴。比明友兵至，匈奴已引去。乌丸新被匈奴兵，乘其衰弊，遂进击乌丸，斩首六千余级，获三王首还。后数复犯塞，明友辄征破之。至王莽末，并与匈奴为寇。光武定天下，遣伏波将军马援将三千骑，从五原关出塞征之，无利，而杀马千余匹。乌丸遂盛，抄击匈奴，匈奴转徙千里，漠南地空。建武二十五年，乌丸大人郝旦等九千余人率众诣阙，封其渠帅为侯王者八十余人，使居塞内，布列辽东属国、辽西、右北平、渔阳、广阳、上谷、代郡、雁门、太原、朔方诸郡界，招来种人，给其衣食，置校尉以领护之，遂为汉侦备，击匈奴、鲜卑。至永平中，渔阳乌丸大人钦志贲帅种人叛，鲜卑还为寇害，辽东太守祭肜募杀志贲，遂破其众。至安帝时，渔阳、右北平、雁门乌丸率众王无何等复与鲜卑、匈奴合，抄略代郡、上谷、涿郡、五原，乃以大司农何熙行车骑将军，左右羽林五营士，发缘边七郡黎阳营兵合二万人击之。匈奴降，鲜卑、乌丸各还塞外。是后，乌丸稍复亲附，拜其大人戎末廆为都尉。至顺帝时，戎末廆率将王侯咄归、去延等从乌丸校尉耿晔出塞击鲜卑有功，还皆拜为率众王，赐束帛。

【译文】《尚书》记载“蛮夷扰乱华夏”，《诗经》说“猃狁非常势盛”，说明这些民族成为中国的祸患已经很久了。自秦朝、汉朝以来，匈奴久为边害。孝武帝虽然对外经略四方民族，向东平定南越、东越和朝鲜，向西讨伐贰师、大宛，并开辟邛笮、夜郎的通道，然而这些民族全都处在荒服以外的遥远地区，对中国没有重大的影响。而匈奴是最逼近华夏的民族，匈奴的骑兵南下侵犯，中国边境便会多处遭到攻击，因此，汉朝屡次派遣卫青、霍去病这些将领，深入到北方讨伐，跟踪追击匈奴的首领单于，夺取他们的富庶平敞之地。此后，匈奴便保守着边境上的险要地方，成为汉朝藩属，从而一代一代衰弱下来。东汉献帝建安年间，呼厨泉南单于到汉朝廷朝觐天子，便留下来在宫廷担任侍从，委托右贤王安抚他的国家，匈奴从而屈己下人，超过了汉朝过去的时代。然而，乌丸、鲜卑又逐渐强盛起来，加之汉朝末年世道纷乱，中国处于多事之秋，无暇顾及向外讨伐，所以他们能够占据大漠以南的地方，攻掠城市，屠杀掳掠人民，中国北部边境遭到他们侵扰。这时,正值袁绍兼并了河北之地,也便拥有了三郡的乌丸人马,他通过笼络乌丸的首领,收揽了乌丸的精锐骑兵。此后,袁绍之子袁尚、袁熙又逃到蹋顿那里。蹋顿是个骁勇威武之辈,边境上的老年人都把他比作冒顿,他凭借山川阻隔,距离遥远,敢于接纳逃亡之人,称雄于众多少数民族之中。太祖曹操秘密出兵向北征伐,出其不意,一举将它平定,夷狄民族惊恐服从,太祖威震北方大地。随后太祖招揽乌丸兵众跟随征伐,中国边境人民因此得到安生。后来,鲜卑大人轲比能又制服、驾驭了众多民族,全部占取了过去匈奴的地方,从云中、五原以东直至辽水,都是鲜卑的地盘。他们多次侵犯边境要塞,抢掠边境人民,幽州、并州备受其苦。这时,田豫曾经在马城受到围困,毕轨曾经在陉北遭到失败。青龙期间,魏明帝听从王雄的计策,派侠客刺杀轲比能。此后,鲜卑各部分崩离析,互相侵伐,强者远逃,弱者请求臣服。由此边境略为安定,大漠以南很少发生事端,虽然时时有抢劫抄掠的事情发生,但他们已经不能互相煽动起来造成大的动乱了。乌丸、鲜卑就是古代所说的东胡。他们的习俗和过去的事,撰写汉朝史书的人已把它辑录记载下来了。所以这里只列举汉朝末年、魏朝初年以来的情况,以供考察四方民族的变化。

乌丸

【原文】汉末,辽西乌丸大人丘力居,众五千余落,上谷乌丸大人难楼,众九千余落,各称王。而辽东属国乌丸大人苏仆延,众千余落,自称峭王,右北平乌丸大人乌延,众八百余落,自称汗鲁王,皆有计策勇健。中山太守张纯叛入丘力居众中,自号弥天安定王,为三郡乌丸元帅,寇略青、徐、幽、冀四州,杀略吏民。灵帝末,以刘虞为幽州牧,募胡斩纯首,北州乃定。后丘力居死,子楼班年小,从子蹋顿有武略,代立,总摄三王部,众皆从其教令。袁绍与公孙瓒连战不决,蹋顿遣使诣绍求和亲,助绍击瓒,破之。绍矫制赐蹋顿、峭王、汗鲁王印绶,皆以为单于。①

①《英雄记》曰:绍遣使即拜乌丸三王为单于,皆安车、华盖、羽旄、黄屋、左纛。版文曰:"使持节、大将军督幽、青、并领冀州牧阮乡侯绍,承制诏辽东属国率众王颁下、乌丸辽西率众王蹋顿、右北平率众王汗卢:维乃祖慕义迁善,款塞内附,北捍猃狁,东拒涉貊,世守北陲,为百姓保障,虽时侵犯王略,命将徂征厥罪,率不旋时,悔愆变改,方之外夷,最又聪惠者也。始有千夫长、百夫长以相统领,用能悉乃心,克有勋力于国家,稍受王侯之命。自我王室多故,公孙瓒作难,残夷厥土之君,以侮天慢主,是以四海之内,并执干戈以卫社稷。三王奋气裔土,忿奸忧国,控弦与汉兵为表里,诚甚忠孝,朝所嘉焉。然而虎兕长蛇,相随塞路,王官爵命,否而无闻。夫有勋不赏,俾勤者怠。今遣行谒者杨林,赍单于玺绶车服,以对尔劳。其各绥静部落,教以谨慎,无使作凶作慝。世复尔祀位,长为百蛮长。厥有咎有不臧者,泯于尔禄,而丧于乃庸,可不勉乎!乌桓单于都护部众,左右单于受其节度,他如故事。"

后楼班大,峭王率其部众奉楼班为单于,蹋顿为王,然蹋顿多画计策。广阳阎柔,少没乌丸、鲜卑中,为其种所归信。柔乃因鲜卑众,杀乌丸校尉邢举代之,绍因宠慰以安北边。后袁尚败奔蹋顿，凭其势，复图冀州。会太祖平河北，柔帅鲜卑、乌丸归附，遂因以柔为校尉，犹持汉使节，治广宁如旧。建安十一年，太祖自征蹋顿于柳城，潜军诡道，未至百余里，虏乃觉。尚与蹋顿将众逆战于凡城，兵马甚盛。太祖登高望虏陈，抑军未进，观其小动，乃击，破其众，临陈斩蹋顿首，死者被野。速附丸、楼班、乌延等走辽东，辽东悉斩，传送其首。其余遗迸皆降。及幽州、并州柔所统乌丸万余落，悉徙其族居中国，帅从其侯王大人种众与征伐。由是三郡乌丸为天下名骑。①

①《魏略》曰：景初元年秋，遣幽州刺史毌丘俭率众军讨辽东。右北平乌丸单于寇娄敦、辽西乌丸都督率众王护留叶，昔随袁尚奔辽西，闻俭军至，率众五千余人降。寇娄敦遣弟阿罗槃等诣阙朝贡，封其渠帅三十余为王，赐舆马缯采各有差。

【译文】汉朝末年，辽西的乌丸大人丘力居，拥有五千多个部落的人马，上谷的乌丸大人难楼，拥有九千多个部落的人马，他们各自称王。而辽东属国的乌丸大人苏仆延，拥有一千多个部落的人马，自称峭王，右北平的乌丸大人乌延，拥有八百多个部落的人马，自称汗鲁王，他们都有计谋策略，勇猛雄健。中山太守张纯反叛加入丘力居的部众之中，自号弥天安定王，担任三郡乌丸的元帅，抢掠青、徐、幽、冀四州，屠杀掳掠官员和百姓。汉灵帝末年，委任刘虞担任幽州牧，召募胡人斩了张纯的头，北方就此安定下来。后来，丘力居死去，他的儿子楼班年小，而侄子蹋顿具有武艺谋略，便代替楼班继位，总领三王部众，大家都服从他的教导、命令。袁绍与公孙瓒连年争战不分胜负，蹋顿派遣使节到袁绍那里请求和亲，帮助袁绍攻打公孙瓒，把公孙瓒打败。袁绍假托皇帝的诏令，赐给蹋顿、峭王、汗鲁王印玺和绶带，把他们全都封作单于。

后来，楼班强大起来，峭王率领他的部众奉承楼班为单于，蹋顿为王，然而蹋顿多谋划计策。广阳的阎柔，年少时陷入乌丸、鲜卑之中，受到乌丸、鲜卑人的信任。阎柔便依靠鲜卑的人马，杀了乌丸校尉邢举，取而代之，袁绍对他加以笼络安抚，以此来安定北部边境。后来，袁尚战败，投奔蹋顿，企图依靠蹋顿的势力，再谋取冀州。适逢太祖平定了黄河北部地区，阎柔便率领鲜卑、乌丸归附太祖。于是，太祖任命阎柔为校尉，仍然佩带汉朝使者符节，治理广宁，像旧时一样。建安十一年，太祖亲自到柳城征讨蹋顿，秘密出兵，走隐秘小道，到了离敌人一百多里的地方时，敌人才发觉了。袁尚和蹋顿带领人马在凡城迎战，兵马集结，非常壮观。太祖登上高处看到敌军军阵，便禁令队伍不让前进，静观敌军的微小动静，于是击败了敌军，在战场上斩了蹋顿的头，死者遍布旷野。速附丸、楼班、乌延等人逃往辽东，辽东的人把他们全部斩杀了，并把他们的人头传送给曹操。其余兵众全部投降。至于幽州、并州由阎柔统辖的一万多乌丸部落，则把他们全族都迁到中国居住，并率领他们的侯、王、大夫、族众参与征伐。由此三郡乌丸成了名闻天下的劲旅。

鲜卑

【原文】鲜卑步度根既立，①众稍衰弱，中兄扶罗韩亦别拥众数万为大人。建安中，太祖定幽州，步度根与轲比能等因乌丸校尉阎柔上贡献。后代郡乌丸能臣氐等叛，求属扶罗韩，扶罗韩将万余骑迎之。到桑干，氐等议，以为扶罗韩部威禁宽缓，恐不见济，更遣人呼轲比能。比能即将万余骑到，当共盟誓，比能便于会上杀扶罗韩，扶罗韩子泄归泥及部众悉属比能。比能自以杀归泥父，特又善遇之。步度根由是怨比能。文帝践阼，田豫为乌丸校尉，持节，并护鲜卑，屯昌平。步度根遣使献马，帝拜为王。后数与轲比能更相攻击，步度根部众稍寡弱，将其众万余落保太原、雁门郡。步度根乃使人招呼泄归泥曰："汝父为比能所杀，不念报仇，反属怨家。今虽厚待汝，是欲杀汝计也。不如还我，我与汝是骨肉至亲，岂与仇等？"由是归泥将其部落逃归步度根，比能追之弗及。至黄初五年，步度根诣阙贡献，厚加赏赐，是后一心守边，不为寇害，而轲比能众遂强盛。明帝即位，务欲绥和戎狄，以息征伐，羁縻两部而已。至青龙元年，比能诱步度根深结和亲，于是步度根将泄归泥及部众悉保比能，寇抄并州，杀略吏民。帝遣骁骑将军秦朗征之，归泥叛比能，将其部众降，拜归义王，赐幢麾、曲盖、鼓吹，居并州如故。步度根为比能所杀。

①《魏书》曰：鲜卑亦东胡之余也，别保鲜卑山，因号焉。其言语习俗与乌丸同。其地东接辽水，西当西城。常以季春大会，作乐水上，嫁女娶妇，髡头饮宴。其兽异于中国者，野马、羱羊、端牛。端牛角为弓，世谓之角端者也。又有貂、豽、鼲子，皮毛柔蠕，故天下以为名裘。鲜卑自为冒顿所破，远窜辽东塞外，不与余国争衡，未有名通于汉，而自与乌丸相接。至光武时，南北单于更相攻伐，匈奴损耗，而鲜卑遂盛。建武三十年，鲜卑大人於仇贲率种人诣阙朝贡，封於仇贲为王。永平中，祭肜为辽东太守，诱赂鲜卑，使斩叛乌丸钦志贲等首，于是鲜卑自燉煌、酒泉以东邑落大人，皆诣辽东受赏赐，青、徐二州给钱，岁二亿七千万以为常。和帝时，鲜卑大都护校尉廆帅部众从乌丸校尉任尚击叛者，封校尉廆为率众王。殇帝延平中，鲜卑乃东入塞，杀渔阳太守张显。安帝时，鲜卑大人燕荔阳入朝，汉赐鲜卑王印绶，赤车参驾，止乌丸校尉所治宁下。通胡市，筑南北两部质宫，受邑落质者百二十部。是后或反或降，或与匈奴、乌丸相攻击。安帝末，发缘边步骑二万余人，屯列冲要。后鲜卑八九千骑穿代郡及马城塞入害长吏，汉遣度辽将军邓遵、中郎将马续出塞追破之。鲜卑大人乌伦、其至鞬等七千余人诣遵降，封乌伦为王，其至鞬为侯，赐采帛。遵去后，其至鞬复反，围乌丸校尉于马城，度辽将军耿夔及幽州刺史救解之。其至鞬遂盛，控弦数万骑，数道入塞，趣五原曼柏，攻匈奴南单于，杀左奥鞬日逐王。顺帝时，复入塞，杀代郡太守。汉遣黎阳营兵屯中山，缘边郡兵屯塞下，调五营弩帅令教战射，南单于将步骑万余人助汉击却之。后乌丸校尉耿晔将率众王出塞击鲜卑，多斩首虏，于是鲜卑三万余落诣辽东降。匈奴及北单于遁逃后，余种十余万落，诣辽东杂处，皆自号鲜卑兵。投鹿侯从匈奴军三年，其妻在家，有子。投鹿侯归，怪欲杀之。妻言："尝昼行闻雷震，仰天视而雹入其口，因吞之，遂妊身，十月而产。此子必有奇异，且长之。"投鹿侯固不信。妻乃语家，令收养焉，号檀石槐，长大勇健，智略绝众。年十四五，异部大人卜贲邑抄取其外家牛羊，檀石槐策骑追击，所向无前，悉还得所亡。由是部落畏服，施法禁，平曲直，莫敢犯者，遂推以

为大人。檀石槐既立,乃为庭于高柳北三百余里弹汗山啜仇水上,东西部大人皆归焉。兵马甚盛,南抄汉边,北拒丁令,东却夫余,西击乌孙,尽据匈奴故地,东西万二千余里,南北七千余里,网罗山川、水泽、盐池甚广。汉患之,桓帝时使匈奴中郎将张奂征之,不克。乃更遣使者赍印绶,即封檀石槐为王,欲与和亲。檀石槐拒不肯受,寇抄滋甚。乃分其地为中东西三部。从右北平以东至辽,东接夫余、涉貊为东部,二十余邑,其大人曰弥加、阙机、素利、槐头。从右北平以西至上谷为中部,十余邑,其大人曰柯最、阙居、慕容等,为大帅。从上谷以西至燉煌,西接乌孙为西部,二十余邑,其大人曰置鞬落罗、日律推演、宴荔游等,皆为大帅,而制属檀石槐。至灵帝时,大抄略幽、并二州。缘边诸郡,无岁不被其毒。熹平六年,遣护乌丸校尉夏育、破鲜卑中郎将田晏、匈奴中郎将臧旻与南单于出雁门塞,三道并进,径二千余里征之。檀石槐帅部众逆击,旻等败走,兵马还者什一而已。鲜卑众日多,田畜射猎,不足给食。后檀石槐乃案行乌侯秦水,广袤数百里,渟不流,中有鱼而不能得。闻汗人善捕鱼,于是檀石槐东击汗国,得千余家,徙置乌侯秦水上,使捕鱼以助粮。至于今,乌侯秦水上有汗人数百户。檀石槐年四十五死,子和连代立。和连材力不及父,而贪淫,断法不平,众叛者半。灵帝末年数为寇抄,攻北地,北地庶人善弩射者射中和连,和连即死。其子骞曼小,兄子魁头代立。魁头既立后,骞曼长大,与魁头争国,众遂离散。魁头死,弟步度根代立。自檀石槐死后,诸大人遂世相袭也。

轲比能本小种鲜卑,以勇健,断法平端,不贪财物,众推以为大人。部落近塞,自袁绍据河北,中国人多亡叛归之,教作兵器铠楯,颇学文字。故其勒御部众,拟则中国,出入弋猎,建立旌麾,以鼓节为进退。建安中,因阎柔上贡献。太祖西征关中,田银反河间,比能将三千余骑随柔击破银。后代郡乌丸反,比能复助为寇害,太祖以鄢陵侯彰为骁骑将军,北征,大破之。比能走出塞,后复通贡献。延康初,比能遣使献马,文帝亦立比能为附义王。黄初二年,比能出诸魏人在鲜卑者五百余家,还居代郡。明年,比能帅部落大人小子代郡乌丸修武卢等三千余骑,驱牛马七万余口交市,遣魏人千余家居上谷。后与东部鲜卑大人素利及步度根三部争斗,更相攻击。田豫和合,使不得相侵。五年,比能复击素利,豫帅轻骑径进掎其后。比能使别小帅琐奴拒豫,豫进讨,破走之,由是怀贰,乃与辅国将军鲜于辅书曰:“夷狄不识文字,故校尉阎柔保我于天子。我与素利为仇,往年攻击之,而田校尉助素利。我临陈使琐奴往,闻使君来,即便引军退。步度根数数抄盗,又杀我弟,而诬我以抄盗。我夷狄虽不知礼义,兄弟子孙受天子印绶。牛马尚知美水草,况我有人心邪!将军当保明我于天子。”

辅得书以闻,帝复使豫招纳安慰。比能众遂强盛,控弦十余万骑。每抄略得财物,均平分付,一决目前,终无所私,故得众死力,余部大人皆敬惮之,然犹未能及檀石槐也。

太和二年,豫遣译夏舍诣比能女婿郁筑鞬部,舍为鞬所杀。其秋,豫将西部鲜卑蒲头、泄归泥出塞讨郁筑鞬,大破之。还至马城,比能自将三万骑围豫七日。上谷太守阎志，柔之弟也，素为鲜卑所信。志往解喻，即解围去。后幽州刺史王雄并领校尉，抚以恩信。比能数款塞，诣州奉贡献。至青龙元年，比能诱纳步度根，使叛并州，与结和亲，自勒万骑迎其累重于陉北。并州刺史毕轨遣将军苏尚、董弼等击之，比能遣子将骑与尚等会战于楼烦，临陈害尚、弼。至三年中，雄遣勇士韩龙刺杀比能，更立其弟。

素利、弥加、厥机皆为大人，在辽西、右北平、渔阳塞外，道远初不为边患，然其种众多于比能。建安中，因阎柔上贡献，通市，太祖皆表宠以为王。厥机死，又立其子沙末汗为亲汉王。延康初，又各遣使献马。文帝立素利、弥加为归义王。素利与比能更相攻击。太和二年，素利死。子小，以弟成律归为王，代摄其众。

【译文】鲜卑族的步度根即位后，部众逐渐衰弱，他的二哥扶罗韩也另外裹胁了几万人马，自立为大人。建安年间，太祖平定幽州后，步度根与轲比能等便通过乌丸校尉阎柔向中国进奉贡品。后来，代郡的乌丸人能臣氐等反叛，请求归属扶罗韩，扶罗韩率领了一万多骑兵来迎接他。到了桑干以后，能臣氐等合议，认为扶罗韩部的法度禁令宽松弛缓，恐怕不能成就大业，便另派人去叫轲比能来，比能立即率领一万多骑兵到达，大家--起宣誓结盟，比能便在盟会上杀了扶罗韩，扶罗韩的儿子泄归泥及其部众全都归属于比能。比能因为自己杀了归泥的父亲，便特地更加好好待他。步度根由此怨恨比能。魏文帝登基后，田豫担任乌丸校尉，持节，并护鲜卑，驻扎在昌平。步度根派使节前来献马，魏文帝封他为王。以后多次与轲比能互相攻击，步度根因部众较少，力量薄弱，便带领他的一万多部落保守太原、雁门郡。步度根派人招呼泄归泥说："你的父亲是被比能杀掉的，你不想报仇，反而归附仇家。现他虽然待你优厚，但这是想杀你的计策。倒不如回到我这里来，我与你是骨肉至亲，怎能与你的仇人等同？"泄归泥因此带领他的部落逃了出来，归附步度根，比能率兵追赶，没有追到。至黄初五年，步度根到朝廷贡献，朝廷优厚赏赐他，此后他便专心守卫边境，不兴侵害之事，轲比能的人马从此强盛起来。魏明帝即位后，力求安抚戎狄并与他们交好，以图停息征伐，笼络这两个部落。至青龙元年，比能引诱步度根，与他缔结了深厚的姻亲关系，于是步度根便率领泄归泥及部众全力护卫比能，抢掠并州，杀戮官员和百姓。魏明帝派遣骁骑将军秦朗去征讨他们，泄归泥背叛了比能，率领他的部众投降，魏明帝封他为归义王，赐给他旗帜仪仗、曲柄伞盖及鼓吹之器，让他照旧居住在并州。步度根被比能杀害。

轲比能本来出身于鲜卑部族的一小支，由于他勇敢雄健，执法公平正直，不贪图财物，大伙便推举他为大人。他的部落接近边境，自袁绍占据黄河北部地区以后，中国的人有很多叛逃投奔到比能部落之中，教他们制造武器、铠甲、盾牌，教他们学习文字。所以他们统兵布阵，便模仿中国，出入狩猎，便树起旗帜，擂鼓作为前进或后退的信号。建安年间，比能通过阎柔进奉贡品。太祖西征关中，田银在河间反叛时，比能率领了三千多骑兵随同阎柔打败了田银。后来代郡乌丸反叛，比能又协助反叛者侵害边境，太祖任用鄢陵侯曹彰为骁骑将军，率兵向北征伐，把他打得大败。比能逃出边塞，后来又向中国进贡。延康初年，比能派使节前来献马，魏文帝也封比能为附义王。黄初二年，比能交出在鲜卑的魏国人五百多家，让他们回到代郡居住。第二年，轲比能率领部落的大人仆从和代郡乌丸人修武卢等三千多骑兵，驱赶着牛马七万多头来做交易，并让魏国人一千多家到上谷居住。后来，比能与东部鲜卑大人素利及步度根三部争斗，互相攻击。田豫进行调和，使他们不得相互侵犯。黄初五年，比能又攻击素利，田豫率领轻骑兵抄近路牵制其后部。比能命令其他部落小帅琐奴来抗拒田豫，田豫发起进攻，把他打跑，比能由此胸怀二心，便写信给辅国将军鲜于辅说："夷狄民族不识文字，所以校尉阎柔在天子面前保举了我。我与素利结仇，往年攻击素利，但田校尉却帮助素利。我在战场上派了琐奴前往，听到您来了，立即就率领部队退了回来。步度根一而再再而三地抄掠抢劫，还杀了我的弟弟，反而诬蔑我抄掠抢劫。我夷狄民族虽然不知礼义，但我的兄弟子孙却是接受了天子的印玺和绶带的。牛马还晓得吃肥美的水草，何况我是有人心的人呢！将军应当在天子面前替我保奏明白。"

鲜于辅得到信后，把情况向魏文帝作了报告，魏文帝又命令田豫对比能进行招抚安慰。于是，比能的人马强盛起来，拥有十多万佩带弓箭的骑兵。每次抄掠所得的财物，他都是平均分配，一律当面决定，从不中饱私囊，所以能够得到大伙的拼死效力，其他部的大人也全都敬畏他。然而，他还是比不上檀石槐。

太和二年，田豫派翻译官夏舍到比能的女婿郁筑鞬的部落，夏舍被郁筑鞬杀死。该年秋天，田豫率领西部鲜卑的蒲头、泄归泥出塞讨伐郁筑鞬，大败郁筑鞬。田豫回到马城，比能亲自率领三万骑兵将田豫围困了七天。上谷太守阎志，是阎柔的弟弟，平素为鲜卑所信任。阎志前往解释开导，比能立即解围而去。后来，幽州刺史王雄兼领校尉，用恩德、信用安抚比能。比能多次到塞上请求通好，并到幽州治所进奉贡品。至青龙元年，比能引诱、拉拢步度根，唆使他背叛并州，与他缔结姻亲，并亲自率领一万骑兵到陉北迎接步度根的家室财物。并州刺史毕轨派遣将军苏尚、董弼等人攻击比能，比能派他的儿子率领骑兵与苏尚等在楼烦交战，在阵地上杀害了苏尚、董弼。至太和三年，王雄派勇士韩龙刺杀了比能，改立他的弟弟为首领。

素利、弥加、厥机都是大人，处在辽西、右北平、渔阳边塞之外，因道路遥远，起初没有成为边境祸患，然而他们的族众却多于比能。建安年间，他们通过阎柔进奉贡品，与中国互通贸易，太祖表奏将他们全部封为王。厥机死后，又封他的儿子沙末汗为亲汉王。延康初年，他们又各自派遣使节来献马。魏文帝封素利、弥加为归义王。素利与比能互相攻击。太和二年，素利死。素利的儿子年小，便封素利的弟弟成律归为王，代行统领部众。

东夷　夫余、高句丽、东沃沮、挹娄、涉、马韩、辰韩、弁辰、倭

【原文】《书》称："东渐于海，西被于流沙。"其九服之制，可得而言也。然荒域之外，重译而至，非足迹车轨所及，未有知其国俗殊方者也。自虞暨周，西戎有白环之献，

东夷有肃慎之贡，皆旷世而至，其遐远也如此。及汉氏遣张骞使西域，穷河源，经历诸国，遂置都护以总领之，然后西域之事具存，故史官得详载焉。魏兴，西域虽不能尽至，其大国龟兹、于寘、康居、乌孙、疏勒、月氏、鄯善、车师之属，无岁不奉朝贡，略如汉氏故事。而公孙渊仍父祖三世有辽东，天子为其绝域，委以海外之事，遂隔断东夷，不得通于诸夏。景初中，大兴师旅，诛渊，又潜军浮海，收乐浪、带方之郡，而后海表谧然，东夷屈服。其后高句丽背叛，又遣偏师致讨，穷追极远，逾乌丸、骨都，过沃沮，践肃慎之庭，东临大海。长老说有异面之人，近日之所出。遂周观诸国，采其法俗，小大区别，各有名号，可得详纪。虽夷狄之邦，而俎豆之象存。中国失礼，求之四夷，犹信。故撰次其国，列其同异，以接前史之所未备焉。

【译文】《尚书》说："向东流入大海，向西覆盖沙漠。"这九服制度的德泽，大家都能够对它加以称道。然而，荒服之外的地区，需要辗转翻译才能沟通，如果不是使者远行乘车来到，我们还没有人知道那里风俗的特殊旨趣。从虞舜开始到周代，西方的戎族来贡献白环，东方的夷族有肃慎人来朝贡，这都是隔了好几个朝代才到来的，其相隔遥远就是如此。到了汉代，朝廷派遣张骞出使西域，一直走到黄河的源头，游历了众多国家，从而设置都护来统领他们，然后把西域发生的事情采集保存起来，所以史官能够作出详细的记载。魏国建立以后，西域各国虽然不能全部来朝，但其大国龟兹、于寘、康居、乌孙、疏勒、月氏、鄯善、车师这些国家，没有一年不奉旨前来朝贡，大致就像过去汉朝时期一样。公孙渊父祖三代占据辽东，天子认为那里是最边远的地方，便把境外的事情交给他们处理，从而把东夷民族隔断，使他们不能与华夏沟通。景初期间，魏明帝兴师出兵，杀了公孙渊，又秘密渡海进军，收服了乐浪、带方郡，此后沿海又平静下来，东夷民族屈服。此后，高句丽背叛，魏帝又派遣边境军队全力进行讨伐，跟踪追击到达很远的地方，越过乌丸、骨都，经过沃沮，到了肃慎人的地盘，面对大海向东远望。听老年人说，那里有面目奇异的人，是从接近太阳的地方出来的。于是便逐一考察这里的众多国家，把他们的法度习俗搜集起来，加以区别，各有名号，可以作出详细记述。这里虽然是夷狄民族地区，但是却存在使用俎豆祭祀的礼仪。中国地区已经消失的礼仪，应去求教四方民族，还是可以让人信服的。所以这里把这些国家的情况逐一加以撰述，列举他们相同和不同的地方，以弥补以前史书的不周全之处。

【原文】夫余在长城之北，去玄菟千里，南与高句丽，东与挹娄，西与鲜卑接，北有弱水，方可二千里。户八万，其民土著，有宫室、仓库、牢狱。多山陵、广泽，于东夷之域最平敞。土地宜五谷，不生五果。其人粗大，性强勇谨厚，不寇抄。国有君王，皆以六畜名官，有马加、牛加、猪加、狗加、大使、大使者、使者。邑落有豪民，名下户皆为奴仆。诸加别主四出，道大者主数千家，小者数百家。食饮皆用俎豆，会同、拜爵、洗爵，揖让升降。以殷正月祭天，国中大会，连日饮食歌舞，名曰迎鼓。于是时断刑狱，解囚徒。在国衣尚白，白布大袂，袍、裤，履革鞜。出国则尚缯绣锦罽，大人加狐狸、狖白、黑貂之裘，以金银饰帽。译人传辞，皆跪，手据地窃语。用刑严急，杀人者死，没其家人为奴婢。窃盗一责十二。男女淫,妇人妒,皆杀之。尤憎妒,已杀,尸之国南山上,至腐烂。女家欲得,输牛马乃与之。兄死妻嫂,与匈奴同俗。其国善养牲,出名马、赤玉、貂狖、美珠,珠大者如酸枣。以弓矢刀矛为兵,家家自有铠仗。国之耆老自说古之亡人。作城栅皆员,有似牢狱。行道昼夜无老幼皆歌,通日声不绝。有军事亦祭天,杀牛观蹄以占吉凶,蹄解者为凶,合者为吉。有敌,诸加自战,下户俱担粮饮食之。其死,夏月皆用冰。杀人殉葬,多者百数。厚葬,有椁无棺。①

①《魏略》曰:其俗停丧五月,以久为荣。其祭亡者,有生有熟。丧主不欲速,而他人强之,常诤引以此为节。其居丧,男女皆纯白,妇人着布面衣,去环珮,大体与中国相仿佛也。

夫余本属玄菟。汉末,公孙度雄张海东,威服外夷,夫余王尉仇台更属辽东。时句丽、鲜卑强,度以夫余在二虏之间,妻以宗女。尉仇台死,简位居立。无适子,有孽子麻余。位居死,诸加共立麻余。牛加兄子名位居,为大使,轻财善施,国人附之,岁岁遣使诣京都贡献。正始中,幽州刺史毌丘俭讨句丽,遣玄菟太守王颀诣夫余,位居遣大加郊迎,供军粮。季父牛加有二心,位居杀季父父子,籍没财物,遣使簿敛送官。旧夫余俗,水旱不调,五谷不熟,辄归咎于王,或言当易,或言当杀。麻余死,其子依虑年六岁,立以为王。汉时,夫余王葬用玉匣,常豫以付玄菟郡,王死则迎取以葬。公孙渊伏诛,玄菟库犹有玉匣一具。今夫余库有玉璧、珪、瓒数代之物,传世以为宝,耆老言先代之所赐也。① 其印文言"涉王之印",国有故城名涉城,盖本涉貊之地,而夫余王其中,自谓"亡人",抑有似也。②

①《魏略》曰:其国殷富,自先世以来,未尝破坏。

②《魏略》曰:旧志又言,昔北方有高离之国者,其王者侍婢有身,王欲杀之,婢云:"有气如鸡子来下,我故有身。"后生子,王捐之于溷中,猪以喙嘘之,徙置马闲,马以气嘘之,不死。王疑以为天子也,乃令其母收畜之,名曰东明,常令牧马。东明善射,王恐夺其国也,欲杀之。东明走,南至施掩水,以弓击水,鱼鳖浮为桥,东明得度,鱼鳖乃解散,追兵不得渡。东明因都王夫余之地。

【译文】夫余在长城的北部,距离玄菟郡一千里,南与高句丽,东与挹娄,西与鲜卑接壤,北面有弱水,方圆约二千里。有八万户居民,人们是当地土生土长的百姓,有房舍、仓库、牢狱。多山岳、大湖,在东夷民族中地势最为平坦、开阔。土地适合种植五谷,不生长五果。那里的人体形粗大,性格强悍勇猛、谨慎忠厚,不抢掠他人他国。国内有君王,全用六畜之名称呼官名,有马加、牛加、猪加、狗加、大使、大使者、使者。村中有有钱有势的人,他们名下的人全是奴仆。各加分别管理各处,管理范围大的主管数千家,管理范围小的主管数百家。饮食全用俎、豆这些祭祀器皿,实行朝觐君王、授予爵位、除去爵位,作揖礼上,升进降免的礼法。他们按商朝历法的正月祭天,这时国内举行盛大集会,连日大吃大喝,载歌载舞,名叫迎鼓。在这时判决刑罚,解送囚徒。在国内穿衣崇尚白色,白布大袖,身穿袍子、裤子,脚穿兽皮鞋子。出国时则崇尚穿缯、绣、锦、罽等丝织绣花衣服,大人加穿狐狸、狖白、黑貂之皮做的皮衣,并用金、银装饰帽子。翻译人员传话，一律下跪，手压地面，小声地说。用刑严厉猛烈，杀人者处死，并没收他的家人作为奴婢。盗窃一件物品责罚十二件物品。男女通奸，妇人妒忌，一律杀死。人们尤其憎恶妒忌的人，把她们杀死后，还把其尸体拉到国家的南山上，直至腐烂。娘家想得到尸体，必须交纳牛、马才把妇女的尸体给娘家。哥哥死后弟弟把嫂嫂作为妻子，与匈奴的习俗相同。该国的人善于饲养牲畜，出产名马、赤玉、貂狖、美珠，大的珠子像酸枣般大。以弓、箭、刀、矛作为兵器，家家独自拥有铠甲和武器。国内的老年人都自说是古代遗留下来的人。构筑的城墙都呈圆形，就像牢狱。白天黑夜无论老人小孩走路都唱歌，整天歌声不绝。有军事行动也祭天，杀牛观察牛蹄来占卜吉凶，认为牛蹄分开是凶，牛蹄并拢是吉。遇有敌情，所有加都亲自参战，他们名下的人家都挑着粮食供应他们。他们的人死后，在夏天都用冰封着。杀人陪葬，多的有上百人。实行厚葬，有椁无棺。

夫余本来隶属于玄菟郡。汉朝末年，公孙度称雄于渤海以东地区，威慑外族，夫余王尉仇台归属辽东郡。当时句丽、鲜卑强盛，公孙度认为夫余处在二敌之间，便把宗室女嫁给尉仇台为妻。尉仇台死后，简位居即位。简位居无嫡子，有庶子名叫麻余。位居死后，所有的加共同拥立麻余。牛加哥哥的儿子名叫位居，是大使，轻视钱财，喜好施舍，国内的人都归附他，年年派使节到京城贡献物品。正始年间，幽州刺史毌丘俭讨伐句丽，派玄菟太守王颀到夫余那里，位居派大加到郊外迎接，并供应军粮。叔父牛加有二心，位居杀了叔父父子，没收了他们的财物，派人登记造册纳入公府，派使节薄敛他们的尸身送往官府。旧时夫余习俗，遇到水旱不调，五谷不熟，便归咎为王的过错，有的说应当更换，有的说应当杀掉。麻余死后，他六岁的儿子依虑，被拥立为王。汉朝时，夫余王的安葬使用玉匣，平时先把玉匣交给玄菟郡，王死后便把玉匣取回去用于安葬。公孙渊伏法被处死以后，玄菟郡的府库中还有一具玉匣。现夫余府库中有几代人的玉璧、珪、瓒，代代相传，视为珍宝，老年人说它们是先世赐予的。夫余的印文刻的是“涉王之印”，国中有故城名叫涉城，大概本来是涉貊地方，而夫余在其中称王，自称“亡人”，也或许是有可能的。

【原文】高句丽在辽东之东千里，南与朝鲜、涉貊，东与沃沮，北与夫余接。都于丸都之下，方可二千里，户三万。多大山深谷，无原泽。随山谷以为居，食涧水。无良田，虽力佃作，不足以实口腹。其俗节食，好治宫室，于所居之左右立大屋，祭鬼神，又祠灵星、社稷。其人性凶急，喜寇抄。其国有王，其官有相加、对卢、沛者、古雏加、主簿、优台丞、使者、皂衣先人，尊卑各有等级。东夷旧语以为夫余别种，言语诸事，多与夫余同，其性气、衣服有异。本有五族，有涓奴部、绝奴部、顺奴部、灌奴部、桂娄部。本涓奴部为王，稍微弱，今桂娄部代之。汉时赐鼓吹技人，常从玄菟郡受朝服衣帻，高句丽令主其名籍。后稍骄恣，不复诣郡，于东界筑小城，置朝服衣帻其中，岁时来取之，今胡犹名此城为帻沟溇。沟溇者，句丽名城也。其置官，有对卢则不置沛者，有沛者则不置对卢。王之宗族，其大加皆称古雏加。涓奴部本国主，今虽不为王，适统大人，得称古雏加，亦得立宗庙，祠灵星、社稷。绝奴部世与王婚，加古雏之号。诸大加亦自置使者、皂衣先人，名皆达于王，如卿大夫之家臣，会同坐起，不得与王家使者、皂衣先人同列。其国中大家不佃作，坐食者万余口，下户远担米粮鱼盐供给之。其民喜歌舞，国中邑落，暮夜男女群聚，相就歌戏。无大仓库，家家自有小仓，名之为桴京。其人洁清自喜，善藏酿。跪拜申一脚，与夫余异，行步皆走。以十月祭天，国中大会，名曰东盟。其公会，衣服皆锦绣金银以自饰。大加、主簿头著帻，如帻而无余，其小加著折风，形如弁。其国东有大穴，名隧穴，十月国中大会，迎隧神还于国东上祭之，置木隧于神坐。无牢狱，有罪诸加评议，便杀之，没入妻子为奴婢。其俗作婚姻，言语已定，女家作小屋于大屋后，名婿屋，婿暮至女家户外，自名跪拜，乞得就女宿，如是者再三，女父母乃听使就小屋中宿，傍顿钱帛，至生子已长大，乃将妇归家。其俗淫。男女已嫁娶，便稍作送终之衣。厚葬，金银财币，尽于送死，积石为封，列种松柏。其马皆小，便登山。国人有气力，习战斗，沃沮、东涉皆属焉。又有小水貊。句丽作国，依大水而居，西安平县北有小水，南流入海，句丽别种依小水作国，因名之为小水貊，出好弓，所谓貊弓是也。

王莽初发高句丽兵以伐胡，不欲行，强迫遣之，皆亡出塞为寇盗。辽西大尹田谭追击之，为所杀。州郡县归咎于句丽侯驺，严尤奏言："貊人犯法，罪不起于驺，且宜安慰，今猥被之大罪，恐其遂反。"莽不听，诏尤击之。尤诱期句丽侯驺至而斩之，传送其首诣长安。莽大悦，布告天下，更名高句丽为下句丽。当此时为侯国，汉光武帝八年，高句丽王遣使朝贡，始见称王。

至殇、安之间，句丽王宫数寇辽东，更属玄菟。辽东太守蔡风、玄菟太守姚光以宫为二郡害，兴师伐之。宫诈降请和，二郡不进。宫密遣军攻玄菟，焚烧候城，入辽隧，杀吏民。后宫复犯辽东，蔡风轻将吏士追讨之，军败没。

宫死，子伯固立。顺、桓之间，复犯辽东，寇新安、居乡，又攻西安平，于道上杀带方令，略得乐浪太守妻子。灵帝建宁二年，玄菟太守耿临讨之，斩首虏数百级，伯固降，属辽东。熹平中，伯固乞属玄菟。公孙度之雄海东也，伯固遣大加优居、主簿然人等助度击富山贼，破之。

伯固死，有二子，长子拔奇，小子伊夷模。拔奇不肖，国人便共立伊夷模为王。自伯固时，数寇辽东，又受亡胡五百余家。建安中，公孙康出军击之，破其国，焚烧邑落。拔奇怨为兄而不得立，与涓奴加各将下户三万余口诣康降，还住沸流水。降胡亦叛伊夷模，伊夷模更作新国，今日所在是也。拔奇遂往辽东，有子留句丽国，今古雏加驳位居是也。其后复击玄菟，玄菟与辽东合击，大破之。

伊夷模无子，淫灌奴部，生子名位宫。伊夷模死，立以为王，今句丽王宫是也。其曾祖名宫，生能开目视，其国人恶之，及长大，果凶虐，数寇抄，国见残破。今王生堕地，亦能开目视人，句丽呼相似为位，似其祖，故名之为位宫。位宫有力勇，便鞍马，善猎射。景初二年，太尉司马宣王率众讨公孙渊，宫遣主簿、大加将数千人助军。正始三年，宫寇西安平，其五年，为幽州刺史毌丘俭所破。语在《俭传》。

【译文】高句丽在辽东之东一千里，南与朝鲜、涉貊，东与沃沮，北与夫余接壤。建都于丸都山下,方圆约二千里,有居民三万户。国内有许多大山深谷,没有平原湖泊。百姓沿着山谷建筑居所,饮用山沟里的水。没有良田,虽然从事耕种,但产的粮食不足以填饱肚子。他们的习俗是节约粮食,喜好修筑房屋,在居地左右两边修起大屋,祭奠神鬼,还祭祀灵星、社稷之神。那里的人性情凶猛急躁,喜欢抢劫抄掠。国内有王,官员有相加、对卢、沛者、古雏加、主簿、优台臣、使者、皂衣先人,尊贵卑贱,各有等级。东夷旧时的说法,认为它属夫余的别族,言语风物,多数与夫余相同,但性情、气质、衣服与夫余有差别。本来有五个部族,有涓奴部、绝奴部、顺奴部、灌奴部、桂娄部。本来是涓奴部为王,但该部逐渐衰弱,现由桂娄部取而代之。汉朝时,朝廷赐给高句丽吹打乐器和有技艺之人,他们常从玄菟郡那里接受朝服衣帻,高句丽命令他们掌管名册。后来他们逐渐骄横放肆,不再到郡署,在东部边界上修筑了小城,把朝服衣帻放在城中,每年定期将它取走,现在胡人还把此城作叫帻沟溇。沟溇,在高句丽是城市的意思。他们设置官员,如已有对卢便不设沛者,如已有沛者便不设对卢。王的宗族,其中大加都称古雏加。涓奴部本来是一国之主,现虽不为王,但该部的适统大人,可称古雏加,也可建立宗庙,祭祀灵星、社稷。绝奴部因世代与王联姻,也加古雏之号。各个大加也都自行设置使者、皂衣先人,这些人的名字都为王所知,地位像卿大夫的家臣,朝见坐立,不能与王家的使者、皂衣先人相同并列。国内的大户人家不从事耕种,不劳而食者有一万多人,由下户远远地挑来米粮、鱼、盐供给他们。这里的人喜欢唱歌跳舞,国内的村子里,到傍晚男男女女便成群结伙地聚集起来,相互凑到一起唱歌嬉戏。没有大的仓库,每家自己有小仓库,称其名为桴京。人们喜欢干净清洁,善于酿造储藏酒。跪拜时伸出一脚,与夫余不同,走路都和跑一样快。在十月里祭天,国内举行盛大集会,名叫东盟。他们因公事集会时,穿的衣服都用锦、绣、金、银来装饰。大加、主簿头上裹着头巾,像头巾而无条带,小加戴着折风,形状像弁帽。该国东部有大洞穴,名叫隧穴,在十月,国内举行盛大集会,迎接隧神回到国家东部隆重地祭祀它,把木制隧神放在神座上。没有牢狱,有罪的人,经过所有加的评议后,便把他杀死,并没收其妻子作为奴婢。他们缔结婚姻的习俗是,说定以后,女家便在大屋后面修筑小屋,名叫婿屋,女婿傍晚来到女家门外,自报名字进行跪拜,请求进去与姑娘共宿,经过这样再三恳求,女方父母便听任他进入小屋过夜,依附女家积蓄财物,至生的孩子已经长大,才领着妻子回家。该地风俗淫乱。男人已娶,女人已嫁,便开始制作送终的衣服。实行厚葬,把生前的金银财币,全部用以安葬死者,垒起石头作为坟头,并栽上一排排松柏。这里的马都小,擅长登山。国中的人有力气,熟习战斗,沃沮、东涉都归属他们。另有小水貊。句丽建国,傍靠大河居住,而西安平县北面有条小河,向南流入大海,句丽别族则傍靠小河建国,因而将它叫作小水貊,小水貊出产好弓,也就是所谓的貊弓。

王莽当政初期,征发高句丽的兵讨伐胡人,高句丽兵不愿前往,王莽便强迫将他们派去,这些人都逃出边塞进行抢劫。辽西太守田谭去追击他们,被他们杀死。州、郡、县官都把这一罪过归咎于句丽侯马驹,严尤上奏说:“貊人犯法,罪过的起因不在于驺，应当安抚，现强行加给他们大罪，恐怕他们造反。”王莽不听，下令严尤攻击他们。严尤引诱句丽侯驺按期来到把他杀死，并把他的头传送到长安。王莽为此非常高兴，发布文告通知天下，改高句丽名为下句丽。在这时高句丽是侯国，到东汉光武帝八年，高句丽王派遣使节前来贡献，他们才开始称王。

至东汉殇帝、安帝年间，句丽王宫屡次抄掠辽东，改属玄菟郡。辽东郡太守蔡风、玄菟郡太守姚光认为宫是二郡的祸害，便发兵讨伐他。宫假装投降，请求和解，二郡便不再进兵。宫秘密派兵攻打玄菟郡，焚烧瞭望台，进入辽东郊外，屠杀官员和百姓。以后，宫又进犯辽东，蔡风轻率地率领官兵追讨他们，结果全军覆灭。

宫死后，他的儿子伯固即位。东汉顺帝、桓帝年间，句丽又进犯辽东郡，抄掠新安、居乡，又攻打西安平，在途中杀了带方令，抢走乐浪太守的妻儿子女。东汉灵帝建宁二年，玄菟郡太守耿临发兵讨伐句丽，斩获敌人的首级数百个，伯固投降，归属辽东郡。熹平年间，伯固请求归属玄菟郡。公孙度称雄渤海以东时，伯固派遣大加优居、主簿然人等帮助公孙度攻击富山之贼，把贼人打败了。

伯固死后，留下两个儿子，长子叫拔奇，小儿子叫伊夷模。拔奇不成器，国中的人便共同拥立伊夷模为王。伯固在时，他们便多次进犯辽东，还接纳了逃亡的胡人五百多家。建安年间，公孙康出兵攻击他们，攻下他们的都城，焚烧了他们的村落。拔奇怨恨自己作为兄长却不能即位，与涓奴部加各自率领下户三万多人投降公孙康，回到沸流水居住。投降的胡人也背叛伊夷模，伊夷模便另建新的国都，便是他今天居住的地方。拔奇前往辽东，他的儿子留在句丽国，就是现在的古雏加驳位居。此后句丽又攻击玄菟，玄菟与辽东联合反击，大败句丽。

伊夷模没有儿子，与灌奴部的女人通奸，生下男孩名叫位宫。伊夷模死后，他被拥立为王，这就是现在的句丽王宫。他的曾祖父名宫，生下来就能睁眼观看，国内的人都憎恶他，到他长大后，果然凶残暴虐，频繁攻掠抢劫，国家出现残破景象。现在的王出生落地，也能睁眼看人，句丽人称相似为位，宫的情况像他祖父，所以叫他为位宫。位宫有膂力勇气，熟习跨鞍骑马，善于狩猎射箭。景初二年，太尉司马宣王率领兵马讨伐公孙渊，宫派了主簿、大加率领数千人帮助公孙渊。正始三年，宫抄掠西安平，正始五年，被幽州刺史毌丘俭击破。有关记述在《毌丘俭传》。

【原文】东沃沮在高句丽盖马大山之东，滨大海而居。其地形东北狭，西南长，可千里，北与挹娄、夫余，南与涉貊接。户五千，无大君王，世世邑落，各有长帅。其言语与句丽大同，时时小异。汉初，燕亡人卫满王朝鲜，时沃沮皆属焉。汉武帝元封二年，伐朝鲜，杀满孙右渠，分其地为四郡，以沃沮城为玄菟郡。后为夷貊所侵，徙郡句丽西北，今所谓玄菟故府是也。沃沮还属乐浪。汉以土地广远，在单单大领之东，分置东部都尉，治不耐城，别主领东七县，时沃沮亦皆为县。汉建武六年，省边郡，都尉由此罢。其后皆以其县中渠帅为县侯，不耐、华丽、沃沮诸县皆为侯国。夷狄更相攻伐，唯不耐涉侯至今犹置功曹、主簿诸曹，皆涉民作之。沃沮诸邑落渠帅，皆自称三老，则故县国之制也。国小，迫于大国之间，遂臣属句丽。句丽复置其中大人为使者，使相主领，又使大加统责其租税，貊布、鱼、盐、海中食物，千里担负致之，又送其美女以为婢妾，遇之如奴仆。

其土地肥美，背山向海，宜五谷，善田种。人性质直强勇，少牛马，便持矛步战。食饮居处，衣服礼节，有似句丽。① 其葬作大木椁，长十余丈，开一头作户。新死者皆假埋之，才使覆形，皮肉尽，乃取骨置椁中。举家皆共一椁，刻木如生形，随死者为数。又有瓦鬲，置米其中，编县之于椁户边。

①《魏略》曰：其嫁娶之法，女年十岁，已相设许。婿家迎之，长养以为妇。至成人，更还女家。女家责钱，钱毕，乃复还婿。

毌丘俭讨句丽，句丽王宫奔沃沮，遂进师击之。沃沮邑落皆破之，斩获首虏三千余级，宫奔北沃沮。北沃沮一名置沟娄，去南沃沮八百余里，其俗南北皆同，与挹娄接。挹娄喜乘船寇抄，北沃沮畏之，夏月恒在山岩深穴中为守备，冬月冰冻，船道不通，乃下居村落。王颀别遣追讨宫，尽其东界。问其耆老："海东复有人不？"耆老言："国人尝乘船捕鱼，遭风见吹数十日，东得一岛，上有人，言语不相晓，其俗常以七月取童女沉海。"又言："有一国亦在海中，纯女无男。"又说："得一布衣，从海中浮出，其身如中人衣，其两袖长三丈。又得一破船，随波出在海岸边，有一人项中复有面，生得之，与语不相通，不食而死。"其域皆在沃沮东大海中。

【译文】东沃沮在高句丽盖马大山的东面，靠近大海居住。该地地形东北窄，西南长，约一千里，北与挹娄、夫余，南与涉貊相接。有居民五千户，没有大君王，世世代代居于邑落，邑落各有首领。他们的语言与句丽大体相同，但时时有小的差别。汉朝初年，燕国的逃亡之人卫满在朝鲜为王，当时沃沮全归属他。汉武帝元封二年，征伐朝鲜，杀了卫满之孙右渠，将他的地方划分为四个郡，以沃沮城为玄菟郡的治所。后来该城被夷貊民族侵占，便把玄菟郡的治所迁徙到句丽的西北面，这就是今天所谓的玄菟故府。沃沮还隶属乐浪郡。汉代朝廷认为此地广大辽远，便在单单大领以东，分设东部都尉，治所在不耐城，另外统领东七县，当时沃沮地区也全部设置了县。东汉建武六年，省略边郡的设置，都尉因此裁革。此后，全都以县内首领为县侯，不耐、华丽、沃沮各县都是侯国。夷狄民族互相攻伐，只有不耐涉侯至今还设置功曹、主簿等官职，全部由涉人担任。沃沮各邑落的首领，都自称三老，这是旧时县国的制度。他们由于国小，局促受迫于大国之间，于是便臣属句丽。句丽又委任他们中的大人为使者，使他们互相统领，又委派大加统一征收他们的租税，他们都挑着、背着貊布、鱼、盐及海中食物，千里迢迢送给句丽，还把他们的美貌女人送给句丽作为婢妾，句丽对待她们就像对待奴仆。

东沃沮的土地肥美，背山靠海，适宜栽种五谷，人们善于种田。这里的人性格直率，刚强勇敢，在牛马稀少的情况下，熟习手执长矛，步行作战。人们的饮食居住，衣服礼节，与句丽相似。他们安葬死者，制造一具大木椁，长十余丈，开一头作门。刚死的人都是暂时掩埋起来，用土刚好盖住尸体，待皮肉腐烂净尽，便取出骸骨放入椁中。全家的死者都共葬在一个椁里，用木头雕刻死者活着时的形象，按死者的数目多少雕刻。还放置瓦鬲，把米放在里面，用绳子编串在一起，悬挂在椁门边。

毌丘俭征讨句丽，句丽王宫投奔沃沮，于是毌丘俭便进兵攻击沃沮，将沃沮的城池全部攻破，斩获敌人的首级三千多个，宫于是投奔北沃沮。北沃沮又叫置沟娄，距离南沃沮八百多里，在习俗方面，南北沃沮都一样，与挹娄接境。挹娄喜欢乘船抢劫抄掠，北沃沮害怕他们，夏天便常在山岩深洞中守备着，到冬天河水结冰，船道不通时，才来到村中居住。王颀另派兵追击宫，跟踪追击到他们的东部边境。问这里的老年人："渤海以东还有人吗？"老年人说："我国的人乘船捕鱼时，曾遇到大风，被吹了数十日，在东边发现一个岛屿，岛上有人，说话互相不懂，他们的习俗是常在七月里将小女孩沉到海里。"又说："有一国也在海中，都是女人，没有男人。"还说："见到一个平民，是从海里浮出来，此人身上穿着中等身材人的衣服，两个袖子有三丈长。还发现一艘破船，伴随着波浪出现于大海岸边，船上有个人后脖子上也有脸，将他活捉过来，与他说话，言语不相通，此人因不吃东西死了。"这些地方全在沃沮以东的大海之中。

【原文】挹娄在夫余东北千余里，滨大海，南与北沃沮接，未知其北所极。其土地多山险。其人形似夫余，言语不与夫余、句丽同。有五谷、牛、马、麻布。人多勇力，无大君长，邑落各有大人。处山林之间，常穴居，大家深九梯，以多为好。土气寒，剧于夫余。其俗好养猪，食其肉，衣其皮，冬以猪膏涂身，厚数分，以御风寒。夏则裸袒，以尺布隐其前后，以蔽形体。其人不洁，作溷在中央，人围其表居。其弓长四尺，力如弩，矢用楛，长尺八寸，青石为镞，古之肃慎氏之国也。善射，射人皆入目，矢施毒，人中皆死。出赤玉、好貂，今所谓挹娄貂是也。自汉已来，臣属夫余，夫余责其租赋重，以黄初中叛之。夫余数伐之，其人众虽少，所在山险，邻国人畏其弓矢，卒不能服也。其国便乘船寇盗，邻国患之。东夷饮食类皆用俎豆，唯挹娄不，法俗最无纲纪也。

【译文】挹娄在夫余东北一千多里，靠近大海，南与北沃沮接壤，不知其北最远到什么地方。挹娄的土地多山峰险隘。那里的人长得像夫余人，语言与夫余、句丽不同。有五谷、牛、马、麻布。人们多数勇猛有力，没有大君长，各个村落都有大人。他们居住在山林之中，经常住在洞穴里面，大户人家的洞穴有九梯深，以梯多的洞穴为好。该地的气候寒冷，比夫余冷得厉害。他们喜欢养猪，吃猪肉，穿猪皮，冬天把猪油涂在身上，厚好几分，来抵御风寒。夏天则赤身露体，只用一尺宽布将身体前后隐蔽起来，以遮挡其形体。这里的人不好清洁，把厕所建在中央，人围着厕所边居住。他们的弓有四尺长，张力像弩一样强，箭杆用楛木做成，长有一尺八寸，用青石做箭头，与古肃慎国的情况相同。人们善于射箭，射人全是射中眼睛，箭头涂有剧毒，人被射中都要死亡。出产赤玉、好貂，现在所谓的挹娄貂就是该地的产品。自汉代以来，挹娄臣属于夫余，夫余向他们索取的租赋很重，他们便在黄初年间背叛了夫余。夫余多次讨伐他们，他们人马虽少，但所处的地方有山峰险隘，邻国的人又害怕他们的弓箭，终究不能把他们征服。该国之人熟习于乘船抢劫抄掠，邻国的人都把他们当成祸患。东夷民族在饮食方面都用俎、豆一类祭祀器皿，只有挹娄不用，在法度习俗方面最无伦常秩序。

【原文】涉南与辰韩,北与高句丽、沃沮接,东穷大海,今朝鲜之东皆其地也。户二万。昔箕子既适朝鲜,作八条之教以教之,无门户之闭而民不为盗。其后四十余世,朝鲜侯准僭号称王。陈胜等起,天下叛秦,燕、齐、赵民避地朝鲜数万口。燕人卫满,魋结夷服,复来王之。汉武帝伐灭朝鲜,分其地为四郡。自是之后,胡、汉稍别。无大君长,自汉已来,其官有侯、邑君、三老,统主下户。其耆老旧自谓与句丽同种。其人性愿悫,少嗜欲,有廉耻,不请丐。言语法俗大抵与句丽同,衣服有异。男女衣皆著曲领,男子系银花广数寸以为饰。自单单大山领以西属乐浪,自领以东七县,都尉主之,皆以涉为民。后省都尉,封其渠帅为侯,今不耐涉皆其种也。汉末更属句丽。其俗重山川,山川各有部分,不得妄相涉入。同姓不婚。多忌讳,疾病死亡辄捐弃旧宅,更作新居。有麻布,蚕桑作绵。晓候星宿,豫知年岁丰约。不以珠玉为宝。常用十月节祭天,昼夜饮酒歌舞,名之为舞天。又祭虎以为神。其邑落相侵犯,辄相罚责生口牛马,名之为责祸。杀人者偿死。少寇盗。作矛长三丈,或数人共持之,能步战。乐浪檀弓出其地。其海出班鱼皮,土地饶文豹,又出果下马,汉桓时献之。①

① 臣松之按:果下马高三尺,乘之可于果树下行,故谓之果下。见《博物志》《魏都赋》。

正始六年,乐浪太守刘茂、带方太守弓遵以领东涉属句丽,兴师伐之,不耐侯等举邑降。其八年,诣阙朝贡,诏更拜不耐涉王。居处杂在民间,四时诣郡朝谒。二郡有军征赋调,供给役使,遇之如民。

【译文】涉这个地方,南与辰韩,北与高句丽、沃沮接境,东部的尽头到大海,现朝鲜的东部都是他们的地方。居民有两万户。早先箕子到了朝鲜,制定了八条教规来教化他们,外出不闭门户,人们也不偷盗。此后过了四十多代,朝鲜侯准冒用帝王尊号称王。陈胜等人起义后,天下人都背叛秦朝,燕国、齐国、赵国的人躲避到朝鲜的有几万人。燕国人卫满,拢着椎形的发髻,穿着东夷民族的服装,又来做他们的王。汉武帝征伐灭了朝鲜以后,便把他们的地方划分为四郡。从这以后,胡人和汉人便逐渐区别开来。涉没有大君长,自汉代以来,他们的官职有侯、邑君、三老,负责总管下户。他们的老年人过去自称与句丽是同一种族。涉人的性情拘谨诚实,很少有嗜好欲望,有廉耻之心,不祈求他人。语言和法度习俗大致与句丽相同,而穿的衣服有差别。男女都穿圆领外衣,男人系有宽数寸的银花作为装饰。自单单大山岭以西的地方归属乐浪,以东的七县归自己管辖,由都尉主管,把涉人作为百姓。后来裁去都尉,封涉人的首领为侯,现在的不耐涉人全属他们的种族。汉朝末年涉归属句丽。他们的习俗重视山川,山川各有负责的首领,彼此不得妄自涉足进入。同姓不结婚。有诸多忌讳,发生患病死亡的事,便抛弃旧的住宅,另建新居。出产麻布,种桑养蚕,制造丝绵。懂得观察星宿,预知年成的好坏。不把珠玉作为珍宝。常在十月的节令祭天,白天黑夜都饮酒歌舞,把这种活动叫作舞天。又祭祀老虎,把老虎看成神。村落间互相侵犯,便责罚双方奴隶、牛、马,把这叫作责祸。杀人者偿命。很少发生抄掠抢劫事件。制作的长矛有三丈长，有时是几个人一起拿着长矛，擅长步行作战。乐浪檀弓便出自他们那里。他们的海中出产斑鱼皮，地面上有许多文豹，还出产果下马，在汉桓帝时用它作为贡品献给朝廷。

正始六年，乐浪郡太守刘茂、带方郡太守弓遵因为领东涉归属了高句丽，发兵讨伐涉，不耐侯等率全城的人投降。正始八年，不耐侯到朝廷朝贡，朝廷下诏改封他为不耐涉王。涉人混杂在民间居住，四季都到郡署拜见太守。二郡如进行军事征伐，调动兵员，征收赋税，都要求涉人负责供应差役，对待他们同汉民一样。

【原文】韩在带方之南，东西以海为限，南与倭接，方可四千里。有三种，一曰马韩，二曰辰韩，三曰弁韩。辰韩者，古之辰国也。马韩在西。其民土著，种植，知蚕桑，作绵布。各有长帅，大者自名为臣智，其次为邑借，散在山海间，无城郭。有爰襄国、牟水国、桑外国、小石索国、大石索国、优休牟涿国、臣 濆 沽国、伯济国、速卢不斯国、日华国、古诞者国、古离国、怒蓝国、月支国、咨离牟卢国、素谓乾国、古爰国、莫卢国、卑离国、占离卑国、臣衅国、支侵国、狗卢国、卑弥国、监奚卑离国、古蒲国、致利鞠国、冉路国、兒林国、驷卢国、内卑离国、感奚国、万卢国、辟卑离国、臼斯乌旦国、一离国、不弥国、支半国、狗素国、捷卢国、牟卢卑离国、臣苏涂国、莫卢国、古腊国、临素半国、臣云新国、如来卑离国、楚山涂卑离国、一难国、狗奚国、不云国、不斯濆邪国、爰池国、乾马国、楚离国，凡五十余国。大国万余家，小国数千家，总十余万户。辰王治月支国。臣智或加优呼臣云遣支报安邪踧支 濆 臣离儿不例拘邪秦支廉之号。其官有魏率善、邑君、归义侯、中郎将、都尉、伯长。

侯准既僭号称王，为燕亡人卫满所攻夺，[①] 将其左右宫人走入海，居韩地，自号韩王。[②] 其后绝灭，今韩人犹有奉其祭祀者。汉时属乐浪郡，四时朝谒。[③]

①《魏略》曰：昔箕子之后朝鲜侯，见周衰，燕自尊为王，欲东略地，朝鲜侯亦自称为王，欲兴兵逆击燕以尊周室。其大夫礼谏之，乃止。使礼西说燕，燕止之，不攻。后子孙稍骄虐，燕乃遣将秦开攻其西方，取地二千余里，至满番汗为界，朝鲜遂弱。及秦并天下，使蒙恬筑长城，到辽东。时朝鲜王否立，畏秦袭之，略服属秦，不肯朝会。否死，其子准立。二十余年而陈、项起，天下乱，燕、齐、赵民愁苦，稍稍亡往准，准乃置之于西方。及汉以卢绾为燕王，朝鲜与燕界于浿水。及绾反，入匈奴，燕人卫满亡命，为胡服，东度浿水，诣准降，说准求居西界，收中国亡命为朝鲜藩屏。准信宠之，拜为博士，赐以圭，封之百里，令守西边。满诱亡党，众稍多，乃诈遣人告准，言汉兵十道至，求入宿卫，遂还攻准。准与满战，不敌也。

②《魏略》曰：其子及亲留在国者，因冒姓韩氏。准王海中，不与朝鲜相往来。

③《魏略》曰：初，右渠未破时，朝鲜相历溪卿以谏右渠不用，东之辰国，时民随出居者二千余户，亦与朝鲜贡蕃不相往来。至王莽地皇时，廉斯鑡为辰韩右渠帅，闻乐浪土地美，人民饶乐，亡欲来降。出其邑落，见田中驱雀男子一人，其语非韩人。问之，男子曰："我等汉人，名户来，我等辈千五百人伐材木，为韩所击得，皆断发为奴，积三年矣。"鑡曰："我当降汉乐浪，汝欲去不？"户来曰："可。"鑡因将户来出诣含资县，县言郡，

郡即以鑡为译，从芩中乘大船入辰韩，逆取户来。降伴辈尚得千人，其五百人已死。鑡时晓谓辰韩："汝还五百人。若不者，乐浪当遣万兵乘船来击汝。"辰韩曰："五百人已死，我当出赎直耳。"乃出辰韩万五千人，弁韩布万五千匹，鑡收取直还。郡表鑡功义，赐冠帻、田宅，子孙数世，至安帝延光四年时，故受复除。

桓、灵之末，韩涉强盛，郡县不能制，民多流入韩国。建安中，公孙康分屯有县以南荒地为带方郡，遣公孙模、张敞等收集遗民，兴兵伐韩涉，旧民稍出，是后倭、韩遂属带方。景初中，明帝密遣带方太守刘昕、乐浪太守鲜于嗣越海定二郡，诸韩国臣智加赐邑君印绶，其次与邑长。其俗好衣帻，下户诣郡朝谒，皆假衣帻，自服印绶衣帻千有余人。部从事吴林以乐浪本统韩国，分割辰韩八国以与乐浪，吏译转有异同，臣智激韩忿，攻带方郡崎离营。时太守弓遵、乐浪太守刘茂兴兵伐之，遵战死，二郡遂灭韩。

其俗少纲纪，国邑虽有主帅，邑落杂居，不能善相制御。无跪拜之礼。居处作草屋土室，形如冢，其户在上，举家共在中，无长幼男女之别。其葬有椁无棺，不知乘牛马，牛马尽于送死。以璎珠为财宝，或以缀衣为饰，或以县颈垂耳，不以金银锦绣为珍。其人性强勇，魁头露紒，如炅兵，衣布袍，足履革跻蹋。其国中有所为及官家使筑城郭，诸年少勇健者，皆凿脊皮，以大绳贯之，又以丈许木锸之，通日欢呼作力，不以为痛，既以劝作，且以为健。常以五月下种讫，祭鬼神，群聚歌舞，饮酒昼夜无休。其舞，数十人俱起相随，踏地低昂，手足相应，节奏有似铎舞。十月农功毕，亦复如之。信鬼神，国邑各立一人主祭天神，名之天君。又，诸国各有别邑，名之为苏涂。立大木，县铃鼓，事鬼神。诸亡逃至其中，皆不还之，好作贼。其立苏涂之义，有似浮屠，而所行善恶有异。其北方近郡诸国差晓礼俗，其远处直如囚徒奴婢相聚。无他珍宝。禽兽草木略与中国同。出大栗，大如梨。又出细尾鸡，其尾皆长五尺余。其男子时时有文身。又有州胡在马韩之西海中大岛上，其人差短小，言语不与韩同，皆髡头如鲜卑，但衣韦，好养牛及猪。其衣有上无下，略如裸势。乘船往来，市买韩中。

辰韩在马韩之东，其耆老传世，自言古之亡人避秦役来适韩国，马韩割其东界地与之。有城栅。其言语不与马韩同，名国为邦，弓为弧，贼为寇，行酒为行觞。相呼皆为徒，有似秦人，非但燕、齐之名物也。名乐浪人为阿残，东方人名我为阿，谓乐浪人本其残余人。今有名之为秦韩者。始有六国，稍分为十二国。

弁辰亦十二国，又有诸小别邑，各有渠帅，大者名臣智，其次有险侧，次有樊涉，次有杀奚，次有邑借。有已柢国、不斯国、弁辰弥离弥冻国、弁辰接涂国、勤耆国、难弥离弥冻国、弁辰古资弥冻国、弁辰古淳是国、冉奚国、弁辰半路国、弁辰乐奴国、军弥国、弁辰弥乌邪马国、如湛国、弁辰甘路国、户路国、州鲜国、弁辰狗邪国、弁辰走漕马国、弁辰安邪国、弁辰渎卢国、斯卢国、优由国。弁、辰韩合二十四国，大国四五千家，小国六七百家，总四五万户。其十二国属辰王。辰王常用马韩人作之，世世相继。辰王不得自立为王。[①] 土地肥美，宜种五谷及稻，晓蚕桑，作缣布，乘驾牛马。嫁娶礼俗，男女有别。以大鸟羽送死，其意欲使死者飞扬。[②] 国出铁，韩、涉、倭皆从取之。诸市买皆用铁，如中国用钱，又以供给二郡。俗喜歌舞饮酒。有瑟，其形似筑，弹之亦有音曲。

儿生，便以石厌其头，欲其褊，今辰韩人皆褊头。男女近倭，亦文身。便步战，兵仗与马韩同。其俗，行者相逢，皆住让路。

①《魏略》曰：明其为流移之人，故为马韩所制。

②《魏略》曰：其国作屋，横累木为之，有似牢狱也。

弁辰与辰韩杂居，亦有城郭。衣服居处与辰韩同。言语法俗相似，祠祭鬼神有异，施灶皆在户西。其渎卢国与倭接界。十二国亦有王，其人形皆大。衣服洁清，长发。亦作广幅细布。法俗特严峻。

【译文】韩在带方郡的南面，东部和西部都以海为边界，南部与倭接壤，方圆约四千里。居民有三种人：一叫马韩，二叫辰韩，三叫弁韩。辰韩就是古代的辰国。马韩在西部。这里的人都是土生土长的，栽种作物，懂得种桑养蚕，织造绢料。各自有首领，大的自称为臣智，其次称为邑借，分散在高山大海之间居住，没有城池。有爰襄国、牟水国、桑外国、小石索国、大石索国、优休牟涿国、臣濆沽国、伯济国、速卢不斯国、日华国、古诞者国、古离国、怒蓝国、月支国、咨离牟卢国、索谓乾国、古爰国、莫卢国、卑离国、占离卑国、臣衅国、支侵国、狗卢国、卑弥国、监奚卑离国、古蒲国、致利鞠国、冉路国、兒林国、驷卢国、内卑离国、感奚国、万卢国、辟卑离国、臼斯乌旦国、一离国、不弥国、支半国、狗素国、捷卢国、牟卢卑离国、臣苏涂国、莫卢国、古腊国、临素半国、臣云新国、如来卑离国、楚山涂卑离国、一难国、狗奚国、不云国、不斯濆邪国、爰池国、乾马国、楚离国，一共五十多国。大国居民有一万多家，小国有数千家，一共十多万户。辰王的治所在月支国。对其中一些臣智优礼有加而称呼臣云遣支报安邪踧支濆臣离儿不例拘邪秦支廉的尊号。他们的官职有魏率善、邑君、归义侯、中郎将、都尉、伯长。

侯准僭越称王之后，涉国被燕国亡人卫满攻占。侯准带着左右僚属、宫女跑到海上，住在韩地，自号韩王。此后绝灭，现在韩人还有膜拜祭祀他的。汉朝时韩归属乐浪郡，四时朝见。

东汉桓帝、灵帝末年，韩涉强盛，郡县不能控制，许多人流入韩国。建安年间，公孙康把屯有县以南的边远地区划分出来作为带方郡，委派公孙模、张敞等收集遗民，发兵讨伐韩涉，原先的人逐渐出来，此后倭、韩便隶属于带方郡。景初年间，魏明帝秘密派遣带方郡太守刘昕、乐浪郡太守鲜于嗣渡过大海平定二郡，为各韩国的臣智加赐邑君的印玺和绶带，下面的人授为邑长。他们的风俗讲究穿衣裹巾，下户到郡署朝见，都借衣服、头巾，自己有印绶、衣服、头巾者有一千多人。部从事吴林认为乐浪本属韩国，便分割辰韩八国给乐浪，对此事官员的翻译在传达时有不一样的地方，臣智激起了韩国的愤怒，便率领韩国人攻打带方郡的崎离营。当时的带方太守弓遵、乐浪太守刘茂发兵讨伐他们，弓遵战死，二郡最终把韩国灭掉了。

韩国的习俗缺乏伦常秩序，都城虽有主帅，但城乡居住杂乱，不能妥善加以管制。没有跪拜的礼节。建造茅草土房以供居住，形状好像坟墓，屋门开在上面，全家共住一屋中，没有长幼男女的分别。安葬死者有椁无棺，不懂得乘牛马，牛马全部用来安葬死者。把璎珠当作财宝,或把它缀在衣服上作为装饰,或把它挂在颈上、垂在耳下,不认为金银锦绣是珍贵物品。那里的人性情刚强勇敢,不戴帽子,不裹头巾,露着发髻,好像炅兵,身穿布袍,脚踩皮制跻蹋。国内兴办事情及官宦之家驱使他们去筑城池时,所有年少勇健的人,都凿脊皮,用大绳子穿上,再用一丈左右的木杆插住,整天欢呼贡献劳力,不感到痛,互相鼓励从事劳动,认为这样是刚强能干的表现。常在五月下种完结后,祭祀鬼神,大伙聚到一起唱歌跳舞,白天黑夜饮酒,没有休止。他们跳舞时,几十个人一起上场,相互跟随着,踩踏地面,忽高忽低,手足协调呼应,节奏好似铎舞。十月农事完毕,又举行像这样的活动。他们信奉鬼神,都城各自拥立一人主祭天神,名叫天君。各国另有小城,名叫苏涂。竖立大木杆,上面悬挂着铃鼓,以侍奉鬼神。所有逃亡者逃到这里,都不予交还,这些人都喜好作贼。他们建立苏涂的意义,与建立浮屠有相似之处,但奉行的善恶观念有差别。北方接近郡署的各国略知礼俗,远离郡署的各国简直像囚徒奴婢相聚在一块。没有其他珍宝。禽兽草木大致与中国相同。出产大栗,大的栗子像梨一般大。又出产细尾鸡,这种鸡的尾巴都有五尺多长。男子身上往往刺有纹饰。又有州胡居住在马韩之西海中的大岛上,这里的人略为矮小,言语与韩不相同,全都剃去头发,像鲜卑一样,但穿皮革衣服,好养牛和猪。他们穿衣有上身无下身,略像裸体。他们乘船往来,在韩国购买物品。

辰韩在马韩的东部,他们的老年人向后人传授说他们是古代逃亡之人,因避秦朝徭役来到韩国,马韩割出其东部地区给他们居住。有城市栅栏。语言与马韩不相同,叫国为邦,叫弓为弧,叫贼为寇,叫行酒为行觞。互相打招呼都叫对方为徒,好似秦人,不单是与燕国、齐国命名事物的方式相像。他们叫乐浪人为阿残,东方人说我为阿,意思是乐浪人本来是他们的残余之人。现在有叫他们为秦韩的人。开始有六国,逐渐分为十二国。

弁辰也有十二国,还有都城以外的一些小城市,各有首领,大的叫臣智,其次有险侧,再次有樊涉,再次有杀奚,再次有邑借。有已柢国、不斯国、弁辰弥离弥冻国、弁辰接涂国、勤耆国、难弥离弥冻国、弁辰古资弥冻国、弁辰古淳是国、冉溪国、弁辰半路国、弁辰乐奴国、军弥国、弁辰弥乌邪马国、如湛国、弁辰甘路国、户路国、州鲜国、弁辰狗邪国、弁辰走漕马国、弁辰安邪国、弁辰渎卢国、斯卢国、优由国。弁辰和辰韩合起来有二十四国,大国居民有四五千家,小国有六七百家,总共四五万户。其中十二国归属辰王。辰王常由马韩人充任,世代传承。辰王不能自立为王。土地肥美,适宜栽种五谷及稻,懂得种桑养蚕,织造双丝的细绢,驾驭牛、马。有嫁娶的礼节习俗,男女有别。用大鸟的羽毛安葬死者,意思是想让死者飞腾起来。国内产铁,韩、涉、倭人都从他们这里获得铁。购买各种物品都用铁,像中国用钱,还用铁供给二郡。他们的风俗喜欢唱歌、跳舞和饮酒。乐器有瑟,形状像筑,弹起来有声音曲调。男孩生下来,便用石头压他的头,想使头变小,现在辰韩人都是小脑袋。男人女人都近似倭人,也在身上刺绣纹饰。熟习于步行作战,武器与马韩相同。他们的风俗是,走路的人相逢,都停下来让路。

弁辰与辰韩杂居，也有城郭。衣服住处与辰韩相同。语言和风俗法度相似，祭祀鬼神有区别，炉灶都砌在房子西边。他们的渎卢国与倭人接境。十二国也有王，那里的人体形全都粗大。衣服清洁干净，留长发。也织造宽幅细布。风俗法度特别严峻。

【原文】倭人在带方东南大海之中，依山岛为国邑。旧百余国，汉时有朝见者，今使译所通三十国。从郡至倭，循海岸水行，历韩国，乍南乍东，到其北岸狗邪韩国，七千余里，始度一海，千余里至对马国。其大官曰卑狗，副曰卑奴母离。所居绝岛，方可四百余里，土地山险，多深林，道路如禽鹿径。有千余户，无良田，食海物自活，乘船南北市籴。又南渡一海千余里，名曰瀚海，至一大国，官亦曰卑狗，副曰卑奴母离。方可三百里，多竹木丛林，有三千许家，差有田地，耕田犹不足食，亦南北市籴。又渡一海，千余里至末卢国，有四千余户，滨山海居，草木茂盛，行不见前人。好捕鱼鳆，水无深浅，皆沉没取之。东南陆行五百里，到伊都国，官曰尔支，副曰泄谟觚、柄渠觚。有千余户，世有王，皆统属女王国，郡使往来常所驻。东南至奴国百里，官曰兕马觚，副曰卑奴母离，有二万余户。东行至不弥国百里，官曰多模，副曰卑奴母离，有千余家。南至投马国，水行二十日，官曰弥弥，副曰弥弥那利，可五万余户。南至邪马壹国，女王之所都，水行十日，陆行一月。官有伊支马，次曰弥马升，次曰弥马获支，次曰奴佳鞮，可七万余户。自女王国以北，其户数道里可得略载，其余旁国远绝，不可得详。次有斯马国，次有已百支国，次有伊邪国，次有都支国，次有弥奴国，次有好古都国，次有不呼国，次有姐奴国，次有对苏国，次有苏奴国，次有呼邑国，次有华奴苏奴国，次有鬼国，次有为吾国，次有鬼奴国，次有邪马国，次有躬臣国，次有巴利国，次有支惟国，次有乌奴国，次有奴国，此女王境界所尽。其南有狗奴国，男子为王，其官有狗古智卑狗，不属女王。自郡至女王国万二千余里。

男子无大小皆黥面文身。自古以来，其使诣中国，皆自称大夫。夏后少康之子封于会稽，断发文身以避蛟龙之害。今倭水人好沉没捕鱼蛤，文身亦以厌大鱼水禽，后稍以为饰。诸国文身各异，或左或右，或大或小，尊卑有差。计其道里，当在会稽、东冶之东。其风俗不淫，男子皆露紒，以木绵招头。其衣横幅，但结束相连，略无缝。妇人被发屈紒，作衣如单被，穿其中央，贯头衣之。种禾稻、纻麻、蚕桑、缉绩，出细纻、缣绵。其地无牛马虎豹羊鹊。兵用矛、楯、木弓。木弓短下长上，竹箭或铁镞或骨镞，所有无与儋耳、朱崖同。倭地温暖，冬夏食生菜，皆徒跣。有屋室，父母兄弟卧息异处，以朱丹涂其身体，如中国用粉也。食饮用笾豆，手食。其死，有棺无椁，封土作冢。始死停丧十余日，当时不食肉，丧主哭泣，他人就歌舞饮酒。已葬，举家诣水中澡浴，以如练沐。其行来渡海诣中国，恒使一人不梳头、不去虮虱、衣服垢污、不食肉、不近妇人，如丧人，名之为持衰。若行者吉善，共顾其生口财物；若有疾病，遭暴害，便欲杀之，谓其持衰不谨。出真珠、青玉。其山有丹，其木有楠、杼、豫樟、楺枥、投橿、乌号、枫香，其竹篠竿、桃支。有姜、橘、椒、蘘荷，不知以为滋味。有猕猴、黑雉。其俗举事行来，有所云为，辄灼骨而卜，以占吉凶，先告所卜，其辞如令龟法，视火坼占兆。其会同坐起，父子男女无别，人性嗜酒。[①] 见大人所敬，但搏手以当跪拜。其人寿考，或百年，或八九十年。其俗,国大人皆四五妇,下户或二三妇。妇人不淫,不妒忌。不盗窃,少诤讼。其犯法,轻者没其妻子,重者灭其门户。及宗族尊卑,各有差序,足相臣服。收租赋。有邸阁,国国有市,交易有无,使大倭监之。自女王国以北,特置一大率,检察诸国,诸国畏惮之,常治伊都国,于国中有如刺史。王遣使诣京都、带方郡、诸韩国,及郡使倭国,皆临津搜露,传送文书赐遗之物诣女王,不得差错。下户与大人相逢道路,逡巡入草。传辞说事,或蹲或跪,两手据地,为之恭敬。对应声曰噫,比如然、诺。

①《魏略》曰:其俗不知正岁四节,但计春耕秋收为年纪。

其国本亦以男子为王,住七八十年,倭国乱,相攻伐历年,乃共立一女子为王,名曰卑弥呼。事鬼道,能惑众,年已长大,无夫婿,有男弟佐治国。自为王以来,少有见者。以婢千人自侍,唯有男子一人给饮食,传辞出入。居处宫室楼观,城栅严设,常有人持兵守卫。

女王国东渡海千余里,复有国,皆倭种。又有侏儒国在其南,人长三四尺,去女王四千余里。又有裸国、黑齿国复在其东南,船行一年可至。参问倭地,绝在海中洲岛之上,或绝或连,周旋可五千余里。

景初二年六月,倭女王遣大夫难升米等诣郡,求诣天子朝献,太守刘夏遣吏将送诣京都。其年十二月,诏书报倭女王曰:“制诏亲魏倭王卑弥呼:带方太守刘夏遣使送汝大夫难升米、次使都市牛利奉汝所献男生口四人,女生口六人,班布二匹二丈,以到。汝所在逾远,乃遣使贡献,是汝之忠孝,我甚哀汝。今以汝为亲魏倭王,假金印紫绶,装封付带方太守假授汝。其绥抚种人,勉为孝顺。汝来使难升米、牛利涉远,道路勤劳,今以难升米为率善中郎将,牛利为率善校尉,假银印青绶,引见劳赐遣还。今以绛地交龙锦五匹、[①]绛地绉粟罽十张、蒨绛五十匹、绀青五十匹,答汝所献贡直。又特赐汝绀地句文锦三匹、细班华罽五张、白绢五十匹、金八两、五尺刀二口、铜镜百枚、真珠、铅丹各五十斤,皆装封付难升米、牛利还到录受。悉可以示汝国中人,使知国家哀汝,故郑重赐汝好物也。”

① 臣松之以为:地应为绨,汉文帝著皂衣谓之弋绨是也。此字不体,非魏朝之失,则传写者误也。

正始元年,太守弓遵遣建忠校尉梯俊等奉诏书印绶诣倭国,拜假倭王,并赍诏赐金、帛、锦罽、刀、镜、采物,倭王因使上表答谢恩诏。其四年,倭王复遣使大夫伊声耆、掖邪狗等八人,上献生口、倭锦、绛青缣、绵衣、帛布、丹木、𤝔、短弓矢。掖邪狗等一拜率善中郎将印绶。其六年,诏赐倭难升米黄幢,付郡假授。其八年,太守王颀到官。倭女王卑弥呼与狗奴国男王卑弥弓呼素不和,遣倭载斯、乌越等诣郡说相攻击状。遣塞曹掾史张政等因赍诏书、黄幢,拜假难升米为檄告喻之。卑弥呼以死,大作冢,径百余步,徇葬者奴婢百余人。更立男王,国中不服,更相诛杀,当时杀千余人。复立卑弥呼宗女壹与,年十三为王,国中遂定。政等以檄告喻壹与,壹与遣倭大夫、率善中郎将掖邪狗等二十人送政等还,因诣台,献上男女生口三十人,贡白珠五千,孔青大句珠二枚,异文杂锦二十匹。

【译文】倭人在带方郡东南的大海之中，依傍山岛建筑都城。旧时有一百多国，在汉代就有来中国朝见的，现在派遣使节相通的有三十国。从带方郡到倭人地方，沿海岸走水路，经过韩国，忽南忽东，到达其北岸的狗邪韩国，需航行七千多里，方可渡过一个海域，再航行一千多里到达对马国。他们的大官名叫卑狗，副的叫卑奴母离。居住的地方是孤岛，方圆四百多里，多山峰险隘，有许多深邃的森林，道路就像禽鹿出没的小径。有居民一千多户，没有良田，吃海产品以自求生存外，乘船向南北各地购米买粮食。再南渡一海航行一千多里，海名叫瀚海，到一大国，官员也叫卑狗，副的叫卑奴母离。方圆三百里，有许多竹木丛林，居民约有三千家，略有田地，但耕田所得不够吃，也需要向南北各地购买粮食。又渡一海，航行一千多里到末卢国，居民有四千多户，靠近山海居住，草木茂盛，行路时都看不见前面的人。人们喜欢捕捞鲍鱼，无论水深水浅，都沉入水中捞取。向东南走陆路五百里，到伊都国，官员叫尔支，副的叫泄谟觚、柄渠觚。有居民一千多户，世代有王，全统属于女王国，是郡的使节往来经常停留的地方。向东南一百里到奴国，官员叫兕马觚，副的叫卑奴母离，居民有二万多户。向东行一百里到不弥国，官员叫多模，副的叫卑奴母离，有居民一千多家。南到投马国，需走水路二十日，官员叫弥弥，副的叫弥弥那利，居民约五万多户。南到邪马壹国，是女王都城所在，需走水路十日，走陆路一个月。官员有伊支马，其次的叫弥马升，再其次的叫弥马获支，再其次的叫奴佳鞮，居民约有七万多户。自女王国以北的地方，那里的居民户数、里程能够略作记述，而其他别的国家，由于极其遥远，不能知悉。其次有斯马国，再其次有已百支国，再其次有伊邪国，再其次有都支国，再其次有弥奴国，再其次有好古都国，再其次有不呼国，再其次有姐奴国，再其次有对苏国，再其次有苏奴国，再其次有呼邑国，再其次有华奴苏奴国，再其次有鬼国，再其次有为吾国，再其次有鬼奴国，再其次有邪马国，再其次有躬臣国，再其次有巴利国，再其次有支惟国，再其次有乌奴国，再其次有奴国，这是女王所辖境内的所有国家。女王国的南面有狗奴国，男人为王，他们的官员有狗古智卑狗，不归属女王。从带方郡到女王国有一万二千多里。

倭人男子不论大小，都刺脸，纹饰身体。自古以来，他们的使节来到中国，都自称大夫。夏朝君主少康之子封于会稽，截短头发、身刺花纹来避免蛟龙的祸害。现在倭人喜欢沉入水中捕捞鱼蛤，他们在身上刺上花纹来制胜大鱼水禽，以后才逐渐用来作为装饰。各国人的纹饰情况不同，有的刺在左边，有的刺在右边，有的花纹大，有的花纹小，尊贵和卑贱的人刺的花纹也有差别。计算里程，他们应当在会稽、东冶的东面。他们的风俗不淫乱，男人都露着发髻，用木绵缠头。衣服横宽，但缝结缠系相互连接，大致无缝。妇人散发屈髻，做的衣服像被单，中央开孔，钻过头去穿上。种稻子、纺麻，种桑养蚕，从事纺织，出产细纻、缣绵。该地无牛、马、虎、豹、羊、鹊。兵器用矛、楯和木弓。木弓下短上长，竹箭有的安铁箭头，有的安骨箭头，所有的东西没有与儋耳、朱崖相同的。倭地气候温暖，冬天夏天都吃生菜，大家都赤脚走路。有房舍，父母兄弟在不同地方躺卧歇息，用朱红颜料涂抹身体，像中国人搽粉一样。饮食使用竹制的豆,用手抓着来吃。他们安葬死人,有棺无椁,用土垒成坟墓。人死了以后停丧十多天,在这期间不吃肉,服丧的主人哭泣,别人则前来唱歌、跳舞、喝酒。安葬完后,全家到水里洗澡,就像冲洗熟绢一样。他们渡海前来中国,常叫一人不梳头,不清除虮虱,衣服污秽肮脏,不吃肉,不亲近女人,就像服丧的人,他们把这叫作持衰。若来的人吉利平安,大家便用牲口、财物酬劳此人;若有疾病,遭受突然灾害,便要杀他,认为他持衰不严。出产珍珠、青玉。山上有丹,树木有楠、杼、豫樟、楺枥、投橿、乌号、枫香,竹子有筱竿、桃支。有姜、橘、椒、蘘荷,但不懂得用来调味。有猕猴、黑雉。他们习惯要做大事,有所作为时,便炙烧骨头进行占卜,用以推断吉凶,先告知要占卜的事情,占卜的方法就像利用龟壳进行占卜一样,观察火烧骨头炙裂的情况来占卜。他们聚会时的坐立次序,父子男女没有区别,人人爱好饮酒。见到大人表示尊敬,只是用拍手来当跪拜。人的寿命长,有的一百岁,有的八九十岁。他们的风俗是,国的大人都是四五个妻子,下户有的是二三个妻子。女人不淫乱、不妒忌。人们不盗窃,很少发生纷争诉讼之事。若是犯法,轻的没收其妻子儿女,重的将他全家人诛灭。至于宗族内则有尊有卑,各有差别、次序,足以使人服从。有收取租税的情况。有盖有楼堂馆所的地方,国国设有市场,大家通过交易互通有无,委派身份高的倭人监督他们。自女王国以北的地方,专门设有一名大率,负责检察各国,各国都害怕他,平常治所在伊都国,大率在国中像刺史一样。王派遣使节到京都、带方郡和各韩国,以及郡派使节去倭国,都要在渡口附近接受搜查,传送文书和赠送的物品给女王,不能发生差错。下户在路上与大人相逢,便后退躲入草中。传达辞令和陈述事情之时,或蹲着、或跪着,两手着地,做出恭敬的样子。对答时说噫,就好比然、诺。

倭国本来也是以男子为王,过了七八十年,倭国发生变乱,互相攻伐了好多年,便共同拥立了一个女子为王,这位女王名叫卑弥呼。她从事装神弄鬼的把戏,会迷惑众人,年纪已大,没有丈夫,由弟弟辅佐她治国。自当王以后,很少有人能见到她。用一千个婢女服侍自己,只有一个男人供给她的饮食,并负责出入传话。居住的宫室楼台,建有严实的栅栏,常有人持着武器守卫。

从女王国向东渡海一千多里,还有国家,全是倭的种族。又有侏儒国在其南面,该国的人高三四尺,距离女王国四千多里。又有裸国、黑齿国在其东南面,乘船航行一年可以到达。查问倭人地方,全在海中的陆洲、岛屿之上,有的隔绝,有的相连,周旋大约五千多里。

魏明帝景初二年六月,倭国女王派遣大夫难升米等人来到郡署,请求到天子那里朝献,太守刘夏派官员把他们领送到京城。该年十二月,明帝下诏书告知倭女王,说:“诏示亲魏倭王卑弥呼:带方太守刘夏派使节送你的大夫难升米、副使都市牛利进奉你所献的男奴隶四人、女奴隶六人、班布二匹二丈,已收到。你住的地方遥远,还派使节来贡献,这是你忠孝的表现,我是非常怜悯你。今封你为亲魏倭王,给予你金印和紫色绶带,包装封好交给带方太守授予你。希你安抚族人,努力孝顺。你派来的使节难升米、牛利长途跋涉,一路上辛勤劳苦,现把难升米封为率善中郎将,牛利封为率善校尉，给予银印和青色绶带，我接见了他们，给予酬劳，然后遣还。今将绛地交龙锦五匹、绛地绉粟罽十张、蒨绛五十匹、绀青五十匹，报答你所献的贡品。又特地赏赐给你绀地句文锦三匹、细班华罽五张、白绢五十匹、金八两、五尺刀两口、铜镜一百面、真珠、铅丹各五十斤，都包装封好交给难升米、牛利带回，到后请收下。这些情况全都可以告诉你们国中之人，让他们知道国家怜悯你，因此郑重地赐给你好的物品。"

魏齐王正始元年，太守弓遵派建忠校尉梯儁等人捧着诏书、印玺及绶带到倭国，授予倭王官职，并赐给诏书，赠送金、帛、绵罽、刀、镜和彩色丝绸，倭王通过使节上表答谢天子下诏降恩。正始四年，倭王再派伊声耆、掖邪狗等八人，献上奴隶、倭锦、绛青缣、绵衣、帛布、丹木、𤝔和短弓箭。朝廷给掖邪狗等人一概授予率善中郎将的印玺和绶带。正始六年，下诏赐给倭人难升米黄色旗帜，交给郡署代行授予。正始八年，太守王颀上任。倭女王卑弥呼与狗奴国男王卑弥弓呼历来不和，因而派遣倭人载斯、乌越等人到郡署诉说双方互相攻击的情况。太守派遣塞曹掾史张政等人送去诏书和黄色旗帜，借拜授难升米的机会发布檄文告喻倭国和狗奴国。卑弥呼已经死去，国人为她大修坟墓，坟墓直径一百多步，殉葬的奴婢有一百多人。倭国改立男人为王，但国内的人不服，大家互相厮杀，当时被杀死的有一千多人。又立卑弥呼的宗室女壹与为王，壹与十三岁，国内于是安定下来。张政等人带着文书去晓喻壹与，壹与派倭大夫、率善中郎将掖邪狗等二十人送张政等回还，接着到官署献上男女奴隶三十人，进贡白珠五千颗、孔青大句珠二枚、不同颜色的杂锦二十匹。

【原文】评曰:《史》《汉》著朝鲜、两越，东京撰录西羌。魏世匈奴遂衰，更有乌丸、鲜卑，爰及东夷，使译时通。记述随事，岂常也哉！①

①《魏略·西戎传》曰：氐人有王，所从来久矣。自汉开益州，置武都郡，排其种人，分窜山谷间，或在福禄，或在汧、陇左右。其种非一，称槃瓠之后，或号青氐，或号白氐，或号蚺氐，此盖虫之类而处中国，人即其服色而名之也。其自相号曰盍稚，各有王侯，多受中国封拜。近去建安中，兴国氐王阿贵、自项氐王千万各有部落万余，至十六年，从马超为乱。超破之后，阿贵为夏侯渊所攻灭，千万西南入蜀，其部落不能去，皆降。国家分徙其前后两端者，置扶风、美阳，今之安夷、抚夷二部护军所典是也。其本守善，分留天水、南安界，今之广魏郡所守是也。其俗，语不与中国同，及羌杂胡同，各自有姓，姓如中国之姓矣。其衣服尚青绛。俗能织布，善田种，畜养豕牛马驴骡。其妇人嫁时著衽露，其缘饰之制有似羌，衽露有似中国袍。皆编发。多知中国语，由与中国错居故也。其自还种落间，则自氐语。其嫁娶有似于羌，此盖乃昔所谓西戎在于街、冀、豲道者也。今虽都统于郡国，然故自有王侯在其虚落间。又，故武都地阴平街左右，亦有万余落。赀虏，本匈奴也，匈奴名奴婢为赀。始建武时，匈奴衰，分去其奴婢，亡匿在金城、武威、酒泉北、黑水西、河东西，畜牧逐水草，抄盗凉州，部落稍多，有数万，不与东部鲜卑同也。其种非一，有大胡，有丁令，或颇有羌杂处，由本亡奴婢故也。当汉、魏之际，

其大人有檀柘，死后，其枝大人南近在广魏、令居界，有秃瑰来数反，为凉州所杀。今有劭提，或降来，或遁去，常为西州道路患也。

燉煌西域之南山中，从婼羌西至葱领数千里，有月氏余种葱茈羌、白马、黄牛羌，各有酋豪，北与诸国接，不知其道里广狭。传闻黄牛羌各有种类，孕身六月生，南与白马羌邻。西域诸国，汉初开其道，时有三十六，后分为五十余。从建武以来，更相吞灭，于今有二十道。从燉煌玉门关入西域，前有二道，今有三道。从玉门关西出，经婼羌转西，越葱领，经县度，入大月氏，为南道。从玉门关西出，发都护井，回三陇沙北头，经居卢仓，从沙西井转西北，过龙堆，到故楼兰，转西诣龟兹，至葱领，为中道。从玉门关西北出，经横坑，辟三陇沙及龙堆，出五船北，到车师界戊己校尉所治高昌，转西与中道合龟兹，为新道。凡西域所出，有前史已具详，今故略说。南道西行，且志国、小宛国、精绝国、楼兰国皆并属鄯善也。戎卢国、扞弥国、渠勒国、皮山国皆并属于寘。罽宾国、大夏国、高附国、天竺国皆并属大月氏。

临儿国，《浮屠经》云其国王生浮屠，浮屠，太子也。父曰屑头邪，母云莫邪。浮屠身服色黄，发青如青丝，乳青毛，蛉赤如铜。始莫邪梦白象而孕，及生，从母右胁出，生而有结，堕地能行七步。此国在天竺城中。天竺又有神人，名沙律。昔汉哀帝元寿元年，博士弟子景卢受大月氏王使伊存口受《浮屠经》曰复立者其人也。《浮屠》所载临蒲塞、桑门、伯闻、疏问、白疏间、比丘、晨门，皆弟子号也。《浮屠》所载与中国《老子经》相出入，盖以为老子西出关，过西域之天竺，教胡浮屠属弟子，别号合有二十九，不能详载，故略之如此。

车离国，一名礼惟特，一名沛隶王，在天竺东南三千余里，其地卑湿暑热。其王治沙奇城，有别城数十，人民怯弱，月氏、天竺击服之。其地东西南北数千里，人民男女皆长一丈八尺，乘象、橐驼以战，今月氏役税之。

盘越国，一名汉越王，在天竺东南数千里，与益部相近，其人小与中国人等，蜀人贾似至焉。南道而西极转东南尽矣。

中道西行尉梨国、危须国、山王国皆并属焉耆，姑墨国、温宿国、尉头国皆并属龟兹也。桢中国、莎车国、竭石国、渠沙国、西夜国、依耐国、满犁国、亿若国、榆令国、捐毒国、休修国、琴国皆并属疏勒。自是以西，大宛、安息、条支、乌弋。乌弋一名排特，此四国次在西，本国也，无增损。前世谬以为条支在大秦西，今其实在东。前世又谬以为强于安息，今更役属之，号为安息西界。前世又谬以为弱水在条支西，今弱水在大秦西。前世又谬以为从条支西行二百余日，近日所入，今从大秦西近日所入。

大秦国，一号犁靬，在安息、条支西大海之西，从安息界安谷城乘船，直截海西，遇风利二月到，风迟或一岁，无风或三岁。其国在海西，故俗谓之海西。有河出其国，西又有大海。海西有迟散城，从国下直北至乌丹城，西南又渡一河，乘船一日乃过。西南又渡一河，一日乃过。凡有大都三，却从安谷城陆道直北行之海北，复直西行之海西，复直南行经之乌迟散城，渡一河，乘船一日乃过。周回绕海，凡当渡大海六日乃到其国。国有小城邑合四百余，东西南北数千里。其王治滨侧河海，以石为城郭。其土地有松、柏、槐、梓、竹、苇、杨柳、胡桐、百草。民俗，田种五谷，畜乘有马、骡、驴、骆驼。桑蚕。俗多奇幻，口中出火，自缚自解，跳十二丸巧妙。其国无常主，国中有灾异，辄更立贤人以为王，而生放其故王，王亦不敢怨。其俗，人长大平正，似中国人而胡服。自云本中国一别也，常欲通使于中国，而安息图其利，不能得过。其俗能胡书。其制度，公私宫室为重屋，旌旗击鼓，白盖小车，邮驿亭置如中国。从安息绕海北到其国，人民相属，十里一亭，三十里一置，终无盗贼。但有猛虎、狮子为害，行道不群则不得过。其国置小王数十，其王所治城周回百余里，有官曹文书。王有五宫，一宫间相去十里，其王平旦之一宫听事，至日暮一宿，明日复至一宫，五日一周。置三十六将，每议事，一将不至则不议也。王出行，常使从人持一韦囊自随，有白言者，受其辞投囊中，还宫乃省为决理。以水晶作宫柱及器物。作弓矢。其别枝封小国，曰泽散王，曰驴分王，曰且兰王，曰贤督王，曰汜复王，曰于罗王，其余小王国甚多，不能一一详之也。国出细絺。作金银钱，金钱一当银钱十。有织成细布，言用水羊毳，名曰海西布。此国六畜皆出水，或云非独用羊毛也，亦用木皮或野茧丝作，织成氍毹、毾㲪、罽帐之属皆好，其色又鲜于海东诸国所作也。又常利得中国丝，解以为胡绫，故数与安息诸国交市于海中。海水苦不可食，故往来者希到其国中。山出九色次玉石，一曰青，二曰赤，三曰黄，四曰白，五曰黑，六曰绿，七曰紫，八曰红，九曰绀。今伊吾山中有九色石，即其类。阳嘉三年时，疏勒王臣槃献海西青石、金带各一。又，今《西域旧图》云罽宾、条支诸国出琦石，即次玉石也。大秦多金、银、铜、铁、铅、锡、神龟、白马、朱髦、骇鸡犀、瑇瑁、玄熊、赤螭、辟毒鼠、大贝、车渠、玛瑙、南金、翠爵、羽翮、象牙、符采玉、明月珠、夜光珠、真白珠、虎珀、珊瑚、赤白黑绿黄青绀缥红紫十种流离、璆琳、琅玕、水精、玫瑰、雄黄、雌黄、碧、五色玉、黄白黑绿紫红绛绀金黄缥留黄十种氍毹、五色毾㲪、五色九色首下毾㲪、金缕绣、杂色绫、金涂布、绯持布、发陆布、绯持渠布、火浣布、阿罗得布、巴则布、度代布、温宿布、五色桃布、绛地金织帐、五色斗帐、一微木、二苏合、狄提、迷迷、兜纳、白附子、薰陆、郁金、芸胶、薰草木十二种香。大秦道既从海北陆通，又循海而南，与交趾七郡外夷比，又有水道通益州、永昌，故永昌出异物。前世但论有水道，不知有陆道，今其略如此，其民人户数不能备详也。自葱领西，此国最大，置诸小王甚多，故录其属大者矣。

泽散王属大秦，其治在海中央，北至驴分，水行半岁，风疾时一月到，最与安息安谷城相近，西南诣大秦都不知里数。驴分王属大秦，其治去大秦都二千里。从驴分城西之大秦渡海，飞桥长二百三十里，渡海道西南行，绕海直西行。且兰王属大秦。从思陶国直南渡河，乃直西行之且兰三千里。道出河南，乃西行，从且兰复直西行之汜复国六百里。南道会汜复，乃西南之贤督国。且兰、汜复直南，乃有积石，积石南乃有大海，出珊瑚、真珠。且兰、汜复、斯宾阿蛮北有一山，东西行。大秦、海西东各有一山，皆南北行。贤督王属大秦，其治东北去汜复六百里。汜复王属大秦，其治东北去於罗三百四十里渡海也。於罗属大秦，其治在汜复东北，渡河，从於罗东北又渡河，斯罗东北又渡河。斯罗国属安息，与大秦接也。大秦西有海水，海水西有河水，河水西南北行有大山，西有赤水，赤水西有白玉山，白玉山有西王母，西王母西有修流沙，流沙西有大夏国、坚沙国、属繇国、月氏国，四国西有黑水，所传闻西之极矣。

北新道西行，至东且弥国、西且弥国、单桓国、毕陆国、蒲陆国、乌贪国，皆并属车师后部王。王治于赖城，魏赐其王壹多杂守魏侍中，号大都尉，受魏王印。转西北则乌孙、康居，本国无增损也。北乌伊别国在康居北，又有柳国，又有岩国，又有奄蔡国一名阿兰，皆与康居同俗。西与大秦，东南与康居接。其国多名貂，畜牧逐水草，临大泽，故时羁属康居，今不属也。

呼得国在葱岭北，乌孙西北，康居东北，胜兵万余人，随畜牧，出好马，有貂。坚昆国在康居西北，胜兵三万人，随畜牧，亦多貂，有好马。丁令国在康居北，胜兵六万人，随畜牧，出名鼠皮，白昆子、青昆子皮。此上三国，坚昆中央，俱去匈奴单于庭安习水七千里，南去车师六国五千里，西南去康居界三千里，西去康居王治八千里。或以为此丁令即匈奴北丁令也，而北丁令在乌孙西，似其种别也。又，匈奴北有浑窳国，有屈射国，有丁令国，有隔昆国，有新梨国，明北海之南自复有丁令，非此乌孙之西丁令也。乌孙长老言北丁令有马胫国，其人音声似雁鹜，从膝以上身头，人也，膝以下生毛，马胫马蹄，不骑马而走疾马，其为人勇健敢战也。短人国在康居西北，男女皆长三尺，人众甚多，去奄、蔡诸国甚远。康居长老传闻，常有商度此国去康居可万余里。

鱼豢议曰：俗以为营廷之鱼不知江海之大，浮游之物不知四时之气，是何也？以其所在者小与其生之短也。余今泛览外夷大秦诸国，犹尚旷若发蒙矣，况夫邹衍之所推出，《大易》《太玄》之所测度乎？徒限处牛蹄之涔，又无彭祖之年，无缘托景风以迅游，载腰裹以遐观，但劳眺乎三辰，而飞思乎八荒耳。

【译文】评论说：《史记》《汉书》记载了朝鲜和南越、东越的历史，《后汉书》撰写了《西羌传》。到魏国时，匈奴已经衰落，又出现了乌丸、鲜卑，以及东夷，他们与中国通过使臣经常来往。历史记述是随着历史的发展来的，怎有固定不变的道理呢！

卷三十一　蜀书一

刘二牧传第一

刘焉

【原文】刘焉，字君郎，江夏竟陵人也，汉鲁恭王之后裔，章帝元和中徙封竟陵，支庶家焉。焉少仕州郡，以宗室拜中郎，后以师祝公丧去官。[①] 居阳城山，积学教授，举贤良方正，辟司徒府，历雒阳令、冀州刺史、南阳太守、宗正、太常。焉睹灵帝政治衰缺，王室多故，乃建议言："刺史、太守，货赂为官，割剥百姓，以致离叛。可选清名重臣以为牧伯，镇安方夏。"焉内求交阯牧，欲避世难。议未即行，侍中广汉董扶私谓焉曰："京师将乱，益州分野有天子气。"焉闻扶言，意更在益州。会益州刺史郤俭赋敛烦扰，谣言远闻，[②] 而并州杀刺史张壹，凉州杀刺史耿鄙，焉谋得施。出为监军使者，领益州牧，封阳城侯，当收俭治罪。[③] 扶亦求为蜀郡西部属国都尉，及太仓令巴西赵韪去官，俱随焉。[④]

① 臣松之案：祝公，司徒祝恬也。

② 俭，郤正祖也。

③《续汉书》曰：是时用刘虞为幽州，刘焉为益州，刘表为荆州，贾琮为冀州。虞等皆海内清名之士，或从列卿尚书以选为牧伯，各以本秩居任。旧典：传车参驾，施赤为帷裳。

臣松之按：灵帝崩后，义军起，孙坚杀荆州刺史王叡，然后刘表为荆州，不与焉同时也。

《汉灵帝纪》曰：帝引见焉，宣示方略，加以赏赐，敕焉为益州刺史："前刺史刘隽、郤俭皆贪残放滥，取受狼藉，元元无聊，呼嗟充野，焉到便收摄行法，以示万姓，勿令漏露，使痈疽决溃，为国生梗。"焉受命而行，以道路不通，住荆州东界。

④ 陈寿《益部耆旧传》曰：董扶，字茂安。少从师学，兼通数经，善欧阳《尚书》，又事聘士杨厚，究极图谶。遂至京师，游览太学，还家讲授，弟子自远而至。永康元年，日有蚀之，诏举贤良方正之士，策问得失。左冯翊赵谦等举扶，扶以病不诣，遥于长安上封事，遂称疾笃归家。前后宰府十辟，公车三征，再举贤良方正、博士、有道，皆不就，名称尤重。大将军何进表荐扶曰："资游、夏之德，述孔氏之风，内怀焦、董消复之术。方今并、凉骚扰，西戎蠢叛，宜敕公车特召，待以异礼，咨谋奇策。"于是灵帝征扶，即拜侍中。在朝称为儒宗，甚见器重。求为蜀郡属国都尉。扶出一岁而灵帝崩，天下大乱。后去官，年八十二卒于家。始扶发辞抗论，益部少双，故号曰至止，言人莫能当，所至而谈止也。后丞相诸葛亮问秦宓以扶所长，宓曰："董扶褒秋毫之善，贬纤芥之恶。"

是时益州逆贼马相、赵祗等于绵竹县自号黄巾，合聚疲役之民，一二日中得数千人，先杀绵竹令李升，吏民翕集，合万余人，便前破雒县，攻益州杀俭，又到蜀郡、犍为，旬月之间，破坏三郡。相自称天子，众以万数。州从事贾龙领家兵数百人在犍为东界，摄敛吏民，得千余人，攻相等，数日破走，州界清静。龙乃选吏卒迎焉。焉徙治绵竹，抚纳离叛，务行宽惠，阴图异计。张鲁母始以鬼道，又有少容，常往来焉家，故焉遣鲁为督义司马，住汉中，断绝谷阁，杀害汉使，焉上书言："米贼断道，不得复通。"又托他事杀州中豪强王咸、李权等十余人，以立威刑。① 犍为太守任岐及贾龙由此反攻焉，焉击杀岐、龙。②

①《益部耆旧杂记》曰：李权，字伯豫，为临邛长。子福。见犍为杨戏《辅臣赞》。

②《英雄记》曰：刘焉起兵，不与天下讨董卓，保州自守。犍为太守任岐自称将军，与从事陈超举兵击焉，焉击破之。董卓使司徒赵谦将兵向州，说校尉贾龙，使引兵还击焉，焉出青羌与战，故能破杀。岐、龙等皆蜀郡人。

焉意渐盛，造作乘舆车具千余乘。荆州牧刘表表上焉有似子夏在西河疑圣人之论。时焉子范为左中郎将，诞治书御史，璋为奉车都尉，皆从献帝在长安，① 惟叔子别部司马瑁素随焉。献帝使璋晓谕焉，焉留璋不遣。② 时征西将军马腾屯郿而反，焉及范与腾通谋，引兵袭长安。范谋泄，奔槐里，腾败，退还凉州，范应时见杀，于是收诞行刑。③ 议郎河南庞羲与焉通家，乃募将焉诸孙入蜀。时焉被天火烧城，车具荡尽，延及民家。焉徙治成都，既痛其子，又感祆灾，兴平元年，痈疽发背而卒。州大吏赵韪等贪璋温仁，共上璋为益州刺史，诏书因以为监军使者，领益州牧，以韪为征东中郎将，率众击刘表。④

①《英雄记》曰：范父焉为益州牧，董卓所征发，皆不至。收范兄弟三人，锁械于郿坞，为阴狱以系之。

②《典略》曰：时璋为奉车都尉，在京师。焉托疾召璋，璋自表省焉，焉遂留璋不还。

③《英雄记》曰：范从长安亡之马腾营，从焉求兵。焉使校尉孙肇将兵往助之，败于长安。

④《英雄记》曰：焉死，子璋代为刺史。会长安拜颍川扈瑁为刺史，入汉中。荆州别驾刘阖，璋将沈弥、娄发、甘宁反，击璋不胜，走入荆州。璋使赵韪进攻荆州，屯朐䏰。上蠢，下如振反。

【译文】刘焉，字君郎，江夏郡竟陵县人，是西汉鲁恭王的后代，东汉章帝元和年间改封到竟陵，其宗族旁支就在竟陵安家落户。刘焉年轻时曾在州郡做官，凭借宗室身份被授予中郎一职，后又因老师祝恬去世辞去官职。他住在阳城山，钻研学术收徒讲学，被举荐为贤良方正，应征到司徒府，历任洛阳县令、冀州刺史、南阳太守、宗正、太常等职。刘焉目睹汉灵帝国政衰败，王室变故频出，于是向朝廷建议说："刺史、太守，通过贿赂谋职为官，盘剥百姓，以致天下百姓叛离国家。应当选择声誉清廉可为国家倚重的大臣出京担任州牧郡守，以安抚天下。"刘焉本意是想谋求出任交阯牧，打算借此躲避当世的灾难。还没有议定成行，侍中广汉人董扶私下对刘焉说："京城必将大乱，益州一带有天子之气。"刘焉听了董扶的话后，便打算改赴益州任职。恰逢益州刺史郤俭向百姓征收苛捐杂税，名目繁多，百姓的怨言传至京城，此时又发生了并州刺史张壹和凉州刺史耿鄙被杀的事件，刘焉的愿望得以实现。朝廷让他出任监军使者，兼任益州牧，并封他为阳城侯，逮捕郤俭治罪。董扶也请求出任蜀郡西部属国都尉，原任太仓令的巴西郡人赵韪这时也辞去官职，二人便跟刘焉一道前往蜀中。

这时益州叛贼马相、赵祗等在绵竹县自称黄巾，招聚苦于繁重劳役的百姓，一两天中就得到数千人，他们先杀了绵竹县令李升，官吏百姓纷纷归附他们，一时间人马达到万余人，于是往前推进攻破雒县，接着进攻益州杀了郤俭，之后又转攻蜀郡、犍为，一月之间，连破三郡。马相自称天子，部众数以万计。益州从事贾龙率家兵数百人来到犍为郡东界，聚集官吏百姓，得到千余人马，进攻马相等人，数日后马相兵败退走，益州界内得以安定。于是，贾龙选派官员士卒迎接刘焉。刘焉将治所迁到绵竹，招抚接纳叛民，力行宽惠仁政，暗里图谋大计。张鲁的母亲最初凭借鬼道邪说，又有童颜，常往来于刘焉家中，因此刘焉便委派张鲁为督义司马，驻守汉中，断绝山谷间的栈道，杀死汉朝来的使臣，刘焉上书说："五斗米贼众断绝栈道，无法重新开通入朝的道路。"又借故将益州豪强王咸、李权等十余人杀死，以树立威信。犍为郡太守任岐以及贾龙为此反攻刘焉，刘焉击杀了任岐和贾龙。

刘焉割据称雄的意愿日益强烈，他制造了上千辆天子车驾。荆州牧刘表上奏朝廷说刘焉就像当年子夏在西河教书被人当作圣人孔子一样，被益州之民当作圣人了。这时刘焉的儿子刘范在朝中任左中郎将，刘诞任治书御史，刘璋任奉车都尉，他们都随汉献帝在长安，只有第三个儿子别部司马刘瑁一向跟随刘焉。献帝派刘璋去晓谕刘焉，刘焉却将刘璋留下不遣送回京。这时征西将军马腾在郿地拥兵造反，刘焉、刘范与马腾串通策划，领兵袭击长安。刘范因图谋败露，逃往槐里，马腾兵败，退回凉州，刘范即刻被杀，刘诞也被收押处死。议郎河南人庞羲因与刘焉是姻亲关系，因而募集人手带着刘焉的几个孙子入蜀。此时刘焉遭遇火灾烧城，他所制造的天子车驾被火烧得精光，火灾还殃及四周民居。刘焉将治所迁往成都，既痛心儿子被杀，又受天灾惊吓，在献帝兴平元年，因背部毒疮发作而死。益州主要官员赵韪等人认为刘璋温厚仁爱，一同上表推荐刘璋为益州刺史，于是朝廷下诏任命刘璋为监军使者，兼任益州牧，以赵韪为征东中郎将，让他率军攻打刘表。

刘璋

【原文】璋，字季玉，既袭焉位，而张鲁稍骄恣，不承顺璋，璋杀鲁母及弟，遂为仇敌。璋累遣庞羲等攻鲁，数为所破。鲁部曲多在巴西，故以羲为巴西太守，领兵御鲁。[①]后羲与璋情好携隙，赵韪称兵内向，众散见杀，皆由璋明断少而外言入故也。[②]璋闻曹公征荆州，已定汉中，遣河内阴溥致敬于曹公。加璋振威将军，兄瑁平寇将军。瑁狂疾物故。[③]璋复遣别驾从事蜀郡张肃送叟兵三百人并杂御物于曹公，曹公拜肃为广汉太守。璋复遣别驾张松诣曹公，曹公时已定荆州，走先主，不复存录松，松以此怨。会曹公军不利于赤壁，兼以疫死。松还，疵毁曹公，劝璋自绝，[④]因说璋曰："刘豫州，使君之肺腑，可与交通。”璋皆然之，遣法正连好先主，寻又令正及孟达送兵数千助先主守御，正遂还。后松复说璋曰：“今州中诸将庞羲、李异等皆恃功骄豪，欲有外意，不得豫州，则敌攻其外，民攻其内，必败之道也。”璋又从之，遣法正请先主。璋主簿黄权陈其利害，从事广汉王累自倒县于州门以谏，璋一无所纳，敕在所供奉先主，先主入境如归。先主至江州，北由垫江水诣涪，⑤去成都三百六十里。是岁建安十六年也。璋率步骑三万余人，车乘帐幔，精光曜日，往就与会先主所将将士，更相之适，欢饮百余日。璋资给先主，使讨张鲁，然后分别。⑥

①《英雄记》曰：庞羲与璋有旧，又免璋诸子于难，故璋厚德羲，以羲为巴西太守，遂专权势。

②《英雄记》曰：先是，南阳、三辅人流入益州数万家，收以为兵，名曰东州兵。璋性宽柔，无威略，东州人侵暴旧民，璋不能禁，政令多阙，益州颇怨。赵韪素得人心，璋委任之。韪因民怨谋叛，乃厚赂荆州请和，阴结州中大姓，与俱起兵，还击璋。蜀郡、广汉、犍为皆应韪。璋驰入成都城守。东州人畏韪，咸同心并力助璋，皆殊死战，遂破反者；进攻韪于江州，韪将庞乐、李异反杀韪军，斩韪。《汉献帝春秋》曰：汉朝闻益州乱，遣五官中郎将牛亶为益州刺史，征璋为卿，不至。

③ 臣松之案：魏台访“物故”之义，高堂隆答曰：“闻之先师：物，无也；故，事也。言无复所能于事也。”

④《汉晋春秋》曰：张松见曹公，曹公方自矜伐，不存录松。松归，乃劝璋自绝。

习凿齿曰：昔齐桓一矜其功而叛者九国，曹操暂自骄伐而天下三分，皆勤之于数十年之内而弃之于俯仰之顷，岂不惜乎！是以君子劳谦日昃，虑以下人，功高而居之以让，势尊而守之以卑。情近于物，故虽贵而人不厌其重；德洽群生，故业广而天下愈欣其庆。夫然，故能有其富贵，保其功业，隆显当时，传福百世，何骄矜之有哉！君子是以知曹操之不能遂兼天下者也。

⑤ 垫，音徒协反。涪，音浮。

⑥《吴书》曰：璋以米二十万斛，骑千匹，车千乘，缯絮锦帛，以资送刘备。

明年，先主至葭萌，还兵南向，所在皆克。十九年，进围成都数十日，城中尚有精兵三万人，谷帛支一年，吏民咸欲死战。璋言：“父子在州二十余年，无恩德以加百姓。百姓攻战三年，肌膏草野者，以璋故也，何心能安！”遂开城出降，群下莫不流涕。先主迁璋于南郡公安，尽归其财物及故佩振威将军印绶。孙权杀关羽，取荆州，以璋为益州牧，驻秭归。璋卒，南中豪率雍闿据益郡反，附于吴。权复以璋子阐为益州刺史，处交、益界首。丞相诸葛亮平南土，阐还吴，为御史中丞。①初，璋长子循妻，庞羲女也。先主定蜀，羲为左将军司马，璋时从羲启留循，先主以为奉车中郎将。是以璋二子之后，分在吴、蜀。

①《吴书》曰：阐，一名纬，为人恭恪，轻财爱义，有仁让之风，后疾终于家。

【**译文**】刘璋，字季玉，他继承刘焉的职位后，张鲁逐渐变得骄横放纵，不肯遵奉顺从刘璋，刘璋杀了张鲁的母亲和弟弟，两人就此成为仇敌。刘璋多次派遣庞羲等人去攻打张鲁，多次都被张鲁击败。由于张鲁的武装力量大多集中在巴西郡，所以刘璋便任命庞羲为巴西太守，领兵抵御张鲁。后来庞羲与刘璋的感情出现嫌隙，赵韪率部反击刘璋，部众溃散，赵韪被杀，都是因为刘璋不能明辨是非而轻信外人之言。刘璋听说曹操征伐荆州，已经平定了汉中，便派河内人阴溥向曹操表达敬意。曹操加封刘璋为振威将军，刘璋的哥哥刘瑁为平寇将军。刘瑁得癫狂病而死。刘璋又派别驾从事蜀郡人张肃向曹操送去了三百名作战勇猛的叟兵以及其他御用物品，曹操任命张肃为广汉太守。刘璋又派别驾张松去见曹操，这时曹操已平定了荆州，赶走了刘备，便不再存恤录用张松，张松因此心怀怨愤。恰在此时曹军在赤壁大败，又加上瘟疫流行，将士死亡众多。张松返回，大肆诋毁曹操，劝说刘璋主动与曹操断绝往来，他对刘璋说："刘豫州是您的宗室近亲，值得与他密切交往。"刘璋都深以为然，派法正去跟先主刘备结盟，不久又命法正和孟达送给刘备数千士兵，帮助刘备抵御曹军，法正返回。后来张松又劝刘璋说："现在州中诸将庞羲、李异等人都仗着有功而骄傲自雄，心怀异志，如果没有刘豫州的帮助，一旦外敌进攻，内部叛乱，益州的失败就是必然之事了。"刘璋又听信了张松之言，派法正前往荆州迎接刘备入蜀。主簿黄权向刘璋陈说迎请刘备的危害，州从事广汉人王累将自己倒挂在州门之上向刘璋进谏，刘璋都一律不予理会，反而下令各地都要供奉刘备，要让刘备入蜀有回家的感觉。刘备到了江州，向北经由垫江到达涪县，距离成都三百六十里。这年是汉献帝建安十六年。刘璋率领步兵和骑兵三万余人，车驾帷幕，映日生辉，去迎接刘备及所率将士，彼此之间相互往来，欢庆宴饮达一百多天。刘璋又资助刘备，让他去讨伐张鲁，随后两人分别。

第二年，刘备到达葭萌，回兵向南进攻刘璋，所向披靡。建安十九年，刘备进军围困成都数十日，当时城内还有精兵三万，粮草财帛也足够支持坚守一年，官员百姓都想与刘备决一死战。刘璋说："我们父子在益州二十多年，没有什么恩德给予百姓。百姓攻战三年，尸横荒野，都是因为我刘璋一人的缘故，我如何可以心安！"于是开城出降，部下没有不流泪的。刘备将刘璋迁往南郡公安县，并将刘璋的财物和他从前佩戴的振威将军印绶尽数归还给他本人。后来孙权杀死关羽，夺回荆州，又任命刘璋为益州牧，让他驻守秭归。刘璋死后，益州南部地区豪强雍闿占据益郡反叛，归附东吴。孙权又命刘璋的儿子刘阐为益州刺史，驻守在交、益两州的交界处。蜀丞相诸葛亮平定南方，刘阐返回东吴，担任御史中丞。当初，刘璋长子刘循的妻子是庞羲的女儿。刘备平定蜀地后，庞羲任左将军司马，刘璋当时听从庞羲请求留下刘循，刘备以刘循为奉车中郎将。因此刘璋的两个儿子的后人，分别居住在吴、蜀两国。

【原文】评曰：昔魏豹闻许负之言则纳薄姬于室，① 刘歆见图谶之文则名字改易，终于不免其身，而庆钟二主。此则神明不可虚要，天命不可妄冀，必然之验也。而刘焉闻董扶之辞则心存益土，听相者之言则求婚吴氏，遽造舆服，图窃神器，其惑甚矣。璋才非人雄，而据土乱世，负乘致寇，自然之理，其见夺取，非不幸也。②

①孔衍《汉魏春秋》曰：许负，河内温县之妇人，汉高祖封为明雌亭侯。

臣松之以为：今东人呼母为负，衍以许负为妇人，如为有似，然汉高祖时封皆列侯，未有乡亭之爵，疑此封为不然。

② 张璠曰：刘璋愚弱而守善言，斯亦宋襄公、徐偃王之徒，未为无道之主也。张松、法正，虽君臣之义不正，然固以委名附质，进不显陈事势，若韩嵩、刘先之说刘表，退不告绝奔亡，若陈平、韩信之去项羽，而两端携贰，为谋不忠，罪之次也。

【译文】评论说：从前魏豹听了许负的话就把薄姬纳为妻室，刘歆看到图谶之言就改了自己的名字，但他们终究没能逃脱祸难，而福泽却归于二位帝王。这说明神明不可凭空招致，天命不许非分之想，这是断难质疑的事情。而刘焉听了董扶的话就一心想着拥有益州，听了相面人的话就主动与吴氏联姻，忙不迭地制造帝王车驾服饰，图谋窃取王位，也确实是糊涂到家了。刘璋才智丝毫不足以称豪杰，却割据一方扰乱国家，居非其位，才不称职，这是自然的事情，被刘备夺去益州，并不是什么不幸的事。

卷三十二　蜀书二

先主传第二

先主刘备

【原文】先主姓刘，讳备，字玄德，涿郡涿县人，汉景帝子中山靖王胜之后也。胜子贞，元狩六年封涿县陆城亭侯，坐酎金失侯，因家焉。[①]先主祖雄，父弘，世仕州郡。雄举孝廉，官至东郡范令。

①《典略》曰：备本临邑侯枝属也。

先主少孤，与母贩履织席为业。舍东南角篱上有桑树生，高五丈余，遥望见童童如小车盖，往来者皆怪此树非凡，或谓当出贵人。[①]先主少时，与宗中诸小儿于树下戏，言："吾必当乘此羽葆盖车。"叔父子敬谓曰："汝勿妄语，灭吾门也！"年十五，母使行学，与同宗刘德然、辽西公孙瓒俱事故九江太守同郡卢植。德然父元起常资给先主，与德然等。元起妻曰："各自一家，何能常尔邪！"起曰："吾宗中有此儿，非常人也。"而瓒深与先主相友。瓒年长，先主以兄事之。先主不甚乐读书，喜狗马、音乐、美衣服。身长七尺五寸，垂手下膝，顾自见其耳。少语言，善下人，喜怒不形于色。好交结豪侠，年少争附之。中山大商张世平、苏双等赀累千金，贩马周旋于涿郡，见而异之，乃多与之金财。先主由是得用合徒众。

①《汉晋春秋》曰：涿人李定云："此家必出贵人。"

灵帝末，黄巾起，州郡各举义兵，先主率其属从校尉邹靖讨黄巾贼有功，除安喜尉。[①]督邮以公事到县，先主求谒，不通，直入缚督邮，杖二百，解绶系其颈，着马枊，[②]弃官亡命。[③]顷之，大将军何进遣都尉毌丘毅诣丹杨募兵，先主与俱行，至下邳遇贼，力战有功，除为下密丞。复去官。后为高唐尉，迁为令。[④]为贼所破，往奔中郎将公孙瓒，瓒表为别部司马，使为青州刺史田楷以拒冀州牧袁绍。数有战功，试守平原令，后领平原相。郡民刘平素轻先主，耻为之下，使客刺之，客不忍刺，语之而去。其得人心如此。[⑤]

①《典略》曰：平原刘子平知备有武勇，时张纯反叛，青州被诏，遣从事将兵讨纯，过平原，子平荐备于从事，遂与相随，遇贼于野，备中创阳死，贼去后，故人以车载之，得免。后以军功为中山安喜尉。

②枊，五葬反。

③《典略》曰：其后州郡被诏书，其有军功为长吏者，当沙汰之。备疑在遣中。督邮至县，当遣备，备素知之。闻督邮在传舍，备欲求见督邮，督邮称疾不肯见备，备恨之，因还治，将吏卒更诣传舍，突入门，言："我被府君密教收督邮。"遂就床缚之，将出到界，

自解其绶以系督邮颈，缚之著树，鞭杖百余下，欲杀之。督邮求哀，乃释去之。

④《英雄记》云：灵帝末年，备尝在京师，后与曹公俱还沛国，募召合众。会灵帝崩，天下大乱，备亦起军从讨董卓。

⑤《魏书》曰：刘平结客刺备，备不知而待客甚厚，客以状语之而去。是时人民饥馑，屯聚抄暴。备外御寇难，内丰财施，士之下者，必与同席而坐，同簋而食，无所简择。众多归焉。

袁绍攻公孙瓒，先主与田楷东屯齐。曹公征徐州，徐州牧陶谦遣使告急于田楷，楷与先主俱救之。时先主自有兵千余人及幽州乌丸杂胡骑，又略得饥民数千人。既到，谦以丹杨兵四千益先主，先主遂去楷归谦。谦表先主为豫州刺史，屯小沛。谦病笃，谓别驾麋竺曰："非刘备不能安此州也。"谦死，竺率州人迎先主，先主未敢当。下邳陈登谓先主曰："今汉室陵迟，海内倾覆，立功立事，在于今日。彼州殷富，户口百万，欲屈使君抚临州事。"先主曰："袁公路近在寿春，此君四世五公，海内所归，君可以州与之。"登曰："公路骄豪，非治乱之主。今欲为使君合步骑十万，上可以匡主济民，成五霸之业，下可以割地守境，书功于竹帛。若使君不见听许，登亦未敢听使君也。"北海相孔融谓先主曰："袁公路岂忧国忘家者邪？冢中枯骨，何足介意。今日之事，百姓与能，天与不取，悔不可追。"先主遂领徐州。① 袁术来攻先主，先主拒之于盱眙、淮阴。曹公表先主为镇东将军，封宜城亭侯，是岁建安元年也。先主与术相持经月，吕布乘虚袭下邳。下邳守将曹豹反，间迎布。布虏先主妻子，先主转军海西。② 杨奉、韩暹寇徐、扬间，先主邀击，尽斩之。先主求和于吕布，布还其妻子。先主遣关羽守下邳。

①《献帝春秋》曰：陈登等遣使诣袁绍曰："天降灾沴，祸臻鄙州，州将殂殒，生民无主，恐惧奸雄一旦承隙，以贻盟主日昃之忧，辄共奉故平原相刘备府君以为宗主，永使百姓知有依归。方今寇难纵横，不遑释甲，谨遣下吏奔告于执事。"绍答曰："刘玄德弘雅有信义，今徐州乐戴之，诚副所望也。"

②《英雄记》曰：备留张飞守下邳，引兵与袁术战于淮阴石亭，更有胜负。陶谦故将曹豹在下邳，张飞欲杀之。豹众坚营自守，使人招吕布。布取下邳，张飞败走。备闻之，引兵还，比至下邳，兵溃。收散卒东取广陵，与袁术战，又败。

【译文】先主姓刘，名备，字玄德，涿郡涿县人，是汉景帝的儿子中山靖王刘胜的后代。刘胜的儿子刘贞，元狩六年被封为涿县陆城亭侯，由于献酎金不够规格的罪行而被削去了侯位，后就在那里安家落户。先主祖父刘雄，父亲刘弘，都担任过州郡官。刘雄被推举为孝廉，官做至东郡范县令。

先主很小的时候父亲就死了，与母亲靠贩草鞋和织席维持生计。他家院子东南角的篱笆边上生长着一棵桑树，高五丈多，远远望去，枝叶浓密，形状如同小车伞盖，来往的人都感到此树长得不一般，有人说这家一定会出显贵的人。先主小时候，与同宗族的孩子们在树下玩耍，说："将来我一定要乘坐这种羽毛伞盖车。"叔父刘子敬对他说："你不可胡说，这是要灭我们九族的！"先主十五岁的时候，母亲让他去游学，他与同族的刘德然、辽西郡的公孙瓒一起随前任九江太守同郡人卢植学习。德然的父亲刘元起常常资助先主，把他与德然一样看待。元起的妻子说："各立门户，怎么能一直这样呢！"元起说："我们族中这个孩子，不是一般人。"公孙瓒与先主的关系很要好。公孙瓒年龄大，先主用对待兄长的礼节对待他。先主不那么喜欢读书，而喜爱狗马、音乐及好看的衣服。他身长七尺五寸，手臂垂下来超过膝盖，眼睛能看到自己的耳朵。平时寡言少语，好为人下，喜怒不形于色。喜欢结交行侠仗义之人，年轻人争着依附他。中山国大商人张世平、苏双等家财千金，在涿郡一带贩马，遇见先主，认为他是个奇才，于是赠给他很多钱。先主用这笔钱组织起了一支人马。

汉灵帝末年，爆发了大规模的黄巾起义，各州郡纷纷组织起镇压黄巾起义的义兵，先主率其部属跟随校尉邹靖讨伐黄巾贼立下功勋，被任命为安喜县尉。督邮因为公事来到县里，先主求见，不得通行，先主于是径直闯进去，捆住督邮，打了二百杖，并解下系印的丝带拴在他的脖子上，将他捆在了马桩上，然后自己弃官逃走。不久，大将军何进派遣都尉毌丘毅去往丹杨郡招兵，先主与他一起上路，到下邳县时遭遇强盗，先主奋力搏斗，立了功，被提拔为下密县丞。不久又辞去这一官职。后来担任高唐县尉，又升任县令。后该县被盗贼攻破，先主前往投奔中郎将公孙瓒，公孙瓒上表举荐他做别部司马，让他与青州刺史田楷一起去抵御冀州牧袁绍。他多次立下战功，任命他暂时代理平原县令，后兼任平原国相。郡中有个名叫刘平的人，向来瞧不起先主，以受他管辖为耻，派遣刺客去刺杀先主，刺客不忍心下手，向先主讲明此事便走了。先主就是如此得人心。

袁绍攻打公孙瓒，先主与田楷向东驻扎在齐地。曹公进攻徐州，徐州牧陶谦派使者向田楷告急，田楷与先主一起前去救援。当时先主自己的兵马共有一千多人，还率领着幽州乌丸各部族的一群骑兵，又抓获了几千饥民。到徐州后，陶谦将丹杨郡四千兵增拨给先主，先主于是离开田楷，归附陶谦。陶谦表请封先主为豫州刺史，屯驻小沛。陶谦病危的时候，对别驾麋竺说："除了刘备，再无人能安定徐州了。"陶谦死后，麋竺率领本州百姓欢迎先主，先主不敢接受。下邳人陈登劝告先主说："如今汉室衰微，天下即将覆没，创立功业，就在当下这个时机。徐州殷实富裕，户口多达百万，希望您委屈来主持州事。"先主说："袁公路就在附近的寿春，他家四代出了五位公卿，天下人都归附于他，您可将州事委托给他。"陈登说："袁公路骄傲自负，并非是治理乱世的人才。如今我们想给您征集十万步、骑兵，对上您可以辅佐皇帝，解救人民，成就五霸事业；对下您也可以割据一方，守土安民，功垂史册。如果您不听从我的意见，应允我们的请求，那我陈登也不敢听从您的吩咐了。"北海国相孔融对先主说："袁公路难道是忧国忘家的人吗？他仅仅是坟墓中的一堆枯骨，有什么值得在意的。现在的情况是百姓拥戴贤能的人，天赐良机而你不接受，后悔就晚了。"于是，先主便接管了徐州。袁术来攻打先主，先主在盱眙、淮阴一带进行抗击。曹公上表请求任命先主为镇东将军，封为宜城亭侯，这一年是建安元年。先主和袁术相持一个月以上，吕布乘虚袭击下邳。下邳守将曹豹反叛，暗暗接应吕布。吕布俘虏了先主的妻子儿女，先主率军撤到海西。杨奉、韩暹又在徐州、扬州一带进行骚扰，先主截击他们，将他们全部消灭。先主向吕布求和，吕布交还了他的妻子儿女。先主派遣关羽驻守下邳。

【原文】先主还小沛，① 复合兵得万余人。吕布恶之，自出兵攻先主，先主败走归曹公。曹公厚遇之，以为豫州牧。将至沛收散卒，给其军粮，益与兵使东击布。布遣高顺攻之，曹公遣夏侯惇往，不能救，为顺所败，复虏先主妻子送布。曹公自出东征，② 助先主围布于下邳，生禽布。先主复得妻子，从曹公还许。表先主为左将军，礼之愈重，出则同舆，坐则同席。袁术欲经徐州北就袁绍，曹公遣先主督朱灵、路招要击术。未至，术病死。

①《英雄记》曰：备军在广陵，饥饿困踧，吏士大小自相啖食，穷饿侵逼，欲还小沛，遂使吏请降布。布令备还州，并势击术。具刺史车马童仆，发遣备妻子部曲家属于泗水上，祖道相乐。◎《魏书》曰：诸将谓布曰："备数反复难养，宜早图之。"布不听，以状语备。备心不安而求自托，使人说布，求屯小沛，布乃遣之。

②《英雄记》曰：建安三年春，布使人赍金欲诣河内买马，为备兵所抄。布由是遣中郎将高顺、北地太守张辽等攻备。九月，遂破沛城，备单身走，获其妻息。十月，曹公自征布，备于梁国界中与曹公相遇，遂随公俱东征。

先主未出时，献帝舅车骑将军董承① 辞："受帝衣带中密诏，当诛曹公。"先主未发。是时曹公从容谓先主曰："今天下英雄，唯使君与操耳。本初之徒，不足数也。"先主方食，失匕箸。② 遂与承及长水校尉种辑、将军吴子兰、王子服等同谋。会见使，未发。事觉，承等皆伏诛。③

① 臣松之案：董承，汉灵帝母董太后之侄，于献帝为丈人。盖古无丈人之名，故谓之舅也。

②《华阳国志》云：于时正当雷震，备因谓操曰："圣人云'迅雷风烈必变'，良有以也。一震之威，乃可至于此也！"

③《献帝起居注》曰：承等与备谋未发，而备出。承谓服曰："郭多有数百兵，坏李傕数万人，但足下与吾同不耳！昔吕不韦之门，须子楚而后高，今吾与子由是也。"服曰："惶惧不敢当，且兵又少。"承曰："举事讫，得曹公成兵，顾不足邪？"服曰："今京师岂有所任乎？"承曰："长水校尉种辑、议郎吴硕是我腹心办事者。"遂定计。

先主据下邳。灵等还，先主乃杀徐州刺史车胄，留关羽守下邳，而身还小沛。① 东海昌霸反，郡县多叛曹公为先主，众数万人，遣孙乾与袁绍连和，曹公遣刘岱、王忠击之，不克。五年，曹公东征先主，先主败绩。② 曹公尽收其众，虏先主妻子，并禽关羽以归。

① 胡冲《吴历》曰：曹公数遣亲近密觇诸将，有宾客酒食者，辄因事害之。备时闭门，将人种芜菁，曹公使人窥门。既去，备谓张飞、关羽曰："吾岂种菜者乎？曹公必有疑意，不可复留。"其夜开后栅，与飞等轻骑俱去，所得赐遗衣服，悉封留之，乃往小沛收合兵众。

臣松之案：魏武帝遣先主统诸将要击袁术，郭嘉等并谏，魏武不从，其事显然，非因种菜遁逃而去。如胡冲所云，何乖僻之甚乎！

②《魏书》曰：是时，公方有急于官渡，乃分留诸将屯官渡，自勒精兵征备。备初谓公与大敌连，不得东，而候骑卒至，言曹公自来。备大惊，然犹未信。自将数十骑出望公军，见麾旌，便弃众而走。

先主走青州。青州刺史袁谭，先主故茂才也，将步骑迎先主。先主随谭到平原，谭驰使白绍。绍遣将道路奉迎，身去邺二百里，与先主相见。[①]驻月余日，所失亡士卒稍稍来集。曹公与袁绍相拒于官渡，汝南黄巾刘辟等叛曹公应绍。绍遣先主将兵与辟等略许下。关羽亡归先主。曹公遣曹仁将兵击先主，先主还绍军，阴欲离绍，乃说绍南连荆州牧刘表。绍遣先主将本兵复至汝南，与贼龚都等合，众数千人。曹公遣蔡阳击之，为先主所杀。

①《魏书》曰：备归绍，绍父子倾心敬重。

曹公既破绍，自南击先主。先主遣麋竺、孙乾与刘表相闻，表自郊迎，以上宾礼待之，益其兵，使屯新野。荆州豪杰归先主者日益多，表疑其心，阴御之。[①]使拒夏侯惇、于禁等于博望。久之，先主设伏兵，一旦自烧屯伪遁，惇等追之，为伏兵所破。

①《九州春秋》曰：备住荆州数年，尝于表坐起至厕，见髀里肉生，慨然流涕。还坐，表怪问备，备曰："吾常身不离鞍，髀肉皆消。今不复骑，髀里肉生。日月若驰，老将至矣，而功业不建，是以悲耳。"◎《世语》曰：备屯樊城，刘表礼焉，惮其为人，不甚信用。曾请备宴会，蒯越、蔡瑁欲因会取备，备觉之，伪如厕，潜遁出。所乘马名的卢，骑的卢走，堕襄阳城西檀溪水中，溺不得出。备急曰："的卢，今日厄矣，可努力！"的卢乃一踊三丈，遂得过，乘桴渡河，中流而追者至，以表意谢之，曰："何去之速乎！"

孙盛曰：此不然之言。备时羁旅，客主势殊，若有此变，岂敢晏然终表之世而无衅故乎？此皆世俗妄说，非事实也。

十二年，曹公北征乌丸，先主说表袭许，表不能用。[①]曹公南征表，会表卒，[②]子琮代立，遣使请降。先主屯樊，不知曹公卒至，至宛乃闻之，遂将其众去。过襄阳，诸葛亮说先主攻琮，荆州可有。先主曰："吾不忍也。"[③]乃驻马呼琮，琮惧不能起。琮左右及荆州人多归先主。[④]比到当阳，众十余万，辎重数千两，日行十余里，别遣关羽乘船数百艘，使会江陵。或谓先主曰："宜速行保江陵，今虽拥大众，被甲者少，若曹公兵至，何以拒之？"先主曰："夫济大事必以人为本，今人归吾，吾何忍弃去！"[⑤]

①《汉晋春秋》曰：曹公自柳城还，表谓备曰："不用君言，故为失此大会。"备曰："今天下分裂，日寻干戈，事会之来，岂有终极乎？若能应之于后者，则此未足为恨也。"

②《英雄记》曰：表病，上备领荆州刺史。◎《魏书》曰：表病笃，托国于备，顾谓曰："我儿不才，而诸将并零落，我死之后，卿便摄荆州。"备曰："诸子自贤，君其忧病。"或劝备宜从表言，备曰："此人待我厚，今从其言，人必以我为薄，所不忍也。"

臣松之以为：表夫妻素爱琮，舍适立庶，情计久定，无缘临终举荆州以授备，此亦不然之言。

③孔衍《汉魏春秋》曰：刘琮乞降，不敢告备。备亦不知，久之乃觉，遣所亲问琮，琮令宋忠诣备宣旨。是时曹公在宛，备乃大惊骇，谓忠曰："卿诸人作事如此，不早相语，

今祸至方告我，不亦太剧乎！”引刀向忠曰：“今断卿头，不足以解忿，亦耻大丈夫临别复杀卿辈！”遣忠去，乃呼部曲议。或劝备劫将琮及荆州吏士径南到江陵，备答曰：“刘荆州临亡托我以孤遗，背信自济，吾所不为，死何面目以见刘荆州乎！”

④《典略》曰：备过辞表墓，遂涕泣而去。

⑤ 习凿齿曰：先主虽颠沛险难而信义愈明，势逼事危而言不失道。追景升之顾，则情感三军；恋赴义之士，则甘与同败。观其所以结物情者，岂徒投醪抚寒含蓼问疾而已哉！其终济大业，不亦宜乎！

【译文】先主返回小沛，又集结起了一万多人的军队。吕布憎恨他，亲自带兵攻打先主，先主战败逃跑，归附曹公。曹公厚待他，任命他为豫州牧。先主将要去沛地收集散兵时，曹公拨给他军粮，为他补充了兵员，命他向东攻打吕布。吕布派遣高顺迎击先主，曹公派夏侯惇前来援助先主，但没能解救成功，先主被高顺打败，高顺又俘虏了先主的妻子儿女，送给吕布。曹公亲自出兵东征，协助先主把吕布包围在下邳，并活捉了他。先主又得回自己的妻子儿女，跟随曹公返回许县。曹公上表任命先主为左将军，对待他的礼节越来越高，出则同乘一辆车，坐就同坐一张席。袁术想经过徐州北上去往袁绍那里，曹公派遣先主督率朱灵、路招阻截袁术。袁术在半路上就病死了。

先主出兵前，汉献帝的丈人车骑将军董承对先主说：“受汉献帝书写在衣带上的密诏，要杀掉曹操。”先主没有行动。这时，曹操闲谈着对先主说：“如今天下的英雄，只剩下您和我了。袁本初那些人，是算不上数的。”当时先主正在吃饭，听得这句话，惊得勺子与筷子都掉到了地上。于是，先主便与董承及长水校尉种辑、将军吴子兰、王子服等人一起商讨杀曹对策。恰好这时先主又被派出去打仗，没有行动。这件事暴露后，董承等都被曹操杀害了。

先主离开了曹公，占据下邳。朱灵等返回后，先主便杀死徐州刺史车胄，留下关羽镇守下邳，自己返回小沛。东海郡的昌霸反叛，许许多多的郡县叛离曹公归附先主，军队有几万人，先主派遣孙乾去与袁绍联盟讲和，曹公派刘岱、王忠去攻打他，没能攻下。建安五年，曹公向东讨伐先主，先主大败。曹公全数收编了他的军队，并且俘虏了先主的妻子儿女，并活捉了关羽而归。

先主逃往青州。青州刺史袁谭是先主早先举荐的茂才，他率领步、骑兵迎接先主。先主跟随袁谭来到平原，袁谭派使者快马飞报袁绍。袁绍派部将前往迎接先主，还亲自来到离邺城二百里的地方，与先主相见。在这里住了一个多月，先主以前流散逃跑的士卒，日益集中起来。曹公与袁绍在官渡相持，汝南郡的黄巾军首领刘辟等叛离曹公，响应袁绍。袁绍派遣先主率领大军与刘辟等夺取许县。关羽逃归先主。曹公派曹仁率兵攻打先主，先主归还了袁绍的军队，私下里想要离开袁绍，于是劝说袁绍向南与荆州牧刘表结好。袁绍派先主带领本部军队再到汝南，与贼兵龚都等会合，总共有几千人。曹公派蔡阳攻打他们，蔡阳被先主杀掉。

曹公攻破袁绍以后，从南面进攻先主。先主派糜竺、孙乾向刘表通消息，刘表亲自去往郊外迎接他们，以上宾的礼节对待他们，并增加了先主的兵力，命他屯驻在新野。荆州的英雄豪杰归附先主的逐渐增多，刘表怀疑先主别有用心，暗中防备他。刘表派先主去博望抵御夏侯惇、于禁等。相持一段时间后，先主设下伏兵，一天早晨自己烧毁营房，假装逃跑，夏侯惇等追击他们，被伏兵击败。

建安十二年，曹公向北征讨乌丸，先主劝说刘表袭击许昌，刘表不肯接受。曹公向南征讨刘表，恰逢刘表去逝，他的儿子刘琮继位，刘琮派使者向曹公请求归降。当时先主驻军樊城，不知道曹兵突然来到，曹兵到了宛城，他才听到消息，于是带领军队快速撤离樊城。路过襄阳的时候，诸葛亮劝说先主攻打刘琮，可占有荆州。先主说："我不忍心这样做。"于是停下马招呼刘琮。刘琮吓得站不起来。刘琮的近臣及荆州的很多人都纷纷归附了先主。等到达当阳的时候，跟随先主的已有十余万人，军需物资装了几千辆车，每天行走十几里路，先主另派关羽率军乘几百艘船走水路，与自己到江陵会合。有人对先主说："应该快速前进保住江陵，现在尽管有很多人，但是能披甲打仗的人却没有多少，如果曹操的军队赶上来，如何来抵挡他们？"先主说："成就大事必须以得人心为根本，如今百姓都来归附我，我怎么可以忍心抛弃他们呢！"

【原文】曹公以江陵有军实，恐先主据之，乃释辎重，轻军到襄阳。闻先主已过，曹公将精骑五千急追之，一日一夜行三百余里，及于当阳之长坂。先主弃妻子，与诸葛亮、张飞、赵云等数十骑走，曹公大获其人众辎重。先主斜趋汉津，适与羽船会，得济沔，遇表长子江夏太守琦众万余人，与俱到夏口。先主遣诸葛亮自结于孙权，①权遣周瑜、程普等水军数万，与先主并力，②与曹公战于赤壁，大破之，焚其舟船。先主与吴军水陆并进，追到南郡，时又疾疫，北军多死，曹公引归。③

①《江表传》曰：孙权遣鲁肃吊刘表二子，并令与备相结。肃未至而曹公已济汉津。肃故进前，与备相遇于当阳。因宣权旨，论天下事势，致殷勤之意。且问备曰："豫州今欲何至？"备曰："与苍梧太守吴巨有旧，欲往投之。"肃曰："孙讨虏聪明仁惠，敬贤礼士，江表英豪，咸归附之，已据有六郡，兵精粮多，足以立事。今为君计，莫若遣腹心使自结于东，崇连和之好，共济世业，而云欲投吴巨，巨是凡人，偏在远郡，行将为人所并，岂足托乎？"备大喜，进住鄂县，即遣诸葛亮随肃诣孙权，结同盟誓。

②《江表传》曰：备从鲁肃计，进住鄂县之樊口。诸葛亮诣吴未还，备闻曹公军下，恐惧，日遣逻吏于水次候望权军。吏望见瑜船，驰往白备，备曰："何以知之非青徐军邪？"吏对曰："以船知之。"备遣人慰劳之。瑜曰："有军任，不可得委署，傥能屈威，诚副其所望。"备谓关羽、张飞曰："彼欲致我，我今自结托于东而不往，非同盟之意也。"乃乘单舸往见瑜，问曰："今拒曹公，深为得计。战卒有几？"瑜曰："三万人。"备曰："恨少。"瑜曰："此自足用，豫州但观瑜破之。"备欲呼鲁肃等共会语，瑜曰："受命不得妄委署，若欲见子敬，可别过之。又，孔明已俱来，不过三两日到也。"备虽深愧异瑜，而心未许之能必破北军也，故差池在后，将二千人与羽、飞俱，未肯系瑜，盖为进退之计也。

孙盛曰：刘备雄才，处必亡之地，告急于吴，而获奔助，无缘复顾望江渚而怀后计。《江表传》之言，当是吴人欲专美之辞。

③《江表传》曰：周瑜为南郡太守，分南岸地以给备。备别立营于油江口，改名为公安。刘表吏士见从北军，多叛来投备。备以瑜所给地少，不足以安民，复从权借荆州数郡。

先主表琦为荆州刺史，又南征四郡。武陵太守金旋、长沙太守韩玄、桂阳太守赵范、零陵太守刘度皆降。[①]庐江雷绪率部曲数万口稽颡。琦病死，群下推先主为荆州牧，治公安。[②]权稍畏之，进妹固好。先主至京见权，绸缪恩纪。[③]权遣使云欲共取蜀，或以为宜报听许，吴终不能越荆有蜀，蜀地可为己有。荆州主簿殷观进曰："若为吴先驱，进未能克蜀，退为吴所乘，即事去矣。今但可然赞其伐蜀，而自说新据诸郡，未可兴动，吴必不敢越我而独取蜀。如此进退之计，可以收吴、蜀之利。"先主从之，权果辍计。迁观为别驾从事。[④]

①《三辅决录注》曰：金旋，字元机，京兆人，历位黄门郎、汉阳太守，征拜议郎，迁中郎将，领武陵太守，为备所攻劫死。子祎，事见《魏武本纪》。

②《江表传》曰：备立营于油口，改名为公安。

③《山阳公载记》曰：备还，谓左右曰："孙车骑长上短下，其难为下，吾不可以再见之。"乃昼夜兼行。

臣松之案：《魏书》载刘备与孙权语，与《蜀志》述诸葛亮与权语正同。刘备未破魏军之前，尚未与孙权相见，不得有此说。故知《蜀志》为是。

④《献帝春秋》曰：孙权欲与备共取蜀，遣使报备曰："米贼张鲁据王巴、汉，为曹操耳目，规图益州。刘璋不武，不能自守。若操得蜀，则荆州危矣。今欲先攻取璋，进讨张鲁，首尾相连，一统吴、楚，虽有十操，无所忧也。"备欲自图蜀，拒答不听，曰："益州民富强，土地险阻，刘璋虽弱，足以自守。张鲁虚伪，未必尽忠于操。今暴师于蜀、汉，转运于万里，欲使战克攻取，举不失利，此吴起不能定其规，孙武不能善其事也。曹操虽有无君之心，而有奉主之名，议者见操失利于赤壁，谓其力屈，无复远志也。今操三分天下已有其二，将欲饮马于沧海，观兵于吴会，何肯守此坐须老乎？今同盟无故自相攻伐，借枢于操，使敌承其隙，非长计也。"权不听，遣孙瑜率水军住夏口。备不听军过，谓瑜曰："汝欲取蜀，吾当被发入山，不失信于天下也。"使关羽屯江陵，张飞屯秭归，诸葛亮据南郡，备自住孱陵。权知备意，因召瑜还。

十六年，益州牧刘璋遥闻曹公将遣钟繇等向汉中讨张鲁，内怀恐惧。别驾从事蜀郡张松说璋曰："曹公兵强，无敌于天下，若因张鲁之资以取蜀土，谁能御之者乎？"璋曰："吾固忧之，而未有计。"松曰："刘豫州，使君之宗室而曹公之深仇也，善用兵，若使之讨鲁，鲁必破。鲁破，则益州强，曹公虽来，无能为也。"璋然之，遣法正将四千人迎先主，前后赂遗以巨亿计。正因陈益州可取之策。[①]先主留诸葛亮、关羽等据荆州，将步卒数万人入益州。至涪，璋自出迎，相见甚欢。张松令法正白先主，及谋臣庞统进说，便可于会所袭璋。先主曰："此大事也，不可仓卒。"璋推先主行大司马，领司隶校尉。先主亦推璋行镇西大将军，领益州牧。璋增先主兵，使击张鲁，又令督白水军。先主并军三万余人，车甲器械资货甚盛。是岁，璋还成都。先主北到葭萌，未即讨鲁，厚树恩德，以收众心。

①《吴书》曰：备前见张松，后得法正，皆厚以恩意接纳，尽其殷勤之欢。因问蜀中阔狭、兵器府库人马众寡，及诸要害道里远近，松等具言之，又画地图山川处所，由是尽知益州虚实也。

【译文】曹公认为江陵储备的军用物资丰富，担心先主占有江陵，于是留下装载军需物资的车辆，轻装赶到襄阳。听说先主已经过去了，曹公率五千精锐骑兵追击，一日一夜行军三百余里，在当阳县的长坂追上了先主。先主丢下妻子儿女，与诸葛亮、张飞、赵云等数十人骑马逃走，曹公俘获了大量的人马与辎重。先主抄近路跑往汉津，正好和关羽的船队相遇，得以顺利渡过沔水，碰上刘表的长子江夏太守刘琦率部一万多人，和他们一起来到夏口。先主派诸葛亮前去与孙权结盟，孙权派周瑜、程普等率领数万名水军，与先主合力，与曹公在赤壁大战，大败曹军，烧毁了他们的战船。先主与东吴的军队从水上、陆上同时并进，一直追到南郡，当时又发生了疫病，北方的军队死亡惨重，曹公率军撤回北方。

先主上表奏请任命刘琦担任荆州刺史，又率军讨伐南方四郡。武陵太守金旋、长沙太守韩玄、桂阳太守赵范、零陵太守刘度纷纷投降。庐江郡的雷绪也率领几万人投降。刘琦因病去世，众部下推举先主担任荆州牧，治所设在公安县。孙权渐渐地害怕先主会威胁到自己，于是把妹妹嫁给他，用以巩固友好关系。先主到京城去会见孙权，彼此十分亲密。孙权派使者游说，想联合先主一起攻打蜀郡，有人认为应该答应孙权，因为东吴始终不能跨过荆州去占据蜀郡，这样蜀地就能为先主所有。荆州主簿殷观进言说："如果我们为东吴打先锋，向前不能攻下蜀郡，后退又会给东吴军以可乘之机，那么就大事不妙了。现在只能在口头上赞同东吴讨伐蜀地，同时告诉他们，我们刚刚占据了几个郡，不能再兴师动众，东吴一定不敢跨过我们而单独攻打蜀郡。这样的话我们有进有退，可以得到吴、蜀两方的好处。"先主听从了他，孙权果然停止了他的计划。先主提拔殷观为别驾从事。

建安十六年，益州牧刘璋听说曹公将要派遣钟繇等进兵汉中讨伐张鲁，心中害怕。别驾从事蜀郡人张松劝刘璋说："曹公兵力强盛，天下无敌，如果他利用张鲁的军队物资来攻打蜀郡，谁能抵挡得住他呢？"刘璋说："我就是担心这件事，但是没有办法。"张松说："刘备是您的同宗，又和曹公有深仇，善于用兵，如果让他去讨伐张鲁，张鲁一定会失败。张鲁败了，益州就会变得强盛，曹公即使来了，也无能为力了。"刘璋认为他说得对，于是派遣法正率领四千人去迎接先主，前后所赠送的礼物数以亿计。法正乘机向先主陈述攻取益州的方略。先主留下诸葛亮、关羽等固守荆州，自己率领几万步兵进入益州。来到涪县，刘璋亲自出来迎接，双方见面，非常高兴。张松让法正禀告先主，谋臣庞统也陈述意见，认为可以在会见的地方袭击刘璋。先主说："这是大事，不可操之过急。"刘璋推荐先主代理大司马，兼任司隶校尉。先主也推举刘璋代理镇西大将军一职，兼任益州牧。刘璋加强了先主的兵力，命他攻打张鲁，又命他督领白水一带的驻军。先主汇集了各军三万多人，车辆、盔甲、武器、物资数不胜数。这一年，刘璋回到成都。先主向北到达葭萌，没有马上讨伐张鲁，而是广施恩德，以收揽人心。

【原文】明年，曹公征孙权，权呼先主自救。先主遣使告璋曰："曹公征吴，吴忧危急。孙氏与孤本为唇齿，又乐进在青泥与关羽相拒，今不往救羽，进必大克，转侵州界，其忧有甚于鲁。鲁自守之贼，不足虑也。"乃从璋求万兵及资实，欲以东行。璋但许兵四千，其余皆给半。①张松书与先主及法正曰："今大事垂可立，如何释此去乎！"松兄广汉太守肃，惧祸逮已，白璋发其谋。于是璋收斩松，嫌隙始构矣。②璋敕关戍诸将文书勿复关通先主。先主大怒，召璋白水军督杨怀，责以无礼，斩之。乃使黄忠、卓膺勒兵向璋。先主径至关中，质诸将并士卒妻子，引兵与忠、膺等进到涪，据其城。璋遣刘 璝、冷苞、张任、邓贤等拒先主于涪，③皆破败，退保绵竹。璋复遣李严督绵竹诸军，严率众降先主。先主军益强，分遣诸将平下属县，诸葛亮、张飞、赵云等将兵溯流定白帝、江州、江阳，惟关羽留镇荆州。先主进军围雒，时璋子循守城，被攻且一年。

①《魏书》曰：备因激怒其众曰："吾为益州征强敌，师徒勤瘁，不遑宁居；今积帑藏之财而吝于赏功，望士大夫为出死力战，其可得乎！"

②《益部耆旧杂记》曰：张肃有威仪，容貌甚伟。松为人短小，放荡不治节操，然识达精果，有才干。刘璋遣诣曹公，曹公不甚礼松，主簿杨修深器之，白公辟松，公不纳。修以公所撰兵书示松，松宴饮之间一看便闇诵。修以此益异之。

③《益部耆旧杂记》曰：张任，蜀郡人，家世寒门，少有胆勇，有志节，仕州为从事。

十九年夏，雒城破，①进围成都数十日，璋出降。②蜀中殷盛丰乐，先主置酒大飨士卒，取蜀城中金银分赐将士，还其谷帛。先主复领益州牧，诸葛亮为股肱，法正为谋主，关羽、张飞、马超为爪牙，许靖、麋竺、简雍为宾友。及董和、黄权、李严等本璋之所授用也，吴壹、费观等又璋之婚亲也，彭羕又璋之所排摈也，刘巴者宿昔之所忌恨也，皆处之显任，尽其器能。有志之士，无不竞劝。

①《益部耆旧杂记》曰：刘璋遣张任、刘璝率精兵拒捍先主于涪，为先主所破，退与璋子循守雒城。任勒兵出于雁桥，战复败。禽任。先主闻任之忠勇，令军降之，任厉声曰："老臣终不复事二主矣。"乃杀之。先主叹惜焉。

②《傅子》曰：初，刘备袭蜀，丞相掾赵戬曰："刘备其不济乎？拙于用兵，每战则败，奔亡不暇，何以图人？蜀虽小区，险固四塞，独守之国，难卒并也。"征士傅幹曰："刘备宽仁有度，能得人死力。诸葛亮达治知变，正而有谋，而为之相；张飞、关羽勇而有义，皆万人之敌，而为之将：此三人者，皆人杰也。以备之略，三杰佐之，何为不济也？"◎《典略》曰：赵戬，字叔茂，京兆长陵人也。质而好学，言称《诗》《书》，爱恤于人，不论疏密。辟公府，入为尚书选部郎。董卓欲以所私并充台阁，戬拒不听。卓怒，召戬欲杀之，观者皆为戬惧，而戬自若。及见卓，引辞正色，陈说是非，卓虽凶戾，屈而谢之。迁平陵令。故将王允被害，莫敢近者，戬弃官收敛之。三辅乱，戬客荆州，刘表以为宾客。曹公平荆州，执戬手曰："何相见之晚也！"遂辟为掾。后为五官将司马、相国钟繇长史，年六十余卒。

二十年,孙权以先主已得益州,使使报欲得荆州。先主言:“须得凉州,当以荆州相与。”权忿之,乃遣吕蒙袭夺长沙、零陵、桂阳三郡。先主引兵五万下公安,令关羽入益阳。是岁,曹公定汉中,张鲁遁走巴西。先主闻之,与权连和,分荆州江夏、长沙、桂阳东属,南郡、零陵、武陵西属,引军还江州。遣黄权将兵迎张鲁,张鲁已降曹公。曹公使夏侯渊、张郃屯汉中,数数犯暴巴界。先主令张飞进兵宕渠,与郃等战于瓦口,破郃等,郃收兵还南郑,先主亦还成都。

【译文】第二年,曹公讨伐孙权,孙权向先主求救。先主派遣使者告诉刘璋说:“曹公攻打东吴,东吴担忧告急。孙氏与我原本是唇齿相依,加上乐进在青泥和关羽相持,现在不去营救关羽,乐进一定会大胜,转而入侵益州地界,比张鲁更令人忧虑。张鲁只不过是盘踞一方的贼寇,不值得忧虑。”于是便向刘璋请求一万士兵与军需物资,想要向东出兵。刘璋仅仅答应给先主四千士兵,其余东西只给一半。张松写信给先主及法正说:“如今大事即将成功,怎么能放弃此事离开益州呢!”张松的哥哥广汉太守张肃,担心祸事累及自己,于是向刘璋揭发了他们的阴谋。因此刘璋逮捕并斩杀了张松,先主与刘璋之间的怨恨和裂痕开始产生。刘璋命令戍守关隘的各将领不可再将文书传送给先主。先主怒不可遏,把刘璋的白水督军杨怀叫来,责备他失了礼节,杀了他。又派黄忠、卓膺统率军队进攻刘璋。先主直接来到白水关内,把诸将领及士卒的妻子儿女扣作人质,统率军队与黄忠、卓膺等进入涪县,占据了县城。刘璋派刘璝、冷苞、张任、邓贤等在涪县抵御先主,都被先主一一打败,退守绵竹。刘璋又派遣李严督领绵竹各军,李严率众投降了先主。先主的军队更加壮大,分别派遣各将领平定下属各县,诸葛亮、张飞、赵云等率兵逆流而上,平定了白帝、江州、江阳,只有关羽留下来镇守荆州。先主进军围攻雒县,当时刘璋的儿子刘循守卫县城,被围攻了将近一年。

建安十九年夏天,雒城被攻下,先主又进兵围困成都几十天,刘璋出城投降。蜀郡富裕强盛,物产富饶,人民安居乐业,先主设置酒席犒劳士卒,取出蜀城中的金银分赐给将士,将谷物、布帛归还原主。先主又兼任益州牧,诸葛亮是辅佐他的大臣,法正是智谋,关羽、张飞、马超是他最亲近的武将,许靖、糜竺、简雍是他的贵宾。至于董和、黄权、李严等人,原本是刘璋所委任的官员,吴壹、费观等又和刘璋有姻亲关系,彭羕是刘璋所排挤的人,刘巴一向被刘璋忌恨,先主把他们都安排在重要的职位上,让他们充分发挥他们的才能。有志之士,无不为此争相勉力。

建安二十年,孙权因为先主已经取得益州,派遣使者告知先主东吴想要收回荆州。先主说:“等获得凉州后,就将荆州交还。”孙权对此十分气愤,于是派吕蒙袭击夺取长沙、零陵、桂阳三郡。先主率兵五万人顺江而下进入公安,命令关羽进入益阳。这年,曹操平定了汉中,张鲁逃往巴西。先主听到这个消息,与孙权联盟和好,分荆州的江夏、长沙、桂阳三郡属东吴,南郡、零陵、武陵属西蜀,领兵回到江州。先主派遣黄权率兵去迎接张鲁,张鲁已经投降曹公了。曹公派夏侯渊、张郃驻守汉中,他们数次骚扰巴西郡界。先主命令张飞进兵宕渠,张飞与张郃等在瓦口交战,打败了张郃等人,张郃收兵回到南郑，先主也返回成都。

【原文】二十三年，先主率诸将进兵汉中，分遣将军吴兰、雷铜等入成都，皆为曹公军所没。先主次于阳平关，与渊、郃等相拒。

二十四年春，自阳平南渡沔水，缘山稍前，于定军山势作营。渊将兵来争其地。先主命黄忠乘高鼓噪攻之，大破渊军，斩渊及曹公所署益州刺史赵颙等。曹公自长安举众南征。先主遥策之曰："曹公虽来，无能为也，我必有汉川矣。"及曹公至，先主敛众拒险，终不交锋，积月不拔，亡者日多。夏，曹公果引军还，先主遂有汉中。遣刘封、孟达、李平等攻申耽于上庸。

秋，群下上先主为汉中王，表于汉帝曰："平西将军都亭侯臣马超、左将军长史领镇军将军臣许靖、营司马臣庞羲、议曹从事中郎军议中郎将臣射援、[①] 军师将军臣诸葛亮、荡寇将军汉寿亭侯臣关羽、征虏将军新亭侯臣张飞、征西将军臣黄忠、镇远将军臣赖恭、扬武将军臣法正、兴业将军臣李严等一百二十人上言曰：昔唐尧至圣而四凶在朝，周成仁贤而四国作难，高后称制而诸吕窃命，孝昭幼冲而上官逆谋，皆冯世宠，藉履国权，穷凶极乱，社稷几危。非大舜、周公、朱虚、博陆，则不能流放禽讨，安危定倾。伏惟陛下诞姿圣德，统理万邦，而遭厄运不造之艰。董卓首难，荡覆京畿，曹操阶祸，窃执天衡，皇后太子，鸩杀见害，剥乱天下，残毁民物。久令陛下蒙尘忧厄，幽处虚邑。人神无主，遏绝王命，厌昧皇极，欲盗神器。左将军领司隶校尉豫、荆、益三州牧宜城亭侯备，受朝爵秩，念在输力，以殉国难。睹其机兆，赫然愤发，与车骑将军董承同谋诛操，将安国家，克宁旧都。会承机事不密，令操游魂得遂长恶，残泯海内。臣等每惧王室大有阎乐之祸，小有定安之变，[②] 夙夜惴惴，战栗累息。昔在《虞书》，敦序九族，周监二代，封建同姓，《诗》著其义，历载长久。汉兴之初，割裂疆土，尊王子弟，是以卒折诸吕之难，而成太宗之基。臣等以备肺腑枝叶，宗子藩翰，心存国家，念在弭乱。自操破于汉中，海内英雄望风蚁附，而爵号不显，九锡未加，非所以镇卫社稷，光昭万世也。奉辞在外，礼命断绝。昔河西太守梁统等值汉中兴，限于山河，位同权均，不能相率，咸推窦融以为元帅，卒立效绩，摧破隗嚣。今社稷之难，急于陇、蜀，操外吞天下，内残群寮，朝廷有萧墙之危，而御侮未建，可为寒心。臣等辄依旧典，封备汉中王，拜大司马，董齐六军，纠合同盟，扫灭凶逆。以汉中、巴、蜀、广汉、犍为为国，所署置依汉初诸侯王故典。夫权宜之制，苟利社稷，专之可也。然后功成事立，臣等退伏矫罪，虽死无恨。"遂于沔阳设坛场，陈兵列众，群臣陪位，读奏讫，御王冠于先主。

①《三辅决录注》曰：援，字文雄，扶风人也。其先本姓谢，与北地诸谢同族。始祖谢服为将军出征，天子以谢服非令名，改为射，子孙氏焉。兄坚，字文固，少有美名，辟公府，为黄门侍郎。献帝之初，三辅饥乱，坚去官，与弟援南入蜀依刘璋，璋以坚为长史。刘备代璋，以坚为广汉、蜀郡太守。援亦少有名行，太尉皇甫嵩贤其才而以女妻之，丞相诸葛亮以援为祭酒，迁从事中郎，卒官。

② 赵高使阎乐杀二世。王莽废孺子以为定安公。

【译文】建安二十三年，先主率领诸将进军汉中，另外派遣将军吴兰、雷铜等进入成都,他们皆被曹公的军队消灭了。先主在阳平关驻扎,与夏侯渊、张郃等相持。

建安二十四年春天,先主从阳平关向南渡过沔水,沿山渐渐推进,在定军山一带扎营。夏侯渊带兵来抢夺这块地方。先主命令黄忠登到高处击鼓呐喊攻打夏侯渊,黄忠大败夏侯渊的军队,杀掉了夏侯渊及曹公所任命的益州刺史赵颙等人。曹公从长安率领大批人马南征。先主预测说:"曹公尽管亲自来了,也是无能为力,我们必定能占有汉川。"等曹公到了,先主集结部队凭借险要地势和其对峙,始终没有与曹军交战,曹公一个月也没有攻破蜀军,逃跑的士兵逐渐增多。夏季,曹公果然领兵撤回,先主于是占有了汉中。先主派刘封、孟达、李平等在上庸郡进攻申耽。

秋天,群臣呈请拥立先主为汉中王,上表给汉献帝说:"平西将军都亭侯臣马超、左将军长史兼镇军将军臣许靖、营司马臣庞羲、议曹从事中郎军议中郎将臣射援、军师将军臣诸葛亮、荡寇将军汉寿亭侯臣关羽、征虏将军新亭侯臣张飞、征西将军臣黄忠、镇远将军臣赖恭、扬武将军臣法正、兴业将军臣李严等一百二十人上奏章说:古代唐尧圣明之至,但朝廷出现了四个奸臣,周成王仁贤,而周有四大反叛的诸侯国,汉高祖的皇后行使皇权,诸吕盗用君权,汉昭帝年幼,上官桀阴谋叛逆,这些人皆凭借世代相传的恩宠,篡取国家大权,穷凶极恶,混乱不堪,使国家几乎倾覆。如果不是有大舜、周公、朱虚侯刘章、博陆侯霍光,就不可能将这些人流放、捉拿,对他们进行讨伐,扶助安定国家社稷。我们想到陛下以魁伟的姿容与极高的品德治理天下,却遭到许多困苦不幸及艰难险阻。董卓首先犯上作乱,动摇倾覆京师,曹操又挑起祸端,窃取了帝王的权力,皇后和太子被他毒害,扰乱天下,摧残百姓,毁坏财物。长时间以来让陛下蒙受逃亡之苦,忧愁困顿,困居空城。太庙没人祭祀,人臣没有君主统治,拦截阻断帝王诏令,窥测帝王的位置,妄图篡夺政权。左将军兼司隶校尉、豫荆益三州牧、宜城亭侯刘备,接受朝廷的爵位与俸禄,常常想为汉室尽力,为国难献身。看到事机,奋发图强,采取果断行动,和车骑将军董承一起谋划诛杀曹操,要想让国家安宁,恢复旧日京都。因董承对事机保密不够,才让曹操苟延残喘,滋长其罪恶,残害国家。我们常常担心王室,大则会有阎乐杀秦二世这类的祸患,小则会有王莽废除孺子婴为定安公那样的政变,所以朝夕恐惧不安,战战兢兢,不敢大声呼吸。以前《虞书》上记载,用宽厚的态度对待同族或近亲,周朝借鉴夏、商两代建立起礼仪制度,分封建立同姓诸侯国,这些道理《诗经》都著明宣扬,历时已久。汉朝刚建立的时候,分割国土,尊崇王室子弟,因此最终挫败了诸吕的叛乱,成就了太宗基业。我们认为,刘备是皇帝后裔,王室的藩屏,一心为国家考虑,想着消除叛乱。自从曹操在汉中失利后,国内英雄纷纷汇聚在刘备周围,然而他的爵位名号不显赫,没有被赐予九锡,这不是镇守保卫国家、让他的功德光耀万代的做法。我等奉诏令在外,朝廷按照礼制规定的升迁百官的文书与我们隔绝了。过去河西太守梁统等人在汉室中兴之时,被山河阻隔限制,几郡的郡守地位、权力一样高,没办法相互统率,他们全部推举窦融为元帅,最终立下功绩,摧毁了隗嚣政权。如今国家的忧患,比东汉初年隗嚣割据陇西、公孙述在蜀称帝更紧迫,曹操在外想要吞并天下,在内残害众官员,朝廷随时有发生内讧的危险,而王室宗亲没有同心协力抵抗曹操的人，实在令人心寒。我们依照旧有典章制度，拥立刘备为汉中王，授官大司马，让他监督整肃六军，联络同盟，消灭叛逆。以汉中、巴、蜀、广汉、犍为等郡的土地建立封国，设置官署、任命官员都按照汉初诸侯王的旧例。这种因事而变的制度，如果能对国家有利，专权行事也是值得的。这样之后功业可以建立，大事能够完成，那时我们退而承担假托诏命的罪名，即便死了也没有任何遗憾。”于是在沔阳封土为坛，扫土为场，军队与百姓排列整齐，众官员陪位，读完奏章，将王冠戴在先主头上。

【原文】先主上言汉帝曰：“臣以具臣之才，荷上将之任，董督三军，奉辞于外，不得扫除寇难，靖匡王室，久使陛下圣教陵迟，六合之内，否而未泰，惟忧反侧，疢如疾首。曩者董卓造为乱阶，自是之后，群凶纵横，残剥海内。赖陛下圣德威灵，人神同应，或忠义奋讨，或上天降罚，暴逆并殪，以渐冰消。惟独曹操，久未枭除，侵擅国权，恣心极乱。臣昔与车骑将军董承图谋讨操，机事不密，承见陷害，臣播越失据，忠义不果。遂得使操穷凶极逆，主后戮杀，皇子鸩害。虽纠合同盟，念在奋力，懦弱不武，历年未效。常恐殒没，孤负国恩，寤寐永叹，夕惕若厉。今臣群寮以为在昔《虞书》敦叙九族，庶明励翼[①]，五帝损益，此道不废。周监二代，并建诸姬，实赖晋、郑夹辅之福。高祖龙兴，尊王子弟，大启九国，卒斩诸吕，以安大宗。今操恶直丑正，实繁有徒，包藏祸心，篡盗已显。既宗室微弱，帝族无位，斟酌古式，依假权宜，上臣大司马汉中王。臣伏自三省，受国厚恩，荷任一方，陈力未效，所获已过，不宜复忝高位以重罪谤。群寮见逼，迫臣以义。臣退惟寇贼不枭，国难未已，宗庙倾危，社稷将坠，成臣忧责碎首之负。若应权通变，以宁靖圣朝，虽赴水火，所不得辞，敢虑常宜，以防后悔。辄顺众议，拜受印玺，以崇国威。仰惟爵号，位高宠厚，俯思报效，忧深责重，惊怖累息，如临于谷。尽力输诚，奖厉六师，率齐群义，应天顺时，扑讨凶逆，以宁社稷，以报万分。谨拜章因驿上还所假左将军、宜城亭侯印绶。”于是还治成都。拔魏延为都督，镇汉中[②]。时关羽攻曹公将曹仁，禽于禁于樊。俄而孙权袭杀羽，取荆州。

① 郑玄《注》曰：庶，众也；励，作也；叙，次序也。序九族而亲之，以众明作羽翼之臣也。

②《典略》曰：备于是起馆舍，筑亭障，从成都至白水关，四百余区。

二十五年，魏文帝称尊号，改年曰黄初。或传闻汉帝见害，先主乃发丧制服，追谥曰孝愍皇帝。是后在所并言众瑞，日月相属。故议郎阳泉侯刘豹、青衣侯向举、偏将军张裔、黄权、大司马属殷纯、益州别驾从事赵莋、治中从事杨洪、从事祭酒何宗、议曹从事杜琼、劝学从事张爽、尹默、谯周等上言：“臣闻《河图》《洛书》，五经谶、纬，孔子所甄，验应自远。谨案《洛书甄曜度》曰：‘赤三日德昌，九世会备，合为帝际。’《洛书宝号命》曰：‘天度帝道备称皇，以统握契，百成不败。’《洛书录运期》曰：‘九侯七杰争命民炊骸，道路籍籍履人头，谁使主者，玄且来。’《孝经钩命决录》曰：‘帝三建九会备。’臣父群未亡时，言西南数有黄气，直立数丈，见来积年，时时有景云祥风，从璿玑下来应之，此为异瑞。又，二十二年中，数有气如旗，从西竟东，中天而行，《图》《书》

曰：'必有天子出其方。'加是年太白、荧惑、填星，常从岁星相追。近汉初兴，五星从岁星谋。岁星主义，汉位在西，义之上方，故汉法常以岁星候人主。当有圣主起于此州，以致中兴。时许帝尚存，故群下不敢漏言。顷者荧惑复追岁星，见在胃昴毕。昴毕为天纲，《经》曰：'帝星处之，众邪消亡。'圣讳豫睹，推揆期验，符合数至，若此非一。臣闻圣王先天而天不违，后天而奉天时，故应际而生，与神合契。愿大王应天顺民，速即洪业，以宁海内。"

【译文】先主上奏汉帝说："臣以备位充数的浅薄才能，担负上将的重任，监督统率三军，奉诏命征战在外，不能荡除贼寇叛乱，平定辅佐王室，长期以来令陛下圣明的教化衰微，全国上下混乱而无法太平，我思虑忧愁，辗转反侧，夜晚也无法安睡，忧病日益加深，如头痛一样难受。从前董卓制造混乱，自那以后，恶人到处横行，残害苍生。倚仗陛下极高的品德和威力，人神都来相助，或者是忠臣义士奋起讨伐，或者是上天降罪惩罚，横暴逆乱一一被消灭，就如同冰雪渐渐消融一样。只有曹操，很长时间也没能被消除，篡夺国家的权力，肆意将国家搞得混乱不堪。我以前与车骑将军董承谋划讨伐曹操，事情保密不严，董承被陷害致死，我流离失所，想对朝廷尽忠义之道却不能实现。于是使得曹操穷凶极恶，做尽坏事，皇后惨遭杀害，皇太子被毒死。我尽管组集盟军，想着奋发努力，但秉性懦弱，不长于用武，统兵多年而不见成效。我经常担心突然死去而辜负了国家的恩德，睡梦中也一直在叹息，昼夜都在惊惧，不敢有丝毫懈怠。现在我的属吏们认为以前《虞书》记载着用宽厚的态度对待同族和近亲，使他们贤明，努力辅佐管理国家，五帝对此有增删，但其中的道理历久不衰。周朝根据夏、商两代的礼制，建立了周朝的礼仪制度，同时建立了许多姬姓的诸侯国，周朝也的确是依靠了晋、郑二国的共同辅佐。高祖创立汉王朝，尊崇王室子弟，创建了九个王国，最终诛灭了诸吕，安定了刘氏大宗。如今曹操憎恨正直的人，实在还有很多这样的人，他们内藏险恶的用心，篡权窃国的迹象已经显露无遗。宗室日益衰弱，帝族中没有身居要职的大臣，他们反复衡量考虑古代的范例，定下权宜之计，拥立我担任大司马汉中王。我反复检查自己，蒙受国家的大恩，担当一方重任，出了力还未见成效，所得到的官职已经过高，不应当再忝居如此崇高的位置而遭人非议。诸位同僚以大义逼迫我称王。我退而考虑，寇贼不灭，国难不止，王室即将倾覆，国家将要灭亡，这些都是我忧虑职责未尽而又想要以死报国的责任。如果适应情况需要而改变方法，能安定朝廷，哪怕赴汤蹈火，我也在所不辞，岂敢按照常规考虑，使得以后悔恨遗憾。所以我擅自顺应了大家的要求，拜受印玺，来提高国家的声威。我抬头考虑到自己的爵位与名号，位置高，受到的宠爱更加深厚，低头想到报效朝廷的事宜，忧虑很深，责任重大，惊惧不安而呼吸急促，就如同面临深谷绝境一样。我将竭尽全力向朝廷奉献忠诚，劝勉六军，率领整顿各路义军，顺应天时，讨伐、扑灭凶恶的叛贼，以使国家安定，报答陛下万分之一的恩德。谨呈上奏章，派驿使送还原来授予的左将军、宜城亭侯的玺印绶带。"

于是先主返回成都建都城。提拔魏延为都督，镇守汉中。当时关羽正在攻打曹公的将领曹仁，在樊城活捉了于禁。时隔不久，孙权袭击并杀害了关羽，夺取了荆州。

建安二十五年，魏文帝曹丕称帝，改年号为黄初。有传闻说汉献帝被人害死了，先主就向全国公告汉献帝的死讯，并为他穿戴丧服，为他追加谥号为孝愍皇帝。此后各地纷纷报告种种祥瑞，每日每月这类的事接连不断。原来的议郎阳泉侯刘豹、青衣侯向举、偏将军张裔、黄权、大司马属殷纯、益州别驾从事赵莋、治中从事杨洪、从事祭酒何宗、议曹从事杜琼、劝学从事张爽、尹默、谯周等一起上奏章说："我听说《河图》、《洛书》、五经、谶纬之学，是孔子所阐明而流传下来的，应验已久。根据《洛书甄曜度》记载：'尚赤的第三个人主出现，国家才能昌盛，历经多代碰到名字叫备的，应当称帝。'《洛书宝号命》记载：'天运与帝王之道都该由名字叫备的人称帝，以皇室正统的资格掌控王命，总能成功不会失败。'《洛书录运期》记载：'九侯七杰争着让百姓用人骨头烧饭，道路上行人踏着纵横杂乱的人头走路，让谁担任人主呢？名中有玄字的人就要到来。'《孝经钩命决录》记载：'上天已经很多次看到了备。'臣父亲周群在世的时候，说西南多次出现黄气，径直向上有几丈高，已经出现很多年了，常常有祥瑞的云气与吉祥的风，从璿玑下来与黄气相呼应，这是十分吉祥的预兆。又在建安二十二年，多次有一股像旗子一样的云气，从西到东，在天空的中央游动，《图》《书》上解释说：'一定会有天子出现在那里。'再加上这一年太白、荧惑、填星，经常跟着岁星移动。汉朝刚刚兴起时，五星跟随着岁星在一起。岁星和五常中的义相配，汉高祖兴起的地方在西方汉中，正是义所在的方位，因此汉朝经常以岁星来占验人主。应当有圣明的君主从这个州兴起，来成就中兴大业。当时许都的汉献帝还在，因此群臣不敢将它说出来。近来荧惑又随着岁星运转，出现在胃、昴、毕三个星宿之间。昴、毕是天体的中枢部位，《星经》说：'帝星处于这一位置上，一切邪恶都将消灭。'您的名字已经在谶、纬中预见到了，推求应验的时间，符合应验的事情多次出现，如同这样的事不只一件。我听说圣明的君主走在天象之前而天不违背他，走在天象之后就依天时行事，所以能顺应天时而生，与神相契合。希望大王顺应天命，顺从民心，马上登上帝位，来使国家安定。"

【原文】太傅许靖、安汉将军糜竺、军师将军诸葛亮、太常赖恭、光禄勋黄柱、少府王谋等上言："曹丕篡弑，湮灭汉室，窃据神器，劫迫忠良，酷烈无道。人鬼忿毒，咸思刘氏。今上无天子，海内惶惶，靡所式仰。群下前后上书者八百余人，咸称述符瑞，图谶明征。间黄龙见武阳赤水，九日乃去。《孝经援神契》曰'德至渊泉则黄龙见'。龙者，君之象也。《易》乾九五'飞龙在天'，大王当龙升，登帝位也。又，前关羽围樊、襄阳，襄阳男子张嘉、王休献玉玺，玺潜汉水，伏于渊泉，晖景烛耀，灵光彻天。夫汉者，高祖本所起定天下之国号也，大王袭先帝轨迹，亦兴于汉中也。今天子玉玺神光先见，玺出襄阳，汉水之末，明大王承其下流，授与大王以天子之位，瑞命符应，非人力所致。昔周有乌鱼之瑞，咸曰休哉。二祖受命，《图》《书》先著，以为征验。今上天告祥，群儒英俊，并进《河》《洛》，孔子谶记，咸悉具至。伏惟大王出自孝景皇帝中山靖王之胄，本支百世，乾祇降祚，圣姿硕茂，神武在躬，仁覆积德，爱人好士，是以四方归心焉。考省《灵图》，启发谶、纬，神明之表，名讳昭著。宜即帝位，以纂二祖，绍嗣昭穆，天下幸甚。臣等谨与博士许慈、议郎孟光，建立礼仪，择令辰，上尊号。"

即皇帝位于成都武担之南。① 为文曰："惟建安二十六年夏四月丙午，皇帝备敢用玄牡，昭告皇天上帝后土神祇：汉有天下，历数无疆。曩者王莽篡盗，光武皇帝震怒致诛，社稷复存。今曹操阻兵安忍，戮杀主后，滔天泯夏，罔顾天显。操子丕，载其凶逆，窃居神器。群臣将士以为社稷堕废，备宜修之，嗣武二祖，龚行天罚。备惟否德，惧忝帝位。询于庶民，外及蛮夷君长，佥曰'天命不可以不答，祖业不可以久替，四海不可以无主'。率土式望，在备一人。备畏天明命，又惧汉阼将湮于地，谨择元日，与百寮登坛，受皇帝玺绶。修燔瘗，告类于大神，惟神飨祚于汉家，永绥四海！"②

①《蜀本纪》曰：武都有丈夫化为女子，颜色美好，盖山精也。蜀王娶以为妻，不习水土，疾病欲归国，蜀王留之，无几物故。蜀王发卒之武都担土，于成都郭中葬，盖地数亩，高十丈，号曰武担也。臣松之案：武担，山名，在成都西北，盖以乾位在西北，故就之以即阼。

②《魏书》曰：备闻曹公薨，遣掾韩冉奉书吊，并致赙赠之礼。文帝恶其因丧求好，敕荆州刺史斩冉，绝使命。◎《典略》曰：备遣军谋掾韩冉赍书吊，并贡锦布。冉称疾，住上庸。上庸致其书，适会受终，有诏报答以引致之。备得报书，遂称制。

【译文】太傅许靖、安汉将军麋竺、军师将军诸葛亮、太常赖恭、光禄勋黄柱、少府王谋等共同上书说："曹丕篡夺皇位，杀死皇帝，消灭汉室，窃取国家大权，胁迫忠臣良将，极其残酷缺乏德行。人与鬼都对他非常愤恨，都渴望刘氏重新掌握国家大权。如今上无天子，国内人心不安，没有能够敬仰的人。群臣前后上书的有八百多人，都陈述祥瑞的征兆，图谶也显示出明显的征兆。近来武阳县的赤水出现黄龙，九天才隐没。《孝经援神契》说'品德达到极高境界就会有黄龙出现'。龙，象征着君王。《周易》乾卦九五爻辞说'龙飞在天上'，大王应当乘龙升天，登上帝王的高位。先前关羽围攻樊城、襄阳，襄阳男子张嘉、王休献上玉玺，玉玺在汉水中，潜伏在最深处，光辉照耀，神异的光彩一直通到天上。汉原本是高祖兴起，平定天下时确定的国号，大王承袭先帝旧典，也在汉中兴起。如今天子玉玺的神光先出现，玉玺从襄阳的汉水下游捞出来，说明大王是承继先帝的后代，将天子之位授予大王，是吉祥的征兆和人事相应合的，这不是人力所能达到的。过去周朝出现过白鱼、赤乌的祥瑞，人人都说是好的征兆。高祖及世祖接受天命，《河图》《洛书》都预先有记载，作为征兆。如今上天显示祥瑞，众多的儒者与英雄豪杰，共同挖掘出《河图》《洛书》中的机密，还有孔子的图谶著述，全部征兆一一具备了。我们想到大王是孝景帝儿子中山靖王的后代，嫡系与庶出的子孙传了百代，天地降福，有天子姿容，德高博学，神明威武，仁义覆于天下，恩德积于四海，喜爱人才，结交贤德之士，因此四方之人皆倾心依附。考察《灵图》，根据谶、纬之论，神灵彰显的名字已非常明显。您应当登上帝王之位，来继承二祖的帝业，延续宗庙后人，天下人都会感到十分幸运。我们谨与博士许慈、议郎孟光，制定登基的仪式，选择吉日，向您奉上尊号。"

先主在成都武担山之南继承皇帝位。撰写祭文说："建安二十六年四月初六，皇帝刘备冒昧地献上黑色公牛，向天神、地神祷告：汉朝拥有天下，传世无穷。从前王莽篡权窃位，光武皇帝震怒，讨伐并诛灭了他，国家才得以生存。如今曹操依仗武力，残忍地杀害皇子皇后，祸乱中原，不顾天理，罪恶滔天。曹操之子曹丕，继承了曹操凶恶悖逆的本性，窃取国家政权。群臣将士认为国家即将覆灭，刘备应当起来恢复它，继承二祖的事业，执行上天的惩罚。刘备德行浅薄，担心有愧于帝位。征求百姓意见，一直到各族的君长，大家都说'上天之命必须作出回报，祖宗的大业不能长久废弃，国家不能没有君主'。全国仰慕的，仅仅刘备一人。刘备敬畏上天明示的旨意，又担心汉朝的皇位将被湮没于地下，于是恭谨地选择吉日，与百官一起登上祭坛，接受皇帝的印玺绶带。准备祭祀天地之礼，把继承帝位之事昭告天神，希望神赐福给汉室，保佑国家永远安定！"

【原文】章武元年夏四月，大赦，改年。以诸葛亮为丞相，许靖为司徒。置百官，立宗庙，祫祭高皇帝以下。① 五月，立皇后吴氏，子禅为皇太子。六月，以子永为鲁王，理为梁王。车骑将军张飞为其左右所害。初，先主忿孙权之袭关羽，将东征，秋七月，遂帅诸军伐吴。孙权遣书请和，先主盛怒不许，吴将陆议、李异、刘阿等屯巫、秭归，将军吴班、冯习自巫攻破异等，军次秭归，武陵五溪蛮夷遣使请兵。

① 臣松之以为：先主虽云出自孝景，而世数悠远，昭穆难明，既绍汉祚，不知以何帝为元祖以立亲庙。于时英贤作辅，儒生在官，宗庙制度，必有宪章，而载记阙略，良可恨哉！

二年春正月，先主军还秭归，将军吴班、陈式水军屯夷陵，夹江东西岸。二月，先主自秭归率诸将进军，缘山截岭，于夷道猇亭① 驻营，自佷山② 通武陵，遣侍中马良安慰五溪蛮夷，咸相率响应。镇北将军黄权督江北诸军，与吴军相拒于夷陵道。夏六月，黄气见自秭归十余里中，广数十丈。后十余日，陆议大破先主军于猇亭，将军冯习、张南等皆没。先主自猇亭还秭归，收合离散兵，遂弃船舫，由步道还鱼复，改鱼复县曰永安。吴遣将军李异、刘阿等踵蹑先主军，屯驻南山。秋八月，收兵还巫。司徒许靖卒。冬十月，诏丞相亮营南北郊于成都。孙权闻先主住白帝，甚惧，遣使请和。先主许之，遣太中大夫宗玮报命。冬十二月，汉嘉太守黄元闻先主疾不豫，举兵拒守。

① 猇，许交反。

② 佷，音恒。

三年春二月，丞相亮自成都到永安。三月，黄元进兵攻临邛县。遣将军陈曶① 讨元，元军败，顺流下江，为其亲兵所缚，生致成都，斩之。先主病笃，托孤于丞相亮，尚书令李严为副。夏四月癸巳，先主殂于永安宫，时年六十三。②

① 曶，音笏。

②《诸葛亮集》载先主遗诏敕后主曰："朕初疾但下痢耳，后转杂他病，殆不自济。人五十不称夭，年已六十有余，何所复恨，不复自伤，但以卿兄弟为念。射君到，说丞相叹卿智量，甚大增修，过于所望。审能如此，吾复何忧！勉之，勉之！勿以恶小而为之，

勿以善小而不为。惟贤惟德,能服于人。汝父德薄,勿效之。可读《汉书》《礼记》,闲暇历观诸子及《六韬》《商君书》,益人意智。闻丞相为写《申》《韩》《管子》《六韬》一通已毕,未送,道亡,可自更求闻达。”临终时,呼鲁王与语:“吾亡之后,汝兄弟父事丞相,令卿与丞相共事而已。”

亮上言于后主曰:“伏惟大行皇帝迈仁树德,覆焘无疆,昊天不吊,寝疾弥留,今月二十四日奄忽升遐,臣妾号咷,若丧考妣。乃顾遗诏,事惟大宗,动容损益;百寮发哀,满三日除服,到葬期复如礼;其郡国太守、相、都尉、县令、长,三日便除服。臣亮亲受敕戒,震畏神灵,不敢有违。臣请宣下奉行。”五月,梓宫自永安还成都,谥曰昭烈皇帝。秋,八月,葬惠陵。①

① 葛洪《神仙传》曰:仙人李意其,蜀人也。传世见之,云是汉文帝时人。先主欲伐吴,遣人迎意其。意其到,先主礼敬之,问以吉凶。意其不答而求纸笔,画作兵马器仗数十纸已,便一一以手裂坏之,又画作一大人,掘地埋之,便径去。先主大不喜。而自出军征吴,大败还,忿耻发病死,众人乃知其意。其画作大人而埋之者,即是言先主死意。

【译文】章武元年夏四月,大赦天下,更改年号。任命诸葛亮担任丞相,许靖担任司徒。设置百官,建立宗庙,合祭高皇帝之下的所有先祖。五月,立吴氏为皇后,儿子刘禅为皇太子。六月,赐封儿子刘永为鲁王,刘理为梁王。车骑将军张飞被身边之人所杀害。当初,先主愤恨孙权袭击及杀害关羽,打算东征,秋七月,先主统率诸军讨伐东吴。孙权派使者送信请求和解,先主十分生气,没有答应,东吴将领陆议、李异、刘阿等在巫县、秭归县驻扎,将军吴班、冯习从巫县打败李异等军,军队驻扎在秭归,武陵五溪的少数民族部落派使者请求蜀派遣军队安定地方。

章武二年春正月,先主率领大军回到秭归,将军吴班、陈式的水军驻扎夷陵,沿长江的东西两岸设营。二月,先主从秭归率领诸将进军,翻山越岭,在夷道的猇亭扎营,从佷山打通前往武陵的道路,派遣侍中马良去安抚五溪的蛮夷各族,他们都相继响应先主。镇北将军黄权统领江北的各路大军,在夷陵道和东吴军队相对峙。夏六月,在距离秭归十余里的地方出现黄气,宽有几十丈。以后十多天,陆议在猇亭大败先主的军队,将军冯习、张南等都战死了。先主从猇亭返回秭归,收集离散军队,丢掉船只,从陆路返回鱼复,改鱼复县名为永安。东吴派将军李异、刘阿等跟踪追击先主的军队,在南山驻扎。秋八月,先主收兵返回巫县。司徒许靖去世。冬十月,先主下诏书给丞相诸葛亮,让他在成都营建南、北郊祀的祭坛。孙权听说先主在白帝城驻扎,十分忧虑,派使者请求讲和。先主应允了他,派太中大夫宗玮办完此事回来复命。冬十二月,汉嘉太守黄元听说先主病重,发兵抵抗蜀军,拒守汉嘉。

章武三年春二月,丞相诸葛亮从成都赶到永安。三月,黄元进兵攻打临邛县。先主派遣将军陈曶讨伐黄元,黄元兵败,沿着长江而下,被他的亲兵捆绑起来,送到成都后被处斩。先主病危,将辅佐太子的大事委托给丞相诸葛亮,让尚书令李严辅佐诸葛亮。夏四月癸巳,先主在永安宫逝世,享年六十三岁。

诸葛亮上奏章给后主说："我想到已故皇帝推行仁道，树立恩德，覆被无边，上天不善，让他身患重病，卧床不起，本月二十四日突然离世，群臣及妃嫔都悲恸号咷，就如同自己的父母去世一样。根据遗诏，国事要交给宗子定夺，服丧期间，仪容举止要恰当；百官进行哀悼，满三天才可以脱去丧服，到安葬的日期，再按照葬礼行事；其他郡国太守、相、都尉、县令、县长，满三天就可脱去丧服。臣诸葛亮亲自接受命令与告诫，畏惧先帝神灵，不敢违背他的遗命。臣请求宣布执行。"五月，将先主的灵柩从永安运回成都，追封谥号为昭烈皇帝。秋八月，葬于惠陵。

【原文】评曰：先主之弘毅宽厚，知人待士，盖有高祖之风，英雄之器焉。及其举国托孤于诸葛亮，而心神无贰，诚君臣之至公，古今之盛轨也。机权干略，不逮魏武，是以基宇亦狭。然折而不挠，终不为下者，抑揆彼之量必不容己，非唯竞利，且以避害云尔。

【译文】评论说：先主心胸宽广，意志坚强，宽容仁厚，善于发现人才，礼贤下士，具有汉高祖的风范，有英雄人物的度量。他将整个国家和辅佐太子的大事委托给诸葛亮时，毫不怀疑，的确是君臣都正直诚信，是古今最好的楷模。先主临机应变的才干与方略，比不上魏武帝，因此国家的版图也较为狭窄。但是他受到挫折而不灰心，始终不愿委身曹公之下，也是揣摸到曹公的度量一定很难容得下自己，不只是与曹公争利，而且也可避免受害，如此罢了。

卷三十三　蜀书三

后主传第三

后主刘禅

【原文】后主讳禅，字公嗣，先主子也。建安二十四年，先主为汉中王，立为王太子。及即尊号，册曰："惟章武元年五月辛巳，皇帝若曰：太子禅，朕遭汉运艰难，贼臣篡盗，社稷无主。格人群正，以天明命，朕继大统。今以禅为皇太子，以承宗庙，祗肃社稷。使使持节、丞相亮授印绶，敬听师傅，行一物而三善皆得焉，可不勉与！"① 三年夏四月，先主殂于永安宫。五月，后主袭位于成都，时年十七。尊皇后曰皇太后。大赦，改元。是岁魏黄初四年也。②

①《礼记》曰：行一物而三善者，惟世子而已，其齿于学之谓也。郑玄曰：物犹事也。

②《魏略》曰：初备在小沛，不意曹公卒至，遑遽弃家属，后奔荆州。禅时年数岁，窜匿，随人西入汉中，为人所卖。及建安十六年，关中破乱，扶风人刘括避乱入汉中，买得禅，问知其良家子，遂养为子，与娶妇，生一子。初禅与备相失时，识其父字玄德。比舍人有姓简者，及备得益州而简为将军。备遣简到汉中，舍都邸。禅乃诣简，简相检讯，事皆符验。简喜，以语张鲁，鲁为洗沐送诣益州，备乃立以为太子。初备以诸葛亮为太子太傅，及禅立，以亮为丞相，委以诸事，谓亮曰："政由葛氏，祭则寡人。"亮亦以禅未闲于政，遂总内外。

臣松之案：《二主妃子传》曰"后主生于荆州"，《后主传》云"初即帝位年十七"，则建安十二年生也。十三年败于长阪，备弃妻子走，《赵云传》曰"云身抱弱子以免"，即后主也。如此，备与禅未尝相失也。又，诸葛亮以禅立之明年领益州牧，其年与主簿杜微书曰"朝廷今年十八"，与禅传相应，理当非虚。而鱼豢云备败于小沛，禅时年始生，及奔荆州，能识其父字玄德，计当五六岁。备败于小沛时，建安五年也，至禅初立，首尾二十四年，禅应过三十矣。以事相验，理不得然。此则《魏略》之妄说，乃至二百余言，异也！又案诸书记及《诸葛亮集》，亮亦不为太子太傅。

建兴元年夏，牂牁太守朱褒拥郡反。① 先是，益州郡有大姓雍闿反，流太守张裔于吴，据郡不宾，越嶲夷王高定亦背叛。是岁，立皇后张氏。遣尚书郎邓芝固好于吴，吴王孙权与蜀和亲使聘，是岁通好。

①《魏氏春秋》曰：初，益州从事常房行部，闻褒将有异志，收其主簿案问，杀之。褒怒，攻杀房，诬以谋反。诸葛亮诛房诸子，徙其四弟于越嶲，欲以安之。褒犹不悛改，遂以郡叛应雍闿。

臣松之案：以为房为褒所诬，执政所宜澄察，安有妄杀不辜以悦奸慝？斯殆妄矣！

二年春，务农殖谷，闭关息民。

三年春三月，丞相亮南征四郡，四郡皆平。改益州郡为建宁郡，分建宁、永昌郡为云南郡，又分建宁、牂牁为兴古郡。十二月，亮还成都。

四年春，都护李严自永安还住江州，筑大城。①

① 今巴郡故城是。

五年春，丞相亮出屯汉中，营沔北阳平石马。①

①《诸葛亮集》载禅三月下诏曰："朕闻天地之道，福仁而祸淫。善积者昌，恶积者丧，古今常数也。是以汤、武修德而王，桀、纣极暴而亡。曩者汉祚中微，网漏凶慝，董卓造难，震荡京畿。曹操阶祸，窃执天衡，残剥海内，怀无君之心。子丕孤竖，敢寻乱阶，盗据神器，更姓改物，世济其凶。当此之时，皇极幽昧，天下无主，则我帝命陨越于下。昭烈皇帝体明睿之德，光演文武，应乾坤之运，出身平难，经营四方，人鬼同谋，百姓与能。兆民欣戴。奉顺符谶，建位易号，丕承天序，补弊兴衰，存复祖业，诞膺皇纲，不坠于地。万国未定，早世遐殂。朕以幼冲，继统鸿基，未习《保傅》之训，而婴祖宗之重。六合壅否，社稷不建，永惟所以，念在匡救，光载前绪，未有攸济，朕甚惧焉。是以夙兴夜寐，不敢自逸，每崇菲薄以益国用，劝分务穑以阜民财，授方任能以参其听，断私降意以养将士。欲奋剑长驱，指讨凶逆，朱旗未举，而丕复陨丧，斯所谓不燃我薪而自焚也。残类余丑，又支天祸，恣睢河、洛，阻兵未弭。诸葛丞相弘毅忠壮，忘身忧国，先帝托以天下，以勖朕躬。今授之以旄钺之重，付之以专命之权，统领步骑二十万众，董督元戎，龚行天罚，除患宁乱，克复旧都，在此行也。昔项籍总一强众，跨州兼土，所务者大，然卒败垓下，死于东城，宗族焚如，为笑千载，皆不以义，陵上虐下故也。今贼效尤，天人所怨，奉时宜速，庶凭炎精祖宗威灵相助之福，所向必克。吴王孙权同恤灾患，潜军合谋，掎角其后。凉州诸国王各遣月支、康居胡侯支富、康植等二十余人诣受节度，大军北出，便欲率将兵马，奋戈先驱。天命既集，人事又至，师贞势并，必无敌矣。夫王者之兵，有征无战，尊而且义，莫敢抗也，故鸣条之役，军不血刃，牧野之师，商人倒戈。今旍麾首路，其所经至，亦不欲穷兵极武。有能弃邪从正，箪食壶浆以迎王师者，国有常典，封宠大小，各有品限。及魏之宗族、支叶、中外，有能规利害、审逆顺之数，来诣降者，皆原除之。昔辅果绝亲于智氏，而蒙全宗之福；微子去殷，项伯归汉，皆受茅土之庆。此前世之明验也。若其迷沉不反，将助乱人，不式王命，戮及妻孥，罔有攸赦。广宣恩威，贷其元帅，吊其残民。他如诏书律令，丞相其露布天下，使称朕意焉。"

六年春，亮出攻祁山，不克。冬，复出散关，围陈仓，粮尽退。魏将王双率军追亮，亮与战，破之，斩双，还汉中。

七年春，亮遣陈式攻武都、阴平，遂克定二郡。冬，亮徙府营于南山下原上，筑汉、乐二城。是岁，孙权称帝，与蜀约盟，共交分天下。

【译文】后主名为禅，字公嗣，先主刘备之子。建安二十四年，先主刘备任汉中王，刘禅被封为王太子。等到刘备称帝后，册命称："在章武元年五月辛巳这一天，皇帝说：太子禅，我遭遇过汉朝国运艰难的时期，贼臣篡夺盗取了汉朝皇帝的权力，使国家社稷没有了主人。能识天命的人与正直的群臣，把天命授予我，我因此继承了帝位。现在立禅为皇太子，以继承王室宗庙，恭敬地侍奉国家社稷神明。派遣使持节、丞相诸葛亮授予你皇太子印和绶带，你要恭敬地听从老师们的教诲与帮助，太子做一件事要能得到多方面的益处，如何能不努力呢！”章武三年夏天四月，先主刘备在永安宫逝世。五月，后主刘禅在成都继承皇帝位，时年十七岁。刘禅尊称刘备的皇后为皇太后。大赦天下，更改年号。这一年是魏国的黄初四年。

建兴元年夏天，牂牁郡太守朱褒带领全郡造反。在此之前，益州郡当地的大姓雍闿反叛，将太守张裔流放到吴国，自己占领了全郡，不向朝廷臣服。赵嶲郡的夷人首领高定也反叛了蜀汉。这一年，刘禅册立皇后张氏。刘禅派遣尚书郎邓芝去吴国巩固吴蜀两国的睦邻友好关系，吴王孙权和蜀国和好，约为婚姻，并派遣使者来蜀聘问，这一年两国开始友好交往。

建兴二年春天，鼓励农业，开荒播种，关闭关口，不兴兵役使，百姓得以休息。

建兴三年春三月，丞相诸葛亮去往南方征讨叛乱的四郡，四个郡一一被平定。把益州郡更名为建宁郡，将建宁郡与永昌郡的一部分分出来成立云南郡，又把建宁郡与牂牁郡的一部分分出来成立兴古郡。十二月，诸葛亮回到成都。

建兴四年春天，都护李严从永安返回，居住在江州，修筑大城。

建兴五年春天，丞相诸葛亮出兵驻扎汉中，在沔河北边的阳平石马一带设立营寨。

建兴六年春天，诸葛亮出兵进攻祁山，没能攻克。冬天，再次从散关出兵，包围陈仓，因为粮食用完而退兵。魏将王双率领军队追赶诸葛亮，诸葛亮与王双交战，打败了他，杀掉王双，军队回到汉中。

建兴七年春天，诸葛亮派遣陈式攻打武都、阴平，并占领了这两个郡。冬天，诸葛亮把丞相府与军营迁到南山之下的平原上，修筑汉、乐二城。这一年，孙权自称吴皇帝，与蜀国订立誓约，结为同盟，约定两家平分天下。

【原文】八年秋，魏使司马懿由西城，张郃由子午，曹真由斜谷，① 欲攻汉中。丞相亮待之于城固、赤坂，大雨道绝，真等皆还。是岁，魏延破魏雍州刺史郭淮于阳溪。徙鲁王永为甘陵王，梁王理为安平王，皆以鲁、梁在吴分界故也。

①斜，余奢反。

九年春二月，亮复出军围祁山，始以木牛运。魏司马懿、张郃救祁山。夏六月，亮粮尽退军，郃追至青封，与亮交战，被箭死。秋八月，都护李平废徙梓潼郡。①

①《汉晋春秋》曰：冬十月，江阳至江州有鸟从江南飞渡江北，不能达，堕水死者以千数。

十年，亮休士劝农于黄沙，作流马木牛毕，教兵讲武。

十一年冬，亮使诸军运米，集于斜谷口，治斜谷邸阁。是岁，南夷刘胄反，将军马忠破平之。

十二年春二月，亮由斜谷出，始以流马运。秋八月，亮卒于渭滨。征西大将军魏延与丞相长史杨仪争权不和，举兵相攻，延败走。斩延首，仪率诸军还成都。大赦。以左将军吴壹为车骑将军，假节，督汉中。以丞相留府长史蒋琬为尚书令，总统国事。

十三年春正月，中军师杨仪废徙汉嘉郡。夏四月，进蒋琬位为大将军。

十四年夏四月，后主至湔，[1]登观阪，看汶水之流，旬日还成都。徙武都氐王苻健及氐民四百余户于广都。

①臣松之案：湔，县名也，属蜀郡，音翦。

十五年夏六月，皇后张氏薨。

延熙元年春正月，立皇后张氏。大赦，改元。立子璿为太子，子瑶为安定王。冬十一月，大将军蒋琬出屯汉中。

二年春三月，进蒋琬位为大司马。

三年春，使越嶲太守张嶷平定越嶲郡。

四年冬十月，尚书令费祎至汉中，与蒋琬咨论事计，岁尽还。

五年春正月，监军姜维督偏军，自汉中还屯涪县。

六年冬十月，大司马蒋琬自汉中还，住涪。十一月，大赦。以尚书令费祎为大将军。

七年闰月，魏大将军曹爽、夏侯玄等向汉中，镇北大将军王平拒兴势围，大将军费祎督诸军往赴救，魏军退。夏四月，安平王理卒。秋九月，祎还成都。

八年秋八月，皇太后薨。十二月，大将军费祎至汉中，行围守。

九年夏六月，费祎还成都。秋，大赦。冬十一月，大司马蒋琬卒。[1]

①《魏略》曰：琬卒，禅乃自摄国事。

【**译文**】建兴八年秋天，魏国派遣司马懿从西城进发，张郃从子午道出发，曹真由斜谷进发，准备攻打汉中。丞相诸葛亮在城固、赤坂一带准备迎击，天降大雨，道路无法通行，曹真等人全退了回去。这一年，魏延在阳溪打败了魏国的雍州刺史郭淮。蜀国改封鲁王刘永为甘陵王，改封梁王刘理为安平王，改封二王都是因为鲁、梁二地在吴国分界内。

建兴九年春天二月，诸葛亮再次出兵围攻祁山，开始用木牛运输。魏国司马懿、张郃来援助祁山。夏天六月，诸葛亮的军粮用尽，退兵返回，张郃追击，追到青封，与诸葛亮交战，中箭身亡。秋天八月，都护李平被免职，流放到梓潼郡。

建兴十年，诸葛亮暂停作战，在黄沙地方鼓励农耕，并制造出木牛流马，训练士兵，讲授军政大事。

建兴十一年冬天，诸葛亮命各部军队运米，汇集在斜谷口，修建斜谷的军用仓库。这一年，南方夷人刘胄反叛，将军马忠打败了他，平定南方。

建兴十二年春天二月，诸葛亮从斜谷出兵进攻，开始运用木牛流马运输粮草。秋天八月，诸葛亮在渭滨逝世。征西大将军魏延与丞相长史杨仪二人因为争夺兵权，产生不和，各自发兵相互攻击，魏延失败逃跑。后马岱斩杀魏延，杨仪率领各路军队返回成都。蜀国宣布大赦天下。任命左将军吴壹担任车骑将军，授予符节，督领汉中地区。任命丞相留府长史蒋琬担任尚书令，总管国家大事。

建兴十三年春天正月，中军师杨仪被免职，流放汉嘉郡。夏天四月，晋升蒋琬为大将军。

建兴十四年夏天四月，后主刘禅来到湔县，登上观阪，观看汶水的水流，十天以后返回成都。把武都郡的氐族首领苻健及四百多户氐人迁到广都。

建兴十五年夏天六月，皇后张氏逝世。

延熙元年春天正月，册立皇后张氏。大赦天下，更改年号。册立儿子刘璿为太子，儿子刘瑶为安定王。冬天十一月，大将军蒋琬出兵驻扎汉中。

延熙二年春天三月，晋升蒋琬为大司马。

延熙三年春天，派遣越嶲太守张嶷平定越嶲郡。

延熙四年冬天十月，尚书令费祎来到汉中，与蒋琬商议讨论政务事宜，年底返回成都。

延熙五年春天正月，监军姜维统领一部分军队，从汉中返回，驻扎在涪县。

延熙六年冬天十月，大司马蒋琬从汉中返回，驻扎在涪县。十一月，大赦天下。任命尚书令费祎担任大将军。

延熙七年闰月，魏国大将军曹爽、夏侯玄等向汉中进攻，镇北大将军王平奋力抵抗，大将军费祎统领各路军队前去救援，魏国军队退回。夏天四月，安平王刘理逝世。秋天九月，费祎回到成都。

延熙八年秋天八月，皇太后去世。十二月，大将军费祎前往汉中，筑围防守。

延熙九年夏天六月，费祎返回成都。秋天，大赦天下。冬天十一月，大司马蒋琬逝世。

【原文】十年，凉州胡王白虎文、治无戴等率众降，卫将军姜维迎逆安抚，居之于繁县。是岁，汶山平康夷反，维往讨，破平之。

十一年夏五月，大将军费祎出屯汉中。秋，涪陵属国民夷反，车骑将军邓芝往讨，皆破平之。

十二年春正月，魏诛大将军曹爽等，右将军夏侯霸来降。夏四月，大赦。秋，卫将军姜维出攻雍州，不克而还。将军句安、李韶降魏。

十三年，姜维复出西平，不克而还。

十四年夏，大将军费祎还成都。冬，复北驻汉寿。大赦。

十五年，吴王孙权薨。立子琮为西河王。

十六年春正月，大将军费祎为魏降人郭循所杀于汉寿。夏四月，卫将军姜维复率众围南安，不克而还。

十七年春正月，姜维还成都。大赦。夏六月，维复率众出陇西。冬，拔狄道、河关、临洮三县民，居于绵竹、繁县。

十八年春，姜维还成都。夏，复率诸军出狄道，与魏雍州刺史王经战于洮西，大破之。经退保狄道城，维却住钟题。

十九年春，进姜维位为大将军，督戎马。与镇西将军胡济期会上邽，济失誓不至。

秋八月，维为魏大将军邓艾所破于上邽。维退军还成都。是岁，立子瓒为新平王。大赦。

二十年，闻魏大将军诸葛诞据寿春以叛，姜维复率众出骆谷，至芒水。是岁大赦。

景耀元年，姜维还成都。史官言景星见，于是大赦，改年。宦人黄皓始专政。吴大将军孙綝废其主亮，立琅邪王休。

二年夏六月，立子谌为北地王，恂为新兴王，虔为上党王。

三年秋九月，追谥故将军关羽、张飞、马超、庞统、黄忠。

【译文】延熙十年，凉州胡人首领白虎文、治无戴等率领众人归降，卫将军姜维前去迎接并对他们加以安抚，让他们居住在繁县。这一年，汶山郡平康的夷人反叛，姜维去讨伐他们，打败了他们，平定了叛乱。

延熙十一年夏天五月，大将军费祎出兵，驻扎在汉中。秋天，涪陵属国的百姓及夷人造反，车骑将军邓芝前往讨伐，将他们全部打败，平定了反叛。

延熙十二年春天正月，魏国杀掉大将军曹爽等人，魏国的右将军夏侯霸前来投降。夏天四月，大赦天下。秋天，卫将军姜维出兵进攻雍州，没有攻下而退回。将军句安、李韶归降了魏国。

延熙十三年，姜维再次向西平出兵，没有成功而退回。

延熙十四年夏天，大将军费祎返回成都。冬天，再次北上驻扎在汉寿。大赦天下。

延熙十五年，吴王孙权逝世。刘禅封儿子刘琮为西河王。

延熙十六年春天正月，大将军费祎在汉寿被投降的魏国人郭循杀害。夏天四月，卫将军姜维再次率领军队围攻南安，没有战胜而退回。

延熙十七年春天正月，姜维返回成都。大赦天下。夏天六月，姜维再次率领军队向陇西进攻。冬天，攻克了狄道、河关、临洮三个县，将这三个县的百姓迁居到绵竹、繁县。

延熙十八年春天，姜维返回成都。夏天，再次率领各路军队攻打狄道，与魏国的雍州刺史王经在洮西大战，姜维获得大胜。王经退兵保守狄道城，姜维退兵到钟题驻军。

延熙十九年春天，姜维晋升为大将军，统领军事。姜维和镇西将军胡济约定时间在上邽会合，胡济违背誓约，没有准时赶到上邽。秋天八月，姜维被魏国大将邓艾在上邽打败。姜维带领军队退回到成都。这一年，刘禅赐封儿子刘瓒为新平王。大赦天下。

延熙二十年，闻知魏国大将军诸葛诞占据寿春，叛变魏国，姜维又率领军队出兵骆谷，来到了芒水。这一年大赦天下。

景耀元年，姜维返回成都。史官说出现了景星，于是大赦天下，并改年号。宦官黄皓开始独揽大权。吴国大将军孙綝废黜了他的国君孙亮，改立琅邪王孙休为吴王。

景耀二年夏天六月，刘禅册封儿子刘谌为北地王，刘恂为新兴王，刘虔为上党王。

景耀三年秋天九月，追赐已故将领关羽、张飞、马超、庞统、黄忠谥号。

【原文】四年春三月，追谥故将军赵云。冬十月，大赦。

五年春正月，西河王琮卒。是岁，姜维复率众出侯和，为邓艾所破，还住沓中。

六年夏，魏大兴徒众，命征西将军邓艾、镇西将军钟会、雍州刺史诸葛绪数道并攻。于是遣左、右车骑将军张翼、廖化、辅国大将军董厥等拒之。大赦。改元为炎兴。冬，邓艾破卫将军诸葛瞻于绵竹。用光禄大夫谯周策，降于艾，奉书曰："限分江、汉，遇值深远，阶缘蜀土，斗绝一隅，干运犯冒，渐苒历载，遂与京畿攸隔万里。每惟黄初中，文皇帝命虎牙将军鲜于辅，宣温密之诏，申三好之恩，开示门户，大义炳然。而否德暗弱，窃贪遗绪，俯仰累纪，未率大教。天威既震，人鬼归能之数，怖骇王师，神武所次，敢不革面顺以从命！辄敕群帅投戈释甲，官府帑藏一无所毁。百姓布野，余粮栖亩，以俟后来之惠，全元元之命。伏惟大魏布德施化，宰辅伊、周，含覆藏疾。谨遣私署侍中张绍、光禄大夫谯周、驸马都尉邓良奉赍印绶，请命告诚，敬输忠款。存亡敕赐，惟所裁之。舆榇在近，不复缕陈。"是日，北地王谌伤国之亡，先杀妻子，次以自杀。[①]绍、良与艾相遇于雒县。艾得书，大喜，即报书，[②]遣绍、良先还。艾至城北，后主舆榇自缚，诣军垒门。艾解缚焚榇，延请相见。[③]因承制拜后主为骠骑将军。诸围守悉被后主敕，然后降下。艾使后主止其故宫，身往造焉。资严未发。明年春正月，艾见收。钟会自涪至成都作乱。会既死，蜀中军众抄略，死丧狼藉，数日乃安集。

①《汉晋春秋》曰：后主将从谯周之策，北地王谌怒曰："若理穷力屈，祸败必及，便当父子君臣背城一战，同死社稷，以见先帝可也。"后主不纳，遂送玺绶。是日，谌哭于昭烈之庙，先杀妻子，而后自杀，左右无不为涕泣者。

② 王隐《蜀记》曰：艾报书云："王纲失道，群英并起，龙战虎争，终归真主，此盖天命去就之道也。自古圣帝，爰逮汉、魏，受命而王者，莫不在乎中土。河出《图》，洛出《书》，圣人则之，以兴洪业，其不由此，未有不颠覆者也。隗嚣凭陇而亡，公孙述据蜀而灭，此皆前世覆车之鉴也。圣上明哲，宰相忠贤，将比隆黄轩，侔功往代。衔命来征，思闻嘉响，果烦来使，告以德音，此非人事，岂天启哉！昔微子归周，实为上宾，君子豹变，义存《大易》，来辞谦冲，以礼舆榇，皆前哲归命之典也。全国为上，破国次之，自非通明智达，何以见王者之义乎！"禅又遣太常张峻、益州别驾汝超受节度，遣太仆蒋显有命敕姜维。又遣尚书郎李虎送士民簿，领户二十八万，男女口九十四万，带甲将士十万二千，吏四万人，米四十余万斛，金银各二千斤，锦绮彩绢各二十万匹，余物称此。

③《晋诸公赞》曰：刘禅乘骡车诣艾，不具亡国之礼。

后主举家东迁，既至洛阳，策命之曰：

惟景元五年三月丁亥，皇帝临轩，使太常嘉命刘禅为安乐县公。於戏，其进听朕命！盖统天载物，以咸宁为大。光宅天下，以时雍为盛。故孕育群生者，君人之道也。乃顺承天者，坤元之义也。上下交畅，然后万物协和，庶类获乂。乃者汉氏失统，六合震扰。我太祖承运龙兴，弘济八极，是用应天顺民，抚有区夏。于时乃考因群杰虎争，九服不静，乘间阻远，保据庸蜀，遂使西隅殊封，方外壅隔。自是以来，干戈不戢，元元之民，不得保安其性，几将五纪。朕永惟祖考遗志，思在绥缉四海，率土同轨，故爰整六师，耀威梁、益。公恢崇德度，深秉大正，不惮屈身委质，以爱民全国为贵，降心回虑，应机豹变，履信思顺，以享左右无疆之休，岂不远欤！朕嘉与君公长飨显禄，用考咨前训，开国胙土，率遵旧典，锡兹玄牡，苴以白茅，永为魏藩辅。往钦哉！公其祗服朕命，克广德心，以终乃显烈。

食邑万户，赐绢万匹，奴婢百人，他物称是。子孙为三都尉封侯者五十余人。尚书令樊建、侍中张绍、光禄大夫谯周、秘书令郤正、殿中督张通并封列侯。① 公泰始七年薨于洛阳。②

①《汉晋春秋》曰：司马文王与禅宴，为之作故蜀技，旁人皆为之感怆，而禅喜笑自若。王谓贾充曰："人之无情，乃可至于是乎！虽使诸葛亮在，不能辅之久全，而况姜维邪？"充曰："不如是，殿下何由并之。"他日，王问禅曰："颇思蜀否？"禅曰："此间乐，不思蜀。"郤正闻之，求见禅曰："若王后问，宜泣而答曰'先人坟墓远在陇、蜀，乃心西悲，无日不思'，因闭其目。"会王复问，对如前，王曰："何乃似郤正语邪！"禅惊视曰："诚如尊命。"左右皆笑。

②《蜀记》云：谥曰思公，子恂嗣。

【译文】景耀四年春天三月，追赐已故将领赵云谥号。冬天十月，大赦天下。

景耀五年春正月，西河王刘琮逝世。这一年，姜维再次率领军队向侯和进攻，被邓艾击败，退回驻扎在沓中。

景耀六年夏天，魏国大量召集士兵军队，命征西将军邓艾、镇西将军钟会、雍州刺史诸葛绪分别从不同道路同时进攻。于是，蜀国派遣左、右车骑将军张翼、廖化，辅国大将军董厥等人前去抵御魏兵。大赦天下。改年号为炎兴。冬天，邓艾在绵竹击败了卫将军诸葛瞻。刘禅采用光禄大夫谯周的提议，向邓艾投降。送上降书说："江水、汉水分割了我们，想要相见，但有江河深流及路途遥远的阻碍，我们依据的只不过是蜀郡的土地，处在这狭窄险阻的偏远一角，冒犯国运，慢慢过了多年，于是与京城地区隔绝，像有万里之遥。经常想起在黄初年间，文皇帝命令虎牙将军鲜于辅，来蜀国宣读温和亲切的诏命，申明对三方都有好处的恩德，为我们打开大门，把正道明明白白地指点出来。而我昏暗软弱、缺失道德，私底下贪图维护祖先遗下的家业，犹豫不决地度过了这么多年，没能遵循皇帝教诲。皇帝的威严早已震撼了天地，天下人鬼都归心于皇帝，陛下的大军让我畏惧惊骇，大军神勇威武，所到之处，谁敢不洗心革面，顺服地听从您的号令！我马上命令各位将领放下戈矛，脱掉铁甲，官府储藏的财产一点也没有毁坏。百姓在田野里耕作，剩余的粮食存放在田地中，用来等待帝王赐给的恩惠，以保全百姓性命。我想到大魏国施行教化，散布仁德，拥有伊尹、周公那样的宰相辅佐，可以包容造成政权倾覆的我国臣民，收留制造过疾患的我们这类人。我谨派遣私自任命的侍中张绍、光禄大夫谯周、驸马都尉邓良携带我们的印章绶带去献给您，向您表达我们的诚意，请求您的命令，恭敬地献上我们诚挚的心愿。我们的生存或灭亡，赦命或赏赐，都听凭您的裁断。载棺以随，我就不再一一陈述了。"这一天，北地王刘谌为国家的灭亡而深感悲伤，先杀死了自己的妻子儿女，之后自杀身亡。张绍、邓良等人和邓艾在雒县相遇。邓艾见到降书后，十分高兴，立即写信上报，让张绍与邓良先回去报信。邓艾来到蜀国都城的北边，蜀后主刘禅载棺相随，自己将自己捆绑起来，到军营门前拜见。邓艾解开刘禅的绑缚，烧毁棺材，把刘禅请进来会面。承奉魏国皇帝的命令，拜后主刘禅为骠骑将军。各个营垒的守军全都接受后主的敕命，之后投降。邓艾让后主刘禅还居住在他之前的宫殿中，自己前去那里拜访他。资产财物全部严封起来没有动用。第二年春天正月，邓艾被逮捕问罪。钟会从涪县来到成都作乱。钟会死后，蜀地军队士兵到处烧杀抢掠，杀死的人遍地都是，过了几天后才平定下来。

魏国把后主刘禅的全家全部东迁，他们来到洛阳之后，魏帝向他们颁布策命说：

> 在景元五年三月丁亥这一天，皇帝来到殿堂前，派遣太常嘉册命刘禅为安乐县公。呜呼，你进前听从我的命令！统治天下，养育万物，最重大的事情是让所有人都能够安宁快乐。占有社稷天下，以天下太平安宁为昌盛。因此让百姓万物得以繁衍成长，是治理国家，作为百姓君主的根本道理。顺承天命，是天地之间的大义。天地人神交会畅通，之后万物便能调和融洽，众多物类一一获得安定。过去汉朝丧失统治秩序，天下四方动乱纷争。我太祖武皇帝承接国运气数，创建了新的王朝，将四面八方的人民都从危难中拯救出来，因此应和上天的意旨，依顺了人民的要求，占有中原。在那个时候，你的父亲趁着各方豪杰如同猛虎一样争斗不休，全国各地都不平静的时机，乘着空子，利用地势险阻，地区偏远的条件，占据蜀地，使得西方的边远之地和中原分属于不同的国家，边远地区和中原的交往遭受阻塞隔绝。从那个时期以来，战争无法停止，天下的平民百姓，无法保全他们安定的生活，这种情形持续了将近六十年的时间。我一直把祖父、父亲的遗志放在头等地位，希望四海之内平定安宁，天下统一，因此我整顿国家的军队，在梁州、益州彰显武力的威严。你弘扬博大崇高的品德风度，深刻把握了正义的大道，不怕委屈自身来担任人质，将爱护人民、保全蜀地作为最重要的事情，回心转意，顺应时机，改恶从善，履行信义，一心归顺，以此使得你的家人与臣子们享受到永远的幸福，这怎么不是长远的打算呢？我嘉赏你长期享有尊贵禄位，考查征询前代的经验，为你设立国邑，赐封土地，大体都遵循以前的典章制度，赐给你黑色的公牛，赐给你用土封着的白茅，为你分封土地，你要永远作为魏国的藩国辅弼。去吧，一定要尊重你的爵位啊！你要恭敬地服从我的命令，拓广自己的仁德之心，以此使你显赫的声名地位保持到最后。

赐给刘禅食邑一万户，赏给他丝绢一万匹，奴婢一百人，赐予的其他物品也与他的官位相匹配。刘禅的子孙中，担任奉车、附马、骑督尉及被封侯的人达五十多个。蜀国的尚书令樊建、侍中张绍、光禄大夫谯周、秘书令郤正、殿中督张通等人皆被封为列侯。刘禅在泰始七年于洛阳去世。

【原文】评曰：后主任贤相则为循理之君，惑阉竖则为昏暗之后，传曰“素丝无常，唯所染之”，信矣哉！礼，国君继体，逾年改元，而章武之三年，则革称建兴，考之古义，体理为违。又，国不置史，注记无官，是以行事多遗，灾异靡书。诸葛亮虽达于为政，凡此之类，犹有未周焉。然经载十二而年名不易，军旅屡兴而赦不妄下，不亦卓乎！自亮没后，兹制渐亏，优劣著矣①。

①《华阳国志》曰：丞相亮时，有言"公惜赦"者，亮答曰："治世以大德，不以小惠，故匡衡、吴汉不愿为赦。先帝亦言：'吾周旋陈元方、郑康成间，每见启告，治乱之道悉矣，曾不语赦也。若刘景升、季玉父子，岁岁赦宥，何益于治！'"

臣松之以为："赦不妄下"，诚为可称，至于"年名不易"，犹所未达。案建武、建安之号，皆久而不改，未闻前史以为美谈。"经载十二，盖何足云？岂别有他意，求之未至乎？亮殁后，延熙之号，数盈二十，"兹制渐亏"，事又不然也。

【译文】评论说：后主刘禅任用贤明的丞相，便是一个遵循道理的国君；被宦官小人迷惑的时候，又变成一个昏乱不明的帝王。经传上讲"白色的丝没有固定的颜色，只看用什么去染它了"，的确是这样啊！依礼，国君继承帝位以后，要过一年才能改换年号，而蜀国章武三年，便改变了年号，改作建兴，用古代的义理来考查，这是违背国家礼法的。再有，蜀国不设立史官，没有专门的人员记录国家大事，因此蜀国的历史有很多都被人遗忘了，灾害怪异的事情也没有任何记载。诸葛亮虽然在施政管理上极为通达，但大凡像这类事务，他还是有没能考虑周全的地方。然而经历了十二年却没有改变年号，军队多次出发征战却没有轻易地颁布大赦令，不也是很高明的吗？自从诸葛亮逝世以后，这种制度日益遭受破坏，政治优劣就表现得很明显了。

卷三十四　蜀书四

二主妃子传第四

先主甘皇后

【原文】先主甘皇后，沛人也。先主临豫州，住小沛，纳以为妾。先主数丧嫡室，常摄内事。随先主于荆州，产后主。值曹公军至，追及先主于当阳长阪。于时困逼，弃后及后主，赖赵云保护，得免于难。后卒，葬于南郡。章武二年，追谥皇思夫人，迁葬于蜀，未至而先主殂陨。丞相亮上言："皇思夫人履行修仁，淑慎其身。大行皇帝昔在上将，嫔妃作合，载育圣躬，大命不融。大行皇帝存时，笃义垂恩，念皇思夫人神柩在远飘飖，特遣使者奉迎，会大行皇帝崩。今皇思夫人神柩以到，又梓宫在道，园陵将成，安厝有期。臣辄与太常臣赖恭等议：《礼记》曰：'立爱自亲始，教民孝也；立敬自长始，教民顺也。'不忘其亲，所由生也。《春秋》之义，母以子贵。昔高皇帝追尊太上昭灵夫人为昭灵皇后，孝和皇帝改葬其母梁贵人，尊号曰恭怀皇后，孝愍皇帝亦改葬其母王夫人，尊号曰灵怀皇后。今皇思夫人宜有尊号，以慰寒泉之思，辄与恭等案谥法，宜曰昭烈皇后。《诗》曰：'谷则异室，死则同穴。'① 故昭烈皇后宜与大行皇帝合葬，臣请太尉告宗庙，布露天下。具礼仪别奏。"制曰可。

①《礼》云：上古无合葬，中古后因时方有。

【译文】先主刘备的甘皇后，是沛县人。刘备到豫州，住在小沛，纳她作妾。刘备多次丧失正妻，甘皇后经常管理家中的事务。随从刘备到达荆州，生下了后主刘禅。正赶上曹操的军队打来，在当阳长坂追上了先主刘备。当时情况十分紧迫危急，刘备舍弃了甘皇后和后主刘禅，依赖赵云的保护，他们才幸免于难。甘皇后去世后，埋葬在南郡。章武二年，刘备追谥甘皇后为皇思夫人，把灵柩迁到蜀地来安葬，灵柩还没有到达，刘备却已经病死了。丞相诸葛亮上书说："皇思夫人奉行美好的仁德，自身温婉又恭顺。大行皇帝从前做大将的时候，夫人以嫔妃的身份和皇帝结合，生育了圣上，夫人的生命未能久长。大行皇帝在世时，感念与皇思夫人的深厚情义，降下恩惠，想到皇思夫人的灵柩留在远方，漂泊在外，特地派遣使者前去迎请，正遇上大行皇帝去世。现在皇思夫人的灵柩已经接来，皇帝的棺材也在道上运送，皇帝的陵墓即将修成，安葬皇帝灵柩的时间已经定好了。我和太常臣赖恭等人商议：《礼记》说：'培育爱人的情感要从爱亲人开始，以此来教育人民树立孝的品德。建立尊敬人的礼仪要从尊敬长辈开始，以此来教育人民恭敬和顺。'人们不忘记他的父亲母亲，是因为他们生育了他。《春秋》的义理是，母亲因为儿子显达而尊贵。以前高皇帝追赠尊号，尊太上皇昭灵夫人为昭灵皇后，孝和皇帝改葬他的母亲梁贵人，追尊号为恭怀皇后，孝愍皇帝也将他的母亲王夫人改葬，追尊号为灵怀皇后。现在皇思夫人也应该有尊号，来安慰夫人在寒冷黄泉下的遗魂，臣与赖恭等人查考了谥法，应该称夫人为昭烈皇后。《诗经》说：'活着的时候住在两间房屋里，死了就埋在同一个墓穴里。'所以昭烈皇后应该和大行皇帝埋葬在一起，臣请您命令太尉到宗庙去祭祀，告知祖先，向天下公布。具体的礼仪程式另外奏明。"后主刘禅批示说可以。

先主穆皇后

【原文】先主穆皇后，陈留人也。兄吴壹，少孤，壹父素与刘焉有旧，是以举家随焉入蜀。焉有异志，而闻善相者相后当大贵，焉时将子瑁自随，遂为瑁纳后。瑁死，后寡居。先主既定益州，而孙夫人还吴，①群下劝先主聘后。先主疑与瑁同族，法正进曰："论其亲疏，何与晋文之于子圉乎？"于是纳后为夫人。②建安二十四年，立为汉中王后。章武元年夏五月，策曰："朕承天命，奉至尊，临万国。今以后为皇后，遣使持节、丞相亮授玺绶，承宗庙，母天下，皇后其敬之哉！"建兴元年五月，后主即位，尊后为皇太后，称长乐宫。壹官至车骑将军，封县侯。延熙八年，后薨，合葬惠陵。③

①《汉晋春秋》云：先主入益州，吴遣迎孙夫人。夫人欲将太子归吴，诸葛亮使赵云勒兵断江留太子，乃得止。

② 习凿齿曰：夫婚姻，人伦之始，王化之本。匹夫犹不可以无礼，而况人君乎？晋文废礼行权以济其业，故子犯曰："有求于人，必先从之，将夺其国，何有于妻？非无故而违礼教者也。"今先主无权事之逼，而引前失以为譬，非导其君以尧、舜之道者。先主从之，过矣。

③ 孙盛《蜀世谱》曰：壹孙乔，没李雄中三十年，不为雄屈也。

【译文】先主刘备的穆皇后，是陈留郡人。她的哥哥吴壹，幼年时就失去了父亲，吴壹的父亲一向和刘焉交好，因此吴壹全家都随着刘焉到了蜀郡。刘焉有想当皇帝的志向，听善于相面的人给穆皇后相面后说，她将要有极高的尊贵地位，刘焉当时带着儿子刘瑁跟随着自己，便把穆皇后嫁给刘瑁为妻。刘瑁死后，穆皇后寡居。先主刘备平定益州后，孙夫人回到吴国去了，群臣劝说先主刘备娶穆皇后。刘备由于自己和刘瑁是同一宗族而犹豫不决，法正进言说："如果论起您和刘瑁的亲疏来，哪里比得上晋文公与子圉呢？"于是刘备便娶了穆皇后为夫人。建安二十四年，册立穆皇后为汉中王后。章武元年夏天五月，刘备颁布策命说："我秉承天的意旨，奉承皇帝至尊之位，管理四方万国事务。现在立穆王后为皇后，派遣使持节、丞相诸葛亮授给你皇后的玺印和绶带，你承奉宗庙祭祀，是一国之母，皇后你要尊重自己的身份啊！"建兴元年五月，后主刘禅即位，把穆皇后尊奉为皇太后，称号为长乐宫。吴壹的官职做到车骑将军，被封为县侯。延熙八年，穆皇后去世，与先主刘备合葬在惠陵。

后主敬哀张皇后

【原文】后主敬哀皇后，车骑将军张飞长女也。章武元年，纳为太子妃。建兴元年，立为皇后。十五年薨，葬南陵。

【译文】后主的敬哀皇后，是车骑将军张飞的长女。章武元年，被纳为太子妃。建兴元年，被册立为皇后。建兴十五年去世，埋葬在南陵。

后主张皇后

【原文】后主张皇后，前后敬哀之妹也。建兴十五年，入为贵人。延熙元年春正月，策曰："朕统承大业，君临天下，奉郊庙社稷。今以贵人为皇后，使行丞相事左将军向朗持节授玺绶。勉修中馈，恪肃禋祀。皇后其敬之哉！"咸熙元年，随后主迁于洛阳。①

①《汉晋春秋》曰：魏以蜀宫人赐诸将之无妻者，李昭仪曰："我不能二三屈辱。"乃自杀。

【译文】后主的张皇后，是前敬哀皇后的妹妹。建兴十五年，被选入宫，封为贵人。延熙元年春天正月，刘禅下策命说："我继承并统管着国家大业，成为天下的君主，供奉祖先的宗庙和社稷神明。现在册封贵人为皇后，派遣代理执行丞相职责的左将军向郎持着符节，授予你皇后的玺印和绶带。你要努力管理后宫的事务，恭慎严肃地祭祀侍奉祖先和天地神灵。皇后要尊重自己的身份啊！"咸熙元年，张皇后随后主一起迁到了洛阳。

刘永

【原文】刘永，字公寿，先主子，后主庶弟也。章武元年六月，使司徒靖立永为鲁王，策曰："小子永，受兹青土。朕承天序，继统大业，遵修稽古，建尔国家，封于东土，奄有龟蒙，世为藩辅。呜呼，恭朕之诏！惟彼鲁邦，一变适道，风化存焉。人之好德，世兹懿美。王其秉心率礼，绥尔士民，是飨是宜，其戒之哉！"

建兴八年，改封为甘陵王。初，永憎宦人黄皓。皓既信任用事，谮构永于后主，后主稍疏外永，至不得朝见者十余年。咸熙元年，永东迁洛阳，拜奉车都尉，封为乡侯。

【译文】刘永，字公寿，先主刘备的儿子，后主刘禅的庶出弟弟。章武元年六月，刘备派遣司徒许靖册封刘永为鲁王，策命称："我的儿子刘永，接受青州这块土地的封赏。我继承了帝王的世系，继承并统治天下大业，学习和遵循古代帝王的经验，为你建立诸侯国，把你册封在东方的国土上，拥有龟山、蒙山，世世代代作为汉藩国，辅佐皇帝。呜呼，恭敬地听从我的诏命！只有鲁国，经过一次变革就达到了道德礼义的标准，好的风俗教化始终在那里保存着。人们喜爱仁义道德，世世代代都有纯真的美德。鲁王你要保持正直的心地，率行礼义，使你的官员和百姓平定安乐，使祖先和社稷的神灵能够享用祭祀，你要用这些话来告诫自己啊！"

建兴八年，刘永被改封为甘陵王。以前，刘永讨厌宦官黄皓。黄皓被刘禅宠信，掌管大权以后，向后主刘禅说刘永的坏话，挑拨刘永和后主的关系，后主刘禅便逐渐疏远刘永，把他看成外人，以至于刘永十几年不能入朝拜见刘禅。咸熙元年，刘永被迁向东方，居住在洛阳，被魏国任命为奉车都尉，封为乡侯。

刘理

【原文】刘理，字奉孝，亦后主庶弟也，与永异母。章武元年六月，使司徒靖立理为梁王，策曰："小子理，朕统承汉序，祗顺天命，遵修典秩，建尔于东，为汉藩辅。惟彼梁土，畿甸之邦，民狎教化，易导以礼。往悉乃心，怀保黎庶，以永尔国，王其敬之哉！"

建兴八年，改封理为安平王。延熙七年卒，谥曰悼王。子哀王胤嗣，十九年卒。子殇王承嗣，二十年卒。景耀四年诏曰："安平王，先帝所命。三世早夭，国嗣颓绝，朕用伤悼。其以武邑侯辑袭王位。"辑，理子也。咸熙元年，东迁洛阳，拜奉车都尉，封乡侯。

【译文】刘理，字奉孝，也是后主刘禅的庶出弟弟，和刘永不是同一个母亲所生。章武元年六月，刘备派遣司徒许靖册立刘理为梁王，策命说："我的儿子刘理，我继承汉统，恭顺地听从天的意旨，遵循和学习典章制度，封你在东方建立诸侯国，作为汉朝的藩国，辅佐朝廷。梁国的土地，在京城周围，百姓熟悉风化教育，容易用礼义去引导他们。去往那里以后要付出你的全部心力，怀有保护黎民百姓的志向，用它来使你的国家永远昌盛，梁王，你要尊重自己的地位啊！"

建兴八年，刘禅把刘理改封为安平王。延熙七年，刘理去世，谥号为悼王。刘理的儿子哀王刘胤继承了王位，建兴十九年去世。刘胤的儿子殇王刘承继承了王位，建兴二十年去世。景耀四年，刘禅下诏书称："安平王，是先皇帝册命的。三代国王都过早地夭折了，国家继承人濒于灭绝，我为此十分伤心。现在命令武邑侯刘辑继承王位。"刘辑，是刘理的儿子。咸熙元年，东迁至洛阳，被魏国任命为奉车都尉，封为乡侯。

后主太子刘璿

【原文】后主太子璿，字文衡。母王贵人，本敬哀张皇后侍人也。延熙元年正月策曰："在昔帝王，继体立嗣，副贰国统，古今常道。今以璿为皇太子，昭显祖宗之威，命使行丞相事左将军朗持节授印绶。其勉修茂质，祗恪道义，咨询典礼，敬友师傅，斟酌众善，翼成尔德，可不务修以自勖哉！"时年十五。景耀六年冬，蜀亡。咸熙元年正月，钟会作乱于成都，璿为乱兵所害。[①]

① 孙盛《蜀世谱》曰：璿弟，瑶、琮、瓒、谌、恂、璩六人。蜀败，谌自杀，余皆内徙。值永嘉大乱，子孙绝灭。唯永孙玄奔蜀，李雄伪署安乐公以嗣禅后。永和三年讨李势，盛参戎行，见玄于成都也。

【译文】后主刘禅的太子刘璿，字文衡。他的母亲王贵人，本来是侍奉敬哀张皇后的宫女。延熙元年正月，刘禅策命称："以往的帝王，确定继承人来继承自己的帝业，辅佐协助国家的政治事务，这是古往今来不变的制度。现在确立刘璿为皇太子，昭示显扬祖先的威严和光辉，命令代理执行丞相职责的左将军向朗持着符节去授予你玺印和绶带。你要努力地修炼自己美好的本质，恭敬顺从地遵奉道义，咨询了解典章礼仪制度，尊敬你的老师，和辅佐你的人友好相处，考虑吸收众人的美德，从而辅助你形成自己的高尚品德，怎么能不努力加强修养来激励自己呢！”这时刘璿十五岁。景耀六年冬天，蜀国灭亡。咸熙元年正月，钟会在成都造反作乱，刘璿被乱兵杀害了。

【原文】评曰：《易》称“有夫妇然后有父子”，夫人伦之始，恩纪之隆，莫尚于此矣。是故纪录，以究一国之体焉。

【译文】评论说：《易》讲“有了夫妇的关系，然后有了父子的名分”，所以人伦关系的源始，恩情的深重，没有能超过夫妇、父子的。因此纪录，来考察了解一个国家的根本。

卷三十五　蜀书五

诸葛亮传第五

诸葛亮　诸葛乔、诸葛瞻、董厥、樊建

【原文】诸葛亮，字孔明，琅邪阳都人也。汉司隶校尉诸葛丰后也。父珪，字君贡，汉末为太山郡丞。亮早孤，从父玄为袁术所署豫章太守，玄将亮及亮弟均之官。会汉朝更选朱皓代玄。玄素与荆州牧刘表有旧，往依之。[①]玄卒，亮躬耕陇亩，好为《梁父吟》。[②]身长八尺，每自比于管仲、乐毅，时人莫之许也。惟博陵崔州平、颍川徐庶元直与亮友善，谓为信然。[③]

①《献帝春秋》曰：初，豫章太守周术病卒，刘表上诸葛玄为豫章太守，治南昌。汉朝闻周术死，遣朱皓代玄。皓从扬州刺史刘繇求兵击玄，玄退屯西城，皓入南昌。建安二年正月，西城民反，杀玄，送首诣繇。此书所云，与本传不同。

②《汉晋春秋》曰：亮家于南阳之邓县，在襄阳城西二十里，号曰隆中。

③ 按《崔氏谱》：州平，太尉烈子，均之弟也。◎《魏略》曰：亮在荆州，以建安初与颍川石广元、徐元直、汝南孟公威等俱游学，三人务于精熟，而亮独观其大略。每晨夜从容，常抱膝长啸，而谓三人曰："卿诸人仕进可至刺史郡守也。"三人问其所志，亮但笑而不言。后公威思乡里，欲北归，亮谓之曰："中国饶士大夫，遨游何必故乡邪！"

臣松之以为：《魏略》此言，谓诸葛亮为公威计者可也，若谓兼为己言，可谓未达其心矣。老氏称"知人者智，自知者明"，凡在贤达之流，固必兼而有焉。以诸葛亮之鉴识，岂不能自审其分乎？夫其高吟俟时，情见乎言，志气所存，既已定于其始矣。若使游步中华，骋其龙光，岂夫多士所能沉翳哉！委质魏氏，展其器能，诚非陈长文、司马仲达所能颉颃，而况于余哉！苟不患功业不就，道之不行，虽志恢宇宙而终不北向者，盖以权御已移，汉祚将倾，方将翊赞宗杰，以兴微继绝克复为己任故也。岂其区区利在边鄙而已乎！此相如所谓"鹍鹏已翔于辽廓，而罗者犹视于薮泽"者矣。公威名建，在魏亦贵达。

时先主屯新野。徐庶见先主，先主器之，谓先主曰："诸葛孔明者，卧龙也，将军岂愿见之乎？"[①]先主曰："君与俱来。"庶曰："此人可就见，不可屈致也。将军宜枉驾顾之。"由是先主遂诣亮，凡三往，乃见。因屏人曰："汉室倾颓，奸臣窃命，主上蒙尘。孤不度德量力，欲信大义于天下，而智术浅短，遂用猖蹶，至于今日。然志犹未已，君谓计将安出？"亮答曰："自董卓已来，豪杰并起，跨州连郡者不可胜数。曹操比于袁绍，则名微而众寡，然操遂能克绍，以弱为强者，非惟天时，抑亦人谋也。今操已拥百万之众，挟天子而令诸侯，此诚不可与争锋。孙权据有江东，已历三世，国

险而民附，贤能为之用，此可以为援而不可图也。荆州北据汉、沔，利尽南海，东连吴、会，西通巴、蜀，此用武之国，而其主不能守，此殆天所以资将军，将军岂有意乎？益州险塞，沃野千里，天府之土，高祖因之以成帝业。刘璋暗弱，张鲁在北，民殷国富而不知存恤，智能之士思得明君。将军既帝室之胄，信义著于四海，总揽英雄，思贤如渴，若跨有荆、益，保其岩阻，西和诸戎，南抚夷越，外结好孙权，内修政理，天下有变，则命一上将将荆州之军以向宛、洛，将军身率益州之众出于秦川，百姓孰敢不箪食壶浆以迎将军者乎？诚如是，则霸业可成，汉室可兴矣。"先主曰："善！"于是与亮情好日密。关羽、张飞等不悦，先主解之曰："孤之有孔明，犹鱼之有水也。愿诸君勿复言。"羽、飞乃止。②

①《襄阳记》曰：刘备访世事于司马德操。德操曰："儒生俗士，岂识时务？识时务者在乎俊杰。此间自有伏龙、凤雏。"备问为谁，曰："诸葛孔明、庞士元也。"

②《魏略》曰：刘备屯于樊城。是时曹公方定河北，亮知荆州次当受敌，而刘表性缓，不晓军事。亮乃北行见备，备与亮非旧，又以其年少，以诸生意待之。坐集既毕，众宾皆去，而亮独留，备亦不问其所欲言。备性好结毦，时适有人以髦牛尾与备者，备因手自结之。亮乃进曰："明将军当复有远志，但结毦而已邪！"备知亮非常人也，乃投毦而答曰："是何言与！我聊以忘忧耳。"亮遂言曰："将军度刘镇南孰与曹公邪？"备曰："不及。"亮又曰："将军自度何如也？"备曰："亦不如。"曰："今皆不及，而将军之众不过数千人，以此待敌，得无非计乎？"备曰："我亦愁之，当若之何？"亮曰："今荆州非少人也，而著籍者寡，平居发调，则人心不悦。可语镇南，令国中凡有游户，皆使自实，因录以益众可也。"备从其计，故众遂强。备由此知亮有英略，乃以上客礼之。《九州春秋》所言亦如之。

臣松之以为：亮表云"先帝不以臣卑鄙，猥自枉屈，三顾臣于草庐之中，谘臣以当世之事"，则非亮先诣备，明矣。虽闻见异辞，各生彼此，然乖背至是，亦良为可怪。

【译文】诸葛亮，字孔明，是琅邪郡阳都县人。为汉代司隶校尉诸葛丰的后代。父亲名叫诸葛珪，字君贡，东汉末年担任泰山郡郡丞。诸葛亮很小的时候父亲就死了，他的叔父诸葛玄被袁术任命为豫章郡太守，他带领诸葛亮及诸葛亮的弟弟诸葛均去上任。这时汉朝廷派遣朱皓代替诸葛玄。诸葛玄向来与荆州牧刘表有交情，于是前去投靠他。诸葛玄去世后，诸葛亮亲自耕田种地，喜欢吟诵《梁父吟》。诸葛亮身高八尺，经常以古代名士管仲和乐毅自比，当时没人承认这件事。只有博陵郡的崔州平、颍川郡的徐庶字元直与诸葛亮交好，认为的确是这样。

当时先主屯兵驻扎在新野县。徐庶前去拜见先主，先主非常器重他，徐庶对先主说："诸葛孔明是卧龙，将军可愿意会见他吗？"先主说："您与他一起来。"徐庶说："这个人可前去拜访，不能委屈他的志节而让他自己前来。将军应该屈尊前去拜望他。"因此先主就去拜访诸葛亮，一共去了三次才见到。于是屏退旁人说："汉室危亡，奸臣盗用皇室天命，皇帝蒙受风尘苦楚。我没有估计与衡量自身的德行和力量，想要在天下伸张大义，但我自己智谋浅薄，能力有限，因此遭遇挫败，落到今天这个地步。但我的志向还没有湮灭,您说应该怎么办才好?”诸葛亮回答说:“自董卓乱国以来,各地豪杰四起,割据一方的势力数不胜数。曹操与袁绍相比,名望低且兵力薄弱,但是曹操最终之所以能够打败袁绍,由弱变强,靠的不仅仅是运气,也是人的智谋。如今曹操已经拥有上百万的大军,挟制着皇帝以号令诸侯,的确是不能与他较量。孙权占据江东地区,已经经历了三代,那里地势险要,人民归附,有才干的人被他任用,只能将他作为外援,而不能谋取。荆州北面有汉水、沔水,向南可以获得两广地区的全部物质资源,东面与吴郡及会稽郡相连接,西面通向巴郡与蜀郡,这是兵家必争的战略要地,但现在它的主人刘表守不住这块地方,这大概是上天用来援助将军的,将军可有这个打算吗?益州关塞险要,有绵延千里的肥沃土地,是个物产丰饶的天然宝库,高祖凭借它创建了帝业。刘璋昏庸懦弱,张鲁又在北面威慑着他,虽人口众多、国家富裕,却不知道关怀照顾百姓,有智慧与才干的人都希望得到一个贤明的君主。将军是皇室的后代,信义闻名天下,广泛招纳英雄豪杰,思慕贤才如饥似渴,如果可以占据荆、益二州,固守两州险要地方,西面与各少数民族交好,南面安抚夷越各族,对外和孙权结盟,对内改革政治,天下形势一有变化,就派一员上将率领荆州的军队向宛县与洛阳一带进军,将军亲自率领益州的大军出师秦川,百姓谁能不用篮子提着食物、用壶装着酒来迎接将军呢?果真像这样的话,那么您称霸的大业就可以成功,汉王室就有望复兴了。”先主说:“讲得好!”从此,刘备与诸葛亮的关系一天比一天亲密。关羽、张飞等人感到很不高兴,先主向他们解释说:“我有了孔明,就如同鱼儿有了水一样。希望你们不要再说什么了。”关羽、张飞也就停止了对此事的议论。

【原文】刘表长子琦,亦深器亮。表受后妻之言,爱少子琮,不悦于琦。琦每欲与亮谋自安之术,亮辄拒塞,未与处画。琦乃将亮游观后园,共上高楼,饮宴之间,令人去梯,因谓亮曰:“今日上不至天,下不至地,言出子口,入于吾耳,可以言未?”亮答曰:“君不见申生在内而危,重耳在外而安乎?”琦意感悟,阴规出计。会黄祖死,得出,遂为江夏太守。俄而表卒,琮闻曹公来征,遣使请降。先主在樊闻之,率其众南行,亮与徐庶并从,为曹公所追破,获庶母。庶辞先主而指其心曰:“本欲与将军共图王霸之业者,以此方寸之地也。今已失老母,方寸乱矣,无益于事,请从此别。”遂诣曹公。①

①《魏略》曰:庶,先名福,本单家子,少好任侠击剑。中平末,尝为人报仇,白垩突面,被发而走,为吏所得,问其姓字,闭口不言。吏乃于车上立柱维磔之,击鼓以令于市鄽,莫敢识者,而其党伍共篡解之,得脱。于是感激,弃其刀戟,更疏巾单衣,折节学问。始诣精舍,诸生闻其前作贼,不肯与共止。福乃卑躬早起,常独扫除,动静先意,听习经业,义理精熟。遂与同郡石韬相亲爱。初平中,中州兵起,乃与韬南客荆州,到,又与诸葛亮特相善。及荆州内附,孔明与刘备相随去,福与韬俱来北。至黄初中,韬仕历郡守、典农校尉,福至右中郎将、御史中丞。逮大和中,诸葛亮出陇右,闻元直、广元仕财如此,叹曰:“魏殊多士邪!何彼二人不见用乎?”庶后数年病卒,有

碑在彭城，今犹存焉。

先主至于夏口，亮曰："事急矣，请奉命求救于孙将军。"时权拥军在柴桑，观望成败。亮说权曰："海内大乱，将军起兵据有江东，刘豫州亦收众汉南，与曹操并争天下。今操芟夷大难，略已平矣，遂破荆州，威震四海。英雄无所用武，故豫州遁逃至此。将军量力而处之：若能以吴、越之众与中国抗衡，不如早与之绝；若不能当，何不案兵束甲，北面而事之？今将军外托服从之名，而内怀犹豫之计，事急而不断，祸至无日矣！"权曰："苟如君言，刘豫州何不遂事之乎？"亮曰："田横，齐之壮士耳，犹守义不辱，况刘豫州王室之胄，英才盖世，众士慕仰，若水之归海。若事之不济，此乃天也，安能复为之下乎！"权勃然曰："吾不能举全吴之地，十万之众，受制于人。吾计决矣！非刘豫州莫可以当曹操者，然豫州新败之后，安能抗此难乎？"亮曰："豫州军虽败于长阪，今战士还者及关羽水军精甲万人，刘琦合江夏战士亦不下万人。曹操之众，远来疲弊，闻追豫州，轻骑一日一夜行三百余里，此所谓'强弩之末，势不能穿鲁缟'者也。故兵法忌之，曰'必蹶上将军'。且北方之人，不习水战，又荆州之民附操者，逼兵势耳，非心服也。今将军诚能命猛将统兵数万，与豫州协规同力，破操军必矣。操军破，必北还，如此则荆、吴之势强，鼎足之形成矣。成败之机，在于今日。"权大悦，即遣周瑜、程普、鲁肃等水军三万，随亮诣先主，并力拒曹公。① 曹公败于赤壁，引军归邺。先主遂收江南，以亮为军师中郎将，使督零陵、桂阳、长沙三郡，调其赋税，以充军实。②

①《袁子》曰：张子布荐亮于孙权，亮不肯留。人问其故，曰："孙将军可谓人主，然观其度，能贤亮而不能尽亮，吾是以不留。"

臣松之以为：袁孝尼著文立论，甚重诸葛之为人，至如此言则失之殊远。观亮君臣相遇，可谓希世一时，终始之分，谁能间之？宁有中违断金，甫怀择主，设使权尽其量，便当翻然去就乎？葛生行己，岂其然哉！关羽为曹公所获，遇之甚厚，可谓能尽其用矣，犹义不背本，曾谓孔明之不若云长乎？

②《零陵先贤传》云：亮时住临烝。

【译文】刘表的长子刘琦，也非常器重诸葛亮。刘表听信后妻的挑拨，宠爱小儿子刘琮，不喜爱刘琦。刘琦常想与诸葛亮商量保全自己的办法，诸葛亮总是拒绝他，不为他谋划。于是，刘琦带着诸葛亮游览后园，一起登上高楼，设宴饮酒的时候，让人搬去梯子，趁机对诸葛亮说："如今上不着天，下不着地，话从您嘴里说出来，便进入我的耳朵，您可以说了吗？"诸葛亮回答说："您没有听说过申生在宫中而遇害，重耳逃亡在外而获得安全的事情吗？"刘琦内心有所感触，领悟了其中的道理，于是在暗地里策划离开荆州的办法。恰逢黄祖死了，他得以离开，于是做了江夏太守。不久，刘表去世，刘琮听说曹公前来进攻荆州，便派使者请求投降。先主在樊城听到这一消息，于是率领他的部队向南行进，诸葛亮与徐庶一起跟随他，他们被曹操的追兵打败，徐庶的母亲被俘虏。徐庶指着自己的心向先主告辞说："我原本想用我这颗心，与将军一起谋划称霸天下的大业。如今我失掉年迈的母亲，心已大乱，对您的事业已经没什么帮助了,请允许我从此与您告别。”于是就前往曹操那里去了。

先主来到夏口,诸葛亮说:“事情紧急,请派我去向孙将军请求支援。”当时孙权集中部队驻扎在柴桑,正观望着刘备与曹操究竟谁胜谁败。诸葛亮劝孙权说:“天下大乱以来,将军起兵占据江东,刘备也在汉水以南招募军队,与曹操一起争夺天下。如今曹操已经削灭群雄,基本上平定了北方,又攻破荆州,威名震动四海。英雄无用武之地,因此刘备逃跑到了这里。将军应评估自己的力量来应付眼前的局面:如果可以依靠吴、越的兵力同中原的曹操对抗,不如趁早与他断绝关系;如果不能抵挡,为何不放下武器盔甲,向曹操称臣投降呢?如今将军表面上装作服从他,而内心却迟疑不决,另有打算,在事情的紧急关头还不能有所决断,大祸很快便要降临了!”孙权说:“如果像您所说的那样,刘备为何不向曹操称臣投降呢?”诸葛亮说:“田横不过是齐国的一名壮士罢了,尚且能坚守节操而不屈辱投降,更何况刘备是皇族的后代,他杰出的才能盖世无双,许多贤能之士都仰慕他,愿意投奔他,就如同水流向大海一样。如果事业不能成功,这是天意,如何能做曹操的臣下呢!”孙权愤怒地说:“我不能拿整个东吴的土地与十万将士去受别人的控制。我的主意已定!除了刘备,没有能抵挡曹操的人了,但是刘备刚刚打了败仗,如何能够抵抗得了这么强大的敌人呢?”诸葛亮说:“刘备的军队尽管在长坂打了败仗,可如今归队的战士加上关羽的水军,还有精兵上万人,刘琦汇合江夏的将士也不少于一万人。曹操的军队,远道而来,极为疲惫,听说追赶刘备的轻骑兵一天一夜行走了三百多里路,这就是人们所说的‘强弓发出去的箭,到射程末了时,它的力量连鲁地出产的薄绢也无法穿透’的情况。因此兵法忌讳这种做法,说这样做‘一定会对先头部队的主帅造成损伤’。而且北方人不习惯水上作战,再加上荆州百姓之所以归附曹操,不过是被武力逼迫无奈之下才作出的决定,并非是心甘情愿的。现在将军如果真能派出勇将统帅几万军队,与刘备同心协力,就一定能够打败曹操。曹操兵败,一定会退回北方,如此一来,荆州与东吴的势力就会增强,三分天下的局面便形成了。成败的关键,就在于今天。”孙权十分高兴,立即派周瑜、程普、鲁肃等带领三万水军,跟随诸葛亮赶到刘备那里,同心协力抵抗曹操。曹操在赤壁惨遭失败,带领部队返回邺城。先主于是收复了江南各郡,任命诸葛亮为军师中郎将,命他督率零陵、桂阳、长沙三郡,征调三郡的赋税,来充实军用。

【原文】建安十六年,益州牧刘璋遣法正迎先主,使击张鲁。亮与关羽镇荆州。先主自葭萌还攻璋,亮与张飞、赵云等率众溯江,分定郡县,与先主共围成都。成都平,以亮为军师将军,署左将军府事。先主外出,亮常镇守成都,足食足兵。二十六年,群下劝先主称尊号,先主未许,亮说曰:“昔吴汉、耿弇等初劝世祖即帝位,世祖辞让,前后数四,耿纯进言曰:‘天下英雄喁喁,冀有所望。如不从议者,士大夫各归求主,无为从公也。’世祖感纯言深至,遂然诺之。今曹氏篡汉,天下无主,大王刘氏苗族,绍世而起,今即帝位,乃其宜也。士大夫随大王久勤苦者,亦欲望尺寸之功如纯言耳。”先主于是即帝位,策亮为丞相曰:“朕遭家不造,奉承大统,兢兢业业,不敢康宁,思靖百姓,惧未能绥。於戏!丞相亮其悉朕意无怠,辅朕之阙,助宣重光,以照明天下,君其勖哉!”亮以丞相录尚书事,假节。张飞卒后,领司隶校尉。[①]

①《蜀记》曰:晋初扶风王骏镇关中,司马高平刘宝、长史荥阳桓隰诸官属士大夫共论诸葛亮,于时谭者多讥亮托身非所,劳困蜀民,力小谋大,不能度德量力。金城郭冲以为亮权智英略,有逾管、晏,功业未济,论者惑焉,条亮五事隐没不闻于世者,宝等亦不能复难。扶风王慨然善冲之言。

臣松之以为:亮之异美,诚所愿闻,然冲之所说,实皆可疑,谨随事难之如左:

其一事曰:亮刑法峻急,刻剥百姓,自君子小人咸怀怨叹,法正谏曰:“昔高祖入关,约法三章,秦民知德,今君假借威力,跨据一州,初有其国,未垂惠抚。且客主之义,宜相降下,愿缓刑弛禁,以慰其望。”亮答曰:“君知其一,未知其二。秦以无道,政苛民怨,匹夫大呼,天下土崩,高祖因之,可以弘济。刘璋暗弱,自焉已来有累世之恩,文法羁縻,互相承奉,德政不举,威刑不肃。蜀土人士,专权自恣,君臣之道,渐以陵替。宠之以位,位极则贱;顺之以恩,恩竭则慢。所以致弊,实由于此。吾今威之以法,法行则知恩;限之以爵,爵加则知荣。荣恩并济,上下有节。为治之要,于斯而著。”难曰:案法正在刘主前死,今称法正谏,则刘主在也。诸葛职为股肱,事归元首,刘主之世,亮又未领益州,庆赏刑政,不出于己。寻冲所述亮答,专自有其能,有违人臣自处之宜。以亮谦顺之体,殆必不然。又云亮刑法峻急,刻剥百姓,未闻善政以刻剥为称。

其二事曰:曹公遣刺客见刘备,方得交接,开论伐魏形势,甚合备计。稍欲亲近,刺者尚未得便会,既而亮入,魏客神色失措。亮因而察之,亦知非常人。须臾,客如厕,备谓亮曰:“向得奇士,足以助君补益。”亮问所在,备曰:“起者其人也。”亮徐叹曰:“观客色动而神惧,视低而忤数,奸形外漏,邪心内藏,必曹氏刺客也。”追之,已越墙而走。难曰:凡为刺客,皆暴虎冯河,死而无悔者也。刘主有知人之鉴,而惑于此客,则此客必一时之奇士也。又语诸葛云“足以助君补益”,则亦诸葛之流亚也。凡如诸葛之俦,鲜有为人作刺客者矣,时主亦当惜其器用,必不投之死地也。且此人不死,要应显达为魏,竟是谁乎?何其寂蔑而无闻!

章武三年春,先主于永安病笃,召亮于成都,属以后事,谓亮曰:“君才十倍曹丕,必能安国,终定大事。若嗣子可辅,辅之;如其不才,君可自取。”亮涕泣曰:“臣敢竭股肱之力,效忠贞之节,继之以死!”先主又为诏敕后主曰:“汝与丞相从事,事之如父。”[①]建兴元年,封亮武乡侯,开府治事。顷之,又领益州牧。政事无巨细,咸决于亮。南中诸郡,并皆叛乱,亮以新遭大丧,故未便加兵,且遣使聘吴,因结和亲,遂为与国。[②]

①孙盛曰:夫杖道扶义,体存信顺,然后能匡主济功,终定大业。语曰:“弈者举棋不定,犹不胜其偶。”况量君之才否而二三其节,可以摧服强邻囊括四海者乎?备之命亮,乱孰甚焉!世或有谓备欲以固委付之诚,且以一蜀人之志。君子曰:不然。苟所寄忠贤,则不须若斯之诲,如非其人,不宜启篡逆之涂。是以古之顾命,必贻话言。诡伪之辞,非托孤之谓。幸值刘禅暗弱,无猜险之性,诸葛威略,足以检卫异端,故使异同之

心无由自起耳。不然,殆生疑隙不逞之衅。谓之为权,不亦惑哉!

②《亮集》曰:是岁,魏司徒华歆、司空王朗、尚书令陈群、太史令许芝、谒者仆射诸葛璋各有书与亮,陈天命人事,欲使举国称藩。亮遂不报书,作《正议》曰:"昔在项羽,起不由德,虽处华夏,秉帝者之势,卒就汤镬,为后永戒。魏不审鉴,今次之矣,免身为幸,戒在子孙。而二三子各以耆艾之齿,承伪指而进书,有若崇、竦称莽之功,亦将逼于元祸苟免者邪!昔世祖之创迹旧基,奋羸卒数千,摧莽强旅四十余万于昆阳之郊。夫据道讨淫,不在众寡。及至孟德,以其谲胜之力,举数十万之师,救张郃于阳平,势穷虑悔,仅能自脱,辱其锋锐之众,遂丧汉中之地,深知神器不可妄获,旋还未至,感毒而死。子桓淫逸,继之以篡。纵使二三子多逞苏、张诡靡之说,奉进驩兜滔天之辞,欲以诬毁唐帝,讽解禹、稷,所谓徒丧文藻烦劳翰墨者矣。夫大人君子之所不为也。又,《军诫》曰:'万人必死,横行天下。'昔轩辕氏整卒数万,制四方,定海内,况以数十万之众,据正道而临有罪,可得干拟者哉!"

三年春,亮率众南征,[①]其秋悉平。军资所出,国以富饶,[②]乃治戎讲武,以俟大举。五年,率诸军北驻汉中,临发,上疏曰:

先帝创业未半而中道崩殂,今天下三分,益州疲弊,此诚危急存亡之秋也。然侍卫之臣不懈于内,忠志之士忘身于外者,盖追先帝之殊遇,欲报之于陛下也。诚宜开张圣听,以光先帝遗德,恢弘志士之气,不宜妄自菲薄,引喻失义,以塞忠谏之路也。宫中府中,俱为一体,陟罚臧否,不宜异同。若有作奸犯科及为忠善者,宜付有司论其刑赏,以昭陛下平明之理,不宜偏私,使内外异法也。侍中、侍郎郭攸之、费祎、董允等,此皆良实,志虑忠纯,是以先帝简拔以遗陛下。愚以为宫中之事,事无大小,悉以咨之,然后施行,必能裨补阙漏,有所广益。将军向宠,性行淑均,晓畅军事,试用于昔日,先帝称之曰能,是以众议举宠为督。愚以为营中之事,悉以咨之,必能使行陈和睦,优劣得所。亲贤臣,远小人,此先汉所以兴隆也;亲小人,远贤臣,此后汉所以倾颓也。先帝在时,每与臣论此事,未尝不叹息痛恨于桓、灵也。侍中、尚书、长史、参军,此悉贞良死节之臣,愿陛下亲之信之,则汉室之隆,可计日而待也。

① 诏赐亮金鈇钺一具,曲盖一,前后羽葆、鼓吹各一部,虎贲六十人。事在《亮集》。

②《汉晋春秋》曰:亮至南中,所在战捷。闻孟获者,为夷、汉所服,募生致之。既得,使观于营陈之间,问曰:"此军何如?"获对曰:"向者不知虚实,故败。今蒙赐观看营陈,若只如此,即定易胜耳。"亮笑,纵使更战,七纵七禽,而亮犹遣获。获止不去,曰:"公,天威也,南人不复反矣。"遂至滇池。南中平,皆即其渠率而用之。或以谏亮,亮曰:"若留外人,则当留兵,兵留则无所食,一不易也;加夷新伤破,父兄死丧,留外人而无兵者,必成祸患,二不易也;又夷累有废杀之罪,自嫌衅重,若留外人,终不相信,三不易也。今吾欲使不留兵,不运粮,而纲纪粗定,夷、汉粗安故耳。"

臣本布衣,躬耕于南阳,苟全性命于乱世,不求闻达于诸侯。先帝不以臣卑鄙,猥自枉屈,三顾臣于草庐之中,咨臣以当世之事,由是感激,遂许先帝以驱驰。

后值倾覆,受任于败军之际,奉命于危难之间,尔来二十有一年矣。[①]先帝知臣谨慎,故临崩寄臣以大事也。受命以来,夙夜忧叹,恐托付不效,以伤先帝之明,故五月渡泸,深入不毛。[②]今南方已定,兵甲已足,当奖率三军,北定中原,庶竭驽钝,攘除奸凶,兴复汉室,还于旧都。此臣所以报先帝而忠陛下之职分也。至于斟酌损益,进尽忠言,则攸之、祎、允之任也。

①臣松之按:刘备以建安十三年败,遣亮使吴,亮以建兴五年抗表北伐,自倾覆至此整二十年。然则备始与亮相遇,在败军之前一年时也。

②《汉书·地理志》曰:泸惟水出牂牁郡句町县。

愿陛下托臣以讨贼兴复之效,不效,则治臣之罪,以告先帝之灵。若无兴德之言,则责攸之、祎、允等之慢,以彰其咎。陛下亦宜自谋,以谘诹善道,察纳雅言,深追先帝遗诏。臣不胜受恩感激,今当远离,临表涕零,不知所言。

遂行,屯于沔阳。[①]

①郭冲三事曰:亮屯于阳平,遣魏延诸军并兵东下,亮惟留万人守城。晋宣帝率二十万众拒亮,而与延军错道,径至前,当亮六十里所,侦候白宣帝说亮在城中兵少力弱。亮亦知宣帝垂至,已与相逼,欲前赴延军,相去又远,回迹反追,势不相及,将士失色,莫知其计。亮意气自若,敕军中皆卧旗息鼓,不得妄出庵幔,又令大开四城门,扫地却洒。宣帝常谓亮持重,而猥见势弱,疑其有伏兵,于是引军北趣山。明日食时,亮谓参佐拊手大笑曰:"司马懿必谓吾怯,将有强伏,循山走矣。"候逻还白,如亮所言。宣帝后知,深以为恨。难曰:案阳平在汉中。亮初屯阳平,宣帝尚为荆州都督,镇宛城,至曹真死后,始与亮于关中相抗御耳。魏尝遣宣帝自宛由西城伐蜀,值霖雨,不果。此之前后,无复有于阳平交兵事。就如冲言,宣帝既举二十万众,已知亮兵少力弱,若疑其有伏兵,正可设防持重,何至便走乎?案《魏延传》云:"延每随亮出,辄欲请精兵万人,与亮异道会于潼关,亮制而不许。延常谓亮为怯,叹己才用之不尽也。"亮尚不以延为万人别统,岂得如冲言,顿使将重兵在前,而以轻弱自守乎?且冲与扶风王言,显彰宣帝之短,对子毁父,理所不容,而云"扶风王慨然善冲之言",故知此书举引皆虚。

【译文】汉献帝建安十六年,益州牧刘璋派遣法正迎接刘备,让他进攻张鲁。诸葛亮与关羽镇守荆州。后来刘备从葭萌返回来攻打刘璋,诸葛亮与张飞、赵云等人率领军队逆江而上,分别平定了沿江各个郡县,之后与刘备一起包围成都。成都平定后,刘备提拔诸葛亮为军师将军,代理左将军府事。刘备外出的时候,诸葛亮常常镇守成都,使粮食与军备都保持充足。建安二十六年,众部下劝刘备称帝,刘备不答应,诸葛亮劝说道:"从前吴汉、耿弇等最初劝说世祖刘秀当皇帝,刘秀推让,前后多达四次,耿纯进言说:'天下的英雄非常景仰您,希望跟着您能得到自己所渴望的东西。如果您不愿接纳大家的意见,士大夫们就要各自回去另找主人,不会再跟随您了。'世祖刘秀感觉耿纯的话十分深刻,于是答应了他们的请求。如今曹操篡夺了汉室江山,天下没有君主,大王您身为刘氏的后裔,继承帝统而兴起,当下即皇帝之位,才是应该做的。士大夫们追随您长期以来极为辛苦,也希望获得哪怕是一点点功劳,就像耿纯所说的那样。”于是，先主即位称帝，任命诸葛亮为丞相，策书上说:“我汉室遭遇不幸，现在我恭敬地继承皇帝位，小心谨慎，认真踏实，不敢安闲，思虑让百姓安居乐业，总担心他们不能得到安抚。啊！丞相诸葛亮您要明白我的心意，及时帮助我填补疏忽与遗漏的地方，协助我宣扬功德，让汉室的光辉普照天下，您要勉励啊！”诸葛亮以丞相身份总管尚书台的事务，并被授予符节。张飞去世后，他又兼任司隶校尉。

章武三年春天，先主在永安，病情十分危急，将诸葛亮急忙从成都召来，把后事托付给他，先主对诸葛亮说:“您的才能比曹丕胜过十倍，一定可以安定国家，最终完成统一全国的大业。如果继位的刘禅值得辅佐，您就辅佐他；如果他才能低微，您可自己取而代之。”诸葛亮流着泪说:“我愿意竭尽全力辅助他，献出全部忠贞的节操，一直坚持到死。”先主又写下诏书告诫后主刘禅说:“你和丞相一起治理国家，事奉他要如同对待自己的父亲一样。”建兴元年，刘禅封诸葛亮为武乡侯，成立丞相府署，处理政事。时隔不久，诸葛亮又兼任益州牧。政事无论大小，都由诸葛亮决定。南中地区的几个郡，一起发生叛乱，诸葛亮因蜀国刚刚遭到国丧，因此没有派兵镇压，同时派遣使者访问吴国，与他们缔结姻亲，结成盟国。

建兴三年春天，诸葛亮率领大军征讨南方，这年秋天，将叛乱全部平定。军需物资都出于这些新平定的郡，国家因这些郡得以富饶，于是诸葛亮便整军练兵，以等待时机发起大的军事行动。建兴五年，诸葛亮率领各路大军北上进驻汉中，临出发之时，给后主刘禅上奏疏说:

先帝开创的事业还未能完成一半就中途逝世了，如今天下分为魏、蜀、吴三国，而蜀国人力疲乏，物力不足，这实在是危急存亡的关键时期。然而侍从保卫皇帝的大臣毫不懈怠，忠心赤胆的将士在外奋不顾身，这都是因为他们追念先帝对他们施行的厚恩，一心想要向陛下报答恩情。陛下实在应该广泛听取群臣意见，来把先帝遗留下来的美德发扬光大，振作将士们的精神，不应当过分地看轻自己，援引不恰当的譬喻，堵塞群臣向您尽忠劝谏的道路。皇宫与各府署的官员，都是一个整体，赏罚褒贬，不应该有所偏颇。如果有作恶犯法与行忠善之事的人，应该交由主管官员来评定对他们的处罚或奖赏，以彰显陛下治理国家的公正严明，不应当偏袒护私，使宫内与宫外的赏罚制度不一样。侍中郭攸之、费祎、侍郎董允等，都是善良诚恳的人，他们心志忠诚，思想纯洁，所以先帝选拔他们留给陛下。我认为宫中的大小事情，都可以与他们商量，之后再去施行，一定能补救缺点和疏漏，得到更大的好处。将军向宠，性情和善，办事公允，精通军事，以前经过试用，先帝曾称赞他的才能，因此大家商议举荐他担任中部督。我认为军营中的事宜，都可以与他商量，一定能使军队内部和睦融洽，不同才能的人都各得其所。亲近贤德的大臣，疏远小人，这是前汉兴隆的原因；亲近小人，疏远贤臣，这是后汉衰亡的缘故。先帝在世时，每次与我谈论这件事情，没有一次不叹息，为桓、灵二帝感到痛心与遗憾的。侍中郭攸之、费祎，尚书陈震，长史张裔，参军蒋琬，这些人都是忠正可靠能够以死殉节的贤臣，希望陛下可以亲近他们，信任他们,那么汉王朝的兴隆,便指日可待了。

我原本是个平民百姓,在南阳亲自耕种土地,只想在乱世中保全自己的性命,不求在割据各方的势力中做官以闻名天下。先帝不因我出身卑贱,见识鄙陋,亲自屈尊拜访,三次前来草庐看我,向我询问当今天下的大事,我因此非常感激,于是答应先帝为他奔走效劳。后来遭遇军事失利,我在兵败之时承担重任,在危急关头接受任命,从那时到现在已经二十一年了。先帝知道我办事严谨,因此在临终的时候把复兴汉王朝的大事托付给我。我接受遗命以来,朝夕忧愁叹息,就怕先帝托付给我的事情不能完成,以致损伤先帝的英明,所以我就在五月里渡过泸水南征,深入到荒凉的地方作战。如今南方诸郡的叛乱已经平定,军备也已准备充足,我应当鼓励并率领全军,向北平定中原,也许能够凭着我平庸的才智,铲除奸邪凶顽,使汉王朝复兴,返还旧都。这就是我报答先帝、效忠陛下所应该尽到的职责。至于考虑事情是否可行,采取适当措施,毫无保留地进献忠言,那就是郭攸之、费祎、董允的责任了。

希望陛下把讨伐奸贼、兴复汉室的任务交给我,如果不能成功,那就惩治我的罪过,用来告慰先帝的神灵。如果没有进献发扬圣德的忠言,那就责备郭攸之、费祎、董允等人的怠慢,用来揭示他们的过失。陛下也应该自行谋划,询问治国的道理,识别采纳正确的言论,追念先帝遗愿。我蒙受大恩,感激不尽,如今即将离朝远征,面对着奏章眼泪掉落,不知道自己说了什么。

于是诸葛亮率军出发,在沔阳驻军。

【原文】六年春,扬声由斜谷道取郿,使赵云、邓芝为疑军,据箕谷,魏大将军曹真举众拒之。亮身率诸军攻祁山,戎陈整齐,赏罚肃而号令明,南安、天水、定安三郡叛魏应亮,关中响震。① 魏明帝西镇长安,命张郃拒亮,亮使马谡督诸军在前,与郃战于街亭。谡违亮节度,举动失宜,大为郃所破。亮拔西县千余家,还于汉中,② 戮谡以谢众。上疏曰:“臣以弱才,叨窃非据,亲秉旄钺以厉三军,不能训章明法,临事而惧,至有街亭违命之阙,箕谷不戒之失,咎皆在臣授任无方。臣明不知人,恤事多暗,《春秋》责帅,臣职是当。请自贬三等,以督厥咎。”于是以亮为右将军,行丞相事,所总统如前。③

①《魏略》曰:始,国家以蜀中惟有刘备。备既死,数岁寂然无声,是以略无备预。而卒闻亮出,朝野恐惧,陇右、祁山尤甚,故三郡同时应亮。

② 郭冲四事曰:亮出祁山,陇西、南安二郡应时降,围天水,拔冀城,虏姜维,驱略士女数千人还蜀。人皆贺亮,亮颜色愀然有戚容,谢曰:“普天之下,莫非汉民,国家威力未举,使百姓困于豺狼之吻。一夫有死,皆亮之罪,以此相贺,能不为愧。”于是蜀人咸知亮有吞魏之志,非惟拓境而已。难曰:亮有吞魏之志久矣,不始于此众人方知也,且于时师出无成,伤缺而反者众,三郡归降而不能有。姜维,天水之匹夫耳,获之则于魏何损?拔西县千家,不补街亭所丧,以何为功,而蜀人相贺乎?

③《汉晋春秋》曰:或劝亮更发兵者,亮曰:“大军在祁山、箕谷,皆多于贼,而不能

破贼为贼所破者，则此病不在兵少也，在一人耳。今欲减兵省将，明罚思过，校变通之道于将来。若不能然者，虽兵多何益！自今已后，诸有忠虑于国，但勤攻吾之阙，则事可定，贼可死，功可跻足而待矣。”于是考微劳，甄烈壮，引咎责躬，布所失于天下，厉兵讲武，以为后图，戎士简练，民忘其败矣。亮闻孙权破曹休，魏兵东下，关中虚弱。十一月，上言曰：“先帝虑汉、贼不两立，王业不偏安，故托臣以讨贼也。以先帝之明，量臣之才，故知臣伐贼才弱敌强也。然不伐贼，王业亦亡，惟坐待亡，孰与伐之？是故托臣而弗疑也。臣受命之日，寝不安席，食不甘味，思惟北征，宜先入南，故五月渡泸，深入不毛，并日而食。臣非不自惜也，顾王业不可得偏全于蜀都，故冒危难以奉先帝之遗意也，而议者谓为非计。今贼适疲于西，又务于东，兵法乘劳，此进趋之时也。谨陈其事如左：高帝明并日月，谋臣渊深，然涉险被创，危然后安。今陛下未及高帝，谋臣不如良、平，而欲以长计取胜，坐定天下，此臣之未解一也。刘繇、王朗各据州郡，论安言计，动引圣人，群疑满腹，众难塞胸，今岁不战，明年不征，使孙策坐大，遂并江东，此臣之未解二也。曹操智计殊绝于人，其用兵也，仿佛孙、吴，然困于南阳，险于乌巢，危于祁连，逼于黎阳，几败北山，殆死潼关，然后伪定一时耳，况臣才弱，而欲以不危而定之，此臣之未解三也。曹操五攻昌霸不下，四越巢湖不成，任用李服而李服图之，委夏侯而夏侯败亡，先帝每称操为能，犹有此失，况臣驽下，何能必胜？此臣之未解四也。自臣到汉中，中间期年耳，然丧赵云、阳群、马玉、阎芝、丁立、白寿、刘郃、邓铜等及曲长屯将七十余人，突将无前、賨叟、青羌散骑、武骑一千余人，此皆数十年之内所纠合四方之精锐，非一州之所有，若复数年，则损三分之二也，当何以图敌？此臣之未解五也。今民穷兵疲，而事不可息，事不可息，则住与行劳费正等，而不及今图之，欲以一州之地与贼持久，此臣之未解六也。夫难平者，事也。昔先帝败军于楚，当此时，曹操拊手，谓天下已定。然后先帝东连吴、越，西取巴、蜀，举兵北征，夏侯授首，此操之失计而汉事将成也。然后吴更违盟，关羽毁败，秭归蹉跌，曹丕称帝。凡事如是，难可逆见。臣鞠躬尽力，死而后已，至于成败利钝，非臣之明所能逆睹也。”于是有散关之役。此表，《亮集》所无，出张俨《默记》。

冬，亮复出散关，围陈仓，曹真拒之，亮粮尽而还。魏将王双率骑追亮，亮与战，破之，斩双。

七年，亮遣陈式攻武都、阴平。魏雍州刺史郭淮率众欲击式，亮自出至建威，淮退还，遂平二郡。诏策亮曰：“街亭之役，咎由马谡，而君引愆，深自贬抑，重违君意，听顺所守。前年耀师，馘斩王双；今岁爰征，郭淮遁走；降集氐、羌，兴复二郡，威镇凶暴，功勋显然。方今天下骚扰，元恶未枭，君受大任，干国之重，而久自挹损，非所以光扬洪烈矣。今复君丞相，君其勿辞”①

①《汉晋春秋》曰：是岁，孙权称尊号，其群臣以并尊二帝来告。议者咸以为交之无益，而名体弗顺，宜显明正义，绝其盟好。亮曰：“权有僭逆之心久矣，国家所以略其衅情者，求掎角之援也。今若加显绝，雠我必深，便当移兵东伐，与之角力，须并其土，乃议中原。彼贤才尚多，将相缉穆，未可一朝定也。顿兵相持，坐而须老，使北贼得计，

非算之上者。昔孝文卑辞匈奴，先帝优与吴盟，皆应权通变，弘思远益，非匹夫之为忿者也。今议者咸以权利在鼎足，不能并力，且志望以满，无上岸之情，推此，皆似是而非也。何者？其智力不侔，故限江自保。权之不能越江，犹魏贼之不能渡汉，非力有余而利不取也。若大军致讨，彼高当分裂其地以为后规，下当略民广境，示武于内，非端坐者也。若就其不动而睦于我，我之北伐，无东顾之忧，河南之众不得尽西，此之为利，亦已深矣。权僭之罪，未宜明也。"乃遣卫尉陈震庆权正号。

九年，亮复出祁山，以木牛运，①粮尽退军，与魏将张郃交战，射杀郃。②十二年春，亮悉大众由斜谷出，以流马运，据武功五丈原，与司马宣王对于渭南。亮每患粮不继，使己志不申，是以分兵屯田，为久驻之基。耕者杂于渭滨居民之间，而百姓安堵，军无私焉。③相持百余日。其年八月，亮疾病，卒于军，时年五十四。④及军退，宣王案行其营垒处所，曰："天下奇才也！"⑤

①《汉晋春秋》曰：亮围祁山，招鲜卑轲比能，比能等至故北地石城以应亮。于是魏大司马曹真有疾，司马宣王自荆州入朝，魏明帝曰："西方事重，非君莫可付者。"乃使西屯长安，督张郃、费曜、戴陵、郭淮等。宣王使曜、陵留精兵四千守上邽，余众悉出，西救祁山。郃欲分兵驻雍、郿，宣王曰："料前军能独当之者，将军言是也；若不能当而分为前后，此楚之三军所以为黥布禽也。"遂进。亮分兵留攻，自逆宣王于上邽。郭淮、费曜等徼亮，亮破之，因大芟刈其麦，与宣王遇于上邽之东。敛兵依险，军不得交，亮引而还。宣王寻亮至于卤城。张郃曰："彼远来逆我，请战不得，谓我利在不战，欲以长计制之也。且祁山知大军以在近，人情自固，可止屯于此，分为奇兵，示出其后，不宜进前而不敢逼，坐失民望也。今亮县军食少，亦行去矣。"宣王不从，故寻亮。既至，又登山掘营，不肯战。贾栩、魏平数请战，因曰："公畏蜀如虎，奈天下笑何！"宣王病之。诸将咸请战。五月辛巳，乃使张郃攻无当监何平于南围，自案中道向亮。亮使魏延、高翔、吴班赴拒，大破之，获甲首三千级，玄铠五千领，角弩三千一百张，宣王还保营。

②郭冲五事曰：魏明帝自征蜀，幸长安，遣宣王督张郃诸军，雍、凉劲卒三十余万，潜军密进，规向剑阁。亮时在祁山，旌旗利器，守在险要，十二更下，在者八万。时魏军始陈，幡兵适交，参佐咸以贼众强盛，非力所制，宜权停下兵一月，以并声势。亮曰："吾统武行师，以大信为本，得原失信，古人所惜。去者束装以待期，妻子鹤望而计日，虽临征难，义所不废。"皆催遣令去。于是去者感悦，愿留一战，住者愤踊，思致死命。相谓曰："诸葛公之恩，死犹不报也。"临战之日，莫不拔刃争先，以一当十，杀张郃，却宣王，一战大克，此信之由也。难曰：臣松之案：亮前出祁山，魏明帝身至长安耳，此年不复自来。且亮大军在关、陇，魏人何由得越亮径向剑阁？亮既在战场，本无久住之规，而方休兵还蜀，皆非经通之言。孙盛、习凿齿搜求异同，罔有所遗，而并不载冲言，知其乖刺多矣。

③《汉晋春秋》曰：亮自至，数挑战，宣王亦表固请战，使卫尉辛毗持节以制之。姜维谓亮曰："辛佐治仗节而到，贼不复出矣。"亮曰："彼本无战情，所以固请战者，以示武于其众耳。将在军，君命有所不受，苟能制吾，岂千里而请战邪！"◎《魏氏春秋》曰：

亮使至，问其寝食及其事之烦简，不问戎事。使对曰："诸葛公夙兴夜寐，罚二十以上，皆亲揽焉；所啖食不至数升。"宣王曰："亮将死矣。"

④《魏书》曰：亮粮尽势穷，忧恚欧血，一夕烧营遁走，入谷，道发病卒。◎《汉晋春秋》曰：亮卒于郭氏坞。◎《晋阳秋》曰：有星赤而芒角，自东北西南流，投于亮营，三投再还，往大还小。俄而亮卒。

臣松之以为：亮在渭滨，魏人蹑迹，胜负之形，未可测量，而云欧血，盖因亮自亡而自夸大也。夫以孔明之略，岂为仲达欧血乎？及至刘琨丧师，与晋元帝笺亦云"亮军败欧血"，此则引虚记以为言也。其云入谷而卒，缘蜀人入谷发丧故也。

⑤《汉晋春秋》曰：杨仪等整军而出，百姓奔告宣王，宣王追焉。姜维令仪反旗鸣鼓，若将向宣王者，宣王乃退，不敢逼。于是仪结陈而去，入谷然后发丧。宣王之退也，百姓为之谚曰："死诸葛走生仲达。"或以告宣王，宣王曰："吾能料生，不便料死也。"

【译文】建兴六年春天，诸葛亮扬言要经过斜谷道夺取郿县，派遣赵云、邓芝为疑兵，占据箕谷，诱惑敌人，魏国派遣大将军曹真率领军队前来抵抗。诸葛亮亲自率领各路军马攻打祁山，队伍整齐，赏罚严肃，号令清晰，南安、天水、安定三郡背叛魏国，纷纷响应诸葛亮，整个关中地区都一片震动。魏明帝亲自西行镇守长安，命令张郃对抗诸葛亮，诸葛亮派遣马谡统率各路军马作为先锋，在街亭和张郃交战。马谡私自违背诸葛亮的作战部署，在军事行动中犯下大错，结果被张郃打得大败。诸葛亮迁徙西县一千多家百姓退到汉中，杀掉马谡来向大家谢罪。诸葛亮向后主上奏章说："我才能低劣，担任了无法胜任的重要职务，亲自带兵征战沙场，用来激励三军将士，不能训导法规，严明法纪，处理大事而没能小心谨慎考虑，以至于出现马谡在街亭违背命令的错误与箕谷戒备松懈的过失，一切责任全都归结于我用人不当。我没有知人之明，办事也有很多糊涂的地方，按照《春秋》的大义，战争失利就要责罚主帅，根据我的职务，正应该受到这种责罚。请允许我自行降职三级，来惩罚我所犯的过错。"因此诸葛亮降职为右将军，代行丞相职务，所总管的事务如先前一样。

建兴六年冬天，诸葛亮再次出兵散关，围攻陈仓，魏将曹真与他对抗，诸葛亮因粮草用尽不得不退兵而还。魏国将领王双率领骑兵追赶诸葛亮，诸葛亮与他交战，打败魏军并杀掉王双。

建兴七年，诸葛亮派遣陈式攻打武都、阴平二郡。魏国的雍州刺史郭淮率领大军想要反击陈式，诸葛亮亲自赶到建威，郭淮退回到雍州，因而平定了武都、阴平二郡。后主给诸葛亮下诏书说："街亭那次失败的战役，错误是由马谡一人造成的，而您引咎自责，深刻地贬低并压制自己，我也不好违背您的意思，于是听从了您的意见，让您降至目前的职位。前年您光耀武力，折杀了王双；现在又再次征讨，郭淮失败逃跑；您又纳降并安抚了氐、羌等少数民族，收复并振兴了武都、阴平二郡，威风震慑了奸凶暴虐之徒，功勋十分显赫。现在国家还没有安定，首恶还没有清除，您身负重任，主持国家的重大事情，然而却长期地受到贬抑，这不是发扬光大先帝大功业的方式。如今恢复您丞相的职位，您就不要再推辞了。"

建兴九年，诸葛亮再次出兵祁山，利用木牛运输军需物资，因为粮草用尽而退兵，和魏将张郃交战，射杀了张郃。建兴十二年春天，诸葛亮率领全军从斜谷道出兵，运用流马运输军需物资，攻占了武功县的五丈原，与魏将司马懿在渭水之南对垒。诸葛亮经常担心军粮供应不上，使自己统一天下的抱负不能实现，因此分出一部分士兵在驻地种地，想要建立一个长期驻军的基地。开荒种地的士兵杂居在渭水边上的居民之间，百姓安居乐业，不受骚扰，屯田的军队也不求私利。军队与司马懿的军队相持了一百多天。这年八月，诸葛亮患病，死于军中，当时五十四岁。等到蜀军退走，司马懿一一巡视蜀军的营垒、住所，说道："诸葛亮果然是天下的奇才啊！"

【原文】亮遗命葬汉中定军山，因山为坟，冢足容棺，敛以时服，不须器物。诏策曰："惟君体资文武，明睿笃诚，受遗托孤，匡辅朕躬，继绝兴微，志存靖乱，爰整六师，无岁不征。神武赫然，威震八荒，将建殊功于季汉，参伊、周之巨勋。如何不吊，事临垂克，遘疾陨丧！朕用伤悼，肝心若裂。夫崇德序功，纪行命谥，所以光昭将来，刊载不朽。今使使持节、左中郎将杜琼，赠君丞相武乡侯印绶，谥君为忠武侯。魂而有灵，嘉兹宠荣。呜呼哀哉！呜呼哀哉！"

初，亮自表后主曰："成都有桑八百株，薄田十五顷，子弟衣食，自有余饶。至于臣在外任，无别调度，随身衣食，悉仰于官，不别治生，以长尺寸。若臣死之日，不使内有余帛，外有赢财，以负陛下。"及卒，如其所言。

亮性长于巧思，损益连弩，木牛流马，皆出其意。推演兵法，作八陈图，咸得其要云。① 亮言教书奏多可观，别为一集。

①《魏氏春秋》曰：亮作八务、七戒、六恐、五惧，皆有条章，以训厉臣子。又损益连弩，谓之元戎，以铁为矢，矢长八寸，一弩十矢俱发。

《亮集》载作木牛流马法曰："木牛者，方腹曲头，一脚四足，头入领中，舌著于腹。载多而行少，宜可大用，不可小使。特行者数十里，群行者二十里也。曲者为牛头，双者为牛脚，横者为牛领，转者为牛足，覆者为牛背，方者为牛腹，垂者为牛舌，曲者为牛肋，刻者为牛齿，立者为牛角，细者为牛鞅，摄者为牛鞦轁。勒牛仰双辕，人行六尺，牛行四步。载一岁粮，日行二十里，而人不大劳。流马尺寸之数，肋长三尺五寸，广三寸，厚二寸二分，左右同。前轴孔分墨去头四寸，径中二寸。前脚孔分墨二寸，去前轴孔四寸五分，广一寸。前杠孔去前脚孔分墨二寸七分，孔长二寸，广一寸。后轴孔去前杠分墨一尺五分，大小与前同。后脚孔分墨去后轴孔三寸五分，大小与前同。后杠孔去后脚孔分墨二寸七分，后载克去后杠孔分墨四寸五分。前杠长一尺八寸，广二寸，厚一寸五分。后杠与等版方囊二枚，厚八分，长二尺七寸，高一尺六寸五分，广一尺六寸，每枚受米二斛三斗。从上杠孔去肋下七寸，前后同。上杠孔去下杠孔分墨一尺三寸，孔长一寸五分，广七分，八孔同。前后四脚，广二寸，厚一寸五分。形制如象，靬长四寸，径面四寸三分。孔径中三脚杠，长二尺一寸，广一寸五分，厚一寸四分，同杠耳。"

景耀六年春，诏为亮立庙于沔阳。① 秋，魏镇西将军钟会征蜀，至汉川，祭亮之庙，令军士不得于亮墓所左右刍牧樵采。亮弟均，官至长水校尉。亮子瞻，嗣爵。②

①《襄阳记》曰：亮初亡，所在各求为立庙，朝议以礼秩不听，百姓遂因时节私祭之于道陌上。言事者或以为可听立庙于成都者，后主不从。步兵校尉习隆、中书侍郎向充等共上表曰："臣闻周人怀召伯之德，甘棠为之不伐；越王思范蠡之功，铸金以存其像。自汉兴以来，小善小德而图形立庙者多矣。况亮德范遐迩，勋盖季世，王室之不坏，实斯人是赖，而蒸尝止于私门，庙像阙而莫立，使百姓巷祭，戎夷野祀，非所以存德念功，述追在昔者也。今若尽顺民心，则渎而无典，建之京师，又逼宗庙，此圣怀所以惟疑也。臣愚以为宜因近其墓，立之于沔阳，使所亲属以时赐祭，凡其臣故吏欲奉祠者，皆限至庙。断其私祀，以崇正礼。"于是始从之。

②《襄阳记》曰：黄承彦者，高爽开列，为沔南名士，谓诸葛孔明曰："闻君择妇。身有丑女，黄头黑色，而才堪相配。"孔明许，即载送之。时人以为笑乐，乡里为之谚曰："莫作孔明择妇，正得阿承丑女。"

诸葛氏集目录

开府作牧第一	权制第二	南征第三
北出第四	计算第五	训厉第六
综核上第七	综核下第八	杂言上第九
杂言下第十	贵和第十一	兵要第十二
传运第十三	与孙权书第十四	与诸葛瑾书第十五
与孟达书第十六	废李平第十七	法检上第十八
法检下第十九	科令上第二十	科令下第二十一
军令上第二十二	军令中第二十三	军令下第二十四

右二十四篇，凡十万四千一百一十二字。臣寿等言：

臣前在著作郎，侍中领中书监济北侯臣荀勖、中书令关内侯臣和峤奏，使臣定故蜀丞相诸葛亮故事。亮毗佐危国，负阻不宾，然犹存录其言，耻善有遗，诚是大晋光明至德，泽被无疆，自古以来，未之有伦也。辄删除复重，随类相从，凡为二十四篇，篇名如右。

亮少有逸群之才、英霸之器，身长八尺，容貌甚伟，时人异焉。遭汉末扰乱，随叔父玄避难荆州，躬耕于野，不求闻达。时左将军刘备以亮有殊量，乃三顾亮于草庐之中，亮深谓备雄姿杰出，遂解带写诚，厚相结纳。及魏武帝南征荆州，刘琮举州委质，而备失势众寡，无立锥之地。亮时年二十七，乃建奇策，身使孙权，求援吴会。权既宿服仰备，又睹亮奇雅，甚敬重之，即遣兵三万人以助备。备得用与武帝交战，大破其军，乘胜克捷，江南悉平。后备又西取益州。益州既定，以亮为军师将军。备称尊号，拜亮为丞相，录尚书事。及备殂没，嗣子幼弱，事无巨细，亮皆专之。于是外连东吴，内平南越，立法施度，整理戎旅，工械技巧，物究其极，科教严明，赏罚必信，无恶不惩，无善不显，至于吏不容奸，人怀自厉，道不拾遗，强不侵弱，风化肃然也。

当此之时，亮之素志，进欲龙骧虎视，苞括四海；退欲跨陵边疆，震荡宇内。

又自以为无身之日，则未有能蹈涉中原、抗衡上国者，是以用兵不戢，屡耀其武。然亮才，于治戎为长，奇谋为短，理民之干，优于将略。而所与对敌，或值人杰，加众寡不侔，攻守异体，故虽连年动众，未能有克。昔萧何荐韩信，管仲举王子城父，皆忖己之长，未能兼有故也。亮之器能政理，抑亦管、萧之亚匹也，而时之名将无城父、韩信，故使功业陵迟，大义不及邪。盖天命有归，不可以智力争也。

青龙二年春，亮帅众出武功，分兵屯田，为久驻之基。其秋病卒，黎庶追思，以为口实。至今梁、益之民，咨述亮者，言犹在耳，虽《甘棠》之咏召公，郑人之歌子产，无以远譬也。孟轲有云："以逸道使民，虽劳不怨；以生道杀人，虽死不忿。"信矣！论者或怪亮文彩不艳，而过于丁宁周至。臣愚以为咎繇大贤也，周公圣人也，考之《尚书》，咎繇之谟略而雅，周公之诰烦而悉。何则？咎繇与舜、禹共谈，周公与群下矢誓故也。亮所与言，尽众人凡士，故其文指不得及远也。然其声教遗言，皆经事综物，公诚之心，形于文墨，足以知其人之意理，而有补于当世。

伏惟陛下迈踪古圣，荡然无忌，故虽敌国诽谤之言，咸肆其辞而无所革讳，所以明大通之道也。谨录写上诣著作。臣寿诚惶诚恐，顿首顿首，死罪死罪。泰始十年二月一日癸巳，平阳侯相臣陈寿上。

【译文】诸葛亮临终的时候嘱咐要把他葬在汉中的定军山，依山造坟，墓穴刚好能放下棺材就行了，入殓时穿平时所穿的衣服，不要殉葬品。后主下诏书说："上天赋予您文武兼备的才能，聪敏明智，忠厚老实，接受先帝托孤的遗命，尽心尽力辅佐我，使近于灭绝的国家得以继续存在，让已经衰微的皇室重新兴盛起来，心中一直存有平定天下的志向，于是整顿军队，连年出兵讨伐。您的英明威武如此显赫，威风震慑了八方荒远的地方，将为蜀汉创建特殊的功勋，这功勋可以与伊尹、周公相媲美。怎么上天如此不慈悲，事情接近成功的时候，您竟染上了恶疾而丧失了性命！我因此而感到悲伤，心脏与肝胆好似要破碎了一样。我将继续推崇您的美德，评定您的功勋，按照您生前的功绩为您加封谥号，使您的名字与功勋永远流传显扬，铭刻记载于史册，永远不会磨灭。如今派遣使持节、左中郎将杜琼，追赠您丞相武乡侯的印绶，赐您谥号忠武侯。您的灵魂假若有知的话，也会为获得这样恩宠的荣耀而高兴的。唉，真伤心啊！唉，太伤心啊！"

当初，诸葛亮向后主上奏说："我在成都的家中有八百棵桑树，十五顷薄田，我后代子孙的吃穿用度，有这些便可维持。至于我随军在外，没有其他的开支，随身的吃穿，全部依靠官府供给，不再经营另外的产业，来增加一点家财。如果到了我死之时，不会让我家里家外有多余的物品与多余的钱财，以致辜负陛下的恩宠。"等到他去世后，情形正如同他所说的那样。

诸葛亮生性机敏，改进可以连续发箭的连弩与制作木牛流马，都来自于他的主意。他推广演绎用兵作战的策略及方法，设计八阵图，都得到了排兵布阵的要领。诸葛亮的议论、教令、书信及奏章很多都值得观看，这些都另外编集成书。

景耀六年春天，后主下诏令为诸葛亮在沔阳修建祠庙。秋天，魏国镇西将军钟会征伐蜀国，打到汉川的时候，祭祀了诸葛亮的祠庙，命令士兵不得在诸葛亮坟墓的附近放牧牲畜及砍柴。诸葛亮的弟弟诸葛均，官至长水校尉。诸葛亮的儿子诸葛瞻，继承了父亲的爵位。

诸葛氏集目录

开府作牧第一	权制第二	南征第三
北出第四	计算第五	训厉第六
综核上第七	综核下第八	杂言上第九
杂言下第十	贵和第十一	兵要第十二
传运第十三	与孙权书第十四	与诸葛瑾书第十五
与孟达书第十六	废李平第十七	法检上第十八
法检下第十九	科令上第二十	科令下第二十一
军令上第二十二	军令中第二十三	军令下第二十四

上文所列的二十四篇，总共十万四千一百一十二个字。臣陈寿等启奏：

我以前担任佐著作郎的时候，侍中领中书监济北侯荀勖、中书令关内侯和峤上奏，让我整理已经亡故的蜀国丞相诸葛亮的旧事及其著作。诸葛亮辅佐差点消亡的国家，凭借险要地势而不向魏国称臣，然而如今还保存着他的言论，没有遗失，这实在是大晋王朝光辉显达，恩德极高而遍及天下的结果，自古以来，没有哪个朝代可以与此相比。我就删除重复的，将同类文章归到一起，总共整理成二十四篇，篇名如上文所述。

诸葛亮年少的时候就拥有出众的才华、宏伟的气概，他身长八尺，身材魁梧，相貌堂堂，当时之人都认为他不寻常。遭遇东汉末年战乱纷扰，他就跟随叔父诸葛玄去往荆州避难，亲自在田野里耕种土地，不想显身扬名。那时左将军刘备认为诸葛亮拥有特殊的才能，于是三次去往草庐之中去拜访诸葛亮，诸葛亮深感刘备姿态威武，才德出众，于是坦诚相待，表达诚心，二人结下深厚的情谊。到魏武帝南征荆州的时候，刘琮献出荆州向魏称臣，而刘备失势，势单力薄，几乎没有立足之地。这时诸葛亮才二十七岁，于是献出奇计，亲自出使东吴，向孙权请求救援。孙权向来就佩服敬仰刘备，又看到诸葛亮突出的才能及高雅的不俗的谈吐，非常敬重他，立即派遣三万军队来援助刘备。如此一来，刘备才能够与魏武帝交战，大败魏军，并乘着有利形势克敌制胜，平定长江以南地区。后来刘备又向西夺取益州。平定益州后，任命诸葛亮担任军师将军。刘备称帝，又拜诸葛亮为丞相，让他总揽尚书事务。到刘备去世后，继位的嫡子刘禅年幼软弱，国家的事情无论大小，都交给诸葛亮决定。从此以后，诸葛亮对外与东吴交好，对内平定南中诸郡的叛乱，制定法令，建立制度，整顿军队，各项军用器械，全部达到精妙的程度，法令严明，赏罚明确，没有一件坏事没有受到惩罚，没有一件好事没有予以表彰，达到了官吏不营私舞弊，人人自勉，要求上进，路不拾遗，强不凌弱，社会风气安定的局面。

这时候,诸葛亮平素的志向是,进要如同昂首长鸣的龙马,如同注视着猎物的猛虎一样,一定要统一全国;退也要威胁魏国的西部边疆,让天下震动不安。又自认为他去世以后,蜀国就不可能有能够进军中原、对抗魏国的人了,因此他不停地发兵,多次光耀蜀国的武力。但是诸葛亮的非凡才能,主要在于治理军队,而在制定奇谋妙计方面略显不足,他治理国家的才能,远远超过他的军事指挥才能。而与他对垒作战的人,有的正是当代杰出的英才,再加上敌我兵力多少的不对等,进攻与防守又是两回事,因此尽管是连年出兵,也没能获取胜利。从前萧何推荐韩信为大将,管仲推荐王子城父做大司马,都是揣度自己的才能长处,不能兼及政治与军事的缘故。诸葛亮的才干及政治作为,大概也能与管仲、萧何相媲美,可是当时他身边却没有如同王子城父、韩信那样的著名大将,因此使得他的功勋事业日益衰颓,统一全国的理想,无法实现。这估计是天命注定了的,不是人凭借智慧与能力就可以争取得到的。

魏明帝青龙二年春天,诸葛亮率领军队进军武功一带,分派出一部分士兵垦荒种田,创建长期的驻军基地。这年秋天,诸葛亮因病过世,百姓缅怀他的功德,将他的事迹广为流传。至今梁州、益州的百姓称赞追述诸葛亮的话,仿佛还在耳边回响着,哪怕是前人作《甘棠》来称颂召公,郑国人颂扬子产,也不能与今天这种情况相比。孟轲说过:"用使百姓安乐的原则与办法来役使人民,人民即便劳苦也不会有丝毫怨言;用使百姓生存的原则和办法来杀人,哪怕人死了也没有怨恨。"这是正确的啊!有些评论者批评诸葛亮的文章文辞过于朴素,过分的周到详尽。我认为咎繇为大贤人,周公是圣人,从《尚书》中考察他们,咎繇讲述计谋的言语简略而又不失典雅,周公的文诰语言繁多而详尽。这是什么原因呢?这是因为咎繇是与舜、禹交谈,而周公却是与众多部下在一起立誓言。诸葛亮说话的对象,都是众多平常的人及将士,因此他的文辞、意旨不能追求深奥。然而他的教令和遗言,都是他经历事情与综合考察处理事物后的经验之谈,他的公正诚恳之心,在他的文辞中都一一表现出来,从中完全可以看出他的思想见解,从而对当代社会有所裨益。

陛下效法古代的圣王,胸怀坦荡,无所顾忌,因此哪怕是敌对国家诽谤的言论,也都完全保存他们的原文,而不加改动与避忌,以此来宣传圣明通达的道理。我慎重地抄录诸葛亮的著作,上交给著作局。臣陈寿惶恐不安,向陛下叩头再叩头,冒犯陛下,该当死罪。泰始十年二月一日癸巳,平阳侯相陈寿上。

【原文】乔,字伯松,亮兄瑾之第二子也,本字仲慎。与兄元逊俱有名于时,论者以为乔才不及兄,而性业过之。初,亮未有子,求乔为嗣,瑾启孙权遣乔来西,亮以乔为己适子,故易其字焉。拜为驸马都尉,随亮至汉中。① 年二十五,建兴六年卒。子攀,官至行护军、翊武将军,亦早卒。诸葛恪见诛于吴,子孙皆尽,而亮自有胄裔,故攀还复为瑾后。

① 亮与兄瑾书曰："乔本当还成都，今诸将子弟皆得传运，思惟宜同荣辱。今使乔督五六百兵，与诸子弟传于谷中。"书在《亮集》。

【译文】诸葛乔，字伯松，是诸葛亮哥哥诸葛瑾的第二子，原本字仲慎。诸葛乔和哥哥诸葛元逊在当时都有很大的名望，评论的人认为诸葛乔的才能比不上他哥哥，而品性与功业却超过他。起初，诸葛亮没有儿子，向哥哥请求让诸葛乔作为自己的嗣子，诸葛瑾禀报孙权后送诸葛乔来到蜀国，诸葛亮将诸葛乔当作自己的嫡长子，因此把他的字改成伯松。诸葛乔被提拔为驸马都尉，跟随诸葛亮来到汉中。他在二十五岁的时候，于建兴六年去世。诸葛乔的儿子诸葛攀，官至代理护军、翊武将军，也早早地去世。诸葛恪在吴国被杀，子孙全都灭尽，而诸葛亮有了自己的后代，因此诸葛攀返回吴国又成为诸葛瑾的后代。

【原文】瞻，字思远。建兴十二年，亮出武功，与兄瑾书曰："瞻今已八岁，聪慧可爱，嫌其早成，恐不为重器耳。"年十七，尚公主，拜骑都尉。其明年为羽林中郎将，屡迁射声校尉、侍中、尚书仆射，加军师将军。瞻工书画，强识念，蜀人追思亮，咸爱其才敏。每朝廷有一善政佳事，虽非瞻所建倡，百姓皆传相告曰："葛侯之所为也。"是以美声溢誉，有过其实。景耀四年，为行都护卫将军，与辅国大将军南乡侯董厥并平尚书事。六年冬，魏征西将军邓艾伐蜀，自阴平由景谷道旁入。瞻督诸军至涪停住，前锋破，退还，住绵竹。艾遣书诱瞻曰："若降者，必表为琅邪王。"瞻怒，斩艾使。遂战，大败，临阵死，时年三十七。众皆离散，艾长驱至成都。瞻长子尚，与瞻俱没。[①]次子京及攀子显等，咸熙元年内移河东。[②]

① 干宝曰：瞻虽智不足以扶危，勇不足以拒敌，而能外不负国，内不改父之志，忠孝存焉。◎《华阳国志》曰：尚叹曰："父子荷国重恩，不早斩黄皓，以致倾败，用生何为！"乃驰赴魏军而死。

② 案《诸葛氏谱》云：京，字行宗。◎《晋泰始起居注》载诏曰："诸葛亮在蜀，尽其心力，其子瞻临难而死义，天下之善一也。其孙京，随才署吏，后为郿令。"◎尚书仆射山涛《启事》曰："郿令诸葛京，祖父亮，遇汉乱分隔，父子在蜀，虽不达天命，要为尽心所事。京治郿自复有称，臣以为宜以补东宫舍人，以明事人之理，副梁、益之论。"京位至江州刺史。

【译文】诸葛瞻，字思远。建兴十二年，诸葛亮出兵武功，给哥哥诸葛瑾写信说："诸葛瞻已八岁，聪慧可爱，我担心他过早成才，恐怕不能成为重要的人才。"诸葛瞻十七岁的时候，迎娶公主为妻，被任命为骑都尉。次年诸葛瞻担任羽林中郎将，逐渐升迁为射声校尉、侍中、尚书仆射，加任军师将军。诸葛瞻擅长书法绘画，学识渊博，记忆力很强，蜀国人思念诸葛亮，全都偏爱诸葛瞻的才华和聪慧。每当朝廷有一项好的法规政令或办了某件好事，哪怕不是诸葛瞻建议倡导的，百姓也全都相互传告说："这是葛侯建议提倡的。"因此诸葛瞻美好的名声与过度的美誉，超过了他真实的所作所为。景耀四年，诸葛瞻担任代理都护卫将军，和辅国大将军南乡侯董厥一起主管尚书事务。景耀六年冬天，魏国征西将军邓艾征讨蜀国，从阴平由景谷道侧面进入蜀国。

诸葛瞻统率各军到达涪县时停军驻扎，前锋被打败，蜀军被迫退回，在绵竹驻扎。邓艾派遣使者送信引诱诸葛瞻说："如果你投降，我一定上表请你做琅邪王。"诸葛瞻大怒，杀掉邓艾的信使。于是两军交战，蜀军大败，诸葛瞻在战场上死去，当时三十七岁。蜀军部众四散逃离，邓艾长驱直入成都。诸葛瞻的大儿子诸葛尚，和诸葛瞻一同战死。他的次子诸葛京与诸葛攀的儿子诸葛显等人，在咸熙元年迁移到河东。

【原文】董厥者，丞相亮时为府令史，亮称之曰："董令史，良士也。吾每与之言，思慎宜适。"徙为主簿。亮卒后，稍迁至尚书仆射，代陈祗为尚书令，迁大将军，平台事，而义阳樊建代焉。[①] 延熙十四年，以校尉使吴，值孙权病笃，不自见建。权问诸葛恪曰："樊建何如宗预也？"恪对曰："才识不及预，而雅性过之。"后为侍中，守尚书令。自瞻、厥、建统事，姜维常征伐在外，宦人黄皓窃弄机柄，咸共将护，无能匡矫，[②] 然建特不与皓和好往来。蜀破之明年春，厥、建俱诣京都，同为相国参军，其秋并兼散骑常侍，使蜀慰劳。[③]

① 案《晋百官表》：董厥，字龚袭，亦义阳人。建，字长元。

② 孙盛《异同记》曰：瞻、厥等以维好战无功，国内疲弊，宜表后主，召还为益州刺史，夺其兵权，蜀长老犹有瞻表以阎宇代维故事。晋永和三年，蜀史常璩说蜀长老云："陈寿尝为瞻吏，为瞻所辱，故因此事归恶黄皓，而云瞻不能匡矫也。"

③《汉晋春秋》曰：樊建为给事中，晋武帝问诸葛亮之治国，建对曰："闻恶必改，而不矜过，赏罚之信，足感神明。"帝曰："善哉！使我得此人以自辅，岂有今日之劳乎！"建稽首曰："臣窃闻天下之论，皆谓邓艾见枉，陛下知而不理，此岂冯唐之所谓'虽得颇、牧而不能用'者乎！"帝笑曰："吾方欲明之，卿言起我意。"于是发诏治艾焉。

【译文】董厥，在丞相诸葛亮辅政时期曾担任相府令史，诸葛亮称赞他说："董令史是德才兼备之人。我每次与他交谈，他考虑问题总是谨慎恰当。"后调任主簿。诸葛亮死后，董厥慢慢升迁为尚书仆射，接替陈祗担任尚书令，后来升任大将军，主持尚书台的事务，义阳人樊建代替他为尚书令。延熙十四年，樊建以校尉的身份出使吴国，正赶上孙权病重，无法亲自接见樊建。孙权询问诸葛恪道："樊建比宗预如何？"诸葛恪回答说："他的才能学识比不上宗预，而美好的品性却超过他。"后来樊建担任侍中，代理尚书令。自从诸葛瞻、董厥、樊建主管国家大事起，姜维经常在外征战，宦官黄皓暗中玩弄权柄，他们全都协助保护姜维，却没人能纠正他，只有樊建不与黄皓友好往来。蜀国被攻破的第二年春天，董厥、樊建全都来到京城洛阳，一同担任相国参军，同年秋天一起兼任散骑常侍，出使到蜀郡慰劳。

【原文】评曰：诸葛亮之为相国也，抚百姓，示仪轨，约官职，从权制，开诚心，布公道。尽忠益时者虽仇必赏，犯法怠慢者虽亲必罚。服罪输情者虽重必释，游辞巧饰者虽轻必戮。善无微而不赏，恶无纤而不贬。庶事精练，物理其本，循名责实，虚伪不齿。终于邦域之内，咸畏而爱之，刑政虽峻而无怨者，以其用心平而劝戒明也。可谓识治之良才，管、萧之亚匹矣。然连年动众，未能成功，盖应变将略，非其所长欤！[①]

①《袁子》曰：或问，诸葛亮何如人也？袁子曰：张飞、关羽与刘备俱起，爪牙腹心之臣，而武人也。晚得诸葛亮，因以为佐相，而群臣悦服，刘备足信、亮足重故也。及其受六尺之孤，摄一国之政，事凡庸之君，专权而不失礼，行君事而国人不疑，如此即以为君臣百姓之心欣戴之矣。行法严而国人悦服，用民尽其力而下不怨。及其兵出入如宾，行不寇，刍荛者不猎，如在国中。其用兵也，止如山，进退如风，兵出之日，天下震动，而人心不忧。亮死至今数十年，国人歌思，如周人之思召公也，孔子曰"雍也可使南面"，诸葛亮有焉。又问，诸葛亮始出陇右，南安、天水、安定三郡人反应之，若亮速进，则三郡非中国之有也，而亮徐行不进。既而官兵上陇，三郡复，亮无尺寸之功，失此机，何也？袁子曰：蜀兵轻锐，良将少，亮始出，未知中国强弱，是以疑而尝之，且大会者不求近功，所以不进也。曰：何以知其疑也？袁子曰：初出迟重，屯营重复，后转降未进兵欲战，亮勇而能斗，三郡反而不速应，此其疑征也。曰：何以知其勇而能斗也？袁子曰：亮之在街亭也，前军大破，亮屯去数里，不救；官兵相接，又徐行，此其勇也。亮之行军，安静而坚重。安静则易动，坚重则可以进退。亮法令明，赏罚信，士卒用命，赴险而不顾，此所以能斗也。曰：亮率数万之众，其所兴造，若数十万之功，是其奇者也。所至，营垒、井灶、圊溷、藩篱、障塞皆应绳墨，一月之行，去之如始至，劳费而徒为饰好，何也？袁子曰：蜀人轻脱，亮故坚用之。曰：何以知其然也？袁子曰：亮治实而不治名，志大而所欲远，非求近速者也。曰：亮好治官府、次舍、桥梁、道路，此非急务，何也？袁子曰：小国贤才少，故欲其尊严也。亮之治蜀，田畴辟，仓廪实，器械利，蓄积饶，朝会不华，路无醉人。夫本立故末治，有余力而后及小事，此所以劝其功也。曰：子之论诸葛亮，则有证也。以亮之才而少其功，何也？袁子曰：亮，持本者也，其于应变，则非所长也，故不敢用其短。曰：然则吾子美之，何也？袁子曰：此固贤者之远矣，安可以备体责也。夫能知所短而不用，此贤者之大也，知所短则知所长矣。夫前识与言而不中，亮之所不用也，此吾之所谓可也。

吴大鸿胪张俨作《默记》，其《述佐篇》论亮与司马宣王书曰：汉朝倾覆，天下崩坏，豪杰之士，竞希神器。魏氏跨中土，刘氏据益州，并称兵海内，为世霸主。诸葛、司马二相，遭值际会，托身明主，或收功于蜀汉，或册名于伊、洛。丕、备既没，后嗣继统，各受保阿之任，辅翼幼主，不负然诺之诚，亦一国之宗臣，霸王之贤佐也。历前世以观近事，二相优劣，可得而详也。孔明起巴、蜀之地，蹈一州之土，方之大国，其战士人民，盖有九分之一也，而以贡贽大吴，抗对北敌，至使耕战有伍，刑法整齐，提步卒数万，长驱祁山，慨然有饮马河、洛之志。仲达据天下十倍之地，仗兼并之众，据牢城，拥精锐，无禽敌之意，务自保全而已，使彼孔明自来自去。若此人不亡，终其志意，连年运思，刻日兴谋，则凉、雍不解甲，中国不释鞍，胜负之势，亦已决矣。昔子产治郑，诸侯不敢加兵，蜀相其近之矣。方之司马，不亦优乎！或曰，兵者凶器，战者危事也，有国者不务保安境内，绥静百姓，而好开辟土地，征伐天下，未为得计也。诸葛丞相诚有匡佐之才，然处孤绝之地，战士不满五万，自可闭关守险，君臣无事。空劳师旅，无岁不征，未能进咫尺之地，开帝王之基，而使国内受其荒残，西土苦其役调。魏司马懿才用兵众，未易可轻，量敌而进，兵家所慎。若丞相必有以策之，则未见坦然之勋，若无策以裁之，则非明哲之谓，海内归向之意也。余窃疑焉，请闻其说。答曰：盖闻汤以七十里、文王以百里之地而有天下，皆用征伐而定之。揖让而登王位者，惟舜、禹而已。今蜀、魏为敌战之国，势不俱王，自操、备时，强弱悬殊，而备犹出兵阳平，禽夏侯渊。羽围襄阳，将降曹仁，生获于禁，当时北边大小忧惧，孟德身出南阳，乐进、徐晃等为救，围不即解，故蒋子通言彼时有徙许渡河之计，会国家袭取南郡，羽乃解军。玄德与操，智力多少，士众众寡，用兵行军之道，不可同年而语，犹能暂以取胜，是时又无大吴掎角之势也。今仲达之才，减于孔明，当时之势，异于曩日，玄德尚与抗衡，孔明何以不可出军而图敌邪？昔乐毅以弱燕之众，兼从五国之兵，长驱强齐，下七十余城。今蜀汉之卒，不少燕军，君臣之接，信于乐毅，加以国家为唇齿之援，东西相应，首尾如蛇，形势重大，不比于五国之兵也，何惮于彼而不可哉？夫兵以奇胜，制敌以智，土地广狭，人马多少，未可偏恃也。余观彼治国之体，当时既肃整，遗教在后，及其辞意恳切，陈进取之图，忠谋謇謇，义形于主，虽古之管、晏，何以加之乎？

《蜀记》曰：晋永兴中，镇南将军刘弘至隆中，观亮故宅，立碣表闾，命太傅掾犍为李兴为文曰："天子命我，于沔之阳，听鼓鼙而永思，庶先哲之遗光，登隆山以远望，轼诸葛之故乡。盖神物应机，大器无方，通人靡滞，大德不常。故谷风发而驺虞啸，云雷升而潜鳞骧。挚解褐于三聘，尼得招而褰裳，管豹变于受命，贡感激以回庄，异徐生之摘宝，释卧龙于深藏，伟刘氏之倾盖，嘉吾子之周行。夫有知己之主，则有竭命之良，固所以三分我汉鼎，跨带我边荒，抗衡我北面，驰骋我魏疆者也。英哉吾子，独含天灵。岂神之祇，岂人之精？何思之深，何德之清！异世通梦，恨不同生。推子八陈，不在孙、吴，木牛之奇，则非般模，神弩之功，一何微妙！千井齐甃，又何秘要！昔在颠、夭，有名无迹，孰若吾侪，良筹妙画？臧文既没，以言见称，又未若子，言行并征。夷吾反坫，乐毅不终，奚比于尔，明哲守冲。临终受寄，让过许由，负扆莅事，民言不流。刑中于郑，教美于鲁，蜀民知耻，河、渭安堵。匪皋则伊，宁彼管、晏，岂徒圣宣，慷慨屡叹！昔尔之隐，卜惟此宅，仁智所处，能无规廓。日居月诸，时殒其夕，谁能不殁，贵有遗格。惟子之勋，移风来世，咏歌余典，懦夫将厉。遐哉邈矣，厥规卓矣，凡若吾子，难可究已。畴昔之乖，万里殊涂；今我来思，觌尔故墟。汉高归魂于丰、沛，太公五世而反周，想罔两以仿佛，冀影响之有余。魂而有灵，岂其识诸！"

王隐《晋书》云：李兴，密之子，一名安。

【译文】评论说：诸葛亮担任相国以来，安抚百姓，明示礼法制度，规范官吏的权利和职责，听从君主的裁断，坦露诚意，推行公道。对于竭尽忠心、对当世有利的人，即使是仇人也一定予以奖赏，对于违犯法令，傲慢无礼之人，哪怕是亲人也一定要施以惩罚。对于认罪并吐露真情的人，哪怕罪过重大也一定宽释，对于不说实话，巧言掩盖事实的人，哪怕罪轻也一定将其杀戮。做了好事，不管事情多么微小，没有不奖赏的；做了坏事，不管恶行多么纤细，没有不贬斥的。他对各种事务非常精熟，能抓住事物的根本，根据人的言论而仔细观察他的行为，不与虚伪的人同列。蜀国境内，每个人都敬畏和爱戴他，刑法政令尽管严厉，却没有怨恨他的人，这都是因为他心思公平，而且劝诫分明。诸葛亮可以说是懂得治世之道的非凡人才，与管仲、萧何不分伯仲。然而蜀国连年兴师动众，统一大业却没能成功，大概是因为应付战事以及策划用兵的谋略，并非他的长处吧！

卷三十六　蜀书六

关张马黄赵传第六

关羽

【原文】关羽,字云长,本字长生,河东解人也。亡命奔涿郡。先主于乡里合徒众,而羽与张飞为之御侮。先主为平原相,以羽、飞为别部司马,分统部曲。先主与二人寝则同床,恩若兄弟。而稠人广坐,侍立终日,随先主周旋,不避艰险。① 先主之袭杀徐州刺史车胄,使羽守下邳城,行太守事,② 而身还小沛。

①《蜀记》曰:曹公与刘备围吕布于下邳,关羽启公,布使秦宜禄行求救,乞娶其妻,公许之。临破,又屡启于公。公疑其有异色,先遣迎看,因自留之,羽心不自安。此与《魏氏春秋》所说无异也。

②《魏书》云:以羽领徐州。

建安五年,曹公东征,先主奔袁绍。曹公禽羽以归,拜为偏将军,礼之甚厚。绍遣大将军颜良攻东郡太守刘延于白马,曹公使张辽及羽为先锋击之。羽望见良麾盖,策马刺良于万众之中,斩其首还,绍诸将莫能当者,遂解白马围。曹公即表封羽为汉寿亭侯。初,曹公壮羽为人,而察其心神无久留之意,谓张辽曰:"卿试以情问之。"既而辽以问羽,羽叹曰:"吾极知曹公待我厚,然吾受刘将军厚恩,誓以共死,不可背之。吾终不留,吾要当立效以报曹公乃去。"辽以羽言报曹公,曹公义之。① 及羽杀颜良,曹公知其必去,重加赏赐。羽尽封其所赐,拜书告辞,而奔先主于袁军。左右欲追之,曹公曰:"彼各为其主,勿追也。"②

①《傅子》曰:辽欲白太祖,恐太祖杀羽,不白,非事君之道,乃叹曰:"公,君父也;羽,兄弟耳。"遂白之。太祖曰:"事君不忘其本,天下义士也。度何时能去?"辽曰:"羽受公恩,必立效报公而后去也。"

② 臣松之以为:曹公知羽不留而心嘉其志,去不遣追以成其义,自非有王霸之度,孰能至于此乎? 斯实曹公之休美。

从先主就刘表。表卒,曹公定荆州,先主自樊将南渡江,别遣羽乘船数百艘会江陵。曹公追至当阳长阪,先主斜趣汉津,适与羽船相值,共至夏口。① 孙权遣兵佐先主拒曹公,曹公引军退归。先主收江南诸郡,乃封拜元勋,以羽为襄阳太守、荡寇将军,驻江北。先主西定益州,拜羽董督荆州事。羽闻马超来降,旧非故人,羽书与诸葛亮,问超人才可谁比类,亮知羽护前,乃答之曰:"孟起兼资文武,雄烈过人,一世之杰,黥、彭之徒,当与益德并驱争先,犹未及髯之绝伦逸群也。"羽美须髯,故亮谓之髯。羽省书大悦,以示宾客。

①《蜀记》曰：初，刘备在许，与曹公共猎。猎中，众散，羽劝备杀公，备不从。及在夏口，飘飖江渚，羽怒曰：“往日猎中，若从羽言，可无今日之困。”备曰：“是时亦为国家惜之耳，若天道辅正，安知此不为福邪！”臣松之以为：备后与董承等结谋，但事泄不克谐耳，若为国家惜曹公，其如此言何！羽若果有此劝而备不肯从者，将以曹公腹心亲戚，实繁有徒，事不宿构，非造次所行。曹虽可杀，身必不免，故以计而止，何惜之有乎！既往之事，故托为雅言耳。

羽尝为流矢所中，贯其左臂，后创虽愈，每至阴雨，骨常疼痛，医曰：“矢镞有毒，毒入于骨，当破臂作创，刮骨去毒，然后此患乃除耳。”羽便伸臂令医劈之。时羽适请诸将饮食相对，臂血流离，盈于盘器，而羽割炙引酒，言笑自若。

二十四年，先主为汉中王，拜羽为前将军，假节钺。是岁，羽率众攻曹仁于樊。曹公遣于禁助仁。秋，大霖雨，汉水泛溢，禁所督七军皆没。禁降羽，羽又斩将军庞德。梁、郏、陆浑群盗或遥受羽印号，为之支党，羽威震华夏。曹公议徙许都以避其锐，司马宣王、蒋济以为：“关羽得志，孙权必不愿也。可遣人劝权蹑其后，许割江南以封权，则樊围自解。”曹公从之。先是，权遣使为子索羽女，羽骂辱其使，不许婚，权大怒。① 又，南郡太守麋芳在江陵，将军士仁屯公安，素皆嫌羽自轻己。羽之出军，芳、仁供给军资，不悉相救，羽言“还当治之”，芳、仁咸怀惧不安。于是权阴诱芳、仁，芳、仁使人迎权。而曹公遣徐晃救曹仁，② 羽不能克，引军退还。权已据江陵，尽虏羽士众妻子，羽军遂散。权遣将逆击羽，斩羽及子平于临沮。③

①《典略》曰：羽围樊，权遣使求助之，敕使莫速进，又遣主簿先致命于羽。羽忿其淹迟，又自已得于禁等，乃骂曰：“狢子敢尔，如使樊城拔，吾不能灭汝邪！”权闻之，知其轻己，伪手书以谢羽，许以自往。

臣松之以为：荆、吴虽外睦，而内相猜防，故权之袭羽，潜师密发。按《吕蒙传》云：“伏精兵于䑽䑸之中，使白衣摇橹，作商贾服。”以此言之，羽不求助于权，权必不语羽当往也。若许相援助，何故匿其形迹乎？

②《蜀记》曰：羽与晃宿相爱，遥共语，但说平生，不及军事。须臾，晃下马宣令：“得关云长头，赏金千斤。”羽惊怖，谓晃曰：“大兄，是何言邪！”晃曰：“此国之事耳。”

③《蜀记》曰：权遣将军击羽，获羽及子平。权欲活羽以敌刘、曹，左右曰：“狼子不可养，后必为害。曹公不即除之，自取大患，乃议徙都。今岂可生！”乃斩之。

臣松之按《吴书》：孙权遣将潘璋逆断羽走路，羽至即斩，且临沮去江陵二三百里，岂容不时杀羽，方议其生死乎？又云“权欲活羽以敌刘、曹”，此之不然，可以绝智者之口。

《吴历》曰：权送羽首于曹公，以诸侯礼葬其尸骸。

追谥羽曰壮缪侯。① 子兴嗣。兴字安国，少有令问，丞相诸葛亮深器异之。弱冠为侍中、中监军，数岁卒。子统嗣，尚公主，官至虎贲中郎将。卒，无子，以兴庶子彝续封。②

①《蜀记》曰：羽初出军围樊，梦猪啮其足，语子平曰：“吾今年衰矣，然不得还！”

《江表传》曰：羽好《左氏传》，讽诵略皆上口。

②《蜀记》曰：庞德子会，随钟、邓伐蜀，蜀破，尽灭关氏家。

【译文】关羽，字云长，原本字长生，河东郡解县人。逃亡到涿郡。先主在家乡会聚兵众，关羽与张飞为他担当护卫。先主担任平原相后，任命关羽与张飞担任别部司马，分别统领军队。先主与他们两人睡觉时都在一起，情谊如同自家兄弟一样深厚。大庭广众之下，他们两人整天侍立在先主身边，跟随先主驰骋周旋于战场，不躲避艰任何难险阻。先主袭击徐州，杀死徐州刺史车胄，命关羽驻守下邳城，代行太守一职，自己则返回小沛。

建安五年，曹公东征，先主投奔袁绍。曹公将关羽擒回，任命关羽为偏将军，对他的礼遇十分优厚。袁绍派遣大将颜良在白马攻打东郡太守刘延，曹公派张辽与关羽为先锋迎击颜良。关羽远远望见颜良的旗帜与车盖，于是鞭打坐骑向前，在万军之中刺杀颜良，并砍下他的头颅而回，袁绍的将领们无人能够抵挡他，于是白马之围顺利解除。曹公立马上奏朝廷任命关羽为汉寿亭侯。起初，曹公钦佩关羽为人勇敢而富有气概，但发现他总是心神不定，没有长期停留的意思，于是对张辽说："凭着您与关羽的老交情，试着去问问他。"不久，张辽去询问关羽，关羽慨叹说："我深知曹公对我很好，但是我蒙受刘将军的厚恩，曾经发誓同生共死，我不能背叛他。我最终是不可能留在这里的，我要等立下功勋，报答曹公后再离去。"张辽将关羽的话转告给曹公，曹公认为关羽很讲义气。等到关羽杀掉颜良时，曹公知道他一定会走，就送给他很贵重的赏赐。关羽把曹公的赏赐全部封存起来，写了一封信辞别了曹公，跑到袁绍军中去投奔先主。曹公身边的人想要去追回关羽，曹公说："他是为自己的主人效力，不要追了。"

关羽跟随先主前去荆州投靠刘表。刘表去世后，曹公平定了荆州，先主从樊城将要向南渡过长江，另外派遣关羽率领几百艘战船从水路行进，相约在江陵会合。曹公追先主到当阳县的长坂坡，先主抄近路赶赴汉津，正巧和关羽的船队相遇，一起到达夏口。孙权派兵帮助先主抵抗曹公，曹公领兵退回。先主收复了江南各郡，给立下大功的臣下封官授爵，任命关羽为襄阳太守、荡寇将军，驻守江北。先主向西平定益州后，委任关羽监督管理荆州大小事务。关羽听说马超前来归降，而他之前并不熟悉马超，关羽写信给诸葛亮，问他马超的人品、才能可以与谁相比。诸葛亮知道关羽不想居于人下，于是回答他说："马超文武兼备，勇猛刚烈远超一般人，属于当代的杰出人物，类似于英布、彭越一类的人物，能够与益德并驾齐驱，一争高低，但是还是比不上美髯公您的超群绝伦。"关羽的胡须十分漂亮，因此诸葛亮称呼他为美髯公。关羽看了信后十分高兴，将它拿来给宾客们传看。

关羽曾在战争中被乱箭射中，箭穿透了他的左臂，后来伤口尽管好了，但每到阴雨时节，骨头就经常疼痛，医生说："箭头有毒，毒渗入到骨头里，应当割开左臂上的伤口，刮去骨头上的毒，之后病痛才会消除。"于是，关羽伸出胳膊，让医生将伤口剖开。当时关羽正宴请众位将领相对而坐，一起吃喝，手臂上鲜血淋漓，把接血的盘子都装满了，而关羽依旧割肉取酒，与各位将领谈笑自如。

建安二十四年，先主担任汉中王，任命关羽为前将军，赐给他符节与斧钺。这一年，关羽率领军队在樊城对抗曹仁。曹公派遣于禁援助曹仁。秋天，大雨连绵不断，汉水泛滥，于禁所统率的七军全部被淹没。于禁向关羽投降，关羽又杀了将军庞德。梁县、郏县、陆浑县等地方势力有些远远地接受关羽的印信与号令，成为他的分支部队，关羽的威名震动中原。曹公提议迁离许都以躲避关羽的锋芒，司马懿、蒋济认为："关羽得势，孙权必然不会高兴。可以派人劝说孙权袭击关羽的后方，并允诺事成后把江南地区封给孙权，那么樊城之围自然就解开了。"曹公听从了他们的建议。在此之前，孙权派遣使者为自己的儿子向关羽的女儿求婚，关羽辱骂了他的使者，没有答应这门婚事，孙权十分生气。另外，南郡太守糜芳驻守江陵，将军士仁驻守公安，他们向来都怨恨关羽看不起自己。从关羽出兵以后，糜芳、士仁为他供给军需物资，但却都没有尽力去援助他，关羽说"回去后一定要惩处他们"，糜芳、士仁内心都恐惧不安。因此孙权在暗中引诱糜芳与士仁，糜芳与士仁就派人去迎接孙权。曹公派徐晃援助曹仁，关羽不能取胜，于是带兵退回。孙权已经占据了江陵，全部俘虏了关羽及其将士们的妻子儿女，关羽的军队很快就溃散了。孙权派将领迎击关羽，在临沮杀了关羽及他的儿子关平。

后主追赐关羽谥号为壮缪侯。儿子关兴承袭了他的爵位。关兴，字安国，年纪很小的时候就有很好的名声，丞相诸葛亮非常器重他，认为他不平常。二十岁左右便担任侍中、中监军，几年以后就去世了。儿子关统承袭爵位，娶了公主为妻，官做到虎贲中郎将。关统去世，没有儿子，由关兴的庶子关彝续封。

张飞

【原文】张飞，字益德，涿郡人也，少与关羽俱事先主。羽年长数岁，飞兄事之。先主从曹公破吕布，随还许，曹公拜飞为中郎将。先主背曹公依袁绍、刘表。表卒，曹公入荆州，先主奔江南。曹公追之，一日一夜，及于当阳之长阪。先主闻曹公卒至，弃妻子走，使飞将二十骑拒后。飞据水断桥，瞋目横矛曰："身是张益德也，可来共决死！"敌皆无敢近者，故遂得免。先主既定江南，以飞为宜都太守、征虏将军，封新亭侯，后转在南郡。先主入益州，还攻刘璋，飞与诸葛亮等溯流而上，分定郡县。至江州，破璋将巴郡太守严颜，生获颜。飞呵颜曰："大军至，何以不降而敢拒战？"颜答曰："卿等无状，侵夺我州，我州但有断头将军，无有降将军也。"飞怒，令左右："牵去斫头！"颜色不变，曰："斫头便斫头，何为怒邪！"飞壮而释之，引为宾客。①飞所过战克，与先主会于成都。益州既平，赐诸葛亮、法正、飞及关羽金各五百斤，银千斤，钱五千万，锦千匹，其余颁赐各有差，以飞领巴西太守。

①《华阳国志》曰：初，先主入蜀，至巴郡，颜拊心叹曰："此所谓独坐穷山，放虎自卫也！"

曹公破张鲁，留夏侯渊、张郃守汉川。郃别督诸军下巴西，欲徙其民于汉中，进军宕渠、蒙头、荡石，与飞相拒五十余日。飞率精卒万余人，从他道邀郃军交战，山道迮狭，前后不得相救，飞遂破郃。郃弃马缘山，独与麾下十余人从间道退，引军还南郑，巴土获安。先主为汉中王，拜飞为右将军，假节。章武元年，迁车骑将军，领司隶校尉，进封西乡侯，策曰："朕承天序，嗣奉洪业，除残靖乱，未烛厥理。今寇虏作害，民被荼毒，思汉之士，延颈鹤望。朕用怛然，坐不安席，食不甘味，整军诰誓，将行天罚。以君忠毅，侔踪召虎，名宣遐迩，故特显命，高墉进爵，兼司于京。其诞将天威，柔服以德，伐叛以刑，称朕意焉。《诗》不云乎，'匪疚匪棘，王国来极。肇敏戎功，用锡尔祉'。可不勉欤！"

初，飞雄壮威猛，亚于关羽，魏谋臣程昱等咸称羽、飞万人之敌也。羽善待卒伍而骄于士大夫，飞爱敬君子而不恤小人。先主常戒之曰："卿刑杀既过差，又日鞭挝健儿，而令在左右，此取祸之道也。"飞犹不悛。先主伐吴，飞当率兵万人，自阆中会江州。临发，其帐下将张达、范强杀飞，持其首，顺流而奔孙权。飞营都督表报先主，先主闻飞都督之有表也，曰："噫！飞死矣。"追谥飞曰桓侯。长子苞，早夭。次子绍嗣，官至侍中、尚书仆射。苞子遵为尚书，随诸葛瞻于绵竹，与邓艾战，死。

【译文】张飞，字益德，涿郡人，年轻的时候与关羽一起侍奉先主。关羽年龄比他大几岁，张飞像对待兄长那样对待他。先主跟随曹公打败了吕布，又随同曹公回到许都，曹公任命张飞担任中郎将。先主背弃曹公去依附袁绍、刘表。刘表去世后，曹公入主荆州，先主逃往江南。曹公追击先主，追了一天一夜，终于在当阳县的长坂坡追上了。先主听说曹公突然赶到，就抛下妻子儿女逃跑，命令张飞率领二十名骑兵在后面阻挡追兵。张飞占据河岸，拆断桥梁，怒目圆睁，把矛一横说："我是张益德，你们可以过来与我决一死战！"敌将全都不敢近前，因此先主等人得以幸免于难。先主平定了江南地区以后，任命张飞为宜都太守、征虏将军，赐封他为新亭侯，后来调任他到南郡。先主进入益州，回军攻打刘璋，张飞与诸葛亮等逆流而上，分别平定了沿江的各个郡县。张飞来到江州，打败了刘璋的部将巴郡太守严颜，并活捉了严颜。张飞呵斥严颜说："我们的大军来到此地，你为何不投降反而竟敢抵抗？"严颜回答说："你们行为失检，不合礼仪，掠夺我们的州郡，我们的州郡只有断头的将军，却不会有投降的将军。"张飞听后十分生气，命令身边的人："将他带下去砍头！"严颜面不改色，说道："砍头便砍头，为何发怒呢！"张飞钦佩他的勇气，于是释放了他，并将他作为自己的宾客。张飞所到之处都取得了胜利，在成都和先主会师。益州平定后，先主赏赐给诸葛亮、法正、张飞及关羽黄金各五百斤，白银千斤，铜钱五千万，锦千匹，为其他的将士也都颁发了各自不同数量的赏赐，任命张飞兼任巴西太守。

曹公打败张鲁以后，留下夏侯渊、张郃在汉川镇守。张郃另外率领各路军队南下巴西，想要将那里的百姓迁徙到汉中，进军宕渠、蒙头、荡石，与张飞的军队对峙了五十多天。张飞率领一万多精兵，从另外一条道路阻截张郃的军队并与之交战，山路狭窄，张郃的部队前后不能相互救援，于是张飞战胜了张郃。张郃丢弃战马，沿着山路，独自与部下十几个人从偏僻的小路撤走，带领部队回到南郑，巴西得以安宁。先主担任汉中王，任命张飞为右将军，授予他符节。章武元年，张飞升任车骑将军，兼任司隶校尉，晋封为西乡侯，刘备下策文说："我延续帝王的世系，继承汉朝大业，铲除凶暴，平定叛乱，现在还不能使天下大治。如今寇贼、强盗危害作乱，人民遭受灾难与痛苦，思念汉朝的人就如同鹤那样伸长脖子盼望着汉室的复兴。我因此而深感忧伤，坐在席子上也无法安稳，吃东西也品尝不出其中的美味，因而整顿军队，发布誓词，秉承上天的意思讨罚贼寇。因为您忠诚刚毅，能与召虎相媲美，远近闻名，因此特地颁布命令，提高您的官职，晋封您的爵位，让您兼管京都及附近的郡县。希望您发扬上天的威严，用德行来安抚百姓，用刑杀来讨伐叛逆，来符合我的心意。《诗经》上不是说吗，'不要侵害百姓，不可急于求成，一切准则要效法周王朝。快速建立大的功业，我会赐福禄给你'。您可以不自勉吗！"

当初，张飞雄壮勇猛，在关羽之下，魏国的谋臣程昱等人都称赞关羽、张飞的勇力可以抵挡万人。关羽对士兵很好，而对士大夫们却极为傲慢，张飞对有声望、有地位的人充满了尊敬、爱戴，却不太爱护士兵。先主经常告诫张飞说："你行刑杀人已经过度，又常常鞭打士卒，却还将他们留在身边，这是招致祸患的做法。"张飞仍不加悔改。先主讨伐东吴，张飞要率领士卒一万人，从阆中出发到江州和先主会合。临出发前，张飞帐下的将领张达、范强杀掉张飞，拿着张飞的人头，顺江而下，投靠了孙权。张飞的营都督上表报告先主，先主听说张飞的都督有表奏送来，说："唉！张飞死了。"追赐张飞谥号为桓侯。长子张苞，早早去世。次子张绍承袭爵位，官做到侍中、尚书仆射。张苞的儿子张遵担任尚书，跟随诸葛瞻在绵竹驻守，在和邓艾的军队作战时阵亡。

马超

【原文】马超，字孟起，扶风茂陵人也。父腾，灵帝末与边章、韩遂等俱起事于西州。初平三年，遂、腾率众诣长安。汉朝以遂为镇西将军，遣还金城，腾为征西将军，遣屯郿。后腾袭长安，败走，退还凉州。司隶校尉钟繇镇关中，移书遂、腾，为陈祸福。腾遣超随繇讨郭援、高幹于平阳，超将庞德亲斩援首。后腾与韩遂不和，求还京畿。于是征为卫尉，以超为偏将军，封都亭侯，领腾部曲。①

①《典略》曰：腾，字寿成，马援后也。桓帝时，其父字子硕，尝为天水兰干尉。后失官，因留陇西，与羌错居。家贫无妻，遂娶羌女，生腾。腾少贫无产业，常从彰山中斫材木，负贩诣城市，以自供给。腾为人长八尺余，身体洪大，面鼻雄异，而性贤厚，人多敬之。灵帝末，凉州刺史耿鄙任信奸吏，民王国等及氐、羌反叛。州郡募发民中有勇力者，欲讨之，腾在募中。州郡异之，署为军从事，典领部众。讨贼有功，拜军司马，后以功迁偏将军，又迁征西将军，常屯汧、陇之间。初平中，拜征东将军。是时，西州少谷，腾自表军人多乏，求就谷于池阳，遂移屯长平岸头。而将王承等恐腾为己害，乃攻腾营。时腾近出无备，遂破走，西上。会三辅乱，不复来东，而与镇西将军韩遂结为异姓兄弟，始甚相亲，后转以部曲相侵入，更为仇敌。腾攻遂，遂走，合众还攻腾，杀腾妻子，连兵不解。建安之初，国家纲纪殆弛，乃使司隶校尉钟繇、凉州牧韦端和解之。征腾还屯槐

里，转拜为前将军，假节，封槐里侯。北备胡寇，东备白骑，待士进贤，矜救民命，三辅甚安爱之。十五年，征为卫尉，腾自见年老，遂入宿卫。初，曹公为丞相，辟腾长子超，不就。超后为司隶校尉督军从事，讨郭援，为飞矢所中，乃以囊囊其足而战，破斩援首。诏拜徐州刺史，后拜谏议大夫。及腾之入，因诏拜为偏将军，使领腾营。又拜超弟休奉车都尉，休弟铁骑都尉，徙其家属皆诣邺，惟超独留。

超既统众，遂与韩遂合从，及杨秋、李堪、成宜等相结，进军至潼关。曹公与遂、超单马会语，超负其多力，阴欲突前捉曹公，曹公左右将许褚瞋目眄之，超乃不敢动。曹公用贾诩谋，离间超、遂，更相猜疑，军以大败。[①]超走保诸戎，曹公追至安定，会北方有事，引军东还。杨阜说曹公曰："超有信、布之勇，甚得羌、胡心。若大军还，不严为其备，陇上诸郡非国家之有也。"超果率诸戎以击陇上郡县，陇上郡县皆应之，杀凉州刺史韦康，据冀城，有其众。超自称征西将军，领并州牧，督凉州军事。康故吏民杨阜、姜叙、梁宽、赵衢等，合谋击超。阜、叙起于卤城，超出攻之，不能下。宽、衢闭冀城门，超不得入。进退狼狈，乃奔汉中依张鲁。鲁不足与计事，内怀于邑，闻先主围刘璋于成都，密书请降。[②]

①《山阳公载记》曰：初，曹公军在蒲阪，欲西渡，超谓韩遂曰："宜于渭北拒之，不过二十日，河东谷尽，彼必走矣。"遂曰："可听令渡，蹙于河中，顾不快耶！"超计不得施。曹公闻之曰："马儿不死，吾无葬地也。"

②《典略》曰：建安十六年，超与关中诸将侯选、程银、李堪、张横、梁兴、成宜、马玩、杨秋、韩遂等，凡十部，俱反，其众十万，同据河、潼，建列营陈。是岁，曹公西征，与超等战于河、渭之交，超等败走。超至安定，遂奔凉州。诏收灭超家属。超复败于陇上。后奔汉中，张鲁以为都讲祭酒，欲妻之以女，或谏鲁曰："有人若此不爱其亲，焉能爱人？"鲁乃止。初，超未反时，其小妇弟种留三辅，及超败，种先入汉中。正旦，种上寿于超，超捶胸吐血曰："阖门百口，一旦同命，今二人相贺邪？"后数从鲁求兵，欲北取凉州，鲁遣往，无利。又，鲁将杨白等数害其能，超遂从武都逃入氐中，转奔往蜀。是岁建安十九年也。

先主遣人迎超，超将兵径到城下。城中震怖，璋即稽首，[①]以超为平西将军，督临沮，因为前都亭侯。[②]先主为汉中王，拜超为左将军，假节。章武元年，迁骠骑将军，领凉州牧，进封斄乡侯，策曰："朕以不德，获继至尊，奉承宗庙。曹操父子，世载其罪，朕用惨怛，疢如疾首。海内怨愤，归正反本，暨于氐、羌率服，獯鬻慕义。以君信著北土，威武并昭，是以委任授君，抗飏虓虎，兼董万里，求民之瘼。其明宣朝化，怀保远迩，肃慎赏罚，以笃汉祜，以对于天下。"二年卒，时年四十七。临没上疏曰："臣门宗二百余口，为孟德所诛略尽，惟有从弟岱，当为微宗血食之继，深托陛下，余无复言。"追谥超曰威侯，子承嗣。岱位至平北将军，进爵陈仓侯。超女配安平王理。[③]

①《典略》曰：备闻超至，喜曰："我得益州矣。"乃使人止超，而潜以兵资之。超到，令引军屯城北，超至未一旬而成都溃。

②《山阳公载记》曰：超因见备待之厚，与备言，常呼备字，关羽怒，请杀之。备曰：

“人穷来归我，卿等怒，以呼我字故而杀之，何以示于天下也！”张飞曰：“如是，当示之以礼。”明日大会，请超入，羽、飞并杖刀立直，超顾坐席，不见羽、飞，见其直也，乃大惊，遂止，不复呼备字。明日叹曰：“我今乃知其所以败。为呼人主字，几为关羽、张飞所杀。”自后乃尊事备。

臣松之按以为超以穷归备，受其爵位，何容傲慢而呼备字？且备之入蜀，留关羽镇荆州，羽未尝在益土也。故羽闻马超归降，以书问诸葛亮“超人才可谁比类”，不得如书所云。羽焉得与张飞立直乎？凡人行事，皆谓其可也，知其不可，则不行之矣。超若果呼备字，亦谓于理宜尔也。就令羽请杀超，超不应闻，但见二子立直，何由便知以呼字之故，云“几为关、张所杀”乎？言不经理，深可忿疾也。袁暐、乐资等诸所记载，秽杂虚谬，若此之类，殆不可胜言也。

③《典略》曰：初超之入蜀，其庶妻董及子秋，留依张鲁。鲁败，曹公得之，以董赐阎圃，以秋付鲁，鲁自手杀之。

【译文】马超，字孟起，是扶风茂陵人。他的父亲马腾在灵帝末年和边章、韩遂等人一起在西州起事。初平三年，韩遂、马腾率领部众去往长安。汉朝任命韩遂担任镇西将军，派他回到金城，任命马腾为征西将军，让他在郿县驻扎。后来马腾袭击长安，失败后逃跑，退还凉州。司隶校尉钟繇镇守关中，写信给韩遂、马腾，向他们陈述利弊祸福。于是，马腾派马超跟随钟繇到平阳讨伐郭援、高幹，马超部将庞德亲手砍下了郭援的头。后来马腾和韩遂不和，请求返回京城一带。于是朝廷便征召马腾为卫尉，任命马超为偏将军，封为都亭侯，统领马腾的军队。

马超统领部众后，就与韩遂南北呼应，并和杨秋、李堪、成宜等人互相联合，进军到达潼关。曹操单人匹马与韩遂、马超会面交流，马超倚仗自己的力气大，暗地里想要冲到曹操跟前将他捉住，曹操身边的部将许褚瞪着眼睛怒视他，马超才不敢轻举妄动。曹操采纳了贾诩的计谋，离间马超和韩遂的关系，使二人彼此猜疑不定，他们的军队因此溃败。马超逃到各戎族的部落里据守，曹操追到安定，恰好赶上北方发生战事，他率领军队东归。杨阜劝曹操说：“马超有韩信、英布的智勇，又非常得羌人和胡人的心。假如大军东归，而不对他严加防备，那么陇上各郡可能就不归国家所有了。”曹公走后，马超果然率领各戎族部落去攻打陇上郡县，陇上郡县纷纷响应他，马超杀死了凉州刺史韦康，占领了冀城，占有了那里的官兵与百姓。马超自称征西将军，兼任并州牧，总管凉州军事。韦康原来的军官杨阜、姜叙、梁宽及赵衢等人，合谋攻打马超。杨阜、姜叙在卤城起兵，马超出兵进攻卤城，没能攻下。梁宽、赵衢关闭冀城城门，马超无法进入。马超进退两难，于是跑到了汉中依附张鲁。张鲁不能与他共谋大事，马超的心情忧郁愤懑，听说先主将刘璋围困在成都，于是写了密信请求归降先主。

刘备派人迎接马超，马超率兵直接来到成都城下。城中官兵全部震惊害怕，刘璋立刻跪在地上投降，刘备任命马超为平西将军，督领临沮，继续任都亭侯。刘备任汉中王后，任命马超为左将军，授予他符节。章武元年，马超被提拔为骠骑将军，兼任凉州牧，晋封为斄乡侯，策文说：“我以不德之身，得以继承皇位，奉承上天的旨意接续汉朝王室。曹操父子，他们的罪恶充满人世，我因此感到很忧伤，痛心疾首。海内之人怨愤，思归汉朝正统，乃至于氐、羌之族顺服，獯鬻之人倾慕正义。因为您的信义著称于北方，十分有威望，勇武非常，因此我将重任交给您，让您克制强敌，兼治万里，体察关心百姓的疾苦。您一定要大力宣扬朝廷的教化，招抚与安宁远近各方，严肃审慎地进行赏罚，用来增广汉朝的福运，从而对得起天下百姓。”章武二年，马超去世，享年四十七岁。临去世前他上书说：“臣家宗族二百余口人，全部被曹操杀戮殆尽，只有堂弟马岱应当成为马氏孤弱宗族延续香火的人，我恳切地将他托付给陛下，其他没有什么要说的了。”追谥马超为威侯，他的儿子马承承袭了爵位。马岱官至平北将军，晋爵陈仓侯。马超的女儿嫁给了安平王刘理。

黄忠

【原文】黄忠，字汉升，南阳人也。荆州牧刘表以为中郎将，与表从子磐共守长沙攸县。及曹公克荆州，假行裨将军，仍就故任，统属长沙太守韩玄。先主南定诸郡，忠遂委质，随从入蜀。自葭萌受任，还攻刘璋，忠常先登陷陈，勇毅冠三军。益州既定，拜为讨虏将军。建安二十四年，于汉中定军山击夏侯渊。渊众甚精，忠推锋必进，劝率士卒，金鼓振天，欢声动谷，一战斩渊，渊军大败。迁征西将军。是岁，先主为汉中王，欲用忠为后将军，诸葛亮说先主曰：“忠之名望，素非关、马之伦也，而今便令同列，马、张在近，亲见其功，尚可喻指，关遥闻之，恐必不悦，得无不可乎！”先主曰：“吾自当解之。”遂与羽等齐位，赐爵关内侯。明年卒，追谥刚侯。子叙，早没，无后。

【译文】黄忠，字汉升，南阳人。荆州牧刘表任用他为中郎将，他和刘表的侄子刘磐一起镇守长沙攸县。曹操攻克荆州后，黄忠代理裨将军，仍然担任原来的职务，隶属长沙太守韩玄管辖。刘备平定江南各郡，黄忠归降了他，随从刘备入驻蜀地。自葭萌接受刘备的命令，回军攻打刘璋，黄忠常常冲锋陷阵，身先士卒，其勇敢坚毅名列全军之首。益州平定后，黄忠被任命为讨虏将军。建安二十四年，他在汉中定军山攻打夏侯渊。夏侯渊的部众极为精锐，黄忠每次冲锋陷阵必然在前，鼓励并率领着士卒，金鼓震天，欢呼呐喊声撼动山谷，一个回合便杀了夏侯渊，夏侯渊的军队被打得大败。黄忠升任征西将军。同年，刘备封汉中王，打算任用黄忠担任后将军，诸葛亮劝诫刘备说：“黄忠的名望，一向与关羽、马超不同，而现在却令他们平起平坐，马超、张飞在跟前，亲眼目睹过黄忠的功劳，还可以理解您的用意，而关羽在远处听到这一消息，恐怕会不高兴，您这样安排黄忠可能不太好吧！”刘备说：“我会对这件事加以解释。”于是把黄忠和关羽等人排在同等位置上，赐爵关内侯。第二年，黄忠去世，追谥为刚侯。黄忠的儿子黄叙，早年去世，没有后代。

赵云

【原文】赵云，字子龙，常山真定人也。本属公孙瓒，瓒遣先主为田楷拒袁绍，云遂随从，为先主主骑。[①] 及先主为曹公所追于当阳长阪，弃妻子南走，云身抱弱子，即后主也，保护甘夫人，即后主母也，皆得免难。迁为牙门将军。先主入蜀，云留荆州。[②]

①《云别传》曰：云身长八尺，姿颜雄伟，为本郡所举，将义从吏兵诣公孙瓒。时袁绍称冀州牧，瓒深忧州人之从绍也，善云来附，嘲云曰："闻贵州人皆愿袁氏，君何独回心，迷而能反乎？"云答曰："天下讻讻，未知孰是，民有倒悬之厄，鄙州论议，从仁政所在，不为忽袁公私明将军也。"遂与瓒征讨。时先主亦依托瓒，每接纳云，云得深自结托。云以兄丧，辞瓒暂归，先主知其不反，捉手而别，云辞曰："终不背德也。"先主就袁绍，云见于邺。先主与云同床眠卧，密遣云合募得数百人，皆称刘左将军部曲，绍不能知。遂随先主至荆州。

②《云别传》曰：初，先主之败，有人言云已北去者，先主以手戟擿之曰："子龙不弃我走也。"顷之，云至。从平江南，以为偏将军，领桂阳太守，代赵范。范寡嫂曰樊氏，有国色，范欲以配云。云辞曰："相与同姓，卿兄犹我兄。"固辞不许。时有人劝云纳之，云曰："范迫降耳，心未可测；天下女不少。"遂不取。范果逃走，云无纤介。先是，与夏侯惇战于博望，生获夏侯兰。兰是云乡里人，少小相知，云白先主活之。荐兰明于法律，以为军正。云不用自近，其慎虑类如此。先主入益州，云领留营司马。此时先主孙夫人以权妹骄豪，多将吴吏兵，纵横不法。先主以云严重，必能整齐，特任掌内事。权闻备西征，大遣舟船迎妹，而夫人内欲将后主还吴，云与张飞勒兵截江，乃得后主还。

先主自葭萌还攻刘璋，召诸葛亮。亮率云与张飞等俱溯江西上，平定郡县。至江州，分遣云从外水上江阳，与亮会于成都。成都既定，以云为翊军将军。[①]建兴元年，为中护军、征南将军，封永昌亭侯，迁镇东将军。五年，随诸葛亮驻汉中。明年，亮出军，扬声由斜谷道，曹真遣大众当之。亮令云与邓芝往拒，而身攻祁山。云、芝兵弱敌强，失利于箕谷，然敛众固守，不至大败。军退，贬为镇军将军。[②]

①《云别传》曰：益州既定，时议欲以成都中屋舍及城外园地桑田分赐诸将。云驳之曰："霍去病以匈奴未灭，无用家为，今国贼非但匈奴，未可求安也。须天下都定，各反桑梓，归耕本土，乃其宜耳。益州人民，初罹兵革，田宅皆可归还，令安居复业，然后可役调，得其欢心。"先主即从之。夏侯渊败，曹公争汉中地，运米北山下，数千万囊。黄忠以为可取，云兵随忠取米。忠过期不还，云将数十骑轻行出围，迎视忠等。值曹公扬兵大出，云为公前锋所击，方战，其大众至，势逼，遂前突其陈，且斗且却。公军败，已复合，云陷敌，还趣围。将张著被创，云复驰马还营迎著。公军追至围，此时沔阳长张翼在云围内，翼欲闭门拒守，而云入营，更大开门，偃旗息鼓。公军疑云有伏兵，引去。云雷鼓震天，惟以戎弩于后射公军，公军惊骇，自相蹂践，堕汉水中死者甚多。先主明旦自来至云营围视昨战处，曰："子龙一身都是胆也。"作乐饮宴至暝，军中号云为虎威将军。孙权袭荆州，先主大怒，欲讨权。云谏曰："国贼是曹操，非孙权也，且先灭魏，则吴自服。操身虽毙，子丕篡盗，当因众心，早图关中，居河、渭上流以讨凶逆，关东义士必裹粮策马以迎王师。不应置魏，先与吴战，兵势一交，不得卒解也。"先主不听，遂东征，留云督江州。先主失利于秭归，云进兵至永安，吴军已退。

②《云别传》曰：亮曰："街亭军退，兵将不复相录，箕谷军退，兵将初不相失，何

故?”芝答曰:“云身自断后,军资什物,略无所弃,兵将无缘相失。”云有军资余绢,亮使分赐将士,云曰:“军事无利,何为有赐?其物请悉入赤岸府库,须十月为冬赐。”亮大善之。

七年卒,追谥顺平侯。

初,先主时,惟法正见谥。后主时,诸葛亮功德盖世,蒋琬、费祎荷国之重,亦见谥。陈祗宠待,特加殊奖,夏侯霸远来归国,故复得谥。于是关羽、张飞、马超、庞统、黄忠及云乃追谥,时论以为荣。① 云子统嗣,官至虎贲中郎,督行领军。次子广,牙门将,随姜维沓中,临阵战死。

①《云别传》载后主诏曰:“云昔从先帝,功绩既著。朕以幼冲,涉涂艰难,赖恃忠顺,济于危险。夫谥所以叙元勋也,外议云宜谥。”大将军姜维等议,以为:“云昔从先帝,劳绩既著,经营天下,遵奉法度,功效可书。当阳之役,义贯金石。忠以卫上,君念其赏;礼以厚下,臣忘其死。死者有知,足以不朽;生者感恩,足以殒身。谨按谥法,柔贤慈惠曰顺,执事有班曰平,克定祸乱曰平,应谥云曰顺平侯。”

【译文】赵云,字子龙,是常山郡真定县人。他原本为公孙瓒属下,公孙瓒派遣先主刘备为田楷抵抗袁绍的时候,赵云便跟随先主,担任先主主骑。先主被曹操追赶至当阳长坂时,丢下妻儿向南逃跑,赵云怀抱先主的幼子,也就是后主刘禅,并维护甘夫人,也就是后主的母亲,让他们都得以免于死难。赵云被提拔为牙门将军。先主进入蜀地,赵云留守荆州。

先主从葭萌回攻刘璋时,征召诸葛亮。诸葛亮带领赵云与张飞等人一起逆江西上,一路平定郡县。到江州的时候,分派赵云从岷江上江阳,与诸葛亮在成都会合。成都平定以后,任命赵云为翊军将军。建兴元年,任命赵云为中护军、征南将军,封他为永昌亭侯,后又提拔为镇东将军。建兴五年,赵云跟随诸葛亮在汉中驻守。第二年,诸葛亮出动军队进攻魏国,扬言要经由斜谷道,曹真派遣大部军队在此抵挡。诸葛亮命令赵云与邓芝前去迎战,而自己率领大军进攻祁山。赵云、邓芝的兵力少弱而敌军强大,因而在箕谷失利,然而他们聚集军队坚守,不至于大败。他率领大军退回来后,被降为镇军将军。

建兴七年,赵云去世,追封谥号为顺平侯。

当初,先主在世的时候,只有法正被加封了谥号。后主在位时期,诸葛亮的功劳德行远远超出世人,蒋琬、费祎担负国家重任,同样被给予了谥号。陈祗被宠幸,被给予特别的奖励,夏侯霸从远方前来归附,所以同样得到了谥号。因此为关羽、张飞、马超、庞统、黄忠以及赵云都追加了谥号,时人议论认为这是极为荣耀的事情。赵云的儿子赵统承袭了爵位,官至虎贲中郎,指挥统领军队。赵云次子赵广,官至牙门将,跟随姜维到沓中,在战场上战死。

【原文】评曰:关羽、张飞皆称万人之敌,为世虎臣。羽报效曹公,飞义释严颜,并有国士之风。然羽刚而自矜,飞暴而无恩,以短取败,理数之常也。马超阻戎负勇,以覆其族,惜哉!能因穷致泰,不犹愈乎?黄忠、赵云强挚壮猛,并作爪牙,其灌、滕之徒欤?

【译文】评论说:关羽、张飞都算得上可与万人匹敌的英雄,是当世极为勇猛的臣子。关羽曾经奋力杀敌报答曹公的厚恩,张飞也大义释放严颜,他们都拥有国士的风度。然而关羽刚烈且骄傲自满,张飞粗暴而不对士兵施加恩惠,因为他们的缺点而导致后来的失败,这是注定的事情。马超依仗戎族,凭仗他的勇猛对抗曹操,结果导致整个家族惨遭覆灭,可惜啊!然而能在经历困窘之后得到安稳,不也是很好的结局吗?黄忠、赵云强壮勇猛,作为先主的强将,难道不是像汉高祖时的灌婴、夏侯婴一样吗?

卷三十七　蜀书七

庞统法正传第七

庞统

【原文】庞统,字士元,襄阳人也。少时朴钝,未有识者。颍川司马徽清雅有知人鉴,统弱冠往见徽,徽采桑于树上,坐统在树下,共语自昼至夜。徽甚异之,称统当为南州士之冠冕,由是渐显。① 后郡命为功曹。性好人伦,勤于长养。每所称述,多过其才,时人怪而问之,统答曰:"当今天下大乱,雅道陵迟,善人少而恶人多。方欲兴风俗,长道业,不美其谭即声名不足慕企,不足慕企而为善者少矣。今拔十失五,犹得其半,而可以崇迈世教,使有志者自励,不亦可乎?"吴将周瑜助先主取荆州,因领南郡太守。瑜卒,统送丧至吴,吴人多闻其名。及当西还,并会昌门,陆绩、顾劭、全琮皆往。统曰:"陆子可谓驽马有逸足之力,顾子可谓驽牛能负重致远也。"② 谓全琮曰:"卿好施慕名,有似汝南樊子昭。③ 虽智力不多,亦一时之佳也。"绩、劭谓统曰:"使天下太平,当与卿共料四海之士。"深与统相结而还。

①《襄阳记》曰:诸葛孔明为卧龙,庞士元为凤雏,司马德操为水镜,皆庞德公语也。德公,襄阳人。孔明每至其家,独拜床下,德公初不令止。德操尝造德公,值其渡沔,上祀先人墓,德操径入其室,呼德公妻子,使速作黍,"徐元直向云有客当来就我与庞公谭"。其妻子皆罗列拜于堂下,奔走供设。须臾,德公还,直入相就,不知何者是客也。德操年小德公十岁,兄事之,呼作庞公,故世人遂谓庞公是德公名,非也。德公子山民,亦有令名,娶诸葛孔明小姊,为魏黄门吏部郎,早卒。子焕,字世文,晋太康中为牂牁太守。统,德公从子也,少未有识者,惟德公重之,年十八,使往见德操。德操与语,既而叹曰:"德公诚知人,此实盛德也。"

② 张勃《吴录》曰:或问统曰:"如所目,陆子为胜乎?"统曰:"驽马虽精,所致一人耳。驽牛一日行三十里,所致岂一人之重哉!"劭就统宿,语,因问:"卿名知人,吾与卿孰愈?"统曰:"陶冶世俗,甄综人物,吾不及卿;论帝王之秘策,揽倚伏之要最,吾似有一日之长。"劭安其言而亲之。

③ 蒋济《万机论》云:许子将褒贬不平,以拔樊子昭而抑许文休。刘晔曰:"子昭拔自贾竖,年至耳顺,退能守静,进能不苟。"济答曰:"子昭诚自长幼完洁,然观其臿齿牙,树颊胲,吐唇吻,自非文休敌也。"胲,音改。

先主领荆州,统以从事守耒阳令,在县不治,免官。吴将鲁肃遗先主书曰:"庞士元非百里才也,使处治中、别驾之任,始当展其骥足耳。"诸葛亮亦言之于先主,先主见与善谭,大器之,以为治中从事。① 亲待亚于诸葛亮,遂与亮并为军师中郎将。② 亮留镇荆州。统随从入蜀。

①《江表传》曰：先主与统从容宴语，问曰："卿为周公瑾功曹，孤到吴，闻此人密有白事，劝仲谋相留，有之乎？在君为君，卿其无隐。"统对曰："有之。"备叹息曰："孤时危急，当有所求，故不得不往，殆不免周瑜之手！天下智谋之士，所见略同耳。时孔明谏孤莫行，其意独笃，亦虑此也。孤以仲谋所防在北，当赖孤为援，故决意不疑。此诚出于险涂，非万全之计也。"

②《九州春秋》曰：统说备曰："荆州荒残，人物殚尽，东有吴孙，北有曹氏，鼎足之计，难以得志。今益州国富民强，户口百万，四部兵马，所出必具，宝货无求于外，今可权借以定大事。"备曰："今指与吾为水火者，曹操也，操以急，吾以宽；操以暴，吾以仁；操以谲，吾以忠；每与操反，事乃可成耳。今以小故而失信义于天下者，吾所不取也。"统曰："权变之时，固非一道所能定也。兼弱攻昧，五伯之事。逆取顺守，报之以义，事定之后，封以大国，何负于信？今日不取，终为人利耳。"备遂行。

益州牧刘璋与先主会涪，统进策曰："今因此会，便可执之，则将军无用兵之劳而坐定一州也。"先主曰："初入他国，恩信未著，此不可也。"璋既还成都，先主当为璋北征汉中，统复说曰："阴选精兵，昼夜兼道，径袭成都。璋既不武，又素无预备，大军卒至，一举便定，此上计也。杨怀、高沛，璋之名将，各仗强兵，据守关头，闻数有笺谏璋，使发遣将军还荆州。将军未至，遣与相闻，说荆州有急，欲还救之，并使装束，外作归形。此二子既服将军英名，又喜将军之去，计必乘轻骑来见，将军因此执之，进取其兵，乃向成都，此中计也。退还白帝，连引荆州，徐还图之，此下计也。若沉吟不去，将致大困，不可久矣。"

先主然其中计，即斩怀、沛，还向成都，所过辄克。于涪大会，置酒作乐，谓统曰："今日之会，可谓乐矣。"统曰："伐人之国而以为欢，非仁者之兵也。"先主醉，怒曰："武王伐纣，前歌后舞，非仁者邪？卿言不当，宜速起出！"于是统逡巡引退。先主寻悔，请还。统复故位，初不顾谢，饮食自若。先主谓曰："向者之论，阿谁为失？"统对曰："君臣俱失。"先主大笑，宴乐如初。①

① 习凿齿曰：夫霸王者，必体仁义以为本，仗信顺以为宗，一物不具，则其道乖矣。今刘备袭夺璋土，权以济业，负信违情，德义俱愆，虽功由是隆，宜大伤其败，譬断手全躯，何乐之有？庞统惧斯言之泄宣，知其君之必悟，故众中匡其失，而不修常谦之道，矫然太当，尽其蹇谔之风。夫上失而能正，是有臣也；纳胜而无执，是从理也。有臣则陛隆堂高，从理则群策毕举。一言而三善兼明，暂谏而义彰百代，可谓达乎大体矣。若惜其小失而废其大益，矜此过言，自绝远谠，能成业济务者，未之有也。

臣松之以为：谋袭刘璋，计虽出于统，然违义成功，本由诡道，心既内疚，则欢情自戢，故闻备称乐之言，不觉率尔而对也。备酣宴失时，事同乐祸，自比武王，曾无愧色，此备有非而统无失，其云"君臣俱失"，盖分谤之言耳。习氏所论，虽大旨无乖，然推演之辞，近为流宕也。

进围雒县，统率众攻城，为流矢所中，卒，时年三十六。先主痛惜，言则流涕。拜统父议郎，迁谏议大夫，诸葛亮亲为之拜。追赐统爵关内侯，谥曰靖侯。统子宏，字巨师，刚简有臧否，轻傲尚书令陈祗，为祗所抑，卒于涪陵太守。统弟林，以荆州治中从事参镇北将军黄权征吴，值军败，随权入魏，魏封列侯，至钜鹿太守。①

①《襄阳记》曰：林妇，同郡习祯妹。祯事在杨戏《辅臣赞》。曹公之破荆州，林妇与林分隔，守养弱女十有余年，后林随黄权降魏，始复集聚。魏文帝闻而贤之，赐床帐衣服，以显其义节。

【译文】庞统，字士元，是襄阳人。他在年少的时候，朴实鲁钝，没有人知道他。颍川人司马徽清正儒雅，有善于鉴别人的盛誉，庞统二十岁的时候去拜访司马徽，司马徽在树上采摘桑叶，让庞统端坐在树下，两人相互交流，从白天一直谈到深夜。司马徽认为他极为不凡，说庞统可算得上是南州士人中首屈一指的人才，自此以后，庞统的名声逐渐显赫起来。后来郡府任命他担任功曹。他为人重视人伦道德，尽心照顾老人、养育子女。评论、称赞别人时，他的赞誉往往超过那人本身的才干，当时的人对此感到很奇怪，就询问他这样做的原因，庞统回答说："当今天下大乱，正道遭到损坏，善人少而恶人多。假如有人想要改善风俗，弘扬儒学道义，不抬高他的声誉，那么他就不会让人们仰慕，如此一来做善人的人就日益减少了。我如今评论人，哪怕十个里有五个失当，也还可以有一半是真实有用的人才，可以用来推崇儒学，让有志于行善的人得到自我激励，不也是值得的吗？"吴国将领周瑜帮助先主刘备攻取荆州，兼任南郡太守。周瑜过世后，庞统来到吴国送丧，吴人大多听说过他的名声。等到应该西返荆州的时候，吴地士人一起在昌门集会为他送行，陆绩、顾劭、全琮都去了。庞统说："陆先生可称得上是驽马而有飞奔的力量，顾先生可说是驽牛而能承担重负到达远方。"他对全琮说："您喜爱施舍追慕好名声，就像汝南名士樊子昭。尽管智力不多，也是一时的人才。"陆绩、顾劭对庞统说："如果天下太平，必当和先生一起评判四海人士。"庞统与他们结交而归。

刘备担任荆州牧，庞统以从事的身份任耒阳县令，因为在任期间政绩不佳，被免官。吴国将领鲁肃致书刘备说："庞士元并非治理区区百里之地的平庸人才，让他担任治中、别驾的职务，才能彰显他的才能。"诸葛亮也向刘备推荐庞统，刘备和庞统会见深谈，对他非常器重，任命他担任治中从事。刘备对他的亲信倚重仅次于诸葛亮，他与诸葛亮同为军师中郎将。诸葛亮留下镇守荆州。庞统跟随刘备入蜀。

益州牧刘璋与刘备在涪城相会，庞统出计策说："如今利用这次会面的机会，就可抓获刘璋，那么将军不用动用军队就能安然平定一州之地。"刘备说："我们刚刚进入他人境内，恩信还未能广泛地为吏民所了解，这条计策不可行。"刘璋返回成都之后，刘备要为刘璋北征汉中，庞统又建言："暗中挑选精兵，昼夜兼程，直接袭击成都。刘璋本来就没有武勇，又一直没有防备，大军突然到达，一举就可平定益州，这是上计。杨怀、高沛是刘璋的名将，各自仗恃部下强兵，扼守关头险地，听说他们多次向刘璋上书进谏，让刘璋打发将军回荆州。将军在到达他们驻地之前，派人向他们通报，就说荆州发生了突然事变，打算回师援救，并命令军队整理行装，表面上装作回师的样子。

这两个人一方面钦佩将军的英名，另一方面又对将军的离去感到欣喜，估计他们定然会轻骑简从来拜会将军，将军利用这一机会捉住他们，前去夺取他们的军队，再向成都进军，这是中计。撤军返回白帝城，与荆州我军连为一体，慢慢地再来谋取益州，这是下计。假若犹豫不决按兵不动，将来就会陷入困境，不可再拖延时间了。”

刘备采纳了庞统的中计，于是诱斩了杨怀和高沛，回师直指成都，所经过的地方都一一顺利攻克。刘备在涪城大会众将，庆贺胜利，置酒作乐，对庞统说：“今日的盛会，可以说其乐无穷了。”庞统说：“攻打他人国家却引以为乐，这不是仁德之人的军队。”刘备喝醉了，发怒说：“周武王攻伐商纣王的时候，前歌后舞，士气旺盛，难道他不是仁者吗？你说得不对，马上给我退出去！”于是，庞统不知所措地退了出去。刘备立马后悔了，请他返回。庞统返回原来的座位就座，开始并不向刘备道歉，如同往常一样饮酒吃菜。刘备对他说：“刚才的争论，究竟是谁的过失？”庞统回答说：“我们君臣都有过错。”刘备开怀大笑，宴席间恢复了原来的欢乐气氛。

进军围困雒县，庞统率军攻城，被流箭射中而去世，当时年仅三十六岁。刘备非常痛惜，说到庞统就忍不住涕泪俱下。任命庞统的父亲为议郎，升任谏议大夫，诸葛亮亲自为他授官。追封庞统为关内侯，谥号为靖侯。庞统的儿子宠宏，字巨师，刚正直率有褒贬人物的能力，看不起尚书令陈祇，被陈祇压制，死在涪陵太守任上。庞统的弟弟庞林，以荆州治中从事的身份，跟随镇北将军黄权讨伐孙吴，恰巧蜀军溃败，他随黄权入魏，魏封他为列侯，官至钜鹿太守。

法正

【原文】法正，字孝直，扶风郿人也。祖父真，有清节高名。① 建安初，天下饥荒，正与同郡孟达俱入蜀依刘璋，久之，为新都令，后召署军议校尉。既不任用，又为其州邑俱侨客者所谤无行，志意不得。

①《三辅决录注》曰：真，字高卿，少明《五经》，兼通谶纬，学无常师，名有高才。常幅巾见扶风守，守曰：“哀公虽不肖，犹臣仲尼，柳下惠不去父母之邦，欲相屈为功曹，何如？”真曰：“以明府见待有礼，故四时朝觐，若欲吏使之，真将在北山之北南山之南矣。”扶风守遂不敢以为吏。初，真年未弱冠，父在南郡，步往候父，已欲去，父留之待正旦，使观朝吏会。会者数百人，真于窗中窥其与父语。毕，问真：“孰贤？”真曰：“曹掾胡广有公卿之量。”其后广果历九卿三公之位，世以服真之知人。前后征辟，皆不就，友人郭正等美之，号曰玄德先生。年八十九，中平五年卒。正父衍，字季谋，司徒掾、廷尉左监。

益州别驾张松与正相善，忖璋不足与有为，常窃叹息。松于荆州见曹公还，劝璋绝曹公而自结先主。璋曰：“谁可使者？”松乃举正，正辞让，不得已而往。正既还，为松称说先主有雄略，密谋协规，愿共戴奉，而未有缘。后因璋闻曹公欲遣将征张鲁之有惧心也，松遂说璋宜迎先主，使之讨鲁，复令正衔命。正既宣旨，阴献策于先主曰：“以明将军之英才，乘刘牧之懦弱，张松，州之股肱，以响应于内，然后资益州之殷富，冯天府之险阻，以此成业，犹反掌也。”先主然之，溯江而西，与璋会涪。北至葭萌，南还取璋。

郑度说璋曰：[①]“左将军县军袭我，兵不满万，士众未附，野谷是资，军无辎重。其计莫若尽驱巴西、梓潼民内涪水以西，其仓廪野谷，一皆烧除，高垒深沟，静以待之。彼至请战，勿许，久无所资，不过百日，必将自走。走而击之，则必禽耳。”先主闻而恶之，以问正。正曰：“终不能用，无可忧也。”璋果如正言，谓其群下曰：“吾闻拒敌以安民，未闻动民以避敌也。”于是黜度，不用其计。及军围雒城，正笺与璋曰：

正受性无术，盟好违损，惧左右不明本末，必并归咎，蒙耻没身，辱及执事，是以捐身于外，不敢反命。恐圣听秽恶其声，故中间不有笺敬，顾念宿遇，瞻望悢悢。然惟前后披露腹心，自从始初以至于终，实不藏情，有所不尽，但愚暗策薄，精诚不感，以致于此耳。今国事已危，祸害在速，虽捐放于外，言足憎尤，犹贪极所怀，以尽余忠。明将军本心，正之所知也，实为区区不欲失左将军之意，而卒至于是者，左右不达英雄从事之道，谓可违信黩誓，而以意气相致，日月相迁，趋求顺耳悦目，随阿遂指，不图远虑为国深计故也。事变既成，又不量强弱之势，以为左将军县远之众，粮谷无储，欲得以多击少，旷日相持。而从关至此，所历辄破，离宫别屯，日自零落。雒下虽有万兵，皆坏阵之卒，破军之将，若欲争一旦之战，则兵将势力，实不相当。各欲远期计粮者，今此营守已固，谷米已积，而明将军土地日削，百姓日困，敌对遂多，所供远旷。愚意计之，谓必先竭，将不复以持久也。空尔相守，犹不相堪，今张益德数万之众，已定巴东，入犍为界，分平资中、德阳，三道并侵，将何以御之？本为明将军计者，必谓此军县远无粮，馈运不及，兵少无继。今荆州道通，众数十倍，加孙车骑遣弟及李异、甘宁等为其后继。若争客主之势，以土地相胜者，今此全有巴东，广汉、犍为，过半已定，巴西一郡，复非明将军之有也。计益州所仰惟蜀，蜀亦破坏。三分亡二，吏民疲困，思为乱者十户而八。若敌远则百姓不能堪役，敌近则一旦易主矣。广汉诸县，是明比也。又，鱼复与关头实为益州福祸之门，今二门悉开，坚城皆下，诸军并破，兵将俱尽，而敌家数道并进，已入心腹，坐守都、雒，存亡之势，昭然可见。斯乃大略，其外较耳，其余屈曲，难以辞极也。以正下愚，犹知此事不可复成，况明将军左右明智用谋之士，岂当不见此数哉？旦夕偷幸，求容取媚，不虑远图，莫肯尽心献良计耳。若事穷势迫，将各索生，求济门户，展转反复，与今计异，不为明将军尽死难也，而尊门犹当受其忧。正虽获不忠之谤，然心自谓不负圣德，顾惟分义，实窃痛心。左将军从本举来，旧心依依，实无薄意。愚以为可图变化，以保尊门。

①《华阳国志》曰：度，广汉人，为州从事。

十九年，进围成都。璋蜀郡太守许靖将逾城降，事觉，不果。璋以危亡在近，故不诛靖。璋既稽服，先主以此薄靖不用也。正说曰：“天下有获虚誉而无其实者，许靖是也。然今主公始创大业，天下之人不可户说，靖之浮称，播流四海，若其不礼，天下之人以是谓主公为贱贤也。宜加敬重，以眩远近，追昔燕王之待郭隗。”先主于是乃厚待靖。[①]以正为蜀郡太守、扬武将军，外统都畿，内为谋主。一餐之德，睚眦之怨，无不报复，擅杀毁伤己者数人。或谓诸葛亮曰：“法正于蜀郡太纵横，将军宜启主公，抑其威福。”亮答曰：“主公之在公安也，北畏曹公之强，东惮孙权之逼，近则惧孙夫人生变于肘腋之下。当斯之时，进退狼跋，法孝直为之辅翼，令翻然翱翔，不可复制，如何禁止法正使不得行其意邪！”初，孙权以妹妻先主，妹才捷刚猛，有诸兄之风，侍婢百余人，皆亲执刀侍立，先主每入，衷心常凛凛。亮又知先主雅爱信正，故言如此。②

① 孙盛曰：夫礼贤崇德，为邦之要道；封墓式闾，先王之令轨。故必以体行英邈，高义盖世，然后可以延视四海，振服群黎。苟非其人，道不虚行。靖处室则友于不穆，出身则受位非所，语信则夷险易心，论识则殆为衅首，安在其可宠先而有以感致者乎？若乃浮虚是崇，偷薄斯荣，则秉直仗义之士，将何以礼之？正务眩惑之术，违贵尚之风，譬之郭隗，非其伦矣。

臣松之以为：郭隗非贤，犹以权计蒙宠，况文休名声夙著，天下谓之英伟，虽末年有瑕，而事不彰彻，若不加礼，何以释远近之惑乎？法正以靖方隗，未为不当，而盛以封墓式闾为难，何其迂哉！然则燕昭亦非，岂唯刘翁？至于友于不穆，失由子将，寻蒋济之论，知非文休之尤。盛又讥其受位非所，将谓仕于董卓。卓初秉政，显擢贤俊，受其策爵者森然皆是。文休为选官，在卓未至之前，后迁中丞，不为超越。以此为贬，则荀爽、陈纪之俦皆应摈弃于世矣。

② 孙盛曰：夫威福自下，亡家害国之道，刑纵于宠，毁政乱理之源，安可以功臣而极其陵肆，嬖幸而藉其国柄者哉？故颠颉虽勤，不免违命之刑，杨干虽亲，犹加乱行之戮，夫岂不爱，王宪故也。诸葛氏之言，于是乎失政刑矣。

二十二年，正说先主曰：“曹操一举而降张鲁，定汉中，不因此势以图巴、蜀，而留夏侯渊、张郃屯守，身遽北还，此非其智不逮而力不足也，必将内有忧逼故耳。今策渊、郃才略，不胜国之将帅，举众往讨，则必可克之。克之之日，广农积谷，观衅伺隙，上可以倾覆寇敌，尊奖王室，中可以蚕食雍、凉，广拓境土，下可以固守要害，为持久之计。此盖天以与我，时不可失也。”先主善其策，乃率诸将进兵汉中，正亦从行。二十四年，先主自阳平南渡沔水，缘山稍前，于定军兴势作营。渊将兵来争其地。正曰：“可击矣。”先主命黄忠乘高鼓噪攻之，大破渊军，渊等授首。曹公西征，闻正之策，曰：“吾故知玄德不办有此，必为人所教也。”①

① 臣松之以为：蜀与汉中，其由唇齿也。刘主之智，岂不及此？将计略未展，正先发之耳。夫听用嘉谋以成功业，霸王之主，谁不皆然？魏武以为人所教，亦岂劣哉！此盖耻恨之余辞，非测实之当言也。

先主立为汉中王，以正为尚书令、护军将军。明年卒，时年四十五。先主为之流涕者累日。谥曰翼侯。赐子邈爵关内侯，官至奉车都尉、汉阳太守。诸葛亮与正，虽好尚不同，以公义相取。亮每奇正智术。先主既即尊号，将东征孙权以复关羽之耻，群臣多谏，一不从。章武二年，大军败绩，还住白帝。亮叹曰：“法孝直若在，则能制主上，令不东行，就复东行，必不倾危矣。”①

① 先主与曹公争，势有不便，宜退，而先主大怒不肯退，无敢谏者。矢下如雨，正

乃往当先主前，先主云：“孝直避箭。”正曰：“明公亲当矢石，况小人乎！”先主乃曰：“孝直，吾与汝俱去。”遂退。

【译文】法正，字孝直，扶风郿县人。他的祖父法真，节操高洁，富有名望。东汉献帝建安初期，各个地区都闹饥荒，法正和同郡人孟达一起到益州投靠刘璋，过了很长时间，他被任命为新都县令，后来被召任为军议校尉。他既没有受到重用，又受到与他一同迁到益州居住的同乡们的诽谤，说他品行不好，因此，感到很不得志。

益州别驾张松和法正关系很好，他们认为跟随刘璋不会有什么作为，经常在暗中叹息没有遇到明主。张松在荆州拜见曹操后返回益州，劝说刘璋与曹操断绝关系，而去与刘备结交。刘璋问张松说：“谁能胜任出使结交刘备的任务？”于是，张松推荐法正担任使者，法正推辞，然而刘璋坚持要他前去，他被迫而去。法正见到刘备，返回益州后，向张松称赞刘备富有雄才大略，他们私下里秘密策划，愿意一起奉事刘备，只是没有碰到机会。后来，刘璋听说曹操准备派遣大将讨伐据守汉中的张鲁，内心十分恐惧，张松乘机劝说刘璋应该迎接刘备到益州来，让刘备去讨伐张鲁，刘璋再次派法正出使荆州。法正见到刘备，传达完刘璋的意思后，又悄悄地对刘备陈述自己的计策，说：“凭借将军的英雄才略，利用刘璋的懦弱无能，又有州中主要官员张松来担当内应，可以夺取益州。然后凭借益州的丰富资源，加上四面的险要地形，以此成就帝王大业，易如反掌。”刘备认为法正的建议非常有道理，于是从荆州沿长江而西行，与刘璋在涪县会面。然后，刘备向北到葭萌，想要去讨伐张鲁。但不久后，刘备和刘璋关系破裂，刘备率军返回向南攻打刘璋。

益州从事郑度向刘璋提议说：“左将军刘备孤军深入，远道而来，袭取我军，部下兵士不足一万人，而且军心不稳，军队缺少辎重，后勤供给不足，不得不依靠抢掠田野中的庄稼为食。因此，我们最好的办法是将巴西郡与梓潼县的百姓全部驱赶到涪水以西，将仓库中的粮食、物资及野外的庄稼全部烧毁，高垒深沟，严阵以待。刘备率军前来求战，我们坚守不出，他们没有地方寻找粮草，不过一百天，必然会自动退军。等到他们后退的时候我们再出击，必然可以捉到刘备。”刘备听到这一消息后，非常忧虑，去找法正，询问对策。法正说：“刘璋肯定不会采纳郑度的计策，您不必过于忧虑。”刘璋果然如法正所预测的那样，他对自己的部下说：“我只听说过抗击敌人，来保护百姓，没有听说过让百姓迁徙，来躲避敌人的。”于是，刘璋将郑度罢免，不考虑他的计策。等到刘备大军包围雒城后，法正给刘璋写信说：

> 我接受您的委任，出使刘备，然而自己能力不足，以致双方的联盟破裂，我担心您左右的人不明白事情的始末，一定会把全部过错推到我的头上，让我终身蒙受耻辱，而且会影响到您，因此我一直在外流亡，不敢回去向您汇报。恐怕您也不愿再听到关于我的消息，因此这中间一直没有给您去信，想到您过去对我的恩德，心中倍感惆怅。但我在事情发生的前后一直向您坦诚相告，从开始直到现在，半点也没隐瞒，只是我谋略浅薄，真情诚意不能感动您，以至于发展到如今这样的地步。如今，国事已非常危急，大祸很快就要降临，我尽管流亡在外，知道向

您献计也会引起憎恶,但仍想将心中所想的都说出来,以尽我对您的最后一点忠心。您的本意,我是明白的,确实是小心谨慎,不愿违背左将军的心愿,但最终变成这样的结局,都是您身边的人不懂得英雄的处事之道,认为可以不讲信义,违背誓约,而以意气相致,光阴流逝,他们只是追求您顺耳悦目,在您身边极尽阿谀奉承,唯命是从,从没有想着为国家的根本利益而深谋远虑的缘故。您和左将军关系恶化后,这些人又不考虑强弱之势,认为左将军孤军深入,缺乏粮草,想凭借益州人多势众,以多击少,长期相持。但是,刘备大军从白水关到这里,长驱直入,一路势如破竹。您的行宫以及驻扎在其他地方的军队,逐渐溃散。雒城虽有一万余人,但都是残兵败将,如果想决一死战,则这些兵将,实在已经不堪一击。如果想长期相持,以粮草多少来决定胜负,如今左将军这里营垒已修建坚固,粮草早已积聚,而您的地盘日益缩小,百姓日益穷困,与您为敌的人逐渐增多,您的粮草供应会更加紧张。依我看来,您的粮草一定会先吃光,无法长期坚持。仅仅是这样相互对峙,您还没有获胜的希望,更何况,如今张飞统率的数万大军,已经平定了巴东郡,进入犍为郡境内,分别平定资中、德阳,三路大军一起进攻,您将如何抵抗?那些本来为您出谋划策的人,必然认为刘备孤军无援,粮草与军用物资供应不上,兵将微弱而没有后继部队。现在,与荆州的交通要道已经打通,左将军军力大增,加之孙权又派遣他弟弟与李异、甘宁等率军作为后援。如果比较攻守之势,以所占地盘大小来计算胜败,现在刘备已经占有巴东郡,广汉、犍为两郡已经控制大半,巴西一郡也不再归您管辖了。您所仰仗的只剩下蜀郡,而蜀郡也已经遭遇破坏。您的地盘已经失去三分之二,而且官员和百姓都已疲困不堪,十户之中,就有八户想要起来谋反。如果敌军在远处,百姓就无力承担转运军用物资的劳役。如果敌军一旦迫近,则百姓就会纷纷投降。广汉郡的各县,就是明显的先例。除此以外,鱼复与白水关实际上是关系益州安危的大门,如今,这两座大门已经被打开,坚固的城池相继陷落,各地驻军也一一被击溃,兵将所剩无几,而敌军数路并进,已经进入您的心腹要地,您却只是坐守成都、雒城,存亡的大势,已非常明显。这些还不过是表面上的公开情况,其中的一些内情,不是言语所能尽数的。以我这样的下愚之人,都已经知道坚持下去也不会有好结果,何况您身边明智的谋略之士,怎么会看不到这样的结局呢?他们只知道追求眼前能得到您的宠幸,争相讨好,取悦于您,不考虑国家大计,没人愿意尽心尽力地为您贡献良策。假如您一旦大势已去,他们就会自寻生路,别投新主,只求保全自己家族的性命与自身地位,不会再像今天所说的那样去做,也不会为您尽忠赴死,而您的一家却将大祸临头。我尽管已经蒙受不忠于您的诽谤,但扪心自问,我并没有辜负您的恩德,考虑到名分与情义,实在为您痛心。左将军出于国家的根本利益,举兵前来,旧情仍在,确实对您没有什么轻视之意。我认为您可考虑改变策略,以便保全您的一家。

建安十九年,刘备发兵包围成都。刘璋部下的蜀郡太守许靖打算出城归降,被发觉后，出城投降没能实现。刘璋认为已经到了濒临危亡的关键时刻，因此没有处死许靖。刘璋投降后，刘备因此而轻慢许靖，没有起用他担任官职。法正劝刘备说："天下有白白获得虚名，却有名无实的人，这便是许靖。然而现在主公刚刚开创大业，不可能逐户去向天下人解释不起用许靖的原因，许靖的虚名，天下人都知道，如果对他不够尊敬，没有加以任用，天下的人都会认为主公轻慢贤才。您应当对许靖十分敬重，采用从前燕昭王优待郭隗的办法，以向天下人彰显您尊贤重士的态度。"于是，刘备才开始厚待许靖。刘备任命法正为蜀郡太守、扬武将军，在外管理京城的行政事务，在内仍担任主要谋士。法正恩怨分明，一饭之恩必报，睚眦小怨必报，还擅自杀死好几个之前曾诽谤过他的人。有人对诸葛亮说："法正在蜀郡过于霸道，将军应该禀报主公，稍加抑制。"诸葛亮回答说："主公在公安的时候，北边畏惧势力强大的曹操，东边顾虑孙权的胁迫，近则担心孙夫人在身边发生变故。在那时，真是进退维谷，法正辅佐主公，使得主公可以大展宏图，不再受制于人，怎么可以限制法正，使他不能称心如意呢！"起初，孙权将妹妹嫁给刘备，孙权的妹妹才思敏捷，性情刚猛，颇有她几位兄长的风度，服侍她的使女有一百多人，都佩刀在旁侍立，刘备每次走进内室，内心都惶惶不安。诸葛亮又知道刘备一向喜欢并信任法正，因此才这样说。

建安二十二年，法正向刘备进言说："曹操一举平定汉中，降服张鲁，不乘势攻取巴、蜀，而仅仅留下夏侯渊、张郃驻守汉中，自己却仓促北返，这并非是他才智不够，或是军力不足，一定出现了国内出现了忧患。如今，我估计夏侯渊、张郃的才略，比不上我们的将领，及时发兵征讨，则一定可以将其攻克。占领汉中后，发展农业，积蓄粮食，注意观察时机，伺机而动，上可以消灭强敌，尊崇王室，其次可以慢慢蚕食雍、凉二州，广拓疆土，最次也能固守险要地势，作长久打算。这是上天赐给我们的机会，一定不能错过。"刘备认为他的提议很对，于是率领诸将领进军汉中，法正随军一同前往。建安二十四年，刘备指挥大军自阳平关向南渡过沔水，沿着山势向前推进，在定军山扎营。夏侯渊率军前来争夺。法正说："可以攻击他。"刘备命令黄忠领兵居高临下进行突袭，擂鼓呐喊，杀声震天动地，曹军大败，夏侯渊等被杀。曹操亲自率领大军西征争夺汉中，他听说法正的计谋后，说："我原本就知道刘备是不会这么办，必然是受到了他人的提醒。"

刘备立为汉中王后，任命法正为尚书令、护军将军。第二年，法正去世，当时他四十五岁。刘备连续几天痛哭流涕，哀悼法正的逝世。赐给法正谥号为翼侯。封他儿子法邈为关内侯，法邈官至奉车都尉、汉阳郡太守。尽管诸葛亮与法正的兴趣爱好各有不同，但都以国家利益为重，互相协助。诸葛亮对法正的谋略非常赏识。刘备称帝后，要东征孙权，为关羽报仇，朝中大臣多进行劝阻，然而刘备一概不听。章武二年，刘备军队大败，退守到了白帝城。诸葛亮叹息着说："法正假若还在，他一定可以制止主上，不出兵东征，即使是东征，也一定不会这样惨败。"

【原文】评曰：庞统雅好人流，经学思谋，于时荆、楚谓之高俊。法正著见成败，有奇画策算，然不以德素称也。拟之魏臣，统其荀彧之仲叔，正其程、郭之俦俪邪？

【译文】评论说：庞统钟爱评判士人品级高低，潜心研究学问及谋略，当时荆、楚一带称他为高雅俊杰。法正可以准确地预见成败利害，拥有奇计异谋，但说到品德，却没有显著的名声。把他们与魏国大臣相比较，庞统大概和荀彧不相上下，法正大概是程昱、郭嘉之类的人吧？

卷三十八　蜀书八

许麋孙简伊秦传第八

许靖

【原文】许靖，字文休，汝南平舆人。少与从弟劭俱知名，并有人伦臧否之称，而私情不协。劭为郡功曹，排摈靖不得齿叙，以马磨自给。颍川刘翊为汝南太守，乃举靖计吏，察孝廉，除尚书郎，典选举。灵帝崩，董卓秉政，以汉阳周毖为吏部尚书，与靖共谋议，进退天下之士，沙汰秽浊，显拔幽滞。进用颍川荀爽、韩融、陈纪等为公、卿、郡守，拜尚书韩馥为冀州牧，侍中刘岱为兖州刺史，颍川张咨为南阳太守，陈留孔伷为豫州刺史，东郡张邈为陈留太守，而迁靖巴郡太守，不就，补御史中丞。馥等到官，各举兵还向京都，欲以诛卓。卓怒毖曰："诸君言当拔用善士，卓从君计，不欲违天下人心。而诸君所用人，至官之日，还来相图。卓何用相负！"叱毖令出，于外斩之。靖从兄陈相玚，又与伷合规，靖惧诛，奔伷。[①] 伷卒，依扬州刺史陈祎。祎死，吴郡都尉许贡、会稽太守王朗素与靖有旧，故往保焉。

①《蜀记》云：靖后自表曰："党贼求生，情所不忍；守官自危，死不成义。窃念古人当难诡常，权以济其道。"

靖收恤亲里，经纪振赡，出于仁厚。孙策东渡江，皆走交州以避其难，靖身坐岸边，先载附从，疏亲悉发，乃从后去，当时见者莫不叹息。既至交阯，交阯太守士燮厚加敬待。陈国袁徽以寄寓交州，徽与尚书令荀彧书曰："许文休英才伟士，智略足以计事。自流宕已来，与群士相随，每有患急，常先人后己，与九族中外同其饥寒。其纪纲同类，仁恕恻隐，皆有效事，不能复一二陈之耳。"

钜鹿张翔[①] 衔王命使交部，乘势募靖，欲与誓要，靖拒而不许。靖与曹公书曰：

> 世路戎夷，祸乱遂合，驽怯偷生，自窜蛮貊，成阔十年，吉凶礼废。昔在会稽得所贻书，辞旨款密，久要不忘。迫于袁术方命圮族，扇动群逆，津涂四塞，虽县心北风，欲行靡由。正礼师退，术兵前进，会稽倾覆，景兴失据，三江五湖，皆为虏庭。临时困厄，无所控告。便与袁沛、邓子孝等浮涉沧海，南至交州，经历东瓯、闽、越之国，行经万里，不见汉地，漂薄风波，绝粮茹草，饥殍荐臻，死者大半。既济南海，与领守兒孝德相见，知足下忠义奋发，整饬元戎，西迎大驾，巡省中岳。承此休问，且悲且喜，即与袁沛及徐元贤复共严装，欲北上荆州。会苍梧诸县夷、越蜂起，州府倾覆，道路阻绝，元贤被害，老弱并杀。靖寻循渚岸五千余里，复遇疾疠，伯母陨命，并及群从，自诸妻子，一时略尽。复相扶侍，前到此郡，计为兵害及病亡者，十遗一二。生民之艰，辛苦之甚，岂可具陈哉！[②] 惧卒颠仆，永为亡虏，忧

瘁惨惨，忘寝与食。欲附奉朝贡使，自获济通，归死阙庭，而荆州水陆无津，交部驿使断绝。欲上益州，复有峻防，故官长吏，一不得入。前令交阯太守士威彦，深相分托于益州兄弟，又靖亦自与书，辛苦恳恻，而复寂寞，未有报应。虽仰瞻光灵，延颈企踵，何由假翼自致哉？

知圣主允明，显授足下专征之任，凡诸逆节，多所诛讨，想力竞者一心，顺从者同规矣。又，张子云昔在京师，志匡王室，今虽临荒域，不得参与本朝，亦国家之藩镇，足下之外援也。[③] 若荆、楚平和，王泽南至，足下忽有声命于子云，勤见保属，令得假途由荆州出，不然，当复相绍介于益州兄弟，使相纳受。倘天假其年，人缓其祸，得归死国家，解逋逃之负，泯躯九泉，将复何恨！若时有险易，事有利钝，人命无常，陨没不达者，则永衔罪责，入于裔土矣。

昔营邱翼周，杖钺专征；博陆佐汉，虎贲警跸。[④] 今日足下扶危持倾，为国柱石，秉师望之任，兼霍光之重，五侯九伯，制御在手，自古及今，人臣之尊未有及足下者也。夫爵高者忧深，禄厚者责重。足下据爵高之任，当责重之地，言出于口，即为赏罚，意之所存，便为祸福。行之得道，即社稷用宁；行之失道，即四方散乱。国家安危，在于足下；百姓之命，县于执事。自华及夷，颙颙注望。足下任此，岂可不远览载籍废兴之由，荣辱之机，弃忘旧恶，宽和群司，审量五材，为官择人？苟得其人，虽仇必举；苟非其人，虽亲不授。以宁社稷，以济下民，事立功成，则系音于管弦，勒勋于金石。愿君勉之！为国自重，为民自爱。

翔恨靖之不自纳，搜索靖所寄书疏，尽投之于水。

①《万机论》云：翔，字元凤。

② 臣松之以为：孔子称"贤者避世，其次避地"，盖贵其识见安危，去就得所也。许靖羁客会稽，闾阎之士，孙策之来，于靖何为？而乃泛万里之海，入疫疠之乡，致使尊弱涂炭，百罹备经，可谓自贻矣。谋臣若斯，难以言智。孰若安时处顺，端拱吴、越，与张昭、张纮之俦同保元吉者哉？

③ 子云名津，南阳人，为交州刺史。见《吴志》。

④《汉书·霍光传》曰："光出都肄郎羽林，道上称警跸。"未详虎贲所出也。

后刘璋遂使使招靖，靖来入蜀。璋以靖为巴郡、广汉太守。南阳宋仲子于荆州与蜀郡太守王商书曰："文休倜傥瑰玮，有当世之具，足下当以为指南。"[①] 建安十六年，转在蜀郡。[②] 十九年，先主克蜀，以靖为左将军长史。先主为汉中王，靖为太傅。及即尊号，策靖曰："朕获奉洪业，君临万国，夙宵惶惶，惧不能绥。百姓不亲，五品不逊，汝作司徒，其敬敷五教，在宽。君其勖哉！秉德无怠，称朕意焉。"

①《益部耆旧传》曰：商，字文表，广汉人，以才学称，声问著于州里。刘璋辟为治中从事。是时王涂隔绝，州之牧伯犹七国之诸侯也，而璋懦弱多疑，不能党信大臣。商奏记谏璋，璋颇感悟。初，韩遂与马腾作乱关中，数与璋父焉交通信，至腾子超复与璋相闻，有连蜀之意。商谓璋曰："超勇而不仁，见得不思义，不可以为唇齿。《老子》曰：'国之利器，不可以示人。'今之益部，土美民丰，宝物所出，斯乃狡夫所欲倾覆，超等所

以西望也。若引而近之,则由养虎,将自遗患矣。"璋从其言,乃拒绝之。荆州牧刘表及儒者宋忠咸闻其名,遗书与商叙致殷勤。许靖号为臧否,至蜀,见商而称之曰:"设使商生于华夏,虽王景兴无以加也。"璋以商为蜀郡太守。成都禽坚有至孝之行,商表其墓,追赠孝廉。又与严君平、李弘立祠作铭,以旌先贤。修学广农,百姓便之。在郡十载,卒于官,许靖代之。

②《山阳公载记》曰:建安十七年,汉立皇子熙为济阴王,懿为山阳王,敦为东海王。靖闻之曰:"'将欲歙之,必固张之;将欲取之,必固与之。'其孟德之谓乎!"

靖虽年逾七十,爱乐人物,诱纳后进,清谈不倦。丞相诸葛亮皆为之拜。章武二年卒。子钦,先靖夭没。钦子游,景耀中为尚书。始靖兄事颍川陈纪,与陈郡袁涣、平原华歆、东海王朗等亲善。歆、朗及纪子群,魏初为公辅大臣,咸与靖书,申陈旧好,情义款至,文多故不载。①

①《魏略》:王朗与文休书曰:"文休足下:消息平安,甚善,甚善。岂意脱别三十余年而无相见之缘乎!诗人比一日之别于岁月,岂况悠悠历累纪之年者哉!自与子别,若没而复浮、若绝而复连者数矣。而今而后,居升平之京师,攀附于飞龙之圣主,侪辈略尽,幸得老与足下并为遗种之叟,而相去数千里,加有邅蹇之隔,时闻消息于风声,托旧情于思想,眇眇异处,与异世无以异也。往者随军到荆州,见邓子孝、桓元将,粗闻足下动静,云夫子既在益州,执职领郡,德素规矩,老而不堕。是时侍宿武皇帝于江陵刘景升听事之上,共道足下于通夜,拳拳饥渴,诚无已也。自天子在东宫及即位之后,每会群贤,论天下髦俊之见在者,岂独人尽易为英,士鲜易取最,故乃猥以原壤之朽质,感夫子之清听。每叙足下,以为谋首,岂其注意,乃复过于前世,《书》曰'人惟求旧',《易》称'同声相应,同气相求',刘将军之与大魏,兼而两之,总此二义。前世邂逅,以同为睽,非武皇帝之旨;顷者蹉跌,其泰而否,亦非足下之意也。深思《书》《易》之义,利结分于宿好,故遣降者送吴所献致名马、貂、罽,得因无嫌,道初开通,展叙旧情,以达声问。久阔情慉,非夫笔墨所能写陈,亦想足下同其志念。今者,亲生男女凡有几人?年并几何?仆连失一男一女,今有二男:大儿名肃,年二十九,生于会稽;小儿裁岁余。临书怆恨,有怀缅然。"

又曰:"过闻'受终于文祖'之言于《尚书》,又闻'历数在躬,允执其中'之文于《论语》。岂自意得于老耄之齿,正值天命受于圣主之会,亲见三让之弘辞,观众瑞之总集,睹升堂穆穆之盛礼,瞻燔燎焜曜之青烟。于时忽自以为处唐、虞之运,际于紫微之天庭也。徒慨不得携子之手,共列于世有二子之数,以听有唐'钦哉'之命也。子虽在裔土,想亦极目而回望,侧耳而遐听,延颈而鹤立也。昔汝南陈公初拜,不依故常,让上卿于李元礼。以此推之,吾宜退身以避子位也。苟得避子以窃让名,然后绥带委质,游谈于平、勃之间,与子共陈往时避地之艰辛,乐酒酣宴,高谈大噱,亦足遗忧而忘老。捉笔陈情,随以喜笑。"

又曰:"前夏有书而未达,今重有书,而并致前问。皇帝既深悼刘将军之早世,又愍其孤之不易,又惜使足下孔明等士人气类之徒,遂沉溺于羌夷异种之间,永与华夏乖绝，而无朝聘中国之期缘，瞻睎故土桑梓之望也，故复运慈念而劳仁心，重下明诏以发德音，申敕朗等，使重为书与足下等。以足下聪明，揆殷勤之圣意，亦足悟海岱之所常在，知百川之所宜注矣。昔伊尹去夏而就殷，陈平违楚而归汉，犹曜德于阿衡，著功于宰相。若足下能弼人之遗孤，定人之犹豫，去非常之伪号，事受命之大魏，客主兼不世之荣名，上下蒙不朽之常耀，功与事并，声与勋著，考其绩效，足以超越伊、吕矣。既承诏旨，且服旧之情，情不能已。若不言足下之所能，陈足下之所见，则无以宣明诏命，弘光大之恩，叙宿昔梦想之思。若天启众心，子导蜀意，诚此意有携手之期。若险路未夷，子谋不从，则惧声问或否，复面何由！前后二书，言每及斯，希不切然有动于怀。足下周游江湖，以暨南海，历观夷俗，可谓遍矣；想子之心，结思华夏，可谓深矣。为身择居，犹愿中土；为主择安，岂可以不系意于京师而持疑于荒裔乎？详思愚言，速示还报也。”

【译文】许靖，字文休，汝南郡平舆县人。年少时和他的堂弟许劭都很有名，都具有能褒贬评论人的名声，但是他们两人私下性情不合。许劭做郡功曹时，排挤许靖，使他不能得到录用，靠磨坊为生。颍川人刘翊担任汝南太守时，便提拔许靖为计吏，又推举他为孝廉，后又任命他为尚书郎，主管官员选举。汉灵帝死后，董卓执掌大权，任命汉阳人周毖为吏部尚书，让他和许靖一起商议，提拔或降贬天下的士人官员，清除贪官污吏，举荐不为人知的受压抑士人。他们提升颍川人荀爽、韩融、陈纪等做公、卿、郡守，任命尚书韩馥为冀州牧，侍中刘岱为兖州刺史，颍川人张咨为南阳太守，陈留人孔伷为豫州刺史，东郡人张邈为陈留太守，升任许靖为巴郡太守，许靖没有去就职，补为御史中丞。韩馥等人到任后，纷纷举兵回攻京城，要诛杀董卓。董卓迁怒于周毖，说：“你们说应该提拔任用优秀人才，我听从了你们的建议，不愿意违背天下人心。而你们任用的人，刚刚到任，就反过来打我。你们为什么这样背叛我？”喝令周毖出去，在外面杀了他。许靖的堂兄陈国相许玚，又与孔伷合谋反董卓，许靖害怕被杀，逃到孔伷处。孔伷死后，许靖又去依附扬州刺史陈祎。陈祎死后，吴郡都尉许贡、会稽太守王朗一向与许靖交好，所以去保护他。

许靖收养抚恤亲戚乡党，经营生计，赡养亲友，都是出自仁厚之心。孙策渡江东征，人们纷纷逃向交州躲避兵乱，许靖自己坐在岸边，让船先送跟随他的人走，连远亲都运完后，他才跟在后面离开，当时见到的人没有不感叹的。到了交阯后，交阯太守士燮非常尊敬许靖，予以他厚待。陈国人袁徽也在交州寄住，他在写给尚书令荀彧的信中说：“许文休是有杰出才能的伟人，智谋才略足以计划国家大事。自从流落外地以来，他和许多士人在一起，每当有危急的时候，经常先人后己，和远近亲友共同忍饥受寒。他为人们做表率，仁慈宽恕，有恻隐之心，这些全都有事实为证，只是不能一一细说罢了。”

钜鹿人张翔奉王命出使交阯一带，乘机招纳许靖，想要和他盟誓订约，许靖推拒，不肯答应。许靖给曹操写信说：

世间戎夷四起，祸乱纷纷出现，怯懦无能的我为了保全生命，逃窜到南方的蛮貊民族地区已将近有十年，吉凶礼仪都荒废了。以前在会稽时，得到了您给予的信函，言辞情意亲切深厚，令人久久不能忘怀。但迫于袁术率领他衰败的家族作乱，扇动众人叛乱，渡口道路都被阻塞，我虽然心向北方，想去却没有办法成行。刘正礼的军队败退，袁术的兵马前进，会稽失守，景兴失去了依据，三江五湖全成了贼虏的天下。当时的困苦艰厄无处倾诉。我就和袁沛、邓子孝等人乘船渡海，南来交州，途中经过东瓯、闽、越等地，路途将近万里，看不到汉族人的土地，在风浪中漂泊，没有了粮食，只能吃草，饿死的人接连不断，有一大半人都死了。渡过南海以后，与领南海太守孝德相见，知道了您忠义奋发，整顿了军队，向西迎接了皇帝，巡阅了中原地区。获悉这一好消息后，我又喜又悲，便和袁沛、徐元贤等人再次整理行装，想北上荆州。正赶上苍梧各县的夷、越民族纷纷起事，州、府都被攻陷，道路也被阻断，徐元贤被杀害，年老体弱的也都被杀害了。我沿海岸奔走五千余里，又遇上传染病，伯母病死，疫病传及许多随从的人以及他们的妻子儿女，随行的人差不多都死光了。剩下的人相互扶助照顾，来到交阯郡。我们统计了一下，除了死于战乱和疾病的，十个人里只剩下一两个活着的了。老百姓的艰辛，人们经历的沉重苦难，难道能够讲得完吗！我害怕最终死在路上，永远成为流亡的野鬼，忧心忡忡，身体憔悴，忘却了饮食与睡眠。我想要跟随朝廷派来的使节，通行北方，回到天子朝廷中去终死，但是荆州的水陆交通中断，交州的信驿使节都无法通行。想要北上益州，又有严格的关卡，旧官吏一律不许进入益州。以前曾请交阯太守士威彦深情地向益州的兄弟们请求帮忙，我自己也写信给他们，陈述困苦之情，恳请帮助，但都杳无音信，没有回答。我虽然钦佩您的功绩，瞻仰到您的光辉，也只能伸长脖子，踮起脚尖来遥望，有什么办法能借到翅膀飞到您那里呢？

我深知天子智慧明达，明确地授予您征伐四方的专权，凡是各地的反叛，大多由您征讨诛杀，想来是奋力竞争的人都同心同德，顺从您的人都遵规守矩了。又有张子云以前在京师之时，立志匡复王室，现在虽然身在荒远地区，不能参与朝政，但也是国家的一方藩镇，是您的外援。如果荆、楚之地平定，皇室的恩泽降临南方，您迅速下一道命令给张津，表现出保护部属的笃厚心意，令我们能借道从荆州北上，不然，就再把我们介绍给益州的诸兄弟，让他们接纳我们。倘若苍天能多借给我们些岁月，世人延缓他们给我们的祸害，使我们能回到国家朝廷，死在中原，免除了逃亡失职的罪责，我们就是埋身九泉，也没有什么憾事了。如果时机有危险有平易，事情有顺利有艰难，人命无常，我身死无法回乡，那只好永远带着罪责，埋在边地的土壤中了。

以前姜太公辅翼周朝，周王授他杖钺，给予他征讨专权；霍光辅佐汉朝，皇帝赐给他虎贲卫士和警戒开道的荣宠。现在您扶助危难中的国家，支撑住要倾覆的局势，是国家的柱石，领受了姜太公那样的重任，兼有霍光那样的威重，各方的诸侯都控制在您手中，自古至今，做臣子的尊崇没有能赶上您的了。但爵位高的人担忧也多，俸禄丰厚的人责任也重大。您处在官爵崇高的地位，处于责任重大的位置,话一出口,就成为赏罚的命令,心里一有想法,便成为别人的灾祸或幸福。您的行为符合道义,国家社稷因此平定安宁;您的行为离弃了道义,便会四方分离,战乱不止。国家的安危,在于您一人;老百姓的生命,悬在您的手中。从中原汉族到四方异族,百姓都在急切地注视着您。您担负了这样的重任,怎么能不审看历史典籍中记载的各代兴盛或灭亡的原因,了解得到荣誉和招受屈辱的缘故,忘掉以前的嫌隙与怨仇,宽容平和地掌管各级官员,审查衡量五种才能,为国家选择合适的人才呢?假如选到了合适的人才,即使是仇人也一定要提拔;如果不是合适的人才,即使是亲属也不能授官。由此安定社稷,救济人民,建立功业,便可以把赞颂之声附着于笙管丝弦之中,把功勋刻在铜器和石碑上面。希望您能努力!为国家而自重,为人民而自爱。

张翔怨恨许靖不与自己结交,搜出许靖所寄送的书信文书,将其全部投到水中去了。

后来刘璋派使节来招请许靖,许靖来到蜀地。刘璋任命他为巴郡、广汉的太守。南阳宋仲子在荆州给蜀郡太守王商写信说:“许文休品格倜傥不群,人品像美玉般纯正,有当今世上出众的才干,您应该以他为指南。”建安十六年,许靖改任蜀郡太守。十九年,先主刘备攻下蜀郡,任命许靖为左将军长史。先主刘备立为汉中王,任命许靖为太傅。刘备称帝时,策命许靖:“我承受大业,成为四方万国的君主,日夜不安宁,担心不能管理好国家。百姓之间不能相亲,父母兄弟子女之间不能和顺,你做司徒,要恪行父义、母慈、兄友、弟恭、子孝这五种伦理道德,以宽和为本。你要努力啊!秉持道德,不要有懈怠,才符合我的心意。”

许靖虽然年过七十,还喜爱与名人才子交往,引见结交后起的人物,谈论起来不觉得疲倦。丞相诸葛亮等人都很钦佩尊敬他。许靖章武二年亡故。儿子许钦,在许靖死前已亡。许钦的儿子许游,景耀年间为尚书。以前许靖曾把颍川人陈纪当作兄长侍奉,和陈郡人袁涣、平原郡人华歆、东海人王朗等亲近交好。华歆、王朗、陈纪的儿子陈群,在魏国初年都是公辅大臣,都给许靖写信,叙述以前的情谊,情义深切细微,因此这些文章很多,所以此处不作记载。

麋竺

【原文】麋竺,字子仲,东海朐人也。祖世货殖,僮客万人,赀产巨亿。① 后徐州牧陶谦辟为别驾从事。谦卒,竺奉谦遗命,迎先主于小沛。建安元年,吕布乘先主之出拒袁术,袭下邳,虏先主妻子。先主转军广陵海西,竺于是进妹于先主为夫人,奴客二千,金银货币以助军资。于时困匮,赖此复振。后曹公表竺领嬴郡太守,② 竺弟芳为彭城相,皆去官,随先主周旋。先主将适荆州,遣竺先与刘表相闻,以竺为左将军从事中郎。益州既平,拜为安汉将军,班在军师将军之右。竺雍容敦雅,而干翮非所长。是以待之以上宾之礼,未尝有所统御,然赏赐优宠,无与为比。

①《搜神记》曰:竺尝从洛归,未达家数十里,路傍见一妇人,从竺求寄载。行可数里,妇谢去,谓竺曰:“我天使也,当往烧东海麋竺家,感君见载,故以相语。”竺因私请

之，妇曰："不可得不烧。如此，君可驰去，我当缓行，日中火当发。"竺乃还家，遽出财物，日中而火大发。

②《曹公集》载公表曰："泰山郡界广远，旧多轻悍，权时之宜，可分五县为嬴郡，拣选清廉以为守将。偏将军麋竺，素履忠贞，文武昭烈，请以竺领嬴郡太守，抚慰吏民。"

芳为南郡太守，与关羽共事，而私好携贰，叛迎孙权，羽因覆败。竺面缚请罪，先主慰谕以兄弟罪不相及，崇待如初。竺惭恚发病，岁余卒。子威，官至虎贲中郎将。威子照，虎骑监。自竺至照，皆便弓马，善射御云。

【译文】麋竺，字子仲，东海郡朐县人。祖先世代经商，有雇工奴仆上万人，资产上亿。后来徐州牧陶谦聘请他做别驾从事。陶谦死后，麋竺遵照陶谦的遗命，到小沛去迎接刘备任徐州牧。建安元年，吕布乘着刘备出征抵御袁术时，袭击下邳，俘虏了刘备的妻子。刘备领军转驻广陵海西，麋竺便把妹妹送给刘备做夫人，又送给他仆从宾客二千人，还送给他金银货币来充实军队物资。刘备当时十分困乏，依靠这些得以重新振作。后来曹操推荐麋竺代理嬴郡太守，麋竺的弟弟麋芳任彭城相，他们全放弃了官职，跟随刘备到处奔走。刘备将要去荆州，派遣麋竺先去通知刘表，并任命麋竺为左将军从事中郎。益州平定后，刘备任命麋竺为安汉将军，位在军师将军之上。麋竺雍容大度，敦厚文雅，但才干识略并非其所长。因此刘备虽然以上宾的礼遇对待他，却从来没有让他带领过军队，但是给他的赏赐和宠幸特别优厚，没有人能和他相比。

麋芳任南郡太守，与关羽共事，但是私下怀有二心，向孙权投降叛变，关羽因此战败身亡。麋竺把自己绑缚起来去请求处罚，刘备安慰他说兄弟的罪过不互相牵连，待他敬重如初。麋竺自觉惭愧，心中不安，引起疾病，过了一年多便病故了。他的儿子麋威，官做到了虎贲中郎将。麋威的儿子麋照，任虎骑监。从麋竺到麋照，全都熟习弓箭马术，善于射箭与骑御。

孙乾

【原文】孙乾，字公祐，北海人也。先主领徐州，辟为从事，①后随从周旋。先主之背曹公，遣乾自结袁绍，将适荆州，乾又与麋竺俱使刘表，皆如意指。后表与袁尚书，说其兄弟分争之变，曰："每与刘左将军、孙公祐共论此事，未尝不痛心入骨，相为悲伤也。"其见重如此。先主定益州，乾自从事中郎为秉忠将军，见礼次麋竺，与简雍同等。顷之，卒。

①《郑玄传》云：玄荐乾于州。乾被辟命，玄所举也。

【译文】孙乾，字公祐，北海郡人。先主刘备代理徐州牧时，聘请他为从事，以后他跟着刘备转战各地。刘备背离曹操时，派孙乾去与袁绍结交，将要到荆州去时，孙乾又和麋竺一起出使刘表，诸事都能按刘备的意向处理。后来刘表给袁尚写信，谈到他们兄弟分离相争的变乱时，说："常和左将军刘备、孙公祐先生一起谈论这件事，我们没有不痛心之极，相对悲伤的。"孙乾被刘表等人看重到如此地步。刘备平定益州，孙乾由从事中郎被提升为秉忠将军，受到的礼遇低于麋竺，和简雍相同。不久以后病故。

简雍

【原文】简雍，字宪和，涿郡人也。少与先主有旧，随从周旋。先主至荆州，雍与麋竺、孙乾同为从事中郎，常为谈客，往来使命。先主入益州，刘璋见雍，甚爱之。后先主围成都，遣雍往说璋，璋遂与雍同舆而载，出城归命。先主拜雍为昭德将军。优游风议，性简傲跌宕，在先主坐席，犹箕踞倾倚，威仪不肃，自纵适。诸葛亮已下则独擅一榻，项枕卧语，无所为屈。时天旱禁酒，酿者有刑。吏于人家索得酿具，论者欲令与作酒者同罚。雍与先主游观，见一男女行道，谓先主曰："彼人欲行淫，何以不缚？"先主曰："卿何以知之？"雍对曰："彼有其具，与欲酿者同。"先主大笑，而原欲酿者。雍之滑稽，皆此类也。①

① 或曰：雍本姓耿，幽州人语谓耿为简，遂随音变之。

【译文】简雍，字宪和，涿郡人。年轻时和先主刘备有交往，跟随着刘备转战四方。刘备到了荆州，简雍和麋竺、孙乾一同任从事中郎，常作为说客，出使各地。刘备进入益州，刘璋见到简雍，非常喜欢他。后来刘备围攻成都，派简雍去劝说刘璋，刘璋便和简雍同乘一辆车，出城回去向刘备复命。刘备任命简雍为昭德将军。简雍悠游自得，纵情评议世事，性情高傲，放荡不拘，在先主刘备面前就座时，还是两腿向前叉开，斜倚着座席，没有一点威严肃穆的样子，自己任意放纵。在诸葛亮以下的官员面前，简雍就自己占一坐榻，枕着枕头躺下来说话，没有人能辩论过他。当时天旱，禁止酿酒，酿酒的人要处以刑罚。官吏从人家中查出酿酒的器具，评议案件的官员认为应该判处他们和作酒者同样的刑罚。简雍和刘备出外游玩，观看风景，见到一对男女在路上走，简雍对刘备说："那个人想要和女子私通，为什么不把他绑起来？"刘备说："你从哪里知道的呢？"简雍回答说："那个人有件家伙，和想要酿酒的人一样。"刘备听了大笑，便免除了想要酿酒的人的刑罚。简雍的滑稽诙谐，大都是这一类的故事。

伊籍

【原文】伊籍，字机伯，山阳人。少依邑人镇南将军刘表。先主之在荆州，籍常往来自托。表卒，遂随先主南渡江，从入益州。益州既定，以籍为左将军从事中郎，见待亚于简雍、孙乾等。遣东使于吴，孙权闻其才辩，欲逆折以辞。籍适入拜，权曰："劳事无道之君乎？"籍即对曰："一拜一起，未足为劳。"籍之机捷，类皆如此，权甚异之。后迁昭文将军，与诸葛亮、法正、刘巴、李严共造《蜀科》，《蜀科》之制，由此五人焉。

【译文】伊籍，字机伯，山阳县人。年轻时依附同乡镇南将军刘表。刘备在荆州时，伊籍经常与刘备来往，托请刘备照顾自己。刘表死后，伊籍便随同刘备渡江南下，跟随刘备进入益州。益州平定后，刘备任命伊籍为左将军从事中郎，待遇低于简雍、孙乾等人。伊籍曾被派遣出使东吴，孙权听说他有才能，擅于言辩，想要在言谈中挫败他。伊籍正好来拜见，孙权问："侍奉无道的君主劳累吗？"伊籍马上回答说："拜一下就起来了，说不上劳累。”伊籍的机智敏捷，大体都像这样，孙权对他感到非常惊奇。后来伊籍升任昭文将军，与诸葛亮、法正、刘巴、李严一起编写《蜀科》，《蜀科》的体制，由这五个人制定。

秦宓

【原文】秦宓，字子勑，广汉绵竹人也。少有才学，州郡辟命，辄称疾不往。奏记州牧刘焉，荐儒士任定祖曰：“昔百里、蹇叔以耆艾而定策，甘罗、子奇以童冠而立功。故《书》美黄发，而《易》称颜渊，固知选士用能，不拘长幼，明矣。乃者以来，海内察举，率多英俊而遗旧齿，众论不齐，异同相半，此乃承平之翔步，非乱世之急务也。夫欲救危抚乱，修己以安人，则宜卓荦超伦，与时殊趣，震惊邻国，骇动四方，上当天心，下合人意。天人既和，内省不疚，虽遭凶乱，何忧何惧。昔楚叶公好龙，神龙下之，好伪彻天，何况于真？今处士任安，仁义直道，流名四远，如令见察，则一州斯服。昔汤举伊尹，不仁者远，何武贡二龚，双名竹帛。故贪寻常之高而忽万仞之嵩，乐面前之饰而忘天下之誉，斯诚往古之所重慎也。甫欲凿石索玉，剖蚌求珠，今乃随、和炳然，有如皎日，复何疑哉！诚知昼不操烛，日有余光，但愚情区区，贪陈所见。[①]”

①《益部耆旧传》曰：安，广汉人。少事聘士杨厚，究极图籍，游览京师，还家讲授，与董扶俱以学行齐声。郡请功曹，州辟治中、别驾，终不久居。举孝廉、茂才，太尉载辟，除博士，公车征，皆称疾不就。州牧刘焉表荐安：“味精道度，厉节高邈。揆其器量，国之元宝。宜处弼疑之辅，以消非常之咎。玄纁之礼，所宜招命。”王涂隔塞，遂无聘命。年七十九，建安七年卒，门人慕仰，为立碑铭。后丞相亮问秦宓以安所长，宓曰：“记人之善，忘人之过。”

刘璋时，宓同郡王商为治中从事，与宓书曰：“贫贱困苦，亦何时可以终身？卞和炫玉以耀世，宜一来，与州尊相见。”宓答书曰：“昔尧优许由，非不弘也，洗其两耳；楚聘庄周，非不广也，执竿不顾。《易》曰‘确乎其不可拔’，夫何炫之有？且以国君之贤，子为良辅，不以是时建萧、张之策，未足为智也。仆得曝背乎陇亩之中，诵颜氏之箪瓢，咏原宪之蓬户，时翱翔于林泽，与沮、溺之等俦，听玄猿之悲吟，察鹤鸣于九皋，安身为乐，无忧为福，处空虚之名，居不灵之龟，知我者希，则我贵矣。斯乃仆得志之秋也，何困苦之戚焉？”后商为严君平、李弘立祠，宓与书曰：“疾病伏匿，甫知足下为严、李立祠，可谓厚党勤类者也。观严文章，冠冒天下，由、夷逸操，山岳不移，使扬子不叹，固自昭明。如李仲元不遭《法言》，令名必沦，其无虎豹之文故也，可谓攀龙附凤者矣。如扬子云潜心著述，有补于世，泥蟠不滓，行参圣师，于今海内，谈咏厥辞。邦有斯人，以耀四远，怪子替兹，不立祠堂。蜀本无学士，文翁遣相如东受七经，还教吏民，于是蜀学比于齐、鲁。故《地理志》曰：‘文翁倡其教，相如为之师。’汉家得士，盛于其世。仲舒之徒，不达封禅，相如制其礼。夫能制礼造乐，移风易俗，非礼所秩有益于世者乎？虽有王孙之累，犹孔子大齐桓之霸，公羊贤叔术之让。仆亦善长卿之化，宜立祠堂，速定其铭。”

先是，李权从宓借《战国策》，宓曰："战国从横，用之何为？"权曰："仲尼、严平，会聚众书，以成《春秋》《指归》之文，故海以合流为大，君子以博识为弘。"宓报曰："书非史记周图，仲尼不采；道非虚无自然，严平不演。海以受淤，岁一荡清。君子博识，非礼不视。今战国反复仪、秦之术，杀人自生，亡人自存，经之所疾。故孔子发愤作《春秋》，大乎居正，复制《孝经》，广陈德行。杜渐防萌，预有所抑，是以老氏绝祸于未萌，岂不信邪？成汤大圣，睹野鱼而有猎逐之失，定公贤者，见女乐而弃朝事，[①]若此辈类，焉可胜陈？道家法曰：'不见所欲，使心不乱。'是故天地贞观，日月贞明，其直如矢，君子所履。《洪范》记灾，发于言貌，何战国之谲权乎哉！"

① 臣松之案：书传，鲁定公无善可称。宓谓之贤者，浅学所未达也。

或谓宓曰："足下欲自比于巢、许、四皓，何故扬文藻见瑰颖乎？"宓答曰："仆文不能尽言，言不能尽意，何文藻之有扬乎！昔孔子三见哀公，言成七卷，事盖有不可嘿嘿也。[①]接舆行且歌，论家以光篇。渔父咏沧浪，贤者以耀章。此二人者，非有欲于时者也。夫虎生而文炳，凤生而五色，岂以五采自饰画哉？天性自然也。盖《河》《洛》由文兴，六经由文起，君子懿文德，采藻其何伤？以仆之愚，犹耻革子成之误，况贤于己者乎！"[②]

① 刘向《七略》曰：孔子三见哀公，作《三朝记》七篇，今在《大戴礼》。

臣松之案：《中经部》有《孔子三朝》八卷，一卷目录，余者所谓七篇。

② 臣松之案：今《论语》作棘子成。子成曰："君子质而已矣，何以文为！"屈于子贡之言，故谓之误也。

先主既定益州，广汉太守夏侯纂请宓为师友祭酒，领五官掾，称曰"仲父"。宓称疾，卧在第舍，纂将功曹古朴、主簿王普，厨膳即宓第宴谈，宓卧如故。纂问朴曰："至于贵州养生之具，实绝余州矣，不知士人何如余州也？"朴对曰："乃自先汉以来，其爵位者或不如余州耳，至于著作为世师式，不负于余州也。严君平见黄、老作《指归》，扬雄见《易》作《太玄》，见《论语》作《法言》，司马相如为武帝制封禅之文，于今天下所共闻也。"纂曰："仲父何如？"宓以簿击颊，[①]曰："愿明府勿以'仲父'之言假于小草，民请为明府陈其本纪。蜀有汶阜之山，江出其腹，帝以会昌，神以建福，故能沃野千里。[②]淮、济四渎，江为其首，此其一也。禹生石纽，今之汶山郡是也。[③]昔尧遭洪水，鲧所不治，禹疏江决河，东注于海，为民除害，生民已来功莫先者，此其二也。天帝布治房心，决政参伐，参伐则益州分野，三皇乘祇车出谷口，今之斜谷是也，[④]此便鄙州之阡陌。明府以雅意论之，何若于天下乎？"于是纂逡巡无以复答。

① 簿，手版也。

②《河图括地象》曰：岷山之地，上为东井络，帝以会昌，神以建福，上为天井。左思《蜀都赋》曰：远则岷山之精，上为井络，天地运期而会昌，景福肸蠁而兴作。

③《帝王世纪》曰：鲧纳有莘氏女曰志，是为修己。上山行，见流星贯昴，梦接意感，又吞神珠，臆圮胸坼，而生禹于石纽。◎谯周《蜀本纪》曰：禹本汶山广柔县人也，生于石纽，其地名刳儿坪，见《世帝纪》。

④《蜀记》曰："三皇乘祇车出谷口。"未详宓所由知为斜谷也。

益州辟宓为从事祭酒。先主既称尊号，将东征吴，宓陈天时必无其利，坐下狱幽闭，然后贷出。建兴二年，丞相亮领益州牧，选宓迎为别驾，寻拜左中郎将、长水校尉。吴遣使张温来聘，百官皆往饯焉。众人皆集而宓未往，亮累遣使促之，温曰："彼何人也？"亮曰："益州学士也。"及至，温问曰："君学乎？"宓曰："五尺童子皆学，何必小人？"温复问曰："天有头乎？"宓曰："有之。"温曰："在何方也？"宓曰："在西方。《诗》曰：'乃眷西顾。'以此推之，头在西方。"温曰："天有耳乎？"宓曰："天处高而听卑，《诗》云：'鹤鸣九皋，声闻于天。'若其无耳，何以听之？"温曰："天有足乎？"宓曰："有。《诗》云：'天步艰难，之子不犹。'若其无足，何以步之？"温曰："天有姓乎？"宓曰："有。"温曰："何姓？"宓曰："姓刘。"温曰："何以知之？"答曰："天子姓刘，故以此知之。"温曰："日生于东乎？"宓曰："虽生于东而没于西。"答问如响，应声而出，于是温大敬服。宓之文辩，皆此类也。迁大司农，四年卒。初，宓见帝系之文，五帝皆同一族，宓辨其不然之本。又论皇帝王霸豢龙之说，甚有通理。谯允南少时数往谘访，纪录其言于《春秋然否论》，文多故不载。

【译文】秦宓，字子敕，广汉郡绵竹县人。少年时就有学识才能，州郡多次召他做官，他都推说有病不去。秦宓给州牧刘焉上书，推荐儒士任定祖，信中说："过去百里奚和蹇叔在年迈之时制定计策，甘罗和子奇在童年时期便建立功勋。所以《尚书》赞美老年人，而《易经》又称颂颜渊，由此可知选用士人根据才能，不拘泥于年龄长幼，是很明智的了。从那时以来，国内推举提拔的，大多是青年英雄，而遗漏了以前的老人，大家对此看法不同，赞成与反对的各占一半，这是和平安定时期行事的步骤，不是乱世里的紧要做法。要想拯救危亡，抚平叛乱，自己修养身心来安定人民，就应该有突出的、超出世人的才能，有与同时代人们不同的志向，使邻国为之震惊，让四方为之惊动，上符合天的意图，下符合人们的心愿。天与人都已相合，反省自己没有歉疚，即使遭到灾荒祸乱，也没有什么担忧畏惧的。以前楚国的叶公喜欢龙，神龙下到他家，假的爱好都能上达天庭，何况是真的呢？现在处士任安，仁义正直，美名远播四方，如果能让他得到提拔，就会使一州的人心顺服。以前汤提拔任用伊尹，不仁义的人都躲到远方，何武推荐龚胜、龚舍二人，二人双双名列竹帛。可见贪图平常几尺的高度而忽视了万仞的高山，乐于眼前的夸饰而忘记了天下的称誉，这确实是古代人们特别慎重的。想要凿开顽石寻求美玉，剖开蚌壳索取明珠，现在就有明亮的随侯珠、和氏璧，像光辉的太阳一样，还有什么值得怀疑的呢？我明知白天不用点蜡烛，太阳光已经足够了，但是我情不由己，多说了些自己的看法。"

刘璋管理益州时，秦宓同郡的王商任治中从事，写信给秦宓说："贫贱困苦，怎么能伴您终身呢？卞和依靠炫耀宝玉显名于世，您应该来一次，和州牧大人相见。"秦宓回信说："以前尧优待许由，不是不宽厚，但是许由还是去洗自己的双耳。楚国聘请庄周，从多方面予以照顾，但是庄周仍然拿着钓竿不理会。《易经》中说'确实啊，它是不能被拨动的'，有什么可炫耀的呢？而且以国君的贤明，有你做良好的辅弼，不在这时候实行萧何、张良那样的策略,就不能算是明智的。我能在田垄之间被太阳晒着脊背躬耕,念诵着颜回的箪食瓢饮,咏叹着原宪的蓬门陋室,时时在森林水泽中漫游,和长沮、桀溺这样的人为伴,听着黑猿悲凉的叫声,看白鹤在深泽中长鸣,以能安居立身为快乐,把没有忧愁当作幸福,抛弃空虚的名誉,做个不灵之龟,知道我的人很稀少,就是我的显贵了。这正是我可以实现自己志向的时候,有什么可困苦悲伤的呢?”后来王商给严君平、李弘等人建立祠堂,秦宓给王商写信说:“我因得病不起,隐匿不出,刚刚得知您为严君平、李弘立祠堂的消息,您可以算是厚待朋党,愿意为同伴操劳的人了。严君平的文章,为天下之冠,他有像许由、伯夷那样的节操,如山岳一样不可动摇,即使扬雄不为之感叹,也能昭明史册。像李仲元不遇上《法言》,他的好名声必定被埋没不显,因为他没有虎豹那样美丽的文采,可以说是攀龙附凤的人。扬雄潜心著述,对世人有所补益,处于污浊中不被污染,行为仿效圣人先师,至今海内还在谈论咏诵他的文辞。国家有这样的人,可以光照四方,奇怪的是您忘掉了这些人,不给他们立祠堂。蜀地本来没有学士,文翁派司马相如到东方去学习七经,回来教给官吏和平民,于是蜀地的学术才赶上齐鲁一带。因此《地里志》中说:‘文翁提倡教育,相如做他们的老师。’汉朝获取人才,在那个时代是最兴旺的。董仲舒等人,不通晓封禅的礼节,司马相如制定了封禅的礼仪。那些能制定礼仪,创作音乐,移风易俗的人,不就是根据礼教秩序为世间做好事的人吗?司马相如虽然有卓王孙的牵累,也仍然像孔子称赞齐桓公的霸业,公羊把叔术的谦让看作贤良一样。我也称赞司马相如的教化之功,应该给他立祠堂,并赶快确定他的铭文。”

在这之前,李权向秦宓借《战国策》,秦宓说:“《战国策》讲纵横之术,你用它干什么?”李权说:“孔子、严平,汇合各种书籍,写成了《春秋》《指归》这样的书,所以海洋依靠汇合河流而广大,君子依靠广博的知识而宏大。”秦宓回答说:“书不是历史典籍和周国的图谱,孔子便不收录;道理不是虚无自然的,严平便不推衍。海由于接受了淤泥,每年要荡清一次。君子要广博知识,不符合礼仪的书籍也是不能看的。现在《战国策》讲的是张仪、苏秦反复无常的权术,靠杀别人使自己活下来,以灭亡他人来保存自己,这是经义所痛恨的。因此孔子发愤撰写《春秋》,它的重大意义在身居正道,又编集《孝经》,广泛地陈述德行。从点滴之处防止恶行萌生,一有先兆就进行抑制,因此老子讲在祸害未产生时就要杜绝它,难道不正确吗?成汤这样的大圣人,看到野生的鱼儿而造成了奔逐狩猎的过失,鲁定公这样的贤者,看到歌女乐舞而放弃了朝政大事,像张仪这样的人,他们的过失哪里能讲得完呢?道家的法旨讲:‘不看他想要的东西,才能使他的心不迷乱。’因此天地之道为贞观,日月之道为贞明,正直得像箭一样,是君子所履行的德操。《洪范》记录灾祸,在言语中都表现出来,为什么要学《战国策》的奸猾权术呢!”

有人对秦宓说:“您想要把自己比作巢父、许由、四皓那样的隐士,为什么还舞文弄墨,用美丽的辞藻文章来表现您的美德和聪明才智呢?”秦宓回答说:“我写的文章不能把要说的话都讲出来,说的话不能把要表达的意思都表达出来,哪有什么美丽的辞藻文章能将我的内心发挥出来呢！以前孔子三次见鲁哀公，说的话编成了七卷书，可见世事也有不可默默无言的。接舆边走边歌，评论的人用他的事迹为文章增加光彩。渔父吟咏沧浪的歌谣，贤人用这件事使诗篇光耀生色。这两个人，也不是想要在当时求得什么。那老虎生下来就有明显的花纹，凤凰生出来就有五色羽毛，难道它们是用五彩颜色自己给自己画上去的吗？是天生自然就这样的。《河图》《洛书》由于有文字而兴起，六经依靠文字而形成，君子有美好的文章，辞藻华美又有什么损害？以我这样愚笨的才智，还把革子成的错误当作耻辱，何况比我更贤明的人呢！"

先主刘备平定益州之后，广汉太守夏侯纂聘请秦宓为师友祭酒，兼任五官掾，把他称作"仲父"。秦宓说自己有病，在家中躺着休息，夏侯纂领着功曹古朴、主簿王普，带着厨子和食物去秦宓家里宴谈，秦宓还是躺着不动。夏侯纂问古朴："您州里的生活用品，确实比其他各州强，不知读书人比起其他各州来怎么样？"古朴回答说："自从西汉以来，这里读书人得到的爵位可能不如其他各州，至于撰写著作，为世人师表这一点上，不比其他各州差。严君平看到黄老之学后作了《指归》一书，扬雄看了《易经》后作《太玄》，看了《论语》后作《法言》，司马相如为汉武帝制作封禅的诏文，至今都是天下共闻的。"夏侯纂问："仲父怎么样呢？"秦宓用记事的手版打着脸说："希望您不要把'仲父'这样的名称移借到小草头上，请让小民为您讲一讲事情的源流根本。蜀地有汶阜山，大江从山中流出，天帝把昌盛隆兴集中于此，神明在这块土地广施福泽，所以它能有千里肥沃的田野。淮河、济水等四条大河中，长江为首，这是第一点。大禹生在石纽这个地方，就是现在的汶山郡。以前尧帝遭遇洪水大作，鲧没能治理好，大禹疏浚江水，决通黄河，使洪水向东流入大海，为民除害，自有人类以来，功劳没有能超过他的，这是第二点。天帝在房宿、心宿施政治理，在参宿和伐星决定政事，参宿、伐星便是益州的分野，三皇乘祇车从谷口出去，就是现在的斜谷，这就是我们益州的道路。以您的高见评论一下，和天下比起来怎么样呢？"夏侯纂听了后，迟疑了半天，没有什么话可回答。

益州聘请秦宓为从事祭酒。刘备称帝以后，准备向东方征讨吴国，秦宓上陈天时一定不利于战，因此获罪，被关入监狱幽禁，后来用金钱赎出。建兴二年，丞相诸葛亮兼任益州牧，选用秦宓，迎请他做别驾，不久又拜他为左中郎将、长水校尉。吴国派遣使节张温来访蜀，蜀国官员们都去给他送行。众人都会齐了，而秦宓还没有来，诸葛亮几次派人去催请，张温问："那是什么人呢？"诸葛亮说："益州的学士。"等到秦宓来了，张温问他："您念书吗？"秦宓说："五尺高的儿童都念书，何况是我呢？"张温又问："天有头吗？"秦宓说："有的。"张温问："天的头在哪里呢？"秦宓说："在西方。《诗经》说：'眷然回首向西看。'根据这句话推想，头在西方。"张温问："天有耳朵吗？"秦宓说："天在高处，还要听低处的声音。《诗经》说：'鹤在深泽中鸣叫，声音被天听见。'如果天没有耳朵，用什么去听呢？"张温问："天有脚吗？"秦宓说："有。《诗经》说：'天的步伐多么艰难，你不可以这样做。'如果天没有脚，用什么去行走呢？"张温问："天有姓吗？"秦宓说："有。"张温问："姓什么？"秦宓说："姓刘。"张温问："凭什么知道姓刘?”秦宓回答说:“天子姓刘,因此知道天姓刘。”张温说:“太阳不是从东边升起的吗?”秦宓说:“虽然从东方升起,但是从西边落下去。”秦宓回答问题如同回声一样,随着问话的声音就答出来了,于是张温对秦宓非常尊敬,十分佩服。秦宓的文才机辩,大都像是这样。后来迁任大司农,建兴四年亡故。当初,秦宓看帝系的文章记载,五帝全是同一个族的,秦宓从根本上分析了这一记载的不合理。秦宓又评论皇帝王霸豢龙的说法,很有道理。谯允南年轻时多次去访问他,向他求教,并且把他的话记在《春秋然否论》这本书里,内容很多,所以此处不予记载。

【原文】评曰:许靖夙有名誉,既以笃厚为称,又以人物为意,虽行事举动,未悉允当,蒋济以为“大较廊庙器”也[①]。麋竺、孙乾、简雍、伊籍,皆雍容风议,见礼于世。秦宓始慕肥遁之高,而无若愚之实。然专对有余,文藻壮美,可谓一时之才士矣。

①《万机论》论许子将曰:许文休者,大较廊庙器也,而子将贬之。若实不贵之,是不明也;诚令知之,盖善人也。

【译文】评论说:许靖一直有好的名誉,既以忠厚正直著称,又能注意推荐人才,虽然他的行为举动不一定全都正确适当,但也被蒋济评论为“大致可算是朝廷的栋梁之臣”。麋竺、孙乾、简雍、伊籍,全都雍容大度,议论风生,受到世人的礼遇。秦宓开始倾慕隐居避世的高人,但没有大智若愚的实质。然而他应对辩论的才能有余,文章辞藻雄壮华美,可以说是一时的才子了。

卷三十九　蜀书九

董刘马陈董吕传第九

董和

【原文】董和,字幼宰,南郡枝江人也,其先本巴郡江州人。汉末,和率宗族西迁,益州牧刘璋以为牛鞞、[1]江原长、成都令。蜀土富实,时俗奢侈,货殖之家,侯服玉食,婚姻葬送,倾家竭产。和躬率以俭,恶衣蔬食,防遏逾僭,为之轨制,所在皆移风变善,畏而不犯。然县界豪强惮和严法,说璋转和为巴东属国都尉。吏民老弱相携乞留和者数千人,璋听留二年,还迁益州太守,其清约如前。与蛮夷从事,务推诚心,南土爱而信之。

①鞞,音髀。

先主定蜀,征和为掌军中郎将,与军师将军诸葛亮并署左将军大司马府事,献可替否,共为欢交。自和居官食禄,外牧殊域,内干机衡,二十余年,死之日家无儋石之财。亮后为丞相,教与群下曰:"夫参署者,集众思广忠益也。若远小嫌,难相违覆,旷阙损矣。违覆而得中,犹弃弊蹻而获珠玉。然人心苦不能尽,惟徐元直处兹不惑。又,董幼宰参署七年,事有不至,至于十反,来相启告。苟能慕元直之十一,幼宰之殷勤,有忠于国,则亮可少过矣。"又曰:"昔初交州平,屡闻得失,后交元直,勤见启诲。前参事于幼宰,每言则尽,后从事于伟度,数有谏止。虽姿性鄙暗,不能悉纳,然与此四子终始好合,亦足以明其不疑于直言也。"其追思和如此。[1]

①伟度者,姓胡,名济,义阳人。为亮主簿,有忠荩之效,故见褒述。亮卒,为中典军,统诸军,封成阳亭侯,迁中监军、前将军,督汉中,假节领兖州刺史,至右骠骑将军。济弟博,历长水校尉、尚书。

【译文】董和,字幼宰,南郡枝江人,他的先祖本来是巴郡江州人。汉代末年,董和率领宗族西迁,益州牧刘璋命他担任牛鞞、江原县长、成都县令。蜀地富足殷实,奢侈之风盛行,经商人家,过的是诸侯般锦衣玉食的生活,婚丧大事,不惜倾家荡产。董和倡导节俭,身体力行,穿粗布常服,吃粗茶淡饭,防止僭越礼制的行为,为此制定了专门的规章制度,因此他所到之处,风尚习俗都得到了良好的转变,人们都畏惧规章制度而不敢冒犯。县里的豪强却害怕董和的严格法规,便游说刘璋改调董和为巴东属国都尉。县内吏员和民众数千人扶老携幼,请求留下董和,刘璋只得批准董和留任二年,然后升他为益州太守,董和在太守任上,仍同以前一样清简节约。他在处理周围少数民族事务时,总能跟对方推心置腹,以诚相待,所以南方少数民族地区的人们也都爱戴信任他。

刘备平定蜀地后，征召董和为掌军中郎将，与军师将军诸葛亮共同主持左将军大司马府的事宜，献计献策，厘定可否，关系和乐融洽。董和自从居官食禄以来，在外治理异域，在内参掌军机，前后二十余年，临终时家中竟无一石粮的私财。诸葛亮后来担任丞相，教导部下说："大凡府署设置参谋，目的就是要集思广益。如果刻意回避猜嫌，不提出自己的不同意见，取长补短的机制就受到了损害。各抒己见而最终得出比较适当的决策，就如同抛弃了破败的外壳而获得其中的珠玉。然而人心经常苦于不能穷尽这些小事，只有徐庶处理这类问题时从不迷惑。还有，董和在府中任职七年，事情一旦不够详尽周到，徐庶总是不惜往返十次，反复前来陈述意见和建议。如果每个人能做到徐庶的十分之一，像董和那样勤恳负责，为国事尽忠心，那么我的过失就可以少多了。"又说："从前我初与崔州平结交，屡屡从他那里听到我的过失，后来与徐庶结交，常常得到他的启发教诲。先前与董和共事，他总是言无不尽，后与胡济共事，他屡进劝谏之言。我虽然性格鄙陋固执，不能完全采纳他们的意见，但跟这四个人始终保持着非常融洽的关系，这也足以表明他们对于直言敢谏是没什么疑惑犹豫的。"诸葛亮就是这样深切地怀念董和。

刘巴

【原文】刘巴，字子初，零陵烝阳人也。少知名，① 荆州牧刘表连辟，及举茂才，皆不就。表卒，曹公征荆州。先主奔江南，荆、楚群士从之如云，而巴北诣曹公。曹公辟为掾，使招纳长沙、零陵、桂阳。② 会先主略有三郡，巴不得反使，遂远适交阯，③ 先主深以为恨。

①《零陵先贤传》曰：巴祖父曜，苍梧太守。父祥，江夏太守、荡寇将军。时孙坚举兵讨董卓，以南阳太守张咨不给军粮，杀之。祥与同心，南阳士民由此怨祥，举兵攻之，与战，败亡。刘表亦素不善祥，拘巴，欲杀之，数遣祥故所亲信人密诈谓巴曰："刘牧欲相危害，可相随逃之。"如此再三，巴辄不应。具以报表，表乃不杀巴。年十八，郡署户曹史、主记、主簿。刘先欲遣周不疑就巴学，巴答曰："昔游荆北，时涉师门，记问之学，不足纪名，内无杨朱守静之术，外无墨翟务时之风，犹天之南箕，虚而不用。赐书乃欲令贤甥摧鸾凤之艳，游燕雀之宇，将何以启明之哉？愧于'有若无，实若虚'，何以堪之！"

②《零陵先贤传》曰：曹公败于乌林，还北时，欲遣桓阶，阶辞不如巴。巴谓曹公曰："刘备据荆州，不可也。"公曰："备如相图，孤以六军继之也。"

③《零陵先贤传》云：巴往零陵，事不成，欲游交州，道还京师。时诸葛亮在临烝，巴与亮书曰："乘危历险，到值思义之民，自与之众，承天之心，顺物之性，非余身谋所能劝动。若道穷数尽，将托命于沧海，不复顾荆州矣。"亮追谓曰："刘公雄才盖世，据有荆土，莫不归德，天人去就，已可知矣。足下欲何之？"巴曰："受命而来，不成当还，此其宜也。足下何言邪！"

巴复从交阯至蜀。① 俄而先主定益州，巴辞谢罪负，先主不责。② 而诸葛孔明数称荐之，先主辟为左将军西曹掾。[③] 建安二十四年，先主为汉中王，巴为尚书，后代法正为尚书令。躬履清俭，不治产业，又自以归附非素，惧见猜嫌，恭默守静，退无私交，非公事不言。[④] 先主称尊号，昭告于皇天上帝后土神祇，凡诸文诰策命，皆巴所作也。章武二年卒。卒后，魏尚书仆射陈群与丞相诸葛亮书，问巴消息，称曰刘君子初，甚敬重焉。[⑤]

①《零陵先贤传》曰：巴入交阯，更姓为张。与交阯太守士燮计议不合，乃由牂牁道去，为益州郡所拘留，太守欲杀之。主簿曰："此非常人，不可杀也。"主簿请自送至州，见益州牧刘璋，璋父焉昔为巴父祥所举孝廉，见巴惊喜，每大事辄以咨访。

臣松之案：刘焉在汉灵帝时已经宗正太常，出为益州牧，祥始以孙坚作长沙时为江夏太守，不得举焉为孝廉，明也。

②《零陵先贤传》曰：璋遣法正迎刘备，巴谏曰："备，雄人也，入必为害，不可内也。"既入，巴复谏曰："若使备讨张鲁，是放虎于山林也。"璋不听。巴闭门称疾。备攻成都，令军中曰："其有害巴者，诛及三族。"及得巴，甚喜。

③《零陵先贤传》曰：张飞尝就巴宿，巴不与语，飞遂忿恚。诸葛亮谓巴曰："张飞虽实武人，敬慕足下。主公今方收合文武，以定大事；足下虽天素高亮，宜少降意也。"巴曰："大丈夫处世，当交四海英雄，如何与兵子共语乎？"备闻之，怒曰："孤欲定天下，而子初专乱之。其欲还北，假道于此，岂欲成孤事邪？"备又曰："子初才智绝人，如孤，可任用之，非孤者难独任也。"亮亦曰："运筹策于帷幄之中，吾不如子初远矣！若提枹鼓，会军门，使百姓喜勇，当与人议之耳。"初攻刘璋，备与士众约："若事定，府库百物，孤无预焉。"及拔成都，士众皆舍干戈，赴诸藏竞取宝物。军用不足，备甚忧之。巴曰："易耳，但当铸直百钱，平诸物价，令吏为官市。"备从之，数月之间，府库充实。

④《零陵先贤传》曰：是时中夏人情未一，闻备在蜀，四方延颈。而备锐意欲即真，巴以为如此示天下不广，且欲缓之。与主簿雍茂谏备，备以他事杀茂，由是远人不复至矣。

⑤《零陵先贤传》曰：辅吴将军张昭尝对孙权论巴褊厄，不当拒张飞太甚。权曰："若令子初随世沈浮，容悦玄德，交非其人，何足称为高士乎？"

【译文】刘巴，字子初，零陵郡烝阳人。从小就出名，荆州牧刘表接连几次征召他做官，并举荐他为茂才，他都不肯应允。刘表去世后，曹操征讨荆州。刘备逃奔江南，荆、楚一带士人纷纷追随于刘备身后，而刘巴却北上去投奔曹操。曹操召任他为府掾，让他招降长沙、零陵、桂阳三郡。恰好刘备已经占领了这三个地方，刘巴无法回去向曹操复命，就好远走交阯，刘备深以为憾。

刘巴又从交阯来到蜀地。不久刘备平定了益州，刘巴向刘备道歉请罪，刘备没有对他加以任何责备。诸葛亮又几次称赞推举刘巴，刘备就征召刘巴为左将军西曹掾。建安二十四年，刘备称汉中王，刘巴任尚书，后又代替法正为尚书令。他为人清贫，力行节俭，不治产业，又自认为自己并不是一开始就归附刘备的人，担心受到猜疑，所以总是恭敬沉默，清静做人，私下里不肯结交什么朋友，若非公事不轻易开口。刘备称帝时，昭告皇天上帝后土神祇，所有的文诰策命，都出于刘巴之手。章武二年刘巴去世。他死后，魏国尚书仆射陈群在给丞相诸葛亮的信中，问刘巴的近况，称他为刘君子初，对他极为敬重。

马良　马谡

【原文】马良，字季常，襄阳宜城人也。兄弟五人，并有才名，乡里为之谚曰："马氏五常，白眉最良。"良眉中有白毛，故以称之。先主领荆州，辟为从事。及先主入蜀，诸葛亮亦从后往，良留荆州，与亮书曰："闻雒城已拔，此天祚也。尊兄应期赞世，配业光国，魄兆见矣。①夫变用雅虑，审贵垂明，于以简才，宜适其时。若乃和光悦远，迈德天壤，使时闲于听，世服于道，齐高妙之音，正郑、卫之声，并利于事，无相夺伦，此乃管弦之至，牙、旷之调也。虽非钟期，敢不击节！"先主辟良为左将军掾。

① 臣松之以为：良盖与亮结为兄弟，或相与有亲。亮年长，良故呼亮为尊兄耳。

后遣使吴，良谓亮曰："今衔国命，协穆二家，幸为良介于孙将军。"亮曰："君试自为文。"良即为草曰："寡君遣掾马良通聘继好，以绍昆吾、豕韦之勋。其人吉士，荆楚之令，鲜于造次之华，而有克终之美，愿降心存纳，以慰将命。"权敬待之。

先主称尊号，以良为侍中。及东征吴，遣良入武陵招纳五溪蛮夷，蛮夷渠帅皆受印号，咸如意指。会先主败绩于夷陵，良亦遇害。先主拜良子秉为骑都尉。

良弟谡，字幼常，以荆州从事随先主入蜀，除绵竹、成都令，越嶲太守。才器过人，好论军计，丞相诸葛亮深加器异。先主临薨，谓亮曰："马谡言过其实，不可大用，君其察之！"亮犹谓不然，以谡为参军，每引见谈论，自昼达夜。①

①《襄阳记》曰：建兴三年，亮征南中，谡送之数十里。亮曰："虽共谋之历年，今可更惠良规。"谡对曰："南中恃其险远，不服久矣，虽今日破之，明日复反耳。今公方倾国北伐以事强贼。彼知官势内虚，其叛亦速。若殄尽遗类以除后患，既非仁者之情，且又不可仓卒也。夫用兵之道，攻心为上，攻城为下，心战为上，兵战为下，愿公服其心而已。"亮纳其策，赦孟获以服南方。故终亮之世，南方不敢复反。

建兴六年，亮出军向祁山，时有宿将魏延、吴壹等，论者皆言以为宜令为先锋，而亮违众拔谡，统大众在前，与魏将张郃战于街亭，为郃所破，士卒离散。亮进无所据，退军还汉中。谡下狱物故，亮为之流涕。良死时年三十六，谡年三十九。①

①《襄阳记》曰：谡临终与亮书曰："明公视谡犹子，谡视明公犹父，愿深惟殛鲧兴禹之义，使平生之交不亏于此，谡虽死无恨于黄壤也。"于时十万之众为之垂涕。亮自临祭，待其遗孤若平生。蒋琬后诣汉中，谓亮曰："昔楚杀得臣，然后文公喜可知也。天下未定而戮智计之士，岂不惜乎！"亮流涕曰："孙武所以能制胜于天下者，用法明也。是以杨干乱法，魏绛戮其仆。四海分裂，兵交方始，若复废法，何用讨贼邪！"

习凿齿曰：诸葛亮之不能兼上国也，岂不宜哉！夫晋人规林父之后济，故废法而收功；楚成暗得臣之益己，故杀之以重败。今蜀僻陋一方，才少上国，而杀其俊杰，退收驽下之用，明法胜才，不师三败之道，将以成业，不亦难乎！且先主诫谡之不可大用，岂不谓其非才也？亮受诫而不获奉承，明谡之难废也。为天下宰匠，欲大收物之力，而不量才节任，随器付业。知之大过，则违明主之诫，裁之失中，即杀有益之人，难乎其可与言智者也。

【译文】马良，字季常，襄阳宜城人。兄弟五人，都以才学著名，乡里专为他们编了谚语说："马氏五常，白眉最良。"马良眉中有白毛，所以人们这样称呼他。刘备兼任荆州牧后，征召他为从事。到刘备入蜀时，诸葛亮也接着前往蜀地，马良留守荆州，写信给诸葛亮说："听说我们已攻下雒城，这是上天的福佑。尊兄顺应期运，辅佐主公治理天下，功配前人并光耀国家，这一吉兆已经显露无遗。大凡随机应变来自于高明的谋略，深思熟虑贵在审慎明察，因此选拔人才，应当及时合宜。至于施治而使远方悦服，勉力树德于天地之间，使时俗遵行法令的约束，让世人服从正道的指挥，创作高妙的雅乐，纠正郑、卫那样的粗俗之声，使它们全都有利于国家大事，没有迷惑扰乱的人心影响，这是管弦的极致，属于俞伯牙和师旷所达到的最高境界。我虽然不是钟子期，却也不能不为之击节叫好啊！"刘备任命马良为左将军掾。

后来马良受命出使东吴，他对诸葛亮说："今天接受君主的使命，协调和洽二国的关系，希望您能向孙权将军介绍我的情况。"诸葛亮说："那就请您自己来起草这份介绍文件吧。"马良当即挥笔疾书道："我国君特派官员马良前往继续巩固我们两国的关系，以发扬光大我们像昆吾、豕韦那样的同盟友谊。此人是吉士贤人，曾任职于荆楚，虽没有口若悬河的辩才，却有善始善终的美德，希望您能屈尊垂心接纳，以抚慰他奉使传命的忐忑心情。"后来孙权果然给予了马良十足的尊敬厚待。

刘备称帝后，任命马良为侍中。到东征东吴时，又派马良进武陵招纳五溪蛮夷，蛮夷首领都接受了刘蜀的官印封号，一切都合乎刘备的意图。后来刘备所统大军在夷陵遭到惨败，马良也遇害身亡。刘备任命马良之子马秉为骑都尉。

马良的弟弟马谡，字幼常，以荆州从事的身份跟随刘备入蜀，担任过绵竹、成都县令和越嶲太守。马谡才气出众，喜欢讨论兵法军计，丞相诸葛亮对他特别器重。刘备临终之前，叮嘱诸葛亮说："马谡这人言过其实，不可委以重任，先生请细加考量！"诸葛亮对此不以为然，任命马谡为参军，每每叫马谡来倾谈兵法，通宵达旦而不知疲倦。

建兴六年，诸葛亮出兵祁山，当时还有久经沙场的将领如魏延、吴壹等，议论者都认为应当让这样一些大将担任先锋，而诸葛亮却不顾众人意见断然提拔马谡担此重任，让他统领大军在前，与魏将张郃在街亭交战，马谡被张郃击败，士兵溃散。诸葛亮进军没了依托据点，只好退还汉中。马谡被捕下狱而死，诸葛亮为他痛惜流泪。马良死时三十六岁，马谡死时三十九岁。

陈震

【原文】陈震，字孝起，南阳人也。先主领荆州牧，辟为从事，部诸郡，随先主入蜀。蜀既定，为蜀郡北部都尉，因易郡名，为汶山太守，转在犍为。建兴三年，入拜尚书，迁尚书令，奉命使吴。七年，孙权称尊号，以震为卫尉，贺权践阼。诸葛亮与兄瑾书曰：

“孝起忠纯之性，老而益笃，及其赞述东西，欢乐和合，有可贵者。”震入吴界，移关候曰：“东之与西，驿使往来，冠盖相望，申盟初好，日新其事。东尊应保圣祚，告燎受符，剖判土宇，天下响应，各有所归。于此时也，以同心讨贼，则何寇不灭哉！西朝君臣，引领欣赖。震以不才，得充下使，奉聘叙好，践界踊跃，入则如归。献子适鲁，犯其山讳，《春秋》讥之。望必启告，使行人睦焉。即日张旍诰众，各自约誓。顺流漂疾，国典异制，惧或有违，幸必斟诲，示其所宜。”震到武昌，孙权与震升坛歃盟，交分天下：以徐、豫、幽、青属吴，并、凉、冀、兖属蜀，其司州之土，以函谷关为界。震还，封城阳亭侯。九年，都护李平坐诬罔废，诸葛亮与长史蒋琬、侍中董允书曰：“孝起前临至吴，为吾说正方腹中有鳞甲，乡党以为不可近。吾以为鳞甲者但不当犯之耳，不图复有苏、张之事出于不意。可使孝起知之。”十三年，震卒。子济嗣。

【译文】陈震，字孝起，南阳人。刘备兼任荆州牧，征召他为从事，巡视诸郡，后随刘备入蜀。蜀地平定后，陈震任蜀郡北部都尉，因郡名更改，于是改任汶山太守，转任犍为太守。建兴三年，回成都担任尚书，升尚书令，奉命出使东吴。建兴七年，孙权称帝，陈震被任命为卫尉，前往东吴祝贺孙权登基。诸葛亮在给兄长诸葛瑾的信中说：“孝起忠义纯朴，老而弥坚，至于他赞美称道两国关系，使两国欢乐和洽，更有可贵之处。”陈震进入东吴国界，在给守关官员的公文中说：“吴、蜀两国，驿使东来西往，冠盖络绎不绝，申明巩固最初的盟好关系，友谊日益增进。东帝理应常保帝运，焚柴祭天，接受符命，裂地分疆，天下响应，各有所归。在这个时候，两国同心协力讨贼，那么还有什么样的敌寇不能消灭啊！我们蜀国君臣，对此翘首企盼，欣然仰赖。陈震才能低下，得以充任使节，奉命聘问贵国，巩固两国友好关系，一踏上贵国地界就兴奋莫名，一入境如同回家的感觉便油然而生。春秋时晋献子前往鲁国，触犯了人家的忌讳，受到《春秋》的讥讽。希望您赐告贵国的风俗禁忌，使我能在出使的过程中避免言行犯忌而影响彼此和洽的情况出现。今天我就将张开使者的旌旗，从而将我的来意告示给众人，并向众人表明我此行必须履行的职责。顺流放舟，船行如箭，每个国家的典章制度各有不同，我很担心有所触犯，所以希望您一定给予必要的指教，告诉我言行合宜的方式。”陈震到达武昌，孙权和他登坛歃血盟誓，并划分了两国疆域：徐、豫、幽、青四州归属东吴，并、凉、冀、兖四州归属蜀国，至于司州，以函谷关为界分属两国。陈震回蜀后，被封城阳亭侯。建兴九年，都护李平因诬蔑丞相诸葛亮而被废黜，诸葛亮在给长史蒋琬、侍中董允的信中说：“从前孝起临去吴国前，曾对我说过李平腹中有鳞甲，居心险恶，其同乡人都认为他不可接近。我以为对这种居心不良的人不招惹他也就是了，绝没料到会有苏秦、张仪那样的怪事发生。这事应该让孝起知道。”建兴十三年，陈震去世。其子陈济承袭爵位。

董允　黄皓、陈祗

【原文】董允，字休昭，掌军中郎将和之子也。先主立太子，允以选为舍人，徙洗马。后主袭位，迁黄门侍郎。丞相亮将北征，住汉中，虑后主富于春秋，朱紫难别，以允秉心公亮,欲任以宫省之事。上疏曰:“侍中郭攸之、费祎、侍郎董允等,先帝简拔以遗陛下,至于斟酌规益,进尽忠言,则其任也。愚以为宫中之事,事无大小,悉以咨之,必能裨补阙漏,有所广益。若无兴德之言,则戮允等以彰其慢。”亮寻请祎为参军,允迁为侍中,领虎贲中郎将,统宿卫亲兵。攸之性素和顺,备员而已。[①]献纳之任,允皆专之矣。允处事为防制,甚尽匡救之理。后主常欲采择以充后宫,允以为古者天子后妃之数不过十二,今嫔嫱已具,不宜增益,终执不听。后主益严惮之。尚书令蒋琬领益州刺史,上疏以让费祎及允,又表:“允内侍历年,翼赞王室,宜赐爵土以褒勋劳。”允固辞不受。后主渐长大,爱宦人黄皓。皓便辟佞慧,欲自容入。允常上则正色匡主,下则数责于皓。皓畏允,不敢为非。终允之世,皓位不过黄门丞。

①《楚国先贤传》曰:攸之,南阳人,以器业知名于时。

允尝与尚书令费祎、中典军胡济等共期游宴,严驾已办,而郎中襄阳董恢诣允修敬。恢年少官微,见允停出,逡巡求去,允不许,曰:“本所以出者,欲与同好游谈也,今君已自屈,方展阔积,舍此之谈,就彼之宴,非所谓也。”乃命解骖,祎等罢驾不行。其守正下士,凡此类也。[①]延熙六年,加辅国将军。七年,以侍中守尚书令,为大将军费祎副贰。九年,卒。[②]

①《襄阳记》曰:董恢,字休绪,襄阳人。入蜀,以宣信中郎副费祎使吴。孙权尝大醉,问祎曰:“杨仪、魏延,牧竖小人也。虽尝有鸣吠之益于时务,然既已任之,势不得轻,若一朝无诸葛亮,必为祸乱矣。诸君愦愦,曾不知防虑于此,岂所谓贻厥孙谋乎?”祎愕然四顾视,不能即答。恢目祎曰:“可速言仪、延之不协起于私忿耳,而无黥、韩难御之心也。今方扫除强贼,混一区夏,功以才成,业由才广,若舍此不任,防其后患,是犹备有风波而逆废舟楫,非长计也。”权大笑乐。诸葛亮闻之,以为知言。还未满三日,辟为丞相府属,迁巴郡太守。

臣松之案:《汉晋春秋》亦载此语,不云董恢所教,辞亦小异,此二书俱出习氏而不同若此。本传云“恢年少官微”,若已为丞相府属,出作巴郡,则官不微矣。以此疑习氏之言为不审的也。

②《华阳国志》曰:时蜀人以诸葛亮、蒋琬、费祎及允为四相,一号四英也。

陈祗代允为侍中,与黄皓互相表里,皓始预政事。祗死后,皓从黄门令为中常侍、奉车都尉,操弄威柄,终至覆国。蜀人无不追思允。及邓艾至蜀,闻皓奸险,收闭,将杀之,而皓厚赂艾左右,得免。

祗,字奉宗,汝南人,许靖兄之外孙也。少孤,长于靖家。弱冠知名,稍迁至选曹郎,矜厉有威容。多技艺,挟数术,费祎甚异之,故超继允内侍。吕乂卒,祗又以侍中守尚书令,加镇军将军。大将军姜维虽班在祗上,常率众在外,希亲朝政。祗上承主指,下接阉竖,深见信爱,权重于维。景耀元年卒,后主痛惜,发言流涕,乃下诏曰:“祗统职一纪,柔嘉惟则,干肃有章,和义利物,庶绩允明。命不融远,朕用悼焉。夫存有令问,则亡加美谥,谥曰忠侯。”赐子粲爵关内侯,拔次子裕为黄门侍郎。自祗之有宠,后主追怨允日深,谓为自轻,由祗媚兹一人,皓构间浸润故耳。

允孙宏，晋巴西太守。[1]

① 臣松之以为：陈群子泰，陆逊子抗，传皆以子系父，不别载姓，及王肃、杜恕、张承、顾劭之流，莫不皆然，惟董允独否，未详其意。当以允名位优重，事迹逾父故邪？夏侯玄、陈表并有骍角之美，而亦如泰者，《魏书》总名此卷云《诸夏侯曹传》，故不复稍加品藻。陈武与表俱至偏将军，以位不相过故也。

【译文】董允，字休昭，是掌军中郎将董和的儿子。刘备立太子时，董允被选为太子舍人，调任洗马。刘禅继承帝位后，又升董允为黄门侍郎。丞相诸葛亮准备兴师北伐，进驻汉中时，担心后主年轻，不懂得分辨是非忠奸，认为董允秉心公正无私，想让他入宫辅佐后主。于是上疏给刘禅说："侍中郭攸之、费祎、侍郎董允等人，都是先帝通过精心选拔留给陛下的重臣，至于斟酌事体可否，尽忠进言，都是他们的职责所在。我认为宫中的事情，不论大小，全都向他们咨询，一定可以补缺堵漏，有所增广改善。如果陛下没有听到振兴盛德的建言，那么就当严惩董允等人以昭示他们怠慢失职的罪责。"诸葛亮不久就请刘禅任命费祎为参军，董允升为侍中，兼虎贲中郎将，统领宿卫亲兵。郭攸之的性格向来和善温顺，只不过挂名而已。向后主进言劝谏的重任，全由董允一力承担了。董允处世治事重在防微杜渐，匡正补救的道理。刘禅常想采选天下美女来充实后宫，董允认为自古以来天子的后妃不超过十二人，现在嫔嫱足数，不应再有所增加，就始终坚持不肯让步。刘禅更加畏惧他了。尚书令蒋琬兼任益州刺史时，上疏请求让位给费祎和董允，又表奏说："董允在宫内任职多年，辅佐王室，应当赐给他爵位食邑以表彰他的功勋。"董允坚决推让不肯接受。刘禅渐渐长大，喜欢宦官黄皓。黄皓谄媚逢迎而又狡黠非常，一心钻营想要爬上高位。董允经常对上则态度严肃地匡正后主，对下则多次指斥黄皓。黄皓畏惧董允，不敢胡作非为。在董允辅政期间，黄皓的职位始终不过是一介黄门丞而已。

董允曾和尚书令费祎、中典军胡济等人约定外出游宴，车马都已准备停当，这时郎中襄阳人董恢前来拜见董允。董恢年轻而且官小，见董允即将出门，呆了一会儿便起身告辞，董允不让他走，说："本来出门的目的，就是想跟朋友们交游谈心的，现在您既已屈尊来访，正好可以叙谈久别之后的感受，放弃这样的叙谈，而赶到别处去聚会，实在没有这个道理呀。"于是下令解开车马，费祎等人也解车不去了。董允坚持正道而礼贤下士，都像这样。延熙六年，升任董允为辅国将军。七年，以侍中身份代理尚书令，作为大将军费祎的副手。延熙九年去世。

陈祗接替董允为侍中，和黄皓相互勾结，里外串通，黄皓开始干预政事。陈祗死后，黄皓由黄门令升为中常侍、奉车都尉，把持朝政，玩弄威权，终于导致刘蜀亡国。蜀人无不追念董允。邓艾到蜀国后，听说黄皓奸佞阴险，便下令将他收押起来，准备杀掉他，而黄皓以重金贿赂邓艾左右，免于一死。

陈祗，字奉宗，汝南人，是许靖哥哥的外孙。他小时候就失去了父亲，在许靖家长大。二十岁时就有了名气，慢慢升为选曹郎，仪容举止庄重严厉。多才多艺，而且对天文、历法、占卜一类学问也很有见地，费祎特别看重他，所以越级提拔让他接替董允的内侍之职。吕乂去世，陈祗又以侍中身份代理尚书令，加官镇军将军。大将军姜维虽然职位在陈祗之上，但他常年带兵在外，很少亲自参与朝政。陈祗对上逢迎皇上所好，对下勾结宦官，深受后主的信任和喜爱，实际权力大于姜维。景耀元年陈祗去世，刘禅感到痛惜，一说起他便流泪不止，下诏书说："陈祗总领政事十二年，奉行柔和美善的原则，治事干练整肃且很有章法，中和得体利于万物，政绩十分突出。可惜他生命如此短暂，让我内心深为悲痛。大凡在世名声美好的人，去世后理应获得美好的谥号，特赐他谥号为忠侯。"后主又赐封他儿子陈粲为关内侯，提拔其次子陈裕为黄门侍郎。自从陈祗得宠以来，刘禅对董允的追恨便日益加深，认为董允根本没把他放在眼里，这全是陈祗一味阿谀谄媚皇上，而黄皓挑拨离间所致。

董允的孙子董宏，西晋时担任巴西太守。

吕乂

【原文】吕乂，字季阳，南阳人也。父常，送故将刘焉入蜀，值王路隔塞，遂不得还。乂少孤，好读书鼓琴。初，先主定益州，置盐府校尉，较盐铁之利，后校尉王连请乂及南阳杜祺、南乡刘干等并为典曹都尉。乂迁新都、绵竹令，乃心隐恤，百姓称之，为一州诸城之首。迁巴西太守。丞相诸葛亮连年出军，调发诸郡，多不相救，乂募取兵五千人诣亮，慰喻检制，无逃窜者。徙为汉中太守，兼领督农，供继军粮。亮卒，累迁广汉、蜀郡太守。蜀郡一都之会，户口众多，又亮卒之后，士伍亡命，更相重冒，奸巧非一。乂到官，为之防禁，开喻劝导，数年之中，漏脱自出者万余口。后入为尚书，代董允为尚书令，众事无留，门无停宾。乂历职内外，治身俭约，谦靖少言，为政简而不烦，号为清能。然持法刻深，好用文俗吏，故居大官，名声损于郡县。延熙十四年卒。子辰，景耀中为成都令。辰弟雅，谒者。雅清厉有文才，著《格论》十五篇。

杜祺历郡守、监军、大将军司马，刘干官至巴西太守，皆与乂亲善，亦有当时之称，而俭素守法，不及于乂。

【译文】吕乂，字季阳，南阳人。父亲吕常，送原将军刘焉入蜀，因官道堵塞，于是未能返回中原。吕乂从小失去父亲，喜欢读书弹琴。当初，刘备平定益州时，设置盐府校尉，管理盐和冶铁的财政收入，后来校尉王连请求让吕乂及南阳人杜祺、南乡人刘干等并任典曹都尉。吕乂后升任新都、绵竹县令，他用心抚恤百姓，受到百姓称道，声誉在一州各城之首。升巴西太守。丞相诸葛亮连年出师北伐，向诸郡征调人丁财物，各诸郡大多不肯听令增援，吕乂招募了五千士兵交给诸葛亮，好言劝慰并严厉督查，五千士兵没有一人脱逃。调任汉中太守，兼领督农，负责供给军需粮草。诸葛亮去世，吕乂逐渐升为广汉、蜀郡太守。蜀郡为国都所在，人口众多，在诸葛亮去世之后，士兵逃亡，冒名顶替，作奸犯科的事层出不穷。吕乂到任后，制定了防备禁戒的制度，加以说理劝导，几年之间，前后自首的逃亡者有一万多人。后来吕乂入朝任尚书，代董允担任尚书令，公事纷繁却没有一件滞留，衙门里人来人往却没有让一个办事者无奈地等待。吕乂先后在朝廷内外任职，立身节俭，谦虚谨慎而寡言少语，为政简明而不烦琐，以清廉和能干著称。但他用法严酷苛刻，喜用文官俗吏，所以虽然官居高位，名声却远不及任职于郡县之时。延熙十四年去世。儿子吕辰，景耀年间任成都令。吕辰的弟弟吕雅，官任谒者。吕雅耿介自重而有文才，著有《格论》十五篇。

杜祺历任郡守、监军、大将军司马，刘干官至巴西太守，他们都和吕乂关系很好，在当时也都很有名，但在节俭朴素和安分守法方面，都比不上吕乂。

【原文】评曰：董和蹈羔羊之素，刘巴履清尚之节，马良贞实，称为令士，陈震忠恪，老而益笃，董允匡主，义形于色，皆蜀臣之良矣。吕乂临郡则垂称，处朝则被损，亦黄、薛之流亚矣。

【译文】评论说：董和操行洁白正直而进退有节，刘巴力行清廉而气节高尚，马良忠贞诚实，才学美盛，陈震忠诚恭谨，老而弥坚，董允匡正国君过失，忠义形于辞色，他们都是蜀国的良臣。吕乂在郡做官时受人推崇，入朝后声名反而受损，也是黄霸、薛宣之流的人物。

卷四十　蜀书十

刘彭廖李刘魏杨传第十

刘封

【原文】刘封者，本罗侯寇氏之子，长沙刘氏之甥也。先主至荆州，以未有继嗣，养封为子。及先主入蜀，自葭萌还攻刘璋，时封年二十余，有武艺，气力过人，将兵俱与诸葛亮、张飞等溯流西上，所在战克。益州既定，以封为副军中郎将。

初，刘璋遣扶风孟达副法正，各将兵二千人，使迎先主，先主因令达并领其众，留屯江陵。蜀平后，以达为宜都太守。建安二十四年，命达从秭归北攻房陵，房陵太守蒯祺为达兵所害。达将进攻上庸，先主阴恐达难独任，乃遣封自汉中乘沔水下统达军，与达会上庸。上庸太守申耽举众降，遣妻子及宗族诣成都。先主加耽征北将军，领上庸太守、员乡侯如故，以耽弟仪为建信将军、西城太守，迁封为副军将军。自关羽围樊城、襄阳，连呼封、达，令发兵自助。封、达辞以山郡初附，未可动摇，不承羽命。会羽覆败，先主恨之。又封与达忿争不和，封寻夺达鼓吹。达既惧罪，又忿恚封，遂表辞先主，率所领降魏。[①] 魏文帝善达之姿才容观，以为散骑常侍、建武将军，封平阳亭侯。合房陵、上庸、西城三郡为新城郡，以达领新城太守。遣征南将军夏侯尚、右将军徐晃与达共袭封。达与封书曰：

> 古人有言："疏不间亲，新不加旧。"此谓上明下直，谗慝不行也。若乃权君谲主，贤父慈亲，犹有忠臣蹈功以罹祸，孝子抱仁以陷难，种、商、白起、孝己、伯奇，皆其类也。其所以然，非骨肉好离，亲亲乐患也。或有恩移爱易，亦有谗间其间，虽忠臣不能移之于君，孝子不能变之于父者也。势利所加，改亲为仇，况非亲亲乎！故申生、卫伋、御寇、楚建禀受形之气，当嗣立之正，而犹如此。今足下与汉中王，道路之人耳，亲非骨肉而据势权，义非君臣而处上位，征则有偏任之威，居则有副军之号，远近所闻也。自立阿斗为太子已来，有识之人相为寒心。如使申生从子舆之言，必为太伯；卫伋听其弟之谋，无彰父之讥也。且小白出奔，入而为霸；重耳逾垣，卒以克复。自古有之，非独今也。
>
> 夫智贵免祸，明尚夙达。仆揆汉中王虑定于内，疑生于外矣。虑定则心固，疑生则心惧，乱祸之兴作，未曾不由废立之间也。私怨人情，不能不见，恐左右必有以间于汉中王矣。然则疑成怨闻，其发若践机耳。今足下在远，尚可假息一时，若大军遂进，足下失据而还，窃相为危之。昔微子去殷，智果别族，违难背祸，犹皆如斯。[②] 今足下弃父母而为人后，非礼也；知祸将至而留之，非智也；见正不从而疑之，非义也。自号为丈夫，为此三者，何所贵乎？以足下之才，弃身来东，继

嗣罗侯,不为背亲也;北面事君,以正纲纪,不为弃旧也;怒不致乱,以免危亡,不为徒行也。加陛下新受禅命,虚心侧席,以德怀远,若足下翻然内向,非但与仆为伦,受三百户封,继统罗国而已,当更剖符大邦,为始封之君。陛下大军,金鼓以震,当转都宛、邓,若二敌不平,军无还期。足下宜因此时早定良计。《易》有"利见大人",《诗》有"自求多福",行矣。今足下勉之,无使狐突闭门不出。

封不从达言。

①《魏略》载达辞先主表曰:"伏惟殿下将建伊、吕之业,追桓、文之功,大事草创,假势吴、楚,是以有为之士深睹归趣。臣委质已来,愆戾山积,臣犹自知,况于君乎!今王朝以兴,英俊鳞集,臣内无辅佐之器,外无将领之才,列次功臣,诚自愧也。臣闻范蠡识微,浮于五湖;咎犯谢罪,逡巡于河上。夫际会之间,请命乞身。何则?欲洁去就之分也。况臣卑鄙,无元功巨勋,自系于时,窃慕前贤,早思远耻。昔申生至孝见疑于亲,子胥至忠见诛于君,蒙恬拓境而被大刑,乐毅破齐而遭谗佞,臣每读其书,未尝不慷慨流涕,而亲当其事,益以伤绝。何者?荆州覆败,大臣失节,百无一还。惟臣寻事,自致房陵、上庸,而复乞身,自放于外。伏想殿下圣恩感悟,愍臣之心,悼臣之举。臣诚小人,不能始终,知而为之,敢谓非罪!臣每闻交绝无恶声,去臣无怨辞,臣过奉教于君子,愿君王勉之也。"

②《国语》曰:智宣子将以瑶为后,智果曰:"不如霄也。"宣子曰:"霄也佷。"对曰:"霄也佷在面,瑶之贤于人者五,其不逮者一也。美须长大则贤,射御足力则贤,技艺毕给则贤,巧文辩惠则贤,强毅果敢则贤,如是而甚不仁。以五者贤陵人,而不仁行之,其谁能待之!若果立瑶也,智宗必灭。"不听。智果别族于太史氏为辅氏。及智氏亡,惟辅果在焉。

申仪叛封,封破走还成都。申耽降魏,魏假耽怀集将军,徙居南阳,仪魏兴太守,封员乡侯,屯洵口。① 封既至,先主责封之侵陵达,又不救羽。诸葛亮虑封刚猛,易世之后终难制御,劝先主因此除之。于是赐封死,使自裁。封叹曰:"恨不用孟子度之言!"先主为之流涕。达本字子敬,避先主叔父敬,改之。②

①《魏略》曰:申仪兄,名耽,字义举。初在西平、上庸间聚众数千家,后与张鲁通,又遣使诣曹公,曹公加其号为将军,因使领上庸都尉。至建安末,为蜀所攻,以其郡西属。黄初中,仪复来还。诏即以兄故号加仪,因拜魏兴太守,封列侯。太和中,仪与孟达不和,数上言达有贰心于蜀,及达反,仪绝蜀道,使救不到。达死后,仪诣宛见司马宣王,宣王劝使来朝。仪至京师,诏转拜仪楼船将军,在礼请中。

② 封子林为牙门将,咸熙元年内移河东。达子兴为议督军,是岁徙还扶风。

【译文】刘封,本来是罗侯寇氏的儿子,是长沙刘氏的外甥。蜀先主刘备到了荆州,因为自己没有后代继承人,便收养了刘封作为自己的儿子。到刘备入蜀郡后,从葭萌返回攻打刘璋时,刘封只有二十多岁,他有武艺,力气很大,超过一般的人,率领军队和诸葛亮、张飞等人沿长江逆流西上,所经过的地方都被他们攻克。益州平定后,刘备任命刘封为副军中郎将。

当初,刘璋派遣扶风人孟达做法正的副手,各自领兵二千人,让他们去迎接蜀先主刘备,刘备命令孟达和他率领的人马留下驻扎在江陵。蜀郡平定以后,任命孟达为宜都太守。建安二十四年,刘备命令孟达从秭归向北攻打房陵,房陵太守蒯祺被孟达的士兵杀死。孟达准备向上庸进攻,刘备暗地里担心孟达难以独自取得胜利,便派遣刘封从汉中沿沔水南下统领孟达的军队,和孟达在上庸会合。上庸太守申耽率领众人投降,打发妻子儿女和宗族人口到达成都。刘备加封申耽为征北将军,像以前一样任上庸太守、员乡侯,任命申耽的弟弟申仪为建信将军、西城太守,升任刘封为副军将军。关羽自从围困樊城、襄阳后,多次通知刘封、孟达,命令他们发兵来帮助自己。刘封、孟达以山区边郡刚刚依附,不能动摇为理由,拒绝了关羽的请求,不接受关羽的命令。结果关羽战败,刘备为此怨恨刘封等人。又由于刘封和孟达争吵不和,结下仇怨,刘封便夺取了孟达的仪仗乐队。孟达既畏惧因不去救援关羽而获罪,又怨恨不满刘封的作为,便写信向刘备告辞,率领自己的部下投降了魏国。魏文帝喜欢孟达的精明才干和英俊容貌,便任命他为散骑常侍、建武将军,封他为平阳亭侯。把房陵、上庸、西城三个郡合并为新城郡,任命孟达兼任新城太守。魏文帝派遣征南将军夏侯尚、右将军徐晃和孟达一起进攻刘封。孟达给刘封写信说:

古人有句话叫:“关系疏远的人不参与关系亲密的人之间的事,新认识的人无法超过故人旧友。”这说的是上面的君主贤明,底下的官员正直,说坏话进谗言、阿谀奉迎的事情不能得逞的情况。如果有人玩弄权势,欺诈君主,那么即使是贤德慈爱的父亲和长辈,也会使忠实的臣子奋勇立功而招致灾祸,孝顺的儿子遵循仁义而遇到危难,文种、商鞅、白起、孝已、伯奇,都属于这一类的人。他们之所以落到这种地步,不是骨肉同胞喜好离别,不是愿意让亲人遭到祸患。有的是恩情改易到别人身上,喜爱转移了对象,也有的是谗言闲话在中间挑拨离间,即使是忠臣也不能改变君主的看法,即使是孝子也不能改变父亲的怀疑。在权势和利益的面前,亲人会变成仇敌,何况并非是亲戚关系的呢!所以申生、卫伋、御寇、楚建等人都秉承了成为君主的形貌气质,有正当地继嗣王位的名分,还受到被逐杀的遭遇。现在您和汉中王,只是在道路上相遇的人罢了,从亲缘关系上讲,您与刘备并无骨肉之亲,却占有了威重的权位势力,从名义上讲,您和汉中王不算君臣,却处于高级的官位,出征时,您有负责统率军队的权威,停战时,您有副军将军的称号,这是远近都知道的了。自从阿斗被立为太子以来,有见识的人都为您感到害怕。如果申生听从子舆的话,他一定会像太伯一样有所作为;如果卫伋听从他弟弟的计谋,也就没有彰父的讥讽了。且小白逃亡出走,回到齐国后成为霸主;重耳翻过墙头外逃,最后回到晋国掌权。这样的事情自古便有,不是只在今天才发生的。

智慧的可贵在于它能够避免灾祸,见识高明贵在遇着事情一向通达。我猜度汉中王已经在内心确定主意,并对外产生了疑心。打定了主意就会固执,怀疑产生了就常常担心害怕,祸乱和灾害的兴起,没有不是因废除继承人和确定继承人之事产生的。私人之间的仇怨和人情不能不表现出来,恐怕您身边的官员侍从一定有人向汉中王进谗言而挑拨离间。然而疑心一旦变成怨恨,它的爆发就像踏上机关一样,随时会触发。现在您在远离中央的地方,还可以得到一时半刻的安稳;如果魏国的大军马上前进,您失掉了占据的地域退回朝中的话,我私下里就感到您的处境非常危险了。以前微子离开殷都,智果告别了他的宗族,逃避灾难躲开祸害,大概都是像这样的情形。现在您背弃了父母而去给别人当养子,不能叫作合礼;知道祸害将要来还留下不走,不能叫作明智;认识到正确的做法,不去遵从,反而怀疑它,不能叫作守义。自己称作大丈夫,却做出不礼、不智、不义这三种事来,有什么可贵之处呢?以您的才能,离开刘备,一人来东方,继承罗侯的香火,不算是背离亲人;向北面称臣侍奉魏君,从而端正君臣的纲纪,不算是丢弃旧主;这样虽然让刘备愤怒但不算叛乱,使自己免于危险灭亡,不算是徒劳的举动。加上魏国皇帝陛下新近接受了汉室的禅让,正虚心待下,用仁德使远方归服,如果您马上投靠魏国,就不仅仅会和我们同一等级,受到三百户封邑的赏赐,继承罗侯的爵位家业,应该更进一步,给您封赠一个大邦国,让您做第一位封君。魏国皇帝陛下的大军,已经敲响了战鼓,要转向宛、邓一带作战,这两个地方的敌人不被消灭,军队不会返回。您应该趁这个时候早点确定正确有利的计划。《易经》中有"利见大人",《诗经》中有"自求多福",该实行了。现在请您多多努力,不要像狐突那样闭门不出。

刘封不听孟达的劝告。

申仪背叛了刘封,刘封战败,逃回了成都。申耽投降了魏国,魏国任命申耽代理怀集将军,移居南阳,任命申仪为魏兴太守,封他为员乡侯,驻扎在洵口。刘封回到成都后,刘备责怪刘封欺压侵犯孟达,又不去救助关羽。诸葛亮担心刘封勇猛刚愎,刘备去世以后难以控制驾驭,劝说刘备趁这个机会除掉他。于是刘备便赐令刘封死,让他自杀。刘封叹息道:"我真悔恨没有采纳孟子度的意见啊!"刘备为刘封自杀痛哭流涕。孟达本来字子敬,因避刘备叔父刘敬的名讳,改字子度。

彭羕

【原文】彭羕,字永年,广汉人。身长八尺,容貌甚伟。姿性骄傲,多所轻忽,惟敬同郡秦子勑,荐之于太守许靖曰:"昔高宗梦傅说,周文求吕尚,爰及汉祖,纳食其于布衣,此乃帝王之所以倡业垂统,缉熙厥功也。今明府稽古皇极,允执神灵,体公刘之德,行勿翦之惠,《清庙》之作于是乎始,褒贬之义于是乎兴,然而六翮未之备也。伏见处士绵竹秦宓,膺山甫之德,履隽生之直,枕石漱流,吟咏缊袍,偃息于仁义之途,恬淡于浩然之域,高概节行,守真不亏,虽古人潜遁,蔑以加旃。若明府能招致此人,必有忠谠落落之誉,丰功厚利,建迹立勋,然后纪功于王府,飞声于来世,不亦美哉?"

羕仕州不过书佐,后又为众人所谤毁于州牧刘璋,璋髡钳羕为徒隶。会先主入蜀,溯流北行。羕欲纳说先主,乃往见庞统。统与羕非故人,又适有宾客,羕径上统床卧,谓统曰："须客罢当与卿善谈。"统客既罢，往就羕坐，羕又先责统食，然后共语，因留信宿，至于经日。统大善之，而法正宿自知羕，遂并致之先主。先主亦以为奇，数令羕宣传军事，指授诸将，奉使称意，识遇日加。成都既定，先主领益州牧，拔羕为治中从事。羕起徒步，一朝处州人之上，形色嚣然，自矜得遇滋甚。诸葛亮虽外接待羕，而内不能善，屡密言先主，羕心大志广，难可保安。先主既敬信亮，加察羕行事，意以稍疏，左迁羕为江阳太守。

羕闻当远出，私情不悦，往诣马超。超问羕曰："卿才具秀拔，主公相待至重，谓卿当与孔明、孝直诸人齐足并驱，宁当外授小郡，失人本望乎？"羕曰："老革荒悖，可复道邪！"[①] 又谓超曰："卿为其外，我为其内，天下不足定也。"超羁旅归国，常怀危惧，闻羕言大惊，默然不答。羕退，具表羕辞，于是收羕付有司。

① 扬雄《方言》曰：㦨、鲐、乾、都、耇、革，老也。郭璞注曰：皆老者皮毛枯瘁之形也。臣松之以为：皮去毛曰革。古者以革为兵，故语称兵革，革犹兵也。羕骂备为老革，犹言老兵也。

羕于狱中与诸葛亮书曰："仆昔有事于诸侯，以为曹操暴虐，孙权无道，振威暗弱，其惟主公有霸王之器，可与兴业致治，故乃翻然有轻举之志。会公来西，仆因法孝直自炫鬻，庞统斟酌其间，遂得诣公于葭萌，指掌而谭，论治世之务，讲霸王之义，建取益州之策，公亦宿虑明定，即相然赞，遂举事焉。仆于故州不免凡庸，忧于罪罔，得遭风云激矢之中，求君得君，志行名显，从布衣之中擢为国士，盗窃茂才。分子之厚，谁复过此。[①] 羕一朝狂悖，自求菹醢，为不忠不义之鬼乎！先民有言，左手据天下之图，右手刎咽喉，愚夫不为也。况仆颇别菽麦者哉！所以有怨望意者，不自度量，苟以为首兴事业，而有投江阳之论，不解主公之意，意卒感激，颇以被酒，侻失"老"语。此仆之下愚薄虑所致，主公实未老也。且夫立业，岂在老少，西伯九十，宁有衰志？负我慈父，罪有百死。至于内外之言，欲使孟起立功北州，戮力主公，共讨曹操耳，宁敢有他志邪？孟起说之是也，但不分别其间，痛人心耳。昔每与庞统共相誓约，庶托足下末踪，尽心于主公之业，追名古人，载勋竹帛。统不幸而死，仆败以取祸。自我堕之，将复谁怨？足下当世伊、吕也，宜善与主公计事，济其大猷。天明地察，神祇有灵，复何言哉！贵使足下明仆本心耳。行矣努力，自爱！自爱！"羕竟诛死，时年三十七。

① 臣松之以为："分子之厚"者，羕言刘主分儿子厚恩，施之于己，故其书后语云"负我慈父，罪有百死"也。

【**译文**】彭羕，字永年，广汉郡人。身高八尺，容貌十分雄伟。彭羕本性骄傲，很多人他都不放在眼里，只敬重同郡人秦子勑，他向太守许靖推荐秦子勑说："以前殷高宗梦见并找到了傅说，周文王求得了吕尚，一直到汉高祖，还从平民百姓中招纳了郦食其，这就是圣明的帝王能够开创功业，延续皇家的统绪，使他们的功绩光大的原因。现在您明察古代帝王统治的准则，诚心诚意地秉承神灵的意愿，体现公刘的德政，施行召伯那样让百姓思念的恩惠，《清庙》那样的诗篇由此而产生，褒扬贬斥的义理从这里兴起，但是您还缺少辅佐，就像大雁的六根大羽毛还没有长全。我曾见到处士绵竹人秦宓，身具仲山甫那样高尚的品德，操行像隽不疑那样正直，枕着石块睡觉，在流水中洗漱，在自然中陶冶性情，穿着旧袍子放声吟咏，在仁义的道路中躺卧休息，在浩渺的宇宙中浩然自如，他有高尚的气概，贞亮的品行，保守着纯真的自然本性不让它有所亏损，即使是古代的隐士，也不能超过他。如果您能够把这个人招纳到您手下，您一定会得到赞誉，获得大功和丰厚的利益，建立功绩，树立功勋，然后在君王的宫殿中记下您的功绩，让世世代代都传颂您的美名，不是非常好吗？”

彭羕在州府任职，只不过做了个书佐的小官，后来又被众人在益州牧刘璋面前诋毁，刘璋降罪于他，剃掉了彭羕的头发，给他带上铁钳，罚他服徒役。正赶上刘备进入蜀地，沿长江逆流北上。彭羕想要游说刘备收纳他，就先去拜见庞统。庞统与彭羕以前并不熟识，又正好有宾客会见庞统，彭羕径直走到庞统的床上躺下来，对庞统说：“等你的客人走了，我要和你好好谈谈。”庞统的宾客告辞后，庞统过来坐在彭羕身边，彭羕又叫庞统先准备饭，然后和庞统谈话，庞统把彭羕留下过夜，这样一直留了几天。庞统十分喜欢彭羕，而法正又早就了解彭羕的才能，二人便一同把彭羕推荐给刘备。刘备也认为彭羕有奇才，多次命令彭羕去传达军事命令，向各个将领传达讲授作战安排，彭羕多次奉命出使都符合刘备的心意，刘备十分赏识，对他的待遇日益优厚。成都平定后，刘备自己兼任益州牧，提拔彭羕为治中从事。彭羕从刑徒中出身，一下子位居一州百姓之上，气势很嚣张，以越来越得刘备的宠遇而骄傲自夸。诸葛亮虽然在表面上以礼对待彭羕，但心里并不喜欢他，多次秘密地对刘备说彭羕心中的欲望太大，志向广阔，很难保证他会安稳顺从。刘备一直尊敬相信诸葛亮，又认真观察彭羕的言行，心里对彭羕便稍有疏远，把彭羕降职为江阳太守。

彭羕听说刘备要让他到远方去做官，心里不高兴，便去拜见马超。马超问彭羕：“您才能出类拔萃，主公对您非常倚重，说您应该和诸葛孔明、法孝直等人并驾齐驱，怎么会任命您到外地的小郡中去任职，这不失去了人们本来对您的期望吗？”彭羕骂道：“那个老东西昏乱不堪，倒行逆施，还有什么可说的！”又对马超说：“您在外统兵征战，我在内出谋划策，平定天下不是很容易吗！”马超远道奔波来蜀国归降，远离家乡，心中经常担心害怕，畏惧刘备怀疑他，听到彭羕的话后大吃一惊，默默无言，不作回答。彭羕离开后，马超把彭羕的话全部向刘备表奏，刘备因此逮捕了彭羕，送交官府。

彭羕在监狱中给诸葛亮写信说：“我以前在诸侯们的手下做事，自己认为曹操为人暴虐，孙权没有道义，刘璋愚昧软弱，只有主公具有霸王的气质，可以和他一起建立功业，使得天下大治，所以就有了振翅高飞，一展宏图的志向。赶上主公来西州，我通过法孝直自我炫耀，加上庞统在中间协助安排，得以在葭萌拜见主公，主公与我谈得非常融洽，我们议论治理天下的要务，讲霸王事业的义旨，讨论夺取益州的方法，主公也早有明确的想法，便马上肯定和称赞了我的建议，于是发动进攻，占领了益州。我在以前的益州牧管理下不能从平凡庸俗的地位中脱离出来，还要为身负罪名而忧愁，正当风云变幻的征战时期，我寻求君主的时候找到了主公，志愿得以施行，名声因此显扬，从布衣百姓中被提拔为国家的重臣，还窃居了茂才的名位。主公把给予儿子的深厚恩情都分给了我，谁还能得到比这更高的恩宠呢？彭羕一日狂妄悖逆，自己犯下了该被剁成肉酱的罪行，成了不忠不义的死鬼啊！先辈们有言，左手拿着天下的地图，右手自刎咽喉，蠢人也不会做这种事。何况我是能辨别清楚豆子与麦子不同的人啊！我所以表现出埋怨不满的情绪，是不能正确衡量自己，心中认为自己最早帮助主公创建功业，却得到了下放江阳的结果，没有了解到主公的心意，感情激发，意气用事，又加上喝多了酒，脱口失言，说出了'老'的字眼。这是我卑下愚蠢，缺少思考所造成的，主公实际上不老。况且建立功业，哪里在于年龄大小，西伯九十岁了，志向哪里有一点衰退？我辜负了如同慈父般的主公，罪恶该死上一百次。至于我讲的内谋外乱的那些话，是想要让马孟起在北方立功，全力为主公效劳，一起去讨伐曹操罢了，怎么敢有其他的意思呢？马孟起向主公说的话不错，但是没能把中间的意思分别清楚，让人感到痛心啊！以前曾和庞统在一起共同盟誓，希望能遵循您的足迹，为主公的事业尽心尽力，使自己的名誉追上古人，使自己的功勋能记入史册。庞统不幸战死，我由于自寻灾祸而败亡。这是我自己堕落下去的，还能去埋怨谁呢？您是当代的伊尹、吕望，应该好好地和主公商议大事，帮助他确定大的计谋。天地可以明察，神祇有灵，还再说什么呢！贵在让您了解我的本心罢了。您努力去做吧，自爱！自爱！"彭羕最终被判罪处死，死时三十七岁。

廖立

【原文】廖立，字公渊，[1]武陵临沅人。先主领荆州牧，辟为从事，年未三十，擢为长沙太守。先主入蜀，诸葛亮镇荆土，孙权遣使通好于亮，因问士人皆谁相经纬者，亮答曰："庞统、廖立，楚之良才，当赞兴世业者也。"建安二十年，权遣吕蒙奄袭南三郡，立脱身走，自归先主。先主素识待之，不深责也，以为巴郡太守。二十四年，先主为汉中王，征立为侍中。后主袭位，徙长水校尉。

①廖，音理救反。

立本意，自谓才名宜为诸葛亮之贰，而更游散在李严等下，常怀怏怏。后丞相掾李邵、蒋琬至，立计曰："军当远出，卿诸人好谛其事。昔先帝不取汉中，走与吴人争南三郡，卒以三郡与吴人，徒劳役吏士，无益而还。既亡汉中，使夏侯渊、张郃深入于巴，几丧一州。后至汉中，使关侯身死无孑遗，上庸覆败，徒失一方。是羽怙恃勇名，作军无法，直以意突耳，故前后数丧师众也。如向朗、文恭，凡俗之人耳。恭作治中无纲纪，朗昔奉马良兄弟，谓为圣人，今作长史，素能合道。中郎郭演长，从人者耳，不足与经大事，而作侍中。今弱世也，欲任此三人，为不然也。王连流俗，苟作掊克，使百姓疲弊，以致今日。"邵、琬具白其言于诸葛亮。亮表立曰："长水校尉廖立，坐自贵大，臧否群士，公言国家不任贤达而任俗吏，又言万人率者皆小子也，诽谤先帝，疵毁众臣。人有言国家兵众简练，部伍分明者，立举头视屋，愤咤作色曰：'何足言！'凡如是者不可胜数。羊之乱群，犹能为害，况立托在大位，中人以下识真伪邪？"[1]于是废立为民，徙汶山郡。立躬率妻子耕殖自守，闻诸葛亮卒，垂泣叹曰："吾终为左衽矣！"后监军姜维率偏军经汶山，往诣立，称立意气不衰，言论自若。立遂终徙所，妻子还蜀。

①《亮集》有亮表曰："立奉先帝无忠孝之心，守长沙则开门就敌，领巴郡则有暗昧阘茸其事，随大将军则诽谤讥诃，侍梓宫则挟刃断人头于梓宫之侧。陛下即位之后，普增职号，立随比为将军，面语臣曰：'我何宜在诸将军中！不表我为卿，上当在五校！'臣答：'将军者，随大比耳。至于卿者，正方亦未为卿也。且宜处五校。'自是之后，怏怏怀恨。"诏曰："三苗乱政，有虞流宥，廖立狂惑，朕不忍刑，亟徙不毛之地。"

【译文】廖立，字公渊，武陵郡临沅县人。刘备兼任荆州牧时，聘请他为从事，廖立还不到三十岁时，便被提拔为长沙太守。刘备入蜀郡，诸葛亮镇守荆州，孙权派遣使节到诸葛亮处与蜀交好，使者顺便问起当地的士人中都有哪些人可以帮助规划治理国家，诸葛亮回答说："庞统、廖立，是楚地的优秀人才，是可以协助振兴帝王基业的人。"建安二十年，孙权派遣吕蒙偷袭南方三郡，廖立逃出来，自己跑到益州归见刘备。刘备一直赏识廖立，待他优厚，所以不过多地责怪廖立，任命他为巴郡太守。二十四年，刘备立为汉中王，征召廖立任侍中。后主刘禅继位后，改任廖立为长水校尉。

廖立心中自认为凭自己的才能名望应该做诸葛亮的副手，但却任闲职，地位在李严等人以下，心里经常不满，怏怏不得志。后来丞相掾李邵、蒋琬到来，廖立和他们商议说："军队要出发远征，你们各位应该好好地考虑这件事。以前先帝不谋取汉中，跑去和吴国争夺南方三郡，最后还是让吴国人占领了三郡，白白地劳累官吏士兵出征，没有得到一点好处。丢失了汉中以后，又使得夏侯渊和张郃深入到巴郡一带，几乎把全州都丧失了。后来进军汉中，使得关羽亭侯自身战死，所领军队也全部丧失，没有留下一个活口，上庸地区战败丢失，白白地丧失了一片地方。这是由于关羽依恃自己勇猛的名声，领兵作战没有正确的法则，凭着自己的性子到处冲击而造成的，所以前后多次丧失了大批的军队。像向朗、文恭这样的人，是凡夫俗子罢了。文恭作为治中，执法没有纲纪，向朗以前推崇马良兄弟，把他们称作圣人，现在向朗任长史，做事一直中规中矩。中郎郭演长，只是附和别人的随从罢了，不能和他共同经营大事业，这样的人却做了侍中。现在国家处于弱小的时期，却想要任用这三个人，是不合适的。王连这个人流于世俗，他大兴苛捐杂税盘剥百姓，使得百姓贫困凋敝，疲劳不堪，造成了今天这种局面。"李邵、蒋琬把他的这些话全部告诉了诸葛亮。诸葛亮立即向朝廷上表奏，指责廖立说："长水校尉廖立，犯了妄自尊大的罪，评论批评各位士人，公开讲国家不任用贤达人士而任用平庸的俗人，又说率领上万军马的将军都是小孩子，诽谤先皇帝，诋毁污蔑各位大臣。有人说国家的军队士兵精干简练，队伍整齐，遵守军令，廖立却抬起头看着屋顶，脸色大变，愤怒地呵斥说：'有什么值得说的！'像这样的事情数都数不过来。羊群中有一只羊乱冲乱撞，都能造成危害，何况廖立被安排在重要的高官位置上，中等才能以下的人能识别出他的真假吗？"于是先主便免除了廖立的官职，把他流放到汶山郡做平民。廖立亲自带领妻子儿女开荒种地养活自己，他听说诸葛亮死的消息后，流着眼泪叹息说："我这辈子要一直做衣襟左系的异族人了！"后来监军姜维率领军队路过汶山，去拜访廖立，回来告诉别人廖立仍旧意气不衰，言谈镇定自然。廖立最终死在流放的地方，他的妻子儿女回到蜀郡。

李严

【原文】李严，字正方，南阳人也。少为郡职吏，以才干称。荆州牧刘表使历诸郡县。曹公入荆州时，严宰秭归，遂西诣蜀，刘璋以为成都令，复有能名。建安十八年，署严为护军，拒先主于绵竹。严率众降先主，先主拜严裨将军。成都既定，为犍为太守、兴业将军。二十三年，盗贼马秦、高胜等起事于郪，[①]合聚部伍数万人，到资中县。时先主在汉中，严不更发兵，但率将郡士五千人讨之，斩秦、胜等首。枝党星散，悉复民籍。又，越嶲夷率高定遣军围新道县，严驰往赴救，贼皆破走。加辅汉将军，领郡如故。章武二年，先主征严诣永安宫，拜尚书令。三年，先主疾病，严与诸葛亮并受遗诏辅少主，以严为中都护，统内外军事，留镇永安。建兴元年，封都乡侯，假节，加光禄勋。四年，转为前将军。以诸葛亮欲出军汉中，严当知后事，移屯江州，留护军陈到驻永安，皆统属严。严与孟达书曰："吾与孔明俱受寄托，忧深责重，思得良伴。"亮亦与达书曰："部分如流，趋舍罔滞，正方性也。"其见贵重如此。[②]八年，迁骠骑将军。以曹真欲三道向汉川，亮命严将二万人赴汉中。亮表严子丰为江州都督督军，典严后事。亮以明年当出军，命严以中都护署府事。严改名为平。

①郪，音凄。

②《诸葛亮集》有严与亮书，劝亮宜受九锡，进爵称王。亮答书曰："吾与足下相知久矣，可不复相解！足下方诲以光国，戒之以勿拘之道，是以未得默已。吾本东方下士，误用于先帝，位极人臣，禄赐百亿，今讨贼未效，知己未答，而方宠齐、晋，坐自贵大，非其义也。若灭魏斩叡，帝还故居，与诸子并升，虽十命可受，况于九邪？"

九年春，亮军祁山，平催督运事。秋夏之际，值天霖雨，运粮不继。平遣参军狐忠、督军成藩喻指，呼亮来还，亮承以退军。平闻军退，乃更阳惊，说："军粮饶足，何以便归？"欲以解己不办之责，显亮不进之愆也。又表后主，说："军伪退，欲以诱贼与战。"亮具出其前后手笔书疏本末，平违错章灼。平辞穷情竭，首谢罪负。于是亮表平曰："自先帝崩后，平所在治家，尚为小惠，安身求名，无忧国之事。臣当北出，欲得平兵以镇汉中，平穷难纵横，无有来意，而求以五郡为巴州刺史。去年臣欲西征，欲令平主督汉中，平说司马懿等开府辟召。臣知平鄙情，欲因行之际逼臣取利也，是以表平子丰督主江州，隆崇其遇，以取一时之务。平至之日，都委诸事，群臣上下皆怪臣待平之厚也。正以大事未定，汉室倾危，伐平之短，莫若褒之。然谓平情在于荣利而已，不意平心颠倒乃尔。若事稽留，将致祸败。是臣不敏，言多增咎。"[①]乃废平为民，徙梓潼郡。[②]十二年，平闻亮卒，发病死。平常冀亮当自补复，策后人不能，故以激愤也。[③]丰官至朱提太守。[④]

①亮公文上尚书曰："平为大臣，受恩过量，不思忠报，横造无端，危耻不办，迷罔上下，论狱弃科，导人为奸，情狭志狂，若无天地。自度奸露，嫌心遂生，闻军临至，西向

托疾还沮、漳，军临至沮，复还江阳，平参军狐忠勤谏乃止。今篡贼未灭，社稷多难，国事惟和，可以克捷，不可苞含，以危大业。辄与行中军师车骑将军都乡侯臣刘琰，使持节前军师征西大将军领凉州刺史南郑侯臣魏延、前将军都亭侯臣袁綝、左将军领荆州刺史高阳乡侯臣吴壹、督前部右将军玄乡侯臣高翔、督后部后将军安乐亭侯臣吴班、领长史绥军将军臣杨仪、督左部行中监军扬武将军臣邓芝、行前监军征南将军臣刘巴、行中护军偏将军臣费祎、行前护军偏将军汉成亭侯臣许允、行左护军笃信中郎将臣丁咸、行右护军偏将军臣刘敏、行护军征南将军当阳亭侯臣姜维、行中典军讨虏将军臣上官雝、行中参军昭武中郎将臣胡济、行参军建义将军臣阎晏、行参军偏将军臣爨习、行参军裨将军臣杜义、行参军武略中郎将臣杜祺、行参军绥戎都尉臣盛勃、领从事中郎武略中郎将臣樊岐等议，辄解平任，免官禄、节传、印绶、符策，削其爵土。”

② 诸葛亮又与平子丰教曰：“吾与君父子戮力以奖汉室，此神明所闻，非但人知之也。表都护典汉中，委君于东关者，不与人议也。谓至心感动，终始可保，何图中乖乎！昔楚卿屡绌，亦乃克复，思道则福，应自然之数也。愿宽慰都护，勤追前阙。今虽解任，形业失故，奴婢宾客百数十人，君以中郎参军居府，方之气类，犹为上家。若都护思负一意，君与公琰推心从事者，否可复通，逝可复还也。详思斯戒，明吾用心，临书长叹，涕泣而已。”

③ 习凿齿曰：昔管仲夺伯氏骈邑三百，没齿而无怨言，圣人以为难。诸葛亮之使廖立垂泣，李平致死，岂徒无怨言而已哉！夫水至平而邪者取法，镜至明而丑者无怒，水镜之所以能穷物而无怨者，以其无私也。水镜无私，犹以免谤，况大人君子怀乐生之心，流矜恕之德，法行于不可不用，刑加乎自犯之罪，爵之而非私，诛之而不怒，天下有不服者乎！诸葛亮于是可谓能用刑矣，自秦、汉以来未之有也。

④ 苏林《汉书音义》曰：朱音铢；提音如北方人名匕曰提也。

【译文】李严，字正方，南阳郡人。年轻时在郡府做吏员，以有才干著名。荆州牧刘表派遣他到各个郡县任职。曹操攻入荆州时，李严正担任秭归的县令，便西奔入蜀，刘璋任命他为成都县令，又有能干的名声。建安十八年，刘璋委任李严为护军，到绵竹去抵挡刘备。李严率领手下众人投降了刘备，刘备任命李严为裨将军。成都平定之后，李严被任命为犍为太守、兴业将军。建安二十三年，盗贼马秦、高胜等人在郪地造反，聚集了部曲兵士几万人，进攻资中县。当时刘备在汉中，李严不再征发别处的军队，仅率领本郡的士兵五千人去讨伐盗贼，砍下了马秦、高胜的首级。马秦等人的党徒四处逃散，李严全部恢复了他们的户籍。又有越嶲的夷人首领高定派兵围困了新道县城，李严率兵奔去救援，贼人全被打败，纷纷逃走。刘备加封李严为辅汉将军，依旧担任郡守。章武二年，刘备下令召李严到永安宫拜见，任命他为尚书令。章武三年，刘备病情加重，李严和诸葛亮一起接受了遗诏辅佐少主刘禅，任命李严为中都护，统领内外军事，留在永安镇守。建兴元年，封李严为都乡侯，授予符节，加任光禄勋。建兴四年，改任李严为前将军。由于诸葛亮想要出兵汉中，李严应该管理后方的事务，便移到江州驻扎，留下护军陈到驻守永安，全归李严统率。李严给孟达写信说：“我和诸葛孔明全都受先主的托付,忧虑忡忡,责任重大,想要找到好的伙伴。”诸葛亮也给孟达写信说:“处理政务像流水一样迅速有条理,决定哪些是该做的事,哪些是舍去不做的事时毫不停滞,这是李正方的性格。”李严被诸葛亮看重到如此地步。建兴八年,升任骠骑将军。由于曹真要分三路向汉川进攻,诸葛亮命令李严率领二万人奔赴汉中。诸葛亮上表奏请任命李严的儿子李丰为江州督督军,管理李严军队的后方事务。诸葛亮因为第二年要出兵,命令李严以中都护的身份管理丞相府的公务。李严改名为李平。

建兴九年春天,诸葛亮率军驻扎在祁山,李平监督催促粮草运输事务。夏秋相交的时候,赶上阴天下雨,连绵不断,粮草不能及时运输。李平便派遣参军狐忠、督军成藩向诸葛亮说明他的意思,叫诸葛亮退军回来,诸葛亮听后便根据李平的意见退兵。李平听到军队退回,又假装很吃惊,说:“军粮还很充足,为什么就退兵回来了呢?”想以此来解脱自己办事不成的责任,显得是诸葛亮不愿前进的错。李平又向后主刘禅上表,说:“我们的军队伪装退兵,是想要引诱敌人出来和我们作战。”诸葛亮把李平在事件前后的所有亲笔书信文书从头到尾都公布出来,清楚地表明李平的错误过失。李平理屈词穷,出来认罪道歉。于是诸葛亮上表弹劾李平说:“自从先帝去世后,李平在任职地方治理家业,还能给自己谋点小利,只为自己立身,追求名誉,不为国家大事担忧。臣将北上出兵,想要调来李平的军队镇守汉中,李平想尽办法推托辩解,没有来的意思,却要求给他五个郡的地区,封他为巴州刺史。去年臣想要向西方出兵征讨,想命令李平负责督管汉中,李平说司马懿等人设置了官署,来招请他。臣知道李平私下的打算,是想要趁出兵的机会,逼迫臣答应,让他得取利益,因此我上表推荐让李平的儿子李丰主管江州,给他崇高丰厚的待遇,来换取李平管理一段时间政务。李平到了汉中的时候,我把所有的事务都交给他负责,上下群臣都责怪臣对待李平太优厚了。我正是由于国家大事尚未平定,汉朝的皇室地位危险,如大厦要坍塌一样,在这种危机时刻,批评指责李平的不足之处,不如夸奖他,勉励他努力行事。然而,我还认为李平的心里只是想着荣誉利益而已,没想到李平的心中竟是非颠倒到这种地步。如果让事情这样遗留下去而不解决,将会造成失败的灾祸。臣愚笨不机敏,说多了只能增加心中的愧疚。”后主便免除了李平的官职,将他流放到梓潼郡做平民。建兴十二年,李平听说诸葛亮去世后,疾病发作,也死了。李平经常希望诸葛亮让他改正错误,回去做官,他估计诸葛亮以后的人不会给他这种机会了,所以心情悲愤激荡,致使自己得病身亡。李丰的官职做到朱提太守。

刘琰

【原文】刘琰,字威硕,鲁国人也。先主在豫州,辟为从事,以其宗姓,有风流,善谈论,厚亲待之。遂随从周旋,常为宾客。先主定益州,以琰为固陵太守。后主立,封都乡侯,班位每亚李严,为卫尉中军师后将军,迁车骑将军。然不豫国政,但领兵千余,随丞相亮讽议而已。车服饮食,号为侈靡,侍婢数十,皆能为声乐,又悉教诵读《鲁灵光殿赋》。建兴十年,与前军师魏延不和,言语虚诞,亮责让之。琰与亮笺谢曰:“琰禀性空虚,本薄操行,加有酒荒之病,自先帝以来,纷纭之论,殆将倾覆。颇蒙明公本其一心在国,原其身中秽垢,扶持全济,致其禄位,以至今日。间者迷醉,言有违错,慈恩含忍,不致之于理,使得全完,保育性命。虽必克己责躬,改过投死,以誓神灵。无所用命,则靡寄颜。”于是亮遣琰还成都,官位如故。

琰失志慌惚。十二年正月,琰妻胡氏入贺太后,太后令特留胡氏,经月乃出。胡氏有美色,琰疑其与后主有私,呼五百挞胡,至于以履搏面,而后弃遣。胡具以告言琰,琰坐下狱。有司议曰:“卒非挞妻之人,面非受履之地。”琰竟弃市。自是大臣妻母朝庆遂绝。

【译文】刘琰,字威硕,鲁国人。刘备在豫州时,聘请他为从事,因为刘琰和刘备同宗,都姓刘,刘琰又风流潇洒,善于言谈议论,因此刘备对他十分亲近,待他很优厚。刘琰便跟随着刘备转战各地,经常做为宾客陪伴左右。刘备平定益州后,任命刘琰为固陵太守。后主刘禅即位后,刘琰被封为都乡侯,官阶常次于李严,任卫尉中军师后将军,改任车骑将军。但是刘琰不参与国家政事,只是率领一千多名士兵,随丞相诸葛亮提些批评建议罢了。刘琰的车马衣服饮食等,十分奢侈豪华,有几十名侍从的婢女,全都能唱歌奏乐,刘琰又教她们诵读《鲁灵光殿赋》。建兴十年,刘琰与前军师魏延不和,说话虚妄荒诞,诸葛亮责备他。刘琰给诸葛亮写信谢罪说:“我本性空虚无能,本来德操品行就微薄,加上有沉溺于酒的毛病,自从先帝在的时候以来,士人对我的议论纷纭不断,几乎使我身败名裂。多蒙您能体谅我一心放在国事上,原谅我身上存在的污秽泥垢,扶持帮助,保全我渡过困难,获得爵禄职位,一直到了今天。近来喝醉了迷迷乱乱,说话有过失错误,您仁慈地施恩于我,容忍了我的过失,不把我送到司法官员那里去判罪,使得我能保全完整,保住了性命。因此我一定深切自责,约束自己的思想行为,改正过错,为国效死,以此向神灵发誓。如果没有可以效命的机会,就没有脸面见人了。”于是,诸葛亮便派遣刘琰回到成都,官位和以前一样。

刘琰不得志后,心情恍惚。建兴十二年正月,刘琰的妻子胡氏进宫去向太后祝贺,太后特别吩咐将胡氏留在宫中居住,过了一个月才让胡氏出宫回家。胡氏长得十分美丽,刘琰因此怀疑胡氏在宫中和后主刘禅私通,叫来吏卒打胡氏,甚至用鞋子抽打胡氏的面孔,打完后,把胡氏赶出家门。胡氏将这些事实报告官府,控告刘琰,刘琰因此获罪,被捕入狱。法官评议说:“士卒不是可以打妻子的人,面孔不是可以承受鞋子的地方。”最后,刘琰被判死刑。从此以后,大臣的妻子母亲上朝去庆贺的礼仪便停止不再实行了。

魏延

【原文】魏延,字文长,义阳人也。以部曲随先主入蜀,数有战功,迁牙门将军。先主为汉中王,迁治成都,当得重将以镇汉川,众论以为必在张飞,飞亦以心自许。先主乃拔延为督汉中镇远将军,领汉中太守,一军尽惊。先主大会群臣,问延曰:“今委卿以重任，卿居之欲云何？”延对曰：“若曹操举天下而来，请为大王拒之；偏将十万之众至，请为大王吞之。”先主称善，众咸壮其言。先主践尊号，进拜镇北将军。建兴元年，封都亭侯。五年，诸葛亮驻汉中，更以延为督前部，领丞相司马、凉州刺史。八年，使延西入羌中，魏后将军费瑶、雍州刺史郭淮与延战于阳溪，延大破淮等，迁为前军师、征西大将军，假节，进封南郑侯。

延每随亮出，辄欲请兵万人，与亮异道会于潼关，如韩信故事，亮制而不许。延常谓亮为怯，叹恨己才用之不尽。[①]延既善养士卒，勇猛过人，又性矜高，当时皆避下之。唯杨仪不假借延，延以为至忿，有如水火。十二年，亮出北谷口，延为前锋，出亮营十里。延梦头上生角，以问占梦赵直，直诈延曰：“夫麒麟有角而不用，此不战而贼欲自破之象也。”退而告人曰：“角之为字，刀下用也，头上用刀，其凶甚矣。”

①《魏略》曰：夏侯楙为安西将军，镇长安。亮于南郑与群下计议，延曰：“闻夏侯楙，少主婿也，怯而无谋。今假延精兵五千，负粮五千，直从褒中出，循秦岭而东，当子午而北，不过十日可到长安。楙闻延奄至，必乘船逃走。长安中惟有御史、京兆太守耳，横门邸阁与散民之谷足周食也。比东方相合聚，尚二十许日，而公从斜谷来，必足以达。如此，则一举而咸阳以西可定矣。”亮以为此县危，不如安从坦道，可以平取陇右，十全必克而无虞，故不用延计。

秋，亮病困，密与长史杨仪、司马费祎、护军姜维等作身殁之后退军节度，令延断后，姜维次之，若延或不从命，军便自发。亮适卒，秘不发丧，仪令祎往揣延意指。延曰：“丞相虽亡，吾自见在。府亲官属便可将丧还葬，吾自当率诸军击贼，云何以一人死废天下之事邪？且魏延何人，当为杨仪所部勒，作断后将乎！”因与祎共作行留部分，令祎手书与己连名，告下诸将。祎绐延曰：“当为君还解杨长史，长史文吏，稀更军事，必不违命也。”祎出门驰马而去。延寻悔，追之已不及矣。延遣人觇仪等，遂使欲案亮成规，诸营相次引军还。延大怒，搀仪未发，率所领径先南归，所过烧绝阁道。延、仪各相表叛逆，一日之中，羽檄交至。后主以问侍中董允、留府长史蒋琬，琬、允咸保仪疑延。仪等槎山通道，昼夜兼行，亦继延后。延先至，据南谷口，遣兵逆击仪等，仪等令何平在前御延，平叱延先登曰：“公亡，身尚未寒，汝辈何敢乃尔！”延士众知曲在延，莫为用命，军皆散。延独与其子数人逃亡，奔汉中。仪遣马岱追斩之，致首于仪，仪起自踏之，曰：“庸奴！复能作恶不？”遂夷延三族。初，蒋琬率宿卫诸营赴难北行，行数十里，延死问至，乃旋。原延意不北降魏而南还者，但欲除杀仪等。平日诸将素不同，冀时论必当以代亮。本指如此，不便背叛。[①]

①《魏略》曰：诸葛亮病，谓延等云：“我之死后，但谨自守，慎勿复来也。”令延摄行己事，密持丧去。延遂匿之，行至褒口，乃发丧。亮长史杨仪宿与延不和，见延摄行军事，惧为所害，乃张言延欲举众北附，遂率其众攻延。延本无此心，不战军走，追而杀之。

臣松之以为：此盖敌国传闻之言，不得与本传争审。

【译文】魏延，字文长，义阳人。他以部属的身份跟随刘备进入蜀地，屡立战功，被提拔为牙门将军。刘备为汉中王时，迁都于成都，需要一员威望较高的将领镇守汉中地区,当时,大家都认为必然会选中张飞,张飞也认为非己莫属。可是,刘备提升魏延为督汉中镇远将军,兼任汉中太守,掌管汉中地区的军务,全军上下对这一决定都很吃惊。刘备大会群臣,问魏延说:“如今委派你担当重任,你准备怎样来完成使命?”魏延回答说:“如果曹操亲统全国军队来犯,我将为大王抵挡住他;如果他派遣大将率领十万军队入侵,我将为大王消灭他们。”刘备大加称赞,众人也都很佩服他的豪言壮语。刘备称帝后,魏延升为镇北将军。后主刘禅建兴元年,他被封为都亭侯。建兴五年,诸葛亮驻军汉中,委派魏延兼任丞相府司马,并担任凉州刺史,统率前锋部队。建兴八年,派魏延率军向西进入羌族聚居的地区,魏国的后将军费瑶、雍州刺史郭淮与他在阳溪交战,魏延大破郭淮等统领的魏军,魏延因战功卓著,被提升为前军师、征西大将军,授予符节,并被晋封为南郑侯。

魏延每次随同诸葛亮出征,都要求派他率领一万名士兵,依照汉初韩信的事迹,与诸葛亮分道进兵,然后在潼关会师,诸葛亮都未同意。魏延常常说诸葛亮胆子太小,叹惜自己的才能不能得到充分的发挥。魏延勇猛过人,爱护兵士,加上他性情高傲,当时的人都对他很客气,避免冒犯他。只有杨仪对他毫不忍让,魏延十分恼恨,与杨仪势不两立。建兴十二年,诸葛亮率军北伐,出斜谷口,魏延担任前锋,率军驻扎在距诸葛亮大营十里处。魏延梦见自己头上长角,就去问占梦的官员赵直,赵直哄骗他说:“麒麟生而有角,但不使用,这是不战而敌人自行溃败的预兆。”赵直退出后,对别人说:“角这个字,是刀底下加一个用字,头上用刀,是极为凶险的事情。”

这年秋天,诸葛亮病势垂危,秘密与长史杨仪、司马费祎、护军姜维等交待后事,安排自己死后的退军事项,让魏延率军断后,姜维在魏延之前,如果魏延不服从命令,大军就不理睬他,自行出发,退回汉中。诸葛亮逝世后,周围亲信官员保持秘密,不公布他的死讯,杨仪命令费祎到魏延军中,去探测魏延的态度。魏延说:“丞相虽然逝世,但我魏延还在。丞相府中的亲信官属可以把丞相的灵柩护送回去,妥善安葬,我自当率领诸军去进击贼寇,怎么能因为一个人的逝世而影响讨贼这一大事呢?而且我魏延是什么人,怎么能听从杨仪的部署,为他做断后将呢!”于是,魏延与费祎共同商量留下与回去的人员部署与分派,并强迫费祎亲笔书写,与自己联名,通知诸位将领。费祎欺哄魏延说:“我要为你回去向杨长史解释一下,他是个文官,不大懂军事,一定不会违抗你的命令。”魏延同意了,费祎出营门后就拍马急行,一直跑回大营。过了一会儿,魏延后悔让费祎回去,派人去追,但已追赶不上。魏延派人去窥视杨仪等人的动静,得知他们准备遵照诸葛亮生前的安排,各营按次序出发,撤回汉中。魏延大怒,赶在杨仪未出发之前,抢先率自己的部下向南退去,沿途烧毁依山用木头建造起的阁道。魏延、杨仪都向朝廷上表,互相指控对方是叛逆,告急文书一日之间纷纷交到朝廷。后主心中无主,询问侍中董允、留府长史蒋琬,他们两人都保证杨仪不会叛变,对魏延持怀疑态度。杨仪等凿山通路,昼夜不停,紧随在魏延军后。魏延先到,据守南谷口,派兵迎击杨仪等,杨仪等命令何平在前边抵抗魏延,何平叱责魏延的先锋部队说:“诸葛丞相才死,尸骨未寒,你们这些人怎么敢这样!”魏延的部下知道这件事是魏延理屈，没有人为他出力死战，反而纷纷逃散。魏延只好与儿子及几个亲信逃亡，奔向汉中。杨仪派马岱追上魏延，将他杀死，马岱把魏延的头颅送给杨仪，杨仪站起来，踏着魏延的头，骂道："你这个平庸的奴才，如今还能做坏事不！"于是，朝廷下令杀死魏延的三族。起初，蒋琬得知魏延率军抢先南撤，就率领留守成都的各营禁卫军北上，赶赴汉中，去阻截魏延，出发数十里后，魏延的死讯传来，又退回成都。推测魏延的本意，不北降魏国，而率军南归，只是想杀死杨仪等人。平时他们一直矛盾很大，魏延认为从声望上讲，应当由自己来代替诸葛亮，没想到却要听从杨仪的安排，所以他气忿难忍，铤而走险。魏延的想法不过如此，并不是想背叛蜀国。

杨仪

【原文】杨仪，字威公，襄阳人也。建安中，为荆州刺史傅群主簿，背群而诣襄阳太守关羽。羽命为功曹，遣奉使西诣先主。先主与语论军国计策，政治得失，大悦之，因辟为左将军兵曹掾。及先主为汉中王，拔仪为尚书。先主称尊号，东征吴，仪与尚书令刘巴不睦，左迁，遥署弘农太守。建兴三年，丞相亮以为参军，署府事，将南行。五年，随亮汉中。八年，迁长史，加绥军将军。亮数出军，仪常规画分部，筹度粮谷，不稽思虑，斯须便了。军戎节度，取办于仪。亮深惜仪之才干，凭魏延之骁勇，常恨二人之不平，不忍有所偏废也。十二年，随亮出屯谷口。亮卒于敌场。仪既领军还，又诛讨延，自以为功勋至大，宜当代亮秉政，呼都尉赵正以《周易》筮之，卦得"家人"，默然不悦。而亮平生密指，以仪性狷狭，意在蒋琬。琬遂为尚书令、益州刺史。仪至，拜为中军师，无所统领，从容而已。

初，仪为先主尚书，琬为尚书郎。后虽俱为丞相参军、长史，仪每从行，当其劳剧，自惟年宦先琬，才能逾之，于是怨愤形于声色，叹咤之音发于五内。时人畏其言语不节，莫敢从也，惟后军师费祎往慰省之。仪对祎恨望，前后云云，又语祎曰："往者丞相亡没之际，吾若举军以就魏氏，处世宁当落度如此邪？令人追悔不可复及。"祎密表其言。十三年，废仪为民，徙汉嘉郡。仪至徙所，复上书诽谤，辞指激切，遂下郡收仪。仪自杀，其妻子还蜀。①

①《楚国先贤传》云：仪兄虑，字威方。少有德行，为江南冠冕。州郡礼召，诸公辟请，皆不能屈。年十七，夭，乡人宗贵，号曰德行杨君。

【译文】杨仪，字威公，襄阳郡人。建安年间，曾做过荆州刺史傅群的主簿，后来背离了傅群，投奔襄阳太守关羽。关羽命令他为功曹，派他带着使命西去拜见先主刘备。刘备和杨仪谈话，议论军事和国家政事的方针计策，政治上的得失，刘备听了杨仪的议论非常高兴，便聘请他为左将军兵曹掾。等到刘备做了汉中王以后，提拔杨仪为尚书。刘备称帝以后，向东方征讨吴国，杨仪和尚书令刘巴有矛盾，不能合作，被降职，远任弘农太守。建兴三年，丞相诸葛亮任命杨仪为参军，管理丞相府的事务，计划向南行军。建兴五年，杨仪随从诸葛亮进军汉中。建兴八年，杨仪迁官长史，被加封为绥军将军。诸葛亮多次出兵，杨仪经常规划军队的分布编排，想办法筹集粮食，不用费力计算思考，片刻时间就能处理完毕。军队的约束调度，大都由杨仪决定处理。诸葛亮十分爱惜杨仪的才干，依靠魏延的勇敢，经常为他们两个人互相不满意而感到遗憾，不忍心在他们之中偏袒一方而废弃另一方。建兴十二年，杨仪随从诸葛亮出征，驻扎在屯谷口。诸葛亮在与敌人交战的战场上去世。杨仪既把全部军队带领回来，又讨伐了叛乱的魏延，并将魏延杀死，于是自以为自己的功勋最大，应该由自己代替诸葛亮执掌政权，他让都尉赵正来用《周易》给自己算一卦，卜出的卦是家人卦，杨仪见后默默不语，心中很不高兴。而诸葛亮平常暗地里观察评议，认为杨仪心胸狭窄，想让蒋琬接替自己。蒋琬便担任了尚书令、益州刺史。杨仪回到成都，被任命为中军师，没有什么军队由他统率，没有实际权力，只是安闲度日而已。

以前，杨仪是刘备手下的尚书，蒋琬是尚书郎，低于杨仪。后来虽然二人都担任丞相参军、长史，但杨仪经常随从诸葛亮出征，担负了劳累繁重的工作，自己认为年龄、为官时间都在蒋琬之上，才能也超过蒋琬，因此心中的怨恨愤怒就表现在言谈面色上，叹息怒斥的声音发自内心。当时的人害怕他说话没有节制，没有人敢和他来往交谈，只有后军师费祎去看他，安慰他。杨仪对费祎发泄心中的不满，把前前后后的情况都说了个遍，又对费祎讲："过去丞相去世的时候，我如果发动军队去附和魏延，我还会落魄失意到这种地步吗？我追悔莫及，再没有那个机会了。"费祎秘密上表，揭发了杨仪说的这些话。建兴十三年，朝廷免除了杨仪的官职，把他流放到汉嘉郡，成为平民。杨仪到了流放的地点，又上书进行诽谤，言辞过分激烈，朝廷便下令汉嘉郡逮捕杨仪。杨仪自杀，他的妻子儿女回到蜀郡。

【原文】评曰：刘封处嫌疑之地，而思防不足以自卫。彭羕、廖立以才拔进，李严以干局达，魏延以勇略任，杨仪以当官显，刘琰旧仕，并咸贵重。览其举措，迹其规矩，招祸取咎，无不自己也。

【译文】评论说：刘封身居容易招致嫌疑的地位，而所想到的防御手段却不足以保护自己。彭羕、廖立二人以才能出众被提拔起来，李严以办事的才能和气度升到显要的地位，魏延以勇猛和有谋略受任要职，杨仪以当时的职务而显贵，刘琰是旧时的官吏，他们全在朝廷中担任了重要的官职，地位高贵。但察看他们的举动，考察他们的言行是否符合礼法，就可以看到，他们招取到的灾祸，没有一件不是自己造成的。

三国志

文白对照珍藏版

〔西晋〕陈寿◎著

〔南朝宋〕裴松之◎注

三读国学馆◎编

5

蜀书

吴书

北京燕山出版社

卷四十一　蜀书十一

霍王向张杨费传第十一

霍峻　霍弋

【原文】霍峻，字仲邈，南郡枝江人也。兄笃，于乡里合部曲数百人。笃卒，荆州牧刘表令峻摄其众。表卒，峻率众归先主，先主以峻为中郎将。先主自葭萌南还袭刘璋，留峻守葭萌城。张鲁遣将杨帛诱峻，求共守城，峻曰："小人头可得，城不可得。"帛乃退去。后璋将扶禁、向存等帅万余人由阆水上，攻围峻，且一年，不能下。峻城中兵才数百人，伺其怠隙，选精锐出击，大破之，即斩存首。先主定蜀，嘉峻之功，乃分广汉为梓潼郡，以峻为梓潼太守、裨将军。在官三年，年四十卒，还葬成都。先主甚悼惜，乃诏诸葛亮曰："峻既佳士，加有功于国，欲行酹。"遂亲率群僚临会吊祭，因留宿墓上，当时荣之。

子弋，字绍先，先主末年为太子舍人。后主践阼，除谒者。丞相诸葛亮北驻汉中，请为记室，使与子乔共周旋游处。亮卒，为黄门侍郎。后主立太子璿，以弋为中庶子。璿好骑射，出入无度，弋援引古义，尽言规谏，甚得切磋之体。后为参军、庲降屯副贰都督，又转护军，统事如前。时永昌郡夷獠恃险不宾，数为寇害，乃以弋领永昌太守，率偏军讨之，遂斩其豪帅，破坏邑落，郡界宁静。迁监军、翊军将军，领建宁太守，还统南郡事。景耀六年，进号安南将军。是岁，蜀并于魏。弋与巴东领军襄阳罗宪各保全一方，举以内附，咸因仍前任，宠待有加。①

①《汉晋春秋》曰：霍弋闻魏军来，弋欲赴成都，后主以备敌既定，不听。及成都不守，弋素服号哭，大临三日。诸将咸劝宜速降，弋曰："今道路隔塞，未详主之安危，大故去就，不可苟也。若主上与魏和，见遇以礼，则保境而降，不晚也。若万一危辱，吾将以死拒之，何论迟速邪！"得后主东迁之问，始率六郡将守上表曰："臣闻人生于三，事之如一，惟难所在，则致其命。今臣国败主附，守死无所，是以委质，不敢有贰。"晋文王善之，又拜南中都督，委以本任。后遣将兵救援吕兴，平交阯、日南、九真三郡，功封列侯，进号崇赏焉。弋孙彪，晋越巂太守。◎《襄阳记》曰：罗宪，字令则。父蒙，避乱于蜀，官至广汉太守。宪少以才学知名，年十三能属文。后主立太子，为太子舍人，迁庶子、尚书吏部郎，以宣信校尉再使于吴，吴人称美焉。时黄皓预政，众多附之，宪独不与同，皓恚，左迁巴东太守。时右大将军阎宇都督巴东，为领军，后主拜宪为宇副贰。魏之伐蜀，召宇西还，留宇二千人，令宪守永安城。寻闻成都败，城中扰动，江边长吏皆弃城走，宪斩称成都乱者一人，百姓乃定。得后主委质问至，乃帅所统临于都亭三日。吴闻蜀败，起兵西上，外托救援，内欲袭宪。宪曰："本朝倾覆，吴为唇齿，不恤我难而徼其利，背盟

违约。且汉已亡，吴何得久，宁能为吴降虏乎！”保城缮甲，告誓将士，厉以节义，莫不用命。吴闻钟、邓败，百城无主，有兼蜀之志，而巴东固守，兵不得过，使步协率众而西。宪临江拒射，不能御，遣参军杨宗突围北出，告急安东将军陈骞，又送文武印绶、任子诣晋王。协攻城，宪出与战，大破其军。孙休怒，复遣陆抗等帅众三万人增宪之围。被攻凡六月日而救援不到，城中疾病大半。或说宪奔走之计，宪曰：“夫为人主，百姓所仰，危不能安，急而弃之，君子不为也，毕命于此矣。”陈骞言于晋王，遣荆州刺史胡烈救宪，抗等引退。晋王即委前任，拜宪凌江将军，封万年亭侯。会武陵四县举众叛吴，以宪为武陵太守、巴东监军。泰始元年改封西鄂县侯。宪遣妻子居洛阳，武帝以子袭为给事中。三年冬，入朝，进位冠军将军，假节。四年三月，从帝宴于华林园，诏问蜀大臣子弟，后问先辈宜时叙用者，宪荐蜀郡常忌、杜轸、寿良、巴西陈寿、南郡高轨、南阳吕雅、许国、江夏费恭、琅邪诸葛京、汝南陈裕，即皆叙用，咸显于世。宪还，袭取吴之巫城，因上伐吴之策。宪方亮严正，待士不倦，轻财好施，不治产业。六年薨，赠安南将军，谥曰烈侯。子袭，以凌江将军领部曲，早卒，追赠广汉太守。袭子徽，顺阳内史，永嘉五年为王如所杀。此作“献”，名与本传不同，未详孰是也。

【译文】霍峻，字仲邈，南郡枝江人。哥哥霍笃，在乡里召集了部曲武装数百人。霍笃死后，荆州牧刘表就让霍峻统领这支部队。刘表死后，霍峻带领部众投奔刘备，刘备任命霍峻为中郎将。刘备从葭萌南返袭击刘璋，留霍峻镇守葭萌城。张鲁派将领杨帛诱惑霍峻，请求与他共同守城，霍峻说：“你们可以得到我的头，却得不到这座城。”于是杨帛退走。后来刘璋的将领扶禁、向存等人率领一万余人由阆水而上，围攻霍峻，攻了将近一年，没能攻下。霍峻城中士兵才几百人，他抓住敌军麻痹大意的机会，选拔精锐主动出击，大败敌人，当阵斩下了向存的首级。刘备平定蜀地，嘉赏霍峻所立奇功，从广汉郡中分出梓潼郡，任命霍峻为梓潼太守、裨将军。霍峻在官三年，四十岁时去世，返回安葬在成都。刘备十分悲痛惋惜，下诏给诸葛亮说：“霍峻本就是位品行与才学并优的人，又有大功于国家，我要亲自祭奠他。”于是刘备亲率群臣前去吊丧，还在墓地留宿，当时的人都为霍峻感到光荣。

霍峻的儿子霍弋，字绍先，先主刘备末年任太子舍人。刘禅即位后，任谒者。丞相诸葛亮北驻汉中，请他任记室，让他和儿子诸葛乔交游相处。诸葛亮死后，任黄门侍郎。刘禅立太子刘璿，任命霍弋为中庶子。刘璿喜欢骑马射猎，出入毫无节制，霍弋援引经典教义，尽心规劝，很是合乎商议研讨的原则。后任参军、庲降屯副贰都督，又转任护军，管辖事务照旧。当时永昌郡夷民倚仗险阻不肯归服，多次烧杀抢掠，为害百姓，于是派霍弋兼任永昌太守，率领军队前往讨伐，斩杀了他们的首领，捣毁了他们的村落，永昌郡界归于宁静。霍弋升任监军、翊军将军，兼建宁太守，回来后统管南郡事务。景耀六年，晋封为安南将军。这一年，蜀国被魏国吞并。霍弋和巴东领军襄阳人罗宪各自保全一方，率部投降魏国，二人都继续担任从前的官职，魏国对他们的优宠厚待有增无减。

王连

【原文】王连，字文仪，南阳人也。刘璋时入蜀，为梓潼令。先主起事葭萌，进军来南，连闭城不降，先主义之，不强逼也。及成都既平，以连为什邡令，转在广都，所居有绩。迁司盐校尉，较盐铁之利，利入甚多，有裨国用，于是简取良才以为官属，若吕乂、杜祺、刘幹等，终皆至大官，自连所拔也。迁蜀郡太守、兴业将军，领盐府如故。建兴元年，拜屯骑校尉，领丞相长史，封平阳亭侯。时南方诸郡不宾，诸葛亮将自征之，连谏以为："此不毛之地，疫疠之乡，不宜以一国之望，冒险而行。"亮虑诸将才不及己，意欲必往，而连言辄恳至，故停留者久之。会连卒。子山嗣，官至江阳太守。

【译文】王连，字文仪，南阳郡人。刘璋任州牧时进入蜀地，任梓潼县令。刘备在葭萌起兵，率军南进，王连紧闭城门拒不投降，刘备觉得他很讲道义，就不再逼攻他。到成都平定后，刘备任命王连为什邡县令，转任广都，所在都有治绩。升任司盐校尉，管理盐铁方面的收入，获利丰厚，对国家用度大有裨益，又精选优秀人才作为自己的下属，像吕乂、杜祺、刘幹等人，后来全都做了大官，他们都出于王连的提拔。王连又升为蜀郡太守、兴业将军，照旧兼管盐务府事务。建兴元年，被任命为屯骑校尉，兼任丞相长史，封平阳亭侯。当时南方各郡都不肯归服，诸葛亮准备亲自前去征讨，王连进谏，认为："这些不毛之地，瘟疫之乡，不应该让国家仰赖的支柱人物，冒险而行"。诸葛亮考虑诸将的才能不如自己，意思是非去不可，但王连每每劝谏往往十分恳切，所以诸葛亮为此延迟了很长时间。王连去世。其子王山继承爵位，官至江阳太守。

向朗　向宠

【原文】向朗，字巨达，襄阳宜城人也。[①]荆州牧刘表以为临沮长。表卒，归先主。先主定江南，使朗督秭归、夷道、巫山、夷陵四县军民事。蜀既平，以朗为巴西太守，顷之转任牂牁，又徙房陵。后主践阼，为步兵校尉，代王连领丞相长史。丞相亮南征，朗留统后事。五年，随亮汉中。朗素与马谡善，谡逃亡，朗知情不举，亮恨之，免官还成都。数年，为光禄勋，亮卒后徙左将军，追论旧功，封显明亭侯，位特进。初，朗少时虽涉猎文学，然不治素检，以吏能见称。自去长史，优游无事垂三十年，[②]乃更潜心典籍，孜孜不倦。年逾八十，犹手自校书，刊定谬误，积聚篇卷，于时最多。开门接宾，诱纳后进，但讲论古义，不干时事，以是见称。上自执政，下及童冠，皆敬重焉。延熙十年卒。[③]子条嗣，景耀中为御史中丞。[④]

①《襄阳记》曰：朗少师事司马德操，与徐元直、韩德高、庞士元皆亲善。

② 臣松之案：朗坐马谡免长史，则建兴六年中也。朗至延熙十年卒，整二十年耳，此云"三十"，字之误也。

③《襄阳记》曰：朗遗言戒子曰："《传》称'师克在和不在众'，此言天地和则万物生，君臣和则国家平，九族和则动得所求，静得所安，是以圣人守和，以存以亡也。吾，楚国之小子耳，而早丧所天，为二兄所诱养，使其性行不随禄利以堕。今但贫耳；贫非人患，

惟和为贵，汝其勉之！"

④《襄阳记》曰：条，字文豹，亦博学多识，入晋为江阳太守、南中军司马。

朗兄子宠，先主时为牙门将。秭归之败，宠营特完。建兴元年封都亭侯，后为中部督，典宿卫兵。诸葛亮当北行，表与后主曰："将军向宠，性行淑均，晓畅军事，试用于昔，先帝称之曰能，是以众论举宠为督。愚以为营中之事，悉以咨之，必能使行陈和睦，优劣得所也。"迁中领军。延熙三年，征汉嘉蛮夷，遇害。宠弟充，历射声校尉、尚书。①

①《襄阳记》曰：魏咸熙元年六月，镇西将军卫瓘至于成都，得璧玉印各一枚，文似"成信"字，魏人宣示百官，藏于相国府。充闻之曰："吾闻谯周之言：'先帝讳备，其训具也，后主讳禅，其训授也，如言刘已具矣，当授与人也。'今中抚军名炎，而汉年极于炎兴，瑞出成都，而藏之于相国府，此殆天意也。"是岁，拜充为梓潼太守，明年十二月而晋武帝即尊位，炎兴于是乎徵焉。

孙盛曰：昔公孙述自以起成都，号曰成氏，二玉之文，殆述所作乎！

【译文】向朗，字巨达，襄阳郡宜城人。荆州牧刘表任命他为临沮县令。刘表去世，他归附刘备。刘备平定江南，让向朗统管秭归、夷道、巫山、夷陵四县的军政民事。蜀地平定后，刘备命向朗为巴西太守，不久转任牂牁太守，又调任到房陵。刘禅即位后，向朗任步兵校尉，代王连兼任丞相长史。丞相诸葛亮南征，向朗留下处理后方事务。建兴五年，向朗跟随诸葛亮驻守汉中。向朗平常和马谡关系很好，马谡逃亡后，向朗知情不举，诸葛亮为此很生气，罢了他的官，让他回成都。多年之后，起用他为光禄勋，诸葛亮去世后转任左将军，追论他过去的功劳，封他为显明亭侯，赐位特进。当初，向朗年少时虽然涉猎文学，但无意于清素俭约的书生作风，倒是在做官任事方面才能突出。自从被撤掉长史的职务后，他过了将近三十年悠闲无事的生活，于是沉下心来钻研典籍，孜孜不倦。年过八十，仍然亲自校书，刊定谬误，他所收藏的书籍，在当时为数最多。坦诚接待宾客，招引接纳后学，只谈古书文义，不问时事政治，因此而大为闻名。上自掌权高官，下到儿童少年，都很敬重他。延熙十年去世。他的儿子向条继承爵位，景耀年间任御史中丞。

向朗哥哥的儿子向宠，刘备在世时任牙门将。秭归一战失利，向宠的部队保存完整。建兴元年封都亭侯，后任中部督，掌管护卫宫廷的兵马。诸葛亮北征之前，上表给后主刘禅说："将军向宠，品性与行为善良公正，精通军事，从前受先帝任用，先帝也称赞他能干，所以公众一致推举他为中部督。我认为禁卫军中的事务，一切都应向他咨询，这样定能保证军中和睦，能力高下不同的人都可以各得其用。"升为中领军。延熙三年，在征讨汉嘉郡蛮夷时，向宠遇害身亡。向宠的弟弟向充，历任射声校尉、尚书。

张裔

【原文】张裔，字君嗣，蜀郡成都人也。治《公羊春秋》，博涉《史》《汉》。汝南许文休入蜀，谓裔干理敏捷，是中夏钟元常之伦也。刘璋时，举孝廉，为鱼复长，还州署从事，领帐下司马。张飞自荆州由垫江入，璋授裔兵，拒张飞于德阳陌下，军败，还成都。为璋奉使诣先主，先主许以礼其君而安其人也，裔还，城门乃开。先主以裔为巴郡太守，还为司金中郎将，典作农战之器。先是，益州郡杀太守正昂，耆率雍闿恩信著于南土，使命周旋，远通孙权。乃以裔为益州太守，径往至郡。闿遂趑趄不宾，假鬼教曰："张府君如瓠壶，外虽泽而内实粗，不足杀，令缚与吴。"于是遂送裔于权。

会先主薨，诸葛亮遣邓芝使吴，亮令芝言次可从权请裔。裔自至吴数年，流徙伏匿，权未之知也，故许芝遣裔。裔临发，权乃引见，问裔曰："蜀卓氏寡女，亡奔司马相如，贵土风俗何以乃尔乎？"裔对曰："愚以为卓氏之寡女，犹贤于买臣之妻。"权又谓裔曰："君还，必用事西朝，终不作田父于闾里也，将何以报我？"裔对曰："裔负罪而归，将委命有司。若蒙徼幸得全首领，五十八已前父母之年也，自此已后大王之赐也。"权言笑欢悦，有器裔之色。裔出阁，深悔不能阳愚，即便就船，倍道兼行。权果追之，裔已入永安界数十里，追者不能及。

既至蜀，丞相亮以为参军，署府事，又领益州治中从事。亮出驻汉中，裔以射声校尉领留府长史，常称曰："公赏不遗远，罚不阿近，爵不可以无功取，刑不可以贵势免，此贤愚之所以佥忘其身者也。"其明年，北诣亮谘事，送者数百，车乘盈路，裔还书与所亲曰："近者涉道，昼夜接宾，不得宁息，人自敬丞相长史，男子张君嗣附之，疲倦欲死。"其谈啁流速，皆此类也。[①] 少与犍为杨恭友善，恭早死，遗孤未数岁，裔迎留，与分屋而居，事恭母如母。恭之子息长大，为之娶妇，买田宅产业，使立门户。抚恤故旧，振赡衰宗，行义甚至。加辅汉将军，领长史如故。建兴八年卒。子毣嗣，[②] 历三郡守、监军。毣弟郁，太子中庶子。

① 臣松之以为：谈啁贵于机捷，书疏可容留意。今因书疏之巧，以著谈啁之速，非其理也。

② 毣，音忙角反，见《字林》曰："毣，思貌也。"

【译文】张裔，字君嗣，蜀郡成都人。专门研究《公羊春秋》，并博览《史记》《汉书》。汝南人许靖入蜀后，认为张裔干练敏捷，是中原地区的钟繇一类的人物。刘璋任益州牧时，推举张裔为孝廉，任命他为鱼复县长，回州后代理州从事，并兼帐下司马。张飞自荆州由垫江入蜀，刘璋交给张裔一支部队，让他在德阳陌下抗击张飞，结果张裔兵败，撤回成都。张裔作为刘璋的使节去见刘备，刘备答应他一定尊敬刘璋并善待刘璋的部下，张裔返回，刘璋开城投降。刘备任命张裔为巴郡太守，回成都后又担任司金中郎将，负责监造兵器农具。在此以前，益州郡人杀死太守正昂，老将雍闿以恩德信义著称于南方一带，派遣使者出使，与远在东吴的孙权联系密切。于是刘备命张裔出任益州太守，直接前往该郡。雍闿徘徊犹豫不肯归服，假扮鬼传话说："张府君就像葫芦一样，外表虽然光亮而里面却很粗糙，不值得杀他，命你们把他绑起来送往吴国。"于是就把张裔送交给了孙权。

赶上刘备去世，诸葛亮派邓芝出使吴国，叮嘱邓芝在谈完正事后请求孙权放回张裔。张裔到吴国几年，一直过着东躲西藏流离失所的生活，孙权根本就不知道这个人，所以答应邓芝放还张裔。张裔临走前，孙权召他见面，问他说：“蜀国卓氏的寡妇，竟和司马相如私奔，贵国的风俗怎么是这个样子呢？”张裔回答说：“我个人认为卓氏的寡妇，还是比朱买臣的妻子贤惠。”孙权又问张裔：“你回去后，必然要为蜀国效力，终究不会像种田人那样待在小巷里，你将用什么来报答我呢？”张裔又回答说：“我负罪而回，将由有关部门处置我。如能侥幸保住脑袋，那么我五十八岁以前的生命是我父母给的，五十八岁以后的生命则是大王您赏赐的。”孙权十分高兴，脸上有器重张裔的神色。张裔出了孙权官门，十分懊悔没能假装愚笨，当下火速上船，加速兼程离去。孙权果然派人追他，但张裔已经进入永安界几十里了，追的人没能追上他。

到了蜀国后，丞相诸葛亮任命他为参军，代行府事，又让他兼任益州治中从事。诸葛亮出兵驻扎汉中，张裔以射声校尉身份兼任留府长史，经常称赞道：“丞相赏赐不遗漏关系疏远的人，责罚又不宽纵关系亲近的人，爵位不可以无功而得，刑罚不可能因富贵权势而免，这就是贤人和普通人都忘掉自身而为国努力的原因。”第二年，张裔北上去向诸葛亮汇报和询问有关事务，送他的人数以百计，车马堵满了路，张裔回来后写信给自己的亲人说：“近来远道跋涉，日夜接待宾客，得不到安闲休息的机会，人们敬重的是丞相长史这个官职，男儿张君嗣附着在这个官衔上，所以累得要死。”他的谈吐诙谐和反应敏捷，都是这个样子。张裔年轻时与犍为郡人杨恭关系很好，杨恭早年去世，身后的孩子还没有几岁，张裔就把杨恭的家属接到自己家中，分出房子供他们居住，侍奉杨恭的母亲就像自己的母亲一样。等到杨恭的儿子长大，他又替他娶妻，买田宅产业，让他自立门户。张裔抚恤故交老友，赈济救助衰落的同宗，躬行仁义，可以说是到了极致。加官辅汉将军，照旧兼任长史。建兴八年去世。儿子张毣承嗣，历任三个郡的郡守、监军。张毣的弟弟张郁，任太子中庶子。

杨洪

【原文】杨洪，字季休，犍为武阳人也。刘璋时历部诸郡。先主定蜀，太守李严命为功曹。严欲徙郡治舍，洪固谏不听，遂辞功曹，请退。严欲荐洪于州，为蜀部从事。先主争汉中，急书发兵，军师将军诸葛亮以问洪，洪曰：“汉中则益州咽喉，存亡之机会，若无汉中则无蜀矣，此家门之祸也。方今之事，男子当战，女子当运，发兵何疑？”时蜀郡太守法正从先主北行，亮于是表洪领蜀郡太守，众事皆办，遂使即真。顷之，转为益州治中从事。

先主既称尊号，征吴不克，还住永安。汉嘉太守黄元素为诸葛亮所不善，闻先主疾病，惧有后患，举郡反，烧临邛城。时亮东行省疾，成都单虚，是以元益无所惮。洪即启太子，遣其亲兵，使将军陈曶、郑绰讨元。众议以为元若不能围成都，当由越嶲据南中。洪曰：“元素性凶暴，无他恩信，何能办此？不过乘水东下，冀主上平安，面缚归死。如其有异，奔吴求活耳。敕曶、绰但于南安峡口遮，即便得矣。”曶、绰承洪言，果生获元。洪建兴元年赐爵关内侯，复为蜀郡太守、忠节将军，后为越骑校尉，领郡如故。

五年，丞相亮北住汉中，欲用张裔为留府长史，问洪何如。洪对曰：“裔天姿明察，长于治剧，才诚堪之，然性不公平，恐不可专任，不如留向朗。朗情伪差少，裔随从目下，效其器能，于事两善。”初，裔少与洪亲善。裔流放在吴，洪临裔郡，裔子郁给郡吏，微过受罚，不特原假。裔后还闻之，深以为恨，与洪情好有损。及洪见亮出，至裔许，具说所言。裔答洪曰：“公留我了矣，明府不能止。”时人或疑洪意自欲作长史，或疑洪知裔自嫌，不愿裔处要职，典后事也。后裔与司盐校尉岑述不和，至于忿恨。亮与裔书曰：“君昔在陌下，营坏，吾之用心，食不知味。后流迸南海，相为悲叹，寝不安席。及其来还，委付大任，同奖王室，自以为与君古之石交也。石交之道，举仇以相益，割骨肉以相明，犹不相谢也，况吾但委意于元俭，而君不能忍邪？”论者由是明洪无私。

洪少不好学问，而忠清款亮，忧公如家，事继母至孝。六年卒官。始洪为李严功曹，严未去犍为而洪已为蜀郡。洪迎门下书佐何祗，有才策功干，举郡吏，数年为广汉太守，时洪亦尚在蜀郡。是以西土咸服诸葛亮能尽时人之器用也。①

①《益部耆旧传杂记》曰：每朝会，祗次洪坐。嘲祗曰：“君马何驶？”祗曰：“故吏马不敢驶，但明府未著鞭耳。”众传之以为笑。

祗，字君肃，少寒贫，为人宽厚通济，体甚壮大，又能饮食，好声色，不持节俭，故时人少贵之者。尝梦井中生桑，以问占梦赵直，直曰：“桑非井中之物，会当移植。然桑字四十下八，君寿恐不过此。”祗笑言：“得此足矣。”初仕郡，后为督军从事。时诸葛亮用法峻密，阴闻祗游戏放纵，不勤所职，尝奄往录狱。众人咸为祗惧。祗密闻之，夜张灯火见囚，读诸解状。诸葛晨往，祗悉已暗诵，答对解释，无所凝滞，亮甚异之。出补成都令，时郫县令缺，以祗兼二县。二县户口猥多，切近都治，饶诸奸秽，每比人，常眠睡，值其觉寤，辄得奸诈，众咸畏祗之发摘，或以为有术，无敢欺者。使人投算，祗听其读而心计之，不差升合，其精如此。汶山夷不安，以祗为汶山太守，民夷服信。迁广汉。后夷反叛，辞曰：“令得前何府君，乃能安我耳！”时难复屈祗，拔祗族人为之，汶山复得安。转祗为犍为。年四十八卒，如直所言。后有广汉王离，字伯元，亦以才干显。为督军从事，推法平当，稍迁，代祗为犍为太守，治有美绩，虽聪明不及祗，而文采过之也。

【译文】杨洪，字季休，犍为郡武阳人。刘璋任益州牧时，他曾在各郡任职。刘备平定蜀地，太守李严任命他为功曹。李严准备迁徙郡治，杨洪因坚持劝谏而不被采纳，于是辞去功曹一职，请求退隐。李严打算把他推荐到州里，任蜀部从事。刘备争夺汉中时，发急信要求增兵支援，军师将军诸葛亮拿这事来问杨洪，杨洪说：“汉中是益州的咽喉，是存亡攸关的要害所在，如果没了汉中就没有蜀国了，这是家门口的灾祸。现在这种情况，是男子就应当参战，而女子应当参与粮草运输的时候，发兵的事还有什么可疑虑的？”当时蜀郡太守法正跟随刘备北行，诸葛亮便上表让杨洪代任蜀郡太守，各项事务都得到办理，于是让杨洪正式就任太守。不久，又转任益州治中从事。

刘备称帝后，征讨吴国时遭到惨败，回撤驻守在永安。汉嘉太守黄元向来不被诸葛亮喜欢，听说刘备有病，担心以后会有祸患，便率全郡举兵造反，烧毁临邛城。当时诸葛亮东行探望刘备病情，成都兵力单薄守备空虚，所以黄元更加肆无忌惮。杨洪便启奏太子，遣发他的亲兵，让将军陈曶、郑绰去讨伐黄元。众人议论认为黄元如果不能围困成都，就会经过越嶲占据南中。杨洪说："黄元一向性格凶残暴虐，没有什么恩德信义，怎么能做到这样？他不过要沿水路东下，希望主上平安，反绑自己听凭主公处置。如果发生别的情况，他只会投奔东吴谋求活命罢了。命令陈曶、郑绰只需在南安峡口拦截，便可以抓到他了。"陈曶和郑绰按照杨洪所言，果然活捉了黄元。杨洪建兴元年被赐爵关内侯，又为蜀郡太守、忠节将军，后来任越骑校尉，依然统辖旧郡。

建兴五年，丞相诸葛亮北上驻军汉中，打算任用张裔为留府长史，问杨洪怎么样。杨洪回答说："张裔天姿聪明敏锐，擅长处理繁难事务，才能的确可以胜任，但他生性不公平，恐怕不宜只任用他一人，不如留下向朗处理诸事。向朗性格中虚伪的成分较少，张裔跟着您，奉献他的才能，这样安排对随军作战和留守处事都有益处，可谓两全其美。"当初，张裔年轻时跟杨洪的关系很是亲近。张裔不幸流亡东吴时，杨洪到张裔那个郡任职，张裔的儿子张郁是郡里小吏，犯下小错受到处罚，杨洪没有给予特别宽贷。张裔回来后听说了这件事，十分气愤，与杨洪的交情受损。杨洪见诸葛亮已经出兵，便到了张裔那里，将自己对诸葛亮说过的话原原本本地告诉了张裔。张裔回答杨洪说："丞相留我的意思很明确，你没法阻止。"当时有人怀疑杨洪的本意是自己要做长史，也有人怀疑杨洪知道张裔对自己心有成见，所以不希望张裔身处要职，掌管后方事务。后来张裔和司盐校尉岑述不和，以至相互仇恨。诸葛亮在给张裔的信中说："过去你在陌下的时候，营垒被攻破，我那时为你操心，到了食不甘味的地步。后来你又流亡南海，我为你感到悲哀叹息，辗转反侧难以安睡。到你终于从东吴返回，我委你以重任，共同辅佐王室，我自认为跟你可算是古代那种友谊坚如磐石的朋友了。石交的大义，是就算推举仇敌以使朋友获益，割下自己的骨肉来表达自己的诚心，也在所不惜，何况我还只是有意于岑述，而你就不能忍受了吗？"议论的人由此明白杨洪当时是没有私心的。

杨洪年少时不喜学问，但是忠诚廉正，正直坚贞，忧虑公事如同自己家事一样，侍奉继母至为孝顺。建兴六年在任上去世。当初杨洪在李严手下当功曹，李严未离开犍为郡而杨洪却已经做了蜀郡太守。杨洪又接纳自己门下的文书吏何祗，何祗有才智谋略，被提拔为郡吏，没几年被任命为广汉太守，当时杨洪也还在蜀郡太守任上。因此西部人士都佩服诸葛亮能够人尽其用。

费诗

【原文】费诗，字公举，犍为南安人也。刘璋时为绵竹令，先主攻绵竹时，诗先举城降。成都既定，先主领益州牧，以诗为督军从事，出为牂牁太守，还为州前部司马。先主为汉中王，遣诗拜关羽为前将军，羽闻黄忠为后将军，怒曰："大丈夫终不与老兵同列！"不肯受拜。诗谓羽曰："夫立王业者，所用非一。昔萧、曹与高祖少小亲旧，而陈、韩亡命后至，论其班列，韩最居上，未闻萧、曹以此为怨。今汉王以一时之功隆崇于汉升，然意之轻重，宁当与君侯齐乎！且王与君侯譬犹一体，同休等戚，祸福共之，愚为君侯，不宜计官号之高下、爵禄之多少为意也。仆一介之使，衔命之人，君侯不受拜,如是便还,但相为惜此举动,恐有后悔耳!”羽大感悟,遽即受拜。

后群臣议欲推汉中王称尊号,诗上疏曰:“殿下以曹操父子逼主篡位,故乃羁旅万里,纠合士众,将以讨贼。今大敌未克,而先自立,恐人心疑惑。昔高祖与楚约,先破秦者王。及屠咸阳,获子婴,犹怀推让,况今殿下未出门庭,便欲自立邪?愚臣诚不为殿下取也。”由是忤指,左迁部永昌从事。[①] 建兴三年,随诸葛亮南行,归至汉阳县,降人李鸿来诣亮,亮见鸿,时蒋琬与诗在坐。鸿曰:“间过孟达许,适见王冲从南来,言往者达之去就,明公切齿,欲诛达妻子,赖先主不听耳。达曰:‘诸葛亮见顾有本末,终不尔也。’尽不信冲言,委仰明公,无复已已。”亮谓琬、诗曰:“还都当有书与子度相闻。”诗进曰:“孟达小子,昔事振威不忠,后又背叛先主,反复之人,何足与书邪!”亮默然不答。亮欲诱达以为外援,竟与达书曰:“往年南征,岁末乃还,适与李鸿会于汉阳,承知消息,慨然永叹,以存足下平素之志,岂徒空托名荣,贵为乖离乎!呜呼孟子,斯实刘封侵陵足下,以伤先主待士之义。又鸿道王冲造作虚语,云足下量度吾心,不受冲说。寻表明之言,追平生之好,依依东望,故遣有书。”达得亮书,数相交通,辞欲叛魏。魏遣司马宣王征之,即斩灭达。亮亦以达无款诚之心,故不救助也。蒋琬秉政,以诗为谏议大夫,卒于家。

① 习凿齿曰:夫创本之君,须大定而后正己;纂统之主,俟速建以系众心。是故惠公朝虏而子圉夕立,更始尚存而光武举号,夫岂忘主徼利,社稷之故也。今先主纠合义兵,将以讨贼。贼强祸大,主没国丧,二祖之庙,绝而不祀,苟非亲贤,孰能绍此?嗣祖配天,非咸阳之譬,杖正讨逆,何推让之有?于此时也,不知速尊有德以奉大统,使民欣反正,世睹旧物,杖顺者齐心,附逆者同惧,可谓暗惑矣。其黜降也宜哉!

臣松之以为:凿齿论议,惟此议最善。

王冲者,广汉人也。为牙门将,统属江州督李严。为严所疾,惧罪降魏。魏以冲为乐陵太守。[①]

① 孙盛《蜀世谱》曰:诗子立,晋散骑常侍。自后益州诸费有名位者,多是诗之后也。

【译文】费诗,字公举,犍为郡南安人。刘璋任益州牧时,他是绵竹县令,刘备攻打绵竹时,费诗率先举城投降。成都平定后,刘备兼任益州牧,任命费诗为督军从事,出任牂牁太守,后回成都任州前部司马。刘备做了汉中王,派费诗去封拜关羽为前将军,关羽听说黄忠为后将军,发怒说:“大丈夫终究不能和老兵同列!”拒绝让费诗按授官仪式完成对他的任命。费诗对关羽说:“大凡开创帝王大业的人,用人不可能限于一个人或一类人。过去萧何、曹参与高祖刘邦从小就是朋友,而陈平、韩信都是后来加入的逃亡者,论其官职位次,韩信位居最上,没听说萧何、曹参因此而有怨言。今天汉中王因一时的功劳而对黄忠给予特别高的恩宠,但在主公内心深处,难道是把他跟您看得同等重要吗!况且汉中王与您如同一体,休戚与共,福祸同当,我个人替您考虑,您不应当以官职的高下、爵禄的多少介意才对。我不过是一个使臣,奉命而行的人,如果您不肯接受任命,我也就这样回去了,只是不免对您的举动感到惋惜,担心您将来会后悔！”关羽大受震动而大悟，连忙接受了任命。

后来群臣都议论要推举汉中王刘备称帝，费诗上疏说：“殿下因为曹操父子逼迫汉帝，篡夺帝位，所以才不惜风尘万里，招集人马，准备讨伐逆贼。今天大敌尚未消灭，自己却先称帝，恐怕人们要对此心生疑惑。过去汉高祖和楚霸王约定，先破灭秦国的人为王。等到刘邦攻入了咸阳，擒获了子婴，还仍然心存推让之礼，况且如今殿下还没出宫廷，便要自立为帝了吗？我的确不希望殿下如此。”费诗因此而违背了刘备的旨意，被降职为永昌从事。建兴三年，费诗跟随诸葛亮南行，返回到汉阳县时，投降的李鸿来拜见诸葛亮，诸葛亮接见李鸿时，蒋琬和费诗在座。李鸿说：“近来经过孟达那里时，正好碰见王冲从南边来，王冲讲起孟达过去去留的细节时，说您对孟达切齿痛恨，打算诛杀他的妻儿子女，幸赖先主不听您的意见。孟达说：‘诸葛亮了解其中的原因始末，一定不会这样做的。’完全不肯听信王冲的话，他对您的信任和仰赖，确实没有止境。”诸葛亮对蒋琬和费诗说：“回到成都还是应当写封信给孟达让他知道。”费诗进言说：“孟达这家伙，过去跟着刘璋就不忠心，后来又背叛先主，这种反复无常的人，怎么值得给他写信呢！”诸葛亮默然不答。诸葛亮想引诱孟达为外援，终究还是给孟达写信说：“往年南征，到年底才回，恰好跟李鸿在汉阳相会，从他那里得知一些你的消息，慨然感叹，因此而想起你平时心志，难道只是空求虚荣，喜欢做背离的事吗！孟达呀，这实实都是刘封欺压凌辱于你，破坏了先主以恩信对待部下的宗旨啊。又听李鸿说王冲编造不实之词，而你竟能够体谅我的用心，不信王冲的胡说。回味你清楚明白的话语，追忆平生的友好，依依向东遥望，所以写给你这封书信。”孟达接到诸葛亮的信后，多次跟蜀国书信往来，说自己准备背叛魏国。魏国派司马懿征讨，斩灭了孟达。诸葛亮也因为孟达没有坦诚之心，所以也不肯出兵救助。蒋琬执政后，以费诗为谏议大夫，后来费诗在家中去世。

王冲，广汉郡人。任牙门将，由江州督李严统管。因被李严忌恨，害怕获罪而投降魏国。魏国任命王冲为乐陵太守。

【原文】评曰：霍峻孤城不倾，王连固节不移，向朗好学不倦，张裔肤敏应机，杨洪乃心忠公，费诗率意而言，皆有可纪焉。以先主之广济，诸葛之准绳，诗吐直言，犹用陵迟，况庸后乎哉！

【译文】评论说：霍峻坚守孤城而不动摇，王连秉持气节而不改变，向朗好学不倦，张裔聪敏机智，杨洪忠诚公正，费诗据理直言，他们都有可圈可点的地方。以先主刘备的宽容待物，加上诸葛亮的坚持原则，像费诗这样口吐直言的人，尚且不能免于身心的折磨，更何况是平庸如后主的人呢！

卷四十二　蜀书十二

杜周杜许孟来尹李谯郤传第十二

杜微

【原文】杜微，字国辅，梓潼涪人也。少受学于广汉任安。刘璋辟为从事，以疾去官。及先主定蜀，微常称聋，闭门不出。建兴二年，丞相亮领益州牧，选迎皆妙简旧德，以秦宓为别驾，五梁为功曹，微为主簿。微固辞，舆而致之。既致，亮引见微，微自陈谢。亮以微不闻人语，于坐上与书曰："服闻德行，饥渴历时，清浊异流，无缘咨觏。王元泰、李伯仁、王文仪、杨季休、丁君幹、李永南兄弟、文仲宝等，每叹高志，未见如旧。猥以空虚，统领贵州，德薄任重，惨惨忧虑。朝廷今年始十八，天姿仁敏，爱德下士。天下之人思慕汉室，欲与君因天顺民，辅此明主，以隆季兴之功，著勋于竹帛也。以谓贤愚不相为谋，故自割绝，守劳而已，不图自屈也。"微自乞老病求归，亮又与书答曰："曹丕篡弑，自立为帝，是犹土龙刍狗之有名也。欲与群贤因其邪伪，以正道灭之。怪君未有相诲，便欲求还于山野。丕又大兴劳役，以向吴、楚。今因丕多务，且以闭境勤农，育养民物，并治甲兵，以待其挫，然后伐之，可使兵不战民不劳而天下定也。君但当以德辅时耳，不责君军事，何为汲汲欲求去乎！"其敬微如此。拜为谏议大夫，以从其志。

五梁者，字德山，犍为南安人也，以儒学节操称。从议郎迁谏议大夫、五官中郎将。

【译文】杜微，字国辅，梓潼郡涪县人。小时候他师从广汉人任安学习。刘璋任用他为从事，他因病离任。等到刘备平定蜀地以后，杜微经常自称耳聋，紧闭家门不外出。建兴二年，丞相诸葛亮兼任益州牧，选拔人才时，都是精选素有名望的人，任命秦宓为别驾，五梁为功曹，杜微为主簿。杜微坚决推辞，诸葛亮就用车把他接来。杜微被接来以后，诸葛亮接见了他，杜微亲自陈说歉意。诸葛亮以为杜微听不见别人说话，就在座位上给他写道："我私下听说您的品行，如饥似渴地仰慕您已历时很久了，只因你我政治上的志趣不同，使我无缘向您求教。王元泰、李伯仁、王文仪、杨季休、丁君幹、李永南兄弟和文仲宝等人，每每赞叹您的高洁志向，我虽然还没见过您，却感到我们如同旧交一样。我在仓促间凭着徒有虚名的德行，统理您所在的益州，德望浅薄而职责重大，因此忧虑重重。朝廷的主公今年才十八岁，他生来仁慈聪慧，爱慕有德的人，谦恭地对待有才的人。天下的人思念仰慕汉室，都想和您一起承接天命，顺应民心，辅佐这位圣明君主，从而振兴大汉末世的功业，在史册上留下功勋。您认为贤能的人和愚昧的人不能共同谋议大事，因此您把自己和尘世隔绝开来，只是想安于清静的生活而已，不是想委屈自己。"杜微推托自己年老有病请求回归故里，诸葛亮又写道："曹丕篡夺帝位，谋杀国君，把自己立为皇帝，是好比泥土捏的龙，稻草扎的狗一样名不副实的人。我想和各位贤人一起，趁他为非作歹的时候，用正义消灭他。奇怪的是您还没教诲我，就想要求回到山野去。曹丕又大兴劳役，向吴、楚方向入侵。现在我们趁曹丕劳役繁多的机会，暂且关闭四境，鼓励农桑，养育百姓，生息万物，同时修造铠甲和兵器，等待曹军疲惫，然后再讨伐他们，这样就可以让军队不打仗、人民不劳苦而使天下平定。您只要用德行辅佐当今的国事，不求您过问军事，为什么您还是急急忙忙地要求离开呢！"诸葛亮就是这样敬重杜微。杜微被任命为谏议大夫，以顺从他的志向。

五梁，字德山，犍为郡南安人，他凭着治理儒家学问和节操高尚著称。他从议郎升为谏议大夫、五官中郎将。

周群　张裕

【原文】周群，字仲直，巴西阆中人也。父舒，字叔布，少学术于广汉杨厚，名亚董扶、任安。数被征，终不诣。时人有问："《春秋谶》曰'代汉者当涂高'，此何谓也？"舒曰："当涂高者，魏也。"乡党学者私传其语。群少受学于舒，专心候业。于庭中作小楼，家富多奴，常令奴更直于楼上视天灾，才见一气，即白群，群自上楼观之，不避晨夜。故凡有气候，无不见之者，是以所言多中。州牧刘璋辟以为师友从事。[①] 先主定蜀，署儒林校尉。先主欲与曹公争汉中，问群，群对曰："当得其地，不得其民也。若出偏军，必不利，当戒慎之！"时州后部司马蜀郡张裕亦晓占候，而天才过群，[②] 谏先主曰："不可争汉中，军必不利。"先主竟不用裕言，果得地而不得民也。遣将军吴兰、雷铜等入武都，皆没不还，悉如群言。于是举群茂才。

①《续汉书》曰：建安七年，越巂有男子化为女人，时群言哀帝时亦有此，将易代之祥也。至二十五年，献帝果封于山阳。十二年十月，有星孛于鹑尾，荆州分野，群以为荆州牧将死而失土。明年秋，刘表卒，曹公平荆州。十七年十二月，星孛于五诸侯，群以为西方专据土地者皆将失土。是时，刘璋据益州，张鲁据汉中，韩遂据凉州，宋建据枹罕。明年冬，曹公遣偏将击凉州。十九年，获宋建，韩遂逃于羌中，被杀。其年秋，璋失益州。二十年秋，曹公攻汉中，张鲁降。

② 裕，字南和。

裕又私语人曰："岁在庚子，天下当易代，刘氏祚尽矣。主公得益州，九年之后，寅卯之间当失之。"人密白其言。初，先主与刘璋会涪，时裕为璋从事，侍坐。其人饶须，先主嘲之曰："昔吾居涿县，特多毛姓，东西南北皆诸毛也，涿令称曰'诸毛绕涿居乎'。"裕即答曰："昔有作上党潞长，迁为涿令者，去官还家，时人与书，欲署潞则失涿，欲署涿则失潞，乃署曰'潞涿君'。"先主无须，故裕以此及之。先主常衔其不逊，加忿其漏言，乃显裕谏争汉中不验，下狱，将诛之。诸葛亮表请其罪，先主答曰："芳兰生门，不得不钽。"裕遂弃市。后魏氏之立，先主之薨，皆如裕所刻。又晓相术，每举镜视面，自知刑死，未尝不扑之于地也。

群卒，子巨颇传其术。

【译文】周群，字仲直，巴西郡阆中人。他的父亲周舒，字叔布，年少时向广汉人杨厚学习道术，名望次于董扶和任安。周舒多次被征召，他始终不去上任。当时有人问他："《春秋谶》上面写着'代替汉朝兴起的是当涂高'，这说的是什么意思呢？"周舒说："当涂高就是魏。"他的同乡学者都私下传播周舒说的话。周群小时候师从周舒学习，一心一意地研究占候术业。他在庭院中建起一座小楼，家中富有并且豢养了许多家奴，他经常让家奴轮流在小楼上值班，察看自然灾害，只要看到微小的天气变化，就马上禀告周群，周群亲自上楼观看，不论清晨还是深夜。因此凡是有征候的天气变化，周群都能发现并仔细观察，因此他所说的吉凶大多能说中。州牧刘璋任用他为师友从事。刘备平定蜀地后，周群任儒林校尉。刘备打算与曹操争夺汉中，征询周群的意见，周群回答说："能取得那里的土地，但不能得到那里的人民。假如派出小股部队，一定出师不利，应该对此小心谨慎！"当时州后部司马蜀郡人张裕也通晓占候术，而他的天赋又超过周群，他劝谏刘备说："不能与曹魏争夺汉中，否则，我们的军队必将出师不利。"刘备最终没有采用张裕的话，后来果然取得了汉中的土地而没得到百姓。派遣将军吴兰和雷铜等人攻入武都郡，全军覆没无人回来，全都像周群预言的那样。于是周群被推举为茂才。

张裕又私下告诉别人说："庚子年间，天下应当改朝换代，刘氏的国统已经到头。主公取得益州，九年以后，在壬寅年和癸卯年之间必将失掉它。"有人秘密向刘备禀告了张裕说的话。起初，刘备和刘璋在涪县会面时，张裕担任刘璋的从事，在一旁陪坐。他胡须浓密，刘备嘲笑他说："过去我住在涿县时，姓毛的人特别多，东西南北都有许多毛姓人，涿县县令声称说'许多毛绕涿郡而居'。"张裕当即反唇相讥说："过去有个当了上党郡潞县县长，后来升任涿县县令的人，他离任回家时，当时有人给他写信，要是写上了潞县就丢掉了涿县，而写上涿县又失去潞县，他就写道'潞涿君'。"刘备没有胡须，因此张裕就用这个办法回敬他。刘备时常怨恨张裕说话不恭敬，更恼怒他大不敬的那番话，于是就挑出张裕谏言汉中之役没有应验的话，把他关进大狱，要把他杀掉。诸葛亮呈表请求宽恕他的罪过，刘备回答说："芳香的兰草生在门庭，防碍进出，不得不锄掉。"张裕最终被处以死刑。后来魏氏称帝，刘备驾崩，全都像张裕所预料的那样。张裕又懂得相面术，每当他举起镜子照自己的脸时，就知道自己会被处死，总是把镜子扔在地上。

周群去世后，他的儿子周巨传承了他的占候术。

杜琼

【原文】杜琼，字伯瑜，蜀郡成都人也。少受学于任安，精究安术。刘璋时辟为从事。先主定益州，领牧，以琼为议曹从事。后主践阼，拜谏议大夫，迁左中郎将、大鸿胪、太常。为人静默少言，阖门自守，不与世事。蒋琬、费祎等皆器重之。虽学业入深，初不视天文有所论说。后进通儒谯周常问其意，琼答曰："欲明此术甚难，须当身视，识其形色，不可信人也。晨夜苦剧，然后知之，复忧漏泄，不如不知，是以不复视也。"

周因问曰："昔周徵君以为'当涂高者魏也'，其义何也？"琼答曰："魏，阙名也，当涂而高，圣人取类而言耳。"又问周曰："宁复有所怪邪？"周曰："未达也。"琼又曰："古者名官职不言曹；始自汉已来，名官尽言曹，吏言属曹，卒言侍曹，此殆天意也。"琼年八十余，延熙十三年卒。著《韩诗章句》十余万言，不教诸子，内学无传业者。周缘琼言，乃触类而长之曰："《春秋传》著晋穆侯名太子曰仇，弟曰成师。师服曰：'异哉，君之名子也！嘉耦曰妃，怨耦曰仇，今君名太子曰仇，弟曰成师，始兆乱矣，兄其替乎？'其后果如服言。及汉灵帝名二子曰史侯、董侯，既立为帝，后皆免为诸侯，与师服言相似也。先主讳备，其训具也，后主讳禅，其训授也，如言刘已具矣，当授与人也，意者甚于穆侯、灵帝之名子。"后宦人黄皓弄权于内，景耀五年，宫中大树无故自折，周深忧之，无所与言，乃书柱曰："众而大，期之会，具而授，若何复？"言曹者众也，魏者大也，众而大，天下其当会也，具而授，如何复有立者乎？蜀既亡，咸以周言为验。周曰："此虽己所推寻，然有所因，由杜君之辞而广之耳，殊无神思独至之异也。"

【译文】杜琼，字伯瑜，蜀郡成都人。他小时候跟随任安学习，精心研究任安的学术。刘璋任州牧时他被任为从事。刘备平定益州以后，兼任益州牧，任命杜琼为议曹从事。刘禅登基后，任命他担任谏议大夫，后来又提升他为左中郎将、大鸿胪、太常。杜琼为人沉默寡言，闭门自守，不参与世间的事务。蒋琬和费祎等人都很器重他。虽然他的学业已经达到很深的境界，但是他从一开始就不观察天象也不发表什么评论。后辈学识渊博的学者谯周曾经问过他的想法，杜琼回答说："想要弄清楚这种学术非常难，必须亲自观察，辨识天象的形貌，不能轻信别人。经过昼夜的艰苦观察研究，然后才能知道吉凶，又怕泄露出去，反而不如不知道，因此我不去观测天象。"谯周接着问道："过去周徵君认为'当涂高指的是魏'，这是什么意思？"杜琼回答说："魏是观阙的名称，正对着道路而又高大，这位圣人只是根据魏国与魏阙的魏字同字才这样说的罢了。"杜琼又问谯周说："难道还有什么疑问吗？"谯周回答："我还是不明白。"杜琼又说："古时候称官职不说曹，自汉代以来，官名中都带个曹字，低级的官吏称作属曹，官卒称作侍曹，这大概就是天的意志吧。"杜琼八十多岁，在延熙十三年去世。他撰写了《韩诗章句》十多万字，他没有把自己的学问教授给他的儿子们，因此没有传承他学术的人。以后，谯周按照杜琼的方法，就把类似的情况加以发挥说："《春秋传》写着晋穆侯为太子起名为仇，他的弟弟名字叫成师。师服说：'国君为儿子取名真奇怪！和睦的夫妻称作妃，不和睦的夫妻称作仇，现在国君为太子取名为仇，弟弟叫作成师，一开始就预兆着悖乱，恐怕哥要被废弃吧？'从那以后发生的事果然像师服说的那样。还有汉灵帝为他的两个儿子取名为史侯、董侯，他们被立为皇帝以后，又都被免为诸侯，这和师服说的话很相似。先主名叫刘备，备字解释为具，后主名叫刘禅，禅字解释为授，就好比说刘氏的国统已经完备，应该传授给别人，看来这比穆侯和灵帝为儿子取名的结局更凄惨。"后来太监黄皓在宫廷中玩弄权势，景耀五年时，宫中的大树无缘无故地自己折断了，谯周为此深感忧虑，又没有什么可谈论的人，他就在柱子上写道："众而大，期之会，具而授，若何复？"这些话的意思是说，曹为众义，魏为大义，众而且大，天下恐怕应该集中在曹氏手中了，具备了就该授予他人，怎么能再有登上帝位的人呢？蜀国灭亡以后，人们都认为谯周的话很灵验。谯周说："这虽然是我自己推求出来的话，却有所因循，我是把杜琼的话加以推广罢了，实在没有什么神奇独到的才能。"

许慈

【原文】许慈，字仁笃，南阳人也。师事刘熙，善郑氏学，治《易》《尚书》《三礼》《毛诗》《论语》。建安中，与许靖等俱自交州入蜀。时又有魏郡胡潜，字公兴，不知其所以在益土。潜虽学不沾洽，然卓荦强识，祖宗制度之仪、丧纪五服之数，皆指掌画地，举手可采。先主定蜀，承丧乱历纪，学业衰废，乃鸠合典籍，沙汰众学，慈、潜并为博士，与孟光、来敏等典掌旧文。值庶事草创，动多疑议，慈、潜更相克伐，谤讟忿争，形于声色。书籍有无，不相通借，时寻楚挞，以相震挠。[①]其矜己妒彼，乃至于此。先主愍其若斯，群僚大会，使倡家假为二子之容，效其讼阋之状，酒酣乐作，以为嬉戏，初以辞义相难，终以刀杖相屈，用感切之。潜先没，慈后主世稍迁至大长秋，卒。[②]子勋传其业，复为博士。

① 挠，虚晚反。

② 孙盛曰：蜀少人士，故慈、潜等并见载述。

【译文】许慈，字仁笃，南阳人。他师从刘熙，擅长郑玄的学问，研究《易经》《尚书》《三礼》《毛诗》和《论语》。建安时期，许慈和许靖等人一起从交州进入蜀郡。当时还有魏郡人胡潜，字公兴，不知为什么也流落到益州。胡潜的学问虽然不渊博，但是他博闻强记，卓越超群，祖宗制度的规范、丧事五服的礼数，他都非常熟悉了解，信手拈来。刘备平定蜀地后，因连年祸乱、学业衰废，于是聚集典籍，同时精选各家学派，任命许慈和胡潜同时为博士，与孟光、来敏等人掌管先代的典章制度。当时正当各种事务在草创时期，经常会产生很多疑议，许慈和胡潜互相攻击，彼此怨恨仇视都从语调和表情上表现出来。对于没有的书籍，两人互不相借，还经常寻衅动手打架，想以此震慑制服对方。他们夸耀自己、忌恨对方，竟然到了这种地步。刘备为他们这样不和睦而忧虑，就借百官举行盛大朝会的时机，让歌舞艺人装扮成这两个人的模样，模仿他们争执打斗的样子，在酒意正浓音乐奏起时，作为娱乐，起初表演者用言词互相责难，最后则动用刀棒迫使对方屈服，以此感化打动许慈和胡潜。后来胡潜先死去，许慈在刘禅在位时期逐渐升到大长秋，后来去世。他的儿子许勋承受了他的学业，又成为博士。

孟光

【原文】孟光，字孝裕，河南洛阳人，汉太尉孟郁之族。[①]灵帝末为讲部吏。献帝迁都长安，遂逃入蜀，刘焉父子待以客礼。博物识古，无书不览，尤锐意三史，长于汉家旧典。好《公羊春秋》而讥呵《左氏》，每与来敏争此二义，光常譊譊讙咋。[②]先主定益州，拜为议郎，与许慈等并掌制度。后主践阼，为符节令、屯骑校尉、长乐少府，迁大司农。延熙九年秋，大赦，光于众中责大将军费祎曰："夫赦者，偏枯之物，非明世所宜有也。衰弊穷极，必不得已，然后乃可权而行之耳。今主上仁贤，百僚称职，有何旦夕之危，倒悬之急，而数施非常之恩，以惠奸宄之恶乎？又，鹰隼始击，而更原宥有罪，上犯天时，下违人理。老夫耄朽，不达治体，窃谓斯法难以经久，岂具瞻之高美，所望于明德哉？"祎但顾谢踧踖而已。光之指摘痛痒，多如是类，故执政重臣心不能悦，爵位不登。每直言无所回避，为代所嫌。太常广汉镡承、[3]光禄勋河东裴俊等，年资皆在光后，而登据上列，处光之右，盖以此也。[4]

①《续汉书》曰：郁，中常侍孟贲之弟。

② 诶，音奴交反。谨，音休袁反。咋，音徂格反。

③《华阳国志》曰：承，字公文，历郡守、少府。

④ 傅畅《裴氏家记》曰：俊，字奉先，魏尚书令潜弟也。俊姊夫为蜀中长史，俊送之，时年十余岁，遂遭汉末大乱，不复得还。既长知名，为蜀所推重也。子越，字令绪，为蜀督军。蜀破，迁还洛阳，拜议郎。

后进文士秘书郎郤正数从光谘访，光问正太子所习读并其情性好尚，正答曰："奉亲虔恭，夙夜匪懈，有古世子之风。接待群僚，举动出于仁恕。"光曰："如君所道，皆家户所有耳。吾今所问，欲知其权略智调何如也。"正曰："世子之道，在于承志竭欢，既不得妄有所施为，且智调藏于胸怀，权略应时而发，此之有无，焉可豫设也？"光解正慎宜，不为放谈，乃曰："吾好直言，无所回避，每弹射利病，为世人所讥嫌。疑省君意亦不甚好吾言，然语有次。今天下未定，智意为先，智意虽有自然，然亦可力强致也。此储君读书，宁当效吾等竭力博识以待访问，如博士探策讲试以求爵位邪？当务其急者。"正深谓光言为然。后光坐事免官，年九十余卒。

【译文】孟光，字孝裕，河南洛阳人，与汉太尉孟郁同族。汉灵帝末年，孟光任讲部吏。汉献帝把国都迁到长安时，孟光逃亡进入蜀郡，刘焉父子以宾客之礼对待他。孟光知识渊博，了解古代文化，没有什么书是他没有看过的，尤其对《史记》《汉书》和《东观汉记》三部史书有专门研究，精通汉朝过去的典制。孟光喜爱公羊高的《公羊春秋》，却非难《左氏传》，每当和来敏争论这两部书的要义时，孟光常常大声吵嚷着争辩。刘备平定益州后，任命孟光为议郎，与许慈等人共同掌管典章制度。刘禅登基以后，孟光担任符节令、屯骑校尉和长乐少府，又升为大司农。延熙九年秋天，大赦天下，孟光在众人面前责备大将军费祎说："大赦这种办法，是使国家瘫痪的东西，不是圣明的时代应该采用的措施。国家衰败凋敝、困厄到极点，在万不得已的情况下，然后才可以权衡利弊施行大赦。如今主上仁慈贤能，百官都能胜任职守，有什么朝夕将至的祸难，处境险恶的危急，而需要多次施舍不同寻常的恩泽，去赦免恶人歹徒的罪恶呢？此外，官吏们刚像鹰隼那样打击了他们，朝廷却又宽赦这些有罪的人，这样对上触犯了天命，对下违背了人情。我年老体衰，不通晓治国的纲要，但我私下认为这种做法难以长久，哪里是伟大英明的执政者对完美德行的期望呢？"费祎只能回头赔罪,局促不安而已。孟光指责错误的方式,大多都如同这样,因此身居要职的大臣内心都极不高兴,孟光的爵位也不能晋升。他每每说话没有什么回避,而被同辈人嫌弃。太常广汉人镡承、光禄勋河东人裴俊等人,年龄资历都在孟光之后,却都晋升高位,位在孟光之上,大概就是因为这个原因吧。

后辈文士秘书郎郤正多次向孟光征求意见,孟光问郤正太子研读什么书以及他的性情、爱好,郤正回答说:"太子侍奉父母毕恭毕敬,从早到晚从不懈怠,具有古代太子的风度。他接待群臣,一举一动全都合乎仁恕之道。"孟光说:"照您所说,那么家家户户都会有这样的人。我今天要问的情况,是想知道他的权谋才干怎么样。"郤正说:"太子的处世方法,在于顺承父母的心愿,力求父母的欢心,既不能随便有什么作为,而且应把才干埋藏在心中,权谋应顺应时机而产生,他有没有权谋才干怎么可以预先知道呢?"孟光知道郤正为人谨慎,说话办事有分寸,不会放纵言谈,就说:"我喜欢有话直说,没有什么可以回避的,每次指责时弊,都被世人非议嫌弃。看您的意思,也不太喜欢我说的话,然而我的话是有道理的。如今天下还不安定,能思考多智谋就是处世的首要条件,能思考多智谋虽然有天生的因素,但也可以通过努力尽力做到。太子读书,怎么能仿效我们这些人竭力使知识广博后再等待别人询问,如同博士那样通过考核策对、研习试用以谋求爵位呢?他应当努力学习那些急需的知识。"郤正认为孟光的看法十分正确。后来孟光因事获罪被免掉官职,九十多岁时去世。

来敏

【原文】来敏,字敬达,义阳新野人,来歙之后也。父艳,为汉司空。① 汉末大乱,敏随姊奔荆州,姊夫黄琬是刘璋祖母之侄,故璋遣迎琬妻,敏遂俱与姊入蜀,常为璋宾客。涉猎书籍,善《左氏春秋》,尤精于《仓》《雅》训诂,好是正文字。先主定益州,署敏典学校尉,及立太子,以为家令。后主践阼,为虎贲中郎将。丞相亮住汉中,请为军祭酒、辅军将军,坐事去职。② 亮卒后,还成都为大长秋,又免,后累迁为光禄大夫,复坐过黜。前后数贬削,皆以语言不节,举动违常也。时孟光亦以枢机不慎,议论干时,然犹愈于敏,俱以其耆宿学士见礼于世。而敏荆楚名族,东宫旧臣,特加优待,是故废而复起。后以敏为执慎将军,欲令以官重自警戒也。年九十七,景耀中卒。子忠,亦博览经学,有敏风,与尚书向充等并能协赞大将军姜维。维善之,以为参军。

① 华峤《后汉书》曰:艳好学下士,开馆养徒众。少历显位,灵帝时位至司空。

②《亮集》有教曰:"将军来敏对上官显言:'新人有何功德而夺我荣资与之邪?诸人共憎我,何故如是?'敏年老狂悖,生此怨言。昔成都初定,议者以为来敏乱群,先帝以新定之际,故遂含容,无所礼用。后刘子初选以为太子家令,先帝不悦而不忍拒也。后主即位,吾暗于知人,遂复擢为将军祭酒,违议者之审见,背先帝所疏外,自谓能以敦厉薄俗,帅之以义。今既不能,表退职,使闭门思愆。"

【译文】来敏,字敬达,义阳郡新野人,是来歙的后代。他的父亲来艳,担任汉朝的司空。汉代末年天下大乱,来敏跟随姐姐逃亡到荆州,他的姐夫黄琬是刘璋祖母的侄子，因此刘璋派人迎接黄琬的妻子，来敏就和姐姐一道进入蜀郡，常常作为刘璋的宾客。来敏广泛阅读书籍，擅长《左氏春秋》，尤其对《仓颉篇》和《尔雅》的训诂很精通，喜欢校正文字。刘备平定益州以后，任来敏为典学校尉，到确立太子后，又让他担任家令。刘禅登基以后，来敏任虎贲中郎将。丞相诸葛亮率军驻扎在汉中时，请来敏担任军祭酒、辅军将军，后来因事获罪离职。诸葛亮去世后，来敏回到成都担任大长秋，又被免职，后来接连升任为光禄大夫，再次犯错被贬退。来敏前后多次受到贬职、革职，全都是因为他说话不加节制，行动违背常规。当时孟光也言行不谨慎，发表干预时政的议论，但他比来敏还严重，他们都因为是年老博学的饱学之士而被当时的人们尊敬。来敏是荆楚的豪门世族，太子的老臣，受到特别的优待，因此被废弃后又被起用为官。后来刘禅任命来敏为执慎将军，想让他通过这一官职深深地警诫自己。来敏九十七岁，在景耀年间去世。他的儿子来忠，也广泛地阅读儒家经典，具有来敏的风度，与尚书向充等人一起协助大将军姜维。姜维对他很友善，任命他为参军。

尹默

【原文】尹默，字思潜，梓潼涪人也。益部多贵今文而不崇章句，默知其不博，乃远游荆州，从司马德操、宋仲子等受古学。皆通诸经史，又专精于《左氏春秋》，自刘歆条例，郑众、贾逵父子、陈元、服虔注说，咸略诵述，不复按本。先主定益州，领牧，以为劝学从事。及立太子，以默为仆，以《左氏传》授后主。后主践阼，拜谏议大夫。丞相亮住汉中，请为军祭酒。亮卒，还成都，拜太中大夫，卒。子宗传其业，为博士。①

① 宋仲子后在魏。《魏略》曰：其子与魏讽谋反，伏诛。魏太子答王朗书曰："昔石厚与州吁游，父碏知其与乱；韩子昵田苏，穆子知其好仁。故君子游必有方，居必就士，诚有以也。嗟乎！宋忠无石子先识之明，老罹此祸。今虽欲愿行灭亲之诛，立纯臣之节，尚可得邪！"

【译文】尹默，字思潜，梓潼郡涪县人。益州多数学者重视今文经学却不重视章句，尹默知道自己学识不够渊博，就远游到荆州，跟随司马德操、宋仲子等人学习古文经学。尹默完全通晓各部经书、史书后，又专心致志地研究《左氏春秋》，从刘歆校书的条例，到郑众、贾逵父子、陈元和服虔的注释说解，全都能大致述说出来，不必再依照原本。刘备平定了益州，兼任州牧时，任命尹默担任劝学从事。到确立太子以后，任尹默为仆射，教授刘禅《左氏传》。刘禅继位后，任命尹默为谏议大夫。丞相诸葛亮屯兵驻扎汉中时，请他出任军祭酒。诸葛亮去世后，尹默回到成都，担任太中大夫，后来去世。他的儿子尹宗继承了他的学业，担任博士。

李譔

【原文】李譔，字钦仲，梓潼涪人也。父仁，字德贤，与同县尹默俱游荆州，从司马徽、宋忠等学。譔具传其业，又从默讲论义理，五经、诸子，无不该览，加博好技艺，算术、卜数、医药、弓弩、机械之巧，皆致思焉。始为州书佐、尚书令史。延熙元年，后主立太子，以譔为庶子，迁为仆。转中散大夫、右中郎将，犹侍太子。太子爱其多知，甚悦之。然体轻脱，好戏啁，故世不能重也。著古文《易》《尚书》《毛诗》《三礼》《左氏传》《太玄》指归，皆依准贾、马，异于郑玄。与王氏殊隔，初不见其所述，而意归多同。景耀中卒。时又有汉中陈术，字申伯，亦博学多闻，著《释问》七篇、《益部耆旧传》及《志》，位历三郡太守。

【译文】李譔，字钦仲，梓潼郡涪县人。他的父亲李仁，字德贤，与同县的尹默一起到荆州游学，跟随司马徽、宋忠等人学习。李譔全部承习了他们的学业，又跟随尹默谈论经义名理，五经和诸子典籍，他都全部阅读，加上他喜爱技艺，算术、占卜术、医药、弓箭、机械的技巧，他都深入研究过。李譔最初担任州书佐、尚书令史。延熙元年，刘禅确立太子后，任命李譔担任庶子，又升任仆射。后来转任中散大夫、右中郎将，仍然侍奉太子。太子爱慕李譔知识丰富，非常喜欢他。然而李譔行为轻佻，喜欢嘲弄别人，因此世人不敬重他。李譔撰写了古文《易》《尚书》《毛诗》《三礼》《左氏传》《太玄》等书的意旨，全部以贾逵、马融的说法为准则，而与郑玄的看法不同。他与王肃相距很远，当初没看到王肃写作的东西，但是两人的见解有很多相同之处。李譔在景耀年间去世。当时又有汉中人陈术，字申伯，也学识渊博，他撰写了《释问》七篇、《益部耆旧传》和《志》，历任三个郡的太守。

谯周

【原文】谯周，字允南，巴西西充国人也。父𡸫，字荣始，治《尚书》，兼通诸经及图、纬。州郡辟请，皆不应，州就假师友从事。周幼孤，与母兄同居。既长，耽古笃学，家贫未尝问产业，诵读典籍，欣然独笑，以忘寝食。研精六经，尤善书札。颇晓天文，而不以留意，诸子文章非心所存，不悉遍视也。身长八尺，体貌素朴，性推诚不饰，无造次辩论之才，然潜识内敏。

建兴中，丞相亮领益州牧，命周为劝学从事。① 亮卒于敌庭，周在家闻问，即便奔赴，寻有诏书禁断，惟周以速行得达。大将军蒋琬领刺史，徙为典学从事，总州之学者。

①《蜀记》曰：周初见亮，左右皆笑。既出，有司请推笑者，亮曰："孤尚不能忍，况左右乎？"

后主立太子，以周为仆，转家令。时后主颇出游观，增广声乐。周上疏谏曰：

昔王莽之败，豪杰并起，跨州据郡，欲弄神器，于是贤才智士思望所归，未必以其势之广狭，惟其德之薄厚也。是故于时更始、公孙述及诸有大众者多已广大，然莫不快情恣欲，怠于为善，游猎饮食，不恤民物。世祖初入河北，冯异等劝之曰："当行人所不能为。"遂务理冤狱，节俭饮食，动遵法度，故北州歌叹，声布四远。于是邓禹自南阳追之，吴汉、寇恂未识世祖，遥闻德行，遂以权计举渔阳、上谷突骑迎于广阿。其余望风慕德者邳彤、耿纯、刘植之徒，至于舆病赍棺，襁负而至者，不可胜数，故能以弱为强，屠王郎、吞铜马、折赤眉而成帝业也。及在洛阳，尝欲小出，车驾已御，铫期谏曰："天下未宁，臣诚不愿陛下细行数出。"即时还车。

及征隗嚣，颍川盗起，世祖还洛阳，但遣寇恂往，恂曰："颍川以陛下远征，故奸猾起叛，未知陛下还，恐不时降。陛下自临颍川，贼必即降。"遂至颍川，竟如恂言。故非急务，欲小出不敢，至于急务，欲自安不为，故帝者之欲善也如此！故传曰"百姓不徒附"，诚以德先之也。今汉遭厄运，天下三分，雄哲之士思望之时也。陛下天姿至孝，丧逾三年，言及陨涕，虽曾、闵不过也。敬贤任才，使之尽力，有逾成、康。故国内和一，大小戮力，臣所不能陈。然臣不胜大愿，愿复广人所不能者。夫挽大重者，其用力苦不众，拔大艰者，其善术苦不广，且承事宗庙者，非徒求福祐，所以率民尊上也。至于四时之祀，或有不临，池苑之观，或有仍出，臣之愚滞，私不自安。夫忧责在身者，不暇尽乐，先帝之志，堂构未成，诚非尽乐之时。愿省减乐官、后宫所增造，但奉修先帝所施，下为子孙节俭之教。

徙为中散大夫，犹侍太子。于时军旅数出，百姓凋瘁，周与尚书令陈祗论其利害，退而书之，谓之《仇国论》。其辞曰：

因余之国小，而肇建之国大，并争于世而为仇敌。因余之国有高贤卿者，问于伏愚子曰："今国事未定，上下劳心，往古之事，能以弱胜强者，其术何如？"伏愚子曰："吾闻之，处大无患者恒多慢，处小有忧者恒思善。多慢则生乱，思善则生治，理之常也。故周文养民，以少取多，勾践恤众，以弱毙强，此其术也。"贤卿曰："曩者项强汉弱，相与战争，无日宁息，然项羽与汉约分鸿沟为界，各欲归息民。张良以为民志既定，则难动也，寻帅追羽，终毙项氏，岂必由文王之事乎？肇建之国方有疾疢，我因其隙，陷其边陲，觊增其疾而毙之也。"伏愚子曰："当殷、周之际，王侯世尊，君臣久固，民习所专。深根者难拔，据固者难迁，当此之时，虽汉祖安能杖剑鞭马而取天下乎？当秦罢侯置守之后，民疲秦役，天下土崩，或岁改主，或月易公，鸟惊兽骇，莫知所从，于是豪强并争，虎裂狼分，疾搏者获多，迟后者见吞。今我与肇建皆传国易世矣，既非秦末鼎沸之时，实有六国并据之势，故可为文王，难为汉祖。夫民疲劳则骚扰之兆生，上慢下暴则瓦解之形起。谚曰：'射幸数跌，不如审发。'是故智者不为小利移目，不为意似改步，时可而后动，数合而后举，故汤、武之师不再战而克，诚重民劳而度时审也。如遂极武黩征，土崩势生，不幸遇难，虽有智者将不能谋之矣。若乃奇变纵横，出入无间，冲波截辙，超谷越山，不由舟楫而济盟津者，我愚子也，实所不及。"

后迁光禄大夫，位亚九列。周虽不与政事，以儒行见礼，时访大议，辄据经以对，而后生好事者亦咨问所疑焉。

景耀六年冬，魏大将军邓艾克江由，长驱而前。而蜀本谓敌不便至，不作城守调度，及闻艾已入阴平，百姓扰扰，皆迸山野，不可禁制。后主使群臣会议，计无所出。或以为蜀之与吴，本为和国，宜可奔吴；或以为南中七郡，阻险斗绝，易以自守，宜可奔南。惟周以为："自古以来，无寄他国为天子者也，今若入吴，固当臣服。且政理不殊，则大能吞小，此数之自然也。由此言之，则魏能并吴，吴不能并魏明矣。等为小称臣，孰与为大？再辱之耻，何与一辱？且若欲奔南，则当早为之计，然后可果。今大敌以近，祸败将及，群小之心，无一可保，恐发足之日，其变不测，何至南之有乎！”群臣或难周曰：“今艾以不远，恐不受降，如之何？”周曰：“方今东吴未宾，事势不得不受，受之之后，不得不礼。若陛下降魏，魏不裂土以封陛下者，周请身诣京都，以古义争之。”众人无以易周之理。

后主犹疑于入南，周上疏曰：“或说陛下以北兵深入，有欲适南之计，臣愚以为不安。何者？南方远夷之地，平常无所供为，犹数反叛，自丞相亮南征，兵势逼之，穷乃幸从。是后供出官赋，取以给兵，以为愁怨，此患国之人也。今以穷迫，欲往依恃，恐必复反叛，一也。北兵之来，非但取蜀而已，若奔南方，必因人势衰，及时赴追，二也。若至南方，外当拒敌，内供服御，费用张广，他无所取，耗损诸夷必甚，甚必速叛，三也。昔王郎以邯郸僭号，时世祖在信都，畏逼于郎，欲弃还关中。邳肜谏曰：‘明公西还，则邯郸城民不肯捐父母，背城主，而千里送公，其亡叛可必也。’世祖从之，遂破邯郸。今北兵至，陛下南行，诚恐邳肜之言复信于今，四也。愿陛下早为之图，可获爵土。若遂适南，势穷乃服，其祸必深。《易》曰：‘亢之为言，知得而不知丧，知存而不知亡，知得失存亡而不失其正者，其惟圣人乎！’言圣人知命而不苟必也。故尧、舜以子不善，知天有授，而求授人。子虽不肖，祸尚未萌，而迎授于人，况祸以至乎！故微子以殷王之昆，面缚衔璧而归武王，岂所乐哉？不得已也。”于是遂从周策。刘氏无虞，一邦蒙赖，周之谋也。[①]

① 孙绰评曰：谯周说后主降魏，可乎？曰：自为天子而乞降请命，何耻之深乎！夫为社稷死则死之，为社稷亡则亡之，先君正魏之篡，不与同天矣。推过于其父，俛首而事仇，可谓苟存，岂大居正之道哉！

孙盛曰：《春秋》之义，国君死社稷，卿大夫死位，况称天子而可辱于人乎！周谓万乘之君偷生苟免，亡礼希利，要冀微荣，惑矣。且以事势言之，理有未尽。何者？禅虽庸主，实无桀、纣之酷，战虽屡北，未有土崩之乱，纵不能君臣固守，背城借一，自可退次东鄙以思后图。是时罗宪以重兵据白帝，霍弋以强卒镇夜郎。蜀土险狭，山水峻隔，绝巘激湍，非步卒所涉。若悉收舟楫，保据江州，征兵南中，乞师东国，如此则姜、廖五将自然云从，吴之三师承命电赴，何投寄之无所而虑于必亡邪？魏师之来，褰国大举，欲追则舟楫靡资，欲留则师老多虞。且屈伸有会，情势代起，徐因思奋之民，以攻骄惰之卒，此越王所以败阖闾，田单所以摧骑劫也，何为匆匆遽自囚虏，下坚壁于敌人，致斫石之至恨哉？葛生有云：“事之不济则已耳，安能复为之下！”壮哉，斯言！可以立懦夫之志矣。观古燕、齐、荆、越之败，或国覆主灭，或鱼县鸟窜，终能建功立事，康复社稷，岂曰天助，抑亦人谋也。向使怀苟存之计，纳谯周之言，何邦基之能构，令名之可获哉？禅既暗主，周实驽臣，方之申包、田单、范蠡、大夫种，不亦远乎！

时晋文王为魏相国，以周有全国之功，封阳城亭侯。又下书辟周，周发至汉中，困疾不进。咸熙二年夏，巴郡文立从洛阳还蜀，过见周。周语次，因书版示立曰：“典午忽兮，月酉没兮。”典午者谓司马也，月酉者谓八月也，至八月而文王果崩。[①]晋室践阼，累下诏所在发遣周。周遂舆疾诣洛，泰始三年至。以疾不起，就拜骑都尉，周乃自陈无功而封，求还爵土，皆不听许。

①《华阳国志》曰：文立，字广休，少治《毛诗》《三礼》，兼通群书。刺史费祎命为从事，入为尚书郎，复辟祎大将军东曹掾，稍迁尚书。蜀并于魏，梁州建，首为别驾从事，举秀才。晋泰始二年，拜济阴太守，迁太子中庶子。立上言："故蜀大官及尽忠死事者子孙，虽仕郡国，或有不才，同之齐民为剧。又，诸葛亮、蒋琬、费祎等子孙流徙中畿，各宜量才叙用，以慰巴、蜀之心，倾吴人之望。"事皆施行。转散骑常侍，献可替否，多所补纳。稍迁卫尉，中朝服其贤雅，为时名卿。咸宁末卒。立章奏诗赋论颂凡数十篇。

五年，予尝为本郡中正，清定事讫，求休还家，往与周别。周语予曰："昔孔子七十二、刘向、扬雄七十一而没，今吾年过七十，庶慕孔子遗风，可与刘、扬同轨，恐不出后岁，必便长逝，不复相见矣。"疑周以术知之，假此而言也。六年秋，为散骑常侍，疾笃不拜，至冬卒。[①] 凡所著述，撰定《法训》《五经论》《古史考》之属百余篇。[②] 周三子：熙、贤、同。少子同颇好周业，亦以忠笃质素为行，举孝廉，除锡令、东宫洗马，召不就。[③]

①《晋阳秋》载诏曰："朕甚悼之，赐朝服一具，衣一袭，钱十五万。"周息熙上言，周临终属熙曰："久抱疾，未曾朝见，若国恩赐朝服衣物者，勿以加身。当还旧墓，道险行难，豫作轻棺。殡敛已毕，上还所赐。"诏还衣服，给棺直。

②《益部耆旧传》曰：益州刺史董荣图画周像于州学，命从事李通颂之曰："抑抑谯侯，好古述儒，宝道怀真，鉴世盈虚，雅名美迹，终始是书。我后钦贤，无言不誉，攀诸前哲，丹青是图。嗟尔来叶，鉴兹显模。"

③周长子熙。熙子秀，字元彦。《晋阳秋》曰：秀性清静，不交于世，知将大乱，豫绝人事，从兄弟及诸亲里不与相见。州郡辟命，及李雄盗蜀，安车征秀，又雄叔父骧、骧子寿辟命，皆不应。常冠鹿皮，躬耕山薮。永和三年，安西将军桓温平蜀，表荐秀曰："臣闻大朴既亏，则高尚之标显；道丧时昏，则忠贞之义彰。故有洗耳投渊以振玄邈之风，亦有秉心矫迹以惇在三之节。是以上代之君，莫不崇重斯轨，所以笃俗训民，静一流竞。伏惟大晋应符御世，运无常通，时有屯蹇，神州丘墟，三方圮裂，《兔罝》绝响于中林，《白驹》无闻于空谷，斯有识之所悼心，大雅之所叹息者也。陛下圣德嗣兴，方恢天绪。臣昔奉役，有事西土，鲸鲵既县，思宣大化。访诸故老，搜扬潜逸，庶武罗于羿、浞之墟，想王蠋于亡齐之境。窃闻巴西谯秀，植操贞固，抱德肥遁，扬清渭波。于时皇极遘道消之会，群黎蹈颠沛之艰，中华有顾瞻之哀，幽谷无迁乔之望。凶命屡招，奸威仍逼，身寄虎吻，危同朝露，而能抗节玉立，誓不降辱，杜门绝迹，不面伪庭，进免龚胜亡身之祸，退无薛方诡对之讥。虽园、绮之栖商、洛，管宁之默辽海，方之于秀，殆无以过。于今西土，以为美谈。夫旌德礼贤，化道之所先，崇表殊节，圣哲之上务。方今六合未康，豺狼当路，遗黎偷薄，义声弗闻，益宜振起道义之徒，以敦流遁之弊。若秀蒙蒲帛之征，足以镇静颓风，轨训嚣俗；幽遐仰流，九服知化矣。"及萧敬叛乱，避难宕渠川中，乡人宗族冯依者以百数。秀年八十，众人以其笃老，欲代之负担，秀拒曰："各有老弱，当先营救。吾气力自足堪此，不以垂朽之年累诸君也。"后十余年，卒于家。

【译文】谯周，字允南，巴西西充国人。他的父亲谯岍，字荣始，研究过《尚书》，同时精通各种儒家经典以及图篆谶纬。州郡征召邀请他，他都不应召，州府就地让他代理师友从事。谯周从小失去父亲，和舅父住在一起。长大以后，他沉湎在古书中勤奋学习，家里虽然贫穷却不治理产业，诵读典籍时，常高兴得自己笑起来，以至于忘记了睡觉和吃饭。谯周精心研究六经，尤其擅长写书信。他很懂得天文，但不致力于研究天文，诸子百家的著作，不是心里所喜欢的，便不去通读。谯周身高八尺，形貌朴素，他的性情待人真诚，不加任何掩饰，他没有急中生智、能言善辩的才能，内心却有见识，很机敏。

建兴年间，丞相诸葛亮兼任益州牧，任命谯周为劝学从事。诸葛亮在战场上去世，谯周在家中听到音信，马上飞奔前往，不久有诏书禁止到那里去，只有谯周因为急速赶路得以到达。大将军蒋琬兼任刺史时，调任谯周为典学从事，统理益州的学者。

刘禅策立太子后，任命谯周担任仆，后转任家令。当时刘禅经常外出游玩，不断增加声色娱乐的享受。谯周上书劝谏说：

过去王莽败亡以后，豪杰同时兴起，占据州郡，都想篡取帝王之位，这时贤能的人才、有谋略的人士思念、仰慕可归附的人，他们不一定根据他势力的大小，只是看他德行的厚薄。因此当时更始皇帝、公孙述以及许多拥有部众的人，多数人的势力已经壮大，然而他们没有谁不随心所欲地享乐，放弃了积德行善，只管外出打猎吃喝玩乐，却不体恤民众。世祖光武帝刚刚进入河北的时候，冯异等人劝他说："应该做别人做不到的事情。"于是世祖致力于审理冤案，节约俭省吃喝用度，行动遵守法度，因此北方州郡的民众都歌颂赞叹，世祖的声望传到四方边远地区。于是邓禹从南阳追随他，吴汉和寇恂不认识世祖，只是在远方听说他的德行，就使用随机应变的计谋，率领渔阳和上谷的精兵，在广阿迎接世祖。其余那些看到世祖的声势，仰慕他的德行的人，如邳彤、耿纯、刘植一类，以及那些身患疾病、携带棺材，用襁褓背着婴儿来投奔世祖的人数不胜数，因此世祖才能以弱胜强，杀死王郎，吞并铜马军，挫败赤眉军从而完成帝王大业。到了洛阳以后，世祖曾经打算短时间的出游，车驾已经准备好，铫期劝谏说："天下还没安宁，我实在不希望陛下身着便服多次外出。"世祖马上就调车而回。等到征讨隗嚣时，颍川的强盗兴起闹事，世祖回到洛阳，只派寇恂前往，寇恂说："颍川由于陛下远征，因此奸险狡猾的人才起兵叛乱，他们不知道陛下已经回来，恐怕不会及时降顺。如果您亲自到那里去，颍川的盗贼一定马上投降。"世祖就亲临颍川，结果正像寇恂所说的那样。因此，如果不是急需办理的事情，想短期出游也不敢，遇到急需办理的事情，想自己安歇也不行，从前的帝王就是这样期望行善！因此，经传里面说"百姓不平白无故地归附"，他们的确把德行放在前面。如今汉室正遭受厄运，天下被三家分治，也正是英雄睿智的人才思念仰望贤明君主的时候。陛下生来就极其孝顺，服丧已超过三年，但说话一提到先主就落泪，即使曾参、闵损也赶不上您。您敬重贤人，任用人才，让他们竭尽自己的能力，又胜过周成王和周康王。因此国内同心协力，老幼一起出力，这种情况是我无法一一说尽的。然而我无法抑制我最大的心愿，那就是希望陛下更广泛地做别人做不到的事情。牵引重车的人，他们用力时怕的是人手不多，排除巨大困难的人，他们怕的是良策善谋不广泛，况且承担侍奉宗庙的人，不只是要乞请神灵赐福保佑，而应当率领民众尊祖敬天。至于四季的祭祀，您有时不参加，池塘园林的游乐，您有时频繁出动，我虽然愚钝固执，私下里却感到心神不宁。凡是忧虑重责在身的人，没有闲暇尽情享乐，先帝的志向、统一天下的规划还没有完成，实在不是尽情享乐的时候。希望您减省乐官，减少后宫增修建造的楼馆，只奉行修治先帝部署的工作，对下为子孙厉行节俭作表率。

谯周后来调任中散大夫，仍然侍奉太子。当时军队多次出动，百姓衰败疲弊，谯周与尚书令陈祗议论形势的利害，退朝后便写了下来，称它为《仇国论》。他的文章写道：

因余之国小，而肇建之国大，在世上一起争雄成为仇敌。因余之国有个名叫高贤卿的人，问伏愚子说："如今国家的战事还没有平息，举国上下内心忧愁，在古代的战争中，能以弱胜强的人，他的办法是什么呢？"伏愚子说："我听说，处于大国没有忧患的人经常多行傲慢，处于小国存有忧患的人经常思慕善德。多行傲慢就会产生动乱，思慕善德就会天下太平，这是治理国家的规律。所以周文王养育百姓，结果以少取多；勾践体恤民众，结果以弱胜强，这就是他们的办法。"高贤卿说："过去项羽强大而刘邦衰弱，彼此争战，没有一天安定平息，然而项羽与刘邦约定以鸿沟作为分界，各自打算让百姓回家休息。张良却认为如果民心已定，就难以撼动了，不久率军追击项羽，最终把项羽置于死地，难道必须按照文王的先例办事吗？肇建之国当前正有灾患，我们趁着这个机会，攻破它的边境，等待它的灾患加重就把它消灭。"伏愚子说："在殷与周易代之际，王侯世代尊宠，君臣关系长久稳固，百姓习惯了他们君主的统治。根基深厚的人难以拔除，凭借险固的人难以驱赶，在这种时候，即使是汉高祖又怎么能持剑策马而夺取天下呢？当秦朝废除封侯、设置郡县以后，百姓因秦朝的劳役繁多而疲惫不堪，天下土崩瓦解，有时一年就改换君主，有时一个月就变换主公，百姓如同惊飞的群鸟、惊骇的野兽，不知该听从谁的指挥，这时豪强一起竞争，像虎狼争夺猎物一样分裂国土，快速搏击的人获取最多，行动迟缓的就被吞并。如今我们和肇建之国全都传授国柄改朝换代，一方面不是秦朝末年那种纷乱动荡的时候，另一方面又的确有六国同时割据的形势，因此我们可以成为周文王，却难以成为汉高祖。如果民众疲劳，那么动乱不安的征兆就会滋生，上面傲慢下面残暴，那么土崩瓦解的形势就会出现。谚语说：'射箭如果希望屡屡射倒敌人，就不如仔细看清楚再射出。'因此聪明的人不因微小的利益而转移视线，不为主观猜测而改变计划，只有时机许可然后再行动，运数相合才兴师动众，所以过去商汤和周武王的军队用不着第二次作战就能取胜，的确是因为他们看重民力又能审时度势。如果穷兵黩武，一旦土崩瓦解的形势出现，不幸遇到灾难，即使是有智谋的人也不能为他出谋划策了。至于那些变幻莫测，纵横捭阖，出没无常，无孔不入，冲击波涛，拦截车路，飞过深谷，跨越群山，不凭借船桨而渡过盟津的行为，我是个愚人，这实在是我的智虑达不到的。”

谯周后来又升任光禄大夫，官位仅次于九卿。谯周虽然不参与政事，却因儒雅的操行受到尊敬，人们有时向他询问重大的问题，他总是引经据典给以回答，而且年轻人中喜欢追根究底的人，也会到他那里咨询疑惑不解的问题。

景耀六年冬天，魏国大将军邓艾攻下江由以后，以不可阻挡的气势向前推进。而蜀国本来认为敌军不会马上来到，就没进行城池守备的安排，等到听说邓艾已经进入阴平时，百姓动乱不安，全都逃散到山野，无法禁止。刘禅让群臣集会商议，也没有谁能想出好计策。有人认为蜀与吴本来是友好的国家，可以逃往吴国；有人认为南中的七个郡陡峭险峻，易于凭借天险自我防守，可以向南逃亡。只有谯周认为：“自古以来，没有寄居在别的国家而仍为天子的人，假如到了吴国，肯定要称臣。况且为政的规律没有差别，就是大的能吞并小的，这个道理是自然的。由此说来，那么魏国能吞并吴国，吴国不能吞并魏国，这是显而易见的。同样是称臣，做小国的臣哪里比得上做大国的臣呢？两次蒙受耻辱，与蒙受一次耻辱相比，怎么样呢？况且假如打算逃往南方，就应该尽早为它谋划，然后才能实行。如今大敌已经逼近，灾难和灭亡就要到来，小人们的心没有一个是可确信的，恐怕到启程的时候，他们又要出现意想不到的变化，哪里还有到南方去的可能呢！”群臣中有人质问谯周说：“如今邓艾已经离我们不远了，恐怕魏国不会接受我们投降，对此该怎么办呢？”谯周说：“如今东吴还没有归顺魏国，事情发展的态势让魏国不能不受降，他们接受了我们的投降以后，不能不以礼对待我们。假如陛下降顺了魏国，而魏国不分割土地封给陛下的话，我请求亲自到京城，用古代的道义为此事争辩。”大家没有什么办法可以改变谯周说的道理。

刘禅仍然对逃往南方的事迟疑不定，谯周上书说：“有人说陛下由于魏国军队深入蜀国，有打算到南方去的想法，我认为这不是安稳的计策。为什么呢？南方是边远民族居住的地方，平常不为朝廷效劳，而且多次反叛，自从诸葛丞相南征后，由于军队的威力逼迫他们，他们无路可走才勉强归顺。从这以后他们才向朝廷交纳赋税，朝廷得到后供给军队，由此结下怨恨，他们是祸害国家的人。现在朝廷因为处境困难，情况危急，打算到那里去依赖他们，恐怕他们必定又要反叛，这是第一点。北方的军队到这里来，不只是得到蜀郡就肯罢休了，假如我们逃往南方，魏军一定趁着我们人力衰竭的时机，及时向前追赶，这是第二点。假如到了南方，对外我们要抵抗敌军，对内要供给衣服车马等用品，开支必定扩大，没有别的地方可以得到钱财物资，那么对各地边民的损耗必将过度，一定会逼迫他们更快地反叛，这是第三点。过去王郎在邯郸自立为帝，当时世祖光武帝在信都，害怕受到王郎的威胁，想放弃信都回到关中。邳彤劝谏说：‘如果您向西返回关中，那么邯郸城的百姓不肯抛弃父母，背叛邯郸城的主公，而到千里之外护送您，他们的逃亡背叛是必然的了。’世祖听从了邳彤的劝说，于是攻克了邯郸。现在魏军一到，陛下就向南逃跑，我的确担心邳肜的话会在今天得到证实，这是第四点。希望陛下尽早为此谋划，就可以得到封爵和土地。假如最终逃到南方，大势已去才降服，那时的祸害一定十分深重。《周易》说：'亢字说的是，只知获得而不知丧失，只知生存而不知灭亡，了解得失存亡而又不失去中正准则的人，恐怕只有圣人吧！'说的是圣人懂得天命而不固执己见。因此尧和舜认为自己的儿子不好，知道上天要把帝位另外授予他人，就主动请求传授给别人。他们的儿子虽然不成器，在灾祸还没萌生时，尧、舜已经接受上天的符命把帝位授予了别人，更何况现在已经大难临头了呢！从前微子以殷纣王哥哥的身份，反绑双手、嘴里含着玉璧而归顺了周武王，难道他喜欢这样做吗？他是迫不得已的。"于是刘禅就接受了谯周的建议。后来刘氏没有忧患，一国的人都蒙受好处，就是因为采用了谯周的计策。

当时晋文王担任魏国的相国，由于谯周有保全蜀国的功劳，就把他封为阳城亭侯。晋文王又下达文书征召谯周，他出发后到了汉中，为疾病所困不能再往前走。咸熙二年夏天，巴郡人文立从洛阳回蜀郡时，拜访谯周。在谈话中间，谯周就在手版上写字让文立看，上面写着："典午忽兮，月酉没兮。"典午说的是司马，月酉指的是八月，到八月时晋文王司马昭果然去世。晋国新帝继位后，接连下诏书给谯周所在的地方官府，让他们敦促谯周出发。谯周这才带病前往洛阳，泰始三年到达。谯周因病卧床不起，朝廷就到他家任命他为骑都尉，谯周说自己没有功劳却受到封赏，请求交还爵位和封赏的土地，朝廷都没答应。

泰始五年，我曾经担任本郡的中正，工作结束之后，我就请求休假回家，到谯周那里向他告别。谯周告诉我说："过去孔子七十二岁、刘向和扬雄七十一岁时去世，现在我的年纪超过了七十岁，我向往和仰慕孔子遗留下来的风尚，可以与刘向和扬雄并驾齐驱，恐怕不超过明年，我一定就会长久地离去了，我们不会再见面了。"我怀疑谯周是凭借道术知道的，只是以此为借口说出来而已。泰始六年秋天，任谯周为散骑常侍，他由于病重没有接受任命，到冬天就去世了。总括谯周撰写的文章，他撰写了《法训》《五经论》《古史考》之类一百多篇。谯周有三个儿子：谯熙、谯贤和谯同。小儿子谯同非常喜爱谯周的学业，因为他为人处事忠诚、质朴，被推举为孝廉，升为锡县县令、东宫洗马，朝廷征召，他不去就任。

郤正

【原文】郤正，字令先，河南偃师人也。祖父俭，灵帝末为益州刺史，为盗贼所杀。会天下大乱，故正父揖因留蜀。揖为将军孟达营都督，随达降魏，为中书令史。正本名纂，少以父死母嫁，单茕只立，而安贫好学，博览坟籍。弱冠能属文，入为秘书吏，转为令史，迁郎，至令。性澹于荣利，而尤耽意文章，自司马、王、扬、班、傅、张、蔡之俦遗文篇赋，及当世美书善论，益部有者，则钻凿推求，略皆寓目。自在内职，与宦人黄皓比屋周旋，经三十年。皓从微至贵，操弄威权，正既不为皓所爱，亦不为皓所憎，是以官不过六百石，而免于忧患。

依则先儒,假文见意,号曰《释讥》,其文继于崔骃《达旨》。其辞曰:

或有讥余者曰:“闻之前记,夫事与时并,名与功偕,然则名之与事,前哲之急务也。是故创制作范,匪时不立;流称垂名,匪功不记。名必须功而乃显,事亦俟时以行止,身没名灭,君子所耻。是以达人研道,探赜索微,观天运之符表,考人事之盛衰,辩者驰说,智者应机,谋夫演略,武士奋威,云合雾集,风激电飞,量时揆宜,用取世资,小屈大申,存公忽私,虽尺枉而寻直,终扬光以发辉也。今三方鼎跱,九有未乂,悠悠四海,婴丁祸败,嗟道义之沈塞,愍生民之颠沛,此诚圣贤拯救之秋,烈士树功之会也。吾子以高朗之才,珪璋之质,兼览博窥,留心道术,无远不致,无幽不悉。挺身取命,干兹奥秘,踌躇紫闼,喉舌是执,九考不移,有入无出。[①]究古今之真伪,计时务之得失,虽时献一策,偶进一言,释彼官责,慰此素飧,固未能输竭忠款,尽沥胸肝,排方入直,惠彼黎元,俾吾徒草鄙并有闻焉也。盍亦绥衡缓辔,回轨易涂,舆安驾肆,思马斯徂,审厉揭以投济,要夷庚之赫忾,播秋兰以芳世,副吾徒之披图,不亦盛与!”

余闻而叹曰:“呜呼,有若云乎邪! 夫人心不同,实若其面,子虽光丽,既美且艳,管窥筐举,守厥所见,未可以言八纮之形埒,信万事之精练也。”

或人率尔,仰而扬衡曰:“是何言与! 是何言与!”

余应之曰:“虞帝以面从为戒,孔圣以悦己为尤,若子之言,良我所思,将为吾子论而释之。昔在鸿荒,矇昧肇初,三皇应箓,五帝承符,爰暨夏、商,前典攸书。姬衰道缺,霸者翼扶,嬴氏惨虐,吞嚼八区,于是从横云起,狙诈如星,奇邪蜂动,智故萌生。或饰真以仇伪,或挟邪以干荣,或诡道以要上,或鬻枝以自矜。背正崇邪,弃直就佞,忠无定分,义无常经。故鞅法穷而慝作,斯义败而奸成,吕门大而宗灭,韩辩立而身刑。夫何故哉? 利回其心,宠耀其目,赫赫龙章,铄铄车服,偷幸苟得,如反如仄,淫邪荒迷,恣睢自极,和鸾未调而身在辕侧,庭宁未践而栋折榱覆。天收其精,地缩其泽,人吊其躬,鬼芟其额。初升高冈,终陨幽壑,朝含荣润,夕为枯魄。是以贤人君子,深图远虑,畏彼咎戾,超然高举,宁曳尾于涂中,秽浊世之休誉。彼岂轻主慢民,而忽于时务哉? 盖《易》著行止之戒,《诗》有靖恭之叹,乃神之听之而道使之然也。

“自我大汉,应天顺民,政治之隆,皓若阳春,俯宪坤典,仰式乾文,播皇泽以熙世,扬茂化之酞醇,君臣履度,各守厥真。上垂询纳之弘,下有匡救之责,士无虚华之宠,民有一行之迹,粲乎亹亹,尚此忠益。然而道有隆窳,物有兴废,有声有寂,有光有翳。朱阳否于素秋,玄阴抑于孟春,羲和逝而望舒系,运气匿而耀灵陈。冲、质不永,桓、灵坠败,英雄云布,豪杰盖世,家挟殊议,人怀异计,故从横者欻披其胸,狙诈者暂吐其舌也。今天纲已缀,德树西邻,丕显祖之宏规,縻好爵于士人,兴五教以训俗,丰九德以济民,肃明祀以礿祭,几皇道以辅真。虽跱者未一,伪者未分,圣人垂戒,盖均无贫。故君臣协美于朝,黎庶欣戴于野,动若重规,静若叠矩。济济伟彦，元凯之伦也；有过必知，颜子之仁也；侃侃庶政，冉、季之治也；鹰扬鸷腾，伊、望之事也。总群俊之上略，含薛氏之三计，敷张、陈之秘策，故力征以勤世，援华英而不遑，岂暇修枯箨于榛秽哉！

"然吾不才，在朝累纪，托身所天，心焉是恃。乐沧海之广深，叹嵩岳之高跱，闻仲尼之赞商，感乡校之益己，彼平仲之和羹，亦进可而替否，故蒙冒瞽说，时有攸献，譬遒人之有采于市闾，游童之吟咏乎疆畔，庶以增广福祥，输力规谏。若其合也，则以暗协明，进应灵符；如其违也，自我常分，退守己愚。进退任数，不矫不诬，循性乐天，夫何恨诸？此其所以既入不出，有而若无者也。狭屈氏之常醒，浊渔父之必醉，溷柳季之卑辱，褊夷、叔之高怼。合不以得，违不以失，得不充诎，失不惨悸，不乐前以顾轩，不就后以虑轾，不鬻誉以干泽，不辞愆以忌绌。何责之释？何飧之恤？何方之排？何直之入？九考不移，固其所执也。

"方今朝士山积，髦俊成群，犹鳞介之潜乎巨海，毛羽之集乎邓林，游禽逝不为之鲜，浮鲂臻不为之殷。且阳灵幽于唐叶，阴精应于商时，阳盱请而洪灾息，桑林祷而甘泽滋。[②]行止有道，启塞有期。我师遗训，不怨不尤，委命恭己，我又何辞？辞穷路单，将反初节，综坟典之流芳，寻孔氏之遗艺，缀微辞以存道，宪先轨而投制。韪叔肸之优游，美疏氏之遐逝，收止足以言归，泛皓然以容裔，欣环堵以恬娱，免咎悔于斯世。顾兹心之未泰，惧末涂之泥滞，仍求激而增愤，肆中怀以告誓。昔九方考精于至贵，秦牙沉思于殊形；[③]薛烛察宝以飞誉，[④]瓠梁托弦以流声；[⑤]齐隶拊髀以济文，[⑥]楚客潜寇以保荆；[⑦]雍门援琴而挟说，[⑧]韩哀秉辔而驰名；[⑨]卢敖翱翔乎玄阙，若士竦身于云清。[⑩]余实不能齐技于数子，故乃静然守己而自宁。"

①《尚书》曰：三载考绩，三考黜陟幽明。九考则二十七年。

②《淮南子》曰：禹为水，以身请于阳盱之河，汤苦旱，以身祷于桑林之际，圣人之忧民，如此其明也。◎《吕氏春秋》曰：昔殷汤克夏桀而天下大旱，三年不收，汤乃以身祷于桑林曰："余一人有罪，无及万方，万方有罪，在余一人，无以一人之不敏，使上帝毁伤民之大命。"汤于是剪其发，𫿭其爪，自以为牺牲，用祈福于上帝。民乃甚悦。雨乃大至。

③《淮南子》曰：秦穆公谓伯乐曰："子之年长矣，子姓有可使求马者乎？"对曰："良马者，可以形容筋骨相也。相天下之马者，若灭若没，若失若亡，其一若此马者，绝尘弭辙。臣之子皆下才也，可告以良马而不可告以天下之马。天下之马，臣有所与共儋缠采薪九方堙，此其相马，非臣之下也，请见之。"穆公见之，使之求马，三月而反，报曰："已得马矣，在于沙丘。"穆公曰："何马也？"对曰："牝而黄。"使人往取之，牡而骊。穆公不悦，召伯乐而问之曰："败矣，子之所使求马者也！毛物牝牡尚弗能知，又何马之能知？"伯乐喟然太息曰："一至此乎！是乃所以千万臣而无数者也。若堙之所观者天机也，得其精而忘其粗，在其内而忘其外，见其所见而不见其所不见，视其所视而遗其所不视，若彼之所相者，乃有贵乎马者。"马至，而果天下之马也。◎《淮南子》又曰：伯乐、

寒风、秦牙、葛青，所相各异，其知马一也。盖九方观其精，秦牙察其形。

④《越绝书》曰：昔越王句践有宝剑五枚，闻于天下。客有能相剑者名薛烛，王召而问之："吾有宝剑五，请以示子。"乃取豪曹、巨阙，薛烛曰："皆非也。"又取纯钩、湛卢，烛曰："观其剑抄，烂烂如列宿之行；观其光，浑浑如水之将溢于塘；观其文，涣涣如冰将释。此所谓纯钩邪？"王曰："是也。"王曰："客有直之者，有市之乡三，骏马千匹，千户之都二，可乎？"薛烛曰："不可。当造此剑之时，赤堇之山破而出锡，若邪之溪涸而出铜，雨师扫洒，雷公击鼓，太一下观，天精下之，欧冶乃因天之精，悉其伎巧，一曰纯钩，二曰湛卢。今赤堇之山已合，若邪之溪深而不测，欧冶子已死，虽倾城量金，珠玉竭河，独不得此一物。有市之乡三，骏马千匹，千户之都二，亦何足言与！"

⑤《淮南子》曰：瓠巴鼓瑟而鳣鱼听之。又曰：瓠梁之歌可随也，而以歌者不可为也。

⑥ 臣松之曰：按此谓孟尝君田文下坐客，能作鸡鸣以济其厄者也。凡作鸡鸣，必先拊髀，以效鸡之拊翼也。

⑦《淮南子》曰：楚将子发好求技道之士。楚有善为偷者，往见曰："闻君求技道之士，臣偷也，愿以技备一卒。"子发闻之，衣不及带，冠不暇正，出见而礼之。左右谏曰："偷者，天下之盗也，何为礼之？"君曰："此非左右之所得与。"后无几何，齐兴兵伐楚。子发将师以当之，兵三却。楚贤大夫皆尽其计而悉其诚，齐师愈强。于是卒偷进请曰："臣有薄技，愿为君行之。"君曰："诺。"偷即夜出，解齐将军之帱帐，而献之子发。子发使人归之，曰："卒有出采薪者，得将军之帐，使使归于执事。"明日又复往取枕，子发又使归之。明日又复往取簪，子发又使归之。齐师闻之大骇，将军与军吏谋曰："今日不去，楚军恐取吾头矣！"即旋师而去。

⑧ 桓谭《新论》曰：雍门周以琴见，孟尝君曰："先生鼓琴，亦能令文悲乎？"对曰："臣之所能令悲者，先贵而后贱，昔富而今贫，摈压穷巷，不交四邻；不若身材高妙，怀质抱真，逢谗罹谤，怨结而不得信；不若交欢而结爱，无怨而生离，远赴绝国，无相见期；不若幼无父母，壮无妻儿，出以野泽为邻，入用堀穴为家，困于朝夕，无所假贷；若此人者，但闻飞鸟之号，秋风鸣条，则伤心矣，臣一为之援琴而长太息，未有不凄恻而涕泣者也。今若足下，居则广厦高堂，连闼洞房，下罗帷，来清风；倡优在前，谄谀侍侧，扬激楚，舞郑妾，流声以娱耳，练色以淫目；水戏则舫龙舟，建羽旗，鼓钓乎不测之渊；野游则登平原，驰广囿，强弩下高鸟，勇士格猛兽；置酒娱乐，沈醉忘归。方此之时，视天地曾不若一指，虽有善鼓琴，未能动足下也。"孟尝君曰："固然！"雍门周曰："然臣窃为足下有所常悲。夫角帝而困秦者君也，连五国而伐楚者又君也。天下未尝无事，不从即衡，从成则楚王，衡成则秦帝。夫以秦、楚之强而报弱薛，犹磨萧斧而伐朝菌也，有识之士，莫不为足下寒心。天道不常盛，寒暑更进退，千秋万岁之后，宗庙必不血食。高台既已倾，曲池又已平，坟墓生荆棘，狐狸穴其中，游儿牧竖踯躅其足而歌其上曰：'孟尝君之尊贵，亦犹若是乎！'"于是孟尝君喟然太息，涕泪承睫而未下。雍门周引琴而鼓之，徐动宫徵，叩角羽，终而成曲，孟尝君遂歔欷而就之曰："先生鼓琴，令文立若亡国之人也。"

⑨《吕氏春秋》曰：韩哀作御。◎王褒《圣主得贤臣颂》曰：及至驾啮膝，参乘旦，

王良执靶，韩哀附舆，纵驰骋骛，忽如景靡，过都越国，蹶如历块，追奔电，逐遗风，周流八极，万里一息，何其辽哉！人马相得也。

⑩《淮南子》曰：卢敖游乎北海，经乎太阴，入乎玄阙，至于蒙毂之上，见一士焉，深目而玄准，戾颈而鸢肩，丰上而杀下，轩轩然方迎风而舞，顾见卢敖慢然下其臂，遁逃乎碑下。卢敖俯而视之，方卷龟壳而食合梨。卢敖乃与之语曰："惟敖为背群离党，穷观于六合之外者，非敖而已乎！敖幼而好游，长不喻解，周行四极，惟北阴之不窥，今卒睹夫子于是，子殆可与敖为交乎！"若士者龠然而笑曰："嘻乎！子中州民，宁肯而远至此？此犹光乎日月而戴列星，阴阳之所行，四时之所生，此其比夫不名之地，犹突奥也。若我南游乎罔罠之野，北息乎沈墨之乡，西穷冥冥之党，东贯鸿蒙之光，此其下无地而上无天，听焉无闻，视焉则眴，此其外犹有沈沈之汜，其余一举而千万里，吾犹未能之在。今子游始至于此，乃语穷观，岂不亦远哉！然子处矣，吾与汗漫期于九垓之上，吾不可以久。"若士举臂而竦身，遂入云中。卢敖仰而视之，弗见乃止，曰："吾比夫子也，犹黄鹄之与壤虫，终日行不离咫尺，自以为远，不亦悲哉！"

景耀六年，后主从谯周之计，遣使请降于邓艾，其书正所造也。明年正月，钟会作乱成都，后主东迁洛阳，时扰攘仓卒，蜀之大臣无翼从者，惟正及殿中督汝南张通，舍妻子单身随侍。后主赖正相导宜适，举动无阙，乃慨然叹息，恨知正之晚。时论嘉之。赐爵关内侯。泰始中，除安阳令，迁巴西太守。泰始八年诏曰："正昔在成都，颠沛守义，不违忠节，及见受用，尽心干事，有治理之绩，其以正为巴西太守。"咸宁四年卒。凡所著述诗论赋之属，垂百篇。

【译文】郤正，字令先，河南偃师人。他的祖父名郤俭，在汉灵帝末年担任益州刺史，被盗贼杀死。正赶上天下大乱，因此郤正的父亲郤揖就留在蜀郡。郤揖担任将军孟达的营都督，后来跟随孟达投降了魏国，担任中书令史。郤正原名叫郤纂，从小因为父亲死去，母亲改嫁，而一个人孤零零地生活，但他安于贫困、喜欢学习，广泛地阅读古代典籍。郤正成年后善于写文章，入官担任秘书吏，后来调任令史，升为郎，官位升到郎中令。郤正的禀性淡泊名利，特别专心于研究文学作品，从司马相如、王褒、扬雄、班固、傅毅、张衡、蔡邕等人遗存下来的散文、诗歌、辞赋，到当代优美的作品和精妙的论说，凡是益州有的，他都找来钻研探讨，几乎全都读过。郤正自从到宫廷内任职以后，和宦官黄皓相邻共事，应酬往来，经历了三十年时间。黄皓的地位从卑微到显贵，把持朝政，玩弄权术，郤正既不被黄皓喜爱，也没有被他憎恨，因此官职的级别不超过六百石，却避免了祸患。

郤正效法前代的学者，借助文章袒露内心的想法，写下了名叫《释讥》的作品，这篇文章继崔骃的《达旨》而作。他在文章中写道：

有人责难我说："从过去的记载中得知，事业和时代并举，名气和功绩共存，这样的话，那么名声和事业，就是前代贤人急迫追求的东西。因此法规设置，假如不符合时代要求就不能建立；传扬美名，如果没有功劳就不能载入史册。名声一定要等待建功之后才能传扬，事业也要等待时机才能去建立，人死名灭，是君子的耻辱。因此通达知命的人研究天道伦理，窥测幽深的至理，探求隐微的道术，观察天体运行时出现的吉祥征兆，考察人世间各种事情的兴衰变化，能言善辩的人奔走游说，足智多谋的人顺应时机，运筹帷幄的人推演谋略，勇武善战的人振奋声威，他们如同云合雾集，疾风闪电，观察时机把握事宜，以取得处世的资本，稍微委屈自己，从而大显身手，关注国家大事，轻视个人私欲，虽然曲折一尺却能伸展八尺，并最终光芒四射，耀彩喷发。如今魏、蜀、吴三国鼎立，九州还没有太平，辽阔的四海正面临灾祸毁灭，道德仁义的沦丧令人感叹，生民百姓的流离艰难让人哀怜，这的确是圣人贤人拯救危难的时机，有志建功立业的人建立功业的机遇。您凭着高明的才干，宝玉一样的美德，广泛地阅读和探求典籍，关注道德学术，无论多远您都能达到，无论多么幽深您都能通晓。您挺身接受任命，主持撰写宫廷机密文件的工作，在帝王左右从容自得，执掌国家重臣的职责，历经九次政绩考核而您所任职务没有变动，入宫奉职后从未调出。您探求古今事理的真伪，考虑当代事务的得失，即使有时呈献一项计策，偶尔进献一番谏言，以此应付您所任官职的责任，以此无愧于国家的俸禄，但您根本无法竭尽忠诚，披肝沥胆，发扬仁德，进献直言，惠顾那些百姓，使我们这些粗野鄙陋的人同时也有出头之日。既然如此，您何不也止住车辕，放松缰绳，掉转车头，改换道路，使您的车辆安然轻松，使您的马可以随意行走，看清深浅再涉水渡河，寻找光明美好的平坦大道，播种秋兰以流芳百世，帮助我们这些人开拓学业，这不也是一件盛事吗！”

我听完这番话感慨地说：“哎呀，竟然有这样说话的人！人心不同，的确就像人的容貌一样，您虽然表面上光彩明丽，既美好又鲜艳，然而却是以管窥天，以筐举海，拘泥于自己的见识，对您是不可以谈及天体八纮的形貌迹象，也不能陈说万种事物的发展变化的。”

有人不加思索，把头一扬，坚起眉毛说道：“这说的是什么话！这说的是什么话！”

我回答他说：“虞舜帝对表面顺从的人加以防备，孔圣人把讨好自己看成罪过，至于您说的话，的确是我想到的，我将要向您谈论并加以解释。从前在远古时代，人们刚开始脱离蒙昧状态，三皇顺应上天的符箓，五帝承受祥瑞的符兆，至于夏、商两代的事，前代的典籍已有所记载。姬周衰亡，道术废缺，成就霸业的人辅佐天下，秦国的嬴氏凶残暴虐，吞并八方，于是合纵连横的斗争如风云兴起，诡骗欺诈的方术如繁星罗列，谄媚奉迎的行为如群蜂飞舞，花言巧语的辞令如百草萌生。有的人掩饰真相来兜售虚伪，有的人心怀奸邪来求取富贵，有的人歪曲道义来要挟君主，有的人卖弄技巧来夸耀自己。他们背离正道，崇尚邪恶，放弃正义，趋向奸佞，忠诚没有固定的标准，道义也没有恒常不变的尺度。因此商鞅的法术穷尽，邪恶就兴起；李斯的法度败亡，奸诈就出现；吕不韦的门庭虽大，他的宗族却覆灭了；韩非的巧辩虽然建立了，他自己却被处死。这是什么原因呢？就是因为私利萦绕在他们心中，恩宠照花了他们的眼睛，那显赫的龙旗，灿烂的车马衣服，侥幸苟且得手，就高兴得辗转反侧，邪恶淫逸荒乱，肆无忌惮，自投绝路，以至于车铃的声音还没协调，身体就倒在车辕旁边，宫殿的门庭还没迈入，栋梁就断裂倒塌。上天收走神灵，大地收回恩泽，他们哀悼自己，鬼神皱起额头。他们当初都爬到了高山上，最终都坠落到深谷里，早晨还承受着华贵的恩泽，晚上就变成枯朽的魂魄。因此贤人君子深谋远虑，警惕灾祸，超脱尘俗，举止高尚，宁愿像神龟在泥泞的路上拖着尾巴爬行，鄙弃乱世的美誉。他们那样做难道就是轻视君主、慢待百姓而忽略国家的事务吗？《周易》著有关于进退的告诫，《诗经》中有安静恭敬的感叹，这些都是神灵赞赏的，而且是事物的规律使他们这样做的。

"自从我们大汉创业以来，承接天命顺应民心，国家形势兴隆，朝气勃勃犹如春天的阳光，俯首遵循大地的常规，仰面取法上天的气象，传播皇帝的恩泽使天下光明，发扬淳美的教化使民风淳朴，君臣都执行法度，各自坚守本性。君主张开听谏纳贤的胸怀，臣子担起匡扶天下的责任，世人没有虚假浮华的荣耀，百姓都有品德专一的行为，人们欢天喜地地奋发图强，崇尚这忠诚的事业。然而道义有强弱，万物有兴衰，有声响也有沉寂，有光明也有阴暗。盛夏的阳光在秋天开始闭塞，冬季的阴气在初春受到抑制，太阳消逝后月亮接替，月亮的气数已尽时太阳的光芒普照大地。汉冲帝、汉质帝短命，汉桓帝、汉灵帝衰败，英雄布满天下，豪杰充满当世，家家持有不同的主张，人人心怀不同的打算，因此玩弄纵横权略的人忽然敞开他们的胸怀，策划诡诈阴谋的人蓦地吐出他们的言论。如今国法已经被废弃，恩德在西邻树起，他们光大先祖宏伟的事业，限制士人谋官的野心，振兴五教以导引习俗，广施九德以救助百姓，整饬神明的祭祀以保证四时供享，考察帝王治世的规律以辅佐真命天子。虽然割裂的天下还没有统一，虚假的君主还没有剔除，但圣人给后代留下的训诫，就是如果财富平均，就无所谓贫穷。所以君臣在朝廷上协调和美，百姓在田野间拥戴帝王，朝堂内外，君臣上下，做任何事都中规中矩。人才济济，都是八元八凯那样的人物；有错必知，都有颜回那样的仁德；谈论政务，都有冉求、仲由那样的才干；鹰飞鸷跃，都能像伊尹和吕望那样的勤劳。总括各位俊杰的上等谋略，制定像薛公为汉高祖呈献的那三种计谋一样的计策，展示出像张良、陈平那样神秘的奇策，因此他们努力征伐而为天下效力，攀折鲜花尚且来不及，哪里有闲工夫在杂草之中搜寻枯枝败叶呢！

"然而我没有才能，在朝廷已任职多年，献身皇上，全靠自己的忠心。我喜欢大海广阔深邃，赞叹嵩山高耸挺拔，听说孔子对子夏的赞扬，感慨乡校对自己的好处像晏婴善于调和鼎镬，增加美味而去掉不好的气味，因此我那些昏昧愚陋的主张，也经常有被采纳的部分，好像遒人在街市闾巷中采集民谣，游玩的儿童在田边唱歌一样，只希望增加福祚和吉祥，因而尽力规劝讽谏帝王。如果谏言与帝王的心思吻合，那么就能用自己昏昧愚陋的想法协助君主的圣明，我就继续做官以顺应神灵的符命；如果谏言与君主的心意相背离，那我就常常自我辨明，退而安守自己的愚钝。无论进退都听凭命运的安排，不弄虚作假，不欺世盗名，顺应本性，乐从天命，那又有什么可遗憾的呢？这就是我入宫任职以后不曾被黜出，有官位却好像没有一样的原因。我觉得屈原总是清醒未免狷介，渔父必然醉酒未免污浊，柳下惠自甘屈辱未免污秽，伯夷、叔齐看重怨愤未免小气。与君主相合时不因此自得，与君主背离时不因此失意，得志时不裹足不前，失意时不悲伤恐惧，不因为乐于前进就一心抬高自己，不因为向后倒退就害怕贬低自己，不沽名钓誉以获取利禄，不为了免于废黜就推脱过失。我有什么样的责任要解脱呢？有什么饱食终日的忧虑需要排遣？有什么道义要发扬？有什么直言要进谏？我之所以历经九次考核而没有改变官职，本就是我奉行我处世原则的结果。

"如今朝廷官员堆积如山，俊杰贤人成群结队，就像小鱼是隐藏在大海里，禽鸟聚集在邓林中，鸟儿消逝，邓林中的禽兽不因此而减少，游鱼到来，大海中的鱼虾不因此而增加。况且太阳在唐尧之世也曾暗昧，月亮在殷商时期也曾有过应验，大禹在阳盱祭天才使洪水灾害平息，商汤在桑林祷告才使雨露滋润大地。万物的动静进退都有规律，生死屈伸都有期限。我的先师孔子曾留下训诫，不怨天，不尤人，听从命运，端正自己，我还有什么可说的呢？我的话已说尽，路已经走完，我将返回到当初的志向，综合经典优秀的典籍，寻求孔子遗留的学术，以委婉的言辞以保存道义，效法祖先的法规以契合今制。我赞赏叔向的悠闲自得，颂扬疏广的远远隐去，知止知足告归乡里，泛波江海以安享余年，身居陋室而安逸快乐，远离尘世而免除了灾祸。只是我这颗心没有安定，惧怕晚年思想拘泥阻滞，所以不断寻求激励而加倍努力，坦露内心感情以请求受命。从前九方皋考察马的内在神气而得到良马，秦牙相马则仔细察看不同的体形；薛烛由于擅长识别宝剑而名声远扬，瓠梁善于演奏歌唱而使美名流传；齐国的食客凭着手拍大腿、模仿鸡叫而解救了田文，楚国的宾客暗地里到敌军中偷窃从而保全了荆楚；雍门周持琴弹奏从而婉言相劝，韩哀善于驾车使名声大振；卢敖能在玄阙翱翔，若士可以挺身钻入清云中间。我确实没有这些人的技艺，因此只能沉静自守以使自己获得安宁。"

景耀六年，刘禅听从了谯周的计策，派遣使者到邓艾那里请求归降，请降的书信是由郤正执笔写成的。第二年正月，钟会在成都作乱，刘禅向东迁往洛阳，当时局势纷乱动荡，蜀国的大臣没有人随从保护刘禅，只有郤正和殿中督汝南人张通，舍弃了妻子儿女，只身随行侍从。刘禅依赖着郤正辅佐引导得当，一举一动没有什么过错，这才感慨叹息，遗憾了解郤正了解得太晚了。当时的舆论都十分赞扬他。郤正被赐爵为关内侯。泰始年间，郤正被任命为安阳县令，又升任巴西太守。泰始八年晋帝下达诏书说："过去郤正在成都时，世道混乱他却能守住节义，不违背忠君的气节，等到被任用时，竭尽心思办事，有突出的政绩，任命郤正为巴西太守。"郤正在咸宁四年去世。他创作的诗歌、文论、辞赋等作品将近一百篇。

【原文】评曰：杜微修身隐静，不役当世，庶几夷、皓之概。周群占天有征，杜琼沉默慎密，诸生之纯也。许、孟、来、李，博涉多闻，尹默精于《左氏》，虽不以德业为称，信皆一时之学士。谯周词理渊通，为世硕儒，有董、扬之规。郤正文辞灿烂，有张、蔡之风，加其行止，君子有取焉。二子处晋事少，在蜀事多，故著于篇。①

① 张璠以为谯周所陈降魏之策，盖素料刘禅懦弱，心无害戾，故得行也。如遇忿肆之人，虽无他算，然矜殉鄙耻，或发怒妄诛，以立一时之威，快其斯须之意者，此亦夷灭之祸云。

【译文】评论说：杜微修养身心，隐逸守静，不受当时朝廷的驱使，与伯夷、商山四皓的气概差不多。周群占卜天象，十分灵验，杜琼沉默寡言，谨慎细密，他们是众儒生中的精华。许慈、孟光、来敏和李譔，他们全都博学多知，尹默精通《春秋左氏传》，虽然他们没有凭着德行和事业被人称道，但他们的确都是一世的博学之士。谯周的文辞精深，文章条理贯通，是一世的大儒，具有董仲舒和扬子云的规范。郤正的文章词采灿烂，具有张衡和蔡邕的风格，再加上他的品行，在他身上有值得君子学习的东西。这两个人在晋朝时的事迹少，在蜀国时的事迹多，因此在这篇当中记述。

卷四十三　蜀书十三

黄李吕马王张传第十三

黄权　黄崇

【原文】黄权，字公衡，巴西阆中人也。少为郡吏，州牧刘璋召为主簿。时别驾张松建议，宜迎先主，使伐张鲁。权谏曰："左将军有骁名，今请到，欲以部曲遇之，则不满其心，欲以宾客礼待，则一国不容二君。若客有泰山之安，则主有累卵之危。可但闭境，以待河清。"璋不听，竟遣使迎先主，出权为广汉长。及先主袭取益州，将帅分下郡县，郡县望风景附，权闭城坚守，须刘璋稽服，乃诣先主。先主假权偏将军。① 及曹公破张鲁，鲁走入巴中，权进曰："若失汉中，则三巴不振，此为割蜀之股臂也。"于是先主以权为护军，率诸将迎鲁。鲁已还南郑，北降曹公，然卒破杜濩、朴胡，杀夏侯渊，据汉中，皆权本谋也。

①徐众《评》曰：权既忠谏于主，又闭城拒守，得事君之礼。武王下车，封比干之墓，表商容之闾，所以大显忠贤之士，而明示所贵之旨。先主假权将军，善矣，然犹薄少，未足彰忠义之高节，而大劝为善者之心。

先主为汉中王，犹领益州牧，以权为治中从事。及称尊号，将东伐吴，权谏曰："吴人悍战，又水军顺流，进易退难，臣请为先驱以尝寇，陛下宜为后镇。"先主不从，以权为镇北将军，督江北军以防魏师，先主自在江南。及吴将军陆议乘流断围，南军败绩，先主引退。而道隔绝，权不得还，故率将所领降于魏。有司执法，白收权妻子。先主曰："孤负黄权，权不负孤也。"待之如初。①

①臣松之以为：汉武用虚罔之言，灭李陵之家；刘主拒宪司所执，宥黄权之室。二主得失县邈远矣。《诗》云："乐只君子，保艾尔后。"其刘主之谓也。

魏文帝谓权曰："君舍逆效顺，欲追踪陈、韩邪？"权对曰："臣过受刘主殊遇，降吴不可，还蜀无路，是以归命。且败军之将，免死为幸，何古人之可慕也！"文帝善之，拜为镇南将军，封育阳侯，加侍中，使之陪乘。蜀降人或云诛权妻子，权知其虚言，未便发丧，① 后得审问，果如所言。及先主薨问至，魏群臣咸贺而权独否。文帝察权有局量，欲试惊之，遣左右诏权，未至之间，累催相属，马使奔驰，交错于道，官属侍从莫不碎魄，而权举止颜色自若。后领益州刺史，徙占河南。大将军司马宣王深器之，问权曰："蜀中有卿辈几人？"权笑而答曰："不图明公见顾之重也！"宣王与诸葛亮书曰："黄公衡，快士也，每坐起叹述足下，不去口实。"景初三年，蜀延熙二年，权迁车骑将军，仪同三司。② 明年卒，谥曰景侯。子邕嗣。邕无子，绝。

①《汉魏春秋》曰：文帝诏令发丧，权答曰："臣与刘、葛推诚相信，明臣本志。疑

惑未实，请须后问。”

②《蜀记》曰：魏明帝问权：“天下鼎立，当以何地为正？”权对曰：“当以天文为正。往者荧惑守心而文皇帝崩，吴、蜀二主平安，此其征也。”

权留蜀子崇，为尚书郎，随卫将军诸葛瞻拒邓艾。到涪县，瞻盘桓未进，崇屡劝瞻宜速行据险，无令敌得入平地。瞻犹与未纳，崇至于流涕。会艾长驱而前，瞻却战至绵竹，崇帅厉军士，期于必死，临阵见杀。

【译文】黄权，字公衡，巴西郡阆中人。年青时曾任巴西郡吏，益州牧刘璋征召他为主簿。当时别驾张松向刘璋建议，应该迎请刘备入蜀，让他去讨伐张鲁。黄权劝谏刘璋说：“左将军刘备有骁勇善战的名声，现在请他来，若用对待下属那样的方式对待他，则不能满足他的要求，若以宾客之礼对待他，而一国又不能让两位国君同时并存。如果客人的处境稳如泰山，那么主人就会有累卵之危了。现在只可以关闭国境，等待黄河水清天下安定。”刘璋不肯采纳黄权的意见，最终派遣使者去迎接刘备，并让黄权出任广汉县长。到刘备攻取益州之时，其将帅分别攻占州内郡县，各郡县望风归附，而黄权关闭城门坚守城池，直到刘璋投降之后，他才归附刘备。刘备让黄权代理偏将军。曹操打败张鲁后，张鲁逃到巴中，黄权进言说：“如果失去汉中，那么巴东、巴西和巴郡就将连带受损，这是割去蜀国的大腿和胳膊。”于是刘备以黄权为护军，率领诸将去迎接张鲁。张鲁这时已经返回南郑，向北投降了曹操，刘备最终击败杜濩、朴胡，攻杀夏侯渊，占据汉中，都是出于黄权的谋划。

刘备称汉中王后，仍兼益州牧，任用黄权为治中从事。刘备称帝后，准备东伐吴国，黄权劝阻说：“吴人剽悍善战，而且我们的水兵是顺流而下，容易进攻却难于退却，我请求您允许我作为先驱去试探敌人虚实，陛下应该在后面坐镇。”刘备没有听从，任命黄权为镇北将军，督率江北的军队防御魏军，刘备在江南亲自统军作战。后来吴国大将陆议乘流而下完全打乱蜀军部署，致使江南蜀军惨败，刘备率军撤退。然而这时返蜀通道已被阻断，黄权没法返回，便带着自己统领的人马投降了魏国。有关部门依法行事，禀报刘备说已收捕了黄权的妻儿子女。刘备说：“是我辜负了黄权，黄权并没有辜负我。”对待黄权还和当初一样。

魏文帝对黄权说：“你背弃叛逆者而效命于顺应天意的人，是想要仿效陈平和韩信吗？”黄权回答说：“我身受刘备厚恩，不能投降吴国，回蜀又无路可通，所以才归顺了魏国。况且败军之将，能免于一死就很幸运了，哪里还谈得上什么追慕效法古人！”文帝很是欣赏他，任命他为镇南将军，封为育阳侯，加官侍中，让他陪同坐同一辆车。来自蜀国的投降者有人说蜀国已经诛杀了黄权的妻儿子女，黄权知道这是谎言，没有马上发丧，后来得到了准确的消息，果然像黄权所说的那样。刘备病逝的消息传来，魏国群臣都相互庆贺而黄权没有一点欢容。魏文帝察觉到黄权很有气量，想试着惊吓他一下，就派自己的亲信去通知黄权说自己有诏召见，他未到之前，又另派人一个接一个地前去催促，骑马的使者往来奔驰于道路之上，黄权的部属全都吓得心胆俱碎，而黄权举止仍跟平常一样泰然自若。后来黄权兼任益州刺史，又调任河南。魏国大将军司马懿极为器重黄权，问黄权说："像你这样的人你们蜀国有多少？"黄权笑着回答道："没想到您如此看重我！"司马懿在给诸葛亮的信中说："黄公衡的确是豪爽之士，无论什么时候谈起您，都对您赞不绝口。"景初三年，蜀延熙二年，黄权升为车骑将军，仪同三司。次年去世，谥号为景侯。他的儿子黄邕承袭爵位。黄邕无子，绝嗣。

黄权留在蜀国的儿子黄崇，任尚书郎，跟随卫将军诸葛瞻迎击邓艾。兵到涪县时，诸葛瞻徘徊迟疑，没有及时前进，黄崇多次劝他应该迅速前进占据险要地势，不让敌人进入平川。诸葛瞻仍犹豫不定，没有采纳建议，黄崇为此急得痛哭流涕。这时邓艾长驱而入，诸葛瞻边打边退到绵竹，黄崇率领并激励将士，约定与敌人决死一战，结果在战斗中被杀。

李恢

【原文】李恢，字德昂，建宁俞元人也。仕郡督邮，姑夫爨习为建伶令，有违犯之事，恢坐习免官。太守董和以习方土大姓，寝而不许。① 后贡恢于州，涉道未至，闻先主自葭萌还攻刘璋。恢知璋之必败，先主必成，乃托名郡使，北诣先主，遇于绵竹。先主嘉之，从至雒城，遣恢至汉中交好马超，超遂从命。成都既定，先主领益州牧，以恢为功曹书佐、主簿。后为亡虏所诬，引恢谋反，有司执送，先主明其不然，更迁恢为别驾从事。章武元年，庲降都督邓方卒，先主问恢："谁可代者？"恢对曰："人之才能，各有长短，故孔子曰：'其使人也器之。'且夫明主在上，则臣下尽情，是以先零之役，赵充国曰：'莫若老臣。'臣窃不自量，惟陛下察之。"先主笑曰："孤之本意，亦已在卿矣。"遂以恢为庲降都督，使持节，领交州刺史，住平夷县。②

①《华阳国志》曰：习后官至领军。

② 臣松之讯之蜀人，云庲降地名，去蜀二千余里，时未有宁州，号为南中，立此职以总摄之。晋泰始中，始分为宁州。

先主薨，高定恣睢于越巂，雍闿跋扈于建宁，朱褒反叛于牂牁。丞相亮南征，先由越巂，而恢案道向建宁。诸县大相纠合，围恢军于昆明。时恢众少敌倍，又未得亮声息，绐谓南人曰："官军粮尽，欲规退还，吾中间久斥乡里，乃今得旋，不能复北，欲还与汝等同计谋，故以诚相告。"南人信之，故围守怠缓。于是恢出击，大破之，追奔逐北，南至槃江，东接牂牁，与亮声势相连。南土平定，恢军功居多，封汉兴亭侯，加安汉将军。后军还，南夷复叛，杀害守将。恢身往扑讨，锄尽恶类，徙其豪帅于成都，赋出叟、濮耕牛战马金银犀革，充继军资，于时费用不乏。

建兴七年，以交州属吴，解恢刺史。更领建宁太守，以还居本郡。徙居汉中，九年卒。子遗嗣。恢弟子球，羽林右部督，随诸葛瞻拒邓艾，临阵授命，死于绵竹。

【译文】李恢，字德昂，建宁郡俞元县人。曾任郡中的督邮，他的姑夫爨习任建伶县令，做了犯法的事情，李恢依法裁定爨习应当被免去官职。太守董和认为爨习是当地的大姓，所以压下李恢的判决而没有让爨习免官。后来推举李恢去州中任职，李恢还在途中未到，听说刘备从葭萌关南下攻打刘璋。李恢料到刘璋必败而刘备定能成功，于是托名为郡中使者，北上去见刘备，在绵竹与刘备相遇。刘备很赞赏李恢，让李恢跟随他到了雒城，然后派他到汉中去结交马超，马超于是归附了刘备。成都平定后，刘备兼任益州牧，任命李恢为功曹书佐、主簿。后来李恢被逃亡的罪人诬告，说他谋反，有关部门拘捕了李恢并送交刘备发落，刘备知道李恢不会如此，还升迁李恢为别驾从事。章武元年，庲降都督邓方去世，刘备问李恢说："谁可以替代邓方？"李恢回答说："人的才能，各有长短，所以孔子说：'用人要根据对方的才器而定。'而且大凡圣明的君主在上，那么作臣子的必然竭尽心力，所以先零战役时，赵充国自荐说：'没人比得过老臣。'我不自量力，愿陛下明察。"刘备笑着说："我的本意，也是你啊。"于是任命李恢为庲降都督，使持节，兼任交州刺史，治所设在平夷县。

刘备去世后，高定在越巂恣意妄为，雍闿在建宁飞扬跋扈，朱褒在牂牁郡公然反叛。丞相诸葛亮南征，先从越巂进军，李恢则按照行军路线向建宁进军。敌人的好几个县纠合起来，把李恢包围在昆明。当时李恢的人马比敌人少一倍，又加上没有得到诸葛亮的消息，他派人哄骗南人说："官军粮草已尽，正在计划撤退，我等离开家乡很久了，今天才得以返回，我们也不愿再返回北方，想着要跟你们共谋大事，特此以诚相告。"南人信了他的话，所以对李恢的围困和警戒有所松懈。于是李恢率兵出击，大败敌人，他率军追击败军，向南到了槃江，向东到了牂牁，与诸葛亮的部队相互呼应。南土平定之后，李恢的军功最为显著，爵封汉兴亭侯，加官安汉将军。后来军队返回，南夷不久又反叛，杀害驻守将领。李恢亲自率军前去征讨，尽灭坏人，并把当地的首领迁到成都，从叟、濮等族中征收耕牛、战马、金、银、犀、革，供应军需，当时这些费用都没有缺乏过。

建兴七年，因为交州归属了吴国，所以解除了李恢交州刺史的官职。改命他兼任建宁太守，让他回到建宁郡居住。后又迁居汉中郡，建兴九年去世。其子李遗继承封爵。李恢弟弟的儿子李球，任羽林右部督，随诸葛瞻迎击邓艾，在战场上献出自己的生命，死在了绵竹。

吕凯

【原文】吕凯，字季平，永昌不韦人也。[1]仕郡五官掾、功曹。时雍闿等闻先主薨于永安，骄黠滋甚。都护李严与闿书六纸，解喻利害，闿但答一纸曰："盖闻'天无二日，土无二王'，今天下鼎立，正朔有三，是以远人惶惑，不知所归也。"其桀慢如此。闿又降于吴，吴遥署闿为永昌太守。永昌既在益州郡之西，道路壅塞，与蜀隔绝，而郡太守改易，凯与府丞蜀郡王伉帅厉吏民，闭境拒闿。闿数移檄永昌，称说云云。凯答檄曰：

> 天降丧乱，奸雄乘衅，天下切齿，万国悲悼，臣妾大小，莫不思竭筋力，肝脑涂地，以除国难。伏惟将军世受汉恩，以为当躬聚党众，率先启行，上以报国家，下不负先人，书功竹帛，遗名千载。何期臣仆吴越，背本就末乎？昔舜勤民事，陨于苍梧，书籍嘉之，流声无穷。崩于江浦，何足可悲！文、武受命，成王乃平。先帝龙兴，海内望风，宰臣聪睿，自天降康。而将军不睹盛衰之纪，成败之符，譬如野

火在原，蹈履河冰，火灭冰泮，将何所依附？曩者将军先君雍侯，造怨而封，窦融知兴，归志世祖，皆流名后叶，世歌其美。今诸葛丞相英才挺出，深睹未萌，受遗托孤，翊赞季兴，与众无忌，录功忘瑕。将军若能翻然改图，易迹更步，古人不难追，鄙土何足宰哉！盖闻楚国不恭，齐桓是责，夫差僭号，晋人不长，况臣于非主，谁肯归之邪？窃惟古义，臣无越境之交，是以前后有来无往。重承告示，发愤忘食，故略陈所怀，惟将军察焉。

凯威恩内著，为郡中所信，故能全其节。

①孙盛《蜀世谱》曰：初，秦徙吕不韦子弟宗族于蜀汉。汉武帝时，开西南夷，置郡县，徙吕氏以充之，因曰不韦县。

及丞相亮南征讨闿，既发在道，而闿已为高定部曲所杀。亮至南，上表曰："永昌郡吏吕凯、府丞王伉等，执忠绝域，十有余年，雍闿、高定逼其东北，而凯等守义不与交通。臣不意永昌风俗敦直乃尔！"以凯为云南太守，封阳迁亭侯。会为叛夷所害，子祥嗣。而王伉亦封亭侯，为永昌太守。[①]

①《蜀世谱》曰：吕祥后为晋南夷校尉，祥子及孙世为永昌太守。李雄破宁州，诸吕不肯附，举郡固守。王伉等亦守正节。

【译文】吕凯，字季平，永昌郡不韦县人。任郡五官掾、功曹。当时雍闿等人听说刘备在永安去世，变得更加狡诈骄横。都护李严给雍闿写了一封六页纸的长信，解释晓谕此中利害得失，雍闿只回复了一页纸说："听说'天无二日，土无二王'，当今天下三足鼎立，国家有三种历法，所以身处远方的人很疑惑，不知归向哪一方才好。"雍闿桀骜不驯竟达到如此程度。雍闿又投降了吴国，吴国在遥远的东边任命雍闿为永昌太守。永昌本就在益州郡的西边，而且道路阻塞，与蜀郡隔绝，而郡太守又换了人，吕凯与府丞蜀郡人王伉统率并激励官吏和百姓，关闭四境以抵抗雍闿。雍闿多次发檄文到永昌，如此这般地诱逼吕凯。吕凯答以檄文说：

上天降下死亡祸乱，奸雄忙着利用机会，天下百姓切齿痛恨，万国为之悲痛伤感，臣仆无论大小，没有谁不想竭尽筋力，肝脑涂地，从而消除国家的危难。据我所知将军您世代领受汉室厚恩，本来以为您应该亲自汇聚部属将士，率先启行，对上报效国家，对下不辜负先人，把功劳记载在史册上，千载留名。何曾想到您却向东吴俯首称臣，背本而就末呢？从前舜尽力于民事，身死苍梧，史书赞美他，芳名流播至于无穷。死在江南，又有什么可悲的呢！周文王和武王受命于天，到成王才大功告成。先帝振兴王业，海内望风归附，大臣聪明睿智，这是上天降下的安康。可是将军您却不看盛衰的历史记载，成败的征兆，就像野火在荒原上燃烧，人在河冰上行走，一旦火灭冰消，您还能依靠些什么呢？从前将军您的父亲雍侯，虽和高祖结怨却仍旧得到了封爵，窦融知道东汉兴起属于天命，从而归顺了世祖，他们都流芳后世，世世都在歌颂他们的美德。当今丞相诸葛亮英才出众，明察事物于未发，接受先帝临终托孤的重任，辅佐蜀汉，跟众人相处无所避忌，记录他人的功劳而不纠缠他人的过失。将军您如果能够幡然悔悟而改弦更张，另行选择正确的道路，料必不难追踪古人，岂止是主宰永昌这样的土地而已！听说楚国对周朝不恭敬，齐桓公率师前去责问，夫差僭越自称尊号，晋人拒绝认他为霸主，何况向并非君主的人臣服，谁肯去归顺呢？我私下思考古人的大义，臣下不能有越境的交往，所以前后只有来信而没有回复。您发来如此郑重的檄文，致使我发愤忘食，所以才大致地表述一下我的想法，请将军您仔细地考虑。吕凯治理郡中事务，恩威并用，在郡中很有名，郡里的人都很信任他，因此他能保全自己的名节。

丞相诸葛亮亲自南征雍闿，讨伐大军已在路上，雍闿却已被高定的武士所杀。诸葛亮到了南方，向刘禅上表说："永昌郡的官吏吕凯、府丞王伉等人，在如此边远的地方对朝廷忠心不二，十多年来，雍闿、高定威逼郡境东北，而吕凯等人却坚守节操不与他们交往。我实在没有想到永昌的风俗是这样的敦厚正直！"于是任命吕凯为云南太守，封为阳迁亭侯。恰在这时吕凯被叛乱的蛮夷所杀，他的儿子吕祥继承爵位。王伉也被封为亭侯，担任永昌太守。

马忠

【原文】马忠，字德信，巴西阆中人也。少养外家，姓狐，名笃，后乃复姓，改名忠。为郡吏，建安末举孝廉，除汉昌长。先主东征，败绩猇亭，巴西太守阎芝发诸县兵五千人以补遗阙，遣忠送往。先主已还永安，见忠与语，谓尚书令刘巴曰："虽亡黄权，复得狐笃，此为世不乏贤也。"建兴元年，丞相亮开府，以忠为门下督。三年，亮入南，拜忠牂牁太守。郡丞朱褒反。叛乱之后，忠抚育恤理，甚有威惠。八年，召为丞相参军，副长史蒋琬署留府事。又领州治中从事。明年，亮出祁山，忠诣亮所，经营戎事。军还，督将军张嶷等讨汶山郡叛羌。十一年，南夷豪帅刘胄反，扰乱诸郡。征庲降都督张翼还，以忠代翼。忠遂斩胄，平南土。加忠监军、奋威将军，封博阳亭侯。初，建宁郡杀太守正昂，缚太守张裔于吴，故都督常驻平夷县。至忠，乃移治味县，处民夷之间。又，越嶲郡亦久失土地，忠率将太守张嶷开复旧郡，由此就加安南将军，进封彭乡亭侯。延熙五年还朝，因至汉中，见大司马蒋琬，宣传诏旨，加拜镇南大将军。七年春，大将军费祎北御魏敌，留忠成都，平尚书事。祎还，忠乃归南。十二年卒，子修嗣。[①]

①修弟恢。恢子义，晋建宁太守。

忠为人宽济有度量，但诙啁大笑，忿怒不形于色。然处事能断，威恩并立，是以蛮夷畏而爱之。及卒，莫不自致丧庭，流涕尽哀，为之立庙祀，迄今犹在。

张表，时名士，清望逾忠。阎宇，宿有功干，于事精勤。继踵在忠后，其威风称绩，皆不及忠。[①]

①《益部耆旧传》曰：张表，肃子也。◎《华阳国志》云：表，张松子，未详。阎宇字文平，南郡人也。

【译文】马忠，字德信，巴西郡阆中县人。幼时生活在外祖母家，姓狐，名笃，后来才恢复父姓，改名为忠。任郡中官吏，建安末年被荐举为孝廉，授职汉昌县长。刘备东征东吴，在猇亭大败，巴西郡太守阎芝从下属各县派遣五千多名士兵前往补充刘备的兵力，派马忠将他们送往前线。这时刘备已返回永安，接见了马忠并和他交谈，刘备对尚书令刘巴说：“我虽然失去了黄权，却又得到狐笃，这说明这个世上不缺乏贤人呀。”建兴元年，丞相诸葛亮成立府署，任用马忠为门下督。建兴三年，诸葛亮南征，任命马忠为牂牁郡太守。郡丞朱褒反叛。叛乱过后，马忠安抚百姓，赈济贫困，在百姓中很有威严和恩信。建兴八年，被征召为丞相参军，辅助长史蒋琬管理留府事宜。又兼州治中从事。次年，诸葛亮出兵祁山，马忠到诸葛亮行营，参谋军事。军队返回后，督将军张嶷等人出兵征讨汶山郡的叛羌。建兴十一年，南夷首领刘胄造反，扰乱邻近各郡。朝廷征召庲降都督张翼返回，以马忠代替张翼。于是，马忠斩了刘胄，平定了南方。朝廷给马忠加官监军、奋威将军，封他为博阳亭侯。当初，建宁郡叛乱杀了太守正昂，又把继任太守张裔抓住送往东吴，所以都督常年住在平夷县。到马忠任都督时，才把治所移到味县，处在汉民与夷人之间。越巂郡有名无土也有了很长时间，马忠率领太守张嶷恢复了越巂郡的实际土地，因此朝廷派人前来给马忠加官安南将军，晋封彭乡侯。延熙五年回朝，接着又去汉中，见大司马蒋琬，传达皇帝诏令，加官任命为镇南大将军。延熙七年春，大将军费祎往北抵御魏国的军队，留马忠在成都，负责打理尚书事务。费祎回到成都，马忠于是返回南方。延熙十二年去世，他的儿子马修继承爵位。

马忠为人宽容而雅有度量，只恢谐戏谑大笑，愤怒不形于色。然而他办事明快决断，恩威并行，所以蛮夷各族都很敬畏并爱戴他。到他去世之时，蛮夷中没有不亲自前来吊丧的，他们都悲痛流泪竭尽哀思，还为马忠立庙祭祀，祠庙至今仍在。

张表，当时的名士，清名声望超过马忠。阎宇，很早就表现出很强的办事能力，做事精细勤勉。他们是继马忠之后很有才能的人，但说到使人敬畏的威严和令人称颂的政绩，他们都不能跟马忠相比。

王平　句扶

【原文】王平，字子均，巴西宕渠人也。本养外家何氏，后复姓王。随杜濩、朴胡诣洛阳，假校尉，从曹公征汉中，因降先主，拜牙门将、裨将军。建兴六年，属参军马谡先锋。谡舍水上山，举措烦扰，平连规谏谡，谡不能用，大败于街亭。众尽星散，惟平所领千人，鸣鼓自持，魏将张郃疑其伏兵，不往逼也。于是平徐徐收合诸营遗迸，率将士而还。丞相亮既诛马谡及将军张休、李盛，夺将军黄袭等兵，平特见崇显，加拜参军，统五部兼当营事，进位讨寇将军，封亭侯。九年，亮围祁山，平别守南围。魏大将军司马宣王攻亮，张郃攻平，平坚守不动，郃不能克。十二年，亮卒于武功，军退还，魏延作乱，一战而败，平之功也。迁后典军、安汉将军，副车骑将军吴壹住汉中，又领汉中太守。十五年，进封安汉侯，代壹督汉中。延熙元年，大将军蒋琬住沔阳，平更为前护军，署琬府事。六年，琬还住涪，拜平前监军、镇北大将军，统汉中。

七年春，魏大将军曹爽率步骑十余万向汉川，前锋已在骆谷。时汉中守兵不满三万，诸将大惊。或曰："今力不足以拒敌，听当固守汉、乐二城，遇贼令入，比尔间，涪军足得救关。"平曰："不然。汉中去涪垂千里。贼若得关，便为祸也。今宜先遣刘护军、杜参军据兴势，平为后拒。若贼分向黄金，平率千人下自临之，比尔间，涪军行至，此计之上也。"惟护军刘敏与平意同，即便施行。涪诸军及大将军费祎自成都相继而至，魏军退还，如平本策。是时，邓芝在东，马忠在南，平在北境，咸著名迹。

平生长戎旅，手不能书，其所识不过十字，而口授作书，皆有意理。使人读《史》《汉》诸纪传，听之，备知其大义，往往论说不失其指。遵履法度，言不戏谑，从朝至夕，端坐彻日，傴 无武将之体。然性狭侵疑，为人自轻，以此为损焉。十一年卒，子训嗣。

初，平同郡汉昌句扶，忠勇宽厚，[①] 数有战功，功名爵位亚平，官至左将军，封宕渠侯。[②]

①句，古候反。

②《华阳国志》曰：后张翼、廖化并为大将军，时人语曰："前有王、句，后有张、廖。"

【译文】王平，字子均，巴西郡宕渠人。本来在外祖母何氏家中长大，后来才恢复原来的王姓。随杜濩、朴胡一起到洛阳，代理校尉之职，随曹操出征汉中时，归降了刘备，被任命为牙门将、裨将军。建兴六年，为参军马谡手下的先锋。马谡放弃临水布营而扎寨于山上，措施纷扰，王平连续多次规劝，而马谡不能听取他的意见，结果大败于街亭。马谡所领部众全都四处逃散，只有王平率领的一千人，鸣鼓坚守阵地，魏国将领张郃怀疑有伏兵，不敢逼近。于是王平慢慢地招集各营战败而奔散的残兵，率领将士返回。丞相诸葛亮杀了马谡和将军张休、李盛，剥夺了将军黄袭等人的兵权，而王平却特别得到嘉奖，加官为参军，统领五部兵兼管屯营事宜，进位讨寇将军，封为亭侯。建兴九年，诸葛亮包围祁山，王平另率一支部队守南部的营地。魏国大将军司马懿进攻诸葛亮，张郃进攻王平，王平坚守不动，张郃没能攻克。建兴十二年，诸葛亮在武功病逝，蜀军撤退，魏延作乱，仅一仗就失败身死，都是王平的功劳。升为后典军、安汉将军，协助车骑将军吴壹驻守汉中，又兼任汉中太守。建兴十五年，晋封为安汉侯，代替吴壹督率汉中人马。延熙元年，大将军蒋琬驻守在沔阳，王平改任前护军，掌管蒋琬府中事务。延熙六年，蒋琬返回驻扎涪县，任命王平为前监军、镇北大将军，统领汉中军队。

延熙七年春，魏国大将军曹爽率步兵、骑兵十余万人杀奔汉川，前锋已抵骆谷。当时汉中的蜀国守军不到三万，诸将十分惊恐。有的人说："现在我们的兵力不足以抵抗敌人，只能固守汉、乐二城，遇见敌军就放他们进来，用不了多久，涪县的援军就可以赶来救援阳平关了。"王平说："不能这样。汉中离涪县将近千里。敌军如果得了关口，便会种下祸根。现在应该先派刘护军、杜参军占领兴势，我担任后援。如果敌军分兵向黄金进攻，我率千人下去亲自与敌对阵，这样周旋下来，涪县的援军也就赶到了，这才是上策。"只有护军刘敏跟王平的意见一致，当即执行。涪县的各支部队和大将军费祎都从成都相继赶到，魏军撤回，正如王平所谋划的那样。这时，邓芝在东，马忠在南，王平在北，都声名卓著。

王平生长在部队中，不会写字，能认识的字也不过十几个，而他口授书信，却都很有意趣条理。让别人读《史记》《汉书》中的纪传，他听人读，之后就能了解书中的要义，讨论起来并不失原书旨趣。他遵守法纪，说话从不开玩笑，从早到晚，正襟危坐，言行举止并不像一位武将。然而他心地狭隘多疑，为人自我轻贱，因此声誉受到损害。延熙十一年去世，其子王训继承爵位。

当初，跟王平同郡的汉昌人句扶，忠诚勇敢而宽大厚道，屡建战功，功名和爵位仅次于王平，官至左将军，爵封宕渠侯。

张嶷

【原文】张嶷，字伯岐，巴郡南充国人也。[①]弱冠为县功曹。先主定蜀之际，山寇攻县，县长捐家逃亡，嶷冒白刃，携负夫人，夫人得免。由是显名，州召为从事。时郡内士人龚禄、姚伷位二千石，当世有声名，皆与嶷友善。建兴五年，丞相亮北住汉中，广汉、绵竹山贼张慕等抄盗军资，劫掠吏民，嶷以都尉将兵讨之。嶷度其鸟散，难以战禽，乃诈与和亲，克期置酒。酒酣，嶷身率左右，因斩慕等五十余级，渠帅悉殄。寻其余类，旬日清泰。后得疾病困笃，家素贫匮，广汉太守蜀郡何祗，名为通厚，嶷宿与疏阔，乃自舆诣祗，托以治疾。祗倾财医疗，数年除愈。其党道信义皆此类也。拜为牙门将，属马忠，北讨汶山叛羌，南平四郡蛮夷，辄有筹画战克之功。[②]十四年，武都氐王苻健请降，遣将军张尉往迎，过期不到，大将军蒋琬深以为念。嶷平之曰："苻健求附款至，必无他变，素闻健弟狡黠，又夷狄不能同功，将有乖离，是以稽留耳。"数日，问至，健弟果将四百户就魏，独健来从。

①《益部耆旧传》曰：嶷出自孤微，而少有通壮之节。

②《益部耆旧传》曰：嶷受兵马三百人，随马忠讨叛羌。嶷别督数营在先，至他里。邑所在高峻，嶷随山立上四五里。羌于要厄作石门，于门上施床，积石于其上，过者下石槌击之，无不糜烂。嶷度不可得攻，乃使译告晓之曰："汝汶山诸种反叛，伤害良善，天子命将讨灭恶类。汝等若稽颡过军，资给粮费，福禄永隆，其报百倍。若终不从，大兵致诛，雷击电下，虽追悔之，亦无益也。"耆帅得命，即出诣嶷，给粮过军。军前讨余种，余种闻他里已下，悉恐怖失所，或迎军出降，或奔窜山谷，放兵攻击，军以克捷。后南夷刘胄又反，以马忠为督庲降讨胄，嶷复属焉，战斗常冠军首，遂斩胄。平南事讫，牂牁、兴古獠种复反，忠令嶷领诸营往讨，嶷内招降得二千人，悉传诣汉中。

初，越嶲郡自丞相亮讨高定之后，叟夷数反，杀太守龚禄、焦璜，是后太守不敢之郡，只住安定县，去郡八百余里，其郡徒有名而已。时论欲复旧郡，除嶷为越嶲太守。嶷将所领往之郡，诱以恩信，蛮夷皆服，颇来降附。北徼捉马最骁劲，不承节度，嶷乃往讨，生缚其帅魏狼，又解纵告喻，使招怀余类。表拜狼为邑侯，种落三千余户皆安土供职。诸种闻之，多渐降服，嶷以功赐爵关内侯。

苏祁邑君冬逢、逢弟隗渠等，已降复反。嶷诛逢。逢妻，旄牛王女，嶷以计原之。而渠逃入西徼。渠刚猛捷悍，为诸种深所畏惮，遣所亲二人诈降嶷，实取消息。嶷觉之，许以重赏，使为反间，二人遂合谋杀渠。渠死，诸种皆安。又，斯都耆帅李求承，昔手杀龚禄，嶷求募捕得，数其宿恶而诛之。

始嶷以郡郛宇颓坏，更筑小坞。在官三年，徙还故郡，缮治城郭，夷种男女莫不致力。

定莋、台登、卑水三县去郡三百余里，旧出盐铁及漆，而夷徼久自固食。嶷率所领夺取，署长吏焉。嶷之到定莋，定莋率豪狼岑、槃木王舅，甚为蛮夷所信任，忿嶷自侵，不自来诣。嶷使壮士数十直往收致，挞而杀之，持尸还种，厚加赏赐，喻以狼岑之恶，且曰："无得妄动，动即殄矣！"种类咸面缚谢过。嶷杀牛飨宴，重申恩信，遂获盐铁，器用周赡。

汉嘉郡界旄牛夷种类四千余户，其率狼路欲为姑婿冬逢报怨，遣叔父离将逢众相度形势。嶷逆遣亲近赍牛酒劳赐，又令离逆逢妻宣畅意旨。离既受赐，并见其姊，姊弟欢悦，悉率所领将诣嶷，嶷厚加赏待，遣还。旄牛由是辄不为患。

郡有旧道，经旄牛中至成都，既平且近。自旄牛绝道，已百余年，更由安上，既险且远。嶷遣左右赍货币赐路，重令路姑喻意，路乃率兄弟妻子悉诣嶷，嶷与盟誓，开通旧道，千里肃清，复古亭驿。奏封路为旄牛 㽛 毗王，遣使将路朝贡。后主于是加嶷抚戎将军，领郡如故。

嶷初见费祎为大将军，恣性泛爱，待信新附太过，嶷书戒之曰："昔岑彭率师，来歙杖节，咸见害于刺客。今明将军位尊权重，宜鉴前事，少以为警。"后祎果为魏降人郭修所害。

吴太傅诸葛恪以初破魏军，大兴兵众以图攻取。侍中诸葛瞻，丞相亮之子，恪从弟也，嶷与书曰："东主初崩，帝实幼弱，太傅受寄托之重，亦何容易！亲以周公之才，犹有管、蔡流言之变，霍光受任，亦有燕、盖、上官逆乱之谋，赖成、昭之明，以免斯难耳。昔每闻东主杀生赏罚，不任下人，又今以垂没之命，卒召太傅，属以后事，诚实可虑。加吴、楚剽急，乃昔所记，而太傅离少主，履敌庭，恐非良计长算之术也。虽云东家纲纪肃然，上下辑睦，百有一失，非明者之虑邪？取古则今，今则古也，自非郎君进忠言于太傅，谁复有尽言者也？旋军广农，务行德惠，数年之中，东西并举，实为不晚，愿深采察。"恪竟以此夷族。嶷识见多如是类。

在郡十五年，邦域安穆。屡乞求还，乃征诣成都。民夷恋慕，扶毂泣涕。过旄牛邑，邑君襁负来迎，及追寻至蜀郡界，其督相率随嶷朝贡者百余人。嶷至，拜荡寇将军。慷慨壮烈，士人咸多贵之。然放荡少礼，人亦以此讥焉。[①] 是岁延熙十七年也。

①《益部耆旧传》曰：时车骑将军夏侯霸谓嶷曰："虽与足下疏阔，然托心如旧，宜明此意。"嶷答曰："仆未知子，子未知我，大道在彼，何云托心乎！愿三年之后徐陈斯言。"有识之士以为美谈。

魏狄道长李简密书请降，卫将军姜维率嶷等因简之资以出陇西。[①] 既到狄道，简悉率城中吏民出迎军。军前与魏将徐质交锋，嶷临陈陨身，然其所杀伤亦过倍。既亡，封长子瑛西乡侯，次子护雄袭爵。南土越嶲民夷闻嶷死，无不悲泣，为嶷立庙，四时水旱辄祀之。②

①《益部耆旧传》曰：嶷风湿固疾，至都浸笃，扶杖然后能起。李简请降，众议狐疑，而嶷曰必然。姜维之出，时论以嶷初还，股疾不能在行中，由是嶷自乞肆力中原，致身敌庭。临发，辞后主曰："臣当值圣明，受恩过量，加以疾病在身，常恐一朝陨没，辜负荣遇。天不违愿，得豫戎事。若凉州克定，臣为藩表守将；若有未捷，杀身以报。"后主慨然为之流涕。

②《益部耆旧传》曰：余观张嶷仪貌辞令，不能骇人，而其策略足以入算，果烈足以立威，为臣有忠诚之节，处类有亮直之风，而动必顾典，后主深崇之。虽古之英士，何以远逾哉！《蜀世谱》曰：嶷孙奕，晋梁州刺史。

【译文】张嶷，字伯岐，巴郡南充国人。二十岁时任县里的功曹。刘备平定益州的时候，山寇攻打南充国，县长弃家而逃，张嶷冒着敌人的刀剑，带着县长夫人出逃，夫人得以免祸。张嶷从此出名，州里征召他为从事。当时巴郡的士人龚禄、姚伷都是俸禄二千石的大官，在社会上很有声望，都与张嶷友好。建兴五年，丞相诸葛亮北征驻扎在汉中郡，广汉、绵竹的山贼张慕等人劫掠军用物资，抢劫官吏百姓，张嶷以都尉的身份带兵讨伐他们。张嶷考虑到山贼们惯于如鸟飞散，难以通过作战擒获他们，于是佯装与山贼和亲，约定日期设宴相会。等到山贼喝到尽兴畅快之际，张嶷亲率将士冲入座中，在宴席上斩了张慕等五十几人的首级，山贼头目被一网打尽。张嶷率军追歼山贼余部，十天之内这一带便得以全部平定。后曾患病十分沉重，而他家素来穷寒困乏，蜀郡人何祗时任广汉太守，有豁达宽厚的名声，张嶷之前跟他素昧平生，自己坐车去见何祗，拜托他为自己治病。何祗倾尽自己的财力为他治疗，几年后张嶷的疾病得到根治。他对道义的坚守和信赖大多与此类似。张嶷被任命为牙门将，归属马忠统领，北上讨伐汶山郡的羌人叛乱，往南平定四郡蛮夷，张嶷都有出谋划策，摧敌陷阵的功劳。建兴十四年，武都氐王苻健请求归降，朝廷派将军张尉前去迎接，但过了约定的日期人还没到，大将军蒋琬为此深为担忧。张嶷安慰他说："苻健请求归附的心志很真诚，一定不会发生意外，但一贯听说苻健的弟弟很狡诈，而且胡人不懂得共享功劳，难免有所背离，所以会耽误些时日罢了。"过了几天，消息传来，苻健的弟弟果然带着四百户人家投奔了魏国，只有苻健照原定计划归降。

当初，越嶲郡自从丞相诸葛亮讨伐高定之后，叟夷多次反叛，前后杀了太守龚禄、焦璜，从此以后太守不敢到郡中就任，只住在安定县，距郡治所在地有八百余里的距离，该郡徒有其名而已。当时议论此事的人主张要恢复对这个郡的实际管辖，于是任命张嶷为越嶲郡太守。张嶷带领属下人等前往越嶲郡，以恩惠和信义来开导蛮夷，蛮夷都很信服，来归降的人不在少数。北部边境的捉马族人最是骁勇劲健，不受管制调度，张嶷便前去征讨他们，活捉了他们的首领魏狼，又将他释放，为他陈明利害关系，让他回去招抚其他族人。张嶷表请封魏狼为邑侯，这样该部落的三千多户居民都安守本土并且能尽心于自己的职责。其他部落听说这件事后，也大多慢慢降服了，张嶷因功被赐爵关内侯。

苏祁邑君冬逢、冬逢的弟弟隗渠等人，投降后又反。张嶷杀了冬逢。冬逢的妻子是旄牛王的女儿，张嶷用计宽免了她。而隗渠则逃入了西部的边境。隗渠刚强勇猛而敏捷彪悍，各部族都很惧怕他，他派了两个亲信来向张嶷诈降，实际是要刺探消息。张嶷察觉后，许诺给予这两人重赏，让他们充当自己的间谍，这两人于是合谋杀了隗渠。隗渠一死，各个部落便都得以安定。此外，又有斯都族头领李求承，从前亲手杀了原越巂郡太守龚禄，张嶷招募人抓住了他，历数他前后的罪恶然后杀了他。

开始时张嶷因郡中屋宇已倾倒崩坏，另行修建了一座小城堡。在任三年之后，迁回原来的郡城，将城郭修缮一新，当地夷人无论男女都来出力。

定莋、台登、卑水三县离郡治所在地有三百余里，过去出产盐、铁和漆，而边疆的蛮夷长期占有三地获取其利。张嶷率领他的部下将三县夺了过来，在那里设置官署加以管理。张嶷到定莋，定莋的蛮夷首领狼岑和槃木王舅，都很受蛮夷信任，他们对张嶷到定莋侵夺自己的利益感到非常不满，不肯主动来见张嶷。张嶷派几十个壮士径直把他俩抓来，鞭打之后杀了他们，把尸体送还给他们的部落，对其部落给予丰厚赏赐，并晓谕他们狼岑的罪恶，同时警告大家："不要轻举妄动，作乱就将被消灭！"全部落的人都反绑双手前来认罪。张嶷杀牛设宴，向蛮夷重申恩信，于是获得了盐、铁专利，器具物品充足完备。

汉嘉郡边界的旄牛部族有四千多户，头领狼路试图替他的姑父冬逢报仇，就派他的叔父狼离带着冬逢的部属去观察估量形势。张嶷派自己的亲近送牛和酒来犒劳赏赐狼离等人，又让狼离去见冬逢的妻子以阐发张嶷的意图。狼离既接受了赏赐，又见到了姐姐，姐弟欢喜，便率领自己带来的全部人众来见张嶷，张嶷给予了他们丰厚的赏赐，让他们回去。旄牛族从此不再为患。

郡中过去有条古道，经过旄牛族居住的地方直到成都，既平坦路途又短。自从旄牛族人阻绝道路以来，这条路不能通行已有一百余年了，改从安上经过，既险又远。张嶷派左右带着财物赐给狼路，特别让狼路的姑姑传达自己的意思，狼路于是率领兄弟和妻儿来见张嶷，张嶷与他结盟立誓，开通了旧道，千里之间一路清平，古旧的邮亭驿站也都得以恢复。张嶷奏请封狼路为旄牛㽛毗王，派使节带狼路去成都朝见进贡。于是，后主刘禅给张嶷加官为抚戎将军，仍兼郡太守。

张嶷最初见到费祎，感觉他作为大将军，对人无所不爱，对待新归附的人太过信赖，就写信劝诫他说："过去岑彭统率军队，来歙持符节征讨公孙述，都被刺客杀害。如今大将军您位尊权重，应该借鉴前人有过的教训，多少有些警觉。"后来费祎果然被魏国投降来的人郭修所害。

吴国太傅诸葛恪因为刚打败了魏国军队，就大举兴兵图谋进攻中原。侍中诸葛瞻，是蜀丞相诸葛亮的儿子，诸葛恪的堂弟，张嶷给诸葛瞻写信说："东吴君主孙权刚刚驾崩，即位的皇帝还太过幼小，太傅肩负吴先帝的托孤重任，哪是容易之事！至亲之间就如成王的叔叔周公这样有才能的人，尚且还有管叔、蔡叔散布流言制造祸乱，霍光受遗诏辅政，也发生过燕王旦、盖长公主、上官桀的叛乱，他们纯粹依赖周成王、汉昭帝的英明，才使得自身免除临头的大祸。过去曾听说吴主孙权一手主宰生死赏罚，不由底下官僚依法裁决，而今在将死之际，仓促召见太傅，以身后大事相嘱托，对此确实应加以深思。加上吴、楚二地的人性格急躁易怒，这是以前就有记载的，而太傅却远离少主，亲自领兵进入敌国境内，恐怕不是好的办法，更非长久之计。虽然说东吴的法纪严明，上下和睦，但百有一失，这不是聪明人都应该考虑的吗？用古代的事情审度今天，今天就和古代一样，若不是郎君您向太傅提出忠告，还有谁能把自己心中对他的思虑向他和盘托出呢？太傅不如回师推广农桑，致力于恩德仁惠的施行，几年之内，东吴西蜀一起行动，也确实不能算是太晚，希望您深切采纳并慎重考察。”诸葛恪最后就是因为伐魏之事而被灭族。张嶷的见识深远大多都像这样。

张嶷任越巂太守长达十五年，境内安定肃穆。他屡次请求返京，于是受到征召调回成都。汉、夷百姓都恋恋不舍，扶着他的车毂哭泣流泪。经过旄牛邑，邑君扶老携幼前来迎接，以至跟随着车驾把他送到蜀郡边界，他们的头领一起跟随张嶷进京朝见进贡的多达一百多人。张嶷到达成都，被任命为荡寇将军。他性格豪爽激越，士人都很敬重他。然而他也放纵而不拘礼节，人们也因此而对他有所讥嘲。这一年是延熙十七年。

魏国狄道县长李简来密信请求归降蜀国，卫将军姜维率领张嶷等人靠李简的帮助而前出陇西。到了狄道，李简率城中的官吏百姓出来迎接蜀军。张嶷在阵前与魏将徐质交锋，战死沙场，然而被他杀死杀伤的敌人也超过一信。张嶷死后，蜀国封他的长子张瑛为西乡侯，次子张护雄承袭父亲的爵位。南方越巂郡的汉、夷民众得知张嶷的死讯，无不悲伤哭泣，他们为张嶷在当地建庙，四时和水、旱灾害降临时都对他进行祭祀。

【原文】评曰：黄权弘雅思量，李恢公亮志业，吕凯守节不回，马忠扰而能毅，[1]王平忠勇而严整，张嶷识断明果，咸以所长，显名发迹，遇其时也。

①《尚书》曰：“扰而毅。”郑玄注曰：“扰，驯也。致果曰毅。”

【译文】评论说：黄权志趣高雅器量出众，李恢公正诚信志向专注，吕凯坚守节操矢志不移，马忠和顺大度刚强坚韧，王平忠诚勇敢严肃缜密，张嶷见识不凡聪颖果决，他们都各以自己的长处建功立业名声显扬，当然也是因为把握住了大好时机的缘故。

卷四十四　蜀书十四

蒋琬费祎姜维传第十四

蒋琬　蒋斌、蒋显、刘敏

【原文】蒋琬，字公琰，零陵湘乡人也。弱冠与外弟泉陵刘敏俱知名。琬以州书佐随先主入蜀，除广都长。先主尝因游观奄至广都，见琬众事不理，时又沈醉，先主大怒，将加罪戮。军师将军诸葛亮请曰："蒋琬，社稷之器，非百里之才也。其为政以安民为本，不以修饰为先，愿主公重加察之。"先主雅敬亮，乃不加罪，仓卒但免官而已。琬见推之后，夜梦有一牛头在门前，流血滂沱，意甚恶之，呼问占梦赵直。直曰："夫见血者，事分明也。牛角及鼻，'公'字之象，君位必当至公，大吉之征也。"顷之，为什邡令。先主为汉中王，琬入为尚书郎。

建兴元年，丞相亮开府，辟琬为东曹掾。举茂才，琬固让刘邕、阴化、庞延、廖淳，亮教答曰："思惟背亲舍德，以殄百姓，众人既不隐于心，实又使远近不解其义，是以君宜显其功举，以明此选之清重也。"迁为参军。五年，亮住汉中，琬与长史张裔统留府事。八年，代裔为长史，加抚军将军。亮数外出，琬常足食足兵以相供给。亮每言："公琰托志忠雅，当与吾共赞王业者也。"密表后主曰："臣若不幸，后事宜以付琬。"

亮卒，以琬为尚书令，俄而加行都护，假节，领益州刺史，迁大将军，录尚书事，封安阳亭侯。时新丧元帅，远近危悚。琬出类拔萃，处群僚之右，既无戚容，又无喜色，神守举止，有如平日，由是众望渐服。延熙元年，诏琬曰："寇难未弭，曹叡骄凶，辽东三郡苦其暴虐，遂相纠结，与之离隔。叡大兴众役，还相攻伐。曩秦之亡，胜、广首难，今有此变，斯乃天时。君其治严，总帅诸军屯住汉中，须吴举动，东西掎角，以乘其衅。"又命琬开府，明年就加为大司马。

东曹掾杨戏素性简略，琬与言论，时不应答。或欲构戏于琬曰："公与戏语而不见应，戏之慢上，不亦甚乎！"琬曰："人心不同，各如其面，面从后言，古人之所诫也。戏欲赞吾是耶，则非其本心，欲反吾言，则显吾之非，是以默然，是戏之快也。"又督农杨敏曾毁琬曰："作事愦愦，诚非及前人。"或以白琬，主者请推治敏，琬曰："吾实不如前人，无可推也。"主者重据听不推，则乞问其愦愦之状。琬曰："苟其不如，则事不当理，事不当理，则愦愦矣。复何问邪？"后敏坐事系狱，众人犹惧其必死，琬心无适莫，得免重罪。其好恶存道，皆此类也。

琬以为昔诸葛亮数窥秦川，道险运艰，竟不能克，不若乘水东下。乃多作舟船，欲由汉、沔袭魏兴、上庸。会旧疾连动，未时得行。而众论咸谓："如不克捷，还路甚难，非长策也。"于是遣尚书令费祎、中监军姜维等喻指。琬承命上疏曰："芟秽弭难，臣职是掌。自臣奉辞汉中，已经六年，臣既暗弱，加婴疾疢，规方无成，夙夜忧惨。今魏跨带九州，根蒂滋蔓，平除未易。若东西并力，首尾掎角，虽未能速得如志，且当分裂蚕食，先摧其支党。然吴期二三，连不克果，俯仰惟艰，实忘寝食。辄与费祎等议，以凉州胡塞之要，进退有资，贼之所惜，且羌、胡乃心思汉如渴。又，昔偏军入羌，郭淮破走，算其长短，以为事首，宜以姜维为凉州刺史。若维征行，衔持河右，臣当帅军为维镇继。今涪水陆四通，惟急是应，若东北有虞，赴之不难。”由是琬遂还住涪。疾转增剧，至九年卒，谥曰恭。

子斌嗣，为绥武将军、汉城护军。魏大将军钟会至汉城，与斌书曰：“巴蜀贤智文武之士多矣。至于足下、诸葛思远，譬诸草木，吾气类也。桑梓之敬，古今所敦。西到，欲奉瞻尊大君公侯墓，当洒扫坟茔，奉祠致敬。愿告其所在！”斌答书曰：“知惟臭味意眷之隆，雅托通流，未拒来谓也。亡考昔遭疾疢，亡于涪县，卜云其吉，遂安厝之。知君西迈，乃欲屈驾修敬坟墓，视予犹父，颜子之仁也，闻命感怆，以增情思。”会得斌书报，嘉叹意义，及至涪，如其书云。

后主既降邓艾，斌诣会于涪，待以交友之礼。随会至成都，为乱兵所杀。斌弟显，为太子仆，会亦爱其才学，与斌同时死。

刘敏，左护军、扬威将军，与镇北大将军王平俱镇汉中。魏遣大将军曹爽袭蜀时，议者或谓：“但可守城，不出拒敌，必自引退。”敏以为：“男女布野，农谷栖亩，若听敌入，则大事去矣。”遂帅所领与平据兴势，多张旗帜，弥亘百余里。会大将军费祎从成都至，魏军即退，敏以功封云亭侯。

【译文】蒋琬，字公琰，是零陵湘乡人。刚刚成年的时候和表弟泉陵人刘敏都很有名。蒋琬以州书佐的身份跟着刘备进入蜀郡，被提拔为广都县长。刘备曾因外出游览有一天来到了广都，看见蒋琬各种事情都没办理，当时又喝得大醉，刘备十分生气，准备对他加以处置。军师将军诸葛亮连忙请求说：“蒋琬是国家的栋梁，不是治理小地方的人才。他治理政务以安抚人民为本，不将装点门面放在第一位，希望主公可以重新对他加以考察。”刘备向来敬重诸葛亮，这才不对蒋琬治罪，只是免掉他的官职罢了。蒋琬被免官后，夜里梦到有一头牛的头在自己门前，流了许多血，蒋琬内心对此很厌恶，把懂得占梦的赵直叫来询问。赵直说：“看到流血，就意味着事情已经清楚。牛角与牛鼻子，构成‘公’字的形状，意味着大位一定会落到您身上，这是大吉征兆。”不久，蒋琬担任什邡县令。刘备当上汉中王的时候，蒋琬入朝担任尚书郎。

建兴元年，丞相诸葛亮开设府署，任蒋琬担任东曹掾。蒋琬被推举为茂才，他多次辞让给刘邕、阴化、庞延及廖淳，诸葛亮教诲答复说：“考虑你离开亲人、舍弃故旧，为百姓做了许多好事，而您这样多次辞让，众人心里会感到不安，又实在不能使远近的人理解您的用意，因此您应该彰显您的功业和德行，来表明茂才的清廉和庄重。”蒋琬升任参军。建兴五年，诸葛亮在汉中驻扎，蒋琬与长史张裔统理留府的事务。建兴八年，蒋琬接替张裔担任长史，加号抚军将军。诸葛亮多次外出征讨，蒋琬总是准备好丰足的粮草与军需武器提供给诸葛亮的军队。诸葛亮总是说道：“公琰的志向忠诚高雅,是应该和我一起辅助帝王大业的人。”诸葛亮秘密呈表给刘禅说:“我一旦遭遇不幸,身后的事应当交给蒋琬承担。”

诸葛亮逝世后,刘禅任命蒋琬担任尚书令,不久给他加官代理都护,授予符节,兼任益州刺史,之后升为大将军,总理尚书事务,封作安阳亭侯。当时蜀国刚刚丧失统帅,远近之人都惶恐不安。蒋琬出类拔萃,处在百官之上,他既没有忧愁的容貌,又不见高兴的神态,神情专一,举止从容,就如同平时一样,从这以后众人对蒋琬日益信服。延熙元年,刘禅给蒋琬下达诏书说:“敌寇入侵还没有停止,曹叡骄奢凶顽,辽东三个郡的人民苦于他的暴虐,于是互相集结,与他分裂。曹叡大兴民众的劳役,又对他们进行进攻讨伐。以前秦国灭亡的时候,陈胜、吴广首先发难,如今魏国出现这样的变乱,这属于天赐良机。您应该整理行装,统率各军屯兵驻扎在汉中,等待吴国的行动,东吴、西蜀形成掎角之势,利用曹叡的破绽而行动。”刘禅又命蒋琬开设府署,第二年加任蒋琬为大司马。

东曹掾杨戏一向性情孤傲,蒋琬与他交谈的时候,他经常不说话。有人想在蒋琬面前陷害杨戏,说:“您与杨戏谈话却听不到他的答话,杨戏对您的轻慢,不也太过分了吗!”蒋琬说:“人的想法不一样,如同各自的面孔不一样,当面顺从而背后讲坏话,这是古人引以为戒的行为。杨戏如果称赞我说得对,那么就并非出于他的本意,如果反对我说的话,就会显示出我的过错,因此他才沉默不语,这才是杨戏的好处所在。”另外督农杨敏曾诋毁蒋琬说:“蒋琬做事糊涂,实在比不上前人。”有人将杨敏的话告诉了蒋琬,主管官吏请求追究惩处杨敏,蒋琬说:“我的确比不上前人,没什么值得追究的。”主管人重新决定不追究杨敏,却求问蒋琬办事糊涂是什么意思。蒋琬说:“如果我比不上前人,那么就会处事失当,处事失当,就是处事糊涂了。又有什么值得询问的呢?”后来杨敏因犯罪被关押在监狱中,大家还是担心杨敏必然要被处死,而蒋琬心中待人没有厚薄,杨敏才得以免除重罪。蒋琬的好恶及他对道义的坚守,全都似这类事情一样。

蒋琬认为过去诸葛亮多次窥探秦川,因为道路险阻、运输艰难,最终没能成功,不如顺水东下。因而修造了很多船只,打算从汉水与沔水东下袭击魏兴和上庸。恰好赶上蒋琬旧病连续发作,没能及时行动。而众官员议论都认为:“如果不能成功的话,返回的道路十分艰险,这并非长远的计策。”于是刘禅派遣尚书令费祎、中监军姜维等人向蒋琬传达旨意。蒋琬接受命令上疏说:“消灭曹魏越来越艰难,而我的职责正是执掌这些事。自从我奉命驻扎汉中以来,已经六年,我本来就昏昧无能,再加上疾病缠身,计划好的方案无法实行,让我日夜忧心忡忡。如今魏国占据九州,势力滋生蔓延,打算将其铲平扫除不是件容易的事。假如东吴、西蜀合并力量,首尾形成掎角之势,哪怕不能很快得以如愿,也可暂时分裂蚕食魏国领土,先摧毁他的部分力量。然而和吴国相约两三次,接连不能取胜,前进后退都很困难,实在让人废寝忘食。于是我与费祎等人商议,凭借凉州胡人边塞的险要,进退都有险可守,这是令敌人痛惜的地方,而且羌人与胡人,他们心念汉室如饥似渴。另外,从前我们的军队曾攻入羌地，郭淮被打败逃走，盘算事情的利弊，应该把占领凉州胡塞作为第一位的事情，应当命姜维担任凉州刺史。如果姜维出征远行，挟制住河右，我应当率领军队作为姜维的后继接应。如今涪县水上陆地四面畅通，凡有紧急情况都可以应付，一旦东北出现什么麻烦，前往对付是很容易的。”从此蒋琬返回驻扎在涪县。之后蒋琬的疾病变得更加严重，到延熙九年去世，谥号为恭。

蒋琬的儿子蒋斌继承了他的爵位，担任绥武将军、汉城护军。魏国的大将军钟会到达汉城，给蒋斌写信说：“巴蜀有才能有智慧的文武人才非常多。至于您与诸葛思远，如同草木一样，与我是同类人。对于故土先人的尊敬，是古人今人所看重的事情。我向西到此，想要瞻仰尊贵的大君公侯的墓地，洒扫坟墓，敬奉祭祀，致以敬意。希望您告知我先人墓地在什么地方！”蒋斌回信说：“得知与我同类的您希望瞻仰先人墓地，想法十分隆盛，我向来处在通达明理的一类人中，不能拒绝您所说的事情。我父亲以前身患重病，死在涪县，占卜之人都说那里吉利，于是将父亲安葬在涪县。知道您向西而行，竟然打算委屈大驾，洒扫敬奉先父的墓地，您看待我就像看待我父亲一样，真是具有颜子一般的仁爱之心，我获知您的想法后伤感悲恸，加剧了对先人思念的情怀。”钟会收到蒋斌的回信，赞叹信中的内容，等到达涪县后，正如同蒋斌信中所说的那样。

刘禅投降邓艾以后，蒋斌在涪县前往钟会那里，钟会以对待朋友的礼节对待他。蒋斌跟着钟会到达成都，被叛军杀死。蒋斌的弟弟蒋显，担任太子仆，钟会也爱惜他的才能，蒋显和蒋斌同时死去。

刘敏任左护军、扬威将军，与镇北大将军王平一同镇守汉中。魏国派遣大将军曹爽袭击蜀国时，议论此事的人认为：“只可以坚守城池，不能出城抵抗敌军，敌军必定自行撤退。”刘敏认为：“百姓遍布四野，耕种的粮食还留在地里，假如听任敌军深入，那么汉中将要失守。”于是刘敏率领手下部队与王平在兴势对抗，张挂了许多旗帜，连绵不断达一百多里。正值大将军费祎从成都赶到，魏军马上撤退，刘敏由于战功被封为云亭侯。

费祎

【原文】费祎，字文伟，江夏鄳人也。① 少孤，依族父伯仁。伯仁姑，益州牧刘璋之母也。璋遣使迎仁，仁将祎游学入蜀。会先主定蜀，祎遂留益土，与汝南许叔龙、南郡董允齐名。时许靖丧子，允与祎欲共会其葬所。允白父和请车，和遣开后鹿车给之。允有难载之色，祎便从前先上。及至丧所，诸葛亮及诸贵人悉集，车乘甚鲜，允犹神色未泰，而祎晏然自若。持车人还，和问之，知其如此，乃谓允曰：“吾常疑汝于文伟优劣未别也，而今而后，吾意了矣。”

①鄳，音盲。

先主立太子，祎与允俱为舍人，迁庶子。后主践位，为黄门侍郎。丞相亮南征还，群寮于数十里逢迎，年位多在祎右，而亮特命祎同载，由是众人莫不易观。亮以初从南归，以祎为昭信校尉使吴。孙权性既滑稽，嘲啁无方，诸葛恪、羊衜等才博果辩，论难锋至，祎辞顺义笃，据理以答，终不能屈。①权甚器之，谓祎曰："君天下淑德，必当股肱蜀朝，恐不能数来也。"②还，迁为侍中。亮北住汉中，请祎为参军。以奉使称旨，频烦至吴。建兴八年，转为中护军，后又为司马。值军师魏延与长史杨仪相憎恶，每至并坐争论，延或举刃拟仪，仪泣涕横集。祎常入坐其间，谏喻分别，终亮之世，各尽延、仪之用者，祎匡救之力也。亮卒，祎为后军师。顷之，代蒋琬为尚书令。③琬自汉中还涪，祎迁大将军，录尚书事。

①《祎别传》曰：孙权每别酌好酒以饮祎，视其已醉，然后问以国事，并论当世之务，辞难累至。祎辄辞以醉，退而撰次所问，事事条答，无所遗失。

②《祎别传》曰：权乃以手中常所执宝刀赠之，祎答曰："臣以不才，何以堪用命？然刀所以讨不庭、禁暴乱者也，但愿大王勉建功业，同奖汉室，臣虽暗弱，终不负东顾。"

③《祎别传》曰：于时军国多事，公务烦猥，祎识悟过人，每省读书记，举目暂视，已究其意旨，其速数倍于人，终亦不忘。常以朝晡听事，其间接纳宾客，饮食嬉戏，加之博弈，每尽人之欢，事亦不废。董允代祎为尚书令，欲敩祎之所行，旬日之中，事多愆滞。允乃叹曰："人才力相县若此甚远，此非吾之所及也。听事终日，犹有不暇尔。"

延熙七年，魏军次于兴势，假祎节，率众往御之。光禄大夫来敏至祎许别，求共围棋。于时羽檄交驰，人马擐甲，严驾已讫，祎与敏留意对戏，色无厌倦。敏曰："向聊观试君耳！君信可人，必能办贼者也。"祎至，敌遂退，封成乡侯。①琬固让州职，祎复领益州刺史。祎当国功名，略与琬比。②十一年，出住汉中。自琬及祎，虽自身在外，庆赏刑威，皆遥先咨断，然后乃行，其推任如此。后十四年夏，还成都，成都望气者云都邑无宰相位，故冬复北屯汉寿。延熙十五年，命祎开府。十六年岁首大会，魏降人郭修在坐。祎欢饮沉醉，为修手刃所害，谥曰敬侯。子承嗣，为黄门侍郎。承弟恭，尚公主。③祎长女配太子璿为妃。

①殷基《通语》曰：司马懿诛曹爽，祎设甲乙论平其是非。甲以为曹爽兄弟凡品庸人，苟以宗子枝属，得蒙顾命之任，而骄奢僭逸，交非其人，私树朋党，谋以乱国。懿奋诛讨，一朝殄尽，此所以称其任，副士民之望也。乙以为懿感曹仲付己不一，岂爽与相干，事势不专，以此阴成疵瑕。初无忠告侃尔之训，一朝屠戮，搀其不意，岂大人经国笃本之事乎？若爽信有谋主之心，大逆已构，而发兵之日，更以芳委爽兄弟。懿父子从后闭门举兵，蹙而向芳，必无悉宁，忠臣为君深虑之谓乎？以此推之，爽无大恶明矣。若懿以爽奢僭，废之刑之可也，灭其尺口，被以不义，绝子丹血食，及何晏子魏之亲甥，亦与同戮，为僭滥不当矣。

②《祎别传》曰：祎雅性谦素，家不积财。儿子皆令布衣素食，出入不从车骑，无异凡人。

③《祎别传》曰：恭为尚书郎，显名当世，早卒。

【译文】费祎，字文伟，是江夏郡鄳人。幼年时失去父亲，投靠族父伯仁。伯仁的姑姑，是益州牧刘璋之母。刘璋派遣使者来迎伯仁，伯仁便带着费祎游学进入蜀郡。

正巧刘备平定了蜀郡，费祎便留在益州，与当时名士汝南许叔龙、南郡董允齐名。当时许靖痛失儿子，董允与费祎打算一起前往埋葬孩子的墓地。董允禀告父亲董和请求备车，董和于是把一辆后边开门的小车交给董允。董允脸上表现出不想乘坐的为难神态，于是费祎在董允前边先上了车。等到达墓地时，诸葛亮及许多显贵的人全都集聚在那里，车辆极少，董允依旧是神色不安，而费祎却安然自若。拉车的人回家后，董和询问情况，得知他们乘车的情态，董和对董允说："我曾思虑你与文伟相比谁优谁劣，但不能区分，从今以后，我的疑惑便解开了。"

刘备立了太子后，费祎和董允一同成为舍人，又升为庶子。刘禅登基以后，费祎担任黄门侍郎。丞相诸葛亮南征回来，百官都去都城数十里外欢迎，他们的年龄与官位大多在费祎之上，而诸葛亮只让费祎和他同乘一辆车，从此众人都开始对他另眼相看。因为诸葛亮刚从南方归来，于是任命费祎担任昭信校尉到吴国出使。孙权性情原本就好戏谑取笑，玩笑起来没有限度，诸葛恪、羊衜等都是才学渊博、果决善辩之人，每当他们辩论诘难的时候，不论话锋到哪里，费祎都能文辞通顺，语义实在，据理应答，吴君臣最终也没使他理屈词穷。孙权极为器重他，对费祎说："您是天下美德之人，必然可以成为蜀国朝廷的干才，恐怕您不会多次来吴国了。"费祎返回蜀国后，升任侍中。诸葛亮向北驻扎在汉中之时，请费祎担任参军。因为他奉命出使符合刘禅的旨意，因此频繁出使吴国。建兴八年，费祎调任中护军，后来又被提拔为司马。正赶上军师魏延和长史杨仪互相憎恶，二人常常坐在一起争论，魏延有时举着刀比画装作要杀掉杨仪，杨仪则瞬间泪流满面。费祎时常坐在他们中间，规劝、开导，分辨是非，在诸葛亮辅佐朝政之时，之所以能各尽魏延、杨仪的能力而任用他们，大多是仰仗费祎极力匡正补救。诸葛亮去世后，费祎担任后军师。不久，他接替蒋琬担任尚书令。蒋琬从汉中返回涪县后，费祎被提拔为大将军，总理尚书事务。

延熙七年，魏军在兴势驻扎，刘禅授予费祎符节，命他率领部众前往抵御魏军。光禄大夫来敏去往费祎的住所话别，请费祎与他一起下围棋。这时羽书交替由飞马报来，人马早已披好铠甲，车马整备已经完毕，而费祎与来敏仍全心下棋，丝毫不见厌倦的神色。来敏说："刚才只是观察试探您而已！您的确是让我满意的人，一定能惩处贼寇。"费祎大军一到，敌军开始后撤，费祎被封为成乡侯。蒋琬坚决辞让益州的职务，费祎又兼任益州刺史。费祎辅佐国政以来的功劳与名望，大致可以和蒋琬相媲美。延熙十一年，费祎出征驻扎在汉中。从蒋琬到费祎，尽管他们自己在朝廷之外，但对奖赏惩罚等事，朝廷都要让他们先商量决断，之后才执行，他们被重用到了这样的程度。之后在延熙十四年夏天，费祎回到成都，成都望气占卜的人说在都城中没有宰相的位置，因此费祎在冬天又向北屯兵汉寿。延熙十五年，刘禅命费祎开设府署。延熙十六年年初大会群臣，魏国投降的人郭修同时在座。费祎畅饮后大醉，被郭修持刀杀害，谥号为敬侯。费祎的儿子费承承嗣，担任黄门侍郎。费承的弟弟费恭，迎娶公主为妻。费祎的长女许配给太子刘璿为妃。

姜维

【原文】姜维，字伯约，天水冀人也。少孤，与母居。好郑氏学。[①]仕郡上计掾，州辟为从事。以父冏昔为郡功曹，值羌、戎叛乱，身卫郡将，没于战场，赐维官中郎，参本郡军事。建兴六年，丞相诸葛亮军向祁山，时天水太守适出案行，维及功曹梁绪、主簿尹赏、主记梁虔等从行。太守闻蜀军垂至而诸县响应，疑维等皆有异心，于是夜亡保上邽。维等觉太守去，追迟，至城门，城门已闭，不纳。维等相率还冀，冀亦不入维，维等乃俱诣诸葛亮。会马谡败于街亭，亮拔将西县千余家及维等还，故维遂与母相失。[②]亮辟维为仓曹掾，加奉义将军，封当阳亭侯，时年二十七。亮与留府长史张裔、参军蒋琬书曰："姜伯约忠勤时事，思虑精密，考其所有，永南、季常诸人不如也。其人，凉州上士也。"又曰："须先教中虎步兵五六千人。姜伯约甚敏于军事，既有胆义，深解兵意。此人心存汉室，而才兼于人，毕教军事，当遣诣宫，觐见主上。"[③]后迁中监军、征西将军。

①《傅子》曰：维为人好立功名，阴养死士，不修布衣之业。

②《魏略》曰：天水太守马遵将维及诸官属随雍州刺史郭淮偶自西至洛门案行，会闻亮已到祁山，淮顾遵曰："是欲不善！"遂驱东还上邽。遵念所治冀县界在西偏，又恐吏民乐乱，遂亦随淮去。时维谓遵曰："明府当还冀。"遵谓维等曰："卿诸人叵复信，皆贼也。"各自行。维亦无如遵何，而家在冀，遂与郡吏上官子修等还冀。冀中吏民见维等，大喜，便推令见亮。二人不获已，乃共诣亮。亮见，大悦。未及遣迎冀中人，会亮前锋为张郃、费繇等所破，遂将维等却缩。维不得还，遂入蜀。诸军攻冀，皆得维母妻子，亦以维本无去意，故不没其家，但系保官以延之。此语与本传不同。

③孙盛《杂记》曰：初，姜维诣亮，与母相失，复得母书，令求当归。维曰："良田百顷，不在一亩，但有远志，不在当归也。"

十二年，亮卒，维还成都，为右监军、辅汉将军，统诸军，进封平襄侯。延熙元年，随大将军蒋琬住汉中。琬既迁大司马，以维为司马，数率偏军西入。六年，迁镇西大将军，领凉州刺史。十年，迁卫将军，与大将军费祎共录尚书事。是岁，汶山平康夷反，维率众讨定之。又出陇西、南安、金城界，与魏大将军郭淮、夏侯霸等战于洮西。胡王治无戴等举部落降，维将还安处之。十二年，假维节，复出西平，不克而还。维自以练西方风俗，兼负其才武，欲诱诸羌、胡以为羽翼，谓自陇以西可断而有也。每欲兴军大举，费祎常裁制不从，与其兵不过万人。[①]

①《汉晋春秋》曰：费祎谓维曰："吾等不如丞相亦已远矣，丞相犹不能定中夏，况吾等乎？且不如保国治民，敬守社稷，如其功业，以俟能者，无以为希冀徼幸而决成败于一举。若不如志，悔之无及。"

十六年春，祎卒。夏，维率数万人出石营，经董亭，围南安，魏雍州刺史陈泰解围至洛门，维粮尽退还。明年，加督中外军事。复出陇西，守狄道长李简举城降。进围襄武，与魏将徐质交锋，斩首破敌，魏军败退。维乘胜多所降下，拔河关、狄道、临洮三县民还。后十八年,复与车骑将军夏侯霸等俱出狄道,大破魏雍州刺史王经于洮西,经众死者数万人。经退保狄道城,维围之。魏征西将军陈泰进兵解围,维却住钟题。

十九年春,就迁维为大将军。更整勒戎马,与镇西大将军胡济期会上邽,济失誓不至,故维为魏大将邓艾所破于段谷,星散流离,死者甚众。众庶由是怨讟,而陇已西亦骚动不宁,维谢过引负,求自贬削。为后将军,行大将军事。

二十年,魏征东大将军诸葛诞反于淮南,分关中兵东下。维欲乘虚向秦川,复率数万人出骆谷,径至沈岭。时长城积谷甚多而守兵乃少,闻维方到,众皆惶惧。魏大将军司马望拒之,邓艾亦自陇右,皆军于长城。维前住芒水,皆倚山为营。望、艾傍渭坚围,维数下挑战,望、艾不应。景耀元年,维闻诞破败,乃还成都。复拜大将军。

初,先主留魏延镇汉中,皆实兵诸围以御外敌,敌若来攻,使不得入。及兴势之役,王平捍拒曹爽,皆承此制。维建议以为:"错守诸围,虽合《周易》'重门'之义,然适可御敌,不获大利。不若使闻敌至,诸围皆敛兵聚谷,退就汉、乐二城,使敌不得入平,且重关镇守以捍之。有事之日,令游军并进以伺其虚。敌攻关不克,野无散谷,千里县粮,自然疲乏。引退之日,然后诸城并出,与游军并力搏之,此殄敌之术也。"于是令督汉中胡济却住汉寿,监军王含守乐城,护军蒋斌守汉城,又于西安、建威、武卫、石门、武城、建昌、临远皆立围守。

五年,维率众出汉、侯和,为邓艾所破,还住沓中。维本羁旅托国,累年攻战,功绩不立,而宦官黄皓等弄权于内,右大将军阎宇与皓协比,而皓阴欲废维树宇。维亦疑之,故自危惧,不复还成都。① 六年,维表后主:"闻钟会治兵关中,欲规进取,宜并遣张翼、廖化督诸军分护阳安关口、阴平桥头以防未然。"皓征信鬼巫,谓敌终不自致,启后主寝其事,而群臣不知。及钟会将向骆谷,邓艾将入沓中,然后乃遣右车骑廖化诣沓中为维援,左车骑张翼、辅国大将军董厥等诣阳安关口以为诸围外助。比至阴平,闻魏将诸葛绪向建威,故住待之。月余,维为邓艾所摧,还住阴平。钟会攻围汉、乐二城,遣别将进攻关口,蒋舒开城出降,傅佥格斗而死。② 会攻乐城,不能克,闻关口已下,长驱而前。翼、厥甫至汉寿,维、化亦舍阴平而退,适与翼、厥合,皆退保剑阁以拒会。会与维书曰:"公侯以文武之德,怀迈世之略,功济巴、汉,声畅华夏,远近莫不归名。每惟畴昔,尝同大化,吴札、郑乔,能喻斯好。"维不答书,列营守险。会不能克,粮运县远,将议还归。

①《华阳国志》曰:维恶黄皓恣擅,启后主欲杀之。后主曰:"皓趋走小臣耳,往董允切齿,吾常恨之,君何足介意!"维见皓枝附叶连,惧于失言,逊辞而出。后主敕皓诣维陈谢。维说皓求沓中种麦,以避内逼耳。

②《汉晋春秋》曰:蒋舒将出降,乃诡谓傅佥曰:"今贼至不击而闭城自守,非良图也。"佥曰:"受命保城,惟全为功,今违命出战,若丧师负国,死无益矣。"舒曰:"子以保城获全为功,我以出战克敌为功,请各行其志。"遂率众出。佥谓其战也,至阴平,以降胡烈。烈乘虚袭城,佥格斗而死,魏人义之。◎《蜀记》曰:蒋舒为武兴督,在事无称。蜀令人代之,因留舒助汉中守。舒恨,故开城出降。

而邓艾自阴平由景谷道傍入，遂破诸葛瞻于绵竹。后主请降于艾，艾前据成都。维等初闻瞻破，或闻后主欲固守成都，或闻欲东入吴，或闻欲南入建宁，于是引军由广汉、郪道以审虚实。寻被后主敕令，乃投戈放甲，诣会于涪军前，将士咸怒，拔刀斫石。[①]

①干宝《晋纪》云：会谓维曰："来何迟也？"维正色流涕曰："今日见此为速矣！"会甚奇之。

会厚待维等，皆权还其印号节盖。会与维出则同舆，坐则同席，谓长史杜预曰："以伯约比中土名士，公休、太初不能胜也。"[①]会既构邓艾，艾槛车征，因将维等诣成都，自称益州牧以叛。[②]欲授维兵五万人，使为前驱。魏将士愤发，杀会及维，维妻子皆伏诛。[③]

①《世语》曰：时蜀官属皆天下英俊，无出维右。

②《汉晋春秋》曰：会阴怀异图，维见而知其心，谓可构成扰乱以图克复也，乃诡说会曰："闻君自淮南已来，算无遗策，晋道克昌，皆君之力。今复定蜀，威德振世，民高其功，主畏其谋，欲以此安归乎！夫韩信不背汉于扰攘，以见疑于既平，大夫种不从范蠡于五湖，卒伏剑而妄死，彼岂暗主愚臣哉？利害使之然也。今君大功既立，大德已著，何不法陶朱公泛舟绝迹，全功保身，登峨嵋之岭，而从赤松游乎？"会曰："君言远矣，我不能行，且为今之道，或未尽于此也。"维曰："其他则君智力之所能，无烦于老夫矣。"由是情好欢甚。◎《华阳国志》曰：维教会诛北来诸将，既死，徐欲杀会，尽坑魏兵，还复蜀祚，密书与后主曰："愿陛下忍数日之辱，臣欲使社稷危而复安，日月幽而复明。"◎孙盛《晋阳秋》曰：盛以永和初从安西将军平蜀，见诸故老，及姜维既降之后密与刘禅表疏，说欲伪服事钟会，因杀之以复蜀土，会事不捷，遂至泯灭，蜀人于今伤之。盛以为古人云："非所困而困焉名必辱，非所据而据焉身必危，既辱且危，死期将至。"其姜维之谓乎！邓艾之入江由，士众鲜少，维进不能奋节绵竹之下，退不能总帅五将，拥卫蜀主，思后图之计，而乃反复于逆顺之间，希违情于难冀之会，以衰弱之国而屡观兵于三秦，已灭之邦，冀理外之奇举，不亦暗哉！

臣松之以为：盛之讥维，又为不当。于时钟会大众既造剑阁，维与诸将列营守险，会不得进，已议还计，全蜀之功，几乎立矣。但邓艾诡道傍入，出于其后，诸葛瞻既败，成都自溃。维若回军救内，则会乘其背。当时之势，焉得两济？而责维不能奋节绵竹，拥卫蜀主，非其理也。会欲尽坑魏将以举大事，授维重兵，使为前驱。若令魏将皆死，兵事在维手，杀会复蜀，不为难矣。夫功成理外，然后为奇，不可以事有差牙，而抑谓不然。设使田单之计邂逅不会，复可谓之愚暗哉！

③《世语》曰：维死时见剖，胆如升大。

郤正著论论维曰："姜伯约据上将之重，处群臣之右，宅舍弊薄，资财无余，侧室无妾媵之亵，后庭无声乐之娱，衣服取供，舆马取备，饮食节制，不奢不约，官给费用，随手消尽。察其所以然者，非以激贪厉浊，抑情自割也，直谓如是为足，不在多求。凡人之谈，常誉成毁败，扶高抑下，咸以姜维投厝无所，身死宗灭，以是贬削，不复料擿，异乎《春秋》褒贬之义矣。如姜维之乐学不倦，清素节约，自一时之仪表也。"[①]

①孙盛曰：异哉，郤氏之论也！夫士虽百行，操业万殊，至于忠孝义节，百行之冠冕也。姜维策名魏室，而外奔蜀朝，违君徇利，不可谓忠；捐亲苟免，不可谓孝；害加旧邦，不可谓义；败不死难，不可谓节；且德政未敷而疲民以逞，居御侮之任而致敌丧守，于夫智勇，莫可云也：凡斯六者，维无一焉。实有魏之逋臣，亡国之乱相，而云人之仪表，斯亦惑矣。纵维好书而微自藻洁，岂异夫盗者分财之义而程、郑降阶之善也？

臣松之以为：郤正此论，取其可称，不谓维始终行事皆可准则也。所云"一时仪表"，止在好学与俭素耳。本传及《魏略》皆云维本无叛心，以急逼归蜀。盛相讥贬，惟可责其背母。余既过苦，又非所以难郤正也。

维昔所俱至蜀，梁绪官至大鸿胪，尹赏执金吾，梁虔大长秋，皆先蜀亡没。

【译文】姜维，字伯约，是天水郡冀县人。小时候父亲就去世了，他与母亲一起相依为命。姜维喜欢郑玄的经学。在郡中担任上计掾，州里又征召他担任从事。因为他的父亲姜冏以前做过郡功曹，那时恰巧赶上羌、戎等族叛乱，姜冏亲自保卫郡太守，战死在沙场上，因此朝廷赐给姜维中郎的官职，参与管理本郡军事。建兴六年，丞相诸葛亮向祁山出兵，这时天水太守刚好外出巡视，姜维与功曹梁绪、主簿尹赏、主记梁虔等人随行。太守听说蜀国军队将要到来，各县又纷纷响应蜀军，于是怀疑姜维等人都对他有二心，因此连夜逃亡保守上邽。姜维等人发现太守逃跑了，追赶已迟，追到上邽县的城门前时城门早已关闭，不让他们进去。姜维等人只好一起回到了冀县，冀县也不让姜维进入，于是，姜维等人只好一起去投奔诸葛亮。正赶上马谡在街亭失利，诸葛亮攻克了西县，并带领西县一千多户人家与姜维等人班师回朝，所以姜维便和他的母亲失散了。诸葛亮任命姜维担任仓曹掾，并加奉义将军，封他为当阳亭侯，这时他二十七岁。诸葛亮给留府长史张裔、参军蒋琬写信说："姜伯约对当今大业忠诚勤奋，思索问题精细周到，考察他所具备的才能，永南、季常那些人都无法与他相比。这个人称得上是凉州的高明之士。"又说道："应当先让他训练中虎步兵五六千名。姜伯约在军事方面极为机智能干，既有胆量与义气，又对兵法有深入独到的理解。这个人心里想着汉室，才能超过一般人，等他结束训练军队的任务后，应当派他到宫中去朝见君主。"后来姜维升任中监军、征西将军。

建兴十二年，诸葛亮逝世，姜维回到成都，担任右监军、辅汉将军，统率各路军马，晋封平襄侯。延熙元年，姜维跟随大将军蒋琬驻守汉中。蒋琬被提拔为大司马后，任命姜维为司马，姜维多次率领偏师向西进发。延熙六年，升任镇西大将军，兼任凉州刺史。延熙十年，升任卫将军，与大将军费祎共同掌理尚书事务。这一年，汶山郡平康县的羌族造反，姜维率领大军讨伐平定了他们。又出兵陇西、南安、金城等郡的地界，在洮西一带与魏国大将军郭淮、夏侯霸等人交战。胡王治无戴等人率领自己的部落向姜维投降，姜维将他们带回来，并使他们安居下来。延熙十二年，朝廷赐给姜维符节，再次出兵西平，没有攻克，退兵而回。姜维自认为熟悉西部地区的风俗习惯，再加上自己的才能和武力，便想要引诱那些羌、胡部落作为他的辅助力量，认为陇山以西的地区必定能够为蜀国所有。总是想要大规模出兵，费祎常常制止他，不听从他的意见,拨给他的军队没有超过一万人。

延熙十六年春天,费祎辞世。夏天,姜维率领几万人的军队越过石营,途经董亭,围攻南安,魏国雍州刺史陈泰赶来解围,来到洛门,姜维因粮草用尽而退兵返回。第二年,姜维加任督中外军事之职。再次出兵陇西,狄道县代理县长李简率领全城投降。姜维进兵围攻襄武,和魏国将领徐质交战,砍下了徐质的头颅,打败了敌军,魏军败退。姜维乘胜追击,很多城池相继投降,姜维率领河关、狄道、临洮三县的百姓回师。后来,在延熙十八年,姜维又与车骑将军夏侯霸等人一起出兵狄道,在洮西把魏国的雍州刺史王经打得溃败不已,王经的部队死了几万人。王经退守狄道城,姜维围攻他。魏国征西将军陈泰率兵前来解围,姜维退兵在钟题驻扎。

延熙十九年春天,姜维在驻地被提拔为大将军。于是他进一步整顿人马,与镇西大将军胡济约定日期在上邽会合,胡济失约没来,因此姜维被魏国大将邓艾在段谷打得惨败,部队七零八落,士卒到处逃难,死伤惨重。部众因此纷纷埋怨姜维,陇山以西地区也跟着骚动起来,变得不安宁,姜维引咎自责,请求对自己贬官削职。于是被降为后将军,代理大将军事务。

延熙二十年,魏国征东大将军诸葛诞在淮南叛变,分出关中的一部分军队东下。姜维想要乘着关中空虚向秦川进军,又率领几万兵士出兵骆谷,一直到达沈岭。当时长城积存的粮食无数,但防守的士兵却极少,听说姜维就要来到,大家都十分惊慌恐惧。魏国大将军司马望抵抗姜维,邓艾也从陇右出兵,都在长城驻扎。姜维向前驻扎在芒水,全军靠山扎营。司马望与邓艾依傍渭水坚守营寨,姜维多次下战书挑战,司马望、邓艾都不应战。景耀元年,姜维听说诸葛诞被打败了,于是回到成都。后主又任命姜维为大将军。

当初,先主留下魏延在汉中镇守,让各城都充实兵力以便抵御外来的敌人,敌人如果前来进攻,令他们无法进入城中。一直到兴势之战,王平抵御曹爽,全部秉承这一旨意。姜维建议认为:“交错防守各城,尽管合乎《周易》所说的‘重门’(**指击梆巡夜,来防备敌人袭击**)的道理,但却只能防御敌人,无法获得大的胜利。不如让他们在听说敌军将要到来之际,各城都集结军队,聚集粮食,退到汉城与乐城,令敌人不能进入平地,而且在重要的关口驻军把守,来抵御敌军。有战事发生时,就派遣流动作战的军队一起出去,以探察敌人的虚实。敌军攻不下关塞,荒野中不见散落的粮食,军粮又远隔千里,自然会被拖得疲惫困乏。他们退兵之际,然后各城一同出兵,与流动作战的部队合力与敌军拼搏,这是消灭敌人的策略。”于是命令汉中都督胡济退驻到汉寿,监军王含驻守乐城,护军蒋斌防守汉城,又在西安、建威、武卫、石门、武城、建昌、临远都驻军防守。

景耀五年,姜维率领大军出师汉、侯和,被邓艾打败,退兵驻扎在沓中。姜维原本就旅居漂泊寄身于国,连年征战,都没有建立显著的功绩,宦官黄皓在朝廷内玩弄权柄,右大将军阎宇与黄皓相互勾结,黄皓暗地里想要废除姜维,扶持阎宇。姜维也怀疑他们,因此很为自己感到担忧害怕,不再返回成都。景耀六年,姜维上表给后主:“听说钟会在关中操练兵马,谋划着要攻打我们,应该派遣张翼、廖化统率各路军队分别防守在阳安关口、阳平桥头,防患于未然。”黄皓相信鬼巫的预言,认为敌人最终不会到来的,禀告后主停止派兵出征,其他大臣都不知道这件事。等到钟会将要进入骆谷,邓艾就要进入沓中之时,后主这才派遣右车骑将军廖化前往沓中援助姜维,左车骑将军张翼、辅国大将军董厥等人到阳安关口,作为各城外援。等到他们到达阴平,听说魏国大将诸葛绪向建威而来,因此便停下来等待魏军。一个多月后,姜维被邓艾打败,退驻到阴平。钟会围攻汉、乐二城,又派遣别将去进攻阳安关口,蒋舒打开城门出来投降,傅佥抵抗战死。钟会攻打乐城,没能攻下来,听说阳安关口已经被攻下,于是长驱直入,顺利进军。张翼、董厥刚到汉寿,姜维、廖化也放弃阴平退回,刚好与张翼、董厥会合,他们全部退守剑阁来抵御钟会。钟会给姜维写信说:“公侯您凭借文德武功,身怀盖世的谋略,在巴蜀、汉中创建大功,名扬四海,远近之地没有不慕名而来依附您的。每次我想起过去,我们曾经一起处身于魏国广远深入的教化之下,如同吴国季札、郑国子产那样的人,才能了解它的益处。”姜维没有回信,仍然排列阵营,坚守险要阵地。钟会不能攻破,军粮又在极为偏远的地方,将领们商议撤军返回。

邓艾从阴平出发,途经景谷道旁进入蜀地,最终在绵竹打败了诸葛瞻。后主向邓艾请求归降,邓艾进军占据了成都。姜维等人最初听到诸葛瞻战败的消息后,有人听说后主想要坚守成都,有人听说后主想要往东到吴国去,有人听说后主想要向南进入建宁,因此姜维带领军队从广汉、郪县前进,想要察明虚实。不久,他们接到后主的敕令,于是放下武器,到涪县钟会的军营前投降,将士们都十分愤怒,拔出刀砍路旁的石头。

钟会极为优待姜维等人,将他们的印玺、符节、车盖都暂且交还给他们。钟会与姜维外出时就同乘一辆车,坐着时就同坐一张席子,钟会对长史杜预说:“拿伯约与中原的名士相比,公休、太初也无法超过他。”钟会陷害邓艾后,邓艾被关进囚车押往京城,钟会于是带着姜维等人到了成都,自称益州牧,发动了叛乱。钟会想要给姜维五万军队,命他做先锋。魏国的将士们非常愤怒,杀死了钟会与姜维,姜维的妻子儿女也相继被杀。

郤正写文章评论姜维说:“姜伯约担任上将的重要职责,地位处于群臣之上,而他的住宅、房屋非常破旧简陋,家里也不见多余的金钱财物,侧室中没有供他玩耍取乐的姬妾,后堂中也没有供他欣赏、享受的歌声及乐曲,衣服只要够穿,车马只要配备整齐,饮食也很有节制,不奢侈,也不贫困,官府供给的俸禄,随手便花光了。考察他这样做的原因,并非为了激励那些贪官污吏消除他们的腐化,而控制自己的感情,舍弃自己所爱,只是因为像这样他就觉得满足了,不再有过分的要求。一般人谈论事情,经常是赞美成功,诽谤失败,支持地位高的,贬低地位低的,人们都认为姜维葬身无所,自己被杀,宗族被消灭殆尽,因此便贬损他,不再去考虑其他的事,这不符合《春秋》褒贬的大义。像姜维这样钟爱学习,毫不厌倦,清廉朴素,厉行节约,自然称得上是当时人的榜样。”

从前与姜维一起到蜀国的，梁绪官做到大鸿胪，尹赏做到执金吾，梁虔做了大长秋，他们都在蜀国灭亡之前过世了。

【原文】评曰：蒋琬方整有威重，费祎宽济而博爱，咸承诸葛之成规，因循而不革，是以边境无虞，邦家和一，然犹未尽治小之宜、居静之理也。[①] 姜维粗有文武，志立功名，而玩众黩旅，明断不周，终致陨毙。《老子》有云："治大国者犹烹小鲜。"况于区区蕞尔，而可屡扰乎哉？[②]

① 臣松之以为：蒋、费为相，克遵画一，未尝徇功妄动，有所亏丧。外却骆谷之师，内保宁缉之实，治小之宜，居静之理，何以过于此哉！今讥其未尽而不著其事，故使览者不知所谓也。

② 干宝曰：姜维为蜀相，国亡主辱弗之死，而死于钟会之乱，惜哉！非死之难，处死之难也。是以古之烈士，见危授命，投节如归，非不爱死也，固知命之不长而惧不得其所也。

【译文】评论说：蒋琬正直严肃有威严，费祎宽宏助人能博爱，他们两个人都继承了诸葛亮制定的规章制度，沿袭使用而不做改变，因此边境没有忧患，国家和平统一，然而他们还是没有完全懂得治理小国的办法及无为而治的道理。姜维粗犷却兼具文武之才，立志建立功名，只不过他轻视部众，滥用兵力，处事不周，最终导致身死。《老子》中有这样的话："治理大国好似煎小鱼。"何况是小小的蜀国，又如何能经受频繁战乱呢？

卷四十五　蜀书十五

邓张宗杨传第十五

邓芝

【原文】邓芝，字伯苗，义阳新野人，汉司徒禹之后也。汉末入蜀，未见知待。时益州从事张裕善相，芝往从之，裕谓芝曰："君年过七十，位至大将军，封侯。"芝闻巴西太守庞羲好士，往依焉。先主定益州，芝为郫邸阁督。先主出至郫，与语，大奇之，擢为郫令，迁广汉太守。所在清严有治绩，入为尚书。

先主薨于永安。先是，吴王孙权请和，先主累遣宋玮、费祎等与相报答。丞相诸葛亮深虑权闻先主殂陨，恐有异计，未知所如，芝见亮曰："今主上幼弱，初在位，宜遣大使重申吴好。"亮答之曰："吾思之久矣，未得其人耳，今日始得之。"芝问："其人为谁？"亮曰："即使君也。"乃遣芝修好于权。权果狐疑，不时见芝，芝乃自表请见权曰："臣今来亦欲为吴，非但为蜀也。"权乃见之，语芝曰："孤诚愿与蜀和亲，然恐蜀主幼弱，国小势逼，为魏所乘，不自保全，以此犹豫耳。"芝对曰："吴、蜀二国四州之地，大王命世之英，诸葛亮亦一时之杰也。蜀有重险之固，吴有三江之阻，合此二长，共为唇齿，进可并兼天下，退可鼎足而立，此理之自然也。大王今若委质于魏，魏必上望大王之入朝，下求太子之内侍，若不从命，则奉辞伐叛，蜀必顺流见可而进，如此，江南之地非复大王之有也。"权默然良久曰："君言是也。"遂自绝魏，与蜀连和，遣张温报聘于蜀。蜀复令芝重往，权谓芝曰："若天下太平，二主分治，不亦乐乎！"芝对曰："夫'天无二日，土无二王'，如并魏之后，大王未深识天命者也，君各茂其德，臣各尽其忠，将提枹鼓，则战争方始耳。"权大笑曰："君之诚款，乃当尔邪！"权与亮书曰："丁厷掞张，①阴化不尽；和合二国，唯有邓芝。"及亮北住汉中，以芝为中监军、扬武将军。亮卒，迁前军师、前将军，领兖州刺史，封阳武亭侯，顷之，为督江州。权数与芝相闻，馈遗优渥。延熙六年，就迁为车骑将军，后假节。十一年，涪陵国人杀都尉反叛，芝率军征讨，即枭其渠帅，百姓安堵。②十四年卒。

① 掞，音夷念反，或作艳。臣松之案：《汉书·礼乐志》曰："长离前掞光耀明。"左思《蜀都赋》："摛藻掞天庭。"孙权盖谓丁厷之言多浮艳也。

②《华阳国志》曰：芝征涪陵，见玄猿缘山。芝性好弩，手自射猿，中之。猿拔其箭，卷木叶塞其创。芝曰："嘻，吾违物之性，其将死矣！"一曰：芝见猿抱子在树上，引弩射之，中猿母，其子为拔箭，以木叶塞创。芝乃叹息，投弩水中，自知当死。

芝为大将军二十余年，赏罚明断，善恤卒伍。身之衣食资仰于官，不苟素俭，然终不治私产，妻子不免饥寒，死之日家无余财。性刚简，不饰意气，不得士类之和。于时

人少所敬贵，唯器异姜维云。子良，袭爵，景耀中为尚书左选郎。晋朝广汉太守。

【译文】邓芝，字伯苗，义阳郡新野县人，是汉司徒邓禹的后代。汉朝末年入蜀，并没有人了解和任用他。当时益州从事张裕善于相术，邓芝前去让他给自己看相，张裕对邓芝说："您年过七十岁之后，官位可以到大将军，并且封侯。"邓芝听说巴西太守庞羲喜爱人才，便前去依附他。刘备平定益州，邓芝任郫县的邸阁督。刘备出外巡视到了郫县，跟邓芝交谈后，对他的才能大为惊奇，提拔他为郫县令，又升为广汉太守。邓芝在任上都清廉严正而且政绩不错，后入朝担任尚书。

先主刘备在永安去世。在这之前，吴王孙权求和，刘备多次派遣宋玮、费祎等人出使吴国，回访答复。丞相诸葛亮深切担心孙权得知刘备去世的消息，恐怕会有别的打算，不知怎么办才好，邓芝去见诸葛亮说："现在主上年幼，刚刚即位，应派大使跟吴国重修旧好。"诸葛亮说："我考虑了很长时间了，只是一直没有物色到合适的人选，今天才算是找到了。"邓芝问道："这个人是谁？"诸葛亮说："就是您啊。"于是派邓芝去和孙权建立两国的友好关系。孙权果然心有他念，没有及时接见邓芝，邓芝就自己上表求见孙权说："为臣今天也是为吴国而来，不单单是为蜀国而已。"孙权这才接见了邓芝，他对邓芝说："我的确想跟蜀国联合亲近，但恐怕蜀主年幼，国家弱小而形势危急，被魏国乘虚而入，不能自我保全，因此而心中犹豫罢了。"邓芝对他说："吴、蜀二国拥有四个州的土地，大王您又是当世英雄，诸葛亮也是一时的杰出人物。蜀国有重重险阻足以坚守，吴国也有三条大江作为国家屏障，将这两大优势结合在一起，彼此唇齿相依，进可以吞并天下，退可以鼎足而立，这是很自然的道理。大王您现在如果依附魏国，魏国必然一方面希望您亲自前去朝见，其次还要让您派太子过去作为人质，如果达不到他们的这些要求，他们就会找借口来讨伐所谓叛逆，那样蜀国也必然顺流而下见机进兵，这样一来，整个江南就不会再是大王您的了。"孙权沉默良久说："你的话是对的。"于是主动跟魏国绝交，与蜀联合，还派张温回访蜀国。蜀国又派邓芝前往吴国，孙权对邓芝说："如果有一天天下太平了，二主分治天下，不也是很令人高兴的事吗！"邓芝回答说："'天无二日，土无二王'，如果吞并了魏国之后，大王您也不知道天命归谁，做君王的各自去光大自己的德行，做臣子的各自尽自己的忠心，做将领的拿着鼓槌击鼓，到那时战争才刚刚开始了。"孙权大笑说："您的坦承，竟至如此啊！"孙权给诸葛亮写信说："丁厷浮艳，阴化言不尽意；和好二国，只有邓芝一人。"到诸葛亮北上驻守汉中时，任用邓芝为中监军、扬武将军。诸葛亮去世后，邓芝升为前军师、前将军，兼任兖州刺史，封阳武亭侯，不久，又都督江州。孙权多次跟邓芝互致问候，馈赠丰厚。延熙六年，朝廷就地提升邓芝为车骑将军，后又假以符节。十一年，涪陵属国有人杀死都尉发动反叛，邓芝率军征伐，当即斩杀其首领，百姓安居。延熙十四年邓芝去世。

邓芝任将军二十余年，赏罚清明而果断，并且善待士兵。衣食都靠国家供给，不刻意追求清素简朴的生活，但也始终不聚敛私人财富，妻儿不能免于饥寒，到他去世之日家里没有什么多余的财产。为人刚强直率，不注重志向与气概的修养，跟士大夫们没有形成良好融洽的关系。对当时的人他很少有所敬重，唯独器重姜维一人而已。儿子邓良，承袭邓芝的爵位，景耀年间任尚书左选郎。入晋后任广汉太守。

张翼

【原文】张翼，字伯恭，犍为武阳人也。高祖父司空浩，曾祖父广陵太守纲，皆有名迹。① 先主定益州，领牧，翼为书佐。建安末，举孝廉，为江阳长，徙涪陵令，迁梓潼太守，累迁至广汉、蜀郡太守。建兴九年，为庲降都督、绥南中郎将。翼性持法严，不得殊俗之欢心。耆率刘胄背叛作乱，翼举兵讨胄。胄未破，会被征当还，群下咸以为宜便驰骑即罪，翼曰："不然。吾以蛮夷蠢动，不称职故还耳，然代人未至，吾方临战场，当运粮积谷，为灭贼之资，岂可以黜退之故而废公家之务乎？"于是统摄不懈，代到乃发。马忠因其成基以破殄胄，丞相亮闻而善之。亮出武功，以翼为前军都督，领扶风太守。亮卒，拜前领军，追论讨刘胄功，赐爵关内侯。延熙元年，入为尚书，稍迁督建威，假节，进封都亭侯，征西大将军。

①《益部耆旧传》曰：浩，字叔明，治律、《春秋》，游学京师，与广汉镡粲、汉中李郃、蜀郡张霸共结为友善。大将军邓骘辟浩，稍迁尚书仆射，出为彭城相，荐隐士闾丘邈等，征拜廷尉。延光三年，安帝议废太子，唯浩与太常桓焉、太仆来历议以为不可。顺帝初立，拜浩司空，年八十三卒。◎《续汉书》曰：纲，字文纪，少以三公子经明行修举孝廉，不就；司徒辟，以高第为侍御史。汉安元年，拜光禄大夫，与侍中杜乔等八人同日受诏，持节分出，案行天下贪廉，墨绶有罪便收，刺史、二千石以驿表闻，威惠清忠，名振郡国，号曰八俊。是时，大将军梁冀侵扰百姓，乔等七人皆奉命四出，唯纲独埋车轮于洛阳都亭不去，曰："豺狼当路，安问狐狸！"遂上书曰："大将军梁冀、河南尹不疑，蒙外戚之援，荷国厚恩，以刍荛之姿，安居阿保，不能敷扬五教，翼赞日月，而专为封豕长蛇，肆其贪饕，甘心好货，纵姿无厌，多树谄谀以害忠良，诚天威所不赦，大辟所宜加也。谨条其无君之心十五事于左，皆忠臣之所切齿也。"书奏御，京师震悚。时冀妹为皇后，内宠方盛，冀兄弟权重于人主，顺帝虽知纲言不诬，然无心治冀。冀深恨纲。会广陵贼张婴等众数万人杀刺史、二千石，冀欲陷纲，乃讽尚书以纲为广陵太守；若不为婴所杀，则欲以法中之。前太守往，辄多请兵，及纲受拜，诏问："当得兵马几何？"纲对曰："无用兵马。"遂单车之官，径诣婴垒门，示以祸福。婴大惊惧，走欲闭门。纲又于门外罢遣吏兵，留所亲者十余人，以书语其长老素为婴所信者，请与相见，问以本变，因示以诏恩，使还请婴。婴见纲意诚，即出见纲。纲延置上坐，问其疾苦，礼毕，乃谓之曰："前后二千石，多非其人，杜塞国恩，肆其私求。乡郡远，天子不能朝夕闻也，故民人相聚以避害。二千石信有罪矣；为之者乃非义也。忠臣不欺君以自荣，孝子不损父以求福，天子圣仁，欲文德以来之，故使太守来，思以爵禄相荣，不愿以刑也。今诚转祸为福之时也；若闻义不服，天子赫然发怒，大兵云合，岂不危乎！宜深计其利害。"婴闻，泣曰："荒裔愚人，数为二千石所侵枉，不堪其困，故遂相聚偷生。明府仁及草木，乃婴等更生之泽，但恐投兵之日，不免孥戮耳。"纲曰："岂其然乎！要之以天地，誓之以日月，方当相显以爵

位,何祸之有乎?”婴曰:“苟赦其罪,得全首领以就农亩,则抱戴没齿,爵禄非所望也。”婴虽为大贼,起于狂暴,自以为必死,及得纲言,旷然开明,乃辞还营。明日,遂将所部万余人,与妻子面缚诣纲降。纲悉释缚慰纳,谓婴曰:“卿诸人一旦解散,方垂荡然,当条名上之,必受封赏。”婴曰:“乞归故业,不愿以秽名污明时也。”纲以其至诚,乃各从其意,亲为安处居宅。子弟欲为吏者,随才任职,欲为民者,劝以农桑,田业并丰,南州晏然。论功,纲当封,为冀所遏绝,故不得侯。天子美其功,征欲用之。婴等上书乞留,在郡二岁,建康元年,病卒官,时年三十六。婴等三百余人,皆衰杖送纲丧至洛阳,葬讫,为起冢立祠,四时奉祭,思慕如丧考妣。天子追念不已,下诏褒扬,除一子为郎。

十八年,与卫将军姜维俱还成都。维议复出军,唯翼廷争,以为国小民劳,不宜黩武。维不听,将翼等行,进翼位镇南大将军。维至狄道,大破魏雍州刺史王经,经众死于洮水者以万计。翼曰:“可止矣,不宜复进,进或毁此大功。”维大怒,曰:“为蛇画足!”维竟围经于狄道,城不能克。自翼建异论,维心与翼不善,然常牵率同行,翼亦不得已而往。景耀二年,迁左车骑将军,领冀州刺史。六年,与维咸在剑阁,共诣降钟会于涪。明年正月,随会至成都,为乱兵所杀。①

①《华阳国志》曰:翼子微,笃志好学,官至广汉太守。

【译文】张翼,字伯恭,犍为郡武阳县人。高祖父司空张浩,曾祖父广陵太守张纲,都有声名与治绩。刘备平定益州,兼任益州牧,张翼任书佐。建安末年,张翼被推举为孝廉,任江阳县长,调任涪陵县令,升梓潼郡太守,逐渐升迁到广汉、蜀郡太守。建兴九年,任庲降都督、绥南中郎将。张翼执法严厉,因而得不到这些风俗不同的远方异族人的喜欢。当地首领刘胄背叛作乱,张翼带兵进行讨伐。刘胄还没被击败,张翼就被征召回朝,张翼手下的人全都认为他应该快马加鞭赶回去认罪,张翼说:“不是这样。我是因为蛮夷造反,不称职而被召回罢了,但是代替我的人还没有到来,我正身临战场,理应囤粮积谷,为消灭敌人准备好物资,怎么可以因被撤职而荒废国家的大事呢?”于是仍统领事务无所懈怠,直到代替者到来他才出发。后任马忠正是凭借他的扎实储备才消灭了刘胄,丞相诸葛亮听说后对张翼的做法给予了充分的肯定。诸葛亮出兵武功,任用张翼为前军都督,兼任扶风太守。诸葛亮去世后,朝廷任命张翼为前领军,又追论他征讨刘胄的功劳,赐爵位为关内侯。延熙元年,张翼入朝任尚书,渐渐升迁到建威将军,假以符节,后晋封为都亭侯,任征西大将军。

延熙十八年,张翼与卫将军姜维一起返回成都。姜维建议再次出兵,只有张翼当廷反对,认为国家小而人民劳苦,不宜滥用武力。姜维没有听从他的意见,带领张翼等人同行,提升张翼为镇南大将军。姜维来到狄道,大败魏国雍州刺史王经,王经的部队在洮水一战中死亡的兵士数以万计。张翼对姜维说:“可以停止了,不宜再向前推进,继续进攻有可能毁掉已取得的大功。”姜维大怒,说:“你这是画蛇添足!”姜维最终将王经围困在狄道城内,没能攻克狄道城。自从张翼提出异议以来,姜维心中便不再喜欢张翼,然而却常常带着他一起出征,张翼也不得已而跟随。景耀二年,张翼升为左车骑将军,兼任冀州刺史。六年,跟姜维同守剑阁,后又一起到涪县向钟会投降。次年正月,随钟会到成都,被乱兵杀害。

宗预　廖化

【原文】宗预,字德艳,南阳安众人也。建安中,随张飞入蜀。建兴初,丞相亮以为主簿,迁参军、右中郎将。及亮卒,吴虑魏或承衰取蜀,增巴丘守兵万人,一欲以为救援,二欲以事分割也。蜀闻之,亦益永安之守,以防非常。预将命使吴,孙权问预曰:“东之与西,譬犹一家,而闻西更增白帝之守,何也?”预对曰:“臣以为东益巴丘之戍,西增白帝之守,皆事势宜然,俱不足以相问也。”权大笑,嘉其抗直,甚爱待之,见敬亚于邓芝、费祎。迁为侍中,徙尚书。延熙十年,为屯骑校尉。时车骑将军邓芝自江州还,来朝,谓预曰:“礼,六十不服戎,而卿甫受兵,何也?”预答曰:“卿七十不还兵,我六十何为不受邪?”[①]芝性骄傲,自大将军费祎等皆避下之,而预独不为屈。预复东聘吴,孙权捉预手,涕泣而别曰:“君每衔命结二国之好。今君年长,孤亦衰老,恐不复相见!”遗预大珠一斛,[②]乃还。迁后将军,督永安,就拜征西大将军,赐爵关内侯。景耀元年,以疾征还成都。后为镇军大将军,领兖州刺史。时都护诸葛瞻初统朝事,廖化过预,欲与预共诣瞻许。预曰:“吾等年逾七十,所窃已过,但少一死耳,何求于年少辈而屑屑造门邪?”遂不往。

①臣松之以为:芝以年啁预,是不自顾。然预之此答,触人所忌。载之记牒,近为烦文。

②《吴历》曰:预临别,谓孙权曰:“蜀土僻小,虽云邻国,东西相赖,吴不可无蜀,蜀不可无吴,君臣凭恃,唯陛下重垂神虑。”又自说:“年老多病,恐不复得奉圣颜。”

孙盛曰:夫帝王之保,唯道与义,道义既建,虽小可大,殷、周是也。苟任诈力,虽强必败,秦、项是也。况乎居偏鄙之城,恃山水之固,而欲连横万里,永相资赖哉?昔九国建合从之计,而秦人卒并六合;嚣、述营辅车之谋,而光武终兼陇、蜀。夫以九国之强,陇、汉之大,莫能相救,坐观屠覆。何者?道德之基不固,而强弱之心难一故也。而云“吴不可无蜀,蜀不可无吴”,岂不谄哉!

廖化,字元俭,本名淳,襄阳人也。为前将军关羽主簿,羽败,属吴。思归先主,乃诈死,时人谓为信然,因携持老母昼夜西行。会先主东征,遇于秭归。先主大悦,以化为宜都太守。先主薨,为丞相参军,后为督广武,稍迁至右车骑将军,假节,领并州刺史,封中乡侯。以果烈称,官位与张翼齐,而在宗预之右。[①]

①《汉晋春秋》曰:景耀五年,姜维率众出狄道,廖化曰:“‘兵不戢,必自焚’,伯约之谓也。智不出敌,而力少于寇,用之无厌,何以能立?诗云‘不自我先,不自我后’,今日之事也。”

咸熙元年春,化、预俱内徙洛阳,道病卒。

【译文】宗预,字德艳,南阳郡安众县人。建安年间,随张飞入蜀。建兴初年,丞相诸葛亮任命他为主簿,升为参军、右中郎将。诸葛亮去世时,东吴担心魏国乘蜀国衰弱之机攻取蜀国,便往巴丘增派了一万守兵,一方面想作为蜀国的救援部队,其次也是为分割蜀国的土地做打算。蜀国听说后，也增加了永安的守兵，以防不测。宗预身负使命出使吴国，孙权问宗预说："东吴和西蜀，就如同一家，却听说你们西蜀增加了白帝城的守兵，这是为什么？"宗预说："我认为东吴增加巴丘的防御，西蜀增加白帝的守卫，这都是事势应当如此，都不值得双方相互探问。"孙权大笑，赞赏他的直率得体，对他特别厚待，宗预在东吴所受的尊重仅次于邓芝、费祎。升为侍中，调任尚书。延熙十年，任屯骑校尉。当时车骑将军邓芝从江州返回，来朝见天子，对宗预说："按礼，六十岁不服兵役，而您这个年龄才刚刚开始带兵，这是为什么呢？"宗预回答说："您都已经七十了还没交还兵权，我才六十岁为何就不能带兵呢？"邓芝天性骄傲，从大将军费祎到其他朝臣都避让他三分，唯独宗预不肯对他有所屈服。宗预再度出使东吴，孙权抓着宗预的手，流着泪跟宗预道别说："您每次都身负使命来结二国之好。现在您年纪大了，我也已衰老不堪，恐怕我们再不能相见了！"赠送给宗预一斛大珠子，让他返回蜀国。升任后将军，都督永安，就在永安被任命为征西大将军，赐爵关内侯。景耀元年，因病被召回成都。后任镇军大将军，兼兖州刺史。当时都护诸葛瞻刚刚统领朝政，廖化来看望宗预，想和宗预一起去拜见诸葛瞻。宗预说："我们已年过七十，所得到的已经够多的了，现在只少一死而已，对年少后辈有什么请求而要登门拜访呢？"于是没有去拜访诸葛瞻。

廖化，字元俭，本名淳，襄阳人。曾任前将军关羽的主簿，关羽败亡，他归属吴国。想要归附刘备，于是装死，当时的人都以为他确实死了，因而他得以带着老母昼夜西行。正赶上刘备东征吴国，与刘备在秭归相遇。刘备非常高兴，任用廖化为宜都太守。刘备去世后，任丞相参军，后又任广武都督，逐渐升至右车骑将军，假以符节，兼任并州刺史，封爵中乡侯。廖化以果敢刚烈著称，官位和张翼平齐，而在宗预之上。

咸熙元年春，廖化和宗预都向内部迁移，去往洛阳，途中病死了。

杨戏　王嗣、常播、卫继

【原文】杨戏，字文然，犍为武阳人也。少与巴西程祁公弘、巴郡杨汰季儒、蜀郡张表伯达并知名。戏每推祁以为冠首，丞相亮深识之。戏年二十余，从州书佐为督军从事，职典刑狱，论法决疑，号为平当，府辟为属主簿。亮卒，为尚书右选部郎，刺史蒋琬请为治中从事史。琬以大将军开府，又辟为东曹掾，迁南中郎参军，副贰庲降都督，领建宁太守。以疾征还成都，拜护军、监军，出领梓潼太守，入为射声校尉，所在清约不烦。延熙二十年，随大将军姜维出军至芒水。戏素心不服维，酒后言笑，每有傲弄之辞。维外宽内忌，意不能堪，军还，有司承旨奏戏，免为庶人。后景耀四年卒。

戏性虽简惰省略，未尝以甘言加人，过情接物，书符指事，希有盈纸。然笃于旧故，居诚存厚。与巴西韩俨、黎韬童幼相亲厚，后俨痼疾废顿，韬无行见捐，戏经纪振恤，恩好如初。又时人谓谯周无当世才，少归敬者，唯戏重之，尝称曰："吾等后世，终自不如此长儿也。"有识以此贵戏。

张表有威仪风观，始名位与戏齐，后至尚书、督庲降、后将军，先戏没。祁、汰各早死。[①]

①戏同县后进有李密者，字令伯。《华阳国志》曰：密祖父光，朱提太守。父早亡。母何氏，更适人。密见养于祖母。治《春秋左氏传》，博览多所通涉，机警辩捷。事祖母以孝闻，其侍疾则泣涕侧息，日夜不解带，膳饮汤药，必自口尝。本郡礼命，不应，州辟从事、尚书郎、大将军主簿、太子洗马。奉使聘吴，吴主问蜀马多少，对曰："官用有余，人间自足。"吴主与群臣泛论道义，谓"宁为人弟"。密曰："愿为人兄矣。"吴主曰："何以为兄？"密曰："为兄供养之日长。"吴主及群臣皆称善。蜀平后，征西将军邓艾闻其名，请为主簿，及书招，欲与相见，皆不往。以祖母年老，心在色养。晋武帝立太子，征为太子洗马，诏书累下，郡县逼遣，于是密上书曰："臣以险衅，夙遭闵凶，生孩六月，慈父见背，行年四岁，舅夺母志。祖母刘愍臣孤弱，躬见抚养。臣少多疾病，九岁不行，零丁孤苦，至于成立。既无伯叔，终鲜兄弟，门衰祚薄，晚有儿息。外无期功强近之亲，内无应门五尺之童，茕茕孑立，形影相吊。而刘早婴疾病，常在床蓐，臣侍汤药，未曾废离。逮奉圣朝，沐浴清化，前太守臣逵察臣孝廉，后刺史臣荣举臣秀才，臣以供养无主，辞不赴命。诏书特下，拜臣郎中，寻蒙国恩，除臣洗马，猥以微贱，当侍东宫，非臣陨首所能上报。臣具表闻，辞不就职。诏书切峻，责臣逋慢，郡县逼迫，催臣上道，州司临门，急于星火。臣欲奉诏奔驰，则刘病日笃，苟顺私情，则告诉不许，臣之进退，实为狼狈。伏惟圣朝以孝治天下，凡在故老，犹蒙矜愍，况臣孤苦，特为尤甚。且臣少仕伪朝，历职郎署，本图宦达，不矜名节。今臣亡国贱俘，至微至陋，猥蒙拔擢，宠命优渥，岂敢盘桓，有所希冀？但以刘日薄西山，气息奄奄，人命危浅，朝不虑夕。臣无祖母，无以至今日，祖母无臣，亦无以终余年，母孙二人，更相为命，是以区区不敢废远。臣今年四十有四，祖母刘今年九十有六，是臣尽节于陛下之日长，报养刘之日短也。乌鸟私情，愿乞终养。臣之辛苦，非徒蜀之人士及二州牧伯所见明知，皇天后土，实所共鉴。愿陛下矜愍愚诚，听臣微志，庶刘侥幸，保卒余年。臣生当陨首，死当结草，臣不胜犬马怖惧之情！"武帝览表曰："密不空有名也。"嘉其诚款，赐奴婢二人，下郡县供养其祖母奉膳。及祖母卒，服终，从尚书郎为河内温县令，政化严明。中山诸王每过温县，必责求供给，温吏民患之。及密至，中山王过县，欲求刍茭薪蒸，密笺引高祖过沛，宾礼老幼，桑梓之供，一无烦扰，"伏惟明王孝思惟则，动识先戒，本国望风，式歌且舞，诛求之碎，所未闻命"。自后诸王过，不敢有烦。陇西王司马子舒深敬友密，而贵势之家惮其公直。密去官，为州大中正，性方直，不曲意势位。后失荀勖、张华指，左迁汉中太守，诸王多以为冤。一年去官，年六十四卒。著《述理论》十篇，安东将军胡熊与皇甫士安并善之。

【译文】杨戏，字文然，犍为郡武阳人。年青时和巴西郡程祁字公弘、巴郡人杨汰字季儒、蜀郡人张表字伯达都很有名气。杨戏常常推崇程祁为他们中的翘楚，丞相诸葛亮对杨戏非常赏识。杨戏二十岁多岁时，从州书佐改任督军从事，掌管刑狱，执法断案，以公允得当著称，诸葛亮征召他为相府主簿。诸葛亮去世后，任尚书右选部郎，刺史蒋琬请他任治中从事史。蒋琬以大将军身份建立府署，又征召杨戏为东曹掾，升为南中郎参军,又任庲降都督的副官,兼任建宁太守。因病被召回成都,被任命为护军、监军,出任梓潼太守,后又入朝任射声校尉,凡所任职都保持着清明简约而不烦冗的作风。延熙二十年,跟随大将军姜维出兵到芒水。杨戏一贯对姜维不服,酒后谈笑时,常有傲慢戏弄的言辞。姜维外表宽容而内心忌恨,不能忍受杨戏的轻慢,军队返回后,有关部门秉承他的意旨弹劾杨戏,将杨戏免为庶人。杨戏后来在景耀四年去世。

杨戏的性格虽然直接怠惰而粗疏,从不向他人说好听的话,待人接物超越常情,书写指事,很少有写满一张纸的时候。然而对故交旧友很是笃实,可谓真诚厚道。他跟巴西郡的韩俨、黎韬幼年起就彼此要好,后来韩俨疾病缠身而被弃用,黎韬品行不佳而被免官,杨戏都给予照料救济,对他们恩好如初。此外,当时有人说谯周没有济世的才能,很少有人对他表示敬重,只有杨戏器重他,曾经称述说:"我们这些后辈,终究不如这个长者。"有见识的人为此事而尊敬杨戏。

张表有威仪风度,最初名声和官位跟杨戏相当,后来官做到尚书、督庲降、后将军,先于杨戏去世。程祁、杨汰也都早逝。

【原文】戏以延熙四年著《季汉辅臣赞》,其所颂述,今多载于《蜀书》,是以记之于左。自此之后卒者,则不追谥,故或有应见称纪而不在乎篇者也。其戏之所赞而今不作传者,余皆注疏本末于其辞下,可以粗知其仿佛云尔。

昔文王歌德,武王歌兴,夫命世之主,树身行道,非唯一时,亦由开基植绪,光于来世者也。自我中汉之末,王纲弃柄,雄豪并起,役殷难结,生人涂地。于是世主感而虑之,初自燕、代则仁声洽著,行自齐、鲁则英风播流,寄业荆、郢则臣主归心,顾援吴、越则贤愚赖风,奋威巴、蜀则万里肃震,厉师庸、汉则元寇敛迹,故能承高祖之始兆,复皇汉之宗祀也。然而奸凶怼险,天征未加,犹孟津之翔师,复须战于鸣条也。天禄有终,奄忽不豫。虽摄归一统,万国合从者,当时俊乂扶携翼戴,明德之所怀致也,盖济济有可观焉。遂乃并述休风,动于后听。其辞曰:

皇帝遗植,爰滋八方,别自中山,灵精是钟,顺期挺生,杰起龙骧。始于燕、代,伯豫君荆,吴、越凭赖,望风请盟,挟巴跨蜀,庸汉以并。乾坤复秩,宗祀惟宁,蹑基履迹,播德芳声。华夏思美,西伯其音,开庆来世,历载攸兴。——赞昭烈皇帝

忠武英高,献策江滨,攀吴连蜀,权我世真。受遗阿衡,整武齐文,敷陈德教,理物移风,贤愚竞心,佥忘其身。诞静邦内,四裔以绥,屡临敌庭,实耀其威,研精大国,恨于未夷。——赞诸葛丞相

司徒清风,是咨是臧,识爱人伦,孔音锵锵。——赞许司徒

关、张赳赳,出身匡世,扶翼携上,雄壮虎烈。藩屏左右,翻飞电发,济于艰难,赞主洪业,侔迹韩、耿,齐声双德。交待无礼,并致奸慝,悼惟轻虑,陨身匡国。——赞关云长、张翼德

骠骑奋起,连横合从,首事三秦,保据河、潼。宗计于朝,或异或同,敌以乘衅,家破军亡。乖道反德,托风攀龙。——赞马孟起

翼侯良谋,料世兴衰,委质于主,是训是谘,暂思经算,睹事知机。——赞法孝直

军师美至，雅气晔晔，致命明主，忠情发臆，惟此义宗，亡身报德。——赞庞士元

将军敦壮，摧锋登难，立功立事，于时之干。——赞黄汉升

掌军清节，亢然恒常，谠言惟司，民思其纲。——赞董幼宰

安远强志，允休允烈，轻财果壮，当难不惑，以少御多，殊方保业。——赞邓孔山

孔山，名方，南郡人也。以荆州从事随先生入蜀。蜀既定，为犍为属国都尉，因易郡名，为朱提太守，迁为安远将军、庲降都督，住南昌县。章武二年卒。失其行事，故不为传。

扬威才干，欷歔文武，当官理任，衎衎辩举，图殖财施，有义有叙。——赞费宾伯

宾伯，名观，江夏鄳人也。刘璋母，观之族姑，璋又以女妻观。观建安十八年参李严军，拒先主于绵竹，与严俱降。先主既定益州，拜为裨将军，后为巴郡太守、江州都督，建兴元年封都亭侯，加振威将军。观为人善于交接。都护李严性自矜高，护军辅匡等年位与严相次，而严不与亲亵，观年少严二十余岁，而与严通狎如时辈云。年三十七卒。失其行事，故不为传。

屯骑主旧，固节不移，既就初命，尽心世规，军资所恃，是辨是裨。——赞王文仪

尚书清尚，敕行整身，抗志存义，味览典文，倚其高风，好侔古人。——赞刘子初

安汉雍容，或婚或宾，见礼当时，是谓循臣。——赞麋子仲

少府修慎，鸿胪明真，谏议隐行，儒林天文，宣班大化，或首或林。——赞王元泰、何彦英、杜辅国、周仲直

王元泰，名谋，汉嘉人也。有容止操行。刘璋时，为巴郡太守，还为州治中从事。先主定益州，领牧，以为别驾。先主为汉中王，用荆楚宿士零陵赖恭为太常，南阳黄柱为光禄勋，谋为少府。建兴初，赐爵关内侯，后代赖恭为太常。恭、柱、谋皆失其行事，故不为传。恭子厷，为丞相西曹令史，随诸葛亮于汉中，早夭，亮甚惜之，与留府长史、参军张裔、蒋琬书曰："令史失赖厷，掾属丧杨颙，为朝中损益多矣。"颙亦荆州人也。后大将军蒋琬问张休曰："汉嘉前辈有王元泰，今谁继者？"休对曰："至于元泰，州里无继，况鄙郡乎！"其见重如此。①

①《襄阳记》曰：杨颙，字子昭，杨仪宗人也。入蜀，为巴郡太守，丞相诸葛亮主簿。亮尝自校簿书，颙直入谏曰："为治有体，上下不可相侵，请为明公以作家譬之。今有人使奴执耕稼，婢典炊爨，鸡主司晨，犬主吠盗，牛负重载，马涉远路，私业无旷，所求皆足，雍容高枕，饮食而已，忽一旦尽欲以身亲其役，不复付任，劳其体力，为此碎务，形疲神困，终无一成。岂其智之不如奴婢鸡狗哉？失为家主之法也。是故古人称'坐而论道谓之三公，作而行之谓之士大夫'。故邴吉不问横道死人而忧牛喘，陈平不肯知钱谷之数，云'自有主者'。彼诚达于位分之体也。今明公为治，乃躬自校簿书，流汗竟日，不亦劳乎！"亮谢之。后为东曹属，典选举。颙死，亮垂泣三日。

何彦英，名宗，蜀郡郫人也。事广汉任安学，精究安术，与杜琼同师而名

问过之。刘璋时，为犍为太守。先主定益州，领牧，辟为从事祭酒。后援引图、谶，劝先主即尊号。践阼之后，迁为大鸿胪。建兴中卒。失其行事，故不为传。子双，字汉偶。滑稽谈笑，有淳于髡、东方朔之风。为双柏长。早卒。

车骑高劲，惟其泛爱，以弱制强，不陷危坠。——赞吴子远

子远，名壹，陈留人也。随刘焉入蜀。刘璋时，为中郎将，将兵拒先主于涪，诣降。先主定益州，以壹为护军、讨逆将军，纳壹妹为夫人。章武元年，为关中都督。建兴八年，与魏延入南安界，破魏将费瑶，徙亭侯，进封高阳乡侯，迁左将军。十二年，丞相亮卒，以壹督汉中，车骑将军，假节，领雍州刺史，进封济阳侯。十五年卒。失其行事，故不为传。壹族弟班，字元雄，大将军何进官属吴匡之子也。以豪侠称，官位常与壹相亚。先主时，为领军。后主世，稍迁至骠骑将军，假节，封绵竹侯。

安汉宰南，奋击旧乡，翦除芜秽，惟刑以张，广迁蛮、濮，国用用强。——赞李德昂

辅汉惟聪，既机且惠，因言远思，切问近对，赞时休美，和我业世。——赞张君嗣

镇北敏思，筹画有方，导师禳秽，遂事成章。偏任东隅，末命不祥，哀悲本志，放流殊疆。——赞黄公衡

越骑惟忠，厉志自祇，职于内外，念公忘私。——赞杨季休

征南厚重，征西忠克，统时选士，猛将之烈。——赞赵子龙、陈叔至

叔至，名到，汝南人也。自豫州随先主，名位常亚赵云，俱以忠勇称。建兴初，官至永安都督、征西将军，封亭侯。

镇南粗强，监军尚笃。并豫戎任，任自封裔。——赞辅元弼、刘南和

辅元弼，名匡，襄阳人也。随先主入蜀。益州既定，为巴郡太守。建兴中，徙镇南，为右将军，封中乡侯。

刘南和，名邕，义阳人也。随先主入蜀。益州既定，为江阳太守。建兴中，稍迁至监军、后将军，赐爵关内侯，卒。子式嗣。少子武，有文，与樊建齐名，官亦至尚书。

司农性才，敷述允章，藻丽辞理，斐斐有光。——赞秦子勑

正方受遗，豫闻后纲，不陈不佥，造此异端，斥逐当时，任业以丧。——赞李正方

文长刚粗，临难受命，折冲外御，镇保国境。不协不和，忘节言乱，疾终惜始，实惟厥性。——赞魏文长

威公狷狭，取异众人，闲则及理，逼则伤侵，舍顺入凶，《大易》之云。——赞杨威公

季常良实，文经勤类，士元言规，处仁闻计，孔休、文祥，或才或臧，播播述志，楚之兰芳。——赞马季常、卫文经、韩士元、张处仁、殷孔休、习文祥

文经、士元，皆失其名实、行事、郡县。处仁本名存，南阳人也。以荆州从事随先主入蜀，南次至雒，以为广汉太守。存素不服庞统，统中矢卒，先主发言嘉叹，存曰："统虽尽忠可惜，然违大雅之义。"先主怒曰："统杀身成仁，

更为非也？”免存官。顷之，病卒。失其行事，故不为传。

孔休，名观，为荆州主簿、别驾从事，见《先主传》。失其郡县。文祥名祯，襄阳人也。随先主入蜀，历雒、郫令，广汉太守。失其行事。子忠，官至尚书郎。①

①《襄阳记》曰：习祯有风流，善谈论，名亚庞统，而在马良之右。子忠，亦有名。忠子隆，为步兵校尉，掌校秘书。

国山休风，永南耽思，盛衡、承伯，言藏言时，孙德果锐，伟南笃常，德绪、义强，志壮气刚。济济修志，蜀之芬香。——赞王国山、李永南、马盛衡、马承伯、李孙德、李伟南、龚德绪、王义强

国山，名甫，广汉郪人也。好人流言议。刘璋时，为州书佐。先主定蜀后，为绵竹令，还为荆州议曹从事。随先主征吴，军败于秭归，遇害。子祐，有父风，官至尚书右选郎。

永南，名邵，广汉郪人也。先主定蜀后，为州书佐、部从事。建兴元年，丞相亮辟为西曹掾。亮南征，留邵为治中从事，是岁卒。①

①《华阳国志》曰：邵兄邈，字汉南，刘璋时为牛鞞长。先主领牧，为从事，正旦命行酒，得进见，让先主曰：“振威以将军宗室肺腑，委以讨贼，元功未效，先寇而灭。邈以将军之取鄙州，甚为不宜也。”先主曰：“知其不宜，何以不助之？”邈曰：“匪不敢也，力不足耳。”有司将杀之，诸葛亮为请，得免。久之，为犍为太守、丞相参军、安汉将军。建兴六年，亮西征，马谡在前败绩，亮将杀之，邈谏以“秦赦孟明，用伯西戎，楚诛子玉，二世不竞”，失亮意，还蜀。十二年，亮卒，后主素服发哀三日，邈上疏曰：“吕禄、霍禹未必怀反叛之心，孝宣不好为杀臣之君，直以臣惧其逼，主畏其威，故奸萌生。亮身杖强兵，狼顾虎视，‘五大不在边’，臣常危之。今亮殒没，盖宗族得全，西戎静息，大小为庆。”后主怒，下狱诛之。

盛衡，名勋，承伯名齐，皆巴西阆中人也。勋，刘璋时为州书佐，先主定蜀，辟为左将军属，后转州别驾从事，卒。齐为太守张飞功曹。飞贡之先主，为尚书郎。建兴中，从事丞相掾，迁广汉太守，复为亮参军。亮卒，为尚书。勋、齐皆以才干自显见，归信于州党，不如姚伷。伷，字子绪，亦阆中人。先主定益州后，为功曹书佐。建兴元年，为广汉太守。丞相亮北驻汉中，辟为掾。并进文武之士，亮称曰：“忠益者莫大于进人，进人者各务其所尚。今姚掾并存刚柔，以广文武之用，可谓博雅矣，愿诸掾各希此事，以属其望。”迁为参军。亮卒，稍迁为尚书仆射。时人服其真诚笃粹。延熙五年卒，在作赞之后。

孙德，名福，梓潼涪人也。先主定益州后，为书佐、西充国长、成都令。建兴元年，徙巴西太守，为江州督、扬威将军，入为尚书仆射，封平阳亭侯。延熙初，大将军蒋琬出征汉中，福以前监军领司马，卒。①

①《益部耆旧杂记》曰：诸葛亮于武功病笃，后主遣福省侍，遂因咨以国家大计。福往具宣圣旨，听亮所言，至别去数日，忽驰思未尽其意，遂却骑驰还见亮。亮语福曰：

“孤知君还意。近日言语，虽弥日有所不尽，更来一决耳。君所问者，公琰其宜也。”福谢：“前实失不谘请公，如公百年后，谁可任大事者？故辄还耳。乞复请，蒋琬之后，谁可任者？”亮曰：“文伟可以继之。”又复问其次，亮不答。福还，奉使称旨。福为人精识果锐，敏于从政。子骧，字叔龙，亦有名，官至尚书郎、广汉太守。

伟南，名朝，永南兄。郡功曹，举孝廉，临邛令，入为别驾从事。随先主东征吴，章武二年卒于永安。①

①《益部耆旧杂记》曰：朝又有一弟，早亡，各有才望，时人号之李氏三龙。◎《华阳国志》曰：群下上先主为汉中王，其文，朝所造也。

臣松之案：《耆旧》所记，以朝、邵及早亡者为三龙。邈之狂直，不得在此数。

德绪，名禄，巴西安汉人也。先主定益州，为郡从事、牙门将。建兴三年，为越巂太守，随丞相亮南征，为蛮夷所害，时年三十一。弟衡，景耀中为领军。

义强，名士，广汉郪人，国山从兄也。从先主入蜀后，举孝廉，为符节长，迁牙门将，出为宕渠太守，徙在犍为。会丞相亮南征，转为益州太守，将南行，为蛮夷所害。

休元轻寇，损时致害，文进奋身，同此颠沛，患生一人，至于弘大。——赞冯休元、张文进

休元，名习，南郡人。随先主入蜀。先主东征吴，习为领军，统诸军，大败于猇亭。

文进，名南，亦自荆州随先主入蜀，领兵从先主征吴，与习俱死。时又有义阳傅肜，先主退军，断后拒战，兵人死尽，吴将语肜令降，肜骂曰：“吴狗！何有汉将军降者！”遂战死。拜子佥为左中郎，后为关中都督，景耀六年，又临危授命。论者嘉其父子奕世忠义。①

①《蜀记》载晋武帝诏曰：“蜀将军傅佥，前在关城，身拒官军，致死不顾。佥父肜，复为刘备战亡。天下之善一也，岂由彼此以为异？”佥息著、募，后没入奚官，免为庶人。

江阳刚烈，立节明君，兵合遇寇，不屈其身，单夫只役，陨命于军。——赞程季然

季然，名畿，巴西阆中人也。刘璋时为汉昌长。县有賨人，种类刚猛，昔高祖以定关中。巴西太守庞羲以天下扰乱，郡宜有武卫，颇招合部曲。有谗于璋，说羲欲叛者，璋阴疑之。羲闻，甚惧，将谋自守，遣畿子郁宣旨，索兵自助。畿报曰：“郡合部曲，本不为叛，虽有交构，要在尽诚。若必以惧，遂怀异志，非畿之所闻。”并敕郁曰：“我受州恩，当为州牧尽节。汝为郡吏，当为太守效力，不得以吾故有异志也。”羲使人告畿曰：“尔子在郡，不从太守，家将及祸！”畿曰：“昔乐羊为将，饮子之羹，非父子无恩，大义然也。今虽复羹子，吾必饮之。”羲知畿必不为己，厚陈谢于璋以致无咎。璋闻之，迁畿江阳太守。先主领益州牧，辟为从事祭酒。后随先主征吴，遇大军败绩，溯江而还，或告之曰：“后追已至，解船轻去，乃可以免。”畿曰：“吾在军，未曾为敌走，况从天子而见危哉！”追人遂及畿船，畿身执戟战，敌船有覆者。众大至，共击之，乃死。

公弘后生，卓尔奇精，夭命二十，悼恨未呈。——赞程公弘

公弘，名祁，季然之子也。

古之奔臣，礼有来逼，怨兴司官，不顾大德。靡有匡救，倍成奔北，自绝于人，作笑二国。——赞麋芳、士仁、郝普、潘濬

麋芳，字子方，东海人也，为南郡太守。士仁字君义，广阳人也，为将军，住公安，统属关羽。与羽有隙，叛迎孙权。郝普字子太，义阳人。先主自荆州入蜀，以普为零陵太守。为吴将吕蒙所谲，开城诣蒙。潘濬字承明，武陵人也。先主入蜀，以为荆州治中，典留州事，亦与关羽不穆。孙权袭羽，遂入吴。普至廷尉，濬至太常，封侯。①

①《益部耆旧杂记》载王嗣、常播、卫继三人，皆刘氏王蜀时人，故录于篇。

王嗣，字承宗，犍为资中人也。其先，延熙世以功德显著。举孝廉，稍迁西安围督、汶山太守，加安远将军。绥集羌、胡，咸悉归服，诸种素桀恶者皆来首降，嗣待以恩信，时北境得以宁静。大将军姜维每出北征，羌、胡出马牛羊毡毦及义谷裨军粮，国赖其资。迁镇军，故领郡。后从维北征，为流矢所伤，数月卒。戎夷会葬，赠送数千人，号呼涕泣。嗣为人美厚笃至，众所爱信。嗣子及孙，羌、胡见之如骨肉，或结兄弟，恩至于此。

常播，字文平，蜀郡江原人也。播仕县主簿、功曹。县长广都朱游，建兴十五年中被上官诬劾以逋没官谷，当论重罪。播诣狱讼争，身受数千杖，肌肤刻烂，毒痛惨至，更历三狱，幽闭二年有余。每将考掠，吏先验问，播不答，言："但急行罚，无所多问！"辞终不挠，事遂分明。长免刑戮。时唯主簿杨玩亦证明其事，与播辞同。众咸嘉播忘身为君，节义抗烈。举孝廉，除郪长，年五十余卒。书于《旧德传》，后县令颍川赵敦图其像，赞颂之。

卫继，字子业，汉嘉严道人也。兄弟五人。继父为县功曹。继为儿时，与兄弟随父游戏庭寺中，县长蜀郡成都张君无子，数命功曹呼其子省弄，甚怜爱之。张因言宴之间，语功曹欲乞继，功曹即许之，遂养为子。继敏达夙成，学识通博，进仕州郡，历职清显。而其余兄弟四人，各无堪当世者，父恒言己之将衰，张明府将盛也。时法禁以异姓为后，故复为卫氏。屡迁拜奉车都尉、大尚书，忠笃信厚，为众所敬。钟会之乱，遇害成都。

【译文】杨戏在延熙四年写成《季汉辅臣赞》，其赞颂叙述的人事，现在大多收载于《蜀书》，因而将其赞文记录在下面。延熙四年之后去世的，则不追加谥号，所以有些应该加以记述却没有列入《季汉辅臣赞》之中的。凡杨戏有赞而现在没给作传的人，我（陈寿）都在他的赞下注明这些人的生平，可以粗略地了解他们的事迹。

从前文王歌唱道德，武王颂扬开拓，大凡闻名于世的帝王，树威立德，推行道义，不仅仅是一时所需，也是为了开创世代相传的基业，使它们在来世得以发扬光大。自从中汉末年，朝纲失控，英雄并起，劳役繁重，生灵涂炭。于是先帝感慨而为之忧虑，最初在燕、代之地时，他已仁声卓著，来到齐、鲁则美名传扬，寄身荆、郢创业时又让这些地方的君长臣下心悦诚服，结盟吴、越使得无论贤愚都仰望他的风采，振威巴、蜀使得万里肃穆震撼，出兵庸、汉则大盗巨寇销声匿迹，所以能上承高祖开创的基业，恢复

皇汉的宗庙祭祀。然而奸凶残暴，上天的征伐还没有施加到他们身上，正如孟津盟罢而还的大军，还须在鸣条再展威武。人的生命有限，先主与世长辞。虽然天下终将归于一统，万国必将合为一家，而当时俊杰辅佐拥戴，实由君主的美德所招致，这种英才济济的盛况颇为可观。于是一并记述他们的美好业绩，传于后世。其辞为：

高祖皇帝传留的子孙，繁衍于四面八方，主公这一支脉，来自中山靖王，他是人间灵气所钟，顺天应时降生，他才华卓绝，如飞龙腾跃。他发迹于燕、代二地，称雄于豫州、荆州，受东吴借重依赖，仰望他的风范而请求结盟，据有巴蜀之地，并吞庸国、汉中。他重整乾坤，宗庙得享安宁，继承先人基业而登临帝位，德行远播而芳名流传。华夏人民思念他的美德，如当年颂扬西伯的歌声，他造福来世，国运将代代兴盛。——赞昭烈皇帝

忠武侯英才杰出，献策于隆中，联合吴国而打通巴蜀，策划出当世的至当之政。他接受遗命而主持国政，修武齐文，广布德行教化，治理万物，移风易俗，无论贤愚都争先效命，为了国家奋不顾身。国内安定，人民休养生息，四面边境安宁，多次亲临敌境，显示赫赫威风，殚精竭虑拓展国势，可惜出师未捷身已先殒。——赞诸葛丞相

许司徒品行高洁，善征询，能褒贬，善于甄别和珍惜人才，名声响亮。——赞许司徒

关羽、张飞雄健勇武，献身挽救汉室，辅佐先帝，雄壮威猛。左右护卫主公，有如龙腾电击，挽救危难时局，辅佐先帝开创大业，功绩堪比韩信、耿纯，声誉、德行齐平。然而待人接物没有礼貌，都将奸人凶徒引来身边，悲叹他们轻率少虑，以致最后为国捐躯。——赞关云长、张益德

骠骑将军奋起，合纵连横，先事三秦，占据河、潼。临阵朝廷计议，态度各不相同，敌人乘机离间，致使家破军亡。虽曾违反常理，及时回归德义，终究附凤攀龙。——赞马孟起

翼侯诚为良谋，能料世之兴衰，倾心投效先帝，无论教诲咨询，都能速速定策，观察精细入微，时时把握先机。——赞法孝直

军师善美之至，正气光芒四射，献身明主之时，忠诚发乎胸臆，思为道义宗师，不惜舍身报德。——赞庞士元

将军结实强壮，敢于陷阵赴难，说到建功立业，当时即称干将。——赞黄汉升

掌军节操高洁，刚强自以为常，在任敢言直谏，业绩令人怀念。——赞董幼宰

安远志向高远，本质美好光明，好义不贪财利，果决而又雄壮，临难从不迷茫，常能以少胜多，身在边关异域，心系军国大业。——赞邓孔山

> 孔山，名方，南郡人。以荆州从事身份随先主刘备入蜀。蜀地平定后，任犍为郡属国都尉，因改换郡名，为朱提太守，升安远将军、庲降都督，治所在南昌县。章武二年去世。其事迹失考，所以没有为他作传。

扬威才能干练，文才武略杰出，居官理事称职，言辞刚直从容，谋求增殖财货而好施，举止合宜有序。——赞费宾伯

宾伯，名观，江夏鄳人。刘璋的母亲是费观的同族姑姑，刘璋又把女儿嫁给费观。费观建安十八年任李严的参军，在绵竹县抵御刘备，与李严一同投降。刘备平定益州后，任命他为裨将军，后任巴郡太守、江州都督，建兴元年被封为都亭侯，加官振威将军。费观为人善于交际。都护李严性格高傲，护军辅匡等人的资历、官位都跟李严相近，而李严却不与他们亲近，费观小李严二十多岁，却跟李严亲密得像同辈人一样。三十七岁时去世。事迹失考，所以没为他立传。

屯骑校尉忠于旧主，节操坚贞矢志不移，一旦归顺忠诚不二，尽心国事谋划得体，主持辅佐卓有实效，军资需求及时供给。——赞王文仪

尚书清白高尚，仪态举止端正，志节从无苟且，随时典籍在手，汲取先贤教诲，胸怀古人风范。——赞刘子初

安汉温文大方，又是国家姻亲，备受上宾礼遇，本身称为循臣。——赞麋子仲

王少府处世谨慎，何鸿胪本性纯真，杜谏议心存阴德，周儒林通晓天文，尽心传布王化，倡导儒学精神。——赞王元泰、何彦英、杜辅国、周仲直

王元泰，名谋，汉嘉人。有不错的仪容举止和操守品行。刘璋担任牧益州时，他任巴郡太守，后调回担任益州治中从事。刘备平定益州，兼任益州牧，任用他为别驾。刘备称汉中王，任用荆楚故老零陵人赖恭为太常，南阳人黄柱为光禄勋，王谋为少府。建兴初年，赐爵为关内侯，后来代替赖恭任太常。赖恭、黄柱、王谋三人的事迹俱失考，所以没有为他们作传。赖恭的儿子赖厷，任丞相西曹令史，随诸葛亮驻军汉中，早逝，诸葛亮很惋惜他，在给留府长史、参军张裔、蒋琬的信中说："令史中失去了赖厷，掾属中杨颙去世，这都是朝廷的重大损失。"杨颙也是荆州人。后来大将军蒋琬问张休说："汉嘉前辈人中有王元泰，如今谁能继承他？"张休回答说："说到王元泰，整个益州都没有人能继承他的风范，更何况是小小的汉嘉郡呢！"他受人推崇到这样的程度。

何彦英，名宗，蜀郡郫县人。跟随广汉人任安学习，精心钻研任安的学说，跟杜琼师出同门而名声学问超过杜琼。刘璋任益州牧时，他任犍为太守。刘备平定益州，兼任益州牧，征召他为从事祭酒。他后来还援引图、谶之说，劝刘备登基称帝。刘备称帝之后，提升他为大鸿胪。建兴年间去世。其事迹失考，所以没有替他作传。他的儿子何双，字汉偶。言笑滑稽，谈吐诙谐，有淳于髡和东方朔的风范。任双柏县长。早年去世。

车骑高尚刚直，仁爱广披士卒，故能以弱胜强，常常化险为夷。——赞吴子远

吴子远，名壹，陈留人。随刘焉入蜀。刘璋任益州牧时，他任中郎将，受命带兵在涪县抵抗刘备进攻，他主动投降了刘备。刘备平定益州，任命吴壹为护军、讨逆将军，又娶了吴壹的妹妹做夫人。章武元年，吴壹任关中都督。建兴八年，吴壹跟魏延进入南安界，击败魏将费瑶，封亭侯，进封为高阳乡

侯，升为左将军。建兴十二年，丞相诸葛亮去世，朝廷命吴壹都督汉中，任车骑将军，假以符节，兼任雍州刺史，进封为济阳侯。建兴十五年去世。其事迹失考，所以没为他作传。吴壹同族弟吴班，字元雄，是大将军何进官属吴匡的儿子。其人以豪侠著称，官位常跟吴壹相当。先主刘备在世时，他任领军。刘禅即位后，逐渐升至骠骑将军，假以符节，封绵竹侯。

安汉将军主宰南疆，奋力杀敌安定故乡，剪除芜秽刑法舒张，迁移首领蛮濮归降，为国所用国用增强。——赞李德昂

辅汉大智大慧，机敏不误仁惠，依言深谋远虑，求教恳切，答问贴切，辅助时运大美，辅佐王业融融。——赞张君嗣

镇北才思敏捷，谋划合宜得当，引导消除芜秽，立功顺理成章。片面信任东吴，终究命运受创，历来志愿终业，流落异国他乡。——赞黄公衡

越骑竭尽忠义，奋志敬职竭力，任职朝廷内外，始终因公忘私。——赞杨季休

征南敦厚持重，征西忠勇克制，胆识万里挑一，堪称猛将典型。——赞赵子龙、陈叔至

陈叔至，名到，汝南人。从豫州开始跟随先主刘备，名声职位常跟在赵云之后，二人都以忠诚勇敢著称。建兴初年，官至永安都督、征西将军，爵封亭侯。

镇南健壮刚强，监军高尚笃诚。都曾肩负军机，爵禄惠及子孙。——赞辅元弼、刘南和

辅元弼，名匡，襄阳人。跟随刘备入蜀。益州平定后，任巴郡太守。建兴年间，调任镇南将军，升右将军，爵封中乡侯。

刘南和，名邕，义阳人。随刘备入蜀。益州平定后，任江阳太守。建兴年间，逐渐升为监军、后将军，受封关内侯爵，后去世。他的儿子刘式继承爵位。最小的儿子刘武，有文才，跟樊建齐名，官也做到尚书。

司农天生有才，铺陈协和适当，辞藻华美有理，文采灿灿发光。——赞秦子勑

正方受先主托孤之命，担当辅佐重任，建言任事不力，最终生出事端，当即被黜放逐，丧失大好功业。——赞李正方

文长刚强粗豪，临难奋勇受命，常能制敌取胜，国境得保安宁。共事不能同心，激愤酿成祸乱，痛其有始无终，成败亦由天性。——赞魏文长

威公狭隘偏执，试图与众不同，平时行事合理，急时张嘴伤人，结果舍顺入逆，应了《易经》所云。——赞杨威公

季常，忠良信实，文经勤勤恳恳，士元谋划有方，处仁议论有心，还有孔休、文祥，有才也有人品，志向功绩流传，楚天再添兰香。——赞马季常、卫文经、韩士元、张处仁、殷孔休、习文祥

卫文经、韩士元，这两人的名声、事迹、籍贯全部失考。张处仁原名存，南阳人。以荆州从事身份随刘备入蜀，南行到雒县时，刘备任命他为广汉太

守。张存向来不服庞统,庞统中箭身亡后,刘备赞叹庞统,张存说:“庞统虽然竭尽忠心,他的死确实令人痛惜,只是跟《诗经》的本义不符。”刘备发怒道:“庞统杀身成仁,反倒做错了吗?”当下免了李存的官职。不久,李存病死。他的事迹不可考,所以没为他作传。

殷孔休,名观,担任过荆州主簿、别驾从事,参见《先主传》。其籍贯失考。习文祥名祯,襄阳人。随刘备入蜀,历任雒县、郫县令,广汉太守。事迹失考。他的儿子习忠,官至尚书郎。

国山风格美好,永南长于深思,盛衡、承伯,英才内敛而洞晓时局,孙德果断敏锐,伟南敦厚守常,德绪、义强,志气壮烈而性格刚强。志向高尚济济一堂,蜀地名贤一时群芳。——赞王国山、李永南、马盛衡、马承伯、李孙德、李伟南、龚德绪、王义强

王国山,名甫,广汉郡郪县人。好发议论,评论人物。刘璋任牧益州时,他任州书佐。刘备平定蜀地后,他为绵竹令,后返回任荆州议曹从事。追随刘备征伐吴国,因大军败于秭归,不幸遇害。其子王祐,有父亲的风范,官至尚书右选郎。

李永南,名邵,广汉郡郪县人。刘备平定蜀地后,他先后担任州书佐、部从事。建兴元年,丞相诸葛亮征召他为西曹掾。诸葛亮南征,留李邵任治中从事,这一年李邵去世。

马盛衡,名勋,马承伯名齐,二人都是巴西郡阆中人。马勋在刘璋任益州牧时任州书佐,刘备平定益州,征召他为左将军属吏,后转任州别驾从事,去世。马齐是太守张飞的功曹。张飞把他推荐给刘备,任尚书郎。建兴年间,任丞相掾吏,升为广汉太守,又任诸葛亮的参军。诸葛亮去世后,他任尚书。马勋和马齐都以才干引人注目,至于在州里享有的威望,他们不如姚伷。姚伷,字子绪,也是阆中人。刘备平定益州后,他任功曹书佐。建兴元年,任广汉太守。丞相诸葛亮北上驻守汉中,征召他为掾吏。他在任举荐了不少文臣武将,诸葛亮称赞他说:“尽忠报效没有能超过推荐人才的,只是推荐人在进献人才时都会专注于自己崇尚的方面。现在姚伷却能刚柔并济,以增加广文、武人才,可以说是学识渊博,品行端正,希望各位掾吏都能加以仿效,向他看齐。”升姚伷为参军。诸葛亮去世后,姚伷慢慢升为尚书仆射。当时的人都佩服他的真诚纯粹。延熙五年去世,在作赞之后。

李孙德,名福,梓潼郡涪县人。刘备平定益州后,他任书佐、西充国长、成都令。建兴元年,改为巴西太守,任江州督、扬威将军,入朝任尚书仆射,封为平阳亭侯。延熙初年,大将军蒋琬出征汉中,李福以前监军身份兼任司马,去世。

李伟南,名朝,是永南的哥哥。曾任郡功曹,被荐举为孝廉,任临邛县令,入朝任别驾从事。随刘备东征吴国,章武二年在永安去世。

龚德绪,名禄,巴西郡安汉县人。刘备平定益州,他任郡从事、牙门将。

建兴三年，任越嶲太守，随丞相诸葛亮南征，被蛮夷杀害，时年三十一。弟弟龚衡，景耀年间为领军。

王义强，名士，广汉郡郪县人，是王国山的堂兄。跟随刘备入蜀后，被举荐为孝廉，任符节县长，升为牙门将，出任宕渠太守，后调任犍为郡。丞相诸葛亮南征时，他转任益州太守，在即将南行时，被蛮夷杀害。

休元统兵轻敌，败军并且丧身，文进勇气可嘉，受难方显忠心，灾难虽由一人，也见广大精神。——赞冯休元、张文进

冯休元，名习，南郡人。随刘备入蜀。刘备东征吴国，他任领军，统率诸军，在猇亭大败。

张文进，名南，也从荆州跟随刘备入蜀，领兵跟随刘备东征吴国，与冯习一起因兵败身死。当时还有义阳人傅肜，刘备退军，他断后拒敌，所率士兵已死尽，东吴将领劝傅肜投降，傅肜骂道："吴狗！有哪位蜀汉将军投降的！"于是战死。朝廷任命他的儿子傅佥为左中郎，后任关中都督，景耀六年，又在战场上献出了自己的生命。议论者都赞扬他们父子的累世忠义。

江阳刚毅勇烈，临危坚守臣节，为报主公恩遇，不肯畏死逃生，对敌匹马横枪，大江接纳英魂。——赞程季然

程季然，名畿，巴西郡阆中县人。刘璋任益州牧时他任汉昌县长。该县有賨族人，全都刚烈勇猛，过去高祖用他们平定关中。巴西太守庞羲认为天下混乱，郡中应该有武装保卫，于是招集组建了私人武装。有人向刘璋进谗言，说庞羲想要反叛，刘璋便暗里怀疑庞羲。庞羲听说之后，十分害怕，想要谋求自保，就派程季然的儿子程郁宣布命令，招集士兵自卫。程畿回报程郁说："郡中招集部曲，本来不是为了反叛，虽然遭遇谗言陷害，但关键还在于自己倾尽忠诚。如果因为害怕，便生不轨图谋，这是我不曾听说过的。"并且命令程郁说："我受州牧的恩惠，应当为州牧尽节。而你身为郡中的官吏，应当为太守效力，不得因为我的缘故而怀有异心。"庞羲使人告诉程畿说："你的儿子在郡中做官，不追随太守，将要祸及家人。"程畿说："过去乐羊做将领，吃用他儿子的血肉熬成的羹，不是父子之间没有恩情，而是正道使然。今天纵然把我儿子也做成羹，我也一定会喝的。"庞羲知道程畿肯定不能替自己效力，便主动诚恳地向刘璋表示歉意，因而没有引来什么灾祸。刘璋听说这件事后，提升程畿为江阳太守。刘备兼任益州牧，征召他为从事祭酒。后随刘备征伐吴国，遭遇大军溃败，逆流而还，有人对程畿说："后面的追兵已到，你离开战船轻装逃跑，才能免于送命。"程畿说："我在军中，从没有被敌军吓跑过，何况跟随天子出征而陷入困境呢！"东吴追兵很快就赶上了程畿的船，程畿亲手持戟与敌人格斗，敌人的船有被他击沉的。后来大批敌兵赶到，共同攻打他，程畿于是阵亡。

公弘虽然年轻，实在卓尔不群，英年二十而死，可惜大好才能。——赞程公弘

程公弘名祁,程季然的儿子。

古代臣子出奔,逼迫才是原因,官员上下怨恨,不顾大德亏损。缺乏匡救在前,弃义叛国于后,可叹自绝于人,蒙羞东西二国。——赞麋芳、士仁、郝普、潘濬

麋芳,字子方,东海人,曾任南郡太守。士仁,字君义,广阳人,为将军,驻扎公安,由关羽统辖。他们都与关羽有隔阂,两人叛投孙权。郝普,字子太,义阳人。刘备从荆州入蜀,任命郝普为零陵太守。后来郝普被吴将吕蒙欺骗,开城向吕蒙投降。潘濬,字承明,武陵人。刘备入蜀,任用他为荆州治中,掌管荆州留守事务,他也跟关羽不和。孙权派兵偷袭关羽,他也投奔吴国。在东吴郝普官至廷尉,潘濬官至太常,都封侯爵。

【原文】评曰:邓芝坚贞简亮,临官忘家,张翼亢姜维之锐,宗预御孙权之严,咸有可称。杨戏商略,意在不群,然智度有短,殆罹世难云。

【译文】评论说:邓芝坚定正直而能因公忘私,张翼敢对抗姜维的锐气,宗预无惧孙权的威严,他们都有可称道的地方。杨戏言辞放任不羁,本意是想让自己卓尔不群,但智慧和气度均有缺憾,这大概是他最终时运不济的根本原因吧。

卷四十六　吴书一

孙破虏讨逆传第一

孙坚

【原文】孙坚，字文台，吴郡富春人，盖孙武之后也。[①]少为县吏。年十七，与父共载船至钱唐，会海贼胡玉等从匏里上掠取贾人财物，方于岸上分之，行旅皆住，船不敢进。坚谓父曰："此贼可击，请讨之。"父曰："非尔所图也。"坚行操刀上岸，以手东西指麾，若分部人兵以罗遮贼状。贼望见，以为官兵捕之，即委财物散走。坚追，斩得一级以还，父大惊。由是显闻，府召署假尉。会稽妖贼许昌起于句章，自称阳明皇帝，[②]与其子韶扇动诸县，众以万数。坚以郡司马募召精勇，得千余人，与州郡合讨破之。是岁，熹平元年也。刺史臧旻列上功状，诏书除坚盐渎丞，数岁徙盱眙丞，又徙下邳丞。[③]

①《吴书》曰：坚世仕吴，家于富春，葬于城东。冢上数有光怪，云气五色，上属于天，曼延数里。众皆往观视。父老相谓曰："是非凡气，孙氏其兴矣！"及母怀妊坚，梦肠出绕吴昌门，寤而惧之，以告邻母。邻母曰："安知非吉征也？"坚生，容貌不凡，性阔达，好奇节。

②《灵帝纪》曰：昌以其父为越王也。

③《江表传》曰：坚历佐三县，所在有称，吏民亲附。乡里知旧，好事少年，往来者常数百人，坚接抚待养，有若子弟焉。

中平元年，黄巾贼帅张角起于魏郡，托有神灵，遣八使以善道教化天下，而潜相连结，自称黄天泰平。三月甲子，三十六方一旦俱发，天下响应，燔烧郡县，杀害长吏。[①]汉遣车骑将军皇甫嵩、中郎将朱俊将兵讨击之。俊表请坚为佐军司马，乡里少年随在下邳者皆愿从。坚又募诸商旅及淮、泗精兵，合千许人，与俊并力奋击，所向无前。[②]汝、颍贼困迫，走保宛城。坚身当一面，登城先入，众乃蚁附，遂大破之。俊具以状闻上，拜坚别部司马。[③]

①《献帝春秋》曰：角称天公将军，角弟宝称地公将军，宝弟梁称人公将军。

②《吴书》曰：坚乘胜深入，于西华失利。坚被创堕马，卧草中。军众分散，不知坚所在。坚所骑骢马驰还营，踣地呼鸣，将士随马于草中得坚。坚还营十数日，创少愈，乃复出战。

③《续汉书》曰：俊，字公伟，会稽人，少好学，为郡功曹，察孝廉，举进士。汉朝以讨黄巾功拜车骑将军，累迁河南尹。董卓见俊，外甚亲纳，而心忌之，俊亦阴备焉。关东兵起，卓议移都，俊辄止卓。卓虽惮俊，然贪其名重，乃表拜太仆以自副。俊被召不

肯受拜，因进曰："国不宜迁，必孤天下望，成山东之结，臣不见其可也。"有司诘曰："召君受拜而君拒之，不问徙事而君陈之，何也？"俊曰："副相国，非臣所堪也。迁都非计，臣之所急也。辞所不堪，进臣所急，臣之所宜也。"有司曰："迁都之事，初无此计也，就有，未露，何所受闻？"俊曰："相国董卓为臣说之，臣闻之于相国。"有司不能屈，朝廷称服焉。后为太尉。李傕、郭汜相攻，劫质天子公卿，俊性刚，即发病而卒。

边章、韩遂作乱凉州，中郎将董卓拒讨无功。中平三年，遣司空张温行车骑将军，西讨章等。温表请坚与参军事，屯长安。温以诏书召卓，卓良久乃诣温。温责让卓，卓应对不顺。坚时在坐，前耳语谓温曰："卓不怖罪而鸱张大语，宜以召不时至，陈军法斩之。"温曰："卓素著威名于陇蜀之间，今日杀之，西行无依。"坚曰："明公亲率王兵，威震天下，何赖于卓？观卓所言，不假明公，轻上无礼，一罪也。章、遂跋扈经年，当以时进讨，而卓云未可，沮军疑众，二罪也。卓受任无功，应召稽留，而轩昂自高，三罪也。古之名将，仗钺临众，未有不断斩以示威者也，是以穰苴斩庄贾，魏绛戮杨干。今明公垂意于卓，不即加诛，亏损威刑，于是在矣。"温不忍发举，乃曰："君且还，卓将疑人。"坚因起出。章、遂闻大兵向至，党众离散，皆乞降。军还，议者以军未临敌，不断功赏，然闻坚数卓三罪，劝温斩之，无不叹息。拜坚议郎。时长沙贼区星自称将军，众万余人，攻围城邑，乃以坚为长沙太守。到郡亲率将士，施设方略，旬月之间，克破星等。①周朝、郭石亦帅徒众起于零、桂，与星相应。遂越境寻讨，三郡肃然。汉朝录前后功，封坚乌程侯。②

①《魏书》曰：坚到郡，郡中震服，任用良吏。敕吏曰："谨遇良善，治官曹文书，必循治，以盗贼付太守。"

②《吴录》曰：是时庐江太守陆康从子作宜春长，为贼所攻，遣使求救于坚。坚整严救之。主簿进谏，坚答曰："太守无文德，以征伐为功，越界攻讨，以全异国。以此获罪，何愧海内乎？"乃进兵往救，贼闻而走。

灵帝崩，卓擅朝政，横恣京城。诸州郡并兴义兵，欲以讨卓。①坚亦举兵。荆州刺史王叡素遇坚无礼，坚过杀之。②比至南阳，众数万人。南阳太守张咨闻军至，晏然自若。③坚以牛酒礼咨，咨明日亦答诣坚。酒酣，长沙主簿入白坚："前移南阳，而道路不治，军资不具，请收主簿推问意故。"咨大惧欲去，兵陈四周不得出。有顷，主簿复入白坚："南阳太守稽停义兵，使贼不时讨，请收出案军法从事。"便牵咨于军门斩之。郡中震栗，无求不获。④前到鲁阳，与袁术相见。术表坚行破虏将军，领豫州刺史。遂治兵于鲁阳城。当进军讨卓，遣长史公仇称将兵从事还州督促军粮。施帐幔于城东门外，祖道送称，官属并会。卓遣步骑数万人逆坚，轻骑数十先到。坚方行酒谈笑，敕部曲整顿行陈，无得妄动。后骑渐益，坚徐罢坐，导引入城，乃谓左右曰："向坚所以不即起者，恐兵相蹈藉，诸君不得入耳。"卓兵见坚士众甚整，不敢攻城，乃引还。⑤坚移屯梁东，大为卓军所攻，坚与数十骑溃围而出。坚常著赤罽帻，乃脱帻令亲近将祖茂著之。卓骑争逐茂，故坚从间道得免。茂困迫，下马，以帻冠冢间烧柱，因伏草中。卓骑望见，围绕数重，定近觉是柱，乃去。坚复相收兵，合战于阳人，大破卓军，枭其都督华雄等。是时,或间坚于术,术怀疑,不运军粮。⑥阳人去鲁阳百余里,坚夜驰见术,画地计校,曰:“所以出身不顾,上为国家讨贼,下慰将军家门之私仇。坚与卓非有骨肉之怨也,而将军受谮润之言,还相嫌疑!”⑦术踧踖,即调发军粮。坚还屯。卓惮坚猛壮,乃遣将军李傕等来求和亲,令坚列疏子弟任刺史、郡守者,许表用之。坚曰:“卓逆天无道,荡覆王室,今不夷汝三族,县示四海,则吾死不瞑目,岂将与乃和亲邪?”复进军大谷,拒雒九十里。⑧卓寻徙都西入关,焚烧雒邑。坚乃前入至雒,修诸陵,平塞卓所发掘。⑨讫,引军还,住鲁阳。⑩

①《江表传》曰:坚闻之,拊膺叹曰:“张公昔从吾言,朝廷今无此难也。”

②案《王氏谱》,叡,字通耀,晋太保祥伯父也。《吴录》曰:叡先与坚共击零、桂贼,以坚武官,言颇轻之。及叡举兵欲讨卓,素与武陵太守曹寅不相能,扬言当先杀寅。寅惧,诈作案行使者光禄大夫温毅檄,移坚,说叡罪过,令收行刑讫,以状上。坚即承檄勒兵袭叡。叡闻兵至,登楼望之,遣问欲何为,坚前部答曰:“兵久战劳苦,所得赏,不足以为衣服,诣使君更乞资直耳。”叡曰:“刺史岂有所吝?”便开库藏,使自入视之,知有所遗不。兵进及楼下,叡见坚,惊曰:“兵自求赏,孙府君何以在其中?”坚曰:“被使者檄诛君。”叡曰:“我何罪?”坚曰:“坐无所知。”叡穷迫,刮金饮之而死。

③《英雄记》曰:咨,字子议,颍川人,亦知名。◎《献帝春秋》曰:袁术表坚假中郎将。坚到南阳,移檄太守请军粮。咨以问纲纪,纲纪曰:“坚邻郡二千石,不应调发。”咨遂不与。

④《吴历》曰:初坚至南阳,咨既不给军粮,又不肯见坚。坚欲进兵,恐有后患,乃诈得急疾,举军震惶,迎呼巫医,祷祀山川。遣所亲人说咨,言病困,欲以兵付咨。咨闻之,心利其兵,即将步骑五六百人诣营省坚,坚卧与相见。无何,卒然而起,按剑骂咨,遂执斩之。此语与本传不同。

⑤《英雄记》曰:初坚讨董卓,到梁县之阳人。卓亦遣兵步骑五千迎之,陈郡太守胡轸为大督护,吕布为骑督,其余步骑将校都督者甚众。轸字文才,性急,预宣言曰:“今此行也,要当斩一青绶,乃整齐耳。”诸将闻而恶之。军到广成,去阳人城数十里。日暮,士马疲极,当止宿,又本受卓节度宿广成,秣马饮食,以夜进兵,投晓攻城。诸将恶惮轸,欲贼败其事,布等宣言“阳人城中贼已走,当追寻之,不然失之矣”,便夜进军。城中守备甚设,不可掩袭。于是吏士饥渴,人马甚疲,且夜至,又无堑垒。释甲休息,而布又宣言相惊,云“城中贼出来”。军众扰乱奔走,皆弃甲,失鞍马。行十余里,定无贼,会天明,便还,拾取兵器,欲进攻城。城守已固,穿堑已深,轸等不能攻而还。

⑥《江表传》曰:或谓术曰:“坚若得洛,不可复制,此为除狼而得虎也。”故术疑之。

⑦《江表传》载坚语曰:“大勋垂捷而军粮不继,此吴起所以叹泣于西河,乐毅所以遗恨于垂成也。愿将军深思之。”

⑧《山阳公载记》曰:卓谓长史刘艾曰:“关东军败数矣,皆畏孤,无能为也。惟孙坚小戆,颇能用人,当语诸将,使知忌之。孤昔与周慎西征,慎围边、韩于金城。孤语张温,求引所将兵为慎作后驻,温不听。孤时上言其形势,知慎必不克。台今有本末。事

未报,温又使孤讨先零叛羌,以为西方可一时荡定。孤皆知其不然而不得止,遂行,留别部司马刘靖将步骑四千屯安定,以为声势。叛羌便还,欲截归道,孤小击辄开,畏安定有兵故也。虏谓安定当数万人,不知但靖也。时又上章言状,而孙坚随周慎行,谓慎求将万兵造金城,使慎以二万作后驻,边、韩城中无宿谷,当于外运,畏慎大兵,不敢轻与坚战,而坚兵足以断其运道,儿曹用必还羌谷中,凉州或能定也。温既不能用孤,慎又不用坚,自攻金城,坏其外垣,驰使语温,自以克在旦夕,温时亦自以计中也。而渡辽儿果断葵园,慎弃辎重走,果如孤策。台以此封孤都乡侯。坚以佐军司马,所见与人同,自为可耳。"艾曰:"坚虽时见计,故自不如李傕、郭汜。闻在美阳亭北,将千骑步与虏合,殆死,亡失印绶,此不为能也。"卓曰:"坚时乌合义从,兵不如虏精,且战有利钝。但当论山东大势,终无所至耳。"艾曰:"山东儿驱略百姓,以作寇逆,其锋不如人,坚甲利兵强弩之用又不如人,亦安得久?"卓曰:"然,但杀二袁、刘表、孙坚,天下自服从孤耳。"

⑨《江表传》曰:旧京空虚,数百里中无烟火。坚前入城,惆怅流涕。◎《吴书》曰:坚入洛,扫除汉宗庙,祠以太牢。坚军城南甄官井上,旦有五色气,举军惊怪,莫有敢汲。坚令人入井,探得汉传国玺,文曰"受命于天,既寿永昌",方圜四寸,上纽交五龙,上一角缺。初,黄门张让等作乱,劫天子出奔,左右分散,掌玺者以投井中。◎《山阳公载记》曰:袁术将僭号,闻坚得传国玺,乃拘坚夫人而夺之。◎《江表传》曰:案《汉献帝起居注》云:"天子从河上还,得六玉玺于阁上。"又,太康之初孙皓送金玺六枚,无有玉,明其伪也。◎虞喜《志林》曰:天子六玺者,文曰"皇帝之玺""皇帝行玺""皇帝信玺""天子之玺""天子行玺""天子信玺"。此六玺所封事异,故文字不同。《献帝起居注》云"从河上还,得六玉玺于阁上",此之谓也。传国玺者,乃汉高祖所佩秦皇帝玺,世世传受,号曰"传国玺"。案,传国玺不在六玺之数,安得总其说乎?应氏《汉官》、皇甫《世纪》,其论六玺,文义皆符。汉宫传国玺,文曰"受命于天,既寿且康"。"且康""永昌",二字为错,未知两家何者为得。金玉之精,率有光气,加以神器秘宝,辉耀益彰,盖一代之奇观,将来之异闻,而以不解之故,强谓之伪,不亦诬乎!陈寿为《破虏传》亦除此说,俱惑《起居注》,不知六玺殊名,与传国为七者也。吴时无能刻玉,故天子以金为玺。玺虽以金,于文不异。吴降而送玺者送天子六玺,曩所得玉玺,乃古人遗印,不可施用。天子之玺,今以无有为难,不通其义者耳。

臣松之以为:孙坚于兴义之中最有忠烈之称,若得汉神器而潜匿不言,此为阴怀异志,岂所谓忠臣者乎?吴史欲以为国华,而不知损坚之令德。如其果然,以传子孙,纵非六玺之数,要非常人所畜,孙皓之降,亦不得但送六玺而宝藏传国也。"受命于天",奚取于归命之堂!若如喜言,则此玺今尚在孙门。匹夫怀璧,犹曰有罪,而况斯物哉!

⑩《吴录》曰:是时关东州郡,务相兼并以自强大。袁绍遣会稽周喁为豫州刺史,来袭取州。坚慨然叹曰:"同举义兵,将救社稷。逆贼垂破而各若此,吾当谁与戮力乎!"言发涕下。喁字仁明,周昕之弟也。◎《会稽典录》曰:初曹公兴义兵,遣人要喁,喁即收合兵众,得二千人,从公征伐,以为军师。后与坚争豫州,屡战失利。会次兄九江太守昂为袁术所攻,喁往助之。军败,还乡里,为许贡所害。

初平三年，术使坚征荆州，击刘表。表遣黄祖逆于樊、邓之间。坚击破之，追渡汉水，遂围襄阳。单马行岘山，为祖军士所射杀。[①] 兄子贲帅将士众就术，术复表贲为豫州刺史。

①《典略》曰：坚悉其众攻表，表闭门，夜遣将黄祖潜出发兵。祖将兵欲还，坚逆与战。祖败走，窜岘山中。坚乘胜夜追祖，祖部兵从竹木间暗射坚，杀之。◎《吴录》曰：坚时年三十七。◎《英雄记》曰：坚以初平四年正月七日死。◎又云：刘表将吕公将兵缘山向坚，坚轻骑寻山讨公。公兵下石，中坚头，应时脑出物故。其不同如此也。

坚四子：策、权、翊、匡。权既称尊号，谥坚曰武烈皇帝。[①]

①《吴录》曰：尊坚庙曰始祖，墓曰高陵。◎《志林》曰：坚有五子：策、权、翊、匡，吴氏所生；少子朗，庶生也，一名仁。

【译文】孙坚，字文台，是吴郡富春人，可能是春秋齐孙武的后裔。年少的时候担任过县吏。十七岁那年，他与父亲一起乘船到钱塘，正碰上海盗胡玉等人从匏里西出来抢劫商人的财物，正在岸上分赃，行人都害怕得止步，过往船只也不敢向前行进。孙坚对父亲说："这伙强盗可以攻击，请让我去惩罚他们。"父亲说："这些强盗并非你能对付得了的。"孙坚持刀上岸，双手往东往西不断指挥着，好似分配部署人马包抄海盗的样子。海盗们远远地看到了，以为官兵来抓捕他们，于是扔下财物四散而逃。孙坚追上去，砍下一个海盗的首级返回，父亲大吃一惊。孙坚因此名声远播，郡府征召他担任校尉。会稽的妖贼许昌在句章兴兵作乱，自称阳明皇帝，与他儿子许韶到各县煽风点火，汇聚的人马数以万计。孙坚以郡司马的身份招募精壮勇士，得到一千多人，和州郡的官兵合力讨伐许昌父子，击溃了强盗。这一年为汉熹平元年。刺史臧旻向朝廷呈报了孙坚的功劳，朝廷下诏书提拔孙坚为盐渎县丞，几年以后改任盱眙县丞，又改任下邳县丞。

汉中平元年，黄巾贼的首领张角在魏郡起事，他假托神灵，派出八个使者以善道教化天下，暗中却互相勾结，自称黄天泰平。三月五日，张角的三十六方信徒在一日之内同时举兵，各地纷纷响应，焚烧郡县官府，杀掉地方官员。汉朝廷派遣车骑将军皇甫嵩、中郎将朱俊率领部队前去征讨他们。朱俊呈表奏请让孙坚担任佐军司马，那些跟随孙坚在下邳当差的同乡青年纷纷表示愿意跟着孙坚出征。孙坚又从过往商旅及淮水、泗水一带招募精兵，总共一千多人，与朱俊并力奋战，所向披靡。汝水、颍水一带的黄巾强盗走投无路，逃到宛县固守。孙坚独当一面，登上城墙，率先攻进城内，他的部众就如同蚂蚁一般紧随其后，最终将敌人打得大败。朱俊把孙坚的事迹完全呈报朝廷，朝廷任命孙坚为别部司马。

边章、韩遂在凉州制造骚乱，中郎将董卓讨伐不见成效。汉中平三年，朝廷派司空张温代理车骑将军，往西征讨边章等人。张温呈表奏请让孙坚参与军事，屯兵长安。张温持诏书召见董卓，董卓过了很久才来拜见张温。张温责备董卓，董卓的回答出言不逊。孙坚当时在座，他上前对张温低声说："董卓不怕犯罪，而且狂妄至极，大言不惭，应该以召见不按时赶到的罪名，绳以军法，处以斩首。"张温说："董卓在陇西、蜀郡之间向来威名显赫，现在杀了他，我们西进就没有靠山了。”孙坚说：“您亲自率领天子的大军，威震天下，为什么还要依靠董卓？我看董卓说的话，对您没有半点尊敬，轻上无礼，这是他的第一条罪状。边章、韩遂飞扬跋扈长达一年，应该抓住时机出兵讨伐，董卓却说不可以出兵，妨碍军事，蛊惑人心，这是他的第二条罪状。董卓受职无功，诏书召见，他却迟迟不来，而且态度极为傲慢，这是他的第三条罪状。古代的名将，手持斧钺莅临军队，没有不用处斩的办法来彰显威势的，因此穰苴斩了庄贾，魏绛杀了杨干。如果现在您垂念董卓，不立马加以处决，那么严肃的军法就会被这件事情破坏了。”张温不忍心对董卓处以军法，就说：“您暂且回去吧，不然董卓要产生疑心了。”于是，孙坚起身离开了。边章、韩遂听说天子的军队即将来到，他们的党徒很快离散瓦解，纷纷请求投降。军队班师以后，朝廷负责评议功劳的官员认为军队没有与敌人交锋，就不能论定功劳奖赏，不过他们听说孙坚陈列董卓的三条罪状，并劝说张温杀掉董卓，没有不为之赞叹的。朝廷任命孙坚为议郎。这时，长沙的强盗区星自称将军，聚众一万多人，围攻城邑，于是，朝廷任命孙坚为长沙太守。孙坚来到郡治后，亲自率领将士，制定谋略，不过一个月的功夫就打败了区星那伙人。周朝、郭石也率领徒属在零陵、桂阳一带起事，与区星相呼应。于是，孙坚越过郡界，寻敌讨伐，使三个郡都得到安定。汉朝廷统记孙坚前后的功劳，封孙坚为乌程侯。

汉灵帝去世后，董卓独揽朝政大权，在京城横行霸道，恣意妄为。许多州郡同时发动义军，想要讨伐董卓。孙坚同样组织了军队。荆州刺史王叡平时对孙坚毫无尊敬之意，孙坚顺路杀掉了他。等到达南阳时，已经率众几万人。南阳太守张咨听说孙坚的军队到来，泰然自若。孙坚用牛酒为礼物，对张咨以礼相待，张咨第二天也回访孙坚表示感谢。两个人酒喝得尽兴之际，长沙主簿进来禀报孙坚说：“我军向前推进，行至南阳，但南阳的道路没有修治好，军需也没有备齐，请收捕南阳主簿查问原因。”张咨大为震恐，想要离开，但士兵布满四周，他没办法出去。过了一会儿，长沙主簿又进来给孙坚汇报说：“南阳太守阻止义军前进，以至于贼寇不能被按时讨伐，请将他收捕起来，按军法从事。”接着就把张咨拖到军门斩首。郡府官员都大为震惊，孙坚大军不管索求什么，南阳郡都能满足要求。孙坚率军前进，抵达鲁阳，和袁术相见。袁术上表奏请任命孙坚代理破虏将军，同时又命他兼任豫州刺史。孙坚就在鲁阳城整顿军队。在他决定要进军讨伐董卓的时候，派长史公仇称带着兵从事到豫州各地督察催办军粮。他在鲁阳城的东门外设置帐幔，为公仇称饯行，他的官属也一起来到这里聚会。董卓派几万人马迎战孙坚，有几十名轻骑兵先头来到鲁阳。孙坚正与部下行酒谈笑，他命令部队整顿阵容，不可轻举妄动。接着敌人的骑兵日益增多，孙坚慢慢地撤掉座席，带领军队进入城内，这时他才对部下说：“先前我不立即起身的原因，就是担心士兵自乱阵脚，诸位就不能顺利进城了。”董卓的官兵看到孙坚的兵马十分整齐，不敢妄自攻城，只好撤兵回去了。孙坚转移部队，屯守在大梁以东，遭到董卓军队的猛烈进攻，孙坚和几十名骑兵突破重围杀出来。他经常戴赤罽头巾，这个时候他脱下头巾，让亲信的部将祖茂戴上。于是，董卓的骑兵争先恐后地追赶祖茂，因此孙坚才得以从小路逃脱。祖茂被追兵逼得无路可走，跳下马，将头巾蒙在坟墓间的烧柱上，自己悄悄潜伏在草丛中。董卓的骑兵远远地看到头巾，重重包围上来，他们靠近以后，发现是根烧柱，这才撤离。孙坚重新集合部队，在阳人与敌人交战，大败董卓的军队，杀了董卓的都督华雄等人。就在这时，有人在袁术面前离间孙坚，袁术对孙坚产生了疑心，不再给孙坚运送军粮。阳人距离鲁阳一百多里，孙坚连夜骑马来拜见袁术，他在地上画图，分析形势与各方的利害关系，他说："我之所以出生入死，不顾个人安危，首先是为国家讨伐奸贼，其次也是为将军平复家族私仇。我与董卓之间并没有伤害骨肉至亲的怨恨，将军却听信谗言，反而对我存有疑心。"袁术听了，顿时感到不安，当下就给孙坚调拨军粮。孙坚返回军营。董卓害怕孙坚的勇猛强壮，于是派将军李傕等人前来要求和孙坚和解联姻，让孙坚列出子弟中希望担任刺史、郡守的人来，答应表奏朝廷任用他们。孙坚说："董卓违背天理，横行无道，颠覆王室，如今不消灭你一门三族，悬书告示四海，即便我死了也不能瞑目，怎么能与你和议联姻呢？"孙坚又向大谷进军，距离雒邑九十里。董卓不久就向西迁都，进入函谷关，并放火焚烧了雒邑。于是，孙坚向前进军，来到雒邑，修缮所有的帝王陵墓，把被董卓挖掘的陵墓一一填平。这些工作结束后，他就率领部队返回，仍然驻扎在鲁阳。

初平三年，袁术派遣孙坚征讨荆州，攻打刘表。刘表派黄祖在樊城与邓县之间迎战孙坚。孙坚击败了黄祖，并追赶黄祖，渡过汉水，接着包围了襄阳。孙坚单枪匹马巡视岘山的时候，被黄祖的士兵用箭射死了。孙坚哥哥的儿子孙贲率领将士们投靠了袁术，袁术又表奏孙贲担任豫州刺史。

孙坚有四个儿子，分别为：孙策、孙权、孙翊、孙匡。孙权称帝后，追谥孙坚为武烈皇帝。

孙策

【原文】策，字伯符。坚初兴义兵，策将母徙居舒。与周瑜相友，收合士大夫，江、淮间人咸向之。① 坚薨，还葬曲阿。已乃渡江居江都。②

①《江表传》曰：坚为朱俊所表，为佐军，留家著寿春。策年十余岁，已交结知名，声誉发闻。有周瑜者，与策同年，亦英达夙成，闻策声闻，自舒来造焉。便推结分好，义同断金，劝策徙居舒，策从之。

②《魏书》曰：策当嗣侯，让与弟匡。

徐州牧陶谦深忌策。策舅吴景，时为丹杨太守，策乃载母徙曲阿，与吕范、孙河俱就景，因缘召募得数百人。兴平元年，从袁术。术甚奇之，以坚部曲还策。① 太傅马日磾杖节安集关东，在寿春以礼辟策，表拜怀义校尉，术大将乔蕤、张勋皆倾心敬焉。术常叹曰："使术有子如孙郎，死复何恨！"策骑士有罪，逃入术营，隐于内厩，策指使人就斩之，讫，诣术谢。术曰："兵人好叛，当共疾之，何为谢也？"由是军中益畏惮之。术初许策为九江太守，已而更用丹杨陈纪。后术欲攻徐州，从庐江太守陆康求米三万斛，康不与，术大怒。策昔曾诣康，康不见，使主簿接之，策尝衔恨。术遣策攻康，谓曰：

“前错用陈纪，每恨本意不遂。今若得康，庐江真卿有也。”策攻康，拔之，术复用其故吏刘勋为太守，策益失望。先是，刘繇为扬州刺史，州旧治寿春。寿春，术已据之，繇乃渡江治曲阿。时吴景尚在丹杨，策从兄贲又为丹杨都尉，繇至，皆迫逐之。景、贲退舍历阳。繇遣樊能、于麋东屯横江津，张英屯当利口，以拒术。术自用故吏琅邪惠衢为扬州刺史，更以景为督军中郎将，与贲共将兵击英等，连年不克。策乃说术，乞助景等平定江东。② 术表策为折冲校尉，行殄寇将军，兵财千余，骑数十匹，宾客愿从者数百人。比至历阳，众五六千。策母先自曲阿徙于历阳，策又徙母阜陵，渡江转斗，所向皆破，莫敢当其锋，而军令整肃，百姓怀之。③

①《吴历》曰：初，策在江都时，张纮有母丧。策数诣纮，咨以世务，曰：“方今汉祚中微，天下扰攘，英雄俊杰各拥众营私，未有能扶危济乱者也。先君与袁氏共破董卓，功业未遂，卒为黄祖所害。策虽暗稚，窃有微志，欲从袁扬州求先君余兵，就舅氏于丹杨，收合流散，东据吴会，报仇雪耻，为朝廷外藩。君以为何如？”纮答曰：“既素空劣，方居衰绖之中，无以奉赞盛略。”策曰：“君高名播越，远近怀归。今日事计，决之于君，何得不纡虑启告，副其高山之望？若微志得展，血仇得报，此乃君之勋力，策心所望也。”因涕泣横流，颜色不变。纮见策忠壮内发，辞令慷慨，感其志言，乃答曰：“昔周道陵迟，齐、晋并兴；王室已宁，诸侯贡职。今君绍先侯之轨，有骁武之名，若投丹杨，收兵吴会，则荆、扬可一，仇敌可报。据长江，奋威德，诛除群秽，匡辅汉室，功业侔于桓、文，岂徒外藩而已哉？方今世乱多难，若功成事立，当与同好俱南济也。”策曰：“一与君同符合契，有永固之分，今便行矣，以老母弱弟委付于君，策无复回顾之忧。”◎《江表传》曰：策径到寿春见袁术，涕泣而言曰：“亡父昔从长沙入讨董卓，与明使君会于南阳，同盟结好，不幸遇难，勋业不终。策感惟先人旧恩，欲自凭结，愿明使君垂察其诚。”术甚贵异之，然未肯还其父兵。术谓策曰：“孤始用贵舅为丹杨太守，贤从伯阳为都尉，彼精兵之地，可还依召募。”策遂诣丹杨依舅，得数百人，而为泾县大帅祖郎所袭，几至危殆。于是复往见术，术以坚余兵千余人还策。

②《江表传》曰：策说术云：“家有旧恩在东，愿助舅讨横江。横江拔，因投本土召募，可得三万兵，以佐明使君匡济汉室。”术知其恨，而以刘繇据曲阿，王朗在会稽，谓策未必能定，故许之。

③《江表传》曰：策渡江攻繇牛渚营，尽得邸阁粮谷、战具，是岁兴平二年也。时彭城相薛礼、下邳相笮融依繇为盟主，礼据秣陵城，融屯县南。策先攻融，融出兵交战，斩首五百余级，融即闭门不敢动。因渡江攻礼，礼突走，而樊能、于麋等复合众袭夺牛渚屯。策闻之，还攻破能等，获男女万余人。复下攻融，为流矢所中，伤股，不能乘马，因自舆还牛渚营。或叛告融曰：“孙郎被箭已死。”融大喜，即遣将于兹乡策。策遣步骑数百挑战，设伏于后，贼出击之，锋刃未接而伪走，贼追入伏中，乃大破之，斩首千余级。策因往到融营下，令左右大呼曰：“孙郎竟云何！”贼于是惊怖夜遁。融闻策尚在，更深沟高垒，缮治守备。策以融所屯地势险固，乃舍去，攻破繇别将于海陵，转攻湖孰、江乘，皆下之。

策为人美姿颜，好笑语，性阔达听受，善于用人，是以士民见者，莫不尽心，乐为致死。刘繇弃军遁逃，诸郡守皆捐城郭奔走。[①] 吴人严白虎等众各万余人，处处屯聚。吴景等欲先击破虎等，乃至会稽。策曰：“虎等群盗，非有大志，此成禽耳。”遂引兵渡浙江，据会稽，屠东冶，乃攻破虎等。[②] 尽更置长吏，策自领会稽太守，复以吴景为丹杨太守，以孙贲为豫章太守。分豫章为庐陵郡，以贲弟辅为庐陵太守，丹杨朱治为吴郡太守。彭城张昭、广陵张纮、秦松、陈端等为谋主。[③] 时袁术僭号，策以书责而绝之。[④] 曹公表策为讨逆将军，封为吴侯。[⑤] 后术死，长史杨弘、大将张勋等将其众欲就策，庐江太守刘勋要击，悉虏之，收其珍宝以归。策闻之，伪与勋好盟。勋新得术众，时豫章上缭宗民万余家在江东，策劝勋攻取之。勋既行，策轻军晨夜袭拔庐江，勋众尽降，勋独与麾下数百人自归曹公。[⑥] 是时袁绍方强，而策并江东，曹公力未能逞，且欲抚之，[⑦] 乃以弟女配策小弟匡，又为子章取贲女，皆礼辟策弟权、翊，又命扬州刺史严象举权茂才。

①《江表传》曰：策时年少，虽有位号，而士民皆呼为孙郎。百姓闻孙郎至，皆失魂魄，长吏委城郭，窜伏山草。及至，军士奉令，不敢虏略，鸡犬菜茹，一无所犯，民乃大悦，竞以牛酒诣军。刘繇既走，策入曲阿劳赐将士，遣将陈宝诣阜陵迎母及弟。发恩布令，告诸县：“其刘繇、笮融等故乡部曲来降首者，一无所问；乐从军者，一身行，复除门户；不乐者，勿强也。”旬日之间，四面云集，得见兵二万余人，马千余匹，威震江东，形势转盛。

②《吴录》曰：时有乌程邹他、钱铜及前合浦太守嘉兴王晟等，各聚众万余或数千。引兵扑讨，皆攻破之。策母吴氏曰：“晟与汝父有升堂见妻之分，今其诸子兄弟皆已枭夷，独余一老翁，何足复惮乎？”乃舍之，余咸族诛。策自讨虎，虎高垒坚守，使其弟舆请和，许之。舆请独与策会面约。既会，策引白刃斫席，舆体动，策笑曰：“闻卿能坐跃，剿捷不常，聊戏卿耳！”舆曰：“我见刃乃然。”策知其无能也，乃以手戟投之，立死。舆有勇力，虎众以其死也，甚惧。进攻破之。虎奔余杭，投许昭于虏中。程普请击昭，策曰：“许昭有义于旧君，有诚于故友，此丈夫之志也。”乃舍之。

臣松之案：许昭有义于旧君，谓济盛宪也，事见后注。有诚于故友，则受严白虎也。

③《江表传》曰：策遣奉正都尉刘由、五官掾高承奉章诣许，拜献方物。

④《吴录》载策使张纮为书曰：“盖上天垂司过之星，圣王建敢谏之鼓，设非谬之备，急箴阙之言，何哉？凡有所长，必有所短也。去冬传有大计，无不悚惧，旋知供备贡献，万夫解惑。顷闻建议，复欲追遵前图，即事之期，便有定月。益使怃然，想是流妄，设其必尔，民何望乎？曩日之举义兵也，天下之士所以响应者，董卓擅废置，害太后、弘农王，略烝宫人，发掘园陵，暴逆至此，故诸州郡雄豪闻声慕义。神武外振，卓遂内歼。元恶既毙，幼主东顾，俾保傅宣命，欲令诸军振旅，然河北通谋黑山，曹操放毒东徐，刘表称乱南荆，公孙瓒炰烋北幽，刘繇决力江浒，刘备争盟淮隅，是以未获承命櫜弓戢戈也。今备、繇既破，操等饥馁，谓当与天下合谋，以诛丑类。舍而不图，有自取之志，非海内所望，一也。昔成汤伐桀，称有夏多罪；武王伐纣，曰殷有罪罚重哉。

此二王者，虽有圣德，宜当君世。如使不遭其时，亦无由兴矣。幼主非有恶于天下，徒以春秋尚少，胁于强臣，若无过而夺之，惧未合于汤、武之事，二也。卓虽狂狡，至废主自与，亦犹未也，而天下闻其桀虐，攘臂同心而疾之，以中土希战之兵，当边地劲悍之虏，所以斯须游魂也。今四方之人，皆玩敌而便战斗矣。可得而胜者，以彼乱而我治，彼逆而我顺也。见当世之纷若，欲大举以临之，适足趣祸，三也。天下神器，不可虚干，必须天赞与人力也。殷汤有白鸠之祥，周武有赤乌之瑞，汉高有星聚之符，世祖有神光之征，皆因民困悴于桀、纣之政，毒苦于秦、莽之役，故能芟去无道，致成其志。今天下非患于幼主，未见受命之应验，而欲一旦卒然登即尊号，未之或有，四也。天子之贵，四海之富，谁不欲焉？义不可，势不得耳。陈胜、项籍、王莽、公孙述之徒，皆南面称孤，莫之能济。帝王之位，不可横冀，五也。幼主岐嶷，若除其逼，去其鲠，必成中兴之业。夫致主于周成之盛，自受旦、奭之美，此诚所望于尊明也。纵使幼主有他改异，犹望推宗室之谱属，论近亲之贤良，以绍刘统，以固汉宗。皆所以书功金石，图形丹青，流庆无穷，垂声管弦。舍而不为，为其难者，想明明之素，必所不忍，六也。五世为相，权之重，势之盛，天下莫得而比焉。忠贞者必曰：'宜夙夜思惟，所以扶国家之踬顿，念社稷之危殆，以奉祖考之志，以报汉室之恩。'其忽履道之节而强进取之欲者将曰：'天下之人非家吏则门生也，孰不从我？四方之敌非吾匹则吾役也，谁能违我？盍乘累世之势，起而取之哉？'二者殊数，不可不详察，七也。所贵于圣哲者，以其审于机宜，慎于举措。若难图之事，难保之势，以激群敌之气，以生众人之心，公义既不可，私计又不利，明哲不处，八也。世人多惑于图纬而牵非类，比合文字以悦所事，苟以阿上惑众，终有后悔者，自往迄今，未尝无之，不可不深择而熟思，九也。九者，尊明所见之余耳，庶备起予，补所遗忘。忠言逆耳，幸留神听！"

《典略》云张昭之辞。臣松之以为：张昭虽名重，然不如纮之文也，此书必纮所作。

⑤《江表传》曰：建安二年夏，汉朝遣议郎王誧奉戊辰诏书曰："董卓逆乱，凶国害民。先将军坚念在平讨，雅意未遂，厥美著闻。策遵善道，求福不回。今以策为骑都尉，袭爵乌程侯，领会稽太守。"又诏敕曰："故左将军袁术不顾朝恩，坐创凶逆，造合虚伪，欲因兵乱，诡诈百姓，始闻其言以为不然。定得使持节平东将军领徐州牧温侯布上术所造惑众妖妄，知术鸱枭之性，遂其无道，修治王宫，署置公卿，郊天祀地，残民害物，为祸深酷。布前后上策乃心本朝，欲还讨术，为国效节，乞加显异。夫悬赏俟功，惟勤是与，故便宠授，承袭前邑，重以大郡，荣耀兼至，是策输力竭命之秋也。其亟与布及行吴郡太守安东将军陈瑀戮力一心，同时赴讨。"策自以统领兵马，但以骑都尉领郡为轻，欲得将军号，乃使人讽誧，誧便承制假策明汉将军。是时，陈瑀屯海西，策奉诏治严，当与布、瑀参同形势。行到钱唐，瑀阴图袭策，遣都尉万演等密渡江，使持印传三十余纽与贼丹杨、宣城、泾、陵阳、始安、黟、歙诸险县大帅祖郎、焦已及吴郡乌程严白虎等，使为内应，伺策军发，欲攻取诸郡。策觉之，遣吕范、徐逸攻瑀于海西，大破瑀，获其吏士妻子四千人。◎《山阳公载记》曰：瑀单骑走冀州，自归袁绍，绍以为故安都尉。◎《吴录》载策上表谢曰："臣以固陋，孤持边陲。陛下广播高泽，不遗细节，以臣袭爵，兼典名郡。

仰荣顾宠，所不克堪。兴平二年十二月二十日，于吴郡曲阿得袁术所呈表，以臣行殄寇将军。至被诏书，乃知诈擅。虽辄捐废，犹用悚悸。臣年十七，丧失所怙，惧有不任堂构之鄙，以忝析薪之戒，诚无去病十八建功，世祖列将弱冠佐命。臣初领兵，年未弱冠，虽驽懦不武，然思竭微命。唯术狂惑，为恶深重。臣凭威灵，奉辞伐罪，庶必献捷，以报所授。”

臣松之案：本传云孙坚以初平三年卒，策以建安五年卒，策死时年二十六，计坚之亡，策应十八，而此表云十七，则为不符。张璠《汉纪》及《吴历》并以坚初平二年死，此为是而本传误也。

《江表传》曰：建安三年，策又遣使贡方物，倍于元年所献。其年，制书转拜讨逆将军，改封吴侯。

⑥《江表传》曰：策被诏敕，与司空曹公、卫将军董承、益州牧刘璋等并力讨袁术、刘表。军严当进，会术死，术从弟胤、女婿黄猗等畏惧曹公，不敢守寿春，乃共舁术棺柩，扶其妻子及部曲男女，就刘勋于皖城。勋粮食少，无以相振，乃遣从弟偕告籴于豫章太守华歆。歆郡素少谷，遣吏将偕就海昏上缭，使诸宗帅共出三万斛米以与偕。偕往历月，才得数千斛。偕乃报勋，具说形状，使勋来袭取之。勋得偕书，使潜军到海昏邑下。宗帅知之，空壁逃匿，勋了无所得。时策西讨黄祖，行及石城，闻勋轻身诣海昏，便分遣从兄贲、辅率八千人于彭泽待勋，自与周瑜率二万人步袭皖城，即克之，得术百工及鼓吹部曲三万余人，并术、勋妻子。表用汝南李术为庐江太守，给兵三千人以守皖，皆徙所得人东诣吴。贲、辅又于彭泽破勋。勋走入楚江，从寻阳步上到置马亭，闻策等已克皖，乃投西塞。至沂，筑垒自守，告急于刘表，求救于黄祖。祖遣太子射船军五千人助勋。策复就攻，大破勋。勋与偕北归曹公，射亦遁走。策收得勋兵二千余人，船千艘，遂前进夏口攻黄祖。时刘表遣从子虎、南阳韩晞将长矛五千，来为黄祖前锋。策与战，大破之。◎《吴录》载策表曰：“臣讨黄祖，以十二月八日到祖所屯沙羡县。刘表遣将助祖，并来趣臣。臣以十一日平旦部所领江夏太守行建威中郎将周瑜、领桂阳太守行征虏中郎将吕范、领零陵太守行荡寇中郎将程普、行奉业校尉孙权、行先登校尉韩当、行武锋校尉黄盖等同时俱进。身跨马拣陈，手击急鼓，以齐战势。吏士奋激，踊跃百倍，心精意果，各竞用命。越渡重堑，迅疾若飞，火放上风，兵激烟下，弓弩并发，流矢雨集，日加辰时，祖乃溃烂。锋刃所截，猋火所焚，前无生寇，惟祖迸走。获其妻息男女七人，斩虎、韩晞已下二万余级，其赴水溺者二万余口，船六千余艘，财物山积。虽表未禽，祖宿狡猾，为表腹心，出作爪牙，表之鸱张，以祖气息，而祖家属部曲，扫地无余，表孤特之虏，成鬼行尸。诚皆圣朝神武远振，臣讨有罪，得效微勤。”

⑦《吴历》曰：曹公闻策平定江南，意甚难之，常呼“猘儿难与争锋也”。

建安五年，曹公与袁绍相拒于官渡，策阴欲袭许，迎汉帝。① 密治兵，部署诸将。未发，会为故吴郡太守许贡客所杀。先是，策杀贡，贡小子与客亡匿江边。策单骑出，卒与客遇，客击伤策。② 创甚，请张昭等谓曰：“中国方乱，夫以吴、越之众，三江之固，足以观成败。公等善相吾弟！”呼权佩以印绶，谓曰：“举江东之众，决机于两陈之间，与天下争衡，卿不如我；举贤任能，各尽其心，以保江东，我不如卿。”至夜卒，时年二十六。③

①《吴录》曰：时有高岱者，隐于余姚，策命出使会稽丞陆昭逆之，策虚己候焉。闻其善《左传》，乃自玩读，欲与论讲。或谓之曰：“高岱以将军但英武而已，无文学之才。若与论《传》而或云‘不知’者，则某言符矣。”又谓岱曰：“孙将军为人，恶胜己者。若每问，当言‘不知’，乃合意耳。如皆辨义，此必危殆。”岱以为然。及与论《传》，或答‘不知’。策果怒，以为轻己，乃囚之。知交及时人皆露坐为请，策登楼，望见数里中填满。策恶其收众心，遂杀之。岱字孔文，吴郡人也，受性聪达，轻财贵义。其友士拔奇，取于未显，所友八人，皆世之英伟也。太守盛宪以为上计，举孝廉。许贡来领郡，岱将宪避难于许昭家，求救于陶谦。谦未即救，岱憔悴泣血，水浆不入口。谦感其忠壮，有申包胥之义，许为出军，以书与贡。岱得谦书以还，而贡已囚其母。吴人大小皆为危竦，以贡宿忿，往必见害。岱言在君则为君，且母在牢狱，期于当往，若得入见，事自当解。遂通书自白，贡即与相见。才辞敏捷，好自陈谢。贡登时出其母。岱将见贡，语友人张允、沈昬令豫具船，以贡必悔，当追逐之。出便将母乘船易道而逃。贡须臾遣人追之，令追者若及于船，江上便杀之，已过则止。使与岱错道，遂免。被诛时，年三十余。◎《江表传》曰：时有道士琅邪于吉，先寓居东方，往来吴会，立精舍，烧香读道书，制作符水以治病，吴会人多事之。策尝于郡城门楼上，集会诸将宾客，吉乃盛服杖小函，漆画之，名为仙人铧，趋度门下。诸将宾客三分之二下楼迎拜之，掌宾者禁呵不能止，策即令收之。诸事之者，悉使妇女入见策母，请救之。母谓策曰：“于先生亦助军作福，医护将士，不可杀之。”策曰：“此子妖妄，能幻惑众心，远使诸将不复相顾君臣之礼，尽委策下楼拜之，不可不除也。”诸将复连名通白事陈乞之，策曰：“昔南阳张津为交州刺史，舍前圣典训，废汉家法律，尝著绛帕头，鼓琴烧香，读邪俗道书，云以助化，卒为南夷所杀。此甚无益，诸君但未悟耳。今此子已在鬼箓，勿复费纸笔也。”即催斩之，县首于市。诸事之者，尚不谓其死而云尸解焉，复祭祀求福。◎《志林》曰：初，顺帝时，琅邪宫崇诣阙上师于吉所得神书于曲阳泉水上，白素朱界，号《太平青领道》，凡百余卷。顺帝至建安中，五六十岁，于吉是时近已百年，年在耄悼，礼不加刑。又，天子巡狩，问百年者，就而见之，敬齿以亲爱，圣王之至教也。吉罪不及死，而暴加酷刑，是乃谬诛，非所以为美也。喜推考桓王之薨，建安五年四月四日。是时曹、袁相攻，未有胜负。案夏侯元让与石威则书，袁绍破后也。书云：“授孙贲以长沙，业张津以零、桂。”此为桓王于前亡，张津于后死，不得相让，譬言津之死意矣。

臣松之案：太康八年，广州大中正王范上《交广二州春秋》。建安六年，张津犹为交州牧。《江表传》之虚如《志林》所云。

《搜神记》曰：策欲渡江袭许，与吉俱行。时大旱，所在熇厉。策催诸将士使速引船，或身自早出督切，见将吏多在吉许，策因此激怒，言：“我为不如于吉邪，而先趋务之？”便使收吉。至，呵问之曰：“天旱不雨，道涂艰涩，不时得过，故自早出，而卿不同忧戚，安坐船中作鬼物态，败吾部伍，今当相除。”令人缚置地上暴之，使请雨，若能感天日中雨者，当原赦，不尔行诛。俄而云气上蒸，肤寸而合，比至日中，大雨总至，溪涧盈溢。将士喜悦，以为吉必见原，并往庆慰，策遂杀之。将士哀惜，共藏其尸。天夜忽更兴云覆之，明旦往视，不知所在。

案《江表传》《搜神记》于吉事不同，未详孰是。

②《江表传》曰：广陵太守陈登治射阳，登即瑀之从兄子也。策前西征，登阴复遣间使，以印绶与严白虎余党，图为后害，以报瑀见破之辱。策归，复讨登。军到丹徒，须待运粮。策性好猎，将步骑数出。策驱驰逐鹿，所乘马精骏，从骑绝不能及。初，吴郡太守许贡上表于汉帝曰：“孙策骁雄，与项籍相似，宜加贵宠，召还京邑。若被诏，不得不还；若放于外，必作世患。”策候吏得贡表，以示策。策请贡相见，以责让贡。贡辞无表，策即令武士绞杀之。贡奴客潜民间，欲为贡报仇。猎日，卒有三人即贡客也。策问：“尔等何人？”答云：“是韩当兵，在此射鹿耳。”策曰：“当兵吾皆识之，未尝见汝等。”因射一人，应弦而倒。余二人怖急，便举弓射策，中颊。后骑寻至，皆刺杀之。◎《九州春秋》曰：策闻曹公北征柳城，悉起江南之众，自号大司马，将北袭许，恃其勇，行不设备，故及于难。◎孙盛《异同评》曰：凡此数书，各有所失。孙策虽威行江外，略有六郡，然黄祖乘其上流，陈登间其心腹，且深险强宗未尽归复，曹、袁虎争，势倾山海，策岂暇远师汝、颍，而迁帝于吴、越哉？斯盖庸人之所鉴见，况策达于事势者乎？又案，袁绍以建安五年至黎阳，而策以四月遇害，而《志》云策闻曹公与绍相拒于官渡，谬矣。伐登之言，为有证也。又，《江表传》说策悉识韩当军士，疑此为诈，便射杀一人。夫三军将士或有新附，策为大将，何能悉识？以所不识，便射杀之，非其论也。又，策见杀在五年，柳城之役在十二年，《九州春秋》乖错尤甚矣。

臣松之案：《傅子》亦云曹公征柳城，将袭许。记述若斯，何其疏哉！然孙盛所讥，未为悉是。黄祖始被策破，魂气未反，且刘表君臣本无兼并之志，虽在上流，何办规拟吴会？策之此举，理应先图陈登，但举兵所在，不止登而已。于时强宗骁帅祖郎、严虎之徒，禽灭已尽，所余山越，盖何足虑？然则策之所规，未可谓之不暇也。若使策志获从，大权在手，淮、泗之间，所在皆可都，何必毕志江外，其当迁帝于扬、越哉？案《魏武纪》，武帝以建安四年已出屯官渡，乃策未死之前，久与袁绍交兵，则《国志》所云不为谬也。许贡客，无闻之小人，而能感识恩遇，临义忘生，卒然奋发，有侔古烈矣。《诗》云：“君子有徽猷，小人与属。”贡客其有焉。

③《吴历》曰：策既被创，医言：“可治，当好自将护，百日勿动。”策引镜自照，谓左右曰：“面如此，尚可复建功立事乎？”椎几大奋，创皆分裂，其夜卒。◎《搜神记》曰：策既杀于吉，每独坐，仿佛见吉在左右，意深恶之，颇有失常。后治创方差，而引镜自照，见吉在镜中，顾而弗见，如是再三，因扑镜大叫，创皆崩裂，须臾而死。

权称尊号，追谥策曰长沙桓王，封子绍为吴侯，后改封上虞侯。绍卒，子奉嗣。孙皓时，讹言谓奉当立，诛死。

【译文】孙策，字伯符。孙坚最初发动组织义军的时候，孙策携带母亲移居舒县。

他和周瑜的关系非常友善，并且广泛结交士大夫，长江、淮水之间的人们都愿意跟随他。孙坚去世后，他将孙坚的灵柩运回并安葬在曲阿。丧事完毕，他就渡过长江在江都居住。

徐州牧陶谦十分忌恨孙策。孙策的舅舅吴景，当时是丹杨太守，孙策就将母亲送到曲阿安顿下来，他与吕范、孙河一起投奔吴景，并利用这一时机招募精兵，得到几百人。汉兴平元年，他跟随袁术。袁术非常器重他，将孙坚原先的部队交还给他。汉朝廷太傅马日磾持符节安抚关东，在寿春用周到的礼节征召孙策，宣布任命孙策为怀义校尉，袁术的大将乔蕤、张勋二人爱慕尊敬孙策。袁术常常感慨地说："假如我有个像孙策这样的儿子，即便死了又有什么遗憾呢！"孙策有个骑兵犯下罪过，逃进袁术的军营，躲藏在马厩里，孙策指派人追到那里杀掉了那个骑兵，事情了结后，孙策拜见袁术，并向他赔罪。袁术说："当兵的人喜欢叛变，我们应该共同憎恶他们才是，为何要赔罪呢？"从此，军内官兵越发敬畏孙策了。袁术最初许诺要让孙策担任九江太守，后来却又改用丹杨人陈纪。后来袁术打算进攻徐州，就向庐江太守陆康索求三万斛米粮，陆康不愿意给，袁术勃然大怒。孙策之前曾经去拜访过陆康，陆康不见他，而是让主簿接见他，因为此事孙策经常对他怀恨在心。于是，袁术指派孙策去攻打陆康，并对孙策说："以前我错用了陈纪，内心常遗憾没有实现我原先的意图。如今假如你抓到了陆康，庐江就真正归你所有了。"孙策前去攻打陆康，拿下了庐江，袁术又任用他原来的属官刘勋为太守，孙策对袁术感到更加失望。在这以前，刘繇担任扬州刺史，扬州过去的治所在寿春。寿春早已被袁术占据，刘繇就渡江把曲阿作为治所。当时吴景还在丹杨，孙策的堂兄孙贲又是丹杨都尉，刘繇一来，就用武力把他们都赶走。吴景与孙贲只好退出丹杨，住在历阳。刘繇派樊能、于麋在东面屯兵横江津，让张英驻守当利口，来抗击袁术。袁术任用自己原来的属官琅邪人惠衢为扬州刺史，又任用吴景为督军中郎将，让吴景与孙贲一起率兵攻打张英等人，打了几年也没能打下来。于是，孙策劝说袁术，请求帮助吴景等人平定江东。袁术表奏任命孙策为折冲校尉，代理殄寇将军，给他的士兵不过才一千多人，战马才几十匹，孙策门下的宾客愿意跟随孙策出征的有几百人。等到达历阳，孙策的队伍扩充到五六千人。孙策的母亲先前从曲阿迁往历阳，孙策又把母亲迁到阜陵，之后渡过长江，连续出击，所向披靡，无人敢抵御他的锋芒，他的部队军容整饬，纪律严明，百姓都十分拥戴他。

孙策容貌俊美，喜欢说笑，性情豁达，从善如流，擅长用人，因此士人与百姓凡是见到他的，没有不尽心效力，愿意为他献出生命的。刘繇弃军逃跑之后，许多郡守也纷纷放弃城邑四处奔命。吴郡人严白虎等人各聚众一万多人，四处屯兵。吴景等人想要先击溃严白虎等人，于是来到会稽。孙策说："严白虎之流是一群强盗，没什么雄心壮志，这次出兵必然能捉住他们。"于是，他率领部队渡过浙江，占领会稽，屠戮东冶，打败了严白虎等人。孙策把这一带的地方官员全部替换了，他自己兼任会稽太守，又让吴景担任丹杨太守，让孙贲担任豫章太守。他还从豫章划分出庐陵郡，让孙贲的弟弟孙辅担任庐陵太守，让丹杨人朱治担任吴郡太守。彭城人张昭、广陵人张纮、秦松、陈端等人为他的主要谋士。这时袁术自行称帝，孙策写信斥责他，并和他断绝关系。曹操表奏任命孙策为讨逆将军，并封他为吴侯。后来袁术去世了，长史杨弘、大将张勋等人率领他们的部众想投奔孙策，庐江太守刘勋半路上截击他们，将他们全部俘虏，并收缴了他们随身携带的珍宝。孙策听说这件事以后，假意与刘勋建立友好的联盟关系。刘勋刚刚得到袁术的部众，当时豫章上缭与袁术同宗的百姓多达一万多户，住在江东，孙策于是鼓动刘勋去进攻他们。刘勋出发以后，孙策立马率轻装部队，乘夜袭击并攻占了庐江，刘勋部众全部投降，刘勋独自与部下几百人归顺了曹操。此时袁绍正处于强盛阶段，而孙策兼并了江东，曹操的力量还不够强大，希望暂且安抚孙策，于是把他弟弟的女儿许配给孙策的幼弟孙匡，又为儿子曹章迎娶了孙贲的女儿，对孙策另外两个弟弟孙权及孙翊都以礼征召，还命令扬州刺史严象举荐孙权为茂才。

汉建安五年，曹操与袁绍在官渡交战，孙策阴谋袭击许都，想要迎回汉献帝。他悄悄地训练军队，部署出征的将领。然而，他还未来得及采取行动，就被原吴郡太守许贡的门客杀害了。先前，孙策杀了许贡，许贡的小儿子及门客逃到长江岸边躲藏起来。孙策独自一人骑马出去，恰好与许贡的门客相遇，许贡的门客将孙策打伤了。孙策的伤势非常严重，他把张昭等人请来，对他们说："中原地区正处于一片混乱之中，我们凭着吴、越的兵马与三江的险固，足以静观他们的成败。你们要用心辅助我弟弟！"他又将孙权叫来，给孙权佩上印绶，对孙权说："率领江东的所有兵马，在两军对垒之际作出决断，与天下英雄抗衡，你比不上我；举荐贤才，任用能人，并让他们各自尽心效力，来保卫江东，我比不上你。"到了夜间，他便去世了，当时他不过二十六岁。

孙权称帝之后，追谥孙策为长沙桓王，封孙策的儿子孙绍为吴侯，后来又改封为上虞侯。孙绍去世后，他的儿子孙奉承袭了他的爵位。孙皓继帝位以后，有谣言传说孙奉应该被立为皇帝，孙奉被处死。

【原文】评曰：孙坚勇挚刚毅，孤微发迹，导温戮卓，山陵杜塞，有忠壮之烈。策英气杰济，猛锐冠世，览奇取异，志陵中夏。然皆轻佻果躁，陨身致败。且割据江东，策之基兆也，而权尊崇未至，子止侯爵，于义俭矣。①

①孙盛曰：孙氏兄弟皆明略绝群。创基立事，策之由也，且临终之日，顾命委权。夫意气之间，犹有刎颈，况天伦之笃爱，豪达之英鉴，岂吝名号于既往，违本情之至实哉？抑将远思虚盈之数，而慎其名器者乎？夫正本定名，为国之大防；杜绝疑贰，消衅之良谟。是故鲁隐矜义，终致羽父之祸；宋宣怀仁，卒有殇公之哀。皆心存小善，而不达经纶之图；求誉当年，而不思贻厥之谋。可谓轻千乘之国，蹈道则未也。孙氏因扰攘之际，得奋其纵横之志，业非积德之基，邦无磐石之固，势一则禄祚可终，情乖则祸乱尘起，安可不防微于未兆，虑难于将来？壮哉！策为首事之君，有吴开国之主。将相在列，皆其旧也，而嗣子弱劣，析薪弗荷，奉之则鲁桓、田市之难作，崇之则与夷、子冯之祸兴。是以正名定本，使贵贱殊邈，然后国无陵肆之责，后嗣罔猜忌之嫌，群情绝异端之论，不

逞杜觊觎之心。于情虽违，于事虽俭，至于括囊远图，永保维城，可谓为之于其未有，治之于其未乱者也。陈氏之评，其未达乎！

【译文】评论说：孙坚勇敢刚毅，从鄙陋低贱的地位发家，引导张温攻杀董卓，又把董卓挖掘的帝陵一一填平，可见他有忠诚雄壮的气节。孙策气概豪迈，超群绝伦，锐气盖世，总是能够出奇制胜，志在一统天下。但是，他们都太过轻率，武断急躁，以致丧生失败。另外，吴国割据江东，这是孙策奠定的根基，而孙权对他的尊崇不够，他的儿子只被封侯爵，从仁义的角度来看，孙权这样做也太过于刻薄了。

卷四十七　吴书二

吴主传第二

孙权

【原文】孙权，字仲谋。兄策既定诸郡，时权年十五，以为阳羡长。[①]郡察孝廉，州举茂才，行奉义校尉。汉以策远修职贡，遣使者刘琬加锡命。琬语人曰："吾观孙氏兄弟虽各才秀明达，然皆禄祚不终，惟中弟孝廉，形貌奇伟，骨体不恒，有大贵之表，年又最寿，尔试识之。"

①《江表传》曰：坚为下邳丞时，权生，方颐大口，目有精光，坚异之，以为有贵象。及坚亡，策起事江东，权常随从。性度弘朗，仁而多断，好侠养士，始有知名，侔于父兄矣。每参同计谋，策甚奇之，自以为不及也。每请会宾客，常顾权曰："此诸君，汝之将也。"

建安四年，从策征庐江太守刘勋。勋破，进讨黄祖于沙羡。

五年，策薨，以事授权，权哭未及息，策长史张昭谓权曰："孝廉，此宁哭时邪？且周公立法而伯禽不师，非欲违父，时不得行也。[①]况今奸宄竞逐，豺狼满道，乃欲哀亲戚，顾礼制，是犹开门而揖盗，未可以为仁也。"乃改易权服，扶令上马，使出巡军。是时惟有会稽、吴郡、丹杨、豫章、庐陵，然深险之地犹未尽从，而天下英豪布在州郡，宾旅寄寓之士以安危去就为意，未有君臣之固。张昭、周瑜等谓权可与共成大业，故委心而服事焉。曹公表权为讨虏将军，领会稽太守，屯吴，使丞之郡行文书事。待张昭以师傅之礼，而周瑜、程普、吕范等为将率。招延俊秀，聘求名士，鲁肃、诸葛瑾等始为宾客。分部诸将，镇抚山越，讨不从命。[②]

① 臣松之按：《礼记·曾子问》子夏曰："三年之丧，金革之事无避也者，礼与？初有司与？"孔子曰："吾闻诸老聃曰，昔者鲁公伯禽有为为之也。"郑玄注曰："周人卒哭而致事。时有徐戎作难，伯禽卒哭而征之，急王事也。"昭所云"伯禽不师"，盖谓此也。

②《江表传》曰：初策表用李术为庐江太守，策亡之后，术不肯事权，而多纳其亡叛。权移书求索，术报曰："有德见归，无德见叛，不应复还。"权大怒，乃以状白曹公曰："严刺史昔为公所用，又是州举将，而李术凶恶，轻犯汉制，残害州司，肆其无道，宜速诛灭，以惩丑类。今欲讨之，进为国朝扫除鲸鲵，退为举将报塞怨仇，此天下达义，夙夜所甘心。术必惧诛，复诡说求救。明公所居，阿衡之任，海内所瞻，愿敕执事，勿复听受。"是岁举兵攻术于皖城。术闭门自守，求救于曹公。曹公不救。粮食乏尽，妇女或丸土而吞之。遂屠其城，枭术首，徙其部曲三万余人。

【译文】孙权，字仲谋。他的哥哥孙策平定江东各郡的时候，他十五岁，被任命为阳羡县县长。郡里推举他为孝廉，州里推荐他为秀才，代理奉义校尉一职。汉朝廷考虑到孙策尽管远在江东,却还能尽到臣子的职责交赋纳贡,于是派使者刘琬前往江东给他赏赐爵位、官服。刘琬对人说道:“我看孙家兄弟尽管个个才华出众,明晓事理,但都不能长富贵,得高寿,只有老二孙权,体态相貌奇伟,骨骼异于常人,是大贵之相,且最长寿,你们记住我说的话。”

建安四年,孙权跟随孙策出军讨伐庐江太守刘勋。打败刘勋后,又随军前往沙羡讨伐黄祖。

建安五年,孙策离世,将军政大事全部交付给孙权,孙权痛哭不止,孙策的长史张昭对孙权说:“孝廉,现在是你应该哭泣的时候吗?周公所订立的丧礼,连他的儿子伯禽也不能遵守,这并不是他想违逆父训,而是因为当时的形势不允许。更何况如今奸诈作乱的人竟相角逐,豺狼当道,你却一直发泄个人的哀痛,顾念礼制,这就是在打开门户招引盗贼,这种行为算不上仁啊!”于是改换孙权的丧服,扶他上马,让他外出巡察军营。这个时候的孙权只占有会稽、吴郡、丹杨、豫章、庐陵五郡,而且这五郡的偏远地区都还未能完全归顺,天下英雄豪杰各州郡都有,以宾客身份寄居的贤人以个人安危来考虑去留,君臣之间没有建立相互信赖的稳定关系。张昭、周瑜等认为与孙权一起可以成就大事业,所以尽心辅佐他。曹公向朝廷上表任命孙权为讨虏将军,兼任会稽太守,驻军吴郡,派郡丞到会稽郡处理文书事宜。孙权用对待太师太傅的礼节对待张昭,又任命周瑜、程普、吕范等为将帅。他广招贤能,聘访名士,鲁肃、诸葛瑾等都做了他的幕僚。他分遣部署诸将,镇压抚恤山越,征讨那些不服从命令的人。

【原文】七年,权母吴氏薨。

八年,权西伐黄祖,破其舟军,惟城未克,而山寇复动。还过豫章,使吕范平鄱阳,程普讨乐安,太史慈领海昏,韩当、周泰、吕蒙等为剧县令长。

九年,权弟丹杨太守翊为左右所害,以从兄瑜代翊。①

①《吴录》曰:是时权大会官僚,沈友有所是非,令人扶出,谓曰:“人言卿欲反。”友知不得脱,乃曰:“主上在许,有无君之心者,可谓非反乎?”遂杀之。友字子正,吴郡人。年十一,华歆行风俗,见而异之,因呼曰:“沈郎,可登车语乎?”友逡巡却曰:“君子讲好,会宴以礼,今仁义陵迟,圣道渐坏,先生衔命,将以裨补先王之教,整齐风俗,而轻脱威仪,犹负薪救火,无乃更崇其炽乎!”歆惭曰:“自桓、灵以来,虽多英彦,未有幼童若此者。”弱冠博学,多所贯综,善属文辞。兼好武事,注《孙子兵法》。又辩于口,每所至,众人皆默然,莫与为对,咸言其笔之妙,舌之妙,刀之妙,三者皆过绝于人。权以礼聘,既至,论王霸之略,当时之务,权敛容敬焉。陈荆州宜并之计,纳之。正色立朝,清议峻厉,为庸臣所谮,诬以谋反。权亦以终不为己用,故害之,时年二十九。

十年,权使贺齐讨上饶,分为建平县。

十二年,西征黄祖,虏其人民而还。

十三年春,权复征黄祖,祖先遣舟兵拒军,都尉吕蒙破其前锋,而凌统、董袭等尽锐攻之,遂屠其城。祖挺身亡走,骑士冯则追枭其首,虏其男女数万口。是岁,使贺齐讨黟、歙,①分歙为始新、新定、②犁阳、休阳县,③以六县为新都郡。荆州牧刘表死,鲁肃乞奉命吊表二子，且以观变。肃未到，而曹公已临其境，表子琮举众以降。刘备欲南济江，肃与相见，因传权旨，为陈成败。备进住夏口，使诸葛亮诣权，权遣周瑜、程普等行。是时曹公新得表众，形势甚盛，诸议者皆望风畏惧，多劝权迎之。④惟瑜、肃执拒之议，意与权同。瑜、普为左右督，各领万人，与备俱进，遇于赤壁，大破曹公军。公烧其余船引退，士卒饥疫，死者大半。备、瑜等复追至南郡，曹公遂北还，留曹仁、徐晃于江陵，使乐进守襄阳。时甘宁在夷陵，为仁党所围，用吕蒙计，留凌统以拒仁，以其半救宁，军以胜反。权自率众围合肥，使张昭攻九江之当涂。昭兵不利，权攻城逾月不能下。曹公自荆州还，遣张喜将骑赴合肥。未至，权退。

①黟，音伊。歙，音摄。

②《吴录》曰：晋改新定为遂安。

③《吴录》曰：晋改休阳为海宁。

④《江表传》载曹公与权书曰："近者奉辞伐罪，旌麾南指，刘琮束手。今治水军八十万众，方与将军会猎于吴。"权得书以示群臣，莫不向震失色。

【译文】建安七年，孙权的母亲吴氏逝世。

建安八年，孙权向西发兵征讨黄祖，击败其水军，只剩下城池还没有攻下，而此时山越贼寇又开始兴兵叛乱。孙权率军回师途经豫章，派遣吕范平定鄱阳，程普征讨乐安，太史慈统领海昏，任命韩当、周泰、吕蒙等担任那些很难治理的县的县令或县长。

建安九年，孙权的弟弟丹杨太守孙翊被部下杀害，孙权任命堂兄孙瑜接任孙翊的职位。

建安十年，孙权派遣贺齐攻打上饶，并从上饶划出部分地域设立建平县。

建安十二年，孙权西征黄祖，掳获了他的百姓而归。

建安十三年春，孙权再次讨伐黄祖，黄祖首先派出水军抗击，都尉吕蒙打败黄祖的先头部队，凌统、董袭等用全部精兵发动猛攻，攻破并屠杀其城。黄祖脱身逃走，骑士冯则追上去将他斩杀，俘虏了他的部属男女几万人。同年，孙权派遣贺齐讨伐黟、歙二县，从歙县另外分割出始新、新定、犁阳、休阳四县，并以这六个县设置新都郡。荆州牧刘表去世后，鲁肃请求奉命前往吊唁并慰问刘表的两个儿子，并且借机观察荆州的变化。鲁肃还未到荆州，曹公已经兵临荆州，刘表的小儿子刘琮率部众投降了曹公。刘备想要南渡长江，鲁肃和他会见，乘机向他转达了孙权的计划，并向他陈述成败的态势。刘备驻兵夏口，派遣诸葛亮去拜见孙权，孙权派遣周瑜、程普等向曹公发兵。当时，曹公刚刚得到刘表的军队，声势极为浩荡，为此孙权的谋士们都深感恐惧，多数人都劝孙权迎降曹公。只有周瑜、鲁肃坚决主张抗击曹公，他们的意见和孙权相同。周瑜、程普分别担任左右都督，各自领兵一万，与刘备共同进军，在赤壁遭遇曹军，大败曹公的军队。曹公将没来得及撤退的船只全部烧毁，率兵撤退，士卒因为饥饿疫病，死亡过半。刘备、周瑜等又追击到南郡，曹公于是撤回北方，留下曹仁、徐晃驻守江陵，乐进驻守襄阳。当时甘宁在夷陵，被曹仁的军队团团包围，孙权按照吕蒙的计策，留下凌统抵抗曹仁，用一半的兵力解救甘宁，吴军胜利返还。孙权亲自率领大军围攻合肥，派遣张昭攻打九江郡的当涂县。张昭出师不利，孙权攻打合肥一个多月也没有攻破。曹公从荆州回来，派张喜率骑兵支援合肥。张喜还没赶到，孙权就撤兵了。

【原文】十四年，瑜、仁相守岁余，所杀伤甚众，仁委城走。权以瑜为南郡太守。刘备表权行车骑将军，领徐州牧。备领荆州牧，屯公安。

十五年，分豫章为鄱阳郡，分长沙为汉昌郡，以鲁肃为太守，屯陆口。

十六年，权徙治秣陵。明年，城石头，改秣陵为建业。闻曹公将来侵，作濡须坞。

十八年正月，曹公攻濡须，权与相拒月余。曹公望权军，叹其齐肃，乃退。[①]初，曹公恐江滨郡县为权所略，征令内移。民转相惊，自庐江、九江、蕲春、广陵户十余万皆东渡江，江西遂虚，合肥以南惟有皖城。

①《吴历》曰：曹公出濡须，作油船，夜渡洲上。权以水军围取，得三千余人，其没溺者亦数千人。权数挑战，公坚守不出。权乃自来，乘轻船，从濡须口入公军。诸将皆以为是挑战者，欲击之。公曰："此必孙权欲身见吾军部伍也。"敕军中皆精严，弓弩不得妄发。权行五六里，回还作鼓吹。公见舟船器仗军伍整肃，喟然叹曰："生子当如孙仲谋，刘景升儿子若豚犬耳！"权为笺与曹公，说："春水方生，公宜速去。"别纸言："足下不死，孤不得安。"曹公语诸将曰："孙权不欺孤。"乃彻军还。◎《魏略》曰：权乘大船来观军，公使弓弩乱发，箭著其船，船偏重将覆，权因回船，复以一面受箭，箭均船平，乃还。

十九年五月，权征皖城。闰月，克之，获庐江太守朱光及参军董和，男女数万口。是岁刘备定蜀。权以备已得益州，令诸葛瑾从求荆州诸郡。备不许，曰："吾方图凉州，凉州定，乃尽以荆州与吴耳。"权曰："此假而不反，而欲以虚辞引岁。"遂置南三郡长吏，关羽尽逐之。权大怒，乃遣吕蒙督鲜于丹、徐忠、孙规等兵二万取长沙、零陵、桂阳三郡，使鲁肃以万人屯巴丘[①]以御关羽。权住陆口，为诸军节度。蒙到，二郡皆服，惟零陵太守郝普未下。会备到公安，使关羽将三万兵至益阳，权乃召蒙等使还助肃。蒙使人诱普，普降，尽得三郡将守，因引军还，与孙皎、潘璋并鲁肃兵并进，拒羽于益阳。未战，会曹公入汉中，备惧失益州，使使求和。权令诸葛瑾报，更寻盟好，遂分荆州长沙、江夏、桂阳以东属权，南郡、零陵、武陵以西属备。备归，而曹公已还。权反自陆口，遂征合肥。合肥未下，彻军还。兵皆就路，权与凌统、甘宁等在津北为魏将张辽所袭，统等以死捍权，权乘骏马越津桥得去。[②]

①巴丘，今曰巴陵。

②《献帝春秋》曰：张辽问吴降人："向有紫髯将军，长上短下，便马善射，是谁？"降人答曰："是孙会稽。"辽及乐进相遇，言不早知之，急追自得，举军叹恨。◎《江表传》曰：权乘骏马上津桥，桥南已见彻，丈余无版。谷利在马后，使权持鞍缓控，利于后著鞭，以助马势，遂得超度。权既得免，即拜利都亭侯。谷利者，本左右给使也，以谨直为亲近监，性忠果亮烈，言不苟且，权爱信之。

二十一年冬，曹公次于居巢，遂攻濡须。

二十二年春，权令都尉徐详诣曹公请降，公报使修好，誓重结婚。

二十三年十月，权将如吴，亲乘马射虎于庱亭。[①] 马为虎所伤，权投以双戟，虎却废，常从张世击以戈，获之。

① 庱，音摅陵反。

二十四年，关羽围曹仁于襄阳，曹公遣左将军于禁救之。会汉水暴起，羽以舟兵尽虏禁等步骑三万送江陵，惟城未拔。权内惮羽，外欲以为己功，笺与曹公，乞以讨羽自效。曹公且欲使羽与权相持以斗之，驿传权书，使曹仁以弩射示羽。羽犹豫不能去。闰月，权征羽，先遣吕蒙袭公安，获将军士仁。蒙到南郡，南郡太守麋芳以城降。蒙据江陵，抚其老弱，释于禁之囚。陆逊别取宜都，获秭归、枝江、夷道，还屯夷陵，守峡口以备蜀。关羽还当阳，西保麦城。权使诱之。羽伪降，立幡旗为象人于城上，因遁走，兵皆解散，尚十余骑。权先使朱然、潘璋断其径路。十二月，璋司马马忠获羽及其子平、都督赵累等于章乡，遂定荆州。是岁大疫，尽除荆州民租税。曹公表权为骠骑将军，假节，领荆州牧，封南昌侯。权遣校尉梁寓奉贡于汉，及令王惇市马，又遣朱光等归。[①]

①《魏略》曰：梁寓，字孔儒，吴人也。权遣寓观望曹公，曹公因以为掾，寻遣还南。

【译文】建安十四年，周瑜与曹仁两军对峙一年多，士兵伤亡很多，曹仁弃城逃跑。孙权封周瑜为南郡太守。刘备上表推荐孙权代理车骑将军，兼任徐州牧。刘备兼任荆州牧，在公安屯兵驻守。

建安十五年，孙权分豫章郡另设鄱阳郡，分长沙郡另置汉昌郡，任命鲁肃为汉昌郡太守，在陆口驻守。

建安十六年，孙权将治所迁到秣陵。第二年，修筑石头城，改秣陵为建业。听说曹操要挥军南下来犯，又接着修建了濡须坞。

建安十八年正月，曹公攻打濡须，孙权与他对峙一个多月。曹公远望孙权军队，感叹其军容严整，只好撤兵。起初，曹公担心孙权会占据长江西岸各郡县，于是下令沿岸各郡百姓内迁。百姓受到惊扰，庐江、九江、蕲春、广陵一带的十多万户人家纷纷东渡长江，于是长江西岸荒寂无人，合肥以南只留一座皖城。

建安十九年五月，孙权征讨皖城。闰月攻克皖城，俘获庐江太守朱光及参军董和，获得人口数万。同年，刘备平定蜀地。孙权考虑到刘备已经得到了益州，于是派诸葛瑾前往刘备处讨还荆州诸郡。刘备没有答应，说："我正谋取凉州，如果凉州可以平定，我就把荆州全部归还给吴国。"孙权说："这是借而不还，却想用空话敷衍搪塞拖延时间。"于是孙权在荆州南部三个郡安置了太守，关羽之后将这些人全都赶走。孙权听闻此事后大怒，派遣吕蒙督率鲜于丹、徐忠、孙规等率二万兵众攻取长沙、零陵、桂阳三郡，命令鲁肃领军一万驻守巴丘来抵御关羽。孙权进驻陆口，指挥、调度各路军队。吕蒙军队一到，长沙、桂阳二郡全部降服，只有零陵太守郝普不愿意归降。正好刘备到了公安，派关羽率领三万兵马直逼益阳，孙权于是召回吕蒙等人，让他们回援鲁肃。吕蒙派人诱降郝普，郝普很快投降，吕蒙全部俘获三郡的将领、太守后，领兵返还，与孙皎、潘璋及鲁肃的军队一同前进，在益阳对抗关羽。还没有开战，适逢曹公挥军进入汉中，刘备担心失掉益州，于是派使者向孙权求和。孙权派诸葛瑾告知刘备，双方又重新缔结同盟，于是划分荆州的长沙、江夏、桂阳三郡以东地区归属孙权，南郡、零陵、武陵三郡以西地区归属刘备。刘备返回后，曹操早已退兵了。孙权从陆口返回，率军征讨合肥。但孙权没能攻下合肥，只好撤军东归。士兵全部上路后，孙权与凌统、甘宁等在逍遥津北面被魏国大将张辽袭击，凌统等拼死护卫孙权，孙权骑着骏马冲过津桥才得以逃脱。

建安二十一年冬天，曹操驻军居巢，然后攻打濡须坞。

建安二十二年春天，孙权命令都尉徐详去见曹操请求归降，曹操派使者回报孙权同意修好，双方立誓重新结为姻亲。

建安二十三年十月，孙权将要去吴郡，亲自骑马在庱亭射虎。他的马被虎咬伤，孙权用双戟投中老虎，老虎受重伤后退，随从张世又用戈继续攻击，将伤虎捕获。

建安二十四年，关羽在襄阳围困曹仁，曹操派左将军于禁前去救援。正赶上汉水暴涨，关羽出动水军俘虏了于禁的全部步兵、骑兵三万多人送往江陵，只剩襄阳城还未攻克。孙权既出于对关羽势力不断增长的畏惧，同时也想做好表面上的文章向曹操邀功，就写信给曹操，请求率军讨伐关羽以贡献自己的力量。曹操正想使关羽与孙权相持互斗，就派驿使将孙权的书信传送到前线，让曹仁用弩箭将信发给关羽。关羽看信后仍犹豫着没有撤军。闰十月，孙权征讨关羽，先派吕蒙袭击公安，俘虏了守将士仁。吕蒙到南郡，南郡太守麋芳献城投降。吕蒙占据江陵，抚恤当地老弱，释放了被囚禁的于禁等人。陆逊又另率军队进攻宜都郡，攻占了秭归、枝江、夷道，回师驻扎夷陵，扼守峡口以防御蜀军的进攻。关羽返回当阳，向西退保麦城。孙权派人诱降他。关羽假装投降，在城楼上树立旗帜和草人迷惑敌人，自己乘机逃走，手下士兵全都逃散，只有十几个骑兵跟随。孙权已先派朱然、潘璋阻断了关羽逃亡的必经之路。十二月，潘璋的司马马忠在章乡抓获了关羽和他的儿子关平以及都督赵累等人，于是荆州得以平安。这年瘟疫流行，孙权免除了荆州百姓的全部租税。曹操表奏孙权为骠骑将军，假以符节，兼任荆州牧，封南昌侯。孙权派校尉梁寓向汉朝廷敬纳贡品，并让王惇购买马匹，又遣送原先俘虏的朱光等人返回北方。

【原文】二十五年春正月，曹公薨，太子丕代为丞相魏王，改年为延康。秋，魏将梅敷使张俭求见抚纳。南阳阴、酂、筑阳、[1]山都、中庐五县民五千家来附。冬，魏嗣王称尊号，改元为黄初。二年四月，刘备称帝于蜀。[2]权自公安都鄂，改名武昌，以武昌、下雉、寻阳、阳新、柴桑、沙羡六县为武昌郡。五月，建业言甘露降。八月，城武昌，下令诸将曰："夫存不忘亡，安必虑危，古之善教。昔隽不疑汉之名臣，于安平之世而刀剑不离于身，盖君子之于武备，不可以已。况今处身疆畔，豺狼交接，而可轻忽不思变难哉？顷闻诸将出入，各尚谦约，不从人兵，甚非备虑爱身之谓。夫保己遗名，以安君亲，孰与危辱？宜深警戒，务崇其大，副孤意焉。"自魏文帝践阼，权使命称藩，及遣于禁等还。十一月，策命权曰：

盖圣王之法，以德设爵，以功制禄。劳大者禄厚，德盛者礼丰。故叔旦有夹辅之勋，太公有鹰扬之功，并启土宇，并受备物，所以表章元功，殊异贤哲也。近汉高祖受命之初，分裂膏腴以王八姓，斯则前世之懿事，后王之元龟也。朕以不德，承运革命，君临万国，秉统天机，思齐先代，坐而待旦。惟君天资忠亮，命世作佐，深睹历数，达见废兴，远遣行人，浮于潜汉。[③]望风影附，抗疏称藩，兼纳纤絺南方之贡，普遣诸将来还本朝，忠肃内发，款诚外昭，信著金石，义盖山河，朕甚嘉焉。今封君为吴王，使使持节、太常、高平侯贞，授君玺绶策书、金虎符第一至第五、左竹使符第一至第十，以大将军、使持节督交州，领荆州牧事，锡君青土，苴以白茅，对扬朕命，以尹东夏。其上故骠骑将军、南昌侯印绶符策。今又加君九锡，其敬听后命。以君绥安东南，纲纪江外，民夷安业，无或携贰，是用锡君大辂、戎辂各一，玄牡二驷。君务财劝农，仓库盈积，是用锡君衮冕之服，赤舄副焉。君化民以德，礼教兴行，是用锡君轩县之乐。君宣导休风，怀柔百越，是用锡君朱户以居。君运其才谋，官方任贤，是用锡君纳陛以登。君忠勇并奋，清除奸慝，是用锡君虎贲之士百人。君振威陵迈，宣力荆南，枭灭凶丑，罪人斯得，是用锡君鈇钺各一。君文和于内，武信于外，是用锡君彤弓一、彤矢百、玈弓十、玈矢千。君以忠肃为基，恭勤为德，是用锡君秬鬯一卣，圭瓒副焉。钦哉！敬敷训典，以服朕命，以勖相我国家，永终尔显烈。[④]

①筑，音逐。

②《魏略》曰：权闻魏文帝受禅而刘备称帝，乃呼问知星者己分野中星气何如，遂有僭意。而以位次尚少，无以威众，又欲先卑而后踞之，为卑则可以假宠，后踞则必致讨，致讨然后可以怒众，众怒然后可以自大，故深绝蜀而专事魏。

③《禹贡》曰：沱、潜既道。注曰："水自江出为沱，汉为潜。"

④《江表传》曰：权群臣议，以为宜称上将军九州伯，不应受魏封。权曰："九州伯，于古未闻也。昔沛公亦受项羽拜为汉王，此盖时宜耳，复何损邪？"遂受之。

孙盛曰："昔伯夷、叔齐不屈有周，鲁仲连不为秦民。夫以匹夫之志，犹义不辱，况列国之君三分天下，而可二三其节，或臣或否乎？余观吴、蜀，咸称奉汉，至于汉代，莫能固秉臣节，君子是以知其不能克昌厥后，卒见吞于大国也。向使权从群臣之议，终身称汉将，岂不义悲六合，仁感百世哉！"

是岁，刘备帅军来伐，至巫山、秭归，使使诱导武陵蛮夷，假与印传，许之封赏，于是诸县及五溪民皆反为蜀。权以陆逊为督，督朱然、潘璋等以拒之。遣都尉赵咨使魏。魏帝问曰："吴王何等主也？"咨对曰："聪明仁智，雄略之主也。"帝问其状，咨曰："纳鲁肃于凡品，是其聪也；拔吕蒙于行陈，是其明也；获于禁而不害，是其仁也；取荆州而兵不血刃，是其智也；据三州虎视于天下，是其雄也；屈身于陛下，是其略也。"[①]帝欲封权子登，权以登年幼，上书辞封，重遣西曹掾沈珩陈谢，并献方物。[②]立登为王太子。[③]

①《吴书》曰：咨，字德度，南阳人，博闻多识，应对辩捷，权为吴王，擢中大夫，使魏。魏文帝善之，嘲咨曰："吴王颇知学乎？"咨曰："吴王浮江万艘，带甲百万，任贤使能，志存经略，虽有余闲，博览书传历史，籍采奇异，不效书生寻章摘句而已。"帝曰："吴可征

不?”咨对曰:“大国有征伐之兵,小国有备御之固。”又曰:“吴难魏不?”咨曰:“带甲百万,江、汉为池,何难之有?”又曰:“吴如大夫者几人?”咨曰:“聪明特达者八九十人。如臣之比,车载斗量,不可胜数。”咨频载使北,魏人敬异。权闻而嘉之,拜骑都尉。咨言曰:“观北方终不能守盟,今日之计,朝廷承汉四百之际,应东南之运,宜改年号,正服色,以应天顺民。”权纳之。

②《吴书》曰:珩,字仲山,吴郡人,少综经艺,尤善《春秋》内、外传。权以珩有智谋,能专对,乃使至魏。魏文帝问曰:“吴嫌魏东向乎?”珩曰:“不嫌。”曰:“何以?”曰:“信恃旧盟,言归于好,是以不嫌。若魏渝盟,自有豫备。”又问:“闻太子当来,宁然乎?”珩曰:“臣在东朝,朝不坐,宴不与,若此之议,无所闻也。”文帝善之,乃引珩自近,谈语终日。珩随事响应,无所屈服。珩还言曰:“臣密参侍中刘晔,数为贼设奸计,终不久悫。臣闻兵家旧论,不恃敌之不我犯,恃我之不可犯,今为朝廷虑之。且当省息他役,惟务农桑以广军资;修缮舟车,增作战具,令皆兼盈;抚养兵民,使各得其所;揽延英俊,奖励将士,则天下可图矣。”以奉使有称,封永安乡侯,官至少府。

③《江表传》曰:是岁魏文帝遣使求雀头香、大贝、明珠、象牙、犀角、玳瑁、孔雀、翡翠、斗鸭、长鸣鸡。群臣奏曰:“荆、扬二州,贡有常典,魏所求珍玩之物非礼也,宜勿与。”权曰:“昔惠施尊齐为王,客难之曰:‘公之学去尊,今王齐,何其倒也?’惠子曰:‘有人于此,欲击其爱子之头,而石可以代之,子头所重而石所轻也,以轻代重,何为不可乎?’方有事于西北,江表元元,恃主为命,非我爱子邪?彼所求者,于我瓦石耳,孤何惜焉?彼在谅闇之中,而所求若此,宁可与言礼哉!”皆具以与之。

【译文】建安二十五年春正月,曹公逝世,太子曹丕承袭曹公担任丞相、魏王,将年号改作延康。秋天,魏将梅敷派遣张俭拜见孙权请求安抚接纳。南阳郡的阴县、酂县、筑阳、山都、中庐五县的五千多户百姓前来归附。冬天,魏王曹丕称帝,改年号为黄初。黄初二年四月,刘备在蜀称帝。孙权将都城从公安迁到鄂州,将鄂州改名为武昌,以武昌、下雉、寻阳、阳新、柴桑、沙羡六县设置武昌郡。五月,建业报告说喜降甘露。八月,修筑武昌城,并下令诸将:“大凡生存时不忘死亡,安定时一定要考虑到危险,这是古人的有益教诲。从前,隽不疑是汉代的名臣,在太平的日子里刀剑从不离身,这说明君子对于军备武装,时刻不能有所松懈。何况我们如今地处边沿,跟豺狼般的敌人为邻,又怎么可以掉以轻心而不考虑可能发生的事变呢?近来我听说诸将出入时,都崇尚谦慎节俭,不带士兵,这可以说是严重忽视武备宗旨及自身安全的做法。保全自身而留名后世,使君主和亲人安心,与可能遭受危险羞辱相比,哪一种做法更为可取呢?应该特别警惕防备,务必提升对此重大问题的认识,以符合我的意愿。”魏文帝曹丕称帝后,孙权派遣使者前去请求成为其藩属,并遣送于禁等人返回北方。十一月,曹丕册封孙权的文书说:

圣明君主的法度,是根据德行设立不同的爵位,以功劳制定不同的俸禄。功劳大的俸禄就丰厚,德行高的礼遇就隆重。所以周公旦有辅佐武王、成王的功勋,姜太公有定计消灭殷商,使周朝强大的功绩,因此他们一同受到分封土地的奖赏,得到丰厚的财物赏赐,这是为了表彰功臣,使贤明睿智者获得不同于一般人的崇高荣誉的方式。近世汉高祖称帝时,也把肥沃的土地分封给八个异姓王,这是前代的美好事迹,给后世帝王提供了很好的借鉴。我德行缺乏,承受天命而变革汉室的皇统,统治全国,执掌国家机要,有心效法先代圣帝明王,为此忙碌,通宵达旦。您天资忠诚坚贞,雄才足以辅佐帝王,洞察王朝相承的次序,能透彻地预见王朝的兴废更替,从遥远的地方派遣使者,渡过潜水和汉水来传达您的诚意。您得知我魏朝确立的消息便随即表示归附,上疏要做我魏朝的藩臣,并且敬献丝绸等南方贡物,还把我的将领全部送回,您的忠诚恭敬发自内心,真诚精神显露无遗,诚信铭刻金石,道义普盖山河,我很赞赏。现在封您为吴王,派使持节、太常卿、高平侯邢贞作为使者,授予您印玺、绶带、册封文书、金虎符第一到第五枚、左半竹使符第一到第十枚,命您以大将军、使持节的身份都督交州,兼任荆州牧,赐给您青土,用白茅包裹,您要报答称扬我的任命,治理好东部中国。请您上缴过去封授您的骠骑将军、南昌侯的印玺、绶带、符节和册封文书。现在又加赐给您九锡之礼,请您敬听下面的命令。因为您安定了东南,治理好了长江以南地区,老百姓安居乐业,没有人心怀二志,所以赐给您天子专用的玉辂以及兵车各一辆,黑色公马八匹。因为您重视生财,鼓励农桑,使仓库里堆满余粮,所以赐给您帝王公侯专用的礼服和礼冠,并配上红色的鞋子一双。因为您用德政教化人民,使礼教盛行,所以赐给您一套三面悬挂的诸侯钟磬之乐。因为您倡导良好的社会风习,招徕安抚了百越夷民,所以赐给您有红色大门的房子居住。因为您运用才干和谋略,任用贤良方正之士,所以赐给您纳陛以便登殿理事。因为您忠诚勇猛,清除奸恶,所以赐给您虎贲卫士一百人。因为您用无与伦比的威势,效力于荆州以南,诛灭凶恶不善之人,使有罪者无所逃遁,所以赐给您斫刀和大斧各一具。因为您治理政事能平和公正,率军作战能忠直诚信,所以赏给您红色的弓一张、红色的箭一百支、黑色的弓十张、黑色的箭一千支。因为您将忠诚恭敬视为做人的准则,把肃敬勤勉作为美好的品德,所以赐给您以黑黍和郁金香草酿造的美酒一罐,并配上玉制的酒器。努力啊!您要切实遵行训言,以服从我的命令,努力辅佐我治理国家,来永久地保持您昭著的功业!

同年,刘备率领大军前来讨伐,兵至巫山、秭归,并派遣使者劝诱武陵的少数民族部落投降,授给他们印信,还应允给他们封赏,于是各县与五溪的百姓纷纷背叛吴国归附了蜀国。孙权任命陆逊为都督,率领朱然、潘璋等人前去抗击刘备。同时又命都尉赵咨出使魏国。魏文帝曹丕询问赵咨:“吴王这个君主怎么样?”赵咨回答说:“他是位聪明仁智、怀有雄才伟略的君主。”曹丕询问具体情况,赵咨回应道:“在普通人中能起用鲁肃,这是他的聪明之处;在一般士兵中能提拔吕蒙,这是他的明智之处;俘获于禁却没有加以杀害,这是他的仁慈之处;夺取荆州而能做到兵不血刃,这是他的智慧之处;雄踞三州而虎视天下,这是他的雄才;屈身向您称臣,这是他的大略。”曹丕想要册封孙权的大儿子孙登,孙权以孙登还年幼无知为由,上书辞谢,并重新派遣西曹掾沈珩前往致谢，进献地方特产。孙权立孙登为王太子。

【原文】黄武元年春正月，陆逊部将军宋谦等攻蜀五屯，皆破之，斩其将。三月，鄱阳言黄龙见。蜀军分据险地，前后五十余营，逊随轻重以兵应拒，自正月至闰月，大破之，临陈所斩及投兵降首数万人。刘备奔走，仅以身免。[①]

①《吴历》曰：权以使聘魏，具上破备获印绶及首级、所得土地，并表将吏功勤宜加爵赏之意。文帝报使，致鼲子裘、明光铠、骈马，又以素书所作《典论》及诗赋与权。◎《魏书》载诏答曰："老虏边窟，越险深入，旷日持久，内迫罢弊，外困智力，故见身于鸡头，分兵拟西陵，其计不过谓可转足前迹以摇动江东。根未著地，摧折其支，虽未刳备五脏，使身首分离，其所降诛，亦足使虏部众凶惧。昔吴汉先烧荆门，后发夷陵，而子阳无所逃其死；来歙始袭略阳，文叔喜之，而知隗嚣无所施其巧。今讨此虏，正似其事，将军勉建方略，务全独克。"

初，权外托事魏，而诚心不款。魏欲遣侍中辛毗、尚书桓阶往与盟誓，并征任子，权辞让不受。秋九月，魏乃命曹休、张辽、臧霸出洞口，曹仁出濡须，曹真、夏侯尚、张郃、徐晃围南郡。权遣吕范等督五军，以舟军拒休等，诸葛瑾、潘璋、杨粲救南郡，朱桓以濡须督拒仁。时扬、越蛮夷多未平集，内难未弭，故权卑辞上书，求自改厉："若罪在难除，必不见置，当奉还土地民人，乞寄命交州，以终余年。"文帝报曰："君生于扰攘之际，本有纵横之志，降身奉国，以享兹祚。自君策名已来，贡献盈路。讨备之功，国朝仰成。埋而掘之，古人之所耻。[①]朕之与君，大义已定，岂乐劳师远临江、汉？廊庙之议，王者所不得专；三公上君过失，皆有本末。朕以不明，虽有曾母投杼之疑，犹冀言者不信，以为国福。故先遣使者犒劳，又遣尚书、侍中践修前言，以定任子。君遂设辞，不欲使进，议者怪之。[②]又，前都尉浩周劝君遣子，乃实朝臣交谋，以此卜君，君果有辞，外引隗嚣遣子不终，内喻窦融守忠而已。世殊时异，人各有心。浩周之还，口陈指麾，益令议者发明众嫌，终始之本，无所据杖，故遂俯仰从群臣议。今省上事，款诚深至，心用慨然，凄怆动容。即日下诏，敕诸军但深沟高垒，不得妄进。若君必效忠节，以解疑议，登身朝到，夕召兵还。此言之诚，有如大江！[③]"权遂改年，临江拒守。冬十一月，大风，范等兵溺死者数千，余军还江南。曹休使臧霸以轻船五百、敢死万人袭攻徐陵，烧攻城车，杀略数千人。将军全琮、徐盛追斩魏将尹卢，杀获数百。十二月，权使太中大夫郑泉聘刘备于白帝，始复通也。[④]然犹与魏文帝相往来，至后年乃绝。是岁改夷陵为西陵。

①《国语》曰：狸埋之，狸掘之，是以无成功。

②《魏略》载魏三公奏曰："臣闻枝大者披心，尾大者不掉，有国有家之所慎也。昔汉承秦弊，天下新定，大国之王，臣节未尽，以萧、张之谋不备录之，至使六王前后反叛，已而伐之，戎车不辍。又，文、景守成，忘战戢役，骄纵吴、楚，养虺成蛇，既为社稷大忧，盖前事之不忘，后事之师也。吴王孙权，幼竖小子，无尺寸之功。遭遇兵乱，因父兄之绪，少蒙翼卵昫伏之恩，长含鸱枭反逆之性，背弃天施，罪恶积大。复与关羽更相觇伺，逐利见便，挟为卑辞。先帝知权奸以求用，时以于禁败于水灾，等当讨羽，因以委权。

先帝委裘下席，权不尽心，诚在恻怛，欲因大丧，寡弱王室，希托董桃传先帝令，乘未得报许，擅取襄阳，及见驱逐，乃更折节。邪辟之态，巧言如流，虽重驿累使，发遣禁等，内包隗嚣顾望之奸，外欲缓诛，支仰蜀贼。圣朝含弘，既加不忍，优而赦之，与之更始，猥乃割地王之，使南面称孤，兼官累位，礼备九命，名马百驷，以成其势，光宠显赫，古今无二。权为犬羊之姿，横被虎豹之文，不思靖力致死之节，以报无量不世之恩。臣每见所下权前后章表，又以愚意采察权旨，自以阻带江湖，负固不服，狃忕累世，诈伪成功，上有尉佗、英布之计，下诵伍被屈强之辞，终非不侵不叛之臣。臣以为晁错不发削弱王侯之谋，则七国同衡，祸久而大；蒯通不决袭历下之策，则田横自虑，罪深变重。臣谨考之《周礼》九伐之法，平权凶恶，逆节萌生，见罪十五。昔九黎乱德，黄帝加诛；项羽罪十，汉祖不舍。权所犯罪衅明白，非仁恩所养，宇宙所容。臣请免权官，鸿胪削爵土，捕治罪。敢有不从，移兵进讨，以明国典好恶之常，以静三州元元之苦。"其十五条，文多不载。

③《魏略》曰：浩周，字孔异，上党人。建安中仕为萧令，至徐州刺史。后领护于禁军，军没，为关羽所得。权袭羽，并得周，甚礼之。及文帝即王位，权乃遣周，为笺魏王曰："昔讨关羽，获于将军，即白先王，当发遣之。此乃奉款之心，不言而发。先王未深留意，而谓权中间复有异图，愚情惨惨，用未果决。遂值先王委离国祚，殿下承统，下情始通。公私契阔，未获备举，是令本誓未即昭显。梁寓传命，委曲周至，深知殿下以为意望。权之赤心，不敢有他，愿垂明恕，保权所执。谨遣浩周、东里衮，至情至实，皆周等所具。"又曰："权本性空薄，文武不昭，昔承父兄成军之绪，得为先王所见奖饰，遂因国恩，抚绥东土。而中间寡虑，庶事不明，畏威忘德，以取重戾。先王恩仁，不忍遐弃，既释其宿罪，且开明信。虽致命虏廷，枭获关羽，功效浅薄，未报万一。事业未究，先王即世。殿下践阼，威仁流迈，私惧情愿未蒙昭察。梁寓来到，具知殿下不遂疏远，必欲抚录，追本先绪。权之得此，欣然踊跃，心开目明，不胜其庆。权世受宠遇，分义深笃，今日之事，永执一心，惟察惨惨，重垂含覆。"又曰："先王以权推诚已验，军当引还，故除合肥之守，著南北之信，令权长驱不复后顾。近得守将周泰、全琮等白事，过月六日，有马步七百，径到横江，又督将马和复将四百人进到居巢，琮等闻有兵马渡江，视之，为兵马所击，临时交锋，大相杀伤。卒得此问，情用恐惧。权实在远，不豫闻知，约敕无素，敢谢其罪。又闻张征东、朱横海今复还合肥，先王盟要，由来未久，且权自度未获罪衅，不审今者何以发起，牵军远次？事业未讫，甫当为国讨除贼备，重闻斯问，深使失图。凡远人所恃，在于明信，愿殿下克卒前分，开示坦然，使权誓命，得卒本规。凡所愿言，周等所当传也。"初，东里衮为于禁军司马，前与周俱没，又俱还到，有诏皆见之。帝问周等，周以为权必臣服，而东里衮谓其不可必服。帝悦周言，以为有以知之。是岁冬，魏王受汉禅，遣使以权为吴王，诏使周与使者俱往。周既致诏命，时与权私宴，谓权曰："陛下未信王遣子入侍也，周以阖门百口明之。"权因字谓周曰："浩孔异，卿乃以举家百口保我，我当何言邪？"遂流涕沾襟。及与周别，又指天为誓。周还之后，权不遣子而设辞，帝乃久留其使。到八月，权上书谢，又与周书曰："自道路开通，不忘修意。既新奉国命，加知起居，假归河北，故使情问不获果至。望想之劳，曷云其已？孤以空暗，

分信不昭，中间招罪，以取弃绝，幸蒙国恩，复见赦宥，喜乎与君克卒本图。传不云乎，‘虽不能始，善终可也’。”又曰：“昔君之来，欲令遣子入侍，于时倾心欢以承命，徒以登年幼，欲假年岁之间耳。而赤情未蒙昭信，遂见讨责，常用惭怖。自顷国恩，复加开导，忘其前愆，取其后效，喜得因此寻竟本誓。前已有表具说遣子之意，想君假还，已知之也。”又曰：“今子当入侍，而未有妃耦。昔君念之，以为可上连缀宗室若夏侯氏。虽中间自弃，常奉戢在心。当垂宿念，为之先后，使获攀龙附骥，永自固定。其为分惠，岂有量哉！如是欲遣孙长绪与小儿俱入，奉行礼聘。成之在君。”又曰：“小儿年弱，加教训不足，念当与别，为之缅然，父子恩情，岂有已邪！又欲遣张子布追辅护之。孤性无余，凡所欲为，今尽宣露。惟恐赤心不先畅达，是以具为君说之，宜明所以。”于是诏曰：“权前对浩周，自陈不敢自远，乐委质长为外臣，又前后辞旨，头尾击地，此鼠子自知不能保尔许地也。又今与周书，请以十二月遣子，复欲遣孙长绪、张子布随子俱来，彼二人皆权股肱心腹也。又欲为子于京师求妇，此权无异心之明效也。”帝既信权甘言，且谓周为得其真，而权但华伪，竟无遣子意。自是之后，帝既彰权罪，周亦见疏远，终身不用。

④《江表传》曰：权云：“近得玄德书，已深引咎，求复旧好。前所以名西为蜀者，以汉帝尚存故耳，今汉已废，自可名为汉中王也。”◎《吴书》曰：郑泉，字文渊，陈郡人。博学有奇志，而性嗜酒，其闲居每曰：“愿得美酒满五百斛船，以四时甘脆置两头，反覆没饮之，惫即住而啖肴膳。酒有斗升减，随即益之，不亦快乎！”权以为郎中。尝与之言：“卿好于众中面谏，或失礼敬，宁畏龙鳞乎？”对曰：“臣闻君明臣直，今值朝廷上下无讳，实恃洪恩，不畏龙鳞。”后侍讌，权乃怖之，使提出付有司促治罪。泉临出屡顾，权呼还，笑曰：“卿言不畏龙鳞，何以临出而顾乎？”对曰：“实恃恩覆，知无死忧，至当出阁，感惟威灵，不能不顾耳。”使蜀，刘备问曰：“吴王何以不答吾书，得无以吾正名不宜乎？”泉曰：“曹操父子陵轹汉室，终夺其位。殿下既为宗室，有维城之责，不荷戈执殳为海内率先，而于是自名，未合天下之议，是以寡君未复书耳。”备甚惭恧。泉临卒，谓同类曰：“必葬我陶家之侧，庶百岁之后化而成土，幸见取为酒壶，实获我心矣。”

二年春正月，曹真分军据江陵中州。是月，城江夏山。改《四分》，用《乾象历》。①三月，曹仁遣将军常彫等，以兵五千，乘油船，晨渡濡须中州。仁子泰因引军急攻朱桓，桓兵拒之，遣将军严圭等击破彫等。是月，魏军皆退。夏四月，权群臣劝即尊号，权不许。②刘备薨于白帝。③五月，曲阿言甘露降。先是戏口守将晋宗杀将王直，以众叛如魏，魏以为蕲春太守，数犯边境。六月，权令将军贺齐督麋芳、刘邵等袭蕲春，邵等生虏宗。冬十一月，蜀使中郎将邓芝来聘。④

①《江表传》曰：权推五德之运，以为土行用未祖辰腊。◎《志林》曰：土行以辰腊，得其数矣。土盛于戌，而以未祖，其义非也。土生于未，故未为坤初。是以《月令》建未之月，祀黄精于郊，祖用其盛。今祖用其始，岂应运乎？

②《江表传》曰：权辞让曰：“汉家堙替，不能存救，亦何心而竞乎？”群臣称天命符瑞，固重以请。权未之许，而谓将相曰：“往年孤以玄德方向西鄙，故先命陆逊选众以待之。闻北部分，欲以助孤，孤内嫌其有挟，若不受其拜，是相折辱而趣其速发，便当与

西俱至，二处受敌，于孤为剧，故自抑按，就其封王。低屈之趣，诸君似未之尽，今故以此相解耳。"

③《吴书》曰：权遣立信都尉冯熙聘于蜀，吊备丧也。熙字子柔，颍川人，冯异之后也。权之为车骑，熙历东曹掾，使蜀还，为中大夫。后使于魏，文帝问曰："吴王若欲修宿好，宜当厉兵江关，县旍巴蜀，而闻复遣修好，必有变故。"熙曰："臣闻西使直报问，且以观衅，非有谋也。"又曰："闻吴国比年灾旱，人物雕损，以大夫之明，观之何如？"熙对曰："吴王体量聪明，善于任使，赋政施役，每事必咨，教养宾旅，亲贤爱士，赏不择怨仇，而罚必加有罪，臣下皆感恩怀德，惟忠与义。带甲百万，谷帛如山，稻田沃野，民无饥岁，所谓金城汤池，强富之国也。以臣观之，轻重之分，未可量也。"帝不悦，以陈群与熙同郡，使群诱之，啖以重利。熙不为回。送至摩陂，欲困苦之。后又召还，未至，熙惧见迫不从，必危身辱命，乃引刀自刺。御者觉之，不得死。权闻之，垂涕曰："此与苏武何异？"竟死于魏。

④《吴历》曰：蜀致马二百匹，锦千端，及方物。自是之后，聘使往来以为常。吴亦致方土所出，以答其厚意焉。

三年夏，遣辅义中郎将张温聘于蜀。秋八月，赦死罪。九月，魏文帝出广陵，望大江，曰："彼有人焉，未可图也。"乃还。①

① 干宝《晋纪》曰：魏文帝之在广陵，吴人大骇，乃临江为疑城，自石头至于江乘，车以木桢，衣以苇席，加采饰焉，一夕而成。魏人自江西望，甚惮之，遂退军。权令赵达算之，曰："曹丕走矣，虽然，吴衰庚子岁。"权曰："几何？"达屈指而计之，曰："五十八年。"权曰："今日之忧，不暇及远，此子孙事也。"◎《吴录》曰：是岁蜀主又遣邓芝来聘，重结盟好。权谓芝曰："山民作乱，江边守兵多彻，虑曹丕乘空弄态，而反求和。议者以为内有不暇，幸来求和，于我有利，宜当与通，以自辨定。恐西州不能明孤赤心，用致嫌疑。孤土地边外，间隙万端，而长江巨海，皆当防守。丕观衅而动，惟不见便，宁得忘此，复有他图。"

四年夏五月，丞相孙邵卒。①六月，以太常顾雍为丞相。②皖口言木连理。冬十二月，鄱阳贼彭绮自称将军，攻没诸县，众数万人。是岁地连震。③

①《吴录》曰：邵，字长绪，北海人，长八尺。为孔融功曹，融称曰"廊庙才也"。从刘繇于江东。及权统事，数陈便宜，以为应纳贡聘，权即从之。拜庐江太守，迁车骑长史。黄武初为丞相，威远将军，封阳羡侯。张温、暨艳奏其事，邵辞位请罪，权释令复职，年六十三卒。◎《志林》曰：吴之创基，邵为首相，史无其传，窃常怪之，尝问刘声叔。声叔，博物君子也，云："推其名位，自应立传。项竣、丁孚时已有注记。此云与张惠恕不能。后韦氏作史，盖惠恕之党，故不见书。"

②《吴书》曰：以尚书令陈化为太常。化，字元耀，汝南人，博览众书，气干刚毅，长七尺九寸，雅有威容。为郎中令使魏，魏文帝因酒酣，嘲问曰："吴、魏峙立，谁将平一海内者乎？"化对曰："《易》称帝出乎震，加闻先哲知命，旧说紫盖黄旗，运在东南。"帝曰："昔文王以西伯王天下，岂复在东乎？"化曰："周之初基，太伯在东，是以文王能兴

于西。"帝笑,无以难,心奇其辞。使毕当还,礼送甚厚。权以化奉命光国,拜犍为太守,置官属。顷之,迁太常,兼尚书令。正色立朝,敕子弟废田业,绝治产,仰官廪禄,不与百姓争利。妻早亡,化以古事为鉴,乃不复娶。权闻而贵之,以其年壮,敕宗正妻以宗室女,化固辞以疾,权不违其志。年出七十,乃上疏乞骸骨,遂爰居章安,卒于家。长子炽,字公熙,少有志操,能计算。卫将军全琮表称炽任大将军,赴召,道卒。

③《吴录》曰:是冬魏文帝至广陵,临江观兵,兵有十余万,旌旗弥数百里,有渡江之志。权严设固守。时大寒冰,舟不得入江。帝见波涛汹涌,叹曰:"嗟乎! 固天所以隔南北也!"遂归。孙韶又遣将高寿等率敢死之士五百人于径路夜要之,帝大惊,寿等获副车羽盖以还。

五年春,令曰:"军兴日久,民离农畔,父子夫妇,不能相恤,孤甚愍之。今北虏缩窜,方外无事,其下州郡,有以宽息。"是时陆逊以所在少谷,表令诸将增广农亩。权报曰:"甚善。今孤父子亲自受田,车中八牛以为四耦,虽未及古人,亦欲与众均等其劳也。"秋七月,权闻魏文帝崩,征江夏,围石阳,不克而还。苍梧言凤皇见。分三郡恶地十县置东安郡,① 以全琮为太守,平讨山越。冬十月,陆逊陈便宜,劝以施德缓刑,宽赋息调。又云:"忠谠之言,不能极陈,求容小臣,数以利闻。"权报曰:"夫法令之设,欲以遏恶防邪,儆戒未然也,焉得不有刑罚以威小人乎? 此为先令后诛,不欲使有犯者耳。君以为太重者,孤亦何利其然,但不得已而为之耳。今承来意,当重谘谋,务从其可。且近臣有尽规之谏,亲戚有补察之箴,所以匡君正主明忠信也。《书》载'予违汝弼,汝无面从',孤岂不乐忠言以自裨补邪? 而云'不敢极陈',何得为忠谠哉? 若小臣之中,有可纳用者,宁得以人废言而不采择乎? 但谄媚取容,虽暗亦所明识也。至于发调者,徒以天下未定,事以众济。若徒守江东,修崇宽政,兵自足用,复用多为? 顾坐自守可陋耳。若不豫调,恐临时未可便用也。又孤与君分义特异,荣戚实同,来表云不敢随众容身苟免,此实甘心所望于君也。"于是令有司尽写科条,使郎中褚逢赍以就逊及诸葛瑾,意所不安,令损益之。是岁,分交州置广州,俄复旧。②

①《吴录》曰:郡治富春也。

②《江表传》曰:权于武昌新装大船,名为长安,试泛之钓台圻。时风大盛,谷利令柂工取樊口。权曰:"当张头取罗州。"利拔刀向柂工曰:"不取樊口者斩。"工即转柂入樊口,风遂猛不可行,乃还。权曰:"阿利畏水,何怯也?"利跪曰:"大王万乘之主,轻于不测之渊,戏于猛浪之中,船楼装高,邂逅颠危,奈社稷何? 是以利辄敢以死争。"权于是贵重之,自此后不复名之,常呼曰谷。

【译文】黄武元年春正月,陆逊的部将宋谦等人攻打蜀国的五个屯营,将其全部攻破,并斩了蜀军守将。三月,鄱阳说黄龙出现。蜀军分别占据险地,兵营前后相连达五十余座,陆逊根据蜀军情况用兵迎击,从正月到闰六月,大败蜀军,临阵斩杀及放下武器投降的蜀兵有好几万人。刘备逃跑,仅得以保全自己。

当初,孙权表面上假托服事魏国,其实并非出自真心。魏国打算派侍中辛毗、尚书桓阶前往东吴与孙权结盟立誓,并征召孙权的儿子入朝,孙权推辞不受。秋九月,魏国命令曹休、张辽、臧霸出兵洞口，曹仁出兵濡须坞，曹真、夏侯尚、张郃、徐晃围攻南郡。孙权派吕范等人都督五军，率水军抵御曹休等人，以诸葛瑾、潘璋、杨粲率兵援救南郡，朱桓以濡须督的身份迎击曹仁。当时扬、越夷民大多还没有平定，内患还没有消除，所以孙权言辞谦恭地上书魏文帝，请求魏文帝准予改过自勉："如果我的罪过难以除去，一定不能得到赦免，我理当奉还土地和人民，乞求寄身交州，了却余生。"魏文帝回复说："您生在天下大乱之际，本来就有纵横驰骋天下的大志，能屈身奉事魏国，可以长期享有福泽。自从您被册封为吴王以来，奉献的贡品摆满了道路。讨伐刘备的功业，魏国是仰仗着您才得以取得成功。像狐狸那样把东西埋了又挖，反复不定，古人引以为耻。我跟您之间，君臣的名分已经确定，难道我会乐于劳师动众远征江汉吗？朝廷讨论军国大事，做君主的也不能独断专行；三公上表弹劾您的过失，都有根有据。我因为不贤明，虽有曾母投杼的疑虑，但还是希望所有传言都不是真实的，并以此为国家的幸事。所以我先派使者前去犒劳，又派尚书、侍中来跟您继续重订先前的誓言，同时跟您商定送您的儿子来做人质。您却借口推辞，不想让儿子前来，朝中议论者都感到很奇怪。再者前都尉浩周劝您遣送儿子，这实际上是大臣们共同的意见，以此来试探您的诚意如何，结果您果真找了借口推辞，对外援引隗嚣送儿子给光武帝做人质却终于背叛的事例，对内援引窦融虽不送儿子做人质却能做到忠诚不渝的事迹以自喻。世道和时代不同了，人们也会各有打算。浩周回来后连说带比划地转述了您的观点，越发让议事的大臣们加深了对原来的种种疑点的疑惑，认为您所谓始终忠于魏国的承诺，没有任何凭据，所以我就只得同意大臣们的意见。现在看了您所上的章表，诚恳而深刻，我内心为之感慨，以至于伤感动容。现在我就颁下诏书，命令各路军队只能深挖战壕，高筑壁垒，不得擅自往前推进。如果您一定要表现忠贞的节操，来解除众人对您的疑虑，那么孙登早上来到魏国朝堂，晚上我就下令让军队撤回。我这话的诚意，犹如长江东去不会改变！"于是，孙权改年号，沿长江布防抗击魏军。冬十一月，起了大风，吕范等部士兵落水溺死了好几千人，其余的军队撤回了江南。曹休派臧霸率轻便战船五百艘、敢死队一万人偷袭徐陵，烧掉了攻城车，杀戮掳掠了几千人。将军全琮、徐盛追杀了魏将尹卢，斩杀及俘获魏军几百人。十二月，孙权派太中大夫郑泉到白帝城与刘备交好，吴、蜀两国又开始恢复友好关系。然而孙权与魏文帝之间仍相互往来，到第二年才正式断交。这一年孙权将夷陵改名为西陵。

黄武二年春正月，曹真分出一支人马占据江陵中州。当月，孙权在江夏山筑城。改《四分历》，使用《乾象历》。三月，曹仁派将军常彫等人，率兵五千，乘坐油船，早晨驶向濡须坞附近的江心小岛。曹仁的儿子曹泰趁机领兵猛攻朱桓，朱桓率兵迎击，派将军严圭等击败了常彫等部。这个月，魏军全部撤退。夏四月，孙权的大臣们劝他称帝，孙权没有答应。刘备在白帝城去世。五月，曲阿宣称天降甘露。在此之前戏口守将晋宗杀掉了将军王直，率领兵众叛投魏国，魏国任用他为蕲春太守，他屡次侵犯吴国边境。六月，孙权命令将军贺齐率领糜芳、刘邵等人袭击蕲春，刘邵等人活捉了晋宗。冬十一月，蜀国派中郎将邓芝来与东吴修好。

黄武三年夏天，孙权派辅义中郎将张温前往与蜀国修好。秋八月，大赦犯死罪的囚犯。九月，魏文帝出巡广陵，远望长江，说："吴国有能人，不能谋取。"于是回返。

黄武四年夏五月，丞相孙邵去世。六月，孙权任命太常顾雍为丞相。皖口一带传言有树木长了连理枝。冬十二月，鄱阳贼彭绮自称将军，攻陷了几个县，部众达几万人马。当年地震接连不断。

黄武五年春，孙权下令："军队连年征战，百姓都远离农田，父子夫妇之间，无法相互体恤，寡人深感同情。如今北方的敌人退缩逃窜，边境没有战争，所以下令各州郡推行宽缓安民政策，以使百姓能够休养生息。"这时陆逊因其驻守的地方缺粮，上表请求允许诸将广开农田。孙权答复说："好主意！现在起我们父子亲自耕种农田，用来驾车的八头牛分拉四犁来耕种，尽管比不上古代先贤，我们也可以和大家同样从事劳作。"秋七月，孙权听说魏文帝曹丕去世，于是发兵攻打江夏郡，围攻石阳城，但无功而返。苍梧传言现出凤凰。孙权从三郡交界的穷险地区中划分出十个县，设置东安郡，任命全琮出任太守，征讨平定山越。冬十月，陆逊上表向孙权分析陈述了眼下应当办理的事情，劝孙权广施仁德，减刑罚，宽田赋，免户税。又上表说："忠直之言，往往不能全部陈述，想要求得容身的小臣，才会经常进功利之语。"孙权答道："制定法令，目的在于压制犯罪防止邪恶，防祸患于未然国家怎么能够不设置刑罚以威慑小人呢？这样做是先以法令制约，后依法律制裁，目的在于不想让人违法犯纪。你认为刑罚过于严重，我又何尝乐意把它作为有利的事物，只是不得已才这样做而已。如今根据你的建议，我会和群臣重新商酌一下，务必使法令切合适度。再者身边的大臣有尽力直言进谏的责任，皇亲国戚也有提出明察得失、弥补过错建议的义务，以此纠正君主的过失，聊表自己的忠心。《尚书》上说道'我有过失，你应当匡当，你不要当面听从我的话'，寡人难道不乐意听取忠言以弥补自己的过失吗？而你却说'不敢全部陈述'，怎么可以算作忠直的辅臣呢？如果小臣之中，有可以采纳的意见，难道可以因人废言而不听取采用吗？只要是献媚逢迎的言语举动，我虽愚钝却也能分辨。至于征发户税的事，只是因为天下还没有完全平定，一统天下的大业须得大家出力支持才可能走向成功。如果只是据守江东，推行宽仁政策，兵力自然够用，哪里还需要过多地向百姓征收户税呢？我考虑到坐守江东而不思进取，实在太过于浅陋了。如果不预先征收户税，恐怕到要用时再征收就没有那么及时方便了。除此以外，寡人和你尽管名分不同，但荣辱悲欢相同，你在表中说不敢跟随大流以求苟安免祸，这的确是我对你的衷心希望。"于是孙权命令有关主管官员将法令条款全部写好，派遣郎中褚逢送给陆逊及诸葛瑾过目，命令他们增删修改不妥当的地方。同年，孙权分割交州设置广州，不久又恢复原样。

【原文】六年春正月，诸将获彭绮。闰月，韩当子综以其众降魏。

七年春三月，封子虑为建昌侯。罢东安郡。夏五月，鄱阳太守周鲂伪叛，诱魏将曹休。秋八月，权至皖口，使将军陆逊督诸将大破休于石亭。大司马吕范卒。是岁，改合浦为珠官郡。①

①《江表传》曰：是岁将军翟丹叛如魏。权恐诸将畏罪而亡，乃下令曰："自今诸将有重罪三，然后议。"

黄龙元年春，公卿百司皆劝权正尊号。夏四月，夏口、武昌并言黄龙、凤凰见。丙申，南郊即皇帝位，[①]是日大赦，改年，追尊父破虏将军坚为武烈皇帝，母吴氏为武烈皇后，兄讨逆将军策为长沙桓王。吴王太子登为皇太子。将吏皆进爵加赏。初，兴平中，吴中童谣曰："黄金车，班兰耳，闿昌门，出天子。"[②]五月，使校尉张刚、管笃之辽东。六月，蜀遣卫尉陈震庆权践位，权乃中分天下，豫、青、徐、幽属吴，兖、冀、并、凉属蜀。其司州之土，以函谷关为界。造为盟曰：

天降丧乱，皇纲失叙，逆臣乘衅，劫夺国柄，始于董卓，终于曹操，穷凶极恶，以覆四海，至令九州幅裂，普天无统，民神痛怨，靡所戾止。及操子丕，桀逆遗丑，荐作奸回，偷取天位。而叡么麽，寻丕凶迹，阻兵盗土，未伏厥诛。昔共工乱象而高辛行师，三苗干度而虞舜征焉。今日灭叡，禽其徒党，非汉与吴，将复谁任？夫讨恶翦暴，必声其罪，宜先分裂，夺其土地，使士民之心，各知所归。是以《春秋》晋侯伐卫，先分其田以畀宋人，斯其义也。且古建大事，必先盟誓，故《周礼》有司盟之官，《尚书》有"告""誓"之文，汉之与吴，虽信由中，然分土裂境，宜有盟约。诸葛丞相德威远著，翼戴本国，典戎在外，信感阴阳，诚动天地，重复结盟，广诚约誓，使东西士民咸共闻知。故立坛杀牲，昭告神明，再歃加书，副之天府。天高听下，灵威棐谌，司慎司盟，群神群祀，莫不临之。自今日汉、吴既盟之后，戮力一心，同讨魏贼，救危恤患，分灾共庆，好恶齐之，无或携贰。若有害汉，则吴伐之；若有害吴，则汉伐之。各守分土，无相侵犯。传之后叶，克终若始。凡百之约，皆如载书。信言不艳，实居于好。有渝此盟，创祸先乱，违贰不协，慆慢天命，明神上帝是讨是督，山川百神是纠是殛，俾坠其师，无克祚国。于尔大神，其明鉴之！

秋九月，权迁都建业，因故府不改馆，征上大将军陆逊辅太子登，掌武昌留事。

①《吴录》载权告天文曰："皇帝臣权敢用玄牡昭告于皇皇后帝：汉享国二十有四世，历年四百三十有四，行气数终，禄祚运尽，普天弛绝，率土分崩。孽臣曹丕遂夺神器，丕子叡继世作慝，淫名乱制。权生于东南，遭值期运，承乾秉戎，志在平世，奉辞行罚，举足为民。群臣将相，州郡百城，执事之人，咸以为天意已去于汉，汉氏已绝祀于天，皇帝位虚，郊祀无主。休征嘉瑞，前后杂沓，历数在躬，不得不受。权畏天命，不敢不从，谨择元日，登坛燎祭，即皇帝位。惟尔有神飨之，左右有吴，永终天禄。"

② 昌门，吴西郭门，夫差所作。

二年春正月，魏作合肥新城。诏立都讲祭酒，以教学诸子。遣将军卫温、诸葛直将甲士万人浮海求夷洲及亶洲。亶洲在海中，长老传言秦始皇帝遣方士徐福将童男童女数千人入海，求蓬莱神山及仙药，止此洲不还。世相承有数万家，其上人民，时有至会稽货布，会稽东县人海行，亦有遭风流移至亶洲者。所在绝远，卒不可得至，但得夷洲数千人还。

三年春二月，遣太常潘濬率众五万讨武陵蛮夷。卫温、诸葛直皆以违诏无功，下狱诛。夏，有野蚕成茧，大如卵。由拳野稻自生，改为禾兴县。中郎将孙布诈降以诱魏将王凌，凌以军迎布。冬十月，权以大兵潜伏于阜陵俟之，凌觉而走。会稽南始平言嘉禾生。十二月丁卯，大赦，改明年元也。

【译文】黄武六年春正月，东吴诸将俘获彭绮。闰月，韩当的儿子韩综率领部下归降魏国。

黄武七年春三月，孙权封儿子孙虑为建昌侯。撤销东安郡。夏五月，鄱阳太守周鲂装作叛变东吴，诱导魏将曹休。秋八月，孙权来到皖口，派将军陆逊督率诸将部队在石亭打败曹休。东吴大司马吕范去世。同年，孙权将合浦郡更名为珠官郡。

黄龙元年春，东吴公卿百官纷纷劝说孙权即皇帝位。夏四月，夏口、武昌两地都传言有黄龙、凤凰出现。十三日，孙权在南郊正式登基为帝，当日大赦天下，更改年号，追尊父亲破虏将军孙坚为武烈皇帝，母亲吴氏为武烈皇后，哥哥讨逆将军孙策为长沙桓王。册立吴王太子孙登为皇太子。所有将军官吏都一一晋爵加赏。当初，汉献帝兴平年间，吴中有童谣吟唱道："黄金车，班兰耳，闿昌门，出天子。"五月，孙权派遣校尉张刚、管笃前往辽东。六月，蜀国派卫尉陈震前来祝贺孙权登基，于是，孙权和蜀国使臣商议划分天下，豫、青、徐、幽四州归属吴国，兖、冀、并、凉四州归属蜀国。各自统治管理的土地，以函谷关作为界限。制定盟书说：

上天降下祸乱，汉室皇统丧乱，叛逆之臣伺机而动，明抢暗夺国家大权，这种情况从董卓开始，到曹操结束，他们穷凶极恶，颠覆天下，致使中国四分五裂，普天之下不得正统，神灵与百姓怀痛含怨，没有一天得到过安定。到了曹操的儿子曹丕，是凶暴忤逆之人留下的败类，奸险邪僻，作恶无数，终于窃取了天子之位。曹叡这个微不足道的小儿，重蹈曹丕的恶行劣迹，倚仗兵力窃据国土，至今未能伏法就诛。从前有共工作乱而被唐尧兴师问罪，三苗违法而被虞舜征讨。如今消灭曹叡，将其逆党一网打尽，除了蜀汉和东吴，还有谁能承担这样的重任？凡是讨伐凶恶消灭残暴，一定要声讨他们的罪行，应该先分裂其疆域，夺取他的土地，让广大士人百姓的心灵，都能明确自己的归属。所以《春秋》记载晋文公讨伐卫国，首先把卫国的田地分给宋人，就是这个道理。而且古人图谋大事，一定要先结盟立誓，所以《周礼》有主管盟誓及其礼仪的专门职官，《尚书》有"诰""誓"一类记载结盟立誓的文章，蜀汉与东吴，虽然信义发自内心，但是分割疆土、划定疆域，还是应当有盟誓约定。诸葛丞相的德行威严，盛名远播，他辅助拥戴本国君主，在外主持军国大事，道义感动人神，忠诚震撼天地，重新缔结两国盟好，推广诚信约定誓言，使东吴和西蜀的人民都能全部知晓。所以设立祭坛而宰杀牺牲，明确地告知神明，再歃血盟誓，把盟约藏在朝廷御库。上天虽远也能听到下民的心愿，神灵的威力必定帮助心诚之人实现心愿，司慎和司盟这些主管结盟的神灵，还有所有主管山川的神灵以及列在祀殿的诸神，他们无不光临这场神圣的大会。从今日蜀汉与东吴结盟之后，将戮力同心，共同讨伐魏贼，扶危救困，共患难而同欢庆，好恶一致，没有二心。如果有人危害蜀汉，那么吴国就讨伐他；如果有人危害吴国，那么蜀汉就讨伐他。各自守好自己的疆土，互不侵犯。传于后代，始终如一。凡是各项盟约，都按照盟书记载的原则办理。真实诚心的话并不华丽，实是出自于彼此的友好之心。如果有谁背弃盟约，率先制造祸乱，心存二志不能和协，怠慢天命，神明的上帝就会讨罚他、督察他，山川的诸神就会纠举他、诛灭他，使他丧失民众，国运不得长久。神灵啊，请您明察！

秋九月，孙权将都城迁到建业，仍住在原来的府第，不再另行修建新宫殿，征召上大将军陆逊辅佐太子孙登，掌管迁都后武昌的留守事宜。

黄龙二年春正月，魏国修建合肥新城。孙权下诏立都讲祭酒，来教育王室贵族子弟。孙权派遣将军卫温、诸葛直率领上万名身穿铠甲的兵士出海寻找夷洲与亶洲。亶洲位于大海之间，长辈老人传说秦始皇派遣方士徐福率领几千名童男童女入海，寻找蓬莱仙山与仙药，他们停在亶洲就没有再回来。代代相传，洲上现今已有几万户人家，那里的人，经常有人去往会稽郡买布匹，会稽东部的百姓出航，也有遇上大风而漂流到亶洲去的人。亶洲路途遥远，卫温等人最终没能到达，只带了几千名夷洲人返还。

黄龙三年春二月，孙权派遣太常潘濬率五万人马讨伐武陵地区的少数民族。卫温、诸葛直皆因违背诏令无功而返而被投狱处死。夏天，有野蚕作茧，形状大如鸡蛋。由拳县野稻自然生长，因此更名为禾兴县。吴国中郎将孙布伪装归降魏国以引诱魏将王凌，王凌率领军队迎接孙布。冬十月，孙权率大队人马在阜陵设下埋伏等候王凌军队，王凌察觉后领军退走。会稽郡南始平县传言有嘉禾生长。十二月二十九日，孙权颁布大赦召令，改第二年为嘉禾元年。

【原文】嘉禾元年春正月，建昌侯虑卒。三月，遣将军周贺、校尉裴潜乘海之辽东。秋九月，魏将田豫要击，斩贺于成山。冬十月，魏辽东太守公孙渊遣校尉宿舒、阆中令孙综称藩于权，并献貂马。权大悦，加渊爵位。①

①《江表传》曰：是冬，群臣以权未郊祀，奏议曰：“顷者嘉瑞屡臻，远国慕义，天意人事，前后备集，宜修郊祀，以承天意。”权曰：“郊祀当于土中，今非其所，于何施此？”重奏曰：“普天之下，莫非王土，王者以天下为家。昔周文、武郊于酆、镐，非必土中。”权曰：“武王伐纣，即阼于镐京，而郊其所也。文王未为天子，立郊于酆，见何经典？”复奏曰：“伏见《汉书·郊祀志》，匡衡奏徙甘泉河东，郊于长安，言文王郊于酆。”权曰：“文王性谦让，处诸侯之位，明未郊也。经传无明文，匡衡俗儒意说，非典籍正义，不可用也。”◎《志林》曰：吴王纠驳郊祀之奏，追贬匡衡，谓之俗儒。凡在见者，莫不慨然以为统尽物理，达于事宜。至于稽之典籍，乃更不通。毛氏之说云：“尧见天因邰而生后稷，故国之于邰，命使事天。”故《诗》曰：“后稷肇祀，庶无罪悔，以迄于今。”言自后稷以来皆得祭天，犹鲁人郊祀也。是以《棫朴》之作，有积燎之薪。文王郊酆，经有明文，匡衡岂俗，而枉之哉？文王虽未为天子，然三分天下而有其二，伐崇戡黎，祖伊奔告。天既弃殷，乃眷西顾，太伯三让，以有天下。文王为王，于义何疑？然则匡衡之奏，有所未尽。按世宗立甘泉、汾阴之祠，皆出方士之言，非据经典者也。方士以甘泉、汾阴黄帝祭天地之处，故孝武因之，遂立二畤。汉治长安，而甘泉在北，谓就乾位，而衡云“武帝居甘

泉,祭于南宫",此既误矣。祭汾阴在水之脽,呼为泽中,而衡云"东之少阳",失其本意。此自吴事,于传无非,恨无辨正之辞,故矫之云。脽,音谁,见《汉书音义》。

二年春正月,诏曰:"朕以不德,肇受元命,夙夜兢兢,不遑假寝。思平世难,救济黎庶,上答神祇,下慰民望。是以眷眷,勤求俊杰,将与戮力,共定海内。苟在同心,与之偕老。今使持节、督幽州、领青州牧、辽东太守、燕王,久胁贼虏,隔在一方,虽乃心于国,其路靡缘。今因天命,远遣二使,款诚显露,章表殷勤,朕之得此,何喜如之!虽汤遇伊尹,周获吕望,世祖未定而得河右,方之今日,岂复是过?普天一统,于是定矣。《书》不云乎,'一人有庆,兆民赖之'。其大赦天下,与之更始,其明下州郡,咸使闻知。特下燕国,奉宣诏恩,令普天率土备闻斯庆。"三月,遣舒、综还,使太常张弥、执金吾许晏、将军贺达等将兵万人,金宝珍货,九锡备物,乘海授渊。① 举朝大臣,自丞相雍已下皆谏,以为渊未可信,而宠待太厚,但可遣吏兵数百护送舒、综,权终不听。② 渊果斩弥等,送其首于魏,没其兵资。权大怒,欲自征渊,③ 尚书仆射薛综等切谏乃止。是岁,权向合肥新城,遣将军全琮征六安,皆不克还。④

①《江表传》载权诏曰:"故魏使持节车骑将军辽东太守平乐侯:天地失序,皇极不建,元恶大憝,作害于民,海内分崩,群生堙灭,虽周余黎民,靡有孑遗,方之今日,乱有甚焉。朕受历数,君临万国,夙夜战战,念在弭难,若涉渊水,罔知攸济。是以把旄仗钺,翦除凶虐,自东徂西,靡遑宁处,苟力所及,民无灾害。虽贼虏遗种,未伏辜诛,犹系囚枯木,待时而毙。惟将军天姿特达,兼包文武,观时睹变,审于去就,逾越险阻,显致赤心,肇建大计,为天下先,元勋巨绩,侔于古人。虽昔窦融背弃陇右,卒占河西,以定光武,休名美实,岂复是过?钦嘉雅尚,朕实欣之。自古圣帝明王,建化垂统,以爵褒德,以禄报功。功大者禄厚,德盛者礼崇。故周公有夹辅之劳,太师有鹰扬之功,并启土宇,兼受备物。今将军规万年之计,建不世之略,绝僭逆之虏,顺天人之肃,济成洪业,功无与比,齐鲁之事,奚足言哉!《诗》不云乎,'无言不雠,无德不报'。今以幽、青二州十七郡百七十县,封君为燕王,使持节守太常张弥授君玺绶策书、金虎符第一至第五、竹使符第一至第十。锡君玄土,苴以白茅,爰契尔龟,用锡冢社。方有戎事,典统兵马,以大将军曲盖麾幢,督幽州、青州牧、辽东太守如故。今加君九锡,其敬听后命。以君三世相承,保绥一方,宁集四郡,训及异俗,民夷安业,无或携贰,是用锡君大辂、戎辂、玄牡二驷。君务在劝农,啬人成功,仓库盈积,官民俱丰,是用锡君衮冕之服,赤舄副焉。君正化以德,敬下以礼,敦义崇谦,内外咸和,是用锡君轩县之乐。君宣导休风,怀保边远,远人回面,莫不影附,是用锡君朱户以居。君运其才略,官方任贤,显直错枉,群善必举,是用锡君虎贲之士百人。君戎马整齐,威震遐方,纠虔天刑,彰厥有罪,是用锡君𫓧钺各一。君文和于内,武信于外,禽讨逆节,折冲掩难,是用锡君彤弓一、彤矢百、玈弓十、玈矢千。君忠勤有效,温恭为德,明允笃诚,感于朕心,是用锡君秬鬯一卣,珪瓒副焉。钦哉!敬兹训典,寅亮天工,相我国家,永终尔休。"

② 臣松之以为:权愎谏违众,信渊意了,非有攻伐之规,重复之虑。宣达锡命,乃用万人,是何不爱其民,昏虐之甚乎?此役也,非惟暗塞,实为无道。

③《江表传》载权怒曰："朕年六十，世事难易，靡所不尝，近为鼠子所前却，令人气涌如山。不自截鼠子头以掷于海，无颜复临万国。就令颠沛，不以为恨。"

④《吴书》曰：初，张弥、许晏等俱到襄平，官属从者四百许人。渊欲图弥、晏，先分其人众，置辽东诸县，以中使秦旦、张群、杜德、黄疆等及吏兵六十人，置玄菟郡。玄菟郡在辽东北，相去二百里，太守王赞领户二百，兼重可三四百人。旦等皆舍于民家，仰其饮食。积四十许日，旦与疆等议曰："吾人远辱国命，自弃于此，与死亡何异？今观此郡，形势甚弱。若一旦同心，焚烧城郭，杀其长吏，为国报耻，然后伏死，足以无恨。孰与偷生苟活长为囚虏乎？"疆等然之。于是阴相约结，当用八月十九日夜发。其日中时，为部中张松所告，赞便会士众闭城门。旦、群、德、疆等皆逾城得走。时群病疽创著膝，不及辈旅，德常扶接与俱，崎岖山谷。行六七百里，创益困，不复能前，卧草中，相守悲泣。群曰："吾不幸创甚，死亡无日，卿诸人宜速进道，冀有所达。空相守，俱死于穷谷之中，何益也？"德曰："万里流离，死生共之，不忍相委。"于是推旦、疆使前，德独留守群，采菜果食之。旦、疆别数日，得达句骊，因宣诏于句骊王宫及其主簿，诏言有赐为辽东所攻夺。宫等大喜，即受诏命，使人随旦还迎群、德。其年，宫遣皂衣二十五人送旦等还，奉表称臣，贡貂皮千枚，鹖鸡皮十具。旦等见权，悲喜不能自胜。权义之，皆拜校尉。间一年，遣使者谢宏、中书陈恂拜宫为单于，加赐衣物珍宝。恂等到安平口，先遣校尉陈奉前见宫，而宫受魏幽州刺史讽旨，令以吴使自效。奉闻之，倒还。宫遣主簿笮咨、带固等出安平，与宏相见。宏即缚得三十余人质之，宫于是谢罪，上马数百匹。宏乃遣咨、固奉诏书赐物归与宫。是时宏船小，载马八十匹而还。

三年春正月，诏曰："兵久不辍，民困于役，岁或不登。其宽诸逋，勿复督课。"夏五月，权遣陆逊、诸葛瑾等屯江夏、沔口，孙韶、张承等向广陵、淮阳，权率大众围合肥新城。是时蜀相诸葛亮出武功，权谓魏明帝不能远出，而帝遣兵助司马宣王拒亮，自率水军东征。未至寿春，权退还，孙韶亦罢。秋八月，以诸葛恪为丹杨太守，讨山越。九月朔，陨霜伤谷。冬十一月，太常潘濬平武陵蛮夷，事毕，还武昌。诏复曲阿为云阳，丹徒为武进。庐陵贼李桓、罗厉等为乱。

【译文】嘉禾元年春正月，吴国建昌侯孙虑逝世。三月，孙权派遣将军周贺、校尉裴潜渡海去往辽东。秋九月，魏国将领田豫半路截击，在成山杀害了周贺。冬十月，魏国辽东太守公孙渊派校尉宿舒、阆中令孙综来向孙权称藩，并献上貂皮、良马。孙权很高兴，赐给公孙渊爵位。

嘉禾二年春正月，孙权下诏书说："我本来没有德行，自从承受天命称帝以来，日夜操劳国事，连闭目养神的时间都没有。只想着怎样平定世上的祸乱，救济百姓，对上报答神灵，对下宽慰人民。因而诚心诚意，努力访求才智杰出的人士，与他们通力合作，共同平定天下。如果能同心协力，我将与他们永远团结。现在使持节、都督幽州、兼任青州牧、辽东太守、燕王公孙渊，长期被曹魏胁迫，远隔一方，虽然他心系吴国，但来吴国的道路却一直没有开通。现在他顺应天命，从遥远的地方派遣两个使者前来，忠诚外露，章表中也表达了深厚的情意，我得到他这样的心意，还有什么样的喜事能超过它呢！即使是商汤遇到伊尹，周文王获得吕望，汉光武帝天下未定而先得河右，跟我今天的心情相比，又怎么能有所超越呢？天下一统，现在算是确定了。《尚书》不是说过吗，'天子一人有了喜事，亿万臣民得以仰赖'。特此大赦天下，与广大人民除旧布新，命令下达州郡，让百姓们都知道。特别下诏书给燕国，让他们传扬我的恩德，让全天下都知道这一喜讯。"二年三月，孙权送宿舒、孙综返回辽东，并派遣太常张弥、执金吾许晏、将军贺达等率领一万兵士，携带着金银珠宝奇珍异玩，加上九锡之礼的全部器物，渡海赠送给公孙渊。满朝大臣，自丞相顾雍以下所有官员全都规劝孙权，认为公孙渊不值得信任，现在对他的恩宠太过分了，只需要派遣数百名官兵护送宿舒、孙琮回去就行了，孙权最终没有接受规劝。后来公孙渊果然斩杀了张弥等人，将他们的头颅送到魏国，没收了他们的全部兵马物资。孙权听闻怒不可遏，想要亲自前往征讨公孙渊，尚书仆射薛综等人极力劝阻，孙权才作罢。同年，孙权攻打合肥新城，派遣将军全琮征讨六安，都没能取胜，最后无功撤返。

嘉禾三年春正月，孙权下诏说："连年征战，百姓一直遭受徭役之苦，年成有时会欠佳。需要放宽百姓拖欠的各种租税，不应当再督促催征。"夏五月，孙权派陆逊、诸葛瑾等在江夏、沔口屯兵，派遣孙韶、张承等向广陵、淮阳进军，自己则亲自率领大军围攻合肥新城。这时，蜀国丞相诸葛亮率军出武功，孙权认为魏明帝不会远征南方，但魏明帝却派兵援助司马懿抵制诸葛亮，自己亲自率领水军向东征讨孙权。魏明帝在还没有抵达寿春的时候，孙权就撤兵返回，孙韶也停止行动。秋八月，孙权任命诸葛恪做丹杨太守，讨伐山越部族。九月初一，天降大霜把稻谷都冻坏了。冬十一月，太常潘濬平定了武陵地区的少数民族，战事结束后，还军武昌。孙权下诏恢复曲阿县为云阳县，丹徒县变更为武进县。庐陵贼人李桓、罗厉等起兵叛乱。

【原文】四年夏，遣吕岱讨桓等。秋七月，有雹。魏使以马求易珠玑、翡翠、玳瑁，权曰："此皆孤所不用，而可得马，何苦而不听其交易？"

五年春，铸大钱，一当五百。诏使吏民输铜，计铜畀直。设盗铸之科。三月，武昌言甘露降于礼宾殿。辅吴将军张昭卒。中郎将吾粲获李桓，将军唐咨获罗厉等。自十月不雨，至于夏。冬十月，彗星见于东方。鄱阳贼彭旦等为乱。

六年春正月，诏曰："夫三年之丧，天下之达制，人情之极痛也。贤者割哀以从礼，不肖者勉而致之。世治道泰，上下无事，君子不夺人情，故三年不逮孝子之门。至于有事，则杀礼以从宜，要绖而处事。故圣人制法，有礼无时则不行。遭丧不奔非古也，盖随时之宜，以义断恩也。前故设科，长吏在官，当须交代，而故犯之，虽随纠坐，犹已废旷。方事之殷，国家多难，凡在官司，宜各尽节，先公后私，而不恭承，甚非谓也。中外群僚，其更平议，务令得中，详为节度。"顾谭议以为："奔丧立科，轻则不足以禁孝子之情，重则本非应死之罪，虽严刑益设，违夺必少。若偶有犯者，加其刑则恩所不忍，有减则法废不行。愚以为长吏在远，苟不告语，势不得知。比选代之间，若有传者，必加大辟，则长吏无废职之负，孝子无犯重之刑。"将军胡综议以为："丧纪之礼，虽有典制，苟无其时，所不得行。方今戎事军国异容，而长吏遭丧，知有科禁，公敢干突，苟念闻忧不奔之耻，不计为臣犯禁之罪，此由科防本轻所致。忠节在国，孝道立家，出身为臣，焉得兼之？故为忠臣不得为孝子。宜定科文，示以大辟，若故违犯，有罪无赦。以杀止杀，行之一人，其后必绝。”丞相雍奏从大辟。其后吴令孟宗丧母奔赴，已而自拘于武昌以听刑。陆逊陈其素行，因为之请，权乃减宗一等，后不得以为比，因此遂绝。二月，陆逊讨彭旦等，其年，皆破之。冬十月，遣卫将军全琮袭六安，不克。诸葛恪平山越事毕，北屯庐江。

赤乌元年春，铸当千大钱。夏，吕岱讨庐陵贼，毕，还陆口。秋八月，武昌言麒麟见。有司奏言麒麟者太平之应，宜改年号。诏曰："间者赤乌集于殿前，朕所亲见，若神灵以为嘉祥者，改年宜以赤乌为元。”群臣奏曰："昔武王伐纣，有赤乌之祥，君臣观之，遂有天下，圣人书策载述最详者，以为近事既嘉，亲见又明也。”于是改年。步夫人卒，追赠皇后。

初，权信任校事吕壹，壹性苛惨，用法深刻。太子登数谏，权不纳，大臣由是莫敢言。后壹奸罪发露伏诛，权引咎责躬，乃使中书郎袁礼告谢诸大将，因问时事所当损益。礼还，复有诏责数诸葛瑾、步骘、朱然、吕岱等曰：

> 袁礼还，云与子瑜、子山、义封、定公相见，并以时事当有所先后，各自以不掌民事，不肯便有所陈，悉推之伯言、承明。伯言、承明见礼，泣涕恳恻，辞旨辛苦，至乃怀执危怖，有不自安之心。闻此怅然，深自刻怪。何者？夫惟圣人能无过行，明者能自见耳。人之举措，何能悉中？独当已有以伤拒众意，忽不自觉，故诸君有嫌难耳。不尔，何缘乃至于此乎？自孤兴军五十年，所役赋凡百皆出于民。天下未定，孽类犹存，士民勤苦，诚所贯知。然劳百姓，事不得已耳。与诸君从事，自少至长，发有二色，以谓表里足以明露，公私分计足用相保。尽言直谏，所望诸君，拾遗补阙，孤亦望之。昔卫武公年过志壮，勤求辅弼，每独叹责。[①] 且布衣韦带，相与交结，分成好合，尚污垢不异。今日诸君与孤从事，虽君臣义存，犹谓骨肉不复是过。荣福喜戚，相与共之。忠不匿情，智无遗计，事统是非，诸君岂得从容而已哉！同船济水，将谁与易？齐桓诸侯之霸者耳，有善管子未尝不叹，有过未尝不谏，谏而不得，终谏不止。今孤自省无桓公之德，而诸君谏诤未出于口，仍执嫌难。以此言之，孤于齐桓良优，未知诸君于管子何如耳？久不相见，因事当笑。共定大业，整齐天下，当复有谁？凡百事要所当损益，乐闻异计，匡所不逮。

①《江表传》曰：权又云："天下无粹白之狐，而有粹白之裘，众之所积也。夫能以驳致纯，不惟积乎？故能用众力，则无敌于天下矣；能用众智，则无畏于圣人矣。”

【**译文**】嘉禾四年夏天，孙权派遣吕岱率领大军讨伐李桓等人。秋七月，天降冰雹。魏国派来使节请求用马换珍珠、翡翠、玳瑁，孙权说："这些东西对于我而言没什么用，却可以用来换马，这种交易何乐而不为呢？”

嘉禾五年春，东吴铸造大钱，一枚大钱等同于五百小钱。孙权下诏要全国官民交纳铜器，按照交纳的铜的数量付钱。制定严禁私铸铜钱的律法。三月，武昌传言在礼宾殿有甘露降下。辅吴将军张昭逝世。吴国中郎将吾粲抓获李桓，将军唐咨俘获罗厉等人。自从去年十月起一直不下雨,这种情况一直延续到今年夏天。冬十月,彗星出现在东方。鄱阳贼寇彭旦等人起兵作乱。

嘉禾六年春正月,孙权下诏书说:“守孝三年,是天下通行的制度,也是人的情感痛到极处的体现。贤明的人割舍个人的哀思以服从国家的大礼,不成才的人也会勉力做到。天下安定太平,圣贤之道通畅,上下无事,君子就不会去剥夺人之常情,因此三年不登孝子的家门。至于国家有事时,就要减少礼节来顺从国家需要,穿着孝服也得处理公事。所以圣人制定礼法,合礼而不合时就难以通行。遇到丧事而不奔丧并非古制,只不过是因时制宜,因国家大义需要而割舍个人恩情罢了。以前特地设置条例,官员在职的,遇到丧事务必办理交代手续,有明知故犯的,即使马上治罪,但公务还是被荒废了。现在正当多事之秋,国家困难重重,凡是在职官吏,应该各尽臣节,先公后私,不能严格奉行朝廷所制定的法令,可以说是非常错误的。朝廷内外大臣,请重新商议此事,务必让这方面的法令合情合理,详细地制定条例。”顾谭发表意见认为:“为奔丧立法,轻了则不能禁止孝子奔丧的私情,重了则离职奔丧本不是应死大罪,即使设立更多严峻的刑罚,违背人的意愿处理公务,成效也一定会很低。如果偶有触犯的,加重对他的处罚,就私情来说于心不忍,减轻处罚则导致法令废弛不能施行。我认为官吏若在远方任职,假如有丧而不告知他,他势必不可得知其事。在选择接替他的人选期间,如果有传递消息给他的人,一定处以极刑,这样就可保官吏不因怠忽职守而犯罪,孝子不因触犯重罪而受到严刑惩处了。”将军胡综发表意见,认为:“丧事礼仪,虽有典章法度,如果不合时宜,也是行不通的。现在正当战争年代,军事与政事的处置应有所区别,而官吏遇到丧事,明知有法令禁止,却公然触犯,顾及孝子闻丧不奔的耻辱,不顾及身为臣子触犯法禁的罪责,这是条例禁令根本太轻造成的。忠贞为国,恪守孝道治家,为官为臣,忠孝又怎可以完全兼顾?所以要做忠臣就不能做孝子。应该制定法令条文,用死刑作为警示,如果有故意违犯法令的,犯了罪就绝不给予赦免。用死刑来制止臣子犯死罪,处置一个人,那这种行为以后就一定会绝迹。”丞相顾雍奏请孙权同意违法奔丧按死刑处置。这之后吴县县令孟宗因母亲去世而违令奔丧,事后在武昌将自己关押起来等候惩处。陆逊向孙权陈奏孟宗的一贯品行,然后为孟宗求情,孙权于是给孟宗减刑一等,并申明下不为例,由此违法奔丧的事就断绝了。六年二月,陆逊出兵攻打彭旦等人,当年,将他们一一击败。冬十月,孙权派遣卫将军全琮攻打六安,全琮没能成功。诸葛恪平定山越叛乱后,北上在庐江驻军。

赤乌元年春,东吴铸造面值等同于一千小钱的大钱。夏,吕岱征讨庐陵贼寇,事毕后返回陆口。秋八月,武昌地区传言有麒麟出现。有关官吏上表说麒麟是天下太平的征兆,应当更改年号。孙权下诏说:“近来有红色乌鸦在宫殿前集聚,我亲眼所见,如果神灵以此当作吉祥的征兆,那就应该改年号为赤乌。”众大臣上奏说:“古代周武王讨伐纣王,有红色乌鸦预兆祥瑞,君臣们看到它,于是就得到了天下,圣人在书策中对此作了极为详尽的记载,我们认为近日的事已经非常吉祥,亲眼所见更加明白。”于是便更改年号。步夫人去世,孙权追赠她为皇后。

起先，孙权对校事吕壹比较信任，吕壹性情苛刻暴戾，执法严厉。太子孙登多次进谏认为这个人不可用，孙权都没有采纳，大臣们因此也都不敢再多说话。后来吕壹的恶行败露被处死，孙权坦诚承认过错并自我批评，于是派中书郎袁礼代自己向各位大将致歉，进而向大家询问政务应该做哪些变革。袁礼回来后，孙权又下诏书责备诸葛瑾、步骘、朱然、吕岱等说：

袁礼回来，说已经与子瑜、子山、义封、定公见过面，并就政治时事先后征询了你们的意见，但你们每个人都以不负责管理民事当作借口，不愿意发表意见，将责任全部推到伯言、承明二人身上。伯言、承明见到袁礼，伤心流泪，言辞悲切，甚至满怀恐惧心理，内心极度不安。我听到这些以后感到十分失望，内心深深责怪自己。这是什么原因呢？想来只有圣人可能一点过失都没有，聪明者能够自己察觉到自己的过失。人的举止，哪能全都正确适中？我自以为是而不听从他人意见，轻率不自觉，因此各位才产生猜疑。否则，怎么会到了这种地步呢？自寡人起兵至今已历五十年，劳役赋税全都出自百姓。天下还未平定，敌人仍然存在，军士百姓十分勤苦，这些我都清楚。不过使百姓过分劳累，这也是不得已的事情。我与各位共事，从少年到老年，头发都变得花白了，以为可以和诸位坦诚相见，表露心迹，论公论私，都足以相互信任依靠。你们对我直言进谏，这是我对你们的期许，指出我的不足弥补我的过失，这也是我渴望你们能够做到的。从前卫武公年迈志壮，勤勤恳恳地寻求辅佐他的人才，每每独自叹息自责。哪怕是普通平民百姓相结交，也因情分、志趣相投，尚能处于艰难困苦中而不改变初心。如今你们与我共事，尽管说有君臣名分的差别，但骨肉至亲也不过如此。荣辱与共，喜悲共享。竭尽忠诚就不应当隐瞒真情，奉献智虑就不应保留谋略，事关是非曲直，难道你们还可以从容不顾吗？我们一起同舟共济，哪还能互相推诿呢？齐桓公是诸侯的霸主，管仲对他的善行总是加以赞叹，对他的过错全都规劝，规劝如果没被采纳，他便会劝谏不止。如今我明白自己达不到齐桓公的德行，而诸位却不再以忠言劝谏我，反在内心存着猜疑与责难。以此看来，我倒比齐桓公好多了，不知诸位和管仲相比又如何呢？我们很久没见面了，以此作一笑谈。我们共建大业，一统天下，还有谁来担当这一重任呢？凡事都应有所变革改进，我乐于接受任何不同意见，来纠正自己做得不足的地方。

【原文】二年春[①]三月，遣使者羊衜、郑胄、将军孙怡之辽东，击魏守将张持、高虑等，虏得男女。[②]零陵言甘露降。夏五月，城沙羡。冬十月，将军蒋秘南讨夷贼。秘所领都督廖式杀临贺太守严纲等，自称平南将军，与弟潜共攻零陵、桂阳，及摇动交州、苍梧、郁林诸郡，众数万人。遣将军吕岱、唐咨讨之，岁余皆破。

①《江表传》载权正月诏曰："郎吏者，宿卫之臣，古之命士也。间者所用颇非其人。自今选三署皆依四科，不得以虚辞相饰。"

②《文士传》曰：胄，字敬先，沛国人。父札，才学博达，权为骠骑将军，以札为从事中郎，与张昭、孙邵共定朝仪。胄其少子，有文武姿局，少知名，举贤良，稍迁建安太守。

吕壹宾客于郡犯法，胄收付狱，考竟。壹怀恨，后密谮胄。权大怒，召胄还，潘濬、陈表并为请，得释。后拜宣信校尉，往救公孙渊，已为魏所破，还，迁执金吾。子丰，字曼季，有文学操行，与陆云善，与云诗相往反。司空张华辟，未就，卒。

臣松之闻孙怡者，东州人，非权之宗也。

三年春正月，诏曰："盖君非民不立，民非谷不生。顷者以来，民多征役，岁又水旱，年谷有损，而吏或不良，侵夺民时，以致饥困。自今以来，督军郡守，其谨察非法，当农桑时，以役事扰民者，举正以闻。"夏四月，大赦，诏诸郡县治城郭，起谯楼，穿堑发渠，以备盗贼。冬十一月，民饥，诏开仓廪以赈贫穷。

四年春正月，大雪，平地深三尺，鸟兽死者大半。夏四月，遣卫将军全琮略淮南，决芍陂，烧安城邸阁，收其人民。威北将军诸葛恪攻六安。琮与魏将王凌战于芍陂，中郎将秦晃等十余人战死。车骑将军朱然围樊，大将军诸葛瑾取柤中。[①] 五月，太子登卒。是月，魏太傅司马宣王救樊。六月，军还。闰月，大将军瑾卒。秋八月，陆逊城邾。

①《汉晋春秋》曰：零陵太守殷礼言于权曰："今天弃曹氏，丧诛累见，虎争之际而幼童莅事。陛下身自御戎，取乱侮亡，宜涤荆、扬之地，举强羸之数，使强者执戟，羸者转运，西命益州军于陇右，授诸葛瑾、朱然大众，指事襄阳，陆逊、朱桓别征寿春，大驾入淮阳，历青、徐。襄阳、寿春困于受敌，长安以西务对蜀军，许、洛之众势必分离。掎角瓦解，民必内应，将帅对向，或失便宜。一军败绩，则三军离心，便当秣马脂车，陵蹈城邑，乘胜逐北，以定华夏。若不悉军动众，循前轻举，则不足大用，易于屡退。民疲威消，时往力竭，非出兵之策也。"权弗能用之。

五年春正月，立子和为太子，大赦，改禾兴为嘉兴。百官奏立皇后及四王，诏曰："今天下未定，民物劳瘁，且有功者或未录，饥寒者尚未恤，猥割土壤以丰子弟，崇爵位以宠妃妾，孤甚不取。其释此议。"三月，海盐县言黄龙见。夏四月，禁进献御，减太官膳。秋七月，遣将军聂友、校尉陆凯以兵三万讨珠崖、儋耳。是岁大疫，有司又奏立后及诸王。八月，立子霸为鲁王。

六年春正月，新都言白虎见。诸葛恪征六安，破魏将谢顺营，收其民人。冬十一月，丞相顾雍卒。十二月，扶南王范旃遣使献乐人及方物。是岁，司马宣王率军入舒，诸葛恪自皖迁于柴桑。

七年春正月，以上大将军陆逊为丞相。秋，宛陵言嘉禾生。是岁，步骘、朱然等各上疏云："自蜀还者，咸言蜀欲背盟与魏交通，多作舟船，缮治城郭。又，蒋琬守汉中，闻司马懿南向，不出兵乘虚以掎角之，反委汉中，还近成都。事已彰灼，无所复疑，宜为之备。"权揆其不然，曰："吾待蜀不薄，聘享盟誓，无所负之，何以致此？又，司马懿前来入舒，旬日便退，蜀在万里，何知缓急而便出兵乎？昔魏欲入汉川，此间始严，亦未举动，会闻魏还而止，蜀宁可复以此有疑邪？又，人家治国，舟船城郭，何得不护？今此间治军，宁复欲以御蜀邪？人言苦不可信，朕为诸君破家保之。"蜀竟自无谋，如权所筹。[①]

①《江表传》载权诏曰："督将亡叛而杀其妻子，是使妻去夫，子弃父，甚伤义教，自

今勿杀也。”

【译文】赤乌二年春三月，孙权派遣使者羊衜、郑胄、将军孙怡前往辽东，进攻魏国守将张持、高虑等人，俘获了不少人口。零陵传言有甘露降临。夏五月，东吴修建沙羡城。冬十月，将军蒋秘率军南下征讨叛乱的少数民族。蒋秘部下的都督廖式杀了临贺太守严纲等人，自称平南将军，与他的弟弟廖潜一同攻打零陵、桂阳，并骚扰惊动交州、苍梧、郁林各郡，兵众共计数万人。孙权派遣将军吕岱、唐咨讨伐他们，经过一年多的时间将其全部击败。

赤乌三年春正月，孙权下诏："君主没有百姓不能存在，百姓缺少粮食不能生存。这些年来，百姓的赋税徭役负担十分严重，遇上水旱灾害严重的年岁，粮食歉收，而官吏中有一些坏人，侵占百姓的耕种时间，导致百姓挨饿受穷。从今往后，督军郡守需要严查地方官吏的不法行为，只要在农桑时节以服役事务侵扰百姓的，就要向上汇报使我知道。"夏四月，大赦，并下诏命令各个郡县修整城郭，兴建望楼，挖通护城河，用来防止盗贼入侵。冬十一月，百姓遭遇饥荒，孙权下诏开仓放粮来赈济穷苦百姓。

赤乌四年春正月，天降大雪，平地上雪有三尺深，鸟兽因冻饿死亡过半。夏四月，孙权派遣卫将军全琮攻打淮南，攻破芍陂，将安城的粮仓烧了，收容当地百姓。威北将军诸葛恪进攻六安。全琮与魏国将军王凌在芍陂交战，东吴中郎将秦晃等十几人战死沙场。车骑将军朱然包围了樊城，大将军诸葛瑾攻取了柤中。五月，太子孙登因病死亡。同月，魏国太傅司马懿率领大军救援樊城。六月，大军撤回。闰月，大将军诸葛瑾因病死亡。秋八月，陆逊修筑邾城。

赤乌五年春正月，孙权立儿子孙和为太子，大赦天下，改禾兴县为嘉兴县。百官上表奏请册立皇后和四王，孙权下诏："如今天下还没有平定，百姓困苦、物资严重匮乏，何况有功之人有的还未能被录用，饥寒的人还未能得到安抚，私自滥割土地来让自己的子弟富裕，提高爵位来宠幸自己的妃妾，这种做法我非常不赞同。还是放弃这种提议吧。"三月，海盐县传言有黄龙出现。夏四月，孙权禁止进献御用物品，减少皇室膳食的供应。秋七月，孙权派将军聂友、校尉陆凯率三万人马讨伐珠崖、儋耳。这年瘟疫肆虐，有关官员又上奏请求册立皇后与诸王。八月，孙权册立儿子孙霸为鲁王。

赤乌六年春正月，新都传言有白虎出现。诸葛恪讨伐六安，攻破魏将谢顺的军营，俘获了当地百姓。冬十一月，丞相顾雍逝世。十二月，扶南国王范旃派遣使者前来进献歌舞艺人及土特产。同年，司马懿率领大军进入舒县，诸葛恪率军从皖城迁屯柴桑。

赤乌七年春正月，孙权任命上大将军陆逊为丞相。秋，宛陵传言有嘉禾生长。同年，步骘、朱然等各上表说："从蜀国回来的人，全都说蜀国将要背弃盟约改与魏国结交，建造了许许多多的战船，修整了城郭。另外，蒋琬领兵驻守汉中，听闻司马懿率军南下，他没有趁魏国后方空虚出兵夹击敌人，反而放弃汉中，将部队撤到成都附近。事情早已清楚明白，没什么值得怀疑的了，我们应当为此早做打算以防备蜀国。"孙权推测后认为情况并非这样，他说："我们对待蜀国不薄，派人前往访问，信守盟约，赠送物产，并未有什么地方对不住他们，怎么就弄到这样的地步呢？再说司马懿率兵向南进入舒城，十几天便撤兵了，蜀国远在万里之外，怎么能够知道形势危急而立刻出兵呢？当初魏国打算攻打汉川，我们这里刚刚开始戒备，也没有派兵出击，恰好得知魏军返回，我们就停止了戒备，蜀国难道也能够因此而怀疑我们吗？况且别人治国，怎么可能不修缮保护船只与城郭呢？如今我们这里同样在训练军队，难道也可被人怀疑是用来抵御蜀国吗？人们的传言是不可信的，我可以自毁身家来担保这事。”蜀国最终没有作出叛蜀联魏的谋划，正像孙权所预料的那样。

【原文】八年春二月，丞相陆逊卒。夏，雷霆犯宫门柱，又击南津大桥楹。茶陵县鸿水溢出，流漂居民二百余家。秋七月，将军马茂等图逆，夷三族。[①] 八月，大赦。遣校尉陈勋将屯田及作士三万人凿句容中道，自小其至云阳西城，通会市，作邸阁。

①《吴历》曰：茂本淮南钟离长，而为王凌所失，叛归吴，吴以为征西将军、九江太守、外部督，封侯，领千兵。权数出苑中，与公卿诸将射。茂与兼符节令朱贞、无难督虞钦、牙门将朱志等合计，伺权在苑中，公卿诸将在门未入，令贞持节称诏，悉收缚之。茂引兵入苑击权，分据宫中及石头坞，遣人报魏。事觉，皆族之。

九年春二月，车骑将军朱然征魏柤中，斩获千余。夏四月，武昌言甘露降。秋九月，以骠骑将军步骘为丞相，车骑将军朱然为左大司马，卫将军全琮为右大司马，镇南将军吕岱为上大将军，威北将军诸葛恪为大将军。[①]

①《江表传》曰：是岁，权诏曰：“谢宏往日陈铸大钱，云以广货，故听之。今闻民意不以为便，其省息之，铸为器物，官勿复出也。私家有者，敕以输藏，计畀其直，勿有所枉也。”

十年春正月，右大司马全琮卒。[①] 二月，权适南宫。三月，改作太初宫，诸将及州郡皆义作。[②] 夏五月，丞相步骘卒。冬十月，赦死罪。

①《江表传》曰：是岁权遣诸葛壹伪叛以诱诸葛诞，诞以步骑二万迎壹于高山。权出涂中，遂至高山，潜军以待之。诞觉而退。

②《江表传》载权诏曰：“建业宫乃朕从京来所作将军府寺耳，材柱率细，皆以腐朽，常恐损坏。今未复西，可徙武昌宫材瓦，更缮治之。”有司奏言曰：“武昌宫已二十八岁，恐不堪用，宜下所在通更伐致。”权曰：“大禹以卑宫为美，今军事未已，所在多赋，若更通伐，妨损农桑。徙武昌材瓦，自可用也。”

十一年春正月，朱然城江陵。二月，地仍震。[①] 三月，宫成。夏四月，雨雹，云阳言黄龙见。五月，鄱阳言白虎仁。[②] 诏曰：“古者圣王积行累善，修身行道，以有天下，故符瑞应之，所以表德也。朕以不明，何以臻兹？《书》云‘虽休勿休’，公卿百司，其勉修所职，以匡不逮。”

①《江表传》载权诏曰：“朕以寡德，过奉先祀，莅事不聪，获谴灵祇，夙夜祗戒，若不终日。群僚其各厉精，思朕过失，勿有所讳。”

②《瑞应图》曰：白虎仁者，王者不暴虐，则仁虎不害也。

十二年春三月，左大司马朱然卒。四月，有两乌衔鹊堕东馆。丙寅，骠骑将军朱据领丞相，燎鹊以祭。[①]

①《吴录》曰：六月戊戌，宝鼎出临平湖。八月癸丑，白鸠见于章安。

十三年夏五月，日至，荧惑入南斗，秋七月，犯魁第二星而东。八月，丹阳、句容及故鄣、宁国诸山崩，鸿水溢。诏原逋责，给贷种食。废太子和，处故鄣。鲁王霸赐死。冬十月，魏将文钦伪叛以诱朱异，权遣吕据就异以迎钦。异等持重，钦不敢进。十一月，立子亮为太子。遣军十万，作堂邑涂塘以淹北道。十二月，魏大将军王昶围南郡，荆州刺史王基攻西陵，遣将军戴烈、陆凯往拒之，皆引还。[①]是岁，神人授书，告以改年、立后。

① 庾阐《扬都赋》注曰：烽火以炬置孤山头，皆缘江相望，或百里，或五十、三十里，寇至则举以相告，一夕可行万里。孙权时合暮举火于西陵，鼓三竟，达吴郡南沙。

【译文】赤乌八年春二月，丞相陆逊逝世。这年夏天，雷电击中宫殿的门柱，接着击中南津大桥的桥柱。茶陵县洪水泛滥成灾，两百多户居民被洪水冲走。秋七月，将军马茂等人意图谋反，被诛灭三族。八月，大赦天下。孙权迁派校尉陈勋率领屯田与作匠工的士兵共计三万人，开凿句容县中路的运河，自小其通往云阳西城，便利了商旅集会互通贸易，沿途修建了粮仓与馆舍。

赤乌九年春二月，车骑将军朱然领兵攻打魏国的相中，斩获一千多人。夏四月，武昌传言天降甘露。秋九月，孙权任用骠骑将军步骘为丞相，车骑将军朱然为左大司马，卫将军全琮为右大司马，镇南将军吕岱为上大将军，威北将军诸葛恪为大将军。

赤乌十年春正月，右大司马全琮逝世。二月，孙权迁到南宫居住。三月，改建太初宫，诸将领及州郡官吏都去自愿劳作。夏五月，丞相步骘去世。冬十月，孙权赦免所有死刑犯。

赤乌十一年春正月，朱然修建江陵城。二月，吴国多次发生地震。三月，太初宫修建完工。夏四月，天降冰雹，云阳传言出现了黄龙。五月，鄱阳传言有白虎，不伤人。孙权下诏："古代圣王明君积德行善，注重自身修养，推行仁政，因而得到天下，所以上天降下吉祥的征兆来感应仁君仁政，用来表彰圣明君主的高尚德行。我并不贤明，怎么能够达到这种程度呢？《尚书》有言'尽管已经完善，但不可自认为完美'，公卿百官，你们一定要更加努力地尽职尽责，以纠正有过失的地方。"

赤乌十二年春三月，左大司马朱然去世。四月，两只乌鸦叼衔着喜鹊在东宫坠落。九日，骠骑将军朱据兼任丞相一职，烧喜鹊祭神。

赤乌十三年夏五月，夏至这天，火星进入南斗星域内，秋七月，火星又经过北斗七星中的第二星向东运行。八月，丹杨、句容及故鄣、宁国的山倒塌，洪水泛滥。孙权下诏免除百姓所拖欠的赋税，发放种子及粮食。孙权废黜太子孙和，将他移居故鄣。鲁王孙霸被赐死。冬十月，魏国将领文钦假意叛变以诱导朱异，孙权派遣吕据前往朱异所在的地方迎接文钦。朱异等人都极为稳重谨慎，文钦不敢前来。十一月，孙权册立儿子孙亮为太子。孙权调遣十万兵将，修筑堂邑县的涂塘坝来拦截往北通往魏国的道路。十二月，魏国大将军王昶包围南郡，荆州刺史王基进攻西陵，孙权派将军戴烈、陆凯率军前往迎战，魏军全部撤退。这一年，孙权梦到有神仙给他图书，并告诉他更改年号、册立皇后。

【原文】太元元年夏五月，立皇后潘氏，大赦，改年。初临海罗阳县有神，自称王表。① 周旋民间，语言饮食，与人无异，然不见其形。又有一婢，名纺绩。是月，遣中书郎李崇赍辅国将军罗阳王印绶迎表。表随崇俱出，与崇及所在郡守令长谈论，崇等无以易。所历山川，辄遣婢与其神相闻。秋七月，崇与表至，权于苍龙门外为立第舍，数使近臣赍酒食往。表说水旱小事，往往有验。② 秋八月朔，大风，江海涌溢，平地深八尺，吴高陵松柏斯拔，郡城南门飞落。冬十一月，大赦。权祭南郊还，寝疾。③ 十二月，驿征大将军恪，拜为太子太傅。诏省徭役，减征赋，除民所患苦。

①《吴录》曰：罗阳今安固县。

② 孙盛曰：盛闻国将兴，听于民；国将亡，听于神。权年老志衰，谗臣在侧，废嫡立庶，以妾为妻，可谓多凉德矣。而伪设符命，求福妖邪，将亡之兆，不亦显乎！

③《吴录》曰：权得风疾。

二年春正月，立故太子和为南阳王，居长沙；子奋为齐王，居武昌；子休为琅邪王，居虎林。二月，大赦，改元为神凤。皇后潘氏薨。诸将吏数诣王表请福，表亡去。夏四月，权薨，时年七十一，谥曰大皇帝。秋七月，葬蒋陵。①

①《傅子》曰：孙策为人明果独断，勇盖天下，以父坚战死，少而合其兵将以报仇，转斗千里，尽有江南之地，诛其名豪，威行邻国。及权继其业，有张子布以为腹心，有陆议、诸葛瑾、步骘以为股肱，有吕范、朱然以为爪牙，分任授职，乘间伺隙，兵不妄动，故战少败而江南安。

【译文】太元元年夏五月，孙权册立潘氏为皇后，大赦天下，更改年号。当初临海郡罗阳县有一个自称神人的人，自称王表。他在民间活动，其语言、饮食与普通人没什么区别，但人们却看不见他的形体。他的身边有一名婢女，名字叫作纺绩。这个月，孙权派遣中郎将李崇携带辅国将军罗阳王的印绶去迎接王表。王表跟随李崇一起出门，与李崇及所经过地方的郡守县令谈论，李崇等无法驳倒他。经过山川，王表总要派遣婢女纺绩向当地神灵通报。秋七月，李崇和王表到达，孙权为他在苍龙门外修造府第，多次派遣亲近大臣为他送去酒食。王表预言一些水旱小事，往往都可以应验。秋八月初一，刮起了大风，江海浪涛翻涌，平地水深八尺，吴郡高陵的松柏一一被拔起，大风将郡城的南门吹倒了。冬十一月，大赦天下。孙权前往南郊祭祀返回后，就卧病不起。十二月，孙权遣驿使传书召回大将军诸葛恪，封他为太子太傅。下诏减省徭役，减少赋税，减少百姓的困苦。

太元二年春正月，孙权立原太子孙和为南阳王，居于长沙；儿子孙奋任齐王，居于武昌；儿子孙休任琅邪王，居于虎林。二月，大赦天下，改年号为神凤。皇后潘氏逝世。众位将军、官吏多次去往王表那里请求赐福，王表逃走。夏四月，孙权逝世，时年七十一岁，谥号大皇帝。秋七月，在蒋陵安葬。

【原文】评曰：孙权屈身忍辱，任才尚计，有句践之奇英，人之杰矣。故能自擅江表，成鼎峙之业。然性多嫌忌，果于杀戮，暨臻末年，弥以滋甚。至于谗说殄行，胤嗣废毙，[1] 岂所谓贻厥孙谋以燕翼子者哉？其后叶陵迟，遂致覆国，未必不由此也。[2]

① 马融注《尚书》曰：殄，绝也，绝君子之行。

② 臣松之以为：孙权横废无罪之子，虽为兆乱，然国之倾覆，自由暴皓。若权不废和，皓为世适，终至灭亡，有何异哉？此则丧国由于昏虐，不在于废黜也。设使亮保国祚，休不早死，则皓不得立。皓不得立，则吴不亡矣。

【译文】评论说：孙权屈身忍辱，任用有才之人，尊崇计谋之士，有句践那样的雄才大略，堪称人中俊杰。所以能独霸江南，成就鼎足对峙的大业。然而他生性猜忌多疑，诛杀果决，到了晚年，尤其变本加厉。以至于听信谗言，滥施刑罚，废黜太子，杀害子嗣，这难道就是所谓的留下顺应天下人心的谋略从而安全地庇护子孙的道理吗？他的后代衰微，终致国家灭亡，未必不是由此而起的。

卷四十八　吴书三

三嗣主传第三

孙亮

【原文】孙亮，字子明，权少子也。权春秋高，而亮最少，故尤留意。姊全公主尝谮太子和子母，心不自安，因倚权意，欲豫自结，数称述全尚女，劝为亮纳。赤乌十三年，和废，权遂立亮为太子，以全氏为妃。

太元元年夏，亮母潘氏立为皇后。冬，权寝疾，征大将军诸葛恪为太子太傅，会稽太守滕胤为太常，并受诏辅太子。明年四月，权薨，太子即尊号，大赦，改元。是岁，于魏嘉平四年也。

建兴元年闰月，以恪为帝太傅，胤为卫将军领尚书事，上大将军吕岱为大司马，诸文武在位皆进爵班赏，冗官加等。冬十月，太傅恪率军遏巢湖，[①]城东兴，使将军全端守西城，都尉留略守东城。十二月朔丙申，大风雷电，魏使将军诸葛诞、胡遵等步骑七万围东兴，将军王昶攻南郡，毌丘俭向武昌。甲寅，恪以大兵赴敌。戊午，兵及东兴，交战，大破魏军，杀将军韩综、桓嘉等。是月，雷雨，天灾武昌端门，改作端门，又灾内殿。[②]

① 巢，音祖了反。

② 臣松之案：孙权赤乌十年，诏徙武昌宫材瓦，以缮治建康宫，而此犹有端门内殿。《吴录》云诸葛恪有迁都意，更起武昌宫。今所灾者恪所新作。

二年春正月丙寅，立皇后全氏，大赦。庚午，王昶等皆退。二月，军还自东兴，大行封赏。三月，恪率军伐魏。夏四月，围新城，大疫，兵卒死者大半。秋八月，恪引军还。冬十月，大飨，武卫将军孙峻伏兵杀恪于殿堂。大赦。以峻为丞相，封富春侯。十一月，有大鸟五见于春申，改明年元。

五凤元年夏，大水。秋，吴侯英谋杀峻，觉，英自杀。冬十一月，星茀于斗、牛。[①]

①《江表传》曰：是岁交阯稗草化为稻。

二年春正月，魏镇东大将军毌丘俭、前将军文钦以淮南之众西入，战于乐嘉。闰月壬辰，峻及骠骑将军吕据、左将军留赞率兵袭寿春，军及东兴，闻钦等败。壬寅，兵进于橐皋，钦诣峻降，淮南余众数万口来奔。魏诸葛诞入寿春，峻引军还。二月，及魏将军曹珍遇于高亭，交战，珍败绩。留赞为诞别将蒋班所败于菰陂，赞及将军孙楞、蒋修等皆遇害。三月，使镇南将军朱异袭安丰，不克。秋七月，将军孙仪、张怡、林恂等谋杀峻，发觉，仪自杀，恂等伏辜。阳羡离里山大石自立。使卫尉冯朝城广陵，拜将军吴穰为广陵太守，留略为东海太守。是岁大旱。十二月，作太庙。以冯朝为监军使者，督徐州诸军事。民饥，军士怨畔。

太平元年春[①]二月朔，建业火。峻用征北大将军文钦计，将征魏。八月，先遣钦及骠骑将军吕据、车骑将军刘纂、镇南将军朱异、前将军唐咨军自江都入淮、泗。九月丁亥，峻卒，以从弟偏将军綝为侍中、武卫将军，领中外诸军事，召还据等。据闻綝代峻，大怒。己丑，大司马吕岱卒。壬辰，太白犯南斗。据、钦、咨等表荐卫将军滕胤为丞相，綝不听。癸卯，更以胤为大司马，代吕岱驻武昌。据引兵还，欲讨綝。綝遣使以诏书告喻钦、咨等，使取据。冬十月丁未，遣孙宪及丁奉、施宽等以舟兵逆据于江都，遣将军刘丞督步骑攻胤。胤兵败夷灭。己酉，大赦，改年。辛亥，获吕据于新州。十一月，以綝为大将军，假节，封永宁侯。孙宪与将军王惇谋杀綝，事觉，綝杀惇，迫宪令自杀。十二月，使五官中郎将刁玄告乱于蜀。

①《吴历》曰：正月，为权立庙，称太祖庙。

二年春二月甲寅，大雨，震电。乙卯，雪，大寒。以长沙东部为湘东郡，西部为衡阳郡，会稽东部为临海郡，豫章东部为临川郡。夏四月，亮临正殿，大赦，始亲政事。綝所表奏，多见难问。又科兵子弟年十八已下十五已上，得三千余人，选大将子弟年少有勇力者为之将帅。亮曰："吾立此军，欲与之俱长。"日于苑中习焉。[①]

①《吴历》曰：亮数出中书视孙权旧事。问左右侍臣："先帝数有特制，今大将军问事，但令我书'可'邪！"亮后出西苑，方食生梅，使黄门至中藏取蜜渍梅，蜜中有鼠矢，召问藏吏，藏吏叩头。亮问吏曰："黄门从汝求蜜邪？"吏曰："向求，实不敢与。"黄门不服，侍中刁玄、张邠启："黄门、藏吏辞语不同，请付狱推尽。"亮曰："此易知耳。"令破鼠矢，矢里燥。亮大笑谓玄、邠曰："若矢先在蜜中，中外当俱湿，今外湿里燥，必是黄门所为。"黄门首服，左右莫不惊悚。◎《江表传》曰：亮使黄门以银碗并盖就中藏吏取交州所献甘蔗饧。黄门先恨藏吏，以鼠矢投饧中，启言藏吏不谨。亮呼吏持饧器入，问曰："此器既盖之，且有掩覆，无缘有此，黄门将有恨于汝邪？"吏叩头曰："尝从某求宫中莞席，宫席有数，不敢与。"亮曰："必是此也。"复问黄门，具首伏。即于目前加髡鞭，斥付外署。

臣松之以为：鼠矢新者，亦表里皆湿。黄门取新矢则无以得其奸也，缘遇燥矢，故成亮之慧。然犹谓《吴历》此言，不如《江表传》为实也。

五月，魏征东大将军诸葛诞以淮南之众保寿春城，遣将军朱成称臣上疏，又遣子靓、长史吴纲诸牙门子弟为质。六月，使文钦、唐咨、全端等步骑三万救诞。朱异自虎林率众袭夏口，夏口督孙壹奔魏。秋七月，綝率众救寿春，次于镬里，朱异至自夏口，綝使异为前部督，与丁奉等将介士五万解围。八月，会稽南部反，杀都尉。鄱阳、新都民为乱，廷尉丁密、步兵校尉郑胄、将军钟离牧率军讨之。朱异以军士乏食引还，綝大怒。九月朔己巳，杀异于镬里。辛未，綝自镬里还建业。甲申，大赦。十一月，全绪子祎、仪以其母奔魏。十二月，全端、怿等自寿春城诣司马文王。

三年春正月，诸葛诞杀文钦。三月，司马文王克寿春，诞及左右战死，将吏已下皆降。秋七月，封故齐王奋为章安侯。诏州郡伐宫材。自八月沈阴不雨四十余日。亮

以綝专恣,与太常全尚、将军刘丞谋诛綝。九月戊午,綝以兵取尚,遣弟恩攻杀丞于苍龙门外,召大臣会宫门,黜亮为会稽王,时年十六。

【译文】孙亮,字子明,是孙权的小儿子。孙权年事已高,而孙亮年纪最小,所以他对孙亮格外关注。孙亮的姐姐全公主曾在孙权面前诬陷过太子孙和及其母亲,心里有些惶恐不安,于是便揣夺孙权想立孙亮为太子的意图,想要预先与孙亮建立关系,就多次在孙权面前称赞全尚的女儿,劝孙权为孙亮迎娶全尚的女儿。赤乌十三年,太子孙和被废黜,孙权就册立孙亮为太子,以全氏为太子的妃子。

太元元年夏天,孙亮的母亲潘氏被立为皇后。冬天,孙权卧病不起,就征召大将军诸葛恪为太子太傅,会稽太守滕胤为太常,让二人共同辅佐太子。第二年四月,孙权去世,太子孙亮即位称帝,大赦,改换年号。这一年,是魏嘉平四年。

建兴元年闰月,孙亮任命诸葛恪为皇帝太傅,滕胤为卫将军并统理尚书事务,提升上大将军吕岱为大司马,文武百官凡在职者都晋升爵位,给予奖赏,冗官也予以晋级。这年冬天十月,太傅诸葛恪率领军队扼守巢湖,在东兴修筑城墙,让将军全端守卫西城,都尉留略守卫东城。十二月初一,狂风劲吹,雷电交加,魏国派将军诸葛诞、胡遵等率步、骑兵七万兵马包围了东兴,将军王昶攻打南郡,毌丘俭向武昌进军。十九日,诸葛恪率领大军前来迎敌。二十三日,大军来到东兴,与魏军交战,大败魏军,杀了魏国将军韩综、桓嘉等人。就在这个月,雷雨不止,武昌端门由于天灾被毁坏,吴国改建端门后,端门内殿又遭天灾。

建兴二年春天,正月初二,孙亮立全氏为皇后,大赦。初六,王昶等人都撤军。二月,大军从东兴班师,朝廷对出征将士普遍给予封赏。三月,诸葛恪率领军队讨伐魏国。夏天四月,包围了新城,却遭遇了大瘟疫,士兵大半患病而死。秋天八月,诸葛恪率领军队返回。冬天十月,朝廷祫祭宗庙,武卫将军孙峻趁机设伏兵在殿堂杀了诸葛恪。大赦。孙亮任命孙峻为丞相,并封他为富春侯。十一月,有大鸟在春申出现了五次,于是改换了第二年的年号。

五凤元年夏天,吴国发生大水灾。秋天,吴侯孙英密谋刺杀孙峻,事情败露,孙英自杀身亡。冬天十一月,有彗星出现在斗宿和牛宿之间。

二年春天正月,魏国镇东大将军毌丘俭、前将军文钦率领淮南的军队从西边入侵,在乐嘉与吴国军队交战。闰月九日,孙峻和骠骑将军吕据、左将军留赞率领军队袭击寿春,他们的军队开到东兴时,得知文钦等人已被打败。十九日,他们的军队进入橐皋,文钦便向孙峻投降了,淮南军队残余的几万人也来投奔吴国。魏国诸葛诞进入寿春,孙峻率领军队退回。二月,孙峻与魏国将军曹珍在高亭遭遇,双方开战,曹珍大败。留赞在菰陂被诸葛诞的将领蒋班打败,他和将军孙楞、蒋修等人都遇害。三月,孙峻派镇南将军朱异袭击安丰,没有成功。秋天七月,将军孙仪、张怡、林恂等人企图谋杀孙峻,阴谋被发觉后,孙仪自杀,林恂等人均被处死。阳羡的离里山有大石头自己立了起来。吴国派卫尉冯朝在广陵修筑城墙,任命将军吴穰为广陵太守,留略为东海太守。这年发生大旱灾。十二月,吴国修筑太庙。任命冯朝为监军使者,督徐州诸军事。百姓遭遇饥荒，军队士兵心怀怨恨，时有叛乱。

太平元年春天，二月初一，建业发生火灾。孙峻采纳征北大将军文钦的计策，准备征讨魏国。八月，他先派遣文钦和骠骑将军吕据、车骑将军刘纂、镇南将军朱异、前将军唐咨率领所属部队从江都进入淮水、泗水一带。九月十四日，孙峻去世，孙亮任命孙峻的堂弟偏将军孙綝为侍中、武卫将军，统理朝廷内外所有军务，把吕据等人征调回来。吕据听说孙綝取代孙峻，非常气愤。十六日，大司马吕岱去世。十九日，太白星侵入斗宿南面。吕据、文钦、唐咨等人上表推荐卫将军滕胤为丞相，孙綝不采纳。三十日，改任滕胤为大司马，接替吕岱驻守武昌。吕据率领军队返回，打算讨伐孙綝。孙綝派使者用诏书指示文钦、唐咨等人，让他们抓捕吕据。冬天十月四日，又派孙宪和丁奉、施宽等人率水军在江都迎击吕据，派将军刘丞督率兵马攻打滕胤。滕胤兵败被杀害。六日，大赦，更改年号。八日，在新州捕获了吕据。十一月，朝廷任命孙綝为大将军，授予符节，并封他为永宁侯。孙宪与将军王惇密谋杀害孙綝，事情败露，孙綝杀了王惇，并迫使孙宪自杀。十二月，派五官中郎将刁玄向蜀国通报吴国内部骚乱的情况。

太平二年春天，二月十三日，天降大雨，电闪雷鸣。十四日，天降雪，非常寒冷。吴国把长沙东部划为湘东郡，西部划为衡阳郡，会稽东部划为临海郡，豫章东部划为临川郡。夏天四月，孙亮莅临正殿，大赦，开始亲理政事。孙綝呈报的章表，多被孙亮提出质疑。又从年青士兵中选拔出十八岁以下、十五岁以上的人员，共得三千多人，选大将子弟中年轻有勇力的人作为他们的将帅。孙亮说："我建立这支军队，是想和他们长期共存。"这支队伍每天都在御苑里操练。

五月，魏国征东大将军诸葛诞率领淮南的军队据守寿春城，派将军朱成向吴国称臣上书，又派他的儿子诸葛靓、长史吴纲等许多牙门子弟来吴国做人质。六月，吴国派文钦、唐咨、全端等人率三万步兵、骑兵援救诸葛诞。朱异从虎林率领军队袭击夏口，夏口大将孙壹逃到魏国。秋天七月，孙綝率领军队援救寿春，驻扎在镬里，朱异从夏口赶到，孙綝便让朱异担任前部督，和丁奉等人率领五万甲士为寿春解围。八月，会稽南部人谋反，杀了都尉。鄱阳、新都的百姓也制造起骚乱，廷尉丁密、步兵校尉郑胄、将军钟离牧率领军队前去讨伐。朱异由于军队士兵缺乏粮食便撤回去了，孙綝非常生气。九月初一，在镬里杀了朱异。初三，孙綝从镬里返回建业。十六日，大赦。十一月，全绪的儿子全祎、全仪带着他们的母亲逃到魏国。十二月，全端、全怿等人也从寿春城前往投奔司马文王。

太平三年春天正月，诸葛诞杀了文钦。三月，司马文王攻克寿春，诸葛诞和他的亲信战死，将官以下全部投降。秋天七月，孙亮封原齐王孙奋为章安侯。他下令各州郡砍伐修筑宫殿的木材。从八月份开始，天连阴不下雨，长达四十多天。孙亮因为孙綝专横放肆，和太常全尚、将军刘丞密谋诛杀孙綝。九月二十六日，孙綝率兵抓捕了全尚，并派他的弟弟孙恩在苍龙门外攻击并杀害了刘丞，又召集大臣在宫门聚会，废黜孙亮，把他贬为会稽王，这年孙亮十六岁。

孙休

【原文】孙休，字子烈，权第六子。年十三，从中书郎射慈、郎中盛冲受学。太元二年正月，封琅邪王，居虎林。四月，权薨，休弟亮承统，诸葛恪秉政，不欲诸王在滨江兵马之地，徙休于丹杨郡。太守李衡数以事侵休，休上书乞徙他郡，诏徙会稽。居数岁，梦乘龙上天，顾不见尾，觉而异之。孙亮废，己未，孙綝使宗正孙楷与中书郎董朝迎休。休初闻问，意疑，楷、朝具述綝等所以奉迎本意，留一日二夜，遂发。十月戊寅，行至曲阿，有老公干休叩头曰："事久变生，天下喁喁，愿陛下速行。"休善之，是日进及布塞亭。武卫将军恩行丞相事，率百僚以乘舆法驾迎于永昌亭，筑宫，以武帐为便殿，设御座。己卯，休至，望便殿止住，使孙楷先见恩。楷还，休乘辇进，群臣再拜称臣。休升便殿，谦不即御坐，止东厢。户曹尚书前即阶下赞奏，丞相奉玺符。休三让，群臣三请。休曰："将相诸侯咸推寡人，寡人敢不承受玺符！"群臣以次奉引，休就乘舆，百官陪位，綝以兵千人迎于半野，拜于道侧，休下车答拜。即日，御正殿，大赦，改元。是岁，于魏甘露三年也。

永安元年冬十月壬午，诏曰："夫褒德赏功，古今通义。其以大将军綝为丞相、荆州牧，增食五县。武卫将军恩为御史大夫、卫将军、中军督，封县侯。威远将军据为右将军、县侯。偏将军幹杂号将军、亭侯。长水校尉张布辅导勤劳，以布为辅义将军，封永康侯。董朝亲迎，封为乡侯。"又诏曰："丹杨太守李衡，以往事之嫌，自拘有司。夫射钩斩袪，在君为君，遣衡还郡，勿令自疑。"① 己丑，封孙皓为乌程侯，皓弟德钱唐侯，谦永安侯。②

①《襄阳记》曰：衡，字叔平，本襄阳卒家子也，汉末入吴为武昌庶民。闻羊衜有人物之鉴，往干之，衜曰："多事之世，尚书剧曹郎才也。"是时校事吕壹操弄权柄，大臣畏逼，莫有敢言，衜曰："非李衡无能困之者。"遂共荐为郎。权引见，衡口陈壹奸短数千言，权有愧色。数月，壹被诛，而衡大见显擢。后常为诸葛恪司马，干恪府事。恪被诛，求为丹杨太守。时孙休在郡治，衡数以法绳之。妻习氏每谏衡，衡不从。会休立，衡忧惧，谓妻曰："不用卿言，以至于此。"遂欲奔魏。妻曰："不可。君本庶民耳，先帝相拔过重，既数作无礼，而复逆自猜嫌，逃叛求活，以此北归，何面见中国人乎？"衡曰："计何所出？"妻曰："琅邪王素好善慕名，方欲自显于天下，终不以私嫌杀君明矣。可自囚诣狱，表列前失，显求受罪。如此，乃当逆见优饶，非但直活而已。"衡从之，果得无患，又加威远将军，授以棨戟。衡每欲治家，妻辄不听，后密遣客十人于武陵龙阳汎洲上作宅，种甘橘千株。临死，敕儿曰："汝母恶我治家，故穷如是。然吾州里有千头木奴，不责汝衣食，岁上一匹绢，亦可足用耳。"衡亡后二十余日，儿以白母，母曰："此当是种甘橘也，汝家失十户客来七八年，必汝父遣为宅。汝父恒称太史公言：'江陵千树橘，当封君家。'吾答曰：'且人患无德义，不患不富，若贵而能贫，方好耳，用此何为！'"吴末，衡甘橘成，岁得绢数千匹，家道殷足。晋咸康中，其宅上枯树犹在。

②《江表传》曰：群臣奏立皇后、太子，诏曰："朕以寡德，奉承洪业，莅事日浅，恩

泽未敷，加后妃之号，嗣子之位，非所急也。”有司又固请，休谦虚不许。

十一月甲午，风四转五复，蒙雾连日。綝一门五侯，皆典禁兵，权倾人主，有所陈述，敬而不违，于是益恣。休恐其有变，数加赏赐。丙申，诏曰：“大将军忠款内发，首建大计以安社稷，卿士内外，咸赞其议，并有勋劳。昔霍光定计，百僚同心，无复是过。亟案前日与议定策告庙人名，依故事应加爵位者，促施行之。”戊戌，诏曰：“大将军掌中外诸军事，事统烦多，其加卫将军、御史大夫恩侍中，与大将军分省诸事。”壬子，诏曰：“诸吏家有五人三人兼重为役，父兄在都，子弟给郡县吏，既出限米，军出又从，至于家事无经护者，朕甚愍之。其有五人三人为役，听其父兄所欲留，为留一人，除其米限，军出不从。”又曰：“诸将吏奉迎陪位在永昌亭者，皆加位一级。”顷之，休闻綝逆谋，阴与张布图计。十二月戊辰腊，百僚朝贺，公卿升殿，诏武士缚綝，即日伏诛。己巳，诏以左将军张布讨奸臣，加布为中军督，封布弟惇为都亭侯，给兵三百人，惇弟恂为校尉。

诏曰：“古者建国，教学为先，所以道世治性，为时养器也。自建兴以来，时事多故，吏民颇以目前趋务，去本就末，不循古道。夫所尚不惇，则伤化败俗。其案古置学官，立五经博士，核取应选，加其宠禄，科见吏之中及将吏子弟有志好者，各令就业。一岁课试，差其品第，加以位赏。使见之者乐其荣，闻之者羡其誉。以敦王化，以隆风俗。”

二年春正月，震电。三月，备九卿官，诏曰：“朕以不德，托于王公之上，夙夜战战，忘寝与食。今欲偃武修文，以崇大化。推此之道，当由士民之赡，必须农桑。《管子》有言：‘仓廪实，知礼节；衣食足，知荣辱。’夫一夫不耕，有受其饥，一妇不织，有受其寒，饥寒并至而民不为非者，未之有也。自顷年已来，州郡吏民及诸营兵，多违此业，皆浮船长江，贾作上下，良田渐废，见谷日少，欲求大定，岂可得哉？亦由租入过重，农人利薄，使之然乎！今欲广开田业，轻其赋税，差科强羸，课其田亩，务令优均，官私得所。使家给户赡，足相供养，则爱身重命，不犯科法，然后刑罚不用，风俗可整。以群僚之忠贤，若尽心于时，虽太古盛化未可卒致，汉文升平，庶几可及。及之则臣主俱荣，不及则损削侵辱，何可从容俯仰而已？诸卿尚书，可共咨度，务取便佳。田桑已至，不可后时。事定施行，称朕意焉。”

三年春三月，西陵言赤乌见。秋，用都尉严密议，作浦里塘。会稽郡谣言王亮当还为天子，而亮宫人告亮使巫祷祠，有恶言。有司以闻，黜为候官侯，遣之国。道自杀，卫送者伏罪。① 以会稽南部为建安郡，分宜都置建平郡。②

①《吴录》曰：或云休鸩杀之。至晋太康中，吴故少府丹杨戴颙迎亮丧，葬之赖乡。

②《吴历》曰：是岁得大鼎于建德县。

四年夏五月，大雨，水泉涌溢。秋八月，遣光禄大夫周奕、石伟巡行风俗，察将吏清浊，民所疾苦，为黜陟之诏。① 九月，布山言白龙见。是岁，安吴民陈焦死，埋之，六日更生，穿土中出。

①《楚国先贤传》曰：石伟，字公操，南郡人。少好学，修节不怠，介然独立，有不可夺之志。举茂才、贤良方正，皆不就。孙休即位，特征伟，累迁至光禄勋。及皓即位，朝

政昏乱，伟乃辞老耄痼疾乞身，就拜光禄大夫。吴平，建威将军王戎亲诣伟。太康二年，诏曰："吴故光禄大夫石伟，秉志清白，皓首不渝，虽处危乱，廉节可纪。年已过迈，不堪远涉，其以伟为议郎，加二千石秩，以终厥世。"伟遂阳狂及盲，不受晋爵。年八十三，太熙元年卒。

五年春二月，白虎门北楼灾。秋七月，始新言黄龙见。八月壬午，大雨震电，水泉涌溢。乙酉，立皇后朱氏。戊子，立子䨶为太子，大赦。①冬十月，以卫将军濮阳兴为丞相，廷尉丁密、光禄勋孟宗为左、右御史大夫。休以丞相兴及左将军张布有旧恩，委之以事，布典宫省，兴关军国。休锐意于典籍，欲毕览百家之言，尤好射雉，春夏之间常晨出夜还，唯此时舍书。休欲与博士祭酒韦曜、博士盛冲讲论道艺，曜、冲素皆切直，布恐入侍，发其阴失，令己不得专，因妄饰说以拒遏之。休答曰："孤之涉学，群书略遍，所见不少也。其明君暗主，奸臣贼子，古今贤愚成败之事，无不览也。今曜等入，但欲与论讲书耳，不为从曜等始更受学也。纵复如此，亦何所损？君特当以曜等恐道臣下奸变之事，以此不欲令入耳。如此之事，孤已自备之，不须曜等然后乃解也。此都无所损，君意特有所忌故耳。"布得诏陈谢，重自序述，又言惧妨政事。休答曰："书籍之事，患人不好，好之无伤也。此无所为非，而君以为不宜，是以孤有所及耳。王务学业，其流各异，不相妨也。不图君今日在事，更行此于孤也，良所不取。"布拜表叩头，休答曰："聊相开悟耳，何至叩头乎！如君之忠诚，远近所知。往者所以相感，今日之巍巍也。《诗》云：'靡不有初，鲜克有终。'终之实难，君其终之。"初，休为王时，布为左右将督，素见信爱。及至践阼，厚加宠待，专擅国势，多行无礼，自嫌瑕短，惧曜、冲言之，故尤患忌。休虽解此旨，心不能悦，更恐其疑惧，竟如布意，废其讲业，不复使曜等入。是岁使察战到交阯调孔爵、大猪。②

①《吴录》载休诏曰："人之有名，以相纪别，长为作字，惮其名耳。礼，名子欲令难犯易避，五十称伯仲，古或一字。今人竟作好名好字，又令相配，所行不副，此瞽字伯明者也，孤尝哂之。或师友父兄所作，或自己为；师友尚可，父兄犹非，自为最不谦。孤今为四男作名字：太子名䨶，䨶音如湖水湾澳之湾，字䒌，䒌音如迄今之迄；次子名𩅦，𩅦音如兕觥之觥，字𩃙，𩃙音如玄礥首之礥；次子名壾，壾音如草莽之莽，字昷，昷音如举物之举；次子名𡸁，𡸁音如褒衣下宽大之褒，字𧻓，𧻓音如有所拥持之拥。此都不与世所用者同，故抄旧文会合作之。夫书八体损益，国事而生，今造此名字，既不相配，又字但一，庶易弃避，其普告天下，使咸闻知。"

臣松之以为：《传》称："名以制义，义以出礼，礼以体政，政以正民。是以政成而民听，易则生乱。"斯言之作，岂虚也哉！休欲令难犯，何患无名？而乃造无况之字，制不典之音，违明诰于前修，垂嗤骇于后代，不亦异乎！是以坟土未干而妻子夷灭。师服之言，于是乎征矣。

② 臣松之按：察战吴官名号，今扬都有察战巷。

六年夏四月，泉陵言黄龙见。五月，交阯郡吏吕兴等反，杀太守孙谞。谞先是科郡上手工千余人送建业，而察战至，恐复见取，故兴等因此扇动兵民，招诱诸夷也。冬十月，蜀以魏见伐来告。癸未，建业石头小城火，烧西南百八十丈。甲申，使大将军丁奉督诸军向魏寿春，将军留平别诣施绩于南郡，议兵所向，将军丁封、孙异如沔中，皆救蜀。蜀主刘禅降魏问至，然后罢。吕兴既杀孙谞，使使如魏，请太守及兵。丞相兴建取屯田万人以为兵。分武陵为天门郡。[①]

①《吴历》曰：是岁青龙见于长沙，白燕见于慈湖，赤雀见于豫章。

七年春正月，大赦。二月，镇军将军陆抗、抚军将军步协、征西将军留平、建平太守盛曼，率众围蜀巴东守将罗宪。夏四月，魏将新附督王稚浮海入句章，略长吏赀财及男女二百余口。将军孙越徼得一船，获三十人。秋七月，海贼破海盐，杀司盐校尉骆秀。使中书郎刘川发兵庐陵。豫章民张节等为乱，众万余人。魏使将军胡烈步骑二万侵西陵，以救罗宪，陆抗等引军退。复分交州置广州。壬午，大赦。癸未，休薨，[①]时年三十，谥曰景皇帝。[②]

①《江表传》曰：休寝疾，口不能言，乃手书呼丞相濮阳兴入，令子𩅦出拜之。休把兴臂，而指𩅦以托之。

② 葛洪《抱朴子》曰：吴景帝时，戍将于广陵掘诸冢，取版以治城，所坏甚多。复发一大冢，内有重阁，户扇皆枢转可开闭，四周为徼道通车，其高可以乘马。又铸铜为人数十枚，长五尺，皆大冠朱衣，执剑列侍灵座，皆刻铜人背后石壁，言“殿中将军”，或言“侍郎”“常侍”。似公王之冢。破其棺，棺中有人，发已班白，衣冠鲜明，面体如生人。棺中云母厚尺许，以白玉璧三十枚藉尸。兵人辈共举出死人，以倚冢壁。有一玉长一尺许，形似冬瓜，从死人怀中透出堕地。两耳及鼻孔中，皆有黄金如枣许大，此则骸骨有假物而不朽之效也。

【译文】孙休，字子烈，是孙权的第六个儿子。十三岁那年，他跟随中书郎射慈、郎中盛冲学习。太元二年正月，他被封为琅邪王，住在虎林。四月，孙权驾崩，孙休的弟弟孙亮继承了皇位，诸葛恪掌握政权，不想让诸王处在长江沿岸的军事要地，就把孙休迁到丹杨郡。丹杨太守李衡多次因为一些事情冒犯孙休，孙休就上书请求迁往他郡，孙亮便下令让他迁到会稽。过了几年，他梦见自己乘龙飞上天空，回头看不见龙尾，梦醒后他感到很奇怪。孙亮被废黜以后，二十七日，孙綝派宗正孙楷与中书郎董朝去迎接孙休。孙休开始得知这个消息时，心里还有些怀疑，孙楷和董朝把孙綝等人所以奉迎他回去的原因都向他陈述了，他还是逗留了一天两夜，才终于启程。十月十七日，他们走到曲阿时，有一位老翁求见孙休，叩头说：“事情拖久了，恐怕会产生变乱，天下人都仰仗陛下，希望陛下迅速行动。”孙休认为他说得对，这一天就到达布塞亭。武卫将军孙恩代理丞相职务，他率领百官以乘舆法驾在永昌亭迎候，修筑了宫室，用武帐作为便殿，并安放了御座。十八日，孙休到达，他远远看见便殿就停了下来，让孙楷先去会见孙恩。孙楷回来后，孙休才坐乘舆前进，群臣向他拜了两拜称臣。孙休登上便殿，谦让着没有走向御座，而是站在东廊上。户曹尚书向前走到便殿的台阶下宣读诏命，丞相献上玉玺符节。孙休再三推让，群臣也再三请求他登基。孙休说：“将相诸侯都推举我来继承皇位，我怎敢不接受玉玺符命！”群臣按官阶顺序侍奉导引，孙休坐上乘舆,百官簇拥相陪,孙綝率领一千人的部队在半路上迎候,他跪拜在道路旁边,孙休下车回礼。当天,孙休就莅临宫廷正殿,大赦,改换年号。这年是魏国甘露三年。

永安元年冬天,十月二十一日,孙休下诏书说:“褒扬善德,奖赏功劳,是古今普遍的道理。任命大将军孙綝为丞相、荆州牧,增加食邑五个县。武卫将军孙恩为御史大夫、卫将军、中军督,封为县侯。威远将军孙据为右将军,封为县侯。偏将军孙幹为杂号将军,封为亭侯。长水校尉张布辅导君王辛勤劳苦,任命他为辅义将军,封为永康侯。董朝亲自接驾,封为乡侯。”又下诏书说:“丹杨太守李衡,因为以往同我的嫌隙,自己已到有关部门投案。管仲射中齐桓公的带钩,寺人斩掉重耳的衣袖,这是贤人在不同情况下各为其君主效力,把李衡送回丹杨郡,不要再让他产生疑虑。”二十八日,封孙皓为乌程侯,孙皓的弟弟孙德为钱唐侯,孙谦为永安侯。

十一月三日,旋风四起,浓雾连日。孙綝一家五人封侯,都掌管禁卫军,权力超过君主,他们有什么吩咐,朝廷上下所有人都恭敬相待,不敢违抗,因此他们越发放肆。孙休担心他们有变故,多次赐予奖赏。五日,孙休下诏书说:“大将军的忠诚发自内心,他率先创立大计来安定国家,朝内朝外的大臣,均赞成他的建议,都有功劳。从前霍光决定大计,百官同心同德,他们的事迹不会再比今日的事情更光彩。迅速统计先前参与议事定计并告祭祖庙的人员,依照惯例应当为他们晋升爵位,马上催办。”七日,下诏书说:“大将军掌管朝廷内外所有军务,事情繁多,现在给卫将军、御史大夫孙恩加官侍中,和大将军分工管理各项事务。”二十一日,下诏书说:“许多官员家中有几个人同时在国家供职,父兄在京都,子弟担任郡县的官吏,既要缴纳赋税,军队出征时又要参加,致使家中事务无人料理,我非常怜惜他们。那些有几个人同时供职的家庭,听凭他们父兄想留下的人,选一个留下,免除他的赋税,军队出征他不用参加。”又说:“各位将官有在永昌亭奉迎陪坐的,都增加官位一级。”不久,孙休听说孙綝要谋反,就暗中和张布商量对策。十二月八日腊祭,百官朝拜庆贺,公卿大夫登上殿堂,孙休命令武士捆缚孙綝,当天就将他处死。九日,命令左将军张布讨伐奸臣,为张布加官中军督,封张布的弟弟张惇为都亭侯,授予兵员三百人,张惇的弟弟张恂任校尉。

诏书说:“古代建立国家,把教化学习作为首要的事情,以此引导世人陶冶性情,为时代培养人才。自从建兴以来,时政事务多有变故,官民颇以眼前利益为目标,抛弃农功本业,奔向工商末业,不遵循古代的道义。社会的风尚不淳厚,就会伤风败俗。现在按照古代的办法设置学校,设立五经博士,通过考核选拔合格的人才,赐予他们恩宠俸禄,选择现任官员以及将官子弟中有志向爱好的人,分别让他们去学习。学习一年就考试,划分他们的等次,赐予爵位奖赏。使看到他们的人喜欢他们的尊贵,听说他们的人羡慕他们的荣誉。以此推广君王的教化,兴隆民间的风俗。”

永安二年春天正月,电闪雷鸣。三月,配备九卿官员,诏令说:“我因为德行不善,又居于王侯公卿之上,所以昼夜提心吊胆,废寝忘食。现在我想停止战争,涵养文德,以推广伟大的教化。推行这个办法,应当让士人百姓富足,这就必须发展农桑事业。

《管子》中有这样的话：‘仓库充实，人们就懂得礼节；衣食丰足，人们就知道荣辱。’一个男子不耕地，有人要因此挨饿，一个妇女不织布，有人要因此受冻，饥寒交迫而百姓不做坏事的情况，是没有的。从近年以来，州郡的官民以及各军营的士兵，许多人背弃农桑事业，都乘船漂浮长江之上，在上游下游之间做买卖，良田渐渐荒芜，库存粮食一天天减少，要想寻求天下太平，这怎么可能呢？也是由于租税过重，农民的利益太少，才使他们这样的吧！现在我想广泛开拓农业，减轻农民的赋税，劳役和赋税的多少，要考查田地的亩数，务必做到宽缓公平，使公家和私人各得其所。假如家家户户的收入，足以养家糊口，那么人们就会爱惜身体，重视生命，不去违犯法令，这样不必使用刑罚，风俗就可得到整饬。凭着群臣的忠诚贤能，如果对时政竭尽心力，即使太古盛美的教化不能马上实现，像汉文帝时期的太平景象，还是有可能达到的。如果达到那种太平景象，那么君臣同时荣耀；如果达不到，国力就会削弱，国家就会受到侵犯侮辱，又怎么能够在世上从容裕如呢？各位公卿尚书，可以共同咨询谋划，务必选取适宜的好方案。农桑季节已经来临，不能耽误农时。事情决定下来并加以施行，这才符合我的心愿。”

永安三年春天三月，西陵报告说有赤乌出现。秋天，采用都尉严密的建议，修筑浦里塘。会稽郡传言会稽王孙亮将返回京都做天子，孙亮的宫女又告发孙亮派女巫祷告，祷告中含有恶毒的言辞。有关部门把这些情况呈报孙休，孙休贬孙亮为候官侯，遣送他去封邑。半路上孙亮自杀，护送的人受到惩处。孙休把会稽南部作为建安郡，划分宜都设置建平郡。

永安四年夏天五月，天降大雨，泉水喷涌四溢。秋天八月，派光禄大夫周奕、石伟巡视风土民情，考察将官清浊，百姓疾苦，然后颁发贬退或提升将官的诏令。九月，布山报告说有白龙出现。这一年，安吴的百姓陈焦死亡，被埋在地里，过了六天他又活了，从土中钻了出来。

永安五年春天二月，白虎门北楼发生火灾。秋天七月，始新报告说有黄龙出现。八月十三日，天降大雨，电闪雷鸣，泉水喷涌四溢。十六日，册立皇后朱氏。十九日，孙休立儿子孙𩅦为太子，大赦天下。冬天十月，任命卫将军濮阳兴为丞相，廷尉丁密、光禄勋孟宗为左、右御史大夫。孙休因为丞相濮阳兴和左将军张布过去对他有恩，就把政务委托给他们，张布主管宫禁，濮阳兴主管军国大事。孙休决心大量阅读典籍，想把诸子百家的著作全部读完，他特别喜欢射野鸡，春夏之间，他经常早出晚归，只有这个时候才把书放下。孙休想和博士祭酒韦曜、博士盛冲研讨道艺，韦曜和盛冲平时都很急切率直，张布担心他们入宫侍奉孙休，发现他那些不为人所知的过失，使他不能独断专行，就随便找了个借口阻挠孙休见他们。孙休在回答张布时说：“我在学习时，群书大体翻遍，发现的问题不少。那些有关明君暗主、奸臣贼子、古今贤愚成败的内容，我没有不看的。现在让韦曜等人入宫，我只是想和他们研讨书中的内容罢了，不是要跟他们重新开始学习。即使是再次重新学习，又有什么损害呢？您却认为韦曜等人恐怕会谈论到臣下奸乱的事情，因为这个不想让他们入宫。其实像这种事情，我自己已经十分了解,不必通过韦曜等人然后才能得知。这件事情总的来看没有什么损害,是您自己心里有所顾忌罢了。”张布得到诏书后表示谢罪,他又重新申述自己的看法,说是担心妨碍政事。孙休答复说:“对于书籍,需要担心的是人们不喜欢它,喜欢它是没有伤害的。读书没有坏处,而您却认为不适宜,因此我有些看法要说。政务和学业,这两者各不相同,不会互相妨碍。没想到您今日说到这件事,会对我说这样的话,这实在不是我能采纳的。”张布呈表叩头认罪,孙休答复说:“只是想让您明白罢了,何至于叩头呢!像您这样的忠诚,远近都知道。过去我们互相感悟的原因,就是为了今日的宏伟事业。《诗经》里说:‘没有不能善始的,但很少有能善终的。’把好的开头坚持到底,的确困难,但您还是能坚持到底的。”起初孙休做琅邪王时,张布任左右将督,一向为孙休信任喜爱。到了孙休登基以后,倍加宠信厚待张布,使他垄断了国家的威权,做出许多不合礼义的事情,张布忌讳自己的短处,担心韦曜和盛冲说了出去,所以特别害怕韦曜和盛冲入宫。孙休虽然明白他的意思,心里很不高兴,却担心张布疑虑恐惧,最终顺从了张布的意思,放弃研讨学问的打算,不再让盛冲等人入宫。这一年派察战到交阯征调孔雀、大猪。

永安六年夏天四月,泉陵报告说有黄龙出现。五月,交阯的郡吏吕兴等人谋反,杀了太守孙谞。孙谞在此之前把郡里优秀的手工艺人一千多名送到建业,察战来了以后,郡中担心察战再次调取人员,所以吕兴等人利用这个机会煽动士兵百姓,并引诱许多少数民族闹事。冬天十月,蜀国由于魏国入侵来吴国告急。十月二十日,建业的石头小城失火,烧毁西南部分一百八十丈。二十一日,派大将军丁奉督率各部队向魏国的寿春挺进,将军留平另外到南郡拜访施绩,商量部队的进军方向,将军丁封和孙异到沔中,全部援救蜀国。蜀国君主刘禅投降魏国的消息传来后,他们才收兵。吕兴杀了孙谞以后,派使者到魏国去,请求魏国派遣太守和军队。丞相濮阳兴建议取屯田的一万人组成部队。划分武陵为天门郡。

永安七年春天正月,大赦天下。二月,镇军将军陆抗、抚军将军步协、征西将军留平、建平太守盛曼,率领部队包围蜀郡巴东守将罗宪。夏天四月,魏国将领新附督王稚渡海进入句章,劫掠了地方官员的财物和男女二百多人。将军孙越截获了一条船,抓到三十个人。秋天七月,海盗攻克海盐,杀了司盐校尉骆秀。朝廷派中书郎刘川向庐陵出兵。豫章百姓张节等人制造骚乱,聚众一万多人。魏国派将军胡烈率步兵骑兵两万人入侵西陵,以援救罗宪,陆抗等人率军撤退。再次分割交州设置广州。二十四日,大赦天下。二十五日,孙休去世,这一年他三十岁,谥为景皇帝。

孙皓

【原文】孙皓,字元宗,权孙,和子也,一名彭祖,字皓宗。孙休立,封皓为乌程侯,遣就国。西湖民景养相皓当大贵,皓阴喜而不敢泄。休薨,是时蜀初亡,而交阯携叛,国内震惧,贪得长君。左典军万彧昔为乌程令,与皓相善,称皓才识明断,是长沙桓王之畴也,又加之好学,奉遵法度,屡言之于丞相濮阳兴、左将军张布。兴、布说休妃太后朱，欲以皓为嗣。朱曰："我寡妇人，安知社稷之虑，苟吴国无陨，宗庙有赖，可矣。"于是遂迎立皓，时年二十三。改元，大赦。是岁，于魏咸熙元年也。

元兴元年八月，以上大将军施绩、大将军丁奉为左、右大司马，张布为骠骑将军，加侍中，诸增位班赏，一皆如旧。九月，贬太后为景皇后，追谥父和曰文皇帝，尊母何为太后。十月，封休太子𩅦为豫章王，次子汝南王，次子梁王，次子陈王，立皇后滕氏。[①]皓既得志，粗暴骄盈，多忌讳，好酒色，大小失望，兴、布窃悔之。或以谮皓。十一月，诛兴、布。十二月，孙休葬定陵。封后父滕牧为高密侯，[②]舅何洪等三人皆列侯。是岁，魏置交阯太守之郡。晋文帝为魏相国，遣昔吴寿春城降将徐绍、孙彧衔命赍书，陈事势利害，以申喻皓。[③]

①《江表传》曰：皓初立，发优诏，恤士民，开仓廪，振贫乏，科出宫女以配无妻，禽兽扰于苑者皆放之。当时翕然称为明主。

②《吴历》曰：牧，本名密，避丁密，改名牧，丁密避牧，改名为固。

③《汉晋春秋》载晋文王与皓书曰："圣人称有君臣然后有上下礼义，是故大必字小，小必事大，然后上下安服，群生获所。逮至末涂，纯德既毁，剿民之命，以争强于天下，违礼顺之至理，则仁者弗由也。方今主上圣明，覆帱无外，仆备位宰辅，属当国重。惟华夏乖殊，方隅圮裂，六十余载，金革亟动，无年不战，暴骸丧元，困悴罔定，每用悼心，坐以待旦。将欲止戈兴仁，为百姓请命，故分命偏师，平定蜀汉，役未经年，全军独克。于时猛将谋夫，朝臣庶士，咸以奉天时之宜，就既征之军，借吞敌之势，宜遂回旗东指，以临吴境。舟师泛江，顺流而下，陆军南辕，取径四郡，兼成都之械，漕巴汉之粟，然后以中军整旅，三方云会，未及浃辰，可使江表底平，南夏顺轨。然国朝深惟伐蜀之举，虽有静难之功，亦悼蜀民独罹其害，战于绵竹者，自元帅以下并受斩戮，伏尸蔽地，血流丹野。一之于前，犹追恨不忍，况重之于后乎？是故旋师按甲，思与南邦共全百姓之命。夫料力忖势，度资量险，远考古昔废兴之理，近鉴西蜀安危之效，隆德保祚，去危即顺，屈己以宁四海者，仁哲之高致也；履危偷安，陨德覆祚，而不称于后世者，非智者之所居也。今朝廷遣徐绍、孙彧献书喻怀，若书御于前，必少留意，回虑革算，结欢弭兵，共为一家，惠矜吴会，施及中土，岂不泰哉！此昭心之大愿也，敢不承受？若不获命，则普天率土，期于大同，虽重干戈，固不获已也。"

甘露元年三月，皓遣使随绍、彧报书曰："知以高世之才，处宰辅之任，渐导之功，勤亦至矣。孤以不德，阶承统绪，思与贤良共济世道，而以壅隔未有所缘，嘉意允著，深用依依。今遣光禄大夫纪陟、五官中郎将弘璆宣明至怀。"[①]绍行到濡须，召还杀之，徙其家属建安，始有白绍称美中国者故也。夏四月，蒋陵言甘露降，于是改年，大赦。秋七月，皓逼杀景皇后朱氏，亡不在正殿，于苑中小屋治丧，众知其非疾病，莫不痛切。又送休四子于吴小城，寻复追杀大者二人。九月，从西陵督步阐表，徙都武昌，御史大夫丁固、右将军诸葛靓镇建业。陟、璆至洛，遇晋文帝崩，十一月，乃遣还。皓至武昌，又大赦。以零陵南部为始安郡，桂阳南部为始兴郡。十二月，晋受禅。

①《江表传》曰：皓书两头言白，称名言而不著姓。◎《吴录》曰：陟，字子上，丹

杨人。初为中书郎，孙峻使诘南阳王和，令其引分。陟密使令正辞自理，峻怒。陟惧，闭门不出。孙休时，父亮为尚书令，而陟为中书令，每朝会，诏以屏风隔其座。出为豫章太守。◎干宝《晋纪》曰：陟、璆奉使如魏，入境而问讳，入国而问俗。寿春将王布示之马射，既而问之曰："吴之君子亦能斯乎？"陟曰："此军人骑士肄业所及，士大夫君子未有为之者矣。"布大惭。既至，魏帝见之，使傧问曰："来时吴王何如？"陟对曰："来时皇帝临轩，百寮陪位，御膳无恙。"晋文王飨之，百寮毕会，使傧者告曰："某者安乐公也，某者匈奴单于也。"陟曰："西主失土，为君王所礼，位同三代，莫不感义，匈奴边塞难羁之国，君王怀之，亲在坐席，此诚威恩远著。"又问："吴之戍备几何？"对曰："自西陵以至江都，五千七百里。"又问曰："道里甚远，难为坚固？"对曰："疆界虽远，而其险要必争之地，不过数四，犹人虽有八尺之躯靡不受患，其护风寒亦数处耳。"文王善之，厚为之礼。

臣松之以为：人有八尺之体靡不受患，防护风寒岂唯数处？取譬若此，未足称能。若曰譬如金城万雉，所急防者四门而已。方陟此对，不犹愈乎！

《吴录》曰：皓以诸父与和相连及者，家属皆徙东冶，唯陟以有密旨，特封子孚都亭侯。孚弟瞻，字思远，入仕晋骠骑将军。弘璆，曲阿人，弘咨之孙，权外甥也。璆后至中书令、太子少傅。

宝鼎元年正月，遣大鸿胪张俨、五官中郎将丁忠吊祭晋文帝。及还，俨道病死。① 忠说皓曰："北方守战之具不设，弋阳可袭而取。"皓访群臣，镇西大将军陆凯曰："夫兵不得已而用之耳，且三国鼎立已来，更相侵伐，无岁宁居。今强敌新并巴蜀，有兼土之实，而遣使求亲，欲息兵役，不可谓其求援于我。今敌形势方强，而欲徼幸求胜，未见其利也。"车骑将军刘纂曰："天生五才，谁能去兵？谲诈相雄，有自来矣。若其有阙，庸可弃乎？宜遣间谍，以观其势。"皓阴纳纂言，且以蜀新平，故不行，然遂自绝。八月，所在言得大鼎，于是改年，大赦。以陆凯为左丞相，常侍万彧为右丞相。冬十月，永安山贼施但等聚众数千人，② 劫皓庶弟永安侯谦出乌程，取孙和陵上鼓吹曲盖。比至建业，众万余人。丁固、诸葛靓逆之于牛屯，大战，但等败走。获谦，谦自杀。③ 分会稽为东阳郡，分吴、丹杨为吴兴郡，④ 以零陵北部为邵陵郡。十二月，皓还都建业，卫将军滕牧留镇武昌。

①《吴录》曰：俨，字子节，吴人也。弱冠知名，历显位，以博闻多识拜大鸿胪。使于晋，皓谓俨曰："今南北通好，以君为有出境之才，故相屈行。"对曰："皇皇者华，蒙其荣耀，无古人延誉之美，磨厉锋锷，思不辱命。"既至，车骑将军贾充、尚书令裴秀、侍中荀勖等欲傲以所不知，而不能屈。尚书仆射羊祜、尚书何祯并结缟带之好。

②《吴录》曰：永安今武康县也。

③《汉晋春秋》曰：初，望气者云"荆州当有王气破扬州而建业宫不利"，故皓徙武昌，遣使者发民掘荆州界大臣名家冢与山冈连者以厌之。既闻但反，自以为徙上得计也，使数百人鼓噪入建业，杀但妻子，云"天子使荆州兵来破扬州贼"，以厌前气。

④ 皓诏曰："古者分土建国，所以褒赏贤能，广树藩屏。秦毁五等为三十六郡，汉室初兴，闿立乃至百五，因事制宜，盖无常数也。今吴郡阳羡、永安、余杭、临水及丹杨故

鄣、安吉、原乡、於潜诸县，地势水流之便，悉注乌程，既宜立郡以镇山越，且以藩卫明陵，奉承大祭，不亦可乎！其亟分此九县为吴兴郡，治乌程。”

二年春，大赦。右丞相万彧上镇巴丘。夏六月，起显明宫。①冬十二月，皓移居之。是岁，分豫章、庐陵、长沙为安成郡。

①《太康三年地记》曰：吴有太初宫，方三百丈，权所起也。昭明宫方五百丈，皓所作也。避晋讳，故曰显明。◎《吴历》云：显明在太初之东。◎《江表传》曰：皓营新宫，二千石以下皆自入山督摄伐木。又破坏诸营，大开苑囿，起土山楼观，穷极伎巧，功役之费以亿万计。陆凯固谏，不从。

三年春二月，以左、右御史大夫丁固、孟仁为司徒、司空。①秋九月，皓出东关，丁奉至合肥。是岁，遣交州刺史刘俊、前部督修则等入击交阯，为晋将毛炅等所破，皆死，兵散还合浦。

①《吴录》曰：初，固为尚书，梦松树生其腹上，谓人曰：“松字十八公也，后十八岁，吾其为公乎！”卒如梦焉。

建衡元年春正月，立子瑾为太子，及淮阳、东平王。冬十月，改年，大赦。十一月，左丞相陆凯卒。遣监军虞汜、威南将军薛珝、苍梧太守陶璜由荆州，监军李勖、督军徐存从建安海道，皆就合浦击交阯。

二年春，万彧还建业，李勖以建安道不通利，杀导将冯斐，引军还。三月，天火烧万余家，死者七百人。夏四月，左大司马施绩卒。殿中列将何定曰：“少府李勖枉杀冯斐，擅彻军退还。”勖及徐存家属皆伏诛。秋九月，何定将兵五千人上夏口猎。都督孙秀奔晋。是岁大赦。

三年春正月晦，皓举大众出华里，皓母及妃妾皆行，东观令华覈等固争，乃还。①是岁，汜、璜破交阯，禽杀晋所置守将，九真、日南皆还属。②大赦，分交阯为新昌郡。诸将破扶严，置武平郡。以武昌督范慎为太尉。右大司马丁奉、司空孟仁卒。③西苑言凤凰集，改明年元。

①《江表传》曰：初，丹杨刁玄使蜀，得司马徽与刘廙论运命历数事。玄诈增其文以诳国人曰：“黄旗紫盖见于东南，终有天下者，荆、扬之君乎！”又得中国降人，言寿春下有童谣曰：“吴天子当上。”皓闻之，喜曰：“此天命也。”即载其母妻子及后宫数千人，从牛渚陆道西上，云青盖入洛阳，以顺天命。行遇大雪，道涂陷坏，兵士被甲持仗，百人共引一车，寒冻殆死。兵人不堪，皆曰：“若遇敌便当倒戈耳。”皓闻之，乃还。

②《汉晋春秋》曰：初，霍弋遣杨稷、毛炅等戍，与之誓曰：“若贼围城，未百日而降者，家属诛；若过百日而城没者，刺史受其罪。”稷等日未满而粮尽，乞降于璜。璜不许，而给粮使守。吴人并谏，璜曰：“霍弋已死，无能来者，可须其粮尽，然后乃受，使彼来无罪，而我取有义，内训吾民，外怀邻国，不亦可乎！”稷、炅粮尽，救不至，乃纳之。◎《华阳国志》曰：稷，犍为人。炅，建宁人。稷等城中食尽，死亡者半，将军王约反降，吴人得入城，获稷、炅，皆囚之。孙皓使送稷下都，稷至合浦，欧血死。晋追赠交州刺史。初，毛炅与吴军战，杀前部督修则。陶璜等以炅壮勇，欲赦之。而则子允固求杀炅，炅亦不

为璜等屈，璜等怒，面缚炅诘之，曰："晋贼！"炅厉声曰："吴狗，何等为贼？"吴人生剖其腹，允割其心肝，骂曰："庸复作贼？"炅犹骂不止，曰："尚欲斩汝孙皓，汝父何死狗也！"乃斩之。晋武帝闻而哀矜，即诏使炅长子袭爵，余三子皆关内侯。此与《汉晋春秋》所说不同。

③《吴录》曰：仁，字恭武，江夏人也，本名宗，避皓字，易焉。少从南阳李肃学。其母为作厚褥大被，或问其故，母曰："小儿无德致客，学者多贫，故为广被，庶可得与气类接也。"其读书夙夜不懈，肃奇之，曰："卿宰相器也。"初为骠骑将军朱据军吏，将母在营。既不得志，又夜雨屋漏，因起涕泣，以谢其母，母曰："但当勉之，何足泣也？"据亦稍知之，除为监池司马。自能结网，手以捕鱼，作鲊寄母，母因以还之，曰："汝为鱼官，而以鲜寄我，非避嫌也。"迁吴令。时皆不得将家之官，每得时物，来以寄母，常不先食。及闻母亡，犯禁委官，语在《权传》。特为减死一等，复使为官，盖优之也。◎《楚国先贤传》曰：宗母嗜笋，冬节将至。时笋尚未生，宗入竹林哀叹，而笋为之出，得以供母，皆以为至孝之所致感。累迁光禄勋，遂至公矣。

凤皇元年秋八月，征西陵督步阐。阐不应，据城降晋。遣乐乡都督陆抗围取阐，阐众悉降。阐及同计数十人皆夷三族。大赦。是岁右丞相万彧被谴忧死，徙其子弟于庐陵。[①] 何定奸秽发闻，伏诛，皓以其恶似张布，追改定名为布。[②]

①《江表传》曰：初皓游华里，彧与丁奉、留平密谋曰："此行不急，若至华里不归，社稷事重，不得不自还。"此语颇泄。皓闻知，以彧等旧臣，且以计忍而阴衔之。后因会，以毒酒饮彧，传酒人私减之。又饮留平，平觉之。服他药以解，得不死。彧自杀。平忧懑，月余亦死。

②《江表传》曰：定，汝南人，本孙权给使也，后出补吏。定佞邪僭媚，自表先帝旧人，求还内侍，皓以为楼下都尉，典知酤籴事，专为威福。而皓信任，委以众事。定为子求少府李勖女，不许。定挟忿谮勖于皓，皓尺口诛之，焚其尸。定又使诸将各上好犬，皆千里远求，一犬至直数千匹。御犬率具缨，直钱一万。一犬一兵，养以捕兔供厨。所获无几。吴人皆归罪于定，而皓以为忠勤，赐爵列侯。◎《吴历》曰：中书郎奚熙谮宛陵令贺惠。惠，劭弟也。遣使者徐粲讯治，熙又谮粲顾护不即决断。皓遣使就宛陵斩粲，收惠付狱。会赦得免。

二年春三月，以陆抗为大司马。司徒丁固卒。秋九月，改封淮阳为鲁、东平为齐，又封陈留、章陵等九王，凡十一王，王给三千兵。大赦。皓爱妾或使人至市劫夺百姓财物，司市中郎将陈声，素皓幸臣也，恃皓宠遇，绳之以法。妾以诉皓，皓大怒，假他事烧锯断声头，投其身于四望之下。是岁，太尉范慎卒。

三年，会稽妖言章安侯奋当为天子。临海太守奚熙与会稽太守郭诞书，非论国政。诞但白熙书，不白妖言，送付建安作船。[①] 遣三郡督何植收熙，熙发兵自卫，断绝海道。熙部曲杀熙，送首建业，夷三族。秋七月，遣使者二十五人分至州郡，科出亡叛。大司马陆抗卒。自改年及是岁，连大疫。分郁林为桂林郡。

①《会稽邵氏家传》曰：邵畴，字温伯，时为诞功曹。诞被收，惶遽无以自明。畴

进曰："畴今自在，畴之事，明府何忧？"遂诣吏自列，云不白妖言，事由于己，非府君罪。吏上畴辞，皓怒犹盛。畴虑诞卒不免，遂自杀以证之。临亡。置辞曰："畴生长边陲，不闲教道，得以门资，厕身本郡，逾越侪类，位极朝右，不能赞扬盛化，养之以福。今妖讹横兴，干国乱纪，畴以噂嗒之语，本非事实，虽家诵人咏，不足有虑。天下重器，而匹夫横议，疾其丑声，不忍闻见，欲含垢藏疾，不彰之翰笔，镇躁归静，使之自息。愚心勤勤，每执斯旨，故诞屈其所是，默以见从。此之为愆，实由于畴。谨不敢逃死，归罪有司，唯乞天鉴，特垂清察。"吏收畴丧，得辞以闻，皓乃免诞大刑，送付建安作船。畴亡时，年四十。皓嘉畴节义，诏郡县图形庙堂。

天册元年，吴郡言掘地得银，长一尺，广三分，刻上有年月字，于是大赦，改年。

天玺元年，吴郡言临平湖自汉末草秽壅塞，今更开通。长老相传："此湖塞，天下乱；此湖开，天下平。"又于湖边得石函，中有小石，青白色，长四寸，广二寸余，刻上作皇帝字，于是改年，大赦。会稽太守车浚、湘东太守张咏不出算缗，就在所斩之，徇首诸郡。① 秋八月，京下督孙楷降晋。鄱阳言历阳山石文理成字，凡二十，云："楚，九州渚；吴，九州都。扬州士，作天子；四世治，太平始。"② 又，吴兴阳羡山有空石，长十余丈，名曰石室，在所表为大瑞。乃遣兼司徒董朝、兼太常周处至阳羡县，封禅国山。明年改元，大赦，以协石文。

①《江表传》曰：浚在公清忠，值郡荒旱，民无资粮，表求振贷。皓谓浚欲树私恩，遣人枭首。又尚书熊睦见皓酷虐，微有所谏。皓使人以刀环撞杀之，身无完肌。

②《江表传》曰：历阳县有石山临水，高百丈，其三十丈所，有七穿骈罗，穿中色黄赤，不与本体相似，俗相传谓之石印。又云，石印封发，天下当太平。下有祠屋，巫祝言石印神有三郎。时历阳长表上言石印发，皓遣使以太牢祭历山。巫言，石印三郎说："天下方太平。"使者作高梯，上省印文，诈以朱书石作二十字，还以启皓。皓大喜曰："吴当为九州作都、渚乎！从大皇帝逮孤四世矣，太平之主，非孤复谁？"重遣使，以印绶拜三郎为王，又刻石立铭，褒赞灵德，以答休祥。

天纪元年夏，夏口督孙慎出江夏、汝南，烧略居民。初，驺子张俶多所谮白，累迁为司直中郎将，封侯，甚见宠爱，是岁奸情发闻，伏诛。①

①《江表传》曰：俶父，会稽山阴县卒也，知俶不良，上表云："若用俶为司直，有罪乞不从坐。"皓许之。俶表立弹曲二十人，专纠司不法，于是爱恶相攻，互相谤告。弹曲承言，收系囹圄，听讼失理，狱以贿成。人民穷困，无所措手足。俶奢淫无厌，取小妻三十余人，擅杀无辜，众奸并发，父子俱见车裂。

二年秋七月，立成纪、宣威等十一王，王给三千兵，大赦。

三年夏，郭马反。马本合浦太守修允部曲督。允转桂林太守，疾病，住广州，先遣马将五百兵至郡安抚诸夷。允死，兵当分给，马等累世旧军，不乐离别。皓时又科实广州户口，马与部曲将何典、王族、吴述、殷兴等因此恐动兵民，合聚人众，攻杀广州督虞授。马自号都督交、广二州诸军事、安南将军，兴广州刺史，述南海太守。典攻苍梧，族攻始兴。① 八月，以军师张悌为丞相，牛渚都督何植为司徒，执金吾滕循为司空，未拜,转镇南将军,假节,领广州牧,率万人从东道讨马,与族遇于始兴,未得前。马杀南海太守刘略,逐广州刺史徐旗。皓又遣徐陵督陶濬将七千人从西道,命交州牧陶璜部伍所领及合浦、郁林诸郡兵,当与东西军共击马。

①《汉晋春秋》曰:先是,吴有说谶者曰:"吴之败,兵起南裔,亡吴者,公孙也。"皓闻之,文武职位至于卒伍有姓公孙者,皆徙于广州,不令停江边。及闻马反,大惧曰:"此天亡也。"

有鬼目菜生工人黄耈家,依缘枣树,长丈余,茎广四寸,厚三分。又有买菜生工人吴平家,高四尺,厚三分,如枇杷形,上广尺八寸,下茎广五寸,两边生叶,绿色。东观案图,名鬼目作芝草,买菜作平虑草,遂以耈为侍芝郎,平为平虑郎,皆银印青绶。

冬,晋命镇东大将军司马伷向涂中,安东将军王浑、扬州刺史周浚向牛渚,建威将军王戎向武昌,平南将军胡奋向夏口,镇南将军杜预向江陵,龙骧将军王濬、广武将军唐彬浮江东下,太尉贾充为大都督,量宜处要,尽军势之中。陶濬至武昌,闻北军大出,停驻不前。

初,皓每宴会群臣,无不咸令沉醉。置黄门郎十人,特不与酒,侍立终日,为司过之吏。宴罢之后,各奏其阙失,迕视之咎,谬言之愆,罔有不举。大者即加威刑,小者辄以为罪。后宫数千,而采择无已。又激水入宫,宫人有不合意者,辄杀流之。或剥人之面,或凿人之眼。岑昏险谀贵幸,致位九列,好兴功役,众所患苦。是以上下离心,莫为皓尽力,盖积恶已极,不复堪命故也。[①]

①吴平后,晋侍中庾峻等问皓侍中李仁曰:"闻吴主披人面,刖入足,有诸乎?"仁曰:"以告者过也。君子恶居下流,天下之恶皆归焉。盖此事也,若信有之,亦不足怪。昔唐、虞五刑,三代七辟,肉刑之制,未为酷虐。皓为一国之主,秉杀生之柄,罪人陷法,加之以惩,何足多罪!夫受尧诛者不能无怨,受桀赏者不能无慕,此人情也。"又问曰:"云归命侯乃恶人横睛逆视,皆凿其眼,有诸乎?"仁曰:"亦无此事,传之者谬耳。《曲礼》曰视天子由袷以下,视诸侯由颐以下,视大夫由衡,视士则平面,得游目五步之内;视上于衡则傲,下于带则忧,旁则邪。以礼视瞻,高下不可不慎,况人君乎哉?视人君相迕,是乃礼所谓傲慢,傲慢则无礼,无礼则不臣,不臣则犯罪,犯罪则陷不测矣。正使有之,将有何失?"凡仁所答,峻等皆善之,文多不悉载。

四年春,立中山、代等十一王,大赦。濬、彬所至,则土崩瓦解,靡有御者。预又斩江陵督伍延,浑复斩丞相张悌、丹杨太守沈莹等,所在战克。[①]

①干宝《晋纪》曰:吴丞相军师张悌,护军孙震、丹杨太守沈莹帅众三万济江,围成阳都尉张乔于杨荷,乔众才七千,闭栅自守,举白接告降。吴副军师诸葛靓欲屠之,悌曰:"强敌在前,不宜先事其小;且杀降不祥。"靓曰:"此等以救兵未至而力少,故且伪降以缓我,非来伏也。因其无战心而尽坑之,可以成三军之气。若舍之而前,必为后患。"悌不从,抚之而进。与讨吴护军张翰、扬州刺史周浚成阵相对。沈莹领丹杨锐卒刀楯五千,号曰青巾兵,前后屡陷坚阵,于是以驰淮南军,三冲不动。退引乱,薛胜、蒋班因其乱而乘之,吴军以次土崩,将帅不能止,张乔又出其后,大败吴军于版桥,获悌、

震、莹等。

《襄阳记》曰：悌，字巨先，襄阳人，少有名理，孙休时为屯骑校尉。魏伐蜀，吴人问悌曰："司马氏得政以来，大难屡作，智力虽丰，而百姓未服也。今又竭其资力，远征巴蜀。兵劳民疲而不知恤，败于不暇，何以能济？昔夫差伐齐，非不克胜，所以危亡，不忧其本也，况彼之争地乎！"悌曰："不然。曹操虽功盖中夏，威震四海，崇诈杖术，征伐无已，民畏其威，而不怀其德也。丕、叡承之，系以惨虐，内兴宫室，外惧雄豪，东西驰驱，无岁获安，彼之失民，为日久矣。司马懿父子自握其柄，累有大功，除其烦苛而布其平惠，为之谋主而救其疾，民心归之，亦已久矣。故淮南三叛而腹心不扰，曹髦之死，四方不动，摧坚敌如折枯，荡异同如反掌，任贤使能，各尽其心，非智勇兼人，孰能如之？其威武张矣，本根固矣，群情服矣，奸计立矣。今蜀阉宦专朝，国无政令，而玩戎黩武，民劳卒弊，竞于外利，不修守备。彼强弱不同，智算亦胜，因危而伐，殆其克乎！若其不克，不过无功，终无退北之忧，覆军之虑也，何为不可哉？昔楚剑利而秦昭惧，孟明用而晋人忧，彼之得志，故我之大患也。"吴人笑其言，而蜀果降于魏。晋来伐吴，皓使悌督沈莹、诸葛靓，率众三万渡江逆之。至牛渚，沈莹曰："晋治水军于蜀久矣，今倾国大举，万里齐力，必悉益州之众浮江而下。我上流诸军无有戒备，名将皆死，幼少当任，恐边江诸城，尽莫能御也。晋之水军，必至于此矣！宜畜众力，待来一战。若胜之日，江西自清，上方虽坏，可还取之。今渡江逆战，胜不可保，若或摧丧，则大事去矣。"悌曰："吴之将亡，贤愚所知，非今日也。吾恐蜀兵来至此，众心必骇惧，不可复整。今宜渡江，可用决战力争。若其败丧，则同死社稷，无所复恨。若其克胜，则北敌奔走，兵势万倍，便当乘威南上，逆之中道，不忧不破也。若如子计，恐行散尽，相与坐待敌到，君臣俱降，无复一人死难者，不亦辱乎！"遂渡江战，吴军大败。诸葛靓与五六百人退走，使过迎悌，悌不肯去，靓自往牵之，谓曰："且夫天下存亡有大数，岂卿一人所知，如何故自取死为？"悌垂涕曰："仲思，今日是我死日也。且我作儿童时，便为卿家丞相所拔，常恐不得其死，负名贤知顾。今以身徇社稷，复何遁邪？莫牵曳之如是。"靓流涕放之，去百余步，已见为晋军所杀。

《吴录》曰：悌少知名，及处大任，希合时趣，将护左右，清论讥之。

《搜神记》曰：临海松阳人柳荣从悌至杨府，荣病死船中二日，时军已上岸，无有埋之者，忽然大呼，言"人缚军师！人缚军师！"声激扬，遂活。人问之，荣曰："上天北斗门下卒见人缚张悌，意中大愕，不觉大呼，言'何以缚张军师'。门下人怒荣，叱逐使去。荣便去，怖惧，口余声发扬耳。"其日，悌战死。荣至晋元帝时犹在。

三月丙寅，殿中亲近数百人叩头请皓杀岑昏，皓惶愦从之。[①] 戊辰，陶濬从武昌还，即引见，问水军消息，对曰："蜀船皆小，今得二万兵，乘大船战，自足击之。"于是合众，授濬节钺。明日当发，其夜众悉逃走。而王濬顺流将至，司马伷、王浑皆临近境。皓用光禄勋薛莹、中书令胡冲等计，分遣使奉书于濬、伷、浑曰："昔汉室失统，九州分裂，先人因时，略有江南，遂分阻山川，与魏乖隔。今大晋龙兴，德覆四海。暗劣偷安，未喻天命，至于今者，猥烦六军，衡盖路次，远临江渚，举国震惶，假息漏刻。敢缘天朝含弘光大，谨遣私署太常张夔等奉所佩印绶，委质请命，惟垂信纳，以济元元。”[②]

①干宝《晋纪》曰：皓殿中亲近数百人叩头请皓曰：“北军日近，而兵不举刃，陛下将如之何！”皓曰：“何故？”对曰：“坐岑昏。”皓独言：“若尔，当以奴谢百姓。”众因曰：“唯！”遂并起收昏。皓骆驿追止，已屠之也。

②《江表传》载皓将败与舅何植书曰：“昔大皇帝以神武之略，奋三千之卒，割据江南，席卷交、广，开拓洪基，欲祚之万世。至孤末德，嗣守成绪，不能怀集黎元，多为咎阙，以违天度。暗昧之变，反谓之祥，致使南蛮逆乱，征讨未克。闻晋大众，远来临江，庶竭劳瘁，众皆摧退，而张悌不反，丧军过半。孤甚愧怅，于今无聊。得陶濬表云武昌以西，并复不守。不守者，非粮不足，非城不固，兵将背战耳。兵之背战，岂怨兵邪？孤之罪也。天文县变于上，士民愤叹于下，观此事势，危如累卵，吴祚终讫，何其局哉！天匪亡吴，孤所招也。瞑目黄壤，当复何颜见四帝乎！公其勖勉奇谟，飞笔以闻。”皓又遗群臣书曰：“孤以不德，忝继先轨。处位历年，政教凶勃，遂令百姓久困涂炭，至使一朝归命有道，社稷倾覆，宗庙无主，惭愧山积，没有余罪。自惟空薄，过偷尊号，才琐质秽，任重王公，故《周易》有折鼎之诫，诗人有彼已之讥。自居宫室，仍抱笃疾，计有不足，思虑失中，多所荒替，边侧小人，因生酷虐，虐毒横流，忠顺被害。暗昧不觉，寻其壅蔽，孤负诸君，事已难图，覆水不可收也。今大晋平治四海，劳心务于擢贤，诚是英俊展节之秋也。管仲极仇，桓公用之，良、平去楚，入为汉臣，舍乱就理，非不忠也。莫以移朝改朔，用损厥志。嘉勖休尚，爱敬动静。夫复何言，投笔而已！”

壬申，王濬最先到，于是受皓之降，解缚焚榇，延请相见。[①] 伷以皓致印绶于己，遣使送皓。皓举家西迁，以太康元年五月丁亥集于京邑。四月甲申，诏曰：“孙皓穷迫归降，前诏待之以不死，今皓垂至，意犹愍之，其赐号为归命侯，进给衣服车乘，田三十顷，岁给谷五千斛，钱五十万，绢五百匹，绵五百斤。”皓太子瑾拜中郎，诸子为王者，拜郎中。[②] 五年，皓死于洛阳。[③]

①《晋阳秋》曰：濬收其图籍，领州四，郡四十三，县三百一十三，户五十二万三千，吏三万二千，兵二十三万，男女口二百三十万，米谷二百八十万斛，舟船五千余艘，后宫五千余人。

②《搜神记》曰：吴以草创之国，信不坚固，边屯守将，皆质其妻子，名曰保质。童子少年，以类相与嬉游者，日有十数。永安二年三月，有一异儿，长四尺余，年可六七岁，衣青衣，来从群儿戏，诸儿莫之识也。皆问曰：“尔谁家小儿，今日忽来？”答曰：“见尔群戏乐，故来耳。”详而视之，眼有光芒，爚爚外射。诸儿畏之，重问其故。儿乃答曰：“尔恶我乎？我非人，乃荧惑星也。将有以告尔：三公锄，司马如。”诸儿大惊，或走告大人，大人驰往观之，儿曰：“舍尔去乎！”竦身而跃，即以化矣。仰而视之，若引一匹练以登天。大人来者，犹及见焉，飘飘渐高，有顷而没。时吴政峻急，莫敢宣也。后五年而蜀亡，六年而晋兴，至是而吴灭，司马如矣。◎干宝《晋纪》曰：王濬治船于蜀，吴彦取其流柿以呈孙皓，曰：“晋必有攻吴之计，宜增建平兵。建平不下，终不敢渡江。”皓弗从。陆抗之克步阐，皓意张大，乃使尚广筮并天下，遇《同人》之《颐》，对曰：“吉。庚子岁，青盖

当入洛阳。”故皓不修其政，而恒有窥上国之志。是岁也实在庚子。

③《吴录》曰：皓以四年十二月死，时年四十二，葬河南县界。

【译文】孙皓，字元宗，是孙权的孙子，孙和的儿子，又名彭祖，字皓宗。孙休即位后，封孙皓为乌程侯，遣送他回到封邑。西湖的百姓景养给孙皓相面，说孙皓必定大贵，孙皓暗中高兴，但不敢泄漏出去。孙休驾崩后，当时蜀国刚灭亡，而交阯又在叛乱，国内震惊，希望得到年长的君主。左典军万彧从前是乌程县令，和孙皓友善，他称赞孙皓有才能见识、英明果断，是长沙桓王孙策一类的人物，还喜欢学习，遵奉法度，多次对丞相濮阳兴和左将军张布谈起对孙皓的看法。濮阳兴和张布就劝说孙休的妃子太后朱氏，想以孙皓为继承人。朱氏说：“我是个守寡的妇人，哪里懂得国家的大事，只要吴国不会灭亡，宗庙有人祭祀，就可以了。”于是就迎立孙皓为皇帝，当时孙皓二十三岁。改换年号，大赦天下。这一年是魏国咸熙元年。

元兴元年八月，任命上大将军施绩和大将军丁奉为左、右大司马，张布为骠骑将军，加官侍中，所有的爵位晋升奖赏恩赐，一概都沿袭旧例。九月，贬斥太后为景皇后，追谥父亲孙和为文皇帝，尊封母亲何氏为太后。十月，封孙休的太子孙𩅦为豫章王，次子为汝南王，三子为梁王，四子为陈王，册封滕氏为皇后。孙皓的愿望实现以后，他变得粗暴骄横，忌讳很多，贪恋酒色，朝廷上下都很失望，濮阳兴和张布私下都很后悔。有人乘机在孙皓面前诬陷他们两人。十一月，孙皓诛杀了濮阳兴和张布。十二月，将孙休安葬在定陵。封皇后的父亲滕牧为高密侯，舅舅何洪等三人都封为列侯。这一年，魏国安置的交阯太守到达郡治。晋文帝司马昭担任魏国的相国，他派遣从前吴国寿春城投降的将领徐绍、孙彧奉命前往吴国送信，陈述形势的利害关系，以引导劝降孙皓。

甘露元年三月，孙皓派使者跟随徐绍和孙彧到魏国回复司马昭，他在回信中说：“我知道您凭着超出世人的才干，身居宰相的重任，您对我循循诱导，辛苦又周到。我凭着不善的德行，登基继承帝业，一心想和贤人良才共同拯济世道，但由于地理壅隔，没有高攀您的机会，您的美意的确英明，我深深地思慕您。现派光禄大夫纪陟、五官中郎将弘璆向您宣示我最真挚的情怀。”徐绍走到濡须时，又被孙皓召回杀害，他的家属被流放到建安，因为先前有人告发徐绍赞美中原地区。夏天四月，蒋陵报告说天降甘露，于是改换年号，大赦天下。秋天七月，孙皓逼杀了景皇后朱氏，灵柩不设在正殿，而是在御苑里的小屋办理丧事，大家都知道景皇后不是死于疾病，没有人不感到深切悲痛。孙皓又把孙休的四个儿子遣送到吴郡的小城里，不久又派人追杀了其中年纪大的两个。九月，听从西陵督步阐的建议，迁都武昌，御史大夫丁固、右将军诸葛靓镇守建业。纪陟和弘璆到了洛阳，遇到晋文帝驾崩，十一月，才被遣送回来。孙皓到了武昌，又大赦天下。把零陵南部设为始安郡，桂阳南部设为始兴郡。十二月，晋国接受魏国的帝位。

宝鼎元年正月，孙皓派大鸿胪张俨、五官中郎将丁忠吊祭晋文帝。在回来时，张俨在路上病死。丁忠劝孙皓说：“北方没有武装防守的装备，弋阳可以袭击并占领。”

孙皓征询群臣的意见,镇西大将军陆凯说:“战争只有在不得已的情况下才能发动,而且三国鼎立以来,彼此互相入侵攻打,没有一年安宁。如今强大的敌人刚刚吞并了巴郡、蜀郡,有兼并土地的实力,却派使者向我们求亲,想停止战争,我们不可以认为他们是向我们求援。现在敌人的势力正强盛,而我们却想侥幸取胜,我看对我国没有什么好处。”车骑将军刘纂说:“金、木、水、火、土,是天生的五材,谁能取消战争兵器呢?靠谲诈的手段互相争雄,从来如此。如果他们有疏漏,我们怎么能放弃机会呢?应当派密探去察看他们的情况。”孙皓心里赞成刘纂的意见,并且因为蜀国刚被平定,所以没有采取行动,袭击晋国的念头就自然断绝了。八月,朝廷所在的地方报告说得到了大鼎,于是改换年号,大赦天下。任命陆凯为左丞相,常侍万彧为右丞相。冬天十月,永安的山越强盗施但等人聚集几千人,劫持了孙皓的庶弟永安侯孙谦并进犯乌程,又抢夺了孙和陵墓上的乐器和曲盖。他们到了建业时,已聚众一万多人。丁固、诸葛靓在牛屯迎击他们,双方展开了激战,施但等人大败而逃。擒获了孙谦,孙谦自杀。孙皓划分会稽为东阳郡,划分吴郡和丹杨郡为吴兴郡,以零陵北部为邵陵郡。十二月,孙皓返回建都建业,卫将军滕牧留守武昌。

宝鼎二年春天,大赦天下。右丞相万彧往西镇守巴丘。夏天六月,修筑显明宫。冬天十二月,孙皓移居显明宫。这一年,划分豫章、庐陵、长沙为安成郡。

宝鼎三年春天二月,任命左、右御史大夫丁固、孟仁为司徒、司空。秋天九月,孙皓驾临东关,丁奉到了合肥。这一年,派交州刺史刘俊、前部督修则等人进击交阯,他们被晋国将领毛炅等人打败,刘俊和修则都战死了,士兵溃散,陆续回到合浦。

建衡元年春天正月,孙皓立儿子孙瑾为太子,另外又封两个儿子为淮阳王和东平王。冬天十月,改换年号,大赦天下。十一月。左丞相陆凯去世。孙皓派监军虞汜、威南将军薛珝、苍梧太守陶璜从荆州出发,监军李勖、督军徐存从建安走海路,都前往合浦进击交阯。

建衡二年春天,万彧返回建业,李勖因为建安的道路不通畅便利,杀了开路的将领冯斐,率军返回。三月,雷击引起火灾烧了一万多户人家,死了七百人。夏天四月,左大司马施绩去世。殿中列将何定说:“少府李勖枉杀了冯斐,擅自撤军退回。”李勖和徐存以及他们的家属都被处死。秋天九月,何定率兵五千人往西到夏口打猎。都督孙秀投奔晋国。这一年大赦天下。

建衡三年正月三十日,孙皓兴师动众出至华里,孙皓的母亲和妃嫔都一起出行,东观令华覈等人坚决谏诤,孙皓这才返回。这一年,虞汜、陶璜攻克交阯,擒杀了晋国安置的守将,九真、日南都回归吴国。大赦天下,划分交阯为新昌郡。众将攻克扶严,设置武平郡。任命武昌督范慎为太尉。右大司马丁奉、司空孟仁去世。西苑报告说有凤凰栖息,因此第二年改换了年号。

凤凰元年秋天八月,孙皓征召西陵督步阐。步阐不应召,据守城邑投降了晋国。朝廷派乐乡都督陆抗围攻擒拿步阐,步阐的部众全部投降了陆抗。步阐和他的同谋者几十人全被夷灭三族。大赦天下。这一年右丞相万彧因为受到谴责忧虑而死,他的子弟被流放到庐陵。何定的奸恶丑行被揭发，被处以死刑，孙皓因为他的罪恶近似张布，追改何定的名字为何布。

凤凰二年春天三月，任命陆抗为大司马。司徒丁固去世。秋天九月，改封淮阳王为鲁王、东平王为齐王，又封了陈留王、章陵王等九个王，总共是十一个王，每个王配给三千兵员。大赦天下。孙皓的爱妾中有人派人到集市上抢夺百姓的财物，司市中郎将陈声，一向是孙皓宠信的臣子，他倚仗孙皓对他的恩宠厚遇，依法处治了那些人。孙皓的爱妾将此事告诉孙皓，孙皓大怒，借其他事情火烧并锯断了陈声的头，把他的身体扔在四野以外。这一年，太尉范慎去世。

凤凰三年，会稽谣传章安侯孙奋应当为天子。临海太守奚熙给会稽太守郭诞写信，批评国家政务。郭诞只向孙皓告发了奚熙的书信，但没有披露谣传的事情，因而被送交建安去造船。朝廷派三郡督何植收捕奚熙，奚熙起兵自卫，封锁了海路。奚熙的部下杀了奚熙，把他的首级送到建业，奚熙三族被夷灭。秋天七月，派遣使者二十五人分头到各州郡，依法赦免叛逃的人。大司马陆抗去世。从改换年号那年到这一年，接连发生大规模瘟疫。划分郁林为桂林郡。

天册元年，吴郡报告说掘地时得到银子，长一尺，宽三分，上面刻有年月的字样，于是大赦天下，改换年号。

天玺元年，吴郡报告说临平湖从汉朝末年就被杂草淤塞，现在又开通了。老年人传说："这个湖淤塞，天下大乱；这个湖开通，天下太平。"还在湖边得到一个石匣，里面有小石头，青白色，长四寸，宽二寸多，上面刻有皇帝字样，于是改换年号，大赦天下。会稽太守车浚、湘东太守张咏没有交纳算缗钱，孙皓派人去郡治将他们斩首，把他们的首级送到各郡示众。秋天八月，京下督孙楷投降晋国。鄱阳报告说历阳山石上的纹理组成字的形体，共二十个字，说："楚，九州渚；吴，九州都。杨州士，作天子；四世治，太平始。"另外吴兴阳羡的山上有空心石头，长十几丈，名叫石室，发现石头的地方呈表说是大瑞祥兆。于是派兼任司徒的董朝和兼任太常的周处到阳羡县，在国山进行封禅。第二年改换了年号，大赦天下，来应和石头上的文字。

天纪元年夏天，夏口督孙慎出兵江夏、汝南，烧杀抢掠当地的百姓。起初，驺子张俶经常诬陷告发他人，逐渐升官做了司直中郎将，被封为侯爵，很受孙皓宠爱，这一年他的罪行被揭露，被处以死刑。

天纪二年秋天七月，立成纪王、宣威王等十一个王，每个王赐予三千兵员，大赦天下。

天纪三年夏天，郭马造反。郭马本来是合浦太守修允的部曲督。修允改任桂林太守，因为患病住在广州，先派郭马率兵五百人到郡治去安抚各个少数民族部落。修允死了，军队应当被分配出去，郭马等人几代同军为伍，不乐意离别。孙皓这时又下令核实广州的户籍人口，郭马和部曲将何典、王族、吴述、殷兴等人利用这件事情恐吓发动士兵百姓，聚集部众，攻杀广州督虞授。郭马自称都督交、广二州诸军事、安南将军，殷兴自称广州刺史，吴述自称南海太守。何典攻打苍梧，王族攻打始兴。八月，孙皓任命军师张悌为丞相，牛渚都督何植为司徒，执金吾滕循为司空，滕循还没就任，又改任镇南将军，授予符节，兼任广州牧，率领一万人马从东路讨伐郭马，和王族在始兴遭遇，未能向前推进。郭马杀了南海太守刘略，驱逐了广州刺史徐旗。孙皓又派徐陵督陶濬率领七千人马从西路进军，命令交州牧陶璜部署他所统率的部队以及合浦、郁林各郡的兵马，和东西两路大军共同攻击郭马。

工匠黄耇家中长出一株鬼目菜，攀缘在枣树上，长一丈多，茎宽四寸，厚三分。又有一株买菜在工匠吴平家中长出来，高四尺，厚三分，形状像枇杷，上宽一尺八寸，下茎宽五寸，两边生叶，呈绿色。东观根据图画，把鬼目菜叫作芝草，买菜叫作平虑草，任命黄耇为侍芝郎，吴平为平虑郎，都授予银印青绶。

冬天，晋国命令镇东大将军司马伷向涂中进军，安东将军王浑、扬州刺史周浚向牛渚进军，建威将军王戎向武昌进军，平南将军胡奋向夏口进军，镇南将军杜预向江陵进军，龙骧将军王濬、广武将军唐彬渡江东下，太尉贾充任大都督，根据具体情况，处理重大事务，居于军队势力的核心。陶濬到了武昌，听说北方军队大规模出动，就驻军不前。

起初，孙皓每次宴请群臣，没有一次不让大家都喝得烂醉。他安排黄门郎十人，特地不给他们酒喝，让他们在宴饮时侍立一整天，专职司察众官的过错。宴会结束以后，他们要各自奏报他们发现的过失，目光不顺服的错误，言谈有乖谬的罪笔，没有不检举的。重则当即施加酷刑，轻则批评他们的罪过。后官有宫女几千人，仍然向民间没完没了地采选。还引湍急的流水入宫，宫女中有不合乎他的心意的，就杀死让水冲走。有时剥下人的面皮，有时挖出人的眼睛。岑昬阴险谄谀，却受到宠幸，位居九卿之列，喜欢发动劳役，人们为他所苦。因此朝廷上下离心离德，没有人为孙皓尽力，大概是恶行已经积累到极点，不能再承受天命的缘故。

天纪四年春天，立中山王、代王等十一个王，大赦天下。晋国将军王濬和唐彬所到之处，必然使吴军土崩瓦解，没有人抵抗。杜预又杀了江陵督伍延，王浑又杀了丞相张悌、丹杨太守沈莹等人，他们所攻之处都获得了胜利。

三月九日，殿中亲信几百人叩头请求孙皓杀了岑昬，孙皓慌乱中答应了他们的要求。十一日，陶濬从武昌返回，孙皓马上召见他，询问水军的情况，陶濬回答说："蜀郡的船只都很小，现在如果能得到两万兵马，乘大船作战，一定可以击败他们。"于是孙皓集合部众，授予陶濬符节斧钺。第二天就要出发，当天夜里，集合的部众都逃走了。王濬却顺着长江的水流即将来到，司马伷和王浑也都迫临吴国的腹地。孙皓采用光禄勋薛莹、中书令胡冲等人的建议，分别派使者向王濬和司马伷、王浑奉献书函说："从前汉室失去统绪，九州陷于分裂，我的祖先凭借时机，占有江南，于是分割据守山川，和魏国背离。如今大晋天子兴起，恩德普及四海。我昏聩顽劣，苟且偷安，不懂得天命，以至于今天辱烦六军，车辆横覆，远临长江岸边，举国震惊，顷刻间一切将予以平息。我冒昧地依赖天朝的宽厚包容，盛大光明，谨此派遣私下署立的太常张夔等人奉上我所佩带的印玺绶带，俯首归顺，请求发落，希望能够获得信任并予以接纳，以救助百姓。”

十五日，王濬最先到达，于是接受了孙皓的投降，他给孙皓解开绳索，烧毁孙皓准备的棺木，邀请孙皓和他会面。司马伷因为孙皓把印玺绶带送到自己那里，就派使者送还孙皓。孙皓带全家往西迁移，在晋太康元年五月初一来到晋京都洛阳。四月二十八日，晋朝廷下诏书说：“孙皓走投无路，归顺投降，先前下诏令不处死他，现在他将要来到京都，我心里很怜悯他，所以为他赐号归命侯，供给他衣服车辆，田地三十顷，每年供给他谷米五千斛，钱五十万，绢五百匹，丝绵五百斤。”孙皓的太子孙瑾被任命为中郎，所有封了王的儿子，均被任命为郎中。太康五年，孙皓死在洛阳。

【原文】评曰：孙亮童孺而无贤辅，其替位不终，必然之势也。休以旧爱宿恩，任用兴、布，不能拔进良才，改弦易张，虽志善好学，何益救乱乎？又使既废之亮不得其死，友于之义薄矣。皓之淫刑所滥，陨毙流黜者，盖不可胜数。是以群下人人惴恐，皆日日以冀，朝不谋夕。其荧惑、巫祝，交致祥瑞，以为至急。昔舜、禹躬稼，至圣之德，犹或矢誓众臣“予违女弼，或拜昌言”，常若不及。况皓凶顽，肆行残暴，忠谏者诛，谗谀者进，虐用其民，穷淫极侈，宜腰首分离，以谢百姓。既蒙不死之诏，复加归命之宠，岂非旷荡之恩，过厚之泽也哉！①

①孙盛曰：夫古之立君，所以司牧群黎，故必仰协乾坤，覆焘万物；若乃淫虐是纵，酷被群生，则天人殛之，剿绝其祚，夺其南面之尊，加其独夫之戮。是故汤、武抗钺，不犯不顺之讥；汉高奋剑，而无失节之议。何者？诚四海之酷雠而人神之所摈故也。况皓罪为逋寇，虐过辛、癸，枭首素旗，犹不足以谢冤魂，洿室荐社，未足以纪暴迹，而乃优以显命，宠锡仍加，岂龚行天罚，伐罪吊民之义乎？是以知僭逆之不惩，而凶酷之莫戒。《诗》云：“取彼谮人，投畀豺虎。”聊谮犹然，矧僭虐乎？且神旗电扫，兵临伪窟，理穷势迫，然后请命，不赦之罪既彰，三驱之义又塞，极之权道，亦无取焉。

陆机著《辨亡论》，言吴之所以亡，其上篇曰：“昔汉氏失御，奸臣窃命，祸基京畿，毒遍宇内，皇纲弛紊，王室遂卑。于是群雄蜂骇，义兵四合，吴武烈皇帝慷慨下国，电发荆南，权略纷纭，忠勇伯世。威棱则夷羿震荡，兵交则丑虏授馘，遂扫清宗祊，蒸禋皇祖。于时云兴之将带州，飙起之师跨邑，哮阚之群风驱，熊罴之族雾集，虽兵以义合，同盟戮力，然皆包藏祸心，阻兵怙乱，或师无谋律，丧威稔寇，忠规武节，未有若此其著者也。武烈既没，长沙桓王逸才命世，弱冠秀发，招揽遗老，与之述业。神兵东驱，奋寡犯众，攻无坚城之将，战无交锋之虏。诛叛柔服而江外底定，饬法修师而威德翕赫，宾礼名贤而张昭为之雄，交御豪俊而周瑜为之杰。彼二君子，皆弘敏而多奇，雅达而聪哲，故同方者以类附，等契者以气集，而江东盖多士矣。将北伐诸华，诛锄干纪，旋皇舆于夷庚，反帝座于紫闼，挟天子以令诸侯，清天步而归旧物。戎车既次，群凶侧目，大业未就，中世而陨。用集我大皇帝，以奇踪袭于逸轨，叡心发乎令图，从政咨于故实，播宪稽乎遗风，而加之以笃固，申之以节俭，畴咨俊茂，好谋善断，束帛旅于丘园，旌命交于涂巷。故豪彦寻声而响臻，志士希光而影骛，异人辐辏，猛士如林。于是张昭为师傅，周瑜、陆公、鲁肃、吕蒙之畴入为腹心，出作股肱；甘宁、凌统、程普、贺齐、朱桓、朱然之徒奋其威，韩当、潘璋、黄盖、蒋钦、周泰之属宣其力；风雅则诸葛瑾、张承、步骘以声名光国，政事则顾雍、潘濬、吕范、吕岱以器任干职，奇伟则虞翻、陆绩、张温、张惇以讽议举正，奉使则赵咨、沈珩以敏达延誉，术数则吴范、赵达以禨祥协德，董袭、陈武杀身以卫主，骆统、刘基强谏以补过，谋无遗算，举不失策。故遂割据山川，跨制荆、吴，而与天下争衡矣。魏氏尝借战胜之威，率百万之师，浮邓塞之舟，下汉阴之众，羽楫万计，龙跃顺流，锐骑千旅，虎步原隰，谋臣盈室，武将连衡，喟然有吞江浒之志，一宇宙之气。而周瑜驱我偏师，黜之赤壁，丧旗乱辙。仅而获免，收迹远遁。汉王亦冯帝王之号，率巴、汉之民，乘危骋变，结垒千里，志报关羽之败，图收湘西之地。而我陆公亦挫之西陵，覆师败绩，困而后济，绝命永安。续以濡须之寇，临川摧锐，蓬笼之战，子轮不反。由是二邦之将，丧气摧锋，势衄财匮，而吴莞然坐乘其弊，故魏人请好，汉氏乞盟，遂跻天号，鼎峙而立。西屠庸蜀之郊，北裂淮汉之涘，东苞百越之地，南括群蛮之表。于是讲八代之礼，搜三王之乐，告类上帝，拱揖群后。虎臣毅卒，循江而守，长戟劲铩，望飙而奋。庶尹尽规于上，四民展业于下，化协殊裔，风衍遐圻。乃俾一介行人，抚巡外域，巨象逸骏，扰于外闲，明珠玮宝，辉于内府，珍瑰重迹而至，奇玩应响而赴，辎轩骋于南荒，冲輣息于朔野，齐民免干戈之患，戎马无晨服之虞，而帝业固矣。大皇既殁，幼主莅朝，奸回肆虐。景皇聿兴，虔修遗宪，政无大阙，守文之良主也。降及归命之初，典刑未灭，故老犹存。大司马陆公以文武熙朝，左丞相陆凯以謇谔尽规，而施绩、范慎以威重显，丁奉、钟离斐以武毅称，孟宗、丁固之徒为公卿，楼玄、贺劭之属掌机事，元首虽病，股肱犹良。爰及末叶，群公既丧，然后黔首有瓦解之志，皇家有土崩之衅，历命应化而微，王师蹑运而发，卒散于陈，民奔于邑，城池无藩篱之固，山川无沟阜之势，非有工输云梯之械，智伯灌激之害，楚子筑室之围，燕人济西之队，军未浃辰而社稷夷矣。虽忠臣孤愤，烈士死节，将奚救哉？夫曹、刘之将非一世之选，向时之师无曩日之众，战守之道抑有前符，险阻之利俄然未改，而成败贸理，古今诡趣，何哉？彼此之化殊，授任之才异也。"

其下篇曰："昔三方之王也，魏人据中夏，汉氏有岷、益，吴制荆、扬而奄交、广。曹氏虽功济诸华，虐亦深矣，其民怨矣。刘翁因险饰智，功已薄矣，其俗陋矣。吴桓王基之以武，太祖成之以德，聪明睿达，懿度深远矣。其求贤如不及，恤民如稚子，接士尽盛德之容，亲仁罄丹府之爱。拔吕蒙于戎行，识潘濬于系虏。推诚信士，不恤人之我欺；量能授器，不患权之我逼。执鞭鞠躬，以重陆公之威；悉委武卫，以济周瑜之师。卑宫菲食，以丰功臣之赏，披怀虚己，以纳谟士之算。故鲁肃一面而自托，士燮蒙险而效命。高张公之德而省游田之娱，贤诸葛之言而割情欲之欢，感陆公之规而除刑政之烦，奇刘基之议而作三爵之誓，屏气跼蹐以伺子明之疾，分滋损甘以育凌统之孤，登坛慷慨归鲁肃之功，削投恶言信子瑜之节。是以忠臣竞尽其谋，志士咸得肆力，洪规远略，固不厌夫区区者也。故百官苟合，庶务未遑。初都建业，群臣请备礼秩，天子辞而不许，曰：'天下其谓朕何！'宫室舆服，盖慊如也。爰及中叶，天人之分既定，百度之缺粗修，虽醲化懿纲，未齿乎上代，抑其体国经民之具，亦足以为政矣。地方几万里，带甲将百万，其野沃，其民练，其财丰，其器利，东负沧海，西阻险塞，长江制其区宇，峻山带其封域，国家之利，未见有弘于兹者矣。借使中才守之以道，善人御之有术，敦率遗宪，勤民谨政，循定策，守常险，则可以长世永年，未有危亡之患。或曰：吴、蜀唇齿之国，蜀灭则吴亡，理则然矣。夫蜀盖藩援之与国，而非吴人之存亡也。何则？其郊境之接，重山积险，陆无长毂之径；川阨流迅，水有惊波之艰。虽有锐师百万，启行不过千夫；轴舻千里，前驱不过百舰。故刘氏之伐，陆公喻之长蛇，其势然也。昔蜀之初亡，朝臣异谋，或欲积石以险其流，或欲机械以御其变。天子总群议而咨之大司马陆公，陆公以四渎天地之所以节宣其气，固无可遏之理，而机械则彼我之所共，彼若弃长技以就所屈，即荆、扬而争舟楫之用，是天赞我也，将谨守峡口以待禽耳。逮步阐之乱，凭保城以延强寇，重资币以诱群蛮。于时大邦之众，云翔电发，县旌江介，筑垒遵渚，襟带要害，以止吴人之西，而巴汉舟师，沿江东下。陆公以偏师三万，北据东坑，深沟高垒，案甲养威。反虏踠迹待戮，而不敢北窥生路，强寇败绩宵遁，丧师大半，分命锐师五千，西御水军，东西同捷，献俘万计。信哉贤人之谋，岂欺我哉！自是烽燧罕警，封域寡虞。陆公没而潜谋兆，吴衅深而六师骇。夫太康之役，众来盛乎曩日之师，广州之乱，祸有愈乎向时之难，而邦家颠覆，宗庙为墟。呜呼！‘人之云亡，邦国殄瘁’，不其然与！《易》曰‘汤武革命顺乎天’，《玄》曰‘乱不极则治不形’，言帝王之因天时也。古人有言曰‘天时不如地利’，《易》曰‘王侯设险以守其国’，言为国之恃险也。又曰‘地利不如人和’，‘在德不在险’，言守险之由人也。吴之兴也，参而由焉，孙卿所谓合其参者也。及其亡也，恃险而已，又孙卿所谓舍其参者也。夫四州之氓非无众也，大江之南非乏俊也，山川之险易守也，劲利之器易用也，先政之业易循也，功不兴而祸遘者何哉？所以用之者失也。故先王达经国之长规，审存亡之至数，恭己以安百姓，敦惠以致人和，宽冲以诱俊乂之谋，慈和以结士民之爱。是以其安也，则黎元与之同庆；及其危也，则兆庶与之共患。安与众同庆，则其危不可得也；危与下共患，则其难不足恤也。夫然，故能保其社稷而固其土宇，麦秀无悲殷之思，黍离无愍周之感矣。”

【译文】评论说：孙亮年幼，又没有贤能的辅佐，他接替皇位不能维持到底，是必然的趋势。孙休凭过去的老交情，任用濮阳兴和张布，不能提拔优秀人才，改弦更张，虽然他愿望良好，喜欢学习，但对于挽救混乱局势有什么用处呢？另外他使已经废黜的孙亮不得善终，兄弟的情谊很是淡薄了。孙皓滥用严刑，死亡和被流放的人不可胜数。因此群臣人人惊恐不安，都一天天地数着日子，早晨想不到晚上会发生什么事情。那些火星、巫祝，同时送来人君的吉兆，显示最急迫的情势。从前舜、禹亲自耕种，具有最神圣的德行，尚且还向众臣发誓“我违抗了你们的辅弼，你们要能够进献你们的忠言”，经常感到自己做得不够。何况孙皓凶暴顽劣，肆无忌惮推行残酷的法令，忠心劝谏的人被处死，谗佞献媚的人得晋升，以暴虐的手段使役他的百姓，任意地挥霍浪费，应当让他腰首分离，来向百姓谢罪。然而，他既蒙受了不处死的诏令，晋国又对他施予归命侯的荣耀，岂不是情谊过于宽大，恩泽过于深厚了吗！

卷四十九　吴书四

刘繇太史慈士燮传第四

刘繇　刘基

【原文】刘繇，字正礼，东莱牟平人也。齐孝王少子封牟平侯，子孙家焉。繇伯父宠，为汉太尉。① 繇兄岱，字公山，历位侍中，兖州刺史。②

①《续汉书》曰：繇祖父本，师受经传，博学群书，号为通儒。举贤良方正，为般长，卒官。宠字祖荣，受父业，以经明行修，举孝廉，光禄察四行，除东平陵令。视事数年，以母病弃官，百姓士民攀舆拒轮，充塞道路，车不得前，乃止亭，轻服潜遁，归修供养。后辟大将军府，稍迁会稽太守，正身率下，郡中大治。征入为将作大匠。山阴县民去治数十里有若邪中在山谷间，五六老翁年皆七八十，闻宠迁，相率共送宠，人赍百钱。宠见，劳来曰："父老何乃自苦远来？"皆对曰："山谷鄙老，生未尝至郡县。他时，吏发求不去，民间或夜不绝狗吠，竟夕民不得安。自明府下车以来，狗不夜吠，吏稀至民间。年老遭值圣化，今闻当见弃去，故戮力来送。"宠谢之，为选受一大钱，故会稽号宠为取一钱太守。其清如是。宠前后历二郡，八居九列，四登三事。家不藏贿，无重宝器，恒菲饮食，薄衣服，弊车羸马，号为窭陋。三去相位，辄归本土。往来京师，常下道脱骖过，人莫知焉。宠尝欲止亭，亭吏止之曰："整顿传舍，以待刘公，不可得止。"宠因过去。其廉俭皆此类也。以老病卒于家。

②《续汉书》曰：繇父舆，一名方，山阳太守。岱、繇皆有俊才。◎《英雄记》称岱孝悌仁恕，以虚己受人。

繇年十九，从父韪为贼所劫质，繇篡取以归，由是显名。举孝廉，为郎中，除下邑长。时郡守以贵戚托之，遂弃官去。州辟部济南，济南相中常侍子，贪秽不循，繇奏免之。平原陶丘洪荐繇，欲令举茂才。刺史曰："前年举公山，奈何复举正礼乎？"洪曰："若明使君用公山于前，擢正礼于后，所谓御二龙于长涂，骋骐骥于千里 不亦可乎！"会辟司空掾，除侍御史，不就。避乱淮浦，诏书以为扬州刺史。时袁术在淮南，繇畏惮，不敢之州。欲南渡江，吴景、孙贲迎置曲阿。术图为僭逆，攻没诸郡县。繇遣樊能、张英屯江边以拒之，以景、贲术所授用，乃迫逐使去。于是术乃自置扬州刺史，与景、贲并力攻英、能等，岁余不下。汉命加繇为牧，振武将军，众数万人。孙策东渡，破英、能等。繇奔丹徒，① 遂泝江南保豫章，驻彭泽。笮融先至，② 杀太守朱皓，③ 入居郡中。繇进讨融，为融所破，更复招合属县，攻破融。融败走入山，为民所杀。繇寻病卒，时年四十二。

① 袁宏《汉纪》曰：刘繇将奔会稽，许子将曰："会稽富实，策之所贪，且穷在海隅，

不可往也。不如豫章，北连豫壤，西接荆州。若收合吏民，遣使贡献，与曹兖州相闻，虽有袁公路隔在其间，其人豺狼，不能久也。足下受王命，孟德、景升必相救济。”繇从之。

② 笮，音壮大反。

③《献帝春秋》曰：是岁，繇屯彭泽，又使融助皓讨刘表所用太守诸葛玄。许子将谓繇曰：“笮融出军，不顾名义者也。朱文明善推诚以信人，宜使密防之。”融到，果诈杀皓，代领郡事。

笮融者，丹杨人，初聚众数百，往依徐州牧陶谦。谦使督广陵、彭城运漕，遂放纵擅杀，坐断三郡委输以自入。乃大起浮图祠，以铜为人，黄金涂身，衣以锦采，垂铜槃九重，下为重楼阁道，可容三千余人，悉课读佛经，令界内及旁郡人有好佛者听受道，复其他役以招致之，由此远近前后至者五千余人户。每浴佛，多设酒饭，布席于路，经数十里，民人来观及就食且万人，费以巨亿计。曹公攻陶谦，徐土骚动，融将男女万口，马三千匹，走广陵，广陵太守赵昱待以宾礼。先是，彭城相薛礼为陶谦所逼，屯秣陵。融利广陵之众，因酒酣杀昱，放兵大略，因载而去。过杀礼，然后杀皓。

后策西伐江夏，还过豫章，收载繇丧，善遇其家。王朗遗策书曰：“刘正礼昔初临州，未能自达，实赖尊门为之先后，用能济江成治，有所处定。践境之礼，感分结意，情在终始。后以袁氏之嫌，稍更乖剌。更以同盟，还为仇敌，原其本心，实非所乐。康宁之后，常愿渝平更成，复践宿好。一尔分离，款意不昭，奄然殂陨，可为伤恨！知敦以厉薄，德以报怨，收骨育孤，哀亡愍存，捐既往之猜，保六尺之托，诚深恩重分，美名厚实也。昔鲁人虽有齐怨，不废丧纪，《春秋》善之，谓之得礼，诚良史之所宜藉，乡校之所叹闻。正礼元子，致有志操，想必有以殊异。威盛刑行，施之以恩，不亦优哉！”

繇长子基，字敬舆，年十四，居繇丧尽礼，故吏馈饷，皆无所受。[①]姿容美好，孙权爱敬之。权为骠骑将军，辟东曹掾，拜辅义校尉、建忠中郎将。权为吴王，迁基大农。权尝宴饮，骑都尉虞翻醉酒犯忤，权欲杀之，威怒甚盛，由基谏争，翻以得免。权大暑时，尝于船中宴饮，于船楼上值雷雨，权以盖自覆，又命覆基，余人不得也。其见待如此。徙郎中令。权称尊号，改为光禄勋，分平尚书事。年四十九卒。后权为子霸纳基女，赐第一区，四时宠赐，与全、张比。基二弟，铄、尚，皆骑都尉。

①《吴书》曰：基遭多难，婴丁困苦，潜处味道，不以为戚。与群弟居，常夜卧早起，妻妾希见其面。诸弟敬惮，事之犹父。不妄交游，门无杂宾。

【译文】刘繇，字正礼，东莱郡牟平县人。齐孝王的小儿子被封为牟平侯，他的子孙都定居在那里。刘繇的伯父刘宠，是汉朝的太尉。刘繇的哥哥刘岱，字公山，历任侍中、兖州刺史。

刘繇十九岁时，叔父刘韪被强盗劫去做人质，刘繇用计把他抢夺回来，因此显名。他被推举为孝廉，任为郎中，授职下邑县长。当时郡守托付他特别关照贵戚，刘繇便弃官而去。州里征召他为济南部丞，济南相是中常侍的儿子，贪污狼藉不循法度，刘繇上表免去了他的官。平原人陶丘洪推举刘繇，想要让州里举荐他为茂才。刺史说：“前年才推举了他哥哥公山，为何又要推举正礼呢？”陶丘洪说：“如果贤使君您先用了公山，然后又提拔正礼，这就叫驾驭双龙而御于长途，骑乘骏马而驰骋千里，不也是很可以的吗！”正好朝廷征召刘繇为司空掾，又任命他为侍御史，刘繇都不肯就任。他到淮浦避乱，皇帝下诏任命他为扬州刺史。当时袁术在淮南，刘繇对袁术心怀畏惧，不敢去扬州上任。他准备南渡长江，吴景、孙贲把他迎接到曲阿安置。袁术图谋僭越称帝，攻陷了多个郡县。刘繇派遣樊能、张英驻扎在长江边以抵御袁术，因为吴景、孙贲是袁术所任命的官员，刘繇就逼迫驱逐他们离去。于是袁术就自己任命了扬州刺史，与吴景、孙贲等人合力攻打张英、樊能等，打了一年多没能攻克。汉廷又下诏任命刘繇为扬州牧、振武将军，让他领兵几万人。孙策东渡长江，攻破了张英、樊能等人。刘繇逃往丹徒，后逆江而上自保豫章，屯兵彭泽。笮融先到豫章，杀了太守朱皓，占据了豫章郡。刘繇进军讨伐笮融，被笮融击溃，刘繇又再召集所属各县的人马，击垮了笮融。笮融逃进山中，被百姓所杀。刘繇不久病死，时年四十二岁。

笮融，丹杨郡人，当初聚集了几百人的队伍，去依附徐州牧陶谦。陶谦让他督管广陵、彭城等地的漕运，他便放纵横行，擅自杀戮，坐地垄断截取三郡的运输物资供自己享用。他大肆修建佛寺，用铜作佛像，佛像身上渡上黄金，给佛像穿上锦绣衣裳，垂挂九层铜盘，在下面修建了重楼阁道，可容纳三千多人，让他们全部诵读佛经，让郡内以及邻郡喜好佛教的人都来听经受道，免除他们的其他徭役加以招引，这样远近前后到来的人达到五千多家。每到浴佛时，就准备许多酒饭，在路边摆上酒席，绵延几十里，百姓来观看和就食的将近万人，费用支出数以亿计。曹操攻打陶谦时，徐州一带发生骚乱，笮融率领一万人口，三千匹马，逃到广陵，广陵太守赵昱用招待宾客的礼节来接待他。在这以前，彭城相薛礼受到陶谦逼迫，驻扎在秣陵。笮融贪图广陵郡的兵马，乘酒酣之际杀了赵昱，放纵士兵大肆抢掠，满载而去。经过秣陵时杀了薛礼，然后又杀了朱皓。

后来孙策向西讨伐江夏，返回时经过豫章，将刘繇的尸骨收殓并用车载回，善待刘繇的家属。王朗在给孙策的信中说：“刘繇过去刚来扬州时，上任无门几乎没处容身，实在是全赖您家的支持帮助，他才能渡过长江建立州治，获得稳定的安身之处。能受您礼遇，容许他进入您所治理的地区，他心怀感激，时刻铭记，决心自始至终保持对您的情谊。后来由于对袁术的怨恨，他和您的关系才渐渐变得不很和谐。改变最初的同盟关系，将彼此变为仇敌，追究他的本心，实在不是他乐意如此。情形趋于安宁后，他常有与您抛弃前嫌而重修旧好的愿望。可惜自从分离之后，这份诚恳的心意尚未来得及表达，他就突然去世了，实在令人悲伤遗憾！我知道您要以忠厚的美德来激励薄情的风俗，要通过恩德来报答怨恨，您收殓他的骸骨并抚养他的后人，哀悼亡灵而怜悯生者，抛弃过去的猜疑不快，保护他未成年的孤儿，确实是恩义深切而情分厚重，名声美好而情谊敦厚。从前鲁国人虽然对齐国有仇怨，但仍对齐孝公尽吊唁之礼，《春秋》里称赞了这件事，认为这样做合乎礼仪，这确实是好的史官应该加以记载的，也是六乡州党的学校应该盛赞的。刘繇的长子，很有志向和节操，想必有不同于常人的地方。您声威隆盛法度谨严，如果对他施以恩惠，不也是很好吗！”

刘繇的长子刘基，字敬舆，十四岁时，为刘繇服丧便竭尽礼仪，对于父亲以前下属给予的馈赠，他一概不肯收受。刘基仪容德行美好，很受孙权的喜爱尊重。孙权任骠骑将军时，征召他为东曹掾，任命他为辅义校尉、建忠中郎将。孙权被封为吴王时，升任刘基为大农令。孙权曾有一次设宴饮酒，骑都尉虞翻因酒醉犯不敬之罪，孙权怒火冲天，要杀了他，由于刘基极力劝谏，虞翻得以免死。孙权在酷暑炎热时，曾在船上举行酒宴，在船楼上正遇上雷雨，孙权用伞遮护自己，又命令遮着刘基，其余的人都得不到这种待遇。刘基受孙权厚待就像这样。后改任郎中令。孙权称帝后，又改任他为光禄勋，兼管尚书事务。四十九岁时刘基去世。后来孙权替儿子孙霸娶了刘基的女儿，赐给宅第一处，一年四季都有恩赐，与全、张家平列。刘基的两个弟弟刘铄和刘尚，都任骑都尉。

太史慈

【原文】太史慈，字子义，东莱黄人也。少好学，仕郡奏曹史。会郡与州有隙，曲直未分，以先闻者为善。时州章已去，郡守恐后之，求可使者。慈年二十一，以选行，晨夜取道，到洛阳，诣公车门，见州吏始欲求通。慈问曰："君欲通章邪？"吏曰："然。"问："章安在？"曰："车上。"慈曰："章题署得无误邪？取来视之。"吏殊不知其东莱人也，因为取章。慈已先怀刀，便截败之，吏踊跃大呼言："人坏我章！"慈将至车间，与语曰："向使君不以章相与，吾亦无因得败之，是为吉凶祸福等耳，吾不独受此罪。岂若默然俱出去，可以存易亡，无事俱就刑辟。"吏言："君为郡败吾章，已得如意，欲复亡为？"慈答曰："初受郡遣，但来视章通与未耳。吾用意太过，乃相败章。今还，亦恐以此见谴怒，故俱欲去尔。"吏然慈言，即日俱去。慈既与出城，因遁还通郡章。州家闻之，更遣吏通章，有司以格章之故不复见理，州受其短。由是知名，而为州家所疾。恐受其祸，乃避之辽东。

北海相孔融闻而奇之，数遣人讯问其母，并致饷遗。时融以黄巾寇暴，出屯都昌，为贼管亥所围。慈从辽东还，母谓慈曰："汝与孔北海未尝相见，至汝行后，赡恤殷勤，过于故旧，今为贼所围，汝宜赴之。"慈留三日，单步径至都昌。时围尚未密，夜伺间隙，得入见融，因求兵出斫贼。融不听，欲待外救，未有至者，而围日逼。融欲告急平原相刘备，城中人无由得出，慈自请求行。融曰："今贼围甚密，众人皆言不可，卿意虽壮，无乃实难乎？"慈对曰："昔府君倾意于老母，老母感遇，遣慈赴府君之急，固以慈有可取，而来必有益也。今众人言不可，慈亦言不可，岂府君爱顾之义，老母遣慈之意邪？事已急矣，愿府君无疑。"融乃然之。于是严行蓐食，须明，便带鞬摄弓上马，将两骑自随，各作一的持之，开门直出。外围下左右人并惊骇，兵马互出。慈引马至城下堑内，植所持的各一，出射之，射之毕，径入门。明晨复如此，围下人或起或卧，慈复植的，射之毕，复入门。明晨复出如此，无复起者，于是下鞭马直突围中驰去。比贼觉知，慈行已过，又射杀数人，皆应弦而倒，故无敢追者。遂到平原，说备曰："慈，东莱之鄙人也，与孔北海亲非骨肉，比非乡党，特以名志相好，有分灾共患之义。今管亥暴乱，北海被围，孤穷无援，危在旦夕。以君有仁义之名，能救人之急，故北海区区，延颈恃仰，使慈冒白刃，突重围，从万死之中自托于君，惟君所以存之。”备敛容答曰：“孔北海知世间有刘备邪！”即遣精兵三千人随慈。贼闻兵至，解围散走。融既得济，益奇贵慈，曰：“卿吾之少友也。”事毕，还启其母，母曰：“我喜汝有以报孔北海也。”

扬州刺史刘繇与慈同郡，慈自辽东还，未与相见，暂渡江到曲阿见繇，未去，会孙策至。或劝繇可以慈为大将军，繇曰：“我若用子义，许子将不当笑我邪？”但使慈侦视轻重。时独与一骑卒遇策，策从骑十三，皆韩当、宋谦、黄盖辈也。慈便前斗，正与策对。策刺慈马，而揽得慈项上手戟，慈亦得策兜鍪。会两家兵骑并各来赴，于是解散。

慈当与繇俱奔豫章，而遁于芜湖，亡入山中，称丹杨太守。是时，策已平定宣城以东，惟泾以西六县未服。慈因进住泾县，立屯府，大为山越所附。策躬自攻讨，遂见囚执。策即解缚，捉其手曰：“宁识神亭时邪？若卿尔时得我云何？”慈曰：“未可量也。”策大笑曰：“今日之事，当与卿共之。”① 即署门下督，还吴授兵，拜折冲中郎将。后刘繇亡于豫章，士众万余人未有所附，策命慈往抚安焉。② 左右皆曰：“慈必北去不还。”策曰：“子义舍我，当复与谁？”饯送昌门，把腕别曰：“何时能还？”答曰：“不过六十日。”果如期而反。③

①《吴历》云：慈于神亭战败，为策所执。策素闻其名，即解缚请见，咨问进取之术。慈答曰：“破军之将，不足与论事。”策曰：“昔韩信定计于广武，今策决疑于仁者，君何辞焉？”慈曰：“州军新破，士卒离心，若傥分散，难复合聚。欲出宣恩安集，恐不合尊意。”策长跪答曰：“诚本心所望也。明日中，望君来还。”诸将皆疑，策曰：“太史子义，青州名士，以信义为先，终不欺策。”明日，大请诸将，豫设酒食，立竿视影。日中而慈至，策大悦，常与参论诸军事。

臣松之案：《吴历》云慈于神亭战败，为策所得，与本传大异，疑为谬误。

《江表传》曰：策问慈曰：“闻卿昔为太守劫州章，赴文举，请诣玄德，皆有烈义，天下智士也，但所托未得其人耳。射钩斩袪，古人不嫌。孤是卿知己，勿忧不如意也。”出教曰：“龙欲腾翥，先阶尺木者也。”

②《江表传》曰：策谓慈曰：“刘牧往责吾为袁氏攻庐江，其意颇猥，理恕不足。何者？先君手下兵数千余人，尽在公路许。孤志在立事，不得不屈意于公路，求索故兵，再往才得千余人耳。仍令孤攻庐江，尔时事势，不得不为行。但其后不遵臣节，自弃作邪僭事，谏之不从。丈夫义交，苟有大故，不得不离，孤交求公路及绝之本末如此。今刘繇丧亡，恨不及其生时与共论辩。今儿子在豫章，不知华子鱼待遇何如？其故部曲复依随之否？卿则州人，昔又从事，宁能往视其儿子，并宣孤意于其部曲？部曲乐来者便与俱来，不乐来者且安慰之。并观察子鱼所以牧御方规何似，视庐陵、鄱阳人民亲附之否。卿手下兵，宜将多少，自由意。”慈对曰：“慈有不赦之罪，将军量同桓、文，待遇过望。古人报生以死，期于尽节，没而后已。今并息兵，兵不宜多，将数十人，自足以往还也。”

③《江表传》曰：策初遣慈也，议者纷纭，谓慈未可信，或云“与华子鱼州里，恐留

彼为筹策”，或疑慈西托黄祖，假路还北，多言遣之非计。策曰：“诸君语皆非也，孤断之详矣。太史子义虽气勇有胆烈，然非纵横之人。其心有士谟，志经道义，贵重然诺，一以意许知己，死亡不相负，诸君勿复忧也。”慈从豫章还，议者乃始服。慈见策曰：“华子鱼良德也，然非筹略才，无他方规，自守而已。又，丹杨僮芝自擅庐陵，诈言被诏书为太守。鄱阳民帅别立宗部，阻兵守界，不受子鱼所遣长吏，言‘我以别立郡，须汉遣真太守来，当迎之耳’。子鱼不但不能谐庐陵、鄱阳，近自海昏有上缭壁，有五六千家相结聚作宗伍，惟输租布于郡耳，发召一人遂不可得，子鱼亦睹视之而已。”策拊掌大笑，乃有兼并之志矣。顷之，遂定豫章。

刘表从子磐，骁勇，数为寇于艾、西安诸县。策于是分海昏、建昌左右六县，以慈为建昌都尉，治海昏，并督诸将拒磐。磐绝迹不复为寇。

慈长七尺七寸，美须髯，猿臂善射，弦不虚发。尝从策讨麻保贼，贼于屯里缘楼上行詈，以手持楼棼，慈引弓射之，矢贯手著棼，围外万人莫不称善。其妙如此。曹公闻其名，遗慈书，以箧封之，发省无所道，而但贮当归。孙权统事，以慈能制磐，遂委南方之事。年四十一，建安十一年卒。① 子亨，官至越骑校尉。②

①《吴书》曰：慈临亡，叹息曰：“丈夫生世，当带七尺之剑，以升天子之阶。今所志未从，奈何而死乎！”权甚悼惜之。

②《吴书》曰：亨，字元复，历尚书、吴郡太守。

【译文】太史慈，字子义，东莱郡黄县人。年少时好学，在郡里任奏曹史。适逢郡府和州府有矛盾，当时还没有分清谁是谁非，谁先向朝廷报告谁就得利。当时州里的奏章已送出，郡太守担心自己落后，便寻求可以派送奏章的人。太史慈当时二十一岁，被郡守选中上路，他日夜兼程，抵达洛阳，到了通传上奏文书事宜的公车门外，见到州里的小官正要请求通报。太史慈问道：“您是要通报奏章吗？”小官说：“是的。”太史慈又问：“奏章现在何处？”小官说：“在车上。”太史慈又问：“奏章的签署该不会有什么错误吧？拿来看看。”小官并不知道他是东莱人，就为他拿来了奏章。太史慈已先在怀里藏好了刀，拿过奏章就将它砍了个稀巴烂，小官急得跳脚大叫：“这人毁坏了我的奏章！”太史慈把他带到车内，对他说：“假如你刚才不把奏章给我，我也没办法毁坏它，这就是说我们两人的吉凶祸福都是一样的，我不可能一个人承受罪名。我们还不如默不作声一块逃跑，还能落得个逃死就生，胜于让彼此都受到刑法制裁。”小官说：“您替郡里毁坏了我的奏章，已经达到了目的，还要逃跑干什么？”太史慈回答说：“当初受郡里派遣，只是来看州里的奏章送上去了没有。我的处置方式过了头，这才毁了奏章。现在回去，我也担心因此而被谴责迁怒，所以想跟你一起逃走算了。”小官同意了太史慈的提议，当天就与他一起逃走了。太史慈跟他一块出城之后，找了个机会又溜回去递上了郡里的奏章。州里得到消息，改派另一个小官去送奏章，主管官员因通达奏章的原则性问题而不再受理，最终州里承受指责。太史慈因此而出名，却被州牧痛恨。他担心受到祸害，于是就躲避到了辽东。

北海相孔融听说这事后认为太史慈是个奇才，多次派人问候太史慈的母亲，并给予馈赠。当时孔融因为黄巾军作乱烧杀抢掠,出兵驻扎在都昌,被盗贼管亥包围。太史慈从辽东回来,母亲对他说:“你跟孔融从未谋面,从你出门之后,他一直送钱送物,对我关怀备至,超出了故交老友,现在他被强盗包围,你应当赶去帮他。”太史慈在家只待了三天,就一个人步行来到了都昌。当时城外的包围还不很严密,太史慈等到夜里找到时机,得以进城会见孔融,当下就请求领兵出城杀贼。孔融不听,想等外面的援兵到来,可是一直没能等到援兵,城外的围困却一天比一天严重。孔融想向平原相刘备紧急求援,但城里的人无法出去,太史慈主动请求前往平原。孔融说:“现在强盗的包围密不透风,大家都说出不去,你的决心虽然很大,可真要出去这难度不也确实很大吗?”太史慈说:“过去您那样诚心诚意关照我的母亲,老母亲感激您的恩遇,让我在您有急难的时候帮助您,这是老母本认为我有可取之处,来了必定对您有些益处。现在大家都说不行,我太史慈也跟着说不行,难道这就是您关爱我的母亲,老母亲让我来助您的本心吗?事情已经很紧急了,希望您别再犹豫。”孔融这才同意。于是,太史慈收拾行装并草草填饱肚子,等到天明,就带上箭袋持弓上马,让两名骑兵跟在身后,各做一个靶子拿在手上,打开城门径直出去。外面包围的人都大为惊骇,步兵、骑兵纷纷出动。太史慈牵着马来到城下的壕沟内,插好随行骑兵所拿的两个箭靶,然后出壕沟射靶,射完后,又径直入城。第二天早晨又像这样,城外包围的人有的起身观望,有的趴着不动,太史慈又插好靶,射完后又入城去了。第三天早晨又像这样,包围的人再也没人起身,太史慈于是挥鞭策马直向包围圈冲出去。等到强盗们醒悟过来,太史慈已冲出包围圈,同时又发箭射死了好几人,都是应弦而倒,所以没人敢去追他。于是赶到平原,劝刘备说:“我太史慈,只是东莱的普通百姓而已,与孔融既非骨肉亲情,也不是同乡,纯粹因为彼此志趣相投而相互友好,有分担灾祸共御患难的情义。现在管亥行凶作乱,孔融身陷重围,突围无望而孤立无援,情形已是万分危急。因为您有仁义的名声,能够拯救他人于急难,所以孔融热切希望能得到您的救助,才派我冒白刃,突重围,从万死之中将自己托付于您,希望您想办法让他死里逃生。”刘备严肃地回答说:“孔融知道这世间有刘备啊!”立即派精兵三千跟随太史慈前去。强盗们听说救兵已到,便解除包围四散逃走了。孔融得到解救后,越发认为太史慈是个奇才,也就更加看重他,说:“您是我的小友。”事情完毕,太史慈回去告知母亲,母亲说:“我真高兴你能报答孔融。”

扬州刺史刘繇跟太史慈是同郡人,太史慈从辽东回来,没有跟他见面,不久渡过长江到曲阿见了刘繇,还没有离开,恰在这时孙策率军到达。有人劝刘繇可以让太史慈做大将军,刘繇说:“我如果任用太史慈,许劭不是就要嘲笑我了吗?”只派太史慈去侦察孙策兵马的多寡虚实。当时太史慈只带着一名骑兵仓促间遭遇孙策,而骑马跟着孙策的有十三人,都是韩当、宋谦、黄盖之类的一流勇将。太史慈便直冲上去交手,正对孙策。孙策刺太史慈的马,夺走了太史慈插在背后的手戟,太史慈也夺得了孙策的头盔。正好此时双方的步、骑兵都赶来了,于是各自罢手散去。

太史慈本应跟刘繇一起逃往豫章,可他却悄悄来到芜湖,逃进山中,自称丹杨太守。这时,孙策已平定了宣城以东地区,只有泾县以西的六个县尚未归服。太史慈当即率兵驻扎泾县,设置屯府,很得山越民众的归附。孙策亲自率兵攻打,太史慈因而被抓获。孙策立即给他松绑,握住他的手说:“还记得在神亭的那个时候吗?如果您当时抓到我会怎样呢?”太史慈说:“那就很难说了。”孙策大笑说:“当前的事业,我要跟您共同开创。”当即任命太史慈为门下督,回到吴郡后又授给他士兵,让他担任折冲中郎将。后来刘繇在豫章病死,部下一万多人没有归属,孙策命太史慈前去安抚招集。孙策的左右心腹都说:“太史慈一定会往北而去不再回来。”孙策说:“太史慈除了我,还能归附谁?”孙策在昌门给太史慈饯行,握着他的手臂问:“何时能够返回?”太史慈回答说:“不超过六十天。”他果然如期返回。

刘表的侄子刘磐,为人勇猛,多次到艾县和西安各县掠夺骚扰。于是,孙策分出海昏、建昌周边六个县,任命太史慈为建昌都尉,治所设在海昏,负责率诸将防御刘磐。于是刘磐绝迹,不敢再来这些地方作乱。

太史慈身高七尺七寸,长须飘逸俊美,手臂长如猿猴,善于射箭,箭无虚发。曾经跟随孙策征讨麻保贼,屯堡里有贼兵爬到楼上恶骂,手扶在楼梁上,太史慈张弓射去,箭穿透那人的手钉在梁上,外面包围的兵士上万人没有不叫好的。他的箭法就是如此神妙。曹操听说了太史慈的大名,就给他送来书信,用小箱子封着,太史慈打开看里面也没写一个字,只是装了当归这种中药。孙权掌权以后,因为太史慈能制服刘磐,于是委任他管理南方的事务。他四十一岁时,即建安十一年去世。儿子太史亨,官做到越骑校尉。

士燮　士壹、士䵋、士徽、士匡

【原文】士燮,字威彦,苍梧广信人也。其先本鲁国汶阳人,至王莽之乱,避地交州。六世至燮父赐,桓帝时为日南太守。燮少游学京师,事颍川刘子奇,治《左氏春秋》。察孝廉,补尚书郎,公事免官。父赐丧阕后,举茂才,除巫令,迁交阯太守。

弟壹,初为郡督邮,刺史丁宫征还京都,壹侍送勤恪,宫感之,临别谓曰:“刺史若待罪三事,当相辟也。”后宫为司徒,辟壹。比至,宫已免,黄琬代为司徒,甚礼遇壹。董卓作乱,壹亡归乡里。[①] 交州刺史朱符为夷贼所杀,州郡扰乱。燮乃表壹领合浦太守,次弟徐闻令䵋领九真太守,[②] 䵋弟武,领南海太守。

①《吴书》曰:琬与卓相害,而壹尽心于琬,甚有声称。卓恶之,乃署教曰:“司徒掾士壹,不得除用。”故历年不迁。会卓入关,壹乃亡归。

② 䵋,音于鄙反,见《字林》。

燮体器宽厚,谦虚下士,中国士人往依避难者以百数。耽玩《春秋》,为之注解。陈国袁徽与尚书令荀彧书曰:“交阯士府君既学问优博,又达于从政,处大乱之中,保全一郡,二十余年疆埸无事,民不失业,羁旅之徒,皆蒙其庆,虽窦融保河西,曷以加之?官事小阕,辄玩习书传,《春秋左氏传》尤简练精微,吾数以咨问《传》中诸疑,皆有师说,意思甚密。又《尚书》兼通古今,大义详备。闻京师古今之学,是非忿争,今欲条《左氏》《尚书》长义上之。”其见称如此。

燮兄弟并为列郡，雄长一州，偏在万里，威尊无上。出入鸣钟磬，备具威仪，笳箫鼓吹，车骑满道，胡人夹毂焚烧香者常有数十。妻妾乘辎軿，子弟从兵骑，当时贵重，震服百蛮，尉他不足逾也。[①] 武先病没。

① 葛洪《神仙传》曰：燮尝病死，已三日，仙人董奉以一丸药与服，以水含之，捧其头摇消之，食顷，即开目动手，颜色渐复，半日能起坐，四日复能语，遂复常。奉，字君异，候官人也。

朱符死后，汉遣张津为交州刺史，津后又为其将区景所杀，而荆州牧刘表遣零陵赖恭代津。是时，苍梧太守史璜死，表又遣吴巨代之，与恭俱至。汉闻张津死，赐燮玺书曰："交州绝域，南带江海，上恩不宣，下义壅隔，知逆贼刘表又遣赖恭窥看南土，今以燮为绥南中郎将，董督七郡，领交阯太守如故。"后燮遣吏张旻奉贡诣京都，是时天下丧乱，道路断绝，而燮不废贡职，特复下诏拜安远将军，封龙度亭侯。

后巨与恭相失，举兵逐恭，恭走还零陵。建安十五年，孙权遣步骘为交州刺史。骘到，燮率兄弟奉承节度。而吴巨怀异心，骘斩之。权加燮为左将军。建安末年，燮遣子廞入质，权以为武昌太守，燮、壹诸子在南者，皆拜中郎将。燮又诱导益州豪姓雍闿等，率郡人民使遥东附，权益嘉之，迁卫将军，封龙编侯，弟壹偏将军，都乡侯。燮每遣使诣权，致杂香细葛，辄以千数，明珠、大贝、流离、翡翠、玳瑁、犀、象之珍，奇物异果，蕉、邪、龙眼之属，无岁不至。壹时贡马凡数百匹。权辄为书，厚加宠赐，以答慰之。燮在郡四十余岁，黄武五年，年九十卒。

权以交阯县远，乃分合浦以北为广州，吕岱为刺史；交阯以南为交州，戴良为刺史。又遣陈时代燮为交阯太守，岱留南海。良与时俱前行到合浦，而燮子徽自署交阯太守，发宗兵拒良，良留合浦。交阯桓邻，燮举吏也，叩头谏徽使迎良，徽怒，笞杀邻。邻兄治子发又合宗兵击徽，徽闭门城守，治等攻之数月不能下，乃约和亲，各罢兵还。而吕岱被诏诛徽，自广州将兵昼夜驰入，过合浦，与良俱前。壹子中郎将匡与岱有旧，岱署匡师友从事，先移书交阯，告喻祸福，又遣匡见徽，说令服罪，虽失郡守，保无他忧。岱寻匡后至，徽兄祗，弟干、颂等六人肉袒奉迎。岱谢令复服，前至郡下。明旦早施帐幔，请徽兄弟以次入，宾客满坐。岱起，拥节读诏书，数徽罪过，左右因反缚以出，即皆伏诛，传首诣武昌。[①] 壹、䵋、匡后出，权原其罪，及燮质子廞，皆免为庶人。数岁，壹、䵋坐法诛。廞病卒，无子，妻寡居，诏在所月给俸米，赐钱四十万。

① 孙盛曰：夫柔远能迩，莫善于信；保大定功，莫善于义。故齐桓创基，德彰于柯会；晋文始伯，义显于伐原。故能九合一匡，世主夏盟，令问长世，贻范百王。吕岱师友士匡，使通信誓，徽兄弟肉袒，推心委命，岱因灭之，以要功利，君子是以知孙权之不能远略，而吕氏之祚不延者也。

【译文】士燮，字威彦，苍梧郡广信县人。他的先祖本是鲁国汶阳人，到王莽作乱时，避乱来到交州。六代之后到了士燮的父亲士赐，汉桓帝时任日南太守。士燮年轻时到京城求学，拜颍川人刘子奇为师，研究《左氏春秋》。后被荐举为孝廉，补授尚书郎，因公事被免去官职。为父亲服丧期满后，士燮被推举为茂才，担任巫县县令，后又升任交阯太守。

士燮的弟弟士壹，最初担任郡里的督邮，刺史丁宫被征召返回京都，士壹随行侍候十分勤勉恭敬，丁宫为之感动，临别时说："我以后如果能有幸位居三公，理当征召你。"后来丁宫担任司徒，就征召士壹。等士壹到达，丁宫已被免职，黄琬接替他为司徒，对士壹更加以礼相待。董卓作乱，士壹逃回故乡。交州刺史朱符被作乱的夷民杀害，州郡动荡不宁。于是，士燮表奏让士壹兼任合浦太守，让二弟徐闻县令士䵋兼任九真太守，士䵋的弟弟士武兼任南海太守。

士燮为人宽容厚道，胸怀谦虚而礼贤下士，中原士人去依附他避难的数以百计。他专心研究《春秋》，给它作注解。陈国名儒袁徽给尚书令荀彧写信说："交阯郡士燮学问渊博，又善于处理政务，处在大乱年代，能保持一个郡的安定，二十多年境内没有什么变故，百姓没有失去谋生的职业，外来客居的人士都蒙受他的好处，即使是窦融保全河西，又怎么能超过他呢？政事稍有空闲，他就玩味研习古人典籍，《春秋左氏传》尤其被他钻研到了简要精炼、微妙细致的程度，我多次向他咨询《传》里的许多疑问，他的解答都以大师的学说作为依据，表述十分细密。他还兼通古文《尚书》和今文《尚书》，对于《尚书》包含的要义了解得详细完备。他听说京城里古文学派和今文学派之间，各持己见争执不休，就想分条列出他对《左氏春秋》和《尚书》的研究创见上呈朝廷。"士燮被人称道就都像这样。

士燮兄弟同时担任各郡太守，称雄于一州之内，虽然僻处于万里之外，威望和地位却至高无上。出入鸣钟击磬，仪仗完备，笳箫鼓吹，车骑满道，当地人在车马两旁焚香拜见的常常有几十个。妻妾们都乘坐有车盖和帷幕的车子，子弟都有跟随的步兵骑士，当时他们的贵重地位，使各种蛮夷都震动归服，就是秦汉之际独霸南越的尉他也不足以超过他们的威风气派。士武因病先去世。

朱符死后，汉廷派张津担任交州刺史，张津后来又被部将区景杀害，荆州牧刘表派遣零陵人赖恭接替张津。这时苍梧太守史璜去世，刘表又派吴巨接替他，吴巨跟赖恭同时到达。汉廷得知张津已死，就赐给士燮诏书说："交州远隔内地，南靠江海，皇上的恩典不能宣达，臣下的忠义之心受到阻隔，获悉逆贼刘表又派赖恭觊觎南边的疆土，现在任命士燮为绥南中郎将，总督南边七郡，照旧兼任交阯太守。"后来士燮派官吏张旻到京城进贡，当时天下混乱不堪，道路隔绝，而士燮没有因此而荒废人臣朝贡的职责，皇帝特地再次下诏任命他为安远将军，封给他龙度亭侯的爵位。

后来吴巨与赖恭失和，吴巨发兵驱逐赖恭，赖恭逃回零陵。建安十五年，孙权派步骘任交州刺史。步骘到达后，士燮率领兄弟接受节制调度。而吴巨却怀有异心，步骘斩了他。孙权加任士燮为左将军。建安末年，士燮遣送儿子士廞去吴国做人质，孙权任命士廞为武昌太守，士燮、士壹在南方的几个儿子，都被任命为中郎将。士燮又诱导益州的大姓雍闿等人，率领郡中百姓在遥远的地方归附远在东方的吴国，孙权对士燮更加赞赏，升他为卫将军，封龙编侯，升士壹为偏将军，封都乡侯。士燮每每派使者去朝见孙权，都向他进献各种香料和细纹葛布，总是数以千计，明珠、大贝、琉璃、翡翠、玳瑁、犀角、象牙之类的珍品，还有奇异果品，如香蕉、椰子、龙眼之类，没有哪一年不曾送到。士壹则时常进贡骏马，累计数百匹。孙权就下诏书，给予他们优厚的恩赐，以此回报安抚他们。士燮在郡四十多年，黄武五年去世，时年九十岁。

孙权因为交阯偏远，于是分出合浦以北设置广州，任用吕岱为刺史；交阯以南为交州，任用戴良担任刺史。又派陈时接替士燮为交阯太守，吕岱留驻南海。戴良与陈时一起前行到达合浦，而士燮的儿子士徽已自任交阯太守，派宗族兵马抵抗戴良，戴良被阻，留在合浦。交阯人桓邻，是士燮推荐的官吏，他叩头劝说士徽派人去迎接戴良，士徽发怒，用鞭刑将桓邻活活打死。桓邻的哥哥桓治的儿子桓发又集合宗族人马攻打士徽，士徽闭门守城，桓治等人攻打了几个月没能攻克，于是双方商议讲和，各自退兵回去。吕岱接受诏命前往诛讨士徽，从广州领兵昼夜兼程而来，经过合浦，与戴良会合往前推进。士壹的儿子中郎将士匡与吕岱以前就有交情，吕岱任命士匡为师友从事，他先送信到交阯，向士徽说明祸福关系，又派士匡去见士徽，让他劝说士徽归附请罪，虽然会失去郡守之职，但保证他没有别的忧患。吕岱在士匡到达交阯之后也很快到达，士徽以及哥哥士祗，弟弟士干、士颂等六人都脱衣袒露上身恭迎吕岱。吕岱拜谢后又令他们重新穿上衣服，继续前进到达郡治所在。第二天一早吕岱就设置好军帐，请士徽兄弟依次进入，宾客满座。吕岱起身，怀抱符节宣读诏书，历数士徽的罪行，左右随从于是反绑士徽等人推出军帐，当即全部处死，把他们的首级传送往武昌。士壹、士䵋、士匡因后来出面参与平叛，孙权宽免了他们的罪过，把他们以及士燮在吴为人质的儿子士廞，都贬为平民。几年后，士壹、士䵋违法被处死。士廞病死，没有儿子，妻子寡居，孙权下诏让她居住地的官府每月给她供给俸米，赐钱四十万。

【原文】评曰：刘繇藻厉名行，好尚臧否，至于扰攘之时，据万里之土，非其长也。太史慈信义笃烈，有古人之分。士燮作守南越，优游终世，至子不慎，自贻凶咎，盖庸才玩富贵而恃阻险，使之然也。

【译文】评论说：刘繇砥砺名节，喜好品评褒贬人物，至于说抓住动荡不宁的时机，占据万里疆土，就不是他的长处了。太史慈坚守信用道义，忠贞壮烈，有古人的风范。士燮身为南越一郡太守，悠闲自在一直到老，到了儿子这一代不能谨慎做人，自取灭门大祸，大概是才能平庸之辈贪图富贵并且仗着有山川险阻可以凭借，才使得他们有这样的结局吧。

卷五十 吴书五

妃嫔传第五

孙破虏吴夫人 吴景

【原文】孙破虏吴夫人，吴主权母也。本吴人，徙钱唐，早失父母，与弟景居。孙坚闻其才貌，欲娶之。吴氏亲戚嫌坚轻狡，将拒焉，坚甚以惭恨。夫人谓亲戚曰："何爱一女以取祸乎？如有不遇，命也。"于是遂许为婚，生四男一女。①

①《搜神记》曰：初，夫人孕而梦月入其怀，既而生策。及权在孕，又梦日入其怀，以告坚曰："昔妊策，梦月入我怀，今也又梦日入我怀，何也？"坚曰："日月者阴阳之精，极贵之象，吾子孙其兴乎！"

景常随坚征伐有功，拜骑都尉。袁术上景领丹杨太守，讨故太守周昕，遂据其郡。孙策与孙河、吕范依景，合众共讨泾县山贼祖郎，郎败走。会景为刘繇所迫，景复北依术，术以为督军中郎将，与孙贲共讨樊能、于麋于横江，又击笮融、薛礼于秣陵。时策被创牛渚，降贼复反，景攻讨，尽禽之。从讨刘繇，繇奔豫章，策遣景、贲到寿春报术。术方与刘备争徐州，以景为广陵太守。术后僭号，策以书喻术，术不纳，便绝江津，不与通，使人告景。景即委郡东归，策复以景为丹杨太守。汉遣议郎王诵，①衔命南行，表景为扬武将军，领郡如故。

①诵，音普。

及权少年统业，夫人助治军国，甚有补益。①建安七年，临薨，引见张昭等，属以后事。合葬高陵。②

①《会稽典录》曰：策功曹魏腾，以迕意见谴，将杀之，士大夫忧恐，计无所出。夫人乃倚大井而谓策曰："汝新造江南，其事未集，方当优贤礼士，舍过录功。魏功曹在公尽规，汝今日杀之，则明日人皆叛汝。吾不忍见祸之及，当先投此井中耳。"策大惊，遽释腾。夫人智略权谲，类皆如此。

②《志林》曰：按会稽贡举簿，建安十二年到十三年阙，无举者，云"府君遭忧"，此则吴后以十二年薨也。八年、九年皆有贡举，斯甚分明。

八年，景卒官，子奋授兵为将，封新亭侯，卒。①子安嗣，安坐党鲁王霸死。奋弟祺，②封都亭侯，卒。子纂嗣。纂妻即滕胤女也，胤被诛，并遇害。

①《吴书》曰：权征荆州，拜奋吴郡都督，以镇东方。

②《吴书》曰：祺与张温、顾谭友善，权令关平辞讼事。

【译文】孙坚吴夫人，是吴国君主孙权的母亲。她本来是吴郡吴县人，后来迁居本郡钱唐县，很早就没了父母，与弟弟吴景在一起生活。孙坚听说她才貌双全，想娶她为妻。而吴家的亲戚嫌孙坚轻率狡猾，打算拒绝他，孙坚感到非常羞愧遗憾。夫人对亲戚们说："何必因为爱惜我一个女子而招取灾祸呢？如果我和他生活不幸福，那也是命中注定的事。"于是同意与孙坚结婚，婚后生了四男一女。

她的弟弟吴景随孙坚南征北战有功，被任命为骑都尉。袁术上表朝廷任命吴景兼任丹杨郡太守，让他进攻以前的太守周昕，于是占据了丹杨郡。孙策与孙河、吕范去依附吴景，他们招集人马一同进攻泾县山区的叛军首领祖郎，祖郎大败而逃。后来受刘繇逼迫，吴景又北渡长江去投靠袁术，袁术任命他为督军中郎将，他与孙贲一起在横江攻打刘繇部将樊能、于麋，又到秣陵县袭击笮融、薛礼。当时孙策在牛渚之战中受伤，已经投降的敌军又再度反叛，吴景指挥人马作战，把叛军全部擒获。吴景随孙策讨伐刘繇，刘繇逃往豫章，孙策派吴景、孙贲到寿春去向袁术报告。当时袁术正在和刘备争夺徐州，就委任吴景为徐州广陵郡太守。袁术后来僭位称帝，孙策写信劝告袁术，袁术拒不听从，孙策立即封锁长江沿岸渡口，断绝与袁术的来往，同时派人赶去通知吴景。吴景立即离开广陵郡回到江东，孙策又让他担任丹杨郡太守。这时汉朝廷派遣议郎王诵带着诏命南下江东，任命吴景为扬武将军，依旧兼任丹杨郡太守。

到了年少的孙权继承大业，吴夫人帮助儿子治理军队和国家，在弥补不足方面很有益处。建安七年，她在临死之前，召张昭等人到卧房见面，把身后的事情嘱托给他们。她死后与孙坚合葬在高陵。

建安八年，吴景死在任上，儿子吴奋被授予兵马担任将领，封为新亭侯，后来也去世了。吴奋的儿子吴安继承了他的爵位，吴安因为亲附鲁王孙霸被牵连治罪处死。吴奋的弟弟吴祺又继承吴奋的爵位，被封为都亭侯，之后去世。吴祺的儿子吴纂继承爵位。吴纂的妻子就是滕胤的女儿，滕胤被诛杀时，她也一并被处死了。

吴主孙权谢夫人

【原文】吴主权谢夫人，会稽山阴人也。父煚，汉尚书郎、徐令。① 权母吴为权聘以为妃，爱幸有宠。后权纳姑孙徐氏，欲令谢下之，谢不肯，由是失志，早卒。后十余年，弟承拜五官郎中，稍迁长沙东部都尉、武陵太守，撰《后汉书》百余卷。②

①煚子承撰《后汉书》，称煚幼以仁孝为行，明达有令才。煚弟贞，履蹈法度，笃学尚义，举孝廉，建昌长，卒官。

②《会稽典录》曰：承，字伟平，博学洽闻，尝所知见，终身不忘。子崇扬威将军，崇弟勖吴郡太守，并知名。

【译文】吴主孙权谢夫人，会稽郡山阴县人。她的父亲谢煚，在汉朝任尚书郎、徐县县令。孙权的母亲吴夫人为孙权聘娶谢氏为妃，孙权很宠爱她。后来孙权又娶了姑母的孙女徐氏，想让谢夫人屈居徐氏之下，她坚决不肯，因此失去孙权的欢心，早早去世。她去世之后十多年，弟弟谢承被任命为五官郎中，逐渐升任长沙郡东部都尉、武陵郡太守，他撰写了《后汉书》一百多卷。

吴主孙权徐夫人　徐真、徐琨

【原文】吴主权徐夫人，吴郡富春人也。祖父真，与权父坚相亲，坚以妹妻真，生琨。琨少仕州郡，汉末扰乱，去吏，随坚征伐有功，拜偏将军。坚薨，随孙策讨樊能、于麋等于横江，击张英于当利口，而船少，欲驻军更求。琨母时在军中，谓琨曰："恐州家多发水军来逆人，则不利矣，如何可驻邪？宜伐芦苇以为泭，① 佐船渡军。"琨具启策，策即行之，众悉俱济，遂破英，击走笮融、刘繇，事业克定。策表琨领丹杨太守，会吴景委广陵来东，复为丹杨守，② 琨以督军中郎将领兵。从破庐江太守李术，封广德侯，迁平虏将军。后从讨黄祖，中流矢卒。

①泭，音敷。郭璞注《方言》曰："泭，水中簰也。"

②《江表传》曰：初，袁术遣从弟胤为丹杨，策令琨讨而代之。会景还，以景前在丹杨，宽仁得众，吏民所思，而琨手下兵多，策嫌其太重，且方攻伐，宜得琨众，乃复用景，召琨还吴。

琨生夫人，初适同郡陆尚。尚卒，权为讨虏将军在吴，聘以为妃，使母养子登。后权迁移，以夫人妒忌，废处吴。积十余年，权为吴王及即尊号，登为太子，群臣请立夫人为后，权意在步氏，卒不许。后以疾卒。兄矫，嗣父琨侯，讨平山越，拜偏将军，先夫人卒，无子。弟祚袭封，亦以战功至芜湖督、平魏将军。

【译文】吴主孙权徐夫人，吴郡富春县人。祖父徐真，与孙权父亲孙坚很亲近，孙坚把妹妹嫁给徐真，生下了徐琨。徐琨从年轻时起就在本州本郡任职，汉朝末年天下动乱，他辞去职务，随舅父孙坚四处征战立有战功，被任命为偏将军。孙坚去世，他随孙策在横江进攻樊能、于麋，又在当利口袭击张英，当时部队中战船很少，孙策准备停下来派人四处去搜求船只。徐琨的母亲孙氏当时在军队中，对徐琨说："恐怕州府会调派大量水军来阻击我们，这样形势对我们就不利了，怎么能停下来呢？应当砍伐江边的芦苇作成筏子，辅助战船送军队渡过长江。"徐琨把她的建议向孙策报告，孙策立即施行，部队全部渡过长江，于是击溃了张英，打跑了笮融、刘繇，平定了江东，奠定了基业。孙策上表朝廷让徐琨兼任丹杨郡太守，恰在这时吴景丢下广陵郡回到江东，孙微又表奏他担任丹杨郡太守，徐琨改任督军中郎将带领军队。徐琨随从孙策击败庐江郡太守李术，封广德侯，升任平虏将军。后来他随从大军进攻黄祖，被流箭射中而去世。

徐琨生徐夫人，她起初嫁给了同郡的陆尚。陆尚去世，孙权担任讨虏将军驻扎在吴郡，聘徐氏为妃，让她作为养母抚育长子孙登。后来孙权对徐氏的宠爱发生转变，因为她的妒忌，孙权把她废掉并安置在吴郡居住。过了十多年，孙权当上吴王后来又称帝，孙登被立为太子，群臣都请求立徐氏为后，而孙权的意思是要立步氏，所以最终没有同意。之后徐氏因病去世。徐氏的哥哥徐矫，继承了父亲徐琨的爵位，领兵讨伐平定山越，被任命为偏将军，他在徐夫人之前去世，没有儿子。徐矫的弟弟徐祚继承了徐矫的爵位，也因立下战功而升任芜湖都督、平魏将军。

吴主孙权步夫人

【原文】吴主权步夫人，临淮淮阴人也，与丞相骘同族。汉末，其母携将徙庐江，庐江为孙策所破，皆东渡江，以美丽得幸于权，宠冠后庭。生二女，长曰鲁班，字大虎，前配周瑜子循，后配全琮；少曰鲁育，字小虎，前配朱据，后配刘纂。①

①《吴历》曰：纂先尚权中女，早卒，故又以小虎为继室。

夫人性不妒忌，多所推进，故久见爱待。权为王及帝，意欲以为后，而群臣议在徐氏，权依违者十余年，然宫内皆称皇后，亲戚上疏称中宫。及薨，臣下缘权指，请追正名号，乃赠印绶，策命曰："惟赤乌元年闰月戊子，皇帝曰：呜呼皇后，惟后佐命，共承天地，虔恭夙夜，与朕均劳。内教修整，礼义不愆。宽容慈惠，有淑懿之德。民臣县望，远近归心。朕以世难未夷，大统未一，缘后雅志，每怀谦损，是以于时未授名号，亦必谓后降年有永，永与朕躬对扬天休。不寤奄忽，大命近止。朕恨本意不早昭显，伤后殂逝，不终天禄。愍悼之至，痛于厥心。今使使持节、丞相、醴陵亭侯雍奉策授号，配食先后。魂而有灵，嘉其宠荣。呜呼哀哉！"葬于蒋陵。

【译文】吴主孙权步夫人，临淮郡淮阴县人，与丞相步骘同宗族。汉朝末年，她的母亲带她迁居到庐江郡，庐江被孙策攻破，当地人民都被迁到江东，她因为容貌美丽而得孙权宠幸，在后宫中受到的宠爱无人可比。她生了两个女儿，长女名鲁班，字大虎，先嫁给周瑜的儿子周循，后来又嫁给全琮；小女名鲁育，字小虎，先嫁给朱据，后来又嫁给刘纂。

步夫人生性不妒忌，向孙权推荐了不少女子，所以长久受到宠爱和厚待。孙权当了吴王后来又称帝，心里一直想立她为后，而群臣却议论立徐夫人为后，对此孙权十多年犹豫不决，不过皇宫之内都称步氏为皇后，皇室亲戚向孙权上奏时提到她也称中宫。步夫人去世时，臣僚依照孙权的心意，请求为她追正名号，于是孙权赐给她皇后的印章、绶带，并下达册立皇后的文书说："赤乌元年闰十月初一日，皇帝说：唉！皇后！想起你禀受天命辅佐我，与我共同承当对天地的祭祀，日夜虔诚恭敬，与朕分担劳苦。你使宫内的教化振兴整肃，没有人违背礼义。你为人宽容仁慈广施恩惠，具有贤淑美好的品德。你受到民众臣僚的遥遥仰望，远近的人都衷心拥护你。朕因为世间上的祸难还没有平定，天下还没有统一，又因为皇后你素来有高雅志向，常常抱着谦退自抑的态度，所以在当初没有授予你皇后的名号，再说我也认定皇后你寿命长久，将永远与朕显扬上天赐给的恩泽。不料你在忽然之间，生命就告终止。联既遗憾自己的本意没有及早显示，又悲伤皇后永别人间，没能完全享受到上天的赐福。朕怜悯哀痛，伤心到了极点。现今派使持节、丞相、醴陵亭侯顾雍，带着文书前来授予你皇后称号，并让你陪同已故的皇太后一起享受祭祀。你的魂如有灵，也将会喜欢这样的荣宠。呜呼哀哉！"她的遗体被安葬在建业的蒋陵。

吴主孙权王夫人(一)

【原文】吴主权王夫人,琅邪人也。[①] 夫人以选入宫,黄武中得幸,生和,宠次步氏。步氏薨后,和立为太子,权将立夫人为后,而全公主素憎夫人,稍稍谮毁。及权寝疾,言有喜色,由是权深责怒,以忧死。和子皓立,追尊夫人曰大懿皇后,封三弟皆列侯。

①《吴书》曰:夫人父名卢九。

【译文】吴主孙权王夫人,琅邪郡人。她因为被选中而进入宫中,在黄武年间得到孙权的宠爱,生下儿子孙和,受宠程度仅次于步氏。步氏去世之后,孙和被立为太子,孙权打算立王夫人为皇后,而孙权的大女儿,也就是嫁给全琮的公主鲁班,素来憎恨王夫人,就不断对她进行诬陷诋毁。孙权卧病在床时,公主鲁班说王夫人脸上有喜悦的神色,孙权为此愤怒斥责王夫人,王夫人在忧惧中很快去世。孙和的儿子孙皓被立为皇帝之后,追尊王夫人为大懿皇后,封她的三个弟弟为列侯。

吴主孙权王夫人(二)

【原文】吴主权王夫人,南阳人也,以选入宫,嘉禾中得幸,生休。及和为太子,和母贵重,诸姬有宠者,皆出居外。夫人出公安,卒,因葬焉。休即位,遣使追尊曰敬怀皇后,改葬敬陵。王氏无后,封同母弟文雍为亭侯。

【译文】吴主孙权王夫人,南阳郡人,她也因为被选中而进入宫中,在嘉禾年间得到孙权的宠幸,生下儿子孙休。孙和被立为太子之后,孙和的母亲地位也变得尊贵重要,所以平常受到孙权宠爱的姬妾们,都被送出皇宫到外地居住。王夫人被送到公安,在那里去世,并葬在那里。孙休即位为皇帝,派使者去追尊她为敬怀皇后,并将她改葬在敬陵。王氏没有后代,孙休封她同母异父的弟弟文雍为亭侯。

吴主孙权潘夫人

【原文】吴主权潘夫人,会稽句章人也。父为吏,坐法死。夫人与姊俱输织室,权见而异之,召充后宫。得幸有娠,梦有以龙头授己者,己以蔽膝受之,遂生亮。赤乌十三年,亮立为太子,请出嫁夫人之姊,权听许之。明年,立夫人为皇后。性险妒容媚,自始至卒,谮害袁夫人等甚众。[①] 权不豫,夫人使问中书令孙弘吕后专制故事。侍疾疲劳,因以羸疾,诸宫人伺其昏卧,共缢杀之,托言中恶。后事泄,坐死者六七人。权寻薨,合葬蒋陵。孙亮即位,以夫人姊婿谭绍为骑都尉,授兵。亮废,绍与家属送本郡庐陵。

①《吴录》曰:袁夫人者,袁术女也。有节行而无子,权数以诸姬子与养之,辄不育。及步夫人薨,权欲立之。夫人自以无子,固辞不受。

【译文】吴主孙权潘夫人,会稽郡句章县人。她的父亲曾在官府中当差,因犯法被处死。她和姐姐因此被送到皇宫中的纺织作坊做苦工,孙权看到她后认为她很不寻常,将她补充为后宫的宫女。得到孙权的宠爱后她有了身孕,梦见有人拿了一只龙头给她，她用自己的围裙接住，后来就生下了孙亮。赤乌十三年，孙亮被立为太子，请求把潘夫人的姐姐放出皇宫嫁人，孙权同意了。第二年，孙权宣布立潘夫人为皇后。她的性情凶险妒忌，善于取悦献媚，从开始到她去世，诋毁陷害袁夫人等许多人。孙权病重，她派人到中书令孙弘那里去询问从前吕后独断政事的旧事。由于侍候重病的孙权过于疲劳，她因此身体虚弱而生病，宫女们趁她昏睡之后，一起上前把她勒死，然后谎称她受到恶鬼伤害。后来事情败露，因此被治罪处死的有六七人。孙权不久也去世，两人合葬在建业的蒋陵。孙亮即位为帝，委任潘夫人的姐夫谭绍为骑都尉，授予兵马。孙亮被废黜，谭绍及其家属被押送回家乡庐陵郡。

孙亮全夫人

【原文】孙亮全夫人，全尚女也。从祖母公主爱之，每进见辄与俱。及潘夫人母子有宠，全主自以与孙和母有隙，乃劝权为潘氏男亮纳夫人，亮遂为嗣。夫人立为皇后，以尚为城门校尉，封都亭侯，代滕胤为太常、卫将军，进封永平侯，录尚书事。时全氏侯有五人，并典兵马，其余为侍郎、骑都尉，宿卫左右，自吴兴，外戚贵盛莫及。及魏大将诸葛诞以寿春来附，而全怿、全端、全祎、全仪等并因此际降魏，全熙谋泄见杀，由是诸全衰弱。会孙綝废亮为会稽王，后又黜为候官侯，夫人随之国，居候官，尚将家属徙零陵，追见杀。①

①《吴录》曰：亮妻惠解有容色，居候官，吴平乃归，永宁中卒。

【译文】孙亮全夫人，是全尚的女儿。她的堂祖母，也就是孙权的大女儿公主鲁班，对她非常疼爱，每次进宫见孙权都要带着她。潘夫人母子得宠之后，公主鲁班因为自己与孙和的母亲王夫人有矛盾，所以竭力劝孙权为潘夫人的儿子孙亮娶全氏为妻，后来孙亮终成为继承人。孙亮登上帝位，立全夫人为皇后，任命全夫人的父亲全尚为城门校尉，封都亭侯，代替滕胤任太常、卫将军，晋封永平侯，总管尚书台事务。当时全氏家族有五人封侯，都负责统领军队，其余的人也担任侍郎、骑都尉，在皇帝左右充当侍卫，自从吴国兴起，孙氏外戚没有谁家比得上全氏的尊贵兴盛。后来魏军大将诸葛诞献上寿春城来降，而全怿、全端、全祎、全仪等都在这时投降魏国，全熙在密谋败露后被处死，全氏从此势力衰弱。这时孙綝废黜孙亮为会稽王，之后又将他贬为候官侯，全夫人跟从他一起前往封地，居住在候官县，全尚及其家属被流放到零陵郡，途中他被朝廷派来的使者杀死了。

孙休朱夫人

【原文】孙休朱夫人，朱据女，休姊公主所生也。① 赤乌末，权为休纳以为妃。休为琅邪王，随居丹杨。建兴中，孙峻专政，公族皆患之。全尚妻即峻姊，故惟全主祐焉。初，孙和为太子时，全主谮害王夫人，欲废太子，立鲁王，朱主不听，由是有隙。五凤中，孙仪谋杀峻，事觉被诛。全主因言朱主与仪同谋，峻枉杀朱主。休惧，遣夫人还建业，执手泣别。既至，峻遣还休。太平中，孙亮知朱主为全主所害，问朱主死意，全主惧曰：

“我实不知,皆据二子熊、损所白。”亮杀熊、损。损妻是峻妹也,孙綝益忌亮,遂废亮,立休。永安五年,立夫人为皇后。休卒,群臣尊夫人为皇太后。孙皓即位月余,贬为景皇后,称安定宫。甘露元年七月,见逼薨,合葬定陵。[2]

①臣松之以为:休妻其甥,事同汉惠。荀悦讥之已当,故不复广言。

②《搜神记》曰:孙峻杀朱主,埋于石子冈。归命即位,将欲改葬之。冢墓相亚,不可识别,而宫人颇识主亡时所著衣服,乃使两巫各住一处以伺其灵,使察鉴之,不得相近。久时,二人俱白:“见一女人年可三十余,上著青锦束头,紫白袷裳,丹绨丝履,从石子冈上半冈,而以手抑膝长太息,小住须臾,进一冢上便住,徘徊良久,奄然不见。”二人之言,不谋而同,于是开冢,衣服如之。

【译文】孙休朱夫人,是朱据的女儿,是孙休姐姐鲁育公主所生。赤乌末年,孙权为孙休纳朱氏为妃。孙休封琅邪王,她随从丈夫住在丹杨郡。建兴年间,孙峻专擅朝政,孙氏皇族都对他不满。由于全尚的妻子是孙峻的姐姐,而全尚是孙权大女儿鲁班丈夫全琮的侄儿,所以只有公主鲁班帮助孙峻。当初,孙和当太子时,公主鲁班诋毁陷害孙和的母亲王夫人,想让孙权废黜太子孙和,改立鲁王孙霸为太子,鲁班的妹妹鲁育,也就是朱夫人的母亲,不同意这样做,从此两姐妹关系出现裂痕。五凤年间,孙仪密谋诛杀孙峻,事情被发觉,孙仪遭孙峻杀害。大公主鲁班借此说小公主鲁育与孙仪同谋,孙峻又枉杀了小公主鲁育。这时作为鲁育的女婿,孙休心中很害怕,只好把朱夫人送回建业,夫妇俩流着泪握手分别。朱夫人到达建业后,孙峻又遣送她回孙休那里。太平年间,孙亮得知小公主鲁育被大公主鲁班陷害,就向鲁班追问鲁育死亡的原因,鲁班心中害怕,推诿说:“我确实不知道,都是朱据的两个儿子朱熊、朱损密报的。”孙亮随即处死了朱熊、朱损兄弟。朱损的妻子是孙峻的妹妹,所以接替孙峻权位的孙綝就更加忌惮孙亮,于是他把孙亮废黜,改立孙休为皇帝。永安五年,孙休立朱夫人为皇后。孙休去世,群臣尊称朱夫人为皇太后。孙皓即位为帝一个多月之后,把她贬为景皇后,代称为安定宫。甘露元年七月,她被孙皓逼死,与孙休合葬在定陵。

孙和何姬

【原文】孙和何姬,丹杨句容人也。父遂,本骑士。孙权尝游幸诸营,而姬观于道中,权望见异之,命宦者召入,以赐子和。生男,权喜,名之曰彭祖,即皓也。太子和既废,后为南阳王,居长沙。孙亮即位,孙峻辅政。峻素媚事全主,全主与和母有隙,遂劝峻徙和居新都,遣使赐死,嫡妃张氏亦自杀。何姬曰:“若皆从死,谁当养孤?”遂拊育皓及其三弟。皓即位,尊和为昭献皇帝,[1]何姬为昭献皇后,称升平宫,月余,进为皇太后。封弟洪永平侯,蒋溧阳侯,植宣城侯。洪卒,子邈嗣,为武陵监军,为晋所杀。植官至大司徒。吴末昏乱,何氏骄僭,子弟横放,百姓患之。故民讹言“皓久死,立者何氏子”云。[2]

①《吴录》曰:皓初尊和为昭献皇帝,俄改曰文皇帝。

②《江表传》曰:皓以张布女为美人,有宠,皓问曰:“汝父所在?”答曰:“贼以杀

之。”皓大怒，棒杀之。后思其颜色，使巧工刻木作美人形象，恒置座侧。问左右：“布复有女否？”答曰：“布大女适故卫尉冯朝子纯。”即夺纯妻入宫，大有宠，拜为左夫人，昼夜与夫人房宴，不听朝政。使尚方以金作华燧、步摇、假髻以千数，令宫人著以相扑，朝成夕败，辄出更作，工匠因缘偷盗，府藏为空。会夫人死，皓哀愍思念，葬于苑中，大作冢，使工匠刻柏作木人，内冢中以为兵卫，以金银珍玩之物送葬，不可称计。已葬之后，皓治丧于内，半年不出。国人见葬太奢丽，皆谓皓已死，所葬者是也。皓舅子何都颜状似皓，云都代立。临海太守奚熙信讹言，举兵欲还诛都，都叔父植时为备海督，击杀熙，夷三族，讹言乃息，而人心犹疑。

【译文】孙和何姬，丹杨郡句容县人。她的父亲何遂，本来是一名骑兵。孙权有一次巡游各军营，何姬在路边看热闹，孙权望见她觉得她很出众，命令宦官召她进宫，赐给儿子孙和。她生了一个男孩，孙权非常喜欢，给他取名为彭祖，就是孙皓。太子孙和被废黜，后来改封为南阳王，居住在长沙郡。孙亮即位为帝，孙峻辅政。孙峻素来向大公主鲁班献媚讨好，而鲁班与孙和的母亲有矛盾，所以鲁班劝孙峻把孙和流放到新都郡，又派使者赐死孙和，孙和的嫡妃张氏也自杀。何姬说：“如果都随丈夫去死，谁来养育孤儿呢？”于是亲自抚育孙皓以及孙皓的三个弟弟。孙皓即位为帝，追尊孙和为昭献皇帝，尊何姬为昭献皇后，代称升平宫，一个多月后，又进位为皇太后。孙皓还封何姬的弟弟何洪为永平侯，何蒋为溧阳侯，何植为宣城侯。何洪去世之后，儿子何邈继承了他的爵位，担任武陵监军，后来被晋军杀死。何植官做到大司徒。吴国末年政治昏乱，何氏家族骄傲不守本分，子弟蛮横放纵，百姓对他们极为不满。所以民间流传着错误的传言，说“孙皓很久之前就死了，被立为皇帝的是何氏的儿子”等等。

孙皓滕夫人

【原文】孙皓滕夫人，故太常胤之族女也。胤夷灭，夫人父牧，以疏远徙边郡。孙休即位，大赦，得还，以牧为五官中郎。皓既封乌程侯，聘牧女为妃。皓即位，立为皇后，封牧高密侯，拜卫将军，录尚书事。后朝士以牧尊戚，颇推令谏争。而夫人宠渐衰，皓滋不悦，皓母何恒左右之。又，太史言，于运历，后不可易。皓信巫觋，故得不废，常供养升平宫。牧见遣居苍梧郡，虽爵位不夺，其实裔也，遂道路忧死。长秋官僚，备员而已，受朝贺表疏如故。而皓内诸宠姬，佩皇后玺绂者多矣。① 天纪四年，随皓迁于洛阳。

①《江表传》曰：皓又使黄门备行州郡，科取将吏家女。其二千石大臣子女，皆当岁岁言名，年十五六一简阅，简阅不中，乃得出嫁。后宫千数，而采择无已。

【译文】孙皓滕夫人，是已故太常滕胤的同族女儿。滕胤被诛灭三族之后，滕夫人的父亲滕牧，作为滕胤关系较远的亲属，被流放到边远的郡。孙休即位为帝，宣布大赦，滕牧才得以回到京城，担任五官中郎。孙皓被封为乌程侯之后，聘娶滕牧的女儿为妃。孙皓继承帝位，立滕氏为皇后，封滕牧高密侯，任命他为卫将军，总管尚书台事务。后来朝廷的官员因为滕牧是尊贵的外戚，竭力推举让他去劝谏孙皓。这时滕皇后已经逐渐失宠，由于滕牧的直言劝谏，孙皓更加不喜欢滕皇后，孙皓的养母何太后总是保护着她。另外，太史令报告，说是从气运历数上看，皇后不能改换。孙皓相信巫师的话，所以滕皇后得以免遭废黜，长期在皇太后宫中侍奉何太后。后来滕牧被遣送到边远的苍梧郡居住，虽然没有剥夺他的爵位官职，其实就是被贬谪流放了，所以他在途中忧郁而死。至于滕皇后宫中的官员，也只是充数而已，平时她依然以皇后的身份接受群臣的朝贺表章。但是孙皓宫内所宠爱的妃嫔中，佩带皇后玉玺、绶带的有很多人。天纪四年吴国灭亡，她随孙皓迁到洛阳。

【原文】评曰：《易》称："正家而天下定。"《诗》云："刑于寡妻，至于兄弟，以御于家邦。"诚哉，是言也！远观齐桓，近察孙权，皆有识士之明，杰人之志，而嫡庶不分，闺庭错乱，遗笑古今，殃流后嗣。由是论之，惟以道义为心、平一为主者，然后克免斯累邪！

【译文】评论说：《周易》称："治理好家庭而后天下安定。"《诗经·思齐》一诗写道："给妻子作示范，然后为兄弟示范，从而治理国家。"这些话说得确实好啊！远看齐桓公，近看孙权，都有识别人才的智慧，英雄豪杰的志向，然而又都不分嫡庶，使后宫关系错乱，在古今历史上留下笑柄，使灾祸落到后代的头上。由此说来，只有心中坚持道义，处理事情公平一致，才能免除这样的牵累吧！

卷五十一　吴书六

宗室传第六

孙静　孙瑜、孙皎、孙奂

【原文】孙静，字幼台，坚季弟也。坚始举事，静纠合乡曲及宗室五六百人以为保障，众咸附焉。策破刘繇，定诸县，进攻会稽，遣人请静，静将家属与策会于钱唐。是时太守王朗拒策于固陵，策数度水战，不能克。静说策曰："朗负阻城守，难可卒拔。查渎南去此数十里，而道之要径也，宜从彼据其内，所谓攻其无备、出其不意者也。吾当自帅众为军前队，破之必矣。"策曰："善。"乃诈令军中曰："顷连雨水浊，兵饮之多腹痛，令促具罂缶数百口澄水。"至昏暮，罗以然火诳朗，便分军夜投查渎道，袭高迁屯。①朗大惊，遣故丹杨太守周昕等帅兵前战。策破昕等，斩之，遂定会稽。②表拜静为奋武校尉，欲授之重任，静恋坟墓宗族，不乐出仕，求留镇守。策从之。权统事，就迁昭义中郎将，终于家。有五子，暠、瑜、皎、奂、谦。暠三子：绰、超、恭。超为偏将军。恭生峻。绰生綝。

① 臣松之案：今永兴县有高迁桥。查，音祖加反。

②《会稽典录》曰：昕，字大明。少游京师，师事太傅陈蕃，博览群书，明于风角，善推灾异。辟太尉府，举高第，稍迁丹杨太守。曹公起义兵，昕前后遣兵万余人助公征伐。袁术之在淮南也，昕恶其淫虐，绝不与通。◎《献帝春秋》曰：袁术遣吴景攻昕，未拔，景乃募百姓："敢从周昕者，死不赦！"昕曰："我则不德，百姓何罪？"遂散兵，还本郡。

【译文】孙静，字幼台，是孙坚最小的弟弟。孙坚刚开始举事时，孙静纠合乡里以及宗族子弟五六百人作为孙坚的后盾，大家全都归附他。孙策击败刘繇，安定各县，将要进攻会稽，派人迎请孙静，孙静带着家属与孙策在钱唐会合。此时，太守王朗在固陵抵御孙策，孙策几次渡水作战，都没能取胜。孙静劝孙策说："王朗凭借险要地形和坚固城池守备，很难马上攻陷他。此处往南有查渎，距此数十里，是通往会稽的交通要道，应该从那里攻取王朗后方重地，这就是所谓的攻其不备、出其不意。我将自己率领士兵作为大军的先锋，必定可以击败敌军。"孙策说："好。"于是在军中发布虚假命令说："近来连日下雨导致饮用水浑浊，士兵饮用后多有腹痛，命令立刻备办瓦缸几百口澄清浑水。"到了黄昏，在四周燃起连绵的火堆迷惑王朗，分兵连夜奔往查渎道，袭击高迁屯。王朗大惊，派遣原丹杨太守周昕等人领兵前往交战。孙策击败了周昕等人，并且斩杀了他们，于是平定了会稽。孙策上表朝廷任命孙静为奋武校尉，想要授予他重要的职务，但孙静眷恋家乡宗族，不乐意出外做官，因此请求留在家乡镇守。孙策答应了他。孙权统领大事后，就地升迁孙静为昭义中郎将，孙静最终在家乡寿终正寝。他有五个儿子，即孙暠、孙瑜、孙皎、孙奂和孙谦。孙暠有三个儿子，即孙绰、孙超和孙恭。孙超为偏将军。孙恭生孙峻。孙绰生孙綝。

【原文】瑜，字仲异，以恭义校尉始领兵众。是时宾客诸将多江西人，瑜虚心绥抚，得其欢心。建安九年，领丹杨太守，为众所附，至万余人。加绥远将军。十一年，与周瑜共讨麻、保二屯，破之。后从权拒曹公于濡须，权欲交战，瑜说权持重，权不从，军果无功。迁奋威将军，领郡如故，自溧阳徙屯牛渚。瑜以永安人饶助为襄安长，无锡人颜连为居巢长，使招纳庐江二郡，各得降附。济阴人马普笃学好古，瑜厚礼之，使二府将吏子弟数百人就受业，遂立学官，临飨讲肄。是时诸将皆以军务为事，而瑜好乐坟典，虽在戎旅，诵声不绝。年三十九，建安二十年卒。瑜五子：弥、熙、耀、曼、纮。曼至将军，封侯。

【译文】孙瑜，字仲异，以恭义校尉的身份开始领兵。当时他的门客和各位将领大多是江淮之间的人，孙瑜诚心地安抚大家，得到众人的信任。建安九年，孙瑜兼任丹杨太守，受到众人拥护，兵力达到一万多人。被加官为绥远将军。建安十一年，与周瑜一起讨伐麻屯和保屯，取得大胜。后来跟从孙权在濡须抵御曹操，孙权打算出兵交战，孙瑜劝孙权谨慎从事，孙权不听，率军出击果然没有成功。后升为奋威将军，照旧兼任丹杨太守，从溧阳迁到牛渚驻扎。孙瑜任用永安人饶助为襄安县长，无锡人颜连为居巢县长，让他们招纳庐江二郡，这两人都各自得到投降和归附的人众。济阳人马普专心好学且喜爱古代事物，孙瑜对他厚礼相待，让军政二府的将士和官吏的子弟几百人跟随他学习，还设立了学官，他自己亲临讲堂的开业典礼。当时诸将都专心军事，而孙瑜却嗜好古代典籍，虽然身处军旅，却从不中断读书。孙瑜年仅三十九岁，建安二十年就去世了。孙瑜有五个儿子，即孙弥、孙熙、孙耀、孙曼和孙纮。孙曼官做到将军，封侯。

【原文】孙皎，字叔朗，始拜护军校尉，领众二千余人。是时曹公数出濡须，皎每赴拒，号为精锐。迁都护、征虏将军，代程普督夏口。黄盖及兄瑜卒，又并其军。赐沙羡、云杜、南新市、竟陵为奉邑，自置长吏。轻财能施，善于交结，与诸葛瑾至厚，委庐江刘靖以得失，江夏李允以众事，广陵吴硕、河南张梁以军旅，而倾心亲待，莫不自尽。皎尝遣兵候获魏边将吏美女以进皎，皎更其衣服送还之，下令曰："今所诛者曹氏，其百姓何罪？自今以往，不得击其老弱。"由是江淮间多归附者。尝以小故与甘宁忿争，或以谏宁，宁曰："臣子一例，征虏虽公子，何可专行侮人邪！吾值明主，但当输效力命，以报所天，诚不能随俗屈曲矣。"权闻之，以书让皎曰："自吾与北方为敌，中间十年，初时相持年小，今者且三十矣。孔子言'三十而立'，非但谓五经也。授卿以精兵，委卿以大任，都护诸将于千里之外，欲使如楚任昭奚恤，扬威于北境，非徒相使逞私志而已。近闻卿与甘兴霸饮，因酒发作，侵陵其人，其人求属吕蒙督中。此人虽粗豪，有不如人意时，然其较略大丈夫也。吾亲之者，非私之也。吾亲爱之，卿疏憎之，卿所为每与吾违，其可久乎？夫居敬而行简，可以临民；爱人多容，可以得众。二者尚不能知，安可董督在远，御寇济难乎？卿行长大，特受重任，上有远方瞻望之观，下有部曲朝夕从事，何可恣意有盛怒邪？人谁无过，贵其能改，宜追前愆，深自咎责。今故烦诸葛子瑜重宣吾意。临书摧怆，心悲泪下。”皎得书，上疏陈谢，遂与宁结厚。后吕蒙当袭南郡，权欲令皎与蒙为左右部大督，蒙说权曰：“若至尊以征虏能，宜用之；以蒙能，宜用蒙。昔周瑜、程普为左右部督，共攻江陵，虽事决于瑜，普自恃久将，且俱是督，遂共不睦，几败国事，此目前之戒也。”权寤，谢蒙曰：“以卿为大督，命皎为后继。”禽关羽，定荆州，皎有力焉。建安二十四年卒。权追录其功，封子胤为丹杨侯。胤卒，无子。弟晞嗣，领兵，有罪自杀，国除。弟咨、弥、仪皆将军，封侯。咨羽林督，仪无难督。咨为滕胤所杀，仪为孙峻所害。

【译文】孙皎，字叔朗，最初被任命为护军校尉，领兵二千多人。当时曹操多次出兵濡须，孙皎经常赶赴迎击，号称精锐。后来升为都护、征虏将军，代替程普都督夏口。黄盖和哥哥孙瑜去世后，孙皎又统并他们两人的军队。赏赐沙羡、云杜、南新市、竟陵作为他的封地，由他自己安置官吏。孙皎轻财好施，善于交结朋友，与诸葛瑾交情最深，又委任庐江人刘靖关注政事得失，江夏人李允协理日常事务，广陵人吴硕、河南人张梁筹划军事，他对这些人无不倾心相待，大家也没有不为他尽力的。孙皎曾经派遣士兵侦察魏国军情，他们回来时带着抓获的魏国边境将士和官吏的漂亮女子来送给孙皎，孙皎让这些女子换了衣服又将她们送回原处，他下令说：“我们现在所要讨伐的是曹氏，他的百姓有什么罪？从今以后，不许攻击魏国的老弱百姓。”因此江淮一带归附他的人很多。孙皎曾经因为小事与甘宁忿争，有人劝甘宁让步，甘宁说：“人臣和皇子一样，征虏将军虽然是皇家公子，但怎么可以独断专行侮辱别人呢！我遇到的是贤明的君主，只应当尽心效力不计生命，从而报答主公的知遇之恩，除此之外确实不能轻易顺应时俗屈从歪理。”孙权听说后，写信责备孙皎说：“自从我跟北方为敌，已经过去了十年，相持之初你年龄还小，现在已将近三十岁了。孔子说‘三十而立’，不只是说学习五经的事。我授给你精兵，交给你重任，让你在千里之外统率诸将，是想让你像从前楚国任用昭奚恤那样，扬威于北方边疆，不是让你仅仅快意于私情就够了。近来听说你与甘宁饮酒，因酒醉同他发生冲突，冒犯欺侮了他，他请求归属吕蒙管辖。甘宁这个人虽然粗疏豪放，有不如人意的时候，然而他总体上是一位大丈夫。我亲近他，但不偏爱他。我亲近爱护他，而你却疏远憎恶他，你所做的每每与我背道而驰，难道这样可以长久吗？持身恭敬而行事简易，才可以治理民众；爱护他人并多些包容，才能赢得众人的拥戴。这两个方面你尚且不够明白，又怎么能够统率诸军远离国都，抵御敌人而解救危难呢？你已经长大，我特地让你担当重任，上有我在远方仰望期待，下有亲兵朝夕相随，你怎么可以任意大发脾气呢？人谁无过，贵在知错能改，你应该牢记以前的过失，深刻地反省责备自己。现在特意劳烦诸葛子瑜着重向你说明我的心意。面对所写的书信我很难过，悲从中来，眼泪落下。”孙皎得到书信后，上疏陈词请罪，于是和甘宁结下了很深的情谊。后来吕蒙准备袭击南郡，孙权想让孙皎和吕蒙分别担任左、右部大都督，吕蒙劝说孙权道：“如果至尊您认为征虏将军合适，就应该用他；认为我吕蒙合适，就应该用我。过去周瑜、程普分别担任左、右部都督，一起进攻江陵，虽然大事都由周瑜决定，但程普仗着自己久经沙场，而且与周瑜同为都督，于是两人不能和睦共事，几乎坏了国家的大事，这是当前的鉴戒。”孙权醒悟，向吕蒙道歉说：“我命你做大都督，命孙皎为后续。”抓获关羽，平定荆州，孙皎立有大功。建安二十四年，孙皎去世。孙权追录他的功劳，封他儿子孙胤为丹杨侯。孙胤去世，没有儿子。孙胤的弟弟孙晞继承爵位，统领军队，后来有罪自杀，封国撤销。孙胤的另外几个弟弟孙咨、孙弥、孙仪都官至将军，封侯。孙咨为羽林军都督，孙仪为无难军都督。孙咨被滕胤杀害，孙仪被孙峻杀害。

【原文】孙奂，字季明。兄皎既卒，代统其众，以扬武中郎将领江夏太守。在事一年，遵皎旧迹，礼刘靖、李允、吴硕、张梁及江夏闾举等，并纳其善。奂讷于造次而敏于当官，军民称之。黄武五年，权攻石阳，奂以地主，使所部将军鲜于丹帅五千人先断淮道，自帅吴硕、张梁五千人为军前锋，降高城，得三将。大军引还，权诏使在前住，驾过其军，见奂军陈整齐，权叹曰：“初吾忧其迟钝，今治军，诸将少能及者，吾无忧矣。”拜扬威将军，封沙羡侯。吴硕、张梁皆裨将军，赐爵关内侯。[1]奂亦爱乐儒生，复命部曲子弟就业，后仕进朝廷者数十人。年四十，嘉禾三年卒。子承嗣，以昭武中郎将代统兵，领郡。赤乌六年卒，无子，封承庶弟壹奉奂后，袭业为将。孙峻之诛诸葛恪也，壹与全熙、施绩攻恪弟公安督融，融自杀。壹从镇南迁镇军，假节，督夏口。及孙綝诛滕胤、吕据，据、胤皆壹之妹夫也，壹弟封又知胤、据谋，自杀。綝遣朱异潜袭壹。异至武昌，壹知其攻己，率部曲千余口过将胤妻奔魏。魏以壹为车骑将军，仪同三司，封吴侯，以故主芳贵人邢氏妻之。邢美色妒忌，下不堪命，遂共杀壹及邢氏。壹入魏三年死。

①《江表传》曰：初，权在武昌，欲还都建业，而虑水道溯流二千里，一旦有警，不相赴及，以此怀疑。及至夏口，于坞中大会百官议之，诏曰：“诸将吏勿拘位任，其有计者，为国言之。”诸将或陈宜立栅栅夏口，或言宜重设铁锁者，权皆以为非计。时梁为小将，未有知名，乃越席而进曰：“臣闻‘香饵引泉鱼，重币购勇士’，今宜明树赏罚之信，遣将入沔，与敌争利，形势既成，彼不敢干也。使武昌有精兵万人，付智略者任将，常使严整。一旦有警，应声相赴。作甘水城，轻舰数千，诸所宜用，皆使备具。如此，开门延敌，敌自不来矣。”权以梁计为最得，即超增梁位。后稍以功进至沔中督。

【译文】孙奂，字季明。哥哥孙皎去世后，他接替孙皎统领其部队，以扬武中郎将的身份兼任江夏太守。在任职的一年里，他遵循孙皎过去的行迹，依礼对待刘靖、李允、吴硕、张梁以及江夏人闾举等，对他们的好建议都一并采纳。孙奂不善言辞却在为官方面有着敏捷的天赋，因此受到军民的称道。黄武五年，孙权进攻石阳，孙奂以当地主事人的身份，派部将鲜于丹带领五千人先截断淮河的水路，自己率领吴硕、张梁等五千人充当大军前锋，迫使高城投降，俘获敌方的三员大将。大军从前线返回，孙权下诏让孙奂的部队在前面停下，孙权车驾经过孙奂的军队时，只见军队阵容整齐，他感叹说：“当初我还担心他反应迟钝，现在看他治理军队，诸将很少有能赶上他的，我没有什么好担忧的了。”任命孙奂为扬威将军，封沙羡侯。吴硕、张梁都被任命为裨将军,赐爵为关内侯。孙奂也喜欢亲近读书人,又命令亲兵子弟都去读书学习,后来这些人入朝做官的有好几十个。孙奂四十岁,嘉禾四年去世。儿子孙承继承爵位,以昭武中郎将的身份接替孙奂统领所部人马,兼任郡守。赤乌六年孙承去世,他没有儿子,孙权封孙承的庶弟孙壹接续孙奂这一脉的香火,并承袭爵位担任将军。孙峻诛杀诸葛恪的时候,孙壹与全熙、施绩攻击诸葛恪的弟弟公安都督诸葛融,诸葛融自杀。孙壹从镇南将军升为镇军将军,假以符节,都督夏口。到孙綝诛杀滕胤、吕据之时,滕胤、吕据都是孙壹的妹夫,孙壹的弟弟孙封又知道滕胤、吕据的计划,孙封自杀。孙綝派朱异暗中偷袭孙壹。朱异率军抵达武昌,孙壹知道他来攻打自己,就率亲兵一千多人带着滕胤的妻子一同投奔魏国。魏国命孙壹为车骑将军,仪同三司,封吴侯,把原魏主曹芳的贵人邢氏嫁给他为妻。邢氏外表美丽而内心妒嫉,下属不堪忍受其无礼役使,于是一起杀了孙壹和邢氏。孙壹入魏三年而死。

孙贲 孙邻

【原文】孙贲,字伯阳。父羌字圣台,坚同产兄也。贲早失二亲,弟辅婴孩,贲自赡育,友爱甚笃。为郡督邮、守长。坚于长沙举义兵,贲去吏从征伐。坚薨,贲摄帅余众,扶送灵柩。后袁术徙寿春,贲又依之。术从兄绍用会稽周昂为九江太守,绍与术不协,术遣贲攻破昂于阴陵。术表贲领豫州刺史,转丹杨都尉,行征虏将军,讨平山越。为扬州刺史刘繇所迫逐,因将士众还住历阳。顷之,术复使贲与吴景共击樊能、张英等,未能拔。及策东渡,助贲、景破英、能等,遂进击刘繇。繇走豫章。策遣贲、景还寿春报术,值术僭号,署置百官,除贲九江太守。贲不就,弃妻孥还江南。[①]时策已平吴、会二郡,贲与策征庐江太守刘勋、江夏太守黄祖,军旋,闻繇病死,过定豫章,上贲领太守,[②]后封都亭侯。建安十三年,使者刘隐奉诏拜贲为征虏将军,领郡如故。在官十一年卒。子邻嗣。

①《江表传》曰:袁术以吴景守广陵,策族兄香亦为术所用,作汝南太守,而令贲为将军,领兵在寿春。策与景等书曰:"今征江东,未知二三君意云何耳?"景即弃守归,贲困而后免,香以道远独不得还。◎《吴书》曰:香,字文阳。父孺,字仲孺,坚再从弟也,仕郡主簿功曹。香从坚征伐有功,拜郎中。后为袁术驱驰,加征南将军,死于寿春。

②《江表传》曰:时丹杨僮芝自署庐陵太守,策留贲弟辅领兵住南昌,策谓贲曰:"兄今据豫章,是扼僮芝咽喉而守其门户矣。但当伺其形便,因令国仪杖兵而进,使公瑾为作势援,一举可定也。"后贲闻芝病,即如策计。周瑜到巴丘,辅遂得进据庐陵。

邻年九岁,代领豫章,进封都乡侯。[①]在郡垂二十年,讨平叛贼,政绩修理。召还武昌,为绕帐督。时太常潘濬掌荆州事,重安长陈留舒燮有罪下狱,濬尝失燮,欲置之于法。论者多为有言,濬犹不释。邻谓濬曰:"舒伯膺兄弟争死,海内义之,以为美谭,仲膺又有奉国旧意。今君杀其子弟,若天下一统,青盖北巡,中州士人必问仲膺继嗣,答者云潘承明杀燮,于事何如?"濬意即解,燮用得济。[②]邻迁夏口沔中督、威远将军,所居任职。赤乌十二年卒。子苗嗣。苗弟旅及叔父安、熙、绩,皆历列位。[③]

①《吴书》曰：邻，字公达，雅性精敏，幼有令誉。

②《博物志》曰：仲膺，名邵。初，伯膺亲友为人所杀，仲膺为报怨。事觉，兄弟争死，皆得免。袁术时，邵为阜陵长。亦见《江表传》。

③《吴历》曰：邻又有子曰述，为武昌督，平荆州事。震，无难督。谐，城门校尉。歆，乐乡督。震后御晋军，与张悌俱死。贲曾孙惠，字德施。◎《惠别传》曰：惠好学有才智，晋永宁元年，赴齐王冏义，以功封晋兴侯，辟大司马贼曹属。冏骄矜僭侈，天下失望。惠献言于冏，讽以五难、四不可，劝令委让万机，归藩青岱，辞甚深切。冏不能纳，顷之果败。成都王颖召为大将军参军。是时颖将有事于长沙，以陆机为前锋都督。惠与机乡里亲厚，忧其致祸，谓之曰："子盍让都督于王粹乎？"机曰："将谓吾避贼首鼠，更速其害。"机寻被戮，二弟云、耽亦见杀，惠甚伤恨之。永兴元年，乘舆幸邺，司空东海王越治兵下邳，惠以书干越，诡其姓名，自称南岳逸民秦秘之，勉以勤王匡世之略，辞义甚美。越省其书，牓题道衢，招求其人。惠乃出见，越即以为记室参军，专掌文疏，豫参谋议。每造书檄，越或驿马催之，应命立成，皆有辞旨。累迁显职，后为广武将军、安丰内史。年四十七卒。惠文翰凡数十首。

【译文】孙贲，字伯阳。父亲孙羌，字圣台，是孙坚一母同胞的哥哥。孙贲很早就失去了双亲，弟弟孙辅那时还是个婴儿，孙贲自己抚养弟弟，对兄弟的情谊十分深厚。孙贲做过郡里的督邮、郡守县令一类的地方长官。孙坚在长沙兴义兵，孙贲抛弃官职跟随他征战。孙坚去世后，孙贲代领孙坚余部，扶送孙坚的灵柩。后来袁术迁徙寿春，孙贲又去依附他。袁术的堂兄袁绍任用会稽人周昂为九江太守，而袁绍与袁术不和，袁术派孙贲在阴陵打败了周昂。袁术上表荐举孙贲兼任豫州刺史，转任丹杨都尉，代理征虏将军，讨伐平定山越。后来孙贲被扬州刺史刘繇逼迫驱逐，因而带领人马回历阳驻扎。不久，袁术又派孙贲和吴景一起攻打樊能、张英等人，未能攻克。孙策东渡长江之时，帮助孙贲、吴景打败了樊能、张英等人，又并力攻打刘繇。刘繇逃往豫章。孙策派孙贲、吴景返回寿春向袁术复命，正值袁术自称帝号，部署设置文武百官，让孙贲担任九江太守。孙贲没去就任，抛下妻儿返回长江以南。当时孙策已平定吴郡和会稽郡，孙贲与孙策征讨庐江太守刘勋、江夏太守黄祖，军队返回时，听说刘繇已病死，便顺道平定了豫章，孙策上表让孙贲兼任豫章太守，后封他为都亭侯。建安十三年，汉廷使者刘隐奉诏任命孙贲为征虏将军，仍旧兼任豫章太守。孙贲在任十一年去世。儿子孙邻继承爵位。

孙邻九岁，代理豫章太守，晋封都乡侯。在郡将近二十年，讨伐平定叛贼，政绩突出。受召回武昌，任绕帐督。当时太常潘濬执掌荆州事务，重安县长陈留人舒燮有罪下狱，潘濬曾与舒燮失和，想置他于死地。议论此事的人多为舒燮说情，潘濬还是不肯放过他。孙邻对潘濬说："从前舒伯膺（舒燮的伯父）兄弟争死，天下人都赞叹他们的义举，传为佳话，舒仲膺（舒燮的父亲）往日又有拥戴我国的旧情。现在你杀了他的后代，如果天下一统，君王到北方巡视，中原士人一定会问起仲膺后人的情况，回答的人说潘濬杀了舒燮，你能拿这件事情怎么办呢？"潘濬当即转变了念头，舒燮因此而得到保全。孙邻升任夏口沔中都督、威远将军，所在称职。赤乌十二年去世。儿子孙苗继承爵位。孙苗的弟弟孙旅和叔父孙安、孙熙、孙绩，都历受爵位。

孙辅

【原文】孙辅，字国仪，贲弟也，以扬武校尉佐孙策平三郡。策讨丹杨七县，使辅西屯历阳以拒袁术，并招诱余民，鸠合遗散。又从策讨陵阳，生得祖郎等。① 策西袭庐江太守刘勋，辅随从，身先士卒，有功。策立辅为庐陵太守，抚定属城，分置长吏。迁平南将军，假节，领交州刺史。遣使与曹公相闻，事觉，权幽系之。② 数岁卒。子兴、昭、伟、昕，皆历列位。

①《江表传》曰：策既平定江东，逐袁胤。袁术深怨策，乃阴遣间使赍印绶与丹杨宗帅陵阳祖郎等，使激动山越，大合众，图共攻策。策自率将士讨郎，生获之。策谓郎曰："尔昔袭击孤，斫孤马鞍，今创军立事，除弃宿恨，惟取能用，与天下通耳。非但汝，汝莫恐怖。"郎叩头谢罪。即破械，赐衣服，署门下贼曹。及军还，郎与太史慈俱在前导军，人以为荣。

②《典略》曰：辅恐权不能保守江东，因权出行东冶，乃遣人赍书呼曹公。行人以告，权乃还，伪若不知，与张昭共见辅，权谓辅曰："兄厌乐邪，何为呼他人？"辅云无是。权因投书与昭，昭示辅，辅惭无辞。乃悉斩辅亲近，分其部曲，徙辅置东。

【译文】孙辅，字国仪，是孙贲的弟弟，以扬武校尉的身份辅佐孙策平定三郡。孙策讨伐丹杨七县时，派孙辅西行驻守历阳以抗击袁术，并招集劝诱余留下的百姓，聚合失散的士卒。后又跟随孙策讨伐陵阳，活捉祖郎等人。孙策西进袭击庐江太守刘勋，孙辅跟随参战，身先士卒，立下战功。孙策举荐孙辅为庐陵太守，让他安抚平定所属的城邑，分别设置管理长官。升平南将军，假以符节，兼任交州刺史。后来孙辅派使者与曹操私下交往，事情被发觉后，孙权幽禁了他。数年后去世。他的儿子孙兴、孙昭、孙伟、孙昕，都历受爵位。

孙翊　孙松

【原文】孙翊，字叔弼，权弟也，骁悍果烈，有兄策风。太守朱治举孝廉，司空辟。① 建安八年，以偏将军领丹杨太守，时年二十。后卒为左右边鸿所杀，鸿亦即诛。②

①《典略》曰：翊，名俨，性似策。策临卒，张昭等谓策当以兵属俨，而策呼权，佩以印绶。

②《吴历》载翊妻徐节行，宜与妫览等事相次，故列于后《孙韶传》中。

子松为射声校尉、都乡侯。① 黄龙三年卒。蜀丞相诸葛亮与兄瑾书曰："既受东朝厚遇，依依于子弟。又子乔良器，为之恻怆。见其所与亮器物，感用流涕。"其悼松如此，由亮养子乔咨述故云。

①《吴录》曰：松善与人交，轻财好施。镇巴丘，数咨陆逊以得失。尝有小过，逊面责松，松意色不平，逊观其少释，谓曰："君过听不以其鄙，数见访及，是以承来意进尽

言，便变色，何也？”松笑曰：“属亦自忿行事有此，岂有望邪！”

【译文】孙翊，字叔弼，是孙权的弟弟，他骁勇强悍，果敢刚烈，有他哥哥孙策的风范。太守朱治推举他为孝廉，被司空征召。建安八年，以偏将军的身份兼任丹杨太守，时年二十岁。后来却被随从边鸿杀害，边鸿也随即被处死。

孙翊的儿子孙松为射声校尉、都乡侯。黄龙三年去世。蜀国丞相诸葛亮在给哥哥诸葛瑾的信中说：“你既受东吴的厚恩，福荫又延及到子弟。再者我的儿子诸葛乔是很优秀的人才，也为孙松的不幸而悲痛。我见到孙松送给我的器物，感慨流泪。”诸葛亮这样悲悼孙松，是因为诸葛亮的养子诸葛乔向他叙说赞述的缘故。

孙匡

【原文】孙匡，字季佐，翊弟也。举孝廉、茂才，未试用，卒，时年二十余。[①] 子泰，曹氏之甥也，为长水校尉。嘉禾三年，从权围新城，中流矢死。泰子秀为前将军、夏口督。秀公室至亲，握兵在外，皓意不能平。建衡二年，皓遣何定将五千人至夏口猎。先是，民间佥言秀当见图，而定远猎，秀遂惊，夜将妻子亲兵数百人奔晋。晋以秀为骠骑将军，仪同三司，封会稽公。[②]

①《江表传》曰：曹休出洞口，吕范率军御之。时匡为定武中郎将，违范令放火，烧损茅芒，以乏军用，范即启送匡还吴。权别其族为丁氏，禁固终身。

臣松之案：本传曰：“匡未试用，卒，时年二十余。”而《江表传》云吕范在洞口，匡为定武中郎将。既为定武，非为未试用。且孙坚以初平二年卒，洞口之役在黄初三年，坚卒至此合三十一年，匡时若尚在，本传不得云“卒时年二十余”也。此盖权别生弟朗，《江表传》误以为匡也。朗之名位，见《三朝录》及虞喜《志林》也。

②《江表传》曰：皓大怒，追改秀姓曰厉。◎干宝《晋纪》曰：秀在晋朝，初闻皓降，群臣毕贺，秀称疾不与，南向流涕曰：“昔讨逆弱冠以一校尉创业，今后主举江南而弃之，宗庙山陵，于此为墟。悠悠苍天，此何人哉！”朝廷美之。◎《晋诸公赞》曰：吴平，降为伏波将军，开府如故。永宁中卒，追赠骠骑，开府。子俭，字仲节，给事中。

【译文】孙匡，字季佐，是孙翊的弟弟。被荐举为孝廉和茂才，还没有来得及试用，他就去世了，当时只有二十多岁。他的儿子孙泰，是曹氏的外甥，任长水校尉。嘉禾三年，孙泰跟随孙权围攻新城，中流箭身亡。孙泰的儿子孙秀任前将军、夏口都督。孙秀是皇室至亲，在外掌握兵权，孙皓很不放心。建衡二年，孙皓派何定带领五千人到夏口狩猎。在此之前，民间都传说孙秀将要被谋害，而今何定远道前来狩猎，孙秀深为惊恐，连夜带着妻子和亲兵数百人投奔了晋国。晋国任用孙秀为骠骑将军，仪同三司，封为会稽公。

孙韶

【原文】孙韶，字公礼。伯父河，字伯海，本姓俞氏，亦吴人也。孙策爱之，赐姓为孙，列之属籍。[①] 后为将军，屯京城。

①《吴书》曰：河，坚族子也，出后姑俞氏，后复姓为孙。河质性忠直，讷言敏行，有气干，能服勤。少从坚征讨，常为前驱，后领左右兵，典知内事，待以腹心之任。又从策平定吴、会，从权讨李术，术破，拜威寇中郎将，领庐江太守。

初，孙权杀吴郡太守盛宪，① 宪故孝廉妫览、戴员亡匿山中，孙翊为丹杨，皆礼致之。览为大都督督兵，员为郡丞。及翊遇害，河驰赴宛陵，责怒览、员，以不能全权，令使奸变得施。二人议曰："伯海与将军疏远，而责我乃耳。讨虏若来，吾属无遗矣。"遂杀河，使人北迎扬州刺史刘馥，令住历阳，以丹杨应之。会翊帐下徐元、孙高、傅婴等杀览、员。②

①《会稽典录》曰：宪，字孝章，器量雅伟，举孝廉，补尚书郎，稍迁吴郡太守，以疾去官。孙策平定吴、会，诛其英豪，宪素有高名，策深忌之。初，宪与少府孔融善，融忧其不免祸，乃与曹公书曰："岁月不居，时节如流，五十之年，忽焉已至。公为始满，融又过二，海内知识，零落殆尽，惟会稽盛孝章尚存。其人困于孙氏，妻孥湮没，单子独立，孤危愁苦，若使忧能伤人，此子不得复永年矣。《春秋传》曰：'诸侯有相灭亡者，桓公不能救，则桓公耻之。'今孝章实丈夫之雄也，天下谭士依以扬声，而身不免于幽执，命不期于旦夕，是吾祖不当复论损益之友，而朱穆所以绝交也。公诚能驰一介之使，加咫尺之书，则孝章可致，友道可弘也。今之少年，喜谤前辈，或能讥平皮柄反孝章。孝章要为有天下大名，九牧之民所共称叹。燕君市骏马之骨，非欲以骋道里，乃当以招绝足也。惟公匡复汉室，宗社将绝，又能正之，正之之术，实须得贤。珠玉无胫而自至者，以人好之也，况贤者之有足乎？昭王筑台以尊郭隗，隗虽小才，而逢大遇，竟能发明主之至心，故乐毅自魏往，剧辛自赵往，邹衍自齐往。向使郭隗倒县而王不解，临溺而王不拯，则士亦将高翔远引，莫有北首燕路者矣。凡所称引，自公所知，而有云者，欲公崇笃斯义也，因表不悉。"由是征为骑都尉。制命未至，果为权所害。子匡奔魏，位至征东司马。

②《吴历》曰：妫览、戴员亲近边洪等，数为翊所困，常欲叛逆。因吴主出征，遂其奸计。时诸县令长并会见翊，翊以妻徐氏颇晓卜，翊入语徐："吾明日欲为长吏作主人，卿试卜之。"徐言："卦不能佳，可须异日。"翊以长吏来久，宜速遣，乃大请宾客。翊出入常持刀，尔时有酒色，空手送客，洪从后斫翊，郡中扰乱，无救翊者，遂为洪所杀，迸走入山。徐氏购募追捕，中宿乃得，览、员归罪杀洪。诸将皆知览、员所为，而力不能讨。览入居军府中，悉取翊嫔妾及左右侍御，欲复取徐。恐逆之见害，乃绐之曰："乞须晦日设祭除服。"时月垂竟，览听须祭毕。徐潜使所亲信语翊亲近旧将孙高、傅婴等，说："览已虏略婢妾，今又欲见逼，所以外许之者，欲安其意以免祸耳。欲立微计，愿二君哀救。"高、婴涕泣答言："受府君恩遇，所以不即死难者，以死无益，欲思惟事计，事计未立，未敢启夫人耳。今日之事，实夙夜所怀也。"乃密呼翊时侍养者二十余人，以徐意语之，共盟誓，合谋。到晦日，设祭，徐氏哭泣尽哀毕，乃除服，薰香沐浴，更于他室，安施帏帐，言笑欢悦，示无戚容。大小凄怆，怪其如此。览密觇视，无复疑意。徐呼高、婴与诸婢罗住户内，使人报览，说："已除凶即吉，惟府君敕命。"览盛意入，徐出户拜。览适得一拜，徐便大呼："二君可起！"高、婴俱出，共得杀览，余人即就外杀员。夫人乃还缞绖，

奉览、员首以祭翊墓。举军震骇,以为神异。吴主续至,悉族诛览、员余党,擢高、婴为牙门,其余皆加赐金帛,殊其门户。

韶年十七,收河余众,缮治京城,起楼橹,修器备以御敌。权闻乱,从椒丘还,过定丹杨,引军归吴。夜至京城下营,试攻惊之,兵皆乘城传檄备警,欢声动地,颇射外人,权使晓喻乃止。明日见韶,甚器之,即拜承烈校尉,统河部曲,食曲阿、丹徒二县,自置长吏,一如河旧。后为广陵太守、偏将军。权为吴王,迁扬威将军,封建德侯。权称尊号,为镇北将军。韶为边将数十年,善养士卒,得其死力。常以警疆埸远斥候为务,先知动静而为之备,故鲜有负败。青、徐、汝、沛颇来归附,淮南滨江屯候皆撤兵远徙,徐、泗、江、淮之地,不居者各数百里。自权西征,还都武昌,韶不进见者十余年。权还建业,乃得朝觐。权问青、徐诸屯要害,远近人马众寡,魏将帅姓名,尽具识之,所问咸对。身长八尺,仪貌都雅。权欢悦曰:"吾久不见公礼,不图进益乃尔。"加领幽州牧,假节。赤乌四年卒。子越嗣,至右将军。越兄楷武卫大将军、临成侯,代越为京下督。楷弟异至领军将军,奕宗正卿,恢武陵太守。天玺元年,征楷为宫下镇骠骑将军。初永安贼施但等劫皓弟谦,袭建业,或白楷二端不即赴讨者,皓数遣诘楷。楷常惶怖,而卒被召,遂将妻子亲兵数百人归晋,晋以为车骑将军,封丹杨侯。①

①《晋诸公赞》曰:吴平,降为渡辽将军,永安元年卒。◎《吴录》曰:楷处事严整不如孙秀,而人间知名,过也。

【译文】孙韶,字公礼。伯父孙河,字伯海,本姓俞,也是吴郡人。孙策喜爱他,赐他孙姓,把他列入孙氏家族之中。后来做了将军,驻扎在京城县。

当初,孙权杀了吴郡太守盛宪,盛宪的老朋友孝廉妫览、戴员逃入山中隐藏起来,孙翊任丹杨太守时,对他们以礼相待,使他们都来归附。妫览为大都督领兵,戴员为郡丞。到孙翊遇害时,孙河飞马疾驰奔赴宛陵,发怒指责妫览和戴员,认为他们没能尽到职责,致使奸人逆谋得逞。妫览、戴员两人商议说:"孙河跟孙翊关系疏远,还如此严厉谴责我们。若是讨虏将军孙权亲自到来,我们没有一人可以活命了。"于是杀掉孙河,派人往北迎接扬州刺史刘馥,让他出兵历阳,他们率丹杨兵众来接应。适逢此时孙翊的部下徐元、孙高、傅婴等人杀了妫览、戴员。

孙韶当时十七岁,收聚孙河所统余部,整修京城县防御设施,建起瞭望敌情的高台,修治作战器具以防御敌军。孙权听说发生了叛乱,从椒丘回师时,便顺路平定了丹杨,然后率军返回吴郡。夜里到达京城扎营,他试着进攻京城想惊吓孙韶,京城的士兵都登上城墙传令警戒,声势动地,并且迅速发箭迎击进攻者,孙权派人让城内明白真相后,他们的守城行动才停止。第二天孙权见到孙韶,对他甚是器重,立即任命他为承烈校尉,让他统领孙河的部队,以曲阿、丹徒两县作为他的食邑,并让他自行任命官吏,一切都像从前孙河那样。后来孙韶升为广陵太守、偏将军。孙权继位为吴王后,升孙韶为扬威将军,封爵建德侯。孙权称帝,任命孙韶为镇北将军。孙韶做边防将领几十年,爱护关怀士兵,得到将士们的拼死效力。他常常把边防警戒和敌后侦察作为自己的重大军务,先摸清敌人情况并提前做好准备,所以很少打败仗。青、徐、汝、沛等地的百姓多来归附，魏国在淮南滨江地带屯守侦察的部队都撤回内线，退兵远走，徐、泗、江、淮一带，没有屯兵驻守者的地方各有几百里。自孙权西征，将都城迁回武昌，孙韶有十几年没有朝见孙权。孙权把都城重新迁回建业，孙韶才得以朝见。孙权问起青州、徐州各屯营的要害之处，远近人马的多少，魏国将帅的姓名，孙韶都心里有数，有问必答。孙韶身高八尺，仪态容貌美好雅静。孙权高兴地说："我很长时间没有见到公礼了，没想到他的进步如此显著。"命他兼任幽州牧，假以符节。赤乌四年孙韶去世。儿子孙越继承爵位，官至右将军。孙越的哥哥孙楷为武卫大将军、临成侯，代孙越担任京下督。孙楷的弟弟孙异官至领军将军，孙奕官至宗正卿，孙恢官至武陵太守。天玺元年，征召孙楷入朝为宫下镇骠骑将军。当初永安贼施但等劫持孙皓的弟弟孙谦，袭击建安，有人向孙皓禀报说孙楷首鼠两端没有立即投入征讨，孙皓为此多次派人责问孙楷。孙楷常常心怀恐惧，这时突然又被征召，于是带着妻儿和亲兵数百人投奔晋国，晋国任用他为车骑将军，封丹杨侯。

孙桓

【原文】孙桓，字叔武，河之子也。① 年二十五，拜安东中郎将，与陆逊共拒刘备。备军众甚盛，弥山盈谷，桓投刀奋命，与逊戮力，备遂败走。桓斩上夔道，截其径要。备逾山越险，仅乃得免，忿恚叹曰："吾昔初至京城，桓尚小儿，而今迫孤乃至此也！"桓以功拜建武将军，封丹徒侯，下督牛渚，作横江坞，会卒。②

①《吴书》曰：河有四子。长助，曲阿长。次谊，海盐长。并早卒。次桓，仪容端正，器怀聪朗，博学强记，能论议应对，权常称为"宗室颜渊"，擢为武卫都尉。从讨关羽于华容，诱羽余党，得五千人，牛马器械甚众。

②《吴书》曰：桓弟俊，字叔英，性度恢弘，才经文武，为定武中郎将，屯戍薄落，赤乌十三年卒。长子建袭爵，平虏将军。少子慎，镇南将军。慎子丞，字显世。◎《文士传》曰：丞好学，有文章，作《萤火赋》行于世。为黄门侍郎，与顾荣俱为侍臣。归命世，内侍多得罪尤，惟荣、丞独获全。常使二人记事，丞答顾问，乃下诏曰："自今已后，用侍郎皆当如今宗室丞、顾荣畴也。"吴平赴洛，为范阳涿令，甚有称绩。永安中，陆机为成都王大都督，请丞为司马，与机俱被害。

【译文】孙桓，字叔武，是孙河的儿子。二十五岁时，被任命为安东中郎将，与陆逊共同迎击刘备。刘备人马众多，漫山遍野都是蜀军，孙桓挥刀拼命，跟陆逊齐心合力，刘备终于败走。孙桓又率兵截断了上夔门的道路，断绝了蜀军后撤的要道。刘备爬山越险，才得以脱身逃走，他为此怨恨长叹："我过去刚到京城时，孙桓还是一个毛头小儿，然而今天他竟把我逼迫到了如此地步！"孙桓因功被任命为建武将军，爵封丹徒侯，到下游都督牛渚，修筑横江坞，恰好在此时去世了。

【原文】评曰：夫亲亲恩义，古今之常。"宗子维城"，诗人所称。况此诸孙，或赞兴初基，或镇据边陲，克堪厥任，不忝其荣者乎！故详著云。

【译文】评论说：大凡人都有亲爱自己亲人的恩情，这是古今不变的道理。“皇族子弟连城卫国”，这是诗人所赞美的道理。况且这些孙氏子孙，有的佐助振兴吴国最初的事业，有的为国镇守边关重地，他们都能很好地胜任他们所肩负的重担，一点也不曾辱没他们所享受的荣耀！所以这里替他们做了比较详尽的记载。

卷五十二　吴书七

张顾诸葛步传第七

张昭　张奋、张承、张休

【原文】张昭，字子布，彭城人也。少好学，善隶书，从白侯子安受《左氏春秋》，博览众书，与琅邪赵昱、东海王朗俱发名友善。弱冠察孝廉，不就，与朗共论旧君讳事，州里才士陈琳等皆称善之。①刺史陶谦举茂才，不应，谦以为轻己，遂见拘执。昱倾身营救，方以得免。汉末大乱，徐方士民多避难扬土，昭皆南渡江。孙策创业，命昭为长史、抚军中郎将，升堂拜母，如比肩之旧，文武之事，一以委昭。②昭每得北方士大夫书疏，专归美于昭，昭欲嘿而不宣则惧有私，宣之则恐非宜，进退不安。策闻之，欢笑曰："昔管仲相齐，一则仲父，二则仲父，而桓公为霸者宗。今子布贤，我能用之，其功名独不在我乎？"

①时汝南主簿应劭议宜为旧君讳，论者皆互有异同，事在《风俗通》。昭著论曰："客有见大国之议，士君子之论，云起元建武已来，旧君名讳五十六人，以为后生不得协也。取乎经论，譬诸行事，义高辞丽，甚可嘉羡。愚意褊浅，窃有疑焉。盖乾坤剖分，万物定形，肇有父子君臣之经。故圣人顺天之性，制礼尚敬，在三之义，君实食之，在丧之哀，君亲临之，厚莫重焉，恩莫大焉，诚臣子所尊仰，万夫所天恃，焉得而同之哉？然亲亲有衰，尊尊有杀，故《礼》服上不尽高祖，下不尽玄孙。又，《传》记四世而缌麻，服之穷也；五世袒免，降杀同姓也；六世而亲属竭矣。又，《曲礼》有不逮事之义则不讳，不讳者，盖名之谓，属绝之义，不拘于协，况乃古君五十六哉！邾子会盟，季友来归，不称其名，咸书字者，是时鲁人嘉之也。何解臣子为君父讳乎？周穆王讳满，至定王时有王孙满者，其为大夫，是臣协君也。又，厉王讳胡，及庄王之子名胡，其比众多。夫类事建议，经有明据，传有征案，然后进攻退守，万无奔北，垂示百世，永无咎失。今应劭虽上尊旧君之名，而下无所断齐，犹归之疑云。《曲礼》之篇，疑事无质，观省上下，阙义自证，文辞可为，倡而不法，将来何观？言声一放，犹拾沈也，过辞在前，悔其何追！"

②《吴书》曰：策得昭甚悦，谓曰："吾方有事四方，以士人贤者上，吾于子不得轻矣。"乃上为校尉，待以师友之礼。

策临亡，以弟权托昭，昭率群僚立而辅之。①上表汉室，下移属城，中外将校，各令奉职。权悲感未视事，昭谓权曰："夫为人后者，贵能负荷先轨，克昌堂构，以成勋业也。方今天下鼎沸，群盗满山，孝廉何得寝伏哀戚，肆匹夫之情哉？"乃身自扶权上马，陈兵而出，然后众心知有所归。昭复为权长史，授任如前。②后刘备表权行车骑将军，昭为军师。权每田猎，常乘马射虎，虎尝突前攀持马鞍。昭变色而前曰："将军何有当尔？夫为人君者，谓能驾御英雄，驱使群贤，岂谓驰逐于原野，校勇于猛兽者乎？如有一旦之患，奈天下笑何？”权谢昭曰：“年少虑事不远，以此惭君。”然犹不能已，乃作射虎车，为方目，间不置盖，一人为御，自于中射之。时有逸群之兽，辄复犯车，而权每手击以为乐。昭虽谏争，常笑而不答。魏黄初二年，遣使者邢贞拜权为吴王。贞入门，不下车。昭谓贞曰：“夫礼无不敬，故法无不行。而君敢自尊大，岂以江南寡弱，无方寸之刃故乎！”贞即遽下车。拜昭为绥远将军，封由拳侯。[③]权于武昌，临钓台，饮酒大醉。权使人以水洒群臣曰：“今日酣饮，惟醉堕台中，乃当止耳。”昭正色不言，出外车中坐。权遣人呼昭还，谓曰：“为共作乐耳，公何为怒乎？”昭对曰：“昔纣为糟丘酒池长夜之饮，当时亦以为乐，不以为恶也。”权默然，有惭色，遂罢酒。初，权当置丞相，众议归昭。权曰：“方今多事，职统者责重，非所以优之也。”后孙邵卒，百寮复举昭，权曰：“孤岂为子布有爱乎？领丞相事烦，而此公性刚，所言不从，怨咎将兴，非所以益之也。”乃用顾雍。

①《吴历》曰：策谓昭曰：“若仲谋不任事者，君便自取之。正复不克捷，缓步西归，亦无所虑。”

②《吴书》曰：是时天下分裂，擅命者众。孙策莅事日浅，恩泽未洽，一旦倾陨，士民狼狈，颇有同异。及昭辅权，绥抚百姓，诸侯宾旅寄寓之士，得用自安。权每出征，留昭镇守，领幕府事。后黄巾贼起，昭讨平之。权征合肥，命昭别讨匡琦，又督领诸将，攻破豫章贼率周凤等于南城。自此希复将帅，常在左右，为谋谟臣。权以昭旧臣，待遇尤重。

③《吴录》曰：昭与孙绍、滕胤、郑礼等，采周、汉，撰定朝仪。

权既称尊号，昭以老病，上还官位及所统领。[①]更拜辅吴将军，班亚三司，改封娄侯，食邑万户。在里宅无事，乃著《春秋左氏传解》及《论语注》。权尝问卫尉严畯：“宁念小时所暗书不？”畯因诵《孝经》“仲尼居”。昭曰：“严畯鄙生，臣请为陛下诵之。”乃诵“君子之事上”，咸以昭为知所诵。

①《江表传》曰：权既即尊位，请会百官，归功周瑜。昭举笏欲褒赞功德，未及言，权曰：“如张公之计，今已乞食矣。”昭大惭，伏地流汗。昭忠謇亮直，有大臣节，权敬重之，然所以不相昭者，盖以昔驳周瑜、鲁肃等议为非也。

臣松之以为：张昭劝迎曹公，所存岂不远乎？夫其扬休正色，委质孙氏，诚以厄运初遘，涂炭方始，自策及权，才略足辅，是以尽诚匡弼，以成其业，上藩汉室，下保民物。鼎峙之计，本非其志也。曹公仗顺而起，功以义立，冀以清一诸华，拓平荆郢，大定之机，在于此会。若使昭议获从，则六合为一，岂有兵连祸结，遂为战国之弊哉？虽无功于孙氏，有大当于天下矣。昔窦融归汉，与国升降；张鲁降魏，赏延于世。况权举全吴，望风顺服，宠灵之厚，其可测量哉！然则昭为人谋，岂不忠且正乎！

昭每朝见，辞气壮厉，义形于色，曾以直言逆旨，中不进见。后蜀使来，称蜀德美，而群臣莫拒，权叹曰：“使张公在坐，彼不折则废，安复自夸乎？”明日，遣中使劳问，因请见昭。昭避席谢，权跪止之。昭坐定，仰曰：“昔太后、桓王不以老臣属陛下，而以陛下属老臣，是以思尽臣节，以报厚恩，使泯没之后，有可称述。而意虑浅短，违逆盛旨，自分幽沦，长弃沟壑，不图复蒙引见，得奉帷幄。然臣愚心所以事国，志在忠益，毕命而已。若乃变心易虑，以偷荣取容，此臣所不能也。”权辞谢焉。

权以公孙渊称藩，遣张弥、许晏至辽东拜渊为燕王，昭谏曰：“渊背魏惧讨，远来求援，非本志也。若渊改图，欲自明于魏，两使不反，不亦取笑于天下乎？”权与相反复，昭意弥切。权不能堪，案刀而怒曰：“吴国士人入宫则拜孤，出宫则拜君，孤之敬君，亦为至矣，而数于众中折孤，孤尝恐失计。”昭熟视权曰：“臣虽知言不用，每竭愚忠者，诚以太后临崩，呼老臣于床下，遗诏顾命之言故在耳。”因涕泣横流。权掷刀致地，与昭对泣。然卒遣弥、晏往。昭忿言之不用，称疾不朝。权恨之，土塞其门，昭又于内以土封之。渊果杀弥、晏。权数慰谢昭，昭固不起，权因出过其门呼昭，昭辞疾笃。权烧其门，欲以恐之，昭更闭户。权使人灭火，住门良久，昭诸子共扶昭起，权载以还宫，深自克责。昭不得已，然后朝会。[1]

①习凿齿曰：张昭于是乎不臣矣！夫臣人者，三谏不从则奉身而退，身苟不绝，何忿怼之有？且秦穆违谏，卒霸西戎。晋文暂怒，终成大业。遗誓以悔过见录，狐偃无怨绝之辞，君臣道泰，上下俱荣。今权悔往之非而求昭，后益回虑降心，不远而复，是其善也。昭为人臣，不度权得道，匡其后失，夙夜匪懈，以延来誉，乃追忿不用，归罪于君，闭户拒命，坐待焚灭，岂不悖哉！

昭容貌矜严，有威风，权常曰：“孤与张公言，不敢妄也。”举邦惮之。年八十一，嘉禾五年卒。遗令幅巾素棺，敛以时服。权素服临吊，谥曰文侯。[1]长子承已自封侯，少子休袭爵。

①《典略》曰：余曩闻刘荆州尝自作书欲与孙伯符，以示祢正平，正平蚩之，言：“如是为欲使孙策帐下儿读之邪，将使张子布见乎？”如正平言，以为子布之才高乎？虽然，犹自蕴藉典雅，不可谓之无笔迹也。加闻吴中称谓之仲父，如此，其人信一时之良干，恨其不于嵩岳等资，而乃播殖于会稽。

昭弟子奋年二十，造作攻城大攻车，为步骘所荐。昭不愿曰：“汝年尚少，何为自委于军旅乎？”奋对曰：“昔童汪死难，子奇治阿，奋实不才耳，于年不为少也。”遂领兵为将军，连有功效，至半州都督，封乐乡亭侯。

承，字仲嗣，少以才学知名，与诸葛瑾、步骘、严畯相友善。权为骠骑将军，辟西曹掾，出为长沙西部都尉。讨平山寇，得精兵万五千人。后为濡须都督、奋威将军，封都乡侯，领部曲五千人。承为人壮毅忠谠，能甄识人物，拔彭城蔡款、南阳谢景于孤微童幼，后并为国士，款至卫尉，景豫章太守。[1]又，诸葛恪年少时，众人奇其英才，承言“终败诸葛氏者，元逊也”。勤于长进，笃于物类，凡在庶几之流，无不造门。年六十七，赤乌七年卒，谥曰定侯。子震嗣。初，承丧妻，昭欲为索诸葛瑾女，承以相与有好，难之，权闻而劝焉，遂为婚。[2]生女，权为子和纳之。权数令和修敬于承，执子婿之礼。震诸葛恪诛时亦死。

①《吴录》曰：款，字文德，历位内外，以清贞显于当世。后以卫尉领中书令，封留侯。二子：条、机。条孙皓时位至尚书令、太子少傅。机为临川太守。谢景事在《孙登传》。

② 臣松之案：承与诸葛瑾同以赤乌中卒，计承年小瑾四岁耳。

休，字叔嗣，弱冠与诸葛恪、顾谭等俱为太子登僚友，以《汉书》授登。[①] 从中庶子转为右弼都尉。权常游猎，迨暮乃归，休上疏谏戒，权大善之，以示于昭。及登卒后，为侍中，拜羽林都督，平三典军事，迁扬武将军。为鲁王霸友党所谮，与顾谭、承俱以芍陂论功事，休、承与典军陈恂通情，诈增其伐，并徙交州。中书令孙弘佞伪险诐，休素所忿，[②] 弘因是谮诉，下诏书赐休死，时年四十一。

①《吴书》曰：休进授，指摘文义，分别事物，并有章条。每升堂宴饮，酒酣乐作，登辄降意与同欢乐。休为人解达，登甚爱之，常在左右。

②《吴录》云：弘，会稽人也。

【译文】张昭，字子布，是彭城人。他年少好学，擅长隶书，跟随白侯子安学习《左氏春秋》，博览群书，与琅邪人赵昱、东海人王朗都很出名，互相交好。成年后被举荐为孝廉，推辞未就，与王朗一起讨论以往君王避讳的事情，州里的才士陈琳等人对他十分称赞。刺史陶谦举荐他为茂才，他没去应召，陶谦认为这是张昭看不起自己，于是将他抓起来。赵昱竭尽全力营救，才最终使他脱身。汉末时期，天下大乱，徐州一带士民大多到扬州地区避难，张昭也跟着南渡长江。孙策创建东吴基业，任命张昭担任长史、抚军中郎将，亲自登堂拜见张昭母亲，二人好似同辈的密友，国家军政大事，孙策全部交托给张昭。张昭每次得到北方士大夫的来信来函，专门称颂赞美张昭，张昭想匿而不宣，又担心有藏匿私情的嫌疑，呈报上去则考虑到恐有不妥当的地方，进退两难，内心难安。孙策得知这种情况后，高兴地笑着说："古代管仲为齐国国相，人家开口仲父、闭口仲父，而齐桓公称霸诸侯，为天下人所尊崇。如今子布如此贤德，我能够重用他，他的功名难道不为我所有吗？"

孙策临死之前，将弟弟孙权托付给张昭，张昭统率百官拥立孙权并辅佐他。对上向汉朝廷上奏章，对下给各属县发公文，对内外将校则使他们各守其职。孙权因为悲伤而不过问政事，张昭就对他说："作为国家继承者，重要的是能够继承先辈遗业，使之昌盛，以便建成伟大的功业。如今天下动荡不安，盗贼占山蜂起，您怎么可以卧床哀伤，像普通人那样去放纵个人的感情呢？"于是他亲自将孙权搀扶上马，率部队列队而出，这才让众人心里感到有了依靠。张昭又成为孙权的长史，像从前一般接受同样的任职。后来刘备上表朝廷任命孙权兼任车骑将军，张昭为军师。孙权每每打猎，经常乘马射虎，老虎曾猛扑上前抓住马鞍。张昭神色大变，上前对孙权说："将军您为何要这样做？作为君王，是要能驾驭英雄，驱使群贤，难道是说要在原野奔驰追逐，和猛兽比武较量吗！万一出现危险，遭到天下取笑，该怎么办？"孙权向张昭表示歉意说："我年纪尚轻考虑问题不够深远，这件事我有愧于您。"然而孙权并没有放弃围猎的癖好，于是造了一辆射虎车，车上开有方孔，孔洞上并没有板盖，由一人为他驾驭，他自己端坐在车中从方孔向外射猎。经常有脱群的猛兽，就来冲撞他的车子，而孙权却常以用手博击野兽为乐。张昭虽说竭力劝谏，他却常常笑笑而不作回应。魏黄初二年，魏国派遣使者邢贞任命孙权担任吴王。邢贞进宫门后没有下车。张昭对邢贞说：

“礼节没有不恭敬的,所以法律没有不施行的。而你胆敢妄自尊大,难道是认为江南人少势弱,连一把用来执法行刑的小刀子也拿不出吗!”邢贞赶紧下车。接着任命张昭为绥远将军,封爵由拳侯。孙权到武昌的时候,登临钓台,饮酒大醉。他让人用水泼洒大臣们说:“今日痛饮,必须醉倒在台上,才能罢休。”张昭神情严肃不发一言,起身走到外面的车中端坐。孙权派人喊他进来,对他说:“只是为了大家在一起高兴高兴罢了,您为何发火呢?”张昭回答说:“从前商纣王作酒糟山、美酒池而经常通宵达旦地畅饮,当时他也认为仅仅是作乐,而不以为是在做坏事。”孙权沉默无言,面露愧色,于是宣布宴饮停止。当初,孙权决定设置丞相,大家都认为张昭适合。孙权说:“如今天下多乱,执掌总统工作的人责任重大,这一职位并不是用来优待人的职位。”后来孙邵去世,百官又一起推举张昭,孙权说:“我难道是对子布吝啬吗?只是考虑到丞相的事务繁杂,而他性情过于刚烈,他的话一旦没有被听从采纳,就会产生怨忿诘难,这对他并没有益处。”于是起用顾雍。

孙权登基为帝,张昭由于年老多病,于是把官职及所统的军队奉上归还。孙权改任他为辅吴将军,地位仅次于三公,改封为娄侯,给他一万户食邑。张昭居家无事,于是著述《春秋左氏传解》与《论语注》。孙权曾经询问卫尉严畯说:“你还记得幼时熟读过的书吗?”于是,严畯背诵了《孝经》中“仲尼居”一节。张昭说:“严畯不过是一介浅陋书生,我请求为陛下背诵。”于是背诵了“君子之事上”一段,大家都认为张昭懂得该在皇上面前背诵什么。

张昭每次上朝,言谈举止雄壮严厉,义形于色,曾因直言而忤逆孙权的意旨,一段时间内不得入朝觐见。后来蜀国的使者到了东吴,称颂蜀国君臣的德行高尚,东吴群臣中没有一人出面应对,孙权叹息说:“如果张公在座,这个人不需别人使他折服就会丧气,哪里还敢自吹自擂呢?”第二天,孙权便派宫中使臣前往慰劳张昭,并乘机邀请张昭进见。张昭离席向孙权赔罪致歉,孙权跪下阻止了他。张昭坐定后,抬头说:“过去太后、桓王没有将老臣托付给陛下,而将陛下托付给老臣,所以老臣想尽臣子的节操,来报答这般厚恩,使自己在身死之后,有可为人称道的地方。但我见识思虑浅短,忤逆陛下圣明的意旨,自己认为死后尸骸必将永远丢弃在沟壑中,没成想又蒙召见,得以在朝廷报效陛下。然而我这颗愚暗的心用来报效国家的方式,只是志在忠贞不移,死而后已罢了。如果说要我改变思想,以求得世间的尊荣与陛下的欢心,这一点为臣是绝对办不到的。”孙权向他表示深深的歉意。

孙权因公孙渊派人前来称藩,于是派遣张弥、许晏前往辽东任命公孙渊为燕王,张昭劝谏说:“公孙渊背叛魏国,担心受到征讨,这才远道前来求助,这并不是他的本意。如果公孙渊改变意图,想再次向魏国表明心迹,我们的两位使者就回不来了,这不是要令天下人耻笑吗?”孙权和他反复争辩,但张昭更加坚持自己的观点。孙权实在难以忍受,手按着刀愤怒地说:“吴国的官员士人进宫就向我拜谒,出宫则向您致礼,我对您的敬重,也算到了极致,而您却数次在大庭广众中反驳我,我真担心自己会做出失策的事。”张昭久久地注视着孙权说:“为臣虽说知道自己的话很难被采用,而每每竭尽愚忠，实在是因为太后临终的时候，将老臣叫到床前，遗诏顾命的话语总在我的耳边回响啊！”说着涕泪俱下。孙权把刀扔到地上，与张昭相对而泣。然而孙权最终还是派遣张弥、许晏去往辽东。张昭恼恨自己的忠言未被采纳，于是声称有病不再上朝。孙权对此极为恼恨，用土堵塞住张昭家的大门，张昭又在里面用土将门封死。公孙渊果然杀死了张弥、许晏。孙权多次派人慰问张昭并诚恳地向张昭道歉，张昭坚决不出来，孙权外出路经张昭家门，喊他出来相见，张昭以病重作为借口推辞不见。孙权放火烧他家的大门，想以此将他吓出来，而张昭反而把内室的门窗也都关严。孙权让人熄灭火，在门外站立了很长时间，张昭的几个儿子一起将张昭搀扶出来，孙权用车将他带进宫中，深深地反省自己。张昭不得已，从此又参加朝见了。

张昭容貌庄严端重，富有威风，孙权常常说：“我与张公谈话，不敢随便信口开河。”整个国家的人无不敬畏他。八十一岁，嘉禾五年逝世。留下遗嘱，要求用绢布束发，使用不上漆的棺材，以平常穿的衣服装殓。孙权亲自穿丧服服吊唁，赐谥号为文侯。张昭的大儿子张承已被封侯，所以由小儿子张休继承爵位。

张昭弟弟的儿子张奋二十岁时，制造了攻城用的大攻车，得到了步骘的推荐。张昭不满意地说：“你年龄还小，为什么要把自己的命运交付给军队呢？”张奋回答说：“从前鲁国的童子汪踦能为国死于战斗，齐国的子奇能治理东阿，我的确没本事，不能和他们相比，但我的年龄可不算小了。”他最终统率部队担任将军，接连建立功勋，官做到半州都督，被封为乐乡亭侯。

张承，字仲嗣，年少的时候因有才干和学问而出名，与诸葛瑾、步骘、严畯关系很好。孙权担任骠骑将军的时候，提拔他为西曹掾，后来出任长沙西部都尉。他平定了山中叛贼，获得一万五千名精兵。后历任濡须都督、奋威将军，封都乡侯，统率兵马五千人。张承为人坚毅果敢，忠诚正直，可以识别人才，彭城郡人蔡款、南阳郡人谢景在年幼孤贫卑贱的时候，张承就对他们加以提携，这两个人后来都成为吴国的栋梁之材，蔡款官做到卫尉，谢景做到豫章太守。另外，诸葛恪小时候，大家都为他的英才出众而感到惊奇，张承却认为“诸葛恪最终会败坏诸葛家族的名声”。张承勤于提携后辈，待人宽厚，吴国大凡有才学的人，都登门拜访他。他在赤乌七年逝世，终年六十七岁，谥号定侯。他的儿子张震承袭了他的爵位。当初，张承失去妻子，张昭打算为他求娶诸葛瑾的女儿为妻，张承因为与诸葛瑾私下关系很好，因此感到十分为难，孙权听说这件事就鼓励张承，于是张承做了诸葛瑾的女婿。生下一个女儿，孙权做主将此女许配给自己的儿子孙和。孙权多次告诫孙和要敬重张承，在张承面前行女婿的礼仪。张震在诸葛恪被杀的时候也被杀。

张休，字叔嗣，在他刚成年的时候便与诸葛恪、顾谭等人一起担任太子孙登的幕僚，教导孙登学习《汉书》。由太子中庶子转任右弼都尉。孙权常常出游射猎，几乎到天黑才回来，孙休上奏章直言规劝，孙权对此大加赞赏，并把奏章拿给张昭看。孙登去世后，张休担任侍中，又被任命为羽林都督，负责左、中、右三典军所处理的事务，又被提拔为扬武将军。后来张休与顾谭、顾承都因为芍陂战役论功行赏一事，被鲁王孙霸的同党构陷，说在芍陂战役论功行赏一事中，张休、顾承及典军陈恂串通，用欺诈手段骗取功勋，因此张休与顾谭、顾承一起被流放到交州地区。中书令孙弘为人佞媚狡诈、心地险恶，张休向来对他不满，孙弘因此诬陷他，于是吴主下诏将张休赐死，时年四十一岁。

顾雍　顾邵、顾谭、顾承

【原文】顾雍，字元叹，吴郡吴人也。① 蔡伯喈从朔方还，尝避怨于吴，雍从学琴书。② 州郡表荐，弱冠为合肥长，后转在娄、曲阿、上虞，皆有治迹。孙权领会稽太守，不之郡，以雍为丞，行太守事，讨除寇贼，郡界宁静，吏民归服。数年，入为左司马。权为吴王，累迁大理奉常，领尚书令，封阳遂乡侯，拜侯还寺，而家人不知，后闻乃惊。

①《吴录》曰：雍曾祖父奉，字季鸿，颍川太守。

②《江表传》曰：雍从伯喈学，专一清静，敏而易教。伯喈贵异之，谓曰："卿必成致，今以吾名与卿。"故雍与伯喈同名，由此也。◎《吴录》曰：雍，字元叹，言为蔡雍之所叹，因以为字焉。

黄武四年，迎母于吴。既至，权临贺之，亲拜其母于庭，公卿大臣毕会，后太子又往庆焉。雍为人不饮酒，寡言语，举动时当。权尝叹曰："顾君不言，言必有中。"至饮宴欢乐之际，左右恐有酒失而雍必见之，是以不敢肆情。权亦曰："顾公在坐，使人不乐。"其见惮如此。是岁，改为太常，进封醴陵侯，代孙邵为丞相，平尚书事。其所选用文武将吏各随能所任，心无适莫。时访逮民间，及政职所宜，辄密以闻。若见纳用，则归之于上，不用，终不宣泄。权以此重之。然于公朝有所陈及，辞色虽顺而所执者正。权尝咨问得失，张昭因陈听采闻，颇以法令太稠，刑罚微重，宜有所蠲损。权默然，顾问雍曰："君以为何如？"雍对曰："臣之所闻，亦如昭所陈。"于是权乃议狱轻刑。① 久之，吕壹、秦博为中书，典校诸官府及州郡文书。壹等因此渐作威福，遂造作榷酤障管之利，举罪纠奸，纤介必闻，重以深案丑诬，毁短大臣，排陷无辜，雍等皆见举白，用被谴让。后壹奸罪发露，收系廷尉。雍往断狱，壹以囚见，雍和颜色，问其辞状，临出，又谓壹曰："君意得无欲有所道？"壹叩头无言。时尚书郎怀叙面詈辱壹，雍责叙曰："官有正法，何至于此！"②

①《江表传》曰：权常令中书郎诣雍，有所咨访。若合雍意，事可施行，即与相反复，究而论之，为设酒食。如不合意，雍即正色改容，默然不言，无所施设，即退告。权曰："顾公欢悦，是事合宜也；其不言者，是事未平也，孤当重思之。"其见敬信如此。江边诸将，各欲立功自效，多陈便宜，有所掩袭。权以访雍，雍曰："臣闻兵法戒于小利，此等所陈，欲邀功名而为其身，非为国也，陛下宜禁制。苟不足以曜威损敌，所不宜听也。"权从之。军国得失，行事可不，自非面见，口未尝言之。

②《江表传》曰：权嫁从女，女顾氏甥，故请雍父子及孙谭，谭时为选曹尚书，见任贵重。是日，权极欢。谭醉酒，三起舞，舞不知止。雍内怒之。明日，召谭，诃责之曰："君王以含垢为德，臣下以恭谨为节。昔萧何、吴汉并有大功，何每见高帝，似不能言。汉

奉光武，亦信恪勤。汝之于国，宁有汗马之劳，可书之事邪？但阶门户之资，遂见宠任耳，何有舞不复知止？虽为酒后，亦由恃恩忘敬，谦虚不足。损吾家者必尔也。”因背向壁卧，谭立过一时，乃见遣。◎徐众《评》曰：雍不以吕壹见毁之故，而和颜悦色，诚长者矣。然开引其意，问所欲道，此非也。壹奸险乱法，毁伤忠贤，吴国寒心，自太子登、陆逊已下，切谏不能得，是以潘濬欲因会手剑之，以除国患，疾恶忠主，义形于色，而今乃发起令言。若壹称枉邪，不申理，则非录狱本旨。若承辞而奏之，吴主傥以敬丞相所言，而复原宥，伯言、承明不当悲慨哉！怀叙本无私恨，无所为嫌，故詈辱之，疾恶意耳，恶不仁者，其为仁也。季武子死，曾点倚其门而歌；子晳创发，子产催令自裁。以此言之，雍不当责怀叙也。

雍为相十九年，年七十六，赤乌六年卒。初疾微时，权令医赵泉视之，拜其少子济为骑都尉。雍闻，悲曰：“泉善别死生，吾必不起，故上欲及吾目见济拜也。”权素服临吊，谥曰肃侯。长子邵早卒，次子裕有笃疾，少子济嗣，无后，绝。永安元年，诏曰：“故丞相雍，至德忠贤，辅国以礼，而侯统废绝，朕甚愍之。其以雍次子裕袭爵为醴陵侯，以明著旧勋。”[①]

①《吴录》曰：裕，一名穆，终宜都太守。裕子荣。◎《晋书》曰：荣，字彦先，为东南名士，仕吴为黄门郎，在晋历显位。元帝初镇江东，以荣为军司马，礼遇甚重。卒，表赠侍中、骠骑将军，仪同三司。荣兄子禺，字孟著，少有名望，为散骑侍郎，早卒。◎《吴书》曰：雍母弟徽，字子叹，少游学，有唇吻。孙权统事，闻徽有才辩，召署主簿。尝近出行，见营军将一男子至市行刑，问之何罪，云盗百钱，徽语使住。须臾，驰诣阙陈启：“方今畜养士众以图北虏，视此兵丁壮健儿，且所盗少，愚乞哀原。”权许而嘉之。转东曹掾。或传曹公欲东，权谓徽曰：“卿孤腹心，今传孟德怀异意，莫足使揣之，卿为吾行。”拜辅义都尉，到北与曹公相见。公具问境内消息，徽应对婉顺，因说江东大丰，山薮宿恶，皆慕化为善，义出作兵。公笑曰：“孤与孙将军一结婚姻，共辅汉室，义如一家，君何为道此？”徽曰：“正以明公与主将义固磐石，休戚共之，必欲知江表消息，是以及耳。”公厚待遣还。权问定云何，徽曰：“敌国隐情，卒难探察，然徽潜采听，方与袁谭交争，未有他意。”乃拜徽巴东太守，欲大用之，会卒。子裕，字季则，少知名，位至镇东将军。雍族人悌，字子通，以孝悌廉正闻于乡党。年十五为郡吏，除郎中，稍迁偏将军。权末年，嫡庶不分，悌数与骠骑将军朱据共陈祸福，言辞切直，朝廷惮之。待妻有礼，常夜入晨出，希见其面。尝疾笃，妻出省之，悌命左右扶起，冠帻加袭，起对，趣令妻还，其贞洁不渎如此。悌父向历四县令，年老致仕，悌每得父书，常洒扫，整衣服，更设几筵，舒书其上，拜跪读之，每句应诺，毕，复再拜。若父有疾耗之问至，则临书垂涕，声语哽咽。父以寿终，悌饮浆不入口五日。权为作布衣一袭，皆摩絮著之，强令悌释服。悌虽以公议自割，犹以不见父丧，常画壁作棺柩象，设神座于下，每对之哭泣，服未阕而卒。悌四子：彦、礼、谦、秘。秘，晋交州刺史。秘子众，尚书仆射。

邵字孝则，博览书传，好乐人伦。少与舅陆绩齐名，而陆逊、张敦、卜静等皆亚焉。[①]自州郡庶几及四方人士，往来相见，或言议而去，或结厚而别，风声流闻，远近称之。权妻以策女，年二十七，起家为豫章太守。下车祀先贤徐孺子之墓，优待其后，禁其淫祀非礼之祭者。小吏资质佳者，辄令就学，择其先进，擢置右职，举善以教，风化大行。初，钱唐丁谞出于役伍，阳羡张秉生于庶民，乌程吴粲、云阳殷礼起乎微贱，邵皆拔而友之，为立声誉。秉遭大丧，亲为制服结绖。邵当之豫章，发在近路，值秉疾病，时送者百数，邵辞宾客曰："张仲节有疾，苦不能来别，恨不见之，暂还与诀，诸君少时相待。"其留心下士，惟善所在，皆此类也。谞至典军中郎，秉云阳太守，礼零陵太守，[2] 粲太子少傅。世以邵为知人。在郡五年，卒官，子谭、承云。

①《吴录》曰：敦，字叔方，静字玄风，并吴郡人。敦德量渊懿，清虚淡泊，又善文辞。孙权为车骑将军，辟西曹掾，转主簿，出补海昏令，甚有惠化，年三十二卒。卜静终于剡令。

② 礼子基作《通语》曰：礼，字德嗣，弱不好弄，潜识过人。少为郡吏，年十九，守吴县丞。孙权为王，召除郎中。后与张温俱使蜀，诸葛亮甚称叹之。稍迁至零陵太守，卒官。◎《文士传》曰：礼子基，无难督，以才学知名，著《通语》数十篇。有三子。巨，字元大，有才器，初为吴偏将军，统家部曲，城夏口，吴平后，为苍梧太守。少子祐，字庆元，吴郡太守。

谭，字子默，弱冠与诸葛恪等为太子四友，从中庶子转辅正都尉。[1] 赤乌中，代恪为左节度。[2] 每省簿书，未尝下筹，徒屈指心计，尽发疑谬，下吏以此服之。加奉车都尉。薛综为选曹尚书，固让谭曰："谭心精体密，贯道达微，才照人物，德允众望，诚非愚臣所可越先。"后遂代综。祖父雍卒数月，拜太常，代雍平尚书事。是时鲁王霸有盛宠，与太子和齐衡，谭上疏曰："臣闻有国有家者，必明嫡庶之端，异尊卑之礼，使高下有差，阶级逾邈，如此则骨肉之恩生，觊觎之望绝。昔贾谊陈治安之计，论诸侯之势，以为势重，虽亲必有逆节之累；势轻，虽疏必有保全之祚。故淮南亲弟，不终飨国，失之于势重也；吴芮疏臣，传祚长沙，得之于势轻也。昔汉文帝使慎夫人与皇后同席，袁盎退夫人之座，帝有怒色，及盎辨上下之仪，陈人彘之戒，帝既悦怿，夫人亦悟。今臣所陈，非有所偏，诚欲以安太子而便鲁王也。"由是霸与谭有隙。时长公主婿卫将军全琮子寄为霸宾客，寄素倾邪，谭所不纳。先是，谭弟承与张休俱北征寿春，全琮时为大都督，与魏将王凌战于芍陂，军不利，魏兵乘胜陷没五营将秦晃军，休、承奋击之，遂驻魏师。时琮群子绪、端亦并为将，因敌既住，乃进击之，凌军用退。时论功行赏，以为驻敌之功大，退敌之功小，休、承并为杂号将军，绪、端偏裨而已。寄父子益恨，共构会谭。[3] 谭坐徙交州，幽而发愤，著《新言》二十篇，其《知难篇》盖以自悼伤也。见流二年，年四十二，卒于交阯。

① 陆机为谭传曰：宣太子正位东宫，天子方隆训导之义，妙简俊彦，讲学左右。时四方之杰毕集，太傅诸葛恪以雄奇盖众，而谭以清识绝伦，独见推重。自太尉范慎、谢景、羊徽之徒，皆以秀称其名，而悉在谭下。

②《吴书》曰：谭初践官府，上疏陈事，权辍食称善，以为过于徐详。雅性高亮，不修意气，或以此望之。然权鉴其能，见待甚隆，数蒙赏赐，特见召请。

③《吴录》曰：全琮父子屡言芍陂之役为典军陈恂诈增张休、顾承之功，而休、承与

恂通情。休坐系狱，权为谭故，沉吟不决，欲令谭谢而释之。及大会，以问谭，谭不谢，而曰："陛下，谗言其兴乎！"◎《江表传》曰：有司奏谭诬罔大不敬，罪应大辟。权以雍故，不致法，皆徙之。

承，字子直，嘉禾中与舅陆瑁俱以礼征。权赐承相雍书曰："贵孙子直，令问休休，至与相见，过于所闻，为君嘉之。"拜骑都尉，领羽林兵。后为吴郡西部都尉，与诸葛恪等共平山越，别得精兵八千人，还屯军章坑，拜昭义中郎将，入为侍中。芍陂之役，拜奋威将军，出领京下督。数年，与兄谭、张休等俱徙交州，年三十七卒。

【译文】顾雍，字元叹，吴郡吴县人。蔡伯喈从朔方返回时，曾躲避仇人来到吴县，顾雍跟他学习琴书。州郡上表推荐他，他成年后便任合肥县长，后来调任娄县、曲阿、上虞等地，都有政绩。孙权兼任会稽太守时，不到郡治，而是任用顾雍为郡丞，代理太守的职务，他讨伐入侵的强盗，使全郡四界安定，官吏百姓都归顺他。几年后，入幕府任左司马。孙权做吴王后，他连续升任大理奉常，兼任尚书令，封阳遂乡侯，他刚被封侯返回官府时，家里的人都不知道，后来听说后感到十分惊奇。

黄武四年，他从吴县迎回母亲。到达后，孙权来庆贺他们，亲自在厅堂向他母亲行拜礼，朝廷大臣全来聚会，之后太子又来向他们庆贺。顾雍为人不喝酒，寡言少语，举止适时又适宜。孙权曾经感叹地说："顾君不开口便罢，一开口必定会有大道理。"到了宴饮欢乐的时刻，顾雍左右的人担心酒后失礼而被顾雍看到，因此不敢纵情畅饮。孙权也说："顾公在座，使人不快活。"人们就是这样地怕他。这一年，他改任太常，又加封为醴陵侯，接替孙邵任丞相，总理尚书事务。他所选用的文武官员，每个人都依据他们的才能来安排职务，他心里没有厚薄之分。他经常到民间征询意见，如有处理政务应当采用的方法，就秘密呈报。如果被采纳，就归功于皇帝；如果不被采纳，就永远不泄露出去。孙权因此很看重他。他在朝廷上有所陈述和建议时，他的言辞态度虽然恭顺，他所坚持的立场原则却是正直不阿的。孙权曾经询问朝政的得失，张昭趁机把他收集到的意见都说了出来，他认为法令太烦琐，刑罚稍重了些，应当有所削减。孙权听了没有回应，回过头问顾雍："您认为怎么样？"顾雍回答说："我了解的情况，也同张昭说的一样。"于是孙权便与大家商定狱讼的法令，并减轻刑罚。过了很久，吕壹、秦博任中书，主管审核各官府以及州郡呈报的文书。吕壹等人因此逐渐独揽权势，专行赏罚，开始建立官府卖酒、关隘征税的专利政策，他们揭发人的罪恶，一点小事也要呈报又进行诋毁以加深案情，诬蔑诽谤大臣，排挤陷害无辜，顾雍等人都曾被他们告发，并因此受到谴责。后来吕壹的罪行披露，被收押在廷尉。顾雍前去审理此案，吕壹以囚犯的身份来见顾雍，顾雍却和颜悦色，对他进行审讯，临走时，顾雍又对他说："您心里大概还想说点什么吧？"吕壹只是叩头，无话可说。当时尚书郎怀叙当面咒骂羞辱吕壹，顾雍责备怀叙说："官府有明确的法令，您何必这样呢！"

顾雍任丞相十九年，享年七十六岁，赤乌六年去世。起初，在他的病还不严重时，孙权派医生赵泉给他看病，任命他的小儿子顾济为骑都尉。顾雍听说后，悲伤地说："赵泉善于识别生死，我的病肯定好不了，因此皇上想让我亲眼看见对顾济的任命。"

他死后，孙权身穿丧服来吊唁，谥为肃侯。长子顾邵早逝，次子顾裕身患重病，小儿子顾济继承爵位，但顾济没有后人，因而顾氏断了后嗣。永安元年，皇上下诏书说："已故丞相顾雍，品德高尚，忠诚贤良，靠礼仪辅佐国家，但他的侯爵后继无人，我很怜悯他。就让顾雍的次子顾裕承袭爵位为醴陵侯，以表彰顾雍过去的功勋。"

顾邵，字孝则，博鉴经传，遵奉伦理道德。年轻时和舅舅陆绩齐名，而陆逊、张敦、卜静等人都不如他。州郡及四方人士往来会见他，有的人发些议论就离开了，有的人与他结下深情而惜别，他的名声四下传播，远近的人都赞赏他。孙权把孙策的女儿嫁给他，他二十七岁时，离家任豫章太守。他一下车就去祭祀前代贤人徐孺子的坟墓，优待徐孺子的后人，同时又禁止那些过度奉祀、不合礼仪的祭奠行为。他手下的年轻官员凡天资聪明的，就让他们去学习，从中选择成绩突出的，提拔安排在高级职位上，他推举善行以施教，因而使感化人民的教令得以广泛地推行。起初，钱唐人丁谞出于行伍，阳羡人张秉生于贫民，乌程人吴粲、云阳人殷礼起于低贱，顾邵都提拔他们并亲近他们，为他们树立荣誉。张秉遇上重大的丧事，他亲自穿上丧服束上麻带。顾邵对要到豫章去时，已经快要出发上路了，正赶上张秉病了，当时送行的人数以百计，顾邵宾客好友说："张仲节有病，不能来送行，我也为不能见到他感到遗憾，我先回去和他告别，各位稍微等一会儿。"他关心下士，处处施惠，都像这样。丁谞官做到典军中郎，张秉任云阳太守，殷礼任零陵太守，吴粲任太子少傅。世人都认为顾邵知人善任。顾邵在郡任职五年，死在任上，有儿子顾谭和顾承。

顾谭，字子默，成年后和诸葛恪等人成为太子四友，从中庶子调任辅正都尉。赤乌年间，他接替诸葛恪任左节度。每次披阅文书，遇到数字时他未曾使用算筹计算，只是屈指在心里计算一下，就能把其中的疑点错误全部找出来，下面的官员为此很佩服他。后来加官奉车都尉。薛综任选曹尚书，他坚决将这一职务推让给顾谭，说："顾谭思虑精细，行事周密，贯通道义，晓畅微情，他的才华光可照人，德行深孚众望，实在不是我所能超越领先的。"后来顾谭就接替了薛综。祖父顾雍去世几个月，他就被任命为太常，接替顾雍治理尚书事务。当时，鲁王孙霸恩宠很盛，和太子孙和抗衡，顾谭就上书说："我听说有国有家的人，必须分清嫡庶的界限，区别尊卑的礼节，使高低有差别，等级之间要相隔很远，这样才能使骨肉的恩情产生，使非分的企图灭绝。从前贾谊陈述治安的方针，评论诸侯的形势，认为诸侯的权势重了，即使亲近也一定会有背逆名节的弊端；诸侯的权势轻了，即使疏远也有一定有保全自身的福运。所以淮南王是亲弟弟，不能永久享有封国，失之于权势重了；吴芮是外姓臣，能在长沙降福给后代，得之于权势轻了。从前汉文帝让慎夫人与皇后同席，袁盎把慎夫人的座位撤掉，汉文帝怒色满面，等袁盎向他陈述尊卑的礼仪、人彘的教训之后，汉文帝的怒气全消了，慎夫人也省悟了。现在我说的这些话，并非因为我个人有什么偏向，实在是想使太子安定，使鲁王便利。"由此孙霸和顾谭有了嫌隙。当时长公主的丈夫卫将军全琮的儿子全寄是孙霸的宾客，全寄平时为人奸诈，是顾谭所不能容纳的人。在这之前，顾谭的弟弟顾承和张休一起往北征讨寿春，全琮当时是大都督，与魏国将领王凌在芍陂交战，战事不利，魏国军队乘胜消灭了五营将秦晃的部队，张休、顾承奋力反击，终于使魏国军队停止进攻。当时全琮的庶子全绪、全端也同时任将官，他们趁敌人完全停止进攻的机会，就向前攻击魏军，王凌的军队因而败退。当时论功行赏，认为使敌人停止进攻的功劳大，使敌人败退的功劳小，因此张休、顾承同时成为杂号将军，全绪、全端只是偏将而已。全寄父子更加忌恨，共同设计陷害顾谭。顾谭被判流放交州，他幽居而奋发努力，撰写了《新言》二十篇，其中《知难篇》大概就是用来哀叹自己的。他被流放两年，四十二岁时，在交阯去世。

顾承，字子直，嘉禾年间和舅舅陆瑁一起被依礼征召。孙权在给丞相顾雍的信中说："令孙子直，有乐善的美名，直到与他相见，才知道他的品行超过了传闻，我为您感到高兴。"于是任命顾承为骑都尉，统领羽林军。后来顾承担任吴郡西部都尉，和诸葛恪等人共同平定了山越，另得精兵八千人，还师驻守在章坑，又被任命为昭义中郎将，入朝任侍中。芍陂战役后，被任命为奋威将军，外出兼任京下督。几年以后，和哥哥顾谭以及张休等人一起被流放交州，三十七岁时去世。

诸葛瑾 诸葛融

【原文】诸葛瑾，字子瑜，琅邪阳都人也。[①]汉末避乱江东。值孙策卒，孙权姊婿曲阿弘咨见而异之，荐之于权，与鲁肃等并见宾待，后为权长史，转中司马。建安二十年，权遣瑾使蜀通好刘备，与其弟亮俱公会相见，退无私面。

①《吴书》曰：其先葛氏，本琅邪诸县人，后徙阳都。阳都先有姓葛者，时人谓之诸葛，因以为氏。瑾少游京师，治《毛诗》《尚书》《左氏春秋》。遭母忧，居丧至孝，事继母恭谨，甚得人子之道。◎《风俗通》曰：葛婴为陈涉将军，有功而诛，孝文帝追录，封其孙诸县侯，因并氏焉。此与《吴书》所说不同。

与权谈说谏喻，未尝切愕，微见风彩，粗陈指归，如有未合，则舍而及他，徐复托事造端，以物类相求，于是权意往往而释。吴郡太守朱治，权举将也，权曾有以望之，而素加敬，难自诘让，忿忿不解。瑾揣知其故，而不敢显陈，乃乞以意私自问，遂于权前为书，泛论物理，因以己心遥往忖度之。毕，以呈权，权喜，笑曰："孤意解矣。颜氏之德，使人加亲，岂谓此邪？"权又怪校尉殷模，罪至不测。群下多为之言，权怒益甚，与相反复，惟瑾默然，权曰："子瑜何独不言？"瑾避席曰："瑾与殷模等遭本州倾覆，生类殄尽，弃坟墓，携老弱，披草莱，归圣化。在流隶之中，蒙生成之福，不能躬相督厉，陈答万一，至令模孤负恩惠，自陷罪戾。臣谢过不暇，诚不敢有言。"权闻之怆然，乃曰："特为君赦之。"

后从讨关羽，封宣城侯，以绥南将军代吕蒙领南郡太守，住公安。刘备东伐吴，吴王求和，瑾与备笺曰："奄闻旗鼓来至白帝，或恐议臣以吴王侵取此州，危害关羽，怨深祸大，不宜答和。此用心于小，未留意于大者也。试为陛下论其轻重，及其大小。陛下若抑威损忿，暂省瑾言者，计可立决，不复咨之于群后也。陛下以关羽之亲何如先帝？荆州大小孰与海内？俱应仇疾，谁当先后？若审此数，易于反掌。"[①]时或言瑾别遣亲人与备相闻，权曰："孤与子瑜有死生不易之誓，子瑜之不负孤，犹孤之不负子瑜也。"[2] 黄武元年，迁左将军，督公安，假节，封宛陵侯。[3]

①臣松之云：以为刘后以庸蜀为关河，荆楚为维翰，关羽扬兵沔、汉，志陵上国，虽匡主定霸，功未可必，要为威声远震，有其经略。孙权潜包祸心，助魏除害，是为翦宗子勤王之师，纾曹公移都之计，拯汉之规，于兹而止。义旗所指，宜其在孙氏矣。瑾以大义责备，答之何患无辞。且备、羽相与，有若四体，股肱横亏，愤痛已深，岂此奢阔之书所能回驻哉？载之于篇，实为辞章之费。

②《江表传》曰：瑾之在南郡，人有密谗瑾者。此语颇流闻于外，陆逊表保明瑾无此，宜以散其意。权报曰："子瑜与孤从事积年，恩如骨肉，深相明究，其为人非道不行，非义不言。玄德昔遣孔明至吴，孤尝语子瑜曰：'卿与孔明同产，且弟随兄，于义为顺，何以不留孔明？孔明若留从卿者，孤当以书解玄德，意自随人耳。'子瑜答孤言：'弟亮以失身于人，委质定分，义无二心。弟之不留，犹瑾之不往也。'其言足贯神明。今岂当有此乎？孤前得妄语文疏，即封示子瑜，并手笔与子瑜，即得其报，论天下君臣大节一定之分。孤与子瑜，可谓神交，非外言所间也。知卿意至，辄封来表，以示子瑜，使知卿意。"

③《吴录》曰：曹真、夏侯尚等围朱然于江陵，又分据中州，瑾以大兵为之救援。瑾性弘缓，推道理，任计画，无应卒倚伏之术，兵久不解，权以此望之。及春水生，潘璋等作水城于上流，瑾进攻浮桥，真等退走。虽无大勋，亦以全师保境为功。

虞翻以狂直流徙，惟瑾屡为之说。翻与所亲书曰："诸葛敦仁，则天活物，比蒙清论，有以保分。恶积罪深，见忌殷重，虽有祁老之救，德无羊舌，解释难冀也。"

瑾为人有容貌思度，于时服其弘雅，权亦重之，大事咨访。又别咨瑾曰："近得伯言表，以为曹丕已死，毒乱之民，当望旌瓦解，而更静然。闻皆选用忠良，宽刑罚，布恩惠，薄赋省役，以悦民心，其患更深于操时。孤以为不然。操之所行，其惟杀伐小为过差，及离间人骨肉，以为酷耳。至于御将，自古少有。丕之于操，万不及也。今叡之不如丕，犹丕不如操也。其所以务崇小惠，必以其父新死，自度衰微，恐困苦之民一朝崩沮，故强屈曲以求民心，欲以自安住耳，宁是兴隆之渐邪！闻任陈长文、曹子丹辈，或文人诸生，或宗室戚臣，宁能御雄才虎将以制天下乎？夫威柄不专，则其事乖错，如昔张耳、陈余，非不敦睦，至于秉势，自还相贼，乃事理使然也。又，长文之徒，昔所以能守善者，以操笮其头，畏操威严，故竭心尽意，不敢为非耳。逮丕继业，年已长大，承操之后，以恩情加之，用能感义。今叡幼弱，随人东西，此曹等辈，必当因此弄巧行态，阿党比周，各助所附。如此之日，奸谗并起，更相陷怼，转成嫌贰。一尔已往，群下争利，主幼不御，其为败也焉得久乎？所以知其然者，自古至今，安有四五人把持刑柄，而不离刺转相蹄啮者也！强当陵弱，弱当求援，此乱亡之道也。子瑜，卿但侧耳听之，伯言常长于计校，恐此一事小短也。"[1]

①臣松之以为：魏明帝一时明主，政自己出，孙权此论，竟为无征，而史载之者，将以主幼国疑，威柄不一，乱亡之形，有如权言，宜其存录以为鉴戒。或当以虽失之于明帝，而事著于齐王，齐王之世，可不谓验乎！不敢显斥，抑足表之微辞。

权称尊号，拜大将军、左都护，领豫州牧。及吕壹诛，权又有诏切磋瑾等，语在《权传》。瑾辄因事以答，辞顺理正。瑾子恪，名盛当世，权深器异之。然瑾常嫌之，谓非保家之子，每以忧戚。① 赤乌四年，年六十八卒，遗命令素棺敛以时服，事从省约。恪已自封侯，故弟融袭爵，摄兵业，驻公安，② 部曲吏士亲附之。疆外无事，秋冬则射猎讲武，春夏则延宾高会，休吏假卒，或不远千里而造焉。每会辄历问宾客，各言其能，乃合榻促席，量敌选对，或有博弈，或有樗蒱，投壶弓弹，部别类分，于是甘果继进，清酒徐行，融周流观览，终日不倦。融父兄质素，虽在军旅，身无采饰。而融锦罽文绣，独为奢绮。孙权薨，徙奋威将军。后恪征淮南，假融节，令引军入沔，以击西兵。恪既诛，遣无难督施宽就将军施绩、孙壹、全熙等取融。融卒闻兵士至，惶惧犹豫，不能决计，兵到围城，饮药而死，三子皆伏诛。③

①《吴书》曰：初，瑾为大将军，而弟亮为蜀丞相，二子恪、融皆典戎马，督领将帅，族弟诞又显名于魏，一门三方为冠盖，天下荣之。瑾才略虽不及弟，而德行尤纯。妻死不改娶，有所爱妾，生子不举，其笃慎皆如此。

②《吴书》曰：融，字叔长，生于宠贵，少而骄乐，学为章句，博而不精，性宽容，多技艺，数以巾褐奉朝请，后拜骑都尉。赤乌中，诸郡出部伍，新都都尉陈表、吴郡都尉顾承各率所领人会佃毗陵，男女各数万口。表病死，权以融代表，后代父瑾领摄。

③《江表传》曰：先是，公安有灵鼍鸣，童谣曰："白鼍鸣，龟背平，南郡城中可长生，守死不去义无成。"及恪被诛，融果刮金印龟，服之而死。

【译文】诸葛瑾，字子瑜，琅邪阳都人。汉末到江东避乱。正碰上孙策去世，孙权的姐夫曲阿人弘咨见到诸葛瑾，认为他很奇特，就把他推荐给孙权，他和鲁肃等人一同被当作宾客接待，后来任孙权的长史，又调任中司马。汉建安二十年，孙权派诸葛瑾出使蜀国与刘备建立友好关系，他和弟弟诸葛亮都是因公事相会才见面，公事结束后，他们没有私下会过面。

他和孙权谈话时总是讽喻劝谏，未尝有过激烈直露的言辞，只是稍微显示出风度神采，粗略陈述要旨意义，如果有不合孙权心意的地方，他就放弃这个内容而转入其他话题，慢慢地再假借其他事情从头开始说起，用同类事物求得孙权的理解，因此孙权心里的不痛快便消散了。吴郡太守朱治，是孙权提拔的将官，孙权曾对他有所怨恨，但又一向很敬重他，所以很难亲自诘问责备他，因而心里愤愤不平，无法排解。诸葛瑾揣摩明白了其中的缘故，但不敢公开地说出来，就请求照孙权的意思私下去责问朱治，于是他就在孙权面前写信，广泛地论述事务的道理，趁机用自己的想法迂回地推测分析孙权的想法。写完信，他呈交给孙权，孙权很高兴，笑着说："我的心结解开了。颜渊的恩德，是使人更加亲近，难道说的就是这件事？"孙权又责怪校尉殷模，给他定的罪名很大。群臣有很多人为殷模说话，孙权的怒火更盛，他与众人反复争辩，只有诸葛瑾沉默不语，孙权说："子瑜为什么不说话？"诸葛瑾离开座位说："我和殷模等人都遭遇了州府动荡、生灵灭绝的不幸，因而放弃祖坟，扶老携幼，拨开荆棘田莱，来归顺圣人教化。我们身在流亡的贱奴中，蒙受您养育全生的福泽，却不能自我督察砥砺，以报答圣德万分之一，以至于使殷模辜负了恩惠，自己陷入罪恶之中。我认罪尚且来不及，实在不敢说什么。”孙权听了他的话，也很伤感，就说：“我特地为您赦免他。”

后来跟随他参加讨伐关羽的战斗，被封为宣城侯，以绥南将军的身份接替吕蒙兼任南郡太守，住在公安。刘备向东讨伐东吴，吴王请求和解，诸葛瑾给刘备写信说：“突然间听说您的旗鼓从白帝城向这里进发，我担心您的谋事之臣因为吴王侵夺了这个州，危害了关羽，造成深仇大怨，引起大祸，不应当与吴王和解。这是从小处用心，未从大处着眼的人。请听我为您分析这件事情的轻重及大小。陛下如果能抑制威怒，暂且审察一下我的意见，就可以马上拿定主意，不必再向各位大臣征询意见。陛下认为您同关羽的亲近程度能比得上您同汉朝先帝的关系吗？荆州的大小能比得上整个天下吗？同时面对着这两大仇恨，哪一个应放在前面，哪一个应放在后面？如果权衡其中的道理，决策起来易如反掌。”当时有人说诸葛瑾另派亲信与刘备通报消息，孙权说：“我和子瑜有生死不渝的誓言，子瑜不会辜负我，就像我不会辜负子瑜一样。”黄武元年，升任左将军，督察公安，授予符节，封为宛陵侯。

虞翻因为任性率直而被流放，只有诸葛瑾一次又一次地为他说情。虞翻给他亲近的人写信说：“诸葛子瑜敦厚仁慈，效法苍天以救活生灵，多次蒙受他清正的言论，我才得以澄清冤屈，保全名分。我积恶甚多，罪孽深重，招来的忌恨也是又多又深，救援我的人即使有祁老的力量，而我没有羊舌氏那样的德行，他的申辩也很难有希望。”

诸葛瑾仪表堂堂，思虑有度，当时的人们佩服他的弘深高雅，孙权也很看重他，重大的事情要征询他的意见。还另外征询诸葛瑾说；“最近得到伯言呈报的章表，他认为曹丕已经死了，受尽痛苦祸乱的百姓，应当看到我们的旗帜便土崩瓦解，然而事实上他们显得更加安静。听说新主全部选用忠诚贤良的大臣，放宽刑罚，布施恩惠，减轻赋税劳役，以取悦民心，这样一来，他对我们的威胁比曹操时更加严重。我认为不是这样。曹操的行事，如果说他的杀戮攻伐是稍微超过限度的话，那么他离间他人骨肉至亲的关系，我认为是惨无人道的。至于他驾驭将领的本事，则是自古以来少见的。曹丕和曹操相比，绝对比不上曹操。现在曹叡不如曹丕，就像曹丕不如曹操一样。他之所以极力推崇小恩小惠，必然是因为他父亲刚死，自己觉得能力薄弱，害怕受尽困苦的百姓有一天会崩溃，因此他勉强委屈自己以求得民心，企图用这个办法来稳定自己的地位罢了，哪里是兴旺发达的延续呢！听说他任用陈长文、曹子丹这类人，这类人有的是文人书生，有的是皇亲国戚，怎么能驾驭英才虎将以制服天下呢？威力权柄不集中，他们做事就会乖戾错谬，好比从前的张耳、陈余，他们并非相处不睦，一涉及到权势，就自相残杀，这是事物的常理使他们这样。另外，陈长文这类人，过去之所以能遵守善道，是因为曹操压住他们的头颈，他们害怕曹操的威严，所以尽心尽力，不敢为非作歹。到了曹丕继承父业时，曹丕的年岁已经很大，又紧接在曹操的后面，施予他们恩德，因而他们还能感恩戴德。如今曹叡年幼，只能被人左右，这些家伙必定会趁此机会弄巧作态，结党营私，各人辅助各人依附的势力。这种情况下，奸邪谗佞会一起兴起，他们会相互陷害仇视，以至于彼此嫌弃势不两立。这样下去，群臣争夺权利，君主年幼不能控制，他们遭受失败的日子怎么可能要很久呢？我之所以知道他们必定失败，是因为从古到今，哪有四五个人把持法令权柄，而不离心离德互相攻击争斗的呢！强者必然欺侮弱者，弱者必然寻求外援，这是国家混乱败亡的规律。子瑜，您只要侧耳细听就会知道，伯言通常善于争辩是非，恐怕在这一件事情上他有些不足。”

孙权称帝后，任命他为大将军、左都护，兼任豫州牧。到了吕壹被处死时，孙权还下诏书和诸葛瑾等人商讨有关问题，这件事在《吴主传》中有记载。诸葛瑾能马上根据具体情况，给予回答，他的言辞恭顺，道理正确。诸葛瑾的儿子诸葛恪当时名声很盛，孙权非常器重他。但诸葛瑾常常嫌弃诸葛恪，说他不是保全家族的儿子，并每每为此忧虑。赤乌四年，诸葛瑾六十八岁时去世，留下遗言不要给他的棺材涂上油漆，用他平时穿的衣服给他装殓，丧事一应事务均要遵循节俭的原则。诸葛恪已经靠自己的努力被封侯，所以由他弟弟诸葛融继承爵位，并代理军中职务，驻守在公安，诸葛瑾的部属官员都很顺从他。边境上如果没有战争，秋天和冬天他就打猎习武，春天和夏天他就邀请宾客举行盛大的宴会，休假的官兵，有的人不远千里来赴宴。每次宴会他总是逐一询问客人，让他们各人谈谈各人的技能，然后就合并榻床，连接坐席，衡量选择相应的对手，有的人参加博弈，有的人参加樗蒱，还有投壶弓弹，分门别类，这时候，甘果不断供应，清酒徐徐奉上，诸葛融四处观看，从早到晚也不感到疲倦。诸葛融的父亲兄长都很质朴，即使在军队中，身上也没有彩绣装饰。诸葛融则身穿锦罽文绣，独求过分绮丽的打扮。孙权去世后，他升任奋威将军。后来诸葛恪征讨淮南，授予诸葛融符节，让他率领军队进入沔水一带，来攻击西面的敌军。诸葛恪被诛杀以后，孙峻派无难督施宽与将军施绩、孙壹、全熙等人合并军队，攻取逮捕诸葛融。诸葛融仓促间听说官兵到了，惶恐不安，犹豫不决，拿不定主意，军队包围城下，他喝下毒药自杀，他的三个儿子全被处死。

步骘　步阐

【原文】步骘，字子山，临淮淮阴人也。[①] 世乱，避难江东，单身穷困，与广陵卫旌同年相善，俱以种瓜自给，昼勤四体，夜诵经传。[②]

①《吴书》曰：晋有大夫杨食采于步，后有步叔，与七十子师事仲尼。秦汉之际有为将军者，以功封淮阴侯，骘其后也。

②《吴书》曰：骘博研道艺，靡不贯览，性宽雅沉深，能降志辱身。

会稽焦征羌，郡之豪族，[①] 人客放纵。骘与旌求食其地，惧为所侵，乃共修刺奉瓜，以献征羌。征羌方在内卧，驻之移时，旌欲委去，骘止之曰：“本所以来，畏其强也，而今舍去，欲以为高，只结怨耳。”良久，征羌开牖见之，身隐几坐帐中，设席致地，坐骘、旌于牖外，旌愈耻之，骘辞色自若。征羌作食，身享大案，殽膳重沓，以小盘饭与骘、旌，惟菜茹而已。旌不能食，骘极饭致饱乃辞出。旌怒骘曰：“何能忍此？”骘曰：“吾等贫贱，是以主人以贫贱遇之，固其宜也，当何所耻？”[②]

①《吴录》曰：征羌，名矫，尝为征羌令。

②《吴录》曰：卫旌，字子旗，官至尚书。

孙权为讨虏将军，召骘为主记，[1]除海盐长，还辟车骑将军东曹掾。[2]建安十五年，出领鄱阳太守。岁中，徙交州刺史、立武中郎将，领武射吏千人，便道南行。明年，追拜使持节、征南中郎将。刘表所置苍梧太守吴巨阴怀异心，外附内违。骘降意怀诱，请与相见，因斩徇之，威声大震。士燮兄弟，相率供命，南土之宾，自此始也。益州大姓雍闿等杀蜀所署太守正昂，与燮相闻，求欲内附。骘因承制遣使宣恩抚纳，由是加拜平戎将军，封广信侯。

①《吴书》曰：岁余，骘以疾免，与琅邪诸葛瑾、彭城严畯俱游吴中，并著声名，为当时英俊。

②《吴书》曰：权为徐州牧，以骘为治中从事，举茂才。

延康元年，权遣吕岱代骘，骘将交州义士万人出长沙。会刘备东下，武陵蛮夷蠢动，权遂命骘上益阳。备既败绩，而零、桂诸郡犹相惊扰，处处阻兵，骘周旋征讨，皆平之。黄武二年，迁右将军、左护军，改封临湘侯。五年，假节，徙屯沤口。

权称尊号，拜骠骑将军，领冀州牧。是岁，都督西陵，代陆逊抚二境，顷以冀州在蜀分，解牧职。时权太子登驻武昌，爱人好善，与骘书曰："夫贤人君子，所以兴隆大化，佐理时务者也。受性暗蔽，不达道数，虽实区区欲尽心于明德，归分于君子，至于远近士人，先后之宜，犹或缅焉，未之能详。传曰：'爱之能勿劳乎？忠焉能勿诲乎？'斯其义也，岂非所望于君子哉！"骘于是条于时事业在荆州界者，诸葛瑾、陆逊、朱然、程普、潘濬、裴玄、夏侯承、卫旌、李肃、[1]周条、石干十一人，甄别行状，因上疏奖劝曰："臣闻人君不亲小事，百官有司各任其职。故舜命九贤，则无所用心，弹五弦之琴，咏南风之诗，不下堂庙而天下治也。齐桓用管仲，被发载车，齐国既治，又致匡合。近汉高祖揽三杰以兴帝业，西楚失雄俊以丧成功。汲黯在朝，淮南寝谋；郅都守边，匈奴窜迹。故贤人所在，折冲万里，信国家之利器，崇替之所由也。方今王化未被于汉北，河、洛之滨尚有僭逆之丑，诚揽英雄拔俊任贤之时也。愿明太子重以经意，则天下幸甚。"

①《吴书》曰：肃，字伟恭，南阳人。少以才闻，善论议，臧否得中，甄奇录异，荐述后进，题目品藻，曲有条贯，众人以此服之。权擢以为选曹尚书，选举号为得才。求出补吏，为桂阳太守，吏民悦服。征为卿。会卒，知与不知，并痛惜焉。

后中书吕壹典校文书，多所纠举，骘上疏曰："伏闻诸典校擿抉细微，吹毛求瑕，重案深诬，辄欲陷人以成威福。无罪无辜，横受大刑，是以使民跼天蹐地，谁不战栗？昔之狱官，惟贤是任，故皋陶作士，吕侯赎刑，张、于廷尉，民无冤枉，休泰之祚，实由此兴。今之小臣，动与古异，狱以贿成，轻忽人命，归咎于上，为国速怨。夫一人吁嗟，王道为亏，甚可仇疾。明德慎罚，哲人惟刑，书传所美。自今蔽狱，都下则宜谘顾雍，武昌则陆逊、潘濬，平心专意，务在得情。骘党神明，受罪何恨？"又曰："天子父天母地，故宫室百官，动法列宿。若施政令，钦顺时节，官得其人，则阴阳和平，七曜循度。至于今日，官寮多阙，虽有大臣，复不信任，如此天地焉得无变？故频年枯旱，亢阳之应也。又，嘉禾六年五月十四日，赤乌二年正月一日及二十七日，地皆震动。地阴类，臣之象，阴气盛故动，臣下专政之故也。夫天地见异，所以警悟人主，可不深思其意哉？"又曰："丞相顾雍、上大将军陆逊、太常潘濬，忧深责重，志在竭诚，夙夜兢兢，寝食不宁，念欲安国利民，建久长之计，可谓心膂股肱，社稷之臣矣。宜各委任，不使他官监其所司，责其成效，课其负殿。此三臣者，思虑不到则已，岂敢专擅威福欺负所天乎？"又曰："悬赏以显善，设刑以威奸，任贤而使能，审明于法术，则何功而不成，何事而不辨，何听而不闻，何视而不睹哉？若今郡守百里，皆各得其人，共相经纬，如是，庶政岂不康哉！窃闻诸县并有备吏，吏多民烦，俗以之弊。但小人因缘衔命，不务奉公而作威福，无益视听，更为民害，愚以为可一切罢省。"权亦觉悟，遂诛吕壹。骘前后荐达屈滞，救解患难，书数十上。权虽不能悉纳，然时采其言，多蒙济赖。①

①《吴录》云：骘表言曰："北降人王潜等说，北相部伍，图以东向，多作布囊，欲以盛沙塞江，以大向荆州。夫备不豫设，难以应卒，宜为之防。"权曰："此曹衰弱，何能有图？必不敢来。若不如孤言，当以牛千头，为君作主人。"后有吕范、诸葛恪，为说骘所言，云："每读步骘表，辄失笑。此江与开辟俱生，宁有可以沙囊塞理也！"

赤乌九年，代陆逊为丞相，犹诲育门生，手不释书，被服居处有如儒生。然门内妻妾服饰奢绮，颇以此见讥。在西陵二十年，邻敌敬其威信。性宽弘得众，喜怒不形于声色，而外内肃然。

十年卒，子协嗣，统骘所领，加抚军将军。协卒，子玑嗣侯。协弟阐，继业为西陵督，加昭武将军，封西亭侯。凤皇元年，召为绕帐督。阐累世在西陵，卒被征命，自以失职，又惧有谗祸，于是据城降晋。遣玑与弟璿诣洛阳为任，晋以阐为都督西陵诸军事、卫将军，仪同三司，加侍中，假节，领交州牧，封宜都公；玑监江陵诸军事、左将军，加散骑常侍，领庐陵太守，改封江陵侯；璿给事中、宣威将军，封都乡侯。命车骑将军羊祜、荆州刺史杨肇往赴救阐。孙皓使陆抗西行，祜等遁退。抗陷城，斩阐等，步氏泯灭，惟璿绍祀。

颍川周昭著书称步骘及严畯等曰：

古今贤士大夫所以失名丧身倾家害国者，其由非一也，然要其大归，总其常患，四者而已。急论议一也，争名势二也，重朋党三也，务欲速四也。急论议则伤人，争名势则败友，重朋党则蔽主，务欲速则失德。此四者不除，未有能全也。当世君子能不然者，亦比有之，岂独古人乎！然论其绝异，未若顾豫章、诸葛使君、步丞相、严卫尉、张奋威之为美也。《论语》言"夫子恂恂然善诱人"，又曰"成人之美，不成人之恶"，豫章有之矣。"望之俨然，即之也温，听其言也厉"，使君体之矣。"恭而安，威而不猛"，丞相履之矣。学不求禄，心无苟得，卫尉、奋威蹈之矣。此五君者，虽德实有差，轻重不同，至于趋舍大检，不犯四者，俱一揆也。昔丁谞出于孤家，吾粲由于牧竖，豫章扬其善，以并陆、全之列，是以人无幽滞而风俗厚焉。使君、丞相、卫尉三君，昔以布衣俱相友善，诸论者因各叙其优劣。初，先卫尉，次丞相，而后有使君也。其后并事明主，经营世务，出处之才有不同，先后之名须反其初，此世常人所决勤薄也。至于三君分好，卒无亏损，岂非古人交哉？又，鲁横江昔杖万兵，屯据陆口，当世之美业也，能与不能，孰不愿焉？而横江既亡，卫尉应其选，自以才非将帅，深辞固让，终于不就。后徙九列，迁典八座，荣不足以自曜，禄不足以自奉。至于二君，皆位为上将，穷富极贵。卫尉既无求欲，二君又不称荐，各守所志，保其名好。孔子曰："君子矜而不争，群而不党。"斯有风矣。又奋威之名，亦三君之次也，当一方之戍，受上将之任，与使君、丞相不异也。然历国事，论功劳，实有先后，故爵位之荣殊焉。而奋威将处此，决能明其部分，心无失道之欲，事无充诎之求，每升朝堂，循礼而动，辞气謇謇，罔不惟忠。叔嗣虽亲贵，言忧其败，蔡文至虽疏贱，谈称其贤。女配太子，受礼若吊。慷忾之趋，惟笃人物。成败得失，皆如所虑。可谓守道见机，好古之士也。若乃经国家，当军旅，于驰骛之际，立霸王之功，此五者未为过人。至其纯粹履道，求不苟得，升降当世，保全名行，邈然绝俗，实有所师。故粗论其事，以示后之君子。

周昭者，字恭远，与韦曜、薛莹、华覈并述《吴书》，后为中书郎，坐事下狱，覈表救之，孙休不听，遂伏法云。

【译文】步骘，字子山，临淮淮阴人。世道混乱，他到江东避难，孤身一人，生活穷困，他和广陵人卫旌同岁，关系密切，他们一起种瓜来养活自己，白天他们辛勤耕作，晚上诵读经传。

会稽人焦征羌是郡内的豪门贵族，他的门客放纵无礼，任意胡为。步骘和卫旌在他的地盘谋生，担心被他们侵犯，就一起置备名帖带着瓜，献给焦征羌。焦征羌正在寝室内睡觉，步骘和卫旌等候多时，卫旌想离去，步骘制止他说："本来我们来的原因，就是怕他的势力强大，如今舍他而去，想表示清高，只会结下怨仇。"过了很久，焦征羌开窗看见他们，他自己在帷幕内凭几而坐，却打发人把席子铺在地上，让步骘和卫旌坐在窗外，卫旌越发感到耻辱，而步骘神色自若。焦征羌安排他们吃饭，他自己享用大案，上面堆满了佳肴美味，却用小盘盛饭给步骘、卫旌，而且只给他们蔬菜。卫旌吃不下，步骘则狼吞虎咽，直到吃饱了才告辞而出。卫旌对步骘发怒说："你怎么能忍受这种侮辱？"步骘说："我们贫穷下贱，所以主人用对待贫穷下贱之人的礼节招待我们，本来就是应该的，这有什么可耻辱的呢？"

孙权任讨虏将军时，召步骘任主记，升为海盐县长，很快又调回任车骑将军东曹掾。汉建安十五年，他外出兼任鄱阳太守。年内又转任交州刺史、立武中郎将，统领武射吏一千人，取路去往南方。第二年，追加任命他为使持节、征南中郎将。刘表安置的苍梧太守吴巨内藏异心，对步骘表面上顺服，实际上是阳奉阴违。步骘就降低自己的身份来安抚引诱吴巨，请吴巨和他会面，然后趁机将他斩首示众，由此步骘威名大振。士燮兄弟相继为他效命，南方地区顺服，从这时开始。益州的富豪雍闿等人杀了蜀国设置的太守正昂，向士燮通报，希望归顺吴国。于是，步骘奉命派使者宣示圣恩，安抚接纳了雍闿等人，由此步骘又被晋升为平戎将军，封为广信侯。

汉延康元年，孙权派吕岱接替步骘，步骘率领交州将士一万人进军长沙。正好刘备向东进军，武陵的少数民族蠢蠢欲动，孙权就命令步骘进军益阳。刘备遭到惨败后，零陵、桂阳各郡还在互相惊扰生乱，处处布兵设卡，步骘辗转追逐征讨，把这些地方全都平定了。黄武二年，他升任右将军、左护军，改封为临湘侯。黄武五年，授予符节，移兵屯守沤口。

孙权称帝以后，任命他为骠骑将军，兼任冀州牧。这一年，他任西陵都督，接替陆逊镇抚两地，不久因为冀州在蜀国名下，就解除了他冀州牧的职务。当时孙权的太子孙登驻守武昌，他对人仁慈，喜欢善行，他给步骘写信说："所谓贤人君子，就是能够发展和推广圣人的教化，帮助治理重大事务的人。我的天性愚昧浅陋，不懂道理，虽然确实怀有一颗爱慕明德之心，想尽力使自己有完美的德行，成为贤能的君子，但是说到远近的才学之士，我先结交哪个，后结交哪个，我的想法恐怕与实际相差太远，不能详细知道。经传中说：'爱慕他，能不使他辛苦吗？忠于他，能不对他教诲吗？'这句话所说的意思，难道不是我对贤人君子所寄予的希望吗！"步骘因此把当时在荆州境内建功立业的诸葛瑾、陆逊、朱然、程普、潘濬、裴玄、夏侯承、卫旌、李肃、周条、石幹等十一人列出来，辨别分析他们的行为事迹，利用上书的机会鼓励孙登说："我听说君主不亲理小事，百官和主管部门各自承担他们的职责。所以虞舜任用九个贤人，而他自己没有什么耗费心力的地方，只是弹奏五弦琴，吟咏南风诗，不出朝廷就使天下大治。齐桓公任用管仲，他自己披头散发地乘车游玩，然而齐国不仅达到大治，而且使天下得到匡正和同。近世汉高祖招揽三位豪杰而帝业兴隆，楚霸王失去英雄而前功尽弃。由于汲黯在朝廷，淮南王不敢阴谋生事；郅都守边境，匈奴人销声匿迹。所以贤人在的地方，可御敌于万里之外，他们真正是国家的栋梁，也是国家兴衰的根本因素。当今天下，圣王的教化还没有普及到汉水以北，黄河、洛水两岸还有僭位背逆的党徒，这确实是招揽英雄，选拔俊杰，任用贤能的时候。希望英明的太子对此多加留意，您能这样做，天下人就很幸运了。"

后来中书吕壹负责审阅文书，被他弹劾的人很多，步骘上书说："我听说各位典校专门寻找人们细小的差错，吹毛求疵，扩大案情，加深诬告，动不动就想陷害他人，达到他们作威作福的目的。许多无罪无过的人，都被无理地施以大刑，因此使得人们在天地之间佝偻身躯，谁能不浑身发抖呢？从前的狱官，只委任贤者，因此皋陶任法官，吕侯颁布赎刑之法，张释之、于定国当廷尉，百姓中没有人受冤枉，国家吉祥太平的福运，其实是从这儿兴起的。现在这班小臣，行为与古代的圣贤大不一样，断案要靠行贿来进行，草菅人命，又把责任推给上面，为国家招致怨恨。只要有一人唉声叹气，就说明王道有了亏损，这是非常令人痛恨的。完善德行，慎用处罚，这是哲人考虑的刑法，也是经传所赞美的思想。如今案情壅蔽，属于都城内的案件就应当征询顾雍，武昌的案件就应当征询陆逊、潘濬，平心静气，用心专一，精力集中在获取真实的案情上。我依从神明，问心无愧，即使受到惩罚又有什么可遗憾的呢？"又说："天子以天为父，以地为母，所以宫室和群臣，总是效法天上的各个星宿。如果实施的政策法令，能够敬顺时节，任用官员能得到合适的人选，那么阴气和阳气就会谐调，七星就会遵循正常的轨道运行。至于眼下，官吏缺员很多，即使有身居要职的大臣，又不给予信任，这样天地怎么能不产生异常的变化呢？所以连年的干旱，正是阳气太盛的报应。另外嘉禾六年五月十四日，赤乌二年正月初一和二十七日，都发生了地震。地属于阴类，是臣子的象征，阴气盛所以地震，这是臣子垄断朝廷的缘故。凡天地产生异变，都是用来警告唤醒君主的，我们能不深深思索其中的含义吗？"又说："丞相顾雍、上大将军陆逊、太常潘濬，他们忧虑深沉，责任重大，他们的志向在于竭尽忠诚，因而他们早起晚睡，兢兢业业，寝食不安，一心思考要使国家安定，使百姓安乐，他们制定长治久安的政策策略，可以称得上是心腹股肱，国家的重臣。应当对他们每一个人都委以重任，不要让其他官员监督他们主管的工作，要求他们工作要取得成效，考察他们工作的得失和优劣。像这样的三位大臣，他们的思虑只是有顾及不到之处罢了，哪里敢独揽威权欺负天子呢？"又说："悬赏是为了表彰善行，设刑是为了威胁奸佞，委任贤才，使用能人，如果他们通晓法律刑名的学问，那么什么功业不能成就？什么事情不能办理？什么民声不能听到？什么现象不能看到？如果现在辖区百里的郡守都能得到合适的人选，共商规划治理国家，那么，各种政务怎么能不兴盛呢！我私下听说各县都有编外的备用人员，官多扰民，社会风气也因此败坏。只是让小人们有了接受君命的机会，他们不努力奉行公事，而是作威作福，没有扩大天子的视听，反而来祸害百姓，我认为这样的官员可以一律罢免。"孙权听了步骘的劝谏，也明白过来了，于是处死了吕壹。步骘先后为举荐屈居下位的贤能，解救开脱遭受灾难的无辜者，上书几十次。孙权虽然不能全部采纳，但还是经常听取他的建议，多次蒙受他的帮助而得到补益。

赤乌九年，步骘接替陆逊任丞相，他仍然教诲门生，手不释卷，他的衣着和居处就像读书人一样。然而他家里妻妾的服饰则过分华丽，因此颇受他人讥讽。他在西陵任职二十年，附近的敌人都敬畏他的威望和信誉。他的性情宽宏，很得人心，内心的喜悦和愤怒从不在脸上表现出来，而且言行举止和道德修养都十分恭敬严肃。

赤乌十年，步骘去世，他的儿子步协继承爵位，统辖步骘率领的部队，加官抚军将军。步协去世，他的儿子步玑继承侯爵。步协的弟弟步阐继承他的职务任西陵督，加官昭武将军，封为西亭侯。凤凰元年，又调任绕帐督。步阐接连几代住在西陵，突然间接到征召的命令，他认为自己要丢失职务，又担心有谗害，因此就凭借城邑投降晋国。步阐派步玑和弟弟步璿到洛阳去任职，晋国任命步阐为都督西陵诸军事、卫将军，仪同三司，加官侍中，授予符节，兼任交州牧，封为宜都公；步玑监江陵诸军事、左将军，加官散骑常侍，兼任庐陵太守，改封为江陵侯；步璿为给事中、宣威将军，封为都乡侯。还命令车骑将军羊祜、荆州刺史杨肇前去救援步阐。孙皓派陆抗向西进军，羊祜等人退军。陆抗攻克城邑，步阐等人被斩首，步氏被消灭，只有步璿继承后嗣。

颍川人周昭著书赞扬步骘和严畯等人说：

古今贤能的士大夫之所以败坏名声、毁灭自己、丧失家业、危害国家，其中的原因不是单一的，但归纳其大致的规律，总结其常见的祸患，也不过是四方面的原因而已。第一，急于议论；第二，争夺名利；第三，重视朋党；第四，力求速成。

急于议论就会伤害他人，争夺名利就会破坏交情，重视朋党就会蒙蔽君王，力求速成就会丧失道德。这四方面因素不消除，就没有人能保全自己。当代的君子能够保全自己的人，也屡屡可见，哪里只限于古人呢！不过要衡量其中最突出的，没有人比顾豫章、诸葛使君、步丞相、严卫尉、张奋威表现得更完美。《论语》说"老师很善于有步骤地诱导学生"，又说"要成全别人的好事，不成全别人的坏事"，顾豫章具备了这种美德。"远远望去，庄严可畏；向他靠拢，温和可亲；听他说话，严厉不苟"，诸葛使君体现了这种特点。"庄严而安静，有威仪而不凶猛"，步丞相显示了这种风貌。学习不追求功名利禄，思想不贪图横财，严卫尉、张奋威发扬了这种精神。这五位君子，尽管德行的确有差别，地位也有轻重不同，但在举止方面处处检点，不触及上述四方面的毛病，他们都遵循着同样的原则。先前丁谞出身孤贫，吾粲出身牧童，顾豫章发挥他们的长处，使他们的地位与陆氏、全氏并列，因此在他的管辖范围内，没有屈才之人，社会风俗淳厚。诸葛使君、步丞相、严卫尉三位君子，过去同为平民的时候就互相友善，许多议论的人据此逐一排列他们的优劣次序。起初，先是严卫尉，其次是步丞相，而后才是诸葛使君。后来他们共同侍奉英明的君主，筹划管理国家的事务，由于他们处事的才干各有不同，因而他们先后的名次也与最初的次序相反，这是由世间普通人所评定的功劳簿。至于三位君子的友好关系，始终没有受到损害，这难道不是古人相交的风气吗？另外，鲁横江先前凭仗一万人马，屯兵据守陆口，这是当时的盛美功业，无论有能力还是没有能力，谁不巴望这个职务呢？鲁横江死后，严卫尉是理所当然的人选，但他认为自己不具备将帅的才干，就坚决地推让，最终没有任职。后来他升为九卿，执掌八座，那荣耀不能够足以他的功绩，那俸禄不足以供养自己。至于那两位君子，都位居上将，富贵已极。严卫尉既没有争夺功名的欲念，二位君子也没有推荐他，因而三个人各自坚守自己的志向，保全自己的名誉。孔子说："君子矜持而不争执，合群而不结私党。"这三位君子具有这种风度。还有张奋威的名声，也在三位君子的行列，他担当一方的戍卫，承担上将的职责，和诸葛使君、步丞相没有差异。然而参与国事，评议功劳，确实有先后差别，所以爵位的尊荣程度便有所不同。而张奋威如今处在这个位置上，他做事能够明确自己的职守，承担自己的责任，心里没有偏离道义的私欲，做事不求满足私欲，每次登上朝廷，他都按照礼仪行动，说话语气诚恳，一言一行无不忠心耿耿。张叔嗣虽然与他亲近，地位显贵，他开口就担忧张叔嗣的败落；蔡文至与他疏远，地位卑贱，他说话就赞扬蔡文至的贤能。他的女儿许配给了太子，他接受礼遇就像吊唁一般难受。奔赴君命时，他意气昂扬，是个忠厚的人物。而事业的成败得失，往往像他所考虑的一样。可以说他是个坚守道义而又能见机而作，喜欢古代风尚的贤士。像管理国家，执掌军队，驰骋疆场，建立功业方面，这五个人不算有过人的本领。至于他们精诚地实行道义，对于所追求的事物不苟且获取，无论进退都要为天下服务，保全个人的名誉和品行，远离庸俗的社会风尚，则确实有值得世人学习的地方。所以我概括地议论他们的事迹，以供后来的君子参考。

周昭，字恭远，和韦曜、薛莹、华覈一起撰述《吴书》，后来任中书郎，因为犯法被关押进监狱，华覈上表救他，孙休不采纳，于是他便被处死。

【原文】评曰：张昭受遗辅佐，功勋克举，忠謇方直，动不为己，而以严见惮，以高见外，既不处宰相，又不登师保，从容闾巷，养老而已，以此明权之不及策也。顾雍依杖素业，而将之智局，故能究极荣位。诸葛瑾、步骘并以德度规检见器当世。张承、顾邵虚心长者，好尚人物。周昭之论，称之甚美，故详录焉。谭献纳在公，有忠贞之节。休、承修志，咸庶为善。爱恶相攻，流播南裔，哀哉！

【译文】评论说：张昭接受遗诏辅佐君主，功勋可以记载下来，他忠诚方直，从不为己，却因为严厉而被人惧怕，因为清高而被君主疏远，既没有担任宰相，又没有升位师保，最后闲散在家，养老而已，由此可以知道孙权比不上孙策。顾雍依仗平生所学的知识，又以智慧来运用它，所以能登上最尊荣的地位。诸葛瑾、步骘均以道德为规范、以法度为准则，在当世受重用。张承、顾邵尊重长者，喜欢人才。周昭的评论，对他们的称赞非常完美，所以详细摘录在文章中。顾谭为公事贡献一切，有忠贞的气节。张休、张承修炼意志，都希望做些好事。喜欢谗害别人的人攻击他们，使他们流放到南疆，可悲啊！

卷五十三　吴书八

张严程阚薛传第八

张纮　张玄、张尚

【原文】张纮，字子纲，广陵人。少游学京都，[①]还本郡，举茂才，公府辟，皆不就。[②]避难江东，孙策创业，遂委质焉。表为正议校尉，[③]从讨丹杨。策身临行陈，纮谏曰："夫主将乃筹谟之所自出，三军之所系命也，不宜轻脱，自敌小寇。愿麾下重天授之姿，副四海之望，无令国内上下危惧。"

①《吴书》曰：纮入太学，事博士韩宗，治京氏《易》、欧阳《尚书》，又于外黄从濮阳闿受《韩诗》及《礼记》《礼记左氏春秋》。

②《吴书》曰：大将军何进、太尉朱俊、司空荀爽三府辟为掾，皆称疾不就。

③《吴书》曰：纮与张昭并与参谋，常令一人居守，一人从征讨。后吕布袭取徐州，因为之牧，不欲令纮与策从事。追举茂才，移书发遣纮。纮心恶布，耻为之屈。策亦重惜纮，欲以自辅。答记不遣，曰："海产明珠，所在为宝，楚虽有才，晋实用之。英伟君子，所游见珍，何必本州哉？"

建安四年，策遣纮奉章至许宫，留为侍御史。少府孔融等皆与亲善。[①]曹公闻策薨，欲因丧伐吴。纮谏以为："乘人之丧，既非古义，若其不克，成仇弃好，不如因而厚之。"曹公从其言，即表权为讨虏将军，领会稽太守。曹公欲令纮辅权内附，出纮为会稽东部都尉。[②]

①《吴书》曰：纮至，与在朝公卿及知旧述策材略绝异，平定三郡，风行草偃，加以忠敬款诚，乃心王室。时曹公为司空，欲加恩厚，以悦远人，至乃优文褒崇，改号加封，辟纮为掾，举高第，补侍御史，后以纮为九江太守。纮心恋旧恩，思还反命，以疾固辞。

②《吴书》曰：权初承统，春秋方富，太夫人以方外多难，深怀忧劳，数有优令辞谢，付属以辅助之义。纮辄拜笺答谢，思惟补察。每有异事密计及章表书记，与四方交结，常令纮与张昭草创撰作。纮以破虏有破走董卓，扶持汉室之勋；讨逆平定江外，建立大业，宜有纪颂以昭公义。既成，呈权，权省读悲感，曰："君真识孤家门阀阅也。"乃遣纮之部。或以纮本受北任，嫌其志趣不止于此，权不以介意。初，琅邪赵昱为广陵太守，察纮孝廉。昱后为笮融所杀，纮甚伤愤，而力不能讨，昱门户绝灭。及纮在东部，遣主簿至琅邪设祭，并求亲戚为之后，以书属琅邪相臧宣，宣以赵宗中五岁男奉昱祀，权闻而嘉之。及讨江夏，以东部少事，命纮居守，遥领所职。孔融遗纮书曰："闻大军西征，足下留镇。不有居者，谁守社稷？深固折冲，亦大勋也。无乃李广之气，仓发益怒，乐一当单于以尽余愤乎？南北并定，世将无事，叔孙投戈，绛、灌俎豆，亦在今日，但用离

析，无缘会面，为愁叹耳！道直途清，相见岂复难哉？”权以纮有镇守之劳，欲论功加赏。纮厚自挹损，不敢蒙宠，权不夺其志。每从容侍燕，微言密指，常有以规讽。◎《江表传》曰：初，权于群臣多呼其字，惟呼张昭曰张公，纮曰东部，所以重二人也。

后权以纮为长史，从征合肥。[①]权率轻骑将往突敌，纮谏曰：“夫兵者凶器，战者危事也。今麾下恃盛壮之气，忽强暴之虏，三军之众，莫不寒心，虽斩将搴旗，威震敌场，此乃偏将之任，非主将之宜也。愿抑贲、育之勇，怀霸王之计。”权纳纮言而止。既还，明年将复出军，纮又谏曰：“自古帝王受命之君，虽有皇灵佐于上，文德播于下，亦赖武功以昭其勋。然而贵于时动，乃后为威耳。今麾下值四百之厄，有扶危之功，宜且隐息师徒，广开播殖，任贤使能，务崇宽惠，顺天命以行诛，可不劳而定也。”于是遂止不行。纮建计宜出都秣陵，权从之。[②]令还吴迎家，道病卒。临困，授子靖留笺曰：“自古有国有家者，咸欲修德政以比隆盛世，至于其治，多不馨香。非无忠臣贤佐暗于治体也，由主不胜其情，弗能用耳。夫人情惮难而趋易，好同而恶异，与治道相反。传曰‘从善如登，从恶如崩’，言善之难也。人君承奕世之基，据自然之势，操八柄之威，甘易同之欢，[③]无假取于人。而忠臣挟难进之术，吐逆耳之言，其不合也，不亦宜乎！离则有衅，巧辩缘间，眩于小忠，恋于恩爱，贤愚杂错，长幼失叙，其所由来，情乱之也。故明君悟之，求贤如饥渴，受谏而不厌，抑情损欲，以义割恩，上无偏谬之授，下无希冀之望。宜加三思，含垢藏疾，以成仁覆之大。”时年六十卒。权省书流涕。

①《吴书》曰：合肥城久不拔，纮进计曰：“古之围城，开其一面，以疑众心。今围之甚密，攻之又急，诚惧并命戮力。死战之寇，固难卒拔，及救未至，可小宽之，以观其变。”议者不同。会救骑至，数至围下，驰骋挑战。

②《江表传》曰：纮谓权曰：“秣陵，楚武王所置，名为金陵。地势冈阜连石头，访问故老，云昔秦始皇东巡会稽经此县，望气者云金陵地形有王者都邑之气，故掘断连冈，改名秣陵。今处所具存，地有其气，天之所命，宜为都邑。”权善其议，未能从也。后刘备之东，宿于秣陵，周观地形，亦劝权都之。权曰：“智者意同。”遂都焉。◎《献帝春秋》云：刘备至京，谓孙权曰：“吴去此数百里，即有警急，赴救为难，将军无意屯京乎？”权曰：“秣陵有小江百余里，可以安大船，吾方理水军，当移据之。”备曰：“芜湖近濡须，亦佳也。”权曰：“吾欲图徐州，宜近下也。”

臣松之以为：秣陵之与芜湖，道里所校无几，于北侵利便，亦有何异？而云欲窥徐州，贪秣陵近下，非其理也。诸书皆云刘备劝都秣陵，而此独云权自欲都之，又为虚错。

③《周礼·太宰职》曰：以八柄诏王驭群臣。一曰爵，以驭其贵。二曰禄，以驭其富。三曰予，以驭其幸。四曰置，以驭其行。五曰生，以驭其福。六曰夺，以驭其贫。七曰废，以驭其罪。八曰诛，以驭其过。

纮著诗赋铭诔十余篇。[①]子玄，官至南郡太守、尚书。[②]玄子尚，[③]孙皓时为侍郎，以言语辩捷见知，擢为侍中、中书令。皓使尚鼓琴，尚对曰：“素不能。”敕使学之。后宴言次说琴之精妙，尚因道：“晋平公使师旷作清角，旷言吾君德薄，不足以听之。”皓意谓尚以斯喻己，不悦。后积他事下狱，皆追以此为诘，[4]送建安作船。久之，又就加诛。

①《吴书》曰：纮见楠榴枕，爱其文，为作赋。陈琳在北见之，以示人曰：“此吾乡里张子纲所作也。”后纮见陈琳作《武库赋》《应机论》，与琳书深叹美之。琳答曰：“自仆在河北，与天下隔，此间率少于文章，易为雄伯，故使仆受此过差之谭，非其实也。今景兴在此，足下与子布在彼，所谓‘小巫见大巫’，神气尽矣。”纮既好文学，又善楷篆，尝与孔融书，自书。融遗纮书曰：“前劳手笔，多篆书。每举篇见字，欣然独笑，如复睹其人也。”

②《江表传》曰：玄清介有高行，而才不及纮。

③《江表传》称尚有俊才。

④环氏《吴纪》曰：皓尝问：“《诗》云‘泛彼柏舟’，惟柏中舟乎？”尚对曰：“《诗》言‘桧楫松舟’，则松亦中舟也。”又问：“鸟之大者惟鹤，小者惟雀乎？”尚对曰：“大者有秃鹙，小者有鷦鷯。”皓性忌胜己，而尚谈论每出其表，积以致恨。后问：“孤饮酒以方谁？”尚对曰：“陛下有百觚之量。”皓云：“尚知孔丘之不王，而以孤方之！”因此发怒收尚。尚书岑昬率公卿已下百余人，诣宫叩头请，尚罪得减死。

初，纮同郡秦松，字文表，陈端，字子正，并与纮见待于孙策，参与谋谟。各早卒。

【译文】张纮，字子纲，广陵人。年轻时游学京都，后返回本郡，被举荐为茂才，三公之府征召他，他都不接受任命。躲避战乱来到江东，孙策创立基业时，张纮便委身投靠了孙策。孙策表奏他为正议校尉，他跟随孙策讨伐丹杨。孙策亲临前线作战，张纮劝谏说：“所谓主将，是军事谋略的制定者，关系到三军命运，不应轻率大意亲自与小寇对阵。希望您珍重上天授予您的英才，顺应天下人的期望，不要使国内上下人等都为您忧虑恐惧。”

建安四年，孙策派张纮带奏章前往许昌觐见汉献帝，张纮就留在那里担任侍御史。少府孔融等人都跟他亲近友善。曹操听说孙策去世，想借吴国治丧之机讨伐东吴。张纮劝谏，认为：“乘着别人有丧事而进攻，本就不合传统道义，如果进攻不胜，反而使两国结下仇怨丧失了往日的盟好，不如借此机会厚待吴国。”曹操采纳了他的意见，当即上表推荐孙权为讨虏将军，兼任会稽太守。曹操想让张纮辅佐并游说孙权归附朝廷，便让张纮出任会稽东部都尉。

后来孙权任命张纮为长史，让他跟随讨伐合肥。孙权率领轻装骑兵准备突击敌军，张纮劝阻说：“兵器是凶器，战争是危险的事情。现在您仗着年轻气盛，血气方刚，轻视强暴的敌人，三军将士，无不担心，即使能斩杀敌将夺得敌军帅旗，威震敌阵，这也是偏将的责任，不是主帅应该做的。希望您克制孟贲、夏育般的侠客勇武，多多思虑称霸称王的大计。”孙权接受张纮的意见而停止行动。回师之后，第二年孙权又准备再次出兵，张纮又规劝说：“自古以来帝王就是承受天命的君主，尽管上有天帝庇佑，下有礼乐教化传扬，也要依赖武功来昭示功勋。然而武功贵在适时而动，然后才能显示出使人畏惧慑服的力量。现在您正遭遇汉廷四百年的厄运，有扶危济难的功业，应暂且隐伏偃息军队，广泛致力于农桑，任用贤才能人，致力于推崇宽厚的德政，顺应天命以实施诛讨，这样就可以不用过于劳师动众而使天下平定。”于是孙权便停止了这次的出兵计划。张纮提议应当迁往秣陵建都，孙权听取了他的意见。孙权命张纮回吴郡迎接家眷，半路上张纮却因病去世了。临终之前，张纮让儿子张靖代笔写下最后的奏表说：“自古以来有国有家的人，都想推行德政来和过去的盛世比美，至于他们后来的治理结果，大多没有可流传后世的美好名声。并不是没有深明治国纲领的忠臣贤才，而是因为君主不能克制自己的私情，不能正确地任才用能罢了。人之常情总是畏难就易，喜好跟自己相同的意见而讨厌异议，这与治理国家的根本道义恰好背道而驰。经传中说‘依从善言善道就如登山那般不易，听从坏人坏事却跟山崩一样迅速’，说的就是从善学好的不易。君主继承几代相传的基业，凭借自然形成的威势，手握着驾驭臣下的权柄威信，乐于做容易的事及听取相同的意见，没有什么要借助于别人的。而忠臣心怀难以进献的治国方法和倾吐逆耳的劝谏之语，与君主的意愿不合，不也是理所当然的事吗！君臣不合就将产生隔阂，诡辩者就会乘虚而入，君主被小事上的效忠献媚迷惑，对奸邪小人的恩爱假象依依不舍，致使贤能之才与愚昧者鱼龙混杂，长幼尊卑丧失次序，这些现象产生的根源，就是人君个人私情的错乱。所以圣明的君主感悟到这个道理，寻求贤人如饥似渴，接纳劝谏不知满足，克制私情而减少私欲，为了道义而割舍私恩，上面没有偏颇错误的任命，下面就没有想入非非的企图。您应加以三思，宽仁大度，广采众言，来完成仁义覆盖天下的大业。”张纮去世时六十岁。孙权看了他的遗书流下了眼泪。

张纮所作的诗赋铭诔有十几篇。儿子张玄，官至南郡太守、尚书。张玄的儿子张尚，孙皓在位时任侍郎，因言语敏捷善辩得到孙皓的了解和赏识，被提拔为侍中、中书令。孙皓让张尚弹琴，张尚回答说：“我从来就不会弹琴。”孙皓下令让他学习。后来在宴会言谈之间说到琴音的精妙时，张尚随口说道：“晋平公让师旷弹奏清角，师旷说我们的国君德行浅薄，不值得聆听这种琴音。”孙皓心里认为张尚是用这话来讽喻自己，很不高兴。后来又累积了其他事情把张尚关进监狱，追究起来都用这件事诘问他，又把他遣送到建安去造船。过了很久，又就地将他诛杀。

当初，张纮的同郡人秦松，字文表，陈端，字子正，与张纮一起受到孙策的重视，并参与谋划大事。他们两人都早早去世了。

严畯　裴玄

【原文】严畯，字曼才，彭城人也。少耽学，善《诗》《书》《三礼》，又好《说文》。避乱江东，与诸葛瑾、步骘齐名友善。性质直纯厚，其于人物，忠告善道，志存补益。张昭进之于孙权，权以为骑都尉、从事中郎。及横江将军鲁肃卒，权以畯代肃，督兵万人，镇据陆口。众人咸为畯喜，畯前后固辞：“朴素书生，不闲军事，非才而据，咎悔必至。”发言慷慨，至于流涕，[1] 权乃听焉。世嘉其能以实让。权为吴王及称尊号，畯尝为卫尉，使至蜀，蜀相诸葛亮深善之。不畜禄赐，皆散之亲戚知故，家常不充。广陵刘颖与畯有旧，颖精学家巷，权闻征之，以疾不就。其弟略为零陵太守，卒官，颖往赴丧。权知其诈病，急驿收录。畯亦驰语颖，使还谢权。权怒废畯，而颖得免罪。久之，以畯为尚书令，后卒。②

①《志林》曰：权又试畯骑，上马堕鞍。

②《吴书》曰：畯时年七十八。二子凯、爽。凯官至升平少府。

畯著《孝经传》《潮水论》，又与裴玄、张承论管仲、季路，皆传于世。玄字彦黄，下邳人也，亦有学行，官至太中大夫。问子钦齐桓、晋文、夷、惠四人优劣，钦答所见，与玄相反复，各有文理。钦与太子登游处，登称其翰采。

【译文】严畯，字曼才，彭城人。从小酷爱学习，对《诗经》《尚书》和《三礼》都有深入的了解，又喜好《说文解字》。在江东避乱时，与诸葛瑾、步骘齐名并且关系友好。严畯性情朴直淳厚，对于有才能的人，能给予忠告善加诱导，为的是想对他们的进步和发展有所补益。张昭把他推荐给孙权，孙权任命他为骑都尉、从事中郎。到横江将军鲁肃去世时，孙权让严畯接替鲁肃，督率一万人的军队，镇守陆口。众人都为严畯高兴，但他自己却一再坚持推辞说："我本寻常书生，对军事缺乏了解，才不堪任而占据这个位置，灾患必将随之而来。"他说这话时情绪激昂，以至于流下了眼泪，孙权才听从了他的意愿。当时的人都赞赏他这种据实辞让的精神。孙权做吴王直至称帝，严畯曾担任卫尉，出使到蜀国，蜀国丞相诸葛亮对他十分欣赏。严畯从不蓄积俸禄赏赐，财物都分送给亲友故旧，家用经常不够充裕。广陵郡人刘颖与严畯是故交，刘颖精研学问，知名家巷，孙权得知后便征召他，他称病不肯应召。他弟弟刘略任零陵太守，在任上去世，刘颖前往奔丧。孙权知道刘颖原是装病，急传驿令收押并审讯他。严畯也快马赶去告知刘颖，让他回来向孙权道歉请罪。孙权发怒撤了严畯的官职，而刘颖得以免罪。过了很久，又任命严畯为尚书令，而后去世。

严峻著有《孝经传》《潮水论》，又与裴玄、张承撰书评论管仲和季路，这些作品都流传于世。裴玄，字彦黄，下邳人，也有学问品行，官至太中大夫。他问儿子裴钦关于齐桓公、晋文公、晋夷公、晋惠公四人的优劣，裴钦以自己的见解作答，与裴玄的想法恰恰相反，但各有各的文辞义理。裴钦与太子孙登交往相处，孙登也称赞他的文采。

程秉　徵崇

【原文】程秉，字德枢，汝南南顿人也。逮事郑玄，后避乱交州，与刘熙考论大义，遂博通五经。士燮命为长史。权闻其名儒，以礼征秉，既到，拜太子太傅。黄武四年，权为太子登聘周瑜女，秉守太常，迎妃于吴，权亲幸秉船，深见优礼。既还，秉从容进说登曰："婚姻人伦之始，王教之基，是以圣王重之，所以率先众庶，风化天下，故《诗》美《关雎》，以为称首。愿太子尊礼教于闺房，存《周南》之所咏，则道化隆于上，颂声作于下矣。"登笑曰："将顺其美，匡救其恶，诚所赖于傅君也。"病卒官。著《周易摘》《尚书驳》《论语弼》，凡三万余言。秉为傅时，率更令河南徵崇亦笃学立行云。①

①《吴录》曰：崇，字子和，治《易》《春秋左氏传》，兼善内术。本姓李，遭乱更姓，

遂隐于会稽，躬耕以求其志。好尚者从学，所教不过数人辄止，欲令其业必有成也。所交结如丞相步骘等，咸亲焉。严畯荐崇行足以厉俗，学足以为师。初见太子登，以疾赐不拜。东宫官僚皆从谘询。太子数访以异闻。年七十而卒。

【译文】程秉，字德枢，汝南郡南顿县人。他曾跟从郑玄学习，后来避乱来到交州，与刘熙考查论证古书要旨，于是精通五经。士燮任命他为长史。孙权听说他是著名的儒士，便以礼征召他，程秉到来后，被任命为太子太傅。黄武四年，孙权替太子孙登聘娶周瑜的女儿为妻，程秉代理太常，前去吴郡迎接太子妃，孙权亲自来到程秉船上，程秉深受孙权优待。迎接太子妃归来，程秉从容地向孙登进言说："婚姻是伦理道德、等级秩序的发端，是王者教化的基石，因此圣明的君王都重视它，用它来给民众作表率，教育感化天下，所以《诗经》赞美《关雎》，把它列在首篇。希望太子在闺房中尊崇礼教，心存《诗经·周南》所歌咏的美德，那么道德风化自上而兴隆，颂扬之声就将自下而产生了。"孙登笑着说："扶助发扬我的优点，匡正补救我的过失，确实都仰赖于太傅呢。"程秉在任上因病去世。著有《周易摘》《尚书驳》《论语弼》，共计三万余字。程秉任太子太傅时，率更令河南人徵崇也是个专心好学而建德修行的人。

阚泽　唐固

【原文】阚泽，字德润，会稽山阴人也。家世农夫，至泽好学，居贫无资，常为人佣书，以供纸笔，所写既毕，诵读亦遍。追师论讲，究览群籍，兼通历数，由是显名。察孝廉，除钱唐长，迁郴令。孙权为骠骑将军，辟补西曹掾。及称尊号，以泽为尚书。嘉禾中，为中书令，加侍中。赤乌五年，拜太子太傅，领中书如故。

泽以经传文多，难得尽用，乃斟酌诸家，刊约《礼》文及诸注说以授二宫，为制行出入及见宾仪，又著《乾象历注》以正时日。每朝廷大议，经典所疑，辄谘访之。以儒学勤劳，封都乡侯。性谦恭笃慎，宫府小吏，呼召对问，皆为抗礼。人有非短，口未尝及，容貌似不足者，然所闻少穷。权尝问："书传篇赋，何者为美？"泽欲讽喻以明治乱，因对贾谊《过秦论》最善，权览读焉。初，以吕壹奸罪发闻，有司穷治，奏以大辟，或以为宜加焚裂，用彰元恶。权以访泽，泽曰："盛明之世，不宜复有此刑。"权从之。又诸官司有所患疾，欲增重科防，以检御臣下，泽每曰"宜依礼、律"，其和而有正，皆此类也。①六年冬卒，权痛惜感悼，食不进者数日。

①《吴录》曰：虞翻称泽曰："阚生矫杰，盖蜀之扬雄。"又曰："阚子儒术德行，亦今之仲舒也。"初，魏文帝即位，权尝从容问群臣曰："曹丕以盛年即位，恐孤不能及之，诸卿以为何如？"群臣未对，泽曰："不及十年，丕其没矣，大王勿忧也。"权曰："何以知之？"泽曰："以字言之，不十为丕，此其数也。"文帝果七年而崩。

臣松之计孙权年大文帝五岁，其为长幼也微矣。

泽州里先辈丹杨唐固亦修身积学，称为儒者，著《国语》《公羊》《穀梁传》注，讲授常数十人。权为吴王，拜固议郎，自陆逊、张温、骆统等皆拜之。黄武四年为尚书仆射，卒。①

①《吴录》曰：固，字子正，卒时年七十余矣。

【译文】阚泽，字德润，会稽郡山阴县人。家里世代务农，到了阚泽喜爱学习，而家里贫穷没有学资，便常常受雇替别人抄书，以此来为自己供应纸笔，抄完书后，他也将所抄写的书全部诵读完了。他又寻求老师讲论，遍览群书，兼通历法天文，由此名声在外。被推举为孝廉，授官钱唐县长，升郴县县令。孙权任骠骑将军时，征召他补任西曹掾。到孙权称帝之后，任命阚泽为尚书。嘉禾年间，阚泽任中书令，加官侍中。赤乌五年，他担任太子太傅，照旧兼任中书令。

阚泽认为经传文字繁多，很难得以全部应用，于是斟酌推敲各家之说，删削《礼》的正文和各家注释以指导天子和太子，并为他们拟定了出入及会见宾客的礼仪，又著《乾象历注》来校正时日。每当朝廷集议国家大事，遇到经典中有疑难之处，都向他咨询。因为他对儒学的辛勤研究，被封为都乡侯。他的性情谦恭厚道，言行谨慎，就是官廷诸府的小官，招呼他问答交谈，他都以平等的礼节相待。有人非议他的短处，他从不开口反驳，脸上显示出自己有不足的样子，非议之声便渐渐少了。孙权曾问他："书传诗赋，哪一篇为好？"阚泽想用讽谏比喻来说明治乱之道，就趁机回答说贾谊的《过秦论》最好，孙权便阅读了这篇文章。当初，吕壹由于奸邪罪行被揭露上报，主管部门彻底查办，奏请判处他极刑，有人认为应施以焚如和车裂之刑，来昭示元凶的罪恶。孙权就此征询阚泽的意见，阚泽说："昌明的时代，不应该再有这种刑罚。"孙权听从了他。此外各官署都存在一些隐患和弊端，孙权想增加法律条令，来约束控制臣下，阚泽每次都说"应当依照礼制和律法来处理"，他平和而正直的个性，都像这样。赤乌六年冬天阚泽去世，孙权痛惜哀悼，几天吃不下饭。

阚泽的同州前辈丹杨人唐固，也是个注重陶冶身心，涵养德性，积累学问的人物，被称为儒者，著有《国语》《公羊》《穀梁传》等三部古籍的注释，听他讲授学问的常有几十人。孙权被封为吴王时，任命唐固为议郎，自陆逊、张温、骆统等人起都拜他为师。黄武四年任尚书仆射，之后去世。

薛综　薛珝、薛莹

【原文】薛综，字敬文，沛郡竹邑人也。[①]少依族人避地交州，从刘熙学。士燮既附孙权，召综为五官中郎将，除合浦、交阯太守。时交土始开，刺史吕岱率师讨伐，综与俱行，越海南征，及到九真。事毕还都，守谒者仆射。西使张奉于权前列尚书阚泽姓名以嘲泽，泽不能答。综下行酒，因劝酒曰："蜀者何也？有犬为独，无犬为蜀，横目苟身，虫入其腹。"[②]奉曰："不当复列君吴邪？"综应声曰："无口为天，有口为吴，君临万邦，天子之都。"于是众坐喜笑，而奉无以对。其枢机敏捷，皆此类也。[③]

①《吴录》曰：其先齐孟尝君封于薛。秦灭六国，而失其祀，子孙分散。汉祖定天下，过齐，求孟尝后，得其孙陵、国二人，欲复其封。陵、国兄弟相推，莫适受，乃去之竹邑，因家焉，故遂氏薛。自国至综，世典州郡，为著姓。综少明经，善属文，有秀才。

②臣松之见诸书本"苟身"或作"句身"，以为既云"横目"，则宜曰"句身"。

③《江表传》曰：费祎聘于吴，陛见，公卿侍臣皆在坐。酒酣，祎与诸葛恪相对嘲难，言及吴、蜀，祎问曰："蜀字云何？"恪曰："有水者浊，无水者蜀。横目苟身，虫入其腹。"祎复问："吴字云何？"恪曰："无口者天，有口者吴，下临沧海，天子帝都。"与本传不同。

吕岱从交州召出，综惧继岱者非其人，上疏曰：

昔帝舜南巡，卒于苍梧。秦置桂林、南海、象郡，然则四国之内属也，有自来矣。赵佗起番禺，怀服百越之君，珠官之南是也。汉武帝诛吕嘉，开九郡，设交阯刺史以镇监之。山川长远，习俗不齐，言语同异，重译乃通，民如禽兽，长幼无别，椎结徒跣，贯头左衽，长吏之设，虽有若无。自斯以来，颇徙中国罪人杂居其间，稍使学书，粗知言语，使驿往来，观见礼化。及后锡光为交阯，任延为九真太守，乃教其耕犁，使之冠履；为设媒官，始知聘娶；建立学校，导之经义。由此已降，四百余年，颇有似类。自臣昔客始至之时，珠崖除州县嫁娶，皆须八月引户，人民集会之时，男女自相可适，乃为夫妻，父母不能止。交阯糜泠、九真都庞二县，皆兄死弟妻其嫂，世以此为俗，长吏恣听，不能禁制。日南郡男女倮体，不以为羞。由此言之，可谓虫豸，有靦面目耳。然而土广人众，阻险毒害，易以为乱，难使从治。县官羁縻，示令威服，田户之租赋，裁取供办，贵致远珍名珠、香药、象牙、犀角、玳瑁、珊瑚、琉璃、鹦鹉、翡翠、孔雀、奇物，充备宝玩，不必仰其赋入，以益中国也。然在九甸之外，长吏之选，类不精核。汉时法宽，多自放恣，故数反违法。珠崖之废，起于长吏睹其好发，髡取为髲。及臣所见，南海黄盖为日南太守，下车以供设不丰，挝杀主簿，仍见驱逐。九真太守儋萌为妻父周京作主人，并请大吏，酒酣作乐，功曹番歆起舞属京，京不肯起，歆犹迫强，萌忿杖歆，亡于郡内。歆弟苗帅众攻府，毒矢射萌，萌至物故。交阯太守士燮遣兵致讨，卒不能克。又，故刺史会稽朱符，多以乡人虞褒、刘彦之徒分作长吏，侵虐百姓，强赋于民，黄鱼一枚收稻一斛，百姓怨叛，山贼并出，攻州突郡。符走入海，流离丧亡。次得南阳张津，与荆州牧刘表为隙，兵弱敌强，岁岁兴军，诸将厌患，去留自在。津小检摄，威武不足，为所陵侮，遂至杀没。后得零陵赖恭，先辈仁谨，不晓时事，表又遣长沙吴巨为苍梧太守。巨武夫轻悍，不为恭所服，辄相怨恨，逐出恭，求步骘。是时津故将夷廖、钱博之徒尚多，骘以次钼治，纲纪适定，会仍召出。吕岱既至，有士氏之变。越军南征，平讨之日，改置长吏，章明王纲，威加万里，大小承风。由此言之，绥边抚裔，实有其人。牧伯之任，既宜清能，荒流之表，祸福尤甚。今日交州虽名粗定，尚有高凉宿贼，其南海、苍梧、郁林、珠官四郡界未绥，依作寇盗，专为亡叛逋逃之薮。若岱不复南，新刺史宜得精密，检摄八郡，方略智计，能稍稍以渐治高凉者，假其威宠，借之形势，责其成效，庶几可补复。如但中人，近守常法，无奇数异术者，则群恶日滋，久远成害。故国之安危，在于所任，不可不察也。窃惧朝廷忽轻其选，故敢竭愚情，以广圣思。

黄龙三年，建昌侯虑为镇军大将军，屯半州，以综为长史，外掌众事，内授书籍。虑卒，入守贼曹尚书，迁尚书仆射。时公孙渊降而复叛，权盛怒，欲自亲征。综上疏谏曰：

夫帝王者，万国之元首，天下之所系命也。是以居则重门击柝以戒不虞，行则清道案节以养威严，盖所以存万安之福，镇四海之心。昔孔子疾时，托乘桴浮海之语，季由斯喜，拒以无所取才。汉元帝欲御楼船，薛广德请刎颈以血染车。何则？水火之险至危，非帝王所宜涉也。谚曰："千金之子，坐不垂堂。"况万乘之尊乎？今辽东戎貊小国，无城池之固，备御之术，器械铢钝，犬羊无政，往必禽克，诚如明诏。然其方土寒埆，谷稼不殖，民习鞍马，转徙无常。卒闻大军之至，自度不敌，鸟惊兽骇，长驱奔窜，一人匹马，不可得见，虽获空地，守之无益，此不可一也。加又洪流滉瀁，有成山之难，海行无常，风波难免，倏忽之间，人船异势。虽有尧、舜之德，智无所施，贲、育之勇，力不得设，此不可二也。加以郁雾冥其上，咸水蒸其下，善生流肿，转相洿染，凡行海者，稀无斯患，此不可三也。天生神圣，显以符瑞，当乘平丧乱，康此民物。嘉祥日集，海内垂定，逆虏凶虐，灭亡在近。中国一平，辽东自毙，但当拱手以待耳。今乃违必然之图，寻至危之阻，忽九州之固，肆一朝之忿，既非社稷之重计，又开辟以来所未尝有，斯诚群僚所以倾身侧息，食不甘味，寝不安席者也。惟陛下抑雷霆之威，忍赫斯之怒，遵乘桥之安，远履冰之险，则臣子赖祉，天下幸甚。

时群臣多谏，权遂不行。

正月乙未，权敕综祝祖不得用常文，综承诏，卒造文义，信辞粲烂。权曰："复为两头，使满三也。"综复再祝，辞令皆新，众咸称善。赤乌三年，徙选曹尚书。五年，为太子少傅，领选职如故。[1]六年春，卒。凡所著诗赋难论数万言，名曰《私载》，又定《五宗图述》《二京解》，皆传于世。

①《吴书》曰：后权赐综紫绶囊，综陈让紫色非所宜服，权曰："太子年少，涉道日浅，君当博之以文，约之以礼，茅土之封，非君而谁？"是时综以名儒居师傅之位，仍兼选举，甚为优重。

子珝，官至威南将军，征交阯还，道病死。[1]珝弟莹，字道言，初为秘府中书郎，孙休即位，为散骑中常侍。数年，以病去官。孙皓初，为左执法，迁选曹尚书，及立太子，又领少傅。建衡三年，皓追叹莹父综遗文，且命莹继作。莹献诗曰：

惟臣之先，昔仕于汉，奕世绵绵，颇涉台观。暨臣父综，遭时之难，卯金失御，邦家毁乱。适兹乐土，庶存孑遗，天启其心，东南是归。厥初流隶，困于蛮垂。大皇开基，恩德远施。特蒙招命，拯擢泥污，释放巾褐，受职剖符。作守合浦，在海之隅，迁入京辇，遂升机枢。枯瘁更荣，绝统复纪，自微而显，非愿之始。亦惟宠遇，心存足止。重值文皇，建号东宫。乃作少傅，光华益隆。明明圣嗣，至德谦崇，礼遇兼加，惟渥惟丰。哀哀先臣，念竭其忠，洪恩未报，委世以终。嗟臣蔑贱，惟昆及弟，幸生幸育，托综遗体。过庭既训，顽蔽难启。堂构弗克，志存耦耕。岂悟圣朝，仁泽流盈。追录先臣，愍其无成，是济是拔，被以殊荣。珝忝千里，受命南征，旌旗备物，金革扬声。及臣斯陋，实暗实微，既显前轨，人物之机。复傅东宫，继世荷辉，才不逮先，是忝是违。乾德博好，文雅是贵，追悼亡臣，冀存遗类。如何愚胤,曾无仿佛!瞻彼旧宠,顾此顽虚,孰能忍愧,臣实与居。夙夜反侧,克心自论,父子兄弟,累世蒙恩。死惟结草,生誓投身,虽则灰陨,无报万分。

①《汉晋春秋》曰:孙休时,珝为五官中郎将,遣至蜀求马。及还,休问蜀政得失,对曰:"主暗而不知其过,臣下容身以求免罪,入其朝不闻正言,经其野民皆菜色。臣闻燕雀处堂,子母相乐,自以为安也,突决栋焚,而燕雀怡然不知祸之将及,其是之谓乎!"

是岁,何定建议凿圣溪以通江淮,皓令莹督万人往,遂以多盘石难施功,罢还,出为武昌左部督。后定被诛,皓追圣溪事,下莹狱,徙广州。右国史华覈上疏曰:"臣闻五帝三王皆立史官,叙录功美,垂之无穷。汉时司马迁、班固,咸命世大才,所撰精妙,与六经俱传。大吴受命,建国南土。大皇帝末年,命太史令丁孚、郎中项峻始撰《吴书》。孚、峻俱非史才,其所撰作,不足纪录。至少帝时,更差韦曜、周昭、薛莹、梁广及臣五人,访求往事,所共撰立,备有本末。昭、广先亡,曜负恩蹈罪,莹出为将,复以过徙,其书遂委滞,迄今未撰奏。臣愚浅才劣,适可为莹等记注而已,若使撰合,必袭孚、峻之迹,惧坠大皇帝之元功,损当世之盛美。莹涉学既博,文章尤妙,同寮之中,莹为冠首。今者见吏,虽多经学,记述之才,如莹者少,是以偻偻为国惜之。实欲使卒垂成之功,编于前史之末。奏上之后,退填沟壑,无所复恨。"

皓遂召莹还,为左国史。顷之,选曹尚书同郡缪祎以执意不移,为群小所疾,左迁衡阳太守。既拜,又追以职事见诘责,拜表陈谢。因过诣莹,复为人所白,云祎不惧罪,多将宾客会聚莹许。乃收祎下狱,徙桂阳,莹还广州。未至,召莹还,复职。是时法政多谬,举措烦苛,莹每上便宜,陈缓刑简役,以济育百姓,事或施行。迁光禄勋。天纪四年,晋军征皓,皓奉书于司马伷、王浑、王濬请降,其文,莹所造也。莹既至洛阳,特先见叙,为散骑常侍,答问处当,皆有条理。① 太康三年卒。著书八篇,名曰《新议》。②

① 干宝《晋纪》曰:武帝从容问莹曰:"孙皓之所以亡者何也?"莹对曰:"归命侯臣皓之君吴也,昵近小人,刑罚妄加,大臣大将,无所亲信,人人忧恐,各不自保,危亡之衅,实由于此。"帝遂问吴士存亡者之贤愚,莹各以状对。

② 王隐《晋书》曰:莹子兼,字令长,清素有器宇,资望故如上国,不似吴人。历位二宫丞相长史。元帝践阼,累迁丹杨尹、尚书,又为太子少傅。自综至兼,三世傅东宫。

【译文】薛综,字敬文,沛郡竹邑人。小时候跟随族人到交州避难,跟从刘熙学习。士燮依附孙权以后,朝廷征召薛综为五官中郎将,任命他为合浦、交阯太守。当时交州刚刚开辟,刺史吕岱率领大军讨伐,薛综随行,渡海南征,一直行进到九真。任务完成后回到京都,代理谒者仆射。西蜀使者张奉在孙权面前拆分尚书阚泽的姓名来嘲弄阚泽,阚泽不能反击。薛综下席巡行斟酒,利用劝酒的机会对张奉说:"蜀是什么呢?有犬为独,无犬为蜀,苟字为身,横生眼目,一条虫子,钻入其腹。"张奉说:"不应该再拆一拆你们的吴字吗?"薛综应声说道:"无口为天,有口为吴。君临万国,天子之都。"于是在座众人欣喜欢笑,而张奉却无言以对。薛综的机智敏捷,都跟这件事情类似。

吕岱从交州被征召出来,薛综担心吕岱的继任者不是适当的人选,就上书说:

从前舜帝南巡，死在苍梧。秦朝设置了桂林、南海、象郡，这样看来这四郡归属中国，实是由来已久。赵佗在番禺起家，安抚降服百越的首领，这就是珠官以南的地区。汉武帝诛杀吕嘉，开辟九郡，设置交阯刺史来镇抚监管这个地方。这里山长水远，风俗习惯不一，语言各异，要通过多重翻译才能沟通，百姓如同禽兽，长幼没有等级差别，椎结其发而光脚行走，衣服没有领子而衣襟左开，官员的设置，即使有也如同没有一样。从那以后，有不少中原地区流放的罪人杂居在他们中间，逐渐使他们学习写字，然后粗通汉语，又派驿传往来，让他们看到礼仪教化。到后来锡光担任交阯太守，任延担任九真太守，才教会他们耕田种地，让他们戴帽穿鞋；为他们设置媒官，他们才开始懂得何为聘问嫁娶；又建立学校，用经义教导他们。自此而后，四百多年之中，各任太守大都这样做。臣刚来此处客居之时，珠崖一带除了州县治所所在实行正式嫁娶外，其他各处都必须要等到八月份自认门户，民众集会的那个时候，男女之间自行寻求合适对象，当即结为夫妻，父母不能阻止。交阯郡的糜泠、九真郡的都庞二县，都是哥哥死了弟弟娶嫂子为妻，世代相沿为俗，地方长官放任自流，不能禁止。日南郡男女裸体，不认为这是羞耻的事。由此而言，可以说他们都是虫兽之类，只不过长了张人脸而已。然而这里地广人众，遍地险阻并多猛兽虫害，人们容易利用这些条件作乱，我们难以使他们服从治理。县里官吏约束他们，宣布法令以威力加以慑服，征收农户的租赋以及措办物资的斟酌取用，重在使他们贡献远方珍宝珠玉、香料、象牙、犀角、玳瑁、珊瑚、琉璃、鹦鹉、翡翠、孔雀以及其他稀奇土产，以充实完备珍贵赏玩之物的储藏，而不必仰仗他们交纳赋税，来补益中原地区。然而这些地方远在京城数千里之外，地方长官的选择，通常多数没有经过详细考核。汉朝时法令宽缓，这些官员大多自我放纵，所以导致造反违法的事件屡屡出现。珠崖郡的得而复失，起因就在于地方官员看见当地人头发漂亮，强行剪取做成假发。到后来我亲眼所见，比如南海人黄盖担任日南太守，一到任就因郡府供设不丰，而把主簿暴打致死，他自己也因此遭到郡人驱逐。九真太守儋萌为岳父周京大摆宴席，请来所有大官，饮酒作乐，酒酣之际开始行乐，功曹番歆特为周京起舞，周京不肯起身，番歆还是强行逼迫，请他共舞，儋萌发怒杖打番歆，把他打死在郡衙内。番歆的弟弟番苗率众攻打郡府，发毒箭射儋萌，儋萌中箭身死。交阯太守士燮派兵讨伐，最终没能打败番苗。又如前任刺史会稽人朱符，多把同乡如虞褒、刘彦等人分任为长官，侵害虐待百姓，强收百姓赋税，百姓捕一条黄鱼就要上缴一斛稻子，于是百姓怨恨反叛，山贼们纷纷杀出，攻打州郡。朱符逃往海上，颠沛流离而死。再如南阳人张津，与荆州牧刘表有矛盾，自身实力远不如对方，还年年兴师动众，诸将都厌倦忧心，便随意去留。张津稍稍加以约束监督，但他自身的威风气派不足以服众，遭到部下凌辱，最终被杀。后来又有零陵人赖恭，这位前辈仁厚谨慎，但他不明时局，刘表又派长沙人吴巨担任苍梧太守。吴巨是一介武夫，为人轻狂勇悍，不被赖恭信服，二人便相互怨恨，吴巨驱逐了赖恭，赖恭便请求依附步骘。

这时张津时期的将领如夷廖、钱博还有不少余党，步骘逐次铲除整治他们，法度纲常刚刚得以健全，步骘又因朝廷征调而去。吕岱接任之后，发生了士氏的叛乱。他率军南征，在讨伐平定之后，改任地方长官，彰明天子的纲纪，威风覆盖万里，人们无论长幼都接受教化洗礼。以此而言，安定抚慰边疆远人，确实应有称职的人选。担任州郡长官这样的职务的人，本来就应清正而能干，而在荒僻边远之地，官吏的选择尤其明显地关系到成败祸福。如今交州虽然名义上已经大致平定，但还有高凉的惯匪存在，南海、苍梧、郁林、珠官四郡交界处尚未安抚停当，依然有贼寇出没作乱，并已变成叛乱逃亡者的集中藏身之地。倘若吕岱不再回到南面任职，那么新任刺史应该选择精细谨慎，能够控制八郡，具有策略智谋，能逐渐平治高凉的人担任，给予他权力优宠，为他提供声势后援，责成他务必拿出治绩，这样才有希望弥补因吕岱调走而留下的缺憾。如果只是寻常的人才，行事墨守成规，胸无奇谋妙策，那么各种坏事恶行将日益滋长，久而久之必成祸害。所以国家的安危，就在于所任官吏的能力，这是不能不明察的。我私下担心朝廷轻忽了交州刺史的选任，所以斗胆竭尽我的忠心，以广开陛下的思虑。

黄龙三年，建昌侯孙虑任镇军大将军，驻扎在半州，任命薛综为长史，对外掌管各种政事，在内讲授经传典籍。孙虑去世后，薛综入朝代理贼曹尚书，升为尚书仆射。当时公孙渊投降后再度反叛，孙权怒不可遏，打算亲自率军征伐。薛综上书劝谏说：

所谓帝王，是万国的元首，他的一举一动关系着天下的命运。因此帝王居所要设置重重门户并打更巡夜以防意外，帝王出行则要清道戒严并按着缰绳徐行以体现威风尊严，这样做的目的在于保障万全的福运，镇抚四海的民心。从前孔子痛感时弊，托言要乘桴出游大海，季由为此而兴高采烈，孔子却又以无法获取需要的材料为由加以拒绝。汉元帝想乘楼船，薛广德请求刎颈用自己血来染红皇帝车驾。为什么呢？水火是最危险的东西，不是帝王所应涉足的。谚语说：“富贵人家的孩子，不坐在堂屋的檐下。”何况是贵为天子的人物呢？如今辽东这种戎貊小国，没有坚城深池的坚固保障，没有应对进攻的防御办法，武器拙劣，部队如犬羊一般没有组织纪律，我大军一到就可攻克，的确像圣明的诏书所说的那样。然而那个地方寒冷贫瘠，谷物不能生长，百姓习惯骑马，辗转迁徙不定。他们突然听说大军到来，自料无法抗衡，便会像鸟兽受到惊吓一般，驱马远驰四散，届时连单人匹马也不能见到，即便获得那片无人的空地，守住它也毫无益处，这是不可出兵的原因之一。加上大海茫茫惊涛骇浪，又有成山岛构成的危难，海上航行情况变幻无常，狂风恶浪势难避免，可能眨眼之间，人员和船只所面临的形势就会截然不同。那时即使德行直追唐尧和虞舜，也会空有智谋而难以施展，即使威猛胜于孟贲和夏育，也徒有勇力而无处发挥，这是不可出兵的原因之二。况且浓雾郁结笼罩海上，咸水蒸发上腾，人在其间很容易身患流肿，转而互相传染，大凡航海的人，很少有不得此病的，这是不可出兵的原因之三。上天降生神圣的帝王，用吉祥的征兆加以昭示，应当趁机扫平祸乱，使人民重获安康。如今美好的征兆与日俱增，国家即将得到平定，叛逆之徒和凶恶残暴之辈，其灭亡的时刻也已临近。中原一旦平定，辽东叛逆将自行败亡，我们只需拱手等待而已。而今却要违背必然的规律，去寻求极度危险的患难，忽视九州的巩固，宣泄一时的愤恨，这既不是国家的重大决策，又是创业以来未曾有过的事情，这正是文武百官之所以侧身叹息、食不甘味、寝不安席的原因。希望陛下克制雷霆般的天威，忍耐赫然喷薄的怒火，遵循乘桥而行的平安之道，远离如履薄冰的危险境地，那么臣子便可仰仗您的福佑，天下百姓也会感到十分幸运。

当时群臣多有劝谏，孙权便没有亲自出征。

正月二十二日，孙权命令薛综有关祭祖的赞辞不得使用通常的文字，薛综接到诏命，迅速拟就文章的主要内容，措辞诚敬而文采灿烂。孙权说："再增加首尾两段，使赞辞凑足三个部分。"薛综又写出两段祝辞，文辞都很新颖，众人都称好。赤乌三年，改任薛综为选曹尚书。赤乌五年，任太子少傅，依旧兼任选曹尚书。赤乌六年春，薛综去世。他所撰写的诗赋论文共有几万字，名为《私载》，又考定著述《五宗图述》及《二京解》，都流传于世。

薛综的儿子薛珝，官至威南将军，出征交阯回师，在途中病死。薛珝的弟弟薛莹，字道言，最初担任秘府中书郎，孙休即位后，他任散骑中常侍。几年后，因为有病而辞去官职。孙皓在位初期，薛莹担任左执法，升为选曹尚书，等到孙皓册立了太子，他又兼任太子少傅。建衡三年，孙皓追思赞叹薛莹父亲薛综的遗文，又命令薛莹继续往下写。薛莹献诗说：

从前我的祖先，曾在汉朝做官，一代接着一代，多有登上台观。到了先父薛综，遭遇时世艰难，刘氏政权失控，国家颠覆动乱。来到这片乐土，希望劫后幸存，天神启示心灵，我等奔向江南。最初流亡微贱，受困蛮地边荒。大帝开创大业，恩德流布远方。特蒙征召恩命，获救逃出泥尘，脱下粗布褐衣，接着授职领兵。担任合浦太守，远在南海之滨，后来迁升入京，执掌机要权柄。恰如枯木逢春，世系将灭复明，微贱变身显贵，实非当初本能。感念优宠厚遇，内心油然知足。后又再遇文皇，太子备位东宫。臣父担任少傅，更加显耀光荣。英明圣主承嗣，大德虚怀若谷，加倍礼遇臣下，隆恩润泽无数。可怜我父先臣，一心竭力尽忠，天恩未及报答，突然弃世而终。可叹臣下卑贱，只有兄长小弟，所幸生育逢时，延续薛综血脉。虽受先父严训，难开愚顽本性。不能继承遗业，志在退隐耕耘。不料圣朝天子，仁德恩泽流盈。追录先父功勋，哀其事业未竟，特别扶持提拔，殊荣赐予子孙。薛珝忝职千里，奉命率军南征，旌旗仪仗扬威，金鼓传播名声。至于浅陋小臣，实在蒙昧低能，既袭先父要职，执掌人才选评。又授东宫少傅，两代荣耀相承，才能不及先父，辱没违背圣恩。圣德广大光明，推重礼教殷殷，追思悼念亡臣，心存保全后人。奈何愚昧后裔，不肖徒有虚名！敬视先父旧宠，顾念我辈愚钝，谁能厚颜忍羞，小臣抱愧此心。反侧自夜至晨，始终扪心自问，一门父子兄弟，世代蒙受圣恩。死当结草报答，在生誓死献身，即使化为灰烬，难报万分恩情。

这一年，何定建议凿穿圣溪以贯通长江与淮河，孙皓命令薛莹督率一万人前往，终因存在众多巨石难以操作，停工返回，薛莹出任武昌左部督。后来何定被诛杀，孙皓追究开凿圣溪停工一事，把薛莹投入大牢，判处流放广州。右国史华覈上书说："我听说五帝三王都设置史官，负责记载功劳美德，使之流传无穷。汉朝的司马迁、班固，都是著名于当世的卓越人才，他们所撰写的史书精微奥妙，与六经一起流传于世。大吴国承受天命，建国于南方。大皇帝末年，命令太史令丁孚、郎中项峻开始撰写《吴书》。丁孚、项峻都不是修史之才，他们所撰写的，都不值得收录传世。到少帝时，又让韦曜、周昭、薛莹、梁广和在下五人，探访寻求过去的事情，共同撰写的史实，已具备始末原委。周昭、梁广已先去世，韦曜辜负皇恩成为罪人，薛莹出任将领，又因过失而被流放，这部书的撰述工作就此搁置下来，至今未能完稿进奏。我才疏学浅，只能替薛莹等人做做史实记录而已，倘若让我一人来写完全书，我必定会走丁孚、项峻的老路，只恐要败坏大皇帝的功勋，损害当今的盛时盛事了。薛莹不仅学识渊博，文笔尤其精妙，在同僚之中，薛莹的文采是首屈一指的。如今在职的官员，虽然不乏经学大家，说到记叙写作的才华，可以比美薛莹的人就很少了，因此我恭谨地为国家惋惜他。我实在是很想让即将大功告成的《吴书》得以完成，使它能编列在前代史书的后面。书成上奏之后，我即使老死沟壑，也没有什么可遗憾的了。"

于是，孙皓召回薛莹，任命他为左国史。不久，与薛莹同郡的选曹尚书缪祎因坚持自己的意见不轻易动摇，受到不少小人的忌恨，被贬为衡阳太守。已经任命，朝廷又追究他原先职务内的事而予以责问，缪祎上表谢罪。他顺道拜访薛莹，又遭人举报，说他不服罪，带了众多宾客到薛莹住所聚会。于是朝廷收押缪祎投入监牢，流放桂阳，薛莹则被遣送回广州。还没到广州，朝廷又召薛莹回京，让他官复原职。当时法律和政令多有谬误，措施繁杂苛刻，薛莹常常上书进献利于国家合乎时宜的建议，陈述应当放宽刑罚减轻劳役，从而救济抚育百姓，他的建议有的被采纳施行了。升为光禄勋。天纪四年，晋国军队征讨孙皓，孙皓奉送降书给司马伷、王浑、王濬请求归降，那封降书，就出自薛莹的手笔。薛莹到了洛阳以后，特别地受到优先录用，被任命为散骑常侍，他回答问题决断事务，都很有条理。晋太康三年薛莹去世。他的著作有八篇，书名为《新议》。

【原文】评曰：张纮文理意正，为世令器，孙策待之亚于张昭，诚有以也。严、程、阚生，一时儒林也。至畯辞荣济旧，不亦长者乎！薛综学识规纳，为吴良臣。及莹纂蹈，允有先风，然于暴酷之朝，屡登显列，君子殆诸。

【译文】评论说：张纮文辞义理思想方正，是当世的优秀人才，孙策待他仅次于张昭，确实是有道理的。严畯、程秉、阚泽，堪称一代博学儒生。至于严畯辞让荣显以及帮助故交旧友的行为，不也是德高望重的人吗！薛综的学识纯粹、宏富而且善于规劝进言，是吴国的忠良大臣。到了薛莹继承父业，确实有他先人的遗风，但他身当暴虐残酷的朝代，还屡登高位，君子替他感到危险啊！

三国志

文白对照珍藏版

〔西晋〕陈寿◎著
〔南朝宋〕裴松之◎注
三读国学馆◎编

吴书

6

北京燕山出版社

卷五十四　吴书九

周瑜鲁肃吕蒙传第九

周瑜　周胤

【原文】周瑜，字公瑾，庐江舒人也。从祖父景，景子忠，皆为汉太尉。[①] 父异，洛阳令。瑜长壮有姿貌。初，孙坚兴义兵讨董卓，徙家于舒。坚子策与瑜同年，独相友善。瑜推道南大宅以舍策，升堂拜母，有无通共。瑜从父尚为丹杨太守，瑜往省之。会策将东渡，到历阳，驰书报瑜，瑜将兵迎策。策大喜曰："吾得卿，谐也。"遂从攻横江、当利，皆拔之。乃渡江击秣陵，破笮融、薛礼，转下湖孰、江乘，进入曲阿，刘繇奔走，而策之众已数万矣。因谓瑜曰："吾以此众取吴会、平山越已足，卿还镇丹杨。"瑜还。顷之，袁术遣从弟胤代尚为太守，而瑜与尚俱还寿春。术欲以瑜为将，瑜观术终无所成，故求为居巢长，欲假涂东归，术听之，遂自居巢还吴。是岁，建安三年也。策亲自迎瑜，授建威中郎将，即与兵二千人、骑五十匹。[②] 瑜时年二十四，吴中皆呼为周郎。以瑜恩信著于庐江，出备牛渚，后领春谷长。顷之，策欲取荆州，以瑜为中护军，领江夏太守，从攻皖，拔之。时得桥公两女，皆国色也。策自纳大桥，瑜纳小桥。[③] 复进寻阳，破刘勋，讨江夏，还定豫章、庐陵，留镇巴丘。[④]

① 谢承《后汉书》曰：景，字仲向，少以廉能见称，以明学察孝廉，辟公府。后为豫州刺史，辟汝南陈蕃为别驾，颍川李膺、荀绲、杜密、沛国朱寓为从事，皆天下英俊之士也。稍迁至尚书令，遂登太尉。◎张璠《汉纪》曰：景父荣，章、和世为尚书令。初景历位牧守，好善爱士，每岁举孝廉，延请入，上后堂，与家人宴会，如此者数四。及赠送既备，又选用其子弟，常称曰："移臣作子，于政何有？"先是，司徒韩縯为河内太守，在公无私，所举一辞而已，后亦不及其门户，曰："我举若可矣，不令恩偏称一家也。"当时论者，或两讥焉。

②《江表传》曰：策又给瑜鼓吹，为治馆舍，赠赐莫与为比。策令曰："周公瑾英俊异才，与孤有总角之好，骨肉之分。如前在丹杨，发众及船粮以济大事，论德酬功，此未足以报者也。"

③《江表传》曰：策从容戏瑜曰："桥公二女虽流离，得吾二人作婿，亦足为欢。"

④ 臣松之案：孙策于时始得豫章、庐陵，尚未能得定江夏。瑜之所镇，应在今巴丘县也，与后所卒巴丘处不同。

五年，策薨，权统事。瑜将兵赴丧，遂留吴，以中护军与长史张昭共掌众事。[①] 十一年，督孙瑜等讨麻、保二屯，枭其渠帅，囚俘万余口，还备宫亭。江夏太守黄祖遣将邓龙将兵数千人入柴桑，瑜追讨击，生虏龙送吴。

①《江表传》曰：曹公新破袁绍，兵威日盛，建安七年，下书责权质任子。权召群臣会议，张昭、秦松等犹豫不能决，权意不欲遣质，乃独将瑜诣母前定议，瑜曰："昔楚国初封于荆山之侧，不满百里之地，继嗣贤能，广土开境，立基于郢，遂据荆扬，至于南海，传业延祚，九百余年。今将军承父兄余资，兼六郡之众，兵精粮多，将士用命，铸山为铜，煮海为盐，境内富饶，人不思乱，泛舟举帆，朝发夕到，士风劲勇，所向无敌，有何逼迫而欲送质？质一入，不得不与曹氏相首尾，与相首尾，则命召不得不往，便见制于人也。极不过一侯印，仆从十余人，车数乘，马数匹，岂与南面称孤同哉？不如勿遣，徐观其变。若曹氏能率义以正天下，将军事之未晚。若图为暴乱，兵犹火也，不戢将自焚。将军韬勇抗威，以待天命，何送质之有！"权母曰："公瑾议是也。公瑾与伯符同年，小一月耳，我视之如子也，汝其兄事之。"遂不送质。

十三年春，权讨江夏，瑜为前部大督。其年九月，曹公入荆州，刘琮举众降，曹公得其水军，船步兵数十万，将士闻之皆恐。权延见群下，问以计策。议者咸曰："曹公豺虎也，然托名汉相，挟天子以征四方，动以朝廷为辞，今日拒之，事更不顺。且将军大势可以拒操者，长江也。今操得荆州，奄有其地。刘表治水军，蒙冲斗舰，乃以千数，操悉浮以沿江，兼有步兵，水陆俱下，此为长江之险，已与我共之矣。而势力众寡，又不可论。愚谓大计不如迎之。"瑜曰："不然。操虽托名汉相，其实汉贼也。将军以神武雄才，兼仗父兄之烈，割据江东，地方数千里，兵精足用，英雄乐业，尚当横行天下，为汉家除残去秽。况操自送死，而可迎之邪？请为将军筹之：今使北土已安，操无内忧，能旷日持久，来争疆埸，又能与我校胜负于船楫间乎？今北土既未平安，加马超、韩遂尚在关西，为操后患。且舍鞍马，仗舟楫，与吴越争衡，本非中国所长。又今盛寒，马无藁草，驱中国士众远涉江湖之间，不习水土，必生疾病。此数四者，用兵之患也，而操皆冒行之。将军擒操，宜在今日。瑜请得精兵三万人，进住夏口，保为将军破之。"权曰："老贼欲废汉自立久矣，徒忌二袁、吕布、刘表与孤耳。今数雄已灭，惟孤尚存，孤与老贼，势不两立。君言当击，甚与孤合，此天以君授孤也。"①

①《江表传》曰：权拔刀斫前奏案曰："诸将吏敢复有言当迎操者，与此案同！"及会罢之夜，瑜请见曰："诸人徒见操书言'水步八十万'，而各恐慑，不复料其虚实，便开此议，甚无谓也。今以实校之，彼所将中国人，不过十五六万，且军已久疲，所得表众，亦极七八万耳，尚怀狐疑。夫以疲病之卒，御狐疑之众，众数虽多，甚未足畏。得精兵五万，自足制之，愿将军勿虑。"权抚背曰："公瑾，卿言至此，甚合孤心。子布、文表诸人，各顾妻子，挟持私虑，深失所望，独卿与子敬与孤同耳，此天以卿二人赞孤也。五万兵难卒合，已选三万人，船粮战具俱办。卿与子敬、程公便在前发，孤当续发人众，多载资粮，为卿后援。卿能办之者诚决，邂逅不如意，便还就孤，孤当与孟德决之。"

臣松之以为：建计拒曹公，实始鲁肃。于时周瑜使鄱阳，肃劝权呼瑜，瑜使鄱阳还，但与肃暗同，故能共成大勋。本传直云权延见群下，问以计策，瑜摆拨众人之议，独言抗拒之计，了不云肃先有谋，殆为攘肃之善也。

时刘备为曹公所破，欲引南渡江，与鲁肃遇于当阳，遂共图计，因进住夏口，遣诸葛亮诣权。权遂遣瑜及程普等与备并力逆曹公,遇于赤壁。时曹公军众已有疾病,初一交战,公军败退,引次江北。瑜等在南岸。瑜部将黄盖曰:"今寇众我寡,难与持久。然观操军方连船舰,首尾相接,可烧而走也。"乃取蒙冲斗舰数十艘,实以薪草,膏油灌其中,裹以帷幕,上建牙旗,先书报曹公,欺以欲降。[①]又豫备走舸,各系大船后,因引次俱前。曹公军吏士皆延颈观望,指言盖降。盖放诸船,同时发火。时风盛猛,悉延烧岸上营落。顷之,烟炎张天,人马烧溺死者甚众,军遂败退,还保南郡。[②]备与瑜等复共追。曹公留曹仁等守江陵城,径自北归。

①《江表传》载盖书曰:"盖受孙氏厚恩,常为将帅,见遇不薄。然顾天下事有大势,用江东六郡山越之人,以当中国百万之众,众寡不敌,海内所共见也。东方将吏,无有愚智,皆知其不可,惟周瑜、鲁肃偏怀浅戆,意未解耳。今日归命,是其实计。瑜所督领,自易摧破。交锋之日,盖为前部,当因事变化,效命在近。"曹公特见行人,密问之,口敕曰:"但恐汝诈耳。盖若信实,当授爵赏,超于前后也。"

②《江表传》曰:至战日,盖先取轻利舰十舫,载燥荻枯柴积其中,灌以鱼膏,赤幔覆之,建旌旗龙幡于舰上。时东南风急,因以十舰最著前,中江举帆,盖举火白诸校,使众兵齐声大叫曰:"降焉!"操军人皆出营立观。去北军二里余,同时发火,火烈风猛,往船如箭,飞埃绝烂,烧尽北船,延及岸边营柴。瑜等率轻锐寻继其后,雷鼓大进,北军大坏,曹公退走。

瑜与程普又进南郡,与仁相对,各隔大江。兵未交锋,[①]瑜即遣甘宁前据夷陵。仁分兵骑别攻围宁。宁告急于瑜。瑜用吕蒙计,留凌统以守其后,身与蒙上救宁。宁围既解,乃渡屯北岸,克期大战。瑜亲跨马擽陈,会流矢中右胁,疮甚,便还。后仁闻瑜卧未起,勒兵就陈。瑜乃自兴,案行军营,激扬吏士,仁由是遂退。

①《吴录》曰:备谓瑜云:"仁守江陵城,城中粮多,足为疾害。使张益德将千人随卿,卿分二千人追我,相为从夏水入截仁后,仁闻吾入必走。"瑜以二千人益之。

权拜瑜偏将军,领南郡太守。以下隽、汉昌、刘阳、州陵为奉邑,屯据江陵。刘备以左将军领荆州牧,治公安。备诣京见权,瑜上疏曰:"刘备以枭雄之姿,而有关羽、张飞熊虎之将,必非久屈为人用者。愚谓大计宜徙备置吴,盛为筑宫室,多其美女玩好,以娱其耳目,分此二人,各置一方,使如瑜者得挟与攻战,大事可定也。今猥割土地以资业之,聚此三人,俱在疆埸,恐蛟龙得云雨,终非池中物也。"权以曹公在北方,当广揽英雄,又恐备难卒制,故不纳。

是时刘璋为益州牧,外有张鲁寇侵,瑜乃诣京见权曰:"今曹操新折衄,方忧在腹心,未能与将军连兵相事也。乞与奋威俱进取蜀,得蜀而并张鲁,因留奋威固守其地,好与马超结援。瑜还与将军据襄阳以蹙操,北方可图也。"权许之。瑜还江陵,为行装,而道于巴丘病卒,[①]时年三十六。权素服举哀,感恸左右。丧当还吴,又迎之芜湖,众事费度,一为供给。后著令曰:"故将军周瑜、程普,其有人客,皆不得问。"初瑜见友于策,太妃又使权以兄奉之。是时权位为将军,诸将宾客为礼尚简,而瑜独先尽敬,便执臣节。性度恢廓,大率为得人,惟与程普不睦。[②]

① 臣松之案：瑜欲取蜀，还江陵治严，所卒之处，应在今之巴陵，与前所镇巴丘，名同处异也。

②《江表传》曰：普颇以年长，数陵侮瑜。瑜折节容下，终不与校。普后自敬服而亲重之，乃告人曰："与周公瑾交，若饮醇醪，不觉自醉。"时人以其谦让服人如此。初曹公闻瑜年少有美才，谓可游说动也，乃密下扬州，遣九江蒋干往见瑜。干有仪容，以才辩见称，独步江、淮之间，莫与为对。乃布衣葛巾，自托私行诣瑜。瑜出迎之，立谓干曰："子翼良苦，远涉江湖为曹氏作说客邪？"干曰："吾与足下州里，中间别隔，遥闻芳烈，故来叙阔，并观雅规，而云说客，无乃逆诈乎？"瑜曰："吾虽不及夔、旷，闻弦赏音，足知雅曲也。"因延干入，为设酒食。毕，遣之曰："适吾有密事，且出就馆，事了，别自相请。"后三日，瑜请干与周观营中，行视仓库军资器仗讫，还宴饮，示之侍者服饰珍玩之物，因谓干曰："丈夫处世，遇知己之主，外托君臣之义，内结骨肉之恩，言行计从，祸福共之，假使苏、张更生，郦叟复出，犹抚其背而折其辞，岂足下幼生所能移乎？"干但笑，终无所言。干还，称瑜雅量高致，非言辞所间。中州之士，亦以此多之。刘备之自京还也，权乘飞云大船，与张昭、秦松、鲁肃等十余人共追送之，大宴会叙别。昭、肃等先出，权独与备留语，因言次，叹瑜曰："公瑾文武筹略，万人之英，顾其器量广大，恐不久为人臣耳。"瑜之破魏军也，曹公曰："孤不羞走。"后书与权曰："赤壁之役，值有疾病，孤烧船自退，横使周瑜虚获此名。"瑜威声远著，故曹公、刘备咸欲疑谮之。及卒，权流涕曰："公瑾有王佐之资，今忽短命，孤何赖哉！"后权称尊号，谓公卿曰："孤非周公瑾，不帝矣。"

瑜少精意于音乐，虽三爵之后，其有阙误，瑜必知之，知之必顾，故时人谣曰："曲有误，周郎顾。"

瑜两男一女。女配太子登。男循尚公主，拜骑都尉，有瑜风，早卒。循弟胤，初拜兴业都尉，妻以宗女，授兵千人，屯公安。黄龙元年，封都乡侯，后以罪徙庐陵郡。赤乌二年，诸葛瑾、步骘连名上疏曰："故将军周瑜子胤，昔蒙粉饰，受封为将，不能养之以福，思立功效，至纵情欲，招速罪辟。臣窃以瑜昔见宠任，入作心膂，出为爪牙，衔命出征，身当矢石，尽节用命，视死如归，故能摧曹操于乌林，走曹仁于郢都，扬国威德，华夏是震，蠢尔蛮荆，莫不宾服，虽周之方叔，汉之信、布，诚无以尚也。夫折冲扞难之臣，自古帝王莫不贵重，故汉高帝封爵之誓曰：'使黄河如带，太山如砺，国以永存，爰及苗裔。'申以丹书，重以盟诅，藏于宗庙，传于无穷，欲使功臣之后，世世相踵，非徒子孙，乃关苗裔，报德明功。勤勤恳恳，如此之至，欲以劝戒后人，用命之臣，死而无悔也。况于瑜身没未久，而其子胤降为匹夫，益可悼伤。窃惟陛下钦明稽古，隆于兴继，为胤归诉，乞匄余罪，还兵复爵，使失旦之鸡，复得一鸣，抱罪之臣，展其后效。"权答曰："腹心旧勋，与孤协事，公瑾有之，诚所不忘。昔胤年少，初无功劳，横受精兵，爵以侯将，盖念公瑾以及于胤也。而胤恃此，酗淫自恣，前后告喻，曾无悛改。孤于公瑾，义犹二君，乐胤成就，岂有已哉？迫胤罪恶，未宜便还，且欲苦之，使自知耳。今二君勤勤援引汉高河山之誓，孤用恧然。虽德非其畴，犹欲庶几。事亦如尔，故未顺旨。以公瑾之子，而二君在中间，苟使能改，亦何患乎？"瑾、骘表比上，朱然及全琮亦俱陈乞，权乃许之。会胤病死。

瑜兄子峻，亦以瑜元功为偏将军，领吏士千人。峻卒，全琮表峻子护为将。权曰："昔走曹操，拓有荆州，皆是公瑾，常不忘之。初闻峻亡，仍欲用护，闻护性行危险，用之适为作祸，故便止之。孤念公瑾，岂有已乎？"

【译文】周瑜，字公瑾，是庐江郡舒县人。堂祖父名叫周景，周景的儿子周忠，都担任过汉朝的太尉。父亲周异，曾经是洛阳令。周瑜长得健壮俊美。当初，孙坚举义兵征讨董卓，把家迁移到舒县。孙坚的儿子孙策与周瑜一般大，两人交情极为深厚。周瑜将路南边的大宅院让给孙策居住，登上厅堂去拜见孙策的母亲，生活上互相帮助。周瑜的叔父周尚担任丹杨太守，周瑜去探望他。刚好孙策将要东渡，到了历阳，写信告诉周瑜，周瑜统率兵马来迎接孙策。孙策高兴地说："我有您的帮助，一切都会顺顺利利的。"于是，周瑜跟随孙策进攻横江、当利，这两个地方全部被攻克了。又渡江进攻秣陵，击败了笮融、薛礼，转而又攻占了湖孰、江乘，进入曲阿，刘繇逃跑了，而这时孙策的兵马已经发展到几万人。孙策对周瑜说："我用这些人马攻占吴郡、会稽二郡，平定山越，已经足够了，你回去镇守丹杨吧。"周瑜返回丹杨。不久，袁术派遣堂弟袁胤取代周尚担任太守，周瑜与周尚一同回到寿春。袁术想任用周瑜担任自己的部将，周瑜观察袁术最终不会取得什么成就，因此只请求担任居巢县长，希望借路回到江东，袁术同意了，于是周瑜经居巢返回吴郡。这年正是建安三年。孙策亲自迎接周瑜，任命他为建威中郎将，调给他两千名士兵、五十名骑兵。周瑜时年二十四岁，吴郡人都称他为"周郎"。因为周瑜在庐江恩德信义广为人知，孙策派他去牛渚防守，后来担任春谷县长。不久，孙策准备攻打荆州，让周瑜担任中护军，兼任江夏太守，跟随他攻打皖县，并攻下了它。当时得到了桥公的两个女儿，都美貌出众。孙策自己迎娶了大桥，周瑜娶了小桥。接着攻打寻阳，打败了刘勋，征讨江夏郡，回兵平定了豫章、庐陵，周瑜留下来在巴丘镇守。

建安五年，孙策去世，孙权总理各项事务。周瑜带兵前来吊丧，于是留在吴郡，以中护军的身份与长史张昭共同掌管军政大事。建安十一年，他统率孙瑜等人征讨麻、保二屯，杀掉二屯首领，俘虏了一万多人，之后回军防守官亭。江夏太守黄祖派遣部将邓龙带领几千人的军队进占柴桑，周瑜追击，活捉了邓龙送往吴郡。

建安十三年春，孙权攻打江夏，周瑜被委任为前部大督。这年九月，曹公攻打荆州，刘琮率领全部人马投降，曹公获得了他的水军，水兵、步兵总共多达几十万人，东吴官兵听说此事都感到非常恐惧。孙权紧急召集部下商量计策。参与讨论的人都说："曹公如同豺虎，然而他假借汉朝丞相的名义，挟制天子，用天子的名义征讨四方，动辄以朝廷当作借口，现在如若抗衡他，形势对我们十分不利。何况以将军所处的形势分析，将军可用来与曹操抗衡的，只有长江天险。如今曹操得到荆州，完全攻占了这块地方。刘表训练的水军，包括几千艘蒙冲战舰，全部都被曹操俘获了，曹操把它们沿江摆开，连同步兵，水陆军一起顺江而下，这就是说长江天险，曹操已与我们一起占有了。而且双方实力悬殊，不能相提并论。我们认为最好还是归降曹操。"周瑜说："不对。曹操虽然假借汉朝丞相的名义，实际上却是汉朝的奸贼。以将军的神明威武与雄才大略，再加上父兄威名，割据江东，占地几千里，兵精粮足，英雄豪杰都愿意效劳，这正是横行天下，为汉朝除去残暴污秽之时。何况曹操是自己来送死的，难道我们能够归顺他吗？请让我为您分析一下：现在假使北方早已完全稳定，曹操不再有后顾之忧，可以旷日持久地和我们争夺疆域，但是否能够与我们在水面上一较高下呢？现在北方并未完全平定，加上马超、韩遂还在潼关以西，实际上是曹操的后患。而且舍去骑兵，依靠舟船，与我们吴越的人较量，原本就不是中原士兵的长处。如今又赶上寒冷的天气，马缺少草料，驱使中原的士兵远远跋涉到江南之地，水土不服，肯定要生病。所列举的这四点，都是用兵者的禁忌，而曹操却贸然行动触犯这些用兵禁忌。将军要活捉曹操，应该是在今日。我请求率领精兵三万人，进驻夏口，保证为将军打败曹操。”孙权说：“曹操老贼希望废掉汉室自己当皇帝，蓄谋已经很长时间了，只是担心二袁、吕布、刘表与我而已。如今几位英雄已经接连被消灭，只有我还在，我与老贼势不两立。你说应当抗击，与我的想法非常一致。这是上天将你送给我呀。”

此时，正值刘备被曹公打败，希望率领人马南渡长江，在当阳与鲁肃相遇，于是共同商量计划，刘备因此进驻夏口，派遣诸葛亮去拜见孙权。于是，孙权派遣周瑜和程普等人率军与刘备合力对抗曹操，两军在赤壁相遇。这时曹操的士兵已经有很多人患病，刚一交战，曹军就开始败退，退兵驻扎在江北。周瑜等人率领大军驻扎在南岸。周瑜的部将黄盖说：“现在敌众我寡，很难与他们久战。但是我看到曹军的船舰首尾相接，可以利用火攻逼迫他们败走。”于是周瑜调来几十艘蒙冲斗舰，装满柴草，中间浇上油脂，外面裹着帷幕，上面插上牙旗，事先令黄盖写信告诉曹操，骗说要向他归降。又准备了快艇，分别系在大船后面，依次向前驶去。曹操军队的官兵纷纷伸长脖子观看，指指点点地说黄盖要来投降了。黄盖解开各条船只，同时点起火来。当时风势迅猛，大火蔓延到岸上的营寨。瞬间，曹营烟火冲天，人马被烧死及淹死无数，曹军于是败退，退还到南郡。刘备与周瑜等又并力追击。曹公留下曹仁等驻守江陵城，自己径直返回北方。

周瑜与程普接着进军南郡，与曹仁对峙，中间隔着大江。两军还未曾交锋，周瑜就派遣甘宁前去攻占夷陵。曹仁抽调部分步兵、骑兵前去围攻甘宁。甘宁向周瑜告急。周瑜利用吕蒙的计策，留下凌统驻守后方，亲自与吕蒙一起到上游去救援甘宁。甘宁的包围解除后，周瑜渡江到北岸屯驻，约定日期和曹仁决一死战。周瑜亲自骑马督战，被乱箭射中右肋，伤势十分严重，只好回到营地。后来曹仁听说周瑜卧床不起，于是率兵上阵。周瑜于是强打精神，到军营巡行视察，激励提高官兵的士气，曹仁因此退走。

孙权拜周瑜为偏将军，兼任南郡太守。以下隽、汉昌、刘阳、州陵作为他的食邑，命他驻守江陵。刘备以左将军的身份兼任荆州牧，治所在公安。刘备来到京都拜见孙权，周瑜上疏说：“刘备有勇悍雄杰的姿容，又拥有关羽、张飞这样的熊虎猛将，一定不愿长期屈服，受人支配。我认为最好的办法应当是将刘备迁移安置到吴郡，大兴土木为他修建宫室，多送给他一些美女及珍奇玩物，让他享受耳目之娱，再将关羽、张飞分开，将他们放到不同的地方，让如同我这样的人指挥他们一块作战，大事就可以平定了。现在分割土地来资助他们，这三人聚在一起，皆在边界地方，恐怕蛟龙得到云雨，最终就不再是水池可以容纳的了。”孙权认为曹公身在北方，此时应当广泛招徕英雄人物，又担心刘备很难很快被制服，因此没有采纳周瑜的建议。

当时刘璋担任益州牧，外有张鲁的抢夺侵扰，周瑜于是进京拜见孙权说：“如今曹操刚刚遭遇重大挫折，内心正在发愁，不能与将军交兵作战。我请求与奋威将军一起进攻蜀地，得到蜀地，吞并张鲁，而后让奋威将军留下驻守在那里，以便与马超互相援助。我回来和将军占据襄阳逼迫曹操，北方就有被攻占的希望了。”孙权同意了他的计划。周瑜返回江陵，准备行装，路过巴丘时不幸因病去世，死时年仅三十六岁。孙权身穿丧服为他举哀，感动了他的臣僚。周瑜的灵柩要运回吴郡，孙权又亲自去到芜湖迎接，各项费用，一概由他供给。后来专门颁布命令说：“不得向已故将军周瑜、程普家的任何佃客收取赋税。”当初周瑜被孙策作为好友对待，太妃又让孙权用兄长的礼节尊奉他。那时孙权的职位是将军，诸位将领宾客对待他的礼节还极为简单，只有周瑜很早就对他非常尊敬，用对待君主的礼节对待他。周瑜心胸宽阔，大体能广得人心，只是与程普相处不怎么和睦。

周瑜年少的时候精心研究音乐，哪怕是在喝了很多酒之后，音乐如果出现了错误，周瑜一定可以听出来，听出来后一定要回头查看一番，所以当时有歌谣说：“曲有误，周郎顾。”

周瑜有两个儿子、一个女儿。女儿嫁给太子孙登为妻。儿子周循迎娶公主为妻，官拜骑都尉，很有周瑜的风范，年纪轻轻就死去了。周循的弟弟周胤，最初担任兴业都尉，迎娶了宗室女子为妻，率领军队一千人，在公安驻守。黄龙元年，被封为都乡侯，后来因犯罪被迁移到庐陵郡。赤乌二年，诸葛瑾、步骘联名上疏说：“已故将军周瑜的儿子周胤，过去因为受到超出其本身成就的赞扬，被封为将军，他不能在获得优厚的待遇时，为国家立功，反而放纵情欲，以致很快招来罪罚。臣等私下考虑周瑜过去被主上宠信，在内为心腹重臣，在外是得力的将领，受命出征打仗，经常用身体阻挡箭石，冒死完成任务，视死如归，因此可以在乌林打败曹操，在郢都赶走曹仁，彰显国家的威德，使全国受到震动，连愚昧的蛮荆都纷纷服从，就是周朝的方叔，汉朝的韩信、英布，也无法与他相提并论。能够挫败敌人进攻，解除国家危难的大臣，自古以来，帝王没有不敬重的，因此汉高祖封爵的誓词中说：‘即使黄河小得如同衣带，泰山小得如同一块磨刀石，他们的封国也将会永远保存，传至后代子子孙孙。’并用丹砂写下誓词，又举行隆重的盟誓仪式，将誓词藏到宗庙里，让它永远流传下去，要让有功臣子的后代，世代继承，不仅仅是子孙，就连更远的后代也要关照到，以便报答与表彰臣下的功德。恳切到这种地步，目的是要劝导告诫后世之人，使效忠国家的大臣，死而不悔呀。何况周瑜故去的时间不长，他的儿子周胤便降为普通老百姓，更加让人感到悲伤。我们私下认为陛下能够考察古代的事迹，英明地处理政事，十分重视兴亡继绝的道理，因此我们为周胤求情，请求赦免他的罪过，归还他的军队，恢复他的爵位，使耽误了报晓的雄鸡，有机会再鸣叫一次，负罪的臣子，以后可以有效力的机会。”孙权回答说：“我的心腹老功臣，与我协力共事的人，其中有周瑜，的确是不能忘记的。过去周胤年纪小，当初并没有建立功劳，白白地执掌一支军队，被封以王侯将军的爵位、职务，就是因为我缅怀周公瑾才封及周胤的。而周胤依仗这些，沉湎于酒色不加以自制，我先后几次批评他，他都没有改正。我与周瑜的情义，如同和你们二位一样，期望周胤有所成就的心情，难道会停止吗？只是因为周胤的罪过，不便马上恢复他的爵位职务，也希望让他经受一点磨难，使他自己能够明白罢了。现在你们二位诚恳地引用汉高祖封爵时候的誓词，我深感惭愧。虽然我的德行不敢与汉高祖相提并论，但我还是想着要与他相差无多。事情就是这样，因此没有听从你们的建议。周胤作为周瑜的儿子，又有你们二位从中说情，如果他能够悔改，又有什么值得担心的呢？”诸葛瑾、步骘的奏章屡次呈上，朱然与全琮也都来陈述意见为周胤说情，孙权这才应允了他们的请求。这时恰巧周胤因病去世了。

周瑜的侄子周峻，也因周瑜的功劳被封作偏将军，率领一千官兵。周峻去世后，全琮推举周峻的儿子周护做将领。孙权说：“以前赶走曹操，开辟荆州地盘，都是周瑜的功劳，我永远忘不了他。一开始听到周峻已死的消息时，我也打算任用周护，但听说周护品性不良，让他做官就会招致灾祸，因此就打消了这个念头。我怀念周瑜，怎么会有停止的时候呢？”

鲁肃　鲁淑

【原文】鲁肃，字子敬，临淮东城人也。生而失父，与祖母居。家富于财，性好施与。尔时天下已乱，肃不治家事，大散财货，摽卖田地，以赈穷弊结士为务，甚得乡邑欢心。

周瑜为居巢长，将数百人故过候肃，并求资粮。肃家有两囷米，各三千斛，肃乃指一囷与周瑜，瑜益知其奇也，遂相亲结，定侨、札之分。袁术闻其名，就署东城长。肃见术无纲纪，不足与立事，乃携老弱将轻侠少年百余人，南到居巢就瑜。瑜之东渡，因与同行，① 留家曲阿。会祖母亡，还葬东城。

①《吴书》曰：肃体貌魁奇，少有壮节，好为奇计。天下将乱，乃学击剑骑射，招聚少年，给其衣食，往来南山中射猎，阴相部勒，讲武习兵。父老咸曰：“鲁氏世衰，乃生此狂儿！”后雄杰并起，中州扰乱，肃乃命其属曰：“中国失纲，寇贼横暴，淮、泗间非遗种之地，吾闻江东沃野万里，民富兵强，可以避害，宁肯相随俱至乐土，以观时变乎？”其属皆从命。乃使细弱在前，强壮在后，男女三百余人行。州追骑至，肃等徐行，勒兵持满，谓之曰：“卿等丈夫，当解大数。今日天下兵乱，有功弗赏，不追无罚，何为相逼乎？”又自植盾，引弓射之，矢皆洞贯。骑既嘉肃言，且度不能制，乃相率还。肃渡江往见策，策亦雅奇之。

刘子扬与肃友善，遗肃书曰：“方今天下豪杰并起，吾子姿才，尤宜今日。急还迎老母，无事滞于东城。近郑宝者，今在巢湖，拥众万余，处地肥饶，庐江间人多依就之，况吾徒乎？观其形势，又可博集，时不可失，足下速之。”肃答然其计。葬毕还曲阿，欲北行。会瑜已徙肃母到吴，肃具以状语瑜。时孙策已薨，权尚住吴，瑜谓肃曰：“昔马援答光武云‘当今之世，非但君择臣，臣亦择君’。今主人亲贤贵士，纳奇录异，且吾闻先哲秘论，承运代刘氏者，必兴于东南，推步事势，当其历数，终构帝基，以协天符，是烈士攀龙附凤驰骛之秋。吾方达此，足下不须以子扬之言介意也。”肃从其言。瑜因荐肃才宜佐时，当广求其比，以成功业，不可令去也。

权即见肃，与语甚悦之。众宾罢退，肃亦辞出，乃独引肃还，合榻对饮。因密议曰：“今汉室倾危，四方云扰，孤承父兄遗业，思有桓文之功。君既惠顾，何以佐之？”肃对曰：“昔高帝区区欲尊事义帝而不获者，以项羽为害也。今之曹操，犹昔项羽，将军何由得为桓文乎？肃窃料之，汉室不可复兴，曹操不可卒除。为将军计，惟有鼎足江东，以观天下之衅。规模如此，亦自无嫌。何者？北方诚多务也。因其多务，剿除黄祖，进伐刘表，竟长江所极，据而有之，然后建号帝王以图天下，此高帝之业也。”权曰：“今尽力一方，冀以辅汉耳。此言非所及也。”张昭非肃谦下不足，颇訾毁之，云肃年少粗疏，未可用。权不以介意，益贵重之，赐肃母衣服帏帐，居处杂物，富拟其旧。

刘表死，肃进说曰：“夫荆楚与国邻接，水流顺北，外带江汉，内阻山陵，有金城之固，沃野万里，士民殷富，若据而有之，此帝王之资也。今表新亡，二子素不辑睦，军中诸将，各有彼此。加刘备天下枭雄，与操有隙，寄寓于表，表恶其能而不能用也。若备与彼协心，上下齐同，则宜抚安，与结盟好；如有离违，宜别图之，以济大事。肃请得奉命吊表二子，并慰劳其军中用事者，及说备使抚表众，同心一意，共治曹操，备必喜而从命。如其克谐，天下可定也。今不速往，恐为操所先。”权即遣肃行。到夏口，闻曹公已向荆州，晨夜兼道。比至南郡，而表子琮已降曹公，备惶遽奔走，欲南渡江。肃径迎之，到当阳长阪，与备会，宣腾权旨，及陈江东强固，劝备与权并力。备甚欢悦。时诸葛亮与备相随，肃谓亮曰“我子瑜友也”，即共定交。备遂到夏口，遣亮使权，肃亦反命。①

①臣松之案：刘备与权并力，共拒中国，皆肃之本谋。又语诸葛亮曰“我子瑜友也”，则亮已亟闻肃言矣。而《蜀书·亮传》曰：“亮以连横之略说权，权乃大喜。”如似此计始出于亮。若二国史官，各记所闻，竞欲称扬本国容美，各取其功。今此二书，同出一人，而舛互若此，非载述之体也。

会权得曹公欲东之问，与诸将议，皆劝权迎之，而肃独不言。权起更衣，肃追于宇下。权知其意，执肃手曰：“卿欲何言？”肃对曰：“向察众人之议，专欲误将军，不足与图大事。今肃可迎操耳，如将军，不可也。何以言之？今肃迎操，操当以肃还付乡党，品其名位，犹不失下曹从事，乘犊车，从吏卒，交游士林，累官故不失州郡也。将军迎操，欲安所归？愿早定大计，莫用众人之议也。”权叹息曰：“此诸人持议，甚失孤望。今卿廓开大计，正与孤同，此天以卿赐我也。”①

①《魏书》及《九州春秋》曰：曹公征荆州，孙权大惧，鲁肃实欲劝权拒曹公，乃激说权曰：“彼曹公者，实严敌也，新并袁绍，兵马甚精，乘战胜之威，伐丧乱之国，克可必

也。不如遣兵助之，且送将军家诣邺，不然，将危。”权大怒，欲斩肃，肃因曰：“今事已急，即有他图，何不遣兵助刘备，而欲斩我乎？”权然之，乃遣周瑜助备。

孙盛曰：《吴书》及《江表传》，鲁肃一见孙权便说拒曹公而论帝王之略，刘表之死也，又请使观变，无缘方复激说劝迎曹公也。又是时劝迎者众，而云独欲斩肃，非其论也。

时周瑜受使至鄱阳，肃劝追召瑜还。遂任瑜以行事，以肃为赞军校尉，助画方略。曹公破走，肃即先还，权大请诸将迎肃。肃将入阁拜，权起礼之，因谓曰：“子敬，孤持鞍下马相迎，足以显卿未？”肃趋进曰：“未也。”众人闻之，无不愕然。就坐，徐举鞭言曰：“愿至尊威德加乎四海，总括九州，克成帝业，更以安车软轮征肃，始当显耳。”权抚掌欢笑。

后备诣京见权，求都督荆州，惟肃劝权借之，共拒曹公。[①] 曹公闻权以土地业备，方作书，落笔于地。

①《汉晋春秋》曰：吕范劝留备，肃曰：“不可。将军虽神武命世，然曹公威力实重，初临荆州，恩信未洽，宜以借备，使抚安之。多操之敌，而自为树党，计之上也。”权即从之。

周瑜病困，上疏曰：“当今天下，方有事役，是瑜乃心夙夜所忧，愿至尊先虑未然，然后康乐。今既与曹操为敌，刘备近在公安，边境密迩，百姓未附，宜得良将以镇抚之。鲁肃智略足任，乞以代瑜。瑜陨踣之日，所怀尽矣。”[①] 即拜肃奋武校尉，代瑜领兵。瑜士众四千余人，奉邑四县，皆属焉。令程普领南郡太守。肃初住江陵，后下屯陆口，威恩大行，众增万余人，拜汉昌太守、偏将军。十九年，从权破皖城，转横江将军。

①《江表传》载：初，瑜疾困，与权笺曰：“瑜以凡才，昔受讨逆殊特之遇，委以腹心，遂荷荣任，统御兵马，志执鞭弭，自效戎行。规定巴蜀，次取襄阳，凭赖威灵，谓若在握。至以不谨，道遇暴疾，昨自医疗，日加无损。人生有死，修短命矣，诚不足惜，但恨微志未展，不复奉教命耳。方今曹公在北，疆埸未静，刘备寄寓，有似养虎。天下之事，未知终始，此朝士旰食之秋，至尊垂虑之日也。鲁肃忠烈，临事不苟，可以代瑜。‘人之将死，其言也善’，傥或可采，瑜死不朽矣。”

案，此笺与本传所载，意旨虽同，其辞乖异耳。

先是，益州牧刘璋纲维颓弛，周瑜、甘宁并劝权取蜀，权以咨备，备内欲自规，仍伪报曰：“备与璋托为宗室，冀凭英灵，以匡汉朝。今璋得罪左右，备独竦惧，非所敢闻，愿加宽贷。若不获请，备当放发归于山林。”后备西图璋，留关羽守，权曰：“猾虏乃敢挟诈！”及羽与肃邻界，数生狐疑，疆埸纷错，肃常以欢好抚之。备既定益州，权求长沙、零、桂，备不承旨，权遣吕蒙率众进取。备闻，自还公安，遣羽争三郡。肃住益阳，与羽相拒。肃邀羽相见，各驻兵马百步上，但诸将军单刀俱会。肃因责数羽曰：“国家区区本以土地借卿家者，卿家军败远来，无以为资故也。今已得益州，既无奉还之意，但求三郡，又不从命。”语未究竟，坐有一人曰：“夫土地者，惟德所在耳，何常之有！”肃厉声呵之，辞色甚切。羽操刀起谓曰：“此自国家事，是人何知！”目使之去。[①] 备遂割湘水为界，于是罢军。

①《吴书》曰：肃欲与羽会语，诸将疑恐有变，议不可往。肃曰：“今日之事，宜相

开譬。刘备负国，是非未决，羽亦何敢重欲干命！”乃趋就羽。羽曰：“乌林之役，左将军身在行间，寝不脱介，戮力破魏，岂得徒劳，无一块壤，而足下来欲收地邪？”肃曰：“不然。始与豫州观于长阪，豫州之众不当一校，计穷虑极，志势摧弱，图欲远窜，望不及此。主上矜愍豫州之身无有处所，不爱土地士人之力，使有所庇荫以济其患，而豫州私独饰情，愆德隳好。今已藉手于西州矣，又欲翦并荆州之土，斯盖凡夫所不忍行，而况整领人物之主乎！肃闻贪而弃义，必为祸阶。吾子属当重任，曾不能明道处分，以义辅时，而负恃弱众以图力争，师曲为老，将何获济？”羽无以答。

肃年四十六，建安二十二年卒。权为举哀，又临其葬。诸葛亮亦为发哀。① 权称尊号，临坛，顾谓公卿曰：“昔鲁子敬尝道此，可谓明于事势矣。”

①《吴书》曰：肃为人方严，寡于玩饰，内外节俭，不务俗好。治军整顿，禁令必行，虽在军陈，手不释卷。又善谈论，能属文辞，思度弘远，有过人之明。周瑜之后，肃为之冠。

肃遗腹子淑既壮，濡须督张承谓终当到至。永安中，为昭武将军、都亭侯、武昌督。建衡中，假节，迁夏口督。所在严整，有方干。凤皇三年卒。子睦袭爵，领兵马。

【译文】鲁肃，字子敬，是临淮郡东城县人。他自幼丧父，与祖母一起生活。家中富有财产，秉性喜欢施舍。当时天下早已大乱，鲁肃不注重治理家中事务，大量分散施舍家中钱财，公开标价出卖田地，以其所得周济贫困，结交贤士，因此很得乡里民众的欢心。

周瑜担任居巢县长，率领数百人专程前来拜访鲁肃，并请求他资助粮食。鲁肃家中有两个圆形大粮仓，分别储存着三千斛米，鲁肃当即用手指着其中一仓米，赠送给周瑜，周瑜更加相信鲁肃是一位奇才，于是就与他结交，两人建立了好似春秋时期公孙侨和季札那样牢固的朋友关系。袁术闻知鲁肃的贤名，于是任命他出任东城县长。鲁肃见袁术没有法纪制度，不值得自己去替他建功立业，于是携带老弱并统领敏捷勇悍的青年一百多人，南迁到居巢县投奔周瑜。周瑜东渡长江的时候，鲁肃随他同行，过江后在曲阿县定居。正值祖母去世，鲁肃返回东城县安葬祖母。

刘子扬与鲁肃是好友，致书鲁肃说：“如今天下英雄豪杰四起，凭您的资质才华，最应当利用现在这种纷争的时局大显身手。应快速回来迎接老母，不要在东城县滞留。最近有个名叫郑宝的人，如今在巢湖一带，积聚一万多部众，占据了肥沃富饶的地区，庐江一带的寻常百姓纷纷选择去投奔他，更何况我们这样有抱负有才能的人呢？分析郑宝的形势，能够吸收大量贤士，机不可失，您应当迅速前往。”鲁肃认同他的意见。安葬祖母后返回曲阿县，鲁肃就想整装北行。恰逢周瑜已经将鲁肃的母亲接到了吴郡，鲁肃就把其中情况告知周瑜。当时孙策已经去世，孙权仍在吴郡，周瑜对鲁肃说：“过去马援回答光武皇帝说‘目前的政局，不仅君主可以选择臣子，臣子也可以选择君主’。现在我家主人尊重贤达、重用士人，接纳录用奇异才能的人，何况我听前辈哲人秘密议论，顺承天命取代刘氏王朝的人，必定兴起于东南，推测形势演变，目前正是汉家气数将尽的时候，吴主最终能开创立国基业，以应合天命，这正是有志之士攀龙附凤建功立业的良好时机。我正受到重用，您不必过多考虑刘子扬的意见。”

鲁肃听从了周瑜的话。周瑜就向孙权推荐鲁肃有才干，应重用为辅佐，并应当多方寻求像鲁肃这样的人才，以建功立业，不可让他离开吴地投奔他人。

孙权马上召见鲁肃，与他纵谈事势，对他的见识才干非常赏识。众多宾客退出时，鲁肃同时起身告辞，孙权于是单独领鲁肃返回，两人共坐一席欢饮畅谈。孙权乘机悄悄地说："如今汉家天下倾危不安，四方混战，我继承父兄遗留下来的基业，很想建立齐桓公、晋文公那样的霸主功业。您既愿意屈尊光临，将怎么样帮助我？"鲁肃回答说："以前汉高帝出于一片诚心要尊奉义帝却不能如愿，其原因就是项羽从中为害。如今的曹操，就如同当年的项羽，将军怎么可以成为齐桓、晋文那样的霸主呢？鲁肃私下估量，汉家天下不能复兴，曹操不可能马上被铲除。替将军打算，只有割据江东，以静观天下变化，寻求能够利用的良机。建立如此规模的基业，也不会招致嫌疑。这是什么原因呢？因为北方正是变化繁多的时候。利用北方这种多变的形势，消灭黄祖，攻打刘表，把长江流域全部据为己有，然后再称王称帝以求统一天下，这是汉高帝开国的事业。"孙权说："如今我尽力经营江东一方之地，只是希望能辅佐汉室。您刚才所说的我还没敢奢望。"张昭对鲁肃不谦让感到不满，激烈地诋毁他，说鲁肃年轻粗疏，不可任用。孙权没有因此而介意，反而更加重用鲁肃，赐给鲁肃母亲衣服帏帐，以及其他日常生活用具，使鲁肃家的富有程度接近往日。

刘表去世后，鲁肃向孙权建议说："荆楚之地与我境相接，江水顺流北下，外有长江汉水天险为界，内有山陵险峻可以固守，拥有坚固的城池，万里沃野，百姓富饶，如果占据这块地方，这是成就帝王事业的资本。如今刘表刚刚去世，他的两个儿子关系一直不和睦，军中将领们，都分别依附这两位公子，相互对立。再加上刘备是天下枭雄，与曹操一向有仇隙，投依刘表，刘表嫉妒刘备的才能而没有重用他。假若刘备和荆州之主同心协力，上下一致，我们就应当实行安抚，与他们订盟结盟；如果他们之间离心离德，我们就应当设法攻占荆楚之地，以便完成开国大业。我请求奉命去向刘表的两个儿子吊丧致哀，并慰劳荆州军中执掌实际权力的将领们，同时劝说刘备让他竭力笼络刘表部下，同心同德，共同对付曹操，刘备必定很高兴地听从我们的意见。如果能成功，天下就可以统一了。现在如果不马上前去，恐怕就要被曹操抢占先机了。"孙权立马派遣鲁肃前往。鲁肃到达夏口，听说曹公已经向荆州进军，于是昼夜兼程地赶路。等到鲁肃到达南郡，刘表的儿子刘琮早已向曹公投降，刘备惊慌之下快速撤退，准备向南渡过长江。鲁肃直接前去迎接刘备，到当阳县的长坂，和刘备相遇，鲁肃传达了孙权联合抗曹的意图，又陈述江东实力强大形势稳固，劝刘备和孙权通力合作。刘备十分高兴。当时追随刘备的诸葛亮也在场，鲁肃对诸葛亮说"我是您兄长子瑜的朋友"，于是互结通好。刘备于是到达夏口，派诸葛亮出使孙权，鲁肃也返回吴国复命。

恰巧孙权得到曹操准备渡江向东侵犯的消息，与诸位将领商谈，将领们纷纷劝孙权迎降曹操，只有鲁肃不发一言。孙权起身如厕，鲁肃追到屋檐下。孙权知道他的用意，于是拉着鲁肃的手说："你想说什么？"鲁肃回答说："刚才分析大家的意见，他们都想误害将军，您不应当与他们共商国家大事。现在像我鲁肃这样的人能够迎降曹操，至于将军您却万万不能。为何要这样说呢？如果我迎降曹操，曹操会把我送还乡里，评定名位，我还可以担当一个闲散官署中的办事官员，乘坐牛车，携带随从，在名士荟萃的名城京师郊游，多年之后经过慢慢升迁，我肯定还会做到州郡一级的长官。如果将军迎降曹操，哪里有什么安身立命的处所？希望您早定迎战大计，不可采纳大家的意见。”孙权叹息说：“刚才那些人所持的观点，让我大为失望。如今你阐明了国家大计，正和我的想法相同，这是上天将你赐给我啊。”

当时周瑜接受孙权的派遣前往鄱阳县，鲁肃劝孙权派人追上周瑜，召他返回。于是孙权授权周瑜主持战事，任命鲁肃为赞军校尉，协助周瑜谋划战略。曹操战败撤离，鲁肃从前线先行返回，孙权隆重地邀请将领们去迎接鲁肃。鲁肃将要入殿拜见孙权，孙权起身向他表达敬意，并对他说：“子敬，我亲自持鞍下马迎接你，是不是足以彰显你的尊贵显赫了呢？”鲁肃恭敬地小步急行近前说：“还不够。”大家听完，都愕然惊奇。鲁肃就座后，慢慢地举起马鞭说：“希望最尊贵的君主可以把威德凌驾于四海，统一九州，建成帝业，再用迎接贤士的安车软轮征召我鲁肃，如此一来，才算得上让我享受尊贵显赫了。”孙权听后，拍手大笑。

后来刘备到吴京城会见孙权，请求把荆州交给自己管辖，只有鲁肃劝说孙权把荆州借给刘备，以便共同防御曹操。曹操听说孙权用土地援助刘备，当时他正在写字，一惊之下笔脱手落地。

周瑜病重危急时分，向孙权上奏疏说：“当今天下，正逢战争不息的多事之秋，这正是我日夜为之感到忧虑的事情，希望尊贵无上的君主可以预先思虑尚未出现的祸患，然后再享受安乐的生活。现在既然已经与曹操为敌，刘备又近在公安，边境与我吴国疆土紧紧相连，百姓还没有归附，应该寻求良将来威慑与安抚刘备。鲁肃的机智胆略足以胜任，请求任用鲁肃接替我的职务。我在临死的这天，心中所挂念的，唯独这件事了。”孙权立即任命鲁肃为奋武校尉，接替周瑜统领军队。周瑜的部众四千多人，以及原归周瑜的四县食邑，全都转属鲁肃所有。孙权命令程普兼任南郡太守。鲁肃开始驻守江陵，后来到下游的陆口屯兵设防，威望日益增高，部属增加到一万余人，被任命为汉昌郡太守、偏将军。建安十九年，鲁肃跟随孙权攻破皖城，改任横江将军。

在此之前，益州牧刘璋法纪败坏废弛，周瑜、甘宁纷纷劝说孙权攻取蜀地，孙权就此事询问刘备的意见，刘备心中希望自己进占蜀地，于是以谎言回答说：“我刘备和刘璋有同托汉家宗室的名分，原本希望仰仗祖先英灵，以辅助汉室。如今刘璋得罪了您，我感到十分恐惧，对攻打蜀地一事我不敢提出意见，只希望您能宽恕刘璋。如果您不同意我的请求，我便辞官归隐，放浪形骸老死于山林之间。”后来，刘备向西进军意图吞并刘璋，留关羽镇守荆州诸郡，孙权得知这一消息大怒说：“真是狡诈的恶棍！竟敢对我使用欺诈的卑劣手段！”到关羽与鲁肃邻界统兵之时，双方多次发生猜疑，疆界犬牙交错，争执常常发生，鲁肃总是用顾全盟好的友好姿态安抚荆州。刘备平定益州后，孙权请求刘备将荆州中长沙、零陵及桂阳三郡归还给吴国，刘备拒绝了，孙权于是派吕蒙率军进取。刘备闻讯，自己赶回公安镇守，派关羽率军和孙吴争夺三郡地盘。

鲁肃在益阳县驻扎，与关羽相对敌。鲁肃邀请关羽相见，各自将兵马布置在百步之外，只有将领各自带单刀赴会。鲁肃乘此批评关羽说："我们国君出于一片诚意将土地借给你们，是因为你们打了败仗，从远方逃来，没有寄身之地可以凭借。现在你们已经得了益州，既没有奉还荆州全境的意思，我们只是要求你们还给三郡，你们又不同意。"话音未落，在座的一个人说："说到土地，只能属于有德行的人，哪有永远属于谁的道理！"鲁肃当即厉声呵斥他，言辞与脸色都极为严厉。关羽持刀站起来对鲁肃说："这原本就是国家大事，这个人懂什么！"用眼光示意那人离开。于是，刘备和东吴约定以湘江为界，至此双方罢兵。

鲁肃在建安二十二年去世，享年四十六岁。孙权为他举办了隆重的丧礼，又亲自参加了他的葬礼，失声痛哭。诸葛亮也为他哀悼。后来，当孙权称帝，登临祭告上天的高坛时，回顾公卿大臣说："当年鲁肃曾说我会称帝，他可以说是能明察形势的演变了。"

鲁肃的遗腹子鲁淑长大成人后，率兵驻守濡须的督将张承对他说，应该前往军中担任职务。永安年间，鲁淑担任昭武将军、都亭侯、武昌督。建衡年间，吴主授予鲁淑符节，升他为夏口督将。鲁淑在各岗位上，治军严整，有方略才干。凤凰三年，鲁淑去世。他的儿子鲁睦继承爵位，统领所部兵马。

吕蒙

【原文】吕蒙，字子明，汝南富陂人也。少南渡，依姊夫邓当。当为孙策将，数讨山越。蒙年十五六，窃随当击贼，当顾见大惊，呵叱不能禁止。归以告蒙母，母恚欲罚之，蒙曰："贫贱难可居，脱误有功，富贵可致。且不探虎穴，安得虎子？"母哀而舍之。时当职吏以蒙年小轻之，曰："彼竖子何能为？此欲以肉喂虎耳。"他日与蒙会，又蚩辱之。蒙大怒，引刀杀吏，出走，逃邑子郑长家。出因校尉袁雄自首，承间为言，策召见奇之，引置左右。

数岁，邓当死，张昭荐蒙代当，拜别部司马。权统事，料诸小将兵少而用薄者，欲并合之。蒙阴赊贳，为兵作绛衣行縢，及简日，陈列赫然，兵人练习，权见之大悦，增其兵。从讨丹杨，所向有功，拜平北都尉，领广德长。从征黄祖，祖令都督陈就逆以水军出战。蒙勒前锋，亲枭就首，将士乘胜，进攻其城。祖闻就死，委城走，兵追禽之。权曰："事之克，由陈就先获也。"以蒙为横野中郎将，赐钱千万。

是岁，又与周瑜、程普等西破曹公于乌林，围曹仁于南郡。益州将袭肃举军来附，瑜表以肃兵益蒙，蒙盛称肃有胆用，且慕化远来，于义宜益不宜夺也。权善其言，还肃兵。瑜使甘宁前据夷陵，曹仁分众攻宁，宁困急，使使请救。诸将以兵少不足分，蒙谓瑜、普曰："留凌公绩，蒙与君行，解围释急，势亦不久，蒙保公绩能十日守也。"又说瑜分遣三百人柴断险道，贼走可得其马。瑜从之。军到夷陵，即日交战，所杀过半。敌夜遁去，行遇柴道，骑皆舍马步走。兵追蹙击，获马三百匹，方船载还。于是将士形势自倍，乃渡江立屯，与相攻击，曹仁退走，遂据南郡，抚定荆州。还，拜偏将军，领寻阳令。

鲁肃代周瑜，当之陆口，过蒙屯下。肃意尚轻蒙，或说肃曰：“吕将军功名日显，不可以故意待也，君宜顾之。”遂往诣蒙。酒酣，蒙问肃曰：“君受重任，与关羽为邻，将何计略以备不虞？”肃造次应曰：“临时施宜。”蒙曰：“今东西虽为一家，而关羽实熊虎也，计安可不豫定？”因为肃画五策。肃于是越席就之，拊其背曰：“吕子明，吾不知卿才略所及乃至于此也。”遂拜蒙母，结友而别。①

①《江表传》曰：初，权谓蒙及蒋钦曰：“卿今并当涂掌事，宜学问以自开益。”蒙曰：“在军中常苦多务，恐不容复读书。”权曰：“孤岂欲卿治经为博士邪？但当令涉猎见往事耳。卿言多务，孰若孤？孤少时历《诗》《书》《礼记》《左传》《国语》，惟不读《易》。至统事以来，省三史、诸家兵书，自以为大有所益。如卿二人，意性朗悟，学必得之，宁当不为乎？宜急读《孙子》《六韬》《左传》《国语》及三史。孔子言：‘终日不食，终夜不寝以思，无益，不如学也。’光武当兵马之务，手不释卷。孟德亦自谓老而好学。卿何独不自勉勖邪？”蒙始就学，笃志不倦，其所览见，旧儒不胜。后鲁肃上代周瑜，过蒙言议，常欲受屈。肃拊蒙背曰：“吾谓大弟但有武略耳，至于今者，学识英博，非复吴下阿蒙。”蒙曰：“士别三日，即更刮目相待。大兄今论，何一称穰侯乎。兄今代公瑾，既难为继，且与关羽为邻。斯人长而好学，读《左传》略皆上口，梗亮有雄气，然性颇自负，好陵人。今与为对，当有单复以乡待之。”密为肃陈三策，肃敬受之，秘而不宣。权常叹曰：“人长而进益，如吕蒙、蒋钦，盖不可及也。富贵荣显，更能折节好学，耽悦书传，轻财尚义，所行可迹，并作国士，不亦休乎！”

时蒙与成当、宋定、徐顾屯次比近，三将死，子弟幼弱，权悉以兵并蒙。蒙固辞，陈启顾等皆勤劳国事，子弟虽小，不可废也。书三上，权乃听。蒙于是又为择师，使辅导之，其操心率如此。

魏使庐江谢奇为蕲春典农，屯皖田乡，数为边寇。蒙使人诱之，不从，则伺隙袭击，奇遂缩退，其部伍孙子才、宋豪等，皆携负老弱，诣蒙降。后从权拒曹公于濡须，数进奇计，又劝权夹水口立坞，所以备御甚精，①曹公不能下而退。

①《吴录》曰：权欲作坞，诸将皆曰：“上岸击贼，洗足入船，何用坞为？”吕蒙曰：“兵有利钝，战无百胜，如有邂逅，敌步骑蹙人，不暇及水，其得入船乎？”权曰：“善。”遂作之。

曹公遣朱光为庐江太守，屯皖，大开稻田，又令间人招诱鄱阳贼帅，使作内应。蒙曰：“皖田肥美，若一收孰，彼众必增，如是数岁，操态见矣，宜早除之。”乃具陈其状。于是权亲征皖，引见诸将，问以计策。①蒙乃荐甘宁为升城督，督攻在前，蒙以精锐继之。侵晨进攻，蒙手执枹鼓，士卒皆腾踊自升，食时破之。既而张辽至夹石，闻城已拔，乃退。权嘉其功，即拜庐江太守，所得人马皆分与之，别赐寻阳屯田六百户，官属三十人。蒙还寻阳，未期而庐陵贼起，诸将讨击不能禽，权曰：“鸷鸟累百，不如一鹗。”复令蒙讨之。蒙至，诛其首恶，余皆释放，复为平民。

①《吴书》曰：诸将皆劝作土山，添攻具，蒙趋进曰：“治攻具及土山，必历日乃成。城备既修，外救必至，不可图也。且乘雨水以入，若留经日，水必向尽，还道艰难，蒙窃危之。今观此城，不能甚固，以三军锐气，四面并攻，不移时可拔，及水以归，全胜之道

也。”权从之。

是时刘备令关羽镇守，专有荆土，权命蒙西取长沙、零、桂三郡。蒙移书二郡，望风归服，惟零陵太守郝普城守不降。而备自蜀亲至公安，遣羽争三郡。权时住陆口，使鲁肃将万人屯益阳拒羽，而飞书召蒙，使舍零陵，急还助肃。初，蒙既定长沙，当之零陵，过酃，载南阳邓玄之，玄之者，郝普之旧也，欲令诱普。及被书当还，蒙秘之，夜召诸将，授以方略，晨当攻城，顾谓玄之曰：“郝子太闻世间有忠义事，亦欲为之，而不知时也。左将军在汉中，为夏侯渊所围。关羽在南郡，今至尊身自临之。近者破樊本屯，救酃，逆为孙规所破。此皆目前之事，君所亲见也。彼方首尾倒悬，救死不给，岂有余力复营此哉？今吾士卒精锐，人思致命，至尊遣兵，相继于道。今子太以旦夕之命，待不可望之救，犹牛蹄中鱼，冀赖江汉，其不可恃亦明矣。若子太必能一士卒之心，保孤城之守，尚能稽延旦夕，以待所归者，可也。今吾计力度虑，而以攻此，曾不移日而城必破，城破之后，身死何益于事？而令百岁老母，戴白受诛，岂不痛哉？度此家不得外问，谓援可恃，故至于此耳。君可见之，为陈祸福。”玄之见普，具宣蒙意，普惧而听之。玄之先出报蒙：“普寻后当至。”蒙豫敕四将，各选百人，普出，便入守城门。须臾普出，蒙迎执其手，与俱下船。语毕，出书示之，因拊手大笑。普见书，知备在公安而羽在益阳，惭恨入地。蒙留孙皎，委以后事，即日引军赴益阳。刘备请盟，权乃归普等，割湘水，以零陵还之。以寻阳、阳新为蒙奉邑。

师还，遂征合肥，既撤兵，为张辽等所袭，蒙与凌统以死捍卫。后曹公又大出濡须，权以蒙为督，据前所立坞，置强弩万张于其上，以拒曹公。曹公前锋屯未就，蒙攻破之，曹公引退。拜蒙左护军、虎威将军。

鲁肃卒，蒙西屯陆口，肃军人马万余尽以属蒙。又拜汉昌太守，食下隽、刘阳、汉昌、州陵。与关羽分土接境，知羽骁雄，有并兼心，且居国上流，其势难久。初，鲁肃等以为曹公尚存，祸难始构，宜相辅协，与之同仇，不可失也，蒙乃密陈计策曰：“令征虏守南郡，潘璋住白帝，蒋钦将游兵万人，循江上下，应敌所在，蒙为国家前据襄阳，如此，何忧于操？何赖于羽？且羽君臣矜其诈力，所在反复，不可以腹心待也。今羽所以未便东向者，以至尊圣明，蒙等尚存也。今不于强壮时图之，一日僵仆，欲复陈力，其可得邪？”权深纳其策，又聊复与论取徐州意，蒙对曰：“今操远在河北，新破诸袁，抚集幽、冀，未暇东顾。徐土守兵，闻不足言，往自可克。然地势陆通，骁骑所骋，至尊今日得徐州，操后旬必来争，虽以七八万人守之，犹当怀忧。不如取羽，全据长江，形势益张。”权尤以此言为当。及蒙代肃，初至陆口，外倍修恩厚，与羽结好。

【译文】吕蒙，字子明，汝南富陂人。他幼时南渡长江，依附姐夫邓当。邓当是孙策的部将，多次讨伐山越。吕蒙十五六岁的时候，偷偷跟随邓当攻击强盗，邓当回头发现了他，大吃一惊，呵斥他，但没能阻止他。回来后，邓当将这件事情告诉了吕蒙的母亲，母亲十分愤怒，想惩罚吕蒙，吕蒙说：“贫贱生活令人难以忍受，一旦立下了功劳，就可以取得富贵。再说不入虎穴，哪里能得到虎子？”母亲可怜他，就没有惩罚他。当时邓当的随行官员认为吕蒙年纪太小，都很轻视他，说：“那小子有什么能耐？这是想用肉喂养老虎罢了。”有一天他与吕蒙相遇,又耻笑羞辱吕蒙。吕蒙非常恼怒,拔刀斩杀了那个官员,就逃跑了,躲在同邑人郑长家里。后来又出来通过校尉袁雄自首,并承蒙袁雄在中间为他说好话,孙策召见他,认为他不是一般人,于是把他安排在自己的身边。

过了几年,邓当死了,张昭推荐吕蒙接替邓当,任命他为别部司马。孙权执政的时候,挑选那些兵员少而且作用不大的年轻将领所率领的部队,想加以合并。吕蒙暗中赊购,给士兵做绛衣及绑腿,到了简选的日子,他的部队阵容极为醒目,士兵操练娴熟,孙权看到非常高兴,于是增加了他的兵力。他跟随参加讨伐丹杨的战斗,所到之处,都建有功勋,因而被任命为平北都尉,兼任广德县长。他跟随参加讨伐黄祖的战斗,黄祖让都督陈就反击,率领水军出战。吕蒙统率前锋部队,亲自砍下陈就的头颅,将士们乘胜追击,进攻黄祖的城邑。黄祖听说陈就被杀死了,丢下城邑逃跑,大军追上去擒获了他。孙权说:“战事的胜利,是由于首先杀了陈就。”任命吕蒙为横野中郎将,赐钱千万。

这一年,他又与周瑜、程普等人往西在乌林打败曹操,在南郡围困曹仁。益州的将领袭肃率领全军来归降,周瑜呈表要用袭肃的部队增加吕蒙的队伍,吕蒙极力赞叹袭肃有胆识才能,而且是出于仰慕教化远道而来,从道义的角度来说,应当增加他的兵力,而不应当剥夺他的兵权。孙权认为吕蒙的话对,于是归还了袭肃的部队。周瑜派遣甘宁前去占领夷陵,曹仁分兵攻打甘宁,甘宁被围困,情况十分危急,派使者请求援救。各将领认为兵力少,不能分散,吕蒙对周瑜及程普说:“留下凌公绩,我与你们一起去解除围困,排释危急,那时间也不会太长,我保证凌公绩可以坚守十日。”又劝说周瑜分派三百人用柴木截断险路,敌人逃窜便可得到他们的战马。周瑜听从了他的建议。大军赶到夷陵,当天就开战,杀伤敌人过半。敌人连夜逃跑,路上遇到柴木堵塞的通道,骑兵只好放弃马匹徒步逃跑。大军追赶上来截杀,截获战马三百匹,用方船载回来。在这种情况下,将士的斗志自然倍增,于是顺利渡过长江,设立军营,向敌人发起猛烈的攻击,曹仁败逃,东吴最终占领南郡,平定荆州。回来后,吕蒙被提拔为偏将军,兼任寻阳县令。

鲁肃接替周瑜,将要去往陆口,途经吕蒙的军营。鲁肃内心比较轻视吕蒙,有人劝他说:“吕将军的功名逐日显赫,不可用老眼光对待他,您应当去探望他。”于是鲁肃前去拜访吕蒙。两个人喝酒喝到尽兴时,吕蒙询问鲁肃说:“您接受重任,与关羽相邻,准备用什么办法来防备意外的发生?”鲁肃仓促地回答说:“到时再采取合适的办法。”吕蒙说:“如今东吴与西蜀虽然是一家,而关羽却是熊虎式的人物,办法如何能不事先确定呢?”于是他为鲁肃策划了五种方法。鲁肃这时越过席位靠近他,拍着他的背说:“吕蒙,我不知您的才略竟然已经达到这种水平。”于是鲁肃就前去拜见吕蒙的母亲,两个人结下深厚情谊而分别。

当时吕蒙与成当、宋定、徐顾的军营挨近,三位将领相继故去,他们的子弟年纪小,孙权将他们的部队全部并给吕蒙。吕蒙坚决推辞,他禀明徐顾等人都为国家大事辛勤操劳,他们的子弟尽管年纪小,也不可废黜。他的章表多次呈上,孙权才接纳了他的意见。吕蒙又为他们的子弟挑选老师,命老师辅导他们,他为别人操心考虑都是如此。

魏国派遣庐江人谢奇任蕲春典农,驻扎在皖县的田乡,他多次入侵,骚扰边境。吕蒙派人引诱他,他没有上当,于是吕蒙寻找他的破绽发动袭击,谢奇被迫退缩回去,他的部下孙子才、宋豪等人,皆扶老携幼,向吕蒙投降。后来吕蒙跟随孙权在濡须抵抗曹操,多次进献奇计,还劝说孙权在夹水口建筑船坞,以此使防范更加精密,曹操无法东进,只好退兵。

曹操派遣朱光担任庐江太守,在皖县屯守,大规模开垦稻田,又派遣细作引诱鄱阳的强盗头目,让他们作为内应。吕蒙说:"皖县的土地肥沃,假若一旦有收成,他们的兵力一定会增加,这样发展几年,曹操的有利形势便出现了,应当及早地铲除他们。"于是他把情况全部呈报上去。因而孙权亲自征讨皖县,他召见各位将领,询问进攻的良策。吕蒙推荐甘宁担任升城督,在前面督率进攻,他自己率领精锐部队在后面接应。凌晨进攻,吕蒙手执鼓槌擂鼓,士兵们踊跃登城,用了很短的时间就把城池攻破了。接着张辽来到夹石,听说城池已经被攻陷,只好退兵。孙权奖励吕蒙的功劳,当下便任命他为庐江太守,战争中得到的人马全部分给他,另外还赐给他寻阳屯田六百户、官属三十人。吕蒙返回寻阳,不到一年庐陵的强盗四起,诸多将领征讨攻击而无法擒获,孙权说:"猛禽几百,比不上鹗鸟一只。"他又命令吕蒙前去讨伐。吕蒙来到庐陵,诛杀了首恶,其余的人全部释放,让他们重新做百姓。

这时刘备命令关羽镇守掌控荆州土地,孙权命令吕蒙向西攻取长沙、零陵、桂阳三郡。吕蒙传信给长沙、桂阳两郡,这两郡听闻风声就归顺降服了,只有零陵太守郝普坚守城邑不降。而刘备从蜀郡亲自来到公安,派遣关羽争夺三郡。孙权当时驻扎在陆口,他派遣鲁肃率领一万人屯守益阳抗击关羽,又火速传信召回吕蒙,让吕蒙放弃零陵,急忙回来协助鲁肃。起初,吕蒙平定长沙以后,将要前往零陵,路过酃县的时候,带上了南阳人邓玄之,邓玄之是郝普过去的老友,吕蒙想让他引诱郝普。到接到诏书应当返回的时候,吕蒙对诏书加以保密,他连夜召集所有将领,传授他们方略,说天亮应当攻城,然后他回头对邓玄之说:"郝子太听说世间有忠义的事情,他也想做忠义的事情,但他不能窥测时机。左将军在汉中,被夏侯渊包围。关羽在南郡,如今我们的主上亲自莅临那里。最近他们攻破樊城大本营,援救酃县,反而被孙规打败了。这都是眼前发生的事情,是您亲眼所见。他们正首尾倒挂,救命还来不及,怎么会有多余的力量再管这个地方呢?现在我的士兵精锐,每个人都想拼命,我们主上派来增援的部队,在路上接踵而来。如今郝子太用危在旦夕的生命,等待毫无希望的援救,那就如同牛蹄下的鱼,企图依赖长江汉水,救援不可依赖早已清清楚楚。如果郝子太能统一士兵的思想,坚持守卫孤城,尚且还能拖延一段时间,等待他所归顺的人,可行。如今我部署兵力,运用谋虑发动进攻,连日影也不需移动,就一定能够攻破这座城邑,城被攻破后,他自己死了无济于事,还要让百岁老母满头白发遭受株连,岂不令人痛心吗？我估计此人是得不到外面的消息，以为援兵可以依赖，所以他才坚守到如此地步。您可以去会见他，向他说说利害关系。”邓玄之会见郝普，把吕蒙的意思全部转告给郝普，郝普害怕，于是顺从了邓玄之。邓玄之先出城报告吕蒙：“郝普不久之后必到。”吕蒙事先命令四个将领，各自挑选一百人，郝普出城后，立马进去守住城门。过了一会儿，郝普出城了，吕蒙迎上去拉着他的手，和他一起上了船。说完话，吕蒙将诏书拿出来给他看，拍手大笑。郝普看了诏书，得知刘备在公安，关羽在益阳，他羞愧得恨不得钻到地里。吕蒙留下孙皎，将后事交给他，当天便率领军队赶赴益阳。刘备请求订立盟约，孙权这才归还郝普等人，划定以湘水为界，将零陵归还给刘备。孙权以寻阳、阳新作为吕蒙的食邑。

军队返回的时候，又乘势征讨合肥，撤兵后，被张辽等人袭击，吕蒙与凌统拼死保卫孙权。后来曹操大规模攻打濡须，孙权以吕蒙为大将，凭借之前所修建的船坞，在上面安置万张强弩，来抗击曹操。曹操的前锋还没有扎好军营，吕蒙便击溃了他们，曹操不得不率军撤退。吕蒙被提拔为左护军、虎威将军。

鲁肃死后，吕蒙去往西面屯守陆口，鲁肃手下一万多人马全部归属吕蒙。吕蒙还被任命为汉昌太守，以下隽、刘阳、汉昌、州陵为食邑。他与关羽分别守卫两国土地，边界相连，他知道关羽骁勇雄劲，大有吞并东吴土地的野心，而且关羽所辖管的地域又处于吴国上游，眼下这种局面很难长久维持。起初，鲁肃等人认为曹操还在世，战争的灾难刚刚开始，应当与蜀军互相帮助协作，与他们同仇敌忾，不可背弃，吕蒙于是秘密献上计策说：“让征虏将军守卫南郡，潘璋驻扎白帝，蒋钦率部队一万人，沿着长江上下活动，应付敌人出现的地方，我为国家到前方镇守襄阳，如此一来，曹操又有什么值得忧虑的呢？关羽又有什么值得依赖的呢？何况关羽君臣，夸耀他们欺诈的能力，他们占据的地方，就是靠反复无常掠夺得来的，不能把他们当作心腹看待。如今关羽之所以不向东发展，是因为您的英明，和我们这些人还在。现在我们不在力量强盛时谋取蜀地，一旦我们倒下了，想要再施展武力，难道还有可能吗？”孙权十分赞成他的计策，又与他讨论夺取徐州的想法，吕蒙回答说：“如今曹操远在黄河以北地区，新近刚刚消灭了袁氏各家势力，安抚幽州与冀州，没工夫顾及江东。徐州地方的守备部队，更加不值一提，我们只要去，自然能够取胜。然而那个地方位于陆路的要冲，骑兵勇猛驰骋，您今天得到了徐州，曹操随后就会来争夺，即使让七八万人坚守在那里，也还会有忧虑。不如夺取关羽所在的地方，全部控制长江，我们的势力就会更加壮大。”孙权认为这话极为适宜。到吕蒙接替鲁肃时，他刚到陆口，便对外加倍施展深情厚谊，与关羽缔结友好关系。

【原文】后羽讨樊，留兵将备公安、南郡。蒙上疏曰：“羽讨樊而多留备兵，必恐蒙图其后故也。蒙常有病，乞分士众还建业，以治疾为名。羽闻之，必撤备兵，尽赴襄阳。大军浮江，昼夜驰上，袭其空虚，则南郡可下而羽可禽也。”遂称病笃，权乃露檄召蒙还，阴与图计。羽果信之，稍撤兵以赴樊。魏使于禁救樊，羽尽禽禁等，人马数万，托以粮乏，擅取湘关米。权闻之，遂行，先遣蒙在前。蒙至寻阳，尽伏其精兵𦨴𦪇中，使白衣摇橹，作商贾人服，昼夜兼行，至羽所置江边屯候，尽收缚之，是故羽不闻知。遂到南郡，士仁、麋芳皆降。[①] 蒙入据城，尽得羽及将士家属，皆抚慰，约令军中不得干历人家，有所求取。蒙麾下士，是汝南人，取民家一笠，以覆官铠，官铠虽公，蒙犹以为犯军令，不可以乡里故而废法，遂垂涕斩之。于是军中震栗，道不拾遗。蒙旦暮使亲近存恤耆老，问所不足，疾病者给医药，饥寒者赐衣粮。羽府藏财宝，皆封闭以待权至。羽还，在道路，数使人与蒙相闻，蒙辄厚遇其使，周游城中，家家致问，或手书示信。羽人还，私相参讯，咸知家门无恙，见待过于平时，故羽吏士无斗心。会权寻至，羽自知孤穷，乃走麦城，西至漳乡，众皆委羽而降。权使朱然、潘璋断其径路，即父子俱获，荆州遂定。

①《吴书》曰：将军士仁在公安拒守，蒙令虞翻说之。翻至城门，谓守者曰："吾欲与汝将军语。"仁不肯相见。乃为书曰："明者防祸于未萌，智者图患于将来，知得知失，可与为人，知存知亡，足别吉凶。大军之行，斥候不及施，烽火不及举，此非天命，必有内应。将军不先见时，时至又不应之，独守萦带之城而不降，死战则毁宗灭祀，为天下讥笑。吕虎威欲径到南郡，断绝陆道，生路一塞，案其地形，将军为在箕舌上耳，奔走不得免，降则失义，窃为将军不安，幸熟思焉。"仁得书，流涕而降。翻谓蒙曰："此谲兵也，当将仁行，留兵备城。"遂将仁至南郡。南郡太守麋芳城守，蒙以仁示之，遂降。◎《吴录》曰：初，南郡城中失火，颇焚烧军器。羽以责芳，芳内畏惧。权闻而诱之，芳潜相和。及蒙攻之，乃以牛酒出降。

以蒙为南郡太守，封孱陵侯，[①] 赐钱一亿，黄金五百斤。蒙固辞金钱，权不许。封爵未下，会蒙疾发，权时在公安，迎置内殿，所以治护者万方，募封内有能愈蒙疾者，赐千金。时有针加，权为之惨戚，欲数见其颜色，又恐劳动，常穿壁瞻之，见小能下食则喜，顾左右言笑，不然则咄唶，夜不能寐。病中瘳，为下赦令，群臣毕贺。后更增笃，权自临视，命道士于星辰下为之请命。年四十二，遂卒于内殿。时权哀痛甚，为之降损。蒙未死时，所得金宝诸赐尽付府藏，敕主者命绝之日皆上还，丧事务约。权闻之，益以悲感。

①《江表传》曰：权于公安大会，吕蒙以疾辞，权笑曰："禽羽之功，子明谋也，今大功已捷，庆赏未行，岂邑邑邪？"乃增给步骑鼓吹，敕选虎威将军官属，并南郡、庐江二郡威仪。拜毕还营，兵马导从，前后鼓吹，光耀于路。

蒙少不修书传，每陈大事，常口占为笺疏。常以部曲事为江夏太守蔡遗所白，蒙无恨意。及豫章太守顾邵卒，权问所用，蒙因荐遗奉职佳吏，权笑曰："君欲为祁奚耶？"于是用之。甘宁粗暴好杀，既常失蒙意，又时违权令，权怒之，蒙辄陈请："天下未定，斗将如宁难得，宜容忍之。"权遂厚宁，卒得其用。

蒙子霸袭爵，与守冢三百家、复田五十顷。霸卒，兄琮袭侯。琮卒，弟睦嗣。

孙权与陆逊论周瑜、鲁肃及蒙曰："公瑾雄烈，胆略兼人，遂破孟德，开拓荆州，邈焉难继，君今继之。公瑾昔要子敬来东，致达于孤，孤与宴语，便及大略帝王之业，此一快也。后孟德因获刘琮之势，张言方率数十万众水步俱下。孤普请诸将，咨问所宜，无适先对，至子布、文表，俱言宜遣使修檄迎之，子敬即驳言不可，劝孤急呼公瑾，付任以众，逆而击之，此二快也。且其决计策，意出张苏远矣。后虽劝吾借玄德地，是其一短，不足以损其二长也。周公不求备于一人，故孤忘其短而贵其长，常以比方邓禹也。又，子明少时，孤谓不辞剧易，果敢有胆而已；及身长大，学问开益，筹略奇至，可以次于公瑾，但言议英发不及之耳。图取关羽，胜于子敬。子敬答孤书云：'帝王之起，皆有驱除，羽不足忌。'此子敬内不能办，外为大言耳，孤亦恕之，不苟责也。然其作军，屯营不失，令行禁止，部界无废负，路无拾遗，其法亦美也。"

【译文】后来，关羽攻打樊城，留下兵将守卫公安、南郡。吕蒙上书说："关羽攻打樊城，而留下许多兵力守备，一定是担心我在他后面谋取他的缘故。我常常有病，希望分出一部分兵力返回建业，以治病为由。关羽听到这个消息，一定会撤出守备部队，全部开往襄阳。我们的大部队通过长江，昼夜兼程，奔向上游，袭击他守备薄弱的城池，那么南郡就能轻松拿下，而关羽也可擒获。"于是他就扬言病重，孙权就公开下达檄书把吕蒙召回，暗中与他策划计谋。关羽果然轻信这个消息，逐渐撤兵赶往樊城。魏国派遣于禁援救樊城，关羽把于禁等几万兵马全部抓获，借口粮食缺乏，擅自抢夺湘关的米谷。孙权得知这个消息，于是开始行动，首先派吕蒙先行出发。吕蒙到了寻阳，将他的精兵全部埋伏在大船里，使身穿白衣的人摇橹，摇橹人装扮成商人的样子，昼夜兼程，来到关羽安置在长江沿岸的哨所，将哨兵全部捆绑起来，因此关羽毫不知情。于是他们来到南郡，士仁、麋芳全部投降。吕蒙进军占领了城邑，将关羽及其将士们的家属全部抓获，对他们一一进行安抚慰问，严格命令军中不得骚扰百姓，进行强取豪夺。吕蒙的一个随从是汝南人，拿了百姓家的一个斗笠，用来覆盖铠甲，官府的铠甲尽管是公物，吕蒙还是认为他触犯了军令，不能因为他是老乡就废弃军令，于是挥泪斩了他。于是军内震惊，东西丢失在路上也无人敢据为己有。吕蒙从早到晚派遣亲近之人慰问老年人，询问他们不满的地方，有病之人供给医药，饥寒之人赏赐衣服粮食。关羽府库里的财宝，全都封存，静待孙权的莅临。关羽返回的时候，还在路上，就多次派人与吕蒙通报，吕蒙总是优待他的使者，并命他在城内到处走动，每户人家都向他说明情况，有的人亲手写信，说明情况属实。关羽的人回去后，将士们私下探听消息，全都知道家里平安无事，而且家人受到比平时更好的待遇，所以关羽的官兵都失去了斗志。正好这时孙权到来不久，关羽自知自己势单力孤，只好逃到麦城，往西到了漳乡，他的部从全部离开他投降了。孙权派朱然与潘璋截断了他的道路，很快关羽父子二人一起被擒获，荆州因而得以平定。

孙权任命吕蒙为南郡太守，封作孱陵侯，赐他一亿钱，五百斤黄金。吕蒙坚决推辞金钱，孙权不允许。册封的爵位还没有颁布，恰逢吕蒙疾病发作，孙权当时在公安，就将吕蒙接来安置在宫殿里，千方百计为他治疗，招募国内能够治好吕蒙病的人，承诺赏赐千两诊金。有时医者为吕蒙施用针灸，孙权为他感到担忧难过，孙权想常常看看吕蒙的神色，又担心惊动他，时常是在墙外通过窗户看他，发现他稍微能吃下饭就面露喜色，回顾左右又说又笑，如果发现他吃不下饭，就忍不住唉声叹气，整夜睡不着觉。吕蒙病情有所好转，孙权就为他下达赦令，群臣皆来庆贺。后来病情反而加重，孙权亲自守候在他身旁，命令道士在星辰下为他祈祷，请求保全他的生命。吕蒙最终在宫殿里去世，享年四十二岁。当时孙权哀痛至极，为他身穿丧服减少饮食。吕蒙没死以前，所得的金银财宝各种赏赐全送进仓库里，命令仓库的负责人在他生命结束之时，全部归还给朝廷，丧事一定要俭约办理。孙权听到这件事情，感到更加悲伤。

吕蒙小时候没有学习经传，每次陈述大事，经常以口述代替章表。他曾经因部下的事情被江夏太守蔡遗告发，他没有怨恨之意。到了豫章太守顾邵去世后，孙权询问任用谁来接替顾邵，吕蒙于是推荐蔡遗，说他是奉行职守的好官员，孙权笑着说："您打算做祁奚吗？"于是任用了蔡遗。甘宁性情粗暴，喜欢厮杀，不仅经常忤逆吕蒙的思想，还经常违犯孙权的命令，孙权恼恨他，吕蒙总是为他求情："天下还没有平定，像甘宁这样的骁将很难得，应当容忍他。"孙权因而厚待甘宁，最终得到了他的效力。

吕蒙的儿子吕霸继承爵位，孙权给他守护坟墓的人家三百户、免除赋税的田地五十顷。吕霸去世后，他的哥哥吕琮继承爵位。吕琮去世后，弟弟吕睦成了继承人。

孙权与陆逊谈论周瑜、鲁肃及吕蒙时说："公瑾英雄壮烈，胆略过人，因而他能够战胜曹孟德，把势力发展到荆州地区，相当长一段时间内很难有人能继承他的才干，您如今继承了。公瑾从前邀请子敬来江东，把他送到我这里，我与他在酒席上谈话，他很快就谈到了政事的要点、帝王的功业，这是他最先让人痛快的地方。后来曹操利用缴获刘琮的形势，扬言就要率领几十万水军步兵一起来江东。我普遍召请各位将领，征询他们合适的对策，无人能满意地回答我，至于子布、文表，都说应当派使者奉章表迎接曹操，子敬当下反驳说不可，劝我火速召集公瑾，委任公瑾率领大军，迎击敌人，这是他第二让人痛快的地方。而且他决定计谋策略，远超张仪、苏秦。后来他虽然劝我把土地借给刘备，这是他的一个短处，但不足以损害他的两个长处。周公对一个人不求全责备，因此我忘记他的短处，重视他的长处，常常把他比作邓禹。至于子明，他幼时，我以为他不辞艰险，只是果敢有胆量而已，到了长大成人以后，他的学识大有增益，筹划谋略总能出人意料，可以排在公瑾的后面，只是言谈之间流露出的才华比不上公瑾罢了。他谋取关羽，胜过子敬。子敬回给我的书信说：'帝王的兴起，都借助他人力量驱除患难的地方，关羽不值得忧虑。'这是子敬内心无法处理，嘴上说大话罢了，我也选择宽恕他，不苛责他。不过他部署部队，扎营驻守，还算得上令行禁止，在他的辖区内，无人胆敢违法乱纪，东西丢失在路上没人敢据为己有，他的治理方法还是十分高明的。"

【**原文**】评曰：曹公乘汉相之资，挟天子而扫群桀，新荡荆城，仗威东夏，于时议者莫不疑贰。周瑜、鲁肃建独断之明，出众人之表，实奇才也。吕蒙勇而有谋，断识军计，谲郝普，禽关羽，最其妙者。初虽轻果妄杀，终于克己，有国士之量，岂徒武将而已乎！孙权之论，优劣允当，故载录焉。

【**译文**】评论说：曹操利用汉朝丞相的身份，挟持天子来扫荡各路英雄，他刚刚平定荆州城,倚仗威势胁迫江东,当时论者没有人不怀有疑虑。周瑜、鲁肃有独自决断的高明提议,远超众人之上,的确是不同凡响的贤才。吕蒙勇敢而富有智谋,判断决策军机事务,欺诈郝普,擒获关羽,最为绝妙。起初他虽然轻率武断,随意杀人,但后来他可以克制自己,有国士的器量,哪里只是一员武将呢！孙权的评论,优劣公正合适,因此记载在这里。

卷五十五　吴书十

程黄韩蒋周陈董甘凌徐潘丁传第十

程普

【原文】程普，字德谋，右北平土垠人也。初为州郡吏，有容貌计略，善于应对。从孙坚征伐，讨黄巾于宛、邓，破董卓于阳人，攻城野战，身被创夷。

坚薨，复随孙策在淮南，从攻庐江，拔之，还俱东渡。策到横江、当利，破张英、于麋等，转下秣陵、湖孰、句容、曲阿，普皆有功，增兵二千，骑五十匹。进破乌程、石木、波门、陵传、余杭，普功为多。策入会稽，以普为吴郡都尉，治钱唐。后徙丹杨都尉，居石城。复讨宣城、泾、安吴、陵阳、春穀诸贼，皆破之。策尝攻祖郎，大为所围，普与一骑共蔽扞策，驱马疾呼，以矛突贼，贼披，策因随出。后拜荡寇中郎将，领零陵太守，从讨刘勋于寻阳，进攻黄祖于沙羡，还镇石城。

策薨，与张昭等共辅孙权，遂周旋三郡，平讨不服。又从征江夏，还过豫章，别讨乐安。乐安平定，代太史慈备海昏，与周瑜为左右督，破曹公于乌林，又进攻南郡，走曹仁。拜裨将军，领江夏太守，治沙羡，食四县。

先出诸将，普最年长，时人皆呼程公。性好施与，喜士大夫。周瑜卒，代领南郡太守。权分荆州与刘备，普复还领江夏，迁荡寇将军，卒。[①] 权称尊号，追论普功，封子咨为亭侯。

①《吴书》曰：普杀叛者数百人，皆使投火，即日病疠，百余日卒。

【译文】程普，字德谋，右北平郡土垠人。最初担任州郡小官，他容貌端正而有谋略，善于应酬对答。跟随孙坚征伐，在宛县、邓县讨伐黄巾军，在阳人击败董卓，攻城野战，身上多处负伤。

孙坚去世后，程普又随孙策转战淮南，跟着他攻打庐江，攻克之后，又和孙策一起回师东渡长江。孙策率军到横江、当利，击败张英、于麋等人，转而攻陷秣陵、湖孰、句容、曲阿，程普都立有战功，孙策给他增加兵员二千，战马五十匹。又进军攻占乌程、石木、波门、陵传、余杭，程普的功劳最多。孙策进据会稽，任命程普为吴郡都尉，治所设在钱唐。后改任丹杨都尉，驻扎在石城。又讨伐宣城、泾县、安吴、陵阳、春穀等地的盗贼，将他们全部击败。孙策曾经攻打祖郎，陷入敌人重围，程普与另一名骑兵共同护卫孙策，驱马狂奔怒喝，挥动长矛前突贼兵，贼兵披靡，孙策乘机随着程普从缺口中杀出。后来任命程普为荡寇中郎将，兼任零陵太守，程普又跟随孙策在寻阳讨伐刘勋，在沙羡进攻黄祖，回师后仍镇守石城。

孙策去世，程普与张昭等人共同辅佐孙权，转战三郡之间，平定讨伐不归附的势力。又随孙权出征江夏，回师经过豫章，另率一支部队讨伐乐安。乐安平定后，接替太史慈驻防海昏，与周瑜分别担任左、右都督，在乌林击败曹操，又进攻南郡，打跑了曹仁。被任命为裨将军，兼任江夏太守，治所在沙羡，食邑达四个县。

吴国老一辈将领中，程普年龄最大，当时的人都称他为程公。他天性喜好施舍，乐意结交士大夫。周瑜去世后，程普代任南郡太守。孙权把荆州分给刘备，程普又回来兼任江夏太守，升为荡寇将军，直到去世。孙权称帝之后，追念程普的功绩，封程普的儿子程咨为亭侯。

黄盖

【原文】黄盖，字公覆，零陵泉陵人也。[①] 初为郡吏，察孝廉，辟公府。孙坚举义兵，盖从之。坚南破山贼，北走董卓，拜盖别部司马。坚薨，盖随策及权，擐甲周旋，蹈刃屠城。

①《吴书》曰：故南阳太守黄子廉之后也，枝叶分离，自祖迁于零陵，遂家焉。盖少孤，婴丁凶难，辛苦备尝，然有壮志，虽处贫贱，不自同于凡庸，常以负薪余闲，学书疏，讲兵事。

诸山越不宾，有寇难之县，辄用盖为守长。石城县吏，特难检御，盖乃署两掾，分主诸曹。教曰："令长不德，徒以武功为官，不以文吏为称。今贼寇未平，有军旅之务，一以文书委付两掾，当检摄诸曹，纠擿谬误。两掾所署，事入诺出，若有奸欺，终不加以鞭杖，宜各尽心，无为众先。"初皆怖威，夙夜恭职。久之，吏以盖不视文书，渐容人事。盖亦嫌外懈怠，时有所省，各得两掾不奉法数事。乃悉请诸掾吏，赐酒食，因出事诘问。两掾辞屈，皆叩头谢罪。盖曰："前已相敕，终不以鞭杖相加，非相欺也。"遂杀之。县中震栗。后转春谷长，寻阳令。凡守九县，所在平定。迁丹杨都尉，抑强扶弱，山越怀附。

盖姿貌严毅，善于养众，每所征讨，士卒皆争为先。建安中，随周瑜拒曹公于赤壁，建策火攻，语在《瑜传》。[①] 拜武锋中郎将。武陵蛮夷反乱，攻守城邑，乃以盖领太守。时郡兵才五百人，自以不敌，因开城门，贼半入，乃击之，斩首数百，余皆奔走，尽归邑落。诛讨魁帅，附从者赦之。自春讫夏，寇乱尽平，诸幽邃巴、醴、由、诞邑侯君长，皆改操易节，奉礼请见，郡境遂清。后长沙益阳县为山贼所攻，盖又平讨。加偏将军，病卒于官。

①《吴书》曰：赤壁之役，盖为流矢所中，时寒堕水，为吴军人所得，不知其盖也，置厕床中。盖自强以一声呼韩当，当闻之，曰："此公覆声也。"向之垂涕，解易其衣，遂以得生。

盖当官决断，事无留滞，国人思之。[①] 及权践阼，追论其功，赐子柄爵关内侯。

①《吴书》曰：又图画盖形，四时祠祭。

【译文】黄盖，字公覆，零陵郡泉陵人。最初在郡里任小官，被举荐为孝廉，征召进入公府。孙坚发动义军，黄盖跟随他作战。孙坚在南面击败山贼，北上打跑董卓之后，任命黄盖为别部司马。孙坚去世，黄盖又跟随孙策和孙权，披甲转战，不顾生死，攻城略地。

各地山越人不肯归顺，凡有贼寇作乱的县，总是由黄盖去任县令。石城县的官吏，特别难以约束驾驭，黄盖便任命了两个掾吏，让他们分别主管各部门的事务。黄盖教导这两个人说："我这县令缺乏德行，只是凭着打仗的军功当了官，并不是因为文法能力受人称道。如今贼寇还未平定，我有军务在身，一应公文都委托你们两位处理，你们应当监督管理好各个部门，纠察揭发错误。你们在自己所属的职权内，接纳或应承事情，如果心存奸诈欺蒙，我最终也不会对你们施以鞭杖之类的刑罚，你们应各自尽心尽力，不要带头冒犯。"最初这两个掾吏都还害怕黄盖的威严，早晚恭奉职责。一段时间之后，两位掾吏认为黄盖不看公文，他们也就渐渐地包容非法行为。黄盖也不满官吏们的松懈懒散，不时关注访查，掌握了两个掾吏不奉公守法的几个事例。于是遍请县中官员，赐给大家酒食，乘机拿出违法事例责问。两掾吏无话可说，都叩头认罪。黄盖说："以前已告诫过你们，我最终不会对你们施以鞭杖之刑，这不是欺骗你们的。"当即就把那两个掾吏杀了。全县官员震惊战栗。后来黄盖转任春谷县长、寻阳县令。前后任职九个县，每个地方都被他治理得平安稳定。后升为丹杨都尉，他抑制豪强而扶助贫弱，山越民众都感怀而向他归服。

黄盖外表严肃刚毅，善于培养士卒，每次征战，士兵们都争先恐后效命。建安年间，跟随周瑜在赤壁抵御曹操，黄盖提议巧用火攻，这件事记载在《周瑜传》中。孙权任命他为武锋中郎将。武陵郡的蛮夷造反作乱，攻城后固守，孙权便让黄盖兼任武陵太守。当时武陵郡的官兵只有五百人，黄盖认为难以抵挡敌人，便打开城门，等到叛军进来了一半人马，他才发起攻击，斩杀了几百人，其余的都奔走逃命，全部返回各自的村落。黄盖接着征讨并诛杀各寨的叛军首领，跟随作乱者都予以赦免。从春天到夏天，叛乱全部平定，一些偏僻的地方如巴、醴、由、诞的大小首领，都洗心革面，捧着礼物前来请求接见，武陵郡境内就此清静安宁。后来长沙郡益阳县遭山贼攻打，黄盖又去平定讨伐。后加官偏将军，在任上因病去世。

黄盖任职处事果断，公事从不滞留拖延，吴国人都怀念他。到了孙权登上帝位，追认评定黄盖的功绩，赐给他儿子黄柄关内侯的爵位。

韩当

【原文】韩当，字义公，辽西令支人也。[①]以便弓马，有膂力，幸于孙坚，从征伐周旋，数犯危难，陷敌擒虏，为别部司马。[②]及孙策东渡，从讨三郡，迁先登校尉，授兵二千，骑五十匹。从征刘勋，破黄祖，还讨鄱阳，领乐安长，山越畏服。后以中郎将与周瑜等拒破曹公，又与吕蒙袭取南郡，迁偏将军，领永昌太守。宜都之役，与陆逊、朱然等共攻蜀军于涿乡，大破之，徙威烈将军，封都亭侯。曹真攻南郡，当保东南。在外为帅，厉将士同心固守，又敬望督司，奉遵法令，权善之。黄武二年，封石城侯，迁昭武将军，领冠军太守，后又加都督之号。将敢死及解烦兵万人，讨丹杨贼，破之。会病卒。

子综，袭侯领兵。

①令，音郎定反。支，音巨儿反。

②《吴书》曰：当勤苦有功，以军旅陪隶，分于英豪，故爵位不加。终于坚世，为别部司马。

其年，权征石阳，以综有忧，使守武昌，而综淫乱不轨。权虽以父故不问，综内怀惧，[①]载父丧，将母家属部曲男女数千人奔魏。魏以为将军，封广阳侯。数犯边境，杀害人民，权常切齿。东兴之役，综为前锋，军败身死，诸葛恪斩送其首，以白权庙。

①《吴书》曰：综欲叛，恐左右不从，因讽使劫略，示欲饶之，转相放效，为行旅大患。后因诈言被诏，以部曲为寇盗见诘让，云"将吏以下，当并收治"，又言恐罪自及。左右因曰："惟当去耳。"遂共图计，以当葬父，尽呼亲戚姑姊，悉以嫁将吏，所幸婢妾，皆赐与亲近，杀牛饮酒歃血，与共盟誓。

【译文】韩当，字义公，辽西郡令支人。因他善于骑射，膂力强劲，受到孙坚宠爱，跟随孙坚转战征伐，多次舍生忘死，冲锋陷阵，擒杀敌人，被任命为别部司马。到了孙策东渡长江之时，韩当跟随他征战于三郡，升为先登校尉，孙策授予他兵员二千，战马五十匹。又随孙策征讨刘勋，打败黄祖，回师讨伐鄱阳，兼任乐安县长，山越人都畏惧服从。后来韩当以中郎将之职与周瑜等人迎击并打败曹操，又与吕蒙偷袭并占领了南郡，升为偏将军，兼任永昌太守。宜都战役中，他与陆逊、朱然等人在涿乡共同进攻蜀军，大破蜀军，升为威烈将军，封都亭侯。曹真进攻南郡，韩当负责防守南郡的东南面。他在外担任将帅，激励官兵同心坚守驻地，又敬重督司，遵奉法令，孙权很赞赏他。黄武二年，封为石城侯，升昭武将军，兼任冠军太守，后又加授都督的名号。韩当率领敢死士和解烦兵一万人，讨伐丹杨的贼寇，大败他们。因病去世。儿子韩综，承袭侯爵并且领兵。

这年，孙权征伐石阳，因韩综为父丁忧，便让他驻守武昌，但韩综淫乱不守法度。孙权虽因他父亲韩当的缘故未予追究，但韩综心怀恐惧，用车载了父亲的棺木，带着母亲、家眷及属下兵士几千人投奔魏国。魏国以他为将军，封广阳侯。韩综多次率军越境侵犯，杀害吴国百姓，孙权常对他切齿痛恨。东兴战役中，韩综担任魏军前锋，战败身死，诸葛恪斩下他的首级，送到太庙告慰孙权的在天之灵。

蒋钦

【原文】蒋钦，字公奕，九江寿春人也。孙策之袭袁术，钦随从给事。及策东渡，拜别部司马，授兵。与策周旋，平定三郡，又从定豫章。调授葛阳尉，历三县长，讨平盗贼，迁西部都尉。会稽冶贼吕合、秦狼等为乱，钦将兵讨击，遂禽合、狼，五县平定，徙讨越中郎将，以经拘、昭阳为奉邑。贺齐讨黟贼，钦督万兵，与齐并力，黟贼平定。从征合肥，魏将张辽袭权于津北，钦力战有功，迁荡寇将军，领濡须督。后召还都，拜右护军，典领辞讼。

权尝入其堂内，母疏帐缥被，妻妾布裙。权叹其在贵守约，即敕御府为母作锦被，改易帷帐，妻妾衣服悉皆锦绣。

初，钦屯宣城，尝讨豫章贼。芜湖令徐盛收钦屯吏，表斩之，权以钦在远不许，盛由是自嫌于钦。曹公出濡须，钦与吕蒙持诸军节度。盛常畏钦因事害己，而钦每称其善。盛既服德，论者美焉。①

①《江表传》曰：权谓钦曰："盛前白卿，卿今举盛，欲慕祁奚邪？"钦对曰："臣闻公举不挟私怨，盛忠而勤强，有胆略器用，好万人督也。今大事未定，臣当助国求才，岂敢挟私恨以蔽贤乎！"权嘉之。

权讨关羽，钦督水军入沔，还，道病卒。权素服举哀，以芜湖民二百户、田二百顷，给钦妻子。子壹封宣城侯，领兵拒刘备有功，还赴南郡，与魏交战，临阵卒。壹无子，弟休领兵，后有罪失业。

【译文】蒋钦，字公奕，九江郡寿春县人。孙策袭击袁术之时，蒋钦跟随供职。等到孙策东渡长江，任命蒋钦为别部司马，并授予兵士。跟着孙策转战征伐，平定三郡，又随孙策平定了豫章郡。调任葛阳县尉，历任三县县长，讨伐平定盗贼，升为西部都尉。会稽郡冶县一带的贼寇吕合、秦狼等人作乱，蒋钦率军讨伐，最终活捉了吕合、秦狼，五县得以平定，改任讨越中郎将，以经拘、昭阳两县作为他的食邑。贺齐讨伐黟县贼寇时，蒋钦统领一万人马，与贺齐合力进剿，黟县山贼被平定。蒋钦跟随孙权出征合肥，魏将张辽在逍遥津北面突袭孙权，蒋钦奋战立功，升为荡寇将军，兼任濡须督。后受召返回国都，任命为右护军，掌管诉讼事务。

孙权曾进入蒋钦家的内室，见他母亲用的是粗布帷帐和素色被子，妻妾所穿都是一般的布裙。孙权赞叹蒋钦身处富贵之位却能保持俭省，当即命令御府给他母亲制作锦被，改换帷帐，为他的妻妾提供锦绣衣裳。

当初，蒋钦驻扎宣城时，曾讨伐豫章郡的贼寇。芜湖县令徐盛收押了蒋钦的一名屯守小官，上表请求将他处死，孙权认为蒋钦远在外地统兵，就没有批准，徐盛由此自认为蒋钦对自己有了嫌隙。曹操出兵进攻濡须，蒋钦和吕蒙执掌指挥调度诸将的大权。徐盛常常害怕蒋钦会借机加害，而蒋钦却每每称道他的优点。徐盛敬佩蒋钦的品德，议论的人也无不赞美。

孙权讨伐关羽，蒋钦督率水军进入沔水，回师途中，因病去世。孙权身穿丧服为他致哀，并将芜湖百姓二百户、田地二百顷，赐给蒋钦的妻儿子女。其子蒋壹封为宣城侯，领兵抵御刘备有功，又回师奔赴南郡，与魏军交战，战死阵前。蒋壹没有儿子，由他弟弟蒋休接替他带兵，后因犯罪失去职位。

周泰

【原文】周泰，字幼平，九江下蔡人也。与蒋钦随孙策为左右，服事恭敬，数战有功。策入会稽，署别部司马，授兵。权爱其为人，请以自给。策讨六县山贼，权住宣城，使士自卫，不能千人，意尚忽略，不治围落，而山贼数千人卒至。权始得上马，而贼锋刃已交于左右，或斫中马鞍，众莫能自定。惟泰奋激，投身卫权，胆气倍人，左右由泰并能就战。贼既解散，身被十二创，良久乃苏。是日无泰，权几危殆。策深德之，补春谷长。后从攻皖，及讨江夏，还过豫章，复补宜春长，所在皆食其征赋。

从讨黄祖有功。后与周瑜、程普拒曹公于赤壁，攻曹仁于南郡。荆州平定，将兵屯岑。曹公出濡须，泰复赴击，曹公退，留督濡须，拜平虏将军。时朱然、徐盛等皆在所部，并不伏也，权特为案行至濡须坞，因会诸将，大为酣乐，权自行酒到泰前，命泰解衣，权手自指其创痕，问以所起。泰辄记昔战斗处以对，毕，使复服，欢宴极夜。其明日，遣使者授以御盖。① 于是盛等乃伏。

①《江表传》曰：权把其臂，因流涕交连，字之曰："幼平，卿为孤兄弟战如熊虎，不惜躯命，被创数十，肤如刻画，孤亦何心不待卿以骨肉之恩，委卿以兵马之重乎！卿吴之功臣，孤当与卿同荣辱，等休戚。幼平意快为之，勿以寒门自退也。"即敕以己常所用御帻青缣盖赐之。坐罢，住驾，使泰以兵马导从出，鸣鼓角作鼓吹。

后权破关羽，欲进图蜀，拜泰汉中太守、奋威将军，封陵阳侯。黄武中卒。

子邵以骑都尉领兵。曹仁出濡须，战有功，又从攻破曹休，进位裨将军，黄龙二年卒。弟承领兵袭侯。

【译文】周泰，字幼平，九江郡下蔡人。他与蒋钦一起跟随孙策并都成为孙策的得力助手，任职虔诚敬肃，在战斗中多次立有战功。孙策进据会稽，任命周泰为别部司马，授予他士兵。孙权喜欢周泰的为人，请求孙策把周泰调给自己。孙策征讨六县的山贼，孙权驻扎在宣城，让士兵自卫，兵员不足一千，孙权还疏忽大意，不设防御工事，而山贼几千人却突然杀到。孙权刚刚上马，贼人锋锐的尖刀已从左右交叉砍来，有的刺中了马鞍，众兵士无不惊慌失措。只有周泰激扬振奋，舍命护卫孙权，胆量勇气过人，左右士兵由于周泰的缘故而并力参战。贼人被打散后，周泰身上受创达十二处之多，很久才苏醒过来。这天如果没有周泰，孙权几乎性命不保。孙策深深感激周泰，补任他为春谷县长。后来周泰又随孙策进攻皖县，讨伐江夏，回师经过豫章时，又被补任为宜春县长，凡是他任职所在县的一切赋税都特批作为他的俸禄。

随同孙权讨伐黄祖有功。后与周瑜、程普在赤壁抵御曹操，在南郡攻打曹仁。荆州平定后，周泰带兵驻扎在岑县。曹操出兵攻打濡须，周泰又奔赴迎击，曹操撤退，周泰留督濡须，授任平虏将军。当时朱然、徐盛等人都归他统属，内心并不服他，孙权为此特地到濡须坞巡视，借机宴请诸将，大家畅快欢乐饮宴，孙权亲自斟酒到周泰面前，命周泰解开衣服，孙权用手一一指点他身上的伤疤，问他受伤的原因。周泰便回忆以前的战斗情况来回答，答完后，孙权让他重新穿好衣服，欢宴直到夜深。第二天，孙权派使者给周泰送去天子专用的黄罗伞盖。于是徐盛等人才对周泰心服口服。

后来孙权打垮关羽，打算进一步谋取蜀国，任命周泰为汉中太守、奋威将军，封为陵阳侯。黄武年间周泰去世。

儿子周邵以骑都尉的身份统兵。曹仁出兵进攻濡须，周邵作战有功，又跟随孙权打败曹休，被提升为裨将军，黄龙二年去世。他弟弟周承统领部队并承袭侯爵。

陈武　陈修、陈表

【原文】陈武，字子烈，庐江松滋人。孙策在寿春，武往修谒，时年十八，长七尺七寸，因从渡江，征讨有功，拜别部司马。策破刘勋，多得庐江人，料其精锐，乃以武为督，所向无前。及权统事，转督五校。仁厚好施，乡里远方客多依托之。尤为权所亲爱，数至其家。累有功劳，进位偏将军。建安二十年，从击合肥，奋命战死。权哀之，自临其葬。①

①《江表传》曰：权命以其爱妾殉葬，复客二百家。

孙盛曰：昔三良从穆，秦师以之不征；魏妾既出，杜回以之僵仆。祸福之报，如此之效也。权杖计任术，以生从死，世祚之促，不亦宜乎！

子修有武风，年十九，权召见奖厉，拜别部司马，授兵五百人。时诸将新兵多有逃叛，而修抚循得意，不失一人。权奇之，拜为校尉。建安末，追录功臣后，封修都亭侯，为解烦督。黄龙元年卒。

弟表，字文奥，武庶子也。少知名，与诸葛恪、顾谭、张休等并侍东宫，皆共亲友。尚书暨艳亦与表善，后艳遇罪，时人咸自营护，信厚言薄，表独不然，士以此重之。从太子中庶子拜翼正都尉。兄修亡后，表母不肯事修母，表谓其母曰："兄不幸早亡，表统家事，当奉嫡母。母若能为表屈情，承顺嫡母者，是至愿也；若母不能，直当出别居耳。"表于大义公正如此。由是二母感寤雍穆。表以父死敌场，求用为将，领兵五百人。表欲得战士之力，倾意接待，士皆爱附，乐为用命。时有盗官物者，疑无难士施明。明素壮悍，收考极毒，惟死无辞，廷尉以闻。权以表能得健儿之心，诏以明付表，使自以意求其情实。表便破械沐浴，易其衣服，厚设酒食，欢以诱之。明乃首服，具列支党。表以状闻。权奇之，欲全其名，特为赦明，诛戮其党。迁表为无难右部督，封都亭侯，以继旧爵。表皆陈让，乞以传修子延，权不许。嘉禾三年，诸葛恪领丹杨太守，讨平山越，以表领新安都尉，与恪参势。初，表所受赐复人得二百家，在会稽新安县。表简视其人，皆堪好兵，乃上疏陈让，乞以还官，充足精锐。诏曰："先将军有功于国，国家以此报之，卿何得辞焉？"表乃称曰："今除国贼，报父之仇，以人为本。空枉此劲锐以为僮仆，非表志也。"皆辄料取以充部伍。所在以闻，权甚嘉之。下郡县，料正户羸民以补其处。表在官三年，广开降纳，得兵万余人。事捷当出，会鄱阳民吴遽等为乱，攻没城郭，属县摇动，表便越界赴讨，遽以破败，遂降。陆逊拜表偏将军，进封都乡侯，北屯章坑。年三十四卒。家财尽于养士，死之日，妻子露立，太子登为起屋宅。子敖年十七，拜别部司马，授兵四百人。敖卒，修子延复为司马代敖。延弟永，将军，封侯。始施明感表，自变行为善，遂成健将，致位将军。

【译文】陈武，字子烈，庐江郡松滋县人。孙策在寿春时，陈武前往求见，他当时年仅十八岁，身高七尺七寸，就跟随孙策东渡长江并参与征战，立有战功，被任命为别部司马。孙策打败刘勋，俘获许多庐江人，从中挑选出精锐，交给陈武统领，果然所向无敌。到了孙权统管江东时，陈武转督五校。他仁爱宽厚而乐善好施，乡里乡亲及远方来人大多前来依靠他。他特别受孙权的亲近喜爱,孙权多次到过他家。因陈武屡建功劳,孙权晋升他为偏将军。建安二十年,跟随孙权攻打合肥,陈武拼命战死。孙权哀痛他的死,亲自参加他的葬礼。

其子陈修有陈武的风范,十九岁时,孙权召见并给予鼓励,任命他为别部司马,授予他五百士兵。当时各将领所率新兵多有叛逃的现象,而陈修因为安抚得当,不曾使一人逃走。孙权对他的才能感到惊异,任命他为校尉。建安末年,追录功臣的后代,封陈修为都亭侯,任命为解烦督。黄龙元年陈修去世。

陈修的弟弟陈表,字文奥,是陈武的妾所生。陈表年少时便有名声,与诸葛恪、顾谭、张休等人一起侍奉太子,相互间都能亲爱友好。尚书暨艳也与陈表关系很不错,后来暨艳有罪,当时人人都设法保护自己,信誓虽厚却很少有人出面说话为暨艳求情,陈表单单不是这样,士人因此很敬重他。陈表从太子中庶子被任命为翼正都尉。哥哥陈修去世,陈表的母亲不愿侍奉陈修的母亲,陈表对自己母亲说:“哥哥不幸早死,我总管家中事务,理当奉养嫡母。母亲若能为了我委屈自己而顺从嫡母的心意,这是我最大的愿望了;倘若母亲不愿意这样,就只好请您出去另外居住了。”陈表对于正道就是这样公正。从此两位母亲感动醒悟而相处和睦。陈表因为父亲战死沙场,请求担任统军将领,领兵五百人。陈表为了调动士兵们尽心效力的积极性,特别用心地善待他们,士兵们也都爱戴依附他,乐于为他效命。当时军中有人盗窃了官方物品,怀疑是无难士施明所为。施明向来勇壮强悍,收押后对他进行了极为残酷的拷问,但他只求一死而不说一句话,廷尉将这一情况向上汇报。孙权认为陈表能得壮士们的信任,便下诏将施明交给陈表,让陈表用自己的方法获取实情。陈表便打开了施明的枷锁并让他沐浴,换了他的衣服,给他准备了丰盛的酒菜,用欢乐的情绪来诱导施明。于是,施明自首服罪,一一交代出同党。陈表上书禀报结果。孙权认为陈表非同一般,想保全他的名声,特为他赦免了施明,而把施明的同党全部诛杀。升陈表为无难右部督,封都亭侯,以继承他父亲先前的爵位。陈表上书全部辞让,请求将这些官职爵位传给陈修的儿子陈延,孙权没有同意。嘉禾三年,诸葛恪兼任丹杨太守,讨伐平定了山越人,孙权让陈表兼任新安都尉,与诸葛恪形成参互交合的形势。当初,陈表受赐免交赋税的二百户人家,都在会稽郡新安县。陈表观察这些人,认为他们都可以成为好的士兵,于是上书辞让不受,请求还给官家,以充实精兵的数量。孙权下诏说:“已故的陈武将军为国家立有战功,国家以此作为回报,你怎么能够推辞呢?”陈表就回答说:“如今要铲除国贼,为我父亲报仇,士兵人众是根本。白白地枉费这些强健的人来做仆人,不是我的意愿。”接着全部挑选出其中的精壮人员以充实部队。当地官员将情况上报,孙权对此十分赞赏。有诏下发郡县,选取为官府服役的人家和贫民来补充陈表应得的二百户赏赐。陈表在任三年,大开招降接纳之门,得到兵士一万多人。事情办好正当离任调出之时,赶上鄱阳人吴遽等作乱,攻陷城池,所属各县动荡不安,陈表便率军跨境讨伐,吴遽兵败,于是投降。陆逊任命陈表为偏将军,晋封为都乡侯,往北驻扎在章坑。陈表三十四岁去世。他的家财全用在供养将士之上,死的那天,妻儿子女连住处都没有，太子孙登为他们建起屋宅。陈表的儿子陈敖十七岁，被任命为别部司马，授予士兵四百人。陈敖去世，陈修的儿子陈延又任别部司马以接替陈敖。陈延的弟弟陈永，担任将军，封侯。当初施明感激陈表，自觉改恶从善，最终成为英勇善战的将领，官位升到将军。

董袭

【原文】董袭，字元代，会稽余姚人，长八尺，武力过人。①孙策入郡，袭迎于高迁亭，策见而伟之，到署门下贼曹。时山阴宿贼黄龙罗、周勃聚党数千人，策自出讨，袭身斩罗、勃首，还拜别部司马，授兵数千，迁扬武都尉。从策攻皖，又讨刘勋于寻阳，伐黄祖于江夏。

① 谢承《后汉书》称袭志节慷慨，武毅英烈。

策薨，权年少，初统事，太妃忧之，引见张昭及袭等，问江东可保安不。袭对曰："江东地势，有山川之固，而讨逆明府，恩德在民。讨虏承基，大小用命，张昭秉众事，袭等为爪牙，此地利人和之时也，万无所忧。"众皆壮其言。鄱阳贼彭虎等众数万人，袭与凌统、步骘、蒋钦各别分讨。袭所向辄破，虎等望见旌旗，便散走，旬日尽平，拜威越校尉，迁偏将军。

建安十三年，权讨黄祖。祖横两蒙冲挟守沔口，以栟闾大绁系石为矴，上有千人，以弩交射，飞矢雨下，军不得前。袭与凌统俱为前部，各将敢死百人，人被两铠，乘大舸船，突入蒙冲里。袭身以刀断两绁，蒙冲乃横流，大兵遂进。祖便开门走，兵追斩之。明日大会，权举觞属袭曰："今日之会，断绁之功也。"

曹公出濡须，袭从权赴之，使袭督五楼船住濡须口。夜卒暴风，五楼船倾覆，左右散走舸，乞使袭出。袭怒曰："受将军任，在此备贼，何等委去也！敢复言此者斩。"于是莫敢干。其夜船败，袭死。权改服临殡，供给甚厚。

【译文】董袭，字元代，会稽郡余姚县人，身高八尺，勇力过人。孙策进据会稽郡，董袭在高迁亭迎接，孙策见他身材魁梧，到官署就任命他为门下贼曹。当时，山阴惯贼黄龙罗、周勃纠集党羽几千人，孙策亲自出外讨伐，董袭亲手斩下黄龙罗、周勃的首级，回师后孙策任命他为别部司马，授予士兵几千人，又升他为扬武都尉。董袭跟随孙策进击皖县，又在寻阳攻讨刘勋，在江夏征伐黄祖。

孙策去世时，孙权还年轻，刚开始统管国事，太妃为此很是担忧，便让人传引张昭和董袭等人入见，询问江东能否保证稳定不乱。董袭回答说："江东的地理形势，有山川的险固可资凭借。讨逆将军贤明，他的恩德存于百姓心中。讨虏将军继承基业，大小官员都听命效力，张昭执掌各项事务，我等为战将，这正是我们具有地利人和的时候，绝对没有什么可忧虑的。"众人都认为董袭的话气势雄壮。鄱阳贼彭虎等人拥有党羽数万，董袭与凌统、步骘、蒋钦分别带兵讨伐。董袭大军所向，贼营都被攻破，彭虎等望见董袭的军旗，就纷纷逃散，十天之内贼寇被全部平定，任命董袭为威越校尉，升任为偏将军。

建安十三年，孙权征讨黄祖。黄祖安置了两艘蒙冲战舰横断河面，从左右两旁锁住沔口，并用棕榈大绳拴着大石墩将船拴住，船上安排箭手千人，用强弩交错发射，利箭如雨，孙权的水军根本无法前进。董袭与凌统都是前锋，他们各带一百敢死士，每人身披双层铠甲，乘坐大船，冲入蒙冲战舰构成的封锁线之内。董袭亲手挥刀砍断两根大绳，蒙冲战舰于是打横漂流，孙权的大军得以向前推进。黄祖打开城门逃走，吴军追上去斩了他。第二天举行盛大宴会，孙权举杯对董袭说："今日的盛会，得益于你的断绳之功。"

曹操出兵攻打濡须，董袭跟随孙权奔赴迎敌，孙权让董袭统领五楼船驻守濡须口。夜里突起暴风，五楼船侧翻，士兵们都四散逃到了小船上，他们请求董袭从战舰里出来。董袭发怒说："我接受将军重任，在这里防备贼军，凭什么理由弃船而去！敢有再劝我离船的人处斩。"于是没有人敢于违令劝说。这一夜战舰沉没，董袭殉职。孙权穿上丧服参加董袭的丧礼，供给的治丧财物十分丰厚。

甘宁

【原文】甘宁，字兴霸，巴郡临江人也。①少有气力，好游侠，招合轻薄少年，为之渠帅。群聚相随，挟持弓弩，负毦带铃，民闻铃声，即知是宁。②人与相逢，及属城长吏，接待隆厚者乃与交欢，不尔，即放所将夺其资货，于长吏界中有所贼害，作其发负，至二十余年。止不攻劫，颇读诸子，乃往依刘表，因居南阳，不见进用，后转托黄祖，祖又以凡人畜之。③

①《吴书》曰：宁本南阳人，其先客于巴郡。宁为吏举计掾，补蜀郡丞，顷之，弃官归家。

②《吴书》曰：宁轻侠杀人，藏舍亡命，闻于郡中。其出入，步则陈车骑，水则连轻舟，侍从被文绣，所如光道路，住止常以缯锦维舟，去或割弃，以示奢也。

③《吴书》曰：宁将僮客八百人就刘表。表儒人，不习军事。时诸英豪各各起兵，宁观表事势终必无成，恐一朝土崩，并受其祸，欲东入吴。黄祖在夏口，军不得过，乃留依祖，祖三年不礼之。权讨祖，祖军败奔走，追兵急，宁以善射，将兵在后，射杀校尉凌操。祖既得免，军罢还营，待宁如初。祖都督苏飞数荐宁，祖不用，令人化诱其客，客稍亡。宁欲去，恐不获免，独忧闷不知所出，飞知其意，乃要宁，为之置酒，谓曰："吾荐子者数矣，主不能用。日月逾迈，人生几何！宜自远图，庶遇知己。"宁良久乃曰："虽有其志，未知所由。"飞曰："吾欲白子为邾长，于是去就，孰与临版转丸乎？"宁曰："幸甚。"飞白祖，听宁之县。招怀亡客并义从者，得数百人。

于是归吴。周瑜、吕蒙皆共荐达，孙权加异，同于旧臣。宁陈计曰："今汉祚日微，曹操弥憍，终为篡盗。南荆之地，山陵形便，江川流通，诚是国之西势也。宁已观刘表，虑既不远，儿子又劣，非能承业传基者也。至尊当早规之，不可后操图之。图之之计，宜先取黄祖。祖今年老，昏耄已甚，财谷并乏，左右欺弄，务于货利，侵求吏士，吏士心怨，舟船战具，顿废不修，怠于耕农，军无法伍。至尊今往，其破可必。一破祖军，鼓行而西，西据楚关，大势弥广，即可渐规巴、蜀。”权深纳之。张昭时在坐，难曰：“吴下业业，若军果行，恐必致乱。”宁谓昭曰：“国家以萧何之任付君，君居守而忧乱，奚以希慕古人乎？”权举酒属宁曰：“兴霸，今年行讨，如此酒矣，决以付卿。卿但当勉建方略，令必克祖，则卿之功，何嫌张长史之言乎！”权遂西，果禽祖，尽获其士众。遂授宁兵，屯当口。①

①《吴书》曰：初，权破祖，先作两函，欲以盛祖及苏飞首。飞令人告急于宁，宁曰：“飞若不言，吾岂忘之？”权为诸将置酒，宁下席叩头，血涕交流，为权言：“飞畴昔旧恩，宁不值飞，固已捐骸于沟壑，不得致命于麾下。今飞罪当夷戮，特从将军乞其首领。”权感其言，谓曰：“今为君致之，若走去何？”宁曰：“飞免分裂之祸，受更生之恩，逐之尚必不走，岂当图亡哉！若尔，宁头当代入函。”权乃赦之。

后随周瑜拒破曹公于乌林。攻曹仁于南郡，未拔，宁建计先径进取夷陵，往即得其城，因入守之。时手下有数百兵，并所新得，仅满千人。曹仁乃令五六千人围宁。宁受攻累日，敌设高楼，雨射城中，士众皆惧，惟宁谈笑自若。遣使报瑜，瑜用吕蒙计，帅诸将解围。后随鲁肃镇益阳，拒关羽。羽号有三万人，自择选锐士五千人，投县上流十余里浅濑，云欲夜涉渡。肃与诸将议。宁时有三百兵，乃曰：“可复以五百人益吾，吾往对之，保羽闻吾欬唾，不敢涉水，涉水即是吾禽。”肃便选千兵益宁，宁乃夜往。羽闻之，住不渡，而结柴营，今遂名此处为关羽濑。权嘉宁功，拜西陵太守，领阳新、下雉两县。

后从攻皖，为升城督。宁手持练，身缘城，为吏士先，卒破获朱光。计功，吕蒙为最，宁次之，拜折冲将军。

后曹公出濡须，宁为前部督，受敕出斫敌前营。权特赐米酒众殽，宁乃料赐手下百余人食。食毕，宁先以银碗酌酒，自饮两碗，乃酌与其都督。都督伏，不肯时持。宁引白削置膝上，呵谓之曰：“卿见知于至尊，孰与甘宁？甘宁尚不惜死，卿何以独惜死乎？”都督见宁色厉，即起拜持酒，通酌兵各一银碗。至二更时，衔枚出斫敌。敌惊动，遂退。宁益贵重，增兵二千人。①

①《江表传》曰：曹公出濡须，号步骑四十万，临江饮马。权率众七万应之，使宁领三千人为前部督。权密敕宁，使夜入魏军。宁乃选手下健儿百余人，径诣曹公营下，使拔鹿角，逾垒入营，斩得数十级。北军惊骇鼓噪，举火如星，宁已还入营，作鼓吹，称万岁。因夜见权，权喜曰：“足以惊骇老子否？聊以观卿胆耳。”即赐绢千匹，刀百口。权曰：“孟德有张辽，孤有兴霸，足相敌也。”停住月余，北军便退。

宁虽粗猛好杀，然开爽有计略，轻财敬士，能厚养健儿，健儿亦乐为用命。建安二十年，从攻合肥，会疫疾，军旅皆已引出，唯车下虎士千余人，并吕蒙、蒋钦、凌统及宁，从权逍遥津北。张辽觇望知之，即将步骑奄至。宁引弓射敌，与统等死战。宁厉声问鼓吹何以不作，壮气毅然，权尤嘉之。①

①《吴书》曰：凌统怨宁杀其父操，宁常备统，不与相见。权亦命统不得仇之。尝于吕蒙舍会，酒酣，统乃以刀舞。宁起曰：“宁能双戟舞。”蒙曰：“宁虽能，未若蒙之巧也。”

因操刀持楯，以身分之。后权知统意，因令宁将兵。遂徙屯于半州。

宁厨下儿曾有过，走投吕蒙。蒙恐宁杀之，故不即还。后宁赍礼礼蒙母，临当与升堂，乃出厨下儿还宁。宁许蒙不杀。斯须还船，缚置桑树，自挽弓射杀之。毕，敕船人更增舸缆，解衣卧船中。蒙大怒，击鼓会兵，欲就船攻宁。宁闻之，故卧不起。蒙母徒跣出谏蒙曰："至尊待汝如骨肉，属汝以大事，何有以私怒而欲攻杀甘宁？宁死之日，纵至尊不问，汝是为臣下非法。"蒙素至孝，闻母言，即豁然意释，自至宁船，笑呼之曰："兴霸，老母待卿食，急上！"宁涕泣歔欷曰："负卿。"与蒙俱还见母，欢宴竟日。

宁卒，权痛惜之。子环，以罪徙会稽，无几死。

【译文】甘宁，字兴霸，巴郡临江县人。年轻时有气力，喜好游侠，招集一批轻薄少年，做了他们的首领。他们经常成群结队聚在一起，手拿弓弩，背负箭囊骑着带铃铛的马，百姓们一听到铃铛声，便知是甘宁来了。有人在路上跟他相遇，就算是他所在的城中官员，如果受到周到接待就与他们结交欢娱，否则，就放任他所带领的轻薄少年抢夺别人的财产，对县中的长官们也有所祸害，使他们因废职而获罪，这种状况持续了二十余载。结束攻击掠夺的生涯之后，甘宁用心阅读了不少诸子百家的书籍，接着便去依附刘表，住在南阳，却得不到刘表的选拔任用，后又转而依附黄祖，黄祖又把他当作寻常人养着。

于是甘宁到了东吴。周瑜、吕蒙都并力推荐引进，孙权认识到甘宁的不寻常之处，待他如同老臣一样。甘宁献计说："如今汉朝的国运日益衰微，曹操更加骄傲专横，终究要篡权盗位。南方荆州之地，大山连绵，地理优势显著，江河流转畅通，实在是国家西面的有利形势。我已观察过刘表，他本身就思虑短浅，儿子又不长进，不是能够传承基业的人物。主上应当尽早谋取，不可落在曹操的后面。谋取荆州的计划，应当先攻取黄祖。黄祖如今年老，昏聩糊涂得很，资财粮食全都匮乏，身边的人又欺骗愚弄他，贪图货物财利，侵夺官兵利益，官兵心怀怨恨，舟船以及各种作战器具，废弃而不加维修整治，懈怠农事耕种，军队没有固定的编制。主上现在如果前去，必定能够打垮他。一旦打败了黄祖，再击鼓向西进军，在西面占据楚关，整体的形势就将更加广大，然后就可以逐渐谋取巴、蜀了。"孙权十分赞许他的意见。张昭当时在座，他诘难说："东吴眼下危机四伏，若是军队真的出征，只怕必定要导致祸乱。"甘宁对张昭说："国家把萧何那样的重任交给您，您留守后方而害怕变乱，您用什么来追慕古人呢？"孙权举起酒杯叮嘱甘宁说："兴霸，今年出征讨伐，就如这杯酒，我决定把它交付给你。你只管努力筹划策略，使我们必定能征服黄祖，那么这就是你立下的大功了，又何必顾虑张长史所说的这些呢！"于是，孙权向西进军，果然擒获了黄祖，俘虏了他的全部人众。于是授予甘宁一支人马，屯驻当口。

后来甘宁又随周瑜在乌林大败曹操。又在南郡攻打曹仁，还没有攻克曹仁，甘宁献计先直接攻占夷陵，他率军前去顺利拿下了这座城池，于是入城驻守。当时他手下只有几百士兵，加上俘虏，也仅满一千人。曹仁却命令五六千人围攻甘宁。甘宁连日受到攻击,敌军架设高楼,箭雨自上而下射向城内,士兵们心里都十分害怕,唯独甘宁谈笑自如。他派人将情况禀报周瑜,周瑜采用吕蒙的计策,率诸将为甘宁解除了围困。后来甘宁又随鲁肃镇守益阳,抵抗关羽的进攻。关羽号称有三万人马,还亲自挑选出五千精锐士兵,派往益阳县上游十多里的浅水地带,说要在夜里涉水过河。鲁肃就此事与诸将商议。甘宁手下当时有三百士兵,就请战说:“可再给我增加五百兵士,我前去跟他对阵,保证关羽一听见我咳嗽吐唾沫的声音,就不敢渡河,倘若他敢渡河就必将被我生擒活捉。”鲁肃便挑选了一千兵士给甘宁,甘宁便连夜赶赴上游。关羽听说甘宁来了,停下不再渡河,就地布寨扎营,如今就把这个地方叫作关羽濑。孙权嘉赏甘宁的功劳,任命他为西陵太守,兼任阳新、下雉两县县令。

此后甘宁随同孙权进攻皖县,担任升城督。甘宁手持练绳,亲自攀登城墙,身先士卒,终于攻破城池抓获了朱光。统计战功,吕蒙功劳最大,甘宁功居第二,被任命为折冲将军。

后来曹操出兵攻打濡须,甘宁担任前部督,受命出击砍杀曹军的前锋部队。孙权专门赏赐了米酒和很多菜肴,甘宁便将这些酒菜赐给选定出击的一百多手下共享。吃完后,甘宁先用银碗斟酒,自己喝了两碗,接着便斟酒给他的都督。都督伏下身子,不肯即时接酒。甘宁拿过一把雪亮的刀放在膝上,呵斥都督说:“你被主上信任,与我相比怎样?我尚且不惜生命,你为什么偏偏怕死呢?”都督见甘宁满脸怒气,马上起身拜谢端酒,甘宁给兵士们通通斟了一银碗酒。到了二更时分,大家口里衔着竹枚出击杀敌。敌人惊骇动乱不安,于是退走。甘宁更受器重,孙权给他增加了二千兵员。

甘宁虽然粗鲁凶猛喜欢打打杀杀,却也豁达爽朗胸藏韬略,轻视钱财敬重士兵,能以优厚的待遇供养勇士,勇士们也都乐意为他效命。建安二十年,他跟随孙权进攻合肥,正逢疾病流行,军队都已全面撤离,只剩车下虎士一千多人,还有吕蒙、蒋钦、凌统及甘宁,跟随孙权还在逍遥津的北边。魏将张辽通过侦察得知这一情况,当即率步、骑兵突然杀到。甘宁弯弓射敌,与凌统等人拼死格斗。甘宁厉声喝问鼓吹手为何不击鼓壮威,他气势豪迈雄壮,极为坚定果断,孙权尤为嘉许。

甘宁厨房中一个童仆曾犯有过错,跑来投奔吕蒙。吕蒙怕甘宁把童仆杀了,所以没有及时送回。后来甘宁带着礼物来拜见吕蒙的母亲,甘宁要登上厅堂行礼拜见吕蒙母亲的时候,吕蒙才叫出那个童仆还给甘宁。甘宁向吕蒙承诺说不杀这个僮仆。过了一会回到船上,甘宁却将那童仆绑在桑树上,亲自挽弓搭箭将他射死。之后,甘宁命令船上人再增加几根船缆,自己脱下衣服躺在船上。吕蒙大怒,擂鼓集合士兵,要上船攻杀甘宁。甘宁听说这些后,故意躺着不起身。吕蒙的母亲光着脚出来劝阻吕蒙说:“主上待你如同骨肉,把军国大事托付给你,哪里有因为私怨就想攻杀甘宁的道理?甘宁死去之时,纵然主上不加责问,你作为臣下这么做也还是违反法律的。”吕蒙一向最是孝顺,听了母亲的话,当即消除了对甘宁的恨意,他亲自来到甘宁船上,笑着招呼甘宁说:“兴霸,老母正等您吃饭,快点上来!”甘宁痛哭流涕感叹说:“我对不起您。”便跟着吕蒙一起回去见吕蒙的母亲，十分欢畅地宴饮了一整天。

甘宁去世，孙权心痛惋惜他。甘宁的儿子甘环，因罪流放会稽，没过多久便死了。

凌统

【原文】凌统，字公绩，吴郡余杭人也。父操，轻侠有胆气，孙策初兴，每从征伐，常冠军履锋。守永平长，平治山越，奸猾敛手，迁破贼校尉。及权统军，从讨江夏。入夏口，先登，破其前锋，轻舟独进，中流矢死。

统年十五，左右多称述者，权亦以操死国事，拜统别部司马，行破贼都尉，使摄父兵。后从击山贼，权破保屯先还，余麻屯万人，统与督张异等留攻围之，克日当攻。先期，统与督陈勤会饮酒，勤刚勇任气，因督祭酒，陵轹一坐，举罚不以其道。统疾其侮慢，面折不为用。勤怒詈统及其父操，统流涕不答，众因罢出。勤乘酒凶悖，又于道路辱统。统不忍，引刀斫勤，数日乃死。及当攻屯，统曰：“非死无以谢罪。”乃率厉士卒，身当矢石，所攻一面，应时披坏，诸将乘胜，遂大破之。还，自拘于军正。权壮其果毅，使得以功赎罪。

后权复征江夏，统为前锋，与所厚健儿数十人共乘一船，常去大兵数十里。行入右江，斩黄祖将张硕，尽获船人。还以白权，引军兼道，水陆并集。时吕蒙败其水军，而统先搏其城，于是大获。权以统为承烈都尉，与周瑜等拒破曹公于乌林，遂攻曹仁，迁为校尉。虽在军旅，亲贤接士，轻财重义，有国士之风。

又从破皖，拜荡寇中郎将，领沛相。与吕蒙等西取三郡，反自益阳，从往合肥，为右部督。时权彻军，前部已发，魏将张辽等奄至津北。权使追还前兵，兵去已远，势不相及，统率亲近三百人陷围，扶扞权出。敌已毁桥，桥之属者两版，权策马驱驰，统复还战，左右尽死，身亦被创，所杀数十人，度权已免，乃还。桥败路绝，统被甲潜行。权既御船，见之惊喜。统痛亲近无反者，悲不自胜。权引袂拭之，谓曰：“公绩，亡者已矣，苟使卿在，何患无人？”①拜偏将军，倍给本兵。

①《吴书》曰：统创甚，权遂留统于舟，尽易其衣服。其创赖得卓氏良药，故得不死。

时有荐同郡盛暹于权者，以为梗概大节有过于统，权曰：“且令如统足矣。”后召暹夜至，时统已卧，闻之，摄衣出门，执其手以入。其爱善不害如此。

统以山中人尚多壮悍，可以威恩诱也，权令东占且讨之，命敕属城，凡统所求，皆先给后闻。统素爱士，士亦慕焉。得精兵万余人，过本县，步入寺门，见长吏怀三版，恭敬尽礼，亲旧故人，恩意益隆。事毕当出，会病卒，时年四十九。权闻之，拊床起坐，哀不能自止，数日减膳，言及流涕，使张承为作铭诔。

二子烈、封，年各数岁，权内养于宫，爱待与诸子同，宾客进见，呼示之曰：“此吾虎子也。”及八九岁，令葛光教之读书，十日一令乘马，追录统功，封烈亭侯，还其故兵。后烈有罪免，封复袭爵领兵。①

①孙盛曰：观孙权之养士也，倾心竭思，以求其死力，泣周泰之夷，殉陈武之妾，请吕蒙之命，育凌统之孤，卑曲苦志，如此之勤也。是故虽令德无闻，仁泽罔著，而能屈强

荆、吴，僭拟年岁者，抑有由也。然霸王之道，期于大者远者，是以先王建德义之基，恢信顺之宇，制经略之纲，明贵贱之序，易简而其亲可久，体全而其功可大，岂委璅近务，邀利于当年哉？《语》曰："虽小道，必有可观者焉，致远恐泥。"其是之谓乎！

【译文】凌统，字公绩，吴郡余杭县人。父亲凌操，轻生重义有胆有勇，孙策刚起兵时，凌操常常跟随征战，每每行军在前充当先锋。凌操担任永平县长，治理山越人很有成效，境内奸猾之人缩手不敢违法，升为破贼校尉。到了孙权统领军政事务，凌操跟随他讨伐江夏。攻占夏口，凌操率先进击，大败敌军前锋，乘轻舟独自冲锋在前，身中流箭而亡。

凌统这年十五岁，周围的人大多称赞他，孙权也因凌操为国丧身，任命凌统为别部司马，代理破贼都尉，让他带领父亲凌操的人马。后来跟随孙权攻打山贼，孙权攻破保屯后先行回师，剩下麻屯的一万敌人，让凌统与都督张异等人留下围攻，并约定了进攻的日期。在此之前，凌统与都督陈勤一起饮酒，陈勤刚强勇猛而纵情任性，他担任宴会的祭酒官，欺凌满座，不按正常的规矩罚酒。凌统痛恨陈勤的傲慢无礼，当面纠正他的过失而不被他理会。陈勤还反过来怒骂凌统以及凌统的父亲凌操，凌统流泪没有作声，众人因此罢席离去。陈勤趁着酒性凶恶悖逆，又在路上侮辱凌统。凌统忍无可忍，拔刀砍了陈勤，几天之后陈勤便死了。等到将要攻打麻屯的时候，凌统说："我不战死无从弥补我的罪过。"于是率领士卒，亲身冒着飞箭、飞石向前冲，他所攻打的一面，顿时攻破，诸将乘胜跟进，于是大获全胜。回师之后，他自行捆绑让军中执法官将自己关押起来。孙权认为他果敢坚毅令人钦佩，使他得以将功赎罪。

后来孙权再次征讨江夏，凌统担任前锋，与他平日所厚待的勇士几十人共乘一条船，常常离开大军几十里。船进入右江，斩杀了黄祖的部将张硕，全部抓获敌船上的人员。凌统回来向孙权禀报敌情，孙权率军兼程推进，水陆两军全都汇集敌城之下。这时吕蒙打垮了黄祖的水军，而凌统又率先攻进了江夏城，于是大获全胜。孙权任命凌统为承烈都尉，与周瑜等人在乌林抵御并击败曹操，接着又攻打曹仁，升为校尉。凌统虽身在军旅之中，但能够亲近贤人礼待官兵，轻视钱财而看重道义，具有国士的风尚。

凌统又随孙权攻破皖县，被任命为荡寇中郎将，兼任沛郡相。与吕蒙等人向西攻取了三郡，从益阳回师，又随孙权征伐合肥，他任右部督。当时孙权开始撤军，先头部队已经出发，魏将张辽等人却突然杀到逍遥津北面。孙权派人想追回先头部队，而部队离去已远，势难相救，凌统率领亲兵三百人冲入敌军包围圈，保护孙权杀出重围。此时敌人已毁坏了桥梁，桥的连接处只剩下两块木板，孙权驱马飞驰冲过桥去，凌统又掉头再入战圈，手下人已全部战死，他自己也身负重伤，继续杀敌数十人之后，估计孙权已经脱险，他才返回。那时桥已坏、路已断，凌统只好披甲隐蔽前进。孙权已经上船，看见凌统不胜惊喜。凌统痛惜自己的亲兵没有一人生还，悲伤得难以自控。孙权拉起袖子为凌统擦泪，对他说："公绩，死的人已经死了，只要你活着，还怕没有人吗？"任命凌统为偏将军，加倍授给他兵员。

这时有人向孙权推荐凌统的同郡人盛暹，认为盛暹的刚直气概和临难不苟的节操有超越凌统之处，孙权说："只要让他像凌统这样就足够了。"后来召盛暹连夜赶来，其时凌统已经睡下，听说盛暹来了，便整饬衣装出门，拉着盛暹的手进屋。凌统爱才而不妒忌就像这样。

凌统认为山里还有很多强壮剽悍之人，可以用声威和恩泽诱导他们，孙权便命令他到东部各县去招募士兵并率这些士兵进行征讨，又命令各所属城，凡是凌统所需求的一切，都先供给再上报。凌统向来爱护官兵，官兵也都仰慕他。凌统募得精兵一万多人，经过老家所在县，他步行进入官府大门，见了县吏执版三拜，恭恭敬敬，礼节周到，对亲戚朋友，情意更加深厚。事情办完将要离开时，不幸因病去世，时年四十九岁。孙权得到噩耗，捶床坐起，哀痛不能自止，几天都很少吃饭，一说到凌统就泪流满面，还让张承写了记述凌统经历和功德的诔文。

凌统的两个儿子凌烈、凌封，年龄都才几岁，孙权将他们收养在宫中，爱护相待就如同自己的几个儿子一样，每当宾客进见，便把他两人叫出来给客人看，说："这是我的两个虎子。"到了他们八九岁时，让葛光教他们读书，每十天让他们骑一次马，孙权追记凌统的战功，封凌烈为亭侯，将凌统的原班人马交还。后来凌烈有罪被免除封爵官职，凌封又继承爵位并统领了部队。

徐盛

【原文】徐盛，字文向，琅邪莒人也。遭乱，客居吴，以勇气闻。孙权统事，以为别部司马，授兵五百人，守柴桑长，拒黄祖。祖子射，尝率数千人下攻盛。盛时吏士不满二百，与相拒击，伤射吏士千余人。已乃开门出战，大破之。射遂绝迹不复为寇。权以为校尉、芜湖令。复讨临城南阿山贼有功，徙中郎将，督校兵。

曹公出濡须，从权御之。魏尝大出横江，盛与诸将俱赴讨。时乘蒙冲，遇迅风，船落敌岸下，诸将恐惧，未有出者，盛独将兵，上突斫敌，敌披退走，有所伤杀，风止便还，权大壮之。

及权为魏称藩，魏使邢贞拜权为吴王。权出都亭候贞，贞有骄色，张昭既怒，而盛忿愤，顾谓同列曰："盛等不能奋身出命，为国家并许、洛，吞巴、蜀，而令吾君与贞盟，不亦辱乎！"因涕泣横流。贞闻之，谓其旅曰："江东将相如此，非久下人者也。"

后迁建武将军，封都亭侯，领庐江太守，赐临城县为奉邑。刘备次西陵，盛攻取诸屯，所向有功。曹休出洞口，盛与吕范、全琮渡江拒守。遭大风，船人多丧，盛收余兵，与休夹江。休使兵将就船攻盛，盛以少御多，敌不能克，各引军退。迁安东将军，封芜湖侯。后魏文帝大出，有渡江之志，盛建计从建业筑围，作薄落，围上设假楼，江中浮船。诸将以为无益，盛不听，固立之。文帝到广陵，望围愕然，弥漫数百里，而江水盛长，便引军退。诸将乃伏。①

① 干宝《晋纪》所云疑城，已注《孙权传》。◎《魏氏春秋》云：文帝叹曰："魏虽有武骑千群，无所用也。"

黄武中卒。子楷，袭爵领兵。

【译文】徐盛，字文向，琅邪郡莒县人。遭逢战乱，客居吴郡，以勇气闻名。孙权统领军政事务，任命徐盛为别部司马，授予他五百名士兵，由他代理柴桑县长，抵御黄祖。黄祖的儿子黄射，曾率几千人顺流而下攻打徐盛。徐盛当时的官兵还不足二百人，与来敌对抗，杀伤黄射官兵一千余人。接着又打开城门出战，大败黄射。黄射从此销声匿迹不敢再来侵犯。孙权任命他为校尉、芜湖县令。又讨伐临城南阿的山贼，立下战功，升中郎将，督校兵。

曹操出兵攻打濡须，徐盛跟随孙权前去抵御。魏国曾派大军出横江，徐盛与诸将一起奔赴讨伐。当时他们乘着蒙冲战舰，遇上疾风，船漂到敌军岸边，诸将都很畏惧，没有人敢出战，徐盛单独领兵上岸冲向敌营，挥刀砍杀敌兵，敌兵溃败逃跑，有所杀伤，风一停徐盛便带兵返回，孙权大为赞赏他的勇敢豪壮。

后来，孙权向魏国称藩臣，魏国派使者邢贞册封孙权为吴王。孙权出都亭迎接邢贞，邢贞面有骄色，张昭对此已经很生气，而徐盛则更加愤怒不平，他转头对同僚们说："我等不能奋勇献身，为国家夺取许昌、洛阳，吞并巴、蜀，却让我们的国君与邢贞盟誓，不也是很羞耻吗！"说完泪流满面。邢贞听说后，便对他的随从说："江东将相如此忠勇，是不会久居人下的。"

后来升任建武将军，封为都亭侯，兼任庐江太守，赐临城县作为徐盛的食邑。刘备驻军西陵，徐盛攻取了蜀军多个屯营，每次出击都立有战功。曹休出兵洞口，徐盛与吕范、全琮渡江抵御防守。遇上大风，船上士兵不少人溺水身亡，徐盛聚集余兵，与曹休隔江对峙。曹休命令将士乘船进攻徐盛，徐盛以少敌众，曹军不能取胜，各自领兵退回。升为安东将军，爵封芜湖侯。后来魏文帝曹丕大举出兵，有跨江进攻的意图，徐盛献计从建业城开始修筑围城，建设藩篱，围墙上造假楼，江中浮动战船。诸将认为这样做毫无益处，徐盛不理睬他们的意见，坚决照做。魏文帝到了广陵，望见围墙十分惊愕，围墙绵延几百里，而江水又暴涨，便领军退走。诸将这才心服。

黄武年间徐盛去世。儿子徐楷，继承爵位并统领部队。

潘璋

【原文】潘璋，字文珪，东郡发干人也。孙权为阳羡长，始往随权。性博荡嗜酒，居贫，好赊酤，债家至门，辄言后豪富相还。权奇爱之，因使召募，得百余人，遂以为将。讨山贼有功，署别部司马。后为吴大市刺奸，盗贼断绝，由是知名，迁豫章西安长。刘表在荆州，民数被寇，自璋在事，寇不入境。比县建昌起为贼乱，转领建昌，加武猛校尉，讨治恶民，旬月尽平，召合遗散，得八百人，将还建业。

合肥之役，张辽奄至，诸将不备，陈武斗死，宋谦、徐盛皆披走，璋身次在后，便驰进，横马斩谦、盛兵走者二人，兵皆还战。权甚壮之，拜偏将军，遂领百校，屯半州。

权征关羽，璋与朱然断羽走道，到临沮，住夹石。璋部下司马马忠禽羽，并羽子平、都督赵累等。权即分宜都巫、秭归二县为固陵郡，拜璋为太守、振威将军，封溧阳侯。

甘宁卒，又并其军。刘备出夷陵，璋与陆逊并力拒之，璋部下斩备护军冯习等，所杀伤甚众，拜平北将军、襄阳太守。

魏将夏侯尚等围南郡，分前部三万人作浮桥，渡百里洲上，诸葛瑾、杨粲并会兵赴救，未知所出，而魏兵日渡不绝。璋曰："魏势始盛，江水又浅，未可与战。"便将所领，到魏上流五十里，伐苇数百万束，缚作大筏，欲顺流放火，烧败浮桥。作筏适毕，伺水长当下，尚便引退。璋下备陆口。权称尊号，拜右将军。

璋为人粗猛，禁令肃然，好立功业，所领兵马不过数千，而其所在常如万人。征伐止顿，便立军市，他军所无，皆仰取足。然性奢泰，末年弥甚，服物僭拟。吏兵富者，或杀取其财物，数不奉法。监司举奏，权惜其功而辄原不问。嘉禾三年卒。子平，以无行徙会稽。璋妻居建业，赐田宅，复客五十家。

【译文】潘璋，字文珪，东郡发干县人。孙权担任阳羡县长时，他才前去跟随孙权。潘璋性情豪放而喜欢饮酒，家里贫穷，喜欢赊账买酒，债主上门催讨，他就说等我以后大富大贵了再还。孙权认为他奇特可爱，便让他招募士兵，他招募到一百多人，于是孙权就用他为将。潘璋讨伐山贼立下战功，任别部司马。后担任吴郡大市的刺奸官，盗贼绝迹，因此而闻名，升任豫章郡西安县长。刘表做荆州牧时，百姓屡遭贼寇侵扰，自从潘璋任西安县长以来，贼寇不敢入境。邻县建昌强盗兴起作乱，孙权让潘璋转领建昌县令，加官武猛校尉，讨伐惩治百姓中的恶人，一个月便全部平定，他又召集本地的散兵游勇，得到八百人，带领他们返回建业。

合肥战役中，魏将张辽突然杀到，诸将没有防备，陈武战死，宋谦、徐盛全部败逃，潘璋位置在后，便驱马前进，横过马头，斩了宋谦、徐盛军中的两名逃跑者，士兵便全都掉头接战。孙权十分赞赏他的勇壮，任命他为偏将军，让他带领百校部队，屯兵半州。

孙权讨伐关羽时，潘璋与朱然截断关羽的退路，来到临沮，驻扎在夹石。潘璋部下司马马忠活捉了关羽，以及关羽的儿子关平、都督赵累等人。孙权当即分出宜都郡的巫县、秭归二县作为固陵郡，任命潘璋为太守、振威将军，封为溧阳侯。甘宁去世，潘璋合并了他的部队。刘备出兵夷陵，潘璋与陆逊合力抵御他的进攻，潘璋的部下斩杀了刘备的护军冯习等人，杀死杀伤的敌人很多，孙权任命潘璋为平北将军、襄阳太守。

魏将夏侯尚等人围攻南郡，分出前锋部队三万人设置浮桥，渡江到百里洲上，诸葛瑾、杨粲一起聚集部队前往救援，但不知向什么地方出击，而魏军天天都渡江不停。潘璋说："魏军声势正旺，江水又浅，不能与他们交战。"便带领自己的人马，到魏军上游五十里处，砍伐几百万捆芦苇，绑成大筏，想顺着水流放火，烧毁魏军浮桥。筏才扎好，正待水涨放筏，夏侯尚却领军退走了。潘璋到下游驻防陆口。孙权称帝，任命潘璋为右将军。

潘璋为人粗鲁凶猛，军中禁令严明，喜好建功立业，带领的兵马不过几千，但所到之处常常如同有一万人马。征战驻扎时，便设立军中市场，其他部队没有的东西，都靠他的军中市场补给充实。但他天性奢侈，到了晚年更是变本加厉，衣服器物都越过了自己的身份地位。富有的官兵，有的被他杀死夺走财物，他多次不守法令。监察的官员将潘璋的违法行为举报上奏，孙权爱惜他的功劳总是原谅而不责问他。嘉禾三年潘璋去世。儿子潘平，因为品行不端被流放会稽。潘璋妻子居住在建业，孙权赐给她田地房屋，以及免除赋役的佃户五十家。

丁奉

【原文】丁奉，字承渊，庐江安丰人也。少以骁勇为小将，属甘宁、陆逊、潘璋等。数随征伐，战斗常冠军。每斩将搴旗，身被创夷。稍迁偏将军。孙亮即位，为冠军将军，封都亭侯。

魏遣诸葛诞、胡遵等攻东兴，诸葛恪率军拒之。诸将皆曰："敌闻太傅自来，上岸必遁走。"奉独曰："不然。彼动其境内，悉许、洛兵大举而来，必有成规，岂虚还哉！无恃敌之不至，恃吾有以胜之。"及恪上岸，奉与将军唐咨、吕据、留赞等，俱从山西上。奉曰："今诸军行迟，若敌据便地，则难与争锋矣。"乃辟诸军使下道，帅麾下三千人径进。时北风，奉举帆二日至，遂据徐塘。天寒雪，敌诸将置酒高会，奉见其前部兵少，相谓曰："取封侯爵赏，正在今日！"乃使兵解铠著胄，持短兵。敌人从而笑焉，不为设备。奉纵兵斫之，大破敌前屯。会据等至，魏军遂溃。迁灭寇将军，进封都乡侯。

魏将文钦来降，以奉为虎威将军，从孙峻至寿春迎之，与敌追军战于高亭。奉跨马持矛，突入其阵中，斩首数百，获其军器。进封安丰侯。

太平二年，魏大将军诸葛诞据寿春来降，魏人围之。遣朱异、唐咨等往救，复使奉与黎斐解围。奉为先登，屯于黎浆，力战有功，拜左将军。

孙休即位，与张布谋，欲诛孙綝，布曰："丁奉虽不能吏书，而计略过人，能断大事。"休召奉告曰："綝秉国威，将行不轨，欲与将军诛之。"奉曰："丞相兄弟友党甚盛，恐人心不同，不可卒制，可因腊会，有陛下兵以诛之也。"休纳其计，因会请綝，奉与张布目左右斩之。迁大将军，加左右都护。永安三年，假节，领徐州牧。六年，魏伐蜀，奉率诸军向寿春，为救蜀之势。蜀亡，军还。

休薨，奉与丞相濮阳兴等从万彧之言，共迎立孙皓，迁右大司马、左军师。宝鼎三年，皓命奉与诸葛靓攻合肥。奉与晋大将石苞书，构而间之，苞以征还。建衡元年，奉复帅众治徐塘，因攻晋谷阳。谷阳民知之，引去，奉无所获。皓怒，斩奉导军。三年，卒。奉贵而有功，渐以骄矜，或有毁之者，皓追以前出军事，徙奉家于临川。奉弟封，官至后将军，先奉死。

【译文】丁奉，字承渊，庐江郡安丰县人。年轻时因骁勇做了军中小将，先后隶属甘宁、陆逊、潘璋等人。多次随同征战，作战常常勇冠三军。往往斩杀敌将，拔取敌旗，身负创伤。慢慢升为偏将军。孙亮即位，丁奉为冠军将军，爵封都亭侯。

魏国派遣诸葛诞、胡遵等人进攻东兴，诸葛恪率军抵御。诸将都说："敌人听说太傅亲自前来，我军上岸后他们必定逃走。"只有丁奉说："不对。魏国动员了全国的力量，调集许昌、洛阳的全部军队大举前来，一定有完整成熟的计划，难道肯空手而回吗！不要依赖敌人的不来而取胜，而要靠我们有办法战胜他们而获胜。”等诸葛恪上了岸，丁奉与将军唐咨、吕据、留赞等人，都从山的西面前进。丁奉说：“如今各军行动迟缓，倘若敌人占据有利地势，就难与他们争胜负了。”便排开各军让他们让开船道，亲率所部三千人径直前进。当时正刮北风，丁奉扬帆两天就到达了目的地，于是占据了徐塘。天寒降雪，敌军诸将正摆酒举行盛宴，丁奉发现敌人先头部队人数偏少，就对部下们说：“获取封侯爵位和赏赐，正在今日！”便让士兵脱下铠甲，戴上头盔，手持短兵器。敌人因而嘲笑他们，对此不作防备。丁奉挥兵肆意砍杀，大败敌人的先头部队。恰在此时吕据等人赶到，魏军于是溃败。提升丁奉为灭寇将军，晋封为都乡侯。

魏将文钦前来投降，朝廷让丁奉任虎威将军，随孙峻到寿春迎接文钦，与追赶而来的敌军在高亭交战。丁奉骑马执矛，冲入敌阵中，斩杀数百人，缴获了敌人的兵器。晋封为安丰侯。

太平二年，魏国大将军诸葛诞占据寿春向吴国投降，魏军将寿春包围。吴国派朱异、唐咨等人前往救援，又派丁奉与黎斐率军解围。丁奉首先到达，驻扎在黎浆，奋力作战立下功劳，被任命为左将军。

孙休即位，与张布密谋，想诛杀孙綝。张布说：“丁奉虽然写不好官府的文书，但他的计谋策略却超过一般人，能够决断大事。”孙休召见丁奉并对他说：“孙綝把持国家的权柄，将要叛乱，我打算跟将军一起诛杀他。”丁奉说：“丞相的兄弟朋友和同党人数众多，只恐人心不齐，不能立刻制服，可利用腊祭聚会，用陛下的卫兵来诛杀他。”孙休采纳了丁奉的计策，借腊祭之会请孙綝到来，丁奉与张布用眼神示意左右卫兵杀了孙綝。丁奉升为大将军，加官左右都护。永安三年，假以丁奉符节，兼任徐州牧。永安六年，魏军征伐蜀国，丁奉率领各军开赴寿春，作出援救蜀国的态势。蜀国灭亡，军队返回。

孙休去世，丁奉与丞相濮阳兴等人听从万彧的意见，共同迎立孙皓，丁奉升任右大司马、左军师。宝鼎三年，孙皓命令丁奉与诸葛靓攻打合肥。丁奉写信给西晋大将石苞，离间并陷害他，石苞因此而被召回。建衡元年，丁奉再次率军修治徐塘，趁机攻打西晋的谷阳。谷阳百姓知道后，预先离去，丁奉无所斩获。孙皓发怒，斩了丁奉的导军。建衡三年，丁奉去世。丁奉因显贵有功，便逐渐骄傲自负，有人诋毁他，孙皓追究他以前出师不利的事情，将他一家流放到临川。丁奉的弟弟丁封，官至后将军，先于丁奉去世。

【原文】评曰：凡此诸将，皆江表之虎臣，孙氏之所厚待也。以潘璋之不修，权能忘过记功，其保据东南，宜哉！陈表将家支庶，而与胄子名人比翼齐衡，拔萃出类，不亦美乎！

【译文】评论说：以上诸将，都是东吴的勇武大臣，是孙氏家族所厚待的。潘璋这样的不讲究道德修养的人，孙权都能忘掉他的过错而记住他的功绩，孙氏能居守东南河山，理应如此啊！陈表是将门庶出支系，而与嫡生长子、贵胄名人比翼齐飞，出类拔萃，不也值得赞美吗！

卷五十六　吴书十一

朱治朱然吕范朱桓传第十一

朱治

【原文】朱治，字君理，丹杨故鄣人也。初为县吏，后察孝廉，州辟从事，随孙坚征伐。中平五年，拜司马，从讨长沙、零、桂等三郡贼周朝、苏马等，有功，坚表治行都尉。从破董卓于阳人，入洛阳。表治行督军校尉，特将步骑，东助徐州牧陶谦讨黄巾。

会坚薨，治扶翼策，依就袁术。后知术政德不立，乃劝策还平江东。时太傅马日磾在寿春，辟治为掾，迁吴郡都尉。是时吴景已在丹杨，而策为术攻庐江。于是刘繇恐为袁、孙所并，遂构嫌隙。而策家门尽在州下，治乃使人于曲阿迎太妃及权兄弟，所以供奉辅护，甚有恩纪。治从钱唐欲进到吴，吴郡太守许贡拒之于由拳，治与战，大破之。贡南就山贼严白虎，治遂入郡，领太守事。策既走刘繇，东定会稽。

权年十五，治举为孝廉。后策薨，治与张昭等共尊奉权。建安七年，权表治为吴郡太守，行扶义将军，割娄、由拳、无锡、毗陵为奉邑，置长吏。征讨夷越，佐定东南，禽截黄巾余类陈败、万秉等。黄武元年，封毗陵侯，领郡如故。二年，拜安国将军，金印紫绶，徙封故鄣。

权历位上将，及为吴王，治每进见，权常亲迎，执版交拜，飨宴赠赐，恩敬特隆，至从行吏，皆得奉贽私觌，其见异如此。

初，权弟翊，性峭急，喜怒快意，治数责数，谕以道义。权从兄豫章太守贲，女为曹公子妇。及曹公破荆州，威震南土，贲畏惧，欲遣子入质。治闻之，求往见贲，为陈安危，[①] 贲由此遂止。

①《江表传》载治说贲曰："破虏将军昔率义兵入讨董卓，声冠中夏，义士壮之。讨逆继世，廓定六郡，特以君侯骨肉至亲，器为时生，故表汉朝，剖符大郡，兼建将校，仍关综两府，荣冠宗室，为远近所瞻。加讨虏聪明神武，继承洪业，揽结英雄，周济世务，军众日盛，事业日隆，虽昔萧王之在河北，无以加也，必克成王基，应运东南。故刘玄德远布腹心，求见拯救，此天下所共知也。前在东闻道路之言，云将军有异趣，良用怃然。今曹公阻兵，倾覆汉室，幼帝流离，百姓元元未知所归。而中国萧条，或百里无烟，城邑空虚，道殣相望，士叹于外，妇怨乎室，加之以师旅，因之以饥馑，以此料之，岂能越长江与我争利哉？将军当斯时也，而欲背骨肉之亲，违万安之计，割同气之肤，啖虎狼之口，为一女子，改虑易图，失机毫厘，差以千里，岂不惜哉！"

权常叹治忧勤王事。性俭约，虽在富贵，车服惟供事。权优异之，自令督军御史典属城文书，治领四县租税而已。然公族子弟及吴四姓多出仕郡，郡吏常以千数，治率数年一遣诣王府，所遣数百人，每岁时献御，权答报过厚。是时丹杨深地频有奸叛，亦以年向老，思恋土风，自表屯故鄣，镇抚山越。诸父老故人，莫不诣门，治皆引进，与共饮宴，乡党以为荣。在故鄣岁余，还吴。黄武三年卒，在郡三十一年，年六十九。

子才，素为校尉领兵，既嗣父爵，迁偏将军。① 才弟纪，权以策女妻之，亦以校尉领兵。纪弟纬、万岁，皆早夭。才子琬，袭爵为将，至镇西将军。

①《吴书》曰：才，字君业，为人精敏，善骑射，权爱异之，常侍从游戏。少以父任为武卫校尉，领兵随从征伐，屡有功捷。本郡议者以才少处荣贵，未留意于乡党，才乃叹曰："我初为将，谓跨马蹈敌，当身履锋，足以扬名，不知乡党复追迹其举措乎！"于是更折节为恭，留意于宾客，轻财尚义，施不望报，又学兵法，名声始闻于远近。会疾卒。

【译文】朱治，字君理，丹杨故鄣人。起初，他担任县吏，后来经考察被推举为孝廉，州府征召他任从事，他从此便跟随孙坚南征北战。汉中平五年，他担任司马，跟随讨伐长沙、零陵、桂阳等三郡的强盗周朝、苏马等人，建有功劳，孙坚表奏任命他代理都尉。他在阳人参加击败董卓的战斗，并跟随孙坚进入洛阳。孙坚又表奏任命他代理督军校尉的职务，让他单独率领步兵和骑兵往东去帮助徐州牧陶谦讨伐黄巾。

适逢孙坚去世，朱治扶助孙策，依附投靠袁术。后来他了解到袁术在政治和品德方面都没有建树，就劝孙策回师平定江东。当时汉朝廷的太傅马日磾在寿春，征召朱治任掾吏，后又升他为吴郡都尉。这时候吴景已经在丹杨，而孙策则在为袁术攻打庐江。在这种情况下，刘繇担心自己被袁术和孙策吞并，就构陷制造他们二人的嫌隙。而孙策的家人全在袁术控制的州内，朱治就派人到曲阿迎接太妃以及孙权兄弟，一应供给侍奉、辅助护卫，表现出深厚的情义。朱治从钱唐打算进军到吴郡，吴郡太守许贡在由拳一带阻止他，他和许贡开战，大败许贡。许贡往南投靠强盗严白虎，朱治于是进入吴郡，兼理太守的职务。孙策赶走刘繇以后，又往东平定了会稽。

孙权十五岁时，朱治被推举为孝廉。后来孙策去世，朱治和张昭等人共同尊崇侍奉孙权。汉建安七年，孙权任命朱治为吴郡太守，兼任扶义将军，分割娄县、由拳、无锡、毗陵作为朱治的食邑，由他自行安排地方官员。他出征讨伐少数民族山越人，帮助孙权平定了东南，擒拿截获了黄巾的残军陈败、万秉等人。黄武元年，他被封为毗陵侯，兼任郡守不变。黄武二年，他担任安国将军，被授予金印紫绶，改封地为故鄣。

孙权位居上将，直至继位吴王，朱治每次进见，孙权经常亲自迎接，手持笏板，同时参拜，飨宴赠赐，对朱治特别恩宠尊敬，以至于朱治的随从官员，都能得到奉献礼品并以私事求见的机会，朱治就是如此被孙权特殊优待的。

起初，孙权的弟弟孙翊，性情急躁，无论高兴还是恼怒，都只求心里痛快，朱治多次责备数落他，并用道义开导他。孙权的堂兄豫章太守孙贲，女儿是曹操的儿媳。到曹操攻破荆州，威震南方大地时，孙贲很害怕，打算把儿子送往曹操那里做人质。朱治听到这个消息，请求前去面见孙贲，向他陈说安危利害关系。孙贲经朱治劝说，终于打消了这个念头。

孙权经常赞叹朱治为国家大事忧虑辛苦的精神。朱治的性情节俭，虽然身在富贵的地位,车马服饰只是办公时才使用。孙权对他实行特殊的优待,他自己却让督军御史负责给自己封地所属的城邑下达文书,他只领四个县的租税而已。但是,皇族子弟以及吴郡四大姓在郡府做官的人很多,郡府官员常常数以千计,朱治大约隔几年就得派遣一些人到王府去,派遣的人有几百个,朱治每年四时向孙权进献礼品,孙权回赠的礼品比朱治进献的还要丰厚。当时丹杨内地颇有些奸贼乱党,朱治也因为自己年纪逐渐老了,不免思恋家乡风情,就自己呈表要求驻守故鄣,镇抚山越人。他到故鄣后,所有的父老旧友,没有不登门拜访的,他全部都请进去,和他们一起欢聚饮宴,乡亲们也以此为荣。他在故鄣住了一年多,又返回吴郡。黄武三年去世,在郡府任职三十一年,享年六十九岁。

他的儿子朱才,原先担任校尉,统领部队,继承父亲爵位后,升任偏将军。朱才的弟弟朱纪,孙权把孙策的女儿嫁给他,也以校尉的身份统领部队。朱纪的弟弟朱纬、朱万岁早年夭亡。朱才的儿子朱琬,继承爵位做了将领,官做到镇西将军。

朱然　朱绩

【原文】朱然,字义封,治姊子也,本姓施氏。初,治未有子,然年十三,乃启策乞以为嗣。策命丹杨郡以羊酒召然,然到吴,策优以礼贺。

然尝与权同学书,结恩爱。至权统事,以然为余姚长,时年十九。后迁山阴令,加折冲校尉,督五县。权奇其能,分丹杨为临川郡,然为太守,① 授兵二千人。会山贼盛起,然平讨,旬月而定。曹公出濡须,然备大坞及三关屯,拜偏将军。建安二十四年,从讨关羽,别与潘璋到临沮禽羽,迁昭武将军,封西安乡侯。

① 臣松之案:此郡寻罢,非今临川郡。

虎威将军吕蒙病笃,权问曰:“卿如不起,谁可代者?”蒙对曰:“朱然胆守有余,愚以为可任。”蒙卒,权假然节,镇江陵。黄武元年,刘备举兵攻宜都,然督五千人与陆逊并力拒备。然别攻破备前锋,断其后道,备遂破走。拜征北将军,封永安侯。

魏遣曹真、夏侯尚、张郃等攻江陵,魏文帝自住宛,为其势援,连屯围城。权遣将军孙盛督万人备州上,立围坞,为然外救。郃渡兵攻盛,盛不能拒,即时却退,郃据州上围守,然中外断绝。权遣潘璋、杨粲等解围而围不解。时然城中兵多肿病,堪战者裁五千人。真等起土山,凿地道,立楼橹临城,弓矢雨注。将士皆失色,然晏如而无恐意,方厉吏士,伺间隙攻破两屯。魏攻围然凡六月日,未退。江陵令姚泰领兵备城北门,见外兵盛,城中人少,谷食欲尽,因与敌交通,谋为内应。垂发,事觉,然治戮泰。尚等不能克,乃彻攻退还。由是然名震于敌国,改封当阳侯。

六年,权自率众攻石阳,及至旋师,潘璋断后。夜出错乱,敌追击璋,璋不能禁。然即还住拒敌,使前船得引极远,徐乃后发。黄龙元年,拜车骑将军、右护军,领兖州牧。顷之,以兖州在蜀分,解牧职。

嘉禾三年,权与蜀克期大举,权自向新城,然与全琮各受斧钺,为左右督。会吏士疾病,故未攻而退。

赤乌五年，征柤中。[1]魏将蒲忠、胡质各将数千人，忠要遮险隘，图断然后，质为忠继援。时然所督兵将先四出，闻问不暇收合，便将帐下见兵八百人逆掩。忠战不利，质等皆退。[2]九年，复征柤中，魏将李兴等闻然深入，率步骑六千断然后道，然夜出逆之，军以胜反。先是，归义马茂怀奸，觉诛，权深忿之。然临行上疏曰："马茂小子，敢负恩养。臣今奉天威，事蒙克捷，欲令所获，震耀远近，方舟塞江，使足可观，以解上下之忿。惟陛下识臣先言，责臣后效。"权时抑表不出。然既献捷，群臣上贺，权乃举酒作乐，而出然表曰："此家前初有表，孤以为难必。今果如其言，可谓明于见事也。"遣使拜然为左大司马、右军师。

①《襄阳记》曰：柤音如租税之租。柤中在上黄界，去襄阳一百五十里。魏时夷王梅敷兄弟三人部曲万余家屯此，分布在中庐宜城西山鄢、沔二谷中，土地平敞，宜桑麻，有水陆良田，沔南之膏腴沃壤，谓之柤中。

② 孙氏《异同评》曰：《魏书》及《江表传》云然以景初元年、正始二年再出为寇，所破胡质、蒲忠在景初元年。《魏志》承《魏书》，依违不说质等为然所破，而直云然退耳。《吴志》说赤乌五年，于魏为正始三年，魏将蒲忠与朱然战，忠不利，质等皆退。按《魏少帝纪》及《孙权传》，是岁并无事，当是陈寿误以吴嘉禾六年为赤乌五年耳。

然长不盈七尺，气候分明。内行修洁，其所文采，惟施军器，余皆质素。终日钦钦，常在战场，临急胆定，尤过绝人。虽世无事，每朝夕严鼓，兵在营者，咸行装就队，以此玩敌，使不知所备，故出辄有功。诸葛瑾子融，步骘子协，虽各袭任，权特复使然总为大督。又，陆逊亦卒，功臣名将存者惟然，莫与比隆。寝疾二年，后渐增笃，权昼为减膳，夜为不寐，中使医药口食之物，相望于道。然每遣使表疾病消息，权辄召见，口自问讯，入赐酒食，出送布帛。自创业功臣疾病，权意之所钟，吕蒙、凌统最重，然其次矣。年六十八，赤乌十二年卒，权素服举哀，为之感恸。子绩嗣。

绩，字公绪，以父任为郎，后拜建忠都尉。叔父才卒，绩领其兵，随太常潘濬讨五溪，以胆力称。迁偏将军、营下督，领盗贼事，持法不倾。鲁王霸注意交绩，尝至其廨，就之坐，欲与结好，绩下地住立，辞而不当。然卒，绩袭业，拜平魏将军，乐乡督。明年，魏征南将军王昶率众攻江陵城，不克而退。绩与奋威将军诸葛融书曰："昶远来疲困，马无所食，力屈而走，此天助也。今追之力少，可引兵相继，吾欲破之于前，足下乘之于后，岂一人之功哉，宜同断金之义。"融答许绩。绩便引兵及昶于纪南，纪南去城三十里，绩先战胜而融不进，绩后失利。权深嘉绩，盛责怒融，融兄大将军恪贵重，故融得不废。初绩与恪、融不平，及此事变，为隙益甚。建兴元年，迁镇东将军。二年春，恪向新城，要绩并力，而留置半州，使融兼其任。冬，恪、融被害，绩复还乐乡，假节。太平二年，拜骠骑将军。孙綝秉政，大臣疑贰，绩恐吴必扰乱，而中国乘衅，乃密书结蜀，使为并兼之虑。蜀遣右将军阎宇将兵五千，增白帝守，以须绩之后命。永安初，迁上大将军、都护督，自巴丘上迄西陵。元兴元年，就拜左大司马。初，然为治行丧竟，乞复本姓，权不许。绩以五凤中表还为施氏，建衡二年卒。

【译文】朱然，字义封，是朱治姐姐的儿子，本来姓施。起初，朱治没有儿子，朱然十三岁，他就禀告孙策请求把朱然作为子嗣。孙策命令丹杨郡用羊酒为礼物征召朱然，朱然到了吴郡后，孙策用隆重的礼仪来庆贺。

朱然曾经和孙权一起读书，结下了深厚的情义。到了孙权执政时，任命朱然为余姚县长，当时朱然十九岁。后来升为山阴县令，加官折冲校尉，督察五个县的事务。孙权认为他的才能与众不同，就划分丹杨的一部分为临川郡，让朱然任太守，授予他兵员两千人。正好碰上山越强盗纷纷闹事，朱然进行平定讨伐，一个月就将骚乱平息了。曹操进犯濡须，朱然负责守备大坞和三关屯，被任命为偏将军。汉建安二十四年，他参加讨伐关羽的战斗，并与潘璋到临沮擒拿关羽，升为昭武将军，封为西安乡侯。

虎威将军吕蒙病重时，孙权问道："您的身体如果好不起来，谁可以接替您的职务？"吕蒙回答说："朱然的胆略和操守都绰绰有余，我认为可以任用。"吕蒙去世后，孙权授予朱然符节，让他镇守江陵。黄武元年，刘备兴兵攻打宜都，朱然督率五千人马和陆逊并力抵抗刘备。朱然又另率军队击败刘备的前锋，截断刘备的退路，刘备最终败逃。他被任命为征北将军，封为永安侯。

魏国派曹真、夏侯尚、张郃等人攻打江陵，魏文帝亲自驻守宛城，作为他们的有力援助，敌人的军营相连接，把江陵团团围困。孙权派将军孙盛督率一万人在江陵以外防范，并环绕江陵建立堡垒，作为朱然的外部救援。张郃移兵攻打孙盛，孙盛不能抵抗，很快退了下来，张郃便占领了环绕江陵的防守阵地，使朱然内外的联系断绝。孙权派潘璋、杨粲等人去解围，但没能成功。当时朱然城里的士兵很多人患肿病，能够作战的只有五千人。曹真等人在城外堆起土山，挖凿地道，并靠近城墙建起楼台，箭矢像雨点般射进城里。将士们都吓得变了脸色，朱然却非常沉着，毫无惧意，他不断勉励官兵，并瞅准敌人的弱点攻破敌人的两座军营。魏国围困朱然长达六个月的时间，还不退兵。江陵县令姚泰领兵守备城北大门，他看外面敌军很多，城内人太少，粮食快吃完了，于是就和敌人串通，阴谋作为敌人的内应。就在他的计划就要实施时，事情败露了，朱然处死了姚泰。夏侯尚等人不能取胜，就停止进攻，退兵返回。由此朱然的威名震动了敌国，他也因而被改封为当阳侯。

黄武六年，孙权亲自率领大军攻打石阳，等到回师时，潘璋负责断后。因为夜里发生了错乱，敌人追击潘璋，潘璋无法阻止。朱然马上返回，驻扎兵马抗击敌人，使前面的船能够拉开很远的距离，他才慢慢地随后启程。黄龙元年，他担任车骑将军、右护军，并兼任兖州牧。不久，由于兖州在蜀国治下，他就解除了州牧职务。

嘉禾三年，孙权和蜀国约定日期，对魏国联合开展一次大规模的军事行动，孙权亲自向新城进军，朱然和全琮各接受斧钺，任左右督。正赶上官兵染上瘟疫，所以没有进攻就退兵了。

赤乌五年，征伐柤中。魏国将领蒲忠、胡质各率领几千人，蒲忠封锁险要的关口，企图截断朱然的后路，胡质作为蒲忠的后续增援部队。当时朱然督率的将士首先四面出击，双方在通话间，敌人来不及集中兵力，朱然就率领手下现有的士兵八百人迎面扑上来。蒲忠作战失利，胡质等人全都撤退了。赤乌九年，朱然再次出征柤中，魏国将领李兴等人听说朱然孤军深入，就率领步兵、骑兵六千人截断朱然的后路，朱然夜间出击，反攻李兴，大军因而胜利回师。在此之前，归义马茂心怀奸计，被察觉而处死，孙权对此感到十分气愤。朱然在出兵前，上书说："马茂是小人，竟敢辜负您的恩宠和养育。我现在奉行天子的威权，战争将获得全胜，我要让战争的胜利，震动和照耀远近的大地，船只塞满江河，以这样雄伟可观的景象，来解除我吴国上下的忿怨。希望陛下记住我现在说的话，并要求我在以后的行动中付诸实施。"孙权当时把章表压下没有公开。朱然报捷以后，群臣向天子庆贺，孙权这才举办酒宴，演奏乐曲，并且出示朱然的章表说："朱然先前曾上过章表，我认为他的话很难兑现。现在果然像他说的一样，可见他观察事物很有眼力。"他还派使者任命朱然为左大司马、右军师。

朱然身高不足七尺，对待是非的态度十分明确。道德品行很有修养，他喜欢的文饰，只施用在军械器物上，其余方面都很质朴。他整天忧虑的是国家大事，经常出入在战场上，面临危急关头，他胆大沉着，超于常人。即使没有战事，他也每天早晚按规定严格击鼓，士兵在军营的，全要准备好行装站在队伍里，他用这种办法戏弄敌人，使敌人不知该如何防备，所以他出兵总是取得胜利。诸葛瑾的儿子诸葛融和步骘的儿子步协，虽然各自继承了父亲的职务，孙权还是特地又使朱然总揽军务，担任大督。加上陆逊也去世，功臣名将中幸存的只有朱然，因而没有人能和他一样显贵。他卧病两年，后来病情逐渐加重，孙权白天为他吃不下饭，晚上为他睡不着觉，天子的使者给他送医药饮食物品，在路上络绎不绝。朱然每次派使者报告病情，孙权总立刻召见，亲口询问，使者进宫则赐予酒食，出宫则赠送布帛。有创业功勋的大臣生病以来，孙权对他们的关心，对吕蒙和凌统最深切，其次就是朱然。朱然享年六十八岁，赤乌十二年去世，孙权身穿丧服表示哀悼，为他悲伤恸哭。他的儿子朱绩继承爵位。

朱绩，字公绪，由于父亲的保举做了郎官，后来担任建忠都尉。他的叔父朱才去世后，他统领朱才的部队，跟随太常潘濬讨伐五溪，以胆量勇力著称。升为偏将军、营下督，兼理关于盗贼方面的事务，他执行法令不偏不倚。鲁王孙霸很看重同朱绩交结，曾经到朱绩的官署，靠近朱绩坐下，想和朱绩交为好友，朱绩却下地站立，推辞不接受。朱然去世后，朱绩继承父业，担任平魏将军、乐乡督。第二年，魏国征南将军王昶率领部队攻打江陵城，没有获胜，便撤兵了。朱绩给奋威将军诸葛融写信说："王昶远道赶来，十分疲劳，马匹没有食料，兵力受挫而逃跑，这是上天对我们的帮助。如今能追击他的力量太小，可以率军续接上去。我打算先追上去击溃他们，足下随后再给他们以打击。这哪里是一个人的功劳呢？应当以'二人同心，其利断金'的精神共勉。"诸葛融答应了朱绩的提议。朱绩便率领部队追击王昶到了纪南，纪南距离江陵城三十里，朱绩先战胜了王昶，诸葛融的后援部队却没有出发，因而朱绩后来失利了。孙权非常赞许朱绩的做法，而狠狠地责备了诸葛融，诸葛融的哥哥大将军诸葛恪很有权势，所以诸葛融没有被免职。起初，朱绩和诸葛恪、诸葛融就不和，到这件事发生后，双方的嫌隙就又加深了。建兴元年，朱绩升为镇东将军。建兴二年春天，诸葛恪进军新城，约请朱绩并力作战，然后把朱绩留下安置在半州，让诸葛融兼理朱绩的职务。

到了冬天，诸葛恪和诸葛融被杀，朱绩又返回乐乡，被授予符节。太平二年，他被任命为骠骑将军。孙綝垄断朝政后，大臣们猜疑离心，朱绩担心吴国如果混乱，中原势力就会钻空子，就暗中写信与蜀国联系，让他们制定兼并吴国的计划。蜀国就派右将军阎宇率领部队五千人，增加白帝城的守备，以等待朱绩的下一步打算。永安初年，朱绩升为上大将军、都护督，从巴丘边境到西陵都是他的辖区。元兴元年，担任左大司马。起初，朱然为朱治服丧结束，要求恢复本姓，孙权不同意。朱绩在五凤年间宣布恢复施姓，建衡二年去世。

吕范　吕据

【原文】吕范，字子衡，汝南细阳人也。少为县吏，有容观姿貌。邑人刘氏，家富女美，范求之。女母嫌，欲勿与，刘氏曰："观吕子衡，宁当久贫者邪？"遂与之婚。后避乱寿春，孙策见而异之，范遂自委昵，将私客百人归策。时太妃在江都，策遣范迎之。徐州牧陶谦谓范为袁氏觇候，讽县掠考范，范亲客健儿篡取以归。时唯范与孙河常从策，跋涉辛苦，危难不避，策亦亲戚待之，每与升堂，饮宴于太妃前。

后从策攻破庐江，还俱东渡，到横江、当利，破张英、于麋，下小丹杨、湖孰，领湖孰相。策定秣陵、曲阿，收笮融、刘繇余众，增范兵二千，骑五十匹。后领宛陵令，讨破丹杨贼，还吴，迁都督。[①]

①《江表传》曰：策从容独与范棋，范曰："今将军事业日大，士众日盛，范在远，闻纲纪犹有不整者，范愿暂领都督，佐将军部分之。"策曰："子衡，卿既士大夫，加手下已有大众，立功于外，岂宜复屈小职，知军中细碎事乎！"范曰："不然。今舍本土而托将军者，非为妻子也，欲济世务。犹同舟涉海，一事不牢，即俱受其败。此亦范计，非但将军也。"策笑，无以答。范出，更释褠，著裤褶，执鞭，诣阁下启事，自称领都督，策乃授传，委以众事。由是军中肃睦，威禁大行。

是时下邳陈瑀自号吴郡太守，住海西，与强族严白虎交通。策自将讨虎，别遣范与徐逸攻瑀于海西，枭其大将陈牧。[①]又从攻祖郎于陵阳、太史慈于勇里。七县平定，拜征虏中郎将，征江夏，还平鄱阳。

①《九州春秋》曰：初平三年，扬州刺史陈祎死，袁术使瑀领扬州牧。后术为曹公所败于封丘，南人叛瑀，瑀拒之。术走阴陵，好辞以下瑀，瑀不知权，而又怯，不即攻术。术于淮北集兵向寿春。瑀惧，使其弟公琰请和于术。术执之而进，瑀走归下邳。

策薨，奔丧于吴。后权复征江夏，范与张昭留守。曹公至赤壁，与周瑜等俱拒破之，拜裨将军，领彭泽太守，以彭泽、柴桑、历阳为奉邑。刘备诣京见权，范密请留备。后迁平南将军，屯柴桑。

权讨关羽，过范馆，谓曰："昔早从卿言，无此劳也。今当上取之，卿为我守建业。"权破羽还，都武昌，拜范建威将军，封宛陵侯，领丹杨太守，治建业，督扶州以下至海，转以溧阳、怀安、宁国为奉邑。

曹休、张辽、臧霸等来伐，范督徐盛、全琮、孙韶等，以舟师拒休等于洞口。迁前将军，假节，改封南昌侯。时遭大风，船人覆溺，死者数千，还军，拜扬州牧。

性好威仪，州民如陆逊、全琮及贵公子，皆修敬虔肃，不敢轻脱。其居处服饰，于时奢靡，然勤事奉法，故权悦其忠，不怪其侈。①

①《江表传》曰：人有白范与贺齐奢丽夸绮，服饰僭拟王者，权曰："昔管仲逾礼，桓公优而容之，无损于霸。今子衡、公苗，身无夷吾之失，但其器械精好，舟车严整耳，此适足作军容，何损于治哉？"告者乃不敢复言。

初，策使范典主财计，权时年少，私从有求，范必关白，不敢专许，当时以此见望。权守阳羡长，有所私用，策或料覆，功曹周谷辄为傅著簿书，使无谴问。权临时悦之，及后统事，以范忠诚，厚见信任，以谷能欺更簿书，不用也。

黄武七年，范迁大司马，印绶未下，疾卒。权素服举哀，遣使者追赠印绶。及还都建业，权过范墓呼曰："子衡！"言及流涕，祀以太牢。①

①《江表传》曰：初，权移都建业，大会将相文武，时谓严畯曰："孤昔叹鲁子敬比邓禹，吕子衡方吴汉，闻卿诸人未平此论，今定云何？"畯退席曰："臣未解指趣，谓肃、范受饶，褒叹过实。"权曰："昔邓仲华初见光武，光武时受更始使，抚河北，行大司马事耳，未有帝王志也。禹劝之以复汉业，是禹开初议之端矣。子敬英爽有殊略，孤始与一语，便及大计，与禹相似，故比之。吕子衡忠笃亮直，性虽好奢，然以忧公为先，不足为损，避袁术自归于兄，兄作大将，别领部曲，故忧兄事，乞为都督，办护修整，加之恪勤，与吴汉相类，故方之。皆有指趣，非孤私之也。"畯乃服。

范长子先卒，次子据嗣。据，字世议，以父任为郎，后范寝疾，拜副军校尉，佐领军事。范卒，迁安军中郎将。数讨山贼，诸深恶剧地，所击皆破。随太常潘濬讨五溪，复有功。朱然攻樊，据与朱异破城外围，还拜偏将军，入补马闲右部督，迁越骑校尉。太元元年，大风，江水溢流，渐淹城门，权使视水，独见据使人取大船以备害。权嘉之，拜荡魏将军。权寝疾，以据为太子右部督。太子即位，拜右将军。魏出东兴，据赴讨有功。明年，孙峻杀诸葛恪，迁据为骠骑将军，平西宫事。五凤二年，假节，与峻等袭寿春，还遇魏将曹珍，破之于高亭。太平元年，帅师侵魏，未及淮，闻孙峻死，以从弟綝自代，据大怒，引军还，欲废綝。綝闻之，使中书奉诏，诏文钦、刘纂、唐咨等使取据，又遣从兄宪以都下兵逆据于江都。左右劝据降魏，据曰："耻为叛臣。"遂自杀。夷三族。

【译文】吕范，字子衡，汝南细阳人。年轻时做过县吏，他的仪表举止很有风度。同邑内有户人家姓刘，家中富裕，女儿貌美，吕范向他们求婚。女儿的母亲嫌弃吕范，不想把女儿嫁给他，那位姓刘的人说："看吕子衡的样子，怎么能永远贫穷呢？"就让女儿和他成亲。后来吕范在寿春躲避战乱，孙策见到他就认为他与众不同，吕范就依附亲近孙策，并率领自己的门客一百人归顺孙策。当时太妃在江都，孙策派吕范去迎接她。徐州牧陶谦以为吕范是替袁氏侦探情况的，就暗示县里对吕范进行严刑拷问，吕范亲信门客中的勇壮之士把他抢夺回来。那时只有吕范和孙河经常跟随孙策，跋山涉水，十分艰苦，在危险困难面前，他从没有退缩，孙策也像对待亲戚那样对待他，每每和他一起登上厅堂，在太妃面前聚宴。

后来他跟随孙策攻克庐江,返回后又一起东渡长江,到达横江、当利,击溃张英、于麋,攻占小丹杨、湖孰,事后他兼任湖孰相。孙策平定了秣陵、曲阿,收复了笮融、刘繇的残余人马,增加吕范的兵员二千人,战马五十匹。后来吕范兼任宛陵县令,讨伐击败丹杨的强盗,返回吴郡,升为都督。

这时候,下邳人陈瑀自称吴郡太守,驻扎在海西,和豪门大族严白虎串通一气。孙策自己要去讨伐严白虎,另外派吕范和徐逸在海西攻击陈瑀,他们杀了陈瑀的大将陈牧。吕范又参加了在陵阳攻击祖郎、在勇里攻击太史慈的战斗。七个县平定以后,他被任命为征虏中郎将,出征江夏,返回时平定了鄱阳。

孙策去世,吕范到吴郡参加丧礼。后来孙权再次出征江夏,吕范和张昭留守。曹操来到赤壁,吕范和周瑜等人共同抗击并打败曹操,吕范被任命为裨将军,兼任彭泽太守,并以彭泽、柴桑、历阳作为食邑。刘备到京都会见孙权,吕范秘密奏请扣留刘备。后来他升为平南将军,驻守柴桑。

孙权讨伐关羽,到馆舍拜访吕范,对吕范说:“先前早听您的话,就没有这次的麻烦了。现在我应当去攻取他们,您替我守卫建业。”孙权击败关羽回师,把武昌作为京都,任命吕范为建威将军,封他为宛陵侯,让他兼任丹杨太守,治理建业,督察扶州以东直至海岸地区的事务,改以溧阳、怀安、宁国为他的食邑。

曹休、张辽、臧霸等人来攻伐,吕范督率徐盛、全琮、孙韶等人,率水军在洞口抗击曹休等人。他升为前将军,授予符节,改封为南昌侯。当时他们遇上了狂风,船翻落水,淹死了几千人,回师以后,他被任命为扬州牧。

他生性威严,所辖州的百姓如陆逊、全琮以及尊贵的王子王孙,都对他恭敬严肃,不敢轻浮。他的居处和服饰,在当时是奢侈豪华的,但他做事勤勉,奉行法令,所以孙权喜欢他的忠诚,不责怪他的奢侈。

起初,孙策让吕范掌管财物会计,孙权当时还年轻,私下有求于吕范,吕范毫不犹豫地禀告孙策,不敢擅自答应,当时因此受孙权埋怨。孙权代理阳羡县长的职务时,曾经私用公款,孙策有时核查账目,功曹周谷总是为孙权补记进账目里,使他不受谴责追问。孙权当时很喜欢周谷,到后来孙权主事时,吕范因为忠诚,深得信任,而周谷因善于窜改账目,不被孙权任用。

黄武七年,吕范升任大司马,印绶还没有授予他,他就因病去世。孙权身穿丧服表示哀悼,派使者追赠他印绶。到把京都迁回建业时,孙权专门去吕范墓前祭奠,他大声呼唤:“子衡!”话刚出口,眼泪就落了下来,他用太牢来祭祀吕范。

吕范的长子早已去世,次子吕据继承爵位。吕据,字世议,因父亲的原因做了郎官,后来因吕范病卧床不起,他担任副军校尉,帮助他父亲统理军队事务。吕范去世后,他升为安军中郎将。他多次讨伐山越强盗,各种老奸巨猾的贼人和艰难凶险的地方,只要他出击,都被攻破。他跟随太常潘濬讨伐五溪,再次建立功勋。朱然进攻樊城,吕据和朱异攻破城邑的外围,回来时吕据被任命为偏将军,进京补任马闲右部督,升为越骑校尉。太元元年,刮大风,长江泛滥,洪水逐渐淹到城门,孙权派人视察水情,只发现吕据派人搬取大船以防灾害。孙权嘉奖他，任命他为荡魏将军。孙权因病卧床不起，任命吕据为太子右部督。太子即位后，任命他为右将军。魏国进犯东兴，吕据前去讨伐，立下功劳。第二年，孙峻杀死诸葛恪，提升吕据为骠骑将军，吕据平定了西宫的骚乱。五凤二年，授予吕据符节，他和孙峻等人袭击寿春，返回时与魏国将领曹珍相遇，在高亭大败曹珍。太平元年，他率军入侵魏国，未到淮河，听说孙峻死了，并遗命堂弟孙綝取代自己的职位，吕据非常气愤，率军返回，打算废黜孙綝。孙綝得知消息，派中书奉皇上诏书，命令文钦、刘纂、唐咨等人抓捕吕据，又派他的堂兄孙宪率领京城的部队在江都迎击吕据。吕据手下的人劝他投降魏国，吕据说："我认为做叛臣可耻。"于是他自杀了。孙綝将他的三族夷灭。

朱桓　朱异

【原文】朱桓，字休穆，吴郡吴人也。孙权为将军，桓给事幕府，除余姚长。往遇疫疠，谷食荒贵。桓分部良吏，隐亲医药，飧粥相继，士民感戴之。迁荡寇校尉，授兵二千人，使部伍吴、会二郡，鸠合遗散，期年之间，得万余人。后丹杨、鄱阳山贼蜂起，攻没城郭，杀略长吏，处处屯聚。桓督领诸将周旋赴讨，应皆平定。稍迁裨将军，封新城亭侯。

后代周泰为濡须督。黄武元年，魏使大司马曹仁步骑数万向濡须，仁欲以兵袭取州上，伪先扬声欲东攻羡溪。桓分兵将赴羡溪，既发，卒得仁进军拒濡须七十里间，桓遣使追还羡溪兵，兵未到而仁奄至。时桓手下及所部兵，在者五千人，诸将业业，各有惧心。桓喻之曰："凡两军交对，胜负在将，不在众寡。诸君闻曹仁用兵行师，孰与桓邪？兵法所以称'客倍而主人半'者，谓俱在平原，无城池之守，又谓士众勇怯齐等故耳。今仁既非智勇，加其士卒甚怯，又千里步涉，人马罢困。桓与诸军共据高城，南临大江，北背山陵，以逸待劳，为主制客，此百战百胜之势也。虽曹丕自来，尚不足忧，况仁等邪！"桓因偃旗鼓，外示虚弱以诱致仁。仁果遣其子泰攻濡须城，分遣将军常雕督诸葛虔、王双等，乘油船别袭中洲。中洲者，部曲妻子所在也。仁自将万人留橐皋，复为泰等后拒。桓部兵将攻取油船，或别击雕等。桓等身自拒泰，烧营而退，遂枭雕，生虏双，送武昌，临陈斩溺，死者千余。权嘉桓功，封嘉兴侯，迁奋武将军，领彭城相。

黄武七年，鄱阳太守周鲂谲诱魏大司马曹休，休将步骑十万至皖城以迎鲂。时陆逊为元帅，全琮与桓为左右督，各督三万人击休。休知见欺，当引军还，自负众盛，邀于一战。桓进计曰："休本以亲戚见任，非智勇名将也。今战必败，败必走，走当由夹石、挂车，此两道皆险阨，若以万兵柴路，则彼众可尽，而休可生虏，臣请将所部以断之。若蒙天威，得以休自效，便可乘胜长驱，进取寿春，割有淮南，以规许、洛。此万世一时，不可失也。"权先与陆逊议，逊以为不可，故计不施行。

黄龙元年，拜桓前将军，领青州牧，假节。嘉禾六年，魏庐江主簿吕习请大兵自迎，欲开门为应。桓与卫将军全琮俱以师迎。既至，事露，军当引还。城外有溪水，去城一里所，广三十余丈，深者八九尺，浅者半之，诸军勒兵渡去，桓自断后。时庐江太守李膺整严兵骑，欲须诸军半渡，因迫击之。及见桓节盖在后，卒不敢出，其见惮如此。

是时全琮为督，权又令偏将军胡综宣传诏命，参与军事。琮以军出无获，议欲部分诸将，有所掩袭。桓素气高，耻见部伍，乃往见琮，问行意，感激发怒，与琮校计。琮欲自解，因曰："上自令胡综为督，综意以为宜尔。"桓愈恚恨，还乃使人呼综。综至军门，桓出迎之，顾谓左右曰："我纵手，汝等各自去。"有一人旁出，语综使还。桓出，不见综，知左右所为，因斫杀之。桓佐军进谏，刺杀佐军，遂托狂发，诣建业治病。权惜其功能，故不罪。① 使子异摄领部曲，令医视护，数月复遣还中洲。权自出相送，谓曰："今寇虏尚存，王涂未一，孤当与君共定天下，欲令君督五万人专当一面，以图进取，想君疾未复发也。"桓曰："天授陛下圣姿，当君临四海，猥重任臣，以除奸逆，臣疾当自愈。"②

① 孙盛曰：《书》云："臣无作威作福，作威作福，则凶于而家，害于而国。"桓之贼忍，殆虎狼也，人君且犹不可，况将相乎？语曰："得一夫而失一国。"纵罪亏刑，失孰大焉！

②《吴录》曰：桓奉觞曰："臣当远去，愿一捋陛下须，无所复恨。"权冯几前席，桓进前捋须曰："臣今日真可谓'捋虎须'也。"权大笑。

桓性护前，耻为人下，每临敌交战，节度不得自由，辄嗔恚愤激。然轻财贵义，兼以强识，与人一面，数十年不忘，部曲万口，妻子尽识之。爱养吏士，赡护六亲，俸禄产业，皆与共分。及桓疾困，举营忧戚。年六十二，赤乌元年卒。吏士男女，无不号慕。又家无余财，权赐盐五千斛以周丧事。子异嗣。

异，字季文，以父任除郎，① 后拜骑都尉，代桓领兵。赤乌四年，随朱然攻魏樊城，建计破其外围，还拜偏将军。魏庐江太守文钦营住六安，多设屯寨，置诸道要，以招诱亡叛，为边寇害。异乃身率其手下二千人，掩破钦七屯，斩首数百，迁扬武将军。权与论攻战，辞对称意。权谓异从父骠骑将军据曰："本知季文胆定，见之复过所闻。"十三年，文钦诈降，密书与异，欲令自迎。异表呈钦书，因陈其伪，不可便迎。权诏曰："方今北土未一，钦云欲归命，宜且迎之。若嫌其有谲者，但当设计网以罗之，盛重兵以防之耳。"乃遣吕据督二万人，与异并力，至北界，钦果不降。建兴元年，迁镇南将军。是岁魏遣胡遵、诸葛诞等出东兴，异督水军攻浮梁，坏之，魏军大破。② 太平二年，假节，为大都督，救寿春围，不解。还军，为孙綝所枉害。③

①《文士传》曰：张惇子纯与张俨及异俱童少，往见骠骑将军朱据。据闻三人才名，欲试之，告曰："老鄙相闻，饥渴甚矣。夫騕褭以迅骤为功，鹰隼以轻疾为妙，其为吾各赋一物，然后乃坐。"俨乃赋犬曰："守则有威，出则有获，韩卢、宋鹊，书名竹帛。"纯赋席曰："席以冬设，簟为夏施，揖让而坐，君子攸宜。"异赋弩曰："南岳之干，钟山之铜，应机命中，获隼高墉。"三人各随其目所见而赋之，皆成而后坐，据大欢悦。

②《吴书》曰：异又随诸葛恪围新城，城既不拔，异等皆言宜速还豫章，袭石头城，不过数日可拔。恪以书晓异，异投书于地曰："不用我计，而用傒子言！"恪大怒，立夺其兵，遂废还建业。

③《吴书》曰：綝要异相见，将往，恐陆抗止之，异曰："子通，家人耳，当何所疑乎！"遂往。綝使力人于坐上取之。异曰："我吴国忠臣，有何罪乎？"乃拉杀之。

【译文】朱桓，字休穆，吴郡吴县人。孙权任将军时，他在将军府供职，被提升为余姚县长。他去赴任时，碰上瘟疫流行，粮食歉收，价格昂贵。朱桓部属一些能干的官员，提供医药抚恤安慰百姓，又接着用粥饭救济百姓，士人百姓都感激拥戴他。他被提升为荡寇校尉，授予兵员两千人，让他在吴郡、会稽两郡驻扎部队，召集散落的士兵，一年时间，得到了一万多人。后来丹杨、鄱阳一带的山越强盗纷纷聚集一起闹事，攻陷城邑，杀害地方官员，处处屯兵设防。朱桓督率众将领前往讨伐，所到之处都得以平定。他逐渐升为裨将军，封为新城亭侯。

后来他接替周泰任濡须督。黄武元年，魏国派大司马曹仁率兵马几万人进犯濡须，曹仁想派兵偷袭夺取州治，事先故意放出风声，说魏国打算向东攻打羡溪。朱桓分出一部分官兵前往羡溪，队伍已经出发，突然得到曹仁进军距离濡须只有七十里的消息，于是派使者追回前往羡溪的部队，去羡溪的部队还未返回，曹仁的军队已经迅速赶到。当时朱桓手下的人马以及他所统领的部队，留下的只有五千人，将领们惶惶不安，都有惧敌的心理。朱桓开导他们说："凡两军交战，胜负的关键在于将领，不在士兵的多少。诸位听说曹仁用兵，与我相比怎么样？兵法所说'客军超过守军一倍'的情况，那说的是双方都在平原，没有城池的守备，另外也指双方士兵勇怯状况完全相同。现在敌人的主将既不是智勇双全的人，加上他的士兵非常胆怯，同时他们又是千里步行，人马都非常疲劳，我和各部队共同据守高高的城邑，南面对着大江，北面靠着山陵，以逸待劳，作为主人抵御敌人，这是百战百胜的形势。即使是曹丕亲自来，尚且不值得担忧，何况是曹仁这伙人！"朱桓就势偃旗息鼓，对外显示自己虚弱，以此诱惑招引曹仁。曹仁果然派他的儿子曹泰攻打濡须城，又分派将军常雕督率诸葛虔、王双等人，乘油船另外袭击中洲。中洲是部队家属住的地方。曹仁自己率领一万人留守橐皋，又作为曹泰等人的后盾。朱桓所部官兵攻取油船，有的则另外攻击常雕等人。朱桓等人亲自抗击曹泰，把曹泰的军营烧毁，迫使曹泰退兵，结果杀死了常雕，活捉了王双等人，送到武昌，临阵杀死、淹死的敌人有一千多。孙权嘉奖朱桓的功劳，封他为嘉兴侯，升为奋武将军，并让他兼任彭城相。

黄武七年，鄱阳太守周鲂设计引诱魏国大司马曹休，曹休率领步兵、骑兵十万人到皖城迎接周鲂。当时陆逊是元帅，全琮和朱桓任左右督，各率领三万人攻击曹休。曹休得知被欺骗后，本来应当率军退回，但他仗着自己人多势众，力求与对方进行一次决战。朱桓献计说："曹休本来是因为亲属关系而被委以重任，他不是智勇双全的杰出的将领。如果决战，他必然失败，失败则必然逃走，逃走时必定从夹石、挂车两条路走，这两条道路都是地势险恶之处，如果用万人的兵力封锁道路，那么他们的全部人马可以被歼灭，曹休也可以活捉，我请求率本部人马去截断他们的退路。如果承蒙上天的威力，能攻破曹休，为国效命，就可以乘胜长驱直入，进而夺取寿春，占有淮南，以制约许昌、洛阳。这是万世一时的机会，不能丧失。"孙权先和陆逊商议，陆逊认为朱桓的计策不可用，所以朱桓这条计谋没有施行。

黄龙元年，朱桓被任命为前将军，兼任青州牧，授予符节。嘉禾六年，魏国庐江主簿吕习请求吴国出动大军，迎接魏军，他想打开城门作为内应。朱桓和卫将军全琮一起率军去迎接吕习。他们到达以后，事情败露，大军退回。庐江城外有一条溪水，距离城邑一里多地，宽三十多丈，深处有八九尺，浅处是深处的一半，各部队带兵渡溪水，朱桓亲自断后。这时庐江太守李膺整饬兵马，想等各军一半人马渡过溪水时，趁机冲上去攻击他们。等他发现朱桓在后面节制掩护部队，最终不敢出兵，朱桓就是这样为敌人所惧怕。

当时全琮是大将，孙权又命令偏将军胡综宣布诏令，参与军队事务。全琮因为军队出师没有收获，和胡综商量想安排布置众将领对这次失利加以掩饰。朱桓一向气节高尚，耻于与全琮为伍，就去拜见全琮，质问他这样做的目的是什么，他一时激动，发起了脾气，和全琮争论起来。全琮想自我开脱，就说："主上亲自命令胡综任大将，胡综的意思认为这样做合适。"朱桓越发愤恨，回去就派人叫来胡综。胡综来到军营门外，朱桓出去迎接他，并回头对手下的人说："我挥手时，你们各自躲开。"有一个人从旁边溜出去，告诉胡综让他回去。朱桓出来后，不见胡综，知道是手下的人干的，因而砍杀了他们。朱桓的佐军上前劝谏他，他就刺杀了佐军，于是就借口精神病发作，到建业治病。孙权爱惜他的功劳和才能，所以没有处治他。孙权派他的儿子朱异代理统领部队，让医生看护他，几个月后，又派他返回中洲。孙权亲自为他饯行，对他说："现在敌人还存在，建立王业的道路没有确定，我将和您共同平定天下，打算让您督率五万人独当一面，以谋求进取，我想您的病不会再发作了。"朱桓说："上天授予陛下伟大的体魄，陛下必然君临四海，陛下把重大的责任交给我，让我消除奸邪叛逆，我的病必然会自己好的。"

朱桓生性喜爱护短，以居于人下为耻辱，每次临敌交战，如果调动指挥部队不能任从自己的意思，就要嗔怒愤激。然而他轻视财物，重视情义，加上他的记忆力很强，只要与人见一面，就几十年不忘，他的部队上万人，他们的家属他都记在心里。他爱护养育官兵，也赡养保护他们的亲属，他的俸禄产业，都和部下共同分享。当他疾病缠身时，整个军营里充满了忧伤的气氛。六十二岁，赤乌元年去世。官兵及其亲属，没有不景仰他并为他哀号的。另外由于他家里没有多余的钱财，孙权就赐予他家五千斛盐来周济丧事。他的儿子朱异继承爵位。

朱异，字季文，由于父亲的保举升为郎官，后来担任骑都尉，接替朱桓统领部队。赤乌四年，他跟随朱然攻打魏国樊城，他提议攻破樊城的外围，回来后被任命为偏将军。魏国庐江太守文钦军营驻扎在六安，并设立了许多营垒，安置在道路要冲上，以招徕引诱敌人的叛逃者，成为边境上的祸害。朱异就亲自率领他手下的两千人，袭击攻破了文钦的七个营垒，斩首几百人，因而升为扬武将军。孙权和他讨论攻战的战略战术，他的回答很符合孙权的心意。孙权对朱异的叔父骠骑将军朱据说："我本来就知道季文胆大沉着，见了他以后，才知道他的胆略超过了传闻。"赤乌十三年，文钦诈降，秘密写信给朱异，想让朱异亲自来迎降。朱异上表呈献文钦的书信，趁势陈述了文钦的虚假，认为不能随便迎降。孙权下令说："如今北方的土地没有统一，文钦说他想归顺天命，应当暂且去迎降。如果怀疑他的投降有诈的话，只需要设下罗网来捕拿他，布置重兵防备他而已。"就派吕据督率两万人，和朱异协力合作，他们来到北部边界，文钦果然没有投降。建兴元年，朱异升为镇南将军。这一年，魏国派胡遵、诸葛诞等人进犯东兴，朱异督率水军攻击他们的浮桥，破坏了他们的浮桥，魏国军队大败。太平二年，朱异被授予符节，任大都督，救援被敌军围困的寿春，没能解围。回师后，被孙綝无端杀害。

【原文】评曰：朱治、吕范以旧臣任用，朱然、朱桓以勇烈著闻，吕据、朱异、施绩咸有将领之才，克绍堂构。若范、桓之越隘，得以吉终，至于据、异无此之尤而反罹殃者，所遇之时殊也。

【译文】评论说：朱治、吕范是因为旧臣的身份而被任用，朱然、朱桓则由于勇敢刚烈而著称，吕据、朱异、施绩都有将领的才干，可以继续成为国家的栋梁。像吕范、朱桓那样迂曲狭隘，却能有个好的结局，而吕据、朱异没有他们的毛病，反倒遭受祸殃，这是因为他们所处的时代不同。

卷五十七　吴书十二

虞陆张骆陆吾朱传第十二

虞翻　虞汜、虞忠、虞耸、虞昺

【原文】虞翻，字仲翔，会稽余姚人也，① 太守王朗命为功曹。孙策征会稽，翻时遭父丧，衰绖诣府门，朗欲就之，翻乃脱衰入见，劝朗避策。朗不能用，拒战败绩，亡走浮海。翻追随营护，到东部候官，候官长闭城不受，翻往说之，然后见纳。② 朗谓翻曰："卿有老母，可以还矣。" ③ 翻既归，策复命为功曹，待以交友之礼，身诣翻第。④

①《吴书》曰：翻少好学，有高气。年十二，客有候其兄者，不过翻，翻追与书曰："仆闻虎魄不取腐芥，磁石不受曲针，过而不存，不亦宜乎！"客得书奇之，由是见称。

②《吴书》曰：翻始欲送朗到广陵，朗惑王方平记言"疾来邀我，南岳相求"，故遂南行。既至候官，又欲投交州，翻谏朗曰："此妄书耳，交州无南岳，安所投乎？"乃止。

③《翻别传》曰：朗使翻见豫章太守华歆，图起义兵。翻未至豫章，闻孙策向会稽，翻乃还。会遭父丧，以臣使有节，不敢过家，星行追朗至候官。朗遣翻还，然后奔丧。而传云孙策之来，翻衰绖诣府门，劝朗避策，则为大异。

④《江表传》曰：策书谓翻曰："今日之事，当与卿共之，勿谓孙策作郡吏相待也。"

策好驰骋游猎，翻谏曰："明府用乌集之众，驱散附之士，皆得其死力，虽汉高帝不及也。至于轻出微行，从官不暇严，吏卒常苦之。夫君人者不重则不威，故白龙鱼服，困于豫且，白蛇自放，刘季害之，愿少留意。"策曰："君言是也，然时有所思，端坐悒悒，有裨谌草创之计，是以行耳。"①

①《吴书》曰：策讨山越，斩其渠帅，悉令左右分行逐贼，独骑与翻相得山中。翻问："左右安在？"策曰："悉行逐贼。"翻曰："危事也！"令策下马："此草深，卒有惊急，马不及萦策，但牵之，执弓矢以步。翻善用矛，请在前行。"得平地，劝策乘马。策曰："卿无马奈何？"答曰："翻能步行，日可三百里，自征讨以来，吏卒无及翻者，明府试跃马，翻能疏步随之。"行及大道，得一鼓吏，策取角自鸣之，部曲识声，小大皆出，遂从周旋，平定三郡。

《江表传》曰：策讨黄祖，旋军欲过取豫章，特请翻语曰："华子鱼自有名字，然非吾敌也。加闻其战具甚少，若不开门让城，金鼓一震，不得无所伤害，卿便在前具宣孤意。"翻即奉命辞行，径到郡，请被褠葛巾与歆相见，谓歆曰："君自料名声之在海内，孰与鄙郡故王府君？"歆曰："不及也。"翻曰："豫章资粮多少？器仗精否？士民勇果孰与鄙郡？"又曰："不如也。"翻曰："讨逆将军智略超世，用兵如神，前走刘扬州，君所亲见，南定鄙郡，亦君所闻也。今欲守孤城，自料资粮，已知不足，不早为计，悔无及也。今大军已次椒丘，仆便还去，明日日中迎檄不到者，与君辞矣。”翻既去，歆明旦出城，遣吏迎策。策既定豫章，引军还吴，飨赐将士，计功行赏，谓翻曰：“孤昔再至寿春，见马日磾，及与中州士大夫会，语我东方人多才耳，但恨学问不博，语议之间，有所不及耳。孤意犹谓未耳。卿博学洽闻，故前欲令卿一诣许，交见朝士，以折中国妄语儿。卿不愿行，便使子纲，恐子纲不能结儿辈舌也。”翻曰：“翻是明府家宝，而以示人，人倘留之，则去明府良佐，故前不行耳。”策笑曰：“然。”因曰：“孤有征讨事，未得还府，卿复以功曹为吾萧何，守会稽耳。”后三日，便遣翻还郡。

臣松之以为：王、华二公于扰攘之时，抗猛锐之锋，俱非所能。歆之名德，实高于朗，而《江表传》述翻说华云“海内名声，孰与于王”，此言非也。然王公拒战，华逆请服，实由孙策初起，名微众寡，故王能举兵，岂武胜哉？策后威力转盛，势不可敌，华量力而止，非必用仲翔之说也。若使易地而居，亦华战王服耳。

按《吴历》载翻谓歆曰：“窃闻明府与王府君齐名中州，海内所宗，虽在东垂，常怀瞻仰。”歆答曰：“孤不如王会稽。”翻复问：“不审豫章精兵，何如会稽？”对曰：“大不如也。”翻曰：“明府言不如王会稽，谦光之谭耳；精兵不如会稽，实如尊教。”因述孙策才略殊异，用兵之奇，歆乃答云当去。此说为胜也。翻出，歆遣吏迎策。二说有不同。

翻出为富春长。策薨，诸长吏并欲出赴丧，翻曰：“恐邻县山民或有奸变，远委城郭，必致不虞。”因留制服行丧。诸县皆效之，咸以安宁。[①] 后翻州举茂才，汉召为侍御史，曹公为司空辟，皆不就。[②]

①《吴书》曰：策薨，权统事。定武中郎将暠，策之从兄也，屯乌程，整帅吏士，欲取会稽。会稽闻之，使民守城以俟嗣主之命，因令人告谕暠。《会稽典录》载翻说暠曰：“讨逆明府，不竟天年。今摄事统众，宜在孝廉，翻已与一郡吏士婴城固守，必欲出一旦之命，为孝廉除害，惟执事图之。”于是暠退。

臣松之案：此二书所说策亡之时，翻犹为功曹，与本传不同。

②《吴书》曰：翻闻曹公辟，曰：“盗跖欲以余财污良家耶？”遂拒不受。

翻与少府孔融书，并示以所著《易注》。融答书曰：“闻延陵之理乐，睹吾子之治《易》，乃知东南之美者，非徒会稽之竹箭也。又观象云物，察应寒温，原其祸福，与神合契，可谓探赜穷通者也。”会稽东部都尉张纮又与融书曰：“虞仲翔前颇为论者所侵，美宝为质，雕摩益光，不足以损。”

孙权以为骑都尉。翻数犯颜谏争，权不能悦，又性不协俗，多见谤毁，坐徙丹杨泾县。吕蒙图取关羽，称疾还建业，以翻兼知医术，请以自随，亦欲因此令翻得释也。后蒙举军西上，南郡太守麋芳开城出降。蒙未据郡城而作乐沙上，翻谓蒙曰：“今区区一心者麋将军也，城中之人岂可尽信？何不急入城持其管籥乎？”蒙即从之。时城中有伏计，赖翻谋不行。关羽既败，权使翻筮之，得“兑”下“坎”上，“节”，五爻变之“临”，翻曰：“不出二日，必当断头。”果如翻言。权曰：“卿不及伏羲，可与东方朔为比矣。”

魏将于禁为羽所获，系在城中，权至释之，请与相见。他日，权乘马出，引禁并行，翻呵禁曰："尔降虏，何敢与吾君齐马首乎！"欲抗鞭击禁，权呵止之。后权于楼船会群臣饮，禁闻乐流涕，翻又曰："汝欲以伪求免邪？"权怅然不平。①

①《吴书》曰：后权与魏和，欲遣禁还归北，翻复谏曰："禁败数万众，身为降虏，又不能死。北习军政，得禁必不如所规。还之虽无所损，犹为放盗，不如斩以令三军，示为人臣有二心者。"权不听。群臣送禁，翻谓禁曰："卿勿谓吴无人，吾谋适不用耳。"禁虽为翻所恶，然犹盛叹翻，魏文帝常为翻设虚坐。

权既为吴王，欢宴之末，自起行酒，翻伏地阳醉，不持。权去，翻起坐。权于是大怒，手剑欲击之，侍坐者莫不惶遽，惟大农刘基起抱权谏曰："大王以三爵之后手杀善士，虽翻有罪，天下孰知之？且大王以能容贤畜众，故海内望风，今一朝弃之，可乎？"权曰："曹孟德尚杀孔文举，孤于虞翻何有哉！"基曰："孟德轻害士人，天下非之。大王躬行德义，欲与尧、舜比隆，何得自喻于彼乎？"翻由是得免。权因敕左右："自今酒后言杀，皆不得杀。"

翻尝乘船行，与麋芳相逢，芳船上人多欲令翻自避，先驱曰："避将军船！"翻厉声曰："失忠与信，何以事君？倾人二城，而称将军，可乎？"芳阖户不应而遽避之。后翻乘车行，又经芳营，门吏闭门，车不得过，翻复怒曰："当闭反开，当开反闭，岂得事宜邪？"芳闻之，有惭色。

翻性疏直，数有酒失。权与张昭论及神仙，翻指昭曰："彼皆死人，而语神仙，世岂有仙人邪！"权积怒非一，遂徙翻交州。虽处罪放，而讲学不倦，门徒常数百人。①又为《老子》《论语》《国语》训注，皆传于世。②

①《翻别传》曰：权即尊号，翻因上书曰："陛下膺明圣之德，体舜、禹之孝，历运当期，顺天济物。奉承策命，臣独抃舞。罪弃两绝，拜贺无阶，仰瞻宸极，且喜且悲。臣伏自刻省，命轻雀鼠，性輶毫厘，罪恶莫大，不容于诛，昊天罔极，全宥九载，退当念戮，频受生活，复偷视息。臣年耳顺，思咎忧愤，形容枯悴，发白齿落，虽未能死，自悼终没，不见宫阙百官之富，不睹皇舆金轩之饰，仰观巍巍众民之谣，傍听钟鼓侃然之乐，永陨海隅，弃骸绝域，不胜悲慕，逸豫大庆，悦以忘罪。"

②《翻别传》曰：翻初立《易注》，奏上曰："臣闻六经之始，莫大阴阳，是以伏羲仰天县象而建八卦，观变动六爻为六十四，以通神明，以类万物。臣高祖父故零陵太守光，少治孟氏《易》，曾祖父故平舆令成，缵述其业，至臣祖父凤为之最密。臣亡考故日南太守歆，受本于凤，最有旧书，世传其业，至臣五世。前人通讲，多玩章句，虽有秘说，于经疏阔。臣生遇世乱，长于军旅，习经于枹鼓之间，讲论于戎马之上，蒙先师之说，依经立注。又，臣郡吏陈桃梦臣与道士相遇，放发被鹿裘，布《易》六爻，挠其三以饮臣，臣乞尽吞之。道士言《易》道在天，三爻足矣。岂臣受命应当知经！所览诸家解不离流俗，义有不当实，辄悉改定，以就其正。孔子曰：'乾元用九而天下治。'圣人南面，盖取诸《离》，斯诚天子所宜协阴阳致麟凤之道矣。谨正书副上，惟不罪戾。"翻又奏曰："经之大者，莫过于《易》。自汉初以来，海内英才，其读《易》者，解之率少。至孝灵之际，颍

川荀谞号为知《易》,臣得其注,有愈俗儒,至所说‘西南得朋,东北丧朋’,颠倒反逆,了不可知。孔子叹《易》曰:‘知变化之道者,其知神之所为乎!’以美大衍四象之作,而上为章首,尤可怪笑。又,南郡太守马融,名有俊才,其所解释,复不及谞。孔子曰:‘可与共学,未可与适道。’岂不其然!若乃北海郑玄,南阳宋忠,虽各立注,忠小差玄,而皆未得其门,难以示世。”又奏郑玄解《尚书》违失事目:“臣闻周公制礼以辨上下,孔子曰:‘有君臣然后有上下,有上下然后礼义有所错。’是故尊君卑臣,礼之大司也。伏见故征士北海郑玄所注《尚书》,以《顾命》康王执瑁,古‘冃’似‘同’,从误作‘同’,既不觉定,复训为杯,谓之酒杯;成王疾困凭几,洮頮为濯,以为澣衣成事,‘洮’字虚更作‘濯’,以从其非;又,古大篆‘丣’字读当为‘柳’,古‘柳’‘丣’同字,而以为昧;‘分北三苗’,‘北’古‘别’字,又训北,言北犹别也。若此之类,诚可怪也。玉人职曰:‘天子执瑁以朝诸侯,谓之酒杯;天子頮面,谓之澣衣。’古篆‘丣’字,反以为昧。甚违不知盖阙之义。于此数事,误莫大焉,宜命学官定此三事。又,马融训注亦以为同者大同天下,今经益‘金’就作‘铜’字,诂训言天子副玺,虽皆不得,犹愈于玄。然此不定,臣没之后,而奋乎百世,虽世有知者,怀谦莫或奏正。又,玄所注五经,违义犹甚者百六十七事,不可不正。行乎学校,传乎将来,臣窃耻之。”翻放弃南方,云:“自恨疏节,骨体不媚,犯上获罪,当长没海隅,生无可与语,死以青蝇为吊客,使天下一人知己者,足以不恨。”以典籍自慰,依《易》设象,以占吉凶。又以宋氏解玄颇有缪错,更为立注,并著《明扬》《释宋》以理其滞。

臣松之案:翻云“古大篆‘丣’字读当言‘柳’,古‘柳’‘丣’同字”,窃谓翻言为然。故“刘”“留”“聊”“柳”同用此字,以从声故也,与日辰“卯”字字同音异。然《汉书·王莽传》论卯金刀,故以为日辰之“卯”,今未能详正。然世多乱之,故翻所说云。荀谞,荀爽之别名。

初,山阴丁览、太末徐陵,或在县吏之中,或众所未识,翻一见之,便与友善,终成显名。①

①《会稽典录》曰:览,字孝连,八岁而孤,家又单微,清身立行,用意不苟,推财从弟,以义让称。仕郡至功曹,守始平长。为人精微洁净,门无杂宾。孙权深贵待之,未及擢用,会病卒,甚见痛惜,殊其门户。览子固,字子贱,本名密,避滕密,改作固。固在襁褓中,阚泽见而异之,曰:“此儿后必致公辅。”固少丧父,独与母居,家贫守约,色养致敬,族弟孤弱,与同寒温。翻与固同僚书曰:“丁子贱塞渊好德,堂构克举,野无遗薪,斯之为懿,其美优矣。令德之后,惟此君嘉耳。”历显位,孙休时固为左御史大夫,孙皓即位,迁司徒。皓悖虐,固与陆凯、孟宗同心忧国,年七十六卒。子弥,字钦远,仕晋,至梁州刺史。孙潭,光禄大夫。徐陵,字元大,历三县长,所在著称,迁零陵太守。时朝廷俟以列卿之位,故翻书曰:“元大受上卿之遇,叔向在晋,未若于今。”其见重如此。陵卒,僮客土田或见侵夺,骆统为陵家讼之,求与丁览、卜清等为比,权许焉。陵子平,字伯先,童龀知名,翻甚爱之,屡称叹焉。诸葛恪为丹杨太守,讨山越,以平威重思虑,可与效力,请平为丞,稍迁武昌左部督,倾心接物,士卒皆为尽力。初,平为恪从事,意甚薄,及恪

辅政，待平益疏。恪被害，子建亡走，为平部曲所得，平使遣去，别为他军所获。平两妇归宗，敬奉情过乎厚。其行义敦笃，皆此类也。

在南十余年，年七十卒。[①] 归葬旧墓，妻子得还。[②]

①《吴书》曰：翻虽在徙弃，心不忘国，常忧五溪宜讨，以辽东海绝，听人使来属，尚不足取，今去人财以求马，既非国利，又恐无获。欲谏不敢，作表以示吕岱，岱不报，为爱憎所白，复徙苍梧猛陵。◎《江表传》曰：后权遣将士至辽东，于海中遭风，多所没失，权悔之，乃令曰："昔赵简子称'诸君之唯唯，不如周舍之谔谔'。虞翻亮直，善于尽言，国之周舍也。前使翻在此，此役不成。促下问交州，翻若尚存者，给其人船，发遣还都；若以亡者，送丧还本郡，使儿子仕宦。"会翻已终。

②《会稽典录》曰：孙亮时，有山阴朱育，少好奇字，凡所特达，依体象类，造作异字千名以上。仕郡门下书佐。太守濮阳兴正旦宴见掾吏，言次，问："太守昔闻朱颍川问士于郑召公，韩吴郡问士于刘圣博，王景兴问士于虞仲翔，尝见郑、刘二答，而未睹仲翔对也，钦闻国贤，思睹盛美有日矣，书佐宁识之乎？"育对曰："往过习之。昔初平末年，王府君以渊妙之才，超迁临郡，思贤嘉善，乐采名俊，问功曹虞翻曰：'闻玉出昆山，珠生南海，远方异域，各生珍宝。且曾闻士人叹美贵邦旧多英俊，徒以远于京畿，含香未越耳。功曹雅好博古，宁识其人邪？'翻对曰：'夫会稽上应牵牛之宿，下当少阳之位，东渐巨海，西通五湖，南畅无垠，北渚浙江，南山攸居，实为州镇，昔禹会群臣，因以命之。山有金木鸟兽之殷，水有鱼盐珠蚌之饶，海岳精液，善生俊异，是以忠臣继踵，孝子连闾，下及贤女，靡不育焉。'王府君笑曰：'地势然矣，士女之名可悉闻乎？'翻对曰：'不敢及远，略言其近者耳。往者孝子句章董黯，尽心色养，丧致其哀，单身林野，鸟兽归怀，怨亲之辱，白日报仇，海内闻名，昭然光著。太中大夫山阴陈嚣，渔则化盗，居则让邻，感侵退藩，遂成义里，摄养车妪，行足厉俗，自扬子云等上书荐之，粲然传世。太尉山阴郑公，清亮质直，不畏强御。鲁相山阴钟离意，禀殊特之姿，孝家忠朝，宰县相国，所在遗惠，故取养有君子之谟，鲁国有丹书之信。及陈宫、费齐皆上契天心，功德治状，记在汉籍。有道山阴赵晔，征士上虞王充，各洪才渊懿，学究道源，著书垂藻，骆驿百篇，释经传之宿疑，解当世之槃结，或上穷阴阳之奥秘，下摅人情之归极。交阯刺史上虞綦毋俊，拔济一郡，让爵土之封。决曹掾上虞孟英，三世死义。主簿句章梁宏，功曹史余姚驷勋，主簿句章郑云，皆敦终始之义，引罪免居。门下督盗贼余姚伍隆，鄮莫候反。主簿任光，章安小吏黄他，身当白刃，济君于难。扬州从事句章王修，委身授命，垂声来世。河内太守上虞魏少英，遭世屯蹇，忘家忧国，列在八俊，为世英彦。尚书乌伤杨乔，桓帝妻以公主，辞疾不纳。近故太尉上虞朱公，天资聪亮，钦明神武，策无失谟，征无遗虑，是以天下义兵，思以为首。上虞女子曹娥，父溺江流，投水而死，立石碑纪，炳然著显。'王府君曰：'是既然矣，颍川有巢、许之逸轨，吴有太伯之三让，贵郡虽士人纷纭，于此足矣。'翻对曰：'故先言其近者耳，若乃引上世之事，及抗节之士，亦有其人。昔越王翳让位，逃于巫山之穴，越人薰而出之，斯非太伯之俦邪？且太伯外来之君，非其地人也。若以外来言之，则大禹亦巡于此而葬之矣。鄞大里黄公，洁己暴秦之世，高祖

即阼，不能一致，惠帝恭让，出则济难。征士余姚严遵，王莽数聘，抗节不行，光武中兴，然后俯就，矫手不拜，志陵云日。皆著于传籍，较然彰明，岂如巢、许，流俗遗谭，不见经传者哉？'王府君笑曰：'善哉，话言也！贤矣，非君不著。太守未之前闻也。'"濮阳府君曰："御史所云，既闻其人，亚斯已下，书佐宁识之乎？"育曰："瞻仰景行，敢不识之？近者太守上虞陈业，洁身清行，志怀霜雪，贞亮之信，同操柳下，遭汉中微，委官弃禄，遁迹黟歙，以求其志，高邈妙踪，天下所闻，故桓文林遗之尺牍之书，比竟三高。其聪明大略，忠直謇谔，则侍御史余姚虞翻、偏将军乌伤骆统。其渊懿纯德，则太子少傅山阴阚泽，学通行茂，作帝师儒。其雄姿武毅，立功当世，则后将军贺齐，勋成绩著。其探极秘术，言合神明，则太史令上虞吴范。其文章之士，立言粲盛，则御史中丞句章任奕，鄱阳太守章安虞翔，各驰文檄，晔若春荣。处士鄮卢叙，弟犯公宪，自杀乞代。吴宁斯敦、山阴祁庚，上虞樊正，咸代父死罪。其女则松阳柳朱、永宁翟素，或一醮守节，丧身不顾，或遭寇劫贼，死不亏行。皆近世之事，尚在耳目。"府君曰："皆海内之英也。吾闻秦始皇二十五年，以吴越地为会稽郡，治吴。汉封诸侯王，以何年复为郡，而分治于此？"育对曰："刘贾为荆王，贾为英布所杀，又以刘濞为吴王。景帝四年，濞反诛，乃复为郡，治于吴。元鼎五年，除东越，因以其地为治，并属于此，而立东部都尉，后徙章安。阳朔元年，又徙治鄞，或有寇害，复徙句章。到永建四年，刘府君上书，浙江之北，以为吴郡，会稽还治山阴。自永建四年岁在己巳，以至今年，积百二十九岁。"府君称善。是岁，吴之太平三年，岁在丁丑。育后仕朝，常在台阁，为东观令，遥拜清河太守，加位侍中，推刺占射，文艺多通。

翻有十一子，第四子汜最知名。永安初，从选曹郎为散骑中常侍，后为监军使者，讨扶严，病卒。① 汜弟忠，宜都太守；② 耸，越骑校尉，③ 累迁廷尉，湘东、河间太守；昺，廷尉尚书，济阴太守。④

①《会稽典录》曰：汜，字世洪，生南海，年十六，父卒，还乡里。孙綝废幼主，迎立琅邪王休。休未至，綝欲入宫，图为不轨，召百官会议，皆惶怖失色，徒唯唯而已。汜对曰："明公为国伊、周，处将相之位，擅废立之威，将上安宗庙，下惠百姓，大小踊跃，自以伊、霍复见。今迎王未至，而欲入宫，如是，群下摇荡，众听疑惑，非所以永终忠孝，扬名后世也。"綝不怿，竟立休。休初即位，汜与贺邵、王蕃、薛莹俱为散骑中常侍。以讨扶严功拜交州刺史、冠军将军、余姚侯，寻卒。

②《会稽典录》曰：忠，字世方，翻第五子。贞固干事，好识人物，造吴郡陆机于童龀之年，称上虞魏迁于无名之初，终皆远致，为著闻之士。交同县王岐于孤宦之族，仕进先至宜都太守，忠乃代之。晋征吴，忠与夷道监陆晏、晏弟中夏督景坚守不下，城溃被害。忠子潭，字思奥。◎《晋阳秋》称潭清贞有检操，外如退弱，内坚正有胆干。仕晋，历位内外，终于卫将军，追赠侍中、左光禄大夫，开府，仪同三司。

③《会稽典录》曰：耸，字世龙，翻第六子也。清虚无欲，进退以礼，在吴历清官，入晋，除河间相。王素闻耸名，厚敬礼之。耸抽引人物，务在幽隐孤陋之中。时王岐难耸，以高士所达，必合秀异，耸书与族子察曰："世之取士，曾不招未齿于丘园，索良才于总

猥，所誉依已成，所毁依已败，此吾所以叹息也。”耸疾俗丧祭无度，弟昺卒，祭以少牢，酒饭而已，当时族党并遵行之。

④《会稽典录》曰：昺，字世文，翻第八子也。少有倜傥之志，仕吴黄门郎，以捷对见异，超拜尚书侍中。晋军来伐，遣昺持节都督武昌已上诸军事，昺先上还节盖印绶，然后归顺。在济阴，抑强扶弱，甚著威风。

【译文】虞翻，字仲翔，是会稽郡余姚人，会稽太守王朗任用他为功曹。孙策讨伐会稽时，虞翻恰好在为父守丧，他披麻戴孝来到郡府门前，王朗想要亲自出府迎接他，虞翻于是脱下丧服进郡府拜见王朗，劝说王朗避开孙策。王朗没有接受这一建议，反而迎战孙策，结果溃败，逃避海上。虞翻追随并保护王朗，到了东部的候官县，候官县令关闭城门不让他们进去，虞翻前往劝说，之后县长才放他们进城。王朗对虞翻说：“您还有老母亲，可以返回了。”虞翻返回会稽后，孙策又任命他为功曹，用朋友之礼对待他，并亲自去他家中拜访。

孙策喜欢骑马狩猎，虞翻劝谏说：“您用乌合之众，驱使并没有完全依附于您的人，他们却都愿意为您拼死效力，这一点哪怕是汉高祖也比不上您。但是您轻率地微服出行，随从人员来不及整理服装，士兵们也经常以此为苦恼。为人君者不庄重就不会有威势，所以白龙化为鱼，也会被豫且射中眼睛，白蛇放纵自己，结果被刘季杀害，希望您稍加注意。”孙策说：“您说的对，但我总是思考一些事情，总是端坐着就极为忧闷，要像裨谌一样，走出去才能想出好计策，因此才喜欢外出。”

虞翻出任富春县县令。孙策去世的时候，县中各位官员都希望前去奔丧，虞翻说：“我担心邻县山越也许会乘机作乱，我们远离城郭，一定会招致祸患。”于是他留守在县里，身穿丧服守丧。各县纷纷仿效虞翻的做法，因此都十分安定。后来虞翻被州府推举为秀才，汉朝廷征召他担任侍御史，曹操以司空身份征召他，他都没有前去任职。

虞翻给少府孔融写信，并将自己所著写的《易注》附赠给他看。孔融回信说：“我听说延陵季札整理音乐，如今又看了您对《周易》的研究，才知道东南地区的精美之处，并不仅仅是会稽郡的竹箭。另外您观察星云天象，通过冷暖考察天运，探究祸福的根源，与玄妙的事理都一一符合，可以说是通晓万物，深究深奥道理的人了。”会稽东部都尉张纮又给孔融写信说：“虞翻以前总是被评论者所贬损，但他资质卓越，越是雕琢磨砺，越能光彩夺目，任何批评都不能损害他。”

孙权任命虞翻为骑都尉。虞翻多次冒犯孙权的威严而直言规劝，孙权十分不高兴，加上他天性又不与世俗同流合污，因此总是为人所毁谤，最终因罪被流放到丹杨泾县。吕蒙图谋攻取关羽的时候，称病返回建业，他以虞翻兼通医术为理由，请求让虞翻跟随自己返回，也是想以此使虞翻可以摆脱罪名。后来，吕蒙率领大军西进，南郡太守麋芳打开城门出来归降。吕蒙没有占据郡治所在，而是在沙滩上娱乐庆祝，虞翻对吕蒙说：“如今一心一意投降的只不过麋将军一人，城里的人怎么能够全都相信呢？为何不迅速进城控制这座城池呢？”吕蒙当即采纳了他的建议。当时城里的确有人策划埋伏袭击吕蒙军队，幸亏倚仗虞翻的建议，他们的阴谋才没有得逞。关羽被打败后，孙权让虞翻占筮，虞翻占得“兑”下“坎”上，这是“节”卦，五爻变卦之“临”卦，虞翻说：“不出两天，关羽就会死亡。”事情果然如虞翻所说的那样。孙权说：“您虽然比不上伏羲，但是可以与东方朔相比了。”

魏国将领于禁被关羽抓获，关押在江陵城中，孙权入城后便释放了他，并请求与他见面。后来有一天，孙权骑马出游，让于禁与他并肩出行，虞翻呵斥于禁说：“你是投降的俘虏，怎么可以与我们的君主并驾齐驱呢！”说着举鞭就要抽打于禁，孙权喝止了他。后来，孙权在楼船上召集群臣宴饮，于禁听着音乐忍不住流下眼泪，虞翻又说：“你想利用虚情假意来求得脱身吗？”孙权听后怅然不快。

孙权称吴王后，在一次欢宴将要结束时，亲自起身巡行斟酒，虞翻趴在地上假装醉酒，没有起身。孙权离开后，他接着坐了起来。于是孙权极为愤怒，举剑就要杀掉他，在座之人无不惊慌恐惧，只有大司农刘基起身抱住孙权劝解道：“大王因酒过三巡后要杀掉有名望的人，哪怕虞翻有罪，但天下人又有谁知道是他的罪过呢？何况大王因为能容纳贤士蓄养众人，所以四海之内皆仰望您的风采，如今一下子就要将这一切美名都抛弃了，值得吗？”孙权说：“曹操尚且能够杀掉孔融，我对虞翻又有什么值得怜惜的呢！”刘基说：“曹操轻率地杀掉才德之士，天下人无不非议他。大王推行仁义恩德，想与尧、舜媲美，怎么可以自比曹操呢？”虞翻因此得以保全。孙权命令手下说：“从今以后，我酒后说要杀的人，都不能杀。”

虞翻曾乘船出行，与麋芳巧遇，麋芳船上的人大多想要让虞翻让路，前面的人冲虞翻喊：“回避将军的船！”虞翻生气地大喊：“失去忠贞与诚信，凭什么侍奉君主？遗弃了人家两座城池，还要口称将军，可以吗？”麋芳关闭门户不应声，并且快速避开了虞翻。后来虞翻乘车出行，又经过麋芳的军营，营中军官关闭营门，虞翻的车不能通过，虞翻又愤怒地说：“应该关门的时候却打开，应该开门时反而关上，难道可以这样做事吗？”麋芳听了，面露羞惭的神色。

虞翻天性粗疏耿直，多次因为饮酒而犯错。孙权与张昭谈论有关神仙的问题，虞翻指着张昭说：“那些都是已死之人，而你却说成是神仙，世上难道果真有仙人吗！”孙权对虞翻积怒已久，于是将他流放到交州。虽然获罪流放，虞翻却讲学不倦，学生常常多达几百人。他还为《老子》《论语》《国语》作注，皆流传于世。

起初，山阴人丁览、太末人徐陵，或处在县吏之中，或不为人们所熟知，虞翻一见他们，就与他们交好，最后他们都声名显赫。

虞翻在南方十几年，七十岁的时候去世。灵柩运回余姚祖坟安葬，妻子儿女也得以返回故里。

虞翻有十一个儿子，第四个儿子虞汜最为著名。永安初年，他从选曹郎升任散骑中常侍，后来担任监军使者，讨伐扶严的时候，因病离世。虞汜的弟弟虞忠，担任宜都太守；虞耸，担任越骑校尉，逐渐升至廷尉，担任湘东、河间太守；虞昺，担任过廷尉尚书、济阴太守。

陆绩

【原文】陆绩,字公纪,吴郡吴人也。父康,汉末为庐江太守。[①] 绩年六岁,于九江见袁术。术出橘,绩怀三枚,去,拜辞堕地,术谓曰:"陆郎作宾客而怀橘乎?"绩跪答曰:"欲归遗母。"术大奇之。孙策在吴,张昭、张纮、秦松为上宾,共论四海未泰,须当用武治而平之,绩年少末坐,遥大声言曰:"昔管夷吾相齐桓公,九合诸侯,一匡天下,不用兵车。孔子曰:'远人不服,则修文德以来之。'今论者不务道德怀取之术,而惟尚武,绩虽童蒙,窃所未安也。"昭等异焉。

① 谢承《后汉书》曰:康,字季宁,少惇孝悌,勤修操行,太守李肃察孝廉。肃后坐事伏法,康敛尸送丧还颍川,行服,礼终,举茂才,历三郡太守,所在称治,后拜庐江太守。

绩容貌雄壮,博学多识,星历算数无不该览。虞翻旧齿名盛,庞统荆州令士,年亦差长,皆与绩友善。孙权统事,辟为奏曹掾,以直道见惮,出为郁林太守,加偏将军,给兵二千人。绩既有躄疾,又意存儒雅,非其志也。虽有军事,著述不废,作《浑天图》,注《易》释《玄》,皆传于世。豫自知亡日,乃为辞曰:"有汉志士吴郡陆绩,幼敦《诗》《书》,长玩《礼》《易》,受命南征,遘疾逼厄,遭命不永,呜呼悲隔!"又曰:"从今已去,六十年之外,车同轨,书同文,恨不及见也。"年三十二卒。长子宏,会稽南部都尉,次子叡,长水校尉。[①]

① 绩于郁林所生女,名曰郁生,适张温弟白。《姚信集》有表称之曰:"臣闻唐、虞之政,举善而教,旌德擢异,三王所先,是以忠臣烈士,显名国朝,淑妇贞女,表迹家闾。盖所以阐崇化业,广殖清风,使苟有令性,幽明俱著,苟怀懿姿,士女同荣。故王蠋建寒松之节而齐王表其里,义姑立殊绝之操而鲁侯高其门。臣窃见故郁林太守陆绩女子郁生,少履贞特之行,幼立匪石之节,年始十三,适同郡张白。侍庙三月,妇礼未卒,白遭罹家祸,迁死异郡。郁生抗声昭节,义形于色,冠盖交横,誓而不许,奉白姊妹崄巇之中,蹈履水火,志怀霜雪,义心固于金石,体信贯于神明,送终以礼,邦士慕则。臣闻昭德以行,显行以爵,苟非名爵,则劝善不严。故士之有诔,鲁人志其勇;杞妇见书,齐人哀其哭。乞蒙圣朝斟酌前训,上开天聪,下垂坤厚,褒郁生以义姑之号,以厉两髦之节,则皇风穆畅,士女改视矣。"

【译文】陆绩,字公纪,吴郡吴县人。父亲陆康,汉朝末年任庐江太守。陆绩六岁那年,在九江进见袁术。袁术拿出橘子招待他,陆绩在怀里揣了三个,临走,跪拜告辞时橘子掉落在地,袁术对他说:"陆郎做宾客还要把橘子藏在怀里吗?"陆绩跪着回答说:"想带回去给母亲吃。"袁术对他大为惊奇。孙策在吴郡时,张昭、张纮、秦松都是上宾,他们在一起谈论天下还没有安定,必须用武力加以平定。陆绩年纪小而坐在末席,他在远处大声说道:"从前管夷吾辅佐齐桓公,前后多次会盟诸侯,使天下得以匡正,凭借的并不是战车。孔子说:'远方的人不归服,就要修治礼乐推行教化,使他们前来归顺。'现在诸位不致力于钻研以道德教化怀柔天下的方法,而一味推崇武力,我虽然幼稚愚昧,心里也认为不妥。"张昭等人都对他感到惊异。

陆绩外貌雄伟勇武，博学多识，天文、历法、算术等等无不遍览。虞翻年老而负有盛名，庞统是荆州的才学美盛之士，他和陆绩的年龄也相差很大，他们却都与陆绩亲近友好。孙权统领军政事务时，征召陆绩为奏曹掾，他因说话耿直而被人忌惮，外出担任郁林太守，加官偏将军，统率兵员二千人。陆绩既有腿疾，又志在治学，统兵打仗不是他的志向所在。尽管身当军事，仍著述不止，撰写《浑天图》，注解《易经》，训释《太玄》，这些作品都流传于世。他预知到自己的死期，于是写道："汉朝志士吴郡人陆绩，年幼时熟读《诗经》《尚书》，长大后研习《礼》《易》，奉命南征，身染重病，命难久长，呜呼悲叹，阴阳永隔！"又说："从今以后，六十年开外，天下将再现车同轨、书同文的局面，遗憾的是我将看不到了。"陆绩三十二岁去世。长子陆宏，担任会稽南部都尉，次子陆叡，为长水校尉。

张温

【原文】张温，字惠恕，吴郡吴人也。父允，以轻财重士，名显州郡，为孙权东曹掾，卒。温少修节操，容貌奇伟。权闻之，以问公卿曰："温当今与谁为比也？"大司农刘基曰："可与全琮为辈。"太常顾雍曰："基未详其为人也，温当今无辈。"权曰："如是，张允不死也。"征到延见，文辞占对，观者倾竦，权改容加礼。罢出，张昭执其手曰："老夫托意，君宜明之。"拜议郎、选曹尚书，徙太子太傅，甚见信重。

时年三十二，以辅义中郎将使蜀。权谓温曰："卿不宜远出，恐诸葛孔明不知吾所以与曹氏通意，故屈卿行。若山越都除，便欲大构于丕。行人之义，受命不受辞也。"温对曰："臣入无腹心之规，出无专对之用，惧无张老延誉之功，又无子产陈事之效。然诸葛亮达见计数，必知神虑屈申之宜，加受朝廷天覆之惠，推亮之心，必无疑贰。"温至蜀，诣阙拜章曰："昔高宗以谅闇昌殷祚于再兴，成王以幼冲隆周德于太平，功冒普天，声贯罔极。今陛下以聪明之姿，等契往古，总百揆于良佐，参列精之炳耀，遐迩望风，莫不欣赖。吴国勤任旅力，清澄江浒，愿与有道平一宇内，委心协规，有如河水，军事凶烦，使役乏少，是以忍鄙倍之羞，使下臣温通致情好。陛下敦崇礼义，未便耻忽。臣自远境，及即近郊，频蒙劳来，恩诏辄加，以荣自惧，悚怛若惊。谨奉所赍函书一封。"蜀甚贵其才。还，顷之，使入豫章部伍出兵，事业未究。

权既阴衔温称美蜀政，又嫌其声名太盛，众庶炫惑，恐终不为己用，思有以中伤之，会暨艳事起，遂因此发举。艳，字子休，亦吴郡人也，温引致之，以为选曹郎，至尚书。艳性狷厉，好为清议，见时郎署混浊淆杂，多非其人，欲臧否区别，贤愚异贯。弹射百僚，核选三署，率皆贬高就下，降损数等，其守故者十未能一，其居位贪鄙，志节污卑者，皆以为军吏，置营府以处之。而怨愤之声积，浸润之谮行矣，竞言艳及选曹郎徐彪，[1] 专用私情，爱憎不由公理。艳、彪皆坐自杀。温宿与艳、彪同意，数交书疏，闻问往还，即罪温。权幽之有司，下令曰：

> 昔令召张温，虚己待之，既至显授，有过旧臣，何图凶丑专挟异心！昔暨艳父兄，附于恶逆，寡人无忌，故进而任之，欲观艳何如。察其中间，形态果见。而温

与之结连死生，艳所进退，皆温所为头角，更相表里，共为腹背，非温之党，即就疵瑕，为之生论。又，前任温董督三郡，指挥吏客及残余兵，时恐有事，欲令速归，故授棨戟，奖以威柄。乃便到豫章，表讨宿恶，寡人信受其言，特以绕帐、帐下、解烦兵五千人付之。后闻曹丕自出淮、泗，故豫敕温有急便出，而温悉内诸将，布于深山，被命不至。赖丕自退，不然，已往岂可深计！又殷礼者，本占候召，而温先后乞将到蜀，扇扬异国，为之谭论。又礼之还，当亲本职，而令守尚书户曹郎，如此署置，在温而已。又温语贾原："当荐卿作御史。"语蒋康："当用卿代贾原。"专炫贾国恩，为己形势。揆其奸心，无所不为。不忍暴于市朝，今斥还本郡，以给厮吏。呜呼温也，免罪为幸！

①《吴录》曰：彪，字仲虞，广陵人也。

将军骆统表理温曰：

伏惟殿下，天生明德，神启圣心，招髦秀于四方，置俊乂于宫朝。多士既受普笃之恩，张温又蒙最隆之施。而温自招罪谴，孤负荣遇，念其如此，诚可悲疚。然臣周旋之间，为国观听，深知其状，故密陈其理。温实心无他情，事无逆迹，但年纪尚少，镇重尚浅，而戴赫烈之宠，体卓伟之才，亢臧否之谭，效褒贬之议。于是务势者妒其宠，争名者嫉其才，玄默者非其谭，瑕衅者讳其议，此臣下所当详辨，明朝所当究察也。昔贾谊，至忠之臣也，汉文，大明之君也，然而绛、灌一言，贾谊远退。何者？疾之者深，谮之者巧也。然而误闻于天下，失彰于后世，故孔子曰"为君难，为臣不易"也。温虽智非从横，武非虓虎，然其弘雅之素、英秀之德、文章之采、论议之辩，卓踈冠群，炜晔曜世，世人未有及之者也。故论温才即可惜，言罪则可恕。若忍威烈以赦盛德，宥贤才以敦大业，固明朝之休光，四方之丽观也。

国家之于暨艳，不内之忌族，犹等之平民，是故先见用于朱治，次见举于众人，中见任于明朝，亦见交于温也。君臣之义，义之最重；朋友之交，交之最轻者也。国家不嫌于艳为最重之义，是以温亦不嫌与艳为最轻之交也。时世宠之于上，温窃亲之于下也。夫宿恶之民，放逸山险，则为劲寇；将置平土，则为健兵。故温念在欲取宿恶，以除劲寇之害，而增健兵之锐也。但自错落，功不副言。然计其送兵，以比许晏，数之多少，温不减之，用之强羸，温不下之，至于迟速，温不后之。故得及秋冬之月，赴有警之期，不敢忘恩而遗力也。温之到蜀，共誉殷礼，虽臣无境外之交，亦有可原也。境外之交，谓无君命而私相从，非国事而阴相闻者也。若以命行，既修君好，因叙己情，亦使臣之道也。故孔子使邻国，则有私觌之礼；季子聘诸夏，亦有燕谭之义也。古人有言，欲知其君，观其所使，见其下之明明，知其上之赫赫。温若誉礼，能使彼叹之，诚所以昭我臣之多良，明使之得其人，显国美于异境，扬君命于他邦。是以晋赵文子之盟于宋也，称随会于屈建；楚王孙圉之使于晋也，誉左史于赵鞅。亦向他国之辅，而叹本邦之臣，经传美之以光国，而不讥之以外交也。王靖内不忧时，外不趋事，温弹之不私，推之不假，于是与靖遂为大怨，此其尽节之明验也。靖兵众之势，干任之用，皆胜于贾原、蒋康，温尚不容私以安于靖，岂敢卖恩以协原、康邪？又原在职不勤，当事不堪，温数对以丑色，弹以急声，若其诚欲卖恩作乱，则亦不必贪原也。

凡此数者，校之于事既不合，参之于众亦不验。臣窃念人君虽有圣哲之姿，非常之智，然以一人之身御兆民之众，从层宫之内，瞰四国之外，照群下之情，求万机之理，犹未易周也，固当听察群下之言，以广聪明之烈。今者人非温既殷勤，臣是温又契阔，辞则俱巧，意则俱至，各自言欲为国，谁其言欲为私，仓卒之间，犹难即别。然以殿下之聪睿，察讲论之曲直，若潜神留思，纤粗研核，情何嫌而不宣？事何昧而不昭哉？温非亲臣，臣非爱温者也。昔之君子，皆抑私忿，以增君明。彼独行之于前，臣耻废之于后，故遂发宿怀于今日，纳愚言于圣听，实尽心于明朝，非有念于温身也。

权终不纳。

后六年，温病卒。二弟祗、白，亦有才名，与温俱废。①

①《会稽典录》曰：余姚虞俊叹曰："张惠恕才多智少，华而不实，怨之所聚，有覆家之祸，吾见其兆矣。"诸葛亮闻俊忧温，意未之信，及温放黜，亮乃叹俊之有先见。亮初闻温败，未知其故，思之数日，曰："吾已得之矣，其人于清浊太明，善恶太分。"

臣松之以为：庄周云："名者公器也，不可以多取。"张温之废，岂其取名之多乎！多之为弊，古贤既知之矣。是以远见之士，退藏于密，不使名浮于德，不以华伤其实。既不能被褐韫宝，挫廉逃誉，使才映一世，声盖人上，冲用之道，庸可暂替！温则反之，能无败乎？权既疾温名盛，而骆统方骤言其美，至云："卓跞冠群，炜晔曜世，世人未有及之者也。"斯何异燎之方盛，又扬膏以炽之哉！

《文士传》曰：温姊妹三人皆有节行，为温事，已嫁者皆见录夺。其中妹先适顾承，官以许嫁丁氏，成婚有日，遂饮药而死。吴朝嘉叹，乡人图画，为之赞颂云。

【译文】张温，字惠恕，吴郡吴县人。父亲张允，因为轻财重士，扬名于所在州郡，曾任孙权的东曹掾，后去世。张温从小就修养节操，容貌奇异不凡。孙权听说后，询问公卿大臣："张温能与当今的哪一位人物相比？"大司农刘基说："可以和全琮相比。"太常顾雍说："刘基不是很了解张温的为人，张温在当今无人可比。"孙权说："如果是这样，那张允就等于没死。"孙权征召张温并延请相见，张温文采飞扬应答如流，旁观者惊奇万分，孙权也为之动容而待他以非常之礼。告辞出来后，张昭握着张温的手说："老夫对您寄予厚望，您应该明白。"官拜议郎、选曹尚书，升为太子太傅，很受孙权的信任和重用。

三十二岁那年，张温以辅义中郎将的身份出使蜀国。孙权对张温说："你不宜出国远行，只是担心诸葛亮不明白我为什么要与曹魏沟通，所以才委屈你出这趟远门。倘若山越的隐患得以根除，我们便要大举进攻曹丕。身为国家使者的大义，就是只接受使命而不听从君主的辞令。"张温回答说："我在朝既没有贡献什么高明的谋划，出使又缺乏独自随机应答的本领，很担心建立不了像张老播扬国君声誉那样的功绩，又产生不了子产叙事那样的实效。然而诸葛亮对于谋略权术具有明白透彻的洞察能力，他必定能够了解主上权宜进退的英明意图，加之蜀国蒙受我朝仁德广被的恩惠，我推测诸葛亮的心思，必定不会因猜忌而产生异心。”张温到达蜀国后，进宫呈递表章说：“从前商汤王在居丧之时使商朝的福运再度复兴昌盛，周成王凭年幼之身光大周朝的德政而使国家太平，他们的功业覆盖天下，美名流布无穷。如今陛下凭借聪明智慧的天资，与古时圣帝明王相类，有贤能的宰辅帮您执掌各种政务，得众多文武大臣的倾心相助，远近的人都仰望您的风采，无不欣喜仰赖。我们吴国多次出兵征伐，平定了江边各地，希望能与政治清明的贵国一起平定天下，倾心共同谋划，我们的诚心就如江河东流一样义无反顾，然而战事烦多，我国可供驱使的兵力比较单薄，因此不顾鄙陋背理的羞耻，委派下臣张温前来表明友好的情意。陛下崇尚礼义，不会为此而对我们有所轻视。我从遥远的边境一路走来，一直到进入贵国都城的近郊，频频承蒙陛下的慰劳和劝勉，降恩的诏书接连不断，这样的荣耀使我深深戒惧，惶恐并且受宠若惊。谨此奉上我所带来的国书一封。”蜀国非常器重张温的才华。出使返回，没过多久，张温又被派往豫章郡治军出兵，他所承担的大事未及完成。

孙权既在心里暗恨张温赞美蜀国的政治，又忌讳他的名声过于显赫，人们都被他的才华迷惑，只怕他终究不能为自己所用，就想着寻找借口诬蔑陷害他，适逢暨艳事件发生，孙权于是借机向张温发难。暨艳，字子休，也是吴郡人，由张温引荐出仕，任职选曹郎，后官至尚书。暨艳为人狷介而严厉，喜欢发表关于时政的议论，他见时下官署内混浊杂乱，官员多不称职，就打算加以品评区分，使贤愚良莠各得其所。他指摘文武百官，考核选拔三署官员，大抵都是贬高就低，降职几个等级，其中能够保留原职的不到总数的十分之一，那些在职为官贪婪卑鄙、志向和节操污浊低下的人，都被降职改任军中小官，发往各营府中给以安置。于是，怨愤之声日积月累，谗言诽谤不断出现，他们竞相检举暨艳和选曹郎徐彪，说这两人凭借私人感情办事，爱憎褒贬不遵循公理。暨艳、徐彪都被定罪而自杀。张温向来与暨艳、徐彪意气相投，彼此常有书信往来，孙权便以此降罪张温。孙权将张温幽禁在有关部门，下令说：

从前我下令征召张温，虚心等待他的到来，他一来就让他位居显职，给他的待遇超过旧臣，何曾想到他会如此凶恶丑陋，居然怀有异心，图谋不轨！从前暨艳的父亲和哥哥，就曾依附奸恶逆乱之人，我对此并无忌讳，所以照旧提拔他，给予任用，想观察暨艳到底是何许人物。经过前后细心考察，他的真实面目果然暴露。而张温却和他结为死党，暨艳任情录取与黜退官吏的做法，都发端于张温，二人互为表里，关系亲密无间，只要不是张温的党羽，暨艳就吹毛求疵，妄生非议。再者，此前我曾任命张温总督三郡，指挥三郡的官吏和残余士兵，当时担心有战事发生，想让他迅速赶回，所以我授予他前导仪仗，授予他威权。他却擅自去了豫章，上表说要讨伐所谓元凶大恶，我相信并接受了他的意见，特地把绕帐、帐下、解烦等三部精兵五千人交给他统领。后来听说曹丕亲自出征淮河、泗水一带，所以我预先命令张温有紧急情况就立即撤出，回到这里，而张温却纵放诸将，纷纷进入深山老林，接到命令而不赶回。幸亏曹丕自行退去，否则后果何堪设想！还有殷礼这个人，本来是因为他善于占筮而被召来，而张温却前后几次请求要将他带往蜀中，他在别人国内大肆称誉殷礼，为殷礼大造舆论。再说，殷礼回来之后，本应就任原职，可张温却让他代理尚书户曹郎的事务，这样的任命安排，全都是张温一人作主。张温还曾告诉贾原："我肯定推荐你做御史。"回头又告诉蒋康："我一定用你接替贾原。"专门贩卖国家恩典，为自己营造有利形势。考察分析他的邪恶用心，可以说是无所不为。我不忍心杀他，现在斥退他回本郡，在本郡充任厮吏以供驱使。呜呼张温，免你死罪就是万幸！

将军骆统上表为张温申辩说：

尊敬的殿下，上天生就您的美德，神灵开启您的圣心，招纳才俊之士于六合之内，安置贤德之臣于官内朝中。百官蒙受您广大深厚的恩惠，张温尤其得到您无与伦比的宠爱。而张温自招罪责，辜负了殿下所给予的荣耀待遇，想到他变成现在这样，确实令人悲伤痛心。不过据我与他交往的经历，及我替国家观察并打听到的细节，我对他的情况了解得比较透彻，所以在此详尽地陈述其中的缘由。张温内心其实并没有别的不良企图，他的所作所为也没有任何叛逆的迹象，只是他年纪还轻，还缺乏为人重臣应有的老成持重，就蒙受显赫的恩宠，展示高超的才能，裁定是非的品评，倡导升降优劣的议论。因此趋炎附势者垂涎他的荣宠，争名逐利者妒忌他的才干，沉静不语者非议他的言论，劣迹斑斑者忌讳他的评议，这是臣下应当详尽分辨，朝廷也应深究细察的。从前的贾谊，堪称忠心耿耿、无可挑剔的大臣，汉文帝，也可谓明辨是非而不可多得的君主，然而周勃、灌婴的一句话，贾谊便被疏远放逐。为什么呢？是因为嫉恨他的人藏得太深，谗毁他的人法子太巧啊。这使得汉文帝的错误在当时为天下人所尽知，到后世也仍是帝王的借鉴，所以孔子说"做君主难，做臣子不易"。张温虽然讲智慧并无合纵连横的奇才异能，论武功他也不是一声怒吼山摇地动的猛将，但他高雅的气质、高尚的品德、文章的风采、议论的雄辩，卓越超群，光辉耀世，当世没有人能与他比肩。所以论张温的才华值得人珍惜，谈他的罪过实可被宽恕。如果殿下克制盛怒而赦免品德高尚的人士，宽宥贤才以促成帝王大业，这必定成为朝廷的大功业，流布四方的大美德。

国家对暨艳，没有把他纳入败类的行列，仍然把他等同于平民，因此他先被朱治任用，接下来受到众人推荐，再被朝廷任用，同时也为张温所结交。君臣间的大义，是道义中最重要的；朋友之间的交情，是交情中最一般的。国家不忌讳对暨艳实行最重要的大义，因此张温也不忌讳跟暨艳保持最一般的交情。这是时世宠爱暨艳在前，而张温私人亲近他在后。一般将作恶的人，放任到山中险要之处，他们就会成为强寇；将他们安置于平地旷野之间，他们就能成为强悍的士兵。所以张温想招安豫章郡那些元凶大恶的山贼，以消除劲寇祸害，为国家增添作战打仗的精锐。只是这前后存在一些偏差，他的实际成效与自己的想法不相吻合。然而计算他所派发的兵员,与许晏相比,从数量上看,张温不少于他,从士兵的素质来看,不比许晏的兵差,行军的速度,也不比许晏迟缓。所以他能赶在秋冬相交之际,在边境发生紧急情况时按时奔赴战场,并不是斗胆忘恩而不全力以赴。张温出使蜀国,跟蜀人称誉殷礼,尽管人臣不应有国外的私交,但也有情有可原的地方。所谓境外的私交,说的是没有国君的命令而私自与他人交往,不是为了国事而暗中互通消息。如果是奉国家使命出行,在建立两国君主友好关系的同时,利用这个机会沟通个人的交情,这也是外交使臣的正常做法。所以孔子出使邻国,有过私人相见的礼节;季子聘问中原诸国,也曾有私下叙谈的合理举动。古人说过,要了解这个国家的君主,就观察他所派来的使臣,看到这个国家的使臣勤勉多智,可以想见这个国家的君主显赫伟大。张温如果称誉殷礼,能使对方也赞叹不已,确实足以显示出我国大臣的贤良众多,表明所派使者任得其人,因而在异国展示了国家的优势,在他邦弘扬了国君的使命。因此晋国赵文子到宋国订立盟约,向楚国的屈建称扬随会;楚国王孙圉出使晋国,向赵鞅赞誉左史的非凡。他们也是向别国的辅臣赞叹本国的大臣,经传赞美他们光耀了本国,而不指斥他们是私自与外人结交。王靖内不忧虑时政,外不关心战事,张温弹劾他并非徇私,追究他的过错证据确凿,于是便跟王靖结下了深深的怨仇,这是张温尽心竭力保全节操,处理政事的明证。王靖兵多势众,身处重位,胜于贾原和蒋康,张温尚且不循私情以与王靖相安无事,又怎么敢贩卖国恩以笼络贾原、蒋康之辈呢?再者贾原在职不够勤勉,当事又不能胜任,张温多次给过他难看的脸色,还用激烈的言辞指责过他,如果张温真想贩卖国恩,结党作乱,那他也不至于要纠合贾原这样的人。

凡此种种,拿来与事实对照既不吻合,向众人验证也觉得不合常情。我私下想到国君虽有超人的道德才智,英明非比寻常,但是仅凭独自一人的力量来治理亿万百姓,身在深宫禁院,要俯察国家四境,了解臣民的情势,处理万机之事,仍然很难达到无微不至的程度,本就应当多倾听、分析群臣的意见,以扩大视听,光大明智的功业。如今别人非难张温已经达到不遗余力的地步,我为张温申辩也应该说是心神劳苦,大家所用言辞都很机巧,要表达的意思也都已面面俱到,各自都说是为了国家利益,谁还会承认只是为了个人恩怨,仓促之间,孰是孰非还真难以甄别。然而凭借殿下的聪明睿智,细察双方论辩的曲直黑白,如果潜心留意,事无巨细都加以审察考查,那么还有什么样的实情不能水落石出?什么样的事实真相会蒙昧不明而不昭然若揭呢?张温并不亲近于我,我对他也并非有什么偏爱。从前才德兼备的人物,莫不克制个人的愤恨,以增广君主的英明。他们已在前面身体力行了这一美好举措,我在后面觉得抛弃这种美德十分可耻,所以就在今天抒发我的情怀,向殿下奉献我鄙陋的见解,实在是想为朝廷竭尽忠心,而非出于对张温个人的顾念。

孙权最终也没有采纳骆统的意见。

六年后，张温因病去世。他的两个弟弟张祗、张白，也很有才华和名望，与张温同时遭到废黜。

骆统

【原文】骆统，字公绪，会稽乌伤人也。父俊，官至陈相，为袁术所害。[①] 统母改适，为华歆小妻，统时八岁，遂与亲客归会稽。其母送之，拜辞上车，面而不顾，其母泣涕于后。御者曰："夫人犹在也。"统曰："不欲增母思，故不顾耳。"事适母甚谨。时饥荒，乡里及远方客多有困乏，统为之饮食衰少。其姊仁爱有行，寡归无子，见统甚哀之，数问其故。统曰："士大夫糟糠不足，我何心独饱！"姊曰："诚如是，何不告我，而自苦若此？"乃自以私粟与统，又以告母，母亦贤之，遂使分施，由是显名。

①谢承《后汉书》曰：俊，字孝远，有文武才干，少为郡吏，察孝廉，补尚书郎，擢拜陈相。值袁术僭号，兄弟忿争，天下鼎沸，群贼并起。陈与比界，奸慝四布，俊厉威武，保疆境，贼不敢犯。养济百姓，灾害不生，岁获丰稔。后术军众饥困，就俊求粮，俊疾恶术，初不应答。术怒，密使人杀俊。

孙权以将军领会稽太守，统年二十，试为乌程相，民户过万，咸叹其惠理。权嘉之，召为功曹，行骑都尉，妻以从兄辅女。统志在补察，苟所闻见，夕不待旦。常劝权以"尊贤接士，勤求损益，飨赐之日，可人人别进，问其燥湿，加以密意，诱谕使言，察其志趣，令皆感恩戴义，怀欲报之心"。权纳用焉。出为建忠中郎将，领武射吏三千人。及凌统死，复领其兵。

是时征役繁数，重以疫疠，民户损耗，统上疏曰：

臣闻君国者，以据疆土为强富，制威福为尊贵，曜德义为荣显，永世胤为丰祚。然财须民生，强赖民力，威恃民势，福由民殖，德俟民茂，义以民行，六者既备，然后应天受祚，保族宜邦。《书》曰："众非后无能胥以宁，后非众无以辟四方。"推是言之，则民以君安，君以民济，不易之道也。今强敌未殄，海内未乂，三军有无已之役，江境有不释之备，征赋调数，由来积纪，加以殃疫死丧之灾，郡县荒虚，田畴芜旷，听闻属城，民户浸寡，又多残老，少有丁夫，闻此之日，心若焚燎。思寻所由，小民无知，既有安土重迁之性，且又前后出为兵者，生则困苦无有温饱，死则委弃骸骨不反，是以尤用恋本畏远，同之于死。每有征发，羸谨居家重累者先见输送。小有财货，倾居行赂，不顾穷尽。轻剽者则迸入险阻，党就群恶。百姓虚竭，嗷然愁扰，愁扰则不营业，不营业则致穷困，致穷困则不乐生，故口腹急，则奸心动而携叛多也。又闻民间，非居处小能自供，生产儿子，多不起养，屯田贫兵，亦多弃子。天则生之，而父母杀之，既惧干逆和气，感动阴阳。且惟殿下开基建国，乃无穷之业也，强邻大敌非造次所灭，疆埸常守非期月之戍，而兵民减耗，后生不育，非所以历远年、致成功也。夫国之有民，犹水之有舟，停则以安，扰则以危，愚而不可欺，弱而不可胜，是以圣王重焉，祸福由之，故与民消息，观时制政。方今长吏亲民之职，惟以办具为能，取过目前之急，少复以恩惠为治，副称殿下天覆之仁,勤恤之德者。官民政俗,日以凋弊,渐以陵迟,势不可久。夫治疾及其未笃,除患贵其未深,愿殿下少以万机余闲,留神思省,补复荒虚,深图远计,育残余之民,阜人财之用,参曜三光,等崇天地。臣统之大愿,足以死而不朽矣。

权感统言,深加意焉。

以随陆逊破蜀军于宜都,迁偏将军。黄武初,曹仁攻濡须,使别将常雕等袭中洲,统与严圭共拒破之,封新阳亭侯,后为濡须督。数陈便宜,前后书数十上,所言皆善,文多故不悉载。尤以占募在民间长恶败俗,生离叛之心,急宜绝置。权与相反覆,终遂行之。年三十六,黄武七年卒。

【译文】骆统,字公绪,会稽郡乌伤县人。父亲骆俊,官至陈国相,被袁术杀害。骆统的母亲改嫁,被华歆纳为小妾,骆统当时八岁,就和亲戚宾客一起回到会稽。他的母亲送他,他拜辞完母亲就上车,再没回头,他母亲在车后哭泣。赶车的人说:“夫人还在原地。”骆统说:“我不想加重母亲对我的思念,所以不回头看她。”他侍奉嫡母很恭敬。当时遇上饥荒,乡里以及远方来客大多生活贫困,骆统为帮助他们而减少了自己的饮食。他的姐姐仁爱有品行,守寡没有儿子,她看见骆统的样子很为他难过,多次追问其中缘由。骆统说:“士大夫们连粗食还不够吃,我哪有什么心思一人吃饱!”他姐姐说:“真要这样,为什么不告诉我,而让自己清苦到这个程度?”于是她就把自己的存粮交给骆统,又把这事告诉了母亲,母亲也认为他有贤德,便让他分发施舍粮食给众人,骆统由此出名。

孙权以将军的身份兼任会稽太守时,骆统二十岁,试任乌程相,乌程百姓超过一万户,都赞叹骆统的仁爱治绩。孙权嘉赏他,征召他为功曹,代理骑都尉,并把堂兄孙辅的女儿嫁给他为妻。骆统用心于考察补救时政,如果有他看到和听到的事情,他绝不会将头天的事留到第二天再来处理。他常常劝说孙权“尊重接纳贤才能人,勤加探索时政兴革,在飨宴赏赐之时,可以让群臣分别进见,对他们嘘寒问暖,加以亲密的情意,启发他们表露心迹,体察他们的志趣所在,使他们都能感恩戴德,怀有报恩的心思”。孙权采纳并实行了他的建议。后来出任建忠中郎将,统领武射吏三千人。到凌统死后,他又统领了凌统的部队。

当时东吴徭役繁多,再加上瘟疫流行,人口减少,骆统上书说:

我听说统治国家的君主,将占据疆土看作国富兵强,将控制赏罚权柄看作尊贵,将推崇道德仁义看作荣耀,将永保子孙世袭看作巩固国家福运。然而财富必须有赖于百姓生产,强盛有赖于百姓的力量,权威要凭借百姓的势力,福运来自于百姓的积累,德行有待于百姓的昌盛,道义要通过百姓来推行,这六项条件都具备了,然后才能顺应天命蒙受福运,保佑宗族敦睦邦国。《尚书》说:“百姓没有国君就无从获得安宁,国君没有百姓就无从统治四方。”推此而言,就是百姓因有国君而平安稳定,国君因有百姓而成就大业,这是不变的规律。如今强大的敌人尚未被消灭,天下还没有平定,三军有着无休无止的战事,江岸边境需要不可松懈的守备,赋税和劳力的征调有增无减,这样的情况至今已持续几十年了,加上灾荒瘟疫造成人口死亡，郡县中到处有地无人居住，有田无人耕种，听属城报告，百姓的户口日益减少，留下的人又大多是老弱病残，少见丁壮劳力，听到这些情况，我心急如焚。寻思其中的原因，主要是百姓不明事理，他们既有安守故土不愿轻易迁移的习性，又加上先后外出当兵的人，活着的生活困苦难得温饱，死去的抛弃尸骨不再返回故乡，因此他们尤其贪恋故土并畏惧远行，把离开家园等同于死亡。每次征丁服役，身体瘦弱、为人本分、家庭负担沉重的人往往先被输送。那些稍有财产的人家，会把全部积蓄拿出来行贿，不惜倾家荡产。轻率剽悍的人则逃进深山依凭险阻，与恶人成群结党。百姓疲困力竭，饥饿哀号而忧愁烦躁，忧愁烦躁就不会去从事生产，不从事生产就招致穷困，招致穷困就了无生趣，所以肚子饿到极点，奸恶之心就开始作怪而叛乱者跟着越来越多。又听说民间有这种事情，若非生活还可以勉强维持，否则就是生下了儿子，也多半不愿抚养，就连那些屯田的贫穷士兵，也大多抛弃儿子。上天让这些孩子出生，而他们的父母却加以扼杀，我担心这样会冒犯和气，致使阴阳失调。况且殿下开基建国，本来是无穷无尽的功业，强邻大敌并非短时间所能消灭的，边疆的防守也不是一个月就能结束的，然而士兵百姓衰减，小孩子不能被养育成长，这不是可以经历长远、最终取得成功的办法。国家有百姓，就如同船行在水上，水平则船安，水乱则船危，百姓虽然愚昧却不可欺骗，人民即使软弱却不可战胜，因此德才超群的帝王都重视百姓，明白国家的祸福取决于民众，所以才会采取让民众休养生息的策略，考察时事所宜来制定政策。当今的地方官员本应以亲近爱护民众为己任，但他们只以备办为能事，搜刮民众财富超出国家目前的需要，很少推行实惠亲民的政策，以符合殿下广被天下的仁义，以及关怀民众的恩德。官政民俗，日益颓败衰微，势必难以持久。大凡治病要在病入膏肓之前，除祸要在祸患尚未蔓延之际，希望殿下在日理万机的繁忙中稍用余暇，集中精力思量考察，弥补不足，深谋远虑，抚育幸存百姓，充实人力和财力，如此您的美德就能与日月同辉，德业就能跟天地等高同厚。骆统的这一宏愿若得以实现，即使我死了，我的精神也将不灭。孙权被骆统的这些话打动，因此特别重视他的意见。

骆统因跟随陆逊在宜都击垮了蜀国大军，被升为偏将军。黄武初年，曹仁进攻濡须，派别将常雕等人袭击中洲，骆统与严圭共同抵御并打败了他们，骆统被封为新阳亭侯，后任濡须督。他多次陈述有利于时政的见解，前后几十次上书，所说的话都很有道理，涉及的文章太多就没在这里详细记载。尤其是他认为朝廷招募会在民间助长邪恶而伤风败俗，导致百姓产生离叛之心，应立即禁绝。孙权与他多会次争辩，最终还是按他的主张执行。骆统三十六岁时，即黄武七年去世。

陆瑁

【原文】陆瑁，字子璋，丞相逊弟也。少好学笃义。陈国陈融、陈留濮阳逸、沛郡蒋纂、广陵袁迪等，皆单贫有志，就瑁游处，[1] 瑁割少分甘，与同丰约。及同郡徐原，爰居会稽，素不相识，临死遗书，托以孤弱，瑁为起立坟墓，收导其子。又瑁从父绩早亡，二男一女，皆数岁以还，瑁迎摄养，至长乃别。州郡辟举，皆不就。

① 迪孙晔，字思光，作《献帝春秋》，云迪与张纮等俱过江，迪父绥为太傅掾，张超之讨董卓，以绥领广陵事。

时尚书暨艳盛明臧否，差断三署，颇扬人暗昧之失，以显其谪。瑁与书曰："夫圣人嘉善矜愚，忘过记功，以成美化。加今王业始建，将一大统，此乃汉高弃瑕录用之时也，若令善恶异流，贵汝颍月旦之评，诚可以厉俗明教，然恐未易行也。宜远模仲尼之泛爱，中则郭泰之弘济，近有益于大道也。"艳不能行，卒以致败。

嘉禾元年，公车征瑁，拜议郎、选曹尚书。孙权忿公孙渊之巧诈反复，欲亲征之，瑁上疏谏曰：

臣闻圣王之御远夷，羁縻而已，不常保有，故古者制地，谓之荒服，言慌惚无常，不可保也。今渊东夷小丑，屏在海隅，虽托人面，与禽兽无异。国家所为不爱货宝远以加之者，非嘉其德义也，诚欲诱纳愚弄，以规其马耳。渊之骄黠，恃远负命，此乃荒貊常态，岂足深怪？昔汉诸帝亦尝锐意以事外夷，驰使散货，充满西域，虽时有恭从，然其使人见害，财货并没，不可胜数。今陛下不忍悁悁之忿，欲越巨海，身践其土，群臣愚议，窃谓不安。何者？北寇与国，壤地连接，苟有间隙，应机而至。夫所以越海求马，曲意于渊者，为赴目前之急，除腹心之疾也。而更弃本追末，捐近治远，忿以改规，激以动众，斯乃猾虏所愿闻，非大吴之至计也。又，兵家之术，以功役相疲，劳逸相待，得失之间，所觉辄多。且沓渚去渊，道里尚远，今到其岸，兵势三分，使强者进取，次当守船，又次运粮，行人虽多，难得悉用。加以单步负粮，经远深入，贼地多马，邀截无常。若渊狙诈，与北未绝，动众之日，唇齿相济。若实孑然无所凭赖，其畏怖远迸，或难卒灭。使天诛稽于朔野，山虏承间而起，恐非万安之长虑也。

权未许。瑁重上疏曰：

夫兵革者，固前代所以诛暴乱，威四夷也，然其役皆在奸雄已除，天下无事，从容庙堂之上，以余议议之耳。至于中夏鼎沸，九域槃互之时，率须深根固本，爱力惜费，务自休养，以待邻敌之阙，未有正于此时，舍近治远，以疲军旅者也。昔尉佗叛逆，僭号称帝，于时天下乂安，百姓殷阜，带甲之数，粮食之积，可谓多矣，然汉文犹以远征不易，重兴师旅，告喻而已。今凶桀未殄，疆埸犹警，虽蚩尤、鬼方之乱，故当以缓急差之，未宜以渊为先。愿陛下抑威任计，暂宁六师，潜神嘿规，以为后图，天下幸甚。

权再览瑁书，嘉其词理端切，遂不行。

初，瑁同郡闻人敏见待国邑，优于宗修，惟瑁以为不然，后果如其言。

赤乌二年，瑁卒。子喜亦涉文籍，好人伦，孙皓时为选曹尚书。①

①《吴录》曰：喜，字文仲，瑁第二子也，入晋为散骑常侍。瑁孙晔，字士光，至车骑将军、仪同三司。晔弟玩，字士瑶。《晋阳秋》称玩器量淹雅，位至司空，追赠太尉。

【**译文**】陆瑁，字子璋，是丞相陆逊的弟弟。从小就好学重义。陈国人陈融、陈留人濮阳逸、沛郡人蒋纂、广陵人袁迪等，都出身寒微并志向高远，都来找陆瑁游玩，陆瑁往往拿出自己的珍品美味，与他们同甘共苦。同郡人徐原，移居会稽，与陆瑁素不相识，临终前却写下遗书，把自己年幼的儿子托付给他，陆瑁替徐原修建坟墓，并收养教导他的儿子。另外陆瑁的叔父陆绩早年去世，留下二子一女，返回故里时都只有几岁，陆瑁把他们接来抚养，到他们长大后才分开。州郡征召举荐他，他都不去就任。

当时尚书暨艳评论人物得失，裁定三署官员，很喜欢张扬他人隐晦不明的过失，以彰显他们被贬职的原因。陆瑁给他写信说："大凡圣人总是嘉勉善良而怜悯愚昧，忘记其过失而牢记其功绩，从而成就美好的教化。如今国家大业才刚刚建立，将来还要一统天下，这正是汉高祖弃人之短用人之长的时侯，如果让善恶泾渭分明，推崇汝颍人许劭、许靖兄弟那种每月初一品评褒贬人物的风气，诚然可以整顿习俗昌明教化，但恐怕并不是那么容易施行的。应当追远效法孔子的泛爱精神，中则学习郭泰的广济博施，眼下则当从有益于正道的角度着想。"暨艳没有按照陆瑁所说的那样去做，终于招致败亡。

嘉禾元年，朝廷用公车征召陆瑁，任命他为议郎、选曹尚书。孙权怨恨公孙渊的奸诈反复，准备亲自前去征讨。陆瑁上书劝谏说：

> 我听说英明的君主统治远方的蛮夷，只是加以控制约束而已，而不是长期据守那些地区，所以古人制定地域名称，称它们为荒服，意思就是说这种地方，人事迷茫、反复不定，不可以保有。如今公孙渊本属东夷小丑，被远隔在大海一角，虽然托生人的面孔，本质上无异于禽兽。国家所以不惜珠宝财物而远远地施恩颁赐给他，并不是要嘉奖他的道德信义，说到底只是想招引接纳并诱骗玩弄于他，以得到他那里的马匹而已。公孙渊傲慢狡猾，仗着地处偏远而违背国命，这是荒僻蛮夷的通常表现，哪里值得大惊小怪？从前汉朝各代皇帝也曾专心一意地从事安抚境外蛮夷的工作，派使者奔驰往来恩赐财宝，足迹遍及西域，虽然西域蛮夷有时也能恭敬从命，但汉朝使者被杀，所带财物被侵吞的事件，不可胜计。现在陛下不能忍受心底的忿恨，打算越过大海，亲自踏上那荒僻之地，群臣议论，私下里都认为不妥。为什么呢？北边曹魏与我国之间，疆土邻境相连，只要有任何可乘之机，他们就能立刻进攻过来。我们之所以跨海向公孙渊谋取军马，违背本意而迎合公孙渊，无非是为了拯救眼下的急难，根除曹魏这一心腹大患。如果转而舍本逐末，弃近求远，因气恼而改变计划，为激愤而兴师动众，这正是狡猾的敌人所希望的，而不是我们大吴国的根本大计。再说，兵家的策略，讲究的是用功役使对方疲惫，以逸待劳，得失之间，察觉与不察觉相差甚远。况且沓渚那个地方距离公孙渊的老巢还有很远的一段距离，如果现在到了敌方海岸，军队将不得不一分为三，首先要派主力部队进取，其次要留兵守船，再次还需要人手转运粮草，出征的人即使很多，也很难全部用于军事进攻。加上徒步背粮，长途跋涉深入敌方腹地，而贼人地界内马匹众多，来去无踪的邀击拦截随时都可能发生。倘

若公孙渊伺机取诈，与北方的曹魏关系并未中断，那么我国的大军出征之日，也就是他与曹魏之间唇齿相依、同恶相济的局面形成之时。如果他确是独自行事，无所依靠，他又将因为畏惧害怕而跑得无影无踪，或许很难迅速将他消灭。假如主上的远征军长时间稽留在北方的原野，而南方山越人又乘机起事，恐怕不是绝对安全的长远谋略啊。

孙权没有同意他的建议。陆瑁又上书说：

凡战争之事，本是前代用以诛暴伐乱，威慑四夷的途径，然而这种事情都是在奸雄已经消除，天下太平无事，君臣悠闲地坐在朝堂之上，放在最次要的地位谈谈罢了。到了中原纷扰混乱，九州盘根错节的时候，必须深根固本，爱护兵力并珍惜物力，致力于自身的休养生息，来等待邻近敌人的疏失，没有正处在这样的时期，反而要舍近求远，使军队疲惫奔驰的做法。从前尉佗叛逆，僭越称帝，当时天下太平，百姓殷实富足，甲兵的数量，粮食的储备，可以说是很多了，但汉文帝还是认为远征并非易事，对发动大军十分慎重，结果也只是告诫晓谕尉佗而已。如今凶残的大敌还未消灭，边境尚需警戒防备，因而即使有蚩尤、鬼方那样的叛乱，也应当以缓急不同而加以区分，不应当把讨伐公孙渊视为国家的当务之急。希望陛下克制威怒而多多筹谋，暂且稳定六军，专心地冷静思量，以制定适用于将来的宏图，那天下人将非常幸运了。

孙权再度见到陆瑁的上书，称赏他的言辞义理正当切实，于是放弃亲征。

起初，陆瑁的同郡人闻人敏在国都很受优待，有人认为他强于宗修，只有陆瑁觉得并非如此，后来果然应证了他的看法。

赤乌二年，陆瑁去世。他的儿子陆喜也广泛涉猎文章典籍，喜好品评人物，孙皓在位时他任选曹尚书。

吾粲

【原文】吾粲，字孔休，吴郡乌程人也。① 孙河为县长，粲为小吏，河深奇之。河后为将军，得自选长吏，表粲为曲阿丞，迁为长史，治有名迹。虽起孤微，与同郡陆逊、卜静等比肩齐声矣。孙权为车骑将军，召为主簿，出为山阴令，还为参军校尉。

①《吴录》曰：粲生数岁，孤城妪见之，谓其母曰："是儿有卿相之骨。"

黄武元年，与吕范、贺齐等俱以舟师拒魏将曹休于洞口。值天大风，诸船绠绁断绝，漂没著岸，为魏军所获，或覆没沉溺，其大船尚存者，水中生人皆攀缘号呼，他吏士恐船倾没，皆以戈矛撞击不受。粲与黄渊独令船人以承取之，左右以为船重必败，粲曰："船败，当俱死耳！人穷，奈何弃之！"粲、渊所活者百余人。

还，迁会稽太守，召处士谢谭为功曹，谭以疾不诣，粲教曰："夫应龙以屈伸为神，凤皇以嘉鸣为贵，何必隐形于天外，潜鳞于重渊者哉？"粲募合人众，拜昭义中郎将，与吕岱讨平山越，入为屯骑校尉、少府，迁太子太傅。遭二宫之变，抗言执正，明嫡庶之分，欲使鲁王霸出驻夏口，遣杨竺不得令在都邑。又数以消息语陆逊，逊时驻武昌，连表谏争。由此为霸、竺等所谮害，下狱诛。

【译文】吾粲，字孔休，吴郡乌程县人。孙河担任县长，吾粲是他手下的小官，孙河非常器重他的卓异才干。孙河后来做了将军，得以自行选用地方长官，便上表任用吾粲为曲阿丞，又升他为长史，吾粲所任皆有治绩名声。吾粲虽然出身寒微，但他与同郡的陆逊、卜静等人并肩齐名。孙权任车骑将军时，征召吾粲为主簿，出任山阴县令，后返回任参军校尉。

黄武元年，吾粲与吕范、贺齐等人一起率领水军在洞口抵御魏将曹休。当时正值天刮大风，连接舟船的缆绳崩断，士兵有的漂到岸边，被魏军虏获，有的翻船沉没，那些幸存的大船，船舷边有不少落水士兵攀缘呼救，船上的官兵担心战船倾覆，都用戈矛撞击不让落水者上船。只有吾粲和黄渊让船上人搭救落水士兵，手下人认为船超载必定会破败，吾粲说："船破了，大家同死罢了！别人走投无路的时候，为什么要抛弃他们！"吾粲和黄渊因此而救活士兵一百多人。

回师后，吾粲升为会稽太守，征召隐士谢谭为功曹，谢谭推说有病不肯前来，吾粲写教令开导他说："应龙因为能屈能伸才叫神奇，凤凰因为叫声美好方显珍贵，为什么一定要把形体隐藏于天外，将鳞甲潜伏在深渊呢？"吾粲招募聚合了不少人马，官拜昭义中郎将，与吕岱讨伐平定了山越，又入朝担任屯骑校尉、少府，后升为太子太傅。遭遇太子孙和、鲁王孙霸的事变时，吾粲发言主持公道，申明嫡庶的本质区别，想让鲁王孙霸出京去驻守夏口，放逐杨竺，不让他留在京城。他又多次把消息告知陆逊，陆逊当时驻守武昌，得到消息便接连上表劝谏孙权。吾粲由此遭到孙霸、杨竺等人谗言陷害，被打入大牢处死。

朱据

【原文】朱据，字子范，吴郡吴人也，有姿貌膂力，又能论难。黄武初，征拜五官郎中，补侍御史。是时选曹尚书暨艳疾贪污在位，欲沙汰之。据以为："天下未定，宜以功覆过，弃瑕取用，举清厉浊，足以沮劝，若一时贬黜，惧有后咎。"艳不听，卒败。

权咨嗟将率，发愤叹息，追思吕蒙、张温，以为据才兼文武，可以继之，由是拜建义校尉，领兵屯湖孰。黄龙元年，权迁都建业，征据，尚公主，拜左将军，封云阳侯。谦虚接士，轻财好施，禄赐虽丰而常不足用。嘉禾中，始铸大钱，一当五百。后据部曲应受三万缗，工王遂诈而受之，典校吕壹疑据实取，考问主者，死于杖下，据哀其无辜，厚棺敛之。壹又表据吏为据隐，故厚其殡。权数责问据，据无以自明，藉草待罪。数月，典军吏刘助觉，言王遂所取，权大感寤，曰："朱据见枉，况吏民乎？"乃穷治壹罪，赏助百万。

赤乌九年，迁骠骑将军。遭二宫构争，据拥护太子，言则恳至，义形于色，守之以死，[①] 遂左迁新都郡丞。未到，中书令孙弘谮润据，因权寝疾，弘为诏书追赐死，时年五十七。孙亮时，二子熊、损各复领兵，为全公主所谮，皆死。永安中，追录前功，以熊子宣袭爵云阳侯，尚公主。孙皓时，宣至骠骑将军。

①殷基《通语》载据争曰:“臣闻太子国之本根,雅性仁孝,天下归心,今卒责之,将有一朝之虑。昔晋献用骊姬而申生不存,汉武信江充而戾太子冤死。臣窃惧太子不堪其忧,虽立思子之宫,无所复及矣。”

【译文】朱据,字子范,吴郡吴县人,仪表堂堂而膂力过人,还善于辩论诘难。黄武初年,被征召为五官郎中,补任侍御史。当时选曹尚书暨艳痛恨贪赃枉法者占据官位,打算淘汰他们。朱据认为:“天下还没有平定,应让这些人将功抵过,忽略他们的缺点而用其所长,提升清廉之人以激励污浊者,足以阻止恶行而勉励善事,如果一时间被降职斥退者太多,恐怕会有后患。”暨艳不听其言,终于败亡。

孙权忧心于良将名帅的缺乏,为此常常长叹,追思吕蒙和张温的才能,认为朱据文武双全,可以继承吕、张二人的功业,因此便任命朱据为建义校尉,让他领兵屯驻湖孰。黄龙元年,孙权迁都建业,征召朱据,把公主许配给他,并任命他为左将军,爵封云阳侯。朱据谦虚地结交贤德之人,轻视财产而乐善好施,俸禄赏赐虽多却常常不够用。嘉禾年间,吴国开始铸造大钱,一枚大钱当五百小钱。后来朱据的部众应当得到三万缗军饷,工匠王遂造假将这笔钱据为己有,典校吕壹怀疑是朱据实际上贪污了这笔钱,便拷问主管人员,将那人打死在杖下,朱据哀怜其人无辜惨死,就买了一具好棺材替他装敛。吕壹又上表告发说朱据的属官为朱据隐瞒罪行,所以朱据才替这人装殓安葬。孙权多次责问朱据,朱据没有办法自我表白,就坐在草垫上等待治罪。几个月后,典军吏刘助查明真相,说钱是被王遂中饱私囊了,孙权因此醒悟,他说:“朱据尚且被冤枉,何况是一般的官吏百姓呢?”于是彻底追查吕壹的罪行,奖赏了刘助一百万钱。

赤乌九年,朱据升为骠骑将军。遭遇两宫明争暗斗,朱据拥护太子孙登,言辞恳切,正义之色现于颜面,决心以死捍卫太子,于是被降职出任新都郡丞。还未到任,中书令孙弘进一步诋毁朱据,并趁孙权卧病在床之机,伪造诏书追加赐死命令,这一年朱据五十七岁。孙亮执政时,朱据的两个儿子朱熊、朱损又各自领兵,被全公主诋毁,都遇害而死。永安年间,追录朱据过去的功绩,让朱熊的儿子朱宣继承云阳侯的爵位,娶公主为妻。孙皓在位期间,朱宣官至骠骑将军。

【原文】评曰:虞翻古之狂直,固难免乎末世,然权不能容,非旷宇也。陆绩之于扬《玄》,是仲尼之左丘明,老聃之严周矣。以瑚琏之器,而作守南越,不亦贼夫人欤!张温才藻俊茂,而智防未备,用致艰患。骆统抗明大义,辞切理至,值权方闭不开。陆瑁笃义规谏,君子有称焉。吾粲、朱据遭罹屯蹇,以正丧身,悲夫!

【译文】评论说:虞翻有古人疏狂率直的风骨,本来就很难在一个朝代的衰亡时期脱身免祸,但孙权不能容他,也算不上什么胸怀宽广了。陆绩对于扬雄《太玄经》的贡献,就如同孔子的《春秋》有了左丘明,老子的《道德经》有了严周。他有着瑚琏般安邦治国的才能,却让他去驻守南越,不也是毁了这个人吗!张温才思文采卓越杰出,但他欠缺料事与明哲自保的能力,因此招致危险忧患。骆统深明大义,言辞恳切而说理周详，可惜赶上了孙权闭塞而不开明的时期。陆瑁恩义深厚的劝谏，受到了君子的称赞。吾粲、朱据遭遇艰难困苦，因正直而丧身，可悲啊！

卷五十八　吴书十三

陆逊传第十三

陆逊　陆抗

【原文】陆逊，字伯言，吴郡吴人也。本名议，世江东大族。[①] 逊少孤，随从祖庐江太守康在官。袁术与康有隙，将攻康，康遣逊及亲戚还吴。逊年长于康子绩数岁，为之纲纪门户。

①《陆氏世颂》曰：逊祖纡，字叔盘，敏淑有思学，守城门校尉。父骏，字季才，淳懿信厚，为邦族所怀，官至九江都尉。

孙权为将军，逊年二十一，始仕幕府，历东、西曹令史，出为海昌屯田都尉，并领县事。[①] 县连年亢旱，逊开仓谷以振贫民，劝督农桑，百姓蒙赖。时吴、会稽、丹杨多有伏匿，逊陈便宜，乞与募焉。会稽山贼大帅潘临，旧为所在毒害，历年不禽。逊以手下召兵，讨治深险，所向皆服，部曲已有二千余人。鄱阳贼帅尤突作乱，复往讨之，拜定威校尉，军屯利浦。

①《陆氏祠堂像赞》曰：海昌，今盐官县也。

权以兄策女配逊，数访世务，逊建议曰："方今英雄棋跱，豺狼窥望，克敌宁乱，非众不济。而山寇旧恶，依阻深地，夫腹心未平，难以图远，可大部伍，取其精锐。"权纳其策，以为帐下右部督。会丹杨贼帅费栈受曹公印绶，扇动山越，为作内应，权遣逊讨栈。栈支党多而往兵少，逊乃益施牙幢，分布鼓角，夜潜山谷间，鼓噪而前，应时破散。遂部伍东三郡，强者为兵，羸者补户，得精卒数万人，宿恶荡除，所过肃清，还屯芜湖。

会稽太守淳于式表逊枉取民人，愁扰所在。逊后诣都，言次，称式佳吏。权曰："式白君而君荐之，何也？"逊对曰："式意欲养民，是以白逊。若逊复毁式以乱圣听，不可长也。"权曰："此诚长者之事，顾人不能为耳。"

吕蒙称疾诣建业，逊往见之，谓曰："关羽接境，如何远下，后不当可忧也？"蒙曰："诚如来言，然我病笃。"逊曰："羽矜其骁气，陵轹于人。始有大功，意骄志逸，但务北进，未嫌于我，有相闻病，必益无备。今出其不意，自可禽制。下见至尊，宜好为计。"蒙曰："羽素勇猛，既难为敌，且已据荆州，恩信大行，兼始有功，胆势益盛，未易图也。"蒙至都，权问："谁可代卿者？"蒙对曰："陆逊意思深长，才堪负重，观其规虑，终可大任。而未有远名，非羽所忌，无复是过。若用之，当令外自韬隐，内察形便，然后可克。"权乃召逊，拜偏将军、右部督，代蒙。

逊至陆口，书与羽曰："前承观衅而动，以律行师，小举大克，一何巍巍！敌国败绩，利在同盟，闻庆拊节，想遂席卷，共奖王纲。近以不敏，受任来西，延慕光尘，思禀良规。”又曰：“于禁等见获，遐迩欣叹，以为将军之勋足以长世，虽昔晋文城濮之师，淮阴拔赵之略，蔑以尚兹。闻徐晃等少骑驻旌，窥望麾葆。操猾虏也，忿不思难，恐潜增众，以逞其心。虽云师老，犹有骁悍。且战捷之后，常苦轻敌，古人杖术，军胜弥警。愿将军广为方计，以全独克。仆书生疏迟，忝所不堪，喜邻威德，乐自倾尽，虽未合策，犹可怀也。傥明注仰，有以察之。”

羽览逊书有谦下自托之意，意大安，无复所嫌。逊具启形状，陈其可禽之要。权乃潜军而上，使逊与吕蒙为前部，至即克公安、南郡。逊径进，领宜都太守，拜抚边将军，封华亭侯。备宜都太守樊友委郡走，诸城长吏及蛮夷君长皆降。逊请金银铜印，以假授初附。是岁建安二十四年十一月也。

逊遣将军李异、谢旌等将三千人，攻蜀将詹晏、陈凤。异将水军，旌将步兵，断绝险要，即破晏等，生降得凤。又攻房陵太守邓辅、南乡太守郭睦，大破之。秭归大姓文布、邓凯等合夷兵数千人，首尾西方。逊复部旌讨破布、凯，布、凯脱走，蜀以为将。逊令人诱之，布帅众还降。前后斩获招纳，凡数万计。权以逊为右护军、镇西将军，进封娄侯。①

①《吴书》曰：权嘉逊功德，欲殊显之，虽为上将军、列侯，犹欲令历本州举命，乃使扬州牧吕范就辟别驾从事，举茂才。

时荆州士人新还，仕进或未得所，逊上疏曰：“昔汉高受命，招延英异，光武中兴，群俊毕至，苟可以熙隆道教者，未必远近。今荆州始定，人物未达，臣愚慺慺，乞普加覆载抽拔之恩，令并获自进，然后四海延颈，思归大化。”权敬纳其言。

【译文】陆逊，字伯言，是吴郡吴县人。他原先的名字叫议，陆氏世代都为江东大族。陆逊在很小的时候父亲就死了，他跟着堂祖父庐江太守陆康在任所生活。袁术跟陆康有仇怨，准备攻打陆康，陆康于是让陆逊及亲属返回原籍吴县。陆逊比陆康的儿子陆绩年长几岁，于是代他管理家族事务。

孙权担任将军的时候，陆逊二十一岁，开始在孙权幕府担任职务，历任东曹令史及西曹令史，后又出任海昌县屯田都尉，同时兼管此县的重大政务。海昌县连年大旱，陆逊打开官仓赈济饥饿的民众，鼓励督促百姓种田养蚕，百姓因此得到好处。当时吴郡、会稽、丹杨潜伏着许许多多隐藏在山林里的贼寇，陆逊向孙权提出合乎时宜的建议，请求招募这些人。会稽郡山越头目潘临，一直是这一地区的头等祸患，多年来官府都没能捕获他。陆逊率领自己的人马及召来的兵士，进军深山险要地区讨伐他们，所到之处无不降服，他的部队发展了到两千多人。鄱阳郡的贼寇头目尤突率众作乱，陆逊接着前往讨伐，被任命为定威校尉，军队在利浦驻扎。

孙权将哥哥孙策的女儿许配给陆逊，多次征询他对当下时局的看法，陆逊建议说：“如今英雄豪杰割据一方，相持难下，凶恶的敌人如同豺狼一样窥视江东，如果想战胜敌人，平定纷乱，缺少强大的军队是行不通的。而山越贼寇还在凭借深山险要继续为害，这个心腹之患如若不及时铲除，就很难图谋远方的敌人，我们可以大规模部署军队围攻山越，并从中挑选精壮力量补充兵力。”孙权采纳了他的建议，封他为帐下右部督。恰巧这时丹杨郡的贼寇首领费栈接受了曹操授予的官职，鼓动山越人充当曹操的内应，孙权派遣陆逊前往讨伐费栈。费栈的党徒散布在很多地方，人数众多，而陆逊带去的兵力少之又少，陆逊于是增设了很多军旗，到处散布打鼓吹号的士兵，黑夜埋伏在山谷中，突然敲起战鼓呐喊着蜂拥而前，敌军立马被打得七零八散。于是陆逊开始在吴、会稽、丹杨三郡修整军队，选择其中身强力壮的充当士兵，身体羸弱的补为在册民户，一共获得几万精兵，过去长期为害的贼寇一一被扫荡干净，部队所经过的地方皆秩序井然，陆逊率兵返回芜湖驻扎。

会稽太守淳于式上书揭发陆逊违反法纪征用人力，带给所在地区极大的恐慌。后来陆逊到达都城，在与孙权的谈话中称赞淳于式是位好官吏。孙权说："淳于式曾告发过你，你却推崇他，这是什么原因呢？"陆逊说："淳于式的本意是想让老百姓休养生息，因而告发我。如果我又来诋毁他，从而扰乱您的视听，那么我是不应该这样做的。"孙权说："您的所为的确是有德行的人所做的事，不过其他人很难做到呀。"

吕蒙称病要前往建业，陆逊前去探视他，说："关羽与您的防区接境，您为什么离开驻地远来这里，后方难道不令人感到担忧吗？"吕蒙说："确实如您所说，不过我病得实在太重啊。"陆逊说："关羽倚仗着他的勇猛，处处欺凌别人。最近他又立下大功，极为骄傲得意，只想往北进军，对我们缺乏戒备，如果听说您得了病，一定更没有防范。如今出其不意发起猛攻，自然可以将他擒获。您这次东下见到主公，应当与他妥善商量策略。"吕蒙说："关羽素来勇猛，本就很难对付，如今又占据荆州，施行恩德，创建了很高的威信，加上最近立了大功，胆气更盛，不能轻易谋取。"吕蒙来到都城建业，孙权问他："谁有能力接替您的职务呢？"吕蒙说："陆逊考虑问题极为深远，有担当要职的才能，我看他作出的规划策略，最终可以重用。而且他的名声还没有传扬出去，不会被关羽顾忌，接替我的职务，再没有比他更加合适的人选了。如果任用他，应当令他收敛锋芒，暗中寻找有利时机，如此一来就可以制服关羽。"于是孙权召见陆逊，任命他担任偏将军、右部督，代替吕蒙。

陆逊到达陆口后，给关羽写了一封信，说："之前蒙您细心观察有利时机，督率军队征讨曹军，以比较小的行动，获得了重大的胜利，您的战绩是多么显赫啊！敌国惨败，对身为盟国的我们也是有好处的，所以听到这一喜讯后，我们都拍手叫好，并衷心希望您继续进军席卷北方，与我们共同辅助王室大业，维持纲纪。最近我这个才能浅薄的人接受任命来到此地，我对您的风采非常景仰，希望得到您善意的教诲。"还说："于禁等人被您抓获，远近都欢欣赞叹，认为将军您的功绩足以万古流芳，即便是当年晋文公城濮之战中的军队，淮阴侯韩信攻取赵国的战略，都无法与您这次的功勋相比。我听说徐晃等人又屯聚起少量兵力，窥视您的动向。曹操是个极为狡猾的敌人，因失败而被激怒就更不会考虑危难，恐怕会暗中增兵，以实现他的狼子野心。尽管说他的军队出征已久，战斗力减弱，但还是拥有一些凶猛强悍的士兵。而且打了胜仗之后，往往会因轻敌而大吃苦头，古人依仗兵法，在军队得胜后会变得更加警惕。我希望将军多方采取措施，以保全您建立的战功。我是一介书生，才疏智钝，担任了不能胜任的要职,值得高兴的是我能和您这样德行出众、威望崇高的将军为邻,我很乐意向您倾诉心里的真实想法,虽然未必合乎将军您的谋略,但也总算表达了我的一点心愿。如蒙您关注,您一定会明察出来。”

关羽看到陆逊的来信有表示谦卑与请求庇护的意思,对陆逊非常放心,不再有什么顾忌。陆逊向孙权详细汇报了这里的情况,陈述了关羽能被擒获的重要建议。于是,孙权暗中率领大军沿长江西上,任命陆逊与吕蒙为前锋,一到就迅速攻占了公安及南郡。陆逊领兵长驱直入,兼任宜都太守,被授为抚边将军,封华亭侯。刘备委任的宜都郡太守樊友弃城逃跑,各城邑的长官及蛮夷头领也都一一投降。陆逊向孙权请求金银铜印,代表孙权分别授给这些刚刚归顺的人。这一年是建安二十四年十一月。

陆逊派遣将军李异、谢旌等率领三千人马,攻打蜀国将领詹晏、陈凤。李异统率水军,谢旌率领步兵,控制住险要地带,很快打败了詹晏等人,陈凤也被擒投降。接着又攻打蜀国房陵郡太守邓辅及南乡郡太守郭睦,同样打败了他们。秭归的豪门大族文布、邓凯等纠合蛮夷士兵几千人,投靠蜀国。陆逊又部署谢旌前往讨伐文布、邓凯,文布、邓凯逃跑,蜀国任命他们担任将领。陆逊派人前往劝诱,文布率部下回来归顺。陆逊前后杀死、俘虏及招降的人,总计有好几万。孙权任命他为右护军、镇西将军,晋封他为娄侯。

当时荆州的士人刚刚归附吴国,有的人在仕途上还没能得到应有的职位,陆逊上书说:“过去汉高祖受命于天,招揽延请杰出优秀的人才,光武帝光复汉室,成批的俊杰汇聚在他的手下,如果这些人可以弘扬道德教化,就不必区分亲疏远近。如今荆州刚刚平定,那些有才德的人还没有被任用,我恭敬诚恳地请求您给这些人施以养育提拔的恩惠,让他们都可以得到提升的机会,然后天下人就会翘首注视我们,纷纷想来接受我们宏大深远的教化。”孙权郑重地采纳了他的建议。

【原文】黄武元年,刘备率大众来向西界,权命逊为大都督,假节,督朱然、潘璋、宋谦、韩当、徐盛、鲜于丹、孙桓等五万人拒之。备从巫峡、建平连围至夷陵界,立数十屯。以金锦爵赏诱动诸夷,使将军冯习为大督,张南为前部,辅匡、赵融、廖淳、傅肜等各为别督,先遣吴班将数千人于平地立营,欲以挑战。诸将皆欲击之,逊曰:“此必有谲,且观之。”[①]备知其计不可,乃引伏兵八千,从谷中出。逊曰:“所以不听诸君击班者,揣之必有巧故也。”逊上疏曰:“夷陵要害,国之关限,虽为易得,亦复易失。失之非徒损一郡之地,荆州可忧。今日争之,当令必谐。备干天常,不守窟穴而敢自送,臣虽不材,凭奉威灵,以顺讨逆,破坏在近。寻备前后行军,多败少成,推此论之,不足为戚。臣初嫌之,水陆俱进,今反舍船就步,处处结营,察其布置,必无他变。伏愿至尊高枕,不以为念也。”诸将并曰:“攻备当在初,今乃令入五六百里,相衔持经七八月,其诸要害皆以固守,击之必无利矣。”逊曰:“备是猾虏,更尝事多,其军始集,思虑精专,未可干也。今住已久,不得我便,兵疲意沮,计不复生,掎角此寇,正在今日。”乃先攻一营,不利。诸将皆曰:“空杀兵耳。”逊曰:“吾已晓破之之术。”乃敕各持一把茅,以火攻拔之。一尔势成,通率诸军同时俱攻,斩张南、冯习及胡王沙摩柯等首,破其四十余营。备将杜路、刘宁等穷逼请降。备升马鞍山，陈兵自绕。逊督促诸军四面蹙之，土崩瓦解，死者万数。备因夜遁，驿人自担烧铙铠断后，仅得入白帝城。其舟船器械，水步军资，一时略尽，尸骸漂流，塞江而下。备大惭恚，曰："吾乃为逊所折辱，岂非天邪！"

①《吴书》曰：诸将并欲迎击备，逊以为不可，曰："备举军东下，锐气始盛，且乘高守险，难可卒攻，攻之纵下，犹难尽克，若有不利，损我大势，非小故也。今但且奖厉将士，广施方略，以观其变。若此间是平原旷野，当恐有颠沛交驰之忧，今缘山行军，势不得展，自当罢于木石之间，徐制其弊耳。"诸将不解，以为逊畏之，各怀愤恨。

初，孙桓别讨备前锋于夷道，为备所围，求救于逊。逊曰："未可。"诸将曰："孙安东公族，见围已困，奈何不救？"逊曰："安东得士众心，城牢粮足，无可忧也。待吾计展，欲不救安东，安东自解。"及方略大施，备果奔溃。桓后见逊曰："前实怨不见救，定至今日，乃知调度自有方耳。"

当御备时，诸将军或是孙策时旧将，或公室贵戚，各自矜恃，不相听从。逊案剑曰："刘备天下知名，曹操所惮，今在境界，此强对也。诸君并荷国恩，当相辑睦，共翦此虏，上报所受，而不相顺，非所谓也。仆虽书生，受命主上。国家所以屈诸君使相承望者，以仆有尺寸可称，能忍辱负重故也。各任其事，岂复得辞！军令有常，不可犯矣。"及至破备，计多出逊，诸将乃服。权闻之，曰："君何以初不启诸将违节度者邪？"逊对曰："受恩深重，任过其才。又此诸将或任腹心，或堪爪牙，或是功臣，皆国家所当与共克定大事者。臣虽驽懦，窃慕相如、寇恂相下之义，以济国事。"权大笑称善，加拜逊辅国将军，领荆州牧，即改封江陵侯。

又，备既住白帝，徐盛、潘璋、宋谦等各竞表言备必可禽，乞复攻之。权以问逊，逊与朱然、骆统以为："曹丕大合士众，外托助国讨备，内实有奸心，谨决计辄还。"无几，魏军果出，三方受敌也。① 备寻病亡，子禅袭位，诸葛亮秉政，与权连和。时事所宜，权辄令逊语亮，并刻权印，以置逊所。权每与禅、亮书，常过示逊，轻重可否，有所不安，便令改定，以印封行之。

①《吴录》曰：刘备闻魏军大出，书与逊云："贼今已在江陵，吾将复东，将军谓其能然不？"逊答曰："但恐军新破，创痍未复，始求通亲，且当自补，未暇穷兵耳。若不惟算，欲复以倾覆之余，远送以来者，无所逃命。"

七年，权使鄱阳太守周鲂谲魏大司马曹休，休果举众入皖，乃召逊假黄钺，为大都督，逆休。① 休既觉知，耻见欺诱，自恃兵马精多，遂交战。逊自为中部，令朱桓、全琮为左右翼，三道俱进，果冲休伏兵，因驱走之，追亡逐北，径至夹石，斩获万余，牛马骡驴车乘万两，军资器械略尽。休还，疽发背死。诸军振旅过武昌，权令左右以御盖覆逊，入出殿门，凡所赐逊，皆御物上珍，于时莫与为比。遣还西陵。

① 陆机为《逊铭》曰：魏大司马曹休侵我北鄙，乃假公黄钺，统御六师及中军禁卫而摄行王事，主上执鞭，百司屈膝。◎《吴录》曰：假逊黄钺，吴王亲执鞭以见之。

【译文】黄武元年，刘备率领大军到达吴国的西部边境，孙权任命陆逊为大都督，授予符节，率领朱然、潘璋、韩当、徐盛、鲜于丹、孙恒等五万人抵御刘备。刘备的军营从巫峡、建平一直延续到夷陵边界，一共设置了几十处。刘备利用黄金、锦缎、封官赏赐等方式引诱蛮夷少数民族，任命将军冯习担任大督，张南担任前锋，辅匡、赵融、廖淳、傅肜等人为分支部队的都督，首先派遣吴班率领数千人马在平地安营下寨，摆出挑战的姿态。吴国将领都要求攻打吴班，陆逊说："蜀军此举必定有诈，暂且观察一下吧。"刘备得知自己的计策行不通，于是率领八千名埋伏的士兵，从山谷里撤出。陆逊说："我之所以不让诸位将军攻打吴班，就是因为估计到敌方一定有诡诈。"陆逊上书孙权说："夷陵属于军事要冲，国家门户，尽管容易攻取，但也容易失去。丢掉夷陵，不仅是丢掉一个郡的疆土，连荆州都会遭受危机。如今我们争夺这块地，就一定要获得成功。刘备触犯天理，不规规矩矩地固守自己的巢穴，竟敢前来送死，我虽然没有什么大的才能，但凭借陛下的威望，率领正义之师讨伐违背天理的人，终有一天会将他们打垮。回顾刘备前后用兵的情况，失败的次数很多，成功的次数很少，由此推论，他这次的进攻也没什么值得担忧的。我起初担心他水陆并进，然而现在他却舍弃船只只用步兵，处处安扎营寨，我看他的部署，必然不会有其他变化了。我希望陛下高枕安卧，不必挂心这件事。"陆逊手下的将领都说："攻打刘备应该在他刚发兵的时候，如今他已深入吴国境内五六百里，与我们对峙长达七八个月，很多要害地区都已被他攻占且严密固守，这时再攻打他必定对我们不利。"陆逊说："刘备是个非常狡猾的敌人，而且阅历丰富，他的军队刚刚集结的时候，他用心专一，考虑缜密，不可轻易进犯。如今他已屯驻了很长时间，没有占到我们的便宜，军队疲惫，士气颓废，刘备再也拿不出其他妙计来了，夹击围歼敌人，应当在此时。"于是陆逊首先进攻刘备的一处营寨，没有成功。众将领都说："这是让士兵们白白送死啊！"陆逊说："我已经知道如何攻破刘备了。"于是命令士兵每人怀抱一束茅草，用火攻的办法，攻击刘备的营寨。顷刻之间，便形成熊熊火势，陆逊统率全部人马同时进攻，斩杀了蜀国将领张南、冯习及胡族酋长沙摩柯等人，攻破刘备四十余处营寨。刘备的将领杜路、刘宁等在走投无路的情况下被迫投降。刘备登上马鞍山，在周围部署军队保护自己。陆逊督促各路人马从四面收缩逼近，蜀军全面溃败，死者数以万计。刘备趁着黑夜逃脱，沿途管理驿站的人担着担子，烧毁了军用铙钹、铠甲等截断追兵去路，刘备才得以逃进白帝城。他的船只器械与水陆两军物资，瞬间损失殆尽，蜀军的尸体随水漂流，沿江而下，拥塞在江面上。刘备感到极为羞愧愤恨，说："我竟然被陆逊挫败羞辱，这难道不是天意吗！"

当初，孙桓独自率领一支部队在夷道攻打刘备的前锋部队，被刘备包围，孙桓向陆逊求救。陆逊说："不行。"将领们说："孙安东属于吴国的宗室，如今被包围，处境艰难，怎么可以不去援救呢？"陆逊说："孙安东深受士兵爱戴，他坚守的城池牢固，粮草充足，没什么值得忧虑的。等我的计谋顺利实施以后，即便不去救，他也能够自己解围。"等到陆逊的作战方案顺利实施后，刘备及蜀军果然奔逃溃散。孙桓后来见到陆逊，说："以前我的确曾埋怨您不肯援救，如今大局已定，才知道您部署作战自有办法。"

在抵御刘备期间，众将领有的是孙策时期的老将，有的是孙氏的宗室或内亲，这些人各有所恃，骄横自负，相互之间互不服气，不愿意听从陆逊的指挥。陆逊手握剑柄说："刘备天下闻名，连曹操都忌惮他，如今他率军来到边界，这是我们很难对付的敌人。诸位都蒙受国恩，应当相互谦让，和睦共事，齐心协力消灭这个敌人，向主上报答所受的国恩，但是如今诸位却大闹矛盾，这很没有道理。我尽管是不谙事理的读书人，却接受了主上的委任。主公之所以委屈诸位接受我的指挥，是因为我还有一些可取之处，可以忍辱负重。诸位应该承担各自的任务，怎么能够随便推托！军令自有常法，大家不可触犯。"等到攻打刘备的时候，妙计大多出于陆逊，将领们这才对他心悦诚服。孙权得知这些情况后，说："你当初为何不向我报告众将不服从指挥调遣呢？"陆逊说："我领受国家的深厚恩惠，所担任的职务超出我的才能。而这些将领有的属于心腹重臣，有的是卫国勇将，有的是有功元老，都是主上应当与之共同协作创建大业的人。我虽然平庸怯弱，却也倾慕蔺相如、寇恂向对方忍让的作法，以便成就国家大事。"孙权大笑着连声称好，提拔陆逊为辅国将军，兼任荆州牧，当即改封江陵侯。

另外，刘备在白帝城驻军以后，徐盛、潘璋、宋谦等人纷纷上书孙权，说刘备肯定可以被擒获，请求再次讨伐刘备。孙权询问陆逊的意见，陆逊与朱然、骆统等认为："曹丕正在大规模地调集军队，表面上说是要协助吴国讨伐刘备，实际上却心怀不轨，应当慎重决断并马上撤军。"不久，魏国果然出兵，吴国在三个方向遭受到敌人攻击。不久刘备因病去世，他的儿子刘禅继位，诸葛亮掌控蜀国大权，又与孙权结盟通好。政事当中应该处理的问题，孙权就命令陆逊告知诸葛亮，并且刻了孙权的印玺放到陆逊的官署。孙权每次给刘禅与诸葛亮写信，也常常拿给陆逊过目，让陆逊看措辞轻重与否，内容是否恰当，如有不妥之处，就让陆逊改正，之后盖上孙权的印章加封之后送走。

黄武七年，孙权命鄱阳太守周鲂诳骗魏国大司马曹休，曹休果然中计率领军队进驻皖县，于是孙权召见陆逊，授予他黄钺，提拔他为大都督，命他前去迎战。曹休发现自己上当后，深以为耻，倚仗着自己兵马精良众多，于是与陆逊交战。陆逊自己统率中路人马，命令朱桓、全琮统领左部和右部人马充当两翼，三路并进，果然冲垮了曹休的伏兵，乘势追击他们，追击败逃的敌人，一直到夹石，斩杀俘获一万多人，缴获牛、马、骡、驴车上万辆，完全夺获了曹休军的军用物资及兵器。曹休返回后，气得背上长毒疮死去。陆逊的军队整顿回师，途经武昌，孙权命令左右侍从用自己的伞盖为陆逊遮着走进殿门，凡是赐给陆逊的东西，都是御用物品中的上等珍品，如此优厚的待遇，在当时是无人可比的。后来陆逊被派回西陵驻防。

【原文】黄龙元年，拜上大将军、右都护。是岁，权东巡建业，留太子、皇子及尚书九官，征逊辅太子，并掌荆州及豫章三郡事，董督军国。时建昌侯虑于堂前作斗鸭栏，颇施小巧，逊正色曰："君侯宜勤览经典以自新益，用此何为？"虑即时毁彻之。射声校尉松于公子中最亲，戏兵不整，逊对之髡其职吏。南阳谢景善刘廙先刑后礼之论，逊呵景曰："礼之长于刑久矣，廙以细辩而诡先圣之教，皆非也。君今侍东宫，宜遵仁义以彰德音，若彼之谈，不须讲也。"

逊虽身在外，乃心于国，上疏陈时事曰："臣以为科法严峻，下犯者多。顷年以来，将吏罹罪，虽不慎可责，然天下未一，当图进取，小宜恩贷，以安下情。且世务日兴，良能为先，自非奸秽入身，难忍之过，乞复显用，展其力效。此乃圣王忘过记功，以成王业。昔汉高舍陈平之愆，用其奇略，终建勋祚，功垂千载。夫峻法严刑，非帝王之隆业，有罚无恕，非怀远之弘规也。"

权欲遣偏师取夷州及朱崖，皆以咨逊，逊上疏曰："臣愚以为四海未定，当须民力，以济时务。今兵兴历年，见众损减，陛下忧劳圣虑，忘寝与食，将远规夷州，以定大事，臣反覆思惟，未见其利。万里袭取，风波难测，民易水土，必致疾疫，今驱见众，经涉不毛，欲益更损，欲利反害。又珠崖绝险，民犹禽兽，得其民不足济事，无其兵不足亏众。今江东见众，自足图事，但当畜力而后动耳。昔桓王创基，兵不一旅，而开大业。陛下承运，拓定江表。臣闻治乱讨逆，须兵为威，农桑衣食，民之本业，而干戈未戢，民有饥寒。臣愚以为宜育养士民，宽其租赋，众克在和，义以劝勇，则河渭可平，九有一统矣。"权遂征夷州，得不补失。

及公孙渊背盟，权欲往征，逊上疏曰："渊凭险恃固，拘留大使，名马不献，实可雠忿。蛮夷猾夏，未染王化，鸟窜荒裔，拒逆王师，至令陛下爰赫斯怒，欲劳万乘泛轻越海，不虑其危而涉不测。方今天下云扰，群雄虎争，英豪踊跃，张声大视。陛下以神武之姿，诞膺期运，破操乌林，败备西陵，禽羽荆州。斯三虏者，当世雄杰，皆摧其锋。圣化所绥，万里草偃，方荡平华夏，总一大猷。今不忍小忿，而发雷霆之怒，违垂堂之戒，轻万乘之重，此臣之所惑也。臣闻志行万里者，不中道而辍足；图四海者，匪怀细以害大。强寇在境，荒服未庭，陛下乘桴远征，必致窥窬，戚至而忧，悔之无及。若使大事时捷，则渊不讨自服。今乃远惜辽东众之与马，奈何独欲捐江东万安之本业而不惜乎？乞息六师，以威大虏，早定中夏，垂耀将来。"权用纳焉。

【译文】黄龙元年，陆逊被提拔为上大将军、右都护。这一年，孙权向东巡视建业，留太子、皇子及尚书九官在武昌，征召陆逊到武昌辅助太子孙登，同时兼管荆州及豫章、鄱阳、庐陵三郡事务，全权督察军国大事。当时孙权的儿子建昌侯孙虑在厅堂前修筑起一座斗鸭栏，构造极为精巧，陆逊严肃地说："君侯您应该抓紧时间辛勤地研读一些经典，以求获得新的补益，玩弄这些东西有什么用？"孙虑马上拆毁了斗鸭栏。射声校尉孙松在宗族子弟中最与孙权亲近，他放任士兵嬉戏游乐，不加以约束整顿，陆逊当着他的面对他的主管官吏施以髡刑。南阳人谢景极为欣赏刘廙先刑后礼的观点，陆逊呵斥谢景说："礼教胜于刑罚由来已久，刘廙用烦琐的诡辩歪曲先贤的教导，完全是错误的。你如今担任太子的侍从官员，应当遵循仁义，弘扬善音，像刘廙那样的论调，不必再讲了。"

陆逊尽管在京城外任职，但内心却常常牵挂着国家大事，他上书孙权陈述当前政事："臣以为刑法过于严厉，下面犯法的人就会跟着增多。近年来，武将文臣中有很多被治罪的，虽然因为他们自己不谨慎应该受到责备，但是现在天下还未曾统一，应当谋求进取大事，臣下稍有过错应当给予宽赦，以安定臣民的情绪。何况当前我们需要办理的事情日益增多,招揽任用贤能是需要优先考虑的问题,只要不是邪恶淫乱,其罪过无法被常人忍受的人,都请陛下可以再度起用,让他们有机会施展自身才能为国效力。这是圣明君主忘掉臣下过错而记其功劳,成就王图霸业的做法。从前汉高祖没有计较陈平的缺点,采纳他的奇谋妙计,最终建立了大汉王朝,功名流传千载。严刑酷法无助于帝王创立大业,只有惩处不见宽恕,不能成为使远方人前来归顺的宏大计划。”

孙权打算派出一支部队攻打夷州和朱崖,向陆逊征询意见,陆逊上书说:“我认为天下还没有统一,需要大量民力以成就当前大事。如今用兵多年,人口减损,陛下劳心忧虑,废寝忘食,又要远征夷州,以便成就大业,我反复思考,看不出这一举动可以得到什么好处。不远万里去夺取疆土,风险很难预料,士卒不服水土,定然会招致疫病,如今驱赶兵士踱涉贫瘠荒凉的不毛之地,原本想要得到好处,却损耗了现有的力量,想取得益处,却招致危害。而且朱崖的自然条件极为险恶,当地的居民好似鸟兽一样还没有开化,我们得到这样的民众不足以成就大事,没有那地方的兵源也不至于减少我军的数量。江东如今的人力,足以图谋大事,只要积蓄力量然后行动而已。过去桓王创业的时候,部众不到五百,就开创了大业。陛下承受天命,开拓稳固了江南地区。我听说治理乱世讨伐叛逆,需要凭借军队的威力,而农桑耕织提供衣食,是百姓生存的根本大计,现今战争不停,老百姓中有许多人遭受饥寒。因此,我认为,现在最重要的在于休养生息,养育士卒百姓,薄收租赋,倚仗民众成就大事就在于让他们同心协力,用道义来激励他们的勇敢精神,如此一来,黄河、渭水流域可以平定,天下也可以统一了。”孙权没有听从,仍然派兵出征夷州,结果得不偿失。

到公孙渊违背盟约时,孙权又想亲自率领大军前往征讨,陆逊上书劝谏说:“公孙渊凭借险要地形,依仗牢固的防御工事,扣留我们的使节,也没有向我们贡献当地的名马,实在令人生气。蛮夷扰乱中原,没有受到我们的教化熏陶,如同飞禽一样窜到边荒之地,抗拒我国的军队,导致陛下如此震怒,想以天子之尊乘坐小船越过大海前去讨伐,而不考虑危难,轻易走进无法预料的凶险之地。当今天下就像乱云一般纷扰不定,群雄好似猛虎相争,豪杰积极活动,一个个呼喊呐喊虎视眈眈。陛下凭借神明勇武的天资,顺应上天的安排,在乌林攻破曹操,在西陵击败刘备,在荆州擒获关羽。这三个敌人都属于当代的雄杰,却都被您挫伤了锋芒。在陛下教化所流布的地区,黎民百姓就如同小草随风倒伏一样望风归顺,这正是扫平中原,完成统一大业的好时机。如今陛下不能忍受小小的怨愤,而大发雷霆之怒,违背了古人‘有钱人家的子弟不坐在屋檐下’的告诫,不重视天子的尊贵,这是我感到迷惑不解的地方。我听说有行万里之志的人,绝不会中途停步;想要统一天下的人,也不会因为琐碎小事而妨害大业。如今强大的敌人正在我们的边境,边远地区还有不服从的叛乱分子,陛下一旦乘船远征,一定会给敌人以可乘之机,灾祸出现了再来担忧,后悔就来不及了。如果我们的统一大业及时完成,那么我们不用讨伐公孙渊,他自会来归顺。现在,您怜惜远方辽东的民众马匹,难道独独想舍弃江东这万分安全的根本基业而毫不顾惜吗?

还请陛下停止出兵，以便威慑强敌，早日平定中原，建立光耀千秋的功业。”孙权最终采纳了他的建议。

【原文】嘉禾五年，权北征，使逊与诸葛瑾攻襄阳。逊遣亲人韩扁赍表奉报，还，遇敌于沔中，抄逻得扁。瑾闻之甚惧，书与逊云：“大驾已旋，贼得韩扁，具知吾阔狭，且水干，宜当急去。”逊未答，方催人种葑豆，与诸将弈棋射戏如常。瑾曰：“伯言多智略，其当有以。”自来见逊，逊曰：“贼知大驾以旋，无所复戚，得专力于吾。又已守要害之处，兵将意动，且当自定以安之，施设变术，然后出耳。今便示退，贼当谓吾怖，仍来相蹙，必败之势也。”乃密与瑾立计，令瑾督舟船，逊悉上兵马，以向襄阳城。敌素惮逊，遽还赴城。瑾便引船出，逊徐整部伍，张拓声势，步趋船，敌不敢干。军到白围，托言住猎，潜遣将军周峻、张梁等击江夏新市、安陆、石阳，石阳市盛，峻等奄至，人皆捐物入城。城门噎不得关，敌乃自斫杀己民，然后得阖。斩首获生，凡千余人。[①]其所生得，皆加营护，不令兵士干扰侵侮。将家属来者，使就料视。若亡其妻子者，即给衣粮，厚加慰劳，发遣令还。或有感慕相携而归者，邻境怀之，[②]江夏功曹赵濯、弋阳备将裴生及夷王梅颐等，并帅支党来附逊。逊倾财帛，周赡经恤。

①臣松之以为：逊虑孙权以退，魏得专力于己，既能张拓形势，使敌不敢犯，方舟顺流，无复怵惕矣，何为复潜遣诸将，奄袭小县，致令市人骇奔，自相伤害？俘馘千人，未足损魏，徒使无辜之民横罹荼酷，与诸葛渭滨之师，何其殊哉！用兵之道既违，失律之凶宜应，其祚无三世，及孙而灭，岂此之余殃哉！

②臣松之以为：此无异残林覆巢而全其遗鷇，曲惠小仁，何补大虐？

又，魏江夏太守逯式兼领兵马，[①]颇作边害，而与北旧将文聘子休宿不协。逊闻其然，即假作答式书云：“得报恳恻，知与休久结嫌隙，势不两存，欲来归附，辄以密呈来书表闻，撰众相迎。宜潜速严，更示定期。”以书置界上，式兵得书以见式，式惶惧，遂自送妻子还洛。由是吏士不复亲附，遂以免罢。[②]

①逯，音录。

②臣松之以为：边将为害，盖其常事，使逯式得罪，代者亦复如之，自非狡焉思肆，将成大患，何足亏损雅虑，尚为小诈哉？以斯为美，又所不取。

六年，中郎将周祗乞于鄱阳召募，事下问逊。逊以为此郡民易动难安，不可与召，恐致贼寇。而祗固陈取之，郡民吴遽等果作贼杀祗，攻没诸县，豫章、庐陵宿恶民并应遽为寇。逊自闻，辄讨即破，遽等相率降，逊料得精兵八千余人，三郡平。

时中书典校吕壹，窃弄权柄，擅作威福，逊与太常潘濬同心忧之，言至流涕。后权诛壹，深以自责，语在《权传》。

时谢渊、谢厷等各陈便宜，欲兴利改作，[①]以事下逊。逊议曰：“国以民为本，强由民力，财由民出。夫民殷国弱，民瘠国强者，未之有也。故为国者，得民则治，失之则乱，若不受利，而令尽用立效，亦为难也。是以《诗》叹‘宜民宜人，受禄于天’。乞垂圣恩，宁济百姓，数年之间，国用少丰，然后更图。”

①《会稽典录》曰：谢渊，字休德，少修德操，躬秉耒耜，既无戚容，又不易虑，由是

知名。举孝廉,稍迁至建武将军,虽在戎旅,犹垂意人物。骆统子名秀,被门庭之谤,众论狐疑,莫能证明。渊闻之叹息曰:“公绪早夭,同盟所哀。闻其子志行明辨,而被暗昧之谤,望诸夫子烈然高断,而各怀迟疑,非所望也。”秀卒见明,无复瑕玷,终为显士,渊之力也。◎《吴历》称云,谢玄才辩有计术。

赤乌七年,代顾雍为丞相,诏曰:“朕以不德,应期践运,王涂未一,奸宄充路,夙夜战惧,不遑鉴寐。惟君天资聪睿,明德显融,统任上将,匡国弭难。夫有超世之功者,必膺光大之宠;怀文武之才者,必荷社稷之重。昔伊尹隆汤,吕尚翼周,内外之任,君实兼之。今以君为丞相,使使持节、守太常傅常授印绶。君其茂昭明德,修乃懿绩,敬服王命,绥靖四方。於乎!总司三事,以训群寮,可不敬与?君其勖之!其州牧、都护、领武昌事如故。”

先是,二宫并阙,中外职司,多遣子弟给侍。全琮报逊,逊以为:“子弟苟有才,不忧不用,不宜私出以要荣利;若其不佳,终为取祸。且闻二宫势敌,必有彼此,此古人之厚忌也。”琮子寄,果阿附鲁王,轻为交构。逊书与琮曰:“卿不师日磾,而宿留阿寄,终为足下门户致祸矣。”琮既不纳,更以致隙。及太子有不安之议,逊上疏陈:“太子正统,宜有盘石之固,鲁王藩臣,当使宠秩有差,彼此得所,上下获安。谨叩头流血以闻。”书三四上,及求诣都,欲口论适庶之分,以匡得失。既不听许,而逊外生顾谭、顾承、姚信,并以亲附太子,枉见流徙。太子太傅吾粲坐数与逊交书,下狱死。权累遣中使责让逊,逊愤恚致卒,时年六十三,家无余财。

初,暨艳造营府之论,逊谏戒之,以为必祸。又谓诸葛恪曰:“在我前者,吾必奉之同升;在我下者,则扶持之。今观君气陵其上,意蔑乎下,非安德之基也。”又广陵杨竺少获声名,而逊谓之终败,劝竺兄穆令与别族。其先睹如此。长子延早夭,次子抗袭爵。孙休时,追谥逊曰昭侯。

【译文】嘉禾五年,孙权亲自率领大军北征魏国,派陆逊与诸葛瑾攻打襄阳。陆逊派遣亲信韩扁给孙权呈送表章,返回的时候在沔中遭遇敌人,敌人将韩扁抓获了。诸葛瑾得知这一消息后非常担心,给陆逊写信说:“主上已经返回,敌人捉到韩扁,对我们的虚实已经了解得清清楚楚了,而且江水干涸,我们应当快速撤走。”陆逊没有答复,却连忙催促部下种植芜菁和豆子,和众将领下棋猜谜,就如同平常一样。诸葛瑾说:“陆逊极有谋略,他应该是有办法了。”于是亲自来面见陆逊,陆逊说:“敌人得知主上已经返回,没有什么值得担忧的了,可以专心对付我们。加之他们已经驻守在关键的地方,我军兵将思想动摇,我们应当镇定自己以便稳住将士的情绪,再采取灵活多变的计策,然后撤走。现在立马显出撤退的迹象,敌人就会认为我们是害怕了,便会前来进逼,这就演变成了必败之局。”于是,陆逊与诸葛瑾秘密定计,由诸葛瑾督率船队,陆逊率领全部兵马,向襄阳城进发。敌人向来畏惧陆逊,赶紧返回保卫城池。诸葛瑾立马带领船队撤出,陆逊则不慌不忙地整顿军队,虚张声势,向船队靠近,敌人不敢进犯。军队到达白围后,陆逊放出风声说要驻军打猎,暗中却派遣将军周峻、张梁等人袭击江夏郡的新市、安陆、石阳,石阳此时正是集会热闹之时,周峻等人突然到来,人们都丢下货物速进城里。城门拥塞不能关闭，敌人于是自己砍杀自己的民众，然后才将城门关上。吴军斩杀俘虏一千多人。凡是被生俘的，陆逊都给以安置保护，不允许士兵侵扰欺辱被俘的人。携带家属前来投奔的，陆逊就派人料理照看。丧失妻子儿女的，就发给他们衣服口粮，厚加慰问，打发他们回家。有的人因此被感动，相互结伴前来依附，邻近地区的人也归附陆逊，魏国江夏功曹赵濯、弋阳守将裴生及夷人首领梅颐等人，纷纷率领自己的兵马民众归附陆逊。陆逊拿出全部财物，给这些人接济和关怀。

魏国的江夏太守逯式兼管当地军队，常常骚扰吴国边境，他和魏国老将文聘的儿子文休向来不和。陆逊得知这一情况后，就假装给逯式写回信说："得到你的来信，得知你态度恳切，听说你与文休结怨时日已久，不能共存，想要归附我们，我于是秘密将你的来信呈递给朝廷，并派人前去接应你。你应该暗中迅速整装待发，再告知来归附的具体时间。"陆逊派人将这封信放在两国边界上，逯式的士兵拾到后拿给逯式看，逯式感到惶恐不安，于是亲自将自己的妻子儿女送回洛阳。从此逯式属下的官兵不再与他一心，逯式因此被罢职免官。

嘉禾六年，中郎将周祗请求在鄱阳郡召募士兵，孙权以这件事征求陆逊的意见。陆逊认为这个郡的民众容易发生暴乱，但不容易安定，不可召募，恐怕会招致贼寇，发生动乱。但周祗坚持要求召募士兵，郡民吴遽等人果然作乱，杀死周祗，攻占了几个属县，豫章郡、庐陵郡的惯匪同时响应吴遽叛乱。陆逊得知此事后，很快出兵征讨，兵到即破，吴遽等人相继投降，陆逊清点投降的人众，得到精壮士兵八千余人，三郡得以平定。

当时中书典校吕壹窃据要职滥用权力，作威作福，陆逊和太常潘濬对此都很担心，谈论起此事就痛心流泪。后来孙权杀掉吕壹，并沉痛地责备了自己，这件事记载在《孙权传》中。

当时，谢渊、谢厷等人分别提出对国家有好处而又急需办理的事情，打算改革许多现行的制度，孙权将这件事交给陆逊处理。陆逊说："国家以人为根本，国家强盛取决于人民的力量，国家的财力也来自于人民。民富国弱，民穷国强，都是从来未曾出现过的事。所以治理国家，获得人民拥护就能治理好，不得民心就会混乱不堪，如果不让人民得到好处，还要求他们竭尽全力报效国家，这是很难办到的。因此《诗经》里感叹'君主的德政对人民有好处，才能获得上天的福佑'。我请求陛下将圣明的恩德赐给普通民众，安定与赈济百姓，过几年，国家财力稍微宽裕了，再考虑改革制度的事情。"

赤乌七年，陆逊接替顾雍任丞相，孙权的诏书说："我靠着不够完满的德行，接受上天的安排，登上皇帝之位，而今天下还没有统一，犯法作乱的人到处都是，我没日没夜忧虑不安，无暇睡眠。您天资聪颖，德行显赫，担任高级将领的重要职责，扶助国家消除灾难。建立杰出功绩的人，必然会享有崇高的荣耀；兼有文才武略的人，一定要担任国家的要职。从前伊尹使商汤兴盛，吕尚辅佐周朝，如今朝廷内外的大小事务，实由您一人肩负。如今我任命您为丞相，派遣使持节、太常傅常授给您印玺绶带。希望您进一步将高尚的品德发扬光大，创建美好的政绩，谨慎地执行命令，安抚天下。呜呼！您现在总管三公之事，还要督导群臣百僚，怎么能够不兢兢业业？您要努力做好！您原本担任的荆州牧、右都护、督领武昌之职不变。”

在此之前，太子与鲁王两宫并立，朝廷内外的官职，大都委派官宦子弟担任。全琮将这种情况反应给了陆逊，陆逊认为：“官宦子弟如果真有才干，就没必要担心不被任用，不应当私自请托为官；假如这些子弟品行不佳，给了他们官职最终也会带来祸患。何况听说两宫势力不相上下，子弟们对两宫必定会不同对待，从而形成帮派，产生矛盾，这是古人最忌讳的事情。”全琮的儿子全寄果然曲意奉承攀附鲁王，轻率地与之结交。陆逊给全琮写信说：“您不学金日磾谨慎处事，反而让全寄出入鲁王宫中，最终会给您家招来灾祸。”全琮不但没有接受意见，反而因此和陆逊结下仇怨。等到出现了太子孙和会被废黜的言论后，陆逊上书说：“太子为皇位的正统继承人，地位应当犹如磐石一样稳固，鲁王是藩臣，应该在荣宠与待遇上和太子显示出等级差别，彼此各得其所，上下都可获得安宁。我恳切地向您表达自己的意见。”他多次上书，并请求到都城当面向孙权陈述说明嫡庶的分别，以便救补失误。孙权不但不准，还以攀附太子的罪名将陆逊的外甥顾谭、顾承、姚信无辜流放外地。太子太傅吾粲因多次与陆逊通信而获罪，被关进监狱死亡。孙权多次派遣宫中使者责备陆逊，陆逊愤恨而死，时年六十三岁，他去世后，家里没有多余的财物。

起初，暨艳曾制造建造府第的舆论，陆逊告诫他，认为这会为他招来祸害。他还对诸葛恪说：“官职高于我的，我必定会小心侍奉他，与他一同晋升；官职比我低的，我会扶持他。如今看你对上级盛气凌人，对下级又很轻慢，这不是巩固德行的基本做法。”广陵人杨竺少年成名，然而陆逊说他最终会走向败亡，劝他哥哥杨穆与他分立门户。陆逊的先见之明达到了如此程度。陆逊的大儿子陆延早逝，次子陆抗承袭爵位。孙休在位的时候，追谥陆逊为昭侯。

【原文】抗，字幼节，孙策外孙也。逊卒时，年二十，拜建武校尉，领逊众五千人。送葬东还，诣都谢恩，孙权以杨竺所白逊二十事问抗，禁绝宾客，中使临诘，抗无所顾问，事事条答，权意渐解。赤乌九年，迁立节中郎将，与诸葛恪换屯柴桑。抗临去，皆更缮完城围，葺其墙屋，居庐桑果，不得妄败。恪入屯，俨然若新。而恪柴桑故屯，颇有毁坏，深以为惭。太元元年，就都治病，病差当还，权涕泣与别，谓曰：“吾前听用谗言，与汝父大义不笃，以此负汝。前后所问，一焚灭之，莫令人见也。”建兴元年，拜奋威将军。太平二年，魏将诸葛诞举寿春降，拜抗为柴桑督，赴寿春，破魏牙门将、偏将军，迁征北将军。永安二年，拜镇军将军，都督西陵，自关羽至白帝。三年，假节。孙皓即位，加镇军大将军，领益州牧。建衡二年，大司马施绩卒，拜抗都督信陵、西陵、夷道、乐乡、公安诸军事，治乐乡。

抗闻都下政令多阙，忧深虑远，乃上疏曰：“臣闻德均则众者胜寡，力侔则安者制危，盖六国所以兼并于强秦，西楚所以北面于汉高也。今敌跨制九服，非徒关右之地；割据九州，岂但鸿沟以西而已。国家外无连国之援，内非西楚之强，庶政陵迟，黎民未义。而议者所恃，徒以长川峻山，限带封域，此乃守国之末事，非智者之所先也。臣每远惟战国存亡之符，近览刘氏倾覆之衅，考之典籍，验之行事，中夜抚枕，临餐忘食。昔匈奴未灭，去病辞馆；汉道未纯，贾生哀泣。况臣王室之出，世荷光宠，身名否泰，与国同戚，死生契阔，义无苟且，夙夜忧怛，念至情惨。夫事君之义犯而勿欺，人臣之节匪躬是殉。谨陈时宜十七条如左。”十七条失本，故不载。

时何定弄权，阉官预政，抗上疏曰：“臣闻开国承家，小人勿用，靖谮庸回，唐书攸戒。是以雅人所以怨刺，仲尼所以叹息也。春秋已来，爰及秦、汉，倾覆之衅，未有不由斯者也。小人不明理道，所见既浅，虽使竭情尽节，犹不足任，况其奸心素笃，而憎爱移易哉？苟患失之，无所不至。今委以聪明之任，假以专制之威，而冀雍熙之声作，肃清之化立，不可得也。方今见吏，殊才虽少，然或冠冕之胄，少渐道教，或清苦自立，资能足用，自可随才授职，抑黜群小，然后俗化可清，庶政无秽也。”

凤皇元年，西陵督步阐据城以叛，遣使降晋。抗闻之，日部分诸军，令将军左奕、吾彦、蔡贡等径赴西陵，敕军营更筑严围，自赤溪至故市，内以围阐，外以御寇，昼夜催切，如敌以至，众甚苦之。诸将咸谏曰：“今及三军之锐，亟以攻阐，比晋救至，阐必可拔。何事于围，而以弊士民之力乎？”抗曰：“此城处势既固，粮谷又足，且所缮修备御之具，皆抗所宿规。今反身攻之，既非可卒克，且北救必至，至而无备，表里受难，何以御之？”诸将咸欲攻阐，抗每不许。宜都太守雷谭言至恳切，抗欲服众，听令一攻。攻果无利，围备始合。晋车骑将军羊祜率师向江陵，诸将咸以抗不宜上，抗曰：“江陵城固兵足，无所忧患。假令敌没江陵，必不能守，所损者小。如使西陵槃结，则南山群夷皆当扰动，则所忧虑，难可竟言也。吾宁弃江陵而赴西陵，况江陵牢固乎？”初，江陵平衍，道路通利，抗敕江陵督张咸作大堰遏水渐渍平中，以绝寇叛。祜欲因所遏水浮船运粮，扬声将破堰以通步军。抗闻，使咸亟破之。诸将皆惑，屡谏不听。祜至当阳，闻堰败，乃改船以车运，大费损功力。晋巴东监军徐胤率水军诣建平，荆州刺史杨肇至西陵。抗令张咸固守其城；公安督孙遵巡南岸御祜；水军督留虑、镇西将军朱琬拒胤；身率三军，凭围对肇。将军朱乔、营都督俞赞亡诣肇。抗曰：“赞军中旧吏，知吾虚实者，吾常虑夷兵素不简练，若敌攻围，必先此处。”即夜易夷民，皆以旧将充之。明日，肇果攻故夷兵处，抗命旋军击之，矢石雨下，肇众伤死者相属。肇至经月，计屈夜遁。抗欲追之，而虑阐畜力项领，伺视间隙，兵不足分，于是但鸣鼓戒众，若将追者。肇众凶惧，悉解甲挺走，抗使轻兵蹑之，肇大破败，祜等皆引军还。抗遂陷西陵城，诛夷阐族及其大将吏，自此以下，所请赦者数万口。修治城围，东还乐乡，貌无矜色，谦冲如常，故得将士欢心。①

①《晋阳秋》曰：抗与羊祜推侨、札之好。抗尝遗祜酒，祜饮之不疑。抗有疾，祜馈之药，抗亦推心服之。于时以为华元、子反复见于今。◎《汉晋春秋》曰：羊祜既归，增修德信，以怀吴人。陆抗每告其边戍曰：“彼专为德，我专为暴，是不战而自服也。各保分界，无求细益而已。”于是吴、晋之间，余粮栖亩而不犯，牛马逸而入境，可宣告而取也。沔上猎，吴获晋人先伤者，皆送而相还。抗尝疾，求药于祜，祜以成合与之，曰：“此

上药也，近始自作，未及服，以君疾急，故相致。”抗得而服之，诸将或谏，抗不答。孙皓闻二境交和，以诘于抗，抗曰：“夫一邑一乡，不可以无信义之人，而况大国乎？臣不如是，正足以彰其德耳，于祜无伤也。”或以祜、抗为失臣节，两讥之。

习凿齿曰：夫理胜者天下之所保，信顺者万人之所宗，虽大猷既丧，义声久沦，狙诈驰于当涂，权略周乎急务，负力从横之人，臧获牧竖之智，未有不凭此以创功，舍兹而独立者也。是故晋文退舍，而原城请命；穆子围鼓，训之以力；冶夫献策，而费人斯归；乐毅缓攻，而风烈长流。观其所以服物制胜者，岂徒威力相诈而已哉！自今三家鼎足四十有余年矣，吴入不能越淮、沔而进取中国，中国不能陵长江以争利者，力均而智侔，道不足以相倾也。夫残彼而利我，未若利我而无残；振武以惧物，未若德广而民怀。匹夫犹不可以力服，而况一国乎？力服犹不如以德来，而况不制乎？是以羊祜恢大同之略，思五兵之则，齐其民人，均其施泽，振义网以罗强吴，明兼爱以革暴俗，易生民之视听，驰不战乎江表。故能德音悦畅，而襁负云集，殊邻异域，义让交弘，自吴之遇敌，未有若此者也。抗见国小主暴，而晋德弥昌，人积兼己之善，而己无固本之规，百姓怀严敌之德，阖境有弃主之虑，思所以镇定民心，缉宁外内，奋其危弱，抗权上国者，莫若亲行斯道，以侔其胜。使彼德靡加吾，而此善流闻，归重邦国，弘明远风，折冲于枕席之上，校胜于帷幄之内，倾敌而不以甲兵之力，保国而不浚沟池之固，信义感于寇仇，丹怀体于先日。岂设狙诈以危贤，殉己身之私名，贪外物之重我，暗服之而不备者哉！由是论之，苟守局而保疆，一卒之所能；协数以相危，小人之近事；积诈以防物，臧获之余虑；威胜以求安，明哲之所贱。贤人君子所以拯世垂范，舍此而取彼者，其道良弘故也。

加拜都护。闻武昌左部督薛莹征下狱，抗上疏曰：“夫俊乂者，国家之良宝，社稷之贵资，庶政所以伦叙，四门所以穆清也。故大司农楼玄、散骑中常侍王蕃、少府李勖，皆当世秀颖，一时显器。既蒙初宠，从容列位，而并旋受诛殛，或圮族替祀，或投弃荒裔。盖《周礼》有赦贤之辟，《春秋》有宥善之义。《书》曰：‘与其杀不辜，宁失不经。’而蕃等罪名未定，大辟以加，心经忠义，身被极刑，岂不痛哉！且已死之刑，固无所识，至乃焚烁流漂，弃之水滨，惧非先王之正典，或甫侯之所戒也。是以百姓哀耸，士民同戚。蕃、勖永已，悔亦靡及，诚望陛下赦召玄出。而顷闻薛莹卒见逮录，莹父综纳言先帝，傅弼文皇，及莹承基，内厉名行，今之所坐，罪在可宥。臣惧有司未详其事，如复诛戮，益失民望，乞垂天恩，原赦莹罪，哀矜庶狱，清澄刑网，则天下幸甚！”

时师旅仍动，百姓疲弊，抗上疏曰：“臣闻《易》贵随时，《传》美观衅，故有夏多罪而殷汤用师，纣作淫虐而周武授钺。苟无其时，玉台有忧伤之虑，孟津有反旆之军。今不务富国强兵，力农畜谷，使文武之才效展其用，百揆之署无旷厥职，明黜陟以厉庶尹，审刑罚以示劝沮，训诸司以德，而抚百姓以仁，然后顺天乘运，席卷宇内，而听诸将徇名，穷兵黩武，动费万计，士卒凋瘁，寇不为衰，而我已大病矣！今争帝王之资，而昧十百之利，此人臣之奸便，非国家之良策也。昔齐、鲁三战，鲁人再克而亡不旋踵。何则？大小之势异也。况今师所克获，不补所丧哉？且阻兵无众，古之明鉴，诚宜暂息进取小规，以畜士民之力，观衅伺隙，庶无悔吝。”

二年春，就拜大司马、荆州牧。三年夏，疾病，上疏曰："西陵、建平，国之蕃表，既处下流，受敌二境。若敌泛舟顺流，舳舻千里，星奔电迈，俄然行至，非可恃援他部以救倒悬也。此乃社稷安危之机，非徒封疆侵陵小害也。臣父逊昔在西垂陈言，以为西陵国之西门，虽云易守，亦复易失。若有不守，非但失一郡，则荆州非吴有也。如其有虞，当倾国争之。臣往在西陵，得涉逊迹，前乞精兵三万，而主者循常，未肯差赴。自步阐以后，益更损耗。今臣所统千里，受敌四处，外御强对，内怀百蛮，而上下见兵财有数万，羸弊日久，难以待变。臣愚以为诸王幼冲，未统国事，可且立傅相，辅导贤姿，无用兵马，以妨要务。又黄门竖宦，开立占募，兵民怨役，逋逃入占。乞特诏简阅，一切料出，以补疆埸受敌常处，使臣所部足满八万，省息众务，信其赏罚，虽韩、白复生，无所展巧。若兵不增，此制不改，而欲克谐大事，此臣之所深戚也。若臣死之后，乞以西方为属。愿陛下思览臣言，则臣死且不朽。"

秋遂卒，子晏嗣。晏及弟景、玄、机、云，分领抗兵。晏为裨将军、夷道监。天纪四年，晋军伐吴，龙骧将军王濬顺流东下，所至辄克，终如抗虑。景字士仁，以尚公主拜骑都尉，封毗陵侯，既领抗兵，拜偏将军、中夏督，澡身好学，著书数十篇也。[①] 二月壬戌，晏为王濬别军所杀。癸亥，景亦遇害，时年三十一。景妻，孙皓適妹，与景俱张承外孙也。[②]

①《文士传》曰：陆景母张承女，诸葛恪外孙。恪诛，景母坐见黜。景少为祖母所育养，及祖母亡，景为之心丧三年。

② 景弟机，字士衡；云，字士龙。《机云别传》曰：晋太康末，俱入洛，造司空张华，华一见而奇之，曰："伐吴之役，利在获二俊。"遂为之延誉，荐之诸公。太傅杨骏辟机为祭酒，转太子洗马、尚书著作郎。云为吴王郎中令，出宰浚仪，甚有惠政，吏民怀之，生为立祠。后并历显位。机天才绮练，文藻之美，独冠于时。云亦善属文，清新不及机，而口辩持论过之。于时朝廷多故，机、云并自结于成都王颖。颖用机为平原相，云清河内史。寻转云右司马，甚见委仗。无几而与长沙王构隙，遂举兵攻洛，以机行后将军，督王粹、牵秀等诸军二十万，士龙著《南征赋》以美其事。机吴人，羁旅单宦，顿居群士之右，多不厌服。机屡战失利，死散过半。初，宦人孟玖，颖所嬖幸，乘宠豫权，云数言其短，颖不能纳，玖又从而毁之。是役也，玖弟超亦领众配机，不奉军令。机绳之以法，超宣言曰陆机将反。及牵秀等谮机于颖，以为持两端，玖又构之于内，颖信之，遣收机，并收云及弟耽，并伏法。机兄弟既江南之秀，亦著名诸夏，并以无罪夷灭，天下痛惜之。机文章为世所重，云所著亦传于世。初，抗之克步阐也，诛及婴孩，识道者尤之曰："后世必受其殃！"及机之诛，三族无遗，孙惠与朱诞书曰："马援择君，凡人所闻，不意三陆相携暴朝，杀身伤名，可为悼叹。"事亦并在《晋书》。

【译文】陆抗，字幼节，是孙策的外孙。陆逊死时，他二十岁，任建武校尉，带领陆逊的兵士五千人。陆抗给陆逊送葬后东归，到都城谢恩，孙权拿杨竺控告陆逊的二十件事责问陆抗，禁绝他与宾客往来，派宦官前去盘问，陆抗不加思索，每一件事都有条有理地作出答复，孙权的疑惑才渐渐消除。赤乌九年，升陆抗为立节中郎将，与诸葛恪换防，要前往驻扎柴桑。陆抗临走时，把城墙全部修好，房屋作了修缮，住所旁的桑树、果树，不许任意毁坏。诸葛恪进入军营，整齐如新。而诸葛恪过去驻扎的柴桑军营，毁坏却很严重，他感到很惭愧。太元元年，陆抗到都城治病，病愈应当返回时，孙权流着眼泪同他告别，对他说："我过去听信了谗言，对你父亲不厚，因此亏待了你。我前后责问你的材料，全部烧掉，不要让别人看见。"建兴元年，陆抗被任命为奋威将军。太平二年，魏国将领诸葛诞献寿春城投降，孙权任命陆抗为柴桑督，前往寿春，打败魏国的牙门将、偏将军，升任征北将军。永安二年，任命陆抗为镇军将军，都督西陵，总管自关羽濑到白帝城的军事。永安三年，授予假节。孙皓即位后，加授陆抗为镇军大将军，兼任益州牧。建衡二年，大司马施绩死，任命陆抗为都督信陵、西陵、夷道、乐乡、公安诸军事，治所设在乐乡。

陆抗听说朝廷的政令有很多失误，十分忧虑，就上书说："我听说，君王德行不相上下，那么民众多的国家胜过民众少的国家；各国武力相等，那么安定的国家胜过混乱的国家，这大概就是六国被强秦兼并，西楚霸王被汉高祖打败的原因。现在，敌国占据控制四方边境，不只是有关西地区；割据九州之地，不只是占领鸿沟以西的土地而已。我国外无盟国援救，内部也不像西楚那样强盛，各种政务衰败，百姓不安定。而议论政事的人所倚仗的，只不过是大江高山阻隔围绕着我国疆域，但这只是守卫国家的下策，聪明人是不把这些放在首位的。我常常追忆战国时各国存亡的原因，近看汉朝灭亡的征兆，用典籍来考证，用事实来检验，半夜里抚着枕头不能入睡，吃饭时也忘记了吃饭。过去匈奴没有消灭，霍去病辞去汉武帝赐给他的府第；汉朝的治国之道有弊病，贾谊为此伤心哭泣。何况我出身于王室，世代蒙受国恩，个人的穷达毁誉，与国家休戚相关，生死离合，遵从道义，决不苟且偷安，我早晚忧愁，想到这些十分难过。侍奉君主的大义在于犯颜直谏而不能欺骗君主，做人臣的操守是不顾一切向君主尽忠，不惜为之献身。我诚恳地陈述当前应做的十七件事如下。"这十七条的原文内容已失，所以这里没有记载。

当时何定玩弄权柄，宦官干预朝政，陆抗上书说："我听说创建国家，继承家业，不能任用小人，语言善巧而行动乖违，在尧典里就有告诫。因此诗人讽刺朝政，孔子为之叹息。春秋以来，直至秦汉，各个朝代败亡的征兆，没有不是从这一点开始的。小人不懂治国的道理，见识短浅，即使他们能竭尽忠诚报效主上，尚且不能够任用，更何况他们心思邪恶，爱憎之情易于变化呢？如果害怕失去他们，那就没有不可任用的人了。现在委任他们担当朝中重臣，授予他们独断专行的权力，而希望出现和乐的盛世，清明的社会风气，那是不可能做到的。现在任职的官员，具备特殊才干的虽然很少，然而他们有的是王室或贵族的后代，自幼接受道德教化的浸染，有的廉洁刻苦，能够自立，他们的资历、才干值得任用，您完全可以根据他们的才能授给官职，来抑制、黜退那些小人，这样社会风气才能纯净，各项政务才能没有污点。"

凤凰元年，西陵督步阐据守城池发动叛乱，派人向晋国投降。陆抗听到后，日夜部署各军，命令将军左奕、吾彦、蔡贡等直接进攻西陵，命令各军营重新构筑坚固的围墙，从赤溪修筑到故市，对内用来围困步阐，对外用此防御敌人，陆抗日夜催促监督，仿佛敌兵已经到来，士兵都叫苦不迭。诸将都劝阻说："现在以三军的精锐，迅速进攻步阐，在晋国救兵到达之前，步阐一定可以被攻下。何必要筑围墙，让士兵和百姓都疲惫不堪呢？"陆抗说："西陵城所处地势险要，城池十分坚固，粮食又充足，而且那里修缮的防御工事和作战器械，都是我以前规划的。现在我们要转身攻它，不但不可能立即攻克，而且北方的救兵一定会来，到时我们没有准备，内外受敌，如何抵御呢？"诸将都主张攻打步阐，陆抗总是不同意。宜都太守雷谭言辞恳切，陆抗想让大家都服气，就听任他们攻打了一次。进攻果然失利，围墙的工事才得以完成。晋国的车骑将军羊祜率军向江陵进发，诸将都认为陆抗不应当率军西上，陆抗说："江陵城很坚固，兵员充足，无可忧虑。假如敌人攻下江陵，也一定守不住，我们损失很小。如果使西陵与敌人勾结，那么南山的群夷就会骚动不安，那时要忧虑的事，就难说了。我宁可放弃江陵而前往西陵，何况江陵那样坚固呢？"当初，江陵地势平坦，道路通畅，陆抗命令江陵督张咸修一条大堤拦水，淹没中心平原，以阻挡敌寇叛乱。羊祜想利用大坝拦住的水浮船运粮，扬言要破坏大坝，让步军通过。陆抗听说后，让张咸立即毁掉大坝。诸将都困惑不解，多次劝阻，陆抗不听。羊祜到了当阳，听说大坝已毁，就改船运为车运，耗费了大量工夫和精力。晋国的巴东监军徐胤率领水军到建平，荆州刺史杨肇到西陵。陆抗命令张咸固守江陵城；公安督孙遵巡视长江南岸抵御羊祜；水军督留虑、镇西将军朱琬抵御徐胤；陆抗亲率三军，依仗围墙，对抗杨肇。吴将朱乔、营都督俞赞投降杨肇。陆抗说："俞赞长期在我军中，了解我军底细，我过去常常担心夷兵一向不精练，如果敌军攻打围墙的话，一定从这里下手。"他就连夜撤下夷兵，用老将来代替。第二天，杨肇果然率兵攻打过去夷兵防守的地方，陆抗下令反击，箭、石块俱下，如同下雨一般，杨肇兵士伤亡累累。杨肇到达西陵一个多月，无计可施，连夜逃跑。陆抗想追赶，而担心步阐集中力量在要害处进攻，军队不够分配，于是只敲鼓告诫将士做出要追赶的样子。杨肇的部下喧哗恐惧，全部抛下武器逃跑，陆抗派轻装军队在后面追赶，肇军大败，羊祜等人也都率军退回。陆抗攻占了西陵城，杀了步阐家族和他手下的大将、官员，自此以下，由他请求赦免的达几万人。陆抗修理了西陵城墙和工事，东归乐乡，他脸上没有骄傲的神色，谦虚如常，所以得到将士的拥护爱戴。

后被加官为都护。听说武昌左部督薛莹被问罪下狱，陆抗上疏说："才德出众的人是国家的瑰宝，社会的可贵财富，由于他们，各项政务得以处理得有条有理，四方之人得以安居乐业。以前的大司农楼玄、散骑中常侍王蕃、少府李勖，都是当代杰出的人才，一时有才干的著名人物。他们开始承蒙主上荣宠时，在各种职位上行事都合乎礼法，但不久都被杀戮，有的被灭族断后，有的被抛弃在荒凉边远的地区。《周礼》有赦免贤者小过的内容，《春秋》中有宽恕善人的道理。《尚书》说：'与其杀无辜的人，宁可违背成法而犯错误。'然而王蕃等人的罪名还没有确定，就被处以死刑，他们心怀忠义，却遭到杀戮，难道不令人痛心吗！况且已处死刑，他们就已经没有知觉了，竟然还把他们焚尸扬灰、投入水中，恐怕这不是先王的法典，是甫侯立法时要警诫避免的。因此百姓惊惧不安,官吏和人民都很忧伤。王蕃、李勖已经死了,后悔已来不及,我恳切希望陛下赦免楼玄,放他出狱。最近我又听说薛莹被捕了,薛莹的父亲薛综曾在先帝身边进谏纳言,辅佐过文皇帝,薛莹继承父亲的基业,注意修养行为操守,现在他犯的罪是属于可以原谅的罪行。我担心有关官员不了解事由,如果再对他处以极刑,就会使人民更加失望,请求圣上施恩,赦免薛莹的罪过,怜悯众犯人,使刑法清明,那么天下人就十分幸运了。"

当时军队频繁出征,百姓疲乏凋敝,陆抗上疏说:"我听说《周易》重视顺应时势,《左传》赞扬窥伺时机而进攻,所以夏朝罪恶很多,商汤才出兵攻打,商纣王荒淫暴虐,周武王才接受斧钺兴兵征讨。如果时机不到,商汤宁可被囚于夏台而担惊受怕,周武王宁可在孟津回师而不肯轻举妄动。现在,不致力于富国强兵,努力耕作,积蓄粮食,让文武大臣施展其才,让百官不玩忽职守,明确降职、升迁的规定以激励各级官吏,慎重地对待赏罚以明确奖惩,用道德教育各部门官吏,用仁义安抚百姓,然后顺应天命,趁着时机成熟,取得天下,反而听任武将舍身为名,无休止地动兵打仗,耗费大量钱财,士兵凋伤憔悴,敌人不受损害,我们却已经疲乏不堪。现在只去争夺做帝王的资格,而被小利障目,这是臣子的险恶手段,不是为国着想的长久之计。过去,齐国和鲁国三次交战,鲁国两次取胜而不久就灭亡了。为什么呢?因为两国实力不同。更何况我们现在出兵打仗的所得,根本补偿不了损失呢?而且依仗兵力强大而行事就会失去民众,这在古代就有明鉴,确实应该暂时停止攻城略地的计划,积蓄军民的力量,等待时机,大概才不会有所悔恨。"

凤凰二年春,陆抗在驻地被授予大司马和荆州牧之职。凤凰三年夏,陆抗病重,上书说:"西陵和建平是国家的边防屏障,地处长江下游,与敌国接境。如果敌方船只顺流而下,船行千里,船速如流星闪电,顷刻就会到达,无法指望别处的救兵来解救危急。这是国家安危的关键,不只是边疆地区受侵害的小事。我父亲陆逊当初在西部边界时上书陈述,认为西陵是国家的西大门,虽说容易防守,但也容易丢失。如果这里失守,丢失的将不只是一个郡,荆州也可能不为吴国所有了。假如这里有不测,应该出动全国的兵力争夺。我过去驻守西陵,遵循父亲的部署原则,请求得到三万精兵加强防卫,但主持军务的人按照常规,不肯派遣那么多军队前往。自从步阐叛乱之后,军队受到更大损失。现在我所管辖的千里之地,四处受敌威胁,对外要抵抗强敌,对内要安抚各族,而手下现有兵员才几万人,他们年老体弱、疲惫不堪,很难应付突发事变。我认为各位皇子年纪尚小,没有管理过国事,应当设立傅相,辅导教育他们,不要发起战事,妨害大事。宫中的宦官,私自召募下属,兵民怨恨服兵役,纷纷逃亡投奔宦官门下。请求特下诏书,认真检查挑选,重新查检应募人员,将多余的遣出王宫,去补充经常受敌侵扰的边防地区的兵员,使我的部下补足八万人,减少烦冗的事务,有功必赏,有罪必罚,即使韩信、白起复活,也无处施展他们的才能。如果不增兵员,宫中的制度不改变,而想成就大业,这是我深感忧虑的事。我死之后,请求以西部边境为重。希望陛下考虑我的话,那么即使我死了,我的精神也将永不磨灭。"

这年秋天，陆抗去世，儿子陆晏继承爵位。陆晏和弟弟陆景、陆玄、陆机、陆云分别统领陆抗的军队。陆晏担任裨将军、夷道监。天纪四年，晋军攻打吴国，晋龙骧将军王濬顺流东下，所到之处，全部攻克，结果和陆抗生前考虑的一样。陆景，字士仁，因为娶了公主被任命为骑都尉，封毗陵侯，带领陆抗的军队后，又被任命为偏将军、中夏督，他修身好学，著书几十篇。二月初五，陆晏被王濬的别军杀死。二月初六，陆景也被杀害，当时年仅三十一岁。陆景的妻子是孙皓的嫡亲妹妹，和陆景都是张承的外孙。

【原文】评曰：刘备天下称雄，一世所惮，陆逊春秋方壮，威名未著，摧而克之，罔不如志。予既奇逊之谋略，又叹权之识才，所以济大事也。及逊忠诚恳至，忧国亡身，庶几社稷之臣矣。抗贞亮筹干，咸有父风，奕世载美，具体而微，可谓克构者哉！

【译文】评论说：刘备被天下称为英雄，世人都畏惧他，陆逊年轻力壮时，威名并不显著，但攻打刘备，没有不如愿的。我既惊奇陆逊的谋略，又赞叹孙权能识别人才，这就是能成就大业的原因。陆逊忠诚恳切，忧虑国事而死，可算是国家的栋梁之臣了。陆抗忠正诚信，很有策略才干，有他父亲的风范，世代被人赞美，具有一切应有的美德，只是比陆逊稍差一点，可以算是能继承父业的人了。

卷五十九　吴书十四

吴主五子传第十四

孙登

【原文】孙登，字子高，权长子也。魏黄初二年，以权为吴王，拜登东中郎将，封万户侯，登辞疾不受。是岁，立登为太子，选置师傅，铨简秀士，以为宾友，于是诸葛恪、张休、顾谭、陈表等以选入，侍讲诗书，出从骑射。权欲登读《汉书》，习知近代之事，以张昭有师法，重烦劳之，乃令休从昭受读，还以授登。登待接寮属，略用布衣之礼，与恪、休、谭等或同舆而载，或共帐而寐。太傅张温言于权曰："夫中庶子官最亲密，切问近对，宜用隽德。"于是乃用表等为中庶子。后又以庶子礼拘，复令整巾侍坐。黄龙元年，权称尊号，立为皇太子，以恪为左辅，休右弼，谭为辅正，表为翼正都尉，是为四友，而谢景、范慎、刁玄、羊衜等皆为宾客，[1]于是东宫号为多士。[2]

① 衜，音道。

②《吴录》曰：慎，字孝敬，广陵人，竭忠知己之君，缠绵三益之友，时人荣之。著论二十篇，名曰《矫非》。后为侍中，出补武昌左部督，治军整顿。孙皓移都，甚惮之，诏曰："慎勋德俱茂，朕所敬凭，宜登上公，以副众望。"以为太尉。慎自恨久为将，遂托老耄。军士恋之，举营为之陨涕。凤凰三年卒，子耀嗣。玄，丹杨人。衜，南阳人。◎《吴书》曰：衜初为中庶子，年二十。时廷尉监隐蕃交结豪杰，自卫将军全琮等皆倾心敬待，惟衜及宣诏郎豫章杨迪拒绝不与通，时人咸怪之。而蕃后叛逆，众乃服之。◎《江表传》曰：登使侍中胡综作《宾友目》曰："英才卓越，超逾伦匹，则诸葛恪。精识时机，达幽究微，则顾谭。凝辨宏达，言能释结，则谢景。究学甄微，游夏同科，则范慎。"衜乃私驳综曰："元逊才而疏，子嘿精而狠，叔发辩而浮，孝敬深而狭。"所言皆有指趣。而衜卒以此言见咎，不为恪等所亲。后四人皆败，吴人谓衜之言有征。位至桂阳太守，卒。

权迁都建业，征上大将军陆逊辅登镇武昌，领宫府留事。登或射猎，当由径道，常远避良田，不践苗稼，至所顿息，又择空闲之地，其不欲烦民如此。尝乘马出，有弹丸过，左右求之。有一人操弹佩丸，咸以为是，辞对不服，从者欲捶之，登不听，使求过丸，比之非类，乃见释。又失盛水金马盂，觉得其主，左右所为，不忍致罚，呼责数之，长遣归家，敕亲近勿言。后弟虑卒，权为之降损，登昼夜兼行，到赖乡，自闻，即时召见。见权悲泣，因谏曰："虑寝疾不起，此乃命也。方今朔土未一，四海喁喁，天戴陛下，而以下流之念，减损太官殽馔，过于礼制，臣窃忧惶。"权纳其言，为之加膳。住十余日，欲遣西还，深自陈乞，以久离定省，子道有阙，又陈陆逊忠勤，无所顾忧，权遂留焉。嘉禾三年，权征新城，使登居守，总知留事。时年谷不丰，颇有盗贼，乃表定科令，所以防御，甚得止奸之要。

初，登所生庶贱，徐夫人少有母养之恩，后徐氏以妒废处吴，而步夫人最宠。步氏有赐，登不敢辞，拜受而已。徐氏使至，所赐衣服，必沐浴服之。登将拜太子，辞曰："本立而道生，欲立太子，宜先立后。"权曰："卿母安在？"对曰："在吴。"权默然。①

①《吴书》曰：弟和有宠于权，登亲敬，待之如兄，常有欲让之心。

立凡二十一年，年三十三卒。临终，上疏曰：

臣以无状，婴抱笃疾，自省微劣，惧卒陨毙。臣不自惜，念当委离供养，埋胔后土，长不复奉望宫省，朝觐日月，生无益于国，死贻陛下重戚，以此为哽结耳。臣闻死生有命，长短自天，周晋、颜回有上智之才，而尚夭折，况臣愚陋，年过其寿，生为国嗣，没享荣祚，于臣已多，亦何悲恨哉！方今大事未定，逋寇未讨，万国喁喁，系命陛下，危者望安，乱者仰治。愿陛下弃忘臣身，割下流之恩，修黄老之术，笃养神光，加羞珍膳，广开神明之虑，以定无穷之业，则率土幸赖，臣死无恨也。皇子和仁孝聪哲，德行清茂，宜早建置，以系民望。诸葛恪才略博达，器任佐时。张休、顾谭、谢景，皆通敏有识断，入宜委腹心，出可为爪牙。范慎、华融矫矫壮节，有国士之风。羊衜辩捷，有专对之材。刁玄优弘，志履道真。裴钦博记，翰采足用。蒋修、虞翻，志节分明。凡此诸臣，或宜廊庙，或任将帅，皆练时事，明习法令，守信固义，有不可夺之志。此皆陛下日月所照，选置臣宫，得与从事，备知情素，敢以陈闻。

臣重惟当今方外多虞，师旅未休，当厉六军，以图进取。军以人为众，众以财为宝，窃闻郡县颇有荒残，民物凋弊，奸乱萌生，是以法令繁滋，刑辟重切。臣闻为政听民，律令与时推移，诚宜与将相大臣详择时宜，博采众议，宽刑轻赋，均息力役，以顺民望。陆逊忠勤于时，出身忧国，謇謇在公，有匪躬之节。诸葛瑾、步骘、朱然、全琮、朱据、吕岱、吾粲、阚泽、严畯、张承、孙怡忠于为国，通达治体。可令陈上便宜，蠲除苛烦，爱养士马，抚循百姓。五年之外，十年之内，远者归复，近者尽力，兵不血刃，而大事可定也。臣闻"鸟之将死，其鸣也哀；人之将死，其言也善"，故子囊临终，遗言戒时，君子以为忠，岂况臣登，其能已乎？愿陛下留意听采，臣虽死之日，犹生之年也。

既绝而后书闻，权益以摧感，言则陨涕。是岁，赤乌四年也。谢景时为豫章太守，不胜哀情，弃官奔赴，拜表自劾。权曰："君与太子从事，异于他吏。"使中使慰劳，听复本职，发遣还郡。谥登曰宣太子。①

①《吴书》曰：初葬句容，置园邑，奉守如法，后三年改葬蒋陵。

子璠、希，皆早卒。次子英，封吴侯。五凤元年，英以大将军孙峻擅权，谋诛峻，事觉自杀，国除。①

①《吴历》曰：孙和以无罪见杀，众庶皆怀愤叹，前司马桓虑因此招合将吏，欲共杀峻立英，事觉，皆见杀，英实不知。

谢景者，字叔发，南阳宛人。在郡有治迹，吏民称之，以为前有顾劭，其次即景。

数年卒官。

【译文】孙登，字子高，是孙权的长子。魏国黄初二年，封孙权为吴王，同时任命孙登为东中郎将，爵封万户侯，孙登推脱身体有病，不接受册封。这一年，孙权立孙登为太子，为他选择安排老师，考量选拔德行才艺出众的人，作为他的宾客朋友，于是诸葛恪、张休、顾谭、陈表等人得以选入东宫，为孙登讲解诗书，跟着孙登外出骑马射猎。孙权想让孙登读《汉书》，熟知近代发生的大事，认为张昭在这方面很有师承渊源，但又不愿让他过于烦劳，于是命张休跟随张昭学习《汉书》，回来再传授孙登。孙登接待下属，只是简单地使用平民的礼节，与诸葛恪、张休、顾谭等人有时同坐一辆车，有时共床而睡。太傅张温对孙权说："大凡中庶子是与太子最亲密的职位，太子恳切求教，他们就要即时作答，应该选用才德杰出的人。"于是便任用陈表等人为中庶子。后来又因为中庶子拘于礼节，又让他们头戴裹巾陪坐。黄龙元年，孙权称帝，立孙登为皇太子，命诸葛恪为左辅，张休为右弼，顾谭为辅正，陈表为翼正都尉，这就是所谓的太子四友，谢景、范慎、刁玄、羊衜等人都为太子宾客，于是东宫便人才济济。

孙权迁都建业，征召上大将军陆逊辅佐孙登镇守武昌，兼理官府中的留守事务。孙登有时出外狩猎，本应走捷径近路，但他常常绕远避开良田，不去践踏庄稼，到了需要休息时，也只选择空闲的场所，他就是这样不想烦扰百姓。他曾骑马出行，有一颗弹丸从他身旁飞过，左右侍卫便去寻找发射弹丸的人。正巧有个人手持弹弓身带弹丸，随从们都认为发弹的就是这人，但这人不肯承认，随从便想打他，孙登不允许，派人找来刚才那颗弹丸，跟这人身上携带的弹丸比对后，发现有所不同，就把这人放了。还有一次孙登丢失了盛水的金马盂，查获了作案之人，那人是自己的手下，孙登不忍心处罚他，就把他叫来责备了一番，遣送他回家，并命令身边亲近人员不要张扬此事。后来他弟弟孙虑去世，孙权为此降低了自己的御膳标准和数量，孙登昼夜兼程，来到赖乡，亲自通报，孙权立刻召见了他。孙登见孙权在悲伤哭泣，就劝说道："孙虑一病不起，这是他的命呀。现在北方尚未统一，四海之内都在翘首仰慕，上天授命陛下，陛下却因对晚辈的追思，降低自己的御膳标准，超越了礼制，我私下里为此忧愁惶恐。"孙权采纳了他的意见，因为他而增加了饮食。孙登住了十几天，孙权想让他西行返回武昌，他恳切地为自己求情，说自己长久离别未能早晚侍奉父母，身为人子的孝道有了欠缺，又说陆逊忠诚勤勉，武昌方面没有什么可顾虑的，孙权就把他留了下来。嘉禾三年，孙权出征新城，让孙登留守建业，总管留守事务。那年粮食歉收，盗贼不少，孙登便上表奏定有关法律条令，用以防范盗贼作乱，很符合惩治奸邪的要领。

起初，孙登的生母地位低贱，徐夫人在他小的时候对他有养育之恩，后来徐夫人因为妒忌被废黜安置到吴郡，而步夫人最受宠幸。步夫人有赏赐，孙登不敢推辞，只是恭敬接受而已。徐夫人派人来赐给他的衣服，他一定会先沐浴然后穿在身上。孙登将被册立为太子，他推辞说："根基树立而道义生长，要立太子，应该先立皇后。"孙权问："你的母亲在哪里？"孙登回答说："在吴郡。"孙权沉默不语。

孙登被立为太子共二十一年，三十三岁时去世。临终前，他上疏说：

我因为资质浅陋难以成器，身染重病不能痊愈，自知身体衰弱，只恐要突然撒手尘寰。我并不惋惜自己，只是想到将要离开父母，埋骨大地，永远不能再进奉仰望宫禁，不能再朝见父皇、母后，活着对国家没有贡献，死后还留给陛下深深的悲愁，因此而郁积难言。我听说生死有命，命长命短取决于天意，周晋、颜回都是有上等智慧的人才，尚且英年早逝，何况我愚昧鄙陋，在世时间已超过他们的年寿，活着是国家的储君，死后还可享荣禄，对于我来说所得到的已经很多了，还有什么可悲伤遗憾的呢！当今统一天下的大业尚未完成，流窜在各地的寇贼还没有讨平，天下人仰望期待，都把命运维系于陛下，身处危难的人希望您给予安定，引起动乱的人仰仗您得到整治。希望陛下彻底忘掉我这个人，割舍对晚辈的恩情厚爱，修炼黄老之术，专心保养精神，增加饮食，广开神圣高超的思虑，从而奠定传承无穷的帝业，那么天下百姓都有幸依靠您，我也就死而无憾了。皇子孙和仁爱孝顺而聪慧明智，道德品行高洁淳美，应当尽快册立他为太子，以寄托人民的希望。诸葛恪才能谋略广博通达，应任用他来辅佐时政。张休、顾谭、谢景，他们三位都通达聪慧并且见识不凡、有谋事决断，在朝廷内应该以他们为亲近心腹，出征时以他们为得力武将。范慎、华融卓然不群而节操壮烈，具有国家优秀人才的风采。羊衜论辩敏捷，有随机应答、独立应对的能力。刁玄大度优雅，有履行道学真谛的志向。裴钦博闻强记，文采非凡，值得大用。蒋修、虞翻二人，志向和节操光明磊落。所有这些臣僚，有的适宜在朝廷供职，有的可以担任将帅，他们都通晓时政，洞明法令，坚守信用道义，有不可动摇的气节。这都是因为陛下光辉照耀，选拔安置他们到我的东宫，使我得以跟他们共同谋事，因而我才清楚了解他们各自的情怀，并斗胆将他们的情况陈述给陛下。

我深切地想到当今境外忧患繁多，战事不断，应当激励六军，以谋求进取。军队以人民作为基石，而人民则把财富看作最珍贵的东西，我私底下听说郡县中有很多荒芜残破的现象，民众的财物凋敝，奸邪祸乱滋生，因此法律条令频繁增加，刑罚日益严厉苛刻。我听说治理政事要顺应民心，法律条令应与时俱进，陛下确实应该与将相大臣审察采取合乎时宜的政策，广泛采用大家的意见，宽缓刑法并减轻赋税，调整降低对民力的征用，以顺应百姓的愿望。陆逊对时政忠心勤劳，献身忧国，正直无私，具有忠心耿耿不顾自身的气节。诸葛瑾、步骘、朱然、全琮、朱据、吕岱、吾粲、阚泽、严畯、张承、孙怡都忠心为国，通晓治国的纲领。可以让他们陈述上奏利于国家而且合乎时宜的建议，革除苛刻烦琐的政令，爱惜养护兵马，安慰抚喻百姓。如此则五年之后，十年以内，境外的人将纷纷归附，境内的人会尽心效力，不必交锋激战，而一统天下的大业就可完成。我听说“鸟之将死，其鸣也哀；人之将死，其言也善”，所以子囊临去世前夕，留下遗言以劝诫时政，君子认为这是他忠诚的体现，何况孙登，难道能不这样做吗？希望陛下留心听取我的建议，那么臣即使死了，也还像活着一样。

在他去世之后这份章表才呈报上去,孙权越发悲痛伤感,一说起孙登就泪流不止。这一年,是赤乌四年。谢景当时担任豫章太守,他难以承受悲伤的感情,自己解职去官前来奔丧,并上表检举自己这一过失。孙权说:"您与太子曾经共事,有别于其他官员。"派宫中宦官慰劳他,允许他官复原职,遣送他返回豫章郡。赐孙登谥号为宣太子。

孙登的儿子孙璠、孙希,都早已去世。第二个儿子孙英,爵封吴侯。五凤元年,孙英因为大将军孙峻专权,图谋诛杀孙峻,事情败露后自杀,封国被取消。

谢景,字叔发,南阳郡宛县人。在郡守的职位上政绩明显,官吏和百姓都称誉他,认为前有顾劭,其后就是谢景了。几年后在职任上去世。

孙虑

【原文】孙虑,字子智,登弟也。少敏惠有才艺,权器爱之。黄武七年,封建昌侯。后二年,丞相雍等奏虑性聪体达,所尚日新,比方近汉,宜进爵称王,权未许。久之,尚书仆射存上疏曰:"帝王之兴,莫不褒崇至亲,以光群后,故鲁、卫于周,宠冠诸侯,高帝五王,封列于汉,所以藩屏本朝,为国镇卫。建昌侯虑禀性聪敏,才兼文武,于古典制,宜正名号。陛下谦光,未肯如旧,群寮大小,咸用於邑。方今奸寇恣睢,金鼓未弭,腹心爪牙,惟亲与贤。辄与丞相雍等议,咸以虑宜为镇军大将军,授任偏方,以光大业。"权乃许之,于是假节开府,治半州。①虑以皇子之尊,富于春秋,远近嫌其不能留意。及至临事,遵奉法度,敬纳师友,过于众望。年二十,嘉禾元年卒。无子,国除。

①《吴书》载权诏曰:"期运扰乱,凶邪肆虐,威罚有序,干戈不戢。以虑气志休懿,武略夙昭,必能为国佐定大业,故授以上将之位,显以殊特之荣,宠以兵马之势,委以偏方之任。外欲威振敌虏,厌难万里,内欲镇抚远近,慰恤将士,诚虑建功立事竭命之秋也。虑其内修文德,外经武训,持盈若冲,则满而不溢。敬慎乃心,无忝所受。"

【译文】孙虑,字子智,是孙登的弟弟。从小机敏聪慧而才能突出,孙权器重喜爱他。黄武七年,爵封建昌侯。过了两年,丞相顾雍等人上奏说孙虑天性聪颖、明白事体,崇尚日日学习以提升自我,比照近代汉朝,应当为他晋爵称王,孙权没有同意。过了很长一段时间,尚书仆射存上疏说:"帝王兴起,无不褒扬推崇至亲骨肉,以光耀诸侯,所以鲁、卫二国在周朝实行裂土封爵制度之时,受到的恩宠超过所有的诸侯,汉高祖的五个儿子,都在封王之列,目的就是要他们成为朝廷的屏障,让他们镇守捍卫国家。建昌侯孙虑禀性聪敏,兼具文才武略,参照古代典章制度,应当为他正名定号。陛下秉持谦虚的光明美德,不肯因循古代的制度办理,群臣不论官职大小,都因此忧郁烦闷。当今奸人贼寇放纵暴戾,战争不止,君主的心腹爪牙,只有亲人和贤才。我与丞相顾雍等人商讨此事,我们都认为孙虑应该担任镇军大将军,交给他统领一方的职责,以弘扬光大陛下的伟业。"孙权这才同意,于是为孙虑假授符节并让他开建府署,治所在半州。孙虑凭借皇子的尊贵地位,加之年纪又轻,远近的人都怀疑他能否处理政务。而到他任职处事时,遵照奉行法度,恭敬接纳师友,超过了众人的期望。孙虑二十岁，嘉禾元年去世。他没有儿子，封国被取消。

孙和

【原文】孙和，字子孝，虑弟也。少以母王有宠见爱，年十四，为置宫卫，使中书令阚泽教以书艺。好学下士，甚见称述。赤乌五年，立为太子，时年十九。阚泽为太傅，薛综为少傅，而蔡颖、张纯、封俌、严维等皆从容侍从。[①]

①《吴书》曰：和少岐嶷有智意，故权尤爱幸，常在左右，衣服礼秩雕玩珍异之赐，诸子莫得比焉。好文学，善骑射，承师涉学，精识聪敏，尊敬师傅，爱好人物。颖等每朝见进贺，和常降意，欢以待之。讲校经义，综察是非，及访谘朝臣，考绩行能，以知优劣，各有条贯。后诸葛壹伪叛以诱魏将诸葛诞，权潜军待之。和以权暴露外次，又战者凶事，常忧劳憯怛，不复会同饮食，数上谏，戒令持重，务在全胜，权还，然后敢安。

张纯，字元基，敦之子。《吴录》曰：纯少厉操行，学博才秀，切问捷对，容止可观。拜郎中，补广德令，治有异绩，擢为太子辅义都尉。

是时有司颇以条书问事，和以为奸妄之人，将因事错意，以生祸心，不可长也，表宜绝之。又都督刘宝白庶子丁晏，晏亦白宝，和谓晏曰："文武在事，当能几人？因隙构薄，图相危害，岂有福哉？"遂两释之，使之从厚。常言："当世士人宜讲修术学，校习射御，以周世务，而但交游博弈以妨事业，非进取之谓。"后群寮侍宴，言及博弈，以为："妨事费日而无益于用，劳精损思而终无所成，非所以进德修业，积累功绪者也。且志士爱日惜力，君子慕其大者，高山景行，耻非其次。夫以天地长久，而人居其间，有白驹过隙之喻，年齿一暮，荣华不再。凡所患者，在于人情所不能绝，诚能绝无益之欲以奉德义之涂，弃不急之务以修功业之基，其于名行，岂不善哉？夫人情犹不能无嬉娱，嬉娱之好，亦在于饮宴琴书射御之间，何必博弈然后为欢！"乃命侍坐者八人，各著论以矫之。于是中庶子韦曜退而论奏，和以示宾客。时蔡颖好弈，直事在署者颇学焉，故以此讽之。

是后王夫人与全公主有隙。权尝寝疾，和祠祭于庙，和妃叔父张休居近庙，邀和过所居。全公主使人觇视，因言太子不在庙中，专就妃家计议，又言王夫人见上寝疾，有喜色。权由是发怒，夫人忧死，而和宠稍损，惧于废黜。鲁王霸觊觎滋甚。陆逊、吾粲、顾谭等数陈适庶之义，理不可夺，全寄、杨竺为鲁王霸支党，谮诉日兴。粲遂下狱诛，谭徙交州。权沉吟者历年，[①]后遂幽闭和。于是骠骑将军朱据、尚书仆射屈晃率诸将吏泥头自缚，连日诣阙请和。权登白爵观见，甚恶之，敕据、晃等："无事忩忩！"权欲废和立亮，无难督陈正、五营督陈象上书，称引晋献公杀申生，立奚齐，晋国扰乱，又据、晃固谏不止，权大怒，族诛正、象，据、晃牵入殿，杖一百，[②]竟徙和于故鄣，群司坐谏诛放者十数。众咸冤之。[③]

① 殷基《通语》曰：初权既立和为太子，而封霸为鲁王，初拜犹同宫室，礼秩未分。群公之议，以为太子、国王上下有序，礼秩宜异，于是分宫别僚，而隙端开矣。自侍御宾客造为二端，仇党疑贰，滋延大臣。丞相陆逊、大将军诸葛恪、太常顾谭、骠骑将军朱据、

会稽太守滕胤、大都督施绩、尚书丁密等奉礼而行，宗事太子；骠骑将军步骘、镇南将军吕岱、大司马全琮、左将军吕据、中书令孙弘等附鲁王，中外官僚将军大臣举国中分。权患之，谓侍中孙峻曰："子弟不睦，臣下分部，将有袁氏之败，为天下笑。一人立者，安得不乱？"于是有改嗣之规矣。

臣松之以为：袁绍、刘表谓尚、琮为贤，本有传后之意，异于孙权既以立和而复宠霸，坐生乱阶，自构家祸，方之袁、刘，昏悖甚矣。步骘以德度著称，为吴良臣，而阿附于霸，事同杨竺，何哉？和既正位，适庶分定，就使才德不殊，犹将义不党庶，况霸实无闻，而和为令嗣乎？夫邪僻之人，岂其举体无善，但一为不善，众美皆亡耳。骘若果有此事，则其余不足观矣！吕岱、全琮之徒，盖所不足论耳。

②《吴历》曰：晃入，口谏曰："太子仁明，显闻四海。今三方鼎跱，实不宜摇动太子，以生众心。愿陛下少垂圣虑，老臣虽死，犹生之年。"叩头流血，辞气不挠。权不纳晃言，斥还田里。孙皓即位，诏曰："故仆射屈晃，志匡社稷，忠谏亡身。封晃子绪为东阳亭侯，弟幹、恭为立义都尉。"绪后亦至尚书仆射。晃，汝南人，见胡冲《答问》。◎《吴书》曰：张纯亦尽言极谏，权幽之，遂弃市。

③《吴书》曰：权寝疾，意颇感寤，欲征和还立之，全公主及孙峻、孙弘等固争之，乃止。

太元二年正月，封和为南阳王，遣之长沙。[①] 四月，权薨，诸葛恪秉政。恪即和妃张之舅也。妃使黄门陈迁之建业上疏中宫，并致问于恪。临去，恪谓迁曰："为我达妃，期当使胜他人。"此言颇泄。又恪有徙都意，使治武昌宫，民间或言欲迎和。及恪被诛，孙峻因此夺和玺绶，徙新都，又遣使者赐死。和与妃张辞别，张曰："吉凶当相随，终不独生活也。"亦自杀，举邦伤焉。

①《吴书》曰：和之长沙，行过芜湖，有鹊巢于帆樯，故官寮闻之皆忧惨，以为樯末倾危，非久安之象。或言《鹊巢》之诗有"积行累功，以致爵位"之言，今王至德茂行，复受国土，傥神灵以此告寤人意乎？

孙休立，封和子皓为乌程侯，自新都之本国。休薨，皓即阼，其年追谥父和曰文皇帝，改葬明陵，置园邑二百家，令、丞奉守。后年正月，又分吴郡、丹杨九县为吴兴郡，治乌程，置太守，四时奉祠。有司奏言，宜立庙京邑。宝鼎二年七月，使守大匠薛珝营立寝堂，号曰清庙。十二月，遣守丞相孟仁、太常姚信等备官僚中军步骑二千人，以灵舆法驾，东迎神主于明陵。皓引见仁，亲拜送于庭。[①] 灵舆当至，使丞相陆凯奉三牲祭于近郊，皓于金城外露宿。明日，望拜于东门之外。其翌日，拜庙荐祭，歔欷悲感。比七日三祭，倡技昼夜娱乐。有司奏言"祭不欲数，数则黩，宜以礼断情"，然后止。[②]

①《吴书》曰：比仁还，中使手诏日夜相继，奉问神灵起居动止。巫觋言见和被服颜色如平日，皓悲喜涕泪，悉召公卿尚书诣阙门下受赐。

②《吴历》曰：和四子皓、德、谦、俊。孙休即位，封德钱唐侯，谦永安侯，俊拜骑都尉。皓在武昌，吴兴施但因民之不堪命，聚万余人，劫谦，将至秣陵，欲立之。未至三十里住，择吉日，但遣使以谦命诏丁固、诸葛靓。靓即斩其使。但遂前到九里，固、靓出击，

大破之。但兵裸身无铠甲，临阵皆披散。谦独坐车中，遂生获之。固不敢杀，以状告皓，皓鸩之，母子皆死。俊，张承外孙，聪明辨惠，为远近所称，皓又杀之。

【译文】孙和，字子孝，是孙虑的弟弟。小时候因为母亲王氏被孙权宠幸而受到孙权喜爱，十四岁那年，孙权就为他安排了宫廷侍卫，让中书令阚泽教他书数。他喜好学习并且礼贤下士，颇为人们所称道。赤乌五年，被册立为太子，那年他十九岁。阚泽任太傅，薛综任少傅，蔡颖、张纯、封俌、严维等都随侍在他左右。

当时官吏大多根据分条列项的公文处理国家大事，孙和认为奸诈虚妄的人，将借着事端打坏主意，从而产生作恶的念头，这种风气是不可助长的，表奏应当禁绝。有一次都督刘宝状告中庶子丁晏，丁晏也告发刘宝，孙和对丁晏说："文臣武将居官任事的，能有几人？因为矛盾而相互攻击，都企图危害对方，难道会得到赐福吗？"于是对这两人都不予追究，让他们好好相处。他常说："当世才学之士应探讨研习道术学识，考校学习骑马射箭之术，以胜任谋身治世之事，若只一味地交游下棋妨碍建功立业，就不能说是立志有所作为。"后来群臣出席他的宴会，谈到下棋，孙和认为："下棋妨碍事务虚耗时光而毫无用处，徒耗精力损害思维而最终一无所成，不是用来提升德行，致力功业，积累事功的做法。而且有志之士都懂得珍惜时间和精力，君子最大的仰慕和追求，无不是高山仰止，景行行止的境界，并且都以不能紧随于这类名贤之后而感到羞耻。由于天地永恒存在，而人身处天地之间，因而有了人生短促，恍如白驹过隙的慨叹，人一旦到了暮年，青春年华将一去永不回头。人所应担忧的，在于情感难以当断即断，如果真的能够割舍无益的欲念而将精力全都用在奉行道德仁义的正道上，放弃对非紧迫事物的追求并且全力以赴地奠定功业的基础，这对于个人的名声与品行，难道不是很好吗？大凡人的感情还不能完全没有游戏玩乐，而游戏玩乐的趣味，也存在于饮酒欢宴、弹琴写字及射箭御马之间，为什么非得下棋才有愉悦的感觉呢！"于是命令陪坐人员中的八位，各自撰写论文以矫正沉迷于下棋的行为。于是中庶子韦曜辞别回去后就写了一篇论文上奏，孙和出示给宾客们观看。当时蔡颖喜欢下棋，在他官署中任职的很多人都向他学习，所以孙和用这个办法加以规劝。

在这以后王夫人跟全公主有了矛盾。孙权曾经卧病在床，孙和到太庙祭祀祝祷，孙和妃子的叔父张休的住处离太庙不远，就邀请孙和去他家做客。全公主派人尾随窥视，趁机向孙权告发说太子不在太庙里，专门到妃子家去谋划事情，又说王夫人见皇上卧床不起，脸上有高兴的神色。孙权因此发怒，王夫人忧惧而死，而孙和受到的宠爱也日益减少，他很是担心自己要被废黜。鲁王孙霸对太子之位的非分企图也日日增长。陆逊、吾粲、顾谭等人多次上书陈述嫡庶之间应有的名分，各自坚守正理决不动摇，而全寄、杨竺作为鲁王孙霸的党徒，对他们的谗言诬告日甚一日。吾粲最终被打进大牢诛杀，顾谭被流放到交州。孙权犹豫了好几年，后来最终幽禁了孙和。于是骠骑将军朱据、尚书仆射屈晃便带领诸将以泥涂首并捆绑自己，连日来到宫门外为孙和求情。孙权登上白爵观看见这一幕，非常厌恶，告诉朱据、屈晃等人："无须匆忙！"

孙权打算废黜孙和而册立孙亮，无难督陈正、五营督陈象上书，援引了晋献公杀申生，立奚齐，晋国因此大乱的历史典故试图改变孙权的心意，再加朱据、屈晃也坚持劝谏，孙权大发雷霆，将陈正、陈象满门抄斩，把朱据、屈晃绑到大殿里，每人杖打一百，最终把孙和流放到故鄣，群臣因为劝谏而遭到诛杀或流放的多达十几人。民众都为他们感到冤屈。

太元二年正月，孙权封孙和为南阳王，派他到长沙。四月，孙权去世，诸葛恪执掌朝政。诸葛恪就是孙和妃子张氏的舅舅。张妃让宦官陈迁前往建业上疏中宫，并向诸葛恪致以问候。陈迁临离开建业时，诸葛恪对他说："替我转告张妃，到时我一定让她超过其他人。"这话被泄露了出去。另外诸葛恪有迁都的想法，派人修治武昌的宫殿，民间有人说他想迎立孙和。诸葛恪被杀后，孙峻因此剥夺了孙和的印玺绶带，将他流放到新都，又派使者赐他自尽。孙和与张妃告别，张妃说："无论吉凶我都一定跟随着你，终究不会独自活下来。"她也跟着自杀了，全国上下都为此悲伤。

孙休即位，封孙和的儿子孙皓为乌程侯，让他从新都迁往封国所在地。孙休去世，孙皓登上皇位，当年就追谥父亲孙和为文皇帝，改葬到明陵，安置护陵人户二百家，设置令、丞管理守护。第二年正月，又分出吴郡、丹杨郡中的九个县为吴兴郡，治所设在乌程，设置太守，四时祭祀明陵。有关官员进言说，应该为文皇帝在京城立庙。宝鼎二年七月，孙皓派代理将作大匠薛珝营建寝堂，命名为清庙。十二月，派代理丞相孟仁、太常姚信等人预备官员及中军步、骑兵两千人，用灵车法驾往东到明陵奉迎孙和神主。孙皓召见孟仁，亲自在庭前拜送。灵车将要到来时，派丞相陆凯敬奉三牲在近郊上祭，孙皓则在金城外露宿。第二天，在东门外遥望拜祭。第三天，在清庙拜谒神主，献牲祭祀，孙皓伤痛悲泣。连续七日都用了三祭之礼，祭祀乐舞通宵达旦。有关官员进言说"祭祀不要太频密，太频密就有失庄重，应该用礼制来控制私情"，祭祀活动这才停止。

孙霸　孙基

【原文】孙霸，字子威，和弟也。和为太子，霸为鲁王，宠爱崇特，与和无殊。顷之，和、霸不穆之声闻于权耳，权禁断往来，假以精学。督军使者羊衜上疏曰："臣闻古之有天下者，皆先显别适庶，封建子弟，所以尊重祖宗，为国藩表也。二宫拜授，海内称宜，斯乃大吴兴隆之基。顷闻二宫并绝宾客，远近悚然，大小失望。窃从下风，听采众论，咸谓二宫智达英茂，自正名建号，于今三年，德行内著，美称外昭，西北二隅，久所服闻。谓陛下当副顺遐迩所以归德，勤命二宫宾延四远，使异国闻声，思为臣妾。今既未垂意于此，而发明诏，省夺备卫，抑绝宾客，使四方礼敬，不复得通，虽实陛下敦尚古义，欲令二宫专志于学，不复顾虑观听小宜，期于温故博物而已，然非臣下倾企喁喁之至愿也。或谓二宫不遵典式，此臣所以寝息不宁。就如所嫌，犹宜补察，密加斟酌，不使远近得容异言。臣惧积疑成谤，久将宣流，而西北二隅，去国不远，异同之语，易以闻达。闻达之日，声论当兴，将谓二宫有不顺之愆，不审陛下何以解之？若无以解异国，则亦无以释境内。境内守疑，异国兴谤，非所以育巍巍，镇社稷也。愿陛下早发优诏，使二宫周旋礼命如初，则天清地晏，万国幸甚矣。”

时全寄、吴安、孙奇、杨竺等阴共附霸，图危太子。谮毁既行，太子以败，霸亦赐死。流竺尸于江，兄穆以数谏戒竺，得免大辟，犹徙南州。霸赐死后，又诛寄、安、奇等，咸以党霸构和故也。

霸二子，基、壹。五凤中，封基为吴侯，壹宛陵侯。基侍孙亮在内，太平二年，盗乘御马，收付狱。亮问侍中刁玄曰：“盗乘御马罪云何？”玄对曰：“科应死。然鲁王早终，惟陛下哀原之。”亮曰：“法者，天下所共，何得阿以亲亲故邪？当思惟可以释此者，奈何以情相迫乎？”玄曰：“旧赦有大小，或天下，亦有千里、五百里赦，随意所及。”亮曰：“解人不当尔邪！”乃赦宫中，基以得免。孙皓即位，追和、霸旧隙，削基、壹爵土，与祖母谢姬俱徙会稽乌伤县。

【译文】孙霸，字子威，是孙和的弟弟。孙和做太子的时候，孙霸被封为鲁王，受到了优厚的宠爱，与孙和毫无区别。不久，孙和、孙霸彼此不和的风声传到孙权耳中，孙权便禁断他们的外部交往，借此让他们精心治学。督军使者羊衜上疏说：“我听说古代拥有天下的人，都首先明确区别嫡庶的名分，给王室子弟封邦建国，目的是让他们尊重祖宗，成为保护国家的屏障。东宫太子、西宫鲁王的授任，天下都称道合乎时宜，这是我们大吴国兴盛的基础。近来听说二宫与宾客的交往同被禁绝，远近之人都惶恐不安，大小官员都很失望。我私下里听下面的人议论，采集众人的意见，都认为二宫聪慧敏达而才智超群，从他们确定名位建立称号，到现在已经三年，德行昭著于国内，美名传扬到境外，就连西边的刘蜀和北方的曹魏，也早已敬服他们的名望。众人都认为陛下应当顺应远近人们归顺德政的愿望，尽量让二宫延请四方的宾客，使别的国度听到他们的名声，都想着来做他们的臣仆。如今陛下既没有注意到这点，反而颁布诏令，减省他们的侍卫，隔绝他们与宾客的往来，使四方合于礼仪的尊崇，不能再通达二宫，就算陛下确实只是崇尚古代的道义，想使二宫专心致志地学习，不再考虑观察听取细小的事宜，期望他们温习借鉴历史并通晓众物而已，但这并不是臣下仰望期待的最大心愿。有人认为二宫不遵守典章制度，这是我坐卧不宁的原因。即使实际情形就是人们所猜疑的那样，也应该补失误而察得失，缜密地加以思量，不使远近的人们听信这些流言蜚语。我担心猜疑会日积月累而演变为毁谤，时间长了就将到处流布，而西边刘蜀和北方曹魏这两个国家，都离我国不远，我们这里的言论，很容易传播到他们那里去。一旦跨境传播，舆论就会在异地兴起，他们将认为二宫有叛逆的罪行，不知届时陛下该向他们作何解释？倘若解释不能使邻国信服，那么也就无从消除国内的疑惑。国内百姓心存疑惑，邻国之人大兴毁谤，这不是发展宏伟事业及保卫国家社稷的道理。希望陛下尽快颁发诏书，使二宫仍同原先一样与四方宾客以礼相交，那么天地便会清平安宁，天下都将感到万分幸运了。”

当时全寄、吴安、孙奇、杨竺等人暗地里都共同依附孙霸，图谋危害太子孙和。在他们的诬陷诽谤得逞之后，太子遭到废黜，孙霸也被赐死。杨竺的尸体被抛入江中，他的哥哥杨穆因为之前曾多次劝诫他，因此得以免除死刑，但还是被流放到南方。孙霸被赐死之后，朝廷又诛杀了全寄、吴安、孙奇等人，都是因为他们党同孙霸而陷害孙和。

孙霸有两个儿子，即孙基和孙壹。五凤年间，孙亮封孙基为吴侯，孙壹为宛陵侯。孙基在宫中侍奉孙亮，太平二年，因为偷骑御马，而被收押关进了监狱。孙亮问侍中刁玄说："偷骑御马是什么罪名？"刁玄回答说："按条律应当处死。不过鲁王死得早，希望陛下哀怜宽贷他。"孙亮说："法律，是天下人所应共同遵行的，怎么能因为爱自己的亲人而有所偏袒呢？应当想个可以使他免罪的办法，为什么要用亲情来逼迫我呢？"刁玄说："以前赦免罪犯有大赦、小赦之分，有的是全国范围的，也有千里之内、五百里之内的赦免，听凭君主的心意裁定。"孙亮说："见事高明，通解情理的人不正应该像你这样吗！"于是下令赦免宫内罪犯，孙基因而得以免死。孙皓即位后，追究孙和跟孙霸以前的恩怨，削除孙基、孙壹的爵位封地，把他们二人和他们的祖母谢姬一同流放到会稽郡乌伤县。

孙奋

【原文】孙奋，字子扬，霸弟也，母曰仲姬。太元二年，立为齐王，居武昌。权薨，太傅诸葛恪不欲诸王处江滨兵马之地，徙奋于豫章。奋怒，不从命，又数越法度。恪上笺谏曰：

帝王之尊，与天同位，是以家天下，臣父兄，四海之内，皆为臣妾。仇雠有善，不得不举，亲戚有恶，不得不诛，所以承天理物，先国后身，盖圣人立制，百代不易之道也。昔汉初兴，多王子弟，至于太强，辄为不轨，上则几危社稷，下则骨肉相残，其后惩戒，以为大讳。自光武以来，诸王有制，惟得自娱于宫内，不得临民，干与政事，其与交通，皆有重禁，遂以全安，各保福祚。此则前世得失之验也。近袁绍、刘表各有国土，土地非狭，人众非弱，以适庶不分，遂灭其宗祀。此乃天下愚智所共嗟痛。大行皇帝览古戒今，防芽遏萌，虑于千载。是以寝疾之日，分遣诸王，各早就国，诏策殷勤，科禁严峻，其所戒敕，无所不至，诚欲上安宗庙，下全诸王，使百世相承，无凶国害家之悔也。

大王宜上惟太伯顺父之志，中念河间献王、东海王强恭敬之节，下当裁抑骄恣荒乱以为警戒。而闻顷至武昌以来，多违诏敕，不拘制度，擅发诸将兵治护宫室。又左右常从有罪过者，当以表闻，公付有司，而擅私杀，事不明白。大司马吕岱亲受先帝诏敕，辅导大王，既不承用其言，令怀忧怖。华锜先帝近臣，忠良正直，其所陈道，当纳用之，而闻怒锜，有收缚之语。又，中书杨融，亲受诏敕，所当恭肃，云："正自不听禁，当如我何。"闻此之日，大小惊怪，莫不寒心。里语曰："明镜所以照形，古事所以知今。"大王宜深以鲁王为戒，改易其行，战战兢兢，尽敬朝廷，如此则无求不得。若弃忘先帝法教，怀轻慢之心，臣下宁负大王，不敢负先帝遗诏，宁为大王所怨疾，岂敢忘尊主之威，而令诏敕不行于藩臣邪？此古今正义，大王所照知也。夫福来有由，祸来有渐，渐生不忧，将不可悔。向使鲁王早纳忠直之言，怀惊惧之虑，享祚无穷，岂有灭亡之祸哉？夫良药苦口，惟疾者能甘之；忠言逆耳，惟达者能受之。今者恪等偻偻欲为大王除危殆于萌芽，广福庆之基原，是以不自知言至，愿蒙三思。

奋得笺惧，遂移南昌，游猎弥甚，官属不堪命。及恪诛，奋下住芜湖，欲至建业观变。傅相谢慈等谏奋，奋杀之。[①] 坐废为庶人，徙章安县。太平三年，封为章安侯。[②]

① 慈，字孝宗，彭城人，见《礼论》，撰《丧服图》及《变除》行于世。

②《江表传》载亮诏曰："齐王奋前坐杀吏，废为庶人，连有赦令，独不见原，纵未宜复王，何以不侯？又诸孙兄弟作将，列在江渚，孤有兄独尔云何？"有司奏可，就拜为侯。

建衡二年，孙皓左夫人张氏卒。皓哀念过甚，朝夕哭临，数月不出，由是民间或谓皓死，讹言奋与上虞侯奉当有立者。奋母仲姬墓在豫章，豫章太守张俊疑其或然，扫除坟茔。皓闻之，车裂俊，夷三族，诛奋及其五子，国除。[①]

①《江表传》曰：豫章吏十人乞代俊死，皓不听。奋以此见疑，本在章安，徙还吴城禁锢，使男女不得通婚，或年三十、四十不得嫁娶。奋上表乞自比禽兽，使男女自相配偶。皓大怒，遣察战赍药赐奋，奋不受药，叩头千下，曰："老臣自将儿子治生求活，无豫国事，乞丐余年。"皓不听，父子皆饮药死。

臣松之案：建衡二年至奋之死，孙皓即位尚犹未久。若奋未被疑之前，儿女年二十左右，至奋死时，不得年三十、四十也。若先已长大，自失时未婚娶，则不由皓之禁锢矣。此虽欲增皓之恶，然非实理。

【译文】孙奋，字子扬，是孙霸的弟弟，母亲是仲姬。太元二年，孙奋被立为齐王，居住武昌。孙权去世后，太傅诸葛恪不想让诸王居住在长江沿岸的军事要地，就把孙奋迁移到豫章郡。孙奋发怒，不服从命令，又多次逾越法令制度。诸葛恪上笺书规劝他说：

帝王的尊贵，与天处于同样的地位，因此帝王以天下为家，以父兄为臣，四海之内，所有人都是他的臣仆。仇人有善行，不能不举拔，亲戚有过失，不得不惩治，以此承受天命而治理万物，国家当先而个人得失在后，这是圣人建立的法度，百世不变的道理。从前汉朝兴建之初，多把子弟封为藩王，诸王势力过于强盛时，不觉就做出许多越轨违法的事来，严重时几乎危害国家政权，情节较轻的则是骨肉相残，后世以此为戒，将藩王的尾大不掉视为最大的禁忌。自汉光武帝以来，对诸王给予禁制，只许他们在王宫内自娱自乐，不得统治百姓，干预政事，与他们交往的人，都有严格的限制，如此才得以上下相安无事，各自都能保全属于自己的福运。这是前代经得失存亡后得出的经验。近世袁绍、刘表各有领地，辖境并不狭小，人众并非虚弱，但都因为嫡庶名分不能正确处理，最终导致宗庙祭祀灭绝。这是全天下无论智者愚人都共同叹息痛心的事情。大行皇帝考察古代得失而引以为当今鉴戒，防微杜渐，思虑长远。因此他在卧床不起之时，分别派遣诸王，使各自尽早前往封地，诏书措辞恳切，禁令明确严格，他的劝诫警告，无所不至，实在是想上安宗庙，下保诸王，使帝业百世相传相承，没有危害国家的悔恨。

大王应当远思周代太伯顺从父亲意愿的志向，中想河间献王刘德、东海王刘强恭敬的节操，下当克制骄傲放纵、荒谬悖乱的行为并以此为戒。但我听说大王最近来到武昌之后，多次违犯诏令，不守法度，擅自调发众将官士兵修治宫室。另外左右亲随人员犯有罪行过失的，本该写表上奏，交付到有关部门秉公处置，而您却私下擅自杀掉，致使事情不明不白。大司马吕岱亲自接受了先帝的诏令，担负辅导大王的重任，您却不接受、不采纳他的意见，使他因此而忧愁害怕。华锜是先帝的亲近大臣，忠良正直，他对您有所陈述，您应当接纳采用，而您听了却恼怒华锜，有过要捆缚收押他的说法。还有中书杨融，也曾亲受先帝诏令，在他面前您本该恭敬严肃，而您竟然说出“我就是不听从禁令，你奈我何”之类的话来。听到这话时，大小官员都感到惊异奇怪，无不因此寒心。俗语说：“明镜可以用来观照容貌俊丑，古事可以用来了解今事是非。”大王应当深以鲁王为戒，反思不当的行为而改弦易辙，畏惧谨慎，尽心敬奉朝廷，能够做到这样，就没有什么正当追求会得不到满足了。倘若您抛开甚至忘却先帝的法制教化，心怀轻视傲慢的想法，那么臣下宁可辜负大王，也不敢辜负先帝的遗诏，宁可遭受大王的怨恨，又怎敢遗忘至尊君王的威命，而让他的诏令不能实行于诸侯藩王之间呢？这是从古到今的正当道理，也是大王所应明察的。大凡福运的到来总有点点滴滴的原因，灾祸的降临也同样是一个渐渐演变的过程，灾祸已经萌芽而无所忧虑，将来就会后悔莫及。假使鲁王能早早采纳忠直的建议，心里有惊慌害怕的念头，那么他将安享无穷无尽的福运，怎么还会有身死国灭的大祸呢？大凡良药苦口，只有病人才会甘之若饴；忠言逆耳，也只有通达事理的人才可能接受。如今我等诚恳恭敬地想替大王您消除危险于萌芽状态，从而光大您获得福禄的根源，因此不知不觉就说了出来，希望您能再三思考。

孙奋得到笺书后觉得害怕，于是迁居南昌，但他出游打猎的行为变本加厉，官员部属们都难以忍受他的驱使。到诸葛恪被杀时，孙奋在长江下游的芜湖居住，打算到建业窥视时势的变化相机而动。傅相谢慈等人劝谏孙奋，孙奋将他们都杀了。后被判罪废黜为平民，流放到章安县。太平三年，被封为章安侯。

建衡二年，孙皓的左夫人张氏去世。孙皓悲伤思念过度，早早晚晚地为她发哀，几个月没有从宫中出来过，因此民间就有人说孙皓已死，谣传孙奋与上虞侯孙奉二人中必有一人要被立为皇帝。孙奋母亲仲姬安葬在豫章郡，豫章太守张俊猜测此事或许是真的，就为仲姬祭扫坟茔。孙皓得知此事，对张俊施以车裂酷刑，夷灭了张俊三族，又诛杀了孙奋和他的五个儿子，撤销封国。

【原文】评曰：孙登居心所存，足为茂美之德。虑、和并有好善之姿，规自砥砺，或短命早终，或不得其死，哀哉！霸以庶干适，奋不遵轨度，固取危亡之道也。然奋之诛夷，横遇飞祸矣。

【译文】评论说：孙登内心的所思所想，足以成就美好的德业。孙虑、孙和都有乐于为善的品行，能自觉勉励自行磨砺，但他们或短命夭折，或不得善终，可悲啊！孙霸以庶子的身份而干犯嫡子，孙奋不守规则法度，他们的做法本来就是自取灭亡的途径。然而孙奋被诛灭，却也还是飞来横祸。

卷六十　吴书十五

贺全吕周钟离传第十五

贺齐

【原文】贺齐，字公苗，会稽山阴人也。[①]少为郡吏，守剡长。县吏斯从轻侠为奸，齐欲治之，主簿谏曰："从，县大族，山越所附，今日治之，明日寇至。"齐闻大怒，便立斩从。从族党遂相纠合，众千余人，举兵攻县。齐率吏民，开城门突击，大破之，威震山越。后太末、丰浦民反，转守太末长，诛恶养善，期月尽平。

① 虞预《晋书》曰：贺氏本姓庆氏。齐伯父纯，儒学有重名，汉安帝时为侍中、江夏太守，去官，与江夏黄琼、广汉杨厚俱公车征。避安帝父孝德皇讳，改为贺氏。齐父辅，永宁长。

建安元年，孙策临郡，察齐孝廉。时王朗奔东冶，候官长商升为朗起兵。策遣永宁长韩晏领南部都尉，将兵讨升，以齐为永宁长，晏为升所败，齐又代晏领都尉事。升畏齐威名，遣使乞盟。齐因告喻，为陈祸福，升遂送上印绶，出舍求降。贼帅张雅、詹强等不愿升降，反共杀升，雅称无上将军，强称会稽太守。贼盛兵少，未足以讨，齐住军息兵。雅与女婿何雄争势两乖，齐令越人因事交构，遂致疑隙，阻兵相图。齐乃进讨，一战大破雅，强党震惧，率众出降。

候官既平，而建安、汉兴、南平复乱，齐进兵建安，立都尉府，是岁八年也。郡发属县五千兵，各使本县长将之，皆受齐节度。贼洪明、洪进、苑御、吴免、华当等五人，率各万户，连屯汉兴，吴五[①]六千户别屯大潭，邹临六千户别屯盖竹，同出余汗。[②]军讨汉兴，经余汗。齐以为贼众兵少，深入无继，恐为所断，令松阳长丁蕃留备余汗。蕃本与齐邻城，耻见部伍，辞不肯留。齐乃斩蕃，于是军中震栗，无不用命，遂分兵留备，进讨明等，连大破之。临陈斩明，其免、当、进、御皆降。转击盖竹，军向大潭，二将又降。凡讨治斩首六千级，名帅尽禽，复立县邑，料出兵万人，拜为平东校尉。十年，转讨上饶，分以为建平县。

① 姓吴，名五。

② 汗，音干。

十三年，迁威武中郎将，讨丹阳黟、歙。时武强、叶乡、东阳、丰浦四乡先降，齐表言以叶乡为始新县。而歙贼帅金奇万户屯安勒山，毛甘万户屯乌聊山，黟帅陈仆、祖山等二万户屯林历山。林历山四面壁立，高数十丈，径路危狭，不容刀楯，贼临高下石，不可得攻。军住经日，将吏患之。齐身出周行，观视形便，阴募轻捷士，为作铁弋，密于隐险贼所不备处，以弋拓堑为缘道，夜令潜上，乃多县布以援下人，得上百数人，四面流布，俱鸣鼓角，齐勒兵待之。贼夜闻鼓声四合，谓大军悉已得上，惊惧惑乱，不知所为，守路备险者，皆走还依众，大军因是得上，大破仆等，其余皆降，凡斩首七千。[①]齐复表分歙为新定、黎阳、休阳。并黟、歙凡六县，权遂割为新都郡，齐为太守，立府于始新，加偏将军。

①《抱朴子》曰：昔吴遣贺将军讨山贼，贼中有善禁者，每当交战，官军刀剑不得拔，弓弩射矢皆还自向，辄致不利。贺将军长情有思，乃曰："吾闻金有刃者可禁，虫有毒者可禁，其无刃之物，无毒之虫，则不可禁。彼必是能禁吾兵者也，必不能禁无刃物矣。"乃多作劲木白棓，选有力精卒五千人为先登，尽捉棓。彼山贼恃其有善禁者，了不严备。于是官军以白棓击之，彼禁者果不复行，所击杀者万计。

十六年，吴郡余杭民郎稚合宗起贼，复数千人。齐出讨之，即复破稚，表言分余杭为临水县。[①]被命诣所在，及当还郡，权出祖道，作乐舞象。[②]赐齐軿车骏马，罢坐住驾，使齐就车，齐辞不敢，权使左右扶齐上车，令导吏卒兵骑，如在郡仪。权望之笑曰："人当努力，非积行累勤，此不可得。"去百余步乃旋。

①《吴录》曰：晋改为临安。

②《吴书》曰：权谓齐曰："今定天下，都中国，使殊俗贡珍，狡兽率舞，非君谁与？"齐曰："殿下以神武应期，廓开王业，臣幸遭际会，得驱驰风尘之下，佐助末行，效鹰犬之用，臣之愿也。若殊俗贡珍，狡兽率舞，宜在圣德，非臣所能。"

十八年，豫章东部民彭材、李玉、王海等起为贼乱，众万余人。齐讨平之，诛其首恶，余皆降服。拣其精健为兵，次为县户。迁奋武将军。

二十年，从权征合肥。时城中出战，徐盛被创失矛，齐引兵拒击，得盛所失。[①]

①《江表传》曰：权征合肥还，为张辽所掩袭于津北，几至危殆。齐时率三千兵在津南迎权。权既入大船，会诸将饮宴，齐下席涕泣而言曰："至尊人主，常当持重。今日之事，几至祸败，群下震怖，若无天地，愿以此为终身诫。"权自前拭其泪曰："大惭！谨以刻心，非但书诸绅也。"

二十一年，鄱阳民尤突受曹公印绶，化民为贼，陵阳、始安、泾县皆与突相应。齐与陆逊讨破突，斩首数千，余党震服，丹杨三县皆降，料得精兵八千人。拜安东将军，封山阴侯，出镇江上，督扶州以上至皖。

黄武初，魏使曹休来伐，齐以道远后至，因住新市为拒。会洞口诸军遭风流溺，所亡中分，将士失色，赖齐未济，偏军独全，诸将倚以为势。

齐性奢绮，尤好军事，兵甲器械极为精好，所乘船雕刻丹镂，青盖绛襜，干橹戈矛，葩爪文画，弓弩矢箭，咸取上材，蒙冲斗舰之属，望之若山。休等惮之，遂引军还。迁后将军，假节，领徐州牧。

初，晋宗为戏口将，以众叛如魏，还为蕲春太守，图袭安乐，取其保质。权以为耻忿，因军初罢，六月盛夏，出其不意，诏齐督麋芳、鲜于丹等袭蕲春，遂生虏宗。后四年卒，子达及弟景皆有令名，为佳将。[①]

①《会稽典录》曰：景为灭贼校尉，御众严而有恩，兵器精饰，为当时冠绝，早卒。

达颇任气，多所犯迕，故虽有征战之劳，而爵位不至，然轻财贵义，胆烈过人。子质，位至虎牙将军。景子邵，别有传。

【译文】贺齐，字公苗，会稽郡山阴人。他年青时任郡吏，担任剡县县长。县吏斯从轻生重义，为非作歹，贺齐想处治他，主簿劝谏说："斯从是县里的豪门子弟，山越人依附于他，今日处治了他，明日寇贼就会来到。"贺齐听了大怒，马上杀了斯从。于是，斯从的族人同党纠合在一起，聚众一千多人，兴兵攻打县城。贺齐率领官民，打开城门，突然出击，把他们打得大败，威势震惊了山越人。后来太末、丰浦的百姓造反，贺齐改任太末县长，诛杀恶人，抚养善民，一个月就完全平定了骚乱。

建安元年，孙策到达会稽郡，考察推举贺齐为孝廉。当时王朗逃奔在东冶，候官县长商升为王朗兴兵。孙策派永宁县长韩晏兼任南部都尉，率兵讨伐商升，任命贺齐为永宁县长，韩晏被商升打败，贺齐又接替韩晏兼任南部都尉的职务。商升畏惧贺齐的威名，派使者前往请求订立盟约。贺齐趁势告诫商升，并向他陈述祸福利害，商升于是送上印绶，出城投降。强盗的头目张雅、詹强等人不愿意让商升投降，商升回来时，他们一起杀了商升，张雅自称无上将军，詹强自称会稽太守。当时强盗势众，而贺齐的兵员太少，根本无法出兵讨伐，贺齐就驻扎部队，让士兵休息。张雅和他的女婿何雄因为争夺势力而两下不和，贺齐就利用他们的矛盾，对双方进行挑拨，于是造成了他们之间的猜疑嫌隙，他们互相派兵攻击对方，以相图谋。贺齐这才进军讨伐，一战大败张雅，詹强等人恐惧震惊，率领部众投降。

候官平定以后，建安、汉兴、南平又发生骚乱，贺齐进军建安，建立都尉府，这年是汉建安八年。郡守派出所属县的兵员五千人，各由本县县长率领，都接受贺齐的指挥调遣。强盗洪明、洪进、苑御、吴免、华当等五人，各自率领万户人家，连营屯守汉兴，吴五的六千户人家另外屯守大潭，邹临的六千户人家另外屯守盖竹，他们共同进犯余汗。贺齐率大军讨伐汉兴，路过余汗。贺齐认为强盗势众，自己兵少，深入敌人腹地而没有后援部队，恐怕被敌人截断后路，就命令松阳县长丁蕃留下守备余汗。丁蕃本来和贺齐是邻近城邑的同级官员，他以受贺齐的指挥为耻辱，推辞不肯留守。贺齐就杀了丁蕃，于是军中大为震惊，没有人敢不服从命令，就这样他分兵留守余汗，继续进军讨伐洪明等人，接连大败敌人。在战场上斩杀了洪明，其他人如吴免、华当、洪进、苑御都投降了。贺齐率军转而进击盖竹，又向大潭进军，两处强盗的头领又投降了。他们这次出兵总共处治斩首六千人，贼军头领全部擒获，重新恢复了县邑，而他们出动的兵员总计一万人，贺齐被任命为平东校尉。建安十年，贺齐转战讨伐上饶，把上饶县划分开，建立了建平县。

建安十三年，贺齐升任威武中郎将，讨伐丹杨郡的黟县、歙县。当时武强、叶乡、东阳、丰浦四乡先投降，贺齐表奏以叶乡为始新县。而歙县的强盗首领金奇率一万户人屯守安勒山，毛甘的一万户人屯守乌聊山，黟县的强盗首领陈仆、祖山等人率两万户人屯守林历山。林历山四面峭壁耸立，高几十丈，山路险要狭窄，容不下刀枪盾牌，强盗在高处向下滚石，无法进攻。军队驻扎了一天，将士们十分担忧。贺齐亲自出去四处巡行，观察地形，然后暗中召募身体轻巧敏捷的壮士，为他们制作铁弋，让他们藏在隐蔽险要、强盗不防备的地方，用铁弋开掘攀登的道路，夜间让他们偷偷地爬上去，然后放下许多布绳，让下面的人抓着布绳攀缘上去，上去一百多人后，让他们四面散布，同时鸣响鼓角，贺齐统率部队，等待时机。强盗夜里听到鼓声四面响起，以为贺齐大军已经全部上来了，惊恐慌乱，不知干什么才好，控制道路、扼守险要的人全都逃回，贺齐大军趁此机会得以上山，大败陈仆等人，其余盗贼都投降了，总共斩首七千人。贺齐又表奏从歙县分出新定、黎阳、休阳三县。又合并黟县、歙县共六个县，孙权设置了新都郡，任命贺齐为太守，在始新建立官府，并为他加官偏将军。

汉建安十六年，吴郡余杭县的百姓郎稚纠合族人为非作歹，报说有几千人。贺齐出兵讨伐他们，当下打败郎稚，他上表请求分余杭县置临水县。他受命前往孙权的住地，到了应当返回新都郡时，孙权出来为他饯行，并且演奏鼓乐，跳起象舞。孙权赏赐贺齐辎车骏马，他离开座席，止住车马，让贺齐上车，贺齐推辞不敢，孙权让手下的人扶贺齐上车，命令开路的官员以及步兵、骑兵，完全采用在郡里的仪式。孙权望着贺齐笑着说："人应当努力，如果不是积累功德，这样的待遇是不可能得到的。"贺齐的车离开了一百多步，孙权才返回去。

建安十八年，豫章东部百姓彭材、李玉、王海等人起兵制造骚乱，聚众一万多人。贺齐讨伐平定了他们，诛杀了其中的首恶，其余人都降服了。他从中选择出精壮强健的人为士兵，身体差的作为县里的民户。后升任奋武将军。

建安二十年，他跟随孙权出征合肥。当时城里的守敌出城迎战，徐盛因为受伤丢失了长矛，贺齐率兵抗击敌人，夺回徐盛丢失的长矛。

建安二十一年，鄱阳的百姓尤突接受曹操的印玺绶带，化百姓为强盗，陵阳、始安、泾县等地都和尤突相呼应。贺齐和陆逊讨伐击败了尤突，斩首几千人，剩余的党徒被镇服，丹杨的三个县都投降了，计得精兵八千人。贺齐被任命为安东将军，封为山阴侯，外出镇守长江沿岸，督察扶州以西直到皖县的地区。

黄武初年，魏国派曹休前来进犯，贺齐因为道远，来得晚了，就驻扎在新市抗拒敌人。正碰上洞口各路兵马遭遇狂风，流散沉溺，死伤过半，将士们大惊失色，幸亏贺齐没有渡江，全军独有他的部队得以保全，各将领都依赖他作为靠山。

贺齐的性情喜欢奢侈绮丽，又特别喜欢军事，兵器铠甲以及各种装备都十分精良，所乘的船只雕刻彩饰，上有青盖绛帷，嵌以葩爪，干橹戈矛，绘有纹画，弓弩箭矢，全都使用上等材料，蒙冲战舰之类，看上去如同山丘。曹休等人十分害怕他，就率领军队撤回去了。贺齐升为后将军，授予符节，兼任徐州牧。

起初，晋宗任戏口将领，率领部队叛逃到魏国，又返回蕲春任太守，他企图袭击安乐，夺回他在吴国作为人质的家属。孙权为他的叛逃感到耻辱和愤怒，于是利用战争刚刚结束的时机，六月盛夏，出其不意，下令贺齐督率麋芳、鲜于丹等人袭击蕲春，于是活捉了晋宗。四年以后，贺齐去世，儿子贺达和弟弟贺景都有好名声，都是优秀的将官。

全琮

【原文】全琮，字子璜，吴郡钱唐人也。父柔，汉灵帝时举孝廉，补尚书郎右丞。董卓之乱，弃官归，州辟别驾从事，诏书就拜会稽东部都尉。孙策到吴，柔举兵先附，策表柔为丹杨都尉。孙权为车骑将军，以柔为长史，徙桂阳太守。柔尝使琮赍米数千斛到吴，有所市易。琮至，皆散用，空船而还。柔大怒，琮顿首曰："愚以所市非急，而士大夫方有倒悬之患，故便振赡，不及启报。"柔更以奇之。① 是时中州士人避乱而南，依琮居者以百数，琮倾家给济，与共有无，遂显名远近。后权以为奋威校尉，授兵数千人，使讨山越。因开募召，得精兵万余人，出屯牛渚，稍迁偏将军。

① 徐众《评》曰：《礼》，子事父无私财，又不敢私施，所以避尊上也。弃命专财而以邀名，未尽父子之礼。

臣松之以为：子路问："闻斯行诸？"子曰："有父兄在。"琮辄散父财，诚非子道，然士类县命，忧在朝夕，权其轻重，以先人急，斯亦冯煖市义、汲黯振救之类，全谓邀名，或负其心。

建安二十四年，刘备将关羽围樊、襄阳，琮上疏陈羽可讨之计，权时已与吕蒙阴议袭之，恐事泄，故寝琮表不答。及禽羽，权置酒公安，顾谓琮曰："君前陈此，孤虽不相答，今日之捷，抑亦君之功也。"于是封阳华亭侯。

黄武元年，魏以舟军大出洞口，权使吕范督诸将拒之，军营相望。敌数以轻船抄击，琮常带甲仗兵，伺候不休。顷之，敌数千人出江中，琮击破之，枭其将军尹卢。迁琮绥南将军，进封钱唐侯。四年，假节，领九江太守。

七年，权到皖，使琮与辅国将军陆逊击曹休，破之于石亭。是时丹杨、吴、会山民复为寇贼，攻没属县，权分三郡险地为东安郡，琮领太守。① 至，明赏罚，招诱降附，数年中，得万余人。权召琮还牛渚，罢东安郡。②

①《吴录》曰：琮时治富春。

②《江表传》曰：琮还，经过钱唐，修祭坟墓，麾幢节盖，曜于旧里，请会邑人平生知旧、宗族六亲，施散惠与，千有余万，本土以为荣。

黄龙元年，迁卫将军、左护军、徐州牧，① 尚公主。

①《吴书》曰：初，琮为将甚勇决，当敌临难，奋不顾身。及作督帅，养威持重，每御军，常任计策，不营小利。◎《江表传》曰：权使子登出征，已出军，次于安乐，群臣莫敢谏。琮密表曰："古来太子未尝偏征也，故从曰抚军，守曰监国。今太子东出，非古制也，臣窃忧疑。"权即从之，命登旋军，议者咸以为琮有大臣之节也。

嘉禾二年，督步骑五万征六安，六安民皆散走，诸将欲分兵捕之，琮曰："夫乘危侥幸，举不百全者，非国家大体也。今分兵捕民，得失相半，岂可谓全哉？纵有所获，犹不足以弱敌而副国望也。如或邂逅，亏损非小。与其获罪，琮宁以身受之，不敢徼功以负国也。"

赤乌九年，迁右大司马、左军师。为人恭顺，善于承颜纳规，言辞未尝切迕。初，权将围珠崖及夷州，皆先问琮，琮曰："以圣朝之威，何向而不克？然殊方异域，隔绝障海，水土气毒，自古有之，兵入民出，必生疾病，转相污染，往者惧不能反，所获何可多致？猥亏江岸之兵，以冀万一之利，愚臣犹所不安。"权不听。军行经岁，士众疾疫死者十有八九，权深悔之。后言次及之，琮对曰："当是时，群臣有不谏者，臣以为不忠。"

琮既亲重，宗族子弟并蒙宠贵，赐累千金，然犹谦虚接士，貌无骄色。十二年卒，子怿嗣。后袭业领兵，救诸葛诞于寿春，出城先降，魏以为平东将军，封临湘侯。怿兄子祎、仪、静等亦降魏，皆历郡守、列侯。①

①《吴书》曰：琮长子绪，幼知名，奉朝请，出授兵，稍迁扬武将军、牛渚督。孙亮即位，迁镇北将军。东关之役，绪与丁奉建议引兵先出，以破魏军，封一子亭侯，年四十四卒。次子寄，坐阿党鲁王霸赐死。小子吴，孙权外孙，封都乡侯。

【译文】全琮，字子璜，吴郡钱唐人。他的父亲全柔在汉灵帝时被推举为孝廉，补任尚书郎右丞。董卓之乱时，他弃官回家，州里征召他任别驾从事，朝廷下诏书任命他为会稽东部校尉。孙策到吴郡后，全柔率领部队首先投靠孙策，孙策表奏任命全柔为丹杨都尉。孙权任车骑将军时，任命全柔为长史，并改任他为桂阳太守。全柔曾经派全琮送几千斛米到吴郡，让他交换些东西。全琮到了吴郡后，把米全部散发出去，空船返回。全柔大怒，全琮跪下磕头说："我认为我们要换回的东西并不急用，而吴郡士民正遇到极大的困苦和危难，所以就周济了他们，来不及禀报。"全柔这才改变态度，认为儿子与众不同。当时中州士人因为逃避祸乱而南下，投靠到全琮家里的人数以百计，全琮倾尽家产帮助他们，和他们同甘共苦，因而远近扬名。后来孙权任命他为奋威校尉，授予他兵员几千人，派他讨伐山越。他利用这个机会开始召募，得到精兵一万多人，出兵屯守牛渚，逐渐升为偏将军。

建安二十四年，刘备的将领关羽围困樊城、襄阳，全琮上书陈述可以讨伐关羽的计谋，孙权当时已经和吕蒙暗中策划了袭击关羽的战斗，他担心事情泄露出去，就按下全琮的章表没有答复。等到擒获关羽后，孙权在公安安排酒宴，酒宴上，他对全琮说："您先前陈述的计谋，我虽然没有答复，但今日的胜利，恐怕也是您的功劳。"于是封他为阳华亭侯。

黄武元年，魏国派水军大规模进犯洞口，孙权派吕范督率各位将领抗击魏军，双方的军队互相对峙。敌人多次用轻船进行攻击，全琮经常身披铠甲，手持兵器，不停观察警戒。不久，敌人几千人出现在江中，全琮击败了他们，杀了他们的将军尹卢。孙权晋升全琮任绥南将军，晋封他为钱唐侯。黄武四年，授予符节，让他兼任九江太守。

黄武七年，孙权来到皖县，派全琮和辅国将军陆逊攻击曹休，他们在石亭打败了曹休。这时丹杨、吴郡、会稽的山越人再次叛乱，攻陷所属县城，孙权把三郡的险要之处划分出来设置东安郡，让全琮兼任太守。全琮赴任后，赏罚分明，招引诱导贼人降服，几年内，就得到一万多人。孙权调全琮返回牛渚，撤销了东安郡。

黄龙元年，全琮升为卫将军、左护军、徐州牧，并娶了公主为妻。

嘉禾二年,全琮督率步兵、骑兵五万人出征六安,六安的百姓都四散而逃,各将领想要分兵追捕他们,全琮说:“趁着别人的危急得到侥幸的成功,采取行动不考虑周全,这不符合国家的大政方针。现在分兵追捕逃民,得失各半,怎么可以说是周全呢?即使有些收获,也还是不足以削弱敌人,实现国家的期望。倘若和敌人不期而遇,损失不会小的。如果因为不追捕而招致罪过,我宁肯自己来承担,也不敢用侥幸取得的功劳来辜负国家的期望。”

赤乌九年,他升为右大司马、左军师。他为人恭敬随和,善于察言观色以进献谏言,言辞不曾过激,也不曾冒犯。起初,孙权要围攻珠崖和夷州,都先问全琮,全琮说:“凭着圣朝的威势,攻打什么地方不能获胜呢?不过那里是离我们很远的地方,大海像屏障似的隔绝其间,那里的水土气息有毒性,自古以来就是如此,官兵和百姓出入那里,必定患上疾病,转而互相传染,去的人都担心回不来,我们的收获怎么可能会很大呢?亏损长江沿岸的士兵,去谋求万分之一的利益,这就是我还放不下心的原因。”孙权不听他的劝告。军队征讨一年,官兵因患瘟疫死去的占十分之八九,孙权非常懊悔。后来他和全琮谈话谈到这件事,全琮回答说:“在那个时候,群臣有不进行劝谏的人,我认为他们不忠诚。”

全琮受到亲信而被重用以后,他的宗族子弟也都蒙受恩宠贵幸,赏赐每次达千金,但他还是谦虚地对待别人,脸上没有傲慢的神色。赤乌十二年去世,他的儿子全怿继承爵位。后来又继承了他的事业统领军队,在寿春救援诸葛诞时,他首先出城投降,魏国任命他为平东将军,封为临湘侯。全怿哥哥的儿子全祎、全仪、全静等人也投降了魏国,均位居郡守、列侯。

吕岱

【原文】吕岱,字定公,广陵海陵人也,为郡县吏,避乱南渡。孙权统事,岱诣幕府,出守吴丞。权亲断诸县仓库及囚系,长丞皆见,岱处法应问,甚称权意,召署录事,出补余姚长,召募精健,得千余人。会稽东冶五县贼吕合、秦狼等为乱,权以岱为督军校尉,与将军蒋钦等将兵讨之,遂禽合、狼,五县平定,拜昭信中郎将。①

①《吴书》曰:建安十六年,岱督郎将尹异等,以兵二千人西诱汉中贼帅张鲁到汉兴寋城,鲁嫌疑断道,事计不立,权遂召岱还。

建安二十年,督孙茂等十将从取长沙三郡。又安成、攸、永新、茶陵四县吏共入阴山城,合众拒岱,岱攻围,即降,三郡克定。权留岱镇长沙。安成长吴砀及中郎将袁龙等首尾关羽,复为反乱。砀据攸县,龙在醴陵。权遣横江将军鲁肃攻攸,砀得突走。岱攻醴陵,遂禽斩龙,迁庐陵太守。

延康元年,代步骘为交州刺史。到州,高凉贼帅钱博乞降,岱因承制,以博为高凉西部都尉。又郁林夷贼攻围郡县,岱讨破之。是时桂阳、浈阳贼王金合众于南海界上,首乱为害,权又诏岱讨之,生缚金,传送诣都,斩首获生凡万余人。迁安南将军,假节,封都乡侯。

交阯太守士燮卒，权以燮子徽为安远将军，领九真太守，以校尉陈时代燮。岱表分海南三郡为交州，以将军戴良为刺史，海东四郡为广州，岱自为刺史。遣良与时南入，而徽不承命，举兵戍海口以拒良等。岱于是上疏请讨徽罪，督兵三千人晨夜浮海。或谓岱曰："徽藉累世之恩，为一州所附，未易轻也。"岱曰："今徽虽怀逆计，未虞吾之卒至，若我潜军轻举，掩其无备，破之必也。稽留不速，使得生心，婴城固守，七郡百蛮，云合响应，虽有智者，谁能图之？"遂行，过合浦，与良俱进。徽闻岱至，果大震怖，不知所出，即率兄弟六人肉袒迎岱，岱皆斩送其首。徽大将甘醴、桓治等率吏民攻岱，岱奋击，大破之，进封番禺侯。于是除广州，复为交州如故。岱既定交州，复进讨九真，斩获以万数。又遣从事南宣国化，暨徼外扶南、林邑、堂明诸王，各遣使奉贡。权嘉其功，进拜镇南将军。

黄龙三年，以南土清定，召岱还屯长沙沤口。① 会武陵蛮夷蠢动，岱与太常潘濬共讨定之。嘉禾三年，权令岱领潘璋士众，屯陆口，后徙蒲圻。四年，庐陵贼李桓、路合，会稽东冶贼随春、南海贼罗厉等，一时并起。权复诏岱督刘纂、唐咨等分部讨击，春即时首降，岱拜春偏将军，使领其众，遂为列将。桓、厉等皆见斩获，传首诣都。权诏岱曰："厉负险作乱，自致枭首；桓凶狡反复，已降复叛。前后讨伐，历年不禽，非君规略，谁能枭之？忠武之节，于是益著。元恶既除，大小震慑，其余细类，扫地族矣。自今已去，国家永无南顾之虞，三郡晏然，无怵惕之惊，又得恶民以供赋役，重用叹息。赏不逾月，国之常典，制度所宜，君其裁之。"

① 王隐《交广记》曰：吴后复置广州，以南阳滕修为刺史。或语修虾须长一丈，修不信，其人后故至东海，取虾须长四丈四尺，封以示修，修乃服之。

潘濬卒，岱代濬领荆州文书，与陆逊并在武昌，故督蒲圻。顷之，廖式作乱，攻围城邑，零陵、苍梧、郁林诸郡骚扰。岱自表辄行，星夜兼路。权遣使追拜岱交州牧，及遣诸将唐咨等骆驿相继。攻讨一年，破之，斩式及遣诸所伪署临贺太守费杨等，并其支党，郡县悉平，复还武昌。时年已八十，然体素精勤，躬亲王事。奋威将军张承与岱书曰："昔旦、奭翼周，《二南》作歌，今则足下与陆子也。忠勤相先，劳谦相让，功以权成，化与道合，君子叹其德，小人悦其美。加以文书鞅掌，宾客终日，罢不舍事，劳不言倦，又知上马辄自超乘，不由跨蹑，如此足下过廉颇也，何其事事快也。《周易》有之，礼言恭，德言盛，足下何有尽此美耶！"及陆逊卒，诸葛恪代逊，权乃分武昌为两部，岱督右部，自武昌上至蒲圻。迁上大将军，拜子凯副军校尉，监兵蒲圻。孙亮即位，拜大司马。

岱清身奉公，所在可述。初在交州，历年不饷家，妻子饥乏。权闻之叹息，以让群臣曰："吕岱出身万里，为国勤事，家门内困，而孤不早知。股肱耳目，其责安在？"于是加赐钱米布绢，岁有常限。

始，岱亲近吴郡徐原，慷慨有才志，岱知其可成，赐巾褠，与共言论，后遂荐拔，官至侍御史。原性忠壮，好直言，岱时有得失，原辄谏诤，又公论之，人或以告岱，岱叹曰："是我所以贵德渊者也。"及原死，岱哭之甚哀，曰："德渊，吕岱之益友，今不幸，岱复于何闻过？”谈者美之。

太平元年，年九十六卒，子凯嗣。遗令殡以素棺，疏巾布褠，葬送之制，务从俭约，凯皆奉行之。

【译文】吕岱，字定公，广陵郡海陵人，是广陵郡的县吏，为避乱而渡江南下。孙权执政时，吕岱到幕府拜谒孙权，孙权派他出任吴县县丞。孙权亲自审察各县仓库和囚犯，各县的令、长和县丞都来进见孙权，吕岱处理事务、应对各种问题，都很符合孙权的心意，孙权就调他署理录事，又派他外出补任余姚县长，他招募壮士，得到一千多人。会稽郡东冶等五个县的强盗吕合、秦狼等人制造骚乱，孙权任命吕岱为督军校尉，和将军蒋钦等人率领军队讨伐他们，最终擒获了吕合、秦狼，五个县得到平定，吕岱被任命为昭信中郎将。

建安二十年，他督率孙茂等十个将领参加攻取长沙三郡的战斗。而安成、攸县、永新、茶陵四个县的官员一同进入阴山城，聚众抗击吕岱，吕岱进攻并包围他们，很快他们就投降了，三郡得以平定。孙权留下吕岱镇守长沙。安成县长吴砀以及中郎将袁龙等人和关羽勾结，再次发动反叛骚乱。吴砀占据攸县，袁龙屯守醴陵。孙权派横江将军鲁肃攻打攸县，吴砀突围逃去。吕岱攻打醴陵，擒获并斩杀了袁龙，升任庐陵太守。

延康元年，吕岱接替步骘任交州刺史。他来到交州后，高凉强盗头目钱博请求投降，吕岱就秉承孙权的旨意，任命钱博为高凉西部都尉。另外郁林少数民族强盗进攻围困郡县，吕岱讨伐击败了他们。这时，桂阳、浈阳的强盗王金在南海边界上聚众制造骚扰，为害一方，孙权又下令吕岱讨伐他们，吕岱活捉了王金，并将他传送到京都，总共斩首俘获一万多人。又升吕岱为安南将军，授予符节，封为都乡侯。

交阯太守士燮去世，孙权任命士燮的儿子士徽为安远将军，兼任九真太守，以校尉陈时接替士燮原来的职务。吕岱表奏分出海南的三个郡设立交州，任命将军戴良为交州刺史，海东的四个郡作为广州，吕岱自任刺史。派戴良和陈时南下赴任，而士徽不接受命令，率兵守卫海口以抗拒戴良等人。于是，吕岱上书请求讨伐士徽的罪行，他督率部队三千人渡海，昼夜不停。有人对吕岱说：“士徽依赖几代人蒙受的恩惠，为一州人所归顺，不能轻视他。”吕岱说：“现在士徽虽然心怀叛逆的念头，但他想不到我们会突然来到，如果我们秘密进军，敏捷行动，攻其不备，打败他是必然的。倘若行动迟缓，不能速胜，使得他有了戒备的思想，他们将绕城固守，七个郡的所有少数民族，会像乌云聚合、回声应响一般，那时即使是有智谋的人，谁能对付得了他们呢？”于是他们继续前行，路过合浦，和戴良一块儿进军。士徽听说吕岱来了，果然大为震惊，不知该如何应付，就带领兄弟六个人赤身露体地迎接吕岱，吕岱把他们全部处决了，并把首级送往京都。士徽的大将甘醴、桓治等人率领官民攻打吕岱，吕岱奋勇反击，把他们打得大败，因此被晋封为番禺侯。于是废除了广州，重新恢复了交州过去的辖区。吕岱平定交州以后，又进军讨伐九真，斩首俘获的敌军数以万计。他又派从事到南面宣示国家的教化，以至于境外的扶南、林邑、堂明各王，都派遣使者向孙权进献贡品。孙权嘉奖吕岱的功劳,任命他为镇南将军。

黄龙三年,由于南方地区清平安宁,朝廷就把吕岱调回屯守长沙沤口。正好碰上武陵的少数民族蠢蠢欲动,吕岱和太常潘濬共同讨伐平定了他们。嘉禾三年,孙权命令吕岱统领潘璋的部众,屯守陆口,后来迁到蒲圻。嘉禾四年,庐陵强盗李桓、路合,会稽郡东冶县强盗随春、南海强盗罗厉等人,一下子同时起事。孙权又命令吕岱督率刘纂、唐咨等人分兵出击讨伐,随春马上出城投降,吕岱任命随春为偏将军,让他统领他原先的部队,成为吴国的一员将领。李桓、罗厉等人都被斩首,首级传送到京都。孙权向吕岱颁发诏书说:"罗厉依仗天险,聚众作乱,自己招致枭首;李桓凶恶狡猾,反复无常,已经投降,再次反叛。国家前后对他们进行讨伐,多年都没有擒获他们,不是您来指挥策划,谁能杀得了他们?您忠诚武勇的气节,在这件事情上更加昭著。首恶已经消灭,大小强盗全被震慑,其余的小股匪徒,会像扫地一样全部被消灭。从今以后,国家永远没有被南方牵制的忧虑,三郡安宁,没有令人提心吊胆的惊扰,还得到了那里顽民的归顺,并供给赋税劳役,您的功绩深深地为人叹服。奖赏不超过当月,这是国家通行的规定,如何制定适宜当地的法令,您可以自行裁决。"

潘濬去世后,吕岱接替潘濬兼理荆州文书,他和陆逊一起驻守在武昌,仍然督率蒲圻。不久,廖式制造骚乱,攻击围困城邑,零陵、苍梧、郁林各郡动荡不安。吕岱自己要求马上出兵,他日夜兼程,赶赴战场。孙权派遣使者追任吕岱为交州牧,又派唐咨等许多将领连续不断地增援吕岱。攻打讨伐了一年,打败了廖式,斩杀了廖式以及他派往各处的伪官属,如临贺太守费杨等人,合并了他的党徒,郡县全都平定,吕岱又返回武昌。这年他已经八十岁,但他的身体仍然精壮,对国家大事总要亲力亲为,努力干好。奋威将军张承给吕岱写信说:"从前周公旦和召公奭辅佐周王朝,《诗经》的《周南》《召南》写出了歌颂他们的诗篇,现在要歌颂的功臣就是您和陆先生了。尽忠劳苦你们互相争先,功劳尊贵你们互相推让,你们的功业是凭威权完成的,你们的教化与道义吻合,君子赞叹你们的德行,小人喜欢你们的善良。加以文书工作繁杂,而您的宾客终日不绝,您虽然疲惫,却不放弃工作,虽然劳顿,却不言疲倦,我还知道您上马时总是自己跳上去,不用垫脚的东西,这样说来您已经超过廉颇了,您做起事来多么得心应手啊。《周易》有这样的话,礼仪讲究恭敬,德行讲究盛大,您为什么能完全占有这些美德呢!"到陆逊去世后,诸葛恪接替陆逊,孙权就划分武昌为两部分,吕岱统领右部,从武昌往西直到蒲圻,都由他管辖。他升为上大将军,孙权任命他的儿子吕凯任副军校尉,在蒲圻督率部队。孙亮即位后,任命吕岱为大司马。

吕岱一身廉洁奉公,他任职的地方都有可称述的政绩。起初,他在交州,好多年不为家里提供生活所需,他的妻子儿女陷入饥饿困乏的境地。孙权听说后,不由得叹息起来,并为此责备群臣说:"吕岱远在万里献身出力,为了国家不辞劳苦地工作,他家里生活困难,我却不能及早了解。你们作为我的股肱耳目,责任心在哪里?"于是,他赏赐吕岱家人钱米布帛,每年都有固定的数目。

开始,吕岱和吴郡人徐原亲近,这个人慷慨激昂,很有才华志向,吕岱知道他可以成事，就赠送给他巾帻单衣，和他共同探讨问题，后来又举荐他，他官做到侍御史。徐原的性情忠诚豪壮，喜欢直言不讳，吕岱有时考虑问题有疏漏，徐原就直言谏诤，还公开议论吕岱的过失，有人把他的议论告诉吕岱，吕岱赞叹说："这就是我重视德渊的原因。"徐原死时，吕岱为他痛哭，十分哀伤，还说："德渊是我吕岱的益友，现在他遭到不幸，我还能从什么地方得知我的过错呢？"谈论的人都赞美吕岱的这种精神。

太平元年，吕岱九十六岁去世，他的儿子吕凯继承爵位。他留下遗言，让家里人用不上漆的棺木装殓他，给他穿用粗布头巾，麻布单衣，葬礼的仪式务必从俭，吕凯都按他的遗嘱实行。

周鲂

【原文】周鲂，字子鱼，吴郡阳羡人也。少好学，举孝廉，为宁国长，转在怀安。钱唐大帅彭式等蚁聚为寇，以鲂为钱唐侯相，旬月之间，斩式首及其支党，迁丹杨西部都尉。黄武中，鄱阳大帅彭绮作乱，攻没属城，乃以鲂为鄱阳太守，与胡综戮力攻讨，遂生禽绮，送诣武昌，加昭义校尉。被命密求山中旧族名帅为北敌所闻知者，令谲挑魏大司马扬州牧曹休。鲂答，恐民帅小丑不足仗任，事或漏泄，不能致休，乞遣亲人赍笺七条以诱休：

其一曰："鲂以千载侥幸，得备州民，远隔江川，敬恪未显，瞻望云景，天实为之。精诚微薄，名位不昭，虽怀焦渴，曷缘见明？狐死首丘，人情恋本，而逼所制，奉觌礼违。每独矫首西顾，未尝不寤寐劳叹，展转反侧也。今因隙穴之际，得陈宿昔之志，非神启之，岂能致此！不胜翘企，万里托命。谨遣亲人董岑、邵南等托叛奉笺。时事变故，列于别纸，惟明公君侯垂日月之光，照远民之趣，永令归命者有所戴赖。"

其二曰："鲂远在边隅，江汜分绝，恩泽教化，未蒙抚及，而于山谷之间，遥陈所怀，惧以大义，未见信纳。夫物有感激，计因变生，古今同揆。鲂仕东典郡，始愿已获，铭心立报，永矣无贰。岂图顷者中被横谴，祸在漏刻，危于投卵，进有离合去就之宜，退有诬罔枉死之咎。虽志行轻微，存没一节，顾非其所，能不怅然！敢缘古人，因知所归，拳拳输情，陈露肝膈。乞降春天之润，哀拯其急，不复猜疑，绝其委命。事之宣泄，受罪不测，一则伤慈损计，二则杜绝向化者心。惟明使君远览前世，矜而愍之，留神所质，速赐秘报。鲂当候望举动，俟须向应。"

其三曰："鲂所代故太守广陵王靖，往者亦以郡民为变，以见谴责，靖勤自陈释，而终不解。因立密计，欲北归命，不幸事露，诛及婴孩。鲂既目见靖事，且观东主一所非薄，婳不复厚，虽或暂舍，终见翦除。今又令鲂领郡者，是欲责后效，必杀鲂之趣也。虽尚视息，忧惕焦灼，未知躯命，竟在何时。人居世间，犹白驹过隙，而常抱危怖，其可言乎！惟当陈愚，重自披尽，惧以卑贱，未能采纳。愿明使君少垂详察，忖度其言。今此郡民，虽外名降首，而故在山草，看伺空隙，欲复为乱，为乱之日，鲂命讫矣。东主顷者潜部分诸将，图欲北进。吕范、孙韶等入淮，全琮、朱桓趋合肥，诸葛瑾、步骘、朱然到襄阳，陆议、潘璋等讨梅敷。东主中营自掩石阳，别遣从弟孙奂治安陆城，修立邸阁，辇资运粮，以为军储。又命诸葛亮进指关西，江边诸将无复在者，才留三千所兵守武昌耳。若明使君以万兵从皖南首江渚，鲂便从此率厉吏民，以为内应。此方诸郡，前后举事，垂成而败者，由无外援使其然耳。若北军临境，传檄属城，思咏之民，谁不企踵？愿明使君上观天时，下察人事，中参蓍龟，则足昭往言之不虚也。"

其四曰："所遣董岑、邵南少长家门，亲之信之，有如儿子，是以特令赍笺。托叛为辞，目语心计，不宣唇齿，骨肉至亲，无有知者。又已敕之，到州当言往降，欲北叛来者得传之也。鲂建此计，任之于天，若其济也，则有生全之福；邂逅泄漏，则受夷灭之祸。常中夜仰天，告誓星辰。精诚之微，岂能上感，然事急孤穷，惟天是诉耳。遣使之日，载生载死，形存气亡，魄爽恍惚。私恐使君未深保明，岑、南二人可留其一，以为后信。一赍教还，教还故当言悔叛还首。东主有常科，悔叛还者，皆自原罪。如是彼此俱塞，永无端原。县命西望，涕笔俱下。"

其五曰："鄱阳之民，实多愚劲，帅之赴役，未即应人，倡之为变，闻声响抃。今虽降首，盘节未解，山栖草藏，乱心犹存，而今东主图兴大众，举国悉出，江边空旷，屯坞虚损，惟有诸刺奸耳。若因是际而骚动此民，一旦可得便会，然要恃外援，表里机牙，不尔以往，无所成也。今使君若从皖道进住江上，鲂当从南对岸历口为应。若未径到江岸，可住百里上，令此间民知北军在彼，即自善也。此间民非苦饥寒而甘兵寇，苦于征讨，乐得北属，但穷困举事，不时见应，寻受其祸耳。如使石阳及青、徐诸军首尾相衔，牵缀往兵，使不得速退者，则善之善也。鲂生在江、淮，长于时事，见其便利，百举百捷，时不再来，敢布腹心。"

其六曰："东主致恨前者不拔石阳，今此后举，大合新兵，并使潘濬发夷民，人数甚多，闻豫设科条，当以新羸兵置前，好兵在后，攻城之日，云欲以羸兵填堑，使即时破，虽未能然，是事大趣也。私恐石阳城小，不能久留往兵，明使君速垂救济，诚宜疾密。王靖之变，其鉴不远。今鲂归命，非复在天，正在明使君耳。若见救以往，则功可必成，如见救不时，则与靖等同祸。前彭绮时，闻旌麾在逢龙，此郡民大小欢喜，并思立效。若留一月日间，事当大成，恨去电速，东得增众专力讨绮，绮始败耳。愿使君深察此言。"

其七曰："今举大事，自非爵号无以劝之，乞请将军、侯印各五十纽，郎将印百纽，校尉、都尉印各二百纽，得以假授诸魁帅，奖厉其志，并乞请幢麾数十，以为表帜，使山兵吏民目瞻见之，知去就之分已决，承引所救画定。又彼此降叛，日月有人，阔狭之间，辄得闻知。今之大事，事宜神密，若省鲂笺，乞加隐秘。伏知智度有常，防虑必深，鲂怀忧震灼，启事蒸仍，乞未罪怪。"

鲂因别为密表曰："方北有逋寇，固阻河洛，久稽王诛，自擅朔土，臣曾不能吐奇举善，上以光赞洪化，下以输展万一，忧心如捣，假寐忘寝。圣朝天覆，含臣无效，猥发优命，敕臣以前诱致贼休，恨不如计。令于郡界求山谷魁帅为北贼所闻知者，令与北通。臣伏思惟，喜怖交集，窃恐此人不可卒得，假使得之，倶不可信，不如令臣谲休，于计为便。此臣得以经年之冀愿，逢值千载之一会，辄自督竭，竭尽顽蔽，撰立笺草以诳诱休者，如别纸。臣知无古人单复之术，加卒奉大略，伀矇狼狈，惧以轻愚，忝负特施，豫怀忧灼。臣闻唐尧先天而天弗违，博询刍荛，以成盛勋。朝廷神谟，欲必致休于步度之中，灵赞圣规，休必自送，使六军囊括，虏无孑遗，威风电迈，天下幸甚。谨拜表以闻，并呈笺草，惧于浅局，追用悚息。”被报施行。休果信鲂，帅步骑十万，辎重满道，径来入皖。鲂亦合众，随陆逊横截休，休幅裂瓦解，斩获万计。

鲂初建密计时，频有郎官奉诏诘问诸事，鲂乃诣部郡门下，因下发谢，故休闻之，不复疑虑。事捷军旋，权大会诸将欢宴，酒酣，谓鲂曰：“君下发载义，成孤大事，君之功名，当书之竹帛。”加裨将军，赐爵关内侯。[①]

① 徐众《评》曰：夫人臣立功效节，虽非一涂，然各有分也。为将执桴鼓，则有必死之义，志守则有不假器之义，死必得所，义在不苟。鲂为郡守，职在治民，非君所命，自占诱敌，髡剔发肤，以徇功名，虽事济受爵，非君子所美。

贼帅董嗣负阻劫抄，豫章、临川并受其害。[①] 吾粲、唐咨尝以三千兵攻守，连月不能拔。鲂表乞罢兵，得以便宜从事。鲂遣间谍，授以方策，诱狙杀嗣。嗣弟怖惧，诣武昌降于陆逊，乞出平地，自改为善，由是数郡无复忧惕。

① 臣松之案：孙亮太平二年始立临川郡，是时未有临川。

鲂在郡十三年卒，赏善罚恶，威恩并行。子处，亦有文武材干，天纪中为东观令、无难督。[①]

① 虞预《晋书》曰：处入晋，为御史中丞，多所弹纠，不避强御。齐万年反，以处为建威将军，西征，众寡不敌，处临阵慷慨，奋不顾命，遂死于战场，追赠平西将军。处子玘、札，皆有才力，中兴之初，并见宠任。其诸子侄悉处列位，为扬土豪右，而札凶淫放恣，为百姓所苦。泰宁中，王敦诛之，灭其族。

【译文】周鲂，字子鱼，吴郡阳羡人。他从小喜欢学习，被推举为孝廉，担任宁国县长，又调到怀安任职。钱唐有影响力的人如彭式等像蚂蚁似地聚集起来，制造寇乱，周鲂被任命为钱唐侯相，不过一个月的时间，他就砍下彭式的头，并消灭了彭式的党徒，他升任丹杨西部都尉。黄武年间，鄱阳有影响力的人物彭绮制造骚乱，攻陷所属城邑，朝廷就任命周鲂为鄱阳太守，和胡综合力攻击讨伐，最后活捉了彭绮，送到武昌，周鲂加官为昭义校尉。他受命秘密寻找山中一向有声望的、为北方敌人所熟知的家族头目，想让他们欺诈引诱魏国大司马扬州牧曹休。他在回复命令时说，恐怕家族头目都是些没见过世面的小人物，不能委任，事情有可能败露，不能使曹休上当，他请求派自己的亲信送笺书七条来引诱曹休：

第一条说：“我由于千载难逢的机会，有幸能够做您的州民，但由于江河远远阻隔，我的一片敬意无缘向您表白，只能瞻望您的瑞气光明，这实在是上天造成的。我虽然心怀真诚，但我身份低微，名声地位不明显，即使心怀如饥似渴的仰慕之情，又凭什么来表明呢？狐狸死了头向着土丘，人的感情也是眷恋本原的，无奈为制约我的人所逼迫，只好放弃奉命拜谒的礼节。我每每独自举首向西面顾盼，未曾不日夜劳神哀叹，躺在床上翻来覆去不能入眠。现在趁着有了空隙的时间，得以陈述我一向怀着的愿望，如果不是神灵的启示，我怎么可能表示这番心意呢！我非常仰慕您，所以不远万里地来归顺您。谨派我的亲信董岑、邵南等人向您托付叛逃事宜，奉上我的笺书。当前的要事和国内的变故，我另纸列述，希望您降下日月一般的光芒，照耀远方人的道路，永远使归顺您的人有所依赖。”

第二条说：“我远在边远的角落，被长江及其支流隔绝，还没蒙受到恩泽教化的抚慰，因而我在山谷之间，向远方陈述我的情怀，却担心由于您考虑大义，不能信任容纳我。凡是人都有感奋激动之情，处事的方法往往根据情况的变化而产生，这是古今相同的道理。我出仕东吴，主管一郡，最初的愿望已经实现，我决心进行报答，永远不生异心。哪里想到不久前我遭受无端的谴责，灾祸就在眼前，处境之危险就像以卵击石，如果我积极进取，还有离去或留下的选择，如果消极等待，只有遭受诬陷屈死的凶咎。我虽然志向低微，品行轻贱，但生和死是一个名节问题，看到我将死得不明不白，能不感到怅惘吗！我冒昧地因循古人，因而才知道自己的归宿，并且忠诚地献出自己的感情，吐露出自己的肺腑之言。希望您降下春天的雨露，可怜并拯救我的危急，不再对我猜疑，拒绝我的忠心。事情一旦泄漏出去，我受到的惩罚是无法估计的，而对您来说，一则伤害了您仁慈的名声，破坏了您进取的计划，二则杜绝了想要归向教化的人的念头。希望您远察前代的经验，同情怜悯我，费神思虑您所质疑的地方，迅速赐给我秘密的回音。我一定观望您的举动，等待机会与您密切配合。”

第三条说：“我所接替的原太守广陵人王靖，先前也因为郡内百姓制造变乱，而遭到谴责，王靖努力地自我辩解，但吴主始终也没宽恕他。于是他订立秘密的计划，打算投靠北方，不幸事情败露，吴国对他的惩治连他的婴儿也不放过。我既目睹王靖事件，又看到东吴之主一旦看不起某人，就不会再厚待他了，虽然可能暂时留用，终究要被消灭。现在他还让我统理郡守职务，这是想看我以后的成效，是必定要杀我的表现。虽然眼下我还活着，但心里非常忧虑惶恐，焦躁不安，不知我的性命，在什么时候就会完结。人活在世间，如白驹过隙，这样短暂的光阴却要心怀危惧，那滋味能表达出来吗！我只能向您述说我的苦心，一心一意地竭尽自己的忠诚，但又担心由于自己的卑贱，意见不能被采纳。希望您稍微留意详察，考虑一下我的建议。目前这个郡的百姓，虽然表面名义上降服了，实际上却在山间草野之中，窥伺时机，想再次作乱，他们作乱时，我的生命就结束了。东吴之主前不久暗中调遣了许多将领，图谋向北方进攻。吕范、孙韶等人进入淮河，全琮、朱桓奔向合肥，诸葛瑾、步骘、朱然到了襄阳，陆议、潘璋等人讨伐梅敷。东吴之主率中军亲自攻打石阳，另外派他的堂弟孙奂治理安陆城，修建官邸楼阁，运送物资粮食，作为军备。还命令诸葛亮进军关西，长江沿岸各位将领没有还留在那里的，只留下三千多兵力守备武昌。如果您率领一万人马从皖县向南直抵江岸，我就从这里率领官民，作为您的内应。这一带各郡，前后发动起义，都是在接近成功时惨遭失败，这是因为没有外援造成的。如果北方军队出现在边境，向这些郡所属城邑传布檄文，那些思念北方的百姓，谁能不企足而待呢？希望您上观天时，下察人事，其中再参验占筮的结果，则足以证明我前面说的话不虚妄。”

第四条说：“我派去的董岑、邵南从小生活在我家，我喜爱他们信任他们，就像自己的儿子一样，因此特地让他们送去笺函。向他们交代叛逃事宜时，我只要动下眼色，他们就心领神会，不用口齿明言，我的骨肉至亲，没有人知道这件事情。我还命令他们，到了州府一定扬言是去投降，让北方叛逃过来的人能传递这个消息。我安排这个办法，是把希望寄托给上天的保佑，如果我的行动能够成功，就有保全生命的福运；如果偶然泄露机密，那就要承受灭族的灾祸。我时常在夜里仰望天空，向星辰祷告宣誓。只是我的真诚微不足道，怎么能使上天感动呢，但事情危急，势单力弱，只能向上天倾诉。我派出使者时，好像活着，又好像死去，形体虽然存在，精神已经消亡，魂魄昏然恍惚。我私下又担心您不能完全相信我的表白，董岑和邵南两人中您可留下其中一个，作为以后的凭信。一旦笺函送到而您赶他们回来，我只能解释说因为后悔背叛所以回来自首。东吴之主有固定的法令，后悔背叛而回来的人，都按原来的罪行处理。这样一来，我两方面的道路都被堵塞，永远没有出头之日了。我把命运拜托给您，向西面仰望着您，眼泪随着笔尖一起落下。”

第五条说：“鄱阳的百姓，其实多数是愚昧而又剽悍的人，率领他们去作战，他们不会马上响应的，呼吁他们来作乱，他们就会闻风而动。现在虽然已经降服，但他们盘根错节并没有被消除，他们栖身深山，潜藏草莽，叛乱的念头还存在，而如今东吴之主企图大规模地兴师动众，甚至把全国的兵力全部派出，长江沿岸空虚，军营船坞的人员大大减少，只留下一些刺探情报的奸细。如果我利用这个时机发动这里的百姓，一下子便可以得手，不过这得依靠外援，里外密切配合，否则，以后不会有成功的机会。假如您从皖县进军驻守江边，我将从南面对岸的历口进行配合。如果您不直接到江岸，可驻守在百里洲上，使这里的百姓知道北方的军队在那里，他们就能自动把握时机行动。这里的百姓并非苦于饥寒而愿制造叛乱，而是苦于南方征战，因而他们乐于归属北方，只是他们走投无路时发动起义，却不能及时得到北方的呼应，所以很快就遭受灾祸罢了。如果您能使石阳和青州、徐州的各路大军首尾相接，牵制东吴派去的部队，使他们不能迅速退回来，那就是锦上添花了。我出生在长江、淮河一带，通晓当今的事务，深知那一带地形的有利之处，每战必胜，时机不会再次出现，所以冒昧地向您陈述我的肺腑之言。”

第六条说：“东吴之主对于以前没有攻克石阳怀恨在心，现在他再次行动，大规模召募新兵，并且让潘濬征发少数民族百姓，人数非常多，听说已预先制定了作战方案，就是将把新兵中的那些体弱者安排在前面，精兵放在后面，攻城时，说是要用体弱的兵填满壕沟，使城邑马上攻陷，即使做不到这样，也可使这场战事有很大的进展。我私下担心石阳城邑小，不能长期阻止去攻打的部队，您应该马上去救援，而且确实要迅速机密。王靖的变故，教训不远。如今我的命运，不再由上天决定，而是取决于您。如果得到您的援救而投往北方，那么一定能大功告成，如果您的援救不及时，那么我将和王靖等人遭遇同样的灾难。以前彭绮任职时，听说他的大营设在逢龙，这个郡的百姓无论老少都很高兴，并想马上效力。如果他能停留一个月的时间，事情必定大大成功，可惜他的离去就像闪电一样迅速，使得东吴得以增兵集中力量讨伐他，他才遭到失败。希望您仔细省察我这些话。”

第七条说：“现在发动大事，除非用爵位称号，否则是无法鼓励人们的，我请求您赐予将军和侯的印玺各五十纽，郎将的印玺一百纽，校尉、都尉的印玺各二百纽，让我可以借用这些东西授予各个头领，鼓励他们的志气，同时还请求您赐予旗帜几十面，作为标志，使山越的官兵百姓看见这些旗帜，就知道去留的选择已经决定，接应的援救部队已经布置妥当。另外双方彼此投降叛逃的人，每日每月都有，这件事情多少总是能传出一些的。现在我们要进行的重大行动，应当严格保密，如果您看了我的笺函，乞盼加以隐秘。我知道您的智谋有定数，防范的思虑一定很深远，我由于心怀忧虑、焦灼不安，所以禀报事情啰里啰唆，请您不要怪罪。”

周鲂还另外呈报秘密的章表给朝廷说：“如今北方有逃窜的寇贼，顽固地拒守着黄河、洛水，一直没有受到汉王朝的诛伐，独自垄断北方的国土，面对这种情况，我居然不能拿出奇计，提出妙策，上以推广佐助宏伟的教化，下以奉献施展些微薄的力量，因而忧心如捣，睡不着觉。神圣的朝廷像上天一样覆盖大地，它所包容的臣子竟没有什么功绩，朝廷屈尊颁发优厚的命令，让我在前线把强盗曹休引诱过来，遗憾的是我没有完成任务。现在又让我在本郡的范围内寻找为北方强盗所熟知的山谷中的头领人物，使他和北方沟通。我虔诚地考虑，又高兴又不安，私下担心这种人物不可能马上找到，即使找到了，只怕也不可轻信，不如让我来诱骗曹休，更方便行事。这样我多年的抱负，正好遇到了千载难逢的机会，因而我擅自做出决断，竭尽愚顽的见识，撰写了笺函来诱骗曹休，全部内容就像另纸誊录的一样。我知道自己没有古人那样复杂的计谋，加上仓促间献出大致的方略，我也感到惶恐不安，力不从心，担心由于自己的轻率鲁莽，辱没辜负了朝廷的特别安排，因而我预先就感到忧愁焦虑。我听说唐尧总是先于天时行事，而上天不反对他的想法，他广泛征询下层百姓的意见，所以能够建立伟大的功勋。如今朝廷英明策划，想务必使曹休进入设下的圈套内，有神灵的帮助圣人的规范，曹休必定自己送上门，使六军可以将其一网打尽，不让一人漏网，假如我们的威势像闪电一样，天下人将会非常幸运。谨此呈上章表以报告，并且呈上笺函的草稿，我很担心自己的浅陋，又惶恐不安地喘息。”他的章表被答复准予实施。曹休果然相信了周鲂，率领步兵骑兵十万人马，辎重车辆挤满路上，直接进入皖县。周鲂也集合部队，跟随陆逊拦截曹休，曹休的军队土崩瓦解，被斩首俘虏的人数以万计。

周鲂起初制定这个秘密计划时，郎官频繁地奉诏令来诘问各项事务，周鲂就到州郡官府的门外，就势放下头发表示认罪，所以曹休收到周鲂请求归降的信时，对周鲂不再有疑虑。事情成功后，军队凯旋，孙权召集众将举行盛大的欢宴，酒兴正浓时，他对周鲂说：“您落下头发，肩负道义，成全了我的大事，您的功名，应当写进史册里。”

他为周鲂加官裨将军，赐予他关内侯的爵位。

强盗头目董嗣依仗险阻，四处抢劫掠夺，豫章、临川同时遭受他的祸害。吾粲、唐咨曾经率领三千兵马攻打他的巢穴，几个月也没能攻下来。周鲂呈表要求停止进攻，让他能有机会采取适宜的对策行事。他派遣间谍，传授他们具体的办法，让他们引诱董嗣，伺机杀了他。董嗣的弟弟十分惶恐，就到武昌向陆逊投降，要求让他们出山到平原地区生活，改恶从善，从此几个郡都不再为强盗忧虑了。

周鲂任郡守十三年去世，他奖励善人善行，惩罚恶人恶行，威权和恩惠同时实行。他的儿子周处，也有文武才干，天纪年间任东观令、无难督。

钟离牧

【原文】钟离牧，字子幹，会稽山阴人，汉鲁相意七世孙也。[①] 少爰居永兴，躬自垦田，种稻二十余亩。临熟，县民有识认之，牧曰："本以田荒，故垦之耳。"遂以稻与县人。县长闻之，召民系狱，欲绳以法，牧为之请。长曰："君慕承宫，自行义事，[②] 仆为民主，当以法率下，何得寝公宪而从君邪？"牧曰："此是郡界，缘君意顾，故来暂住。今以少稻而杀此民，何心复留？"遂出装，还山阴，长自往止之，为释系民。民惭惧，率妻子舂所取稻得六十斛米，送还牧，牧闭门不受。民输置道旁，莫有取者。牧由此发名。[③]

①《会稽典录》曰：牧父绪，楼船都尉，兄骃，上计吏，少与同郡谢赞、吴郡顾谭齐名。牧童龀时号为迟讷，骃常谓人曰："牧必胜我，不可轻也。"时人皆以为不然。

②《续汉书》曰：宫，字少子，琅邪人，尝在蒙阴山中耕种禾黍，临熟，人就认之，宫便推与而去，由是发名，位至左中郎将、侍中。

③ 徐众《评》曰：牧蹈长者之规。问者曰："如牧所行，犯而不校，又从而救之，直而不有，又还而不受，可不谓之仁让乎哉？"答曰："异乎吾所闻。原宪之问于孔子曰：'克伐怨欲不行焉，可以为仁乎？'孔子曰：'可以为难矣，仁则吾不知也。''恶不仁者，其为仁矣。'今小民不展四体，而认人之稻，不仁甚矣，而牧推而与之，又救其罪，斯为让非其义，所救非人，非所谓恶不仁者。苟不恶不仁，安得为仁哉！苍梧浇娶妻而美，让于其兄；尾生笃信，水至不去而死；直躬好直，证父攘羊；申鸣奉法，尽忠于君而执其父。忠信直让，此四行者，圣贤之所贵也。然不贵苍梧之让，非让道也；不取尾生之信，非信所也；不许直躬之直，非直体也；不嘉申鸣之忠，非忠意也。今牧犯而不校，还而不取，可以为难矣，未得为仁让也。夫圣人以德报德，以直报怨，而牧欲以德报怨，非也。必不得已，二者何从？吾从孔子也。"

赤乌五年，从郎中补太子辅义都尉，迁南海太守。[①] 还为丞相长史，转司直，迁中书令。会建安、鄱阳、新都三郡山民作乱，出牧为监军使者，讨平之。贼帅黄乱、常俱等出其部伍，以充兵役。封秦亭侯，拜越骑校尉。

①《会稽典录》曰：高凉贼率仍弩等破略百姓，残害吏民，牧越界扑讨，旬日降服。又揭阳县贼率曾夏等众数千人，历十余年，以侯爵杂缯千匹，下书购募，绝不可得。牧遣使慰譬，登皆首服，自改为良民。始兴太守羊衜与太常滕胤书曰："钟离子幹吾昔知

之不熟，定见其在南海，威恩部伍，智勇分明，加操行清纯，有古人之风。”其见贵如此。在郡四年，以疾去职。

永安六年，蜀并于魏，武陵五溪夷与蜀接界，时论惧其叛乱，乃以牧为平魏将军，领武陵太守，往之郡。魏遣汉葭县长郭纯试守武陵太守，率涪陵民入蜀迁陵界，屯于赤沙，诱致诸夷邑君，或起应纯，又进攻酉阳县，郡中震惧。牧问朝吏曰：“西蜀倾覆，边境见侵，何以御之？”皆对曰：“今二县山险，诸夷阻兵，不可以军惊扰，惊扰则诸夷盘结。宜以渐安，可遣恩信吏宣教慰劳。”牧曰：“不然。外境内侵，诳诱人民，当及其根柢未深而扑取之，此救火贵速之势也。”敕外趣严，掾史沮议者便行军法。抚夷将军高尚说牧曰：“昔潘太常督兵五万，然后以讨五溪夷耳。又是时刘氏连和，诸夷率化。今既无往日之援，而郭纯已据迁陵，而明府以三千兵深入，尚未见其利也。”牧曰：“非常之事，何得循旧？”即率所领，晨夜进道，缘山险行，垂二千里，从塞上，斩恶民怀异心者魁帅百余人及其支党凡千余级，纯等散，五溪平。迁公安督、扬武将军，封都乡封，徙濡须督。① 复以前将军假节，领武陵太守，卒官。家无余财，士民思之。子祎嗣，代领兵。②

①《会稽典录》曰：牧之在濡须，深以进取可图，而不敢陈其策，与侍中东观令朱育宴，慨然叹息。育谓牧恨于策爵未副，因谓牧曰：“朝廷诸君，以际会坐取高官，亭侯功无与比，不肯在人下，见顾者犹以於邑，况于侯也！”牧笑而答曰：“卿之所言，未获我心也。马援有言：‘人当功多而赏薄。’吾功不足录，而见宠已过当，岂以为恨？国家不深相知，而见害朝人，是以默默不敢有所陈。若其不然，当建进取之计，以报所受之恩，不徒自守而已，愤叹以此也。”育复曰：“国家已自知侯，以侯之才，无为不成。愚谓自可陈所怀。”牧曰：“武安君谓秦王云：‘非成业难，得贤难；非得贤难，用之难；非用之难，任之难。’武安君欲为秦王并兼六国，恐授事而不见任，故先陈此言。秦王既许而不能，卒陨将成之业，赐剑杜邮。今国家知吾，不如秦王之知武安，而害吾者有过范雎。大皇帝时，陆丞相讨鄱阳，以二千人授吾，潘太常讨武陵，吾又有三千人，而朝廷下议，弃吾于彼，使江渚诸督，不复发兵相继。蒙国威灵自济，今日何为常？向使吾不料时度宜，苟有所陈，至见委以事，不足兵势，终有败绩之患，何无不成之有？”

②《会稽典录》曰：牧次子盛，亦履恭让，为尚书郎。弟徇领兵为将，拜偏将军，戍西陵，与监军使者唐盛论地形势，谓宜城、信陵为建平援，若不先城，敌将先入。盛以施绩、留平，智略名将，屡经于彼，无云当城之者，不然徇计。后半年，晋果遣将修信陵城。晋军平吴，徇领水军督，临阵战死。

【译文】钟离牧，字子幹，会稽郡山阴人，汉朝鲁相钟离意第七代孙。他年少时移居永兴，亲自开垦荒田，种了二十多亩水稻。水稻快要熟了，县里有人来认领这块稻田，钟离牧说：“本来以为这是块荒地，所以把它开垦出来。”于是他把稻田给了那个人。县长听说此事，把那人召来关进狱里，打算依法制裁他，钟离牧替那个人求情。县长说：“您仰慕承宫，可以自己去做仁义的事情，我是百姓的主事人，应当依靠法令治理下面的人，怎么能冒犯国家的法令听从您的呢？”钟离牧说：“这里是郡界，由于您的照顾，所以我来这里暂时住下。如果因为一点稻米就杀了这个人，我还有什么心思留下呢？”说完他就回去整理行装，准备返回山阴，县长亲自前去劝止他，并为他释放了关押的那个人。那个人又惭愧又害怕，带领妻子儿女把得到的水稻舂出来，共有六十斛米，全部送还给钟离牧，钟离牧闭门不接受。那个人把稻米送来放在路旁，也没有人去拿稻米。钟离牧由此出了名。

赤乌五年，他从郎中补任太子辅义都尉，又升任南海太守。不久又任丞相长史，改任司直，升为中书令。正碰上建安、鄱阳、新都三个郡的山越百姓作乱，朝廷派出钟离牧任监军使者，讨伐平定了骚乱。强盗头目黄乱、常俱等人还把他们的部队提供给钟离牧，用以充任兵役。钟离牧被封为秦亭侯，任越骑校尉。

永安六年，蜀国被魏国吞并，武陵五溪的少数民族和蜀国接界，当时人们都担心那些少数民族叛乱，朝廷就任命钟离牧为平魏将军，并兼任武陵太守，他就前往郡治赴任。魏国派汉葭县长郭纯试任武陵太守，率领涪陵百姓进入蜀国迁陵的边界，在赤沙驻守，引诱各少数民族的首领，这些首领有人起来响应郭纯，郭纯又进攻酉阳县，郡府内都震惊恐惧。钟离牧问府中官员说：“西蜀颠覆，我们的边境被侵犯，用什么办法来抵抗他们呢？”大家都回答说：“如今这两个县山势险要，各部族以兵马拒守，不可用军队惊动骚扰他们，惊动骚扰了他们，各部族就会互相勾结在一起。应当逐步地安抚他们，可派对他们有恩信的官员向他们宣示教令，进行慰劳。”钟离牧说：“不对。境外的敌人侵犯境内，欺骗诱惑百姓，应当趁他们的根基不深的时候攻击他们，这是救火贵在迅速的情势。”他发出命令，让军队迅速整理行装，掾史中有阻挠议论的人，就以军法处置。抚夷将军高尚劝钟离牧说：“从前潘太常督率五万兵马，然后才去讨伐五溪的少数民族。而且当时蜀国刘氏和我们联盟友好，各个部族都遵循教化。如今既无往日的外援，而郭纯又已经占领了迁陵，这种情况下您率领三千兵马孤军深入，我看不到有什么好处。”钟离牧说：“行特殊的事情，怎么能因循守旧呢？”他当即率领他的部队，日夜赶路，沿着山中险要之处行军，走了将近两千里地，追赶到边界上，杀了怀有异心的恶民头目一百多人，以及他们的党徒总共一千多人，郭纯等人四散而逃，五溪得以平定。钟离牧升为公安督、扬武将军，被封为都乡侯，又调任濡须督。后来再次以前将军的身份被授予符节，兼任武陵太守，死在任上。他家里没有多余的财产，官民都很想念他。他的儿子钟离祎继承爵位，接替他统领部队。

【原文】评曰：山越好为叛乱，难安易动，是以孙权不遑外御，卑词魏氏。凡此诸臣，皆克宁内难，绥静邦域者也。吕岱清恪在公；周鲂谲略多奇；钟离牧蹈长者之规；全琮有当世之才，贵重于时，然不检奸子，获讥毁名云。

【译文】评论说：山越常有叛乱，很难安定却很容易发动，因此孙权没有精力对付外寇，只好用卑恭的言辞对待魏国。上述各位大臣，都是平定内乱，使国家安宁平静的人才。吕岱清明恭谨，一心为公；周鲂多谋，善用奇计；钟离牧学习长者德行，举止有度；全琮具有那个时代最杰出的才华，他的地位也显赫一时，但他不能约束他那些行为不端的儿子，因而遭到人们的非议，名声也被败坏了。

卷六十一　吴书十六

潘濬陆凯传第十六

潘濬

【原文】潘濬，字承明，武陵汉寿人也。弱冠从宋仲子受学。[①] 年未三十，荆州牧刘表辟为部江夏从事。时沙羡长赃秽不修，濬按杀之，一郡震竦。后为湘乡令，治甚有名。刘备领荆州，以濬为治中从事。备入蜀，留典州事。

①《吴书》曰：濬为人聪察，对问有机理，山阳王粲见而贵异之。由是知名，为郡功曹。

孙权杀关羽，并荆土，拜濬辅军中郎将，授以兵。[①] 迁奋威将军，封常迁亭侯。[②] 权称尊号，拜为少府，进封刘阳侯，[③] 迁太常。五溪蛮夷叛乱盘结，权假濬节，督诸军讨之。信赏必行，法不可干，斩首获生，盖以万数，自是群蛮衰弱，一方宁静。[④]

①《江表传》曰：权克荆州，将吏悉皆归附，而濬独称疾不见。权遣人以床就家舆致之，濬伏面著床席不起，涕泣交横，哀哽不能自胜。权慰劳与语，呼其字曰："承明，昔观丁父，鄀俘也，武王以为军帅；彭仲爽，申俘也，文王以为令尹。此二人，卿荆国之先贤也，初虽见囚，后皆擢用，为楚名臣。卿独不然，未肯降意，将以孤异古人之量耶？"使亲近以手巾拭其面，濬起下地拜谢。即以为治中，荆州诸军事一以谘之。武陵部从事樊伷诱导诸夷，图以武陵属刘备，外白差督督万人往讨之。权不听，特召问濬，濬答："以五千兵往，足可以擒伷。"权曰："卿何以轻之？"濬曰："伷是南阳旧姓，颇能弄唇吻，而实无辩论之才。臣所以知之者，伷昔尝为州人设馔，比至日中，食不可得，而十余自起，此亦侏儒观一节之验也。"权大笑而纳其言，即遣濬将五千往，果斩平之。

②《吴书》曰：芮玄卒，濬并领玄兵，屯夏口。玄，字文表，丹杨人。父祉，字宣嗣，从孙坚征伐有功，坚荐祉为九江太守，后转吴郡，所在有声。玄兄良，字文鸾，随孙策平定江东，策以为会稽东部都尉，卒，玄领良兵，拜奋武中郎将，以功封溧阳侯。权为子登拣择淑媛，群臣咸称玄父祉兄良并以德义文武显名三世，故遂聘玄女为妃焉。黄武五年卒，权甚愍惜之。

③《江表传》曰：权数射雉，濬谏权，权曰："相与别后，时时暂出耳，不复如往日之时也。"濬曰："天下未定，万机务多，射雉非急，弦绝括破，皆能为害，乞特为臣故息置之。"濬出，见雉翳故在，乃手自撤坏之。权由是自绝，不复射雉。

④《吴书》曰：骠骑将军步骘屯沤口，求召募诸郡以增兵。权以问濬，濬曰："豪将在民间，耗乱为害，加骘有名势，在所所媚，不可听也。"权从之。中郎将豫章徐宗，有名士也，尝到京师，与孔融交结，然儒生诞节，部曲宽纵，不奉节度，为众作殿，濬遂斩之。其奉法不惮私议，皆此类也。归义隐蕃，以口辩为豪杰所善，濬子翥亦与周旋，馈饷之。

濬闻大怒，疏责翥曰：“吾受国厚恩，志报以命，尔辈在都，当念恭顺，亲贤慕善，何故与降虏交，以粮饷之？在远闻此，心震面热，惆怅累旬。疏到，急就往使受杖一百，促责所饷。”当时人咸怪濬，而蕃果图叛诛夷，众乃归服。◎《江表传》曰：时濬姨兄零陵蒋琬为蜀大将军，或有间濬于武陵太守卫旌者，云濬遣密使与琬相闻，欲有自托之计。旌以启权，权曰：“承明不为此也。”即封旌表以示于濬，而召旌还，免官。

先是，濬与陆逊俱驻武昌，共掌留事，还复故。时校事吕壹操弄威柄，奏按丞相顾雍、左将军朱据等，皆见禁止。黄门侍郎谢厷语次问壹：“顾公事何如？”壹答：“不能佳。”厷又问：“若此公免退，谁当代之？”壹未答厷。厷曰：“得无潘太常得之乎？”壹良久曰：“君语近之也。”厷谓曰：“潘太常常切齿于君，但道远无因耳。今日代顾公，恐明日便击君矣。”壹大惧，遂解散雍事。濬求朝，诣建业，欲尽辞极谏。至，闻太子登已数言之而不见从，濬乃大请百寮，欲因会手刃杀壹，以身当之，为国除患。壹密闻知，称疾不行。濬每进见，无不陈壹之奸险也。由此壹宠渐衰，后遂诛戮。权引咎责躬，因诮让大臣，语在《权传》。

赤乌二年，濬卒，子翥嗣。濬女配建昌侯孙虑。①

①《吴书》曰：翥，字文龙，拜骑都尉，后代领兵，早卒。翥弟秘，权以姊陈氏女妻之，调湘乡令。◎《襄阳记》曰：襄阳习温为荆州大公平。大公平，今之州都。秘过辞于温，问曰：“先君昔曰君侯当为州里议主，今果如其言，不审州里谁当复相代者？”温曰：“无过于君也。”后秘为尚书仆射，代温为公平，甚得州里之誉。

【译文】潘濬，字承明，武陵郡汉寿县人。刚成年就拜宋仲子为师求学。年纪不到三十，荆州牧刘表征召他为部江夏从事。当时沙羡县长贪赃纳贿、品行不良，潘濬依法将他诛杀，郡内官吏为此震惊戒惧。后来担任湘乡县令，很有治绩名声。刘备兼任荆州牧后，任命潘濬为治中从事。刘备进入蜀中，潘濬掌管荆州的留守事务。

孙权杀了关羽，兼并荆州，任命潘濬为辅军中郎将，授予兵卒。后又升迁他为奋威将军，爵常迁亭侯。孙权称帝，任命潘濬为少府，晋封为刘阳侯，后又升为太常。五溪蛮夷叛乱勾结，孙权授予潘濬符节，让他督率诸军讨伐众蛮夷。潘濬有功必赏，执法如山，蛮夷前后被他斩杀及俘获的，差不多有一万人，自此以后众蛮夷便势力衰弱，这一方疆土得以获得安宁太平。

在这以前，潘濬与陆逊同驻武昌，共同执掌留守事务，他平叛蛮夷返回后仍旧掌管原来的职事。当时校事吕壹把持玩弄威势和权力，上奏审查丞相顾雍、左将军朱据等人，两位重臣都遭到监禁。黄门侍郎谢厷在交谈中问吕壹说：“顾公的事情怎样了？”吕壹说：“不会往好处发展。”谢厷又问：“如果顾公被撤职，谁将会接替他？”吕壹没有答复谢厷。谢厷又问：“莫不是潘太常要得到这个职位吧？”吕壹沉吟了很久道：“您说的有些接近了。”谢厷对他说：“潘太常对您常常切齿痛恨，只是碍于路途遥远没能得到下手机会罢了。他今天接替顾公，恐怕明天就要来打击您了。”吕壹十分害怕，于是解除了对顾雍的审查和软禁。潘濬请求朝见，想到建业，尽力劝谏孙权。他到达建业后，得知太子孙登已多次进言劝谏而不被采纳，潘濬便大请文武百官，想借聚会之机亲手诛杀吕壹，准备由自己承担杀人之罪，为国家除去祸患。吕壹通过秘密渠道预先得到消息，就借口生病不去赴会。潘濬每次进见孙权，无不陈述吕壹的奸诈邪恶。由此吕壹所受的恩宠渐渐减少，后来终于被孙权诛杀。孙权引咎自责，也借机责备了大臣，这件事记在《孙权传》中。

赤乌二年，潘濬去世，儿子潘翥继承爵位。潘濬的女儿许配给了建昌侯孙虑。

陆凯　陆胤

【原文】陆凯，字敬风，吴郡吴人，丞相逊族子也。黄武初为永兴、诸暨长，所在有治迹，拜建武都尉，领兵。虽统军众，手不释书。好《太玄》，论演其意，以筮辄验。赤乌中，除儋耳太守，讨朱崖，斩获有功，迁为建武校尉。五凤二年，讨山贼陈毖于零陵，斩毖克捷，拜巴丘督、偏将军，封都乡侯，转为武昌右部督。与诸将共赴寿春，还，累迁荡魏、绥远将军。孙休即位，拜征北将军，假节，领豫州牧。孙皓立，迁镇西大将军，都督巴丘，领荆州牧，进封嘉兴侯。孙皓与晋平，使者丁忠自北还，说皓弋阳可袭，凯谏止，语在《皓传》。宝鼎元年，迁左丞相。

皓性不好人视己，群臣侍见，皆莫敢迕。凯说皓曰："夫君臣无不相识之道，若卒有不虞，不知所赴。"皓听凯自视。

皓时徙都武昌，扬土百姓泝流供给，以为患苦，又政事多谬，黎元穷匮。凯上疏曰：

臣闻有道之君，以乐乐民；无道之君，以乐乐身。乐民者，其乐弥长；乐身者，不久而亡。夫民者，国之根也，诚宜重其食，爱其命。民安则君安，民乐则君乐。自顷年以来，君威伤于桀、纣，君明暗于奸雄，君惠闭于群孽。无灾而民命尽，无为而国财空，辜无罪，赏无功，使君有谬误之愆，天为作妖。而诸公卿媚上以求爱，困民以求饶，导君于不义，败政于淫俗，臣窃为痛心。今邻国交好，四边无事，当务息役养士，实其廪库，以待天时。而更倾动天心，骚扰万姓，使民不安，大小呼嗟，此非保国养民之术也。

臣闻吉凶在天，犹影之在形，响之在声也，形动则影动，形止则影止，此分数乃有所系，非在口之所进退也。昔秦所以亡天下者，但坐赏轻而罚重，政刑错乱，民力尽于奢侈，目眩于美色，志浊于财宝，邪臣在位，贤哲隐藏，百姓业业，天下苦之，是以遂有覆巢破卵之忧。汉所以强者，躬行诚信，听谏纳贤，惠及负薪，躬请岩穴，广采博察，以成其谋。此往事之明证也。

近者汉之衰末，三家鼎立，曹失纲纪，晋有其政。又益州危险，兵多精强，闭门固守，可保万世，而刘氏与夺乖错，赏罚失所，君恣意于奢侈，民力竭于不急，是以为晋所伐，君臣见虏。此目前之明验也。

臣暗于大理，文不及义，智慧浅劣，无复冀望，窃为陛下惜天下耳。臣谨奏耳目所闻见，百姓所为烦苛，刑政所为错乱，愿陛下息大功，损百役，务宽荡，忽苛政。

又，武昌土地，实危险而塉确，非王都安国养民之处，船泊则沈漂，陵居则峻危，且童谣曰："宁饮建业水，不食武昌鱼；宁还建业死，不止武昌居。"臣闻翼星为变,荧惑作妖,童谣之言,生于天心,乃以安居而比死,足明天意,知民所苦也。

臣闻国无三年之储,谓之非国,而今无一年之畜,此臣下之责也。而诸公卿位处人上,禄延子孙,曾无致命之节,匡救之术,苟进小利于君,以求容媚,荼毒百姓,不为君计也。自从孙弘造义兵以来,耕种既废,所在无复输入,而分一家父子异役,廪食日张,畜积日耗,民有离散之怨,国有露根之渐,而莫之恤也。民力困穷,鬻卖儿子,调赋相仍,日以疲极,所在长吏,不加隐括,加有监官,既不爱民,务行威势,所在骚扰,更为烦苛,民苦二端,财力再耗,此为无益而有损也。愿陛下一息此辈,矜哀孤弱,以镇抚百姓之心。此犹鱼鳖得免毒螫之渊,鸟兽得离罗网之纲,四方之民襁负而至矣。如此,民可得保,先王之国存焉。

臣闻五音令人耳不聪,五色令人目不明,此无益于政,有损于事者也。自昔先帝时,后宫列女,及诸织络,数不满百,米有畜积,货财有余。先帝崩后,幼、景在位,更改奢侈,不蹈先迹。伏闻织络及诸徒坐,乃有千数,计其所长,不足为国财,然坐食官廪,岁岁相承,此为无益,愿陛下料出赋嫁,给与无妻者。如此,上应天心,下合地意,天下幸甚。

臣闻殷汤取士于商贾,齐桓取士于车辕,周武取士于负薪,大汉取士于奴仆。明王圣主取士以贤,不拘卑贱,故其功德洋溢,名流竹素,非求颜色而取好服、捷口、容悦者也。臣伏见当今内宠之臣,位非其人,任非其量,不能辅国匡时,群党相扶,害忠隐贤。愿陛下简文武之臣,各勤其官,州牧督将,藩镇方外,公卿尚书,务修仁化,上助陛下,下拯黎民,各尽其忠,拾遗万一,则康哉之歌作,刑错之理清。愿陛下留神思臣愚言。

时殿上列将何定佞巧便辟,贵幸任事,凯面责定曰:“卿见前后事主不忠,倾乱国政,宁有得以寿终者邪!何以专为佞邪,秽尘天听?宜自改厉。不然,方见卿有不测之祸矣。”定大恨凯,思中伤之,凯终不以为意,乃心公家,义形于色,表疏皆指事不饰,忠恳内发。

建衡元年,疾病,皓遣中书令董朝问所欲言,凯陈:“何定不可任用,宜授外任,不宜委以国事。奚熙小吏,建起浦里田,欲复严密故迹,亦不可听。姚信、楼玄、贺邵、张悌、郭逴、薛莹、滕修及族弟喜、抗,或清白忠勤,或姿才卓茂,皆社稷之桢干,国家之良辅,愿陛下重留神思,访以时务,各尽其忠,拾遗万一。”遂卒,时年七十二。

子祎,初为黄门侍郎,出领部曲,拜偏将军。凯亡后,入为太子中庶子。右国史华覈表荐祎曰:“祎体质方刚,器干强固,董率之才,鲁肃不过。及被召当下,径还赴都,道由武昌,曾不回顾,器械军资,一无所取,在戎果毅,临财有节。夫夏口,贼之冲要,宜选名将以镇戍之,臣窃思惟,莫善于祎。”

初,皓常衔凯数犯颜忤旨,加何定谮构非一,既以重臣难绳以法,又陆抗时为大将在疆埸,故以计容忍。抗卒后,竟徙凯家于建安。

或曰宝鼎元年十二月,凯与大司马丁奉、御史大夫丁固谋,因皓谒庙,欲废皓立孙休子。时左将军留平领兵先驱,故密语平,平拒而不许,誓以不泄,是以所图不果。太史郎陈苗奏皓久阴不雨，风气回逆，将有阴谋，皓深警惧云。①

①《吴录》曰：旧拜庙，选兼大将军领三千兵为卫，凯欲因此兵以图之，令选曹白用丁奉。皓偶不欲，曰："更选。"凯令执据，虽暂兼，然宜得其人。皓曰："用留平。"凯令其子祎以谋语平。平素与丁奉有隙，祎未及得宣凯旨，平语祎曰："闻野猪入丁奉营，此凶征也。"有喜色。祎乃不敢言，还，因具启凯，故辍止。

【译文】陆凯，字敬风，吴郡吴县人，是丞相陆逊的族侄。黄武初年担任永兴、诸暨县长，所在之处都有政绩名声，任建武都尉，领一支人马。他虽然统领部队，但从不离开书籍。喜好扬雄的《太玄》，研究阐发其间深意，用以占卜，总是很灵验。赤乌年间，担任儋耳太守，讨伐朱崖，斩获敌众，立下战功，升迁为建武校尉。五凤二年，在零陵郡讨伐山贼陈毖，斩了陈毖并得胜凯旋，官拜巴丘督、偏将军，爵封都乡侯，又转任武昌右部督。与众将一起奔赴寿春，回师后，接连升为荡魏、绥远将军。孙休即位，任命陆凯为征北将军，假以符节，兼任豫州牧。孙皓登上皇位，升迁陆凯为镇西大将军，都督巴丘，兼任荆州牧，晋封为嘉兴侯。孙皓与晋国讲和，使者丁忠从北方回来后，劝孙皓说弋阳可以奔袭得手，陆凯劝说制止，这件事记载在《孙皓传》中。宝鼎元年，升为左丞相。

孙皓天性不喜欢别人直视自己，群臣进见，没人敢违背这一规矩。陆凯劝说孙皓道："君臣之间没有互不相识的道理，如果突然发生了什么意外，臣子都不知该奔向哪里。"孙皓听取了陆凯的意见，允许别人看他。

孙皓迁都武昌，扬州一带的百姓对逆流输送武昌用度，深感厌恶，加之政事存在众多谬误，黎民百姓贫穷匮乏。陆凯上疏说：

我听说政治清明的君主，用快乐的事情让百姓生活开心；不行正道的君主，用快乐的事情使自己身心愉悦。能使百姓生活开心的君主，他的开心快乐会更加久长；只顾自己身心愉悦的帝王，用不了多久就会走向灭亡。大凡百姓，是国家的根本，确实应该重视他们的衣食生计，珍惜他们的身家性命。百姓安定了君主才能安心，百姓快乐了国君才会快乐久远。近年以来，国君的威信被夏桀、殷纣般的暴行所伤害，国君的聪明被弄权欺世而窃取高位的人所蒙蔽，国君的恩惠被众多邪恶阴险的小人所阻塞。没有天灾而民众的性命危在旦夕，无所作为而国家的财政储备已经枯竭，无罪的人受到惩罚，无功的人受到奖赏，致使国君有差错和罪过，上天为此而兴妖作怪。然而各位公卿大臣还在逢迎国君以求得宠爱，继续让百姓陷于贫困以求取自己的富足，引导国君踏上不合乎道义的歧途，使国家政事在不正之风中走向衰败，我私底下为此而痛心疾首。如今我们与邻国结盟而关系友好，四方边境没有战事，应当致力于减轻徭役而让人民得以休养生息，充实公私财富的储备，等待上天恩赐的最好时机。现在还变本加厉地动摇上天的心意，使广大地区动荡不安，使黎民百姓难以安宁，到处是妇孺老幼的呼号哀叹，这实在不是保持国家福运及抚养民众的方法。

我听说吉凶取决于上天，就像影子追随形体，回音追随响声，形体移动则影子移动，形体静止影子就静止，这种天命有它的内在来源，而不是三言两语就能决定其损益变化的。以前秦王朝之所以失去天下，就是因为轻奖赏而重惩治，政令和刑罚杂乱无序，民众的人力、物力、财力都被君主的奢侈耗尽，君主的视线被女人的美色迷惑，其宏图大志因贪念财富而变得污秽不堪，奸臣在位执掌大权，贤明睿智的人匿迹隐身，百姓心怀危惧，天下为之困苦，因此便出现了颠覆灭国的祸殃。汉朝之所以能走向强盛，是因为汉朝君王亲身履行诚信，听取谏言、接纳贤人，恩惠一直施加到樵夫农民之身，不惜亲赴山林延请隐士高人，广开言路、体察民情，以此制定利国利民的大政方针。这些都是前代成败的明证。

近代汉朝衰败，三家鼎足而立，曹魏政权法度失常，晋国便夺走了它的政权。再说益州地势险要，士兵众多且精锐强悍，关闭国门牢固防守，可保国运承传万世，可是刘蜀的赐予和剥夺荒谬悖乱，赏罚失当，君主肆意挥霍，追求过分的享受，民众的人力、财力、物力在无关紧要的事情上耗竭，因此遭到晋国讨伐，君臣都成为晋国的俘虏。这些都是近在眼前的成败的明证。

我对大道理蒙昧不明，言辞又不能确切地表达想说的意思，智慧肤浅低劣，对自己已不再有任何奢望，只是私下替陛下怜惜国家社稷罢了。我恭谨地奏陈自己的所见所闻，主要关于是百姓受困于繁杂苛细的法令，刑法政令杂乱无序的情况，希望陛下停止一切无用的事情，减少形形色色的徭役，勉力推行宽宏浩荡的恩惠，取消繁重的赋税和苛刻的法令。

另外，武昌这个地方，实在是易攻难守而土地贫瘠的地方，不是帝王建都以安定国家抚育民众的理想处所，舟船停泊会沉没漂荡，居住在高地上又险峻异常，况且童谣也这样说道："宁饮建业水，不食武昌鱼；宁还建业死，不止武昌居。"我听说翼宿星座发生变异，火星也在作怪，童谣中的说法，实出于上天心意的指引，所以才用安居来比拟死亡，足以明白显示上天的意志，了解民众困苦的症结所在。

我听说国库没有三年的储备，便不能叫作国家，而如今我国却连维持一年的积蓄也没有，这都是臣子的责任。然而众公卿位处众人之上，爵禄延及子孙，居然没有为国捐躯的节操，以及匡正补救的办法，只是给君主进献些微小利益，以此求取君主的宠幸，残害百姓，不为国君着想。自从孙弘倡建不事屯田的义兵以来，农事耕种便被荒废，军队所在没有自给的方式，并且又把一家父子分开服役，官府供给粮食的压力一天重于一天，库存积蓄日复一日地衰减，民众有妻离子散的怨叹，国家有人民流离失所、暴露于野的危险兆头，却没有人怜悯百姓。民众的人力、财力、物力全都耗尽，已沦落到卖儿卖女的地步，而租赋征收还照旧接连不断，民众的疲惫日趋极限，他们所在的地方长官，对这些情况不加以矫正，加上有些监官，既不爱护民众，又致力于发挥各自的威严权势，所到之处往往动乱不安，他们让现有法令更加繁杂，民众遭受来自于这两个方面的困苦，财力进一步耗损，这样做百害而百无一利呀。希望陛下将这类官员全部罢免，怜悯爱惜孤苦微弱的百姓，从而安抚民众的心意。这就好比是使鱼鳖能逃出毒螫的深渊，鸟兽能脱离罗网的约束，四方民众将扶老携幼而前来归顺。这样一来，民众可以得到保全，先王传下的国家也就能长存下去了。

我听说沉溺于音乐会使人听力不聪，沉溺于色彩会使人视力不明，这些东西无益于政治，而只会有损于治事。从前先帝时，后宫嫔妃，加上织造女工，总共还不满一百人，粮食有积蓄，钱财有节余。先帝驾崩之后，幼主及景帝先后在位，变更旧制而趋向于铺张浪费，不能遵行先帝的成法。我听说宫中的织造女工和无事闲坐的宫女，就多达千人，而她们所生产的物资，不足以给国家增加财富，然而却不劳而食官府供给的粮食，年复一年相沿不断，这种状况毫无益处，希望陛下选出一些宫女准予她们出嫁，将她们分配给没有妻子的男子。这样做的话，对上可以顺应天的心愿，对下契合地的旨意，天下百姓就会非常庆幸了。

我听说殷汤王从商贾中选拔人才，齐桓公从马车夫中选取官员，周武王从樵夫中选取公卿，大汉朝从奴仆中选取将帅。圣明帝王选拔人才只看他贤能与否，而不考虑他出身卑贱，所以他们的功德广泛传播，美名载入史册，他们不会只看外表而选取那些穿着好看、能言善辩、曲意逢迎以取悦于上的人。我看见当今宫廷内受宠的臣子，所处的官位不是他们的能力所能胜任的，也不是他们的器量所能承担的，不但不能辅佐国政匡扶时弊，而且还拉帮结派、结党营私，陷害忠良而埋没贤能。希望陛下精选文武百官，让他们各自努力做好分内的工作，州牧和大将，务必安抚好境内，镇守好边关，公卿尚书，致力于仁慈教化的修养及推广，对上辅佐陛下，对下拯救百姓，各自竭尽他们的忠诚，补正陛下万一出现的过失，那么像《尚书·益稷》篇中那种歌颂太平的词章就将撰写于当世，刑法搁置不用的清明景象将会重现。希望陛下费神考虑我的愚见。

当时的殿上列将何定谄佞巧诈而谄媚逢迎，受宠显贵且担当要职，陆凯当面指责何定说："你看自古至今那些既不忠诚侍奉君主，又扰乱国家政事的人，有哪一个是寿终正寝的呢！为什么你要专做奸邪的勾当，污染皇上的视听呢？你应该改正勉励自己。不这样的话，你会看见你有难以预料的灾祸的。"何定因此十分痛恨陆凯，想要中伤他，而陆凯始终不把这件事放在心上，照样心系国事，正义之色现于脸上，上表上疏都直指其事而不为诿文过饰非，忠诚恳切发自内心。

建衡元年，陆凯重病不起，孙皓派中书令董朝询问他有什么要说的话，陆凯陈述说："何定不可重用，应该让他出外任职，不应把国家大事托付给他。奚熙是个小官，却倡议重开浦里田，打算恢复严密以前的规模，也不可听信。姚信、楼玄、贺邵、张悌、郭逴、薛莹、滕修以及我的族弟陆喜、陆抗，他们有的清正纯洁忠诚勤勉，有的资质禀赋卓越丰茂，都是国家的栋梁之材，朝廷的优秀辅佐，希望陛下对他们着重关注，征求他们关于时务的意见，让他们各自竭尽忠诚，以补正陛下万一出现的过失。"不久陆凯去世，时年七十二岁。

儿子陆祎，起初任黄门侍郎，在外带领部队，被任命为偏将军。陆凯去世后，陆祎入朝担任太子中庶子。右国史华覈上表推荐陆祎说："陆祎本质方正刚烈，才干杰出专一，统率军队的才能，就连鲁肃也比不过他。当他接到征召命令后，立刻回返直接赶赴京城，路过武昌，竟然毫不停留，兵器及其他军用物资，他也丝毫不取，他在军事上果断刚毅，面对钱财时节操当先。夏口，是敌贼进攻我国的军事要地，应选名将前往镇守，我私下考虑，没有人能比陆祎更合适的了。"

当初，孙皓常常怨恨陆凯屡次当面冒犯违逆自己的旨意，加上何定不止一次地进谗言诽谤陆凯，但陆凯是国家倚重并享有崇高声望的大臣，因而难以用法制裁，又加上陆抗当时任大将处在边关重地，所以几经权衡，孙皓还是容忍了陆凯。陆抗去世之后，孙皓最终将陆凯一家流放到了建安县。

有人传说宝鼎元年十二月，陆凯曾与大司马丁奉、御史大夫丁固谋划，准备趁孙皓拜谒宗庙时，废掉他另立孙休的儿子为帝。当时左将军留平领兵担任孙皓出行的前导，所以陆凯把这个计划悄悄告知了留平，但留平拒绝而不应许，同时又立誓决不泄漏秘密，因此这一重大图谋最终没有实行。太史郎陈苗奏报孙皓说天长时间连阴而不下雨，风气回转逆行，将会有秘密计划的阴谋出现，孙皓深为警戒恐惧。

【原文】予连从荆、扬来者得凯所谏皓二十事，博问吴人，多云不闻凯有此表。又按其文殊甚切直，恐非皓之所能容忍也。或以为凯藏之箧笥，未敢宣行，病困，皓遣董朝省问欲言，因以付之。虚实难明，故不著于篇，然爱其指擿皓事，足为后戒，故抄列于《凯传》左云。

皓遣亲近赵钦口诏报凯："前表曰'孤动必遵先帝'，有何不平？君所谏非也。又，建业宫不利，故避之，而西宫室宇摧朽，须谋移都，何以不可徙乎？"凯上疏曰：

臣窃见陛下执政以来，阴阳不调，五星失晷，职司不忠，奸党相扶，是陛下不遵先帝之所致。① 夫王者之兴，受之于天，修之由德，岂在宫乎？而陛下不谘之公辅，便盛意驱驰，六军流离悲惧，逆犯天地，天地以灾，童歌其谣。纵令陛下一身得安，百姓愁劳，何以用治？此不遵先帝一也。

臣闻有国以贤为本，夏杀龙逢，殷获伊挚，斯前世之明效，今日之师表也。中常侍王蕃黄中通理，处朝忠謇，斯社稷之重镇，大吴之龙逢也，而陛下忿其苦辞，恶其直对，枭之殿堂，尸骸暴弃。邦内伤心，有识悲悼，咸以吴国夫差复存。先帝亲贤，陛下反之，是陛下不遵先帝二也。

臣闻宰相国之柱也，不可不强，是故汉有萧、曹之佐，先帝有顾、步之相。而万彧琐才凡庸之质，昔从家隶，超步紫闼，于彧已丰，于器已溢，而陛下爱其细介，不访大趣，荣以尊辅，越尚旧臣。贤良愤惋，智士赫咤，是不遵先帝三也。

先帝爱民过于婴孩，民无妻者以妾妻之，见单衣者以帛给之，枯骨不收，而取埋之。而陛下反之，是不遵先帝四也。

昔桀、纣灭由妖妇，幽、厉乱在嬖妾，先帝鉴之，以为身戒，故左右不置淫邪之色，后房无旷积之女。今中宫万数，不备嫔嫱，外多鳏夫，女吟于中。风雨逆度，正由此起，是不遵先帝五也。

先帝忧劳万机，犹惧有失。陛下临阼以来，游戏后宫，眩惑妇女，乃令庶事多旷，下吏容奸，是不遵先帝六也。

先帝笃尚朴素，服不纯丽，宫无高台，物不雕饰，故国富民充，奸盗不作。而陛下征调州郡，竭民财力，土被玄黄，宫有朱紫，是不遵先帝七也。

先帝外仗顾、陆、朱、张，内近胡综、薛综，是以庶绩雍熙，邦内清肃。今者外非其任，内非其人，陈声、曹辅，斗筲小吏，先帝之所弃，而陛下幸之，是不遵先帝八也。

先帝每宴见群臣，抑损醇醲，臣下终日无失慢之尤，百寮庶尹，并展所陈。而陛下拘以视瞻之敬，惧以不尽之酒。夫酒以成礼，过则败德，此无异商辛长夜之饮也，是不遵先帝九也。

昔汉之桓、灵，亲近宦竖，大失民心。今高通、詹廉、羊度，黄门小人，而陛下赏以重爵，权以战兵。若江渚有难，烽燧互起，则度等之武不能御侮明也，是不遵先帝十也。

今宫女旷积，而黄门复走州郡，条牒民女，有钱则舍，无钱则取，怨呼道路，母子死诀，是不遵先帝十一也。

先帝在时，亦养诸王太子，若取乳母，其夫复役，赐与钱财，给其资粮，时遣归来，视其弱息。今则不然，夫妇生离，夫故作役，儿从后死，家为空户，是不遵先帝十二也。

先帝叹曰："国以民为本，民以食为天，衣其次也，三者，孤存之于心。"今则不然，农桑并废，是不遵先帝十三也。

先帝简士，不拘卑贱，任之乡闾，效之于事，举者不虚，受者不妄。今则不然，浮华者登，朋党者进，是不遵先帝十四也。

先帝战士，不给他役，使春惟知农，秋惟收稻，江渚有事，责其死效。今之战士，供给众役，廪赐不赡，是不遵先帝十五也。

夫赏以劝功，罚以禁邪，赏罚不中，则士民散失。今江边将士，死不见哀，劳不见赏，是不遵先帝十六也。

今在所监司，已为烦猥，兼有内使，扰乱其中，一民十吏，何以堪命？昔景帝时，交阯反乱，实由兹起，是为遵景帝之阙，不遵先帝十七也。

夫校事，吏民之仇也。先帝末年，虽有吕壹、钱钦，寻皆诛夷，以谢百姓。今复张立校曹，纵吏言事，是不遵先帝十八也。

先帝时，居官者咸久于其位，然后考绩黜陟。今州郡职司，或莅政无几，便征召迁转，迎新送旧，纷纭道路，伤财害民，于是为甚，是不遵先帝十九也。

先帝每察竟解之奏，常留心推按，是以狱无冤囚，死者吞声。今则违之，是不遵先帝二十也。

若臣言可录，藏之盟府；如其虚妄，治臣之罪。愿陛下留意。②

①《江表传》载凯此表曰："臣拜受明诏，心与气结。陛下何心之难悟，意不聪之甚也！"

②《江表传》曰：皓所行弥暴，凯知其将亡，上表曰：“臣闻恶不可积，过不可长，积恶长过，丧乱之源也。是以古人惧不闻非，故设进善之旌，立敢谏之鼓。武公九十，思闻警戒，《诗》美其德，士悦其行。臣察陛下无思警戒之义，而有积恶之渐，臣深忧之，此祸兆见矣。故略陈其要，写尽愚怀。陛下宜克己复礼，述修前德，不可捐弃臣言，而放奢意。意奢情至，吏日欺民，民离则上不信下，下当疑上，骨肉相克，公子相奔。臣虽愚暗于天命，以心审之，败不过二十稔也。臣常忿亡国之人夏桀、殷纣，亦不可使后人复忿陛下也。臣受国恩，奉朝三世，复以余年，值遇陛下，不能循俗，与众沉浮。若比干、伍员，以忠见戮，以正见疑，自谓毕足，无所余恨，灰身泉壤，无负先帝，愿陛下九思，社稷存焉。”初，皓始起宫，凯上表谏，不听，凯重表曰：“臣闻宫功当起，夙夜反侧，是以频烦上事，往往留中，不见省报，於邑叹息，企想应罢。昨食时，被诏曰：‘君所谏，诚是大趣，然未合鄙意，如何？此宫殿不利，宜当避之，乃可以妨劳役，长坐不利宫乎？父之不安，子亦何倚？’臣拜纸诏，伏读一周，不觉气结于胸，而涕泣雨集也。臣年已六十九，荣禄已重，于臣过望，复何所冀？所以勤勤数进苦言者，臣伏念大皇帝创基立业，劳苦勤至，白发生于鬓肤，黄耇被于甲胄。天下始静，晏驾早崩，自含息之类，能言之伦，无不歔欷，如丧考妣。幼主嗣统，柄在臣下，军有连征之费，民有凋残之损。贼臣干政，公家空竭。今强敌当涂，西州倾覆，孤罢之民，宜当畜养，广力肆业，以备有虞。且始徙都，属有军征，战士流离，州郡骚扰，而大功复起，征召四方，斯非保国致治之渐也。臣闻为人主者，禳灾以德，除咎以义。故汤遭大旱，身祷桑林，荧惑守心，宋景退殿，是以旱魃销亡，妖星移舍。今宫室之不利，但当克己复礼，笃汤、宋之至道，愍黎庶之困苦，何忧宫之不安，灾之不销乎！陛下不务修德，而务筑宫室，若德之不修，行之不贵，虽殷辛之瑶台，秦皇之阿房，何止而不丧身覆国，宗庙作墟乎？夫兴土功，高台榭，既致水旱，民又多疾，其不疑也。为父长安，使子无倚，此乃子离于父，臣离于陛下之象也。臣子一离，虽念克骨，茅茨不翦，复何益焉？是以大皇帝居于南宫，自谓过于阿房。故先朝大臣，以为宫室宜厚，备卫非常，大皇帝曰：‘逆虏游魂，当爱育百姓，何聊趣于不急？’然臣下恳恻，由不获已，故裁调近郡，苟副众心，比当就功，犹豫三年。当此之时，寇抄慑威，不犯我境，师徒奔北，且西阻岷、汉，南州无事，尚犹冲让，未肯筑宫，况陛下危侧之世，又乏大皇帝之德，可不虑哉？愿陛下留意，臣不虚言。”

【译文】我接连从荆州、扬州来的人那里得到了陆凯劝谏孙皓二十件事的奏章内容，并广泛询问东吴人，他们大多回答说没有听说过陆凯有过这些奏表。从奏表文辞特为恳切率直来看，也恐怕不是孙皓所能容忍得了的。有人认为陆凯先是把奏表藏在箱子里，不敢让它流布开来，病情紧急时，孙皓派董朝来探视询问他想要说的话，陆凯趁便把奏表交给了董朝。这些说法的真伪虚实很难辨别清楚，所以不收录在本传之内，然而我很欣赏这些奏章对孙皓过失的指斥，它们足以成为后世的鉴戒，所以抄录在《陆凯传》的后面。

孙皓派亲信赵钦口传诏命答复陆凯说：“我所有的行动都遵从先帝，有什么不对？您劝谏的事是不对的。再者，建业的皇宫存在危险，所以要避开它，而西宫的房屋也已破败，必须考虑迁都，为什么就不能迁都呢？”陆凯上疏说：

我私下看见陛下执政以来，阴阳不调，五星不在各自的正常轨道，主管官员不忠诚，奸臣结党营私，这都是陛下不遵守先帝遗训带来的后果。帝王的兴起，受命于上天，并通过道德修养来保有天命，难道是宫殿所能决定吗？而陛下不咨询三公四辅等佐命大臣，就决意驱驰行动，六军流转离散而悲哀恐惧，违犯天地心意，天地以灾变显示愤怒，儿童因此唱出传达天地意志的歌谣。纵使陛下一人由于迁都而获得安宁，然而百姓忧愁劳苦，您又怎么来治理呢？这是您不遵从先帝的第一条。

我听说拥有国家的人以任贤用能作为治国的根本，夏桀杀了直言敢谏的龙逢，商汤获得伊尹的辅佐而灭夏建商，这是前代兴亡的明证，是当今行事的借鉴。中常侍王蕃品德美好通晓事理，在朝任职处事忠诚正直，这是国家要倚重的大臣，是大吴国的龙逢，但陛下忿恨他说话逆耳，厌恶他的直言应答，竟在殿堂上杀了他，还将他的尸体抛弃在野外示众。国内人民为此寒心，天下有识之士也为之悲痛伤感，都认为是昔日的吴国暴君夫差再生了。先帝亲近贤人，陛下却反其道而行之，这是陛下不遵从先帝的第二条。

我听说宰相是国家的梁柱，不能不强盛有力，因此汉朝有萧何、曹参的辅弼，先帝有顾雍、步骘的佐助。然而万彧才能微小而资质平庸，从前是府属小官，一步登天进入朝廷内部，对于万彧而言这样的恩惠已是再丰厚不过的了，就他的才能来说实已用到了极致，但陛下却偏爱他微不足道的才能，不在意他的整体才干，以宰辅这种尊贵官位来显示他的荣耀，给予他超过功勋老臣的待遇。有德行才能的人叹息忿恨，足智多谋的人怒气勃发，这是陛下不遵从先帝的第三条。

先帝爱护人民胜过爱自己的幼儿，人民没有妻子的，先帝就把自己的妾配给他们作为妻子，看见衣衫单薄的人就把布帛赠给他，死人骨骸暴露于野外，就予以收殓并且掩埋。而陛下的所作所为恰好相反，这是不遵从先帝的第四条。

从前夏桀、殷纣的灭亡都是由妖艳淫邪的妇人引起，周幽王、周厉王的祸乱都产生于所宠幸的侍妾，先帝借鉴这些悲剧，并把它们作为自己的警诫，所以身边不安排淫邪妖艳的女子，后宫也没有常年无夫而心怀怨苦的妇人。如今陛下宫中女人充斥，数以万计，她们大多没有嫔妃的名位，宫外鳏夫比比皆是，多余的女子却在深宫之中幽幽哀叹。风雨反常失度，正是因此而起，这是不遵从先帝的第五条。

先帝尽心操劳纷繁复杂的国家事务，却仍然担心有所疏失。陛下登上帝位以来，在后宫优游嬉闹，沉溺于女色，致使各种政事普遍荒废，下属官员包容邪恶诈伪行径，这是不遵从先帝的第六条。

先帝纯厚高尚而力行俭朴，服饰不追求精致华丽，皇宫没有修建高台，日用物品不雕琢华美文饰，所以国富民足，奸邪盗贼都不兴起。但陛下征发州郡物资，耗尽百姓财力，地上覆盖黑黄两色丝帛，宫中充斥着朱衣紫绶，这是不遵从先帝的第七条。

先帝在外依靠顾雍、陆逊、步骘、朱然、张昭，在内亲近胡综、薛综，因此百政和乐升平，境内清明整肃。如今在外任职者不能担当相应的重任，在内任职者又不是合适称职的人选，陈声和曹辅这样两位，都是才识短浅而气量狭窄的小官，先帝弃而不用，而陛下却对他们宠幸有加，这是不遵从先帝的第八条。

先帝每次设宴会见群臣，对于饮美酒的量做了控制，因而臣下饮宴终日都没有失礼轻慢的过错，文武百官，都能畅所欲言。但陛下却以恭敬瞻望的礼仪来约束群臣，用无节制的饮酒来使他们惧怕。酒是用来成就礼仪的，饮酒过度就将败坏品德，您这样做与商纣王的长夜之饮毫无分别，这是不遵从先帝的第九条。

从前汉朝的桓帝和灵帝，都亲近宦官，导致民心严重丧失。如今高通、詹廉、羊度，也都是宦官小人，可陛下却赏赐给他们尊贵的爵位，让他们执掌兵权。倘若江岸有了外敌入侵，报警的烽火交错点燃，那么羊度等人的武略不能抵御外侮是再明白不过的了，这是不遵从先帝的第十条。

如今后宫多余的女子已经成千上万，而宦官们还在奔走于州郡之间，发文通告采选民女，有钱的人家给钱就放过，无钱的就把人带走，使得怨声载道，母女永别，这是不遵从先帝的第十一条。

先帝在世时，也养育诸王太子，如果为他们选取了乳母，而乳母的丈夫又在服役，就赐给钱财，供给粮食，不定期地送乳母回家一趟，使她得以探视自己的子女。如今却不是这样，乳母夫妇被生生拆散，丈夫还得照常服役，子女无人照料随后死去，家庭成为空户，这是不遵从先帝的第十二条。

先帝曾感叹说："国家以民众为根本，民众以食物为生存的依据，服饰在其次，这三个方面，我时刻牢记在心。"如今却不是这样，农桑大事都遭到荒废，这是不遵从先帝的第十三条。

先帝选拔人才，不拘泥于地位的卑贱，委托乡里举荐，通过让人才处理实际事务对他们进行检验，从而保证举荐的人不曾弄虚作假，被荐举的人没有名不副实。如今却不是这样，表面上华丽阔气的人优先晋级，结党营私、互为表里的人被提拔重用，这是不遵从先帝的第十四条。

先帝对待士兵，不让他们再承担别的劳役，他们只需在春季耕耘播种，到秋季收获粮谷就可以了，长江沿岸若有战事，便责令他们拼死效力。如今的战士，需要承担的劳役名目繁多，而官府的衣食供给却得不到保障，这是不遵从先帝的第十五条。

大凡赏赐是用以激励建功立业的，惩罚则是用来禁止奸邪的，赏罚不能得当，那么人民就将离心离德。如今镇守长江沿岸的将士，战死的没有应得的哀怜抚恤，辛劳服役的得不到应有的赏赐，这是不遵从先帝的第十六条。

如今各地的监察官员，已经繁多杂乱，再加上朝廷派出的使者，还在其中制造混乱，一名百姓要供养十数位官员，百姓又如何承受得了？从前景皇帝在位时，交阯人造反作乱，实际就是这类事情引起的，这是因循了景帝的过失，是不遵从先帝的第十七条。

专门刺探情报的校事，是官员民众的仇敌。先帝末年，尽管也有吕壹、钱钦那样的恶人，但他们作恶不久就被先帝诛杀了，以此向广大百姓表示朝廷的歉意。如今再度大张旗鼓地建立校事部门，放纵他们检举告发，这是不遵从先帝的第十八条。

先帝在位时，官员都是经由长时间担任某一职务的历练，然后对他们的治绩进行考核，再做出相应的奖惩升降。如今各州郡的官员，有的到任还没有几天，就被征召升职或调任，迎新送旧，路上常可见赴任离任官员们交错来往，伤财害民，在这个方面最为严重，这是不遵从先帝的第十九条。

先帝每每审查已经结案的刑事公文，总是留心推究审问案情的前因后果，所以狱中没有受冤枉的囚犯，判刑被杀的人也死得明明白白而毫无怨言。现在则违背了先帝当年的正确做法，这是不遵从先帝的第二十条。

如果我说的话还值得采纳，就把它收藏在掌管保存盟约文书的官府之中；如果我说的一切都虚假不实，就拿我治罪。希望陛下关注。

【原文】胤，字敬宗，凯弟也。始为御史、尚书选曹郎，太子和闻其名，待以殊礼。会全寄、杨竺等阿附鲁王霸，与和分争，阴相谮构，胤坐收下狱，楚毒备至，终无他辞。①

①《吴录》曰：太子自惧黜废，而鲁王觊觎益甚。权时见杨竺，辟左右而论霸之才，竺深述霸有文武英姿，宜为嫡嗣，于是权乃许立焉。有给使伏于床下，具闻之，以告太子。胤当至武昌，往辞太子。太子不见，而微服至其车上，与共密议，欲令陆逊表谏。既而逊有表极谏，权疑竺泄之，竺辞不服。权使竺出寻其由，竺白顷惟胤西行，必其所道。又遣问逊何由知之，逊言胤所述。召胤考问，胤为太子隐曰："杨竺向臣道之。"遂共为狱。竺不胜痛毒，服是所道。初权疑竺泄之，及服，以为果然，乃斩竺。

后为衡阳督军都尉。赤乌十一年，交阯、九真夷贼攻没城邑，交部骚动。以胤为交州刺史、安南校尉。胤入南界，喻以恩信，务崇招纳，高凉渠帅黄吴等支党三千余家皆出降。引军而南，重宣至诚，遗以财币。贼帅百余人，民五万余家，深幽不羁，莫不稽颡，交域清泰。就加安南将军。复讨苍梧建陵贼，破之，前后出兵八千余人，以充军用。

永安元年，征为西陵督，封都亭侯，后转在虎林。中书丞华覈表荐胤曰："胤天姿聪朗，才通行洁，昔历选曹，遗迹可纪。还在交州，奉宣朝恩，流民归附，海隅肃清。苍梧、南海，岁有暴风瘴气之害，风则折木，飞砂转石，气则雾郁，飞鸟不经。自胤至州，风气绝息，商旅平行，民无疾疫，田稼丰稔。州治临海，海流秋咸，胤又畜水，民得甘食。惠风横被，化感人神，遂凭天威，招合遗散。至被诏书当出，民感其恩，以忘恋土，负老携幼，甘心景从，众无携贰，不烦兵卫。自诸将合众，皆胁之以威，未有如胤结以恩信者也。衔命在州，十有余年，宾带殊俗，宝玩所生，而内无粉黛附珠之妾，家无文甲犀象之珍，方之今臣，实难多得。宜在辇毂，股肱王室，以赞唐虞康哉之颂。江边任轻，不尽其才，虎林选督，堪之者众。若召还都，宠以上司，则天工毕修，庶绩咸熙矣。"

胤卒，子式嗣，为柴桑督、扬武将军。天策元年，与从兄祎俱徙建安。天纪二年，召还建业，复将军、侯。

【译文】陆胤，字敬宗，是陆凯的弟弟。最初担任御史、尚书选曹郎，太子孙和听到他的名声，便用特别的礼遇对待他。当时全寄、杨竺等人迎合亲附鲁王孙霸，与孙和争斗，暗中诬陷孙和致使他被废，陆胤也受牵连获罪被收捕入狱，受尽了酷刑拷打，但最终也没有服罪。

后来陆胤出任衡阳督军都尉。赤乌十一年，交阯、九真二郡夷贼攻陷城镇，交州动荡不安。朝廷任命陆胤为交州刺史、安南校尉。陆胤进入南方地界，用恩德信义晓谕夷人，致力于招安纳降，高凉匪首黄吴等的党羽三千多家都出来向他投降。陆胤率军队继续向南推进，再度宣示招安的深厚诚意，并赠给当地人钱财礼品。贼兵大将一百多人，居民五万多家，甚至极度偏远不服管辖地区的人民，无不叩头归服，交州地区归于清静安宁。朝廷给陆胤就地加官安南将军。他又率军讨伐苍梧郡的建陵贼，打败了他们，前后从俘获及降服的人中挑出士兵八千余人，用以补充军队兵员。

永安元年，朝廷征召陆胤为西陵督，爵封都亭侯，后来转督虎林一军。中书丞华覈上表举荐陆胤说："陆胤天资聪明，才干通达而品行高洁，以前担任过选曹官员，有值得称道的政绩。之后到交州，奉命宣扬朝廷恩典，流亡的民众都出来归附国家，极南僻远之地完全清平。苍梧、南海郡境，年年都有暴风和瘴气的灾害，飓风一来便吹折大树，飞沙走石，瘴气则犹如雾气郁结，飞鸟也不敢从这些地方经过。自从陆胤到交州上任后，暴风瘴气断绝平息，商人旅客平安通行，百姓没有疾病瘟疫，田里庄稼获得丰收。州治临近大海，海水到秋天很咸，陆胤又让人储水晒盐，民众得以用盐调味。仁政四处流布，教化感动人神，终于凭借朝廷的声威，招集了境内境外流散的百姓。到陆胤接到诏书将要离开交州之时，当地百姓感念他的恩德，因此忘记了眷恋故土的情结，扶老携幼，心甘情愿地像影子一样跟随他同行，民众毫无二心，一路上无须烦劳军队护卫。从来众将征集民众，都用兵威加以胁迫，没有谁能像陆胤那样仅靠恩德信义就聚集成功的。他奉命任职交州，前后十几年，来往宾客多为异域之人，而且交州又是出产珍宝的所在，但陆胤的家中却没有涂脂抹粉而环佩珍珠的小妾，家里也没有玳瑁、犀角、象牙之类奇珍异宝的收藏，以当今的臣子来做比较，他实在是难能可贵。他应当来京任职，担当起辅佐王室的重任，从而使得王室能够唱响虞舜时代那样的太平盛世的颂歌。驻守长江沿岸的责任太轻，不能充分发挥他的才能，要挑选个虎林都督，能够胜任者不在少数。倘若将陆胤召回京城，授予他高级职位来显示对他的恩宠，那么上天的职任就都将趋于完美，各项事业也会呈现和乐升平的景象。"

陆胤去世，儿子陆式继承爵位，担任柴桑督、扬武将军。天策元年，陆式与堂兄陆祎一同被放逐到建安。天纪二年，陆式被召回建业，恢复将军职务和侯爵。

【原文】评曰：潘濬公清割断，陆凯忠壮质直，皆节概梗梗，有大丈夫格业。胤身洁事济，著称南土，可谓良牧矣。

【译文】评论说：潘濬清廉无私处事果断，陆凯忠直豪壮而朴实正直，他们都志节气概刚强正直，有大丈夫的品格功业。陆胤立身廉洁而事业成功，声名流布于南方，可以说是很优秀的州牧了。

卷六十二　吴书十七

是仪胡综传第十七

是仪

【原文】是仪，字子羽，北海营陵人也。本姓氏，初为县吏，后仕郡，郡相孔融嘲仪，言“氏”字“民”无上，可改为“是”，乃遂改焉。[1]后依刘繇，避乱江东。繇军败，仪徙会稽。

① 徐众《评》曰：古之建姓，或以所生，或以官号，或以祖名，皆有义体，以明氏族。故曰胙之以土而命之氏，此先王之典也，所以明本重始，彰示功德，子孙不忘也。今离文析字，横生忌讳，使仪易姓，忘本诬祖，不亦谬哉！教人易姓，从人改族，融既失之，仪又不得也。

孙权承摄大业，优文征仪。到见亲任，专典机密，拜骑都尉。

吕蒙图袭关羽，权以问仪，仪善其计，劝权听之。从讨羽，拜忠义校尉。仪陈谢，权令曰：“孤虽非赵简子，卿安得不自屈为周舍邪？”既定荆州，都武昌，拜裨将军，后封都亭侯，守侍中。欲复授兵，仪自以非材，固辞不受。黄武中，遣仪之皖就将军刘邵，欲诱致曹休。休到，大破之。迁偏将军，入阙省尚书事，外总平诸官，兼领辞讼，又令教诸公子书学。

大驾东迁，太子登留镇武昌，使仪辅太子。太子敬之，事先咨询，然后施行。进封都乡侯。后从太子还建业，复拜侍中、中执法，平诸官事、领辞讼如旧。典校郎吕壹诬白故江夏太守刁嘉谤讪国政，权怒，收嘉系狱，悉验问。时同坐人皆怖畏壹，并言闻之，仪独云无闻。于是见穷诘累日，诏旨转厉，群臣为之屏息。仪对曰：“今刀锯已在臣颈，臣何敢为嘉隐讳，自取夷灭，为不忠之鬼！顾以闻知当有本末。”据实答问，辞不倾移。权遂舍之，嘉亦得免。[1]

① 徐众《评》曰：是仪以羁旅异方，客仕吴朝，值谗邪殄行，当严毅之威，命悬漏刻，祸急危机，不雷同以害人，不苟免以伤义，可谓忠勇公正之士，虽祁奚之免叔向，庆忌之济朱云，何以尚之？忠不陷君，勇不慑耸，公不存私，正不党邪，资此四德，加之以文敏，崇之以谦约，履之以和顺，保傅二宫，存身爱名，不亦宜乎！

蜀相诸葛亮卒，权垂心西州，遣仪使蜀申固盟好。奉使称意，后拜尚书仆射。

南、鲁二宫初立，仪以本职领鲁王傅。仪嫌二宫相近切，乃上疏曰：“臣窃以鲁王天挺懿德，兼资文武，当今之宜，宜镇四方，为国藩辅。宣扬德美，广耀威灵，乃国家之良规，海内所瞻望。但臣言辞鄙野，不能究尽其意。愚以二宫宜有降杀，正上下之序，明教化之本。”书三四上。为傅尽忠，动辄规谏。事上勤，与人恭。

不治产业，不受施惠，为屋舍财足自容。邻家有起大宅者，权出望见，问起大室者谁，左右对曰："似是仪家也。"权曰："仪俭，必非也。"问果他家。其见知信如此。服不精细，食不重膳，拯赡贫困，家无储畜。权闻之，幸仪舍，求视蔬饭，亲尝之，对之叹息，即增俸赐，益田宅。仪累辞让，以恩为戚。

时时有所进达，未尝言人之短。权常责仪以不言事，无所是非，仪对曰："圣主在上，臣下守职，惧于不称，实不敢以愚管之言，上干天听。"

事国数十年，未尝有过。吕壹历白将相大臣，或一人以罪闻者数四，独无以白仪。权叹曰："使人尽如是仪，当安用科法为？"

及寝疾，遗令素棺，敛以时服，务从省约，年八十一卒。

【译文】是仪，字子羽，北海营陵人。他本来姓"氏"，起初担任县吏，后来在郡府任职，北海郡郡相孔融嘲弄是仪，说"氏"字是"民"无上，可以改为"是"，于是他就把"氏"改为"是"。后来他投靠刘繇，到江东避乱。刘繇的军队失利后，他就迁到会稽。

孙权继承掌管大业后，因为是仪文笔优美，他征用了是仪。是仪一到，就受孙权喜爱信任，让他专门掌管机要，任命他为骑都尉。

吕蒙打算袭击关羽，孙权就征询是仪的意见，是仪赞赏吕蒙的计划，就鼓励孙权采纳吕蒙的意见。是仪参加了讨伐关羽的战斗，被任命为忠义校尉。是仪表示推辞，孙权命令说："我虽然不是赵简子，您怎么能不委屈自己做个周舍呢？"平定荆州以后，孙权以武昌为都邑，任命是仪为裨将军，后来封他为都亭侯，担任侍中的职务。孙权还想授予他兵权，是仪自认为不是将才，就坚决推辞不接受。黄武年间，孙权派是仪到皖县投奔将军刘邵，想要把曹休引诱过来。曹休一到，就被打得大败。是仪升为偏将军，入宫主持尚书的职务，另外全面管理所有的官员，还兼理狱讼的事务，孙权又让他教各公子学习。

皇帝的大驾迁移到东方，太子孙登留守武昌，孙权让是仪辅佐太子。太子敬重他，有事先征询他的意见，然后才付诸实施。是仪被进封为都乡侯。后来他跟随太子返回建业，又被任命为侍中、中执法，管理百官事宜、兼理狱讼事务不变。典校郎吕壹诬告原江夏太守刁嘉诽谤国家大政，孙权很生气，逮捕刁嘉关进监狱，彻底查验审问。当时在场的人都害怕吕壹，异口同声地说听到了刁嘉的诽谤，唯独是仪说没有听到。于是是仪接连几天被追查，孙权下达的诏令也变得严厉起来，群臣都为是仪捏把冷汗。是仪回答说："如今刀锯已经架在我的脖子上，我怎敢替刁嘉隐瞒，而自取灭亡，成为不忠的死鬼呢！只是因为人知道的事情应当有根据。"他还是据实回答审问，言辞没有改变。孙权就放了他，刁嘉也得以免罪。

蜀国丞相诸葛亮去世，孙权对西部的州郡非常关切，就派是仪出使蜀国，发展巩固两国的友好关系。是仪出使的结果很合孙权的心意，后来就任命是仪为尚书仆射。

南阳王和鲁王两宫刚设立时，是仪在本来职务的基础上，又兼任鲁王傅相。是仪不认同两宫的地位相接近，就上书说："我私下认为鲁王具有天生的美德，加上他文武双全，根据目前的情况，应当让他镇守四方，作为国家的藩屏辅佐。宣扬德行的美好，展示威权的声势，这是国家的良好法度，也是海内人士所盼望的。只是我的言辞粗俗，不能完全表达我的意思。我认为两宫的地位应当有升有降，以确定上下的次序，宣明教化的根本。"他的章表反复呈报。他担任鲁王的傅相能尽忠竭力，经常进行规劝。他侍奉君主勤勉，对人也很谦恭。

他不治理产业，不接受施舍，修建的房舍仅仅能容身。他的邻居有人修建大住宅，孙权出行看见了，询问修建大住宅的人是谁，手下的人回答说："好像是是仪家。"孙权说："是仪节俭，肯定不是他。"询问结果，果然是别人家。是仪就是这样为孙权所了解信任。他的服饰不求精细，饮食不求丰盛，经常救济贫困的人，家中没有积蓄。孙权听说后，光临他家，要求看看他家的饭菜，并亲口品尝，不由得对此叹息，马上增加是仪的俸禄赏赐，扩充是仪的田地住宅。是仪屡次推辞，把恩典作为忧虑。

他时常向孙权进献建议，但不曾谈别人的短处。孙权曾经责备他，说他不涉及具体事务，没有是非观念，他回答说："英明的君主在上，臣下坚守职责，只担心不称职，实在不敢用愚陋的管见，向上干扰天子的视听。"

他为国家服务几十年，不曾有过失。吕壹逐一弹劾文武大臣，有的一个人被告发的罪行就多达四次，唯独无法弹劾是仪。孙权赞叹地说："假如人人都像是仪那样，哪里还用得着科律法令呢？"

到他因病卧床不起时，他留下遗言让家里人给他用不上漆的棺木，用通常的衣服装殓，务必按节约的原则办丧事，他八十一岁去世。

胡综　徐详

【原文】胡综，字伟则，汝南固始人也。少孤，母将避难江东。孙策领会稽太守，综年十四，为门下循行，留吴与孙权共读书。策薨，权为讨虏将军，以综为金曹从事。从讨黄祖，拜鄂长。权为车骑将军，都京，召综还，为书部，与是仪、徐详俱典军国密事。刘备下白帝，权以见兵少，使综料诸县，得六千人，立解烦两部，详领左部、综领右部督。吴将晋宗叛归魏，魏以宗为蕲春太守，去江数百里，数为寇害。权使综与贺齐轻行掩袭，生虏得宗，加建武中郎将。魏拜权为吴王，封综、仪、详皆为亭侯。

黄武八年夏，黄龙见夏口，于是权称尊号，因瑞改元。又作黄龙大牙，常在中军，诸军进退，视其所向。命综作赋曰：

> 乾坤肇立，三才是生。狼弧垂象，实惟兵精。圣人观法，是效是营，始作器械，爰求厥成。黄、农创代，拓定皇基，上顺天心，下息民灾。高辛诛共，舜征有苗，启有甘师，汤有鸣条。周之牧野，汉之垓下，靡不由兵，克定厥绪。明明大吴，实天生德，神武是经，惟皇之极。乃自在昔，黄、虞是祖，越历五代，继世在下。应期受命，发迹南土，将恢大繇，革我区夏。乃律天时，制为神军，取象太乙，五将三门。疾则如电，迟则如云，进止有度，约而不烦。四灵既布，黄龙处中，周制日月，实曰太常，桀然特立，六军所望。仙人在上，鉴观四方，神实使之，为国休祥。军欲转向，黄龙先移，金鼓不鸣，寂然变施，暗谟若神，可谓秘奇。在昔周室，赤乌衔书，今也

大吴，黄龙吐符。合契河洛，动与道俱，天赞人和，佥曰惟休。

蜀闻权践阼，遣使重申前好。综为盟文，文义甚美，语在《权传》。

权下都建业，详、综并为侍中，进封乡侯，兼左、右领军。时魏降人或云魏都督河北振威将军吴质，颇见猜疑，综乃伪为质作降文三条：

其一曰："天纲弛绝，四海分崩，群生憔悴，士人播越，兵寇所加，邑无居民，风尘烟火，往往而处。自三代以来，大乱之极，未有若今时者也。臣质志薄，处时无方，系于土壤，不能翻飞，遂为曹氏执事戎役。远处河朔，天衢隔绝，虽望风慕义，思托大命，愧无因缘，得展其志。每往来者，窃听风化，伏知陛下齐德乾坤，同明日月，神武之姿，受之自然，敷演皇极，流化万里，自江以南，户受覆焘。英雄俊杰，上达之士，莫不心歌腹咏，乐在归附者也。今年六月末，奉闻吉日，龙兴践阼，恢弘大繇，整理天纲，将使遗民，睹见定主。昔武王伐殷，殷民倒戈；高祖诛项，四面楚歌。方之今日，未足以喻。臣质不胜昊天至愿，谨遣所亲同郡黄定恭行奉表，及托降叛。间关求达，其欲所陈，载列于左。"

其二曰："昔伊尹去夏入商，陈平委楚归汉，书功竹帛，遗名后世，世主不谓之背诞者，以为知天命也。臣昔为曹氏所见交接，外托君臣，内如骨肉，恩义绸缪，有合无离，遂受偏方之任，总河北之军。当此之时，志望高大，永与曹氏同死俱生，惟恐功之不建，事之不成耳。及曹氏之亡，后嗣继立，幼冲统政，谗言弥兴。同侪者以势相害，异趣者得间其言，而臣受性简略，素不下人，视彼数子，意实迫之，此亦臣之过也。遂为邪议所见构会，招致猜疑，诬臣欲叛。虽识真者保明其心，世乱谗胜，余嫌犹在，常惧一旦横受无辜，忧心孔疚，如履冰炭。昔乐毅为燕昭王立功于齐，惠王即位，疑夺其任，遂去燕之赵，休烈不亏。彼岂欲二三其德？盖畏功名不建，而惧祸之将及也。昔遣魏郡周光以贾贩为名，托叛南诣，宣达密计。时以仓卒，未敢便有章表，使光口传而已。以为天下大归可见，天意所在，非吴复谁？此方之民，思为臣妾，延颈举踵，惟恐兵来之迟耳。若使圣恩少加信纳，当以河北承望王师，款心赤实，天日是鉴。而光去经年，不闻咳唾，未审此意竟得达不？瞻望长叹，日月以几，鲁望高子，何足以喻！又臣今日见待稍薄，苍蝇之声，绵绵不绝，必受此祸，迟速事耳。臣私度陛下未垂明慰者，必以臣质贯穿仁义之道，不行若此之事，谓光所传，多虚少实，或谓此中有他消息，不知臣质构谗见疑，恐受大害也。且臣质若有罪之日，自当奔赴鼎镬，束身待罪，此盖人臣之宜也。今日无罪，横见谮毁，将有商鞅、白起之祸。寻惟事势，去亦宜也。死而弗义，不去何为！乐毅之出，吴起之走，君子伤其不遇，未有非之者也。愿陛下推古况今，不疑怪于臣质也。又念人臣获罪，当如伍员奉己自效，不当徼幸因事为利。然今与古，厥势不同，南北悠远，江湖隔绝，自不举事，何得济免！是以忘志士之节，而思立功之义也。且臣质又以曹氏之嗣，非天命所在，政弱刑乱，柄夺于臣，诸将专威于外，各自为政，莫或同心，士卒衰耗，帑藏空虚，纲纪毁废，上下并昏。想前后数得降叛，具闻此问。兼弱攻昧，宜应天时，此实陛下进取之秋，是以区区敢献其计。今若内兵淮、泗，据有下邳，荆、扬二州，闻声响应，臣从河北席卷而南，形势一连，根牙永固。关西之兵系于所卫，青、徐二州不敢徹守，许、洛余兵众不满万，谁能来东与陛下争者？此诚千载一会之期，可不深思而熟计乎？及臣所在，既自多马，加以羌、胡常以三四月中美草时，驱马来出，隐度今者，可得三千余匹。陛下出军，当投此时，多将骑士来就马耳。此皆先定所一二知。凡两军不能相究虚实，今此间实羸，易可克定，陛下举动，应者必多。上定洪业，使普天一统，下令臣质建非常之功，此乃天也。若不见纳，此亦天也。愿陛下思之，不复多陈。"

其三曰："昔许子远舍袁就曹，规画计较，应见纳受，遂破袁军，以定曹业。向使曹氏不信子远，怀疑犹豫，不决于心，则今天下袁氏有也。愿陛下思之。间闻界上将阎浮、赵楫欲归大化，唱和不速，以取破亡。今臣款款，远授其命，若复怀疑，不时举动，令臣孤绝，受此厚祸，即恐天下雄夫烈士欲立功者，不敢复托命陛下矣。愿陛下思之。皇天后土，实闻其言。"此文既流行，而质已入为侍中矣。

二年，青州人隐蕃归吴，上书曰："臣闻纣为无道，微子先出；高祖宽明，陈平先入。臣年二十二，委弃封域，归命有道，赖蒙天灵，得自全致。臣至止有日，而主者同之降人，未见精别，使臣微言妙旨，不得上达。於邑三叹，曷惟其已！谨诣阙拜章，乞蒙引见。"权即召入。蕃谢答问，及陈时务，甚有辞观。综时侍坐，权问何如，综对曰："蕃上书，大语有似东方朔，巧捷诡辩有似祢衡，而才皆不及。"权又问可堪何官，综对曰："未可以治民，且试以都辇小职。"权以蕃盛论刑狱，用为廷尉监。左将军朱据、廷尉郝普称蕃有王佐之才，普尤与之亲善，常怨叹其屈。后蕃谋叛，事觉伏诛，[①] 普见责自杀。据禁止，历时乃解。拜综偏将军，兼左执法，领辞讼。辽东之事，辅吴将军张昭以谏权言辞切至，权亦大怒，其和协彼此，使之无隙，综有力焉。

①《吴录》曰：蕃有口才，魏明帝使诈叛如吴，令求作廷尉职，重案大臣以离间之。既为廷尉监，众人以据、普与蕃亲善，常车马云集，宾客盈堂。及至事觉，蕃亡走，捕得，考问党与，蕃无所言。吴主使将入，谓曰："何乃以肌肉为人受毒乎？"蕃曰："孙君，丈夫图事，岂有无伴！烈士死，不足相牵耳。"遂闭口而死。◎《吴历》曰：权问普："卿前盛称蕃，又为之怨望朝廷，使蕃反叛，皆卿之由。"

性嗜酒，酒后欢呼极意，或推引杯觞，搏击左右。权爱其才，弗之责也。

凡自权统事，诸文诰策命，邻国书符，略皆综之所造也。初以内外多事，特立科，长吏遭丧，皆不得去，而数有犯者。权患之，使朝臣下议。综议以为："宜定科文，示以大辟，行之一人，其后必绝。"遂用综言，由是奔丧乃断。

赤乌六年卒，子冲嗣。冲平和有文干，天纪中为中书令。[①]

①《吴录》曰：冲后仕晋尚书郎、吴郡太守。

徐详者，字子明，吴郡乌程人也，先综死。

【译文】胡综，字伟则，汝南固始人。他从小就失去了父亲，母亲带他逃避战乱来到江东。孙策兼任会稽太守时，胡综才十四岁，任门下循行，留在吴郡和孙权一起读书。孙策去世后，孙权任讨虏将军，任命胡综为金曹从事。胡综参加了讨伐黄祖的战斗，被任命为鄂县县长。孙权任车骑将军时，住在京城，他把胡综召回，任书部，和是仪、徐详共同掌管军国机要。刘备攻下白帝后，孙权因为身边现有的兵员太少，就派胡综到各县选人，得到六千人，设立解烦兵两部，徐详兼任左部督，胡综兼任右部督。吴国将领晋宗叛变归顺魏国，魏国任命晋宗为蕲春太守，距离长江几百里，他多次侵犯边境危害百姓。孙权派胡综和贺齐轻装行动，突然袭击，活捉了晋宗，胡综被加封建武中郎将。魏国任命孙权为吴王时，也把胡综、是仪、徐详都封为亭侯。

黄武八年夏天，黄龙出现在夏口，孙权因此称帝，依照这个吉兆改变年号。还制作了一面绣有黄龙图案的大牙旗，经常树在中军，各路兵马的行动，都要看牙旗的指挥。孙权又命令胡综作赋说：

> 乾坤刚刚分化，三才得以生成。狼弧显示征兆，实在昭示强兵。圣人观察天象，效法并且经营，开始制造兵器，以求大功告成。黄帝、神农创业，奠定皇家根基，上顺天帝仁心，下绝百姓祸灾。高辛诛杀共工，虞舜讨伐有苗，夏启战于甘野，成汤出征鸣条。周有牧野之战，汉有垓下之围，没有不用武力，决定功业统绪。皇皇赫赫大吴，实由上天降德，治理神圣威武，唯取皇天法则。是从往昔开始，祖述黄帝、虞舜，经历五个朝代，在后相承继胤。应时接受天命，发祥拥有南土，将要恢复正道，变革我邦华夏。于是律从天时，建立神武大军，取象本于太乙，设置五将三门。快则如同闪电，慢则如同行云，进退均有法度，简约而不苛繁。四种灵物分布，黄龙居于当中，配制日月图案，其实就是太常，太常高高独树，六军注目观望。仙人独自在上，俯视观察四方，神灵确在使令，为国降下吉祥。大军打算转向，黄龙先行动移，金鼓不必奏鸣，悄然变化行动，暗中若有神助，可谓神秘多奇。从前有周王室，赤乌衔来瑞书，如今我邦大吴，黄龙吐出命符。契合河图洛书，举动道义同向，天助人和齐备，都说必有吉祥。

蜀国听说孙权登基，派使者进一步发展过去的友好关系。胡综起草盟约的文稿，文采和内容都很优美，这件事记载在孙权的传记里。

孙权在建业建立京都，徐详、胡综同时担任侍中，进而被封为乡侯，兼任左、右领军。当时魏国投降的人中有人说魏国的都督河北振威将军吴质，颇为朝廷猜疑，胡综就为吴质假造投降书，共有三条：

第一条说："国法败坏废弃，四海分崩离析，百姓痛苦不堪，士人到处流亡，兵匪所到之处，城邑没有人家，风尘烟火交加，处处可以看见。自从夏、商、周三代以来，天下大乱的严重程度，没有能比得上如今这个时代的。我吴质志向浅薄，处世无方，被生活的地域局限，不能展翅高飞，竟为曹氏服务，为他们当兵打仗。我身在遥远的河北之地，和天衢隔绝，虽然仰望风范思慕大义，想归顺天命，惭愧的是没有机会能使我施展抱负。每当遇到去过吴国的人，我私下探听了吴国的风俗教化，敬知陛下与天地同德，与日月共明，神圣威武的体魄，完全是从大自然得到的，因而能够推行上天的准则，使之传布万里，长江以南的地区，家家户户都蒙受恩泽。英雄豪杰以及得道的人士，没有不发自肺腑地歌颂，并以归顺为快乐。今年六月底，敬闻吉日里，黄龙腾起，陛下登基，恢复光大正道，整饬治理国法，将使我们这些被遗弃的百姓，见到真正的君主。从前周武王讨伐殷纣，殷民倒戈；汉高祖诛杀项羽，四面楚歌。和目前的形势相比，均不可同日而语。我吴质无法抑制自己如同昊天一样大的最愿望，谨派我亲信的同郡黄定恭敬出使，呈报章表，并向陛下拜托叛降事宜。长途跋涉，以求沟通，我想陈述的内容，均列在后面。”

第二条说：“从前伊尹离开夏朝，投奔商朝，陈平背弃楚军，归顺汉军，他们的功绩记载在史册，他们的美名流传在后代，国君不认为他们的举动是背叛行为，这是因为国君认为他们懂得天命。我从前为曹氏所接纳，外表托名君臣关系，实际如同骨肉至亲，情义深长，只能凝聚一起，不可能分离，因而授予我负责一方的职责，让我统率黄河以北的军队。在这种情况下，我的志向十分远大，决心永远与曹氏同生死，共存亡，只担心功勋没有建立，事业没有成就。到了魏文帝死后，幼主执政，谗言就四处兴起。同朝做官的人倚仗势力对我进行迫害，志趣不同的人以话语进行挑拨离间，而我的天性孤傲，一向不肯向他人屈服，看那几个人，他们的目的确实是要压垮我，这当然也是我的过失。最终我被邪恶的议论所陷害，招致幼主的猜疑，诬蔑我想叛变。虽然了解真情的人担保我的心是清白的，但世道混乱，谗言兴盛，幼主对我还留有疑心，我常常担心有一天会意外地遭受无辜冤屈，因而我忧心如焚，极其痛苦，好像在薄冰或火炭上行路。从前乐毅为燕昭王立下功劳，燕惠王即位后，由于猜疑褫夺了他的职位，他终于离开燕国到了赵国，他的功业并未因此减损。他哪里想对燕国离心离德呢？是因为担心功名不能再有建树，而且担心灾祸即将来临。先前我曾派魏郡人周光以做生意为名，到南方把叛逃的想法带过去，明确告诉他我的秘密计划。当时由于时间仓促，不敢马上使用章表，让周光传递口信而已。我认为天下的大致归宿已经可以看出来了，上天的意旨所指向的，除了吴国又有谁呢？这里的百姓都想做陛下的奴仆，他们伸长脖颈翘着脚跟，只怕吴国的大军来得太迟了。假如陛下降恩，对我稍微给予信任接纳，我必定用黄河以北的土地迎候天子的大军，我一片忠心赤诚，天上的太阳可为明鉴。然而周光南下一年，却没有一点音讯，不知我的这番心意他最终能否转达过去呢？我仰望南天，长声叹息，每日每月都在盼望着，即使鲁人盼望齐卿高奚敬仲，又怎么能和我的心情相比呢！另外我现在所受的待遇逐渐淡薄，各种谗言像苍蝇的声音，连绵不绝，我肯定会遭受谗言的祸害，只是早晚的事情罢了。我私下考虑，陛下没有垂示神明的慰勉，一定是认为我吴质贯彻仁义之道，不会做这样的事情，以为周光转达的话，虚假的可能性大，真实的可能性小，或者以为其中设有其他机关，却不知我吴质遭到谗言而被猜疑，正担心受到更大的迫害。况且我吴质倘若有罪时，必定会自己奔向鼎镬，捆束自己，等待处治，这恐怕是臣子应当做的事情。眼下我没有犯罪，而是意外地受到谗言毁谤，将要发生商鞅、白起那样的悲剧。权衡形势，离开魏国也是理所应当的。因毁谤而死，不能体现出道义，为什么不离开呢！乐毅的出奔，吴起的逃跑，君子同情他们不被礼遇，没有人非议否定他们的行为。希望陛下以古比今，不要猜疑责怪我吴质。或许陛下认为，作为臣子，既然得罪了君主，就应当像伍员那样奉献个人，自己效命，不应当侥幸地利用事态谋取利益。然而现在和古时的情况不同，南北距离遥远，又有江湖隔绝其间，如果不发动兵变，怎么能达到脱身的目的呢！因此我只能忘掉志士的气节，考虑立功的事宜。况且我又认为曹氏的后继人，并非天命所托，政治衰弱，刑法混乱，朝政大权被臣子篡夺，许多将领在外面滥用威势，各自为政，不能同心，军队衰败，仓库空虚，国法废弛，君臣同样昏聩。我想陛下前后多次获得魏国的叛逃者，这里的消息应该全部听说了。兼并弱小，攻击昏君，应当顺应天时，眼下正是陛下进取的时机，因此我才敢忠实地奉献我的计划。现在如果进军淮水、泗水一带，占领下邳，荆州、扬州这两州会闻风而动，起兵响应，我从黄河北岸席卷南下，几方面的军事力量联成一体，根基会永远坚固。关西的军队被他们守卫的地盘牵制，青州、徐州这两个州不敢撤离守备，许昌、洛阳剩下的兵力不足一万，谁能到东方和陛下争锋呢？这实在是千载难逢的一次机会，能不深刻地思考，细致地谋划吗？至于我驻守的地方，本来就盛产马匹，加以羌人、胡人经常在三四月间水草丰盛时，赶马出来，粗略估计目前的情况，可以得到三千多匹。陛下出兵，应当利用这个时间，多带些骑士就势利用这里的马。以上所谈的计划都是根据我掌握的具体情况预先制定的。凡两军对垒，对方的情况虚实是无法彻底弄清的，如今陛下已经得知这里确实虚弱，很容易就能大功告成，陛下只要采取行动，响应的人一定很多。上能确定宏伟事业，使整个天下统一起来，下能让我吴质建立非同寻常的功劳，这是天意。如果我的建议不被采纳，这也是天意。希望陛下考虑一下，我不再多说了。”

第三条说：“从前许子远背叛袁氏，投靠曹氏，他为曹氏出谋划策，分析利害关系，都被采纳接受，终于打败袁氏军队，从而奠定了曹氏的事业。假如曹氏不相信许子远，怀有疑心，犹豫不决，不能在心里拿定主意，那么现在的天下就归袁氏所有。希望陛下考虑一下。我暗中听说边境上的将领阎浮、赵楫想归顺伟大的教化，但没有迅速得到倡导和应和，以致失败灭亡。现在我一片忠心，从远方献身陛下，如果您再怀有疑心，不及时采取行动，使我孤立无援，陷于绝望，遭受这种惨重的祸患，只怕天下的英雄壮士想立功的人，不敢再归顺陛下了。希望陛下考虑一下。天帝地神，他们肯定也听到了我的话。”这篇文章传布以后，吴质却已经在魏国入朝任侍中了。

黄龙二年，青州人隐蕃归顺吴国，他上书说：“我听说殷纣王专行无道，微子预先逃出；汉高祖宽仁英明，陈平率先投靠。我二十二岁，抛弃了我的国家，归顺有道的君主，仰仗陛下的神灵，得以平安到达。我来到以后，逗留多日，而主事的人把我视同投降的人，没有被精细地加以区别对待，使我的微言大义不能送达陛下。我感到郁闷，经常叹息，什么时候才能熬到头呢！谨此来到宫阙，呈报章表，希望能蒙受召见。”孙权当下召见隐蕃。隐蕃回答问题，陈述当世政务，言谈很有见地。胡综当时陪坐，孙权问他隐蕃发表的议论如何，胡综回答说：“隐蕃呈上的章表，言语夸张好像东方朔，巧言诡辩好像祢衡，而才能却比不上那二位。”孙权又问隐蕃能够承担什么官职，胡综回答说：“他不能治理百姓，暂且用京都的小职务试试。”孙权因为隐蕃大谈刑狱问题，就让他任廷尉监。左将军朱据、廷尉郝普都称赞隐蕃有辅佐君王的才干，郝普和他尤为亲近友善，经常抱怨叹惜隐蕃的职位是委屈了他的才华。后来隐蕃阴谋叛乱，事情败露，被处死，郝普因为受到谴责而自杀。朱据被软禁起来，过了好长时间才被赦免。孙权任命胡综为偏将军，并让他兼任左执法，统理狱讼事务。辽东事件时，辅吴将军张昭因为劝谏孙权言辞过于急切，孙权也很生气，那些调解他们君臣关系，使他们之间没有产生嫌隙的人中，胡综起的作用是很大的。

胡综生性嗜好喝酒，酒后就狂呼大叫，放纵情怀，或是手推酒杯，用力打左右的人。孙权爱惜他的才能，没有责怪他。

从孙权执政以来，凡是各种文诰策命，写给邻国的书信，大体上都是胡综草拟的。起初由于国内国外事情繁多，专门制定科律，重要的官员遇到丧事，都不得离开职守，但多次有人违犯律令。孙权为此担忧，让朝廷大臣在下面讨论解决的办法。胡综认为："应当制定法律条文，用极刑告示众人，只要在一个人身上施用法律，以后必然能杜绝违法的现象。"孙权于是采用他的意见，从此奔丧的现象就杜绝了。

赤乌六年胡综去世，他的儿子胡冲继承爵位。胡冲性情温和，有文才，天纪年间任中书令。

徐详，字子明，吴郡乌程人，在胡综之前就死了。

【原文】评曰：是仪、徐详、胡综，皆孙权之时干兴事业者也。仪清恪贞素，详数通使命，综文采才用，各见信任，辟之广夏，其榱椽之佐乎！

【译文】评论说：是仪、徐详、胡综，都是孙权时期参与创办事业的人。是仪清明忠诚，坚贞素朴；徐详多次出使，沟通君命；胡综既有文采，又有才略。他们都被信任，用宏伟的大厦作比喻，他们恐怕都是椽木那样的重要辅助材料吧。

卷六十三　吴书十八

吴范刘惇赵达传第十八

吴范

【原文】吴范，字文则，会稽上虞人也。以治历数，知风气，闻于郡中。举有道，诣京都，世乱不行。会孙权起于东南，范委身服事，每有灾祥，辄推数言状，其术多效，遂以显名。

初，权在吴，欲讨黄祖，范曰："今兹少利，不如明年。明年戊子，荆州刘表亦身死国亡。"权遂征祖，卒不能克。明年，军出，行及寻阳，范见风气，因诣船贺，催兵急行，至即破祖，祖得夜亡。权恐失之，范曰："未远，必生禽祖。"至五更中，果得之。刘表竟死，荆州分割。

及壬辰岁，范又白言："岁在甲午，刘备当得益州。"后吕岱从蜀还，遇之白帝，说备部众离落，死亡且半，事必不克。权以难范，范曰："臣所言者天道也，而岱所见者人事耳。"备卒得蜀。

权与吕蒙谋袭关羽，议之近臣，多曰不可。权以问范，范曰："得之。"后羽在麦城，使使请降。权问范曰："竟当降否？"范曰："彼有走气，言降诈耳。"权使潘璋邀其径路，觇候者还，白羽已去。范曰："虽去不免。"问其期，曰："明日日中。"权立表下漏以待之。及中不至，权问其故，范曰："时尚未正中也。"顷之，有风动帷，范拊手曰："羽至矣。"须臾，外称万岁，传言得羽。

后权与魏为好，范曰："以风气言之，彼以貌来，其实有谋，宜为之备。"刘备盛兵西陵，范曰："后当和亲。"终皆如言。其占验明审如此。

权以范为骑都尉，领太史令，数从访问，欲知其决。范秘惜其术，不以至要语权。权由是恨之。[①]

①《吴录》曰：范独心计，所以见重者术，术亡则身弃矣，故终不言。

初，权为将军时，范尝白言："江南有王气，亥子之间有大福庆。"权曰："若终如言，以君为侯。"及立为吴王，范时侍宴，曰："昔在吴中，尝言此事，大王识之邪？"权曰："有之。"因呼左右，以侯绶带范。范知权欲以厌当前言，辄手推不受。及后论功行封，以范为都亭侯。诏临当出，权恚其爱道于己也，削除其名。

范为人刚直，颇好自称，然与亲故交接有终始。素与魏滕同邑相善。滕尝有罪，权责怒甚严，敢有谏者死。范谓滕曰："与汝偕死。"滕曰："死而无益，何用死为？"范曰："安能虑此，坐观汝邪！"乃髡头自缚诣门下，使铃下以闻。铃下不敢，曰："必死，不敢白。"范曰："汝有子邪？"曰："有。"曰："使汝为吴范死，子以属我。"铃下曰："诺。"

乃排闼入。言未卒，权大怒，欲便投以戟。逡巡走出，范因突入，叩头流血，言与涕并。良久，权意释，乃免滕。滕见范谢曰："父母能生长我，不能免我于死。丈夫相知，如汝足矣，何用多为！"①

①《会稽典录》曰：滕，字周林，祖父河内太守朗，字少英，列在八俊。滕性刚直，行不苟合，虽遭困逼，终不回挠。初亦迕策，几殆，赖太妃救得免，语见《妃嫔传》。历历阳、鄱阳、山阴三县令，鄱阳太守。

黄武五年，范病卒。长子先死，少子尚幼，于是业绝。权追思之，募三州有能举知术数如吴范、赵达者，封千户侯，卒无所得。①

①《吴录》曰：范先知其死日，谓权曰："陛下某日当丧军师。"权曰："吾无军师，焉得丧之？"范曰："陛下出军临敌，须臣言而后行，臣乃陛下之军师也。"至其日果卒。

臣松之案：范死时，权未称帝，此云"陛下"，非也。

【译文】吴范，字文则，会稽郡上虞县人。因钻研帝位相承秩序的内在奥妙及善于观风望气而闻名于郡界之内。被推举为有道，来到京都，由于世道混乱而没被任用。恰逢孙权在东南兴起，吴范便投奔到孙权麾下承担公职，一有吉凶灾变的征兆，他就推算运数并做出形容描述，由于这些预言大多应验，因此而名声大振。

当初，孙权还在吴郡时，曾打算讨伐黄祖，吴范说："现在实施的话还得不到显著的好处，不如等到明年再说。明年戊子那天，荆州牧刘表也将身死国亡。"孙权照旧发兵征讨黄祖，终于没能击败对手。第二年，又出兵讨伐，军队刚开到寻阳，吴范观风望气，到孙权船上道贺，并催动人马加速前进，一到就打败了黄祖，黄祖趁着夜色才得以逃走。孙权担心黄祖逃脱，吴范说："黄祖逃去不远，我们必定能活捉他。"到了五更时分，果然捉住了黄祖。刘表最终也在此时病死，荆州被吴、蜀分割。

到了壬辰年，吴范又报告说："甲午那年，刘备将得到益州。"后来吕岱从蜀中返回，曾在白帝城与刘备相遇，据他说刘备人马离散，死亡近半，进占益州的图谋必定不会成功。孙权因此诘难吴范，吴范说："我所说的是天意，而吕岱所看见的只是人事罢了。"刘备最终得到了蜀地。

孙权与吕蒙谋划突袭关羽，与亲近大臣会商，大臣们多数认为不可执行。孙权拿这事询问吴范，吴范说："能够击败关羽。"后来关羽逃到麦城，派使者请求投降。孙权问吴范说："他终究会肯投降吗？"吴范说："他有逃走的征兆，说要投降是他的欺骗手段而已。"孙权让潘璋截断关羽逃走时的必经之路，负责侦察的士兵回来，禀报说关羽已经逃离麦城。吴范说："关羽尽管已经逃走还是会被抓获。"问他关羽被捉的时间，他回答说："明天正午。"孙权设立测量日影的标杆并打开计时沙漏以等待那个时刻到来。第二天到了中午还没有关羽被抓获的消息传到，孙权询问原因，吴范说："时间还没到正午时分。"不久，有风吹动帷帐，吴范拍手说："关羽到了。"片刻之间，就听得外面欢呼万岁，传话说关羽已被抓获。

后来孙权与曹魏和好，吴范说："根据占候显示的征兆分析，魏国与我们联合是表面现象，实际上另有图谋，应该加以防备。"刘备大举屯兵于西陵，吴范说："稍后还是会友好亲善我们。”事情最终都像他预言的那样。他的占卜灵验到了如此明察精细的地步。

孙权任命吴范为骑都尉，兼任太史令，多次屈身请教，想了解他的秘诀。吴范珍惜自己的占卜术，不肯把其间最关键的秘诀告诉孙权。孙权由此对吴范怀恨在心。

当初，孙权还只是讨虏将军时，吴范曾对他说起过：“江南有象征帝王运数的祥瑞之气，亥子年将出现值得大庆的事件。”孙权说：“倘若最终像你所说的那样，就封你为侯。”孙权被魏国册立为吴王时，吴范当时也在陪宴之列，他对孙权说：“从前还是在吴郡时，我曾说过会有今天这样的大事，大王还记得吗？”孙权说：“有这事。”便叫左右亲近拿来侯爵的绶带给吴范。吴范知道孙权想以此搪塞以前的承诺，当即挥手推开不接受。到后来论功行赏时，孙权任命吴范为都亭侯。诏令将要发出之际，孙权恼恨吴范对自己吝惜道术，便在诏令上削去了他的名字。

吴范为人刚强正直，很是喜欢自我称扬，但是与亲朋老友交往有始有终。他向来跟同乡魏滕友好。魏滕曾经有罪，孙权对他的怒责极为严厉，谁要斗胆劝说便予以处死。吴范对魏滕说：“我与你同死。”魏滕说：“你死了也于事无补，为什么害自己白死呢？”吴范说：“我怎能顾忌这些东西而眼睁睁地看着你被处死呢！”吴范便剃去头发自行捆绑来到宫门前，让守门人去向孙权通报。守门人不敢，说：“一通报就必死无疑，我不敢去说。”吴范说：“你有孩子吗？”守门人说：“有。”吴范说：“假使你为我吴范而死，你的孩子全交我抚养。”守门人说：“好。”便推门而入。他的话还没说完，孙权便大发雷霆，打算掷戟杀掉他。守门人恭顺地走出，吴范趁势闯进去，叩头流血，声泪交加。过了很久，孙权怒气消解，于是免了魏滕的死罪。魏滕见了吴范拜谢说：“父母能生我养我，但不能免我于一死。大丈夫相交知心，像你这样的人一个就足够了，何必要许多！”

黄武五年，吴范因病去世。长子已先于他死去，而小儿子还年幼，于是他的占卜妙技就此失传。孙权追念他，便招募三州中像吴范、赵达这样精于方术，通过对自然现象的观察便能推测人的气数和命运的高人，封他们为千户侯，但到最后也没能找到这样的人物。

刘惇

【原文】刘惇，字子仁，平原人也。遭乱避地，客游庐陵，事孙辅。以明天官达占数显于南土。每有水旱寇贼，皆先时处期，无不中者。辅异焉，以为军师，军中咸敬事之，号曰神明。

建安中，孙权在豫章，时有星变，以问惇，惇曰：“灾在丹杨。”权曰：“何如？”曰：“客胜主人，到某日当得问。”是时边鸿作乱，卒如惇言。

惇于诸术皆善，尤明太乙，皆能推演其事，穷尽要妙，著书百余篇，名儒刁玄称以为奇。惇亦宝爱其术，不以告人，故世莫得而明也。

【译文】刘惇，字子仁，平原郡人。遭遇战乱逃到外地避祸，旅居庐陵，奉事孙辅。

因懂得天文通晓占卜而显名南方。每次有水旱天灾及兵匪灾变，他都能预先指明灾变发生的时间和地点，没有哪次不能应验。孙辅对此表示惊异，以刘惇为军师，军队里的人全都尊敬侍奉他，号称为神明。

建安年间，孙权正在豫章郡，当时有星象变化，以此询问刘惇，刘惇说："灾变应在丹杨郡。"孙权又问："结果如何？"刘惇说："客兵战胜主人，到某一天就会得到消息。"当时边鸿作乱，最终和刘惇所说的一样。

刘惇对各种方术都很精通，尤其精通太乙天道，有关这方面的事都能推论演绎，极为透彻地发现个中奥妙，著书一百余篇，名儒刁玄称道这些著述，认为它们非常奇妙。刘惇也十分珍视自己的方术，不把它们告诉别人，所以世人没有谁能够明白其间的奥妙所在。

赵达

【原文】赵达，河南人也。少从汉侍中单甫受学，用思精密，谓东南有王者气，可以避难，故脱身渡江。治九宫一算之术，究其微旨，是以能应机立成，对问若神，至计飞蝗，射隐伏，无不中效。或难达曰："飞者固不可校，谁知其然，此殆妄耳。"达使其人取小豆数斗，播之席上，立处其数，验覆果信。尝过知故，知故为之具食。食毕，谓曰："仓卒乏酒，又无嘉肴，无以叙意，如何？"达因取盘中只箸，再三从横之，乃言："卿东壁下有美酒一斛，又有鹿肉三斤，何以辞无？"时坐有他宾，内得主人情，主人惭曰："以卿善射有无，欲相试耳，竟效如此。"遂出酒酣饮。又有书简上作千万数，著空仓中封之，令达算之。达处如数，云："但有名无实。"其精微若是。

达宝惜其术，自阚泽、殷礼皆名儒善士，亲屈节就学，达秘而不告。太史丞公孙滕少师事达，勤苦累年，达许教之者有年数矣，临当喻语而辄复止。滕他日赍酒具，候颜色，拜跪而请，达曰："吾先人得此术，欲图为帝王师，至仕来三世，不过太史郎，诚不欲复传之。且此术微妙，头乘尾除，一算之法，父子不相语。然以子笃好不倦，今真以相授矣。"饮酒数行，达起取素书两卷，大如手指，达曰："当写读此，则自解也。吾久废，不复省之，今欲思论一过，数日当以相与。"滕如期往，至乃阳求索书，惊言失之，云："女婿昨来，必是渠所窃。"遂从此绝。

初，孙权行师征伐，每令达有所推步，皆如其言。权问其法，达终不语，由此见薄，禄位不至。[①]

①《吴书》曰：初，权即尊号，令达算作天子之后当复几年，达曰："高祖建元十二年，陛下倍之。"权大喜，左右称万岁。果如达言。

达常笑谓诸星气风术者曰："当回算帷幕，不出户牖以知天道，而反昼夜暴露以望气祥，不亦难乎！"闲居无为，引算自校，乃叹曰："吾算讫尽某年月日，其终矣。"达妻数见达效，闻而哭泣。达欲弭妻意，乃更步算，言："向者谬误耳，尚未也。"后如期死。权闻达有书，求之不得，乃录问其女，及发达棺，无所得，法术绝焉。[①]

①《吴录》曰：皇象，字休明，广陵江都人。幼工书。时有张子并、陈梁甫能书。

甫恨逋，并恨峻，象斟酌其间，甚得其妙，中国善书者不能及也。严武，字子卿，卫尉畯再从子也，围棋莫与为辈。宋寿占梦，十不失一。曹不兴善画，权使画屏风，误落笔点素，因就以作蝇。既进御，权以为生蝇，举手弹之。孤城郑妪能相人，及范、惇、达八人，世皆称妙，谓之八绝云。◎《晋阳秋》曰：吴有葛衡字思真，明达天官，能为机巧，作浑天，使地居于中，以机动之，天转而地止，以上应晷度。

【译文】赵达，河南人。年轻时随汉朝侍中单甫求学，思维精密，他说东南方向有帝王之气，可以作为避难之所，所以从北方脱身渡过长江。钻研九宫一算之术，探求其中精深微妙的要领，因此能随机应变立刻完成，问答交谈如同神明，到了计算飞蝗数量，猜度隐藏着的事物，无不灵验的地步。有人诘难赵达说："飞动的东西本就无法验证，谁又能知道它的数量是不是你所说的那么回事，这只怕是你胡乱虚构一通罢了。"赵达让那人取来几斗小豆，撒在席子上，他立即说出小豆的总数，经过检验果然真实无误。他曾经去拜访一位老友，老友做了饭食接待。等他吃完，老友对他说："仓促之际没去买酒，又无佳肴，无法畅叙情怀，怎么办呢？"赵达便拿过盘中的一只筷子，反复纵横摆弄，之后便说："您的东墙下面有美酒一斛，又有鹿肉三斤，为什么借口说没有呢？"当时在座的还有别的客人，这样一来便都知道了主人的内情，主人惭愧地说："因为你善于猜测有无，我不过是试你一下而已，居然真的如此灵验。"于是拿出酒来大家开怀畅饮。还有一次有人在简牍上写了上千万的数目，放在空仓里封存起来，让赵达算出仓库里粮食的多寡。赵达算出主人写在简上的数目之后，说："只不过是有名无实。"他在射数方面的造诣都像这样的精深微妙。

赵达极度珍惜自己的技艺，像阚泽、殷礼这些著名的儒学有德人士，都曾亲自登门屈身向他求教，赵达却保守秘密而不肯告知。太史丞公孙滕年轻时拜赵达为师学艺，勤苦多年，赵达同意教他也有好些年了，但临到要告诉他时又总是打消了念头。公孙滕某一天带着美酒佳肴到来，观察赵达的脸色，拜跪请求赵达传授秘诀。赵达说："我祖先获得这项技艺，想要做帝王的师傅，但仕宦以来已经三代，最大的官职也只不过是太史郎，实在不想再把它传承下去。况且这项技艺很微妙，前面乘后边除，得到一算的法门，就是父子之间也不相互告知。但是因你特别好学，孜孜不倦，如今我真的要把它传授给你了。"饮酒几遍，赵达起身取来两卷白色绢书，宽窄有如手指，说："你应当抄写阅读这些帛书，就能自己明了了。我很久没碰过它们，不再像当年那样明白，现在想着重新思考推敲一遍，过几天我会把它们交付给你。"公孙滕按时前往，赵达见他到来就假意找那帛书，然后露出吃惊的样子说书不见了，回头又道："女婿昨天来过，必定是他偷走的。"于是那书便从此绝迹不见了。

当初，孙权出师征伐，往往叫赵达推算，结果都如他所说的那样。孙权询问他所用方法，赵达始终不讲，为此遭到孙权鄙薄，没有给他更高的官职爵位。

赵达常常笑着对那些靠占星望气观风来推断吉凶的占卜者说："应该回去在帐幕中推算，不出门户就知道天意，但你们却反过来无论白天黑夜都待在外面以便观望云气变异，不也是很难如愿吗！"他在家闲着无事，便拿出算筹推算自己的命运，因而叹息说："我的寿命结束于某年某月某日，我就要告别人世了。"赵达的妻子多次看到赵达推算的灵验，听后便哭泣不止。赵达想消除妻子的担忧，就重新推步运算，说："刚才的推算有误，还没到寿终之时呢。"后来他果真死于自己所推算的那一天。孙权听说赵达有这方面的书籍，索取没能得到，就逮捕审问他的女儿，甚至打开赵达的棺材搜寻，仍是一无所获，赵达的技艺和推算方法就此绝灭了。

【原文】评曰：三子各于其术精矣，其用思妙矣，然君子等役心神，宜于大者远者，是以有识之士，舍彼而取此也。①

① 孙盛曰：夫玄览未然，逆鉴来事，虽裨灶、梓慎其犹病诸，况术之下此者乎？《吴史》书达知东南当有王气，故轻举济江。魏承汉绪，受命中畿，达不能豫睹兆萌，而流窜吴越。又不知吝术之鄙，见薄于时，安在其能逆睹天道而审帝王之符瑞哉？昔圣王观天地之文，以画八卦之象，故亹亹成于蓍策，变化形乎六爻，是以三《易》虽殊，卦繇理一，安有回转一筹，可以钩深测隐，意对逆占，而能遂知来物者乎？流俗好异，妄设神奇，不幸之中，仲尼所弃，是以君子志其大者，无所取诸。

臣松之以为：盛云"君子志其大者，无所取诸"，故评家之旨，非新声也。其余所讥，则皆为非理。自中原酷乱，至于建安，数十年间，生民殆尽，比至小康，皆百死之余耳。江左虽有兵革，不能如中国之甚也，焉知达不算其安危，知祸有多少，利在东南，以全其身乎？而责不知魏氏将兴，流播吴越，在京房之筹，犹不能自免刑戮，况达但以秘术见薄，在悔吝之间乎！古之道术，盖非一方，探赜之功，岂惟六爻？苟得其要，则可以易而知之矣，回转一筹，胡足怪哉？达之推算，穷其要妙以知幽测隐，何愧于古！而以裨、梓限之，谓达为妄，非笃论也。

《抱朴子》曰：时有葛仙公者，每饮酒醉，常入人家门前陂水中卧，竟日乃出。曾从吴主别，到洌州，还遇大风，百官船多没，仙公船亦沉沦，吴主甚怅恨。明日使人钩求公船，而登高以望焉。久之，见公步从水上来，衣履不沾，而有酒色。既见而言曰："臣昨侍从而伍子胥见请，暂过设酒，忽忽不得，即委之。"又有姚光者，有火术。吴主身临试之，积荻数千束，使光坐其上，又以数千束荻裹之，因猛风而燔之。荻了尽，谓光当以化为烬，而光端坐灰中，振衣而起，把一卷书。吴主取其书视之，不能解也。又曰：吴景帝有疾，求觋视者，得一人。景帝欲试之，乃杀鹅而埋于苑中，架小屋，施床几，以妇人屐履服物著其上，乃使觋视之。告曰："若能说此冢中鬼妇人形状者，当加赏而即信矣。"竟日尽夕无言，帝推问之急，乃曰："实不见有鬼，但见一头白鹅立墓上，所以不即白之，疑是鬼神变化作此相，当候其真形而定。无复移易，不知何故，不敢不以实上闻。"景帝乃厚赐之。然则鹅死亦有鬼也。

葛洪《神仙传》曰：仙人介象，字元则，会稽人，有诸方术。吴主闻之，征象到武昌，甚敬贵之，称为介君，为起宅，以御帐给之，赐遗前后累千金，从象学蔽形之术。试还后宫，及出殿门，莫有见者。又使象作变化，种瓜菜百果，皆立生可食。吴主共论鲙鱼何者最美，象曰："鲻鱼为上。"吴主曰："论近道鱼耳，此出海中，安可得邪？"象曰："可得耳。”乃令人于殿庭中作方坎,汲水满之,并求钩。象起饵之,垂纶于坎中。须臾,果得鲻鱼。吴主惊喜,问象曰:“可食不?”象曰:“故为陛下取以作生鲙,安敢取不可食之物!”乃使厨下切之。吴主曰:“闻蜀使来,得蜀姜作齑甚好,恨尔时无此。”象曰:“蜀姜岂不易得?愿差所使者,并付直。”吴主指左右一人,以钱五十付之。象书一符,以著青竹杖中,使行人闭目骑杖,杖止,便买姜讫,复闭目。此人承其言骑杖,须臾止,已至成都,不知是何处,问人,人言是蜀市中,乃买姜。于时吴使张温先在蜀,既于市中相识,甚惊,便作书寄其家。此人买姜毕,捉书负姜,骑杖闭目,须臾已还到吴,厨下切鲙适了。

臣松之以为:葛洪所记,近为惑众,其书文颇行世,故撮取数事,载之篇末也。神仙之术,讵可测量?臣之臆断,以为惑众,所谓“夏虫不知冷冰”耳。

【译文】评论说:上述三人在各自掌握的技艺都精密深奥,运用心思也到了奇妙的境界,然而君子同样运用心思精力,应该是用在大而长远的方面,因此见识卓越的人,都是舍弃前者而选择后者。

卷六十四　吴书十九

诸葛滕二孙濮阳传第十九

诸葛恪

【原文】诸葛恪，字元逊，瑾长子也。少知名。[①] 弱冠拜骑都尉，与顾谭、张休等侍太子登讲论道艺，并为宾友。从中庶子转为左辅都尉。

①《江表传》曰：恪少有才名，发藻岐嶷，辩论应机，莫与为对。权见而奇之，谓瑾曰："蓝田生玉，真不虚也。"◎《吴录》曰：恪长七尺六寸，少须眉，折頞广额，大口高声。

恪父瑾面长似驴，孙权大会群臣，使人牵一驴入，长检其面，题曰"诸葛子瑜"。恪跪曰："乞请笔益两字。"因听与笔。恪续其下曰"之驴"。举坐欢笑，乃以驴赐恪。他日复见，权问恪曰："卿父与叔父孰贤？"对曰："臣父为优。"权问其故，对曰："臣父知所事，叔父不知，以是为优。"权又大噱。命恪行酒，至张昭前，昭先有酒色，不肯饮，曰："此非养老之礼也。"权曰："卿其能令张公辞屈，乃当饮之耳。"恪难昭曰："昔师尚父九十，秉旄仗钺，犹未告老也。今军旅之事，将军在后，酒食之事，将军在先，何谓不养老也？"昭卒无辞，遂为尽爵。后蜀使至，群臣并会，权谓使曰："此诸葛恪雅好骑乘，还告丞相，为致好马。"恪因下谢，权曰："马未至而谢何也？"恪对曰："夫蜀者陛下之外厩，今有恩诏，马必至也，安敢不谢？"恪之才捷，皆此类也。[①] 权甚异之，欲试以事，令守节度。节度掌军粮谷，文书繁猥，非其好也。[②]

①《恪别传》曰：权尝飨蜀使费祎，先逆敕群臣："使至，伏食勿起。"祎至，权为辍食，而群下不起。祎啁之曰："凤凰来翔，骐驎吐哺。驴骡无知，伏食如故。"恪答曰："爰植梧桐，以待凤凰。有何燕雀，自称来翔？何不弹射，使还故乡！"祎停食饼，索笔作《麦赋》，恪亦请笔作《磨赋》，咸称善焉。权尝问恪："顷何以自娱，而更肥泽？"恪对曰："臣闻富润屋，德润身，臣非敢自娱，修己而已。"又问："卿何如滕胤？"恪答曰："登阶蹑履，臣不如胤；回筹转策，胤不如臣。"恪尝献权马，先鎸其耳。范慎时在坐，嘲恪曰："马虽六畜，禀气于天，今残其耳，岂不伤仁？"恪答曰："母之于女，恩爱至矣，穿耳附珠，何伤于仁？"太子尝嘲恪："诸葛元逊可食马矢。"恪曰："愿太子食鸡卵。"权曰："人令卿食马矢，卿使人食鸡卵何也？"恪曰："所出同耳。"权大笑。◎《江表传》曰：曾有白头鸟集殿前，权曰："此何鸟也？"恪曰："白头翁也。"张昭自以坐中最老，疑恪以鸟戏之，因曰："恪欺陛下，未尝闻鸟名白头翁者，试使恪复求白头母。"恪曰："鸟名鹦母，未必有对，试使辅吴复求鹦父。"昭不能答，坐中皆欢笑。

②《江表传》曰：权为吴王，初置节度官，使典掌军粮，非汉制也。初用侍中偏将军徐详，详死，将用恪。诸葛亮闻恪代详，书与陆逊曰："家兄年老，而恪性疏，今使典

主粮谷，粮谷军之要最，仆虽在远，窃用不安。足下特为启至尊转之。”逊以白权，即转恪领兵。

恪以丹杨山险，民多果劲，虽前发兵，徒得外县平民而已，其余深远，莫能禽尽，屡自求乞为官出之，三年可得甲士四万。众议咸以丹杨地势险阻，与吴郡、会稽、新都、鄱阳四郡邻接，周旋数千里，山谷万重，其幽邃民人，未尝入城邑，对长吏，皆仗兵野逸，白首于林莽。逋亡宿恶，咸共逃窜。山出铜铁，自铸甲兵。俗好武习战，高尚气力，其升山赴险，抵突丛棘，若鱼之走渊，猨狖之腾木也。时观间隙，出为寇盗，每致兵征伐，寻其窟藏。其战则蜂至，败则鸟窜，自前世以来，不能羁也，皆以为难。恪父瑾闻之，亦以事终不逮，叹曰：“恪不大兴吾家，将大赤吾族也。”恪盛陈其必捷。权拜恪抚越将军，领丹杨太守，授棨戟武骑三百。拜毕，命恪备威仪，作鼓吹，导引归家，时年三十二。

恪到府，乃移书四郡属城长吏，令各保其疆界，明立部伍，其从化平民，悉令屯居。乃分内诸将，罗兵幽阻，但缮藩篱，不与交锋，候其谷稼将熟，辄纵兵芟刈，使无遗种。旧谷既尽，新田不收，平民屯居，略无所入，于是山民饥穷，渐出降首。恪乃复敕下曰：“山民去恶从化，皆当抚慰，徙出外县，不得嫌疑，有所执拘。”臼阳长胡伉得降民周遗，遗旧恶民，困迫暂出，内图叛逆，伉缚送诸府。恪以伉违教，遂斩以徇，以状表上。民闻伉坐执人被戮，知官惟欲出之而已，于是老幼相携而出，岁期，人数皆如本规。恪自领万人，余分给诸将。

权嘉其功，遣尚书仆射薛综劳军。综先移恪等曰：“山越恃阻，不宾历世，缓则首鼠，急则狼顾。皇帝赫然，命将西征，神策内授，武师外震。兵不染锷，甲不沾汗。元恶既枭，种党归义，荡涤山薮，献戎十万。野无遗寇，邑罔残奸。既埽凶慝，又充军用。藜莠稂莠，化为善草。魑魅魍魉，更成虎士。虽实国家威灵之所加，亦信元帅临履之所致也。虽《诗》美执讯，《易》嘉折首，周之方、召，汉之卫、霍，岂足以谈？功轶古人，勋超前世。主上欢然，遥用叹息。感《四牡》之遗典，思饮至之旧章，故遣中台近官，迎致犒赐，以旌茂功，以慰劬劳。”拜恪威北将军，封都乡侯。恪乞率众佃庐江、皖口，因轻兵袭舒，掩得其民而还。复远遣斥候，观相径要，欲图寿春，权以为不可。

【译文】诸葛恪，字元逊，是诸葛瑾的大儿子。年纪轻轻就有名声。二十岁左右被任命为骑都尉，与顾谭、张休等人一起入侍太子孙登，讲论先王之道及六艺，都是太子的宾客。从中庶子调任为左辅都尉。

诸葛恪的父亲诸葛瑾长着一张大驴脸，有一次孙权宴会群臣，让人牵来一头驴，在驴脸上贴上长标签，书写上“诸葛子瑜”四个大字。诸葛恪跪下说：“请给我一支笔增添两个字。”孙权命人给他笔，诸葛恪在标签下边接着写道“之驴”二字，在座之人都哈哈大笑起来，于是孙权将这头驴赐给诸葛恪。有一天孙权又看到诸葛恪，问道：“你父亲与你叔父二人相比，谁更贤能一些？”诸葛恪回答说：“我父亲更加贤能一些。”孙权询问其原因，诸葛恪回答说：“我父亲知道该为谁做事，叔父却不清楚，因此比起来我父亲更贤能一些。”孙权又大笑起来。还有一次孙权命令诸葛恪给大家依次敬酒，行酒到张昭面前的时候，张昭已有醉意，不愿意再饮，对诸葛恪说："这并非敬老的礼节。"孙权对诸葛恪说："你要叫张公理屈词穷，那样他便会喝了。"于是诸葛恪质问张昭说："从前太师姜尚九十岁的时候，统率军队，执旗持钺，还不曾说自己年老。如今带兵打仗的事，安排将军您在后，饮酒吃饭的事，安排将军您在前，怎么可以说我们不敬老呢？"张昭无话可说，只好尽饮杯中之酒。后来蜀国使者出使吴国，群臣都来会见，孙权对使者说："这位诸葛恪一向喜欢骑马，回去告诉你们丞相，送给他一匹好马来。"诸葛恪听到孙权的话便跪拜致谢，孙权说："马还没有送来，为何谢恩呢？"诸葛恪回答说："蜀国是陛下外面的马房，今天您下了恩诏，马是肯定会送来的，我怎么敢不谢恩呢？"诸葛恪的才思敏捷，都与以上所举的事例类似。孙权感到他非比寻常，想安排具体的政事考察他，命他代理节度之职。节度掌管军队的粮草，这一职务公文繁多，并非诸葛恪所喜欢的。

诸葛恪因为丹杨郡山高路险，百姓大多勇敢顽强，尽管以前曾出兵进剿，也只是获得一些边缘县区的平民罢了，那些居住在偏远深山里的顽民，不能全部抓到，所以，诸葛恪多次请求担任丹杨郡的官员，说用三年时间就能够招募到四万兵士。大家都认为丹杨地势险恶，又和吴郡、会稽、新都、鄱阳四郡接壤，边界线绵延数千里，山谷层峦叠嶂，那些居住在深山老林里的人们，没有进过城邑，没有看到过官长，皆拿着兵器在野地里乱跑，在山林里生存白头到死。逃犯、恶徒也纠结在一起在山林里逃窜。山中出产铜铁，他们自己制造兵器铠甲。习俗又崇尚武功，熟悉打仗，崇尚勇力，他们登山越险，穿越荆棘丛林，就如同鱼游深渊、猿猴攀缘树木那样容易。他们总是窥伺可乘之机，出山骚扰抢掠，官府每次都要用军队征伐，寻找他们躲藏的巢穴。打仗的时候他们蜂拥而至，打败了就好似受惊的鸟兽一样逃窜，从前代以来，政府一直无法控制他们，都认为制服山越是极为艰难的事情。诸葛恪的父亲诸葛瑾听说儿子主动请求招引山越人出山的事情后，也认为事情最终很难成功，叹息道："诸葛恪不能兴旺家门，将要带给我们灭族之祸啊。"诸葛恪极力陈述他必定能成功的理由。孙权任命他做抚越将军，兼任丹杨太守，又授予他执棨戟仪仗的骑兵三百人。授官仪式完毕后，孙权命令为诸葛恪准备好仪仗队，擂鼓吹号，在前开道送诸葛恪回家，当年他三十二岁。

诸葛恪去往丹杨郡上任后，给邻近四郡所属的县城官员发布文书，命他们各自镇守自己的地界，组建军队，让那些接受教化的平民安居乐业。然后部署众将领，命他们分别把守险重要关口，只是修缮好防御工事，不与山越人正面交锋，等到粮食快熟的时候，就派遣士兵去抢收，连种子也不留下。那些山越人旧粮早已吃完，新庄稼又收不到，周围百姓又都已经定居，一点儿粮食也进不到山里，这样山越人饥饿困顿，慢慢开始出山投降。诸葛恪又告诫下属说："山越百姓改掉恶习接受教化，应当安抚慰问，让他们迁到外县定居，不能因为嫌弃怀疑而逮捕他们。"臼阳县长胡伉得到降民周遗，周遗在之前是恶民，因无可奈何暂时出山归降，内心还想要叛乱作恶，胡伉把他绑到郡府。诸葛恪认为胡伉违背了命令，将他斩首示众，并把这件事写了表文上报朝廷。百姓听说胡伉因肆意逮捕人被杀，知道官府只是想让山民出山而已，于是扶老携幼出山，一年后，实现了得兵士四万人的计划。诸葛恪自己督领一万人，剩下的分给诸将领。

孙权称赞诸葛恪的功劳，派遣尚书仆射薛综前去慰劳他的军队。薛综先写文书给诸葛恪等人说："山越人仗着险要地势，几代以来都没有臣服，对他们放松一点儿，他们便会扰乱不止，逼急了还要反叛。皇帝发怒，命令将军向西讨伐，在朝廷内授予神奇的计策，军队威名震动四野。兵不血刃，铠甲上还未曾沾上汗水，便斩杀敌首，党徒随之归附，扫荡涤除了位于深山密林中的凶寇，进献了十万人。野外没有留下匪寇，城邑中也清除了残余的奸人。不仅扫除了凶敌，而且还充实了兵员。使杂草稗莠，都变成对人有好处的良草。使各种恶势力，都变成了勇敢的兵士。这虽然是朝廷的声威镇压于他们的缘故，也的确是元帅您亲自率兵征讨的结果。即使《诗经》赞美俘获敌人、审讯祸首，《易经》庆贺杀掉罪魁，周朝的方叔、召穆公，汉朝的卫青、霍去病，又如何能和将军您的功劳相提并论呢？您的功绩远超古人，功勋超过前代。皇帝欣喜高兴，远远地赞叹您的功劳。他感念《四牡》所表达的慰劳使者归来的旧制，思慕凯旋告庙庆贺的旧礼，因此派尚书台近侍官员来迎接将军，犒劳赏赐军队，用来表彰您的伟大功绩，慰问辛勤的将士。"孙权拜诸葛恪为威北将军，封都乡侯。诸葛恪请求率领大军在庐江、皖口屯田，并趁机率轻兵偷袭舒县，趁其不备掠得百姓而还。又往远处派遣侦察人员，查看必经之路，打算图谋寿春，孙权拒绝了他的请求。

【原文】赤乌中，魏司马宣王谋欲攻恪，权方发兵应之，望气者以为不利，于是徙恪屯于柴桑。与丞相陆逊书曰："杨敬叔传述清论，以为方今人物雕尽，守德业者不能复几，宜相左右，更为辅车，上熙国事，下相珍惜。又疾世俗好相谤毁，使已成之器，中有损累，将进之徒，意不欢笑。闻此喟然，诚独击节。愚以为君子不求备于一人，自孔氏门徒大数三千，其见异者七十二人，至于子张、子路、子贡等七十之徒，亚圣之德，然犹各有所短，师辟由喭，赐不受命，岂况下此而无所阙？且仲尼不以数子之不备而引以为友，不以人所短弃其所长也。加以当今取士，宜宽于往古，何者？时务从横，而善人单少，国家职司，常苦不充。苟令性不邪恶，志在陈力，便可奖就，骋其所任。若于小小宜适，私行不足，皆宜阔略，不足缕责。且士诚不可纤论苛克，苛克则彼贤圣犹将不全，况其出入者邪？故曰以道望人则难，以人望人则易，贤愚可知。自汉末以来，中国士大夫如许子将辈，所以更相谤讪，或至于祸，原其本起，非为大雠，惟坐克己不能尽如礼，而责人专以正义。夫己不如礼，则人不服。责人以正义，则人不堪。内不服其行，外不堪其责，则不得不相怨。相怨一生，则小人得容其间。得容其间，则三至之言，浸润之谮，纷错交至，虽使至明至亲者处之，犹难以自定，况已为隙，且未能明者乎？是故张、陈至于血刃，萧、朱不终其好，本由于此而已。夫不舍小过，纤微相责，久乃至于家户为怨，一国无复全行之士也。"恪知逊以此嫌己，故遂广其理而赞其旨也。会逊卒，恪迁大将军，假节，驻武昌，代逊领荆州事。

久之，权不豫，而太子少，乃征恪以大将军领太子太傅，中书令孙弘领少傅。权疾困，召恪、弘及太常滕胤、将军吕据、侍中孙峻，属以后事。[①]

①《吴书》曰：权寝疾，议所付托。时朝臣咸皆注意于恪，而孙峻表恪器任辅政，可付大事。权嫌恪刚很自用，峻以当今朝臣皆莫及，遂固保之，乃征恪。后引恪等见卧内，受诏床下，权诏曰："吾疾困矣，恐不复相见，诸事一以相委。"恪歔欷流涕曰："臣等皆受厚恩，当以死奉诏，愿陛下安精神，损思虑，无以外事为念。"权诏有司诸事一统于恪，惟杀生大事然后以闻。为治第馆，设陪卫。群官百司拜揖之仪，各有品序。诸法令有不便者，条列以闻，权辄听之。中外翕然，人怀欢欣。

翌日，权薨。弘素与恪不平，惧为恪所治，秘权死问，欲矫诏除恪。峻以告恪，恪请弘咨事，于坐中诛之，乃发丧制服。与弟公安督融书曰："今月十六日乙未，大行皇帝委弃万国，群下大小，莫不伤悼。至吾父子兄弟，并受殊恩，非徒凡庸之隶，是以悲恸，肝心圮裂。皇太子以丁酉践尊号，哀喜交并，不知所措。吾身受顾命，辅相幼主，窃自揆度，才非博陆而受姬公负图之托，惧忝丞相辅汉之效，恐损先帝委付之明，是以忧惭惶惶，所虑万端。且民恶其上，动见瞻观，何时易哉？今以顽钝之姿，处保傅之位，艰多智寡，任重谋浅，谁为唇齿？近汉之世，燕、盖交遘，有上官之变，以身值此，何敢怡豫邪？又弟所在，与贼犬牙相错，当于今时整顿军具，率厉将士，警备过常，念出万死，无顾一生，以报朝廷，无忝尔先。又诸将备守各有境界，犹恐贼虏闻讳，恣睢寇窃。边邑诸曹，已别下约敕，所部督将，不得妄委所戍，径来奔赴。虽怀怆怛不忍之心，公义夺私，伯禽服戎，若苟违戾，非徒小故。以亲正疏，古人明戒也。"恪更拜太傅。于是罢视听，息校官，原逋责，除关税，事崇恩泽，众莫不悦。恪每出入，百姓延颈，思见其状。

初，权黄龙元年迁都建业，二年筑东兴堤遏湖水。后征淮南，败以内船，由是废不复修。恪以建兴元年十月会众于东兴，更作大堤，左右结山侠筑两城，各留千人，使全端、留略守之，引军而还。魏以吴军入其疆土，耻于受侮，命大将胡遵、诸葛诞等率众七万，欲攻围两坞，图坏堤遏。恪兴军四万，晨夜赴救。遵等敕其诸军作浮桥度，陈于堤上，分兵攻两城。城在高峻，不可卒拔。恪遣将军留赞、吕据、唐咨、丁奉为前部。时天寒雪，魏诸将会饮，见赞等兵少，而解置铠甲，不持矛戟，但兜鍪刀楯，裸身缘遏，大笑之，不即严兵。兵得上，便鼓噪乱斫。魏军惊扰散走，争渡浮桥，桥坏绝，自投于水，更相蹈藉。乐安太守桓嘉等同时并没，死者数万。故叛将韩综为魏前军督，亦斩之。获车乘牛马驴骡各数千，资器山积，振旅而归。进封恪阳都侯，加荆、扬州牧，督中外诸军事，赐金一百斤，马二百匹，缯布各万匹。

恪遂有轻敌之心，以十二月战克，明年春，复欲出军。[①]诸大臣以为数出罢劳，同辞谏恪，恪不听。中散大夫蒋延或以固争，扶出。

①《汉晋春秋》曰：恪使司马李衡往蜀说姜维，令同举，曰："古人有言，圣人不能为时，时至亦不可失也。今敌政在私门，外内猜隔，兵挫于外，而民怨于内，自曹操以来，彼之亡形未有如今者也。若大举伐之，使吴攻其东，汉入其西，彼救西则东虚，重东则

西轻，以练实之军，乘虚轻之敌，破之必矣。"维从之。

【译文】赤乌年间，魏国司马懿想要出兵攻打诸葛恪，孙权正准备出兵应战，观察星象的术士认为不利于出兵，于是孙权让诸葛恪迁往柴桑驻防。诸葛恪给丞相陆逊写信说："杨敬叔发表高雅的评论，认为当今有作为的人已经所剩无几，坚守道德与事业的人也没有几个了，因此士人应当相互帮助，相互依存，对上兴盛国家大事，对下互相珍视爱惜。他极为厌恶世俗之人喜欢互相毁谤，使已有成就的人，半途遭遇损伤，使将要被进用的人，也感到不痛快。我听到这些后总免不了喟然叹息，实在令人激愤。我认为君子对人无法求全责备，孔子的门徒大约三千，其中尤其突出的只有七十二人，至于子张、子路、子贡等七十人，有亚圣的德行，但是也各有各的缺点，子张偏激、子路鲁莽、端木赐不安分守己，何况比不上他们的人呢，难道会没有缺点吗？何况孔子不因这几个人有缺点就不把他们当作朋友，这是不以人所短弃其所长的缘故。更何况如今选拔人才，应当比古代宽容，这是什么原因呢？现在的形势错综复杂，而德才兼备的人又极为匮乏，国家各部门的官员，往往苦于没有人担任。如果性情不奸邪，志在为国贡献才力，就可以奖励任用，使他们在本职工作中尽量发挥才能。如果大体上称职，个人生活作风上存在不足的地方，也应当宽恕，不能苛责别人，要求完美无缺。况且对有才能的人不能一味地从细小处苛刻要求，假若苛刻要求的话，那么古代的圣贤也并非都是完美无缺的，何况与他们相差很多的人呢？所以说用道德彻底完善的标准来衡量人就会很困难，用普通人的标准来衡量人就容易多了，如此一来，贤明还是愚钝就好分辨了。自汉末以来，中原士大夫如许子将之流，之所以不断互相毁谤非议，有时甚至招致祸端，追究其原因，并不是有什么深仇大恨，只是因为没有用礼教的标准来约束自己，却专用公正的道理来责备别人。自己的行为不符合礼教，别人就不服气。用公正道义来要求别人，别人也就不愿意接受。内心不佩服别人的行为，又受不住别人的责备，那么就会互相滋生怨恨。互相怨恨的情绪一旦产生，小人就会趁机钻空子。小人钻了空子，那么多次传播的谣言，日积月累的谗言，就会纷繁交织到一起，即使让极为了解他非常亲近他的人听到这些话，也很难判断是真是假，更何况是早已有了隔阂，并且原本就不明白事理的人呢？所以，张耳、陈余最终到了相互残杀的地步，萧育、朱博也不能将友善进行到底，其原因就归结于这里。不放过别人的小过失，在细小的事情上相互指责，久而久之，家家户户就会相互埋怨，一国之内就不会有品德操行尽善尽美的人了。"诸葛恪知道陆逊听了谗言而对自己存在猜疑，所以就从多方面阐述这个道理并称道它的深义。恰巧这时陆逊去世，诸葛恪升任大将军，被授予符节，驻扎武昌，接替陆逊兼管荆州事务。

过了一段时间，孙权生病，而太子孙亮年纪还小，于是征召诸葛恪以大将军的身份兼任太子太傅，中书令孙弘兼任太子少傅。孙权病危时分，召见诸葛恪、孙弘及太常滕胤、将军吕据和侍中孙峻，将后事托付给他们。

第二天，孙权逝世。孙弘与诸葛恪一向不和睦，他担心自己会被诸葛恪惩治，于是封锁孙权去世的消息，想假传皇帝诏书除掉诸葛恪。孙峻将这个情况告诉了诸葛恪，诸葛恪邀请孙弘来商议事情，在座席上杀掉他，才发布了孙权去世的消息，身穿丧服。诸葛恪给弟弟公安督诸葛融写信说："本月十六日乙未，大行皇帝去世，举国上下全都悲伤悼念。至于我们父子兄弟，皆曾受到特殊的恩典，不仅仅是一般的下属，所以悲痛异常，肝心都已碎裂。皇太子在丁酉日登基称帝，悲哀与喜悦交织在一起，不知所措。我身受遗诏，辅助幼主，自己暗自思量，才力比不上博陆侯霍光，却蒙受周公旦辅佐成王一样的托付，担心达不到霍光辅佐汉昭帝的功效，唯恐损害了先帝托付重责的英明，因此我感到忧虑惭愧，惶惶不安，想了许许多多的事。况且老百姓对当权者极为厌恶，当权者一有行动，就会受到注视，何时才能改变这种状况呢？如今我以愚笨的资质，处在保傅的高位上，困难多而智谋不足，任务重而谋略浅薄，谁能成为我可以倚仗的助手呢？近代汉朝，燕王与盖长公主互相勾结，造成上官桀等人图谋杀死霍光的祸乱，现在我处于和霍光当时相差无多的境地，怎么敢安然无忧呢？我弟弟所驻扎的地方，与贼寇地界犬牙交错，如今应当整顿军需器械，鼓励将士，比平日要更加警戒防备，要不辞万死，不顾惜自己的性命，以报效朝廷，不辱没我们的先人。另外，众将领防守各自的地界，要警惕贼寇听到皇帝去世的消息，乘机肆无忌惮地入侵。边境各官署，我早已另外颁发了约束文书，所属各领兵将官，不得擅自离开自己防守之地来京城奔丧。虽然大家都对皇帝的去世怀有极度悲伤的心情，但是公义胜过私情，伯禽守丧还没有完成就领兵出征，如果违背了公义，就不仅仅是小过错了。以亲近的人为榜样，来纠正疏远之人，这是古人明确告诫的。"诸葛恪被改授为太傅。于是裁除多余的军政官员，取消设置刺探官民言行的校事官，免除百姓拖欠的赋税，取消关税，各项政事都竭力给百姓恩惠，百姓对此都感到非常高兴。诸葛恪每次外出，百姓皆引颈观望，想瞻仰他的容貌。

当初，孙权在黄龙元年将都城迁往建业，黄龙二年修筑东兴堤用来阻挡巢湖水。后来征伐淮南，反而被湖内的贼船打败，因此废弃堤坝不再修建。诸葛恪在建兴元年十月在东兴征集人力，再次修筑大堤，左右两端依山分别修筑了一座城，每城留一千人，让全端、留略分别把守两城，诸葛恪率军返回建业。魏国因吴军进入自己的疆界，感到受了侮辱，命令大将胡遵、诸葛诞等人率领七万大军，想围攻两坞，企图毁坏阻遏湖水的堤坝。诸葛恪发兵四万，日夜兼程赶去救援。胡遵等人命令各部建造浮桥渡过湖去，把军队安置在堤上，分兵两路进攻两城。因为城建在高险的地方，仓促之间很难攻下。诸葛恪派遣将军留赞、吕据、唐咨、丁奉等人为先头部队。当时天气寒冷，还下着大雪，魏国众将领聚会饮酒，看到留赞等人兵少，于是脱下铠甲，也不拿矛与戟等攻击武器，仅仅带着头盔，拿着刀和盾，解除戎装沿着堤岸嬉戏，并且大声嘲笑吴国兵少，军队也不整齐严肃。留赞等人的士兵一上岸，立马鼓噪呐喊，乱砍乱杀。魏军遭受惊扰，四散而逃，争着渡过浮桥，桥毁坏断裂，魏军跌到水中，自相践踏。乐安太守桓嘉等人被淹死，死者多达几万人。过去叛变的将领韩综担任魏国的前军指挥，也被杀死。缴获车辆、牛马驴骡各几千，物资兵器堆积如山，吴军整顿队伍班师回朝。朝廷晋封诸葛恪为阳都侯，加授荆州、扬州牧，管理督导内外各项军事，赐一百斤黄金，二百匹马，各种丝织品各一万匹。

于是，诸葛恪开始轻慢敌人，他在十二月获得东兴之战的胜利后，第二年春天就又想出兵打仗。众大臣认为多次出兵，将士疲惫不堪，一起劝说诸葛恪，诸葛恪没有听从。中散大夫蒋延坚决劝谏，被人搀扶了出来。

【原文】恪乃著论谕众意曰："夫天无二日，土无二王，王者不务兼并天下而欲垂祚后世，古今未之有也。昔战国之时，诸侯自恃兵强地广，互有救援，谓此足以传世，人莫能危。恣情从怀，惮于劳苦，使秦渐得自大，遂以并之，此既然矣。近者刘景升在荆州，有众十万，财谷如山，不及曹操尚微，与之力竞，坐观其强大，吞灭诸袁。北方都定之后，操率三十万众来向荆州，当时虽有智者，不能复为画计，于是景升儿子，交臂请降，遂为囚虏。凡敌国欲相吞，即仇雠欲相除也。有雠而长之，祸不在己，则在后人，不可不为远虑也。昔伍子胥曰：'越十年生聚，十年教训，二十年之外，吴其为沼乎！'夫差自恃强大，闻此邈然，是以诛子胥而无备越之心，至于临败悔之，岂有及乎？越小于吴，尚为吴祸，况其强大者邪？昔秦但得关西耳，尚以并吞六国，今贼皆得秦、赵、韩、魏、燕、齐九州之地，地悉戎马之乡，士林之薮。今以魏比古之秦，土地数倍；以吴与蜀比古六国，不能半之。然今所以能敌之，但以操时兵众于今适尽，而后生者未悉长大，正是贼衰少未盛之时。加司马懿先诛王凌，续自陨毙，其子幼弱，而专彼大任，虽有智计之士，未得施用。当今伐之，是其厄会。圣人急于趋时，诚谓今日。若顺众人之情，怀偷安之计，以为长江之险可以传世，不论魏之终始，而以今日遂轻其后，此吾所以长叹息者也。自古以来，务在产育，今者贼民岁月繁滋，但以尚小，未可得用耳。若复十数年后，其众必倍于今，而国家劲兵之地，皆已空尽，唯有此见众可以定事。若不早用之，端坐使老，复十数年，略当损半，而见子弟数不足言。若贼众一倍，而我兵损半，虽复使伊、管图之，未可如何。今不达远虑者，必以此言为迂。夫祸难未至而豫忧虑，此固众人之所迂也。及于难至，然后顿颡，虽有智者，又不能图。此乃古今所病，非独一时。昔吴始以伍员为迂，故难至而不可救。刘景升不能虑十年之后，故无以诒其子孙。今恪无具臣之才，而受大吴萧、霍之任，智与众同，思不经远，若不及今日为国斥境，俯仰年老，而雠敌更强，欲刎颈谢责，宁有补邪？今闻众人或以百姓尚贫，欲务闲息，此不知虑其大危而爱其小勤者也。昔汉祖幸已自有三秦之地，何不闭关守险以自娱乐，空出攻楚，身被创痍，介胄生虮虱，将士厌困苦，岂甘锋刃而忘安宁哉？虑于长久不得两存者耳！每览荆邯说公孙述以进取之图，近见家叔父表陈与贼争竞之计，未尝不喟然叹息也。夙夜反侧，所虑如此，故聊疏愚言，以达二三君子之末。若一朝陨殁，志画不立，贵令来世知我所忧，可思于后。"众皆以恪此论欲必为之辞，然莫敢复难。

丹杨太守聂友素与恪善，书谏恪曰："大行皇帝本有遏东关之计，计未施行。今公辅赞大业，成先帝之志，寇远自送，将士凭赖威德，出身用命，一旦有非常之功，岂非宗庙神灵社稷之福邪！宜且案兵养锐，观衅而动。今乘此势，欲复大出，天时未可。而苟任盛意，私心以为不安。"恪题论后，为书答友曰："足下虽有自然之理，然未见大数。

熟省此论，可以开悟矣。”于是违众出军，大发州郡二十万众，百姓骚动，始失人心。

恪意欲曜威淮南，驱略民人，而诸将或难之曰：“今引军深入，疆埸之民，必相率远遁，恐兵劳而功少，不如止围新城。新城困，救必至，至而图之，乃可大获。”恪从其计，回军还围新城。攻守连月，城不拔。士卒疲劳，因暑饮水，泄下、流肿，病者大半，死伤涂地。诸营吏日白病者多，恪以为诈，欲斩之，自是莫敢言。恪内惟失计，而耻城不下，忿形于色。将军朱异有所是非，恪怒，立夺其兵。都尉蔡林数陈军计，恪不能用，策马奔魏。魏知战士罢病，乃进救兵。恪引军而去。士卒伤病，流曳道路，或顿仆坑壑，或见略获，存亡忿痛，大小呼嗟，而恪晏然自若。出住江渚一月，图起田于浔阳，诏召相衔，徐乃旋师。由此众庶失望，而怨黩兴矣。

秋八月军还，陈兵导从，归入府馆。即召中书令孙嘿，厉声谓曰：“卿等何敢妄数作诏？”嘿惶惧辞出，因病还家。恪征行之后，曹所奏署令长职司，一罢更选，愈治威严，多所罪责，当进见者无不竦息。又改易宿卫，用其亲近，复敕兵严，欲向青、徐。

孙峻因民之多怨，众之所嫌，构恪欲为变，与亮谋，置酒请恪。恪将见之夜，精爽扰动，通夕不寐。明将盥漱，闻水腥臭，侍者授衣，衣服亦臭。恪怪其故，易衣易水，其臭如初，意惆怅不悦。严毕趋出，犬衔引其衣，恪曰：“犬不欲我行乎？”还坐，顷刻乃复起，犬又衔其衣，恪令从者逐犬，遂升车。

初，恪将征淮南，有孝子著縗衣入其閤中，从者白之，令外诘问，孝子曰：“不自觉入。”时中外守备，亦悉不见，众皆异之。出行之后，所坐厅事屋栋中折。自新城出住东兴，有白虹见其船。还拜蒋陵，白虹复绕其车。

及将见，驻车宫门，峻已伏兵于帷中，恐恪不时入，事泄，自出见恪曰：“使君若尊体不安，自可须后，峻当具白主上。”欲以尝知恪。恪答曰：“当自力入。”散骑常侍张约、朱恩等密书与恪曰：“今日张设非常，疑有他故。”恪省书而去。未出路门，逢太常滕胤，恪曰：“卒腹痛，不任入。”胤不知峻阴计，谓恪曰：“君自行旋未见，今上置酒请君，君已至门，宜当力进。”恪踌躇而还，剑履上殿，谢亮，还坐。设酒，恪疑未饮，峻因曰：“使君病未善平，当有常服药酒，自可取之。”恪意乃安，别饮所赍酒。①酒数行，亮还内。峻起如厕，解长衣，著短服，出曰：“有诏收诸葛恪！”②恪惊起，拔剑未得，而峻刀交下。张约从旁斫峻，裁伤左手，峻应手斫约，断右臂。武卫之士皆趋上殿，峻曰：“所取者恪也，今已死。”悉令复刃，乃除地更饮。③

①《吴历》曰：张约、朱恩密疏告恪，恪以示滕胤，胤劝恪还，恪曰：“峻小子何能为邪！但恐因酒食中人耳。”乃以药酒入。◎孙盛《评》曰：恪与胤亲厚，约等疏非常大事，势应示胤，共谋安危。然恪性强梁，加素侮峻，自不信，故入，岂胤微劝，便为之冒祸乎？《吴历》为长。

②《吴录》曰：峻提刀称诏收恪，亮起立曰：“非我所为！非我所为！”乳母引亮还内。◎《吴历》云：峻先引亮入，然后出称诏。与本传同。

臣松之以为：峻欲称诏，宜如本传及《吴历》，不得如《吴录》所言。

③《搜神记》曰：恪入，已被杀，其妻在室，语使婢曰：“汝何故血臭？”婢曰：“不也。”

有顷愈剧，又问婢曰："汝眼目视瞻，何以不常？"婢蹶然起跃，头至于栋，攘臂切齿而言曰："诸葛公乃为孙峻所杀！"于是大小知恪死矣，而吏兵寻至。◎《志林》曰：初权病笃，召恪辅政。临去，大司马吕岱戒之曰："世方多难，子每事必十思。"恪答曰："昔季文子三思而后行，夫子曰'再思可矣'，今君令恪十思，明恪之劣也。"岱无以答，当时咸谓之失言。虞喜曰：夫托以天下，至重也，以人臣行主威，至难也，兼二至而管万机，能胜之者鲜矣。自非采纳群谋，询于刍荛，虚己受人，恒若不足，则功名不成，勋绩莫著。况吕侯国之元耆，智度经远，而甫以十思戒之，而便以示劣见拒，此元逊之疏，乃机神不俱者也。若因十思之义，广咨当世之务，闻善速于雷动，从谏急于风移，岂得陨首殿堂，死凶竖之刃？世人奇其英辩，造次可观，而哂吕侯无对为陋，不思安危终始之虑，是乐春藻之繁华，而忘秋实之甘口也。昔魏人伐蜀，蜀人御之，精严垂发，六军云扰，士马擐甲，羽檄交驰，费祎时为元帅，荷国重任，而与来敏围棋，意无厌倦。敏临别谓祎："君必能办贼者也。"言其明略内定，貌无忧色，况长宁以为君子临事而惧，好谋而成者。且蜀为蕞尔之国，而方向大敌，所规所图，唯守与战，何可矜己有余，晏然无戚？斯乃性之宽简，不防细微，卒为降人郭修所害，岂非兆见于彼而祸成于此哉？往闻长宁之甄文伟，今睹元逊之逆吕侯，二事体同，故并而载之，可以镜诫于后，永为世鉴。

先是，童谣曰："诸葛恪，芦苇单衣篾钩落，于何相求成子阁。"成子阁者，反语石子冈也。建业南有长陵，名曰石子冈，葬者依焉。钩落者，校饰革带，世谓之钩络带。恪果以苇席裹其身而篾束其腰，投之于此冈。[1]

①《吴录》曰：恪时年五十一。

恪长子绰，骑都尉，以交关鲁王事，权遣付恪，令更教诲，恪鸩杀之。中子竦，长水校尉。少子建，步兵校尉。闻恪诛，车载其母而走。峻遣骑督刘承追斩竦于白都。建得渡江，欲北走魏，行数十里，为追兵所逮。恪外甥都乡侯张震及常侍朱恩等，皆夷三族。

【译文】诸葛恪于是撰写了一篇告诫众人的文章说："天上不会有两个太阳，地上也不可能存在两个皇帝，做了皇帝而不从事兼并天下的大业，还想着能将帝位传给后世子孙，古今都没有出现过。从前战国时代，各个诸侯皆依仗地广兵强，互相可以援助，认为如此一来，政权就可以代代相传下去，别人危害不到。然后他们就放纵自己的欲念，不愿劳苦，致使秦国得以日益强大，最终吞并了他们，这都是以前发生过的事实。近代有荆州的刘景升，拥有十万兵士，财产粮食堆积如山，但他没有及时趁曹操力量还较为微弱的时候与他尽力竞争，反而坐观曹操强大起来并吞并诸袁。北方全部平定后，曹操率领三十万军队向荆州杀来，当时哪怕有聪明智慧的人，也无法再为他出谋划策扭转时局，于是刘景升的儿子交叉双臂请求投降，变成俘虏。凡是敌对的国家都想着互相吞并，就如同有仇的双方都想除掉对手一样。有仇敌而让他逐渐壮大，祸患不在自己身上发生，也会在后代身上应验，对此必须做出长远的思虑啊！过去伍子胥说：'越国十年生养繁衍人口，十年教育训练，二十年后，吴国或许会战败而变成泥沼呀！'吴王夫差凭借着吴国强大，听到后不屑一顾，因而杀了伍子胥而没有防备越国的思想，以至于到快要灭亡的时候才悔恨不已，这难道还来得及吗？越国比吴国弱小，尚且成了吴国的祸患，更何况比自己还强大的国家呢？过去秦国仅仅占有函谷关以西的地方，尚且以此当作根据地吞并六国，如今贼寇全部得到秦、赵、韩、魏、燕、齐六国九州的土地，这些都是产出军马、人才聚集之地。如今用魏国比较古代的秦国，土地比秦国多出几倍；以吴国、蜀国与古代的六国相比，没有六国的一半大。然而今天我们之所以可以与魏国相抵抗，只是因为曹操掌权时候的兵将到现在已损耗殆尽，后来出生的人还没有长大，正是敌人衰弱的时候。加上司马懿首先杀了王凌，接着自己也去世了，他的儿子们还小，就开始掌控大权，虽然魏国有谋略之士，但是不能得到任用。如今去征伐魏国，正是它艰难困苦之时。圣人急切地抓紧最佳机会，说的就是今天这样的时机。如果顺从众人，怀着苟且偷安的想法，以为长江天险能够世代保持，不考虑魏国的过去与现在，而以现在的状况轻视以后的变化，这正是我总是忍不住叹息的缘故啊！自古以来，都以增加人口作为最重要的事情，现在魏国人口年年月月在增加，只是因为年龄偏小，不能使用。如果再经过十几年以后，魏国的人口一定会比现在多一倍，而我国驻扎强兵的地方，却都已经兵员空虚，看来只有现在的军队可以成就大事。如果不早早使用这些人，徒然等到他们老去，又经过十几年，大约要减少一半人力，而现在子弟人数却不值一提。如果魏国人口增加一倍，而我国兵力减损一半，哪怕让伊尹、管仲来谋划这件事，也不会有转机。如今不通晓长远打算的人，一定会认为我这些话迂阔不切实际。祸患还没到来而预先忧虑，大多数人会认为很迂腐。等到祸患来了，然后屈膝下拜，哪怕是智者，也不会想出办法了。这是古今通病，不只是某一时的状况。过去吴国认为伍子胥过于迂腐，因此大难临头时没有办法解救。刘景升没能考虑十年以后的事，因此不能给子孙留下什么。今天我诸葛恪连普通大臣的才能也不及，而被委以如同萧何、霍光一样的重大责任，智慧与众人没什么区别，想不到太过于深远的地方，如果不在现在为国家开疆拓土，瞬息之间年老，那时仇敌变得更加强大，我再想刎颈自杀以谢罪责，难道还有什么用处吗？现在听说有的人认为百姓还很穷困，希望尽量给他们休养生息的时间，这是不知道忧虑大的危险，而只是喜欢在小事情上勤勉致力。过去汉高祖幸运地占有三秦之地，但他为何没有闭关守险，自己享受娱乐，却要出关攻打西楚，让自己身受创伤，衣服盔甲上生满虮虱，让将士们忍受痛苦呢？难道是他喜欢打仗而忘记了安稳太平吗？这正是考虑到敌我双方最终无法长久共存的缘故啊！每次读到荆邯劝说公孙述出兵攻打天下的谋略，近来又看到自家叔父上表陈述与曹贼争夺天下的计策时，我没有一次不感慨叹息的。我夙夜难眠，辗转反侧，所考虑的不过是这些，所以分条陈述我愚昧的想法，递送到诸位君子面前。如果有一天我死去了，志向计划无法实现，也想让后代知道我所担忧的事，可以在以后再谋求解决办法。”众人都认为诸葛恪这篇文章是坚决要为自己的主张寻找托词，然而却没有人敢再出来与他辩驳。

丹杨太守聂友和诸葛恪一向关系友好，写信劝谏诸葛恪说：“大行皇帝原本就有遏制东关的计划，但是未能施行。如今您辅佐大业，希望完成先帝的遗志，假如是贼寇远道而来自己送死,我方将士们倚仗皇朝威德,献身效力,如果建立起不同寻常的功绩,这岂不是宗庙神灵以及国家的福运?因此,目前应当暂且按兵不动,养精蓄锐,观察到可乘之机后再作进一步行动。如今乘着打胜仗的形势,又想大举出兵,于天时不合。假如勉强行事的话,我认为不妥。”诸葛恪写了前一篇文章后,又写信答复聂友说:“您虽然讲明顺其自然的道理,但是却没有看到胜败存亡的大局。仔细阅读我那篇文章,就可以明白啦。”于是诸葛恪违背众人的意愿擅自出兵,大规模地在各州郡征兵,一共获得二十万人马,百姓骚动扰乱,诸葛恪日益失去民心。

诸葛恪打算在淮南郡炫耀武功,抢掠民众,将领中有人提出质疑,说:“现在引军深入,边界上的百姓一定会相互搀扶着远逃,恐怕士兵劳苦而战功极小,不如只围困合肥新城。新城一旦被围困,敌方一定会派遣兵将来救,等救兵来了,我们再想办法战胜他们,便能够大获全胜。”诸葛恪听从了这一建议,于是回军包围新城。战斗反反复复僵持了几个月,新城还不能攻下。士兵们劳苦不堪,因天气酷热而饮用生水,患腹泻与水肿病的人过半,死伤者遍地都是。各营军官每天汇报病人很多,诸葛恪认为他们在讲假话,要杀掉汇报的人,从此没有人再敢报告。诸葛恪自己承认攻打新城是个错误的决定,但又感到攻不下来是自己人生中的一个耻辱,愤怒的神色表现在脸上。将军朱异说了些不顺耳的话,诸葛恪便勃然大怒,立马剥夺他的兵权。都尉蔡林多次陈述用兵的计策,诸葛恪都没有采纳,蔡林被迫驱马投奔魏国。魏国得知吴军疲劳多病,于是派出援军。诸葛恪不得不引军撤退。兵士伤病者惨重,遍地都是,有的困顿倒毙在坑沟之中,有的被俘虏,活着的愤恨交加,死了的使人痛心,全军上下呼天抢地,而诸葛恪却安然自若。他外出在江中小洲上居住了一个月,想在浔阳建立田宅,召他回京的诏书接连不断,他才慢悠悠地领兵回来。从此百姓对诸葛恪大为失望,同时对他产生了怨恨情绪。

秋八月,诸葛恪的军队返回吴国都城建业,他排列军队,由仪仗队引领着回到大将军府。紧接着召见中书令孙嘿,厉声责问他道:“你们怎么胆敢几次妄作诏书催我回军?”孙嘿惶恐辞谢而出,谎称患病回家。诸葛恪又把他出征离开后选曹所任命的各级官员全部罢免,重新任命。诸葛恪愈加威严,常常无故怪罪他人,要面见他的人,全都恐惧不安。又改换了宫中警卫部队,全部选用他亲近的人来担任,还命令军队整装待发,准备征讨青州、徐州。

孙峻借着百姓对诸葛恪的怨恨及众人对诸葛恪的厌恶,构陷诸葛恪想要制造祸端,他和吴主孙亮谋划,置办酒席请诸葛恪赴宴。诸葛恪将要进见孙亮的头一天夜晚,心情烦躁不安,整夜睡不着。天亮起来洗漱,闻到水中有腥臭味,侍者递给他衣服,衣服同样有臭味。诸葛恪非常奇怪是什么原因,换了水又换了衣服,但臭味依然,他惆怅不高兴。整装后走出来,狗咬住他的衣服,诸葛恪说:“狗不想让我走吗?”回屋又坐下,过了一会儿再次起身,狗又咬住他的衣服,诸葛恪让随从赶开狗,登车离开家门。

当初,诸葛恪将要出征淮南郡的时候,有个孝子身穿丧服走进他的内房,侍从禀报了这件事,诸葛恪命令在外面审问孝子,孝子说:“我不知不觉就进来了。”当时内外守卫严密，没有人看到孝子是如何进来的，众人都感到很奇怪。诸葛恪军队出发后，他听事的厅堂大梁从中间断裂。从新城回来驻扎东兴，白虹在他的船上出现。回来后拜祭蒋陵，白虹再次环绕着他乘坐的车辆。

到了要见孙亮时，诸葛恪将车子停在宫门外，孙峻已经在帷帐内埋伏下兵士，担心诸葛恪没有按时进来，唯恐事情会泄露，于是亲自出来对诸葛恪说："您的贵体假若不舒服，自然可以等以后再来觐见，我一定会向皇帝详细禀告。"想以此试探诸葛恪。诸葛恪回答说："我应该自己撑着病体入宫。"散骑常侍张约、朱恩等人秘密写条子给诸葛恪说："今日的陈设不同寻常，我们怀疑其中有诈。"诸葛恪看了条子后打算离开。还没走出宫殿大门，碰到太常滕胤，诸葛恪说："我突然肚子疼，不能忍受，不能入宫。"滕胤不知孙峻的阴谋，对诸葛恪说："您自从出征回来后还从未朝见，今天皇帝设酒宴款待您，您已经走到了宫门口，应该尽量去见才是。"诸葛恪犹豫着又返回来，他戴着剑穿着鞋子上殿，拜谢了孙亮，回身坐下。斟上酒，诸葛恪怀疑酒有毒没有喝，孙峻于是说："您的病还未痊愈，应该带有常服的药酒，您就自己取来饮用吧。"于是，诸葛恪安下心来，另外喝自己带来的酒。饮酒几轮后，孙亮进入内殿。孙峻起身上厕所，脱掉长衣，穿着短装，出来说："有诏书逮捕诸葛恪！"诸葛恪受惊起身，还没等拔出剑来，孙峻的刀已接连砍下。张约从旁边砍孙峻，伤了孙峻的左手，孙峻随手砍张约，砍断张约的右臂。武士们都跑上殿来，孙峻说："要抓的只是诸葛恪，如今已经死了。"命令武士们收起兵刃，打扫干净场地接着饮酒。

先前，有童谣吟唱道："诸葛恪，芦苇单衣篾钩落，于何相求成子阁。"成子阁的反语便是石子冈。建业城南有一道很长的丘陵，名字叫石子冈，是埋葬死人的场所。钩落，就是装饰皮带的东西，民间称它为钩络带。诸葛恪果然被苇席裹了身体，用竹篾束在腰上，被抛到石子冈。

诸葛恪的大儿子诸葛绰，担任骑都尉，因为和鲁王有牵连，孙权将他交给诸葛恪，让诸葛恪教导他，诸葛恪用毒酒把他毒死。二儿子诸葛竦担任长水校尉。小儿子诸葛建担任步兵校尉。听到诸葛恪被杀害的消息，他们用车载着母亲逃跑。孙峻派遣骑督刘承追赶，在白都山追上并杀掉诸葛竦。诸葛建渡过长江，想往北投靠魏国，走了几十里，被追兵抓获。诸葛恪的外甥都乡侯张震及常侍朱恩等人都被诛灭三族。

【原文】初，竦数谏恪，恪不从，常忧惧祸。及亡，临淮臧均表乞收葬恪曰："臣闻震雷电激，不崇一朝，大风冲发，希有极日，然犹继以云雨，因以润物。是则天地之威，不可经日浃辰，帝王之怒，不宜讫情尽意。臣以狂愚，不知忌讳，敢冒破灭之罪，以邀风雨之会。伏念故太傅诸葛恪得承祖考风流之烈，伯叔诸父遭汉祚尽，九州鼎立，分托三方，并履忠勤，熙隆世业。爰及于恪，生长王国，陶育圣化，致名英伟，服事累纪，祸心未萌，先帝委以伊、周之任，属以万机之事。恪素性刚愎，矜己陵人，不能敬守神器，穆静邦内，兴功暴师，未期三出，虚耗士民，空竭府藏，专擅国宪，废易由意，假刑劫众，大小屏息。侍中武卫将军都乡侯俱受先帝嘱寄之诏，见其奸虐，日月滋甚，将恐荡摇宇宙，倾危社稷，奋其威怒，精贯昊天，计虑先于神明，智勇百于荆、聂，躬持白刃，枭恪殿堂，勋超朱虚，功越东牟。国之元害，一朝大除，驰首徇示，六军喜踊，日月增光，风尘不动，斯实宗庙之神灵，天人之同验也。今恪父子三首，县市积日，观者数万，詈声成风。国之大刑，无所不震，长老孩幼，无不毕见。人情之于品物，乐极则哀生，见恪贵盛，世莫与贰，身处台辅，中间历年。今之诛夷，无异禽兽，观讫情反，能不憯然？且已死之人，与土壤同域，凿掘斫刺，无所复加。愿圣朝稽则乾坤，怒不极旬，使其乡邑若故吏民，收以士伍之服，惠以三寸之棺。昔项籍受殡葬之施，韩信获收敛之恩，斯则汉高发神明之誉也。惟陛下敦三皇之仁，垂哀矜之心，使国泽加于辜戮之骸，复受不已之恩，于以扬声遐方，沮劝天下，岂不弘哉？昔栾布矫命彭越，臣窃恨之，不先请主上，而专名以肆情，其得不诛，实为幸耳。今臣不敢章宣愚情以露天恩，谨伏手书，冒昧陈闻，乞圣朝哀察。”于是亮、峻听恪故吏敛葬，遂求之于石子冈。[①]

①《江表传》曰：朝臣有乞为恪立碑以铭其勋绩者，博士盛冲以为不应。孙休曰：“盛夏出军，士卒伤损，无尺寸之功，不可谓能；受托孤之任，死于竖子之手，不可谓智。冲议为是。”遂寝。

始恪退军还，聂友知其将败，书与滕胤曰：“当人强盛，河山可拔，一朝羸缩，人情万端，言之悲叹。”恪诛后，孙峻忌友，欲以为郁林太守，友发病忧死。友字文悌，豫章人也。[①]

①《吴录》曰：友有唇吻，少为县吏。虞翻徙交州，县令使友送之，翻与语而奇焉，为书与豫章太守谢斐，令以为功曹。郡时见有功曹，斐见之，问曰：“县吏聂友，可堪何职？”对曰：“此人县间小吏耳，犹可堪曹佐。”斐曰：“论者以为宜作功曹，君其避之。”乃用为功曹。使至都，诸葛恪友之。时论谓顾子嘿、子直，其间无所复容，恪欲以友居其间，由是知名。后为将，讨儋耳，还拜丹杨太守，年五十三卒。

【译文】当初，诸葛竦数次劝谏诸葛恪，诸葛恪都没有听从，因此诸葛竦经常惧怕招致灾祸。诸葛恪去世后，临淮人臧均上书请求收葬诸葛恪，他说：“臣听说响雷惊电，不会是一整天，大风猛刮，极少终日不停，然后还会接连飘云降雨，来滋润万物。这样看来，天地发威不会整日整旬，帝王发怒，也不应当任意恣情。我狂妄愚昧，不知忌讳，胆敢冒着破家灭身的罪行，请求君王降下恩泽。念及已经身死的太傅诸葛恪能继承祖先所遗留的杰出功业，他的几位伯叔父遇到汉朝国运已尽、九州鼎立的时局，分别依附魏、蜀、吴三方，皆能忠实勤勉，兴隆帝王事业。到了诸葛恪，成长在吴国，被吴主的教化陶冶，获得英伟名声，服事吴主几十年，未曾萌生祸乱之心，先帝将如同伊尹、周公一样的重任托付给他，把朝政的大事托付给他。诸葛恪生性刚愎自用，骄矜自负而盛气凌人，不能谨慎地巩固国家政权，使国内和睦安定，为了建功立业，使军队长期在外辛劳，在一年不到的时间内就出兵三次，使得百姓兵士白白损耗，使府库空竭，独自把持国家大权，罢免任用官吏全部听从自己意愿，凭借刑法威吓众人，大小官员都敢怒不敢言。侍中武卫将军都乡侯孙峻与他一起接受先帝委托的诏命，看到他奸邪暴虐，一天比一天厉害，担忧天下会因此而动荡不安，国家政权将面临倾覆的危险，于是奋起威怒，精诚贯通于上天，计谋思虑远胜神明，智慧勇武超过荆轲、聂政百倍，亲自手执锋利的刀剑，在殿堂上诛杀诸葛恪，功勋超过汉代的朱虚侯刘章与东牟侯刘兴居。国家的大害，瞬间被除掉，用车载着他的首级巡回示众，六军欢喜鼓舞，日月增辉，风尘平息，这实在是祖先的神灵在天上人间彰显的征兆。如今诸葛恪父子三人的首级，悬挂在市中已经有几天，观看的人有好几万，骂声犹如大风刮起。国家使用重刑，没有人不受到震动，男女老少，都看到了这种景象。人在观察事物时，都是乐极则生悲，看到诸葛恪显贵兴盛，世上再也没人能比得上他，身居三公宰相的地位，已有好多年。今日被诛杀灭族，与杀灭禽兽没有两样，看到如此情景，感情自然会起伏不平，能不感到悲哀吗？何况已经死去的人，与土壤同归一处，凿挖砍刺的刑罚，不能再施加了。希望陛下效法天地，发怒不超过一旬，让他的乡人或者过去的部下及百姓，用普通兵士的服饰来收殓他，赐给他三寸薄棺。从前项羽兵败自刎还曾得到殡葬的恩赐，韩信谋反被杀也曾获得收殓尸体的恩惠，这使汉高祖拥有神明般的声誉。希望陛下笃行三皇的仁义，开启哀怜之心，使您的恩泽也加到罪犯的尸骸上，使他们再次蒙受不尽的恩惠，以此将威名宣扬到远方，惩戒劝勉天下之人，这难道不是一件非常恢弘的大事吗？过去栾布违反汉高祖的诏令祭奠彭越，我曾经私下里对这种做法极为憎恨，不先请示主上，而独断专行恣意妄为，栾布没有被杀，实在是侥幸而已。如今我不敢公开宣扬我的愚昧，以彰显陛下的恩德，所以恭敬地写下这份表文，冒死陈述自己的想法，乞求陛下哀怜省察。”因此，孙亮、孙峻才允许诸葛恪的部下收殓埋葬他，在石子冈寻找到诸葛恪的尸体。

当初，诸葛恪撤退回师时，聂友预知他将要败亡，写信给滕胤说：“当一个人强盛到极致的时候，可以令山倒塌河改道，一旦败落的时候，人们的态度就会产生各种各样的变化，说到这里，怎么能不使人悲叹。”诸葛恪被杀后，孙竣猜忌聂友，想让他去边远的郁林郡担任太守，聂友生病忧虑而死。聂友，字文悌，豫章郡人。

滕胤

【原文】滕胤，字承嗣，北海剧人也。伯父耽，父胄，与刘繇州里通家，以世扰乱，渡江依繇。孙权为车骑将军，拜耽右司马，以宽厚称，早卒，无嗣。胄善属文，权待以宾礼，军国书疏，常令损益润色之，亦不幸短命。权为吴王，追录旧恩，封胤都亭侯。少有节操，美容仪。① 弱冠尚公主。年三十，起家为丹杨太守，徙吴郡、会稽，所在见称。②

①《吴书》曰：胤年十二，而孤单茕立，能治身厉行。为人白皙，威仪可观。每正朔朝贺修勤，在位大臣见者，无不叹赏。

②《吴书》曰：胤上表陈及时宜，及民间优劣，多所匡弼。权以胤故，增重公主之赐，屡加存问。胤每听辞讼，断罪法，察言观色，务尽情理。人有穷冤悲苦之言，对之流涕。

太元元年，权寝疾，诣都，留为太常，与诸葛恪等俱受遗诏辅政。孙亮即位，加卫将军。

恪将悉众伐魏，胤谏恪曰：“君以丧代之际，受伊、霍之托，入安本朝，出摧强敌，名声振于海内，天下莫不震动，万姓之心，冀得蒙君而息。今猥以劳役之后，兴师出征，民疲力屈，远主有备。若攻城不克，野略无获，是丧前劳而招后责也。不如案甲息师，观隙而动。且兵者大事，事以众济，众苟不悦，君独安之？”恪曰：“诸云不可者，皆不见计算，怀居苟安者也，而子复以为然，吾何望焉？夫以曹芳暗劣，而政在私门，彼之臣民，固有离心。今吾因国家之资，藉战胜之威，则何往而不克哉！”以胤为都下督，掌统留事。胤白日接宾客，夜省文书，或通晓不寐。[1]

①《吴书》曰：胤宠任弥高，接士愈勤，表奏书疏，皆自经意，不以委下。

【译文】滕胤，字承嗣，北海剧县人。他的伯父滕耽、父亲滕胄和刘繇是乡里世交，因为世道混乱，他们渡过长江依附刘繇。孙权做车骑将军时，任命滕耽为右司马，滕耽素以为人宽厚著称，但他过早地去世，没有继承人。滕胄善于写文章，孙权用宾客的礼节接待他，军队和国家的文件，经常让他修改润色，他也不幸短命。孙权做吴王后，追记过去的情义，封滕胤为都亭侯。滕胤从小就很有志节操守，仪表秀美。成年后娶公主为妻。三十岁时，他离家出任丹杨太守，又改在吴郡、会稽任职，所到之处都为人们称扬。

太元元年，孙权卧床不起，他来到京都，留任太常，和诸葛恪等人一起接受遗诏，辅佐朝政。孙亮即位后，他加官为卫将军。

诸葛恪准备率领军队攻打魏国，滕胤劝诸葛恪说：“您在先君去世新君继任之际，接受了像伊尹、霍光那样的重任，入朝安定本国朝政，出外摧毁强大敌人，名声响彻海内，天下人没有不被震动的，百姓的心里盼望得以依赖您而安宁。如果突然在大兴劳役之后，出动军队攻伐，就会使百姓疲惫，国力消耗，远方的君主也有了防范。如果攻打城邑不能取胜，野外作战没有收获，这样就会丧失以前的功劳，招致以后的责备。不如按兵不动，见机行事。况且战争是重大的事情，这种事情要依靠众人的力量才能成功，众人如果不高兴，您难道能独自安心吗？”诸葛恪说：“众人说不行，这是因为他们都不看实际计谋，只图苟且偷安的结果，而您又认为他们是对的，我还指望什么？由于曹芳昏聩顽劣，魏国的政权控制在臣子的手中，那里的官民本来就有异心。现在我利用国家的财力，凭借战胜的威势，进攻哪里不能取胜呢！”他任命滕胤为都下督，主持统理留守事务。滕胤白天接待宾客，夜里批阅文书，有时通宵不眠。

孙峻

【原文】孙峻，字子远，孙坚弟静之曾孙也。静生暠。暠生恭，为散骑侍郎。恭生峻。少便弓马，精果胆决。孙权末，徙武卫都尉，为侍中。权临薨，受遗辅政，领武卫将军，故典宿卫，封都乡侯。既诛诸葛恪，迁丞相大将军，督中外诸军事，假节，进封富春侯。滕胤以恪子竦妻父辞位，峻曰：“鲧、禹罪不相及，滕侯何为？”峻、胤虽内不沾洽，而外相包容，进胤爵高密侯，共事如前。[1]

①《吴录》曰：群臣上奏，共推峻为太尉，议胤为司徒。时有媚峻者，以为大统宜在公族，若滕胤为亚公，声名素重，众心所附，不可贰也。乃表以峻为丞相，又不置御史大

夫，士人皆失望矣。

峻素无重名，骄矜险害，多所刑杀，百姓嚣然。又奸乱宫人，与公主鲁班私通。

五凤元年，吴侯英谋杀峻，英事泄死。

二年，魏将毌丘俭、文钦以众叛，与魏人战于乐嘉。峻帅骠骑将军吕据、左将军留赞袭寿春，会钦败降，军还。① 是岁，蜀使来聘，将军孙仪、张怡、林恂等欲因会杀峻。事泄，仪等自杀，死者数十人，并及公主鲁育。

①《吴书》曰：留赞，字正明，会稽长山人。少为郡吏，与黄巾贼帅吴桓战，手斩得桓。赞一足被创，遂屈不伸。然性烈，好读兵书及三史，每览古良将战攻之势，辄对书独叹，因呼诸近亲谓曰："今天下扰乱，英豪并起，历观前世，富贵非有常人，而我屈躄在闾巷之间，存亡无以异。今欲割引吾足，幸不死而足申，几复见用，死则已矣。"亲戚皆难之。有间，赞乃以刀自割其筋，血流滂沱，气绝良久。家人惊怖，亦以既尔，遂引申其足。足申创愈，以得蹉步。凌统闻之，请与相见，甚奇之，乃表荐赞，遂被试用。累有战功，稍迁屯骑校尉。时事得失，每常规谏，好直言不阿旨，权以此惮之。诸葛恪征东兴，赞为前部，合战先陷阵，大败魏师，迁左将军。孙峻征淮南，授赞节，拜左护军。未至寿春，道路病发，峻令赞将车重先还，魏将蒋班以步骑四千追赞。赞病困，不能整阵，知必败，乃解曲盖印绶付弟子以归，曰："吾自为将，破敌搴旗，未尝负败。今病困兵羸，众寡不敌，汝速去矣！俱死无益于国，适所以快敌耳。"弟子不肯受，拔刀欲斫之，乃去。初，赞为将，临敌必先被发叫天，因抗音而歌，左右应之，毕乃进战，战无不克。及败，叹曰："吾战有常术，今病困若此，固命也！"遂被害，时年七十三，众庶痛惜焉。二子略、平，并为大将。

峻欲城广陵，朝臣知其不可城，而畏之莫敢言。唯滕胤谏止，不从，而功竟不就。

其明年，文钦说峻征魏，峻使钦与吕据、车骑将军刘纂、镇南将军朱异、前将军唐咨自江都入淮、泗，以图青、徐。峻与胤至石头，因饯之，领从者百许人入据营。据御军齐整，峻恶之，称心痛去，遂梦为诸葛恪所击，恐惧发病死，时年三十八，以后事付綝。

【译文】孙峻，字子远，他是孙坚的弟弟孙静的曾孙。孙静生孙暠。孙暠生孙恭，孙恭任散骑侍郎。孙恭生孙峻。孙峻从小就擅长射箭骑马，精明勇敢，胆大果断。孙权末年，他升为武卫都尉，任侍中。孙权驾崩前，他接受遗诏辅佐朝政，兼任武卫将军，按惯例主管宿卫，封为都乡侯。诸葛恪被诛杀以后，他升任丞相大将军，督理朝廷内外所有军务，授予符节，进而封为富春侯。滕胤因为自己是诸葛恪的儿子诸葛竦的岳父辞去官职，孙峻说："鲧和禹罪过不相连累，滕侯为什么要这样做？"孙峻和滕胤虽然内里没有什么牵连，对外却互相包容。孙峻提升滕胤的爵位为高密侯，两个人像以往一样地共事。

孙峻一向没有显赫的名声，他骄横阴险，杀害的人很多，百姓怨声载道。他还奸淫宫女，和公主鲁班私通。

五凤元年，吴侯孙英企图谋杀孙峻，却因事情败露被处死。

五凤二年，魏国将领毌丘俭、文钦率领部众发动叛乱，和魏人在乐嘉开战。孙峻率领骠骑将军吕据、左将军留赞袭击寿春，正赶上文钦因失败而向吴国投降，军队就返回来了。这一年，蜀国派使者来行聘礼，将军孙仪、张怡、林恂等人想利用会见蜀国使者的机会杀了孙峻。事情败露，孙仪等人自杀，被处死的人有几十个，而且连及公主鲁育。

孙峻打算在广陵修筑城墙，朝中大臣知道那里不能修筑城墙，但因为害怕孙峻没有人敢说。只有滕胤劝谏阻止孙峻，孙峻不听，他的工程最终没有成功。

第二年，文钦劝孙峻出征魏国，孙峻派文钦和吕据、车骑将军刘纂、镇南将军朱异、前将军唐咨从江都进入淮河、泗水一带，谋取青州和徐州。孙峻和滕胤来到石头，为他们饯行，他带一百多随从进入吕据的军营。吕据指挥军队整齐肃穆，孙峻厌恶他，就推说心痛离开了。他梦见自己被诸葛恪击打，因恐惧发病而死，当时他三十八岁，把后事托付给孙綝。

孙綝

【原文】孙綝，字子通，与峻同祖。綝父绰为安民都尉。綝始为偏将军，及峻死，为侍中、武卫将军，领中外诸军事，代知朝政。吕据闻之大恐，与诸督将连名，共表荐滕胤为丞相。綝更以胤为大司马，代吕岱驻武昌。据引兵还，使人报胤，欲共废綝。綝闻之，遣从兄虑将兵逆据于江都，使中使敕文钦、刘纂、唐咨等合众击据，遣侍中、左将军华融、中书丞丁晏告胤取据，并喻胤宜速去意。胤自以祸及，因留融、晏，勒兵自卫，召典军杨崇、将军孙咨，告以綝为乱，迫融等使有书难綝。綝不听，表言胤反，许将军刘丞以封爵，使率兵骑急攻围胤。胤又劫融等，使诈诏发兵。融等不从，胤皆杀之。①胤颜色不变，谈笑若常。或劝胤"引兵至苍龙门，将士见公出，必皆委綝就公"。时夜已半，胤恃与据期，又难举兵向宫，乃约令部曲，说"吕侯以在近道"，故皆为胤尽死，无离散者。时大风，比晓，据不至。綝兵大会，遂杀胤及将士数十人，夷胤三族。②

①《文士传》曰：华融，字德蕤，广陵江都人。祖父避乱，居山阴蕊山下。时皇象亦寓居山阴，吴郡张温来就象学，欲得所舍。或告温曰："蕊山下有华德蕤者，虽年少，美有令志，可舍也。"温遂止融家，朝夕谈讲。俄而温为选部尚书，乃擢融为太子庶子，遂知名显达。融子谞，黄门郎，与融并见害。次子谭，以才辩称，晋秘书监。

② 臣松之以为：孙綝虽凶虐，与滕胤宿无嫌隙，胤若且顺綝意，出镇武昌，岂徒免当时之祸，仍将永保元吉，而犯机触害，自取夷灭，悲夫！

綝迁大将军，假节，封永宁侯，负贵倨傲，多行无礼。初，峻从弟虑与诛诸葛恪之谋，峻厚之，至右将军、无难督，授节盖，平九官事。綝遇虑薄于峻时，虑怒，与将军王惇谋杀綝。綝杀惇，虑服药死。

魏大将军诸葛诞举寿春叛，保城请降。吴遣文钦、唐咨、全端、全怿等帅三万人救之。魏镇南将军王基围诞，钦等突围入城。魏悉中外军二十余万增诞之围。朱异帅三万人屯安丰城，为文钦势。魏兖州刺史州泰拒异于阳渊，异败退，为泰所追，死伤二千人。綝于是大发卒出屯镬里，复遣异率将军丁奉、黎斐等五万人攻魏，留辎重于都陆。异屯黎浆，遣将军任度、张震等募勇敢六千人，于屯西六里为浮桥夜渡，筑偃月垒。为魏监军石苞及州泰所破，军却退就高。异复作车箱围趣五木城。苞、泰攻异，异败归，而魏太山太守胡烈以奇兵五千诡道袭都陆，尽焚异资粮。綝授兵三万人使异死战，异不从，綝斩之于镬里，而遣弟恩救，会诞败引还。綝既不能拔出诞，而丧败士众，自戮名将，莫不怨之。

綝以孙亮始亲政事，多所难问，甚惧。还建业，称疾不朝，筑室于朱雀桥南，使弟威远将军据入苍龙宿卫，弟武卫将军恩、偏将军幹、长水校尉闿分屯诸营，欲以专朝自固。亮内嫌綝，乃推鲁育见杀本末，责怒虎林督朱熊、熊弟外部督朱损不匡正孙峻，乃令丁奉杀熊于虎林，杀损于建业。綝入谏不从，亮遂与公主鲁班、太常全尚、将军刘承议诛綝。亮妃，綝从姊女也，以其谋告綝。綝率众夜袭全尚，遣弟恩杀刘承于苍龙门外，遂围宫。① 使光禄勋孟宗告庙废亮，召群司议曰："少帝荒病昏乱，不可以处大位，承宗庙，以告先帝废之。诸君若有不同者，下异议。"皆震怖，曰："唯将军令。"綝遣中书郎李崇夺亮玺绶，以亮罪状班告远近。尚书桓彝不肯署名，綝怒杀之。②

①《江表传》曰：亮召全尚息黄门侍郎纪密谋，曰："孙綝专势，轻小于孤。孤见敕之，使速上岸，为唐咨等作援，而留湖中，不上岸一步。又委罪朱异，擅杀功臣，不先表闻。筑第桥南，不复朝见。此为自在，无复所畏，不可久忍。今规取之，卿父作中军都督，使密严整士马，孤当自出临桥，帅宿卫虎骑、左右无难一时围之。作版诏敕綝所领皆解散，不得举手，正尔自得之。卿去，但当使密耳。卿宣诏语卿父，勿令卿母知之，女人既不晓大事，且綝同堂姊，邂逅泄漏，误孤非小也。"纪承诏，以告尚，尚无远虑，以语纪母，母使人密语綝。綝夜发严兵废亮，比明，兵已围宫。亮大怒，上马，带鞬执弓欲出，曰："孤大皇帝之适子，在位已五年，谁敢不从者！"侍中近臣及乳母共牵攀止之，乃不得出，叹咤二日不食，骂其妻曰："尔父愦愦，败我大事！"又呼纪，纪曰："臣父奉诏不谨，负上，无面目复见。"因自杀。

孙盛曰：《亮传》称亮少聪惠，势当先与纪谋，不先令妻知也。《江表传》说漏泄有由，于事为详矣。

②《汉晋春秋》曰：彝，魏尚书令阶之弟。◎《吴录》曰：晋武帝问薛莹吴之名臣，莹对称彝有忠贞之节。

典军施正劝綝征立琅邪王休，綝从之，遣宗正楷奉书于休曰：

綝以薄才，见授大任，不能辅导陛下。顷月以来，多所造立。亲近刘承，悦于美色，发吏民妇女，料其好者，留于宫内，取兵子弟十八已下三千余人，习之苑中，连日续夜，大小呼嗟，败坏藏中矛戟五千余枚，以作戏具。朱据先帝旧臣，子男熊、损皆承父之基，以忠义自立，昔杀小主，自是大主所创，帝不复精其本末，便杀熊、损。谏不见用，诸下莫不侧息。帝于宫中作小船三百余艘，成以金银，师工昼夜不息。太常全尚，累世受恩，不能督诸宗亲，而全端等委城就魏。尚位过重，曾无一言以谏陛下，而与敌往来，使传国消息，惧必倾危社稷。推案旧典，运集大王，辄以今月二十七日擒尚斩承。以帝为会稽王,遣楷奉迎。百寮喁喁,立住道侧。

綝遣将军孙耽送亮之国,徙尚于零陵,迁公主于豫章。綝意弥溢,侮慢民神,遂烧大桥头伍子胥庙,又坏浮屠祠,斩道人。休既即位,称草莽臣,诣阙上书曰:"臣伏自省,才非干国,因缘肺腑,位极人臣,伤锦败驾,罪负彰露,寻愆惟阙,夙夜忧惧。臣闻天命棐谌,必就有德,是以幽、厉失度,周宣中兴,陛下圣德,纂承大统,宜得良辅,以协雍熙,虽尧之盛,犹求稷、契之佐,以协明圣之德。古人有言:'陈力就列,不能者止。'臣虽自展竭,无益庶政,谨上印绶节钺,退还田里,以避贤路。"休引见慰喻。又下诏曰:"朕以不德,守藩于外,值兹际会,群公卿士,暨于朕躬,以奉宗庙。朕用怃然,若涉渊冰。大将军忠计内发,扶危定倾,安康社稷,功勋赫然。昔汉孝宣践阼,霍光尊显,褒德赏功,古今之通义也。其以大将军为丞相、荆州牧,食五县。"恩为御史大夫、卫将军,据右将军,皆县侯。幹杂号将军、亭侯。闿亦封亭侯。綝一门五侯,皆典禁兵,权倾人主,自吴国朝臣未尝有也。

綝奉牛酒诣休,休不受。赍诣左将军张布,酒酣,出怨言曰:"初废少主时,多劝吾自为之者。吾以陛下贤明,故迎之。帝非我不立,今上礼见拒,是与凡臣无异,当复改图耳。"布以言闻休,休衔之,恐其有变,数加赏赐,又复加恩侍中,与綝分省文书。或有告綝怀怨侮上欲图反者,休执以付綝,綝杀之,由是愈惧,因孟宗求出屯武昌,休许焉,尽敕所督中营精兵万余人,皆令装载,所取武库兵器,咸令给与。① 将军魏邈说休曰:"綝居外必有变。"武卫士施朔又告:"綝欲反有征。"休密问张布,布与丁奉谋于会杀綝。

①《吴历》曰:綝求中书两郎,典知荆州诸军事,主者奏中书不应外出,休特听之,其所请求,一皆给与。

永安元年十二月丁卯,建业中谣言明会有变,綝闻之,不悦。夜大风发木扬沙,綝益恐。戊辰腊会,綝称疾。休强起之,使者十余辈,綝不得已,将入,众止焉。綝曰:"国家屡有命,不可辞。可豫整兵,令府内起火,因是可得速还。"遂入,寻而火起,綝求出,休曰:"外兵自多,不足烦丞相也。"綝起离席,奉、布目左右缚之。綝叩首曰:"愿徙交州。"休曰:"卿何以不徙滕胤、吕据?"綝复曰:"愿没为官奴。"休曰:"何不以胤、据为奴乎!"遂斩之,以綝首令其众曰:"诸与綝同谋皆赦。"放仗者五千人。闿乘船欲北降,追杀之。夷三族。发孙峻棺,取其印绶,斫其木而埋之,以杀鲁育等故也。

綝死时年二十八。休耻与峻、綝同族,特除其属籍,称之曰"故峻""故綝"云。休又下诏曰:"诸葛恪、滕胤、吕据盖以无罪为峻、綝兄弟所见残害,可为痛心,促皆改葬,各为祭奠。其罹恪等事见远徙者,一切召还。"

【译文】孙綝,字子通,和孙峻同祖。孙綝的父亲孙绰是安民都尉。孙綝起初任偏将军,到孙峻死后,他任侍中、武卫将军,统领朝廷内外所有军务,代理主持朝政。吕据听说后大怒,他和许多将领联名,共同呈表推荐滕胤任丞相。孙綝改任滕胤为大司马,接替吕岱驻守武昌。吕据率军返回,派人通告滕胤,想与他一起共同废黜孙綝。孙綝听说这消息,派他的堂兄孙虑率兵在江都迎击吕据,派天子使臣去命令文钦、刘纂、唐咨等人联合攻击吕据，派侍中、左将军华融、中书丞丁晏告诉滕胤，要求他捉拿吕据，并劝说滕胤应当迅速离开吕据。滕胤认为吕据的灾祸已连及自己，就扣留华融和丁晏，部署部队自卫，召见典军杨崇、将军孙咨，把孙綝作乱的事情告诉他们，强迫华融等人，让他们写信责问孙綝。孙綝不听，反而呈表告发滕胤谋反，对将军刘丞许下封爵的诺言，让他率领骑兵急速攻打围困滕胤。滕胤又胁迫华融等人，让他们假造诏令征调部队。华融等人不干，滕胤把他们都杀了。滕胤神色不变，谈笑如同往常。有人劝说滕胤"率兵到苍龙门，将士看到您出来，必定都离开孙綝投奔您"。当时夜色已经很深，滕胤倚仗和吕据有约定，又很难发动部队突围，就以命令约束部下，说"吕侯已经在附近的道路上"，所以他的部下都为他竭尽死力，没有逃离的人。当时天刮大风，将近拂晓，吕据还没有到。孙綝的部队大规模集合开战，最终杀了滕胤和他的将士几十个人，夷灭滕胤三族。

孙綝升为大将军，授予符节，封为永宁侯。他倚仗自己的尊贵，非常傲慢，经常干无礼的事情。起初，孙峻的堂弟孙虑参与了诛杀诸葛恪的计划，孙峻厚待他，他官做到右将军、无难督，授予他符节和伞盖，让他总理朝中九官的事务。孙綝给孙虑的待遇比孙峻的时候少，孙虑很生气，他和将军王惇企图谋杀孙綝。结果孙綝杀了王惇，孙虑便服毒而死。

魏国大将军诸葛诞占据寿春叛魏，他据守城邑请求投降。吴国派文钦、唐咨、全端、全怿等率领三万兵马前往救援。魏国镇南将军王基率军包围了诸葛诞，文钦等人突破了魏国的包围，进入城内。魏国把朝廷内外二十多万部队都调来加强对诸葛诞的包围。朱异率领三万人马屯守安丰城，作为文钦的援军。魏国兖州刺史州泰在阳渊抗击朱异，朱异败退，被州泰追击，死伤两千人。孙綝这时大规模出动部队，屯守镬里，又派朱异率领将军丁奉、黎斐等人的五万人攻打魏国，把辎重留在都陆。朱异驻守黎浆，派将军任度、张震等人召募壮士六千人，在驻地西面六里处架设浮桥，在夜间渡过去，修筑起半月形的堡垒。但他们被魏国监军石苞和州泰打败，军队退却奔向高地。朱异又制造车箱围逼五木城。石苞和州泰攻打朱异，朱异败回，魏国太山太守胡烈用五千奇兵从隐秘的道路袭击都陆，把朱异的军备粮食全部焚毁。孙綝授予朱异三万人，让朱异决一死战，朱异不服从命令，孙綝在镬里杀了他，派弟弟孙恩去救援，正赶上诸葛诞战败，孙恩便率兵返回。孙綝既不能救出诸葛诞，又使部队遭到惨败，还亲自杀死著名的将领，因而没有人不怨恨他。

孙綝因为孙亮刚刚开始亲自主持朝政事务，就对他提出很多责难，他十分害怕。返回建业，他推托有病，不去朝拜孙亮，在朱雀桥南边修建宫室，派弟弟威远将军孙据进入苍龙宫宿卫，让弟弟武卫将军孙恩、偏将军孙幹、长水校尉孙闿分别驻守各个军营，想用这个办法垄断朝政，巩卫自己。孙亮心里厌恶孙綝，就追查鲁育被杀害的原委，责怪恼恨虎林督朱熊、朱熊的弟弟外部督朱损没有纠正孙峻的错误，就命令丁奉在虎林杀了朱熊，在建业杀了朱损。孙綝入朝劝谏，不被采纳，孙亮于是和公主鲁班、太常全尚、将军刘承商量诛杀孙綝。孙亮的妃子是孙綝堂姐的女儿，她把这个密谋告诉孙綝。孙綝率领部众连夜袭击全尚,派弟弟孙恩在苍龙门外杀了刘承,于是包围了皇宫。孙綝派光禄勋孟宗到宗庙祭告废黜孙亮,又召集群臣商量说:“皇帝年轻,荒淫昏聩,不能处于皇位,奉祀宗庙,已经祭告先帝把他废黜了。各位如有不同意的,提出异议吧。”大家都很震惊,说:“完全听将军的命令。”孙綝派中书郎李崇夺取孙亮的印玺绶带,把孙亮的罪状颁布各地。尚书桓彝不肯署名,孙綝恼怒,便杀了他。

典军施正劝孙綝征立琅邪王孙休,孙綝听从他的建议,派宗王孙楷向孙休奉献章表说:

我由于才能薄弱,被授以重任,却不能辅佐引导陛下。近几个月来,发生了很多事情。陛下的亲信刘承喜欢女色,征调官民家中的女子,挑选其中漂亮的,留在宫廷里面,选取部队中十八岁以下的年轻人三千多人,在御花园中训练他们,日夜不停,大呼小叫,破坏仓库里的矛戟五千多枝,用来作娱乐器具。朱据是先帝的老臣,他的儿子朱熊和朱损都继承了父亲本性,以忠诚道义自立于世,从前杀害小公主,本来是大公主发难的,陛下不重新查清事情的原委,就杀了朱熊和朱损。臣工对陛下劝谏,不被采纳,所有的臣下没有不暗中叹息的。天子在宫中制作小船三百多艘,用金银做成,技工昼夜不得休息。太常全尚,几代蒙受恩泽,却不能督领亲族,因而全端等人弃城投奔了魏国。全尚的地位十分贵重,竟没有一句话劝谏陛下,却与敌人有往来,派人传递国家的消息,恐怕一定要危害国家。推究过去的典制,气运集中在大王身上,所以我们就在本月二十七日捉拿全尚,斩杀刘承。让天子为会稽王,派孙楷前去迎接您。百官翘首盼望,站在道路两侧。

孙綝派将军孙耽送孙亮去封国,把全尚流放到零陵,把全公主迁到豫章。孙綝心里洋洋得意,侮辱百姓崇拜的神灵,竟然烧毁设在大桥桥头的伍子胥庙,还破坏浮屠祠,斩杀道人。孙休即位以后,他自称草莽臣,到宫殿上书说:“我私下自我反省,才能不是国家栋梁之材,只是由于是天子的近亲,地位才居于所有大臣之上。这样必然损害了官爵的荣誉,败坏了天子的名声,使我的罪责充分暴露。思量我的罪恶,只有空出我的位置来,为此我日日夜夜都感到忧虑恐惧。我听说上天的意旨是辅助诚信,必定亲近有德行的人,因此周幽王和周厉王失去法度,周宣王则由衰微而复兴。陛下具有神圣的德行,因而继承了帝位,应当得到优秀的辅佐,来协和万邦。即使像唐尧那样伟大的君主,还要寻找像后稷和契那样的辅臣,来协助英明神圣的德行。古人有言说:‘施展能力来承担官职,没有能力的人就辞职。’我虽然竭力施展自己的能力,但对各种政务没有什么补益,谨此呈上印玺绶带符节斧钺,退回故里,以为贤人让开道路。”孙休召见他,安慰劝导他。又下诏书说:“我由于德行不良,在京外守卫屏障,赶上这个机会,众位王公大臣找到我,让我奉祀宗庙。我为此怅然,好像徒步趟过深渊的流水,走在刚刚结冰的冰面上。大将军忠诚的计谋发自内心,匡扶危急,平定叛乱,使国家安宁康乐,功勋卓著。从前汉宣帝登基,霍光的地位尊贵显赫,褒扬德行,奖赏功劳,这是古今普遍的道理。所以任命大将军为丞相、荆州牧,食邑五个县。”孙恩任御史大夫、卫将军，孙据任右将军，都封为县侯。孙幹为杂号将军，封为亭侯。孙闿也封为亭侯。孙綝一家五人得到侯爵，都掌管禁卫军，权力压过天子，这在吴国朝廷大臣中是不曾有过的事情。

孙綝奉献牛酒，送给孙休，孙休不接受。孙綝就送给左将军张布，酒喝到尽兴时，他口出怨言说："当初废黜幼主时，很多人劝我自己做皇帝。我认为陛下贤惠英明，所以把他迎接回来。皇帝没有我，就不能即位。如今我奉献礼品被拒绝，这是把我和一般的大臣同样看待，我必须另图大计。"张布把这话告诉孙休，孙休便惦记在心，害怕孙綝作乱，多次给予孙綝赏赐，又给孙恩加官侍中，让他和孙綝分担批阅文书的职务。有人告发孙綝怀恨在心，欺侮皇上，企图造反，孙休把这个人抓起来交给孙綝，孙綝把这个人杀了。从此孙綝更加惶恐，他通过孟宗要求外出屯守武昌，孙休答应了他的要求，命令孙綝所督率的中营精兵一万多人，都跟着孙綝启程，孙綝取走武器仓库中的兵器，全让他们带走。将军魏邈劝孙休说"孙綝驻守在京外必定有阴谋活动"，武卫士施朔也告发"孙綝有谋反的苗头"。孙休秘密询问张布，张布和丁奉策划在腊祭聚会时杀了孙綝。

永安元年十二月七日，建业城内传播流言，说腊祭聚会有变故，孙綝听到这话，不高兴。夜里狂风拔起树木，扬起飞沙，孙綝更加恐慌。八日举行腊祭聚会，孙綝推托有病。孙休极力让他起身，派出使者十多个，孙綝没有办法，准备入宫，众人阻止他。孙綝说："国家多次有命令，不能推辞。可以预先组织好部队，让家里起火，利用这个机会我可以迅速返回。"他于是入宫，不久他家里火烧了起来，他要求回去，孙休说："外面士兵本来很多，不值得劳动丞相。"孙綝起身离开席位，丁奉和张布暗示手下人把他捆了起来。孙綝跪下磕头说："我愿意流放到交州。"孙休说："您为什么不流放滕胤、吕据？"孙綝又说："我愿意沦为官家奴隶。"孙休说："为什么不让滕胤、吕据做奴隶！"于是杀了孙綝，拿着孙綝的头命令他的部众说："所有和孙綝同谋的人都予以赦免。"孙綝的部众有五千人放下了兵器。孙闿想乘船投降北方，被追兵赶上杀了。朝廷夷灭了孙綝的三族。发掘出孙峻的棺木，拿走他的印玺绶带，把棺木砍碎，才把尸体掩埋，这是因为他杀害鲁育等人的缘故。

孙綝死时二十八岁。孙休认为和孙峻、孙綝同族是耻辱，特地从宗族中取消他们的名籍，提到他们时就称为"故峻""故綝"。孙休还下诏令说："诸葛恪、滕胤、吕据在没有罪的情况下被孙峻、孙綝兄弟残酷杀害，使人痛心，马上都给他们改葬，分别为他们祭奠。那些受诸葛恪等人连累而被流放远方的，一概召他们回来。"

濮阳兴

【原文】濮阳兴，字子元，陈留人也。父逸，汉末避乱江东，官至长沙太守。[①] 兴少有士名，孙权时除上虞令，稍迁至尚书左曹，以五官中郎将使蜀，还为会稽太守。时琅邪王休居会稽，兴深与相结。及休即位，征兴为太常卫将军，平军国事，封外黄侯。

①逸事见《陆瑁传》。

永安三年，都尉严密建丹杨湖田，作浦里塘。诏百官会议，咸以为用功多而田不保成，唯兴以为可成。遂会诸兵民就作，功佣之费不可胜数，士卒死亡，或自贼杀，百姓大怨之。兴迁为丞相，与休宠臣左将军张布共相表里，邦内失望。

七年七月，休薨。左典军万彧素与乌程侯孙皓善，乃劝兴、布，于是兴、布废休适子而迎立皓。皓既践阼，加兴侍中，领青州牧。俄彧谮兴、布追悔前事。十一月朔入朝，皓因收兴、布，徙广州，道追杀之，夷三族。

【译文】濮阳兴，字子元，陈留人。他的父亲濮阳逸在汉朝末年为避乱到了江东，官做到长沙太守。濮阳兴年轻时有才子的名气，孙权提拔他任上虞县令，逐渐升至尚书左曹，以五官中郎将的身份出使蜀国，回来后任会稽太守。当时琅邪王孙休住在会稽，濮阳兴和他交情深厚，往来密切。到孙休即位时，征召濮阳兴任太常卫将军，治理军队和国家的要事，封为外黄侯。

永安三年，都尉严密在丹杨修建湖田，筑起浦里塘。孙休下令百官聚集一起商讨此事，大家都认为此事费工很多而湖田不能保证成功，只有濮阳兴认为能够成功。于是就召集许多士兵和百姓前去施工，工程的费用不可胜数，士兵死的死，逃的逃，有的人干脆自杀，百姓非常怨恨濮阳兴。濮阳兴升为丞相，和孙休宠信的大臣左将军张布互相勾结，内外为势，国内的人民非常失望。

永安七年七月，孙休驾崩。左典军万彧平时和乌程侯孙皓友善，就劝濮阳兴和张布，于是濮阳兴和张布废黜孙休的嫡子，迎立孙皓为帝。孙皓登基后，为濮阳兴加官侍中，让他兼任青州牧。不久万彧就诬陷濮阳兴和张布追悔先前废嫡立主的事情。十一月初一，百官入宫朝拜时，孙皓乘机收捕濮阳兴和张布，将他们流放到广州，半路上又派人追杀他们，夷灭三族。

【原文】评曰：诸葛恪才气干略，邦人所称，然骄且吝，周公无观，况在于恪？矜己陵人，能无败乎？若躬行所与陆逊及弟融之书，则悔吝不至，何尤祸之有哉？滕胤厉修士操，遵蹈规矩，而孙峻之时犹保其贵，必危之理也。峻、綝凶竖盈溢，固无足论者。濮阳兴身居宰辅，虑不经国，协张布之邪，纳万彧之说，诛夷其宜矣。

【译文】评论说：诸葛恪的才华气质，干练谋略，为国人所称道，但是他又骄横又吝啬，即使是周公有这些不足也会一无所成，何况这些毛病存在于诸葛恪身上呢？矜夸而且气势凌人，能不失败吗？倘若他能亲身实行他给陆逊以及弟弟诸葛融信中谈到的处世原则，那么悔恨的事情不会发生，又怎么能有灾祸呢？滕胤努力涵养士人的操守，循规蹈矩，但在孙峻时期还保持尊崇的地位，这是他的境遇必定危险的原因。孙峻、孙綝恶贯满盈，本来就不足挂齿。濮阳兴身居宰相的位置，他的思虑没有放在治理国家上，却去协助张布的邪恶行径，采纳万彧的建议，遭到诛灭恐怕是理所当然的。

卷六十五　吴书二十

王楼贺韦华传第二十

王蕃

【原文】王蕃，字永元，庐江人也。博览多闻，兼通术艺。始为尚书郎，去官。孙休即位，与贺邵、薛莹、虞汜俱为散骑中常侍，皆加驸马都尉。时论清之。遣使至蜀，蜀人称焉，还为夏口监军。

孙皓初，复入为常侍，与万彧同官。彧与皓有旧，俗士挟侵，谓蕃自轻。又中书丞陈声，皓之嬖臣，数谮毁蕃。蕃体气高亮，不能承颜顺指，时或迕意，积以见责。

甘露二年，丁忠使晋还，皓大会群臣，蕃沉醉顿伏，皓疑而不悦，舆蕃出外。顷之请还，酒亦不解。蕃性有威严，行止自若，皓大怒，呵左右于殿下斩之。卫将军滕牧、征西将军留平请，不能得。①

①《江表传》曰：皓用巫史之言，谓建业宫不利，乃西巡武昌，仍有迁都之意，恐群臣不从，乃大请会，赐将吏。问蕃："射不主皮，为力不同科，其义云何？"蕃思惟未答，即于殿上斩蕃。出登来山，使亲近将掷蕃首，作虎跳狼争咋啮之，头皆碎坏，欲以示威，使众不敢犯也。此与本传不同。◎《吴录》曰：皓每于会，因酒酣，辄令侍臣嘲谑公卿，以为笑乐。万彧既为左丞相，蕃嘲彧曰："鱼潜于渊，出水煦沫。何则？物有本性，不可横处非分也。彧出自溪谷，羊质虎皮，虚受光赫之宠，跨越三九之位，犬马犹能识养，将何以报厚施乎？"彧曰："唐虞之朝无谬举之才，造父之门无驽蹇之质。蕃上诬明选，下讪桢干，亦何伤于日月？适多见其不知量耳。"

臣松之按：本传云丁忠使晋还，皓为大会，于会中杀蕃，检忠从北还在此年之春，彧时尚未为丞相，至秋乃为相耳。《吴录》所言为乖互不同。

丞相陆凯上疏曰："常侍王蕃黄中通理，知天知物，处朝忠蹇，斯社稷之重镇，大吴之龙逢也。昔事景皇，纳言左右，景皇钦嘉，叹为异伦。而陛下忿其苦辞，恶其直对，枭之殿堂，尸骸暴弃，邦内伤心，有识悲悼。"其痛蕃如此。蕃死时年三十九，皓徙蕃家属广州。二弟著、延皆作佳器，郭马起事，不为马用，见害。

【译文】王蕃，字永元，庐江郡人。他博学多闻，兼通方技卜筮技艺。最初担任尚书郎，后又解除官职。孙休即位，他与贺邵、薛莹、虞汜同任散骑中常侍，都加官驸马都尉。当时舆论以为人清雅评议他。朝廷派他出使蜀国，蜀国人也称赞他，回来后担任夏口监军。

孙皓在位初年，王蕃又入朝担任常侍，与万彧官职相同。万彧跟孙皓有老交情，这人鄙陋庸俗，凭着他跟皇上的特殊关系挟制欺侮王蕃，说王蕃自轻自贱。另有中书丞陈声，是孙皓的宠臣，多次谗毁王蕃。王蕃秉性高尚忠正，不愿察言观色见风使舵，时常违背孙皓的意愿，日积月累就受到皇上的责备。

甘露二年，丁忠出使晋国归来，孙皓举行盛大宴会招待群臣，王蕃酩酊大醉而倒在席上，孙皓怀疑王蕃心存不敬而感到很不高兴，于是命人用肩舆把王蕃抬出大殿。不久王蕃请求回席，而醉意未消。王蕃天性注重尊严，此时此刻他的举止仍是镇静自如而毫无拘束，这使得孙皓怒气冲天，喝令左右亲随将王蕃斩杀于殿陛之下。卫将军滕牧、征西将军留平为他求情，却未能成功。

丞相陆凯上疏说："常侍王蕃有术而通晓事理，知天文而懂万物，身处朝廷忠诚正直，是国家倚重的大臣，大吴国的龙逄。从前他侍奉景帝，在景帝身边进言献谏，景帝敬重而嘉许他，赞叹他与众不同。而陛下却恼恨他言语逆耳，厌恶他直言应对，将他斩杀于殿堂之内，尸骸抛露在外，国内人民因此伤心，有识之士为他哀痛追念。"陆凯痛惜王蕃达到了如此程度。王蕃死时三十九岁，孙皓又把王蕃的家属流放广州。王蕃的两个弟弟王著、王延都才行出众，郭马起兵造反之时，他们不愿给郭马效力，都被杀害。

楼玄

【原文】楼玄，字承先，沛郡蕲人也。孙休时为监农御史。孙皓即位，与王蕃、郭逴、万彧俱为散骑中常侍，出为会稽太守，入为大司农。旧禁中主者自用亲近人作之，彧陈亲密近职宜用好人，皓因敕有司，求忠清之士，以应其选，遂用玄为宫下镇禁中候，主殿中事。玄从九卿持刀侍卫，正身率众，奉法而行，应对切直，数迕皓意，渐见责怒。后人诬白玄与贺邵相逢，驻共耳语大笑，谤讪政事，遂被诏诘责，送付广州。

东观令华覈上疏曰："臣窃以治国之体，其犹治家。主田野者，皆宜良信。又宜得一人总其条目，为作维纲，众事乃理。《论语》曰：'无为而治者其舜也与！恭己正南面而已。'言所任得其人，故优游而自逸也。今海内未定，天下多事，事无大小，皆当关闻，动经御坐，劳损圣虑。陛下既垂意博古，综极艺文，加勤心好道，随节致气，宜得闲静以展神思，呼翕清淳，与天同极。臣夙夜思惟，诸吏之中，任干之事，足委仗者，无胜于楼玄。玄清忠奉公，冠冕当世，众服其操，无与争先。夫清者则心平而意直，忠者惟正道而履之，如玄之性，终始可保，乞陛下赦玄前愆，使得自新，擢之宰司，责其后效，使为官择人，随才授任，则舜之恭己，近亦可得。"皓疾玄名声，复徙玄及子据，付交阯将张奕，使以战自效，阴别敕奕令杀之。据到交阯，病死。玄一身随奕讨贼，持刀步涉，见奕辄拜，奕未忍杀。会奕暴卒，玄殡敛奕，于器中见敕书，还便自杀。①

①《江表传》曰：皓遣将张奕追赐玄鸩，奕以玄贤者，不忍即宣诏致药，玄阴知之，谓奕曰："当早告玄，玄何惜邪？"即服药死。

臣松之以玄之清高，必不以安危易操，无缘骤拜张奕，以亏其节。且祸机既发，岂百拜所免？《江表传》所言，于理为长。

【译文】楼玄，字承先，沛郡蕲县人。孙休在位时他任监农御史。孙皓即位之后，他跟王蕃、郭逴、万彧同任散骑中常侍，后出任会稽太守，又入朝任大司农。以前宫禁中的主管人员任用的都是皇帝自己的亲近之人，万彧陈述说皇上的近身亲信应当任用品行端正的人，孙皓因而下令有关部门寻求忠诚廉正的人员，作为宫中近臣的选拔对象，于是任用楼玄为宫下镇禁中候，主管殿中防卫事务。楼玄以九卿官品任带刀侍卫，坚持端正自身以统领部下，奉法行事，应对恳切率直，因此多次违逆孙皓的心意，渐渐地受到孙皓怒责。后来有人诬告楼玄曾与贺邵相逢，二人停车凑在一起私语狂笑，诽谤讥讽政事，楼玄于是受到诏书责问，并被流放广州。

东观令华覈上疏说："我私下认为治国的基本方法，大体上犹如治家。主管田野事务的人，都应该贤良诚信。还应该有一个人负责整理安排细节，并制定纲纪，这样各项家事才能料理完善。《论语》说：'无须强行治理就能使天下太平的人恐怕就是虞舜吧！他只要面向正南端坐在帝王宝座上就可以了。'说的就是任用的人称职得当，所以自己就可以悠闲自得而身心安适。如今四海尚未平定，天下事变接连不断，事情无论大小，都应当关心过问，如果凡事动不动要经由陛下，必然会使得陛下劳心损力。陛下既然关注通晓古代的事情，总集穷尽六艺群书，加之苦心孤诣探求原道，随时节推移而提神养气，应当有闲静时间来放飞思绪，吸纳高洁纯朴之气，与上天同寿。我日夜思考，在众多官员之中，能承担重要事务，并且值得委任信赖的人，没有谁能超过楼玄。楼玄清正忠诚奉公守法，是当世的表率，人们都悦服他的德行，没有谁可以跟他争先攀比。凡是清廉的人都心情平静而志向正直，忠诚的人只有正确的途径他才肯往前迈步，像楼玄这样的性情，可保自始至终不会改变，请求陛下宽恕楼玄以前的过失，使他得以悔过自新，提拔他作为部门主管，责成他干出工作实绩，使他替国家选拔人才，根据人才实力授予相应的职务，那么像虞舜那样只需南向端坐而天下大治的情形，眼前就可以实现。"孙皓忌恨楼玄的名声，又发配楼玄及其儿子楼据，交付给交阯将领张奕，让楼玄参与战斗来为国效命，暗中又命令张奕杀掉楼玄。楼据到达交阯以后，就因病而死。楼玄孤身一人跟随张奕讨伐贼寇，持刀步行，见了张奕就行大礼，张奕不忍心杀他。正好张奕突然死亡，楼玄殡殓张奕，在张奕的器具中见到了孙皓要杀他的敕书，回到住所就自杀了。

贺邵

【原文】贺邵，字兴伯，会稽山阴人也。①孙休即位，从中郎为散骑中常侍，出为吴郡太守。孙皓时，入为左典军，迁中书令，领太子太傅。

①《吴书》曰：邵，贺齐之孙，景之子。

皓凶暴骄矜，政事日弊。邵上疏谏曰：

古之圣王，所以潜处重闱之内而知万里之情，垂拱衽席之上，明照八极之际者，任贤之功也。陛下以至德淑姿，统承皇业，宜率身履道，恭奉神器，旌贤表善，以康庶政。自顷年以来，朝列纷错，真伪相贸，上下空任，文武旷位，外无山岳之镇，内无拾遗之臣。佞谀之徒拊翼天飞，干弄朝威，盗窃荣利，而忠良排坠，信臣被害。是以正士摧方，而庸臣苟媚，先意承旨，各希时趣，人执反理之评，士吐诡道之论，遂使清流变浊，忠臣结舌。陛下处九天之上，隐百重之室，言出风靡，令行景从，亲洽宠媚之臣，日闻顺意之辞，将谓此辈实贤，而天下已平也。臣心所不安，敢不以闻！

臣闻兴国之君乐闻其过，荒乱之主乐闻其誉。闻其过者过日消而福臻，闻其誉者誉日损而祸至。是以古之人君，揖让以进贤，虚己以求过，譬天位于乘奔，以虎尾为警戒。至于陛下，严刑法以禁直辞，黜善士以逆谏臣，眩耀毁誉之实，沉沦近习之言。昔高宗思佐，梦寐得贤，而陛下求之如忘，忽之如遗。故常侍王蕃忠恪在公，才任辅弼，以醉酒之间加之大戮。近鸿胪葛奚，先帝旧臣，偶有逆迕，昏醉之言耳，三爵之后，礼所不讳，陛下猥发雷霆，谓之轻慢，饮之醇酒，中毒陨命。自是之后，海内悼心，朝臣失图，仕者以退为幸，居者以出为福，诚非所以保光洪绪，熙隆道化也。

又，何定本趋走小人，仆隶之下，身无锱铢之行，能无鹰犬之用，而陛下爱其佞媚，假其威柄，使定恃宠放恣，自擅威福，口正国议，手弄天机，上亏日月之明，下塞君子之路。夫小人求入，必进奸利，定间妄兴事役，发江边戍兵以驱麋鹿，结罝山陵，芟夷林莽，殚其九野之兽，聚于重围之内，上无益时之分，下有损耗之费。而兵士罢于运送，人力竭于驱逐，老弱饥冻，大小怨叹。臣窃观天变，自比年以来阴阳错谬，四时逆节，日食地震，中夏陨霜，参之典籍，皆阴气陵阳，小人弄势之所致也。臣尝览书传，验诸行事，灾祥之应，所为寒栗。昔高宗修己以消鼎雉之异，宋景崇德以退荧惑之变，愿陛下上惧皇天谴告之诮，下追二君攘灾之道，远览前代任贤之功，近寤今日谬授之失，清澄朝位，旌叙俊乂，放退佞邪，抑夺奸势，如是之辈，一勿复用，广延淹滞，容受直辞，祗承乾指，敬奉先业，则大化光敷，天人望塞也。

《传》曰："国之兴也，视民如赤子；其亡也，以民为草芥。"陛下昔韬神光，潜德东夏，以圣哲茂姿，龙飞应天，四海延颈，八方拭目，以成、康之化必隆于旦夕也。自登位以来，法禁转苛，赋调益繁；中宫内竖，分布州郡，横兴事役，竞造奸利；百姓罹杼轴之困，黎民罢无已之求，老幼饥寒，家户菜色，而所在长吏，迫畏罪负，严法峻刑，苦民求办。是以人力不堪，家户离散，呼嗟之声，感伤和气。又江边戍兵，远当以拓土广境，近当以守界备难，宜特优育，以待有事，而征发赋调，烟至云集，衣不全裋褐，食不赡朝夕，出当锋镝之难，入抱无聊之戚。是以父子相弃，叛者成行。愿陛下宽赋除烦，振恤穷乏，省诸不急，荡禁约法，则海内乐业，大化普洽。夫民者国之本，食者民之命也，今国无一年之储，家无经月之畜，而后宫之中坐食者万有余人。内有离旷之怨，外有损耗之费，使库廪空于无用，士民饥于糟糠。

又，北敌注目，伺国盛衰，陛下不恃己之威德，而怙敌之不来，忽四海之困穷，而轻虏之不为难，诚非长策庙胜之要也。昔大皇帝勤身苦体，创基南夏，割据江山，拓土万里，虽承天赞，实由人力也。余庆遗祚，至于陛下，陛下宜勉崇德器，以光前烈，爱民养士，保全先轨，何可忽显祖之功勤，轻难得之大业，忘天下之不振，替兴衰之巨变哉？臣闻否泰无常，吉凶由人，长江之限，不可久恃，苟我不守，一苇可航也。昔秦建皇帝之号，据殽、函之阻，德化不修，法政苛酷，毒流生民，忠臣杜口，是以一夫大呼，社稷倾覆。近刘氏据三关之险，守重山之固，可谓金城石室，万世之业，任授失贤，一朝丧没，君臣系颈，共为羁仆。此当世之明鉴，目前之炯戒也。愿陛下远考前事，近览世变，丰基强本，割情从道，则成康之治兴，而圣祖之祚隆矣。

书奏，皓深恨之。邵奉公贞正，亲近所惮。乃共谮邵与楼玄谤毁国事，俱被诘责。玄见送南州，邵原复职。后邵中恶风，口不能言，去职数月，皓疑其托疾，收付酒藏，掠考千所，邵卒无一语，竟见杀害，家属徙临海。并下诏诛玄子孙，是岁天册元年也，邵年四十九①。

①邵子循，字彦先。虞预《晋书》曰：循丁家祸，流放海滨，吴平，还乡里。节操高厉，童龀不群，言行举动，必以礼让。好学博闻，尤善《三礼》。举秀才，除阳羡、武康令。顾荣、陆机、陆云表荐循曰："伏见吴兴武康令贺循德量邃茂，才鉴清远，服膺道素，风操凝峻，历践三城，刑政肃穆，守职下县，编名凡萃，出自新邦，朝无知己，恪居遐外，志不自营，年时倏忽，而邈无阶绪，实州党愚智所为怅然。臣等并以凡才，累授饰进，被服恩泽，忝豫朝末，知良士后时，而守局无言，惧有蔽贤之咎，是以不胜愚管，谨冒死表闻。"久之，召为太子舍人。石冰破扬州，循亦合众，事平，杜门不出。陈敏作乱，以循为丹杨内史。循称疾固辞，敏不敢逼。于时江东豪右无不受敏爵位，惟循与同郡朱诞不挂贼网。后除吴国内史，不就。元皇帝为镇东将军，请循为军司马，帝为晋王，以循为中书令，固让不受，转太常，领太子太傅。时朝廷初建，动有疑议，宗庙制度皆循所定，朝野咨询，为一时儒宗。年六十，太兴二年卒。追赠司空，谥曰穆。循诸所著论，并传于世。子隰，临海太守。

【译文】贺邵，字兴伯，会稽郡山阴县人。孙休即位，他从中郎升为散骑中常侍，出任吴郡太守。孙皓在位时，他又入朝任左典军，后升中书令，兼任太子太傅。

孙皓凶狠残暴并且骄傲自负，政务日益衰败。贺邵上疏劝谏说：

古代圣明的君主，之所以能够身在深宫而了解万里之外的事情，垂衣拱手坐在席上，却能将明察的智慧延伸到极度遥远的边境，那是因为任贤用能的缘故。陛下凭借最高的道德和美好的姿容，继承了帝业，应当以身作则履行正道，恭谨地奉守帝位，表彰贤才善人，从而治理各项政务。从近年以来，朝廷官员纷繁杂乱，良莠不齐，上下尸位素餐，文武空居职位，边镇没有得力的守将，朝中缺乏忠勤的贤臣。奸佞阿谀之徒飞黄腾达，钻营朝廷权威，盗名窃利，而忠正贤良者遭到排挤贬斥，忠诚可靠之臣屡遭毁谤陷害。因此正直之人被摧折棱角，而庸俗的臣子苟合献媚，及时揣测陛下心意而奉承恭维，各自迎合时尚，人人执持违反常理的评述，个个口吐欺骗诡诈的议论，于是致使清澈的流水变得混浊不堪，让忠于君主的官吏不敢讲话。陛下站在至高无上的地方，身居千门万户的深宫之内，一言既出,百姓将像小草一样迎风顺服您,命令发布后,人们就如影子追随形体一样寸步不离地追随您,亲近那些献媚取宠的小臣,每天听到的都是顺从心意的言辞,只怕您就要认为这帮人真的贤明,而天下也已经太平无事了。我心里感到不安,怎敢不据实禀报陛下!

我听说想使国家兴盛的君主乐意听到有人指出自己的过失,荒淫昏聩的国君喜欢听取讨好赞誉之辞。能听到自己过失的君主他的过失日益减少而福运降临,爱听好言美誉的君主他的美名将与时递减而灾祸来到。因此古代的君主,用礼乐文德来进纳贤能,以谦和克制的胸怀来寻找过错,把身居帝位比之为策马奔腾,并且始终保持高度的警戒就像脚踏着老虎尾巴一样。说到陛下,却是加重刑罚以杜绝正直的言词,废黜有德之士以反击直言规劝之臣,迷惑不明毁谤赞誉的本质,沉溺于受宠亲信之人的花言巧语。从前殷高宗思得辅佐,梦里便得到了贤才,而陛下寻求贤人显得那般漫不经心,轻忽贤人恰如丢弃废物一样随意坚决。原常侍王蕃忠诚恭谨一心为公,才能胜任辅佐之职,却在他酒醉之时被施以极刑。最近大鸿胪葛奚,这位先帝时期的老臣,偶有迕逆不顺,都不过是酒醉后的糊涂言语罢了,本来酒过三巡之后,礼仪上也不再有所忌讳,陛下却大发雷霆,说他态度傲慢,要他喝下毒酒,中毒毙命。从此以后,国内人民心中惶恐,朝廷大臣失去指望,做官者把贬退视为幸运,在朝者将出外任职看作福分,这确实不是用来保持并发扬光大帝业,兴盛道德风化的做法。

再者,何定本属奔走服役的小人,地位还不如一般的奴仆,自身没有丝毫的德行,能力当不得鹰犬的作用,而陛下却喜欢他的巧言讨好,授予他威权,使得何定仗着宠幸肆无忌惮,擅自作威作福,口中裁决对国事的议论,手里把玩国家的机要事宜,对上亏损陛下日月般的英明,对下阻塞君子进身的通道。大凡小人谋求进取,必定要获取非法谋取的利益,何定妄自兴发劳役,征调长江沿岸的守卫部队去追猎麋鹿,在山中布下猎兽罗网,砍伐山林,尽驱山野百兽,聚歼于重重围猎之中,对上没有补益时政的名分,对下却有浪费财力的耗损。士兵们疲于来往运送,人力耗竭于驱逐狩猎,老弱饥寒交迫,大人小孩怨声载道。我私下观察天象的变化,自近年以来阴阳错乱,四季节令反复无常,日食地震,仲夏降霜,参检典籍,这些都是阴气侵凌阳气,小人玩弄权势所招致的。我曾经披阅典籍,校验时下已发生的事件,吉凶灾变的征兆都能对应,我为之心惊而全身颤抖。从前殷高宗自我修养以消退雉立鼎耳的妖异征象,宋景公推崇仁德来禳除火星不祥的变化,希望陛下对上畏惧皇天显示的谴责警告,对下追随高宗、景公禳除灾祸的办法,远察前代帝王任用贤能的功业,近悟当今错授官职的过失,审察官位,旌表进用才德超卓的贤人,放逐斥退奸佞的小人,剥夺奸人手中的权势,如前所述种种小人,一律不再任用,广泛延纳久沦下位的才德兼备者,包容接受正直的言辞,谨慎地承受上天的旨意,恭敬地奉守祖先的基业,那么广远深入的教化将得以广布,天上人间就不再有所怨恨了。

《左传》说:“国家兴旺,是因为把民众视为婴儿;国家灭亡,是因为把百姓当作草芥。”陛下以前隐藏神异的灵光,在东方潜修德行,凭着至高无上的道德和美好的资质,如飞龙腾空以顺应天命,四海民众延颈期待,八方百姓拭目盼望,认为周成王、周康王那样的美好教化必定会在近日兴隆了。但自陛下即位以来,刑法和禁令变得苛刻,赋税名目日益繁多;宫里的小人,分布到各州各郡,他们肆意兴发劳役,竞相营求不正当利益;百姓遭受穿梭一般连续不断的困扰,民众疲于无休无止的索求,老幼忍饥受冻,家家户户面有菜色,而各处地方长官,迫于畏惧承担罪责,各自推行严刑峻法,搜刮百姓。因此民力不堪承受,家家户户妻离子散,呼号哀叹声此起彼伏,损伤了吉利的祥瑞之气。另外长江沿岸的守卫部队,从远处考虑应用来开拓国土扩大疆域,从近处着眼应用来驻守边境防备战乱,应该对他们给予特别优厚的生活待遇,以待战事来临时发挥他们的作用,而现在却要征收他们的赋税,赋税频繁得就如烟云一般密集,使得这些人穿不上一袭粗布衣服,饮食则朝不保夕,出征要担当战争的生死考验,归来又要面对贫穷无依的忧伤愁苦。因此父子之间相互离弃,叛变投敌者成群结队。希望陛下放宽赋税去除繁苛,赈济贫困之人,减省各项不急需的劳役,放宽禁令,简省法令,那么国内百姓就将安居乐业,广远深入的教化就会普施四方。百姓是国家的根本,粮食是百姓的命脉,如今国库没有一年的储备,百姓没有整月的积蓄,而后宫之中不劳而食的却多达一万余人。宫里有妇人离家独处空守的怨气,宫外有无端损耗的浪费,致使国库被无用的支出耗尽,而让广大人民因糟糠不足而备受饥饿。

再者,北方的敌人虎视眈眈,窥视着我国的盛衰,陛下不凭恃自己的声威与德行,而要依赖敌人的不来侵犯,忽略国家的艰难窘迫,而又轻视敌寇一时不会发难,这确实不是克敌制胜的良计妙策。昔日大皇帝不辞辛劳,在江南创立吴国基业,割据江山,拓土万里,尽管也是承蒙上天赞助,实质依靠的还是人的努力。他所留下的福庆帝运,传到陛下手中,陛下应当勉力崇尚道德修养与才识度量,从而光大祖先的功业,爱民养士,保全先王的法度,怎么能够忽略祖先的功劳,轻视好不容易得到的帝业,而忘掉天下的败乱不兴,不顾王朝兴衰更替的巨变呢?我听说祸福变化无常,吉凶由人决定,长江的天赐险阻,不可长久凭据,如果我们不去防守,敌人用一叶小舟就可渡过。从前秦国创立皇帝的称号,据守着殽山、函谷关的险要关隘,可是不修德教,法律和政令苛刻残酷,毒害人民,忠臣闭口,因此一个普通不过的人振臂一呼,国家便遭到覆灭。近时刘蜀占据三关,守卫着重重叠叠的崇山峻岭所构成的坚固防线,可以说有金城石室的保障,可保万代相续的大业,可是授任臣僚不以贤能为标准,弹指间便国家破灭,君臣自缚求降,一并成为被敌国羁押的奴仆。这是当世的明显借鉴,眼前才发生的清楚警戒。希望陛下远考前代事件,近鉴当世的变故,丰隆基业培根固本,割舍私情依从正道,那么像周成王、周康王那样的盛世就能兴起,而开国先帝留下的福运也将走向隆盛。

章表呈奏已毕，孙皓对他深恶痛绝。贺邵奉行公事坚贞端方，皇上周围的亲信们都畏惧他。于是这些人便共同诬陷贺邵和楼玄谤毁国家政事，贺邵、楼玄二人都被责问。楼玄被流放到南方的广州，贺邵得到宽免复职。后来贺邵患了中风，不能说话，离职多月，孙皓怀疑他假托患病，就把他收押在酒库里，拷打了上千次，贺邵终究没说出一句话，最终被杀害，家属也被流放到临海。孙皓同时下诏诛杀楼玄的子孙，这一年是天册元年，贺邵四十九岁。

韦曜

【原文】韦曜，字弘嗣，吴郡云阳人也。[1]少好学，能属文，从丞相掾除西安令，还为尚书郎，迁太子中庶子。

①曜本名昭，史为晋讳，改之。

时蔡颖亦在东宫，性好博弈，太子和以为无益，命曜论之。其辞曰：

盖闻君子耻当年而功不立，疾没世而名不称，故曰："学如不及，犹恐失之。"是以古之志士，悼年齿之流迈而惧名称之不立也，故勉精厉操，晨兴夜寐，不遑宁息，经之以岁月，累之以日力，若宁越之勤，董生之笃，渐渍德义之渊，栖迟道艺之域。且以西伯之圣，姬公之才，犹有日昃待旦之劳，故能隆兴周道，垂名亿载，况在臣庶，而可以已乎？历观古今立功名之士，皆有累积殊异之迹，劳身苦体，契阔勤思。平居不堕其业，穷困不易其素，是以卜式立志于耕牧，而黄霸受道于囹圄，终有荣显之福，以成不朽之名。故山甫勤于夙夜，而吴汉不离公门，岂有游惰哉？

今世之人多不务经术，好玩博弈，废事弃业，忘寝与食，穷日尽明，继以脂烛。当其临局交争，雌雄未决，专精锐意，心劳体倦，人事旷而不修，宾旅阙而不接，虽有太牢之馔，《韶》《夏》之乐，不暇存也。至或赌及衣物，徙棋易行，廉耻之意弛，而忿戾之色发，然其所志不出一枰之上，所务不过方罫之间，胜敌无封爵之赏，获地无兼土之实。技非六艺，用非经国，立身者不阶其术，征选者不由其道。求之于战陈，则非孙、吴之伦也；考之于道艺，则非孔氏之门也；以变诈为务，则非忠信之事也；以劫杀为名，则非仁者之意也，而空妨日废业，终无补益。是何异设木而击之，置石而投之哉！且君子之居室也勤身以致养，其在朝也竭命以纳忠，临事且犹旰食，而何博弈之足耽？夫然，故孝友之行立，贞纯之名彰也。

方今大吴受命，海内未平，圣朝乾乾，务在得人，勇略之士则受熊虎之任，儒雅之徒则处龙凤之署，百行兼苞，文武并骛，博选良才，旌简髦俊，设程试之科，垂金爵之赏，诚千载之嘉会，百世之良遇也。当世之士，宜勉思至道，爱功惜力，以佐明时，使名书史籍，勋在盟府，乃君子之上务，当今之先急也。

夫一木之枰孰与方国之封？枯棋三百孰与万人之将？衮龙之服，金石之乐，足以兼棋局而贸博弈矣。假令世士移博弈之力而用之于诗书，是有颜、闵之志也；用之于智计，是有良、平之思也；用之于资货，是有猗顿之富也；用之于射御，是有将帅之备也。如此则功名立而鄙贱远矣。

和废后，为黄门侍郎。孙亮即位，诸葛恪辅政，表曜为太史令，撰《吴书》，华覈、薛莹等皆与参同。孙休践阼，为中书郎、博士祭酒。命曜依刘向故事，校定众书。又欲延曜侍讲，而左将军张布近习宠幸，事行多玷，惮曜侍讲儒士，又性精确，惧以古今警戒休意，固争不可。休深恨布，语在《休传》。然曜竟止不入。

孙皓即位，封高陵亭侯，迁中书仆射，职省，为侍中，常领左国史。时所在承指数言瑞应。皓以问曜，曜答曰："此人家筐箧中物耳。"又，皓欲为父和作纪，曜执以和不登帝位，宜名为传。如是者非一，渐见责怒。曜益忧惧，自陈衰老，求去侍、史二官，乞欲成所造书，以从业别有所付，皓终不听。时有疾病，医药监护，持之愈急。

皓每飨宴，无不竟日，坐席无能否率以七升为限，虽不悉入口，皆浇灌取尽。曜素饮酒不过二升，初见礼异时，常为裁减，或密赐茶荈以当酒，至于宠衰，更见逼强，辄以为罪。又于酒后使侍臣难折公卿，以嘲弄侵克，发摘私短以为欢。时有愆过，或误犯皓讳，辄见收缚，至于诛戮。曜以为外相毁伤，内长尤恨，使不济济，非佳事也，故但示难问经义言论而已。皓以为不承用诏命，意不忠尽，遂积前后嫌忿，收曜付狱，是岁凤皇二年也。

曜因狱吏上辞曰："囚荷恩见哀，无与为比，曾无芒氂有以上报，孤辱恩宠，自陷极罪。念当灰灭，长弃黄泉，愚情惓惓，窃有所怀，贪令上闻。囚昔见世间有古历注，其所纪载既多虚无，在书籍者亦复错谬。囚寻按传记，考合异同，采摭耳目所及，以作《洞纪》，起自庖牺，至于秦、汉，凡为三卷，当起黄武以来，别作一卷，事尚未成。又见刘熙所作《释名》，信多佳者，然物类众多，难得详究，故时有得失，而爵位之事，又有非是。愚以官爵，今之所急，不宜乖误。囚自忘至微，又作《官职训》及《辩释名》各一卷，欲表上之。新写始毕，会以无状，幽囚待命，泯没之日，恨不上闻，谨以先死列状，乞上言秘府，于外料取，呈内以闻。追惧浅蔽，不合天听，抱怖雀息，乞垂哀省。"

曜冀以此求免，而皓更怪其书之垢，故又以诘曜。曜对曰："囚撰此书，实欲表上，惧有误谬，数数省读，不觉点污。被问寒战，形气呐吃。谨追辞叩头五百下，两手自搏。"而华覈连上疏救曜曰：

　　曜运值千载，特蒙表识，以其儒学，得与史官，貂蝉内侍，承答天问，圣朝仁笃，慎终追远，迎神之际，垂涕敕曜。曜愚惑不达，不能敷宣陛下大舜之美，而拘系史官，使圣趣不叙，至行不彰，实曜愚蔽当死之罪。然臣惓惓，见曜自少勤学，虽老不倦，探综坟典，温故知新，及意所经识古今行事，外吏之中少过曜者。昔李陵为汉将，军败不还而降匈奴，司马迁不加疾恶，为陵游说，汉武帝以迁有良史之才，欲使毕成所撰，忍不加诛，书卒成立，垂之无穷。今曜在吴，亦汉之史迁也。伏见前后符瑞彰著，神指天应，继出累见，一统之期，庶不复久。事平之后，当观时设制，三王不相因礼，五帝不相沿乐，质文殊涂，损益异体，宜得曜辈依准古义，有所改立。汉氏承秦，则有叔孙通定一代之仪，曜之才学亦汉通之次也。又《吴书》虽已有头角，叙赞未述。昔班固作《汉书》，文辞典雅，后刘珍、刘毅等作《汉记》，远不及固，叙传尤劣。今《吴书》当垂千载，编次诸史，后之才士论次善恶，非得良才如曜者，实不可使阙不朽之书。如臣顽蔽，诚非其人。曜年已七十，余数无几，乞赦其一等之罪，为终身徒，使成书业，永足传示，垂之百世。谨通进表，叩头百下。

皓不许，遂诛曜，徙其家零陵。子隆，亦有文学也。

【译文】韦曜，字弘嗣，吴郡云阳县人。从小好学，擅写文章，从丞相掾授任西安县令，回朝任尚书郎，升迁为太子中庶子。

当时蔡颖也在东宫，生性喜欢下棋，太子孙和认为下棋毫无益处，就让韦曜进行论述。韦曜在文章中说：

听说君子羞于年富力强而功业没有建立，痛悔离开人世时名声不曾受人称道，所以说："学习生怕不及时，还只怕要失去机会。"因此古代有远大志向的人，悲叹岁月流逝年华老去而担心名声没有传扬于世，所以振奋精神砥砺节操，早起晚睡，无暇休息，累积每天的精神气力，像春秋之时宁越那样勤学，如西汉董仲舒那样笃实，在道德与信义的渊潭中浸润，在学问和技能的国度里游息。并且凭着文王的圣明，加上周公的才智，尚且还要夜以继日地辛劳，所以才能兴隆周王朝的道统，美名流传万世，何况对于一般的臣民，又怎可止步不前呢？历观古今建立了功名的人士，他们都有日积月累不同寻常的经历，劳苦身体，勤勉尽心地思索。闲居不荒废学业，穷困不改变志向，因此卜式在耕田放牧时立下志愿，黄霸在狱中接受正道，他们最终得到了荣耀显赫的福庆，也因此成就了不朽的名声。所以仲山甫昼夜勤劳，吴汉不离开官府，他们哪里会游荡懒惰呢？

当今世人大多不肯致力于钻研经学，喜欢游戏于棋坛，荒废事业，废寝忘食，从白天玩到黑夜，晚上再燃蜡烛继续。当他们面对棋局交锋，胜负未分时，就聚精会神而专心一意，以至于身心俱疲，人情事理荒废而不整治，宾客到了门前而无人接待，即使有太牢之类的美味佳肴，《韶》《夏》之类的动听音乐，也无暇给予品味欣赏。甚至有人用衣物来赌输赢，改变下棋的目的而变易行事的原则，廉耻的意识废弛了，忿怒蛮横的姿态暴露无遗，然而他们的志趣从没有跳出一个棋盘的大小，他们的追求也没有越过方格之间的距离，战胜敌人没有封爵的奖赏，夺取地盘没有兼并土地的实利。技艺与经典六艺无关，才能与治理国家无涉，立身处世者不能凭借这种技巧存身，征召选拔者不经由这一途径选拔人才。通过它寻求战术阵法，它不是孙武、吴起创立的军事思想；通过它考究学问技能，它又不属于孔子的学问；以巧变诡诈作为急务，这不是忠诚信实的事情；把劫持攻杀作为名声，也不合乎仁义的本意，而且白白耗费光阴荒废正业，终究没有什么益处。这种游戏跟设立木杆而击打它，安放石块而投掷它又有什么本质的不同呢！况且君子在家要不辞劳苦以奉养父母，他在朝廷则应尽忠授命来侍奉君王，遇到事务繁忙尚且要推迟吃饭，又哪里还有时间沉溺于下棋之中呢？这样，孝顺父母友爱兄弟的品行就能树立，守正纯洁的名声就将显扬。

当今大吴承受天命，海内尚未平定，圣朝自强不息，致力于获得人才，具备勇敢和谋略的人就授以武将的任命，学问渊博、气度雍容的人就进入舞文弄墨的官署，多方面的人才兼容并蓄，文臣武将并驾齐驱，广泛选拔优秀人才，表彰录用杰出才士，规定设立考试的科目，出具金印紫绶的赏格，这确实是个千载一遇的昌盛际会，百年难逢的美好机遇。当代的士人，应该努力寻思最好的学说和道德，爱惜功业而珍重精力，从而在政治清明的时代辅佐君主，使自己的名字载入史册，授勋的策书也在掌管盟约文书的盟府得以长存，这才是君子的首要任务，当前的紧迫大事。

一方木头棋盘哪里比得上一个方国的封疆呢？三百颗枯槁的棋子哪里比得上率领一万兵马呢？绣有飞龙的礼服，金石钟磬的音乐，足以兼容棋局并换取游戏之乐了。假使世间士人肯将游戏围棋的精力转向于攻读诗书，这就是有颜回、闵损的志向了；改为用于智谋，就会有张良、陈平的谋划了；改用在生财上，就会有猗顿的财富了；改用到射箭骑马，就会有将帅的才能了。能做到这一步那么功名就可建立而卑微下贱就将远离。

孙和被废黜后，韦曜担任黄门侍郎。孙亮即位，诸葛恪辅佐朝政，表奏韦曜为太史令，撰写《吴书》，华覈、薛莹等人都共同参加编撰。孙休登基后，韦曜担任中书郎、博士祭酒。孙休命令韦曜依照刘向的先例，考核订正各种书籍。又打算延请韦曜作为侍讲，而左将军张布是孙休宠幸的近臣，品行存在不少污点，他害怕韦曜担任侍讲儒士，觉得韦曜秉性专心坚定，担心韦曜说古道今从而引发孙休的警戒，就坚决争辩不能让韦曜进宫侍讲。孙休为此对张布十分恼恨，这件事记载在《孙休传》里。然而韦曜终究因为张布的阻止而没能入宫。

孙皓即位，封韦曜为高陵亭侯，升迁他为中书仆射，后因职司简省，担任侍中，曾兼任左国史。当时各地迎合孙皓的意旨而屡次上报天降祥瑞。孙皓以此询问韦曜，韦曜回答说："这只是他人之家箱子里的东西罢了。"另外孙皓想为父亲孙和作纪，而韦曜坚持认为孙和没登帝位，对他的记述应当定名为传。类似事件有过不止一次，韦曜渐渐地受到孙皓的怒责。韦曜更为忧愁恐惧，自己陈述年老体衰，请求免除侍中、左国史两项职务，请求让他完成自己所写的书，而把所担任的工作另外交付他人，孙皓始终不肯答应。当时韦曜身患重病，需医治护理，要求辞职的愿望更加急迫。

孙皓每次设宴，没有哪一次不是持续一整天，座席中人不管能否饮酒都以七升酒为最低标准，即使自己不全部饮用，也都要被强行灌下。韦曜向来饮酒不超过两升，最初他被特殊礼遇时，孙皓常为他减少数量，有时还暗中赐给他茶水代酒，到宠幸衰减之时，反而受到明显的逼迫强制，动不动就以饮酒违例给予责罚。孙皓又在酒后让侍臣诘难公卿大臣，把嘲笑戏弄、侵害打击、揭发隐私缺点作为乐趣。此时要是谁有过失，或在无意中冒犯了孙皓的忌讳，就要被收系，甚至遭到诛杀。韦曜认为朝臣在公共场合相互毁伤，内心会滋长怨恨，致使群臣不能和洽，这并非好事，因此他只是提出些经书义理方面的疑问加以谈论而已。孙皓认为韦曜不接受诏命，无意于尽献忠心，就把前后对他的嫌隙恼恨累积到一起，收押韦曜投入了监狱，这一年是凤凰二年。

韦曜通过狱吏向孙皓上书表白说："囚犯我身负皇恩承蒙爱惜，可以说无与伦比，我却从未有过丝毫贡献来报答陛下，辜负污辱了陛下的恩宠，自己陷入死罪之中。想到我将灰飞烟灭，永久地抛弃人世奔赴黄泉，我情怀仍然恭谨，心里有些想法，忍不住冒犯禁令而要呈报陛下。我过去发现世上流传有古代历法的注释，上面的记载有许多虚假而无根据的东西，跟一般图书上的记录比较也存在错杂乖谬。我查考经书的注释，研究综合其间异同，又采用耳闻目睹所收集的素材，糅合写作了《洞纪》，从伏羲开篇，直至秦、汉，共计三卷，还从黄武年间开始续写，另外作为一卷，目前尚未写完。另外看到刘熙所作《释名》，确实有很多绝妙之处，但物类众多，难以详细探究，所以时常会有失误，而有关爵位方面的解释，又还存在不确切的地方。我认为官爵问题，是当务之急，不应当出现错谬。囚犯我便忘记了自己极为卑微的身份，又撰写了《官职训》及《辩释名》各一卷，想写表呈献陛下。新作刚刚杀青，正赶上因为我的无礼，被关在狱中等待处置，泯灭之时，遗憾还没有呈报陛下，谨此在临死之前将这些著作一一开列出来，请求陛下告知秘府，让他们前往我家选取，呈献宫内以报陛下。回顾所写的著作我又怕过于浅陋蔽塞，不能符合陛下的视听，心怀惶恐我屏息不敢作声，请求陛下布施哀怜并予省察。"

韦曜希望借此能免于罪责，而孙皓另行责怪他的奏表上有污迹，所以又以此诘问韦曜。韦曜回答说："囚犯我撰写这个章表，确实是想上呈陛下，因此唯恐中间有错，经过屡次阅读，不知不觉便弄脏了。遭到诘问时我心惊胆战，表情呆滞语气结巴。谨此补加谢罪，叩头五百下，用两手击打自己。"华覈接连上书援救韦曜说：

韦曜幸运地碰上了千载难逢的时机，特别蒙受皇上的怜爱赏识，凭着他的儒学造诣，得以担任史官职务，身穿官服入宫奉侍，随时应答皇上的提问，皇上仁爱笃厚，哀悼至亲而追祭远祖，在迎接神灵来降的时刻，流着泪吩咐韦曜。韦曜愚昧迷乱而不达事理，不能传扬陛下大舜般的孝行美德，而是拘泥于史官的陈规陋习，使得神圣的意旨不能表述，卓绝的品行不能彰显，这实在是韦曜愚钝犯下了该死的罪行。但我应当恭谨地陈述我的愚见，我认为韦曜从小勤奋学习，即使年老还依旧读书不倦，他探究贯通古代典籍，温故而能知新，加以他心中贯穿古今大事，在外应职的官员很少有人能与他相比。从前李陵身为汉将，军队溃败后他没有回国而是投降了匈奴，司马迁非但不加憎恶，反倒替李陵到处说情，汉武帝因为司马迁具有优秀史官的才能，想要他完成所写的《史记》，就宽容他而没加诛杀，书最终完成，流传千古。如今韦曜在吴国，也是汉朝的太史令司马迁了。我先后看见吉祥的征兆十分昭著，神灵的指示和上天的感应，接连不断地显示并屡被发现，统一天下的期运，大概要不了太久就要来临。天下平定之后，应察看时机建立典章制度，而三王互不因循礼仪体系，五帝互不沿袭礼乐制度，实质内容与外在形式的表现途径各不相同，具体条文的增减也体例有别，应当依托韦曜这样的人来遵照古书的义理，对前代制度有所改定创建。汉朝紧承秦朝，则由叔孙通制定了一个朝代的礼仪制度，韦曜的才学也可与汉朝的叔孙通相比。另外《吴书》尽管已粗有头绪，但书前叙言及书后的赞评尚未撰写。从前班固撰述《汉书》，文章典雅，后来刘珍、刘毅等人所写《汉记》，就远远不如班固的《汉书》引典有据和高雅脱俗，叙传部分尤为拙劣。如今《吴书》应当流传千古，按次序编排而纳入诸史书之中，让后代有才华的人论定编次的高低优劣，这就必须得有像韦曜那样的优秀人才，确实不能使这部不朽的史书存在缺漏。像我这样愚笨的人，确实不是能担当如此重任的良才。韦曜年已七十了，生命中剩下的时间已经没有多少了，希望陛下赦免他的头等大罪，就让他做终身囚徒，成就著书的事业，使《吴书》永远值得留传昭示后人，流传百世。谨此奉献章表，叩头百下。

孙皓没有恩准华覈的请求，于是诛杀韦曜，把他的家人流放零陵。韦曜的儿子韦隆，也有文才学问。

华覈

【原文】华覈，字永先，吴郡武进人也。始为上虞尉、典农都尉，以文学入为秘府郎，迁中书丞。

蜀为魏所并，覈诣宫门发表曰："间闻贼众蚁聚向西境，西境艰险，谓当无虞。定闻陆抗表至，成都不守，臣主播越，社稷倾覆。昔卫为翟所灭而桓公存之，今道里长远，不可救振，失委附之土，弃贡献之国，臣以草芥，窃怀不宁。陛下圣仁，恩泽远抚，卒闻如此，必垂哀悼。臣不胜忡怅之情，谨拜表以闻。"

孙皓即位，封徐陵亭侯。宝鼎二年，皓更营新宫，制度弘广，饰以珠玉，所费甚多。是时盛夏兴工，农守并废，覈上疏谏曰：

臣闻汉文之世，九州晏然，秦民喜去惨毒之苛政，归刘氏之宽仁，省役约法，与之更始，分王子弟以藩汉室，当此之时，皆以为泰山之安，无穷之基也。至于贾谊，独以为可痛哭及流涕者三，可为长叹息者六，乃曰当今之势何异抱火于积薪之下而寝其上，火未及然而谓之安。其后变乱，皆如其言。臣虽下愚，不识大伦，窃以曩时之事，揆今之势。

谊云复数年间，诸王方刚，汉之傅相称疾罢归，欲以此为治，虽尧、舜不能安。今大敌据九州之地，有大半之众，习攻战之余术，乘戎马之旧势，欲与中国争相吞之计，其犹楚汉势不两立，非徒汉之诸王淮南、济北而已。谊之所欲痛哭，比今为缓，抱火卧薪之喻，于今而急。大皇帝览前代之如彼，察今势之如此，故广开农桑之业，积不訾之储，恤民重役，务养战士，是以大小感恩，各思竭命。期运未至，早弃万国。自是之后，强臣专政，上诡天时，下违众议，忘安存之本，邀一时之利，数兴军旅，倾竭府藏，兵劳民困，无时获安。今之存者乃创夷之遗众，哀苦之余民耳。遂使军资空匮，仓廪不实，布帛之赐，寒暑不周，重以失业，家户不赡。而北积谷养民，专心东向，无复他警。蜀为西藩，土地险固，加承先主统御之术，谓其守御足以长久，不图一朝，奄至倾覆！唇亡齿寒，古人所惧。交州诸郡，国之南土，交阯、九真二郡已没，日南孤危，存亡难保，合浦以北，民皆摇动，因连避役，多有离叛，而备戍减少，威镇转轻，常恐呼吸复有变故。昔海虏窥窬东县，多得离民，地习海行，狃于往年，抄盗无日，今胸背有嫌，首尾多难，乃国朝之厄会也。诚宜住建立之役，先备豫之计，勉垦殖之业，为饥乏之救。惟恐农时将过，东作向晚，有事之日，整严未办。若舍此急，尽力功作，卒有风尘不虞之变，当委版筑之役，应烽燧之急，驱怨苦之众，赴白刃之难，此乃大敌所因为资也。如但固守，旷日持久，则军粮必乏，不待接刃，而战士已困矣。

昔太戊之时，桑谷生庭，惧而修德，怪消殷兴。荧惑守心，宋以为灾，景公下从瞽史之言，而荧惑退舍，景公延年。夫修德于身而感异类，言发于口而通神明，臣以愚蔽，误忝近署，不能翼宣仁泽以感灵祇，仰惭俯愧，无所投处。退伏思惟，荧惑桑谷之异，天示二主，至如他余锱介之妖，近是门庭小神所为，验之天地，无有他变，而征祥符瑞前后屡臻，明珠既觌，白雀继见，万亿之祚，实灵所挺，以九域为宅，天下为家，不与编户之民转徙同也。又今之宫室，先帝所营，卜土立基，非为不祥。又杨市土地与宫连接，若大功毕竟，舆驾迁住，门行之神，皆当转移，犹恐长久未必胜旧。屡迁不可，留则有嫌，此乃愚臣所以夙夜为忧灼也。臣省《月令》，季夏之月，不可以兴土功，不可以会诸侯，不可以起兵动众，举大事必有大殃。今虽诸侯不会，诸侯之军与会无异。六月戊己，土行正王，既不可犯，加又农月，时不可失。昔鲁隐公夏城中丘，《春秋》书之，垂为后戒。今筑宫为长世之洪基，而犯天地之大禁，袭《春秋》之所书，废敬授之上务，臣以愚管，窃所未安。

又恐所召离民，或有不至，讨之则废役兴事，不讨则日月滋蔓。若悉并到，大众聚会，希无疾病。且人心安则念善，苦则怨叛。江南精兵，北土所难，欲以十卒当东一人。天下未定，深可忧惜之。如此宫成，死叛五千，则北军之众更增五万，若到万人，则倍益十万。病者有死亡之损，叛者传不善之语，此乃大敌所以欢喜也。今当角力中原，以定强弱，正于际会，彼益我损，加以劳困，此乃雄夫智士所以深忧。

臣闻先王治国，无三年之储，曰国非其国。安宁之世戒备如此，况敌强大而忽农忘畜。今虽颇种殖，间者大水沈没，其余存者当须耘获，而长吏怖期，上方诸郡，身涉山林，尽力伐材，废农弃务，士民妻孥羸小，垦殖又薄，若有水旱则永无所获。州郡见米，当待有事，冗食之众，仰官供济。若上下空乏，运漕不供，而北敌犯疆，使周、召更生，良、平复出，不能为陛下计明矣。臣闻君明者臣忠，主圣者臣直，是以偻偻，昧犯天威，乞垂哀省。

书奏，皓不纳。后迁东观令，领右国史，覈上疏辞让，皓答曰："得表，以东观儒林之府，当讲校文艺，处定疑难，汉时皆名学硕儒乃任其职，乞更选英贤。闻之，以卿研精坟典，博览多闻，可谓悦礼乐敦诗书者也。当飞翰骋藻，光赞时事，以越杨、班、张、蔡之畴。怪乃谦光，厚自菲薄，宜勉修所职，以迈先贤，勿复纷纷。"

时仓廪无储，世俗滋侈，覈上疏曰：

今寇虏充斥，征伐未已，居无积年之储，出无应敌之畜，此乃有国者所宜深忧也。夫财谷所生，当出于民，趋时务农，国之上急。而都下诸官，所掌别异，各自下调，不计民力，辄与近期。长吏畏罪，昼夜催民，委舍佃事，遑赴会日，定送到都，或蕴积不用，而徒使百姓消力失时。到秋收月，督其限入，夺其播殖之时，而责其今年之税，如有逋悬，则籍没财物，故家户贫困，衣食不足。宜暂息众役，专心农桑。古人称一夫不耕，或受其饥，一女不织，或受其寒，是以先王治国，惟农是务。军兴以来，已向百载，农人废南亩之务，女工停机杼之业。推此揆之，则蔬食而长饥，薄衣而履冰者，固不少矣。臣闻主之所求于民者二，民之所望于主者三。二谓求其为己劳也，求其为己死也。三谓饥者能食之，劳者能息之，有功者能赏之。民以致其二事而主失其三望者，则怨心生而功不建。今帑藏不实，民劳役猥，主之二求已备，民之三望未报。且饥者不待美馔而后饱，寒者不俟狐貉而后温，为味者口之奇，文绣者身之饰也。今事多而役繁，民贫而俗奢，百工作无用之器，妇人为绮靡之饰，不勤麻枲，并绣文黼黻，转相仿效，耻独无有。兵民之家，犹复逐俗，内无儋石之储，而出有绫绮之服，至于富贾商贩之家，重以金银，奢恣尤甚。天下未平，百姓不赡，宜一生民之原，丰谷帛之业，而弃功于浮华之巧，妨日于侈靡之事，上无尊卑等级之差，下有耗财费力之损。今吏士之家，少无子女，多者三四，少者一二，通令户有一女，十万家则十万人，人织绩一岁一束，则十万束矣。使四疆之内同心戮力，数年之间，布帛必积。恣民五色，惟所服用，但禁绮绣无益之饰。且美貌者不待华采以崇好，艳姿者不待文绮以致爱，五采之饰，足以丽矣。若极粉黛，穷盛服，未必无丑妇；废华采，去文绣，未必无美人也。若实如论，有之无益废之无损者，何爱而不暂禁以充府藏之急乎？此救乏之上务，富国之本业也，使管、晏复生，无以易此。汉之文、景，承平继统，天下已定，四海无虞，犹以雕文之妨农事，锦绣之害女工，开富国之利，杜饥寒之本。况今六合分乖，豺狼充路，兵不离疆，甲不解带，而可以不广生财之原，充府藏之积哉？

皓以覈年老，敕令草表，覈不敢。又敕作草文，停立待之。覈为文曰：

咨覈小臣，草芥凡庸。遭眷值圣，受恩特隆。越从朽壤，蝉蜕朝中。熙光紫闼，青璅是凭。毖挹清露，沐浴凯风。效无丝氂，负阙山崇。滋润含垢，恩贷累重。秽质被荣，局命得融。欲报罔极，委之皇穹。圣恩雨注，哀弃其尤。猥命草对，润被下愚。不敢违敕，惧速罪诛。冒承诏命，魂逝形留。

覈前后陈便宜，及贡荐良能，解释罪过，书百余上，皆有补益，文多不悉载。天册元年以微谴免，数岁卒。曜、覈所论事章疏，咸传于世也。

【译文】华覈，字永先，吴郡武进县人。最初担任过上虞县尉、典农都尉，因为有文才且学问渊博入朝任秘府郎，升为中书丞。

蜀国被魏国吞并，华覈来到宫门前呈表上奏说："不久前我听说敌人如蚂蚁般聚集开向西蜀国境，西蜀境内地势艰难险恶，以为不必担忧。而现在又确切地听说陆抗的章表已到，知道成都失守，君臣流离失所，国家覆灭。从前卫国被戎狄所灭而齐桓公使卫国重建，如今由于道路遥远，我们不可能挽救复兴蜀国，我们失去了归附我们的疆土，丢失了向我们进贡的国家，我一介草民，私下里尚且心怀不安。陛下圣明仁爱，恩泽广大惠及远方，突然听到这个消息，必然心生悲痛的追念。我心中不胜忧愁惆怅，谨此呈报章表以奏知陛下。”

孙皓即位，封华覈为徐陵亭侯。宝鼎二年，孙皓又营建新的宫殿，规模宏大，用珍珠美玉作为装饰，花费数额巨大。此时正是盛夏兴工，农桑和边防同被荒废，华覈上书劝谏道：

我听说汉文帝时代，天下清静安宁，秦朝百姓庆幸摆脱了残暴的苛政，归顺了宽厚仁慈的刘氏王朝，朝廷减少劳役精简法令，与民众重新开创全新的世界，分封子弟为王作为护卫汉室的屏障，这在当时看来，人人都认为汉朝江山稳如泰山，打下了无穷无尽的基业。至于贾谊，却独独认为可为之痛哭流涕的事有三件，值得为之长声悲叹的事有六件，甚至还说当时的形势无异于有人抱火置于柴堆之下而后安睡在柴堆之上，大火还没有燃烧起来就自认为很平安。后来发生的变乱，都跟他所说的一样。我尽管非常愚蠢，不懂大道理，私下里还是想用过去发生的事来推论当今的形势。

贾谊预测之后又过了几年，刘氏诸王正当盛年，汉廷派去的傅相各自声称有病辞职，朝廷想通过这种方式来达到国家的大治，即使是唐尧、虞舜那样的圣人也不可能以此实现天下的安定。如今强大的敌人已经占有九州的大部分疆土，拥有大多数的民众，熟悉攻战的方法，凭借精于骑战的一贯优势，我们想要与中原比拼争夺，这就像楚、汉两方那样势不两立，并非只是类似于淮南王、济北王那样的汉代诸侯王国而已。贾谊当年想为之痛哭的局势，比起现在来还算和缓，抱火卧薪的紧急形势，在当今却更为危急。大皇帝看到前代那样的情况，省察今天这样的形势，所以广泛拓展农桑事业，积累无法计量的储备，抚恤承担着繁重劳役的百姓，致力于供养参加战斗的士兵，因此官吏百姓感怀恩德，各自都想尽心效命。统一的机运尚未到来，大皇帝就过早地离开了人世。自此之后，强臣专擅朝政，对上违背天道运行的规律，对下无视众人的计议，不顾安定生存的根本，追逐一时的功利，多次发兵出征，耗尽府库储备，士兵辛劳而百姓困苦，没有一刻得到安宁。如今的幸存者只是战祸破坏后的残兵以及悲哀痛苦的遗民罢了。于是导致军用物资穷乏，仓廪空空如也，布帛的赏赐，不能兼顾寒暑，加上百姓失去谋生的职业，家家户户缺衣少食。而北方的敌人却在积蓄粮食抚养百姓，专心为向东进攻做准备，不再有其他方面的紧急事务。蜀国曾充当我国西边的藩卫，国土险阻坚固，加之延续了先主刘备时期的治理策略，只以为他们的防御完全可以长久坚持，没料想就在朝夕之间突然覆灭！唇亡齿寒，这是古人所担忧的事情。交州各郡，是我国的南部疆土，而交阯、九真二郡已经陷落，日南郡孤立危急，是存是亡还难以保证，合浦以北，百姓动摇，由于牵连逃避劳役的罪责，有不少人离心背叛，而且驻防守备的人员减少，威慑作用越来越弱，常常担心顷刻之间再有变故。从前海盗窥伺东部诸县，掳掠了不少流离失所的百姓，他们熟悉地理又航行海上，比往年更为熟练，抢劫的事情没有哪一天不在发生，如今我们可以说腹背受敌，南北两端多灾多难，这正是我朝众灾会合的时候。实在应该停止修建新宫的劳役，优先制定防备敌寇的计划，鼓励垦荒种植，推行赈济百姓的措施。只怕适宜农耕的时节即将过去，春耕生产为时已晚，一旦战争发生，军队的粮草装备都没有置办。如果舍弃这些当务之急，而将所有国力用于土木营造，突然遭遇战乱或发生其他意想不到的变故，这才暂停修建宫室的劳役，去应付边防事变的紧急情况，驱使怨恨痛苦的人众，奔赴刀剑交加的沙场，这正是强大的敌人可凭借的取胜资本啊。如果只是固守，战争旷日持久，那么军粮必定缺乏，不等交战，而参战的军队已经窘迫不支了。

从前在商朝太戊王的时候，有桑树野谷在殿庭长出，太戊畏惧而修养德行，怪异现象消失而殷商走向兴盛。火星侵入心宿区域，宋人认为是上天降灾，宋景公屈身听取瞽史的意见，火星后移，宋景公得以益寿延年。大凡修养自身德行就能感触异类，言语出口就将通达神明，我凭着愚钝的资质，谬误地跻身宫中官署，不能辅助陛下宣示仁德恩泽从而感动神灵，对上对下都心怀羞愧，简直无地自容。静下来仔细思索，火星桑谷之类异兆，是上天在告示前述二位君王，至于其他种种微小的怪异，大抵都出于门庭小神，拿到天地间加以校验，看不到其他变故，而吉祥的征兆先后频频出现，明珠已经显露端倪，神鸟白雀接着到来，表明国家亿万年的福运，确实是由神灵所主宰，而帝王以九州为宅，以天下为家，本来就与普通百姓的流转迁徙不同。再说现在的宫室，本属先帝所营建，经由占卜选地奠基，并非不吉祥。再说杨市的土地与皇宫相连，如果浩大的工程终于完成，陛下迁移过去居住，掌管门廷与出行的神灵，也都要跟随转移，只怕时间一长新宫未必会胜过旧宫。屡次迁宫不切实际，仍居旧宫又心怀狐疑，这正是我日夜忧虑焦急的原因。我考察《礼记·月令》，当夏末之时，不可以兴建土木，不可以会盟诸侯，不可以兴师动众，动作越大灾祸越重。如今尽管没了诸侯会盟的事情，但诸侯军队集结与诸侯会盟没有区别。六月戊己这天，正当土德旺盛之时，本就不可兴土功而有所冒犯，加之又是农忙月份，农时不能错过。从前鲁隐公夏季在中丘修筑城池，《春秋》记载了这件事，传示后人作为鉴戒。如今修建宫室为的是千秋万代相传相承的帝业，却冒犯了天地间的大禁忌，沿袭了《春秋》所记载的错误行为，荒废了《尚书·尧典》“敬授人时”所阐明的重要道理，我见解愚陋，私心为此不安。

又只怕所征召的流散百姓，有人会不肯前来，讨伐他们就要废弃劳役兴起战事，如不讨伐又会让这些人日益增多。如果他们全都来到，人数众多而聚在一起，很难避免疾病的发生。况且人心安定就能知耻行善，人心愁苦就会怨恨背叛。长江南岸的精锐部队，让北方的敌人感到难以对付，所以他们想用十个士兵来对付我们一个士兵。天下尚未平定，形势值得我们深忧思虑。如果新宫建成，因此而死亡叛逃的人数达到五千，那么北方军队的人数就相当于又增加了五万，如果死亡叛逃的人数达到一万，那么北方军队的人数就将翻倍增加到十万。生病的人由于可能的死亡会导致人员损失，叛逃的人又会去传播不利于朝廷的言论，这正是强大的敌人所乐见的景象。如今敌我双方将在中原决战，以决定强弱形势，在这个关键时刻，敌益我损，加之士兵们的辛劳困顿，这正是壮士谋主深为忧虑的局面。

我听说古代的君王治理国家，如果没有三年的资源储备，便认为这个国家不像国家。太平时代尚且戒备到如此程度，更何况是现在敌人强大而我们还在轻视农业忽略储备呢。如今虽然有些种植，但其中部分田地被大水淹没，其余留存下来的田地还应当去耕耘收获，而地方长官害怕延误修建新宫的期限，东部各郡的官员，竟亲自来到山林里监督催促，动用全部人力砍树伐木，废弃农桑事务，士人民众的妻儿子女瘦弱幼小，垦殖的土地又少，如果遇上水旱灾害就会永远一无所获。州郡现存的粮食，应当等到有紧急情况时动用，而吃闲饭的众人，却还在依赖官府供给。如果上下空虚匮乏，水路运输又供应不上，而北方的敌人又在此时侵犯边疆，那么即使让周公、召公再生，张良、陈平复出，也不能替陛下规划回天之术，这是再明白不过的事情。我听说国君明察则臣子忠诚，君主贤圣则臣子正直，因此我诚恳恭敬，冒昧地触犯天威，请求降下哀怜省察我的表文。

章表呈奏，孙皓没有采纳。后来升迁华覈为东观令，兼任右国史，华覈上书推让，孙皓答复说："已见章表，你因东观是儒林学士荟萃之地，应当讲究考校撰述和写作方面的学问，排疑解难，汉朝时都是著名学者饱学儒士才担任那里的职务，请求改选任用德才杰出的人。据我所知，你精研古代典籍，博览群书见识广博，可说是喜好礼乐、崇尚诗书的人了。你应当奋笔疾书以展示你的文采，光辅当世政事，从而超越扬雄、班固、张衡、蔡邕这些古代名流。我感到奇怪的是你竟如此谦虚，将自己的才德说得鄙陋不堪，你应当勉力承担并做好这份职事，让自己超过先世的贤人，不要再说什么了。"

当时仓库储备枯竭，世间风俗习惯却日趋奢侈，华覈上书说：

当今敌寇众多，征伐不止，平时没有多年的储备，出战没有应敌的积蓄，这正是统治国家的人所应深加忧虑的事情。大凡财富粮食的来源，应当出自百姓，抓紧农时致力农耕，是国家最急迫的大事。而京城众多官员，掌管的部门各不相同，却都各自向下征调徭役，不考虑民众的承受能力，总是规定短近的期限。地方长官畏惧罪刑，夜以继日催逼百姓，弃置农田事务不管，百姓匆匆按期奔赴集合之处，限期发送到京，有的百姓虽已征调前来却闲置不用，徒然致使百姓消耗精力耽误农时。到秋收月份，又督责百姓限期交纳粮食，剥夺他们播种的农时在先，而后又向他们索取当年的租税，如有拖欠，就登记没收他们家中的财物，所以家家户户陷于贫困，人人缺衣少食。应当暂停各种徭役，专心从事农桑耕织。古人说一个男子不耕种，有人就要因他忍饥挨饿，一个女子不纺织，有人就要因她受寒受冻，因此前代君王治理国家，无不致力于农业生产。汉末战乱爆发以来，已将近百年，农夫荒废了农田的事务，女工停止了纺织的本业。以此推测当前的局势，即使粗食果腹也还要长期挨饿、身穿单衣却要踏冰履霜的人，必定是不在少数的了。我听说君主所要求于民众的有两件事，民众所企望于君主的有三件事。君主要求的两件事是一要民众为自己尽心效力，二要民众为自己舍命献身。民众企望君主的三件事包括饥饿者能使其果腹，辛劳者能给予休息，有功者能得到赏赐。民众如果实现了君主的两个要求而君主却使民众的三个愿望都落空，那么怨心恨意就将产生而建功立业也成为空话。如今国库空虚，民众辛劳，徭役繁多，君主对民众的两个要求已经完备，而民众的三个愿望却无不落空。况且饥饿者并不盼望美味佳肴才感到满足，寒冷者并不期待狐裘貉皮才觉得暖和，因为美味只不过是口腹的猎奇，刺绣华美的衣服只不过能做身体的装饰。如今事务众多而徭役繁杂，民众贫困而风俗奢侈，各种工匠制作没有用处的器物，妇女制作格调浮华的饰品，不能勤力于麻布的纺织，而是并力刺绣花纹华美的礼服，人们互相仿效，把没有这些华服看成是自己的耻辱。士兵和民众之家，也在跟着追逐时俗，家里无一担粮食的储备，而出外却穿着绫罗绸缎制作的衣服，至于富贾商贩家庭，更是穿金戴银，任意挥霍浪费更为厉害。天下尚未平定，百姓衣食不足，应当规范养民的根本，大力发展农耕纺织这一本业，然而眼下却是在浮华的雕虫小技上浪费功力，在奢侈浪费的事情上荒废时日，上无尊卑等级的差别，下有耗财费力的损害。现在的官宦之家，很少没有子女的，多的三四个，少的一两人，全都只按一家仅有一个女子的方式计算，十万家就有十万女子，每人每年只要纺织一匹布帛，十万人也就可纺织达十万匹的布帛。假如四境之内同心尽力，几年之内，布帛必定堆积起来。可以听凭民众采用五色，做他们穿用的衣服，只需禁止彩色丝织品之类无益的装饰。况且拥有美貌的人不需要华美的色彩来增添美色，本身风姿艳美的人不必靠富丽的丝织物来招人喜爱，五色的装饰，已足以衬托主人的美丽了。即使用尽粉黛，穿尽华丽的服饰，也未必没有丑妇；废弃华丽的色彩，去掉刺绣华美的服饰，也未必没有美人。倘若确实如我所论，有它无益去之无损的话，为什么舍不得暂行禁止以便充实府库呢？这是拯救匮乏的首要任务，富强国家的根本事业，就算管仲、晏婴再生，也无从改变这种办法。汉代的文帝和景帝，都是在天下太平的环境中继承皇位的，当时天下已经平定，四方没有变故，二帝尚且还认为彩绘花纹的制作会妨害农事，华丽夺目的丝织品纺织将损害女工，因而拓展富强国家的有利事业，杜绝带来饥寒的害本源头。何况如今的天下正当分崩离析，豺狼当道，士兵时刻不离疆场，甲胄从不解带离身，在这种情况下还可以不在广开生财渠道及充实仓库积蓄方面狠下功夫吗？

孙皓因华覈年老，就让他草拟章表，华覈不敢领命。孙皓又命他写作文章，并伫立一旁待他完稿。华覈在所写的文章里说：

可叹我华覈小臣，像草芥一样的一个庸人。得眷顾遇上明主，受恩宠特别隆盛。来自于山野腐土，一转身任职朝廷。看皇宫光芒四射，这殿阁万人依凭。取一勺清凉甘露，借南风沐浴身心。没有过丝毫报效，辜负了推许之恩。谢皇上无限包容，宽宥我从不责问。性污浊而享尊荣，命微暗而得久存。报恩心绵绵无尽，托苍天见证忠诚。感帝恩宛若大雨，存怜悯洗刷罪名。辱上命起草答问，令下愚备受滋润。绝不敢违令抗命，只因怕速招极刑。冒昧地受诏提笔，空躯壳走了三魂。

华覈前后陈奏有利国家而合乎时宜的事情，以及举荐贤才能人，解救他人的罪名过错，章表上呈多达一百余次，对各方面都有裨补助益，涉及文章为数众多此处不能逐一收载。天册元年因微小过失被谴责免职，几年后去世。韦曜、华覈论述时事政治的奏表章疏，都流传于世。

【原文】评曰：薛莹称王蕃器量绰异，弘博多通；楼玄清白节操，才理条畅；贺邵厉志高洁，机理清要；韦曜笃学好古，博见群籍，有记述之才。胡冲以为玄、邵、蕃一时清妙，略无优劣。必不得已，玄宜在先，邵当次之。华覈文赋之才，有过于曜，而典诰不及也。予观覈数献良规，期于自尽，庶几忠臣矣。然此数子，处无妄之世而有名位，强死其理，得免为幸耳。

【译文】评论说：薛莹称道王蕃器度出众，才识博大而艺精多门；楼玄品行纯洁气节高尚，才思通畅；贺邵的意志坚强而文风高洁，识鉴清简得要；韦曜专心好学而了解古道，博览群书，记述叙事的才能突出。胡冲认为楼玄、贺邵、王蕃都堪称一代清高美好的人士，几乎没有优劣之分。如果非得分出高下，那么楼玄应当位次靠前，而贺邵次之。华覈文章诗赋方面的才能，要超过韦曜，但典章诏令的水平却有所不及。我看华覈多次进献有益的规谏，希望竭尽自己的能力，差不多可称为忠臣了。然而这几个人，身处灾祸变乱的时代而都有声名地位，为了坚定的原则而不顾生命，得以免死不过是幸运罢了。

附　录

陈寿传

【原文】陈寿，字承祚，巴西安汉人也。少好学，师事同郡谯周。仕蜀为观阁令史，宦人黄皓专弄威权，大臣皆曲意附之，寿独不为之屈，由是屡被谴黜。遭父丧，有疾，使婢丸药，客往见之，乡党以为贬议。及蜀平，坐是沉滞者累年。司空张华爱其才，以寿虽不远嫌，原情不至贬废，举为孝廉，除佐著作郎，出补阳平令。撰《蜀相诸葛亮集》，奏之，除著作郎，领本郡中正。撰《魏》《吴》《蜀》三国志，凡六十五篇，时人称其善叙事，有良史之才。夏侯湛时著魏书，见寿所作，便坏己书而罢。张华深善之，谓寿曰："当以《晋书》相付耳。"其为时所重如此。或云丁仪、丁廙有盛名于魏，寿谓其子曰："可觅千斛米见与，当为尊公作佳传。"丁不与之，竟不为立传。寿父为马谡参军，谡为诸葛亮所诛，寿父亦坐被髡，诸葛瞻又轻寿，寿为亮立传谓亮将略非长，无应敌之才，言瞻惟工书，名过其实。议者以此少之。

【译文】陈寿，字承祚，巴西郡安汉人。自幼刻苦好学，拜同郡人谯周为师。担任蜀汉观阁令史，当时宦官黄皓专横弄权，大臣们都曲意逢迎黄皓，单单陈寿不愿依附于他，因此多次被贬。赶上父亲去世，守丧期间，他生了病，让婢女揉制药丸，被来客看见，乡党因此对他有些不好的议论。后来，蜀汉亡国，陈寿因此多年不得官职。司空张华欣赏其才华，认为他虽然有行为不检点的嫌疑，但照情理不应贬废，于是推举他为孝廉，授官佐著作郎，出任阳平县令。撰写《蜀相诸葛亮集》，上报朝廷，授职著作郎，兼任本郡中正官。撰写《魏》《吴》《蜀》三国志，共六十五篇，当时人们盛赞陈寿善于叙写史事，具有良史的才干。夏侯湛当时也在撰写《魏书》，见陈寿所作的《三国志》，便销毁自己的《魏书》而作罢。张华很赞赏陈寿，对陈寿说："应该把《晋书》委托给你撰写。"陈寿就是如此受时人器重。有传闻说，丁仪、丁廙在曹魏时负有盛名，陈寿对他们的儿子们说："送我千斛米，我就为令尊大人写篇好传记。"丁氏不答应，陈寿果真不为他们立传。陈寿父亲曾做过马谡参军，马谡兵败被诸葛亮所杀，陈寿父亲也被牵连遭受剃发的刑罚，诸葛瞻又轻视陈寿，因而陈寿为诸葛亮立传说诸葛亮军事谋略非其长处，又无临敌应变之才，说诸葛瞻只工于书法，名过其实。议论的人因此而轻视陈寿的为人。

【原文】张华将举寿为中书郎，荀勖忌华而疾寿，遂讽吏部迁寿为长广太守。辞母老不就。杜预将之镇，复荐之于帝，宜补黄散，由是授御史治书，以母忧去职。母遗言令葬洛阳，寿遵其志。又坐不以母归葬，竟被贬议。初，谯周尝谓寿曰："卿必以才学成名，当被损折，亦非不幸也，宜深慎之。”寿至此再致废辱，皆如周言。后数岁，起为太子中庶子，未拜。元康七年病卒，时年六十五。

【译文】张华将荐举陈寿为中书郎，荀勖因忌恨张华而讨厌陈寿，便暗示吏部改任陈寿为长广太守。陈寿以母亲养老为由不去就职。杜预离京镇守边镇之前，又向皇帝举荐陈寿，建议授予他黄门侍郎或散骑常侍之职，陈寿因此被授职为御史治书。因母亲丧事离职。其母临终遗言将她葬在洛阳，陈寿恭行母亲遗志。又因不将老母归葬故里而遭到非议被贬官。当初，谯周曾对陈寿说：“你必定会凭才学扬名天下，但会遭到诋毁伤害，这未必是不幸，你应谨慎从事。”陈寿至此，再次招致贬废的羞辱，应了谯周之言。过了几年，被拜为太子中庶子，没有就任。元康七年（297年），陈寿病逝，时年六十五岁。

【原文】梁州大中正尚书郎范頵等上表曰：“昔汉武帝诏曰‘司马相如病甚，可遣悉取其书’，使者得其遗书，言封禅事，天子异焉。臣等按故治书侍御史陈寿作《三国志》，辞多劝诫，明乎得失，有益风化。虽文艳不若相如，而质直过之。愿垂采录。”于是诏下河南尹、洛阳令就家写其书。寿又撰《古国志》五十篇、《益部耆旧传》十篇，余文章传于世。

【译文】梁州大中正、尚书郎范頵等上书说：“从前汉武帝下诏说‘司马相如病得很厉害，可派人把他的著作都取来’，使者得到了司马相如遗留的书籍，内中谈到帝王封禅一事，汉武帝大为惊奇。臣等认为，已故治书侍御史陈寿所著《三国志》，书中多劝诫之言，阐述前人是非得失，对今世的教化大有裨益。虽然文辞不及司马相如，但质朴平实超过了他。恳请陛下采录其书。”于是诏令河南尹、洛阳令，派人去陈寿家抄写其书。陈寿还著有《古国志》五十篇、《益部耆旧传》十篇，其他的文章也流传于世。

（本篇选自《晋书》卷八十二）

陈寿传

【原文】陈寿，字承祚，巴西安汉人也。少受学于散骑常侍谯周，治《尚书》、“三传”，锐精《史》《汉》，聪警敏识，属文富艳。初应州命卫将军主簿、东观秘书郎、散骑黄门侍郎。大同后察孝廉，为本郡中正。

【译文】陈寿，字承祚，巴西安汉人。年轻时求学于散骑常侍谯周，对《尚书》、“春秋三传”有研究，精通《史记》《汉书》，聪明机警博学多识，写得文章内容丰富有文采。开始时担任州命卫将军主簿、东观秘书郎、散骑黄门侍郎。西晋统一全国后被举荐为孝廉，担任本郡中正官。

【原文】益部自建武后，蜀郡郑伯邑、太尉赵彦信及汉中陈申伯、祝元灵、广汉王文表皆以博学洽闻，作《巴蜀耆旧传》。寿以为不足经远，乃并巴、汉撰为《益部耆旧传》十篇。散骑常侍文立表呈其传，武帝善之，再为著作郎。吴平后，寿乃鸠合三国史，著《魏》《吴》《蜀》三书六十五篇，号《三国志》，又著《古国志》五十篇，品藻典雅，中书监荀勖、令张华深爱之，以班固、史迁不足方也。出为平阳侯相。华又表令次定《诸葛亮故事集》为二十四篇，时寿良亦集，故颇不同。复入为著作郎。镇南将军杜预表为散骑侍郎，诏曰：“昨适用蜀人寿良具员，且可以为侍御史。”上《官司论》七篇，依据典故，议所因革。又上《释讳》《广国论》。华表令兼中书郎，而寿《魏志》有失勖意，勖不欲其处内，表为长广太守。继母遗令不附葬，以是见讥。数岁，除太子中庶子。太子转徙后，再兼散骑常侍。惠帝谓司空张华曰：“寿才宜真，不足久兼也。”华表欲登九卿，会受诛，忠贤排摈，寿遂卒洛下，位望不充其才，当时冤之。

【译文】益州自建武年间以后，蜀郡郑伯邑、太尉赵彦信及汉中的陈申伯、祝元灵、广汉王文表皆凭博学多识而闻名，共作《巴蜀耆旧传》。陈寿认为内容不够广泛，于是又汇合巴、汉两地的人物故事撰写了《益部耆旧传》共十篇。散骑常侍文立表呈其传，得到了武帝的赞许，于是陈寿担任著作郎。吴地平定后，陈寿汇合三国史，写成《魏》《吴》《蜀》三书共六十五篇，取名《三国志》，又写成《古国志》五十篇，文辞典雅，中书监荀勖、中书令张华深为赞赏，认为班固、司马迁都不能同他相比。后离开京城担任平阳侯相。张华又上表让陈寿编写《诸葛亮故事集》二十四篇，当时另有蜀人寿良也编有《诸葛亮故事集》，陈寿所编与之颇为不同。后陈寿再次担任著作郎。镇南将军杜预上表向皇上举荐陈寿为散骑侍郎，皇上下诏：“昨天刚任用蜀人寿良任散骑侍郎，可以暂且让陈寿担任侍御史。”陈寿向皇上呈上《官司论》七篇，依据典故，论述所要沿袭和革除的东西。又呈上《释讳》《广国论》。张华又上表让陈寿兼任中书郎，而陈寿的《魏志》有违荀勖的意思，荀勖不想让陈寿在朝廷内任职，上表皇上让他担任长广太守。陈寿的母亲留下遗言说死后要葬在洛阳，陈寿听从母亲的遗愿，又因为不把母亲葬回故地受人诟病。几年后，担任太子中庶子。太子改换以后，又兼任散骑常侍。惠帝对司空张华说："陈寿非常有才华，不能让他长期兼职。"张华上表想让陈寿升九卿之位，正遇到张华受诛连，忠贤之士皆被排挤，陈寿于是死于洛阳，其地位声望皆无法体现他的才能，当时的人都认为他很冤。

【原文】兄子符，字长信，亦有文才，继寿著作佐郎，上廉令。符弟莅，字叔度，梁州别驾，骠骑将军齐王辟掾，卒洛下。莅从弟阶，字达芝，州主簿，察孝廉，褒中令、永昌西部都尉、建宁兴古太守。皆辞章粲丽，驰名当世。凡寿所述作二百余篇，符、莅、阶各数十篇。二州先达及华夏文士多为作传，大较如此。

【译文】陈寿哥哥的儿子陈符，字长信，也很有文才，继陈寿后也担任著作佐郎，上廉令。陈符的弟弟陈莅，字叔度，担任梁州别驾，骠骑将军齐王辟掾，死于洛阳。陈莅的弟弟陈阶，字达芝，担任州主簿，被举荐为孝廉，后任褒中县令、永昌西部都尉、建宁兴古太守。三人皆辞章华丽，享誉当世。陈寿所著二百多篇，符、莅、阶各著数十篇。后来梁、益二州以及中原的文士们多为他们作传，大体就是这样。

【原文】时梓潼李骧叔龙亦隽逸器，知名当世，举秀才，尚书郎，拜建平太守，以疾辞不就，意在州里，除广汉太守。初与寿齐望，又相昵友，后与寿情好携隙，还相诬攻，有识以是短之。

【译文】当时梓潼人李骧，字叔龙，也很有才华，闻名当世，被举荐为秀才，尚书郎，被授建平太守，因为身体不适而没去上任，执意在州里，后担任广汉太守。初与陈寿齐名，相互亲昵友好，后来与陈寿有了嫌隙，就相互攻击，有识之士因此对他有不好的议论。

（本篇选自《华阳国志》卷第十一）

裴松之传

【原文】裴松之,字世期,河东闻喜人也。祖昧,光禄大夫。父珪,正员外郎。松之年八岁,学通《论语》《毛诗》。博览坟籍,立身简素。年二十,拜殿中将军。此官直卫左右,晋孝武太元中,革选名家以参顾问,始用琅邪王茂之、会稽谢辅,皆南北之望。舅庾楷在江陵,欲得松之西上,除新野太守,以事难不行,拜员外散骑侍郎。义熙初,为吴兴故鄣令。在县有绩,入为尚书祠部郎。

【译文】裴松之,字世期,河东郡闻喜县人。祖父裴昧,官至光禄大夫。父亲裴珪,任正员外郎。裴松之八岁时就学会了《论语》和《毛诗》。他博览古代典籍,立身简洁朴素。二十岁时,官拜殿中将军。此官职负责戍卫宫廷左右。东晋孝武帝太元年间,朝廷要选择名门望族出身的人充备皇帝的顾问,开始任用了琅邪人王茂之和会稽郡的谢蝤,这两个人都是南北的望族出身。裴松之的舅父庚楷当时正在江陵,想要让松之到西部去,任新野郡太守,但因事情不顺利而未能成行,被任命为员外散骑侍郎。晋安帝义熙初年,裴松之任职吴兴郡故鄣县令。因为在县里颇有政绩,又进入京城任尚书祠部郎。

【原文】松之以世立私碑有乖事实,上表陈之曰:

碑铭之作,以明示后昆,自非殊功异德,无以允应兹典。大者道动光远,世所宗推;其次节行高妙,遗烈可纪。若乃亮采登庸,绩用显著,敷化所莅,惠训融远,述咏所寄,有赖镌勒。非斯族也,则几乎僭黩矣。俗敝伪兴,华烦已久。是以孔悝之铭,行是人非;蔡邕制文,每有愧色。而自时厥后,其流弥多。预有臣吏,必为建立。勒铭寡取信之实,刊石成虚伪之常,真假相蒙,殆使合美者不贵。但论其功费,又不可称。不加禁裁,其敝无已。以为诸欲立碑者,宜悉令言上,为朝议所许,然后听之。庶可以防遏无征,显彰茂实,使百世之下知其不虚,则义信于仰止,道孚于来叶。

由是并断。高祖北伐,领司州刺史,以松之为州主簿,转治中从事史。既克洛阳,松之居州行事。宋国初建,毛德祖使洛阳,高祖敕之曰:“裴松之廊庙之才,不宜久尸边务,今召为世子洗马,与殷景仁同,可令知之。”于时议立五庙乐,松之以妃臧氏庙乐亦宜与四庙同。除零陵内史,征为国子博士。

【译文】裴松之看到当时人喜欢私自立碑,碑文与实际情况相背离,就给皇帝上表陈述说:

碑铭的制作,是用来昭示后代人的,如果没有特殊的功劳或高尚的品德,就不应使用这一仪典。值得留名的,是那些道德广远、功勋卓著,被世人师从推崇的人;其次是那些节操行为高尚美好,其事迹可彰可纪的人。至于那些才能出众,得以重用,政治显著,在所辖地区广施教化,有益的训导感化广远,被人们纪念歌颂的人,也有赖于刻碑纪念。不属于上面这类而树碑立传的,就近似于僭越名分、轻漫亵渎了。可是世间的俗敝风气已兴,华而不实及繁杂琐碎积习已久。所以孔悝所刻鼎铭文辞得体,但是他本人的事迹并不是这样的;蔡邕撰制铭文也常常会因夸饰而感到惭愧。从那以后,这类流弊越来越多。只要是个官吏,就必定树碑立传。碑上的铭文很少有符合事实的,溢美虚假已成常事,真的假的互相包裹,恐怕使那些值得赞美的人也得不到重视了。只就其立碑修筑付出的劳动和费用而言,也与碑主人不相称。现在如不加以制止,其弊害就没有止境。我认为凡是想要立碑的人,应当全都让他向上汇报,若经朝廷议论后得到许可,就听凭他树碑立传。这样大概就可防止弊害,表彰突出者,注重事实,让百代以后的人知道他的碑铭并不虚假,那么道义就会在敬慕中得到信奉,并且崇扬于后世。

从此全国禁止私立碑铭。宋高祖刘裕北伐时,兼任司州刺史,他又叫裴松之担任州主簿,又转任治中从事史。攻占洛阳后,裴松之在州里任职。刘宋王朝刚刚建立,毛德祖奉命出使洛阳,高祖刘裕就下诏给他说:"裴松之是朝廷的人才,不应长久主持边地事务,现在将他调任世子洗马,与殷景仁同列,可以将此事通知他。"当时朝中正在议论设立五庙之乐,裴松之认为皇妃臧氏的庙乐也应该与其他四庙相同。后来他出任零陵内史,又被征召为国子博士。

【原文】太祖元嘉三年,诛司徒徐羡之等,分遣大使巡行天下。通直散骑常侍袁渝、司徒左司掾孔邈使扬州,尚书三公郎陆子真、起部甄法崇使荆州,员外散骑常侍范雍、司徒主簿庞遵使南兖州,前尚书右丞孔默使南北二豫州,抚军参军王歆之使徐州,冗从仆射车宗使青、兖州,松之使湘州,尚书殿中郎阮长之使雍州,前竟陵太守殷道鸾使益州,员外散骑常侍李耽之使广州,郎中殷斌使梁州、南秦州,前员外散骑侍郎阮园客使交州,驸马都尉奉朝请潘思先使宁州,并兼散骑常侍。班宣诏书曰:

昔王者巡功,群后述职,不然则有存省之礼,聘覜之规,所以观民立政,命事考绩,上下偕通,遐迩咸被,故能功昭长世,道历远年。朕以寡暗,属承洪业,夤畏在位,昧于治道,夕惕惟忧,如临渊谷,惧国俗陵颓,民风凋伪,眚厉违和,水旱伤业。虽勤躬庶事,思弘攸宜,而机务惟殷,顾循多阙,政刑乖谬,未获具闻。岂诚素弗孚,使群心莫尽?纳隍之愧,在予一人。以岁时多难,王道未壹,卜征之礼,废而未修,眷被氓庶,无忘钦恤。今使兼散骑常侍渝等申令四方,周行郡邑,亲见刺史二千石官长,申述至诚,广询治要,观察吏政,访求民隐,旌举操行,存问所疾,礼俗得失,一依周典,每各为书,还具条奏,俾朕昭然若亲览焉。大夫君子其各悉心敬事,无惰乃力!其有咨谋远图,谨言中诚,陈之使者,无或隐遗。方将敬纳良规,以补其阙。勉哉勖之,称朕意焉!

【译文】宋太祖文帝元嘉三年(426年),朝廷诛杀司徒徐羡之等人,又派遣使节巡察全国各地。通直散骑常侍袁渝、司徒左司掾孙邈出使扬州，尚书三公郎陆子真、起部郎甄法崇出使荆州，员外散骑常侍范雍、司徒主簿庞遵出使兖州，前尚书右丞孔默出使豫州和南豫州，抚军参军王歆之出使徐州，冗从仆射车宗出使青州和兖州，裴松之出使湘州，尚书殿中郎阮长之出使雍州，前竟陵太守殷道鸾出使益州，员外散骑常侍李耽之出使广州，郎中殷斌出使梁州和南秦州，前员外散骑侍郎阮园客出使交州，驸马都尉、奉朝请潘思先出使宁州，他们都兼领散骑常侍一职。宋文帝刘义隆又颁布诏书说：

从前君主到各地巡视检察，诸侯们向他陈述职守，君主若不出巡，则有派人探视慰问的礼节和诸侯之间聘问互访的规矩，因此治理百姓设政立制，任命官员考核政绩，上下和谐通达，远近教化普及，就能功效昭著，道统持续，长久不变。朕孤弱愚昧，继承了宏大的事业，谨慎小心地恭居皇位，对治理之道昏昧无知，终日提心吊胆，忧心忡忡，如临深渊，害怕国内风俗颓丧崩坏，民间风气衰败虚伪，灾祸加害，人心失和，水患旱灾，损毁生业。我虽然亲自处理大小政务，思虑重大的事宜，然而机要繁杂，很多未能顾及，政务刑赏的错误过失，尚未全面了解。难道是我平素的诚意未能得到百姓的信赖，使群臣没能够尽心尽力吗？这种羞愧耻辱，完全是我一个人的责任。现在国家正值多灾多难之时，天下尚未统一，占卜巡狩的礼仪，已废驰不修，照顾爱惜庶民百姓，不可忘记体恤关怀。现在派遣兼任散骑常侍袁渝等人向四方传达我的诏命，巡行各地，亲自面见刺史二千石官员长吏，向他们传达我的至诚之意，广泛征询治理国政的要求和意见，观巡考察各地官员的政绩，探访寻求民间的隐士，表彰举荐操守高尚的人，询访百姓所憎，礼仪风俗的得失，一律依照周代典式，每个使者分别写成书面报告，返京时一一举条上报，以便让我清楚明白，如同我亲自巡察一般。你们这些卿大夫君子们，都要全心全意地敬奉事业，不要吝惜你们的精力。若有宏谋远图的大计，为国尽忠的诚意，都要向使者陈述讲明，不要隐瞒遗漏。我正要恭敬接受良好的意见，以弥补阙失。勤勉努力吧，这才符合朕的意旨啊！

【原文】松之反使，奏曰：

臣闻天道以下济光明，君德以广运为极。古先哲后，因心溥被，是以文思在躬，则时雍自洽，礼行江汉，而美化斯远。故能垂大哉之休咏，廓造周之盛则。伏惟陛下神睿玄通，道契旷代，冕旒华堂，垂心八表，咨敬敷之未纯，虑明扬之靡畅，清问下民，哀此鳏寡。涣焉大号，周爰四达。远猷形于雅诰，惠训播乎遐陬。是故率土仰咏，重译咸说，莫不讴吟踊跃，式铭皇风。或有扶老携幼，称欢路左，诚由亭毒既流，故忘其自至，千载一时，于是乎在。臣谬蒙铨任，忝厕显列，猥以短乏，思纯八表，无以宣畅圣旨，肃明风化，黜陟无序，搜扬寡闻，惭惧屏营，不知所措。奉二十四条，谨随事为牒。伏见癸卯诏书，‘礼俗得失，一依周典，每各为书还具条奏’，谨依事为书以系之后。

松之甚得奉使之义，论者美之。

【译文】裴松之出使后返回都城，向皇帝上奏说：

我听说上天的圣道是通过救助人世而得以光明普照，人君的威德是通过广施德行而达到极致的。古时候的先人和贤明的君主以自己的诚心推广到普天之下，所以君主自身具备功业和道德，那么天时人事就会自然和谐融洽，礼仪推行到江汉地区，那么美好的教化就会推广到遥远的地方。所以唐尧建立宏大的功业受人称颂，周文王精心规划使周朝强盛。陛下您的思想敏锐深刻，通情达理，精神契合远古时代，您头戴冠冕，端坐在殿堂之上，心却顾及八方，您叹息谨慎的传布未能普及，思虑光明的弘扬不能顺畅，又清正地访问民众，怜恤那些鳏寡孤独的人。多么盛大啊您的号令，遍及四面八方。远大的谋略在正式的文告里体现，良好的训戒在边远的角落传播。所以全国敬仰歌颂，辗转翻译，皆大欢悦，没有不放声歌唱、欢欣奋起来铭记您的风范和恩德的。有人扶老携幼，在道路两旁欢呼庆贺，确实是教化已经养成并传布开来，所以不知不觉地自发来到，千载永恒，都在这里表现了出来。我阴差阳错地蒙受您的选任，羞愧地列入其中，自己识短思乏，虑及八方之极，没能畅顺地宣扬您的圣旨，整肃风气，宣明教化，升降人才无规序之分，搜罗杰俊扬明声誉也很少，我惭愧羞惧而彷徨，不知如何是好。现奉上二十四条，谨为随事奏上的牒文。我看见癸卯的诏书说‘礼仪风俗的得失，应依照周代典式，每个使者分别写成书面报告，返京时一一举条奏闻’，现在我恭敬地按照要求，写成报告，附后呈上。

裴松之对这次奉命出巡的意义理解得透彻，深得舆论的赞赏。

【原文】转中书侍郎、司冀二州大中正。上使注陈寿《三国志》，松之鸠集传记，增广异闻，既成，奏上。上善之，曰："此为不朽矣。"出为永嘉太守，勤恤百姓，吏民便之。入补通直，为常侍，复领二州大中正，寻出为南琅邪太守。十四年，致仕，拜中散大夫，寻领国子博士，进大中大夫，博士如故。续何承天国史，未及撰述，二十八年卒，时年八十。

子骃，南中郎参军。松之所著文论及《晋纪》，骃注司马迁《史记》，并行于世。

【译文】后来，裴松之又转任中书侍郎、司州和冀州的大中正。宋文帝刘义隆命他为陈寿的《三国志》作注，裴松之搜集传记文献，增加了许多不同的传闻和记载，戌书后向皇帝奏报。宋文帝很是赞赏，说："这是一部不朽的著作啊。"随后裴松之又出任永嘉太守，他勤于职守，关心爱护百姓，吏民深受其利。又补任通直，为常侍，再次兼领二州大中正之职，不久出任南琅邪郡太守。元嘉十四年辞官退休，拜中散大夫，不久又兼任国子博士，升迁太中大夫，博士官衔依旧如故。裴松之继何承天撰修国史，还没有来得及动笔，就在元嘉二十八年（451年）去世了，时年八十岁。

他的儿子叫裴骃，任南中郎参军。裴松之所写的文章著述以及《晋纪》，裴骃为司马迁的《史记》所作的《集解》等，都在当世并行流传。

（本篇选自《宋书》卷六十四）

上《三国志注》表

【原文】臣松之言:臣闻智周则万理自宾,鉴远则物无遗照。虽尽性穷微,深不可识,至于绪余所寄,则必接乎粗迹。是以体备之量,犹曰好察迩言。畜德之厚,在于多识往行。伏惟陛下道该渊极,神超妙物,晖光日新,郁哉弥盛。虽一贯坟典,怡心玄赜,犹复降怀近代,博观兴废,将以总括前踪,贻诲来世。

【译文】臣裴松之上言:我听说智慧通达就会使万物的道理自然和顺,鉴识广远就没有体察不到的东西。虽然事物的本质和精妙之处,深奥不可认识,但事物的次要方面一定会与大的迹象相联系。因此对于博大精深的考量,尚且喜欢体察浅近的言辞。积蓄德量的丰厚,就在于多多地鉴识以往的行为。我俯伏思虑,只有陛下您圣道完备,深入至极,神思超越了精妙的万物,如阳光日日更新,繁茂而兴盛。您虽然融会贯通上古文献典籍,潜心于玄妙幽深的义理,但是,还请您回过头来留心一下近代之事,博览前代的兴衰变化,借以总结前人事迹,给后人留下教诲。

【原文】臣前被诏,使采三国异同以注陈寿《国志》。寿书铨叙可观,事多审正。诚游览之苑囿,近世之嘉史。然失在于略,时有所脱漏。臣奉旨寻详,务在周悉。上搜旧闻,傍摭遗逸。按三国虽历年不远,而事关汉、晋。首尾所涉,出入百载。注记纷错,每多舛互。其寿所不载,事宜存录者,则罔不毕取以补其阙。或同说一事而辞有乖杂,或出事本异,疑不能判,并皆抄内以备异闻。若乃纰缪显然,言不附理,则随违矫正以惩其妄。其时事当否及寿之小失,颇以愚意有所论辩。自就撰集,已垂期月。写校始讫,谨封上呈。

【译文】以前我蒙受您的诏命,收集魏、蜀、吴三国的文献,考校异同,来为陈寿《三国志》作注。陈寿的《三国志》编次达到了很高的程度,所载之事大多精准正确。这部书确实是游览的好园地,是近代以来最好的史书。然而这书的缺点就是太简略,时不时地还有脱漏。我遵奉圣旨仔细地寻检翻查,务求周详悉备。往上搜罗旧闻,又旁采兼及那些散佚失传的材料。三国政权虽然经历的年代不长,但是关涉到汉、晋两朝。前后涉及到的人事,也有百余年。诸家注记纷杂错乱,多有抵牾矛盾之处。对于陈寿没有记载的,而应当存留记录的,我无一不全面搜取资料来补充他的缺漏。同一件事而诸家说法各异或相互矛盾的,或者事情本身就不同,有所疑义又不能判断的,我就把各家记述都抄入书内以保存不同的说法。如果陈书所记错误明显,言不成理,就随时矫正指出错误所在。其中时事的正确与否以及陈寿著述中出现的小失误,我都根据自己愚钝的见解加以论辩。从撰写到编辑完毕,前后用了一年有余。现在刚刚誊写校勘完毕,我将其小心封存上呈陛下。

【原文】窃惟缋事以众色成文,蜜蜂以兼采为味,故能使绚素有章,甘逾本质。臣实顽乏,顾惭二物。虽自罄励,分绝藻缋,既谢淮南食时之敏,又微狂简斐然之作。淹留无成,只秽翰墨,不足以上酬圣旨,少塞愆责。愧惧之深,若坠渊谷。谨拜表以闻,随用流汗。臣松之诚惶诚恐顿首顿首死罪谨言。

元嘉六年七月二十四日,中书侍郎西乡侯臣裴松之上。

【译文】我私下认为绘画要采用多种颜色才能画出图案色彩,蜜蜂要采集多种花蜜才能酿就甘甜蜂蜜,所以能使白色的丝帛绚丽多彩,甘甜的滋味胜过原来的品质。臣下实在是愚蠢浅陋,关于这两方面的要求我深感惭愧。虽然自己竭力自勉,但天份与文采,既比不上淮南王刘安敏捷的下笔速度,又没有狂放疏阔、颇具文采的作品。我长期停滞没有成果,只能污秽笔墨,不足以报答陛下的旨意,很少能弥补过错和罪责。我羞愧畏惧之深,就如同掉落在深谷一般。我恭敬地向陛下叩拜呈表,同时惶恐害怕以致汗流夹背。臣裴松之诚惶诚恐,顿首顿首,死罪死罪,恭谨上言。

元嘉六年(429年)七月二十四日,中书侍郎西乡侯臣裴松之上。